Jch bin das brot des läbens

Jch bin das brot des läbens

Neues Testament und Psalmen

Wortlaut der Froschauer-Bibel 1531 und
Übersetzung der Zürcher Bibel 2007

TVZ
Theologischer Verlag Zürich

Gedruckt mit freundlicher Unterstützung der Evangelisch-reformierten
Landeskirche des Kantons Zürich.

Der Theologische Verlag Zürich wird vom Bundesamt für Kultur mit
einem Strukturbeitrag für die Jahre 2016–2018 unterstützt.

Bibliografische Information der Deutschen Nationalbibliothek
Die Deutsche Nationalbibliothek verzeichnet diese Publikation in der Deutschen
Nationalbibliografie; detaillierte bibliografische Daten sind im Internet über
http://dnb.dnb.de abrufbar.

Transkription der Froschauer-Bibel 1531: Niklaus Ulrich, Fanas

Umschlaggestaltung: Simone Ackermann, Zürich
Illustrationen: Froschauer-Bibel 1531, Zentralbibliothek Zürich
Druck: Westermann Druck Zwickau GmbH

ISBN 978-3-290-18175-8

© 2018 Theologischer Verlag Zürich
www.tvz-verlag.ch
Alle Rechte vorbehalten

Inhalt

7 Vorwort

9 Zum Druck der Ausgabe von 1531

11 Zum Gebrauch der Übersetzung von 1531:
Vorrede von Ulrich Zwingli zur Froschauer-Bibel

21 Zum Gebrauch der Übersetzung von 2007

25 Das Evangelium nach Matthäus (Mt)
97 Das Evangelium nach Markus (Mk)
142 Das Evangelium nach Lukas (Lk)
219 Das Evangelium nach Johannes (Joh)
272 Die Apostelgeschichte (Apg)
344 Der Brief an die Römer (Röm)
377 Der Erste Brief an die Korinther (1Kor)
409 Der Zweite Brief an die Korinther (2Kor)
430 Der Brief an die Galater (Gal)
441 Der Brief an die Epheser (Eph)
452 Der Brief an die Philipper (Phil)
460 Der Brief an die Kolosser (Kol)
467 Der Erste Brief an die Thessalonicher (1Thess)
474 Der Zweite Brief an die Thessalonicher (2Thess)
478 Der Erste Brief an Timotheus (1Tim)
487 Der Zweite Brief an Timotheus (2Tim)
494 Der Brief an Titus (Tit)
498 Der Brief an Philemon (Phlm)
500 Der Erste Brief des Petrus (1Petr)
510 Der Zweite Brief des Petrus (2Petr)
516 Der Erste Brief des Johannes (1Joh)
524 Der Zweite Brief des Johannes (2Joh)
526 Der Dritte Brief des Johannes (3Joh)
528 Der Brief an die Hebräer (Hebr)
551 Der Brief des Jakobus (Jak)
560 Der Brief des Judas (Jud)
563 Die Offenbarung des Johannes (Offb)

601 Die Psalmen

Vorwort

Der Text der «Froschauer-Bibel» von 1529/1531 wird mit diesem Buch nun nach fast 500 Jahren wieder aufgelegt, in typografisch lesbarer Gestalt und synoptisch gedruckt mit der Zürcher Übersetzung von 2007. Es ist erstaunlich, wie wenig bekannt ist, dass erstmals in Zürich die Bibel aus dem Urtext des Hebräischen und Griechischen von Ulrich Zwingli und weiteren Theologen und Philologen seines Umfelds vollständig ins Deutsche übertragen wurde; jedenfalls ins «oberlendische teütsch», denn ein offizielles Hochdeutsch gab es noch nicht. Das sprach- und kulturgeschichtlich bedeutsame Dokument ist aus der am Grossmünster ab 1525 eingerichteten «Prophezey», einer regen Auslegungs-und Übersetzungstätigkeit der damaligen Gelehrtenschaft, hervorgegangen. Dieser älteste deutsche Übersetzungstext wurde nach dem Druck 1531 bei Christoffel Froschauer in neuerer Zeit nie mehr aufgelegt. Einzig eine faksimilierte Ausgabe der Zwinglibibel wurde 1983 herausgegeben, doch ist diese längst vergriffen. Umso erfreulicher, dass nun auf 2019 hin, dem Jubiläumsjahr der Zürcher Reformation, eine Publikation vorliegt, die anregen möchte, der Kunst und Lust des Übersetzens nachzuspüren. Übersetzen bleibt immer ein Suchen nach dem Sinn und Geist eines ursprünglich Gesagten und gestaltet sich zu jeder Zeit als neue sprachliche Herausforderung.

«Jch bin das brot des läbens» – so der Titel des Bandes. Die Überschrift bezieht sich zum einen auf das Wort Jesu aus dem Johannesevangelium (Joh 6,35), zum andern greift sie ein Bild auf, das Zwingli selbst in der Vorrede zur Übersetzung brauchte: Er spricht da vom «himmelbrot der göttlichen geschrifft». Ein zentrales Anliegen der Reformation war ja, allen das selbständige Lesen der Bibel zu ermöglichen, darum auch die Übertragung in die damalige deutsche (Amts-)Sprache. In seiner Vorrede betont Zwingli aber auch, dass es um ein angemessenes Lesen gehen solle, das auf den Sinn und Geist der Worte achtet. Denn, wenn die Worte nicht «geküwt und zerriben» werden, werde sich kein Sinn erschliessen, die Schalen oder Hülsen blieben verschlossen und die «süsse des kernens» könne nicht geschmeckt werden. Das Sprachbild greift den leiblichen und sinnlichen Essensvorgang auf: Wer gleichsam mit Appetit und Hunger liest, wird eben genährt werden durch «das brot des läbens».

Wir dürfen danken, zunächst Herrn Niklaus Ulrich, der das ganze Alte und Neue Testament mitsamt der Vorrede in engagierter privater Initiative transkribiert und digitalisiert hat, dann einer nicht namentlich genannten Privatperson, welche mit einer grosszügigen Spende die Buchpublikation massgeblich gefördert hat. Danken möchten wir auch den Kirchgemeinden Grossmünster, Fraumünster und Oberwinterthur, sowie der Landeskirche des Kantons Zürich für je eigene Druckkostenzuschüsse und dem Theologischen Verlag Zürich für seine Bereitschaft, das Buchprojekt umgehend in sein Verlagsprogramm aufzunehmen.

Was als mehrjährige, intensive Übersetzungstätigkeit am Grossmünster seinen Anfang genommen hatte und zum Druck der bedeutsamen Bibel von 1531 führte, wird nun in dieser Publikation wieder greifbar. Das «Wort Gottes», welches zu jeder Zeit aufs Neue durchdrungen werden möchte, um selber zur Sprache zu kommen, möge anregende, erheiternde und inspirierende Lesemomente bringen.

Martin Rüsch, Pfarrer am Grossmünster

Zum Druck der Ausgabe von 1531

Die hier vorgelegte Transkription folgt der Ausgabe von 1531, das heisst, es wurde den Kapiteln oder Abschnitten jeweils eine knappe Inhaltsangabe vorangestellt, welche die Bibel von 2007 nicht aufführt. Kleine Randangaben mit Verweisstellen, welche damals schon auf Parallelstellen hinwiesen, wurden hingegen nicht übernommen. Die Transkription folgt der damals gebräuchlichen Gross- bzw. Kleinschreibung; die Umlaute sind typografisch hingegen anders gesetzt; hier wird die heute übliche Schreibweise beigezogen.

Zu Beginn dieser Publikation ist die Vorrede Zwinglis abgedruckt, welche herausstreicht, dass nun erstmals eine Übersetzung ins Deutsche aus dem Urtext des Hebräischen und Griechischen vorliegt; auch, dass diese sich in einer möglichst hierzulande verständlichen und eigenen «vertolmaetschung» vollziehen solle. Diese Vorrede steht für sich, da sie auf die ersten Ausgaben hin wichtige Hinweise gab.

Die Zählung der Kapitel geschah nicht numerisch, sondern alphabetisch; eine leichte Orientierung leistet die hier daneben erscheinende Ausgabe von 2007.

Die Bibel von 1531 war reich bebildert. Da es hier nun primär um den Wortlaut und Textbestand – im Gegenüber zur Ausgabe von 2007 – geht, wird auf das Bildmaterial verzichtet, abgesehen von lediglich drei gliedernden Bildausschnitten.

In der typographischen Gestaltung lehnt sich die Ausgabe an die Bibel von 1531 an, etwa bei den eingerückte Setzungen im Psalmenbuch, und sie folgt ganz den Einteilungen, Titeln und Überschriften, welche in dieser Form im Urtext natürlich nicht zu finden sind.

Die gantze Bibel

der vrsprüngliché Ebraischen vnd Griechischen waarheyt nach/auffs aller trewlichest verteütschet.

Getruckt zů Zürich bey Christoffel Froschouer/im Jar als man zalt
M. D. XXXI.

Zum Gebrauch der Übersetzung von 1531:
Vorrede von Ulrich Zwingli zur Froschauer-Bibel

Ein kurtze vermanung vnnd eynleitung an den Christenlichen läser diser Biblischen büecher.

Als wir ausz bitt vil guothertziger bewegt / für vns genommen habend beyder Testamenten alle büecher / (die vorhin zerteylet vnd stuckwerck getruckt warend) zesamen jn zwey teil zetrucken / hat vns guot beducht / etwas kurtzer vermanung vnd anleitung an die Christenliche läser / an statt einer vorred / zestellen / durch die sy zuo läsen heiliger biblischer gschrifft gereitzt / vnd in dem selben etwas gefürderet wurdind. Wir sähend das leider der meerteil menschen der heiligen geschrifft nichts achtend: vil verachtend vnnd schmä- hend sy / das noch vil erger vnd schädlicher ist. Vnd die sie gleych läsend / thuond das vnachtsam vnd liederlich / etlich bringed jre anfechtungen in die gschrifft / vermaasgend vnd felschen sy mit / das also wenig sind die den rechten zwäck träffend vnd das erlangend darumb die gschrifft von Gott geben vnd geoffnet ist / vnd wirt also die liepliche wolriechende bluom der vnreinen spinnen zum gifft: vnd die gesunde läbliche speyss den krancken zuom tod vnnd verderben.

Der die wort allein der geschrifft liszt / vnd auff den sinn vnd geist nit acht hat / der falt gar vil schwaar- licher dann der / ders nie gläsen hat. Ein speysz die nit wol geküwt vnd getöuwt wirt gibt dem leyb kein tucht noch krafft: also bringt auch das himmelbrot der göttlichen geschrifft der seelen kein frucht / es werde dann vorhin wol geküwt vnd zerriben / vnd in die innerlichen glider zerteilt: die edle bluom reücht nit man zerreybe sy dann vor: die süsse des kernens wirt nit empfunden dieweyl man an der hülsen leckt / bisz das man die schalen auffbricht vnd den kernen zerbyszt. Was nemmend aber wir kleinfugen vns an ein sölich weyt / grosz / vnd tieff meer zeüberschiffen? Vns tröstet aber vnd macht vns vnerschrocken där / der allein das stürruoder haltet vnd der Gubernator des schiffs ist / so där vns die hand bütet / werden wir mit Petro nit sincken. Alle geschrifft spricht Paulus / die von Gott yngeben vnd yngeblaasen ist / die dienet zuo leeren / zuo straaffen / zuo besseren vnnd zuo vnderrichten zuo frombkeit vnd gerechtigkeit / das der göttlich mensch zuo allen guoten wercken angerüstet werde / Vnd ob gleich der teüffel vnd seine diener die menschen / die geschrifft miszbruchend felschend vnnd nach jren anfechtungen richtend / soll doch die gschrifft in jr selbs darumb nit verachtet / sunder so vil meer geliebt vnd durchgründet werden / das man den listen des feynds begegnen / vnd jren falsch mit warem verstand niderlegen / auch den widersächeren das maul verstopffen möge / jaa das man dem feynd sein waaffen / des er sich miszbrucht ausz der hand reysse / jn mit seinem eygnen geweer vmbbringe: vnd den rächten verstand der gschrifft beschirme vnd wider erobere.

Dieweyl aber die geschrifft von Gott härkompt / von dem göttlichen geist yngekucht vnd geoffnet wirt / ist not das där / der die geschrifft lernen vnnd verston wil vor allen dingen / mit trungenlichem andächtigem gebätt / für Gott niderfalle als für den rächten leermeister diser kunst / vnnd begäre seinen heiligen vnd guoten geyst der jn erlüchte / vnnd verständig mache / vnd leere: der jaa sein hertz (so vil müglich) von aller befleckung vnd kaat der lasteren rein: von dem vnrüewigen wüeten der fleischlichen begirden vnnd anfächtungen rüewig vnnd still mache / das das bild der göttlichen vnd eewigen warheit das in der gschrifft angebildet wirt / darinn / als in einem stillen luteren wasser / oder klarem spiegelglasz erglasten möge. Habend die Heidnischen Philosophi fromme sitten / vnd vnschuld von jren leerknaben geforderet / habend sie keinen angenommen desz gemüet auff eergeyt / auff gwün hat gesähen / habend die eerer der abgötter / jaa der teüflen / keinem jre heimligkeit geoffenbaret / er seye dann vor mit vil ceremonien gereiniget vnd geschickt gemacht / wie vil mee ists dann billich das die / die in die schuol der göttlichen weiszheit gon wöllend / vnd in den heiligen tempel Gottes / (dann Gott findt man in der gschrifft) reine / lautere vnd vnbefleckte gemüet dahin bringend?

Ein kurtze vermanung vnnd eynleitung

Darum söllend wir saubere reine hertzen bringen zuo der gschrifft / nit vnsere anfächtung in die gschrifft tragen sy zuo beflecken vnd felschen / sunder vorab Gott in der gschrifft suochen / seinen willen erlernen / sein eer wöllen fürderen / heil vnd säligkeit finden / vnd nutz vnd frommen des nächsten. Das einfaltig aug des glaubens soll nienarauf sähen / dann auff himlische ding. Auch sol in dem läser sein ein ynbrünstige hitzige begird vnd liebe / dann das kostlich bärly wil nit schlächt geliebet werden: es wil ein hungerig vnd durstig gemüet haben / vnd das auff kein ander ding sähe. Wilt du in das heilig vnd heimlich ort gon / so leg hin allen hochpracht vnd stoltz / dann ab denen dingen hat der göttlich geyst ein schühen vnd vrdrutz: in niderträchtigen demüetigen gemüeten wonet er gern. Wiewol der palast weyt vnnd herrlich ist / so ist doch die türen gar niderträchtig vnd äng. Darumb muost du den stracken hals biegen vnd niderlassen / wilt du das man dich ynlasse. So du hinein kumpst so halt dich züchtiklich / vnnd das dir aufgethon wirt vnd gezeygt / das sich mit grosser zucht / verwundernus vnd eererbietung / das man dir nit zeigt vnd nit harfür stelt / das solt du nit fräfenlich wöllen erforschen.

Findst du etwas in der gschrifft das du nit verstaast / oder das dich bedunckt es seye widerwärtig / so solt du es nit fräfenlich wellen beschetzen oder schelten / sonder deinem vnuerstand söllichs zuoschreiben nit der geschrifft / gedenck / du verstaast es nit / oder es hat einen anderen verstand / oder es ist villeicht vom trucker übersehen vnd vnrecht getruckt. Als so du lisest das Gott zornig werde / vnd rüwen trage / so doch Gott sölicher anfechtungen keine hat: oder so du lisest das Christus sine junger heiszt zwey schwärt kauffen / als soltend sie fächten / die er doch vor geleert hatt den anderen backen dem streich darhaben / vnnd dem bösen nit widerston / so er doch anderswo gebütet vnd heiszt das bösz dannen thuon vnd auszreüten / das verböserend aug auszstächen / vnd die verergerende hand vnnd fuosz abhauwen. Dise widerwertige (als vns bedunckt) wort / soll der glaub vnd die liebe eins machen vnnd miteinander versünen. Darumb lert der heilige Augustinus die gschrifft mit vrteil läsen / vnd warnemen was gstalt ein yetlichs geschriben seye vnd geredt / dann etliche reden sind figurlich reden / als so Christus spricht: Das ist mein leychnam. Jtem imm alten testament da staat das lamb ist der überschritt. Joannis 6. do Christus redt: Es seye dann das jr mein fleisch essind / vnd mein bluot trinckend / werdend jr kein läben in euch haben. Woltest du in disen (vnd därgleichen) reden / auff den blossen buochstaben / wie der lutet / tringen / so wurdest du verfälen. Etliche reden aber sind nit figurlich sonder klaare vnd lautere geheisz / als hab Gott lieb ob allen dingen / vnd den nächsten als dich selber.

Grosse klaarheit vnd hälles liecht den sinn der gschrifft zeuerston kumpt vsz dem / so man nit allein warnimpt was man sagt oder schreibt / sonder von wämm vnd wämm es geschriben oder gesagt werde / mit was worten / zuo was zeyten / was meinung / mit was vumbstenden vnd gelägenheit / was vor / was nachin gange. Etlichs ist geschehen vnd geschriben das wir auch also thüegind / als do Abraham Gott glaubt vnnd gehorsam ist: sein vetter Lott von fräflem gwalt entschüttet. Etlichs aber das wir vns daruor goumind / als do Dauid dem frommen Uria sin weyb schwecht / vnnd jn vmbbringt. Also muosz man gar weyszlich vnd vmbsichtig in der geschrifft wandlen / vnd das liecht des glaubens vnnd der liebe in allen dingen zuohin heben / das man nienan abirre oder verfäle / sähen auff was zeyt / auff was personen ein yetlichs ding lange. Es hat die heilige gschrifft auch jr fleisch vnnd jren geist / das fleisch ist nichts nütz / der geist aber macht läbendig. So vil von dem wie man zur gschrifft kommen / vnd darinnen wandlen soll / welches doch gar vil volkommner vnd fleissiger von vilen frommen vnd geleerten menneren bey den alten vnd auch zuo vnseren zeyten in latin angezeigt ist / als von Augustino / Erasmo Roterdam / vnd anderen / ausz welchen wir (so vil vns not bedunckt) allein gemeldet habend.

Es ist on not (mein bedunckens) zeuerantworten die verbünstige red etlicher / die da vermeinend es seye schädlich vnd gfaarlich das man dem gmeinen man allenthalb die geschrifft lasse zuokommen vnnd läsen / dann har sie verursachet / die heiligen biblischen büecher verbietend vnd verbrennend. O wie billich möchte ein yeder biderman auff den heutigen tag zuo den fürsten des Römischen reychs (die sölichs thuond) sprächen / wie der Römisch bischoff Agapetus zum Justiniano dem Römischen keiser sprach / do er zuo jm mit sampt anderen Raatsbotten von Rom gen Constantinopel ausz geheisz Theodati des künigs in Jtalia geschickt ward / welcher Justinianus mit der Lutianischen kätzerey vnnd irrsal / ausz der leer Anthonij des Constantinopolischen bischoffs befleckt was. Als nun Agapetus vnderstuond den keiser von sölichem irrsal abzefüeren / satzt sich der keiser wider jnn /

vermeint er wäre recht daran / vnnd sprach zum Agapeto: Du wirst eintweders vnserer meinung sein / oder ich wil dich ins ellend schicken vnd des lands verweysen. Auff disz redt Agapetus mit vnerschrocknem männlichem gemüet. Jch hab begärt vnd gewünscht das ich zuo dem Christenlichen keiser Justiniano käme / so hab ich ein Diocletianus funden. Ja (sprich ich) sölichs möchte ein yed biderman gar billich hüts tags zum Römischen keiser / künig vnd fürsten reden / die von natur vnnd art nit bösz noch grausam sind / vnd werdend aber durch den trug der bäpstischen bischoffen verfüert vnd hindergangen / das sy / wie Diocletianus / mit frommen vnschuldigen leüten vnd den büecheren heiliger gschrifft grausamlich handlend. Dann nit allein tödtend vnd verbrennend sy man vnd weyb / sonder auch die büecher die nichts dann Christum vnnd das recht heil leerend / das hat auch vor zeyten Diocletianus gethon.

Waar ists das man ausz loblicher gewonheit (als man ausz den alten historien finden mag) die schädlichen büecher verbrennt hat / als do die Athenienser die schädlichen büecher Prothagore des Philosophi verbranntend / in denen er in ein zweyfel stalt / ob ein Gott wäre oder nit. Also sind zuo den zeyten Marciani des Römischen Keysers im Concilio zuo Chalcedon ausz gemeiner erkanntnusz vnd verwilligung / die büecher Manichei / Nestorij vnd Eutichij verbrennt worden / deszhalb das sy offne jrrsel / wider die Gottheyt Christi leeretend. Das man aber guote / nutzbare / vnd Christenliche büecher (als one widerred ist das Neüw Testament / ein innhalt aller gnaden / die Gott durch seinen sun der welt bewisen hat) verbrennt / ist so weyt von allen frommen / das es keiner nie gethon hat / er sey dann ein ertzschalck vnd gottlosz mann gewesen / als Diocletianus vnd andere seynes gleychen. Jm Alten Testament / der gottloss Künig Joachin / der die warnungen vnd straaffen Hieremie desz propheten / vom Baruch in ein buoch verfaszt / zerschneyd vnnd verbrennen liesz. Also thet auch der künig Antiochus als man findt im buoch der Machabeern.

Vnd ob yemants sagen wölt / man verbrannte söliche büecher darumb / das sy fälschlich vnd übel vertol- mätschet wärend / oder das etwas defect vnd mangel darinnen wäre / der selb mercke das sölichs (ob es gleych also wäre / die sach aber staat noch vor dem Richter in einem zweyfel) nit gnuogsam vrsach ist die büecher zuo verbrennen / deszhalb das söliche prästen (so offt ausz eyl / vnachtsame / oder vnflyss der Truckeren oder Setzeren / dann niemants ist der nit zuo zeyten etwas übersähe / beschicht) wo erkanntnusz Gottes vnnd Christenliche liebe ist / wol mögend verbesseret vnnd geenderet werden. Sy geschähend auch ausz keiner fürgenomnen boszheyt oder muotwill / sonder (wie vorgemäldet) ausz eyl vnd vnachtsame.

Der tolmätschungen halb das die nit recht oder mancherley sygind / sagend wir also: Es sind vil wort vnd gantze sinn geenderet von den tolmätschen der spraachen / die als falsch vnd vngerecht von den widersächeren gescholten / wo sie von einem gleychen vnparthyeschen Richter söltend der billigkeyt nach erwägen vnnd ermässen werden / wurd sich erfinden das sy der gschrifft vnd dem glauben gemäsz vnd änlich wärend / vnd das die schmäher söliche translationen ausz neyd vnd vnd hassz fälschlich geschmächt vnd gescholten hettend / als ein yeder guothertziger in dem büechlin des Empsers wider den Luter wol sähen vnnd finden wirt. Vnnd ob gleych etwas nit recht transferiert wäre / möchtend die tolmätschen freüntlich vnnd brüederlich vermanet / vnnd jnen vrsach sölichs vermeinten irrsals / es wäre heymlich oder offenlich / angezeygt werden / vngezweyflet ein yeder (so verr er Christlichen geyst vnnd liebe hette) wurde sich lassen warnen vnd leeren / vnd wo er jrrete / abston / seinen irrsal enderen / vnd einem besseren volgen vnd zuoträtten. Darausz wurde besserung vnd aufbauwen der kirchen Gottes mer wachsen / dann so man mit schmützen so vnbescheyden fart / vnnd so vngestüem wüetet mit schreyben vnd brennen / mit vertreyben / bannen vnd töden. Ausz welchem gnuogsam abermals bewärt ist / das vmb etwas irrsals willen / darumb die büecher / die sunst guote vnd nutzliche leer innhaltend / nit söllend verbrennt / sonder die jrrsal eint wäders verbesseret / oder aber das nütz darausz erläsen werden.

Das aber etlich vermeynend mancherley translationen machind zweytracht im glauben vnd im volck Gottes / ist falsch. Dann nie ist es basz vmb die kirchen Gottes gestanden / dann do schier ein yede kirchen ein bsundere translation hatt. Bey den Griechen / hatt nit Origenes ein bsundere / ein bsundere Vulgarius / Chrisostomus? Sind nit über die sibentzig tolmätschen / die translation Aquile / Theodocionis / Symachi / vnd die man nennet die Fünffte vnd die Gemeyne? Nimm darnach die Latiner / findst du das sich gar nach ein yeder einer sunderen translation gebrucht hatt. Dann als Hieronymus bezeüget / sind schier als vil tolmätschungen gewesen als kirchen / nach dem ein yetlicher Bischoff Griechisch kondt / nach dem machet er jm ein tolmätschung / vnd hatt also ein yeder ein eigne Bibel. Anders liszt Hireneus / anders Cyprianus / anders Tertulianus / anders Hieronymus vnd Augustinus / anders Hilarius / anders Ambrosius. Deszhalb mags kein verstendiger schälten das sich diser zeyt die geleerten allenthalben üebend in den spraachen / vnnd jren vil ausz dem Ebreischen trasferierend. Ja vil mer sol man sölichs loben / vnnd Gott darumb hohen danck sagen / der die gemüete erweckt das sy die heylige gschrifft fleissig tractierend vnd erdurend. Wölte Gott es wäre nach der zeyt Augustini nie vnderlassen worden / so wärend wir in söliche blindheyt vnd vnwüssenheit / in söliche jrrsal vnd verfüernusz (so im Bapsttuomb regiert hatt) nie kommen: Dann so bald man die Bible liesz ligen vnnd sich darinnen nit mer üebet / do was es gethon / do man das liecht der gschrifft nit mer braucht / sonder ein yeder fieng an ausz seynem eignen kopff schreyben was jm eynfiel vnd was jn guot ducht / muoszt von nöten die finsternusz menschlicher tradition eynwachsen / dahär kommend vns so vil Screybenten / die der Bibleschen gschrifft sälten gedenckend / vnnd ob sys gleych zuo zeyten anziehend / geschicht doch das so vngeschickt vnnd kalt / das man wol sicht das sy den vrsprung vnnd brunnen nie besähen habend.

Das sich nun den Griechen vnnd Latineren in jrer spraach gezimpt hat / warumb sölte das den Teütschen in jrer spraach nit gezimmen? ob gleich zwentzig / ja vnzalbar vil wärind die ausz Hebreischem grund die Bibli verdeutschtind / damit sie die kirchen / denn sie vorstüendend / dester basz möchtend berichten vnnd leeren? Ja ein yetlich volck mag mag sy in jr spraach vertolmätschen / vnnd wirdt nütdestminder ausz dem kein zwytracht in der kirchen Gottes entston. Das aug ist nit der fuosz / vnnd die hand ist nit das or / noch ist nit zwytracht im leyb vnnd vnder den glideren / ob sy gleych nit alle gleychen brauch habend. Was sols dann schaden das die diener der Wittenbergeschen kirchen das / Alt vnnd Nüw Testament ausz Hebreischem vnnd Griechischem neüwlich vertolmätschet habend? welcher tolmätschung wir vns / den fünff büecheren Mosis / im Josue / der Richteren / Künig büecheren / vnd Chronica hierinn auch gebrauchend / auszgenommen das wir (als es wider bey vnns getruckt ward) eins teyls etliche wörtli (so vil die spraach betrifft) nach vnserem oberlendischen teütsch / auff bitt etlicher / geenderet / des anderen teyls auch an etlichen orten den sinn (als wir vermeynend das vrteil stande beym läser) klärer vnnd verstäntlicher / gemacht habend. Vmb welches wir nit vom tolmätschen (so verr er allein auff Gottes eer sicht) verhaszt / sonder billich geliebet werden söllend.

Dargegen das die diener der kirchen zuo Zürich in den Propheten / im Job / Psalter / in den Sprüchen Salomons / Ecclsiasta / Gsangbüecheren / ein besundere vnnd eigne vertolmätschung (die man hierinn findt) habend? Kein zwytracht / kein span (sprich ich) ja kein gfaar mag darausz entston / das die vertol- mätschungen vngleych vnd mancherley sind / als wenig / als gfaar ist / das eine Hebreisch / die ander Griechisch / die dritt Latin / die vierdt Teütsch / Wälsch / oder Böhemisch ist. Wie die völcker alle in vngleyche der spraachen in eynigkeyt desz glaubens einen Gott mögend erkennen / vnnd in liebe eins sein: also mögend auch vilerley tolmätschungen im glauben vnnd liebe einandern wol beträtten vnnd verston / vnnd das in den hauptstucken vnnd gründen vnsers heyligen glaubens / ob sy gleych andere vnnd andere wort brauchend. Darumb wir Gott billich lobend / das er die gaab der interpretation vnnd auch des trucks seyner kirchen geoffnet hat / vnnd das deren auff den heütigen tag so vil sind / die mit grossem fleysz vnnd höchsten trüwen die gschrifft / zuo eeren Gottes vnnd nutzbarkeyt seynes volcks vertolmätschend / da ein yetlicher (gleych als so viel miteinandern schiessend) vermeynt zum nächsten den zwäck zeträffen. Vnnd obs jnen gleych nit allen geraatet / so schüszt doch einer näher zuohin dann der ander / einer trifft's dasz dann der ander / es kans auch einer basz dann der ander. Wär ist nun so vnsinnig / verbünstig oder böszwillig / der einen sölichen / der seynen müglichen fleysz ankeeret / den zwäck zuo träffen vnnd zum nächsten hinzuo zeschiessen (ob er schon fält vnd vnd den zwäck nit zum gnöuwesten trifft) verachte vnnd beschälte? Zimpt es sich nit vil mer einen sölichen umb seynen fleysz zeloben / vnnd jm behollfen zesein / jn zefürderen das er sich noch mer übe vnd brauche?

Ausz disen gründen vnnd vrsachen habend auch wir dises werck vnseren kirchen zuo guot angehebt vnd fürgenommen / yederman das seyn vnueracht / verhoffende andere werdind vns nit verargen / das wir guot gemeinend. Vnnd ob wir gleych etwo gefält (dann niemants läbt der nit fäle) hettend / sind wir in hoffnung / liebe werde sölichs / one allen hochmuot vnnd vnnd falsch vrteyl / dulden vnnd verbesseren. Es läbt niemants der alle ding sähe / es hat auch Gott niemants gäben das er alle ding könne / oder wüsse / einer sicht vil klarer vnnd häller dann der ander / einer hat mer verstands weder der ander / einer kan ein ding basz zuo worten vnnd an tag bringen dann der ander / da sol aber kein verbunst noch verachtung sein. Der mer verstadt vnnd basz kan / sol den minder verstendigen nit verachten / sonder gedencken das söliches nit seyn ist / sonder Gottes / jm aber gäben das er die vnwüssenden leere vnnd vnderweyse. Es sol auch der minder verstendig den vil wüssenden vnnd geleerteren nit hassen noch jm verbönnen / sonder die gaab Gottes an jm erkennen / eeren vnd preysen / vnnd wo es jm müglich / auch belonen.

Nun wöllend wir hie nit verhalten / das in vnserer translation wenig der puncten acht gehebt ist / dann die selben auch neüwlich von den Rabinen der Juden erdacht / von anfang nit gewesen / sind. Es bekümmeret vnns auch wenig was die Rabinen in iren commentiren schreybind / welche auch innerthalb etlich hundert jaren aufgestanden / die offt so vngerympte vnnd torächte ding fabulierend / das es spöttlich ist daruon zereden. Dieweil sie dann jres eignen gsatzes so vnberichtet sind (dann die blindheyt ligt jnen vor den augen) vnnd auch sunst aller guoten künsten vnwüssend vnnd gar vnuerstendig / mögend sy zuo erklärung vnnd verstand der gschrifft wenig fürderlich sein. Der sibentzig tolmätschen translation (die lang vor Christo gemachet ist) verachtend wir gar nit / sonder haltend sy gross / dann sy an vilen orten die ding gar eigentlich besähen habend. Doch giltet bey vns allwäg mer das Hebreisch / als der vrsprung vnd grund / wiewol wir nit so vil auff den buochstaben / als auff den sinn vnnd meynung achtend. Dann eigenschafft der spraach mag niemants mit nutz in ein andere spraach bringen / deszhalb es wäger ist man behalte einer yeden spraach jr eigenschafft vnuerseert. Die torechte supersticion etlicher / die für ein grosse sünd haben vonn den silben vnnd worten zeweychen / bedunckt vnns mer ein eigenrichtiger kyb / weder ein vernüfftig ermässen vnnd vrteil / von dem aber hie nit nach notturfft statt ist zereden.

Zuo disem werck habend wir einen schönen lieblichen buochstaben gegossen / der sich alten vnnd jungen wol füegt / vnnd damit wir der gedächtnusz etwas hulffind / vnd den läser lustig machtind / habend wir die figuren nach einer yetlichen geschicht gelägenheyt hinzuo getruckt / verhoffend es werde lustig vnd angenäm sein. Einem yetlichen capitel habend wir die summ / so darinn begriffen / in kurtzen worten arguments weysz fürgestelt / vnnd näbend dem text concordantzen angehefftet / welches alles in anderen / die vormals getruckt sind / Biblien / nit so eigentlich obseruiert ist.

Jetzt wöllend wir die ordnung der büecheren ezellen / die Biblisch genennt werden / vnnd kurtzlich mälden was darinn erlernet werden sol. Bey den alten sind dise nachgeschribne büecher für Biblisch vnnd eelich geachtet worden: Das buoch der geschöpfft / das buoch desz auszgangs / das buoch der Leuiten / das buoch der zalen / das fünfft buoch Mosis Deuteronomion genennt / das ist / ein wideräferung des gsatzes. Nach denen volgend das buoch Josue / vnnd der Richteren. Ruth gehört zuon Künig büecheren / deren viere sind / doch nennend die Hebreer die ersten zwey büecher Samuels / die letsten zwey Künig büecher. Hieronymus rechnet Ruth zuon Richter büecheren / deszhalb das die history vnder den Richteren geschähen ist / wenn man aber auff die geschlächte sicht / so ists mer ein eyngang in das gschlächt Dauids / vnd ein anfang der Künig büecheren / dann da wirt die linien vom Juda här (ausz deren Christus der heyland solt geboren werden / die auch von den alten fleyssig gemerckt vnd geachetet ist) wider herfür genommen / damit man auff den Dauid (dem auch ein sunderbare verheissung desz somens beschähen ist) komme.

Paralipomenon sind zwey büecher / in denen kurtzlich überloffen wirt / das in der Künig büecheren der lenge nach gehandlet ist / vnd wo etwas auszgelassen / wirdt hie gemäldet. Wirt nit vnbequemlich ein Chronick der Künigen Juda vnnd Jsraels gennenet. Jn dise ordnung gehörend die zwey ersten büecher Esre. Dann wie in dem letzten Künig buoch das auszreüten vnnd die gefencknusz desz volcks Jsraels vnnd Juda beschriben ist: also wirdt im Esra angezeigt die erlösung ausz der Babylonischen gefencknusz / der widerkeer gen Jerusalem / der statt vnd des tempels wider aufbauwen / vnd die widerbringung (wie klein sy ioch was) des volcks. Dann niemer mer sind sie in den vorigen stand kommen / sonder jr sach hat für vnnd für abgenommen bisz sy viertzig jar nach Christo gar auszgereütet sind.

Hester volgt dem nach / darinnen auch die erlösung desz volcks angezeygt wirt. Der Job vnd die Psalmen / da das ein als vil als ein disputation ist vom freyen willen vnd der fürsichtigkeyt Gottes. Das ander ein beyspil wie man in allen nöten vmb hilff vnnd schirm allein zuo Gott fliehen sol. Die weysen sprüch Salomons vnd sein Prediger / das buoch der liedern oder gsangen. Demnach kommend die Propheten / vier der grossen / Esaias / Jeremias / Ezechiel / Daniel. Zwölff der minderen oder kleinen / das ist / deren die nachmals geprophetiert habend / Oseas / Joel / Amos / Abdias / Jonas / Micheas / Nahum / Abacuk / Sophonias / Haggeus / Zacharias / Malachias. Also werdend aller büecheren desz alten Testaments zwey vnd zwentzig / die zwey Paralippomenon für eins / die zwey Esre für eins / die zwölff propheten für eins / Ruth zum Künig oder Richter buoch / die trähen Jeremie zum propheten gerechnet. Der ordnung sind sy alle eins / daran aber ist nit sunders gross gelägen.

Jn der anderen ordnung sind dise nachbenempten büecher: Das buoch der Weyszheyt / Ecclesiasticus / Judith / Thobias / Baruch / die zwey letsten Esre / etliche Capitel im Hester / die drey büecher der Machabeern / die history Belis vnnd Susanne. Dise büecher sind mit den büecheren der ersten ordnung nit in gleycher acht. Dann ob gleych vil waars vnnd nutzbars (das zuo frombkeyt des läbens vnnd erberkeyt dienet) darinnen funden wirdt / so sind doch nit alle ding so auszgestochen vnnd lauter / als in den vorgemälten. Ein bild vnnd angesicht wirdt vil häller vnnd eigentlicher in einem spiegelglasz gesähen / dann in einem wasser / vnnd in einem lauteren stillen wasser vil bass dann in einem trüebten vnnd bewegten. Es mischet sich in den büecheren offt vil eyn / das sich der lauteren waarheyt nit wil zum gnöuwesten angestalten / das fablen gleycher sicht. Jedoch wöllennd wir nichts verachtet haben / darausz guots vnnd nutzes gezogen mag werden. Es sol das guot desz bösen nit entgelten / vnnd sol der kärn mit den sprüweren nit hingeworffen / sonder ausz den sprüweren geläsen vnnd abgesünderet werden. Der läser sol thuon als das Bynlin das das best ausz allen bluomen saugt und zeücht / vnnd die reynen thier essend nüt vnreynes / sonder scheydend vnnd sünderend das vnreyn ab / das guot brauchend sy jnen zur speysz. Bewärend alle ding / spricht Paulus / was guot ist das nemmend an. Deszhalb habend wir sy auch wöllen trucken / das hieran niemants keynen mangel noch klag hette / vnnd ein yetlicher funde das seynem mangen liebete. Nun ists an dem / das wir zum kürtzesten vnnd in einer gmeyn anzeygind / was in den büecheren desz alten Testaments gehandlet werde.

Jm ersten buoch lernend wir erkennen die allmächtigkeyt Gottes / in der schöpffung aller dingen / seyn weyszheit in der schönen ordnung / auch seyn güete vnnd gerechtigkeyt / so wir betrachend wie er den menschen nach seyner bildtnusz gestaltet vnnd über alle ding einen herren setzt / so er jnn dargegen vmb seyn schuld vnnd überträttung ausz dem lustgarten treybt / vnd jm das ellend vnder augen schlahen laszt. Dabey aber vergiszt er seyner vätterlichen liebe vnnd trüw nit / tröstet sy mit einer verheyssung / die er nachmals im Abrahamen erneüweret / in welchem mann er jm selbs ein bsunder geliebt volck auszerkiesztt vnnd erwelt / mit dem er auch fur andere völcker gnädigklich vnnd freüntlich handlet / sich jnen sunderer weysz aufthuot vnnd erscheynt / ausz welcher vrsach das buoch der geschöpfft von den alten das buoch der frommen vnnd gerechten genennet ist worden. Dann darinnen wirdt angezeygt wie sich Gott gegen den frommen / vnnd sy sich gegen Gott haltend. Darnäbend wirt nütdestminder auch gemäldet wie ruch Gott die übelthäter vnnd gottlosen die sich seynen nit haltend / straaffe / als im sündflusz / im verderben der fünff stetten / etc.

Wir erlernend auch in dem buoch die ewig fürsichtigkeyt vnnd waal Gottes / in deren er sich etlich annimpt / als im Abel / Noe / Abrahamen / Jsaac / Jaacob / Joseph / etc. Etlich verschupfft als den Cain / Jsmael / Esau vnnd andere. Da thuot Gott seyn barmhertzigkeyt (doch dunckel) auf / vnnd zeyget an den auszerwelten vnnd hohen somen / in dem er die welt widerbringen vnnd heyl machen wolt / vnnd in dem alle völcker glückhafftig vnnd sälig werden soltend / namlich im somen Abrahe / das ist / in Christo seynem gliepten sun / der nach der menschheyt ein sun Abrahe seyn solt. Deszhalb die linien der verheyssung die auff den selben somen reicht / von allen frommen von ye welten här gar fleyssig geachtet vnnd wargenom- men ist worden.

Vnnd dieweyl Gott dem Abrahamen verheyszt seyn geschlächt zeuilen vnd zemeeren / vnd jm ein genüchtig guot lannd eynzegäben / wirdt im anderen buoch gemäldet / wie Gott das selbig leysten anhebt: Dann als sie etlich hundert jar in schwärer gefencknusz vnder dem Künig Egypti geträngt warend / hat jnen Gott einen erlöser vnnd auszfürer den Mosen geschickt / hat sy mit gewaltiger hand durch das meer auszgefürt / vnnd jren feynden mit aller seyner macht hinder jm ertrenckt / viertzig jar hatt er sy in der wüste erhalten vnnd wunderbarlich gespeyszt / durch alle feynd gefürt vnd sighafft gemachet. Vil der vngehor- samen vnnd widerspennigen hat er gestraafft vnnd vmbbracht / doch allwägen einen somen vnnd nachleypscheten / denen er seyn verheyssung leystete / behalten.

Es wirdt auch beschriben was ordnung vnnd brüch die Priester / die Gott ausz dem stammen Leui erkieszt hatt / halten / vnnd wie der Tabernackel gebauwen vnnd gezieret werden sölte. Was opffer aber die Priester vnnd Leuiten brauchen / was jr ampt vnnd dienst sein sölte / wirt im dritten buoch angezeygt vnd bestimpt.

Jm vierdten wie das volck gezelt vnd gemusteret wirt / wie die hauptleüt nach den stämmen vnd geschlächten erwelt / mit was ordnung sy in streyt ziehen / wie sy jre läger vnd zälten auffschlahen vnd wider abbrächen söllind.

Das fünfft buoch mäldet / wie Moses yetz alt vnnd dem tod naach / dem volck das gsatz Gottes wider fürhaltet / jnen wider in gedächtnusz bringt alle wunderwerck vnnd guotthaaten die Gott an jnen bewisen habe / sy theür vnnd hoch ermanende / das sy den Gott lieben / jm anhangen / auff jn vertrauwen / nienen fälschlich vnd vntrüwlich an jm faren wöllind.

Nach dem tod Mosis wirdt Josue zum hauptmann erwelt / der fürt das volck ins land das jnen Gott verheyssen hatt eynzegäben / da werdend grosse vnnd eerliche thaaten beschriben / die Gott durch Josue an seynem volck bewisen hatt: vnnd wie das land dem volck nach den stämmen auszgetheylt sey worden / eyngenomen vnd vnd besässen.

Wie sy aber ausz gnuochte vnd völle des lands muotwillig wurdend / Gottes jres guotthäters vnd seiner gebotten vergassen / hatt sy Gott etwo dick in den gwalt jrer feynden gäben / vnd so sy jnn mit trüwen anrooffend / wider erlöszt / welches jm Richter buoch beschriben wirt. Vnd das hatt gewäret bisz auff die zeyt Samuels der ein oberster priester / vnnd damit auch ein obrer des volcks gewesen ist / vnnd bisz auff die zeyt das Saul auff bitt vnd begär desz volcks zum künnig durch Samuel gesalbet ist.

Das regiment aber der künigen wirdt in der Künig büechern der lenge naach beschriben / da findt man mancherley beyspil der frommen vnd bösen künigen / wiewol der frommen der minst teyl ist / vnd wie aller abfal des volcks von bösen künigen vnnd obren ye vnnd ye entstanden ist. Dann in Jeroboam sicht man / was schaden es bringe ein mal von Gott abgefallen sein / vnd das volck sünden machen wider Gott. Welcher abfal für vnd für so vil zuogenommen hatt / das kein warnung noch straaff hatt mögen erschiessen / bisz sy in gefencknusz (erstlich Jsrael / nachmals Juda) gefüert / verderbt vnd in alle land zerströuwet sind. Vnnd ob sy gleych Gott wider in jr land ausz der gefencknusz fuort / kamend sy doch in so hohen vnnd eerlichen staat niemer mer / als sy vormals gewesen warend / dann das dennocht Gott etwas naachleypscheren behielt vmb seyner trüw vnnd verheyssung willen. Dises findt man gnuogsam im Esra angezeyget / das wie sy an der macht vnd leüten / also auch an frombkeyt vnd tugenden für vnnd für schwachetend vnd abnamend. Deszhalb ist auch Hester ein beschreybung jres kummers / gefencknusz vnnd ellends vnder den Heyden / wiewol sy Gott auff das mal auch erhielt.

Job ist der büecheren eins ausz denen man trost vnnd gedult lernet / angesähen die göttliche fürsichtigkeyt vnd seynen ewigen willen / nach dem er nit allein die vnfrommen vmb jr miszthat strafft / sonder auch die frommen vnd gerechten (wiewol vor jm niemants vnschuldig ist) in disem zeyt durch mancherley trüebsal bewärt vnd leüteret / vnd gegen jnen damit seyn vätterliche liebe vnd trüw erzeigt. Eben das lernend wir auch ausz den Psalmen wo wir in nöten hinfliehen / wo wir hilff suochen / vnd mit was standhaffte vnd gedult wir vns in die leyden schicken söllind / was das vertrauwen vnd gloübig gebätt bey Gott vermöge.

Was ist aber der propheten leer anders / dann ein emsig treyben des willen vnnd gsatz Gottes? ein teür vermanen abzeston von sünden / vnnd sich zuo Gott wider zekeeren? ein verheyssung Gottes gnad vnd hilff allen denen die sich Gottes haltend? ein tröwen seyner straaff den gottlosen? Darnäbend aber habend sy auch vil heymlicher vnnd künfftiger dingen ausz offenbarung Gottes vom heyland Christo vorgesagt / von verschupffen desz Jüdischen volcks / vnd beruoffung der Heyden. Kurtz / da findst du einen ewigen fleysz Gottes erkantnusz vnder die menschen zebringen vnd zepflantzen / vnd wo man von Gott abgträtten ist / wider zuo Gott die menschen zeberüeffen / alle schalckheyt vnd vngerechtigkeyt zeweeren. Vnd das alles mit sölicher trüw / mit sölichem ernst vnnd standhaffte / das sy ee den tod erleyden haben wöllen / dann von der waarheyt weychen vnd abträtten.

Die Sprüch vnnd die Prediger Salomonis leerend weyszheyt / die welt / sich selbs / vnnd Gott erkennen / vnnd das alle ding eytel sygind / allein Gott anhangen das behalte den menschen ewig vnd vntödtlich.

So vil vom Alten Testament / in dem sich Gott mit seyner macht / weyszheyt / güete vnnd gerechtigkeyt dem menschen aufthuot vnnd zuo erkennen gibt / deszhalb es von niemants verachtet werden sol als ein alte gschrifft die vns nichts angange vnd yetz verspulcht sey. Dann das ist die rechte gschrifft vnd zeügnusz von Gott / in die der Herr Jesus die Juden weyset / vnnd heyszt sy durchsuochen vnd erfüntelen. Welcher der gschrifft nit glaubt / der glaubt auch Christo nit / vnd wär sy verschupfft der hat Christum vnd Gott verschupfft. Das Neüw Testament aber oder Euangelium ist ein heytere klare zeügnusz von Christo / wie Gott sin gnad vnd verheissung die im alten Testament geschähen ist / geleystet habe. Vnd wirt also das neüw im alten angezeiget vnd verschlossen: das alt im neüwen erfüllt vnnd waar gemachet. Dann ob gleych Gott vornaher in schöpffnung der welt / in mancherley guotthaaten vnd wunderwercken dem Jüdischen volck bewisen / sich etlicher masz aufgethon vnd zuo erkennen gäben / mit den frommen mancherley weysz geredt vnd gehandlet / hatt er doch das vil volkomner vnnd häller durch seynen sun gethon / in dem die göttliche weyszheyt vnnd waarheit so vil mer erglastet / so vil er die vorigen propheten (die auch die warheit Gottes fürgetragen habend) übertrifft: dann er selbs die weyszheit vnnd warheit ist / der wäg vnd das liecht / das Gott der welt zuo jm zuo kommen geben hat. Jn seinem läben ist kein fäl noch präst / in seiner leer kein irrsal noch falsch. Keins fäls mag jn niemand beschuldigen / dann in jm sind alle schätz des wissens vnd aller weyszheit den menschen behalten: in jm wonet die Gottheit selbs wäsenlich. Er ist där / durch den Gott wil die welt mit jm selbs versüenen vnnd begnaden / darumb er vom himmel härab befolhen hat / man sölle im losen: jn sölle man hören.

Hie wäre zuo beweinen vnnd zebeklagen / das die leer Christi yetz etlich hundert jar als vil als in ein vergäszlgkeit kommen ist / vnd so sy vns Gott durch sein gnad yetz neüwlich wider härfür bracht hat / das etlich so vndanckbar sind / das sie die hälle vnd schöne Sonnen euangelischer leer nit wellend annemen / lieber in der finsternus wandlen: ettlich vnderstonds wider auszzelöschen vnd zeueriagen. Bey vilen ist Euangelische warheit (so man sy nun nennt) so verhaszt / das sy es ein irrsal büeberey vnnd kätzerey nennend. Vnnd die sy gleych hörend / die sind so kalt so law / träg vnnd vnachtsam / so schwach vnnd vnstandthafft / das zebesorgen ist Gott werde sy von wegen vnser vndanckbarkeit wider von vns nemmen / vnd harter straffen dann hettend wir sy nie gehört. Dann wo er redt / wil er das man jm lose: vnd wo er vil gnaden vnd gaaben gibt / wil er ouch das man redlich vnd dapffer sye / vnd sy zuo seinen eeren vnd nutz dem nächsten brauche.

So nun Gott vns mit seiner warheit vnderweyszt leert vnnd berichtet / vnnd wir die finsternus lieber habend weder das liecht (welches ein gwisse anzeigung ist das wir schälck sind / vnnd mit bösen vngerechten sachen vumbgond) vnnd vnser läben nit nach Gott gestaltend: so er vns so vil guots thuot / vnnd wir gegen vnserem nächsten so vntrüw vnd hart sind / was ist vnns meer zuo warten / dann die straaff die Jesus den stetten Betsaida vnnd Capernaum tröwet?

Jsts nit schantlich vnnd spottlich (des schadens wil ich geschweigen) das wir Christen die Christo im Touff eyngeleybt / vnnd jm geschworen sind / seiner leer so gar vnbericht sind / so doch in anderen menschlichen künsten vnnd handwärcken nichts so heimlich / nichts so verborgen ist / das man nit vnderstand zewissen / zelernen / vnd zeergreiffen? wie das wir der regel vnnd satzung eines Christlichen läbens minder berichtet sind / weder die münch im bapsthumb jres ordens regel? Jst nit der barfüesser fleyssig die regel Francisci / der benedicter Benedicti zewüssen vnnd auszwendig zelernen? vnnd wir wüssend von den gesatzten vnnd gebotten vnsers heilands Jesu Christi wenig oder gar nichts / die doch waare frombkeit vnnd säligkeit leerend. Dann allein diser leerer ist vom himmel herab zuo vns kommen: er allein leert gwüsse vnd vnfäliche ding / dann er ist die ewige weyszheit / allein er mag heilsame ding leeren / dann er ist das heil aller menschen / allein er mag das geben das er geleert hat: allein er mag leisten das er verheissen hat.

Wie vil sind büecher imm bapsthuom? vnzalbar vil / vnd die hat ein mensch ausz angebung desz teuffels geschriben / noch findt man leüt die alle büecher durchläsend / mit grosser arbeyt vnnd wenig frucht / mit verlust der kostbarlichen zeyt / wie dann das so wenig leüt lust vnnd begird habend in der leer Christi sich zeüeben? Warumb gedenckend wir nit also? Es muosz ein neüwe / hohe / vnd wunderbare leer sein / die Gott durch seinen sun der wält hat wöllen fürtragen / vnnd damit ers thäte / hat sich Gott härab gelassen vnnd menschliche blödigkeit angenommen: der vntödlich vnser tödligkeit / der höchst vnser nidere vnnd schwachheit: der schöpffer sein creatur. Grosz ja vnnd wunderbar muosz die leer sein / die ein sölicher ho- her / nach so vil geleerter vnnd wyser leeren / nach so vil heiliger propheten / kommen ist zeleeren. Lassend vns hie andächtigklich vnnd fleissig alle ding erkennen / erfünteln vnnd ergründen. Das ist die weyszheit die aller weysen weyszheit zuo torheit macht: vnnd die vor der wält narren geachtet sind die macht sy verständig vnnd weisz. Die leer ist yederman gemein vnnd begreyflich (allein man bringe ein glöubig gemüet) alten / jungen / mannen / weyben / hohen / nideren. Wie die Sonnen yederman gemeyn ist / vnnd sich vor niemants verbirgt / niemants verschupfft / dann den der sich verbirgt oder verschlüszt: also ist auch dise himmelische leer.

Deszhalb sol man sy niemants verbieten / sonder sy yederman mitteylen vnnd gemeyn machen. Darinn sol sich yederman üeben / sich darinn mit einander bespraachen. Dann wie vnsere täglichen üebungen vnnd reden sind: also werdennd auch vnsere sitten / also wirdt vnser läbenn. Ein yetlicher nemme so vil darausz / so viel jm der geyst gibt vnnd verleycht / vnnd das er fasset / das behaltet er vnnd lasse es jm läbenn erglasten. Der verr voranhin loufft / der verachte die nit die weyt dahinden sind / sonder er warte jren / rüeff jnen / vnnd bringe sie nit in ein verzweyflung / verzweyfle auch nit an jnen.

Der hinden bleybt vnnd naachhin gadt der verbönne dem nit der vorlaufft. Das ist die rechte Theology / das recht läsen vnnd wüssen von Gott / da findt man wie man die gemüete gestalten / alle weltliche ding verachten / allein an Gott hangen / yederman guots thuon vnd lieben / gedultigklich alles leyden tragen sol. Nichts ist das der mensch begären mag er findt es in der leer Christi. Wöllend wir etwas lernen / hie ist der himmelisch leermeyster Christus. Begärend wir ein form vnnd regel vnsers läbens / die findend wir hie zum vollkomnesten. Suochend wir artzny wider die schwären begird vnnd anfächtung desz fleyschs / finden wir die aller gewüssesten vnd heylsamesten. Wilt du das schwach vnnd traag gemüet ermunteren / so lisz die heylige gschrifft / da findst du läbende vnnd krefftige funcken. Wilt du deyn gemüet von den beschwärden vnnd arbeyten abziehen / berüewigen vnnd belustigen / magst du das nit komlicher thuon dann in läsung der gschrifft.

Christus hat verheyssen er wölle bey vnns sein bisz zuo end der welt / das leystet er aller meest in der gschrifft / in deren läbt er noch / aathmet vnnd redt mit vns nit minder / dann do er noch bey den menschen wonet. Die brieff die vns von einem lieben freünd geschriben werdend die habend wir lieb / tragen sy härumb vnnd zeygends yederman / vnnd denn behaltend wirs mit grossem fleysz als ein besunder kleynot / warumb brauchend wir söliches nit mit der gschrifft vnsers himmelischen vatters / der sy vns durch seynen sun vom himmel härab geschickt hatt / vnnd hatt gesprochen: Das ist meyn geliepter sun däm losend / als wölte er sprechen: Der ist der recht leermeyster / desz leer fleyssend euch zehören. Ausz dem brunnen habend getruncken Petrus / Johannes / Paulus / das sy vns nachmals habennd lassen auszrünnen. Von dem schuolmeyster habend sy bericht empfangen / der hatt jnen seynen geyst gäben der sy alle ding geleert hatt / mit befelch söliches auszzekünden in alle völcker.

Disz sye nun angezeyget zuo lob vnnd preysz der heyligen göttlichen gschrifft / die doch niemants gnuogsam preysen vnnd loben mag. Jedoch hab ich die gemüete der Christen etlicher masz wöllen mit diser meyner vermanung reytzen vnnd aufmunteren / das sy ein liebe vnnd lust darzuo gewunnind. Liebe mag nit verbünstig sein / sonder das sy erkennt guot vnnd nutzlich sein / begärt sy allen menschen mitzeteylen. Darumb wir auch dises buoch beyder Testamenten mit grosser arbeyt / fleyss / vnnd kosten erstlich vnseren kirchen / naachmals yederman zuo guotem getruckt habend. Deren sol zum mindsten ein yeder hauszuatter eine kauffen / darinn er seyne kinder vnnd hauszgsind (über die täglichen vnnd gemeynen predigen) berichte. Do Paulus zuo Thessalonica prediget / erduretend die / die jnn hortend täglich die gschrifft / vnnd luogtend ob es also wäre: dann auch das vrteyl bey den zuoloseren stadt. Wo das für vnnd für gebraucht wäre worden / hettend nit so vil falscher jrriger leeren mögen in die kirchen Gottes eyn wachsen.

Jm Babsthumb ward die gschrifft vor den leyen verheymlichet / vnnd muoszt also yederman glauben was der Papst vnnd die Pfaffen sagtend / niemants dorfft nun darwider gedencken / ich gschweyg reden / der gmeyn mann ward fürkommen vnnd verhüetet / das er die gschrifft nienen läse: dann die Pfaffen forchtend jr falsch vnd betrug wurde in der gschrifft funden vnd an tag bracht. Jetz hat Gott die welt wellen mit der waarheyt wider erleüchten vnnd erneüweren / vnnd zuo sölichem hat er vns den Truck gäben / das die guoten büecher vnnd gschrifften wider vnder die menschen kommind / vnder welchen disz buoch das aller best vnd nutzlichest ist.

Dann ob gleych Gott auch durch die Heyden seyn waarheyt hat lassen der welt erglasten (dann wir kein buoch verachtend darausz man guots erlernen mag) so hat er doch das vil häller vnnd vollkomner gethon in der Bibilischen gschrifft / darum sy auch (für andere) die heylige gschrifft genennet wirdt. Dann was tugenden / weyszheyt / waarheyt / gerechtigkeyt vnnd frombkeyt andere büecher leerend / das alles wirdt vil thürer / vil klarer / vil läblicher in der heyligen göttlichen gschrifft angezeyget / darinn thuot sich Gott durch seynen geyst vnnd sun vil thürer vnnd vollkomner auf / da ist mer liechts / als die Sonnen häller scheynt dann der Mon oder die sternen.

Jetz so yederman selbs läsen / wirdt man nit allein vmb des willen glauben das es der prediger sagt / sonder vil mer das mans also in der gschrifft finden / vnnd Gott in der gschrifft reden hören wirdt. Wie die Samariter die ausz der statt selbs zuo Christo kamend / vnnd do sy jnn hortend / sprachend sy zum weyb das jnen vom Herren gesagt hatt / Jetz glaubend wir nit allein vmb der red willen / sonder das wir jnn selbs gehört habend / vnnd wüssend das er ein heyland der welt ist.

Vnd ob darnäbend etlich sind die das läsen der gschrifft auff jren vortheyl / gyt/ kyb vnd anfächtungen miszbrauchend / fleyschliche freyheyt darausz nemmend / vnnd ander leüt leerend / die warheyt widerfächtend / das sol vns nit hinderen das wir darumb nit guote büecher truckind oder läsind / als wenig als sich der Räbmann vom weynpflantzen laszt abschrecken / ob gleych vil darnäbend täglich truncken werden / vnnd den edlen weyn miszbrauchend. Wir sind in hoffnung obs gleych von etlichen miszbraucht vnd verachtet werde / so sygind doch vil darnäbend der glöubigen vnd auszerwelten die sich der gschrifft wol gebrauchen vnd besseren werdend / vmb der selben willen habend wir dise arbeyt angehebt vnd vollendet / die werdends begirlich annemmen / ob gleych darnäbend vil gottloser geergeret vnd verböseret werdend. Wäger ists wenigen helffen / dann vmb der bösen willen hilff den guoten abzeschlahen. Waarheyt ist waarheyt ob sich schon tausent vnd aber tausent daran stossend vnd letzend / vnd dieweyl sy Gott geoffnet haben wil / vnd sy von Gott yederman gmein (wie die Sonnen) geben ist / mag kein gfaar sein denen sy mit trüwen offnend und der welt fürstellend. Der kostlich vnd auszerwelt steyn Christus ist von Gott zum pfymmend der kilchen vnd des hausz Gottes gelegt / wie vil sich ioch an jm zetod rennend vnd verderbend. Er ist der heyland / wiewol vilen zum fal dienet / noch hatt jn Gott in die welt geschickt / wiewol er wuszt das jn vil nit annemmen wurdend.

Also söllend auch wir allen fleysz ankeeren das die waarheit vnd göttlichs wort yederman bekannt werde / vnangesähen das es in vilen noch verdeckt ist / die der Gott diser welt der teüfel in jren gemüeten verblendt hat / das jnen das liecht der warheyt nit scheynt noch leüchtet. Der ackerman laszt nit vom säyen ab / ob schon der dritt teyl somen nit frucht bringt: Also sol auch mit disem heyligen somen geschehen den Gott der recht ackerman durch seine diener in seinen acker säyet / es ist on zweyfel noch vil guots erdtrichs das den somen getrüwlich empfahen / behalten / vnd hundertfältig frucht bringen wirt. O hettend vnsere vorderen so vil gelägenheyt des trucks vnd desz predigens (wie wirs yetzt habend) zuo jren zeyten gehebt / sy hettends nit verachtet wie wir jm thuond. Wo vor zeyten ein Bibly was / da sind yetz tausent / das söllend wir für ein guot glückhafft ding haben / vnd das vns Gott wölle begnaden so er vns sein wort gemein macht. Jetz ist die zeyt von deren die propheten vor gesagt habend / dz yederman von Gott geleert vnd bericht sol werden / vom minsten bisz auff den höchsten söllend sy jn all erkennen. Diewyl vns nun Gott das gnaden zeyt aufgethon hat / so lassend vns die gaaben Gottes nit verachten / eyle yederman bey zeyt / louffe yederman vnd sum sich niemants / kauffe yederman dieweyl der marckt wärt / der kost ist nit grosz / grosz aber der nutz / thür der schatz der fürgestelt ist.

  Hiemit bittend wir alle glöubigen das sy vnser arbeyt vnd müey zuo guotem annemmen
   wöllind / bessers exemplar habend wir yetzmal nit gehebt / wir mögend aber leyden /
    vnd begärends auch von Gott das er durch seyne diener noch ein eigenlichere
     vnd klarere interpretation wölle härfür bringen. Wo das geschicht wirdt
      es vns sundere grosse fröud bringen / darzwüschend wöllend wir
       euch disz vnser buoch empfolen haben fleyssig zeläsen /
        damit das reych Christi allenthalb vfgange und
        -zuonemme / vnd die welt gebesseret
         vnd fromm werde / Amen.

Zum Gebrauch der Übersetzung von 2007

Zu den Textgrundlagen dieser Übersetzung
Grundlage der vorliegenden Übersetzung ist für das Alte Testament der hebräisch-aramäische und für das Neue Testament der griechische Grundtext gemäss den neuesten wissenschaftlichen Ausgaben.

Der Übersetzung des Neuen Testaments liegt der griechische Text von Nestle-Aland zugrunde, wie ihn die 27. Auflage des NovumTestamentum Graece bietet. Dieser Text wurde von einem internationalen und interkonfessionellen Team von Fachleuten aus den vorhandenen Handschriften erarbeitet und 1979 veröffentlicht.

Als massgebliche Textausgaben dienten für das Alte Testament die Biblia Hebraica Stuttgartensia (5. Auflage 1997) sowie die ersten Teilausgaben der Biblia Hebraica Quinta (2004, 2006).

Weicht die Übersetzung von diesem Konsens-Text in besonderen, begründeten Fällen ab, wird dies in einer Anmerkung dokumentiert.

Zur Wiedergabe des Tetragramms im Alten Testament
Das Ersatzwort HERR für das Tetragramm JHWH wird in besonderer Schriftart gedruckt, d.h. durch Kapitälchen typographisch ausgezeichnet. Dadurch soll es unterscheidbar bleiben vom Wort ‹Herr› im Sinne der männlichen Anredeform.

Zur Schreibung der Namen im Neuen Testament und in den Psalmen
Die Schreibweise der Namen im Neuen Testament richtet sich nach den entsprechenden Eigenheiten der Sprachen, aus denen die jeweiligen Namen stammen. So heisst es nun Kafarnaum (hebräischer Hintergrund) statt Kapharnaum oder Kapernaum, Stephanus (griechischer Hintergrund) statt Stefanus, Cäsarea (lateinischer Hintergrund) statt Kaisareia. Namen, die in einer bestimmten Form ins allgemeine Bildungsgut eingegangen ind, wurden in derRegel in dieser Form belassen.

Zur Gestaltung des Textes
Die typographisch hervorgehobenen Titel und Überschriften gehören genauso wenig zum ursprünglichen Text wie die Einteilung in Kapitel, Abschnitte und Verse sowie die Hervorhebungen und Zitatauszeichnungen.

Die spezielle, zumeist zweiteilige Struktur der Psalmen bzw. poetischer hebräischer Texte wird durch Einrückung des jeweils zweiten Verses bzw. des zweiten Teils einer Sinneinheit sichtbar gemacht.

Die Zitate im Neuen Testament werden durch Kursivsetzung gekennzeichnet. Über die Herkunft der Zitate aus dem Alten Testament gibt in der Regel eine Verweisstelle Auskunft. Die wenigen ausserbiblischen Zitate werden nicht nachgewiesen. Da das Neue Testament in vielen Fällen aus der griechischen Übersetzung des Alten Testaments (der Septuaginta) zitiert, stimmen die Stellen mit dem Wortlaut des aus dem Hebräischen übersetzten Alten Testaments vielfach nicht überein.

Zu den Anmerkungen im Text
Anmerkungen sind sparsam gesetzt und streben in der Klärung textlicher oder inhaltlicher Probleme keine Vollständigkeit an. Die vorliegenden Anmerkungen dienen vor allem vier Zwecken: (a) Sie kennzeichnen textkritische Probleme, d.h. wesentliche Abweichungen vom massgebenden Text; (b) sie erläutern Aussagen, die aufgrund des hebräischen bzw. griechischen Texthintergrunds nur schwer verständlich sind; (c) sie kennzeichnen mehrdeutige Stellen, die auch eine alternative Übersetzung mit einem anderen Sinn zulassen; (d) sie geben an, wo die Übersetzung um der besseren Verständlichkeit willen freier ist als an anderen Stellen.

Zu den Verweisstellen
Die Verweisstellen (Parallelstellen) zeigen theologische Linien innerhalb eines Buchs und zwischen den Büchern der Bibel auf.

Neben Verweisen, die sich auf einzelne Verse beziehen, finden sich auch solche, die sich auf ganze Versgruppen beziehen. Im Neuen Testament sind Parallelen zu ganzen Perikopen (das heisst: durch Überschriften zusammengefasste Sinneinheiten) nicht durch Versangaben, sondern durch ein vorangestelltes ‹P:› gekennzeichnet. Zahlen mit folgendem Doppelpunkt zeigen an, auf welchen Vers oder welche Versgruppe sich der jeweils folgende Verweis bezieht.

Findet sich vor einer Verweisstelle keine Buchangabe, so handelt es sich um eine Verweisstelle im gleichen Buch, in dem auch der Bezugsvers steht. Verweisstellen, die mit einem ‹!› versehen sind, bieten weitere Parallelstellen zu einem bestimmten Thema. Mit hochgestelltem Punkt ‹·› wird angezeigt, dass die Verweisstellen rechts und die Verweisstellen links dieses Zeichens sich auf unterschiedliche Teile im selben Bezugsvers beziehen.

Das neüw Testament.

Euangelion Sant Matthes.
Das erst Capitel.

Von dem gschlächt Christi vnd vermächlung seiner müter Marie. Von der angst Josephs vnd wie er getröstet ward.

Euangelion Sant Matthes.

Das erst Capitel
  Von dem gschlächt Christi und vermächlung seiner muoter Marie. Von der angst Josephs und wie er getröstet ward.

  Diß ist das buoch von der geburt Jesu Christi/ der da ist ein sunn Davids/ des suns Abrahams.
  Abraham hat geboren den Jsaac.
  Jsaac hat geboren den Jaacob.
  Jaacob hat geboren den Juda unnd seyne brüeder.
  Judas hat geboren den Pharetz unnd den Zamar von der Thamar.
  Pharetz hat geboren den Hetzron.
  Hetzron hat geboren den Ram.
  Ram hat geboren den Aminadab.
  Aminadab hat geboren den Nahasson.
  Nahasson hat geboren den Salmon.
  Salmon hat geboren den Boas vonn der Rahab.
  Boas hat geboren den Obed von der Ruth. Obed hat geboren den Jesse.
  Jesse hat geboren den künig David.
  Der künig David hat geboren den Salomon/ von dem weyb des Urie.
  Salomon hat geboren den Roboam.
  Roboam hat geboren den Abia.
  Abia hat geboren den Assa.
  Assa hat geboren den Josaphat.
  Josaphat hat geboren den Joram.
  Joram hat geboren den Osia.
  Osias hat geboren den den Jotham.
  Jotham hat geboren den Achas.
  Achas hat geboren den Ezechia.
  Ezechia hat geboren den Manasse.
  Manasse hat geboren den Amon.
  Amon hat geboren den Josia.
  Josias hat geboren den Jechoniam/ und seine brüeder/ umb die zeyt der Babylonischen gefencknuß.
  Nach der Babylonischen gefencknuß hat Jechonia geboren den Sealthiel.
  Sealthiel hat geboren den Zorobabel.
  Zorobabel hat geboren den Abiud.
  Abiud hat geboren den Eliachim.
  Eliachim hat geboren den Asor.
  Asor hat geboren den Zadoch.
  Zadoch hat geboren den Achin.
  Achin hat geboren den Eliud.
  Eliud hat geboren den Eleasar.

Das Evangelium nach Matthäus

Der Stammbaum Jesu

1 1 Stammbaum Jesu Christi, des Sohnes Davids, des Sohnes Abrahams:
2 Abraham zeugte Isaak, Isaak zeugte Jakob, Jakob zeugte Juda und seine Brüder. 3 Juda zeugte Perez und Serach mit Tamar, Perez zeugte Hezron, Hezron zeugte Ram, 4 Ram zeugte Amminadab, Amminadab zeugte Nachschon, Nachschon zeugte Salmon, 5 Salmon zeugte Boas mit Rachab, Boas zeugte Obed mit Rut, Obed zeugte Isai, 6 Isai zeugte den König David.
  David zeugte Salomo mit der Frau des Urija, 7 Salomo zeugte Rehabeam, Rehabeam zeugte Abija, Abija zeugte Asaf, 8 Asaf zeugte Joschafat, Joschafat zeugte Joram, Joram zeugte Usija, 9 Usija zeugte Jotam, Jotam zeugte Ahas, Ahas zeugte Hiskija, 10 Hiskija zeugte Manasse, Manasse zeugte Amon, Amon zeugte Joschija, 11 Joschija zeugte Jechonja und seine Brüder zur Zeit der babylonischen Verbannung.
  12 Nach der babylonischen Verbannung zeugte Jechonja Schealtiel, Schealtiel zeugte Serubbabel, 13 Serubbabel zeugte Abihud, Abihud zeugte Eljakim, Eljakim zeugte Azor, 14 Azor zeugte Zadok, Zadok zeugte Achim, Achim zeugte Eliud, 15 Eliud zeugte Elasar, Elasar zeugte Mattan, Mattan zeugte Jakob, 16 Jakob zeugte Josef, den Mann Marias; von ihr wurde Jesus geboren, welcher der Christus genannt wird.
  17 Im Ganzen also sind es vierzehn Generationen von Abraham bis David, vierzehn Generationen von David bis zur babylonischen Verbannung und vierzehn Generationen von der babylonischen Verbannung bis zum Christus.

P: Lk 3,23–38 |2: Gen 25,19–26; 29,31–30,24 |3: Rut 4,12.18–19; 1Chr 2,4–5.9 · Gen 38 |4: Rut 4,19–20; 1Chr 2,10–11 |5: Rut 4,21–22.13–17; 1Chr 2,11–12 · Jos 2; Rut 1,4 |6: Rut 4,22; 1Chr 2,13–15 · 2Sam 12,24; 1Chr 3,1.5 · 2Sam 11 |7: 1Chr 3,10 |8: 1Chr 3,10–12 |9: 1Chr 3,12–13 |10: 1Chr 3,13–14 |11: 1Chr 3,15–16 |12: 1Chr 3,17; Esra 3,2

Eleasar hat geboren den Mathan.
Mathan hat geboren den Jaacob.
Jaacob hat geboren den Joseph/ den eelichen gmahel Marie/ von welcher ist geboren Jesus/ der da heißt Christus. Alle glid von Abraham biß uff David sind vierzehen glid. Von David biß uff die Babylonisch gfencknuß sind vierzehen glid. Von der Babylonischen gfencknuß biß uff Christum sind vierzehen glid.

Die geburt Christi wz aber also: Als Maria sein muoter dem Joseph vermächlet was/ ee sy mit einandern zuo hauß sassend/ erfand es sich das sy schwanger was von dem heiligen geyst. Joseph aber jr mann was fromm/ und wolt sy nit zeschanden bringen/ gedacht aber sy heimlich zeverlassen. Jn dem er aber also gedacht/ sihe do erscheyn jm ein engel des Herren im troum/ und sprach: Joseph/ du sun Davids/ förcht dir nit Mariam deyn weyb zuo dir zenemmen: dann das in jr geboren ist/ das ist von dem heyligen geyst. Und sy wirdt gebären einen sun/ des nammen solt du heissen Jesus: dann er wirt sein volck sälig machen von jren sünden.

Das ist aber alles geschehen/ uff das erfüllt wurde das der Herr durch den Propheten gesagt hatt/ der da spricht: Sihe/ ein jungkfrauw wirt empfahen und gebären einen sun/ und sy werdend seinen nammen heissen Emanuel/ das ist verdolmetschet/ Gott mit uns.

Do nun Joseph vom schlaaff erwachet/ thett er wie jm des Herrenn engel befolhen hatt/ und nam sein weyb zuo jm/ unnd erkennet sy nit/ biß sy jren erstgebornen sun gebar/ und nennet seinen nammen Jesus.

Das ij. Capitel.
Er beschreybt die zeyt und ort der geburt Christi/ die heimsuochung der Weysen mit jren gaaben/ die flucht Christi in Egypten/ der kindlinen tod/ und widerfart Christi in Galileam.

Do Jesus geboren wz zuo Bethlehem im Jüdischen land/ zur zeyt des Künigs Herodis/ sihe/ do kamend die Weysen vom Morgenland gen Jerusalem/ unnd sprachend: Wo ist der neüwgeboren künig der Juden? Wir habend seinen stern gesehen im Morgenlannd/ unnd sind kommen jn anzebätten. Do das der künig Herodes hort/ erschrack er/ unnd mit jm das gantz Jerusalem/ unnd ließ versamlem alle hohen Priester und gschrifftgelerten under dem volck/ und erforschet von jnen/ wo Christus sölte geboren werden? Und sy sagtend jm:

Die Geburt Jesu
18 Mit der Geburt Jesu Christi aber verhielt es sich so: Maria, seine Mutter, war mit Josef verlobt. Noch bevor sie zusammengekommen waren, zeigte es sich, dass sie schwanger war vom heiligen Geist. 19 Josef, ihr Mann, der gerecht war und sie nicht blossstellen wollte, erwog, sie in aller Stille zu entlassen. 20 Während er noch darüber nachdachte, da erschien ihm ein Engel des Herrn im Traum und sprach: Josef, Sohn Davids, fürchte dich nicht, Maria, deine Frau, zu dir zu nehmen, denn was sie empfangen hat, ist vom heiligen Geist. 21 Sie wird einen Sohn gebären, und du sollst ihm den Namen Jesus geben, denn er wird sein Volk von ihren Sünden retten. 22 Dies alles ist geschehen, damit in Erfüllung gehe, was der Herr durch den Propheten gesagt hat:

*23 Siehe, die Jungfrau wird schwanger werden und einen Sohn gebären,
und man wird ihm den Namen Immanuel geben.*

Das heisst: ‹Gott mit uns›.
24 Als Josef vom Schlaf erwachte, tat er, wie der Engel des Herrn ihm befohlen hatte, und nahm seine Frau zu sich. 25 Er erkannte sie aber nicht, bis sie einen Sohn geboren hatte; und er gab ihm den Namen Jesus.

P: Lk 2,1–7 |18: Lk 1,27.35 |20: 2,12.13.19.22 |21: Gen 17,19; Lk 1,31 · Ps 130,8 |23: Jes 7,14 |25: Lk 2,21

Die Huldigung der Sterndeuter
2 1 Als Jesus in Betlehem in Judäa zur Zeit des Königs Herodes zur Welt gekommen war, da kamen Sterndeuter aus dem Morgenland nach Jerusalem 2 und fragten: Wo ist der neugeborene König der Juden? Wir haben seinen Stern aufgehen sehen und sind gekommen, ihm zu huldigen. 3 Als der König Herodes davon hörte, geriet er in Aufregung und ganz Jerusalem mit ihm. 4 Und er liess alle Hohen Priester und Schriftgelehrten des Volkes zusammenkommen und erkundigte sich bei ihnen, wo der Messias geboren werden solle. 5 Sie antworteten

Zuo Bethlehem im Jüdischen land. Dann
also ist geschriben durch den propheten: Und
du Bethlehem im Jüdischen land/ bist gar
nit die kleinst under den Fürsten Juda: dann
auß dir sol mir kommen der Hertzog der
über mein volck Jsrael ein Herr sein wirt.

Do beruofft Herodes die Weysen heymlich/
und erkunnets mit fleyß von jnen/ wenn
der stern erschinen wäre/ und weyset sy gen
Bethlehem/ und sprach: Ziehend hin/ und
forschend flyssig nach dem kindlin: und
wenn jrs findend/ so sagends mir wider/ dz
ich auch komme/ und es anbätte. Als sy nun
den künig gehört hattend/ zugend sy hin/ und
sihe/ der stern den sy im Morgenland gesehen
hattend/ gieng jnen vor/ biß dz er kam/ und
oben über stuond/ da das kindlin was. Do sy
aber den sternen sahend/ wurdend sy hoch
erfröuwt/ und giengend in das huß/ und
fundend das kindlin mit Maria siner muoter/
und fielend nider/ und bättetend es an/ und
thettend jre schätz auf/ und legtend jm gaaben
für/ gold/ wyhrouch und myrrhen. Unnd
Gott befalch jnen im traum/ das sy sich nit
söltind wider zuo Herodes keren. Und zugend
durch einen anderen wäg wider in jr land.

Do sy aber hinweg gezogen warend/ sihe/
do erscheyn der Engel des Herren dem Joseph
im traum/ und sprach: Stand auf/ und nimm
das kindlin und sein muoter zuo dir/ und
fleüch in Egypten land/ und bleyb daselbst
biß ich dir es sag. Dann es ist vorhanden/
dz Herodes das kindlin suochen wirt/ das
selbig umbzebringen. Und er stuond auf/
unnd nam das kindlin unnd sein muoter zuo
jm bey der nacht/ und entweich in Egypten
land/ und bleyb daselbst biß nach dem tod
Herodis. Auff das erfüllt wurde das der Herr
durch den Propheten gsagt hat/ der da spricht:
Auß Egypten hab ich meinen sun berüefft.

Do Herodes nun sach/ das er vonn den
Weysen betrogen was/ ward er vast zornig/ und
schickt auß/ und ließ alle kinder zuo Bethlehem
töden/ und in allen jren anstossenden
landmarchen/ die da zwey järig und drunder
warend/ nach der zeyt die er mit fleyß erlernet

ihm: In Betlehem in Judäa, denn so steht
es durch den Propheten geschrieben:
6 *Und du, Betlehem, Land Juda,*
  bist keineswegs *die geringste unter den*
  Fürstenstädten Judas;
  denn aus dir wird ein Fürst hervorgehen,
  der mein Volk Israel weiden wird.

7 Darauf rief Herodes die Sterndeuter
heimlich zu sich und wollte von ihnen genau
erfahren, wann der Stern erschienen sei. 8 Und
er schickte sie nach Betlehem mit den Worten:
Geht und forscht nach dem Kind! Sobald ihr
es gefunden habt, meldet es mir, damit auch
ich hingehen und ihm huldigen kann. 9 Auf
das Wort des Königs hin machten sie sich auf
den Weg, und siehe da: Der Stern, den sie
hatten aufgehen sehen, zog vor ihnen her, bis er
über dem Ort stehen blieb, wo das Kind war.
10 Als sie den Stern sahen, überkam sie grosse
Freude. 11 Und sie gingen ins Haus hinein
und sahen das Kind mit Maria, seiner Mutter;
sie fielen vor ihm nieder und huldigten ihm,
öffneten ihre Schatztruhen und brachten ihm
Geschenke dar: Gold, Weihrauch und Myrrhe.
12 Weil aber ein Traum sie angewiesen hatte,
nicht zu Herodes zurückzukehren, zogen sie
auf einem anderen Weg heim in ihr Land.

|2: Lk 2,15 · Num 24,17 |5: Lk 2,11; Joh 7,42
|6: Mi 5,1.3 · 2Sam 5,2; 1Chr 11,2 |10: Lk 2,10 |11: Lk 2,16 ·
Jes 60,6

Die Flucht nach Ägypten

13 Als sie aber fortgezogen waren, da
erscheint dem Josef ein Engel des Herrn im
Traum und spricht: Steh auf, nimm das Kind
und seine Mutter, flieh nach Ägypten und bleib
dort, bis ich dir Bescheid sage! Denn Herodes
wird das Kind suchen, um es umzubringen.
14 Da stand er auf in der Nacht, nahm das Kind
und seine Mutter und zog fort nach Ägypten.
15 Dort blieb er bis zum Tod des Herodes; so
sollte in Erfüllung gehen, was der Herr durch
den Propheten gesagt hat: *Aus Ägypten habe ich*
meinen Sohn gerufen.

|13: 1,20! · Ex 2,15 |15: Hos 11,1

Der Kindermord in Betlehem

16 Als Herodes nun sah, dass er von den
Sterndeutern hintergangen worden war, geriet
er in Zorn und liess in Betlehem und der
ganzen Umgebung alle Knaben bis zum Alter
von zwei Jahren umbringen, entsprechend
der Zeit, die er von den Sterndeutern

hatt von den Weysen. Do ist erfüllt das
gesagt ist von dem propheten Jeremia/ der da
spricht: Auff dem gebirg hat man ein geschrey
gehört/ vil klagens/ weynens und heülens.
Rachel beweynet jre kinder/ und wolt sich
nit trösten lassen/ dann sy nit mer warend.

Do aber Herodes gstorben was/ sihe/ do
erscheyn der Engel des Herren Joseph im
traum in Egypten land/ und sprach: Stand
auf/ und nimm dz kindlin und sin muoter
zuo dir/ und zeüch hin in das land Jsrael: sy
sind gestorben die dem kind nach dem läben
staltend. Und er stuond auf und nam das
kindlin und sin muoter zuo jm/ und kam in das
land Jsrael. Do er aber hort das Archelaus im
Jüdischen land künig was an statt seines vatters
Herodis/ forcht er jm dahin zekomen: unnd
im traum empfieng er ein befelch von Gott/
und zoch in die örter des Galileischen lands/
und kam und wonet in der statt/ die da heißt
Nazareth: auff das erfüllt wurde das gsagt ist
durch die propheten/ Er sol Nazareus heisse.

Das iij.Capitel.
Von dem Tauff/ predig/ unnd ampt Johannis/ unnd
wie Christus von jm im Jordan getaufft worden ist.

Zu der zeyt kam Johannes der Töuffer/ und
prediget in der wüeste des Jüdischen lands/
und sprach: Besserend euch/ das himmelreych
ist nach herzuo kommen. Und er ist der/
von dem der prophet Esaias gesagt hat/ und
gesprochen: Es ist ein rüeffende stimm in
der wüeste/ bereytend dem Herren den wäg/
unnd machend seine fuoßwäg richtig.
Johannes aber hatt ein kleyd von Kameel
haaren/ und einen lädern gürtel umb sein
lenden. Seyn speyß was Höwschrecken und
wild honig. Do gieng zuo jm hinauß die statt
Jerusalem/ und das gantz Jüdisch land/ und alle
lender an dem Jordan/ und liessend sich tauffen
von jm im Jordan/ und bekantend jre sünd.
Als er nun vil Phariseer und Saduceer sach
zuo seinem tauff kommen/ sprach er zuo
jnen: Jr naater gezücht/ wär hat dann euch
so gewüß gemacht/ das jr entrünnen werdind
dem künfftigen zorn? Sehend zuo/ thuond
rechtgeschaffne frucht der buoß. Denckend

erfragt hatte. 17 Da ging in Erfüllung, was
durch den Propheten Jeremia gesagt ist:
18 *Ein Geschrei war zu hören in Rama,*
  lautes Weinen und Wehklagen,
  Rahel weinte um ihre Kinder
  und wollte sich nicht trösten lassen,
  denn da sind keine mehr.

|16: Ex 1,15–16.22 |18: Jer 31,15

Die Rückkehr aus Ägypten
19 Als Herodes gestorben war, da erscheint
dem Josef in Ägypten ein Engel des Herrn im
Traum 20 und spricht: Steh auf, nimm das
Kind und seine Mutter und geh ins Land Israel.
Denn die dem Kind nach dem Leben trachteten,
sind tot. 21 Da stand er auf, nahm das Kind
und seine Mutter und zog ins Land Israel.
22 Als er aber hörte, dass Archelaus anstelle
seines Vaters Herodes König geworden war über
Judäa, fürchtete er sich, dorthin zu gehen. Weil
aber ein Traum ihn angewiesen hatte, zog er
sich in die Gegend von Galiläa zurück 23 und
liess sich in einer Stadt namens Nazaret nieder;
so sollte in Erfüllung gehen, was durch die
Propheten gesagt ist: Er wird Nazarener genannt
werden.

|19: 1,20! |20: Ex 4,19 |22: 1,20! |23: Lk 2,39

Das Auftreten des Täufers
3 1 In jenen Tagen aber trat Johannes
der Täufer auf und verkündete in
der judäischen Wüste: 2 Kehrt um! Denn
nahe gekommen ist das Himmelreich.
3 Er ist es, von dem durch den
Propheten Jesaja gesagt ist:
Stimme eines Rufers in der Wüste:
Bereitet den Weg des Herrn,
  macht gerade seine *Strassen!*
4 Er aber, Johannes, trug ein Gewand
aus Kamelhaaren und einen ledernen
Gürtel um seine Hüften; seine Nahrung
waren Heuschrecken und wilder Honig.
5 Da zog Jerusalem, ganz Judäa und das
ganze Land am Jordan hinaus zu ihm.
6 Und sie liessen sich von ihm im Jordan
taufen und bekannten ihre Sünden.
7 Als er aber viele Pharisäer und Sadduzäer
zur Taufe kommen sah, sagte er zu ihnen:
Schlangenbrut! Wer machte euch glauben,
dass ihr dem kommenden Zorn entgehen

nun nit dz jr bey euch selber wellind sagen/ Wir habend Abraham zum vatter. Jch sag euch/ Gott vermag dem Abraham auß disen steynen kinder erwecken. Es ist schon die axt den böumen an die wurtzel gelegt. Darumb welcher baum nit guote frucht bringt/ wirt abgehauwen/ und ins fheür geworffen.

Jch tauff euch mit dem wasser zur buoß: der aber nach mir kumpt ist stercker dann ich/ dem ich auch nitt bin genuogsam seine schuoch zetragen/ der wirt euch tauffen mit dem heiligen geyst und mit fheür. Unnd er hat sein wurff schaufel in der hand/ er wirt sein tenn fägen/ und den weytzen in sein scheür samlen: aber die sprüwer wirt er verbrennen mit ewigem fheür.

Zuo der zeyt kam Jesus vonn Galilea an den Jordan zuo Johanne/ das er sich von jm tauffen ließ/ aber Johannes weeret jm/ und sprach: Jch bedarff wol das ich von dir getaufft werde/ und du kumpst zuo mir? Jesus aber antwortet/ unnd sprach: Laß yetz also sein/ also gebürt es uns alle gerechtigkeyt zuo erfüllen. Do ließ ers jm zuo. Und do Jesus getaufft was/ steyg er bald uß dem wasser/ und sihe/ do wurdend über jnn die himmel aufgeton. Und Joannes sach den geist Gottes/ gleich als ein Tuben herab steygen/ und über jn kommen/ unnd sihe/ ein stimm von himmel herab sprach: Diß ist mein lieber sun/ in welchem ich ein wolgefallen hab/ unnd in dem ich zuo friden bin.

Das iiij. Capitel.
Es wirt beschriben das fasten Christi/ die anfechtung deß tüfels/ die predig Christi bey dem Galileeschen Meer. Die berüeffung etlicher jungeren/ und gsundmachen der krancken.

Do ward Jesus vom geyst in die wüeste gefüert/ auff dz er von dem tüfel versuocht wurde. Und do er viertzig tag und viertzig nächt gefastet hatt/ hungeret jn. Und der versuocher tratt zuo jm/ und sprach: Bist du Gottes sun/ so sprich das dise steyn brot werdind. Und er antwortet/ und sprach: Es ist geschriben: Der mensch wirt nit in dem

werdet? 8 Bringt also Frucht, die der Umkehr entspricht! 9 Und meint nicht, ihr könntet sagen: Wir haben Abraham zum Vater. Denn ich sage euch: Gott kann dem Abraham aus diesen Steinen Kinder erwecken. 10 Schon ist die Axt an die Wurzel der Bäume gelegt: Jeder Baum, der nicht gute Frucht bringt, wird gefällt und ins Feuer geworfen.

11 Ich taufe euch mit Wasser zur Umkehr; der aber nach mir kommt, ist stärker als ich; mir steht es nicht zu, ihm die Schuhe zu tragen. Er wird euch mit heiligem Geist und mit Feuer taufen. 12 In seiner Hand ist die Wurfschaufel, und er wird seine Tenne säubern. Seinen Weizen wird er in die Scheune einbringen, die Spreu aber wird er in unauslöschlichem Feuer verbrennen.

P: Mk 1,2–8; Lk 3,3–9.15–18; Joh 1,19–23.26–27 |1: Joh 1,6 |2: 4,17! |3: Jes 40,3; Joh 1,23 · 11,3! |9: Lk 3,8! |10: 7,19; Lk 13,6–9 |11: 11,3! · Joh 1,33 |12: 13,30

Die Taufe Jesu
13 Zu jener Zeit kam Jesus von Galiläa an den Jordan zu Johannes, um sich von ihm taufen zu lassen. 14 Johannes aber wollte ihn davon abhalten und sagte: Ich hätte es nötig, von dir getauft zu werden, und du kommst zu mir? 15 Jesus entgegnete ihm: Lass es jetzt zu! Denn so gehört es sich; so sollen wir alles tun, was die Gerechtigkeit verlangt. Da liess er ihn gewähren. 16 Nachdem Jesus getauft worden war, stieg er sogleich aus dem Wasser. Und siehe da: Der Himmel tat sich auf, und er sah den Geist Gottes wie eine Taube niedersteigen und auf ihn herabkommen. 17 Und siehe da: Eine Stimme aus dem Himmel sprach: Das ist mein geliebter Sohn, an dem ich Wohlgefallen habe.

P: Mk 1,9–11; Lk 3,21–22; Joh 1,29–34 |15: 5,17.20! |17: 12,18; 17,5; Ps 2,7; Jes 42,1 · 16,16!

Die Versuchung Jesu
4 1 Danach wurde Jesus vom Geist in die Wüste geführt, um vom Teufel versucht zu werden. 2 Vierzig Tage und vierzig Nächte fastete er, danach hungerte ihn. 3 Da trat der Versucher an ihn heran und sagte zu ihm: Wenn du Gottes Sohn bist, dann sag diesen Steinen da, sie sollen zu Brot werden. 4 Er entgegnete: Es steht geschrieben: *Nicht*

brot allein läben/ sunder in einem yetlichenn wort das durch den mund Gottes gadt.

Do fuort jn der tüfel mit jm in die heylige statt/ und stalt jn auff die zinnen des tempels/ und sprach zuo jm: Bist du Gottes sun/ so laß dich hinab/ dann es ist geschriben: Er wirt seinen Englen über dich befelhen/ und sy werdend dich auff den henden tragen/ auff das du deinen fuoß nit an einen steyn stossest. Do sprach Jesus zuo jm: Widerumb ist auch geschriben: Du solt Gott deinen Herren nit versuochen. Widerumb fuort jn der teüfel mit jm auff einen seer hohen berg/ und zeyget jm alle reych der welt/und jr herrligkeit/ und sprach zuo jm: Das alles wil ich dir geben/ so du niderfallest und mich anbättest. Do sprach Jesus zuo jm: Heb dich Satan/ dann es ist geschriben: Du solt anbätten Gott deinen Herren/ und jm allein dienen. Do verließ jn der teüfel/ und sihe/ do trattend die Engel zuo jm und dienetend jm.

Do nun Jesus hort/ das Joannes in gefencknuß überantwortet was/ zoch er in dz Galileisch land/ und verließ die statt Nazareth/ kam und wonet zuo Capernaum/ die da ligt am Meer an dem anstoß Zabulon und Nephthalim: auff dz erfüllt wurde das da gesagt ist durch den propheten Esaiam/ der da spricht: Das land Zabulon/ und dz land Nephtalim am wäg des meers yhensit dem Jordan/ und die Heydnische Galilea/ das volck das inn finsternus saß/ hat ein grosses liecht gesehen: und die da sassend in dem ort/ und schatten des tods/ denen ist ein liecht aufgangen. Von der zeit an fieng Jesus an zepredigen/ und zesagen: Besserend euch/ dz himelreych ist nach herzuo kommen.

Als nun Jesus an dem Galileischen Meer gieng/ sach er zween brüder/ Simon der da heißt Peter/ und Andreas sein bruoder/ die wurffend jre netze ins meer/ dann sy warend fischer. Und er sprach zuo jnen: Volgennd mir nach/ ich

vom Brot allein lebt der Mensch, sondern von jedem Wort, das aus Gottes Mund kommt.

5 Dann nahm ihn der Teufel mit in die heilige Stadt, und er stellte ihn auf die Zinne des Tempels. 6 Und er sagte zu ihm: Wenn du Gottes Sohn bist, dann stürze dich hinab. Denn es steht geschrieben: *Seine Engel ruft er für dich herbei, und sie werden dich auf Händen tragen, damit dein Fuss nicht an einen Stein stosse.* 7 Da sagte Jesus zu ihm: Wiederum steht geschrieben: *Du sollst den Herrn, deinen Gott, nicht versuchen.*

8 Wieder nimmt ihn der Teufel mit auf einen sehr hohen Berg und zeigt ihm alle Königreiche der Welt und ihre Pracht. 9 Und er sagt zu ihm: Dies alles werde ich dir geben, wenn du dich niederwirfst und mich anbetest. 10 Da sagt Jesus zu ihm: Fort mit dir, Satan. Denn es steht geschrieben: *Zum Herrn, deinem Gott, sollst du beten und ihm allein dienen.* 11 Da lässt der Teufel von ihm ab. Und es kamen Engel und dienten ihm.

P: Mk 1,12–13; Lk 4,1–13 |3: 4,6; 27,40.43 · 16,16! |4: Dtn 8,3 |6: 4,3! · Ps 91,11–12 |7: Dtn 6,16 |9: Ps 2,8 |10: Dtn 6,13; 10,20 |11: 26,53!

Erstes Auftreten in Galiläa

12 Als er hörte, dass man Johannes gefangen genommen hatte, zog er sich nach Galiläa zurück. 13 Und er verliess Nazaret und liess sich in Kafarnaum am See nieder, im Gebiet von Sebulon und Naftali; 14 so sollte in Erfüllung gehen, was durch den Propheten Jesaja gesagt ist:

15 *Land Sebulon* und *Land Naftali, das zum Meer hin liegt, jenseits des Jordan, du heidnisches Galiläa,* 16 *das Volk, das in der Finsternis sass, hat ein grosses Licht gesehen, und* die *im Schattenreich des Todes sassen, ihnen ist ein Licht erschienen.*

17 Von da an begann Jesus zu verkündigen und sprach: Kehrt um! Denn nahe gekommen ist das Himmelreich.

P: Mk 1,14–15; Lk 4,14–15 |12: 14,3 |13: 9,1 |15–16: Jes 8,23b–9,1 |17: 3,2; 10,7 · 7,21!

Die Berufung der ersten Jünger

18 Als Jesus den See von Galiläa entlangging, sah er zwei Brüder, Simon, der Petrus heisst, und seinen Bruder Andreas, wie sie die Netze auswarfen in den See; sie waren nämlich Fischer. 19 Und er sagt zu ihnen: Kommt, mir

wil euch zuo menschenfischern machen. Bald
verliessend sy jre netz/ und volgtend jm nach.
Und do er von dannen fürbaß gieng/ sach er
zwen andre brüeder/ Jacob den sun Zebedei/
und Joannes seinen bruoder im schiff mit jrem
vatter Zebedeo/ da sy jre netz besserend/ und
er ruofft jnen. Bald verliessend sy das schiff
und jren vatter/ und volgtend jm nach.

Und Jesus gieng umbher im gantzenn
Galileischen land/ leret in jren schuolen/ und
prediget das Euangelion von dem reych/ und
heylet allerley sucht und kranckheit im volck:
und sein lümbd erschall in das gantz Syrien
land. Und sy brachtend zuo jm alle krancken
mit mancherley suchten und grimmen erlamet:
die besäßnen/ die mondsüchtigen/ und die
der schlag hatt getroffen/ und er macht sy alle
gsund. Und es volget jm nach vil volcks von
Galilea: von den zähen stetten/ von Jerusalem/
vom Jüdischen land/ und yhensit des Jordans.

Das v. Capitel.

Jn disem capitel und den zweyen nachgänden wirt
beschriben die herrliche und träffenliche predig die
Christus auff dem berg gethon hat/ und ist ein außlegung
deß gsatztes.

Do er aber dz volck sach/ steig er uff
einen berg/ und satzt sich: und seine
jünger trattend zuo jm. Und er thett
seinen mund auf/ leret sy/ unnd sprach:

sälig sind die da geystlich arm sind/
dann das himmelreych ist jr. Sälig sind die
da leyd tragend/ dann sy söllend getröst
werden. Sälig sind die sennftmüetigen/ dann
sy werdend das erdtrich besitzen. Sälig sind
die da hungerend unnd dürstend nach der
gerechtigkeit/ dann sy söllend satt werden.
Sälig sind die barmhertzigen/ dann sy werdend
barmhertzigkeit erlangen. Sälig sind die von
hertzen rein sind/ dann sy werdend Gott
anschauwen. Sälig sind die fridfertigen/ dann sy
werdennd Gottes kinder heissen. Sälig sind die
umb gerechtigkeyt willen verfolget werdend/
dann das himmelrych ist jr. Sälig sind jr/ wenn
üch die menschen schmähent und verfolgend/

nach! Ich werde euch zu Menschenfischern
machen. 20 Und sie liessen auf der Stelle die
Netze liegen und folgten ihm. 21 Und er ging
von dort weiter und sah zwei andere Brüder:
Jakobus, den Sohn des Zebedäus, und seinen
Bruder Johannes, die mit ihrem Vater Zebedäus
im Boot ihre Netze herrichteten; und er rief
sie. 22 Und sie liessen auf der Stelle das Boot
und ihren Vater zurück und folgten ihm.

P: Mk 1,16–20; Lk 5,4–11; Joh 1,35–51 |18: 16,18
|19: 13,47

Lehren und Heilen in Galiläa

23 Und er zog in ganz Galiläa umher,
lehrte in ihren Synagogen, verkündigte
das Evangelium vom Reich und heilte jede
Krankheit und jedes Gebrechen im Volk.

24 Und die Kunde von ihm verbreitete
sich in ganz Syrien. Und man brachte alle
Kranken zu ihm, von den verschiedensten
Gebrechen und Beschwerden Gezeichnete:
Besessene, Mondsüchtige und Gelähmte; und
er heilte sie. 25 Und es folgten ihm viele Leute,
aus Galiläa, der Dekapolis, aus Jerusalem
und Judäa und von jenseits des Jordan.

|23: 9,35; 24,14 · Mk 1,39; Lk 4,44 |24–25: Mk 3,7–12;
Lk 6,17–19 |24: 11,5!

Die Einleitung zur Bergpredigt

5 1 Als er nun die vielen Menschen sah,
stieg er auf den Berg; und als er sich
gesetzt hatte, traten seine Jünger zu ihm.
2 Und er tat seinen Mund auf und lehrte sie:

Seligpreisungen

3 Selig die Armen im Geist –
 ihnen gehört das Himmelreich.
4 Selig die Trauernden –
 sie werden getröstet werden.
5 Selig die Gewaltlosen –
 sie werden das Land erben.
6 Selig, die hungern und dürsten nach der
 Gerechtigkeit –
 sie werden gesättigt werden.
7 Selig die Barmherzigen –
 sie werden Barmherzigkeit erlangen.
8 Selig, die reinen Herzens sind –
 sie werden Gott schauen.
9 Selig, die Frieden stiften –

und redend allerley args wider euch/ so sy daran liegend umb meinetwillen. Habend fröud und frolockend/ es wirt euch im himmel wol belonet werden: dann also habend sy verfolget die Propheten die vor euch gewesen sind.

sie werden Söhne und Töchter Gottes genannt werden.
10 Selig, die verfolgt sind um der Gerechtigkeit willen –
ihnen gehört das Himmelreich.
11 Selig seid ihr,
wenn sie euch schmähen und verfolgen und euch das Ärgste nachsagen um meinetwillen und dabei lügen. 12 Freut euch und frohlockt, denn euer Lohn im Himmel ist gross. Denn so haben sie auch die Propheten vor euch verfolgt.

P: Lk 6,20–23 |3: 5,10; 19,14! · Jes 61,1 |4: Jes 61,2 |5: 21,5! · Ps 37,11 |6: 5,20! |7: 9,13! · 9,36! · 15,22! |8: Ps 73,1 |9: 5,45; Lk 20,36 |10: 10,23! · 1Petr 3,14 · 5,20! · 5,3! |11: 10,22; 1Petr 4,14 |12: 1Petr 4,13 · 23,31!

5,3: Im Unterschied zu Lk 6,20 enthält Mt 5,3 die komplexere Wendung «die Armen im Geist». Die Erweiterung ‹im Geist› bezeichnet die Beziehung des Menschen zu Gott. Der Gesamtausdruck bezieht sich auf Menschen, die arm sind an göttlichem Geist und die vor Gott mit leeren Händen dastehen.

Salz der Erde. Licht der Welt
13 Ihr seid das Salz der Erde. Wenn aber das Salz fade wird, womit soll man dann salzen? Es taugt zu nichts mehr, man wirft es weg und die Leute zertreten es.

Jr sind das saltz der erden/ wo nun das saltz sein rässy verlürt/ was kan man damit saltzen? Es ist niener zuo mer nütz/ dann das man es hinauß schütte unnd lasse es die leüt zertretten. Jr sind das liecht der welt. Es mag die statt die uff einem berg ligt/ nit verborgen sein. Man zündet auch nit ein liecht an und setzt es under ein viertheyl/ sunder auff einen leüchter/ so leüchtet es denen allen die im hauß sind. Also lassend euwer liecht lüchten vor den lüten/ das sy euwere guote werck sehind/ und euwern vatter im himmel preisind.

14 Ihr seid das Licht der Welt. Eine Stadt, die oben auf einem Berg liegt, kann nicht verborgen bleiben. 15 Man zündet auch nicht ein Licht an und stellt es unter den Scheffel, sondern auf den Leuchter; dann leuchtet es allen im Haus. 16 So soll euer Licht leuchten vor den Menschen, damit sie eure guten Taten sehen und euren Vater im Himmel preisen.

|13: Mk 9,50; Lk 14,34–35 |15: Mk 4,21; Lk 8,16; 11,33 |16: 13,43; 1Petr 2,12

Gesetz und Gerechtigkeit
17 Meint nicht, ich sei gekommen, das Gesetz oder die Propheten aufzulösen. Nicht um aufzulösen, bin ich gekommen, sondern um zu erfüllen. 18 Denn, amen, ich sage euch: Bis Himmel und Erde vergehen, soll vom Gesetz nicht ein einziges Jota oder ein einziges Häkchen vergehen, bis alles geschieht. 19 Wer also auch nur eines dieser Gebote auflöst, und sei es das kleinste, und die Menschen so lehrt, der wird der Geringste sein im Himmelreich. Wer aber tut, was das Gebot verlangt, und so lehrt, der wird gross sein im Himmelreich.
20 Denn ich sage euch: Wenn eure Gerechtigkeit die der Schriftgelehrten und

Jr söllend nit wänen das ich kommen sey das gsatz oder die propheten aufzelösen. Jch bin nit kommen aufzelösen/ sunder zuo erfüllen: dann ich sag euch warlich/ biß himmel und erden zergadt/ wirdt nit zergon der kleinest buochstab/ noch ein tittel vom gsatz/ biß es alles geschicht. Wär nun eins von disen kleinsten gebotten auflöset/ und leret die leüt also/ der wirt der kleinest heyssen im himmelreych. Wär es aber thuot unnd leret/ der wirt groß heissen im himmelreych. Dann ich sag euch/ Es sey dann euwer grechtigkeyt höher dann der gschrifftglerten und phariseern/ so werdend jr nit in das himmelreych kommen.

Jr habend gehört/ das zuo den altenn gesagt ist: Du solt nit töden: wär aber tödet/ der sol deß gerichts schuldig sein. Jch aber sag euch: Wär mit sinem bruoder zürnet/ der ist des gerichts schuldig. Wär aber zuo seinem bruoder sagt: Racha/ der ist deß radts schuldig. Wär aber sagt: Du narr/ der ist des hellschen fheürs schuldig.

Darumb wenn du dein gaab auff den altar opferest/ und wirst da eyngedenck/ das dein bruoder etwas wider dich hat/ so laß da vor dem altar dein gaab/ und gang vorhin und versüene dich mit deinem bruoder/ unnd denn gang und opffer dein gaab.

Biß willfertig dinem widersächer bald/ dieweyl du noch mit jm auff dem wäg bist/ auff das dich der widersächer nit der maal eins überantworte dem richter/ und der richter überantworte dich dem diener/ und werdest inn kercker geworffen/ warlich ich sag dir/ du wirst nit von dannen herauß kommen/ biß du auch den letsten haller bezalst.

Jr habend gehört/ dz zuo den alten gsagt ist: Du solt nit Eebrechen. Jch aber sag üch: Wär ein weyb ansicht/ jr zuo begären/ der hat schon mit jro die Ee brochen in seim hertzen.

Ergert dich aber dein rechts aug/ so reiß es auß/ und wirffs von dir. Es ist dir besser das eins deiner glidern verdärbe/ und nit der gantz leyb in die hell geworffen werde. Ergeret dich dein rechte hand/ so hauw sy ab/ und wirff sy von dir/ Es ist dir besser dz eins deiner glidern verdärbe/ unnd nit der gantz leyb in die hell geworffen werde.

Es ist gesagt: Wär sich von seinem weib scheydet/ der sol jr geben einen scheydbrieff. Jch aber sag euch/ Wär sich von sinem weib scheydet (es sey dann umb den Eebruch) der

Pharisäer nicht weit übertrifft, werdet ihr nicht ins Himmelreich hineinkommen.

|17: 3,15 |18: 24,35; Lk 16,17 |19: Jak 2,10 · 11,11! |20: 3,15; 5,6.10; 6,1.33; 21,31–32 · 7,21!

Vom Töten und von der Versöhnung

21 Ihr habt gehört, dass zu den Alten gesagt wurde: *Du sollst nicht töten!* Wer aber tötet, der sei dem Gericht übergeben. 22 Ich aber sage euch: Jeder, der seinem Bruder zürnt, sei dem Gericht übergeben. Und wer zu seinem Bruder sagt: Du Trottel, der sei dem Hohen Rat übergeben. Und wer sagt: Du Narr, der sei der Feuerhölle übergeben.

23 Wenn du nun deine Opfergabe zum Altar bringst und dir dort einfällt, dass dein Bruder etwas gegen dich hat, 24 dann lass deine Gabe dort vor dem Altar liegen und geh, versöhne dich zuerst mit deinem Bruder; dann komm und bring deine Gabe dar.

25 Verständige dich mit deinem Gegner in einem Rechtsstreit unverzüglich, solange du mit ihm unterwegs bist, damit er dich nicht dem Richter übergibt und der Richter dem Gerichtsdiener und man dich ins Gefängnis wirft. 26 Amen, ich sage dir: Du wirst von dort nicht herauskommen, bis du den letzten Heller bezahlt hast.

|21: Ex 20,13; Dtn 5,17 |23–24: Mk 11,25 |25–26: Lk 12,57–59 |26: 18,34

Vom Ehebruch

27 Ihr habt gehört, dass gesagt wurde: *Du sollst nicht ehebrechen!* 28 Ich aber sage euch: Jeder, der eine Frau ansieht und sie begehrt, hat in seinem Herzen schon Ehebruch mit ihr begangen. 29 Wenn dein rechtes Auge dich zu Fall bringt, reiss es aus und wirf es von dir. Es ist besser für dich, eines deiner Glieder geht verloren, als dass dein ganzer Leib in die Hölle geworfen wird. 30 Und wenn deine rechte Hand dich zu Fall bringt, hau sie ab und wirf sie von dir. Es ist besser für dich, eines deiner Glieder geht verloren, als dass dein ganzer Leib zur Hölle fährt.

|27: Ex 20,14; Dtn 5,18 |29: 18,9 |30: 18,8

Von der Ehescheidung

31 Es wurde auch gesagt: Wer seine Frau entlässt, soll ihr einen Scheidebrief geben. 32 Ich aber sage euch: Jeder, der seine Frau entlässt – ausser sie sei der Unzucht schuldig –,

machet das sy die Ee bricht: unnd wär ein abgescheidne zur Ee nimpt/ der bricht die Ee.

Jr habend weyter gehört/ das zuo den alten gesagt ist: Du solt kein falschen Eyd tuon/ und solt Gott deinen Eyd halten. Jch aber sag euch/ Das jr aller ding nit schweeren söllend/ weder bey dem himmel/ dann er ist Gottes stuol/ noch bey der erden/ dann sy ist seiner füeß schämel: noch bey Jerusalem/ dann sy ist eins grossenn Künigs statt. Auch solt du nit bey deinem haupt schweeren/ dann du vermagst nit ein eynigs haar weyß oder schwartz zemachen. Euwer red aber sey Ja ja/ Nein nein: was darüber ist/ das ist vom argen.

Jr habend gehört das gesagt ist: Ein aug umb ein aug/ ein zan umb ein zan. Jch aber sag euch: Das jr nit widersträben söllennd dem übel/ sunder/ so dir yemants ein streych gibt auff dein rechten baggen/ dem biet den andren auch dar. Und so yemants mitt dir rechten wil/ und deinen rock nemmen/ dem laß auch den mantel. Und so dich yemant nötiget ein meyl/ so gang mit jm zwo. Gib dem der dich bittet/ und wend dich nit von dem/ der von dir auff beyt entlehnen wil.

Jr habend gehört das gesagt ist: Du solt dein nächsten lieben/ und deinen feynd hassen. Jch aber sag euch/ Liebend üwere feynd/ Benedyend die euch maledyend: tuond wol denen die euch hassend/ Bittend für die so üch beleydigend und verfolgend/ auff das jr kinder sygind euwers vatters im himmel. Dann er laßt sein Sonn aufgon über die bösen und über die guoten/ und laßt regnen über gerechten und ungerechten. Dann so jr liebend die euch liebend/ was werdend ir für lon haben? Thuond nit das selb

treibt sie in den Ehebruch. Und wer eine entlassene Frau heiratet, bricht ihre Ehe.

P: 19,3–12 |31: Dtn 24,1–3 |32: 19,9!

Vom Schwören

33 Weiter habt ihr gehört, dass zu den Alten gesagt wurde: Du sollst keinen Meineid schwören, sondern dem Herrn deine Eide einlösen. 34 Ich aber sage euch: Ihr sollt überhaupt nicht schwören. Nicht beim Himmel, denn er ist Gottes Thron, 35 nicht bei der Erde, denn sie ist der Schemel seiner Füsse, nicht bei Jerusalem, denn sie ist die Stadt des grossen Königs, 36 und auch bei deinem Haupt sollst du nicht schwören, denn es steht nicht in deiner Macht, auch nur ein einziges Haar weiss oder schwarz werden zu lassen. 37 Euer Ja sei ein Ja, und euer Nein sei ein Nein. Jedes weitere Wort ist von Übel.

P: 23,16–22 |33: Lev 19,12; Num 30,3 |34: 23,22 · Jes 66,1 |35: Jes 66,1 · Ps 48,3 |37: Jak 5,12

Von der Vergeltung

38 Ihr habt gehört, dass gesagt wurde: *Auge um Auge* und *Zahn um Zahn*. 39 Ich aber sage euch: Leistet dem, der Böses tut, keinen Widerstand! Nein! Wenn dich einer auf die rechte Backe schlägt, dann halte ihm auch die andere hin. 40 Und wenn dich einer vor Gericht ziehen will, um dein Gewand zu nehmen, dann lass ihm auch den Mantel. 41 Und wenn dich einer nötigt, eine Meile mitzugehen, dann geh mit ihm zwei. 42 Gib dem, der dich bittet, und wende dich nicht ab von dem, der von dir borgen will!

P: Lk 6,29–30 |38: Ex 21,24; Lev 24,20; Dtn 19,21 |39: Jes 50,6; Klgl 3,30 |42: Dtn 15,7–8

5,39: Andere Übersetzungsmöglichkeit: «…: Leistet dem Bösen (verstanden als ‹das Böse›) keinen Widerstand! …»

Von der Feindesliebe

43 Ihr habt gehört, dass gesagt wurde: *Du sollst deinen Nächsten lieben* und deinen Feind hassen. 44 Ich aber sage euch: Liebt eure Feinde und betet für die, die euch verfolgen, 45 so werdet ihr Söhne und Töchter eures Vaters im Himmel; denn er lässt seine Sonne aufgehen über Böse und Gute und lässt regnen über Gerechte und Ungerechte. 46 Denn wenn ihr die liebt, die euch lieben, welchen Lohn könnt ihr da erwarten? Tun das nicht auch die Zöllner? 47 Und wenn ihr nur eure Brüder grüsst, was

auch die zoller? Und so jr euch nun zuo euwern brüederen freündtlich tuond/ was tuond jr sonderlichs? thuond nit die zoller auch also? Darumb/ jr söllend volkomen sein/ gleich wie üwer vatter im himmel volkommen ist.

Das vj. Capitel.
Christus leert almuosen geben/ fasten/ bätten/ schätz im himmel suochen. Verbütet angst und sorgfaltigkeit der zeylichen und lyblichen dingen.

Habend acht uff euwre almuosen/ das jr die nit gebind vor den leüten/ das jr von jnen gesehen werdind/ jr habend anders keinen lon bey euwerm vatter im himmel. Wenn du nun almuosen gibst/ soltu nit lassen vor dir pusaunen/ wie die gleychßner thuond in jren schuolen und auff den gassen/ auff das sy von den leüten gebrisen werdind. Warlich ich sag euch/ sy habend jren lon dahin. Wenn du aber almuosen gibst/ so laß dein lincke hand nit wüssen was die rechte tuot/ auff das dein almuosen verborgen sey: und dein vatter der in das verborben sicht/ wirt dirs vergelten offentlich.

Und wenn du bättest/ soltu nit sein wie die gleychßner/ die da gern stond und bättend in den versamlungen und an den ecken auff den gassen/ auff das sy vonn den leüten gesehen werdind: warlich ich sag euch/ sy habend jren lon dahin. Wenn aber du bättest/ so gang in din kämerlin und schlüß die thür zuo/ und bätt zuo deinem vatter verborgen: und dein vatter der in das verborgen sicht/ wirt dirs vergelten offentlich.
Und wenn jr bättend/ söllend jr nit vil klapperen wie die Heyden: Dann sy meinend sy werdind erhört wenn sy vil wort machend: darumb söllend jr euch jnen nit gleychen/ euwer vatter weyßt was jr bedörffend/ ee dann jr jnn bittend. Darumb söllend jr also bätten.
Unser vatter inn den himmlen. Dein namm sey heylig. Dein reych komme. Dein will geschech auff erden wie in dem himmel. Unser täglich brot gib uns hütt/ und vergib uns unser schuld/ wie wir unsern schuldigern vergebend. Und füer uns nit in versuochung/ sunder erlöß uns von dem übel. Dann dein ists reych/ macht und herrligkeit/ Amen. Dann so jr vergebend den menschen jre yrrsäl/ so wirt euch euwer himmlischer vatter auch vergeben: wo jr aber

tut ihr da Besonderes? Tun das nicht auch die Heiden? 48 Ihr sollt also vollkommen sein, wie euer himmlischer Vater vollkommen ist.

P: Lk 6,27–28.32–36 |43: 22,39!; Lev 19,18 |44: Röm 12,14 |45: 5,9! |48: 19,21; Lev 19,2

Vom Almosengeben

6 1 Seht zu, dass ihr eure Gerechtigkeit nicht vor den Leuten dartut, um von ihnen gesehen zu werden, sonst könnt ihr keinen Lohn erwarten von eurem Vater im Himmel.
2 Wenn du nun Almosen gibst, so posaune es nicht aus, wie die Heuchler es machen in den Synagogen und auf den Strassen, um von den Leuten gepriesen zu werden. Amen, ich sage euch: Sie haben ihren Lohn schon bezogen. 3 Wenn du aber Almosen gibst, lass deine Linke nicht wissen, was die Rechte tut, 4 damit dein Almosen im Verborgenen bleibt. Und dein Vater, der ins Verborgene sieht, wird es dir vergelten.

|1: 5,20! · 23,5! |2: 23,13! |4: 6,18

Vom Beten. Das Grundmuster eines Gebets

5 Und wenn ihr betet, sollt ihr es nicht machen wie die Heuchler: Die stehen gern in den Synagogen und an den Strassenecken und beten, um sich den Leuten zu zeigen. Amen, ich sage euch: Sie haben ihren Lohn schon bezogen. 6 Wenn du aber betest, geh in deine Kammer, schliess die Tür und bete zu deinem Vater, der im Verborgenen ist. Und dein Vater, der ins Verborgene sieht, wird es dir vergelten.
7 Wenn ihr aber betet, sollt ihr nicht plappern wie die Heiden; sie meinen nämlich, sie werden ihrer vielen Worte wegen erhört. 8 Tut es ihnen nicht gleich! Euer Vater weiss, was ihr braucht, noch ehe ihr ihn bittet.
9 So sollt ihr beten:
Unser Vater im Himmel.
Dein Name werde geheiligt.
10 Dein Reich komme.
Dein Wille geschehe,
wie im Himmel, so auf Erden.
11 Das Brot, das wir nötig haben, gib uns heute!
12 Und vergib uns unsere Schuld,
wie auch wir vergeben haben jenen, die an uns schuldig geworden sind.
13 Und führe uns nicht in Versuchung,

den menschen nit vergebend jre irsäl/ so wirt euch üwer vatter auch nit vergeben üwere yrsäl.

Wenn jr fastend/ söllend jr nit sauer sehen wie die gleichßner: dann sy verendrend jre angsicht/ auff das sy vor den leüten scheynind mit jrem fasten. Warlich ich sag euch/ sy habend jren lon dahin. Wenn du aber fastest/ so salb dein haupt/ und wäsch dein angesicht/ auff das du nit scheynest vor den leüten mit deinem fasten: sunder vor dinem vatter welcher verborgen ist/ und dein vatter der da in das verborgen sicht/ wirt dirs vergelten offentlich.

Jr söllend euch nit schätz samlen auff erden/ da sy der rost und die schaben fressend/ und da die dieb nachgrabend und stälend. Samlend euch aber schätz im himmel/ das sy weder rost noch schaben fressent/ und da die dieb nit nachgrabend noch stälend: dann wo euwer schatz ist/ da ist auch euwer hertz.

Das aug ist des leybs liecht/ wenn dein aug einfaltig ist/ so wirdt dein gantzer leyb liecht sein: wenn aber dein aug ein schalck ist/ so wirt dein gantzer leyb finster sein. Wenn aber dz liecht/ dz in dir ist/ finsternuß ist/ wie groß wirt dann die finsternuß selber sein?

Nieman kan zweyen herren dienen/ eintweders/ er wirt einen hassen/ und den andren lieben: oder wirt einem anhangen/ und den andren verachten. Jr könnend nit Gott dienen und dem Mammon/

darumb sag ich euch: Sorgend nit für euwer läben was jr essen und trincken werdind: auch

sondern erlöse uns von dem Bösen. 14 Denn wenn ihr den Menschen ihre Verfehlungen vergebt, dann wird euer himmlischer Vater auch euch vergeben. 15 Wenn ihr aber den Menschen nicht vergebt, dann wird auch euer Vater eure Verfehlungen nicht vergeben.

|5: 23,5! · 6.13! |8: 6,32 |9–15: Lk 11,1–4 |9: 7,11; 23,9 · Jes 63,15–16 · Jes 29,23 |10: Ps 145,11.13!; Jes 52,7 · 26,39.42 · Ps 135,6 |11: Ps 145,15 |12: 6,15! |13: 26,41 · Joh 17,15; 2Thess 3,3 |14: Mk 11,25 |15: 5,7; 6,12; 7,2; 18,21–35

6,13: Die wichtigsten Handschriften enthalten nur den oben wiedergegebenen Text. Viele fügen jedoch an: «Denn dein ist das Reich und die Kraft und die Herrlichkeit in Ewigkeit. Amen.»

Vom Fasten

16 Wenn ihr aber fastet, macht kein saures Gesicht wie die Heuchler, denn sie machen ein saures Gesicht, um den Leuten zu zeigen, dass sie fasten. Amen, ich sage euch: Sie haben ihren Lohn schon bezogen. 17 Wenn du aber fastest, salbe dein Haupt und wasche dein Gesicht, 18 um nicht den Leuten zu zeigen, dass du fastest, sondern deinem Vater, der im Verborgenen ist. Und dein Vater, der ins Verborgene sieht, wird es dir vergelten.

|16: 23,5! · 13! |18: 6,4

Vom Umgang mit dem Besitz

19 Sammelt euch nicht Schätze auf Erden, wo Motte und Rost sie zerfressen, wo Diebe einbrechen und stehlen. 20 Sammelt euch vielmehr Schätze im Himmel, wo weder Motte noch Rost sie zerfressen, wo keine Diebe einbrechen und stehlen. 21 Denn wo dein Schatz ist, da ist auch dein Herz.

22 Das Licht des Leibes ist das Auge. Wenn dein Auge lauter ist, wird dein ganzer Leib von Licht erfüllt sein. 23 Wenn dein Auge böse ist, wird dein ganzer Leib finster sein. Wenn nun das Licht, das in dir ist, Finsternis ist, wie gross ist dann die Finsternis!

24 Niemand kann zwei Herren dienen. Denn entweder wird er diesen hassen und jenen lieben, oder er wird sich an jenen halten und diesen verachten. Ihr könnt nicht Gott dienen und dem Mammon.

|19–21: Lk 12,33–34 |20: 19,21! |22–23: Lk 11,34–36 |24: Lk 16,13

Von falscher und echter Sorge

25 Darum sage ich euch: Sorgt euch nicht um euer Leben, was ihr essen werdet, noch

nit für euwern leib/ was jr anziehen werdind.
Jst nit das läben mer dann die speyß/ und
der leyb mer dann die kleydung? Sehend an
die vögel under dem himmel/ sy säyend nit/
sy erndend nit/ sy samlend auch nit in die
scheüren/ und euwer himmelischer vatter neret
sy doch. Sind jr dann nit vil mer dann sy.

Wär ist under üch/ der siner glidmaß ein
eln zuosetzen möge/ ob er schon fleissiglich
darnach trachtet? Warumb sorgend jr dann
für die kleidung? Schouwend die Gilgen
auff dem väld wie sy wachsind/ sy arbeytend
nit/ auch näyend sy nit. Jch sag euch/ das
auch Salomon in aller seiner herrligkeyt nitt
bekleidet gwesen ist/ als der selbigen eins.
So denn Gott das graß auff dem väld also
bekleydet/ das doch hütt stadt/ und morn
inn den ofen gworffen wirt/ solt er das nitt
vil mer euch thuon? O jr kleingloübigen.

Darumb söllend jr nit sorgen/ und sagen:
Was werdend wir essen? was werden wir
trincken? wo mit werdend wir uns bekleyden?
Nach sölchem allem trachtend die Heyden:
dann euwer himmelscher vatter weyßt dz jr des
alles bedörffend. Trachtend am ersten nach dem
reych Gottes/ und nach seiner gerechtigkeyt/
so wirt euch sölichs alles zuofallen. Darumb
sorgend nit für den andren morgen: dann der
morndrig tag wirt für dz sein sorgen. Es ist
gnuog das ein jetlicher tag sein eygen übel hab.

Das vij. Capitel.

Er verbütet das valsch fräfel urteylen und beschetzen/
straffet gleychßnery/ vermanet zuo bätten/ warnet vor den
falschen leereren/ und beschlüßt die predig.

Richtend nit/ auff das jr nit gerichtet
werdind: dann mit welcherley gericht jr
richtend/ wirt euch gerichtet werden: und mit
welcherley maß jr messen/ wirt euch gemessen
werden. Was sichstu aber den spreyssen in
deines bruoders aug/ und wirst nit gewar deß
balcken in deinem aug? oder wie gedarstu
sagen zuo deinem bruoder: Halt/ ich wil
dir den spreyssen auß deinem aug ziehen/
und sihe/ ein balck ist in deinem aug? Du
gleychßner/ zeüch am ersten den balcken
auß deinem aug/ darnach besich wie du den
spreyssen auß deines bruoders aug ziehest.

um euren Leib, was ihr anziehen werdet.
Ist nicht das Leben mehr als die Nahrung
und der Leib mehr als die Kleidung?
26 Schaut auf die Vögel des Himmels:
Sie säen nicht, sie ernten nicht, sie sammeln
nicht in Scheunen – euer himmlischer Vater
ernährt sie. Seid ihr nicht mehr wert als sie?
27 Wer von euch vermag durch Sorgen seiner
Lebenszeit auch nur eine Elle hinzuzufügen?
28 Und was sorgt ihr euch um die Kleidung?
Lernt von den Lilien auf dem Feld, wie sie
wachsen: Sie arbeiten nicht und spinnen
nicht, 29 ich sage euch aber: Selbst Salomo
in all seiner Pracht war nicht gekleidet wie
eine von ihnen. 30 Wenn Gott aber das Gras
des Feldes, das heute steht und morgen in
den Ofen geworfen wird, so kleidet, wie
viel mehr dann euch, ihr Kleingläubigen!
31 Sorgt euch also nicht und sagt
nicht: Was werden wir essen? Oder: Was
werden wir trinken? Oder: Was werden wir
anziehen? 32 Denn um all das kümmern
sich die Heiden. Euer himmlischer Vater
weiss nämlich, dass ihr das alles braucht.
33 Trachtet vielmehr zuerst nach seinem
Reich und seiner Gerechtigkeit, dann wird
euch das alles dazugegeben werden. 34 Sorgt
euch also nicht um den morgigen Tag, denn
der morgige Tag wird für sich selber sorgen.
Jeder Tag hat genug an seiner eigenen Last.

P: Lk 12,22–32 |25: Ps 145,15–16 |26: Hiob 38,41;
Ps 147,9 · 10,31! |30: 8,26! |32: 6,8 |33: 5,20!

Vom Richten

7 1 Richtet nicht, damit ihr nicht gerichtet
werdet! 2 Denn wie ihr richtet, so werdet
ihr gerichtet werden, und mit dem Mass, mit
dem ihr messt, wird euch zugemessen werden.
3 Was siehst du den Splitter im Auge deines
Bruders, den Balken in deinem Auge aber
nimmst du nicht wahr? 4 Oder wie kannst du
zu deinem Bruder sagen: Lass mich den Splitter
aus deinem Auge herausziehen, und dabei ist
in deinem Auge der Balken? 5 Du Heuchler!
Zieh zuerst den Balken aus deinem Auge. Dann
wirst du klar genug sehen, um den Splitter aus
dem Auge deines Bruders herauszuziehen.

|1–2: Lk 6,37–38 |2: 6,15!; Mk 4,24 |3–5: Lk 6,41–42
|5: 23,13!

Jr söllend das heilthumb nit den hunden geben/ und euwere pärlin söllend jr nit für die süw werffen: auff das sy die selbigen nit zerträttind mit jren füessen/ und sich wendind und euch zerreyssind.

Bittend/ so wirt euch ggeben: suochend/ so werdend jr finden: klopfend an/ so wirt euch aufgethon: dann wär da bittet/ der empfacht: und wär da suocht/ der findet: und wär da anklopffet/ dem wirt aufgethon. Welcher ist under euch menschen/ so jnn sein sun bittet umbs brot/ der jm einen stein biete? oder so er jn bittet umb ein fisch/ der jm ein schlangen biete? So dann jr/ die jr doch arg sind/ könnend dennocht guot gaaben eüwern kinden geben/ wie vil mer euwer vatter im himmel wirt guots geben denen die jn bittend?

Alles nun das jr wöllennd das euch die leüt thuon söllend/ das tuond auch jr jnen: das ist das gsatz und die propheten.

Gond yn durch die enge port/ dann die port ist weyt/ und der wäg ist breyt/ der da abfüert zur verdamnuß: und jren sind vil die da durch gond. Und die port ist eng/ und der wäg ist schmal der da zum läben füert: und wenig ist jren die jn findend.

Sehend euch für vor den falschen propheten die zuo euch kommend in den schaaffskleydern/ innwendig aber sind sy reyssend wölff. An jren früchten söllend jr sy erkennen. Mag man auch weyntrauben samlen von den dörnen? oder fygen vonn den distlen? Also ein jetlicher guoter baum bringt guote frucht/ aber ein fauler baum bringt böse frucht. Ein guoter baum kan nit böse frucht bringen/ und ein fauler baum kan nit guote frucht bringen. Ein yetlicher baum der nitt guotte frucht bringt/ wirt abgehauwen und ins fheür geworffen. Darumb an jren früchten söllend jr sy erkennen. Es werdend nit alle die zuo mir sagend: Herr Herr/ in das himmelreych kommen/ sunder die da

Von der Entweihung des Heiligen

6 Gebt das Heilige nicht den Hunden und werft eure Perlen nicht vor die Säue, damit sie nicht mit den Füssen auf ihnen herumtreten und sich umwenden und euch in Stücke reissen.

|6: 10,14

Vom Bitten und vom Empfangen

7 Bittet, so wird euch gegeben; sucht, so werdet ihr finden; klopft an, so wird euch aufgetan. 8 Denn wer bittet, empfängt; wer sucht, der findet; wer anklopft, dem wird aufgetan. 9 Wer unter euch gäbe seinem Sohn, wenn er ihn um Brot bittet, einen Stein, 10 und wenn er ihn um einen Fisch bittet, eine Schlange? 11 Wenn also ihr, die ihr böse seid, euren Kindern gute Gaben zu geben wisst, wie viel mehr wird euer Vater im Himmel denen, die ihn bitten, Gutes geben.

P: Lk 11,9–13 |8: 18,19; 21,22; Mk 11,24; Joh 14,13! · Spr 8,17 |11: 6,9!

Die goldene Regel

12 Also: Wie immer ihr wollt, dass die Leute mit euch umgehen, so geht auch mit ihnen um! Denn darin besteht das Gesetz und die Propheten.

P: Lk 6,31 |12: 22,34–40

Das Bild vom engen Tor

13 Tretet ein durch das enge Tor! Denn weit ist das Tor und breit der Weg, der ins Verderben führt, und viele sind es, die da hineingehen. 14 Wie eng ist das Tor und wie schmal der Weg, der ins Leben führt, und wenige sind es, die ihn finden!

P: Lk 13,23–24

Die Warnung vor falschen Propheten

15 Hütet euch vor den falschen Propheten, die in Schafspelzen zu euch kommen – darunter aber sind reissende Wölfe! 16 An ihren Früchten werdet ihr sie erkennen. Lassen sich etwa Trauben ernten von Dornen oder Feigen von Disteln? 17 So trägt jeder gute Baum gute Früchte, jeder faule Baum aber trägt schlechte Früchte. 18 Ein guter Baum kann nicht schlechte Früchte tragen, und ein fauler Baum kann nicht gute Früchte tragen. 19 Jeder Baum, der nicht gute Frucht bringt, wird gefällt und ins Feuer geworfen. 20 So werdet ihr sie an ihren Früchten erkennen.

21 Nicht jeder, der zu mir sagt: Herr, Herr!, wird ins Himmelreich hineinkommen, sondern

thuond den willen meines vatters im himmel.
Es werdend vil zuo mir sagen an yhenem tag:
Herr Herr/ habend wir nit in deinem nammen
weyßgesagt? habend wir nit in deinem nammen
teüfel außgetriben? Habend wir nit in deinem
nammen vil krefftiger thaten gethon? Denn
wird ich jnen bekennen: Jch hab euch noch nye
erkennt/ Weychend all von mir jr übelthäter.

Darumb wär dise meine red höret/ unnd
thuot sy/ den vergleych ich einem weysen mann/
der sein hauß auff einen felsen bauwet. Do nun
ein platzrägen viel/ und ein wasser kam/ und
wäyetend die wind/ und stiessend an dz hauß/
fiel es doch nit: dann es was auff einen felsen
gegründt. Und wär dise mein red höret/ unnd
thuot sy nit/ der ist einem torechten mann
gleich/ der sein hauß auff das sand buwet. Do
nun ein platzrägen fiel/ und kam ein wasser/
und wäyetend die wind/ und stiessend an
dz hauß/ do fiel es/ und sein fal was groß.

Und es begab sich/ do Jesus dise leer
volendet hatt/ entsatzt sich dz volck über
sein leer: dann er prediget gwaltigklich/
und nit wie die gschrifftglerten.

Das viij. Capitel.
Christus reyniget den aussetzigen: machet den
knecht deß Hunderters gsund/ deßgleychen mancherley
kranckheyt heylet er. Die schwiger Petri lediget er vom
feber. Zweyen jünglingen gibt er bescheyd. Er stillt das
ungestüem Meer/ treybt die teüfel auß dem besäßnen in
die Schwyn.

Do er aber vom berg herab gieng/ volget jm
vil volcks nach/ und sihe ein aussetziger kam/
und bettet jnn an/ und sprach: Herr/ so du wilt/
magstu mich wol reynigen. Und Jesus strackt
sein hand auß/ ruort jn an/ und sprach: Jch wils
tuon/ syest gereyniget. Und von stundan ward
er von seinem aussatz rein. Und Jesus sprach zuo
jm: Sich zuo sags nieman/ sunder gang hin und
zeyg dich dem priester/ und bring die gaab die
Moses befolhen hat/ zuo einer zeügnuß jnen.

wer den Willen meines Vaters im Himmel tut.
22 Viele werden an jenem Tag zu mir sagen:
Herr, Herr, haben wir nicht in deinem Namen
als Propheten geredet, in deinem Namen
Dämonen ausgetrieben und in deinem Namen
viele Wunder getan? 23 Dann sollen sie von
mir hören: Ich habe euch nie gekannt! Geht
weg von mir, die ihr das Gesetz missachtet!

P: Lk 6,43–46 |15: 24,11.24; 2Petr 2,1; 1Joh 4,1 · 10,16
|17: 12,33 |19: 3,10! |21: 4,17; 5,3.10.20; 18,3; 19,14.23;
21,28–32 · 12,50 · Jak 1,22 |23: 25,12.41; Lk 13,27 · Ps 119,115

Das Bild vom Hausbau
24 Jeder, der diese meine Worte hört und
danach handelt, ist einem klugen Mann
gleich, der sein Haus auf Fels gebaut hat.
25 Da gingen Regengüsse nieder, Sturzbäche
kamen, und Winde wehten und warfen sich
gegen das Haus, und es stürzte nicht ein. Denn
Fels war sein Fundament. 26 Und jeder, der
diese meine Worte hört und nicht danach
handelt, ist einem törichten Mann gleich, der
sein Haus auf Sand gebaut hat. 27 Da gingen
Regengüsse nieder, Sturzbäche kamen, Winde
wehten und schlugen gegen das Haus, und
es stürzte ein, und sein Sturz war gewaltig.

P: Lk 6,47–49

Die Wirkung der Bergpredigt
28 Und es geschah, als Jesus diese
Rede abgeschlossen hatte, dass die Leute
überwältigt waren von seiner Lehre. 29 Denn
er lehrte sie wie einer, der Vollmacht hat,
und nicht wie ihre Schriftgelehrten.

|28: 13,54; 19,25; 22,22.33 |29: 28,18!; Mk 1,22

Die Heilung eines Aussätzigen
8 1 Als er vom Berg herabstieg, folgten ihm
viele Leute. 2 Und da kam ein Aussätziger
auf ihn zu, warf sich vor ihm nieder und
sagte: Herr, wenn du willst, kannst du mich
rein machen! 3 Und er streckte die Hand
aus, berührte ihn und sprach: Ich will es, sei
rein! Und auf der Stelle wurde er von seinem
Aussatz geheilt. 4 Und Jesus sagt zu ihm:
Sieh zu, dass du niemandem etwas sagst,
sondern geh, zeig dich dem Priester und bring

Euangelion Sant Matthes.

die Opfergabe dar, die Mose angeordnet hat – das soll ihnen ein Beweis sein.

P: Mk 1,40–45; Lk 5,12–16 |4: 9,30; 12,16; 16,20; 17,9 · Lev 14,2–32

Der Hauptmann von Kafarnaum

Do aber Jesus yngieng zuo Capernaum/ tratt ein hauptman zuo jm/ der batt jn uns sprach: Herr/ mein knecht ligt daheim und ist pärlisiech/ und hat grosse peyn. Jesus sprach zuo jm: Jch wil kommen/ und jn gsund machen. Der hauptman antwortet/ und sprach: Herr/ ich bin nit wärt das du under min tach gangest/ sunder sprich nun ein wort so wirt min knecht gsund. Dann ich bin ein mensch/ darzuo der oberkeyt underthon/ und hab under mir kriegsknecht/ noch wenn ich sag zuo einem/ Gang hin/ so gadt er: und zum andren/ Kumm här/ so kumpt er: und zuo meinem knecht/ Thuo das/ so thuot ers. Do dz Jesus hort/ verwunderet er sich/ und sprach zuo denen die jm nachfolgtend: Warlich ich sag euch/ sölichen glauben hab ich in Jsrael nit funden. Aber ich sag euch/ vil werdend kommen vom Morgen/ und vom Abent/ und sitzen mitt Abraham und Jsaac und Jacob im himmelreych: aber die kinder deß reychs werdend außgestossen in die ausserste finsternuß/ da wirt sein weynen und zänklaffen. Und Jesus sprach zuo dem hauptman: Gang hin/ dir geschehe wie du glaubt hast. Und sein knecht ward zuo der selbigen stund gesund.

5 Als er aber nach Kafarnaum kam, trat ein Hauptmann an ihn heran und bat ihn: 6 Herr, mein Knecht liegt gelähmt im Haus und wird von furchtbaren Schmerzen gepeinigt. 7 Und er sagt zu ihm: Ich werde kommen und ihn heilen. 8 Da entgegnete der Hauptmann: Herr, es steht mir nicht zu, dich in mein Haus zu bitten, doch sprich nur ein Wort, und mein Knecht wird gesund. 9 Denn auch ich bin einer, für den Befehle gelten, und ich habe Soldaten unter mir. Sage ich zu einem: Geh, so geht er; sage ich zu einem anderen: Komm, so kommt er; und sage ich zu meinem Knecht: Tu das, so tut er es. 10 Als Jesus das hörte, staunte er und sagte zu denen, die ihm folgten: Amen, ich sage euch: Solchen Glauben habe ich bei niemandem in Israel gefunden. 11 Ich sage euch aber: Viele werden kommen aus Ost und West und sich mit Abraham, Isaak und Jakob im Himmelreich zu Tisch setzen. 12 Die Söhne des Reichs aber werden in die äusserste Finsternis hinausgeworfen werden; dort wird Heulen und Zähneklappern sein. 13 Und Jesus sagte zum Hauptmann: Geh! Dir geschehe, wie du geglaubt hast. Und in eben jener Stunde wurde der Knecht gesund.

P: Lk 7,1–10; Joh 4,43–54 |11: Lk 13,29! · 28,19! |12: 13,42.50; 22,13; 24,51; 25,30; Lk 13,28 |13: 9,22.29; 15,28; 21,22; Mk 5,34!; Lk 7,50! · 17,20!

Die Heilung der Schwiegermutter des Petrus

Und Jesus kam in Peters hauß/ und sach das sein schwiger lag/ und hatt das feber/ do greyff er jr hand an/ unnd das feber verließ sy. Und sy stuond auf/ und dienet jnen.

14 Und als Jesus in das Haus des Petrus kam, sah er, dass dessen Schwiegermutter im Fieber lag. 15 Und er nahm ihre Hand, und das Fieber wich von ihr; und sie stand auf und bewirtete ihn.

P: Mk 1,29–31; Lk 4,38–39

Weitere Heilungen

Am abent aber brachtend sy vil besäßner zuo jm/ und er treib die geist auß mit worten/ und machet alle krancken gsund/ auff dz erfüllt wurde/ das da gesagt ist durch den propheten Esaiam/ der da spricht: Er hat unser schwachheyt auff sich genommen/ und unsere kranckheyten hat er getragen.

16 Am Abend brachten sie viele Besessene zu ihm; und er trieb die Geister aus durch die Macht des Wortes und heilte alle Kranken. 17 So sollte in Erfüllung gehen, was durch den Propheten Jesaja gesagt ist: *Er nahm unsere Schwachheit auf sich, und unsere Krankheiten trug er.*

P: Mk 1,32–34; Lk 4,40–41 |17: Jes 53,4

Und do Jesus vil volcks umb sich sach/ hieß er/ man sölte hinüber yhensit des meers faren. Und es tratt zuo jm ein gschrifftgleter/ der sprach zuo jm: Meister/ ich wil dir nachfolgen wo du hingaast. Und Jesus sagt zuo jm: Die Füchs habend gruoben/ und die vögel under dem himmel habend näster: aber des menschen sun hat nit da er sein haupt hin lege. Und ein andrer under seinen jüngern/ sprach zuo jm: Herr/ erlaub mir/ das ich hingange/ und vorhin meinen vatter begrabe. Aber Jesus sprach zuo jm: Volg du mir/ und laß die todten jre todten begraben.

Und er tratt in das schiff/ und seine jünger volgtend jm. Und sihe/ do erhuob sich ein grosse ungestüeme im Meer/ also/ das auch das schifflin mit wällen bedeckt ward. Und er schlieff. Und die jünger trattend zuo jm/ und wacktend jn auf/ und sprachend: Herr/ hilff uns/ wir verdärbennd. Do sagt er zuo jnen: Jr kleinglöubigen/ warumb sind jr so forchtsam? Und stuond auf/ unnd legt gebott eyn mit tröwen den winden und dem meer. Do ward es gantz still. Die menschen aber verwunderend sich/ unnd sprachend: Was ist das für ein mann/ das jm die wind und das meer gehorsam sind.

Und er kam yhensyt des meers in die gegne der Gergesener. Do lieffend jm entgegen zwen besäßner/ die kamend auß den todtengrebern/ und warend vast grymmig/ also/ das nieman kundt die selbigen straß wandlen. Und sihe/ sy schrüwend und sprachend: Ach Jesu du sun Gottes/ was habend wir mitt dir zethuon? bist du här kommen uns zepeynigen ee dann es zeyt ist? Es was aber veer von jnen ein grosse herd seüw in der weyd/ do battend jn die teüfel und sprachend: Wiltu uns außtreyben/ so erlaub uns in die herd seüw zefaren. Und er sprach: Farend hin. Do fuorend sy auß/ unnd fuorend in die herd seüw. Und sihe/ die gantz herd seüw sturtzt sich mit einem sturm ins meer/ unnd ertrunckend im wasser. Und die hirten fluhend/ und giengend hin in die statt/ und sagtend das alles/ und wie es mit den besäßnen ergangen was. Unnd sihe/ do gieng die gantz statt herauß Jesu entgegen. Und do

Vom Ernst der Nachfolge

18 Als Jesus das Gedränge um sich herum sah, befahl er, ans andere Ufer zu fahren. 19 Da kam ein Schriftgelehrter zu ihm und sagte: Meister, ich will dir folgen, wohin du auch gehst. 20 Jesus sagt zu ihm: Die Füchse haben Höhlen, und die Vögel des Himmels haben Nester, der Menschensohn aber hat keinen Ort, wo er sein Haupt hinlegen kann. 21 Ein anderer von den Jüngern sagte zu ihm: Herr, erlaube mir, dass ich zuerst heimgehe und meinen Vater begrabe. 22 Jesus aber sagt zu ihm: Folge mir! Und lass die Toten ihre Toten begraben.

P: Lk 9,57–62 |22: 16,24!

Die Stillung des Seesturms

23 Dann stieg er in das Boot, und seine Jünger folgten ihm. 24 Da erhob sich ein grosser Sturm auf dem See, so dass das Boot von den Wellen überrollt wurde; er aber schlief. 25 Da traten sie zu ihm, weckten ihn und sagten: Herr, rette uns, wir gehen unter! 26 Und er sagt zu ihnen: Was seid ihr so furchtsam, ihr Kleingläubigen! Dann stand er auf und schrie die Winde an und den See; da trat eine grosse Windstille ein. 27 Die Menschen aber wunderten sich und sagten: Was ist das für einer, dass ihm selbst Wind und Wellen gehorchen?

P: Mk 4,35–41; Lk 8,22–25 |26: 6,30; 14,31; 16,8; 17,20 |27: Ps 65,8; 89,10; 107,29

Die Heilung der Besessenen von Gadara

28 Als er ans andere Ufer kam, in das Gebiet der Gadarener, liefen ihm zwei Besessene über den Weg, die aus den Grabhöhlen hervorkamen. Die sahen so furchterregend aus, dass niemand auf dem Weg gehen wollte, der dort vorbeiführte. 29 Und sie schrien: Was haben wir mit dir zu schaffen, Sohn Gottes? Bist du hergekommen, um uns zu quälen, bevor es Zeit ist? 30 Weit weg von ihnen aber weidete eine grosse Herde Schweine. 31 Da baten ihn die Dämonen: Wenn du uns austreibst, dann schick uns in die Schweineherde. 32 Er sagte zu ihnen: Fort mit euch! Da fuhren sie aus und fuhren in die Schweine, und siehe da: Die ganze Herde stürzte sich den Abhang hinunter in den See und kam im Wasser um. 33 Die Hirten aber ergriffen die Flucht, eilten in die Stadt und erzählten alles, auch was mit den Besessenen geschehen war. 34 Und die ganze

sy jnn sahend/ battend sy jnn das er weychen wölte vonn jrer anstossenden landmarchen.

Das ix. Capitel.

Er heylet den Bettrisen/ berüefft Mattheum vom Zol/ geschweygt die gleychßner/ verantwurtet seine jünger/ lediget das weyb vom bluotfluss/ macht läbendig die tochter Jayri/ erlüchtet zwen blinden/ machet einen stummen reden/ einen tummen gehören/ und treybt die teüfel auß.

Do trat er in das schiff/ und fuor wider herüber/ und kam in sein statt. Und sihe/ do brachtend sy zuo jm einen pärlisiechen/ der lag auff einem bett. Do nun Jesus jrenn glauben sach/ sprach er zuo dem pärlisiechen: Biß getröst mein sun/ deine sünd sind dir vergeben. Und sihe/ etlich under den gschrifftglerten sprachend jn jnen selbs: Diser lesteret Gott. Do aber Jesus jre gedancken sach/ sprach er: Warumb gedenckend jr so args in euwern hertzen? Welches ist leichter zesagen/ dir sind dine sünd vergeben/ oder zesagen/ stand auff und wandel? Auff dz jr aber wüssind das des menschen sun macht hab auff erden die sünd zuo vergeben/ sprach er zuo dem pärlisiechen: Stand auf/ heb auf dein bett/ und gang heim. Und er stuond auf/ unnd gieng heym. Do das volck das sach/ verwundert es sich/ unnd preyset Gott/ der sölche macht den menschen geben hatt.

Und do Jesus vonn dannen gieng/ sach er einen menschen am Zol sitzen/ der hieß Mattheus/ und sprach zuo jm: Volg mir. Und er stuond auf und volgt jm. Und es begab sich do er zetisch saß im hauß/ sihe/ do kamennd vil Zoller und sünder/ unnd sassend zuo tisch mit Jesu und seinen Jüngeren. Do das die Pharisäer sahend/ sprachend sy zuo seinen jüngeren: Warumb isset euwer meister mit den Zolleren und sünderen? Do das Jesus hort/ sprach er zuo jnen: Die starcken dörffend deß artzets nit/ sunder die krancken: Gond aber hin/ und lernend was das sey. Jch hab ein wolgefallen an der barmhertzigkeit/ und nitt am opfer. Jch bin kommen die sünder zur buoß zuo berüeffen/ und nit die frommen.

Stadt zog hinaus, Jesus entgegen, und als sie ihn sahen, baten sie ihn, ihr Gebiet zu verlassen.

P: Mk 5,1–20; Lk 8,26–39 |29: 16,16!

Die Heilung eines Gelähmten

9 1 Und er stieg in ein Boot, fuhr über den See und kam in seine Vaterstadt. 2 Da brachten sie einen Gelähmten zu ihm, der auf einem Bett lag. Und als Jesus ihren Glauben sah, sagte er zu dem Gelähmten: Sei getrost, Kind, dir sind die Sünden vergeben. 3 Da dachten einige der Schriftgelehrten bei sich: Der lästert! 4 Jesus, der sie durchschaute, sprach: Was sinnt ihr Böses? 5 Was ist leichter? Zu sagen: Dir sind die Sünden vergeben, oder zu sagen: Steh auf und zeig, dass du gehen kannst? 6 Damit ihr aber wisst, dass der Menschensohn Vollmacht hat, auf Erden Sünden zu vergeben – sagt er zu dem Gelähmten: Steh auf, nimm dein Bett und geh nach Hause! 7 Und der stand auf und ging nach Hause. 8 Als die Leute das sahen, erschraken sie und priesen Gott, der den Menschen solche Vollmacht gegeben hat.

P: Mk 2,1–12; Lk 5,17–26 |1: 4,13 |2: Lk 7,48 |3: 26,65 · Lk 7,49 |6: 28,18! · Joh 5,27

Die Berufung eines Zöllners

9 Und als Jesus von dort weiterzog, sah er einen Mann, der Matthäus hiess, am Zoll sitzen. Und er sagt zu ihm: Folge mir! Und der stand auf und folgte ihm.

10 Und es geschah, als er im Haus bei Tisch sass, dass viele Zöllner und Sünder kamen und mit Jesus und seinen Jüngern bei Tisch sassen. 11 Als die Pharisäer das sahen, sagten sie zu seinen Jüngern: Warum isst euer Meister mit den Zöllnern und Sündern? 12 Er hörte es und sprach: Nicht die Gesunden brauchen den Arzt, sondern die Kranken. 13 Geht aber und lernt, was es heisst: *Barmherzigkeit will ich und nicht Opfer*. Ich bin nicht gekommen, Gerechte zu rufen, sondern Sünder.

P: Mk 2,13–17; Lk 5,27–32 |11: 11,19; Lk 5,30! |13: 5,7!; 12,7; 18,33; Hos 6,6 · Lk 5,32!

Jn dem kamend die jünger Joannis zuo jm/ unnd sprachend: Warumb fastend wir und die Phariseer so vil/ unnd deine jünger fastend nit? Jesus sprach zuo jnen: Wie könnend deß breütgams kinder leyd tragen/ so lang der breütgam bey jnen ist? Es wirt aber die zeyt kommen/ das der breütgam von jnen genommen wirt/ unnd denn werdend sy fasten. Nieman büetzet ein alt kleyd mit einem blätz von rouwem tuoch/ dann der blätz nimpt dem kleyd ab/ und wirt das loch böser. Man fasset auch nitt den most inn alte schleüch/ anders die schleüch zerreyssend/ und der most wirt verschüt: sunder man fasset den most in neüwe schleüch/ so werdend sy beyd mit einandern behalten.

Do er sölichs mit jnen redt/ sihe/ do kam der obersten einer zuo jm/ und viel vor jm nider/ und sprach: Herr/ mein tochter ist yetz gestorben/ aber kumm und leg dein hand auff sy/ so wirt sy läbendig. Jesus stuond auf/ und volget jm nach: und sihe/ ein weyb dz zwölff jar den bluotgang gehaben hatt/ gieng jm nach/ und ruort seines kleyds saum an. Dann sy sprach in jr selbs. Möcht ich nun sin kleid anrüeren/ so wurd ich gsund. Do wandt sich Jesus umb/ und sach sy/ unnd sprach: Biß getröst mein tochter/ dein glaub hat dir gehollfen. Und das weyb ward zuo der selben stund gesund.

Und als er in des obersten hauß kam/ und sach die pfeyffer und das getümmel des volckes/ sprach er zuo jnen: Weychend/ dann das meytlin ist nit tod/ sunder es schlaafft. Und sy verlachtend jn. Als aber das volck außgetriben was/ gieng er hineyn/ und ergreyff es bey der hand: do stuond das meytlin auf. Und diß geschrey erschall in dz selbig gantz land.

Zur Frage nach dem Fasten

14 Da kamen die Jünger des Johannes zu ihm und sagten: Warum fasten wir und die Pharisäer, deine Jünger aber fasten nicht? 15 Da sagte Jesus zu ihnen: Können denn die Hochzeitsgäste trauern, solange der Bräutigam bei ihnen ist? Doch es werden Tage kommen, da ihnen der Bräutigam entrissen wird, und dann werden sie fasten.

16 Niemand näht ein Stück neuen Stoff auf einen alten Mantel; denn der Flicken reisst etwas ab von dem Mantel, und es entsteht ein noch schlimmerer Riss. 17 Auch füllt man nicht neuen Wein in alte Schläuche, sonst reissen die Schläuche, der Wein läuft aus, und die Schläuche sind hin. Nein, neuen Wein füllt man in neue Schläuche, so bleibt beides erhalten.

P: Mk 2,18–22; Lk 5,33–39 |15: 22,2! · 26,11

Die Auferweckung der Tochter des Jairus und die Heilung der Frau mit den Blutungen

18 Während er so mit ihnen redete, kam ein vornehmer Mann, fiel vor ihm nieder und sagte: Meine Tochter ist soeben gestorben. Aber komm, leg ihr die Hand auf, so wird sie wieder lebendig. 19 Da stand Jesus auf und folgte ihm mit seinen Jüngern.

20 Und da war eine Frau, die seit zwölf Jahren an Blutungen litt. Die trat von hinten an ihn heran und berührte den Saum seines Mantels. 21 Denn sie sagte sich: Wenn ich auch nur seinen Mantel berühre, werde ich gerettet. 22 Jesus aber wandte sich um, sah sie und sprach: Sei getrost, Tochter, dein Glaube hat dich gerettet. Und die Frau war von Stund an gerettet.

23 Als Jesus in das Haus des vornehmen Mannes kam und die Flötenspieler und das Gedränge um sich herum sah, 24 sprach er: Geht hinaus! Das Mädchen ist nicht gestorben, es schläft. Da lachten sie ihn aus. 25 Als man die Leute hinausgeschickt hatte, ging er hinein, nahm ihre Hand, und das Mädchen stand auf. 26 Und das sprach sich in jener ganzen Gegend herum.

P: Mk 5,21–43; Lk 8,40–56 |20: Lev 15,25 |22: 8,13!

9,20: Das mit «Saum» übersetzte griechische Wort bezeichnet sowohl die Quaste des Gebetsmantels als auch den Saum eines Kleides. Da es an der vorliegenden Stpaelle um den Kontakt zum anderen Menschen geht, wurde das Wort ‹Saum› verwendet (anders Mt 23,5).

Und do er von dannen fürbaß gieng/ volgtend jm zwen blinden nach/ die schreüwend und sprachend: Ach du sun Davids erbarm dich unser. Und do er heym kam/ trattend die blinden zuo jm. Und Jesus sprach zuo jnen: Glaubend jr das ich euch sölichs tuon kan? Do sprachend sy zuo jm: Herr/ ja. Do ruort er jre augen an/ unnd sprach: Euch geschech nach euwerm glauben. Und jre augen wurdend geöffnet. Und Jesus verbot jnen und sprach: Sehend zuo/ das es niemants erfare. Aber sy giengend auß/ und habend sölichen seinen lümbden und guot geschrey außgerüefft in dem selben gantzen land.

Do nun dise warend hinauß kommen/ sihe/ do brachtennd sy zuo jm einen menschen/ der was ein stumm und besässen. Und do der tüfel was außgetriben/ redt der stumm. Und das volck verwunderet sich/ unnd sprach: Sölichs ist noch nye in Jsrael ersehen worden. Aber die Phariseer sprachend: Er treybt die teüfel auß durch der teüflen obersten.

Und Jesus gieng umbher in alle stett und märckt/ leret in jren schuolen/ und prediget dz Euangelion von dem reych/ und heylet allerley suchten und allerley kranckheyten im volck. Und do er das volck sach/ bekümmert jn das selbig/ dann sy warend verschmächt unnd zerströuwet wie die schaaff die keinen hirten habend. Do sprach er zuo seinen jüngeren: Die ernd ist groß/ aber wenig sind der arbeytern: darumb bittend den Herren der ernd/ das er arbeyter in sein ernd sende.

Das x. Capitel.

Christus erwelt xij. Junger/ sendet sy auß in das Jüdisch land zepredigen: fertiget sy ab mit einem Befelch/ leer/ und stercke: tröstet sy und bewaret sy für die künfftigen leyden unnd durächten.

Und er beruofft seine zwölff jünger zuo jm/ und gab jnen macht über die unsaubren geyst/ dz sy die selbigen außtribind und heiletind allerley sucht und allerley kranckheyt. Die nammen aber der zwölff Apostlen sind dise: der erst Simon/ genant Peter/ und Andreas sein bruoder/ Jacob Zebedei sun/ und Johannes sein

Die Heilung von zwei Blinden

27 Und als Jesus von dort weiterzog, folgten ihm zwei Blinde, die schrien: Hab Erbarmen mit uns, Sohn Davids! 28 Als er ins Haus hineinging, traten die Blinden auf ihn zu, und Jesus sagt zu ihnen: Glaubt ihr, dass ich dies tun kann? Sie sagen zu ihm: Ja, Herr. 29 Da berührte er ihre Augen und sprach: Euch geschehe, wie ihr geglaubt habt. 30 Und ihre Augen taten sich auf. Und Jesus fuhr sie an: Seht zu, dass es niemand erfährt! 31 Sie aber gingen hinaus und machten ihn in der ganzen Gegend bekannt.

P: 20,29–34 |27: 12,23; 15,22!; 20,30–31; 21,9.15; 22,42 |29: 8,13! |30: 8,4!

Die Heilung eines Stummen

32 Als sie hinausgegangen waren, da brachten sie einen Stummen zu ihm, der von einem Dämon besessen war. 33 Und als der Dämon ausgetrieben war, begann der Stumme zu reden. Und die Leute staunten und sagten: Noch nie hat man in Israel so etwas gesehen! 34 Die Pharisäer aber sagten: Mit dem Fürsten der Dämonen treibt er die Dämonen aus.

P: 12,22–24 |33: Lk 11,14 |34: 10,25; 12,24.27; Lk 11,15; Joh 7,20! · 11,18

Die grosse Ernte

35 Und Jesus zog umher in allen Städten und Dörfern, lehrte in ihren Synagogen, verkündigte das Evangelium vom Reich und heilte jede Krankheit und jedes Gebrechen.
36 Als er die vielen Menschen sah, taten sie ihm leid, denn sie waren erschöpft und schutzlos, *wie Schafe, die keinen Hirten haben*. 37 Da sagt er zu seinen Jüngern: Die Ernte ist gross, Arbeiter aber sind wenige. 38 Darum bittet den Herrn der Ernte, dass er Arbeiter in seine Ernte sende.

|35: 4,23! |36: Mk 6,34 · Num 27,17; 2Chr 18,16 · 5,7!; 14,14; 15,32; 20,34 · 10,6! |37–38: Lk 10,2

Die Aussendung der Zwölf

10 1 Und er rief seine zwölf Jünger herbei und gab ihnen Vollmacht, unreine Geister auszutreiben und jede Krankheit und jedes Gebrechen zu heilen.
2 Dies sind die Namen der zwölf Apostel: zuerst Simon, der Petrus heisst, und Andreas, sein Bruder, und Jakobus, der Sohn des

bruoder: Philip und Bartholome/ Thoman und Mattheus der zoller/ Jacob Alphei sun: Lebbeus/ mitt dem zuonammen Thaddeus: Simon von Cana/ und Judas Jscarioth/ welcher jn verriedt.

Die zwölff sandt Jesus/ und gebot jnen und sprach: Gond nit auff die straaß der Heyden/ und ziehend nit in die stett der Samariter/ sunder gond hin zuo den verlornen schaaffen auß dem hauß Jsraels. Gond aber und predigend/ und sprechend: Das himmelreich ist nach herzuo kommen. Machend die schwachen gsund: reynigend die aussetzigen/ weckend die todten auff/ treybend die tüfel auß. Umb sunst hand jrs empfangen/ umb sunst gebend es auch. Habend nit gold/ noch silber/ noch ertz in üwern gürtlen: auch kein täschen zur wägfart/ auch nit zwen röck/ kein schuoch/ auch kein stecken: dann ein arbeyter ist seiner speyß wärt.

Wo jr aber in ein statt oder marckt gond/ da ersuochend ob yemants darinnen sey der euch geschickt ist: und daselbst bleibend biß jr von dannen ziehend.

Wo jr aber in ein hauß gond/ so grüessent das selbig: und so das selbig hauß euch geschickt ist/ so wirt euwer frid auff sy kommen: ist es aber euch nit geschickt/ so wirt sich euwer frid wider zuo euch wenden.

Und wo euch yemant nit annemmen wurde/ noch euwere red hören/ so gond herauß von dem selben hauß oder statt/ und schütlend den staub von euwern füessen. Warlich sag ich euch/ dem land der Sodomer unnd Gomorrer wirt es lydlicher ergon am jüngsten gericht/ dann sölicher statt.

Sihe/ ich senden euch wie die schaaff mitten under die wölff. Darumb sind weyß wie die schlangen/ und one falsch wie die Tuben. Hüetend euch aber vor den menschen/ dann sy werdend euch überantwurten für jre Radthüser/ und werdend euch geyßlen in jren versamlungen. Und man wirt euch für fürsten und künig füeren umb meinetwillen/ zur zeügnuß über sy und über die Heyden.

Wenn sy euch nun überantworten werdend/ so sorgend nit wie oder was jr reden söllend: dann es wirt euch zuo der stund ggeben werden was jr reden söllend:

Das Evangelium nach Matthäus

Zebedäus, und Johannes, sein Bruder, 3 Philippus und Bartolomäus, Thomas und Matthäus, der Zöllner, Jakobus, der Sohn des Alfäus, und Thaddäus, 4 Simon Kananäus, und Judas Iskariot, der ihn dann auslieferte.

5 Diese Zwölf sandte Jesus aus und gebot ihnen: Nehmt nicht den Weg zu den Heiden und betretet keine samaritanische Stadt. 6 Geht vielmehr zu den verlorenen Schafen aus dem Hause Israel.

7 Geht und verkündigt: Nahe gekommen ist das Himmelreich. 8 Kranke macht gesund, Tote weckt auf, Aussätzige macht rein, Dämonen treibt aus! Umsonst habt ihr es empfangen, umsonst sollt ihr es geben. 9 Füllt eure Gürtel nicht mit Gold-, Silber- oder Kupfermünzen! 10 Nehmt keinen Sack mit auf den Weg, kein zweites Kleid, keine Schuhe, keinen Stab! Denn der Arbeiter ist seines Lohnes wert. 11 Kommt ihr aber in eine Stadt oder in ein Dorf, dann fragt nach, wer da würdig ist; dort bleibt, bis ihr weiterzieht. 12 Wenn ihr aber in das Haus eintretet, so grüsst es. 13 Wenn das Haus es wert ist, kehre euer Friede dort ein, wenn das Haus es aber nicht wert ist, kehre euer Friede zu euch zurück. 14 Wenn man euch nicht aufnimmt und eure Worte nicht hören will, dann geht fort aus jenem Haus oder jener Stadt und schüttelt den Staub von euren Füssen. 15 Amen, ich sage euch: Dem Land Sodom und Gomorra wird es am Tag des Gerichts besser ergehen als jener Stadt.

|1: Mk 6,7; Lk 9,1 |2–4: Mk 3,13–19; Lk 6,12–16 |6: 9,36; 15,24 · 28,19! |7–15: Mk 6,8–11; Lk 9,2–5; 10,1–12 |7: 4,17! |14: Lk 10,11! |15: 11,22.24; Gen 19,24–25

10,4: Der Beiname Kananäus leitet sich von einem hebräischen Verb ab, das ‹eifern› bedeutet, und kennzeichnet seinen Träger als Sympathisanten oder als Mitglied der zelotischen Partei.

Standhalten in Verfolgungen

16 Seht, ich sende euch wie Schafe mitten unter die Wölfe; seid also klug wie die Schlangen und ohne Falsch wie die Tauben.

17 Hütet euch aber vor den Menschen! Denn sie werden euch an Gerichte ausliefern, in ihren Synagogen werden sie euch auspeitschen, 18 vor Statthalter und Könige werdet ihr geführt werden um meinetwillen, um Zeugnis abzulegen vor ihnen und den Völkern. 19 Wenn sie euch aber vor Gericht stellen, dann sorgt euch nicht darum, wie oder was ihr reden sollt, denn es wird euch in jener Stunde gegeben werden, was ihr reden sollt. 20 Denn nicht

dann jr sind nit die da redend/ sunder euwers vatters geyst ists der durch euch redt.

Es wirt aber ein bruoder den andren zum tod überantworten/ und der vatter den sun: und die kinder werdend sich erheben wider die Elteren/ und jnen zum tod helffen/ und müessend gehasset werden von yederman umb meines nammens willen. Wär aber biß an dz end beharret/ der wirt sälig.

Wenn sy euch aber in einer statt verfolgend/ so fliehend in ein andre: warlich ich sag euch/ jr werdend die stett Jsraels nit außrichten biß des menschen sun kumpt. Der junger ist nit über den meyster/ noch der knecht über den herren. Es ist dem junger genuog dz er sey wie sein meister/ und der knecht wie sein herr. Habend sy den haußvatter Beelzebub geheissen/ wie vil mer werdend sy seine haußgenossen also heissen? Darumb förchtend euch nit vor jnen.

Es ist nichts verborgen das nit offenbar werde: und ist nichts heymlichs das man nit wüssen werde. Was ich euch sag in der finsternuß/ das redend im liecht: unnd was jr hörend in das or/ das predigend auff den tächeren.

Und förchtend euch nit vor denen die den leyb tödend/ und die seel nit mögend töden: förchtend euch aber vil mer vor dem/ der da vermag leyb und seel verderben in die hell. Kaufft man nit zwen sparen umb einen pfennig? noch falt der selbigen keiner auff die erd on euweren vatter. Nun aber sind auch euwere haar auff dem haupt alle gezelt/ darumb förchtend euch nit/ jr sind besser dann vil sparen. Darumb wär mich bekennt vor den menschen/ den wil ich bekennen vor meinem vatter im himmel: wär mich aber verlöugnet vor den menschen/ den wil ich verlöugnen vor meinem vatter im himmel.

ihr seid es, die dann reden werden, sondern der Geist eures Vaters ist es, der durch euch reden wird. 21 Es wird aber ein Bruder den andern dem Tod ausliefern und ein Vater das Kind, und Kinder werden gegen ihre Eltern auftreten und sie in den Tod schicken. 22 Und ihr werdet gehasst werden von allen um meines Namens willen. Wer aber standhält bis ans Ende, der wird gerettet werden.

23 Wenn sie euch in der einen Stadt verfolgen, dann flieht in die andere. Denn, amen, ich sage euch: Ihr werdet mit den Städten Israels nicht zu Ende kommen, bevor der Menschensohn kommt. 24 Ein Jünger steht nicht über dem Meister und ein Knecht nicht über seinem Herrn. 25 Es genügt dem Jünger, dass er wie sein Meister wird, und dem Knecht, dass er wie sein Herr wird. Wenn man schon den Hausherrn Beelzebul nennt, wie viel mehr dann seine Hausgenossen.

|16: 7,15 · Lk 10,3 |17–22: 24,9–14; Mk 13,9–13; Lk 21,12–19 |17: 23,34 |19: Lk 12,11 |20: Lk 12,12 |22: 5,11 · 24,13 · Joh 15,18–19.21 |23: 5,10; 23,34 · 16,27! · 16,28 |24: Lk 6,40; Joh 13,16; 15,20 |25: 9,34!

Die Aufforderung zu furchtlosem Bekenntnis
26 Darum fürchtet sie nicht! Denn nichts ist verhüllt, was nicht enthüllt, und nichts geheim, was nicht bekannt werden wird. 27 Was ich euch im Dunkeln sage, das sagt im Licht. Und was ihr ins Ohr geflüstert bekommt, das ruft aus auf den Dächern. 28 Fürchtet euch nicht vor denen, die den Leib töten, die Seele aber nicht töten können. Fürchtet euch mehr vor dem, der Seele und Leib in der Hölle verderben kann. 29 Verkauft man nicht zwei Spatzen für einen Fünfer? Und nicht einer von ihnen fällt zu Boden, ohne dass euer Vater bei ihm ist. 30 Bei euch aber sind sogar die Haare auf dem Kopf alle gezählt. 31 Fürchtet euch also nicht! Ihr seid mehr wert als viele Spatzen.

32 Jeder nun, der sich vor den Menschen zu mir bekennt, zu dem werde auch ich mich bekennen vor meinem Vater im Himmel. 33 Wer mich aber vor den Menschen verleugnet, den werde auch ich verleugnen vor meinem Vater im Himmel.

P: Lk 12,1–12 |26: Mk 4,22; Lk 8,17 |31: 6,26; 12,12 |33: Mk 8,38; Lk 9,26!

10,29: Andere Übersetzungsmöglichkeit: «..., ohne dass euer Vater es will.» oder: «..., ohne dass euer Vater es weiss.»

Jr söllend nit wänen das ich kommen sey frid zesenden auff erden: ich bin nit kommen frid zesenden/ sonder das schwärt: dann ich bin kommen den menschen zwyträchtig zemachen wider seinen vatter: und die tochter wider jr muoter/ unnd die sunsfrauw wider jr schwiger: unnd deß menschen feynd werdend seine eignen haußgnossen sein.

Wär vatter und muoter mer liebet dann mich/ der ist mein nit wärdt: unnd wär sün unnd töchter mer liebet dann mich/ der ist mein nit wärdt: und wär nit sein creütz uff sich nimpt/ und volget mir nach/ der ist mein nit wärdt: wär sein läben findt/ der wirdt es verlieren: unnd wär sein läben verliert umb meinent willen/ der wirt es finden.

Wär euch aufnimpt/ der nimpt mich auf: und wär mich aufnimpt/ der nimpt den auf der mich gesendt hat. Wär einen propheten aufnimpt in eines propheten nammen/ der wirt eines propheten lon empfahen. Wär einen gerechten ufnimpt in eines gerechten nammen/ der wirt eines gerechten lon empfahen: und wär diser geringsten einen nun mit einem bächer kalts wassers trenckt in eines jungers nammen/ warlich sag ich euch/ es wirt jm nit unbelonet bleyben.

Das xj. Capitel.
Joannes der Töuffer schickt seine jünger zuo Christo jn zefragen. Die antwurt Jesu. Straaff der undanckbaren stetten/ und von dem lieblichen lychten joch Jesu.

Und es begab sich/ do Jesus vollendet hatt sölchen befelch zuo seinen zwölff jüngern/ gieng er von dannen fürbaß/ zuo leeren und zuo predigen in jren stetten. Do aber Joannes in der gefencknuß hort die werck Christi/ sandt er seiner jüngern zwen/ und ließ jm sagen: Bist du der da kommen sol/ oder söllend wir eines andern warten? Und Jesus antwortet/ und sprach zuo jnen: Gond hin und sagend Joanni wider/ was jr sehend und hörend. Die blinden sehend/ unnd die lamen gond: die aussetzigen werdend reyn/ und die touben hörend: die todten stond auf/ und den armen wirt das Euangelion prediget: und sälig ist der sich nit ergeret an mir.

Von der notwendigen Zwietracht
34 Meint nicht, ich sei gekommen, Frieden auf die Erde zu bringen. Ich bin nicht gekommen, Frieden zu bringen, sondern das Schwert. 35 Denn ich bin gekommen, *einen Mann mit dem Vater* zu entzweien und *eine Tochter mit der Mutter* und *eine Schwiegertochter mit der Schwiegermutter;* 36 und *zu Feinden werden dem Menschen die eigenen Hausgenossen.*

37 Wer Vater oder Mutter mehr liebt als mich, ist meiner nicht wert, und wer Sohn oder Tochter mehr liebt als mich, ist meiner nicht wert. 38 Und wer nicht sein Kreuz auf sich nimmt und hinter mir hergeht, ist meiner nicht wert. 39 Wer sein Leben findet, wird es verlieren; wer sein Leben verliert um meinetwillen, wird es finden.

|34–36: Lk 12,51–53 |35–36: Mi 7,6 |37: 19,29!; Lk 14,26 |38: 16,24! |39: 16,25!

Vom Aufnehmen der Jünger
40 Wer euch aufnimmt, nimmt mich auf, und wer mich aufnimmt, nimmt den auf, der mich gesandt hat. 41 Wer einen Propheten aufnimmt, weil er ein Prophet ist, wird den Lohn eines Propheten empfangen, und wer einen Gerechten aufnimmt, weil er ein Gerechter ist, wird den Lohn eines Gerechten empfangen. 42 Und wer einem dieser Geringen auch nur einen Becher frischen Wassers reicht, weil er ein Jünger ist – amen, ich sage euch: Er wird nicht um seinen Lohn kommen.

|40: 18,5; 25,40; Mk 9,37; Lk 9,48; 10,16; Joh 13,20! |42: 25,40; Mk 9,41

Die Frage des Täufers
11 1 Und es geschah, als Jesus seinen zwölf Jüngern seine Anweisungen gegeben hatte, dass er von dort weiterzog, um in ihren Städten zu lehren und zu verkündigen.

2 Als Johannes nun im Gefängnis von den Taten des Christus hörte, sandte er seine Jünger zu ihm 3 und liess ihn fragen: Bist du es, der da kommen soll, oder sollen wir auf einen anderen warten? 4 Jesus antwortete ihnen: Geht und erzählt Johannes, was ihr hört und seht: 5 *Blinde sehen* und *Lahme gehen,* Aussätzige werden rein und *Taube hören,* und *Tote werden auferweckt,* und Armen

wird das Evangelium verkündigt; 6 und selig ist, wer an mir keinen Anstoss nimmt.

P: Lk 7,18–23 |2: 14,3–4 |3: 3,3.11 |5: 4,23–24; 15,30–31; 21,14 · Jes 29,18; 35,5–6 · Jes 26,19 · Jes 61,1 |6: 13,57; Joh 6,61

Das Urteil Jesu über den Täufer

7 Als diese sich wieder auf den Weg machten, begann Jesus zu den Leuten über Johannes zu reden: Was habt ihr zu sehen gehofft, als ihr in die Wüste hinauszogt? Ein Schilfrohr, das im Wind schwankt? 8 Oder was habt ihr zu sehen gehofft, als ihr hinauszogt? Einen Menschen, der in feine Gewänder gehüllt ist? Die feine Gewänder tragen, die wohnen in Palästen. 9 Oder was habt ihr zu sehen gehofft, als ihr hinauszogt? Einen Propheten? Ja, ich sage euch, mehr als einen Propheten habt ihr gesehen! 10 Er ist es, von dem geschrieben steht:
Siehe, ich sende meinen Boten vor dir her,
der vor dir deinen Weg bereiten wird.
11 Amen, ich sage euch: Unter denen, die von einer Frau geboren wurden, ist keiner aufgetreten, der grösser wäre als Johannes der Täufer. Doch noch der Geringste im Himmelreich ist grösser als er. 12 Von den Tagen des Täufers Johannes bis heute wird dem Himmelreich Gewalt angetan, und Gewalttätige reissen es an sich. 13 Alle Propheten nämlich und das Gesetz und auch Johannes haben das geweissagt. 14 Und wenn ihr es annehmen wollt: Er ist Elija, der kommen soll. 15 Wer Ohren hat, der höre!

16 Mit wem aber soll ich dieses Geschlecht vergleichen? Kindern ist es gleich, die auf dem Marktplatz sitzen und den andern 17 zurufen:
Wir haben euch aufgespielt,
und ihr habt nicht getanzt,
wir haben Klagelieder gesungen,
und ihr habt nicht geklagt.
18 Denn Johannes kam, ass nicht und trank nicht, und sie sagen: Er hat einen Dämon! 19 Der Menschensohn kam, ass und trank, und sie sagen: Seht, ein Fresser und Säufer, ein Freund von Zöllnern und Sündern! Und doch wurde der Weisheit Recht gegeben durch das, was sie getan hat.

P: Lk 7,24–35 |7: 3,1.5 |8: 3,4 |9: 21,26! |10: Mk 1,2; Ex 23,20; Mal 3,1 · Lk 1,76 |11: 5,19; 18,1.4; 20,21–23 |13: Lk 16,16 |14: 17,10–13; Mal 3,23 |15: 13,9! |18: 3,4; Lk 1,15 · 9,34! |19: 9,11!

Do sy hinweg giengend/ fieng Jesus an zereden zuo dem volck vonn Joanne: Was sind jr hinauß gangen in die wüeste zesehen? woltend jr ein rhor sehen das der wind hin und här wäyet? oder was sind jr hinauß gangen zesehen? Woltend jr sehen einen menschen in weichen kleyderen? Sihe/ die da weiche kleider tragend/ sind in der künig heüser. Oder was sind jr hinauß gangen zesehen? Woltend jr einen propheten sehen? Ja ich sag euch der auch mer ist dann ein prophet/ dann diser ists/ von dem geschriben ist/ Sihe/ ich send meinen engel vor dir hin/ der deinen wäg vor dir bereyten sol.

Warlich ich sag euch/ under allen die von weyberen geboren sind/ ist nit aufgestanden der grösser sey dann Joannes der Töuffer: der aber der kleinest ist im himmelreych/ ist grösser dann er. Aber von den tagen Joannis des Töuffers biß hie här leydet das himmelreych gwalt: unnd die da gwalt thuond/ die reyssend es zuo jnen: dann alle propheten und das gsatz habend weyßgesagt biß auff Joannem: und so jrs wöllend annemmen/ er ist Elias/ der da sol zuokünfftig sein. Wär oren hat zehören/ der höre.

Wäm sol ich aber diß gschlächt vergleychen? Es ist den kindlinen gleych die an dem marckt sitzend/ und rüeffend gegen jren gesellen/ und sprechend: Wir habend euch gepfiffen/ und jr woltend nit dantzen: wir habend euch geklagt und jr woltend nit weynen. Joannes ist kommen/ aß nit unnd tranck nit/ so sagend sy/ er hatt den teüfel. Des menschen sun ist kommen/ isset und trinckt/ so sagend sy: Sihe/ wie ist der mensch ein frässer und ein weynsauffer/ und der zöllern und der sündern gesell? Unnd die weyßheyt ist gerechtfertiget von jren kinderen.

Do fieng er an die stett zeschälten/ in welchen am meesten seine thaten geschehen warend/ unnd hattend sich doch nit gebesseret: Wee dir Chorazin/ wee dir Bethsaida/ wärend sölliche thaten zuo Tyro und zuo Sidon geschehen/ als bey euch geschehen sind/ sy hettend vor zeyten im sack und in der äschen buoß gethon: doch ich sag euch/ es wirt Tyro und Sidon leydlicher ergon am jüngsten gericht dann euch. Und du Capernaum/ die du bist erhebt biß an himmel/ du wirst biß in die hell hinunder gestossen werden: dann so zuo Sodoma die thaten geschehen wärend/ die bey dir geschehen sind/ sy stüend noch heütt bey tag. Doch ich sag euch/ es wirt der Sodomer lannd leydlicher ergon am jüngsten gericht dann dir.

Und do redt Jesus weyter/ und sprach: Jch preyß dich vatter und Herr himmels und der erden/ das du sölliches den weysen und verstendigen verborgen hast/ und hast es den unverstendigen geoffenbaret: ja vatter/ dann es ist also wolgefellig gewesen vor dir. Alle ding sind mir übergeben von meinem vatter: und niemants erkennt den sun dann nun der vatter: und niemants erkennt den vatter dann nun der sun/ und wäms der sun wil offenbaren.

Kommend här zuo mir alle die arbeytend und beladen sind/ ich wil euch ruow geben. Nemmend auff euch mein joch/ und lernend von mir/ dann ich bin sennftmüetig unnd von hertzen demüetig/ so werdend jr ruow finden euweren seelen: dann mein joch ist sennft/ und mein last ist lycht.

Das xij. Capitel.
Christus leert wie man sich in den ausseren ceremonien halten sol Thuot zeychen/ und straafft die unglöubigen.

Zuo der zeit gieng Jesus durch die saat am Sabbath/ und seiner jünger warennd hungrig/ fiengend an äry ußrauffen/ und assend. Do das die Pharisäer sahend/ sprachend sy zuo jm: Sihe da/ deyne jünger thuond das sich nit zimpt am Sabbath zethuon. Er aber sprach zuo jnen:

Wehruf über galiläische Städte
20 Dann begann er die Städte anzuklagen, in denen die meisten seiner Wunder geschehen waren, denn sie hatten nicht Busse getan. 21 Wehe dir, Chorazin! Wehe dir, Betsaida! Wären in Tyrus und Sidon die Wunder geschehen, die bei euch geschehen sind, sie hätten längst in Sack und Asche Busse getan. 22 Doch ich sage euch: Tyrus und Sidon wird es am Tag des Gerichts besser ergehen als euch. 23 Und du, Kafarnaum, willst du etwa in den Himmel erhoben werden? Bis ins Totenreich wirst du hinabfahren! Wären in Sodom die Wunder geschehen, die bei dir geschehen sind, so stünde es noch heute. 24 Doch ich sage euch: Dem Land Sodom wird es am Tag des Gerichts besser ergehen als dir.

P: Lk 10,13–16 |21: Joh 5,36! |22: 10,15! |23: Jes 14,13–15 |24: 10,15!

Der Lobpreis des Vaters
25 In jenen Tagen ergriff Jesus das Wort und sprach: Ich preise dich, Vater, Herr des Himmels und der Erde, dass du dies vor Weisen und Klugen verborgen, es Einfältigen aber offenbart hast. 26 Ja, Vater, so hat es dir gefallen. 27 Alles ist mir übergeben worden von meinem Vater, und niemand kennt den Sohn ausser der Vater, und niemand kennt den Vater ausser der Sohn und der, dem der Sohn es offenbaren will.

P: Lk 10,21–22 |25: 21,16! · Jes 29,14; 1Kor 2,6–8 |27: 28,18! · 16,16! · Joh 1,18!; 8,55!

Das Bild vom Joch
28 Kommt zu mir, all ihr Geplagten und Beladenen: Ich will euch erquicken. 29 Nehmt mein Joch auf euch und lernt von mir, denn ich bin sanft und demütig; und *ihr werdet Ruhe finden für eure Seele.* 30 Denn mein Joch drückt nicht, und meine Last ist leicht.

|29: 21,5! · Jer 6,16 |30: 23,4

Das Ährenraufen der Jünger am Sabbat
12 1 In jenen Tagen ging Jesus am Sabbat durch die Kornfelder. Und seine Jünger waren hungrig und begannen, Ähren zu raufen und zu essen. 2 Als die Pharisäer das sahen, sagten sie zu ihm: Sieh her, deine Jünger tun, was am Sabbat nicht erlaubt ist! 3 Da sagte er

Habend jr nit geläsen was David thett/ do jn und die mit jm warend/ hungeret/ wie er gieng in das Gottshauß unnd aß die schouwbrot die jm doch nit zimptend zeessen/ noch denen die mit jm warend/ sonder allein den priesteren? Oder habend jr nit geläsen im gsatz/ wie die priester am Sabbath im tempel den Sabbath/ brechend/ und sind doch on schuld? Jch sag aber euch/ dz hie der ist/ der auch grösser dann der tempel ist. Wenn jr aber wüßtind/ wz das sey: Jch hab ein wolgfallen an der barmhertzigkeit und nit am opfer/ hettend jr nit verdampt die unschuldigen. Deß menschen sun ist ein Herr auch über den Sabbath.

Und er gieng von dannen fürbaß/ und kam in jre schuol. Und sihe/ da was ein mensch/ der hatt ein verdorrete hand/ und sy fragtend jn/ und sprachend: Darff man auch am Sabbath heilen? auff das sy jn schuldigen möchtind. Aber er sprach zuo jnen: Welcher ist under euch/ so er ein schaaff hat/ das jm am Sabbath in ein gruob falt/ der es nit ergreyffe und uf hebe? wie vil besser ist nun ein mensch dann ein schaaff? darumb mag man wol am Sabbat guots thuon. Do sprach er zuo dem menschen: Streck dein hand auß. Und er strackt sy auß/ und sy ward jm wider gsund gleych wie die ander. Do giengend die Pharisäer hinauß/ und hieltend einen radt über jn/ wie sy jn umbbrächtind.

Aber do Jesus das erfuor/ weich er von dannen. Und jm volget vil volcks nach/ und er heilet sy alle/ und verbot jnen das sy jn nit mäldetind. Auff das erfüllet wurde/ das da gesagt ist durch den propheten Esaiam/ der da spricht: Sihe/ das ist mein knecht den ich erwelt hab: und min liebster/ an dem min seel ein wolgfallen hat. Jch wil auff jn legen meinen geist/ und er sol den Heiden das gericht verkünden. Er wirt nit zancken noch schreyen/ und man wirt nit hören sein gschrey uff den gassen. Das zerstossen rhor wirt er nit zerbrechen/ und den glüeyenden taacht wirt er nit außlöschen/ bis das er außfüere das gericht zuo dem sig. Und die Heiden werdend auff seinen namen hoffen.

zu ihnen: Habt ihr nicht gelesen, was David tat, als er hungrig war, er und seine Gefährten? 4 Wie er in das Haus Gottes hineinging, und wie sie die Schaubrote assen, die weder er noch seine Gefährten essen durften, sondern nur die Priester? 5 Habt ihr nicht im Gesetz gelesen, dass die Priester im Tempel am Sabbat den Sabbat entweihen, ohne sich schuldig zu machen? 6 Ich sage euch aber: Hier ist Grösseres als der Tempel! 7 Hättet ihr begriffen, was es heisst: *Barmherzigkeit will ich und nicht Opfer*, so hättet ihr die Unschuldigen nicht verurteilt. 8 Ja, der Menschensohn ist Herr über den Sabbat.

P: Mk 2,23–28; Lk 6,1–5 |2: Ex 20,8–11; Dtn 5,12–15 |3: 1Sam 21,1–7 |4: Lev 24,5–9 |5: Num 28,9–10; Joh 7,23! |6: 11,9; 12,41.42 |7: 9,13!

Die Heilung eines behinderten Mannes am Sabbat

9 Und er ging von dort weiter und kam in ihre Synagoge. 10 Und da war einer mit einer verkümmerten Hand. Da fragten sie ihn, ob es am Sabbat erlaubt sei zu heilen, um ihn anklagen zu können. 11 Er aber sagte zu ihnen: Wer unter euch, der ein einziges Schaf besitzt, würde es nicht, wenn es am Sabbat in eine Grube fällt, packen und herausziehen? 12 Wie viel mehr wert ist doch ein Mensch als ein Schaf! Also ist es erlaubt, am Sabbat Gutes zu tun. 13 Dann sagt er zu dem Menschen: Streck deine Hand aus! Und der streckte sie aus, und sie war wiederhergestellt, gesund wie die andere. 14 Die Pharisäer aber gingen hinaus und fassten den Beschluss, ihn umzubringen.

P: Mk 3,1–6; Lk 6,6–11 |11: Lk 13,15; 14,5 |12: 10,31! |14: Ex 31,14; Joh 5,18

Der Gottesknecht Jesus

15 Als aber Jesus davon erfuhr, zog er sich von dort zurück. Und viele Leute folgten ihm, und er heilte sie alle. 16 Und er gebot ihnen streng, ihn nicht offenbar zu machen; 17 so sollte in Erfüllung gehen, was durch den Propheten Jesaja gesagt ist:

18 *Siehe, mein Knecht, den ich erwählt habe,*
   mein Geliebter, an dem meine Seele
   Wohlgefallen hat.
   Ich werde meinen Geist auf ihn legen,
   und den Völkern wird er das Recht
   verkünden.
19 *Er wird nicht streiten und nicht schreien,*
   und auf den Gassen wird man seine Stimme
   nicht hören.

20 *Geknicktes Rohr wird er nicht zerbrechen
und glimmenden Docht nicht auslöschen,
bis er dem Recht zum Sieg verholfen hat.
21 Und auf seinen Namen werden die
Völker hoffen.*

|16: 8,4!; Mk 3,12 |18–21: Jes 42,1–4 |18: 3,17!

Jesu Macht über die Dämonen

Do ward ein besäßner zuo jm bracht/ der was blind und stumm/ und er heilet jn/ also/ das der blind unnd stumm/ beyde redt und sach. Und alles volck entsatzt sich/ unnd sprach: Jst diser nit Davids sun? Aber die Phariseer do sy es hortend/ sprachend sy: Er treibt die teüfel nit anders auß dann durch Beelzebub der teüflen obersten. Jesus aber vernam jre gedancken/ und sprach zuo jnen: Ein yetlich reych so es mit jm selbs uneins wirt/ das wirt wüest: unnd ein yetliche statt oder hauß/ so es mit jm selbs uneins wirdt/ mag nit beston. So dann ein Satan den anderen ußtreybt/ so muoß er mit jm selbs uneins sein: wie mag dann sein rych beston? So aber ich die teüfel durch Beelzebub außtreyb/ durch wän treybend sy euwere kinder auß? Darumb werdend sy euwere richter sein. So ich aber die teüfel außtreyb durch den geist Gottes/ so ist ye das rych Gottes über euch kommen. Oder wie kan yemants in eines starcken hauß gon/ und jm seinen haußradt rauben/ es sey dann das er vorhin den starcken binde/ unnd als denn jm sein hauß beraube? Wär nit mit mir ist/ der ist wider mich: und wär nit mit mir samlet/ der zerströuwet. Darumb sag ich euch/ alle sünd und lesterung wirt den menschen vergeben/ aber die lesterung wider den geyst wirt nit vergeben. Und wär etwas redt wider des menschen sun/ dem wirt es vergeben: aber wär etwas redt wider den heyligen geyst/ dem wirts nit vergeben/ weder in diser noch in yhener welt.

22 Dann brachte man einen Besessenen zu ihm, der war blind und stumm. Und er heilte ihn, so dass der Stumme reden und sehen konnte. 23 Und alle Leute waren fassungslos und sagten: Ist das etwa der Sohn Davids? 24 Als die Pharisäer das hörten, sagten sie: Der treibt doch die Dämonen nur durch Beelzebul aus, den Fürsten der Dämonen!

25 Weil er sie aber durchschaute, sagte er zu ihnen: Jedes Reich, das in sich gespalten ist, wird verwüstet, und jede Stadt oder jede Familie, die in sich gespalten ist, hat keinen Bestand. 26 Und wenn der Satan den Satan austreibt, ist er in sich gespalten. Wie kann dann sein Reich Bestand haben? 27 Wenn nun ich durch Beelzebul die Dämonen austreibe, durch wen treiben dann eure Söhne und Töchter sie aus? Darum werden *sie* eure Richter sein. 28 Wenn ich jedoch durch den Geist Gottes die Dämonen austreibe, dann ist das Reich Gottes zu euch gelangt.

29 Wie kann jemand in das Haus des Starken eindringen und seine Habe rauben, wenn er nicht zuvor den Starken gefesselt hat? Dann erst wird er sein Haus ausrauben. 30 Wer nicht für mich ist, ist gegen mich, und wer nicht sammelt mit mir, der zerstreut.

31 Darum sage ich euch: Jede Sünde und Lästerung wird den Menschen vergeben werden, die Lästerung des Geistes aber wird nicht vergeben werden. 32 Wenn jemand etwas gegen den Menschensohn sagt, wird ihm vergeben werden, wenn aber jemand etwas gegen den heiligen Geist sagt, wird ihm nicht vergeben werden, weder in dieser noch in der kommenden Welt.

P: Mk 3,22–30; Lk 11,14–23 |22–24: 9,32–34 |23: 9,27! |24: 9,34! |28: 4,17! |30: Mk 9,40; Lk 9,50 |32: Lk 12,10

Das Bild vom Baum

Eintweders machend den baum guot/ und sein frucht guot: oder machend den baum faul/ und sein frucht faul: dann an der frucht erkennt man den baum. Jr naater gezücht/ wie könnend jr guots reden/ dieweyl jr böß sind? Weß das hertz voll ist/ des gadt der mund über. Ein guot

33 Entweder der Baum ist gut, dann ist auch seine Frucht gut! Oder der Baum ist faul, dann ist auch seine Frucht faul! Denn an der Frucht erkennt man den Baum. 34 Schlangenbrut! Wie könnt ihr Gutes reden, die ihr doch böse seid? Spricht doch der

mensch bringt guotes herfür auß seinem guoten schatz: und ein böß mensch bringt böses herfür auß seinem bösen schatz. Jch sag euch aber das die menschen müessend rechenschafft geben am jüngsten gericht von einem yetlichen unnützen wort das sy geredt habend. Auß deinen worten wirst du gerechtfertiget werden/ und auß deinen worten wirst du verdampt werden.

Mund nur aus, wovon das Herz überquillt. 35 Der gute Mensch holt aus dem Schatz des Guten Gutes hervor, der böse Mensch holt aus dem Schatz des Bösen Böses hervor. 36 Ich sage euch aber: Über jedes unnütze Wort, das die Menschen reden, werden sie Rechenschaft ablegen müssen am Tag des Gerichts. 37 Denn aufgrund deiner Worte wirst du freigesprochen werden, und aufgrund deiner Worte wirst du verurteilt werden.

|33–35: Lk 6,43–45 |33: 7,16–17 |36: 1Petr 4,5

Die Verweigerung eines Zeichens

Do antwortend etlich under den gschrifftglerten und Phariseern/ und sprachend: Meyster/ wir woltend gern ein zeychen von dir sehen. Und er antwortet unnd sprach: Dise böse und eebrecherische art suocht ein zeichen/ und es wirt jr kein zeichen gegeben werden/ dann das zeichen des propheten Jonas. Dann gleych wie Jonas was drey tag unnd drey nächt in des Wallfischs bauch/ also wirdt des menschen sun drey tag unnd drey nächt sein mitten in der erden. Die leüt von Ninive werdend aufston am jüngsten gricht mit disem gschlächt/ und werdend es verdammen: dann sy thettend buoß nach der predig Jonas: und sihe/ hie ist mer dann Jonas. Die künigin von Mittag wirt aufston am jüngsten gericht mit disem geschlächt/ und wirt es verdammen: dann sy kam vom end der erden zehören die weyßheyt Salomons: und sihe hie ist mer dann Salomon.

38 Da wandten sich einige von den Schriftgelehrten und Pharisäern an ihn: Meister, wir wollen von dir ein Zeichen sehen! 39 Er aber entgegnete ihnen: Ein böses und ehebrecherisches Geschlecht fordert ein Zeichen, und ihm wird kein Zeichen gegeben werden ausser dem Zeichen des Propheten Jona. 40 Denn wie *Jona im Bauch des Fisches war, drei Tage und drei Nächte,* so wird der Menschensohn im Schoss der Erde sein, drei Tage und drei Nächte. 41 Die Männer Ninives werden im Gericht aufstehen gegen dieses Geschlecht und es verurteilen, denn sie sind auf die Predigt des Jona hin umgekehrt. Und hier: Hier ist mehr als Jona! 42 Die Königin des Südens wird im Gericht auftreten gegen dieses Geschlecht und es verurteilen, denn sie kam vom Ende der Erde, um Salomos Weisheit zu hören. Und hier: Hier ist mehr als Salomo!

P: 16,1–4; Mk 8,11–13; Lk 11,29–32 |38: 27,42–43; Lk 23,8; Joh 4,48!; 1Kor 1,22–24 |39: 16,4! |40: Jona 2,1 · 16,21! |41: Jona 3,5 · 12,6! |42: 1Kön 10,1–9

Von der Rückkehr der unreinen Geister

Wenn der unsauber geyst von dem menschen außgefaren ist/ so durchwandlet er dürre stett/ und suocht ruow/ und findt sy nit. Da spricht er denn: Jch wil widerumb keeren in mein hauß darauß ich gegangen bin. Unnd wenn er kumpt/ so findt ers müessig/ gekeeret und geziert. So gadt er hin/ und nimpt zuo jm siben ander geyst die böser sind dann er selbs: und wenn sy hineyn kommend/ wonend sy daselbst: und das letst dises menschen wirt böser sein dann das erst. Also wirdt es auch disem gschlächt gon.

43 Wenn aber der unreine Geist aus dem Menschen ausfährt, streift er durch wasserlose Gegenden, sucht Ruhe und findet sie nicht. 44 Dann sagt er: Ich will in mein Haus zurückkehren, wo ich herkomme. Und wenn er es betritt, findet er es leer, gefegt und geschmückt. 45 Dann geht er und holt sieben weitere Geister, die schlimmer sind als er; und sie ziehen ein und lassen sich dort nieder. Und es steht um jenen Menschen am Ende schlimmer als zuvor. So wird es auch diesem bösen Geschlecht ergehen.

P: Lk 11,24–26 |45: 2Petr 2,20

Do er noch also in dem volck redt/ sihe/ do stuondend sein muoter und seine brüeder daussen/ die woltend mit jm reden. Do sprach einer zuo jm: Sihe/ dein muoter und deine brueder stond daussen/ und wöllend mit dir reden. Er antwortet aber/ unnd sprach zuo dem der es jm ansagt: Wär ist mein muoter/ und wär sind meine brüeder? Und strackt die hand auß über seine jünger/ und sprach: Sihe da/ das ist mein muoter und meine brüeder. Dann wär da thuot den willen mines vatters im himmel/ der selbig ist mein bruoder/ schwester und muoter.

Das xiij. Capitel.

Christus leert die tucht/ krafft/ und art des worts Gottes mit vil schöner gleychnussen/ und legt die selben auß.

An dem selbigen tag gieng Jesus auß dem hauß/ und satzt sich an das meer. Und es versamlet sich vil volcks zuo jm/ also/ das er in das schiff tratt und saß: und alles volck stuond am gstad. Und er redt zuo jnen mancherley durch gleychnuß/ und sprach: Sihe es gieng ein säyer auß/ seinen somen zesäyen/ und in dem er säyet/ fiel etlichs an den wäg. Do kamend die vögel und frassends uf. Etlichs fiel in das steinächtig/ da es nit vil erden hatt/ und gieng bald auf/ darumb das es nit tieffe erden hatt: als aber die Sonn aufgieng ward es welck: und dieweyl es nit wurtzel hatt/ ward es dürr. Etlichs fiel under die dörn/ und die dörn wuochsend auf/ und erstacktends. Etlichs fiel auff ein guot land/ und gab frucht: etlichs hundertfältig/ etlichs sechtzigfältig/ etlichs dreyssigfältig. Wär oren hat zehören/ der höre.

Und die jünger trattend zuo jm/ und sprachend: Warumb redest du zuo jnen durch gleichnuß? Er antwurtet/ und sprach: Euch ist gegeben das jr die verborgne heymligkeyt des himmelreychs vernemmend/ disen aber ists nit gegeben. Dann wär da hat/ dem wirdt gegeben/ das er vollen gnuog habe: Wär aber nit hat/ von dem wirt auch genommen das er hat. Darumb red ich zuo jnen durch gleichnuß: dann mit sehenden augen sehend sy nit/ und mit hörenden oren hörend sy nit/ dann sy verstond es nit. Und an jnen wirt erfüllt die weyssagung Esaie/ die da sagt: Mit dem gehör werdend jr hören/ und werdend es nit verston: und mit sehenden augen werdend jr

Die wahren Verwandten Jesu

46 Während er noch mit den Leuten redete, da standen seine Mutter und seine Geschwister draussen und wollten mit ihm reden. 47 Da sagte jemand zu ihm: Schau, deine Mutter und deine Geschwister stehen draussen und wollen mit dir reden. 48 Er aber entgegnete dem, der ihm das gesagt hatte: Wer ist meine Mutter, und wer sind meine Geschwister? 49 Und er wies mit der Hand auf seine Jünger und sprach: Das hier ist meine Mutter, und das sind meine Brüder und Schwestern! 50 Denn wer den Willen meines Vaters im Himmel tut, der ist mir Bruder und Schwester und Mutter.

P: Mk 3,31–35; Lk 8,19–21 |50: 7,21

12,47: Dieser Vers fehlt in einigen der wichtigsten Handschriften.

Das Gleichnis vom vierfachen Acker und seine Deutung

13 1 An jenem Tag verliess Jesus das Haus und setzte sich an den See. 2 Und es versammelten sich so viele Menschen um ihn, dass er in ein Boot stieg und sich setzte; und das ganze Volk stand am Ufer. 3 Und er sagte ihnen vieles in Gleichnissen:

Seht, der Sämann ging aus, um zu säen. 4 Und beim Säen fiel etliches auf den Weg; und die Vögel kamen und frassen es auf. 5 Anderes fiel auf felsigen Boden, wo es nicht viel Erde fand, und ging sogleich auf, weil die Erde nicht tief genug war. 6 Als aber die Sonne aufging, wurde es versengt, und weil es keine Wurzeln hatte, verdorrte es. 7 Anderes fiel unter die Dornen, und die Dornen schossen auf und erstickten es. 8 Wieder anderes fiel auf guten Boden und brachte Frucht: das eine hundertfach, das andere sechzigfach, das dritte dreissigfach. 9 Wer Ohren hat, der höre!

10 Da traten die Jünger zu ihm und fragten: Warum redest du in Gleichnissen zu ihnen? 11 Er antwortete ihnen: Euch ist es gegeben, die Geheimnisse des Himmelreichs zu verstehen, jenen aber ist es nicht gegeben. 12 Denn wer hat, dem wird gegeben werden, und er wird haben im Überfluss. Wer aber nicht hat, dem wird auch das genommen werden, was er hat. 13 Darum rede ich in Gleichnissen zu ihnen, dass sie sehend nicht sehen und hörend nicht hören und nicht verstehen. 14 So geht an ihnen die Weissagung Jesajas in Erfüllung, die lautet:

Hörend werdet ihr hören, und verstehen werdet ihr nicht,

sehen und werdends nit sehen. Dann das hertz
dises volcks ist beschwärt/ und jre oren sind
dick worden zehören/ und jre augen habend
sy zuobeschlossen/ auff das sy nit der mal
eins mit den augen sehind und mit den oren
hörind/ und mit dem hertzen verstandind/
und sich bekerind/ das ich jnen helff.

Aber sälig sind euwere augen das sy sehend/
und euwere oren das sy hörend: warlich ich sag
euch/ vil propheten unnd gerechten habend
begärt zesehen das jr sehend/ und habends nit
gesehen: zehören das jr hörend/ und habends
nit gehört. So hörend nun jr dise gleichnuß von
dem Säymann. Wenn yemants das wort von
dem reych hört unnd nit verstadt/ so kumpt der
arg und reysset es hin was da gesäyet ist in sein
hertz: und der ists der an den wäg gesäyet ist.
Der aber uff das steynächtig gesäyet ist/ der ists:
wenn yemants das wort hört/ und das selb bald
aufnimpt mit fröuden/ aber er hat nit wurtzlen
in jm/ sonder er bestadt ein kurtze zeyt/ wenn
sich trüebsal und vervolgung erhebt umb
des worts willen/ so ergeret er sich bald. Der
aber under die dörn gesäyet ist/ der ists: wenn
yemants das wort hört/ unnd die sorg diser
welt/ unnd betrug der reychthumb erstecket
das wort/ und wirt unfruchtbar. Der aber in das
guot land gesäyet ist/ der ists: wenn yemants
das wort hört/ und verstadt es/ und denn auch
frucht bringt: unnd etlicher gibt hundertfältig/
etlicher aber sechtzigfältig/ etlicher dreyssigfältig.

Er legt jnen ein andere gleychnuß für/ und
sprach: Das himmelreych ist gleych einem
menschen der guoten somen uff seinen acker
säyet. Do aber die leüt schlieffend/ kam ein
feynd und säyet unkraut zwüschend den
weytzen/ und gieng darvon. Do nun das kraut
wuochs und frucht bracht/ do fand sich auch
das unkraut. Do trattend die knecht zuo dem
haußvatter/ und sprachend: Herr/ hast du nit
guoten somen auff dinen acker gesäyet? wo
här hat er dann das unkraut? Und er sprach:

*und sehend werdet ihr sehen, und einsichtig
werdet ihr nicht.*
15 *Denn das Herz dieses Volkes ist verfettet,
und mit den Ohren hören sie schwer,
und ihre Augen halten sie geschlossen,
damit sie mit den Augen nicht sehen
und mit den Ohren nicht hören
und mit dem Herzen nicht verstehen
und nicht umkehren und nicht wollen, dass
ich sie heile.*

16 Selig aber eure Augen, weil sie sehen, und
eure Ohren, weil sie hören. 17 Denn, amen,
ich sage euch: Viele Propheten und Gerechte
haben sich gesehnt, zu sehen, was ihr seht,
und haben es nicht gesehen, und zu hören,
was ihr hört, und haben es nicht gehört.
18 So hört *ihr* nun das Gleichnis vom
Sämann: 19 Immer wenn jemand das Wort
vom Reich hört und es nicht versteht, kommt
der Böse und raubt, was in sein Herz gesät
ist: Hier ist der Same auf den Weg gefallen.
20 Der Same, der auf den felsigen Boden gesät
wurde: Hier hört einer das Wort und nimmt
es sogleich freudig auf, 21 doch er hat keine
Wurzeln, sondern ist unbeständig. Wenn es
dann zu Bedrängnis und Verfolgung kommt
um des Wortes willen, kommt er gleich zu
Fall. 22 Der Same, der unter die Dornen fiel:
Hier hört einer das Wort, und die Sorge dieser
Welt und der trügerische Reichtum ersticken
das Wort, und es bleibt ohne Frucht. 23 Der
Same, der auf guten Boden gesät wurde: Hier
ist einer, der das Wort hört und versteht.
Der trägt dann Frucht – sei es hundertfach,
sei es sechzigfach, sei es dreissigfach.

P: Mk 4,1–20; Lk 8,4–15 |1: 4,13! |9: 11,15; 13,43;
Mk 4,23; Lk 14,35 |12: 25,29; Mk 4,25; Lk 8,18; 19,26
|14–15: Jes 6,9–10 · Joh 12,39–40 |16–17: Lk 10,23–24
|16: 11,4–5 |22: 19,23!

**Das Gleichnis vom Unkraut unter dem
Weizen**

24 Ein anderes Gleichnis legte er ihnen
vor: Mit dem Himmelreich ist es wie mit
einem, der guten Samen auf seinen Acker säte.
25 Doch während die Leute schliefen, kam sein
Feind, säte Unkraut unter den Weizen und
machte sich davon. 26 Als die Saat aufging
und Frucht brachte, da kam auch das Unkraut
zum Vorschein. 27 Da kamen die Knechte
zum Hausherrn und sagten: Herr, war es nicht
guter Same, den du auf deinen Acker gesät
hast? Woher kommt nun das Unkraut? 28 Er

Das hat ein feynd gethon. Do sprachend die knecht: Wilt du dann das wir hingangind/ und es ußyättind? Er sprach: Nein/ auff das jr nit damit auch den weytzen außrauffind/ so jr das unkraut ußyättend. Lassends beyde mit einandern wachsen biß zuo der ernd/ und zuo der ernd zeyt wil ich zuo den schnittern sagen: Samlend vorhin das unkraut/ und bindend es in bündile/ das man es verbrenne: aber den weytzen samlend mir in meyne scheüren.

Ein andere gleichnuß legt er jenen für/ und sprach: Das himmelreych ist gleych einem senffkorn/ das ein mensch nam/ und säyets auff seinen acker. Welches das kleynest ist under allen somen: wenn es aber erwachset/ so ist es das grössest under dem köl/ und wirt ein baum/ das da kommend die vögel under dem himmel/ und wonend under seinen esten.

Ein andere gleichnuß redt er zuo jnen: Das himmelreych ist gleych einem saurteyg/ den ein weyb nam/ und vermischet jn under drey mässz biß das es durch und durch verseüret.

Söliches alles redt Jesus durch gleychnussen zuo dem volck/ und on gleychnuß redt er nichts zuo jnen. Auff das erfüllt wurde das gesagt ist durch den propheten/ der da spricht: Jch wil meinen mund auftuon in gleychnussen/ und wil außsprechen die heymligkeyten von anfang der welt.

Do ließ Jesus das volck von jm/ unnd kam heym. Und seine jünger trattend zuo jm/ und sprachend: Sag uns die gleichnuß vom unkraut auff dem acker. Jesus antwortet/ und sprach zuo jnen: Des menschen sun ist der da guoten somen säyet: der acker ist die welt: der guot som sind die kinder des reychs: das unkraut sind die kinder der boßheit: der feynd der sy säyet/ ist der teüfel: die ernd ist das end der welt: die schnitter sind die engel. Gleych wie man das unkraut auß yättet/ unnd mit fheür verbrennt/ also wirts auch am end diser welt gon. Deß menschen sun wirdt seine engel senden/ unnd sy werdend samlen auß seinem reych alle ergernuß/ unnd die da unrecht thuond/ und

antwortete ihnen: Das hat ein Feind getan! Da fragen ihn die Knechte: Sollen wir also hingehen und es ausreissen? 29 Er sagt: Nein, damit ihr nicht, wenn ihr das Unkraut ausreisst, auch den Weizen mit herauszieht. 30 Lasst beides miteinander wachsen bis zur Ernte. Und zur Zeit der Ernte werde ich den Schnittern sagen: Reisst zuerst das Unkraut aus und schnürt es zu Bündeln, um es zu verbrennen, den Weizen aber bringt ein in meine Scheune!

|30: 3,12

Das Gleichnis vom Senfkorn und das Gleichnis vom Sauerteig

31 Ein anderes Gleichnis legte er ihnen vor: Mit dem Himmelreich ist es wie mit einem Senfkorn, das einer nahm und auf seinen Acker säte. 32 Es ist zwar das kleinste unter allen Samenkörnern, aber sobald es hochgewachsen ist, ist es grösser als alle anderen Gewächse und wird ein Baum, so dass *die Vögel des Himmels* kommen *und in seinen Zweigen nisten.*

33 Ein anderes Gleichnis nannte er ihnen: Mit dem Himmelreich ist es wie mit einem Sauerteig, den eine Frau nahm und unter drei Scheffel Mehl mischte, bis alles durchsäuert war.

34 Dies alles sagte Jesus zu den Leuten in Gleichnissen, und anders als im Gleichnis redete er nicht zu ihnen. 35 So sollte in Erfüllung gehen, was durch den Propheten gesagt ist:
Ich werde meinen Mund auftun zu Gleichnissen,
ich werde aussprechen, was seit der Grundlegung der Welt verborgen ist.

P: Mk 4,30–34; Lk 13,18–21 |32: Ps 104,12; Dan 4,9.18 |35: Ps 78,2

Die Deutung des Gleichnisses vom Unkraut

36 Dann liess er die Leute gehen und ging ins Haus. Und seine Jünger traten zu ihm und sagten: Erkläre uns das Gleichnis vom Unkraut im Acker! 37 Er antwortete: Der den guten Samen sät, das ist der Menschensohn; 38 der Acker, das ist die Welt; der gute Same, das sind die Söhne des Reichs; das Unkraut, das sind die Söhne des Bösen; 39 der Feind, der es gesät hat, das ist der Teufel; die Ernte, das ist das Ende der Welt; die Schnitter, das sind die Engel. 40 Wie nun das Unkraut ausgerissen und im Feuer verbrannt wird, so wird es sein, wenn diese Welt zu Ende geht. 41 Der Menschensohn wird seine Engel aussenden, und sie werden aus seinem Reich alle Verführung und alle, die das Gesetz

werdend sy in den fheürofen werffen/ da wirt sein heülen und zänklaffen. Denn werdend die gerechten leüchten wie die Sonn in jres vatters reych. Wär oren hat zehören der höre.

Abermals ist gleych das himmelreych einem verborgnen schatz im acker/ welchen ein mensch fand und verbarg jn/ und gieng hin vor fröuden über den selbigen/ unnd verkaufft alles was er hatt/ und kaufft den acker.

Abermals ist gleych das himmelreych einem kauffmann/ der guote pärlin suocht. Und do er ein kostlichs pärlin funden hatt/ gieng er hin/ und verkaufft alles was er hatt/ und kaufft das selbig.

Abermals ist gleych das himmelreych einem netze das ins meer geworffen ist/ damit man allerley gattung faacht: wenn es aber voll ist worden/ so ziehend sy es herauß an das gstad/ sitzend und läsend die guoten in ein gschirr zuosamen: aber die faulen werffend sy hin. Also wirt es auch am end der welt gon. Die engel werdend außgon/ und die bösen von den gerechten scheyden/ und werdend sy in den fheürofen werffen/ da wirt sein heülen und zänklaffen.

Und Jesus sprach zuo jnen: Habend jr das alles verstanden? Sy sprachend/ Ja Herr. Do sprach er: Darumb ein yetlicher gschrifftglerter der zum himmelreych geleert ist/ ist gleych einem haußvatter/ der auß seinem schatz neüws und alts härfür tregt.

Und es begab sich do Jesus dise gleychnuß vollendet hatt gieng er von dannen/ und kam in sein vatterland/ unnd leeret sy in jren schuolen/ also auch/ das sy sich entsatztend/ und sprachend: Wo här kumpt disem söliche weyßheyt und macht? Jst er nit eines zimmermanns sun? Heißt nit sein muoter Maria? und seine brüeder Jacob und Joses/ und Simon und Judas/ und seine

missachteten, herausreissen, 42 und *sie werden sie in den Feuerofen werfen;* dort wird Heulen und Zähneklappern sein. 43 Dann werden die Gerechten im Reich ihres Vaters leuchten wie die Sonne. Wer Ohren hat, der höre!

|36: 13,24–30 |39: 24,3! |41: 24,31 · 25,32! |42: Dan 3,6 · 8,12! |43: 5,16!; 17,2; 2Sam 23,3–4; Phil 2,15 · 13,9!

Das Gleichnis vom Schatz und das Gleichnis von der Perle

44 Mit dem Himmelreich ist es wie mit einem Schatz, der im Acker vergraben war; den fand einer und vergrub ihn wieder. Und in seiner Freude geht er hin und verkauft alles, was er hat, und kauft jenen Acker.

45 Weiter: Mit dem Himmelreich ist es wie mit einem Händler, der schöne Perlen suchte. 46 Als er aber eine besonders kostbare Perle fand, ging er hin, verkaufte alles, was er hatte, und kaufte sie.

|44: 19,21!

Das Gleichnis vom Fischnetz

47 Weiter: Mit dem Himmelreich ist es wie mit einem Netz, das ins Meer geworfen wurde und Fische aller Art fing. 48 Als es voll war, zogen sie es an Land, setzten sich, sammelten die guten in Körbe und warfen die schlechten weg. 49 So wird es sein, wenn diese Welt zu Ende geht: Die Engel werden ausziehen und die Bösen mitten aus den Gerechten herausnehmen, 50 und *sie werden sie in den Feuerofen werfen;* dort wird Heulen und Zähneklappern sein.

|47: 4,19 |49: 25,32! |50: Dan 3,6 · 8,12!

Der Abschluss der Gleichnisrede

51 Habt ihr das alles verstanden? Sie antworten ihm: Ja. 52 Da sagte er zu ihnen: Darum ist jeder Schriftgelehrte, der ein Jünger des Himmelreichs geworden ist, einem Hausherrn gleich, der Neues und Altes aus seiner Schatzkammer hervorholt.

Ablehnung in Nazaret

53 Und es geschah, als Jesus diese Gleichnisrede abgeschlossen hatte, dass er von dort wegzog. 54 Und als er in seine Vaterstadt kam, lehrte er sie in ihrer Synagoge, und sie waren überwältigt und sagten: Woher hat der diese Weisheit und diese Kräfte? 55 Ist das nicht der Sohn des Zimmermanns? Heisst seine Mutter nicht Maria, und sind nicht Jakobus, Josef, Simon und Judas

schwestern/ sind sy nit alle bey uns? Wo här kumpt jm dann das alles? Und sy ergertend sich ab jm. Jesus aber sprach zuo jnen: Ein prophet gilt nienen weniger dann daheym unnd bey den seinen. Und er thett daselbst nit vil zeychen umb jres unglaubens willen.

Das xiiij. Capitel.
Joannes wirt gefangen unnd enthauptet. Jesus speyset fünff tausent menschen mit fünff Broten. Erscheynt bey der nacht auff dem ungestüemen see seinen jüngeren.

Zuo der zeyt kam das gschrey von Jesu für den vierfürsten Herodes/ und er sprach zuo seinen knechten: Diser ist Joannes der Töuffer. Er ist vonn den todten auferstanden/ darumb ist sein thuon so gewaltig. Dann Herodes hatt Joannem gefangen/ gebunden/ unnd in die gfencknuß gelegt/ von wägen der Herodias seines bruoders Philips weyb. Dann Joannes hatt zuo jm gesagt: Es ist nit recht das du sy habest. Und er hett jn gern tödet/ forcht sich aber vor dem volck: dann sy hieltend jn für einen propheten. Do aber Herodes seinen jarstag begieng/ do dantzet die tochter der Herodias vor jnen. Und das gefiel Herodes wol. Darumb verhieß er jr mit einem eyd er wölte jr geben was sy fordren wurde. Unnd als sy vorhin vonn jrer muoter underricht ward/ sprach sy: Gib mir här auff ein schüssel das haupt Joannis des Töuffers. Und der künig ward traurig: doch umb des eyds willen/ und deren die mit jm zetisch sassend/ befalch ers zegeben. Und schickt hin/ und enthauptet Joannem in der gefencknuß. Und seyn haupt ward här getragen uff einer schüssel/ und dem meytlin gegeben. Und sy brachts jrer muoter. Do kamend seine jünger/ und namend seinen leyb/ und begruobend jn/ und kamend und verkündigetend das Jesu.

Do das Jesus hort/ weych er von dannen auff einem schiff in ein wüeste allein. Und do das das volck hort/ volget es jm nach zefuoß auß den stetten. Und Jesus gieng härfür/ und sach das groß volck/ und erbarmet sich der selbigen/ und heylet jre krancken. Am abent aber trattend seyne jünger zuo jm/ und sprachend: Diß ist ein wüeste/ unnd die nacht falt dähär/ laß das

seine Brüder? 56 Und leben nicht alle seine Schwestern bei uns? Woher also hat der das alles? 57 Und sie nahmen Anstoss an ihm. Jesus aber sagte zu ihnen: Nirgends gilt ein Prophet so wenig wie in seiner Vaterstadt und in seiner Familie. 58 Und er tat dort nicht viele Wunder wegen ihres Unglaubens.

P: Mk 6,1–6; Lk 4,16–30 |54: 7,28! · 14,2 |55: Joh 6,42 |57: 11,6! · Joh 4,44

Herodes und der Täufer

14 1 Zu jener Zeit hörte Herodes, der Tetrarch, was man über Jesus erzählte, 2 und sagte zu seinem Gefolge: Das ist Johannes der Täufer! Er ist von den Toten auferweckt worden, und darum wirken solche Kräfte in ihm.

3 Herodes hatte nämlich Johannes gefangen nehmen, in Ketten legen und ins Gefängnis werfen lassen wegen Herodias, der Frau seines Bruders Philippus. 4 Denn Johannes hatte zu ihm gesagt: Es ist dir nicht erlaubt, sie zu haben. 5 Darum wollte er ihn töten lassen, fürchtete aber das Volk, weil es ihn für einen Propheten hielt.

6 Als dann aber der Geburtstag des Herodes gefeiert wurde, tanzte die Tochter der Herodias vor ihnen und gefiel dem Herodes so sehr, 7 dass er schwor, ihr zu geben, was immer sie sich wünschte. 8 Da sagte sie, von ihrer Mutter gedrängt: Gib mir hier auf einer Schale den Kopf des Täufers Johannes! 9 Das schmerzte den König, doch wegen seines Schwurs und wegen der Gäste befahl er, ihr den Kopf zu geben, 10 und er liess den Johannes im Gefängnis enthaupten. 11 Und sein Kopf wurde auf einer Schale gebracht und dem Mädchen gegeben, und sie brachte ihn ihrer Mutter. 12 Und seine Jünger kamen, holten den Leichnam und begruben ihn; dann gingen sie und erzählten es Jesus.

P: Mk 6,14–29; Lk 9,7–9 |2: 16,14! · 13,54 |3–5: Lk 3,19–20 |4: Lev 18,16 |5: 21,26! · 21,46 |10: 23,37!

Die Speisung der fünftausend

13 Jesus, der davon gehört hatte, fuhr in einem Boot von dort weg und zog sich an einen einsamen Ort zurück, wo er für sich war. Als die Leute das erfuhren, folgten sie ihm zu Fuss aus den Städten. 14 Als er ausstieg, sah er viel Volk versammelt. Da hatte er Mitleid mit ihnen, und er heilte die Kranken unter ihnen.

volck von dir das sy hin in die märckt gangind/ und jnen speiß kauffind. Aber Jesus sprach zuo jnen: Es ist nit not dz sy hingangind/ gebend jr jnen zuo essen. Sy sprachend: Wir habend hie nichts dann fünff brot/ und zwen fisch. Unnd er sprach: Bringend mir sy hiehär. Und er hieß das volck sich lägern auff das graß/ und nam die fünff brot und die zwen fisch/ und sach auf gen himmel/ und sprach das lob/ und brach die brot/ und gab sy den jüngern/ und die jünger gabend sy dem volck. Und sy assend alle/ und wurdend satt. Und huobend auf was übrig bleib von den stücklinen/ zwölff körb voll. Die aber geessen hattend/ deren warend bey fünff tausent mann/ on die weyber und kinder.

15 Als es Abend wurde, traten seine Jünger zu ihm und sagten: Abgelegen ist der Ort und die Stunde vorgerückt. Schick die Leute in die Dörfer, damit sie sich etwas zu essen kaufen können! 16 Jesus aber sagte zu ihnen: Sie brauchen nicht wegzugehen, gebt ihr ihnen zu essen! 17 Sie aber sagten zu ihm: Wir haben hier nichts ausser fünf Broten und zwei Fischen. 18 Er sagte: Bringt sie zu mir! 19 Und er befahl den Leuten, sich im Gras niederzulassen, nahm die fünf Brote und die zwei Fische, blickte zum Himmel auf, sprach den Lobpreis, brach die Brote und gab sie den Jüngern, und die Jünger gaben sie den Leuten. 20 Und alle assen und wurden satt. Und sie sammelten die übrig gebliebenen Brocken, zwölf Körbe voll. 21 Es waren an die fünftausend Männer, die gegessen hatten, Frauen und Kinder nicht mitgezählt.

P: 15,32–39; Mk 6,30–44; Lk 9,10–17; Joh 6,1–15 |14: 9,36! |15–21: 2Kön 4,42–44 |19: 26,26!

Der Gang auf dem Wasser

Und als bald treib Jesus seine jünger das sy in das schiff trättind/ und vor jm hinüber füerind/ biß er das volck von jm liesse. Und do er das volck von jm gelassen hatt/ steyg er auff einen berg allein/ das er bättete. Und am abent was er allein daselbst. Unnd das schiff was schon mitten auff dem meer/ und leyd not von den wällen/ dann der wind was jnen wider. Aber in der vierten nachtwacht kam Jesus zuo jnen/ und gieng auff dem meer. Und do jn die jünger sahend auff dem meer gon/ erschrackend sy/ und sprachend: Es ist ein gspenst. Und schrüwend vor forcht. Aber als bald redt Jesus mit jnen/ unnd sprach: Sind getröst/ ich bins/ förchtend euch nit.

Petrus aber antwortet jm/ und sprach: Herr bist du es/ so heyß mich zuo dir kommen auff dem wasser. Und er sprach: Kumm här. Und Petrus tratt auß dem schiff/ und gieng auff dem wasser das er zuo Jesu käme. Er sach aber einen starcken wind/ do erschrack er/ und huob an zesincken. Schrey/ und sprach: Herr/ hilff mir. Jesus aber strackt sein hand auß/ und erwutscht jn/ und sprach zuo jm: O du kleinglöubiger/ warumb zweyflest du? unnd tratten in das schiff/ unnd der wind leget sich. Die aber im schiff warend/ kamend und fielend vor jm nider/ unnd sprachend: Du bist warlich Gottes sun.

22 Gleich darauf drängte er seine Jünger, ins Boot zu steigen und ihm ans andere Ufer vorauszufahren, während er die Leute entlasse. 23 Und als er die Leute entlassen hatte, stieg er auf den Berg, um ungestört zu beten. Am Abend war er allein dort. 24 Das Boot aber war schon viele Stadien vom Land entfernt, als es von den Wellen hart bedrängt wurde, denn der Wind stand ihnen entgegen.

25 In der vierten Nachtwache kam er zu ihnen; er ging über den See. 26 Als die Jünger ihn auf dem See gehen sahen, erschraken sie, weil sie meinten, es sei ein Gespenst, und sie schrien vor Angst. 27 Sogleich aber redete Jesus mit ihnen: Seid getrost, ich bin es. Fürchtet euch nicht! 28 Petrus aber entgegnete ihm: Herr, wenn du es bist, so heisse mich über das Wasser zu dir kommen! 29 Er sprach: Komm! Da stieg Petrus aus dem Boot, und er konnte auf dem Wasser gehen und ging auf Jesus zu. 30 Als er aber den Wind spürte, fürchtete er sich, und als er zu sinken begann, schrie er: Herr, rette mich! 31 Sogleich streckte Jesus seine Hand aus, hielt ihn fest, und er sagt zu ihm: Du Kleingläubiger! Warum hast du gezweifelt? 32 Und als sie ins Boot stiegen, legte sich der Wind. 33 Die aber im Boot waren, fielen vor ihm nieder und sagten: Ja, du bist wirklich Gottes Sohn!

P: Mk 6,45–52; Joh 6,16–21 |25: Hiob 9,8 |31: 8,26! |33: 16,16!

Unnd schifftend hinüber/ und kamend in das land Genezereth. Unnd do die leüt am selben ort sein gewar wurdennd/ schicktend sy auß in das gantz land umbhär/ und brachtend alle ungesunden zuo jm/ und battend jn das sy nun seines kleyds saum anruortind. Und alle die da anruortend/ wurdend gsund.

Das xv. Capitel.

Christus entschuldiget seine jünger/ leert das nichts von aussen den menschen an der seel beflecke: schiltet falsche frommkeyt und gleychßnerey/ lediget des Heydnischen weybs tochter/ heylet die krancken/ speyßt die scharen.

Do kamend zuo jm die gschrifftglerten und Phariseer von Jerusalem/ und sprachend: Warumb überträttend deyne jünger der alten satzungen? Sy wäschend jre hend nit wenn sy brot essend. Er antwortet/ und sprach zuo jnen: Warumb überträttend jr Gottes gebot umb euwerer satzungen willen? Gott hatt gebotten: Du solt vatter und muoter eeren: wär aber vatter und muoter fluochet/ der sol des todts sterben. Aber jr sprechend: Ein yetlicher sol sagen zum vatter oder zur muoter: Es ist Gott gegeben das dir solt von mir zuo nutz kommen. Damit geschichts/ dz niemants hinfür sein vatter oder muoter eeret. Unnd habend also Gottes gebot aufgehaben umb euwerer satzungen willen. Jr gleyßner/ es hatt wol Esaias von euch geweyssaget/ und gesprochen: Diß volck nahet sich zuo mir mit seinem mund/ und eeret mich mit seinen läfftzen/ aber jr hertz ist verr von mir. Aber vergeblich dienend sy mir/ dieweyl sy leerend söliche leer die nichts dann menschen gebot sind.

Und er beruofft das volck zuo jm/ und sprach zuo jnen: Hörend zuo und vernemmeds: Was zum mund eyngadt/ das verunreyniget den menschen nit/ sonder was zum mund außgadt das verunreyniget den menschen.

Do trattend seine jünger zuo jm/ und sprachend: Wüßtest auch das sich die Phariseer ergertend/ do sy das wort hortend? Aber er antwortet/ und sprach: Alle pflantzung die mein himmlischer vatter nit gepflantzet hat/ die wirdt außgereütet. Lassend sy faren/ sy sind der blinden blindefüerer. Wenn aber ein blind den andern füert/ so fallend sy beyd in die gruoben.

Do antwortet Petrus/ und sprach zuo jm: Gib uns zuo verston dise gleichnuß. Und

Heilungen in Gennesaret

34 Und sie fuhren über den See und gingen in Gennesaret an Land. 35 Und als die Leute an jenem Ort ihn erkannten, schickten sie in die ganze Umgebung, und man brachte alle Kranken zu ihm, 36 und die baten ihn, wenigstens den Saum seines Mantels berühren zu dürfen; und alle, die ihn berührten, wurden gerettet.

P: Mk 6,53–56

Von Reinheit und Unreinheit

15 1 Da kommen von Jerusalem Pharisäer und Schriftgelehrte zu Jesus und sagen: 2 Warum übertreten deine Jünger die Überlieferung der Alten? Sie waschen nämlich die Hände nicht, wenn sie Brot essen.

3 Da antwortete er ihnen: Warum übertretet denn ihr das Gebot Gottes zugunsten eurer Überlieferung? 4 Denn Gott hat gesagt: *Ehre Vater und Mutter,* und: *Wer Vater oder Mutter verflucht, der sei des Todes.* 5 Ihr aber sagt: Wer zu Vater oder Mutter sagt: Dem Tempel soll geweiht sein, was dir von mir zusteht, 6 der braucht seinen Vater nicht zu ehren! Damit habt ihr das Wort Gottes ausser Kraft gesetzt zugunsten eurer Überlieferung. 7 Ihr Heuchler! Wie zutreffend ist doch, was Jesaja über euch geweissagt hat:

8 *Dieses Volk ehrt mich mit den Lippen,*
ihr Herz aber hält sich fern von mir.
9 *Nichtig ist, wie sie mich verehren;*
was sie an Lehren vortragen, sind Satzungen
von Menschen.

10 Und er rief das Volk herbei und sagte zu ihnen: Hört und versteht! 11 Nicht was in den Mund hineingeht, macht den Menschen unrein, sondern was aus dem Mund herauskommt, das macht den Menschen unrein.

12 Da kommen seine Jünger zu ihm und sagen: Weisst du, dass die Pharisäer Anstoss genommen haben, als sie dieses Wort hörten? 13 Da antwortete er ihnen: Jede Pflanze, die nicht mein himmlischer Vater gepflanzt hat, wird ausgerissen werden. 14 Lasst sie! Sie sind blinde Führer. Wenn aber ein Blinder einen Blinden führt, werden beide in die Grube fallen.

15 Da entgegnete Petrus: Erkläre uns dieses Gleichnis! 16 Er aber sprach: Seid auch ihr

Jesus sprach zuo jnen: Sind jr dann noch nit verstendig? Merckend jr nit/ das alles was zum mund eyngadt/ das gadt in den bauch/ und wirt durch den natürlichen gang ußgeworffen? was aber zum mund herauß gadt/ das kumpt auß dem hertzen/ unnd das unreyniget den menschen. Dann auß dem hertzen kommend böse gedancken/ mord/ eebruch/ huorey/ dieberey/ falsche zeügnuß/ lesterung. Das sind die stuck die den menschen verunreynigend. Aber mit ungewäschnen henden essen/ verunreyniget den menschen nit.

Und Jesus gieng auß von dannen/ und entweych in die gegne Tyri unnd Sidon. Und sihe/ ein Cananeisch weyb gieng auß der selben gegne/ unnd schrey jm nach/ unnd sprach: Ach Herr du sun Davids erbarm dich mein. Mein tochter hat einen bösen teüfel. Und er antwortet jr kein wort. Do trattend zuo jm seine jünger/ und battend jn/ und sprachend: Laß sy doch vonn dir/ dann sy schreyet uns nach. Er antwortet aber/ unnd sprach: Jch bin nit gesandt/ dann zuo den verlornen schaaffen vonn dem hauß Jsraels. Sy kam aber und fiel vor jm nider/ und sprach: Herr/ hilff mir. Aber er antwortet/ unnd sprach: Es ist nit feyn das man den kindern jr brot nemm/ und werff es für die hund. Sy sprach: Ja Herr/ aber doch essend die hündlin von den brösemlin die da von jrer herren tisch fallend. Do antwortet Jesus/ unnd sprach zuo jr: O weib/ dein glaub ist groß/ dir geschäche wie du wilt. Und jr tochter ward gsund zuo der selbigen stund.

Unnd Jesus gieng von dannen fürbaß/ und kam an das Galileisch meer/ und steyg auff einen berg/ und satzt sich daselbst. Und kam zuo jm vil volcks/ die hattend mit jnen lamen/ blinden/ stummen/ krüppel/ und vil andere/ und wurffend sy Jesu für die füeß. Und er heylet sy/ das sich das volck verwunderet/ do sy sahend das die stummen redtend/ die krüppel gsund warend/ die lamen giengend/ die blinden sahend. Und preyßtend den Gott Jsraels.

noch immer unverständig? 17 Begreift ihr nicht, dass alles, was in den Mund hineingeht, in den Bauch geht und in die Grube ausgeschieden wird? 18 Was aber aus dem Mund herauskommt, das kommt aus dem Herzen, und das macht den Menschen unrein. 19 Denn aus dem Herzen kommen böse Gedanken, Mord, Ehebruch, Unzucht, Diebstahl, falsches Zeugnis und Lästerung. 20 Das ist es, was den Menschen unrein macht; aber mit ungewaschenen Händen zu essen, macht den Menschen nicht unrein.

P: Mk 7,1–23 |1–2: Lk 11,37–38 |2: Mk 7,3–4 |4: Ex 20,12; Dtn 5,16 · Ex 21,17; Lev 20,9 |7: 23,13! |8–9: Jes 29,13 |11: 12,34 |14: 23,16.24; Lk 6,39 |18: 12,34 |19: Röm 1,29–31; Gal 5,19–21

Die Begegnung mit der kanaanitischen Frau

21 Und Jesus ging von dort weg und zog sich in die Gegend von Tyrus und Sidon zurück. 22 Und da kam eine kanaanitische Frau aus jenem Gebiet und schrie: Hab Erbarmen mit mir, Herr, Sohn Davids! Meine Tochter wird von einem Dämon furchtbar gequält. 23 Er aber antwortete ihr mit keinem Wort. Da traten seine Jünger zu ihm und baten: Stell sie zufrieden, denn sie schreit hinter uns her! 24 Er antwortete: Ich bin nur zu den verlorenen Schafen des Hauses Israel gesandt. 25 Doch sie kam, fiel vor ihm nieder und sagte: Herr, hilf mir! 26 Er antwortete: Es ist nicht recht, den Kindern das Brot wegzunehmen und es den Hunden hinzuwerfen. 27 Sie sagte: Stimmt, denn die Hunde fressen ja ohnehin von den Brotbrocken, die vom Tisch ihrer Herren fallen. 28 Darauf antwortete ihr Jesus: Frau, dein Glaube ist gross! Dir geschehe, wie du willst. Und von Stund an war ihre Tochter geheilt.

P: Mk 7,24–30 |22: 5,7!; 9,27!; 17,15; 20,30–31 |24: 10,6! |28: 8,13!

Die Heilung vieler Kranker

29 Und Jesus ging weg von dort und kam an den See von Galiläa; und er stieg auf den Berg und setzte sich dort. 30 Und es kamen viele Leute zu ihm, die hatten Lahme, Blinde, Krüppel, Stumme und viele andere Kranke bei sich, und sie legten sie ihm zu Füssen, und er heilte sie. 31 Und das Volk staunte, als es sah, wie Stumme redeten, Krüppel gesund wurden, Lahme gingen und Blinde sahen; und sie priesen den Gott Israels.

|31: 11,5!; Mk 7,37

Und Jesus ruofft seinen jüngern zuo jm/
und sprach: Es erbarmet mich das volck/
dann sy nun wol drey tag bey mir beharrend/
und habend nichts zuo essen/ unnd ich wil
sy nit ungessen von mir lassen/ uff das sy nit
schwach werdind auff dem wäg. Do sprachend
zuo jm seine jünger: Wo här mögend wir
so vil brots nemmen in der wüeste/ das wir
settigind so vil volcks? Und Jesus sprach zuo
jnen: Wie vil brots habend jr? Sy sprachend:
Siben/ und ein wenig fischlin. Und er hieß
das volck sich lägern auff die erden/ und nam
die siben brot und die fisch/ dancket/ brach
sy und gab sy seinen jüngern/ und die jünger
gabend sy dem volck. Und sy assend alle/
und wurdend satt. Unnd huobend auf was
überbleib von stucken/ siben körb voll. Und
die da geessen hattend/ deren was viertusent
mann/ außgenommen weyber und kinder. Und
do er das volck hatt vonn jm gelassen/ tratt er
in ein schiff/ und kam in die gegne Magdala.

Das xvj. Capitel.

Die Phariseer begärend ein zeichen von Jesu: er aber
warnet seine jünger vor der leer der Phariseern.
Petrus vergicht den Herren. Von dem velsen darauf die kirch
gebauwen ist: von jren schlüßlen/ und wie die gloübigen
das creütz Christo nach tragen söllind.

Do trattend die Phariseer und Saduceer zuo
jm/ die versuochtend jn/ und fordertend dz er
sy ein zeichen vom himmel sehen liesse. Aber er
antwurtet/ und sprach: Des abents sprechend
jr: Es wirt ein schöner tag werden/ dann der
himmel ist rot. Und des morgens sprechend
jr: es wirdt heütt ungwitter sein/ dann der
himmel ist rot und trüeb. Jr gleyßner/ des
himmels gestalt könnend jr urteilen/ könnend
jr dann nit auch die zeychen diser zeyt urteylen?
Dise böse und eebrecherische art suocht ein
zeychen/ unnd es sol jr kein zeychen gegeben
werden/ dann das zeychen deß propheten Jonas.
Und er verließ sy/ und gieng von dannen.

Und do seine jünger warend hinüber
gefaren/ hattend sy vergessen brot mit jnen
zenemmen. Jesus sprach zuo jnen: Sehend zuo/
und hüetend euch vor dem hebel der Phariseern
und Saduceern. Do dachtend sy bey jnen selbs/

Die Speisung der viertausend

32 Jesus rief nun seine Jünger herbei und
sprach: Das Volk tut mir leid, denn drei Tage
sind sie schon bei mir und haben nichts zu
essen. Ich will sie nicht hungrig gehen lassen,
sonst brechen sie unterwegs zusammen. 33 Da
sagten die Jünger zu ihm: Woher sollen wir in
dieser Einöde so viele Brote nehmen, um so viel
Volk satt zu machen? 34 Und Jesus fragte sie:
Wie viele Brote habt ihr? Sie antworteten: Sieben
und ein paar Fische. 35 Da forderte er das Volk
auf, sich zu lagern, 36 nahm dann die sieben
Brote und die Fische, sprach das Dankgebet,
brach sie und gab sie den Jüngern, und die
Jünger gaben sie den Leuten. 37 Und alle assen
und wurden satt. Und sie sammelten die übrig
gebliebenen Brocken, sieben Körbe voll. 38 Es
waren aber viertausend Männer, die gegessen
hatten, Frauen und Kinder nicht mitgezählt.

39 Dann liess er die Leute gehen, stieg in das
Boot und kam in die Gegend von Magadan.

P: 14,13–21; Mk 8,1–10 |32: 9,36! |36: 26,26!

Die Verweigerung eines Zeichens

16 1 Da kamen die Pharisäer und Sadduzäer
zu ihm. Um ihn zu versuchen, baten
sie ihn, ihnen ein Zeichen vom Himmel
vorzuweisen. 2 Er aber antwortete ihnen:
4 Ein böses und ehebrecherisches Geschlecht
fordert ein Zeichen, und ihm wird kein
Zeichen gegeben werden ausser dem Zeichen
des Jona. Und er liess sie stehen und ging.

P: 12,38–42; Mk 8,11–13 |1: 12,38!; Lk 11,16 |4: 12,39;
17,17; Dtn 32,5

16,2: Verschiedene Handschriften ergänzen V.2 und
fügen V.3 ein (möglicherweise in Anlehnung an Lk
12,54–56): «Am Abend sagt ihr: Das Wetter wird schön,
denn der Himmel ist rot. 3 Und am Morgen: Heute
wird es regnen, denn der Himmel ist rot und trüb. Das
Aussehen des Himmels wisst ihr zu deuten, die Zeichen
der Zeit aber versteht ihr nicht.»

Das Unverständnis der Jünger

5 Und die Jünger kamen ans andere Ufer.
Sie hatten aber vergessen, Brot mitzunehmen.
6 Da sagte Jesus zu ihnen: Gebt acht, hütet
euch vor dem Sauerteig der Pharisäer und
Sadduzäer! 7 Sie machten sich Gedanken und

und sprachend: Wir habend kein brot mit uns genommen. Do das Jesus vernam/ sprach er zuo jnen: Jr kleinglöubigen/ was bekümmerend jr euch doch/ das jr nit habend brot mit euch genommen? Vernemmend jr noch nichts? Gedenckend jr aber nit an die fünff brot under die fünff tausent/ und wie vil körb huobend jr do auf? Auch nit an die siben brot under die viertausent/ und wie vil körb huobend jr do uf? Wie verstond jr dann nit/ dz ich euch nit sag vom brot/ wenn ich sag: Hüetend euch vor dem hebel der Phariseern und Saduceern? Do verstuondend sy dz er nit gesagt hatt/ dz sy sich hüeten söltind vor dem hebel des brots/ / sunder vor der leer der Phariseern und Saduceern.

sagten, einer zum andern: Wir haben kein Brot mitgenommen. 8 Als Jesus das merkte, sprach er: Was macht ihr euch Gedanken darüber, dass ihr kein Brot habt, ihr Kleingläubigen? 9 Begreift ihr immer noch nicht? Erinnert ihr euch nicht an die fünf Brote für die fünftausend und daran, wie viele Körbe voll ihr eingesammelt habt? 10 Auch nicht an die sieben Brote für die viertausend und daran, wie viele Körbe voll ihr eingesammelt habt? 11 Warum begreift ihr nicht, dass ich nicht von Broten zu euch gesprochen habe? Hütet euch vor dem Sauerteig der Pharisäer und Sadduzäer! 12 Da verstanden sie, dass er nicht gemeint hatte, sie sollten sich vor dem Sauerteig für das Brot hüten, sondern vor der Lehre der Pharisäer und der Sadduzäer.

P: Mk 8,14–21 |6: Lk 12,1 |8: 8,26! |9: 14,15–21; Mk 6,52 |10: 15,32–38

Das Bekenntnis des Petrus

Do kam Jesus in die gegne der statt Cesarea Philippi/ und fragt seine Jünger/ und sprach: Wär sagend die leüt das da sey deß menschen sun? Sy sprachend: Etlich sagend/ du syest Joannes der Töuffer: die anderen/ du syest Helias: etlich/ du syest Jeremias/ oder der propheten einer. Er sprach zuo jnen: Wär sagend dann jr das ich sey? Do antwortet Simon Petrus/ und sprach: Du bist Christus des läbendigen Gottes sun. Und Jesus antwortet/ und sprach zuo jm: Sälig bist du Simon Jonas sun/ fleisch und bluot hat dir das nit geoffenbaret/ sunder meyn vatter im himmel. Und ich sag auch dir/ du bist Petrus/ unnd auff disen velsen wil ich bauwen mein gmeynd: unnd die porten der hellen söllend sy nit übergwaltigen. Unnd wil dir die schlüssel des himmelreychs geben: alles was du binden wirst auff erden/ sol auch im himmel gebunden sein: unnd alles was du auff erden lösen wirst/ sol auch im himmel looß sein.

Do verbot er seinen jüngeren/ das sy niemants sagen söltind das er Jesus Christus wäre.

13 Als Jesus in die Gegend von Cäsarea Philippi kam, fragte er seine Jünger: Für wen halten die Leute den Menschensohn? 14 Sie antworteten: Die einen für Johannes den Täufer, andere für Elija, wieder andere für Jeremia oder sonst einen der Propheten. 15 Er fragt sie: Ihr aber, für wen haltet ihr mich? 16 Da antwortete Simon Petrus: Du bist der Messias, der Sohn des lebendigen Gottes! 17 Da entgegnete ihm Jesus: Selig bist du, Simon Barjona, denn nicht Fleisch und Blut hat dir das offenbart, sondern mein Vater im Himmel. 18 Und ich sage dir: Du bist Petrus, und auf diesen Felsen werde ich meine Kirche bauen, und die Tore des Totenreichs werden sie nicht überwältigen. 19 Ich werde dir die Schlüssel des Himmelreichs geben, und was du auf Erden bindest, wird auch im Himmel gebunden sein, und was du auf Erden löst, wird auch im Himmel gelöst sein. 20 Dann befahl er den Jüngern, niemandem zu sagen, dass er der Messias sei.

P: Mk 8,27–30; Lk 9,18–21; Joh 6,66–71 |14: 14,2; 21,11!; Mk 6,15 |16: 3,17; 4,3.6; 8,29; 11,27; 14,33; 26,63–64; 27,40.54 · Joh 11,27! |18: Joh 1,42; 21,15–19 |19: 18,18! |20: 8,4!

Die erste Leidensankündigung

Von der zeyt an fieng Jesus an/ und zeigt seinen jüngeren wie er müeßte gen Jerusalem gon/ und vil leyden von den Eltesten und hohen priesteren und gschrifftgelerten: und getöd/ unnd am dritten tag auferweckt werden.

21 Von da an begann Jesus seine Jünger darauf hinzuweisen, dass er nach Jerusalem gehen und von den Ältesten und Hohen Priestern und Schriftgelehrten vieles erleiden und dass er getötet und am dritten Tag

Und Petrus nam jn zuo jm/ fuor jn an/ unnd sprach: Herr/ schon deinen selbs/ das widerfare dir nun nit. Aber er wandt sich umb/ und sprach zuo Petro: Heb dich Satan vonn mir/ du bist mir ein hindernuß: dann du meinst nit das göttlich/ sonder das menschlich ist.

Do sprach Jesus zuo seinen jüngeren: Wil mit yemants nachvolgen/ der verlöugne sich selbs/ und nemme sein creütz auff sich/ unnd volge mir. Dann wär sein läben wil erhalten/ der wirts verlieren: wär aber sein läben verliert umb meinet willen/ der wirts finden. Was hulffe es den menschen so er die gantzen welt gwunne/ und näme doch schaden an seiner seel? Oder was kan der mensch geben/ damit er sein seel wider löse? Dann es wirdt ye geschehen das des menschen sun komme in der herrligkeyt seines vatters mit seinen englen: und als denn wirt er vergelten einem yetlichen nach seinen wercken.

Warlich ich sag euch/ es stond etlich hie die nit schmöcken werdend den tod/ biß das sy sehend kommen deß menschen sun in seynem reych.

Das xvij. Capitel.
Jesus erkläret sich vor seinen jüngeren auff dem berg Thabor: machet einen Monsüchtigen gsund auffs vatters Bitt: bezalt den zol oder schatzpfennig.

Und nach sechs tagen nam Jesus zuo jm Petrum unnd Jacobum und Johansen seinen bruoder/ und fuort sy beseytz auff einen hohen berg/ und verkläret sich vor jnen. Unnd sein angesicht glantzet wie die Sonn/ und seine kleyder wurdend weyß als ein liecht/ unnd sihe/ da erschinend jnen Moses und Elias/ die redtend mit jm. Petrus aber antwurtet/ unnd sprach zuo Jesu: Herr/ hie ist guot sein/ wilt du/ so wöllend wir hie drey hütten machen/ dir eine/ Mosi eine/ und Elie eine. Do er noch also redt/ sihe/ do überschattet sy ein liechte wolck. Und sihe/ ein stimm auß der wolcken sprach: Das ist mein lieber sun/ in welchem ich ein wolgefallen hab/ dem söllend jr gehörig sein. Do das die jünger hortend/ fielend sy uff jre angesicht/ unnd erschrackend seer. Jesus aber tratt zuo jnen/ ruort sy an/ und sprach: Stond auf/ unnd

auferweckt werden müsse. 22 Da nahm ihn Petrus beiseite und fing an, ihn zu beschwören: Das möge Gott verhüten, Herr! Niemals soll dir das geschehen! 23 Er aber wandte sich um und sagte zu Petrus: Fort mit dir, Satan, hinter mich! Du willst mich zu Fall bringen, denn nicht Göttliches, sondern Menschliches hast du im Sinn.

P: Mk 8,31–33; Lk 9,22 |21: 17,12.22–23; 20,17–19 · 12,40

Nachfolge und Lebensgewinn

24 Darauf sagte Jesus zu seinen Jüngern: Wenn einer mir auf meinem Weg folgen will, verleugne er sich und nehme sein Kreuz auf sich, und so folge er mir. 25 Denn wer sein Leben retten will, wird es verlieren; wer aber sein Leben verliert um meinetwillen, wird es finden. 26 Denn was hilft es dem Menschen, wenn er die ganze Welt gewinnt, dabei aber Schaden nimmt an seinem Leben? Was kann einer dann geben als Gegenwert für sein Leben? 27 Der Menschensohn wird kommen in der Herrlichkeit seines Vaters mit seinen Engeln, und dann *wird er jedem vergelten nach seinem Tun.* 28 Amen, ich sage euch: Einige von denen, die hier stehen, werden den Tod nicht schmecken, bevor sie den Menschensohn kommen sehen in seinem Reich.

P: Mk 8,34–9,1; Lk 9,23–27 |24: 8,22; 10,38; 19,21; Lk 9,23! |25: 10,39; Lk 17,33; Joh 12,25 |26: Lk 12,20; Ps 49,8–9 |27: 10,23; 19,28; 24,30; 25,31; 26,64 · Ps 62,13 |28: 10,23

Die Verklärung Jesu

17 1 Und nach sechs Tagen nimmt Jesus den Petrus, den Jakobus und dessen Bruder Johannes mit und führt sie abseits auf einen hohen Berg. 2 Da wurde er vor ihren Augen verwandelt, und sein Angesicht strahlte wie die Sonne, und seine Kleider wurden weiss wie das Licht. 3 Und siehe da: Es erschienen ihnen Mose und Elija, und sie redeten mit ihm. 4 Da ergriff Petrus das Wort und sagte zu Jesus: Herr, es ist schön, dass wir hier sind. Wenn du willst, werde ich hier drei Hütten bauen, eine für dich, eine für Mose und eine für Elija.

5 Während er noch redete, da warf eine lichte Wolke ihren Schatten auf sie, und eine Stimme sprach aus der Wolke: Dies ist mein geliebter Sohn, an dem ich Wohlgefallen habe. Auf ihn sollt ihr hören! 6 Als die Jünger das hörten, fielen sie auf ihr Angesicht und

förchtend euch nit. Do sy aber jre augen auf huobend/ sahend sy niemants dann Jesum allein.

Unnd do sy vom berg herab giengend/ gebot jnen Jesus/ unnd sprach: Jr söllend diß gesicht niemants sagen/ biß des menschen sun von den todten auferstanden ist. Unnd seine jünger fragtend jn/ und sprachend: Was sagend dann die gschrifftglerten: Helias muoß zuo vor kommen? Jesus antwortet/ und sprach: Helias sol ja durch seyn zuokunfft alles zuo recht bringen: doch ich sag euch/ Es ist Helias schon kommen/ unnd sy habend jn nit erkennt/ sunder habend an jm gethon was sy woltend: also wirdt auch des menschen sun leyden müessen von jnen. Do verstuondend die jünger das er von Joanne dem Töuffer geredt hatt.

Unnd do sy zuo dem volck kamend/ tratt zuo jm ein mensch/ und bog die kneüw gegen jm/ und sprach: Herr/ erbarm dich über meinen sun/ dann er ist monsüchtig/ und hat ein schwärs leyden. Er falt offt ins fheür/ und offt ins wasser: unnd ich hab jnn zuo deinen Jüngeren bracht/ unnd sy kondtend im nit helffen. Jesus aber antwortet und sprach: O du unglöubige und verkeerte art/ wie lang sol ich bey euch sein? wie lang sol ich euch dulden? Bringend mir jnn hiehär. Und Jesus beschalckt jnn/ und der teüfel fuor auß vonn jm. Und der knab ward gsund zuo der selbigen stund.

Do trattend zuo jm seine jünger in geheim/ und sprachend: Warumb kondtend wir jn nit außtreyben? Jesus aber antwortet/ und sprach: Umb euwers unglaubens willen. Dann ich sag euch warlich/ so jr glauben habend als ein senffkorn/ so mögend jr sagen zuo disem berg: Heb dich vonn hinnen dörthin/ so wirt er sich erheben: und euch wirdt nichts unmüglich sein. Aber dererley geyst fart nit auß/ dann durch bätten und fasten.

fürchteten sich sehr. 7 Da trat Jesus zu ihnen, rührte sie an und sprach: Steht auf und fürchtet euch nicht! 8 Als sie wieder aufblickten, sahen sie niemanden mehr ausser Jesus. 9 Während sie vom Berg hinunterstiegen, gebot ihnen Jesus: Sagt niemandem, was ihr gesehen habt, bis der Menschensohn von den Toten auferweckt worden ist. 10 Da fragten ihn die Jünger: Warum sagen denn die Schriftgelehrten: *Elija muss zuerst kommen?* 11 Er aber antwortete: Ja, *Elija kommt und wird* alles *wiederherstellen.* 12 Ich sage euch aber: Elija ist schon gekommen, und sie haben ihn nicht erkannt, sondern haben mit ihm gemacht, was sie wollten. Ebenso wird auch der Menschensohn unter ihnen leiden. 13 Da verstanden die Jünger, dass er von Johannes dem Täufer zu ihnen sprach.

P: Mk 9,2–13; Lk 9,28–36 |2: 13,43!; Ex 34,29–30 |5: 3,17! |9: 8,4! |10: Mal 3,23 |12: 11,14 · 16,21!

Die Heilung eines besessenen Knaben

14 Und als sie zu den Leuten zurückgekehrt waren, trat einer zu ihm, fiel vor ihm auf die Knie 15 und sagte: Herr, hab Erbarmen mit meinem Sohn! Er ist mondsüchtig und leidet schrecklich. Oft fällt er nämlich ins Feuer und oft ins Wasser. 16 Ich habe ihn zu deinen Jüngern gebracht, aber sie vermochten nicht, ihn zu heilen. 17 Jesus aber antwortete: Du ungläubiges und verkehrtes Geschlecht! Wie lange muss ich noch bei euch sein? Wie lange muss ich euch noch ertragen? Bringt ihn her zu mir! 18 Und Jesus schrie ihn an. Da fuhr der Dämon aus, und von Stund an war der Knabe geheilt.

19 Da traten die Jünger zu Jesus, und als sie unter sich waren, sagten sie: Warum konnten *wir* ihn nicht austreiben? 20 Er antwortet ihnen: Wegen eures Kleinglaubens! Denn, amen, ich sage euch: Wenn ihr Glauben habt wie ein Senfkorn, werdet ihr zu diesem Berg sagen: Bewege dich von hier nach dort, und er wird sich wegbewegen; und nichts wird euch unmöglich sein.

P: Mk 9,14–29; Lk 9,37–43a |15: 15,22! |17: 16,4! |19: 10,1 |20: 8,26! · 21,21; Mk 11,23; Lk 17,6 · 8,13!

17,20: Viele Handschriften fügen nach V.20 ein (wohl in Anlehnung an Mk 9,29): «21 Diese Art aber fährt nicht aus, es sei denn durch Gebet und Fasten.»

Do sy aber jr wesen hattend in Galilea/ sprach Jesus zuo jnen: Es ist zuokünfftig das deß menschen sun überantwort werde in der menschen hend/ und sy werdend jnn töden. Und am dritten tag wirt er auferston. Und sy wurdend seer betrüebt.

Do sy nun gen Capernaum kamend/ giengend zuo Petro die den schatzpfennig eynnamend/ und sprachend: Pfligt euwer meister nitt den schatzpfennig zegeben? Er sprach/ Ja. Unnd als er heym kam/ kam jm Jesus zuovor/ und sprach: Was dunckt dich Simon? von wäm nemmend die künig auff erden den Zol oder zinß? von jren kindern oder von frömbden?
Do sprach zuo jm Petrus: Von den frömbden. Jesus sprach zuo jm: So sind die kinder frey. Auff das aber wir sy nit ergerind/ so gang hin in das meer/ und wirff den angel: und den ersten fisch der aufhär fart/ den nimm: unnd wenn du seinen mund aufthuost/ wirst du einen halben guldin finden/ den selbigen nimm/ und gib jnn für mich und dich.

Das xviij. Capitel.
Lert seine Junger demuot und einfalt/ sich hüeten vor verletzung und ergernuß/ die sünd dem brüeder verzyhen/ den verböserenden außschliessen und meyden.

Zu der selbigen stund trattend die jünger zuo Jesu/ unnd sprachend: Wär ist doch der grössest im himmelreych? Und Jesus ruofft einem kind zuo jm/ und stalt das mitten under sy/ und sprach: Warlich ich sag euch/ es sey dann das jr euch umbkerind/ unnd werdind wie die kinder/ so werdend jr nit ins himmelreych kommen. Wär nun sich selbs nidert wie diß kind/ der ist der grössest im himmelreych. Unnd wär ein sölichs kind aufnimpt in minem nammen/ der nimpt mich auf:

wär aber ergeret diser geringsten einen die an mich glaubend/ dem wäre besser das ein mülesteyn an sinen halß gehenckt wurde/ und ertrenckt wurde im meer da es am tieffesten ist.
Wee der welt der ergernuß halben. Es muoß ja ergernuß kommen: doch wee dem

Das Evangelium nach Matthäus

Die zweite Leidensankündigung
22 Als sie zusammen nach Galiläa kamen, sagte Jesus zu ihnen: Der Menschensohn wird ausgeliefert werden in die Hände von Menschen, 23 und sie werden ihn töten, und am dritten Tag wird er auferweckt werden. Da wurden sie sehr traurig.

P: Mk 9,30–32; Lk 9,43b–45 |23: 16,21!

Von der Tempelsteuer
24 Als sie nach Kafarnaum kamen, traten die Einnehmer der Tempelsteuer an Petrus heran und fragten: Zahlt euer Meister die Doppeldrachme nicht? 25 Er antwortet: Doch! Und als er ins Haus hineingegangen war, kam ihm Jesus zuvor und fragte: Was meinst du, Simon, von wem erheben die Könige der Erde Zölle oder Steuern? Von den Einheimischen oder von den Fremden? 26 Da jener antwortete: Von den Fremden, sagte Jesus zu ihm: Also sind die Einheimischen davon befreit. 27 Damit wir aber bei ihnen keinen Anstoss erregen, geh an den See und wirf die Angel aus und nimm den ersten Fisch, der anbeisst. Und wenn du ihm das Maul öffnest, wirst du ein Vierdrachmenstück finden. Das nimm und gib es ihnen als Steuer für mich und dich.

Der Rangstreit unter den Jüngern
18 1 In jener Stunde traten die Jünger zu Jesus und sagten: Wer ist nun der Grösste im Himmelreich? 2 Da rief er ein Kind herbei, stellte es in ihre Mitte 3 und sprach: Amen, ich sage euch, wenn ihr nicht umkehrt und werdet wie die Kinder, werdet ihr nicht ins Himmelreich hineinkommen. 4 Wer sich also zu den Geringen zählt wie das Kind hier, der ist der Grösste im Himmelreich. 5 Und wer ein Kind wie dieses in meinem Namen aufnimmt, nimmt mich auf.

P: Mk 9,33–37; Lk 9,46–48 |1: 11,11! |3: 7,21!; 19,14; Lk 18,17 |5: 10,40!

Fall und Verführung
6 Wer aber einen dieser Geringen, die an mich glauben, zu Fall bringt, für den wäre es gut, wenn ihm ein Mühlstein um den Hals gehängt und er in der Tiefe des Meeres versenkt würde. 7 Wehe der Welt um der Verführungen willen! Verführung

menschen/ durch welchen ergernuß kumpt. So aber dein hand oder dein fuoß dich ergeret/ so hauw jnn ab/ und wirff jnn von dir. Es ist dir besser das du zum läben lam oder ein krüppel eynganngest/ dann das du zwo hend oder zwen füeß habest/ und werdest in das ewig fheür geworffen. Und so dich dein aug ergeret/ reyß es auß/ und wirffs von dir. Es ist dir besser das du einöugig zum läben eyngangest/ dann das du zwey augen habest und werdist in das hellisch fheür geworffen.

Sehend zuo/ das jr nit verachtind yemant von disen kleinen: dann ich sag euch/ jre engel sehennd alle zeyt das angesicht meines vatters im himmel: dann des menschen sun ist kommen sälig zemachen das da verlorn ist. Was dunckt euch? wenn yenen ein mensch hundert schaaff hette/ und eins under den selben sich verirrete/ laßt er nit die neün und neüntzig auff den bergen/ gadt hin/ und suocht dz verjrret: und so es sich begibt/ das ers findt/ warlich sag ich euch/ er fröwet sich darüber mer dann über die neün und neüntzig die nit verjrret sind. Also auch ists vor üwerm vatter im himmel/ der nit wil das yemant von disen kleynen verloren werde.

Sündet aber dein bruoder an dir/ so gang hin und straaff jnn zwüschen dir und jm allein. Hört er dich/ so hast du deinen bruoder gewunnen. Hört er dich nitt/ so nimm zuo dir noch einen oder zween/ auff das alle sach bestande auff zweyer oder dryer zeügen mund: Hört er die nit/ so sag es der gmeynd: Hört er die gmeynd nit/ so halt jnn als einen Heyden und zoller. Warlich ich sag euch/ was jr auff erden binden werdend/ sol auch im himmel gebunden sein: unnd was jr auff erden lösen werdennd/ sol auch im himmel loß sein. Weyter sag ich euch: Wo zween under euch eins werdend auff erden/ warumb es ist das sy bitten wöllend/ das sol jnen widerfaren von minem vatter im himmel: dann wo zwen oder drey versamlet sind in meinem nammen/ da bin ich mitten under jnen.

muss zwar sein, doch wehe dem Menschen, durch den die Verführung kommt! 8 Wenn aber deine Hand oder dein Fuss dich zu Fall bringt, hau sie ab und wirf sie von dir. Es ist besser für dich, verstümmelt oder lahm ins Leben einzugehen, als mit beiden Händen oder beiden Füssen ins ewige Feuer geworfen zu werden. 9 Und wenn dein Auge dich zu Fall bringt, reiss es aus und wirf es von dir. Es ist besser für dich, einäugig ins Leben einzugehen, als mit beiden Augen in die Feuerhölle geworfen zu werden.

P: Mk 9,42–48 |6–7: Lk 17,1–2 |7: 26,24 |8: 5,30 |9: 5,29

Das Gleichnis vom verlorenen Schaf

10 Seht zu, dass ihr nicht eins dieser Geringen verachtet! Denn ich sage euch: Ihre Engel im Himmel schauen allezeit das Angesicht meines Vaters im Himmel. 12 Was meint ihr? Wenn einer hundert Schafe hat, und es verirrt sich eines von ihnen, wird er nicht die neunundneunzig auf den Bergen zurücklassen und sich aufmachen, das verirrte zu suchen? 13 Und wenn es geschieht, dass er es findet, amen, ich sage euch: Er freut sich über dieses eine mehr als über die neunundneunzig, die sich nicht verirrt haben. 14 So ist es nicht der Wille eures Vaters im Himmel, dass auch nur eins dieser Geringen verloren gehe.

|12–14: Lk 15,3–7 |12: Ez 34,16 |14: Joh 6,39

18,10: Viele Handschriften fügen nach V.10 ein (wohl von Lk 19,10 übernommen): «11 Denn der Menschensohn ist gekommen zu retten, was verloren ist.»

Von der Verantwortung in der Gemeinde

15 Wenn dein Bruder an dir schuldig wird, dann geh und weise ihn unter vier Augen zurecht. Hört er auf dich, so hast du deinen Bruder gewonnen. 16 Hört er nicht auf dich, so nimm noch einen oder zwei mit dir, damit *alles durch zweier oder dreier Zeugen Mund festgestellt werde*. 17 Hört er nicht auf sie, so sag es der Gemeinde. Hört er auch nicht auf die Gemeinde, so sei er für dich wie ein Heide und ein Zöllner. 18 Amen, ich sage euch: Was immer ihr auf Erden bindet, wird auch im Himmel gebunden sein, und was immer ihr auf Erden löst, wird auch im Himmel gelöst sein. 19 Weiter sage ich euch: Wenn zwei von euch auf Erden übereinkommen, um etwas zu bitten, dann wird es ihnen von meinem

Vater im Himmel zuteil werden. 20 Denn wo zwei oder drei in meinem Namen versammelt sind, da bin ich mitten unter ihnen.

|15: Lk 17,3; Lev 19,17 |16: Dtn 19,15 |18: 16,19; Joh 20,23 |19: 7,8! |20: 28,20!

18,15: Andere Textüberlieferung: «Wenn dein Bruder sündigt, dann geh …»

Das Gleichnis vom unbarmherzigen Knecht

21 Dann trat Petrus zu ihm und sagte: Herr, wie oft kann mein Bruder an mir schuldig werden, und ich muss ihm vergeben? Bis zu siebenmal? 22 Jesus sagt zu ihm: Ich sage dir, nicht bis zu siebenmal, sondern bis zu siebenundsiebzigmal. 23 Darum ist es mit dem Himmelreich wie mit einem König, der mit seinen Knechten abrechnen wollte. 24 Als er abzurechnen begann, wurde einer vor ihn gebracht, der ihm zehntausend Talent schuldig war. 25 Weil er sie nicht zurückzahlen konnte, befahl der Herr, ihn mit Frau und Kind und seiner ganzen Habe zu verkaufen und so die Schuld zu begleichen. 26 Da warf sich der Knecht vor ihm auf die Knie und flehte: Hab Geduld mit mir, und ich werde dir alles zurückzahlen! 27 Da hatte der Herr Mitleid mit jenem Knecht und liess ihn gehen, und die Schuld erliess er ihm. 28 Als aber der Knecht wegging, traf er einen seiner Mitknechte, der ihm hundert Denar schuldig war; und er packte ihn, würgte ihn und sagte: Bezahle, wenn du etwas schuldig bist! 29 Da fiel sein Mitknecht vor ihm nieder und bat ihn: Hab Geduld mit mir, und ich werde es dir zurückzahlen! 30 Er aber wollte nicht, sondern ging und liess ihn ins Gefängnis werfen, bis er die Schuld beglichen hätte. 31 Als nun seine Mitknechte sahen, was geschehen war, überkam sie grosse Trauer, und sie gingen und berichteten ihrem Herrn alles, was geschehen war. 32 Da liess sein Herr ihn zu sich rufen und sagte zu ihm: Du böser Knecht! Die ganze Schuld habe ich dir erlassen, weil du mich gebeten hast! 33 Hättest nicht auch du Erbarmen haben müssen mit deinem Mitknecht, so wie ich Erbarmen hatte mit dir? 34 Und voller Zorn übergab ihn sein Herr den Folterknechten, bis er ihm die ganze Schuld bezahlt hätte. 35 So wird es auch mein himmlischer Vater mit euch machen, wenn ihr nicht vergebt, ein jeder seinem Bruder von Herzen.

|21–22: Lk 17,4 |23: 25,19 |33: 5,7!; 9,13 |34: 5,26 |35: 6,15!

Do tratt Petrus zuo jm/ und sprach: Herr/ wie offt muoß ich dann meinem bruoder vergeben? Ists gnuog siben mal? Jesus sprach zuo jm: Jch sag dir nit siben maal/ sunder sibentzig mal siben mal. Darumb ist das himmelreich gleich einem Künig/ der mit seinen knechten rechnen wolt. Und als er anfieng zerechnen/ kam jm einer für/ der was zähentausent pfund schuldig. Do ers nun nit hatt zuo bezalen/ hieß der herr verkauffen jnn und sein weyb und seine kinder/ unnd alles was er hatt/ und bezalen. Do fiel der knecht nider/ und bättet jn an/ und sprach: Herr/ hab gedult mit mir/ ich wil dirs alles bezalen. Do erbarmet sich der herr desselben knechts/ und ließ jnn ledig/ und die schuld ließ er jm auch nach.

Do gieng der selbig knecht hinauß/ und fannd einen seiner mitknechten/ der was jm hundert groschen schuldig/ und er greyff jn an/ und wurgt jnn/ und sprach: Bezal mir was du mir schuldig bist. Do fiel sein mittknecht nider/ und batt jnn/ und sprach: Hab gedult mitt mir/ ich wil dir es alles bezalen. Er wolt aber nitt/ sunder gieng hin/ unnd warff jnn in die gfencknuß/ biß das er bezalte was er schuldig was. Do aber seine mittknecht sölichs sahennd/ wurdend sy seer betrüebt/ und kamend unnd brachtend für jren herren alles das sich begeben hatt. Do foderet jn sein herr für jnn/ und sprach zuo jm: Du schalck/ alle dise schuld hab ich dir nachgelassen dieweyl du mich battest/ soltest du dann nitt auch dich erbarmenn über deinen mitknecht/ wie ich mich über dich erbarmet hab? Und sein herr ward zornig/ und überantwortet jnn den peynigern/ biß das er bezalte alles wz er jm schuldig was. Also wirt euch mein himmelscher vatter auch thuon/ so jr nit vergebend von hertzen/ ein yetlicher seinem bruoder sein missethat.

Das xix. Capitel.

Christus gibt bescheyd vom Eelichen stand/ und leert wie man mit den reychtagen und zeytlichen güeteren handlen sol.

Und es begab sich do Jesus dise red vollendnet hatt/ huob er sich auß Galilea/ und kam in die gegne des Jüdischen lands yhensit deß Jordans/ unnd volget jm vil volcks nach. Und er heylet sy daselbst.

Do trattend zuo jm die Phariseer/ und versuochtend jnn/ unnd sprachend zuo jm: Ist es auch recht das sich ein mann scheyde von seinem weyb umb ein yetliche kleyne ursach? Er antwortet aber und sprach: Habend jr nye geläsen/ das der im anfang den menschen gemachet hat/ der machet das ein mann und weyb sein solt/ und sprach: Darumb wirdt ein mensch vatter und muoter lassen/ und an seinem weyb hangen/ und werdend die zwey ein fleysch sein? So sind sy nun nitt zwey/ sunder ein fleysch. Was nun Gott zuosamen gefüeget hat/ das sol der mensch nit scheyden.

Do sprachend sy: Warumb hat dann Moses gebotten zegeben einen scheydbrieff/ und sich von jren zescheyden? Er sprach zuo jnen: Moses hat euch erlaubt zescheyden von eüwern weyberen/ von euwers hertzen hertigkeit wägen/ von anfang aber ists nit also gewesen. Jch sag aber euch/ wär sich von seinem weyb scheydet (es sey dann umb der huorey willen) und nimpt zuo der Ee ein andre/ der bricht die Ee: und wär die abgescheydne zuo der Ee nimpt/ der bricht auch die Ee.

Do sprachend die jünger zuo jm: Stadt die sach eines manns mit seinem weyb also/ so ists nit guot Eelich werden. Er sprach aber zuo jnen: Das wort fasset nit yederman/ sunder die/ denen es ggeben ist. Dann es sind etlich verschnitten/ die sind von muoter leyb also geboren: unnd sind etlich verschnitten/ die von menschen verschnitten sind: und sind etlich verschnitten die sich selbs verschnitten habend umb deß himmelreychs willen. Wär es fassen mag/ der fasse es.

Do wurdend kindlin zuo jm gebracht dz er die hend uff sy legte und bättete. Die jünger aber schnaltend sy an. Aber Jesus sprach: Lassend die kindlin/ unnd weerend jnen nit zuo mir zekommen/ dann

Aufbruch nach Judäa

19 1 Und es geschah, als Jesus diese Rede abgeschlossen hatte, dass er von Galiläa aufbrach und in das Gebiet von Judäa jenseits des Jordan kam. 2 Und viele Leute folgten ihm, und er heilte sie dort.

P: Mk 10,1; Lk 9,51

Zur Frage nach der Ehescheidung

3 Und es kamen Pharisäer zu ihm, um ihn auf die Probe zu stellen, und sagten: Ist es einem Mann erlaubt, seine Frau zu entlassen, aus welchem Grund auch immer? 4 Er aber antwortete: Habt ihr nicht gelesen, dass der Schöpfer *sie von Anfang an als Mann und Frau geschaffen hat?* 5 Und dass er gesagt hat: *Darum wird ein Mann Vater und Mutter verlassen und seiner Frau anhangen, und die beiden werden ein Fleisch sein.* 6 Also sind sie nicht mehr zwei, sondern sie sind ein Fleisch. Was nun Gott zusammengefügt hat, soll der Mensch nicht scheiden. 7 Sie sagen zu ihm: Warum hat dann Mose geboten, ihr einen Scheidebrief zu geben und sie zu entlassen? 8 Er sagt zu ihnen: Mose hat euch angesichts eurer Hartherzigkeit erlaubt, eure Frauen zu entlassen; doch ursprünglich ist es nicht so gewesen. 9 Ich sage euch aber: Wer seine Frau entlässt – ausser wegen Unzucht – und eine andere heiratet, der begeht Ehebruch.

10 Da sagen die Jünger zu ihm: Wenn die Sache des Mannes mit der Frau so steht – wozu dann heiraten? 11 Er aber sagte zu ihnen: Nicht alle fassen dieses Wort, sondern nur die, denen es gegeben ist: 12 Ja, es gibt Eunuchen, die von Geburt an so waren, und es gibt Eunuchen, die von Menschen zu solchen gemacht wurden, und es gibt Eunuchen, die sich um des Himmelreiches willen selbst zu solchen gemacht haben. Wer das fassen kann, fasse es!

P: 5,31–32; Mk 10,2–12 |4: Gen 1,27; 5,2 |5: Gen 2,24 |7: Dtn 24,1–3 |9: 5,32; Mk 10,11; Lk 16,18; 1Kor 7,10–11

Jesus und die Kinder

13 Dann brachte man Kinder zu ihm, damit er ihnen die Hände auflege und bete. Die Jünger aber fuhren sie an. 14 Doch Jesus sprach: Lasst die Kinder und hindert sie nicht, zu mir zu kommen, denn solchen gehört

sölicher ist das himmelreych. Und er legt
die hend auff sy/ und zoch von dannen.

Und sihe/ einer tratt zuo jm/ und sprach:
Guoter meister/ wie muoß ich wol thuon dz
ich möge das ewig läben haben? Er aber sprach
zuo jm: Was heyssest du mich guot? Nieman
ist guot dann nun der eynig Gott. Wilt du
aber zum läben eyngon/ so halt die gebott. Do
sprach er zuo jm: Welche? Jesus aber sprach:
Du solt nit töden. Du solt nit Eebrechen. Du
solt nit stälen. Du solt nit valsche zeügnuß
geben. Eer vatter und muoter. Und du solt
lieb haben deinen nächstenn als dich selbs. Do
sprach der jüngling zuo jm: Das hab ich alles
gehalten von meiner jugent auf/ was fälet mir
noch? Jesus sprach zuo jm: Wilt du volkommen
sein/ so gang hin und verkauff was du hast/
und gib es den armen/ so wirstu einen schatz
im himmel haben/ und kumm und volg mir
nach. Do der jüngling das wort hort/ gieng
er betrüebt von jm/ dann er hatt vil güeter.
Jesus aber sprach zuo sinen jüngern: Warlich
ich sag euch/ Ein reycher wirt schwarlich
ins himmelreych kommen. Und weyter sag
ich euch/ Es ist lychter das ein Kamel durch
ein nadelöre gange/ dann das ein reycher ins
reych Gottes. Do das seine jünger hortend/
entsatzend sy sich vast/ und sprachend: Ey wär
kan dann sälig werden? Jesus aber sach sy an/
und sprach zuo jnen: Bey den menschen ists
unmüglich/ aber by Gott sind alle ding müglich.

Do antwortet Petrus/ und sprach: Sihe/
wir habend alles verlassen/ und sind dir
nachgefolget: was wirt uns darfür? Jesus aber
sprach: Waarlich ich sag euch/ das jr/ die mir
sind nachgefolget inn der widergeburt/ da
deß menschen sun wirdt sitzen auff dem stuol
seiner herligkeyt/ werdend jr auch sitzen auff
zwölff stüelen/ und richten die zwölff gschlächt
Jsraels. Und ein yetlicher der da verlaßt heüser
oder brüeder/ oder schwestern oder vatter/ oder
muoter/ oder weyb/ oder kind/ oder äcker/ umb
meines nammens willen/ der wirts hundertfeltig
nemmen/ und das ewig läben ererben. Aber
vil die da sind die ersten/ werdend die letsten:
und die letsten werdend die ersten sein.

das Himmelreich. 15 Und er legte ihnen
die Hände auf und ging weg von dort.

P: Mk 10,13–16; Lk 18,15–17 |14: 18,3!

Nachfolge und Reichtum
16 Da kam einer zu ihm und sagte: Meister,
was muss ich Gutes tun, um ewiges Leben zu
erlangen? 17 Er sagte zu ihm: Was fragst du
mich nach dem Guten? Einer ist der Gute.
Willst du aber ins Leben eingehen, so halte
die Gebote. 18 Da sagte er zu ihm: Welche?
Jesus sagte: *Du sollst nicht töten, du sollst nicht
ehebrechen, du sollst nicht stehlen, du sollst nicht
falsches Zeugnis ablegen,* 19 *ehre Vater und Mutter*
und: *Liebe deinen Nächsten wie dich selbst.*
20 Da sagte der junge Mann zu ihm: Das alles
habe ich befolgt. Was fehlt mir noch? 21 Da
sagte Jesus zu ihm: Willst du vollkommen
sein, so geh, verkaufe deinen Besitz und gib
ihn den Armen, und du wirst einen Schatz
im Himmel haben, und komm und folge
mir! 22 Als der junge Mann das hörte, ging
er traurig fort, denn er hatte viele Güter.

23 Jesus aber sagte zu seinen Jüngern: Amen,
ich sage euch: Ein Reicher wird nur schwer
ins Himmelreich kommen. 24 Weiter sage ich
euch: Eher geht ein Kamel durch ein Nadelöhr
als ein Reicher in das Reich Gottes. 25 Als
die Jünger das hörten, waren sie bestürzt und
sagten: Wer kann dann gerettet werden? 26 Jesus
blickte sie an und sprach: Bei Menschen ist das
unmöglich, bei Gott aber ist alles möglich!

P: Mk 10,17–27; Lk 18,18–27 |18: Ex 20,13–16;
Dtn 5,17–20 |19: Ex 20,12; Dtn 5,16 · 22,39!; Lev 19,18
|21: 5,48! · 6,20; 13,44 · 16,24! |23: 7,21!; 13,22 |25: 7,28!
|26: Gen 18,14

Vom Lohn der Nachfolge
27 Da wandte sich Petrus an ihn und sagte:
Wir hier haben alles verlassen und sind dir
gefolgt. Was wird mit uns werden? 28 Jesus sagte
zu ihnen: Amen, ich sage euch: Ihr, die ihr mir
gefolgt seid, werdet bei der Neuschöpfung, wenn
der Menschensohn sich auf den Thron seiner
Herrlichkeit setzt, auch auf zwölf Thronen sitzen
und die zwölf Stämme Israels richten. 29 Und
jeder, der um meines Namens willen Häuser,
Brüder, Schwestern, Vater, Mutter, Kinder
oder Äcker verlassen hat, wird hundertfach

Das xx. Capitel.

Christus zeygt in einer gleychnuß an/ das Gott niemants schuldner ist/ und wie Gott zuo allen zeyten die menschen zuo siner arbeyt berüefft. Leert seine Jünger demuot und gedult/ machet zween blinden gesehen.

Das himmelreych ist gleych einem haußvatter/ der gleich am morgen außgieng arbeiter zedingen in seinen weynberg. Und do er eins ward mitt den arbeyteren umb einen Groschen zum taglon/ sandt er sy in seinen weynberg. Und gieng auß umb die dritten stund/ und sach andere an dem marckt müeßig ston/ unnd sprach zuo jnen: Gond jr auch hin inn den weynberg/ ich wil euch geben was recht ist. Und sy giengend hin. Abermals gieng er auß umb die sechßte und neündte stund/ und thett gleych also. Umb die eylffte stund aber gieng er auß/ unnd fannd andere müessig ston/ unnd sprach zuo jnen: Was stond jr hie den gantzen tag müesig? Sy sprachennd zuo jm: Es hat uns niemants gedinget. Er sprach zuo jnen: Gond jr auch hin inn den weynberg/ unnd was recht sein wirt/ sol euch werden. Do es nun abend ward/ sprach der herr des weinbergs zuo seinem schaffner: Rüeff den arbeyteren/ und gib jnen den lon/ und heb an ann den letsten biß zuo den ersten. Do kamend die umb die eylffte stund gedinget warend/ und empfieng ein yetlicher seinen Groschen. Do aber die ersten kamend/ meintend sy/ sy wurdind mer empfahen. Unnd sy empfiengend auch ein yetlicher seinen Groschen. Und do sy den empfiengend/ murretend sy wider den haußvatter/ und sprachend: Dise letsten habend nun ein stund gearbeytet/ und du hast sy uns gleych gemachet/ die wir getragen habend die läst des tags/ und die hitz.

Er antwort aber und sagt zuo einem under jnen: Mein freünd/ ich thuon dir nit unrecht: bistu nit mit mir eins worden umb einen groschen? Nimm das dein ist/ und gang hin: ich wil aber disen letsten geben gleych wie dir. Oder hab ich nitt macht zethuon was ich wil mitt dem meinen? Sichstu darumb schelb dz ich so güetig bin? Also werdend die letsten die ersten/ und die ersten die letsten sein. Dann vil sind berüefft/ aber wenig sind erwelt.
Und er zoch hinauf gen Jerusalem/ und nam zuo jm die zwölff jünger nebentsich auff dem wäg/ und sprach zuo jnen: Sihe/ wir ziehend hinauf gen Jerusalem/ unnd des menschen sun wirt den hohen priestern und gschrifftglerten

empfangen und ewiges Leben erben. 30 Viele Erste aber werden Letzte sein und Letzte Erste.

P: Mk 10,28–31; Lk 18,28–30 |27: 4,20.22 |28: 16,27! · Lk 22,28–30; Offb 3,21 |29: 4,22; 10,37 |30: 20,16; Lk 13,30

Das Gleichnis von den Arbeitern im Weinberg

20 1 Denn mit dem Himmelreich ist es wie mit einem Gutsherrn, der am frühen Morgen ausging, um Arbeiter für seinen Weinberg einzustellen. 2 Nachdem er sich mit den Arbeitern auf einen Denar für den Tag geeinigt hatte, schickte er sie in seinen Weinberg. 3 Und als er um die dritte Stunde ausging, sah er andere ohne Arbeit auf dem Marktplatz stehen, 4 und er sagte zu ihnen: Geht auch ihr in den Weinberg, und was recht ist, will ich euch geben. 5 Sie gingen hin. Wiederum ging er aus um die sechste und neunte Stunde und tat dasselbe. 6 Als er um die elfte Stunde ausging, fand er andere dastehen, und er sagte zu ihnen: Was steht ihr den ganzen Tag hier, ohne zu arbeiten? 7 Sie sagten zu ihm: Es hat uns niemand eingestellt. Er sagte zu ihnen: Geht auch ihr in den Weinberg! 8 Es wurde Abend und der Herr des Weinbergs sagte zu seinem Verwalter: Ruf die Arbeiter und zahl ihnen den Lohn aus, angefangen bei den Letzten bis zu den Ersten. 9 Und als die von der elften Stunde kamen, erhielten sie jeder einen Denar. 10 Und als die Ersten kamen, meinten sie, dass sie mehr erhalten würden; und auch sie erhielten jeder einen Denar. 11 Als sie ihn erhalten hatten, beschwerten sie sich beim Gutsherrn 12 und sagten: Diese Letzten haben nur eine Stunde gearbeitet, und du hast sie uns gleichgestellt, die wir die Last des Tages und die Hitze ertragen haben. 13 Er aber entgegnete einem von ihnen: Freund, ich tue dir nicht unrecht. Hast du dich nicht mit mir auf einen Denar geeinigt? 14 Nimm, was dein ist, und geh! Ich will aber diesem Letzten gleich viel geben wie dir. 15 Oder ist es mir etwa nicht erlaubt, mit dem, was mein ist, zu tun, was ich will? Machst du ein böses Gesicht, weil ich gütig bin? 16 So werden die Letzten Erste sein und die Ersten Letzte.

|16: 19,30!

Die dritte Leidensankündigung

17 Und als Jesus nach Jerusalem hinaufzog, nahm er die Zwölf beiseite und sagte unterwegs zu ihnen: 18 Seht, jetzt ziehen wir hinauf nach Jerusalem, und der Menschensohn wird den Hohen Priestern und Schriftgelehrten

überantwortet werden: und sy werdend jn verdammen zum tod/ und werdend jn überantworten den Heyden zuo verspotten/ und zuo geyßlen/ und zuo creützigen. Und am dritten tag wirt er wider auferston.

ausgeliefert werden, und sie werden ihn zum Tode verurteilen 19 und ihn den Heiden ausliefern, und die werden ihn verspotten und auspeitschen und kreuzigen; und am dritten Tag wird er auferweckt werden.

P: Mk 10,32–34; Lk 18,31–34 |19: 16,21!

Der Wunsch nach einem Platz im Himmel

Do tratt zuo jm die muoter der kinder Zebedei mit jren sünen/ viel vor jm nider/ und batt etwas von jm. Und er sprach zuo jr: Was wilt du? Sy sprach zuo jm: Laß dise meine zwen sün sitzen in deinem reych/ einen zuo deiner rechten/ und den anderen zuo deiner lincken. Aber Jesus antwortet und sprach: Jr wüssend nitt was jr bittend/ mögend jr trincken das tranck/ dz ich trincken wird/ und euch tauffen lassen mit dem tauff da ich mit taufft wird? Sy sprachend zuo jm: Ja wol. Und er sprach zuo jnen: Mein tranck werdend jr zwar trincken/ und mit dem tauff da ich mit taufft wird/ werdend jr taufft werden: aber das sitzen zuo meiner rechten unnd lincken/ ist nit mein zegeben/ sunder denen es bereit ist von meinem vatter. Do das die zähen hortend/ wurdend sy unwillig über die zween brüeder. Aber Jesus ruofft jnen zuo jm/ und sprach: Jr wüssend/ das die weltlichen fürsten beherschend die völcker/ und die oberherren farend mit gwalt. Also sol es nit sein under euch/ sunder so yeman wil under üch gwaltig sein geachtet/ der sey euwer diener: unnd wär da wil der fürnembst sein/ der sey euwer knecht: Gleych wie des menschen sun ist nit kommen das er jm dienen lasse/ sunder das er diene und gebe sein läben zuo einer erlösung für die menge.

20 Da kam die Mutter der Söhne des Zebedäus mit ihren Söhnen zu ihm, fiel vor ihm nieder und wollte ihn um etwas bitten. 21 Er sagte zu ihr: Was willst du? Sie sagt zu ihm: Sag, dass diese meine beiden Söhne in deinem Reich sitzen werden, einer zu deiner Rechten und einer zu deiner Linken. 22 Jesus aber antwortete: Ihr wisst nicht, worum ihr bittet! Könnt ihr den Kelch trinken, den ich trinken werde? Sie sagen zu ihm: Wir können es. 23 Er sagt zu ihnen: Meinen Kelch zwar werdet ihr trinken, aber über den Platz zu meiner Rechten und Linken zu verfügen, steht mir nicht zu, sondern er wird denen zuteil, für die er von meinem Vater bereitet ist.

24 Als die zehn das hörten, wurden sie immer unwilliger über die beiden Brüder. 25 Jesus aber rief sie zu sich und sprach: Ihr wisst, dass die Herrscher ihre Völker unterdrücken und die Grossen ihre Macht gegen sie einsetzen. 26 Unter euch soll es nicht so sein, sondern: Wer unter euch gross sein will, sei euer Diener, 27 und wer unter euch der Erste sein will, sei euer Knecht, 28 so wie der Menschensohn nicht gekommen ist, um sich dienen zu lassen, sondern um zu dienen und sein Leben hinzugeben als Lösegeld für viele.

P: Mk 10,35–45 |21: 19,28 · 11,11! |22: 26,39 · 26,33 |23: 25,34 |24–28: Lk 22,24–27 |26: 23,11; Mk 9,35! |28: 26,28; Jes 53,10–12

Die Heilung von zwei Blinden

Und do sy von Jericho außzugend/ volget jm vil volcks nach/ und sihe/ zwen blinden sassend am wäg. Und do sy hortend das Jesus fürgieng/ schreüwend sy und sprachend: Ach Herr/ du sun Davids/ erbarm dich unser. Aber dz volck bschalckt sy/ das sy söltind schweygen. Aber sy schreüwend vil mer/ und sprachen: Ach Herr/ du sun Davids/ erbarm dich unser. Und Jesus stuond still/ und ruofft jnen/ und sprach: Was wöllend jr das ich euch thuon sol? Sy sprachend zuo jm: Herr/ das unsere augen aufgethon werdind. Und Jesus hat sich jren erbarmet/ und ruort jre augen an/ und als bald wurdend jre augen wider sehend. Unnd sy volgtend jm nach.

29 Und als sie aus Jericho hinauszogen, folgte ihm viel Volk. 30 Und da sassen zwei Blinde am Weg und hörten, dass Jesus vorbeizog, und sie riefen laut: Hab Erbarmen mit uns, Herr, Sohn Davids! 31 Die Leute fuhren sie an und hiessen sie schweigen. Sie aber riefen noch lauter: Hab Erbarmen mit uns, Herr, Sohn Davids! 32 Und Jesus blieb stehen, rief sie zu sich und sprach: Was soll ich für euch tun? 33 Sie sagen zu ihm: Herr, mach, dass unsere Augen sich auftun! 34 Da fühlte Jesus Mitleid, und er berührte ihre Augen; und auf der Stelle sahen sie wieder, und sie folgten ihm.

P: 9,27–31; Mk 10,46–52; Lk 18,35–43 |31: 15,22! · 9,27! |34: 9,36!

Euangelion Sant Matthes.

Das xxj. Capitel.

Das ynreyten Jesu gen Jerusalem/ und wie er die wächßler auß dem Tempel treybt. Verflüecht den feygbaum: lert und strafft die Phariseer mit schönen gleychnussen.

Do sy nun nach zuo Jerusalem kamennd gen Bethphage an den ölberg/ sandt Jesus seiner jüngern zween/ und sprach zuo jnen: Gond hin in den flecken der vor euch ligt/ und bald werdend jr finden ein Eslin angebunden/ unnd ein Füly bey jren/ lösend sy auf/ und füerent sy zuo mir. Und so euch yemants wirt etwas sagen/ so sprechend: Der Herr bedarff jren/ So bald wirt er sy euch lassenn. Das geschach aber alles/ auff das erfüllt wurde das gesagt ist durch den propheten/ der da spricht: Sagend zuo der tochter Syon: Sihe/ dein Künig kumpt dir sennfftmüetig/ reytende uff einem Esel/ und auff einem Füly der underjöchigen Eslin. Die jünger giengend hin/ und thettend wie jnen Jesus befolhen hatt/ und brachtend die Eslin und das Füly/ und legtend jre kleyder darauf/ unnd satzend jn darauff. Aber vil volcks spreytetend jre kleyder auff den wäg/ die andren hüwend zweyg von den böumen/ unnd ströuwetend sy auff den wäg. Das volck aber das vorgieng/ unnd nachfolget/ schrey und sprach: Hosianna dem sun Davids/ Gebenedyet sey der da kumpt im namen deß Herren/ Hosianna in der höhe.

Unnd als er zuo Jerusalem eynzoch/ bewegt sich die gantz statt/ unnd sprach: Wär ist der? Das volck aber sprach/ Das ist der Jesus/ der prophet von Nazareth auß Galilea.

Der Einzug in Jerusalem

21 1 Und als sie sich Jerusalem näherten und nach Betfage an den Ölberg kamen, da sandte Jesus zwei Jünger aus 2 und sagte zu ihnen: Geht in das Dorf, das vor euch liegt, und gleich werdet ihr eine Eselin angebunden finden und ein Füllen bei ihr. Bindet sie los und bringt sie zu mir! 3 Und wenn jemand euch Fragen stellt, so sagt: Der Herr braucht sie, er wird sie aber gleich zurückschicken. 4 Das ist geschehen, damit in Erfüllung gehe, was durch den Propheten gesagt ist:

5 *Sagt der Tochter Zion:*
Siehe, dein König kommt zu dir,
sanft, und auf einem Esel reitend,
auf einem Füllen, dem Jungen eines Lasttiers.

6 Die Jünger gingen und taten, was Jesus ihnen befohlen hatte, 7 brachten die Eselin und das Füllen und legten ihre Kleider auf sie, und er setzte sich darauf.

8 Eine riesige Menschenmenge hatte auf dem Weg ihre Kleider ausgebreitet, einige schnitten Zweige von den Bäumen und breiteten sie auf dem Weg aus. 9 Und die Scharen, die ihm vorausgingen und die ihm folgten, schrien:

Hosanna dem Sohn Davids!
Gepriesen sei, der da kommt im Namen des Herrn,
Hosanna in der Höhe!

10 Und als er in Jerusalem einzog, geriet die ganze Stadt in Aufregung, und man sagte: Wer ist das? 11 Die Leute aber sagten: Das ist der Prophet Jesus aus Nazaret in Galiläa.

P: Mk 11,1–11; Lk 19,28–40; Joh 12,12–19 |5: Jes 62,11 · Sach 9,9 · 5,5; 11,29 |8: 2Kön 9,13 |9: Ps 118,25–26 · 9,27! |11: 16,14!; 21,46; Mk 6,15; 8,28; Lk 7,16!; Joh 4,19!

Die Tempelreinigung

12 Und Jesus ging in den Tempel und trieb alle hinaus, die im Tempel verkauften und kauften, und die Tische der Geldwechsler und die Stände der Taubenverkäufer stiess er um, 13 und er sagt zu ihnen: Es steht geschrieben:

Mein Haus soll Haus des Gebets heissen,
ihr aber macht es zu einer Räuberhöhle.

14 Und es kamen Blinde und Lahme im Tempel zu ihm, und er heilte sie. 15 Als aber die Hohen Priester und Schriftgelehrten die Wunder

Und Jesus gieng zum tempel Gottes hineyn/ und treib herauß alle verköuffer und köuffer im tempel/ und stieß umb der wächßleren tisch/ und die stül der Tubenkrämern/ und sprach zuo jnen: Es ist geschriben/ Mein hauß sol ein bätthauß heissen/ jr aber habend ein mördergruoben darauß gemacht. Und es giengend zuo jm die blinden unnd lamen im Tempel/ und er heylet sy.

Do aber die hohen priester und
gschrifftglerten sahend die wunder die er thett/
und die kinder im tempel schryen: Hosianna
dem sun Davids/ wurdend sy entrüst/ und
sprachend zuo jm: Hörst auch was dise sagend?
Jesus sprach zuo jnen: Ja. Habend jr nye
geläsen: Auß dem mund der unredenden und
saugenden kindern hastu dein lob zuogericht.
Und er ließ sy da/ und gieng zur statt hinauß
gen Bethanien/ und bleyb da über nacht.

Als er aber des morgens wider in die statt
gieng/ hungeret jn. Und er sach einen
fygenbaum an dem wäg/ und gieng hinzuo/
unnd fand nichts daran dann allein bletter. Und
sprach zuo jm: Nun wachse auff dir hinfür
nimmer mer kein frucht. Und der fygenbaum
verdorret vonn stundan.

Unnd do das die jünger sahend/
verwunderend sy sich/ und sprachend: Wie
ist der fygenbaum so bald verdorret? Jesus aber
antwort und sprach: Warlich ich sag euch/ so jr
glauben habend/ und nit zweyflend/ so werdend
jr nit alleyn sölichs mit dem fygenbaum thuon/
sunder so jr werdennd sagen zuo disem berg:
Heb dich auf/ und wirff dich ins Meer/ so
wirt es geschehen. Und alles was jr bittend im
gebätt/ glaubend jr/ so werdend jrs empfahen.

Unnd als er in den tempel kam/ trattend
zuo jm/ do er leeret/ die hohen priester und
die Eltesten im volck/ und sprachend: Auß
was macht thuost du das? unnd wär hat dir
die macht gegeben? Jesus aber antwortet/ und
sprach zuo jnen: Jch wil euch auch ein wort
fragen/ so jr mir das sagend/ wil ich euch
sagen auß was macht ich das thüege. Wohar
was der Tauff Johannis? Was er vom himmel
oder von den menschen? Do gedachtend sy in
jnen selbs/ und sprachend: Sagend wir/ er sey
vom himmel gwesen/ so wirdt er unns sagen:
Warumb glaubtend jr dann jm nit? Sagend
wir aber/ er sey von den menschen gewesen/
so förchtent wir uns vor dem volck: dann
yederman hielt Johannem für einen propheten.

sahen, die er tat, und die Kinder, die im Tempel
schrien: Hosanna dem Sohn Davids!, wurden sie
unwillig 16 und sagten zu ihm: Hörst du, was
die da sagen? Jesus sagt zu ihnen: Ja! Habt ihr
nie gelesen: *Aus dem Munde von Unmündigen
und Säuglingen hast du dir Lob bereitet?*
17 Und er liess sie stehen, ging
aus der Stadt hinaus nach Betanien
und blieb dort über Nacht.

P: Mk 11,15–19; Lk 19,45–48; Joh 2,13–17 |12: Sach 14,21
|13: Jes 56,7 · Jer 7,11 |14: 11,5! |15: 9,27! |16: 11,25; Ps 8,3
|17: Mk 11,11

Die Verfluchung des Feigenbaums

18 Als er früh am Morgen in die Stadt
zurückkehrte, hungerte ihn. 19 Und er
sah einen Feigenbaum am Weg, ging auf
ihn zu und fand an ihm nichts als Blätter.
Und er sagt zu ihm: Nie mehr soll Frucht
aus dir hervorgehen in Ewigkeit; und der
Feigenbaum verdorrte auf der Stelle.

P: Mk 11,12–14.20–25 |19: Lk 13,6–7

Die Kraft des Glaubens

20 Als die Jünger das sahen, staunten sie und
sagten: Wie konnte der Feigenbaum so plötzlich
verdorren? 21 Jesus antwortete ihnen: Amen, ich
sage euch, wenn ihr Glauben habt und nicht
zweifelt, so werdet ihr nicht nur tun, was ich
mit dem Feigenbaum getan habe, sondern ihr
könnt sogar zu diesem Berg sagen: Hebe dich
hinweg und wirf dich ins Meer, und es wird
geschehen. 22 Und alles, worum ihr bittet im
Gebet, werdet ihr empfangen, wenn ihr glaubt.

|21: 17,20! · |22: 7,8! · 8,13!

Zur Frage nach der Vollmacht Jesu

23 Und als er in den Tempel hineingegangen
war, kamen, während er lehrte, die Hohen
Priester und die Ältesten des Volkes zu ihm
und sagten: Aus was für einer Vollmacht
tust du das, und wer hat dir diese Vollmacht
gegeben? 24 Jesus aber antwortete ihnen: Auch
ich will euch eine einzige Frage stellen; wenn
ihr mir darauf antwortet, werde auch ich euch
sagen, aus was für einer Vollmacht ich das tue.
25 Die Taufe des Johannes – woher stammte
sie? Vom Himmel oder von Menschen? Sie
überlegten und sagten zueinander: Sagen wir,
vom Himmel, so wird er uns sagen: Warum
habt ihr ihm dann nicht geglaubt? 26 Sagen
wir aber, von Menschen, so müssen wir uns
vor dem Volk fürchten, denn alle halten

Und sy antwortetend Jesu/ und sprachend: Wir wüssends nit. Do sprach er zuo jnen: So sag ich euch auch nitt auß was macht ich dz thüege.

Was dunckt euch aber? Es hatt ein mann zween sün/ und gieng zuo dem ersten/ und sprach: Mein sun gang hin und arbeyt heüt in meinem weynberg. Er antwortet aber unnd sprach: Jch wil es nit thuon. Darnach reüwet es jn/ und gieng hin. Und er gieng zuo dem andren/ und sprach gleych also. Er antwortet aber und sprach: Herr/ ja. Und gieng nit hin. Welcher under den zweyen hat des vatters willen gethon? Sy sprachend zuo jm: Der erst. Jesus sprach zuo jnen: Warlich ich sag euch/ die zoller und huoren werdend ee ins himmelreych kommen dann jr. Joannes kam zuo euch/ und leret euch den rechten wäg/ und jr glaubtend jm nit: aber die Zoller und huoren glaubtend jm. Und ob jrs wol sahent/ thettend jr dennocht nit buoß/ das jr jm auch darnach glaubt hettind.

Hörend ein andre gleychnuß. Es wz ein haußvatter/ der pflantzet einen weinberg/ und fuort einen zaun darumb/ und gruob ein trotten darinn/ und buwet einen thurn/ und verleych jn den weyngärtnern/ und zoch überland. Do nun herzuo kam die zeyt der früchten/ sandt er seine knecht zuo den weyngärtneren/ das sy sein frücht empfiengind. Do namennd die weyngärtner seine knecht/ einen schluogend sy/ den andren todtend sy/ den dritten steynigetend sy. Abermal sandt er andre knecht/ mer dann der ersten warend/ und sy thettend jnen gleich also. Darnach sandt er seinen sun zuo jnen/ unnd sprach: Sy werdend sich vor meinem sun schühen. Do aber die weingärtner den sun sahend/ sprachend sy under einander: Das ist der erb/ kummend lassend uns jn töden/ und sein erbguot an uns bringen. Und sy namend jnn/ und stiessend jnn zum weinberg hinauß/ und todtend jn. Wenn nun der herr des weynbergs kommen wirdt/ was wirt er disen weyngärtneren tuon? Sy sprachend zuo jm: Er wirt die bößwicht übel umb bringen/ unnd seinen

Johannes für einen Propheten. 27 Und sie antworteten Jesus: Wir wissen es nicht. Da sagte auch er zu ihnen: Dann sage auch ich euch nicht, aus welcher Vollmacht ich dies tue.

P: Mk 11,27–33; Lk 20,1–8 |26: 11,9; 14,5

Das Bild von den ungleichen Söhnen

28 Was meint ihr? Es hatte einer zwei Söhne; und er ging zum ersten und sagte: Geh, mein Sohn, und arbeite heute im Weinberg! 29 Der aber entgegnete: Ich will nicht; später aber reute es ihn, und er ging hin. 30 Da ging er zum anderen und sagte dasselbe. Der entgegnete: Ja, Herr!, und ging nicht hin. 31 Wer von den beiden hat den Willen des Vaters getan? Sie sagen: Der erste! Da sagt Jesus zu ihnen: Amen, ich sage euch: Die Zöllner und Dirnen kommen vor euch ins Reich Gottes. 32 Johannes kam zu euch auf dem Weg der Gerechtigkeit, und ihr habt ihm nicht geglaubt, die Zöllner und Dirnen aber haben ihm geglaubt. Ihr aber, die ihr das gesehen habt, habt euch auch hinterher nicht eines Besseren besonnen und ihm geglaubt.

|31: 7,21! · Lk 18,9–14 |32: Lk 3,12; 7,29–30 · 5,20!

21,29–31: In einer Reihe wichtiger Textzeugen sagt der erste Sohn «Ja», geht dann aber nicht. Der zweite Sohn sagt «Nein», geht dann aber doch.

Die Geschichte von den bösen Weinbauern

33 Hört ein anderes Gleichnis: Es war ein Gutsherr, der pflanzte einen Weinberg, zog einen Zaun ringsum, grub eine Kelter darin und baute einen Turm. Dann verpachtete er ihn an Weinbauern und ging ausser Landes.

34 Als aber die Zeit der Weinlese kam, schickte er seine Knechte zu den Weinbauern, seine Ernte einzuholen. 35 Und die Weinbauern packten seine Knechte; den einen verprügelten sie, den andern töteten sie, den dritten steinigten sie. 36 Darauf schickte er andere Knechte, mehr als das erste Mal, und mit ihnen taten sie dasselbe. 37 Zuletzt schickte er seinen Sohn zu ihnen und sagte: Vor meinem Sohn werden sie Respekt haben. 38 Als aber die Weinbauern den Sohn sahen, sagten sie zueinander: Das ist der Erbe. Kommt, wir wollen ihn töten und sein Erbe an uns bringen! 39 Und sie packten ihn und stiessen ihn aus dem Weinberg und erschlugen ihn.

40 Wenn nun der Herr des Weinbergs kommt, was wird er mit jenen Weinbauern machen? 41 Sie sagen zu ihm: Er wird den Bösen ein böses Ende bereiten und den

weynberg verleyhen anderen weingärtneren/ die jm die frucht zuo rechter zeyt gebend.

Jesus sprach zuo jnen: Habend jr nye geläsen in der gschrifft: Der steyn den die buwleüt verworffen habend/ der ist zum eckstein worden. Von dem Herren ist es geschehen/ und es ist wunderbarlich vor unsern augen. Darumb sag ich euch/ dz reych Gottes wirt von euch genommen/ und den Heyden ggeben werden die seine frücht bringend. Und wär auff disen steyn falt/ der wirt zuo stucken fallen: auff welchen aber er falt/ den wirt er zermalen. Und do die hohen priester und phariseer seine gleychnussen hortend/ verstuondend sy das er von jnen redt. Und sy trachtetend darnach wie sy jnn fiengind/ aber sy forchtend jnen vor dem volck/ dann es hielt jnn für einen Propheten.

Das xxij. Capitel.
Hierinn sind etliche gespräch und gleychnussen die Jesus den Phariseern und pfaffen für wirfft/ auff die vorigen meynungen reychende.

Und Jesus antwortet/ und redt abermals durch gleychnuß zuo jnen/ unnd sprach: Das himmelreych ist gleich einem künig/ der seinem sun hochzeyt macht. Und sandt seine knecht auß/ das sy den gesten zur hochzeyt ruofftind. Und sy woltend nit kommen. Abermals sandt er andere knecht auß/ unnd sprach: Sag den gesten: Sihe/ mein maal hab ich bereyt/ meine ochsen und mein mastfych ist geschlagen/ und alles bereyt: kommend zur hochzeyt. Aber sy verachtetend das/ unnd giengend hin/ einer auff seinen acker/ der ander zuo seiner handtierung: etlich aber fiengend seine knecht/ schmächtend und beschalckend sy/ und todtend sy. Do das der künig hort/ ward er zornig/ und schickt auß seinen zeüg/ und bracht dise mörder umb/ unnd zundt jr statt an. Do sprach er zuo sinen knechten: Die hochzeit ist zwaar bereyt/ aber die gest warends nit wärdt: darumb gond hin uff die strassen/ und ladend zur hochzeit wän jr findend. Und die knecht giengend auß auff die straassen/ und brachtent zuosamen wän sy fundend/ böß und guot: unnd die tisch wurdend all voll. Do gieng der Künig hineyn die gest zuo besehen/ und sach daselbst ein menschen/ der hatt kein hochzeytlich kleid an/ und sprach zuo jm: Fründ/ wie bist du hiereyn kommen/ und hast doch kein hochzeytlich kleyd an? Er aber verstummet. Do sprach der

Weinberg an andere Weinbauern verpachten, die ihm den Ertrag zur rechten Zeit abliefern. 42 Jesus sagt zu ihnen: Habt ihr nie in den Schriften gelesen:
Der Stein, den die Bauleute verworfen haben,
der ist zum Eckstein geworden,
durch den Herrn ist er das geworden,
und wunderbar ist er in unseren Augen.
43 Darum sage ich euch: Das Reich Gottes wird euch weggenommen und einem Volk gegeben werden, das dessen Ernte abgibt. 44 Und wer auf diesen Stein fällt, der wird zerschellen; auf wen er aber fällt, den wird er zermalmen.

45 Und die Hohen Priester und Pharisäer, die seine Gleichnisse hörten, merkten, dass er von ihnen redete, 46 und sie hätten ihn gern festgenommen, doch sie fürchteten das Volk, weil es ihn für einen Propheten hielt.

P: Mk 12,1–12; Lk 20,9–19 |33: Jes 5,1–2 |34: 22,3 |35: 22,6; 23,37! |36: 22,4 |37: Hebr 1,1–2 |42: Ps 118,22–23 |46: 21,11! · 14,5

Die Geschichte vom grossen Gastmahl

22 1 Und Jesus begann wiederum in Gleichnissen zu ihnen zu reden: 2 Mit dem Himmelreich ist es wie mit einem König, der für seinen Sohn die Hochzeit ausrichtete. 3 Und er sandte seine Knechte aus, die Geladenen zur Hochzeit zu rufen, doch die wollten nicht kommen. 4 Darauf sandte er andere Knechte aus und sprach: Sagt den Geladenen: Seht, mein Mahl habe ich bereitet, meine Ochsen und das Mastvieh sind geschlachtet, und alles ist bereit. Kommt zur Hochzeit! 5 Sie aber achteten nicht darauf und gingen ihres Wegs, der eine auf seinen Acker, der andere an sein Geschäft. 6 Die übrigen aber ergriffen seine Knechte, misshandelten und töteten sie.

7 Da wurde der König zornig und schickte seine Heere aus, liess jene Mörder umbringen und ihre Stadt anzünden. 8 Dann sagte er zu seinen Knechten: Die Hochzeit ist zwar bereit, die Geladenen aber waren es nicht wert. 9 Geht also an die Ecken der Strassen und ruft zur Hochzeit, wen immer ihr findet. 10 Da gingen die Knechte auf die Strassen hinaus und brachten alle, die sie fanden, Böse und Gute, und der Hochzeitssaal füllte sich mit Gästen.

11 Als aber der König eintrat, sich die Gäste anzusehen, sah er da einen, der kein Hochzeitskleid trug. 12 Und er sagte zu ihm:

Künig zuo seinen dieneren: Bindend jm hend und füeß/ und werffend jnn in die ausserste finsternuß/ da wirt sein heülen und zänklaffen. Dann vil sind berüefft/ aber wenig außerwelt.

Do giengend die Phariseer hin/ und hieltend einen radt/ wie sy jn begriffind in seiner red/ unnd sandtend zuo jm jre jünger/ sampt Herodis diener/ unnd sprachend: Meister/ wir wüssend das du warhafftig bist/ und lerest den wäg Gottes recht/ und fragst nach niemants: dann du achest nit das ansehen der menschen. Darumb sag uns/ was dunckt dich? Jsts recht das man dem Keyser die bschatzung gebe oder nit? Do nun Jesus marckt jre schalckheyt/ sprach er: Jr gleyßner/ was versuochend jr mich? Zeygend mir die müntz der bschatzung. Und sy reychtend jm dar einen pfennig. Und er sprach zuo jnen: Weß ist das bild und die übergschrifft? Sy sprachend zuo jm: Deß Keysers. Do sprach er zuo jnen: So gebend dem Keyser was deß Keysers ist/ und Gott was Gottes ist. Do sy das hortend/ nam es sy wunder/ und liessend jn/ und giengend darvon.

An dem selben tag trattend zuo jm die Saduceer/ die da haltend es sey kein auferstentnuß/ und fragtend jn und sprachend: Meister/ Moses hat gesagt: So einer stirbt/ und hat nit kinder/ so sol der bruoder sein weyb zur Ee nemmen/ und seinem bruoder einen somen erwecken. Nun sind bey uns gewesen siben brüeder/ der erst nam ein weyb/ unnd starb/ unnd dieweyl er nit somen hatt/ ließ er das weyb seinem bruoder: desselben gleychen der ander/ und der dritt/ biß an den sibenden: zuo letst nach allem starb auch das weyb. Nun in der aufersteung/ welches weyb wirdt sy sein under den sibnen? sy habend sy ye alle gehept? Jesus aber antwortet unnd sprach zuo jnen: Jr yrrend und verstond die gschrifft nit/ noch die krafft Gottes. Jn der aufersteung werdend sy weder zuo der Ee

Freund, wie bist du hier hereingekommen ohne ein Hochzeitskleid? Der aber blieb stumm. 13 Da sagte der König zu seinen Dienern: Bindet ihm Hände und Füsse und werft ihn hinaus in die äusserste Finsternis; dort wird Heulen und Zähneklappern sein. 14 Denn viele sind berufen, wenige aber auserwählt.

P: Lk 14,15–24 |2: 9,15; Offb 19,9 |3: 21,34 · 23,37 |4: 21,36 |6: 21,35! |9: 28,19! |10: 13,47 |13: 8,12!

Zur Frage nach der kaiserlichen Steuer

15 Da machten sich die Pharisäer auf und beschlossen, ihm eine Fangfrage zu stellen. 16 Und sie schickten ihre Jünger zusammen mit den Herodianern aus, um ihm zu sagen: Meister, wir wissen, dass du der Wahrheit verpflichtet bist und den Weg Gottes lehrst, wie es richtig ist, und auf niemanden Rücksicht nimmst, denn du achtest nicht auf das Ansehen der Person. 17 Sag uns also, was dir richtig scheint: Ist es erlaubt, dem Kaiser Steuern zu zahlen, oder nicht? 18 Jesus aber erkannte ihre böse Absicht und sprach: Was versucht ihr mich, ihr Heuchler! 19 Zeigt mir die Münze für die Steuer! Da hielten sie ihm einen Denar hin. 20 Und er sagt zu ihnen: Wessen Bild und Inschrift ist das? 21 Sie sagen zu ihm: Des Kaisers. Da sagt er zu ihnen: So gebt dem Kaiser, was des Kaisers ist, und Gott, was Gottes ist! 22 Als sie das hörten, wunderten sie sich; und sie liessen ihn stehen und gingen fort.

P: Mk 12,13–17; Lk 20,20–26 |15: 12,14 |18: 23,13! |21: Röm 13,7 |22: 7,28!

Zur Frage nach der Auferstehung der Toten

23 Am selben Tag kamen Sadduzäer zu ihm, die behaupten, es gebe keine Auferstehung, und sie fragten ihn: 24 Meister, Mose hat gesagt: *Wenn einer stirbt, ohne Kinder zu haben, dann soll sein Bruder als ihr Schwager die Frau heiraten und seinem Bruder Nachkommen erwecken.* 25 Bei uns gab es einmal sieben Brüder. Der erste heiratete und starb, und da er keine Nachkommen hatte, hinterliess er seine Frau dem Bruder; 26 ebenso der zweite und der dritte, bis zum siebten. 27 Zuletzt, nach allen andern, starb die Frau. 28 In der Auferstehung nun – wer von den sieben wird sie bekommen? Sie alle haben sie doch zur Frau gehabt. 29 Jesus entgegnete ihnen: Ihr irrt, weil ihr weder die Schriften noch die Macht Gottes kennt. 30 Denn in der Auferstehung heiraten sie nicht, noch werden sie verheiratet, sondern

greyffen/ noch zuo der Ee genommen werden/
sunder sy sind gleych wie die engel im himmel.

Habend jr aber nie geläsen von der
aufersteung/ das euch gesagt ist von Gott/
da er spricht: Jch bin der Gott Abrahams/
und der Gott Jsaacs/ und der Gott Jacobs?
Gott aber ist nit ein Gott der todten/ sunder
der läbendigen. Und do sölichs das volck
hort/ entsatzend sy sich ab seiner leer.

Do aber die Phariseer hortennd/ das er
den Saduceern das maul verstopfft hatt/
versamletend sy sich: und einer under jnen/
ein gschrifftglerter/ versuocht jn/ und sprach:
Meyster/ welches ist das fürnemmest gebot im
gsatz? Jesus aber sprach zuo jm: Du solt lieben
Gott deinen Herren von gantzem hertzen/ von
gantzer seel/ von gantzem gmüet/ diß ist das
fürnemmest unnd das grössest gebot. Das ander
aber ist dem gleich: Du solt deinen nächsten
lieben als dich selbs. Jn disen zweyen gebotten
hanget das gantz gsatz und die Propheten.

Do nun die Phariseer bey einander warend/
fragt sy Jesus und sprach: Was dunckt euch
umb Christo/ weß sun ist er? Sy sprachend/
Davids. Er sprach zuo jnen/ Wie nennet jnn
dann David im geist einen Herren? da er
sagt/ Gott hat gesagt zuo meinem Herren/
Setz dich zuo meiner rechten/ biß das ich leg
deinen feynd zum schämel deiner füessen.
So nun David jnn einen Herren nennet/ wie
ist er denn sein sun? Und niemant kondt
jm ein wort antworten/ und dorfft auch
nieman von dem tag an hinfür jn fragen.

Das xxiij. Capitel.
Ein träffenliche straaff und rauhe beschelckung Christi
wider die phariseer/ obersten pfaffen/ schreyber und
gleychßner.

Do redt Jesus zuo dem volck und zuo seinen
jüngern/ und sprach: Auff Moses stuol habend
sich gesetzet die gschrifftglerten und phariseer/
alles nun was sy üch sagend das jr halten söllind/

wie Engel im Himmel sind sie. 31 Was aber
die Auferstehung der Toten betrifft – habt
ihr nicht gelesen, was euch von Gott gesagt
ist: 32 *Ich bin der Gott Abrahams und der Gott
Isaaks und der Gott Jakobs?* Er ist nicht ein
Gott von Toten, sondern von Lebenden.

33 Und die Leute, die das hörten,
waren überwältigt von seiner Lehre.

P: Mk 12,18–27; Lk 20,27–40 |23: Apg 23,8
|24: Dtn 25,5 |32: Ex 3,6 · 8,11 |33: 7,28!

Zur Frage nach dem höchsten Gebot
34 Als aber die Pharisäer hörten, dass er
die Sadduzäer zum Schweigen gebracht hatte,
versammelten sie sich am selben Ort. 35 Und
in der Absicht, ihn auf die Probe zu stellen,
fragte ihn einer von ihnen, ein Gesetzeslehrer:
36 Meister, welches Gebot ist das höchste
im Gesetz? 37 Er sagte zu ihm: *Du sollst den
Herrn, deinen Gott, lieben mit deinem ganzen
Herzen und mit deiner ganzen Seele und mit
deinem ganzen Verstand.* 38 Dies ist das höchste
und erste Gebot. 39 Das zweite aber ist ihm
gleich: *Du sollst deinen Nächsten lieben wie
dich selbst.* 40 An diesen beiden Geboten
hängt das ganze Gesetz und die Propheten.

P: Mk 12,28–34; Lk 10,25–28 |37: Dtn 6,5; Jos 22,5
|39: 5,43; 19,19; Lev 19,18 |40: 7,12

Der Sohn Davids
41 Da nun die Pharisäer beisamen
waren, fragte Jesus sie: 42 Was ist eure
Meinung über den Messias? Wessen Sohn
ist er? Sie sagen zu ihm: Davids Sohn! 43 Er
sagt zu ihnen: Wie kann ihn dann David
im Geist Herr nennen, wenn er sagt:
44 *Der Herr sprach zu meinem Herrn:
Setze dich zu meiner Rechten,
bis ich deine Feinde
unter deine Füsse gelegt habe.*
45 Wenn David ihn also Herr nennt, wie kann
er da sein Sohn sein? 46 Und niemand konnte
ihm darauf antworten; auch wagte von jenem
Tag an keiner mehr, ihm eine Frage zu stellen.

P: Mk 12,35–37; Lk 20,41–44 |42: Joh 7,42 · 9,27!
|44: Ps 110,1 · 26,64 |46: Mk 12,34; Lk 20,40

**Das Urteil Jesu über Schriftgelehrte und
Pharisäer**
23 1 Dann redete Jesus zum Volk und
zu seinen Jüngern: 2 Auf den Stuhl
des Mose haben sich die Schriftgelehrten
und Pharisäer gesetzt. 3 Was immer sie euch

das haltennd/ und thuond es: aber nach jren wercken söllent jr nit thuon/ sy sagends wol/ und tuonds nit: dann sy bindend schwäre unnd untreglich burde/ und legend sy den menschen auff den halß/ aber sy wöllend die selben nit mit einem finger regen. Alle jre werck aber tuond sy/ dz sy von den leüten gesehen werdind. Sy machend breyt denckzedel/ unnd groß söum an jre kleyder. Sy sitzend oben an über tisch und in den schuolen/ und habend gern das sy ggrüeßt werdend auff dem marckt/ und von den menschen Rabbi genennet werdind.

Aber jr söllend euch nit Rabbi nennen lassen: dann einer ist euwer meister/ Christus/ jr aber sind all brüeder. Und söllend niemant vatter heissen auff erden/ dann einer ist euwer vatter der im himmel ist. Und jr söllend euch nit lassen meister nennen/ dann einer ist euwer meister/ Christus. Der grössest under euch sol euwer diener sein: dann wär sich selbs erhöcht/ der wirt genideret: und wär sich selbs ernidret/ der wirt erhöcht. Wee euch schriftglerten unnd phariseer/ jr gleychßner/ die jr das himmelreych zuoschliessend vor den menschen/ jr kommend nit hineyn: und die hineyn wöllend/ lassend jr nit hineyn gon.

Wee euch gschrifftglerten und Phariseer/ jr gleychßner/ die jr der wytwen heüser fressend/ und wendend für lange gebätt/ darumb werdennd jr dester mer verdamnuß empfahen.

Wee euch gschrifftglerten und Phariseer/ jr gleychßner/ die jr land und wasser umbziehend/ das jr einen judgenoß machind: und wenn ers worden ist/ machend jr auß jm ein kind der hellen zweyfaltig mer dann jr sind.

Wee euch blindenfüerer/ die jr sagend: Wer da schweert bey dem tempel/ das ist nichts: wär aber schweert bey dem gold des Tempels/ der ist schuldig. Jr narren und blinden/ was ist grösser? das gold oder der Tempel der das gold heyliget? Und wär da schwert bey dem Altar/ das ist nichts: Wär aber schweert bey dem opffer das doben ist/ der ist schuldig. Jr narren und blinden/ was ist grösser/ das opffer oder der Altar der das opffer heyliget? Darumb wär da schweert bey dem altar/ der schweert bey dem selben/ und bey allem das darauff ist: und wär da schweert bey dem Tempel/ der schweert bey dem selben/ und bey dem der darinnen wonet: unnd wär da schweert

sagen, das tut und haltet! Nach dem, was sie tun, aber richtet euch nicht, sie reden nur, aber tun nicht danach. 4 Sie schnüren schwere und unerträgliche Lasten und legen sie den Menschen auf die Schultern, sie selbst aber wollen dafür keinen Finger rühren.

5 Alles, was sie tun, tun sie nur, um von den Leuten gesehen zu werden; denn sie machen ihre Gebetsriemen breit und ihre Quasten lang. 6 Sie legen Wert auf den Ehrenplatz bei den Gastmählern und den Ehrensitz in den Synagogen 7 und wollen auf den Marktplätzen gegrüsst und von den Leuten Rabbi genannt werden.

8 Ihr aber sollt euch nicht Rabbi nennen lassen, denn einer ist euer Meister, ihr alle aber seid Brüder. 9 Und niemanden auf Erden sollt ihr euren Vater nennen; denn einer ist euer Vater, der im Himmel. 10 Und ihr sollt euch nicht Lehrer nennen lassen; denn einer ist euer Lehrer, der Christus. 11 Der Grösste unter euch aber soll euer Diener sein. 12 Wer sich selbst erhöht, wird erniedrigt werden, und wer sich selbst erniedrigt, wird erhöht werden.

|4: 11,28–30 |5–7: Mk 12,38–40; Lk 11,43; 20,45–47 |5: 6,1.2.5.16 · Dtn 6,8; 11,18 · Num 15,38–39 |6: 6,5 |9: 6,9!; Mal 2,10 |11: 20,26! |12: Lk 14,11!

Wehrufe über Schriftgelehrte und Pharisäer
13 Wehe euch, ihr Schriftgelehrten und Pharisäer, ihr Heuchler! Ihr verschliesst den Menschen das Himmelreich. Ihr selbst nämlich geht nicht hinein, und die hineingehen möchten, die lasst ihr nicht hinein.

15 Wehe euch, ihr Schriftgelehrten und Pharisäer, ihr Heuchler! Ihr zieht über Meer und Land, um einen einzigen zum Proselyten zu machen; und wenn er es geworden ist, macht ihr einen Sohn der Hölle aus ihm, doppelt so schlimm wie ihr.

16 Wehe euch, ihr blinden Führer, die ihr sagt: Wenn einer beim Tempel schwört, gilt es nicht. Wenn aber einer beim Gold des Tempels schwört, so bindet es. 17 Ihr Toren, ihr Blinden! Was ist denn mehr, das Gold oder der Tempel, der das Gold heiligt? 18 Und: Wenn einer beim Altar schwört, gilt es nicht. Wenn aber einer beim Opfer schwört, das darauf liegt, so bindet es. 19 Ihr Blinden, was ist denn mehr, das Opfer oder der Altar, der das Opfer heiligt? 20 Wer also beim Altar schwört, schwört bei ihm und bei allem, was darauf liegt. 21 Und wer beim Tempel schwört, schwört bei ihm und bei dem, der darin wohnt.

bey dem himmel/ der schweert bey dem stuol
Gottes unnd bey dem der darauff sitzet.
  Wee euch gschrifftglerten und phariseer/
jr gleychßner/ die jr verzähend die müntzen/
dyllen/ und kümich/ und lassend dahinden
das schwärest im gsatz/ nämlich dz gericht/
die barmhertzigkeyt/ und den glauben. Diß
solt man thuon/ unnd yhenes nit nachlassen.
Jr blindenfüerer/ die jr muggen syhend/ und
Kamel verschluckend. Wee euch gschrifftglerten
unnd Phariseer/ jr gleychßner/ die jr reynigend
das außwendig am bächer und schüssel:
innwendig aber sind jr voll raubs und unreins.
Du blinder phariseer/ reynige zum ersten das
innwendig am bächer unnd schüßlen/ auff
das auch dz außwendig reyn werde. Wee euch
gschrifftglerten und phariseer/ jr gleychßner/
die jr gleich sind wie die geweyßgeten greber/
weliche außwenndig hüpsch scheynend/ aber
innwendig sind sy voller todten bein und alles
unflaats. Also auch jr/ von aussen scheynend jr
vor den menschen fromm/ aber innwendig sind
jr voller gleychßnery und untugend. Wee euch
geschrifftglerten und phariseer/ jr gleychßner/
die jr der propheten greber bauwend/ und
zierend der gerechten greber und sprechend:
Wärind wir zuo unserer vättern zeyten gwesen/
so wöltind wir nit teylhafftig sein mit jnen
an der propheten bluot. So gebend jr zwar
über euch selbs zügnuß/ das jr kinder sygind
deren/ die die propheten tödt habend. Wolan/
erfüllend auch jr die maaß euwerer vätteren: jr
schlangenn/ jr naatren gezücht/ wie wöllend
jr entrünnen der hellischen verdamnus?
  Darumb sihe/ ich senden zuo euch propheten
und weysen/ und gschrifftglerten/ unnd der
selbigen werdend jr etlich töden und creützigen:
und etlich werdend jr geyßlen in euweren
schuolen/ und werdend sy verfolgen von einer
statt zur andren/ auff das auff euch komme
alles das gerecht bluot/ das vergossen ist auff
erden: von dem bluot an Abels deß gerechten/
biß auff dz bluot Zacharias des suns Barachie/
welchen jr getödt habennd zwüschen dem
tempel unnd altar. Warlich ich sag euch/ das
sölichs alles wirt kommen auff diß geschlächt.

22 Und wer beim Himmel schwört, schwört beim
Thron Gottes und bei dem, der darauf sitzt.
23 Wehe euch, ihr Schriftgelehrten und
Pharisäer, ihr Heuchler! Ihr gebt den Zehnten
von Minze, Dill und Kümmel, lasst aber
ausser acht, was schwerer wiegt im Gesetz: das
Recht, die Barmherzigkeit und die Treue. Dies
aber sollte man tun und jenes nicht lassen.
24 Ihr blinden Führer, die ihr die Mücke
aussiebt, das Kamel aber verschluckt.
25 Wehe euch, ihr Schriftgelehrten und
Pharisäer, ihr Heuchler! Aussen haltet ihr
Becher und Schüssel rein, inwendig aber
sind sie voller Raub und Gier. 26 Du blinder
Pharisäer, mach zuerst den Becher innen
rein, dann wird er auch aussen rein sein.
27 Wehe euch, ihr Schriftgelehrten und
Pharisäer, ihr Heuchler! Ihr gleicht getünchten
Gräbern, die von aussen schön anzusehen sind,
inwendig aber sind sie voller Totengebein und
Unrat. 28 So erscheint auch ihr den Leuten von
aussen als gerecht, innen aber seid ihr voller
Heuchelei und Verachtung für das Gesetz.
29 Wehe euch, ihr Schriftgelehrten und
Pharisäer, ihr Heuchler! Ihr baut den Propheten
Grabstätten und pflegt die Denkmäler der
Gerechten 30 und sagt: Hätten wir in den Tagen
unserer Väter gelebt, wir wären nicht mit ihnen
schuldig geworden am Blut der Propheten.
31 Damit stellt ihr euch selbst das Zeugnis aus,
dass ihr Söhne derer seid, die die Propheten
getötet haben. 32 Und ihr, ihr macht das Mass
eurer Väter noch voll! 33 Nattern, Schlangenbrut!
Wie wollt ihr dem Gericht der Hölle entgehen?
34 Eben darum sende ich Propheten, Weise
und Schriftgelehrte zu euch; einige von ihnen
werdet ihr töten und kreuzigen, und einige
von ihnen werdet ihr auspeitschen in euren
Synagogen und sie verfolgen von Stadt zu
Stadt; 35 so soll über euch kommen all das
gerechte Blut, das immer wieder vergossen wird
auf Erden, vom Blut Abels, des Gerechten,
bis zum Blut des Zacharias, des Sohnes des
Barachion, den ihr getötet habt zwischen
Tempel und Altar. 36 Amen, ich sage euch: Dies
alles wird über dieses Geschlecht kommen.

P: Lk 11,39–52 |13: 6,2.5.16; 7,5; 15,7; 22,18 |16–
22: 5,33–37 |16: 15,14! |19: Ex 29,37 |22: 5,34! |23: Lev 27,30;
Dtn 14,22–23 · Mi 6,8; Sach 7,9 |24: 15,14! |31: 5,12; 23,37!;
Lk 11,47! · Neh 9,26 |34: 10,17 · 10,23!; 1Thess 2,15
|35: 27,25!; Gen 4,8–11

23,13: Verschiedene Handschriften fügen nach V.13 ein
(wohl von Mk 12,40 übernommen): «14 Wehe euch, ihr

Euangelion Sant Matthes.

Jerusalem Jerusalem/ die du tödest die Propheten/ und steynigest die zuo dir gesandt sind: wie offt hab ich wöllen deine kinder versamlen/ wie ein Henn versamlet jre jungen under jre flügel/ und jr habend nit gewölt? Sihe/ euwer hauß sol euch wüest gelassen werden: dann ich sag/ jr werdend mich von yetz an nit sehen/ biß jr sprechend: Gelobt sey der da kumpt im nammen des Herren.

Das xxiiij. Capitel.
Hie sagt Christus den seynen vom end der welt/ vonn der durächtung und verfüernuß die künfftig warend. Von der zerstörung Jerusalems und deß Tempels.

Und Jesus gieng hinweg vonn dem tempel/ und seine jünger trattend zuo jm/ das sy jm zeygtind deß tempels gebüw. Jesus aber sprach zuo jnen: Sehennd jr nit das alles? warlich ich sag euch/ es wirt hie nit ein stein auff dem andren bleiben/ der nit zerbrochen werde.

Und als er auff dem ölberg saß/ trattend zuo jm seine jünger besunders/ und sprachend: Sag uns/ wenn wirt das alles geschehen? und welches wirt das zeychen sein deiner zuokunfft/ und der welt end? Jesus aber antwortet und sprach zuo jnen: Sehend zuo/ das üch nieman verfüere: dann es werdend vil kommen under meinem nammen/ und sagen: Jch bin Christus/ und werdend vil verfüeren.

Jr werdend hören krieg und gschrey von kriegen: sehend zuo und erschräckend nit/ das muoß zum ersten geschehenn/ aber es ist noch nit das end da. Dann es wirt sich erheben ein volck über das ander/ und ein künigreich über das ander. Und werdend sein pestilentz und theüre/ und erdbidem hin und wider/ da wirt sich erst die not anheben.

Schriftgelehrten und Pharisäer, ihr Heuchler! Ihr fresst die Häuser der Witwen leer und verrichtet zum Schein lange Gebete. Deswegen werdet ihr ein umso härteres Urteil empfangen.»

Die Ankündigung des Gerichts über Jerusalem

37 Jerusalem, Jerusalem, die du tötest die Propheten und steinigst, die zu dir gesandt sind! Wie oft habe ich deine Kinder um mich sammeln wollen, wie eine Henne ihre Küken unter ihre Flügel sammelt, und ihr habt nicht gewollt. 38 Seht, man wird euch das Haus verwüstet hinterlassen! 39 Denn ich sage euch: Ihr werdet mich von jetzt an nicht mehr sehen, bis ihr sagen werdet: *Gepriesen sei, der da kommt im Namen des Herrn.*

P: Lk 13,34–35 |37: 14,10; 21,35–36; 23,31! · Jer 7,25–26; 25,4 · Dtn 32,11; Ps 91,4 |39: Ps 118,26

Die Ankündigung der Tempelzerstörung

24 1 Und Jesus verliess den Tempel und ging weiter. Und seine Jünger traten zu ihm, um ihm die Bauten des Tempels zu zeigen. 2 Er aber sagte zu ihnen: Nicht wahr, das alles seht ihr? Amen, ich sage euch: Hier wird kein Stein auf dem andern bleiben, jeder wird herausgebrochen.

P: Mk 13,1–2; Lk 21,5–6 |2: Lk 19,44

Zur Frage nach dem Anfang der Endzeit

3 Als er nun auf dem Ölberg sass, traten seine Jünger zu ihm und sagten, als sie unter sich waren: Sag uns, wann wird das sein, und was ist das Zeichen für dein Kommen und für das Ende dieser Welt? 4 Und Jesus antwortete ihnen: Gebt acht, dass niemand euch in die Irre führt! 5 Denn viele werden kommen unter meinem Namen und sagen: Ich bin der Messias, und sie werden viele in die Irre führen. 6 Ihr werdet aber von Kriegen und Kriegsgerüchten hören: Seht zu, dass ihr euch nicht erschrecken lasst! Denn das muss geschehen, aber das Ende ist es noch nicht. 7 Denn erheben wird sich Volk gegen Volk und Reich gegen Reich, und Hungersnöte und Erdbeben wird es geben da und dort. 8 Das alles aber ist erst der Anfang der Wehen.

P: Mk 13,3–8; Lk 21,7–11 |3: 24,30 · 13,39; 28,20 |4: 24,24! |7: Jes 19,2

Denn werdend sy euch überantworten in trüebsal/ und werdend euch töden. Unnd jr müessennd gehasset werden umb meines namens willen von yederman. Denn werdend sich vil ergeren/ und werdend einandern verradten/ und werdend einandern hassen. Und es werdend sich vil valscher propheten erheben/ und werdend vil verfüeren. Und dieweil die ungerechtigkeit wirt überhand nemmen/ wirt die liebe in vilen erkalten. Wär aber beharret biß ans end/ der wirt sälig. Unnd es wirt prediget werden dz Euangelion vom reych in der gantzen welt/ zuo einer zeügnuß über alle völcker. Unnd denn wirt das end kommen.

Wenn jr nun sehen werdend den grüwel der zerstörung (darvon gesagt ist durch den propheten Daniel) ston an der heyligen statt (wär das lißt der mercke drauf) denn so fliehe auff die berg wär im Jüdischen land ist: und wär auff dem tach ist/ der steyge nit herab etwas auß seinem hauß zeholenn: unnd wär auff dem väld ist/ der kere nit umb seine kleyder zeholen. Wee aber den schwangern unnd söugenden zuo der zeyt. Bittend aber/ das üwere flucht nit geschehe im winter oder am Sabbath: dann es wirt denn ein grosse trüebsal sein als nye gewesen ist/ von anfang der welt biß här/ unnd als auch nit werden wirt. Und wo dise tag nit wurdind verkürtzt/ so wurde kein mensch sälig: aber umb der ußerwelten willen werdend die tag verkürtzt.

So denn yemants zuo euch wirt sagen: Sihe/ hie ist Christus/ oder da/ söllend jrs nit glauben/ dann es werdend valsch Christi/ und valsche propheten auferston/ unnd grosse zeychen und wunder thuon/ das verfüert wurdend in den yrrthumb (wo es müglich wäre) auch die außerwelten. Sihe/ ich habs euch vor gesagt. Darumb wenn sy zuo euch sagen werdennd: Sihe/ er ist in der

Die Ankündigung von Verfolgungen

9 Dann werden sie euch der Bedrängnis ausliefern und werden euch töten, und ihr werdet gehasst werden von allen Völkern um meines Namens willen. 10 Dann werden viele zu Fall kommen, und sie werden einander ausliefern und einander hassen. 11 Und viele falsche Propheten werden aufstehen, und sie werden viele in die Irre führen. 12 Und da die Missachtung des Gesetzes überhand nehmen wird, wird die Liebe in den meisten erkalten. 13 Wer aber standhält bis ans Ende, der wird gerettet werden. 14 Und dieses Evangelium vom Reich wird auf dem ganzen Erdkreis verkündigt werden als ein Zeichen für alle Völker, und dann wird das Ende kommen.

P: 10,16–25; Mk 13,9–13 |9: Lk 21,17! |11: 24,24! |13: 10,22 |14: 4,23! · 28,19!

Von der grossen Bedrängnis

15 Wenn ihr nun *den Greuel der Verwüstung*, von dem der Prophet Daniel gesprochen hat, an heiliger Stätte stehen seht – wer es liest, merke auf! –, 16 dann sollen die in Judäa in die Berge fliehen. 17 Wer auf dem Dach ist, steige nicht hinab, um seine Habe aus dem Haus zu holen; 18 und wer auf dem Feld ist, kehre nicht zurück, um seinen Mantel zu holen. 19 Wehe aber den Schwangeren und den Stillenden in jenen Tagen! 20 Betet, dass eure Flucht nicht im Winter geschehe oder an einem Sabbat. 21 Denn es wird dann eine Bedrängnis geben, wie es noch keine gegeben hat vom Anfang der Welt bis jetzt und wie auch keine mehr sein wird. 22 Und würden jene Tage nicht verkürzt, es würde kein Mensch gerettet werden; um der Erwählten willen aber werden jene Tage verkürzt werden.

P: Mk 13,14–20 |15: Dan 9,27; 11,31; 12,11 |16: Lk 21,21 |18: Lk 17,31 |19: Lk 21,23; 23,29

24,15: Der Ausdruck «Greuel der Verwüstung» spielt auf die Aufrichtung einer Zeusstatue im Jerusalemer Tempel oder auf die Zerstörung Jerusalems an.

Vom Auftreten falscher Propheten

23 Wenn dann einer zu euch sagt: Da ist der Messias oder dort, so glaubt es nicht. 24 Denn es wird mancher falsche Messias und mancher falsche Prophet aufstehen, und sie werden grosse Zeichen und Wunder tun, um wenn möglich sogar die Erwählten in die Irre zu führen. 25 Seht, ich habe es euch vorhergesagt. 26 Wenn sie also zu euch sagen: Da, in der Wüste ist er, so geht nicht hin! Da, in den Gemächern ist

wüeste/ so gond nit hinauß: sihe/ er ist in der kammer/ so glaubends nit. Dann gleych wie der blitz außgadt vom Aufgang/ unnd scheynet biß zum Nidergang/ also wirt auch sein die zuokunnft des menschens sun. Dann wo ein aaß ist/ da samlend sich die Adler.

Bald aber nach dem trüebsal der selbigen zeyt werdend Sonn und Mon den scheyn verlieren/ und die sternen werdend vom himmel fallen/ und die krefft der himmlen werdend sich bewegen: und denn wirt erscheynen das zeychen des menschen suns im himmel/ und denn werdend heülen alle gschlächt auff erden/ und werdend sehen kommen des menschen sun in den wolken des himmels mit grosser krafft und herrligkeyt. Und er wirt senden seine engel mit hällen pusaunen/ und sy werdend samlen seine außerwelten vonn den vier winden/ vonn einem end des himmels zuo dem anderen.

An dem feygenbaum lernend ein gleychnuß/ wenn sein zweyg yetz safftig wirt/ unnd bletter gewünnet/ so wüssend jr dz der summer nach ist. Also auch/ wenn jr das alles sehend/ so wüssend das es nach vor der thür ist. Warlich ich sag euch/ diß gschlächt wirt nit abgon biß das alles geschicht. Himmel und erden werdend zergon/ aber meine wort werdend nit zergon. Von dem tag an aber/ unnd von der stund weyßt niemants/ auch die engel nit im himmel/ sunder allein mein vatter.

Gleych aber wie es zuo der zeit Noe was/ also wirt auch sein die zuokunfft des menschen sun. Dann gleych wie sy warend in den tagen vor dem sündfluß/ sy assend/ sy trunckend/ sy griffend zuo der Ee/ und liessend sich zur Ee nemmen biß an den tag

er, so glaubt es nicht! 27 Denn wie der Blitz im Osten zuckt und bis in den Westen leuchtet, so wird das Kommen des Menschensohnes sein. 28 Wo das Aas ist, da sammeln sich die Geier.

P: Mk 13,21–23 |24: 7,15! · 24,4.11 |26: Lk 17,23! |27: Lk 17,24 |28: Lk 17,37

Die Zeichen für das Kommen des Menschensohns

29 Sogleich aber nach der Bedrängnis jener Tage
*wird sich die Sonne verfinstern
und der Mond seinen Schein nicht mehr geben,
und die Sterne werden* vom Himmel *fallen,
und die Mächte des Himmels* werden erschüttert werden.

30 Und dann wird das Zeichen des Menschensohnes am Himmel erscheinen, und dann werden alle Stämme auf der Erde klagen, und sie werden *den Menschensohn auf den Wolken des Himmels kommen* sehen mit grosser Macht und Herrlichkeit. 31 Und er wird seine Engel aussenden mit lautem Posaunenschall, und sie werden seine Erwählten zusammenführen von den vier Winden her, von einem Ende des Himmels zum anderen.

P: Mk 13,24–27; Lk 21,25–28 |29: Jes 13,10; Joel 2,10 · Jes 34,4 |30: 24,3 · 26,64; Dan 7,13–14 · 16,27! |31: 13,41

Das nahe Ende

32 Vom Feigenbaum aber lernt das Gleichnis: Sobald sein Zweig saftig geworden ist und Blätter treibt, wisst ihr, dass der Sommer nahe ist. 33 So auch ihr: Wenn ihr dies alles seht, dann wisst ihr, dass er nahe ist und vor der Tür steht. 34 Amen, ich sage euch: Dieses Geschlecht wird nicht vergehen, bevor dies alles geschieht. 35 Himmel und Erde werden vergehen, meine Worte aber werden nicht vergehen.
36 Jenen Tag aber und jene Stunde kennt niemand, die Engel im Himmel nicht, der Sohn nicht, nur der Vater.

P: Mk 13,28–32; Lk 21,29–33 |35: 5,18 · Ps 102,27; Jes 40,8; 51,6

Die Mahnung zur Wachsamkeit

37 Denn wie in den Tagen des Noah, so wird es sein beim Kommen des Menschensohnes. 38 So wie sie in den Tagen vor der Sintflut weiter assen und tranken, weiter heirateten und verheiratet wurden bis zu dem Tag, da Noah in die Arche ging, 39 und nichts merkten, bis

do Noe zur Arch eyngieng/ und sy wußtends nit biß der sündfluß kam/ unnd nam sy alle dahin. Also wirdt auch sein die zuokunfft des menschen suns. Denn werdend zwen auff dem väld sein/ einer wirt angenommen/ und der ander wirt verlassen werden: zwo werdend malen auff der müly/ eine wirt angenommen/ und die ander wirt verlassen werden.

Darumb wachend/ dann jr wüssend nit welche stund euwer Herr kommen wirt. Das söllend jr aber wüssen/ wenn ein haußvatter wüßte welche stund der dieb kommen wölte/ so wurde er ye wachen/ unnd sein hauß nit durchgraben lassen. Darumb sind jr auch bereyt/ dann des menschen sun wirt kommen zuo seiner stund/ da jr nit meinend.

Welcher ist aber nun ein trüwer und klůger knecht/ den sein herr gesetzt hatt über sein gsind/ das er jnen speyß gebe zuo rechter zeyt? Sälig ist der knecht/ wenn sein herr kumpt unnd findt jn das er also thůt. Warlich ich sag euch/ er wirt jn über alle seine güeter setzen. So aber der böß knecht wirt in seinem hertzen sagen: Mein herr kumpt noch lang nit/ unnd facht an zeschlahen seine mitknecht/ isset und trinckt mit den trunckuen/ so wirt der herr des selben knechts kommen an dem tag des er sich nit versicht/ und zuo der stund die er nit weißt/ und wirt jn zerhauwen/ unnd wirt jm seyn lon geben mit den gleychßneren/ da wirdt sein heülen und zänklaffen.

Das xxv. Capitel.
Schöne gleychnussen von den zehen jungkfrauwen. Von den pfünderen die der herr seinen dieneren gibt. Von den schaaffen und gitzlinen. Von belonung und straaff/ alles auff diß fürnämmen reichende.

Denn wirt das himmelrych glych sein zehen jungkfrauwen/ die jre liechter namend/ und giengend auß dem breütgam engegen. Aber fünff under jnen warend torechtig/ und fünff warend klůg. Die torechtigen namend jre liechter/ aber sy namend nit öl mit jnen: die klůgen aber namend öl in jre ampelen sampt jren liechtern. Do nun der breütgam verzoch/ wurdend sy alle schläfferig/ unnd entschlieffend. Zuo mitternacht aber ward ein geschrey: Sihe/ der breütgam kumpt/ gond auß jm engegen. Do stuondend dise jungkfrauwen

die Sintflut kam und alle wegraffte – so wird es auch sein beim Kommen des Menschensohnes. 40 Da werden zwei auf dem Feld sein, einer wird mitgenommen, einer wird zurückgelassen; 41 zwei werden an der Mühle mahlen, eine wird mitgenommen, eine wird zurückgelassen.

42 Seid also wachsam, denn ihr wisst nicht, an welchem Tag euer Herr kommt. 43 Das aber bedenkt: Wenn der Hausherr wüsste, in welcher Nachtwache der Dieb kommt, wäre er wachsam und liesse nicht zu, dass in sein Haus eingebrochen wird. 44 Darum haltet auch ihr euch bereit, denn der Menschensohn kommt zu einer Stunde, da ihr es nicht vermutet.

|37–39: Lk 17,26–27 |39: Gen 7,17–22 |40–41: Lk 17,34–35 |42–44: Lk 12,39–40 |42: 25,13! |43: 1Thess 5,2; 2Petr 3,10; Offb 3,3; 16,15

Das Bild vom treuen und vom bösen Knecht

45 Wer ist nun der treue und kluge Knecht, den der Herr über sein Gesinde setzt, damit er ihnen Speise gebe zur rechten Zeit? 46 Selig der Knecht, den sein Herr, wenn er kommt, solches tun sieht. 47 Amen, ich sage euch: Er wird ihn über alle seine Güter setzen. 48 Wenn sich aber der böse Knecht sagt: Mein Herr kommt noch lange nicht, 49 und anfängt, seine Mitknechte zu schlagen, mit den Betrunkenen aber isst und trinkt, 50 dann wird der Herr jenes Knechtes kommen an einem Tag, da er es nicht vermutet, und zu einer Stunde, die er nicht kennt. 51 Und er wird ihn in Stücke hauen lassen und ihm seinen Platz bei den Heuchlern zuweisen; dort wird Heulen und Zähneklappern sein.

P: Lk 12,41–46 |48: 2Petr 3,3–4 |51: 8,12!

Die Geschichte von den klugen und den törichten Jungfrauen

25 1 Dann wird es mit dem Himmelreich sein wie mit zehn Jungfrauen, die ihre Lampen nahmen und hinausgingen, den Bräutigam zu empfangen. 2 Fünf von ihnen waren töricht, und fünf waren klug. 3 Die törichten nahmen wohl ihre Lampen, nahmen aber kein Öl mit. 4 Die klugen aber nahmen ausser ihren Lampen auch Öl in ihren Gefässen mit. 5 Als nun der Bräutigam ausblieb, wurden sie alle müde und schliefen ein. 6 Mitten in der Nacht aber erhob sich ein Geschrei: Der Bräutigam ist da! Geht hinaus, ihn zu empfangen!

all auf/ und rustend jre liechter. Die torechten aber sprachend zuo den kluogen: Gebend uns vonn euwerem öl/ dann unsere liechter erlöschend. Do antwurtetend die kluogen/ unnd sprachend: Nit also/ auff das nit uns unnd euch gebräste. Gond aber hin zuo dem krämer/ und kauffend für euch selbs. Und do sy hingiengend zekauffen/ kam der breütgam/ und welche bereyt warend/ giengend mit jm hineyn zur hochzeyt/ und die thür ward verschlossen. Zuo letst kamend auch die andern jungkfrauwen/ und sprachend: Herr herr/ thuo uns auf: Er antwortet aber/ unnd sprach: Warlich ich sag euch/ ich kenn euch nit. Darumb wachend/ dann jr wüssend weder den tag noch die stund/ in welcher des menschen sun kommen wirt.

Gleych wie ein mensch der über lannd zoch/ ruofft seinen knechten/ und übergab jnen seine güeter: und einem gab er fünff Centner/ dem andern zwen/ dem dritten einen: einem yeden nach seinem vermögen/ und zoch hinwäg. Do gieng der hin der fünff Centner empfangen hatt/ unnd handlet mit den selben/ und gwan andere fünff Centner. Deßgleichen auch der zwen Centner empfangen hatt/ gwan auch zwen ander. Der aber einen empfangen hatt/ gieng hin/ und machet ein gruob in die erden/ unnd verbarg seines herren gelt. Uber ein lange zeit kam der herr diser knechten/ unnd hielt rechenschafft mit jnen. Und do tratt herzuo der da fünff Centner empfangen hatt/ unnd legt dar andere fünff Centner/ unnd sprach: Herr/ du hast mir fünff Centner übergeben/ sihe da/ ich hab damit andere fünff Centner gwunnen. Do sprach zuo jm sein herr: Ey du frommer und getrüwer knecht/ du bist über wenig trüw gewesen/ ich wil dich über vil setzen: gang eyn zuo deynes Herren fröud. Do tratt auch herzuo der da zwen Centner empfangen hatt/ und sprach: Herr/ du hast mir zwen Centner überantwortet/ sihe da/ ich hab mit den selben zwen ander gewunnen. Seyn herr sprach zuo jm: Ey du frommer und getrüwer knecht/ du bist über wenig trüw gewesen/ ich wil dich über vil setzen: gang eyn zuo deines Herren fröud.

Do tratt auch herzuo der einen Centner empfangen hatt/ und sprach: Herr/ ich wußt das du ein hert mann bist/ du schneydest wo du nit gesäyet hast/ unnd samlest da du nit geströuwt hast/ unnd forcht mir/ gieng hin

7 Da standen die Jungfrauen alle auf und machten ihre Lampen bereit. 8 Die törichten aber sagten zu den klugen: Gebt uns von eurem Öl, denn unsere Lampen sind am Erlöschen. 9 Da antworteten die klugen: Nein, es würde niemals für uns und euch reichen. Geht lieber zu den Händlern und kauft selber Öl! 10 Doch während sie unterwegs waren, um es zu kaufen, kam der Bräutigam, und die bereit waren, gingen mit ihm in den Hochzeitssaal; und die Tür wurde verschlossen. 11 Später kamen auch die andern Jungfrauen und sagten: Herr, Herr, mach uns auf! 12 Er aber entgegnete: Amen, ich sage euch, ich kenne euch nicht! 13 Seid also wachsam! Denn ihr kennt weder den Tag noch die Stunde.

|1: Lk 12,35–36 |12: 7,23!; Lk 13,25 |13: 24,42.44; Mk 13,35!

Die Geschichte vom anvertrauten Geld

14 Es ist wie mit einem, der seine Knechte rief, bevor er ausser Landes ging, und ihnen sein Vermögen anvertraute; 15 und dem einen gab er fünf Talent, dem andern zwei, dem dritten eines, jedem nach seinen Fähigkeiten, und er ging ausser Landes. Sogleich 16 machte sich der, der die fünf Talent erhalten hatte, auf, handelte damit und gewann fünf dazu, 17 ebenso gewann der, der die zwei hatte, zwei dazu. 18 Der aber, der das eine erhalten hatte, ging hin, grub ein Loch und verbarg das Geld seines Herrn. 19 Nach langer Zeit aber kommt der Herr jener Knechte und rechnet mit ihnen ab. 20 Und der, der die fünf Talent erhalten hatte, trat vor und brachte fünf weitere Talent und sagte: Herr, fünf Talent hast du mir anvertraut; fünf Talent habe ich dazugewonnen. 21 Da sagte sein Herr zu ihm: Recht so, du bist ein guter und treuer Knecht! Über weniges warst du treu, über vieles will ich dich setzen. Geh ein in die Freude deines Herrn! 22 Da trat auch der mit den zwei Talent vor und sagte: Herr, zwei Talent hast du mir anvertraut; zwei Talent habe ich dazugewonnen. 23 Da sagte sein Herr zu ihm: Recht so, du bist ein guter und treuer Knecht! Über weniges warst du treu, über vieles will ich dich setzen. Geh ein in die Freude deines Herrn! 24 Da kam auch der, der das eine Talent erhalten hatte, und sagte: Herr, ich wusste von dir, dass du ein harter Mensch bist. Du erntest, wo du nicht gesät hast, und du sammelst ein, wo du nicht ausgestreut hast, 25 und weil ich mich fürchtete, ging ich hin und verbarg dein Talent in der Erde; da hast du das Deine. 26 Da

und verbarg dein Centner in die erden/ sihe/ da hast du das dein. Seyn herr aber antwortet/ und sprach zuo jm: Du schalck unnd fauler knecht/ wußtest du das ich schnitte da ich nit gesäyet hab/ unnd samlete da ich nit geströuwet hab/ so soltest du meyn gelt zuo den wächßleren thon haben/ unnd wenn ich kommen wäre/ hette ich das mein zuo mir genommen mit wuocher. Darumb nemmend von jm den Centner/ und gebend jn dem der zehen Centner hat. Dann wär da hat dem wirt gegeben werden/ und wirt die völle haben: Wär aber nit hat/ von dem wirdt auch das er hat genommen werden. Und den unnützen knecht werffend in die ausserste finsternuß/ da wirt sein heülen und zänklaffen.

Wenn aber deß menschen sun kommen wirt in seiner herrligkeit/ und alle heyligen engel mit jm/ denn wirt er sitzen auff dem stuol seiner herrligkeyt. Und werdend vor jm versamlet werden alle völcker: und er wirt sy vonn einandern scheyden/ gleych als ein hirt die schaaff von den böcken scheydet. Und wirt die schaaff zuo seiner rechten stellen/ unnd die böck zur lincken. Da wirt denn der künig sagen zuo denen zuo seiner rechten: Kommend här jr gebenedeyten meynes vatters/ besitzend das reych das euch bereytet ist von anfang der welt: dann ich bin hungerig gewesen/ und jr habend mich gespeyset: ich bin durstig gewesen/ und jr habend mich getrenckt: ich bin ein gast gewesen/ und jr habend mich beherberget: ich bin nacket gewesen/ und jr habend mich bekleydet: ich bin kranck gewesen/ und jr habend mich besuocht: ich bin gefangen gewesen/ und jr sind zuo mir kommen.
Denn werdend jm die gerechten antworten/ und sagen: Herr/ wenn habend wir dich hungerig gesehen/ und habend dich gespeyset? oder durstig/ und habend dich getrenckt? Wenn habend wir dich einen gast gesehen/ und beherberget? oder nacket/ und habend dich bekleidet? Wenn habent wir dich kranck oder gefangen gesehen/ unnd sind zuo dir kommen? Unnd der künig wirdt antworten/ und sagen zuo jnen: Warlich ich sag euch/ was jr gethon habennd einem under disen meinen geringsten brüederen/ das habend jr mir gethon.
Denn wirdt er sagen zuo denen zur lincken: Gond hin vonn mir jr vermaledeyten inn das ewig fheür/ das bereytet ist dem

antwortete ihm sein Herr: Du böser und fauler Knecht! Du hast gewusst, dass ich ernte, wo ich nicht gesät habe, und einsammle, wo ich nicht ausgestreut habe? 27 Dann hättest du mein Geld den Wechslern bringen sollen, und ich hätte bei meiner Rückkehr das Meine mit Zinsen zurückerhalten. 28 Darum nehmt ihm das Talent weg und gebt es dem, der die zehn Talent hat. 29 Denn jedem, der hat, wird gegeben werden, und er wird haben im Überfluss; wer aber nicht hat, dem wird auch das genommen werden, was er hat. 30 Und den unnützen Knecht werft hinaus in die äusserste Finsternis! Dort wird Heulen und Zähneklappern sein.

P: Lk 19,11–27 |14: Mk 13,34 |19: 18,23 |21: Lk 16,10 |29: 13,12! |30: 8,12!

Das Weltgericht

31 Wenn aber der Menschensohn in seiner Herrlichkeit kommt und alle Engel mit ihm, dann wird er sich auf den Thron seiner Herrlichkeit setzen. 32 Und alle Völker werden sich vor ihm versammeln, und er wird sie voneinander scheiden, wie der Hirt die Schafe von den Böcken scheidet. 33 Und er wird die Schafe zu seiner Rechten stellen, die Böcke aber zur Linken. 34 Dann wird der König denen zu seiner Rechten sagen: Kommt her, ihr Gesegneten meines Vaters, empfangt als Erbe das Reich, das euch bereitet ist von Grundlegung der Welt an. 35 Denn ich war hungrig, und ihr habt mir zu essen gegeben. Ich war durstig, und ihr habt mir zu trinken gegeben. Ich war fremd, und ihr habt mich aufgenommen. 36 Ich war nackt, und ihr habt mich bekleidet. Ich war krank, und ihr habt euch meiner angenommen. Ich war im Gefängnis, und ihr seid zu mir gekommen. 37 Dann werden ihm die Gerechten antworten: Herr, wann haben wir dich hungrig gesehen und haben dir zu essen gegeben, oder durstig und haben dir zu trinken gegeben? 38 Wann haben wir dich als Fremden gesehen und haben dich aufgenommen, oder nackt und haben dich bekleidet? 39 Wann haben wir dich krank gesehen oder im Gefängnis und sind zu dir gekommen? 40 Und der König wird ihnen zur Antwort geben: Amen, ich sage euch: Was ihr einem dieser meiner geringsten Brüder getan habt, das habt ihr mir getan.
41 Dann wird er denen zur Linken sagen: Geht weg von mir, ihr Verfluchten, in das ewige Feuer, das bereitet ist für den Teufel und seine Engel! 42 Denn ich war hungrig,

teüfel und seynen englen. Jch bin hungerig gewesen/ und jr habend mich nit gespeyset: ich bin durstig gewesen/ unnd jr habennd mich nit getrenckt: ich bin ein gast gewesen/ und jr habend mich nit beherberget: ich bin nacket gewesen/ und jr habend mich nit bekleydet: ich bin kranck und gefangen gewesen/ und jr habend mich nit besuocht.

Da werdend sy auch jm antworten/ und sagen: Herr/ wenn habend wir dich gesehen hungerig/ oder durstig/ oder ein gast/ oder nacket/ oder kranck/ oder gefangen/ und habend dir nit gedienet? Denn wirt er jnen antworten/ unnd sagen: Warlich ich sag euch/ was jr nit gethon habend einem under disen geringsten/ das habend jr mir auch nit gethon. Und sy werdend in die ewigen peyn gon/ aber die gerechten in das ewig läben.

Das xxvj. Capitel.
Hie hebt an das leyden Christi/ wäret biß in das XXVIII. Capitel.

Und es begab sich do Jesus alle dise red vollendet hatt/ sprach er zuo seinen jüngeren: Jr wüssend das nach zweyen tagen Ostern wirt/ und des menschen sun wirt überantwortet werdenn das er gecreütziget werde.

Do versamletend sich die hohen priester und gschrifftglerten/ und die Eltesten vom volck in des hohen priesters hof/ der da hieß Caiphas/ und hieltend radt wie sy Jesum mit list begriffind/ unnd todtind. Sy sprachend aber: Ja nit auff das fäst/ auff das nit ein aufruor werde im volck.

Do nun Jesus wz zuo Bethanien im hauß Simonis deß aussetzigen/ tratt zuo jm ein weib/ das hatt ein glaß mit kostlichem wasser/ und goß es auff sein haupt/ da er zetisch saß. Do das seine jünger sahend/ wurdend sy entrüstet/ unnd sprachend: Worzuo dienet diser unradt? Dises wasser hette mögenn theür verkaufft/ und den armen gegeben werden. Do das Jesus mercket/ sprach er zuo jnen: Was bekümmerend jr das weyb? Sy hat ein guot werck an mir gethon/ jr habend alle zeyt die armen bey euch/ mich aber habend jr nit alle zeyt. Das sy diß wasser hat auff meinen leyb gegossen/ hat sy darumb thon/ das man mich begraben sol. Warlich

und ihr habt mir nicht zu essen gegeben. Ich war durstig, und ihr habt mir nicht zu trinken gegeben. 43 Ich war fremd, und ihr habt mich nicht aufgenommen. Ich war nackt, und ihr habt mich nicht bekleidet. Ich war krank und im Gefängnis, und ihr habt euch meiner nicht angenommen. 44 Dann werden auch sie antworten: Herr, wann haben wir dich hungrig oder durstig gesehen oder fremd oder nackt oder krank oder im Gefängnis und haben nicht für dich gesorgt? 45 Dann wird er ihnen antworten: Amen, ich sage euch: Was ihr einem dieser Geringsten nicht getan habt, das habt ihr mir nicht getan. 46 Und diese werden in die ewige Strafe gehen, die Gerechten aber ins ewige Leben.

|31: 16,27! |32: 13,41.49 · Ez 34,17.20 |34: 20,23 · Ps 37,22 |38: Jes 58,7 |40: 10,40!; 10,42 · Spr 14,31; 19,17 |41: 7,23! · Offb 20,10.15 |46: Dan 12,2

Der Tötungsplan des Hohen Rats
26 1 Und es geschah, als Jesus alle diese Reden beendet hatte, dass er zu seinen Jüngern sagte: 2 Ihr wisst, dass in zwei Tagen Passa ist; dann wird der Menschensohn ausgeliefert und gekreuzigt werden. 3 Da versammelten sich die Hohen Priester und die Ältesten des Volkes im Palast des Hohen Priesters, der Kajafas hiess, 4 und sie beschlossen, Jesus mit List festzunehmen und zu töten. 5 Sie sagten aber: Nicht am Fest, damit kein Aufruhr entsteht im Volk.

P: Mk 14,1–2; Lk 22,1–2; Joh 11,45–54 |2: 16,21! |5: 14,5; 21,26

Die Salbung in Betanien
6 Als nun Jesus in Betanien im Hause Simons des Aussätzigen war, 7 kam eine Frau zu ihm mit einem Alabastergefäss voll kostbaren Öls und goss es über sein Haupt, als er bei Tisch sass. 8 Als die Jünger das sahen, wurden sie unwillig und sagten: Wozu diese Verschwendung? 9 Es hätte doch teuer verkauft werden können und wäre Armen zugute gekommen. 10 Als Jesus das merkte, sagte er zu ihnen: Was bringt ihr die Frau in Verlegenheit? Sie hat eine schöne Tat an mir vollbracht. 11 Arme habt ihr ja allezeit bei euch, mich aber habt ihr nicht allezeit. 12 Dass sie nämlich dieses Öl auf meinen Leib goss, das hat sie für mein

ich sag euch/ wo diß Euangelion geprediget wirt in der gantzen welt/ da wirdt man auch sagen zuo jrer gedächtnuß was sy thon hat.

Do gieng hin der zwölffen eyner/ mit nammen Judas Jscarioth/ zuo den hohen priestern/ unnd sprach: Was wöllend jr mir geben/ ich wil jn euch überantworten? Und sy botend jm dreyssig silberling. Und von dem an suocht er gelägenheyt das er jn verriedte.

Aber am ersten tag der süessen broten/ trattend die jünger zuo Jesu/ unnd sprachend zuo jm: Wo wilt du das wir dir bereytind das Osterlamb zuo essen? Er sprach zuo jnen: Gond hin in die statt zuo einem/ unnd sprechend zuo jm: Der meister laßt dir sagen: Mein zeyt ist kommen/ ich wil bey dir die Osteren halten mit meinen jüngeren. Unnd die jünger thetend wie jnen Jesus befolhen hatt/ und bereytetend das Osterlamb.

Unnd am abent satzt er sich zuo tisch mit den zwölffen. Unnd do sy assend/ sprach er: Warlich ich sag euch/ einer under euch wirt mich verradten. Unnd sy wurdend seer betrüebt/ unnd huobend an/ ein yetlicher under jnen/ unnd sagtend zuo jm: Herr bin ichs? Er antwortet/ und sprach: Der mit der hand mit mir in die schüssel tunckt hatt/ der wirdt mich verradten. Deß menschen sun gadt dahin wie von jm geschriben ist/ doch wee dem menschen/ durch welchen des menschen sun verradten wirdt/ es wäre jm besser das der selbig mensch noch nie geboren wäre. Do antwortet Judas/ der jnn verriedt/ unnd sprach: Bin ichs meyster? Er sprach zuo jm: Du hasts gesagt.

Do sy aber assend/ nam Jesus das brot/ unnd dancket/ und brachs/ und gab es den jüngeren/ unnd sprach: Nemmend/ essend/ das ist meyn leyb. Und er nam den kelch und dancket/ unnd gab jnen/ unnd sprach: Trinckend alle darauß/

Begräbnis getan. 13 Amen, ich sage euch: Wo immer in der ganzen Welt dieses Evangelium verkündigt wird, da wird auch erzählt werden, was sie getan hat, zu ihrem Gedächtnis.

P: Mk 14,3–9; Lk 7,36–50; Joh 11,55–12,11 |11: Dtn 15,11 · 9,15 |13: 28,19!

Der Plan des Judas

14 Da ging einer von den Zwölfen, der Judas Iskariot hiess, zu den Hohen Priestern 15 und sagte: Was wollt ihr mir geben, wenn ich ihn an euch ausliefere? Und sie vereinbarten mit ihm dreissig Silberstücke. 16 Von da an suchte er eine günstige Gelegenheit, ihn auszuliefern.

P: Mk 14,10–11; Lk 22,3–6 |15: 27,3–10 · Sach 11,12

Die Vorbereitung des letzten Mahls

17 Am ersten Tag der ungesäuerten Brote kamen die Jünger zu Jesus und sagten: Wo willst du, dass wir dir das Passamahl bereiten? 18 Er sprach: Geht in die Stadt zu dem und dem und sagt zu ihm: Der Meister lässt dir sagen: Meine Zeit ist nahe, bei dir will ich mit meinen Jüngern das Passa feiern. 19 Und die Jünger taten, wie Jesus ihnen befohlen hatte. Und sie bereiteten das Passamahl.

P: Mk 14,12–16; Lk 22,7–13 |17: Ex 12,15–20

Die Ankündigung der Auslieferung

20 Am Abend sass er mit den Zwölfen bei Tisch. 21 Und während sie assen, sprach er: Amen, ich sage euch: Einer von euch wird mich ausliefern. 22 Und sie wurden sehr traurig und begannen, einer nach dem andern, ihn zu fragen: Bin etwa ich es, Herr? 23 Er aber antwortete: Der die Hand mit mir in die Schüssel taucht, der wird mich ausliefern. 24 Der Menschensohn geht zwar dahin, wie über ihn geschrieben steht, doch wehe dem Menschen, durch den der Menschensohn ausgeliefert wird. Es wäre besser, er wäre nicht geboren, dieser Mensch! 25 Da entgegnete Judas, der ihn ausliefern sollte: Bin etwa ich es, Rabbi? Da antwortet er ihm: Du sagst es!

P: Mk 14,17–21; Lk 22,21–23; Joh 13,21–30 |20: Lk 22,14 |24: 18,7

Das letzte Mahl

26 Während sie aber assen, nahm Jesus Brot, sprach den Lobpreis, brach es und gab es den Jüngern und sprach: Nehmt, esst! Das ist mein Leib. 27 Und er nahm einen Kelch und sprach das Dankgebet, gab ihnen den

das ist mein bluot deß neüwen Testaments/ welches vergossen wirdt für die menge zur vergebung der sünden. Jch sag euch/ ich wird vonn yetz an nit trincken von dem gewächß deß weynstocks/ biß an den tag da ich es neüw trincken wird mit euch in meines vatters reych.

und sprach: Trinkt alle daraus! 28 Denn das ist mein Blut des Bundes, das für viele vergossen wird zur Vergebung der Sünden. 29 Ich sage euch aber: Ich werde von dieser Frucht des Weinstocks nicht mehr trinken von nun an bis zu dem Tag, da ich aufs Neue mit euch davon trinken werde im Reich meines Vaters.

P: Mk 14,22–25; Lk 22,14–20 |26: 14,19; 15,36; 1Kor 10,16; 11,23–24 |28: 1Kor 10,16; 11,25 · Ex 24,8 · 20,28!

Die Ankündigung der Verleugnung

Und do sy das lobgsang gesprochen hattend/ giengend sy hinauß an den ölberg.
 Do sprach Jesus zuo jnen: Jn diser nacht werdend jr euch all ergeren an mir: dann es ist geschriben: Jch wird den hirten schlahen/ und die schaaff der härd werdend sich zerströuwen. Wenn ich aber auferston/ wil ich euch vorgon in Galilea. Petrus aber antwortet/ und sprach zuo jm: Wenn sy schon all sich an dir ergertind/ so wil ich doch mich nimmer mer ergern. Jesus sprach zuo jm: Warlich ich sag dir/ in diser nacht ee der Han kräyet/ wirst du mein drey mal verlöugnen. Petrus sprach zuo jm: Unnd wenn ich mit dir sterben müeßte/ so wil ich deinen nit verlöugnen. Deßgleychen sagtend alle jünger.

30 Und als sie den Lobgesang gesungen hatten, gingen sie hinaus auf den Ölberg. 31 Da sagt Jesus zu ihnen: Ihr alle werdet in dieser Nacht an mir zu Fall kommen, denn es steht geschrieben: *Ich werde den Hirten schlagen, und die Schafe der Herde werden sich zerstreuen.* 32 Nach meiner Auferweckung aber werde ich euch nach Galiläa vorausgehen. 33 Petrus antwortete ihm: Wenn alle an dir zu Fall kommen – ich werde niemals zu Fall kommen! 34 Jesus sagt zu ihm: Amen, ich sage dir: In dieser Nacht, ehe der Hahn kräht, wirst du mich dreimal verleugnet haben. 35 Da sagt Petrus zu ihm: Selbst wenn ich mit dir sterben müsste – ich werde dich nicht verleugnen. Ebenso redeten auch alle anderen Jünger.

P: Mk 14,26–31; Lk 22,31–34; Joh 13,36–38

|30: Lk 22,39; Joh 18,1 |31: Sach 13,7 · 26,56 · Joh 16,32 |32: 28,7 |33: 20,22 |34: 26,69–75 |35: Joh 11,16

In Getsemani

 Do kam Jesus mit jnen in ein väld/ das hieß Getsemani/ und sprach zuo seinen jüngeren: Setzend euch hie/ biß das ich dörthin gange und bätte. Und nam zuo jm Petrum/ und die zwen sün Zebedei/ und fieng an betrüebt sein unnd zagen. Do sprach Jesus zuo jnen: Meyn seel ist betrüebt biß an den tod/ bleybend hie/ und wachend mit mir. Unnd gieng hin ein wenig/ fiel nider auff sein angesicht/ und bättet/ unnd sprach: Mein vatter/ ist es möglich/ so gang diser kelch vonn mir: doch nit wie ich wil/ sonder wie du wilt. Und er kam zuo seinen jüngern/ und fand sy schlaaffen/ unnd sprach zuo Petro: Könnend jr dann nit ein stund mit mir wachen? Wachend/ und bättend/ auff das jr nit in anfechtung fallind. Der geyst ist willig/ aber das fleysch ist schwach.
 Zum andern mal gieng er aber hin/ bättet und sprach: Mein vatter/ ist es nit möglich das diser kelch von mir gange/ ich trinck jnn dann/ so geschähe dein will. Und er kam/ und

36 Da kommt Jesus mit ihnen an einen Ort namens Getsemani und sagt zu den Jüngern: Bleibt hier sitzen, solange ich weg bin und dort bete. 37 Und er nahm Petrus und die zwei Söhne des Zebedäus mit sich, und er wurde immer trauriger und mutloser. 38 Da sagt er zu ihnen: *Meine Seele ist* zu Tode *betrübt,* bleibt hier und wacht mit mir. 39 Und er ging ein wenig weiter, fiel auf sein Angesicht und betete: Mein Vater, wenn es möglich ist, so gehe dieser Kelch an mir vorüber. Doch nicht wie ich will, sondern wie du willst. 40 Und er kommt zu den Jüngern zurück und findet sie schlafend. Und er sagt zu Petrus: So vermochtet ihr denn nicht eine Stunde mit mir wach zu bleiben? 41 Wacht und betet, dass ihr nicht in Versuchung kommt! Der Geist ist willig, das Fleisch aber schwach. 42 Wieder ging er weg, ein zweites Mal, und betete: Mein Vater, wenn dieser Kelch nicht an mir vorübergehen kann, ohne dass ich ihn trinke, so geschehe dein Wille.

fand sy abermals schlaaffen/ und jre augen warend voll schlaaffs. Und er verließ sy/ und gieng abermals hin/ und bättet zum dritten mal/ und redt die selbigen wort. Do kam er zuo seinen jüngern/ und sprach: Ja schlaaffend nun und ruowend/ sihe/ die stund ist kommen das des menschen sun in der sünder hend überantwortet wirt/ stond auf/ lassend uns gon: Sihe er nahet der mich verradtet.

Unnd als er noch redt/ sihe/ do kam Judas der zwölffen einer/ und mit jm ein grosse schaar mit schwärdten und mit stangen/ gesendt von den hohen priestern und Eltesten des volcks. Und der verräter hatt jnen ein zeychen gegeben/ unnd gesagt: Welchen ich küssen wird/ der ists/ den ergreiffend. Und von stundan tratt er zuo Jesu/ unnd sprach: Gott grüeß dich meyster. Und küsset jn. Jesus aber sprach zuo jm: Mein freünd/ warumb bist du kommen? Do trattend sy hinzuo/ und legtend die hend an Jesum/ unnd fiengend jn. Unnd sihe/ einer auß denen die mit Jesu warennd/ strackt sein hand auß/ unnd zoch auß sein schwärdt/ und schluog des hohen priesters knecht/ und hüw jm ein or ab. Do sprach Jesus zuo jm: Thuo dein schwärdt an sein ort/ dann wär das schwärdt nimpt/ der sol durchs schwärt umbkommen. Oder meinst du das ich nit könte meinen vatter bitten/ dz er mir zuoschickte mer dann zwölff legion engel: wie wurde aber die gschrifft erfüllt? Es muoß also zuogon.

Zuo der stund sprach Jesus zuo den schaaren: Jr sind außgangen als zuo einem mörder mit schwärdten und mit stangen mich zefahen/ bin ich doch täglich gesässen unnd hab gelert im tempel/ und jr habend mich nit gefangen. Aber das ist alles geschehen/ auff das erfüllt wurde die gschrifft der propheten. Do verliessend jn alle jünger/ unnd fluhend.

Die aber Jesum gefangen hattend/ fuorten jnn zuo dem hohen priester Caiphas/ dahin die gschrifftglerten und Eltesten sich versamlet

Das Evangelium nach Matthäus

43 Und er kam wieder zurück und fand sie schlafend, denn die Augen waren ihnen schwer geworden. 44 Und er verliess sie, ging wieder weg und betete zum dritten Mal, wieder mit denselben Worten. 45 Dann kommt er zu den Jüngern zurück und sagt zu ihnen: Schlaft nur weiter und ruht euch aus! Seht, die Stunde ist gekommen, da der Menschensohn in die Hände von Sündern ausgeliefert wird. 46 Steht auf, lasst uns gehen! Seht, der mich ausliefert, ist da.

P: Mk 14,32–42; Lk 22,39–46 |36: Joh 18,1 |38: Ps 42,6.12; 43,5; Joh 12,27 |39: 20,22; Joh 18,11 · 6,10 |41: 6,13 |42: 6,10

Die Gefangennahme

47 Und während er noch redete, da kam Judas, einer von den Zwölfen, und mit ihm eine grosse Schar mit Schwertern und Knüppeln im Auftrag der Hohen Priester und der Ältesten des Volkes. 48 Der ihn aber auslieferte, hatte mit ihnen ein Zeichen verabredet: Den ich küssen werde, der ist es. Den nehmt fest! 49 Und sogleich ging er auf Jesus zu und sagte: Sei gegrüsst, Rabbi, und küsste ihn. 50 Jesus sagte zu ihm: Freund, dazu bist du gekommen! Da kamen sie auf ihn zu, ergriffen ihn und nahmen ihn fest. 51 Da hob einer von denen, die mit Jesus waren, seine Hand und zog sein Schwert, schlug nach dem Knecht des Hohen Priesters und hieb ihm das Ohr ab. 52 Da sagt Jesus zu ihm: Steck dein Schwert an seinen Ort! Denn alle, die zum Schwert greifen, werden durch das Schwert umkommen. 53 Oder meinst du, ich könnte meinen Vater nicht bitten und er würde mir nicht sogleich mehr als zwölf Legionen Engel zur Seite stellen? 54 Doch wie würden dann die Schriften in Erfüllung gehen, nach denen es so geschehen muss?

55 Zu jener Stunde sagte Jesus zu den Leuten: Wie gegen einen Räuber seid ihr ausgezogen, mit Schwertern und Knüppeln, mich gefangen zu nehmen? Tag für Tag sass ich im Tempel und lehrte, und ihr habt mich nicht festgenommen. 56 Dies alles aber ist geschehen, damit die Schriften der Propheten in Erfüllung gehen. Da verliessen ihn die Jünger alle und flohen.

P: Mk 14,43–52; Lk 22,47–53; Joh 18,2–11 |49: 27,29 |52: Gen 9,6 |53: 4,11; Ps 91,11–12 |54: Jes 53,7 |55: 21,23; Lk 19,47; Joh 18,20! |56: 26,31!

Die Verhandlung vor dem Hohen Rat

57 Die aber, die Jesus festgenommen hatten, führten ihn vor den Hohen Priester Kajafas, wo sich die Schriftgelehrten und

hattend. Petrus aber volget jm nach vonn verrnuß/ biß in den hof des hohen priesters: und gieng hineyn und satzt sich zuo den knechten/ auff das er sehe wo es hinauß wölte.

Die hohen priester aber und Eltesten/ und der gantz radt/ suochtend falsche zeügnuß wider Jesum/ uff das sy jm zum tod hulffind/ und fundend keine. Und wiewol vil falscher zeügen herzuo trattend/ fundend sy doch keine. Zuo letst trattend herzuo zwen falsch zeügen/ und sprachend: Er hatt gesagt: Jch kan den tempel Gottes abbrechen/ und in dreyen tagen den selben bauwen.

Und der hoch priester stuond auf/ und sprach zuo jm: Antwortest du nichts? Was ists das dise wider dich zeügend? Aber Jesus schweig still. Und der hoch priester antwortet/ und sprach: Jch beschweer dich bey dem läbendigen Gott/ das du unns sagest ob du syest Christus der sun Gottes. Jesus sprach: Du hasts gesagt/ doch sag ich euch/ von yetz an wirts geschehen das jr sehend des menschen sun sitzen zur rechten der krafft Gottes/ und kommen in den wolcken des himmels.

Do zerreiß der hoch priester seine kleyder/ unnd sprach: Er hatt Gott gelesteret/ was dörffend wir weyter zeügnuß? Sihe/ yetz habend jr seyn gottslesterung gehört/ was dunckt euch? Sy antwortend/ und sprachend: Er ist des todts schuldig. Do spüwtend sy auß in sein angesicht/ und schluogend jn mit füsten/ etlich aber schluogend jn ins angesicht/ und sprachend: Weyssag uns Christe/ wär ist der dich geschlagen hat?

Petrus aber saß daussen im hof. Und es tratt zuo jm ein magdt/ und sprach: Und du warest auch mit dem Jesu von Galilea. Er löugnet aber vor jnen allen/ und sprach: Jch weiß nit was du sagst. Als er aber zur thür hinauß gieng/ sach jn ein andere/ und sprach zuo denen die da warennd: Diser was auch mit dem Jesu von Nazareth. Und er löugnet abermals/ und schwuor darzuo/ Jch kenn den menschen nit. Und über ein kleine weyl trattend hinzuo die da stuondend/ unnd sprachend zuo Petro: Warlich du bist auch einer von denen/ dann dein spraach verradt dich. Do huob er an sich zuo verflüechen und schweeren: Jch kenn den menschen nit. Und als bald kräyet der Han. Do dacht Petrus ann die wort Jesu/

die Ältesten versamelt hatten. 58 Petrus aber folgte ihm von weitem bis zum Palast des Hohen Priesters; und er ging hinein und setzte sich zu den Gerichtsdienern, um zu sehen, wie es enden würde.

59 Die Hohen Priester aber und der ganze Hohe Rat suchten nach einer falschen Zeugenaussage gegen Jesus, um ihn töten zu können; 60 doch sie fanden keine, obwohl viele falsche Zeugen auftraten. Zuletzt aber traten zwei auf 61 und sagten: Dieser hat behauptet: Ich kann den Tempel Gottes niederreissen und in drei Tagen wieder aufbauen. 62 Und der Hohe Priester erhob sich und sagte zu ihm: Antwortest du nichts auf das, was diese gegen dich vorbringen? 63 Jesus aber schwieg. Und der Hohe Priester sagte zu ihm: Ich beschwöre dich bei dem lebendigen Gott, uns zu sagen, ob du der Messias bist, der Sohn Gottes. 64 Da sagt Jesus zu ihm: Du sagst es. Doch ich sage euch: Von nun an werdet ihr den *Menschensohn* sitzen sehen zur Rechten der Macht und *kommen auf den Wolken des Himmels*. 65 Da zerriss der Hohe Priester seine Kleider und sagte: Er hat gelästert. Was brauchen wir noch Zeugen? Jetzt habt ihr die Lästerung gehört! 66 Was meint ihr? Sie antworteten: Er ist des Todes schuldig!

67 Da spuckten sie ihm ins Gesicht und schlugen ihn mit den Fäusten, andere aber ohrfeigten ihn 68 und sagten: Weissage uns, Messias: Wer ist es, der dich geschlagen hat?

P: Mk 14,53–65; Lk 22,54–55.66–71.63–65; Joh 18,12–24 |59: Ps 27,12 |61: Joh 2,19; Apg 6,14 |63: 16,16! |64: 27,11 · 22,44; Ps 110,1 · 24,30; Dan 7,13 · 16,27! |65: 9,3 |66: Lev 24,16 |67: 27,30; Jes 50,6

Die Verleugnung durch Petrus

69 Petrus aber sass draussen im Hof. Und eine Magd trat zu ihm und sagte: Auch du warst mit Jesus, dem Galiläer. 70 Er aber leugnete es vor allen und sagte: Ich weiss nicht, wovon du sprichst! 71 Als er aber in die Torhalle hinausging, sah ihn eine andere, und sagte zu denen, die dort waren: Dieser war mit Jesus, dem Nazarener! 72 Und wieder leugnete er es und schwor: Ich kenne den Menschen nicht. 73 Nach einer Weile traten die Umstehenden auf Petrus zu und sagten: Natürlich, auch du bist einer von ihnen, deine Sprache verrät dich ja. 74 Da begann er zu fluchen und zu schwören: Ich kenne den Menschen nicht. Und dann krähte der Hahn. 75 Da erinnerte sich Petrus an das Wort Jesu, der zu ihm gesagt hatte: Ehe der

do er zuo jm sagt/ Ee der Han kräyen wirdt/ wirst du mich drey maal verlöugnen. Unnd gieng herauß/ und weynet bitterlich.

Das xxvij. Capitel.

Des morgens aber hieltend alle hohen priester und die Eltesten des volcks einen radt über Jesum/ dz sy jm zum tod hulffind/ und bundend jn/ fuortend jn hin/ und überantwortend jn dem landpfläger Pontio Pilato.

Do das sach Judas der jnn verradten hatt/ das er verdampt was zum tod/ rüwet es jn/ unnd bracht härwider die dreyssig silberling den hohen priestern unnd den Eltesten/ unnd sprach: Jch hab übel gethon/ das ich das unschuldig bluot verradten hab. Sy sprachend: Was gadt uns das an? da sich du zuo. Und er warff die silberling in den tempel/ huob sich davon/ gieng hin und erwürgt sich selbs.

Aber die hohen priester namend die silberling/ und sprachend: Es ist nit zimmlich dz wir sy in den Gottes kasten legend/ dann es ist bluotgelt. Sy hieltend aber einen radt/ und kaufftend eines hafners acker darumb/ zur begrebnuß der bilgeren. Dahär ist der selbig acker genennet der bluotacker biß uff den heütigen tag. Da ist erfüllet das da gesagt ist durch den propheten Jeremias/ da er spricht: Sy habend genommen dreyssig silberling/ damit bezalt ward der verkauffte/ welchen sy kaufftend von den kindern Jsraels/ unnd habend sy gegeben umb eines hafners acker/ als mir der Herr befolhen hat.

Jesus aber stuond vor dem landpfläger/ und der landpfläger fragt jn/ unnd sprach: Bist du ein künig der Juden? Jesus aber sprach: Du sagsts. Und do er verklagt ward von den hohen priestern und Eltesten/ antwortet er nichts. Do sprach Pilatus zuo jm: Hörst du nit wie hart sy dich verklagend? Und er antwortet jm nit auff ein wort/ also/ das sich auch der landpfläger seer verwunderet.

Hahn kräht, wirst du mich dreimal verleugnen. Und er ging hinaus und weinte bitterlich.

P: Mk 14,66–72; Lk 22,56–62; Joh 18,15–18.25–27 |69: 26,58 |75: 26,34

Der Todesbeschluss des Hohen Rats

27 1 Als es Morgen wurde, fassten alle Hohen Priester und die Ältesten des Volkes den Beschluss, Jesus zu töten. 2 Und sie fesselten ihn, führten ihn ab und lieferten ihn an den Statthalter Pilatus aus.

|1: 26,3–4; Mk 14,64 |2: Mk 15,1; Lk 23,1

Das Ende des Judas

3 Als nun Judas, der ihn ausgeliefert hatte, sah, dass er verurteilt war, reute es ihn, und er brachte die dreissig Silberstücke den Hohen Priestern und Ältesten zurück 4 und sagte: Ich habe gesündigt, unschuldiges Blut habe ich ausgeliefert. Sie aber sagten: Was geht das uns an? Sieh du zu! 5 Da warf er die Silberstücke in den Tempel, machte sich davon, ging und erhängte sich. 6 Die Hohen Priester aber nahmen die Silberstücke und sagten: Es ist nicht erlaubt, sie zum Tempelschatz zu legen, weil es Blutgeld. 7 Sie beschlossen, davon den Töpferacker zu kaufen als Begräbnisstätte für die Fremden. 8 Darum heisst jener Acker bis heute Blutacker. 9 Da ging in Erfüllung, was durch den Propheten Jeremia gesagt ist: *Und sie nahmen die dreissig Silberstücke, den Preis des Geschätzten, den sie geschätzt hatten,* von den Söhnen Israels, 10 und sie gaben sie für den Töpferacker, *wie der Herr* mir *befohlen hatte.*

|3: 26,15! |4: Dtn 27,25 · 27,24 |9–10: Sach 11,13 |10: Jer 18,2–3; 32,7–9

Die Verhandlung vor Pilatus

11 Jesus aber wurde vor den Statthalter gebracht, und der Statthalter fragte ihn: Du bist der König der Juden? Jesus sprach: Das sagst du! 12 Und solange die Hohen Priester und Schriftgelehrten ihre Anklagen vorbrachten, antwortete er nichts. 13 Da sagte Pilatus zu ihm: Hörst du nicht, was sie alles gegen dich vorbringen? 14 Und er antwortete ihm auf keine einzige Frage, so dass sich der Statthalter sehr wunderte.

P: Mk 15,2–5; Lk 23,2–5; Joh 18,28–38a |11: 26,63–64 |12: Lk 23,9 |13–14: Joh 19,8–10

Auff das fäst aber hatt der landpfläger ein gwonheyt/ dem volck einen gefangnen ledig zegeben/ welchen sy woltend. Er hatt aber zuo der zeyt einen verrüempten gefangnen/ der hieß Barrabas. Und do sy versamlet warend/ sprach Pilatus zuo jnen: Welchen wöllend jr den ich euch ledig gebe/ Barrabam oder Jesum/ den man nennet Christum? dann er wußt wol das sy jnn auß neyd überantwurtet hattend.

Und do er auff dem richtstuol saß/ schickt zuo jm seyn weyb/ unnd ließ jm sagen: Hab du nichts zeschaffen mit disem gerechten/ ich hab heütt vil erlitten im troum vonn seynet wägen.

Aber die hohen priester und die Eltesten überredend das volck/ das sy umb Barrabas bitten söltind/ und Jesum umbbrächtind. Do antwortet nun der landpfläger/ unnd sprach zuo jnen: Welchen wöllend jr under disen zweyen/ den ich euch sölle looß geben? Sy sprachend: Barrabas. Pilatus sprach zuo jnen: Was sol ich dann machen mit Jesu/ den man nennet Christus? Sy sprachend all: Laß jn creützigen. Der landpfläger sagt: Was hat er dann übels gethon? Sy schrüwend aber noch mer: Laß jn creützigen. Do aber Pilatus sach dz er nichts schaffet/ sonder das vil ein grösserer aufruor ward/ nam er wasser/ unnd wuosch die hend vor dem volck/ unnd sprach: Jch bin unschuldig an dem bluot dises gerechten/ sehend jr zuo. Do antwortet das gantz volck/ unnd sprach: Seyn bluot komme über uns unnd unsere kinder. Do gab er jnen Barrabam looß/ aber Jesum ließ er geyßlen/ unnd überantwortet jn das er gecreütziget wurde.

Do namend die kriegsknecht des landpflägers Jesum zuo jnen in das richthauß/ und samletend über jn die gantze rott/ unnd zugend jn auß/ unnd legtend jm ein purpur mantel an/ und flachtend ein dörnine kron/ und satztend sy auff sein haupt/ und ein rhor in sein rechte hand/ und bucktend die kneüw vor jm/ und spottetend sein/ und sprachend: Gott grüeß dich du lieber künig der Juden. Und spüwtend jnn an/ und namend das rhor/ und schluogend darmit sein haupt. Und do sy jnn verspottet hattend/ zugend sy jm den mantel auß/ unnd legtend jm seine kleyder an/ und fuortend jn hin das sy jn creützigetind.

Die Freilassung des Barabbas

15 Jeweils zum Fest aber pflegte der Statthalter dem Volk einen Gefangenen freizugeben nach ihrer Wahl. 16 Sie hatten damals aber einen berüchtigten Gefangenen namens Barabbas. 17 Als sie nun versammelt waren, sagte Pilatus zu ihnen: Wen soll ich euch freigeben, Barabbas oder Jesus, den sogenannten Messias? 18 Er wusste nämlich, dass sie ihn aus Neid ausgeliefert hatten.

19 Als er nun auf dem Richterstuhl sass, liess ihm seine Frau sagen: Lass die Hände von diesem Gerechten, denn seinetwegen habe ich heute im Traum viel gelitten.

20 Die Hohen Priester und die Ältesten aber überredeten die Leute, um Barabbas zu bitten, Jesus aber hinrichten zu lassen. 21 Der Statthalter nun fragte sie: Welchen von den beiden soll ich euch freigeben? Sie sagten: Barabbas! 22 Da sagte Pilatus zu ihnen: Was soll ich dann mit Jesus machen, dem sogenannten Messias? Sie alle sagten: Gekreuzigt soll er werden! 23 Er aber sagte: Was hat er denn Böses getan? Da schrien sie noch lauter: Gekreuzigt soll er werden!

24 Als Pilatus sah, dass er nichts erreichte, vielmehr die Unruhe wuchs, nahm er Wasser, wusch sich vor den Augen des Volkes die Hände und sagte: Ich bin unschuldig an diesem Blut. Seht ihr zu! 25 Und das ganze Volk entgegnete: Sein Blut über uns und unsere Kinder! 26 Da gab er ihnen Barabbas frei; Jesus aber liess er auspeitschen und lieferte ihn aus zur Kreuzigung.

P: Mk 15,6–15; Lk 23,13–25; Joh 18,38b–40; 19,6–16a |17: 1,16 |24: Dtn 21,6–8; Ps 26,6; 73,13 · 27,4 |25: 23,35; 2Sam 1,16 |26: Joh 19,1

Die Verspottung im Prätorium

27 Da nahmen die Soldaten des Statthalters Jesus mit sich ins Prätorium und versammelten um ihn die ganze Kohorte. 28 Und sie zogen ihn aus, legten ihm einen purpurroten Mantel um 29 und flochten eine Krone aus Dornen, setzten sie ihm aufs Haupt und gaben ihm ein Rohr in die rechte Hand. Und sie fielen vor ihm auf die Knie und verspotteten ihn: Sei gegrüsst, König der Juden!, 30 und spuckten ihn an, nahmen das Rohr und schlugen ihn aufs Haupt.

31 Und nachdem sie ihn verspottet hatten, zogen sie ihm den Mantel aus,

zogen ihm seine Kleider wieder an und
führten ihn ab, um ihn zu kreuzigen.

P: Mk 15,16–20a |28–30: Joh 19,2–3 |28: Lk 23,11
|29: 20,19 · 26,49 |30: 26,67!

Die Kreuzigung

32 Während sie hinausgingen, trafen sie
einen aus Kyrene mit Namen Simon; den
zwangen sie, ihm das Kreuz zu tragen.

33 Und als sie an den Ort namens Golgota
kamen – das heisst ‹Schädelstätte› –, 34 gaben sie
ihm Wein zu trinken, der mit Wermut vermischt
war, und als er gekostet hatte, wollte er nicht
trinken. 35 Nachdem sie ihn aber gekreuzigt
hatten, *teilten sie seine Kleider unter sich, indem
sie das Los warfen*; 36 und sie sassen dort und
bewachten ihn. 37 Und sie brachten über seinem
Haupt die Inschrift an, die seine Schuld angab:
Das ist Jesus, der König der Juden. 38 Dann
wurden mit ihm zwei Räuber gekreuzigt,
einer zur Rechten und einer zur Linken.

39 Die aber vorübergingen, verwünschten
ihn, schüttelten den Kopf 40 und sagten:
Der du den Tempel niederreissen und in
drei Tagen wieder aufbauen willst, rette dich
selbst, wenn du der Sohn Gottes bist, und
steig herab vom Kreuz! 41 Ebenso spotteten
die Hohen Priester mit den Schriftgelehrten
und den Ältesten und sagten: 42 Andere hat er
gerettet, sich selbst kann er nicht retten. Der
König Israels ist er doch: So steige er jetzt vom
Kreuz herab, und wir werden an ihn glauben.
43 *Er hat auf Gott vertraut; der soll ihn jetzt
retten, wenn er will*, er hat ja gesagt: Ich bin
Gottes Sohn. 44 Ebenso verhöhnten ihn die
Räuber, die mit ihm gekreuzigt wurden.

P: Mk 15,20b–32; Lk 23,33–43; Joh 19,16b–24
|32: Lk 23,26 |34: 27,48; Lk 23,36 · Ps 69,22 |35: Ps 22,19
|37: Lk 23,38 |38: Jes 53,12 |39: Ps 22,8; 109,25 |40: 26,61 ·
4,3! |42: 12,38! |43: 4,3!; Ps 22,9 · 26,64

Der Tod Jesu

45 Von der sechsten Stunde an kam eine
Finsternis über das ganze Land bis zur neunten
Stunde. 46 Um die neunte Stunde aber
schrie Jesus mit lauter Stimme: *Eli, Eli, lema
sabachtani!*, das heisst: Mein Gott, mein Gott,
warum hast du mich verlassen! 47 Als einige von
denen, die dort standen, das hörten, sagten sie:
Der ruft nach Elija. 48 Und sogleich lief einer
von ihnen hin und nahm einen Schwamm,
tränkte ihn mit Essig, steckte ihn auf ein Rohr
und gab ihm zu trinken. 49 Die anderen aber

Unnd in dem sy hinauß giengend/ fundend sy
einen menschen von Cyrene/ mit namen Simon/
den zwungend sy das er jm sein creütz trüege.
Unnd do sy kamend an die statt/ mit namen
Golgata/ das ist verteütschet Schädelstatt/
gabend sy jm essich zetrincken mit gallen
vermischet. Und do er es schmackt/ wolt er nit
trincken. Do sy inn aber gecreütziget hattend/
teyltend sy seyne kleyder/ unnd wurffend
das looß darumb. Auff das erfüllt wurde das
gesagt ist durch den propheten: Sy habend
meine kleyder under jnen geteylt/ unnd über
mein gwand habend sy das looß geworffen.
Und sassend daselbst/ und hüetetend sein.
Und sy hafftend oben zuo seinem haupt die
ursach seines todts/ beschriben/ namlich: Diß
ist der Künig der Juden. Und do wurdend
zwen mörder mit jm gecreütziget/ einer zur
rechten/ unnd einer zur lincken. Die aber
fürgiengend/ lesterend jn und schüttletend
die köpff/ und sprachend: Der du den tempel
Gottes zerbrichest/ und bauwest jnn dreyen
tagen/ hilff dir selber. Bist du Gottes sun/ so
steyg herab von dem creütz. Deßgleychen
auch die hohen priester spottetend sein mit
den gschrifftgelerten und Eltesten/ unnd
sprachend: Anderen hatt er geholffen/ unnd
kan jm selber nit helffen: ist er der Künig
Jsraels/ so steyge er nun vom creütz/ so wöllend
wir jm glauben. Er hatt Gott vertrüwet/ der
erlöß jn nun/ lust es jn: dann er sagt: Jch bin
Gottes sun. Das selb verwissend jm auch die
mörder/ die mit jm gecreütziget warend.

Und von der sechßten stund an ward ein
finsternuß über das gantz lannd biß zuo der
nündten stund. Und umb die nündte stund
schrey Jesus laut/ unnd sprach: Eli/ Eli/ lamma
asabthani? das ist/ Meyn Gott/ mein Gott/
warumb hast du mich verlassen? Etlich aber die
da stuondend/ do sy das hortend/ sprachend
sy: Der rüefft Elias. Unnd bald lieff einer under
jnen/ nam ein schwumm und füllet jn mit
essich/ und stackt jn auff ein rhor/ und tranckt
jn. Die andren aber sprachend: Halt/ laß sehen

ob Elias komme und helffe jm. Aber Jesus schrey abermals laut/ und gab seinen geyst auf.

Und sihe da/ der fürhang im tempel zerreiß in zwey stuck/ vonn oben an biß unden auß. Und die erd erbidmet/ unnd die velsen zerrissend/ und die greber thettend sich auf/ und stuondend auf vil leyb der heyligen die da schlieffend. Unnd giengend auß den grebern nach seiner auferstentnuß/ und kamend in die heyligen statt/ und erschinend vilen.

Aber der hauptmann/ unnd die bey jm warend/ unnd bewartend Jesum/ do sy sahend das erdbidem/ und was da geschach/ erschrackend sy seer/ unnd sprachend: Warlich diser ist Gottes sun gewesen. Unnd es warend da vil weyber/ die von verrnuß zuosahend/ die da Jesu warend nachgevolget von Galilea/ und hattend jm gedienet/ under welchen was Maria Magdalene/ und Maria die muoter Jacobi und Joses/ unnd die muoter der kinder Zebedei.

Am abent aber kam ein reycher mann von Arimathia/ der hieß Joseph/ welcher auch ein jünger Jesu was/ der tratt zuo Pilato/ und batt jn umb den leyb Jesu. Do hieß Pilatus/ man sölte jnn jm geben. Unnd Joseph nam den leyb/ unnd wicklet jnn in ein reyn leynwaat/ unnd legt jnn in sein eigen neüw grab/ welches er hatt lassen hauwen in einen velsen/ unnd weltzet einen grossen steyn für die thür des grabs/ unnd gieng darvon. Es was aber daselbst Maria Magdalene und die ander Maria/ und satztend sich gegen dem grab.

Des anderen tags der da volget nach dem rüsttag/ kamend die hohen priester und Phariseer zuo Pilato/ und sprachend: Herr/ wir habennd gedacht/ das diser verfüerer sprach/ do er noch läbt/ Jch wil nach dreyen tagen auferston/ darumb befilch/ das man das grab beware/ biß an den dritten tag/ auff das nit seine jünger kommind/ und stälind jn/ unnd sagind zum volck: Er ist auferstanden von den

sagten: Lass doch, wir wollen sehen, ob Elija kommt und ihn rettet. 50 Jesus aber schrie noch einmal mit lauter Stimme und verschied. 51 Und siehe da: Der Vorhang im Tempel riss entzwei von oben bis unten, und die Erde bebte, und die Felsen barsten, 52 und die Gräber taten sich auf, und die Leiber vieler entschlafener Heiliger wurden auferweckt. 53 Nach der Auferweckung Jesu kamen sie aus den Gräbern hervor und zogen in die heilige Stadt und erschienen vielen. 54 Als aber der Hauptmann und seine Leute, die Jesus bewachten, das Erdbeben sahen und was da geschah, fürchteten sie sich sehr und sagten: Ja, der war wirklich Gottes Sohn! 55 Es waren dort viele Frauen, die von ferne zuschauten; sie waren Jesus aus Galiläa gefolgt und hatten ihn unterstützt. 56 Unter ihnen waren Maria aus Magdala und Maria, die Mutter des Jakobus und des Josef, und die Mutter der Söhne des Zebedäus.

P: Mk 15,33–41; Lk 23,44–49; Joh 19,28–30 |46: Ps 22,2 |48: 27,34! |51: Ex 26,31–33 |53: 1Kor 15,20 |54: 16,16! |56: 27,61; 28,1; Lk 8,2–3!; Joh 19,25

27,46: Andere Übersetzungsmöglichkeit: «… Mein Gott, mein Gott, wozu hast du mich verlassen?»

Die Grablegung

57 Als es aber Abend wurde, kam ein reicher Mann von Arimatäa mit Namen Josef, der selbst auch ein Jünger Jesu geworden war. 58 Der ging zu Pilatus und bat um den Leichnam Jesu. Da befahl Pilatus, dass er ihm gegeben werde. 59 Und Josef nahm den Leichnam, wickelte ihn in ein reines Leinentuch 60 und legte ihn in ein neues Grab, das er für sich in den Felsen hatte hauen lassen, wälzte einen grossen Stein vor den Eingang des Grabes und entfernte sich. 61 Es waren dort Maria aus Magdala und die andere Maria; die sassen dem Grab gegenüber.

P: Mk 15,42–47; Lk 23,50–56; Joh 19,38–42 |58: Dtn 21,22–23 |61: 27,56!

Die Bewachung des Grabes

62 Am nächsten Tag nun, dem Tag nach dem Rüsttag, versammelten sich die Hohen Priester und die Pharisäer bei Pilatus 63 und sagten: Herr, wir haben uns erinnert, dass jener Betrüger, als er noch lebte, gesagt hat: Nach drei Tagen werde ich auferweckt. 64 Befiehl also, dass das Grab bewacht werde bis zum dritten Tag, damit nicht seine Jünger kommen und ihn stehlen und dem Volk sagen: Er ist

todten/ unnd werde der letst betrug erger dann der erst. Pilatus sprach zuo jnen: Da habend jr die hüeter/ gond hin/ und verwarends wie jr wüssend. Sy giengend hin unnd verwaretend das grab mit hüeteren/ und versigletend den steyn.

Das xxviij. Capitel.
Von der auferstentnuß Christi und erscheynung den jüngeren geschähen.

Am abent aber der feyrtagen/ welcher anbricht am morgen des ersten tags der Sabbathen/ kam Maria Magdalena/ unnd die ander Maria/ das grab zebesehen. Unnd sihe/ es geschach ein grosser erdbidem: dann der engel Gottes steig vom himmel herab/ tratt hinzuo/ unnd waltzt den stein von der thür/ und satzt sich darauf. Und sein gstalt was wie der blitzg/ und seyn kleyd weyß wie der schnee. Die hüeter aber erschrackend vor forcht/ unnd wurdend als wärend sy tod. Aber der Engel sprach zuo den weybern: Förchtend euch nit ich weyß das jr Jesum den gecreützigeten suochend. Er ist nit hie/ er ist auferstanden/ wie er gesagt hatt. Kommend här/ und sähend die statt da der Herr hingelegt was/ unnd gond schnäll hin/ unnd sagend seinen jüngeren/ das Er auferstanden sey von den todten. Unnd sihe/ er wirdt euch vorgon in Galilea/ da werdend jr jn sehen. Sihe/ ich hab es euch gesagt. Und sy giengend schnäll zum grab hinauß mit forcht unnd grosser fröud/ und lieffend das sy es seinen jüngeren verkündigetind. Und do sy giengend seinen jüngeren zeverkündigen/

sihe/ do begägnet jnen Jesus/ und sprach: Gott grüeß euch. Und sy trattend zuo jm/ und griffend an seine füeß/ unnd fielend für jn nider. Do sprach Jesus zuo jnen: Förchtend euch nit/ gond hin unnd verkündigend es meynen brüederen/ das sy gangind in Galilea/ daselbst werdend sy mich sähen.

Do sy aber hin giengend/ sihe/ do kamend etliche vonn den hüeteren in die statt/ und verkündigetend den hohen priestern alles was geschehen was. Und sy kamend zesamen mit den Eltesten/ unnd hieltend einen radt/

von den Toten auferweckt worden. Der letzte Betrug wäre dann schlimmer als der erste. 65 Da sagte Pilatus zu ihnen: Ihr sollt eine Wache haben! Geht und bewacht es, so gut ihr könnt. 66 Sie gingen, versiegelten den Stein und sicherten das Grab mit einer Wache.

|63: 16,21! |64: 28,13

Das leere Grab

28 1 Nach dem Sabbat aber, beim Anbruch des ersten Wochentages, kamen Maria aus Magdala und die andere Maria, um nach dem Grab zu sehen. 2 Und siehe da: Es gab ein starkes Erdbeben, denn ein Engel des Herrn stieg vom Himmel herab, kam und wälzte den Stein weg und setzte sich darauf. 3 Seine Erscheinung war wie ein Blitz und sein Gewand weiss wie Schnee. 4 Die Wächter zitterten vor Angst und erstarrten. 5 Der Engel aber sagte zu den Frauen: Fürchtet euch nicht! Denn ich weiss, ihr sucht Jesus, den Gekreuzigten. 6 Er ist nicht hier, denn er ist auferweckt worden, wie er gesagt hat. Kommt, seht die Stelle, wo er gelegen hat. 7 Und macht euch eilends auf den Weg und sagt seinen Jüngern, dass er von den Toten auferweckt worden ist; und jetzt geht er euch voraus nach Galiläa, dort werdet ihr ihn sehen. Ich habe es euch gesagt. 8 Und sie gingen eilends weg vom Grab voller Furcht und mit grosser Freude und liefen, um es seinen Jüngern zu berichten.

P: Mk 16,1–8; Lk 24,1–8; Joh 20,1–10 |1: 27,56! |3: Dan 10,6 |6: 16,21! |7: 26,32

Das Erscheinen des Auferstandenen vor den Frauen

9 Und siehe da: Jesus kam ihnen entgegen und sprach: Seid gegrüsst! Sie gingen auf ihn zu, umfassten seine Füsse und warfen sich vor ihm nieder. 10 Da sagt Jesus zu ihnen: Fürchtet euch nicht! Geht und sagt meinen Brüdern, dass sie nach Galiläa gehen sollen, dort werden sie mich sehen.

P: Joh 20,11–18

Der Betrug der Hohen Priester

11 Während sie weggingen, da trafen einige von der Wache in der Stadt ein und berichteten den Hohen Priestern alles, was geschehen war. 12 Und diese versammelten sich mit den Ältesten und fassten einen Beschluss: Sie gaben

und gabend den kriegsknechten gelts gnuog/ unnd sprachend: Sagend/ seyne jünger kamend nachts/ und stalend jn dieweyl wir schlieffend. Und wo es wurde außkommen bey dem landpfläger/ wöllend wir jn stillen/ und schaffen dz jr sicher syend. Und sy namend das gelt/ und thettend wie sy geleert warend. Unnd söliche red ist außkommen bey den Juden biß auff den heütigen tag.

Aber die eylff jünger giengend in Galileam uff einen berg/ dahin Jesus sy bescheyden hatt. Und do sy jn sahend/ fielend sy für jn nider. Etlich aber zweyfletend. Und Jesus tratt zuo jnen/ redt mit jnen/ und sprach: Mir ist geben aller gwalt im himmel unnd erden/ darumb gond hin/ unnd leerend alle völcker/ sy tauffende in den nammen des vatters und des suns und des heyligen geysts. Sy leerende halten alles was ich euch befolhen hab. Und sihe/ ich bin bey euch alle tag biß ans end der welt.

den Soldaten reichlich Geld 13 und wiesen sie an, zu sagen, seine Jünger seien in der Nacht gekommen und hätten ihn gestohlen, während sie schliefen. 14 Und wenn der Statthalter davon hört, so werden wir ihn beschwichtigen und dafür sorgen, dass ihr nichts zu befürchten habt. 15 Sie nahmen das Geld und taten, wie sie angewiesen wurden. Und so hat sich dieses Gerücht bei den Juden verbreitet und gehalten bis auf den heutigen Tag.

|11: 28,4 |13: 27,64

Der Auftrag des Auferstandenen

16 Die elf Jünger aber gingen nach Galiläa, auf den Berg, wohin Jesus sie befohlen hatte. 17 Und als sie ihn sahen, warfen sie sich nieder; einige aber zweifelten. 18 Und Jesus trat zu ihnen und sprach: Mir ist alle Macht gegeben im Himmel und auf Erden. 19 Geht nun hin und macht alle Völker zu Jüngern: Tauft sie auf den Namen des Vaters und des Sohnes und des heiligen Geistes, 20 und lehrt sie alles halten, was ich euch geboten habe. Und seid gewiss: Ich bin bei euch alle Tage bis an der Welt Ende.

|18: 7,29; 9,6; 11,27; Joh 3,35 · Dan 7,14; Phil 2,10
|19: Lk 24,47 · 10,5–6! · 8,11; 22,9; 24,14; 26,13

Euangelion Sant Marcus

Das erst Capitel.

Er beschreybt das ampt Joannis des Töuffers/ den tauff Christi/ sein fasten/ sein predig/ und berüeffung etlicher jungern.

Disz ist der anfang des Evangelij von Jesu Christo dem sun Gottes/ als geschriben ist in den Propheten: Sihe/ ich send meinen botten vor dir här/ der da bereyte deinen wäg vor dir. Es ist ein rüeffende stimm in der wüeste/ bereytend den wäg des Herren/ machend seine fuoßpfäd richtig.

Joannes der was in der wüeste/ und tauffet/ und prediget den tauff der besserung zur vergebung der sünden. Und es gieng zuo jm hinauß das gantz Jüdisch land/ und die von Jerusalem/ und liessend sich alle von jm töuffen in dem Jordan/ und bekantend jre sünd.

Joannes aber was bekleydet mit kameel haaren/ unnd mit einem lideren gürtel umb sein lende/ und aß höuwschrecken und wild honig/ und prediget/ und sprach: Es kumpt einer nach mir/ der ist stercker dann ich/ dem ich nit gnuogsam bin dz ich mich vor jm bucke/ und die riemen seiner schuoch auflöse. Jch tauff euch mit dem wasser/ aber er wirt euch tauffen mit dem heyligen geyst.

Und es begab sich zur selbigen zeyt/ das Jesus auß Galilea von Nazareth kam/ und ließ sich tauffen vonn Joanne im Jordan. Und von stundan/ als Jesus auß dem wasser gieng/ do sach er das sich die himmel aufthettend/ und den geyst gleych wie ein Tub herab steygen auff jn. Und da geschach ein stimm von himmel: Du bist mein lieber sun in dem ich zuo friden bin.

Und bald treib jn der geyst in die wüeste/ und was in der wüeste viertzig tag/ und ward versuocht von dem Satan/ und was bey den thieren. Und die engel dienetend jm.

Das Evangelium nach Markus

Das Auftreten des Täufers

1 1 Anfang des Evangeliums von Jesus Christus, dem Sohn Gottes.
2 Wie geschrieben steht beim Propheten Jesaja:
Siehe, ich sende meinen Boten vor dir her,
der deinen Weg bereiten wird.
3 *Stimme eines Rufers in der Wüste:*
Bereitet den Weg des Herrn,
macht gerade seine Strassen!
4 So trat Johannes der Täufer auf in der Wüste und verkündigte eine Taufe der Umkehr zur Vergebung der Sünden. 5 Und das ganze judäische Land und alle Bewohner Jerusalems zogen hinaus zu ihm. Und sie liessen sich von ihm taufen im Jordan und bekannten ihre Sünden. 6 Und Johannes trug ein Gewand aus Kamelhaaren und einen ledernen Gürtel um seine Hüften, und er ass Heuschrecken und wilden Honig.

7 Und er verkündete: Nach mir kommt, der stärker ist als ich; mir steht es nicht zu, mich zu bücken und ihm die Schuhriemen zu lösen. 8 Ich habe euch mit Wasser getauft, er aber wird euch mit heiligem Geist taufen.

P: Mt 3,3–6.11–12; Lk 3,3–6.15–18; Joh 1,19–23.26–27 |1: 1,15! · 8,29! · 1,11! |2: 9,12; Ex 23,20; Mal 3,1; Mt 11,10; Lk 7,27 |3: Jes 40,3 |4: Lk 3,3! |6: 2Kön 1,8; Mt 11,8 |8: Joh 1,33

Die Taufe Jesu

9 Und es geschah in jenen Tagen, dass Jesus aus Nazaret in Galiläa kam und sich von Johannes im Jordan taufen liess. 10 Und sogleich, als er aus dem Wasser stieg, sah er den Himmel sich teilen und den Geist wie eine Taube auf sich herabsteigen. 11 Und eine Stimme kam aus dem Himmel: Du bist mein geliebter Sohn, an dir habe ich Wohlgefallen.

P: Mt 3,13–17; Lk 3,21–22; Joh 1,29–34 |11: 1,1; 9,7; 14,61; 15,39; Ps 2,7; Jes 42,1 · 1,24!

Die Versuchung Jesu

12 Und sogleich treibt ihn der Geist in die Wüste. 13 Und er war vierzig Tage in der Wüste und wurde vom Satan versucht. Und er war bei den wilden Tieren, und die Engel dienten ihm.

P: Mt 4,1–11; Lk 4,1–13 |13: Hiob 5,22–23 · Ps 91,11

Nach dem aber Joannes gefangen was/ kam Jesus in Galilea/ unnd prediget das Euangelion vom reych Gottes/ und sprach: Die zeyt ist erfüllt/ und das reych Gottes ist nach herzuo kommen/ besserend euch/ und glaubend dem Evangelio.

Do er aber an dem Galileischen meer gieng/ sach er Simon und Andream seinen bruoder/ das sy jre netz ins meer wurffend/ dann sy warend fischer. Und Jesus sprach zuo jnen: Volgend mit nach/ ich wil euch zuo menschen fischeren machen. Und von stundan verliessend sy jre netz/ unnd volgtend jm nach.

Und do er von dannen ein wenig fürbaß gieng/ sach er Jacoben den sun Zebedei/ und Joannen seinen bruoder/ do sy jre netz im schiff zuosamen buotzend/ unnd bald ruofft er jnen. Unnd sy liessend jren vatter Zebedeon im schiff mit den taglöneren/ und volgtend jm nach.

Und sy giengend gen Capernaum/ und bald an den Sabbathen gieng er in die schuolen unnd leeret. Unnd sy entsatztend sich ab seiner leer: dann er leeret gwaltigklich/ unnd nit wie die gschrifftgleerten.

Und es was in jren schuolen ein mensch besässen mit einem unsaubern geist/ der schrey/ und sprach: Halt/ was habend wir mit dir zeschaffen Jesu von Nazareth? bist du kommen uns zuo verderben? ich weyß das du der heylig Gottes bist. Und Jesus beschalckt jn mit tröuwen/ und sprach: Verstumm/ und far auß von jm. Unnd der unsauber geyst reiß jn/ und schrey laut und fuor auß von jm. Und sy erzitterend alle/ also/ das sy under einandern sich erfragtend/ und sprachend: Was ist das? Was ist das für ein neüwe leer? Er gebeüt mit gwalt den unsauberen geysten/ unnd sy sind jm gehorsam. Und sein guotter lümbd erschall bald umbher in die gegne und anstöß Galilee.

Erstes Auftreten in Galiläa

14 Nachdem man Johannes gefangen genommen hatte, kam Jesus nach Galiläa und verkündigte das Evangelium Gottes: 15 Erfüllt ist die Zeit, und nahe gekommen ist das Reich Gottes. Kehrt um und glaubt an das Evangelium!

P: Mt 4,12–17; Lk 4,14–15 |14: 6,17 · 1,38.39 · 1,15! |15: Gal 4,4 · Lk 10,9! · 1,1.14; 8,35; 10,29; 13,10; 14,9

Die Berufung der ersten Jünger

16 Und als er den See von Galiläa entlangging, sah er Simon und Andreas, den Bruder des Simon, auf dem See die Netze auswerfen; sie waren nämlich Fischer. 17 Und Jesus sagte zu ihnen: Kommt, mir nach! Ich werde euch zu Menschenfischern machen. 18 Und sogleich liessen sie die Netze liegen und folgten ihm. 19 Und als er ein paar Schritte weiterging, sah er Jakobus, den Sohn des Zebedäus, und seinen Bruder Johannes, wie sie im Boot die Netze herrichteten. 20 Und sogleich rief er sie. Und sie liessen ihren Vater Zebedäus mit den Tagelöhnern im Boot zurück und gingen fort, ihm nach.

P: Mt 4,18–22; Lk 5,4–11; Joh 1,35–51 |17: Jer 16,16 |18: 1,20! |20: 1,18; 2,14; 8,34; 10,21.28

Die Heilung eines Besessenen

21 Und sie kommen nach Kafarnaum. Und sogleich ging er am Sabbat in die Synagoge und lehrte. 22 Und sie waren überwältigt von seiner Lehre, denn er lehrte sie wie einer, der Vollmacht hat, und nicht wie die Schriftgelehrten.

23 Und sogleich war da in ihrer Synagoge einer mit einem unreinen Geist, der schrie laut: 24 Was haben wir mit dir zu schaffen, Jesus von Nazaret! Bist du gekommen, uns zu vernichten? Ich weiss, wer du bist: der Heilige Gottes! 25 Und Jesus schrie ihn an und sprach: Verstumme und fahr aus! 26 Und der unreine Geist zerrte ihn hin und her, schrie mit lauter Stimme und fuhr aus. 27 Und sie erschraken alle so sehr, dass einer den andern fragte: Was ist das? Eine neue Lehre aus Vollmacht? Selbst den unreinen Geistern gebietet er, und sie gehorchen ihm. 28 Und die Kunde von ihm drang sogleich hinaus ins ganze Umland von Galiläa.

P: Lk 4,31–37 |22: 1,27; 6,2; 7,37; 11,18.28 |24: 3,11; 5,7 · 1,11! |25: 9,25 |26: 9,20.26 |27: 1,22! · 4,41

Unnd sy giengend auß der schuol/ unnd kamend bald in das hauß Simonis unnd Andreas/ mit Jacoben und Johanne. Und die schwiger Simonis lag/ unnd hatt das feber/ unnd von stundan sagtend sy jm von jr. Und er tratt zuo jr/ und richtet sy auf/ und hielt sy bey der hand. Unnd das feber verließ sy von stundan. Und sy dienet jnen.

Am abent aber/ do die Sonn undergangen was/ brachtend sy zuo jm allerley krancken und besäßnen/ und die gantz statt versamlet sich vor der thür. Unnd er halff vil kranckenn mit mancherley suchten beladen/ und treib vil teüfel auß/ und ließ die teüfel nit reden/ dann sy kantend jn.

Und des morgens vor tag stuond er auf/ unnd gieng hinauß. Unnd Jesus gieng in ein eynöde/ unnd bättet daselbst. Und Petrus mit denen die mit jm warend/ eyletend jm nach. Unnd do sy jnn fundend/ sprachend sy zuo jm: Jederman suocht dich. Und er sprach zuo jnen: Lassend uns in die nächsten stett gon/ das ich daselbst auch predige: dann darzuo bin ich kommen. Unnd er prediget in jren schuolen/ im gantzen Galilea/ und treyb die teüfel auß.

Und es kam zuo jm ein aussetziger/ der batt jnn/ und kneüwet vor jm/ und sprach zuo jm: Wilt du/ so magst du mich wol reynigenn. Unnd es erbarmet Jesum/ unnd strackt die hand auß/ und ruort jnn an/ und sprach: Jch wils thuon/ biß reyn. Und als er also sprach/ gieng von jm von stundan der aussatz/ und ward reyn. Und Jesus verbot jm mit tröuwen/ unnd treyb jnn von stundan von jm/ und sprach zuo jm: Sich zuo/ das du nieman nichts sagest/ sunder gang hin/ und zeyg dich dem priester/ und opfer für dein reynigung was Moses geboten hat/ zur zügnuß über sy. Er aber/ do er hinauß kam/ huob an träffenlich außzekünden und lautprecht zemachen die gschicht/ also/ dz er hinfür nit mer kondt offenlich in die statt gon/

Die Heilung der Schwiegermutter des Petrus

29 Und sogleich verliessen sie die Synagoge und gingen mit Jakobus und Johannes in das Haus des Simon und des Andreas. 30 Die Schwiegermutter des Simon aber lag mit hohem Fieber im Bett; und sogleich erzählten sie ihm von ihr. 31 Und er trat herzu, nahm ihre Hand und richtete sie auf. Da wich das Fieber von ihr, und sie bewirtete sie.

P: Mt 8,14–15; Lk 4,38–39

Weitere Heilungen

32 Am Abend aber, als die Sonne untergegangen war, brachten sie alle Kranken und Besessenen zu ihm. 33 Und die ganze Stadt war vor der Tür versammelt. 34 Und er heilte viele, die an mancherlei Krankheiten litten, und trieb viele Dämonen aus. Und die Dämonen liess er nicht reden, weil sie ihn kannten.

P: Mt 8,16–17; Lk 4,40–41 |33: 2,2! |34: 1,44!

Aufbruch aus Kafarnaum

35 Und in der Frühe, als es noch finster war, stand er auf, ging hinaus und begab sich an einen einsamen Ort, und dort betete er. 36 Simon aber und seine Gefährten eilten ihm nach. 37 Und sie fanden ihn, und sie sagen zu ihm: Alle suchen dich! 38 Und er sagt zu ihnen: Lasst uns anderswohin gehen, in die benachbarten Weiler, damit ich auch dort verkündige. Denn dazu bin ich gekommen.

39 Und er ging und verkündigte in ihren Synagogen in ganz Galiläa und trieb die Dämonen aus.

P: Lk 4,42–44 |38: 1,14! |39: 1,14!; Mt 4,23; 9,35

Die Heilung eines Aussätzigen

40 Und es kommt ein Aussätziger zu ihm, fällt auf die Knie, bittet ihn und sagt: Wenn du willst, kannst du mich rein machen. 41 Und er fühlte Mitleid, streckte seine Hand aus und berührte ihn, und er sagt zu ihm: Ich will es, sei rein! 42 Und sogleich wich der Aussatz von ihm, und er wurde rein. 43 Und er fuhr ihn an und schickte ihn auf der Stelle weg, 44 und er sagt zu ihm: Sieh zu, dass du niemandem etwas sagst, sondern geh, zeig dich dem Priester, und bring für deine Reinigung dar, was Mose angeordnet hat – das soll ihnen ein Beweis sein. 45 Der ging weg und fing an, es überall kundzutun und die Sache bekannt zu machen, so dass Jesus sich kaum mehr in einer Stadt sehen lassen

sunder er was da aussen in den eynödinen/ dann sy kamend zuo jm von allen enden.

Das ij. Capitel.
Er macht den bettrisen gsund/ berüefft den Levi/ entschuldiget seine jünger mit heimlicher bescheickung der Juden.

Und er gieng über etlich tag widerumb gen Capernaum/ und es ward lautprecht das er im hauß was. Und von stundan versamlet sich die gantz menge/ also/ das sy nit platz oder statt hattend auch daussen vor der thür. Und er sagt jnen das wort. Und es kamend etlich zuo jm/ die brachtend jm einen pärlisiechen von vieren getragen. Und do sy nit kondtend zuo jm kommen vor dem volck/ dacktend sy das tach auf da er was. Und do sy ein loch gemachtend/ liessend sy das bett herab/ da der pärlisiech innen lag. Do aber Jesus jren glauben sach/ sprach er zuo dem pärlisiechen: Mein sun/ deine sünd sind dir vergeben.

Es warend aber etlich gschrifftgelerten/ die sassend da/ und gedachtend in jren hertzen/ Wie redt diser söliche Gottslesterung? Wär kan sünd vergeben dann allein der eynig Gott? Und Jesus erkant bald in seinem geyst/ das sy also gedachtend in jnen selbs/ und sprach zuo jnen: Was gedenckend jr sölichs in euwern hertzen? Welches ist leychter zuo dem pärlisiechen zesagen: Dir sind deine sünd verzigen/ oder/ Stand auf/ nimm dein bett und wandel? Auff das jr aber wüssind das des menschen sun macht hat zuo vergeben die sünd auff erden/ sprach er zuo dem pärlisiechen: Jch sag dir/ stand auf/ nimm dein bett und gang in dein hauß. Und als bald stuond er auff/ nam sein bett/ und gieng hinauß vor jnen allen/ also/ das sy sich alle entsatzend/ und preyßtend Gott/ und sprachend: Wir habend sölichs noch nye gesehen.

Und er gieng widerumb hinauß an das Meer/ und alles volck kam zuo jm/ und er leret sy. Und do Jesus fürgieng/ sach er Levi den sun Alphei am Zol sitzen/ und sprach zuo jm: Volg mir nach. Und er stuond auff/ und volget jm nach. Und es begab sich do er zetisch sass in seinem hauß/ satztend sich vil zöller und sünder zetisch mit Jesu unnd seinen jüngern/ dann jren was vil die jm nachfolgtend. Und die gschrifftgelerten und Phariseer/ do sy sahend/ das er mit den Zölleren und sünderen ass/

konnte, sondern draussen an abgelegenen Orten blieb. Und sie kamen zu ihm von überall her.

P: Mt 8,1–4; Lk 5,12–16 |41: 6,34; 8,2; 9,22 |44: 1,34; 3,12; 5,43; 7,36; 8,30; 9,9 · Lev 14,2–32 |45: 7,36

Die Heilung eines Gelähmten
2 1 Und als er nach einigen Tagen wieder nach Kafarnaum ging, wurde bekannt, dass er in einem Haus sei. 2 Und viele versammelten sich, so dass nicht einmal mehr vor der Tür Platz war. Und er sagte ihnen das Wort. 3 Da kommen einige, die einen Gelähmten zu ihm bringen; vier von ihnen trugen ihn. 4 Und weil sie ihn wegen des Gedränges nicht bis zu ihm hinbringen konnten, deckten sie dort, wo er war, das Dach ab, rissen es auf und liessen die Bahre, auf der der Gelähmte lag, hinab. 5 Und als Jesus ihren Glauben sieht, sagt er zu dem Gelähmten: Kind, dir sind die Sünden vergeben!

6 Es sassen dort aber einige Schriftgelehrte, die dachten bei sich: 7 Was redet der so? Er lästert! Wer kann Sünden vergeben ausser Gott? 8 Und sogleich erkennt Jesus in seinem Geist, dass sie solche Gedanken hegen, und spricht zu ihnen: Warum hegt ihr solche Gedanken? 9 Was ist leichter? Zu dem Gelähmten zu sagen: Dir sind die Sünden vergeben, oder zu sagen: Steh auf, nimm deine Bahre und geh umher? 10 Damit ihr aber wisst, dass der Menschensohn Vollmacht hat, auf Erden Sünden zu vergeben – sagt er zu dem Gelähmten: 11 Ich sage dir, steh auf, nimm deine Bahre und geh nach Hause! 12 Und der stand auf, nahm sogleich die Bahre und ging vor aller Augen hinaus, und alle waren fassungslos und priesen Gott und sagten: Nie haben wir solches gesehen!

P: Mt 9,1–8; Lk 5,17–26 |2: 1,33; 3,20; 6,31 |5: 5,34! |7: Jes 43,25 |11: Joh 5,8

Die Berufung eines Zöllners
13 Und er ging wieder hinaus, den See entlang, und alles Volk kam zu ihm, und er lehrte sie. 14 Und im Vorübergehen sah er Levi, den Sohn des Alfäus, am Zoll sitzen. Und er sagt zu ihm: Folge mir! Und der stand auf und folgte ihm.

15 Und es geschieht, dass er in dessen Haus bei Tisch sitzt. Und viele Zöllner und Sünder sassen mit Jesus und seinen Jüngern bei Tisch. Es waren nämlich viele, und sie folgten ihm. 16 Und als die Schriftgelehrten

sprachend sy zuo seinen jüngeren: Warumb ißt unnd trinckt er mit den Zolleren und sünderen? Do das Jesus hort/ sprach er zuo jnen: Die starcken dörffend keines artzets/ sunder die krancken. Jch bin kommen zuo rüeffen den sünderen zur buoß/ und nit den gerechten.

Und die jünger Johannis und die Phariseer fastetend vil. Und es kamend etlich/ die sprachend zuo jm: Warumb fastend die jünger Johannis und der Phariseern/ und deine jünger fastend nit? Und Jesus sprach zuo jnen: Wie könnend der hochzeyt kinder fasten/ dieweyl der brütgam bey jnen ist? Als lanng der breütgam bey jenen ist/ könnend sy nit fasten: es wirt aber die zeyt kommen/ das der breütgam von jnen genommen wirt/ denn werdend sy fasten. Nieman büetzt einen blätz von ungewalcktem tuoch an ein alt kleid/ dann der neüw blätz nimpt dem kleyd ab/ und wirt das loch böser. Und nieman fasset den most in alt schlüch/ anders der most zerreyßt die schlüch/ unnd der weyn wirt verschüttet/ und die schlüch kommend umb: sunder man sol den most inn neüwe schleüch fassen.

Unnd es begab sich/ do er wanndlet am Sabbath durch die saat/ unnd seine jünger fiengend an einen wäg hindurch zemachen/ und raufftend äher auß. Und die Phariseer sprachend zuo jm: Sich zuo/ was thuond deine jünger/ das nit zimpt am Sabbath. Und er sprach zuo jnen: Habend jr nie geläsen was David thett/ do es jm not was und jn hungeret/ mitt denen die bey jm warend: wie er gieng inn das hauß Gottes/ zur zeyt Abiathar des hohen priesters/ und ass die schauwbrot/ die nemants dorfft essen dann die priester/ und gab sy jm/ und denen die bey jm warend? Und er sprach zuo jnen. Der Sabbath ist umb des menschen willen gemachet/ und nit der mensch umb des Sabbaths willen. Also ist deß menschen sun ein Herr auch deß Sabbaths.

unter den Pharisäern sahen, dass er mit den Sündern und Zöllnern ass, sagten sie zu seinen Jüngern: Mit den Zöllnern und Sündern isst er! 17 Und als Jesus das hört, sagt er zu ihnen: Nicht die Gesunden brauchen den Arzt, sondern die Kranken. Ich bin nicht gekommen, Gerechte zu rufen, sondern Sünder.

P: Mt 9,9–13; Lk 5,27–32 |13: 4,1 |14: 1,20! |16: Lk 5,30! |17: Lk 5,32!

Zur Frage nach dem Fasten

18 Und die Jünger des Johannes und die Pharisäer pflegten zu fasten. Und sie kommen und sagen zu ihm: Warum fasten die Jünger des Johannes und die Jünger der Pharisäer, deine Jünger aber fasten nicht? 19 Da sagte Jesus zu ihnen: Können denn die Hochzeitsgäste fasten, solange der Bräutigam bei ihnen ist? Solange sie den Bräutigam bei sich haben, können sie nicht fasten. 20 Doch es werden Tage kommen, da ihnen der Bräutigam entrissen wird, und dann werden sie fasten, an jenem Tag.

21 Niemand näht ein Stück neuen Stoff auf einen alten Mantel, sonst reisst der Flicken etwas von ihm ab, das Neue vom Alten, und es entsteht ein noch schlimmerer Riss. 22 Und niemand füllt neuen Wein in alte Schläuche, sonst wird der Wein die Schläuche zerreissen, und der Wein geht verloren, und die Schläuche sind hin. Nein, neuen Wein in neue Schläuche!

P: Mt 9,14–17; Lk 5,33–39 |20: 14,7

Das Ährenraufen am Sabbat

23 Und es geschah, dass er am Sabbat durch die Kornfelder ging, und unterwegs begannen seine Jünger, Ähren zu raufen. 24 Und die Pharisäer sagten zu ihm: Schau her, warum tun sie, was am Sabbat nicht erlaubt ist? 25 Und er sagt zu ihnen: Habt ihr nie gelesen, was David tat, als er Mangel litt und hungrig war, er und seine Gefährten? 26 Wie er in das Haus Gottes hineinging zur Zeit des Hohen Priesters Abiatar und die Schaubrote ass, die niemand essen darf ausser den Priestern, und wie er auch seinen Gefährten davon gab? 27 Und er sagt zu ihnen: Der Sabbat ist um des Menschen willen geschaffen, nicht der Mensch um des Sabbats willen. 28 Also: Der Menschensohn ist Herr auch über den Sabbat.

P: Mt 12,1–8; Lk 6,1–5 |24: Ex 31,13–17 |26: 1Sam 21,1–7 · Lev 24,5–9

Das iij. Capitel.

Es werdend die wunderwerck Christi beschriben/ und berüeffung der zwölffen/ außtreyben des unreynen geysts/ weliches die Phariseer dem teüfel zuogabend.

Und er gieng in die versamlung/ und es was da ein mensch/ der hatt ein verdorrete hand. Und sy hattend acht auff jnn/ ob er auch am Sabbath jnn heylen wurde/ auff das sy jn schuldigen möchtind. Und er sprach zuo dem menschen mit der verdorreten hand: Tritt herfür. Und er sprach zuo jnen: Mag man am Sabbath guots tuon/ oder mag man böses thuon? das läben erhalten oder töden? Sy aber schwigennd still. Und er sach sy umbher an mit zorn/ und was traurig ab jren verstarreten hertzen/ und sprach zuo dem menschen: Streck dein hannd auß. Und er strackt sy auß. Und die hand ward jm gsund wie die ander.

Und die phariseer giengend hinauß/ und hieltend von stundan einen radt mit Herodis diener über jnn/ wie sy jnn umbbrächtind.

Die Heilung eines behinderten Mannes am Sabbat

3 1 Und er ging wieder in die Synagoge. Und dort war einer mit einer verkümmerten Hand. 2 Und sie beobachteten ihn genau, ob er ihn am Sabbat heilen würde, um ihn anklagen zu können. 3 Und er sagt zu dem Menschen mit der verkümmerten Hand: Steh auf, tritt in die Mitte! 4 Und er sagt zu ihnen: Ist es erlaubt, am Sabbat Gutes zu tun oder Böses zu tun, Leben zu retten oder zu vernichten? Sie aber schwiegen. 5 Und voller Zorn schaut er sie einen nach dem andern an, betrübt über die Verstocktheit ihres Herzens, und sagt zu dem Menschen: Streck deine Hand aus! Und der streckte sie aus – und seine Hand wurde wiederhergestellt. 6 Da gingen die Pharisäer hinaus und fassten zusammen mit den Herodianern sogleich den Beschluss, ihn umzubringen.

P: Mt 12,9–14; Lk 6,6–11 |5: 6,52; 8,17; Joh 12,40; Röm 11,25 |6: Ex 31,14 · 11,18!

Aber Jesus entweych mit seinen jüngern an das Meer/ unnd vil volcks volget jm nach auß Galilea/ und von Judea/ und von Jerusalem/ und auß Jdumea/ und von jhensit des Jordans/ und die umb Tyro und Sydon wonend/ die seine thaten hortend. Und er sprach zuo sinen jüngern/ dz sy jm ein schifflin zuohin hieltind umb des volcks willenn/ das sy jnn nit drungind: dann er heylet jren vil/ also/ das jnn alle die geplaaget warend/ überfielend/ auff das sy jn anruortind. Und wenn jnn die unsauberen geyst sahend/ vielend sy nider/ und schreüwend/ und sprachend: Du bist Gottes sun. Und er beschalckt sy hart das sy jn nit offenbar machtind.

Zustrom von weit her

7 Und Jesus zog sich mit seinen Jüngern an den See zurück, und eine grosse Menschenmenge aus Galiläa folgte; auch aus Judäa 8 und aus Jerusalem, aus Idumäa und von jenseits des Jordan und aus der Gegend um Tyrus und Sidon kam eine grosse Menschenmenge zu ihm, als sie hörten, was er tat.

9 Und er sagte zu seinen Jüngern, man möge ein Boot für ihn bereitmachen, damit man ihn im Gedränge nicht erdrücke. 10 Denn er heilte so viele, dass alle, die von Leiden geplagt waren, sich auf ihn stürzten, um ihn zu berühren. 11 Und die unreinen Geister warfen sich vor ihm nieder, sobald sie ihn sahen, und schrien: Du bist der Sohn Gottes! 12 Und er schrie zurück, sie sollten ihn nicht offenbar machen.

P: Mt 4,24–25; Lk 6,17–19 |9: 4,1 |11: 1,24! |12: 1,44!

Die Berufung der Zwölf

Und er steyg auff einen berg/ unnd beruofft zuo jm welche er wolt/ und die giengent hin zuo jm. Und er ordnet die zwölff das sy bey jm sein söltind/ und das er sy außsandte zepredigen/ und das sy macht hettind zeheylen die kranckheyten/ und außzetreyben die teüfel. Unnd gab Simon den nammen Petrus/ und Jacoben den sun Zebedei/ unnd Johannem den bruoder Jacobi/ unnd gab jnen den nammen

13 Und er steigt auf den Berg und ruft zu sich, die er um sich haben wollte; und sie traten zu ihm hin. 14 Und er bestimmte zwölf, die er auch Apostel nannte, die mit ihm sein sollten und die er aussenden wollte, zu verkündigen 15 und mit Vollmacht die Dämonen auszutreiben. 16 Und er bestimmte die Zwölf: Simon, dem er den Beinamen Petrus gab, 17 und Jakobus, den Sohn des Zebedäus, und Johannes,

Bnereem/ das ist gesagt/ Donders kinder: und Andres und Philippus/ und Bartholome/ und Matthes/ und Thoman/ unnd Jacoben Alpheus sun/ und Thaddeon/ und Simon von Cana/ und Judas Jscarioten der jn verriedt.

Und sy kamend zum hauß/ do kam abermals das volck zuosamen/ also/ das sy nit weyl hattend zuo essen. Und do es hortend die umb jn warend/ giengend sy hinauß/ und woltend jn mit gewalt hinfüeren. Dann sy sprachend: Er thuot jm ze vil.

Die gschrifftglerten aber/ die von Jerusalem abhär kommen warend/ sprachend: Er hat den Beelzebub/ unnd durch den obersten teüffel treybt er die teüfel auß. Und beruofft sy zuosamen/ und sprach zuo jnen in gleychnussen: Wie kan ein Sathanas den andren außtreiben? Und wenn ein reych selbs under einandern uneins wirt/ wie mag es beston? Und wenn ein huß selbs under einandern uneins wirt/ mag es nit beston. Setzt sich nun Satanas wider sich selbs/ und ist mit jm selbs uneyns/ so kan er nit beston/ sunder es ist auß mit jm. Es kan niemant einem starcken in sein hauß fallen/ und seinen haußrat rauben/ es sey dann das er vorhin den starcken binde/ und denn erst sein haußradt raube.

Warlich ich sag euch/ alle sünd werdend vergeben den menschen kinderen/ auch die lesterung da mit sy lesterennd. Wär aber den heyligen geist lesteret/ der hat kein vergebung ewigklich/ sunder ist schuldig des ewigen gerichts. Dann sy sagtennd/ Er hat einen unsauberen geyst.

Und es kam sein muoter und seine brüeder und stuondend daussen/ schicktend zuo jm/ und liessend jm rüeffen. Und das volck sass umb jnn/ und sy sprachend zuo jm: Sihe/ dein muoter und deine brüeder daussen fragend

den Bruder des Jakobus, denen er den Beinamen Boanerges gab, das heisst ›Donnersöhne‹, 18 und Andreas und Philippus und Bartolomäus und Matthäus und Thomas und Jakobus, den Sohn des Alfäus, und Thaddäus und Simon Kananäus, 19 und Judas Iskariot, der ihn dann auslieferte.

P: Mt 10,2–4; Lk 6,12–16 |15: 6,7! |19: 14,11!

3,18: Zum Beinamen Kananäus vgl. die Anm. zu Mt 10,4.

Die besorgten Verwandten

20 Und er geht in ein Haus. Und wieder strömt das Volk zusammen, und sie kamen nicht einmal dazu, etwas zu essen. 21 Und als seine Verwandten davon hörten, machten sie sich auf, um sich seiner zu bemächtigen, denn sie sagten: Er ist von Sinnen.

|20: 2,2! |21: 3,22; Ps 69,9; Joh 10,20

Jesu Macht über die Dämonen

22 Und die Schriftgelehrten, die von Jerusalem herabgekommen waren, sagten: Er hat den Beelzebul, und: Durch den Fürsten der Dämonen treibt er die Dämonen aus. 23 Da rief er sie zu sich und redete zu ihnen in Gleichnissen: Wie kann der Satan den Satan austreiben? 24 Wenn ein Reich in sich gespalten ist, dann kann dieses Reich keinen Bestand haben. 25 Und wenn eine Familie in sich gespalten ist, dann wird diese Familie keinen Bestand haben. 26 Und wenn der Satan sich gegen sich selbst erhebt und gespalten ist, kann er nicht bestehen, sondern es hat ein Ende mit ihm. 27 Niemand aber kann in das Haus des Starken eindringen und seine Habe rauben, wenn er nicht zuvor den Starken gefesselt hat; dann erst wird er sein Haus ausrauben. 28 Amen, ich sage euch: Alles wird den Menschenkindern vergeben werden, alle Sünden und alle Lästerungen, so viel sie auch lästern mögen. 29 Wer aber den heiligen Geist lästert, für den gibt es in Ewigkeit keine Vergebung, sondern er ist ewiger Sünde schuldig. 30 Denn sie hatten gesagt: Er hat einen unreinen Geist.

P: Mt 12,22–32; Lk 11,14–23; 12,10 |22: 3,21; Mt 9,34! |30: 3,22

Die wahren Verwandten Jesu

31 Da kommen seine Mutter und seine Geschwister, und sie blieben draussen stehen, schickten zu ihm und liessen ihn rufen. 32 Und das Volk sass um ihn herum, und sie sagen zu ihm: Schau, deine Mutter und

nach dir. Und er antwortet und sprach: Wär ist mein muoter und meine brüeder? Und er sach rings umb sich auff die jünger/ die umb jnn im kreyß sassend/ und sprach: Sihe/ das ist mein muoter unnd meine brüeder. Dann wär Gottes willen thuot/ der ist mein bruoder/ und mein schwester/ und mein muoter.

Das iiij. Capitel.
  Dises Capitel ist voller schöner und lieblicher gleychnussen und heylsamer leeren. Am end gebeütet Jesus dem ungestüemen Meer und Winden/ die sind jm gehorsam.

  Und er fieng abermals an zuo leren am Meer/ unnd versamlet sich vil volcks zuo jm/ also/ das er muoßt in ein schiff trätten/ und auff dem wasser sitzen. Unnd alles volck stuond auff dem land am Meer. Und er prediget jnen lang durch gleychnuß/ und im leeren sprach er zuo jnen: Hörend zuo/ sihe/ es gieng ein Säyer auß zesäyen/ unnd es begab sich in dem er säyet/ viel etlichs an den wäg. Do kamend die vögel under dem himmel/ unnd frassends auf. Etlichs fiel in das steynächtig da es nit vil erden hatt/ und gieng bald auf/ darumb das es nit tieffe erden hatt. Do nun die Sonn aufgieng/ verwelcket es: und diewyl es nit wurtzlen hat/ verdorret es. Und etlichs fiel under die dörn/ und die dörn stigend embor/ unnd erstacktends/ und es gab kein frucht. Unnd etlichs viel auff ein guot land/ und gab frucht die da zuonam und wuochß. Und etlichs truog dreyssigfältig/ und etlichs sechtzigfeltig/ unnd etlichs hundertfeltig. Und er sprach zuo jnen: Wär oren hat zehören/ der höre.

  Und es begab sich do er allein was/ fragtend jn umb dise gleychnuß die umb jn warend mit den zwölffen. Unnd er sprach zuo jnen: Euch ist geben die geheimnuß des reych Gottes zuo wüssen/ denen aber daussen widerfart alles durch gleychnuß/ auff das sy es alles mit sehenden augen sehind/ und doch nit erkennind: und mit hörenden oren hörind/ und doch nitt verstandind/ auff das sy sich nit der mal eins bekeerind/ und jre sünd jnen vergeben werdind. Und er sprach zuo jnen: Verstond jr dise gleichnuß nit? wie woltend jr dann die andren all verston?

  Der Säyer säyet das wort. Dise sinds aber/ die an dem wäg sind/ wo das wort gesäyet wirt/ und sy es gehört habend/ so kumpt von stundan der Satan/ unnd nimpt hinweg dz

deine Brüder und Schwestern sind draussen und suchen dich. 33 Und er entgegnet ihnen: Wer ist meine Mutter, und wer sind meine Geschwister? 34 Und er schaut, die im Kreis um ihn sitzen, einen nach dem andern an und spricht: Das hier ist meine Mutter, und das sind meine Brüder und Schwestern! 35 Denn wer den Willen Gottes tut, der ist mir Bruder und Schwester und Mutter.

P: Mt 12,46–50; Lk 8,19–21 |32: 6,3

Das Gleichnis vom vierfachen Acker und seine Deutung

4 1 Und wieder fing er an, am See zu lehren. Und es versammelt sich so viel Volk um ihn, dass er in ein Boot stieg und sich dann setzte auf dem See; und alles Volk war am Ufer des Sees. 2 Und er lehrte sie vieles in Gleichnissen und sagte ihnen in seiner Lehre:

  3 Hört! Der Sämann ging aus, um zu säen. 4 Und beim Säen geschah es, dass etliches auf den Weg fiel, und die Vögel kamen und frassen es. 5 Anderes fiel auf felsigen Boden, wo es nicht viel Erde fand, und es ging sogleich auf, weil die Erde nicht tief genug war. 6 Und als die Sonne aufging, wurde es versengt; und weil es keine Wurzeln hatte, verdorrte es. 7 Anderes fiel unter die Dornen, und die Dornen schossen auf und erstickten es, und es brachte keine Frucht. 8 Wieder anderes fiel auf guten Boden und brachte Frucht. Es ging auf und wuchs. Und das eine trug dreissigfach, das andere sechzigfach, das dritte hundertfach. 9 Und er sprach: Wer Ohren hat zu hören, der höre!

  10 Und als er allein war, fragten ihn die, die mit den Zwölfen um ihn waren, nach dem Sinn der Gleichnisse. 11 Und er sagte zu ihnen: Euch ist das Geheimnis des Reiches Gottes gegeben. Denen aber, die draussen sind, wird alles in Gleichnissen zuteil,

  12 *damit sie sehend sehen und nicht erkennen,*
  und hörend hören und nicht verstehen,
  damit sie nicht umkehren und ihnen vergeben
  werde.

  13 Und er sagt zu ihnen: Dieses Gleichnis versteht ihr nicht? Wie wollt ihr dann die Gleichnisse überhaupt verstehen? 14 Der Sämann sät das Wort. 15 Die auf dem Weg aber sind die, bei denen das Wort gesät wird, doch wenn sie es gehört haben, kommt sogleich der Satan und nimmt das Wort weg, das in sie gesät ist. 16 Und die auf felsigen Boden gesät

wort das in jre hertzen gesäyet was. Also die sinds/ die auff das steinächtig gesäyet sind/ wenn sy das wort gehört habend/ nemmend sy es auf mit fröuden/ und habend kein wurtzel in jnen/ sunder sind bestätet ein kurtze zeyt/ Wenn sich erhept trüebsal und verfolgung umbs worts willen/ so ergerend sy sich von stundan. Und dise sinds die under die dörn gesäyet sind/ die das wort hörend/ unnd die sorg diser welt/ und die betriegliche reychtumb/ und vil andere lüst gond hineyn/ und ersteckend das wort/ und wirt unfruchtbar. Und dise sinds die auff ein guot land gesäyet sind/ die das wort hörend/ und nemmends an/ und bringend frucht: etlicher dreyssigfeltig/ und etlicher sechtzigfeltig/ und etlicher hundertfeltig.

Und er sprach zuo jnen: Wirt auch ein liecht anzündt das es under ein vierteyl gsetzt werde/ oder under einen tisch? Jsts nit also/ das es anzündt wirt/ auff dz es auff einen leüchter gesetzt werde? Dann es ist nüt verborgen das nit geoffenbaret werden sölle: und ist nichts heimlichs/ das nit herfür kommen sölle. Wär oren hat zehörenn der höre. Und er sprach zuo jnen: Verstond jrs was jr hörend? Mitt welcherley maaß jr mässend/ wirt man euch mässen. Und man wirt euch noch zuogeben die jr diß hörend. Dann wär da hat/ dem wirt ggeben: und wär nit hat/ von dem wirt man nemmen auch das er hat.

Und er sprach zuo jnen: Das reych Gottes hat sich also/ als wenn ein mensch somen wirfft auffs land/ und schlaafft/ unnd stadt auf nacht und tag/ und der som gadt auff/ und gruonet das ers nit weyßt. Dann die erd bringt von jr selbs zum ersten das graß/ darnach die äher/ darnach den vollen weytzen in den ähren. Wenn sy aber die frucht gebracht hat/ bald so legt er die sichlen an/ dann die ärnd ist da.

Und er sprach: Wäm wöllend wir vergleychen das reych Gottes? und durch welche gleychnuß wöllennd wir es fürbilden? Gleich wie ein senff korn/ wenn das gesäyet wirt auffs land/ so ist

sind, das sind die, welche das Wort, wenn sie es gehört haben, sogleich freudig aufnehmen. 17 Doch sie haben keine Wurzeln, sondern sind unbeständig. Wenn es danach zu Bedrängnis oder Verfolgung kommt um des Wortes willen, kommen sie gleich zu Fall. 18 Und wieder andere sind die, welche unter die Dornen gesät sind. Das sind die, welche das Wort gehört haben, 19 doch die Sorgen dieser Welt und der trügerische Reichtum und die Gier nach all den anderen Dingen dringen in sie ein und ersticken das Wort, und es bleibt ohne Frucht. 20 Und die auf guten Boden gesät sind, das sind jene, welche das Wort hören und aufnehmen und Frucht tragen: das eine dreissigfach, das andere sechzigfach, das dritte hundertfach.

P: Mt 13,1–23; Lk 8,4–15 |9: 4,23; Mt 13,9! |12: Jes 6,9–10; Joh 12,40 · 8,18 |19: Lk 12,22!

Vom Sehen, Hören und Messen

21 Und er sagte zu ihnen: Kommt denn das Licht, damit man es unter den Scheffel oder unter das Bett stellt? Nein, damit man es auf den Leuchter stellt! 22 Denn es gibt nichts Verborgenes, das nicht offenbar werden, und nichts Geheimes, das nicht an den Tag kommen soll. 23 Wer Ohren hat zu hören, der höre! 24 Und er sagte zu ihnen: Achtet auf das, was ihr hört! Mit dem Mass, mit dem ihr messt, wird euch zugemessen werden, und es wird euch noch dazugegeben werden. 25 Denn wer hat, dem wird gegeben werden; und wer nicht hat, dem wird auch das genommen werden, was er hat.

P: Lk 8,16–18 |21: Mt 5,15; Lk 11,33 |22: Mt 10,26; Lk 12,2 |23: 4,9; Mt 13,9! |24: Mt 7,2; Lk 6,38 |25: Mt 13,12!

Das Gleichnis von der selbst wachsenden Saat

26 Und er sprach: Mit dem Reich Gottes ist es so, wie wenn einer Samen aufs Land wirft; 27 er schläft und steht auf, Nacht und Tag. Und der Same sprosst und wächst empor, er weiss nicht wie. 28 Von selbst bringt die Erde Frucht, zuerst den Halm, dann die Ähre, dann das volle Korn in der Ähre. 29 Wenn aber die Frucht es zulässt, schickt er sogleich die Sichel, denn die Ernte ist da.

|29: Joel 4,13; Offb 14,15

Das Gleichnis vom Senfkorn

30 Und er sprach: Wie sollen wir das Reich Gottes abbilden? In welchem Gleichnis sollen wir es darstellen? 31 Es ist wie ein Senfkorn, das kleinste unter allen Samenkörnern auf Erden,

es das kleynest under allen somen auff erden. Und wenn es gesäyet ist/ so nimpt es zuo/ und wirt grösser dann alle kölkreüter/ und gewünnet grosse zweyg/ also/ das die vögel under dem himmel under seinem schatten wonen könnend.

Und durch vil söliche gleychnussen sagt er jnen das wort/ nach dem sy es hören kontend: und on gleychnuß redt er nüts zuo jnen. Aber in sunderheyt legt ers alles auß seinen jüngern.

Und an dem selben tag des abents sprach er zuo jnen: Lassend uns hinüber faren. Unnd sy namend jnn wie er schon da was im schiff/ und warent mer schiff bey jm. Und es erhuob sich ein grosser windwirbel/ unnd warff die wällen in das schiff/ also/ daß dz schiff voll ward. Unnd er was dahinden auff dem schiff/ und schlieff auff einem küsse. Und sy wacktend jnn auf/ und sprachend: Meister/ hast du deß nitt acht das wir verdärbend? Und er stuond auf/ und beschalckt den wind mit tröwen/ und sprach zuo dem meer: Schweyg still/ und verstumm. Und der wind legt sich/ und ward ein grosse stille. Und er sprach zuo jnen: Wie sind jr so forchtsam? wie/ das jr keinen glauben habend? Und sy forchtend jnen seer/ unnd sprachend undereinander: Wär ist der? dann wind und meer sind jm gehorsam.

Das v. Capitel.
Christus thuot drey grosse zeychen/ entlediget den besäßnen vom bösen geyst/ Das kranck weyb von jrem bluotfluss/ und erweckt die tochter vom tod auf.

Und sy kamend yhensit dem meer in die gegne der Gadarener. Und als er auß dem schiff tratt/ lieff jm bald engegen auß den greberen ein mensch/ besässen von einem unsauberen geist/ der sein wonung inn den greberen hatt. Und niemant kondt jnn binden/ auch nit mit ketten: dann er was offt mit fuoßeysen und kettenen gebunden gewesen/ und hatt die ketten zerrissen/ und die fuoßeysen zerbrochen/ und niemant konndt jn zämen. Und er was all zeyt/ beyde tag unnd nacht auff den bergen unnd in den greberen schryende: und schluog sich selbs mit steinen. Do er aber Jesum sach von verrnuß/ lieff er zuo/ unnd fiel vor jm nider/ schrey laut/ unnd sprach: Was hab ich mit dir zethuon? O Jesu du sun des Allerhöchstenn/ ich beschweer dich bey Gott/ dz du mich nit peynigest. Er

das in die Erde gesät wird. 32 Ist es gesät, geht es auf und wird grösser als alle anderen Gewächse und treibt so grosse Zweige, dass in seinem Schatten *die Vögel des Himmels nisten* können.

33 Und in vielen solchen Gleichnissen sagte er ihnen das Wort, so wie sie es zu hören vermochten. 34 Anders als im Gleichnis redete er nicht zu ihnen; war er aber mit seinen Jüngern allein, löste er ihnen alles auf.

P: Mt 13,31–32.34–35; Lk 13,18–19 |32: Ps 104,12; Dan 4,9.18

Die Stillung des Seesturms
35 Und er sagt zu ihnen am Abend dieses Tages: Lasst uns ans andere Ufer fahren. 36 Und sie liessen das Volk gehen und nahmen ihn, wie er war, im Boot mit. Auch andere Boote waren bei ihm. 37 Da erhob sich ein heftiger Sturmwind, und die Wellen schlugen ins Boot, und das Boot hatte sich schon mit Wasser gefüllt. 38 Er aber lag schlafend hinten im Boot auf dem Kissen. Und sie wecken ihn und sagen zu ihm: Meister, kümmert es dich nicht, dass wir untergehen? 39 Da stand er auf, schrie den Wind an und sprach zum See: Schweig, verstumme! Und der Wind legte sich, und es trat eine grosse Windstille ein. 40 Und er sagte zu ihnen: Was seid ihr so furchtsam? Habt ihr noch keinen Glauben? 41 Und sie gerieten in grosse Furcht, und sie sagten zueinander: Wer ist denn dieser, dass ihm selbst Wind und Wellen gehorchen?

P: Mt 8,18.23–27; Lk 8,22–25 |37: Jona 1,4 |38: Jona 1,5 |39: 6,51; Ps 65,8; 89,10; 107,29 |40: 5,34! |41: 1,27

Der Besessene von Gerasa
5 1 Und sie kamen ans andere Ufer des Sees in das Gebiet der Gerasener. 2 Und kaum war er aus dem Boot gestiegen, lief ihm sogleich von den Gräbern her einer mit einem unreinen Geist über den Weg. 3 Der hauste in den Grabhöhlen, und niemand mehr vermochte ihn zu fesseln, auch nicht mit einer Kette. 4 Denn oft war er in Fussfesseln und Ketten gelegt worden, doch er hatte die Ketten zerrissen und die Fussfesseln zerrieben, und niemand war stark genug, ihn zu bändigen. 5 Und die ganze Zeit, Tag und Nacht, schrie er in den Grabhöhlen und auf den Bergen herum und schlug sich mit Steinen. 6 Und als er Jesus von weitem sah, lief er auf ihn zu und warf sich vor ihm nieder 7 und schrie mit lauter Stimme: Was habe ich mit dir zu schaffen, Jesus, Sohn des höchsten Gottes? Ich beschwöre dich

sprach aber zuo jm: Far auß du unsauberer geyst von dem menschen. Und er fraget jn: Wie heissestu. Und er antwortet und sprach: Legion heiß ich/ dann unser ist vil. Unnd er batt jn vast/ das er sy nit auß der selben gegne tribe.

Und es was daselbst an den bergen ein grosse herd seüw in der weyd/ und die tüfel battend jnn all/ und sprachend: Laß uns in die seüw faren. Und von stundan erlaubt es jnen Jesus. Do fuorend die unsauberen geist auß/ und fuorend in die süw. Unnd die herd sturtzt sich mit einem sturm in das meer. Es was aber bey zwey tausend/ und ertrunckend im meer. Und die hirten fluhend/ und verkundtend das in der statt und auff dem land. Und sy giengend hinauß zesehen was da geschehen was/ und kamend zuo Jesu/ und sahennd den besäßnen der die Legion gehept hatt/ das er saß/ und was bekleydet und wol bey jm selbs/ und forchtend jnen. Und die es gesehen hattend/ sagtend jnen was dem besäßnen widerfaren was/ und von den süwen. Und sy fiengend an und battend jnn das er auß jrer gegne zuge. Und do er in das schiff tratt/ batt jn der besässen das er möchte bey jm sein. Aber Jesus ließ es jm nit zuo/ sunder sprach zuo jm: Gang hin in dein hauß/ unnd zuo den deinen/ und verkünde jnen wie grosse wolthat dir der Herr gethon hat/ und sich dein erbarmet habe. Und er gieng hin/ und fieng an außrüeffenn in den zähen stetten wie grosse wolthat jm Jesus gethon hatt. Und yederman verwunderet sich.

Und do Jesus wider hinüber fuor im schiff/ versamlet sich vil volcks zuo jm/ und was an dem meer/ und sihe/ do kam der obersten einer von der schuol/ mit nammen Jayrus. Und do er jn sach/ viel er jm zefuoß/ unnd batt jnn vast/ und sprach: Mein tochter ist in den letsten zügen/ du wöllist kommen/ und din hand auff sy legen/ das sy gsund werde und läbe. Und er gieng hin mit jm/ und es volget jm vil volcks nach/ und sy drungend jn.

Und da was ein weyb das hatt den bluotgang zwölff jar gehept/ und vil erlitten von vilen artzeten/ unndt hatt alles jr guot darob verzeert/ und halff sy nichts/ sunder vil mer ward es erger mit jren. Do die hort von Jesu/ kam sy im volck von hinden zuo/ und ruort sein kleyd an. Dann sy sprach: Wenn

bei Gott: Quäle mich nicht! 8 Er hatte nämlich zu ihm gesagt: Fahr aus, unreiner Geist, aus dem Menschen! 9 Und er fragte ihn: Wie heisst du? Und er sagt zu ihm: Legion heisse ich, denn wir sind viele. 10 Und sie flehten ihn an, sie nicht aus der Gegend zu vertreiben. 11 Nun weidete dort am Berg eine grosse Schweineherde. 12 Da baten sie ihn: Schick uns in die Schweine, lass uns in sie fahren! 13 Und er erlaubte es ihnen. Da fuhren die unreinen Geister aus und fuhren in die Schweine. Und die Herde stürzte sich den Abhang hinunter in den See, an die zweitausend, und sie ertranken im See.

14 Und ihre Hirten ergriffen die Flucht und erzählten es in der Stadt und auf den Gehöften. Und die Leute kamen, um zu sehen, was geschehen war. 15 Und sie kommen zu Jesus und sehen den Besessenen dasitzen, bekleidet und bei Sinnen, ihn, der die Legion gehabt hat. Da fürchteten sie sich. 16 Und die es gesehen hatten, erzählten ihnen, wie es dem Besessenen ergangen war, und die Sache mit den Schweinen. 17 Da baten sie ihn immer dringlicher, aus ihrem Gebiet wegzuziehen.

18 Und als er ins Boot stieg, bat ihn der Besessene, bei ihm bleiben zu dürfen. 19 Aber er liess es nicht zu, sondern sagt zu ihm: Geh nach Hause zu den Deinen und erzähle ihnen, was der Herr mit dir gemacht hat und dass er Erbarmen hatte mit dir. 20 Und der ging weg und fing an, in der Dekapolis kundzutun, was Jesus mit ihm gemacht hatte. Und alle staunten.

P: Mt 8,28–34; Lk 8,26–39 |7: 1,24!

Die Auferweckung der Tochter des Jairus. Die Frau mit den Blutungen

21 Und als Jesus im Boot wieder ans andere Ufer hinübergefahren war, strömte viel Volk bei ihm zusammen; und er war am See. 22 Da kommt einer von den Synagogenvorstehern mit Namen Jairus, und als er ihn sieht, fällt er ihm zu Füssen 23 und fleht ihn an: Mein Töchterchen ist todkrank. Komm und leg ihr die Hand auf, damit sie gerettet wird und am Leben bleibt. 24 Und er ging mit ihm. Und viel Volk folgte ihm und drängte sich um ihn.

25 Und da war eine Frau, die hatte seit zwölf Jahren Blutungen 26 und hatte viel gelitten unter vielen Ärzten und ihr ganzes Vermögen ausgegeben. Aber es hatte ihr nichts genützt, es war nur noch schlimmer geworden mit ihr. 27 Als sie nun von Jesus hörte, kam sie im Gedränge von hinten an ihn heran

ich nun sein kleyd möchte anrüeren/ so wurde ich gesund. Und als bald vertrocknet der brunn jrs bluots: und sy empfands am leyb das sy was gsund worden von jrer plaag.

Und Jesus empfand als bald an jm selbs die krafft die von jm außgangen was/ und wandt sich umb under dem volck/ und sprach: Wär hat meine kleyder angerüert? Und die jünger sprachend zuo jm: Du sichst das dich das volck dringet/ unnd sprichst: Wär hat mich angerüert? Und er sach sich umb nach deren/ die das gethon hatt. Das weyb aber forcht sich/ und zitteret: dann sy wußt was an jren geschehen was/ kam und viel vor jm nider/ unnd sagt jm die gantz warheyt. Er sprach aber zuo jr: Mein tochter/ dein glaub hat dich gsund gemachet: gang hin mit friden/ und biß gesund von deiner plaag.

Do er noch also redt/ kamennd etlich zuo dem obersten der schuol/ und sprachend: Dein tochter ist gestorben/ was bemüeyest du weyter den meister? Jesus aber hort bald die red die da gesagt ward/ unnd sprach zuo dem obersten der schuol: Förcht dir nit/ glaub nun. Und ließ niemant jm nachfolgen dann Petern und Jacoben unnd Johannen seinen bruoder. Und er kam in das hauß des obersten der schuol/ und sach das getümmel/ und die da seer weynetend und heületend: unnd er gieng hineyn/ und sprach zuo jnen: Was tümmlend und weynend jr/ das kind ist nit gestorben/ sunder es schlaafft. Und sy verlachtend jn. Und er treyb sy alle auß/ unnd nam mit jm den vatter des kinds/ und die muoter/ und die bey jm warend/ und gieng hineyn da dz kind lag. Unnd er greyff das kind bey der hand/ und sprach zuo jr: Thabitha kumi/ das ist so vil/ Sich auf/ stand auf. Und als bald stuond das meytlin auf/ unnd wandlet. Es was aber zwölff jar alt/ und sy entsatzend sich über die maaß. Und er verbot jnen hart das es niemant wüssen solt/ und sagt: Sy söltind jr zuo essen geben.

Das vj. Capitel
Christus lert in seinem heymat und wirt verachtet: erwelt zwölff jünger/ die sendt er auß zepredigen. Herodes faacht Johannem und laßt jnn enthaupten. Christus speyßt fünff tausent mit fünff broten. Laßt ein ungestüem wätter auff den see kummen: kumpt ins land Genezareth.

Und er gieng auß von dannen/ und kam in sein heyman/ unnd seine jünger volgtend jm nach. Und do der Sabbat kam/ huob er an ze leren in jrer schuol. Und vil die es hortend/

und berührte seinen Mantel. 28 Denn sie sagte sich: Wenn ich auch nur seine Kleider berühre, werde ich gerettet. 29 Und sogleich versiegte die Quelle ihrer Blutungen, und sie spürte an ihrem Körper, dass sie von der Plage geheilt war. 30 Und sogleich spürte Jesus, dass eine Kraft von ihm ausgegangen war, und er wandte sich im Gedränge um und sprach: Wer hat meine Kleider berührt? 31 Da sagten seine Jünger zu ihm: Du siehst doch, wie das Volk sich um dich drängt, und da sagst du: Wer hat mich berührt? 32 Und er schaute umher, um die zu sehen, die das getan hatte. 33 Die Frau aber kam, verängstigt und zitternd, weil sie wusste, was ihr geschehen war, und warf sich vor ihm nieder und sagte ihm die ganze Wahrheit. 34 Er aber sagte zu ihr: Tochter, dein Glaube hat dich gerettet. Geh in Frieden und sei geheilt von deiner Plage.

35 Noch während er redet, kommen Leute des Synagogenvorstehers und sagen: Deine Tochter ist gestorben! Was bemühst du den Meister noch? 36 Doch Jesus, der hörte, was geredet wurde, sagt zu dem Synagogenvorsteher: Fürchte dich nicht, glaube nur! 37 Und er liess niemanden mit sich gehen ausser Petrus, Jakobus und Johannes, den Bruder des Jakobus. 38 Und sie kommen in das Haus des Synagogenvorstehers. Und er sieht die Aufregung, wie sie weinen und laut klagen. 39 Und er geht hinein und sagt zu ihnen: Was lärmt und weint ihr? Das Kind ist nicht gestorben, es schläft. 40 Da lachten sie ihn aus. Er aber schickt alle hinaus, nimmt den Vater des Kindes und die Mutter und seine Begleiter mit und geht hinein, wo das Kind ist. 41 Und er nimmt die Hand des Kindes und spricht zu ihm: Talita kum! Das heisst: Mädchen, ich sage dir, steh auf! 42 Und sogleich stand das Mädchen auf und ging umher. Es war zwölf Jahre alt. Da waren sie fassungslos vor Entsetzen. 43 Und er schärfte ihnen ein, dies niemanden wissen zu lassen. Und er sagte, man solle ihr zu essen geben.

P: Mt 9,18–26; Lk 8,40–56 |25: Lev 15,25 |30: Lk 6,19! |34: 2,5; 4,40; 10,52; 11,22; Mt 8,13! |37: 9,2! |41: Lk 7,14! |43: 1,44!

Ablehnung in Nazaret
6 1 Und er ging weg von dort. Und er kommt in seine Vaterstadt, und seine Jünger folgten ihm. 2 Und als es Sabbat geworden war, begann er, in der Synagoge zu lehren.

verwundertend sich seiner leer/ und sprachend: Wo hār kumpt dem sölichs? und was weyßheit ist es die jm ggeben ist? unnd sölich thaten die durch seine hend geschehend? Jst er nit der Zimmerman Maria sun/ und der bruoder Jacobi und Joses/ und Jude/ und Simonis? Sind nit auch seine schwestern hie bey uns? Und sy ergertend sich an jm. Jesus aber sprach zuo jnen: Ein Prophet gilt nienen weniger dann daheim/ und bey den seinen. Und er kondt da nit ein eynige that thuon/ dann wenig siechen legt er die hend auf/ und heylet sy. Und er verwunderet sich jrs unglaubens.

Und gieng umbher inn die stett im umbkreyß/ und leret sy.

Und beruofft die zwölff/ unnd huob an und sendet sy/ ye zween unnd zween/ und gab jnen macht über die unsauberen geist. Und gebot jnen dz sy nichts mit jnen nāmind auff den wäg/ dann ein stab: kein täschenn/ kein brot/ kein gelt am gürtel/ sunder sockelen ann füessen/ unnd das sy nitt zwen röck anzugind. Unnd sprach zuo jnen: Wo jr in ein hauß gon werdennd/ da bleybend innen biß jr von dannen ziehend. Und welche euch nit aufnemmend/ noch euch hörend/ da gond von dannen herauß/ und schütlend den staub ab von euweren füessen/ zuo einer zügnuß über sy. Jch sag euch warlich/ es wirdt Sodomen unnd Gomorren am Jüngsten gericht geringer sein/ dann sölicher statt.

Und sy giengend auß/ und predigtend/ man sölte sich enderen/ und tribend vil tüfel auß/ und salbtend vil siechen mit öl/ und machetend sy gsund.

Und es kam für den künig Herodes (dann sein namm was nun bekant) unnd er sprach: Johannes der Töuffer ist vonn den todten auferstanden/ darumb ist sein thuon so gwaltig. Etlich aber sprachennd: Es ist Helias. Etlich aber: Es ist ein Prophet/ oder einer von den propheten. Do es aber Herodes hort/ sprach er: Es ist Johannes den ich enthauptet hab/ der ist vonn den todten auferstanden. Er aber Herodes/ hatt außgesandt und Joannem gefangen/ und in die gfencknus gelegt umb Herodias willen

Und viele, die zuhörten, waren überwältigt und sagten: Woher hat der das, und was für eine Weisheit ist das, die ihm gegeben ist? Und solche Wunder geschehen durch seine Hände! 3 Ist das nicht der Zimmermann, der Sohn der Maria, der Bruder des Jakobus, des Joses, des Judas und des Simon, und leben nicht seine Schwestern hier bei uns? Und sie nahmen Anstoss an ihm. 4 Und Jesus sagt zu ihnen: Nirgends gilt ein Prophet so wenig wie in seiner Vaterstadt und bei seinen Verwandten und in seiner Familie. 5 Und er konnte dort kein einziges Wunder tun, ausser dass er einigen Kranken die Hand auflegte und sie heilte. 6 Und er wunderte sich über ihren Unglauben.

Dann zog er in den umliegenden Dörfern umher und lehrte.

P: Mt 13,53–58; Lk 4,16–30 |2: 1,22! |3: 3,32 |4: Joh 4,44 |6: Mt 9,35

Die Aussendung der Zwölf

7 Und er ruft die Zwölf herbei. Und er begann, sie zu zweien auszusenden, und gab ihnen Vollmacht über die unreinen Geister. 8 Und er gebot ihnen, nichts auf den Weg mitzunehmen ausser einem Stab, kein Brot, keinen Sack, kein Geld im Gürtel, 9 nur Sandalen an den Füssen, und: Zieht euch kein zweites Kleid an! 10 Und er sagte zu ihnen: Wo ihr in ein Haus eintretet, da bleibt, bis ihr von dort weiterzieht. 11 Wo ein Ort euch nicht aufnimmt und man euch nicht zuhört, von dort geht wieder weg und schüttelt den Staub von euren Füssen – das soll ihnen ein Zeichen sein!

12 Und sie zogen aus und verkündigten, man solle umkehren. 13 Und sie trieben viele Dämonen aus und salbten viele Kranke mit Öl und heilten sie.

P: Mt 10,1.5–15; Lk 9,1–6; 10,1–12 |7: 3,15; 6,13; 16,17 · 6,30 |11: Lk 10,11! |12: 1,15 · 6,30 |13: 6,7! · Jak 5,14–15

Herodes und der Täufer

14 Auch der König Herodes hörte von ihm, denn sein Name war bekannt geworden, und es hiess, Johannes der Täufer sei von den Toten auferweckt worden, darum wirkten solche Kräfte in ihm. 15 Andere aber sagten: Er ist Elija, wieder andere sagten: Er ist ein Prophet wie einer der Propheten. 16 Als Herodes das hörte, sagte er: Johannes, den ich enthaupten liess, der ist auferweckt worden.

17 Herodes selbst hatte Johannes nämlich gefangen nehmen und in Ketten legen lassen

seines bruoders Philippes weyb: dann er hatt sy zuo einem weyb genommen. Joannes aber sprach zuo Herode: Es zimpt dir nit das du deines bruoders weyb habest. Herodias aber stalt jm nach/ und wolt jn töden/ und kondt nit. Herodes aber hatt vor augen Johannem/ dann er wußt das er ein frommer heyliger mann was. Und hielt von jm. Und fürhin als er jnn gehört hatt/ thett er vil/ und hort jn gern.

Und es kam ein gelägner tag/ das Herodes auff seinen Jarstag ein abentmal gab/ den obersten und hauptlüten und fürnemsten in Galilea. Do tratt hineyn die tochter der Herodias/ und tantzet/ und es gefiel dem Herodi und denen die am tisch sassend/ wol. Do sprach der künig zum meytlin: Bitt von mir was du wilt/ ich wil es dir geben. Und schwuor jr einen Eyd: Was du wirst vonn mir bitten/ wil ich dir geben/ biß an den halben teyl meines Künigreychs. Sy gieng hinauß unnd sprach zuo jrer muoter: Was sol ich bitten? Sy sprach: Das haupt Johannis deß Töuffers. Und sy gieng hineyn mit eyl zum König/ batt unnd sprach: Ich wil das du mir gebest yetz so bald auff ein schüssel das haupt Johannis des Töuffers. Und der künig ward betrüebt. Und umb deß eyds willen und deren die am tisch sassend/ wolt er sy nit lassenn ein fälbitt thuon. Unnd bald schickt hin der künig nach dem gwardeknecht und ließ sein haupt här bringen. Der gieng hin/ und enthauptet jnn in der gefencknuß/ und truog här sein haupt auff einer schüssel/ und gab es dem meytlin: und das meytlin gab es der muoter. Und do das seine jünger hortend/ kamend sy und namend seinen leyb/ und legtend jnn in ein grab.

wegen Herodias, der Frau seines Bruders Philippus, weil er sie geheiratet hatte. 18 Denn Johannes hatte zu Herodes gesagt: Es ist dir nicht erlaubt, deines Bruders Frau zu haben. 19 Herodias aber trug ihm das nach und wollte ihn töten lassen, konnte es aber nicht. 20 Denn Herodes fürchtete Johannes, weil er wusste, dass er ein gerechter und heiliger Mann war, und er liess ihn bewachen. Und wenn er ihm zuhörte, geriet er in grosse Verlegenheit, und doch hörte er ihm gern zu.

21 Doch an einem günstigen Tag, als Herodes zu seinem Geburtstag ein Gastmahl gab für seine Grossen, die Befehlshaber und die einflussreichsten Leute Galiläas, 22 trat seine Tochter – die von der Herodias – herein und tanzte. Und sie gefiel dem Herodes und den Gästen. Da sagte der König zu dem Mädchen: Verlange von mir, was du willst, und ich werde es dir geben. 23 Und er schwor ihr: Was immer du von mir verlangst, ich werde es dir geben, bis zur Hälfte meines Reichs. 24 Da ging sie hinaus und sagte zu ihrer Mutter: Was soll ich verlangen? Die aber sagte: Den Kopf des Täufers Johannes. 25 Und sogleich eilte sie hinein zum König und erklärte: Ich will, dass du mir auf der Stelle auf einer Schale den Kopf des Täufers Johannes gibst! 26 Da bedauerte der König seinen Schwur vor den Gästen, doch er wollte sie nicht abweisen. 27 Und sogleich entsandte der König einen Henker und befahl, den Kopf zu bringen. Und der ging und enthauptete ihn im Gefängnis, 28 brachte seinen Kopf auf einer Schale und gab ihn dem Mädchen, und das Mädchen gab ihn seiner Mutter. 29 Als die Jünger des Johannes davon hörten, kamen sie und holten seinen Leichnam und legten ihn in ein Grab.

P: Mt 14,1–12; Lk 9,7–9 |14: 8,28 |15: 8,28; Mt 21,11! |16: 6,27 |17–20: Lk 3,19–20 |17: 1,14 |18: Lev 18,16 |23: Est 5,3.6; 7,2 |27: 6,16

Die Speisung der fünftausend

Und die Apostel kamend zuosamen zuo Jesu/ und verkündigetend jm das alles/ unnd was sy gethon und gelert hattend. Und er sprach zuo jnen: Lassend uns besunders in ein wüeste gon/ und ruowen ein wenig. Dann es warend vil die von und zuogiengend/ unnd hattend nit zeyt gnuog zuo essen. Und er fuor da in einem schiff zuo einer wüeste besunders. Und das volck sach sy hinweg farenn/ unnd vil wußtends/ und lieffend daselbst hin miteinander zefuoß auß

30 Und die Apostel versammeln sich bei Jesus. Und sie berichteten ihm alles, was sie getan und gelehrt hatten. 31 Und er sagt zu ihnen: Kommt, ihr allein, an einen einsamen Ort, und ruht euch ein wenig aus. Denn es war ein Kommen und Gehen, und sie hatten nicht einmal Zeit zum Essen.

32 Und sie fuhren im Boot an einen einsamen Ort, wo sie für sich waren. 33 Aber man sah sie wegfahren, und viele erfuhren es. Und sie liefen

allen stetten/ unnd kamend jm vor/ und kamend zuo jm. Und Jesus gieng herauß/ und sach das groß volck/ und er erbarmet sich der selben: dann sy warend wie die schaaff die keinen hirten habend/ und fieng an ein lange predig.

Do nun der tag vast dahin was/ trattend zuo jm seine jünger/ und sprachend: Es ist ein wüeste hie/ und der tag ist nun dahin/ laß sy von dir das sy hingangind in die umbligenden dörffer und fläcken/ und kauffind jnen selbs brot/ dann sy habend nichts zuo essenn. Jesus aber antwortet/ und sprach zuo jnen: Gebend jr jnen zuo essen. Und sy sprachend zuo jm: Söllend wir dann hingon/ und zwey hundert pfennig wärt brot kauffen/ und jnen zuo essen geben? Er aber sprach zuo jnen: Wie vil brot habend jr? Gond hin und sehend. Und do sy es erkunnet hattend/ sprachend sy: fünffe/ und zween fisch. Und er gebot jnen das sy sich lägertind/ und in den grüenen wisen sich in gsellschafften und rotten zuosamen schlüegind: allweg ein rott in eines manns maden in das grüen graß. Und sy satztend sich daselbst nider nach rotten/ allweg hundert an ein rott zuosamen: unnd warend der rotten fünfftzig. Und er nam die fünff brot unnd zwen fisch/ und sach auf in den hymmel/ sagt lob und danck/ und brach die brot/ und gab sy den jüngeren das sy jnen fürlegtind. Und die zwen fisch teylt er under sy all. Und sy assend all/ und wurdend satt. Unnd sy huobend auf die stücklin/ zwölff körb voll/ und von den fischen. Und die da geessen hattend/ deren was bey fünff tausent mann.

Und als bald treyb er seine jünger/ dz sy in das schiff trätind/ und vor jm hinüber füerind gen Bethsaida/ biß das er das volck von jm ließ. Und do er sy vonn jm abgefertiget hatt/ gieng er hin auff einen berg zebätten. Und am abent was das schiff mitten auff dem Meer/ und er auff dem land allein. Und er sach das sy not littend mit faren: dann der wind wäyet jnen engegen. Und umb die vierde wacht der nacht/ kam er zuo jnen/ und wandlet auff dem meer/ und er wolt vor jnen übergon. Unnd do sy jnn sahend auff dem Meer wandlen/ meintend sy es wäre ein gspänst/ und schreüwend: dann sy sahend jnn all/ und erschrackend. Aber als bald redt er mit jenen/ unnd sprach zuo jnen: Sind mannlich/ ich bins/ förchtennd euch nit. Unnd

zu Fuss aus allen Städten dort zusammen und kamen noch vor ihnen an. 34 Als er ausstieg, sah er die vielen Menschen, und sie taten ihm leid, denn sie waren *wie Schafe, die keinen Hirten haben.* Und er fing an, sie vieles zu lehren.

35 Und als die Stunde schon vorgerückt war, traten seine Jünger zu ihm und sagten: Abgelegen ist der Ort und vorgerückt die Stunde. 36 Schick die Leute in die umliegenden Gehöfte und Dörfer, damit sie sich etwas zu essen kaufen können. 37 Er aber antwortete ihnen: Gebt ihr ihnen zu essen! Und sie sagen zu ihm: Sollen wir gehen und für zweihundert Denar Brote kaufen und ihnen zu essen geben? 38 Er aber sagt zu ihnen: Wie viele Brote habt ihr? Geht und seht nach! Sie sehen nach und sagen: Fünf, und zwei Fische. 39 Und er forderte sie auf, sie sollten sich alle zu Tischgemeinschaften niederlassen im grünen Gras. 40 Und sie lagerten sich in Gruppen zu hundert und zu fünfzig. 41 Und er nahm die fünf Brote und die zwei Fische, blickte zum Himmel auf, sprach den Lobpreis und brach die Brote und gab sie den Jüngern zum Verteilen, und auch die zwei Fische teilte er für alle. 42 Und alle assen und wurden satt. 43 Und sie sammelten die Brocken, zwölf Körbe voll, und auch die Reste von den Fischen. 44 Und es waren fünftausend Männer, die gegessen hatten.

P: 8,1–10; Mt 14,13–21; Lk 9,10–17; Joh 6,1–15 |30: 6,7.12 |31: 2,2! |34: Mt 9,36 · 1,41! · Num 27,17; 2Chr 18,16 |35–44: 2Kön 4,42–44 |41: 8,19 · 14,22!

6,44: Andere Textüberlieferung: «Und es waren fünftausend Männer, die von den Broten gegessen hatten.»

Der Gang auf dem Wasser

45 Gleich darauf drängte er seine Jünger, ins Boot zu steigen und vorauszufahren, hinüber nach Betsaida; er selbst wollte inzwischen das Volk entlassen. 46 Und er nahm Abschied von ihnen und ging auf den Berg, um zu beten. 47 Am Abend war das Boot mitten auf dem See und er allein an Land.

48 Und als er sieht, wie sie sich beim Rudern abmühen – denn der Wind stand ihnen entgegen –, kommt er um die vierte Nachtwache auf dem See gegangen, und er wollte an ihnen vorübergehen. 49 Als sie ihn auf dem See gehen sahen, meinten sie, es sei ein Gespenst, und schrien auf. 50 Denn alle sahen ihn und erschraken. Doch sogleich redete er mit ihnen, und er sagt zu ihnen: Seid getrost, ich

tratt zuo jnen ins schiff/ und der wind legt sich. Unnd sy entsatztend unnd verwunderdend sich über die maaß: dann sy hattend vergessen der broten/ und jr hertz was blind.

Und do sy hinüber gefaren warend/ kamend sy in das land Genesaret/ und fuorend an. Und do sy auß dem schiff trattend/ alsbald kanntend sy jnn/ und lüffend in die umbligenden lender/ und huobend an die krancken allenthalb her auff betten zebringen/ wo sy hortend das er was. Und wo er eyngieng in die fläcken oder stett/ oder törffer/ da legtend sy die krancken auff den marckt/ unnd battend jn das sy nun den saum seins kleids anrüeren möchtind. Und alle die jnn anruortend/ die wurdend gesund.

Das vij. Capitel.
Die Phariseer beschältend Christum/ daß seyne jünger die hend nit wäschend. Christus aber bschiltet sy/ dz sy die gsatzt Gottes überträttend. Vom Chananeischen weyblin/ deren tochter gsund/ Und vom stummen der redend ward.

Und es kamend zuo jm die phariseer unnd etlich von den geschrifftglerten/ die von Jerusalem kommen warend. Und do sy sahend etlich seiner jüngern mit gemeinen/ dz ist/ mit ungewäschnen henden das brot essen/ beredtend sy es. Dann die phariseer unnd alle Juden essend nit/ sy wäschind dann die hennd manig mal: haltend also die satzungen der alten. Und wenn sy vom marckt kommend/ essend sy nit/ sy wäschind sich dann. Und deß dings ist vil/ dz sy zehalten habend angenommen von trinckgschirren und krüegen/ und eerhinen geschirren und sitzen zewäschen.

Do fragtend jn nun die Phariseer unnd geschrifftglerten: Warumb wandlend deine jünger nit nach der satzung und angeben der Elteren/ sunder essennd das brot mit ungewäschnen henden? Er aber antwortet und sprach zuo jnen: Wie feyn hat von euch gleichßneren Esaias geweyssagt/ wie geschriben ist: Diß volck eeret mich mit den läfftzen/ aber jr hertz ist verr von mir. Vergeblich aber ists/ das sy mir dienend/ diewyl sy lerend söliche leer/ die nichts ist dann menschen gebott. Jr verlassend die gebott Gottes/ und haltend

bin es. Fürchtet euch nicht! 51 Und er stieg zu ihnen ins Boot, und der Wind legte sich. Und sie waren entsetzt und fassungslos. 52 Denn sie waren nicht zur Einsicht gekommen über den Broten, sondern ihr Herz war verstockt.

P: Mt 14,22–33; Joh 6,16–21 |48: Hiob 9,8 |51: 4,39! |52: 3,5!

Heilungen in Gennesaret
53 Und sie kamen ans andere Ufer, nach Gennesaret, und legten dort an. 54 Als sie aus dem Boot stiegen, erkannte man ihn sogleich. 55 Und sie zogen durch die ganze Gegend und fingen an, die Kranken auf den Bahren dorthin zu bringen, wo sie hörten, dass er gerade sei. 56 Und wo er auch hinkam, in Dörfer oder in Städte oder in Gehöfte, legten sie die Kranken auf die Marktplätze, und die baten ihn, wenigstens den Saum seines Mantels berühren zu dürfen. Und alle, die ihn berührten, wurden gerettet.

P: Mt 14,34–36 |56: Apg 19,11–12

Zur Frage nach der Reinheit
7 1 Da versammelten sich bei ihm die Pharisäer und ein paar Schriftgelehrte, die von Jerusalem kamen. 2 Und sie sehen, wie einige seiner Jünger mit unreinen, das bedeutet mit ungewaschenen Händen ihr Brot essen. 3 Die Pharisäer nämlich und die Juden überhaupt essen nicht, ohne sich die Hände mit einer Handvoll Wasser gewaschen zu haben, um so an der Überlieferung der Alten festzuhalten. 4 Auch wenn sie vom Markt kommen, essen sie nicht, ohne sie gewaschen zu haben, und vieles andere mehr gibt es, was zu halten sie übernommen haben: das Abwaschen von Bechern und Krügen und Kupfergeschirr. 5 Da fragen ihn die Pharisäer und Schriftgelehrten: Warum leben deine Jünger nicht nach der Überlieferung der Alten, sondern essen ihr Brot mit unreinen Händen?

6 Er aber sagte zu ihnen: Wie zutreffend ist doch, was Jesaja geweissagt hat über euch Heuchler, wie geschrieben steht:
Dieses Volk ehrt mich mit den Lippen,
ihr Herz aber hält sich fern von mir.
7 Nichtig ist, wie sie mich verehren;
was sie an Lehren vortragen,

der menschen satzung: von krüegen und trinckfässer zewäschen/ unnd der gleychen thuond jr vil. Und er sprach zuo jnen: Wie feyn habend jr Gottes gebott verworffen/ auff das jr euwere aufsätz haltind. Dann Moses hat gesagt: Du solt vatter und muoter eeren: und/ Wär vatter unnd muoter fluochet/ der sol deß tods sterben. Jr aber sagend: Ein mensch sol sagen zuo vatter und muoter: Corban/ das ist/ es ist Gott gegeben das dir solt von mir zuo nutz kommen. Unnd also lassend jr hinfür jnn nichts tuon seinem vatter oder seiner muoter: und jr machend zuo nichte Gottes wort durch euwere auff sätz/ die jr aufgesetzt habend. Und deßgleychen thuond jr vil.

Und er beruoft zuo jm das gantz volck/ und sprach zuo jnen: Hörend mir alle zuo/ und vernemmend mich/ Es ist nichts aussert dem menschen das jn könde gemein machen so es yngadt/ sunder das vonn jm außgadt/ das ist das den menschen gemein machet. Hat yemants oren zehören der höre. Unnd do er vom volck ins hauß kam/ fragtend jnn seine jünger umb dise gleichnuß. Und er sprach zuo jnen: Sind jr dann auch so unverstendig? vernemmend jr noch nit/ das alles was daussen ist/ und in den menschen gadt/ das kan jnn nit gemein machen? Dann es gadt nit in sein hertz/ sunder in den bauch: unnd gadt auß durch den natëurlichen gang/ der außfäget alle speyß.

Und er sprach: Das auß dem menschen gadt/ das machet den menschen gmeyn. Dann von innen auß dem hertzen der menschen/ gond herauß böse gedancken/ Eebruch/ huorey/ mord/ diebery/ geyt/ schalckheit/ list/ unzucht/ schalcksaug/ gottslesterung/ hoffart/ torheyt. Alle dise böse stuck gond von innen herauß/ und machent den menschen gmein.

sind Satzungen von Menschen.
8 Das Gebot Gottes lasst ihr ausser acht und haltet fest an der Überlieferung der Menschen. 9 Und er sagte zu ihnen: Schön, wie ihr das Gebot Gottes ausser Kraft setzt, um eure Überlieferung an seine Stelle zu setzen. 10 Mose hat nämlich gesagt: *Ehre deinen Vater und deine Mutter,* und: *Wer über Vater oder Mutter schlecht redet, der sei des Todes.* 11 Ihr aber sagt: Wenn einer zu Vater oder Mutter spricht: Korban, das meint: dem Tempel soll geweiht sein, was dir von mir zusteht, 12 so lasst ihr zu, dass er nichts mehr tut für Vater oder Mutter. 13 Damit setzt ihr das Wort Gottes ausser Kraft durch eure Überlieferung, die ihr weitergegeben habt; und dergleichen tut ihr noch manches.

14 Und wieder rief er das Volk herbei und sagte zu ihnen: Hört mir alle zu und versteht! 15 Nichts, was von aussen in den Menschen hineingeht, kann ihn unrein machen, sondern was aus dem Menschen herauskommt, das ist es, was den Menschen unrein macht. 17 Und als er in ein Haus hineinging, weg aus dem Gedränge, befragten ihn seine Jünger über das Gleichnis. 18 Und er sagt zu ihnen: So seid auch ihr unverständig? Begreift ihr nicht, dass alles, was von aussen in den Menschen hineingeht, ihn nicht unrein machen kann? 19 Denn es geht nicht ins Herz, sondern in den Bauch, und von dort in die Grube. Damit erklärte er alle Speisen für rein. 20 Er sprach: Was aus dem Menschen herauskommt, das macht den Menschen unrein. 21 Denn aus dem Innern, aus dem Herzen der Menschen, kommen die bösen Gedanken, Unzucht, Diebstahl, Mord, 22 Ehebruch, Habgier, Bosheit, List, Ausschweifung, Missgunst, Lästerung, Hochmut, Unverstand. 23 All dies Böse kommt aus dem Innern heraus und macht den Menschen unrein.

P: Mt 15,1–20 |2: Lk 11,38 |4: Mt 23,25; Lk 11,39 |6–7: Jes 29,13 |10: Ex 20,12; Dtn 5,16 · Ex 21,17; Lev 20,9 |19: Lk 11,41 |22: Röm 1,29–31; Gal 5,19–21

7,15: Viele Handschriften fügen nach V.15 ein (wohl von Mk 4,23 übernommen): «16 Wer Ohren hat zu hören, der höre!»

Die Begegnung mit der Syrophönizierin
24 Von dort aber brach er auf und begab sich in das Gebiet von Tyrus. Und er ging in ein Haus hinein und wollte, dass niemand es erfahre. Doch er konnte nicht verborgen bleiben, 25 sondern sogleich hörte eine Frau von

Und er stuond auf/ unnd gieng von dannen in die anstossenden gegne Tyri und Sydon/ und gieng in ein hauß/ und wolt es niemants wüssen lassen: und kondt doch nit verborgen sein: dann ein weyb die hatt von jm gehört/

welcher töchterlin einen unsauberen geyst
hatt. Und sy kam/ unnd viel nider zuo sinen
füessen (und es was ein Heydnisch weib von
Syrophenice) unnd sy batt jnn das er den teüfel
außtribe von jrer tochter. Jesus aber sprach zuo
jr: Laß vor die kinder satt werden. Es ist nit
fyn das man den kindern dz brot nemme/ und
werffe es für die hund. Sy antwortet aber und
sprach zuo jm: Ja herr/ aber doch essent die
hündly under dem tisch von den brosmen der
kindern. Und er sprach zuo jr: Umb deß worts
willen so gang hin/ der teüfel ist von deiner
tochter außgefaren. Und sy gieng hin in jr
hauß/ und fand das der teüfel was außgefaren/
und die tochter auff dem bett ligende.

Und do er wider außgieng von den anstössen
der gegne Tyri und Sydon/ kam er an das
Galileisch Meer mitten under die gegne der
zähen stetten. Und sy brachtend zuo jm einen
stummen/ der redt schwarlich. Und sy battend
jn das er die hand auff jnn legte. Und er nam
jn von dem volck nebent sich/ und legt jm die
finger in die oren und spöutzet/ und ruort sein
zung/ und sach auf gen himmel/ seüfftzet/ und
sprach zuo jm: Hipatha/ das ist/ wird aufgethon.
Und auff der stund thettend sich seine oren
auf/ unnd das band seiner zungen ward ledig/
und redt recht. Und er verbot jnen/ sy söltends
niemant sagen. Ye mer ers aber verbot/ ye mer
sy es außspreitetend. Und verwundertend
sich über die maß/ und sprachend: Nun tuot
er doch alle ding wol. Die tauben macht
er hörend/ und die sprachlosen reden.

Das viij. Capitel.

Jesus speyßt vier tausend menschen mit siben broten:
beschilt die phariseer die zeychen begärtend: warnet
seine jünger vor jrem hebel. Macht ein blinden gsehend.
Fragt seine jünger wz man von jm halte. Petrus vergicht
jnn sin Christum. Christus sagt sinen jüngern sein leyden
vor. Vermant sy jm nachzefolgen.

Zuo der zeyt do vil volcks da was/ und
hattend nichts ze essen/ berüofft Jesus sine
jünger zuo jm und sprach zuo jnen: Mich
erbarmet das volck/ dann sy habend yetz drey
tag bey mir geharret/ und habend nichts zuo
essen. Und wenn ich sy ungessen von mir heim
liesse gon/ so wurdind sy schwach auff dem
wäg. Dann etlich warend verr här kommen.

ihm, deren Töchterchen einen unreinen Geist
hatte. Die kam und warf sich ihm zu Füssen.
26 Die Frau aber war Griechin, Syrophönizierin
von Herkunft. Und sie bat ihn, den Dämon aus
ihrer Tochter auszutreiben. 27 Da sagte er zu ihr:
Lass zuerst die Kinder satt werden, denn es ist
nicht recht, den Kindern das Brot wegzunehmen
und es den Hunden hinzuwerfen. 28 Sie aber
entgegnet ihm und sagt: Herr, die Hunde unter
dem Tisch fressen ja ohnehin von dem, was die
Kinder fallen lassen. 29 Und er sagte zu ihr:
Um dieses Wortes willen geh, der Dämon ist
aus deiner Tochter ausgefahren. 30 Da ging sie
nach Hause und fand das Kind auf dem Bett
liegen, und der Dämon war ausgefahren.

P: Mt 15,21–28 |30: Joh 4,51

Die Heilung eines Taubstummen

31 Und wieder kam er, als er das Gebiet
von Tyrus verlassen hatte, durch Sidon an
den See von Galiläa mitten hinein in das
Gebiet der Dekapolis. 32 Da bringen sie einen
Taubstummen zu ihm und bitten ihn, ihm die
Hand aufzulegen. 33 Und er nahm ihn beiseite,
weg aus dem Gedränge, legte die Finger in
seine Ohren und berührte seine Zunge mit
Speichel, 34 blickte auf zum Himmel und
seufzte, und er sagt zu ihm: Effata! Das heisst:
Tu dich auf! 35 Und sogleich taten seine Ohren
sich auf, und das Band seiner Zunge löste sich,
und er konnte richtig reden. 36 Und er befahl
ihnen, niemandem etwas zu sagen, doch je
mehr er darauf bestand, desto mehr taten sie es
kund. 37 Und sie waren völlig überwältigt und
sagten: Gut hat er alles gemacht, die Tauben
macht er hören und die Stummen reden.

|33: 8,23 |36: 1,44! · 1,45 |37: 1,22! · Jes 35,5–6; Mt 11,5; 15,31; Lk 7,22

Die Speisung der viertausend

8 1 In jenen Tagen ist wieder viel Volk da und
sie haben nichts zu essen. Da ruft er die
Jünger herbei und sagt zu ihnen: 2 Das Volk
tut mir leid, denn drei Tage sind sie schon bei
mir und haben nichts zu essen. 3 Und wenn
ich sie hungrig nach Hause gehen lasse, werden
sie unterwegs zusammenbrechen, einige von
ihnen sind ja von weit her gekommen. 4 Und

Und seine jünger antwortetend jm: Wo här nemmend wir brot hie inn der wüeste das wir sy settigind? Und er fraget sy: Wie vil brots habend jr? Sy sprachend: Siben. Und er gebot dem volck das sy sich lägertind auff die erden. Und er nam die siben brot/ und dancket/ und brach sy/ unnd gab sy seinen jüngern das sy es dem volck fürlegtind. Und sy legtends dem volck für. Und hattend ein wenig fischlin/ unnd als er danck gesagt hatt/ hieß er die selben auch fürlegen. Sy assend aber/ unnd wurdend satt/ unnd huobend auf der übrigen stückle siben körb. Und jrer was die da geessen hattend by vier tausent. Und er ließ sy von jm.

Und von stundan tratt er in ein schiff mit seinen jüngeren/ und kam in die gegne Dalmanutha.

Und die phariseer giengend herauß/ und fiengend an sich mit jm zebefragen/ und versuochtend jn/ und begärtend an jn ein zeichen vom himmel. Und er erseüfftzet in seinem geyst/ und sprach: Was suocht doch diß geschlächt zeychen? Warlich ich sag üch/ es wirt disem geschlächt kein zeychen gegeben. Und er verließ sy/ und tratt widerumb in dz schiff/ und fuor hinüber.

Und sy vergassend brot mit jnen zenemmen/ unnd hattennd nit mer dann ein brot mit jnen im schiff. Und er gebot jnen/ unnd sprach: Schouwend zuo/ und sehend euch für vor dem hebel der Pharisern/ und vor dem hebel Herodis. Und sy gedachtend hin und wider/ unnd sprachend under einanderen: Das ists/ das wir nit brot habend. Und Jesus verstuond das/ und sprach zuo jnen: Was bekümmerend jr euch doch das jr nit brot habend? verstond jr noch nichts? unnd sind jr noch nit eyngedenck? habend jr noch ein verblendet hertz in euch? Habend augen/ und sehend nit/ und habend oren/ und hörend nit/ und gedenckend nit daran das ich fünff brot brach under fünff tausent/ wie vil körb voll stucke huobend jr do auf? Sy sprachend: Zwölff. Do ich aber die siben brach under die vier

seine Jünger antworteten ihm: Wie sollte einer diese Leute mit Brot satt machen können hier in der Einöde? 5 Und er fragte sie: Wie viele Brote habt ihr? Sie sagten: Sieben. 6 Da fordert er das Volk auf, sich zu lagern. Und er nahm die sieben Brote, sprach das Dankgebet, brach sie und gab sie seinen Jüngern zum Verteilen, und die verteilten sie unter das Volk. 7 Sie hatten auch ein paar Fische, und er sprach den Lobpreis über sie und liess auch diese verteilen. 8 Und sie assen und wurden satt. Und sie sammelten die übrig gebliebenen Brocken, sieben Körbe voll. 9 Viertausend waren es gewesen. Und er entliess sie.

10 Und sogleich stieg er mit seinen Jüngern ins Boot und kam in das Gebiet von Dalmanuta.

P: 6,30–44; Mt 15,32–39 |2: 1,41! |6: 8,20 · 14,22!

Die Verweigerung eines Zeichens

11 Und die Pharisäer kamen zu ihm hinaus und begannen mit ihm zu streiten: Sie forderten von ihm ein Zeichen vom Himmel, um ihn zu versuchen. 12 Da seufzt er auf in seinem Geist und spricht: Was fordert dieses Geschlecht ein Zeichen! Amen, ich sage euch: Diesem Geschlecht wird kein Zeichen gegeben! 13 Und er liess sie stehen, stieg wieder ins Boot und fuhr ans andere Ufer.

P: Mt 12,38–42; 16,1–4; Lk 11,29–32 |11: Lk 11,16; Joh 4,48!; 1Kor 1,22–24 · 15,30

8,12: Andere Übersetzungsmöglichkeit: «… Meint denn dieses Geschlecht, ihm würde ein Zeichen gegeben werden?»

Das Unverständnis der Jünger

14 Und sie hatten vergessen, Brot mitzunehmen, nur ein einziges Brot hatten sie bei sich im Boot. 15 Und er befahl ihnen: Gebt acht, hütet euch vor dem Sauerteig der Pharisäer und vor dem Sauerteig des Herodes! 16 Sie aber machten sich Gedanken darüber, dass sie kein Brot hatten. 17 Und er merkt es und sagt zu ihnen: Was macht ihr euch Gedanken darüber, dass ihr kein Brot habt? Begreift ihr noch nicht und versteht ihr nicht? Ist euer Herz verstockt? *18 Augen habt ihr und seht nicht, und Ohren habt ihr und hört nicht?* 19 Erinnert ihr euch nicht? Als ich die fünf Brote für die fünftausend brach: Wie viele Körbe voll Brocken habt ihr da eingesammelt? Sie sagen zu ihm: Zwölf. 20 Und bei den sieben für die viertausend: Wie viele Körbe voll Brocken habt ihr da

tausent/ wie vil körb voll stuckinen huobend jr do auf? Sy sprachend: Siben. Und er sprach zuo jnen: Wie vernemmend jr dann nichts?

Und er kam gen Betsaidan/ und sy brachtend zuo jm einen blinden/ und battend jn das er jn anruorte. Unnd er nam den blinden bey der hand/ unnd fuort jnn hinauß für den fläcken/ und spöutzet in seine augen/ und legt sein hand auff jnn/ und fraget jn ob er ützid sehe. Und er sach auf/ und sprach: Jch sich die leüt dahär gon als ob ich böum sähe. Darnach leget er abermals die hend auff seine augen/ unnd machet jn sehend. Und er ward wider zuo recht gebracht/ unnd sach scharpff allerley. Und er schickt jn heym/ und sprach: Gang nit hineyn in den fläcken/ und sag es auch niemants darinnen.

Und Jesus gieng auß unnd seine jünger in den fläcken der statt Cesaree Philippi. Und uff dem wäg fragt er seine jünger/ und sprach zuo jnen: Wär sagend die leüt das ich sey? Sy antwurtetend: Sy sagend du syest Joannes der Töuffer: etlich sagend du syest Elias: etlich du syest einer von den propheten. Und er sprach zuo jnen: Jr aber wär sagend jr das ich sey? Do antwortet Petrus/ unnd sprach zuo jm: Du bist Christus. Und er verbot jenen mit tröuwen dz sy niemants von jm sagen söltind.

Und huob an sy zeleeren: Deß menschen sun muoß vil leyden/ und verworffen werden von den Eltesten und hohen priestern und gschrifftgleerten/ und tödt werden/ und über drey tag auferston. Und er redt das wort frey offenbar. Und Petrus nam jn zuo jm/ fieng an jm zeweeren. Er aber wandt sich umb/ und sach seine jünger an/ und beschalckt Petrum/ und sprach: Gang hindersich du Satan/ dann du meinst nit das göttlich/ sonder das menschlich ist.

Und er ruofft zuo jm das volck mit seinen jüngern/ und sprach zuo jnen: Wär mir wil nachvolgen/ der verlöugne sich selbs/ und

eingesammelt? Sie sagen: Sieben. 21 Und er sagte zu ihnen: Versteht ihr noch immer nicht?

P: Mt 16,5–12 |15: Lk 12,1 |17: 3,5! |18: Jer 5,21; Ez 12,2; Mt 13,13 · 4,12 |19: 6,41–44 |20: 8,6–9

Die Heilung eines Blinden

22 Und sie kommen nach Betsaida. Da bringen sie einen Blinden zu ihm und bitten ihn, er möge ihn berühren. 23 Und er nahm den Blinden bei der Hand, führte ihn vor das Dorf hinaus, spuckte in seine Augen und legte ihm die Hände auf und fragte ihn: Siehst du etwas? 24 Der blickte auf und sprach: Ich sehe Menschen – wie Bäume sehe ich sie umhergehen. 25 Da legte er ihm noch einmal die Hände auf die Augen. Und er sah klar und war wiederhergestellt und sah alles deutlich. 26 Und er schickte ihn nach Hause und sprach: Geh aber nicht ins Dorf hinein!

|23: 7,33; Joh 9,6

Das Bekenntnis des Petrus

27 Und Jesus und seine Jünger zogen weg in die Dörfer bei Cäsarea Philippi. Unterwegs fragte er seine Jünger: Für wen halten mich die Leute? 28 Sie sagten zu ihm: Für Johannes den Täufer, andere für Elija, wieder andere für einen der Propheten. 29 Da fragte er sie: Und ihr? Für wen haltet ihr mich? Petrus antwortet ihm: Du bist der Messias! 30 Da schärfte er ihnen ein, niemandem etwas über ihn zu sagen.

P: Mt 16,13–20; Lk 9,18–21; Joh 6,66–71 |28: 6,14 · 6,15 |29: 1,1; 9,41; 12,35; 13,21; 14,61; 15,32 |30: 8,32 · 1,44!

Die erste Leidensankündigung

31 Und er begann sie zu lehren: Der Menschensohn muss vieles erleiden und von den Ältesten und den Hohen Priestern und den Schriftgelehrten verworfen und getötet werden und nach drei Tagen auferstehen. 32 Und er sprach das ganz offen aus. Da nahm ihn Petrus beiseite und fing an, ihm Vorwürfe zu machen. 33 Er aber wandte sich um, blickte auf seine Jünger und fuhr Petrus an: Fort mit dir, Satan, hinter mich! Denn nicht Göttliches, sondern Menschliches hast du im Sinn.

P: Mt 16,21–23; Lk 9,22 |31: 9,12.31; 10,33–34; 12,10 |32: 8,30 |33: Mt 4,10

Nachfolge und Lebensgewinn

34 Und er rief das Volk samt seinen Jüngern herbei und sagte zu ihnen: Wenn einer mir auf meinem Weg folgen will, verleugne er sich

nemme sein creütz auff sich/ und volge mir nach. Dann wär sein läben wil behalten/ der wirts verlieren: unnd wär sein läben verlirt umb meinet und umbs Evangelij willen/ der wirt es behalten. Wz hulffe es den menschen wenn er die gantzen welt gewunne/ und näme schaden an seiner seel? Oder was kan der mensch geben/ damit er sein seel löse? Wär sich aber meiner unnd meiner worten beschämpt under disem eebrecherischen und sündigen gschlächt/ des wirt sich auch des menschen sun beschämen/ wenn er kommen wirt in der herrligkeyt seynes vatters mit den heiligen englen. Und er sprach zuo jnen: Warlich ich sag euch/ es stond etliche hie die werdend den tod nit schmöcken/ biß das sy sehend das rych gottes mit krafft kommen.

Das ix. Capitel.
Die erklärung Jesu vor seinen jüngeren auff dem berg. Er machet gsund einen krancken auffs vatters bitt: er leert seyne jünger demuot/ und sich vor ergernuß hüeten.

Und nach sechs tagen nam Jesus zuo jm Petrum/ Jacoben/ und Joannem/ und fuort sy auff einen hohen berg besonders allein/ unnd verklärt sich vor jnen/ und seine kleyder wurdend häll/ unnd vast weyß wie der schnee das sy kein walcker auff erden kan so weyß machen. Und es erschein jnen Elias mit Mose/ unnd hattend ein red mit Jesu. Und Petrus antwortet/ und sprach zuo Jesu: Meyster/ hie ist guot sein/ wir wöllennd drey hütten machen/ dir eine/ Mosi eine/ und Helie eine. Dann er wußt nit was er redt/ und sy warennd vast vorchtsam. Unnd kam ein wolck der überschattet sy. Und ein stimm fiel auß der wolcken/ unnd sprach: Das ist mein lieber sun/ hörend jn. Und bald darnach sahend sy umbsich/ und sahend niemants mer dann allein Jesum bey jnen.

Do sy aber vom berg härab giengend/ verbot jnen Jesus das sy niemants sagen söltind was sy gesehen hettend/ biß des menschen sun auferstüende von den todten. Und sy behieltend das wort bey jnen/ und befragtend sich under einandern: Was ist doch das auferston von den todten? Und sy fragtend jn/ und sprachend: Sagend doch die gschrifftgleerten das Elias müesse vor kommen? Er antwortet aber/ und sprach zuo jnen: Elias sol ja durch sein zuokunfft alles wider zerecht bringen. Darzuo des menschen

und nehme sein Kreuz auf sich, und so folge er mir. 35 Denn wer sein Leben retten will, wird es verlieren, wer aber sein Leben verliert um meinetwillen und um des Evangeliums willen, wird es retten. 36 Denn was hilft es dem Menschen, die ganze Welt zu gewinnen und dabei Schaden zu nehmen an seinem Leben? 37 Was hätte ein Mensch denn zu geben als Gegenwert für sein Leben? 38 Wer sich meiner und meiner Worte schämt in diesem ehebrecherischen und sündigen Geschlecht, dessen wird auch der Menschensohn sich schämen, wenn er kommt in der Herrlichkeit seines Vaters mit den heiligen Engeln.

9 1 Und er sagte zu ihnen: Amen, ich sage euch: Einige von denen, die hier stehen, werden den Tod nicht schmecken, bevor sie das Reich Gottes sehen, wenn es gekommen ist mit Macht.

P: Mt 16,24–28; Lk 9,23–27 |34: Mt 10,38; Lk 14,27; 1Kor 15,31; Gal 6,14 · 1,20! |35: Mt 10,39; Lk 17,33; Joh 12,25 · 1,15! |37: Ps 49,8–9 |38: Mt 10,33; Lk 12,9; Röm 1,16; 2Tim 2,12 · 13,26–27 |1: 13,30

Die Verklärung Jesu

2 Und sechs Tage danach nimmt Jesus den Petrus, den Jakobus und den Johannes mit und führt sie auf einen hohen Berg, sie allein. Da wurde er vor ihren Augen verwandelt, 3 und seine Kleider wurden glänzend, ganz weiss, wie kein Färber auf Erden sie weiss machen kann. 4 Und es erschien ihnen Elija mit Mose, und sie redeten mit Jesus. 5 Da ergreift Petrus das Wort und sagt zu Jesus: Rabbi, es ist schön, dass wir hier sind. Wir wollen drei Hütten bauen, eine für dich, eine für Mose und eine für Elija. 6 Er wusste nämlich nicht, was er sagen sollte, denn sie waren in Furcht geraten. 7 Da kam eine Wolke und warf ihren Schatten auf sie, und aus der Wolke kam eine Stimme: Dies ist mein geliebter Sohn. Auf ihn sollt ihr hören! 8 Und auf einmal, als sie um sich blickten, sahen sie niemanden mehr bei sich ausser Jesus.

9 Während sie vom Berg hinunterstiegen, befahl er ihnen, niemandem zu erzählen, was sie gesehen hatten, bis der Menschensohn von den Toten auferstanden sei. 10 Und sie griffen dieses Wort auf und diskutierten darüber, was das bedeute: von den Toten auferstehen.

11 Da fragten sie ihn: Sagen nicht die Schriftgelehrten: *Elija muss zuerst kommen?* 12 Er sagte zu ihnen: Ja, Elija kommt zuerst und stellt alles wieder her. Doch wie kann dann

sun sol vil leyden/ und verachtet werden. Wie dann geschriben stadt. Aber ich sag euch/ Elias ist kommen/ und sy habend an jm gethon was sy woltend/ nach dem von jm geschriben stadt.

über den Menschensohn geschrieben stehen, er werde vieles erleiden und verworfen werden? 13 Aber ich sage euch: Elija ist gekommen, und sie haben mit ihm gemacht, was sie wollten, wie über ihn geschrieben steht.

P: Mt 17,1–13; Lk 9,28–36 |2: Ex 24,16 · 5,37; 13,3; 14,33 · 2Petr 1,18 |4: Mal 3,22–24 · 15,35 |6: 14,40 |7: Ex 40,34 · 1,11!; 2Petr 1,17–18 |9: 1,44! |11: 9,4; Mal 3,23 |12: 1,2; Mal 3,24 · Jes 53,3; Ps 22,7 · 8,31! |13: 1Kön 19,2.10 · 6,17–29

9,12: Andere Übersetzungsmöglichkeit: «… Und was steht dann über den Menschensohn geschrieben? Dass er vieles erleiden müsse und verworfen werde.»

Die Heilung eines besessenen Knaben

14 Und als sie zu den andern Jüngern zurückkamen, sahen sie viel Volk um sie herum versammelt und Schriftgelehrte, die mit ihnen diskutierten. 15 Und sogleich kam alles Volk, als es ihn sah, in grosser Erregung herbeigelaufen und begrüsste ihn. 16 Und er fragte sie: Was verhandelt ihr da? 17 Da antwortete ihm einer aus der Menge: Meister, ich habe meinen Sohn zu dir gebracht, er hat einen stummen Geist. 18 Und wenn er ihn packt, reisst er ihn zu Boden, und er schäumt, knirscht mit den Zähnen und wird starr. Und ich habe deinen Jüngern gesagt, sie sollten ihn austreiben, aber sie vermochten es nicht. 19 Er aber antwortet ihnen: Du ungläubiges Geschlecht! Wie lange muss ich noch bei euch sein? Wie lange muss ich euch noch ertragen? Bringt ihn zu mir! 20 Und sie brachten ihn zu ihm.

Und als der Geist ihn sah, zerrte er ihn sogleich hin und her, und er fiel zu Boden, wälzte sich und schäumte. 21 Da fragte er seinen Vater: Wie lange hat er das schon? Der sagte: Von Kind auf. 22 Und oft hat er ihn ins Feuer geworfen und ins Wasser, um ihn zu vernichten. Jedoch – wenn du etwas vermagst, so hilf uns und hab Mitleid mit uns. 23 Jesus aber sagte zu ihm: Was soll das heissen: Wenn du etwas vermagst? Alles ist möglich dem, der glaubt. 24 Sogleich schrie der Vater des Kindes: Ich glaube! Hilf meinem Unglauben! 25 Als Jesus nun sah, dass das Volk zusammenlief, schrie er den unreinen Geist an und sagte zu ihm: Stummer und tauber Geist! Ich befehle dir, fahr aus und fahr nie wieder in ihn hinein! 26 Der schrie und zerrte ihn heftig hin und her und fuhr aus. Da lag er da wie tot, so dass alle sagten: Er ist gestorben. 27 Jesus aber ergriff seine Hand und richtete ihn auf. Und er stand auf.

Und er kam zuo seinen jüngern/ und sach vil volcks umb sy/ und gschrifftgleerten/ die sich mit jnen befragtend. Unnd als bald do das volck jn sach/ entsatztend sy sich/ und lieffend zuo/ und gruoßtend jn. Unnd er fragt die gschrifftgleerten: Was befragend jr euch mit jnen? Und einer auß dem volck antwortet/ unnd sprach: Meister/ ich hab här bracht zuo dir meinen sun/ der hat einen spraachlosen geist/ unnd wo er jn erwütschet/ so reysset er jn/ und schaumet/ und kirret mit den zänen/ und nimpt ab/ unnd ich hab mit deinen jüngeren geredt/ das sy jn außtribind/ unnd sy habend es nit gemögen.

Er antwortet aber jm/ und sprach: O du unglöubigs gschlächt/ wie lang sol ich bey euch sein? wie lang sol ich mich mit euch leyden? Bringend jn här zuo mir. Und sy brachtend jn här zuo jm/ unnd von stundan do jn der geyst sach/ reiß er jn/ und fiel auff die erden/ und weltzet sich und schaumet. Und er fraget seinen vatter/ Wie lang ist es/ das jm das widerfaren ist? Er sprach: Von kindheyt auf/ unnd offt hatt er jn geworffen ins fheür und wasser/ das er jn umbbrächte: vermagst du aber etwas/ so erbarm dich unser/ und hilff uns. Jesus aber sprach zuo jm: Wenn du köndtest glauben. Alle ding sind möglich dem der da glaubt. Und von stundan schrey des kinds vatter mit trähen/ und sprach: Jch glaub lieber Herr/ hilff meinem unglauben.

Do nun Jesus sach/ daß das volck zuolieff/ beschalckt er den unsaubern geyst/ und sprach zuo jm: Du spraachloser unnd tauber geyst/ ich gebüt dir/ das du von jm außfarest/ und farest hinfür nit in jn. Und er schrey/ und reiß jn vast/ und fuor auß. Und er ward als wäre er tod. Das auch vil sagtend: Er ist tod. Jesus aber ergreiff jn bey der hand/ und richtet jn auf. Und er stuond auf. Unnd do er heim kam/ fragtend jn seine jünger besunders/

Warumb kondtend wir jn nit außtreyben?
Und er sprach: Dise art kan mit keinerley
außfaren dann durch bätten und fasten.

Und sy giengend hinweg/ und wandletend
durch Galilea: unnd er wolt nit das es yemants
wüssen sölte. Er leeret aber seyne jünger/
unnd sprach zuo jnen: Des menschen sun
wirt überantwortet werden in der menschen
hend/ und sy werdend jn töden: unnd
wenn er tödt ist/ so wirt er am dritten tag
aaferston. Sy aber vernamend das wort
nit/ und forchtend jnen jn zefragen.

Und er kam gen Capernaum. Unnd do er
daheym was/ fraget er sy: Was handletend jr mit
einandern auff dem wäg? Sy aber schwigend
still: dann sy hattend mit einandern auff dem
wäg gehandlet/ welcher der grössest wäre. Und
er satzt sich/ und ruofft den zwölffen/ unnd
sprach zuo jnen: So yemants wil der fürnemmest
sein/ der sol der schlächtest sein vor allen/ unnd
aller knecht. Und er nam ein kindlin/ und stalt
es mitten under sy/ unnd umbfieng das selbig/
unnd sprach zuo jnen: Wär ein sölichs kindlin
aufnimpt in meinem nammen/ der nimpt mich
auf: und wär mich aufnimpt/ der nimpt nit
mich auf/ sunder den/ der mich gesendt hat.

Joannes aber antwortet jm/ und sprach:
Wir sahend einen der treib teüfel auß in
deinem namen/ volget aber uns nit nach/
und wir verbotends jm/ darumb das er uns
nit nachvolget. Jesus aber sprach: Jr söllends
jm nit verbieten/ dann es ist nieman der ein
thaat thüeye in meinem nammen/ unnd möge
bald übel von mir reden. Dann wär nit wider
uns/ ist für uns. Wär aber euch trenckt mit
einem bächer wassers in meinem nammen/
darumb das jr Christi sind/ warlich ich sag
euch/ es wirt jm nit unvergolten bleyben.

28 Dann ging er in ein Haus; und seine
Jünger fragten ihn, als sie mit ihm allein waren:
Warum konnten wir ihn nicht austreiben?
29 Und er sagte zu ihnen: Diese Art lässt sich
nicht anders austreiben als durch Gebet.

P: Mt 17,14–20; Lk 9,37–43a |20: 1,26! |22: 1,41!
|23: 11,23 |24: Lk 17,5 |25: 1,25 |26: 1,26! |27: Lk 7,14!
|28: 9,33; 10,10

Die zweite Leidensankündigung

30 Und sie gingen weg von dort und zogen
durch Galiläa, und er wollte nicht, dass jemand
es erfahre. 31 Er lehrte nämlich seine Jünger
und sagte zu ihnen: Der Menschensohn wird
ausgeliefert in die Hände von Menschen, und
sie werden ihn töten, und wenn er getötet
worden ist, wird er nach drei Tagen auferstehen.
32 Sie aber verstanden das Wort nicht, doch
sie fürchteten sich, ihn danach zu fragen.

P: Mt 17,22–23; Lk 9,43b–45 |31: 8,31!

Der Rangstreit unter den Jüngern

33 Und sie kamen nach Kafarnaum. Und als
er dann im Haus war, fragte er sie: Was habt
ihr unterwegs diskutiert? 34 Sie aber schwiegen.
Sie hatten nämlich unterwegs miteinander
darüber gesprochen, wer der Grösste sei.
35 Und er setzte sich und rief die Zwölf, und
er sagt zu ihnen: Wenn jemand der Erste sein
will, dann soll er der Letzte von allen und der
Diener aller sein. 36 Und er nahm ein Kind,
stellte es in die Mitte, schloss es in die Arme
und sagte zu ihnen: 37 Wer in meinem Namen
ein Kind aufnimmt wie dieses, nimmt mich
auf, und wer mich aufnimmt, nimmt nicht
mich auf, sondern den, der mich gesandt hat.

P: Mt 18,1–5; Lk 9,46–48 |33: 9,28! |35: 10,43–44;
Mt 23,11; 1Kor 9,19; 2Kor 4,5 |36: 10,16 |37: Mt 10,40!

Ein fremder Wundertäter

38 Johannes sagte zu ihm: Meister, wir sahen
einen in deinem Namen Dämonen austreiben,
und wir hinderten ihn daran, weil er uns
nicht folgt. 39 Jesus aber sprach: Hindert ihn
nicht, denn niemand wird in meinem Namen
Wunder tun und bald danach schlecht von
mir reden können. 40 Denn wer nicht gegen
uns ist, ist für uns. 41 Wer euch einen Becher
Wasser zu trinken gibt in meinem Namen, weil
ihr zu Christus gehört – amen, ich sage euch:
Der wird nicht um seinen Lohn kommen.

P: Lk 9,49–50; Num 11,26–29 |39: 1Kor 12,3
|40: Mt 12,30; Lk 11,23 |41: Mt 10,42 · 8,29!

Und wär der kleinen einen ergeret die an mich glaubend/ dem wär es besser das jm ein mülestein wurde an seinen hals gehenckt/ unnd wurde ins meer geworffen. So dich deyn hand ergeret/ so houw sy ab. Es ist dir besser das du lam zum läben eyngangest/ dann das du zwo hend habest/ und farest in die hell in das ewig fheür/ da jr wurm nit stirbt/ und jr fheür nit erlöscht. Ergeret dich dein fuoß/ so houw jn ab. Es ist dir besser dz du ein krüppel zum läben eyngangest/ dann das du zwen füeß habest/ unnd werdest in die hell geworffen in das ewig fheür/ da jr wurm nit stirbt/ unnd jr fheür nit erlöschet. Ergeret dich dein aug/ so wirffs vonn dir. Es ist dir besser das du einöugig zum läben eyngangest/ dann das du zwey augen habest/ und werdest in das hellisch fheür geworffen/ da jr wurm nit stirbt/ und jr fheür nit erlöschet.

Fall und Verführung
42 Wer einen dieser Geringen, die glauben, zu Fall bringt, für den wäre es weit besser, wenn ihm ein Mühlstein um den Hals gehängt und er ins Meer geworfen würde. 43 Und wenn dich deine Hand zu Fall bringt, dann hau sie ab. Es ist besser für dich, verstümmelt ins Leben einzugehen, als mit beiden Händen zur Hölle zu fahren, ins unauslöschliche Feuer. 45 Und wenn dich dein Fuss zu Fall bringt, dann hau ihn ab. Es ist besser für dich, lahm ins Leben einzugehen, als mit beiden Füssen in die Hölle geworfen zu werden. 47 Und wenn dein Auge dich zu Fall bringt, dann reiss es aus. Es ist besser für dich, einäugig ins Reich Gottes einzugehen, als mit beiden Augen in die Hölle geworfen zu werden, 48 wo *ihr Wurm nicht stirbt und das Feuer nicht erlischt.*

P: Mt 18,6–9 |42: Lk 17,2 |43: Mt 5,30 |47: Mt 5,29 |48: Jes 66,24

9,43: Viele Handschriften fügen nach V.43 ein (wohl von Mk 9,48 übernommen): «*Feuer,* 44 *wo ihr Wurm nicht stirbt und das Feuer nicht erlischt.*»

9,45: Viele Handschriften fügen am Schluss von V.45 ein (wohl von Mk 9,43 und Mk 9,48 übernommen): «*… zu werden, ins unauslöschliche Feuer,* 46 *wo ihr Wurm nicht stirbt und das Feuer nicht erlischt.*»

Es muoß alles mit fheür gesaltzet werden/ unnd alles opffer wirt mit saltz gesaltzen. Das saltz ist guot/ so aber das saltz tumb wirt/ wo mit wirt man es saltzen? Behebend das saltz in euch/ unnd habend frid under einandern.

Vom Salz
49 Denn jeder wird mit Feuer gesalzen werden. 50 Salz ist etwas Gutes. Wenn aber das Salz salzlos wird, womit wollt ihr es wieder salzig machen? Habt Salz bei euch, und haltet Frieden untereinander!

P: Mt 5,13; Lk 14,34–35 |50: Röm 12,18

Das x. Capitel.
Christus gibt bescheyd von der Ee/ heyßt die kinder zuo jm bringen/ leert wie man mit den zeytlichen güetern handlen sol/ straafft den zanck seiner jüngeren/ leert sy demuot/ machet einen blinden bey Jericho gesähend.

Und er stuond auf/ und kam von dannen in die ort des Jüdischen lannds yhensyt des Jordans. Und das volck gieng abermals mit hauffen zuo jm/ und wie sein gewonheyt was/ leeret er sy abermals.

Der Aufbruch nach Judäa
10 1 Und er bricht von dort auf und kommt in das Gebiet von Judäa jenseits des Jordan, und wieder strömen ihm die Leute zu. Und wie es seine Gewohnheit war, lehrte er sie wieder.

P: Mt 19,1–2; Lk 9,51

10,1: Andere Textüberlieferung: «… und kommt in das Gebiet von Judäa und von jenseits des Jordan, …»

Zur Frage nach der Ehescheidung
2 Und es kamen Pharisäer zu ihm und fragten, um ihn auf die Probe zu stellen, ob es einem Mann erlaubt sei, seine Frau zu

Und die Phariseer trattend zuo jm/ unnd fragtend jn/ ob ein mann sich scheyden möchte von seinem weyb/ unnd versuochtend jn damit.

Er antwortet aber/ und sprach: Was hatt euch Moses gebotten? Sy sprachend: Moses hatt zuogelassen einen scheydbrieff zeschreyben/ und sich zescheyden. Jesus antwortet/ unnd sprach zuo jnen: Umb euwers hertzen hertigkeit willen hatt er euch sölichs gebot geschriben. Aber von anfang der creatur hatt sy Gott geschaffen ein mennlin und fröwlin/ darumb wirt der mensch lassen seinen vatter und muoter/ unnd wirt seinem weyb anhangen/ und werdend sein die zwey ein fleysch. So sind sy nun nit zwey/ sonder ein fleisch. Was dann Gott zuosamen gefüegt hatt/ sol der mensch nit scheyden.

Und daheym fragtend jn abermals seine jünger umb das selbig. Und er sprach zuo jnen: Wär sich scheydet von seinem weyb/ unnd nimpt ein andere/ der bricht die Ee an jr. Unnd so sich ein weyb scheydet vonn jrem mann/ und nimpt ein anderen/ die bricht jr Ee.

Unnd sy brachtend kindlin zuo jm/ das er sy anrüerete. Die jünger aber fuorend die an/ die sy truogend. Do es aber Jesus sach/ ward er unwillig/ und sprach zuo jnen: Lassend die kindlin zuo mir kommen/ und weerend jnen nit/ dann sölicher ist das reych Gottes. Warlich ich sag euch/ wär nit empfahet das reych Gottes als ein kindlin/ der wirt nit hineyn kommen. Unnd er umbfieng sy/ unnd legt die hend auff sy/ und sprach guots über sy.

Unnd do er hinauß gegangen was auff den wäg/ lieff einer zuo/ knüwet für jn/ unnd fraget jnn: Guoter meyster/ was sol ich thuon das ich das läben ererbe? Aber Jesus sprach zuo jm: Was heissest du mich guot? Niemants ist guot dann allein der einig Gott. Du weyst ye die gebott wol: Du solt nit eebrechen. Du solt nit töden. Du solt nit stälen. Du solt nit falsche zeügnuß reden. Du solt niemants betriegen: Eer dein vatter und muoter. Er antwortet aber/ und sprach zuo jm: Meister/ das hab ich alles gehalten vonn meiner jugend auf. Und Jesus sach jn an/ unnd mit freüntligkeyt sprach er zuo jm: Eins fält dir/ gang hin und verkauff alles was du hast/ und gib es den armen/ so wirst du ein schatz im himmel haben/ und komm

entlassen. 3 Er antwortete ihnen: Was hat Mose euch geboten? 4 Sie sagten: Mose hat erlaubt, einen Scheidebrief zu schreiben und sie zu entlassen. 5 Jesus aber sagte zu ihnen: Angesichts eurer Hartherzigkeit hat er für euch dieses Gebot aufgeschrieben. 6 Doch vom Anfang der Schöpfung an *hat er sie als Mann und Frau geschaffen.* 7 *Darum wird ein Mann seinen Vater und seine Mutter verlassen und seiner Frau anhangen,* 8 *und die beiden werden ein Fleisch sein.* Also sind sie nicht mehr zwei, sondern sie sind ein Fleisch. 9 Was nun Gott zusammengefügt hat, soll der Mensch nicht scheiden.

10 Im Haus fragten ihn die Jünger ihrerseits danach. 11 Und er sagt zu ihnen: Wer seine Frau entlässt und eine andere heiratet, der begeht Ehebruch an ihr. 12 Und wenn sie ihren Mann entlässt und einen anderen heiratet, begeht sie Ehebruch.

P: Mt 19,3–12 |4: Dtn 24,1.3; Mt 5,31 |6: Gen 1,27; 5,2 |8: Gen 2,24; 1Kor 6,16 |10: 9,28! |11: Mt 19,9! |12: 1Kor 7,13

Die Segnung der Kinder

13 Und man brachte Kinder zu ihm, damit er sie berühre. Die Jünger aber fuhren sie an. 14 Als Jesus das sah, wurde er unwillig und sagte zu ihnen: Lasst die Kinder zu mir kommen, hindert sie nicht, denn solchen gehört das Reich Gottes. 15 Amen, ich sage euch: Wer das Reich Gottes nicht annimmt wie ein Kind, wird nicht hineinkommen. 16 Und er schliesst sie in die Arme und legt ihnen die Hände auf und segnet sie.

P: Mt 19,13–15; Lk 18,15–17 |15: Mt 18,3 |16: 9,36

Nachfolge und Reichtum

17 Und als er sich auf den Weg machte, kam einer gelaufen und warf sich vor ihm auf die Knie und fragte ihn: Guter Meister, was muss ich tun, um ewiges Leben zu erben? 18 Jesus sagte zu ihm: Was nennst du mich gut? Niemand ist gut ausser Gott. 19 Du kennst die Gebote: *Du sollst nicht töten, du sollst nicht ehebrechen, du sollst nicht stehlen, du sollst nicht falsches Zeugnis ablegen, du sollst niemanden berauben, ehre deinen Vater und deine Mutter.* 20 Er sagte zu ihm: Meister, das alles habe ich befolgt von Jugend an. 21 Jesus blickte ihn an, gewann ihn lieb und sagte zu ihm: Eines fehlt dir. Geh, verkaufe, was du hast, und gib es den Armen, so wirst du einen Schatz im Himmel haben, und komm und folge mir!

und volg mir nach/ und nimm das creütz auff
dich. Und er ward unmuotig ab der red/ unnd
gieng traurig darvon: dann er hatt vil güeter.

Und Jesus sach umb sich/ und sprach zuo
seinen jüngeren: Wie schwarlich werdennd
die reychen in das reych Gottes kommen? Die
jünger aber entsatzend sich ab seyner red. Aber
Jesus antwortet widerumb/ und sprach zuo
jnen: Lieben kinder/ wie schwarlich ist es/ das
die/ so jr vertrauwen auff reychtumb setzend/
ins reych Gottes kommind. Es ist leychter dz
ein kameel durch ein nadelöre gange/ dann
das ein reycher ins reych Gottes komme. Sy
entsatzend sich aber noch vil mer/ unnd
sprachend under einanderen: Wär kan dann
sälig werden? Jesus aber sach sy an/ unnd sprach:
Bey den menschen ist es unmöglich/ aber nit
bey Gott: dann alle ding sind möglich bey Gott.

Do sagt Petrus zuo jm: Sihe/ wir habend
alles verlassen/ und sind dir nachgevolget. Jesus
antwortet/ und sprach: Warlich ich sag euch/
es ist nieman so er verlaßt hauß/ oder brüeder/
oder schwester/ oder vatter/ oder muoter/
oder weyb/ oder kind/ oder äcker umb meinet
willen und umb des Evangelij willen/ der nit
hundertfältig empfahe yetz in diser zeyt/ heüser/
und brüeder/ und schwester/ und muoter/ und
die kinder/ unnd äcker/ mit vervolgungen/ und
in der zuokünfftigen welt das ewig läben. Vil
aber werdennd die letsten sein die die ersten
sind: und die ersten sein/ die die letsten sind.

Sy warend aber uff dem wäg/ und
giengend hinauf gen Jerusalem/ und Jesus
gieng vor jnen. Und sy entsatzend sich/
volgtend jm nach/ und forchtend jnen.

Und Jesus nam abermals zuo jm die zwölff
unnd sagt jnen was jm widerfaren wurde/
Sehend/ wir gond hinauf gen Jerusalem/ und
des menschen sun wirdt überantwortet den
hohen priestern und gschrifftgelerten/ und
sy werdend jn verdammen zum tod/ und
überantworten den Heyden. Und die werdend
jn verspotten/ und geyßlen/ und verspüwen/
und töden/ und am dritten tag wirt er auferston.

Do giengend zuo jm/ Jacobus und Joannes/
die sün Zebedei/ und sprachend: Meister/
wir begärend das du uns thüeyest was wir

22 Der aber war entsetzt über dieses Wort und
ging traurig fort; denn er hatte viele Güter.

23 Da blickt Jesus um sich und sagt zu
seinen Jüngern: Wie schwer kommen doch die
Begüterten ins Reich Gottes! 24 Die Jünger aber
erschraken über seine Worte. Jesus aber sagte
noch einmal zu ihnen: Kinder, wie schwer ist
es, in das Reich Gottes zu kommen. 25 Eher
geht ein Kamel durch ein Nadelöhr als ein
Reicher in das Reich Gottes. 26 Sie aber waren
bestürzt und sagten zueinander: Ja, wer kann
dann gerettet werden? 27 Jesus blickt sie an und
spricht: Bei Menschen ist es unmöglich, nicht
aber bei Gott. Denn alles ist möglich bei Gott.

P: Mt 19,16–26; Lk 18,18–27 |17: 10,30 |19: Ex 20,12–
16; Dtn 5,16–20; 24,14–15 |21: Lk 12,33! · 1,20! |23: Lk 6,24!
|27: 14,36; Gen 18,14; Hiob 42,2

Der Lohn der Nachfolge

28 Da ergriff Petrus das Wort und sagte zu
ihm: Wir hier haben alles verlassen und sind
dir gefolgt. 29 Jesus aber sprach: Amen, ich
sage euch: Da ist keiner, der um meinetwillen
und um des Evangeliums willen Haus, Brüder,
Schwestern, Mutter, Vater, Kinder oder
Äcker verlässt 30 und der nicht hundertfach
empfängt, jetzt in dieser Zeit Häuser, Brüder
und Schwestern, Mütter und Kinder und
Äcker inmitten von Verfolgungen, und in der
kommenden Welt ewiges Leben. 31 Viele Erste
aber werden Letzte sein und Letzte Erste.

P: Mt 19,27–30; Lk 18,28–30 |28: 1,20! |29: 1,15! ·
Mt 10,37; Lk 14,26 |30: 10,17 |31: Mt 20,16; Lk 13,30

Die dritte Leidensankündigung

32 Sie waren aber auf dem Weg hinauf nach
Jerusalem. Und Jesus ging ihnen voran, und
sie erschraken, und die ihm folgten, fürchteten
sich. Da nahm er die Zwölf wieder beiseite und
begann davon zu reden, was auf ihn zukommen
werde: 33 Seht, wir ziehen jetzt hinauf nach
Jerusalem, und der Menschensohn wird den
Hohen Priestern und Schriftgelehrten ausgeliefert
werden, und sie werden ihn zum Tod verurteilen
und ihn den Heiden ausliefern, 34 und sie werden
ihn verspotten und anspucken, auspeitschen und
töten. Und nach drei Tagen wird er auferstehen.

P: Mt 20,17–19; Lk 18,31–34 |34: 8,31!

Der Wunsch nach einem Platz im Himmel

35 Da kommen Jakobus und Johannes, die
Söhne des Zebedäus, auf ihn zu und sagen:
Meister, wir wollen, dass du für uns tust, worum

dich bitten werdend. Er sprach zuo jnen: Was begärend jr das ich euch thüeye? Sy sprachend zuo jm: Gib unns das wir sitzind/ einer zuo deiner rechten unnd einer zuo deiner lincken in deyner herrligkeyt. Jesus aber sprach zuo jnen: Jr wüssend nit was jr bittend. Mögend jr den kelch trincken den ich trinck/ und euch tauffen lassen mit dem tauff da ich mit taufft wird? Sy sprachend zuo jm: Ja wir mögend es wol. Jesus aber sprach zuo jnen: Zwar/ jr werdennd den kelch trincken den ich trinck/ unnd taufft werden mit dem tauff da ich mit taufft wird. Zuo sitzen aber zuo meiner rechten unnd zuo meiner lincken/ gehört mir nit zuo euch zegeben/ sonder denen es bereytet ist.

Und do das die zehen hortend/ wurdend sy unwillig über Jacoben unnd Joannen. Aber Jesus ruofft jnen/ unnd sprach zuo jnen: Jr wüssend das under den Heyden/ die so für herren gehalten sein wöllend/ die beherrschend sy/ und die mächtigen under jnen farend mit gwalt. Aber also sol es under euch nit sein/ sonder welcher wil groß werden under euch/ der sol euwer diener sein: und welcher under euch wil der fürnämmest werden/ der sol aller knecht sein. Dann auch des menschen sun ist nit kommen das er jm dienen lasse/ sonder das er diene/ unnd gebe sein läben zur bezalung für die menge.

Und sy kamend gen Jericho. Und do er auß Jericho gieng/ und seine jünger/ und ein groß volck/ do saß ein blinder Bartimeus Thimei sun/ am wäg/ und bättlet. Und do er hort/ das es Jesus vonn Nazareth was/ fieng er an zeschreyen/ unnd sagen: Jesu/ du sun Davids erbarm dich mein. Und vil beschalckend jnn er sölte still schweygen. Er aber schrey vil mer: Du sun Davids erbarm dich mein. Unnd Jesus stuond still/ und ließ jm rüeffen. Und sy ruofftend dem blinden/ und sprachend zuo jm: Biß getröst/ stand auf/ er rüefft dir. Unnd er warff sein kleyd von jm/ stuond auf/ und kam zuo Jesu. Und Jesus antwortet/ und sprach zuo jm: Was wilt du das ich dir thuon sölle? Der blind sprach zuo jm: Meyster/ das ich sehend werde. Jesus aber sprach zuo jm: Gang hin/ deyn glaub hat dir geholffen. Und von stundan ward er sehend/ und volget jm nach auff dem wäg.

wir dich bitten. 36 Er sagte zu ihnen: Was soll ich für euch tun? 37 Sie sagten zu ihm: Gewähre uns, dass wir einer zu deiner Rechten und einer zu deiner Linken sitzen werden in deiner Herrlichkeit. 38 Jesus aber sagte zu ihnen: Ihr wisst nicht, worum ihr bittet. Könnt ihr den Kelch trinken, den ich trinke, oder euch taufen lassen mit der Taufe, mit der ich getauft werde? 39 Sie sagten zu ihm: Wir können es. Da sagte Jesus zu ihnen: Den Kelch, den ich trinke, werdet ihr trinken, und mit der Taufe, mit der ich getauft werde, werdet ihr getauft werden, 40 doch über den Platz zu meiner Rechten oder Linken zu verfügen steht mir nicht zu, sondern er wird denen zuteil, für die er bereitet ist.

41 Als die zehn das hörten, wurden sie immer unwilliger über Jakobus und Johannes. 42 Und Jesus ruft sie zu sich und sagt zu ihnen: Ihr wisst, die als Herrscher der Völker gelten, unterdrücken sie, und ihre Grossen setzen ihre Macht gegen sie ein. 43 Unter euch aber sei es nicht so, sondern: Wer unter euch gross sein will, sei euer Diener, 44 und wer unter euch der Erste sein will, sei der Knecht aller. 45 Denn auch der Menschensohn ist nicht gekommen, um sich dienen zu lassen, sondern um zu dienen und sein Leben hinzugeben als Lösegeld für viele.

P: Mt 20,20–28 |38: 14,36! · Lk 12,50; Röm 6,3 |39: Apg 12,2 |41–45: Lk 22,24–27 |44: 9,35! |45: Joh 13,4–5 · Jes 53,10.12; 1Tim 2,6 · 14,24

Die Heilung des blinden Bartimäus

46 Und sie kommen nach Jericho. Und als er und seine Jünger und etliches Volk von Jericho weiterzogen, sass Bartimäus, der Sohn des Timäus, ein blinder Bettler, am Weg. 47 Und als er hörte, dass es Jesus von Nazaret sei, begann er laut zu rufen: Sohn Davids, Jesus, hab Erbarmen mit mir! 48 Da fuhren ihn viele an, er solle schweigen. Er aber rief noch viel lauter: Sohn Davids, hab Erbarmen mit mir! 49 Und Jesus blieb stehen und sprach: Ruft ihn her! Und sie rufen den Blinden und sagen zu ihm: Sei guten Mutes, steh auf! Er ruft dich. 50 Da warf er seinen Mantel ab, sprang auf und kam zu Jesus. 51 Und Jesus wandte sich ihm zu und sagte: Was soll ich für dich tun? Da sagte der Blinde zu ihm: Rabbuni, mach, dass ich wieder sehen kann. 52 Und Jesus sagte zu ihm: Geh, dein Glaube hat dich gerettet. Und sogleich sah er wieder und folgte ihm auf dem Weg.

P: Mt 20,29–34; Lk 18,35–43 |47: 10,48; 11,10; 12,35.37 |48: 10,47! |52: 5,34!

Das xj. Capitel.

Das eynreyten Christi zuo Jerusalem/ wie er die wächßler außtreybt auß dem tempel/ verflüecht den feygbaum/ schändt die Phariseer.

Und do sy nach zuo Jerusalem kamend/ gen Bethphage und Bethanien an den ölberg/ sandt er seyner jünger zwen/ unnd sprach zuo jnen: Gond hin in den fläcken der vor euch ligt/ unnd als bald/ wenn jr hineyn kommend/ werdend jr finden ein Füly angebunden/ auff welchem nye keyn mensch gesässen ist/ lösend es ab/ und füerend es här. Und so yemants zuo euch sagen wirt: Warumb thuond jr das? so sprechend: Der Herr darff seyn/ so wirdt ers bald här senden. Sy giengend hin unnd fundend das füly gebunden an der thür aussen auff der wägscheyde/ und loßtend es auf. Und etlich die da stuondend/ sprachend zuo jnen: Was machend jr/ dz jr das füly auflösend? Sy sagtend aber zuo jnen/ wie jnen Jesus geboten hatt. Und die liessends zuo. Und sy fuortend das füly zuo Jesu und legtend jre kleyder darauf/ und er satzt sich darauf: vil aber spreytetend jre kleyder uff den wäg: etlich hüwend meyen von den böumen/ unnd ströuwtend sy auff den wäg. Und die vornen fürgiengend/ und die hernach volgtend/ schrüwend/ und sprachend: Hoschianna/ gebenedeyet sey der da kumpt in dem nammen des Herren/ gebenedeyet sey das reych unsers vatters Davids/ das da kumpt in dem nammen des Herren/ Hoschianna in der höhe.

Unnd der Herr zoch eyn zuo Jerusalem/ und gieng in den tempel/ und er besach alles. Und am abent gieng er hinauß gen Bethanien mit den zwölffen:

Der Einzug in Jerusalem

11 1 Und als sie in die Nähe von Jerusalem kommen, nach Betfage und Betanien an den Ölberg, sendet er zwei seiner Jünger aus 2 und sagt zu ihnen: Geht in das Dorf, das vor euch liegt, und gleich wenn ihr hineinkommt, werdet ihr ein Füllen angebunden finden, auf dem noch nie ein Mensch gesessen hat. Bindet es los und bringt es her! 3 Und wenn jemand zu euch sagt: Was tut ihr da?, so sagt: Der Herr braucht es und schickt es sogleich wieder zurück. 4 Da gingen sie und fanden ein Füllen, angebunden an einer Tür draussen an der Strasse, und sie banden es los. 5 Und einige von denen, die dort standen, sagten zu ihnen: Was führt euch dazu, das Füllen loszubinden? 6 Sie aber gaben zur Antwort, was Jesus ihnen gesagt hatte, und man liess sie gewähren. 7 Und sie bringen das Füllen zu Jesus und legen ihre Kleider darüber, und er setzte sich darauf.

8 Und viele breiteten auf dem Weg ihre Kleider aus, andere streuten Zweige, die sie auf den Feldern abgeschnitten hatten. 9 Und die vorausgingen und die hinterhergingen, riefen:

Hosanna,
gepriesen sei, der da kommt im Namen des Herrn!

10 Gepriesen sei das Reich unseres Vaters David, das da kommt,
Hosanna in der Höhe!

11 Und er kam nach Jerusalem in den Tempel. Er schaute sich ringsum alles an und ging, da es schon spät war, mit den Zwölfen nach Betanien hinaus.

P: Mt 21,1–11; Lk 19,28–40; Joh 12,12–19 |2: Sach 9,9 |3: 14,14 |8: 2Kön 9,13 |9: Ps 118,25–26 |10: Lk 1,32! · 10,47! |11: Mt 21,17

Die Verfluchung des Feigenbaums

12 Und als sie am nächsten Tag von Betanien aufbrachen, hungerte ihn. 13 Und er sah von weitem einen Feigenbaum, der Blätter hatte, und er ging hin, um zu sehen, ob er vielleicht etwas an ihm fände. Und als er zu ihm hinkam, fand er nichts als Blätter, denn es war nicht die Zeit für Feigen. 14 Und er sagt zu ihm: In Ewigkeit soll niemand mehr eine Frucht von dir essen. Und seine Jünger hörten es.

P: Mt 21,18–19 |13: Lk 13,6–7 |14: 11,20–21

und des andern tags da er von Bethanien gieng/ hungeret jn/ und sach einen feygenbaum von verrnuß/ der bletter hat. Do tratt er hinzuo/ ob er etwas darauff funde. Unnd do er hinzuo kam/ fand er nichts dann bletter (dann es was noch nit umb die zeit das feygen sein soltend.) Und Jesus antwortet/ und sprach zuo jm: Nun esse von dir niemants kein frucht ewigklich. Und die jünger hortend das.

Und sy kamend gen Jerusalem. Und Jesus
gieng in den tempel/ fieng an/ unnd treib auß
die verköuffer und köuffer in dem tempel/
und die tisch der wächßleren/ und die stüel
der tubenkrämern stieß er umb/ und ließ nit
zuo das yemants ein gschirr durch den tempel
trüege. Und er leeret/ und sprach zuo jnen:
Jsts nit geschriben: Mein hauß sol heyssen
ein bätthauß allen völckern? Jr aber habend
ein mörder gruoben darauß gemachet.
  Und es kam für die gschrifftglerten und
hohen priester. Und sy trachtetend wie sy jn
umbbrächtind/ sy forchtend sich aber vor jm:
dann alles volck verwunderet sich seiner leer.
Und des abents gieng er hinauß für die statt.

Die Tempelreinigung

15 Und sie kommen nach Jerusalem. Und
als er in den Tempel hineinging, begann er,
alle hinauszutreiben, die im Tempel verkauften
und kauften. Die Tische der Geldwechsler und
die Stände der Taubenverkäufer stiess er um
16 und liess nicht zu, dass man irgendetwas
über den Tempelplatz trug. 17 Und er lehrte
sie und sprach: Steht nicht geschrieben: *Mein
Haus soll Haus des Gebets heissen für alle Völker?*
Ihr aber habt es zu einer *Räuberhöhle* gemacht!
  18 Und die Hohen Priester und
Schriftgelehrten hörten davon und
suchten Mittel und Wege, wie sie ihn
umbringen könnten. Denn sie fürchteten
ihn, weil das ganze Volk überwältigt war
von seiner Lehre. 19 Und als es Abend
wurde, gingen sie aus der Stadt hinaus.

P: Mt 21,12–17; Lk 19,45–48; Joh 2,13–17 |15: Sach 14,21
|17: Jes 56,7 · Jer 7,11 |18: 3,6; 12,12; 14,1 · 1,22!

Und am morgen giengend sy für/ unnd sahend
den feygenbaum das er verdorret was biß auff
die wurtzel. Unnd Petrus gedacht daran/ unnd
sprach zuo jm: Meister/ sihe/ der feygenbaum
den du verflüecht hast/ ist verdorret. Jesus
aber antwortet/ und sprach zuo jnen: Habend
glauben an Gott/ warlich ich sag euch/ wär zuo
disem berg spreche/ Heb dich/ und wirff dich
ins meer/ und zweyflete nit in seinem hertzen/
sonder glaubte das es geschehen wurde was
er sagt/ so wurde jm geschehen was er sagt.
Darumb sag ich euch/ alles wz jr bittend in
euwerm gebätt/ glaubend nun das jrs empfahen
werdind/ so wirts euch werden. Und wenn jr
stond und bättend/ so vergebend wo jr etwas
wider yemants habend/ auff das auch euwer
vatter im himmel euch vergebe euwer missethat.

Die Kraft des Glaubens

20 Und als sie am anderen Morgen
vorübergingen, sahen sie, dass der Feigenbaum
von den Wurzeln her verdorrt war. 21 Und
Petrus erinnert sich und sagt zu ihm: Rabbi,
schau, der Feigenbaum, den du verflucht hast,
ist verdorrt. 22 Und Jesus entgegnet ihnen: Habt
Glauben an Gott! 23 Amen, ich sage euch: Wer
zu diesem Berg sagt: Hebe dich hinweg und
wirf dich ins Meer!, und in seinem Herzen nicht
zweifelt, sondern glaubt, dass geschieht, was
er sagt, dem wird es zuteil werden. 24 Darum
sage ich euch: Alles, worum ihr betet und
bittet, glaubt nur, dass ihr es empfangt, so
wird es euch zuteil werden. 25 Und wenn ihr
dasteht und betet, so vergebt, wenn ihr etwas
gegen jemanden habt, damit auch euer Vater
im Himmel euch eure Verfehlungen vergibt.

P: Mt 21,20–22 |21: 14,72 · 11,14 |22: 5,34! |23: Mt 17,20!
|24: Mt 7,8! |25: Mt 5,23–24; 6,14

11,25: Viele Handschriften fügen nach V.25 ein (wohl
von Mt 6,15 übernommen): «26 Wenn ihr aber nicht
vergebt, dann wird auch euer Vater im Himmel eure
Verfehlungen nicht vergeben.»

Unnd sy kamend abermals gen Jerusalem/
und do er im tempel gieng/ kamend zuo jm
die hohen priester unnd gschrifftgelerten/ und
die eltesten/ unnd sprachend zuo jm: Auß
was macht thuost du das? und wär hat dir die
macht gegeben das du sölichs thuost? Jesus

Zur Frage nach der Vollmacht Jesu

27 Und sie kommen wieder nach Jerusalem.
Und während er im Tempel umhergeht, treten
die Hohen Priester, Schriftgelehrten und
Ältesten an ihn heran, 28 und sie sagten zu ihm:
Aus welcher Vollmacht tust du das? Wer hat
dich bevollmächtigt, das zu tun? 29 Jesus sagte

aber antwortet/ und sprach zuo jnen: Jch wil euch auch ein wort fragen/ antwortend mir/ so wil ich euch sagen auß was macht ich das thuon. Der tauff Joannis was er vom himmel oder von den menschen? Antwortend mir. Und sy gedachtend in jnen selbs/ Sagend wir/ er was vonn himmel/ so wirt er sagen: Warumb habend jr dann jm nit glaubt? Sagend wir aber/ er was von menschen/ so förchtend wir uns vor dem volck. Dann sy hieltend all dz Joannes ein rechter prophet wäre. Und sy antwortend/ und sprachend zuo Jesu: Wir wüssents nit. Und Jesus antwortet/ und sprach zuo jnen: So sag ich euch auch nit auß was mach ich sölichs thüeye.

Das xij. Capitel.

Jesus straafft die schalckheyt und undanckbarkeit der Juden mit schönen gleychnussen/ facht sy in jren arglistigen fragen/ warnet vor jrer leer und läben/ rüempt die witwen die jr armuot in stock legt.

Und er fieng an zuo jnen durch glychnussen zereden: Ein mensch pflantzet einen weynberg/ und fuort einen zaun darumb/ unnd gruob ein trotten/ unnd bauwet ein thurn/ und verleych jn uß den weyngärtneren/ und zoch über land. Und sandt einen knecht zur zeyt zuo den weyngärtnern/ das er von den weyngärtnern näme von der frucht des weynbergs. Sy namend jn aber/ unnd schluogend jn/ und schicktend jn lär hinweg. Abermals sandt er zuo jnen eynen anderen knecht/ den selbigen versteynigetend sy und zerblüwtend jm den kopff/ unnd liessend jn geschmächt von jnen. Abermals sandt er einen andern/ den selbigen todtend sy/ und vil andere: etlich schluogend sy/ etlich todtend sy.

Do hatt er noch ein einigen sun der was jm lieb/ den sandt er auch jnen zum letsten/ unnd sprach: Sy werdend sich vor meinem sun förchten. Aber die selben weyngärtner sprachend under einandern: Diß ist der erb/ kommend lassend uns jn töden/ so wirdt das erb unser sein. Und sy namend jn und todtend jn/ unnd wurffend jnn härauß für den weynberg. Wz wirt nun der herr des weynbergs thuon? Er wirt kommen und die weyngärtner umbbringen/ unnd den weynberg anderen geben. Habend jr auch nit geläsen dise gschrifft: Der steyn den die bauwlüt verworffen habend/ der ist ein eckstein worden. Von dem Herren ist es geschehen/ und es ist wunderbarlich in unsern augen. Und sy gedachtend darnach wie sy jn fiengind/ unnd forchtend jnen

zu ihnen: Ich will euch eine einzige Frage stellen. Antwortet mir, dann werde ich euch sagen, aus welcher Vollmacht ich dies tue. 30 Die Taufe des Johannes – stammte sie vom Himmel, oder stammte sie von Menschen? Antwortet mir! 31 Da besprachen sie sich miteinander: Sagen wir, vom Himmel, so wird er sagen: Warum habt ihr ihm dann nicht geglaubt? 32 Sagen wir aber, von Menschen, ... Doch sie fürchteten sich vor dem Volk, denn alle hielten Johannes für einen echten Propheten. 33 Und sie antworten Jesus: Wir wissen es nicht. Da sagt Jesus zu ihnen: Dann sage auch ich euch nicht, aus welcher Vollmacht ich das tue.

P: Mt 21,23–27; Lk 20,1–8 |28: 1,22! |32: 12,12! · Lk 1,76!

Die Geschichte von den bösen Weinbauern

12 1 Und er begann in Gleichnissen zu ihnen zu reden: Es pflanzte einer einen Weinberg, zog einen Zaun ringsum, grub eine Kelter und baute einen Turm. Dann verpachtete er ihn an Weinbauern und ging ausser Landes. 2 Und zu gegebener Zeit schickte er einen Knecht zu den Weinbauern, um von den Weinbauern seinen Anteil am Ertrag des Weinbergs einzuholen. 3 Sie aber packten ihn und schlugen ihn und schickten ihn mit leeren Händen fort. 4 Da schickte er einen anderen Knecht zu ihnen; den schlugen sie auf den Kopf und misshandelten ihn. 5 Und er schickte einen anderen, und den töteten sie, und viele andere, die einen schlugen sie, die anderen töteten sie. 6 Einen hatte er noch: den geliebten Sohn. Den schickte er als letzten zu ihnen, denn er sagte sich: Vor meinem Sohn werden sie Respekt haben. 7 Jene Weinbauern aber sagten zueinander: Das ist der Erbe. Kommt, wir wollen ihn töten, dann wird das Erbe uns gehören. 8 Und sie packten ihn und töteten ihn und warfen ihn aus dem Weinberg.

9 Was wird nun der Herr des Weinbergs tun? Er wird kommen und die Weinbauern umbringen und den Weinberg anderen geben. 10 Habt ihr dieses Schriftwort nicht gelesen:

Der Stein, den die Bauleute verworfen haben,
er ist zum Eckstein geworden,
11 *durch den Herrn ist er das geworden,*
und wunderbar ist er in unseren Augen.

doch vor dem volck: dann sy vernamend das er auff sy dise gleychnuß geredt hatt. Und sy verliessend jn und giengend darvon.

Und sy sandtend zuo jm etlich von den Phariseern und Herodis dienern/ das sy jn fiengind in worten. Und sy kamend unnd sprachend zuo jm: Meister/ wir wüssend das du warhafftig bist/ und fragest nach niemants. Dann du achtest nit das ansehen der menschen/ sonder du leerst den wäg Gottes recht. Jsts recht das man dem Keyser zinß gebe oder nit? Söllend wir jn geben oder nit geben? Er aber marckt jren falsch/ und sprach zuo jnen: Was versuochend jr mich? Bringend mir einen pfennig das ich jnn sehe. Unnd sy brachtend jn jm. Do sprach er: Weß ist das bild und die übergschrifft? Sy sprachend zuo jm: Des Keysers. Do antwortet Jesus/ und sprach zuo jnen: So gebend dem Keyser was des Keysers ist. Und sy verwunderend sich seinen.

Do trattend die Saduceer zuo jm/ die da haltend es sey kein aufersteung/ die fragtend jn/ und sprachend: Meister/ Moses hatt uns geschriben/ wenn yemants bruoder stirbt/ und verläßt ein weyb/ und laßt keine kinder/ so sol sein bruoder das selbig weib nemmen/ und einen somen erwecken seinem bruoder. Nun sind gewesen siben brüeder/ der erst nam ein weyb/ der starb/ und ließ keinen somen: und der ander nam sy/ und starb/ und ließ auch keinen somen: der dritt desselben gleychen. Und namend sy all siben/ und liessend keinen somen. Zuo letst starb nach allen das weyb auch. Nun in der aufersteung/ wenn sy auferstond/ welches weyb wirt sy sein under jnen? dann siben habend sy zum weyb gehabt. Do antwurtet Jesus/ und sprach zuo jnen: Lieber jrrend jr nichts? dz jr nit wüssend von der gschrifft/ noch von der krafft Gottes? Wenn sy von den todten auferston werdend so werdennd sy nit zuo der Ee greyffen/ noch sich zuo der Ee nemmen lassen/ sonder sy sind wie die engel im himmel. Aber von den todten das

12 Da hätten sie ihn gerne festgenommen, doch sie fürchteten das Volk. Sie hatten nämlich erkannt, dass er das Gleichnis auf sie hin gesagt hatte. Und sie liessen ihn stehen und gingen fort.

P: Mt 21,33–46; Lk 20,9–19 |1: Jes 5,1–2 · 13,34 |5: Jer 7,25–26; 25,4 |10–11: Ps 118,22–23 |10: 8,31! |12: 11,18! · 11,32; 12,37; 14,2

Zur Frage nach der kaiserlichen Steuer

13 Und sie schicken einige von den Pharisäern und den Herodianern zu ihm, um ihm eine Fangfrage zu stellen. 14 Und sie kommen und sagen zu ihm: Meister, wir wissen, dass du der Wahrheit verpflichtet bist und auf niemanden Rücksicht nimmst; denn du achtest nicht auf das Ansehen der Person, sondern lehrst den Weg Gottes, wie es richtig ist. Ist es erlaubt, dem Kaiser Steuern zu zahlen, oder nicht? Sollen wir zahlen oder nicht zahlen? 15 Er aber kannte ihre Heuchelei und sagte zu ihnen: Was stellt ihr mich auf die Probe? Bringt mir einen Denar, damit ich ihn ansehe! 16 Und sie brachten ihm einen. Da sagt er zu ihnen: Wessen Bild und Inschrift ist das? Sie sagten zu ihm: Des Kaisers. 17 Da sagte Jesus zu ihnen: Gebt dem Kaiser, was des Kaisers ist, und Gott, was Gottes ist! Und sie wunderten sich sehr über ihn.

P: Mt 22,15–22; Lk 20,20–26 |17: Röm 13,7; 1Petr 2,17

Zur Frage nach der Auferstehung der Toten

18 Und es kommen Sadduzäer zu ihm, die behaupten, es gebe keine Auferstehung; und sie fragten ihn: 19 Meister, Mose hat uns vorgeschrieben: *Wenn einem der Bruder stirbt* und eine Frau zurücklässt *und kein Kind hinterlässt,* dann *soll sein Bruder die Frau nehmen und seinem Bruder Nachkommen erwecken.* 20 Nun waren da sieben Brüder. Der erste nahm eine Frau, und als er starb, hinterliess er keine Nachkommen. 21 Da nahm sie der zweite und starb, ohne Nachkommen zu hinterlassen, und ebenso der dritte. 22 Und alle sieben hinterliessen keine Nachkommen. Zuletzt, nach allen andern, starb auch die Frau. 23 In der Auferstehung nun, wenn sie auferstehen – wessen Frau wird sie sein? Alle sieben haben sie ja zur Frau gehabt.

24 Jesus sagte zu ihnen: Irrt ihr nicht darum, weil ihr weder die Schriften noch die Macht Gottes kennt? 25 Wenn sie nämlich von den Toten auferstehen, heiraten sie nicht, noch werden sie verheiratet, sondern sie sind wie Engel im Himmel. 26 Was

sy auferston werdend/ habend jr nit geläsen im buoch Mosi by dem puschen/ wie Gott zuo jm sagt/ unnd sprach: Jch bin der Gott Abrahams/ und der Gott Jsaacs/ und der Gott Jaacobs? Es ist keyn Gott der todten/ sonder es ist ein Gott der läbendigen. Darumb jrrend jr vast.

aber die Toten betrifft, wenn sie auferweckt werden – habt ihr nicht gelesen im Buch des Mose, in der Geschichte vom Dornbusch, wie Gott zu ihm gesagt hat: *Ich bin der Gott Abrahams und der Gott Isaaks und der Gott Jakobs?* 27 Er ist nicht ein Gott von Toten, sondern von Lebenden. Ihr irrt sehr.

P: Mt 22,23–33; Lk 20,27–40 |18: Apg 23,8 |19: Dtn 25,5 |26: Ex 3,6

Zur Frage nach dem höchsten Gebot

Und es tratt zuo jm der gschrifftglerten einer der jm zuogeloset hatt wie sy sich mit einandern befragtend/ und sach das er jnen feyn geantwortet hatt/ und fragt jn: Welches ist das fürnemmest gebot vor allen? Jesus aber antwortet jm: Das fürnemmest gebot vor allen gebotten ist das/ Hör Jsrael/ Gott unser Herr/ ist ein einiger/ und du solt lieben Gott deynen Herren vonn gantzem hertzen/ von gantzer seel/ von gantzem gmüet/ und von allen krefften. Das ist das fürnemmest gebot/ und das ander ist jm gleych: Du solt lieben deinen nächsten als dich selbs. Es ist keyn ander grösser gebott dann dises. Unnd der gschrifftglert sprach zuo jm: Meister/ du hast warlich recht geredt/ dann es ist ein einiger Gott/ und ist kein anderer aussert jm/ unnd den selben lieben von gantzem hertzen/ von gantzem gmüet/ von gantzer seel/ und von allen krefften/ unnd lieben seinen nächsten als sich selbs/ das ist mer dann brandopffer und alle opffer. Do Jesus aber sach das er vernünfftigklich antwortet/ sprach er zuo jm: Du bist nit verr von dem reych Gottes. Und es bedorfft jn niemants weyter fragen.

28 Und einer der Schriftgelehrten, der gehört hatte, wie sie miteinander stritten, trat zu ihm. Und da er sah, dass er ihnen gut geantwortet hatte, fragte er ihn: Welches Gebot ist das erste von allen? 29 Jesus antwortete: Das erste ist: *Höre, Israel, der Herr, unser Gott, ist allein Herr,* 30 *und du sollst den Herrn, deinen Gott, lieben mit deinem ganzen Herzen und mit deiner ganzen Seele und mit deinem ganzen Verstand und mit all deiner Kraft.* 31 Das zweite ist dieses: *Du sollst deinen Nächsten lieben wie dich selbst.* Höher als diese beiden steht kein anderes Gebot. 32 Und der Schriftgelehrte sagte zu ihm: Schön hast du das gesagt, Meister, und du hast Recht! *Einer ist er, und einen anderen ausser ihm gibt es nicht* 33 und *ihn lieben mit ganzem Herzen und mit ganzem Verstand und mit aller Kraft* und *den Nächsten lieben wie sich selbst* – das ist weit mehr als alle Brandopfer und Rauchopfer. 34 Und Jesus sah, dass er verständig geantwortet hatte, und sagte zu ihm: Du bist nicht fern vom Reich Gottes. Und keiner wagte mehr, ihm eine Frage zu stellen.

P: Mt 22,34–40; Lk 10,25–28 |29: Dtn 6,4 |30: Dtn 6,5; Jos 22,5 |31: Lev 19,18 |32: Dtn 4,35; 6,4; Jes 45,21 |33: Dtn 6,5; Jos 22,5 · Lev 19,18 · 1Sam 15,22; Hos 6,6 |34: 6; Lk 20,40

Der Sohn Davids

Und Jesus antwortet/ und sprach/ do er leeret im tempel: Wie sagend die gschrifftglerten/ Christus sey Davids sun? Er aber David spricht durch den heiligen geist: Der Herr hatt gesagt zuo meynem Herren/ setz dich zuo meiner rechten/ biß das ich leg deyne feynd zum schämel deiner füessen. Da heisset jn ye David seynen Herren. Wo här ist er dann sein sun? Unnd der merer teyl volcks hort jn gern.

35 Und Jesus sprach, während er im Tempel lehrte: Warum sagen die Schriftgelehrten, der Messias sei Davids Sohn? 36 David selbst hat doch durch den heiligen Geist gesagt:
Der Herr sprach zu meinem Herrn:
Setze dich zu meiner Rechten,
bis ich deine Feinde
unter deine Füsse gelegt habe.
37 David selbst nennt ihn Herr, wie kann er da sein Sohn sein? Und viele Leute hörten ihm gerne zu.

P: Mt 22,41–46; Lk 20,41–44 |35: Joh 7,42 · 8,29 · 10,47! |36: Ps 110,1 |37: 10,47! · Lk 19,48; 21,38 · 12,12!

Und er leeret sy/ und sprach zuo jnen: Habend acht auff die gschrifftglerten/ die gond gern in langen kleyderen/ unnd lassend sich gern grüessen auff dem marckt/ unnd sitzend gern oben an in den schuolen und über tisch/ sy frässend der witwen heüser/ in dem das sy fürwendend lange gebätt. Die selbigen werdend dester mer verdamnuß empfahen.

Und Jesus satzt sich gegen dem Gottes kasten/ und schouwet wie das volck gelt eynleget in den Gottes kasten. Und vil reycher legtend vil eyn. Unnd es kam ein arme witwen/ und legt eyn zwey scherpflin/ die machend ein haller. Und er beruofft seine jünger zuo jm/ unnd sprach zuo jnen: Warlich ich sag euch/ dise arme witwen hat mer in den Gottes kasten gelegt dann alle die eyngelegt habend: dann sy habend all von jrem übrigen eyngelegt/ dise aber hat vonn jrer notturfft und mangel alles was sy hat/ jr gantze narung eyngelegt.

Das xiij. Capitel.
Christus warnet seine jünger vor den falschen leereren und verfüernussen/ stercktz sy wider die künfftigen übel: sagt jnen von der grausamen zerstörung Jerusalem/ von seyner zuokunfft und end der welt.

Und do er uß dem tempel gieng/ sprach zuo jm seiner jünger einer: Meister/ sihe/ welh steyn unnd welh ein bauw ist das? Und Jesus antwortet/ und sprach zuo jm: Sichst wol allen disen grossen bauw? Nit ein steyn wirdt auff dem anderen gelassen werden der nit zerbrochen werde.

Unnd do er auff dem ölberg saß gegen dem tempel/ fragtend jnn besonders Petrus und Jacobus/ und Joannes/ und Andreas: Sag uns/ wenn wirt das alles geschehen? unnd was wirt das zeychen sein wenn das alles sol vollendet werden? Jesus antwortet jnen/ unnd fieng an zesagen: Sehend zuo das euch niemants verfüere/ dann es werdend vil kommen under meinem nammen/ und sagen: Jch bin Christus. Unnd werdend vil verfüeren. Wenn jr aber hören werdend von

Die Warnung vor den Schriftgelehrten
38 Und er lehrte sie und sprach: Hütet euch vor den Schriftgelehrten, denen es gefällt, in langen Gewändern einherzugehen und auf den Marktplätzen gegrüsst zu werden 39 und in den Synagogen den Ehrensitz und bei den Gastmählern die Ehrenplätze einzunehmen, 40 die die Häuser der Witwen leer fressen und zum Schein lange Gebete verrichten – sie werden ein umso härteres Urteil empfangen.

P: Mt 23,5–7; Lk 20,45-47 |38: Lk 11,43 |39: Lk 11,43; 14,7 |40: Jes 10,2

Die Gabe der Witwe
41 Und er setzte sich der Schatzkammer gegenüber und sah zu, wie die Leute Geld in den Opferstock warfen. Und viele Reiche warfen viel ein. 42 Da kam eine arme Witwe und warf zwei Lepta ein, das ist ein Quadrant. 43 Und er rief seine Jünger herbei und sagte zu ihnen: Amen, ich sage euch: Diese arme Witwe hat mehr eingeworfen als alle, die etwas in den Opferstock eingeworfen haben. 44 Denn alle haben aus ihrem Überfluss etwas eingeworfen, sie aber hat aus ihrem Mangel alles hergegeben, was sie hatte, ihren ganzen Lebensunterhalt.

P: Lk 21,1–4

Die Ankündigung der Tempelzerstörung
13 1 Und als er aus dem Tempel hinausgeht, sagt einer seiner Jünger zu ihm: Meister, schau, was für Steine und was für Bauten! 2 Und Jesus sagte zu ihm: Siehst du diese grossen Bauten? Hier wird kein Stein auf dem andern bleiben, jeder wird herausgebrochen.

P: Mt 24,1–2; Lk 21,5–6 |2: Lk 19,44

Die Frage nach dem Anfang der Endzeit
3 Und als er auf dem Ölberg sass, dem Tempel gegenüber, fragten ihn Petrus und Jakobus und Johannes und Andreas, als sie unter sich waren: 4 Sag uns: Wann wird das sein, und was für ein Zeichen zeigt an, wann es mit dem allem ein Ende haben wird? 5 Jesus aber begann ihnen zu sagen: Gebt acht, dass niemand euch in die Irre führt! 6 Viele werden kommen unter meinem Namen und sagen: Ich bin es, und sie werden viele in die Irre führen. 7 Wenn ihr aber von Kriegen und

kriegen/ und von kriegsgschrey/ so förchtend euch nit/ dann es muoß also geschehen/ aber das end ist noch nit da. Es wirdt sich erheben ein volck über das ander/ und ein künigreych über das ander/ und werdend geschehen erdbidem hin und wider/ und wirt sein thüre zeyt unnd schräcken. Das ist der not anfang.

Sehend aber jr auff euch selbs/ dann sy werdend euch überantworten für die radtsheüser/ und schuolen/ und jr müessend geschlagen werden/ und für fürsten und künig müessend jr geführt werden umb meines nammens willen/ zuo einer zeügnuß über sy. Unnd das Euangelion muoß vorhin geprediget werden under allen völckern.

Wenn sy euch nun füeren und überantworten werdend/ so sorgend nit was jr reden söllind: unnd bedenckend auch nichts vorhin/ sonder was euch zuo der selbigen stund gegeben wirt/ das redend: dann jr sind nit die da redend/ sonder der heylig geyst. Es wirdt aber überantwurten ein bruoder den anderen zum tod/ und der vatter den sun/ und die kinder werdend sich erheben wider die elteren/ und werdend jnen zum tod helffen/ und werdend gehasset sein von yederman umb meines nammens willen. Wär aber beharret biß an das end der wirt sälig. Wenn jr aber sehen werdend den wüesten greüwel (von dem gesagt hatt der prophet Daniel) das er stadt da er nit sol (wär es lißt/ der vernemme es) also denn/ wär in Judea ist der fliehe auff die berg/ und wär auff dem tach ist/ der steige nit herab ins hauß/ und komme nit dareyn etwas zeholen auß dem hauß. Und wär auff dem väld ist/ der wende sich nit umb seine kleider zeholen. Wee aber den schwangern und söugenden zuo der zeyt. Bittend aber dz euwere flucht nit geschehe im winter. Dann in disen tagen werdend sölich trüebsäl sein als sy nie gewesen sind von anfang der creaturen die Gott geschaffen hatt bißhär/ und als auch nit werden wirt. Unnd so der Herr dise tag nit verkürtzet hette/ wurde kein mensch sälig. Aber umb der außerwelten willen die er außerwelt hat/ hat er dise tag verkürtzt.

Kriegsgerüchten hört, so erschreckt nicht! Das muss geschehen, aber das Ende ist es noch nicht. 8 Denn erheben wird sich Volk gegen Volk und Reich gegen Reich, Erdbeben wird es geben da und dort, und Hungersnöte werden kommen. Das ist der Anfang der Wehen.

P: Mt 24,3–8; Lk 21,7–11 |3: 9,2! |8: Jes 19,2

13,14: Andere Übersetzungsmöglichkeit: «..., wann sich dies alles vollenden wird?»

Die Ankündigung von Verfolgungen

9 Ihr aber, gebt acht auf euch! Man wird euch an Gerichte ausliefern, in Synagogen wird man euch prügeln, vor Statthalter und Könige wird man euch stellen um meinetwillen – um Zeugnis abzulegen vor ihnen. 10 Und unter allen Völkern muss zuvor das Evangelium verkündigt werden. 11 Und wenn man euch abführt und vor Gericht stellt, dann sorgt euch nicht im Voraus, was ihr reden sollt, sondern was euch in jener Stunde eingegeben wird, das redet. Denn nicht ihr seid es, die reden, sondern der heilige Geist. 12 Und es wird ein Bruder den andern dem Tod ausliefern und ein Vater das Kind, und Kinder werden gegen die Eltern auftreten und sie in den Tod schicken. 13 Und ihr werdet gehasst werden von allen um meines Namens willen. Wer aber standhält bis ans Ende, der wird gerettet werden.

P: Mt 10,17–22; 24,9–14; Lk 21,12–19 |10: 1,15! |11: Lk 12,11–12; Joh 15,26–27 |13: Joh 15,18–19.21

Von der grossen Bedrängnis

14 Wenn ihr aber *den Greuel der Verwüstung* stehen seht, wo er nicht stehen darf – wer es liest, merke auf! –, dann sollen die in Judäa in die Berge fliehen. 15 Wer auf dem Dach ist, steige nicht hinab und gehe nicht hinein, um etwas aus seinem Haus zu holen; 16 und wer auf dem Feld ist, kehre nicht zurück, um seinen Mantel zu holen. 17 Wehe aber den Schwangeren und den Stillenden in jenen Tagen! 18 Betet aber, dass es nicht im Winter geschehe. 19 Denn jene Tage werden eine Bedrängnis sein, wie noch keine gewesen ist vom Anfang, als Gott die Welt schuf, bis jetzt, und wie auch keine mehr sein wird. 20 Und hätte der Herr die Tage nicht verkürzt, es würde kein Mensch gerettet werden. Doch um der Erwählten willen, die er erwählt hat, hat er die Tage verkürzt.

P: Mt 24,15–22 |14: Dan 9,27; 11,31; 12,11 · Lk 21,21 |16: Lk 17,31 |17: Lk 21,23; 23,29 |19: Dan 12,1; Joel 2,2

13,4: Zum Ausdruck «Greuel der Verwüstung» vgl. die Anm. zu Mt 24,15.

Vom Auftreten falscher Propheten

Wenn nun yemants zuo der zeit wirt zuo euch sagen: Sihe/ hie ist Christus/ sihe/ da ist er/ so glaubend es nit: dann es werdend sich erheben falsch Christi/ und falsch propheten/ die zeichen und wunder thuond/ das sy auch die außerwelten verfüerend so es möglich wäre. Sehend jr aber zuo/ sehend/ ich hab es euch alles vor gesagt.

21 Und wenn dann einer zu euch sagt: Schau, da ist der Messias, schau, dort ist er, so glaubt es nicht. 22 Denn es wird mancher falsche Messias und mancher falsche Prophet aufstehen, und sie werden Zeichen und Wunder tun, um wenn möglich die Erwählten in die Irre zu führen. 23 Ihr aber, gebt acht! Ich habe euch alles vorhergesagt.

P: Mt 24,23–28 |21: Lk 17,23! · 8,29!

Die Zeichen für das Kommen des Menschensohnes

Aber zuo der zeyt nach disem trüebsal/ werdend Sonn und Mon jren scheyn verlieren/ und es werdend die sternen vom himmel fallen/ und die krefft der himmlen werdend sich bewegen: unnd denn werdend sy sehen des menschen sun kommen in den wolcken mit grosser krafft und herrligkeyt. Und denn wirt er seine engel senden/ und wirt versamlen seine außerwelten von den vier winden/ von einem end der erden biß ans ander.

24 Aber in jenen Tagen,
nach jener Bedrängnis,
*wird die Sonne sich verfinstern,
und der Mond seinen Schein nicht geben,*
25 *und die Sterne werden* vom Himmel *fallen,
und die Mächte im Himmel* werden
erschüttert werden.
26 Und dann werden sie *den Menschensohn auf den Wolken kommen* sehen mit grosser Macht *und Herrlichkeit.* 27 Und dann wird er die Engel aussenden und die Erwählten zusammenführen von den vier Winden her, vom Ende der Erde bis zum Ende des Himmels.

P: Mt 24,29–31; Lk 21,25–28 |24: Jes 13,10; Joel 2,10 |25: Jes 34,4; Offb 6,13 |26: 14,62; Dan 7,13–14

Das nahe Ende

An dem feygenbaum lernend ein gleychnuß: Wenn yetz seine zweyg safftig werdend/ unnd bletter gewünnend/ so wüssend jr das der sommer nach ist. Also auch/ wenn jr sehend das söliches geschicht/ so wüssend das es nach vor der thür ist. Warlich ich sag euch/ diß gschlächt wirdt nit vergon/ biß das diß alles geschicht. Himmel und erd wirt vergon/ meine wort aber werdend nit vergon. Von dem tag aber und der stund weißt nieman/ auch die engel nit im himmel/ auch der sun nit/ sunder allein der vatter.

28 Vom Feigenbaum aber lernt das Gleichnis: Sobald sein Zweig saftig geworden ist und Blätter treibt, wisst ihr, dass der Sommer nahe ist. 29 So sollt ihr auch, wenn ihr dies geschehen seht, wissen, dass er nahe ist und vor der Tür steht. 30 Amen, ich sage euch: Dieses Geschlecht wird nicht vergehen, bevor dies alles geschieht. 31 Himmel und Erde werden vergehen, meine Worte aber werden nicht vergehen. 32 Jenen Tag oder jene Stunde kennt niemand, die Engel im Himmel nicht, der Sohn nicht, nur der Vater.

P: Mt 24,32–36; Lk 21,29–33 |30: 9,1 |31: Jes 40,8; 51,6

Die Mahnung zur Wachsamkeit

Sehend zuo/ wachend und bättend/ dann jr wüssend nit wenn es zeyt ist. Gleych als ein mensch der über land zoch/ unnd verließ sein hauß/ unnd gab seinen knechten macht/ einem yetlichen sein werck/ unnd gebot dem

33 Gebt acht, bleibt wach! Denn ihr wisst nicht, wann der Zeitpunkt da ist. 34 Es ist wie bei einem Menschen, der ausser Landes ging: Er verliess sein Haus, gab seinen Knechten Vollmacht, jedem seine Aufgabe, und dem

thürhüeter er sölte wachen. So wachend nun/ dann jr wüssend nit wenn der Herr des hauß kumpt/ ob er komme am abend/ oder zuo mitternacht/ oder umbs hanengschrey/ oder deß morgens/ auff das er nit schnäll komme/ und finde euch schlaaffend. Was ich aber euch sag/ das sag ich allen. Wachend.

Das xiiij. Capitel.
Hie facht der Evangelist an zebeschreyben das leyden Christi/ unnd was sich darbey verloffen hatt/ wäret biß auff das XVI. Capitel.

Und nach zweyen tagen was Ostern/ und der tag der süessen broten. Und die hohen priester unnd gschrifftgelerten suochtend wie sy jn mit listen fiengind und todtind. Sy sprachend aber: Ja nit uff das fäst/ das nit ein aufruor werde im volck.

Und do er zuo Bethanien was in Simonis des aussetzigen hauß/ und saß zetisch/ do kam ein weyb die hatt ein glaß mit ungefelschtem und kostlichem narden wasser. Und sy zerbrach das glaß/ unnd goß es auff seyn haupt. Do warend etlich die wurdend entrüstet/ und sprachend: Was sol doch diser verlurst? man könde das wasser mer dann umb dreyhundert pfennig verkaufft haben/ und das selbig den armen geben. Und murretend über sy.
Jesus aber sprach: Lassend sy mit friden/ was bekümmerend jr sy? Sy hat ein guot werck an mir gethon. Jr habend allzeyt die armen bey euch/ und wenn jr wöllend/ mögend jr jnen guots thuon: mich aber habend jr nit alle zeyt. Sy hat gethon was sy kondt/ sy ist fürkommen meinen leychnam zesalben zuo meiner begrebnuß. Warlich ich sag euch/ wo diß Euangelion geprediget wirdt in aller welt/ da wirt man auch das sagen zuo jrer gedächtnuß das sy yetz gethon hatt.

Und Judas Jscharioth/ einer von den zwölffen/ gieng hin zuo den hohen priestern dz er jn verriede. Do sy das hortend/ wurdend sy fro/ und verhiessend jm das gelt zegeben. Unnd er suocht wie er jnn füeglich verriede.

Türhüter befahl er, wachsam zu sein. 35 Seid also wachsam, denn ihr wisst nicht, wann der Herr des Hauses kommt: ob am Abend oder um Mitternacht oder beim Hahnenschrei oder am frühen Morgen, 36 damit er, wenn er auf einmal kommt, euch nicht schlafend finde. 37 Was ich aber euch sage, das sage ich allen: Seid wachsam!

|33: 13,35! |34: 12,1; Mt 25,14; Lk 19,12 |35: 13.33.37; Mt 24,42.44; 25,13; Lk 12,37–38.40; 21,36 |37: 13,35!

Der Tötungsplan des Hohen Rates

14 1 Es war aber zwei Tage vor dem Fest des Passa und der ungesäuerten Brote. Und die Hohen Priester und Schriftgelehrten suchten Mittel und Wege, wie sie ihn mit List festnehmen und töten könnten. 2 Sie sagten nämlich: Nicht am Fest, damit kein Aufruhr entsteht im Volk.

P: Mt 26,1–5; Lk 22,1–2; Joh 11,45–54 |1: 11,18! |2: 12,12!

Die Salbung in Betanien

3 Als er in Betanien im Haus Simons des Aussätzigen war und bei Tisch sass, kam eine Frau mit einem Alabastergefäss voll echten, kostbaren Nardenöls; sie zerbrach das Gefäss und goss es ihm über das Haupt. 4 Da wurden einige unwillig und sagten zueinander: Wozu geschah diese Verschwendung des Öls? 5 Dieses Öl hätte man für mehr als dreihundert Denar verkaufen und den Erlös den Armen geben können. Und sie fuhren sie an. 6 Jesus aber sprach: Lasst sie! Was bringt ihr sie in Verlegenheit? Sie hat eine schöne Tat an mir vollbracht. 7 Arme habt ihr ja allezeit bei euch und könnt ihnen Gutes tun, sooft ihr wollt; mich aber habt ihr nicht allezeit. 8 Was sie vermochte, hat sie getan. Sie hat meinen Leib im Voraus zum Begräbnis gesalbt. 9 Amen, ich sage euch: Wo immer in der ganzen Welt das Evangelium verkündigt wird, da wird auch erzählt werden, was sie getan hat, zu ihrem Gedächtnis.

P: Mt 26,6–13; Lk 7,36–50; Joh 11,55–12,11 |7: Dtn 15,11 · 2,20 |8: 16,1 |9: 1,15!

Der Plan des Judas

10 Und Judas Iskariot, dieser eine von den Zwölfen, ging zu den Hohen Priestern, um ihn an sie auszuliefern. 11 Als sie dies hörten, freuten sie sich und versprachen, ihm

Und am ersten tag der süessen broten/ do man das Osterlamb opfferet/ sprachend seine jünger zuo jm: Wo wilt du das wir hingangind/ und bereytind das du das Osterlamb essest? Und er sandt seiner jünger zwen/ unnd sprach zuo jnen: Gond hin in die statt/ und es wirdt euch ein mensch begegnen/ der tregt ein kruog mit wasser/ volgend jm nach/ unnd wo er eyngadt/ da sprechend zuo dem haußwirt: Der meister laßt dir sagen: Wo ist das gasthauß/ darinn ich das Osterlamb esse mit meinen jüngeren? Und er wirt euch einen grossen Sal zeygen/ der gepflasteret unnd bereytet ist/ daselbst richtend für uns zuo. Und die jünger giengend auß/ unnd kamend in die statt/ und fundend es wie er jnen gesagt hatt. Unnd bereytetend das Osterlamb.

Am abent aber kam er mit den zwölffen. Und als sy zetisch sassend und assend/ sprach Jesus: Warlich ich sag euch/ einer under euch der mit mir isset/ wirt mich verradten. Und sy wurdend traurig/ und sagtend zuo jm/ einer nach dem anderen: Bin ichs? unnd der ander/ Bin ichs? Er antwortet/ und sprach zuo jnen: Einer auß den zwölffen/ der mit mir in die schüssel tuncket. Zwaar des menschen sun gadt hin/ wie von jm geschriben stadt. Wee aber dem menschen durch welchen des menschen sun verradten wirt. Es wäre dem selben menschen besser das er nye geborenn wäre.

Unnd in dem sy assend/ nam Jesus das brot/ und sprach den sägen/ und brachs/ und gabs jnen/ und sprach: Nemmend/ essend/ das ist mein leychnam. Und nam den kelch/ und dancket/ und gab jnen den. Und sy trunckend all darauß. Und er sprach zuo jnen: Das ist mein bluot deß neüwen Testaments/ das für die menge vergossen wirdt. Warlich ich sag euch/ das ich hinfür nit trincken wird von dem gewächß des weynstocks/ biß auff den tag da ichs nüw trincken in dem reych Gottes.

Geld zu geben. Und er suchte nach einer günstigen Gelegenheit, ihn auszuliefern.

P: Mt 26,14–16; Lk 22,3–6 |11: 3,19; 14,42.44

Die Vorbereitung zum letzten Mahl

12 Und am ersten Tag der ungesäuerten Brote, als man das Passalamm schlachtete, sagen seine Jünger zu ihm: Wo sollen wir hingehen und das Passamahl für dich bereiten? 13 Und er schickt zwei seiner Jünger und sagt zu ihnen: Geht in die Stadt, da wird euch einer entgegenkommen, der einen Krug Wasser trägt. Folgt ihm, 14 und wo er hineingeht, da sagt zu dem Hausherrn: Der Meister lässt fragen: Wo ist der Raum, in dem ich mit meinen Jüngern das Passalamm essen kann? 15 Und er wird euch ein grosses Obergemach zeigen, das bereit ist, mit Polstern ausgelegt; dort bereitet es für uns. 16 Da gingen die Jünger, kamen in die Stadt und fanden alles so, wie er ihnen gesagt hatte. Und sie bereiteten das Passamahl.

P: Mt 26,17–19; Lk 22,7–13 |12: Ex 12,15–20.21 |14: 11,3

Die Ankündigung der Auslieferung

17 Am Abend kommt er mit den Zwölfen. 18 Und da sie bei Tisch sassen und assen, sprach Jesus: Amen, ich sage euch: Einer von euch wird mich ausliefern, einer, der mit mir isst. 19 Da wurden sie traurig und fingen an, einer nach dem andern, ihn zu fragen: Doch nicht ich? 20 Er aber sagte zu ihnen: Einer von den Zwölfen, der mit mir das Brot in die Schüssel taucht. 21 Der Menschensohn geht zwar dahin, wie über ihn geschrieben steht, doch wehe dem Menschen, durch den der Menschensohn ausgeliefert wird. Für diesen Menschen wäre es besser, wenn er nicht geboren wäre.

P: Mt 26,20–25; Lk 22,21–23; Joh 13,21–30 |17: Lk 22,14 |18: Ps 41,10

Das letzte Mahl

22 Und während sie assen, nahm er Brot, sprach den Lobpreis, brach es und gab es ihnen und sprach: Nehmt, das ist mein Leib. 23 Und er nahm einen Kelch, sprach das Dankgebet und gab ihnen den, und sie tranken alle daraus. 24 Und er sagte zu ihnen: Das ist mein Blut des Bundes, das vergossen wird für viele. 25 Amen, ich sage euch: Ich werde von der Frucht des Weinstocks nicht

mehr trinken bis zu dem Tag, da ich aufs
Neue davon trinken werde im Reich Gottes.

P: Mt 26,26–29; Lk 22,14–20 |22: 6,41; 8,6; 1Kor 10,16;
11,23–24 |24: 1Kor 10,16; 11,25 · Ex 24,8 · 10,45

Die Ankündigung der Verleugnung

26 Und als sie den Lobgesang gesungen
hatten, gingen sie hinaus auf den Ölberg.
27 Und Jesus sagt zu ihnen: Ihr werdet alle zu
Fall kommen, denn es steht geschrieben: *Ich
werde den Hirten schlagen, und die Schafe werden
sich zerstreuen.* 28 Nach meiner Auferweckung
aber werde ich euch nach Galiläa vorausgehen.
29 Petrus sagte zu ihm: Und wenn alle zu
Fall kommen – ich nicht! 30 Und Jesus sagt
zu ihm: Amen, ich sage dir: Noch heute, in
dieser Nacht, ehe der Hahn zweimal kräht,
wirst du mich dreimal verleugnet haben. 31 Er
aber eiferte sich nur noch mehr: Selbst wenn
ich mit dir sterben müsste – ich werde dich
nicht verleugnen. Und so redeten sie alle.

P: Mt 26,30–35; Lk 22,31–34; Joh 13,36–38

|26: Lk 22,39; Joh 18,1 |27: 14,50; Sach 13,7; Joh 16,32
|28: 16,7 |30: 14,72

In Getsemani

32 Und sie kommen an einen Ort, der
Getsemani heisst. Und er sagt zu seinen Jüngern:
Bleibt hier sitzen, solange ich bete. 33 Und er
nahm Petrus und Jakobus und Johannes mit
sich, und er begann zu zittern und zu zagen.
34 Und er sagt zu ihnen: *Meine Seele ist* zu
Tode *betrübt,* bleibt hier und wacht! 35 Und er
ging ein paar Schritte weiter, fiel zu Boden und
betete, dass, wenn es möglich sei, die Stunde
an ihm vorübergehe. 36 Und er sprach: Abba,
Vater, alles ist dir möglich. Lass diesen Kelch
an mir vorübergehen! Doch nicht, was ich will,
sondern was du willst. 37 Und er kommt zurück
und findet sie schlafend. Und er sagt zu Petrus:
Simon, du schläfst? Vermochtest du nicht eine
Stunde wach zu bleiben? 38 Wacht und betet,
damit ihr nicht in Versuchung kommt! Der
Geist ist willig, das Fleisch aber schwach. 39 Und
wieder ging er weg und betete mit denselben
Worten. 40 Und wieder kam er zurück und
fand sie schlafend, denn die Augen waren ihnen
schwer geworden, und sie wussten nicht, was
sie ihm antworten sollten. 41 Und er kommt
zum dritten Mal und sagt zu ihnen: Schlaft nur
weiter und ruht euch aus! Genug, die Stunde ist
gekommen, jetzt wird der Menschensohn in die

Und do sy das lobgsang gesprochen
hattend/ giengend sy an den ölberg.
 Und Jesus sprach zuo jnen: Jr werdend
euch in diser nacht all an mir ergeren/ dann es
stadt geschriben: Jch wird den hirten schlahen/
und die schaaff werdend sich zerströuwen.
Aber nach dem ich aufferston/ wil ich vor
euch hin in Galileam gon. Petrus aber sagt
zuo jm: Unnd wenn sy sich all ergertind/ so
wölte doch ich mich nit ergeren. Und Jesus
sprach zuo jm: Warlich ich sag dir/ heütt
in diser nacht/ ee dann der Han zwey maal
kräyet/ wirst du mich drey mal verlöugnen.
Er aber redt noch weyter/ Ja wenn ich mit
dir auch sterben müesste/ wölt ich dich nit
verlöugnen. Desselben gleychen sagtend sy all.

 Und sy kamend in das väld/ mit nammen
Gethsemane/ und er sprach zuo seinen jüngeren:
Setzend euch hie/ biß ich hingon unnd bätte.
Und nam zuo jm Petrum/ und Jacoben/ und
Johansen/ und fieng an zuo erzittern und
zuo engsten/ und sprach zuo jnen: Mein seel
ist betrüebt biß an den tod: enthaltend üch
hie/ unnd wachend. Unnd gieng ein wenig
fürbaß/ viel auff die erden und bättet/ das/ So
es müglich wäre/ die stund für übergienge/
und sprach: Abba/ mein vatter/ es ist dir
alles müglich/ überheb mich dises Kelchs:
doch nitt was ich wil/ sunder was du wilt.
 Und kam/ und fand sy schlaaffen/
unnd sprach zuo Petro: Simon schlaaffestu?
vermochtest du nit ein stund wachen? Wachent
unnd bättend/ das jr nitt in versuochung
fallind. Der geist ist willig/ aber das fleysch
ist schwach. Und gieng wider hin und bättet/
und sprach die selbigen wort. Und kam wider/
und fand sy abermals schlaaffen: dann jre
augen warend voll schlaaffs/ und wußtend
nit was sy jm antwortetend. Unnd er kam
zum dritten mal/ unnd sprach zuo jnen: Ja
schlaaffend nun und ruowend/ es ist gnuog/
die stund ist kommen: sehend/ des menschen
sun wirt überantwortet inn der sünderen hend:

stond auf/ lassend unns gon. Sehend/ der mich verradtet/ ist naach herzuo kommen.

Hände von Sündern ausgeliefert. 42 Steht auf, lasst uns gehen! Seht, der mich ausliefert, ist da.

P: Mt 26,36–46; Lk 22,39–46 |32: Joh 18,1 |33: 9,2! |34: Ps 42,6.12; 43,5; Joh 12,27 |35: Joh 12,27; Hebr 5,7 |36: 10,27! · 10,38; Jes 51,17.22; Joh 18,11 |38: Mt 6,13; Lk 11,4 |40: 9,6 |42: Joh 14,31 · 14,11!

Die Gefangennahme

Und als bald/ do er noch redt/ kam herzuo Judas/ einer von den zwölffen/ und ein grosse schar mit jm/ mit schwärdten und mitt stangen von den hohen priesteren unnd geschrifftglerten und Eltesten. Und der verräter hatt jnen ein zeychen geben/ und gesagt: Welchen ich küssen wird/ der ists/ den greyffend an/ und füerend jn gwarsam. Und do er kam/ tratt er bald zuo jm/ und sprach zuo jm: Lieber meister/ lieber meister: und küsset jn. Die aber legtend jre hend an jn/ und fiengent jn. Einer aber von denen/ die darbey stuondend/ zoch sein schwärdt auß/ unnd schluog deß hohen priesters knecht/ und hüw jm ein or ab.

Und Jesus antwortet und sprach zuo jnen: Jr sind außgangen als zuo einem mörder/ mit schwärdten und mit stangen/ mich zefahen: Jch bin täglich bey euch im tempel gwesen/ und hab gelert/ und jr habend mich nitt gefangenn. Aber auff das die geschrifft erfüllt werde. Und die jünger verliessend jn all/ und fluhend. Und es was ein jüngling/ der volget jm nach/ der was mit leynwat bekleidet auff der blossen haut/ und die jüngling griffend jn an. Er aber ließ faren die leynwat/ und floch bloß von jnen.

43 Und sogleich, noch während er redet, kommt Judas herbei, einer von den Zwölfen, und mit ihm eine Schar mit Schwertern und Knüppeln, im Auftrag der Hohen Priester und Schriftgelehrten und Ältesten. 44 Der ihn aber auslieferte, hatte mit ihnen ein Zeichen verabredet: Den ich küssen werde, der ist es. Den nehmt fest und führt ihn sicher ab. 45 Und er kommt und geht sogleich auf ihn zu und sagt: Rabbi!, und küsste ihn. 46 Sie aber ergriffen ihn und nahmen ihn fest. 47 Doch einer von denen, die dabeistanden, zog das Schwert, schlug nach dem Knecht des Hohen Priesters und hieb ihm das Ohr ab.

48 Da sagte Jesus zu ihnen: Wie gegen einen Räuber seid ihr ausgezogen, mit Schwertern und Knüppeln, mich gefangen zu nehmen? 49 Tag für Tag war ich bei euch im Tempel und lehrte, und ihr habt mich nicht festgenommen. Aber die Schriften sollen erfüllt werden. 50 Da verliessen ihn alle und flohen. 51 Ein junger Mann folgte ihm, bekleidet mit einem leinenen Tuch auf blossem Leib, und sie greifen nach ihm. 52 Er aber liess das Tuch fahren und floh nackt.

P: Mt 26,47–56; Lk 22,47–53; Joh 18,2–11 |44: 14,11! |49: Lk 19,47!; Joh 18,20 · Jes 53,7 |50: 14,27; Joh 16,32 |52: Am 2,16

Das Verhör vor dem Hohen Rat

Unnd sy fuortend Jesum zuo dem hohen priester/ dahin zesamen kommen warend alle hohe priester und Eltesten und gschrifftglerten. Petrus aber volget jm nach von verrnuß/ biß hineyn in deß hohen priesters hof. Und er was da unnd saß bey den knechten/ und wärmet sich.

Aber die hohen priester unnd der ganntz Radt/ suochtend zeügnuß wider Jesum/ auff das sy jnn zum tod brächtind/ und fundent nichts. Vil gabend falsche zeügnuß wider jn/ und jre zeügnuß sahend der sach nit gleych. Und etlich stuondend auf/ und gabend falsche zeügnuß wider jn/ und sprachen: Wir habend ghört das er sagt: Jch wil den tempel

53 Und sie führten Jesus vor den Hohen Priester. Und es kommen alle Hohen Priester, Ältesten und Schriftgelehrten zusammen. 54 Petrus war ihm von weitem gefolgt bis hinein in den Hof des hohepriesterlichen Palastes, und er sass mit den Gerichtsdienern zusammen und wärmte sich am Feuer.

55 Die Hohen Priester aber und der ganze Hohe Rat suchten nach einer Zeugenaussage gegen Jesus, die ihnen die Möglichkeit gäbe, ihn zu töten, doch sie fanden keine. 56 Zwar traten viele falsche Zeugen auf, doch ihre Aussagen stimmten nicht überein. 57 Und einige traten auf und legten falsches Zeugnis ab und behaupteten: 58 Wir haben ihn sagen

der mit henden gemachet ist/ abbrechen/
und in dryen tagen einen andren buwen/
der nit mit henden gemachet sey. Und jre
zeugnuß sahend auch der sach nit gleych.

Unnd der hoch priester stuond auf under
sy/ und fragt Jesum/ und sprach: Antwortestu
nichts? was zeügend dise wider dich? Er aber
schweyg still/ und antwortet nichts. Do fragt
jn der hoch priester abermals/ und sprach zuo
jm: Bist du Christus der sun deß hochgelopten?
Jesus aber sprach: Jch bins/ und jr werdend
sehen des menschen sun sitzen zur rechten
hand der krafft/ und kommen mit deß himmels
wolcken. Do zerreyß der hoch priester seinen
rock/ und sprach: Was dörffend wir weyter
zeügen? jr habend gehört die Gottslesterung/
was dunckt euch? Sy aber verdamptend jnn all/
das er deß todts schuldig wäre. Do fiengend
an etlich jnn zuo verspeüwen/ und verdecken
sein angesicht/ und mit feüsten schlahen/
und sagen zuo jm: Lieber weyßsag uns. Und
die knecht schluogend jnn ins angesicht.

hören: Ich werde diesen Tempel, der von
Menschenhand gemacht ist, niederreissen und
in drei Tagen einen anderen aufbauen, der
nicht von Menschenhand gemacht ist. 59 Doch
auch darin stimmte ihr Zeugnis nicht überein.
60 Und der Hohe Priester erhob sich, trat
in die Mitte und fragte Jesus: Antwortest du
nichts auf das, was diese gegen dich vorbringen?
61 Er aber schwieg und antwortete nichts. Da
fragte ihn der Hohe Priester noch einmal, und
er sagt zu ihm: Bist du der Messias, der Sohn
des Hochgelobten? 62 Da sprach Jesus: Ich
bin es, und ihr werdet *den Menschensohn* sitzen
sehen zur Rechten der Macht und *kommen
mit den Wolken des Himmels*. 63 Da zerreisst
der Hohe Priester seine Kleider und sagt: Was
brauchen wir noch Zeugen? 64 Ihr habt die
Lästerung gehört. Was meint ihr? Da fällten
sie alle das Urteil, dass er den Tod verdiene.

65 Und einige fingen an, ihn anzuspucken
und ihm das Gesicht zu verhüllen und ihn
dann mit den Fäusten zu schlagen und
zu ihm zu sagen: Sag, wer war's! Und die
Gerichtsdiener empfingen ihn mit Schlägen.

P: Mt 26,57–68; Lk 22,54–55.66–71.63–65; Joh 18,12–
24 |57: Dtn 17,6; 19,15 |58: 15,29; Joh 2,19–21; Apg 6,14
|61: 15,5; Jes 53,7 · 8,29! · 1,11! |62: 13,26 · Dan 7,13 · Ps 110,1
|64: Mt 27,1 · Lev 24,16 |65: 15,19

Die Verleugnung durch Petrus

Und Petrus was da niden im hof. Do kam
des hohen priesters magt eine. Und do sy sach
Petrum sich wermen/ schauwet sy jn an/ und
sprach: Und du warest auch mit Jesu vonn
Nazareth. Er löugnet aber/ unnd sprach: Jch
kenn jn nit/ weyß auch nit was du sagst. Und
er gieng hinuß in den vorhof/ und der Han
kräyet. Und die magt sach jn und huob abermals
an zesagen denen die da bey stuondend: Diser
ist deren einer. Und er löugnet abermals. Und
nach einer kleynen weyl sprachend abermals
zuo jm/ die da bey stuondend: Warlich du bist
deren einer/ dann du bist ein Galileer/ und
dein spraach lautet gleych also. Er aber fieng
an zuo verflüechen und schweeren: Jch kenn
den menschen nitt von dem jr sagend. Unnd
der Han kräyet zum andren mal. Do gedacht
Petrus an dz wort/ das Jesus zuo jm sagt: Ee
der han zweymal kräyet/ wirstu mich dreymal
verlöugnen. Und er huob do an zeweynen.

66 Während nun Petrus unten im Hof
ist, kommt eine von den Mägden des Hohen
Priesters. 67 Und als sie Petrus sieht, wie er
sich wärmt, schaut sie ihn an und sagt zu
ihm: Auch du warst mit dem Nazarener, mit
Jesus. 68 Er aber leugnete es und sagte: Ich
weiss nicht und verstehe nicht, wovon du
sprichst. Und er ging hinaus in den Vorhof.
69 Als aber die Magd ihn sah, fing sie wieder
an und sagte zu denen, die dabeistanden: Der
ist einer von ihnen. 70 Er aber leugnete es
wieder. Und nach einer Weile sagten die, welche
dabeistanden, noch einmal zu Petrus: Natürlich
bist du einer von ihnen, du bist ja auch ein
Galiläer. 71 Da begann er zu fluchen und zu
schwören: Ich kenne den Menschen nicht, von
dem ihr redet. 72 Und sogleich krähte der Hahn
zum zweiten Mal. Da erinnerte sich Petrus an
das Wort, das Jesus zu ihm gesagt hatte: Ehe

Das xv. Capitel.

Und bald am morgen hieltennd die hohen priester einen radt mit den Eltesten und gschrifftglerten/ darzuo der gantz radt/ unnd bundend Jesum/ unnd fuortend jnn hin/ und überantwortetend jnn Pilato. Und Pilatus fragt jn: Bist du ein künig der Juden? Er antwortet aber unnd sprach zuo jm: Du sagst. Und die hohen priester beschuldigetend jnn hart. Pilatus aber fraget jn abermals/ und sprach: Antwortestu nüt? Sihe/ wie hart sy dich verklagend. Jesus aber antwortet nichts mer/ also/ das sich auch Pilatus verwunderet.

Er was gewon aber jnen auff dz Osterfäst einen gefangnen loß zegeben welchen sy begärtend. Es was aber einer/ genant Barrabas/ gefangen mit den aufrüerischen/ die im aufruor ein mord begangen hattend. Unnd das volck gieng hinauf/ und batt das er thäte wie er gewon was. Pilatus aber antwortet jnen: Wöllend jr das ich euch den künig der Juden loß gebe? dann er wußt das jnn die hohen priester auß neyd überantwortet hattend. Aber die hohen priester reytzend das volck/ das er jnen vil lieber den Barrabam loß gebe.

Pilatus aber antwortet widerumb/ unnd sprach zuo jnen: Was wöllend jr dann das ich dem thüege/ den jr schuldigend/ er sey ein Künig der Juden? Sy schreüwend abermals: Creützig jnn. Pilatus aber sprach zuo jnen: Was hatt er übels gethon? Aber sy schreüwend noch vil mer: Crützig jnn. Pilatus aber gedacht dem volck gnuog zethuon/ und gab jnen Barrabam loß. Und geyßletend Jesum/ und übergab jn das er creützget wurde.

der Hahn zweimal kräht, wirst du mich dreimal verleugnet haben. Und er brach in Tränen aus.

P: Mt 26,69–75; Lk 22,56–62; Joh 18,15–18.25–27 |72: 11,21 · 14,30

14,68: Viele Handschriften fügen am Ende des Verses ein: «Und der Hahn krähte.»

Die Verhandlung vor Pilatus

15 1 Und sogleich in der Frühe fassten die Hohen Priester mit den Ältesten und Schriftgelehrten, der ganze Hohe Rat, Beschluss. Sie fesselten Jesus, brachten ihn weg und lieferten ihn an Pilatus aus. 2 Und Pilatus fragte ihn: Bist du der König der Juden? Er aber antwortete ihm: Das sagst du! 3 Und die Hohen Priester brachten viele Anschuldigungen gegen ihn vor. 4 Pilatus jedoch fragte ihn: Antwortest du nichts? Siehst du denn nicht, was sie alles gegen dich vorbringen? 5 Doch Jesus antwortete nichts mehr, und Pilatus wunderte sich sehr.

P: Mt 27,1–2.11–14; Lk 23,1–5; Joh 18,28–38a |1: Lk 22,66 |2: 15,9.12.18.26.32 |5: 14,61; Jes 53,7

Die Freilassung des Barabbas

6 Zum Fest aber pflegte er ihnen einen Gefangenen freizugeben, den sie sich ausbitten durften. 7 Es war nun unter den Gefangenen, die einen Aufstand gemacht und dabei einen Mord begangen hatten, einer mit Namen Barabbas. 8 Und das Volk zog hinauf und begann, um das zu bitten, was er ihnen gewöhnlich gewährte. 9 Pilatus aber fragte sie: Wollt ihr, dass ich euch den König der Juden freigebe? 10 Er hatte nämlich erkannt, dass die Hohen Priester ihn aus Neid ausgeliefert hatten. 11 Die Hohen Priester aber überredeten das Volk, um die Freilassung des Barabbas zu bitten. 12 Da fragte Pilatus sie noch einmal: Was soll ich dann mit dem machen, den ihr den König der Juden nennt? 13 Da schrien sie wieder und wieder: Kreuzige ihn! 14 Pilatus aber sagt zu ihnen: Was hat er denn Böses getan? Da schrien sie noch lauter: Kreuzige ihn! 15 Weil aber Pilatus dem Volk Genüge tun wollte, gab er ihnen Barabbas frei. Und Jesus liess er auspeitschen und lieferte ihn aus zur Kreuzigung.

P: Mt 27,15–26; Lk 23,13–25; Joh 18,38b–40; 19,6–16a |9: 15,2! |12: 15,2! |15: Joh 19,1

Die kriegsknecht aber fuortend jn hineyn in das richthauß/ unnd berüefftend zesamen die gantzen rott/ und zugend jm ein purpur an/ und flochtend ein dörne kron/ und satztend sy jm auf/ und fiengend an jnn zegrüessen: Gott grüetzt dich lieber künig der Juden. Und schluogend jm das haupt mit dem ror/ und verspeüwtend jnn/ und fielend auff die kneüw/ und bättetend jn an.

Und do sy jn verspottet hattend/ zugent sy jm die purpur auß/ unnd zugend jm seine eygne kleyder an/

und fuortend jn auß das sy jnn creützigetind. Und zwungend einen der da fürgieng/ mit nammen Simon vonn Cirene/ der vom väld kam/ der ein vatter was Alexandri und Ruffi/ das er jm das creütz trüege. Und brachtend jn an die statt Golgatha/ dz ist verdolmetschet/ schädelstatt. Und sy gabend jm vermyrreten weyn zetrincken. Und er nams nit. Und do sy jn creützigetend/ teyltend sy seine kleider/ und wurffend das loß darumb/ was yetlicher näme. Und es was umb die dritten stund/ und sy creützigetend jn. Und es was die übergschrifft seiner ursach oben über jnn geschriben/ namlich: Ein Künig der Juden. Und sy creützigetend mit jm zwen mörder/ einen zuo seiner rechten/ und einen zur lincken. Und die geschrifft ist erfüllt/ die da sagt: Er ist under die übelthäter gerechnet.

Und sy giengend für und lestertend jnn/ und schüttletend jre höupter/ und sprachend: Pfy dich/ wie feyn zerbrichst du den tempel und bauwest jnn in dreyen tagen? hilff dir nun selber/ und steyg herab vom crütz. Deß selben gleychen die hohen priester verspottetend jnn under einander/ mit sampt den geschrifftglerten/ und sprachend: Er hat anderen geholffen/ kan jm selber nit helffen? Ach deß Christus unnd des künigs Jsraels. Er steyge nun von dem creütz/ das wir sehind und glaubind. Unnd die mit jm creützigiget warend/ schultend jn auch.

Die Verspottung im Prätorium

16 Die Soldaten aber führten ihn ab, in den Palast hinein – das ist das Prätorium –, und sie rufen die ganze Kohorte zusammen. 17 Dann ziehen sie ihm einen Purpurmantel an und setzen ihm eine Dornenkrone auf, die sie geflochten haben. 18 Und sie fingen an, ihn zu grüssen: Sei gegrüsst, König der Juden! 19 Und sie schlugen ihn mit einem Rohr aufs Haupt, spuckten ihn an, beugten die Knie und huldigten ihm.

20 Und nachdem sie ihn verspottet hatten, zogen sie ihm den Purpurmantel aus und zogen ihm seine Kleider wieder an.

P: Mt 27,27–31 |17: Lk 23,11; Joh 19,2 |18: Joh 19,3 · 15,2! |19: 14,65

Die Kreuzigung

Und sie führen ihn hinaus, um ihn zu kreuzigen. 21 Und sie zwingen einen, der gerade vorbeigeht, Simon aus Kyrene, der vom Feld kommt, den Vater des Alexander und des Rufus, ihm das Kreuz zu tragen.

22 Und sie bringen ihn an den Ort Golgota, das heisst ‹Schädelstätte›. 23 Und sie gaben ihm Wein, der mit Myrrhe gewürzt war; er aber nahm ihn nicht. 24 Und sie kreuzigen ihn und *teilen seine Kleider unter sich, indem sie das Los darüber werfen,* wer sich was nehmen dürfe. 25 Es war aber die dritte Stunde, als sie ihn kreuzigten. 26 Und die Inschrift, die seine Schuld angab, lautete: König der Juden.

27 Und mit ihm kreuzigen sie zwei Räuber, einen zu seiner Rechten und einen zu seiner Linken.

29 Und die vorübergingen, verwünschten ihn, schüttelten den Kopf und sagten: Ha, der du den Tempel niederreisst und in drei Tagen aufbaust, 30 rette dich selbst und steig herab vom Kreuz! 31 Ebenso spotteten die Hohen Priester untereinander mit den Schriftgelehrten und sagten: Andere hat er gerettet, sich selbst kann er nicht retten. 32 Der Messias, der König Israels, steige jetzt vom Kreuz herab, damit wir sehen und glauben. Und die mit ihm gekreuzigt waren, verhöhnten ihn.

P: Mt 27,32–44; Lk 23,33–43; Joh 19,16b–24 |21: Lk 23,26 |23: Ps 69,22 · 15,36; Lk 23,36 |24: Ps 22,19 |25: 15,33.34 |26: Lk 23,38 · 15,2! |27: Jes 53,12 |29: Ps 22,8; 109,25 · 14,58! |30: 8,11! |32: 8,29! · 15,2!

15,27: Viele Handschriften fügen nach V.27 ein (wohl von Lk 22,37 übernommen): «28 Da ging das Schriftwort in Erfüllung: *Und zu den Missetätern wurde er gerechnet.*»

Und do es umb die sechßten stund was/ ward ein finsternuß über das gantz lannd/ biß umb die neündten stund. Und umb die neündten stund ruofft Jesus laut/ und sprach: Eli Eli/ lamma asabthani? das ist verdolmetschet. Mein Gott/ min Gott/ warumb hast du mich verlassen? Unnd etlich die darbey stuondend/ do sy das hortend/ sprachend sy: Sihe/ er rüefft dem Elias. Do lieff einer und füllet einen schwumm mit essich/ und stackt jn auff ein ror/ und tranckt jn und sprach: Haltend still/ lassend sehen ob Elias komme und nemme jn ab. Aber Jesus schrey laut/ und gab den geyst auf. Und der fürhang im tempel zerreyß in zwey stucke/ von oben an biß unden auß. Der hauptman aber/ der darbey stuond gegen jm über/ und sach das er mit sölichem gschrey den geyst aufgab/ sprach er: Warlich diser mensch ist Gottes sun gwesen. Und es warend auch weiber da/ die von veernuß sölichs schauwtend/ under welchen was Maria Magdalene/ und Maria des kleinen Jacobs/ und Joses muoter/ unnd Salome die jm auch nachgefolget hattend do er inn Galilea was/ und gedienet: und vil andere die mit jm hinauf gen Jerusalem gangen warend.

Der Tod Jesu

33 Und zur sechsten Stunde kam eine Finsternis über das ganze Land bis zur neunten Stunde. 34 Und in der neunten Stunde schrie Jesus mit lauter Stimme: *Eloi, eloi, lema sabachtani!*, das heisst: *Mein Gott, mein Gott, warum hast du mich verlassen!* 35 Und einige von denen, die dabeistanden und es hörten, sagten: Hört, er ruft nach Elija! 36 Da lief einer hin, tränkte einen Schwamm mit Essig, steckte ihn auf ein Rohr und gab ihm zu trinken, und er sagte: Lasst mich, wir wollen sehen, ob Elija kommt und ihn herabnimmt. 37 Da stiess Jesus einen lauten Schrei aus und verschied.

38 Und der Vorhang im Tempel riss entzwei von oben bis unten. 39 Als aber der Hauptmann, der ihm gegenüberstand, ihn so sterben sah, sagte er: Ja, dieser Mensch war wirklich Gottes Sohn!

40 Es waren aber auch Frauen da, die von ferne zuschauten, unter ihnen Maria aus Magdala und Maria, die Mutter des Jakobus des Kleinen und des Jose, und Salome, 41 die ihm gefolgt waren und ihn unterstützt hatten, als er in Galiläa war, und noch viele andere Frauen, die mit ihm nach Jerusalem hinaufgezogen waren.

P: Mt 27,45–56; Lk 23,44–49; Joh 19,28–30 |33: 15,25 |34: 15,25 · Ps 22,2 |35: 9,4 |36: 15,23! |38: Ex 26,31–33 |39: 1,11! |40: 15,47; 16,1; Lk 8,2–3!; Joh 19,25

15,34: Andere Übersetzungsmöglichkeit: «…, wozu hast du mich verlassen?»

Die Grablegung

Und am abent dieweyl es der Rüsttag was/ der da ist der vorsabath/ kam Joseph von Arimathia/ ein erberer Radtsherr/ welcher auch wartet auff dz reych Gottes/ der gieng durstig hineyn zuo Pilato/ und batt umb den leychnam Jesu. Pilatus aber verwunderet sich das er schon tod was/ unnd ruofft dem hauptman/ und fragt jn/ ob er langest gestorben wäre. Und als er es erkunnet von dem hauptman/ gab er Joseph den leichnam. Und er laufft ein leynwadt/ und nam jn ab/ und wicklet jn in die leynwat/ und legt jn in ein grab/ dz was in einen velsen gehauwen/ unnd weltzet einen stein für deß grabs thür. Aber Maria Magdalene und Maria Joses/ schauwtend zuo wo er hingelegt was.

42 Und schon war es Abend geworden – es war nämlich Rüsttag, das ist der Tag vor dem Sabbat –, 43 da kam Josef von Arimatäa, ein angesehener Ratsherr, der selbst auch auf das Reich Gottes wartete, wagte es, ging zu Pilatus hinein und bat um den Leichnam Jesu. 44 Pilatus aber wunderte sich, dass er bereits gestorben sei. Er liess den Hauptmann zu sich rufen und fragte ihn, ob er schon lange tot sei. 45 Und als er es vom Hauptmann erfahren hatte, überliess er Josef den Leichnam. 46 Dieser kaufte ein Leinentuch, nahm ihn herab, wickelte ihn in das Tuch und legte ihn in ein Grab, das aus einem Felsen gehauen war, und wälzte einen Stein vor den Eingang des Grabes. 47 Maria aus Magdala aber und Maria, die Mutter des Jose sahen, wohin er gelegt worden war.

P: Mt 27,57–61; Lk 23,50–56; Joh 19,38–42 |43: Lk 2,25! |47: 15,40!

Das xvj. Capitel.

Von der auferstentnuß Jesu Christi von todten/ wie er seinen jüngeren erschinen/ und zhimmel gfaren ist.

Und do der Sabbath vergangen was/ kaufftent Maria Magdalene/ und Maria Jacobi/ unnd Salome/ specerey/ auff das sy kämind/ und salbtind inn. Und sy kamend zum grab an einem tag der Sabathen vast früe/ do die Sonn aufgieng/ und sy sprachend under einander: Wär weltzet uns den steyn von des grabs thür? Und wie sy gnaw darauf sehend/ so sehend sy das der steyn abgewelzet ist/ dann er was seer groß. Und sy giengend hineyn in das grab/ unnd sahend einen jüngling zur rechten hand sitzen der hatt ein lang weyß kleyd an/ und entsatztend sich. Er aber sprach zuo jnen: Förchtend euch nit/ jr suochent Jesum von Nazareth den gecrützigeten/ er ist auferstanden und ist nit hie. Sihe da/ die statt da sy jn hin legtend: gond aber hin/ und sagends seinen jüngern und Petro/ das er vor euch hin in Galileam gon wirt/ da werdend jr jn sehen/ wie er üch gesagt hat. Und sy giengend schnäll herauß/ und fluhend von dem grab: dann es was sy ein zitteren unnd schräcken ankummen/ unnd sagtend niemant nichts/ dann sy forchtend jnen.

Jesus aber/ do er auferstanden was früe am ersten tag der Sabathen/ erscheyn er am ersten der Marie Magdalene/ von welcher er siben geyst außgetriben hatt. Und sy gieng hin und verkündt es denen die mit jm gewesen warend/ die da leyd truogend und weynetend. Und die selbigen do sy hortend das er läbt/ und wäre jren erschinen/ glaubtend sy es nit. Darnach do zween auß jnen wandletend/ offenbaret er sich under einer anderen gstalt/ do sy auffs väld giengend. Und die selbigen giengend auch hin/ und verkundtend das den andren: denen glaubtend sy auch nit. Demnach do die eylff zetisch sassend/ offenbaret er sich/ und schalt jren unglauben/ und jres hertzen hertigkeit/ dz sy nitt glaubt hattend denen die jnn gsehen hattend auferstanden. Unnd sprach zuo jnen: Gond hin in alle welt/ und predigend das Euangelion aller creatur. Wär da

Das leere Grab

16 1 Als der Sabbat vorüber war, kauften Maria aus Magdala und Maria, die Mutter des Jakobus, und Salome wohlriechende Öle, um hinzugehen und ihn zu salben. 2 Und sehr früh am ersten Tag der Woche kommen sie zum Grab, eben als die Sonne aufging. 3 Und sie sagten zueinander: Wer wird uns den Stein vom Eingang des Grabes wegwälzen? 4 Doch wie sie hinschauen, sehen sie, dass der Stein weggewälzt ist. Er war sehr gross. 5 Und sie gingen in das Grab hinein und sahen auf der rechten Seite einen jungen Mann sitzen, der mit einem langen, weissen Gewand bekleidet war; da erschraken sie sehr. 6 Er aber sagt zu ihnen: Erschreckt nicht! Jesus sucht ihr, den Nazarener, den Gekreuzigten. Er ist auferweckt worden, er ist nicht hier. Das ist die Stelle, wo sie ihn hingelegt haben. 7 Doch geht, sagt seinen Jüngern und dem Petrus, dass er euch vorausgeht nach Galiläa. Dort werdet ihr ihn sehen, wie er euch gesagt hat. 8 Da gingen sie hinaus und flohen weg vom Grab, denn sie waren starr vor Angst und Entsetzen. Und sie sagten niemandem etwas, denn sie fürchteten sich.

P: Mt 28,1–8; Lk 24,1–8; Joh 20,1–10 |1: 15,40! · 14,8 |7: 14,28

Das Erscheinen des Auferstandenen

9 Als er aber frühmorgens am ersten Tag der Woche auferstanden war, erschien er zuerst Maria aus Magdala, aus der er sieben Dämonen ausgetrieben hatte. 10 Die ging und berichtete es denen, die mit ihm gewesen waren und jetzt nur noch weinten und klagten. 11 Und als sie hörten, dass er lebe und von ihr gesehen worden sei, glaubten sie es nicht.

12 Danach aber zeigte er sich in anderer Gestalt zweien von ihnen, die unterwegs waren aufs Feld hinaus. 13 Und die gingen und berichteten es den Übrigen, und auch denen glaubten sie nicht.

14 Zuletzt zeigte er sich den elfen, als sie bei Tisch sassen, und tadelte ihren Unglauben und ihre Hartherzigkeit, weil sie denen, die ihn als Auferweckten gesehen hatten, nicht geglaubt hatten. 15 Und er sagte zu ihnen: Geht hin in alle Welt und verkündigt das Evangelium aller Kreatur. 16 Wer zum Glauben kommt und

glaubt unnd toufft wirdt/ der wirdt sälig: wär aber nitt glaubt/ der wirt verdampt werden.

Die zeychen aber die da volgen werdend denen die da glaubent/ sind die/ Jn meinem nammen werdend sy teüfel außtreyben: Mit neüwen zungen reden: Schlangen vertreyben: Und so sy etwas tödtlichs trinckend/ wirdts jnen nichts schaden: Auff die krancken werdend sy die hennd legen/ so wirdts besser mit jnen werden.

Und der Herr/ nach dem er mit jnen geredt hatt/ ward er aufgehaben gen hymmel/ und hat sich zur rechten hand Gottes gesetzt. Sy aber giengend auß/ und predigetend an allen orten. Und der Herr wurckt mit jnen/ und bekrefftiget das wort durch mitfolgende zeychen.

getauft wird, wird gerettet werden, wer aber nicht zum Glauben kommt, wird verurteilt werden. 17 Denen aber, die zum Glauben kommen, werden diese Zeichen folgen: In meinem Namen werden sie Dämonen austreiben, in neuen Sprachen werden sie reden, 18 Schlangen werden sie mit blossen Händen aufheben, und tödliches Gift, das sie trinken, wird ihnen nicht schaden, Kranke, denen sie die Hände auflegen, werden gesund werden.

19 Nachdem nun der Herr, Jesus, zu ihnen geredet hatte, wurde er in den Himmel emporgehoben und setzte sich zur Rechten Gottes. 20 Sie aber zogen aus und verkündigten überall. Und der Herr wirkte mit und bekräftigte das Wort durch die Zeichen, die dabei geschahen.

|9–11: Lk 24,9–11; Joh 20,11–18 |9: Mt 28,9 |12–13: Lk 24,13–15 |14–18: Lk 24,36–43; Joh 20,19–23 |14: Lk 24,25 |15: 13,10; 14,9; Mt 28,18–20 |17: 6,7! · 1Kor 14,2–5 |18: Lk 10,19 |19–20: Lk 24,50–53; Apg 1,9–11 |19: 14,62; Ps 110,1; 1Tim 3,16

16,9: Die Verse 16,9–20 fehlen in den wichtigsten Handschriften. Sie gehören nicht zum ursprünglichen Text des Evangeliums nach Markus.

16,2: Einige Handschriften fügen zusätzlich zu den Versen Mk 16,9–20 noch den folgenden Text vor Mk 16,9 ein: «Sie aber berichteten sogleich alles, was ihnen aufgetragen war, denen um Petrus. Danach sandte Jesus selbst durch sie vom Osten bis in den Westen die heilige und unvergängliche Botschaft vom ewigen Heil. Amen.»

Euangelion Sant Lucas

Vorred Luce.

Sitmals sich vil underwunden habend zestellen die red von den geschichten/ so under unns ergangen sind/ wie uns das gegeben habend die/ so von anfang selbssichtig/ und diener des worts gewesen sind/ hab ichs auch für guot angesehenn/ nach dem ich alles von anfang mit fleyß erfolget hab/ das ichs zuo dir mein guoter Theophile ordenlich schribe/ uff das du dich erkündigest eines gewüssen grunds der worten/ welcher du uundernichtet bist.

Das erst Capitel.

Von der empfencknuß unnd geburt Johannis/ Von der empfengknuß Jesu Christi/ Von dem lobgsang Marie/ Zacharie und Elizabeth.

Zu der zeyt Herodis des Künigs Judee/ was ein priester von der ordnung Abia mit namen Zacharias: unnd sein weyb von den töchteren Aaron/ und jr namm Elizabet. Sy warend aber alle beyde fromm vor Gott/ und giengend in allen gebotten und satzungen deß Herren unsträfflich. Und sy hattend keine kinder/ dann Elizabet wz unfruchtbar/ und waren alle bede wol betagt.

Und es begab sich do er deß priesterampts pfläget vor Gott zur zeyt seiner ordnung/ nach gewonheit des priesterthuombs/ was es an jm das er röuchen solt/ und gieng in den tempel deß Herren. Unnd die gantz menge des volcks was daussen im gebätt under der stund deß röuchens. Es erscheyn aber jm der Engel des Herren/ und stuond zur rechten am röuchaltar. Und als Zacharias jn sach/ erschrack er: und es kam jnn ein forcht an.

Aber der Engel sprach zuo jm: Förcht dir nit Zacharia/ dann dein gebätt ist erhört/ und dein weyb Elizabet wirt dir einen sun gebären/ deß nammen solt du Joannes heissen: und du wirst seinen fröud und wunne haben. Und vil werdent sich seiner geburt fröuwen/ dann er wirt groß sein vor dem Herren. Wein und starcke tranck wirt er nit trincken. Und wirt noch in muoter leyb erfüllt werden mitt dem heyligen geyst. Und er wirt der kinder Jsraels vil zuo Gott jrem Herren bekeren. Und er wirt vor seinem angesicht här gon im geyst unnd krafft Elie/ zuo bekeeren die

Das Evangelium nach Lukas

Vorwort

1 1 Schon viele haben es unternommen, über das, was unter uns geschehen und in Erfüllung gegangen ist, einen Bericht abzufassen 2 nach der Überlieferung derer, die von Anfang an Augenzeugen und Diener des Wortes waren. 3 So beschloss auch ich, nachdem ich allem von Anfang an sorgfältig nachgegangen war, es der Reihe nach für dich aufzuschreiben, verehrter Theophilus, 4 damit du die Zuverlässigkeit der Lehren erkennst, in denen du unterrichtet wurdest.

P: Apg 1,1–2 |2: Joh 15,27; Apg 6,4

Die Ankündigung der Geburt des Johannes

5 In den Tagen des Herodes, des Königs von Judäa, gab es einen Priester mit Namen Zacharias aus der Abteilung des Abija; der hatte eine Tochter aus dem Geschlecht Aarons zur Frau, und ihr Name war Elisabet. 6 Sie waren beide gerecht vor Gott, da sie ihren Weg gingen in allen Geboten und Satzungen des Herrn. 7 Und sie hatten kein Kind, denn Elisabet war unfruchtbar, und beide waren schon betagt.

8 Und es geschah, als seine Abteilung an der Reihe war und er seinen Priesterdienst vor Gott verrichten sollte, 9 dass er nach dem Brauch der Priesterschaft durch das Los dazu bestimmt wurde, das Räucheropfer darzubringen; und er ging in den Tempel des Herrn hinein, 10 die ganze Volksmenge aber betete draussen zur Stunde des Räucheropfers. 11 Da erschien ihm ein Engel des Herrn, der stand auf der rechten Seite des Räucheraltars. 12 Und als Zacharias ihn sah, erschrak er, und Furcht überfiel ihn. 13 Der Engel aber sagte zu ihm:
Fürchte dich nicht, Zacharias!
Denn dein Gebet ist erhört worden,
und Elisabet, deine Frau, wird dir einen Sohn gebären,
und du sollst ihm den Namen Johannes geben.
14 Und Freude und Jubel wird dir zuteil werden,
und viele werden sich freuen über seine Geburt.
15 Denn er wird gross sein vor dem Herrn,

hertzen der vätteren zuo den kindern: und die
unglöubigen zuo der kluogheyt der gerechten/
zuo bereyten dem Herren ein gerüst volck.

Unnd Zacharias sprach zuo dem Engel:
Wo bey sol ich das erkennen? dann ich bin
alt/ und mein weyb ist betaget. Der Engel
antwortet und sprach zuo jm: Jch bin Gabriel
der vor Gott stadt/ und bin gesandt mit dir
zereden/ das ich dir sölichs verkünde. Und
sihe/ du wirst erstummen und nit reden
können biß auff den tag da diß geschehen wirt:
darumb das du minen worten nit glaubt hast/
die da söllend erfüllt werden zuo jrer zeyt.

Und das volck wartet auff Zacharias/ und
verwunderend sich das er so lang verzoch
im tempel. Unnd do er außher gieng/ kondt
er nit mit jnen reden. Und sy marcktend
das er ein gesicht gesehen hatt im tempel.
Und er wincket jnen/ unnd bleyb stumm.

Unnd es begab sich do die zeyt seines
ampts auß was/ gieng er heim in sein
hauß. Und nach denen tagen ward sein
weyb Elizabeth schwanger/ und verbarg
sich fünff monat/ und sprach: Also hat mir
der Herr gethon in den tagen/ in denen er
mich angesehen hat/ das er mein schmaach
under den menschen von mir näme.

und Wein und Bier wird er nicht trinken,
und schon im Mutterleib
wird er erfüllt werden von heiligem Geist,
16 und viele von den Söhnen und Töchtern
Israels wird er zurückführen
zum Herrn, ihrem Gott,
17 und er wird vor ihm hergehen
in Elijas Geist und Kraft,
um die Herzen der Väter zu den Kindern
zurückzuführen
und Ungehorsame zur Gesinnung Gerechter,
um dem Herrn ein wohlgerüstetes Volk zu
bereiten.
18 Und Zacharias sagte zu dem Engel:
Woran soll ich das erkennen? Ich selbst
bin ja alt, und meine Frau ist schon betagt.
19 Und der Engel antwortete ihm: Ich bin
Gabriel, der vor Gott steht; und ich wurde
gesandt, um mit dir zu reden und dir dies
als gute Botschaft zu überbringen. 20 Und du
jetzt sollst du stumm sein und nicht reden
können bis zu dem Tag, da dies geschieht,
weil du meinen Worten nicht geglaubt hast,
die in Erfüllung gehen werden zu ihrer Zeit.
21 Und das Volk wartete auf Zacharias, und
alle wunderten sich, dass er so lange im Tempel
verweilte. 22 Als er aber heraustrat, konnte
er nicht mit ihnen reden. Und sie merkten,
dass er im Tempel eine Erscheinung gehabt
hatte. Er gab ihnen nur Zeichen und blieb
stumm. 23 Und es geschah, als die Tage seines
Priesterdienstes zu Ende waren, dass er nach
Hause zurückkehrte. 24 Nach diesen Tagen
aber wurde Elisabet, seine Frau, schwanger, und
sie zog sich für fünf Monate zurück und sagte:
25 Dies hat der Herr an mir getan in den Tagen,
als er darauf bedacht war, meine Schmach
unter den Menschen von mir zu nehmen.

|5: 1Chr 24,10 |6: Gen 26,5 |7: 1,18.36; Gen 18,11
|13: Dan 10,12 · Gen 17,19 · 1,60.63 |15: 7,28 · 7,33!;
Num 6,3 |17: Mal 3,23–24; Mt 11,14 |18: 1,7! |19: 1,26;
Dan 8,16; 9,21 |20: 1,64 |25: Gen 30,23

Die Ankündigung der Geburt Jesu
26 Im sechsten Monat aber wurde der
Engel Gabriel von Gott in eine Stadt in Galiläa
mit Namen Nazaret gesandt, 27 zu einer
Jungfrau, die verlobt war mit einem Mann
aus dem Hause David mit Namen Josef, und
der Name der Jungfrau war Maria. 28 Und er
trat bei ihr ein und sprach: Sei gegrüsst, du
Begnadete, der Herr ist mit dir! 29 Sie aber
erschrak über dieses Wort und sann darüber

Und im sechßten monat ward der bott
Gabriel gesandt von Gott in ein statt in Galilea/
die heyßt Nazareth/ zuo einer jungfrouwen
die vermächlet was einem mann mit namen
Joseph/ Von dem hauß Davids/ und der
jungkfrouwen namm was Maria. Und der
Engel kam zuo jren hineyn/ und sprach:
Biß gegrüßt du begnadete/ der Herr ist mit
dir/ du hochgelopte under den weybern.

Euangelion Sant Lucas

Do sy aber jn sach/ erschrack sy ab seiner red/ und gedacht: Was gruoß ist das? Und der engel sprach zuo jren: Förcht dir nit Maria/ du hast gnad fundenn bey Gott. Sihe/ du wirst schwanger werden im leyb/ unnd einen sun gebären/ deß nammen solt Jesus heissen/ der wirt groß/ und ein sun deß höchsten genennet werden. Und Gott der Herr wirt jm den stuol seines vatters Davids geben: und er wirt ein künig sein über dz hauß Jacobs ewigklich: und seines künigreychs wirt kein end sein.

Do sprach Maria zuo dem engel: Wie sol das zuogon/ sitmals ich vonn keinem mann weiß? Der engel antwortet/ und sprach zuo jren: Der heylig geist wirt von oben herab kommen in dich/ unnd die krafft deß höchsten wirt dich überschatten. Darumb auch das heylig dz auß dir geboren/ wirt Gottes sun genennet werden. Und sihe/ Elizabeth dein gefreündte gadt auch schwanger mit einem sun in jrem alter: und gadt jetz im sechßten monat/ die im geschrey ist das sy unfruchtbar sey: dann bey Gott ist kein ding unmüglich. Maria aber sprach: Sihe/ hie bin ich die magdt deß Herren/ mir geschehe wie du gesagt hast. Und der Engel gieng von jr.

Maria aber huob sich auf inn den tagen/ unnd gieng auff das gebirg mit züchten zuo der statt Jerusalem/ unnd kam in das hauß Zacharie/ und grüeßt Elizabet. Und es begab sich/ als Elizabet den gruoß Marie hort/ hupffet das kind in jrem leyb. Unnd Elizabet ward des geysts voll/ und ruofft laut/ unnd sprach: Gebenedyet syest du under den weibern/ unnd gebenedyet sye die frucht deines leybs: und wo här kumpt mir das/ das die muoter meines Herren zuo mir kumpt: Sihe/ do ich die stymm deines gruosses hort/ hupffet mit fröuden das kind in meinem leyb. Und sälig bist du/ die du glaubt hast/ dann es wirt volendet werden was zuo dir gesagt ist von dem Herren. Und Maria sprach: Mein seel erhept den Herren/ und mein geist fröuwet

144

nach, was dieser Gruss wohl zu bedeuten habe. 30 Und der Engel sagte zu ihr:
Fürchte dich nicht, Maria, denn du hast Gnade gefunden bei Gott:
31 Du wirst schwanger werden und einen Sohn gebären,
und du sollst ihm den Namen Jesus geben.
32 Dieser wird gross sein und Sohn des Höchsten genannt werden,
und Gott, der Herr, wird ihm den Thron seines Vaters David geben,
33 und er wird König sein über das Haus Jakob in Ewigkeit,
und seine Herrschaft wird kein Ende haben.
34 Da sagte Maria zu dem Engel: Wie soll das geschehen, da ich doch von keinem Mann weiss? 35 Und der Engel antwortete ihr:
Heiliger Geist wird über dich kommen,
und Kraft des Höchsten wird dich überschatten.
Darum wird auch das Heilige, das gezeugt wird, Sohn Gottes genannt werden.
36 Schau auf Elisabet, deine Verwandte, auch sie hat einen Sohn empfangen in ihrem Alter; und dies ist der sechste Monat für sie, die doch als unfruchtbar galt. 37 Denn bei Gott ist kein Ding unmöglich. 38 Da sagte Maria: Ja, ich bin des Herrn Magd; mir geschehe, wie du gesagt hast! Und der Engel verliess sie.

|26: 1,19! · 2,39! |27: 2,5; Mt 1,18 · 1,32; 2,4; 3,31; 18,38; 20,41.44 |28: Ri 6,12 |31: Gen 16,11; Jes 7,14; Mt 1,21–23 · 2,5–7 · 2,21 |32: 19,38; 2Sam 7,12; Jes 9,5 · 1,27! |33: 2Sam 7,13.16; Jes 9,6 |35: Mt 1,18.20 · 3,22! |36: 1,24 · 1,7! |37: 18,27; Gen 18,14; Hiob 42,2

Der Besuch der Maria bei Elisabet. Der Lobgesang der Maria

39 Maria aber machte sich auf in diesen Tagen und ging eilends hinauf ins Bergland in eine Stadt in Judäa; 40 und sie trat in das Haus des Zacharias ein und grüsste Elisabet. 41 Und es geschah, als Elisabet den Gruss Marias vernahm, dass das Kind in ihrem Leib hüpfte; und Elisabet wurde von heiligem Geist erfüllt 42 und rief mit lauter Stimme:
Gesegnet bist du unter den Frauen,
und gesegnet ist die Frucht deines Leibes!
43 Wie geschieht mir, dass die Mutter meines Herrn zu mir kommt? 44 Denn als der Klang deines Grusses an mein Ohr drang, da hüpfte das Kind vor Freude in meinem Leib. 45 Ja, selig, die geglaubt hat, dass in Erfüllung geht, was ihr vom Herrn gesagt wurde.

sich in Gott meinem heyland. Dann er hat die nidrigkeyt seiner magt angesehen. Sihe/ fürhin werdend mich sälig preysenn alle kindskind. Dann er hat hohe ding an mir gethon/ der da mächtig ist/ und deß namm heylig ist. Und sein barmhertzigkeit wäret ymmer für und für bey denen die jn förchtend. Er hat gwalt geüebt mit seinem arm/ unnd zerströwet die da hoffertig sind in jres hertzen sinn. Er hat die gwaltigen von dem stuol gestossen/ und die nidrigen erhöcht. Die hungerigen hat er mit güeteren erfüllt/ unnd die reychen lär gelassen. Er hat der barmhertzikeyt gedacht/ und seinem diener Jsrael aufgeholffen: Wie er verheissen hat unsern vätteren Abraham und seinem somen ewigklich. Und Maria bleib bey jr bey drey monaten/ darnach keret sy widerumb heym.

46 Und Maria sprach:
Meine Seele erhebt den Herrn,
47 und mein Geist jubelt über Gott, meinen Retter,
48 denn hingesehen hat er auf die Niedrigkeit seiner Magd.
Siehe, von nun an werden mich seligpreisen alle Geschlechter,
49 denn Grosses hat der Mächtige an mir getan.
Und heilig ist sein Name,
50 und seine Barmherzigkeit gilt von Geschlecht zu Geschlecht
denen, die ihn fürchten.
51 Gewaltiges hat er vollbracht mit seinem Arm,
zerstreut hat er, die hochmütig sind in ihrem Herzen,
52 Mächtige hat er vom Thron gestürzt und Niedrige erhöht,
53 Hungrige hat er gesättigt mit Gutem und Reiche leer ausgehen lassen.
54 Er hat sich Israels, seines Knechtes, angenommen
und seiner Barmherzigkeit gedacht,
55 wie er es unseren Vätern versprochen hat, Abraham und seinen Nachkommen in Ewigkeit.
56 Maria blieb etwa drei Monate bei ihr und kehrte dann nach Hause zurück.

|42: 11,27 |46–56: 1Sam 2,1–10 |46: Ps 34,3-4
|47: Jes 61,10; Hab 3,18 |48: 1Sam 1,11 |49: Ps 126,3 · 11,2
|50: Ps 103,13.17 |52: Hiob 12,19 · Hiob 5,11 |53: Ps 107,9
|54: Ps 98,3; Jes 41,8–9 |55: Mi 7,20

Die Geburt des Johannes

Und Elizabet kam zuo jrer zeyt das sy gebären solt/ und sy gebar einen sun. Und jre nachpauren und freünd hortend das der Herr grosse barmhertzigkeit an jr gethon hatt/ und fröuwtend sich mit jr. Unnd es begab sich am achtenden tag/ kamend sy zuo bschneyden das kindlin/ und hiessend es nach seinem vatter Zacharias. Und sein muoter antwortet und sprach: Gar nit/ sunder es sol Joannes heissen. Und sy sprachend zuo jr: Jst doch niemants in deiner freündtschafft der also heisse. Und sy wincktend seinem vatter wie er jn wölte heissen lassen. Und er foderet ein täfelin/ schreyb und sprach: Er heißt Joannes. Und verwunderend sich alle. Unnd von stundan ward sein mund und sein zung aufgethon/ und redt/ und benedyet Gott.

57 Für Elisabet nun kam die Zeit, da sie gebären sollte, und sie brachte einen Sohn zur Welt. 58 Und ihre Nachbarn und Verwandten hörten, dass der Herr ihr so grosse Barmherzigkeit erwiesen hatte, und freuten sich mit ihr. 59 Und es geschah am achten Tag, dass sie kamen, um das Kind zu beschneiden und ihm den Namen seines Vaters Zacharias zu geben. 60 Da widersprach seine Mutter und sagte: Nein, Johannes soll er heissen! 61 Und sie sagten zu ihr: Es gibt niemanden in deiner Verwandtschaft, der diesen Namen trägt. 62 Und sie machten Zeichen, um seinen Vater zu fragen, wie er ihn genannt haben wolle. 63 Und er verlangte eine kleine Tafel und schrieb: Sein Name ist Johannes. Und

Und es kam ein forcht über alle nachpauren. Und alle dise geschicht ward lautprecht auff dem gantzen Jüdischen gebirg. Und alle die es hortend/ namends zuo hertzen/ und sprachend: Was meinstu/ wil auß dem kindlin werden? dann die hand Gottes was mit jm.

Und sein vatter Zacharias ward des heyligen geysts voll/ weyssagt und sprach: Gebenedyet sey Gott der Herr Jsraels/ dann er hat besuocht und erlößt sein volck. Und hat aufgericht ein horn der säligkeyt in dem hauß seines dieners Davids. Als er vor zeyten geredt hatt durch den mund seiner heyligen propheten: Das er uns erredte von unseren fygenden/ und von der hand aller die uns hassend: Und barmhertzigkeit erzeygte unsern vättern/ unnd gedächte an seinen heyligen pundt/ das ist/ an den eyd den er geschworn hat unserem vatter Abraham/ uns zegeben. Das wir erlößt auß der hand unserer feynden/ jm dienetend on forcht unser läben lang in heyligkeit und gerechtigkeyt die jm gefellig ist. Unnd du kindlin wirst ein Prophet des höchsten heissen/ dur wirst vor dem Herren här gon/ dz du seinen wäg bereytest: Und erkantnuß der säligkeit gebest seinem volck/ die da ist in vergebung jrer sünden. Durch die herrliche barmhertzigkeit unnsers Gottes/ durch welche uns besuocht hat der Aufgang uß der höhe. Auff dz er erscheyne denen die da sitzent in der finsternuß und schatten des tods/ und richte unsere füeß auff den wäg deß fridens.

Und das kindlin wuochß und ward starck im geyst/ unnd was in der wüeste biß das er solt herfür trätten für das volck Jsrael.

alle wunderten sich. 64 Und auf der Stelle tat sich sein Mund auf, und seine Zunge löste sich; und er redete und pries Gott. 65 Und Furcht überkam alle ihre Nachbarn; und im ganzen Bergland von Judäa erzählte man sich diese Geschichten, 66 und alle, die davon hörten, behielten es im Herzen und sagten: Was wird wohl aus diesem Kind werden? Und die Hand des Herrn war mit ihm.

|59: 2,21; Gen 17,12; Lev 12,3 |60: 1,13! |63: 1,13! |64: 1,20 |65: 5,26; 7,16; 8,37 |66: 2,19!

Der Lobgesang des Zacharias

67 Und sein Vater Zacharias wurde von heiligem Geist erfüllt und weissagte:

68 Gepriesen sei der Herr, der Gott Israels!
   Denn er hat sich seines Volkes
   angenommen und ihm Erlösung
   verschafft

69 und uns aufgerichtet ein Horn des Heils
   im Hause Davids, seines Knechtes,

70 wie er es versprochen hat durch den
   Mund seiner heiligen Propheten von
   Ewigkeit her,

71 uns zu retten vor unseren Feinden und
   aus der Hand aller, die uns hassen,

72 Barmherzigkeit zu erweisen unseren
   Vätern
   und seines heiligen Bundes zu gedenken,

73 des Eides, den er unserem Vater Abraham
   geschworen hat,
   uns zu gewähren,

74 dass wir, errettet aus der Hand der
   Feinde, ihm ohne Furcht dienen

75 in Heiligkeit und Gerechtigkeit vor
   ihm all unsere Tage.

76 Und du, Kind, wirst Prophet des
   Höchsten genannt werden,
   denn du wirst vor dem Herrn hergehen,
   seine Wege zu bereiten,

77 Erkenntnis des Heils zu geben seinem
   Volk
   durch die Vergebung ihrer Sünden,

78 aufgrund des herzlichen Erbarmens
   unseres Gottes,
   mit dem das aufgehende Licht aus der
   Höhe uns besuchen will,

79 um zu leuchten denen, die in Finsternis
   und Todesschatten sitzen,
   um zu lenken unsere Füsse auf den Weg
   des Friedens.

Das ij. Capitel.

Von der geburt und bschneydung Jesu/ Von der aufopferung in tempel/ Von der leer die er im zwölfften jar under den geleerten thett/ und was sich in dem allen zuotragen hatt.

Es begab sich aber zuo der zeit/ dz ein gebott von dem Keyser Augustus außgieng/ daß das gantz land beschetzt wurde. Und dise schatzung was die aller erst/ die do geschach zur zeyt do Kirenius landpfläger in Syrien was. Und es gieng yederman das er sich schetzen liesse/ ein yetlicher in sein statt. Do machet sich auf auch Joseph von Galilea/ auß der statt Nazareth/ in das Jüdische lannd zur statt Davids/ die da heyßt Bethlehem/ darumb das er von dem hauß und gschlächt Davids was: auff das er sich schetzen liesse mit Maria seinem vermächleten weyb/ die gieng schwanger.

Und es begab sich/ in dem sy daselbst warend/ kam die zeyt das sy gebären solt. Und sy gebar jren erstgebornen sun/ und wicklet jnn in windlen/ unnd legt jnn in ein kripff: dann sy hattend sunst keinen platz in der herberg.

Und es warend hirten in der selben gegne auff dem väld bey den huoten/ und huotend deß nachts jrer härd. Unnd sihe/ der Engel deß Herren tratt zuo jnen/ unnd die klarheyt des Herren leüchtet umb sy/ und sy forchtent sich seer. Und der Engel sprach zuo jnen: Förchtennd euch nit/ sihe/ ich verkünd euch grosse fröud/ die allem volck widerfaren wirt: dann euch ist hütt der Heyland geborn/ Christus der Herr/ in der statt Davids. Und das habend zum zeychen. Jr werdend finden das kind in windlen gewicklet/ und in einer kripfen ligen. Unnd von stundan was da bey dem Engel die menge der himmlischen heeren/ die lobtend Gott und sprachend: Preyß sey Gott in der höhe/ unnd frid auff erden: und den menschen ein wolgefallen.

Und es begab sich do die Engel von jnen gen hymmel fuorend/ sprachend die hirten under einander: Lassent uns nun gon gen Betlehem/ und sehen die geschicht/ die da geschehen ist/ die uns der Herr kund thon hat. Und sy kamend eylends/ und fundent beide Mariam und Joseph/ und das kind in der kripfen ligen. Do sy es aber gesehenn hattend/

80 Das Kind aber wuchs heran und wurde stark im Geist. Und er war in der Wüste bis zu dem Tag, an dem er vor Israel treten sollte.

|68: Ps 41,14; 106,48 · 7,16; 19,44; Ex 4,31; Ps 111,9 |69: 1Sam 2,10; Ps 132,17 |71: Ps 18,18; 106,10 |72: Ps 105,8 |73: Gen 26,3; Ps 105,9; Mi 7,20 |76: 7,26; 20,6 · 7,16! · 7,27! |77: 3,3! |78: Jes 60,1–2 |79: Ps 107,10.14; Jes 9,1; Mt 4,16 |80: 2,40 · 3,2

Die Geburt Jesu

2 1 Es geschah aber in jenen Tagen, dass ein Erlass ausging vom Kaiser Augustus, alle Welt solle sich in Steuerlisten eintragen lassen. 2 Dies war die erste Erhebung; sie fand statt, als Quirinius Statthalter in Syrien war. 3 Und alle machten sich auf den Weg, um sich eintragen zu lassen, jeder in seine Heimatstadt. 4 Auch Josef ging von Galiläa aus der Stadt Nazaret hinauf nach Judäa in die Stadt Davids, die Betlehem heisst, weil er aus dem Haus und Geschlecht Davids war, 5 um sich eintragen zu lassen mit Maria, seiner Verlobten, die war schwanger. 6 Und es geschah, während sie dort waren, dass die Zeit kam, da sie gebären sollte. 7 Und sie gebar ihren ersten Sohn und wickelte ihn in Windeln und legte ihn in eine Futterkrippe, denn in der Herberge war kein Platz für sie.

8 Und es waren Hirten in jener Gegend auf freiem Feld und hielten in der Nacht Wache bei ihrer Herde. 9 Und ein Engel des Herrn trat zu ihnen, und der Glanz des Herrn umleuchtete sie, und sie fürchteten sich sehr. 10 Da sagte der Engel zu ihnen: Fürchtet euch nicht! Denn seht, ich verkündige euch grosse Freude, die allem Volk widerfahren wird: 11 Euch wurde heute der Retter geboren, der Gesalbte, der Herr, in der Stadt Davids. 12 Und dies sei euch das Zeichen: Ihr werdet ein neugeborenes Kind finden, das in Windeln gewickelt ist und in einer Futterkrippe liegt. 13 Und auf einmal war bei dem Engel die ganze himmlische Heerschar, die lobten Gott und sprachen:

14 Ehre sei Gott in der Höhe
   und Friede auf Erden
      unter den Menschen seines Wohlgefallens.

15 Und es geschah, als die Engel von ihnen weggegangen waren, in den Himmel zurück, dass die Hirten zueinander sagten: Lasst uns nach Betlehem gehen und die Geschichte sehen, die der Herr uns kundgetan hat! 16 Und sie gingen eilends und fanden Maria und Josef und das neugeborene Kind, das in der Futterkrippe lag. 17 Und als sie es sahen, taten

spreytetend sy das wort auß/ welches zuo jnen
von disem kind geredt was. Unnd alle/ für die
es kam/ verwunderend sich der red/ die jnen
die hirten gesagt hattend. Maria aber behielt
alle dise wort/ und bewegt sy in jrem hertzen.
Und die hirten kartend widerumb/ preyßtend
und lobtend Gott umb alles das sy gehört und
gesehen hattend/ wie dann zuo jnen gesagt was.

Und do acht tag hinumb warend/
daß das kind beschnitten wurde/ do
ward sein namm genennet Jesus/ welcher
genennet was von dem Engel ee dann er
empfangen ward inn muoter leyb.

Und do die tag jrer reynigung nach dem
gesatz Mosi/ kamend/ brachtend sy jnn
gen Jerusalem/ auff das sy jnn darstaltind
dem Herren. Wie dann geschriben stadt im
gsatz des Herren: Ein yetlichs knäblin das
zum ersten geborn wirt/ sol Gott geheyliget
heyssen/ und das sy gebind das opffer/ nach
dem gesagt ist im gsatz deß Herren: Ein
par turteltuben/ oder zwo jung tuben.

Und sihe/ ein mensch was zuo Jerusalem
mit nammen Simeon/ und der selbig mensch
was fromm und Gottsförchtig/ und wartet auff
den trost Jsrael. Und der heylig geyst was in
jm/ und jm was ein antwort worden von dem
heyligen geyst/ Er sölte den tod nit sehen/ er
hette dann vor den Christ des Herren gesehen/
und kam auß anregen des geysts in den Tempel.

Und do die Eltern das kind Jesum in den
tempel brachtend/ das sy für jn thätind wie man
pflägt nach dem gsatz. Do nam er jnn auff seine
arm/ und benedyet Gott/ und sprach: Herr/ nun
lassestu deinen diener im friden faren/ wie du
gesagt hast/ Dann meine augen habend deinen
Heyland gsehen/ welchen du bereytet hast vor
allen völckern/ ein liecht zuo erleüchtung der
Heyden/ und zum preyß deines volcks Jsrael.

Und sein vatter und muoter verwunderend
sich deß/ das von jm geredt ward. Und Simeon
benedyet sy/ und sprach zuo Maria seiner
muoter: Sihe/ diser wirt gesetzt zuo einem fall/
und aufston viler in Jsrael/ und zuo einem
zeychen/ dem widersprochen wirt. Und es wirt

sie das Wort kund, das ihnen über dieses Kind
gesagt worden war. 18 Und alle, die es hörten,
staunten über das, was ihnen von den Hirten
gesagt wurde. 19 Maria aber behielt alle diese
Worte und bewegte sie in ihrem Herzen. 20 Und
die Hirten kehrten zurück und priesen und
lobten Gott für alles, was sie gehört und gesehen
hatten, so wie es ihnen gesagt worden war.

|1–7: Mt 1,18–25 |4: 1,27! |5: 1,27! · 1,31.35 |7: 1,31
|11: Mt 2,4–6; Apg 5,31; 13,23; Joh 4,42 · 9,20! |14: 19,38 ·
3,22 |16: Mt 2,11 |18: 2,33 |19: 1,66; 2,51 |20: 5,25–26; 17,15;
18,43; 19,37; 23,47

Die Beschneidung Jesu. Seine Darbringung im Tempel

21 Und als acht Tage vorüber waren
und er beschnitten werden sollte, da wurde
ihm der Name Jesus gegeben, der von
dem Engel genannt worden war, bevor
er im Mutterleib empfangen wurde.

22 Und als für sie die Tage der Reinigung,
die das Gesetz des Mose vorschreibt, vorüber
waren, brachten sie ihn nach Jerusalem
hinauf, um ihn dem Herrn zu weihen,
23 wie es im Gesetz des Herrn geschrieben
steht: *Alles Männliche, das den Mutterschoss
öffnet, soll als dem Herrn geheiligt gelten.*
24 Auch wollten sie ein Opfer darbringen,
wie es im Gesetz des Herrn geschrieben steht:
ein Paar Turteltauben oder zwei junge Tauben.

25 Und da war in Jerusalem einer mit
Namen Simeon, und dieser Mann war gerecht
und gottesfürchtig; er wartete auf den Trost
Israels, und heiliger Geist ruhte auf ihm.
26 Ihm war vom heiligen Geist geweissagt
worden, er werde den Tod nicht schauen,
bevor er den Gesalbten des Herrn gesehen
habe. 27 Nun kam er, vom Geist geführt, in
den Tempel. Und als die Eltern das Kind Jesus
hereinbrachten, um an ihm zu tun, was das
Gesetz des Herrn vorschreibt, 28 da nahm er
es auf die Arme und pries Gott und sprach:

29 Nun lässt du deinen Diener gehen, Herr,
  in Frieden, wie du gesagt hast,
30 denn meine Augen haben das Heil
  gesehen,
  31 das du vor den Augen aller Völker
    bereitet hast,
  32 ein Licht zur Erleuchtung der Heiden
    und zur Verherrlichung deines Volkes
    Israel.

33 Und sein Vater und seine Mutter staunten
über das, was über ihn gesagt wurde. 34 Und

ein schwärdt durch dein seel dringen/ auff das
viler hertzen gedanckenn offenbar werdind.
 Unnd es was ein prophetin/ Hanna/ ein
tochter Phanuel/ vom geschlächt Aser/ die was
wol betaget/ und hatt geläbt siben jar mit jrem
mann von jrer jungkfrowschaft an/ und was
nun ein witwen bey vier und achtzig jaren/
die kam nimmer vom tempel: dienet Gott mit
fasten und bätten tag und nacht/ die selbig
tratt auch hinzuo zuo der selben stund und
preyset den Herren/ und redt von jm zuo allen
die da wartetend auff die erlösung Jsraels.
 Und do sy alles vollendet hattend/ nach
dem gsatz des Herren/ kertend sy sich wider
in Galileam zuo jrer statt Nazareth. Aber dz
kind wuochß und ward starck im geist/ voller
weyßheit: und Gottes gnad was bey jm.

 Und seine elteren giengend alle jar gen
Jerusalem auff dz Osterfäst. Und do er
zwölff jar alt was/ giengend sy hinauff gen
Jerusalem/ nach gwonheyt deß fästs. Unnd
do sy die tag vollendet hattend/ und wider
zuo hauß giengend/ bleyb das kind Jesus zuo
Jerusalem. Und seine elteren wußtend es nit/
sy meintend aber er wäre under den geferten/
und kamend ein tagreyß/ und suochtend jnn
under den gefründten und bekandten. Und
do sy jnn nit fundend/ giengend sy widerumb
gen Jerusalem/ und suochtend jnn. Unnd
es begab sich nach dreyen tagen/ fundend
sy jn im tempel sitzen mitten under den
Lereren/ das er jnen zuohorte/ und sy fragte.
Und alle die jm zuohortend/ verwunderend
sich seins verstands und seiner antwort.
 Und do sy jnn sahent/ entsatzend sy sich.
Unnd sein muoter sprach zuo jm: Mein sun/
warumb hast du unns das gethon? Sihe/ dein
vatter und ich habend dich mit schmertzen
gesuocht. Und er sprach zuo jnen: Was ists das

Simeon segnete sie und sagte zu Maria,
seiner Mutter: Dieser hier ist dazu bestimmt,
viele in Israel zu Fall zu bringen und viele
aufzurichten, und er wird ein Zeichen sein, dem
widersprochen wird – 35 ja, auch durch deine
Seele wird ein Schwert dringen –, damit aus
vielen Herzen die Gedanken offenbar werden.
36 Und da war eine Prophetin, Hanna,
eine Tochter Phanuels, aus dem Stamm
Asser, die war schon hochbetagt. Nach
ihrer Zeit als Jungfrau war sie sieben Jahre
verheiratet 37 und danach Witwe gewesen
bis zum Alter von vierundachtzig Jahren.
Sie verliess den Tempel nie, weil sie Tag und
Nacht Gott diente mit Fasten und Beten.
38 Zur selben Stunde trat auch sie auf und
pries Gott und sprach von ihm zu allen, die
auf die Erlösung Jerusalems warteten.
 39 Und als sie alles getan hatten, was
das Gesetz des Herrn vorschreibt, kehrten
sie nach Galiläa in ihre Stadt Nazaret
zurück. 40 Das Kind aber wuchs heran
und wurde stark und mit Weisheit erfüllt,
und Gottes Gnade ruhte auf ihm.

|21: 1,59! · 1,31 |22: Lev 12,2–4 · Röm 12,1
|23: Ex 13,2.12.15 |24: Lev 12,8 |25: 2,38; 23,51; 24,21;
Jes 40,1; 49,13; 52,9 |26: 9,20! |30: 3,6; Ps 98,2–3; Jes 40,5;
52,10 |32: Jes 42,6; 49,6 |33: 2,18 |34: 20,17; Jes 8,14;
Apg 28,22 |35: 2,48 |38: 2,25! |39: 1,26–27; 2,4.51; Mt 2,23
|40: 2,52 · 1,80

Der zwölfjährige Jesus im Tempel
 41 Und seine Eltern zogen jedes Jahr
zum Passafest nach Jerusalem. 42 Auch als
er zwölf Jahre alt war, gingen sie hinauf,
wie es an diesem Fest der Brauch war,
43 und verbrachten die Tage dort.
 Als sie heimkehrten, da blieb der junge Jesus
in Jerusalem zurück, und seine Eltern merkten
es nicht. 44 Da sie meinten, er befinde sich
unter den Reisenden, gingen sie eine Tagereise
weit und suchten ihn unter den Verwandten
und Bekannten. 45 Und als sie ihn nicht fanden,
kehrten sie nach Jerusalem zurück, um ihn zu
suchen. 46 Und es geschah nach drei Tagen,
dass sie ihn fanden, wie er im Tempel mitten
unter den Lehrern sass und ihnen zuhörte und
Fragen stellte. 47 Alle aber, die ihn hörten,
waren verblüfft über seinen Verstand und seine
Antworten. 48 Und als sie ihn sahen, waren sie
bestürzt, und seine Mutter sagte zu ihm: Kind,
warum hast du uns das angetan? Dein Vater
und ich haben dich mit Schmerzen gesucht.
49 Und er sagte zu ihnen: Warum habt ihr

jr mich gesuocht habend? Wüssend jr nit das
ich sein muoß in dem das meines vatters ist?
Und sy verstuonden das wort nit das er mit
jnen redt. Und er gieng hinab mit jnen und
kam gen Nazareth/ und was jnen underthon.
Und sein muoter behielt alle dise wort in jrem
hertzen. Und Jesus nam zuo an weyßheit/ alter/
und gnad bey Gott und dem menschen.

Das iij. Capitel.
Von dem läben/ predig/ tauff/ und tod Johannis. Von
dem Tauff Christi/ und erzellung seines geschlächts.

Jn dem fünffzähenden jar des keiserthuombs/
Keysers Tyberij/ do Pontius Pilatus Lanndpfläger
was in Judea/ und Herodes ein Vierfürst
in Galilea/ und sein bruoder Philippus ein
Vierfürst zuo Jthurea/ und in der gegne
Trachonitis/ und Lisanias ein Vierfürst zuo
Abilene/ do Hannas und Caiphas hohe priester
warend/ do geschach der befelch Gottes zuo
Johannes Zacharias sun in der wüeste. Unnd
er kam in alle gegne umb den Jordan/ und
prediget den Tauff der buoß/ zur vergebung der
sünden. Wie geschriben stadt inn dem buoch
der red Esaias deß Propheten/ der da sagt: Ein
rüeffennde stimm in der wüeste: Bereytend den
wäg deß Herren/ und machend seine fuoßsteyg
richtig. Alle tal söllend voll werden/ unnd
alle berg und bühel söllend ernideret werden.
Unnd was krumb ist/ sol richtig werden: und
was unäben ist/ sol schlächter werden: und
alles fleysch wirt den Heyland Gottes sehen.

Do sprach er nun zuo dem volck/ das hinauß
gieng das es sich tauffen liesse: Jr naateren
gezücht/ wär hat dann euch so gwüß gemacht
das jr entrünnen werdind dem zuokünfftigen
zorn? Sehend zuo/ thuond rechtgschaffne frucht
der buoß/ unnd nemmend euch nit für zesagen:
Wir habend Abraham zum vatter: dann ich sag
euch/ Gott kan dem Abraham auß disen steynen
kinder erweckenn. Es ist schon die axt den
böumen an die wurtzel gelegt. Welcher baum
nit guote frucht bringt/ wirdt abgehauwen/
unnd in das fheür geworffen. Und das volck
fraget jn: Was söllend wir denn thuon? Er
antwortet unnd sprach zuo jenen: Wär zwen
röck hat/ der mitteyle dem der keinen hat: und
wär speyß hat/ der thüege auch also. Es kamend
auch die zöller daß sy sich tauffen liessind/ und
sprachend zuo jm: Meister was söllend dann

mich gesucht? Wusstet ihr nicht, dass ich im
Haus meines Vaters sein muss? 50 Doch sie
verstanden das Wort nicht, das er zu ihnen sagte.

51 Und er zog mit ihnen hinab, zurück nach
Nazaret, und war ihnen gehorsam. Und seine
Mutter behielt alle diese Worte in ihrem Herzen.
52 Und Jesus nahm zu an Weisheit und Alter
und Gnade bei Gott und den Menschen.

|47: 4,32! |48: 8,20 · 2,35 |51: 2,39! · 2,19! |52: 2,40;
1Sam 2,26

Das Auftreten des Täufers und seine Gefangennahme

3 1 Im fünfzehnten Jahr der Regierung
des Kaisers Tiberius – als Pontius Pilatus
Statthalter von Judäa war und Herodes Tetrarch
von Galiläa, sein Bruder Philippus Tetrarch von
Ituräa und der Trachonitis, Lysanias Tetrarch von
Abilene, 2 unter dem Hohen Priester Hannas
und Kajafas – erging das Wort Gottes an
Johannes, den Sohn des Zacharias, in der Wüste.
3 Und er zog durch die ganze Gegend am
Jordan und verkündigte eine Taufe der Umkehr
zur Vergebung der Sünden, 4 wie es geschrieben
steht im Buch der Worte des Propheten Jesaja:

Stimme eines Rufers in der Wüste:
Bereitet den Weg des Herrn,
macht gerade seine Strassen.
5 *Jede Schlucht soll aufgefüllt*
und jeder Berg und jeder Hügel soll
eingeebnet werden;
und was krumm ist, soll gerade werden,
und was uneben, zu ebenen Wegen werden.
6 *Und schauen wird alles Fleisch Gottes Heil.*

7 Und er sagte zu denen, die in Scharen
hinauszogen, um sich von ihm taufen zu
lassen: Schlangenbrut! Wer machte euch
glauben, dass ihr dem kommenden Zorn
entgehen werdet? 8 Bringt also Früchte, die
der Umkehr entsprechen! Und fangt nicht
an, euch zu sagen: Wir haben Abraham zum
Vater. Denn ich sage euch: Gott kann dem
Abraham aus diesen Steinen Kinder erwecken.
9 Schon ist die Axt an die Wurzel der Bäume
gelegt: Jeder Baum, der nicht gute Frucht
bringt, wird gefällt und ins Feuer geworfen.
10 Und die Leute fragten ihn: Was also
sollen wir tun? 11 Er antwortete ihnen: Wer zwei
Hemden hat, teile mit dem, der keines hat, und
wer zu essen hat, tue desgleichen. 12 Es kamen
aber auch Zöllner, um sich taufen zu lassen,
und sagten zu ihm: Meister, was sollen wir tun?

wir thuon? Er sprach zuo jnen: Ubersetzennd die leüt nit mit euwerer handtierung.

Do fragtend jnn auch die kriegsleüt/ und sprachend: Was söllend dann wir thuon? Und er sprach zuo jnen: Thuond nieman gwalt oder unrecht/ unnd lassend euch benüegenn an euwerem sold.

Als aber das volck jm won was/ und alle in jren hertzen gedachtennd/ ob er villicht Christus wäre/ antwortet Joannes/ unnd sprach zuo allen: Jch tauffen üch mit wasser/ es kumpt aber ein sterckerer nach mir dem ich nit gnuogsam bin das ich die riemen seiner schuoch auflöse/ der wirt euch mit dem heyligen geyst und mit fheür tauffen. Jn deß selbigen hand ist die wurffschufel/ und er wirt sein tenn fägen/ und wirt den weitzen in sein scheür samlen: und die sprüwer wirt er mit ewigem fheür verbrennen. Und vil anders mer vermanet und verkündet er dem volck.

Herodes aber der Vierfürst/ do er von jm gestraafft ward umb Herodias willen seines bruoders weyb/ und umb alles übels willen das Herodes thett: über das alles legt er Johannem gefangen.

Und es begab sich do sich alles volck ließ tauffen/ und auch Jesus taufft was und bättet/ das sich der himmel aufthett/ und steyg herab der heylig geyst inn leyplicher gestalt auff jn wie ein Tub. Und ein stimm kam auß dem hymmel/ die sprach: Du bist mein lieber sun/ in dem ich ein wolgefallen hab.

Und Jesus was bey dreyssig jaren do er anfieng. Und er ward gehalten für ein sun Josephs/ welcher was ein sun Eli.
Der was ein sun Matat.
Der was ein sun Levi.
Der was ein sun Melchi.
Der was ein sun Janna.
Der was ein sun Josephs.
Der was ein sun Mathathias.
Der was ein sun Amos.
Der was ein sun Nahum.

13 Er sagte ihnen: Treibt nicht mehr ein, als euch vorgeschrieben ist! 14 Und es fragten ihn auch Soldaten: Was sollen wir denn tun? Und ihnen sagte er: Misshandelt niemanden, erpresst niemanden und begnügt euch mit eurem Sold.

15 Da nun das Volk voller Erwartung war und alle sich über Johannes Gedanken machten, ob er am Ende gar der Messias sei, 16 wandte sich Johannes an alle: Ich taufe euch mit Wasser; es kommt aber einer, der stärker ist als ich; mir steht es nicht zu, ihm die Schuhriemen zu lösen. Er wird euch mit heiligem Geist und mit Feuer taufen. 17 In seiner Hand ist die Wurfschaufel; er wird seine Tenne säubern und den Weizen in seine Scheune einbringen, die Spreu aber wird er verbrennen in einem Feuer, das nie erlischt.

18 Mit diesen und andern Mahnungen verkündigte er dem Volk das Evangelium.

19 Herodes aber, der Tetrarch, den er zurechtgewiesen hatte wegen der Sache mit Herodias, der Frau seines Bruders, und wegen aller Schandtaten, die er, Herodes, begangen hatte, 20 fügte dem allem noch dies hinzu: Er liess Johannes ins Gefängnis werfen.

P: Mt 3,3–12; Mk 1,2–8; Joh 1,19–23.25–27 |2: 1,80 |3: 1,77; Apg 13,24; 19,4 |4–6: Jes 40,3–5 |6: 2,30 |8: 16,24; Joh 8,33.39 · 19,9! · Röm 4,11–12; Gal 3,7 |9: 13,6–9; Mt 7,19 |12: 7,29; Mt 21,31–32 |13: 19,8 |16: 7,19 · Joh 1,33; Apg 13,25 · Apg 1,5; 19,4 |19–20: Mt 14,3–4; Mk 6,17–18

Die Taufe Jesu

21 Es geschah aber, als das ganze Volk sich taufen liess und auch Jesus getauft wurde und betete, dass der Himmel sich auftat und der heilige Geist in Gestalt einer Taube auf ihn herabschwebte und eine Stimme aus dem Himmel kam: 22 Du bist mein geliebter Sohn, an dir habe ich Wohlgefallen.

P: Mt 3,13–17; Mk 1,9–11; Joh 1,29–34 |22: 1,35; 9,35; 22,70; Ps 2,7; Jes 42,1 · 4,3.9 · 4,34!

Der Stammbaum Jesu

23 Und er, Jesus, war etwa dreissig Jahre alt, als er zu wirken begann. Er war, wie man annahm, ein Sohn des Josef, der war Sohn des Eli, 24 der war Sohn des Mattat, der war Sohn des Levi, der war Sohn des Melchi, der war Sohn des Jannai, der war Sohn des Josef, 25 der war Sohn des Mattatias, der war Sohn des Amos, der war Sohn des Nahum, der war Sohn des Hesli, der war Sohn des Naggai, 26 der war Sohn des Maat, der war Sohn des Mattatias, der war Sohn des Semein, der war Sohn des Josech,

Der was ein sun Eßli,
Der was ein sun Nange.
Der was ein sun Maath.
Der was ein sun Mathathias.
Der was ein sun Simei.
Der was ein sun Josephs.
Der was ein sun Juda.
Der was ein sun Johanna.
Der was ein sun Resia.
Der was ein sun Zerobabel.
Der was ein sun Salathiel.
Der was ein sun Neri.
Der was ein sun Melchi.
Der was ein sun Abdi.
Der was ein sun Kosam.
Der was ein sun Elmadam.
Der was ein sun Her.
Der was ein sun Jeso.
Der was ein sun Eliezer.
Der was ein sun Jorem.
Der was ein sun Mattha.
Der was ein sun Levi.
Der was ein sun Simeon.
Der was ein sun Juda.
Der was ein sun Joseph.
Der was ein sun Jonam.
Der was ein sun Eliakim.
Der was ein sun Melea.
Der was ein sun Menam.
Der was ein sun Mathatan.
Der was ein sun Nathan.
Der was ein sun Davids.
Der was ein sun Jesse.
Der was ein sun Obed.
Der was ein sun Boos.
Der was ein sun Salmon.
Der was ein sun Nahasson.
Der was ein sun Aminadab.
Der was ein sun Aram.
Der was ein sun Hezron.
Der was ein sun Phares.
Der was ein sun Juda.
Der was ein sun Jaacobs.
Der was ein sun Jsaacs.
Der was ein sun Abrahams.
Der was ein sun Thara.
Der was ein sun Nahors.
Der was ein sun Serug.
Der was ein sun Reu.
Der was ein sun Phalec.
Der was ein sun Eber.
Der was ein sun Sala.
Der was ein sun Caynan.

der war Sohn des Joda, 27 der war Sohn des Johanan, der war Sohn des Resa, der war Sohn des Serubbabel, der war Sohn des Schealtiel, der war Sohn des Neri, 28 der war Sohn des Melchi, der war Sohn des Addi, der war Sohn des Kosam, der war Sohn des Elmadam, der war Sohn des Er, 29 der war Sohn des Jesus, der war Sohn des Elieser, der war Sohn des Jorim, der war Sohn des Mattat, der war Sohn des Levi, 30 der war Sohn des Simeon, der war Sohn des Juda, der war Sohn des Josef, der war Sohn des Jonam, der war Sohn des Eljakim, 31 der war Sohn des Melea, der war Sohn des Menna, der war Sohn des Mattata, der war Sohn des Natam, der war Sohn des David, 32 der war Sohn des Isai, der war Sohn des Obed, der war Sohn des Boas, der war Sohn des Salmon, der war Sohn des Nachschon, 33 der war Sohn des Amminadab, der war Sohn des Admin, der war Sohn des Arni, der war Sohn des Hezron, der war Sohn des Perez, der war Sohn des Juda, 34 der war Sohn des Jakob, der war Sohn des Isaak, der war Sohn des Abraham, der war Sohn des Terach, der war Sohn des Nahor, 35 der war Sohn des Serug, der war Sohn des Regu, der war Sohn des Peleg, der war Sohn des Eber, der war Sohn des Schelach, 36 der war Sohn des Kainam, der war Sohn des Arpachschad, der war Sohn des Sem, der war Sohn des Noah, der war Sohn des Lamech, 37 der war Sohn des Metuschelach, der war Sohn des Henoch, der war Sohn des Jered, der war Sohn des Mahalalel, der war Sohn des Kenan, 38 der war Sohn des Enosch, der war Sohn des Schet, der war Sohn des Adam – der war Sohn Gottes.

P: Mt 1,1–17 |23: 4,22 |27: Esra 3,2; 5,2 |31: 1,27!; 2Sam 5,14; 1Chr 3,5 |32: 1Sam 16,1.13; 1Chr 2,11–15; Rut 4,20–22 |33: Rut 4,18–20; 1Chr 2,4–5.9–10 |34: Gen 29,35; 25,26; 21,3; 11,26; 11,24 |35: Gen 11,14–23 |36: Gen 5,28–32; 11,10–13 |37: Gen 5,12–27 |38: Gen 5,1–11

Der was ein sun Arphachsad.
Der was ein sun Sem.
Der was ein sun Noe.
Der was ein sun Lamech.
Der was ein sun Mathusala.
Der was ein sun Hanoch.
Der was ein sun Jared.
Der was ein sun Mahaleel.
Der was ein sun Caynan.
Der was ein sun Enos.
Der was ein sun Seth.
Der was ein sun Adam.
Der was ein sun Gottes.

Das iiij. Capitel.

Jesus gadt in die wüeste/ wirdt versuocht vom teüfel/ den überwindt er/ nach dem kumpt er in Galileam/ prediget zuo Nazareth und Capernaum/ von Juden wirt er verachtet/ von teüflen bekennt/ kumpt in Peters hauß/ machet jm sein schwiger gsund/ und thuot grosse zeychen.

Aber Jesus voll heyligs geystes/ kam wider von dem Jordan/ und ward vom geist in die wüeste gefüert/ unnd ward viertzig tag lang versuocht von dem teüfel. Und er aß nichts in den selbigen tagen. Und do die selbigen ein end hattend/ hungeret jn darnach. Der teüfel aber sprach zuo jm: Bist du Gottes sun/ so sprich zuo dem stein das er brot werde. Und Jesus antwortet/ und sprach zuo jm: Es stadt geschriben: Der mensch wirt nit allein vom brot läben/ sonder von einem yetlichen wort Gottes. Und der teüfel fuort jnn auff einen hohen berg/ zeyget jm alle reych der gantzen welt in einem augenblick/ unnd sprach zuo jm: Dise macht wil ich dir alle geben/ und jre herrligkeit/ dann sy ist mir übergeben/ und ich gib sy welchem ich wil. So du nun mich wilt anbätten/ sol es alles deyn sein. Jesus antwortet jm/ und sprach: Heb dich von mir du teüfel/ es stadt geschriben/ Du solt Gott deinen Herren anbätten/ und jm allein dienen.

Und fuort jn gen Jerusalem/ und stalt jn auff des tempels zinnen/ unnd sprach zuo jm: Bist du Gottes sun/ so laß dich von hinnen hinab. Dann es stadt geschriben: Er wirt befelhen seinen englen von dir/ das sy dich bewarind/ und auff den henden tragind/ auff das du nit etwan deinen fuoß an einen steyn stossest. Und Jesus antwortet/ unnd sprach zuo jm: Es ist gesagt/ Du solt Gott deynen Herren nit versuochen. Und do der teüfel alle versuochung vollendet hatt/ weych er von jm ein zeyt lang.

Die Versuchung Jesu

4 1 Jesus kehrte nun, erfüllt von heiligem Geist, vom Jordan zurück und wurde vom Geist in der Wüste umhergeführt, 2 wo er vierzig Tage lang vom Teufel versucht wurde. Und er ass nichts in jenen Tagen, und als sie vorüber waren, hungerte ihn. 3 Der Teufel aber sagte zu ihm: Wenn du Gottes Sohn bist, dann sag diesem Stein, er solle zu Brot werden. 4 Und Jesus entgegnete ihm: Es steht geschrieben: *Nicht vom Brot allein lebt der Mensch.*

5 Und er führte ihn hinauf und zeigte ihm in einem einzigen Augenblick alle Königreiche der Welt. 6 Und der Teufel sagte zu ihm: Dir werde ich diese ganze Macht und Herrlichkeit geben, denn mir ist sie übergeben, und ich gebe sie, wem ich will. 7 Wenn du niederkniest vor mir, wird sie ganz dein sein. 8 Und Jesus entgegnete ihm: Es steht geschrieben: *Zum Herrn, deinem Gott, sollst du beten und ihm allein dienen.*

9 Und er führte ihn nach Jerusalem und stellte ihn auf die Zinne des Tempels und sagte zu ihm: Wenn du Gottes Sohn bist, dann stürze dich von hier hinab. 10 Denn es steht geschrieben:

Seine Engel ruft er für dich herbei,
  dich zu behüten,

11 und:

Auf Händen werden sie dich tragen,
  damit du deinen Fuss nicht an einen Stein stösst.

12 Und Jesus entgegnete ihm: Es ist gesagt: *Du sollst den Herrn, deinen Gott, nicht versuchen.*

13 Und als der Teufel alle Versuchungen zu Ende gebracht hatte, liess er von ihm ab bis zu gelegener Zeit.

P: Mt 4,1–11; Mk 1,12–13 |1: 3,21–22 |3: 3,22! |4: Dtn 8,3 |6: Ps 2,8 |8: Dtn 6,13; 10,20 |9: 3,21! |10: Ps 91,11 |11: Ps 91,12 |12: Dtn 6,16 |13: 22,3

Zustimmung in Galiläa. Ablehnung in Nazaret

Und Jesus kam wider in des geists krafft in Galileam. Und das geschrey erschall von jm durch alle umbligende örter. Und er leeret in jren schuolen/ und ward von yederman gepreyset.

Und er kam gen Nazareth da er erzogen was/ unnd gieng in die schuol nach seiner gewonheit am Sabbath/ und stuond auf und wolt läsen. Do ward jm das buoch des propheten Esaias gebracht. Und do er das buoch umbwarff/ fand er das ort da geschriben stadt: Der geyst des Herren auff mir/ deßhalben er mich gesalbet hat/ zeverkünden das Evangelium den armen hat er mich gesandt: zuo heylen die da sind eines zerknütsten hertzens: zuo predigen den gefangnen die erledigung/ und den blinden das gesicht: looß zegeben die zerschlagnen in die erledigung: zuo predigen das angenäm jar des Herren.

Und als er das buoch zuothet/ gab ers dem diener/ und satzt sich. Unnd aller augen die in der schuol warend/ sahend steyff auff jnn. Und er fieng an zesagen zuo jnen: Heütt ist dise gschrifft erfüllt in euweren oren. Unnd sy gabend all von jm zeügnuß/ unnd verwunderend sich der holdsäligen wort die auß seinem mund giengend/ und sprachend: Jst das nit Josephs sun?

Und er sprach zuo jnen: Jr werdend freylich zuo mir sagen diß sprüchwort: Artzet hilff dir selber. Dann die grossen ding die wir gehört habend von dir geschehen sein zuo Capernaum/ die thuo auch hie in deinem vatterland. Er sprach aber: Warlich ich sag euch/ kein prophet ist angenäm in seinem vatterland. Aber in der warheyt sag ich euch/ es warend vil witwen in Jsrael zuo Elias zeyten/ do der himmel verschlossen was drey jar und sechs monat/ und ein grosse theüre was in allem land/ und zuo deren keiner ward Elias gesandt/ dann allein gen Sarepta der Sidoner zuo einer witwen. Und vil aussetzigen warend in Jsrael zuo Elisens zeyten/ und deren keiner ward gereyniget/ dann allein Naaman von Syrien.

14 Jesus aber kehrte in der Kraft des Geistes nach Galiläa zurück. Und die Kunde von ihm verbreitete sich in der ganzen Umgebung. 15 Und er lehrte in ihren Synagogen und wurde von allen gepriesen.

16 Und er kam nach Nazaret, wo er aufgewachsen war, und ging, wie er es gewohnt war, am Sabbat in die Synagoge und stand auf, um vorzulesen. 17 Und man reichte ihm das Buch des Propheten Jesaja. Und als er das Buch auftat, fand er die Stelle, wo geschrieben steht:
18 *Der Geist des Herrn ruht auf mir,*
weil er mich gesalbt hat,
Armen das Evangelium zu verkünden.
Er hat mich gesandt,
Gefangenen Freiheit
und Blinden das Augenlicht zu verkünden,
Geknechtete in die Freiheit zu entlassen,
19 *zu verkünden ein Gnadenjahr des Herrn.*
20 Und er tat das Buch zu, gab es dem Diener zurück und setzte sich. Und aller Augen in der Synagoge waren auf ihn gerichtet. 21 Da begann er, zu ihnen zu sprechen: Heute ist dieses Schriftwort erfüllt – ihr habt es gehört. 22 Und alle stimmten ihm zu und staunten über die Worte der Gnade, die aus seinem Mund kamen, und sagten: Ist das nicht der Sohn Josefs?

23 Und er sagte zu ihnen: Gewiss werdet ihr mir jetzt das Sprichwort entgegenhalten: Arzt, heile dich selbst! Wir haben gehört, was in Kafarnaum geschehen ist. Tu solches auch hier in deiner Vaterstadt! 24 Er sprach aber: Amen, ich sage euch: Kein Prophet ist willkommen in seiner Vaterstadt. 25 Es entspricht der Wahrheit, wenn ich euch sage: Es gab viele Witwen in Israel in den Tagen Elijas, als der Himmel drei Jahre und sechs Monate verschlossen war und eine grosse Hungersnot über das ganze Land kam, doch 26 zu keiner von ihnen wurde Elija geschickt, sondern zu einer Witwe nach Zarefat bei Sidon. 27 Und es gab viele Aussätzige in Israel zur Zeit des Propheten Elischa, doch keiner von ihnen wurde rein,

Unnd sy wurdend voll zorns alle die in der schuol warend/ do sy das hortend. Und sy stuondend auf/ unnd stiessend jn zur statt hinauß/ und fuortend jn auff einen bühel des bergs/ darauff jr statt gebauwet was/ das sy jn hinab sturtztind. Aber er gieng mitten durch sy hin

unnd kam gen Capernaum in die statt Galilea/ und leret sy an den Sabbathen. Und sy verwunderdend sich seyner leer/ dann sein red was gwaltig.

Unnd es was ein mensch in der schuol besässen mit einem unreynen teüfel/ und der schrey laut/ und sprach: Halt/ was habend wir mit dir zeschaffen Jesu von Nazareth? Bist du kommen uns zeverderben? Jch weyß wär du bist/ namlich der heylig Gottes. Unnd Jesus beschalckt jn/ und sprach: Verstumm/ und far auß von jm. Und der teüfel warff jn mitten under sy/ und fuor auß von jm/ und thet jm keinen schaden. Unnd es kam ein forcht über sy all/ und redtend mit einandern/ und sprachend: Was ist das für ein ding? Er gebüt mit macht und gwalt den unreynen geysten/ und sy farend auß. Und es erschall sein geschrey in alle örter des umbligenden lands.

Und er stuond auf auß der schuol/ und kam in Simonis hauß. Und Simonis schwiger was mit einem harten feber behafft. Und sy battend jn für sy. Und er tratt zuo jr/ unnd gebot dem feber. Und es verließ sy/ und bald stuond sy auf/ und dienet jnen.

Und do die Sonn undergangen was/ alle die da mancherley krancken hattend/ brachtend sy zuo jm. Und er legt auff einen yetlichen die hend und machet sy gesund. Es fuorend auch die teüfel auß vonn vilen/ schrüwend/ unnd sprachend: Du bist Christus der sun

sondern Naaman, der Syrer. 28 Da gerieten alle in der Synagoge in Wut, als sie das hörten.

29 Und sie standen auf und trieben ihn aus der Stadt hinaus und führten ihn an den Rand des Felsens, auf den ihre Stadt gebaut war, um ihn hinunterzustossen. 30 Er aber schritt mitten durch sie hindurch und ging seines Weges.

P: Mt 4,12–17; 13,53–58; Mk 1,14–15; 6,1–6 |14: 4,37; 5,15.17; 7,17 |16: 2,39–40.52 |18–19: 7,22; Jes 58,6; 61,1–2 |22: 3,23; Joh 6,42 |23: 23,35.37 |24: Joh 4,44 |25: 1Kön 17,1; 18,1; Jak 5,17 |26: 1Kön 17,9 |27: 2Kön 5,14 |28: 6,11

Die Heilung eines Besessenen

31 Und er ging hinab nach Kafarnaum, einer Stadt in Galiläa. Und dort lehrte er sie am Sabbat. 32 Und sie waren überwältigt von seiner Lehre, denn sein Wort erging in Vollmacht. 33 Nun war in der Synagoge ein Mann, der den Geist eines unreinen Dämons hatte. Der schrie mit lauter Stimme: 34 He, was haben wir mit dir zu schaffen, Jesus von Nazaret! Bist du gekommen, uns zu vernichten? Ich weiss, wer du bist: der Heilige Gottes! 35 Doch Jesus schrie ihn an und sprach: Verstumme und fahr aus! Und der Dämon riss ihn in die Mitte und fuhr aus, ohne ihm Schaden zuzufügen. 36 Und Schrecken überkam alle, und einer sagte zum anderen: Wie kann der so reden? In Vollmacht und Kraft gebietet er den unreinen Geistern, und sie fahren aus. 37 Und die Kunde von ihm drang in jeden Ort der Umgebung.

P: Mk 1,21–28 |32: 2,47; 9,43 |34: 4,41; 8,28 · 3,22! |37: 4,14!

Die Heilung der Schwiegermutter des Petrus

38 Er nun stand auf, verliess die Synagoge und trat in das Haus des Simon. Die Schwiegermutter des Simon aber war von hohem Fieber befallen, und sie wandten sich ihretwegen an ihn. 39 Und er trat zu ihr, beugte sich über sie, schrie das Fieber an, und es wich von ihr. Und auf der Stelle stand sie auf und bewirtete sie.

P: Mt 8,14–15; Mk 1,29–31

Weitere Heilungen

40 Als die Sonne unterging, brachten sie alle ihre Kranken, die an Krankheiten aller Art litten, zu ihm. Und er legte jedem einzelnen von ihnen die Hände auf und heilte sie. 41 Bei vielen fuhren auch Dämonen aus, die schrien: Du bist der Sohn Gottes! Doch

Gottes. Und er beschalckt sy/ und ließ sy nit reden: dann sy wußtend das er Christus was.

Do es aber tag ward/ gieng er hinauß an ein wüeste statt. Und das volck suocht jn/ und kamend zuo jm/ und hieltend jn auf das er nit von jnen gieng. Er sprach aber zuo jnen: Jch muoß auch andern stetten das Euangelion predigen vom reych Gottes/ dann darzuo bin ich gesendt. Und er prediget in den schuolen Galilee.

Das v. Capitel.
Jn disem Capitel werdend etliche zeychen beschriben die Jesus gethon hatt/ die berüeffung Mathei/ der zanck der Phariseern wider Christum und seine jünger.

Es begab sich aber/ do jnn das volck überfiel zehören das wort Gottes/ und er stuond am see der statt Genezareth/ und sach zwey schiff am see ston/ die fischer aber warend ußgeträtten/ dann sy hattend jre garn gewäschen/ do tratt er in der schiffen eins/ das was Simonis/ und batt jn das ers ein wenig vom land stiesse. Unnd er satzt sich/ und leeret das volck auß dem schiff.

Und als er hatt aufgehört zuo reden/ sprach er zuo Petro: Farend in die tieffe/ unnd werffend euwere netze auß dz jr ein zug thüegind. Und Petrus antwortet/ unnd sprach zuo jm: Meister/ wir habend die gantzen nacht gearbeytet/ und nichts gefangen. Aber auff dein wort wil ich das netze außwerffen. Und do sy das thettend/ fiengend sy ein grosse menge fischen/ und jr netze zerreiß. Und sy wincktend jren gesellen die im anderen schiff warend/ das sy kämind unnd hulffind jnen ziehen. Unnd sy kamend unnd fulltend beyde schiff voll/ also/ das sy sunckend.

Do das Simon Petrus sach/ fiel er Jesu zuo den kneüwen/ und sprach: Herr/ gang von mir hinuß/ ich bin ein sündiger mensch: dann es was sy ein schräcken ankommen/ unnd alle die mit jm warend über disem fischzug/ den sy mit einander thon hattend/ desselben gleychen auch Jacoben unnd Joannem die sün Zebedei/ Simonis gesellen. Unnd Jesus sprach zuo Simon: Förchte dir nit/ dann von nun an wirst du menschen fahen. Unnd sy fuortend die schiff zum land/ und verliessend alles/ und volgtend jm nach.

er schrie sie an und liess sie nicht reden, weil sie wussten, dass er der Gesalbte war.

P: Mt 8,16–17; Mk 1,32–34 |41: 4,34! · 5,14! · 9,20!

Aufbruch aus Kafarnaum
42 Als es aber Tag wurde, ging er weg an einen einsamen Ort; doch die Leute suchten ihn, bis sie ihn fanden, und wollten ihn zurückhalten, damit er nicht von ihnen wegginge. 43 Er aber sagte zu ihnen: Ich muss auch den anderen Städten das Evangelium vom Reich Gottes verkündigen, denn dazu bin ich gesandt worden. 44 Und er verkündigte in den Synagogen Judäas.

P: Mk 1,35–39 |43: 8,1; 9,6; Mt 4,23 |44: Mt 4,23; 9,35 · 23,5

Die Berufung des Petrus
5 1 Es geschah aber, während das Volk sich um ihn drängte und das Wort Gottes hörte und er am See Gennesaret stand, 2 dass er zwei Boote am Ufer liegen sah. Die Fischer waren ausgestiegen und wuschen die Netze. 3 Da stieg er in eines der Boote, das Simon gehörte, und bat ihn, ein wenig vom Land wegzufahren. Dann setzte er sich und lehrte die Menge vom Boot aus.

4 Als er aufgehört hatte zu reden, sagte er zu Simon: Fahr hinaus ins Tiefe, und werft eure Netze zum Fang aus! 5 Und Simon entgegnete: Meister, die ganze Nacht hindurch haben wir gearbeitet und nichts gefangen, aber auf dein Wort hin will ich die Netze auswerfen. 6 Das taten sie und fingen eine grosse Menge Fische, ihre Netze aber drohten zu reissen. 7 Da winkten sie den Gefährten im anderen Boot, sie sollten kommen und mit ihnen Hand anlegen. Die kamen, und sie machten beide Boote so voll, dass sie beinahe versanken. 8 Als Simon Petrus das sah, fiel er Jesus zu Füssen und sagte: Geh weg von mir, Herr, denn ich bin ein sündiger Mensch. 9 Denn er und alle mit ihm erschraken über den Fang, den sie getan hatten; 10 so auch Jakobus und Johannes, die Söhne des Zebedäus, die Simons Gefährten waren. Da sagte Jesus zu Simon: Fürchte dich nicht! Von jetzt an wirst du Menschen fangen. 11 Und sie brachten die Boote an Land, liessen alles zurück und folgten ihm.

|1–3: Mt 13,1–3a; Mk 4,1–2 |4–11: Mt 4,18–22; Mk 1,16–20; Joh 21,1–11 |8: 18,13; 19,7 |10: Mt 4,19; Mk 1,17 |11: 5,28; 9,59–62; 14,26.33; 18,22.28–30

Und es begab sich/ do er in einer statt was/ sihe/ do was ein mann voll außsatzes. Do er Jesum sach/ fiel er auff sein angesicht/ unnd batt jn/ und sprach: Herr/ wilt du so magst du mich reynigen. Und er strackt sein hand auß/ und ruort jn an/ und sprach: Jch wil/ biß gereyniget. Und als bald gieng der aussatz von jm. Unnd gebot jm/ das ers niemants sagen sölte/ sunder (sprach er) gang hin und zeig dich dem priester/ unnd opffer für dein reynigung/ wie Moses gebotten hatt/ jnen zur zeügnuß. Es kam aber ye weiter auß/ und kam vil volcks zesamen das sy jnn hortind/ und durch jn gesund wurdind von jren kranckheyten. Er aber weich/ unnd enthielt sich in den einödinen/ und bättet.

Und es begab sich auff einen tag/ das er leeret/ und sassend da die Phariseer und gschrifftglerten/ die da kommen warend auß allen fläcken von Galilea und Judea und von Jerusalem/ unnd die krafft des Herren gieng von jm/ und halff jederman. Und sihe/ etliche menner brachtend einen menschen auff einem bett/ der was pärlisiech/ und sy suochtend wie sy jn hineyn brächtind/ und für jn legtind. Unnd do sy vor dem volck nit fundend/ an welchem ort sy jnn hineyn brächtind/ stigend sy auff das tach/ unnd liessend jnn durch die ziegel häräb mit dem bettlin/ mitten under sy für Jesum. Und do er jren glauben sach/ sprach er zuo jm: Mensch/ deine sünd sind dir vergeben. Und die gschrifftgelerten und Phariseer fiengend an zuo dencken/ und sprachend: Wär ist der/ das er gotteslesterung redt? Wär kan sünd vergeben dann allein Gott?

Do aber Jesus jre gedancken marckt/ antwortet er/ und sprach zuo jnen: Was denckend jr in euweren hertzen? Jsts leichter zesagen/ Dir sind deine sünd vergeben/ oder zesagen/ Stand auf und wandel? Auff das jr aber wüssind/ das des menschen sun macht hat auff erden sünd zuo vergeben/ sprach er zuo dem pärlisiechen: Jch sag dir/ stand auf/ und heb dein bettlin auf/ und gang heym. Und von stundan stuond er auf vor jren augen/ und huob das auf darauff er gelägen was/ und gieng heym/ und preyset Gott. Und

Die Heilung eines Aussätzigen

12 Und es geschah, als er in einer der Städte war, dass auf einmal ein Mann erschien, der über und über von Aussatz befallen war. Als er Jesus sah, fiel er auf sein Angesicht nieder und bat ihn: Herr, wenn du willst, kannst du mich rein machen. 13 Und der streckte die Hand aus, berührte ihn und sprach: Ich will es, sei rein! Und sofort wich der Aussatz von ihm. 14 Und er befahl ihm: Sag niemandem etwas, sondern geh, zeig dich dem Priester, und bring für deine Reinigung ein Opfer dar, wie Mose es angeordnet hat – es soll ihnen ein Beweis sein. 15 Die Kunde von ihm aber breitete sich immer weiter aus, und viel Volk strömte zusammen, um ihn zu hören und von Krankheiten geheilt zu werden. 16 Er aber zog sich immer wieder in einsame Gegenden zurück und betete.

P: Mt 8,1–4; Mk 1,40–45 |14: 4,41; 8,56; 9,21 · 17,14; Lev 14,2–32 |15: 4,14!

Die Heilung eines Gelähmten

17 Und es geschah an einem der Tage, als er im Beisein von Pharisäern und Schriftgelehrten, die aus allen Dörfern Galiläas und aus Judäa und aus Jerusalem gekommen waren, lehrte und die Kraft des Herrn bewirkte, dass er heilen konnte, 18 dass Männer auf einem Bett einen Menschen brachten, der gelähmt war. Sie versuchten, ihn ins Haus zu bringen und ihn vor ihn hinzulegen, 19 und da sie wegen des Gedränges keine Möglichkeit fanden, ihn hineinzubringen, stiegen sie auf das Dach und liessen ihn mitsamt dem Bett durch die Ziegel hinab mitten vor Jesus hin. 20 Und als Jesus ihren Glauben sah, sprach er: Mensch, dir sind deine Sünden vergeben. 21 Und die Schriftgelehrten und Pharisäer begannen sich Gedanken zu machen und sagten: Wer ist das, der so gotteslästerlich redet? Wer kann Sünden vergeben ausser Gott? 22 Jesus aber durchschaute sie und antwortete ihnen: Was für Gedanken macht ihr euch da? 23 Was ist leichter? Zu sagen: Dir sind deine Sünden vergeben, oder zu sagen: Steh auf und zeig, dass du gehen kannst? 24 Damit ihr aber wisst, dass der Menschensohn Vollmacht hat, auf Erden Sünden zu vergeben – sprach er zu dem Gelähmten: Ich sage dir, steh auf, nimm dein Bett und geh nach Hause! 25 Und der stand auf der Stelle auf, vor ihren Augen, nahm sein Lager, ging nach Hause und pries Gott. 26 Und Entsetzen ergriff alle, und

sy entsatzend sich alle/ und preyßtend Gott/
und wurdend voll forcht/ unnd sprachend:
Wir habend heütt seltzam ding gesehen.

Und darnach gieng er auß/ und sach einen
zoller/ mit nammen Levi/ am zoll sitzen/
unnd sprach zuo jm: Volg mir nach. Und er
verließ alles/ stuond auff/ unnd volget jm nach.
Und der Levi richtet jm ein groß maal zuo in
seinem hauß. Und vil zöller und andere sassend
mit jm zetisch. Und die gschrifftgleten und
Phariseer murretend wider seine jünger/ und
sprachend: Warumb essend und trinckend
jr mit den zölleren und sündern? Und Jesus
antwortet/ unnd sprach zuo jnen: Die
gsunden dörffend des artzets nit/ sunder die
krancken. Jch bin kommen zerüeffen den
sündern zur buoß/ und nit den gerechten.

Sy aber sprachend zuo jm: Warumb fastend
Joannis jünger so offt/ unnd bättend so vil/
desselben gleychen der Phariseer jünger/
aber deine jünger essend und trinckend? Er
sprach aber zuo jnen: Mögend jr machen
das die kinder der hochzeit fastind/ dieweyl
der breütgam bey jnen ist? Es wirt aber die
zeyt kommen/ das der breütgam von jnen
genommen wirt/ dann werdend sy fasten.
Und er sagt zuo jnen ein gleychnuß:
Niemants setzt einen blätz von einem neüwen
kleyd auff ein alt kleyd/ dann sunst zerreyßt
er auch das neüw/ und der blätz von neüwem
rymet sich nit auff das alt. Unnd niemants fasset
most in alte schleüch/ dann sunst so zerreyßt
der most die schleüch/ und wirt verschütt/
unnd die schleüch kommend umb/ sonder
den most sol man in neüwe schleüch fassen/
so werdend sy beyde behalten. Und niemants
ist der vom alten trinckt/ unnd wölle bald des
neüwen: dann er spricht/ der alt ist milter.

Das vj. Capitel
Jesus zeygt an wie der Sabbath frey sey/ entschuldiget
seyne jünger/ unnd beweyßt sein leer mit der thaat/ erwelt
zwölff jünger/ thuot ein schöne predig und leer vor allem
volck.

sie priesen Gott und sagten voller Furcht:
Unglaubliches haben wir heute gesehen.

P: Mt 9,1–8; Mk 2,1–12 |17: 4,14!; 6,17 · 6,19! |20: 7,48
|21: 7,49; Jes 43,25 |24: Joh 5,8 |25: Joh 5,9 |26: 1,65! · 2,20!

Die Berufung eines Zöllners
27 Danach ging er hinaus und sah einen
Zöllner mit Namen Levi am Zoll sitzen und
sagte zu ihm: Folge mir! 28 Und der liess
alles zurück, stand auf und folgte ihm.
29 Und Levi gab ein grosses Gastmahl für
ihn in seinem Haus. Und eine grosse Schar
von Zöllnern und anderen Leuten war da, die
mit ihnen bei Tisch sassen. 30 Da murrten
die Pharisäer und ihre Schriftgelehrten und
sagten zu seinen Jüngern: Warum esst und
trinkt ihr mit Zöllnern und Sündern? 31 Und
Jesus entgegnete ihnen: Nicht die Gesunden
brauchen den Arzt, sondern die Kranken.
32 Ich bin nicht gekommen, Gerechte zu
rufen, sondern Sünder zur Umkehr.

P: Mt 9,9–13; Mk 2,13–17 |28: 5,11! |29: 19,6 · 15,1
|30: 7,34; 15,2; 19,7 |32: 15,7.10 · 15,24.32; 19,10

Zur Frage nach dem Fasten
33 Sie aber sagten zu ihm: Die Jünger des
Johannes fasten oft und beten viel, ebenso auch
die der Pharisäer, deine aber essen und trinken.
34 Jesus antwortete ihnen: Könnt ihr denn die
Hochzeitsgäste zum Fasten anhalten, solange
der Bräutigam bei ihnen ist? 35 Es werden aber
Tage kommen, da ihnen der Bräutigam entrissen
wird; dann werden sie fasten, in jenen Tagen.
36 Er gab ihnen auch ein Gleichnis:
Niemand schneidet einen Flicken von einem
neuen Mantel ab und setzt ihn auf einen alten
Mantel, sonst ist der neue zerschnitten, und
zum alten passt das Stück vom neuen nicht.
37 Und niemand füllt neuen Wein in alte
Schläuche, sonst zerreisst der neue Wein die
Schläuche und läuft aus, und die Schläuche sind
hin. 38 Nein, neuen Wein muss man in neue
Schläuche füllen! 39 Und niemand, der alten
trinkt, will neuen, denn er sagt: Der alte ist gut.

P: Mt 9,14–17; Mk 2,18–22 |33: 7,33! · 18,12 · 7,34
|35: 17,22

Und es begab sich auff einen nachgenden fürnämmeren Sabbath/ das er durch frücht gieng/ unnd seine jünger raufftend äher auß/ und assends/ und ribend sy mit den henden. Etlich aber der Pharifeer sprachend zuo jnen: Warumb thuond jr/ das sich nit zimpt zethuon auff den Sabbath? Und Jesus antwortet/ und sprach zuo jnen: Habend jr nit das gelässen/ was David thett do jnn hungeret/ und die mit jm warend/ wie er jnn das hauß Gottes gieng/ und nam schouwbrot/ und aß/ und gab auch denen die mit jm warend/ die doch nie nieman dorfft essen on die priester allein? Und er sprach zuo jnen: Deß menschen sun ist ein Herr/ auch des Sabbaths.

Es geschach aber auff einen anderen Sabbath das er gieng in die schuol und leeret/ und da was ein mensch/ des rechte hand was verdorret. Aber die gschrifftglerten und Pharifeer hattend acht auff jnn/ ob er auch heylen wurde auff den Sabbath/ auff das sy ein ursach zuo jm fundind. Er aber mercket jre gedancken/ und sprach zuo dem menschen mit der dürren hand: Stand auf/ und tritt herfür. Und er stuond auf/ und tratt dahin. Do sprach Jesus zuo jnen: Jch frag euch: was zimpt sich zethuon auff den Sabbath? guots oder böses? das läben erhalten oder verderben? Und er sach sy all an umbhär/ und sprach zuo dem menschen: Streck deyn hand auß. Unnd er thets. Do ward jm sein hand wider zerecht bracht/ gsund wie die ander. Sy aber wurdend voller unsinnigkeyt/ und beredtend sich mit einander was sy jm thuon wöltind.

Es begab sich aber zuo der zeyt/ das er gieng auff einen berg zebätten/ und er bleib übernacht in dem gebätt zuo Gott. Unnd do es tag ward/ ruofft er seinen jüngern/ und erwellet jren zwölff/ welche er auch Apostel nennet/ Simon/ welchen er Petron nennet/ und Andrean seinen bruoder/ Jacoben und Joannen/ Philippon und Bartholomeon/ Mattheon und Thoman/ Jacoben Alphees sun/ Simon genant Zelotes/ Judas Jacobus sun/ und Judan Jscarioten/ der da was der verräder.

Das Ährenraufen der Jünger am Sabbat

6 1 Es geschah nun an einem Sabbat, dass er durch die Kornfelder ging, und seine Jünger rissen Ähren ab, zerrieben sie mit den Händen und assen sie. 2 Einige von den Pharisäern aber sagten: Warum tut ihr, was am Sabbat nicht erlaubt ist? 3 Und Jesus antwortete ihnen: Habt ihr nicht gelesen, was David tat, als er hungrig war, er und seine Gefährten? 4 Wie er in das Haus Gottes hineinging und die Schaubrote nahm und ass und seinen Gefährten davon gab, die Brote, die niemand essen darf ausser die Priester? 5 Und er sagte zu ihnen: Der Menschensohn ist Herr über den Sabbat.

P: Mt 12,1–8; Mk 2,23–28 |2: Ex 20,8–11; Dtn 5,12–15 |4: 1Sam 21,1–7 · Lev 24,5–9

Die Heilung eines behinderten Mannes am Sabbat

6 Es geschah an einem anderen Sabbat, dass er in die Synagoge ging und lehrte. Und dort war einer, dessen rechte Hand lahm war. 7 Die Schriftgelehrten und Pharisäer aber beobachteten ihn genau, ob er am Sabbat heilen würde, damit sie einen Grund fänden, ihn anzuklagen. 8 Er kannte ihre Gedanken, sagte aber zu dem Mann mit der lahmen Hand: Steh auf und stell dich in die Mitte! Und der stand auf und stellte sich hin. 9 Jesus aber sagte zu ihnen: Ich frage euch, ist es erlaubt, am Sabbat Gutes zu tun oder Böses zu tun, Leben zu retten oder zu vernichten? 10 Und er schaute alle an, einen nach dem andern, und sagte zu ihm: Streck deine Hand aus! Und der tat es, und seine Hand wurde wiederhergestellt. 11 Sie aber in ihrem Unverstand beredeten miteinander, was sie Jesus antun könnten.

P: 13,10–17; 14,1–6; Mt 12,9–14; Mk 3,1–6 |7: Ex 20,8–11; Dtn 5,12–15 |11: 4,28

Die Berufung der Zwölf

12 Es geschah in diesen Tagen, dass er wegging auf den Berg, um zu beten. Und er verbrachte die ganze Nacht im Gebet zu Gott. 13 Und als es Tag wurde, rief er seine Jünger herbei und wählte zwölf von ihnen aus, die er auch Apostel nannte: 14 Simon, den er auch Petrus nannte, und Andreas, seinen Bruder, und Jakobus und Johannes und Philippus und Bartolomäus 15 und Matthäus und Thomas und Jakobus, den Sohn des Alfäus, und Simon, den man den Zeloten

Und er steig herab mit jnen/ unnd tratt auff ein platz im väld/ unnd der hauff seiner jüngeren unnd ein grosse menge des volcks von allem Jüdischen land und Jerusalem/ und Tyro unnd Sydon am meer gelägen/ die da kommen warend jnn zehören/ und geheylet werden von jren süchten/ und die von unsaubern geysten umbgetriben wurdend/ die wurdend gsund. Und alles volck suocht das sy jn anrüeren möchtind/ dann es gieng krafft von jm/ und heylet sy all.

Unnd er huob seine augen auf über seyne jünger/ unnd sprach: Sälig sind jr armen/ dann das rych Gottes ist euwer. Sälig sind jr/ die jr hie hunger leydend/ dann jr söllend satt werden. Sälig sind jr die jr hie weynend/ dann jr werdend lachen. Sälig sind jr/ so euch die menschen hassend/ und absünderend euch/ und schältend euch/ und verwerffend euwern nammen als einen boßhafftigen/ umb des menschen suns willen. Freüwend euch denn/ und springend in freüden auf: dann sihe/ euwer lon ist groß im himmel. Deßgleychen thettend jre vätter den propheten auch.

Aber dargegen/ wee euch reychen / dann jr habend euwern trost dahin. Wee euch die jr voll sind/ dann euch wirt hungern. Wee euch die jr hie lachend/ dann jr werdend weynen und heülen. Wee euch/ wenn euch yederman wolredt. Deßgleychen thettend jre vätter den falschen propheten auch.

hiess, 16 und Judas, den Sohn des Jakobus, und Judas Iskariot, der zum Verräter wurde.

P: Mt 10,2–4; Mk 3,13–19; Apg 1,13 |16: 22,4!

Zustrom von weit her

17 Und er stieg mit ihnen hinab und stellte sich auf ein ebenes Feld. Und eine grosse Schar seiner Jünger und eine grosse Menschenmenge aus ganz Judäa und Jerusalem und aus dem Küstenland von Tyrus und Sidon war da. 18 Die waren gekommen, um ihn zu hören und von ihren Krankheiten geheilt zu werden; auch die von unreinen Geistern Geplagten wurden geheilt. 19 Und alles Volk wollte ihn berühren, denn eine Kraft ging von ihm aus, die alle heilte.

P: Mt 4,24–25; Mk 3,7–12 |17: 5,17 |19: 5,17; 8,46; Mk 5,30

Seligpreisungen

20 Und er richtete die Augen auf seine Jünger und sprach:
Selig ihr Armen –
  euch gehört das Reich Gottes.
21 Selig, die ihr jetzt hungert –
  ihr werdet gesättigt werden.
Selig, die ihr jetzt weint –
  ihr werdet lachen.
22 Selig seid ihr, wenn euch die Menschen hassen und wenn sie euch ausschliessen, beschimpfen und euren Namen in den Dreck ziehen um des Menschensohnes willen.
23 Freut euch an jenem Tag und tanzt! Denn seid gewiss, euer Lohn im Himmel ist gross. Denn so haben es ihre Väter den Propheten gemacht.

P: Mt 5,1–12 |20: 4,18; Jes 61,1; Jak 2,5 |21: Jes 61,2 |22: 21,17; Joh 15,18–19; 1Petr 4,14 |23: 11,47!; 1Petr 4,13

Wehrufe

24 Doch wehe euch, ihr Reichen –
  ihr habt euren Trost schon empfangen.
25 Wehe euch, die ihr jetzt satt seid –
  ihr werdet hungern.
Wehe euch, die ihr jetzt lacht –
  ihr werdet trauern und weinen.
26 Wehe, wenn alle Menschen gut von euch reden,
  denn so haben es ihre Väter mit den falschen Propheten gemacht.

|24: 16,25; Jak 5,1 · 18,24.25 |26: Jer 5,31

Aber ich sag euch die jr zuohörend/ liebend euwere feynd/ thuond wol denen die euch hassend: Benedeyend die euch vermaledeyend: bittend für die so euch beleydigend. Unnd wär dich schlecht auff einen backen/ dem büt auch den andern dar. Und wär dir den mantel nimpt/ dem weer auch nit den rock. Wär dich bitt/ dem gib: unnd wär dir nimpt das dein/ so forder es nit wider. Und wie jr wöllend das euch die leüt thuon söllind/ so thuond jr auch jnen der gleychen.

Unnd so jr liebend die euch liebend/ was danck habend jr darvon? Dann die sünder liebend auch jre liebhaber. Und wenn jr euweren wolthätern wol thuond/ was dancks habend jr darvon? dann die sünder thuond das selbig auch. Und wenn jr lyhend denen/ von denen jr hoffend zenemmen/ was dancks habend jr darvon? Dann die sünder lyhend den sündern auch/ auff das sy gleychs widerumb nemmind. Aber vil mer liebend euwere feynd/ thuond wol/ und lyhend da jr nichts davon hoffend/ so wirt euwer lon groß sein/ unnd werdend kinder des aller höchsten sein: dann er ist güetig über die undanckbaren und boßhafftigen.

Darumb sind barmhertzig/ wie euwer vatter auch barmhertzig ist. Richtend nit/ so werdend jr nit gericht. Verdammend nit/ so werdennd jr nit verdampt. Vergebend/ so wirt euch vergeben. Gebend/ so wirdt euch gegeben. Ein volle/ getruckte/ gerüttlete/ und überflüssige maß wirt man in euwre schooß geben. Dann eben mit der maß da jr mit mässend/ wirt man euch wider mässen.

Unnd er sagt jnen ein gleychnuß: Mag auch ein blinder einem blinden den wäg zeigen? werdend sy nit all beyd in die gruob fallen? Der junger ist nit über sein meister: welcher aber vollkommen wirt/ der wirt wie sein meister sein. Was sichst du aber ein spryssen in deines bruoders aug/ unnd des balcken in deinem aug wirst du nit gewar? oder wie kanst du sagen deinem bruoder: Halt still bruoder/ ich wil den spryssen auß deinem aug ziehen/ und du sichst selbs nit den balcken in deinem aug? Du gleychßner/ züch vorhin den balcken auß deinem aug/ und besich denn das du den spryssen auß deines bruoders aug ziehest.

Von Feindesliebe, Gewaltlosigkeit, Freigiebigkeit und Zurückhaltung im Urteil

27 Euch aber, die ihr zuhört, sage ich: Liebt eure Feinde! Tut wohl denen, die euch hassen! 28 Segnet, die euch verfluchen! Betet für die, die euch misshandeln! 29 Wer dich auf die eine Backe schlägt, dem halte auch die andere hin; und wer dir den Mantel nimmt, dem verweigere auch das Gewand nicht. 30 Gib jedem, der dich bittet; und wenn einer dir etwas nimmt, dann fordere es nicht zurück.

31 Und wie ihr wollt, dass die Leute mit euch umgehen, so geht auch mit ihnen um.

32 Wenn ihr die liebt, die euch lieben, was für ein Dank steht euch dann zu? Auch die Sünder lieben ja die, von denen sie geliebt werden. 33 Und wenn ihr denen Gutes tut, die euch Gutes tun, was für ein Dank steht euch dann zu? Dasselbe tun auch die Sünder. 34 Und wenn ihr denen leiht, von denen ihr etwas zu erhalten hofft, was für ein Dank steht euch dann zu? Auch Sünder leihen Sündern, um ebenso viel zurückzuerhalten. 35 Vielmehr: Liebt eure Feinde und tut Gutes und leiht, wo ihr nichts zurückerhofft. Dann wird euer Lohn gross sein, und ihr werdet Söhne und Töchter des Höchsten sein, denn er ist gütig gegen die Undankbaren und Bösen.

36 Seid barmherzig, wie euer Vater barmherzig ist!

37 Richtet nicht, und ihr werdet nicht gerichtet. Verurteilt nicht, und ihr werdet nicht verurteilt. Lasst frei, und ihr werdet freigelassen werden! 38 Gebt, und es wird euch gegeben werden: ein gutes, festgedrücktes, gerütteltes und übervolles Mass wird man euch in den Schoss schütten. Denn mit dem Mass, mit dem ihr messt, wird auch euch zugemessen werden.

39 Er gab ihnen auch ein Gleichnis: Kann etwa ein Blinder einen Blinden führen? Werden sie nicht beide in die Grube fallen? 40 Kein Jünger steht über dem Meister. Jeder aber wird, wenn er ausgebildet ist, sein wie sein Meister.

41 Was siehst du den Splitter im Auge deines Bruders, den Balken im eigenen Auge aber nimmst du nicht wahr? 42 Wie kannst du zu deinem Bruder sagen: Bruder, komm, ich will den Splitter in deinem Auge herausziehen, während du den Balken in deinem Auge nicht siehst? Du Heuchler! Zieh zuerst den Balken aus deinem Auge, dann

wirst du klar genug sehen, um den Splitter im Auge deines Bruders herauszuziehen.

P: Mt 5,38–42.43–48; 7,1–5 |27: 6,35 |28: Röm 12,14; 1Kor 4,12; 1Petr 3,9 |29: Jes 50,6; Klgl 3,30 |31: Mt 7,12 |34: 14,12; Lev 25,35–36 |35: 6,27 |38: Mk 4,24 |39: Mt 15,14 |40: Mt 10,24! · Mt 10,25

Das Bild vom Baum und den Früchten

43 Denn es gibt keinen guten Baum, der faule Frucht bringt, und wiederum keinen faulen Baum, der gute Frucht bringt. 44 Denn jeden Baum erkennt man an seiner Frucht. Von Dornen erntet man ja keine Feigen, und vom Dornbusch liest man keine Trauben. 45 Der gute Mensch bringt aus dem guten Schatz seines Herzens das Gute hervor, der böse bringt aus dem bösen das Böse hervor. Spricht doch der Mund nur aus, wovon das Herz überquillt.

46 Was nennt ihr mich Herr, Herr! und tut nicht, was ich sage?

P: Mt 7,15–23; 12,33–35 |46: Mt 7,21!

Das Bild vom Hausbau

47 Jeder, der zu mir kommt und meine Worte hört und danach handelt – ich will euch zeigen, wem er gleich ist. 48 Er ist einem Menschen gleich, der, als er ein Haus baute, tief aushob und das Fundament auf Fels legte. Als dann Hochwasser kam, riss die Flut an jenem Haus, und sie vermochte es nicht zu erschüttern, weil es gut gebaut war. 49 Wer sie aber hört und nicht danach handelt, ist einem Menschen gleich, der ein Haus auf den Erdboden baute, ohne Fundament. Als dann die Flut daran riss, stürzte es sogleich ein; und der Einsturz jenes Hauses war gross.

P: Mt 7,24–27 |47: 8,21!

Der Hauptmann von Kafarnaum

7 1 Nachdem er zu Ende war mit allem, was er vor den Ohren des Volkes sagen wollte, ging er nach Kafarnaum.

2 Der Knecht eines Hauptmanns aber, den dieser sehr schätzte, war auf den Tod krank. 3 Als der nun von Jesus hörte, sandte er Älteste der jüdischen Gemeinde zu ihm und liess ihn bitten, er möge kommen und seinen Knecht retten. 4 Als diese zu Jesus kamen, baten sie ihn inständig und sagten: Er ist es wert, dass du ihm dies gewährst, 5 denn er liebt unser

---

Dann es ist kein guoter baum der faule frucht trage: und kein fauler baum der guote frucht trage. Ein yetlicher baum wirdt an seiner eignen frucht erkennt. Dann man ließt nit feygen von den dörnen/ so ließt man auch nit weyntrauben von hecken. Ein guoter mensch bringt guotes herfür uß dem guoten schatz seines hertzen: unnd ein boßhafftiger mensch bringt böses herfür uß dem bösen schatz seines hertzen. Dann weß das hertz voll ist/ des gadt der mund über.

Was heissend jr mich aber Herr Herr/ unnd thuond nit was ich euch sag?

Wär zuo mir kumpt/ und höret mein red/ und thuot sy/ den wil ich euch zeygen wäm er gleych ist. Er ist gleych einem menschen der ein hauß bauwet/ und gruob tieff/ und legt den grund auff den velsen/ do aber gewässer kam/ do reyß der wasserstrom zuo dem hauß/ und mochts nit bewegen/ dann es was auff den velsen gegründet. Wär aber hört und nit thuot/ der ist glych einem menschen der ein hauß bauwet auff die erden on grund/ und der strom reyß zuo jm/ und es fiel bald/ und das hauß gewan einen grossen riß.

Das vij. Capitel.

Jesus machet den knecht des hauptmanns gsund/ erweckt einen jüngling von todten/ berichtet die jünger die Joannes zuo jm sandt/ lobt Johansen/ verweyßt den Juden jr undanckbarkeyt/ isset mit dem Phariseer der jn geladen hatt.

Nach dem er aber vor dem volck außgeredt hatt/ gieng er gen Capernaum: und eines hauptmanns knecht lag todkranck/ der was jm lieb. Do er aber hort von Jesu/ sandt er die eltesten der Juden zuo jm/ unnd batt jnn/ das er käme unnd machte seynen knecht gesund. Do sy aber zuo Jesu kamend/ battend sy jn mit fleyß/ und sprachend: Er ists sein wärt/ das du jm das erzeygest/ dann er hat unser volck lieb/ und hat uns die schuol erbauwen. Jesus aber gieng mit jnen hin.

Do sy aber nun nit verr vonn dem hauß warend/ sandt der hauptmann freünd zuo jm/ und ließ jm sagen: Ach Herr/ bemüeye dich nit/ ich bin nit guot gnuog das du under mein tach gangest/ darumb ich auch mich selbs nit wirdig geacht hab das ich zuo dir käme/ sunder sprich ein wort/ so wirdt mein knab gesund. Dann ich bin auch ein mensch der oberkeyt underthon/ und hab kriegsknecht under mir/ unnd sprich zuo einem: Gang hin/ so gadt er hin. Und zuo dem anderen/ kumm här/ so kumpt er. Und zuo meinem knecht/ thuo das/ so thuot ers. Do aber Jesus das hort/ verwunderet er sich sein/ und wandt sich umb/ und sprach zuo dem volck das jm nachvolget: Jch sag euch/ sölichen glauben hab ich in Jsrael nit funden. Und do die gesandten widerumb heim kamend/ fundend sy den krancken gsund.

Und es begab sich darnach das er in ein statt mit nammen Nain/ gieng/ und giengend seiner jünger vil mit jm/ und vil volcks. Als er aber nach an das thor der statt kam/ sihe/ do truog man ein todten herauß/ der ein einiger sun seiner muoter was/ unnd sy was ein witwen/ und vil volcks auß der statt gieng mit jr. Und do sy der Herr sach/ erbarmet es jn/ und sprach zuo jr: Weyn nit. Unnd tratt hinzuo und ruort die baar an. Und die trager stuondend. Und er sprach: Jüngling/ ich sag dir stand auf. Und der tod richt sich auf/ und fieng an zereden. Unnd er gab jn seiner muoter. Unnd es kam sy alle ein forcht an/ unnd preyßtend Gott/ unnd sprachend: Es ist ein grosser prophet under uns auferstanden/ und Gott hat sein volck heimgesucht. Und dise red erschall vonn jm in das gantz Jüdisch land/ und in alle umbligende lender.

Und es verkundtend Joanni seine jünger das alles. Und er ruofft zuo jm seiner jünger zwen/ und sandt sy zuo Jesu/ und ließ jm sagen: Bist du der da kommen sol? oder söllend

Volk, und er hat uns die Synagoge gebaut. 6 Da machte sich Jesus mit ihnen auf den Weg.

Als er aber nicht mehr weit entfernt von dem Haus war, schickte der Hauptmann Freunde und liess ihm sagen: Herr, bemühe dich nicht, denn es steht mir nicht zu, dich in mein Haus zu bitten. 7 Darum habe ich mich auch nicht für würdig gehalten, selbst zu dir zu kommen. Aber sprich nur ein Wort, und mein Knecht wird gesund. 8 Ich bin nämlich auch einer, für den Befehle gelten, und habe Soldaten unter mir. Sage ich zu einem: Geh, so geht er; sage ich zu einem anderen: Komm, so kommt er; und sage ich zu meinem Knecht: Tu das, so tut er es. 9 Als Jesus das hörte, wunderte er sich über ihn, und zum Volk gewandt, das ihm folgte, sprach er: Ich sage euch: In Israel habe ich keinen solchen Glauben gefunden! 10 Und als die Boten ins Haus zurückkehrten, fanden sie den Knecht gesund.

P: Mt 8,5–13; Joh 4,43–54 |1: Mt 7,28 |5: Apg 10,2 |6: 8,49 |9: 8,25; 18,8 · 7,50!

Die Auferweckung eines jungen Mannes in Nain

11 Und danach geschah es, dass er in eine Stadt mit Namen Nain zog; und seine Jünger und viel Volk zogen mit ihm. 12 Als er sich dem Stadttor näherte, da wurde gerade ein Toter herausgetragen, der einzige Sohn seiner Mutter, und die war Witwe. Und eine stattliche Zahl von Leuten aus der Stadt war bei ihr. 13 Und als der Herr sie sah, hatte er Mitleid mit ihr und sagte zu ihr: Weine nicht! 14 Und er trat zur Bahre und fasste ihn an. Da blieben die Träger stehen, und er sprach: Junger Mann, ich sage dir: Steh auf! 15 Und der Tote richtete sich auf und begann zu reden. Und er gab ihn seiner Mutter wieder. 16 Furcht ergriff alle, und sie priesen Gott und sagten: Ein grosser Prophet ist erweckt worden unter uns, und: Gott hat sich seines Volkes angenommen. 17 Und die Kunde von ihm verbreitete sich in ganz Judäa und in der ganzen Umgebung.

|12: 8,42 |13: 10,33; 15,20 · 8,52 |14: 8,54; Mk 5,41; 9,27; Apg 9,40 |15: 9,42; 1Kön 17,23 |16: 1,65! · 7,39; 24,19; Mt 21,11! · 1,76! · 1,68! |17: 4,14!

Die Frage des Täufers

18 Von all dem berichteten die Jünger des Johannes ihrem Meister. Da rief Johannes zwei seiner Jünger herbei und 19 sandte sie zum Herrn mit der Frage: Bist du es, der da kommen

wir eines andern warten? Do aber die menner zuo jm kamend/ sprachend sy: Joannes der Töuffer hat uns zuo dir gesendt/ und laßt dir sagen: Bist du der da kommen sol? oder söllend wir eines anderen warten? Zuo der selbigen stund aber machet er vil gsund vonn suchten und plagen und bösen geysten/ und vilen blinden schencket er das gesicht. Und Jesus antwortet und sprach zuo jnen: Gond hin/ verkündend Joanni was jr gesehen und gehört habend. Die blinden sehend/ die lamen gond/ die aussetzigen werdennd reyn/ die tauben hörend/ die todten stond auf/ den armen wirt das Euangelion geprediget/ und sälig ist der sich nit ergeret an mir.

Do aber die botten Joannis hingiengend/ fieng Jesus an zereden zuo dem volck von Joanne. Was sind jr hinauß gegangen in die wüeste zesehen? Woltend jr ein rhor sehen das vom wind bewegt wirt? oder was sind jr hinauß gangen zesehen? Woltend jr einen menschen sehen in linden kleydern? Sihe/ die in herrlichen kleyderen und lüsten läbend/ die sind an den künigklichen höfen. Oder was sind jr hinauß gangen zesehen? Woltend jr einen propheten sehen? Ja ich sag euch/ der da mer ist dann ein prophet. Er ists von dem geschriben stat: Sihe/ ich send meinen engel vor deinem angesicht/ der da bereyten sol deinen wäg vor dir. Dann ich sag euch das under denen die von weyben geboren sind/ ist kein grösserer prophet dann Joannes der Töuffer. Der aber kleyner ist im reych Gottes/ der ist grösser dann er.

Und alles volck das jn hort/ und die zöller gabend Gott recht/ und liessend sich tauffen mit dem tauff Joannis. Aber die Pharisäer und gschrifftgelerten verachtetend Gottes radt wider sich selbs/ und liessend sich nit von jm tauffen.

Aber der Herr sprach: Wäm sol ich die menschen dises gschlächts vergleychen? und wäm sind sy gleych? Die sind gleych den kinden die auff dem marckt sitzend/ unnd rüeffend gegen einandern/ und sprechend: Wir habend gepfyffet/ und jr habend nit gedantzet. wir habend euch geklagt/ und jr habend nit geweinet. Dann Joannes der Töuffer ist kommen und aß nit brot/ und tranck kein weyn/ so sagend jr: Er hat einen Teüfel. Des menschen sun ist kommen/ isset

soll, oder sollen wir auf einen anderen warten? 20 Als nun die Männer zu ihm kamen, sagten sie: Johannes der Täufer schickt uns zu dir und lässt fragen: Bist du es, der da kommen soll, oder sollen wir auf einen anderen warten? 21 In eben jener Stunde heilte er viele von Krankheiten, Plagen und von bösen Geistern und schenkte vielen Blinden das Augenlicht. 22 Und er antwortete ihnen: Geht und erzählt dem Johannes, was ihr gesehen und gehört habt: *Blinde sehen*, Lahme gehen, Aussätzige werden rein, und *Taube hören, Tote werden auferweckt*, Armen wird das Evangelium verkündigt; 23 und selig ist, wer an mir keinen Anstoss nimmt.

P: Mt 11,2–6 |19: 3,16; Mal 3,1 |22: 4,18–19; 10,23 · Jes 29,18; 35,5–6 · Jes 26,19 · Jes 61,1 |23: Mt 13,57; Mk 6,3; Joh 6,61

Das Urteil Jesu über den Täufer

24 Als dann die Boten des Johannes gegangen waren, begann er zu den Leuten über Johannes zu reden: Was habt ihr zu sehen gehofft, als ihr in die Wüste hinauszogt? Ein Schilfrohr, das im Wind schwankt? 25 Oder was habt ihr zu sehen gehofft, als ihr hinauszogt? Einen Menschen, der in feine Gewänder gehüllt ist? Die im Prachtgewand und in Üppigkeit leben, die wohnen in Palästen. 26 Oder was habt ihr zu sehen gehofft, als ihr hinauszogt? Einen Propheten? Ja, sage ich euch: Weit mehr als einen Propheten habt ihr gesehen! 27 Er ist es, von dem geschrieben steht:
Siehe, ich sende meinen Boten vor dir *her, der vor* dir *deinen Weg bereiten wird.*
28 Ich sage euch: Grösser als Johannes ist keiner unter denen, die von einer Frau geboren wurden. Doch noch der Geringste im Reich Gottes ist grösser als er. 29 Und das ganze Volk, das zuhörte, selbst die Zöllner, haben Gott Recht gegeben, indem sie sich taufen liessen mit der Taufe des Johannes. 30 Die Pharisäer aber und die Gesetzeslehrer haben zu ihrem eigenen Schaden den Ratschluss Gottes verworfen, indem sie sich nicht von ihm taufen liessen.

31 Mit wem soll ich die Menschen dieses Geschlechts vergleichen, wem sind sie gleich? 32 Kindern sind sie gleich, die auf dem Marktplatz sitzen und einander zurufen und sagen:
Wir haben euch aufgespielt,
und ihr habt nicht getanzt,
wir haben Klagelieder gesungen,
und ihr habt nicht geweint.

unnd trinckt/ so sagend jr: Sihe/ der mensch ist ein frässer/ und weynsauffer/ der zöller unnd der sünder freünd. Und die weyßheyt ist gerechtfertiget von allen jren kinderen.

Es batt jn aber der Phariseer einer/ das er mit jm ässe. Unnd er gieng hineyn in deß Phariseers hauß/ und satzt sich zetisch. Und sihe/ ein weyb was in der statt/ die was ein sünderin/ do die vernam/ das er zuo tisch saß in des Phariseers hauß/ bracht sy ein glaß mit salben/ und tratt hinden zuo seinen füessen/ und weynet/ und fieng an seine füeß zuo netzen mit trähen/ und mit den haaren jres haupts zetrücken/ unnd küsset seine füeß/ und salbet sy mit salben.

Do aber das der Phariseer sach/ der jnn geladen hatt/ sprach er in jm selbs/ und sagt: Wenn diser ein prophet wäre/ so wüßte er was und welh ein weyb das ist die jn anrüeret/ dann sy ist ein sünderin. Und Jesus antwortet/ und sprach zuo jm: Simon/ ich hab dir etwas zesagen. Er aber sprach: Meyster sag an. Es hatt ein lehenherr zwen schuldner/ einer was schuldig fünff hundert pfennig/ der ander fünfftzig: Do sy aber nit hattend zuo bezalen/ schencket ers beyden. Sag an/ welcher under denen wirt jn am meesten lieben? Simon antwortet/ und sprach: Jch acht dem er am meesten geschenckt hatt. Er aber sprach zuo jm: Du hast recht gericht.

Unnd er wandt sich zuo dem weyb/ und sprach zuo Simon: Sichst du diß weyb? Jch bin kommen in dein hauß/ du hast mir nit wasser gegeben zuo meinen füessen/ dise aber hat meine füeß mit trähen genetzt/ unnd mit den haaren jres haupts getrücknet. Du hast mir keinen kuß gegeben/ dise aber/ nach dem sy hereyn kommen ist/ hat sy nit abgelassen meine füeß zeküssen. Du hast meyn haupt nit mit öl gesalbet/ sy aber hat meine füeß mit salben gesalbet. Derhalben sag ich dir/ jr sind vil sünd vergeben/ deßhalb hatt sy vil geliebet. Welchem aber wenig vergeben wirdt/ der liebet auch wenig.

Und er sprach zuo jr: Dir sind deine sünd vergeben. Do fiengend an die mit zetisch sassend/ unnd sprachend in jnen selbs:

33 Denn Johannes der Täufer ist gekommen, ass kein Brot und trank keinen Wein, und ihr sagt: Er hat einen Dämon. 34 Der Menschensohn ist gekommen, ass und trank, und ihr sagt: Seht, ein Fresser und Säufer, ein Freund von Zöllnern und Sündern. 35 Doch der Weisheit wurde Recht gegeben durch alle ihre Kinder.

P: Mt 11,7–19 |25: Mt 3,4; Mk 1,6 |26: 1,76! |27: 1,76; Ex 23,20; Mal 3,1; Mk 1,2 |28: 1,15 |29: 3,12! |30: Röm 10,3 |33: 1,15; 5,33 · Joh 7,20! |34: 5,30!

Die Salbung durch eine Sünderin

36 Einer der Pharisäer aber bat ihn, mit ihm zu essen. Und er ging in das Haus des Pharisäers und setzte sich zu Tisch. 37 Und da war eine Frau, die galt in der Stadt als Sünderin. Als sie erfuhr, dass er im Haus des Pharisäers bei Tisch sass, brachte sie ein Alabastergefäss voll Balsam. 38 Und sie kam von hinten, beugte sich über seine Füsse, weinte und begann mit ihren Tränen seine Füsse zu benetzen. Und sie trocknete sie mit ihrem Haar, küsste seine Füsse und salbte sie mit dem Balsam.

39 Als der Pharisäer, der ihn eingeladen hatte, das sah, sagte er sich: Wäre dieser ein Prophet, so wüsste er, wer das ist, was für eine Frau ihn da berührt, nämlich eine Sünderin. 40 Und Jesus antwortete ihm: Simon, ich habe dir etwas zu sagen. Er erwidert: Meister, sprich! 41 Ein Geldverleiher hatte zwei Schuldner; der eine schuldete ihm fünfhundert Denar, der andere fünfzig. 42 Da beide es nicht zurückzahlen konnten, schenkte er es beiden. Welcher von ihnen wird ihn nun mehr lieben? 43 Simon antwortete: Ich nehme an, der, dem er mehr geschenkt hat. Da sagte er zu ihm: Du hast Recht. 44 Und indem er sich zur Frau umwandte, sagte er zu Simon: Siehst du diese Frau? Ich bin in dein Haus gekommen: Wasser für die Füsse hast du mir nicht gegeben, sie aber hat meine Füsse mit ihren Tränen benetzt und mit ihrem Haar getrocknet. 45 Einen Kuss hast du mir nicht gegeben, sie aber hat, seit sie hereingekommen ist, nicht aufgehört, meine Füsse zu küssen. 46 Mit Öl hast du mein Haupt nicht gesalbt, sie aber hat mit Balsam meine Füsse gesalbt. 47 Darum sage ich dir: Ihre vielen Sünden sind vergeben, denn sie hat viel geliebt; wem aber wenig vergeben wird, der liebt wenig. 48 Zu ihr aber sagte er: Dir sind die Sünden vergeben. 49 Da begannen die Gäste untereinander zu sagen: Wer ist dieser, dass er sogar Sünden

Wär ist diser/ der auch die sünd vergibt?
Er aber sprach zuo dem weyb: Deyn glaub
hatt dir geholffen/ gang hin mit friden.

Das viij. Capitel

Jesus zücht mit seinen jüngern und etlichen weybern von einer statt zur anderen/ leert die art des wort Gottes in der gleychnuß des somens/ bildet die anfächtung des glaubens an dem ungestümen wätter/ reyniget den teüfelsüchtigen/ hilfft dem krancken weyb/ machet läbendig die tochter Jairi.

Und es begab sich darnach/ das er reyset durch stett und fläcken/ und prediget/ unnd verkündet das Evangelium von dem rych Gottes/ und die zwölff mit jm. Darzuo etliche weyber/ die er hatt gsund gemachet von den bösen geysten und kranckheiten/ namlich Maria/ die da Magdalena heißt/ von welcher warend siben teüfel außgefaren/ und Joanna das weyb Chusa des pflägers Herodis/ und Susanna/ und vil andere die jnen handreichung thettend von jrer hab.

Do nun vil volcks bey einandern was/ und auß den stetten zuo jm eylend/ sprach er durch ein gleichnuß: Es gieng ein säyer auß zesäyen seinen somen/ unnd in dem er säyet/ fiel etlichs an den wäg/ und ward zerträtten/ und die vögel under dem himmel frassends auf. Und etlichs fiel auff den velsen/ und do es aufgieng/ verdorret es/ darumb das es nit füchte hatt. Und etlichs fiel mitten under die dörn/ und die dörn giengend mit auf/ unnd erstacktends. Unnd etlichs fiel auff ein guot land/ und es gieng auf/ unnd truog hundertfältige frucht. Do er das sagt/ ruofft er: Wär oren hat zehören der höre.

Es fragtend jn aber seine jünger/ und sprachend/ was dise gleychnuß wäre. Er aber sprach: Euch ists geben zewüssen die geheimnuß deß reych Gottes/ den anderen aber in gleychnussen/ das sy es nit sehind/ ob sy es schon sehend/ und nit verstandind/ ob sy es schon hörend.

Das ist aber die gleychnuß: Der som ist das wort Gottes: die aber an dem wäg sind/ das sind die es hörend/ darnach kumpt der teüfel/ unnd nimpt das wort vonn jrem hertzen/ auff das sy nit glaubind unnd sälig werdind. Die aber auff dem velsen/ sind die/ wenn sy es hörend/ nemmend sy das wort mit fröuden an/ und die

vergibt? 50 Er aber sagte zu der Frau: Dein Glaube hat dich gerettet. Geh in Frieden!

P: Mt 26,6–13; Mk 14,3–9; Joh 11,55–12,11 |36: 11,37; 14,1 |39: 7,16!; Joh 4,19 |42: Mt 18,27 |44: 1Sam 25,41; Joh 13,5; 1Tim 5,10 |48: 5,20 |49: 5,21! |50: 8,48; 17,19; 18,42; Apg 16,31; Röm 10,9 · 8,12 · 7,9!

Jüngerinnen

8 1 Und danach geschah es, dass er von Stadt zu Stadt und von Dorf zu Dorf zog und das Evangelium vom Reich Gottes verkündigte. Und die Zwölf waren mit ihm, 2 auch einige Frauen, die von bösen Geistern und Krankheiten geheilt worden waren: Maria, genannt Magdalena, aus der sieben Dämonen ausgefahren waren, 3 und Johanna, die Frau des Chuza, eines Verwalters des Herodes, und Susanna und viele andere, die ihn unterstützten mit dem, was sie besaßen.

|1: 4,43! |3: 23,49; 24,10; Mk 15,40!; Apg 1,14

Das Gleichnis vom vierfachen Acker und seine Deutung

4 Als nun viel Volk zusammenkam und Leute aus allen Städten ihm zuströmten, sprach er in einem Gleichnis: 5 Der Sämann ging aus, seinen Samen zu säen. Und beim Säen fiel etliches auf den Weg und wurde zertreten, und die Vögel des Himmels fraßen es auf. 6 Anderes fiel auf Fels, ging auf und verdorrte, weil es keine Feuchtigkeit hatte. 7 Anderes fiel mitten unter die Dornen, und mit ihm wuchsen die Dornen und erstickten es.

8 Wieder anderes fiel auf guten Boden, ging auf und brachte hundertfach Frucht. Als er dies gesagt hatte, rief er: Wer Ohren hat zu hören, der höre!

9 Seine Jünger aber fragten ihn, was dieses Gleichnis bedeute. 10 Er sprach: Euch ist es gegeben, die Geheimnisse des Reiches Gottes zu verstehen, zu den anderen aber wird in Gleichnissen geredet, damit sie sehend nicht sehen und hörend nicht verstehen.

11 Das Gleichnis aber bedeutet dies: Der Same ist das Wort Gottes. 12 Die auf dem Weg sind die, welche es hören. Dann kommt der Teufel und nimmt das Wort aus ihren Herzen, damit sie nicht zum Glauben kommen und gerettet werden. 13 Die auf dem Fels sind die, welche das Wort hören und freudig aufnehmen.

habend nit wurtzlen/ ein zeyt lang glaubend sy/ unnd zuo der zeyt der anfechtung fallend sy ab. Das aber under die dörn fiel/ sind die/ so sy es hörend/ unnd gond hin under den sorgen/ reychtumb und wollust diß läbens/ unnd erstickend unnd bringend nit frucht. Das aber auff dem guoten acker/ sind die/ die das wort hörend/ und behaltends in einem feynen guoten hertzen/ unnd bringend frucht in gedult.

Niemants aber zündt ein liecht an/ und deckts mit einem gschirr/ oder setzts under einen banck/ sonder er setzts auff einen lüchter/ auff das wär hineyn gang/ das liecht sähe. Dann es ist nichts verborgen das nit offenbar werde: auch nichts heymlichs das nit kund werde/ und an tag komme. So sehend nun darauf wie jr zuohörend. Dann wär da hat/ dem wirt gegeben: wär aber nit hat/ von dem wirdt genommen auch das er meint zehaben.

Es giengend aber hinzuo sein muoter und brüeder/ und kondtend vor dem volck nit zuo jm kommen. Und es ward jm angesagt: Dein muoter und deine brüeder stond daussen/ und wöllend dich sehen. Er aber antwortet/ und sprach zuo jnen: Mein muoter und meine brüeder sind dise/ die Gottes wort hörend/ und thuonds.

Und es begab sich der tagen eins/ das er in ein schiff tratt/ unnd seine jünger mit jm/ und er sprach zuo jnen: Lassend uns über den see faren. Sy stiessend vom land. Unnd do sy schifftend entschlieff er. Unnd es kam ein windwirbel auff den see/ unnd die wällen überfielend sy/ und stuondend in grosser gfaar. Do trattend sy zuo jm/ und wacktend jn auf/ unnd sprachend: Meyster meyster/ wir verdärbend. Do stuond er auf und beschalckt die wind und ungestüeme

Doch sie haben keine Wurzeln: Eine Zeit lang glauben sie, in der Zeit der Versuchung aber fallen sie ab. 14 Das unter die Dornen Gefallene, das sind die, welche es gehört haben und dann hingehen und von Sorgen und Reichtum und Freuden des Lebens erstickt werden und die Frucht nicht zur Reife bringen. 15 Das auf dem guten Boden, das sind die, welche das Wort mit rechtem und gutem Herzen gehört haben, es bewahren und Frucht bringen in Geduld.

P: Mt 13,3b–23; Mk 4,3–20 |8: 14,35; Mt 13,9! |10: Jes 6,9–10; Joh 12,40; Apg 28,26–27 |12: 7,50! |14: 12,22! |15: 21,19

Vom Sehen und Hören

16 Niemand zündet ein Licht an und deckt es mit einem Gefäss zu oder stellt es unter ein Bett. Vielmehr stellt man es auf einen Leuchter, damit die Eintretenden das Licht sehen. 17 Denn es gibt nichts Verborgenes, das nicht offenbar wird, und nichts Geheimes, das nicht bekannt wird und an den Tag kommt.
18 Gebt also acht, dass ihr genau zuhört! Denn wer hat, dem wird gegeben werden, und wer nicht hat, dem wird auch das genommen werden, was er zu haben meint.

P: Mk 4,21–25 |16: 11,33; Mt 5,15 |17: 12,2; Mt 10,26 |18: 19,26; Mt 13,12!

Die wahren Verwandten Jesu

19 Es kamen aber seine Mutter und seine Geschwister zu ihm, doch konnten sie wegen des Gedränges nicht zu ihm gelangen. 20 Da wurde ihm gesagt: Deine Mutter und deine Geschwister stehen draussen und wollen dich sehen. 21 Er aber antwortete ihnen: Meine Mutter und meine Brüder und Schwestern, das sind die, die das Wort Gottes hören und danach handeln.

P: Mt 12,46–50; Mk 3,31–35 |20: 2,48 · Apg 1,14 |21: 6,47; 11,28

Die Stillung des Seesturms

22 Es geschah aber an einem jener Tage, dass er mit seinen Jüngern in ein Boot stieg und zu ihnen sagte: Lasst uns ans andere Ufer des Sees fahren. Und sie stiessen ab. 23 Während der Fahrt aber schlief er ein. Da fuhr ein Sturmwind auf den See herab, das Boot füllte sich mit Wasser, und sie gerieten in Gefahr. 24 Da traten sie zu ihm, weckten ihn und sagten: Meister, Meister, wir gehen unter! Er aber stand auf, schrie den Wind an und die

des wassers. Und es ließ ab/ und ward ein stille.
Er sprach aber zuo jnen: Wo ist euwer glaub?
Sy forchtend sich aber/ und verwunderend
sich/ und sprachend under einander: Wär
ist diser? dann er gebüt den winden und
dem wasser/ und sy sind jm gehorsam.

Unnd sy schifftend für in die gegne der
Gadarener/ welche ist gegen Galileam hinüber.
Und als er außtratt auff das land/ begegnet
jm ein mann uß der statt/ der hat ein teüfel
von langer zeyt här/ unnd thet keine kleyder
an/ und bleib in keinem hauß/ sonder in den
grebern. Do er aber Jesum sach/ schrey er/
und fiel vor jm nider/ und ruofft laut: Was
hab ich mit dir zeschaffen Jesu/ du sun des
allerhöchsten? Jch bitt dich du wöllest mich
nit peynigen. Dann er gebot dem unsaubern
geyst das er von dem menschen außfüere/ dann
er hatt jn lange zeyt geplaget. Unnd er was
mit ketten gebunden/ unnd mit fuoßbanden
gefangen/ und zerreiß die band/ und ward
getriben von dem teüfel in die wüeste.
Und Jesus fraget jn/ unnd sprach: Wie
heißt dein namm? Er sprach: Legion. Dann es
warend vil teüfel in jn gefaren. Und sy battend
jn das er jnen nit gebutte in die tieffe zefaren.
Es was aber daselbst ein grosse härd süw in
der weyd auff dem berg/ und sy battend jn dz
er jnen erlaubte in die selbigen zefaren. Und
er erlaubts jnen. Do fuorend die teüfel auß
von dem menschen/ unnd fuorend in die süw.
Und die härd sturtzt sich mit einem sturm
in den see/ und ertrunckend. Do aber die
hirten sahend wz da geschach/ fluhend sy/ und
verkündtends in der statt und in den dörfferen.
Do giengend sy hinauß zesehen was da
geschehen was/ und kamend zuo Jesu/ unnd
fundend den menschen/ von welchem die
teüfel außgefaren warend/ sitzende zuo den
füessen Jesu/ bekleydet und vernünfftig: und
sy erschrackend. Unnd die es gesehen hattend/
verkundtend jnen wie der besässen was gesund
worden. Und es bat jn die gantze menge der
umbligenden lender der Gadarener/ das er von
jnen gienge: dann es was sy ein grosse forcht
ankommen. Und er tratt in das schiff und
wandt widerumb. Es bat jn aber der mann von
dem die teüfel warend außgefaren/ dz er bey
jm möchte sein. Aber Jesus ließ jn von jm/ und

Wogen des Wassers. Und sie legten sich, und
es trat eine Windstille ein. 25 Da sagte er zu
ihnen: Wo ist euer Glaube? Sie aber fürchteten
sich und sagten staunend zueinander: Wer
denn dieser, dass er selbst dem Wind und dem
Wasser gebietet, und sie gehorchen ihm?

P: Mt 8,18.23–27; Mk 4,35–41 |23: Jona 1,4–5
|24: Ps 65,8; 89,10; 107,29 |25: 17,5–6 · 7,9!

Die Heilung des Besessenen von Gerasa

26 Und sie fuhren in das Gebiet der
Gerasener, das Galiläa gegenüberliegt. 27 Als
er an Land ging, kam ihm ein Mann aus der
Stadt entgegen, der von Dämonen besessen
war. Seit langer Zeit trug er keine Kleider
mehr und hielt sich auch nicht in einem
Haus auf, sondern in den Grabhöhlen. 28 Als
er nun Jesus sah, schrie er auf, warf sich vor
ihm nieder und rief mit lauter Stimme: Was
habe ich mit dir zu schaffen, Jesus, Sohn des
höchsten Gottes? Ich bitte dich: Quäle mich
nicht! 29 Er hatte nämlich dem unreinen Geist
geboten, aus dem Menschen auszufahren.
Denn dieser hatte ihn seit langer Zeit in seiner
Gewalt. Und man hatte ihn in Ketten und
Fussfesseln gelegt und in Gewahrsam gehalten,
doch er hatte die Fesseln zerrissen und war
vom Dämon in die Wüste getrieben worden.
30 Da fragte ihn Jesus: Wie heisst du? Er sagte:
Legion! Denn viele Dämonen waren in ihn
gefahren. 31 Und sie flehten ihn an, sie nicht
zur Hölle zu schicken. 32 Nun weidete dort
auf dem Berg eine grosse Herde Schweine.
Und sie flehten ihn an, sie in diese fahren zu
lassen. Und er erlaubte es ihnen. 33 Da fuhren
die Dämonen aus dem Menschen aus und in
die Schweine. Und die Herde stürzte sich den
Abhang hinunter in den See und ertrank.

34 Als nun die Hirten sahen, was geschehen
war, ergriffen sie die Flucht und erzählten
es in der Stadt und in den Gehöften. 35 Da
zogen sie hinaus, um zu sehen, was geschehen
war. Und sie kamen zu Jesus und fanden den
Menschen, aus dem die Dämonen ausgefahren
waren, bekleidet und bei Sinnen Jesus zu
Füssen sitzend; da fürchteten sie sich. 36 Die es
aber gesehen hatten, erzählten ihnen, wie der
Besessene gerettet worden war. 37 Und die ganze
Bevölkerung aus dem Gebiet von Gerasa bat
ihn wegzugehen, denn grosse Furcht überkam
sie. Da stieg er in ein Boot und fuhr zurück.
38 Der Mann aber, aus dem die Dämonen
ausgefahren waren, bat ihn, bei ihm bleiben

sprach: Gang wider heim/ und sag was dir Gott gethon hatt. Und er gieng hin unnd prediget durch die gantzen statt was jm Jesus thon hatt.

Und es begab sich do Jesus wider kam/ nam jn das volck auf/ dann sy wartetend all auff jn. Und sihe/ do kam ein mann mit nammen Jairus/ und er was ein oberster der schuol/ und fiel Jesu zuo den füessen/ und batt jn das er wölte in sein hauß kommen. Dann er hatt ein einige tochter bey zwölff jaren/ die lag in den letsten zügen. Und do er hin gieng/ drang jn das volck.
Und ein weyb hatt den bluotgang gehebt zwölff jar/ die hatt all jr narung an die artzet gewendt/ und kondt von niemants geheylet werden/ die tratt hinzuo von hinden/ und ruort seynes kleyds saum an/ unnd als bald bestuond jr der bluotgang. Und Jesus sprach: Wär hat mich angerüert? Do sy aber alle löugnetend/ sprach Petrus unnd die mit jm warend: Meister/ das volck dringet unnd druckt dich/ und du sprichst: Wär hat mich angerüert? Jesus aber sprach: Es hat mich etwar angerüeret/ dann ich empfind das ein krafft von mir außgangen ist. Do aber das weib sach das sy nit verborgen was/ kam sy zitterend/ und viel für jn nider/ und verkündt vor allem volck auß was ursach sy jnn hette angerüert/ und wie sy von stundan wäre gsund worden. Er aber sprach zuo jr: Biß getröst mein tochter/ dein glaub hatt dir geholffen/ gang hin mit friden.
Do er noch redt/ kam einer vom gsind des obersten der schuol/ und sprach zuo jm: Dein tochter ist gestorben/ bemüeye den meyster nit. Do aber Jesus das hort/ antwortet er jm/ unnd sprach: Förcht dir nitt/ glaub nun/ so wirt sy gsund. Do er aber in dz hauß kam/ ließ er nieman hineyn gon/ dann Petrum und Jacoben und Johannen/ und deß kinds vatter und muoter. Sy weynetend aber alle/ und klagtend sy. Er aber sprach: Weynend nit/ sy ist nit gestorben/ sunder sy schlaafft. Und sy verlachtend jn/ wußtend wol das sy gestorben was. Er aber treyb sy alle hinauß/ und greyff jr hand an/ und ruofft und sprach: Tochter stand auf. Und jr geyst kam wider/ und stuond auf von stundan. Und er befalch

zu dürfen. Doch er schickte ihn weg und sprach: 39 Kehr in dein Haus zurück und erzähle, was Gott an dir getan hat. Und der ging weg und tat in der ganzen Stadt kund, was Jesus an ihm getan hatte.

P: Mt 8,28–34; Mk 5,1–20 |28: 4,34! |29: 13,16 |31: 10,15 |37: 1,65!

Die Auferweckung der Tochter des Jairus. Die Frau mit den Blutungen

40 Als Jesus zurückkehrte, empfing ihn viel Volk; sie hatten nämlich alle auf ihn gewartet. 41 Da kam ein Mann mit Namen Jairus, der war Vorsteher der Synagoge. Er fiel Jesus zu Füssen und bat ihn, in sein Haus zu kommen. 42 Denn er hatte eine einzige Tochter von etwa zwölf Jahren, und die lag im Sterben. Als Jesus hinging, erdrückten ihn die Leute beinahe.

43 Und da war eine Frau, die seit zwölf Jahren an Blutungen litt, ihr ganzes Vermögen für Ärzte aufgebraucht hatte und doch von niemandem geheilt werden konnte. 44 Die näherte sich ihm von hinten und berührte den Saum seines Mantels. Und auf der Stelle hörten ihre Blutungen auf. 45 Und Jesus sprach: Wer hat mich berührt? Als nun alle es abstritten, sagte Petrus: Meister, die Leute drängen sich um dich und stossen dich. 46 Jesus aber sprach: Jemand hat mich berührt! Denn ich habe gespürt, dass eine Kraft von mir ausgegangen ist. 47 Als nun die Frau sah, dass sie nicht unentdeckt bleiben konnte, kam sie zitternd herbei, warf sich vor ihm nieder und erzählte vor dem ganzen Volk, warum sie ihn berührt hatte und wie sie auf der Stelle geheilt worden war. 48 Er aber sagte zu ihr: Tochter, dein Glaube hat dich gerettet. Geh in Frieden!

49 Noch während er redet, kommt einer aus dem Haus des Synagogenvorstehers und sagt: Deine Tochter ist gestorben! Bemühe den Meister nicht weiter! 50 Als Jesus das hörte, antwortete er ihm: Fürchte dich nicht, glaube nur, und sie wird gerettet werden! 51 Er ging ins Haus und liess niemanden mit sich hinein ausser Petrus und Johannes und Jakobus und den Vater des Kindes und die Mutter. 52 Alle weinten und klagten um sie. Er aber sprach: Weint nicht! Sie ist nicht gestorben, sie schläft. 53 Da lachten sie ihn aus, weil sie wussten, dass sie gestorben war. 54 Er aber ergriff ihre Hand und rief: Kind, steh auf! 55 Da kehrte ihr Geist zurück, und sogleich stand sie auf. Und er befahl, man solle ihr zu essen geben. 56 Ihre

man sölte jr zuo essen geben. Und jre Eltern entsatztend sich. Er aber gebot jnen das sy niemants sagtind was geschehen was.

Das ix. Capitel.

Jesus berüefft die zwölff/ schickt sy auß zepredigen. Herodes vermeynt Johannes sey wider erstanden. Jesus weycht mit den jüngern/ das volck zeücht jm nach/ die speyßt Jesus. Die jünger bekennend jnn einen sun Gottes. Jesus leert sy/ und zeygt jnen sein herrliche gstalt: macht ein besäßnen ledig.

Er beruofft aber die zwölff zuosamen/ und gab jnen gwalt unnd macht über die tüfel/ und das sy heylenn köndtind allerley sucht. Und sendet sy auß zepredigen dz reich Gottes/ und zeheylen die krancken/ und sprach zuo jnen: Jr söllennd nichts mit euch nemmen auff den wäg/ weder stab/ noch täschen/ noch brot/ noch gelt: söllend auch nit auff ein mal zween röck haben. Und wo jr in ein hauß gond/ da bleybend biß jr vonn dannen ziehend. Und welche euch nitt aufnemmend/ da gond auß von der selben statt/ und schüttlend ab den staub von euwern füessen/ zuo einer zeügnuß über sy. Und sy kamend hinauß/ und durchzugend die fläcken/ predigetend das Euangelion/ und machtend gesund an allen enden.

Es kam aber für Herodes den Vierfürsten/ alles was durch jn geschach. Unnd er besorgt sich/ dieweyl vonn etlichenn gesagt ward: Johannes ist von den todten auferstanden: von etlichen aber/ Elias ist erschinen: von etlichen aber/ Es ist der alten Propheten einer auferstandenn. Und Herodes sprach: Johannem den hab ich enthauptet/ wär ist aber diser/ von dem ich sölichs hör? und begärt jn zesehen.

Und die Apostel kamend wider/ und erzelltend jm was sy thon hattend. Unnd er nam sy zuo jm/ und entweych allein in ein wüeste bey der statt/ die da heißt Bethsaida. Do deß das volck innen ward/ zoch es jm nach. Und er nam sy auf/ und sagt jnen von dem reych Gottes/ und machet gesund die es bedörfftend. Aber der tag fieng an sich zuo neigen. Do

Eltern waren fassungslos. Er aber gebot ihnen, niemandem zu sagen, was geschehen war.

P: Mt 9,18–26; Mk 5,21–43 |42: 7,12 |43: Lev 15,25 |46: 6,19! |48: 7,50! |49: 7,6 |51: 9,28 |52: 7,13 |54: 7,14! |55: 1Kön 17,22 |56: 5,14!

Die Aussendung der Zwölf

9 1 Er rief nun die Zwölf zusammen und gab ihnen Gewalt und Vollmacht über alle Dämonen und die Kraft, Krankheiten zu heilen. 2 Und er sandte sie aus, das Reich Gottes zu verkündigen und die Kranken zu heilen. 3 Und er sagte zu ihnen: Nehmt nichts mit auf den Weg, weder Stab noch Sack, weder Brot noch Geld, noch sollt ihr ein zweites Kleid haben. 4 Wo ihr in ein Haus eingekehrt seid, da bleibt, und von dort zieht weiter. 5 Und wenn man euch nicht aufnimmt, dann geht fort aus dieser Stadt und schüttelt den Staub von euren Füssen – es soll ihnen ein Zeichen sein! 6 Da gingen sie fort und zogen von Dorf zu Dorf. Und überall verkündigten sie das Evangelium und heilten.

P: 10,1–12; Mt 10,1.7–15; Mk 6,7–13 |1: 10,17 |2: 10,9! |3: 22,35–36 |5: 10,11! |6: 4,43!

Die Ratlosigkeit des Herodes

7 Es hörte aber Herodes, der Tetrarch, von all diesen Geschehnissen. Und es beunruhigte ihn, dass von einigen gesagt wurde, Johannes sei von den Toten auferweckt worden, 8 von anderen, Elija sei erschienen, von wieder anderen, einer der alten Propheten sei auferstanden. 9 Und Herodes sagte: Den Johannes habe ich doch selbst enthaupten lassen. Wer aber ist das, über den ich solches höre? Und er wollte ihn sehen.

P: Mt 14,1–2; Mk 6,14–16 |7: 9,19 |8: 9,19! |9: 3,20; Mt 14,10; Mk 6,27 · 23,8

Die Speisung der fünftausend

10 Und die Apostel kehrten zurück und erzählten ihm, was sie getan hatten. Und er nahm sie beiseite und zog sich mit ihnen zurück in eine Stadt mit Namen Betsaida. 11 Als die Leute aber davon erfuhren, folgten sie ihm. Und er liess sie zu sich kommen und sprach zu ihnen über das Reich Gottes und heilte, die der Heilung bedurften.

trattend zuo jm die zwölff/ und sprachend zuo jm: Laß das volck von dir/ das sy hingangind in die fläcken umbhar unnd in die dörffer/ da sy herberg und speyß findind: dann wir sind hie in der wüeste. Er aber sprach zuo jnen: Gebend jr jnen zuo essen. Sy sprachend: Wir habend nit mer dann fünff brot/ und zween fisch. Es sey dann das wir hingon söllind/ und speyß kauffen für so groß volck (dann es warend bey fünff tausent mann.) Er sprach aber zuo seinen jüngeren: Machend sy niderligen in fünfftzig rotten. Und sy thettend also/ und lägertend sy all. Do nam er die fünff brot und zwen fisch/ und sach auf gen himmel/ und sprach das lob darüber/ brach sy/ und gab sy den jüngeren/ das sy es dem volck fürlegtind. Und sy assend/ und wurdend alle satt. Und wurdend aufgehaben das jnen überbleyb von stucken/ zwölff körb.

12 Und der Tag begann sich zu neigen. Da kamen die Zwölf zu ihm und sagten: Entlass die Leute, damit sie in die umliegenden Dörfer und Gehöfte gehen und ein Nachtlager und etwas zu essen finden können. Denn hier sind wir an einem abgelegenen Ort. 13 Da sagte er zu ihnen: Gebt ihr ihnen zu essen! Sie aber sagten: Wir haben nicht mehr als fünf Brote und zwei Fische, es sei denn, wir würden uns aufmachen und für alle diese Leute etwas zu essen kaufen. 14 Es waren nämlich die Männer allein schon an die fünftausend. Da sagte er zu seinen Jüngern: Lasst sie sich lagern in Gruppen zu etwa fünfzig. 15 Und so taten sie und liessen alle sich lagern. 16 Da nahm er die fünf Brote und die zwei Fische, blickte zum Himmel auf, sprach den Lobpreis über sie und brach sie und liess sie von den Jüngern dem Volk vorsetzen. 17 Und sie assen und wurden alle satt. Und man sammelte die Brocken, die übrig geblieben waren, zwölf Körbe voll.

P: Mt 14,13–21; Mk 6,30–44; Joh 6,1–15 |12–17: 2Kön 4,42–44 |16: 22,19!

Das Bekenntnis des Petrus. Die erste Leidensankündigung

Und es begab sich/ do er im gebätt/ und allein was/ do warend etlich seiner jünger mit jm. Und er fraget sy/ und sprach: Wär sagend die leüt das ich sey? Sy antwortetend und sprachend: Sy sagend/ du sygest Johannes der Töüffer: etlich aber/ du syest Elias: etlich aber/ es sye der alten propheten einer aufferstanden. Er aber sprach zuo jnen: Wär sagend jr aber das ich sey? Do antwortet Petrus und sprach: Du bist der Christ Gottes. Und er beschalckt sy/ und gebot dz sy das niemants sagtind/ und sprach: Dann deß menschen sun muoß noch vil leyden/ und verworffen werden von den Eltesten unnd hohen priesteren und geschrifftglerten/ und ertöd werden: unnd am dritten tag auferweckt werden.

18 Und es geschah, als er für sich allein betete und nur seine Jünger bei ihm waren, dass er sie fragte: Für wen halten mich die Leute? 19 Sie antworteten: Für Johannes den Täufer, andere für Elija, wieder andere meinen, einer der alten Propheten sei auferstanden. 20 Da sagte er zu ihnen: Ihr aber, für wen haltet ihr mich? Da antwortete Petrus: Für den Gesalbten Gottes. 21 Da fuhr er sie an und gebot ihnen, dies niemandem zu sagen, 22 und er sprach: Der Menschensohn muss vieles erleiden und von den Ältesten und Hohen Priestern und Schriftgelehrten verworfen und getötet werden, und am dritten Tag muss er auferweckt werden.

P: Mt 16,13–20.21–23; Mk 8,27–30.31–33; Joh 6,66–71 |19: 9,7–8; Mal 3,23 |20: 2,11.26; 4,41; 20,41; 22,67; 23,2.35.39; 24,46 |21: 5,14! |22: 9,31.44; 17,25; 18,32–33; 24,7.46

Nachfolge und Lebensgewinn

Do sprach er zuo jnen allen: Wär mir nachvolgen wil/ der verlöugne sich selbs/ unnd nemme sein creütz auff sich täglich/ und volge mir nach. Dann wär sein läben erhalten wil/ der wirt es verlieren. Wär aber sein läbenn verlürt umb meinentwillen/ der wirdts behalten. Und was nutzes hette der mensch/ ob er die gantzen welt gewunne/ und verlure sich

23 Zu allen aber sprach er: Wenn einer mir auf meinem Weg folgen will, verleugne er sich und nehme sein Kreuz auf sich, Tag für Tag, und so folge er mir! 24 Denn wer sein Leben retten will, wird es verlieren; wer aber sein Leben verliert um meinetwillen, wird es retten. 25 Denn was hilft es dem Menschen, wenn er die ganze Welt gewinnt, dabei aber sich selbst

selbs/ oder beschedigete sich selbs? Wär sich aber mein unnd meiner red beschämpt/ deß wirt sich des menschen sun auch beschämen/ wenn er kommen wirt in seiner herlikeit/ und seines vatters/ und der heyligen Englen. Jch sag euch aber waarlich/ das etlich sind/ von denen die hie stond/ die den tod nit schmöcken werdennd/ biß das sy das reych Gottes sehend.

Und es begab sich nach disen reden/ bey acht tagen/ das er zuo jm nam Petron/ Johansen/ und Jacoben/ und steyg auff einen berg zebätten. Und do er bättet/ ward die gstalt seines angsichts anders/ und sein kleid weyß/ und glantzet/ und sihe/ zwen menner redtend mit jm/ welche warend Moses und Elias/ die erschinend in klarheyt/ und redtend von dem außgang/ welchen er solt erfüllen zuo Jerusalem. Petrus aber unnd die mit jm warend/ warend voll schlaaffs. Do sy aber aufwachtend/ sahend sy sein klarheyt/ und die zween menner bey jm ston.

Und es begab sich/ do die von jm wichend/ sprach Petrus zuo Jesu: Meister/ hie ist guot sein. Wir wöllend drey hütten machen/ dir eine/ Mosi eine/ und Elias eine: und wußt nit wz er redt. Do er aber sölichs redt/ kam ein wolck und überschattet sy. Unnd sy erschrackend/ do sy die wolck überzoch. Und es fiel ein stimm auß der wolcken/ die sprach: Diser ist mein lieber sun/ den hörend. Unnd in dem söliche stimm geschach/ fundend sy Jesum allein. Und sy verschwigend/ und verkundtend nieman nichts in den selben tagen was sy gesehen hattend.

Es begab sich aber den tag hernach/ do sy von dem berg kamend/ kam jnen entgegen vil volcks/ und sihe/ ein mann under dem volck

verliert oder Schaden nimmt? 26 Wer sich meiner und meiner Worte schämt, dessen wird auch der Menschensohn sich schämen, wenn er kommt in seiner Herrlichkeit und in der Herrlichkeit des Vaters und der heiligen Engel. 27 Ich sage euch, und das ist wahr: Einige von denen, die hier stehen, werden den Tod nicht schmecken, bevor sie das Reich Gottes sehen.

P: Mt 16,24–28; Mk 8,34–9,1 |23: 14,27; Mt 10,38; 1Kor 15,31; Gal 6,14 |24: 17,33; Mt 10,39; Joh 12,25 |25: 12,20 |26: 12,9; Mt 10,33; Röm 1,16; 2Tim 2,12 |27: 17,20; 19,11; 21,31.32; 24,21; Apg 1,6 · 10,9!

Die Verklärung Jesu

28 Etwa acht Tage nach diesen Reden geschah es, dass er Petrus, Johannes und Jakobus mit sich nahm und auf einen Berg stieg, um zu beten. 29 Und es geschah, während er betete, dass sich das Aussehen seines Gesichtes veränderte und sein Gewand strahlend weiss wurde. 30 Und auf einmal waren da zwei Männer, die mit ihm redeten; es waren Mose und Elija. 31 Sie erschienen im Lichtglanz, und sie sprachen von seinem Ende, das sich in Jerusalem erfüllen sollte. 32 Petrus aber und die mit ihm waren, wurden vom Schlaf überwältigt. Als sie aber aufwachten, sahen sie den Lichtglanz um ihn und die zwei Männer, die bei ihm standen. 33 Und es geschah, als diese sich von ihm trennen wollten, dass Petrus zu Jesus sagte: Meister, es ist schön, dass wir hier sind. Wir wollen drei Hütten bauen, eine für dich, eine für Mose und eine für Elija; er wusste aber nicht, was er sagte.

34 Noch während er dies sagte, kam eine Wolke und warf ihren Schatten auf sie. Sie aber fürchteten sich, als sie in die Wolke hineingerieten. 35 Und aus der Wolke kam eine Stimme und sprach: Dies ist mein auserwählter Sohn. Auf ihn sollt ihr hören! 36 Und während die Stimme sprach, fand es sich, dass Jesus wieder allein war. Und sie schwiegen und erzählten in jenen Tagen niemandem etwas von dem, was sie gesehen hatten.

P: Mt 17,1–9; Mk 9,2–10 |28: 8,51 · 2Petr 1,18 |29: Ex 34,29–30 |31: 9,22! |32: 22,45 |34: Ex 24,18 |35: 3,22!; 2Petr 1,17–18

Die Heilung eines besessenen Knaben

37 Es geschah aber, als sie am nächsten Tag vom Berg hinunterstiegen, dass ihm viel Volk entgegenkam. 38 Und da war ein Mann

ruofft/ und sprach: Meister/ ich bitt dich/ besich doch meinen sun/ dann er ist mein eyniger sun/ sihe/ der geyst ergreyfft jn/ so schreyet er als bald/ unnd reyßet jnn das er schaumet: und mit not weycht er von jm/ wenn er jnn gerissen hat. Unnd ich hab deine jünger gebätten/ das sy jnn außtribend/ und sy mochtends nit. Do antwortet Jesus/ und sprach: Ach du unglöubige unnd verkeerte art/ wie lang sol ich bey euch sein/ und euch dulden? bring deinen sun här. Und do er zuo jm kam/ reyß jn der teüfel/ und zerzerret jn. Jesus ab er beschalckt den unsaubren geyst/ und machet den knaben gsund/ und gab jnn seinem vatter wider. Und sy entsatztend sich all ab der herligkeyt Gottes.

Do sy sich aber all verwunderend über alles das er thett/ sprach er zuo seinen jüngeren: Fassend jr zuo euwern oren dise red. Dann deß menschen sun muoß überantwortet werden in der menschen hend. Aber dz wort vernamend sy nit/ und es was vor jnen verborgen/ das sy es nit begriffend. Und sy forchtend sich jn zefragen umb das selb wort.

Es kam auch ein gedanck under sy/ wär under jnen der grössest wäre. Do aber Jesus den gedancken jres hertzens sach/ erwütschet er ein kind/ und stellet es nebent sich/ und sprach zuo jnen: Wär das kind aufnimpt in meinem nammen/ der nimpt mich auf: und wär mich aufnimpt/ der nimpt den auf der mich gesendt hat. Welcher aber der kleinest ist under euch allen/ der wirt gross sein.

Do antwortet Johannes/ unnd sprach: Meister/ wir sahend einen der treyb die teüfel auß in deinem nammen/ und wir weertends jm: dann er volget dir nit mit uns. Und Jesus sprach zuo jnen: Weerend jm nit/ Dann wär nit wider uns ist/ der ist für uns.

in der Menge, der schrie: Meister, ich bitte dich, nimm dich meines Sohnes an, denn er ist mein einziger. 39 Auf einmal packt ihn ein Geist, und plötzlich schreit der und zerrt ihn hin und her, dass er schäumt, und will nicht von ihm ablassen und nimmt ihm alle Kraft. 40 Und ich habe deine Jünger gebeten, ihn auszutreiben, aber sie vermochten es nicht. 41 Da antwortete Jesus: Du ungläubiges und verkehrtes Geschlecht! Wie lange muss ich noch bei euch sein und euch ertragen? Bring deinen Sohn her! 42 Aber noch während er auf ihn zuging, riss der Dämon zu Boden und zerrte ihn hin und her. Jesus aber schrie den unreinen Geist an; und er heilte den Knaben und gab ihn seinem Vater wieder. 43 Und alle waren überwältigt von der Grösse Gottes.

P: Mt 17,14–20; Mk 9,14–29 |41: 11,29 |42: 7,15! |43: 4,32!

Die zweite Leidensankündigung
Während alle sich wunderten über alles, was er tat, sprach er zu seinen Jüngern: 44 Lasst diese Worte in euer Ohr dringen: Der Menschensohn wird ausgeliefert werden in die Hände von Menschen. 45 Sie aber verstanden das Wort nicht, es war ihnen verborgen, und sie begriffen es nicht. Doch sie fürchteten sich, ihn nach dessen Bedeutung zu fragen.

P: Mt 17,22–23; Mk 9,30–32 |44: 9,22! |45: 18,34; 24,25 · 24,45!

Der Rangstreit unter den Jüngern
46 Es kam aber unter ihnen die Frage auf, wer von ihnen der Grösste sei. 47 Jesus nun, der wusste, welche Frage sie umtrieb, nahm ein Kind, stellte es neben sich 48 und sagte zu ihnen: Wer dieses Kind aufnimmt in meinem Namen, nimmt mich auf; und wer mich aufnimmt, nimmt den auf, der mich gesandt hat. Denn wer der Geringste ist unter euch allen, der ist gross.

P: Mt 18,1–5; Mk 9,33–37 |46: 22,24 |48: 10,16; Mt 10,40! · 22,26

Ein fremder Wundertäter
49 Da wandte sich Johannes an ihn: Meister, wir sahen einen in deinem Namen Dämonen austreiben, und wir hinderten ihn daran, weil er nicht gemeinsam mit uns dir folgt. 50 Da sagte Jesus zu ihm: Hindert ihn nicht daran, denn wer nicht gegen euch ist, ist für euch.

P: Mk 9,38–41; Num 11,26–29 |50: 11,23

Es begab sich aber do die zyt erfüllet wz/ das er solt vonn hinnen genommen werden/ wendet er sein angsicht stracks gen Jerusalem zewandlen. Unnd er sandt botten vor jm hin/ die giengend hin/ und kamend in ein fläcken der Samariter/ das sy jm herberg bestaltind. Unnd sy namend jn nit an/ darumb dz er sein angsicht gericht hat zewandlen gen Jerusalem. Do aber das sine jünger Jacobus und Johannes sahend/ sprachend sy: Herr/ wilt du/ so wöllend wir sagen/ dz fheür von himmel falle/ und verzeere sy/ wie Elias thett? Jesus aber wandt sich und beschalckt sy/ und sprach: Wüssend jr nit welches geysts kinder jr sind? Deß menschen sun ist nit kommen der menschen seelen zuo verderben/ sunder zuo erhalten. Und sy giengend in einen anderen fläcken.

Es begab sich aber do sy auff dem wäg warend/ sprach einer zuo jm: Jch wil dir nachvolgen wo du hin gaast. Und Jesus sprach zuo jm: Die Füchs habend gruoben/ und die vögel under dem himmel habend näster: aber deß menschen sun hat nit da er sein haupt hinlege.

Und er sprach zuo einem anderen: Volg mir nach. Der sprach aber: Herr/ erlaub mir das ich vorhin gange/ und meinen vatter begrabe. Aber Jesus sprach zuo jm: Laß die todten jre todten begraben. Gang du aber hin/ und verkünd das reych Gottes.

Unnd ein anderer sprach: Herr/ ich will dich nachfolgen/ aber erlaub mir vorhin das ich einen abscheyd mache/ mit denen die inn meinem hauß sind. Jesus sprach zuo jm: Wär sin hand an den pfluog legt/ und sicht zuo ruck/ der ist nit geschickt zuo dem reych Gottes.

Das x. Capitel.

Jesus sendt die sibentzig vor jm hin zepredigen/ mit befelch wie sy sich halten söllind. Er sagt seinem himmlischen vatter lob und danck. Vom gschrifftgelerten der den Herren versuocht/ und von seiner antwurt. Martha empfacht den Herren in jr hauß.

Darnach sünderet er andere sibentzig auß/ unnd sandt sy ye zween und zween vor jm här in alle stett und ort da er wolt hin kommen/ und sprach zuo jnen: Die ernd ist groß/ der arbeyteren aber ist wenig. Bittend den Herren der ernden/ das er arbeyter außsende in sein ernd. Gond hin/ sihe/ ich senden euch als

Die ungastlichen Samaritaner

51 Es geschah aber, als die Zeit erfüllt war und die Tage, da er in den Himmel aufgenommen werden sollte, gekommen waren, dass er den festen Entschluss fasste, nach Jerusalem zu ziehen. 52 Und er sandte Boten vor sich her. Die machten sich auf und kamen in ein samaritanisches Dorf, um ihm ein Nachtlager zu richten. 53 Doch man nahm ihn nicht auf, weil er fest entschlossen war, nach Jerusalem zu ziehen. 54 Als nun die Jünger Jakobus und Johannes das sahen, sagten sie: Herr, sollen wir sagen, *Feuer falle vom Himmel und verzehre sie?* 55 Da wandte er sich um und fuhr sie an. 56 Und sie zogen in ein anderes Dorf.

P: Mt 19,1–2; Mk 10,1 |51: 13,22; 17,11; 18,31; 19,11.28 |54: 17,4 · 2Kön 1,10.12

Vom Ernst der Nachfolge

57 Und als sie so ihres Weges zogen, sagte einer zu ihm: Ich will dir folgen, wohin du auch gehst. 58 Jesus sagte zu ihm: Die Füchse haben Höhlen, und die Vögel des Himmels haben Nester, der Menschensohn aber hat keinen Ort, wo er sein Haupt hinlegen kann.

59 Zu einem anderen sagte er: Folge mir! Der aber sagte: Herr, erlaube mir, zuerst nach Hause zu gehen und meinen Vater zu begraben. 60 Er aber sagte zu ihm: Lass die Toten ihre Toten begraben. Du aber geh und verkündige das Reich Gottes.

61 Wieder ein anderer sagte: Ich will dir folgen, Herr; zuerst aber erlaube mir, Abschied zu nehmen von denen, die zu meiner Familie gehören. 62 Jesus aber sagte zu ihm: Niemand, der die Hand an den Pflug legt und zurückschaut, taugt für das Reich Gottes.

P: Mt 8,18–22 |61: 5,11!; 1Kön 19,20

Die Aussendung der zweiundsiebzig

10 1 Danach bestimmte der Herr weitere zweiundsiebzig und sandte sie zu zweien vor sich her in jede Stadt und jede Ortschaft, in die er gehen wollte. 2 Er sagte zu ihnen: Die Ernte ist gross, Arbeiter aber sind nur wenige. Darum bittet den Herrn der Ernte, dass er Arbeiter in seine Ernte sende. 3 Geht! Seht, ich

die lemmer mitten under die wölff. Tragennd
weder seckel noch täschen/ noch schuoch/
und grüessend niemant auff den straassen.
Wo jr in ein hauß kommend/ da sprechend
zum ersten: Frid sey in disem hauß. Unnd
so daselbst wirt ein kind des fridens sein/
so wirt euwer frid auff jm ruowen/ wo aber
nit/ so wirt euwer frid sich wider zuo euch
keeren. Jn dem selbigen hauß aber bleybend/
essend und trinckend was sy habennd.
Dann ein arbeyter ist seines lons wärdt.
 Jr söllend nitt von einem hauß zum anderen
gon. Und wo jr in ein statt kommend/ und
sy euch aufnemmend/ da essend was euch
wirt für getragen. Und heylend die krancken
die daselbst sind/ und sagend jnen: Das
reich Gottes ist nach zuo euch kommen. Wo
jr aber in ein statt kommend/ da sy euch
nit aufnemmend/ da gond herauß auff jre
gassen/ und sprechend: Ouch den staub der
sich an uns gehenckt hat von euwerer statt/
schlahennd wir ab auff euch. Doch söllend jr
wüssen/ das euch das reych Gottes nach gwesen
ist. Jch sag euch/ es wirt Sodoma leydlicher
ergon an yhenem tag dann sölicher statt.

Wee dir Chorazin/ wee dir Bethsaida/
dann wärind die thaten zuo Tyro und Sydon
geschehen die bey euch geschehen sind/ sy
hettind vor zeyten im sack und in der äschen
gesessen/ buoß gethon: doch es wirt Tyro
und Sidon leydlicher ergon am gericht/ dann
euch. Und du Capernaum die du biß an
himel erhaben bist/ du wirst biß in die hell
hinab gestossen werden. Wär euch hört/ der
höret mich: unnd wär euch verachtet/ der
verachtet mich: wär aber mich verachtet/
der verachtet den der mich gesendt hat.

Die sibentzig aber kamend wider mit
fröuden/ und sprachend: Herr/ es sind uns
auch die teüfel underthon in deinem nammen.
Er sprach zuo jnen: Jch sach wol den Sathanas
vom himmel fallen als ein blitzg. Sihe/ ich hab
euch macht geben zeträtten auff schlangen
und scorpion/ und über allen gwalt des feynds/
und nichts wirdt euch beschedigen. Doch/

Das Evangelium nach Lukas

sende euch wie Schafe mitten unter die Wölfe.
4 Nehmt keinen Geldbeutel mit, keinen Sack,
keine Schuhe, und grüsst niemanden unterwegs!
 5 Tretet ihr in ein Haus ein, so sagt zuerst:
Friede diesem Haus! 6 Und wenn dort ein
Sohn des Friedens ist, wird euer Friede auf
ihm ruhen, wenn aber nicht, wird er zu euch
zurückkehren. 7 In diesem Haus bleibt, esst
und trinkt, was ihr von ihnen bekommt.
Denn der Arbeiter ist seines Lohnes wert.
Geht nicht von einem Haus ins andere.
 8 Kommt ihr in eine Stadt, wo man euch
aufnimmt, so esst, was euch vorgesetzt wird,
9 und heilt die Kranken, die dort sind, und
sagt ihnen: Nahe gekommen ist das Reich
Gottes, bis zu euch. 10 Kommt ihr aber in eine
Stadt, wo man euch nicht aufnimmt, so geht
hinaus auf ihre Strassen und sagt: 11 Selbst den
Staub aus eurer Stadt, der an unseren Füssen
klebt, schütteln wir ab vor euch; doch das
sollt ihr wissen: Nahe gekommen ist das Reich
Gottes. 12 Ich sage euch: Sodom wird es an
jenem Tag besser ergehen als dieser Stadt.

P: 9,1–6; Mt 10,7–15; Mk 6,7–13 |1: 10,17 |2: Mt 9,37–
38 |3: Mt 10,16 |4: 22,35–36 · 2Kön 4,29 |7: 1Kor 9,4–14;
1Tim 5,18 |9: 9,2; 11,2.20; 17,21; Mk 1,15 · 9,27!
|11: Apg 13,51; 18,6 |12: 17,29!

Wehruf über galiläische Städte

13 Wehe dir, Chorazin! Wehe dir,
Betsaida! Denn wären in Tyrus und Sidon die
Wunder geschehen, die bei euch geschehen
sind, sie hätten längst in Sack und Asche
gesessen und Busse getan. 14 Ja, Tyrus und
Sidon wird es im Gericht besser ergehen
als euch. 15 Und du, Kafarnaum, willst du
etwa in den Himmel erhoben werden? Bis
ins Totenreich wirst du hinabfahren.
 16 Wer euch hört, hört mich; und wer
euch verachtet, verachtet mich. Wer aber mich
verachtet, verachtet den, der mich gesandt hat.

P: Mt 11,20–24 |13: Joh 5,36! |15: 8,31; Jes 14,13–15
|16: 9,48!; Joh 5,23!

Der Lohn der Jünger. Das Dankgebet Jesu

17 Die zweiundsiebzig kehrten zurück
mit Freude und sagten: Selbst die Dämonen,
Herr, sind uns durch deinen Namen untertan.
18 Da sagte er zu ihnen: Ich sah den Satan
wie einen Blitz vom Himmel fallen. 19 Seht,
ich habe euch die Vollmacht gegeben, auf
Schlangen und Skorpione zu treten, und
Vollmacht über alle Gewalt des Feindes, und

darinn fröuwend euch nit/ das euch die geyst underthon sind: fröuwend euch aber das euwere nammen im hymmel aufgeschriben sind.

Zuo der stund fröwet sich Jesus im geyst/ und sprach: Jch preyß dich vatter und Herr himels unnd der erden/ das du sölichs verborgen hast den weysen und kluogen/ und hasts geoffenbaret den unmündigen. Ja vatter/ also was es wolgefellig vor dir. Es ist mir alles übergeben von meinem vatter/ und niemants weyßt wär der sun sey/ dann alleyn der vatter: noch wär der vatter sey/ dann der sun/ und welchem es der sun wil offenbaren. Und er wandt sich umb zuo seinen jüngeren unnd sprach in sonderheyt: Sälig sind die augen die da sehend das jr sehend. Dann ich sag euch/ vil propheten und Künig woltend sehen das jr sehend/ und habends nit gesehen: und hören das jr hörend/ und habends nitt gehört.

Unnd sihe/ do stuond ein gschrifftglerter auf/ versuocht jn/ und sprach: Meister/ was muoß ich tuon das ich das ewig läben ererbe? Er sprach aber zuo jm: Wie stadts im gesatz geschriben? wie lisest? Er antwortet unnd sprach: Du solt Gott lieben deinen Herren von gantzem hertzen/ von gantzer seel/ von allen krefften/ und von gantzem gemüet/ und deinen nächsten als dich selbs. Er aber sprach zuo jm: Du hast recht geantwortet/ thuo das/ so wirst du läbenn. Er aber wolt sich selbs rechtfertigen/ und sprach zuo Jesu: Wär ist dann min nächster? Do antwortet Jesus und sprach: Es was ein mensch der gieng von Jerusalem hinab gen Jericho/ und viel under die mörder: die zugend jn auß/ und schluogend jn und giengend darvon/ und liessend jn halb tod ligen. Es begab sich aber ungefärd/ das ein priester die selbig straaß hinab zoch: und do er jn sach/ gieng er für. Desselben gleichen auch ein Levit/ do er kam an dz ort und sach jn/ gieng er für. Ein Samariter aber reyset/ und kam an das ort/ und do er jn sach/ erbarmet er jnn/ gieng zuo jm/ verband jm seine wunden/ und goß dareyn öl und weyn/ und huob jn auff sein thier/ unnd fuort jn in die herberg/ und thett jm radt. Deß andren tags reyset er/ und zoch herauß zwen

nichts wird euch schaden. 20 Doch freut euch nicht darüber, dass euch die Geister untertan sind; freut euch vielmehr darüber, dass eure Namen im Himmel aufgeschrieben sind.

21 In dieser Stunde frohlockte er, erfüllt vom heiligen Geist: Ich preise dich, Vater, Herr des Himmels und der Erde, dass du dies vor Weisen und Klugen verborgen, Einfältigen aber offenbart hast. Ja, Vater, denn so hat es dir gefallen. 22 Alles ist mir übergeben worden von meinem Vater, und niemand weiss, wer der Sohn ist, ausser der Vater, und niemand weiss, wer der Vater ist, ausser der Sohn und der, dem es der Sohn offenbaren will.

23 Und nur zu den Jüngern gewandt sprach er: Selig die Augen, die sehen, was ihr seht. 24 Denn ich sage euch: Viele Propheten und Könige wollten sehen, was ihr seht, und haben es nicht gesehen, und hören, was ihr hört, und haben es nicht gehört.

P: Mt 11,25–27; 13,16–17 |17: 10,1 · 9,1! |18: Joh 12,31; Offb 12,9 |19: Ps 91,13; Mk 16,18; Apg 28,6 |20: 12,7 |21: Jes 29,14 · 1Kor 2,6–8 |22: Joh 1,18! |23: 7,22

Die Geschichte vom barmherzigen Samaritaner

25 Da stand ein Gesetzeslehrer auf und sagte, um ihn auf die Probe zu stellen: Meister, was muss ich tun, damit ich ewiges Leben erbe? 26 Er sagte zu ihm: Was steht im Gesetz geschrieben? Was liest du da? 27 Der antwortete: *Du sollst den Herrn, deinen Gott, lieben mit deinem ganzen Herzen und mit deiner ganzen Seele und mit all deiner Kraft und mit deinem ganzen Verstand, und deinen Nächsten wie dich selbst.* 28 Er sagte zu ihm: Recht hast du; tu das, und du wirst leben. 29 Der aber wollte sich rechtfertigen und sagte zu Jesus: Und wer ist mein Nächster?

30 Jesus gab ihm zur Antwort: Ein Mensch ging von Jerusalem nach Jericho hinab und fiel unter die Räuber. Die zogen ihn aus, schlugen ihn nieder, machten sich davon und liessen ihn halb tot liegen. 31 Zufällig kam ein Priester denselben Weg herab, sah ihn und ging vorüber. 32 Auch ein Levit, der an den Ort kam, sah ihn und ging vorüber. 33 Ein Samaritaner aber, der unterwegs war, kam vorbei, sah ihn und fühlte Mitleid. 34 Und er ging zu ihm hin, goss Öl und Wein auf seine Wunden und verband sie ihm. Dann hob er ihn auf sein Reittier und brachte ihn in ein Wirtshaus und sorgte für ihn. 35 Am andern Morgen zog er zwei Denare hervor und

groschen/ und gab sy dem Wyrt/ und sprach zuo jm: Wart seinen/ unnd so du etwas mer wirst darthuon/ wil ich dir es bezalen wenn ich wider komm. Welcher dunckt dich der under disen dryen der nächst gewesen sey/ dem der under die mörder gefallen was? Er sprach: Der die barmhertzigkeit an jm thet. Do sprach Jesus zuo jm: So gang hin und thuo deß gleychen.

Es begab sich aber do sy wanndletend/ gieng er in einen flächen/ da was ein weyb/ mitt nammen Martha/ die nam jnn auf in jr hauß. Unnd sy hatt ein schwester die hieß Maria/ die satzt sich zuo seinen füessen/ unnd hort seiner red zuo. Martha aber machet jren vil zeschaffen jm zediennen. Und sy tratt hinzuo/ und sprach: Herr/ achtest du nit dz mich mein schwester laßt alleyn dienen? Sag jr das sy es doch auch angreyffe/ und mir helffe. Jesus aber antwortet/ und sprach zuo jr: Martha Martha/ du sorgest und bekümmerest dich mit vil dingenn/ Nun eins ist not. Maria hat einen guoten teyl erwellet/ der sol nit von jr genomen werden.

Das xj. Capitel.
Christus leert seine jünger bätten/ und wie man im gebätt verharren sol wil man erwärben. Treybt einen teüfel auß/ beschilted die schmähenden Pharisäer/ und bewärt das er nitt in krafft deß teüfels (als sy jm zuolegtend) die teüfel außtreybe: straafft jr undanckbarkeyt und schalckheyt.

Und es begab sich/ dz er was an einem ort und bättet. Und do er aufgehört hatt/ sprach seiner Jünger einer zuo jm: Herr/ leer uns bätten/ wie auch Joannes seine jünger leert. Er aber sprach: Wenn jr bättend/ so sprechen: Unser vatter im himmel. Dein namm sey heylig. Dein reych komme. Dein will geschehe auff erdenn wie im himmel. Gib uns yemerdar unser täglich brot. Und vergib unns unsere sünd: dann auch wir vergebend allen die unns schuldig sind. Und füer uns nit in versuochung/ sunder erlöß uns von dem übel.

gab sie dem Wirt und sagte: Sorge für ihn! Und was du darüber hinaus aufwendest, werde ich dir erstatten, wenn ich wieder vorbeikomme. 36 Wer von diesen dreien, meinst du, ist dem, der unter die Räuber fiel, der Nächste geworden? 37 Der sagte: Derjenige, der ihm Barmherzigkeit erwiesen hat. Da sagte Jesus zu ihm: Geh auch du und handle ebenso.

|25–29: Mt 22,34–40; Mk 12,28–34 |25: 18,18
|27: Dtn 6,5; Jos 22,5 · Lev 19,18 |29: Lev 19,16.33–34
|33: 7,13!

Maria und Marta
38 Als sie weiterzogen, kam er in ein Dorf, und eine Frau mit Namen Marta nahm ihn auf. 39 Und diese hatte eine Schwester mit Namen Maria; die setzte sich dem Herrn zu Füssen und hörte seinen Worten zu. 40 Marta aber war ganz mit der Bewirtung beschäftigt. Sie kam nun zu ihm und sagte: Herr, kümmert es dich nicht, dass meine Schwester die Bewirtung mir allein überlässt? Sag ihr doch, sie solle mir zur Hand gehen. 41 Der Herr aber antwortete ihr: Marta, Marta, du sorgst und mühst dich um vieles; 42 doch eines ist nötig: Maria hat das gute Teil erwählt; das soll ihr nicht genommen werden.

|38: Joh 11,1; 12,2–3 |40: Joh 12,2

10,42: Andere Textüberlieferung: «doch weniges ist nötig oder nur eines: Maria hat …»

Das Grundmuster eines Gebets
11 1 Und es geschah, nachdem er an einem Ort lange gebetet hatte, dass einer seiner Jünger zu ihm sagte: Herr, lehre uns beten, wie auch Johannes seine Jünger beten gelehrt hat. 2 Da sagte er zu ihnen: Wenn ihr betet, so sprecht:
Vater,
Dein Name werde geheiligt.
Dein Reich komme.
3 Das Brot, das wir nötig haben, gib uns Tag für Tag.
4 Und vergib uns unsere Sünden;
denn auch wir vergeben jedem, der an uns schuldig wird.
Und führe uns nicht in Versuchung.

P: Mt 6,9–13 |2: Jes 63,16 · 1,49; Jes 29,23 · Ps 145,11.13; Jes 52,7 · 10,9! |3: Ps 145,15 |4: 17,3–4 · 22,40

11,2: Viele Handschriften fügen am Ende von V.2 ein (wohl von Mt 6,10 übernommen): «Dein Wille geschehe, wie im Himmel, so auf Erden.»

Und er sprach zuo jnen: Welcher ist under euch der einen freünd hat/ und gienge zuo jm zuo mitternacht/ unnd spräche zuo jm: Lieber freünd/ lych mir drey brot/ dann es ist mein freünd zuo mir kommen von der straassen/ und ich hab nit das ich jm fürlege. Und er darinnen wurde sprechen: Mach mir kein unruow/ die thür ist schon zuogeschlossen/ unnd meine kindlin sind bey mir in der kammer/ ich kan nit aufston und dir geben. Jch sag euch/ unnd ob er schon nit auf stadt und gibt jm darumb das er sein freünd ist/ so wirt er doch umb seines unverschampten gylens willen aufston/ und jm geben wie vil er bedarff.

Und ich sag euch auch/ Bittend/ so wirt euch ggeben: Suochend/ so werdend jr finden: Klopffend an/ so wirt euch aufgethon. Dann wär da bittet/ der nimpt: und wär da suocht/ der findt: und wär da anklopffet/ dem wirt aufgethon. Wo bittet under euch ein sun den vatter umbs brot/ der jm einen stein darfür biete? und so er umb einen fisch bittet/ der jm ein schlangen für den fisch biete? oder so er umb ein Ey bittet/ der jm ein Scorpion darfür biete? So dann jr die jr böß sind/ könnend eüwern kinden guote gaaben geben/ wie vil mer wirt der vatter im himmel den heyligen geyst geben denen die jn bittend?

Unnd er treib einen Teüfel auß der was stumm/ und geschach do der teüfel außfuor/ do redt der stumm. Und das volck verwundert sich. Etlich aber under jnen sprachend: Er treybt die Teüfel auß durch Beelzebub den obersten der teüflen. Die anderen aber versuochtend jn/ und begärtend ein zeychen von jm von himmel. Er aber vernam jr meinung und sprach zuo jnen: Ein yetlich reych so es mit jm selbs uneins wirdt/ das verwüestet/ und ein auß falt über das ander. Jst dann der Sathanas auch mitt jm selbs uneyns/ wie wil sein reych beston? Dieweyl jr sagend/ ich treybe die teüfel auß durch Beelzebub. So aber ich die tüfel durch Beelzebub außtreyb/ durch wän treybennd sy eüwere kinder auß? darumb werdennd sy eüwere richter sein. So ich aber

Vom Bitten und vom Empfangen

5 Und er sagte zu ihnen: Stellt euch vor, ihr habt einen Freund und geht mitten in der Nacht zu ihm und sagt: Freund, leih mir drei Brote, 6 denn ein Freund, der auf Reisen ist, ist zu mir gekommen, und ich habe nichts, was ich ihm vorsetzen könnte. 7 Und jener drinnen würde antworten: Belästige mich nicht! Die Tür ist schon verschlossen, und meine Kinder liegen bei mir im Bett. Ich kann nicht aufstehen und dir etwas geben. 8 Ich sage euch: Wenn er schon nicht aufsteht und ihm etwas gibt, weil er sein Freund ist, so wird er doch seines unverschämten Bittens wegen aufstehen und ihm geben, so viel er braucht.

9 Und ich sage euch: Bittet, so wird euch gegeben; sucht, so werdet ihr finden; klopft an, so wird euch aufgetan. 10 Denn wer bittet, empfängt; wer sucht, der findet; wer anklopft, dem wird aufgetan. 11 Wer von euch gibt seinem Sohn, wenn der ihn, den Vater, um einen Fisch bittet, statt des Fisches eine Schlange, 12 oder wer gibt, wenn er ihn um ein Ei bittet, einen Skorpion? 13 Wenn also ihr, die ihr böse seid, euren Kindern gute Gaben zu geben wisst, wie viel mehr wird der Vater den heiligen Geist vom Himmel herab denen geben, die ihn bitten.

P: Mt 7,7–11 |8: 18,5 |10: Mt 7,8! |13: Röm 8,15

Jesu Macht über die Dämonen

14 Und er war dabei, einen stummen Dämon auszutreiben. Und es geschah, als der Dämon ausfuhr, dass der Stumme zu reden begann, und die Leute wunderten sich.

15 Einige von ihnen aber sagten: Durch Beelzebul, den Fürsten der Dämonen, treibt er die Dämonen aus. 16 Andere forderten von ihm ein Zeichen vom Himmel, um ihn in Versuchung zu führen.

17 Er aber wusste, was in ihnen vorging, und sagte zu ihnen: Jedes Reich, das in sich gespalten ist, wird verwüstet, und ein Haus fällt über das andere. 18 Wenn nun auch der Satan in sich gespalten ist, wie kann dann sein Reich Bestand haben? Ihr sagt ja, dass ich die Dämonen durch Beelzebul austreibe. 19 Wenn ich nun die Dämonen durch Beelzebul austreibe, durch wen

durch den finger Gottes die teüfel außtreib/
so kumpt ye das reych Gottes zuo euch.

Wenn ein starcker gewapneter bewaret seinen
hof/ so bleybt das sein mit friden: wenn aber
ein sterckerer über jn kumpt/ und überwindet
jnn/ so nimpt er jm seinen harnesch/ darauff
er sich verließ/ und teylet den raub auß.
Wär nit mitt mir ist/ der ist wider mich: und
wär nit mit mir samlet/ der zerströwet.

Wenn der unsauber geyst von dem menschen
außfart/ so durchwandlet er dürre stett/ suocht
ruow/ und er findet keine/ so spricht er: Jch
wil wider umbkeren in mein hauß/ darauß
ich gangen bin/ und wenn er kumpt/ so findt
ers mit bäsmen gekert und geziert: denn gadt
er hin und nimpt siben geyst zuo jm/ die
böser sind dann er selbs. Und wenn sy hineyn
kommend/ wonend sy da/ und wirt das letst
desselben menschen böser dann das erst.

Und es begab sich do er sölichs redt/
erhuob ein weyb im volck die stimm/ und
sprach zuo jm: Sälig ist der leyb der dich
getragen hat/ und die brüst die du gesogen
hast. Er aber sprach: Ja sälig sind die dz
wort Gottes hörend/ und behaltends.

Das volck aber drang hinzuo. Do fieng er
an und sagt: Diß ist ein böse art/ sy begärt
ein zeychen/ und es wirt jnen kein zeychen
gegeben dann nun das zeychen deß propheten
Jonas. Dann wie Jonas ein zeychen was den
Niniviteren/ also wirt des menschen sun sein
disem geschlächt. Die künigin von Mittag wirt
aufträtten vor dem gericht mit den leüten dises
geschlächts/ und wirt sy verdammen: dann sy
kam von der welt end zehören die weyßheit
Salomons. Und sihe/ hie ist mer dann Salomon.
Die leüt von Ninive werdend aufträtten vor
dem gericht mit disem geschlächt/ und werdends

Das Evangelium nach Lukas

treiben dann eure Söhne sie aus? Darum werden
sie eure Richter sein. 20 Wenn ich jedoch durch
den Finger Gottes die Dämonen austreibe,
dann ist das Reich Gottes zu euch gelangt.
21 Wenn ein Starker mit Waffen in der Hand
seinen Hof bewacht, ist sein Besitz in Sicherheit.
22 Wenn aber ein Stärkerer ihn angreift und
ihn besiegt, nimmt er ihm die Rüstung, auf
die er sich verlassen hat, und verteilt die Beute.
23 Wer nicht mit mir ist, der ist gegen mich,
und wer nicht mit mir sammelt, der zerstreut.

P: Mt 12,22–30; Mk 3,22–27 |14: Mt 9,32–33
|15: Mt 9,34! |16: 11,29! |20: Ex 8,15 · 10,9! |23: 9,50;
Mk 9,40

Von der Rückkehr der unreinen Geister

24 Wenn der unreine Geist aus dem
Menschen ausgefahren ist, streift er durch
wasserlose Gegenden, sucht Ruhe und findet
sie nicht. Dann sagt er: Ich will in mein
Haus zurückkehren, von wo ich herkam.
25 Und wenn er zurückkommt, findet er es
gefegt und geschmückt. 26 Dann geht er und
holt sieben weitere Geister, die schlimmer
sind als er, und sie ziehen ein und lassen
sich dort nieder. Und es steht um jenen
Menschen am Ende schlimmer als zuvor.

P: Mt 12,43–45

Zweierlei Seligpreisungen

27 Und es geschah, als er das sagte, dass
eine Frau aus der Menge ihre Stimme erhob
und zu ihm sagte: Selig der Schoss, der dich
getragen hat, und die Brüste, an denen du
gesogen hast. 28 Er aber sprach: Selig vielmehr,
die das Wort Gottes hören und bewahren.

|27: 1,42 |28: 8,21!

Die Verweigerung eines Zeichens

29 Als aber noch mehr Leute dazukamen,
begann er zu reden und sprach: Dieses
Geschlecht ist ein böses Geschlecht! Es fordert
ein Zeichen, doch ihm wird kein Zeichen
gegeben werden ausser dem Zeichen des Jona.
30 Denn wie Jona zum Zeichen geworden
ist für die Leute von Ninive, so wird es
auch der Menschensohn werden für dieses
Geschlecht. 31 Die Königin des Südens wird
im Gericht auftreten gegen die Männer dieses
Geschlechts und sie verurteilen. Denn sie kam
vom Ende der Erde, um Salomos Weisheit zu
hören. Hier aber ist mehr als Salomo! 32 Die
Männer Ninives werden im Gericht auftreten

verdammen: dann sy thettend buoß nach der
predig Jonas: und sihe/ hie ist mer dann Jonas.

gegen dieses Geschlecht und es verurteilen,
denn sie sind dem Ruf des Jona gefolgt und
umgekehrt. Hier aber ist mehr als Jona!

P: Mt 12,38–42; 16,1–4; Mk 8,11–13 |29: 9,41 · 11,16;
23,8; Joh 4,48!; 1Kor 1,22–24 |31: 1Kön 10,1–9 |32: Jona 3,5

Das Bild vom Licht und vom Auge

Nieman zündt ein liecht an/ und setzt
es an ein heimlich ort/ auch nit under ein
vierteyl/ sunder auff den leüchter/ auff das
wär hineyn gange/ das liecht sehe. Das aug ist
deß leybs liecht: wenn nun dein aug einfaltig
sein wirt/ so ist dein ganntzer leyb liecht: so
aber dein aug ein schalck sein wirdt/ so ist
auch dein leyb finster. So schouw darauff das
nit das liecht inn dir ein finsternuß sey. Wenn
nun dein leyb ganntz liecht ist/ das er kein
finsternus hat/ so wirdt er ganntz liecht sein/
und wirt dich erleüchten wie ein häller blitzg.

33 Niemand zündet ein Licht an und
stellt es in ein Versteck und auch nicht unter
den Scheffel, sondern auf den Leuchter,
damit die Eintretenden das Licht sehen.
34 Das Licht des Leibes ist dein Auge.
Wenn dein Auge lauter ist, ist auch dein
ganzer Leib von Licht erfüllt. Wenn es aber
böse ist, ist auch dein Leib finster. 35 Gib also
acht, dass das Licht in dir nicht Finsternis ist.
36 Wenn nun dein Leib ganz von Licht erfüllt
ist und nichts Finsteres in ihm ist, dann wird
er ganz von Licht erfüllt sein, wie wenn das
Licht dich mit einem Blitz durchleuchtete.

|33: 8,16! |34–36: Mt 6,22–23

Wehrufe über Pharisäer und Gesetzeslehrer

Do er aber in der red was/ batt jn ein
phariseer das er mitt jm das mittagmaal ässe.
Und er gieng hineyn/ und satzt sich zetisch.
Do das der phariseer sach/ verwunderet er sich/
dz er sich nit vor dem essen wuosch. Der Herr
aber sprach zuo jm: Jr Phariseer/ reynigend
das außwendig am bächer unnd der schüsseln/
aber euwer innwendiges ist voll roubs und
boßheyt. Jr toren/ hat mans darmitt innwendig
gefertiget/ das mans außwendig gefertiget
hat? Doch gebend almuosen von euwerer
hab/ sihe/ so ists euch alles rein. Aber wee
euch Phariseer/ die jr verzähnent die müntzen
und ruten/ und allerley köl/ und lassend
underwegen das gericht/ unnd die liebe Gottes.
Diß solt man thuon/ und jhenes nit lassen.

Wee euch phariseer/ das jr gern oben
an sitzend in den schuolen/ und wöllend
gegrüeßt sein auff dem marckt/

Wee euch gschrifftglerten und phariseer
jr gleychßner/ das jr sind wie verdeckte
todten greber/ darüber die leüt lauffend/
und kennen sy nit. Do antwortet einer
von den geschrifftglerten/ und sprach zuo
jm: Meyster/ mit den worten schmächst du
uns auch. Er aber sprach: Unnd wee auch
euch gschrifftglerten/ dann jr beladend die
menschen mit unträglichen lästen/ und
jr rüerend sy nit mitt einem finger an.

37 Während er noch redete, bat ihn ein
Pharisäer, bei ihm zu essen. Und er trat ein
und setzte sich zu Tisch. 38 Als der Pharisäer
das sah, wunderte er sich, dass er sich vor
dem Essen nicht gewaschen hatte.
39 Da sagte der Herr zu ihm: Nun, ihr
Pharisäer, das Äussere von Bechern und
Schüsseln haltet ihr rein, euer Inneres aber ist
voller Raub und Bosheit. 40 Ihr Toren! Hat
nicht der, welcher das Äussere geschaffen hat,
auch das Innere geschaffen? 41 Gebt lieber, was
in den Schüsseln drin ist, als Almosen – dann
ist es euch alles rein. 42 Doch wehe euch, ihr
Pharisäer! Ihr gebt den Zehnten von Minze,
Raute und jedem Kraut, aber am Recht und
an der Liebe Gottes geht ihr vorbei. Dies
aber sollte man tun und jenes nicht lassen.
43 Wehe euch, ihr Pharisäer! Ihr liebt es, die
Ehrenplätze in den Synagogen innezuhaben
und auf den Marktplätzen gegrüsst zu
werden. 44 Wehe euch! Ihr seid wie die
unkenntlich gewordenen Gräber; die Leute
gehen über sie hinweg, ohne es zu wissen.
45 Da entgegnet ihm einer von den
Gesetzeslehrern: Meister, mit diesen Worten
beleidigst du auch uns. 46 Er aber sprach:
Wehe auch euch, ihr Gesetzeslehrer! Ihr bürdet
den Menschen unerträgliche Lasten auf, doch
ihr selbst rührt mit keinem Finger an die
Lasten. 47 Wehe euch! Ihr baut den Propheten

Wee euch/ dann jr buwend der propheten greber/ euwere vätter aber habend sy tödt. So bezeügend jr zwar/ und bewilligend die werck üwerer vätter: dann sy todtend sy/ so bauwend jr jre greber. Darumb sprach die weyßheit Gottes: Jch wil Propheten und Apostel zuo jnen senden: und der selbigen werdend sy etlich töden und verfolgen/ auff das gefordert werde von disem geschlächt/ aller propheten bluot das vergossen ist/ sit der welt grund gelegt ist: von Abels bluot an biß auff das bluot Zacharie/ der umbkam zwüschent dem altar und dem tempel: ja ich sag euch/ es wirdt geforderet werden von disem geschlächt.

Wee euch gschrifftglerten/ dann jr habend den schlüssel der erkanntnuß empfangen. Jr sind nit hineyn kommen/ und habend geweret denen die hineyn woltend.

Do er aber sölichs zuo jnen sagt/ fiengend an die gschrifftglerten und phariseer hart auff jnn zetringen/ und jm mit mancherley fragen den mund zuo verstopffen/ und luretend auff jn und suochtend/ ob sy etwas erjagen köndtind auß seinem mund/ das sy ursach zuo jm hettind.

Das xij. Capitel.
Christus warnet die seinen vor gleychßnery: stercket sy wider die künfftigen ungefell/ warnet sy vor geyt mit einem byspil eines torechten reychen: weert jnen überflüssige sorg und angst/ wyßt sy von den yrdischen auff die himmelischen ding/ heyßt sy wachen und gerüstet sein auff die zuokunfft deß Herren.

Es hat sich vil volcks gesamlet/ also/ das sy sich under einander trattend/ do fieng er an/ und sagt zuo seinen Jüngeren zum ersten: Hüetend euch vor dem saurteyg der phariseern/ welches ist die gleychßnery. Es ist aber nichts verborgens/ das nit offenbar werde: noch heimlichs/ dz man nit wüssen werde. Darumb was jr in der finsternuß gesagt habend/ das wirt man am liecht hören: was jr habend geredt ins or in der kamer/ das wirt man predigen auff den tächeren.

Jch sag euch aber/ meinen fründen/ Förchtend euch nit vor denen/ die den leyb tödend/ unnd darnach nichts habennd/ das sy mer thuond. Jch wil euch aber zeygenn vor welchem jr euch förchten söllend. Förchtend euch vor dem/ der/ nach dem er tödet hat/ auch macht hat zewerffen inn die hell: ja ich sag euch/ vor dem förchtend euch. Kaufft man nit fünff Sparen umb zween pfennig? noch ist vor Gott

Denkmäler, eure Väter aber haben sie getötet. 48 So seid ihr Zeugen für die Taten eurer Väter und heisst sie gut. Denn sie haben sie getötet, und ihr baut ihnen Denkmäler. 49 Darum hat auch die Weisheit Gottes gesprochen: Ich will Propheten und Apostel zu ihnen senden; einige von ihnen werden sie verfolgen und töten, 50 und darum soll das Blut aller Propheten, das vergossen wurde seit Grundlegung der Welt, von diesem Geschlecht gefordert werden, 51 von dem Blut Abels bis zum Blut des Zacharias, der umgebracht wurde zwischen Altar und Tempel. Ja, ich sage euch: Es wird von diesem Geschlecht gefordert werden! 52 Wehe euch, ihr Gesetzeslehrer! Ihr habt den Schlüssel zur Erkenntnis weggenommen. Ihr selbst seid nicht hineingegangen, und denen, die hineingehen wollten, habt ihr es verwehrt.

53 Und als er von dort wegging, fingen die Schriftgelehrten und Pharisäer an, ihn mit immer neuen Fragen zu bedrängen. 54 Und sie stellten ihm nach, um etwas aus seinem Mund zu erjagen.

P: Mt 23,13–36 |37: 7,36! |38: Mt 15,2; Mk 7,2–5 |39: Mk 7,4 |41: 12,33! · Mk 7,19 |42: 18,12; Lev 27,30; Dtn 14,22–23 · Mi 6,8; Sach 7,9 |43: 14,7; 20,46; Mt 23,6–7; Mk 12,38–39 |46: Apg 15,10 |47: 6,22–23; 13,34; Mt 23,31!; Apg 7,52 |49: Jer 7,25–26 |51: Gen 4,8–11

Die Aufforderung zu furchtlosem Bekenntnis

12 1 Unterdessen hatten sich die Leute zu Tausenden versammelt, so dass sie einander fast niedertraten. Da wandte er sich an seine Jünger und sprach: Vor allem hütet euch vor dem Sauerteig – gemeint ist die Heuchelei – der Pharisäer!

2 Nichts ist verhüllt, was nicht enthüllt, und nichts ist geheim, was nicht bekannt werden wird. 3 Darum wird alles, was ihr im Dunkeln gesagt habt, im Licht gehört werden, und was ihr in den Kammern ins Ohr geflüstert habt, auf den Dächern ausgerufen werden.

4 Und euch, meinen Freunden, sage ich: Fürchtet euch nicht vor denen, die den Leib töten, darüber hinaus aber nichts tun können. 5 Ich will euch zeigen, wen ihr fürchten sollt: Fürchtet den, der, nachdem er getötet hat, die Macht hat, in die Hölle zu stossen. Ja, ich sage euch: Den fürchtet! 6 Verkauft man nicht fünf Spatzen für zwei Fünfer? Und

der selbigen nit eins vergessen. Auch sind die haar auff euwerm haupt alle gezelt. Darumb förchtend euch nit: dann jr sind besser dann vil Sparen.

Jch sag aber euch/ Wär mich bekent vor den menschen/ den wirt auch des menschen sun bekennen vor den englen Gottes. Wär mein aber verlöugnet vor den menschen/ deß wirt verlöugnet werden vor den Englen Gottes. Unnd wär da redt ein wort wider deß menschen sun/ dem sols vergebenn werden. Wär aber lesteret den heyligenn geyst/ dem sols nit vergeben werden.

Wenn sy euch aber füeren werdend in jre schuolen/ und für die oberkeyten/ und für die gwaltigen/ so sorgennd nit wie oder was jr antworten/ oder was jr sagen söllend: dann der heylig geyst wirdt euch zuo der selbigen stund leeren was jr sagen söllend.

Es sprach aber einer auß dem volck zuo jm: Meister/ sag meinem bruoder/ das er mit mir dz erb teyle. Er aber sprach zuo jm: Mensch wär hat mich zum richter oder erbteyler über euch gesetzet? und sprach zuo jnen: Sehent zuo/ und hüetend euch vor dem geyt/ dann niemant läbt darvon/ das er volle genüege habe in seinen güeteren. Und er sagt jnen ein gleichnuß/ und sprach: Es was ein reycher mensch/ des väld stuond wol/ und er gedacht bey jm selbs/ unnd sprach: Was sol ich thuon? ich hab nichts da ich meine frücht hinsamle/ und sprach: Das wil ich thuon/ ich wil meine schüren abbrechen/ und grösser bauwen/ und wil dareyn samlen alles was mir gwachsen ist/ und meine güeter/ unnd wil sagen zuo meiner seel: Liebe seel/ du hast ein grossenn vorradt auff vil jar/ hab nun ruow/ iss/ trinck/ biß frölich. Aber Gott sprach zuo jm: Du narr/ dise nacht wirt man dein seel von dir foderen/ und weß wirt sein das du bereytet hast? Also gadt es/ wär jm schätz samlet/ und ist nit reych in Gott.

Er sprach aber zuo seinen jüngeren: Darumb sag ich euch/ sorgend nitt für euwer läben/

nicht einer von ihnen ist bei Gott vergessen. 7 Und ihr erst – bei euch sind sogar die Haare auf dem Kopf alle gezählt! Fürchtet euch nicht! Ihr seid mehr wert als viele Spatzen.

8 Ich sage euch aber: Zu jedem, der sich vor den Menschen zu mir bekennt, wird sich auch der Menschensohn bekennen vor den Engeln Gottes. 9 Wer mich aber vor den Menschen verleugnet, der wird verleugnet werden vor den Engeln Gottes. 10 Und jedem, der etwas gegen den Menschensohn sagt, wird vergeben werden. Dem aber, der den heiligen Geist lästert, wird nicht vergeben werden.

11 Wenn sie euch aber vor die Gerichte der Synagogen und vor die Machthaber und vor die Behörden führen, dann sorgt euch nicht, wie oder womit ihr euch verteidigen oder was ihr sagen sollt, 12 denn der heilige Geist wird euch in jener Stunde lehren, was ihr sagen müsst.

P: Mt 10,26–33 |1: Mt 16,6; Mk 8,15 |2: 8,17; Mk 4,22 |4: Joh 15,14–15 |6: 12,24 |7: 21,18 · 10,20 · 12,24 |9: 9,26! |10: Mt 12,32; Mk 3,28–29 |11: 21,12! |12: 21,15!

Die Geschichte vom reichen Kornbauern
13 Es sagte aber einer aus der Menge zu ihm: Meister, sag meinem Bruder, er solle das Erbe mit mir teilen. 14 Er sagte zu ihm: Mensch, wer hat mich zum Richter oder Erbteiler über euch gesetzt? 15 Er sagte aber zu ihnen: Seht euch vor und hütet euch vor jeder Art Habgier! Denn auch dem, der im Überfluss lebt, wächst sein Leben nicht aus dem Besitz zu.

16 Er erzählte ihnen aber ein Gleichnis: Das Land eines reichen Mannes hatte gut getragen. 17 Da dachte er bei sich: Was soll ich tun? Ich habe keinen Raum, wo ich meine Ernte lagern kann. 18 Und er sagte: Das werde ich tun: Ich werde meine Scheunen abbrechen und grössere bauen, und dort werde ich all mein Getreide und meine Vorräte lagern. 19 Dann werde ich zu meiner Seele sagen können: Seele, du hast reichen Vorrat daliegen für viele Jahre. Ruh dich aus, iss, trink, sei fröhlich! 20 Gott aber sagte zu ihm: Du Tor! Noch in dieser Nacht fordert man deine Seele von dir zurück. Was du aber zurückgelegt hast – wem wird es gehören? 21 So geht es dem, der für sich Schätze sammelt und nicht reich ist vor Gott.

|15: 12,22! |19: 16,19; Koh 8,15 |20: 9,25; Ps 49,18

Von falscher und echter Sorge
22 Und er sagte zu seinen Jüngern: Darum sage ich euch: Sorgt euch nicht

was jr essen söllind/ ouch nit für euweren leyb/ was jr anthuon söllind. Das läben ist mer dann speyß/ unnd der leyb mer dann kleydung. Nemmend war der rappen/ die sayend nit/ sy erndend auch nit/ sy habend auch keyn käller noch schür/ unnd Gott neeret sy doch. Wie vil aber sind jr fürträffennlicher dann die vögel?

Welcher ist under euch/ ob er schon darumb sorget/ der da könne ein ellen lang siner grösse zuosetzen? So jr dann das geringst nit vermögend/ warumb sorgend jr für das ander? Nemmend war der Gilgen auff dem väld wie sy wachsend/ sy arbeytend nit/ so spinnend sy nit. Jch sag euch aber/ dz auch Salomon in aller seiner herrlickeyt nit ist bekleidet gewesen/ als deren eins. So dann das graß/ das hütt auff dem väld stadt/ und morn in den ofen geworffen wirt/ Gott also kleydet/ wie vil mer wirt er euch kleyden/ jr klein glöubigen? Darumb auch jr/ fragend nit darnach was jr essen/ oder was jr trincken söllind/ und farend nit hoch här. Nach sölchem allem trachtend die Heyden in der welt. Aber euwer vatter weyßt wol das jr deß bedörffend. Doch trachtend nach dem reych Gottes/ so wirt euch das alles zuofallen.

Förcht dich nit du kleine härd/ dann es ist euwers vatters wolgefallen euch das reych zegeben. Verkauffend was jr habend/ und gebend almuosen. Machend euch seckel die nit veraltind: eynen schatz der nimmer abnimpt im himmel/ da kein dieb zuokumpt/ und den keine schaben fressend: dann wo euwer schatz ist da wirt auch üwer hertz sein.

um das Leben, was ihr essen werdet, noch um den Leib, was ihr anziehen werdet. 23 Denn das Leben ist mehr als die Nahrung und der Leib mehr als die Kleidung. 24 Achtet auf die Raben: Sie säen nicht, sie ernten nicht, sie haben weder Vorratskammer noch Scheune: Gott ernährt sie. Ihr seid doch viel mehr wert als die Vögel! 25 Wer von euch vermag mit seinem Sorgen seiner Lebenszeit auch nur eine Elle hinzuzufügen? 26 Wenn ihr also nicht einmal das Mindeste vermögt, was sorgt ihr euch dann um das Übrige? 27 Achtet auf die Lilien, wie sie wachsen. Sie arbeiten nicht und spinnen nicht; doch ich sage euch: Selbst Salomo in all seiner Pracht war nicht gekleidet wie eine von ihnen. 28 Wenn Gott aber das Gras, das heute auf dem Felde steht und morgen in den Ofen geworfen wird, so kleidet, wie viel mehr dann euch, ihr Kleingläubigen!

29 So kümmert auch ihr euch nicht darum, was ihr essen und trinken werdet, und ängstigt euch nicht. 30 Denn um all das kümmern sich die Völker der Welt. Euer Vater weiss doch, dass ihr das braucht. 31 Trachtet vielmehr nach seinem Reich, dann werden euch diese Dinge dazugegeben werden. 32 Fürchte dich nicht, du kleine Herde, denn es hat eurem Vater gefallen, euch das Reich zu geben.

33 Verkauft euren Besitz und gebt Almosen! Macht euch Geldbeutel, die nicht verschleissen: einen unerschöpflichen Schatz im Himmel, wo kein Dieb naht und keine Motte frisst. 34 Denn wo euer Schatz ist, da wird auch euer Herz sein.

P: Mt 6,25–34.19–21 |22: 8,14; 12,15; 21,34 · Ps 145,15–16 |24: Hiob 38,41; Ps 147,9 · 12,6–7 |32: Jes 41,14 · 22,29 |33: 11,41; 16,9; 18,22

Das Bild von den wachsamen Knechten

Lassend umbgürtet sein euwere lenden/ und brennend euwere liechter: und sind gleich den menschen die da wartend auff jren herren/ wenn er aufbrechen wirt von der hochzeyt/ auff dz wenn er kumpt und anklopfet/ sy jm bald aufthüegind. Sälig sind die knecht/ die der herr/ so er kumpt/ wachenn findet. Warlich ich sag euch/ Er wirt sich aufschürtzen/ und wirt sy zetisch setzen/ und vor jnen gon/ unnd jnen dienen.

Und so er kumpt in der anderen wacht/ und in der dritten wacht/ und wirdts also finden/ sälig sind dise knecht. Das söllend jr aber wüssen/ wenn ein haußherr wüßte zuo

35 *Eure Hüften sollen gegürtet* und eure Lichter angezündet sein! 36 Und ihr sollt Menschen gleich sein, die auf ihren Herrn warten, um ihm, wenn er von der Hochzeit aufbricht und kommt und anklopft, sogleich zu öffnen. 37 Selig jene Knechte, die der Herr wach findet, wenn er kommt! Amen, ich sage euch: Er wird sich gürten, sie zu Tisch bitten und ihnen aufwarten. 38 Auch wenn er in der zweiten oder erst in der dritten Nachtwache kommt und sie so findet, selig sind sie!

39 Das aber versteht ihr: Wenn der Hausherr wüsste, zu welcher Stunde der Dieb kommt, liesse er ihn nicht in sein

welcher stund der dieb käme/ so wachete er/ und liesse nit in sein hauß brechen. Darumb sind jr auch bereyt/ dann des menschen sun wirt kommen zur stund da jr nit meynend.

Petrus aber sprach zuo jm: Herr/ sagst du dise gleychnuß zuo unns oder auch zuo allen? Der Herr aber sprach: Wie ein groß ding ist es umb ein trüwen und kluogen haußhalter/ den sein herr setzt über sein gsind/ das er jnen zuo rechter zeyt jr gebür gebe? Sälig ist der knecht/ welchenn sein herr findet also thuon wenn er kumpt/ warlich ich sag euch/ er wirt jnn über alle seine güeter setzen. So aber der selbig knecht in seinem hertzen sagen wirdt: Mein herr verzeücht/ und facht an zeschlahen die knecht und mägt/ und zuo essen und zetrincken/ und sich voll sauffen/ so wirt der herr desselbigen knechts kommen an dem tag/ da er sichs nit versicht/ und zuo der stund/ die er nit weyßt/ und wirt jn zerhauwen/ und wirt jm sein lon geben mit den unglöubigen.

Der knecht aber der seines herren willen weißt/ und hat sich nit bereytet/ auch nit nach seinem willen thon/ der wirt vil schleg leyden müessen. Der es aber nit weißt/ hat doch gethon das der schlegen wärdt ist/ wirt wenig schleg leyden. Dann welchem vil ggeben ist/ bey dem wirt man vil suochen: und welchem vil befolhen ist/ von dem wirt man vil forderen.

Haus einbrechen. 40 Auch ihr sollt bereit sein, denn der Menschensohn kommt zu einer Stunde, da ihr es nicht erwartet.

41 Petrus aber sagte: Herr, sagst du dieses Gleichnis uns oder auch allen anderen? 42 Und der Herr sprach: Wer ist nun der treue und kluge Verwalter, den der Herr über seine Dienerschaft setzen wird, damit er ihnen die Speise zuteile zur rechten Zeit? 43 Selig der Knecht, den sein Herr, wenn er kommt, solches tun sieht. 44 Ich sage euch: Er wird ihn über alle seine Güter setzen! 45 Wenn aber dieser Knecht in seinem Herzen sagt: Mein Herr kommt noch lange nicht, und anfängt, die Knechte und die Mägde zu schlagen, zu essen und zu trinken und sich zu betrinken, 46 dann wird der Herr dieses Knechtes kommen an einem Tag, da er es nicht erwartet, und zu einer Stunde, die er nicht kennt. Und er wird ihn in Stücke hauen lassen und ihm sein Teil bei den Ungläubigen zuweisen.

47 Der Knecht, der den Willen des Herrn kennt und nichts nach seinem Willen bereitgemacht oder getan hat, wird viele Schläge erhalten. 48 Der aber, der ihn nicht kennt, und etwas getan hat, das Schläge verdient, wird wenige erhalten. Wem aber viel gegeben wurde, von dem wird viel gefordert werden; und wem viel anvertraut wurde, von dem wird man umso mehr verlangen.

|35: Ex 12,11; 1Petr 1,13 |36: Mt 25,1–13 |38: Mk 13,35! |39–40: Mt 24,42–44 |39: 1Thess 5,2; 2Petr 3,10; Offb 3,3; 16,15 · 21,35 |40: 12,46; Mk 13,35! |41–46: Mt 24,45–51 |45: Mt 25,5 · 21,34 |46: 12,40! |47: Jak 4,17

Von der notwendigen Zwietracht

49 Ich bin gekommen, Feuer auf die Erde zu werfen, und wie sehr wünschte ich, es wäre schon entfacht! 50 Aber ich muss eine Taufe empfangen, und wie ist mir bange, bis sie vollzogen ist.

51 Meint ihr, ich sei gekommen, Frieden auf die Erde zu bringen? Nein, sage ich euch, sondern Zwietracht. 52 Denn von nun an werden in einem Haus fünf entzweit sein, drei mit zweien und zwei mit dreien; 53 entzweit sein werden Vater und Sohn, und *Sohn und Vater*, Mutter und Tochter, und *Tochter und Mutter*, Schwiegermutter und Schwiegertochter, und *Schwiegertochter und Schwiegermutter*.

|50: Mk 10,38 |51–53: Mt 10,34–36 |51: 22,36 |53: 21,16; Mi 7,6

Jch bin kommen/ das ich fheür anzünde auff erden/ was wölt ich lieber/ dann es wäre schon anzündet? aber ich muoß mich vorhin tauffen lassen mit einem tauff/ und wie ist mir so angst biß er vollendet werde? Meinand jr das ich här kommen sey frid zegeben? Da sag ich nein zuo/ sunder zwytracht. Dann von nun an werdend fünff in einem hauß spänig seyn: drey wider zwen/ und zwen wider drey. Es wirt sich der vatter setzen wider den sun/ unnd der sun wider den vatter: die muoter wider die tochter/ und die tochter wider die muoter: die schwiger wider die schnurr/ und die schnurr wider die schwiger.

Er sprach aber auch zuo dem volck: Wenn
jr ein wolcken sehend aufgon vom Abend/
so sprechend jr bald: Es kumpt ein rägenn/
und es geschicht also: unnd wenn jr sehend
den Mittags wind wäyen/ so sprechend jr:
Es wirt heyß werden/ und es geschicht also.
Jr gleychßner/ die gestalt der erden und deß
himmels könnend jr urteylen/ wie urteylend
jr aber dise zeyt nit? Warumb richtent jr
aber nit auch über euch was recht ist?

So du aber mit dinem widersächer für den
Fürsten gaast/ so thuo fleyß auff dem wäg das
du seinen loß werdest/ auff das er nit etwo
dich für den richter ziehe/ und der richter
überantworte dich dem stockmeister/ unnd
der stockmeyster werffe dich in gefencknuß.
Jch sag dir/ du wirst von dannen nit herauß
kommen/ biß du das aller letst örtlin bezalest.

Das xiij. Capitel.
Christus nimpt von den Galileern/ die Pilatus
umbbracht hat/ anloß zuo besserung/ zuo vermanen/
und die straaff Gottes ab zuo leynen. Dises thuot er auch
under der gleychnuß eines fygenbaums. Er leret in den
samlungen und heylet die kranckheyten/ deß gebrochnen
Sabbats halb verantwurtet er sich/ vergleycht das
himmelreych einem senff korn und hebel/ vermant zuo
rechtem glauben/ straafft Herodem und Jerusalem.

Es warend aber zuo der selbigen zeyt etlich
darbey/ die verkundtend jm von den Galileern/
welcher bluot Pilatus mit jrem opfer vermischet
hat. Und Jesus antwortet/ und sprach zuo jnen:
Meinend jr das dise Galileer für alle Galileer
sünder gewesen sygind/ dieweyl sy das erlitten
habend? Jch sag euch nein darzuo/ sunder so
jr euch nitt besserend/ werdend jr all auch
also umbkommen. Oder meinend jr das die
achtzähen/ auff welche der thurn in Siloa viel
und sy erschluog/ sygind schuldig gewesenn für
alle menschen die zuo Jerusalem wonennd? Jch
sag nein darzuo/ sunder so jr üch nit besserend/
werdend jr all auch also umbkommen.

Er sagt jnen aber dise gleychnuß: Es hatt
einer ein fygenbaum/ der was gepflantzet
in seinem weynberg/ und kam und suocht
frucht darauff/ unnd fannd keine/ do sprach

Das Bild vom Wetter
54 Und zu den Leuten sagte er: Wenn
ihr eine Wolke im Westen aufsteigen seht,
sagt ihr sogleich: Es kommt Regen; und so
geschieht es. 55 Und wenn ihr spürt, dass der
Südwind weht, sagt ihr: Es wird sehr heiss
werden; und es geschieht. 56 Ihr Heuchler,
das Aussehen der Erde und des Himmels
wisst ihr zu deuten; wie kommt es dann, dass
ihr diese Stunde nicht zu deuten wisst?

|56: 7,22

Von der Bereitschaft zur Versöhnung
57 Warum könnt ihr nicht auch selber
beurteilen, was recht ist? 58 Wenn du mit
deinem Gegner in einem Rechtsstreit vor
Gericht gehst, dann gib dir unterwegs Mühe,
ihn gütlich loszuwerden, damit er dich nicht
vor den Richter zieht und der Richter dich dem
Gerichtsdiener übergibt und der Gerichtsdiener
dich ins Gefängnis wirft. 59 Ich sage dir:
Du wirst von dort nicht herauskommen, bis
du auch den letzten Heller bezahlt hast.

P: Mt 5,25–26 |59: Mt 18,34

Die Mahnung zur Umkehr
13 1 Es waren aber zur selben Zeit einige
zugegen, die ihm von den Galiläern
berichteten, deren Blut Pilatus mit dem ihrer
Opfertiere vermischt hatte. 2 Und er wandte
sich an sie und sagte: Meint ihr, diese Galiläer
seien grössere Sünder gewesen als alle anderen
Galiläer, weil ihnen dies widerfahren ist?
3 Nein, sage ich euch; aber wenn ihr nicht
umkehrt, werdet ihr alle ebenso zugrunde
gehen. 4 Oder jene achtzehn, auf die der Turm
am Teich Schiloach stürzte und sie tötete,
meint ihr, sie seien schuldiger gewesen als
alle anderen Bewohner Jerusalems? 5 Nein,
sage ich euch; aber wenn ihr nicht umkehrt,
werdet ihr alle ebenso zugrunde gehen.

|2: Joh 9,2

Das Bild vom Feigenbaum
6 Er erzählte aber das folgende Gleichnis:
Es hatte einer in seinem Weinberg einen
Feigenbaum stehen. Und er kam und suchte
Frucht an ihm und fand keine. 7 Da sagte

er zuo dem weyngartner: Sihe/ ich bin nun drey jar lang alle jar kommen/ und frucht gesuocht auff disem feygenbaum/ und find keine/ hauw jnn ab/ was verschlecht er das lannd? Er aber antwortet unnd sprach: Herr/ laß jnn noch diß jar/ biß das ich umb jnn grab/ und betüenge jnn ob er wölte frucht bringen: wo nit/ so hauw jn darnach ab.

Unnd er leeret in einer schuol am Sabbath/ unnd sihe/ ein weyb was da/ das hatt einen geyst der kranckheyt achtzähen Jar: und sy was krumm/ und kondt nit wol aufsehenn. Do sy aber Jesus sach/ ruofft er jr zuo jm/ und sprach zuo jr: Weyb/ biß loß von deiner kranckheyt. Und legt die hend auff sy/ unnd von stundan ward sy aufrichtig/ und preyset Gott.

Do antwortet der oberst der schuol/ und was unwillig das er auff den Sabbat heylet/ und sprach zuo dem volck: Es sind sechs tag darinnen man arbeyten sol/ in den selbigen kommend und lassent euch heylen/ und nit am Sabbath.

Do antwortet jm der Herr und sprach: Du gleychßner/ löset nit ein yetlicher under euch seinen ochsen oder Esel von der kripff am Sabbath/ unnd füeret jnn zur trencky? Sölte aber nit gelößt werden am Sabbat dise (die doch Abrahams tochter ist) von disem band/ welche Satanas gebunden hatt nun achtzähen jar? Und als er sölichs sagt/ muoßtend sich schämen alle die jm wider gewesen warend. Und alles volck fröwet sich über alle herrliche thaten die von jm geschahend.

Er aber sprach: Wäm ist das reych Gottes gleich? und wäm sol ichs vergleichen? Es ist einem senffkörnli gleych/ welches ein mensch nam und warff es in seinen garten: und es wuochß/ und ward ein grosser baum. Und die vögel des himmels wonetend under seinen esten.

Und abermals sprach er: Wäm sol ich vergleychen das reych Gottes? Es ist gleich einem hebel/ welchen ein weyb nam/ unnd verbarg jnn under drey scheffel mäls/ biß das er gantz saur ward.

er zu dem Weinbauern: Seit drei Jahren komme ich nun und suche Frucht an diesem Feigenbaum und finde keine. Hau ihn um! Wozu soll er auch noch den Boden aussaugen? 8 Der aber antwortet ihm: Herr, lass ihn noch dieses Jahr, bis ich rings um ihn umgegraben und Mist ausgelegt habe. 9 Vielleicht bringt er in Zukunft doch Frucht; wenn aber nicht, dann lass ihn umhauen.

P: Jes 5,1–7 |7: 3,9; Mt 21,19; Mk 11,13–14

Die Heilung einer verkrümmten Frau am Sabbat

10 Er lehrte aber am Sabbat in einer der Synagogen. 11 Und da war eine Frau, die hatte seit achtzehn Jahren einen Geist, der sie krank machte; sie war verkrümmt und konnte sich nicht mehr aufrichten. 12 Als nun Jesus sie sah, rief er sie herbei und sagte zu ihr: Frau, du bist von deiner Krankheit erlöst. 13 Und er legte ihr die Hände auf. Und auf der Stelle richtete sie sich auf und pries Gott. 14 Der Synagogenvorsteher aber, aufgebracht darüber, dass Jesus am Sabbat heilte, sagte zu den Leuten: Sechs Tage sind es, an denen man arbeiten soll; kommt also an diesen Tagen, um euch heilen zu lassen, nicht an einem Sabbat! 15 Der Herr aber antwortete ihm: Ihr Heuchler, bindet nicht jeder von euch am Sabbat seinen Ochsen oder Esel von der Krippe los und führt ihn zur Tränke? 16 Diese aber, eine Tochter Abrahams, die der Satan volle achtzehn Jahre in Fesseln gehalten hat, musste sie nicht am Sabbat von dieser Fessel losgebunden werden? 17 Und als er dies sagte, schämten sich alle seine Gegner. Und alles Volk freute sich über all die herrlichen Taten, die durch ihn geschahen.

P: 6,6–11; 14,1–6 |14: Ex 20,8–11; Dtn 5,12–15 |16: 19,9! · 8,29

Das Gleichnis vom Senfkorn und das Gleichnis vom Sauerteig

18 Nun sprach er: Wem ist das Reich Gottes gleich, womit soll ich es vergleichen? 19 Es ist einem Senfkorn gleich, das einer nahm und in seinen Garten säte. Und es wuchs und wurde zu einem Baum, und *die Vögel des Himmels nisteten in seinen Zweigen*.

20 Und wiederum sprach er: Womit soll ich das Reich Gottes vergleichen? 21 Es ist einem Sauerteig gleich, den eine

Frau nahm und mit drei Scheffel Mehl vermengte, bis alles durchsäuert war.

P: Mt 13,31–33; Mk 4,30–32 |19: Ps 104,12; Dan 4,9.18

Das Bild von der engen Tür und von der verschlossenen Tür

22 Und er zog von Stadt zu Stadt und von Dorf zu Dorf und lehrte und nahm so seinen Weg nach Jerusalem.

23 Da sagte einer zu ihm: Herr, ob es wohl wenige sind, die gerettet werden? Er sagte zu ihnen: 24 Setzt alles daran, durch die enge Tür einzutreten! Denn viele, sage ich euch, werden es versuchen, und es wird ihnen nicht gelingen. 25 Wenn sich der Hausherr erhoben und die Tür verschlossen hat und ihr noch draussen steht und erst dann anfangt, an die Tür zu klopfen und zu sagen: Herr, öffne uns!, wird er euch antworten: Ich weiss nicht, woher ihr seid! 26 Dann werdet ihr anfangen zu sagen: Wir haben doch vor deinen Augen gegessen und getrunken, und du hast auf unseren Strassen gelehrt. 27 Und er wird zu euch sagen: Ich weiss nicht, woher ihr seid. *Weg von mir, all ihr Übeltäter!* 28 Da wird Heulen und Zähneklappern sein, wenn ihr dann seht, wie Abraham, Isaak und Jakob und alle Propheten im Reich Gottes sind, ihr aber hinausgeworfen werdet. 29 Und sie werden kommen von Osten und Westen und von Norden und Süden und bei Tisch sitzen im Reich Gottes. 30 Da gibt es Letzte, die Erste sein werden, und es gibt Erste, die Letzte sein werden.

|22: 9,51! |23–24: Mt 7,13–14 |25: Mt 25,11–12 |27: Ps 6,9; Mt 7,23 |28: Mt 8,12! |29: Ps 107,3; Jes 49,12; Mt 8,11 · 14,15 |30: Mt 19,30; 20,16; Mk 10,31

Jerusalem, der Ort des Leidens

31 Zur selben Stunde kamen einige Pharisäer zu ihm und sagten: Geh weg, zieh fort von hier, denn Herodes will dich töten. 32 Und er sagte zu ihnen: Geht und sagt diesem Fuchs: Gib acht! Ich treibe Dämonen aus und vollbringe Heilungen heute und morgen, und am dritten Tag bin ich am Ziel. 33 Doch heute und morgen und am folgenden Tag muss ich weiterziehen, denn es geht nicht an, dass ein Prophet ausserhalb von Jerusalem umkommt.

34 Jerusalem, Jerusalem, die du tötest die Propheten und steinigst, die zu dir gesandt sind! Wie oft habe ich deine Kinder sammeln wollen wie eine Henne ihre Küken unter ihre Flügel, und ihr habt nicht gewollt.

Und er gieng durch stett und fläcken/ und leeret/ unnd nam seyn wäg gen Jerusalem.

Es sprach aber einer zuo jm: Herr/ meinst du dz wenig sälig werdind? Er aber sprach zuo jnen: Ringend darnach das jr durch die engen porten eyngangind. Dann vil werdend (das ich euch sag) darnach trachten wie sy hineyn kommind/ unnd werdends nit thuon können. Von denn an/ wenn der haußwirt auferstanden ist/ unnd die thür verschlossen hat/ da werdend jr denn anfahen daussen zeston/ unnd an die thür klopffen/ und sagen: Herr herr/ thuo uns auf. Und er wirt antworten und sagen: Jch weiß nit wo jr här sind.

So werdennd jr dann anfahen zesagen: Wir habend vor dir geessen und truncken/ unnd auff den gassen hast du unns geleert. Unnd er wirt sagen: Jch sag euch/ ich weiß nit wo jr här sind. Weychend all von mir jr übelthäter. Da wirdt sein heülen unnd zänklaffen/ wenn jr sehen werdend Abraham und Jsaac/ und Jaacob/ und alle propheten im reych Gottes/ euch aber hinauß gestossen: Und wenn da kommen werdend vom Morgen und vom Abent/ von Mitternacht und vom Mittag/ die zetisch sitzen werdend im reych Gottes. Und sihe/ es sind letste/ die werdend die ersten sein: unnd sind erste/ die werdend die letsten sein.

An dem selben tag kamend etlich Phariseer zuo jm/ die sprachend: Heb dich hinauß/ unnd gang von hinnen/ dann Herodes wil dich töden. Und er sprach zuo jnen: Gond hin und sagend dem Fuchs: Sihe/ ich treyb teüfel auß/ und heylen die leüt hütt und morn/ und am dritten tag wird ich ein end nemmen: doch muoß ich heütt unnd morn und am tag darnach künfftig wandlen/ dann es thuots nit das ein prophet umbkomme ussert Jerusalem.

Jerusalem Jerusalem/ die du tödest propheten/ und versteynigest die zuo dir gesendt werdend/ wie offt hab ich wöllen deine kinder versamlen/ wie ein Henn jre hüenly under jre flügel/ und jr habend nit gewölt? Sihe/ euwer hauß sol euch wüest gelassen werden. Dann ich sag euch/ jr werdennd mich nit sehen/ biß das die zeyt kumpt so jr sagen werdend: Gebenedeyet ist der da kumpt in dem nammen des Herren.

Das xiiij. Capitel.

Jesus isset beym Phariseer/ machet den wassersüchtigen am Sabbath gsund/ leert demuot/ und wie man sich in maalen halten sol. Vom nachtmaal/ zuo dem vil geladen warend/ unnd andere nutzbare leeren.

Und es geschach dz er kam in ein hauß eines obersten Phariseers uff einen Sabbath das brot zeessen/ unnd sy hattend acht auff jn. Und sihe/ da was ein mensch vor jm der was wassersüchtig. Und Jesus antwortet/ unnd sagt zuo den gschrifftglerten unnd Phariseern/ und sprach: Zimpt es sich auff den Sabbath zeheylen? Sy aber schwigend still. Und er nam jn zuo jm/ unnd heylet jn/ und ließ jn gon/ unnd antwortet/ und sprach zuo jnen: Welcher ist under euch/ dem sein ochs oder esel in den brunnen falt/ unnd er nit von stundan jn herauß ziehe am Sabbath? Und sy kondtend jm darauff nit wider antwort geben.

Er sagt aber ein gleychnuß zuo den gesten/ do er marckt wie sy erweltend oben an zesitzen/ unnd sprach zuo jnen: Wenn du von yemants geladen wirst zur hochzeyt/ so setz dich nit oben an/ das nit etwan ein eerlicher dann du/ von jm geladen sey/ unnd so denn kumpt der dich und jn geladen hatt/ sprechen zuo dir: Weych disem/ und müessest denn mit schanden unden an sitzen: Sonder wenn du geladen wirst/ so gang hin/ und setz dich unden an/ auff das wenn da kumpt der dich geladen hatt/ spreche zuo dir: Freünd/ ruck hinauf: denn wirst du den preyß haben vor denen die zetisch sitzen. Dann wär sich selbs erhöcht/ der sol erniderer werden: unnd wär sich selbs erniderer/ der sol erhöcht werden.

Er sprach auch zuo dem der jnn geladen hatt: Wenn du ein mittags oder abentmaal machest/ so lad nit deine freünd/ noch deyne brüeder/ noch deine gefreündten/ noch deyne nachpauren die da reych sind/ auff das sy dich nit etwan wider ladind/ unnd dir vergeltung geschehe. Sonder wenn du ein maal machest/ so lad die armen/ die krüppel/ die lamen/ die

35 Euch wird das Haus noch veröden. Ich sage euch: Ihr werdet mich nicht mehr sehen, bis die Zeit kommt, da ihr sagt: *Gepriesen sei, der da kommt im Namen des Herrn.*

P: Mt 23,37–39 |34: 11,47! · Dtn 32,11; Ps 91,4 |35: Jer 12,7 · 19,38!

Die Heilung eines Wassersüchtigen am Sabbat

14 1 Und es geschah, als er an einem Sabbat in das Haus eines angesehenen Pharisäers zum Essen kam, dass man ihn sehr genau beobachtete. 2 Da stand auf einmal ein wassersüchtiger Mensch vor ihm. 3 Und Jesus wandte sich an die Gesetzeslehrer und Pharisäer: Ist es erlaubt, am Sabbat zu heilen oder nicht? 4 Sie aber schwiegen. Da fasste er ihn an, heilte ihn und entliess ihn. 5 Und zu ihnen sagte er: Wer von euch, dem der Sohn oder der Ochse am Sabbat in einen Brunnen fällt, wird ihn nicht sogleich herausziehen – auch an einem Sabbat? 6 Und sie vermochten nichts dagegen einzuwenden.

P: 6,6–11; 13,10–17 |1: 7,36! |5: Mt 12,11

Von Eitelkeit und Eigennutz

7 Er erzählte aber den Geladenen ein Gleichnis – er hatte nämlich beobachtet, wie sie die Ehrenplätze auswählten –, und er sagte zu ihnen: 8 Wenn du von jemandem zu einem Hochzeitsmahl eingeladen wirst, dann setz dich nicht auf den Ehrenplatz. Es könnte nämlich einer eingeladen sein, der angesehener ist als du, 9 und der, der dich und ihn eingeladen hat, könnte kommen und zu dir sagen: Mach diesem Platz! Dann müsstest du voller Scham den untersten Platz einnehmen. 10 Nein, wenn du eingeladen wirst, dann geh und lass dich auf dem untersten Platz nieder, damit dein Gastgeber, wenn er kommt, zu dir sagen wird: Freund, rücke weiter nach oben! Dann wird dir Ehre zuteil werden in den Augen aller, die mit dir zu Tisch sitzen. 11 Denn wer sich selbst erhöht, wird erniedrigt werden, und wer sich selbst erniedrigt, wird erhöht werden.

12 Zu dem aber, der ihn eingeladen hatte, sagte er: Wenn du ein Mittagessen oder ein Abendessen gibst, so lade weder deine Freunde noch deine Brüder noch deine Verwandten noch reiche Nachbarn ein, damit sie nicht Gegenrecht

blinden/ so bist du sälig: dann sy habends dir nit zevergelten. Es wirt dir aber vergolten werden in der aufersteung der gerechten.

Do aber sölichs hort einer der mit jm zetisch saß/ sprach er zuo jm: Sälig ist der/ der das brot isset im reych Gottes. Er aber sprach zuo jm: Es was ein mensch der macht ein groß abentmaal/ und luod vil darzuo. Und sandt seinen knecht auß zur stund deß abentmaals/ zesagen den geladnen: Kommend/ dann es ist alles bereyt. Unnd sy fiengend an all nach einanderen sich ze entschuldigen. Der erst sprach zuo jm: Jch hab ein acker kaufft/ und ist mir not das ich hinauß gange unnd besehe jn/ ich bitt dich entschuldige mich. Und der ander sprach: Jch hab fünff joch ochsen gekaufft/ ich gon yetzund hin sy zebesehen/ bitt dich entschuldige mich. Unnd der dritt sprach: Jch hab ein weyb genommen/ darumb kan ich nit kommen. Und der knecht kam und sagt das alles seinem herren wider. Do ward der haußherr zornig/ und sprach zuo seynem knecht: Gang auß bald auff die straassen und gassen der statt/ und füer häreyn die armen und krüppel/ und lamen/ und blinden. Und der knecht sprach: Herr/ es ist geschehen was du befolhen hast/ es ist aber noch mer platz da. Unnd der herr sprach zuo dem knecht: Gang auß auff die landstraassen/ und an die zün/ und nötige sy häreyn zekommen/ auff das mein hauß voll werde. Jch sag euch aber/ das deren menner keiner die geladen sind/ mein abentmaal versuochen wirt.

Es gieng aber vil volcks mit jm/ und er wandt sich/ und sprach zuo jnen: So yemants zuo mir kumpt/ unnd hasset nit seinen vatter/ muoter/ weib/ kinder/ brüeder/ schwester/ auch darzuo sein eigen läben/ der kan nit mein junger sein. Und wär nit tregt sein creütz/ und volget mir nach/ der kan nit meyn junger sein.

halten und dich ihrerseits wieder einladen. 13 Nein, wenn du ein Gastmahl gibst, dann lade Arme, Verkrüppelte, Lahme und Blinde ein. 14 Und du wirst selig sein, weil sie nichts haben, es dir zu vergelten. Denn es wird dir vergolten werden in der Auferstehung der Gerechten.

|7–11: Spr 25,6–7 |7: 11,43! |11: 18,14; Hiob 22,29; Mt 23,12; Jak 4,10 · Phil 2,8–9 |12: 6,34 |13: 14,21

Die Geschichte vom grossen Gastmahl

15 Als aber einer der Tischgenossen das hörte, sagte er zu ihm: Selig, wer im Reich Gottes essen wird. 16 Er aber sagte zu ihm: Ein Mensch gab ein grosses Essen und lud viele ein. 17 Und zur Stunde des Mahls sandte er seinen Knecht aus, um den Geladenen zu sagen: Kommt, alles ist schon bereit! 18 Da begannen auf einmal alle, sich zu entschuldigen. Der erste sagte zu ihm: Ich habe einen Acker gekauft und muss unbedingt hingehen, um ihn zu besichtigen. Ich bitte dich, betrachte mich als entschuldigt. 19 Und ein anderer sagte: Ich habe fünf Joch Ochsen gekauft und bin unterwegs, sie zu prüfen. Ich bitte dich, betrachte mich als entschuldigt. 20 Und wieder ein anderer sagte: Ich habe geheiratet und kann deshalb nicht kommen. 21 Und der Knecht kam zurück und berichtete dies seinem Herrn. Da wurde der Hausherr zornig und sagte zu seinem Knecht: Geh schnell hinaus auf die Strassen und Gassen der Stadt und bring die Armen und Verkrüppelten und Blinden und Lahmen herein. 22 Und der Knecht sagte: Herr, was du angeordnet hast, ist geschehen, und es ist noch Platz. 23 Und der Herr sagte zum Knecht: Geh hinaus auf die Landstrassen und an die Zäune und dränge sie hereinzukommen, damit mein Haus voll wird! 24 Doch das sage ich euch: Von jenen Leuten, die zuerst eingeladen waren, wird keiner mein Mahl geniessen.

P: Mt 22,1–10 |15: 13,29! |21: 14,13

Von den Kosten der Nachfolge

25 Es zogen aber viele Leute mit ihm. Und er wandte sich um und sagte zu ihnen: 26 Wer zu mir kommt und nicht Vater und Mutter, Frau und Kinder, Brüder und Schwestern und dazu auch sein eigenes Leben hasst, kann nicht mein Jünger sein. 27 Wer nicht sein Kreuz trägt und in meine Nachfolge tritt, kann nicht mein Jünger sein.

Wär ist aber under euch der einen
thurn bauwen wil/ und sitzt nit vorhin und
überschlecht den kosten ob ers habe hinauß
zeführen? auff das nit/ wo er den grund gelegt
hatt/ unnd kans nit hinauß füeren/ alle die
es sehend/ fahind an seinen zespotten/ und
zesagen: Diser mensch huob an zebauwen/
unnd kans nit hinauß füeren. Oder welcher
künig wil sich begeben in einen streyt/ wider
einen andern künig/ und sitzt nit vorhin und
radtschlaget ob er könde mit zehen tausent
begegnen/ dem der über jn kumpt mit zwentzig
tausent? Wo nit/ so schickt er bottschafft wenn
yhener noch verr ist/ und bittet umb frid. Also
auch ein yetlicher under euch der nit absagt
allem das er hat/ kan nit mein junger sein.

Das saltz ist ein guot ding/ wo aber
das saltz thumb wirt/ wo mit wirt man
saltzen? Es ist weder uff das land noch in
den mist nütz/ sonder man wirdt es hinweg
werffen. Wär oren hat zehören der höre.

Das xv. Capitel.
Wider das fräfel urteyl und gleychßnerische
gerechtigkeit/ leert Christus die barmhertzigkeyt Gottes
des himmelischen vatters gegen den armen sündern/ und
wie gnädigklich er sy/ so sy wider keerend/ annemme/
und das under dreyen gleychnussen.

Es nahetend aber zuo jm alle zöller und
sünder das sy jn hortind. Und die Pharisäer
und gschrifftglerten murretend/ und sprachend:
Diser nimpt die sünder an/ unnd isset mit
jnen. Er sagt aber zuo jnen dise gleychnuß/
und sprach: Welcher mensch ist under euch
der hundert schaaff hat/ unnd so er deren eins
verliert/ der nit lasse die neün unnd neüntzig in
der wüeste/ unnd hingange nach dem verlornen
biß das er es findt? Und wenn er es gefunden
hat/ so legt er es uff seine achßlen mit fröuden:
und wenn er heym kumpt/ rüefft er seinen
fründen und nachpauren/ und spricht zuo jnen:
Fröuwend euch mit mir/ dann ich hab mein
schaaff funden das verloren was. Jch sag euch/
also wirt auch fröud im himmel sein über einen
sünder der buoß thuot/ für neün und neüntzig
gerechten/ die der buoß nit bedörffend. Oder
welches weyb ist die zehen groschen hat/ so sy
deren einen verliert/ die nit ein liecht anzünde/
und kere das hauß/ und suoche mit fleyß biß das
sy jn finde? Und wenn sy jn funden hat/ rüefft sy
jren fründinen und nachpürinen/ unnd spricht:

28 Wer von euch wird sich, wenn er einen
Turm bauen will, nicht zuerst hinsetzen und
die Kosten berechnen, ob er auch genug habe
zur Ausführung. 29 Es könnten sonst, wenn
er das Fundament gelegt, den Bau aber nicht
fertig gestellt hat, alle, die es sehen, sich über
ihn lustig machen: 30 Dieser Mensch hat zu
bauen angefangen und war nicht in der Lage,
es fertig zu stellen. 31 Oder welcher König
wird sich, wenn er auszieht, um mit einem
anderen König Krieg zu führen, nicht zuerst
hinsetzen und überlegen, ob er imstande ist,
mit zehntausend Mann dem entgegenzutreten,
der mit zwanzigtausend Mann gegen ihn
anrückt? 32 Andernfalls schickt er eine
Gesandtschaft, solange jener noch weit weg
ist, und bittet um Frieden. 33 So kann denn
keiner von euch, der sich nicht von allem
lossagt, was er hat, mein Jünger sein.

34 Salz ist etwas Gutes. Wenn aber auch
das Salz fade wird, womit soll es wieder salzig
gemacht werden? 35 Es ist weder für den Acker
noch für den Misthaufen zu gebrauchen; man
wirft es fort. Wer Ohren hat zu hören, der höre!

|26: Mt 10,37 · 9,24 · 5,11! |27: 9,23! |33: 5,11!
|34–35: Mt 5,13; Mk 9,49–50 |35: 8,8!

**Das Gleichnis vom verlorenen Schaf
und das Gleichnis von der
verlorenen Drachme**

15 1 Alle Zöllner und Sünder suchten
seine Nähe, um ihm zuzuhören. 2 Und
die Pharisäer und Schriftgelehrten murrten:
Der nimmt Sünder auf und isst mit ihnen.

3 Er aber erzählte ihnen das folgende
Gleichnis: 4 Wer von euch, der hundert Schafe
hat und eines von ihnen verliert, lässt nicht
die neunundneunzig in der Wüste zurück und
geht dem verlorenen nach, bis er es findet?
5 Und wenn er es findet, nimmt er es voller
Freude auf seine Schultern 6 und geht nach
Hause, ruft die Freunde und die Nachbarn
zusammen und sagt zu ihnen: Freut euch mit
mir, denn ich habe mein verlorenes Schaf
gefunden. 7 Ich sage euch: So wird man sich
auch im Himmel mehr freuen über *einen*
Sünder, der umkehrt, als über neunundneunzig
Gerechte, die keiner Umkehr bedürfen.

8 Oder welche Frau, die zehn Drachmen
besitzt und eine davon verloren hat, zündet
nicht ein Licht an, kehrt das Haus und sucht
eifrig, bis sie sie findet? 9 Und wenn sie sie
gefunden hat, ruft sie ihre Freundinnen und

Fröuwend euch mit mir/ dann ich hab meynen groschen funden den ich verloren hatt. Also auch sag ich üch/ wirt ein fröud vor den englen Gottes über einen sünder der buoß thuot.

Und er sprach: Ein mensch hatt zwen sün/ und der jüngst under jnen sprach zuo dem vatter: Gib mir vatter das teyl der güeter das mir gehört. Und er teylet das guot. Und nit lang darnach samlet der jüngst sun alles zesamen/ unnd zoch verr über land/ unnd daselbst verthet er seyn guot mit brassen. Do er nun das seyn alles verzeeret hatt/ ward ein grosse theürung durch das selbig gantz land. Und er fieng an mangel zehaben/ und gieng hin/ unnd hanckt sich an einen burger deß selbigen lands/ der schickt jn auff seinen acker der süwen zehüeten. Und er begärt seinen bauch zefüllen mit krüsch/ das die süw assend. Und niemants gab sy jm.

Do schluog er jn sich selbs/ unnd sprach: Wie vil taglöner hat mein vatter die brot habend die völle/ unnd ich verdirb im hunger? Jch wil mich aufmachen unnd zuo meinem vatter gon/ unnd zuo jm sagen: Vatter/ ich hab gesündiget in den himmel und vor dir/ und bin fürhin nit mer wärt das ich dein sun heisse/ mach mich als einen diner taglönern. Und er machet sich auf/ und kam zuo seynem vatter. Do er aber noch verr von dannen was/ sach jn sein vatter/ unnd erbarmet sich seiner/ und lieff/ und fiel jm umb seinen hals/ und kußt jn. Der sun aber sprach zuo jm: Vatter/ ich hab gesündiget in den himmel und vor dir/ ich bin fürhin nit wärt das ich dein sun heisse. Aber der vatter sprach zuo seinen knechten: Bringend das best kleid här/ und thuonds jm an/ unnd gebend jm einen ring an seyn hand/ und schuoch an seine füeß/ und bringend ein gemest kalb här/ unnd schlachtends/ lassend uns essen und frölich sein: dann diser mein sun was tod/ unnd ist wider läbendig worden/ er was verloren/ und ist funden worden. Und fieng wider an frölich zesein.

Aber der eltest sun was auff dem väld. Und als er kam/ unnd nach bey dem hauß was/ hort er das gsang und den reyen/ und ruofft zuo jm der knechten einen/ und fragt was das wäre. Der aber sagt jm: Dein bruoder ist kommen/ und dein vatter hat ein gemest kalb

Nachbarinnen zusammen und sagt: Freut euch mit mir, denn ich habe die Drachme gefunden, die ich verloren hatte. 10 So, sage ich euch, wird man sich freuen im Beisein der Engel Gottes über *einen* Sünder, der umkehrt.

|1: 5,29 |2: 5,30! |3–7: Mt 18,12–14 |4: Ez 34,16 |7: 5,32! |10: 5,32!

Die Geschichte vom verlorenen Sohn

11 Und er sprach: Ein Mann hatte zwei Söhne. 12 Und der jüngere von ihnen sagte zum Vater: Vater, gib mir den Teil des Vermögens, der mir zusteht. Da teilte er alles, was er hatte, unter ihnen. 13 Wenige Tage danach machte der jüngere Sohn alles zu Geld und zog in ein fernes Land. Dort lebte er in Saus und Braus und verschleuderte sein Vermögen. 14 Als er aber alles aufgebraucht hatte, kam eine schwere Hungersnot über jenes Land, und er geriet in Not. 15 Da ging er und hängte sich an einen der Bürger jenes Landes, der schickte ihn auf seine Felder, die Schweine zu hüten. 16 Und er wäre zufrieden gewesen, sich den Bauch zu füllen mit den Schoten, die die Schweine frassen, doch niemand gab ihm davon. 17 Da ging er in sich und sagte: Wie viele Tagelöhner meines Vaters haben Brot in Hülle und Fülle, ich aber komme hier vor Hunger um. 18 Ich will mich aufmachen und zu meinem Vater gehen und zu ihm sagen: Vater, ich habe gesündigt gegen den Himmel und vor dir. 19 Ich bin es nicht mehr wert, dein Sohn zu heissen; stelle mich wie einen deiner Tagelöhner. 20 Und er machte sich auf und ging zu seinem Vater.

Er war noch weit weg, da sah ihn sein Vater schon und fühlte Mitleid, und er eilte ihm entgegen, fiel ihm um den Hals und küsste ihn. 21 Der Sohn aber sagte zu ihm: Vater, ich habe gesündigt gegen den Himmel und vor dir. Ich bin es nicht mehr wert, dein Sohn zu heissen. 22 Da sagte der Vater zu seinen Knechten: Schnell, bringt das beste Gewand und zieht es ihm an! Und gebt ihm einen Ring an die Hand und Schuhe für die Füsse. 23 Holt das Mastkalb, schlachtet es, und wir wollen essen und fröhlich sein! 24 Denn dieser mein Sohn war tot und ist wieder lebendig geworden, er war verloren und ist gefunden worden. Und sie fingen an zu feiern.

25 Sein älterer Sohn aber war auf dem Feld. Und als er kam und sich dem Haus näherte, hörte er Musik und Tanz. 26 Und er rief einen von den Knechten herbei und erkundigte

geschlagen/ das er jn gesund wider hat. Do ward er zornig/ unnd wolt nit hineyn gon. Do gieng sein vatter herauß/ unnd batt jn. Er antwortet aber/ und sprach zuo seinem vatter: Sihe/ so vil jar dienen ich dir/ und hab deyn gebott noch nie überträtten/ unnd du hast mir nie einen bock geben/ das ich mit meinen freünden frölich wäre. Nun aber so kommen ist diser deyn sun/ der sein guot verschlunden hatt mit den huoren/ hast du jm ein gemest kalb geschlagen. Er aber sprach zuo jm: Meyn sun/ du bist alle zeyt bey mir/ und alles was mein ist/ das ist deyn/ du soltest aber frölich und guots muots sein/ dann diser deyn bruoder was tod/ unnd ist wider läbendig worden: er was verloren/ unnd ist wider funden.

Das xvj. Capitel.

Christus leert wie man getrüw sein/ und sich halten sol/ in zeytlichen güetern/ über die Gott uns schaffner gesetzt hatt/ wie man geyt/ pracht/ und unbarmhertzigkeyt sölle meyden.

Er sprach aber zuo seinen jüngern: Es was ein mann der hatt einen hußhalter/ der ward vor jm verlümbded als hette er jm seine güeter unnützlich verthon. Und er forderet jn/ unnd sprach zuo jm: Wie hör ich das von dir? thuo rechnung von deinem haußhalten/ dann du kanst hinfür nit haußhalter sein. Der haußhalter sprach bey jm selber: Was sol ich thuon? meyn herr nimpt das ampt von mir/ graben mag ich nit/ so schäm ich mich zebättlen. Jch weiß wol was ich thuon wil/ wenn ich nun von dem ampt gesetzt wird/ das sy mich in jre heüser nemmend.

Und er ruofft zuo jm alle schuldner seynes herren/ unnd sprach zuo dem ersten: Wie vil bist du meinem herren schuldig? Er sprach: Hundert tonen öls. Unnd er sprach: Nimm deynen brieff/ setz dich/ unnd schreyb flux fünfftzig. Darnach sprach er zuo dem andern: Du aber/ wie vil bist schuldig? Er sprach: Hundert maldter weytzen. Und er sprach zuo jm: Nimm deynen brieff/ und schreyb achtzig. Unnd der herr lobt den ungerechten haußhalter/ das er kluoglich gethon hatt. Dann die kinder diser welt sind klüger dann die kinder deß liechts/ in jrem geschlächt. Unnd ich sag euch auch: Machend euch freünd mit dem ungerechten

sich, was das sei. 27 Der sagte zu ihm: Dein Bruder ist gekommen, und dein Vater hat das Mastkalb geschlachtet, weil er ihn gesund wiederbekommen hat. 28 Da wurde er zornig und wollte nicht hineingehen. Sein Vater aber kam heraus und redete ihm zu. 29 Er aber entgegnete seinem Vater: All die Jahre diene ich dir nun, und nie habe ich ein Gebot von dir übertreten. Doch mir hast du nie einen Ziegenbock gegeben, dass ich mit meinen Freunden hätte feiern können. 30 Aber nun, da dein Sohn heimgekommen ist, der da, der dein Vermögen mit Huren verprasst hat, hast du für ihn das Mastkalb geschlachtet. 31 Er aber sagte zu ihm: Kind, du bist immer bei mir, und alles, was mein ist, ist dein. 32 Feiern muss man jetzt und sich freuen, denn dieser dein Bruder war tot und ist lebendig geworden, war verloren und ist gefunden worden.

|13: 15,30; 16,1 |20: 7,13! |24: 15,32 · 5,32! |30: 15,13 |32: 15,24 · 5,32!

15,13: Andere Übersetzungsmöglichkeit: «Wenige Tage danach packte der jüngere Sohn alles zusammen und zog …»

Die Geschichte vom gerissenen Verwalter

16 1 Und zu den Jüngern sprach er: Es war einmal ein reicher Mann, der hatte einen Verwalter. Der wurde bei ihm verklagt, er verschleudere sein Vermögen. 2 Da rief er ihn zu sich und sagte: Was höre ich da über dich? Leg die Schlussabrechnung vor, denn du kannst nicht länger Verwalter sein! 3 Der Verwalter aber sagte sich: Was soll ich tun, da mein Herr mir die Verwaltung wegnimmt? Zu graben bin ich nicht stark genug, und zu betteln schäme ich mich. 4 Ich weiss, was ich tun werde, damit sie mich, wenn ich als Verwalter abgesetzt bin, in ihre Häuser aufnehmen. 5 Und er rief die Schuldner seines Herrn, einen nach dem andern, zu sich und sagte zum ersten: Wie viel bist du meinem Herrn schuldig? 6 Der sprach: Hundert Fass Öl. Er aber sagte zu ihm: Da, nimm deinen Schuldschein, setz dich hin und schreib schnell fünfzig! 7 Darauf sagte er zum zweiten: Und du, wie viel bist du schuldig? Der sagte: Hundert Sack Weizen. Er sagte zu ihm: Da, nimm deinen Schuldschein und schreib achtzig.

8 Und der Herr lobte den ungetreuen Verwalter, weil er klug gehandelt hatte. Ja, die Söhne dieser Welt sind im Verkehr mit ihresgleichen klüger als die Söhne des Lichts! 9 Und ich sage euch: Macht euch

Mammon/ auff das wenn jr nun manglend/
sy euch aufnemmind in die ewigen hütten.

Wär im geringsten trüw ist/ der ist auch
im grossen trüw: unnd wär im geringsten
unrecht ist/ der ist auch im grossen unrecht.
So jr nun in dem unrechten Mammon nit
trüw sind gewesen/ wär wil euch das warhafftig
trüwen? Unnd so jr in dem frömbden nit trüw
gewesen sind/ wär wil euch geben das yhenig
das euwer ist? Kein haußknecht kan zweyen
herren dienen. Eintweders er wirt einen hassen/
unnd den anderen lieben: oder wirt einem
anhangen/ und den anderen verachten. Jr
könnend nit Gott sampt dem Mammon dienen.

Das alles hortend die Phariseer/ die
warend geytig/ und spottetend seinen. Und
er sprach zuo jnen: Jr sinds/ die jr euch selbs
rechtfertigend vor den menschen/ aber Gott
kennt euwere hertzen. Dann was hoch ist under
den menschen/ das ist ein greüwel vor Gott.
Das gsatz unnd die propheten weyssagend
biß auf Joannem/ unnd von der zeyt an
wirt das reych Gottes durchs Euangelion
geprediget/ unnd yederman dringt mit gwalt
hineyn. Es ist aber leychter das himmel und
erd vergange/ dann das ein titel am gsatz
falle. Wär sich scheydet vonn seynem weyb/
unnd nimpt ein andere/ der bricht die Ee:
unnd wär die abgescheydne von dem mann
zur Ee nimpt/ der bricht auch die Ee.

Es was aber ein reycher mann/ der kleydet
sich mit purpur und kostlichem leynwaat/
und läbt alle tag herrlich wol. Es was aber
ein armer/ mit nammen Lazarus/ der lag vor
seyner thür voller geschwären/ und begärt sich
zuo settigen von den brösemlinen/ die von
des reychen tisch fielend. Doch kamend die
hund/ und läcketend jm seine geschwär. Es
begab sich aber/ das der arm starb unnd ward

Das Evangelium nach Lukas

Freunde mit dem ungerechten Mammon,
damit man euch, wenn er ausgeht,
aufnimmt in die ewigen Wohnungen.

|1: 15,13 |9: 12,33!

Vom rechten Umgang mit Besitz

10 Wer im Kleinsten treu ist, ist auch im
Grossen treu; und wer im Kleinsten nicht treu
ist, ist auch im Grossen nicht treu. 11 Wenn
ihr also mit dem ungerechten Mammon nicht
treu gewesen seid, wer wird euch dann das
wahre Gut anvertrauen? 12 Und wenn ihr
mit fremdem Gut nicht treu gewesen seid,
wer wird euch dann euer eigenes geben?
13 Kein Knecht kann zwei Herren dienen.
Denn entweder wird er den einen hassen und
den anderen lieben, oder er wird sich an den
einen halten und den anderen verachten. Ihr
könnt nicht Gott dienen und dem Mammon.

|10: 19,17 |13: Mt 6,24

Von der Geltung des Gesetzes

14 Das alles aber hörten die Pharisäer, die am
Geld hingen, und sie spotteten über ihn. 15 Und
er sagte zu ihnen: Ihr pflegt euch selbst vor den
Menschen als gerecht darzustellen, Gott aber
kennt eure Herzen. Denn was bei den Menschen
hoch angesehen ist, ist ein Greuel vor Gott.
16 Das Gesetz und die Propheten reichen bis
zu Johannes; von da an wird das Evangelium
vom Reich Gottes verkündigt, und jeder
drängt mit Gewalt hinein. 17 Doch eher
werden Himmel und Erde vergehen, als dass
vom Gesetz auch nur ein Häkchen wegfällt.
18 Jeder, der seine Frau entlässt und
eine andere heiratet, bricht die Ehe. Auch
wer eine heiratet, die von ihrem Mann
entlassen worden ist, bricht die Ehe.

|15: 18,9 · 1Kön 8,39; Spr 24,12 |16: Mt 11,12–13;
Apg 10,37–38; 13,23–24 |17: Mt 5,18 · 21,33 |18: Mt 19,9!

Die Geschichte vom reichen Mann und vom armen Lazarus

19 Es war einmal ein reicher Mann, der
sich in Purpur und feines Leinen kleidete und
Tag für Tag prächtige Feste feierte. 20 Vor
seiner Tür aber lag ein Armer mit Namen
Lazarus, der war über und über bedeckt mit
Geschwüren. 21 Und er wäre zufrieden gewesen,
sich den Bauch zu füllen mit den Brosamen
vom Tisch des Reichen; stattdessen kamen die
Hunde und leckten an seinen Geschwüren.

getragen von den englen in Abrahams schooß. Der reych aber starb auch/ und ward begraben.

Als er nun in der hell was/ huob er seine augen auf in der peyn/ und sach Abraham von verrnuß/ und Lazarum in seiner schooß/ ruofft er/ und sprach: Vatter Abraham erbarm dich mein/ und send Lazarum das er das ausserst seines fingers ins wasser tuncke/ unnd küele mein zungen: dann ich leyden grosse peyn in disem flammen. Abraham aber sprach: Gedenck sun/ das du guotes empfangen hast in deinem läben/ und Lazarus dargegen hatt böses empfangen. Nun aber wirt er getröstet/ und du wirst gepeyniget. Unnd über das alles ist zwüschend uns und euch ein grosse klufft befestiget/ das die/ die da wöllend von hinnen hinab steygen zuo euch/ nit mögend: und auch nit von dannen zuo uns härüber faren.

Do sprach er: So bitt ich dich vatter/ dz du jn sendest in meines vatters hauß: dann ich hab noch fünff brüeder/ das er jnen bezüge/ auff das sy nit auch kommind an dises ort der peyn. Abraham sprach zuo jm: Sy habend Mosen unnd die propheten/ laß sy die selben hören. Er aber sprach: Neyn vatter Abraham/ sunder wenn einer von den todten zuo jnen gienge/ so wurdend sy buoß thuon. Er aber sprach zuo jm: Hörend sy Mosen unnd die propheten nit/ so werdend sy auch nit glauben/ ob yemants von den todten auferstüende.

Das xvij. Capitel.
Man sol ergernuß verhüeten/ dem sündenden bruoder verzyhen. Von krafft des glaubens. Von untüchte unserer wercken. Zehen aussetzigen werdend reyn. Das reych Gottes ist unangebunden. Von der zuokunfft Christi zum gericht/ unnd wie man sich darzuo bereyten sol.

Er sprach zuo seinen jüngern: Es ist unmöglich das nit ergernuß kommind: wee aber dem durch welchen sy kommend/ es wäre jm nützer das man einen mülesteyn an seynen hals hanckte/ und wurffe jn ins meer/ dann das er diser kleynen einen ergerte. Hüetend euch. So dein bruoder an dir sündiget/ so strauff jn: und so er sich besseret/ vergib jm. Und wenn er siben mal des tags an dir sündigen wirt/ und siben mal des tags wider käme zuo dir/ unnd spreche: Es rüwet mich/ so solt du jm vergeben.

22 Es geschah aber, dass der Arme starb und von den Engeln in Abrahams Schoss getragen wurde. Aber auch der Reiche starb und wurde begraben. 23 Und wie er im Totenreich, von Qualen gepeinigt, seine Augen aufhebt, sieht er von ferne Abraham und Lazarus in seinem Schoss. 24 Und er schrie: Vater Abraham, hab Erbarmen mit mir und schicke Lazarus, damit er seine Fingerspitze ins Wasser tauche und meine Zunge kühle, denn ich leide Pein in dieser Glut. 25 Aber Abraham sagte: Kind, denk daran, dass du dein Gutes zu deinen Lebzeiten empfangen hast und Lazarus in gleicher Weise das Schlechte. Doch jetzt wird er hier getröstet, du aber leidest Pein. 26 Und zu alledem besteht zwischen uns und euch eine so tiefe Kluft, dass die, die von hier zu euch hinübergehen wollen, es nicht können und dass die von dort nicht zu uns herübergelangen. 27 Er aber sagte: So bitte ich dich denn, Vater, ihn in das Haus meines Vaters zu schicken. 28 Ich habe nämlich fünf Brüder; die soll er warnen, damit nicht auch sie an diesen Ort der Qual kommen. 29 Abraham aber sagt: Sie haben Mose und die Propheten, auf die sollen sie hören. 30 Da sagte er: Nein, das werden sie nicht, Vater Abraham! Aber wenn einer von den Toten zu ihnen kommt, werden sie umkehren. 31 Da sagte er zu ihm: Wenn sie auf Mose und die Propheten nicht hören, so werden sie sich auch nicht überzeugen lassen, wenn einer von den Toten aufersteht.

|19: 12,19 |24: 3,8! |25: 6,24! · 6,21

Von Verführung und Vergebung

17 1 Er sagte zu seinen Jüngern: Verführung wird kommen, sie ist unabwendbar, aber wehe dem, durch den sie kommt! 2 Es wäre besser für ihn, wenn ihm ein Mühlstein um den Hals gehängt und er ins Meer geworfen würde, als dass er einen von diesen Geringen zu Fall bringt. 3 Seht euch vor!

Wenn dein Bruder sündigt, so weise ihn zurecht; und wenn er umkehrt, so vergib ihm. 4 Und wenn er siebenmal am Tag an dir schuldig wird und siebenmal zu dir kommt und sagt: Ich will umkehren, sollst du ihm vergeben.

|1: Mt 18,7 |2: Mt 18,6; Mk 9,42 |3: Mt 18,15 · Lev 19,17 |4: Mt 18,21–22 · 9,54–55; 11,4

Und die Apostel sprachend zuo dem Herren: Sterck unns den glauben. Der Herr aber sprach: Wenn jr glauben habend als ein senff korn/ unnd sagend zuo disem maulbeerbaum: Reyß dich auß/ und versetz dich ins meer/ so wirdt er euch gehorsam sein.

Welcher ist under euch/ der einen knecht hat/ der jm pfluoget/ oder das vych weydet/ wenn er heym kumpt vom väld/ das er zuo jm sage: Gang bald hin/ und setz dich zetisch? ists nit also? das er zuo jm sagt: Richt zuo das ich zuo abent esse/ schürtz dich/ und diene mir biß ich ich gissz unnd trinck/ darnach solt du auch essen und trincken. Dancket er auch dem selbigen knecht/ das er thon hatt was jm befolhen was? Jch meins nit. Also auch jr/ wenn jr alles gethon habend was euch befolhen ist/ so sprechend: Wir sind unnütz knecht/ wir habend gethon das wir zethuon schuldig warend.

Und es begab sich/ do er reyset gen Jerusalem/ zoch er mitten durch Samarien und Galileam. Und als er in einen flecken kam/ begegnetend jm zehen aussetzig menner/ die stuondend von verrnuß/ unnd erhuobend jre stimm/ und sprachend: Jesu/ lieber meister/ erbarm dich unser. Unnd do er sy sach/ sprach er zuo jnen: Gond hin/ und erzeigend euch den priestern. Unnd es geschach/ do sy hin giengend/ wurdennd sy reyn. Einer aber under jnen/ do er sach das er gesund worden was/ keeret er umb/ unnd preyset Gott mit lauter stimm/ und fiel auff sein angesicht zuo seinen füessen/ und dancket jm. Und das was ein Samariter. Jesus aber antwortet/ und sprach: Sind jren nit zehen reyn worden? wo sind aber die neün? Es hat sich sunst keyner erfunden/ der widerumb kerete/ und gäbe Gott den preyß/ dann nun diser frömbdling. Und er sprach zuo jm: Stand auf/ gang hin/ deyn glaub hat dir gehollffen.

Do er aber gefragt ward von den Phariseern: Wenn kumpt das reych Gottes? Antwortet er jnen/ unnd sprach: Das reych Gottes kumpt nit mit ausserlichen gepärden: man wirt auch

Das Evangelium nach Lukas

Von der Kraft des Glaubens

5 Und die Apostel sagten zum Herrn: Gib uns mehr Glauben! 6 Der Herr aber sprach: Hättet ihr Glauben wie ein Senfkorn, würdet ihr zu diesem Maulbeerbaum sagen: Reiss dich samt den Wurzeln aus und verpflanze dich ins Meer! – und er würde euch gehorchen.

|5: 8,25!; Mk 9,24 |6: Mt 17,20!

Vom Stand eines Knechts

7 Wer von euch, der einen Knecht zum Pflügen oder Viehhüten hat, wird, wenn der vom Feld heimkommt, zu ihm sagen: Komm her und setz dich gleich zu Tisch? 8 Wird er nicht vielmehr zu ihm sagen: Bereite mir etwas zu essen, binde die Schürze um und bediene mich, solange ich esse und trinke, danach magst du essen und trinken? 9 Dankt er etwa seinem Knecht dafür, dass er getan hat, was ihm aufgetragen war? 10 So sollt auch ihr, wenn ihr alles getan habt, was euch aufgetragen ist, sagen: Wir sind weiter nichts als Knechte; wir haben getan, was wir zu tun schuldig waren.

Der dankbare Samaritaner

11 Und es geschah, während er nach Jerusalem unterwegs war, dass er durch das Grenzgebiet von Samaria und Galiläa zog.

12 Und als er in ein Dorf hineinging, kamen ihm zehn aussätzige Männer entgegen. Sie blieben in einiger Entfernung stehen 13 und erhoben ihre Stimme und riefen: Jesus, Meister, hab Erbarmen mit uns! 14 Und als er sie sah, sagte er zu ihnen: Geht und zeigt euch den Priestern! Und es geschah, während sie hingingen, dass sie rein wurden. 15 Einer von ihnen aber kehrte, als er sah, dass er geheilt worden war, zurück, pries Gott mit lauter Stimme, 16 fiel ihm zu Füssen auf das Angesicht nieder und dankte ihm. Und das war ein Samaritaner. 17 Jesus aber antwortete: Sind nicht zehn rein geworden? Wo sind die übrigen neun? 18 Hat sich keiner gefunden, der zurückgekehrt wäre, um Gott die Ehre zu geben, ausser diesem Fremden? 19 Und er sagte zu ihm: Steh auf und geh! Dein Glaube hat dich gerettet.

|11: 9,51! |14: 5,14! |15: 2,20! |19: 7,50!

Vom Kommen des Menschensohnes

20 Als er von den Pharisäern gefragt wurde, wann das Reich Gottes komme, antwortete er ihnen: Das Reich Gottes kommt nicht so, dass man es beobachten könnte.

nit sagen/ Sihe/ hie oder da ist es. Dann sihe/ das reych Gottes ist innwendig in euch.

Unnd er sprach aber zuo den jüngern: Es wirt die zeyt kommen/ das jr werdend begären zesehen einen tag des menschen suns/ und sy werdend zuo euch sagen: Sihe hie/ sihe da. Gond nit hin/ und volgend auch nit: dann wie der blitzg oben vom himmel blitzget/ und leüchtet über alles das under dem himmel ist/ also wirdt des menschen sun an seinem tag sein. Vorhin aber muoß er vil leyden und verworffen werden von disem gschlächt.

Und wie es geschach zuo den zeyten Noe/ also wirts auch geschehen in den tagen deß menschen suns/ sy assend/ sy trunckend/ sy mannetend/ sy weybetend/ biß auf den tag do Noe inn die Arch gieng/ und kam der sündfluß/ und bracht sy alle umb. Desselben gleychen/ wie es geschach zuon zeyten Lot/ sy assend/ sy trunckend/ sy kaufftend/ sy verkauftend/ sy pflantztend/ sy bauwtend. An dem tag aber/ do Lot auß Sodoma gieng/ do rägnet es fheür und schwäbel/ unnd bracht sy alle umb. Auff die weyß wirts auch gon an dem tag/ wenn des menschen sun sol offenbar werden.

An dem selbigen tag/ wär auff dem tach ist/ und sein haußradt in dem hauß/ der steyge nit herab das selbig zeholen: desselben gleychen wär auff dem väld ist/ der wende nit umb nach dem das hinder jm ist. Gedenckend an das weyb Lots: wär da suocht sein seel zuo erhalten/ der wirt sy verlieren: und wär sy verlieren wirdt/ der wirdt sy zum läben gebären.

Jch sag euch/ an dem tag werdend zwen auff einem bett ligen/ einer wirt angenommen/ der ander wirt verlassen werden. Zwo werdend malen mit einandern/ eine wirt angenommen/ die ander wirt verlassen werden. Und sy antwortetend/ und sprachend zuo jm: Herr/ wo da? Er aber sprach zuo jnen: Wo das aaß ist/ da werdend auch die Adler zuofallen.

Das xviij. Capitel.

Er leert wie man empsig und verharrlich bätten sol: verwirfft die Phariseische frommkeyt: Die kindlin laßt er zuo jm kommen: berichtet den der jn fraget was er thuon

21 Man wird auch nicht sagen können: Hier ist es! oder: Dort ist es! Denn seht, das Reich Gottes ist mitten unter euch.

22 Zu den Jüngern aber sagte er: Es werden Tage kommen, da werdet ihr danach verlangen, auch nur einen der Tage des Menschensohnes zu sehen, und ihr werdet ihn nicht sehen. 23 Und man wird zu euch sagen: Dort ist er! oder: Hier ist er! Geht nicht hin, lauft nicht hinterher! 24 Denn wie der Blitz, wenn er aufflammt, von einem Ende des Himmels bis zum anderen leuchtet, so wird es mit dem Menschensohn sein an seinem Tag. 25 Zuvor aber muss er viel leiden und verworfen werden von diesem Geschlecht.

26 Und wie es war in den Tagen Noahs, so wird es auch sein in den Tagen des Menschensohnes: 27 Sie assen, tranken, heirateten und wurden verheiratet bis zu dem Tag, da Noah in die Arche ging und die Sintflut kam und alle zugrunde richtete. 28 Und es wird sein, wie es war in den Tagen Lots: Sie assen, tranken, kauften, verkauften, pflanzten und bauten. 29 An dem Tag aber, als Lot von Sodom wegging, regnete es Feuer und Schwefel vom Himmel, und alle wurden zugrunde gerichtet. 30 So wird es auch sein an dem Tag, da der Menschensohn sich offenbaren wird.

31 Wer an jenem Tag auf dem Dach ist und sein Hab und Gut im Haus hat, der steige nicht hinunter, um es zu holen; auch kehre, wer auf dem Feld ist, nicht nach Hause zurück. 32 Denkt an Lots Frau! 33 Wer sein Leben zu bewahren sucht, wird es verlieren, und wer es verliert, wird es neu erhalten. 34 Ich sage euch: In jener Nacht werden zwei in einem Bett sein, der eine wird mitgenommen, der andere wird zurückgelassen werden. 35 Zwei werden zusammen mahlen, die eine wird mitgenommen, die andere aber wird zurückgelassen werden.

37 Und sie entgegnen ihm: Wo, Herr? Er aber sagte zu ihnen: Wo das Aas ist, da sammeln sich auch die Geier.

P: 21,25–28 |20: 9,27! |21: 17,23! · 10,9! |22: 5,35 |23: 17,21; 21,8; Mt 24,23.26 ; Mk 13,21 |24: Mt 24,27 |25: 9,22! |26: Mt 24,37 |27: Mt 24,38–39; Gen 7,17–22; 2Petr 2,5 |29: 10,12; Gen 19,24–25; 2Petr 2,6–7 |31: Mt 24,17–18; Mk 13,15–16 |32: Gen 19,17.26 |33: 9,24! |35: Mt 24,40–41 |37: Mt 24,28

17,35: Verschiedene Handschriften fügen nach V.35 ein (wohl von Mt 24,40 übernommen): «36 Da werden zwei auf dem Feld sein, der eine wird mitgenommen, der andere wird zurückgelassen werden.»

sol das er ins läben komme/ verheyßt belonung denen die umb seinent willen das jr verlierend und jm anhangend.

Er sagt jenen aber ein gleychnuß darvon/ dz man alle zeyt bätten/ und nit lassz werden sölte/ unnd sprach: Es was ein richter in einer statt/ der forcht sich nit vor Gott/ und schämet sich vor keinem menschen. Es was aber ein witwen in der selben statt/ die kam zuo jm/ und sprach: Errett mich von meinem widersächer. Und er wolt lang nit. Darnach aber dacht er bey jm selbs/ ob ich mich schon vor Gott nicht förcht/ noch vor keinem menschen schäm: dieweyl aber mir dise witwen so vil müey machet/ wil ich sy retten/ auff das sy nit zuo letst komme/ unnd betöube mich.

Do sprach der Herr: Hörend hie was der unrecht richter sagt. Solt aber Gott nit auch retten seine außerwelten die zuo jm rüeffend tag und nacht/ ob ers gleych verzücht? Jch sag euch/ er wirt sy retten in einer kürtze. Doch wenn des menschen sun kommen wirt/ meinst du das er auch werde glauben finden auff erden?

Er sagt aber zuo etlichen die sich selbs vermassend das sy fromm wärend/ und verachtetend die andern/ ein söliche gleychnuß: Es giengend zwen menschen hinauf in den tempel zebätten/ einer ein Phariseer/ der ander ein zoller. Der phariseer stuond unnd bättet in jm selbs also: Jch danck dir Gott das ich nit bin wie ander leüt/ die röuber/ ungerechten eebrecher/ oder auch wie diser zoller. Jch fasten zwey mal in der wochen/ und gib den zehenden von allem das ich hab. Unnd der zoller stuond von verrnuß/ wolt auch seyne augen nit aufheben gen himmel/ sonder schluog an seine brust/ und sprach: Gott biß mir sünder gnädig. Jch sag euch/ diser gieng hinab gerechtfertigt in sein hauß vor yhenem. Dann wär sich selbs erhöcht/ der wirt ernideret werden: und wär sich selbs erniderret/ der wirt erhöcht werden.

Sy brachtend auch junge kindlin zuo jm das er sy sölte anrüeren. Do sy aber die jünger sahend beschalcktend sy die. Aber Jesus

Die Geschichte von der hartnäckigen Witwe

18 1 Er erzählte ihnen aber ein Gleichnis, um ihnen zu sagen, dass sie allezeit beten und darin nicht nachlassen sollten: 2 In einer Stadt gab es einen Richter, der Gott nicht fürchtete und keinen Menschen scheute. 3 Und in dieser Stadt gab es auch eine Witwe, die immer wieder zu ihm kam und sagte: Verschaffe mir Recht gegenüber meinem Gegner! 4 Eine Zeit lang wollte er nicht. Danach aber sagte er sich: Wenn ich auch Gott nicht fürchte und keinen Menschen scheue – 5 dieser Witwe will ich, weil sie mir lästig ist, Recht verschaffen, damit sie am Ende nicht noch kommt und mich ins Gesicht schlägt.

6 Und der Herr sprach: Hört, was der ungerechte Richter da sagt! 7 Sollte nun Gott seinen Auserwählten, die Tag und Nacht zu ihm schreien, nicht Recht verschaffen, und sollte er ihre Sache aufschieben? 8 Ich sage euch: Er wird ihnen Recht verschaffen, und zwar unverzüglich. Bloss – wird der Menschensohn, wenn er kommt, den Glauben antreffen auf Erden?

|5: 11,8 |8: 7,9!

Die Geschichte vom Pharisäer und vom Zöllner im Tempel

9 Er erzählte aber auch einigen, die überzeugt waren, gerecht zu sein, und die anderen verachteten, das folgende Gleichnis: 10 Zwei Menschen gingen hinauf in den Tempel, um zu beten, der eine war ein Pharisäer und der andere ein Zöllner. 11 Der Pharisäer stellte sich hin und betete, in sich gekehrt, so: Gott, ich danke dir, dass ich nicht wie die anderen Menschen bin, wie Räuber, Betrüger, Ehebrecher oder auch wie dieser Zöllner. 12 Ich faste zweimal in der Woche, ich gebe den Zehnten von allem, was ich einnehme. 13 Der Zöllner aber stand ganz abseits und wagte nicht einmal seine Augen zum Himmel zu erheben, sondern schlug sich an die Brust und sagte: Gott, sei mir Sünder gnädig! 14 Ich sage euch: Dieser ging befreit in sein Haus zurück, jener nicht. Denn wer sich selbst erhöht, wird erniedrigt werden; wer sich aber selbst erniedrigt, wird erhöht werden.

|9: 16,15 · Röm 10,3 |12: 5,33 · 11,42! |13: Ps 51,3 · 5,8! |14: Mt 21,31 · 14,11!

Jesus und die Kinder

15 Man brachte auch die kleinen Kinder zu ihm, damit er sie in die Arme nehme. Als die Jünger das sahen, fuhren sie sie an. 16 Jesus

beruofft sy zuo jm/ unnd sprach: Lassend die kindlin zuo mir kommen/ und weerends jnen nit/ dann sölicher ist das reych Gottes. Jch sag euch/ wär nit das reych Gottes annimpt als ein kind/ der wirt nit hineyn kommen.

Und es fragt jn ein oberster/ und sprach: Guoter meyster was muoß ich thuon das ich das ewig läben ererbe? Jesus aber sprach zuo jm: Was heissest du mich guot? Niemants ist guot dann allein der einig Gott. Du weist die gebott wol: Du solt nit eebrechen. Du solt nit töden. Du solt nit stälen. Du solt nit falsche zeugnuß reden. Du solt deyn vatter und dein muoter eeren. Er aber sprach: Das hab ich alles gehalten vonn meyner jugend auf. Do Jesus das hort/ sprach er zuo jm: Es fält dir noch eins/ verkauff alles was du hast/ und gibs den armen/ so wirst du einen schatz haben im himmel/ und kumm volg mir nach. Do er das hort/ ward er traurig/ dann er was fast reych.

Do aber Jesus sach das er was traurig worden/ sprach er: Wie schwarlich werdend die reychen in das reych Gottes kommen. Es ist leychter das ein kameel gange durch ein nadelöre/ dann das ein reycher in das reych Gottes komme. Do sprachend die das hortend: Wär kan dann sälig werden? Er aber sprach: Was bey den menschen unmöglich ist/ das ist bey Gott möglich.

Do sprach Petrus: Sihe/ wir habend alles verlassen/ und sind dir nachgevolget. Er aber sprach zuo jnen: Jch sag euch/ es ist niemants der ein hauß verlaßt/ oder eltern/ oder brüeder/ weyb/ oder kind umb des reych Gottes willen/ der es nit vilfältig wider empfahe in diser zeyt/ und in der zuokünfftigen welt das ewig läben.

Er nam aber zuo jm die zwölff/ und sprach zuo jnen: Sihe/ wir gond hinauf gen Jerusalem/ und es wirt alles vollendet das geschriben ist durch die propheten von des menschen sun. Dann er wirdt überantwortet werden den Heyden/ und wirt verspottet/ unnd geschmächt/

aber rief sie herbei und sprach: Lasst die Kinder zu mir kommen und hindert sie nicht, denn solchen gehört das Reich Gottes. 17 Amen, ich sage euch: Wer das Reich Gottes nicht annimmt wie ein Kind, wird nicht hineinkommen.

P: Mt 19,13–15; Mk 10,13–16 |16: 9,47–48 |17: Mt 18,3

Nachfolge und Reichtum
18 Und ein vornehmer Mann fragte ihn: Guter Meister, was muss ich tun, um ewiges Leben zu erben? 19 Jesus sagte zu ihm: Was nennst du mich gut? Niemand ist gut ausser Gott. 20 Du kennst die Gebote: *Du sollst nicht ehebrechen, du sollst nicht töten, du sollst nicht stehlen, du sollst kein falsches Zeugnis ablegen; ehre deinen Vater und deine Mutter.* 21 Er sagte: Dies alles habe ich gehalten von Jugend an. 22 Als Jesus das hörte, sagte er zu ihm: Eines fehlt dir noch. Verkaufe alles, was du hast, und verteile es unter die Armen, und du wirst einen Schatz im Himmel haben, und komm und folge mir! 23 Der aber wurde sehr traurig, als er das hörte, denn er war sehr reich.

24 Jesus aber sah ihn an und sprach: Wie schwer kommen die Begüterten ins Reich Gottes! 25 Ja, eher geht ein Kamel durch ein Nadelöhr als ein Reicher ins Reich Gottes. 26 Die das hörten, sagten: Wer kann dann gerettet werden? 27 Er sprach: Was unmöglich ist bei Menschen, ist möglich bei Gott.

P: Mt 19,16–26; Mk 10,17–27 |18: 10,25 · 18,30 |20: Ex 20,12–16; Dtn 5,16–20 |22: 12,33! · 5,11! |24: 6,24! |27: 1,37!

Vom Lohn der Nachfolge
28 Petrus aber sagte: Wir hier haben unser Eigentum zurückgelassen und sind dir gefolgt. 29 Da sagte er zu ihnen: Amen, ich sage euch, da ist keiner, der um des Reiches Gottes willen Haus, Frau, Geschwister, Eltern oder Kinder verlassen hat 30 und nicht ein Vielfaches wieder empfängt hier in dieser Zeit und in der kommenden Welt ewiges Leben.

P: Mt 19,27–30; Mk 10,28–31 |28: 5,11! |29: 5,11! |30: 18,18

Die dritte Leidensankündigung
31 Er nahm nun die Zwölf beiseite und sagte zu ihnen: Wir ziehen jetzt hinauf nach Jerusalem, und es wird alles vollendet werden, was durch die Propheten über den Menschensohn geschrieben worden ist. 32 Denn er wird den Heiden ausgeliefert und

unnd verspeüwet werden/ unnd nach dem sy jn geyßlend/ werdend sy jn töden/ und am dritten tag wirt er wider auferston. Und sy vernamend deren keins. Und die red was jnen verborgen/ und wußtend nit was das gesagt was.

verspottet und misshandelt und angespuckt werden. 33 Sie werden ihn auspeitschen und töten, und am dritten Tag wird er auferstehen. 34 Doch sie verstanden nichts von alledem, der Sinn dieses Wortes blieb ihnen verborgen, und sie begriffen das Gesagte nicht.

P: Mt 20,17–19; Mk 10,32–34 |31: 9,51! · 22,37; 24,25–27.44; Joh 5,39 |33: 9,22! |34: 9,45!

Die Heilung eines Blinden

Es geschach aber do er nach zuo Jericho kam saß ein blinder am wäg/ unnd bättlet. Do er aber hort das volck das durchhin gieng/ fragt er was das wäre. Do verkundtend sy jm: Jesus von Nazareth gienge da fürhin. Unnd er ruofft/ und sprach: Jesu du sun Davids erbarm dich meyn. Die aber voran giengend/ beschalcktend jnn er sölte schweygen. Er aber schrey vil mer: Du sun Davids erbarm dich min. Jesus aber stuond still/ und hieß jn zuo jm füeren. Do sy jnn aber nach zuo jm brachtend/ fragt er jn/ und sprach: Was wilt du das ich dir thuon sölle? Er sprach: Herr/ das ich wider sehen möge. Und Jesus sprach zuo jm: Biß sehend/ dein glaub hat dir geholffen. Und von stundan ward er sehend/ und volgt jm nach/ unnd preyset Gott. Und alles volck das sölichs sach/ lobet Gott.

35 Es geschah aber, als er in die Nähe von Jericho kam, dass ein Blinder am Wegrand sass und bettelte. 36 Als der das Volk vorbeiziehen hörte, erkundigte er sich, was da los sei. 37 Man sagte ihm, Jesus von Nazaret gehe vorbei. 38 Da rief er: Jesus, Sohn Davids, hab Erbarmen mit mir! 39 Und die vorausgingen, fuhren ihn an, er solle schweigen. Er aber rief noch lauter: Sohn Davids, hab Erbarmen mit mir! 40 Da blieb Jesus stehen und befahl, man möge ihn zu ihm führen. Als er näher kam, fragte er ihn: 41 Was soll ich für dich tun? Er sagte: Herr, mach, dass ich wieder sehen kann! 42 Und Jesus sagte zu ihm: Du sollst wieder sehen! Dein Glaube hat dich gerettet. 43 Und auf der Stelle sah er wieder, und er folgte ihm und pries Gott. Und das ganze Volk sah es und lobte Gott.

P: Mt 20,29–34; Mk 10,46–52 |38: 1,27! |42: 7,50! |43: 2,20!

Das xix. Capitel.

Zacheus wirt bekeeret/ Christus leert in einer gleychnuß die gaaben Gottes wol und getrüwlich brauchen. Von dem eynritt Christi zuo Jerusalem/ und wie er sy vor künfftigem schaden warnet.

Und er zoch hineyn/ unnd gieng durch Jericho/ und sihe/ da was ein mann genannt Zacheus/ der was ein oberster zoller/ und wz reych/ und begärt Jesum zesehen wär er wäre/ unnd kundt es nit vor dem volck/ dann er was kleyn von person. Und er lieff fürhin/ unnd steyg auff einen wilden feygenbaum/ auff das er jn sehe: dann da solt er durchhin kommen. Und als Jesus kam an dieselbigen statt/ sach er auf/ und ward sein gewar/ unnd sprach zuo jm: Zachee/ steyg eylents herab/ dann ich muoß heütt in dinem hauß eynkeeren. Und er steig eylents herab/ und nam jn auf mit fröuden. Do sy das sahend/ murretend sy all das er bey einem sünder eynkeeret. Zacheus aber tratt dar/ und sprach zum Herren: Sihe herr/ das halb meiner güeter gib ich den armen: und so ich hab yemants betrogen/ das gib ich vierfaltig wider. Jesus

Jesus und der Zöllner Zachäus

19 1 Und er kam nach Jericho und zog durch die Stadt. 2 Und da war ein Mann, der Zachäus hiess; der war Oberzöllner und sehr reich. 3 Und er wollte unbedingt sehen, wer dieser Jesus sei, konnte es aber wegen des Gedränges nicht, denn er war klein von Gestalt. 4 So lief er voraus und kletterte auf einen Maulbeerfeigenbaum, um ihn sehen zu können; denn dort sollte er vorbeikommen. 5 Als Jesus an die Stelle kam, schaute er nach oben und sagte zu ihm: Zachäus, los, komm herunter, denn heute muss ich in deinem Haus einkehren. 6 Und der kam eilends herunter und nahm ihn voller Freude auf. 7 Und alle, die es sahen, murrten und sagten: Bei einem sündigen Mann ist er eingekehrt, um Rast zu machen. 8 Zachäus aber trat vor den Herrn und sagte: Hier, die Hälfte meines Vermögens gebe ich den Armen, Herr, und wenn ich

aber sprach zuo jm: Heütt ist disem hauß
heyl widerfaren/ sitmals er auch Abrahams
sun ist. Dann des menschen sun ist kommen
zesuochen und sälig zemachen das verloren ist.

Do sy nun zuohortend/ sagt er weyter
ein gleychnuß/ darumb das er nach bey
Jerusalem was. Und sy meinend das reych
Gottes sölte also bald offenbar werden/ unnd
sprach: Ein edler zoch in ein verr lannd das
er ein reych einnäme/ und denn wider käme.
Diser forderet zehen seiner knechten/ und
gab jnen zehen pfund/ und sprach zuo jnen:
Handlend biß ich wider kumm. Seyne burger
aber warend jm feynd/ und schicktend ein
bottschafft jm nach/ und liessend jm sagen:
Wir wöllend nit das diser über uns herrsche.

Und es begab sich do er wider kam/ nach
dem er das reych eyngenommen hatt/ hieß er die
knecht foderen/ welchen er sein gelt gegeben
hatt/ das er wüßte was ein yetlicher gehandlet
hette. Do tratt herzuo der erst/ unnd sprach:
Herr/ dein pfund hatt zehen pfund erworben.
Und er sprach zuo jm: Ey du frommer knecht/
dieweyl du bist im geringsten trüw gewesen/
solt du macht haben über zähen stett. Der ander
kam auch/ und sprach: Herr/ dein pfund hat
fünff pfund getragen. Zuo dem sprach er auch:
und du solt sein über fünff stett. Und der dritt
kam/ unnd sprach: Herr sihe/ hie ist din pfund/
welches ich hab im schweyßtuoch behalten.
Jch forcht mir vor dir/ dann du bist ein harter
mann/ du nimpst da du nichts hingelegt hast/
und erndest da du nichts gesäyet hast. Er
sprach zuo jm: Auß deynem mund richten ich
dich du schalck/ wußtest du das ich ein harter
mann bin/ näme da ich nichts gelegt hab/ und
erndete da ich nichts gesäyet hab: warumb hast
du dann mein gelt nit in den wechsselbanck
gegeben? unnd wenn ich kommen wäre/
hette ichs mit wuocher geforderet.

Und er sprach zuo denen die darbey
stuondend: Nemmend das pfund von jm/
und gebends dem der zehen pfund hat. Und
sy sprachend zuo jm: Herr/ er hat schon
zehen pfund. Jch sag euch aber/ der da hat/
dem wirt geben werden: von dem aber der da
nichts hat/ wirt auch das genommen werden

von jemandem etwas erpresst habe, will ich
es vierfach zurückgeben. 9 Da sagte Jesus zu
ihm: Heute ist diesem Haus Heil widerfahren,
denn auch er ist ein Sohn Abrahams.
10 Denn der Menschensohn ist gekommen
zu suchen und zu retten, was verloren ist.

|6: 5,29 |7: 5,30! · 5,8! |8: 3,13 · Ex 21,37; Num 5,6–7
|9: 3,8!; 13,16 |10: 5,32!; Joh 3,17

Die Geschichte vom anvertrauten Geld
11 Sie waren nicht mehr weit von Jerusalem
entfernt, und da seine Zuhörer meinten, das
Reich Gottes werde auf der Stelle erscheinen,
erzählte er ihnen ein weiteres Gleichnis:
12 Er sprach also: Ein Mann von vornehmer
Herkunft ging in ein fernes Land, um dort
die Königswürde in Empfang zu nehmen
und dann zurückzukehren. 13 Er rief nun
zehn seiner Knechte, gab ihnen zehn Minen
und sagte zu ihnen: Handelt damit, bis ich
wiederkomme. 14 Die Bürger seines Landes aber
hassten ihn und schickten eine Gesandtschaft
hinter ihm her und liessen sagen: Wir wollen
nicht, dass dieser König wird über uns.

15 Und es geschah, als er im Besitz der
Königswürde zurückkehrte, dass er die Knechte,
denen er das Geld gegeben hatte, zu sich rufen
liess, um zu erfahren, was ein jeder damit
gemacht hatte. 16 Da trat der erste vor und
sagte: Herr, deine Mine hat zehn weitere Minen
eingebracht. 17 Und er sagte zu ihm: Recht so,
du bist ein guter Knecht! Weil du im Kleinsten
treu gewesen bist, sollst du Macht haben über
zehn Städte. 18 Dann kam der zweite und sagte:
Deine Mine, Herr, hat fünf Minen erbracht.
19 Auch zu ihm sprach er: Und du sollst
herrschen über fünf Städte. 20 Dann kam wieder
ein anderer und sagte: Herr, da hast du deine
Mine, die ich in einem Tuch verwahrt habe.
21 Denn ich fürchtete mich vor dir, weil du ein
harter Mann bist; du nimmst, was du nicht
angelegt, und erntest, was du nicht gesät hast.
22 Zu ihm sagt er: Nach deinen eigenen Worten
will ich dich richten, du böser Knecht. Du hast
also gewusst, dass ich ein harter Mann bin, dass
ich nehme, was ich nicht angelegt, und ernte,
was ich nicht gesät habe? 23 Warum hast du
dann mein Geld nicht zum Wechsler gebracht?
Dann hätte ich es bei meiner Rückkehr mit
Zinsen abholen können. 24 Und zu denen, die
dabeistanden, sagte er: Nehmt ihm die Mine
weg und gebt sie dem, der die zehn Minen hat.
25 Und sie sagten zu ihm: Herr, der hat doch

das er hat. Doch yhene meyne feynd/ die
nit woltend das ich über sy herrschen sölte/
bringend här und erwürgend sy vor mir.

Unnd als er söliches sagt/ zoch er fürbas/
und gieng hinauff gen Jerusalem.

Und es begab sich/ als er nahet gen
Bethphage und Bethanien an den ölberg/
sandt er seiner jüngern zwen/ unnd sprach:
Gond hin in den fläcken der gegen euch ligt/
unnd wenn jr hineyn kommend/ werdend jr
ein Füly angebunden finden/ auff welchem
noch nie kein mensch gesässen ist/ lösend es
ab/ unnd bringends. Unnd so euch yemants
fraget warumb jrs ablösind/ so sagend
also zuo jm: Der Herr bedarff seinen.

Und die gesandten giengend hin/ unnd
fundend wie er jnen gesagt hatt. Do sy
aber das Füly abloßtend/ sprachend seine
herren zuo jm: Warumb lösend jr das Füly
ab? Sy aber sprachend: Der Herr bedarff
seynen. Und sy brachtends zuo Jesu/ und
wurffend jre kleyder auff das Füly/ und
satztend Jesum darauf. Do er nun hinzoch
spreytetend sy jre kleyder auff den wäg.

Und do er zoch den ölberg häräb/ fieng an
der gantz hauff seiner jünger mit fröuden Gott
zeloben mit lauter stimm/ über alle thaten
die sy gesehen hattend/ unnd sprachend:
Gebenedeyet sey der da kumpt in dem nammen
des Herren. Frid sey im himmel/ und preyß
in der höhe. Unnd etlich der Phariseern im
volck sprachend zuo jm: Meister/ straff doch
deine jünger. Und er antwortet/ und sprach
zuo jnen: Jch sag euch/ wo dise schwygend/
so werdend doch die steyn schreyen.

Unnd als er nach hinzuo kam/ sach er die
statt an/ unnd weynet über sy/ unnd sprach:
Wenn du wüßtest was zuo deinem frid dienete/
so wurdest du es an deinem heüttigen tag

schon zehn Minen. 26 Ich sage euch: Jedem, der
hat, wird gegeben werden; dem aber, der nicht
hat, wird auch das noch genommen werden,
was er hat. 27 Diese meine Feinde aber, die
nicht wollten, dass ich König über sie bin, führt
hierher und macht sie vor meinen Augen nieder.

P: Mt 25,14–30 |11: 9,51! · 9,27! |12: Mk 13,34 |14: 19,27
|17: 16,10 |26: 8,18! |27: 19,14

Der Einzug in Jerusalem

28 Nachdem er das gesagt hatte, zog er
weiter auf dem Weg nach Jerusalem hinauf.

29 Und es geschah, als er in die Nähe von
Betfage und Betanien kam, an den Berg, der
Ölberg genannt wird, dass er zwei seiner Jünger
voraussandte 30 und sprach: Geht in das Dorf,
das vor euch liegt, und wenn ihr hineinkommt,
werdet ihr einen jungen Esel angebunden
finden, auf dem noch nie ein Mensch gesessen
hat. Bindet ihn los und bringt ihn her! 31 Und
wenn euch jemand fragt: Warum bindet ihr
ihn los?, so sagt: Der Herr braucht ihn. 32 Und
die er gesandt hatte, gingen und fanden es
so, wie er ihnen gesagt hatte. 33 Als sie nun
das Füllen losbanden, sagten seine Besitzer
zu ihnen: Was bindet ihr das Füllen los?
34 Sie sagten: Der Herr braucht es. 35 Und sie
brachten es zu Jesus und warfen ihre Kleider
auf das Füllen und liessen Jesus aufsitzen.
36 Während er so dahinzog, breiteten sie auf
dem Weg ihre Kleider vor ihm aus. 37 Als er
schon nahe am Abhang des Ölbergs war, begann
die ganze Jüngerschar voll Freude mit gewaltiger
Stimme Gott zu loben um all der Wunder
willen, die sie gesehen hatten, 38 und sie riefen:

Gepriesen sei, der da kommt,
der König, *im Namen des Herrn.*
Im Himmel Friede
und Herrlichkeit in der Höhe!

39 Und einige von den Pharisäern, die
unter dem Volk waren, sagten zu ihm: Meister,
bring deine Jünger zum Schweigen! 40 Und
er antwortete: Ich sage euch: Wenn diese
schweigen, werden die Steine schreien.

P: Mt 21,1–11; Mk 11,1–11; Joh 12,12–19 |28: 9,51!
|32: 22,13 |36: 2Kön 9,13 |37: 2,20! |38: 13,35; Ps 118,26 ·
1,32! · 2,14 |39: Mt 21,15–16

Jesu Trauer über Jerusalem

41 Und als er näher kam und die Stadt sah,
da weinte er über sie 42 und sprach: Wenn
doch an diesem Tag auch du erkenntest, was
zum Frieden führt. Jetzt aber bleibt es vor

bedencken. Aber nun ist es vor deynen augen verborgen. Dann es wirt die zeyt über dich kommen/ das dein feynd werdend umb dich unnd umb deine kinder mit dir/ ein wagenburg schlahen/ und dich beläegeren/ unnd an allen orten ängsten und schleipffen/ und werdend kein stein auff dem anderen lassen/ darumb das du nit erkennt hast die zeyt darinn du heymgesuocht bist.

Und er gieng in den tempel/ und fieng an außzetreyben die darinnen verkauftend und kauftend/ und sprach zuo jnen: Es stadt geschriben/ Mein hauß ist ein bätthauß. Jr habends gemachet zuo einer mördergruob. Und leeret täglich im tempel. Aber die hohen priester und gschrifftglerten/ und die fürnembsten im volck trachtetend jm nach wie sy jn umbbrächtind/ und fundend nit wie sy jm thuon söltend: dann das volck hieng jm an/ unnd hortend jn.

Das xx. Capitel.

Jesus hat ein gspräch mit den obersten pfaffen/ gschrifftgelerten und radtsherren/ zeigt jnen jr untrüw und straaff in einer verdeckten red an/ fragend jn des schatzpfennigs halb: die Saduceer thuond ein frag an jn/ und Christus geschweygt sy auch mit einer frag.

Und es begab sich der tagen einen/ do er das volck leeret im tempel/ und prediget das Euangelion. Do trattend zuo jm die hohen priester und gschrifftgelerten mit den eltesten/ unnd sagtend zuo jm/ und sprachend: Sag uns/ auß was macht thuost du das? oder wär hatt dir die macht gegeben? Er aber antwortet/ und sprach zuo jnen: Jch wil euch auch ein wort fragen/ sagend mirs: Der tauff Joannis was er vom himmel oder von den menschen? Sy aber gedachtend in jnen selbs/ und sprachend: Sagend wir/ von himmel/ so wirt er sagen/ Warumb habend jr dann jm nit glaubt? sagend wir aber/ von den menschen/ so wirdt unns alles volck steynigen/ dann sy stond darauff das Joannes ein prophet sey. Unnd sy antwortetend/ sy wüßtind nit wo er här wäre. Und Jesus sprach zuo jnen: So sag ich euch auch nit auß was macht ich das thüeye.

Er fieng aber an zesagen dem volck dise gleychnuß: Ein mensch pflantzet eynen

deinen Augen verborgen. 43 Denn es werden Tage über dich kommen, da werden deine Feinde einen Wall um dich aufwerfen und dich umzingeln und dich von allen Seiten bedrängen; 44 und sie werden dich samt deinen Kindern zerschmettern, und sie werden keinen Stein in dir auf dem andern lassen, weil du die Zeit der Zuwendung nicht erkannt hast.

|41: 23,28 |43: 21,20; Jes 29,3 |44: 21,24 · 21,6 · 1,68!

Die Tempelreinigung

45 Und er ging in den Tempel und begann, die Händler hinauszutreiben, 46 und sagte zu ihnen: Es steht geschrieben:

Mein Haus soll ein Haus des Gebets sein,
ihr aber habt es zu einer *Räuberhöhle*
gemacht.

47 Und er lehrte täglich im Tempel. Die Hohen Priester und Schriftgelehrten aber und die einflussreichsten Männer des Volkes suchten Mittel und Wege, ihn umzubringen, 48 doch fanden sie nichts, was sie hätten tun können, denn das ganze Volk hing ihm an und hörte auf ihn.

P: Mt 21,12–17; Mk 11,15–19; Joh 2,13–17 |46: Jes 56,7 · Jer 7,11 |47: 21,37; 22,53 · 20,19! |48: 21,38; Mk 12,37

Zur Frage nach der Vollmacht Jesu

20 1 Und es geschah an einem der Tage, als er das Volk im Tempel lehrte und das Evangelium verkündigte, da kamen die Hohen Priester und Schriftgelehrten mit den Ältesten zu ihm 2 und sagten: Sag uns, aus welcher Vollmacht du das tust oder wer dich dazu bevollmächtigt hat. 3 Er antwortete ihnen: Auch ich will euch eine Frage stellen; sagt mir: 4 Die Taufe des Johannes – stammte sie vom Himmel oder von Menschen? 5 Sie aber berieten sich und sagten zueinander: Sagen wir, vom Himmel, so wird er sagen: Warum habt ihr ihm dann nicht geglaubt? 6 Sagen wir, von Menschen, so wird das ganze Volk uns steinigen, denn es ist überzeugt, dass Johannes ein Prophet war. 7 Und sie antworteten, sie wüssten nicht woher. 8 Da sagte Jesus zu ihnen: Dann sage auch ich euch nicht, aus welcher Vollmacht ich dies tue.

P: Mt 21,23–27; Mk 11,27–33 |6: 20,19! · 1,76! |7: 22,68

Die Geschichte von den bösen Weinbauern

9 Er begann aber, dem Volk das folgende Gleichnis zu erzählen: Ein Mann pflanzte einen

weynberg/ und verleych jn den weyngärtneren/ und zoch über land ein guote zeyt. Und zuo seyner zeyt sandt er einen knecht zuo den weyngärtneren/ das sy jm gebind von der frucht des weynbergs. Aber die weyngärtner schluogend jn/ und liessend jn lär von jenen. Unnd über das sandt er noch einen anderen knecht: sy aber schluogend den selben auch/ und schmächtend jn/ und liessend jn lär von jnen. Unnd über das sandt er den dritten: sy aber verwundend den auch/ und stiessend jnn hinauß. Do sprach der herr des weynbergs: Was sol ich thuon? Jch wil meynen liebsten sun senden/ villeicht wenn sy den sähend/ werdend sy sich förchten.

Do aber die weyngärtner den sun sahend/ dachtend sy in jenen selbs/ unnd sprachend: Das ist der erb / kommend lassend uns jnn töden/ daß das erb unser werde. Und sy stiessend jnn hinauß für den weyngarten/ unnd todtend jnn. Was wirdt nun der herr deß weynbergs den selbigen thuon? Er wirt kommen/ und umbbringen dise weyngärtner/ und seinen weynberg anderen außlyhen. Do sy das hortend/ sprachend sy: Das sey verr.

Er aber sach sy an/ unnd sprach: Was ist dann das/ das geschriben stadt: Der steyn den die bauwleüt verworffen habennd/ ist worden ein ecksteyn? Welcher auff disen falt/ der wirt zerschmätteren: auff welchen aber er falt/ den wirt er zermalen. Und die hohen priester und gschrifftglerten trachtetend darnach/ wie sy die hend an jnn legtend zuo der selbigen stund/ und forchtend jnen vor dem volck: dann sy vernamend das er auff sy dise gleychnuß gesagt hatt.

Und sy hieltend auff jn/ unnd sandtend späher auß/ die sich stellen soltend als wärend sy fromm/ auff das sy jn fiengind in der red/ damit sy jnn überantworten köndtind der oberkeyt und gwalt des landpflägers. Und sy fragtend jn/ unnd sprachend: Meyster/ wir wüssend das du aufrecht redst und leerest/ und achtest keins menschen ansehen/ sonder du leerest den wäg Gottes recht. Jst es recht das wir dem Keyser die schatzung gebind oder nit? Er aber mercket jre böse tück/ unnd sprach zuo jnen: Was versuochend jr mich? zeygend mir den pfenning: weß bild und übergschrifft

Weinberg und verpachtete ihn an Weinbauern und ging für einige Zeit ausser Landes.

10 Und als es Zeit war, schickte er einen Knecht zu den Weinbauern, seinen Anteil am Ertrag des Weinbergs zu holen. Die Weinbauern aber verprügelten ihn und schickten ihn mit leeren Händen fort. 11 Da schickte er einen zweiten Knecht. Sie verprügelten und misshandelten aber auch den und schickten ihn mit leeren Händen fort. 12 Da schickte er noch einen dritten. Aber auch den schlugen sie blutig und warfen ihn hinaus. 13 Da sagte der Herr des Weinbergs: Was soll ich tun? Ich will meinen geliebten Sohn senden; vor ihm werden sie Respekt haben. 14 Als aber die Weinbauern ihn sahen, überlegten sie und sagten zueinander: Das ist der Erbe. Wir wollen ihn töten, damit das Erbe uns zufällt. 15 Und sie stiessen ihn aus dem Weinberg und töteten ihn. Was wird nun der Herr des Weinbergs mit ihnen tun? 16 Er wird kommen und diese Weinbauern umbringen und den Weinberg anderen geben.

Als sie das hörten, sagten sie: Das darf nicht sein! 17 Er aber blickte sie an und sprach: Was bedeutet denn dieses Schriftwort:

Der Stein, den die Bauleute verworfen haben, der ist zum Eckstein geworden.

18 Jeder, der auf diesen Stein fällt, wird zerschellen; auf wen er aber fällt, den wird er zermalmen.

19 Da hätten ihn die Schriftgelehrten und Hohen Priester am liebsten noch zur selben Stunde verhaftet, doch sie fürchteten das Volk; sie hatten nämlich erkannt, dass dieses Gleichnis auf sie gemünzt war.

P: Mt 21,33–46; Mk 12,1–12 |17: 2,34; Ps 118,22; Apg 4,11 |18: Jes 8,14–15 · Dan 2,34 |19: 19,47–48; 22,2.53 · 20,6

Zur Frage nach der kaiserlichen Steuer

20 Und sie liessen ihn beobachten und schickten Aufpasser, die sich als Gerechte ausgeben sollten. Die sollten ihn auf einem Ausspruch behaften, um ihn dann der Behörde und der Amtsgewalt des Statthalters ausliefern zu können. 21 Und sie fragten ihn: Meister, wir wissen, dass du korrekt redest und lehrst und die Person nicht ansiehst, sondern den Weg Gottes lehrst, wie es der Wahrheit entspricht. 22 Ist es uns erlaubt, dem Kaiser Steuern zu zahlen, oder nicht? 23 Er aber bemerkte ihre Arglist und sagte zu ihnen: 24 Zeigt mir einen Denar. Wessen Bild und Inschrift trägt er? Sie

hat er? Sy antwortetend/ und sprachend: Deß Keysers. Er aber sprach zuo jnen: So gebend dem Keyser was deß Keysers ist/ und Gott was Gottes ist. Und sy kondtend sein wort nit strauffbar machen vor dem volck/ und verwunderend sich seiner antwort/ und schwigend still.

Do trattend zuo jm etlich der Saduceern/ welche da haltend es sey kein auferstentnuß/ und fragtend jn/ und sprachend: Meyster/ Moses hat unns geschriben/ So yemants bruoder stirbt/ der ein weyb hat/ unnd stirbt erbloß/ so sol sein bruoder das weyb nemmen/ unnd seinem bruoder einen somen erwecken. Nun warend siben brüeder/ der erst nam ein weyb/ und starb erbloß: und der ander nam das weyb/ und starb auch erbloß: und der dritt nam sy/ desselben gleichen all siben/ und liessent keine kinder: zuo letst nach allem starb auch das weyb. Nun in der auferstentnuß/ welches weyb wirdt sy sein unnder denen? dann siben habend sy zum weyb gehept.

Und Jesus antwortet und sprach zuo jnen: Die kinder diser welt die mannend und weybend/ welche aber wirdig sein werdend yhene welt zuo erlangen/ und die aufferstentnuß von den todten/ die werdend weder mannen noch weyben: dann sy könnend hinfür nit sterben. Dann sy sind den Englen gleich und gottes kinder/ dieweyl sy kinder sind der auferstentnuß. Das aber die todten aufferstond/ hatt auch Moses bedeütet bey dem pusch/ da er den Herren heyßt/ einen Gott Abrahams/ und einen Gott Jsaacs/ unnd einen Gott Jaacobs. Gott aber ist nit der todten/ sunder der läbendigen Gott: dann sy läbend jm alle. Do antwortend etlich der gschrifftgleerten/ und sprachend: Meyster/ du hast recht gesagt. Und sy dorfftend jn fürhin nit mer fragen.

Er sprach aber zuo jnen: Wie sagend sy/ Christus sey Davids sun? und er selbs David spricht im Psalmen buoch: Der Herr hat gesagt zuo meinem Herren: Setz dich zuo

sagten: Des Kaisers. 25 Da sagte er zu ihnen: Also, gebt dem Kaiser, was des Kaisers ist, und Gott, was Gottes ist! 26 Und es gelang ihnen nicht, ihn vor dem Volk auf einem Ausspruch zu behaften, und sie wunderten sich über seine Antwort und schwiegen.

P: Mt 22,15–22; Mk 12,13–17 |25: 23,2; Röm 13,7

Zur Frage nach der Auferstehung der Toten
27 Es kamen aber einige von den Sadduzäern zu ihm, die behaupten, es gebe keine Auferstehung, und fragten ihn: 28 Meister, Mose hat uns vorgeschrieben: *Wenn einem der Bruder stirbt,* der eine Frau hatte und *kinderlos geblieben war, dann soll sein Bruder die Frau nehmen und seinem Bruder Nachkommen erwecken.* 29 Nun gab es sieben Brüder. Der erste nahm eine Frau und starb kinderlos. 30 Und der zweite nahm sie 31 und der dritte und so fort: Alle sieben hinterliessen keine Kinder und starben. 32 Zuletzt starb auch die Frau. 33 Die Frau nun – wessen Frau wird sie in der Auferstehung sein? Die sieben haben sie ja alle zur Frau gehabt.

34 Da sagte Jesus zu ihnen: Die Söhne und Töchter dieser Welt heiraten und werden verheiratet; 35 die aber gewürdigt werden, an jener Welt und an der Auferstehung von den Toten teilzuhaben, die heiraten nicht, noch werden sie verheiratet. 36 Sie können ja auch nicht mehr sterben, denn sie sind Engeln gleich und sind Söhne und Töchter Gottes, weil sie Söhne und Töchter der Auferstehung sind. 37 Dass aber die Toten auferweckt werden, darauf hat auch Mose beim Dornbusch hingedeutet, wenn er *den Herrn den Gott Abrahams und den Gott Isaaks und den Gott Jakobs* nennt. 38 Er aber ist nicht ein Gott von Toten, sondern von Lebenden, denn für ihn leben alle.

39 Da entgegneten einige von den Schriftgelehrten: Meister, gut hast du gesprochen. 40 Sie wagten nämlich nicht mehr, ihn etwas zu fragen.

P: Mt 22,23–33; Mk 12,18–27 |27: Apg 23,8 |28: Dtn 25,5 |36: Mt 5,9! |37: Ex 3,6; Apg 3,13; 7,32 |38: Röm 14,8 |40: Mt 22,46; Mk 12,34

Der Sohn Davids
41 Er aber fragte sie: Warum sagt man, der Gesalbte sei Davids Sohn? 42 Sagt doch David selbst im Buch der Psalmen: *Der Herr sprach zu meinem Herrn:*

meiner rechten/ biß das ich lege deine feynd
zum schämel diner füessen. David nennet
jn einen Herren/ wie ist er nun sein sun?

Do aber alles volck zuohort/ sprach er
zuo seinen jüngeren: Hüetennd euch vor
den geschrifftgelerten/ die da wöllend eynher
trätten in langen kleydern/ und lassend
sich gern grüessen auff dem marckt/ und
sitzend gernn oben in den schuolen/ und
über tisch. Sy fressend der witwen heüser/
unnd wendend lange gebätt für/ die werdend
dester schwärer verdamnuß empfahen.

Das xxj. Capitel.
Christus lobt die arm witwen/ sagt seinen jüngeren
was künftig ist/ namlich von der zerstörung Jerusalem/
von den valschen leereren. Von künftigen trüebsalen/ von
dem end der welt und seiner letsten zuokunfft.

Er sach aber auf/ und sach die reychen
wie sy jre opffer eynlegtent in den Gottes
kasten. Er sach aber auch ein arme witwen/
die leget zwey hällerlin eyn/ unnd er sprach:
Warlich ich sag euch/ dise arm witwen
hat mer dann sy alle eyngelegt: dann dise
habennd auß jrem überfluss eyngelegt zuo
dem opffer Gottes: sy aber hatt auß jrem
mangel alle jr narung/ die sy hatt/ eyngelegt.

Und do etlich sagtend von dem tempel/
das er gezieret wäre von feynen steinen
und kleynoten/ sprach er: Es wirt die
zeyt kommen/ in welcher das alles das jr
sehend/ nit ein steyn auff dem anderen
gelassen wirt der nit zerbrochen werde.

Sy fragtend jn aber und sprachend: Meister/
wenn sol das werden? und welches ist das
zeychen wenn das geschehen wirt?
Er aber sprach: Sehend zuo/ lassend üch
nit verfüeren: dann vil werdend kommen
in meinem nammen/ und sagen/ Sy sygind
Christus: und die zeyt ist genahet/ volgend

Setze dich zu meiner Rechten,
43 *bis ich deine Feinde hingelegt habe*
als Schemel für deine Füsse.
44 David nennt ihn also Herr, wie
kann er da sein Sohn sein?

P: Mt 22,41–46; Mk 12,35–37 |41: 9,20! · 1,27!; Joh 7,42
|43: Ps 110,1; Apg 2,34–35 |44: 1,27!

Die Warnung vor den Schriftgelehrten
45 Vor dem ganzen Volk sagte er zu seinen
Jüngern: 46 Nehmt euch in acht vor den
Schriftgelehrten, die Wert darauf legen, in
langen Gewändern einherzugehen, und es
schätzen, auf den Marktplätzen gegrüsst zu
werden, und gerne die Ehrensitze in den
Synagogen und die Ehrenplätze bei den
Gastmählern einnehmen; 47 sie fressen die
Häuser der Witwen leer und verrichten
zum Schein lange Gebete. Sie werden
ein umso härteres Urteil empfangen.

P: Mt 23,5–7; Mk 12,38–40 |46: 11,43! |47: Jes 5,8; 10,2

Die Gabe der Witwe
21 1 Als er aufschaute, sah er die Reichen
ihre Gaben in den Opferstock
einwerfen. 2 Und er sah auch eine arme
Witwe zwei Lepta einwerfen. 3 Und er sprach:
Ich sage euch, diese arme Witwe hat mehr
eingeworfen als alle anderen. 4 Denn die
haben alle aus ihrem Überfluss etwas zu den
Gaben gelegt, sie aber hat aus ihrem Mangel
alles, was sie zum Leben hatte, hergegeben.

P: Mk 12,41–44

Die Ankündigung der Tempelzerstörung
5 Und als einige vom Tempel
sagten, er sei mit schönen Steinen und
Weihgeschenken geschmückt, sprach er:
6 Was ihr da seht – es werden Tage kommen,
da kein Stein auf dem andern bleibt,
jeder wird herausgebrochen werden.

P: Mt 24,1–2; Mk 13,1–2 |6: 19,44

Zur Frage nach dem Anfang der Endzeit
7 Sie fragten ihn: Meister, wann wird das
sein, und was für ein Zeichen zeigt an, wann
dies geschehen wird? 8 Er aber sprach: Seht
euch vor, dass ihr nicht in die Irre geführt
werdet! Denn viele werden kommen unter
meinem Namen und sagen: Ich bin es! und:
Die Zeit ist gekommen! Lauft ihnen nicht nach!

jnen nit nach. Wenn jr aber hören werdend
von kriegen und empörungen/ so entsitzend
euch nit/ dann sölichs muoß vorhin
geschehen/ aber das end ist noch nit so bald
da. Do sprach er zuo jnen: Ein volck wirt sich
erheben über das ander/ unnd ein reych über
das ander: und werdend geschehen grosse
erdbidem hin und wider/ pestilentz und
thüre zeyt/ unnd schräcken: auch werdend
grosse zeychen vom himmel geschehen.

Aber vor disem allem werdend sy die hend
an euch legen/ und verfolgen: unnd werdend
euch überantworten in jre schuolen und
gefencknussen/ und für Künig und fürsten
ziehen umb meines nammens willen. Das wirt
euch aber widerfarenn zuo einer zeügnuß.
So nemmend nun steyff zuo hertzenn/ das jr
nit sorgind wie jr euch verantworten söllind/
dann ich wil euch mund unnd weyßheit
geben/ deren nit widersprechen mögend
noch widerston/ alle euwere widerwertigen.
Jr werdend aber überantwortet werden von
den Elteren/ brüederen/ gefründten und
fründen/ unnd sy werdend euwer etlichen
zum tod helffen. Und jr werdend gehasset
sein von yederman umb meines nammens
willen. Und ein haar von euwerm haupt sol nit
umbkommen. Fassend euwere seelen mit gedult.

Wenn jr aber sehen werdend Jerusalem
belegt mit einem heer/ so merckend das genahet
ist jr verwüstung. Als dann/ wär in Judea
ist/ der fliehe auff das gebirg: und wär mitten
darinnen ist/ der weyche herauß: und wär auff
dem land ist/ der komme nit hineyn. Dann das
sind die tag der raach/ das erfüllet werde alles
was geschriben ist. Wee aber den schwangeren
und söugenden in den selben tagen/ dann
es wirt grosse not auff erden sein/ und ein
zorn über diß volck: und sy werdend fallen
durch deß schwärdts scherpffe/ und gefangen
geführt under alle völcker. Und Jerusalem
wirt zertretten werden von den Heyden/
biß das der Heydenn zeyt erfüllet wirdt.

9 Wenn ihr aber von Kriegen und Unruhen
hört, so erschreckt nicht! Denn das muss zuvor
geschehen, aber das Ende kommt noch nicht
so bald. 10 Dann sagte er zu ihnen: Erheben
wird sich Volk gegen Volk und Reich gegen
Reich, 11 gewaltige Erdbeben wird es geben
und da und dort Seuchen und Hungersnöte,
furchtbare Dinge werden geschehen und vom
Himmel her gewaltige Zeichen erscheinen.

P: Mt 24,3–8; Mk 13,3–8 |8: 17,23! |10: Jes 19,2
|11: Ez 38,19.22

Die Ankündigung von Verfolgungen

12 Bevor aber dies alles geschieht, werden sie
gegen euch vorgehen und euch verfolgen, euch
an die Synagogen und ins Gefängnis ausliefern,
vor Könige und Statthalter führen um meines
Namens willen. 13 Es wird dazu kommen, dass
ihr Zeugnis ablegen müsst. 14 Verlasst euch
darauf, dass ihr euch nicht im voraus um eure
Verteidigung kümmern müsst, 15 denn ich selbst
werde euch eine Sprache und Weisheit geben,
der alle eure Gegner nicht widerstehen und
widersprechen können. 16 Ihr werdet sogar von
Eltern und Geschwistern, von Verwandten und
Freunden ausgeliefert werden, und manche von
euch werden sie in den Tod schicken. 17 Und
ihr werdet gehasst werden von allen um meines
Namens willen. 18 Doch kein Haar von eurem
Kopf wird verloren gehen. 19 Durch eure
Standhaftigkeit werdet ihr euer Leben gewinnen.

P: Mt 10,17–22; Mk 13,9–13 |12: 12,11; Apg 4,3; 5,18; 8,3;
12,2–5 |15: 12,12; Joh 15,26; Apg 6,10 |16: 12,53; Mt 24,10
|17: 6,22; Mt 24,9; Joh 15,18–19.21 |18: 12,7 |19: 8,15

**Die Ankündigung des Gerichts über
Jerusalem**

20 Wenn ihr aber Jerusalem von Heeren
umzingelt seht, dann erkennt, dass seine
Verwüstung nahe gekommen ist. 21 Dann sollen
die in Judäa in die Berge fliehen; und die in
der Stadt sollen hinausgehen und die auf dem
Land nicht hineingehen. 22 Denn das sind die
Tage der Vergeltung, da alles erfüllt wird, was
geschrieben steht. 23 Wehe den Schwangeren
und den Stillenden in jenen Tagen! Denn grosse
Not wird sein auf Erden und Zorn über diesem
Volk. 24 Und durch die Schärfe des Schwertes
werden sie fallen und als Kriegsgefangene unter
alle Völker zerstreut werden, und Jerusalem wird

Unnd es werdend zeychen geschehen an der Sonnen und Mon und sternen/ unnd auff erden wirdt den leütenn angst sein/ das sy nit wüssend wo hinauß. Und das Meer und die wasserwaagen werdend rauschen/ und die menschen werdend schweynen vor forcht/ und warten deren dingen die kommen söllend über den gantzen erdenkreyß. Dann auch der himmel krefft werdend sich bewegen. Unnd alsdann werdend sy sehen deß menschen sun kommen in der wolcken/ mit krafft und grosser herligkeyt. Wenn aber dises anfacht zuo geschehen/ so sehend sy auf/ und hebend euwere höupter auf/ darumb das sich euwere erlösung nahet.

Und er sagt jnen ein gleichnuß: Sehend an den fygenbaum und alle böum/ wenn sy yetzund außschlahend/ so sehend jr an jnen/ und merckend das yetz der Sommer nach ist. Also auch jr/ wenn jr diß alles sehend geschehen/ so wüssennd daß das reych Gottes nach ist. Warlich ich sag euch/ diß gschlächt wirt nit vergon/ biß das alles geschicht. Himel und erden werdend vergon/ meine wort aber werdend nit vergon.

Aber hüetend euch das euwere hertzen nit bschwärdt werdind mit fressen und sauffen/ und mitt sorgen der narung/ unnd komme diser tag schnäll über dich. Dann wie ein falstrick wirt er kommen über alle die auff erden wonend. So sind nun wacker alle zeyt/ unnd bättend/ das jr wirdig werden mögind zuo entfliehen disem allem das geschehen sol/ und zeston vor deß menschen sun.

Und er leret des tags im tempel/ der nacht aber gieng er hinauß/ und bleib

von den Völkern mit Füssen getreten werden, bis die Zeiten der Völker sich erfüllt haben.

|20: 19,43 |21: Mt 24,16; Mk 13,14 |23: 23,29; Mt 24,19; Mk 13,17 |24: 19,44; Dtn 28,64 · Dan 12,7; Röm 11,25

Die Zeichen für das Kommen des Menschensohnes

25 Und es werden Zeichen erscheinen an Sonne und Mond und Sternen und auf Erden ein Bangen unter den Völkern, die weder ein noch aus wissen vor dem Tosen und Wogen des Meeres. 26 Und den Menschen schwindet das Leben vor Furcht und in banger Erwartung der Dinge, die über den Erdkreis kommen. Denn *die Himmelskräfte* werden erschüttert werden. 27 Und dann werden sie *den Menschensohn kommen* sehen *auf einer Wolke* mit grosser Macht und Herrlichkeit. 28 Wenn aber das zu geschehen beginnt, richtet euch auf und erhebt eure Häupter, denn eure Erlösung naht.

P: 17,20–37; Mt 24,29–31; Mk 13,24–27 |25: Joel 3,3–4 |26: Jes 34,4; Joel 2,10 |27: Dan 7,13–14 · 22,69

Das nahe Ende

29 Und er erzählte ihnen ein Gleichnis: Seht den Feigenbaum und alle anderen Bäume! 30 Wenn sie ausschlagen, und ihr seht es, wisst ihr von selbst, dass der Sommer schon nahe ist. 31 Genau so sollt ihr, wenn ihr dies alles geschehen seht, wissen, dass das Reich Gottes nahe ist. 32 Amen, ich sage euch: Dieses Geschlecht wird nicht vergehen, bevor dies alles geschieht. 33 Himmel und Erde werden vergehen, meine Worte aber werden nicht vergehen.

P: Mt 24,32–36; Mk 13,28–32 |31: 9,27! |32: 9,27! |33: Ps 102,27; Jes 40,8; 51,6 · 16,17

Die Mahnung zur Wachsamkeit

34 Gebt acht auf euch, dass euer Herz nicht schwer werde von Rausch und Trunkenheit und Sorge ums Leben und dass jener Tag nicht jäh über euch komme 35 wie eine Schlinge. Denn er wird über alle hereinbrechen, die den Erdkreis bewohnen. 36 Seid also allezeit wachsam und betet, damit ihr die Kraft bekommt, all dem zu entrinnen, was geschehen wird, und vor den Menschensohn zu gelangen.

|34: 12,45 · 12,22! |35: 12,39! |36: Mk 13,35!

Jesu Wirken in Jerusalem

37 Tagsüber lehrte er im Tempel, nachts aber ging er hinaus und schlief auf dem Berg, der Ölberg genannt wird. 38 Und

übernacht am ölberg. Und alles volck was
frü auf zuo jm im tempel/ jn zehören.

Das xxij. Capitel.
Hie facht der Evangelist das leyden Christi zuo
beschreyben/ wäret biß ins xxiiij. Capitel.

Es was aber naach das fäst der Süessen
broten/ das da Osteren heyßt/ und die hohen
priester und gschrifftglerten trachtend wie sy
jnn todtind/ und forchtend sich vor dem volck.

Es was aber der Satanas gefaren in den Judas/
genannt Jscarioth/ der da was auß der zal der
zwölffen/ unnd er gieng hin und redt mit
den hohen priesteren unnd mit der oberkeyt/
wie er jnn wölte jnen überantworten. Und
sy wurdend fro/ und gelobtend jm gelt
zegeben. Und er versprach sich/ und suocht
gelägenheyt das er jn überantworte on lerman.

Es kam nun der tag der Süessenbroten/ auff
welchen man muoßt opffren das Osterlamb.
Und er sandt Petrum und Johansen und sprach:
Gond hin/ bereytend uns das Osterlamb/ auff
das wir essind. Sy aber sprachend zuo jm: Wo
wilt du das wir es bereytind? Er sprach zuo
jnen: Sihe/ wenn jr hineyn kommend in die
statt/ wirt euch begegnen ein mensch/ der
tregt ein wasserkruog/ volgend jm nach in
dz hauß/ da er hynyn gadt/ unnd sagend zuo
dem haußherren: Der meister laßt dir sagen/
Wo ist der Sal/ darinn ich das Osterlamb
essenn möge mit meinen jüngeren? Unnd
er wirt euch einen grossen gepflasterten Sal
zeygen/ daselbst bereytend es. Sy giengend
hin/ unnd fundend wie er jnen gesagt
hatt/ unnd bereytetend das Osterlamb.

Und do die stund kam/ satzt er sich nider/
und die zwölff Apostel mit jm/ und er sprach
zuo jnen: Mich hat hertzlich verlanget diß
Osterlamb mit euch zuo essen/ ee dann ich
leyde. Dann ich sag euch/ das ich hinfür nit

alles Volk kam schon frühmorgens zu ihm
in den Tempel, um ihm zuzuhören.

|37: 19,47! · 22,39 |38: 19,48

Der Tötungsplan des Hohen Rates

22 1 Es nahte aber das Fest der ungesäuerten
Brote, das Passa genannt wird. 2 Und die
Hohen Priester und Schriftgelehrten überlegten,
auf welche Art und Weise sie ihn beseitigen
könnten, denn sie fürchteten das Volk.

P: Mt 26,1–5; Mk 14,1–2; Joh 11,45–54 |2: 20,19!

Der Plan des Judas

3 Es fuhr aber der Satan in Judas mit Namen
Iskariot, der zum Kreis der Zwölf gehörte.
4 Und er ging und beriet sich mit den Hohen
Priestern und Hauptleuten, wie er ihn an sie
ausliefern könnte. 5 Sie freuten sich und kamen
überein, ihm Geld zu geben. 6 Und er willigte
ein und suchte eine günstige Gelegenheit, ihn an
sie auszuliefern, ohne dass das Volk es merkte.

P: Mt 26,14–16; Mk 14,10–11 |3: Joh 13,2.27 · 4,13
|4: 6,16; 22,48 · 22,21–23 |6: Mt 26,5; Mk 14,2

Die Vorbereitung des letzten Mahls

7 Es kam der Tag der ungesäuerten Brote, an
dem das Passalamm geschlachtet werden musste.
8 Und er schickte Petrus und Johannes voraus und
sprach: Geht und trefft Vorbereitungen, damit wir
das Passalamm essen können. 9 Sie sagten zu ihm:
Wo sollen wir es bereiten? 10 Er sagte zu ihnen:
Wenn ihr in die Stadt hineinkommt, wird euch
einer entgegenkommen, der einen Krug Wasser
trägt. Folgt ihm in das Haus, in das er geht, 11 und
sagt zu dem Hausherrn: Der Meister lässt dich
fragen: Wo ist der Raum, in dem ich mit meinen
Jüngern das Passalamm essen kann? 12 Und er
wird euch ein grosses, mit Polstern ausgelegtes
Obergemach zeigen; dort macht alles bereit.
13 Sie aber gingen und fanden es vor, wie er ihnen
gesagt hatte. Und sie bereiteten das Passamahl.

P: Mt 26,17–19; Mk 14,12–16 |7: Ex 12,15–20.21
|13: 19,32

Das letzte Mahl

14 Und als die Stunde kam, setzte er sich
zu Tisch, und die Apostel mit ihm. 15 Und er
sagte zu ihnen: Mich hat sehnlich verlangt, vor
meinem Leiden mit euch dieses Passalamm
zu essen. 16 Denn ich sage euch: Ich werde es

mer darvon essen wirdt/ biß das erfüllt werde im reych Gottes. Und er nam den kelch/ dancket und sprach: Nemmend den selben/ und teilend jn under euch. Dann ich sag euch/ Jch wird nit trincken vonn dem gewächß des weynstocks/ biß daß dz reich Gottes komme.

Und er nam das brot/ dancket/ und brachs und gab es jnen/ unnd sprach: Das ist mein leib/ der für euch ggeben wirt/ das thuond zuo meiner gedächtnuß. Desselben gleychen auch den kelch/ nach dem sy zuo abent geessen hattend/ und sprach: Das ist der kelch/ das nüw Testament in minem bluot/ Das für euch vergossen wirt.

Doch sihe/ die hand meines verrädters ist mit mir über tisch. Unnd zwar des menschen sun gadt hin/ wie es beschlossenn ist. Do wee dem selbigen menschen/ durch welchen er verradten wirt. Und sy fiengend an zefragen under jnen selbs/ welcher es doch wäre under jnen der das thuon wurde.

Es erhuob sich auch ein zanck under jnen welcher under jnen gehalten wurde/ das er der grössest sein sölte. Er aber sprach zuo jnen: Die weltlichen Künig beherschend die völcker/ unnd die gwaltigen heißt man gnädig herren/ jr aber nit also: Sunder der grössest under euch/ sol sein wie der jüngst: und der fürnembst/ wie der diener. Dann welcher ist der grössest? der zetisch sitzt/ oder der da dienet? ists ist nit also/ der zetisch sitzt? ich aber bin mitten under euch wie ein dienender. Jr aber sind die/ die beharret habennd bey mir in meinen anfechtungen. Und ich wil euch das reych bescheyden/ wie mir mein vatter bescheyden hat/ das jr essen und trincken söllind ob meinem tisch in meinem reych/ und sitzen auff stüelen/ und richten die zwölff geschlächt Jsraels.

Der Herr aber sprach: Simon Simon/ sihe/ der Satanas hat euwer begärt/ das er euch möchte reyteren wie den weytzen: Jch

nicht mehr essen, bis es seine Erfüllung findet im Reich Gottes. 17 Und er nahm einen Kelch, sprach das Dankgebet und sprach: Nehmt ihn und teilt ihn unter euch. 18 Denn ich sage euch: Von jetzt an werde ich von der Frucht des Weinstocks nicht mehr trinken, bis das Reich Gottes kommt. 19 Und er nahm Brot, sprach das Dankgebet, brach es und gab es ihnen und sprach: Das ist mein Leib, der für euch gegeben wird. Dies tut zu meinem Gedächtnis. 20 Und ebenso nahm er den Kelch nach dem Mahl und sprach: Dieser Kelch ist der neue Bund in meinem Blut, das vergossen wird für euch.

P: Mt 26,26–29; Mk 14,22–25 |14: Mt 26,20; Mk 14,17 |19: 9,16; 24,30; 1Kor 10,16; 11,23–24 |20: 1Kor 10,16; 11,25 · Jer 31,31 · Ex 24,8

Die Ankündigung der Auslieferung

21 Doch seht, die Hand dessen, der mich ausliefert, ist bei mir auf dem Tisch. 22 Der Menschensohn geht zwar seinen Weg, wie es bestimmt ist, doch wehe dem Menschen, durch den er ausgeliefert wird. 23 Da fingen sie an, sich gegenseitig zu fragen, wer von ihnen es wohl sei, der das tun werde.

P: Mt 26,20–25; Mk 14,17–21; Joh 13,21–30

Vom Herrschen und Dienen

24 Es entstand auch ein Streit unter ihnen, wer von ihnen als der Grösste gelten könne. 25 Er aber sagte zu ihnen: Die Könige herrschen über ihre Völker, und die Macht über sie haben, lassen sich als Wohltäter feiern. 26 Unter euch aber soll es nicht so sein, sondern der Grösste unter euch werde wie der Jüngste, und wer herrscht, werde wie einer, der dient. 27 Denn wer ist grösser – einer, der bei Tisch sitzt, oder einer, der bedient? Doch der, der bei Tisch sitzt? Ich aber bin mitten unter euch als einer, der bedient.

28 Ihr, ihr habt ausgeharrt bei mir in meinen Versuchungen. 29 Und so übergebe ich euch, wie der Vater mir, das Reich, 30 damit ihr in meinem Reich an meinem Tisch esst und trinkt und auf Thronen sitzt, um die zwölf Stämme Israels zu richten.

|24–27: Mt 20,24–28; Mk 10,41–45 |24: 9,46 |26: 9,48 |27: Joh 13,4–5 |29: 12,32 |30: Mt 19,28

Die Ankündigung der Verleugnung

31 Simon, Simon: Der Satan hat sich ausgebeten, euch zu sieben wie den Weizen. 32 Ich aber habe für dich gebetet, dass dein

aber hab für dich gebätten/ das dein glaub
nit aufhöre. Und wenn du der mal eins
dich bekeerst/ so sterck deine brüeder.

Er aber sprach zuo jm: Herr/ ich bin bereyt
mit dir in die gefencknuß und in den tod
zegon. Er aber sprach: Petre/ ich sag dir/ der
Han wirt hütt nit kräyen/ ee dann du drey
mal verlöugnet hast/ das du mich bekennest.

Und er sprach zuo jnen: So offt ich euch
gesendt hab on seckel/ on täschen/ unnd on
schuoch/ habennd jr auch ye mangel gehept?
Sy sprachend: Nye keinen. Do sprach er zuo
jnen: Aber nun/ wär einen seckel hat/ der
nemme jnn/ desselben gleichen auch die
täschen: wär aber nichts hat/ der verkauffe
sin kleid/ und kauffe ein schwärdt. Dann ich
sag euch: Es muoß noch das auch vollendet
werdenn an mir/ das geschriben stadt: Er ist
under die übelthäter gerechnet. Dann was
vonn mir geschriben ist/ das hat ein end.
Sy sprachend aber: Herr sihe/ hie sind zwey
schwärt. Er aber sprach zuo jnen: Es ist gnuog.

Und er gieng hinauß/ nach seiner
gewonheyt/ an den ölberg. Es volgtennd jm
aber seine jünger nach an das selbig ort. Und
als er dahin kam/ sprach er zuo jnen: Bättennd/
auff das jr nit in anfechtung fallind. Unnd
er reyß sich von jnen bey einem steynwurff/
und knüwet nider/ bättet und sprach: Vatter
wilt du/ so nimm disen kelch von mir: doch
nit mein/ sunder dein will geschäch. Es
erscheyn jm aber ein Engel von himmel/
unnd sterckt jn. Und es kam das er mit dem
tod rang/ unnd bättet hefftiger. Es ward aber
sein schweyß wie bluots tropffen/ die fielend
auff die erden. Und er stuond auf von dem
gebätt/ unnd kam zuo seinen jüngeren/ unnd
fand sy schlaffen vor traurigkeyt/ und sprach
zuo jnen: Was schlaaffend jr? stond auf und
bättend/ auff das jr nit inn anfechtung fallind.

Do er aber noch redt/ sihe/ die schar und
einer von den zwölffen genant Judas/ gieng
vor jnen här/ und nahet sich zuo Jesu/ jnn

Glaube nicht aufhöre; und du, wenn du
dann umkehrst, stärke deine Brüder. 33 Er
sagte zu ihm: Herr, ich bin bereit, mit
dir in Gefangenschaft und Tod zu gehen.
34 Er aber sprach: Ich sage dir, Petrus, der
Hahn wird heute nicht krähen, bevor du
dreimal geleugnet hast, mich zu kennen.

P: Mt 26,30–35; Mk 14,26–31; Joh 13,36–38
|31: Hiob 1,6–12 |32: Joh 21,15–19 |34: 22,61

Die Stunde der Entscheidung

35 Und er sagte zu ihnen: Als ich euch
aussandte ohne Geldbeutel und Sack und
Schuhe, hat es euch da an irgendetwas gefehlt?
Sie sagten: An nichts. 36 Er sagte zu ihnen: Aber
jetzt – wer einen Geldbeutel hat, nehme ihn
mit, wer einen Sack hat, desgleichen. Und wer
nichts hat, verkaufe seinen Mantel und kaufe
ein Schwert. 37 Denn ich sage euch: Dieses
Schriftwort muss an mir erfüllt werden: *Und
zu den Missetätern wurde er gerechnet.* Aber
auch das, was mir widerfährt, hat ein Ende.
38 Sie sagten: Herr, hier sind zwei Schwerter!
Er aber sagte zu ihnen: Lass gut sein!

|35: 9,3; 10,4 |36: 12,51 · 22,49–51 |37: 18,31! · 22,52;
23,33; Jes 53,12

Auf dem Ölberg

39 Und er ging hinaus und begab sich auf
den Ölberg, wie es seine Gewohnheit war, und
die Jünger folgten ihm. 40 Als er dort angelangt
war, sagte er zu ihnen: Betet, dass ihr nicht in
Versuchung kommt! 41 Und er selbst entfernte
sich etwa einen Steinwurf weit von ihnen,
kniete nieder und betete: 42 Vater, wenn du
willst, lass diesen Kelch an mir vorübergehen.
Doch nicht mein Wille, sondern der deine
geschehe. 45 Und er erhob sich vom Gebet,
ging zu den Jüngern und sah, dass sie vor
lauter Kummer eingeschlafen waren. 46 Und er
sagte zu ihnen: Was schlaft ihr? Steht auf und
betet, damit ihr nicht in Versuchung kommt!

P: Mt 26,36–46; Mk 14,32–42 |39: 21,37; Mt 26,30;
Mk 14,26; Joh 18,1 |40: 11,4 |42: Joh 18,11 |45: 9,32

22,42: Viele Handschriften fügen nach V.42 ein: «43
Da erschien ihm ein Engel vom Himmel und stärkte ihn.
44 Und er geriet in Todesangst und betete inständiger,
und sein Schweiss tropfte wie Blut zur Erde.»

Die Gefangennahme

47 Während er noch redete, da kam eine
Schar, und der, welcher Judas hiess, einer
von den Zwölfen, ging ihnen voran; und er

zeküssen. Jesus aber sprach zuo jm: Juda/ verradtest du deß menschen sun mitt dem kuss? Do aber das sahend die/ die umb jn warend/ was da werden wolt/ sprachennd sy zuo jm: Herr söllend wir mit dem schwärdt dreyn schlahen? Und einer auß jnen schluog des hohen priesters knecht/ und hüw jm sein recht or ab. Jesus aber antwortet/ unnd sprach: Lassend sy doch also verr machen. Unnd er ruort sein or an/ und heylet jn. Jesus aber sprach zuo den hohen priesteren und obersten deß tempels/ und den Eltesten die zuo jm kommen warend: Jr sind als zuo einem mörder mit schwärdtern und mit stangen außgangen/ ich bin täglich bey euch im tempel gwesen/ und jr habend kein hand an mich gelegt. Aber diß ist euwer stund/ und die macht der finsternuß.

ging auf Jesus zu, um ihn zu küssen. 48 Da sagte Jesus zu ihm: Judas, mit einem Kuss lieferst du den Menschensohn aus? 49 Als nun seine Begleiter sahen, was da geschehen sollte, sagten sie: Herr, sollen wir mit dem Schwert dreinschlagen? 50 Und einer von ihnen schlug nach dem Knecht des Hohen Priesters und hieb ihm das rechte Ohr ab. 51 Jesus aber entgegnete: Lasst das! Nicht weiter! Und er rührte das Ohr an und heilte ihn.

52 Dann sagte Jesus zu den Hohen Priestern und zu den Hauptleuten der Tempelwache und zu den Ältesten, die zu ihm gekommen waren: Wie gegen einen Räuber seid ihr ausgezogen, mit Schwertern und Knüppeln? 53 Tag für Tag war ich bei euch im Tempel, und ihr habt mich nicht festgenommen; aber das ist eure Stunde, und darin besteht die Macht der Finsternis.

P: Mt 26,47–56; Mk 14,43–52; Joh 18,2–11 |48: 22,4! |49: 22,36 |52: 22,37! |53: 19,47! · 20,19!

Die Verleugnung durch Petrus

54 Und sie nahmen ihn fest, führten ihn ab und brachten ihn in das Haus des Hohen Priesters. Petrus aber folgte von weitem. 55 Und sie hatten mitten im Hof ein Feuer entfacht und sich zusammengesetzt, und Petrus sass mitten unter ihnen.

Sy fiengend jn aber/ und fuortend jnn/ und brachtend jn in deß hohen priesters hauß. Petrus aber volget von verrnuß.

Do zundtend sy ein fheür an mitten im Sal/ und satzend sich zuosamen. Unnd Petrus satzt sich under sy. Do sach jn ein magt sitzen bey dem liecht/ und sach eben auff jn/ und sprach zuo jm: Diser was auch mitt jm. Er aber verlöugnet jnn und sprach: Weyb/ ich kenn jn nit. Und über ein kleine weyl sach jn ein anderer/ und sprach: Du bist auch deren eyner. Petrus aber sprach: Mensch ich bins nit. Und über ein weyl bey einer stund/ bekrefftigets ein anderer/ und sprach: Warlich diser was auch mit jm/ dann er ist ein Galileer. Petrus aber sprach: Mensch ich weiß nit was du sagst. Und als bald da er noch redt/ kräyet der Han. Und der Herr wandt sich umb und sach Petrum an. Und Petrus gedacht an deß Herren wort/ als er zuo jm gesagt hatt: Ee dann der Han kräyet wirst du mich drey mal verlöugnen. Unnd Petrus gieng hinauß unnd weynet bitterlich.

56 Und eine Magd sah ihn am Feuer sitzen, und sie schaute ihn genau an und sagte: Dieser war auch mit ihm. 57 Er aber leugnete es und sagte: Ich kenne ihn nicht! 58 Und kurz darauf sah ihn ein anderer, der sagte: Auch du bist einer von ihnen! Petrus aber sagte: Mensch, ich bin es nicht! 59 Und als ungefähr eine Stunde vergangen war, behauptete wieder ein anderer: Es ist so, auch der war mit ihm; er ist ja auch ein Galiläer. 60 Da sprach Petrus: Mensch, ich weiss nicht, wovon du redest! Und im selben Augenblick, während er noch redete, krähte der Hahn. 61 Und der Herr wandte sich um und blickte Petrus an. Da erinnerte sich Petrus an das Wort des Herrn, wie er zu ihm gesagt hatte: Ehe der Hahn heute kräht, wirst du mich dreimal verleugnet haben. 62 Und er ging hinaus und weinte bitterlich.

P: Mt 26,57–58.69–75; Mk 14,53–54.66–72; Joh 18,15–18.25–27 |61: 22,34 · 24,8

Die Verspottung

Die menner aber die Jesum hieltend/ verspottetend jn/ und schluogend jn/ verdacktend jnn/ und schluogend jn ins

63 Und die Männer, die ihn gefangen hielten, verspotteten und schlugen ihn, 64 verhüllten ihm das Gesicht und fragten ihn: Weissage! Wer

angesicht/ und fragtend jn unnd sprachend: Weyssag/ wär ists der dich schluog? Und vil andere lesterungen sagtend sy zuo jm.

Und als es tag ward/ samletend sich die Eltesten deß volcks/ die hohen priester und gschrifftgelerten und fuortend jn hinauff für jren radt/ und sprachend: Bist du Christus? sags uns. Er sprach aber zuo jnen: Sag ichs euch/ so glaubend jr mir nit: fraag ich aber/ so antwortend jr mir nit: und lassend mich denocht nit ledig. Darumb von nun an wirt deß menschen sun sitzen zur rechten hand der krafft Gottes. Do sprachend sy all: Bist du dann Gottes sun? Er sprach zuo jnen: Jr sagends/ dann ich bins. Sy aber sprachend: Was bedörffennd wir weyterer zeügnuß? Wir habends selbs gehört auß seinem mund.

Das xxiij. Capitel.

Und der ganntz hauff stuond auf/ und fuortend jn für Pilatum/ und fiengend an jn zuo verklagen/ und sprachend: Disen findend wir/ das er das volck abwendet/ und verbüt den schatzpfennig dem Keyser zegeben/ und spricht/ er sey Christus ein Künig. Pilatus aber fraget jn und sprach: Bist du ein Künig der Juden? Er antwortet jm und sprach: Du sagst. Pilatus sprach zuo den hohen priesteren und zum volck: Jch finden kein ursach an disem menschen. Sy aber hieltend an/ unnd sprachend: Er hat das volck empöret/ damit das er gelert hat hin und här im gantzen Jüdischen land/ und hat in Galilea angefangen biß här.

Do aber Pilatus Galileam hort/ fraget er ob er auß Galilea wäre. Und als er vernam das er under Herodes oberkeyt was/ sandt er jn zuo Herodes/ welcher in den selbigen tagen auch zuo Jerusalem was. Do aber Herodes Jesum sach/ ward er fro/ dann er hette jn langest gern gesehen. Dann er hat vil von jm gehört/ und hoffet er wurde ein zeychen von jm sehen. Und er fraget jnn mancherley/ Er antwortet jm aber nichts. Die hohen priester aber und gschrifftgelerten stuondend und

ist es, der dich geschlagen hat? 65 Und noch viele andere Schmähreden führten sie gegen ihn.

P: Mt 26,67–68; Mk 14,65

Das Verhör vor dem Hohen Rat

66 Und als es Tag wurde, versammelte sich der Ältestenrat des Volkes – Hohe Priester und Schriftgelehrte –, und sie liessen ihn zu sich ins Synhedrium bringen 67 und sagten: Wenn du der Gesalbte bist, sag es uns! Er aber sagte zu ihnen: Wenn ich mit euch rede, glaubt ihr nicht. 68 Wenn ich frage, antwortet ihr nicht. 69 Doch von nun an wird der Menschensohn sitzen zur Rechten der Macht Gottes. 70 Da sagten sie alle: Du bist also der Sohn Gottes? Er aber sagte zu ihnen: Ihr sagt, dass ich es bin. 71 Sie aber sagten: Was brauchen wir noch Zeugenaussagen? Wir haben es ja selbst aus seinem Mund gehört.

P: Mt 26,59–66; Mk 14,55–64; Joh 18,19–24 |66: Mt 26,57; 27,1; Mk 14,53; 15,1 |67: 9,20! |68: 20,7 |69: Dan 7,13; Ps 110,1 · Apg 7,56 · 21,27 |70: 3,22!

Die Verhandlung vor Pilatus

23 1 Und die ganze Versammlung stand auf, und sie führten ihn vor Pilatus.
2 Und sie erhoben Anklage gegen ihn und sagten: Wir haben festgestellt, dass dieser unser Volk verführt und es davon abhält, dem Kaiser Steuern zu zahlen, und dass er von sich behauptet, er sei der Gesalbte, ein König. 3 Pilatus aber fragte ihn: Du bist der König der Juden? Er aber antwortete ihm: Das sagst du! 4 Und Pilatus sagte zu den Hohen Priestern und der Menge: Ich finde keine Schuld an diesem Menschen. 5 Sie aber bestanden darauf und sagten: Er wiegelt das Volk auf, indem er überall in Judäa lehrt, von Galiläa bis hierher.

P: Mt 27,2.11–14; Mk 15,1–5; Joh 18,28–38a |2: 23,14; Apg 24,5 · 20,25 · 9,20! |4: 23,14.22 |5: 4,44; Apg 10,37

Jesus vor Herodes

6 Als Pilatus das hörte, fragte er, ob dieser Mensch ein Galiläer sei. 7 Und als er erfuhr, dass er aus dem Herrschaftsbereich des Herodes komme, liess er ihn zu Herodes bringen, der in diesen Tagen ebenfalls in Jerusalem war.

8 Als Herodes Jesus sah, freute er sich sehr. Es war nämlich schon seit längerer Zeit sein Wunsch, ihn zu sehen, denn er hatte von ihm gehört; nun hoffte er, ein Zeichen zu sehen, das von ihm vollbracht würde. 9 So stellte er ihm mancherlei Fragen; er aber gab

verklagtend jn hefftig. Aber Herodes mit
seinem hofgsind verlachet unnd verspottet
jn/ legt jm ein weysses kleyd an/ und sandt
jn wider zuo Pilato. Auff den tag wurdend
Pilatus und Herodes fründ mit einander:
dann vorhin warend sy einander feynd.

ihm keine Antwort. 10 Die Hohen Priester
und Schriftgelehrten standen dabei und
brachten schwere Anschuldigungen gegen
ihn vor. 11 Herodes aber und seine Soldaten
verhöhnten und verlachten ihn, legten ihm
ein Prunkgewand um und schickten ihn
zu Pilatus zurück. 12 Herodes und Pilatus
aber wurden an ebendiesem Tag Freunde;
vorher waren sie einander feind gewesen.

|8: 9,9 · 11,29! |9: Mt 27,12 |11: Mt 27,28; Mk 15,17; Joh 19,2

Die Freilassung des Barabbas

13 Pilatus nun rief die Hohen Priester
und die führenden Männer und das Volk
zusammen 14 und sagte zu ihnen: Ihr habt
mir diesen Menschen gebracht als einen, der
das Volk aufwiegelt. Doch als ich ihn vor
euren Augen verhörte, habe ich an diesem
Menschen keinen Grund für eure Anklagen
gefunden. 15 Auch Herodes nicht, denn er
hat ihn zu uns zurückgeschickt. Er hat nichts
getan, was den Tod verdient. 16 Ich werde ihn
also züchtigen lassen und dann freigeben.
18 Sie aber schrien alle miteinander: Schaff
diesen weg! Gib uns Barabbas frei! 19 Dieser
war wegen irgendeines Aufruhrs, den es in der
Stadt gegeben hatte, und wegen Mordes ins
Gefängnis geworfen worden. 20 Und wieder
redete Pilatus auf sie ein, weil er Jesus freigeben
wollte. 21 Sie aber riefen: Kreuzige ihn, kreuzige
ihn! 22 Und ein drittes Mal sagte er zu ihnen:
Was hat dieser denn Böses getan? Ich habe keine
Schuld an ihm gefunden, die den Tod verdient.
Ich werde ihn also züchtigen lassen und dann
freigeben. 23 Sie aber bedrängten ihn mit lautem
Geschrei und forderten, dass er gekreuzigt
werde; und ihr Geschrei setzte sich durch.
24 Und Pilatus entschied, es sei ihrer
Forderung nachzukommen. 25 Er gab
also den frei, der wegen Aufruhrs und
Mordes ins Gefängnis geworfen worden
war und den sie gefordert hatten. Jesus
aber lieferte er ihrem Willen aus.

Pilatus aber beruofft die hohen priester/ und
die obersten/ unnd das volck zuosamen/ unnd
sprach zuo jnen: Jr habend disen menschen
zuo mir braacht/ als der das volck abwende/
und sihe/ ich hab jnn vor euch verhört/ und
find an dem menschen der sachen keine/
deren jr jnn beschuldigennd: Herodes auch
nit/ dann ich hab euch zuo jm gesenndt/ und
sihe/ man hat nüts auff jnn bracht das deß
tods wärdt sey. Darumb wil ich jn straffen
und ledig lassen. Dann er muoßt jnen einen
nach gewonheit des fästs/ ledig geben.
Do schrey der gantz hauff/ und sprachend:
Hinweg mit disem/ und gib uns Barrabam
ledig/ welcher was umb einer aufuor die
inn der statt geschach/ unnd umb eines
mords willen in die gefencknuß geworffen.
Do ruofft Pilatus abermals zuo jnen/ unnd
wolt Jesum ledig lassen. Sy ruofftend aber/
und sprachend: Crützige crützige jn. Er
aber sprach zum dritten mal zuo jnen: Was
hat dann diser übels gethon? Jch find kein
ursach des todts an jm/ darumb wil ich jnn
straffen und frey ledig lassen. Aber sy lagend
jm an mit grossem geschrey/ und fordertend
das er gecreütziget wurde. Und jr/ und der
hohen priesteren geschrey nam überhand.
Pilatus aber urteylet/ das jr bitt geschähe/
und ließ den ledig der umbs aufruor
unnd mords willen was in der gefencknuß
geworffen/ umb welchenn sy battend/ aber
Jesum übergab er jrem muotwillen.

P: Mt 27,15–26; Mk 15,6–15; Joh 18,38b–40; 19,6–16a |14: 23,2 · 23,4! |22: 23,4! |25: Apg 3,14

23,16: Viele Handschriften fügen nach V.16 ein: «17 Er musste ihnen aber an jedem Fest einen freigeben.»

Auf dem Weg zur Kreuzigung

26 Und als sie ihn abführten, ergriffen sie
einen gewissen Simon aus Kyrene, der vom Feld

Und als sy jnn hinfuortend/ ergriffend sy
einen/ Simon von Cyrenen/ der kam vom väld/

unnd legtend das crütz auff jn das er es Jesu nachtrüege.

Es volgt jm aber nach ein grosser hauff volcks und weyber/ die klagtend und beweynetend jn. Jesus aber wandt sich umb zuo jnen unnd sprach: Jr töchteren von Jerusalem/ weynend nit über mich/ doch über euch selbs mögend jr wol weynen/ unnd über euwere kinder. Dann sihe/ es wirt die zeyt kommen/ in welcher man sagen wirt: Sälig sind die unfruchtbaren/ und die leyb die nit geboren habend/ und brüst die nitt gesaugt habend. Denn werdennd sy anfahen zesagen zuo den bergen: Fallend über uns. Und zuo den büchlin: Deckend unns. Dann so man das thuot am grüenen holtz/ was wil am dürren werden?

Es wurdend aber auch hingefüert zwen ander übelthäter/ das sy mitt jm abgethon wurdind.

Und als sy kamend an die statt/ die da heyßt Schädelstatt/ creützigetend sy jn daselbst/ und die zwen übelthäter mit jm/ einen zur rechten und einen zur lincken. Jesus aber sprach: Vatter vergib jnen/ dann sy wüssend nit was sy tuond. Und sy teyletend seine kleyder/ und wurffend das looß darumb. Und das volck stuond und sach zuo.

Und die hohen priester mit jnen/ rumpftend die nasen/ und sprachen: Er hat anderen gelhoffenn/ er helffe jm nun selber/ ist er Christus der außerwelt Gottes. Es verspottetend jn auch die kriegsknecht/ trattend zuo jm/ und brachtend jm essich/ und sprachend: Bist du der Juden Künig/ so hilff dir selber. Es was auch über jnn geschriben die übergschrifft mit Griechischen/ Latinischen und Hebreischen buochstaben: Diß ist der Juden Künig.

Aber der übelthäter einer/ die da gehenckt warend/ lesteret jnn/ unnd sprach: Bist du Christus/ so hilff dir selbs unnd uns. Do antwortet der ander/ straafft jn/ und sprach: Und du förchtest dir auch nit vor Gott/ der du doch in gleycher verdamnuß bist. Und zwaar wir sind billich darinnen/ dann wir empfahend was unser thaten wärdt sind/ diser aber hat nichts ungeschickts gehandlet. Unnd sprach zuo Jesu: Herr/ gedenck an mich/ wenn du in dein reych kumpst. Unnd Jesus sprach zuo jm: Waarlich ich sag dir/ hütt wirst du bey mir im paradyß sein.

kam, und luden ihm das Kreuz auf, damit er es Jesus nachtrage.

27 Es folgte ihm aber eine grosse Volksmenge und viele Frauen, die klagten und um ihn weinten. 28 Jesus wandte sich nach ihnen um und sprach: Töchter Jerusalems, weint nicht über mich! Weint vielmehr über euch und über eure Kinder! 29 Denn seht, es kommen Tage, da man sagen wird: Selig die Unfruchtbaren und der Mutterleib, der nicht geboren hat, und die Brüste, die nicht gestillt haben. 30 Dann wird man anfangen, *zu den Bergen zu sagen: Fallt auf uns!, und zu den Hügeln: Bedeckt uns!* 31 Denn wenn man solches am grünen Holze tut, was wird erst am dürren geschehen?

32 Es wurden aber auch noch zwei Verbrecher mit ihm zur Hinrichtung geführt.

|26: Mt 27,32; Mk 15,21 · Joh 19,17 |28: 19,41 |29: 21,23! |30: Hos 10,8

Die Kreuzigung

33 Und als sie an den Ort kamen, der Schädelstätte genannt wird, kreuzigten sie ihn und die Verbrecher, den einen zur Rechten, den anderen zur Linken. 34 Und Jesus sprach: Vater, vergib ihnen! Denn sie wissen nicht, was sie tun. *Sie aber teilten seine Kleider unter sich und warfen das Los darüber.*

35 Und das Volk stand dabei und sah zu. Und auch die vornehmen Leute spotteten: Andere hat er gerettet, er rette jetzt sich selbst, wenn er doch der Gesalbte Gottes ist, der Auserwählte. 36 Und auch die Soldaten machten sich lustig über ihn; sie traten vor ihn hin, reichten ihm Essig 37 und sagten: Wenn du der König der Juden bist, dann rette dich selbst! 38 Es war auch eine Inschrift über ihm angebracht: Dies ist der König der Juden.

39 Einer aber von den Verbrechern, die am Kreuz hingen, verhöhnte ihn und sagte: Bist du nicht der Gesalbte? Rette dich und uns! 40 Da fuhr ihn der andere an und hielt ihm entgegen: Fürchtest du Gott nicht einmal jetzt, da du vom gleichen Urteil betroffen bist? 41 Wir allerdings sind es zu Recht, denn wir empfangen, was unsere Taten verdienen; dieser aber hat nichts Unrechtes getan. 42 Und er sagte: Jesus, denk an mich, wenn du in dein Reich kommst. 43 Und er sagte zu ihm: Amen, ich sage dir: Heute noch wirst du mit mir im Paradies sein.

|33–34: Mt 27,33–38; Mk 15,22–27; Joh 19,17–18.23–24 |33: 22,37! |34: Ps 22,19 |35–38: Mt 27,39–43; Mk 15,29–32a |35: Ps 22,8–9 · 4,23 · 9,20! |36: Ps 69,22; Mt 27,34.48;

Und es was umb die sechßten stund/ und es ward ein finsternuß über das gantz land/ biß an die nündte stund. Und die Sonn verlor jren scheyn/ und der fürhang des tempels zerreyß mitten entzwey. Und Jesus ruofft laut und sprach: Vatter/ ich befilch meinen geist in deine hend. Und als er das gesagt hatt/ gab er den geyst auf. Do aber der hauptman sach was da geschach/ preyset er Gott/ und sprach: Fürwar diser ist ein frommer mensch gewesen. Und alles volck do sy sahend was da geschach/ schluogennd sy sich an jre brüst/ und wandtend widerumb. Es stuondend aber alle seine verwandten von verrnuß/ und die weyber die jm auß Galilea warend nachgefolget/ und sahend das alles.

Und sihe/ ein mann mit nammen Joseph/ ein Radtsherr/ der was ein guoter frommer mann/ der hatt nit bewilliget in jren radt und handel/ der was vonn Arimathia der statt der Juden/ der auch auff das reych Gottes wartet/ der gieng zuo Pilato/ und batt umb den leyb Jesu. Und nam jn ab/ wicklet jnn in ein leynwadt/ und legt jnn in ein gehauwen grab/ darinn niemants ye gelegt was. Und es was der Rüsttag/ und der Sabbath brach an. Es volgtennd aber die weyber naach/ die mit jm kommen warend auß Galilea/ und beschauwtend das grab/ und wie sein leyb gelegt was. Sy kartend aber umb unnd bereytetend die specerey unnd salben. Unnd den Sabbath warend sy still nach dem gsatz.

Das xxiiij. Capitel.
Von der auferstentnuß Christi unnd erscheynung die den jüngeren beschehen ist: auch vonn dem befelch den er jnen am abscheyd gab/ und von seiner himmelfart.

Früe aber an dem erstenn tag nach dem Sabbath vor tag/ kamend sy zum grab/ und truogend die specerey/ die sy bereyt hatten: und etlich mit jnen. Sy fundend aber den

Mk 15,23.36; Joh 19,28–29 |38: Mt 27,37; Mk 15,26; Joh 19,19–22 |39–43: Mt 27,44; Mk 15,32b |39: 9,20! |43: Phil 1,23

23,34: «Und Jesus sprach: …, was sie tun.»: Dieser Halbvers fehlt in einigen der wichtigsten Handschriften.

Der Tod Jesu
44 Und es war schon um die sechste Stunde, und eine Finsternis kam über das ganze Land bis zur neunten Stunde, 45 und die Sonne verfinsterte sich; und der Vorhang im Tempel riss mitten entzwei. 46 Und Jesus rief mit lauter Stimme: Vater, *in deine Hände lege ich meinen Geist.* Mit diesen Worten verschied er. 47 Als aber der Hauptmann sah, was da geschah, pries er Gott und sagte: Dieser Mensch war tatsächlich ein Gerechter! 48 Und alle, die sich zu diesem Schauspiel zusammengefunden und gesehen hatten, was da geschah, schlugen sich an die Brust und gingen nach Hause. 49 Alle aber, die ihn kannten, standen in einiger Entfernung, auch die Frauen, die ihm aus Galiläa gefolgt waren, und sahen alles.

P: Mt 27,45–56; Mk 15,33–41; Joh 19,28–30 |46: Ps 31,6; Apg 7,59 |47: 2,20! |49: 8,2–3!; Joh 19,25

Die Grablegung
50 Und da war ein Mann mit Namen Josef, der aus Arimatäa, einer jüdischen Stadt, stammte, ein guter und gerechter Mann, 51 der auf das Reich Gottes wartete. Er war ein Mitglied des Hohen Rats, war aber mit dessen Beschluss und Vorgehen nicht einverstanden gewesen. 52 Der ging zu Pilatus und bat um den Leichnam Jesu. 53 Und er nahm ihn herab, wickelte ihn in ein Leinentuch und legte ihn in ein Felsengrab, in dem noch nie jemand beigesetzt worden war. 54 Es war Rüsttag, und der Sabbat brach an. 55 Und die Frauen, die mit ihm aus Galiläa gekommen waren, folgten ihm. Sie sahen das Grab und sahen, wie sein Leichnam beigesetzt wurde. 56 Dann kehrten sie heim und bereiteten wohlriechende Öle und Salben zu. Und am Sabbat ruhten sie, wie das Gesetz es vorschreibt.

P: Mt 27,57–61; Mk 15,42–47; Joh 19,38–42 |56: Ex 20,10; Dtn 5,14

Das leere Grab
24 1 Am ersten Tag der Woche aber kamen sie noch im Morgengrauen zum Grab und brachten die wohlriechenden Öle mit, die sie zubereitet hatten. 2 Da fanden sie den

steyn abgeweltzet von dem grab/ und giengend hineyn/ und fundend den leib deß Herren Jesu nit. Unnd es begab sich do sy darumb bekümmeret warend/ sihe/ do trattend zuo jnen zween menner mit glentzenden kleyderen. Und sy erschrackend/ und schluogend jre angesicht undersich zuo der erdenn. Do sprachend die zuo jnen: Was suochend jr/ den läbendigen bey den todten? Er ist nitt hie/ Er ist auferstanden. Gedenckend daran wie er euch sagt do er noch in Galilea was/ und sprach: Deß menschen sun muoß überantwortet werden in die hend der sündern/ und creützget werden/ und am dritten tag auferston. Unnd sy gedachtend an seine wort. Und giengend vom grab/ und verkundtend das den eylfen/ und den anderen allen. Es was aber Maria Magdalene/ und Joanna/ und Maria Jacobi/ und andere mit jnen die sölichs den Aposteln sagtend. Unnd es dunckt sy jre wort eben als wärinds märli/ und glaubtend jnen nit. Petrus aber stuond auf/ und lieff zum grab/ und buckt sich hineyn/ und sach die leynine tüecher allein ligen/ und gieng darvon. Und es nam jn wunder.

Und sihe/ zween auß jnen giengend an dem selbigen tag in einen fläcken/ der was vonn Jerusalem sechtzig mannslöuff/ deß nammen heisset Emaus. Und sy redtend mit einanderen von allen disen geschichten. Unnd es geschach do sy also redtend/ und sich mit einanderen befragtend/ nahet Jesus zuo jnen/ und gieng mit jnen. Aber jre augen wurdend gehalten damit sy jn nit erkantind. Er aber sprach zuo jnen: Was sind das für reden die jr wandlende/ zwüschennd euch handlend/ und sind traurig? Do antwortet einer mit nammen Cleophas/ unnd sprach zuo jm: Bist du allein under den frömbdlingen zuo Jerusalem/ der nit wüsse was in disen tagen darinnen geschehen ist? Unnd er sprach zuo jnen: Was? Sy aber sprachend zuo jm: Das von Jesu von Nazareth/ welcher was ein Prophet/ mächtig von thaten und worten/ vor Gott unnd allem volck/ wie jnn unsere hohen priester und obersten überantwortet habend zur verdamnuß des todts/ und jnn

Stein weggewälzt vom Grab. 3 Als sie aber hineingingen, fanden sie den Leichnam des Herrn Jesus nicht. 4 Und es geschah, während sie ratlos dastanden, dass auf einmal zwei Männer in blitzendem Gewand zu ihnen traten. 5 Voller Furcht neigten sie das Gesicht zur Erde, und die Männer sagten zu ihnen: Was sucht ihr den Lebenden bei den Toten? 6 Er ist nicht hier, er ist auferweckt worden. Denkt daran, wie er zu euch gesagt hat, als er noch in Galiläa war: 7 Der Menschensohn muss in die Hände von sündigen Menschen ausgeliefert und gekreuzigt werden und am dritten Tag auferstehen. 8 Da erinnerten sie sich an seine Worte.

9 Und sie kehrten vom Grab zurück und berichteten alles den elfen und allen andern. 10 Es waren dies Maria aus Magdala und Johanna und Maria, die Mutter des Jakobus, und die anderen Frauen, die mit ihnen waren. Sie sagten es den Aposteln; 11 denen aber erschienen diese Worte wie leeres Geschwätz, und sie glaubten ihnen nicht.

12 Petrus aber stand auf und eilte zum Grab, und als er sich hineinbückt, sieht er nur die Leinentücher; und er ging nach Hause, voller Verwunderung über das, was geschehen war.

P: Mt 28,1–8; Mk 16,1–8; Joh 20,1–10 |7: 9,22! |8: 22,61 |9: 24,22–23 |10: 8,2–3!

24,12: Dieser Vers fehlt in einigen wichtigen Handschriften.

Auf dem Weg nach Emmaus

13 Und da waren am selben Tag zwei von ihnen unterwegs zu einem Dorf namens Emmaus, das sechzig Stadien von Jerusalem entfernt ist. 14 Und sie redeten miteinander über all das, was vorgefallen war.

15 Und es geschah, während sie miteinander redeten und sich besprachen, dass Jesus selbst sich zu ihnen gesellte und sie begleitete. 16 Doch ihre Augen waren gehalten, so dass sie ihn nicht erkannten. 17 Er aber sagte zu ihnen: Was sind das für Worte, die ihr da unterwegs miteinander wechselt? Da blieben sie mit düsterer Miene stehen. 18 Der eine aber, mit Namen Klopas, antwortete ihm: Du bist wohl der Einzige, der sich in Jerusalem aufhält und nicht erfahren hat, was sich in diesen Tagen dort zugetragen hat. 19 Und er sagte zu ihnen: Was denn? Sie sagten zu ihm: Das mit Jesus von Nazaret, der ein Prophet war, mächtig in Tat und Wort vor Gott und dem ganzen Volk, 20 und wie unsere Hohen Priester und führenden Männer ihn

gecreützigt. Wir aber hofftend er sölte Jsrael erlösen. Unnd über das alles ist hütt der dritt tag das sölichs geschehen ist. Auch habend uns erschreckt etliche weyber der unseren/ die sind früe bey dem grab gwesen/ und habend seinen leib nit funden: kommend und sagend/ sy habind ein gesicht der Englen gesehen/ welche sagtend er läbe. Unnd etlich under uns giengend hin zum grab/ und fundends also wie die weyber sagtend/ aber jnn fundend sy nit.

Und er sprach zuo jnen: O jr toren unnd träges hertzen zeglauben allen dem das die Propheten geredt habend: muoßt nit Christus sölichs leyden/ unnd zuo seiner herrligkeyt eyngon? Und fieng an von Mose und allen Propheten/ und legt jnen alle gschrifft auß die von jm gesagt warend. Und sy kamend nach zum fläcken da sy hingiengend: unnd er stellet sich als wölte er weyter gon. Unnd sy nötigetend jnn unnd sprachend: Bleyb bey uns/ dann es wil abent werden/ und der tag hat sich geneygt. Und er gieng hineyn bey jnen zebleyben.

Unnd es geschach do er mit jnen zetisch saß/ nam er dz brot/ sprach den sägen/ brach es/ unnd gabs jnen. Do wurdend jre augen geoffnet/ unnd erkantend jnn. Unnd er verschwand vor jenen. Unnd sy sprachend under einandern: Bran nit unnser hertz in uns/ do er mit uns redt auff dem wäg/ als er uns die gschrifft offnet? Und sy stuondend zuo der selbigen stund auff/ kartend wider gen Jerusalem/ unnd fundend die eylff versamlet. Unnd die bey jnen warennd/ die selben sprachend: Der Herr ist warhafftig auferstanden/ und Simoni erschinen. Und sy erzaltend jnen was auff dem wäg geschehen was/ und wie er von jnen erkennt wäre an dem/ do er das brot brach.

Do sy aber darvon redtend/ tratt er selbs Jesus mitten under sy/ und sprach: Der frid mit euch. Sy erschrackend aber/ und forchtend sich/ meynntend sy sähind ein geyst. Und er sprach zuo jnen: Was sind jr also erschrocken?

ausgeliefert haben, damit er zum Tod verurteilt würde, und wie sie ihn gekreuzigt haben. 21 Wir aber hofften, er sei es, der Israel erlösen werde; doch jetzt ist es schon drei Tage her, seit dies geschehen ist. 22 Doch dann haben uns einige Frauen, die zu uns gehören, in Schrecken versetzt. Sie waren frühmorgens am Grab, 23 und als sie den Leib nicht fanden, kamen sie und sagten, sie hätten gar eine Erscheinung von Engeln gehabt, die gesagt hätten, er lebe. 24 Da gingen einige der Unsrigen zum Grab und fanden es so, wie die Frauen gesagt hatten; ihn aber haben sie nicht gesehen. 25 Da sagte er zu ihnen: Wie unverständig seid ihr doch und trägen Herzens! Dass ihr nicht glaubt nach allem, was die Propheten gesagt haben! 26 Musste der Gesalbte nicht solches erleiden und so in seine Herrlichkeit eingehen? 27 Und er fing an bei Mose und allen Propheten und legte ihnen aus, was in allen Schriften über ihn steht.

28 Und sie näherten sich dem Dorf, wohin sie unterwegs waren, und er tat so, als wolle er weitergehen. 29 Doch sie bedrängten ihn und sagten: Bleibe bei uns, denn es will Abend werden, und der Tag hat sich schon geneigt. Und er ging hinein und blieb bei ihnen. 30 Und es geschah, als er sich mit ihnen zu Tisch gesetzt hatte, dass er das Brot nahm, den Lobpreis sprach, es brach und ihnen gab. 31 Da wurden ihnen die Augen aufgetan, und sie erkannten ihn. Und schon war er nicht mehr zu sehen. 32 Und sie sagten zueinander: Brannte nicht unser Herz, als er unterwegs mit uns redete, als er uns die Schriften aufschloss?

33 Und noch zur selben Stunde standen sie auf und kehrten nach Jerusalem zurück und fanden die elf versammelt und die, welche zu ihnen gehörten; 34 die sagten: Der Herr ist tatsächlich auferweckt worden und dem Simon erschienen. 35 Und auch sie erzählten, was unterwegs geschehen war und wie er von ihnen am Brechen des Brotes erkannt worden war.

|16: 24,31 |19: 7,16! |21: 2,25!; 9,27! |23: 24,3–6.9 |25: 9,45! |27: 18,31! |30: 22,19!; Joh 21,12–13 |31: 24,16 |32: 24,45! |34: 1Kor 15,4–5

Das Erscheinen des Auferstandenen vor den Zwölfen

36 Während sie noch darüber redeten, trat er selbst in ihre Mitte, und er sagt zu ihnen: Friede sei mit euch! 37 Da gerieten sie in Angst und Schrecken und meinten, einen Geist zu sehen. 38 Und er sagte zu ihnen: Was seid ihr so

und warumb steygend söliche gedancken auf in euweren hertzen? Sehennd meine hend unnd meine füeß/ ich bins selber. Greyffend mich und sehend/ dann ein geyst hat nit fleysch und beyn/ wie jr sehend mich haben. Und do er das gesagt/ zeygt er jnen hend und füeß. Do sy aber noch nitt glaubtend vor fröuden/ und sich verwunderdend/ sprach er zuo jnen: Habennd jr hie etwas zuo essen? Und sy legtend jm für ein stuck vonn einem gebratnen fisch/ und honig waben. Und er nams und ass vor jnen

Er sprach aber zuo jnen: Das sind die reden die ich zuo euch sagt/ do ich noch by euch was. Dann es muoß alles erfüllt werden was von mit geschriben ist im gsatz Mosi/ in den Propheten/ und in den Psalmen. Do offnet er jnen die verstentnuß/ das sy die geschrifft verstüendind/ und sprach zuo jnen: Also ists geschriben/ und also muoßt Christus leyden/ unnd auferston von den todten am dritten tag: und predigen lassenn in seinem nammen/ buoß und vergebung der sünden under allen völckeren/ und anheben zuo Jerusalem. Jr aber sind deß alles zügen. Und sihe/ ich wil sendenn auff euch die verheyssung meines vatters/ jr aber söllennd bleyben in der statt Jerusalem/ biß das jr angethon werdennd mit krafft auß der höhe.

Er fuort sy aber hinauß biß gen Bethanien/ und huob die hend auf/ und sägnet sy. Und es geschach/ do er sy sägnet/ tratt er von jnen/ und fuor auf gen himmel. Sy aber bättetend jnn an/ und kertend wider gen Jerusalem mit grosser fröud. Und warend allwegen im Tempel/ lobtennd und benedeytend Gott.

verstört, und warum steigen solche Gedanken in euch auf? 39 Seht meine Hände und Füsse: Ich selbst bin es. Fasst mich an und seht! Ein Geist hat kein Fleisch und keine Knochen, wie ihr es an mir seht. 40 Und während er das sagte, zeigte er ihnen seine Hände und Füsse. 41 Da sie aber vor lauter Freude noch immer ungläubig waren und staunten, sagte er zu ihnen: Habt ihr etwas zu essen hier? 42 Da gaben sie ihm ein Stück gebratenen Fisch; 43 und er nahm es und ass es vor ihren Augen.

44 Dann sagte er zu ihnen: Das sind meine Worte, die ich zu euch gesagt habe, als ich noch mit euch zusammen war: Alles muss erfüllt werden, was im Gesetz des Mose und bei den Propheten und in den Psalmen über mich geschrieben steht. 45 Dann öffnete er ihren Sinn für das Verständnis der Schriften 46 und sagte zu ihnen: So steht es geschrieben: Der Gesalbte wird leiden und am dritten Tag von den Toten auferstehen, 47 und in seinem Namen wird allen Völkern Umkehr verkündigt werden zur Vergebung der Sünden – in Jerusalem fängt es an –, 48 und ihr seid Zeugen dafür. 49 Und seid gewiss, ich sende, was der Vater mir verheissen hat, auf euch herab; ihr aber sollt in der Stadt bleiben, bis ihr mit Kraft aus der Höhe ausgerüstet werdet.

|36–43: Joh 20,19–23.24–29 |36: 1Kor 15,5 |44: 18,31! |45: 24,32 · 9,45! |46: 9,20! · 9,22! |47: Mt 28,19–20 |49: Apg 1,4; 2,1–4; Joh 14,16

Die Himmelfahrt

50 Und er führte sie hinaus bis in die Nähe von Betanien. Und er hob die Hände und segnete sie. 51 Und es geschah, während er sie segnete, dass er von ihnen schied und in den Himmel emporgehoben wurde. 52 Sie aber fielen vor ihm nieder und kehrten dann mit grosser Freude nach Jerusalem zurück. 53 Und sie waren allezeit im Tempel und priesen Gott.

P: Apg 1,4–14

Euangelion Sant Johannis.

Das erst Capitel.
Von der ewigen geburt deß suns Gottes/ und von seiner menschwerdung. Von der zeügnuß Joannis deß Töuffers unnd seinem Tauff. Von der berüeffung Petri/ Andree/ Philippi und Nathaneelis.

Im anfang wz das wort/ und das wort was by Gott und Gott was das wort. Das selbig was im anfang by Got. Alle ding sind durch das selbig gemachet/ und on das selbig ist nichts gemachet was gemachet ist. Jn jm was das läben/ und das läben was ein liecht der menschen: und das liecht scheynet in der finsternuß/ und die finsternuß habends nit begriffen.

Es was aber ein mensch vonn Gott gesandt/ der hieß Johannes/ der selb kam zur zeügnuß/ das er von dem liecht zeügete/ auff das sy all durch es glaubtind. Er was nitt das liecht/ sunder das er zeügete vonn dem liecht. Das was ein waar liecht/ welches alle menschen erleüchtet durch sein zuokunfft in dise welt. Es was in der welt/ und die welt ist durch das selbig gemachet/ und die welt kannt es nit. Er kam in sein eygenthuomb/ und die seinen namend jn nit an. Wie vil jn aber annamend/ denen gab er macht kinder Gottes zewerdenn: denen die an seinen nammen glaubtend. Welche nit von dem geblüet/ noch von dem willen des fleischs/ noch von dem willen eines manns/ sunder von Gott geboren sind.

Und das wort ward fleysch/ unnd wonet under uns: und wir sahend seine herrlikeyt/ eine herligkeit als deß eingebornen suns vom vatter/ voller gnad und warheyt.

Johannes zeüget von jm/ schreyet unnd spricht: Diser was es vonn dem ich gesagt hab: Nach mir wirdt kommen der vor mir gewesen ist. Dann er was ee dann ich: und von seiner völle habennd wir alle genommen gnad umb gnad. Dann das gsatz ist durch Mosen ggeben/ die gnad unnd warheyt ist durch Jesum Christum worden. Niemant hat Gott ye gesehenn. Der eingeboren sun der in deß vatters schoß ist/ der hats uns verkündet.

Das Evangelium nach Johannes

Der Prolog

1 1 Im Anfang war das Wort, der Logos,
und der Logos war bei Gott,
und von Gottes Wesen war der Logos.
2 Dieser war im Anfang bei Gott.
3 Alles ist durch ihn geworden,
und ohne ihn ist auch nicht eines geworden,
das geworden ist.
4 In ihm war Leben,
und das Leben war das Licht der Menschen.
5 Und das Licht scheint in der Finsternis,
und die Finsternis hat es nicht erfasst.
6 Es trat ein Mensch auf, von Gott gesandt,
sein Name war Johannes. 7 Dieser kam zum Zeugnis, um Zeugnis abzulegen von dem Licht, damit alle durch ihn zum Glauben kämen. 8 Nicht er war das Licht, sondern Zeugnis sollte er ablegen von dem Licht.
9 Er war das wahre Licht,
das jeden Menschen erleuchtet, der zur Welt kommt.
10 Er war in der Welt,
und die Welt ist durch ihn geworden,
und die Welt hat ihn nicht erkannt.
11 Er kam in das Seine,
und die Seinen nahmen ihn nicht auf.
12 Die ihn aber aufnahmen,
denen gab er Vollmacht,
Gottes Kinder zu werden,
denen, die an seinen Namen glauben,
13 die nicht aus Blut, nicht aus dem Wollen des Fleisches und nicht aus dem Wollen des Mannes, sondern aus Gott gezeugt sind.
14 Und das Wort, der Logos, wurde Fleisch
und wohnte unter uns,
und wir schauten seine Herrlichkeit,
eine Herrlichkeit, wie sie ein Einziggeborener vom Vater hat,
voller Gnade und Wahrheit.
15 Johannes legt Zeugnis ab von ihm,
er hat gerufen: Dieser war es, von dem ich gesagt habe: Der nach mir kommt, ist vor mir gewesen, denn er war, ehe ich war.
16 Aus seiner Fülle
haben wir ja alle empfangen,
Gnade um Gnade.

17 Denn das Gesetz wurde durch Mose gegeben, die Gnade und die Wahrheit ist durch Jesus Christus geworden. 18 Niemand hat Gott je gesehen. Als Einziggeborener, als Gott, der jetzt im Schoss des Vaters ruht, hat er Kunde gebracht.

|3: Ps 33,6; 1Kor 8,6; Kol 1,16–17 |4: 5,26 |5: 3,19; 8,12! |6: Mt 3,1 |7: 1,19–34; 10,41 |12: Gal 3,26 |17: Röm 10,4 · 11,27! |18: 5,37; 6,46; 8,55!; Mt 11,27

1,1: Für die Wendung «das Wort, der Logos» steht im griechischen Text nur der Begriff ‹logos›. Die Übersetzung gibt den griechischen Begriff doppelt wieder, um anzudeuten, dass dieser zwar ‹Wort› heissen, aber auch eine umfassende, bis ins Kosmologische reichende Bedeutung annehmen kann.
1,9: Andere Übersetzungsmöglichkeit: «… erleuchtet, wenn es zur Welt kommt.»

Das Zeugnis des Täufers

19 Und dies ist die Geschichte vom Zeugnis des Johannes: Als die Juden aus Jerusalem Priester und Leviten zu ihm sandten, um ihn zu fragen: Wer bist du?, 20 bekannte er und leugnete nicht; er bekannte: Ich bin nicht der Christus. 21 Und sie fragten ihn: Was dann? Bist du Elija? Und er sagt: Ich bin es nicht. Bist du der Prophet? Und er antwortete: Nein. 22 Da sagten sie zu ihm: Wer bist du dann? Damit wir denen eine Antwort geben können, die uns gesandt haben. Was sagst du über dich selbst? 23 Er sagte: Ich bin *die Stimme eines Rufers in der Wüste: Macht gerade den Weg des Herrn!*, wie der Prophet Jesaja gesagt hat.

24 Sie waren Abgesandte der Pharisäer. 25 Und sie fragten ihn und sagten zu ihm: Warum taufst du denn, wenn du nicht der Christus bist, nicht Elija und nicht der Prophet? 26 Johannes antwortete ihnen: Ich taufe mit Wasser. Mitten unter euch steht der, den ihr nicht kennt, 27 der nach mir kommt; ich bin nicht würdig, ihm die Schuhriemen zu lösen. 28 Das geschah in Betanien jenseits des Jordan, wo Johannes taufte.

29 Am Tag darauf sieht er Jesus auf sich zukommen, und er sagt: Seht, das Lamm Gottes, das die Sünde der Welt hinwegnimmt. 30 Dieser ist es, von dem ich gesagt habe: Nach mir kommt ein Mann, der vor mir gewesen ist, denn er war, ehe ich war. 31 Und ich kannte ihn nicht. Aber er sollte Israel offenbart werden; darum kam ich und taufte mit Wasser. 32 Und Johannes legte Zeugnis ab und sagte: Ich habe den Geist wie eine Taube vom Himmel herabkommen sehen, und er blieb auf ihm.

Unnd diß ist die zeügnuß Johannis/ do die Juden sandtend von Jerusalem priester unnd Leviten/ das sy jnn fragtind/ Wär bist du? Und er bekannt und löugnet nit. Und er bekannt/ Jch bin nit Christus. Unnd sy fragtend jn/ Was denn? Bist du Elias? Er sprach: Jch bins nitt. Bist du der Prophet? Und er antwortet/ Nein. Do sprachend sy zuo jm: Was bist du dann/ das wir antwort gebind denen die uns gesandt habend? Was sagst du von dir selbs? Er sprach: Jch bin ein rüeffende stimm in der wüeste. Richtend den wäg deß Herren. Wie der Prophet Esaias gesagt hat.

Unnd die gesendt warend/ die warennd von den Phariseern/ und fragtend jnn/ und sprachend zuo jm: Warumb tauffest du dann/ so du nit Christus bist/ noch Elias/ noch ein prophet? Johannes antwortet jnen/ unnd sprach: Jch tauff im wasser/ aber er ist mitten under euch auferstanden/ den jr nitt kennend/ der ists der nach mir kommen wirdt/ welcher vor mir gewesenn ist: deß ich nitt wärdt bin das ich seine schuochriemen auflöse. Diß geschach zuo Bethabara yhensit deß Jordans/ da Johannes tauffet.

Deß anderen tags/ sicht Johannes Jesum zuo jm kommen/ unnd spricht: Sehend das lamb Gottes/ welches der welt sünd hinnimpt. Diser ists/ von dem ich euch gesagt hab: Nach mir kumpt ein mann/ welcher vor mir gewesenn ist. Dann er was ee dann ich/ und ich kannt jnn nit/ sunder/ auff das er offenbar wurde inn Jsrael/ darumb bin ich kommen zuo tauffen mit wasser.

Und Johannes zeüget und sprach/ Jch sach das der geyst herab steyg wie ein Tub von himmel/ unnd bleyb auff jm/ unnd ich kant jn nit. Aber der mich sendet ze tauffen mitt wasser/ der selbig sprach zuo mir: Auff welchen du sehen wirst den geyst herab steygen und bleyben/ der selbig ists der mit dem Heyligen geyst taufft. Und ich sach es/ und zeüget das diser ist Gottes sun.

Deß anderen tags stuond abermals Johannes und zwen seiner jüngern. Und als er sach Jesum wandlen/ sprach er: Sehend das lamb Gottes. Unnd zween seiner jüngeren hortend jnn reden/ unnd volgtend Jesu nach. Jesus aber wandt sich umb/ und sach sy nachfolgen/ und sprach zuo jnen: Was suochend jr? Sy aber sprachend zuo jm: Rabbi/ das ist verdolmetschet/ Meister/ wo bist du zuo herberg? Er sprach zuo jnen: Kommend unnd sehend es. Sy kamend unnd sahennd es/ unnd blibend den selbigen tag bey jm. Es was aber umb die zähend stund.

Einer auß den zweyen/ die von Johanne hortend/ unnd Jesu nachfolgend/ was Andreas der bruoder Simonis Petri/ der selbig findt am ersten seinen bruoder Simon/ und spricht zuo jm: Wir habend den Messian funden/ welches ist verdolmetschet/ der Gesalbet/ und fuort jn zuo Jesu. Do jn Jesus ansach/ sprach er: Du bist Simon Jonas sun/ du solt Cephas heissen/ das wirt verdolmetschet/ ein Felß.

Deß anderen tags wolt Jesus wider in Galileam ziehen/ und findt Philippum/ und spricht zuo jm: Volg mir nach. Philippus aber was von Bethsaida auß der statt Andres und Peters. Philippus findt Nathaneel/ und spricht zuo jm: Wir habend den funden/ von welchem Moses im gsatz/ und die Propheten geschriben habend/ Jesum/ Josephs sun von Nazareth. Und Nathaneel sprach zuo jm: Was kan von Nazareth guotes kommen? Philippus spricht zuo jm: Kumm unnd siches.

Jesus sach Nathanael zuo jm kommen/ und spricht von jm: Sihe/ ein rechter Jsraeliter/ in welchem kein betrug ist. Nathanael spricht zuo jm: Wo här kennest du mich? Jesus antwortet/ und sprach zuo jm: Ee dann dir Philippus ruofft/ do du under dem feygenbaum warest/ sach ich dich. Nathanael antwortet und sprach zuo jm: Rabbi/ du bist der Gottes sun/ du bist der Künig Jsraels. Jesus antwortet/ und sprach zuo jm: Du glaubst/ dieweyl ich dir

33 Und ich kannte ihn nicht. Aber der mich gesandt hatte, mit Wasser zu taufen, er sprach zu mir: Auf wen du den Geist herabkommen und auf ihm bleiben siehst, der ist es, der mit heiligem Geist tauft. 34 Gesehen habe ich, und Zeuge bin ich: Dieser ist der Sohn Gottes.

|20: Lk 3,15 |21: Mal 3,23 · 6,14; 7,40; Dtn 18,15 |23: Jes 40,3; Mt 3,3 |27: Mt 3,11 |29–34: Mt 3,13–17 |29: Jes 53,7.12 · Mt 8,17 |33: Mt 3,11 |34: 11,27! · 20,31

Die ersten Jünger

35 Am Tag darauf stand Johannes wieder da und zwei seiner Jünger. 36 Und als Jesus vorübergeht, richtet er seinen Blick auf ihn und sagt: Seht, das Lamm Gottes. 37 Und die beiden Jünger hörten ihn so reden und folgten Jesus. 38 Als Jesus sich umwendet und sie folgen sieht, sagt er zu ihnen: Was sucht ihr? Sie aber sagten zu ihm: Rabbi – das heisst ‹Meister› –, wo ist deine Bleibe? 39 Er sagt zu ihnen: Kommt, und ihr werdet es sehen! Da kamen sie und sahen, wo er wohnt, und sie blieben an jenem Tag bei ihm. Das war um die zehnte Stunde. 40 Andreas, der Bruder des Simon Petrus, war einer von den beiden, die auf Johannes gehört hatten und Jesus gefolgt waren. 41 Dieser findet zuerst seinen Bruder Simon und sagt zu ihm: Wir haben den Messias gefunden! Messias heisst ‹der Gesalbte›. 42 Er führte ihn zu Jesus. Jesus sah ihn an und sprach: Du bist Simon, der Sohn des Johannes, du sollst Kefas genannt werden! Kefas heisst ‹Fels›.

43 Am Tag darauf wollte er nach Galiläa aufbrechen, und er findet Philippus. Und Jesus sagt zu ihm: Folge mir! 44 Philippus war aus Betsaida, aus der Stadt des Andreas und Petrus. 45 Philippus findet Natanael und sagt zu ihm: Den, von dem Mose im Gesetz und auch die Propheten geschrieben haben, den haben wir gefunden, Jesus, den Sohn Josefs, aus Nazaret. 46 Und Natanael sagte zu ihm: Kann aus Nazaret etwas Gutes kommen? Philippus sagt zu ihm: Komm und sieh! 47 Jesus sah Natanael auf sich zukommen, und er sagt von ihm: Seht, ein echter Israelit, an dem kein Falsch ist! 48 Natanael sagt zu ihm: Woher kennst du mich? Jesus entgegnete ihm: Bevor Philippus dich rief, habe ich dich gesehen, wie du unter dem Feigenbaum warst. 49 Natanael antwortete ihm: Rabbi, du bist der Sohn Gottes, du bist der König Israels. 50 Jesus entgegnete ihm: Weil ich dir gesagt habe, dass ich dich unter dem Feigenbaum sah, glaubst du? Grösseres

gesagt hab/ dz ich dich gesehen habe under
dem feygenbaum/ du wirst noch grössers
dann das sehen. Und sprach zuo jm: Warlich
warlich sag ich dir/ vonn yetz an werdend jr
den himmel offen sehen/ und die engel Gottes
auf und nider steygen auff des menschen sun.

Das ij. Capitel.

Jesus machet wasser zuo weyn auff der hochzeyt zuo
Cana/ treybt die wächßler auß dem tempel/ und straafft
sy.

Und am dritten tag ward ein hochzeyt zuo
Cana in Galilea. Unnd die muoter Jesu was
da. Jesus aber unnd seyne jünger wurdend
auch uff die hochzeyt geladen. Und do es an
weyn gebrast/ spricht die muoter Jesu zuo jm:
Sy habend keynen weyn. Jesus spricht zuo jr:
Weyb/ was hab ich mit dir zeschaffen? meyn
stund ist noch nit kommen. Seyn muoter spricht
zuo den dieneren: Was er euch sagt das thuond.
Es warend aber daselbst sechs steyne krüeg
gesetzt/ nach der weyß der Jüdischen reynigung/
und gieng ye in einen zwo oder drey maß.
Jesus spricht zuo jnen: Füllend die
wasserkrüeg mit wasser. Und sy fulltend sy biß
oben an. Und er spricht zuo jnen: Schöpffend
nun/ und bringends dem speyßmeyster. Unnd
sy brachtends. Als aber der speyßmeyster
versuocht den weyn der wasser gewesen was/
und wußt nit von wannen er kam: die diener
aber wußtend es die das wasser geschöpfft
hattend/ ruofft der speyßmeyster dem breütgam/
und spricht zuo jm: Jederman gibt zum ersten
den guoten weyn/ und wenn sy truncken
worden sind/ denn erst den geringeren. Du
hast den guoten weyn bißhär behalten.
Das ist das erst zeychen das Jesus thett
zuo Cana in Galilea/ und offenbaret er seyn
herrligkeyt. Und seine jünger glaubtend an
jn. Darnach zoch er hinab gen Capernaum/
er/ sein muoter/ seine brüeder/ und seine
jünger/ und bleib nit lang daselbst.

Und der Juden Ostern was nach. Und
Jesus zoch hinauf gen Jerusalem/ und fand im
tempel sitzen die da ochsen/ schaaff/ unnd
Tuben feyl hattend/ und die wächßler. Und
er machet ein geyßlen auß stricken/ und treib

als das wirst du sehen. 51 Und er sagt zu ihm:
Amen, amen, ich sage euch: Ihr werdet *den
Himmel* offen sehen *und die Engel Gottes auf-
und niedersteigen* auf dem Menschensohn.

P: Mt 4,18–22 |41: 4,25; 11,27! |42: 21,15–19; Mt 16,18
|46: 7,41 |49: 11,27! · 12,15; 18,37 |51: Gen 28,12

1,51: In der Vorstellung, auf die hier angespielt wird, ist
der Menschensohn die Leiter, auf der die Engel auf- und
niedersteigen.

Die Hochzeit in Kana

2 1 Und am dritten Tag war eine Hochzeit
in Kana in Galiläa, und die Mutter Jesu
war dort. 2 Aber auch Jesus und seine Jünger
waren zur Hochzeit geladen. 3 Und als der
Wein ausging, sagt die Mutter Jesu zu ihm: Sie
haben keinen Wein mehr. 4 Und Jesus sagt zu
ihr: Was hat das mit dir und mir zu tun, Frau?
Meine Stunde ist noch nicht da. 5 Seine Mutter
sagt zu den Dienern: Was immer er euch sagt,
das tut. 6 Es standen dort aber sechs steinerne
Wasserkrüge, wie es die Reinigungsvorschriften
der Juden verlangen, die fassten je zwei bis drei
Mass. 7 Jesus sagt zu ihnen: Füllt die Krüge
mit Wasser! Und sie füllten sie bis oben. 8 Und
er sagt zu ihnen: Schöpft jetzt und bringt dem
Speisemeister davon. Und sie brachten es. 9 Als
aber der Speisemeister das Wasser kostete, das zu
Wein geworden war, und nicht wusste, woher es
war – die Diener aber, die das Wasser geschöpft
hatten, wussten es –, da ruft der Speisemeister
den Bräutigam 10 und sagt zu ihm: Jedermann
setzt zuerst den guten Wein vor, und wenn
sie betrunken sind, den schlechteren. Du hast
den guten Wein bis jetzt zurückbehalten.
11 Das tat Jesus als Anfang der Zeichen
in Kana in Galiläa, und er offenbarte seine
Herrlichkeit, und seine Jünger glaubten an ihn.
12 Danach zog er nach Kafarnaum hinab, er
und seine Mutter und seine Brüder und seine
Jünger. Und sie blieben dort einige Tage.

|4: 7,30; 8,20 · 12,23! |6: Mk 7,3–4 |11: 2,23!; 4,54;
20,30 · 1,14

2,4: Andere Übersetzungsmöglichkeit: «…: Was habe
ich mit dir zu schaffen, Frau? …»

Die Tempelreinigung

13 Das Passa der Juden war nahe, und
Jesus zog nach Jerusalem hinauf.
14 Und im Tempel traf er auf die Verkäufer
von Rindern, Schafen und Tauben und auf
die Wechsler, die dasassen. 15 Da machte er

sy all zum tempel hinauß mit den schaaffen und ochsen/ unnd verschütt den wächßleren das gelt/ und stieß die tisch umb/ und sprach zuo denen die die Tuben feyl hattend: Tragend das von dannen/ und machend nit meines vatters huß zum kauff huß. Sine jünger aber gedachtend daran das geschriben stadt: Der eyfer dines huß hatt mich frässen.

Do antwortetend nun die Juden/ unnd sprachend: Was für ein zeychen zeygest du uns das du sölichs thuon mögest? Jesus antwortet/ und sprach zuo jnen: Zerbrechend disen tempel/ und am dritten tag wil ich jn aufrichten. Do sprachend die Juden: Diser tempel ist sechs und viertzig jar erbauwen/ und du wilt jnn in dreyen tagen aufrichten? Er aber redt von dem tempel seines leybs. Do er nun auferstanden was vonn den todten/ gedachtend seyne jünger daran das er diß gesagt hatt/ und glaubtend der gschrifft/ und der red die Jesus gesagt hatt.

Als er aber zuo Jerusalem was in den Osteren auff dem fäst/ glaubtend vil an jn/ do sy die zeychen sahend die er thett. Aber Jesus vertrauwet sich jnen nit/ dann er kannt sy all/ und bedorfft nit das yemants zeügnuß gebe von einem menschen/ dann er wußt wol was im menschen was.

Das iij. Capitel.
Von dem gespräch Christi mit Nicodemo/ in dem die summ des glaubens und der widergeburt begriffen ist. Von Johansen dem Töuffer/ von seiner leer/ zeügnuß und tauff.

Es was aber ein mensch under den Phariseern/ mit nammen Nicodemus/ ein oberster under den Juden/ der kam zuo Jesu bey der nacht/ unnd sprach zuo jm: Meyster/ wir wüssend das du bist ein leerer von Gott kommen: dann niemants kan die zeychen thuon die du thuost/ es sey dann Gott mit jm. Jesus antwortet/ unnd sprach zuo jm: Warlich warlich sag ich dir/ es sey dann das yemants von neüwem geboren werde/ kan er das reych Gottes nit sehen. Nicodemus spricht zuo jm: Wie kan ein mensch geboren werden wenn er alt ist? kan er auch von neüwem in seiner muoter leyb gon/ und geboren werden? Jesus

eine Peitsche aus Stricken und trieb alle aus dem Tempel hinaus, auch die Schafe und die Rinder, und das Geld der Wechsler schüttete er aus, die Tische stiess er um; 16 und zu den Taubenverkäufern sprach er: Schafft das fort von hier! Macht das Haus meines Vaters nicht zur Markthalle! 17 Da dachten seine Jünger daran, dass geschrieben steht: *Der Eifer für dein Haus wird mich verzehren.*

18 Da entgegneten ihm die Juden: Was für ein Zeichen kannst du uns vorweisen, dass du dies tun darfst? 19 Jesus entgegnete ihnen: Brecht diesen Tempel ab, und in drei Tagen werde ich ihn aufrichten. 20 Da sagten die Juden: Sechsundvierzig Jahre wurde an diesem Tempel gebaut, und du willst ihn in drei Tagen aufrichten? 21 Er aber sprach von seinem Leib als dem Tempel. 22 Als er dann von den Toten auferweckt worden war, erinnerten sich seine Jünger, dass er dies gesagt hatte, und sie glaubten der Schrift und dem Wort, das Jesus gesprochen hatte.

P: Mt 21,12–17 |13: 5,1; 11,55 |15: Sach 14,21 |17: Ps 69,10 |18: 4,48! |19: Mt 26,61 |21: 1Kor 6,19 |22: 14,26!

Jesus auf dem Passafest
23 Als er aber zum Passafest in Jerusalem war, kamen viele zum Glauben an seinen Namen, da sie die Zeichen sahen, die er tat. 24 Jesus selbst aber vertraute sich ihnen nicht an. Er kannte sie alle 25 und brauchte von niemandem ein Zeugnis über den Menschen, denn er wusste, was im Menschen war.

|23: 7,31; 11,45; 12,18; 20,30–31

Jesus und Nikodemus
3 1 Es war aber einer unter den Pharisäern, sein Name war Nikodemus, einer vom Hohen Rat der Juden. 2 Dieser kam zu ihm in der Nacht und sagte: Rabbi, wir wissen, dass du als Lehrer von Gott gekommen bist, denn niemand kann diese Zeichen tun, die du tust, wenn nicht Gott mit ihm ist. 3 Jesus entgegnete ihm: Amen, amen, ich sage dir: Wer nicht von oben geboren wird, kann das Reich Gottes nicht sehen. 4 Nikodemus sagt zu ihm: Wie kann denn ein Mensch geboren werden, wenn er alt ist? Er kann doch nicht ein zweites Mal in den Schoss der Mutter gelangen und geboren werden? 5 Jesus antwortete: Amen, amen,

antwortet: Warlich warlich sag ich dir/ es sey dann das yemants geboren werde auß dem wasser und geyst/ der kan nit in das reych Gottes kommen. Was vom fleisch geboren wirt/ das ist fleysch: und was vom geyst geboren wirt/ das ist geyst. Laß es dich nit wundern das ich dir gesagt hab/ Jr müessend von neüwem geboren werden: der wind blaaset wo er wil/ und du hörst sein tosen wol/ aber du weist nit von wannen er kumpt/ und wo hin er fart. Also ist ein yetlicher der auß dem geist geboren ist.

Nicodemus antwortet/ und sprach zuo jm: Wie mag sölichs zuogon? Jesus antwortet/ und sprach zuo jm: Bist du der träffenlich leerer in Jsrael/ unnd weist das nit? Warlich warlich ich sag dir/ wir redend das wir wüssend/ und zeügend das wir gesehen habend/ und jr nemmend unsere zeügnuß nit an. Glaubend jr nit wenn ich euch von jrrdischen dingen sag/ wie wurdend jr glauben wenn ich euch von himmelischen dingen sagen wurde?

Und niemants fart gen himmel dann der von himmel häräb kommen ist/ namlich des menschen sun der im himmel ist. Und wie Moses in der wüeste ein schlangen erhöhet/ also muoß deß menschen sun erhöcht werden/ auff das alle die in jn glaubend/ nit verloren werdind/ sonder das ewig läben habind.

Also hat Gott die welt geliebet/ das er seinen einigen sun gab/ auff das alle die in jnn glaubend/ nit verloren werdind/ sonder das ewig läben habind. Dann Gott hat seinen sun nit gesendt in die welt das er die welt richte/ sonder das die welt durch jnn sälig werde. Wär in jn glaubt/ der wirt nit gericht. Wär aber nit glaubt/ der ist schon gericht: dann er glaubt nit an den nammen des eingebornen sun Gottes. Das ist aber das gericht/ daß das liecht in die welt kommen ist/ und die menschen liebend die finsternuß mer dann das liecht: dann jre werck warend böß. Wär args thuot/ der hasset das liecht/ und kumpt nit an das liecht/ auff das seine werck nit zestraaffen werdind. Wär aber die warheyt thuot/ der kumpt an das liecht/ das seine werck offenbar werdind: dann sy sind in Gott gethon.

ich sage dir: Wer nicht aus Wasser und Geist geboren wird, kann nicht in das Reich Gottes gelangen. 6 Was aus dem Fleisch geboren ist, ist Fleisch, und was aus dem Geist geboren ist, ist Geist. 7 Wundere dich nicht, dass ich dir gesagt habe: Ihr müsst von oben geboren werden. 8 Der Wind weht, wo er will, und du hörst sein Sausen, weisst aber nicht, woher er kommt und wohin er geht. So ist es mit jedem, der aus dem Geist geboren ist. 9 Nikodemus entgegnete ihm: Wie kann das geschehen? 10 Jesus antwortete ihm: Du bist der Lehrer Israels und verstehst das nicht? 11 Amen, amen, ich sage dir: Was wir wissen, davon reden wir, und was wir gesehen haben, bezeugen wir, doch unser Zeugnis nehmt ihr nicht an. 12 Wenn ich vom Irdischen zu euch rede, und ihr glaubt nicht, wie werdet ihr da glauben, wenn ich vom Himmlischen zu euch rede? 13 Und niemand ist in den Himmel hinaufgestiegen ausser dem, der aus dem Himmel herabgestiegen ist, der Menschensohn. 14 Und wie Mose in der Wüste die Schlange erhöht hat, so muss der Menschensohn erhöht werden, 15 damit jeder, der glaubt, in ihm ewiges Leben hat. 16 Denn so hat Gott die Welt geliebt, dass er den einzigen Sohn gab, damit jeder, der an ihn glaubt, nicht verloren gehe, sondern ewiges Leben habe. 17 Denn Gott hat den Sohn nicht in die Welt gesandt, dass er die Welt richte, sondern dass die Welt durch ihn gerettet werde. 18 Wer an ihn glaubt, wird nicht gerichtet; wer aber nicht glaubt, ist schon gerichtet, weil er nicht an den Namen des einzigen Sohnes Gottes geglaubt hat. 19 Dies aber ist das Gericht: Das Licht ist in die Welt gekommen, und die Menschen liebten die Finsternis mehr als das Licht, denn ihre Werke waren böse. 20 Jeder, der Böses tut, hasst das Licht und kommt nicht zum Licht, damit seine Werke nicht aufgedeckt werden. 21 Wer aber tut, was der Wahrheit entspricht, kommt zum Licht, damit offenbar wird, dass seine Werke in Gott gewirkt sind.

|2: 2,23!; 5,36!; 9,16.33 |5: 1,12–13; 1Kor 15,50 |6: 6,63! |8: 7,27! |13: 6,62 |14: Num 21,8–9 · 8,28; 12,32.34 |16: 6,40!.47; 11,25–26; 20,31 · 6,39! |17: 8,15; 10,10; 12,47; Lk 19,10; 1Joh 4,9.14 |18: 3,36!; 5,24 · 16,9! |19: 1,5; 8,12! |20: 7,7

3,3: Der griechische Ausdruck, der mit der Wendung ‹von oben geboren werden› übersetzt ist, kann auch bedeuten: ‹von neuem geboren werden›. In diesem zweiten Sinn versteht ihn Nikodemus (siehe V.4).

Darnach kam Jesus und seine jünger in das Jüdisch land/ unnd hatt daselbst sein wäsen mit jnen/ und tauffet. Joannes aber tauffet auch noch in Enon bey Salem: dann es was vil wassers daselbst. Und sy kamend dahin und wurdend getaufft: dann Joannes was noch nit in die gefencknuß gelegt.

Do erhuob sich ein frag under den jüngeren Joannis mit den Juden über die reinigung/ und kamend zuo Johansen/ unnd sprachend zuo jm: Meister/ der bey dir was yhensit dem Jordan/ von dem du zeügest/ sihe/ der taufft/ und yederman kumpt zuo jm. Joannes antwortet/ unnd sprach: Ein mensch kan nichts nemmen/ es werde jm dann geben von himmel. Jr selbs sind meyne zeügen das ich gesagt hab/ ich sey nit Christus/ sonder vor jm här gesendt. Wär die braut hat/ der ist der brütgam: der fründ aber deß brütgams stadt/ und höret jm zuo/ und fröuwt sich hoch über deß brütgams stimm/ die selb meyn fröud ist nun erfüllt. Er muoß wachsen/ ich aber muoß abnemmen.

Der vonn oben här kumpt/ ist über all. Wär von der erden ist/ der ist jrrdisch/ unnd redt von der erden. Der von himmel kumpt/ der ist über all/ unnd zeüget was er gesehen unnd gehört hatt/ unnd sein zeügnuß nimpt niemants an/ wär es aber annimpt/ der versiglet das Gott warhafftig ist. Dann welchen Gott gesendt hat/ der redt Gottes wort: dann Gott gibt den geyst nit nach der maß. Der vatter hat den sun lieb/ und hat jm alles in sein hand gegeben. Wär in den sun glaubt/ der hat das ewig läben: wär in den sun nit glaubt/ der wirt das läben nit sehen/ sonder der Zorn Gottes bleybt ob jm.

Das iiij. Capitel.
Von dem gespräch Christi mit dem Samaritischen weyb beim brunnen/ und wie Jesus nachmals in Galileam kommen und dem künigklichen mann seinen sun gesund gemachet hatt.

Do nun Jesus innen ward dz für die phariseer kommen was/ wie Jesus mer jünger machete/ und taufte dann Joannes (wiewol Jesus selber nit tauffet/ sonder seine jünger) verließ er das lannd Judeam/ und zoch wider in Galileam. Er

Der Täufer und der Christus

22 Danach ging Jesus mit seinen Jüngern in das judäische Land hinaus; und dort hielt er sich mit ihnen auf und taufte.

23 Aber auch Johannes taufte, in Änon, nahe bei Salim, weil es dort viel Wasser gab; und die Leute kamen und liessen sich taufen. 24 Johannes war nämlich noch nicht ins Gefängnis geworfen worden.

25 Da kam es zwischen den Jüngern des Johannes und einem Juden zu einem Streit über die Reinigung. 26 Und sie gingen zu Johannes und sagten zu ihm: Rabbi, der bei dir war jenseits des Jordan, für den du Zeugnis abgelegt hast – der tauft, und alle laufen ihm zu. 27 Johannes entgegnete: Keiner kann sich etwas nehmen, wenn es ihm nicht vom Himmel gegeben ist. 28 Ihr seid meine Zeugen, dass ich gesagt habe: Ich bin nicht der Christus, sondern ich bin vor ihm her gesandt. 29 Wer die Braut hat, der ist der Bräutigam. Der Freund des Bräutigams aber, der dabeisteht und ihn hört, freut sich von Herzen über die Stimme des Bräutigams. Diese meine Freude ist nun erfüllt. 30 Jener muss grösser werden, ich aber geringer.

|22: 4,1–2 |24: Mt 14,3!–5 |26: 1,7! |28: 1,20.23.30

Der vom Himmel Gekommene

31 Wer von oben kommt, der ist über allem; wer von der Erde ist, ist von der Erde und redet von der Erde her. Wer vom Himmel kommt, der ist über allem. 32 Was er gesehen und gehört hat, das bezeugt er, und niemand nimmt sein Zeugnis an. 33 Wer sein Zeugnis angenommen hat, bestätigt damit, dass Gott verlässlich ist. 34 Denn der, den Gott gesandt hat, redet die Worte Gottes – ohne zu messen, gibt er den Geist. 35 Der Vater liebt den Sohn, und er hat alles in seine Hand gegeben. 36 Wer an den Sohn glaubt, hat ewiges Leben; wer aber dem Sohn nicht gehorsam ist, wird das Leben nicht sehen, sondern der Zorn Gottes bleibt auf ihm.

|31: 8,23 |34: 7,16; 8,26.28.38; 12,49.50 |14,10.24 |35: 5,20; 10,17 · 13,3; Mt 28,18! |36: 3,18; 1Joh 5,12 · 17,3

Jesus und die Samaritanerin

4 1 Als nun Jesus erfuhr, dass die Pharisäer gehört hatten, Jesus gewinne und taufe mehr Jünger als Johannes 2 – allerdings taufte Jesus nicht selber, sondern seine Jünger

muoßt aber durch Samarien reisen. Do kam
er in ein statt Samarie/ die heyßt Sichar/ nach
bey dem väld das Jaacob seinem sun Joseph
gab. Es wz aber daselbst Jaacobs brunn. Do
nun Jesus müed was von der reyß/ satzt er
sich also auff den brunnen. Unnd es was umb
die sechßten stund. Do kumpt ein weyb von
Samaria wasser zeschöpffen. Jesus spricht zuo
jren: Gib mir zetrincken. Dann seine jünger
warend hin gangen in die statt daß sy speyß
kaufftind. Spricht nun das Samaritisch weyb zuo
jm: Wie bittest du von mir zetrincken so du ein
Jud bist/ unnd ich ein Samaritisch weyb? Dann
die Juden habend kein gmeynschafft mit den
Samaritern. Jesus antwortet/ und sprach zuo
jren: Wenn du erkanntest die gaab Gottes/ und
wär der ist der zuo dir sagt/ Gib mir zetrincken/
du bätest jn/ und er gäbe dir läbendigs wasser.
Spricht zuo jm das weib: Herr/ hast du doch
nichts damit du schöpffest/ unnd der brunn
ist tieff: wo här hast du dann läbendig wasser?
Bist du mer dann unser vatter Jaacob/ der uns
disen brunnen gegeben hatt? Und er hatt darauß
getruncken/ und seine kinder/ unnd seyn weyd
vych. Jesus antwortet/ unnd sprach zuo jren:
Wär des wassers trinckt/ den wirt wider dürsten:
wär aber des wassers trincken wirt/ das ich jm
gib/ den wirt ewigklich nit dürsten/ sonder
das wasser das ich jm geben wird/ das wirt in
jm ein brunn deß wassers werden/ das in das
ewig läben quillet. Spricht das weyb zuo jm:
Herr/ gib mir das selbig wasser/ auff das mich
nit dürste/ das ich nit här kommen müesse
zeschöpffen. Jesus sprach zuo jren: Gang hin/
rüeff deinem mann/ und kumm här. Das weyb
antwortet/ und sprach: Jch hab keinen mann.
Jesus spricht zuo jren: Du hast recht gesagt/ ich
hab keinen mann/ fünff menner hast du gehebt/
und den du nun hast/ der ist nit deyn mann/ da
hast du recht gesagt. Das weyb spricht zuo jm:
Herr/ ich sich das du ein prophet bist. Unsere
vätter habend auff disem berg angebättet/ und
jr sagend zuo Jerusalem sey die statt da man
anbätten sol. Jesus spricht zuo jren: Weyb glaub
mir/ es kumpt die zeyt das jr weder auff disem
berg noch zuo Jerusalem werdend den vatter
anbätten. Jr wüssend nit was jr anbättend/ wir
wüssend aber was wir anbättend: dann das heyl
kumpt vonn den Juden. Aber es kumpt die
zeyt/ unnd ist schon yetz/ das die warhafftigen
anbätter werdend den vatter anbätten im
geyst und in der warheyt: dann der vatter wil
auch haben die jn also anbättind. Gott ist

tauften –, 3 verliess er Judäa und ging wieder
nach Galiläa.
4 Er musste aber durch Samaria
hindurchziehen. 5 Nun kommt er in die Nähe
einer Stadt in Samarien namens Sychar, nahe
bei dem Grundstück, das Jakob seinem Sohn
Josef gegeben hatte. 6 Dort war der Brunnen
Jakobs. Jesus war müde von der Reise, und so
setzte er sich an den Brunnen; es war um die
sechste Stunde. 7 Eine Frau aus Samaria kommt,
um Wasser zu schöpfen. Jesus sagt zu ihr: Gib
mir zu trinken! 8 Seine Jünger waren nämlich in
die Stadt gegangen, um Essen zu kaufen. 9 Die
Samaritanerin nun sagt zu ihm: Wie kannst
du, ein Jude, von mir, einer Samaritanerin, zu
trinken verlangen? Juden verkehren nämlich
nicht mit Samaritanern. 10 Jesus antwortete
ihr: Kenntest du die Gabe Gottes und wüsstest,
wer es ist, der zu dir sagt: Gib mir zu trinken,
so würdest du ihn bitten, und er gäbe dir
lebendiges Wasser. 11 Die Frau sagt zu ihm: Herr,
du hast kein Schöpfgefäss, und der Brunnen ist
tief. Woher also hast du das lebendige Wasser?
12 Bist du etwa grösser als unser Vater Jakob,
der uns den Brunnen gegeben hat? Er selbst
hat aus ihm getrunken, er und seine Söhne und
sein Vieh. 13 Jesus entgegnete ihr: Jeder, der
von diesem Wasser trinkt, wird wieder Durst
haben. 14 Wer aber von dem Wasser trinkt,
das ich ihm geben werde, der wird in Ewigkeit
nicht mehr Durst haben, nein, das Wasser, das
ich ihm geben werde, wird in ihm zu einer
Quelle werden, deren Wasser ins ewige Leben
sprudelt. 15 Die Frau sagt zu ihm: Herr, gib mir
dieses Wasser, damit ich nicht mehr Durst habe
und hierher kommen muss, um zu schöpfen.
16 Er sagt zu ihr: Geh, rufe deinen Mann
und komm hierher! 17 Die Frau entgegnete
ihm: Ich habe keinen Mann. Jesus spricht zu
ihr: Zu Recht hast du gesagt: Einen Mann
habe ich nicht. 18 Denn fünf Männer hast du
gehabt, und der, den du jetzt hast, ist nicht
dein Mann. Damit hast du die Wahrheit gesagt.
19 Die Frau sagt zu ihm: Herr, ich sehe, du
bist ein Prophet. 20 Unsere Väter haben auf
diesem Berg gebetet, und ihr sagt, in Jerusalem
sei der Ort, wo man beten soll. 21 Jesus sagt zu
ihr: Glaube mir, Frau, die Stunde kommt, da
ihr weder auf diesem Berg noch in Jerusalem
zum Vater beten werdet. 22 Ihr betet zu dem,
was ihr nicht kennt; wir beten zu dem, was wir
kennen – denn das Heil kommt von den Juden.
23 Aber die Stunde kommt, und sie ist jetzt da,

ein geyst/ und die jn anbättend/ müessend
jn im geyst und in der warheyt anbätten.
    Spricht das weyb zuo jm: Jch weiß das
Messias künfftig ist/ der da Christus heißt:
wenn der selb kommen wirt/ so wirt ers uns
alles verkünden. Jesus spricht zuo jren: Jch
bins/ der mit dir redt. Und in dem kamend
seine jünger/ unnd es nam sy wunder das er
mit einem weib redt/ doch sprach niemants:
Was fragst du/ oder was redst du mit jren? Do
ließ das weyb jren kruog ston/ und gieng in die
statt/ und spricht zuo den leüten: Kommend/
sehend einen menschen/ der mir gesagt hatt
alles was ich gethon hab/ ob er nit Christus sey?
Do giengend sy auß der statt/ unnd kamend
zuo jm. Jn dem aber ermanetend jn die jünger/
und sprachend: Meyster iß. Er aber sprach zuo
jnen: Jch hab ein speiß zuo essen/ da wüssend
jr nichts von. Do sprachend die jünger under
einander: Hat jm yemants zuo essen gebracht?
Jesus spricht zuo jnen: Mein speyß ist die/ das
ich thüeye den willen des der mich gesendt
hat/ und vollende sein werck. Sagend jr nit
selber/ Es sind noch vier monat so kumpt die
ernd? Sihe/ ich sag euch/ hebend euwere augen
auf/ und sehend in das väld/ dann es ist schon
weyß zur ernd. Unnd wär da schneydet/ der
empfacht lon/ unnd samlet frucht zum ewigen
läben/ auff das sich mit einandern fröuwind
der da säyet und der da schneydet. Dann hie
ist der spruch waar/ Diser säyet/ ein anderer
schneydts. Jch hab euch gesendt zeschneyden/
das jr nit habennd gearbeytet. Andere habend
gearbeytet/ und jr sind in jre arbeyt kommen.
    Es glaubtend aber an jnn vil Samariter auß
der selben statt/ umb deß weybs red willen/
welches da zeüget: Er hat mir gesagt alles
was ich gethon hab. Als nun die Samariter
zuo jm kamend/ battend sy jn dz er bey
jnen blibe. Und er bleib zwen tag da/ und
vil mer glaubtend umb seines worts willen/
und sprachend zum weyb: Wir glaubend
nun hinfür nit umb deiner red willen/ wir
habends selber gehört/ und erkennend das
diser ist warlich Christus der welt heyland.

in der die wahren Beter in Geist und Wahrheit
zum Vater beten werden, denn auch der Vater
sucht solche, die auf diese Weise zu ihm beten.
24 Gott ist Geist, und die zu ihm beten, müssen
in Geist und Wahrheit beten. 25 Die Frau sagt
zu ihm: Ich weiss, dass der Messias kommt,
den man den Gesalbten nennt; wenn jener
kommt, wird er uns alles kundtun. 26 Jesus
sagt zu ihr: Ich bin es, ich, der mit dir spricht.

27 Unterdessen kamen seine Jünger und
wunderten sich, dass er mit einer Frau redete.
Niemand freilich sagte: Was hast du im Sinn?
oder: Was redest du mit ihr? 28 Die Frau liess
nun ihren Wasserkrug stehen und ging in die
Stadt, und sie sagt zu den Leuten: 29 Kommt, da
ist einer, der mir alles gesagt hat, was ich getan
habe. Sollte dieser etwa der Christus sein? 30 Sie
gingen aus der Stadt hinaus und kamen zu ihm.

31 Inzwischen baten ihn die Jünger: Rabbi,
iss! 32 Er aber sagte zu ihnen: Ich habe eine
Speise zu essen, die ihr nicht kennt. 33 Da
sagten die Jünger zueinander: Hat ihm etwa
jemand etwas zu essen gebracht? 34 Jesus sagt
zu ihnen: Meine Speise ist es, den Willen
dessen zu tun, der mich gesandt hat, und sein
Werk zu vollenden. 35 Sagt ihr nicht: Noch
vier Monate, und es kommt die Ernte? Ich
aber sage euch: Macht die Augen auf und
schaut die Felder an, sie sind weiss zur Ernte.
36 Schon empfängt der Erntende Lohn und
sammelt Frucht zu ewigem Leben, damit
der Säende sich freue mit dem Erntenden.
37 Denn hier ist das Wort wahr: Einer ist es,
der sät, und ein anderer, der erntet. 38 Ich
habe euch gesandt, um zu ernten, wofür ihr
nicht gearbeitet habt; andere haben gearbeitet,
und ihr seid in ihre Arbeit eingetreten.

39 Aus jener Stadt aber kamen viele
Samaritaner zum Glauben an ihn auf das
Wort der Frau hin, die bezeugte: Er hat mir
alles gesagt, was ich getan habe. 40 Als nun
die Samaritaner zu ihm kamen, baten sie
ihn, bei ihnen zu bleiben; und er blieb dort
zwei Tage. 41 Und noch viel mehr Leute
kamen auf sein Wort hin zum Glauben,
42 und sie sagten zu der Frau: Wir glauben
nicht mehr auf deine Aussage hin, denn wir
selbst haben ihn gehört und wissen, dass
dieser wirklich der Retter der Welt ist.

|2: 3,22 |5: Gen 48,22 |10: 7,37–38 |12: 8,53 |14: 6,35
|15: 6,34 |19: 9,17 |22: Röm 9,4–5 |25: 1,41; 11,27! |26: 9,37
|29: 11,27! |34: 5,30; 6,38.39! · 5,36; 17,4; 19,28.30 |42: 3,17!;
Lk 2,11

Aber nach zweyen tagen zoch er auß/
und zoch in Galileam. Dann er selber Jesus
zeüget/ das ein prophet da heymen nichts
gilt. Do er nun in Galileam kam/ namend
jn die Galileer auf/ die gesehen hattend alles
was er zuo Jerusalem auffs fäst gethon hatt:
dann auch sy auffs fäst dar kommen warend.
Und Jesus kam abermals gen Cana in Galilea/
da er das wasser hatt zuo weyn gemachet.

Und es was ein künigischer/ des sun lag
kranck zuo Capernaum/ diser hort das Jesus
kam von Judea in Galileam/ unnd gieng hin zuo
jm/ unnd batt jn das er hinab käme/ und hulffe
seinem sun/ dann er lag todkranck. Unnd Jesus
sprach zuo jm: Wenn jr nit zeychen und wunder
sehend/ so glaubend jr nit. Der künigisch sprach
zuo jm: Herr kumm hinab ee dann mein kind
stirbt. Jesus spricht zuo jm: Gang hin/ deyn
sun ist frisch und gesund. Der mensch glaubt
dem wort das Jesus zuo jm sagt/ und gieng hin.
Unnd in dem er hinab gieng/ begegnetend jm
seine knecht/ verkundtend jm/ und sprachend:
Dein kind ist frisch und gsund. Do forschet er
die stund in welcher es besser mit jm wordenn
was. Und sy sprachend zuo jm: Gester umb
die sibende stund verließ jnn das feber. Do
mercket der vatter daß umb die stund wäre/ in
welcher Jesus zuo jm gesagt hatt/ Deyn sun ist
frisch und gesund. Und er glaubt mit seinem
gantzen hauß. Das ist das ander zeychen das
Jesus thett/ do er vonn Judea in Galileam kam.

Das v. Capitel.

*Jesus machet den bettrisen/ der acht und dreyssig
jar kranck gewesen was/ an der wetty gsund: die Juden
beschuldigend jn er bräche den Sabbath/ das verantwortet
der Herr unnd straafft sy.*

Darnach was ein fäst der Juden/ unnd Jesus
zoch hinauf gen Jerusalem. Es ist aber zuo
Jerusalem bey dem Schlachthauß ein wetty/
die heißt auff Hebreisch Bethseda/ und hatt
fünff schöpff/ in welchen lagend vil krancker/
blinden/ lamen/ dürren/ die wartetend wenn
sich das wasser bewegte. Dann der engel steyg
herab zuo seyner zeyt in die wetty/ und bewegt
das wasser. Welcher nun der erst/ nach dem
das wasser bewegt was/ hineyn steyg/ der ward
gesund/ mit welcherley kranckheyten er behafft
was. Es was aber ein mensch daselbst acht
unnd dreyssig jar kranck gelägen. Do Jesus den
selben sach ligen/ unnd vernam das er so lang

Der königliche Beamte aus Kafarnaum

43 Nach den zwei Tagen aber ging er weg
von dort nach Galiläa. 44 Jesus selbst bezeugte,
dass ein Prophet nichts gilt in seiner Vaterstadt.
45 Als er nun nach Galiläa kam, nahmen ihn
die Galiläer auf, denn sie hatten alles gesehen,
was er in Jerusalem auf dem Fest getan hatte,
denn auch sie waren zum Fest gegangen.
46 Nun kam er wieder nach Kana in Galiläa,
wo er das Wasser zu Wein gemacht hatte.

Und in Kafarnaum war ein königlicher
Beamter, dessen Sohn krank war. 47 Als der
hörte, dass Jesus von Judäa nach Galiläa
gekommen war, ging er zu ihm und bat, er
möge herabkommen und seinen Sohn heilen,
denn der lag im Sterben. 48 Da sagte Jesus zu
ihm: Wenn ihr nicht Zeichen und Wunder seht,
glaubt ihr nicht. 49 Der königliche Beamte sagt
zu ihm: Herr, komm herab, bevor mein Kind
stirbt! 50 Jesus sagt zu ihm: Geh, dein Sohn
lebt. Der Mann glaubte dem Wort, das Jesus
zu ihm gesprochen hatte, und ging. 51 Und
noch während er hinabging, kamen ihm seine
Knechte entgegen und sagten, sein Knabe lebe.
52 Da erkundigte er sich bei ihnen nach der
Stunde, in der es besser geworden war mit ihm.
Da sagten sie zu ihm: Gestern in der siebten
Stunde ist das Fieber von ihm gewichen. 53 Nun
erkannte der Vater, dass es zu jener Stunde
geschehen war, in der Jesus zu ihm gesagt hatte:
Dein Sohn lebt; und er kam zum Glauben, er
und sein ganzes Haus. 54 Dies wiederum war
das zweite Zeichen, das Jesus tat, nachdem
er von Judäa nach Galiläa gekommen war.

P: Mt 8,5–13 |44: Mt 13,57 |45: 2,23 |46: 2,1–11 |48: 2,18;
6,30; Mt 12,38!; 1Kor 1,22 |54: 2,11!

Heilung am Teich Betesda

5 1 Danach war ein Fest der Juden, und
Jesus zog hinauf nach Jerusalem.
2 In Jerusalem beim Schaftor ist ein Teich mit
fünf Hallen, der auf hebräisch Betesda heisst.
3 In den Hallen lagen viele Kranke. 5 Dort war
auch ein Mensch, der seit achtunddreissig Jahren
an seiner Krankheit litt. 6 Als Jesus diesen liegen
sieht und erkennt, dass er schon eine lange Zeit
leidet, sagt er zu ihm: Willst du gesund werden?
7 Der Kranke antwortete ihm: Herr, ich habe
keinen Menschen, der mich, sobald das Wasser
aufgewühlt wird, in den Teich trägt; und wenn
ich versuche, selber hinzukommen, steigt ein
anderer vor mir hinein. 8 Jesus sagt zu ihm:

gelägen was/ spricht er zuo jm: Wilt du gesund werdenn? Der kranck antwortet jm: Herr/ ich hab keinen menschen/ wenn das wasser sich bewegt/ der mich in die wetty lasse. Und wenn ich kumm/ so steigt ein anderer vor mir hineyn. Jesus spricht zuo jm: Stand auf/ nimm dein bett und gang hin. Und von stundan ward der mensch gesund/ und nam sein bett unnd gieng hin. Es was aber desselben tags der Sabbath. Do sprachend die Juden zuo dem der gsund was worden: Es ist heütt Sabbath/ es zimpt dir nit das bett zetragen. Er antwortet jnen: Der mich gesund machet/ der sprach: Nimm dein bett/ unnd gang hin. Do fragtend sy jnn: Wär ist der mensch der zuo dir gesagt hatt: Nimm deyn bett und gang hin? Der aber gsund was worden/ wußt nit wär er was: dann Jesus was gewichen/ darumb das vil volcks da was.

Darnach fand jn Jesus im tempel/ und sprach zuo jm: Sihe/ du bist gesund worden/ sünd hinfür nit mer/ das dir nit etwas ergers widerfare. Der mensch gieng hin/ und verkündet den Juden/ es sey Jesus/ der jnn gsund gemachet hab. Darumb vervolgtend die Juden Jesum/ und trachtetend jm nach/ das sy jnn todtind/ das er söliches gethon hatt auff den Sabbath. Jesus aber antwortet jnen: Meyn vatter würckt bißhär/ und ich würck auch. Darumb trachtetend jm die Juden vil mer nach/ das sy jnn todtind: das er nit allein den Sabbath brach/ sunder auch sagt/ Gott sey seyn vatter/ und machet sich selbs Gott gleych.

Do antwortet Jesus/ und sprach zuo jnen: Warlich warlich ich sag euch/ der sun kan nichts vonn jm selber thuon/ dann was er sicht den vatter thuon. Dann was er selb thuot/ das thuot gleych auch der sun. Der vatter aber hat den sun lieb/ und zeigt jm alles was er thuot/ und wirt jm noch grössere werck zeigen/ das jr euch verwunderen werdennd. Dann wie der vatter die todten auferweckt/ unnd machet sy läben/ also auch der sun machet läbendig welche er wil. Dann der vatter richtet niemants/ sunder alles gericht hat er dem sun gegeben/ auff das sy alle den sun eerind wie sy den vatter eerend. Wär den sun nit eeret/ der eeret den vatter nit der jnn gesendt hat. Warlich warlich sag ich euch/ wär min wort hört/ und glaubt dem der

Steh auf, nimm deine Bahre und zeig, dass du gehen kannst! 9 Und sogleich wurde der Mensch gesund, er nahm seine Bahre und konnte gehen.

An jenem Tag aber war Sabbat. 10 Die Juden sagten nun zum Geheilten: Es ist Sabbat, es ist dir nicht erlaubt, deine Bahre zu tragen. 11 Er aber antwortete ihnen: Der mich gesund gemacht hat, hat zu mir gesagt: Nimm deine Bahre und zeig, dass du gehen kannst! 12 Sie fragten ihn: Wer ist der Mensch, der zu dir gesagt hat: Nimm sie und zeig, dass du gehen kannst? 13 Der Geheilte wusste aber nicht, wer es war, denn Jesus hatte sich zurückgezogen, da an dem Ort ein Gedränge entstanden war. 14 Später findet ihn Jesus im Tempel, und er sagt zu ihm: Du siehst, du bist gesund geworden. Sündige nicht mehr, damit dir nicht etwas Schlimmeres widerfährt! 15 Der Mensch ging fort und berichtete den Juden, es sei Jesus, der ihn gesund gemacht habe. 16 Und darum verfolgten die Juden Jesus, weil er solches an einem Sabbat tat.

17 Jesus aber entgegnete ihnen: Mein Vater ist bis heute am Werk, und auch ich bin am Werk. 18 Da suchten die Juden erst recht eine Gelegenheit, ihn zu töten, weil er nicht nur den Sabbat auflöste, sondern auch Gott seinen Vater nannte und sich selbst Gott gleichmachte.

|1: 2,13! |8: Mt 9,6 |10: Ex 20,8–11; Dtn 5,12–15 · 7,23! |18: Ex 31,14; Mt 12,14 · 19,7!

5,3: Verschiedene Handschriften ergänzen den V.3 und fügen V.4 ein: «3 In den Hallen lagen viele Kranke, die auf die Bewegung des Wassers warteten. 4 Denn ein Engel (des Herrn) stieg von Zeit zu Zeit in den Teich hinab und wühlte das Wasser auf. Wer nun als Erster hineinstieg nach dem Aufwallen des Wassers, wurde gesund, mit welcher Krankheit er auch behaftet war.»

Die Vollmacht des Sohnes

19 Da entgegnete ihnen Jesus: Amen, amen, ich sage euch: Der Sohn kann nichts von sich aus tun, es sei denn, er sehe den Vater etwas tun; denn was dieser tut, das tut in gleicher Weise auch der Sohn. 20 Denn der Vater liebt den Sohn und zeigt ihm alles, was er tut, und noch grössere Werke als diese wird er ihm zeigen, dass ihr euch wundern werdet. 21 Denn wie der Vater die Toten auferweckt und lebendig macht, so macht auch der Sohn lebendig, wen er will. 22 Auch richtet der Vater niemanden, sondern er hat das Richten ganz dem Sohn übergeben, 23 damit alle den Sohn ehren, wie sie den Vater ehren. Wer den Sohn nicht ehrt, ehrt auch den Vater nicht, der ihn gesandt hat.

mich gesendt hat/ der hat das ewig läben/ und kumpt nit in das gericht/ sunder er ist vom tod zum läben hindurch getrungen. Warlich warlich sag ich euch/ es kumpt die stund/ und ist schon yetz/ das die todten werdennd die stimm deß suns Gottes hören: unnd die sy hören werdend/ die werdend läben. Dann wie der vatter das läben hat in jm selber/ also hat er dem sun gegeben das läben zehaben in jm selber: und hat jm macht gegeben auch das gericht zehalten/ darumb das er des menschen sun ist. Verwunderend euch des nit/ dann es kumpt die stund/ in welcher alle die in den greberen sind/ werdend sein stimm hören/ und werdend herfür gon die da guotes gethon habennd/ zur auferstentnuß des läbens: die aber übels gethon habend/ zur auferstentnuß des gerichts.

Jch kan nichts von mir selber thuon. Wie ich hör/ also richt ich: unnd mein gericht ist gerecht. Dann ich suoch nit minen willen/ sonder des vatters willen der mich gesendt hat.

So ich vonn mir selbs zeügete/ so ist mein zeügnuß nit war. Ein anderer ists der vonn mir zeüget/ unnd ich weyß das sein zeügnuß war ist/ das er von mir zeüget.

Jr schicktend zuo Johansen/ unnd er zeüget von der warheyt. Jch aber nimm nit zeügnuß von menschen/ sonder sölichs sag ich/ auff das jr sälig werdind. Er was ein brennend und scheynend liecht/ jr aber woltend ein kleine weyl frölich sein in seinem liecht. Jch aber hab ein grössere zeügnuß dann Joannis zeügnuß. Dann die werck die mir der vatter gegeben hat das ich sy vollende/ die selbigen werck die ich thuon/ zeügend vonn mir/ das mich der vatter gesendt hab. Und der vatter der mich gesendt hat/ der selbig hat von mir gezeüget. Jr habend nie weder sein stimm gehört/ noch sein gstalt gesehen: und sein wort habend jr nit in euch wonen/ dann jr glaubend dem nit den er gesendt hat. Ersuochend die gschrifft/ dann jr meinend jr habind das läben darinnen: und sy ists die von mir zeüget/ und jr wöllend nit zuo mir kommen das jr das läben haben mögind. Jch nimm nit den preyß von den menschen. Aber ich kenn euch das jr nit Gottes

24 Amen, amen, ich sage euch: Wer mein Wort hört und dem glaubt, der mich gesandt hat, hat ewiges Leben und kommt nicht ins Gericht, sondern ist hinübergegangen aus dem Tod in das Leben. 25 Amen, amen, ich sage euch: Die Stunde kommt, und sie ist jetzt da, in der die Toten die Stimme des Sohnes Gottes hören werden und leben werden, die hören. 26 Denn wie der Vater in sich Leben hat, so hat er auch dem Sohn verliehen, in sich Leben zu haben. 27 Und er gab ihm Vollmacht, Gericht zu halten, weil er der Menschensohn ist. 28 Wundert euch nicht, dass es heisst: Die Stunde kommt, in der alle, die in den Gräbern sind, seine Stimme hören 29 und herauskommen werden – die das Gute getan haben, zur Auferstehung ins Leben, die aber das Böse verübt haben, zur Auferstehung ins Gericht.

30 Ich kann von mir aus nichts tun. Wie ich höre, so richte ich, und mein Gericht ist gerecht, weil ich nicht meinen Willen suche, sondern den Willen dessen, der mich gesandt hat.

|20: 3,35! |23: 15,23; Lk 10,16 |24: 3,18.36 |26: 1,4 |27: Mt 9,6 |29: Dan 12,2 |30: 5,19 · 4,34!

5,28: Andere Übersetzungsmöglichkeit: «Wundert euch nicht: Die Stunde kommt, …»

Streit um das Zeugnis

31 Wenn ich über mich selbst Zeugnis ablege, ist mein Zeugnis nicht glaubwürdig; 32 ein anderer ist es, der über mich Zeugnis ablegt, und ich weiss, dass das Zeugnis, das er über mich ablegt, glaubwürdig ist. 33 Ihr habt zu Johannes geschickt, und er hat Zeugnis abgelegt für die Wahrheit. 34 Ich aber nehme von einem Menschen kein Zeugnis an; ich sage dies, damit ihr gerettet werdet. 35 Jener war die Fackel, die brennt und scheint; ihr aber wolltet nur eine kurze Zeit fröhlich sein in ihrem Licht.

36 Ich aber habe ein Zeugnis, das bedeutender ist als das des Johannes. Denn die Werke, die mir der Vater übergeben hat, damit ich sie vollende, eben die Werke, die ich tue, legen Zeugnis dafür ab, dass der Vater mich gesandt hat. 37 Und der Vater, der mich gesandt hat, er hat Zeugnis abgelegt über mich. Weder habt ihr seine Stimme gehört noch seine Gestalt je gesehen, 38 und sein Wort habt ihr nicht bleibend in euch, weil ihr dem nicht glaubt, den er gesandt hat. 39 Ihr erforscht die Schriften, weil ihr meint, in ihnen ewiges Leben zu haben – und sie sind es auch, die Zeugnis

liebe in euch habend. Jch bin kommen in
meines vatters nammen/ unnd jr nemmend
mich nit an. So ein anderer wirdt in seinem
eignen nammen kommen/ den werdend
jr annemmen. Wie mögend jr glauben/ die
jr preyß von einandern nemmend/ und den
preyß der von Gott allein ist/ suochend jr nit?

Jr söllend nit meinen das ich euch vor
dem vatter verklagen werde: es ist einer der
euch verklagt/ Moses/ uff welchen jr hoffend.
Wenn jr Mosi glaubtind/ so glaubtind jr
auch mir/ dann er hatt von mir geschriben.
So jr aber seinen gschrifften nit glaubend/
wie werdend jr meinen worten glauben?

Das vj. Capitel.
Jesus speyßt fünff tausent menschen mit fünff broten:
so sy jn zum künig machen wöllend/ flücht er. Als das
ungstüem wätter auf dem see eynfalt/ stillet ers/ facht an
von der leyplichen speyß jre gemüet auff die speyß der
seelen zeweysen.

Darnach fuor Jesus über das meer an der statt
Tyberias in Galilea. Unnd es zoch jm vil volcks
nach/ darumb das sy zeychen sahend die er an
den krancken thet. Jesus aber gieng hinauff auff
einen berg/ und satzt sich daselbst mit seynen
jüngern. Es was aber nach die Ostern/ das fäst
der Juden. Do huob Jesus seine augen auf/ unnd
sicht das vil volcks zuo jm kumpt/ und spricht
zuo Philippo: Von wannen kauffend wir brot/
das dise essind? Das sagt er aber jn zeversuochen/
dann er wußt wol was er thuon solt.
Philippus antwortet jm: Zweyhundert
pfennig wärt brot ist nit gnuog/ dz ein yetlicher
ein wenig nemme. Spricht zuo jm einer siner
jüngeren Andreas der bruoder Simonis Petri:
Es ist ein knab hie/ der hat fünff gärsten brot/
unnd zween fisch/ aber was erschüßt das
under so vil? Jesus aber sprach: Schaffend das
sich das volck lägere. Es wz aber vil graß an
dem ort. Do lägertend sich bey fünff tausent
mann. Jesus aber nam die brot/ dancket/ und
gab sy den jüngeren. Die jünger aber denen
die sich gelägeret hattend. Desselben gleychen
auch vonn den fischen wie vil er wolt.

Do sy aber satt warend/ spricht er zuo seinen
jüngern: Samlend die übrigen stücklin/ das
nichts verloren werde. Do samletend sy/ unnd
fülltend zwölff körb mit stücklinen vonn den
fünff gärsten broten/ die überblibend denen
die gespeyßt wurdend. Do nun die menschen

über mich ablegen –, 40 und doch wollt ihr
nicht zu mir kommen, um Leben zu haben.

41 Ehre empfange ich nicht von Menschen,
42 aber ich habe euch erkannt und weiss, dass
ihr die Liebe Gottes nicht in euch habt. 43 Ich
bin im Namen meines Vaters gekommen, und
ihr nehmt mich nicht auf; kommt aber ein
anderer in eigenem Namen, so nehmt ihr ihn
auf! 44 Wie könnt ihr zum Glauben kommen,
wenn ihr Ehre voneinander empfangt und nicht
die Ehre sucht, die vom alleinigen Gott kommt?

45 Meint nicht, dass ich euch beim Vater
anklagen werde; euer Ankläger ist Mose, auf
den ihr eure Hoffnung gesetzt habt. 46 Wenn
ihr Mose glaubtet, würdet ihr mir glauben,
denn er hat über mich geschrieben. 47 Wenn
ihr aber seinen Schriften nicht glaubt, wie
könnt ihr dann meinen Worten glauben?

|32: 5,37; 6,27; 8,18; 1Joh 5,9 |33: 1,19–34; 10,41
|36: 4,34! · 3,2!; 10,25.38 |37: 1,18! |39: 1,45 |43: 1,11 |44: 7,18;
8,50.54; 12,42–43

Die Speisung der fünftausend

6 1 Danach ging Jesus ans andere Ufer des
Sees von Tiberias in Galiläa. 2 Viel Volk
aber folgte ihm, weil sie die Zeichen sahen, die
er an den Kranken tat. 3 Jesus aber stieg auf den
Berg und setzte sich dort mit seinen Jüngern
nieder. 4 Das Passa war nahe, das Fest der Juden.

5 Als nun Jesus seine Augen aufhebt und
sieht, dass so viel Volk zu ihm kommt, sagt er
zu Philippus: Wo sollen wir Brot kaufen, damit
diese zu essen haben? 6 Dies sagte er aber, um
ihn zu prüfen; er selbst wusste ja, was er tun
wollte. 7 Philippus antwortete ihm: Brot für
zweihundert Denar reicht nicht aus für sie,
wenn jeder auch nur ein wenig bekommen
soll. 8 Einer von seinen Jüngern, Andreas, der
Bruder des Simon Petrus, sagt zu ihm: 9 Ein
Kind ist hier, das fünf Gerstenbrote und zwei
Fische hat, aber was ist das für so viele? 10 Jesus
sprach: Lasst die Menschen sich setzen! An
dem Ort war viel Gras. Da setzten sich die
Männer, etwa fünftausend an der Zahl. 11 Jesus
nahm nun die Brote, sprach das Dankgebet
und teilte davon allen, die dasassen, aus, so
viel sie wollten, ebenso von den Fischen.

12 Als sie aber satt waren, sagte er zu seinen
Jüngern: Sammelt die übrig gebliebenen
Brocken, damit nichts verloren geht. 13 Sie
sammelten sie und füllten zwölf Körbe mit
den Brocken, die von den fünf Gerstenbroten
übrig blieben, nachdem sie gegessen hatten.

das zeichen sahend das Jesus thet/ sprachend
sy: Das ist warlich der prophet der in die
welt kommen sol. Do Jesus nun mercket das
sy kommen wurdend/ unnd jn erwütschen/
das sy jnn zum künig machtind/ entweych
er abermals auff den berg/ er selbs allein.

Am abent aber giengend die jünger hinab
an das meer/ unnd trattend in das schiff/ und
kamend yhensit des meers gen Capernaum.
Unnd es was schon finster worden. Und Jesus
was nit zuo jnen kommen. Und das meer
erhuob sich von einem grossen wind. Do sy
nun geruoderet hattend bey fünff und zwentzig
oder dreyssig mannslöuff/ sahend sy Jesum auff
dem meer dahär gon/ unnd nach zuo dem schiff
kommen. Und sy forchtend sich. Er spricht
aber zuo jnen: Jch bins/ förchtend euch nit. Do
woltend sy jn in das schiff nemmen. Unnd von
stundan was das schiff am land da sy hinfuorend.

Es anderen tags sach das volck/ das yhensit
des meers stuond/ das kein ander schiff daselbst
wz dann das einig/ dareyn seine jünger geträtten
warend: unnd das Jesus nit mit seinen jüngeren
in das schiff trätten was/ sunder allein seine
jünger warennd hinweg gefaren. Es kamend
aber andere schiff von Tyberias nach zuo der
statt/ da sy das brot geessen hattend/ und
dem Herren gedancket. Do nun das volck
sach das Jesus nit da was noch seine jünger/
trattend sy auch in die schiff/ und kamend
gen Capernaum/ und suochtend Jesum.

Und do sy jn fundend yhensit des meers/
sprachend sy zuo jm: Meyster/ wenn bist du
här kommen? Jesus antwortet jnen/ unnd
sprach: Warlich warlich sag ich euch/ jr
suochend mich nit darumb das jr zeychen
gesehen habend/ sunder das jr von dem brot
geessen habend/ unnd sind satt worden.
Stellend nit nach der speyß die da verdirbt/
sonder die da bleybt in das ewig läben/ welche
euch des menschen sun geben wirt: dann
den selbigen hatt Gott der vatter versiglet.

Do sprachend sy zuo jm: Was söllend wir
thuon das wir Gottes werck würckind? Jesus
antwortet/ unnd sprach zuo jnen: Das ist Gottes

14 Als nun die Leute das Zeichen sahen,
das er getan hatte, sagten sie: Das ist wirklich
der Prophet, der in die Welt kommen soll.
15 Als Jesus nun erkannte, dass sie kommen
und ihn in ihre Gewalt bringen wollten,
um ihn zum König zu machen, zog er sich
wieder auf den Berg zurück, er allein.

P: Mt 14,13–21 |14: 1,21! |15: 12,13; 18,33!; 19,3.12

Der Gang auf dem Wasser
16 Als es Abend wurde, gingen seine
Jünger hinab an den See, 17 stiegen in ein
Boot und fuhren ans andere Ufer des Sees
nach Kafarnaum. Und es war schon dunkel
geworden, und Jesus war noch nicht zu ihnen
gekommen, 18 der See aber wurde aufgewühlt,
denn es wehte ein starker Wind. 19 Als sie nun
etwa fünfundzwanzig oder dreissig Stadien weit
gerudert sind, sehen sie, dass Jesus auf dem
See geht und nahe ans Boot kommt; und sie
fürchteten sich. 20 Er aber sagt zu ihnen: Ich
bin es, fürchtet euch nicht! 21 Da wollten sie ihn
ins Boot nehmen, doch auf einmal war das Boot
am anderen Ufer, da, wo sie hinfahren wollten.

P: Mt 14,22–33

Das Brot des Lebens
22 Am nächsten Tag – das Volk, das am
jenseitigen Ufer des Sees geblieben war, hatte
gesehen, dass kein anderes Boot mehr da war
ausser dem einen und dass Jesus nicht mit
seinen Jüngern ins Boot gestiegen war, sondern
dass seine Jünger allein weggefahren waren –
23 kamen andere Boote von Tiberias in die
Nähe des Ortes, wo sie das Brot gegessen hatten,
nachdem der Herr das Dankgebet gesprochen
hatte. 24 Als nun das Volk sah, dass Jesus nicht
dort war und auch seine Jünger nicht, stiegen
sie ihrerseits in die Boote und fuhren nach
Kafarnaum und suchten Jesus. 25 Und als sie ihn
am anderen Ufer des Sees fanden, sagten sie zu
ihm: Rabbi, wann bist du hierher gekommen?

26 Jesus entgegnete ihnen: Amen, amen,
ich sage euch, ihr sucht mich nicht, weil ihr
Zeichen gesehen, sondern weil ihr von den
Broten gegessen habt und satt geworden seid.
27 Müht euch nicht um die Speise, die verdirbt,
sondern um die Speise, die sich ins ewige Leben
hinein hält, die der Menschensohn euch geben
wird; denn ihn hat Gott, der Vater, beglaubigt.
28 Da sagten sie zu ihm: Was sollen wir tun,
damit wir die Werke Gottes wirken? 29 Jesus

werck/ das jr in den glaubind/ den er gesendt hat. Do sprachend sy zuo jm: Was thuost du dann für ein zeychen? auff das wir sehind/ und glaubind dir? was würckest du? Unsere vätter habennd himmelbrot geessen in der wüeste/ wie geschriben stadt: Er gab jnen brot vom himmel zeessen. Do sprach Jesus zuo jnen: Warlich warlich sag ich euch/ Moses hatt euch nit brot vonn himmel gegeben/ sonder mein vatter gibt euch das recht brot vom himmel: dann diß brot ist das brot Gottes/ das vom himmel kumpt/ und gibt der welt das läben.

Do sprachend sy zuo jm: Herr/ gib uns allwägen sölich brot. Jesus aber sprach zuo jnen: Jch bin das brot des läbens. Wär zuo mir kumpt/ den wirt nit hungeren: und wär an mich glaubt/ den wirdt nimmer mer dürsten. Aber ich hab es euch gesagt/ das jr mich gesehen habend/ und glaubend doch nit. Alles was mir mein vatter gibt/ das kumpt zuo mir: und wär zuo mir kumpt/ den wird ich nit hinauß stossen: dann ich bin vom himmel kommen/ nit das ich meinen willen thüeye/ sonder den willen des der mich gesendt hat. Das ist aber der will des vatters der mich gesendt hat/ das ich nichts verliere von allem das er mir gegeben hat/ sonder das ich es auferwecke am jüngsten tag. Das ist aber der will des der mich gesendt hat/ das/ wär den sun sicht und glaubt in jn/ habe das ewig läben: und ich wird jn auferwecken am jüngsten tag.

Do murretend die Juden darüber/ das er sagt: Jch bin das brot das vom himmel kommen ist/ unnd sprachend: Ist diser nit Jesus/ Josephs sun/ des vatter und muoter wir kennend? Wie spricht er dann/ Jch bin von himmel kommen? Jesus antwortet/ und sprach zuo jnen: Murrend nit under einandern. Es kan niemants zuo mir kommen/ es sy dann das jn ziehe der vatter der mich gesendt hat. Und ich wird jnn auferwecken am jüngsten tag. Es ist geschriben in den propheten: Sy werdend all von Gott geleert. Wär es nun hört von meinem vatter/ und lernet es/ der kumpt zuo mir. Nit das yemants den vatter habe gesehen/ on der vom vatter ist/ der hat den vatter gesehen.

Warlich warlich sag ich euch/ wär in mich glaubt/ der hat das ewig läben. Jch bin das brot des läbens. Euwere vätter habennd himmelbrot geessen in der wüesti/ und sind gestorben. Diß ist das brot das vom himmel kumpt/ auff das wär davon isset/ nit sterbe. Jch bin das läbendig brot vom himmel kommen/ wär von disem brot

antwortete ihnen: Das ist das Werk Gottes, dass ihr an den glaubt, den er gesandt hat.

30 Da sagten sie zu ihm: Was für ein Zeichen tust denn du, dass wir sehen und dir glauben können? 31 Unsere Väter haben das Manna gegessen in der Wüste, wie geschrieben steht: *Brot vom Himmel gab er ihnen zu essen.* 32 Da sagte Jesus zu ihnen: Amen, amen, ich sage euch, nicht Mose hat euch das Brot vom Himmel gegeben, sondern mein Vater gibt euch das wahre Brot vom Himmel. 33 Denn Gottes Brot ist dasjenige, das vom Himmel herabkommt und der Welt Leben gibt. 34 Da sagten sie zu ihm: Herr, gib uns dieses Brot allezeit! 35 Jesus sagte zu ihnen: Ich bin das Brot des Lebens. Wer zu mir kommt, wird nicht mehr Hunger haben, und wer an mich glaubt, wird nie mehr Durst haben.

36 Aber ich habe euch gesagt: Ihr habt mich gesehen und glaubt doch nicht. 37 Alles, was der Vater mir gibt, wird zu mir finden, und wer zu mir kommt, den werde ich nicht hinausstossen, 38 denn ich bin vom Himmel herabgekommen, nicht um meinen Willen zu tun, sondern den Willen dessen, der mich gesandt hat. 39 Das aber ist der Wille dessen, der mich gesandt hat, dass ich nichts von allem, was er mir gegeben hat, verloren gehen lasse, sondern dass ich es auferwecke am Jüngsten Tag. 40 Denn das ist der Wille meines Vaters, dass jeder, der den Sohn sieht und an ihn glaubt, ewiges Leben habe; und ich werde ihn auferwecken am Jüngsten Tag.

41 Da murrten die Juden und wandten sich gegen ihn, weil er sagte: Ich bin das Brot, das vom Himmel herabgekommen ist, 42 und sie sagten: Ist das nicht Jesus, der Sohn Josefs, dessen Vater und Mutter wir kennen? Wie kann er jetzt sagen: Ich bin vom Himmel herabgekommen? 43 Jesus entgegnete ihnen: Murrt nicht! 44 Niemand kann zu mir kommen, es sei denn, ihn ziehe der Vater, der mich gesandt hat; und ich werde ihn auferwecken am Jüngsten Tag. 45 In den Propheten steht geschrieben: Und sie werden *alle von Gott gelehrt* sein; jeder, der auf den Vater gehört und von ihm gelernt hat, kommt zu mir. 46 Nicht dass jemand den Vater gesehen hätte! Nur der, der von Gott ist, der hat den Vater gesehen. 47 Amen, amen, ich sage euch: Wer glaubt, hat ewiges Leben. 48 Ich bin das Brot des Lebens. 49 Eure Väter haben in der Wüste das Manna gegessen und sind gestorben. 50 Dies ist das Brot, das vom Himmel herabkommt: Wer immer davon isst,

essen wirdt/ der wirt läben in ewigkeit. Unnd das brot das ich geben wird/ ist mein fleysch/ welches ich geben wird für das läben der welt.

Do zancktend die Juden under einandern/ und sprachend: Wie kan diser uns sein fleysch zeessen geben? Jesus sprach zuo jnen: Warlich warlich sag ich euch/ werdend jr nit essen vom fleisch des menschen suns/ und trincken von seinem bluot/ so habend jr kein läben in euch. Wär von meinem fleysch isset/ unnd trinckt von meinem bluot/ der hat das ewig läben: unnd ich wird jn am jüngsten tag auferwecken. Dann mein fleysch ist die recht speyß/ und mein bluot ist das recht tranck. Wär von meinem fleysch isset/ und trinckt von meinem bluot/ der bleybt in mir/ unnd ich in jm. Wie mich gesendt hat der läbendig vatter/ unnd ich läb umb des vatters willen: Also der von mir isset/ der wirt auch läben umb meinet willen. Diß ist das brot/ das vom himmel kommen ist: nit wie euwere vätter habend himmelbrot geessen/ und sind gestorben. Wär von disem brot isset/ der wird läben in ewigkeyt.

Sölichs sagt er in der schuol/ do er leeret zuo Capernaum.

Vil nun seiner jünger die das hortend/ sprachend: Das ist ein harte red/ wär mag sy hören? Do Jesus aber bey jm selbs mercket/ das seine jünger darüber murretend/ sprach er zuo jnen: Ergeret euch das? wie/ wenn jr dann sehen werdend des menschen sun auffaren dahin/ da er vor was? Der geist ists/ der da läbendig macht/ das fleisch ist nichts nütz. Die wort die ich red/ die sind geist und sind läben. Aber es sind etlich under euch die glaubend nit. Dann Jesus wußt von anfang wol welche nit glaubtend/ und welcher jn verradten wurde. Und er sprach: Darumb hab ich euch gesagt: Niemants kan zuo mir kommen/ es sey jm dann von meinem vatter geben.

stirbt nicht. 51 Ich bin das lebendige Brot, das vom Himmel herabgekommen ist. Wenn jemand von diesem Brot isst, wird er in Ewigkeit leben; und das Brot, das ich geben werde, ist mein Fleisch, für das Leben der Welt.

52 Da gab es Streit unter den Juden, und sie sagten: Wie kann uns der sein Fleisch zu essen geben? 53 Da sagte Jesus zu ihnen: Amen, amen, ich sage euch: Wenn ihr nicht das Fleisch des Menschensohnes esst und sein Blut trinkt, habt ihr kein Leben in euch. 54 Wer mein Fleisch verzehrt und mein Blut trinkt, hat ewiges Leben, und ich werde ihn auferwecken am Jüngsten Tag. 55 Denn mein Fleisch ist wahre Speise, und mein Blut ist wahrer Trank. 56 Wer mein Fleisch isst und mein Blut trinkt, bleibt in mir und ich in ihm. 57 Wie mich der lebendige Vater gesandt hat und ich durch den Vater lebe, so wird auch durch mich leben, wer mich isst. 58 Dies ist das Brot, das vom Himmel herabgekommen ist. Und mit diesem Brot ist es nicht wie mit dem, das die Väter gegessen haben und gestorben sind; wer dieses Brot isst, wird in Ewigkeit leben.

59 Das sagte er in der Synagoge, als er in Kafarnaum lehrte.

|27: 6,35 · 5,32! |30: 4,48! |31: Ex 16,1–31 · Ps 78,24 |34: 4,15 |35: 4,14 |38: 4,34! |39: 3,16; 10,28; 17,12; 18,9 |40: 3,16!; 12,50 |42: 4,44; Mt 13,55–56 |46: 1,18! |49: 6,31! |51: Lk 22,19 |56: 15,4 |57: 14,19

6,33: Andere Übersetzungsmöglichkeit: «Denn Gottes Brot ist derjenige, der vom Himmel herabkommt …»

Spaltung unter den Jüngern

60 Viele nun von seinen Jüngern, die das hörten, sagten: Dieses Wort ist unerträglich, wer kann sich das anhören? 61 Weil aber Jesus sehr wohl wusste, dass seine Jünger darüber murrten, sagte er zu ihnen: Daran nehmt ihr Anstoss? 62 Was aber, wenn ihr den Menschensohn hinaufgehen seht, dorthin, wo er vorher war? 63 Der Geist ist es, der lebendig macht, das Fleisch vermag nichts. Die Worte, die ich zu euch geredet habe, sind Geist und sind Leben. 64 Doch es sind einige unter euch, die nicht glauben. Jesus wusste nämlich von Anfang an, welche es waren, die nicht glaubten, und wer es war, der ihn ausliefern sollte. 65 Und er sprach: Darum habe ich euch gesagt: Niemand kann zu mir kommen, dem es nicht vom Vater gegeben ist.

|61: Mt 11,6 |62: 3,13 |63: 3,5–6; Röm 8,5–9; Gal 6,8 |65: 6,71!

Vonn dem an giengend seiner jünger vil hindersich/ und wandletend fürhin nit mer mit jm. Do sprach Jesus zuo den zwölffen: Wöllend jr auch hinweg gon? Do antwortet Simon Petrus: Herr/ wo hin söllend wir gon? du hast die wort deß ewigen läbens: und wir habend glaubt und erkennt/ das du bist Christus der sun des läbendigen Gottes. Jesus antwortet jnen: Hab ich nit zwölff erwelt/ und euwer einer ist ein teüfel? Er redt aber von dem Juda Simon Jscarioth/ der selb verriedt jn hernach/ und was der zwölffen einer.

Das vij. Capitel.

Jesus kumpt auffs fäst gen Jerusalem/ erspraachet sich mit den Juden/ underweyßt unnd straaft sy/ umb des willen sy jm feynd und aufsetzig werdend.

Darnach zoch Jesus umb in Galilea: dann er wolt nit in Judea umbziehen/ darumb das jm die Juden nach dem läben staltend. Es was aber nach der Juden fäst der Lauberhütten. Do sprachend seyne brüeder zuo jm: Mach dich auf von dannen/ unnd gang in Judeam/ auff das auch deine jünger sehind die werck die du thuost. Wär frey auff dem plan sein wil/ der handlet nichts heymlichs. Wilt du sölichs thuon/ so offenbar dich vor der welt: dann auch seine brüeder glaubtend nit in jn. Do spricht Jesus zuo jnen: Meyn zeyt ist noch nit hie/ euwer zeyt aber ist allwegen. Die welt kan euch nit hassen/ mich aber hasset sy: dann ich zeüg von jr/ das jre werck böß syend. Gond jr hinauf auff das fäst/ ich wil noch nit hinauf gon uff das fäst/ dann min zyt ist noch nit verlauffen. Do er aber das zuo jnen gsagt/ bleib er in Galilea. Als aber seine brüeder warend hinauf gangen/ do gieng er auch hinauf zuo dem fäst/ nit offenbarlich/ sonder als heimlich. Do suochtend jn die Juden am fäst/ unnd sprachend: Wo ist der? Unnd es was ein gross getümmel von jm under dem volck/ etlich sprachend: Er ist fromm. Die anderen aber sprachend: Nein/ sonder er verfüert das volck. Niemants aber redt frey von jm/ umb der forcht willen der Juden.

Aber mitten im fäst/ gieng Jesus hinauf in den tempel/ und leeret/ und die Juden

Bekenntnis des Petrus

66 Von da an zogen sich viele seiner Jünger zurück und gingen nicht länger mit ihm. 67 Da sagte Jesus zu den Zwölf: Wollt vielleicht auch ihr weggehen? 68 Simon Petrus antwortete ihm: Herr, zu wem sollten wir gehen? Du hast Worte ewigen Lebens, 69 und wir sind zum Glauben gekommen und haben erkannt, dass du der Heilige Gottes bist. 70 Jesus antwortete ihnen: Habe ich nicht euch, die Zwölf, erwählt? Und einer von euch ist ein Teufel. 71 Er sprach von Judas, dem Sohn des Simon Iskariot; denn dieser sollte ihn ausliefern, einer von den Zwölf.

P: Mt 16,13–16 |71: 6,64; 13,21–30; 18,1–5

Vor dem Laubhüttenfest

7 1 Und danach zog Jesus in Galiläa umher; denn in Judäa wollte er nicht umherziehen, weil die Juden ihn töten wollten. 2 Das Laubhüttenfest der Juden aber war nahe. 3 Da sagten seine Brüder zu ihm: Brich auf von hier, und geh hinüber nach Judäa, damit auch deine Jünger die Werke sehen, die du tust. 4 Denn niemand wirkt im Verborgenen und strebt zugleich nach Öffentlichkeit. Wenn du das willst, dann offenbare dich der Welt. 5 Auch seine Brüder glaubten nämlich nicht an ihn. 6 Da sagt Jesus zu ihnen: Meine Zeit ist noch nicht da, eure Zeit aber ist immer schon da. 7 Euch kann die Welt nicht hassen, mich aber hasst sie, weil ich ihr das Zeugnis ausstelle, dass ihre Werke böse sind. 8 Geht ihr hinauf zum Fest; ich gehe nicht hinauf zu diesem Fest, denn meine Zeit ist noch nicht erfüllt. 9 Das sagte er und blieb in Galiläa. 10 Nachdem aber seine Brüder zum Fest hinaufgegangen waren, da ging auch er hinauf, nicht öffentlich, sondern heimlich. 11 Die Juden nun suchten ihn auf dem Fest und sagten: Wo ist er? 12 Und unter den Leuten war viel Gerede über ihn. Die einen sagten: Er ist gut. Andere sagten: Nein, er verführt das Volk. 13 Doch sprach niemand offen über ihn aus Furcht vor den Juden.

|1: 5,18; 7,19–20; 8,37.40; 10,31–33!; 11,53 |6: 2,4! |13: 9,22; 19,38; 20,19

Auftreten im Tempel

14 Als aber das Fest schon zur Hälfte vorüber war, ging Jesus hinauf in den Tempel und

verwunderend sich/ unnd sprachend: Wie kan diser die gschrifft so er sy doch nit gelernet hatt? Jesus antwortet jnen/ unnd sprach: Mein leer ist nit mein/ sonder des der mich gesandt hat. So yemants wil deß willen thuon/ der wirt innen werden ob dise leer von Gott sey/ oder ob ich von mir selbs rede. Wär von jm selbs redt/ der suocht seynen eignen preyß: wär aber suocht den preyß deß der jn gesendt hatt/ der ist warhafftig/ und ist kein ungerechtigkeit an jm. Hatt euch nit Moses das gsatz geben/ unnd niemants under euch halt das gsatz? Warumb suochend jr mich zetöden? Das volck antwortet/ und sprach: Du hast den teüfel/ wär suocht dich zetöden? Jesus antwortet/ unnd sprach: Ein einiges werck hab ich gethon/ und es verwunderet euch alle. Moses hatt euch darumb geben die beschneydung/ das sy nit von Mose kumpt/ sonder von den vättern/ noch beschneydend jr den menschen am Sabbath. So ein mensch die beschneydung annimpt am Sabbath/ auff das nit das gsatz Mose brochen werde/ zürnend jr denn über mich/ das ich den gantzen menschen hab am Sabbath gsund gemachet? Richtend nit nach dem ansehen/ sonder richtend ein recht gericht.

Do sprachend etlich von Jerusalem: Jst das nit der/ den sy suochtend zetöden? Unnd sich zuo/ er redt frey/ und sy sagend jm nichts. Kennend jn unsere obersten nun recht/ das er der recht Christus sey? Doch wir wüssend von wannen diser ist. Wenn aber Christus kommen wirt/ so wirdt niemants wüssen von wannen er ist.

Do schrey Jesus im tempel/ leeret unnd sprach: Ja jr kennend mich/ unnd wüssend von wannen ich bin. Und von mir selbs bin ich nit kommen/ sonder der mich gesendt hatt/ der ist der warhafftig/ welchen jr nit kennend. Jch kenn jn aber/ dann ich bin von jm/ und er hat mich gesendt. Do suochtend sy jn zefahen/ aber niemants legt die hand an jn: dann sein stund was noch nit kommen. Aber vil vom volck glaubtend in jn/ unnd

lehrte. 15 Da staunten die Juden und sagten: Wie kann dieser die Schriften kennen, ohne unterrichtet worden zu sein? 16 Da antwortete ihnen Jesus: Meine Lehre stammt nicht von mir, sondern von dem, der mich gesandt hat. 17 Wer seinen Willen tun will, wird erkennen, ob diese Lehre aus Gott ist oder ob ich von mir aus rede. 18 Wer von sich aus redet, sucht die eigene Ehre; wer aber die Ehre dessen sucht, der ihn gesandt hat, der ist glaubwürdig, und keine Ungerechtigkeit ist in ihm. 19 Hat Mose euch nicht das Gesetz gegeben? Und niemand von euch tut, was das Gesetz verlangt. Was wollt ihr mich töten? 20 Das Volk antwortete: Du hast einen Dämon. Wer hat denn die Absicht, dich zu töten? 21 Jesus antwortete ihnen: Ein einziges Werk habe ich getan, und ihr wundert euch alle darüber. 22 Mose hat euch die Beschneidung gegeben – sie geht zwar nicht auf Mose, sondern auf die Väter zurück –, und ihr beschneidet einen Menschen am Sabbat. 23 Wenn nun ein Mensch am Sabbat die Beschneidung empfangen muss, damit das Gesetz des Mose nicht gebrochen wird, wie könnt ihr da mir zürnen, wenn ich einen ganzen Menschen am Sabbat gesund gemacht habe? 24 Urteilt nicht nach dem, was vor Augen liegt, sondern sprecht ein gerechtes Urteil.

|16: 3,34! |18: 5,44! |20: 8,48.52; 10,20; Lk 7,33; Mt 9,34! · 7,1! |22: Gen 17,9–13 |23: Lev 12,3; Mt 12,5! · 5,10!; 9,16

Mutmassungen über Jesus
25 Da sagten einige aus Jerusalem: Ist das nicht der, den sie am liebsten töten möchten? 26 Und dabei redet er öffentlich, und sie lassen ihn gewähren. Sollten die Mitglieder des Hohen Rates wirklich erkannt haben, dass dieser der Christus ist? 27 Doch von dem da wissen wir, woher er ist; vom Christus aber, wenn er kommt, weiss niemand, woher er ist. 28 Da rief Jesus, während er im Tempel lehrte: Mich kennt ihr und wisst, woher ich bin. Und ich bin nicht von mir aus gekommen, vielmehr ist der glaubwürdig, der mich gesandt hat, den ihr nicht kennt. 29 Ich kenne ihn, weil ich von ihm her komme und er mich gesandt hat. 30 Da wollten sie ihn festnehmen, und doch unternahm keiner etwas gegen ihn, denn seine Stunde war noch nicht gekommen.

31 Aus dem Volk aber kamen viele zum Glauben an ihn, und sie sagten: Wird der

sprachend: Wenn Christus kommen wirt/ wirt er auch mer zeichen thuon dann diser thuot?

Und es kam für die Phariseer/ daß das volck söliches von jm murmlete. Unnd die Phariseer und hohen priester sandtend knecht auß/ das sy jn fiengind. Do sprach Jesus zuo jnen: Jch bin noch ein kleine zeyt bey euch/ und denn gon ich hin zuo dem der mich gesendt hatt. Jr werdend mich suochen/ und nit finden: und da ich bin/ könnend jr nit hin kommen. Do sprachend die Juden under einander: Wo wil diser hin gon/ das wir jnn nit finden söllend? wil er under die Kriechen gon/ die hin unnd här zerströuwet ligend/ und die Kriechen leeren? Was ist das für ein red/ das er sagt/ Jr werdend mich suochen/ und nit finden: und wo ich bin/ da könnend jr nit hin kommen?

Aber am letsten tag des fästs/ der am herrlichesten was/ tratt Jesus auf/ schrey/ unnd sprach: Wän da dürstet/ der komme zuo mir unnd trincke. Wär in mich glaubt/ wie die gschrifft sagt/ von des leyb werdend fliessen flüß des läbendigen wassers. Das sagt er aber von dem geyst/ welchen empfahen soltend die in jnn glaubtend. Dann der heylig geist was noch nit da/ dann Jesus was noch nit verklärt. Vil nun vom volck/ die dise red hortend/ sprachend: Diser ist ein rechter prophet. Die anderen sprachend: Er ist Christus. Etlich aber sprachend: Sölte Christus von Galilea kommen? Spricht nit die gschrifft/ Von dem somen Davids/ und von dem fläcken Bethlehem/ da David was/ sol Christus kommen? Also ward ein zweytracht under dem volck über jn. Es woltend aber etlich jn fahen/ aber niemants legt die hand an jn.

Die knecht kamend zuo den hohen priestern und Phariseern/ unnd sy sprachend zuo jnen: Warumb habend jr jn nit gebracht? Die knecht antwortetend: Es hatt nie kein mensch also geredt wie diser mensch. Do antwortend die Phariseer: Sind jr auch verfüert? Glaubt auch yenen ein oberster oder Phariseer in jn? sonder das volck das nichts vom gsatz weyßt: jr vermaledeyten. Spricht zuo jnen Nicodemus/ der bey der nacht zuo jm kam/ welcher einer under jnen was: Richtet unser gsatz auch einen menschen/ ee man verhört

Christus, wenn er kommt, etwa mehr Zeichen tun, als dieser getan hat? 32 Die Pharisäer hörten, was im Volk über ihn gemunkelt wurde. Und die Hohen Priester und die Pharisäer schickten Gerichtsdiener aus, um ihn festzunehmen. 33 Da sprach Jesus: Noch eine kurze Zeit bin ich bei euch; dann gehe ich fort zu dem, der mich gesandt hat. 34 Ihr werdet mich suchen und mich nicht finden; und wo ich bin, da könnt ihr nicht hinkommen. 35 Da sagten die Juden zueinander: Wo will der hingehen, dass wir ihn nicht finden können? Will er etwa in die griechische Diaspora gehen und die Griechen lehren? 36 Was bedeutet das Wort, das er da gesagt hat: Ihr werdet mich suchen und mich nicht finden; und wo ich bin, da könnt ihr nicht hinkommen?

|25: 7,1! |26: 12,42 · 11,27! |27: 3,8; 8,14; 9,29 |28: 8,42! · 8,19! |29: 8,55! |30: 8,20 · 2,4! |31: 2,23! |33: 14,19; 16,16 |34: 8,21; 13,33.36 |36: 8,22; 16,17–18

Streit im Hohen Rat um Jesus

37 Am letzten, dem grossen Tag des Festes aber stand Jesus da und rief: Wenn jemand Durst hat, komme er zu mir und trinke! 38 Wer an mich glaubt, aus dessen Leib werden, wie die Schrift sagt, Ströme lebendigen Wassers fliessen. 39 Damit meinte er den Geist, den jene empfangen sollten, die an ihn glaubten. Denn der Geist war noch nicht da, weil Jesus noch nicht verherrlicht war.

40 Da sagten einige aus dem Volk, die diese Worte gehört hatten: Das ist wirklich der Prophet. 41 Andere sagten: Das ist der Christus. Wieder andere sagten: Soll denn der Christus aus Galiläa kommen? 42 Sagt nicht die Schrift, dass der Christus aus dem Geschlecht Davids und aus Betlehem kommt, dem Dorf, wo David war? 43 So kam es seinetwegen zu einer Spaltung im Volk. 44 Einige von ihnen aber wollten ihn festnehmen, doch legte keiner Hand an ihn.

45 Die Gerichtsdiener kamen nun zu den Hohen Priestern und Pharisäern zurück, und diese sagten zu ihnen: Warum habt ihr ihn nicht hergebracht? 46 Die Diener antworteten: Noch nie hat ein Mensch so geredet. 47 Da antworteten ihnen die Pharisäer: Habt etwa auch ihr euch verführen lassen? 48 Ist etwa einer vom Hohen Rat zum Glauben an ihn gekommen oder einer von den Pharisäern? 49 Aber dieses Volk, das nichts weiss vom Gesetz – verflucht sei es! 50 Nikodemus – der früher einmal zu Jesus gekommen war –, einer

und erkenne was er thuot? Sy antwortetend und sprachend zuo jm: Bist du auch ein Galileer? Forsch und sich/ das von Galilea kein Prophet auferstadt. Und ein yetlicher gieng also heim.

Das viij. Capitel.

Von dem weybli das im Eebruch ward ergriffen/ und von der leer die Christus füert/ in deren die summ deß heyls jnen angezeygt wirdt. Er tregt jnen auch heytere kundtschafft deren dingen für/ das er auß Gott/ sy auß dem teüfel sygind.

Jesus aber gieng an den ölberg/ unnd morgens früe kam er wider in den tempel/ und alles volck kam zuo jm. Und er satzt sich und leret sy. Aber die gschrifftglerten und Phariseer brachtend ein weyb zuo jm im Eebruch begriffen/ unnd staltend sy offentlich dar/ unnd sprachend zuo jm: Meyster/ dises weyb ist begriffenn an frischer that im Eebruch. Moses aber hat uns im gsatz gebotten söliche zuo versteynigenn: was sagst du? Das sprachend sy aber jn zuo versuochen/ auff das sy ein ursach zuo jm hettind. Aber Jesus buckt sich nider und schreyb mit dem finger auff die erden. Als sy nun anhieltend jn zefragen/ richtet er sich auf/ und sprach zuo jnen: Wär under euch on sünd ist/ der werffe den ersten steyn auff sy. Unnd buckt sich wider nider/ und schreyb auff die erden. Do sy aber das hortend/ giengend sy hinauß/ einer nach dem andren von den Eltesten an/ und liessend Jesum allein/ und das weib vor jm ston. Jesus aber richtet sich auf/ unnd do er niemants sach dann das weyb/ sprach er zuo jren: Weyb/ wo sind deine verkleger? hat dich niemant verdampt? Sy aber sprach: Herr/ niemant. Jesus aber sprach: So verdammen ich dich auch nit. Gang hin/ und sünde fürhin nit mer.

Do redt Jesus abermals zuo jnen/ unnd sprach: Jch bin das liecht der welt/ wär mir nachfolget/ der wirt nit wandlen in finsternuß/ sunder wirdt das liecht deß läbens haben. Do sprachend die phariseer zuo jm: Du zeügest

Euangelion Sant Johannis. 238

der Ihren, sagte zu ihnen: 51 Verurteilt denn unser Gesetz einen Menschen, ohne dass man ihn vorher angehört hätte und wüsste, was er getan hat? 52 Sie entgegneten ihm: Bist vielleicht auch du aus Galiläa? Forsche nach und du wirst sehen: Aus Galiläa ersteht kein Prophet.

|38: 4,10 |39: 14,16!–17.26; 20,22 · 12,23! |40: 1,21! |41: 11,27! · 1,46 |42: Mi 5,1; Mt 2,4–6; 22,42 |49: Dtn 27,26 |51: Dtn 1,16–17

7,37: Andere Übersetzungsmöglichkeit: «… Wenn jemand Durst hat, komme er zu mir, und es trinke, 38 wer an mich glaubt! Wie die Schrift sagt: Aus dessen Leib werden Ströme lebendigen Wassers fliessen.»

Jesus und die Ehebrecherin

53 Und sie gingen, jeder in sein Haus. 8 1 Jesus aber ging auf den Ölberg. 2 Am frühen Morgen war er wieder im Tempel, und das ganze Volk kam zu ihm. Und er setzte sich und lehrte sie. 3 Da bringen die Schriftgelehrten und die Pharisäer eine Frau, die beim Ehebruch ertappt worden ist, stellen sie in die Mitte 4 und sagen zu ihm: Meister, diese Frau ist beim Ehebruch auf frischer Tat ertappt worden. 5 Im Gesetz aber hat Mose uns vorgeschrieben, solche Frauen zu steinigen. Du nun, was sagst du dazu? 6 Dies sagten sie, um ihn auf die Probe zu stellen, damit sie einen Grund hätten, ihn anzuklagen. Jesus aber bückte sich und schrieb mit dem Finger auf die Erde. 7 Als sie immer wieder fragten, richtete er sich auf und sagte zu ihnen: Wer unter euch ohne Sünde ist, werfe als Erster einen Stein auf sie! 8 Und er bückte sich wieder und schrieb auf die Erde. 9 Sie aber hörten es und entfernten sich, einer nach dem anderen, die Ältesten voran, und er blieb allein zurück mit der Frau, die in der Mitte stand. 10 Jesus aber richtete sich auf und sagte zu ihr: Frau, wo sind sie? Hat keiner dich verurteilt? 11 Sie sagte: Keiner, Herr. Da sprach Jesus: Auch ich verurteile dich nicht. Geh, und sündige von jetzt an nicht mehr!

|5: Dtn 22,22–24 |7: Röm 3,9–10 |11: 3,17!

7,53: Die wichtigsten Handschriften enthalten Joh 7,53–8,11 nicht. Die entsprechenden Verse gehören nicht zum ursprünglichen Text des Evangeliums nach Johannes.

Das Licht der Welt

12 Ein andermal sagte Jesus zu ihnen: Ich bin das Licht der Welt. Wer mir folgt, wird nicht in der Finsternis umhergehen, sondern das Licht des Lebens haben. 13 Da sagten die Pharisäer zu ihm: Du legst ja über dich selbst

vonn dir selbs/ dein zeügnuß ist nitt waar. Jesus
antwortet und sprach zuo jnen: So ich vonn mir
selbs zeügen wurde/ so ist mein zeügnuß waar/
dann ich weiß von wannen ich kommen bin/
unnd wo hin ich gon: jr aber wüssend nit vonn
wannen ich kumm/ und wo hin ich gon. Jr
richtend nach dem fleysch/ ich richt niemant: so
ich aber richtete/ so ist mein gericht recht: dann
ich bin nit allein/ sunder ich und der vatter der
mich gesendt hat. Auch stadt in euwerem gsatzt
geschriben/ daß zweyer menschen zeügnuß
war ist. Jch bin es/ der von mir selbs zeüget:
und der vatter der mich gesendt hat/ zeüget
auch vonn mir. Do sprachend sy zuo jm: Wo
ist dein vatter? Jesus antwortet: Jr kennend
weder mich noch meinen vatter. Wenn jr mich
kantind/ so kanntind jr auch mein vatter. Dise
wort redt Jesus an dem Gotteskasten/ do er
leret im tempel. Unnd niemants fieng jnn/
dann sein stund was noch nit kommen.

   Do sprach abermals Jesus zuo jnen: Jch gon
hinweg/ und jr werdend mich suochen/ und in
euweren sünden sterben: wo ich hin gon/ da
mögend jr nit hin kommen. Do sprachennd die
Juden: Wil er sich dann töden/ das er spricht/
Wo hin ich gon da mögend jr nit hin kommen?
Und er sprach zuo jnen: Jr sind vonn unden
här/ ich bin von oben herab: jr sind von diser
welt/ Jch bin nit von diser welt. Darumb hab ich
euch gesagt das jr sterben werdend in euweren
sünden. Dann so jr nit glaubend das ichs bin/
so werdend jr sterben in euweren sünden.
   Do sprachend sy zuo jm: Wär bistu dann?
Und Jesus sprach zuo jnen: Eben das/ das ich
mit euch red. Jch hab vil von euch zereden
unnd zerichten. Aber der mich gesandt hat/
ist warhafftig: und was ich von jm gehört hab/
das red ich vor der welt. Sy vernamend aber
nit das er jnen von dem vatter gesagt hette.
   Do sprach Jesus zuo jnen: Wenn jr deß
menschen sun erhöhen werdend/ denn werdend
jr erkennen das ichs bin/ und nichts von mir
selber thuon: sunder wie mich mein vatter
gelert hat/ also red ich. Und der mich gesendt
hat/ ist mit mir. Der vatter laßt mich nit
allein/ dann ich thuon alle zeyt was jm gefalt.
Do er sölichs redt/ glaubtend vil in jnn.

Zeugnis ab. Dein Zeugnis ist nicht glaubwürdig.
14 Jesus entgegnete ihnen: Auch wenn ich über
mich selbst Zeugnis ablege, ist mein Zeugnis
glaubwürdig, denn ich weiss, woher ich
gekommen bin und wohin ich gehe. Ihr aber
wisst nicht, woher ich komme noch wohin ich
gehe. 15 Ihr urteilt nach dem Fleisch, ich urteile
über niemanden. 16 Und wenn ich urteile, ist
mein Urteil gültig, denn nicht ich allein spreche
das Urteil, sondern ich und der mich gesandt
hat, der Vater. 17 Und in eurem Gesetz steht
geschrieben, dass das Zeugnis zweier Menschen
gültig ist: 18 Ich bin es, der Zeugnis ablegt über
mich, und der Vater, der mich gesandt hat, legt
Zeugnis ab über mich. 19 Da sagten sie zu ihm:
Wo ist dein Vater? Jesus antwortete: Weder mich
noch meinen Vater kennt ihr. Würdet ihr mich
kennen, würdet ihr auch meinen Vater kennen.
20 Diese Worte sprach er beim Opferstock, als er
im Tempel lehrte. Und niemand nahm ihn fest,
denn seine Stunde war noch nicht gekommen.

|12: 1,5.9; 3,19; 9,5; 12,35.46; Jes 9,1; 1Joh 1,5 |14: 7,27!
|15: 3,17! |17: Dtn 19,15 |18: 5,32! |19: 7,28; 15,21; 16,3
|20: 7,30 · 2,4!

Herkunft und Bestimmung Jesu
21 Nun sagte er wieder zu ihnen: Ich gehe
fort, und ihr werdet mich suchen, und ihr
werdet in eurer Sünde sterben. Wo ich hingehe,
da könnt ihr nicht hinkommen. 22 Da sagten
die Juden: Will er sich etwa selber töten, dass
er sagt: Wo ich hingehe, da könnt ihr nicht
hinkommen? 23 Und er sagte zu ihnen: Ihr seid
von unten, ich bin von oben. Ihr seid von dieser
Welt, ich bin nicht von dieser Welt. 24 Nun
habe ich euch gesagt, dass ihr in euren Sünden
sterben werdet. Denn wenn ihr nicht glaubt,
dass ich es bin, werdet ihr in euren Sünden
sterben. 25 Da sagten sie zu ihm: Wer bist du?
Jesus sagte zu ihnen: Was rede ich überhaupt
noch mit euch? 26 Ich hätte viel zu reden und zu
richten über euch. Aber der mich gesandt hat,
ist glaubwürdig, und was ich von ihm gehört
habe, das rede ich zur Welt. 27 Sie erkannten
nicht, dass er vom Vater zu ihnen sprach.
28 Da sagte Jesus zu ihnen: Wenn ihr den
Menschensohn erhöht habt, dann werdet ihr
erkennen, dass ich es bin und dass ich von mir
aus nichts tue, sondern so rede, wie mich der
Vater gelehrt hat. 29 Und der mich gesandt hat,
ist mit mir. Er hat mich nicht allein gelassen,

Do sprach nun Jesus zuo den Juden die jm glaubt hattend: So jr bleyben werdend in meiner red/ so sind jr meine rechten Jünger/ und werdend die warheyt erkennen/ und die warheyt wirt euch frey machen. Do antwortetend sy jm: Wir sind Abrahams somen/ sind nie kein mal yemants eygen gewesen/ wie sprichst du denn/ jr söllend frey werden? Jesus antwortet jnen/ und sprach: Warlich warlich ich sag euch/ wär sünd thuot der ist der sünd knecht/ der knecht aber bleibt nit ewigklich im hauß/ der sun blybt ewigklich. So euch nun der sun frey machet/ so sind jr recht frey. Jch weiß wol das jr Abrahams somen sind/ aber jr suochennd mich zetöden. Dann mein red gilt nüts under euch. Jch red was ich von meinem vatter gesehen hab/ und jr thuond was jr von euwerem vatter gesehen habend. Sy antwortend und sprachend zuo jm: Abraham ist unser vatter. Spricht Jesus zuo jnen: Wenn jr Abrahams kinder wärind/ so thettind jr Abrahams werck. Nun aber suochend jr mich zetöden/ ein sölichen menschen/ der ich euch die warheyt gesagt hab/ die ich von Gott gehört hab/ das hat Abraham nit gethon. Jr thuond euwers vatters werck. Do sprachend sy: Wir sind nit uneelich geborn/ wir habend ein vatter Gott. Jesus sprach zuo jnen: Wäre Gott euwer vatter/ so liebtend jr mich. Dann ich bin außgangen/ und kommen von Gott. Dann ich bin nit von mir selber kommen/ sunder er hat mich gesandt. Warumb kennend jr dann mein spraach nit? Darumb das jr nit mögend meine wort hören.

Jr sind von dem vatter dem teüfel/ und nach euwers vatters lust wöllend jr thuon. Der selb ist ein mörder von anfang/ und ist nit bestanden in der warheyt: dann die warheyt ist nit in jm. Wenn er die lugen redt/ so redt er von sinem eygnen: dann er ist ein lugner/ unnd ein vatter der selbigen. Jch aber/ dieweyl ich die warheyt sag/ so glaubend jr mir nit. Welcher under euch kan mich einer sünd zyhen? So ich euch aber die warheyt sag/ warumb glaubend jr mir nit? Wär uß Gott ist/ der höret Gottes wort. Darumb hörend jr nit/ dann jr sind nit auß Gott.

Do antwortend die Juden/ und sprachend zuo jm: Sagend wir nit recht das du ein Samariter bist/ und hast den teüfel? Jesus denn ich tue allezeit, was ihm gefällt. 30 Als er so redete, kamen viele zum Glauben an ihn.

|21: 7,34! |22: 7,36! |23: 3,31 · 17,14; 18,36 |24: 16,9! |26: 3,34! |28: 3,14!

Jesus und Abraham

31 Da sagte Jesus zu den Juden, die ihm Vertrauen geschenkt hatten: Wenn ihr in meinem Wort bleibt, seid ihr wirklich meine Jünger, 32 und ihr werdet die Wahrheit erkennen, und die Wahrheit wird euch frei machen. 33 Sie antworteten ihm: Wir sind Nachkommen Abrahams und nie jemandes Sklaven gewesen. Wie kannst du sagen: Ihr werdet frei werden? 34 Jesus antwortete ihnen: Amen, amen, ich sage euch: Jeder, der tut, was die Sünde will, ist ein Sklave der Sünde. 35 Der Sklave aber bleibt nicht auf ewig im Haus, der Sohn bleibt auf ewig. 36 Wenn also der Sohn euch frei macht, werdet ihr wirklich frei sein.

37 Ich weiss, dass ihr Nachkommen Abrahams seid. Aber ihr wollt mich töten, weil mein Wort keinen Platz bei euch findet. 38 Ich spreche von dem, was ich beim Vater gesehen habe; und ihr tut, was ihr vom Vater gehört habt. 39 Sie entgegneten ihm: Unser Vater ist Abraham. Jesus sagt zu ihnen: Wärt ihr Abrahams Kinder, würdet ihr die Werke Abrahams tun. 40 Nun aber wollt ihr mich töten, einen Menschen, der euch die Wahrheit gesagt hat, die ich von Gott gehört habe. Das hat Abraham nicht getan. 41 Ihr tut die Werke eures eigentlichen Vaters. Da sagten sie zu ihm: Wir sind nicht aus Unzucht hervorgegangen; wir haben einen einzigen Vater, Gott. 42 Jesus sagt zu ihnen: Wäre Gott euer Vater, würdet ihr mich lieben. Denn von Gott bin ich ausgegangen und gekommen. Nicht von mir aus bin ich gekommen, sondern er hat mich gesandt. 43 Warum versteht ihr meine Rede nicht? Weil ihr mein Wort nicht hören könnt. 44 Ihr habt den Teufel zum Vater, und ihr wollt tun, was er begehrt. Jener war ein Mörder von Anfang an und stand nicht in der Wahrheit, denn Wahrheit ist nicht in ihm. Wenn er lügt, redet er aus dem Eigenen, denn ein Lügner ist er und der Vater der Lüge. 45 Weil ich aber die Wahrheit sage, glaubt ihr mir nicht. 46 Wer von euch überführt mich der Sünde? Wenn ich die Wahrheit sage, warum glaubt ihr mir nicht? 47 Wer aus Gott ist, hört die Worte Gottes; ihr hört nicht, weil ihr nicht aus Gott seid.

antwortet: Jch hab keinen teüfel/ sunder ich eer meinen vatter/ und jr habend mir uneer gethon. Jch suoch nit minen preyß/ es ist aber einer der jn suocht und richtet. Warlich warlich sag ich euch/ so yemant mein wort wirt halten/ der wirt den tod nit sehen ewigklich. Do sprachend die Juden zuo jm: Nun erkennend wir/ das du den teüfel hast. Abraham ist gestorben unnd die Propheten/ unnd du sprichst/ So yemant mein wort haltet/ der wirt den tod nit versuochen ewigklich. Bistu mer dann unser vatter Abraham? welcher gestorben ist/ und die propheten sind gestorben/ was machest du auß dir selbs? Jesus antwortet: So ich mich selber preyß/ so ist mein preyß nichts. Es ist aber mein vatter der mich preyset/ welchen jr sprechend/ er sey euwer Gott/ unnd kennend jnn nit: Jch aber kenn jn. Und so ich wurde sagen/ ich kenn jn nitt/ so wurde ich ein lugner/ gleych wie jr sind. Aber ich kenn jn/ und halt sein wort.

Abraham euwer vatter frolocket das er meinen tag sehen sölte/ Und er sach jn/ und fröwet sich. Do sprachend die Juden zuo jm: Du bist noch nit fünfftzig jar alt/ unnd hast Abraham gesehenn? Jesus sprach zuo jnen: Warlich warlich ich sag euch/ ee dann Abraham ward/ bin ich. Do huobend sy steyn auf/ das sy auff jnn wurffind. Aber Jesus verbarg sich/ und gieng zum tempel hinauß.

Das ix. Capitel.
Jesus macht einen blinden gesähend am Sabbath/ dardurch er mer ungunsts der Juden auff sich ladet.

Und Jesus gieng fürhin/ unnd sach ein blinden von seiner geburt an. Und seine jünger fragtend jn/ und sprachend: Meister/ wär hatt gesündet? diser oder seine elteren/ das er ist blind geboren? Jesus antwortet: Es hat weder diser gesündet noch seine elteren/ sunder das die werck Gottes offenbar wurdind an jm. Jch muoß würcken die werck deß der mich gesendt hat/ so lang es tag ist. Es kumpt die nacht/ da niemants wercken kan. Dieweyl ich bin in der welt/ bin ich das liecht der welt.

48 Die Juden entgegneten ihm: Sagen wir nicht zu Recht, dass du ein Samaritaner bist und einen Dämon hast? 49 Jesus antwortete: Ich habe keinen Dämon, sondern ich ehre meinen Vater, und ihr nehmt mir die Ehre. 50 Ich aber suche nicht meine Ehre; doch es ist einer, der sie sucht und der richtet. 51 Amen, amen, ich sage euch: Wer mein Wort bewahrt, wird in Ewigkeit den Tod nicht schauen. 52 Da sagten die Juden zu ihm: Jetzt haben wir erkannt, dass du einen Dämon hast. Abraham ist gestorben, und auch die Propheten, und du sagst: Wer mein Wort bewahrt, wird den Tod in Ewigkeit nicht schmecken. 53 Bist du etwa grösser als unser Vater Abraham, der gestorben ist? Auch die Propheten sind gestorben. Zu wem machst du dich? 54 Jesus antwortete: Wenn ich mich selbst verherrliche, wäre meine Herrlichkeit nichts. Mein Vater ist es, der mich verherrlicht, er, von dem ihr sagt: Er ist unser Gott. 55 Und ihr habt ihn nicht erkannt. Doch ich kenne ihn. Und wenn ich sagte: Ich kenne ihn nicht, wäre ich ein Lügner wie ihr. Aber ich kenne ihn und halte sein Wort. 56 Abraham, euer Vater, frohlockte, dass er meinen Tag sehen sollte. Und er sah ihn und freute sich. 57 Da sagten die Juden zu ihm: Du bist keine fünfzig Jahre alt und hast Abraham gesehen? 58 Jesus sagte zu ihnen: Amen, amen, ich sage euch: Ehe Abraham wurde, war ich. 59 Da hoben sie Steine auf, um sie nach ihm zu werfen. Jesus aber verbarg sich und verliess den Tempel.

|34: Röm 6,16 |36: Gal 5,1 |38: 3,11.34! |40: 7,1!
|42: 7,28; 16,27.30; 17,8 |43: 12,39–40 |47: 10,27! |48: 7,20!
|53: 4,12 |54: 5,44! |55: 1,18; 7,29; 17,25; Mt 11,27

8,44: Die Aussage, dass die Gesprächspartner Jesu den Teufel zum Vater haben, ist eine der polemischsten Stellen des gesamten Neuen Testaments. Sie ist im Sinne des Evangeliums nach Johannes theologisch nur verständlich, wenn sie auf der Linie der in 12,31 und 16,11 folgenden Aussagen gelesen wird.

Heilung eines Blindgeborenen
9 1 Und im Vorübergehen sah er einen Menschen, der blind geboren war. 2 Und seine Jünger fragten ihn: Rabbi, wer hat gesündigt, er oder seine Eltern, dass er blind geboren wurde? 3 Jesus antwortete: Weder er noch seine Eltern haben gesündigt, sondern die Werke Gottes sollen an ihm offenbar werden. 4 Wir müssen die Werke dessen wirken, der mich gesandt hat, solange es Tag ist. Es kommt die Nacht, da niemand wirken kann. 5 Solange ich in der Welt bin, bin ich das Licht der Welt.

Do er sölichs gesagt/ speüwet er auff die
erden/ unnd machet ein kaat auß dem spöuchel/
und streych das kaat auff des blinden augen/
unnd sprach zuo jm: Gang hin zuo der wetty
Siloha/ das ist verdolmetschet/ Gesandt/ und
wäsch dich. Do gieng er hin/ und kam sehend.
Die nachpauren und die jn vor gsehen hattend
das er ein bättler was/ sprachend: Jst diser nit
der da saß und bättlet? Die anderen sprachen: Er
ists. Die anderen aber/ Er ist jm gleych. Er selbs
aber sprach: Jch bins. Do sprachennd sy zuo jm:
Wie sind deine augen aufgethon? Er antwortet
unnd sprach: Der mensch der Jesus heyßt/
machet ein kaat/ und bestreych meine augen/
und sprach: Gang hin zuo der wetty Siloha/
unnd wäsch dich. Jch gieng hin/ und wuosch
mich/ und ward gesehent. Do sprachennd sy zuo
jm: Wo ist der selbig? Er sprach: Jch weyß es nit.

Do fuortend sy den der ein zeit lang blind
was gwesen/ zuo den Phariseern. Es was aber
Sabbath do Jesus das kaat machet/ und seine
augen offnet. Do fragtend sy jnn abermals/
auch die Phariseer/ wie er wäre sehent worden.
Er aber sprach zuo jnen: Ein kaat legt er mir
auff die augen/ und ich wuosch mich/ unnd
bin sehent. Do sprachend etlich der phariseern:
Der mensch ist nit von Gott/ dieweyl er den
Sabbath nit haltet. Die anderen aber sprachend:
Wie kan ein sündiger mensch söliche zeychen
thuon? Und es ward ein zwytracht under
jnen. Sy sprachennd wider zuo dem blinden:
Was sagst du vonn jm? Hat er deine augen
aufgethon? Er aber sprach: Er ist ein Prophet.

Die Juden glaubtend nit von jm das er blind
gewesen/ und gesehent worden wäre/ biß das
sy ruofftend den Elteren deß/ der gesehent was
worden/ und sprachend: Jst das euwer sun/
welchen jr sagend/ er sey blind geboren? Wie ist
er dann nun sehend? Seine elteren antwortend/
und sprachend: Wir wüssend das diser unser
sun ist/ unnd das er blind geboren ist. Wie
er aber nun sehent ist/ wüssend wir nit/ oder
wär jm habe seine augen aufgethon/ wüssennd
wir auch nit. Er ist selber alt gnuog/ fragend
jnn/ lassennd jnn selbs für sich reden. Sölichs
sagtend seine elteren/ dann sy forchtend sich
vor den Juden. Dann die Juden hattend sich
schon vereinbaret/ so yemants jnn für Christum
bekannte/ das der selbig auß der versamlung
geworffen wurde. Darumb sprachend seine
elteren/ Er ist alt gnuog/ fragend jn.

Do ruofftend sy zum andren mal dem
menschen der blind gwesen was/ und sprachend:

6 Als er das gesagt hatte, spuckte er auf die
Erde und machte einen Brei aus dem Speichel
und strich ihm den Brei auf die Augen 7 und
sagte zu ihm: Geh, wasche dich im Teich
Schiloach! Schiloach heisst ‹der Gesandte›. Da
ging er und wusch sich und kam sehend zurück.

8 Die Nachbarn nun und die Leute, die ihn
früher als Bettler gesehen hatten, sagten: Ist das
nicht der, der dasass und bettelte? 9 Die einen
sagten: Er ist es. Die anderen sagten: Nein,
er sieht ihm bloss ähnlich. Er selbst sagte: Ich
bin es. 10 Da sagten sie zu ihm: Wie also sind
deine Augen aufgetan worden? 11 Er antwortete:
Der Mensch, der Jesus heisst, machte einen
Brei und strich ihn mir auf die Augen und
sagte zu mir: Geh zum Teich Schiloach und
wasche dich. Da ging ich hin, wusch mich
und konnte sehen. 12 Und sie fragten ihn:
Wo ist er? Er sagt: Ich weiss es nicht.

13 Sie führen ihn, den ehemals Blinden,
zu den Pharisäern. 14 Es war aber Sabbat an
dem Tag, als Jesus den Teig machte und ihm
die Augen auftat. 15 Die Pharisäer nun fragten
ihn ebenfalls, wie er sehend geworden sei. Er
sagte zu ihnen: Er bestrich meine Augen mit
einem Brei, und ich wusch mich, und ich
sehe. 16 Da sagten einige von den Pharisäern:
Dieser Mensch ist nicht von Gott, denn er
hält den Sabbat nicht. Andere aber sagten:
Wie kann ein sündiger Mensch solche Zeichen
tun? Und es gab eine Spaltung unter ihnen.
17 Da sagen sie wieder zu dem Blinden: Und
du, was sagst du dazu, dass er dir die Augen
aufgetan hat? Er sagte: Er ist ein Prophet.

18 Die Juden nun wollten nicht glauben,
dass er blind gewesen und sehend geworden
war, bis sie die Eltern gesprochen hätten – die
Eltern dessen, der sehend geworden war. 19 Und
sie fragten sie: Ist das euer Sohn, von dem ihr
sagt, dass er blind geboren wurde? Wieso sieht
er denn jetzt? 20 Da entgegneten seine Eltern:
Wir wissen, dass er unser Sohn ist und dass er
blind geboren wurde. 21 Wieso er aber jetzt
sieht, wissen wir nicht, und wer ihm die Augen
aufgetan hat – wir wissen es nicht. Fragt doch
ihn, er ist alt genug. Er kann selber über sich
Auskunft geben. 22 Das sagten seine Eltern,
weil sie sich vor den Juden fürchteten. Denn
die Juden waren schon übereingekommen,
dass aus der Synagoge ausgeschlossen werde,
wer ihn als Christus bekenne. 23 Darum sagten
seine Eltern: Er ist alt genug, fragt doch ihn.

Gib Gott den preiß/ wir wüssend das diser mensch ein sünder ist. Er antwortet unnd sprach: Jst er ein sünder/ das weyß ich nit: eins weyß ich wol/ das ich blind was/ und bin nun sehend. Do sprachend sy wider zuo jm: Was thett er dir? wie thett er deine augen auf? Er antwortet jnen: Jch habs euch yetz gesagt/ und habends gehört/ was wöllend jrs abermals hören? wellend jr auch seine jünger werden? Do beschalcktend sy jn/ und sprachend: Du bist sein junger/ wir aber sind Moses jünger. Wir wüssend dz Gott mit Mose geredt hat/ disen aber wüssennd wir nit von wannen er ist.

Der mensch antwortet/ und sprach: Das ist ein wunderbarlich ding/ das jr nit wüssend von wannen er sey/ unnd er hat meine augen aufgethon. Wir wüssennd aber/ das Gott die sünder nit höret/ sunder so yemant Gottsförchtig ist/ unnd thuot seinen willen/ den hört er. Von der welt an ists nit erhört/ das yemant einem gebornen blinden die augen aufgethon habe. Wäre diser nitt vonn Gott/ so möchte er nüts thuon. Sy antwortend/ und sprachend zuo jm: Du bist gantz in sünden geboren/ und du lerest uns. Und stiessend jnn hinauß.

Es für Jesum/ das sy jn außgestossen hattend. Und do er jn fand/ sprach er zuo jm: Glaubst du in den sun Gottes? Er antwortet und sprach: Herr/ welcher ists/ auff das ich in jnn glaube? Jesus sprach zuo jm: Du hast jn gsehen/ und der mit dir redt/ der ists. Er aber sprach: Herr/ ich glaub. Und bättet jn an.

Und Jesus sprach: Jch bin kommen zuo einer entscheydung in dise welt/ auff das die da nit sehend/ sehent werdind: unnd die da sehend/ blind werdind. Und sölichs hortend etlich der Phariseern die bey jm warend/ und sprachend zuo jm: Sind wir dann auch blind? Jesus sprach zuo jnen: Wärind jr blind/ so hettind jr kein sünd. Nun jr aber sprechend/ Wir sind sehend/ bleybt euwere sünd.

Das x. Capitel.

Christus zeyget an das er der recht getrüw Hirt sey/ gibt da bey zuo verston die untrüw und valsch der Jüdischen pfaffen. Vom zwyspalt der/ Christus halb/ unnder dem volck was. Und von dem gespräch das er mit den Juden hatt.

Warlich warlich ich sag üch/ wär nit zur tür hynyn gadt in den schafstal/ sunder steigt anderßwo hineyn/ der ist ein dieb unnd ein

24 Da riefen sie den Menschen, der blind gewesen war, ein zweites Mal und sagten zu ihm: Gib Gott die Ehre! Wir wissen, dass dieser Mensch ein Sünder ist. 25 Jener antwortete: Ob er ein Sünder ist, weiss ich nicht. Ich weiss bloss eines: Ich war blind, und jetzt sehe ich. 26 Da sagten sie zu ihm: Was hat er mit dir gemacht? Wie hat er dir die Augen aufgetan? 27 Er antwortete ihnen: Ich habe es euch schon gesagt, und ihr habt nicht zugehört. Warum wollt ihr es noch einmal hören? Wollt etwa auch ihr seine Jünger werden? 28 Und sie beschimpften ihn und sagten: Du bist einer seiner Jünger, wir aber sind Jünger des Mose. 29 Wir wissen, dass Gott mit Mose geredet hat. Von diesem aber wissen wir nicht, woher er ist. 30 Der Mensch entgegnete ihnen: Darin liegt ja das Erstaunliche, dass ihr nicht wisst, woher er ist, und er hat mir doch die Augen aufgetan. 31 Wir wissen, dass Gott keine Sünder erhört; wer aber gottesfürchtig ist und seinen Willen tut, den erhört er. 32 Von Ewigkeit her hat man nicht vernommen, dass jemand die Augen eines Blindgeborenen aufgetan hat. 33 Wäre dieser nicht von Gott, könnte er nichts tun. 34 Sie entgegneten ihm: In Sünden bist du geboren, ganz und gar, und du willst uns lehren? Und sie stiessen ihn aus.

35 Jesus hörte, dass sie ihn ausgestossen hatten; und als er ihn traf, sprach er: Glaubst du an den Menschensohn? 36 Jener entgegnete: Sag mir, wer er ist, Herr, damit ich an ihn glauben kann! 37 Jesus sagte zu ihm: Du hast ihn gesehen. Der mit dir redet, der ist es. 38 Er sagte: Ich glaube, Herr. Und er warf sich vor ihm nieder.

39 Und Jesus sprach: Zum Gericht bin ich in diese Welt gekommen, dass die, die nicht sehen, sehend und die Sehenden blind werden. 40 Das hörten einige von den Pharisäern, die bei ihm waren, und sie sagten zu ihm: Sind etwa auch wir blind? 41 Jesus sagte zu ihnen: Wärt ihr blind, hättet ihr keine Sünde. Jetzt aber sagt ihr: Wir sehen. Darum bleibt eure Sünde.

|2: Ex 34,6–7; Ez 18,2; Lk 13,1–5 |4: 11,9; 12,35 |5: 8,12! |16: 7,23! · 3,2! |17: 4,19 |22: 7,13! · 12,42; 16,2 · 11,27! |29: 7,27! |31: 11,22 · Ps 66,18 |33: 3,2! |34: 9,2! |37: 4,26 |39: 12,40; Mk 4,12

Der gute Hirt

10 1 Amen, amen, ich sage euch: Wer nicht durch die Tür in den Pferch der Schafe hineingeht, sondern anderswo hineinsteigt,

mörder. Der aber zur thür hynyn gadt/ der ist ein hirt der schaaffen: dem selbigen thuot der thürhüeter auf/ und die schaaff hörend sein stimm: und er rüefft seinen schaaffen mit nammen/ und füeret sy auß. Und wenn er seine schaaff hat außgelassen/ gadt er vor jnen hin/ und die schaaff volgend jm nach: dann sy kennend sein stimm. Einem frömbden aber volgend sy nit nach/ sunder fliehend von jm: dann sy kennend der frömbden stimm nit. Disen spruch sagt Jesus zuo jnen. Sy vernamend aber nit was es was das er zuo jnen sagt.

Do sprach Jesus wider zuo jnen: Warlich warlich ich sag euch/ Jch bin die tür zuo den schaaffen. Alle die vor mir kommen sind/ die sind dieb und mörder. Aber die schaaff habend jnen nit zuogehört. Jch bin die thür/ so yemant durch mich eyngadt/ der wirt sälig werden/ und wirt yn und außgon/ und weid finden. Ein dieb kumpt nit/ dann das er stäle/ würge/ und umbbringe. Jch bin kommen das sy das läben habind/ und überflüssiger haben söllind.

Jch bin ein guoter hirt. Ein guoter hirt laßt sein läbnn für die schaaff. Ein gedingter knecht aber/ der nit ein hirt ist/ deß die schaff nit eygen sind/ sicht den wolff kommen/ und verlaßt die schaaff/ unnd fleücht. Unnd der wolff erwütscht und zerströwt die schaaff. Der lonknecht aber flücht/ dann er ist ein lonknecht/ und achtet der schaaffen nichts. Jch bin ein guoter hirt/ und erkenn die meinen/ und bin bekant den meinen. Wie mich mein vatter kennet/ und ich kenn den vatter: Und ich laß mein läben für meine schaaff. Unnd ich hab noch andere schaaff/ die sind nit auß disem stal/ und die selbigen muoß ich auch härfüeren/ und sy werdend mein stimm hören/ und wirt ein härd und ein hirt werden.

Darumb liebet mich mein vatter/ das ich mein läbenn laß/ auff das ichs wider nemme. Nieman nimpt es von mir/ sunder ich selber laß es von mir selber. Jch hab es macht zelassen/ und hab es macht wider zenemmen. Söliche gebott hab ich empfangen von meinem vatter.

Do ward aber ein zwytracht under den Juden über dise wort. Etlich sprachend:

der ist ein Dieb und ein Räuber. 2 Wer aber durch die Tür hineingeht, ist der Hirt der Schafe. 3 Ihm öffnet der Türhüter, und die Schafe hören auf seine Stimme, und er ruft die eigenen Schafe mit Namen und führt sie hinaus. 4 Wenn er die eigenen Schafe alle hinausgetrieben hat, geht er vor ihnen her, und die Schafe folgen ihm, weil sie seine Stimme kennen. 5 Einem Fremden aber werden sie nicht folgen, sondern sie werden ihm davonlaufen, weil sie die Stimme der Fremden nicht kennen. 6 Dieses Bildwort sprach Jesus zu ihnen. Sie aber verstanden den Sinn seiner Rede nicht.

7 Da sprach Jesus noch einmal: Amen, amen, ich sage euch: Ich bin die Tür zu den Schafen. 8 Alle, die vor mir gekommen sind, sind Diebe und Räuber. Aber die Schafe haben nicht auf sie gehört. 9 Ich bin die Tür. Wenn jemand durch mich hineingeht, wird er gerettet werden und wird ein- und ausgehen und eine Weide finden. 10 Der Dieb kommt nur, um zu stehlen, zu schlachten und zu vernichten. Ich bin gekommen, damit sie das Leben in Fülle haben.

11 Ich bin der gute Hirt. Der gute Hirt setzt sein Leben ein für die Schafe. 12 Der Lohnarbeiter, der nicht Hirt ist, dem die Schafe nicht gehören, der sieht den Wolf kommen und lässt die Schafe im Stich und flieht, und der Wolf reisst und versprengt sie. 13 Er ist eben ein Lohnarbeiter, und ihm liegt nichts an den Schafen.

14 Ich bin der gute Hirt und kenne die Meinen, und die Meinen kennen mich, 15 wie der Vater mich kennt und ich den Vater kenne. Und ich setze mein Leben ein für die Schafe. 16 Und ich habe andere Schafe, die nicht aus diesem Pferch sind; auch die muss ich leiten, und sie werden auf meine Stimme hören. Und sie werden *eine* Herde werden mit *einem* Hirten.

17 Darum liebt mich der Vater, weil ich mein Leben einsetze, um es wieder zu empfangen. 18 Niemand nimmt es mir, sondern ich setze es von mir aus ein. Ich habe Vollmacht, es einzusetzen, und ich habe Vollmacht, es wieder zu empfangen. Diesen Auftrag habe ich von meinem Vater empfangen.

|3: 10,27! |9: 14,6 |10: 3,17! |11: Ps 23,1 · Ez 34,11–16 |13: Ez 34,2–6 |15: 15,13 |16: 11,52!; 17,20 · 10,27! · Ez 37,22 |17: 3,35!

Spaltung unter den Juden

19 Da kam es wegen dieser Worte wiederum zu einer Spaltung unter den Juden. 20 Viele

Er hat den teüfel/ und ist unsinnig/ was hörend jr jm zuo? Die andren sprachend: Das sind nit wort eines besäßnen/ Kan der teüfel auch der blinden augen aufthuon?

Es was aber tempelweyhe zuo Jerusalem/ und was Winter/ und Jesus wandlet in dem schopff Salomonis. Do stuondend ringsweyß umb jnn die Juden/ unnd sprachend zuo jm: Wie lang haltest du unser seelen auf? Bist du Christus/ so sags uns frey herauß. Jesus antwortet jnen: Jch habs euch gesagt/ und jr glaubend nit. Die werck die ich thuon in meines vatters nammen/ die zeügend vonn mir. Aber jr glaubend nit/ dann jr sind nitt vonn meinen schaaffen/ als ich euch gesagt hab: Meine schaaff hörend mein stimm/ und ich kenn sy/ und sy volgend mir nach. Und ich gib jnen das ewig läben/ und sy werdend ewigklich nit umbkommen: und nieman wirt sy mir auß meiner hand reyssen. Der vatter der mir sy ggeben hat/ ist grösser dann alles: und nieman kan sy auß meines vatters hand reyssen. Jch und der vatter sind eins.

Do huobennd die Juden abermals steyn auf/ das sy jnn versteynigetind. Jesus antwortet jnen: Vil guoter werck hab ich euch erzeygt von meinem vatter/ umb welches willen under den selbigen versteinigend jr mich? Die Juden antwortetend jm und sprachend: Umb deß guoten wercks willen versteynigent wir dich nit/ sunder umb der Gottslesterung willen: und das du ein mensch bist/ und machest dich selbs einen Gott. Jesus antwortet jnen: Stadt nit geschriben in euwerem gsatz: Jch hab gesagt/ Jr sind Götter: So es die Götter nennet/ zuo welchen das wort Gottes geschach/ und die gschrifft kan doch nit gebrochen werden. Und jr sprechend zuo dem den der vatter geheyliget/ unnd jnn die welt gesennt hat: Du lesterest Gott/ darumb das ich sag: Jch bin Gottes sun. Thuon ich nit die werck meines vatters/ so glaubennd mir nit: thuon ich sy aber/ so glaubend doch den wercken/ wöllennd jr mir nit glauben: auff das jr erkennind und glaubind das der vatter in mir ist/ und ich im vatter.

Sy suochtend abermals jn zefahen/ aber er entgieng jnen auß jren henden/ unnd zoch hin wider jhensit deß Jordans/ an das ort/ da Johannes vorhin taufft hatt/ und bleib da. Und vil kamend zuo jm und

von ihnen sagten: Er hat einen Dämon und ist von Sinnen. Warum hört ihr auf ihn? 21 Andere sagten: Das sind nicht die Worte eines Besessenen. Kann etwa ein Dämon die Augen von Blinden auftun?

|20: 7,20!

Auf dem Tempelweihfest

22 Damals fand in Jerusalem gerade das Tempelweihfest statt. Es war Winter. 23 Und Jesus ging im Tempel in der Halle Salomos auf und ab. 24 Da umringten ihn die Juden und sagten zu ihm: Wie lange willst du uns noch hinhalten? Wenn du der Christus bist, sag es uns frei heraus! 25 Jesus antwortete ihnen: Ich habe es euch gesagt, und ihr glaubt nicht. Die Werke, die ich im Namen meines Vaters tue, sie legen Zeugnis ab für mich. 26 Ihr aber glaubt nicht, weil ihr nicht zu meinen Schafen gehört. 27 Meine Schafe hören auf meine Stimme, und ich kenne sie, und sie folgen mir. 28 Und ich gebe ihnen ewiges Leben, und sie werden in Ewigkeit nicht verloren gehen, und niemand wird sie meiner Hand entreissen. 29 Was mein Vater mir gegeben hat, ist grösser als alles, und niemand kann es der Hand des Vaters entreissen. 30 Ich und der Vater sind eins.

31 Da hoben die Juden wiederum Steine auf, um ihn zu steinigen. 32 Jesus hielt ihnen entgegen: Viele gute Werke vom Vater habe ich euch sehen lassen. Für welches dieser Werke wollt ihr mich steinigen? 33 Die Juden antworteten ihm: Nicht eines guten Werkes wegen steinigen wir dich, sondern wegen Gotteslästerung, weil du, ein Mensch, dich zu Gott machst. 34 Jesus antwortete ihnen: Steht nicht in eurem Gesetz geschrieben: *Ich habe gesagt: Ihr seid Götter?* 35 Wenn er jene Götter nannte, an die das Wort Gottes erging, und wenn die Schrift nicht aufgehoben werden darf, 36 wie könnt ihr dann zu dem, den der Vater geheiligt und in die Welt gesandt hat, sagen: Du lästerst Gott!, nur weil ich gesagt habe: Ich bin Gottes Sohn? 37 Tue ich nicht die Werke meines Vaters, so braucht ihr mir nicht zu glauben. 38 Tue ich sie aber und ihr glaubt mir nicht, so glaubt wenigstens den Werken, damit ihr erkennt und wisst, dass in mir der Vater ist und ich im Vater bin. 39 Da wollten sie ihn wiederum festnehmen, aber er entkam ihren Händen. 40 Und er ging wieder fort auf die andere Seite des Jordan, an den Ort, wo Johannes zuerst getauft hatte.

sprachend: Johannes thett kein zeichen/ aber alles was Joannes von disem gesagt hat/ das ist war. Und glaubtend da vil in jnn.

Das xj. Capitel.
Lazarus wirt vom tod erweckt. Die Juden bschliessend in jrem Radt Christum zetöden. Jesus weycht auff das mal.

Es lag aber einer kranck/ mit namen Lazarus von Bethanian/ in dem fläcken Marie unnd jrer schwester Martha. Maria aber was/ die den Herren gesalbet hatt mit salben/ und seine füeß getröcknet mit jrem haar/ der selbigen bruoder Lazarus lag krannck. Do sandtend seine schwesteren zuo jm/ und liessend jm sagen: Herr/ sihe/ den du lieb hast/ der ligt kranck. Do Jesus dz hort/ sprach er: Die kranckheyt ist nit zum tod/ sunder zum preyß und lob Gottes/ das der sun Gottes dadurch preyßt werde. Jesus aber hatt Martham lieb/ und jr schwöster/ und Lazaron. Als er nun hort dz er kranck was/ bleyb er zwen tag an dem ort da er was.

Darnach spricht er zuo sinen jüngern: Lassend unns wider in Judeam ziehen. Seine jünger sprachend zuo jm: Meister/ jhenes mal woltend die Juden dich versteynigen/ und du wilt wider dahin? Jesus antwortet: Sind nit deß tags zwölff stund? Wär des tags wandlet/ der stoßt sich nit/ dann er sicht das liecht diser welt. Wär aber deß nachts wandlet/ der stoßt sich: dann es ist kein liecht in jm/ sölichs sagt er/ und darnach spricht er zuo jnen: Lazarus unser freünd ist entschlaffen/ aber ich gon hin/ das ich jnn aufwecke. Do sprachend seine jünger: Herr/ ist er entschlaffen/ so wirts besser mit jm. Jesus aber sagt von seinem tod/ sy meintend aber er redte vom leyplichen schlaaff. Do sagts jenen Jesus frey herauß: Lazarus ist gestorben/ und ich bin fro umb euwertwillen das ich nit da gewesen bin/ das jr glaubind. Aber lassend uns zuo jm ziehen. Do sprach Thomas/ der genennet ist Zwiling/ zuo den jüngeren: Lassend unns mitziehen/ das wir mitt jm sterbind.

Do kam Jesus unnd fand jnn/ das er schon vier tag im grab gelägen was. Bethania aber was nach by Jerusalem/ bey fünfzähen mannslöuff. Und vil Juden warend zuo Marthan und Marian kommen/ sy zetrösten über jren bruoder. Als Martha nun höret dz Jesus kam/ gieng sy jm engegen. Maria aber bleyb daheim sitzen.

Und dort blieb er. 41 Und viele kamen zu ihm und sagten: Johannes hat zwar kein Zeichen getan, aber alles, was Johannes über diesen gesagt hat, ist die Wahrheit. 42 Und viele kamen dort zum Glauben an ihn.

|24: 11,27! · Mt 26,63 |25: 5,36! |27: 8,47; 10,3.16; 18,37 |28: 6,39! |30: 10,38! |33: 19,7! |34: Ps 82,6 |38: 5,36! · 10,30; 14,10–11.20 |40: 1,28 |41: 1,29–34

Auferweckung des Lazarus

11 1 Es war aber einer krank, Lazarus aus Betanien, aus dem Dorf der Maria und ihrer Schwester Marta. 2 Maria war die, welche dann den Herrn mit Öl salbte und seine Füsse mit ihren Haaren trocknete; ihr Bruder Lazarus war krank. 3 Da sandten die Schwestern zu ihm und liessen sagen: Herr, der, den du lieb hast, ist krank. 4 Als Jesus das hörte, sprach er: Diese Krankheit führt nicht zum Tod, sondern dient der Verherrlichung Gottes; durch sie soll der Sohn Gottes verherrlicht werden. 5 Jesus liebte Marta und ihre Schwester und Lazarus. 6 Als er nun hörte, dass dieser krank sei, blieb er noch zwei Tage an dem Ort, wo er war. 7 Danach, als diese Zeit vorüber war, sagt er zu den Jüngern: Lasst uns wieder nach Judäa gehen! 8 Die Jünger sagen zu ihm: Rabbi, eben noch wollten die Juden dich steinigen, und du gehst wieder dorthin? 9 Jesus antwortete: Hat der Tag nicht zwölf Stunden? Wer bei Tag umhergeht, stösst nicht an, weil er das Licht dieser Welt sieht. 10 Wer aber bei Nacht umhergeht, stösst an, weil das Licht nicht in ihm ist.

11 Dies sprach er, und dann sagt er zu ihnen: Lazarus, unser Freund, schläft; aber ich gehe, um ihn aufzuwecken. 12 Da sagten die Jünger zu ihm: Herr, wenn er schläft, wird er gerettet werden. 13 Jesus aber hatte von seinem Tod gesprochen. Sie jedoch meinten, er rede von der Ruhe des Schlafes. 14 Darauf sagte ihnen Jesus offen heraus: Lazarus ist gestorben. 15 Und ich freue mich für euch, dass ich nicht dort gewesen bin, damit ihr zum Glauben kommt. Aber lasst uns zu ihm gehen! 16 Da sagte Thomas, der Didymus genannt wird, zu seinen Mitjüngern: Lasst uns auch hingehen, um mit ihm zu sterben.

17 Als Jesus dort eintraf, fand er ihn schon vier Tage im Grab. 18 Betanien aber war nahe bei Jerusalem, etwa fünfzehn Stadien entfernt. 19 Viele Juden waren zu Marta und Maria gekommen, um sie wegen ihres Bruders zu trösten. 20 Marta nun, als sie hörte, dass Jesus komme, ging ihm entgegen. Maria aber sass

Do sprach Martha zuo Jesu: Herr/ wärest du hie gwesen/ mein bruoder wäre nit gestorben. Aber ich weyß auch noch/ das alles was du bittest von Gott/ das wirt dir Gott geben. Jesus spricht zuo jren: Dein bruoder sol auferston. Martha spricht zuo jm: Jch weiß wol das er auferston wirt/ in der auferstentnuß am jüngsten tag. Jesus spricht zuo jren: Jch bin die auferstentnuß und das läben/ wär in mich glaubt/ der wirt läben/ ob er schon sturbe/: unnd wär da läbt unnd glaubt in mich/ der wirdt nit sterben ewigklich. Glaubst du das? Sy spricht zuo jm: Herr ja/ ich hab glaubt dz du bist Christus der sun Gottes/ der in die welt kommen sol. Und do sy das gesagt hatt/ gieng sy hin und ruofft jrer schwöster Maria heimlich/ unnd sprach: Der meister ist da/ und rüefft dir. Die selbig/ als sy das hort/ stuond sy eylends auf/ und kam zuo jm. Dann Jesus was noch nit in den fläcken kommen/ sunder was noch an dem ort/ da jm Martha was entgegen kommen. Die Juden die bey jren im hauß warend und sy trostend/ do sy sahend Mariam/ das sy eylends aufstuond und hinauß gieng/ volgtend sy jren nach/ und sprachend: Sy gadt hin zum grab das sy daselbst weine.

Als nun Maria kam da Jesus was/ und sach jn/ fiel sy zuo seinen füessen/ und sprach zuo jm: Herr/ wärest du hie gewesen/ mein bruoder wäre nit gestorben. Als Jesus sy sach weynen/ unnd die Juden auch weynen die mit jren kamend/ ergrimmet er im geyst/ unnd ward in jm selbs betrüebt/ und sprach: Wo habend jr jnn hingelegt? Sy sprach: Herr/ kumm/ und sich es. Unnd Jesu giengend die augen über. Do sprachend die Juden: Sich wie hat er jn so lieb gehabt. Etlich aber under jnen sprachend: Hat er dem blinden die augen aufgethon/ kondt er dann nit verschaffen das auch diser nit sturbe? Jesus aber ergrimmet abermals in jm selbs/ und kam zum grab. Es was aber ein hüly unnd ein steyn darauff gelegt. Jesus sprach: Hebend den stein ab. Spricht zuo jm Martha/ die schwester deß verstorben: Herr/ er stinckt schon/ dann er ist viertägig. Jesus spricht zuo jren: Hab ich dir nit gesagt/ so du glauben wurdest/ du söltest die herrligkeit Gottes sehen? Do huobend sy den steyn ab/ da der verstorben lag. Jesus aber huob seine augen auf/ und sprach: Vatter ich danck dir/ das du mich gehört hast: doch ich weiß/ das du mich all zeyt hörest/ sunder umb deß volcks willen/ das umbher stadt/ hab ich es gesagt/ das sy glaubind/ du habest mich gesandt.

zu Hause. 21 Da sagte Marta zu Jesus: Herr, wärst du hier gewesen, so wäre mein Bruder nicht gestorben. 22 Aber auch jetzt weiss ich: Alles, was du von Gott erbitten wirst, wird Gott dir geben. 23 Jesus sagt zu ihr: Dein Bruder wird auferstehen. 24 Marta sagt zu ihm: Ich weiss, dass er auferstehen wird in der Auferstehung am Jüngsten Tag. 25 Jesus sagte zu ihr: Ich bin die Auferstehung und das Leben. Wer an mich glaubt, wird leben, auch wenn er stirbt, 26 und jeder, der lebt und an mich glaubt, wird in Ewigkeit nicht sterben. Glaubst du das? 27 Sie sagt zu ihm: Ja, Herr, jetzt glaube ich, dass du der Christus bist, der Sohn Gottes, der in die Welt kommt.

28 Und als sie dies gesagt hatte, ging sie fort und rief Maria, ihre Schwester, und sagte heimlich zu ihr: Der Meister ist da und ruft dich. 29 Jene aber, als sie das hörte, stand rasch auf und ging zu ihm. 30 Jesus war noch nicht ins Dorf gekommen, sondern befand sich noch an dem Ort, wo Marta ihm begegnet war. 31 Als nun die Juden, die bei ihr im Haus waren und sie trösteten, sahen, dass Maria rasch aufstand und hinausging, folgten sie ihr, weil sie meinten, sie gehe zum Grab, um dort zu weinen.

32 Maria nun, als sie dorthin kam, wo Jesus war, und ihn sah, warf sich ihm zu Füssen und sagte zu ihm: Herr, wärst du hier gewesen, so wäre mein Bruder nicht gestorben. 33 Als Jesus nun sah, wie sie weinte und wie auch die Juden, die mit ihr gekommen waren, weinten, war er im Innersten empört und erschüttert 34 und sprach: Wo habt ihr ihn hingelegt? Sie sagen zu ihm: Herr, komm und sieh! 35 Jesus weinte. 36 Da sagten die Juden: Seht, wie lieb er ihn gehabt hat! 37 Einige von ihnen aber sagten: Konnte er, der dem Blinden die Augen aufgetan hat, nicht auch machen, dass dieser nicht stirbt?

38 Jesus nun, von neuem zutiefst empört, kommt zum Grab. Es war eine Höhle, und davor lag ein Stein. 39 Jesus spricht: Nehmt den Stein weg! Marta, die Schwester des Verstorbenen, sagt zu ihm: Herr, er stinkt schon, denn er ist vier Tage tot. 40 Jesus sagt zu ihr: Habe ich dir nicht gesagt: Wenn du glaubst, wirst du die Herrlichkeit Gottes sehen? 41 Da nahmen sie den Stein weg. Jesus aber hob seine Augen auf und sprach: Vater, ich danke dir, dass du mich erhört hast. 42 Ich wusste, dass du mich allezeit erhörst, jedoch um des Volkes willen, das da ringsum steht, habe ich es gesagt, damit sie glauben, dass du mich gesandt hast.

Do er das gesagt hatt/ schrey er laut. Lazare kumm herauß. Und der verstorben kam herauß gebunden mit grabtüecheren an füessen und henden/ und sein angesicht verbunden mit einem schweyßtuoch. Jesus spricht zuo jnen: Lösend jn auf/ und lassend jn gon.

Vil nun der Juden/ die zuo Maria kommen warend/ und sahent was Jesus thett/ glaubtend an jn. Etlich aber vonn jnen giengend hin zuo den phariseern/ und sagtend jnen was Jesus gethon hatt.

Do versamletend die hohen priester und die Phariseer einen radt/ unnd sprachend: Was thuond wir? Diser mensch thuot vil zeychen/ lassend wir jnn also/ so werdend sy all an jnn glauben: so kommend die Römer/ und nemmend uns land und leüt. Einer aber under jenen/ Caiphas/ der deß selbigen jars hoher priester was/ sprach zuo jnen: Jr wüssent nichts/ bedenckend auch nichts/ Es ist uns besser ein mensch sterbe für das volck/ dann daß das gantz volck verdärbe. Söliches aber redt er nit von jm selbs/ sunder diewyl er desselbigen jars hoher priester was/ weyssaget er. Dann Jesus solt sterben für dz volck/ unnd nit für das volck allein/ sunder das er die kinder Gottes/ die zerströwt warend/ zuo samen brächte. Von dem tag an radtschlagtend sy wie sy jn todtind. Jesus aber wandlet nit mer fry under den Juden/ sunder gieng vonn dannen in ein gegne nach bey der wüeste/ in einer statt genant Ephren/ unnd hatt sein wäsen daselbst mit seinen jüngeren. Es was aber naach die Osteren der Juden. Und es giengennd vil hinauf gen Jerusalem auß der landmarch vor den Osteren/ das sy sich reynigetind. Do stuondend sy/ und fragtend nach Jesu/ und redtend mit einanderen im tempel: Was dunckt euch/ das er nit kumpt auff das fäst? Es hattend aber die hohenn priester und phariseer lassen ein gebott außgon/ so yemant wüßte wo er wäre/ das ers anzeygte/ das sy jn fiengind.

Das xij. Capitel

Von dem maal das sy jm zuo Bethanien bereytend. Maria salbet Jesum. Judas murret. Christus entschuldiget sy. Rytet zuo Jerusalem eyn/ wirdt von den guotwilligen

43 Und als er dies gesagt hatte, rief er mit lauter Stimme: Lazarus, komm heraus! 44 Der Tote kam heraus; seine Füsse und Hände waren mit Binden umwickelt, und sein Gesicht war mit einem Schweisstuch bedeckt. Jesus sagt zu ihnen: Befreit ihn und lasst ihn gehen!

|1: Lk 10,38–39 |2: 12,3 |4: 12,23! |8: 10,31 |9: 9,4! |15: 11,42; 12,30 |16: Mt 26,35 |22: 9,31 |25: 14,6 |26: 3,16! |27: 1,17.34.41.49; 4,25.29; 7,26.41; 9,22; 10,24; 17,3; 20,31; Mt 16,16! |37: 9,1–7 |42: 11,15!

Der Todesbeschluss des Hohen Rates

45 Viele nun von den Juden, die zu Maria gekommen waren und gesehen hatten, was er getan hatte, kamen zum Glauben an ihn. 46 Aber einige von ihnen gingen zu den Pharisäern und hinterbrachten ihnen, was Jesus getan hatte.

47 Da versammelten die Hohen Priester und die Pharisäer den Hohen Rat und sagten: Was sollen wir unternehmen? Dieser Mensch tut viele Zeichen. 48 Lassen wir ihn gewähren, so werden alle an ihn glauben, und die Römer werden kommen und uns Land und Leute wegnehmen. 49 Einer von ihnen aber, Kajafas, der in jenem Jahr Hoher Priester war, sagte zu ihnen: Ihr versteht nichts. 50 Auch bedenkt ihr nicht, dass es für euch von Vorteil wäre, wenn ein einzelner Mensch für das Volk stirbt und nicht das ganze Volk zugrunde geht. 51 Das aber sagte er nicht aus sich selbst, sondern als Hoher Priester jenes Jahres weissagte er, dass Jesus für das Volk sterben sollte, 52 und nicht nur für das Volk, sondern auch, um die zerstreuten Kinder Gottes zusammenzuführen. 53 Von jenem Tag an hielten sie es für beschlossen, dass sie ihn töten wollten.

54 Nun zeigte sich Jesus nicht mehr unter den Juden, sondern zog sich von dort in die Gegend nahe der Wüste zurück, in eine Stadt, die Efraim heisst. Und dort blieb er mit seinen Jüngern.

P: Mt 26,1–5 |45: 2,23! |52: 10,16!; 1Joh 2,2 |53: 7,1

eerlich empfangen und gelopt. Von den gottlosen verachtet unnd geschmächt. Von der leer Christi.

Sechs tag vor den Osteren kam Jesus gen Bethanien/ da Lazarus was der verstorben/ welchen Jesus auferweckt hatt von den todten/ daselbst aber machtend sy jm ein abentmal/ und Martha dienet. Lazarus aber was einer deren die mit jmm zetisch sassend. Do nam Maria ein pfund salben vonn ungefelschter kostlicher Narden/ und salbet seine füeß/ unnd trücknet mit jren haaren seine füeß. Das hauß aber ward voll vom gschmackt der salben. Do sprach seiner jüngern einer/ Judas Simonis sun Jschariotes/ der jn hernach verriedt: Warumb ist dise salb nit verkaufft umb dreyhundert pfennig/ und den armen ggeben? Das sagt er aber/ nit das er nach den armen fragte/ sunder er was ein dieb/ und hatt den seckel/ und truog was da ggeben ward. Do sprach Jesus: Laß sy mit friden/ sölichs hat sy behalten zum tag meiner begrebnuß. Dann die armen habend jr alle zeyt bey euch/ mich aber habend jr nit alle zeyt.

Do erfuor vil volck der Juden das er daselbst was/ und kamend nit umb Jesus willen allein/ sunder auch das sy Lazarum sähind/ welchen er vonn den todten erweckt hatt. Aber die hohen priester trachtetend darnach daß sy auch Lazarum todtind: dann umb seinetwillen giengend vil Juden hin/ und glaubtend in Jesum.

Deß anderen tags was vil volcks/ das auffs fäst kommen/ do sy hortend das Jesus käme gen Jerusalem/ namennd sy palmenzwyg/ unnd giengend hinauß jm entgegen/ und schreüwend: Hoschianna/ Gebenedyet ist der da kumpt in dem nammen deß Herren/ ein Künig Jsraels. Jesus aber überkam ein Eselin/ und reyt darauff. Wie dann geschriben stadt: Förcht dir nit du tochter Zion/ sihe/ dein Künig

Salbung in Betanien

55 Das Passa der Juden aber war nahe. Viele zogen schon vor dem Passa aus dem Land hinauf nach Jerusalem, um sich zu heiligen. 56 Da suchte man nach Jesus, und die im Tempel beisammenstanden, sagten zueinander: Was meint ihr? Ob er wohl nicht zum Fest kommt? 57 Die Hohen Priester und die Pharisäer aber hatten angeordnet, wenn jemand wisse, wo er sei, solle er Anzeige erstatten, damit sie ihn festnehmen könnten.

12 1 Jesus nun kam sechs Tage vor dem Passa nach Betanien, wo Lazarus war, den er, Jesus, von den Toten auferweckt hatte. 2 Dort bereitete man ihm ein Mahl, und Marta trug auf; Lazarus aber war einer von denen, die mit ihm bei Tisch sassen.

3 Da nahm Maria ein Pfund echten, kostbaren Nardenöls, salbte Jesus die Füsse und trocknete seine Füsse mit ihrem Haar. Das Haus wurde erfüllt vom Duft des Öls. 4 Judas Iskariot aber – einer seiner Jünger –, der ihn ausliefern sollte, sagt: 5 Warum hat man dieses Öl nicht für dreihundert Denar verkauft und den Ertrag Armen zugute kommen lassen? 6 Das sagte er aber nicht, weil ihm die Armen am Herzen lagen, sondern weil er ein Dieb war und als Kassenverwalter Einnahmen auf die Seite schaffte. 7 Nun sprach Jesus: Lass sie, sie soll es bewahrt haben für den Tag meines Begräbnisses. 8 Arme habt ihr ja allezeit bei euch, mich aber habt ihr nicht allezeit.

9 Viele Juden nun hatten erfahren, dass er dort war, und sie kamen, nicht nur um Jesu willen, sondern auch um Lazarus zu sehen, den er von den Toten auferweckt hatte. 10 Die Hohen Priester aber beschlossen, auch Lazarus zu töten, 11 denn seinetwegen gingen viele Juden hin und glaubten an Jesus.

P: Mt 26,6–13 |55: 2,13! |1: 11,43–44 |2: Lk 10,40 |4: 6,71! |11: 11,45

Einzug in Jerusalem

12 Als am Tag darauf die grosse Volksmenge, die zum Fest gekommen war, hörte, dass Jesus nach Jerusalem komme, 13 nahmen sie die Palmzweige und zogen hinaus, ihn zu empfangen, und riefen:

Hosanna,
gepriesen sei, der da kommt im Namen des
Herrn,
der König Israels.

kumpt reyten auff einem Esels Füly. Sölichs aber verstuondend seine jünger vorhin nit/ sunder do Jesus verklärt ward/ do gedachtend sy daran/ das sölichs wäre von jm geschriben/ und das sy jm sölichs gethon hattend.

Das volck das mit jm was/ do er Lazarum auß dem grab ruofft/ und von den todten auferweckt/ ruomt die that. Darumb begegnet jm auch das volck/ do sy hortend er hette söliche zeychen gethon. Die Phariseer aber sprachend under einander: Sehend jr das jr nüts schaffend? Sihe/ alle welt lauft jm nach.

Es warend aber etlich Kriechen unnder denen die hinauf kommen warend/ das sy anbättetind auff das fäst/ die giengend zuo Philippo/ der von Bethsaida auß Galilea was/ battend jn und sprachend: Herr/ wir woltend Jesum gern sehen. Philippus kam und sagts Andrean/ und Philippus und Andreas sagtends weyter Jesu. Jesus aber antwortete jnen und sprach: Die zeyt ist kommen das deß menschen sun verklärt werde.

Warlich warlich ich sag euch/ es sey dann daß das weytzenkörnlin inn die erden falle/ unnd ersterbe/ so bleybts allein: wo es aber erstirbt/ so bringt es vil frucht. Wär sein läben lieb hat/ der wirdts verlieren: und wär sein läben auff diser welt hasset/ der wirdts erhalten zum ewigen läben. Wär mir dienen wil/ der volge mir nach. Und wo ich bin/ da sol mein diener auch sein: und wär mir dienen wirt/ den wirt mein vatter eeren.

Jetz ist mein seel erschrocken/ und was sol ich sagen? Vatter hilff mir auß diser stund. Doch darumb bin ich in dise stund kommen. Vatter preyß deinen nammen. Do kam ein stimm von himmel: Jch hab jnn preyset/ unnd wil jnn abermals preysen. Do sprach das volck das darby stuond und zuohort: Es donneret. Die anderen sprachend: Es redt ein Engel mit jm. Jesus antwortet und sprach: Die stimm ist nit umb meinentwillen geschehen/ sunder umb euwertwillen.

14 Jesus aber fand einen jungen Esel und setzte sich darauf, wie geschrieben steht:
15 *Fürchte dich nicht, Tochter Zion! Siehe, dein König kommt, sitzend auf dem Füllen einer Eselin.*
16 Dies verstanden seine Jünger zunächst nicht, aber nachdem Jesus verherrlicht worden war, da erinnerten sie sich, dass dies über ihn geschrieben stand und dass man ihm solches getan hatte.
17 Das Volk nun, das bei ihm gewesen war, als er Lazarus aus dem Grab gerufen und ihn von den Toten auferweckt hatte, legte davon Zeugnis ab. 18 Eben darum zog ihm das Volk entgegen, weil es gehört hatte, er habe dieses Zeichen getan. 19 Da sagten die Pharisäer zueinander: Ihr seht, dass ihr nichts ausrichtet. Alle Welt läuft ihm bereits nach.

P: Mt 21,1–11 |13: Ps 118,25–26 · 6,15! |15: Sach 9,9 · 1,49! |16: 14,26! |18: 2,23!

Die Stunde der Entscheidung

20 Es waren aber einige Griechen unter denen, die hinaufzogen, um am Fest teilzunehmen. 21 Die traten nun an Philippus heran, der aus Betsaida in Galiläa war, und baten ihn: Herr, wir möchten Jesus sehen. 22 Philippus geht und sagt es Andreas; Andreas und Philippus gehen und sagen es Jesus. 23 Jesus aber antwortet ihnen: Die Stunde ist gekommen, dass der Menschensohn verherrlicht werde. 24 Amen, amen, ich sage euch: Wenn das Weizenkorn nicht in die Erde fällt und stirbt, bleibt es allein; wenn es aber stirbt, bringt es viel Frucht. 25 Wer sein Leben liebt, verliert es; und wer sein Leben in dieser Welt hasst, wird es bewahren ins ewige Leben. 26 Wenn einer mir dienen will, folge er mir; und wo ich bin, da wird auch mein Diener sein. Wenn einer mir dient, wird der Vater ihn ehren. 27 Jetzt *ist meine Seele erschüttert*. Und was soll ich sagen? Vater, *rette mich aus dieser Stunde*? Aber darum bin ich in diese Stunde gekommen. 28 Vater, verherrliche deinen Namen. Da kam eine Stimme vom Himmel: Ich habe verherrlicht, und ich werde von neuem verherrlichen.
29 Das Volk nun, das dabeistand und es hörte, sagte, es habe gedonnert. Andere sagten: Ein Engel hat mit ihm geredet. 30 Jesus entgegnete: Nicht um meinetwillen ist diese Stimme ergangen, sondern um euretwillen.
31 Jetzt ergeht das Gericht über diese Welt, jetzt wird der Herrscher dieser Welt hinausgeworfen

Yetz gadt das gericht über die welt. Nun wirt der fürst diser welt außgestossen werden. Und ich/ wenn ich erhöcht wird von der erden/ so wil ichs alles zuo mir ziehen. Das sagt er aber zuo bedüten/ welches tods er sterben wurde. Do antwortet jm das volck: Wir habend gehört im gsatz/ das Christus ewigklich bleybe/ unnd wie sagst du dann/ Deß menschen sun muoß erhöcht werden? Wär ist diser menschen sun? Do sprach Jesus zuo jnen: Es ist das liecht noch ein kleine zeyt by euch/ wandlend dieweyl jr das liecht habend das euch die finsternuß nitt überfalle. Wär in der finsternuß wandlet/ der weyßt nit wo er hin gadt. Glaubend in das liecht diewyl jr es habennd/ auff das jr deß liechts kinder sygind.

Sölichs redt Jesus/ und gieng hinweg und verbarg sich vor jnen.

Und ob er wol söliche zeychen vor jnen thett/ glaubtend sy doch nit in jnn. Auff das erfüllt wurde der spruch deß propheten Esaie/ den er sagt: Herr wär glaubt unserem predigen? unnd wäm ist der arm deß Herren offenbaret? Darumb kondtend sy nit glauben/ dann Esaias sagt abermals/ Er hat jre augen verblent/ und jr hertz verstocket/ das sy mit den augen nit sehind/ noch mit den hertzen vernemmind/ und sich bekerind/ und ich sy selig mache. Sölichs sagt Esaias do er sein herligkeyt sach/ und redet von jm. Doch der obersten glaubtend vil in jn. Aber umb der phariseern willen bekantend sy es nit/ daß sy nit auß der versamlung außgeschlossen wurdind. Dann sy hattend lieber den preyß by den menschen dann by Gott. Jesus aber schrey und sprach: Wär in mich glaubt/ der glaubt nit in mich/ sunder in den der mich gsendt hat. Und wär mich sicht/ der sicht den/ der mich gesendt hat. Ich bin kommen inn die welt ein liecht/ auff das wär in mich glaubt/ nit in der finsternuß blybe. Und wär mein wort höret/ und glaubt nitt/ den wird ich nit richten: dann ich bin nit kommen das ich die welt richte/ sunder das ich die welt sälig mache. Wär mich verachtet/ und nimpt mein wort nit auf/ der hat schon der jn richtet. Das wort/ welches ich geredt hab/ das wirt jn richten am jüngsten tag. Dann ich hab nit von mir selber

werden. 32 Und ich, wenn ich von der Erde weggenommen und erhöht bin, werde alle zu mir ziehen. 33 Das aber sagte er, um anzudeuten, welchen Tod er sterben sollte.

34 Das Volk nun antwortete ihm: Wir haben aus dem Gesetz gehört, der Christus bleibe in alle Ewigkeit. Wie kannst du da sagen, der Menschensohn müsse erhöht werden? Wer ist dieser Menschensohn? 35 Da sagte Jesus zu ihnen: Noch kurze Zeit ist das Licht unter euch. Geht euren Weg, solange ihr das Licht habt, damit die Finsternis nicht über euch hereinbricht! Wer seinen Weg in der Finsternis geht, weiss nicht, wohin er geht. 36 Solange ihr das Licht habt, glaubt an das Licht, damit ihr Söhne und Töchter des Lichts werdet! So redete Jesus, dann ging er fort und verbarg sich vor ihnen.

|23: 13,1; 17,1 · 2,4! · 7,39; 11,4; 12,28; 13,31; 16,14
|25: Mt 16,25! |26: 14,3; 17,24 |27: Ps 6,4–5 · Mt 26,38–39
|28: 12,23! |30: 11,15! |31: 14,30; 16,11 · Lk 10,18 |34: Ps 89,37–38; Jes 9,6 · 8,35 · 3,14! |35: 8,12! · 9,4! |36: 1Thess 5,5

Abschluss des öffentlichen Auftretens

37 Obwohl er so viele Zeichen vor ihnen getan hatte, glaubten sie nicht an ihn. 38 So sollte das Wort des Propheten Jesaja in Erfüllung gehen, das er gesagt hatte:

Herr, wer hat unserer Botschaft geglaubt?
Und der Arm des Herrn, wem ist er
offenbart worden?

39 Darum gilt: Sie konnten nicht glauben, weil Jesaja an anderer Stelle gesagt hatte:
40 Er hat *ihre Augen* blind gemacht,
und ihr *Herz* hat er verstockt,
damit sie mit den Augen nicht sehen
und mit dem Herzen nicht verstehen
und nicht umkehren und nicht wollen, dass ich
sie heile.

41 Das hat Jesaja gesagt, weil er seine Herrlichkeit sah, und von ihm hat er geredet. 42 Gleichwohl glaubten auch von den Mitgliedern des Hohen Rates viele an ihn, standen aber nicht dazu wegen der Pharisäer, um nicht aus der Synagoge ausgeschlossen zu werden. 43 Denn sie liebten die Ehre der Menschen mehr als die Ehre Gottes. 44 Jesus aber rief: Wer an mich glaubt, glaubt nicht an mich, sondern an den, der mich gesandt hat, 45 und wer mich sieht, sieht den, der mich gesandt hat. 46 Ich bin als Licht in die Welt gekommen, damit jeder, der an mich glaubt, nicht in der Finsternis bleibe.

geredt/ sunder der vatter der mich gesendt hat/ der hat mir ein gebott geben/ was ich thuon und reden sölle. Und ich weiß das sein gebott ist dz ewig läben. Darumb was ich red/ das red ich also/ wie mir der vatter gesagt hat.

Das xiij. Capitel.
Jesus wäscht die füeß seiner jüngeren/ vermanet sy auch zuo dienstbarkeyt deß nächsten/ sagt jnen das einer jnn verradten werde/ gibt den jüngeren das gebott der liebe.

Vor dem fäst aber der Osteren do Jesus erkannt das sein zeyt kommen was/ das er auß diser welt zuge zum vatter/ wie er hat geliebet die sinen die in der welt warend/ also liebet er sy biß ans ennd. Und nach dem Abentessen/ da schon der tüfel hat dem Juda Simonis Jscariotes ins hertz geben das er jnn verriedte/ wußt Jesus das jm der vatter hatt alles in seine hend gegeben/ und das er von Gott kommen wäre/ und zuo Gott gienge/ stadt er vom abentmal auff/ legt seine kleyder ab/ unnd nam einen schurtz/ und umbgürtet sich. Darnach goß er wasser in ein becky/ huob an den jüngeren die füeß zewäschen/ und trücknet sy mit dem schurtz damit er umbgürtet was.

Do kam er zuo Simon Petron/ und der selbig sprach zuo jm: Herr/ soltest du mir mein füeß wäschen? Jesus antwortet und sprach zuo jm: Was ich thuon das weyst du yetz nit/ du wirsts aber hernach erfaren. Do sprach Petrus zuo jm: Nimmarmer soltu mir die füess wäschen. Jesus antwortet jm: Wird ich dich nit wäschen/ so hast du keinen teyl mitt mir. Spricht zuo jm Simon Petrus: Herr/ nit die füeß allein/ sunder auch die hend und das haupt. Spricht Jesus zuo jm: Wär gwäschen ist/ der darff nichts dann die füeß wäschen lassen/ sunder er ist gantz reyn. Und jr sind reyn/ aber nit all. Dann er wußt seinen verrädter wol/ darumb sprach er: jr sind nit all reyn.

Do er nun jre füeß gwäschen hatt/ unnd seine kleyder genommen/ satzt er sich wider nider/ und sprach abermals zuo jnen: Wüssend jr was ich euch thon hab? Jr heissend mich meister und herr/ und sagend recht daran/

47 Und wenn jemand meine Worte hört und sie nicht bewahrt, dann richte nicht ich ihn. Denn ich bin nicht gekommen, die Welt zu richten, sondern die Welt zu retten. 48 Wer mich verwirft und meine Worte nicht annimmt, der hat schon seinen Richter. Das Wort, das ich gesprochen habe, das wird ihn richten am Jüngsten Tag. 49 Denn ich habe nicht aus mir selbst geredet, sondern der Vater, der mich gesandt hat, hat mir aufgetragen, was ich sagen und was ich reden soll. 50 Und ich weiss, dass sein Auftrag ewiges Leben heisst. Was ich also sage, sage ich so, wie es mir der Vater gesagt hat.

|37: 5,36!; 15,24 |38: Jes 53,1 |40: Jes 6,10; Mt 13,14–15 · 9,39 · 8,43 |41: Jes 6,1–3 |42: 7,26 · 9,22! |43: 5,44! |44: 14,1 · 13,20! |45: 14,9 |46: 8,12! |47: 3,17! |50: 6,40 · 3,34!

Die Fusswaschung

13 1 Es war vor dem Passafest und Jesus wusste, dass für ihn die Stunde gekommen war, aus dieser Welt zum Vater hinüberzugehen, und da er die Seinen in der Welt liebte, erwies er ihnen seine Liebe bis zur Vollendung.

2 Während eines Mahls, als der Teufel dem Judas Iskariot, dem Sohn des Simon, schon eingegeben hatte, ihn auszuliefern 3 – Jesus aber wusste, dass ihm der Vater alles in die Hände gegeben hatte und dass er von Gott ausgegangen war und zu Gott weggehen würde –, 4 da steht er vom Mahl auf und zieht das Obergewand aus, nimmt ein Leinentuch und bindet es sich um; 5 dann giesst er Wasser in das Becken und fängt an, den Jüngern die Füsse zu waschen und sie mit dem Tuch, das er sich umgebunden hat, abzutrocknen. 6 Nun kommt er zu Simon Petrus. Der sagt zu ihm: Du, Herr, willst mir die Füsse waschen? 7 Jesus entgegnete ihm: Was ich tue, begreifst du jetzt nicht, im Nachhinein aber wirst du es verstehen. 8 Petrus sagt zu ihm: Nie und nimmer sollst du mir die Füsse waschen! Jesus entgegnete ihm: Wenn ich dich nicht wasche, hast du nicht teil an mir. 9 Simon Petrus sagt zu ihm: Herr, dann nicht nur die Füsse, sondern auch die Hände und den Kopf! 10 Jesus sagt zu ihm: Wer vom Bad kommt, braucht sich nicht zu waschen, nein, er ist ganz rein; und ihr seid rein, aber nicht alle. 11 Denn er kannte den, der ihn ausliefern sollte. Darum sagte er: Ihr seid nicht alle rein.

12 Nachdem er ihnen nun die Füsse gewaschen hatte, zog er sein Obergewand wieder an und setzte sich zu Tisch. Er sagte

dann ich bins auch. So nun ich/ euwer meister unnd herr/ euch die füeß gewäschen hab/ söllend jr auch euch under einandern die füeß wäschen. Ein vorbild hab ich euch ggeben/ dz jr tüeginnd wie ich euch gethon hab. Warlich warlich sag ich euch/ der knecht ist nitt grösser dann sein herr/ noch der Apostel grösser dann der jnn gesendt hat.

So jr sölichs wüssend/ sälig sind jr so jr es thuond. Nit sag ich vonn euch allenn/ ich weiß welche ich erwelt hab/ sunder das die geschrifft erfüllet werde: Der das brot mit mir isset/ hat die fersen wider mich aufgelupffet. Yetz sag ichs euch ee dann es geschicht/ auff das wenn es geschehen ist/ das jr glaubind das ichs bin. Warlich warlich ich sag euch/ wär aufnimpt so ich yemants senden wird/ der nimpt mich auch auff: wär aber mich aufnimpt/ der nimpt den auf der mich gesendet hat.

zu ihnen: Versteht ihr, was ich an euch getan habe? 13 Ihr nennt mich Meister und Herr, und ihr sagt es zu Recht, denn ich bin es. 14 Wenn nun ich als Herr und Meister euch die Füsse gewaschen habe, dann seid auch ihr verpflichtet, einander die Füsse zu waschen. 15 Denn ein Beispiel habe ich euch gegeben: Wie ich euch getan habe, so tut auch ihr. 16 Amen, amen, ich sage euch: Ein Knecht ist nicht grösser als sein Herr und ein Bote nicht grösser als der, der ihn gesandt hat. 17 Wenn ihr das wisst – selig seid ihr, wenn ihr es tut.

18 Ich rede nicht von euch allen. Ich kenne die, die ich erwählt habe; aber die Schrift soll in Erfüllung gehen: *Der mein Brot verzehrt, hat mich mit Füssen getreten.* 19 Von jetzt an sage ich euch voraus, was geschehen wird, damit ihr, wenn es dann geschieht, glaubt, dass ich es bin. 20 Amen, amen, ich sage euch: Wer einen aufnimmt, den ich sende, nimmt mich auf, und wer mich aufnimmt, nimmt den auf, der mich gesandt hat.

|1: 12,23! · 15,13! |2: 6,71!; Lk 22,3 |3: 3,35! · 16,28 |5: Lk 7,44! |7: 14,26! |16: Mt 10,24! |18: 6,70 · Ps 41,10 |19: 14,29; 16,4a |20: 12,44; Mt 10,40!

13,12: Andere Textüberlieferung: «... dem Judas, dem Sohn des Simon Iskariot, schon eingegeben ...»

13,10: Andere Textüberlieferung: «..., braucht nicht mehr gewaschen zu werden ausser an den Füssen, nein ...»

Die Bestimmung des Judas

Do sölichs Jesus gesagt hatt/ ward er betrüebt im geyst/ und zeüget/ unnd sprach: Warlich warlich sag ich euch/ Einer under euch wirt mich verradten. Do sahend die jünger einander an/ und ward jnen angst/ von welchem er redte. Es was aber einer under seinen jüngeren/ der zetisch sass auff der schos Jesu/ welchen Jesus lieb hat/ dem wincket Simon Petrus/ das er fragen sölte wär er wäre/ von dem er sagte. Dann der selbig lag auff der brust Jesu/ und sprach zuo jm: Herr wär ists? Jesus antwortet: Der ists/ dem ich den bissen eyntunck und gib. Und er tuncket den bissen eyn/ und gab jn Juda Simonis Jscarioth. Und nach dem bissen fuor der teüfel in jnn.

Do sprach Jesus zuo jm: Was du thuost/ das thuo uffs beldest. Das selbig aber wußt nieman ob dem tisch/ wo zuo ers jm sagt. Etlich meintend dieweyl Judas den seckel hette/ Jesus spräche zuo jm: Kauf was uns not ist auffs fäst: oder das er den armen etwas gäbe. Do er den bissen genommen hatt/ gieng er so bald hinauß/ und es was nacht.

21 Nachdem Jesus dies gesagt hatte, geriet er in Erregung und sagte noch einmal mit Nachdruck: Amen, amen, ich sage euch, einer von euch wird mich ausliefern. 22 Die Jünger schauten einander ratlos an, weil sie nicht wussten, von wem er redete. 23 Einer von den Jüngern Jesu lag in seinem Schoss, der, den Jesus liebte. 24 Diesem nun gibt Simon Petrus einen Wink, er solle herausfinden, wer es sei, von dem er rede. 25 Da lehnt sich jener an die Brust Jesu zurück und sagt zu ihm: Herr, wer ist es? 26 Jesus antwortet: Der ist es, dem ich den Bissen eintauchen und geben werde. Dann taucht er den Bissen ein, nimmt ihn und gibt ihn Judas, dem Sohn des Simon Iskariot. 27 Und nachdem der den Bissen genommen hatte, fuhr der Satan in ihn. Da sagt Jesus zu ihm: Was du tun willst, tue bald! 28 Niemand am Tisch verstand, wozu er ihm das sagte. 29 Denn weil Judas die Kasse hatte, meinten einige, Jesus wolle ihm sagen: Kaufe, was wir für das Fest brauchen, oder etwas für die

Do er aber hinuß gangen was/ spricht Jesus:
Nun ist deß menschen sun verklärt/ und
Gott ist verklärt in jm. Jst Gott verklärt
in jm/ so wirt jn Gott auch verklären in
jm selbs/ und wirt jnn bald verklären.
 Lieben kindlin/ ich bin noch ein kleine
wyl bey euch. Jr werdend mich suochen/ und
wie ich zuo den Juden sagt/ Wo ich hin gon/
da könnend jr nit hinkommen. Und sag euch
nun/ ein neüw gebott gib ich euch/ Das jr
einandern liebind/ wie ich euch geliebet hab.
Dabey wirdt yederman erkennen das jr meine
jünger sind/ so jr liebe under einander habend.

Spricht Simon Petrus zuo jm: Herr/ wo gaastu
hin? Jesus antwort jm: Da ich hin gon/ kanst
du mir diß mal nit volgen/ aber du wirst mir
hernach mal volgen. Petrus spricht zuo jm:
Herr/ warumb kan ich dir diß mal nit volgen?
ich wil min läben bey dir lassen. Jesus antwortet
jm: Soltest du deyn läben bey mir lassen?
Warlich warlich ich sag dir/ der Han wirt nit
kräyen/ biß du mich drey mal hast verlöugnet.

Das xiiij. Capitel.
 Tröstet seine jünger wider die künfftigen übel/ und
nimpt jnen ab das trauren das sy seines abscheids halb
hattend empfangen/ verheyßt jnen den geyst den tröster.

 Und er sprach zuo seynen jüngeren: Euwer
hertz erschräcke nit/ glaubend jr inn Gott/ so
glaubend auch inn mich. Jn meynes vatters
hauß sind vil wonungen: wo aber das nit
wäre/ so hette ich es euch gesagt. Jch gon hin
euch wonung zebereyten. Und ob ich hingang
euch die stett zebereyten/ wil ich doch wider
kommen/ und euch zuo mir nemmen/ auff das
jr sygind wo ich bin. Und wo ich hin gon/ das
wüssend jr/ und den wäg wüssend jr auch.
 Spricht zuo jm Thomas: Herr/ wir wüssend
nit wo du hin gaast/ und wie mögend wir den
wäg wüssen? Jesus spricht zuo jm: Jch bin der
wäg und die warheit/ und das läben. Niemants

Armen, damit ich ihnen etwas geben kann.
30 Als nun jener den Bissen genommen hatte,
ging er sogleich hinaus. Und es war Nacht.

P: Mt 26,20–25 |21: 6,71! |27: Lk 22,3

Das neue Gebot

31 Als er nun hinausgegangen war, spricht
Jesus: Jetzt wird der Menschensohn verherrlicht,
und Gott wird verherrlicht in ihm. 32 Wenn
Gott in ihm verherrlicht wird, dann wird
auch Gott ihn in sich verherrlichen, und er
wird ihn bald verherrlichen. 33 Kinder, eine
Weile noch bin ich bei euch. Ihr werdet mich
suchen, und wie ich zu den Juden gesagt
habe, so sage ich jetzt auch zu euch: Wo ich
hingehe, da könnt ihr nicht hinkommen.
34 Ein neues Gebot gebe ich euch: dass ihr
einander liebt. Wie ich euch geliebt habe, so
sollt auch ihr einander lieben. 35 Daran werden
alle erkennen, dass ihr meine Jünger seid:
Wenn ihr bei euch der Liebe Raum gebt.

|31: 12,23! |33: 7,34! |34: 13,1; 15,12; 1Joh 4,11

Ankündigung der Verleugnung

36 Simon Petrus sagt zu ihm: Herr, wohin
gehst du? Jesus antwortete ihm: Wo ich
hingehe, dahin kannst du mir jetzt nicht folgen;
du wirst mir aber später folgen. 37 Petrus
sagt zu ihm: Herr, warum kann ich dir jetzt
nicht folgen? Mein Leben will ich für dich
einsetzen. 38 Jesus antwortet: Dein Leben
willst du für mich einsetzen? Amen, amen,
ich sage dir: Der Hahn wird nicht krähen,
bevor du mich dreimal verleugnet hast.

P: Mt 26,30–35 |36: 21,18–19 |38: 18,17.25–27

Jesus und der Vater

14 1 Euer Herz erschrecke nicht! Glaubt an
Gott und glaubt an mich! 2 Im Haus
meines Vaters sind viele Wohnungen; wäre es
nicht so, hätte ich euch dann gesagt: Ich gehe,
um euch eine Stätte zu bereiten? 3 Und wenn
ich gegangen bin und euch eine Stätte bereitet
habe, komme ich wieder und werde euch zu
mir holen, damit auch ihr dort seid, wo ich bin.
4 Und wohin ich gehe – ihr wisst den Weg.
 5 Thomas sagt zu ihm: Herr, wir wissen
nicht, wohin du gehst. Wie können wir da
den Weg kennen? 6 Jesus sagt zu ihm: Ich bin
der Weg und die Wahrheit und das Leben;
niemand kommt zum Vater, es sei denn durch

kumpt zum vatter dann durch mich. Wenn jr mich kanntind/ so kanntind jr auch meinen vatter. Und von nun an kennend jr jn/ und habend jn gesehen. Spricht zuo jm Philippus: Herr zeig uns den vatter/ so benüegt unns. Jesus spricht zuo jm: So lang bin ich bey euch/ und du hast mich nit erkennt? Philippe/ wär mich gesehen hat/ der hat den vatter gesehen. Und wie sprichst du dann/ zeig unns den vatter? Glaubst du nit das ich im vatter/ und der vatter in mir ist? Die wort die ich zuo euch red die red ich nit von mir selbs: der vatter aber der in mir wonet/ der selb thuot die werck. Glaubend mir das ich im vatter/ und der vatter in mir ist: wo nit/ so glaubend mir doch umb der wercken willen. Warlich warlich ich sag euch/ wär in mich glaubt der wirt die werck auch thuon die ich thuon/ und wirt grössere dann dise thuon: dann ich gon zum vatter. Und so jr etwas werdend den vatter in meinem nammen bitten/ das wil ich thuon/ auff das der vatter gepreyset werde in dem sun. So jr etwz bittend in meinem nammen/ das wil ich thuon.

Liebend jr mich/ so haltend meine gebott. Unnd ich wil den vatter bitten/ unnd er sol euch einen anderen tröster geben/ das er bey euch bleybe ewigklich: den geyst der warheyt/ welchen die welt nit mag empfahen/ dann sy sicht jn nit/ und kennet jn nit: jr aber kennend jn/ dann er bleybt bey euch/ und wirt in euch sein. Jch wil euch nit weysen lassen/ ich kommen zuo euch. Es ist noch umb ein kleine zeyt so wirt mich die welt nit mer sehen/ jr aber söllend mich sehen: dann ich läb/ und jr söllend auch läben. An dem selbigen tag werdend jr erkennen das ich im vatter bin/ unnd jr in mir/ unnd ich in euch. Wär mein gebott hat/ unnd haltet sy/ der ists der mich liebet: wär mich aber liebet/ der wirdt von meinem vatter geliebet werden: und ich wird jnn lieben/ unnd mich selbs jm offenbaren. Spricht zuo jm Judas/ nit der Jscariotes: Herr/ was ists dann/ das du uns wilt dich offenbaren/ unnd nit der welt? Jesus antwortet/ und sprach zuo jm: Wär mich liebet/ der wirt mein wort halten/ und mein vatter wirt jn lieben: und wir werdend zuo jm kommen/ unnd wonung bey jm machen. Wär aber mich nit liebet/ der haltet min wort nit. Unnd das wort das jr hörend/ ist nit mein/ sonder des vatters der mich gesendt hat.

Sölichs hab ich euch gesagt/ dieweyl ich bey euch gewesen bin. Aber der tröster der heylig geyst/ welchen mein vatter senden

mich. 7 Wenn ihr mich erkannt habt, werdet ihr auch meinen Vater erkennen. Von jetzt an kennt ihr ihn, ihr habt ihn gesehen.

8 Philippus sagt zu ihm: Herr, zeig uns den Vater, und es ist uns genug. 9 Jesus sagt zu ihm: So lange schon bin ich bei euch, und du hast mich nicht erkannt, Philippus? Wer mich gesehen hat, hat den Vater gesehen. Wie kannst du sagen: Zeig uns den Vater? 10 Glaubst du denn nicht, dass ich im Vater bin und der Vater in mir ist? Die Worte, die ich euch sage, rede ich nicht aus mir: Der Vater, der in mir bleibt, vollbringt seine Werke. 11 Glaubt mir, dass ich im Vater bin und der Vater in mir ist; wenn nicht, dann glaubt es wenigstens um der Werke willen. 12 Amen, amen, ich sage euch: Wer an mich glaubt, der wird die Werke, die ich tue, auch tun, ja noch grössere wird er tun, denn ich gehe zum Vater. 13 Und worum ihr in meinem Namen bitten werdet, das werde ich tun, damit der Vater im Sohn verherrlicht werde. 14 Wenn ihr mich in meinem Namen um etwas bitten werdet: Ich werde es tun!

15 Wenn ihr mich liebt, werdet ihr meine Gebote halten. 16 Und ich werde den Vater bitten, und er wird euch einen anderen zum Fürsprecher geben, der für immer bei euch bleiben soll: 17 den Geist der Wahrheit, den die Welt nicht empfangen kann, weil sie ihn nicht sieht und nicht erkennt; ihr erkennt ihn, weil er bei euch bleibt und in euch sein wird. 18 Ich werde euch nicht als Waisen zurücklassen, ich komme zu euch. 19 Eine Weile noch, und die Welt sieht mich nicht mehr, ihr aber seht mich, weil ich lebe und auch ihr leben werdet. 20 An jenem Tag werdet ihr erkennen, dass ich in meinem Vater bin und ihr in mir und ich in euch. 21 Wer meine Gebote hat und sie hält, der ist es, der mich liebt. Wer mich aber liebt, wird von meinem Vater geliebt werden, und ich werde ihn lieben und mich ihm offenbaren.

22 Judas – nicht der Iskariot – sagt zu ihm: Herr, und wie kommt es, dass du dich uns und nicht der Welt offenbaren willst? 23 Jesus entgegnete ihm: Wer mich liebt, wird mein Wort bewahren, und mein Vater wird ihn lieben, und wir werden zu ihm kommen und uns bei ihm eine Bleibe schaffen. 24 Wer mich nicht liebt, bewahrt meine Worte nicht. Und das Wort, das ihr hört, ist nicht meines, sondern das des Vaters, der mich gesandt hat.

25 Das habe ich euch gesagt, als meine Bleibe noch bei euch war. 26 Der Fürsprecher aber, der

wirt in meinem nammen/ der selbig wirt
euch alles leeren/ und euch erinneren
alles des das ich euch gesagt hab.

Den friden laß ich euch/ meinen friden
gib ich euch: nit gib ich euch wie die welt
gibt. Euwer hertz erschräcke nit/ und förchte
sich nit. Jr habennd gehört das ich euch
gesagt hab: Jch gon hin/ und kumm wider
zuo euch. Hettend jr mich lieb/ so wurdennd
jr euch fröuwen dz ich gesagt hab/ ich gon
zum vatter/ dann der vatter ist grösser dann
ich. Und nun hab ichs euch gesagt/ ee dann
es geschicht/ uff das wenn es nun geschehen
wirt/ dz jr glaubind. Jch wird fürhin nit vil
mit euch reden/ Dann es kumpt der fürst diser
welt unnd hat nichts an mir. Aber auff das die
welt erkenne dz ich den vatter lieben. Und wie
mir der vatter geboten hatt/ also thuon ich.
Stond auf/ und lassend uns von hinnen gon.

Das xv. Capitel.
Ein schöne leer von dem glauben unnd der liebe/
unnd ein trost wider das künfftig leyden.

Ich bin ein rechter weynstock/ und min
vatter ist ein weyngartner. Ein yetliches
schossz ann mir das nit frucht bringt/ wirdt er
abschneyden/ unnd ein yetliches das da frucht
bringt/ wirdt er reynigen das es mer frucht
bringe. Jr sind yetz reyn umb des worts willen
das ich zuo euch geredt hab: Bleybend in mir
unnd ich in euch. Gleych wie das schossz kan nit
frucht bringen von jr selber/ sy bleybe dann am
weynstock: also auch jr nit/ jr bleybind dann in
mir. Jch bin der weynstock/ jr sind das schossz.
Wär in mir bleybt/ unnd ich in jm/ der bringt
vil frucht: dann on mich mögend jr nichts
thuon. Wär nit in mir bleybt/ der wirt hinweg
geworffen wie ein räbschossz/ und verdorret/
und man samlet sy/ und wirfft sy ins fheür/
und verbrennt sy. So jr in mir bleyben/ und
meine wort in euch bleyben werdend jr bitten
was jr wöllend/ und es wirt euch widerfaren.
Darinnen wirt mein vatter gepreyset/ das jr vil
frücht bringend/ und werdend meine jünger.
Gleych wie mich mein vatter geliebet hatt/ also
hab ich euch auch geliebet. Bleybend in meiner
liebe. So jr meine gebott haltend so bleybend
jr in meiner liebe: gleych wie ich meines vatters
gebott gehalten hab/ unnd bleyb in seiner
liebe. Sölichs hab ich zuo euch geredt/ auff das

heilige Geist, den der Vater in meinem Namen
senden wird, er wird euch alles lehren und euch
an alles erinnern, was ich euch gesagt habe.

27 Frieden lasse ich euch zurück, meinen
Frieden gebe ich euch. Nicht einen Frieden,
wie die Welt gibt, gebe ich euch. Euer Herz
erschrecke nicht und verzage nicht! 28 Ihr habt
gehört, dass ich euch gesagt habe: Ich gehe weg,
und ich komme zu euch zurück. Würdet ihr
mich lieben, so hättet ihr euch gefreut, dass ich
zum Vater gehe, denn der Vater ist grösser als
ich. 29 Und ich habe es euch schon jetzt gesagt,
bevor es geschieht, damit ihr glaubt, wenn es
dann geschieht. 30 Ich kann euch nicht mehr
viel sagen, denn es kommt der Fürst der Welt.
Über mich hat er keine Macht, 31 sondern es
geschieht, damit die Welt erkennt, dass ich den
Vater liebe und tue, was mir der Vater geboten
hat. Steht auf, lasst uns von hier aufbrechen!

|1: 12,44 |2: 2Kor 5,1 |3: 12,26!; 1Thess 4,16–17 |6: 10,9;
11,25 |9: 12,45 |10: 3,34! |11: 10,38! |13: 15,7.16; 16,23–24;
Mt 7,8! · 15,8; 17,1.4 |16: 7,39! · 15,26; 16,7! |17: 15,26; 16,13
|19: 7,33! |20: 10,38!; 17,11! |21: 16,27 |24: 3,34! |26: 7,39! ·
2,22; 12,16; 13,7; 16,13; 20,9 |27: 16,33 |29: 13,19! |30: 12,31!

Der wahre Weinstock

15 1 Ich bin der wahre Weinstock, und
mein Vater ist der Weinbauer. 2 Jede
Rebe an mir, die nicht Frucht bringt, nimmt
er weg, und jede, die Frucht bringt, reinigt er,
damit sie noch mehr Frucht bringt. 3 Ihr seid
schon rein um des Wortes willen, das ich euch
gesagt habe. 4 Bleibt in mir, und ich bleibe in
euch. Wie die Rebe aus sich heraus keine Frucht
bringen kann, wenn sie nicht am Weinstock
bleibt, so könnt auch ihr es nicht, wenn ihr
nicht in mir bleibt. 5 Ich bin der Weinstock,
ihr seid die Reben. Wer in mir bleibt und ich
in ihm, der bringt viel Frucht, denn ohne mich
könnt ihr nichts tun. 6 Wer nicht in mir bleibt,
wird weggeworfen wie die Rebe und verdorrt;
man sammelt sie und wirft sie ins Feuer, und sie
verbrennen. 7 Wenn ihr in mir bleibt und meine
Worte in euch bleiben, dann bittet um alles,
was ihr wollt, und es wird euch zuteil werden.
8 Dadurch wird mein Vater verherrlicht, dass
ihr viel Frucht bringt und meine Jünger werdet.

9 Wie mich der Vater geliebt hat, so habe ich
euch geliebt. Bleibt in meiner Liebe! 10 Wenn
ihr meine Gebote haltet, werdet ihr in meiner
Liebe bleiben, so wie ich die Gebote meines
Vaters gehalten habe und in seiner Liebe bleibe.

mein fröud in euch bleybe/ und euwer fröud vollkommen werde. Das ist mein gebott/ dz jr einandern liebind/ gleych wie ich euch geliebet hab. Niemants hat grössere liebe/ dann das er sein läben setzt für seyne fröund. Jr sind meyne freünd/ so jr thuond was ich euch gebüt. Jch sag hinfür nit das jr knecht syend/ dann ein knecht weyßt nit was sein herr thuot. Euch aber hab ich gesagt dz jr freünd syend. Dann alles was ich hab von meinem vatter gehört/ hab ich euch kund gethon. Jr habend mich nit erwelt/ sonder ich hab euch erwellet und gesetzt/ das jr hingangind unnd frucht bringind/ und euwere frucht bleybe/ auff das so jr den vatter bittend in meinem nammen/ das ers euch gebe.

Das gebüt ich euch/ das jr einandern liebind.

11 Das habe ich euch gesagt, damit meine Freude in euch sei und eure Freude vollkommen werde. 12 Das ist mein Gebot: Dass ihr einander liebt, wie ich euch geliebt habe. 13 Niemand hat grössere Liebe als wer sein Leben einsetzt für seine Freunde. 14 Ihr seid meine Freunde, wenn ihr tut, was ich euch gebiete. 15 Ich nenne euch nicht mehr Knechte, denn der Knecht weiss nicht, was sein Herr tut. Euch aber habe ich Freunde genannt, weil ich euch alles kundgetan habe, was ich von meinem Vater gehört habe. 16 Nicht ihr habt mich erwählt, sondern ich habe euch erwählt und dazu bestimmt, dass ihr euch aufmacht und Frucht bringt und dass eure Frucht bleibt, damit euch der Vater gibt, worum ihr ihn in meinem Namen bittet. 17 Dies gebiete ich euch: dass ihr einander liebt.

|6: Ez 15,1–5 |7: 14,13! |12: 13,34! |13: 10,15; 13,1 |14: 8,31 |15: 3,34! |16: 14,13!

Der Hass der Welt

So euch die welt hasset/ so wüssend das sy mich vor euch gehasset hatt. Wärend jr von der welt/ so hette die welt das jr lieb. Dieweyl aber jr nit sind von der welt/ sonder ich hab euch von der welt erwellet/ darumb hasset euch die welt. Gedenckend an meine wort/ do ich euch gesagt hab/ Der knecht ist nit grösser dann der herr/ habennd sy mich vervolget/ sy werdend euch auch vervolgen. Habend sy mein wort gehalten/ so werdend sy euwers auch halten.

Aber das alles werdend sy euch thuon umb meines nammens willen/ dann sy kennend den nit der mich gesendt hatt. Wenn ich nit kommen wäre/ unnd hette es jnen nit gesagt/ so hettend sy kein sünd. Nun aber könnend sy nit fürwenden jre sünd zeentschuldigen. Wär mich hasset/ der hasset auch meinen vatter. Hette ich nit die werck thon under jnen die kein anderer gethon hatt/ so hettend sy kein sünd. Nun aber habend sy es gesehen/ unnd doch beyd mich und meinen vatter gehasset. Doch darumb geschicht es/ das erfüllt werde der spruch in jrem gesatz geschriben: Sy habend mich on ursach gehasset. Wenn aber der tröster kommen wirt/ welchen ich euch senden wird vom vatter/ der geyst der warheit der vom vatter außgaadt/ der wirdt zeügen von mir/ und jr werdend auch zeügen: dann jr sind von anfang bey mir gewesen.

18 Wenn euch die Welt hasst, so bedenkt, dass sie mich vor euch gehasst hat. 19 Wärt ihr von der Welt, würde die Welt das ihr Eigene lieben. Da ihr aber nicht von der Welt seid, sondern ich euch aus der Welt heraus erwählt habe, darum hasst euch die Welt. 20 Erinnert euch an das Wort, das ich zu euch gesagt habe: Ein Knecht ist nicht grösser als sein Herr. Haben sie mich verfolgt, so werden sie auch euch verfolgen. Haben sie mein Wort bewahrt, so werden sie auch das eure bewahren. 21 Aber dies alles werden sie euch antun um meines Namens willen, weil sie den nicht kennen, der mich gesandt hat. 22 Wäre ich nicht gekommen und hätte ich nicht zu ihnen geredet, so hätten sie keine Sünde. Jetzt aber haben sie keine Entschuldigung für ihre Sünde. 23 Wer mich hasst, hasst auch meinen Vater. 24 Wenn ich unter ihnen nicht Werke getan hätte, die kein anderer getan hat, so hätten sie keine Sünde. Jetzt aber haben sie zwar gesehen und doch gehasst, sowohl mich wie meinen Vater. 25 Doch das Wort muss in Erfüllung gehen, das in ihrem Gesetz geschrieben steht: *Sie haben mich ohne Grund gehasst.*

26 Wenn der Fürsprecher kommt, den ich euch vom Vater aus senden werde, der Geist der Wahrheit, der vom Vater ausgeht, wird er Zeugnis ablegen über mich. 27 Und auch ihr legt Zeugnis ab, weil ihr von Anfang an bei mir gewesen seid.

Das xvj. Capitel.

Christus tröstet und sterckt seine jünger wider die künfftigen ungefell/ zeygt jnen wo sy hilff und trost findind.

Sölichs hab ich zuo euch geredt das jr euch nit ergerind. Sy werdend euch auß der versamlung schlüssen. Es kumpt die zeit/ das wär euch tödt/ wirdt meinen er thüeye Gott einen dienst daran. Und sölichs werdend sy euch darumb thuon/ das sy weder meinen vatter noch mich erkennt habend. Aber sölichs hab ich zuo euch geredt/ auff das wenn die zeyt kommen wirt/ das jr daran gedenckind dz ichs euch gesagt hab.

Sölichs aber hab ich euch von anfang nit gesagt/ dann ich was bey euch.

Nun aber gon ich hin zuo dem der mich gesendt hatt/ und niemants under euch fraget mich wo gaast du hin? sonder so ich sölichs zuo euch geredt hab/ ist euwer hertz traurens voll worden. Aber ich sag euch die warheit/ Es ist euch besser das ich hin gang. Dann so ich nit hin gon/ so kumpt der tröster nit zuo euch: so ich aber hin gon/ wil ich jn zuo euch senden. Und wenn der selbig kumpt der wirt die welt straaffen umb die sünd/ und umb die gerechtigkeit/ und umb das gericht. Umb die sünd/ das sy nit glaubend in mich. Umb die gerechtigkeit aber/ das ich zum vatter gon/ und jr mich fürhin nit sehend. Umb das gericht/ das der fürst diser welt gerichtet ist.

Jch hab euch noch vil zesagen/ aber jr mögend es yetz nit tragen: wenn aber yhener/ der geyst der warheyt kommen wirt/ der wirt euch in alle warheyt leyten. Dann er wirt nit von jm selber reden/ sonder was er hören wirt/ das wirt er reden: und was zuokünfftig ist/ wirt er euch verkünden. Der selb wirt mich preysen: dann von dem meinen wirt ers nemmen und euch verkünden. Alles was der vatter hat das ist mein. Darumb hab ich gesagt/ Er wirts von dem meinen nemmen und euch verkünden.

16 1 Das habe ich euch gesagt, damit ihr nicht zu Fall kommt. 2 Sie werden euch aus der Synagoge ausschliessen, ja, es kommt sogar die Stunde, da jeder, der euch tötet, Gott einen Dienst zu erweisen meint. 3 Und das werden sie tun, weil sie weder den Vater noch mich erkannt haben. 4 Ich habe es euch aber gesagt, damit ihr, wenn deren Stunde kommt, euch daran erinnert, dass ich es euch gesagt habe.

|18: 7,7 |19: 17,14 |20: 13,16 · 5,16 |21: Mt 10,22; 24,9 · 8,19! |22: 16,9! |23: 5,23! |24: 12,37! |25: Ps 35,19; 69,5 |26: 14,16! · 14,17! |2: 9,22! |3: 8,19!

Der Geist als Beistand

Ich habe es euch nicht von Anfang an gesagt, weil ich ja bei euch war. 5 Jetzt aber gehe ich zu dem, der mich gesandt hat, und niemand von euch fragt mich: Wohin gehst du?, 6 sondern weil ich euch das gesagt habe, hat Trauer euer Herz erfüllt. 7 Doch ich sage euch die Wahrheit: Es ist zu eurem Wohl, dass ich weggehe. Denn wenn ich nicht weggehe, wird der Fürsprecher nicht zu euch kommen; wenn ich aber gehe, werde ich ihn zu euch senden.

8 Und wenn er kommt, wird er die Welt überführen und aufdecken, was Sünde, Gerechtigkeit und Gericht ist; 9 Sünde: dass sie nicht an mich glauben, 10 Gerechtigkeit: dass ich zum Vater gehe und ihr mich nicht mehr seht, 11 Gericht: dass der Fürst dieser Welt gerichtet ist.

12 Noch vieles hätte ich euch zu sagen, doch ihr könnt es jetzt nicht ertragen. 13 Wenn er aber kommt, der Geist der Wahrheit, wird er euch in der ganzen Wahrheit leiten; denn er wird nicht aus sich selbst reden, sondern was er hören wird, wird er reden, und was kommen wird, wird er euch kundtun. 14 Er wird mich verherrlichen, denn aus dem Meinen wird er empfangen und euch kundtun. 15 Alles, was der Vater hat, ist mein. Darum habe ich gesagt, dass er aus dem Meinen empfängt und euch kundtun wird.

|4b: 13,19! |5: 13,36; 14,5 |7: 14,16!; 20,22 |9: 8,24; 15,22 |11: 12,31! |13: 14,17! · 14,26! |14: 12,23!

16,13: Andere Textüberlieferung: «…, wird er euch in die ganze Wahrheit führen; …»

Ein kleine zeyt so werdend jr mich nit sehen/ unnd aber ein kleine zeyt so werdend jr mich sehen/ dann ich gon zum vatter. Do sprachend etlich under seinen jüngern under einandern: Wz ist dises das er sagt zuo uns/ Ein kleine zeyt so werdend jr mich nit sehen: und aber ein kleine zeyt so werdend jr mich sehen: dann ich gon zum vatter. Do sprachend sy: Was ist das/ das er sagt/ ein kleine zeyt? wir wüssend nit was er redt. Do merckt Jesus das sy jn fragen woltend/ und sprach zuo jnen: Darvon fragend jr under einander das ich gesagt hab/ Ein kleine zeyt werdend jr mich nit sehen/ unnd aber ein kleine zeyt werdend jr mich sehen. Warlich warlich ich sag euch/ jr werdend weynen unnd heülen/ aber die welt wirdt sich fröuwen. Jr aber werdend traurig sein/ doch euwer traurigkeyt sol in fröud verkert werden.

Ein weyb/ wenn sy gebirt/ hat sy traurigkeyt/ dann jr stund ist kommen. Wenn sy aber das kind geboren hatt/ denckt sy nit mer an die angst/ umb der fröud willen das der mensch in die welt geboren ist. Unnd jr habend auch nun traurigkeit: aber ich wil euch wider sehen/ unnd euwer hertz sol sich fröuwen/ unnd euwere fröud sol niemants von euch nemmen. Und an dem selbigen tag werdend jr mich nit fragen. Warlich warlich sag ich euch so jr den vatter etwas bitten werdend in meinem nammen/ so wirt ers euch geben. Biß här habennd jr nichts gebätten in meinem nammen. Bittend/ so werdend jr nemmen/ das euwere fröud vollkommen sey.

Vormals hab ich zuo euch durch sprüchwort geredt. Es kumpt aber die zeyt/ das ich nit mer durch sprüchwort mit euch redenn wird/ sonder euch frey herauß verkündigen von meinem vatter. Zur selben zeyt werdend jr bitten in meinem nammen. Und ich sag euch nit dz ich den vatter für euch bitten wil: dann der vatter selbs hat euch lieb/ darumb das jr mich geliebet habend/ und glaubt das ich von Gott außgangen bin. Jch bin von Gott außgangen/ und kommen in die welt/ widerumb verlaß ich die welt/ und gon zum vatter.

Sprechend zuo jm seine jünger: Sihe/ nun redst du frey herauß/ unnd sagst kein sprüchwort. Jetz wüssend wir das du alle ding weist/ unnd bedarffst nit das dich yemants frage. Darumb glaubend wir das du von Gott außgangen bist. Jesus antwortet jnen: Jetz glaubend jr. Sihe/ es kumpt die stund/ und ist schon kommen/ dz jr

Abschied und Wiedersehen

16 Nur eine Weile, und ihr seht mich nicht mehr, und wiederum eine Weile, und ihr werdet mich sehen. 17 Da sagten einige seiner Jünger zueinander: Was meint er, wenn er zu uns sagt: Nur eine Weile, und ihr seht mich nicht, und wiederum eine Weile, und ihr werdet mich sehen? Und: Ich gehe zum Vater? 18 Sie sagten also: Was meint er, wenn er sagt: Nur eine Weile? Wir wissen nicht, wovon er redet.

19 Jesus merkte, dass sie ihn fragen wollten, und sagte zu ihnen: Darüber zerbrecht ihr euch den Kopf, dass ich gesagt habe: Nur eine Weile, und ihr seht mich nicht, und wiederum eine Weile, und ihr werdet mich sehen? 20 Amen, amen, ich sage euch: Ihr werdet weinen und klagen, die Welt aber wird sich freuen. Ihr werdet traurig sein, aber eure Trauer wird sich in Freude verwandeln. 21 Wenn eine Frau niederkommt, ist sie traurig, weil ihre Stunde gekommen ist. Wenn sie das Kind aber geboren hat, denkt sie nicht mehr an die Bedrängnis vor Freude, dass ein Mensch zur Welt gekommen ist. 22 So seid auch ihr jetzt traurig; aber ich werde euch wiedersehen, und euer Herz wird sich freuen, und die Freude, die ihr dann habt, nimmt euch niemand.

23 An jenem Tag werdet ihr mich nichts fragen. Amen, amen, ich sage euch: Wenn ihr den Vater in meinem Namen um etwas bittet, wird er es euch geben. 24 Bis jetzt habt ihr noch nie in meinem Namen um etwas gebeten. Bittet, und ihr werdet empfangen, damit eure Freude vollkommen sei.

25 Dies habe ich euch in verhüllter Sprache gesagt. Die Stunde kommt, da ich nicht mehr in verhüllter Sprache mit euch reden, sondern euch offen über den Vater Kunde geben werde. 26 An jenem Tag werdet ihr in meinem Namen bitten, und ich sage nicht, dass ich den Vater für euch fragen werde. 27 Denn der Vater selbst liebt euch, weil ihr mich lieb gewonnen habt und zum Glauben gekommen seid, dass ich von Gott ausgegangen bin. 28 Ich bin vom Vater ausgegangen und in die Welt gekommen; ich verlasse die Welt wieder und gehe zum Vater.

29 Da sagen seine Jünger: Siehst du, jetzt redest du offen und sprichst nicht mehr in verhüllter Sprache. 30 Jetzt wissen wir, dass du alles weisst und es nicht nötig hast, dass jemand seine Fragen überhaupt ausspricht. Darum glauben wir, dass du von Gott ausgegangen bist. 31 Jesus antwortete ihnen: Jetzt glaubt

zerströuwet werdend/ ein yetlicher in das
seyn/ und mich allein lassend: und ich bin
nit allein/ dann der vatter ist bey mir.
 Sölichs hab ich mit euch geredt/ das jr in mir
frid habind. Jn der welt habennd jr angst: aber
sind getröst/ ich hab die welt überwunden.

Das xvij. Capitel.
 Ein angstlich und hertzlich gebätt Christi zum vatter/
dem er die seinen zum höchsten befilcht.

 Sölichs redt Jesus/ unnd huob seine augen
auf gen himmel/ und sprach: Vatter/ die stund
ist hie das du deinen sun verklärest/ uff das
dich dein sun auch verkläre. Gleych wie du jm
hast macht gegeben über alles fleysch/ uff das
er das ewig läben gebe/ allen denen die du jm
geben hast. Das ist aber das ewig läben / das sy
dich/ das du allein warer Gott bist/ und den
du gesendt hast/ Jesum Christ/ erkennend. Jch
hab dich verklärt auff erden/ und vollendet das
werck das du mir geben hast/ das ich thuon
solt. Unnd nun verklär mich du vatter bey dir
selbs/ mit der klarheyt die ich bey dir hatt ee die
welt was. Jch hab dinen nammen geoffenbaret
den menschen/ die du mir vor der welt geben
hast. Sy warend dein/ und du hast sy mir
geben/ unnd sy habend deyn wort behalten.
Nun wüssend sy das alles was du mir geben
hast/ sey von dir. Dann die wort die du mir
geben hast/ hab ich jnen geben/ und sy habends
angenommen/ und erkennt warhafftig/ das ich
von dir außgangen bin/ unnd habend glaubt das
du mich gesendt hast. Jch bitt für sy/ und bitt
nit für die welt/ sonder für die du mir geben
hast/ dann sy sind dein. Unnd alles was mein ist/
das ist dein/ und was dein ist/ das ist mein. Und
ich bin in jnen verklärt. Unnd ich bin nit mer in
der welt/ und sy sind in der welt/ und ich kumm
zuo dir. Heyliger vatter/ erhalt sy in deinem
nammen/ die du mir geben hast/ das sy eins
sygind/ glych wie wir. Dieweyl ich bey jnen was
in der welt/ erhielt ich sy in deinem nammen.
Die du mir geben hast/ die hab ich bewaret/
und ist keiner von jnen verloren/ dann nun das
verloren kind/ das die geschrifft erfüllt wurde.
Nun aber kumm ich zuo dir/ und red sölichs in
der welt/ auff das sy in jnen habind mein fröud
vollkommen. Jch hab jnen gegeben dein wort/
unnd die welt hasset sy: dann sy sind nit von der
welt/ als auch ich nit von der welt bin. Jch bitt

ihr? 32 Doch die Stunde kommt, ja, sie ist
gekommen, da ihr zerstreut werdet – jeder
dorthin, wo er einmal war – und ihr mich
allein lasst. Und doch bin ich nicht allein,
denn der Vater ist bei mir. 33 Das habe
ich euch gesagt, damit ihr Frieden habt in
mir. In der Welt habt ihr Angst; aber seid
getrost, ich habe die Welt überwunden.

|16: 7,33! |17: 7,36! |20: Lk 6,21 |22: 20,20 |23: 21,12
|24: 14,13! |27: 14,21 · 8,42; 17,8 |28: 13,3 |32: Mt 26,31
|33: 14,27 · 1Joh 5,4

Jesu Hinwendung zum Vater

17 1 So redete Jesus, und er erhob seine
Augen zum Himmel und sprach: Vater,
die Stunde ist gekommen, verherrliche deinen
Sohn, damit der Sohn dich verherrliche.
2 Denn du hast ihm Macht gegeben über
alle Sterblichen, damit er alles, was du ihm
gegeben hast, ihnen gebe: ewiges Leben.
3 Das aber ist das ewige Leben: dass sie dich,
den einzig wahren Gott, erkennen und den,
den du gesandt hast, Jesus Christus. 4 Ich
habe dich auf Erden verherrlicht, indem ich
das Werk vollendet habe, das zu tun du mir
aufgetragen hast. 5 Und nun, Vater, verherrliche
du mich bei dir mit der Herrlichkeit, die
ich bei dir hatte, ehe die Welt war.

6 Ich habe deinen Namen den Menschen
offenbart, die du mir aus der Welt gegeben
hast. Sie waren dein, und mir hast du sie
gegeben, und sie haben dein Wort bewahrt.
7 Jetzt haben sie erkannt, dass alles, was du
mir gegeben hast, von dir kommt. 8 Denn
die Worte, die du mir gegeben hast, habe ich
ihnen gegeben, und sie haben sie angenommen
und haben wirklich erkannt, dass ich von dir
ausgegangen bin, und sie sind zu dem Glauben
gekommen, dass du mich gesandt hast.

9 Ich bitte für sie; nicht für die Welt bitte
ich, sondern für die, die du mir gegeben hast,
denn sie sind dein. 10 Und alles, was mein ist,
ist dein, und was dein ist, ist mein, und in ihnen
bin ich verherrlicht. 11 Ich bin nicht mehr in der
Welt, sie aber sind in der Welt, und ich komme
zu dir. Heiliger Vater, bewahre sie in deinem
Namen, den du mir gegeben hast, damit sie
eins seien wie wir. 12 Als ich bei ihnen war, war
ich es, der sie in deinem Namen, den du mir
gegeben hast, bewahrt und behütet hat, und
keiner von ihnen ging verloren ausser der Sohn
der Verlorenheit, damit die Schrift erfüllt werde.
13 Jetzt aber komme ich zu dir – doch ich sage

nitt dz du sy von der welt nemmest/ sonder das du sy bewarest vor dem übel. Sy sind nit von der welt/ gleych wie auch ich nit von der welt bin. Heilige sy inn deiner warheit. Dein wort ist die warheit. Gleych wie du mich gesendt hast inn die welt/ also hab ich sy auch in die welt gesendet/ unnd ich heilige mich selbs für sy/ auff das auch sy geheiliget sygind in der warheyt.

Jch bitt aber nit für sy allein/ sonder auch für die/ so durch jr wort inn mich glauben werdend/ uff das sy alle Eins sygind/ glych wie du vatter in mir/ und ich in dir/ das auch sy in unns Eins sygind/ auff das die welt glaube/ du habist mich gesendt. Und ich hab jnen gegeben die klarheyt/ die du mir geben hast/ das sy eins sygind/ glych wie wir eins sind. Jch in jnen/ und du in mir/ auff das sy vollkommen sygind in eins/ unnd die welt erkenne das du mich gesendt hast/ und hast sy geliebet/ gleych wie du mich geliebet hast. Vatter/ ich wil/ das/ wo ich bin/ auch die sygind/ die du mir gegeben hast/ das sy die klarheyt sehind die du mir geben hast: dann du hast mich geliebet ee dann die welt gegründet ward. Gerechter vatter/ die welt hatt dich nit erkennt/ ich aber hab dich erkennt: und dise habend erkennt dz du mich gesendt hast. Unnd ich hab jnen deinen nammen kundt gethon/ und wil jnen kund thuon/ auff das die liebe/ damit du mich geliebet hast/ sey in jnen/ und ich in jnen.

Das xviij. Capitel.
Hie facht an das leyden Christi/ wäret biß ins xx. Capitel.

Do Jesus sölichs geredt hatt/ gieng er hinuß mit seinen jüngern über den bach Kidron/ da was ein gartenn/ dareyn gieng Jesus und seine jünger. Judas aber der jnn verriedt/ wußt das ort auch. Dann Jesus versamlet sich offt daselbst mit seynen jüngeren. Do nun Judas zuo jm hatt genommen die rott/ und der hohen priesteren und Phariseern diener/ kam er dahin mit facklen/ mit liechtern/ und mit waaffen. Als nun Jesus wußt alles was jm begegnen solt/ gieng er hinauß/ und sprach zuo jnen: Wän

das noch in der Welt, damit sie meine Freude in ihrer ganzen Fülle in sich haben. 14 Ich habe ihnen dein Wort gegeben, und die Welt hat sie gehasst, weil sie nicht von der Welt sind, wie auch ich nicht von der Welt bin. 15 Ich bitte nicht, dass du sie aus der Welt hinwegnimmst, sondern dass du sie vor dem Bösen bewahrst. 16 Sie sind nicht von der Welt, wie ich nicht von der Welt bin. 17 Heilige sie in der Wahrheit – dein Wort ist Wahrheit. 18 Wie du mich in die Welt gesandt hast, so habe auch ich sie in die Welt gesandt. 19 Und ich heilige mich für sie, damit auch sie geheiligt seien in der Wahrheit.

20 Doch nicht nur für diese hier bitte ich, sondern auch für die, welche durch ihr Wort an mich glauben: 21 dass sie alle eins seien, so wie du, Vater, in mir bist und ich in dir, damit auch sie in uns seien, und so die Welt glaubt, dass du mich gesandt hast. 22 Und ich habe ihnen die Herrlichkeit gegeben, die du mir gegeben hast, damit sie eins seien, so wie wir eins sind: 23 ich in ihnen und du in mir. So sollen sie vollendet sein in der Einheit, damit die Welt erkennt, dass du mich gesandt und sie geliebt hast, so wie du mich geliebt hast.

24 Vater, ich will, dass dort, wo ich bin, auch all jene sind, die du mir gegeben hast, damit sie meine Herrlichkeit schauen, die du mir gegeben hast, denn du hast mich geliebt vor Grundlegung der Welt. 25 Die Welt, gerechter Vater, hat dich nicht erkannt, ich aber habe dich erkannt, und diese hier haben erkannt, dass du mich gesandt hast. 26 Und ich habe ihnen deinen Namen kundgetan und werde ihn kundtun, damit die Liebe, mit der du mich geliebt hast, in ihnen sei und ich in ihnen.

|1: 12,23! · 14,13! |3: 3,36! · 11,27! |4: 14,13! · 4,34! |5: 1,14; 17,24 |8: 16,27!.30 |10: 16,14–15 |11: 10,30!; 17,21–22 |12: 6,39! |14: 15,19 |15: Mt 6,13 |18: 20,21 |20: 10,16! |22: 17,11! |24: 12,26! · 17,5! |25: 8,55! · 16,27!.30

Die Gefangennahme

18 1 Nachdem Jesus so gesprochen hatte, ging er mit seinen Jüngern hinaus, auf die andere Seite des Baches Kidron, wo ein Garten war; den betrat er mit seinen Jüngern.

2 Aber auch Judas, der ihn ausliefern sollte, kannte den Ort, denn Jesus war dort oft mit seinen Jüngern zusammengekommen. 3 Judas nun holt die Kohorte und die Gerichtsdiener der Hohen Priester und Pharisäer und kommt dorthin mit Fackeln und Lampen und Waffen. 4 Jesus, der alles wusste, was auf ihn zukommen

suochend jr? Sy antwortetend jm: Jesum von
Nazareth. Jesus spricht: Jch bins. Judas aber
der jn verriedt stuond auch bey jnen. Als nun
Jesus zuo jnen sprach: Jch bins/ wichend sy
zuo ruck/ und fielend zeboden. Do fraget er sy
abermals: Wän suochend jr? Sy aber sprachend:
Jesum von Nazareth. Jesus antwortet: Jch hab
euch gesagt das ichs bin. Suochend jr dann
mich/ so lassend dise gon. Auff das das wort
erfüllt wurde/ welches er sagt: Jch hab deren
keinen verloren die du mir gegeben hast. Do
hatt Simon Petrus ein schwärt/ und zochs auß/
unnd schluog nach des hohen priesters knecht/
und hüw jm sein recht or ab. Und der knecht
hieß Malchos. Do sprach Jesus zuo Petron: Steck
dein schwärdt in die scheyd. Sol ich den kelch
nit trincken, den mir mein vatter geben hatt?

Die rott aber und der ober hauptman/ und
die diener der Juden/ namend Jesum an/ und
bundend jn/ unnd fuortend jn zum ersten zuo
Hannas/ der was Caiphas schwäher/ welcher
deß jars hoher priester was. Es was aber
Caiphas/ der den Juden riedt/ Es wäre guot dz
ein mensch wurde umbbracht für das volck.

Simon Petrus aber volget Jesu nach/ und
ein anderer junger. Der selb junger was dem
hohen priester bekannt/ unnd gieng mit Jesu
hineyn in des hohen priesters palatz. Petrus
aber stuond daussen vor der thür. Do gieng
der ander junger/ der dem hohen priester
bekannt was/ hinauß/ unnd redt mit der
thürhüeterin/ unnd fuort Petrum hineyn. Do
sprach die thürhüeterin zuo Petro: Bist du nit
auch dises menschen junger einer? Er sprach:
Jch bins nit. Es stuondend aber die knecht und
diener/ und hattend ein kolfheür gemachet/
dann es was kalt/ und wärmetend sich.

Aber der hoch priester fraget Jesum
umb seine jünger/ und umb sein leer. Jesus
antwortet: Jch hab frey offenlich geredt vor
der welt/ ich hab alle zeyt geleert in der schuol
und in dem tempel/ da alle Juden zuosamen
kamend/ unnd hab nichts im winckel geredt.
Was fragst du mich darumb? Frag die darumb/
die gehört habend was ich zuo jnen geredt
hab/ sihe/ die selben wüssend was ich gesagt

würde, ging hinaus, und er sagt zu ihnen: Wen
sucht ihr? 5 Sie antworteten ihm: Jesus von
Nazaret. Er sagt zu ihnen: Ich bin es! Und Judas,
der ihn ausliefern sollte, stand auch bei ihnen.
6 Als er nun zu ihnen sagte: Ich bin es!, wichen
sie zurück und fielen zu Boden. 7 Da fragte
er sie wieder: Wen sucht ihr? Und sie sagten:
Jesus von Nazaret. 8 Jesus antwortete: Ich habe
euch gesagt, dass ich es bin. Wenn ihr also mich
sucht, dann lasst diese gehen. 9 So sollte das
Wort in Erfüllung gehen, das er gesprochen
hatte: Von denen, die du mir gegeben hast, habe
ich keinen verloren. 10 Simon Petrus nun hatte
ein Schwert und zog es und schlug damit nach
dem Knecht des Hohen Priesters und hieb ihm
das rechte Ohr ab. Der Knecht hiess Malchus.
11 Da sagte Jesus zu Petrus: Steck das Schwert
in die Scheide! Den Kelch, den mir mein Vater
gegeben hat – soll ich ihn etwa nicht trinken?

P: Mt 26,47–56 |1: Mt 26,36 |2: 6,71! |4: 6,64 |9: 6,39! |11: Mt 26,39

**Verhör vor Hannas und Verleugnung
durch Petrus**

12 Die Kohorte nun und ihr Anführer und
die Gerichtsdiener der Juden nahmen Jesus fest
und fesselten ihn 13 und führten ihn zuerst vor
Hannas. Der war nämlich der Schwiegervater
des Kajafas, der in jenem Jahr Hoher Priester
war. 14 Kajafas aber war es, der den Juden den
Rat gegeben hatte, es sei von Vorteil, wenn ein
Einzelner sterbe an Stelle des ganzen Volkes.

15 Simon Petrus und ein anderer Jünger
folgten Jesus. Jener Jünger war mit dem Hohen
Priester bekannt und war mit Jesus in den
Palast des Hohen Priesters hineingegangen.
16 Petrus aber stand draussen vor der Tür. Da
kam der andere Jünger, der mit dem Hohen
Priester bekannt war, heraus und redete mit
der Türhüterin und führte Petrus hinein. 17 Da
sagt die Magd, die Türhüterin, zu Petrus:
Bist denn auch du einer von den Jüngern
dieses Menschen? Er sagt: Ich bin es nicht.
18 Die Knechte und die Gerichtsdiener hatten
ein Kohlenfeuer gemacht, denn es war kalt,
und sie standen da und wärmten sich. Auch
Petrus stand bei ihnen und wärmte sich.

19 Der Hohe Priester befragte nun Jesus
über seine Jünger und über seine Lehre.
20 Jesus antwortete ihm: Ich habe öffentlich
vor aller Welt geredet und allezeit in der
Synagoge und im Tempel gelehrt, wo alle
Juden sich versammeln, und ich habe nichts

hab. Als er aber sölichs redt/ schluog der
dienern einer Jesum ins angesicht/ und sprach:
Solt du dem hohen priester also antworten?
Jesus antwortet: Hab ich übel geredt/ so
beweyß es. Hab ich aber recht geredt/ wz
schlechst du mich? Unnd Hannas sandt jn
gebunden zuo dem hohen priester Caiphas.

Simon Petrus aber stuond/ unnd wärmet
sich. Do sprachend sy zuo jm: Bist du nit
seiner jünger einer? Er verlöugnet/ und sprach:
Jch bins nit. Spricht des hohen priesters
knechten einer/ ein gefreündter des dem
Petrus das or abgehauwen hatt: Sach ich dich
nit im garten bey jm? Do verlöugnet Petrus
abermals. Und von stundan krayet der Han.

Do fuortend sy Jesum von Caipha für das
richthauß. Unnd es was früe. Und sy giengend
nit in das richthauß/ auff das sy nit unreyn
wurdind/ sonder das Osterlamb essen möchtind.
Do gieng Pilatus zuo jnen herauß/ und sprach:
Was bringend jr für ein klag wider disen
menschen? Sy antwortend/ unnd sprachend:
Wäre diser nit ein übelthäter/ wir hettend dir
jnn nit überantwortet. Do sprach Pilatus zuo
jnen: So nemmend jr jn hin/ unnd richtend jn
nach euwerem gsatz. Do sprachend die Juden
zuo jm: Wir dörffend niemants töden. Auff das
erfüllt wurde das wort Jesu/ welches er sagt/
do er deütet welches todts er sterben wurde.
Do gieng Pilatus wider hineyn ins richthauß/
und ruofft Jesu/ und sprach zuo jm: Bist du
der Juden Künig? Jesus antwortet: Redst du das
von dir selbs/ oder habends dir andere von mir
gesagt? Pilatus antwortet: Bin ich ein Jud? Dein
volck und die hohen priester habennd dich
mir überantwortet. Was hast du gethon? Jesus
antwortet: Mein reych ist nit von diser welt.
Wäre min reych von diser welt/ meine diener
wurdind darumb kempffen/ das ich den Juden
nit überantwortet wurde. Aber nun ist meyn
reych nit von hinnen. Do sprach Pilatus zuo jm:
So bist du dennocht ein künig? Jesus antwortet:
Du sagst/ dann ich bin ein Künig. Jch bin
darzuo geboren/ und in die welt kommen/ das

im Geheimen geredet. 21 Was fragst du mich?
Frage die, welche gehört haben, worüber ich
mit ihnen geredet habe; die wissen, was ich
gesagt habe. 22 Als er dies sagte, schlug einer
der Gerichtsdiener, der dabeistand, Jesus ins
Gesicht und sagte: Antwortest du so dem
Hohen Priester? 23 Jesus antwortete ihm:
Wenn ich etwas Falsches gesagt habe, so zeige
auf, was daran falsch war; wenn es aber richtig
war, was schlägst du mich? 24 Da sandte ihn
Hannas gefesselt zum Hohen Priester Kajafas.

25 Simon Petrus aber stand da und wärmte
sich. Da sagten sie zu ihm: Bist denn auch
du einer von seinen Jüngern? Er leugnete es
und sagte: Ich bin es nicht. 26 Einer von den
Knechten des Hohen Priesters, ein Verwandter
dessen, dem Petrus das Ohr abgehauen
hatte, sagte: Habe ich dich nicht im Garten
mit ihm gesehen? 27 Da leugnete Petrus
noch einmal, und dann krähte der Hahn.

P: Mt 26,57–68.69–75 |14: 11,49–50 |20: 7,14.26; 8,2
|27: 13,38

Verhör und Verurteilung durch Pilatus
28 Nun führen sie Jesus vom Haus des
Kajafas zum Prätorium; es war früh am Morgen.
Und sie selbst gingen nicht ins Prätorium
hinein, um nicht unrein zu werden, denn sie
wollten am Passamahl teilnehmen. 29 Also kam
Pilatus zu ihnen heraus, und er sagte: Welche
Anklage erhebt ihr gegen diesen Menschen?
30 Sie antworteten ihm: Wenn das kein
Verbrecher wäre, hätten wir ihn nicht an dich
ausgeliefert. 31 Da sagte Pilatus zu ihnen: Nehmt
ihr ihn und richtet ihn nach eurem Gesetz.
Die Juden sagten zu ihm: Uns ist nicht erlaubt,
jemanden hinzurichten. 32 So sollte das Wort
Jesu in Erfüllung gehen, das er gesprochen hatte,
um anzudeuten, welchen Tod er sterben sollte.

33 Da ging Pilatus wieder ins Prätorium
hinein, liess Jesus rufen und sagte zu ihm:
Du bist der König der Juden? 34 Jesus
antwortete: Sagst du das von dir aus, oder
haben es dir andere über mich gesagt? 35 Pilatus
antwortete: Bin ich etwa ein Jude? Dein Volk
und die Hohen Priester haben dich an mich
ausgeliefert. Was hast du getan? 36 Jesus
antwortete: Mein Reich ist nicht von dieser
Welt. Wäre mein Reich von dieser Welt,
würden meine Diener dafür kämpfen, dass ich
nicht an die Juden ausgeliefert werde. Nun
aber ist mein Reich nicht von hier. 37 Da
sagte Pilatus zu ihm: Du bist also doch ein

ich die warheit zeügen sölle. Wär uß der warheit ist/ der hört mein stimm. Spricht zuo jm Pilatus: Was ist die warheyt? Und do er das gesagt/ gieng er wider hinauß zuo den Juden/ unnd spricht zuo jnen: Jch find kein schuld an jm. Jr habend aber ein gewonheit/ das ich euch einen auff Osteren ledig gebe. Wöllend jr nun das ich euch der Juden künig ledig lasse? Do schrüwend sy wider allsamen/ unnd sprachend: Nit disen/ sonder Barrabam. Barrabas aber was ein mörder.

Das xix. Capitel.

Do nam Pilatus Jesum/ und geyßlet jnn. Unnd die kriegsknecht flachtend ein kron von dörnen/ unnd satztend sy auff sein haupt/ und legtend jm ein purpur kleyd an/ und sprachend: Syest du gegrüesset lieber künig der Juden. Und schluogend jn ins angsicht. Do gieng Pilatus wider herauß/ und sprach zuo jnen: Sihe/ ich füer jn herauß zuo euch das jr erkennind das ich kein schuld an jm finde. Also gieng Jesus herauß/ und truog ein dörnine kron und purpur kleyd/ und spricht zuo jnen: Sehend wie ein mensch. Do jn die hohen priester und die diener sahend/ schrüwend sy/ und sprachend: Creützige/ creützige. Pilatus spricht zuo jnen: Nemmend jr jn hin/ und creützigend jn/ dann ich find keine schuld an jm. Die Juden antwortetend jm: Wir habend ein gsatz/ unnd nach dem gsatz sol er sterben/ dann er hatt sich selbs zuo Gottes sun gemachet. Do Pilatus das wort hort/ forcht er sich noch mer/ und gieng wider hineyn in das richthauß/ und spricht zuo Jesu: Von wannen bist du? Aber Jesus gab jm kein antwort. Do spricht Pilatus zuo jm: Redst du mit mir nit? Weist du nit das ich macht hab dich zuo creützigen/ und macht hab dich ledig zelassen? Jesus antwortet: Du hettest keyn macht über mich/ wenn es dir nit wäre von oben herab gegeben. Darumb/ der mich dir überantwortet hat/ der hat grössere sünd. Von dem an trachtet Pilatus wie er jn ledig liesse. Die Juden aber schrüwend/ und sprachend: Lassest du disen läbendig/ so bist du des Keysers freünd nit. Dann wär sich zum künig machet/ der ist wider den Keyser. Do Pilatus das wort hort/ fuort er Jesum herauß/ und satzt sich auff den Richtstuol/ an der statt die da heißt Pflaster/ uff Hebreisch aber Gabbatha. Es was aber der Rüstag der Ostern umb die sechßten

König? Jesus antwortete: Du sagst es. Ich bin ein König. Dazu bin ich geboren, und dazu bin ich in die Welt gekomen, dass ich für die Wahrheit Zeugnis ablege. Jeder, der aus der Wahrheit ist, hört auf meine Stimme. 38 Pilatus sagte zu ihm: Was ist Wahrheit?

Und nachdem er dies gesagt hatte, ging er wieder zu den Juden hinaus, und er sagte zu ihnen: Ich finde keine Schuld an ihm. 39 Ihr seid es aber gewohnt, dass ich euch zum Passafest einen freigebe. Wollt ihr nun, dass ich euch den König der Juden freigebe? 40 Da schrien sie wieder und wieder: Nicht diesen, sondern Barabas! Barabbas aber war ein Räuber.

19 1 Da nahm Pilatus Jesus und liess ihn auspeitschen. 2 Und die Soldaten flochten eine Krone aus Dornen und setzten sie auf sein Haupt und legten ihm einen Purpurmantel um, 3 und sie stellten sich vor ihn hin und sagten: Sei gegrüsst, König der Juden!, und schlugen ihn ins Gesicht. 4 Und Pilatus ging wieder hinaus, und er sagte zu ihnen: Seht, ich führe ihn zu euch hinaus, damit ihr erkennt, dass ich keine Schuld an ihm finde. 5 Da kam Jesus heraus; er trug die Dornenkrone und den Purpurmantel. Und Pilatus sagt zu ihnen: Da ist der Mensch!

6 Als ihn nun die Hohen Priester und die Gerichtsdiener sahen, schrien sie: Kreuzigen, kreuzigen! Pilatus sagte zu ihnen: Nehmt ihr ihn doch und kreuzigt ihn! Ich finde keine Schuld an ihm. 7 Die Juden antworteten ihm: Wir haben ein Gesetz, und nach dem Gesetz muss er sterben, denn er hat sich zum Sohn Gottes gemacht. 8 Als nun Pilatus dieses Wort hörte, fürchtete er sich noch mehr 9 und ging wieder ins Prätorium hinein, und er sagte zu Jesus: Woher bist du? Jesus aber gab ihm keine Antwort. 10 Da sagte Pilatus zu ihm: Redest du nicht mit mir? Weisst du nicht, dass ich die Macht habe, dich freizugeben, und die Macht, dich kreuzigen zu lassen? 11 Jesus antwortete ihm: Du hättest keine Macht über mich, wenn es dir nicht von oben gegeben wäre. Darum hat der, der mich dir ausgeliefert hat, grössere Schuld. 12 Daraufhin suchte Pilatus eine Möglichkeit, ihn loszuwerden. Die Juden aber schrien: Wenn du den da freigibst, bist du kein Freund des Kaisers. Jeder, der sich zum König macht, widersetzt sich dem Kaiser. 13 Als nun Pilatus diese Worte hörte, führte er Jesus noch einmal hinaus, und er setzte sich

stund/ und spricht zuo den Juden: Sehend euwer
Künig. Sy schrüwend aber: Hinweg hinweg
mit dem/ creützig jn. Spricht Pilatus zuo jnen:
Sol ich euwern künig creützigen? Die hohen
priester antwortetend: Wir habend keinen
künig dann den Keyser. Do überantwortet
er jnen Jesum das er gecreütziget wurde.

Sy namend aber Jesus an/ unnd fuortend
jn hin. Und er truog sein creütz/ und gieng
hinauß zur statt/ die da heißt Schädelstatt/
welche heißt auff Hebreisch Golgatha/ da
creützigetend sy jn/ und mit jm zwen ander auff
beyden seyten/ Jesum aber in mitten. Pilatus
aber schreyb ein übergschrifft/ und satzt sy
auff das creütz. Und was geschriben: Jesus von
Nazareth/ der Juden künig. Dise übergschrifft
lasend vil Juden/ dann die statt wz naach bey
dem ort da Jesus creütziget ist. Und es was
geschriben in Hebreischer/ Kriechischer/ und
Latinischer spraach. Do sprachend die hohen
priester der Juden zuo Pilato: Schreyb nit der
Juden künig/ sonder das er gesagt habe/ Jch
bin der Juden Künig. Pilatus antwortet: Was
ich geschriben hab/ das hab ich geschriben.
Die kriegsknecht/ do sy Jesum creütziget
hattend/ namend sy seine kleyder/ und
machtend vier teyl/ einem yetlichen kriegsknecht
ein teyl/ darzuo auch den rock. Der rock aber
was ungenäyet/ von oben gewürckt durch und
durch. Do sprachend sy under einander: Lassend
uns den nit zerteylen/ sonder darumb lossen weß
er sein sölle/ auff das erfüllt wurde die gschrifft/
die da sagt: Sy habend meine kleyder under sich
geteylt/ und habend über meyn rock das looß
geworffen. Sölichs thettend die kriegsknecht.
Es stuond aber bey dem creütz Jesu/ seyn
muoter unnd seiner muoter schwester Maria/
Cleophas weyb/ und Maria Magdalene.
Do nun Jesus sein muoter sach/ und den
jünger dabey ston/ den er lieb hat/ spricht
er zuo seiner muoter: Weyb/ sihe/ das ist
dein sun. Darnach spricht er zuo dem

auf den Richterstuhl auf dem sogenannten
Steinpflaster, das auf Hebräisch Gabbata
heisst. 14 Es war Rüsttag für das Passa, um die
sechste Stunde. Und er sagte zu den Juden:
Da ist euer König! 15 Da schrien sie: Fort mit
ihm, fort mit ihm, kreuzige ihn! Pilatus sagt
zu ihnen: Euren König soll ich kreuzigen?
Die Hohen Priester antworteten: Wir haben
keinen König ausser dem Kaiser! 16 Da
lieferte er ihnen Jesus zur Kreuzigung aus.

P: Mt 27,11–14.15–26.27–31 |28: 19,14 · Ex 12,15–20
|32: 12,32–33 |33: 6,15! · 18,39; 19,14–15.19 |36: 8,23!
|37: 1,49! · 10,27! |38: 14,6 |3: 6,15! |7: 5,18; 10,33.36;
Lev 24,16 |11: 3,27 · 6,71! |12: 6,15! |14: 18,28! |15: 18,33!

19,5: Andere Übersetzungsmöglichkeit: «…: Das ist
der Mensch!»

Kreuzigung und Tod Jesu
Sie übernahmen nun Jesus. 17 Er trug
sein Kreuz selber und ging hinaus zu der
sogenannten Schädelstätte, die auf Hebräisch
Golgota heisst. 18 Dort kreuzigten sie ihn
und mit ihm zwei andere, auf jeder Seite
einen, in der Mitte aber Jesus. 19 Pilatus liess
auch eine Tafel beschriften und sie oben am
Kreuz anbringen. Darauf stand geschrieben:
Jesus von Nazaret, der König der Juden.
20 Diese Inschrift nun lasen viele Juden,
denn die Stelle, wo Jesus gekreuzigt wurde,
lag nahe bei der Stadt. Sie war in hebräischer,
lateinischer und griechischer Sprache verfasst.
21 Da sagten die Hohen Priester der Juden zu
Pilatus: Schreibe nicht: Der König der Juden,
sondern dass er gesagt hat: Ich bin der König
der Juden. 22 Pilatus antwortete: Was ich
geschrieben habe, das habe ich geschrieben.
23 Nachdem nun die Soldaten Jesus
gekreuzigt hatten, nahmen sie seine Kleider
und machten vier Teile daraus, für jeden
Soldaten einen Teil, dazu das Untergewand.
Das Untergewand aber war ohne Naht, von
oben an am Stück gewoben. 24 Da sagten sie
zueinander: Wir wollen es nicht zerreissen,
sondern darum losen, wem es gehören soll.
So sollte die Schrift in Erfüllung gehen,
die sagt: *Sie haben meine Kleider unter sich
verteilt, und über mein Gewand haben sie das
Los geworfen.* Das also taten die Soldaten.
25 Beim Kreuz Jesu aber standen seine
Mutter und die Schwester seiner Mutter,
Maria, die Frau des Klopas, und Maria von
Magdala. 26 Als nun Jesus die Mutter und den
Jünger, den er liebte, neben ihr stehen sieht,

junger: Sihe/ das ist deyn muoter. Und
von stundan nam sy der junger zuo jm.
    Darnach/ als Jesus wußt das schon alles
vollbracht was/ das die gschrifft erfüllt wurde/
spricht er: Mich dürstet. Do stuond ein geschirr
voll essichs. Sy aber fülletend ein schwumm
mit essich und ysopen/ und hieltend es jm
dar zum mund./ Do nun Jesus den essich
genommen hatt/ sprach er: Es ist vollbracht/
und neygt das haupt/ und gab den geyst auf.

sagt er zur Mutter: Frau, da ist dein Sohn.
27 Dann sagt er zum Jünger: Da ist deine
Mutter. Und von jener Stunde an nahm der
Jünger sie zu sich. 28 Danach spricht Jesus
im Wissen, dass schon alles vollbracht ist:
Mich dürstet! So sollte die Schrift an ihr Ziel
kommen. 29 Ein Gefäss voll Essig stand da,
und so tränkten sie einen Schwamm mit Essig,
steckten ihn auf ein Ysoprohr und führten ihn
zu seinem Mund. 30 Als Jesus nun den Essig
genommen hatte, sprach er: Es ist vollbracht.
Und er neigte das Haupt und verschied.

    P: Mt 27,32–38.45–56 |19: 18,33! |24: Ps 22,19
|29: Ps 69,22 |30: 4,34!

Bestätigung des Todes Jesu

Die Juden aber/ dieweyl es der Rüsttag was/
das nit die leychnam auff dem creütz blibind am
Sabbath (dann desselben Sabbaths tag was groß)
battend sy Pilatum das jre beyn gebrochen/
und abgenommen wurdind. Do do kamend die
kriegsknecht/ und brachend dem ersten die
beyn/ und dem anderen der mit jm creütziget
was. Als sy aber zuo Jesu kamend/ do sy sahend
das er schon yetz gestorben was/ brachend sy
jm die beyn nit/ sonder der kriegsknechten
einer offnet sein seyten mit einem spär. Unnd
vonn stundan gieng bluot und wasser herauß.
    Und der diß gesehen hatt/ der hatts bezeüget/
und sein zeügnuß ist waar. Und der selb weißt
das er waar sagt/ auff das auch jr glaubind. Dann
sölichs ist geschehen/ das die gschrifft erfüllt
wurde. Jr söllend jm kein beyn zerbrechen.
Unnd abermals spricht ein andere gschrifft: Sy
werdend sehen in wän sy gestochen habend.

31 Weil nun Rüsttag war und die Leiber
am Sabbat nicht am Kreuz bleiben sollten –
denn jener Sabbat war ein hoher Festtag –,
baten die Juden Pilatus, man möge ihnen die
Schenkel zerschlagen und sie herabnehmen.
32 So kamen die Soldaten und zerschlugen
dem ersten die Schenkel, dann dem anderen,
der mit ihm gekreuzigt worden war. 33 Als sie
aber zu Jesus kamen und sahen, dass er schon
gestorben war, zerschlugen sie ihm die Schenkel
nicht, 34 sondern einer der Soldaten stiess ihn
mit seiner Lanze in die Seite, und sogleich
floss Blut und Wasser heraus. 35 Und der das
gesehen hat, hat es bezeugt, und sein Zeugnis ist
glaubwürdig, und er weiss, dass er die Wahrheit
sagt, damit auch ihr zum Glauben kommt.
36 Denn dies ist geschehen, damit die Schrift in
Erfüllung geht: *Kein Knochen wird ihm gebrochen
werden.* 37 Und ein anderes Schriftwort sagt: *Sie
werden auf den blicken, den sie durchbohrt haben.*

    |31: Dtn 21,22–23 |35: 21,24 |36: Ex 12,46; Num 9,12;
Ps 34,21 |37: Sach 12,10

Das Begräbnis

Darnach batt Pilatum Joseph von Arimathia/
der ein jünger Jesu wz/ doch heimlich auß
forcht der Juden/ dz er möchte abnemen
den leychnam Jesu. Und Pilatus erlaubt es.
Es kam aber auch Nicodemus/ der etwan bey
der nacht zuo Jesu kommen wz/ und bracht
Mirrhen und Aloen under einandern/ bey
hundert pfund. Do namend sy den leychnam
Jesu/ und bundend jn mit leynen tüecheren/
und mit den specereyen/ wie die Juden pflägtend
zebegraben. Es was aber an der statt da er
gecrütziget ward/ ein garten/ und im garten ein
neüw grab/ in welches niemants ye gelegt was/

38 Josef von Arimatäa, der ein Jünger Jesu
war – ein heimlicher zwar aus Furcht vor den
Juden –, bat Pilatus, dass er den Leib Jesu
herabnehmen dürfe; und Pilatus erlaubte es.
Also ging er und nahm seinen Leib herab.
39 Es kam auch Nikodemus, der früher einmal
nachts zu ihm gekommen war, und brachte
eine Mischung aus Myrrhe und Aloe mit, etwa
hundert Pfund. 40 Sie nahmen nun den Leib
Jesu und wickelten ihn zusammen mit den
wohlriechenden Salben in Leinenbinden ein, wie
es bei einem jüdischen Begräbnis Sitte ist. 41 Es
war aber an dem Ort, wo er gekreuzigt worden

daselbst hin legtend sy Jesum/ umb des Rüsttags willen der Juden/ dieweyl das grab naach was.

war, ein Garten, und in dem Garten ein neues Grab, in das noch niemand gelegt worden war. 42 Dort nun legten sie Jesus hin, weil die Juden Rüsttag hatten und das Grab in der Nähe lag.

P: Mt 27,57–61 |38: 7,13!

Das xx. Capitel.
Von der auferstentnuß Christi/ unnd wie er den seinen erschinen sey sy zetrösten und zestercken.

Und am ersten tag des Sabbaths kumpt Maria Magdalene früe/ do es noch finster was/ zuo dem grab/ und sicht das der stein vom grab hinweg was. Do laufft sy und kumpt zuo Simon Petrum/ und zuo dem anderen junger/ welchen Jesus lieb hatt/ und spricht zuo jnen: Sy habend den Herren hinweg genommen auß dem grab/ unnd wir wüssend nit wo sy jn hin gelegt habend. Do gieng Petrus und der ander junger hinauß/ und kamend zuo dem grab. Es lieffend aber die zwen mit einander/ unnd der ander junger lieff vorhin schnäller dann Petrus/ und kam am ersten zum grab/ luoget hineyn/ und sicht die leynwadt gelegt. Er gieng aber nit hineyn. Do kam Simon Petrus jm nach/ und gieng hineyn in das grab/ und sicht die leynwadt gelegt/ und das schweyßtuoch das Jesu umbs haupt gebunden/ was nit bey der leynwadt gelegt/ sunder beseytz eyngewicklet an einem besundren ort. Do gieng auch der ander junger hineyn/ der am ersten zum grab kam/ und sach/ und glaubts: dann sy wußtend die gschrifft noch nit/ dz er von den todten auferston müeßte. Do giengend die jünger wider zesamen.

Maria aber stuond vor dem grab/ unnd weynet daussen. Als sy nun weynet/ luoget sy in das grab/ und sicht zwen engel in weyssen kleydern sitzen/ einen zuon haupten/ und den andern zuon füessen/ da sy den leychnam Jesu hingelegt hattend/ und die selben sprachend zuo jr: Weyb/ was weynest du? Sy spricht zuo jnen: Sy habend meynen Herren hinweg genommen/ und ich weiß nit wo sy jn hingelegt habend. Und als sy das sagt/ wandt sy sich zeruck/ und sicht Jesum ston/ und weyßt nit dz Jesus ist. Spricht Jesus zuo jr: Weib/ was

Das leere Grab

20 1 Am ersten Tag der Woche kommt Maria aus Magdala frühmorgens noch in der Dunkelheit zum Grab und sieht, dass der Stein vom Grab weggenommen ist. 2 Da eilt sie fort und kommt zu Simon Petrus und zu dem anderen Jünger, den Jesus lieb hatte, und sagt zu ihnen: Sie haben den Herrn aus dem Grab genommen, und wir wissen nicht, wo sie ihn hingelegt haben. 3 Da brachen Petrus und der andere Jünger auf und gingen zum Grab. 4 Die beiden liefen miteinander; doch der andere Jünger lief voraus, war schneller als Petrus und kam als Erster zum Grab. 5 Und als er sich vorbeugt, sieht er die Leinenbinden daliegen; er ging aber nicht hinein. 6 Nun kommt auch Simon Petrus, der ihm folgt, und er ging in das Grab hinein. Er sieht die Leinenbinden daliegen 7 und das Schweisstuch, das auf seinem Haupt gelegen hatte; es lag nicht bei den Leinenbinden, sondern zusammengerollt an einem Ort für sich. 8 Darauf ging nun auch der andere Jünger, der als Erster zum Grab gekommen war, hinein; und er sah, und darum glaubte er. 9 Denn noch hatten sie die Schrift, dass er von den Toten auferstehen müsse, nicht verstanden. 10 Dann kehrten die Jünger wieder zu den anderen zurück.

P: Mt 28,1–8 |9: 14,26!

Erscheinung vor Maria

11 Maria aber stand draussen vor dem Grab und weinte. Während sie nun weinte, beugte sie sich in das Grab hinein. 12 Und sie sieht zwei Engel sitzen in weissen Gewändern, einen zu Häupten und einen zu Füssen, dort, wo der Leib Jesu gelegen hatte. 13 Und sie sagen zu ihr: Frau, was weinst du? Sie sagt zu ihnen: Sie haben meinen Herrn weggenommen, und ich weiss nicht, wo sie ihn hingelegt haben. 14 Das sagte sie und wandte sich um, und sie sieht Jesus dastehen, weiss aber nicht, dass es Jesus ist. 15 Jesus sagt zu ihr: Frau, was weinst

weinest du? wän suochst du? Sy meint es wäre der gartner/ und spricht zuo jm: Herr/ hast du jn hin tragen/ so sag mir wo hast du jn hin gelegt? so wil ich jnn holen. Spricht Jesus zuo jr: Maria. Do wandt sy sich umb/ und spricht zuo jm: Rabuni/ das heißt/ Meister. Spricht Jesus zuo jr: Rüer mich nit an/ dann ich bin noch nit aufgefaren zuo meynem vatter. Gang aber hin zuo meinen brüederen/ und sag jnen/ Jch fare auf zuo meinem vatter/ unnd zuo euwerem vatter: zuo meinem Gott/ und zuo euwerem Gott. Maria Magdalena kumpt/ unnd verkündiget den jüngeren: Jch hab den Herren gesehen/ unnd sölichs hat er zuo mir gesagt.

Am abent aber desselben Sabbaths do die jünger versamlet/ unnd die thüren verschlossen warennd/ auß forcht vor den Juden/ kam Jesus und tratt mitten eyn/ unnd spricht zuo jnen: Habend frid. Und als er das gesagt/ zeigt er jnen die hend und sein seyten. Do wurdend die jünger fro das sy den Herren sahend. Do sprach Jesus abermals zuo jnen: Habend frid. Gleych wie mich der vatter gesendt hatt/ also send ich euch. Und do er das sagt/ bließ er sy an/ und spricht zuo jnen: Nemmend hin den heyligen geyst. Welchen jr die sünd ablassend/ denen sind sy abgelassen: und welchen jr sy behaltend/ denen sind sy behalten.

Thomas aber der zwölffen einer/ der da heyßt Zwyling/ was nit bey jnen do Jesus kam. Do sagtend die andern jünger zuo jm: Wir habend den Herren gesehen. Er aber sprach zuo jnen: Es sey dann das ich in seinen henden sehe die maal der näglen/ und lege meine finger in die maal der näglen/ und lege mein hand in sein seyten/ wil ichs nit glauben.

Unnd über acht tag warend abermals seine jünger darinnen/ unnd Thomas mit jnen/ do kumpt Jesus/ do die thüren verschlossen warend/ und tritt ins mittel/ und spricht: Habend frid. Darnach spricht er zuo Thoma: Reich deine finger här unnd sich meine hend/ und reich deine hand här/ und leg sy in mein seyten und biß nit unglöubig/ sonder glöubig. Thomas antwortet/ und sprach zuo jm: Mein Herr unnd

du? Wen suchst du? Da sie meint, es sei der Gärtner, sagt sie zu ihm: Herr, wenn du ihn weggetragen hast, sag mir, wo du ihn hingelegt hast, und ich will ihn holen. 16 Jesus sagt zu ihr: Maria! Da wendet sie sich um und sagt auf Hebräisch zu ihm: Rabbuni! Das heisst ‹Meister›. 17 Jesus sagt zu ihr: Fass mich nicht an! Denn noch bin ich nicht hinaufgegangen zum Vater. Geh aber zu meinen Brüdern und sag ihnen: Ich gehe hinauf zu meinem Vater und zu eurem Vater, zu meinem Gott und zu eurem Gott. 18 Maria aus Magdala geht und sagt zu den Jüngern: Ich habe den Herrn gesehen, und berichtet ihnen, was er ihr gesagt hat.

P: Mt 28,9–10 |14: 21,4 |15: 19,41

Erscheinung vor den Jüngern

19 Es war am Abend eben jenes ersten Wochentages – die Jünger hatten dort, wo sie waren, die Türen aus Furcht vor den Juden verschlossen –, da kam Jesus und trat in ihre Mitte, und er sagt zu ihnen: Friede sei mit euch!

20 Und nachdem er dies gesagt hatte, zeigte er ihnen die Hände und die Seite; da freuten sich die Jünger, weil sie den Herrn sahen. 21 Da sagte Jesus noch einmal zu ihnen: Friede sei mit euch! Wie mich der Vater gesandt hat, so sende ich euch. 22 Und nachdem er dies gesagt hatte, hauchte er sie an, und er sagt zu ihnen: Heiligen Geist sollt ihr empfangen! 23 Wem immer ihr die Sünden vergebt, dem sind sie vergeben; wem ihr sie festhaltet, dem sind sie festgehalten.

P: Lk 24,36–43 |19: 7,13! · 14,27 |20: 19,34 · 16,22 |21: 17,18 |22: 7,39!; 16,7 |23: Mt 18,18!

Erscheinung vor Thomas

24 Thomas aber, einer der Zwölf, der auch Didymus genannt wird, war nicht bei ihnen, als Jesus kam. 25 Da sagten die anderen Jünger zu ihm: Wir haben den Herrn gesehen. Er aber sagte zu ihnen: Wenn ich nicht das Mal der Nägel an seinen Händen sehe und nicht meinen Finger in das Mal der Nägel und meine Hand in seine Seite legen kann, werde ich nicht glauben. 26 Nach acht Tagen waren seine Jünger wieder drinnen, und Thomas war mit ihnen. Jesus kam, obwohl die Türen verschlossen waren, und er trat in ihre Mitte und sprach: Friede sei mit euch! 27 Dann sagt er zu Thomas: Leg deinen Finger hierher und schau meine Hände an, und streck deine Hand aus und leg sie in meine Seite, und sei nicht ungläubig, sondern gläubig! 28 Thomas antwortete und sagte zu

mein Gott. Spricht Jesus zuo jm: Dieweyl du mich gesehen hast Thoma/ hast du glaubt. Sälig sind die/ die nit sehend/ und doch glaubend.

Auch vil andere zeychen thett Jesus vor seinen jüngeren/ die nit geschriben sind in disem buoch. Dise aber sind geschriben/ das jr glaubind Jesus sey Christ der sun Gottes/ und das jr durch den glauben das läben habind in seinem nammen.

Das xxj. Capitel.
Ein andere erscheynung Christi vor seinen jüngeren am meer/ und ein gespräch mit Petro.

Darnach offenbaret Jesus sich abermals an dem meer Tyberias. Er offenbaret sich aber also. Es was bey einandern Simon Petrus/ und Thomas der da heyßt Zwyling/ und Nathanael von Cana Galilee/ und die sün Zebedei/ und andere zwen seiner jüngeren. Spricht Simon Petrus zuo jnen: Jch wil gon fischen. Sy sprachend zuo jm: So wöllend wir mit dir gon. Sy giengend hinauß/ und trattend ins schiff von stundan. Und in der selben nacht fiengend sy nichts. Do es aber yetz morgen was/ stuond Jesus am gstad/ aber die jünger wußtend nit das es Jesus was. Spricht Jesus zuo jnen: Kinder/ habend jr nichts zeessen? Sy antwortend jm: Nein. Er sprach aber zuo jnen: Werffend das netze zur gerechten des schiffs/ so werdennd jr finden. Do wurffend sy/ und kondtends nit mer ziehen vor der menge der fischen. Do spricht der jünger/ welchen Jesus lieb hat/ zuo Petro: Es ist der Herr.
Do Simon Petrus hort/ daß der Herr was/ warff er seinen mantel von jm (dann er was nacket) unnd sprang ins meer. Die anderen jünger aber kamend auff dem schiff: dann sy warend nit verr vom land/ sonder bey zweyhundert ellen/ und zugend das netze mit den fischen. Als sy nun auß trattend auffs land/ sahend sy kolen gelegt und fisch darauff/ und brot. Spricht Jesus zuo jnen: Bringend här

ihm: Mein Herr und mein Gott! 29 Jesus sagt zu ihm: Du glaubst, weil du mich gesehen hast. Selig, die nicht mehr sehen und glauben!

P: Lk 24,36–43

20,29: Die Seligpreisung ist im griechischen Text offener formuliert: ‹Selig, die nicht sehen und glauben!› Die Übersetzung präzisiert: Selig gepriesen werden die Glaubenden der späteren Zeit, die Jesus nicht mehr selber sehen, sondern auf das Zeugnis der Augenzeugen bzw. des Evangeliums angewiesen sind.

Der Epilog
30 Noch viele andere Zeichen hat Jesus vor den Augen seiner Jünger getan, die in diesem Buch nicht aufgeschrieben sind. 31 Diese hier aber sind aufgeschrieben, damit ihr glaubt, dass Jesus der Christus ist, der Sohn Gottes, und dadurch, dass ihr glaubt, Leben habt in seinem Namen.

|30: 21,25 · 2,11! |31: 11,27! · 3,16!

Erscheinung am See von Tiberias
21 1 Danach zeigte sich Jesus den Jüngern noch einmal, am See von Tiberias. Und er zeigte sich so: 2 Simon Petrus und Thomas, der Didymus genannt wird, und Natanael aus Kana in Galiläa und die Söhne des Zebedäus und zwei andere von seinen Jüngern waren beisammen. 3 Simon Petrus sagt zu ihnen: Ich gehe fischen. Sie sagen zu ihm: Wir kommen auch mit dir. Sie gingen hinaus und stiegen ins Boot und fingen nichts in jener Nacht. 4 Als es aber schon gegen Morgen ging, trat Jesus ans Ufer; die Jünger wussten aber nicht, dass es Jesus war. 5 Da sagt Jesus zu ihnen: Kinder, ihr habt wohl keinen Fisch zum Essen? Sie antworteten ihm: Nein. 6 Er aber sagt zu ihnen: Werft das Netz auf der rechten Seite des Bootes aus, und ihr werdet einen guten Fang machen. Da warfen sie es aus, und vor lauter Fischen vermochten sie es nicht mehr einzuziehen. 7 Da sagt jener Jünger, den Jesus liebte, zu Petrus: Es ist der Herr. Als nun Simon Petrus hörte, dass es der Herr sei, legte er sich das Obergewand um, denn er war nackt, und warf sich ins Wasser. 8 Die anderen Jünger aber kamen mit dem Boot – sie waren nämlich nicht weit vom Ufer entfernt, nur etwa zweihundert Ellen – und zogen das Netz mit den Fischen hinter sich her. 9 Als sie nun an Land kamen, sahen sie ein Kohlenfeuer am Boden und Fisch darauf

von den fischen die jr yetz gefangen habend. Simon Petrus steig hineyn/ unnd zoch das netze auffs lannd/ voll grosser fischen/ hundert und drey und fünfftzig. Unnd wiewol jren so vil warend/ zerreiß doch das netz nit. Spricht Jesus zuo jnen: Kommend/ unnd haltend das maal. Niemants aber under den jüngeren dorfft jn fragen/ Wär bist du? dann sy wußtend daß der Herr was. Do kumpt Jesus/ unnd nimpt das brot/ unnd gibt es jnen: desselben gleychen den fisch. Das ist nun das dritt maal das Jesus geoffenbaret ist seinen jüngeren/ nach dem er von den todten auferstanden ist.

Do sy nun das maal gehalten hattend/ spricht Jesus zuo Simon Petro: Simon Johanna/ hast du mich lieber dann mich dise habend? Er spricht zuo jm: Ja Herr/ du weist es das ich dich lieb hab. Spricht er zuo jm: Weyd meine lämmer. Spricht er aber zum anderen mal zuo jm: Simon Johanna/ hast du mich lieb? Er spricht zuo jm: Ja Herr/ du weyst das ich dich lieb hab. Spricht er zuo jm: Hüet meyner schaaffen. Spricht er zum dritten mal zuo jm: Simon Johanna/ liebest du mich? Petrus ward traurig/ daß er zum dritten mal zuo jm sagt/ Hast du mich lieb/ und sprach zuo jm: Herr du weyst alle ding/ du weist das ich dich lieb hab. Spricht Jesus zuo jm: Weyd meine schaaff.

Warlich warlich ich sag dir/ do du jünger warest/ gurtest du dich selbs/ und wandletest wo du hin woltest: wenn du aber alt wirst/ wirst du deine hend außstrecken/ und ein anderer wirt dich gürten/ und füeren wo du nit hin wilt. Das sagt er aber zuo bedeüten mit welchem tod er Gott preysen wurde.

Do er aber das gesagt/ spricht er zuo jm: Volg mir nach.

Petrus aber wandt sich umb/ und sach den junger volgen/ welchen Jesus lieb hatt/ der auch auff seiner brust im Abentessen gelägen was/ unnd gesagt hatt: Herr/ wär ists der dich verradtet? Do Petrus disen sach/ spricht er zuo Jesu: Herr/ wz sol aber diser? Jesus spricht zuo jm: So ich wil das er bleybe biß ich kumm/ was gadt es dich an? Volg du mir nach. Do gieng ein red auß unnder den brüederen:

liegen und Brot. 10 Jesus sagt zu ihnen: Bringt von den Fischen, die ihr gerade gefangen habt. 11 Da stieg Simon Petrus aus dem Wasser und zog das Netz an Land, voll von grossen Fischen, hundertdreiundfünfzig. Und obwohl es so viele waren, riss das Netz nicht. 12 Jesus sagt zu ihnen: Kommt und esst! Keiner von den Jüngern aber wagte ihn auszuforschen: Wer bist du? Sie wussten ja, dass es der Herr war. 13 Jesus kommt und nimmt das Brot und gibt es ihnen, und ebenso den Fisch. 14 Das war schon das dritte Mal, dass Jesus sich den Jüngern zeigte, seit er von den Toten auferweckt worden war.

P: Lk 5,4–11 |4: 20,14 |12: 16,23 |13: Lk 24,30 |14: 20,19–23.26–29

Jesus und Petrus

15 Als sie nun gegessen haben, sagt Jesus zu Simon Petrus: Simon, Sohn des Johannes, liebst du mich mehr, als diese mich lieben? Er sagt zu ihm: Ja, Herr, du weisst, dass ich dich lieb habe. Er sagt zu ihm: Weide meine Lämmer! 16 Und er sagt ein zweites Mal zu ihm: Simon, Sohn des Johannes, liebst du mich? Der sagt zu ihm: Ja, Herr, du weisst, dass ich dich lieb habe. Er sagt zu ihm: Hüte meine Schafe! 17 Er sagt zum dritten Mal zu ihm: Simon, Sohn des Johannes, hast du mich lieb? Petrus wurde traurig, weil er zum dritten Mal zu ihm sagte: Hast du mich lieb?, und er sagt zu ihm: Herr, du weisst alles, du siehst doch, dass ich dich lieb habe. Jesus sagt zu ihm: Weide meine Schafe! 18 Amen, amen, ich sage dir: Als du jünger warst, hast du dich selber gegürtet und bist gegangen, wohin du wolltest. Wenn du aber älter wirst, wirst du deine Hände ausstrecken, und ein anderer wird dich gürten und führen, wohin du nicht willst. 19 Das aber sagte er, um anzudeuten, durch welchen Tod er Gott verherrlichen werde. Und nachdem er dies gesagt hatte, sagte er zu ihm: Folge mir!

|15: 13,37 · Lk 22,32 · Mt 16,18 |19: 13,36

Petrus und der Lieblingsjünger

20 Da Petrus sich umwendet, sieht er den Jünger folgen, den Jesus liebte, der auch beim Mahl an seiner Brust gelegen und gesagt hat: Herr, wer ist es, der dich ausliefern wird? 21 Als nun Petrus ihn sieht, sagt er zu Jesus: Herr, was wird aus ihm? 22 Jesus sagt zu ihm: Wenn ich will, dass er bleibt, bis ich komme, was kümmert es dich? Folge du mir! 23 Von da an ging unter den Brüdern die Rede,

Diser junger stirbt nit. Unnd Jesus sprach nit zuo jm/ Er stirbt nit/ sunder: So ich wil dz er bleybe biß ich kumm/ was gadt es dich an?

Diser ist der junger der von disen dingen zeüget/ und die ding geschriben hat/ und wir wüssend daß sein zeügnuß waar ist. Es sind auch vil andere ding die Jesus gethon hatt/ welche/ so sy söltind eins nach dem andren geschriben werden/ acht ich die welt wurde die büecher nit begreyffen die zeschreyben wärind.

dass jener Jünger nicht sterben werde. Aber Jesus hatte ihm nicht gesagt, er werde nicht sterben, sondern: Wenn ich will, dass er bleibt, bis ich komme, was kümmert es dich?

|20: 13,25

Der zweite Epilog

24 Das ist der Jünger, der dies alles bezeugt und es aufgeschrieben hat. Und wir wissen, dass sein Zeugnis glaubwürdig ist. 25 Es gibt aber noch vieles andere, was Jesus getan hat. Wollte man das alles, eins ums andere, aufschreiben, so würde meines Erachtens die ganze Welt die Bücher nicht fassen, die dann zu schreiben wären.

|24: 19,35

Das ander teil des Evangelij S. Lucas von der Apostel Geschicht.

Das erst Capitel.
Vonn der auffart Christi/ unnd der erwelung Mathie an Judas statt.

Die erst red hab ich thon lieber Teophile/ von dem allem das Jesus anfieng ze leren und ze tuon/ biß an den tag do er auffgenommen ward/ nach dem er den Apostlen (welche er hatt erwelet) durch den geyst befelch thett/ welchen er sich nach seinem leyden läbendig erzeyget hat/ durch mancherley krefftig bewärnussen/ unnd ließ sich sehen viertzig tag lang/ und redt mit jnen vom reych Gottes. Und als er sy versamlet hatt/ befalch er jnen das sy nit von Jerusalem wichind/ sunder wartetind auff die verheyssung deß vatters/ welche jr habend gehört (sprach er) von mir: dann Johannes hatt mit wasser getaufft/ jr aber werdennd mit dem heyligen geyst getaufft nach unlangen denen tagen.

Do sy nun zuosamen kommen warent/ fragtend sy jnn/ und sprachend: Herr/ wirst du auf die zeyt wider aufrichten das reych Jsraels? Er sprach aber zuo jnen: Es gebürt euch nit zewüssenn die zeyt oder tag/ welche der vatter seiner macht vorbehaltenn hatt: sunder jr werdennd die krafft deß Heyligen geysts empfahen/ welcher auff euch kommen wirt: und werdend meine zeügen sein zuo Jerusalem/ und im gantzen Judea und Samaria/ und biß an das end der erden.

Und do er sölichs gesagt/ ward er aufgehaben zuosehens: und ein wolck nam jn auf von jren augen. Und als sy jm nachsahend/ jnn in den himmel farende/ sihe/ do stuondend grad zween mann bey jnen in weyssen kleyderen/ welche auch sagtend: Jr menner vonn Galilea/ was stond jr/ und sehend in den himel? Diser Jesus/ welcher von euch ist aufgenommen gen himmel/ der wirt also kommen wie jr jnn gesehen habend gen himmel faren.

Do wandtennd sy umb gen Jerusalem von dem berg der da heyßt der ölberg/ welcher ist nach bey Jerusalem/ unnd hat eines Sabbaths reyß. Und als sy hineyn kamend giengend sy in den Sal/ da dann sich enthieltend Petrus und Jacobus/ Johannes und Andreas/ Philippus unnd

Die Apostelgeschichte

Einleitung

1 1 In meinem ersten Buch, lieber Theophilus, habe ich berichtet über alles, was Jesus zu tun und zu lehren begonnen hat, 2 bis zu dem Tag, da er seinen Aposteln, die er erwählt hatte, durch den heiligen Geist seine Weisung gab und in den Himmel aufgenommen wurde.

3 Ihnen hat er nach seinem Leiden auf vielfache Weise bewiesen, dass er lebt: Während vierzig Tagen hat er sich ihnen immer wieder gezeigt und vom Reich Gottes gesprochen. 4 Und beim gemeinsamen Mahl hat er ihnen geboten, nicht von Jerusalem wegzugehen, sondern zu warten auf die verheissene Gabe des Vaters, die ich – so sagte er – euch in Aussicht gestellt habe. 5 Denn Johannes hat mit Wasser getauft, ihr aber werdet mit heiligem Geist getauft werden, schon in wenigen Tagen. 6 Die, welche damals beisammen waren, fragten ihn: Herr, wirst du noch in dieser Zeit deine Herrschaft wieder aufrichten für Israel? 7 Er aber sagte zu ihnen: Euch gebührt es nicht, Zeiten und Fristen zu erfahren, die der Vater in seiner Vollmacht festgesetzt hat. 8 Ihr werdet aber Kraft empfangen, wenn der heilige Geist über euch kommt, und ihr werdet meine Zeugen sein, in Jerusalem, in ganz Judäa, in Samaria und bis an die Enden der Erde.

9 Als er dies gesagt hatte, wurde er vor ihren Augen emporgehoben, und eine Wolke nahm ihn auf und entzog ihn ihren Blicken. 10 Und während sie ihm unverwandt nachschauten, wie er in den Himmel auffuhr, da standen auf einmal zwei Männer in weissen Kleidern bei ihnen, 11 die sagten: Ihr Leute aus Galiläa, was steht ihr da und schaut hinauf zum Himmel? Dieser Jesus, der von euch weg in den Himmel aufgenommen wurde, wird auf dieselbe Weise wiederkommen, wie ihr ihn in den Himmel habt auffahren sehen.

12 Da kehrten sie vom Ölberg nach Jerusalem zurück; dieser liegt nahe bei Jerusalem, nur einen Sabbatweg weit weg. 13 Und als sie in die Stadt kamen, gingen sie in das Obergemach,

Thomas/ Bartholomeus unnd Mattheus/ Jacobus Alphei sun/ und Simon Zelotes/ und Judas Jacobi sun. Dise alle hieltend an einmüetig mit bätten und begären/ sampt den weyberen und Maria der muoter Jesu und seinen brüederen.

Unnd in denen tagen stuond auf Petrus mitten under den jüngeren/ und sprach (Es was aber die schar der nammen zuosamen/ bey hundert und zwentzig) Jr menner und brüeder es muoßt dise gschrifft erfüllt werden/ welche vorhin gesagt hatt der geyst Gottes durch den mund Davids/ von Juda/ der ein vorgenger was deren die Jesum fiengend: dann er was mit uns gezellt/ und hatt überkommen den anfal dises ampts. Diser hat zwar besässen den acker umb den lon der ungerechtigkeyt/ und hat sich erhenckt/ und ist mitten entzwey zerbrochen/ und hat sein yngwyed außgeschütt. Und es ist kund worden allen die zuo Jerusalem wonend/ also/ das der selb acker genennet wirt auff jr spraach Ackeldama/ das ist ein bluotacker.

Dann es stadt geschriben im Psalmenbuoch: Jr behausung müesse wüest werden/ und sey niemant der darinnen wone. Und: Sein Bistthuomb empfahe ein anderer. So muoß nun under denen menneren/ die mit uns versamlet gewesen sind/ die gantze zeyt/ welche Jesus under uns ist auß und yngangen/ anfencklich von dem Tauff Joannis/ biß auff den tag/ da er von uns genommen ist/ ein züg seiner auferstentnuß werden mit unns/ einer auß disen. Und sy staltend zwen/ Joseph genannt Barsabas/ mitt dem zuonamen Just/ und Mathian/ bättetend unnd sprachend: Herr/ aller hertzen erkenner/ zeyg an welchen du erwellet habest under disen zweyen/ das einer empfahe den anfal dises diensts und Apostel ampts/ davon Judas abgeträtten ist/ das er hingienge an sein ort. Und sy gabend das loß über sy/ und das loß viel auff Mathian. Und er ward zuogeordnet zuo den eylff Apostlen.

wo sie sich aufzuhalten pflegten: Petrus, Johannes, Jakobus und Andreas; Philippus und Thomas; Bartolomäus und Matthäus; Jakobus, der Sohn des Alfäus, Simon der Eiferer und Judas, der Sohn des Jakobus. 14 Dort hielten sie alle einmütig fest am Gebet, zusammen mit den Frauen, mit Maria, der Mutter Jesu, und mit seinen Geschwistern.

|1–2: Lk 1,1–3 |2: Lk 6,13–16 · Lk 24,51 |3: Lk 24,36–43 · 19,8! |4: 2,33.39; Lk 24,49 |5: 11,16; Lk 3,16 · 2,1–4 |6: 3,21; Lk 9,27! |7: Mk 13,32 |8: Lk 24,47–49 · 8,15! · 1,22! · 2,14; 8,14; 11,1; 13,47 |9: Lk 24,51; Mk 16,19 |10: Lk 24,4 |11: Lk 21,27! |12: Lk 24,52 |13: Lk 6,13–16 |14: Lk 8,2–3! · Lk 8,20; Mt 13,55

1,4: Andere Übersetzungsmöglichkeit: «Und als er mit ihnen zusammen war, hat er ihnen geboten, ...»

Die Ergänzung des Zwölferkreises

15 Und in diesen Tagen stand Petrus im Kreis der Brüder auf – es waren etwa hundertzwanzig Personen versammelt – und sprach:

16 Brüder! Das Schriftwort musste in Erfüllung gehen, das der heilige Geist einst durch den Mund Davids gesagt hat über Judas, der zum Anführer derer geworden ist, die Jesus verhafteten, 17 da er ja zu uns gehörte und am gleichen Dienst teilhatte. 18 Dieser kaufte von dem Lohn für seine Untat ein Grundstück; dort stürzte er, riss sich den Leib auf, und alle seine Eingeweide quollen heraus. 19 Und das wurde allen Bewohnern Jerusalems bekannt; von daher heisst jenes Grundstück in der Sprache der Einheimischen Hakeldama, das heisst ‹Blutacker›. 20 Es steht nämlich geschrieben im Buch der Psalmen:

*Sein Gehöft bleibe leer,
und niemand wohne dort,*

und:

Sein Amt erhalte ein anderer.

21 Es muss also einer von den Männern, die uns begleitet haben die ganze Zeit, da Jesus, der Herr, bei uns ein und aus ging, 22 vom Tag der Taufe durch Johannes bis zu dem Tag, da er von uns weg in den Himmel aufgenommen wurde, mit uns Zeugnis von seiner Auferstehung ablegen – einer von diesen hier.

23 Da stellten sie zwei auf, Josef, genannt Barsabbas, mit dem Beinamen Justus, und Matthias. 24 Und sie beteten: Du, Herr, der du die Herzen aller kennst, zeige uns, welchen von diesen beiden du erwählt hast, 25 diesen Dienst zu übernehmen, das Apostelamt, von dem sich Judas abgewandt hat, um dorthin zu gehen, wo sein Platz ist. 26 Und sie zogen

Das ij. Capitel.

Von der sendung deß Heiligen geists/ und der predig Petri vor der gmeynd zuo Jerusalem/ unnd von der frucht seiner predig/ und zuofal der glöubigen.

Und als der tag der Pfingsten erfüllet was/ warend sy all einmüetig bey einandern. Und es geschach schnäll ein getöß von himmel als eynes gewaltigen winds der dahär fart/ und erfüllet dz gantz hauß da sy sassend. Und man sach an jnen die zungen zerteylt/ als wärind sy fheürig. Und er satzt sich auff einen yetlichen under jnen/ unnd wurdend all voll deß Heyligen geysts. Und fiengend an zepredigen mit anderen zungen/ nach dem der geyst jnen gab außzesprechen.

Es warennd aber Juden zuo Jerusalem wonende/ die warend Gottesförchtige menner/ auß allerley volcks das under dem himmel ist. Do nun dise stimm geschach/ kam die menge zuosamen und erschrackend: dann es hort ein yetlicher das sy mitt seiner spraach redtend. Sy entsatztend sich aber all/ erstaunetend/ und sprachend under einander: Sihe/ sind nit dise all/ die da redend/ von Galilea/ wie hörend wir dann ein yetlicher sein spraach/ darinnen wir geboren sind? Parther und Meder/ unnd Elamiter/ unnd die wir wonend in Mesopotamien/ und in Judea und Capadocia/ Ponto und Asia/ Phrygia und Pamphilia/ Egypten/ und an den enden der Lybien bey Cyrenen/ und außlender von Rom/ Juden unnd Judgenossen/ Kreter und Araber: wir hörend sy mit unseren zungen die grossen thaaten Gottes reden. Sy wurdend aber all scheüch und bestuondend/ und sprachend einer zuo dem anderen: Was wil das werden? Die andren aber verspottetend sy/ unnd sprachend: Sy sind voll süesses weyns.

Do stuond Petrus auf mit den eylfften/ huob auff sein stimm/ und redt zuo jenen: Jr Juden lieben menner/ und alle die jr zuo Jerusalem wonend/ das sey euch kund gethon/ unnd lassend meine wort zuo euwern oren eyngon. Dann dise sind nit truncken/ wie jr wänend/ sittenmal es die dritte stund am tag ist: sunder das ists/ dz durch den Propheten Johel vorhin gesagt ist: Und es sol geschehen in den letsten tagen/ spricht Gott/ Jch wil außgiessen von meinem geist auff alles fleisch/ und euwere sün und euwere

das Los, und das Los fiel auf Matthias. Und er wurde zu den elf Aposteln hinzugewählt.

|16: Lk 22,47 |18: Mt 27,3–10 |20: Ps 69,26 · Ps 109,8 |22: 1,8; 2,32; 3,15; 5,32; 10,39.41; 13,31; Lk 24,48 |24: 15,8

Das Pfingstwunder

2 1 Als nun die Zeit erfüllt und der Tag des Pfingstfestes gekommen war, waren sie alle beisammen an einem Ort. 2 Da entstand auf einmal vom Himmel her ein Brausen, wie wenn ein heftiger Sturm daherfährt, und erfüllte das ganze Haus, in dem sie sassen; 3 und es erschienen ihnen Zungen wie von Feuer, die sich zerteilten, und auf jeden von ihnen liess eine sich nieder. 4 Und sie wurden alle erfüllt von heiligem Geist und begannen, in fremden Sprachen zu reden, wie der Geist es ihnen eingab.

5 In Jerusalem aber wohnten Juden, fromme Männer aus allen Völkern unter dem Himmel. 6 Als nun jenes Tosen entstand, strömte die Menge zusammen, und sie waren verstört, denn jeder hörte sie in seiner Sprache reden. 7 Sie waren fassungslos und sagten völlig verwundert: Sind das nicht alles Galiläer, die da reden? 8 Wie kommt es, dass jeder von uns sie in seiner Muttersprache hört? 9 Parther und Meder und Elamiter, Bewohner von Mesopotamien, von Judäa und Kappadokien, von Pontus und der Provinz Asia, 10 von Phrygien und Pamphylien, von Ägypten und dem kyrenischen Libyen, und in der Stadt weilende Römer, 11 Juden und Proselyten, Kreter und Araber – wir alle hören sie in unseren Sprachen von den grossen Taten Gottes reden. 12 Sie waren fassungslos, und ratlos fragte einer den andern: Was soll das bedeuten? 13 Andere aber spotteten und sagten: Die sind voll süssen Weins.

|1: Lev 23,15–21; Dtn 16,9–11 |3: Lk 3,16 |4: 4,8.31; 9,17; 13,9 · 19,6!; Jes 28,11; 1Kor 14,21–25 |11: 19,6!

Die Pfingstrede des Petrus

14 Petrus aber trat vor, zusammen mit den elfen, erhob seine Stimme und sprach:

Ihr Juden und all ihr Bewohner Jerusalems, dies sei euch kundgetan, vernehmt meine Worte! 15 Diese Männer sind nicht betrunken, wie ihr meint; es ist doch erst die dritte Stunde des Tages. 16 Nein, hier geschieht, was durch den Propheten Joel gesagt worden ist:

17 *Und es wird geschehen* in den letzten Tagen, spricht Gott,

töchteren söllend weyssagen/ und euwere jüngling söllend gesicht sehen/ unnd euwere Eltesten söllend tröum traumen: und auff mein knecht/ und auff meine mägt wil ich in den selbigen tagen von meinem geyst außgiessen/ und sy werdend weyssagen. Und ich wil geben wunder oben im himmel/ und zeychen unden auff erden: bluot und fheür/ rouch und dampff. Die Sonn wirt sich verkeeren in finsternuß/ und der Mon in bluot: ee dann der groß und offenbarlich tag deß Herren komme. Unnd es sol geschehen/ wär den nammen deß Herren anrüeffen wirt/ wirt sälig werden.

Jr Jsraelischen menner hörennd meine wort: Jesum von Nazareth/ den man von Gott under euch mit thaten unnd wunder/ und zeichen beweyset/ welche Gott durch jn gethon hat mitten under üch/ wie dann auch jr selbs wüssent/ den selben/ nach dem er auß bedachtem radt und fürsehung Gottes ggeben was/ habend jr genommen durch die hend der ungerechten/ und jn gehefft ans creütz/ unnd abgethon/ den hat Gott auferweckt/ und aufgelößt die schmertzen deß todts/ nach dem es unmüglich was das er solt von jm gehalten werden. Dann David spricht von jm: Jch hab den Herren alle zeyt fürgesetzt für mein angesicht/ dann er ist an meiner rechten/ auff das ich nit bewegt werde. Darumb ist mein hertz frölich/ und mein zung fröwet sich: dann auch mein fleysch wirt ruowen in der hoffnung. Dann du wirst mein seel nit in der Hell lassen/ auch nit zuogeben das dein heyliger die verwäsung sehe. Du hast mir kund gethon die wäg des läbens/ du wirst mich erfüllen mit fröuden vor deinem angesicht.

Jr menner lieben brüeder/ lassend mich fry reden zuo euch von dem Ertzvatter David: Er ist gestorben und begraben/ und sein grab ist bey uns biß auff disen tag. Als er nun ein Prophet was/ und wußt das jm Gott verheyssen hatt mit einem Eyd/ das die frucht seiner lenden sölte auff seinem stuol sitzen/ hat ers vorhin gesehen/ und geredt von der auferstentnuß Christi/ dann sein seel ist nit inn der hell gelassen/ und sein fleysch hat die verwäsung nit gesehen. Disen Jesum hat Gott auferweckt/ deß sind wir all zeügen.

Nun so er durch die gerechten Gottes erhöcht ist/ unnd empfangen die verheyssung deß heyligen geists vom vatter/ hat er außgossen diß/ das jr sehend und hörend: dann David ist nit inn den himmel gestigen. Er spricht

da werde ich von meinem Geist ausgiessen über alles Fleisch,
und eure Söhne und eure Töchter werden weissagen,
und eure jungen Männer werden Gesichte sehen,
und eure Alten werden Träume träumen.
18 *Und auch über meine Knechte und über meine Mägde werde ich in jenen Tagen von meinem Geist ausgiessen, und sie werden weissagen.*
19 *Wunder oben am Himmel werde ich wirken und Zeichen unten auf Erden:*
Blut und Feuer und qualmenden Rauch.
20 *Die Sonne wird Finsternis werden und der Mond Blut,*
ehe der grosse und herrliche Tag des Herrn kommt.
21 *Und so wird es sein: Jeder, der den Namen des Herrn anruft, wird gerettet werden.*
22 Israeliten, hört diese Worte: Jesus von Nazaret, einen Mann, der sich vor euch als Gesandter Gottes ausgewiesen hat durch machtvolle Taten und Wunder und Zeichen, die Gott – wie ihr selbst wisst – mitten unter euch durch ihn getan hat, 23 ihn, der nach Gottes unumstösslichem Ratschluss und nach seiner Voraussicht preisgegeben werden sollte, habt ihr durch die Hand gesetzloser Menschen ans Kreuz geschlagen und getötet. 24 Ihn hat Gott auferweckt und aus den Wehen des Todes befreit, denn dass er in dessen Gewalt bleiben könnte, war ja unmöglich. 25 David sagt nämlich von ihm:
Ich habe den Herrn allezeit vor Augen,
denn er ist zu meiner Rechten, dass ich nicht wanke.
26 *Darum freut sich mein Herz,*
und meine Zunge jubelt,
mein ganzer Leib wird ruhen am Ort der Hoffnung.
27 *Denn du wirst meine Seele nicht der Unterwelt überlassen*
noch deinen Heiligen Verwesung schauen lassen.
28 *Du hast mir kundgetan Wege des Lebens,*
du wirst mich erfüllen mit Freude vor deinem Angesicht.
29 Brüder, zu euch kann ich ja offen reden über den Patriarchen David: Er starb, und er wurde begraben, und sein Grab ist da bei uns bis auf den heutigen Tag. 30 Da er nun ein Prophet war und wusste, dass Gott ihm mit einem Eid zugesagt hatte, einer von seinen Nachkommen

aber: Der Herr hat gsagt zuo minem Herren: Setz dich zuo meiner rechten/ biß dz ich deine feynd leg zum schämel deiner füessen. So wüsse nun das ganntz hauß Jsrael gewüß/ das Gott disen Jesum/ den jr gecreützigt habend/ zuo einem Herren und Christ gemachte hat.

Do sy aber das hortend/ zerstach sich jr hertz/ und sprachend zuo Petro und zuo den andren Apostlen: Jr menner lieben brüeder/ was söllend wir thuon? Petrus sprach zuo jnen: Thuond buoß/ und laße sich ein yetlicher tauffen in den nammen Jesu Christi/ zur vergebung der sünden/ so werdend jr empfahen die gaab deß Heyligen geystes. Dann euch und euwern kinden ist das verheyssen/ und allen die da verr sind/ welche Gott unnser Herr herzuo berüeffen wirt. Auch mit vil anderen worten bezeügt er/ und ermanet/ und sprach: Lassend euch helffen auß disem ungeschlachten geschlächt. Die nun sein wort gern annamend/ liessend sich tauffen/ unnd wurdend hinzuo gethon an dem tag bey dry tausend seelen.

werde auf seinem Thron sitzen, 31 redete er vorausschauend von der Auferstehung des Christus, als er sagte, er sei nicht der Unterwelt überlassen worden und sein Fleisch habe die Verwesung nicht geschaut. 32 Diesen Jesus hat Gott zum Leben erweckt; dessen sind wir alle Zeugen. 33 Er ist nun zur Rechten Gottes erhöht und hat vom Vater die verheissene Gabe, den heiligen Geist, empfangen, den er jetzt ausgegossen hat, wie ihr seht und hört. 34 Denn nicht David ist in den Himmel hinaufgestiegen, vielmehr sagt er ja selber:

Der Herr sprach zu meinem Herrn: Setze dich zu meiner Rechten,
35 *bis ich deine Feinde hingelegt habe als Schemel für deine Füsse.*
36 Klar und deutlich erkenne also das ganze Haus Israel, dass Gott ihn zum Herrn und zum Gesalbten gemacht hat, diesen Jesus, den ihr gekreuzigt habt.

37 Als sie dies hörten, traf es sie mitten ins Herz, und sie fragten Petrus und die übrigen Apostel: Was sollen wir tun, Brüder? 38 Petrus sagte zu ihnen: Kehrt um, und jeder von euch lasse sich taufen auf den Namen Jesu Christi zur Vergebung eurer Sünden, und ihr werdet die Gabe des heiligen Geistes empfangen. 39 Denn euch gilt die Verheissung und euren Kindern und allen in der Ferne, allen, die der Herr, unser Gott, herbeirufen wird. 40 Und auf vielerlei Weise beschwor und ermahnte er sie: Lasst euch retten aus diesem verkehrten Geschlecht! 41 Die nun sein Wort annahmen, liessen sich taufen. Und an jenem Tag wurden ungefähr dreitausend Menschen der Gemeinde zugeführt.

|15: 2,13 |17–21: Joel 3,1–5 |17: 10,45; Röm 5,5; Tit 3,6 |20: Lk 21,25 |21: 4,12; Röm 10,12–13 |22: 5,12! |23–24: 3,15! |23: 4,28 |24: 10,41; 13,34; 17,3.31; Lk 24,46 · 17,32! · Ps 116,3 |25–28: Ps 16,8–11 |27: 13,35 |29: 13,36; 1Kön 2,10 |30: Ps 89,4–5; 132,11 |31: Ps 16,10 |32: 2,24! · 1,22! |33: 5,31 · 1,4!; 2,1–13 · 8,15! |34–35: Ps 110,1!; Lk 20,42–43 |37–38: 16,30–31! |38: 17,30! · 8,16; 10,48; 19,5 · 5,31! · 8,15! |39: 1,4!

2,24: Die Wendung ‹Wehen des Todes› beruht wahrscheinlich auf einer Fehlübersetzung der griechischen Übersetzung des Alten Testaments; der entsprechende Ausdruck des hebräischen Textes lautet: ‹Stricke des Todes›.

2,40 Andere Übersetzungsmöglichkeit: «Und auf vielerlei Weise legte er Zeugnis ab und ermahnte sie: ...»

Das Leben der frühen Gemeinde

42 Sie aber hielten fest an der Lehre der Apostel und an der Gemeinschaft, am Brechen des Brotes und am Gebet.

Sy blibend aber bestendig in der Apostel leer und in der gmeynschafft/ unnd im brot brechen/ unnd im gebätt. Es kam auch alle seelen ein forcht an/ und geschahend wunder und zeychen durch die Apostel. Alle aber/ die glöubig warend worden/ warend bey einander/ und hieltend alle ding gemein. Jre güeter und hab verkaufftend sy/ und teyltend sy auß under alle/ nach dem yederman not was. Und sy blibend bestendig täglich im tempel einmüetig/ und brachend das brot hin unnd här in heüseren/ namend die speyß mit fröuden und einfaltigem hertzen/ Gott lobende/ und hattend gnad bey dem gantzen volck. Der Herr aber thett hinzuo täglich/ die da sälig wurdend/ zuo der gmeynd.

Das iij. Capitel.
Von dem zeychen das Petrus unnd Johannes am lamen thettend. Von der predig Petri zuom volck von Christo.

Petrus aber und Joannes giengend mit einander hinauf in den tempel umb die neündte stund zebätten/ und es was ein mann lam von muoter lyb/ der ließ sich tragen/ und sy satztend jnn täglich für deß tempels thür/ die da heyßt die Schöne/ das er bättlete das almuosen von denen die in den tempel giengend. Do er nun sach Petron unnd Johansen/ das sy woltend zum tempel hineyn gon/ batt er/ das er ein almuosen empfienge. Petrus aber sach jnn an mit Joanne/ und sprach: Sich uns an. Er aber hielt sich gegen jnen/ wartet das er etwas von jnen empfienge. Petrus aber sprach: Silber unnd gold hab ich nit/ was ich aber hab/ das gib ich dir. Jn dem nammen Jesu von Nazareth stand auf und wandel. Unnd ergreyff jnn bey der rechten hand/ und richtet jn auff. Von stundan wurdend seine schenckel und knoden vest/ sprang auf/ stuond und wandlet/ und gieng mit jnen in den tempel/ wandlet/ und sprang/ und lobt Gott.

Und es sach jn alles volck wandlen und Gott loben. Sy kanntend jn auch das ers was/ der umb das almuosen gesässenn was/ vor der Schönen thür deß tempels. Unnd sy wurdend voll wunders unnd entsitzens ab dem das jm widerfaren was.

43 Und Furcht erfasste alle: Viele Zeichen und Wunder geschahen durch die Apostel. 44 Alle Glaubenden aber hielten zusammen und hatten alles gemeinsam; 45 Güter und Besitz verkauften sie und gaben von dem Erlös jedem so viel, wie er nötig hatte. 46 Einträchtig hielten sie sich Tag für Tag im Tempel auf und brachen das Brot in ihren Häusern; sie assen und tranken in ungetrübter Freude und mit lauterem Herzen, 47 priesen Gott und standen in der Gunst des ganzen Volkes. Der Herr aber führte ihrem Kreis Tag für Tag neue zu, die gerettet werden sollten.

|43: 5,12!–16 |44: 4,32 |45: 4,34–35; Lk 12,33

Die Heilung des Gelähmten
3 1 Petrus und Johannes nun gingen hinauf in den Tempel zur Zeit des Gebets; es war um die neunte Stunde. 2 Und es wurde ein Mann herbeigetragen, der von Geburt an gelähmt war; den setzte man täglich vor das Tempeltor, welches ‹das Schöne› genannt wird, damit er die Tempelbesucher um ein Almosen bitten konnte.
3 Als der nun Petrus und Johannes sah, wie sie in den Tempel gehen wollten, bat er sie um ein Almosen. 4 Petrus aber sah ihm in die Augen, und mit Johannes zusammen sagte er: Schau uns an! 5 Er sah sie an in der Erwartung, etwas von ihnen zu erhalten.
6 Petrus aber sagte: Silber und Gold besitze ich nicht; was ich aber habe, das gebe ich dir: Im Namen Jesu Christi des Nazareners, steh auf und zeig, dass du gehen kannst! 7 Und er ergriff ihn bei der rechten Hand und richtete ihn auf; und auf der Stelle wurden seine Füsse und Knöchel fest, 8 und er sprang auf, stellte sich auf die Füsse und konnte gehen; und er ging mit ihnen in den Tempel hinein, lief hin und her, sprang in die Höhe und lobte Gott.
9 Und das ganze Volk sah ihn umhergehen und Gott loben. 10 Sie erkannten aber in ihm den, der sonst beim Schönen Tor des Tempels sass und um Almosen bat; und sie waren erschrocken und entsetzt über das, was ihm widerfahren war.

|2: 14,8 |8: 14,10; Lk 5,25 |10: Lk 5,26

3,2: Dieses Tor wird in der antiken Literatur vor dem 5. Jahrhundert n.Chr. sonst nicht erwähnt. Der Name ist wohltümlich und dürfte das Nikanor-Tor bezeichnen.

Als aber diser lamer nun gsund sich zuo Petron und Johansen hielt/ lieff alles volck zuo jnen inn den schopff/ der da heyßt Salomonis/ und verwunderend sich.

Als Petrus das sach/ antwortet er dem volck: Jr Jsraelischen menner/ was verwunderend jr euch darab? oder was sehennd jr auff uns/ als hettind wir disen wandlen gemacht/ durch unser eygnn krafft oder verdienst. Der Gott Abrahams unnd Jsaacs und Jacobs/ der Gott unserer vättern hat sein kind Jesum verklärt/ welchenn jr überantwortet und verlöugnet habend vor dem angesicht Pilati/ do der selbig urteylet jn ledig zelassen. Jr aber verlöugnetend den heiligen und gerechten/ und battend umb den mörder euch zegeben/ aber den Hertzogen des läbens habend jr getödt/ den hat Gott auferweckt von den todten/ deß sind wir zeügen. Und durch den glauben in seinen nammen/ hat er an disem/ den jr sehend und kennend/ befestiget seinen nammen: und der glaub durch jn/ hat disem ggeben dise gsundtheyt vor euweren augen.

Nun lieben brüeder/ ich weyß das jrs durch unwüssenheyt gethon habend/ wie auch euwere Obersten. Gott aber/ der durch den mund aller seiner propheten vorhin verkündet hat/ das sein Christus leyden solt/ hats also erfüllt. So thuond nun buoß und bekeerend euch/ das euwere sünd vertilcket werdind/ wenn die zeyt der erkickung kommen wirt vor dem angesicht des Herren/ und er senden wirt/ den/ der euch yetz vorhin prediget ist/ Jesum Christ: welcher muoß den himel eynnemmen biß auff die zeyt/ das herwider bracht werde alles wz Gott geredt hat durch den mund aller seiner heyligen propheten von der welt an.

Dann Moses hat gesagt zuo den vätteren: Einen Propheten wirt euch Gott euwer herr erwecken auß euweren brüederen/ gleych wie mich. Den selben söllend jr hörenn/ in allem das er zuo euch sagen wirt. Und es wirt geschehen/ welche seel den selben propheten nit hören wirt/ die wirt vertilcket werden. Und all Propheten von Samuel an und hernach wie vil jr geredt habend/ die habend von disen tagen verkündt.

Jr sind deren Propheten und deß Testaments kinder/ welches Gott bestellet hat zuo euwern vätteren/ do er sprach zuo Abraham: Durch deinen somen söllend gebenedyet werden alle völcker auff erden. Euch zum ersten hat Gott auferweckt sein kind Jesum/ und hat jn

Die Rede des Petrus im Tempel

11 Da er sich an Petrus und Johannes klammerte, lief das ganze Volk, voller Schrecken, in der Nähe der Halle Salomos bei ihnen zusammen. 12 Als Petrus das sah, wandte er sich an das Volk und sprach:

Israeliten, was wundert ihr euch darüber? Was schaut ihr uns an, als hätten wir durch eigene Kraft oder Frömmigkeit bewirkt, dass er gehen kann? 13 *Der Gott Abrahams, der Gott Isaaks und der Gott Jakobs, der Gott unserer Väter* hat seinen Knecht Jesus verherrlicht, den ihr ausgeliefert und von dem ihr euch vor Pilatus losgesagt habt, als dieser beschlossen hatte, ihn freizulassen. 14 Von dem Heiligen und Gerechten habt ihr euch losgesagt und verlangt, dass euch ein Mörder geschenkt werde; 15 den Fürsten des Lebens habt ihr getötet – Gott aber hat ihn von den Toten auferweckt; dessen sind wir Zeugen. 16 Und weil er, den ihr hier seht und den ihr kennt, auf seinen Namen vertraut hat, hat dieser Name ihm Kraft gegeben; ja, der Glaube, der durch ihn gekommen ist, hat diesem die volle Gesundheit geschenkt vor euer aller Augen.

17 Nun, ich weiss, liebe Brüder, dass ihr aus Unwissenheit gehandelt habt, wie eure führenden Männer auch. 18 Gott aber hat, was er durch den Mund aller Propheten angekündigt hat – dass nämlich sein Gesalbter leiden werde –, auf diese Weise in Erfüllung gehen lassen. 19 Kehrt also um und richtet euch aus auf die Vergebung eurer Sünden, 20 damit vom Angesicht des Herrn her Zeiten der Erquickung kommen und er den Gesalbten sende, den er für euch bestimmt hat: Jesus. 21 Ihn muss der Himmel beherbergen bis zu den Zeiten der Wiederherstellung aller Dinge, von denen Gott durch den Mund seiner heiligen Propheten von Ewigkeit her gesprochen hat.

22 Mose hat gesagt: *Einen Propheten wie mich wird euch der Herr, euer Gott, erwecken aus der Mitte eurer Brüder; auf ihn sollt ihr hören in allem, was er* zu euch *sagen wird.* 23 *Es wird aber geschehen, dass jeder, der nicht auf jenen Propheten hört, ausgerottet wird aus dem Volk.* 24 Und alle Propheten, von Samuel und seinen Nachfolgern an, alle, die gesprochen haben, haben diese Tage ebenfalls angekündigt. 25 Ihr seid die Söhne der Propheten und des Bundes, den Gott mit euren Vätern geschlossen hat, als er zu Abraham sprach: *Und durch deinen Samen werden gesegnet werden alle Geschlechter der Erde.* 26 Für euch

zuo euch gesendt/ euch zuo benedyen/ dz ein
yetlicher sich bekeere von seiner boßheit.

Das iiij. Capitel.
Die Apostel werdend gefangen/ und für radt gestelt.
Petrus gibt rächenschafft seiner leer und glaubens und
zeügnuß von Christo. Jnen wirt verbotten zepredigen/
aber sy wendend sich zuo Gott mitt andächtigem gäbätt/
dem sind sy mer gehorsam dann den menschen.

Als sy aber zum volck redtend/ trattennd
zuo jnen die priester/ und fürgesetzten deß
tempels/ unnd Saduceer/ die verdroß das
sy das volck leretend/ und verkundtend im
nammen Jesu die auferstentnuß von den todten/
unnd legtend hand an sy/ unnd legtennd sy
gefangen/ biß auff den morgen: dann es was
yetz abend. Aber vil under denen/ die dem
wort zuohortend/ wurdend glöubig. Und
ward die zal der menner bey fünff tausent.
Als es nun kam auff den morgen/
versamletend sich jre obersten und Eltesten/
un geschrifftglerten gen Jerusalem/ Hannas der
hoch priester und Caiphas/ und Joannes und
Alexander/ und wie vil jr warend vom hohen
priester geschlächt/ und staltend sy für sich/
und fragtend sy: Auß welchem gwalt oder in
welchem nammen habennd jr das gethon? Petrus
voll deß Heyligen geystes/ sprach zuo jnen: Jr
obersten deß volcks/ und jr Eltesten Jsraels/ So
wir hütt werdend gerichtet über dise wolthat
an dem krancken menschen/ durch welche er
ist gsund worden/ so sey euch und allem volck
Jsraels kund gethon/ das in dem nammen Jesu
Christ vonn Nazareth/ welchen jr gecreützigt
habend/ den Gott von den todten auferweckt
hatt/ stadt diser hie vor euch gsund. Das ist der
steyn/ von euch buwleüten verworffen/ der zum
eckstein worden ist/ unnd ist in keinem anderen
heyl/ ist auch kein anderer namm den menschen
ggeben/ darinnen wir söllind sälig werden.
Sy sahend aber an die frey unverholne red
Petri und Joannis/ und verwunderend sich:
dann sy warend gewüß/ das es ungelert leüt
und leyen warend/ Und kantend sy auch wol/
das sy mit Jesu gewesen warend. Sy sahennd
aber den menschen der gsund was worden/
bey jnen ston/ unnd hattend nichts darwider

zuerst hat Gott seinen Knecht erweckt und ihn
gesandt, euch zu segnen, wenn sich ein jeder
von euch abwendet von seinen bösen Taten.

|13: 7,32; Ex 3,6; Lk 20,37 · Lk 23,13–25 |14: Lk 23,18.25
|15: 5,31 · 2,23–24!; 4,10; 5,30; 10,39–40; 13,28–30;
1Kor 15,3–4 · 1,22! |17: 17,30; Lk 23,34 |18: 26,22–23!
|19: 17,30! |21: 1,11 · 1,6 · Lk 1,70 |22: 7,37; Dtn 18,15–20
|23: Lev 23,29 |25: Gen 22,18; 26,4; Gal 3,8 |26: 13,46

3,19: Andere Übersetzungsmöglichkeit: «Kehrt also
um und wendet euch Gott zu – so werden eure Sünden
ausgelöscht –,»
3,21: Andere Übersetzungsmöglichkeit: «... bis zu
den Zeiten der Verwirklichung alles dessen, wovon Gott
durch ...»

Petrus und Johannes vor dem Hohen Rat

4 1 Während sie noch zum Volk sprachen,
traten die Priester, der Hauptmann der
Tempelwache und die Sadduzäer zu ihnen.
2 Diese waren aufgebracht, weil sie das Volk
lehrten und im Namen Jesu die Auferstehung
von den Toten verkündigten. 3 Und man
ergriff sie und nahm sie in Gewahrsam bis
zum nächsten Tag, denn es war schon Abend.
4 Von denen aber, die das Wort hörten,
kamen viele zum Glauben; die Zahl der
Männer stieg auf ungefähr fünftausend.
5 Es geschah aber, dass sich am folgenden
Tag ihre führenden Männer und Ältesten und
Schriftgelehrten in Jerusalem versammelten,
6 unter ihnen Hannas, der Hohe Priester,
und Kajafas, Johannes und Alexander und
alle, die zum hohepriesterlichen Geschlecht
gehörten. 7 Und man stellte sie in die Mitte
und befragte sie: Durch welche Kraft oder in
wessen Namen habt ihr das getan? 8 Da sagte
Petrus, erfüllt von heiligem Geist, zu ihnen:
Führer des Volkes und Älteste! 9 Wenn wir
heute wegen der Wohltat an einem kranken
Menschen verhört und gefragt werden, wodurch
dieser gerettet worden sei, 10 dann sei euch
allen und dem ganzen Volk Israel kundgetan:
Durch den Namen Jesu Christi, des Nazareners,
den ihr gekreuzigt habt und den Gott von den
Toten auferweckt hat, durch ihn steht dieser
hier gesund vor euch. 11 Er ist der Stein, der
von euch Bauleuten verschmäht wurde und
zum Eckstein geworden ist. 12 Und in keinem
anderen ist das Heil; denn uns Menschen
ist kein anderer Name unter dem Himmel
gegeben, durch den wir gerettet werden sollen.
13 Als sie aber den Freimut des Petrus und
des Johannes sahen und merkten, dass sie
einfache Menschen waren ohne besondere

zereden. Do hiessend sy sy außston/ und
handletend mit einander/ und sprachend:
Was wöllend wir mit disen menschen thuon?
dann das zeichen ist kund durch sy geschehen/
offenbar allen die zuo Jerusalem wonend/
unnd wir könnends nit löugnen. Aber auff
das es nit weyter ynreysse under dem volck/
lassend uns ernstlich jnen tröwen/ das sy hinfür
keinen menschen von disem namen sagend.

Und ruofftend jnen/ und verkundtend jnen/
das sy sich aller dingen nit hörenn liessind/ noch
leretind in dem nammen Jesu. Petrus aber und
Johannes antwortetend/ und sprachend zuo
jnen: Richtend jr selbs/ obs vor Gott recht sey/
dz wir euch mer gehorsam sygind dann Gott.
Wir könnends ye nit lassen/ dz wir nit reden
söltind was wir gesehen und gehört habend.
Aber sy tröuwtend/ und liessend sy gon/
unnd fundend nichts wie sy sy peynigetind/
umb des volcks willen: dann sy preyßtend alle
Gott über das das geschenen was. Dann der
mensch was über viertzig jar alt/ an welchem
diß zeychenn der gesundtheyt geschehen was.

Und als man sy hat lassen gon/ kamend
sy zuo den jren/ unnd verkundtend jnen was
die hohen priester unnd Eltesten zuo jnen
gesagt hattend. Do sy das hortend/ huobend
sy jre stimm auf einmüetigklich zuo Gott/
und sprachen: Herr/ der du bist der Gott/ der
himmel und erden/ und das Meer und alles
was darinnen ist/ gemachet hast/ der du durch
den mund Davids deines knechts gesagt hast:
Warumb empörend sich die Heyden/ unnd die
völcker schlahend unnütze ding für: Die Künig
der erden sind zuosamen geträttenn/ unnd die
Fürsten habend sich versamlet zuo hauffen
wider den Herren/ unnd wider seinen Christ.

Jn der warheyt/ sy habend sich versamlet
wider dein kind Jesum/ welchen du gesalbet
hast/ Herodes und Pontius Pilatus mitt den
Heyden und volck Jsrael/ zethuon was dein

Bildung, wunderten sie sich. Es wurde ihnen
klar, dass sie zu Jesus gehörten, 14 doch da
sie sahen, dass der Geheilte bei ihnen stand,
konnten sie ihnen nichts entgegenhalten.
15 Man gebot ihnen, die Ratsversammlung zu
verlassen; dann berieten sie miteinander 16 und
sagten: Was sollen wir mit diesen Menschen
tun? Denn dass ein sichtbares Zeichen durch sie
geschehen ist, steht allen Bewohnern Jerusalems
vor Augen, und wir können es nicht leugnen.
17 Damit sich aber das alles im Volk nicht
noch weiter verbreitet, wollen wir ihnen unter
Androhung von Strafe verbieten, je wieder in
diesem Namen einen Menschen anzusprechen.
18 Und man rief sie herein und befahl
ihnen, nie mehr im Namen Jesu zu reden
und zu lehren. 19 Petrus und Johannes aber
entgegneten ihnen: Ob es vor Gott recht ist,
mehr auf euch zu hören als auf Gott, das
müsst ihr beurteilen. 20 Denn wir können
nicht anders als von dem reden, was wir
gesehen und gehört haben. 21 Man drohte
ihnen nochmals und liess sie dann gehen, da
niemand wusste, wie man sie hätte bestrafen
können – des Volkes wegen, denn alle priesen
Gott für das, was geschehen war. 22 Über
vierzig Jahre alt war der Mensch, an dem sich
dieses Wunder der Heilung ereignet hatte.

|2: 17,32! |3: Lk 21,12! |4: 2,41.47 |7: Lk 20,1–2 |8: 2,4!;
Lk 12,11–12 |10: 3,15! · 3,6–8 |11: Ps 118,22; Lk 20,17 |12: 2,21
|16: 3,9–10 |18: 5,28 |19: 5,29 |21: 5,40

4,2: Andere Übersetzungsmöglichkeit: «… und an
(dem Beispiel von) Jesus die Auferstehung …»

Das Gebet der Gemeinde

23 Nach ihrer Freilassung gingen sie zu
den Ihren und berichteten alles, was die
Hohen Priester und Ältesten zu ihnen gesagt
hatten. 24 Als diese es hörten, erhoben sie
einmütig ihre Stimme zu Gott und sprachen:
Herr, unser Herrscher, *du hast den*
Himmel gemacht und die Erde und das Meer
und alles, was darin ist; 25 du hast durch den
heiligen Geist, durch den Mund unseres
Vaters David, deines Knechtes, gesagt:
Was tun die Völker so gross
und sinnen die Nationen Nichtiges?
26 *Die Könige der Erde sind herbeigekommen,*
und die Fürsten haben sich zusammengetan,
gegen den Herrn und seinen Gesalbten.
27 Ja, wirklich, zusammengetan haben
sich in dieser Stadt Herodes und Pontius
Pilatus, die Völker und die Stämme Israels,

hand unnd dein radt vorhin bedacht hatt/ das geschehen solt. Und nun Herr/ sich an jr tröuwen/ und gib deinen knechten mit aller freydigkeyt zereden dein wort/ also/ dz du dein hand außstreckest/ das gesundtheit und zeychen/ und wunder geschehind durch den nammen deines heyligen kinds Jesu. Und do sy gebätten hattend/ bewegt sich die statt/ da sy versamlet warend/ und wurdend alle deß heyligen geysts voll/ unnd redtend das wort Gottes mit freydigkeit.

Der menge aber der glöubigenn was ein hertz und ein seel. Auch keiner sagt vonn seinen güeterenn/ daß sy sein wärind/ sunder es was jnen alles gemeyn. Unnd mitt grosser krafft gabend die Apostel zeügnuß von der auferstentnuß des Herren Jesu Christi/ und was grosse gnad bey jnen allen. Es wz auch keiner under jnen der mangel hette: dann wie vil jr warend/ die da äcker oder heüser hattend/ verkaufftend sy es/ und brachtend das gelt deß verkaufften guots/ und legtend es zuo der Apostel füessen. Und man gab einem yetlichen was jm not was. Joses aber mit dem zuonamen von den Apostlen genant Barnabas/ das heyßt ein sun deß trosts/ ein Levit/ auß Cyprien vom gschlächt/ der hatt einen acker/ und verkaufft jn/ und bracht das gelt und legts zuo der Apostlen füessen.

Das v. Capitel.
Von Anania und Saphira und jrer untrüw unnd straaff. Von den zeychen die durch die Apostel geschahend/ und wie sy wider gefangen und durch den Engel Gottes auß der gefencknuß gefüert werdend. Sy werdend für radt gestellt und mit ruoten geschwungen. Von dem radt Gamalielis.

Ein mann aber mitt nammen Ananias/ sampt sinem weib Saphira/ verkaufft sein hab/ und entwandt etwz vom gelt/ mit wüssen seines weibs und bracht ein teyl/ und legt es zuo der Apostel füessen. Petrus aber sprach: Anania/ warumb hat der teüfel dein hertz erfüllt/ das du lugest dem heyligen geist/ und entwanndtest etwas vom gelt deß ackers? Wär er nit dir

gegen deinen heiligen Knecht, Jesus, den du gesalbt hast. 28 Und sie haben getan, was deine Hand und dein Ratschluss im Voraus festgesetzt haben, dass es geschehe. 29 Und nun, Herr: Achte auf ihre Drohungen und gewähre deinen Knechten, in aller Freiheit dein Wort zu verkündigen, 30 während du deine Hand ausstreckst und Heilung bewirkst und Zeichen und Wunder geschehen lässt durch den Namen deines heiligen Knechtes Jesus.

31 Und als sie gebetet hatten, erbebte der Ort, an dem sie sich versammelt hatten, und sie wurden alle erfüllt von heiligem Geist und verkündigten das Wort Gottes in aller Freiheit.

|24: 14,15; Ex 20,11; Ps 146,6 |25–26: Ps 2,1–2 |27: Lk 23,12 · 10,38! |28: 2,23 |30: 5,12! |31: 2,4! · 4,29

Gemeinschaft in der frühen Gemeinde
32 Die ganze Gemeinde war ein Herz und eine Seele, und nicht einer nannte etwas von dem, was er besass, sein Eigentum, sondern sie hatten alles gemeinsam. 33 Und mit grosser Kraft legten die Apostel Zeugnis ab von der Auferstehung des Herrn Jesus, und grosse Gnade ruhte auf ihnen allen. 34 Ja, es gab niemanden unter ihnen, der Not litt, denn die, welche Land oder Häuser besassen, verkauften, was sie hatten, und brachten den Erlös des Verkauften 35 und legten ihn den Aposteln zu Füssen; und es wurde einem jeden zuteil, was er nötig hatte.

36 Josef aber, der von den Aposteln den Beinamen Barnabas erhalten hatte, das heisst ‹Sohn des Trostes›, ein Levit, der aus Zypern stammte 37 und einen Acker besass, verkaufte ihn, brachte das Geld und legte es den Aposteln zu Füssen.

|32: 2,44 |34: 2,45! |36: 9,27; 11,22.30; 12,25; 13,1–15,41

Ananias und Saphira
5 1 Ein Mann aber mit Namen Ananias verkaufte mit seiner Frau Saphira zusammen ein Stück Land 2 und behielt mit Wissen seiner Frau etwas vom Erlös zurück. Einen Teil davon brachte er und legte ihn den Aposteln zu Füssen. 3 Da sagte Petrus: Ananias, warum hat der Satan dein Herz so besetzt, dass du den heiligen Geist belügst und etwas vom Erlös des Grundstücks

bliben wie er was/ unnd sein gelt wäre auch in deiner macht gewesenn? Warumb hast du dann sölichs inn deinem hertzen fürgenommen? Du hast nit den menschen/ sunder Gott gelogen. Do Ananias aber dise wort hort/ fiel er nider/ und gab den geyst auf. Und es kam ein forcht über alle die diß hortend. Es stuondend aber die jüngling auf/ und thettend jn besytz und truogend jnn hinauß/ und begruobend jn.

Unnd es begab sich über ein weyl/ bey dryen stunden/ kam sein weyb hineyn gon/ und wußt nit was geschehen was. Aber Petrus antwortet jr: Sag mir/ habend jr den acker so theür ggeben? Sy sprach: Ja also theür. Petrus aber sprach zuo jren: Was sind jr dann eins worden zuo versuochen den geyst deß Herren? Sihe/ die füeß deren die deinen mann begraben habend/ sind vor der thür/ und werdend dich hinauß tragen. Und von stundan fiel sy zuo seinen füessen/ und gab den geyst auf. Do kamennd die jüngling/ unnd fundend sy tod/ truogend sy hinauß/ und begruobend sy bey jrem mann. Und es kam ein grosse forcht über die gantz gmeind/ und über alle die sölichs hortend.

Es geschahend aber vil zeychen und wunder im volck durch der Apostlen hennd/ unnd warend alle in dem schopf Salomonis einmüetigklich. Der anderen aber dorfft sich keiner zuo jnen tuon/ sunder das volck hielt vil vonn jenen. Es wurdend aber ye mer zuogethon/ die da glaubtend in den Herren/ ein menge der menner unnd weybern/ also/ daß sy die kranckenn auff die gassen herauß truogend/ und legtend sy auff bett und baaren/ auff das/ wenn Petrus käme/ das doch zum mindsten sein schatt jrer etlich überschattete. Es kamend auch herzuo vil von den umbligenden stetten gen Jerusalem/ und brachtend die krancken/ und die von unreynen geysten gepeyniget warend/ und wurdend alle gesund.

unterschlägst? 4 War es nicht dein Eigentum, solange es unverkauft war, und konntest du über den Ertrag nicht frei verfügen, als es verkauft war? Wie konnte dir so etwas in den Sinn kommen? Nicht Menschen hast du belogen, sondern Gott. 5 Als Ananias diese Worte hörte, brach er zusammen und starb. Und grosse Furcht überkam alle, die es vernahmen. 6 Die jungen Männer aber standen auf und hüllten ihn ein, trugen ihn hinaus und begruben ihn.

7 Es geschah aber nach ungefähr drei Stunden, dass seine Frau hereinkam, ohne zu wissen, was geschehen war. 8 Petrus wandte sich an sie und sprach: Sag mir, habt ihr das Grundstück für diesen Betrag verkauft? Sie sagte: Ja, für diesen Betrag. 9 Petrus erwiderte ihr: Wie konntet ihr nur übereinkommen, den Geist des Herrn auf die Probe zu stellen? Schau, die Füsse derer, die deinen Mann begraben haben, stehen schon vor der Tür, und sie werden auch dich hinaustragen. 10 Und unmittelbar darauf fiel auch sie zu seinen Füssen nieder und starb. Als die jungen Männer eintraten, fanden sie sie tot; und sie trugen sie hinaus und begruben sie an der Seite ihres Mannes. 11 Und grosse Furcht überkam die ganze Gemeinde und alle, die es vernahmen.

|2: 4,35.37 |4: Dtn 23,21–23

5,6: Andere Übersetzungsmöglichkeit: «… auf und legten ihn zurecht, sie trugen …»

Wundertaten der Apostel

12 Durch die Hand der Apostel aber geschahen viele Zeichen und Wunder im Volk. Und sie waren alle einträchtig beisammen in der Halle Salomos; 13 von den andern aber wagte niemand, sich zu ihnen zu gesellen; das Volk jedoch war des Lobes voll über sie. 14 Immer neue, die an den Herrn glaubten, wurden der Gemeinde zugeführt, Scharen von Männern und Frauen. 15 Es kam so weit, dass man die Kranken auf die Strassen hinaustrug und sie auf Bahren und Liegebetten hinstellte, damit, wenn Petrus vorbeikäme, wenigstens sein Schatten auf einen von ihnen fiele. 16 Aber auch die Bewohner der rings um Jerusalem liegenden Städte kamen und brachten Kranke und von unreinen Geistern Geplagte. Und sie wurden alle geheilt.

|12: 2,22.43; 4,30; 6,8; 14,3; 15,12; 2Kor 12,12 |14: 4,4! |15: 19,11–12! |16: 8,7; Lk 6,18–19

Es stuond aber auf der hoch priester und
alle die mit jm warend/ welches ist der seckt
der Saduceern/ und wurdend voll eyfers/ und
legtend hand an die Apostel/ und wurffend
sy in die gemeyne gfencknuß. Aber der Engel
deß Herren thett in der nacht die thüren
der gefencknuß auf/ und fuort sy herauß/
und sprach: Gond hin/ unnd trättend auf/
und redend im tempel zum volck alle wort
dises läbens. Do sy das hortend/ giengend
sy früe in den tempel und lertend.

Der oberst priester aber kam/ und die
mit jm warend/ unnd berüofftend zuosamen
den Radt/ und alle Eltesten der kinder
Jsraels/ und sandtend hin zur gefencknuß sy
zeholen. Die diener aber kamend dar/ unnd
fundend sy nit in der gefencknuß/ kamend
wider/ und verkundtends/ und sprachend:
Die gefencknuß fundend wir verschlossen
mit allem flyß/ und die hüeter daussen ston
vor den thüren/ aber do wir aufthettend/
fundennd wir niemants darinnen. Do dise red
hort der hoch priester/ unnd die fürgesetzten
deß tempels/ und andere hohen priester/
zweyfletend sy was doch das werden wölte.

Do kam einer dar/ der verkündt jnen: Sihe/
die menner die jr in die gefencknuß geworffen
habend/ sind im tempel/ stond und lerend
das volck. Do giengend hin die fürgesetzten
deß Tempels mit jren dieneren/ und holetend
sy nit mit gwalt: dann sy forchtend sich vor
dem volck/ daß sy nitt versteyniget wurdind.
Unnd als dise sy brachtend/ staltend sy sy
für den radt. Und der hoch priester fraget sy/
und sprach: Habend wir euch nit mit ernst
gebotten/ das jr nit söllind leren in disem
nammen? Unnd sehend/ jr habennd Jerusalem
erfüllet mitt euwerer leer/ unnd wöllend
dises menschen bluot über unns füeren.

Petrus aber antwortet/ und die Apostel/ und
sprachend: Man muoß Gott mer gehorsam
sein dann den menschen. Der Gott unserer
vättern hat Jesum auferwecket/ welchen jr
erwürgt habend/ unnd an das holtz gehenckt.
Den hat Gottes rechte hand erhöcht zuo
einem Hertzogen und heyland/ zegeben Jsrael
die buoß und ablaß der sünden/ und wir sind
seine zügen über dise wort/ und der heylig
geyst/ welchen Gott gegeben hat denen die jm
gehorsam sind. Do sy das hortend/ zerschneyd
es sy/ unnd gedachtend sy abzethuon.

Verhaftung und Verhör der Apostel

17 Der Hohe Priester aber erhob sich
samt allen seinen Anhängern, der Partei
der Sadduzäer; erfüllt von wildem Eifer
18 ergriffen sie die Apostel und liessen sie vor
den Augen des Volkes in Gewahrsam nehmen.
19 Ein Engel des Herrn aber öffnete nachts
die Tore des Gefängnisses, führte sie hinaus
und sprach: 20 Geht, tretet im Tempel auf
und verkündigt dem Volk das volle Wort
des Lebens, das sich euch jetzt eröffnet hat.
21 Sie hörten es und gingen noch in der
Morgendämmerung in den Tempel und lehrten.

Als nun der Hohe Priester und seine
Anhänger eintrafen, riefen sie den Hohen Rat
zusammen und die gesamte Ratsversammlung
Israels und schickten zum Gefängnis, um
sie vorführen zu lassen. 22 Doch als die
Gerichtsdiener hinkamen, fanden sie sie nicht
im Gefängnis. Sie kehrten zurück und meldeten:
23 Wir haben das Gefängnis verschlossen
vorgefunden; es war rundum gesichert, und
die Wachen standen vor den Toren; doch als
wir aufschlossen, fanden wir niemanden darin.
24 Als der Hauptmann der Tempelwache
und die Hohen Priester diese Worte hörten,
gerieten sie in grosse Verlegenheit, und sie
fragten sich, was das noch werden sollte. 25 Da
kam jemand und meldete ihnen: Passt auf,
die Männer, die ihr ins Gefängnis geworfen
habt, stehen im Tempel und lehren das
Volk. 26 Da ging der Hauptmann mit den
Gerichtsdienern hin und liess sie herbeiführen,
ohne Gewalt anzuwenden; sie fürchteten
nämlich, das Volk könnte sie steinigen.

27 Man führte sie herbei und stellte sie
vor den Hohen Rat. Und der Hohe Priester
befragte sie 28 und sprach: Haben wir euch
nicht ausdrücklich befohlen, nicht mehr zu
lehren in diesem Namen? Und was macht ihr?
Ihr erfüllt Jerusalem mit eurer Lehre und wollt
das Blut dieses Menschen über uns bringen.
29 Petrus aber und die Apostel antworteten:
Man muss Gott mehr gehorchen als den
Menschen. 30 Der Gott unserer Väter hat Jesus,
den ihr ans Holz gehängt und umgebracht
habt, auferweckt. 31 Gott hat ihn zu seiner
Rechten erhöht und zum Fürsten und Retter
gemacht, um Israel Umkehr zu schenken und
Vergebung der Sünden. 32 Und wir sind Zeugen
dieser Ereignisse, wir und der heilige Geist, den
Gott denen gegeben hat, die ihm gehorchen.

Do stuond aber auf im Radt ein Phariseer/ mit nammen Gamaliel/ ein gschrifftglerter/ wol gehalten vor allem volck/ und hieß die Apostel ein wenig hinauß tuon/ und sprach zuo jnen: Jr Jsraelischen menner/ nemmend euwer selbs war an disen menschen/ was jr thuon söllind. Vor disen tagen stuond auf Theudas/ und gab für er wäre etwas. Und hiengend an jm ein zal menner bey vierhundert/ der ist erschlagen/ und alle die jm zuofielend/ sind zerströuwet und zuo nüte worden. Darnach stuond auf Judas von Galilea in denen tagen der schetzung/ unnd machet vil volcks abfellig nach jm/ und er ist auch umbkommen/ unnd alle die jm zuofielend/ sind zerströuwet.

Und nun sag ich euch/ lassend ab von disen menschen/ und lassend sy faren. Jst der radt oder das werck auß den menschen/ so wirdt es unndergon: ist es aber auß Gott/ so mögend jr es nit zertrennen/ auff das jr nit erfunden werdind als die wider Gott streyten wöllind. Do fielend sy jm zuo/ und ruofftend den Apostlen/ schluogend sy und gebottend jnen/ sy söltind nichts reden in dem namen Jesu/ und liessend sy gon.

Sy giengend aber frölich von deß radts angsicht/ daß sy widrig gewesen warennd/ umb seines nammens willen schmaach zeleyden. Und hortend nit auf alle tag im tempel und in allen heüseren zeleren/ und jnen zepredigen das Euangelion von Christo Jesu.

Das vj. Capitel.

Es werdend diener bestelt der gmeynd zuo dienen inn notwendigen dingen deß leybs/ damit die Apostel dem wort Gottes zepredigen obligen mögind. Stephanus wirt verklagt.

Jn disenn tagen aber/ do sich die jünger meretend/ erhuob sich ein gemürmel under den Kriechen wider die Ebreer/ darumb das jre witwen übersehen wurdend in der täglichen handreychung. Do beruoftend die zwölff die menge der jüngeren zuosamen/ und sprachend: Es ist nit geschickt dz wir das wort Gottes underlassind/ und zetisch dienind.

33 Als sie dies hörten, wurden sie rasend vor Zorn und wollten sie töten. 34 In der Ratsversammlung aber stand ein Pharisäer namens Gamaliel auf, ein im ganzen Volk angesehener Gesetzeslehrer, und befahl, die Männer für kurze Zeit hinauszuschicken. 35 Und er sprach: Israeliten, überlegt euch genau, was ihr mit diesen Leuten tun wollt. 36 Vor einiger Zeit nämlich ist Theudas aufgetreten, der von sich behauptete, etwas Besonderes zu sein; ihm hat sich eine Schar von etwa vierhundert Männern angeschlossen. Er wurde getötet, und alle seine Anhänger wurden versprengt, und seine Bewegung löste sich in nichts auf. 37 Nach ihm, zur Zeit der Steuereinschätzung, ist Judas der Galiläer aufgetreten, machte Leute abtrünnig und scharte sie um sich. Auch er ging zugrunde, und alle seine Anhänger zerstreuten sich in alle Winde. 38 Deshalb rate ich euch jetzt: Lasst ab von diesen Leuten und lasst sie gehen! Denn wenn das, was hier geplant und ins Werk gesetzt wird, von Menschen stammen sollte, dann wird es sich zerschlagen. 39 Wenn es aber von Gott kommt, dann werdet ihr sie nicht aufhalten können; ihr aber könntet als solche dastehen, die sogar gegen Gott kämpfen. Sie liessen sich von ihm überzeugen, 40 riefen die Apostel wieder herein, verabreichten ihnen Schläge und befahlen ihnen, nicht mehr im Namen Jesu zu reden; dann liess man sie frei.

41 Da gingen sie vom Hohen Rat fort, voll Freude darüber, dass sie gewürdigt worden waren, um des Namens willen Schmach zu erleiden. 42 Und jeden Tag lehrten und verkündigten sie ohne Unterlass, im Tempel und zu Hause, dass Jesus der Gesalbte sei.

|17: 4,1–2.6 |18–23: 12,4–10 |18: Lk 21,12! |19: 12,7! |26: 4,21 |28: 4,18 · 18,6 |29: 4,19 |30: 3,15! |31: 2,33–35 · 3,15 · 13,23! · 11,18! · 2,38; 10,43; 13,38; 26,18; Lk 24,47 |32: 1,22!; Joh 15,26–27 |33: 7,54 |34: 22,3 |37: Lk 2,1–2 |40: 4,17–18.21 |41: Lk 6,22–23 |42: 9,22!

5,28: Andere Textüberlieferung: «... und sprach: Wir haben euch ausdrücklich befohlen, ...»

Die Wahl der Sieben

6 1 In diesen Tagen aber, als die Jünger immer zahlreicher wurden, kam es dazu, dass die Hellenisten unter ihnen gegen die Hebräer aufbegehrten, weil ihre Witwen bei der täglichen Versorgung vernachlässigt wurden. 2 Die Zwölf beriefen nun die Versammlung der Jünger ein und sprachen: Es geht nicht an, dass wir die Verkündigung des Wortes Gottes beiseite lassen

Darumb jr lieben brüeder/ besehend under euch siben menner/ die da eins berüempten läbens sygind/ voll heyliges geistes und weyßheit/ welche wir bestellen mögind zuo diser notturfft. Wir aber wöllennd anhalten am gebätt und am ampt deß worts Gottes. Und die red gefiel der gantzen menge wol. Und erweltend Stephanon/ ein mann voll glaubens und heyliges geysts/ und Philippon/ und Prochoron/ und Nicanor/ und Thimon/ und Parmenas/ unnd Nicolaon den Judgenossen von Anthiochia: dise staltend sy für die Apostel/ und bättetend/ und legtend die hend auff sy.

Und das wort Gottes wuochß/ und die zal der jüngern meret sich seer zuo Jerusalem. Es wurdend auch vil priester dem glauben gehorsam.

Stephanus aber voll glaubens und krefften/ thett wunder und grosse zeichen under dem volck. Do stuondend etlich auf von der schuol die da heißt der Libertiner/ unnd der Cyrener/ und der Alexandriner/ unnd deren die von Cilicia und Asia warend/ unnd befragtend sich mit Stephano/ und sy vermochtend nit widerston der weyßheit und geyst/ auß welchem er redt. Do richtetend sy zuo etliche menner/ die sprachend: Wir habend jn gehört lester wort reden wider Mosen unnd wider Gott. Und bewegtend das volck unnd die Eltesten/ und die gschrifftglerten/ und trattend hinzuo/ und rissend jn hin/ und fuortend jnn für radt/ und staltend falsche zeügen dar/ die sprachend: Diser mensch hört nit auf zereden lester wort wider dise heylige statt und das gesatz. Dann wir habend jnn hören sagen: Jesus von Nazareth wirt dise statt zerstören/ und enderen die sitten die uns Moses ggeben hat. Und sy sahend auff inn all die im radt sassend/ unnd sahend sein angesicht wie eines Engels angesicht.

Die Apostelgeschichte

und den Dienst bei Tisch versehen. 3 Seht euch also um, Brüder, nach sieben Männern aus eurer Mitte, die einen guten Ruf haben und voll Geist und Weisheit sind; die wollen wir einsetzen für diese Aufgabe. 4 Wir aber werden festhalten am Gebet und am Dienst des Wortes. 5 Der Vorschlag gefiel allen, die versammelt waren. Und sie wählten Stephanus, einen Mann erfüllt von Glauben und heiligem Geist, und Philippus und Prochorus und Nikanor und Timon und Parmenas und Nikolaus, einen Proselyten aus Antiochia, 6 führten sie vor die Apostel, und diese beteten und legten ihnen die Hände auf.

7 Und das Wort Gottes breitete sich aus, und in Jerusalem wuchs die Zahl der Jünger stetig; auch ein grosser Teil der Priester wurde dem Glauben gehorsam.

|1: 4,34–35 |5: 6,8–9; 7,59; 8,2 · 8,5–40; 21,8 |6: 8,17; 9,12.17; 13,3; 19,6; 28,8 |7: 5,14!

6,1: Mit ‹Hellenisten› sind vermutlich griechisch sprechende Diasporajuden gemeint, vgl. auch 6,9; mit dem Gegenbegriff ‹Hebräer›, aramäisch sprechende Juden.

Gefangennahme des Stephanus und Anklageerhebung

8 Stephanus, erfüllt von Gnade und Kraft, tat grosse Wunder und Zeichen im Volk. 9 Es traten aber einige auf von der sogenannten Synagoge der Libertiner, Kyrener und Alexandriner und einige von denen aus Kilikien und der Provinz Asia, die diskutierten mit Stephanus, 10 vermochten aber der Weisheit und dem Geist, durch den er sprach, nichts entgegenzusetzen. 11 Da stifteten sie einige Männer an zu sagen: Wir haben gehört, wie er Lästerreden gegen Mose und gegen Gott geführt hat. 12 Und sie wiegelten das Volk, die Ältesten und die Schriftgelehrten auf, machten sich an ihn heran, ergriffen ihn und führten ihn vor den Hohen Rat. 13 Und sie liessen falsche Zeugen auftreten, die behaupteten: Dieser Mensch hört nicht auf, Reden zu führen gegen diesen heiligen Ort und gegen das Gesetz. 14 Wir haben nämlich gehört, wie er gesagt hat: Dieser Jesus von Nazaret wird diese Stätte zerstören und die Bräuche ändern, die Mose uns überliefert hat.

15 Da blickten alle, die im Hohen Rat sassen, gespannt auf ihn. Und sie sahen, dass sein Antlitz wie das eines Engels war.

|8: 6,5! · 5,12! |10: Lk 21,15 |13: 21,28 |14: Mk 14,58; Mt 26,61

Das vij. Capitel.
Die antwort Stephani und sein versteynigung.

Do sprach der hoch priester: Jst dem also? Er aber sprach: Lieben brüeder und vätter/ hörent zuo/ Gott der herrlikeit erschein unserem vatter Abraham do er noch in Mesopotamia was/ ee er wonet im land Haran/ unnd sprach zuo jm: Gang auß deinem land/ unnd auß deiner freündschafft/ und zeüch in ein land das ich dir zeygen wil. Do gieng er auß dem land der Chaldeer/ und wonet in Haran. Und von dannen/ da sein vatter gestorben was/ bracht er jnn herüber in diß land/ da yetz jr wonend/ und gab jm kein erbteyl darinnen/ auch nitt eines fuoß breyt: und verhieß jm er wölte sy geben jm zuo besitzen/ und seinem somen nach jm/ do er noch kein kind hatt.

Aber Gott sprach also zuo jm: Dein som wirt ein frömbdling sein in einem frömbden land/ und sy werdend jn dienstbar machen/ und übel handlen vierhundert und dreyssig jar. Und das volck/ dem sy dienen werdend/ wil ich richten/ sprach Gott. Und darnach werdend sy außziehen/ und mir dienen an diser statt. Und gab jm den pundt der beschneydung. Und er gebar Jsaac/ und beschneyd jn am achten tag. Unnd Jsaac den Jacob/ und Jacob die zwölff Ertzvätter.

Und die Ertzvätter eyffertend wider Joseph/ und verkauftend jnn in Egypten. Und Gott was mit jm/ und errettet jn auß allen seinen trüebsalen/ und gab jm gnad und weyßheit vor dem künig Pharao zuo Egypten/ der satzt jnn zum fürsten über Egypten/ und über sein gantzes hauß.

Es kam aber ein theürung über das gantz land Egypten und Canaan/ und ein grosser trüebsal/ unnd unsere vätter fundend nitt speyß und narung. Jacob aber hort das in Egypten getreyd wäre/ unnd sendet unsere vätter auß das erst mal. Und zum anderen mal ward Joseph erkennt von seinen brüederen: und ward Pharao Josephs geschlächt offenbar. Joseph aber sandt auß/ und ließ holen seinen vatter Jacob/ und sein gantze freündtschafft/ fünff und sibentzig seelen. Und Jacob zoch hinab in Egypten/ und starb/ er und unsere vätter/ unnd sind herüber gebracht in Sichem/ und gelegt in das grab das Abraham kaufft hat umbs gelt von den kinderen Hemor zuo Sichem.

Do nun sich die zeyt der verheyssung naahet/ die Gott Abraham geschworen

Die Verteidigungsrede des Stephanus

7 1 Der Hohe Priester fragte nun: Verhält es sich so? 2 Er aber sprach: Brüder und Väter, hört! Der Gott der Herrlichkeit ist unserem Vater Abraham erschienen, als dieser noch in Mesopotamien lebte, bevor er sich in Haran niederliess. 3 Und er hat zu ihm gesagt: *Zieh weg aus deiner Heimat und fort von deiner Verwandtschaft, und geh in das Land, das ich dir zeigen werde.* 4 Da zog er weg aus dem Land der Kasdäer und liess sich in Haran nieder. Als sein Vater gestorben war, wies er ihn an, von dort weiterzuziehen in das Land, in dem ihr jetzt wohnt. 5 Und er gab ihm kein Erbteil daran, nicht einmal einen Fuss breit, doch er verhiess, *es ihm und nach ihm seinen Nachkommen zum Besitz zu geben* – dabei war er doch kinderlos. 6 Gott aber sprach so: *Seine Nachkommen werden Fremdlinge sein in fremdem Land, und man wird sie zu Sklaven machen und misshandeln vierhundert Jahre lang. 7 Aber das Volk, dem sie als Sklaven dienen, werde ich richten,* so sprach Gott, *und danach werden sie ausziehen* und mich verehren an diesem Ort. 8 Und er gab ihm den Bund der Beschneidung. So zeugte er den Isaak und beschnitt ihn am achten Tag, und Isaak beschnitt den Jakob, und Jakob die zwölf Patriarchen.

9 Und die Patriarchen waren eifersüchtig auf Josef und verkauften ihn nach Ägypten. Aber Gott war mit ihm. 10 Er befreite ihn aus all seiner Bedrängnis und gab ihm Gnade und Weisheit vor dem Pharao, dem König von Ägypten, und der setzte ihn als Statthalter über Ägypten und über sein ganzes Haus. 11 Es kam aber eine Hungersnot über ganz Ägypten und Kanaan, eine grosse Not, und unsere Väter hatten nichts zu essen. 12 Jakob aber vernahm, dass es in Ägypten noch Getreide gab, und schickte unsere Väter ein erstes Mal dorthin. 13 Und beim zweiten Mal gab sich Josef seinen Brüdern zu erkennen, und der Pharao erfuhr von Josefs Herkunft. 14 Josef aber schickte nach seinem Vater und liess ihn und alle seine Verwandten zu sich kommen, fünfundsiebzig Leute. 15 Und Jakob zog hinab nach Ägypten; dort starb er, und unsere Väter auch. 16 Und sie wurden nach Sichem überführt und in dem Grab beigesetzt, das Abraham in Sichem von den Söhnen Hamors für Geld erworben hatte.

17 Als nun die Zeit der Verheissung, die Gott dem Abraham zugesagt hatte, nahte, da

hatt/ wuochß das volck und meret sich in Egypten/ biß das ein anderer Künig auferstuond/ der nichts wußt von Joseph.

Diser treib hinderlist mit unserm gschlächt/ und handlet unsere vätter übel/ und schaffet das man die jungen kindlin hinwerffen muoßt dz sy nit läbendig blibind. Zuo der zeyt ward Moses geboren/ und was ein feyn kind vor Gott/ und ward drey Monat erneert in seines vatters hauß. Als er aber hingeworffen ward/ nam jn die tochter Pharaonis auff/ und zoch jn auf zuo einem sun. Und Moses ward geleert in aller weyßheyt der Egypter/ und was mächtig inn wercken und worten.

Do er aber viertzig jar alt ward/ kam jm in sein hertz zuo besehen seine brüeder/ die kinder Jsraels. Und als er sach einen unrecht leyden/ do halff er jm/ und errettet den dem leyds geschach/ und erschluog den Egypter. Er meynt aber seine brüeder söltinds verston/ das Gott durch sein hannd jnen heyl gäbe/ aber sy verstuondends nit.

Und am anderen tag erschein er jnen do sy haderend/ und handlet mit jnen das sy frid hettind/ und sprach: Lieben menner/ jr sind brüeder/ warumb thuot einer dem anderen unrecht? Der aber seinem nächsten unrecht thett/ stieß jn von jm/ und sprach: Wär hat dich über uns gesetzt zum obersten und richter? Wilt du mich auch abthuon/ wie du gester den Egypter abthettest? Moses aber floch ab diser red/ und ward ein frömbdling im lannd Madian/ daselbst gebar er zween sün.

Und über viertzig jar/ erschyn jm in der wüeste auff dem berg Sina/ der Engel deß Herren/ in einem flammen deß fhürs im pusch. Do es aber Moses sach/ verwundert er sich des gsichts. Als er aber hinzuo gieng zeschauwen/ geschach die stimm deß Herren zuo jm: Jch bin der Gott deiner vättern/ der Gott Abrahams/ und der Gott Jsaacs/ und der Gott Jacobs. Moses aber zitteret/ und dorfft jn nitt anschauwen. Aber der Herr sprach zuo jm: Zeüch die schuoch auß von deinen füessen/ dann die statt da du staast/ ist ein heylig land. Jch hab wol gesehen dz übel meines volcks in Egypto/ und hab jr seüfftzen gehört/ und bin herab gestigen sy zuo erretten. Unnd nun kumm här ich wil dich in Egypten senden.

Disen Mosen/ welchen sy verlöugnetend/ sprechende: Wär hat dich zum obersten unnd richter gesetzt? den selbenn sandt Gott zuo einem obersten und erlöser durch die hand deß engels/ der jm erscheyn im pusch. Diser fuort sy

hatte sich das Volk vermehrt und in Ägypten ausgebreitet. 18 Dann *trat ein anderer König auf in Ägypten, der nichts von Josef wusste.* 19 Der ging gegen unser Geschlecht mit Arglist vor und fügte unseren Vorfahren Böses zu: Er liess die Säuglinge aussetzen, damit sie nicht am Leben blieben. 20 Zu dieser Zeit wurde Mose geboren, und er war anmutig in den Augen Gottes. Drei Monate wurde er aufgezogen im Hause seines Vaters; 21 als er nun ausgesetzt wurde, nahm ihn die Tochter des Pharao zu sich und zog ihn auf als ihren eigenen Sohn. 22 Und Mose wurde unterwiesen in aller Weisheit der Ägypter, und er war mächtig in Wort und Tat.

23 Als sich aber die Zeit erfüllte und er vierzig Jahre alt wurde, stieg in seinem Herzen der Gedanke auf, nach seinen Brüdern zu schauen, den Söhnen Israels. 24 Und als er sah, wie einem von ihnen Unrecht geschah, setzte er sich für ihn zur Wehr; er übte Rache für den, der bedrängt wurde, und erschlug den Ägypter. 25 Er dachte, seine Brüder würden verstehen, dass Gott ihnen durch seine Hand Rettung schaffen wollte; sie aber verstanden es nicht. 26 Am nächsten Tag kam er dazu, wie sie sich stritten, und er wollte sie bewegen, Frieden zu schliessen, und sprach: Männer, ihr seid Brüder. Warum fügt ihr einander Unrecht zu? 27 Der aber, der seinem Nächsten Unrecht zufügte, stiess ihn weg und sagte: *Wer hat dich zum Herrscher und Richter über uns gesetzt?* 28 *Willst du mich etwa töten, wie du gestern den Ägypter getötet hast?* 29 Mose aber ergriff auf dieses Wort hin die Flucht. Und er ging als Fremdling ins Land Midian. Dort zeugte er zwei Söhne.

30 Als wiederum vierzig Jahre vergangen waren, erschien ihm in der Wüste des Berges Sinai ein Engel in der lodernden Flamme eines Dornbusches. 31 Als Mose das sah, staunte er über die Erscheinung, und er trat näher, um genauer hinzusehen. Da ertönte die Stimme des Herrn: 32 *Ich bin der Gott deiner Väter, der Gott Abrahams, Isaaks und Jakobs.* Mose aber begann zu zittern und wagte nicht hinzusehen. 33 Der Herr aber sagte zu ihm: *Zieh deine Schuhe aus, denn der Ort, an dem du stehst, ist heiliges Land.* 34 *Hingeschaut habe ich und gesehen, wie mein Volk in Ägypten unterdrückt wird, und gehört habe ich ihr Seufzen. Herabgestiegen bin ich, sie zu befreien. Und nun, geh, ich will dich nach Ägypten senden.*

35 Diesen Mose, den sie abgewiesen hatten mit den Worten: *Wer hat dich zum Herrscher und*

auß und thett wunder unnd zeychen in Egypten/ unnd im Roten meer/ und in der wüeste viertzig jar. Diser ist Moses/ der zuo den kindern Jsraels gesagt hatt: Eynen propheten wirdt euch Gott euwer Herr erwecken auß euwern brüedern/ gleych wie mich/ den söllend jr hören. Diser ists der in der gmeynd in der wüeste mit dem engel was/ der mit jm redt auff dem berg Sina/ und mit unsern vättern. Diser empfieng das läbendig wort uns zegeben/ welchem nit woltend gehorsam werden euwere vätter/ sonder stiessend jn von jnen/ und wandtend sich umb mit jren hertzen gen Egypten/ und sprachend zuo Aaron: Mach uns Götter die vor uns hingangind: dann wir wüssend nit was Mosi/ der uns auß dem land Egypti gefüert hatt/ widerfaren ist. Und machtend ein kalb zuo der zeyt/ und opffertend dem götzen opffer/ und fröuwetend sich der werck jrer henden. Aber Gott wandt sich/ unnd gab sy dahin/ das sy dienetend des himels heerzeüg. Wie dann geschriben stadt in dem buoch der propheten: Habend jr vom hauß Jsraels die viertzig jar in der wüeste/ mir auch ye opffer und vych geopfferet? Unnd jr namend die hütten Moloch an/ und das gstirn euwers Gottes Kemphan/ die bild die jr gemachet hattend sy anzebätten. Unnd ich wil euch verwerffen yhensit Babylonien. Es hattend unsere vätter die hütten der zeügnuß in der wüesten/ wie er jnen das verordnet hatt/ do er zuo Mosen redt/ das er sy machen sölte nach dem fürbild das er gesehen hatt. Welche unsere vätter auch annamend/ und brachtend sy mit Josue in das lannd das die Heyden inn hattend/ welche Gott außstieß vor dem angesicht unserer vätter/ biß zur zeyt Davids/ der fand gnad bey Gott/ und batt dz er ein hütten finden möchte dem Gott Jaacobs. Salomon aber bauwet jm ein hauß. Aber der aller höchst wonet nit in templen die mit henden gemachet sind. Als er spricht durch den propheten: Der himel ist meyn stuol/ unnd die erd der schämel meiner füessen. Was wöllend jr mir dann für ein hauß bauwen? spricht der Herr: oder welches ist die statt meyner ruow? Hatt nit mein hand das alles gemachet? Jr halßstarrigen unnd unbeschnittnen an hertzen und oren/ jr widersträbend allzeyt dem heyligen geist/ wie euwere vätter/ also auch jr. Welchen propheten habend euwre vätter nit vervolget? Und sy todtend die da vorhin verkuntend die zuokunfft des gerechten/ des jr yetz verädter und mörder worden sind. Jr

Richter eingesetzt?, ihn hat Gott als Herrscher und Erlöser gesandt durch die Hand des Engels, der ihm im Dornbusch erschienen ist. 36 Er hat sie herausgeführt und Wunder und Zeichen vollbracht in Ägypten, am Roten Meer und in der Wüste, vierzig Jahre lang. 37 Dieser Mose ist es, der zu den Söhnen Israels gesagt hat: *Einen Propheten wie mich wird euch Gott erwecken aus der Mitte eurer Brüder.* 38 Er ist es, der in der Wüste vor versammeltem Volk zum Mittler geworden ist zwischen dem Engel, der auf dem Berg Sinai mit ihm sprach, und unseren Vätern. Er hat Worte des Lebens empfangen, um sie an uns weiterzugeben. 39 Unsere Väter aber wollten ihm nicht gehorsam sein, nein, sie stiessen ihn von sich und wandten sich im Herzen wieder Ägypten zu. 40 Sie sagten zu Aaron: *Mach uns Götter, welche vor uns herziehen, denn dieser Mose, der uns aus Ägypten herausgeführt hat – wir wissen nicht, was mit ihm geschehen ist.* 41 Und sie machten ein Stierkalb in jenen Tagen und brachten dem Götzenbild ein Opfer dar und freuten sich am Werk ihrer Hände. 42 Gott aber wandte sich ab und liess sie dem Heer des Himmels dienen, wie es geschrieben steht im Buch der Propheten:

Habt ihr mir etwa Schlachtopfer und Speiseopfer dargebracht,
    vierzig Jahre lang in der Wüste, Haus Israel?
43 Nein, das Zelt des Moloch habt ihr mit euch geführt
    und das Sternbild eures Gottes Raifan,
die Gebilde, die ihr gemacht habt, um vor ihnen niederzuknien.

Und ich werde euch in die Verbannung schicken, noch über Babylon *hinaus.*

44 Unsere Väter hatten das Zelt des Zeugnisses in der Wüste, so wie es den Anordnungen dessen entsprach, der mit Mose gesprochen hatte: Nach dem Urbild, das er gesehen hatte, sollte es gebaut werden. 45 Das haben unsere Väter übernommen und unter Josua ins Land gebracht, als sie das Hab und Gut der Völker in Besitz nahmen, die Gott vor dem Angesicht unserer Väter vertrieb – bis zu den Tagen Davids. 46 Dieser fand Gnade vor Gott und bat darum, ihm eine Wohnstätte finden zu lassen für den Gott Jakobs. 47 Salomo baute ihm dann ein Haus. 48 Doch der Höchste wohnt nicht in Wohnungen, die von Menschenhand gemacht sind, wie der Prophet sagt:

49 Der Himmel ist mein Thron,

habend das gsatz empfangen durch der englen zuo dienen/ und habends nit gehalten.

die Erde aber der Schemel meiner Füsse. Was für ein Haus wollt ihr mir bauen, spricht der Herr,
   was soll meine Ruhestätte sein?
50 *Hat* nicht *meine Hand dies alles gemacht?*

51 Ihr Halsstarrigen, die ihr unbeschnitten seid an Herz und Ohren, stets von neuem widersetzt ihr euch dem heiligen Geist, wie schon eure Väter, so auch ihr. 52 Welchen Propheten haben eure Väter nicht verfolgt? Getötet haben sie alle, die vom Kommen des Gerechten kündeten. Und an ihm seid *ihr* jetzt zu Verrätern und Mördern geworden, 53 ihr, die ihr das Gesetz durch Anordnungen von Engeln empfangen und euch nicht daran gehalten habt.

|2: Gen 11,31; 15,7 |3: Gen 12,1 |4: Gen 11,32 · Gen 12,1.5 |5: Gen 12,7; 17,8 · Gen 16,1 |6–7: Gen 15, 13–14 |8: Gen 17,10 · Gen 21,2–4 · Gen 25,26 · Gen 35, 23–26 |9: Gen 37,11.28 · Gen 39,2.21 |10: Gen 41, 39–45 |11: Gen 41,54; 42,5 |12: Gen 42,2 |13: Gen 45, 1–2.16 |14: Gen 45,9 · Gen 46,27 |15: Gen 46,1.6 · Gen 49,33 · Ex 1,6 |16: Gen 33,18–19; 50,13 |17: Ex 1,7 |18: Ex 1,8 |19: Ex 1,9–10 · Ex 1,22 |20: Ex 2,2 |21: Ex 2,3. 5.10 |23: Ex 2,11 |24: Ex 2,11–12 |26: Ex 2,13 |27–28: Ex 2,14 |29: Ex 2,15 · Ex 2,21–22; 18,3–4 |30: Ex 3,2 |31: Ex 3,3–4 |32: 3,13; Ex 3,6; Lk 20,37 |33: Ex 3,5 |34: Ex 3,7–8.10 |35: 7,27; Ex 2,14 |36: Ex 7,3 · Num 14,33 |37: 3,22; Dtn 18,15 |38: 7,53; Ex 31,18 |39: Ex 16,3; Num 14,3–4 |40: Ex 32,1.23 |41: Ex 32,4.6 |42–43: Am 5, 25–27 |42: Jer 8,2; 19,13 |44: Ex 25,8–9.40; 29,42 |45: Jos 18,1 |46: 2Sam 7,2; Ps 132,1–5 |47: 1Kön 6,1–38 |48: 17,24; 1Kön 8,27.30 |49–50: Jes 66,1–2 |51: Ex 32,9 · Jer 9,25; Ez 44,7 · Jer 6,10 |52: Lk 11,47! |53: 7,38!

7,13: Andere Übersetzungsmöglichkeit: «..., und dem Pharao wurde Josefs Familie bekannt gemacht.»

7;46: Andere Textüberlieferung: «... für das Haus Jakobs.»

Die Steinigung des Stephanus und der Ausbruch von Verfolgungen

54 Als sie dies hörten, wurden sie rasend vor Zorn und knirschten mit den Zähnen. 55 Er aber, erfüllt von heiligem Geist, blickte zum Himmel auf und sah die Herrlichkeit Gottes und Jesus zur Rechten Gottes stehen. 56 Und er sprach: Ja, ich sehe die Himmel offen und den Menschensohn zur Rechten Gottes stehen. 57 Sie aber überschrien ihn, hielten sich die Ohren zu und stürzten sich vereint auf ihn. 58 Sie stiessen ihn aus der Stadt hinaus und steinigten ihn. Und die Zeugen legten ihre Kleider ab, zu Füssen eines jungen Mannes namens Saulus. 59 Sie steinigten den Stephanus, er aber rief den Herrn an und sprach: Herr, Jesus, nimm meinen Geist auf! 60 Er fiel auf die Knie und rief mit lauter

Do sy sölichs hortend/ zerschneyd es jnen jr hertz/ und kirretend mit den zänen über jnn. Als er aber voll heyligs geysts was/ sach er auf gen himmel/ und sach die herrligkeyt Gottes/ und Jesum ston zur rechten Gottes/ unnd sprach: Sihe/ ich sich den himmel offen/ und des menschen sun zur rechten Gottes ston. Sy schrüwend aber laut/ und hieltend jre oren zuo/ und sturmptend einmüetigklich zuo jm eyn/ stiessend jn zur statt hinauß/ und versteynigetend jn. Und die zeügen legtend ab jre kleyder zuo den füessen eins jünglings/ der hieß Saulus. Und versteynigetend Stephanum/ der ruofft/ und sprach: Herr Jesu/ nimm minen geist auf. Er knüwet aber nider/ und schrey laut/ Herr/ rupff jnen dise sünd nit auf/ dann sy wüssend nit was sy thuond. Und als er das gesagt/ entschlieff er.

Das viij. Capitel.
Von der begrebd Stephani und dem durächten Saulis. Die Apostel werdend zerströuwt/ Philippus kumpt in Samarian. Von Simon dem zauberer und seinem tauff/ auch von seinem falsch. Philippus taufft den hofmeyster der künigin Candaces.

Saulus aber hatt ein wolgefallen an seinem tod. Es ward aber zuo der zeit ein grosse vervolgung über die gmeind zuo Jerusalem. Unnd sy zerströuwtend sich all in die lender Judee und Samarien/ on die Apostel. Es bestattetend aber Stephanum gottsförchtige menner/ unnd hattend ein grosse klag über jn. Saulus aber zerstöret die gemeynd/ gieng hin unnd här in die heüser/ unnd zoch herfür menner und weyber/ und gab sy hin in gefencknuß.

Die nun zerströuwet warennd/ giengend härumb/ und predigetend das Euangelion. Philippus aber kam hinab in ein statt Samarie/ und prediget jnen von Christo. Das volck aber hatt einmüetigklich acht uff das/ so von Philippo gesagt ward/ hortend jm zuo/ und sahend die zeychen die er thett. Dann die unsaubern geyst schrüwend laut/ unnd fuorend auß vilen. Auch vil pärlisüchtigen unnd lamen wurdend gesund gemachet. Unnd es ward ein grosse fröud in der selbigen statt. Es was aber vorhin in der selbigen statt ein mann/ mit nammen Simon/ der treib zauberey/ und verzaubret das Samarisch volck/ und gab für er wäre etwas grosses. Und sy sahend all auff jn/ von dem kleinsten an biß zum grösten/ und sprachend: Der ist die krafft Gottes/ die da groß ist. Sy sahend aber darumb auff jn/ das er sy ein lange zeyt mit seiner zauberey verzaubret hatt. Do sy aber Philippus predigen glaubtend von dem reych Gottes/ und von dem nammen Jesu Christi/ wurdend getaufft menner und weyber. Do ward auch der Simon glöubig und ließ sich tauffen/ und hanget an Philippo. Und als er sach die thaaten unnd zeychen die da geschahend/ verwunderet er sich.

Stimme: Herr, rechne ihnen diese Sünde nicht an! Und als er dies gesagt hatte, verschied er.

8 1 Saulus war einverstanden mit dieser Hinrichtung. An jenem Tag nun kam eine grosse Verfolgung über die Gemeinde in Jerusalem. Alle wurden versprengt über das ganze Land, über Judäa und Samaria, nur die Apostel nicht.
2 Fromme Männer bestatteten den Stephanus und hielten eine grosse Totenklage für ihn. 3 Saulus aber fügte der Gemeinde grosses Leid zu: Er drang in ihre Häuser ein, schleppte Männer und Frauen fort und liess sie ins Gefängnis werfen.

|54: 5,33 |55: 6,5 |56: Lk 22,69! |58: Lev 24,14; Dtn 17,7 · 22,20 |59: 6,5! · Lk 23,46; Ps 31,6 |60: Lk 23,34 |1: 8,4! |2: 6,5! |3: 9,1–2; 22,4.19; 26,10–11; Gal 1,13! · Lk 21,12!

Philippus in Samaria
4 Die Vertriebenen nun zogen umher und verkündigten das Evangelium.
5 Philippus ging hinab in die Hauptstadt Samarias und verkündigte den Leuten dort den Christus. 6 Und sie kamen in Scharen und folgten aufmerksam den Ausführungen des Philippus; und sie stimmten ihm zu, als sie seine Worte hörten und die Zeichen sahen, die er tat. 7 Viele hatten unreine Geister, die laut brüllend ausfuhren, viele waren verkrüppelt oder gelähmt und wurden geheilt. 8 Und es kehrte grosse Freude ein in jener Stadt.
9 Ein Mann aber mit Namen Simon war zuvor in der Stadt als Magier aufgetreten und hatte die Bevölkerung von Samaria in Bann geschlagen mit der Behauptung, er sei etwas ganz Grosses, 10 und alle, Gross und Klein, hingen ihm an und sagten: Dieser Mann ist die Kraft Gottes, die man ‹die Grosse› nennt. 11 Sie hingen ihm an, weil sie lange Zeit gebannt waren von seinen Künsten.
12 Als sie nun Philippus Glauben schenkten, der das Evangelium verkündigte vom Reich Gottes und vom Namen Jesu Christi, liessen sie sich taufen, Männer und Frauen. 13 Auch Simon selbst kam zum Glauben; er liess sich

Do aber die Apostel hortend zuo Jerusalem das Samaria das wort Gottes angenommen hatt/ sandtend sy zuo Petro und Joannen. Welche/ do sy hinab kamend/ bättetend sy über sy/ das sy den heyligen geyst empfiengind. Dann er was noch über keinen gefallen/ sonder warend allein getaufft in den nammen Christi Jesu. Do legtend sy die hend uff sy/ und sy empfiengend den heiligen geist.

Do aber Simon sach/ das durchs auflegen der Apostel hend der heylig geyst gegeben ward/ bot er jnen gelt an/ und sprach: Gebend mir auch die macht/ das/ so ich yemants die hend auflege/ der selb den heyligen geyst empfahe. Petrus aber sprach zuo jm: Das du verdampt werdest mit deinem gelt/ das du meinst Gottes gaab werde durchs gelt erlanget. Du wirst weder teyl noch anfal haben an disem ort/ dann dein hertz ist nit aufrichtig vor Gott. Darumb thuo buoß für dise deine boßheit/ und bitt Gott ob dir vergeben werden möchte der tuck deines hertzen. Dann ich sich dz du bist voller bitter gallen/ und verknüpffet mit ungerechtigkeyt.

Do antwortet Simon/ und sprach: Bittend jr für mich zuo Gott/ dz deren keins über mich komme/ davon jr gesagt habend. Sy aber/ do sy bezeüget und geredt hattend das wort des Herren/ wandtend sy widerumb gen Jerusalem/ und predigetend das Euangelion vil Samarischen marckten.

taufen und hielt sich fortan an Philippus; und er war fassungslos angesichts der grossen Zeichen und Wunder, die da geschahen.

14 Als aber die Apostel in Jerusalem vernahmen, dass Samaria das Wort Gottes angenommen hatte, sandten sie Petrus und Johannes zu ihnen. 15 Die kamen herab und beteten für sie, dass sie den heiligen Geist empfangen möchten 16 – er war nämlich noch auf keinen von ihnen herabgekommen, sie waren erst auf den Namen des Herrn Jesus getauft. 17 Dann legten sie ihnen die Hände auf, und sie empfingen den heiligen Geist.

18 Als nun Simon sah, dass durch die Handauflegung der Apostel der Geist gegeben wurde, bot er ihnen Geld an 19 und sagte: Gebt auch mir diese Vollmacht, dass jeder den heiligen Geist empfängt, dem ich die Hände auflege. 20 Petrus aber sprach zu ihm: Ins Verderben mit dir und deinem Geld! Du hast wohl gemeint, die Gabe Gottes mit Geld erwerben zu können. 21 Du hast weder Anteil an dieser Sache noch ein Anrecht darauf, denn deine Gesinnung gegenüber Gott ist nicht lauter. 22 Wende dich ab von deiner Bosheit und bete zum Herrn; vielleicht wird dir dieses Ansinnen vergeben werden. 23 Denn ich sehe dich hineingeraten in bittere Galle und in die Fänge des Unrechts. 24 Simon entgegnete: Betet ihr für mich zum Herrn, dass nichts von dem, was ihr gesagt habt, über mich komme.

25 Nachdem sie Zeugnis abgelegt und das Wort des Herrn verkündigt hatten, kehrten sie nach Jerusalem zurück; unterwegs verkündigten sie in vielen Dörfern Samarias das Evangelium.

|4: 8,1; 11,19 |5: 6,5! |7: 5,16! |12: 19,8! |14: 11,1 · 1,8 |15: 1,8; 2,33.38; 10,47; 19,2.6 |16: 19,2–6 |17: 6,6! |20: Mt 10,8 |22: 17,30! |23: Dtn 29,17

8,7: Andere Übersetzungsmöglichkeit: «Denn viele von denen, die unreine Geister hatten – die schrien mit lauter Stimme und fuhren aus, und viele Verkrüppelte und Gelähmte wurden geheilt.»

Philippus und der äthiopische Hofbeamte

26 Ein Engel des Herrn aber sprach zu Philippus: Mach dich auf und geh nach Süden auf die Strasse, die von Jerusalem nach Gaza hinabführt; sie ist menschenleer. 27 Und er machte sich auf und ging. Da kam ein äthiopischer Hofbeamter vorüber, ein Eunuch der Kandake, der Königin der Äthiopier; er war ihr Schatzmeister. Der war nach Jerusalem gereist, um dort zu beten. 28 Nun

Aber der engel des Herren redt zuo Philippo/ unnd sprach: Stand auf/ und gang gegen Mittag auff die straaß die von Jerusalem hinab gadt gen Gaza/ die da wüest ist. Und er stuond auf/ und gieng hin. Unnd sihe/ ein mann auß Morenland/ ein verschnittner und gewaltiger der künigin Candaces in Morenland/ welcher was über alle jre schätzkammer/ der was kommen gen Jerusalem anzebätten.

Und zoch wider heym/ und saß auf seinen wagen/ und laß den propheten Esaiam.

Der geyst aber sprach zuo Philippo: Gang hinzuo/ und mach dich zuo disem wagen. Do lieff Philippus hinzuo/ unnd hort das er den propheten Esaiam laß/ und sprach: Verstaast du auch was du lisest? Er aber sprach: Wie kan ichs/ so michs niemants underweyßt? Und er batt Philippon dz er auffhärstige/ und satzte sich zuo jnen. Der innhalt aber der gschrifft/ die er laß/ was dise. Er ist wie ein schaaff zur schlachtung gefüert/ und wie ein lamb vor sinem schärer stimmloß/ also hatt er nit aufgethon seinen mund. Jn der nidrigkeit ist sein gericht erhaben. Wär wirt aber sein geburt erzellen? dann sein läben ist von der erden genommen. Do antwortet der verschnitten/ und sprach: Jch bitt dich von welchem redt der prophet sölichs? von jm selber/ oder von yemants anders?

Philippus aber thett seinen mund auf/ und fieng von der gschrifft an/ und prediget jm das Euangelion von Jesu. Unnd als sy zugend der straassen nach/ kamend sy an ein wasser. Unnd der verschnitten sprach: Sihe/ da ist wasser/ was hindert mich/ das ich mich nit tauffen lasse? Philippus aber sprach: Glaubst du von gantzem hertzen/ so mags wol sein. Er antwortet/ und sprach: Jch glaub das Jesus Christus sey Gottes sun. Und hieß den wagen still halten/ unnd stigend hinab in das wasser beyd/ Philippus und der verschnitten. Und er taufft jn. Do sy aber herauf stigend auß dem wasser/ zuckt der geyst des Herren Philippon hinweg. Und der verschnitten sach jn nit mer. Er zoch aber sein straaß frölich. Philippus aber ward funden zuo Asdod/ und wandlet umbhär/ unnd prediget allen stetten das Euangelion/ biß das er kam gen Cesarien.

Das ix. Capitel.

Von dem berüeffen unnd bekeerung Saulis/ unnd wie er von Anania bericht unnd getaufft/ die Juden allenthalb geschendt und geschweygt hatt. Petrus kumpt gen Lyda/ machet Tabitham wider läbendig.

Paulus aber was noch begyrig des tröuwens und tödens wider die jünger des Herren. Und gieng zum hohen priester/ unnd batt jnn

befand er sich auf dem Heimweg; er sass auf seinem Wagen und las im Propheten Jesaja.

29 Da sprach der Geist zu Philippus: Geh und folge diesem Wagen. 30 Philippus holte ihn ein und hörte, wie er im Propheten Jesaja las, und sagte: Verstehst du, was du da liest? 31 Der sagte: Wie könnte ich, wenn niemand mich anleitet? Und er bat Philippus, auf den Wagen zu steigen und sich zu ihm zu setzen. 32 Der Abschnitt der Schrift, den er las, war folgender:

Wie ein Schaf wurde er zur Schlachtbank geführt;
und wie ein Lamm, das vor seinem Scherer verstummt,
so tut er seinen Mund nicht auf.
33 In seiner Erniedrigung wurde aufgehoben das Urteil gegen ihn;
doch von seinem Geschlecht, wer wird davon erzählen?
Denn weggenommen von der Erde wird sein Leben.

34 Der Eunuch sagte nun zu Philippus: Ich bitte dich, sage mir, von wem spricht hier der Prophet? Von sich oder von einem anderen? 35 Da tat Philippus seinen Mund auf und begann, ihm von dieser Schriftstelle ausgehend das Evangelium von Jesus zu verkündigen. 36 Als sie weiterzogen, kamen sie zu einer Wasserstelle, und der Eunuch sagte: Schau, hier ist Wasser; was steht meiner Taufe noch im Weg? 38 Und er liess den Wagen anhalten, und sie stiegen beide ins Wasser hinab, Philippus und der Eunuch, und er taufte ihn. 39 Als sie aber aus dem Wasser stiegen, entrückte der Geist des Herrn den Philippus, und der Eunuch sah ihn nicht mehr; doch er zog voll Freude seines Weges. 40 Philippus aber wurde in Asdod gesehen. Und er zog durch alle Städte und verkündigte das Evangelium, bis er nach Cäsarea kam.

|26: 6,5! |27: Ps 68,32!; Jes 56,6–7 |29: 10,19! |32–33: Jes 53,7–8 |36: 10,47 |39: 1Kön 18,12; 2Kön 2,16; 2Kor 12,2–4 |40: 6,5! · 8,4

8,27: ‹Kandake› ist eine Titelbezeichnung, ähnlich wie ‹Pharao› in Ägypten.

8,36: Einige Handschriften fügen ein (in unterschiedlicher Formulierung): «37 Er sagte zu ihm: Wenn du von ganzem Herzen glaubst, ist es möglich. Er antwortete: Ich glaube, dass der Sohn Gottes Jesus Christus ist.»

Die Berufung des Saulus

9 1 Saulus aber schnaubte noch immer Drohung und Mord gegen die Jünger des Herrn. Er ging zum Hohen Priester 2 und bat

umb brieff gen Damascen an die schuolen/ auff das/ so er etlich dises wägs funde menner und weyber/ das er sy gebunden fuorte gen Jerusalem. Unnd in dem er hingieng/ geschachs das er nach zuo Damascen kam/ unnd schnäll umbblickt jn ein liecht vom himmel/ unnd fiel auff die erden/ unnd hort ein stimm/ die sprach zuo jm: Saul Saul/ was vervolgest du mich? Er aber sprach: Herr/ wär bist du? Der Herr sprach: Jch bin Jesus/ den du vervolgest. Es wirt dir schwär werden wider den sticher zefuossen. Und er sprach mit zittern und zagen: Herr/ was wilt du das ich thuon sölle? Sprach der Herr zuo jm: Stand auf/ und gang in die statt/ da wirt man dir sagen was du thuon solt.

Die menner aber/ die seine geferten warend/ stuondend und warend erstaunet: dann sy hortend sein stimm/ und sahend niemants. Saulus aber richtet sich auf von der erden. Und als er seine augen aufthet/ sach er niemants. Sy namend jn aber bey der hand/ und fuortend jn gen Damascen/ und was drey tag nit sehend/ unnd aß nichts/ unnd tranck nichts. Es was aber ein junger zuo Damascen/ mit nammen Ananias/ zuo dem sprach der Herr im gesicht: Anania. Und er sprach: Hie bin ich Herr. Der Herr sprach zuo jm: Stand auf/ und gang hin in die gassen/ die da heißt die Richtige/ und frag in dem hauß Juda nach Saulo/ mit nammen von Tarsen/ dann sihe/ er bättet. Und hatt gesehen im gesicht einen mann/ mit nammen Ananias/ zuo jm hineyn kommen/ unnd die hand auff jn legen/ das er wider sehend werde.

Ananias aber antwortet: Herr/ ich hab von vilen gehört von disem mann/ wie vil übels er deinen heyligen gethon hatt zuo Jerusalem/ und er hat die macht von den hohen priestern zebinden alle die deinen nammen anrüeffend. Der Herr sprach zuo jm: Gang hin/ dann diser ist mir ein außerwelter rüstzeüg/ das er meinen nammen trage vor den Heyden und vor den künigen/ und vor den kindern Jsraels. Jch wil jm zeigen wie vil er leyden muoß umb meines nammens willen.

Und Ananias gieng hin und kam in das hauß/ und legt die hend auff jn/ und sprach: Lieber bruoder Saul/ der Herr hat mich gesendt/ der dir erschinen ist auff dem wäg/ do du här kamest/ das du wider sehend und mit dem heyligen geyst erfüllet wurdest. Unnd von stundan fiel es vonn seinen augen wie schüeppen/ unnd ward

ihn um Briefe an die Synagogen in Damaskus, dass er, wenn er Anhänger dieses neuen Weges dort finde – Männer und auch Frauen –, sie gefesselt nach Jerusalem bringen solle.

3 Als er unterwegs war, geschah es, dass er in die Nähe von Damaskus kam, und plötzlich umstrahlte ihn ein Licht vom Himmel; 4 er stürzte zu Boden und hörte eine Stimme zu ihm sagen: Saul, Saul, was verfolgst du mich? 5 Er aber sprach: Wer bist du, Herr? Und er antwortete: Ich bin Jesus, den du verfolgst. 6 Doch steh auf und geh in die Stadt, und es wird dir gesagt werden, was du tun sollst. 7 Die Männer aber, die mit ihm unterwegs waren, standen sprachlos da; sie hörten zwar die Stimme, sahen aber niemanden. 8 Da erhob sich Saulus vom Boden; doch als er die Augen öffnete, konnte er nicht mehr sehen. Sie mussten ihn bei der Hand nehmen und führten ihn nach Damaskus. 9 Und drei Tage lang konnte er nicht sehen, und er aß nicht und trank nicht.

10 In Damaskus aber war ein Jünger mit Namen Ananias, und zu diesem sprach der Herr in einer Vision: Ananias! Er sagte: Hier bin ich, Herr. 11 Der Herr aber sagte zu ihm: Mach dich auf und geh in die Strasse, die man ‹die Gerade› nennt, und frag im Haus des Judas nach einem Mann aus Tarsus mit Namen Saulus! Du wirst sehen, er betet, 12 und er hat in einer Vision einen Mann namens Ananias gesehen, der zu ihm hereinkam und ihm die Hände auflegte, damit er wieder sehe. 13 Ananias aber antwortete: Herr, ich habe von vielen Seiten gehört, wie viel Böses dieser Mann deinen Heiligen in Jerusalem angetan hat. 14 Und von den Hohen Priestern hat er hier die Vollmacht, alle festzunehmen, die deinen Namen anrufen. 15 Der Herr aber sagte zu ihm: Geh hin, denn gerade er ist mein auserwähltes Werkzeug, meinen Namen zu tragen vor den Augen von Völkern und Königen und vor den Augen der Israeliten. 16 Ich werde ihm zeigen, wie viel er wird leiden müssen um meines Namens willen.

17 Da machte sich Ananias auf und ging in das Haus hinein, legte ihm die Hände auf und sprach: Saul, mein Bruder, der Herr hat mich gesandt, Jesus, der dir erschienen ist auf dem Weg, den du gekommen bist: Du sollst wieder sehen und erfüllt werden von heiligem Geist! 18 Da fiel es ihm wie Schuppen von den Augen, und er sah wieder; und er stand auf und liess sich taufen. 19 Und er nahm Speise zu sich und kam wieder zu Kräften.

wider sehend. Unnd stuond auf/ ließ sich
tauffen/ unnd nam speyß und sterckt sich.

|1–19: 22,3–16; 26,9–18 |1: 8,3! |3: 1Kor 15,8 |10: 10,3;
11,5; 16,9; 18,9; 22,17–18; 23,11; 27,23–24 |11: 21,39
|12: 6,6! |14: 9,2 · 2,21 |15: 13,2; 26,2; 27,24; Gal 1,15–16
|16: 2Kor 11,23–28 |17: 6,6! · 2,4!

9,2: Im griechischen Text steht als Bezeichnung für die
neue Bewegung der Christen nur ‹der Weg›. Dies verweist
auf alttestamentlich-jüdischen Hintergrund; um das Neue
des Anspruchs der Christen wiederzugeben, wird hier die
Übersetzung ‹neuer Weg› gewählt.

9,8: Andere Übersetzungsmöglichkeit: «Saulus aber
wurde vom Boden aufgehoben; …»

Saulus in Damaskus und Jerusalem

Saulus aber was etlich tag bey den jüngern
zuo Damasco. Unnd von stundan prediget er
Christum in den schuolen/ das der selbig Gottes
sun wäre. Sy entsatzend sich aber alle die es
hortend/ und sprachend: Jst das nit der/ der
zuo Jerusalem verstöret alle die disen nammen
anruoffend? und hiehär darzuo kommen/ das
er sy gebunden fuorte zuo den hohen priestern?
Paulus aber ward ye mer krefftiger/ unnd
verwirret die Juden die zuo Damasco wonetend/
und bewärts das diser Christus wäre. Und
nach vil tagen hieltend die Juden einen radt
zuosamen/ das sy jnn abthätind. Aber es ward
Saulo kund gethon das sy jm nachstaltend. Sy
wachetend aber tag und nacht an den porten/
das sy jnn abthätind. Do namend jn die
jünger by der nacht/ und thettend jn durch die
mauren/ und liessend jn in einem korb hinab.

Do aber Saulus gen Jerusalem kam/
versuocht er sich zuo den jüngern zegsellen.
Und sy forchtend sich alle vor jm/ glaubtend
nit das er ein jünger wäre. Barnabas aber nam
jn zuo jm und fuort jn zuo den Apostlen/
unnd erzellet jnen wie er auff der strassen den
Herren gesehen/ und er mit jm geredt/ und
wie er zuo Damascen freydig gehandlet hette in
dem nammen Jesu. Und er was bey jnen/ und
gieng auß und eyn zuo Jerusalem/ und handlet
freydig in dem nammen des Herren Jesu. Er
redt auch und befraget sich mit den Kriechen.
Aber sy staltend jm nach das sy jn abthätind.
Do das die brüeder erfuorend/ geleytetend sy
jn gen Cesarien/ unnd liessend jn gen Tarsen
gon. Also hatt nun die gmeynd frid durch gantz
Judea und Galilea und Samaria/ unnd bauwet
sich/ unnd wandlet in der forcht des Herren/
und ward erfüllt mit trost des heyligen geysts.

Er blieb nun einige Tage bei den Jüngern
in Damaskus 20 und verkündigte sofort in
den Synagogen, dass Jesus der Sohn Gottes sei.
21 Alle, die davon hörten, waren fassungslos
und sagten: Ist das nicht der, der alle, die
diesen Namen anrufen, in Jerusalem ausrotten
wollte? Und ist er nicht zu diesem Zweck
hierher gekommen, um sie auch hier gefangen
zu nehmen und vor die Hohen Priester zu
führen? 22 Saulus aber trat umso entschiedener
auf und versetzte die Juden, die in Damaskus
wohnten, in grosse Verwirrung, indem er
ihnen bewies: Dieser Mann ist der Gesalbte.

23 Nachdem darüber einige Tage vergangen
waren, beschlossen die Juden, ihn zu töten.
24 Saulus aber erhielt Kenntnis von ihrem
Plan; sie liessen sogar die Stadttore Tag und
Nacht überwachen, in der Absicht, ihn zu
töten. 25 Die Jünger aber nahmen ihn und
liessen ihn nachts über die Mauer entkommen,
indem sie ihn in einem Korb hinunterliessen.

26 Als er nach Jerusalem kam, versuchte
er, sich zu den Jüngern zu halten; doch alle
fürchteten ihn und glaubten nicht, dass er ein
Jünger sei. 27 Barnabas aber nahm sich seiner an,
führte ihn zu den Aposteln und erzählte ihnen,
wie er unterwegs den Herrn gesehen und dass
er mit ihm gesprochen habe und wie er dann in
Damaskus öffentlich aufgetreten sei im Namen
des Herrn. 28 Und so kam es, dass er bei ihnen
in Jerusalem ein und aus gehen und öffentlich
im Namen des Herrn auftreten konnte. 29 Und
er sprach zu den Hellenisten und diskutierte mit
ihnen; sie jedoch hatten vor, ihn zu töten. 30 Als
die Brüder und Schwestern davon Kenntnis
erhielten, geleiteten sie ihn nach Cäsarea
hinab und schickten ihn weiter nach Tarsus.

31 Die Kirche hatte nun Frieden in
ganz Judäa und Galiläa und Samaria; sie
wurde auferbaut und ging ihren Weg in

der Furcht des Herrn; und sie wuchs durch den Beistand des heiligen Geistes.

|20: Lk 3,22! |21: 2,21 · 8,3! |22: 5,42; 17,3; 18,5.28 |24–25: 2Kor 11,32–33 |26–30: 22,17–21 |26–27: Gal 1,17–18 |27: 4,36! |30: Gal 1,21

9,25: Andere Textüberlieferung: «Seine Jünger aber nahmen ihn …»

9,31: «Kirche»: Das griechische Wort ‹ekklesia›, das in der Apostelgeschichte sonst mit ‹Gemeinde› übersetzt wird, hat hier und in 20,28 eine sehr weite Bedeutung und wird deshalb mit ‹Kirche› wiedergegeben.

Petrus in Lydda und Joppe

32 Es begab sich nun, dass Petrus, als er alle Gemeinden ringsum besuchte, auch zu den Heiligen hinabkam, die in Lydda wohnten. 33 Dort fand er einen Menschen mit Namen Äneas, der seit acht Jahren ans Bett gefesselt war, er war nämlich gelähmt. 34 Und Petrus sprach zu ihm: Äneas, Jesus Christus heilt dich. Steh auf und klappe deine Bahre zusammen! Und sogleich stand er auf. 35 Und alle Bewohner von Lydda und der Scharon-Ebene sahen ihn; und sie wandten sich dem Herrn zu.

36 In Joppe aber war eine Jüngerin mit Namen Tabita, das heisst ‹Gazelle›. Die tat viel Gutes und gab reichlich Almosen. 37 Es geschah aber in jenen Tagen, dass sie krank wurde und starb. Man wusch sie und bahrte sie im Obergemach auf. 38 Da Lydda nahe bei Joppe liegt, vernahmen die Jünger, dass Petrus dort sei, schickten zwei Männer zu ihm und liessen ihn bitten: Säume nicht, zu uns herüberzukommen. 39 Da machte sich Petrus auf und ging mit ihnen. Als er dort ankam, führten sie ihn in das Obergemach; alle Witwen traten zu ihm und zeigten ihm unter Tränen die Kleider und Gewänder, die die Gazelle gemacht hatte, als sie noch unter ihnen war. 40 Petrus aber wies alle hinaus. Und er kniete nieder und betete; und zu dem Leichnam gewandt sprach er: Tabita, steh auf! Sie öffnete ihre Augen, sah Petrus an und setzte sich auf. 41 Er gab ihr die Hand und half ihr auf. Dann rief er die Heiligen und die Witwen herein und zeigte ihnen, dass sie lebte. 42 Dies wurde in ganz Joppe bekannt, und viele kamen zum Glauben an den Herrn. 43 Und so blieb er einige Tage in Joppe bei einem Gerber namens Simon.

|33–34: Lk 5,18.24–25 |40: Lk 7,14!; Mk 5,41

Es geschach aber das Petrus durchzoch allenthalben/ das er auch zuo den heyligen kam die zuo Lyda wonetend/ daselbst fand er einen mann/ mit nammen Eneas/ acht jar lang auff dem bett gelägen/ der was pärlisiech. Unnd Petrus sprach zuo jm: Enea/ Jesus Christus mache dich gesund/ stand auff/ und bett dir selber. Und von stundan stuond er auf. Unnd es sahend jn alle die zuo Lyda unnd zuo Sarona wonetend/ die bekeertend sich zuo dem Herren.

Zuo Joppen aber was ein jüngerin/ mit nammen Tabitha/ welches vertolmetschet heißt Dorcas/ die was voll guoter wercken und almuosen die sy thett. Es begab sich aber zuo der selben zeyt das sy kranck ward/ unnd starb. Do wuoschend sy die selbigen/ unnd legtend sy in den Sal. Dieweyl aber Lyda nach bey Joppen was/ und die jünger hortend das Petrus daselbst was/ sandtend sy zwen menner zuo jm/ unnd battend jn das er sich nit liesse verdriessen zuo jnen zekommen.

Petrus aber stuond auf/ und kam mit jnen. Und als er dar kommen was/ fuortend sy jn hineyn in den Sal/ unnd es stuondend umb jnn vil witwen/ weynetend / unnd zeygtend jm die röck und kleyder/ welche Dorcas gemachet hatt dieweyl sy bey jnen was. Und Petrus/ do er sy alle hinauß triben hatt/ knüwet er nider/ bättet/ und wandt sich zuo dem leychnam/ und sprach: Tabitha/ stand auf. Unnd sy thett jre augen auf: und do sy Petrum sach/ satzt sy sich wider. Er aber bot jr die hand/ und richtet sy auf/ und ruofft den heyligen und den witwen/ und stellet sy läbendig dar. Und es ward kund durch gantz Joppen/ unnd vil glaubtend in den Herren. Unnd es geschach das er lange zeyt zuo Joppen bleib bey einem Simon der ein gerwer was.

Das x. Capitel.

Wie Petro ein erscheynung geschicht/ unnd wie er zuo Cornelio geschickt wirt.

Es was aber ein mann zuo Cesarien/ mit nammen Cornelius/ ein hauptmann von der rott die da heißt die Welsch/ gottsälig unnd gottsförchtig sampt sinem gantzen hauß/ und gab dem volck vil almuosen/ und bättet on underlaß zuo Gott/ der sach in einem gesicht offenbarlich/ umb die neündte stund im tag/ einen engel Gottes zuo jm hineyn gon/ der sprach zuo jm: Corneli. Er aber sach jn an/ erschrack/ und sprach: Herr/ was ists? Er aber sprach zuo jm: Dein gebätt und din almuosen sind hinauf kommen in gedächtnuß vor Gott. Unnd nun send menner gen Joppen/ und laß fordern Simon/ mit dem zuonammen Petrus/ welcher ist zeherberg bey einem gerwer Simon/ des hauß am meer ligt/ der wirdt dir sagen was du thuon solt. Unnd do der engel/ der mit Cornelio redt/ hinweg gangen was/ ruofft er zweyen seiner haußknechten/ unnd einem gottsförchtigen kriegsknecht/ von denen die auff jnn wartetend. Und er erzellet jnen alles/ und sandt sy gen Joppen. Deß anderen tags do dise reysetend/ und nach zur statt kamend/ gieng Petrus hinauf in einen Sal zebätten umb die sechßte stund. Unnd als er hungerig ward/ wolt er essen. Do sy jm aber zuobereytetend/ ward er enzuckt/ und sach den himmel aufgethon/ und zuo jm herab faren ein gschirr wie ein groß leynen tuoch an vier zipfeln gebunden/ und ward herab gelassen auff die erden/ darinnen warennd allerley vierfüessige thier der erden/ und wilde thier/ und würm und vögel des himmels. Und es geschach ein stimm zuo jm: Stand auf Petre/ schlacht und iß. Petrus aber sprach: Mir nit Herr/ dann ich hab noch nie etwas gmeins oder unreyns geessen. Und die stimm sprach zum andern mal zuo jm: Was Gott gereyniget hat/ das mach du nit unreyn. Und das geschach zum dritten mal. Unnd das gschirr ward wider aufgenommen gen himmel. Als er aber sich in jm selbs bekümmeret/ was dise gesicht wäre die er gesehen hatt/ sihe/ da fragtend die menner von Cornelio gesandt/ nach dem hauß Simonis/ unnd stuondend ann der thür/ ruofftend und fragtend ob Simon mit dem zuonammen Petrus/ da zeherberg wäre. In dem aber Petrus dem gesicht nach trachtet/ sprach der geyst zuo jm: Sihe die menner suochend dich/ aber stand auf/ und gang hinab

Petrus und Kornelius

10 1 In Cäsarea aber war ein Mann mit Namen Kornelius, ein Hauptmann, der zur sogenannten Italischen Kohorte gehörte. 2 Der war fromm und gottesfürchtig samt seinem ganzen Haus; er gab reichlich Almosen für das Volk und betete stets zu Gott. 3 Um die neunte Stunde des Tages sah dieser in einer Vision deutlich, wie ein Engel Gottes bei ihm eintrat und zu ihm sagte: Kornelius! 4 Er sah ihn an und fragte voller Furcht: Was ist, Herr? Der aber sagte zu ihm: Deine Gebete und deine Almosen sind aufgestiegen vor Gott, und es wird ihrer gedacht. 5 Schicke nun Männer nach Joppe und lass einen gewissen Simon kommen, der den Beinamen Petrus trägt. 6 Er ist zu Gast bei einem Gerber namens Simon, dessen Haus am Meer liegt. 7 Als der Engel, der mit ihm sprach, weggegangen war, rief er zwei seiner Hausklaven und einen frommen Soldaten aus seiner Dienstmannschaft, 8 unterrichtete sie über alles und schickte sie nach Joppe.

9 Am folgenden Tag, als jene unterwegs waren und sich der Stadt näherten, stieg Petrus um die sechste Stunde auf das Dach des Hauses, um zu beten. 10 Da wurde er hungrig und wünschte etwas zu essen. Während man etwas zubereitete, geriet er in Ekstase, 11 und er sah den Himmel offen und eine Art Gefäss herabkommen, wie ein grosses Leinentuch, das an seinen vier Enden gehalten auf die Erde herabgelassen wird. 12 Darin befanden sich alle möglichen Vierfüssler und Kriechtiere der Erde und Vögel des Himmels. 13 Und eine Stimme ertönte und sagte zu ihm: Steh auf, Petrus, schlachte und iss! 14 Petrus aber sprach: Auf keinen Fall, Herr! Noch nie habe ich etwas Gemeines oder Unreines gegessen. 15 Und wiederum ertönte die Stimme und sagte ein zweites Mal zu ihm: Was Gott für rein erklärt hat, das nenne du nicht unrein. 16 Dies geschah noch ein drittes Mal, dann aber wurde das Gefäss in den Himmel hochgezogen.

17 Während Petrus noch unschlüssig war, was die Vision, die er gehabt hatte, bedeuten sollte, da standen schon die Männer am Tor, die von Kornelius geschickt waren und sich zum Haus des Simon durchgefragt hatten, 18 und fragten mit lauter Stimme, ob ein gewisser Simon mit dem Beinamen Petrus hier

und zeüch mit jnen/ und zweyfel nit/ dann
ich hab sy gesandt. Do gieng Petrus hinab
zuo den menneren/ die vonn Cornelio zuo jm
gesandt/ und sprach: Sehend/ ich bins den jr
suochend/ was ist die sach darumb jr hie sind?
Sy aber sprachend: Cornelius der hauptmann/
ein frommer und gottsförchtiger mann/ und
guotes lümbdens bey dem gantzen volck der
Juden/ hat ein göttlich befelch empfangen vom
heyligen engel/ das er dich sölt forderen lassen
in sein hauß/ unnd wort von dir hören. Do
ruofft er jnen hineyn unnd beherberget sy.

Des anderen tags zoch Petrus auß mit jnen/
und etlich brüeder von Joppen kamend mit
jm. Unnd des anderen tags kamend sy hineyn
gen Cesarien. Cornelius aber wartete auff sy/
unnd beruofft zuosamen seine verwandten/ und
freünd. Und als es geschach dz Petrus hineyn
kam/ gieng jm Cornelius engegen/ und fiel
zuo seinen füessen/ unnd bättet jnn an. Petrus
aber richtet jn auf/ und sprach: Stand auf/ ich
bin auch ein mensch. Unnd als er sich mit jm
erspraachet hatt/ gieng er hineyn/ unnd fand
jren vil die zuosamen kommen warend/ und
sprach zuo jnen: Jr wüssend wie es ein ungewon
ding ist einem Jüdischen mann sich zuo
zethuon oder zekommen zuo einem frömbdling.
Aber Gott hat mir zeyget keinen menschen
gmeyn oder unreyn zeheissen. Darumb bin
ich auch ungezweyflet kommen/ als ich bin
här geforderet. So frag ich euch nun warumb
jr mich habind lassen forderen. Cornelius
sprach: Es ist yetz vier tag do fastet ich/ und
in der neündten stund bättet ich in meinem
hauß/ und sihe/ do stuond ein mann vor mir
in einem hällen kleyd/ unnd sprach: Corneli/
dein gebätt ist erhört/ unnd deiner almuosen
ist gedacht worden vor Gott. So send nun gen
Joppen/ und laß här rüeffen einem Simon/
mit dem zuonammen Petrus/ welcher ist zuo
herberg in dem hauß deß gerwers Simon/ an
dem meer/ der wirts dir/ wenn er kumpt/ sagen.
Do sandt ich von stundan zuo dir/ und du hast
wol thon dz du dich här gemachet hast. Nun
sind wir all hie gegenwürtig vor Gott zehören
alles was dir vonn Gott befolhen ist. Petrus
aber thett seinen mund auf/ und sprach: Nun
erfar ich mit der warheyt das Gott die Person
nit ansicht/ sonder in allerley volcks/ wär jn
förcht unnd recht thuot der ist jm angenäm.

Jr wüssend wol von der predig die Gott
zuo den kinderen Jsraels gesendt hatt/ unnd
verkünden lassenn den friden durch Jesum

zu Gast sei. 19 Petrus war wegen der Vision
noch in Gedanken versunken; da sagte der
Geist zu ihm: Da sind drei Männer, die dich
suchen. 20 Wohlan, steh auf, geh hinunter
und zieh ohne Bedenken mit ihnen, denn
ich habe sie gesandt. 21 Petrus ging hinunter
und sagte zu ihnen: Scht, ich bin der, den ihr
sucht. Aus welchem Grund seid ihr da? 22 Sie
sagten zu ihm: Der Hauptmann Kornelius, ein
gerechter und gottesfürchtiger Mann, angesehen
beim ganzen jüdischen Volk, hat von einem
heiligen Engel die Weisung erhalten, dich in
sein Haus kommen zu lassen und zu hören,
was du zu sagen hast. 23 Er bat sie herein und
nahm sie als Gäste auf. Am folgenden Tag
brach er auf und zog mit ihnen; und einige
von den Brüdern aus Joppe begleiteten ihn.

24 Am Tag darauf kam er nach Cäsarea.
Kornelius, der seine Verwandten und seine
engsten Freunde zusammengerufen hatte,
erwartete sie schon. 25 Als Petrus unter der
Tür stand, ging ihm Kornelius entgegen und
warf sich voller Ehrfurcht ihm zu Füssen.
26 Petrus aber richtete ihn auf und sagte: Steh
auf! Auch ich bin ein Mensch. 27 Und im
Gespräch mit ihm trat er ein und fand viele
Leute versammelt. 28 Und er sagte zu ihnen:
Ihr wisst, wie unstatthaft es für einen Juden ist,
mit einem Fremden aus einem anderen Volk
zu verkehren oder gar in sein Haus zu gehen.
Mir aber hat Gott gezeigt, dass ich keinen
Menschen gewöhnlich oder unrein nennen
soll. 29 Darum bin ich, ohne zu widersprechen,
gekommen, als du nach mir schicktest. Ich
würde nun gerne erfahren, aus welchem Grund
ihr mich habt kommen lassen. 30 Da sprach
Kornelius: Vor vier Tagen um die gleiche Zeit,
zur neunten Stunde, war ich beim Gebet in
meinem Haus; da stand auf einmal ein Mann
vor mir in einem leuchtenden Gewand, 31 und
er sprach: Kornelius, dein Gebet ist erhört und
deiner Almosen ist gedacht worden vor Gott.
32 Schicke nun nach Joppe und lass den Simon
rufen, der den Beinamen Petrus trägt; er ist zu
Gast im Haus des Gerbers Simon am Meer.
33 Da habe ich unverzüglich nach dir gesandt,
und es ist gut, dass du gekommen bist. Wir sind
jetzt alle hier vor Gott versammelt, um all das
zu hören, was dir vom Herrn aufgetragen ist.

34 Petrus tat seinen Mund auf und sprach:
Jetzt erkenne ich wirklich, dass bei Gott kein
Ansehen der Person ist, 35 sondern dass ihm aus
jedem Volk willkommen ist, wer ihn fürchtet

Christum (welcher ist ein Herr über alles) die durchs gantz Jüdisch lannd geschehen ist/ und angangen in Galilea nach dem tauff den Joannes prediget/ wie Gott den selben Jesum von Nazareth gesalbet hat mit dem heyligen geyst unnd krafft/ der umbhär gezogen ist/ und hatt wol gethon unnd gsund gemachet alle die vom teüfel übergwaltiget warend/ dann Gott was mit jm. Und wir zeügend alles das er gethon hatt im Jüdischen land/ und zuo Jerusalem. Den habend sy abgethon/ unnd an ein holtz gehenckt. Den selben hatt Gott auferweckt am dritten tag/ unnd jn lassen offenbar werden nit allem volck/ sonder den vorerwelten zeügen von Gott/ uns/ die wir mit jm gegessen unnd truncken habend/ nach dem er auferstanden ist von den todten. Und er hatt uns gebotten zuo predigen dem volck/ unnd zeügen das er sey verordnet von Gott ein richter der läbendigen und der todten. Von disem zeügend alle propheten dz durch seinen nammen alle die in jnn glaubend/ vergebung der sünden empfahen söllend. Do Petrus noch redt von sölichen dingen/ fiel der heylig geyst auff alle die dem wort zuohortend. Und die glöubigen auß der beschneydung/ die mit Petro kommen warend/ entsatztend sich das auch auff die Heyden die gaab des heyligen geysts außgossen ward. Dann sy hortend das sy mit zungen redtend/ unnd Gott groß machtend. Do antwortet Petrus: Mag auch yemants weeren das dise nit im wasser getaufft werdind/ die den heyligen geyst empfangen habennd gleych wie auch wir? Und befalch sy zetauffen in dem nammen des Herren. Do battend sy jn das er etlich tag blibe.

Das xj. Capitel.
Petrus gibt rächenschafft warumb er zuo den Heyden gangen sey. Barnabas und Paulus predigend under den Heyden.

Es kam aber für die Apostel und brüeder/ die auß dem Jüdischen land warennd/ das die Heyden hattend Gottes wort aufgenommen. Und do Petrus hinauf kam gen Jerusalem/ zancketend mit jm die auß der beschneydung warend/ und sprachend: Du bist eyngangen zuo den mennern/ die die vorhaut habend/ und hast mit jnen geessen. Petrus aber huob an/ und legts jnen für nach einanderer/ unnd sprach: Jch was in der statt Joppe im gebätt/ unnd sach in einer entzuckung ein gsicht/ ein gschirr herab faren wie ein groß leynen tuoch

und Gerechtigkeit übt. 36 Das ist das Wort, das er den Israeliten gesandt hat, als er die Botschaft des Friedens verkündigte durch Jesus Christus, der Herr ist über alle. 37 Ihr wisst ja, was sich zugetragen hat in ganz Judäa, seit den Tagen, da Johannes in Galiläa die Taufe verkündigte: 38 Ihr kennt Jesus von Nazaret und wisst, wie Gott ihn mit heiligem Geist und mit Kraft gesalbt hat; er zog umher und tat Gutes und heilte alle, die vom Teufel unterdrückt wurden, weil Gott mit ihm war. 39 Und wir sind Zeugen all dessen, was er im Land der Juden und in Jerusalem getan hat, er, den sie ans Holz gehängt und getötet haben. 40 Ihn hat Gott auferweckt am dritten Tag und hat ihn erscheinen lassen – 41 nicht dem ganzen Volk, sondern den Zeugen, die Gott vor langer Zeit bestimmt hatte, uns, die wir mit ihm gegessen und getrunken haben nach seiner Auferstehung von den Toten. 42 Und er hat uns aufgetragen, dem Volk zu verkündigen und zu bezeugen, dass er es ist, der von Gott zum Richter über Lebende und Tote bestellt ist. 43 Darum bezeugen alle Propheten, dass durch seinen Namen Vergebung der Sünden empfängt, wer immer an ihn glaubt.

44 Noch während Petrus diese Worte sprach, kam der heilige Geist herab auf alle, die das Wort hörten. 45 Und die Gläubigen aus der Beschneidung, die Petrus begleitet hatten, konnten es nicht fassen, dass die Gabe des heiligen Geistes auch über die Heiden ausgegossen sein sollte. 46 Sie hörten sie nämlich in Zungen reden und den grossen Gott preisen. Da sprach Petrus: 47 Wie könnte man denen, die doch wie wir den heiligen Geist empfangen haben, das Wasser zur Taufe vorenthalten? 48 Und er ordnete an, sie im Namen Jesu Christi zu taufen. Da baten sie ihn, einige Tage bei ihnen zu bleiben.

11 1 Die Apostel und die Brüder und Schwestern in Judäa hörten davon, dass auch die anderen Völker das Wort Gottes empfangen hatten. 2 Als Petrus nun nach Jerusalem hinaufkam, machten die aus der Beschneidung ihm Vorwürfe 3 und sagten: Bei Unbeschnittenen bist du eingekehrt und hast mit ihnen gegessen! 4 Petrus aber begann, ihnen alles der Reihe nach darzulegen, und sprach:

5 Ich bin in Joppe gewesen und habe gebetet. Da geriet ich in Ekstase und hatte eine Vision: Ich sah eine Art Gefäss herabkommen, wie

mit vier zipflen/ unnd herab gelassen von himmel/ unnd kam biß zuo mir. Dareyn sach ich und ward gewar/ und sach vierfüessige thier der erden/ unnd wilde thier/ und würm/ und vögel des himmels. Jch hort aber ein stimm/ die sprach zuo mir: Stand auf Petre/ schlacht/ und iß. Jch aber sprach: Mir nit Herr/ dann es ist nie keyn gemeyns noch unreyns in meinen mund gegangen. Aber die stimm antwortet mir zum andern mal von dem himmel: Was Gott gereyniget hat/ das mach du nit unreyn. Das geschach aber zum dritten mal/ unnd ward alles wider hinauf gen himmel gezogen.

Und sihe/ von stundan stuondend drey menner vor dem hauß darinnen ich was/ gesandt von Cesarien zuo mir. Der geyst aber sprach zuo mir ich sölte mit jnen ghon/ und nit zweyflen. Es kamend aber mit mir dise sechs brüeder/ und giengend in das hauß des manns. Und do er verkündet uns wie er gesehen hette einen engel in seinem hauß ston/ der hette zuo jm gesprochen: Send menner gen Joppen/ und laß fordern den Simon/ mit dem zuonammen Petron/ der wirdt dir wort sagen in welchen du sälig werdest/ und dein gantzes hauß. Jn dem aber ich anfieng zereden/ fiel der heylig geyst auff sy/ gleych wie auff uns am ersten anfang. Do gedacht ich an das wort des Herren/ als er sagt: Joannes hatt zwar mit wasser getaufft/ jr aber söllend mit dem heyligen geyst getaufft werden. So nun Gott jnen ein gleiche gaab gegeben hatt/ wie auch uns/ die da glaubend in den Herren Jesum Christ/ wär was ich dz ich könde Gott weeren? Do sy das hortend/ schwigend sy still/ und preysetend Gott/ und sprachend: So hat Gott auch den Heyden buoß gegeben zum läben?

ein grosses Leinentuch, das an seinen vier Enden vom Himmel herabgelassen wurde, und es kam bis zu mir herunter. 6 Ich schaute hinein und stutzte: Ich sah die Vierfüssler der Erde, die wilden Tiere, die Kriechtiere und die Vögel des Himmels. 7 Ich hörte aber auch eine Stimme, die zu mir sagte: Steh auf, Petrus, schlachte und iss! 8 Ich aber sagte: Niemals, Herr! Gemeines oder Unreines ist noch nie in meinen Mund gekommen. 9 Doch zum zweiten Mal sprach eine Stimme vom Himmel her: Was Gott für rein erklärt hat, das nenne du nicht unrein. 10 Dies geschah noch ein drittes Mal, dann wurde alles wieder in den Himmel hinaufgezogen. 11 Und siehe da: Drei Männer standen vor dem Haus, in dem wir uns befanden; die waren von Cäsarea aus zu mir geschickt worden. 12 Der Geist aber hiess mich, ohne Bedenken mit ihnen zu ziehen. Mit mir gingen auch die sechs Brüder hier, und wir kamen in das Haus jenes Mannes. 13 Er berichtete uns, wie er in seinem Haus den Engel gesehen habe, der zu ihm getreten sei und gesprochen habe: Schicke nach Joppe und lass Simon kommen, der den Beinamen Petrus trägt! 14 Er wird Worte zu dir sprechen, durch die du gerettet wirst, du und dein ganzes Haus. 15 Kaum hatte ich zu sprechen angefangen, kam der heilige Geist über sie, so wie er am Anfang auch über uns gekommen ist. 16 Ich aber erinnerte mich an das Wort des Herrn, wie er gesagt hatte: Johannes hat mit Wasser getauft, ihr aber werdet mit heiligem Geist getauft werden. 17 Wenn nun Gott ihnen, da sie zum Glauben an den Herrn Jesus Christus gekommen sind, dieselbe Gabe geschenkt hat wie uns, wer bin ich, dass ich Gott hätte in den Weg treten können?

18 Als sie dies gehört hatten, beruhigten sie sich, priesen Gott und sprachen: Nun hat Gott also auch den anderen Völkern die Umkehr zum Leben gewährt.

|2: Lk 7,5 |3: 10,30 · 9,10! |5: 11,13–14 |6: 9,43 |9–48: 11,5–17 |14: Lev 11,1–47; Ez 4,14 |15: Mk 7,15.19 |17: 9,10! |19: 8,29; 13,2; 21,11 |22: 10,2–6 |30–33: 10,3–8 |34: Dtn 10,17 |35: Ps 15,1–2 |36: Jes 52,7; Eph 2,17 |37–38: Lk 16,16! |37: Lk 23,5! |38: Lk 4,14.18! |39–40: 3,15! |39: 1,22! |41: 1,22! · Lk 24,30.43 · 2,24! |42: 17,31; 2Tim 4,1! |43: 5,31! |44: 11,15 |45: 2,17! · 11,1.18; 13,47–48; 14,27; 15,7.14 |46: 19,6! |47: 8,15! · 8,36 |48: 2,38! |1: 8,14 · 1,8 · 10,45! |2: 15,5 |3: 10,28 |5–17: 10,9–48 |5: 9,10! |14: 16,15.31; 18,8 |15: 2,1–4; 10,44 |16: 1,5; Lk 3,16 |18: 10,45! · 5,31; 20,21; 26,20!; Lk 24,47

10,19: Andere Textüberlieferung: «… Da sind zwei Männer, …»
10,30: Der Text von V.30 ist in seiner ersten Hälfte verderbt. Er lautet: «Da sprach Kornelius: Vom vierten Tag an bis zur jetzigen Stunde war ich um die neunte Stunde beim Gebet …»
10,36: Andere Textüberlieferung: «Das Wort hat er den Israeliten gesandt, …»
10,36: Andere Übersetzungsmöglichkeit: «…, als er die Botschaft des Friedens, der durch Jesus Christus kommen sollte, verkündigte, der …»
11,1: Andere Übersetzungsmöglichkeit: «… das Wort Gottes angenommen hatten.»

Die aber zerströuwt warend under dem trüebsal/ der über Stephano geschach/ giengend umbhär biß gen Phenicen und Cyprien und Antiochien/ und redtend das wort zuo niemants/ dann allein zuo den Juden. Es warennd aber etlich under jnen/ menner von Cyprien und Cyrenen/ die kamend gen Antiochien/ und redtend auch zuo den Kriechen/ und predigetend das Euangelion von Jesu Christo. Und die hand Gottes was mit jnen. Unnd ein grosse zal ward glöubig/ und bekeeret sich zuo dem Herren.

Es kam aber dise red von jnen für die oren der gmeynd zuo Jerusalem. Und sy sandtend Barnaban/ dz er hin gienge biß gen Antiochien. Welcher/ do er dahin kommen was/ und sach die gnad Gottes/ ward er fro/ und ermanet sy alle das sy von hertzen für satztind an dem Herren zebleyben. Dann er was ein frommer mann/ voll heiligs geists und glaubens. Unnd es ward ein groß volck dem Herren zuogethon. Barnabas aber gieng auß gen Tarsen/ Saulum wider zesuochen. Und do er jn fand/ fuort er jn gen Antiochien. Es geschach aber/ das sy ein gantz jar in der gemeind sich sameltend/ und leeretend ein groß volck/ und das die jünger zuo Antiochien zum ersten Christen genennet wurdend.

Jn den selbigen tagen kamend propheten von Jerusalem gen Antiochien. Und einer under jnen/ mit nammen Agabus/ stuond auf/ unnd deütet durch den geyst ein grosse theürung/ die da kommen sölte über den gantzen kreyß der erden. Welche geschach under dem Keyser Claudio. Aber under den jüngeren beschloß ein yetlicher nach dem er vermocht/ zesenden ein handreychung den brüedern die in Judea wonetend. Wie sy dann auch thettend/ und schicktends zuo den Eltesten durch die hand Barnabe und Sauli.

Die ersten Christen in Antiochia

19 Jene nun, die im Zuge der Verfolgung des Stephanus versprengt worden waren, gelangten bis nach Phönizien, Zypern und Antiochia; und sie verkündigten das Wort niemandem ausser den Juden. 20 Es waren aber unter ihnen auch einige Männer aus Zypern und Kyrene; die sprachen, als sie nach Antiochia gekommen waren, auch Griechen an und verkündigten ihnen die gute Botschaft, dass Jesus der Herr sei. 21 Und die Hand des Herrn war mit ihnen; viele kamen zum Glauben und wandten sich dem Herrn zu.

22 Die Kunde davon kam auch der Gemeinde in Jerusalem zu Ohren, und sie schickten Barnabas nach Antiochia. 23 Als dieser dort ankam und die Gnade Gottes sah, freute er sich und ermutigte alle, sich mit ganzem Herzen an den Herrn zu halten; 24 er war nämlich ein bewährter Mann, erfüllt von heiligem Geist und Glauben. Und eine stattliche Zahl von Menschen wurde für den Herrn gewonnen.

25 Er aber ging nach Tarsus, um Saulus aufzusuchen; 26 und als er ihn gefunden hatte, brachte er ihn nach Antiochia. Es fügte sich, dass sie ein ganzes Jahr lang zusammen in der Gemeinde wirkten und eine stattliche Zahl von Menschen lehrten. In Antiochia wurden die Jünger zum ersten Mal Christen genannt.

27 In diesen Tagen kamen auch Propheten von Jerusalem nach Antiochia herab. 28 Einer von ihnen mit Namen Agabus trat auf und kündigte durch den Geist eine grosse Hungersnot an, die über die ganze Erde kommen werde; diese trat dann unter Claudius ein. 29 Von den Jüngern aber stellte ein jeder zur Verfügung, was er zu geben imstande war, um es den in Judäa wohnhaften Brüdern und Schwestern zur Unterstützung zukommen zu

Das xij. Capitel.

Herodes durächtet die kirchen Gottes/ tödet Jacobum/ facht Petrum/ den entlediget der Herr durch seinen engel. Von dem schantlichen tod Herodis.

Zuo der selbigen zeyt legt Herodes hand an etlich von der gmeynd zepeynigen. Er tödet aber Jacoben Joannes bruoder mit dem schwärdt. Und do er gesach das es den Juden gefiel/ machet ers meer auch Petrum zefahen. Es was aber eben Ostern. Do er jn auch fieng/ legt er jn in die gefencknuß/ und überantwortet jn vier gefierten kriegsknechten/ jn zebewaren. Unnd gedacht jn nach den Ostern dem volck fürzefüeren. Unnd Petrus ward in der gefencknuß behalten. Aber das gebätt geschach für jnn zuo Gott on underlaß von der gmeynd. Und do jn Herodes wolt fürfüeren/ in der selben nacht schlieff Petrus zwüschend zweyen kriegsknechten gebunden mit zweyen kettinen. Unnd die hüeter vor der thür hüetetend der gefencknuß.

Und sihe/ der engel des Herren kam dahär/ unnd ein liecht scheyn in dem gemach/ und schluog Petrum an die seyten/ und wackt jn auf/ und sprach: Stand eylents auf. Und die kettinen fielend jm von den henden. Und der engel sprach zuo jm: Gürt dich/ unnd thuo deine schuoch an. Und er thett also. Unnd er sprach zuo jm: Wirff deinen mantel umb dich/ und volg mir nach. Und er gieng hinauß und volget jm nach/ unnd wußt nit das es warhafftig wz/ das da geschach durch den engel: es duocht jn aber er sähe ein gsicht. Sy giengend aber durch die erst und ander huot/ und kamend zuo der eysinen thür/ welche zur statt füert/ die thett sich jnen von jr selber uf/ und trattend hinauß/ und giengend hin ein gassen lang/ unnd von stundan kam der engel von jm.

Und do Petrus zuo jm selber kam/ sprach er: Nun weyß ich warhafftig das der Herr seinen engel gesendt hatt/ unnd mich errettet auß der hand Herodis/ und von allem warten des Jüdischen volcks. Und als er sich besinnet/ kam er für das hauß Marie der muoter Joannis/ der mit dem zuonammen Marcus hieß/ da

lassen. 30 Und dann schickten sie es durch die Hand des Barnabas und des Saulus den Ältesten.

|19: 8,4! |22: 4,36! |25: 9,30 |28: 21,10–11 · 18,2
|29: 24,17; Gal 2,10; 1Kor 16,1; 2Kor 8,3–6; Röm 15,25–27
|30: 4,36!

11,20: Andere Textüberlieferung: «..., auch Hellenisten an ...»

11;29: Andere Übersetzungsmöglichkeit: «Man beschloss, dass von den Jüngern jeder gemäss seiner Vermögenslage etwas zur Unterstützung der in Judäa wohnhaften Brüder und Schwestern bereitstelle.»

Die Zeit der Verfolgung unter Herodes

12 1 Zu jener Zeit legte der König Herodes seine Hand auf einige aus der Gemeinde, um ihnen Böses zuzufügen. 2 Jakobus aber, den Bruder des Johannes, liess er durch das Schwert hinrichten. 3 Und als er sah, dass es den Juden gefiel, liess er auch Petrus gefangen nehmen; das war in den Tagen der ungesäuerten Brote. 4 Nach seiner Verhaftung liess er ihn ins Gefängnis werfen und übergab ihn zur Bewachung an vier Abteilungen von je vier Soldaten; nach dem Passa wollte er ihn dann dem Volk vorführen.

5 Petrus nun wurde im Gefängnis bewacht, die Gemeinde aber betete unablässig für ihn zu Gott. 6 In der Nacht, bevor Herodes ihn vorführen wollte, schlief Petrus zwischen zwei Soldaten, an die er mit zwei Ketten gefesselt war, während Posten vor der Tür das Gefängnis bewachten. 7 Und siehe da: Ein Engel des Herrn trat zu ihm, und Licht erstrahlte im Verlies. Er stiess Petrus in die Seite, weckte ihn und sprach: Steh eilends auf! Da fielen ihm die Ketten von den Händen. 8 Der Engel sagte zu ihm: Gürte dich und binde deine Sandalen. Er tat es. Und er sagte zu ihm: Leg dir den Mantel um und folge mir! 9 Und er ging hinaus und folgte ihm – er wusste jedoch nicht, dass es Wirklichkeit war, was durch den Engel geschah, er meinte, eine Vision zu haben. 10 Sie gingen nun an der ersten und zweiten Wache vorbei und kamen an das eiserne Tor, das in die Stadt führt; es öffnete sich ihnen von selbst, und sie traten hinaus und gingen eine Strasse weit. Kurz danach schied der Engel von ihm.

11 Da kam Petrus zu sich und sagte: Jetzt weiss ich wirklich, dass der Herr seinen Engel gesandt und mich errettet hat aus der Hand des Herodes; er hat mich bewahrt vor allem, was das Volk der Juden sich versprach. 12 Als ihm das klar geworden war, ging er zum Haus der Maria, der Mutter des Johannes, der den Beinamen

vil versamlet warend/ und bättetend. Als aber Petrus an die thür klopffet des thors/ gieng härfür ein magdt zehören/ mit nammen Rhode. Und als sy Petrus stimm erkannt/ thett sy das thor nit uf vor fröuden/ lieff aber hineyn/ und verkündet jnen/ Petrus stüende vor dem thor. Sy aber sprachend zuo jr: Du bist unsinnig. Sy aber bestuond darauff es wäre also. Sy sprachen: Es ist sein engel. Petrus aber klopffet mer. Do sy aber aufthettend/ sahend sy jn/ unnd entsatzend sich. Er aber wincket jnen mit der hand zeschweygen/ und erzalt jnen wie jn der Herr hette auß der gefencknuß gefüert/ und sprach: Verkündend diß Jacobo/ unnd den brüederen. Und gieng hinauß/ und wandlet an ein ander ort.

Do es aber tag ward/ was nit ein kleyne bekümmernuß under den kriegsknechten/ was doch Petro beschehen wäre. Herodes aber/ do er jn forderet und nit fand/ ließ er die hüeter rechtfertigen/ und hieß sy hinweg füeren/ und zoch vonn Judea hinab gen Cesarien/ unnd hielt da sein wäsen. Er was aber des gmüets zekriegen mit denen von Tyro und Sidon. Sy aber kamend einmüetigklich zuo jm dar/ und überredtend des künigs kamerer Blaston/ und battend umb frid/ darumb/ das jr land sich erneeret von des künigs lannd. Aber auff einen bestimpten tag/ thett Herodes an das künigklich kleyd/ satzt sich auff den richtstuol/ und thett ein red zuo jnen. Das volck aber schrey zuo: Das ist ein stimm Gottes/ unnd nit eines menschen. Von stundan schluog jn der engel des Herren/ darumb das er den preyß nit Gott gab. Unnd ward gefrässen von den würmen/ und gab den geist auf. Das wort Gottes aber wuochs/ unnd meeret sich. Barnabas aber und Paulus kamend wider gen Jerusalem/ und überantwortetend die handreichung/ unnd namend mit jnen Joannen/ mit dem zuonammen Marcus.

Das xiij. Capitel.
Der geyst berüefft Barnabam unnd Saulum zuo predigen das Evangelium under die Heyden. Vom Paulo Sergio/ und Elyma dem zauberer: Die Apostel kommend gen Antiochia Pisidie/ da prediget Paulus verzyhung der sünd durch Christum under die Juden und Heyden.

Es warennd aber zuo Antiochia in der gmeynd/ propheten unnd leerer/ der Barnabas/ und Simon genant Niger/ und Lucius von Cyrenen/ unnd Manahen Herodis des

Markus trug, wo viele versammelt waren und beteten. 13 Als er nun an die Eingangstür klopfte, kam eine Magd namens Rhode, um nachzusehen, 14 und als sie die Stimme des Petrus erkannte, öffnete sie vor lauter Freude das Tor nicht, sondern lief ins Haus zurück und meldete, Petrus stehe an der Pforte. 15 Sie aber sagten zu ihr: Du bist nicht bei Verstand. Sie aber behauptete steif und fest, es sei so. Da sagten sie: Es ist sein Engel. 16 Petrus aber klopfte noch immer. Da öffneten sie ihm und sahen ihn und waren fassungslos. 17 Mit einer Handbewegung hiess er sie schweigen, erzählte ihnen, wie ihn der Herr aus dem Gefängnis herausgeführt hatte, und sagte: Berichtet es dem Jakobus und den Brüdern. Und er ging hinaus und begab sich an einen anderen Ort.

18 Als es Tag geworden war, herrschte unter den Soldaten nicht geringe Aufregung über das Verschwinden des Petrus. 19 Herodes liess nach ihm suchen; und da er ihn nicht fand, verhörte er die Wachen und liess sie abführen. Dann zog er von Judäa nach Cäsarea hinunter und blieb dort.

20 Seit langem schon zürnte er den Bewohnern von Tyrus und Sidon. Die fanden sich nun vereint bei ihm ein, gewannen Blastus, den Kämmerer des Königs, für sich und baten um Frieden, denn die Versorgung ihres Landes hing vom Land des Königs ab. 21 Am festgesetzten Tag liess sich Herodes, angetan mit dem königlichen Gewand, auf der Rednerbühne nieder und richtete das Wort an sie. 22 Das Volk jubelte ihm zu: Das ist die Stimme eines Gottes, nicht die eines Menschen! 23 Auf der Stelle aber schlug ihn ein Engel des Herrn, weil er Gott nicht die Ehre gegeben hatte; und er wurde von Würmern zerfressen und starb.

24 Das Wort Gottes aber gewann an Einfluss und breitete sich aus. 25 Barnabas und Saulus erfüllten in Jerusalem ihren Auftrag und kehrten zurück und nahmen den Johannes mit dem Beinamen Markus mit sich.

|1: Lk 21,12! |2: Lk 5,10 |4–10: 5,18–23 |7: 5,19; 16,26 |9: 9,10! |12: 12,25; 13,5.13; 15,37.39 |17: 15,13; 21,18; 1Kor 15,7; Gal 1,19; 2,9; Mt 13,55 |25: 4,36! · 11,29–30 · 12,12!

Die Erwählung des Barnabas und des Saulus

13 1 Es gab nun in Antiochia in der dortigen Gemeinde Propheten und Lehrer: Barnabas, Simeon, der auch ‹der Schwarze› genannt wurde, Lucius, der Kyrener,

Vierfürsten mitauferzogner/ unnd Saulus.
Do sy aber dem Herren dienetend/ unnd
fastetend/ sprach der heylig geyst: Sünderend
mir auß Barnaban und Paulum zuo dem
werck/ darzuo ich sy berüefft hab. Do
fastetend sy unnd bättetend/ und legtend
die hend auff sy/ unnd liessend sy gon.

Unnd wie sy außgesendt warend vom heyligen
geyst/ kamend sy gen Seleucia/ und von
dannen schifftend sy gen Cypryen. Und so
sy in die statt Salamin kamend/ verkundtend
sy das wort Gottes in der Judenschuol. Sy
hattend aber auch Joannem zum diener.
   Und do sy die Jnsulen durchzugend biß
zur statt Paphos/ fundend sy einen zauberer/
unnd falschen propheten/ einen Juden/ der
hieß Bariehuh/ der was bey Sergio Paulo dem
Landvogt/ einem verstendigen mann/ der selbig
beruofft zuo jm Barnabam und Paulum/ und
begärt das wort Gottes zehören. Do stuond
jnen wider der zauberer Elimas (dann also wirt
sein namm verdolmetschet) unnd trachtet
das er den landvogt vom glauben wendete.
Saulus aber/ der auch Paulus heißt/ voll heyligs
geists/ sach jn an/ unnd sprach: O du kind des
teüfels/ voll aller list/ unnd aller schalckheyt/
unnd feynd aller gerechtigkeyt/ du hörst nit
auf abzewenden die rechten wäg des Herrn.
Und nun sihe/ die hand des Herren kumpt
über dich/ und wirst blind sein/ unnd nit
sehen die Sonn ein zeytlang. Jn dem selben
fiel auff jn tunckelheyt und finsternuß/ und
gieng umbhär und suocht handleyter. Als der
landvogt die geschicht gesach/ do glaubt er/
und verwunderet sich der leer deß Herren.

Do aber Paulus und die umb jn warend/ von
Papho schifftend/ kamend sy gen Pergen/ im
lannd Pamphylien. Joannes aber entweich von
jnen/ und zoch wider gen Jerusalem. Sy aber
zugend durch von Pergen/ unnd kamend gen
Antiochien im land Pisidia/ und giengend in die
schuol am Sabbath/ unnd satztend sich. Nach
der lection aber des gsatzes und der propheten
sandtend die obersten der schuol zuo jnen/ unnd

Manaen, ein Jugendgefährte des Tetrarchen
Herodes, und Saulus. 2 Als sie Gottesdienst
feierten und fasteten, sprach der heilige Geist:
Bestimmt mir den Barnabas und den Saulus
für das Werk, zu dem ich sie berufen habe.
   3 Da fasteten und beteten sie, legten
ihnen die Hände auf und liessen sie gehen.

|1: 11,20–27 · 4,36! |2: 10,19! · 4,36! · 14,26 |3: 14,23 · 6,6!

Barnabas und Saulus auf Zypern
   4 Ausgesandt vom heiligen Geist,
zogen sie nach Seleukia hinunter, von dort
setzten sie über nach Zypern. 5 In Salamis
angekommen, verkündigten sie in den
Synagogen der Juden das Wort Gottes; zu ihrer
Unterstützung hatten sie Johannes bei sich.
   6 Nachdem sie die ganze Insel bis Paphos
durchzogen hatten, trafen sie auf einen Magier,
einen jüdischen Pseudopropheten mit Namen
Barjesus. 7 Er gehörte zum Gefolge des
Prokonsuls Sergius Paulus, eines verständigen
Mannes. Dieser liess Barnabas und Saulus rufen
und wünschte, das Wort Gottes zu hören.
8 Doch Elymas, der Magier – so lautet sein
Name auf Griechisch – trat ihnen entgegen
und versuchte, den Prokonsul vom Glauben
abzuhalten. 9 Saulus aber, der auch Paulus
heisst, erfüllt von heiligem Geist, fasste ihn ins
Auge 10 und sprach: Du, der du voller List und
Tücke bist, du Sohn des Teufels, du Feind aller
Gerechtigkeit, willst du nicht aufhören, die
geraden Wege des Herrn zu verdrehen? 11 Pass
auf, jetzt kommt die Hand des Herrn über dich,
und du wirst blind werden und für eine gewisse
Zeit die Sonne nicht mehr sehen. Und auf der
Stelle fiel Dunkelheit und Finsternis über ihn,
und er tastete umher und suchte Leute, die
ihn führen würden. 12 Als der Prokonsul sah,
was da geschehen war, kam er zum Glauben,
überwältigt von der Lehre des Herrn.

|5: 12,12! |7: 4,36! |9: 2,4!

**Antiochia in Pisidien: Die Verkündigung des
Paulus in der Synagoge**
   13 Paulus und seine Gefährten fuhren von
Paphos ab und kamen nach Perge in Pamphylien.
Dort trennte sich Johannes von ihnen und
kehrte nach Jerusalem zurück. 14 Sie aber
zogen von Perge weiter und gelangten nach
Antiochia in Pisidien. Am Sabbat gingen sie
in die Synagoge und setzten sich. 15 Nach der
Lesung aus dem Gesetz und den Propheten
schickten die Vorsteher der Synagoge zu ihnen

liessend jnen sagen: Lieben brüeder/ habend jr ein red bey euch zeermanen das volck/ so sagend an. Do stuond Paulus auf/ und wincket mit der hand das man schwige/ und sprach: Jr menner Jsraels/ und die jr Gott förchtend/ hörend zuo: Der Gott dises volcks hatt erwellet unsere vätter/ und erhöcht das volck/ do sy frömbdling warend im land Egypti/ und mit einem hohen arm fuort er sy auß dem selbigen. Unnd bey viertzig jaren lang duldet er jr weyß in der wüeste/ unnd vertilcket siben völcker in dem land Canaan/ und teylets under sy nach dem anfal yhener lannd. Darnach gab er jnen Richter bey vierhundert und fünfftzig jar lang/ biß auf den propheten Samuel. Unnd von do an battend sy umb einen Künig/ und Gott gab jnen Saul den sun Cis/ einen mann auß dem geschlächt Ben Jamin/ viertzig jar lang. Und do er den selbigen absatzt/ richtet er auf über sy David zum künig/ von welchem er zeüget: Jch hab funden David den sun Jesse nach meinem hertzen/ der sol thuon allen meinen willen. Auß des somen hat Gott nach der verheissung/ aufgericht dem volck Jsraels den heyland Jesum. Als dann Joannes vorhin dem volck Jsraels geprediget hatt vor dem angesicht seiner zuokunfft/ den tauff der buoß. Als aber Joannes seinen lauff erfüllet/ sprach er: Wän achtend jr mich sein? Jch bin nit der/ darfür jr mich haltend. Aber sehend/ er kumpt mir nach/ des ich nit wärdt bin das ich jm die schuoch außziehe. Jr menner lieben brüeder/ jr kinder des gschlächts Abrahams/ und die under euch Gott förchtend/ euch ist das wort dises heyls gesendt. Dann die zuo Jerusalem wonend/ unnd jre obersten/ dieweyl sy jn nit erkanntend/ noch die stimm der propheten (welche uff alle Sabbath geläsen werdend) habennd sy die mit jrem urteyl erfüllt. Und wiewol sy kein ursach des todts an jm fundend/ battend sy doch Pilatum jn zetöden. Und als sy alles vollendet hattend/ was von jm geschriben ist/ namend sy jn von dem holtz/ und legtend jn in ein grab. Aber Gott hatt jn auferweckt von den todten am dritten tag/ und er ist erschinen vil tag lang/ denen/ die mit jm hinauf von Galilea gen Jerusalem gegangen warend/ welche sind seyne zeügen an das volck.

Und wir auch verkündend euch die verheyssung/ die zuo unseren vättern geschehen ist/ das die selben Gott uns jren kinderen erfüllt hat/ in dem er Jesum auferweckt hat. Wie dann im anderen Psalmen geschriben stadt: Du bist mein sun/ heütt hab ich dich geboren. Das er

und liessen ihnen sagen: Brüder, wenn ihr für das Volk ein Wort des Zuspruchs habt, so redet! 16 Da stand Paulus auf, gebot mit einer Handbewegung Schweigen und sprach:

Israeliten und Gottesfürchtige, hört! 17 Der Gott dieses Volkes hier, der Gott Israels, hat unsere Väter erwählt und dieses Volk gross gemacht in der Fremde, im Land Ägypten, und hat sie mit erhobenem Arm wieder herausgeführt von dort; 18 und an die vierzig Jahre lang hat er sie in der Wüste getragen 19 und ihnen sieben Völker in Kanaan unterworfen und ihnen deren Land zum Erbteil gegeben, 20 für an die vierhundertfünfzig Jahre. Danach hat er ihnen Richter gegeben bis zu Samuel, dem Propheten. 21 Von da an begehrten sie einen König, und Gott gab ihnen Saul, den Sohn des Kis, einen Mann aus dem Stamm Benjamin, für vierzig Jahre. 22 Und als er ihn verworfen hatte, erhob er David zu ihrem König, dem er das Zeugnis ausstellte: Ich habe David gefunden, den Sohn Isais, einen Mann nach meinem Herzen, der in allem meinen Willen tun wird. 23 Aus seiner Nachkommenschaft hat Gott, wie er es verheissen hat, für Israel den Retter heraufgeführt: Jesus. 24 Vor dessen Auftreten hat Johannes dem ganzen Volk Israel eine Taufe der Umkehr verkündigt. 25 Als Johannes aber der Vollendung seines Laufes nahe war, sagte er: Ich bin nicht der, für den ihr mich haltet! Aber seht, nach mir kommt der, dessen Schuhe von den Füssen zu lösen ich nicht würdig bin.

26 Brüder, Söhne aus dem Geschlecht Abrahams und Gottesfürchtige, *uns* ist das Wort von diesem Heil gesandt worden! 27 Denn die Bewohner von Jerusalem und ihre führenden Männer haben ihn verkannt und so die Stimme der Propheten, deren Wort an jedem Sabbat vorgelesen wird, durch ihr eigenes Urteil zur Erfüllung gebracht. 28 Obwohl sie an ihm nichts fanden, was den Tod verdient hätte, baten sie Pilatus, ihn hinrichten zu lassen. 29 Als sie aber alles vollbracht hatten, was über ihn geschrieben steht, nahmen sie ihn vom Holz herab und legten ihn in ein Grab. 30 Gott aber hat ihn auferweckt von den Toten. 31 Und viele Tage hindurch ist er denen erschienen, die mit ihm von Galiläa nach Jerusalem hinaufgezogen waren; die sind nun seine Zeugen vor dem Volk. 32 So verkündigen wir euch die Verheissung, die an die Väter ergangen ist, als gute Botschaft: 33 Gott hat sie erfüllt an uns,

jn aber hat von den todten auferweckt/ das er fürhin nit mer sölle verwäsen/ spricht er also: Jch wil euch die gnad David verheyssen/ trüwlich halten. Darumb spricht er auch am anderen ort: Du wirst es nit zuogebenn/ das dein heyliger die verwäsung sehe. Dann David/ do er zuo seiner zeyt gedienet hat dem willen Gottes/ ist er entschlaaffen/ unnd zuo seinen vätteren gethon/ und hat die verwäsung gesehen. Den aber Gott auferweckt hat/ der hat die verwäsung nit gesehen.

So sey es nun kund euch lieben brüeder/ das euch verkündet wirt vergebung der sünden durch disen/ und entledigung von allen denen dingen die üch im gsatz Mosi nit fromm mochtend machen. Wär aber in disen glaubt/ der wirt fromm. Sehend nun zuo/ das nit über euch komme das in den Propheten gesagt ist: Sehend jr verachter/ unnd verwunderend euch/ unnd verderbend euch: dann ich thuon ein werck zuo euweren zeyten/ welches jr nitt glauben werdend/ so es euch yemant erzellen wirt. Do aber die Juden auß der schuol giengend/ battend die Heyden das sy zwüschend dem Sabbath jnen die wort sagtind. Und als die gmeynd der schuol von einander giengend/ volgtend Paulo und Barnaba nach vil Juden und Judgenossen/ die Gott dienetend. Sy aber sagtend zuo jnen/ und beredtend sy/ das sy bleyben söltind in der gnad Gottes.

Am nachgenden Sabbath aber/ kam zuosamen vast die gantz statt das wort Gottes zehören.

ihren Kindern, indem er Jesus auferstehen liess, wie schon im zweiten Psalm geschrieben steht:
Mein Sohn bist du,
  heute habe ich dich gezeugt.

34 Dass er ihn aber von den Toten auferstehen liess, um ihn nie mehr an den Ort der Verwesung zurückkehren zu lassen, das hat er so ausgesprochen: *Euch* werde ich erfüllen *die Verheissungen Davids, auf die Verlass ist.* 35 Darum sagt er auch an anderer Stelle: *Du wirst nicht zulassen, dass dein Heiliger die Verwesung schaut.* 36 David hat seiner Generation gedient und ist nach dem Ratschluss Gottes entschlafen; er ist zu den Vätern gelegt worden und hat die Verwesung geschaut. 37 Der aber, den Gott auferweckt hat, hat die Verwesung nicht geschaut.

38 So sei euch denn kundgetan, Brüder: Durch ihn wird euch Vergebung der Sünden verkündigt. Von allem, wovon ihr durch das Gesetz des Mose nicht freigesprochen werden konntet, 39 wird jetzt jeder, der glaubt, in ihm freigesprochen. 40 Gebt also acht, dass nicht über euch komme, was bei den Propheten gesagt ist:

41 *Schaut hin, ihr Verächter,*
  wundert euch und geht dahin, denn ein Werk wirke ich in euren Tagen,
  ein Werk, das ihr nicht für möglich halten werdet, wenn euch jemand davon erzählt.

42 Beim Hinausgehen bat man sie, am nächsten Sabbat mehr von diesen Dingen zu berichten. 43 Als sich die Versammlung aufgelöst hatte, folgten viele Juden und fromme Proselyten dem Paulus und dem Barnabas; diese sprachen mit ihnen und redeten ihnen zu, sich an die Gnade Gottes zu halten.

|13: 12,12! |17: Ex 6,1.6 |18: Ex 16,35 |19: Dtn 7,1 |20: Ri 2,16 · 1Sam 3,20 |21: 1Sam 8,4–5; 9,1–2.16; 10,21.24 |22: 1Sam 16,1.12–13 · Ps 89,21 |23–24: Lk 16,16! |23: 2Sam 7,12; Jes 11,1 · 5,31; Lk 2,11 |24: 19,4; Lk 3,3 |25: Lk 3,16 |28–30: 3,15! |28: Lk 23,22–23 |29: Lk 18,31 · Lk 23,53 |31: 1,3 · 1,22! |32–33: 13,23; 26,6–8 |33: Ps 2,7! |34: 2,24! · Jes 55,3 |35: 2,27; Ps 16,10 |36: 2,29! |37: 2,31 |38: 5,31! |39: Gal 2,16! |41: Hab 1,5

13,18: Andere Textüberlieferung: «… hat er sie in der Wüste ernährt»

13,43: Die Wendung ‹fromme Proselyten› ist ein Pleonasmus; möglicherweise ist sie durch einen frühen Abschreiber entstanden. Der ursprüngliche Text hätte dann nur ‹Fromme› enthalten, im Sinne von ‹Gottesfürchtige›.

Die Vertreibung aus Antiochia in Pisidien

44 Am folgenden Sabbat versammelte sich fast die ganze Stadt, um das Wort des Herrn

Do aber die Juden das volck sahend/ wurdend sy voll neyds/ und widersprachend dem das von Paulo gesagt ward/ widersprachend und lesterend. Paulus aber und Barnabas wurdend freydig/ und sprachend: Es was not das euch zum ersten das wort Gottes gesagt wurde: nun aber so jrs von euch stossend/ und euch selbs nit wärdt deß ewigen läbens schetzennd/ sihe/ so wendend wir uns zuo den Heiden. Dann also hat unns der Herr gebotten: Jch hab dich den Heyden zum liecht gesetzt/ das du das heyl syest biß an das end der erden. Die Heyden aber hortend mit fröuden zuo/ unnd preyßtend das wort deß Herren/ und wurdend glöubig/ wie vil jrer zum ewigen läben verordnet warend. Und das wort deß Herren ward außgespreytet durch die gantze gegne. Aber die Juden bewegtend die erberen und andächtigen weiber/ und der statt obersten/ und rustend ein verfolgung zuo über Paulon und Barnaban/ und stiessent sy zuo jren anstössenn hinauß. Sy aber schüttletend den staub von jren füessen über sy/ unnd kamend gen Jconion. Die jünger aber wurdend voll fröuden und heyliges geysts.

Das xiiij. Capitel.

Paulus und Barnabas predigend zuo Jconio/ etlich glaubend/ etlich richtend einen aufruor an. Die Apostlen weichend. Zuo Lystris thuot man jnen göttliche eer an/ das weerennd sy/ weysend auff den waaren Gott. Paulus wirt versteyniget/ nach dem kam er gen Derben und wider gen Lystram/ Jconium/ und Antiochian.

Es geschach aber zuo Jconion/ dz sy mit einander in die Judenschuol giengend/ und redtend also/ das ein grosse menge der Juden und der Kriechen glöubig wurdend. Die unglöubigen Juden aber bewegtennd und entrustend die seelen der Heyden wider die brüeder. So hattend sy nun jr wäsen da selbst ein lannge zeyt/ handletend freydig in dem Herren/ welcher zeügnuß geben hat dem wort seiner gnaden/ und ließ zeychen unnd wunder geschehen durch jre hend. Die menge aber der statt zweyet sich/ etlich hieltend es mit den Juden/ und etlich mit den Apostlen.

Do sich aber ein sturm erhuob der Heyden und der Juden/ und jrer obersten/ sy zeschmähen und ze versteynigen/ wurdend sy deß innen/ und entfluhend in die stett deß lands Licaonia/ gen Lystran und Derben/ und umb die gegne umbhär/ und daselbst predigetend sy das Euangelion.

zu hören. 45 Als die Juden die Scharen sahen, wurden sie eifersüchtig; sie widersprachen dem, was Paulus sagte, und lästerten. 46 Paulus und Barnabas aber sagten offen heraus: Euch musste das Wort Gottes zuerst verkündigt werden; da ihr es aber von euch weist und euch damit des ewigen Lebens unwürdig erweist, nun – so wenden wir uns an die anderen Völker. 47 Denn so hat uns der Herr geboten:

Zum Licht für die Völker habe ich dich bestellt,
damit du zur Rettung werdest
bis an die Enden der Erde.

48 Als die Heiden das hörten, freuten sie sich und priesen das Wort des Herrn; und alle, die zum ewigen Leben bestimmt waren, kamen zum Glauben. 49 Und das Wort des Herrn wurde weitergetragen durch das ganze Land. 50 Die Juden aber hetzten die angesehenen gottesfürchtigen Frauen und die Vornehmen der Stadt auf und brachten es so weit, dass es zu einer Verfolgung von Paulus und Barnabas kam; und man verjagte sie aus dem Gebiet. 51 Die aber schüttelten vor ihren Augen den Staub von ihren Füssen und zogen weiter nach Ikonium. 52 Und die Jünger wurden erfüllt von Freude und heiligem Geist.

|46: 3,26 |47: Jes 49,6; Lk 2,32 |48: 10,45! |50: 2Tim 3,11 |51: 18,6; Lk 10,10–11

Ikonium: Verkündigung und Flucht

14 1 Es geschah aber, dass sie in Ikonium ebenfalls in die Synagoge der Juden gingen und das Wort so überzeugend verkündigten, dass eine grosse Zahl von Juden und Griechen zum Glauben kam. 2 Diejenigen Juden aber, die sich dem Wort verschlossen, begannen die Heiden aufzuwiegeln und gegen die Brüder und Schwestern aufzuhetzen. 3 Sie aber verbrachten dort längere Zeit und verkündigten das Wort in aller Freiheit, im Vertrauen auf den Herrn, der das Wort seiner Gnade bekräftigte, indem er Zeichen und Wunder geschehen liess durch ihre Hand. 4 Die Bevölkerung der Stadt aber spaltete sich; die einen hielten zu den Juden, die anderen zu den Aposteln. 5 Als ihnen aber von Seiten der Juden und Heiden ein Übergriff drohte, der von den Behörden gebilligt wurde, und man sie misshandeln und mit Steinen bewerfen

Und es was ein mann under den Lystranern/ der sass unvermügens an seinen füessen/ unnd was lam von muoterleyb/ der noch nye gewandlet hatt/ der hort Paulum reden. Und als er jnn ansach/ und mercket das er einen glauben hette gsund ze werden/ sprach er mit lauter stimm: Stannd aufrecht auff deinen füessen. Und er sprang auf und wandlet. Do aber das volck sach/ was Paulus gethon hatt/ huobend sy jr stimm auf/ unnd sprachend auff Lycaonisch: Die götter sind den menschen gleych worden/ und zuo uns herab kommen. Und nanten Barnaban Juppiter/ und Paulum Mercurius/ darumb das er das wort füeret. Der priester aber Juppiters/ der vor jrer statt was/ braacht ochsen und krentz für das thor/ und wolt opfferen sampt dem volck.

Do das die Apostel Paulus und Barnabas hortend/ zerrissend sy jre kleyder/ unnd sprungend under das volck/ schrüwend und sprachend: Jr menner/ was machend jr da? Wir sind auch menschen gleichen anfechtungen underworffen wie auch jr/ und predigend euch das Euangelion euch zuo bekeeren von disen unnützenn dingen zuo dem läbendigen Gott/ welcher gemacht hat himmel unnd erden/ und das Meer/ und alles was darinnen ist: der in vergangnen zeyten hat lassen alle Heyden wandlen jre eygnen wäg. Wiewol er sich selbs nit unbezeüget gelassen hat/ in dem er wol thon hat/ und uns ggeben vom himmel rägen und fruchtbare zeyt/ und damit unsere hertzen erfüllet mit speyß und fröud. Und do sy diß sagtend/ stilletend sy kum dz volck/ das sy jnen nit opffertind. Es kamend aber darzuo die Juden von Antiochien und Jconion/ und beredtend das volck/ und steynigetend Paulum/ und schleypfftend jn zur statt hinauß/ meyntend er wäre gestorben. Do jn aber die jünger umbstuondend/ stuond er auf/ und gieng in die statt. Und auff den anderen tag gieng er auß mit Barnaban gen Derben/

wollte, 6 erfuhren sie davon und flohen in die Städte von Lykaonien, nach Lystra und Derbe, und in deren Umgebung. 7 Und dort verkündigten sie das Evangelium.

|3: 20,32 · 5,12! |5: 2Tim 3,11

Lystra: Die Verehrung der Apostel und die Steinigung des Paulus

8 In Lystra nun gab es einen Mann, der sass da, ohne Kraft in den Füssen; er war von Geburt an gelähmt und hatte nie gehen können. 9 Der hörte Paulus reden; dieser fasste ihn ins Auge, und als er sah, dass er darauf vertraute, gerettet zu werden, 10 sprach er mit lauter Stimme: Stell dich auf deine Füsse, richte dich auf! Und der sprang auf, und er konnte gehen.
11 Als die Leute sahen, was Paulus getan hatte, erhoben sie ein Geschrei und riefen auf Lykaonisch: Die Götter haben Menschengestalt angenommen und sind zu uns herabgestiegen! 12 Und sie nannten Barnabas Zeus und Paulus Hermes, weil er das Wort führte. 13 Der Priester am Zeustempel vor der Stadt brachte Stiere und Kränze zu den Stadttoren und wollte zusammen mit dem Volk ein Opfer darbringen. 14 Als die Apostel Barnabas und Paulus davon hörten, zerrissen sie ihre Kleider, stürzten sich in die Menge und riefen: 15 Männer, was tut ihr da? Wir sind Menschen wie ihr und verkündigen euch das Evangelium: Wendet euch ab von diesen nichtigen Göttern, dem lebendigen Gott zu, *der den Himmel gemacht hat und die Erde und das Meer und alles, was darin ist.* 16 Er hat in den vergangenen Zeiten alle Völker ihre eigenen Wege gehen lassen, 17 allerdings nicht ohne sich ihnen durch Wohltaten zu bezeugen: Er hat euch Regen gesandt vom Himmel herab und Zeiten der Ernte, er hat euch gesättigt mit Speise und euer Herz erfüllt mit Freude. 18 Doch obwohl sie dies sagten, konnten sie das Volk nur mit Mühe davon abbringen, ihnen zu opfern.
19 Nun kamen aber von Antiochia und Ikonium Juden herbei. Die brachten das Volk auf ihre Seite, und sie steinigten Paulus und schleiften ihn dann vor die Stadt hinaus in der Meinung, er sei tot. 20 Doch während die Jünger ihn umringten, stand er auf und ging in die Stadt zurück. Und am folgenden Tag ging er mit Barnabas fort nach Derbe.

|8: 3,2 |10: 3,8; 9,34 |11: 28,6 |15: 4,24; Ex 20,11; Ps 146,6 |19: 13,50; 14,5; 2Tim 3,11 · 2Kor 11,25

14,9: Andere Übersetzungsmöglichkeit: «… als er sah, dass er den Glauben hatte, der ihn retten konnte,»

und predigetend der selben statt auch das Euangelion/ und underweyßtend jren vil. Und zugend wider gen Lystran/ unnd Jconion/ und Antiochian/ sterckten die seelen der jüngern/ und ermanetend sy das sy jm glauben blibind: und das wir durch vil trüebsal müessind in das reych Gottes gon. Und do sy jnen durch alle gmeynden Eltesten verordnet hattend/ bättetend sy mitt fasten/ und befalhennd sy dem Herren/ in welchenn sy glaubtend.

Und zugend durch Pisidian/ und kamend in Pamphilian/ unnd redtend das wort zuo Pergen/ und zugent hinab gen Attalian/ und vonn dannen schifftend sy gen Antiochian/ dahär sy warend auß der gnad Gottes überantwortet zuo dem werck das sy habend außgericht. Do sy aber darkamend/ versamletend sy die gmeynd/ und verkundtend alle die ding die Gott mit jnen thon hatt/ unnd wie er den Heyden hette die thür deß glaubens aufgethon. Sy hattend aber jr wäsen nit ein kleine zeyt bey den jüngeren.

Das xv. Capitel.
Es wirt ein zwyspalt under dem volck der beschneydung halb/ Die Apostel samletend sich zuo Jerusalem/ und entscheydend den span. Paulus und Barnabas predigend zuo Antiochia.

Und etlich kamend herab von Judea/ und lertend die brüeder: Wo jr euch nit bschneyden lassennd nach der weyß Mosi/ so mögend jr nit sälig werden. Do sich nun ein aufruor erhuob/ und Paulus und Barnabas sich hart wider sy legtennd/ verordnetend sy das Paulus unnd Barnabas und etlich ander auß jnen hinauf zugind gen Jerusalem zuo den Apostlen unnd Eltesten/ umb diser frag willen. Und sy wurdend von der gmeynd geleytet/ und zugend durch Phenicien unnd Samarien/ unnd erzaltend den wandel der Heyden/ und machtend ein grosse fröud allen brüederen. Do sy aber darkamend gen Jerusalem/ wurdend sy empfangen von der gmeynd/ und von den Apostlen/ von den Eltesten/ und verkundtend wie vil Gott mit jnen gethon hette. Do stuondend etlich auf von der Phariseer secten/ die glöubig warend worden/ unnd sprachend: Man muoß sy beschneyden/ und gebieten zehalten das

Die Rückkehr nach Antiochia
21 Nachdem sie in jener Stadt das Evangelium verkündigt und viele zu Jüngern gemacht hatten, kehrten sie nach Lystra und dann nach Ikonium und Antiochia zurück. 22 Sie stärkten die Jünger und ermutigten sie, dem Glauben treu zu bleiben, mit den Worten: Nur durch viel Bedrängnis können wir in das Reich Gottes eingehen. 23 Sie setzten für sie in jeder Gemeinde Älteste ein, beteten und fasteten und vertrauten sie dem Herrn an, zu dem sie im Glauben gefunden hatten.

24 Und sie zogen durch Pisidien und kamen nach Pamphylien, 25 und nachdem sie in Perge das Wort verkündigt hatten, gingen sie hinab nach Attalia. 26 Von dort fuhren sie zu Schiff nach Antiochia, von wo sie im Vertrauen auf die Gnade des Herrn aufgebrochen waren zu dem Werk, das sie nun vollbracht hatten. 27 Als sie dort angekommen waren und die Gemeinde versammelt hatten, berichteten sie, was Gott alles durch sie getan und dass er allen Völkern die Tür zum Glauben aufgetan habe. 28 Und sie blieben für längere Zeit bei den Jüngern.

|22: 19,8! |23: 13,3 |26: 13,2 |27: 10,45!

Die grundlegende Vereinbarung in Jerusalem
15 1 Da kamen einige von Judäa herab und lehrten die Brüder: Wenn ihr euch nicht beschneiden lasst nach dem Brauch des Mose, könnt ihr nicht gerettet werden. 2 Es entstand aber ein heftiger Zwist und Paulus und Barnabas gerieten mit ihnen in Streit, worauf man anordnete, Paulus und Barnabas und ein paar andere von ihnen sollten mit dieser Streitfrage zu den Aposteln und Ältesten nach Jerusalem hinaufziehen. 3 Nachdem sie von der Gemeinde feierlich verabschiedet worden waren, zogen sie durch Phönizien und Samaria, wo sie von der Hinwendung der Heiden zum Glauben erzählten und damit allen Brüdern und Schwestern grosse Freude machten. 4 Sie kamen in Jerusalem an, wurden von der Gemeinde, den Aposteln und den Ältesten willkommen geheissen und berichteten, welch grosse Dinge Gott durch sie getan hatte. 5 Einige von der Partei der Pharisäer aber, die zum Glauben gekommen waren, standen auf und sagten, sie

gsatz Mosi. Aber die Apostel und die Eltesten kamend zuosamen dise red zuobesehen.

Do nun vil fragens sich erhuob/ stuond Petrus auf/ und sprach zuo jnen: Jr menner lieben brüeder/ jr wüssend das Gott inn vorigen tagen under uns erwellet hat meinen mund/ durch welchen die Heyden hortend dz wort deß Euangelions/ und glaubtend. Und der hertzkündiger Gott zeüget über sy/ und gab jnen den heiligen geyst/ gleych wie auch uns/ und underscheydet nichts zwüschend unns und jnen/ und reyniget jre hertzen durch den glauben. Was versuochend jr dann nun Gott mit auf legen deß jochs auff der jünger hälß? welches weder unsere vätter noch wir habend mögen tragen/ sunder wir glaubennd durch die gnad deß Herren Jesu Christi sälig zewerden/ gleicherwyß wie auch sy. Do schweyg die gantz menge still/ und hortend zuo Paulo und Barnaba/ die da erzaltend wie grosse zeychen unnd wunder Gott durch sy gethon hette under den Heyden. Darnach als sy geschwigen warend/ antwortet Jacobus/ unnd sprach: Jr menner lieben brüeder/ hörend mir zuo/ Simon hat erzellet wie auffs erst Gott habe heimgesuocht anzenemmen ein volck auß den Heyden zuo sinem namen/ und da stimmend mit die reden der propheten/ als geschriben stadt: Darnach wil ich wider kommen/ und wil wider bauwen die hütten Davids/ die zerfallen ist/ und jre lucken wil ich wider buwen/ und wil sy auf richten/ auff das/ was übrigs ist von menschen/ nach dem Herren frage/ darzuo alle Heyden/ über welche mein namm angerüefft ist/ spricht Gott/ der das alles thuot. Gott sind alle seine werck bekannt von der welt här. Darumb beschlüß ich/ dz man denen/ so auß den Heyden zuo Gott sich bekeerend/ nit unruow mache/ sunder jnen schreybe das sy sich enthaltind von unsauberkeyt der götzen und von huorey/ und von erstecktem/ unnd von bluot. Dann Moses hat von den vorigen zeyten här in allen stetten die jnn predigend: und wirt alle Sabbath in den schuolen geläsen.

Und es gefiel den Apostlen und Eltesten mit der gantzen gemeynd/ auß jnen menner zuo erwellen/ und sy senden gen Antiochian mit Paulo und Barnaba/ namlich Judan/ mit dem zuonammen Barsabas/ und Silan/ (welche menner fürnemmer warend under den brüederen) unnd gabend jnen ein brieff in jre hend/ söliches innhalts: Wir die Apostel und Eltesten/ und brüeder/ wünschend heyl den brüedern auß den Heyden die zuo Antiochia/ müssten die Leute beschneiden und von ihnen verlangen, dass sie das Gesetz des Mose hielten.

6 Da traten die Apostel und die Ältesten zusammen, um über diese Sache zu befinden. 7 Als es dabei zu einem heftigen Streit kam, stand Petrus auf und sagte zu ihnen: Brüder, ihr wisst, dass Gott von langer Hand die Entscheidung getroffen hat, durch meinen Mund alle Völker das Wort des Evangeliums hören und sie zum Glauben kommen zu lassen. 8 Und Gott, der die Herzen kennt, hat das beglaubigt, indem er ihnen den heiligen Geist gab, so wie er ihn uns gegeben hat. 9 Er hat zwischen uns und ihnen keinen Unterschied gemacht, denn er hat ihre Herzen durch den Glauben gereinigt. 10 Was also wollt ihr jetzt Gott noch auf die Probe stellen, indem ihr den Jüngern ein Joch auf den Nacken legt, das weder unsere Väter noch wir zu tragen vermochten? 11 Wir glauben doch, dass wir durch die Gnade des Herrn Jesus gerettet werden, auf die gleiche Weise wie sie. 12 Da schwieg die ganze Versammlung und hörte Barnabas und Paulus zu, wie sie erzählten, welch grosse Zeichen und Wunder Gott durch sie unter den Völkern gewirkt hatte.

13 Als sie geendet hatten, ergriff Jakobus das Wort und sprach: Brüder, hört mir zu! 14 Simeon hat erzählt, wie Gott von Anfang an darauf bedacht war, aus allen Völkern ein Volk für seinen Namen zu gewinnen. 15 Damit stimmen die Worte der Propheten überein; so steht geschrieben:

16 *Danach werde ich umkehren*
und wieder aufbauen die Hütte Davids, die
zerfallene.
Aus ihren Trümmern werde ich sie wieder
aufbauen
und sie wieder aufrichten,
17 *damit den Herrn suchen, die überlebt haben*
unter den Menschen,
alle Völker, über denen ausgerufen ist mein
Name,
spricht der Herr, der dies tut.
18 *Bekannt ist es von Ewigkeit her.*

19 Darum halte ich es für richtig, denen aus den Völkern, die sich zum Herrn wenden, keine Lasten aufzubürden, 20 sie aber anzuweisen, sie sollten sich fernhalten von Verunreinigung durch fremde Götter, durch Unzucht oder durch Ersticktes und Blut. 21 Denn seit Menschengedenken hat Mose in jeder Stadt seine Verkündiger, da an jedem Sabbat in den Synagogen aus ihm vorgelesen wird.

unnd Syria/ und Cilicia sind. Dieweyl wir gehört habend das etlich von den unseren sind außgangen/ unnd habend euch mit worten yrr gemachet/ und euwere seelen bekümmeret/ unnd sagend/ jr söllind euch beschneyden lassen/ und halten das gsatz (welchen wir nichts befolhen habend) hat es uns guot dunckt/ einmüetigklich versamlet/ menner zuo erwellen/ und euch zesenden mit unseren liebsten Barnaba und Paulo/ welche menschen jre seelen geben habend für den nammen unsers Herren Jesu Christi. So habennd wir gesandt Judan und Silan/ welche auch mit worten das selb verkünden werdennd. Dann es gefalt dem heyligen geyst und uns/ euch kein beschwären mer aufzelegen/ dann nun dise nötigen stuck/ dz jr euch enthaltind vom götzen opffer/ und vom bluot/ und vom erstickten/ und von huorey/ von welchen/ so jr euch enthaltend/ thuond jr recht. Gehabend euch wol.

Do dise abgefertiget warend/ kamend sy gen Antiochien/ und versamletend die menge/ und überantwortetend den brieff. Do sy den lasend/ wurden sy deß trosts fro. Judas aber und Silas/ die auch propheten warend/ ermanetend die brüeder mit vilen reden/ und starcktend sy. Und do sy verzugend ein zeyt lang/ wurdend sy von den brüederen mit friden abgefertiget zuo den Aposteln. Es dunckt aber Silan guot da zebleyben. Paulus aber unnd Barnabas hattend jr wäsen zuo Antiochia/ leertend/ unnd predigetend das wort deß Herren mit vilen anderen.

22 Da beschlossen die Apostel und die Ältesten samt der ganzen Gemeinde, aus ihrer Mitte ausgewählte Männer zusammen mit Paulus und Barnabas nach Antiochia zu senden, nämlich Judas, den man auch Barsabbas nannte, und Silas, führende Männer unter den Brüdern. 23 Sie sollten das folgende Schreiben überbringen:

Wir, die Apostel und die Ältesten, in geschwisterlicher Verbundenheit, an die Brüder und Schwestern in Antiochia, in Syrien und Kilikien, die zu den Heiden gehören: Seid gegrüsst! 24 Da wir vernommen haben, dass einige von uns, denen wir keinen Auftrag erteilt haben, zu euch gekommen sind und mit ihren Worten Verwirrung gestiftet und euch beunruhigt haben, 25 haben wir einstimmig beschlossen, ausgewählte Männer zu euch zu senden, zusammen mit den von uns geliebten Brüdern Paulus und Barnabas, 26 die beide ihr Leben eingesetzt haben für den Namen unseres Herrn Jesus Christus. 27 Wir haben also Judas und Silas gesandt, die euch dasselbe mündlich mitteilen werden. 28 Denn der heilige Geist und wir haben beschlossen, euch keine weitere Last aufzubürden, ausser dem, was unerlässlich ist, nämlich: 29 euch fernzuhalten von Opferfleisch, Blut, Ersticktem und Unzucht; wenn ihr diese Grenze wahrt, handelt ihr richtig. Lebt wohl!

30 So wurden sie verabschiedet und reisten nach Antiochia. Dort beriefen sie die Gemeindeversammlung ein und übergaben den Brief. 31 Die lasen ihn und freuten sich über den Zuspruch. 32 Und Judas und Silas, die selbst Propheten waren, ermutigten die Brüder und Schwestern mit manchem Wort und stärkten sie. 33 Nachdem sie einige Zeit dort verbracht hatten, wurden sie von den Brüdern in Frieden entlassen und kehrten zu denen zurück, die sie gesandt hatten. 35 Paulus und Barnabas aber blieben in Antiochia und lehrten und verkündigten mit vielen anderen zusammen das Wort des Herrn.

|1–33: Gal 2,1–10 |1: 21,21! |2: 4,36! · Gal 2,1 |5: 11,2–3 · 15,1! |7: 10,1–11,18 · 10,45! |8: 1,24 · 11,17 |9: 10,34–35 |10: Lk 11,46; Gal 5,1 |11: Gal 2,15–16; Eph 2,5.8 |12: 5,12! |13: 12,17! |14: 15,7–9 · 10,45! |16–18: Jer 12,15 · Am 9,11–12 |20: 15,29; 21,25 · Ex 34,15–16 · Lev 18,6–18 · Gen 9,4; Lev 17,10–14 |22: 4,36! · 15,27! |24: 15,1 |27: 15,22.32.40 17,15; 18,5 |29: 15,20! · 1Kor 8,1–13; 10,14–22 · 1Kor 6,13–20 |32: 15,27! |35: 4,36!

15,5: Andere Übersetzungsmöglichkeit: «… und sagten, man müsse sie beschneiden und darauf bestehen, dass sie das Gesetz des Mose beachteten.»

15,20: «durch Ersticktes»: durch den Genuss von Fleisch, das von Tieren stammt, die nicht geschächtet worden waren.
15,25: Andere Übersetzungsmöglichkeit: «… wir uns darauf geeinigt und beschlossen, …»
15,35: Einige Handschriften fügen hier als V.34 in unterschiedlichen Varianten die Mitteilung ein, dass Silas beschloss, in Antiochia zu bleiben, und Judas allein nach Jerusalem zog.

Das Zerwürfnis zwischen Paulus und Barnabas

Nach etlichen tagen aber sprach Paulus zuo Barnabam: Laß uns widerumb ziehen/ unnd unsere brüeder besehen durch alle stett/ in welchen wir das wort deß Herren verkündet habend/ wie sy sich haltind. Barnabas aber gab radt das sy mit jnen nämind Joannen/ mit dem zuonamen Marcus. Paulus aber achtet es billich das sy nit mit jnen nämind einen sölichen/ der abträtten wäre von jnen in Pamphylia/ und nit mit jnen zogen zuo dem werck. Und sy kamend scharpff an einander/ also/ das sy von einander zugend/ und Barnabas nam zuo jm Joannen/ unnd schiffet in Cyprien. Paulus aber erwellet Silan/ und zoch hin/ der gnad Gottes befolhen vonn den brüederen. Er zoch aber durch Syrian und Cilician/ und sterckt die gmeynd.

36 Einige Tage danach sprach Paulus zu Barnabas: Lass uns wieder zurückkehren und sehen, wie es den Brüdern und Schwestern in all den Städten geht, in denen wir das Wort des Herrn verkündigt haben. 37 Barnabas wollte auch Johannes mitnehmen, der Markus genannt wird. 38 Paulus aber hielt es nicht für richtig, jemanden mitzunehmen, der sie in Pamphylien im Stich gelassen und sich nicht an ihrem Werk beteiligt hatte.
39 Da kam es zu einem erbitterten Streit, der dazu führte, dass sie sich trennten. Barnabas nahm Markus mit sich und fuhr zu Schiff nach Zypern. 40 Paulus aber wählte Silas und machte sich, von den Brüdern und Schwestern der Gnade des Herrn anvertraut, auf den Weg, 41 zog durch Syrien und Kilikien und stärkte die Gemeinden.

|37: 4,36! · 12,12! |38: 13,13 |39: 4,36! · 12,12! · 13,4 |40: 15,27! |41: 15,22–23

Das xvj. Capitel.
Timotheus wirt beschnitten/ Der geyst verbütet den Apostlen an etlichen orten zepredigen/ und wyßt Paulum in Macedonien. Zuo Philippis prediget er/ bekeert etlich unnd wirt gefangen.

Er kam aber gen Derben und Lystran/ unnd sihe/ ein junger was daselbst/ mit nammen Timotheus eines Jüdischen weybs sun/ die was glöubig/ aber eines Kriechischen vatters/ der hatt einen guoten lümbden bey den brüederen under den Lystranern/ und zuo Jconion. Disen wolt Paulus lassen mit jnen ziehen/ und nam und beschneyd jn umb der Juden willen die an dem selbigen ort warend. Dann sy wußtend all/ daß sein vatter was ein Kriech gewesen. Als sy aber durch die stett zugent/ gabend sy jnen zehalten den beschluss/ welcher vonn den Apostlen unnd Eltesten zuo Jerusalem beschlossen was. Do wurdend die gemeynden im glauben bestätiget/ und namend zuo an der zal täglich.

Paulus gewinnt Timotheus

16 1 So gelangte er auch nach Derbe und Lystra. Und dort war ein Jünger mit Namen Timotheus – Sohn einer jüdischen Mutter, die zum Glauben gekommen war, und eines griechischen Vaters –, 2 der bei den Brüdern und Schwestern in Lystra und Ikonium einen guten Ruf hatte. 3 Ihn wollte Paulus als Begleiter mitnehmen; und er nahm ihn und beschnitt ihn mit Rücksicht auf die Juden, die in jener Gegend wohnten; denn alle wussten, dass sein Vater Grieche war.
4 Sie zogen nun zusammen durch die Städte und übergaben die Beschlüsse, die von den Aposteln und Ältesten in Jerusalem gefasst worden waren, mit der Weisung, sich daran zu halten. 5 So wurden die Gemeinden im Glauben gestärkt und wuchsen von Tag zu Tag.

|1: 17,14–15; 18,5; 19,22; 20,4; Phil 2,19–22!; 2Tim 1,5; 3,15 |4: 15,19–20.23–29

Do sy aber durch Phrygian unnd das lannd Galatia zugend/ ward jnen geweert vonn dem heyligen geyst/ zereden das wort in Asia. Als sy aber kamend in Mysian/ versuochtend sy gen Bythynian zereysen/ unnd der geyst ließ es jnen nit zuo.

Do sy aber für Mysian hinzugennd/ kamend sy hinab gen Troada/ und Paulo erschein ein gesicht bey der nacht/ das was ein mann von Macedonia/ der stuond unnd batt jn/ und sprach: Kumm herab gen Macedonian/ und hilff uns. Als er aber das gesicht gesehen hatt/ do trachtetend wir von stundan zereysenn gen Macedonian/ gewüß das unns der Herr dahin berüefft hette jnen das Euangelion zepredigen.

Der Weg nach Griechenland

6 Sie zogen weiter durch Phrygien und das galatische Land, da es ihnen vom heiligen Geist verwehrt wurde, das Wort in der Provinz Asia zu verkündigen. 7 Kurz vor Mysien versuchten sie, nach Bithynien weiterzuziehen, doch der Geist Jesu liess es nicht zu. 8 Da zogen sie an Mysien vorbei und kamen nach Troas hinab.

9 In der Nacht nun hatte Paulus eine Vision: Ein Mann aus Makedonien stand da und bat ihn: Komm herüber nach Makedonien und hilf uns! 10 Kaum hatte er die Vision gehabt, setzten wir alles daran, nach Makedonien hinüberzugelangen, in der Überzeugung, dass Gott uns gerufen hatte, den Menschen dort das Evangelium zu verkündigen.

|9: 9,10!

16,8: Andere Übersetzungsmöglichkeit: «Da zogen sie durch Mysien hindurch und kamen nach …»

Der Aufenthalt in Philippi

Do brachend wir auf von Troada/ und stracks lauffs kamend wir gen Samothracian/ deß anderen tags gen Neapolin/ und von dannen gen Philippis/ welche ist die hauptstatt des lands Macedonia/ und ein frye statt. Wir hattend aber in diser statt unser wäsenn etlich tag. Deß tags der Sabbater giengennd wir hinauß für die statt an das wasser/ da man gewon was zebätten/ und satzend uns und redtend zuo den weyberen die da zuosamenn kamend. Unnd ein andächtig weyb/ mit nammen Lydia/ ein Purpurkrämerin auß der statt der Thyatirer/ höret zuo/ welcher thett der Herr das hertz auf/ das sy darauff acht hette was von Paulo geredt ward. Als aber sy und jr hauß getaufft ward/ batt sy und sprach: So jr mich achtend glöubig sein in den Herren/ so kommend in mein hauß/ und bleybend da. Und sy zwang uns. Es geschach aber do wir zuo dem gebätt giengend/ das ein magt uns begegnet/ die hatt einen warsager geyst/ und bracht ein grossen gwün jren herren mitt waarsagen: die selbig volget allenthalbenn Paulo und uns nach/ schrey und sprach: Dise menschen sind knecht Gottes deß allerhöchsten/ die euch den wäg der säligkeyt verkündend. Sölichs thett sy manchen tag. Paulus aber hatt das nit gern/ und wandt sich umb/ und sprach zuo dem geyst: Jch gebeüt dir in dem

11 Wir legten von Troas ab und gelangten auf dem kürzesten Weg nach Samothrake; am folgenden Tag erreichten wir Neapolis, 12 und von dort kamen wir nach Philippi, einer Stadt im ersten Bezirk von Makedonien, einer römischen Kolonie. In dieser Stadt hielten wir uns einige Tage auf.

13 Am Sabbat gingen wir vor das Stadttor hinaus an einen Fluss; wir nahmen an, dass man sich dort zum Gebet treffe. Wir setzten uns nieder und sprachen mit den Frauen, die sich eingefunden hatten. 14 Auch eine Frau mit Namen Lydia, eine Purpurhändlerin aus Thyatira, eine Gottesfürchtige, hörte zu; ihr tat der Herr das Herz auf, und sie liess sich auf die Worte des Paulus ein. 15 Nachdem sie sich samt ihrem Haus hatte taufen lassen, bat sie: Wenn ihr überzeugt seid, dass ich an den Herrn glaube, so kommt zu mir in mein Haus und bleibt da; und sie bestand darauf.

16 Es geschah aber – wieder auf dem Weg zur Gebetsstätte –, dass eine Sklavin auf uns zukam, die einen Wahrsagegeist hatte und mit der Wahrsagerei ihren Herren grossen Gewinn einbrachte. 17 Die lief Paulus und uns hinterher und schrie: Diese Menschen sind Knechte des höchsten Gottes, sie verkündigen euch den Weg des Heils! 18 Das tat sie viele Tage lang. Als Paulus es satt hatte, wandte

nammen Jesu Christi/ das du von jr außfarest. Und er fuor auß zuo der selbigen stund.

Do aber jre herren sahend/ das die hoffnung jres genieß was außgefaren/ namend sy Paulum und Silan/ zugend sy auff den marckt für die obersten/ unnd fuortend sy zuo den amptleüten/ und sprachend: Dise menschen machend unsere statt yrr/ und sind Juden/ und verkündend ein weyß/ welche uns nit zimpt anzenemmen/ noch zethuon/ dieweyl wir Römisch sind. Und das volck viel hinzuo wider sy/ und die amptlüt zerrissend jre kleyder/ und hiessend sy mit ruoten schlahen. Und do sy sy wol geschlagen hattend/ wurffend sy in die gefencknuß/ und gebotend dem kerckermeyster das er sy mitt fleyß behielte. Der nam sölichs gebot an/ und warff sy in die innerste gefencknuß/ und legt jre füeß inn den stock. Umb die mittnacht aber bättetend Paulus und Silas/ und lobtend Gott. Und es hortend sy die gefangnen. Schnäll aber ward ein grosser erdbidem/ also/ das sich bewegtend die grundvesten der gefencknuß. Und in dem selben wurdend alle thüren aufgeton/ unnd alle band ledig. Als aber der kerckermeyster auß dem schlaaff fuor/ unnd die thüren der gefencknuß sach auffgethon/ zoch er das schwärdt auß/ unnd wolt sich selbs erwürgen: dann er meynt die gefangnen wärind entflohen. Paulus aber ruofft laut/ und sprach: Thuo dir nichts übels/ dann wir sind all hie.

Er foderet aber ein liecht/ unnd sprang hineyn/ und zitteret/ und fiel Paulo und Sila zuon füessen/ und fuort sy herauß/ und sprach: Lieben herren/ was sol ich thuon das ich sälig werde? Sy sprachennd: Glaub in den Herren Jesum/ so wirst du unnd dein hauß sälig. Und sagtend jm das wort deß Herren/ unnd allen die in seinem hauß warend. Unnd er nam sy zuo jm in der selbigen stund der nacht/ und wuosch jnen die streymen ab. Und er ließ sich und alle die seinen von stundan tauffen. Und fuort sy in sein hauß/ und satzt sy an einen tisch/ und fröwet sich mit seinem gantzen hauß/ das er in Gott glöubig worden was. Und do es tag ward/ sandtend die amptlüt der statt diener/ und sprachend: Laß dise menschen gon. Und der kerckermeyster verkündet dise red Paulo: Die amptlüt habend här gesandt das jr ledig sein söllind. Nun ziehend auß/ und gond hin mit friden. Paulus aber sprach zuo jnen: Sy habend uns unverdampt offenlich mit ruoten geschlagen/ die wir doch Römisch sind/ und

er sich um und sagte zu dem Geist: Ich gebiete dir im Namen Jesu Christi, aus ihr auszufahren. Und augenblicklich fuhr er aus.

19 Als aber ihre Herren sahen, dass ihre Hoffnung auf Gewinn dahin war, ergriffen sie Paulus und Silas und schleppten sie auf den Marktplatz vor die Behörden. 20 Sie führten sie den Richtern der Stadt vor und sagten: Diese Leute bringen unsere Stadt durcheinander. Es sind Juden, 21 und sie verkünden Sitten und Bräuche, die wir als Römer weder übernehmen noch beachten dürfen. 22 Auch die Menge stellte sich gegen sie, und die Richter der Stadt liessen ihnen die Kleider vom Leib reissen und befahlen, sie zu geisseln. 23 Nachdem man ihnen viele Schläge gegeben hatte, warf man sie ins Gefängnis und trug dem Gefängniswärter auf, sie in sicherem Gewahrsam zu halten. 24 Auf diesen Befehl hin führte der sie in den innersten Teil des Gefängnisses und legte ihnen die Füsse in den Block.

25 Um Mitternacht aber beteten Paulus und Silas zu Gott und stimmten Lobgesänge an, und die anderen Gefangenen hörten zu. 26 Da gab es auf einmal ein starkes Erdbeben, und die Grundmauern des Gefängnisses wankten; unversehens öffneten sich alle Türen, und allen Gefangenen fielen die Fesseln ab. 27 Der Gefängniswärter fuhr aus dem Schlaf auf, und als er sah, dass die Türen des Gefängnisses offen standen, zog er sein Schwert und wollte sich das Leben nehmen, da er meinte, die Gefangenen seien geflohen. 28 Paulus aber rief mit lauter Stimme: Tu dir nichts an, wir sind alle da!

29 Jener verlangte nach Licht, stürzte sich ins Innere und warf sich, am ganzen Leib zitternd, Paulus und Silas zu Füssen. 30 Er führte sie ins Freie und sagte: Grosse Herren, was muss ich tun, um gerettet zu werden? 31 Sie sprachen: Glaube an Jesus, den Herrn, und du wirst gerettet werden, du und dein Haus. 32 Und sie verkündigten ihm und allen, die zu seiner Familie gehörten, das Wort des Herrn. 33 Und er nahm sie noch zur gleichen Nachtstunde bei sich auf und wusch ihre Wunden und liess sich und alle seine Angehörigen unverzüglich taufen. 34 Dann führte er sie in seine Wohnung, liess den Tisch bereiten und freute sich mit seinem ganzen Haus, weil er zum Glauben an Gott gekommen war.

35 Als es Tag geworden war, schickten die Richter der Stadt die Gerichtsdiener vorbei und liessen sagen: Lass jene Männer frei! 36 Der Gefängniswärter richtete es dem Paulus aus:

in die gefencknuß worffen/ unnd soltend uns nun heimlich außstossen? Nit also/ sunder lassend sy selbs kommen/ und uns hinauß füeren. Die stattdiener verkundtend dise wort den amptlüten. Und sy forchtend sich/ do sy hortend das sy Römisch warend/ und kamend und ermanetend sy/ und fuortend sy herauß/ und battend sy das sy außzugind auß der statt. Do giengend sy auß der gefencknuß/ unnd giengend zuo der Lydia. Und do sy die brüeder gesehen hattend/ und getröstet/ zugend sy auß.

Das xvij. Capitel.

Paulus kumpt gen Thessalonicam/ da wirt ein aufruor wider jnn/ Paulus entrünnt/ kumpt gen Athen unnd prediget jnen den waaren und unbekanten Gott.

Do sy aber durch Amphipolin und Appollonia reysetend/ kamend sy gen Thessalonich/ da was ein Judenschuol. Nach dem nun Paulus gewon was/ gieng er zuo jnen eyn/ und sagt jnen auff drey Sabath von der gschrifft/ thett sy jnen auf/ und legts jnen für/ das Christus müeßte leyden/ und auferston von den todten: und das diser Jesus/ den ich (sprach er) euch verkünd/ ist der Christ. Und etlich under jnen fielend jm zuo/ und wurdend zuogesellet Paulo unnd Sila/ auch der andächtigenn Kriechen ein grosse menge/ darzuo der fürnemsten weyber nit wenig.

Aber die halßstarrigen Juden eyfertend und namend zuo jnen etlich boßhafftig menner/ büfelvolcks/ und machtend ein rott/ und richtetend ein aufruor in der statt an/ und trattend für das hauß Jasonis/ und suochtend sy zefüeren under das gmein volck. Do sy aber sy nit fundend/ schleypfftend sy den Jason/ und etliche brüeder/ für die obersten der statt/ und schrüwend: Dise/ die den gantzen weltkreyß bewegend/ sind auch här kommen/ die hat Jason zuo jm genommen. Unnd dise alle thuond wider die satzungen deß Keysers/ sagend von einem künig Jesu. Sy bewegtend aber das volck und die obersten der statt/ die sölichs hortend.

Die Richter haben die Meldung überbringen lassen, dass ihr frei seid. So geht nun und zieht in Frieden! 37 Paulus aber sagte zu ihnen: Ohne Urteilsspruch haben sie uns öffentlich prügeln lassen, obwohl wir römische Bürger sind, und uns ins Gefängnis geworfen. Und jetzt wollen sie uns heimlich fortschicken? Nein! Sie sollen kommen und uns selber hinausgeleiten. 38 Die Gerichtsdiener meldeten diese Worte den Richtern. Die bekamen es mit der Angst zu tun, als sie hörten, dass es sich um römische Bürger handelte. 39 Und sie gingen zu ihnen und redeten ihnen zu, geleiteten sie hinaus und baten sie, aus der Stadt wegzuziehen. 40 Da verliessen sie das Gefängnis und gingen zu Lydia, trafen dort die Brüder und Schwestern, sprachen ihnen Mut zu und brachen dann auf.

|14–15: 16,40 |15: 11,14! |19: 15,40! |20: 24,5! |22: 1Thess 2,2; 2Kor 11,25 |26: 12,7! |30–31: 2,37-38; Lk 10,25–28 |31: Lk 7,50! · 11,14! |37: 22,25.28 |40: 16,14

16,12: Andere Textüberlieferung: «…, der ersten Stadt der Provinz Makedonien, …»
16,37: Andere Übersetzungsmöglichkeit: «…: Ohne Verhör haben sie uns …»

In Thessalonich und Beröa

17 1 Auf dem Weg über Amphipolis und Apollonia kamen sie nach Thessalonich, wo die Juden eine Synagoge hatten. 2 Wie er es gewohnt war, ging Paulus zu ihnen und sprach an drei Sabbattagen mit ihnen über die Schriften: 3 Er öffnete ihnen die Augen und legte ihnen dar, dass der Gesalbte leiden und von den Toten auferstehen musste, und er sagte: Dieser Jesus, den ich euch verkündige, ist der Gesalbte! 4 Einige von ihnen liessen sich überzeugen und schlossen sich Paulus und Silas an, ebenso eine grosse Zahl von gottesfürchtigen Griechen und nicht wenige Frauen aus den vornehmsten Familien.

5 Die Juden aber wurden eifersüchtig und holten sich einige nichtsnutzige Leute, die sich auf dem Marktplatz herumtrieben, verursachten einen Volksauflauf und erfüllten die Stadt mit ihrem Lärm; sie umstellten das Haus des Jason und wollten die beiden vor die Volksversammlung führen. 6 Da sie diese aber nicht fanden, schleppten sie den Jason und einige Brüder vor die Stadtpräfekten und schrien: Diese Leute, die den ganzen Erdkreis in Aufruhr gebracht haben, die sind jetzt auch hier, 7 und Jason hat sie aufgenommen. Sie alle handeln den Anordnungen des Kaisers

Und do sy verantwortung von Jason und den andren empfangen hattend/ liessend sy sy ledig.

Die brüeder aber fertigetend von stundan ab/ bey der nacht/ Paulum und Silan/ gen Berean. Do sy darkamend/ giengend sy in die Judenschuol (dann sy warend die Eltesten unnder denen zuo Thessalonich) die namend das wort auf gantz willigklich/ und forschetennd täglich die geschrifft ob es also wäre. Do glaubtend nun vil auß jnen/ und die Kriechischen erberen weyber/ und menner nit wenig. Als aber die Juden von Thessalonich erfuorend/ das auch zuo Berean das wort Gottes von Paulo verkündet wurde/ kament sy/ und bewegtend auch daselbst dz volck. Aber do fertigetend die brüeder Paulum vonn stundan ab/ das er gienge biß an das Meer. Silas aber und Timotheus blibend da. Die aber Paulum geleytetend/ fuortend jn biß gen Athen. Und als sy ein befelch empfiengend an den Silan unnd Thimotheon/ das sy auffs beldist zuo jm kämind/ zugend sy hin.

Do aber Paulus jrer zuo Athen wartet/ ergrimmet sein geyst in jm/ do er sach die statt so gar Abgöttisch. Und er redt zwar zuo den Juden unnd andächtigen in der schuol/ auch auff dem marckt alle tag/ zuo denen die sich herzuo machtend. Etlich aber der Epicurer unnd Stoiker philosophi/ zanggetend mit jm. Unnd etlich sprachend: Was wil diser klappermann sagen? Etlich aber: Er sicht als wölte er seltzame götter verkündenn (Das macht/ er hatt das Euangelion vonn Jesu und von der auferstentnuß jnen verkündet) Sy namend jnn aber/ und fuortend jn für dz Radthauß/ und sprachend: Könnend wir auch erfaren was das für ein neüwe leer sey die du lerest? dann du bringst etwas seltzams für unsere oren. So wellend wir nun wüssen was das sein wölle. Die Athener aber all/ auch die außlender und gest/ warend gericht auff nichts anders/ dann etwas nüws zesagen/ oder zehören.

zuwider, denn sie behaupten, ein anderer sei König, nämlich Jesus. 8 Es gelang ihnen, die Volksmenge und die Stadtpräfekten, die das hörten, in Unruhe zu versetzen; 9 doch als Jason und die Übrigen ihnen Bürgschaft geleistet hatten, liess man sie frei.

10 Die Brüder und Schwestern aber schickten Paulus und Silas noch in der Nacht nach Beröa weiter. Als sie dort ankamen, begaben sie sich in die Synagoge der Juden. 11 Dort war man ihnen freundlicher gesinnt als in Thessalonich. Sie nahmen das Wort mit grosser Bereitschaft auf und forschten Tag für Tag in den Schriften, ob es sich so verhalte. 12 So kamen viele von ihnen zum Glauben und ebenso nicht wenige von den angesehenen griechischen Frauen und Männern.

13 Als nun die Juden in Thessalonich erfuhren, dass das Wort Gottes durch Paulus auch in Beröa verkündigt werde, gingen sie auch dorthin, um die Leute aufzuhetzen und Unruhe zu stiften. 14 Da schickten die Brüder und Schwestern den Paulus sogleich weiter, zum Meer hinunter; Silas und Timotheus aber blieben am Ort zurück. 15 Die aber, die Paulus das Geleit gaben, brachten ihn bis nach Athen und kehrten dann zurück mit dem Auftrag an Silas und Timotheus, ihm möglichst rasch nachzureisen.

|1: 1Thess 2,2 |3: 26,23; Lk 24,26 · 2,24! · 9,22! |4: 1Thess 2,1 |5: 1Thess 2,14 |6: 24,5! |7: Lk 23,2 |14: 15,27! · 16,1! |15: 1Thess 3,1–2

In Athen: Die Rede des Paulus auf dem Areopag

16 Während Paulus in Athen auf sie wartete, packte ihn die Wut beim Anblick der zahllosen Götterbilder, die es da in der Stadt gab. 17 In der Synagoge sprach er dann mit den Juden und den Gottesfürchtigen, und auf dem Marktplatz unterhielt er sich täglich mit den Vorübergehenden. 18 Auch etliche aus dem Kreis der epikureischen und stoischen Philosophen liessen sich auf ein Gespräch mit ihm ein, und einige sagten: Was will dieser Schwätzer eigentlich?, andere dagegen: Er scheint ein Verkünder fremder Gottheiten zu sein. Er verkündigte nämlich Jesus und die Auferstehung. 19 Sie nahmen ihn mit, führten ihn auf den Areopag und sagten: Können wir erfahren, was für eine neue Lehre das ist, die du da vorträgst? 20 Befremdliches bringst du uns zu Ohren; wir möchten erfahren, worum es da geht. 21 Alle Athener und die Fremden, die sich

Paulus aber gieng mitten auff den platz und sprach: Jr menner von Athen/ ich sich euch das jr in allen stucken zuo vil aberglöubig sind. Jch bin herdurch gangen/ unnd hab gesehen euwere gottsdienst/ unnd fand einen altar/ darauff was geschriben: Dem unbekannten Gott. Nun verkünd ich euch den selben/ dem jr unwüssend Gottsdienst thuond. Gott der die welt gemachet hatt/ unnd alles was darinnen ist/ sitmals er ein Herr ist himmels unnd der erden/ wonet er nit inn Templen mit henden gemachet: seinen wirt auch nit von menschen henden gepflägt/ als der jemants bedörffte/ so er selber yederman läben unnd athem allenthalben gibt: unnd hat gemachet/ das vonn einem bluot alles menschen geschlächt uff dem gantzen erdboden wonend/ unnd hat zil gesetzt von ewigem fürsehen/ wie lang unnd weyt sy wonen söllind/ das sy den Herren suochen söltind/ ob sy doch jnn gespüren und finden möchtind. Unnd zwar er ist nit verr vonn einem yetlichen under uns. Dann in jm läbend/ sträbend/ und sind wir. Als auch etlich Poeten bey euch gesagt habennd: Wir sind seiner art. So wir dann Göttlicher art sind/ söllennd wir nit meynen die Gottheyt sey gleych dem gold oder dem silber/ oder dem bildwerck der menschlich kunst und dichtung. Und zwar hat Gott die zeyt der unwüssenheyt übersehen: Nun gebüt er allen menschen an allen endenn buoß zethuon/ darumb/ das er ein tag gesetzt hat auff welchen er richten wil den kreyß deß erdbodens/ mit gerechtigkeyt/ durch einen mann/ in welchem ers beschlossen hat: und yederman fürhalt den glauben/ nach dem er jnn hat vonn den todten auferweckt.

Do sy hortend die auferstentnuß der todten/ do spottetennd jren etlich. Etlich aber sprachend: Wir wöllend dich darvon weyter hören.

Also gieng Paulus von jnen. Etlich menner aber hiengend jm an/ und wurdend glöubig: under welchen was Dionisius/ einer uß dem Radt: und ein weyb/ mitt nammen Damaris/ unnd andere mit jnen.

dort aufhalten, tun nämlich nichts lieber als letzte Neuigkeiten austauschen. 22 Da stellte sich Paulus hin, mitten auf dem Areopag, und sprach:

Männer von Athen! Ihr seid – allem Anschein nach – besonders fromme Leute! 23 Denn als ich umherging und mir eure Heiligtümer anschaute, fand ich auch einen Altar, auf dem geschriben stand: Dem unbekannten Gott. Was ihr da verehrt, ohne es zu kennen, das verkündige ich euch.

24 Der Gott, der die Welt geschaffen hat und alles, was darin ist, er, der Herr des Himmels und der Erde, wohnt nicht in Tempeln, die von Menschenhand gemacht sind, 25 er lässt sich auch nicht von Menschenhänden dienen, als ob er etwas nötig hätte; er ist es ja, der allen Leben und Atem und überhaupt alles gibt. 26 Aus einem einzigen Menschen hat er das ganze Menschengeschlecht erschaffen, damit es die Erde bewohne, so weit sie reicht. Er hat ihnen feste Zeiten bestimmt und die Grenzen ihrer Wohnstätten festgelegt, 27 damit sie Gott suchen, indem sie sich fragen, ob er denn nicht zu spüren und zu finden sei; denn er ist ja jedem einzelnen unter uns nicht fern. 28 In ihm nämlich leben, weben und sind wir, wie auch einige eurer Dichter gesagt haben: Ja, wir sind auch von seinem Geschlecht. 29 Da wir also von Gottes Geschlecht sind, dürfen wir nicht denken, das Göttliche sei vergleichbar mit etwas aus Gold oder Silber oder Stein, einem Gebilde menschlicher Kunst und Erfindungsgabe.

30 Doch über die Zeiten der Unwissenheit sieht Gott nun hinweg und ruft jetzt alle Menschen überall auf Erden zur Umkehr. 31 Denn er hat einen Tag festgesetzt, an dem er den Erdkreis richten wird in Gerechtigkeit durch einen Mann, den er dazu bestimmt hat, indem er ihn vor allen Menschen beglaubigte durch die Auferstehung von den Toten.

32 Als sie das von der Auferstehung der Toten hörten, begannen die einen zu spotten, die anderen aber sagten: Darüber wollen wir ein andermal mehr von dir hören. 33 So ging Paulus weg aus ihrer Mitte. 34 Einige aber schlossen sich ihm an und kamen zum Glauben, unter ihnen Dionysios, ein Mitglied des areopagitischen Rates, eine Frau mit Namen Damaris und einige andere.

|24: 4,24! · 7,48!–50 |25: Jes 42,5 |26: Gen 1,27–28 · Dtn 32,8 |29: 19,26! |30: 3,17 · 2,38; 3,19; 8,22; 26,20!; Lk 24,47 |31: 10,42; Ps 9,9! · 2,24! |32: 4,2; 23,6–7; 24,21; 26,22–23; 1Kor 15,12–13! · 2,24!

Das xviij. Capitel.

Paulus kumpt gen Corinthum/ prediget jnen Christum/ bleybt da anderthalb jar/ nach dem fart er wider in Syriam/ und kumpt in dem gen Ephesum/ Cesaream/ Antiochiam/ von Apollos/ Aquila und Priscilla.

Darnach entweych Paulus von Athene/ und kam gen Corinthon/ und fannd einen Juden mit nammen Aquila der geburt uß Ponto/ welcher was nüwlich auß Wälschland kommen: und sein weyb Priscilla/ darumb das der Keyser Claudius befolhen hatt allen Juden zeweychen uß Rom/ zuo den selben gieng er. Und dieweyl er jrs handtwercks was/ bleyb er bey jnen/ und arbeytet. Sy warend aber deß handtwercks täppich macher. Und er redt in der schuol auff alle Sabbath/ und beredt Juden und Kriechen.

Do aber Silas und Thimotheus von Macedonia kamennd/ drang Paulon der geist zuo bezeügen den Juden/ Jesum/ das er der Christ sey. Do sy aber widersträbtend und lesterend/ schüttlet er seine kleyder auß/ und sprach zuo jnen: Euwer bluot sey über euwer haupt. Jch gon von nun an reyn zuo den Heyden. Und macht sich von dannen/ und kam in ein hauß eines/ mit nammen Just/ der andächtig was: uñd desselben hauß was zenächst an der schuol. Chrispus aber der oberest der schuolen/ glaubt in den Herren mit seinem gantzen hauß. Und vil Corinther die zuohorrend wurdend glöubig/ und liessent sich tauffen.

Es sprach aber der Herr durch ein gsicht in der nacht zuo Paulo: Förcht dir nit/ sunder red/ und schweyg nit/ dann ich bin mit dir: und niemants sol sich underston dir zeschaden/ dann ich hab ein groß volck in diser statt. Er saß aber da ein jar und sechs monat/ und leret sy das wort Gottes.

Do aber Gallion Landvogt was in Achaia/ empörtend sich die Juden einmüetigklich wider Paulum/ und fuortend jn für den richtstuol/ und sprachend: Diser mensch überredt die lüt Gott zedienen wider das gsatz. Do aber Paulus wolt den mund aufthuon/ sprach Gallion zuo den Juden: Wenn es ein fräfel oder schalckheyt wäre/ lieben Juden/ so horte ich euch billich: so es aber ein fraag ist von worten/ und von den nammen/ unnd von dem gsatz under euch/ so sehend jr selber zuo/ ich gedennck darüber nitt richter zesein. Unnd treyb sy vonn dem richtstuol. Do ergriffend alle Kriechen Sosthenen den obersten der schuolen/ und schluogend jnn vor dem richtstuol. Und Gallion nam sich des nüt an.

17,22: Andere Übersetzungsmöglichkeit: «... Ihr seid – wie ich sehe – in jeder Hinsicht besonders fromme Leute!»

17,23: Andere Übersetzungsmöglichkeit: «...: Einem unbekannten Gott. ...»

Der Aufenthalt in Korinth

18 1 Danach verliess er Athen und ging nach Korinth. 2 Dort traf er einen Juden mit Namen Aquila, der aus dem Pontus stammte und erst kürzlich aus Italien gekommen war, und dessen Frau Priscilla; Claudius hatte nämlich angeordnet, dass alle Juden Rom zu verlassen hätten. Er ging zu ihnen, 3 und da er das gleiche Handwerk ausübte, blieb er bei ihnen und arbeitete dort; sie waren nämlich Zeltmacher von Beruf. 4 Sabbat für Sabbat sprach er in der Synagoge mit den Leuten und versuchte, Juden und Griechen zu überzeugen.

5 Als aber Silas und Timotheus von Makedonien gekommen waren, widmete sich Paulus ganz der Verkündigung des Wortes und legte Zeugnis ab vor den Juden, dass Jesus der Gesalbte sei. 6 Da sie aber nichts davon wissen wollten und lästerten, schüttelte er seine Kleider aus und sprach zu ihnen: Euer Blut komme über euer Haupt! Ich bin ohne Schuld; von jetzt an werde ich zu den Heiden gehen. 7 Und er verliess jenen Ort und ging in das Haus eines gewissen Titius Justus, eines Gottesfürchtigen; dessen Haus grenzte an die Synagoge.

8 Crispus aber, der Synagogenvorsteher, kam mit seiner ganzen Familie ebenfalls zum Glauben an den Herrn; und viele Bewohner von Korinth, die davon hörten, kamen zum Glauben und liessen sich taufen. 9 In der Nacht aber sprach der Herr in einer Vision zu Paulus: Fürchte dich nicht, sondern rede und schweige nicht! 10 Denn ich bin mit dir, niemand wird dich antasten und dir Böses antun; ich habe nämlich viel Volk in dieser Stadt. 11 So blieb er ein Jahr und sechs Monate dort und lehrte unter ihnen das Wort Gottes.

12 Als dann aber Gallio Prokonsul der Provinz Achaia war, traten die Juden vereint gegen Paulus auf, führten ihn vor den Richterstuhl 13 und sagten: Der da überredet die Leute, Gott auf eine Art zu verehren, die wider das Gesetz ist. 14 Als Paulus seinen Mund auftun wollte, sprach Gallio zu den Juden: Ginge es hier um ein Verbrechen oder um eine böswillige Tat, ihr Juden, so würde ich eure Klage ordnungsgemäss zulassen. 15 Geht es aber um Streitigkeiten über Lehre und Namen und das bei euch geltende Gesetz, dann seht selber

zu! Darüber will ich nicht Richter sein. 16 Und er wies sie vom Richterstuhl weg. 17 Da stürzten sich alle auf den Synagogenvorsteher Sosthenes und verprügelten ihn vor dem Richterstuhl. Gallio aber kümmerte sich nicht darum.

|2: 18,18.26; 1Kor 16,19; Röm 16,3–5 · 11,28 |3: 20,34! |5: 15,27! · 16,1!; 1Thess 3,5–6 · 9,22! |6: 13,51! · 5,28; Ez 33,4 · 13,46 |8: 11,14! |9: 9,10! · 1Kor 2,3 |13: 21,28 |14–15: 23,29!

18,6: Andere Übersetzungsmöglichkeit: «... nichts davon wissen wollten und ihn verwünschten, ...»

Rückreise nach Syrien und Kleinasien

Paulus aber nach dem er noch lang bliben was/ machet er sein abscheyd mitt den brüederen/ und schiffet in Syrian/ und mitt jm Priscilla und Aquila. Und er beschar sein haupt zuo Cenchreen (dann er hatt ein gelübd) und kam hinab gen Epheson/ und ließ sy daselbst. Er aber gieng in die Sinagog/ und disputiert mit den Juden. Sy battend jnn aber/ das er lengere zeyt bey jnen blibe. Und er verwilliget nit/ sunder macht sein abscheyd und sprach: Jch muoß aller ding das künfftig fäst zuo Jerusalem halten/ aber wils Gott/ so wil ich wider zuo euch keren. Und zoch von Epheso/ und kam gen Cesarien/ und gieng hinauff/ und grüesset die gmeynd/ und zoch hinab gen Antiochian/ und verzoch etliche zeyt/ und reyset auß/ und durchwandlet nacheinander das Galatisch land und Phrygian unnd stercket alle jünger.

18 Paulus blieb noch etliche Tage. Dann nahm er Abschied von den Brüdern und Schwestern und fuhr zu Schiff nach Syrien, zusammen mit Priscilla und Aquila, nachdem er sich in Kenchreä das Haupt hatte scheren lassen; er hatte nämlich ein Gelübde getan. 19 Sie erreichten Ephesus, wo er die beiden zurückliess; er selbst ging in die Synagoge und sprach zu den Juden. 20 Als diese ihn baten, längere Zeit bei ihnen zu bleiben, willigte er nicht ein, 21 sondern verabschiedete sich und sagte: Ich werde zu euch zurückkehren, wenn Gott es will. Dann fuhr er von Ephesus weg. 22 Und er gelangte nach Cäsarea, zog hinauf nach Jerusalem, begrüsste die Gemeinde und ging dann hinab nach Antiochia.

23 Und nach einiger Zeit brach er von dort auf, um zunächst durch das galatische Land, dann durch Phrygien zu ziehen und alle Jünger dort zu stärken.

|18: 18,2! · Röm 16,1 · 21,23–24! |23: 16,6

Das Wirken des Apollos

Es kam aber gen Epheson ein mann/ mit nammen Appollo/ der geburt von Alexandrian/ ein beredter mann/ und mächtig in der gschrifft: diser was underwisen in dem wäg deß Herren/ und redt brünstig im geyst/ und leret mit fleyß vonn dem Herren/ und wußt allein von dem tauff Johannis. Diser fieng an freydig zehandlen in der schuol. Do jn aber Aquila und Priscilla hortend/ namend sy jn zuo jnen/ und legtend jm den wäg Gottes noch fleyssiger auß. Do er aber wolt in Achaian reysen/ gabennd jm die brüeder bescheyd/ und schribend den jüngeren das sy jnn aufnämind. Und als er darkommen was/ halff er vil/ denen die glöubig warend worden. Dann er überwand die Juden bestendigklich/ und überweysets offenlich durch die gschrifft/ das Jesus der Christus wäre.

24 Ein Jude aber mit Namen Apollos, der aus Alexandria stammte, ein gebildeter Mann, der bewandert war in den Schriften, kam nach Ephesus. 25 Er war unterwiesen im Weg des Herrn, sprühte in seinen Reden vor Geist und lehrte sehr genau, was sich mit Jesus zugetragen hatte, kannte aber nur die Taufe des Johannes. 26 Der begann, in der Synagoge frei und offen zu reden. Als nun Priscilla und Aquila ihn reden hörten, nahmen sie ihn zu sich und legten ihm den Weg Gottes noch genauer dar. 27 Als er dann in die Achaia weiterziehen wollte, ermunterten ihn die Brüder und Schwestern dazu und schrieben an die Jünger dort, sie möchten ihn aufnehmen. Er kam zu ihnen und war denen, die zum Glauben gekommen waren, kraft der Gnade eine grosse Hilfe. 28 In eindrücklicher Weise nämlich widerlegte er die Juden in aller

Das xix. Capitel.

Von den zwölffen die Paulus touffet/ unnd wie er zwey jar bleybt zuo Epheso/ was wunder er da thett/ und wie vil sich ab seiner predig bekertend. Vom Demetrio/ was aufruor der anrüstet.

Es geschach aber do Appollo zuo Corinthen was/ das Paulus durchwandlet die obren lender/ und kam gen Epheso/ und fand etlich jünger/ zuo denen sprach er: Habend jr den heyligen geyst empfangenn/ dieweyl jr glöubig gewesen sind? Sy sprachend zuo jm: Wir habend auch nye gehört ob ein Heyliger geyst sey. Unnd er sprach: Woreyn sind jr dann tufft? Sy sprachent: Jn dem tauff Joannis. Paulus aber sprach: Joannes hat den tauff deß rüwens getauffet/ und sagt dem volck das sy söltind glauben in den/ der nach jm kommen sölte/ das ist/ in Jesum daß der Christus sey. Do sy das hortend/ liessend sy sich tauffen in den nammen deß Herren Jesu. Und do Paulus die hend auff sy legt/ kam der heylig geyst auff sy/ und redtend mit zungen/ und prophetetend. Und deren menner allersamen warend bey zwölffen. Er gieng aber in die schuol/ und handlet freydig drey monat lang/ leret und beredt sy von dem reych Gottes. Do aber etlich verstocktend und nit glaubtend/ und übel redtend von dem wäg deß Herren vor der menge/ gieng er von jnen/ und absünderet die jünger/ unnd redt täglich in der schuol eines der hieß Tyrannus. Und das selb geschach uff zwey jar lang/ also/ das alle die in Asia wonetend/ das wort deß Herren Jesu hortend/ die Juden und Kriechen. Und Gott würcket nit klein thaaten durch die hend Pauli/ also/ das sy auch von seinem leyb die schweyßtüechle oder göller über die krancken hieltend/ und die suchten von jnen wichend/ und die bösen geyst außfuorend. Es underwundend sich aber etlich der umblauffenden Juden/ die da bschweerer warend/ den nammen deß Herren Jesu zenennen über die da böß geyst hattend/ und sprachend: Wir beschweerend üch durch Jesum/ den Paulus prediget. Es warend jren aber siben sün eines Juden Scena/ deß hohen priesters/ die sölichs thettend. Aber der böß geyst antwortet/ und sprach: Jesum kenn ich wol/ und Paulum weiß ich wol/ wär sind aber jr? Und der mensch/ in dem der böß geyst was/ sprang auff sy/ und ward jren mächtig/ und warff sy under sich/ also/ das sy nacket und verwundt auß dem selben hauß entfluhend. Das selb aber ward kund allen die zuo Epheso Öffentlichkeit und bewies aufgrund der Schriften, dass Jesus der Gesalbte ist.

|24: 19,1! |25: 19,3–4 |26: 18,2! |28: 9,22!

Das Wirken des Paulus in Ephesus

19 1 Während Apollos sich in Korinth aufhielt, geschah es, dass Paulus durch das Hochland zog, nach Ephesus hinabkam und dort einige Jünger antraf. 2 Und er fragte sie: Habt ihr den heiligen Geist empfangen, als ihr zum Glauben kamt? Sie erwiderten ihm: Nein, wir haben nicht einmal gehört, dass es einen heiligen Geist gibt. 3 Und er fragte: Worauf seid ihr denn getauft worden? Sie sagten: Mit der Taufe des Johannes wurden wir getauft. 4 Da sprach Paulus: Johannes hat mit einer Taufe der Umkehr getauft und zum Volk gesagt, sie sollten an den glauben, der nach ihm komme, das heisst: an Jesus. 5 Als sie das hörten, liessen sie sich auf den Namen des Herrn Jesus taufen. 6 Und als Paulus ihnen die Hände auflegte, kam der heilige Geist über sie; und sie redeten in Zungen und in prophetischen Worten. 7 Es waren insgesamt etwa zwölf Männer.

8 Und er ging in die Synagoge und konnte dort drei Monate lang ungehindert reden und sie vom Reich Gottes überzeugen. 9 Da aber einige sich verhärteten und verschlossen und vor den Leuten den neuen Weg schlechtmachten, trennte er sich von ihnen, nahm die Jünger mit sich und sprach fortan täglich im Lehrhaus des Tyrannus, 10 und das während zwei Jahren, so dass alle, die in der Provinz Asia wohnten, das Wort des Herrn hörten, Juden wie Griechen. 11 Auch aussergewöhnliche Wunder wirkte Gott durch die Hand des Paulus; 12 es kam so weit, dass man ihm sogar Schweisstücher und Arbeitsschürzen vom Leib nahm und den Kranken auflegte, und die Krankheiten wichen von ihnen, und die bösen Geister fuhren aus.

13 Aber auch einige jüdische Exorzisten, die durch das Land zogen, machten den Versuch, den Namen des Herrn Jesus über denen, die böse Geister hatten, anzurufen, und sprachen: Ich beschwöre euch bei dem Jesus, den Paulus verkündigt. 14 Solches taten die sieben Söhne eines gewissen Skevas, eines jüdischen Hohen Priesters. 15 Der böse Geist aber entgegnete ihnen: Jesus kenne ich, und auch Paulus ist mir bekannt, wer aber seid ihr? 16 Und der Mensch, in dem der böse Geist sass, stürzte sich auf sie, überwältigte alle und richtete sie so zu, dass sie nackt und zerschunden aus

wonetend bey den Juden und Kriechen: und fiel ein forcht über sy alle. Und der namm deß Herren Jesu ward groß gemacht. Es kamend auch vil deren die glöubig warend worden/ und bekantend/ und verkundtend jre wunderthaten. Vil aber die da fürwitzige kunst triben hattend/ brachtend die büecher zuosamen/ und verbrantend sy offentlich: und überrechnetend jren kosten/ und fundend deß gelts fünfftzig tausent pfennig. Also mächtigklich wuochß dz wort deß Herren/ und nam überhand.

jenem Haus flohen. 17 Dies kam allen Juden und Griechen, die in Ephesus wohnten, zu Ohren, und Furcht überfiel alle, und der Name des Herrn Jesus wurde gepriesen. 18 Viele nun, die zum Glauben gefunden hatten, kamen, um ein Bekenntnis abzulegen und von ihren Praktiken zu erzählen. 19 Ja, etliche, die Zauberei getrieben hatten, brachten ihre Bücher herbei und verbrannten sie vor aller Augen; man schätzte ihren Wert und kam auf eine Summe von fünfzigtausend Silberstücken. 20 So breitete sich durch die Kraft des Herrn das Wort aus und erwies sich als stark.

|1: 18,24; 1Kor 1,12! · 18,19 |2: 8,15! |3: 18,25; Lk 3,3.16 |4: 13,24!–25 |5: 2,38! |6: 6,6! · 8,15! · 2,4.11; 10,46; 1Kor 14,2–5 |8: 1,3; 8,12; 14,22; 28,23.31· Lk 10,9! |11–12: 5,15!; Mk 6,56 |13: 16,16–18

Entschluss zur Reise nach Jerusalem und Rom
21 Als sich dies erfüllt hatte, nahm sich Paulus vor, über Makedonien und die Achaia nach Jerusalem zu reisen. Er sagte: Wenn ich dort gewesen bin, muss ich auch Rom sehen. 22 Und er schickte zwei seiner Helfer, Timotheus und Erastus, nach Makedonien voraus; er selbst blieb noch eine Zeit lang in der Provinz Asia.

Do das außgericht was/ satzt jm Paulus für im geyst durch Macedoniam und Achaian zereysen/ und gen Jerusalem zewandlen/ und sprach: Nach dem/ wenn ich daselbst gewesen bin/ muoß ich auch Rom sehen. Und sandt zween die jm dienetend/ Thimotheon und Eraston in Macedoniam. Er aber bleyb dieweyl in Asia.

|21: 1Kor 16,5 · 23,11; 28,14; Röm 1,10.15 |22: 16,1!

Der Aufruhr des Demetrius in Ephesus
23 Zu jener Zeit nun kam es wegen des neuen Weges zu heftigen Unruhen. 24 Da war nämlich ein gewisser Demetrius, ein Silberschmied, der Artemistempel aus Silber herstellte und damit den Kunsthandwerkern beträchtliche Einkünfte verschaffte. 25 Die rief er zusammen und mit ihnen die Arbeiter, die sie beschäftigten, und sagte: Männer, ihr wisst, dass von diesem Gewerbe unser Wohlstand kommt, 26 und ihr seht und hört, dass nicht nur in Ephesus, sondern in fast der ganzen Provinz Asia dieser Paulus viele Leute überredet und aufhetzt mit der Behauptung, was von Menschenhand gemacht sei, das seien keine Götter. 27 Es besteht nun nicht nur die Gefahr, dass unser Handwerk in Verruf kommt, sondern auch, dass das Heiligtum der grossen Göttin Artemis seine Bedeutung verliert, ja, dass sie selbst ihre Hoheit einbüssen wird, sie, die man doch in der ganzen Asia, ja in der ganzen Welt verehrt! 28 Als sie das hörten, schrien sie voller Zorn: Gross ist die Artemis der Epheser! 29 Und die Stadt geriet in Aufruhr, und einmütig stürmte man ins Theater und schleppte

Es geschach aber umb die selbigen zeyt nit ein kleine bewegung auff disem tag. Dann einer mit nammen Demetrius/ ein goldschmid/ der machet der Diana silberin tempel/ und bracht denen vom handtwerck nit ein kleinen nutz/ die selben versamlet er und die beyarbeiter desselben handtwercks/ und sprach: Lieben menner/ jr wüssend das wir unsern zuogang von disem gwerb habend/ und jr sehend und hörend das nit allein zuo Epheso/ sunder auch vast in gantz Asia/ diser Paulus vil volcks abfellig macht mit seinem überreden/ und spricht: Es sind nit götter welche von henden gemacht sind. Aber es wil nit allein unserem handel dahin geradten/ das er nüts gelte/ sunder auch der tempel der grossen Diane wirt für nüt geachtet/ und wirt darzuo jr maiestet undergon/ welcher doch gantz Asia/ und der weltkreyß Gottes dienst erzeigt.

Als sy das hortend/ wurdend sy voll zorns/ schrüwend/ und sprachend: Groß ist die Diana der Ephesern. Und die gantz statt ward voll getümmels. Sy schnurretend aber einmüetigklich auff den schauwplatz/ und fiengent Gaion und Aristarchon von Macedonia/ Pauls geferten.

Do aber Paulus wolt under dz volck gon/ liessends jm die jünger nit zuo. Auch etlich der obersten in Asia/ die Paulus guot fründ warend/ sandtend zuo jm/ und ermanetend jn/ das er sich nit gäbe auff den schauwplatz. Etlich schrüwend sunst/ etlich ein anders. Und die gmeynd was yrr/ und der merteyl wußt nit warumb sy zuosamen kommen warend. Etlich aber vom volck zugend Alexandron herfür/ do jnn die Juden herfür stiessent. Alexander aber wincket mit der hand/ und wolt sich vor dem volck verantworten. Do sy aber innen wurdend das er ein Jud was/ erhuob sich ein stimm von allem/ unnd schrüwend bey zweyen stunden: Groß ist die Diana der Epheseren.

Do aber der Cantzler das volck gestillet hatt/ sprach er: Jr menner von Epheso/ welcher mensch ist/ der nitt wüsse das die statt Ephesos sey ein pflägerin der grossen Göttin Diana/ unnd deß himmelischen bilds? Dieweyl nun das unwidersprechlich ist/ so söllend jr ye still sein/ und nichts unbedächtigs handlen. Jr habend dise menschen här güeert/ die weder Kirchenröuber noch lesterer euwer Göttin sind. Hat aber Demetrius und die mit jm sind vom handtwerck/ zuo yemants ein anspraach/ so halte man gmeynen radt: und sind landvögt/ da lassend sy sich under einander verklagen. Wöllend jr aber etwas anders handlen/ so mag mans außrichtenn in einer ordenlichen gemeynd. Dann wir stond in der gefärligkeyt/ das wir umb diser hüttigen auffruor verklagt möchtind werden/ unnd doch niemants schuldig ist/ von dem wir möchtind rechenschafft geben diser aufror. Und do er sölichs gesagt/ ließ er die gmeynd gon.

Das xx. Capitel.
Paulus fart in Macedoniam und in Greciam. Zuo Troade machet er einen todten läbendig. Er berüefft die Eltestenn der Kilchen zuo Epheso/ befilht jnen die härd Gottes/ und gesägnet sy/ warnet sy vor den falschen leereren.

Do nun die aufruor aufhöret/ beruofft Paulus die jünger zuo jm und gesägnet sy/ unnd gieng auß zereysen in Macedonian. Unnd do er die selben länder durchzoch/ und sy ermant hatt mit vil worten/ kam er in Kriechenland/ unnd verzoch daselbst drey monat. Do aber jm

Gaius und Aristarchus mit, Reisegefährten des Paulus aus Makedonien. 30 Paulus wollte sich auch in die Versammlung begeben, doch die Jünger hielten ihn zurück; 31 auch einige der Asiarchen, die ihm wohlgesinnt waren, schickten zu ihm und rieten ihm ab, sich ins Theater zu begeben. 32 Dort schrien die einen dies, die anderen das, denn die Versammlung war völlig durcheinander, und die meisten wussten gar nicht, weshalb man zusammengekommen war. 33 Aus der Menge gab man dem Alexander, den die Juden vorschickten, Hinweise und Ratschläge. Alexander nun gebot mit einer Handbewegung Schweigen und wollte vor dem Volk eine Verteidigungsrede halten. 34 Doch als sie merkten, dass er ein Jude war, schrien alle wie aus einem Mund fast zwei Stunden lang: Gross ist die Artemis der Epheser!

35 Als der Stadtschreiber schliesslich die Menge beruhigt hatte, sprach er: Epheser! Wer in aller Welt wüsste nicht, dass die Stadt der Epheser Schutzherrin des Tempels der grossen Artemis und des vom Himmel gefallenen Bildes ist? 36 Da dies nicht zu bestreiten ist, gilt es, Ruhe zu bewahren und nichts Unüberlegtes zu tun. 37 Die Männer, die ihr hierhergebracht habt, haben ja weder Heiligtümer ausgeraubt noch unsere Göttin gelästert. 38 Sollten also Demetrius und seine Handwerker gegen irgendjemanden etwas vorzubringen haben, so gibt es dafür Gerichte und Statthalter. Da mögen sie einander verklagen! 39 Falls ihr sonst noch ein Begehren habt, wird es in einer ordentlichen Volksversammlung geregelt werden. 40 Wir laufen nämlich Gefahr, dass man uns aufgrund der heutigen Vorfälle beschuldigt, einen Aufstand gemacht zu haben, und es gäbe nichts, womit wir diesen Volksauflauf rechtfertigen könnten. Nachdem er dies gesagt hatte, löste er die Versammlung auf.

|26: 17,29; Ps 115,4! |29: 20,4 · 27,2!

19,31: Der Titel ‹Asiarchen› bezeichnet entweder Abgeordnete des Landtags der Provinz Asia oder eine Personengruppe mit repräsentativen, den Kult betreffenden Aufgaben.

Der Weg über Griechenland nach Troas

20 1 Als der Lärm sich gelegt hatte, schickte Paulus nach den Jüngern und sprach ihnen Mut zu. Dann nahm er Abschied und brach auf, um nach Makedonien zu reisen. 2 Auf der Reise durch jene Gebiete ermahnte und stärkte er die Jünger auf

die Juden nachstaltend/ als er in Syrian wolt
faren/ ward er zuo radt widerumb zewenden
durch Macedonian. Es zugend aber mit
jm biß in Asian/ Sopater von Beroen. Von
Thessalonica aber/ Aristarchus unnd Secundus/
und Gayos von Derben/ und Timotheus.
Auß Asian aber/ Tychicos und Trophimos.
Dise giengend vorhin/ und wartetend unser
zuo Troada: wir aber schiffetennd nach den
Ostertagen von Philippen/ biß an den fünfften
tag/ und kamend zuo jnen gen Troada/
unnd hattend da unnser wäsenn siben tag.

Auff einem Sabbath aber do die jünger
zuosamen kamend das brot zebrechen/ redt
Paulus zuo jnen/ und wolt des andern tags
außreysen/ und verzoch das wort biß zuo
mitternacht. Und es warend vil facklen auff
der summerlaub/ da sy versamlet warend. Es
saß aber ein jüngling/ mit nammen Eutychos/
in einem fänster/ und sanck in einen tieffen
schlaaf/ dieweyl Paulus redt/ und ward vom
schlaaf überwunden/ unnd fiel hinab drey
gmach hoch/ und ward tod aufgehaben. Paulus
aber gieng hinab/ und fiel auff jn/ umbfieng
jn/ und sprach: Machend kein getümmel/
dann sein seel ist in jm. Do gieng er hinauf/
unnd brach das brot/ und aß/ und redt vil
mit jnen/ biß der tag anbrach/ unnd also
zoch er auß. Sy brachtend aber den knaben
läbendig/ und wurdend nit wenig getröstet.

Wir aber zugend vorhin in dem schiff/
und fuorend gen Asson/ und woltend daselbst
Paulum aufnemmen/ dann er hatt es also
befolhen/ unnd er wolt zefuoß gon. Als er zuo
uns schluog zuo Asson/ namend wir jn auf/
unnd kamend gen Mitylenen/ unnd von dannen
schifftend wir/ und kamend des andern tags hin
gen Chion/ und des nachgenden tags stiessend
wir an Samon/ unnd blibend in Trogilion/ unnd
des nächsten tags kamend wir gen Mileton:
dann Paulus hatt beschlossen für Epheso hin
zeschiffen/ dz er nit müeßte in Asia die zeyt
vertreyben: dann er eylet auff den Pfingstag
zuo Jerusalem zesein/ so es jm möglich wäre.

vielerlei Weise und kam schliesslich nach
Griechenland, 3 wo er drei Monate blieb.
Da ihm von Seiten der Juden ein Anschlag
drohte, als er sich nach Syrien einschiffen wollte,
fasste er den Entschluss, über Makedonien
zurückzureisen. 4 Es begleiteten ihn Sopater, der
Sohn des Pyrrhus, aus Beröa, Aristarch und
Secundus aus Thessalonich, Gaius aus Derbe
und Timotheus, sowie aus der Asia Tychikus
und Trophimus. 5 Diese reisten voraus und
erwarteten uns in Troas. 6 Nach den Tagen der
ungesäuerten Brote bestiegen wir in Philippi
ein Schiff und gelangten in fünf Tagen zu ihnen
nach Troas, wo wir uns sieben Tage aufhielten.

|1: 16,9–10; 19,21 |4: 27,2! · 19,29 · 16,1! · 21,29 |6: 16,8

Die Auferweckung des Eutychus in Troas
7 Am ersten Tag der Woche, als wir uns
versammelt hatten, um das Brot zu brechen,
sprach Paulus zu ihnen, und da er am nächsten
Tag aufbrechen wollte, zog sich seine Rede bis
Mitternacht hin. 8 Es brannten viele Lampen in
dem Obergemach, wo wir beisammen waren.
9 Ein junger Mann mit Namen Eutychus sass
im offenen Fenster und sank, während Paulus
immer weiter redete, in tiefen Schlaf und
stürzte im Schlaf vom dritten Stock hinunter.
Als man ihn aufhob, war er tot. 10 Paulus aber
ging hinunter, legte sich auf ihn, umfasste ihn
und sagte: Lasst das Geschrei! Er lebt! 11 Und
er stieg wieder hinauf, brach das Brot und ass;
und noch lange redete er mit ihnen, bis der
Morgen anbrach; dann ging er fort. 12 Den
jungen Mann aber holte man wieder herein;
er lebte, und das erfüllte sie mit Zuversicht.

|7: 1Kor 16,2!

Die Reise nach Milet
13 Wir aber gingen voraus auf das Schiff
und fuhren nach Assos, wo wir Paulus an
Bord nehmen sollten; so hatte er es nämlich
angeordnet, da er selbst zu Fuss gehen wollte.
14 Als er mit uns in Assos zusammentraf,
nahmen wir ihn an Bord und fuhren nach
Mitylene. 15 Von dort gelangten wir am
nächsten Tag auf die Höhe von Chios, tags
darauf legten wir in Samos an, und noch
einen Tag später kamen wir nach Milet.
16 Paulus hatte sich entschlossen, an Ephesus
vorbeizufahren, um in der Asia keine Zeit zu
verlieren; er war in Eile, weil er, wenn irgend
möglich, an Pfingsten in Jerusalem sein wollte.

Aber von Mileto sandt er gen Epheson/ unnd ließ forderen die Eltesten von der gemeind. Als aber die zuo jm kamend/ sprach er zuo jnen: Jr wüssend von dem ersten tag an/ do ich bin in Asiam kommen/ wie ich allzeyt bin bey euch gewesen/ und dem Herren gedienet mit aller demuot/ unnd mit vil trähen und anfechtungen/ die mir sind widerfaren durch der Juden tück/ wie ich Nichts Verhalten habe das da nützlich ist/ das ich euch nit verkünd hette/ und gelert offenlich und sonderlich. Und hab bezeüget beide den Juden und den Kriechen die buoß zuo Gott und den glauben in den Herren Jesum Christum.

Und nun sehend/ ich im geyst gebunden/ far hin gen Jerusalem/ weyß nit was mir daselbst begegnen wirdt/ on das der heylig geyst in allen stetten bezeüget/ unnd spricht: Band und trüebsal wartend mein daselbst. Aber ich acht deren keins/ ich halt mein läben auch nit theürer dann mich selbs/ auff das ich vollende meinen lauff mit fröuden/ und das ampt das ich empfangen hab von dem Herren Jesu Christo/ zuo bezeügen das Euangelion von der Gnad Gottes.

Unnd nun sehend/ ich weiß das jr mein angesicht nit mer sehen werdennd/ alle die/ durch welche ich gezogen bin/ und gepredigt hab das reych Gottes. Darumb bezeüg ich euch an disem heüttigen tag/ dz ich reyn bin von allem bluot: dann ich hab euch Nichts Verhalten/ das ich nit verkündt hette allen radt Gottes. So habend nun acht uff euch selbs/ und auff die gantzen härd/ under welche euch der heylig geyst zuo Bischoffen gesetzt hatt/ zeweyden die gemeynd Gottes/ welche er durch sein eigen bluot überkommen hatt. Dann das weiß ich/ das nach meinem abscheyd werdend under euch kommen schwäre wölff/ die der härd nit verschonen werdend. Auch uß euch selbs werdend erston menner/ die verkerte leer redend/ die jünger nach jnen ziehend. Darumb sind wacker/ und denckend daran das ich einen yetlichen drey jar tag und nacht mit trähren vermanet hab. Und nun lieben brüeder/ ich befilch euch Gott und dem wort seiner gnaden/ der da mächtig ist euch zeerbauwen und zegeben das erb under allen die geheyliget sind. Jch hab euwer keins silber noch gold/ noch kleyd begärt: dann jr wüssend selber dz mir dise hend zuo meiner notturfft/ unnd deren die mit mir gewesen sind/ dienet habend. Jch hab es

Die Abschiedsrede des Paulus in Milet

17 Von Milet aus schickte er nach Ephesus und liess die Ältesten der Gemeinde zu sich rufen. 18 Als sie bei ihm eintrafen, sagte er zu ihnen:

Ihr wisst, wie ich mich bei euch verhalten habe die ganze Zeit, vom ersten Tag an, da ich die Provinz Asia betreten habe: 19 Ich habe dem Herrn gedient in aller Demut, unter Tränen und in den Prüfungen, die mir durch die Anschläge von Seiten der Juden widerfahren sind; 20 ihr wisst, dass ich euch nichts vorenthalten habe von dem, was heilsam ist, vielmehr euch alles verkündigt und gelehrt habe, öffentlich und von Haus zu Haus. 21 Vor Juden und Griechen habe ich Zeugnis abgelegt von der Umkehr zu Gott und vom Glauben an Jesus, unseren Herrn.

22 Seht, nun reise ich als ein im Geist Gebundener nach Jerusalem, ohne zu wissen, was mir dort widerfahren wird; 23 nur dass der heilige Geist mir in jeder Stadt bezeugt, dass Fesseln und Drangsale auf mich warten. 24 Doch mein Leben ist mir nicht der Rede wert, wenn ich nur meinen Lauf vollenden und bis zuletzt den Dienst tun kann, den ich vom Herrn Jesus empfangen habe: Zeugnis abzulegen für das Evangelium von der Gnade Gottes.

25 Und nun seht, ich weiss, dass ihr mein Angesicht nicht mehr sehen werdet, ihr alle, zu denen ich gekommen bin, um euch das Reich zu verkündigen. 26 Daher will ich es euch am heutigen Tag gesagt haben, dass ich an niemandes Blut Schuld trage; 27 ich habe es nämlich nicht versäumt, euch den ganzen Ratschluss Gottes mitzuteilen.

28 Gebt acht auf euch und auf die ganze Herde, in der euch der heilige Geist als fürsorgliche Hirten eingesetzt hat, zu weiden die Kirche Gottes, die er sich erworben hat durch sein eigenes Blut. 29 Ich weiss, dass nach meinem Weggang reissende Wölfe bei euch eindringen und die Herde nicht schonen werden. 30 Und aus eurer Mitte werden Männer aufstehen, die in ihren Reden alles verdrehen, um die Jünger hinter sich zu scharen. 31 Darum: Seid wachsam und erinnert euch stets daran, dass ich drei Jahre lang, Tag und Nacht, nicht aufgehört habe, einen jeden von euch unter Tränen zu ermahnen.

32 Und nun vertraue ich euch Gott an und dem Wort seiner Gnade, das die Kraft hat, aufzubauen und das Erbe auszuteilen an alle, die geheiligt worden sind. 33 Silber oder Gold oder

euch alles gezeygt/ das man also mit arbeyten müesse/ die schwachen aufnemmen/ und gedencken an das wort des Herren Jesu/ das er gesagt hatt: Geben ist säliger dann nemmen.

Und als er söliches gesagt/ knüwet er nider/ und bättet mit jnen allen. Es was aber vil weynens under jnen allen/ unnd fielend Paulo umb den hals/ und küssetend jn/ und warend bekümmeret am allermeesten umb des worts willen das er gesagt hatt/ Sy wurdind sein angesicht nit mer sehen. Unnd sy geleytetend jn in das schiff.

Das xxj. Capitel.
Von der schiffart Pauli und seiner offenbarung. Von Philippo dem Evangelisten und Agabo dem propheten der Paulum warnet das er nit gen Jerusalem farc/ unnd wie Paulus steyff auff seinem fürnämmen bleybt/ wie er sich auß dem radt Jacobi beschären laßt und das glübd vollbringt/ und im tempel gefangen wirt.

Als nun geschach dz wir von jnen gewendt/ dahin fuorend/ kamend wir stracks lauffs gen Coo/ unnd am nachgenden tag gen Rhodis/ und von dannen gen Patara. Und als wir ein schiff fundend das in Phenicien fuor/ trattend wir dareyn unnd fuorend. Als wir aber gen Cyprien ins gsicht kamend/ liessend wir sy zur lincken hand/ unnd schiffetend in Syrian/ und fuorend gen Tyron: dann daselbst solt das schiff die waar niderlegen. Und als wir jünger fundend/ blibend wir daselbst siben tag. Die sagtend Paulo durch den geyst/ er sölte nit hinauf gen Jerusalem ziehen. Und geschach do wir die tag vollendet hattend/ zugend wir auß und wandletend/ unnd sy geleytetend unns all mit weyb und kinden biß hinauß für die statt/ und knüwetend nider am gstad/ und bättetend. Und als wir einandern gesägnetend/ trattend wir in das schiff/ yene aber wandtend sich wider zuo den jren. Wir aber vollzugend die schiffart von Tyro/ und kamend gen Ptolemaida/ und gruoßtend die brüder/ und blibend einen tag bey jnen.

Kleidung habe ich von niemandem begehrt. 34 Ihr wisst selbst, dass ich mit diesen meinen Händen für meinen Unterhalt und den meiner Begleiter aufgekommen bin. 35 In allem habe ich euch gezeigt, dass man sich mit solcher Arbeit der Schwachen annehmen und dabei der Worte des Herrn Jesus eingedenk sein soll. Er hat ja selbst gesagt: Geben ist seliger als nehmen.

36 Nachdem er dies gesagt hatte, kniete er nieder und betete mit ihnen allen. 37 Sie aber begannen alle, laut zu weinen, fielen dem Paulus um den Hals und küssten ihn. 38 Am meisten schmerzte sie, dass er gesagt hatte, sie würden sein Angesicht nicht mehr sehen. Dann begleiteten sie ihn zum Schiff.

|18: 19,1.10 |21: 11,18! |23: 21,4.11 · 21,33 |24: 21,13 · 2Tim 4,7 |25: 19,8! |26: Ez 3,18–21; 33,4 |27: 2,23 |28: 1Petr 5,2 |29: Mt 7,15 |32: 14,3 · 26,18! |33: 1Kor 9,14–15.18 |34: 18,3; 1Kor 4,12! |38: 20,25

20,28: «fürsorgliche Hirten»: Der griechische Begriff ‹episkopos› ist im vorliegenden Zusammenhang wohl (noch) nicht als Amtstitel (Bischof), sondern im Kontext des alttestamentlichen Hirtenbildes als Funktionsbezeichnung zu verstehen.
20,28: Zur Übersetzung ‹Kirche Gottes› siehe die Anm. zu 9,31.

Die Überfahrt nach Syrien

21 1 Als es so weit war, dass wir uns von ihnen trennten und in See stachen, fuhren wir auf geradem Kurs nach Kos, tags darauf nach Rhodos und von dort nach Patara; 2 und da wir gerade ein Schiff fanden, das nach Phönizien hinüberfuhr, gingen wir an Bord und stachen in See.

3 Wir sichteten Zypern, liessen es zur Linken, fuhren nach Syrien und legten in Tyrus an, denn hier sollte das Schiff seine Ladung löschen. 4 Nachdem wir die Jünger ausfindig gemacht hatten, blieben wir sieben Tage bei ihnen. Sie aber warnten Paulus, wie es der Geist ihnen eingab, vor einer Reise nach Jerusalem. 5 Als die Tage unseres Aufenthalts zu Ende gingen, brachen wir auf und zogen weiter; alle, auch Frauen und Kinder, gaben uns das Geleit bis vor die Stadt. Am Strand knieten wir nieder, beteten 6 und nahmen Abschied voneinander. Wir bestiegen das Schiff, sie kehrten nach Hause zurück. 7 Von Tyrus gelangten wir nach Ptolemais, wo wir unsere Seefahrt beendeten. Wir begrüssten die Brüder und Schwestern und blieben einen Tag bei ihnen.

|4: 20,23!

Des andern tags zugend wir auß die umb Paulo
warend/ unnd kamend gen Cesarien/ unnd
giengend in das hauß Philippi des Evangelisten/
der einer von den sibnen was/ unnd blibend bey
jm. Der selb hatt vier töchtern/ die warennd
jungkfrauwen/ und prophetetend. Unnd als
wir mer tag da blibend/ kumpt herab ein
prophet von Judea/ mit nammen Agabos/
unnd kam zuo uns/ der nam den gürtel Pauli/
unnd band seine hend und füeß/ und sprach:
Das sagt der heylig geyst/ Den mann des der
gürtel ist/ werdend die Juden also binden zuo
Jerusalem/ und überantworten in der Heiden
hend. Als wir aber söliches hortend/ battend
wir jn/ unnd die des selben orts warend/ das
er nit hinauf gen Jerusalem zuge. Paulus aber
antwortet: Was machend jr dz jr weinend/
und mir mein hertz brechend? Dann ich
bin bereyt nit allein mich zebinde lassen/
sonder auch zesterben zuo Jerusalem umb des
nammen willen des Herren Jesu. Do er aber
sich nit überreden ließ/ schwigend wir/ unnd
sprachend: Der will des Herren geschehe.

Und nach den selbigen tagen wurdend wir
bereyt/ und zugend hinauf gen Jerusalem. Es
kamend aber mit unns auch etliche jünger von
Cesarien/ und brachtend einen von Cyprien/
mit nammen Mnason/ einen alten junger/ der
uns beherbergen solt. Do wir nun gen Jerusalem
kamend/ namend uns die brüeder gern auf.

Des anderen tags aber gieng Paulus hin
zuo Jacoben/ unnd die Eltesten kamend all
dar. Und als er sy gegrüesset hatt/ erzellet
er eins nach dem andern/ was Gott gethon
hatt under den Heyden durch sein ampt.
Do sy aber das hortend/ preyßtend sy den
Herren/ und sprachend zuo jm: Bruoder/ du
sichst wie vil tausent Juden sind die glöubig
worden sind/ unnd sind all eyferer über das
gsatz. Sy sind aber bericht worden wider dich/
das du ein abtrennen leerest von Mose/ alle
Juden die under den Heyden sind/ unnd sagist
sy söllind jre kinder nit beschneyden/ auch nit
nach gewonheit wandlen. Was ists dann nun? es
wirt ye die menge zuosamen kommen. Dann es
wirt für sy kommen das du kommen syest. So
thuo nun das/ das wir dir sagend: Wir habend

Der Aufenthalt bei Philippus in Cäsarea

8 Am nächsten Tag brachen wir auf,
kamen nach Cäsarea, gingen in das Haus des
Evangelisten Philippus, der zu den Sieben
gehörte, und blieben bei ihm. 9 Dieser hatte
vier Töchter, prophetisch begabte Jungfrauen.
10 Wir waren schon mehrere Tage dort, als
von Judäa ein Prophet mit Namen Agabus zu
uns herabkam. 11 Der kam auf uns zu, nahm
den Gürtel des Paulus, band sich Hände und
Füsse damit und sagte: So spricht der heilige
Geist: Den Mann, dem dieser Gürtel gehört,
werden die Juden in Jerusalem auf eben diese
Weise fesseln und in die Hände der Heiden
geben. 12 Als wir das hörten, baten wir ihn,
unterstützt von den Jüngern, die dort wohnten,
nicht nach Jerusalem hinaufzuziehen. 13 Da
entgegnete Paulus: Was soll es, dass ihr klagt und
mir das Herz schwer macht? Ich bin bereit, mich
in Jerusalem nicht nur fesseln zu lassen, sondern
auch zu sterben für den Namen des Herrn Jesus.
14 Da er sich nicht umstimmen liess, wurden wir
ruhig und sagten: Des Herrn Wille geschehe!

|8: 6,5!; 8,40 |10: 11,27–28 |11: 10,19! · 20,23! |13: 20,24

Die Ankunft in Jerusalem

15 Nach diesen Tagen machten wir uns
reisefertig und zogen nach Jerusalem hinauf.
16 Einige Jünger aus Cäsarea begleiteten uns
und führten uns zu einem gewissen Mnason
aus Zypern, einem Jünger der ersten Stunde,
bei dem wir zu Gast sein sollten. 17 Als wir
in Jerusalem eintrafen, nahmen uns die
Brüder und Schwestern freundlich auf.

Beteiligung des Paulus an einem Gelübde

18 Am folgenden Tag ging Paulus mit uns
zu Jakobus; auch alle Ältesten fanden sich ein.
19 Nachdem er sie begrüsst hatte, schilderte
er ihnen in allen Einzelheiten, was Gott unter
den Völkern durch seinen Dienst getan hatte.
20 Als sie das hörten, priesen sie Gott und
sagten zu ihm: Du siehst, Bruder, dass Tausende
und Abertausende unter den Juden zum
Glauben gekommen sind, und alle sind voller
Eifer für das Gesetz. 21 Über dich aber hat man
ihnen berichtet, du lehrest alle Juden, die unter
den Heiden wohnen, den Abfall von Mose,
indem du sie aufforderst, ihre Kinder nicht zu
beschneiden und nicht nach ihren Bräuchen zu
leben. 22 Was ist jetzt? Man wird auf jeden Fall
hören, dass du gekommen bist. 23 Tu nun, was
wir dir sagen: Bei uns sind vier Männer, die ein

vier menner/ die habend ein gelübd auff jnen/ die selben nimm zuo dir/ und laß dich reynigen mit jnen/ und waag den kosten an sy/ das sy jr haupt beschärind/ und all vernemmind/ das nichts sein/ weß sy wider dich bericht warend/ sonder das du auch eyngangest und haltist das gsatz. Dann den glöubigen auß den Heyden habend wir geschriben/ und beschlossen/ das sy deren keins halten söllend/ dann nun sich bewaren vor dem götzen opffer/ vom bluot/ von ersticktem/ unnd vor huorey. Do nam Paulus die menner zuo jm/ und ließ sich des anderen tags mit jnen reynigen/ unnd gieng in den tempel/ und verkündiget erfüllung der tagen der reynigung/ biß das für einen yetlichen auß jnen das opffer geopfferet ward.

Als aber die siben tag yetz garnach vollendet warend/ sahend jnn die Juden von Asia im tempel/ unnd bewegtend das gantz volck/ legtend hand an jn/ und schrüwend: Jr menner Jsraels/ helffend/ diser ist der mensch/ der alle menschen an allen enden leeret/ zewider unserm volck/ gsatz/ unnd diser statt. Auch darzuo hatt er die Kriechen jnn tempel füert/ und hatt dise heilige statt unreyn gemachet. Dann sy hattend in der statt Trophimon mit jm den Epheser gesehen/ den selben meintend sy das jn Paulus hette in den tempel füert. Und die gantz statt ward bewegt/ und ward ein zuolauff des volcks. Sy namend aber Paulum/ und zugend jn zum tempel hinauß/ und von stundan wurdend die thüren zuogeschlossen.

Do sy jn aber suochtend zetöden/ kam das gschrey hinauf für den obersten hauptmann/ daß das gantz Jerusalem in einander fiele. Der nam von stundan die kriegsknecht und hauptleüt zuo jm/ und lieff hin under sy. Do sy aber den hauptmann und die kriegsknecht sahend/ hortend sy auf Paulum zeschlahen. Als aber der hauptmann naach herzuo kam/ nam er jn an/ und hieß jn binden mit zweyen kettinen/ und fraget wär er wäre/ und was er gethon hette. Einer aber schrey diß/ der ander das im volck. Do er aber nichts gewüsses erfaren kondt umb des getümmels willen/ hieß er jn ins heerläger füeren. Unnd als er an die stafflen kam/ begab es sich das jn die kriegsknecht tragen muoßtend

Gelübde getan haben. 24 Nimm sie mit, lass dich mit ihnen heiligen und trage die Kosten für sie, damit sie sich das Haupt scheren lassen können, und alle werden erkennen, dass nichts ist an dem, was man über dich erzählt hat, sondern dass auch du einer bist, der im Einklang mit dem Gesetz lebt. 25 Was aber die Heiden betrifft, die zum Glauben gekommen sind, so haben wir ja beschlossen und ihnen mitteilen lassen, sie sollten sich hüten vor Opferfleisch, Blut und Ersticktem und vor Unzucht. 26 Da nahm Paulus am folgenden Tag die Männer mit, liess sich mit ihnen heiligen und ging in den Tempel hinein und kündigte das Ende der Weihetage an, die erfüllt sind, wenn für einen jeden von ihnen das Opfer dargebracht wird.

|18: 12,17! |21: 15,1!.5; Gal 5,1–6.11 |23–24: 18,18; Num 6,2.5.9.18 |25: 15,20! |26: 1Kor 9,20 · Num 6,9–20

Die Verhaftung des Paulus
27 Als die sieben Tage zu Ende gingen, sahen ihn die Juden aus der Asia im Tempel; und sie brachten das ganze Volk in Aufruhr, ergriffen ihn 28 und schrien: Israeliten, helft uns! Das ist der Mensch, der, wo immer er auftritt, mit dem, was er lehrt, alle Welt aufbringt gegen unser Volk, gegen das Gesetz und gegen diese Stätte. Sogar Griechen hat er in den Tempel geführt und diese heilige Stätte entweiht! 29 Sie hatten vorher nämlich Trophimus, den Epheser, mit ihm zusammen in der Stadt gesehen und meinten nun, Paulus habe ihn in den Tempel mitgenommen. 30 Da geriet die ganze Stadt in Aufregung, und das Volk lief zusammen; man ergriff Paulus und schleppte ihn aus dem Tempel, und gleich darauf wurden die Tore geschlossen.

31 Sie waren schon dabei, ihn zu töten, als den Oberst der Kohorte die Meldung erreichte, dass ganz Jerusalem in Aufruhr sei. 32 Dieser nahm sofort Soldaten und Hauptleute mit sich und eilte zu ihnen hinab. Als sie den Oberst und die Soldaten sahen, hörten sie auf, Paulus zu schlagen. 33 Der Oberst, als er dann da war, liess ihn festnehmen und befahl, ihn mit zwei Ketten zu fesseln; dann erkundigte er sich, wer das sei und was er getan habe. 34 Aus der Menge schrien die einen dies, die anderen das. Da er bei dem Lärm nichts Zuverlässiges in Erfahrung bringen konnte, befahl er, ihn in die Kaserne zu bringen. 35 Als dieser aber an die Freitreppe kam, musste er

umb des gewalts willen des volcks. Dann es volget nach/ und schrey: Hinweg mit jm.

Als aber Paulus yetz zum heerläger eyngefüert ward/ sprach er zuo dem hauptmann: Gethar ich mit dir reden? Er aber sprach: Kanst du Kriechisch? Bist du nit der Egypter/ der vor disen tagen einen aufruor gemachet hast/ unnd fuortest in die wüeste hinauß viertausent tückisch mörder? Paulus aber sprach: Jch bin ein Jüdischer mann von Tharsen/ ein burger einer nammhafftigen statt in Cilicia/ ich bitt dich erlaub mir zereden zuo dem volck. Als er aber jm erlaubt/ tratt Paulus uff die staffel/ unnd wincket dem volck mit der hand. Do nun ein grosse stille ward/ redt er zuo jnen auff Hebreisch/ sprach und sagt.

Das xxij. Capitel.

Das verantworten Pauli zuon Juden/ unnd rächenschafft seiner berüeffung und glaubens/ und wie er gegeißlet und wider in gefencknuß gelegt ward.

Jr menner lieben brüeder und vätter/ hörend mein verantwortung an euch. Do sy aber hortend dz er auff Hebreisch zuo jnen redt/ wurdend sy noch stiller. Unnd er sprach: Jch bin ein Jüdischer mann geboren zuo Tarsen in Cilicia/ und erzogen in diser statt zuo den füessen Gamalielis/ gelert mit allem fleyß das vätterlich gsatz/ unnd was ein eyferer Gottes/ gleych wie auch jr alle sind heüttigs tags/ und hab disen wäg vervolget biß in den tod. Jch band sy/ und überantwortet sy in gefencknuß/ beyde mann und weyb/ wie mir auch der hoch priester/ unnd der gantz hauff der Eltesten zeügnuß gibt/ von welchen ich brieff nam an die brüeder/ und reyset gen Damascon/ das ich die daselbst warennd/ gebunden fuorte gen Jerusalem das sy gepeyniget wurdind.

Es geschach aber/ do ich hinzoch/ unnd naach zuo Damascon kam/ umb den mitten tag/ umbblicket mich schnäll ein groß liecht vom himmel/ und ich fiel zum erdboden/ und hort ein stimm die sprach zuo mir: Saul Saul was vervolgest du mich? Jch antwortet aber: Herr/ wär bist du? Unnd er sprach zuo mir: Jch bin Jesus von Nazareth den du vervolgest. Die aber mit mir warend/ sahend

von den Soldaten getragen werden, denn das Volk wurde gewalttätig. 36 Die Volksmenge lief hinterher und schrie: Weg mit ihm!

|28: 6,13; 18,13 · Ez 44,7 |29: 20,4 |31–32: 23,27 |36: 22,22; Lk 23,18

Die Rede des Paulus vor dem Volk

37 Als nun Paulus in die Kaserne hineingeführt werden sollte, sagte er zu dem Oberst: Darf ich etwas zu dir sagen? Der erwiderte: Du sprichst Griechisch? 38 Du bist also nicht der Ägypter, der vor einiger Zeit einen Aufstand angezettelt und die viertausend Sikarier in die Wüste hinausgeführt hat? 39 Paulus sagte: Ich bin ein Jude, aus Tarsus in Kilikien, und Bürger dieser nicht unbedeutenden Stadt. Ich bitte dich, gestatte mir, zum Volk zu sprechen. 40 Nachdem er die Erlaubnis erhalten hatte, stellte sich Paulus auf die Stufen der Treppe, und mit einer Handbewegung gebot er dem Volk zu schweigen. Da wurde es still, und er redete sie in ihrer Sprache an und sagte auf Hebräisch:

22 1 Brüder und Väter, hört, was ich euch jetzt zu meiner Verteidigung sagen werde! 2 Als sie hörten, dass er sie auf Hebräisch ansprach, wurde es totenstill. Und er sprach:

3 Ich bin ein Jude, geboren in Tarsus in Kilikien, aufgewachsen aber hier, in dieser Stadt, wo ich zu Füssen Gamaliels unterwiesen wurde, das Gesetz unserer Väter sorgfältig zu beachten. Ich war voller Eifer für Gott, wie ihr alle es heute noch seid. 4 Den neuen Weg verfolgte ich bis auf den Tod; festnehmen und ins Gefängnis werfen liess ich Männer und Frauen. 5 Dafür habe ich das Zeugnis der Hohen Priester und des ganzen Ältestenrates; mit Briefen von ihnen bin ich nämlich zu den Brüdern nach Damaskus gereist, um auch die, welche dort waren, gefesselt nach Jerusalem zu bringen, damit sie hier bestraft würden. 6 Unterwegs, als ich mich Damaskus näherte, geschah es, um die Mittagszeit, dass mich plötzlich vom Himmel her ein helles Licht umstrahlte. 7 Ich stürzte zu Boden und hörte eine Stimme, die zu mir sprach: Saul, Saul, was verfolgst du mich? 8 Ich antwortete: Wer bist du, Herr? Und er sagte zu mir: Ich bin Jesus von Nazaret, den du verfolgst. 9 Die mit mir waren, sahen zwar

das liecht/ und erschrackend: die stimm aber deß der mit mir redt/ hortend sy nit. Jch sprach aber: Herr/ wz sol ich thuon? Der Herr aber sprach zuo mir: Stand auf/ und gang in Damascon/ da wirdt man dir sagen von allem das dir zethuon verordnet ist. Als ich aber von klarheyt dises liechts nit sach/ ward ich bey der hand geleitet von denen die mit mir warend/ und kam gen Damascon.

Es was aber ein andächtiger mann Ananias nach dem gsatz/ der einen guoten lümbden hatt bey allen Juden die daselbst wonetend/ der kam und tratt zuo mir/ und sprach: Saule lieber bruoder/ sich auf. Und ich sach jnn an zuo der selben stund. Er aber sprach: Gott unserer vätter hatt dich verordnet das du seinen willen erkennen söllest/ und sehen das recht/ und hören die stimm auß seinem mund/ dann du wirst sein zeüg zuo allen menschen sein/ deren dingen die du gesehen unnd gehört hast. Und was verzeüchst du es yetz? Stand auf/ und laß dich tauffen/ und wäsch ab deine sünd/ angerüefft den nammen des Herren.

Es geschach aber/ do ich wider gen Jerusalem kam/ und im tempel bättet/ das ich entzuckt ward/ und sach jn. Do sprach er zuo mir: Eyl/ und mach dich behend von Jerusalem hinauß/ dann sy werdend nit aufnemmen dein zeügnuß von mir. Und ich sprach: Herr/ sy wüssend selbs das ich gefangen legt und schluog die an dich glaubtend in den schuolen hin und wider. Unnd do das bluot Stephani deines zeügen vergossen ward/ stuond ich auch darnebend/ unnd hatt wolgefallen an seinem tod/ unnd verwaret die kleyder/ deren die jn todtend. Und er sprach zuo mir: Gang hin/ dann ich wil dich verr under die Heyden senden.

Sy hortend aber jm zuo/ biß uff diß wort/ unnd huobend jre stimm auf/ unnd sprachend: Hinweg mit sölichem von der erden/ dann es ist nit billich dz er läben sölle. Do sy aber schrüwend/ und jre kleyder abwurffend/ und den staub in die lüfft wurffend/ hieß jn der hauptmann in das heerläger füeren/ und sagt/ das man jn mit ruoten schlahen und ersuochen sölte/ das er wüßte umb welcher

das Licht, die Stimme dessen aber, der zu mir sprach, hörten sie nicht. 10 Ich sagte: Was soll ich tun, Herr? Da sagte der Herr zu mir: Steh auf und geh nach Damaskus! Dort wird dir alles gesagt werden, was dir zu tun aufgetragen ist. 11 Da ich, geblendet vom Glanz jenes Lichtes, nicht mehr sehen konnte, wurde ich von meinen Begleitern geführt und kam so nach Damaskus.

12 Ein gewisser Ananias, der sich treu an das Gesetz hielt und bei allen Juden, die dort wohnten, in gutem Ruf stand, 13 kam auf mich zu, stellte sich vor mich hin und sagte zu mir: Saul, mein Bruder, du sollst wieder sehen! Und im selben Augenblick konnte ich ihn sehen. 14 Er aber sagte: Der Gott unserer Väter hat dich dazu bestimmt, seinen Willen zu erkennen, den Gerechten zu sehen und die Stimme aus seinem Mund zu vernehmen. 15 Denn du wirst sein Zeuge sein vor allen Menschen für das, was du gesehen und gehört hast. 16 Und nun, was zögerst du noch? Steh auf, lass dich taufen, rufe seinen Namen an und lass dir deine Sünden abwaschen!

17 Es geschah aber, als ich nach Jerusalem zurückgekehrt war und im Tempel betete, dass ich in Ekstase geriet 18 und ihn sah, wie er zu mir sprach: Beeile dich, geh sofort weg aus Jerusalem! Denn sie werden dein Zeugnis für mich nicht annehmen. 19 Und ich sagte: Herr, sie wissen doch, dass ich die, die an dich glauben, ins Gefängnis bringen und prügeln liess in den Synagogen. 20 Und als das Blut des Stephanus, deines Zeugen, vergossen wurde, da stand ich selbst dabei, hiess alles gut und bewachte die Kleider derer, die ihn töteten. 21 Doch er sagte zu mir: Brich auf, ich will dich in die Ferne zu den anderen Völkern schicken.

|39: 22,3 |3–21: 9,1–30; 26,9–20 |3: 5,34 · 26,5; Gal 1,14 |4: 8,3! |16: 2,21 · 1Kor 6,11 |17: 9,10! |19: 8,3! |20: 7,58

21,38: Die Sikarier (›Dolchtragende‹) waren, ähnlich wie die Zeloten, eine jüdische Gruppierung, die sich gegen die römische Besatzung auflehnte.

Die Berufung auf das römische Bürgerrecht

22 Bis hierher hörten sie ihm zu; als er aber dies sagte, erhoben sie ihre Stimme und riefen: Schaff diesen aus der Welt; so einer darf nicht leben! 23 Und sie schrien laut, rissen sich die Kleider vom Leib und wirbelten Staub auf. 24 Da befahl der Oberst, ihn in die Kaserne zu führen, und ordnete an, ihn zu geisseln und ins Verhör zu nehmen.

ursach willen sy also über jn schrüwend. Als er jnn mit riemen anband/ sprach Paulus zuo dem underhauptmann der darbey stuond: Jsts auch recht einen Römischen menschen unnd unverdampten geyßlen? Do das der underhauptmann hort/ gieng er zuo dem oberhauptmann/ und verkündigets jm/ und sprach: Was wilt du machen? diser mensch ist Römisch. Do kam zuo jm der oberest hauptmann/ unnd sprach zuo jm: Sag mir/ bist du Römisch? Er aber sprach: Ja. Und der oberst hauptmann antwortet: Jch hab diß burgrecht mit grosser summ zewägen bracht. Paulus aber sprach: Jch aber bin auch Römisch geborn. Do trattend von stundan von jm ab/ die jn ersuochen soltend. Und der oberst hauptmann forcht sich do er vernam/ dz er Römisch was/ und er jn gebunden hette. Des andern tags wolt er gewüß erkunnen warumb er verklagt wurde von den Juden/ und löset jn von den banden/ und hieß die hohen priester und jren gantzen Radt kommen. Unnd füeret Paulum härfür/ und stalt jn under sy.

Das xxiij. Capitel.

Paulus wirt für den Radt der Juden unnd obern gewalt gestelt/ zeverantworten/ da wirdt ein zeruofuor under dem volck und ein zwyspalt. Paulus wirt vom hauptmann beschirmt und von Gott getröstet/ und denen die jn umbbringen woltend entflöchnet.

Paulus aber sach den Radt an/ unnd sprach: Jr menner lieben brüeder/ ich hab mit allem guoten gewüssen gewandlet vor Gott/ biß auf disen tag. Der hoch priester aber Ananias/ befalch denen die umb jn stuondend/ das sy jnn auffs maul schlüegind. Do sprach Paulus zuo jm: Gott wirdt dich schlahen/ du geweyßgete wand/ sitzest du unnd richtest mich nach dem gsatz/ und lassest mich schlahen wider das gsatz? Die aber umb jn här stuondend/ sprachend: Schiltest du den hohen priester Gottes? Unnd Paulus sprach: Lieben brüeder/ ich wußts nit das er der hoch priester was. Dann es stadt geschriben: Dem obersten deines volcks solt du nit fluochen.

Als aber Paulus wußt das ein teyl Saduceer was/ und das ander teyl phariseer/ schrey er im radt: Jr menner lieben brüeder/ ich bin ein phariseer/ und ein sun der phariseern/ ich wird gericht umb der hoffnung und auferstentnuß willen der todten. Do er aber das sagt/ ward ein aufruor under den phariseern und Saduceern/ unnd die menge zerspalet

So wollte er herausfinden, weshalb sie seinetwegen ein solches Geschrei erhoben. 25 Als sie ihn aber zur Geisselung vornüberstreckten, sagte Paulus zu dem Hauptmann, der dabeistand: Dürft ihr einen römischen Bürger geisseln, ohne Gerichtsurteil? 26 Als der Hauptmann das hörte, ging er zum Oberst, erstattete Meldung und sagte: Was hast du vor? Dieser Mann ist ein römischer Bürger! 27 Da kam der Oberst und sagte zu ihm: Sag mir, bist du ein römischer Bürger? Er sagte: Ja. 28 Da erwiderte der Oberst: Ich habe dieses Bürgerrecht für eine hohe Summe erworben. Paulus sagte: Ich besitze es durch Geburt. 29 Sogleich liessen die, welche ihn verhören sollten, von ihm ab; der Oberst aber bekam es mit der Angst zu tun, als ihm bewusst wurde, dass er einen römischen Bürger hatte fesseln lassen.

|22: 21,36! |25: 16,37 |29: 16,38

22,25: Vgl. die Anm. zu 6,37.

Paulus vor dem Hohen Rat

30 Da er aber genau in Erfahrung bringen wollte, weshalb dieser von den Juden angeklagt wurde, liess er ihm andertags die Fesseln lösen und befahl den Hohen Priestern und dem ganzen Hohen Rat, sich zu versammeln. Und er liess Paulus hinunterführen und vor sie treten.

23 1 Paulus schaute sie an und sagte zum Hohen Rat: Brüder, mit reinem Gewissen habe ich mein Leben vor Gott geführt bis auf den heutigen Tag. 2 Da befahl der Hohe Priester Ananias denen, die bei ihm standen, ihn auf den Mund zu schlagen. 3 Darauf sagte Paulus zu ihm: Dich wird Gott schlagen, du getünchte Wand! Du sitzt hier, um über mich zu richten nach dem Gesetz, und wider das Gesetz befiehlst du, mich zu schlagen? 4 Die Umstehenden sagten: Du willst den Hohen Priester Gottes schmähen? 5 Paulus erwiderte: Ich wusste nicht, Brüder, dass er Hoher Priester ist; es steht ja geschrieben: *Einem Fürsten deines Volkes sollst du nicht fluchen.*

6 Weil Paulus aber in den Sinn kam, dass der eine Teil zu den Sadduzäern, der andere zu den Pharisäern gehörte, rief er in den Hohen Rat hinein: Brüder, ich bin Pharisäer, ein Sohn von Pharisäern. Wegen der Hoffnung und wegen der Auferstehung der Toten stehe ich vor Gericht! 7 Kaum hatte er das gesagt,

sich: dann die Saducer sagend es sey kein auferstentnuß/ noch engel/ noch geyst. Die phariseer aber bekennends beyde. Es ward aber ein groß geschrey. Und die geschrifftglerten der phariseern seckt stuondend auf/ strittend/ und sprachend: Wir findend nichts args an disem menschen. Hat aber ein geyst/ oder ein engel mit jm gredt/ so wöllend wir nit mit Gott streyten. Do aber die aufruor groß ward/ besorget der oberest hauptmann das Paulus vonn jnen zerrissen wurde/ unnd hieß das kriegsvolck hinab gon/ und von jnen reyssen/ und in das heerläger füeren. Des anderen tags aber in der nacht/ stuond der Herr bey jm/ unnd sprach: Biß getröst Paule/ dann wie du von mir zuo Jerusalem zeüget hast/ also muost du auch zuo Rom zeügen.

Do es aber tag ward/ schluogend sich etlich Juden zuosamen/ und verbannetend sich weder zuo essen noch zetrincken/ biß das sy Paulum tödt hettend. Es warend aber mer dann viertzig menner/ die sölichen pundt machtend/ die trattend zuo den hohen priestern und eltesten/ unnd sprachend: Wir habend uns hart verbannet nichts zeessen biß wir Paulum tödt habend. So thuond nun kund dem obersten hauptmann/ und dem Radt/ das er jn morgens zuo euch füere/ als wöltend jr jnn baß verhören/ wir aber sind bereyt jnn zetöden/ ee dann er zuo euch nahet. Do aber Paulus schwester sun den anschlag hort/ kam er dar/ unnd gieng in das heerläger/ und verkündigts Paulo. Paulus aber beruofft zuo jm einen von den underhauptleüten/ unnd sprach: Disen jüngling füer hin zuo dem obern hauptmann/ dann er hat jm etwas zesagen. Der nam jn an/ unnd fuort jn zum obern hauptmann/ und sprach: Der gebunden Paulus ruofft mir zuo jm/ unnd batt mich/ disen jüngling zuo dir zeführen/ der dir etwas zesagen habe. Do nam jn der oberst hauptmann bey der hand/ und weich an ein sunder ort/ und fraget jn: Was ists/ das du mir zesagen hast? Er

gab es Streit zwischen den Pharisäern und den Sadduzäern, und die Versammlung spaltete sich in zwei Lager. 8 Die Sadduzäer sagen nämlich, es gebe weder eine Auferstehung noch Engel noch einen Geist, die Pharisäer dagegen bejahen dies alles. 9 Es gab ein lautes Geschrei, und einige Schriftgelehrte von der Partei der Pharisäer erhoben sich, legten sich ins Zeug und sagten: Wir können an diesem Menschen nichts Böses finden. Wenn nun doch ein Geist oder ein Engel zu ihm gesprochen hat? 10 Als der Streit heftiger wurde, fürchtete der Oberst, Paulus könnte von ihnen in Stücke gerissen werden, und befahl der Wachabteilung, herunterzukommen, ihn aus ihrer Mitte herauszuholen und in die Kaserne zu bringen.

11 In der folgenden Nacht aber trat der Herr zu ihm und sprach: Fasse Mut! Wie du in Jerusalem für mich Zeugnis abgelegt hast, so sollst du auch in Rom mein Zeuge sein.

|30: 23,28 |1: 24,16 |3: Dtn 1,16–17 |5: Ex 22,27 |6: 26,5; Phil 3,5 · 28,20! · 17,32! |8: Lk 20,27 |11: 9,10! · 19,21!; 27,24; 28,23

23,6: Andere Übersetzungsmöglichkeit: «…: Brüder, ich bin Pharisäer, ein Abkömmling von Pharisäern. …»

Die Überführung nach Cäsarea

12 Als es Tag wurde, taten sich die Juden heimlich zusammen und schworen sich, weder zu essen noch zu trinken, bis sie Paulus getötet hätten. 13 Es waren mehr als vierzig Männer an dieser Verschwörung beteiligt. 14 Sie gingen zu den Hohen Priestern und Ältesten und sagten: Wir wollen verflucht sein, wenn wir Speise zu uns nehmen, bevor wir Paulus getötet haben. 15 Ihr aber sollt jetzt mit dem Hohen Rat zusammen beim Oberst vorstellig werden mit der Bitte, ihn zu euch hinunterzuführen, weil ihr seinen Fall genauer untersuchen möchtet. Wir aber halten uns bereit, ihn zu töten, bevor er sich dem Ort nähert.

16 Der Sohn der Schwester des Paulus aber hörte von dem geplanten Anschlag; er kam, verschaffte sich Zutritt zur Kaserne und berichtete Paulus davon. 17 Paulus liess einen der Hauptleute zu sich rufen und sagte zu ihm: Führe diesen jungen Mann zum Oberst, denn er hat ihm etwas mitzuteilen. 18 Der nahm ihn mit, führte ihn zum Oberst und sagte: Der Gefangene Paulus hat mich zu sich rufen lassen und mich gebeten, diesen jungen Mann zu dir zu führen, er habe dir etwas zu sagen. 19 Der Oberst nahm ihn bei der

aber sprach: Die Juden sind eins worden dich
zebitten/ dz du morn Paulum für den Radt
bringen lassest/ als wöltend sy jn baß verhören.
Du aber wird jnen nit zewillen/ dann es haltend
auff jn mer dann viertzig menner under jnen/
die habend sich verbannet weder zeessen noch
zetrincken/ biß sy Paulum tödind/ und sind
yetz bereyt und wartend auff dein verheissung.

Do ließ der oberhauptmann den jüngling
von jm/ und gebot jm das ers niemants sagte/
das er jm sölichs eroffnet hette. Und ruofft
zuo jm zweyen underhauptleüten/ und sprach:
Bereytend zweyhundert kriegsknecht/ das sy
gen Cesarien ziehind/ und sibentzig reüter/
unnd zweyhundert schützen auff die dritten
stund der nacht/ unnd richtend zuo die thier
das sy Paulum darauf setzind/ und bringend
jn bewaret zuo Felix dem Landpfläger/ und
schreib einen brieff/ der hielt diß inn.

Claudius Lysias/ dem theüren Landpfläger
Felix/ fröud zuovor. Disen mann hattend
die Juden gefangen/ unnd woltend jn tödt
haben/ doch kam ich mit dem kriegsvolck
darzuo/ und reiß jn auß jren henden/ und
erfuor das er Römisch ist. Do ich aber mich
wolt erkündigen der ursach/ darumb sy jn
beschuldigetend/ fuort ich jn in jren radt/
do befand ich/ das er beschuldiget ward von
den fragen jres gsatzes. Aber kein anklag was
des todts noch der banden wärdt. Und do
für mich kam/ dz etlich Juden jm aufsetzig
wärend/ sandt ich jn von stundan zuo dir/ und
enbot den klegern auch/ das sy vor dir sagtind
was sy wider jn hettend. Gehab dich wol.

Die kriegsknecht wie jnen bevolhen was/
namend Paulum/ unnd fuortend jn bey der
nacht gen Antipatriden. Des anderen tags
aber/ liessend sy die reüter mit jm ziehen/ und
wandtend widerumb gen Jerusalem. Do die gen
Cesarien kamend/ überantwortend sy den brieff
dem Landpfläger/ und staltend jm Paulum auch
dar. Do der Landpfläger den brieff laß/ fraget er
auß welchem land er wäre. Unnd do er erkunnet
das er auß Cilicia wäre/ sprach er: Jch wil dich
verhören wenn deine kleger auch da sind. Unnd
hieß jn verwaren in dem Richthauß Herodis.

Hand, trat mit ihm zur Seite und erkundigte
sich: Was hast du mir mitzuteilen? 20 Der
sagte: Die Juden sind übereingekommen,
dich zu bitten, Paulus morgen zum Hohen
Rat hinunterführen zu lassen, man wolle dort
Genaueres über ihn erfahren. 21 Du aber
traue ihnen nicht! Denn unter ihnen sind
mehr als vierzig Männer, die ihm auflauern;
sie haben sich geschworen, weder zu essen
noch zu trinken, bis sie ihn getötet haben. Sie
stehen jetzt bereit und warten auf die Zusage
von deiner Seite. 22 Da entliess der Oberst
den jungen Mann und schärfte ihm ein: Sag
niemandem, dass du mir dies hinterbracht hast.

23 Und er rief zwei Hauptleute zu sich und
sagte: Stellt für die dritte Stunde der Nacht
zweihundert Soldaten bereit zum Abmarsch
nach Cäsarea, ebenso siebzig Reiter und
zweihundert Leichtbewaffnete. 24 Auch Reittiere
soll man bereithalten, damit Paulus aufsitzen
und man ihn wohlbehalten zum Statthalter Felix
bringen kann. 25 Und er schrieb einen Brief
folgenden Inhalts: 26 Claudius Lysias an den
edlen Statthalter Felix: Sei gegrüsst! 27 Dieser
Mann wurde von den Juden in ihre Gewalt
gebracht und sollte von ihnen umgebracht
werden. Da bin ich mit der Wachmannschaft
eingeschritten und habe ihn befreit; ich
hatte nämlich vernommen, dass er römischer
Bürger ist. 28 Und da ich den Grund für ihre
Anschuldigungen erfahren wollte, liess ich ihn
vor ihren Hohen Rat führen. 29 Dabei habe ich
festgestellt, dass er nur wegen strittiger Fragen,
die ihr Gesetz betreffen, angeklagt wird, dass
ihm aber nichts vorgeworfen wird, worauf
Tod oder Haft steht. 30 Da mir aber angezeigt
wurde, auf den Mann sei ein Anschlag geplant,
habe ich ihn sogleich zu dir geschickt; auch habe
ich die Kläger angewiesen, sie sollten bei dir
vorbringen, was sie ihm vorzuwerfen haben.

31 Die Soldaten übernahmen Paulus, wie
ihnen befohlen war, und brachten ihn in der
Nacht nach Antipatris. 32 Am andern Tag liessen
sie die Reiter mit ihm weiterziehen und kehrten
in die Kaserne zurück. 33 Jene aber kamen
nach Cäsarea, übergaben dem Statthalter den
Brief und führten ihm auch Paulus vor. 34 Der
Statthalter las den Brief und fragte Paulus,
aus welcher Provinz er stamme. Als er erfuhr,
dass er aus Kilikien sei, 35 sagte er zu ihm: Ich
werde dich verhören, sobald deine Ankläger
eingetroffen sind. Und er gab Befehl, ihn im
Prätorium des Herodes gefangen zu halten.

|20–21: 23,12–15 |27: 21,31–33 · 22,25–28 |28–29: 22,30
|29: 18,14–15; 25,18–20 |30: 23,20–21 · 24,1–2 |34: 22,3

23,15: Andere Übersetzungsmöglichkeit: «…, weil ihr seinen Fall zur Entscheidung bringen möchtet. …»

Das xxiiij. Capitel.

Paulus wirdt abermals zuo Cesarea den Juden vor dem vogt Felice fürgestelt/ von jnen verklagt unnd sein antwort verhört.

Uber fünff tag aber zoch hinab der hoch Priester Ananias mit den Eltesten/ und mit dem Redner Tertullo/ die erschynend vor dem Landpfläger wider Paulum. Do er aber berüefft ward/ fieng an Tertullus jn zeverklagen/ unnd sprach: Das wir in grossem friden läbend under dir/ unnd vil redlicher thaaten disem volck widerfarend durch dein fürsichtigkeit/ aller theürester Felix/ das nemmend wir an allwegen/ und allenthalben mit aller danckbarkeit. Auff das aber ich dich nit weyter aufhalte/ bitt ich dich du wöllest uns kürtzlich hören nach deiner freüntligkeit.

Wir habend disen funden schädlich/ und der aufruor bewegt allen Juden auff dem gantzen erdboden/ und ein füerer der seckten der Nazarener/ der auch versuocht hatt den tempel zeentwyhen/ welchen wir auch fiengend/ und woltend jn gerichtet haben nach unserem gsatz. Aber Lysias der oberhauptmann fürkam das/ unnd fuort jnn mit grossem gewalt auß unseren henden/ und hieß seine verkleger zuo dir kommen/ von welchem du magst (so du es erforschen wilt) dises alles erkunnen/ umb welches wir jn verklagend. Die Juden aber sagtend auch darzuo/ unnd sprachend/ Der sach wäre also.

Paulus aber/ do jm der Landpfläger wincket zereden/ antwortet: Dieweyl ich weiß das du in disem volck nun vil jar ein Richter bist/ wil ich guots muots mich selbs verantworten/ sitmals du erkennen magst das nit mer dann zwölff tag sind das ich bin hinauf gen Jerusalem kommen anzebätten. Auch habend sy mich nit funden im tempel mit yemants reden/ oder ein aufruor machen im volck/ noch in den schuolen/ noch in stetten: sy mögend auch nit beybringen das/ welches sy mich verklagend. Das bekenn ich aber dir/ dz ich nach disem wäg/ den sy ein seckt heyssend/ dien ich also dem Gott miner vättern/ das ich glaub allem was geschriben stadt im gsatz und in den propheten. Und hab die hoffnung zuo Gott uff welche auch sy selbs wartend/ namlich das zuokünfftig sey die auferstentnuß der todten/ der gerechten unnd ungerechten. Jn dem selben aber üeb

Die Eröffnung des Prozesses vor Felix

24 1 Nach fünf Tagen kam der Hohe Priester Ananias mit einigen Ältesten und dem Anwalt Tertullus; sie reichten beim Statthalter ihre Klage gegen Paulus ein. 2 Nachdem man diesen hatte rufen lassen, begann Tertullus mit seiner Anklage und sagte: Frieden haben wir allerorten durch dich, und zum Besseren gewendet hat sich vieles für dieses Volk dank deiner Fürsorge, 3 edler Felix. Allezeit und allenthalben anerkennen wir dies mit grosser Dankbarkeit. 4 Um dich nun nicht über Gebühr zu beanspruchen, bitte ich dich, uns in deiner Güte kurz anzuhören. 5 Wir haben nämlich festgestellt, dass dieser Mann hier eine wahre Pest ist, Unruhe schürt bei allen Juden auf der ganzen Welt und als Anführer der Sekte der Nazarener auftritt. 6 Er hat sogar versucht, den Tempel zu entweihen. Wir haben ihn festgenommen, 8 und wenn du ihn in dieser Sache verhörst, wirst du selber in Erfahrung bringen können, warum wir ihn anklagen. 9 Die Juden bestätigten die Anklage und beteuerten, dass es sich so verhalte.

10 Als der Statthalter dem Paulus ein Zeichen gab, dass er jetzt reden könne, antwortete dieser: Da ich weiss, dass du seit vielen Jahren diesem Volk Recht sprichst, bin ich zuversichtlich, wenn ich mich jetzt in eigener Sache verteidige. 11 Du kannst dich davon überzeugen, dass es keine zwölf Tage her ist, seit ich nach Jerusalem hinaufgezogen bin, um dort zu beten. 12 Weder im Tempel noch in den Synagogen noch sonst wo in der Stadt haben sie mich angetroffen, wie ich mit jemandem ein Streitgespräch geführt oder einen Volksauflauf verursacht hätte. 13 Sie können dir auch nicht beweisen, was sie jetzt gegen mich vorbringen. 14 Dies allerdings bekenne ich vor dir, dass ich dem Gott meiner Väter nach dem neuen Weg – den sie eine Sekte nennen – diene, indem ich in allem auf das vertraue, was im Gesetz und in den Propheten geschrieben steht, 15 und die gleiche Hoffnung, die auch diese hier teilen, auf Gott setze: dass es nämlich zu einer Auferstehung für Gerechte und Ungerechte kommen wird. 16 Darum übe auch ich mich darin, allezeit ein unangefochtenes Gewissen zu haben vor

ich mich zebehaben ein unanstössig gewüssen
alle zeyt gegen Gott und den menschen.

Aber nach vilen vergangnen jaren bracht
ich ein allmuosen meinem volck/ und opffer/
darob fundend sy mich das ich mich reynigen
ließ im tempel on allen rumor unnd getümmel.
Es warend aber etlich Juden auß Asia/ welche
soltend hie sein vor dir/ unnd mich verklagen
so sy etwas zuo mir hettend: oder laß dise selbs
sagen ob sy etwas unrechts an mir funden
habind/ dieweyl ich hie ston vor dem Radt/
oder umb des worts willen/ do ich under jnen
stuond und schrey: Von der auferstentnuß
der todten wird ich von euch heütt gericht.

Do aber Felix sölichs hort/ zoch er sy auf:
dann er wußt vast wol umb disen wäg/ und
sprach: Wenn Lysias der oberhauptmann häräb
kumpt/ so wil ich mich euwers dings erkunnen.
Er befalch aber dem underhauptmann Paulum
zuobehalten/ und ein milterung zegeben/ und
das sy niemants vonn den seinen weeretind
jm zedienen/ oder zuo jm zekomen.

Nach etlichen tagen aber kam Felix mit
seinem weyb Drusilla/ die ein Jüdin was/ und
fordertend Paulum/ unnd hortend jnn von
dem glauben in Christum. Do aber Paulus
redt von der gerechtigkeyt/ unnd von der
küschheyt unnd von dem zuokünfftigen gericht/
erschrack Felix/ unnd antwortet: Es bleybe
also diß mal/ gang hin/ wenn ich gelägne zeyt
hab/ wil ich dir här lassen rüeffen. Er hoffet
aber darnäbend dz jm vom Paulo sölte gelt
geben werden/ das er jnn ledig liesse/ darumb
er auch jnn offt fordern ließ/ und sich mit jm
erspraachet. Do aber zwey jar umb warend/ kam
Portius Festus ann Felix statt. Felix aber wolt
den Juden gefallen/ und ein wolthat erzeygen/
unnd ließ Paulum hinder jm gebunden.

Gott und den Menschen. 17 Nach mehreren
Jahren bin ich nun wieder zu meinem Volk
gekommen, um Spenden zu überbringen und
um zu opfern. 18 Dabei haben sie mich im
Tempel angetroffen, wie ich mich hatte heiligen
lassen: Kein Volk war da, und Tumult gab es
keinen. 19 Nur einige Juden aus der Provinz
Asia waren da. Die müssten vor dir erscheinen
und Anklage erheben, wenn sie etwas gegen
mich vorzubringen hätten. 20 Andernfalls sollen
diese hier selber sagen, was für ein Unrecht sie
festgestellt haben, als ich vor dem Hohen Rat
stand, 21 es sei denn, man werfe mir diesen
einen Satz vor, den ich, in ihrer Mitte stehend,
ihnen zugerufen habe: Wegen der Auferstehung
der Toten stehe ich heute bei euch vor Gericht!

22 Felix vertagte die Verhandlung, da er
über den neuen Weg recht genau Bescheid
wusste, und sagte zu ihnen: Wenn der Oberst
Lysias hierher kommt, werde ich in eurer Sache
entscheiden. 23 Und er befahl dem Hauptmann,
ihn weiterhin gefangen zu halten, jedoch in
leichter Haft; zudem solle er niemanden von den
Seinen daran hindern, sich um ihn zu kümmern.

|1: 23,2 |5: 17,6; Lk 23,2 · 28,22! · 2,22 |6: 21,27–29
|11: 21,17 |14: 28,22! |15: 28,20! · Dan 12,2 |16: 23,1 |17: 11,29!
|18–19: 21,27 |21: 23,6; 17,32! |22: 23,26

24,6: Verschiedene Handschriften ergänzen V.6, fügen
V.7 ein und beginnen V.8 mit einer weiteren Ergänzung:
«… festgenommen, und gemäss unserem Gesetz wollten
wir ihn richten. 7 Doch der Oberst Lysias kam dazu,
entriss ihn mit grosser Gewalt unseren Händen 8 und
befahl seinen Anklägern, vor dir zu erscheinen, und wenn
…»

Felix und Paulus

24 Nach einigen Tagen erschien Felix
zusammen mit seiner Frau Drusilla, einer Jüdin;
er liess Paulus kommen und hörte ihm zu,
wie er vom Glauben an Jesus, den Gesalbten,
sprach. 25 Als er aber auf Gerechtigkeit und
Selbstbeherrschung und das künftige Gericht
zu sprechen kam, wurde es Felix angst und
bang, und er entgegnete: Für diesmal kannst
du gehen; wenn ich Zeit finde, werde ich dich
wieder rufen lassen. 26 Dabei hoffte er, von
Paulus Geld zu erhalten; deshalb liess er ihn
auch öfter kommen und unterhielt sich mit ihm.

27 Nach zwei Jahren aber wurde Felix
durch Porcius Festus ersetzt; und weil
Felix den Juden einen Gefallen tun wollte,
liess er Paulus als Gefangenen zurück.

|25: 10,35.42; 17,31

Das xxv. Capitel.

Die Juden verklagend Paulum beym Festo/ der gibt jnen tag Paulum zebeklagen/ und auch sein antwort zehören/ und als er für den Keyser appelliert/ schickt er jn gen Rom.

Do nun Festus ins land kommen wz/ zoch er über drey tag hinauf vonn Cesarea gen Jerusalem. Do erschinend vor jm die hohen priester/ und fürnämsten der Juden wider Paulum/ unnd ermanetend jn/ und battend umb gunst wider jn das er jn fordern liesse gen Jerusalem/ und stelletend jm nach/ das sy jn underwägen umbbrächtind. Do antwortet Festus: Paulus wurde ja behalten zuo Cesaria/ ab er wurde in kurtzem wider dahin ziehen. Welche nun under euch (sprach er) gwaltig sind/ die ziehind mit mir hinab den mann zeverklagen/ so etwas an jm ist.

Do er aber under jnen mer dann zehen tag sein wäsen gehept hatt/ zoch er hinab gen Cesarean. Und des andern tags satzt er sich auff den Richtstuol/ und hieß Paulum holen. Do der selb aber dar kam/ trattend umbhär die Juden/ die von Jerusalem herab kommen warend/ unnd brachtend auf/ vil unnd schwär ursachen/ welche sy nit mochtend beweysen/ dieweyl er sich verantwortet: Jch hab weder am gsatz der Juden/ noch an dem tempel/ noch am Keyser mich versündiget.

Festus aber wolt den Juden wolthat erzeygen/ und antwortet Paulo/ und sprach: Wilt du hinauf gen Jerusalem/ unnd daselbst über die ding dich vor mir richten lassen? Paulus aber sprach: Jch ston vor des Keysers gericht/ da sol ich mich lassen richten/ den Juden hab ich kein leid gethon/ wie auch du auffs best weyst. Hab ich aber yemants leids gethon/ und des todts wärdt gehandlet/ so widern ich mich nit zesterben. Jst aber deren keins/ des sy mich verklagend/ so mag mich jnen niemants ergeben. Jch berüeff mich auff den Keyser. Do erspraachet sich Festus mit dem radt/ unnd antwortet: Auff den Keyser hast du dich berüefft/ zum Keyser solt du ziehen.

Aber nach etlichen tagen kamend der künig Agrippa/ und Bernice gen Cesarean Festum zuo empfahen. Unnd do sy vil tag daselbst

Die Anrufung des Kaisers

25 1 Festus zog, drei Tage nachdem er in der Provinz eingetroffen war, von Cäsarea nach Jerusalem hinauf. 2 Dort wurden die Hohen Priester und die vornehmen Juden in Sachen Paulus bei ihm vorstellig und baten ihn, 3 er möge ihnen eine Gunst erweisen und ihn nach Jerusalem verlegen; sie wollten aber unterwegs einen Hinterhalt legen und ihn töten. 4 Festus jedoch antwortete, Paulus bleibe in Cäsarea in Haft, er selbst aber werde in Kürze dorthin zurückkehren. 5 Dann, sagte er, können die Verantwortlichen unter euch mit mir hinabziehen und Anklage gegen diesen Mann erheben, falls etwas nicht in Ordnung ist mit ihm.

6 Er hielt sich bei ihnen nicht länger als acht oder zehn Tage auf, dann zog er wieder nach Cäsarea hinab, setzte sich tags darauf auf den Richterstuhl und liess Paulus vorführen. 7 Kaum war dieser erschienen, da umringten ihn die Juden, die von Jerusalem herabgekommen waren, und brachten viele schwere Anschuldigungen vor, die sie jedoch nicht beweisen konnten. 8 Paulus verteidigte sich und sagte: Ich habe weder gegen das Gesetz der Juden verstossen noch gegen die Heiligkeit des Tempels noch gegen den Kaiser. 9 Da Festus aber den Juden eine Gunst erweisen wollte, entgegnete er Paulus: Willst du nach Jerusalem hinaufziehen und dich dort in dieser Sache meinem Urteil unterziehen? 10 Paulus sagte: Ich stehe vor dem Richterstuhl des Kaisers, da muss ich gerichtet werden. Den Juden habe ich kein Unrecht angetan, wie auch du sehr wohl weisst. 11 Bin ich nun im Unrecht und habe ich etwas getan, das den Tod verdient, so will ich den Tod nicht scheuen; ist aber nichts an dem, was diese hier gegen mich vorbringen, so kann mich niemand an sie ausliefern: Ich rufe den Kaiser an! 12 Da besprach sich Festus mit seinen Ratgebern und antwortete: Den Kaiser hast du angerufen, zum Kaiser sollst du gehen.

|2: 24,1 |3: 23,15 |7: 24,12–13 |8: 21,28

Festus und Agrippa

13 Einige Tage danach kamen der König Agrippa und Berenike nach Cäsarea, um Festus ihre Aufwartung zu machen. 14 Da sie mehrere

jr wäsen hattend/ legt Festus dem künig den handel von Paulo für/ und sprach: Es ist ein mann von Felix hindergelassen/ gebunden/ umb welches willen die hohen priester unnd eltesten der Juden vor mir erschinend do ich zuo Jerusalem was/ und battend wider jn umb ein urteyl. Welchen ich antwortet: Es ist der Römer weyß nit das ein mensch ergeben werde umbzebringen/ ee dann der verklagt habe seinen verkleger gegenwürtig/ und statt und zeyt empfahe sich der anklag zeverantworten. Do sy aber här zuosamen kamend/ machet ich keynen aufzug/ und saß des anderen tags zuo recht/ und hieß den mann fürbringen. Von welchem/ do die verkleger auftrattend/ brachtend sy der ursachen keine auf/ deren ich mich versach. Sy hattend aber etlich fragen wider jn von jrem aberglauben/ unnd von einem verstorbnen Jesu/ welchen Paulus sagt er läbte. Do ich aber mich der frag nit verstuond/ sprach ich/ ob er wölte gen Jerusalem reysen/ und daselbst sich darüber lassen richten. Do aber Paulus sich beruofft/ das er auffs Keysers erkanntnuß behalten wurde/ hieß ich jn behalten/ biß das ich jn zum Keyser sandte.

Agrippas aber sprach zuo Festo: Jch wölte den menschen auch gern hören. Er aber sprach: Morn solt du jn hören.

Tage dort verweilten, unterbreitete Festus dem König den Fall des Paulus und sagte:

Da ist mir ein gewisser Mann von Felix als Gefangener zurückgelassen worden. 15 Seinetwegen wurden die Hohen Priester und Ältesten der Juden, kaum war ich in Jerusalem angekommen, bei mir vorstellig und forderten seine Verurteilung. 16 Ich antwortete ihnen, es sei bei den Römern nicht Brauch, einen Menschen auszuliefern, bevor er als Angeklagter seine Ankläger zu Gesicht bekommen und Gelegenheit erhalten habe, sich gegen die Anschuldigungen zu verteidigen. 17 Als sie dann allesamt hierher gekommen waren, liess ich keinerlei Verzögerung zu, sondern setzte mich am nächsten Tag auf den Richterstuhl und liess den Mann vorführen. 18 Die Ankläger umringten ihn und brachten ihre Anschuldigungen vor, die sich aber auf ganz andere Vergehen bezogen, als ich vermutet hatte. 19 Es ging nur um gewisse Differenzen zwischen ihnen, ihre Religion betreffend und einen gewissen Jesus, der gestorben sei, von dem Paulus aber behauptete, er lebe. 20 Da ich mich auf die Untersuchung solcher Dinge nicht verstehe, habe ich ihm angeboten, nach Jerusalem zu ziehen, um sich dort in dieser Sache dem Gericht zu stellen. 21 Da sich Paulus aber auf das Recht berief, bis zur Entscheidung seiner kaiserlichen Majestät in Haft zu bleiben, befahl ich, ihn in Haft zu halten, bis ich ihn zum Kaiser schicken kann.

22 Da sagte Agrippa zu Festus: Ich möchte diesen Menschen auch selber einmal hören. Morgen, erwiderte jener, sollst du ihn hören.

|14: 24,27 |15: 25,1–2 |19: 23,29! |20: 25,9 |21: 25,11–12

25,16: «einen Menschen auszuliefern»: Die Wendung bedeutet entweder, einen Menschen dem Verderben resp. dem Tod auszuliefern, ihn also zu verurteilen, oder (im Sinne der vorangehenden Aussage des Paulus in 25,11) einen Menschen seinen Anklägern auszuliefern, d.h. ihn einem lokalen Gericht zu übergeben.

Paulus vor Festus und Agrippa

23 Am nächsten Tag nun kamen Agrippa und Berenike mit grossem Pomp daher und begaben sich samt den hohen Offizieren und Würdenträgern der Stadt in den Audienzsaal. Auf Befehl des Festus wurde Paulus vorgeführt. 24 Festus sprach: König Agrippa und all ihr Männer, die ihr mit uns hier seid! Da seht ihr den Mann, um dessentwillen mich das ganze Judenvolk – sowohl in Jerusalem wie auch hier –

Und am anderen tag kamend Agrippas unnd Bernice mit grossem pracht unnd giengend in das Richthauß mit den oberhauptleuten unnd fürnemsten mennern der statt. Und do es Festus hieß/ ward Paulus gebracht. Unnd Festus sprach: Agrippa/ lieber künig/ und all jr menner/ die jr mit uns hie sind/ da sehend jr den/ umb welchen mich die gantz menge der Juden angelanget hatt/ beyde zuo Jerusalem und auch hie/ und schrüwend: Er sol nit lenger läben. Jch aber/ do ich vernam/ das er nichts gethon hatt das des todts wärdt was/ und er auch selber sich auff den Keyser beruofft/ hab ich beschlossen jn zesenden/ von welchem ich nichts gwüsses hab/ das ich dem herren schribe. Darumb hab ich jn lassen härfür bringen für euch/ allermeest aber für dich künig Agrippa/ auff das nach geschächner forschung ich haben möge was ich schreybe. Dann es dunckt mich ein ungeschickt ding sein einen gebundnen zesenden/ und nit anzeigen die ursach wider jn.

Das xxvj. Capitel.
Agrippa der künig verhört Paulum/ der erzelt jm sein Berüeffung von anfang här.

Agrippas aber sprach zuo Paulo: Es ist dir erlaubt für dich zereden. Do antwortet jm Paulus/ und streckt die hand auß: Jch acht mich/ lieber Agrippa/ sälig/ so ich mich heütt vor dir verantworten sol alles das ich von den Juden beschuldiget wird/ allermeest dieweyl du wol wüssend bist aller sitten und fragen/ so bey den Juden gengig sind. Darumb bitt ich dich/ du wöllest mich geduldigklich hören.

Zwar/ mein läben von jugend auf/ wie das von anfang under disem volck zuo Jerusalem ergangen ist/ wüssend alle Juden die mich von erst an vorhin erkennt habend/ wenn sy woltend bezeügen/ dann nach der aller strengesten seckten unsers Judenthuombs hab ich gläbt ein Phariseer. Und nun ston ich/ und wird gericht umb der hoffnung willen der verheyssung/ so geschehen ist von Gott zuo unseren vättern/ zuo welcher hoffend zekommen die zwölff gschlächt der unseren mit Gottes dienst tag und nacht emsigklich. Diser hoffnung halb wird ich/ lieber künig Agrippa/ von den Juden beschuldiget. Warumb wirdt das für unglöubig bey euch gericht/ das Gott die todten auferweckt?

Zwar ich meynt auch bey mir selbs ich müeßte vil thuon wider den nammen Jesu von Nazareth/ wie ich dann auch zuo Jerusalem gethon hab do ich vil heyligen inn die gefencknuß verschloß/ darüber ich macht von den hohen priestern empfieng. Und wenn sy erwürgt wurdend/ bracht ich das urteyl. Und durch alle schuolen peynigt ich sy offt/ und zwang sy zelesteren/ und was überauß unsinnig auff sy/ vervolget sy auch biß in die frömbden stett. Der selben sachen halb/ do ich auch gen

bestürmt mit seinem Geschrei, er dürfe nicht länger am Leben bleiben. 25 Ich jedoch begriff, dass er nichts getan hat, was den Tod verdient; da er aber seine kaiserliche Majestät angerufen hat, habe ich beschlossen, ihn hinzuschicken. 26 Etwas Zuverlässiges über ihn weiss ich allerdings meinem Herrn nicht zu schreiben. Deshalb habe ich ihn euch und besonders dir, König Agrippa, vorführen lassen, damit ich nach einer Befragung durch euch weiss, was ich schreiben soll. 27 Es scheint mir nämlich unsinnig, einen Gefangenen zu überweisen, ohne anzugeben, was gegen ihn vorliegt.

26
1 Da sagte Agrippa zu Paulus: Es ist dir gestattet, in eigener Sache zu sprechen. Darauf hob Paulus die Hand zu seiner Verteidigungsrede:

2 Ich schätze mich glücklich, König Agrippa, dass ich mich heute vor dir gegen all die Vorwürfe von Seiten der Juden verteidigen darf, 3 zumal du ein Kenner aller jüdischen Bräuche und Streitfragen bist. Darum bitte ich dich, mich mit Wohlwollen anzuhören.

4 Das Leben, das ich von frühester Jugend an unter meinem Volk und in Jerusalem geführt habe, ist allen Juden bekannt. 5 Sie kennen mich von früher und wissen – und wenn sie wollen, können sie es auch bezeugen –, dass ich nach der strengsten Richtung unserer Religion gelebt habe, nämlich als Pharisäer. 6 Und jetzt stehe ich vor Gericht wegen der Hoffnung auf die Verheissung, die von Gott an unsere Väter ergangen ist; 7 sie zu erlangen, hofft unser Volk der zwölf Stämme in unablässigem Gottesdienst, Tag und Nacht. Wegen dieser Hoffnung werde ich von den Juden verklagt, mein König! 8 Warum sollte es bei euch als unglaubhaft gelten, wenn Gott Tote auferweckt?

9 Ich freilich meinte selbst einmal, ich müsse den Namen des Jesus von Nazaret mit allen Mitteln bekämpfen. 10 Das habe ich in Jerusalem auch getan: Viele von den Heiligen liess ich, ausgestattet mit der Vollmacht der Hohen Priester, in Gefängnisse einsperren, und wenn sie hingerichtet werden sollten, stimmte ich dafür. 11 In allen Synagogen nötigte ich sie, oftmals unter Anwendung von Folter, Gott zu

Damascon reyset mit macht und urlob von
den hohen priestern/ mitten im tag/ lieber
künig/ sach ich auff dem wäg das ein liecht von
himmel/ häller dann der Sonnen glantz mich
und die mit mir reysetend/ umbleüchtet.

Do wir aber all zur erden nider fielend/ hort
ich ein stimm reden zuo mir/ die sprach auff
Hebreisch: Saul Saul/ was vervolgest du mich?
Es wirdt dir schwär sein wider den sticher
zefuossen. Jch aber sprach: Herr/ wär bist du?
Er sprach: Jch bin Jesus/ den du vervolgest.
Er aber sprach: Stand auff/ und tritt auf deine
füeß/ dann darzuo bin ich dir erschinen/ dz
ich dich bestelle einen diener und zeügen des/
das du gesehen hast/ unnd das ich dir noch
wil erscheynen lassen. Und wil dich erretten
von dem volck/ unnd von den Heyden/ under
welche ich dich yetz send aufzethuon jre augen/
das sy sich bekeerind von der finsternuß zuo
dem liecht/ unnd von dem gwalt des teüfels
zuo Gott/ zuo empfahen vergebung der
sünd/ und das erb mit denen die geheyliget
werdend durch den glauben inn mich.

Dahär/ lieber Künig Agrippa/ was ich der
himmelischen erscheynung nit unglöubig/
sonder verkündets zum ersten denen zuo
Damasco/ und zuo Jerusalem/ und in allen
gegninen Jüdisch lands/ auch den Heyden das
sy buoß thättind/ und sich bekeerind zuo
Gott/ und thättind rechtgeschaffne werck der
buoß. Umb des willen habend mich die Juden
im tempel ergriffen/ und understanden mich
zetöden/ aber durch hilff Gottes mir gelungen/
ston ich biß auff disen tag/ unnd zeüg beyde
dem kleinsten und dem grössesten/ und sag
nichts aussert dem das die propheten gesagt
habend das es geschehen solt/ und Moses/ das
Christus sölte leyden/ unnd der erst sein auß der
auferstentnuß von den todten/ und verkünden
ein liecht dem volck und den Heyden.

Do er aber söliches zur verantwortung gab/
sprach Festus mit lauter stimm: Paule/ du bist
nit wol bey sinnen/ die groß kunst machet dich
waanwitzig. Er aber sprach: Mein theürer Feste/
ich bin nit unsinnig/ sonder ich red waare und
nüechtere wort/ dann der Künig weißt söliches
wol/ zuo welchem ich freydig red. Dann ich
acht jm sey deren keins verborgen: dann sölichs
ist nit im winckel geschehen. Glaubst du künig
Agrippa den propheten? Jch weiß das du glaubst.
Agrippas aber sprach zuo Paulo: Du beredtest
mich schier ein wenig das ich ein Christ wurde.
Paulus aber sprach: Wölte Gott das ich nit allein

lästern, ja in massloem Wüten verfolgte ich sie
sogar über Jerusalem hinaus in andere Städte.

12 Als ich in solcher Absicht mit Vollmacht
und Erlaubnis der Hohen Priester nach
Damaskus reiste, 13 sah ich unterwegs, mein
König, mitten am Tag ein Licht, das mich und
meine Begleiter vom Himmel her umstrahlte,
heller als das Leuchten der Sonne. 14 Wir
stürzten alle zu Boden, und ich hörte eine
Stimme, die auf Hebräisch zu mir sagte: Saul,
Saul, was verfolgst du mich? Es wird dich hart
ankommen, gegen den Stachel auszuschlagen.
15 Ich sagte: Wer bist du, Herr? Der Herr sprach:
Ich bin Jesus, den du verfolgst. 16 Aber nun steh
auf und stell dich auf deine Füsse! Denn ich
bin dir erschienen, um dich zu erwählen zum
Diener und zum Zeugen für mich, so wie du
mich jetzt gesehen hast und wie ich dir künftig
erscheinen werde. 17 Ich will dich schützen vor
deinem Volk und vor den andern Völkern, zu
denen ich dich sende. 18 Du sollst ihnen die
Augen öffnen, dass sie sich von der Finsternis
zum Licht, von der Macht des Satans zu Gott
hinwenden und dass sie Vergebung der Sünden
und ihr Erbe in der Schar der Geheiligten
empfangen durch den Glauben an mich.

19 Darum, König Agrippa, war ich der
himmlischen Erscheinung nicht ungehorsam,
20 sondern ich verkündigte zuerst den Leuten in
Damaskus und in Jerusalem, dann in ganz Judäa
und unter den Heiden, es gelte umzukehren,
sich Gott zuzuwenden und zu tun, was der
Umkehr entspricht. 21 Das ist es, weshalb mich
einige Juden im Tempel ergriffen und versucht
haben, mich umzubringen. 22 Da mir nun
bis auf den heutigen Tag Hilfe von Gott zuteil
geworden ist, stehe ich hier und lege Zeugnis ab
vor Gross und Klein, indem ich nichts anderes
sage, als was nach den Worten der Propheten
und des Mose geschehen musste: 23 dass
nämlich der Gesalbte leiden muss und dass er als
Erster von den Toten auferstehen und dem Volk
und allen Völkern das Licht verkündigen wird.

24 Als er dies zu seiner Verteidigung
anführte, rief Festus mit lauter Stimme: Du bist
von Sinnen, Paulus! Das viele Studieren treibt
dich in den Wahnsinn. 25 Paulus entgegnete: Ich
bin nicht von Sinnen, edler Festus, sondern was
ich sage, ist wahr und vernünftig. 26 Der König,
zu dem ich voller Zuversicht spreche, versteht
sich nämlich auf diese Dinge; ich bin überzeugt,
dass ihm nichts davon verborgen geblieben
ist – es hat sich ja nicht in irgendeinem Winkel

in wenig/ sonder in vil dich und andere alle/ so mich heütt hörend/ bereden möchte/ das jr also wurdind als ich/ dise band außgenommen. Und do er das gesagt/ stuond der künig auf/ und der Landpfläger und Bernice/ und die mit jm eynsassend/ und wichend beseytz/ und redtend mit einander/ und sprachend: Diser mensch hat nichts gethon/ das des todts oder der banden wärdt sey. Agrippas aber sprach zuo Festo: Diser mensch hette können frey ledig gelassen werden/ wenn er sich nit auff den Keyser berüefft hette.

Das xxvij. Capitel.

Festus rüstet zuo Paulum gen Rom zeschicken/ von welcher schiff fart hie und in den nachvolgenden Capiteln geschriben ist.

Do es aber beschlossenn was/ das wir inn Jtalien schiffen söltend/ übergabend sy Paulum/ und etlich andere gefangnen dem underhauptmann/ mit nammen Julio/ von der Keyserischen rott. Do wir aber in ein Adrianitisch schiff trattend/ dz wir an Asiam hin schiffen soltend/ fuorend wir von land. Unnd was mit uns Aristarchus auß Macedonia von Thessalonich/ und kamend des anderen tags hinab gen Sidon. Und Julios hielt sich freüntlich gegen Paulo/ erlaubt jm zuo seinen guoten fründen zegon/ und seinen zewarten. Und von dannen stiessend wir ab/ und schiffetend under Cypern hin/ darumb das uns die wind engegen warend/ unnd überschifftend das meer an Cilicien und Pamphylien hin/ und kamend gen Myra in Lycien.

Und daselbst fand der underhauptmann ein schiff von Alexandrian/ das schiffet in Wälsch land/ und luod uns darauff. Do wir aber langsam schiffetend/ unnd in vil tagen kum gegen Gnydon kament (dann der wind weert uns) schiffetend wir under Candian hin nach der statt Salomen/ und zugennd kum für über. Do kamend wir an ein statt/ die heißt Guotfurt/ darby wz naach die statt Lasea. Do nun vil zeyt vergangen was/ und nun mer gefarlich was zeschiffen/ darumb dz sy auch

zugetragen. 27 Glaubst du den Propheten, König Agrippa? Ich weiss, dass du ihnen glaubst. 28 Agrippa sagte zu Paulus: Wenig fehlt, und du bringst mich dazu, als Christ aufzutreten. 29 Paulus antwortete: Ich wünschte mir von Gott, dass über kurz oder lang nicht nur du, sondern alle, die mich heute hören, das werden, was ich bin – freilich ohne diese Fesseln.

30 Da erhoben sich der König und der Statthalter und auch Berenike und die Übrigen, die bei ihnen sassen. 31 Sie zogen sich zurück, besprachen sich miteinander und sagten: Dieser Mensch tut nichts, was Tod oder Haft verdient, 32 und Agrippa sagte zu Festus: Dieser Mensch könnte wieder frei sein, wenn er nicht den Kaiser angerufen hätte.

|24: 22,22 |25: 23,29 |5: 22,3! · 23,6! |6–8: 28,20! |6: 13,32! |8: 4,2 |9–20: 9,1–30; 22,3–21 |10–11: 8,3! |17: Jer 1,8.19 |18: Jes 42,7.16 · Kol 1,12–14 · 5,31! · 20,32 |20: 11,18!; 17,30! |21: 21,30–31 |22–23: 3,18; 28,23; Lk 24,25–27 |23: 17,3! · Kol 1,18! · 17,32! · 13,47; Lk 2,32 |30: 25,23 |31: 23,29; 25,25 |32: 25,11

26,28: Andere Übersetzungsmöglichkeit: «…, den Christen zu spielen.»

Romreise und Schiffbruch

27 1 Als nun beschlossen war, dass wir nach Italien abreisen sollten, übergab man Paulus und einige andere Gefangene einem Hauptmann der kaiserlichen Kohorte namens Julius. 2 Wir gingen an Bord eines Schiffes aus Adramyttium, das die Ortschaften längs der Küste der Provinz Asia anlaufen sollte, und stachen in See. Zu uns gehörte auch Aristarchus, ein Mann aus Thessalonich. 3 Am nächsten Tag liefen wir Sidon an. Julius behandelte Paulus wohlwollend und erlaubte ihm, zu seinen Freunden zu gehen und sich versorgen zu lassen. 4 Von dort legten wir wieder ab und fuhren, weil die Winde uns entgegenstanden, im Windschatten von Zypern weiter. 5 Dann fuhren wir auf dem Meer der Küste von Kilikien und Pamphylien entlang und gelangten nach Myra in Lykien.

6 Dort fand der Hauptmann ein Schiff aus Alexandria, das unterwegs nach Italien war, und brachte uns an Bord. 7 Tagelang kamen wir nur langsam voran und erreichten kaum die Höhe von Knidos. Da der Wind uns nicht näher herankommen liess, fuhren wir in den Windschatten von Kreta, auf Kap Salmone zu. 8 Mit einiger Mühe fuhren wir der Insel entlang und erreichten

über zeyt hunger gelitten hattend/ vermanet sy
Paulus/ und sprach zuo jnen: Lieben menner/
ich sich das die schiffart wil mit beleydigung
und grossem schaden ergon/ nit allein deß lasts
und deß schiffs/ sunder auch unsers läbens
halb. Aber der underhauptman glaubt dem
schiffherren und dem schiffman mer dann
dem/ dz von Paulo gesagt ward. Und do das
gstad ungelägen was zuo winteren/ bestuonden
jren das merteyl auff dem radt von dannen
zefaren/ ob sy köndtind kommen gen Phenicen
zuo winteren/ welches ist ein gstad an Candia
gegen dem wind Westsud und Nordwest. Do
aber der Sudwind wäyet/ unnd sy meyntend
sy hettind nun jr fürnemmen/ erhuobend sy
sich gen Asson/ und fuorend an Candia hin.

Nit lang aber darnach/ erhuob sich wider jr
fürnemmen ein windsbraut/ die man nennet
Ostnort. Und do das schiff ergriffen was/ und
kondt sich nit wider den wind richten/ gabend
wirs dahin/ und schwäbtend also. Wir kamend
aber an ein Jnsulen/ die heyßt Clauden/ da
kondtend wir kum ein barchen ergreyffen/ den
huobend wir auf/ und brauchtend die hilff/
und gurtend jn unden an das schiff/ dann wir
forchtend es möchte jnn die Syrten fallen/ und
liessend dz geschirr hinunder und fuorend also.
Und do wir grosse ungestüemigkeyt erlitten
hattend/ do thettend sy deß nächsten tags
ein außwurff. Und am dritten tag wurffend
wir mit unseren henden auß die bereytschafft
im schiff. Do aber in vilen tagen weder Sonn
noch gestirn erscheyn/ und nit ein kleine
ungestüemigkeit unns auff dem halß lag/
was alle hoffnung unsers läben dahin.

Und do man lang nüts geessen hatt/ tratt
Paulus ins mittel/ und sprach: Lieben menner
man solt mir geloset/ und nit von Candian
aufgebrochen haben/ und unns dises leyds und
schadens erspart haben. Unnd nun erman ich
euch/ das jr guots muots sygind: dann keines
läben wirt auß uns umbkommen/ sunder
allein das schiff. Dann dise nacht ist bey mir
gstanden der Engel Gottes/ deß ich bin/ und
dem ich dienen/ und sprach: Förcht dir nitt
Paule/ du muost für den Keyser gestellt werden.
Und sihe/ Gott hat dir geschenckt alle die mit
dir schiffend. Darumb lieben menner sind
guots muots/ dann ich glaub meinem Gott.
Es wirt also geschehen wie mir gesagt ist.
Wir müessend aber anfaren an ein Jnsulen.

Do aber die vierzähend nacht kam/ und wir
in Adria fuorend umb die mittenacht/ wänetend

schliesslich einen Ort namens Kaloi Limenes,
in dessen Nähe die Stadt Lasäa liegt.

9 Inzwischen war viel Zeit verstrichen,
sogar das Fasten war schon vorüber. Die
Seefahrt wurde bereits unsicher, und Paulus
hatte Bedenken 10 und sagte zu den Leuten:
Männer, ich sehe, dass die Fahrt nicht nur
für die Ladung und das Schiff Unbill und
grossen Schaden mit sich bringen, sondern
auch unser Leben gefährden wird. 11 Der
Hauptmann jedoch verliess sich auf den
Steuermann und den Kapitän und hörte nicht
auf die Worte des Paulus, 12 und da der Hafen
zum Überwintern ungeeignet war, beschloss
die Mehrheit, von dort weiterzufahren in der
Hoffnung, Phönix zu erreichen, einen Hafen
auf Kreta, der nach Südwesten und Nordwesten
hin offen ist, und dort zu überwintern.

13 Als ein leichter Südwind aufkam, glaubten
sie, ihr Vorhaben stehe unter einem guten Stern,
lichteten die Anker und fuhren der Küste von
Kreta entlang. 14 Kurz darauf jedoch brach von
der Insel her ein Orkan los, der sogenannte
Euraquilo. 15 Da das Schiff mitgerissen wurde
und nicht mehr gegen den Wind gedreht
werden konnte, gaben wir auf und liessen uns
treiben. 16 Als wir bei einer kleinen Insel namens
Kauda Schutz fanden, konnten wir das Beiboot
nur mit Mühe in unsere Gewalt bekommen.
17 Nachdem sie es gehievt hatten, ergriffen sie
weitere Massnahmen und zogen Taue unter
dem Schiff durch; und weil sie befürchteten,
in die Grosse Syrte abgetrieben zu werden,
liessen sie den Treibanker hinunter und trieben
so dahin. 18 Da wir vom Sturm hart bedrängt
waren, warfen sie am nächsten Tag Ladung ab,
19 und am dritten Tag warfen sie eigenhändig
das Schiffsgerät über Bord. 20 Mehrere Tage
lang zeigten sich weder Sonne noch Sterne, und
der heftige Sturm hielt an; am Ende schwand
uns jede Hoffnung, noch gerettet zu werden.

21 Als niemand mehr essen mochte, trat
Paulus mitten unter sie und sagte: Männer,
man hätte eben auf mich hören und nicht
von Kreta wegfahren sollen; dann wären uns
jetzt Unglück und Schaden erspart geblieben.
22 Doch nun ermahne ich euch, guten Mutes zu
sein. Keiner von euch wird ums Leben kommen,
nur das Schiff wird untergehen. 23 In dieser
Nacht nämlich ist ein Engel des Gottes, dem
ich gehöre und dem ich diene, zu mir getreten
24 und hat gesagt: Fürchte dich nicht, Paulus,
du musst vor den Kaiser treten. Und so hat Gott

die schiff leüt es erschine jnen ein landschafft/ und sy sancktend die bleygwürff hineyn/ und fundend zwentzig klaffter tieff: und über ein wenig von dannen sancktend sy abermals eyn/ und fundend fünfftzähen klaffter. Do forchtend sy sich sy wurdind an herte ort anstossen/ und wurffend vom hinderschiff vier äncker/ und wunschtend dass tag wurde. Do aber die schiff lüt die flucht suochtend/ und den barchen niderliessend in das Meer/ gabent sy für/ sy wöltind äncker auß dem vorderen gransenn deß schiffs außstrecken/ sprach Paulus zuo dem unnderhauptman/ und zuo den kriegsknechten: Wenn dise nit im schiff bleybend/ so mögend jr nit behalten werden. Do hüwend die kriegsknecht die strick ab von dem barchen/ und liessend jn entfallen. Und do es anfieng tag zewerden/ ermanet sy Paulus alle/ dz sy speyß nämind/ und sprach: Es ist heüt der vierzähend tag das jr wartend/ unnd ungeessen bliben sind/ und habend nichts zuo euch genommen: darumb ermanen ich euch speyß zenemmen/ dann das geschicht uns zuo unserem aufenthalt: dann es wirt unser keinem ein haar von dem haupt entfallen. Und do er das gesagt/ nam er dz brot/ dancket Gott vor jnen allen/ und brachs/ und fieng an zuo essen. Do wurdend sy alle guots muots/ unnd namend auch speyß. Unser warennd aber all zuosamen im schiff zweyhundert und sechs und sibentzig seelen. Und do wir satt wurdend/ erleychtertend wir das schiff/ unnd wurffend den weytzen in das Meer.

Do es aber tag ward/ kanndtend sy das land nit. Eines hafens aber wurdend sy gewar/ der hatt ein gstad/ da hinan woltend sy das schiff treibenn wo es müglich wäre. Und do sy die äncker aufgehuobend/ liessent sy sich dem meer/ und lösetend die ruoderband auf/ und huobend auf den sägelbaum gegen dem wind/ und trachtetend nach dem gstad. Und do wir an ein hornn fuorend/ stieß sich das schiff an. Und das forder teyl bleyb vest ston/ unbeweglich: aber das hinder teyl zerbrach von dem gwalt der wällen.

Die kriegsknecht aber hattend einen radt die gefangnen zetöden/ das nit yemants/ so er außschwumme/ entfluhe. Aber der underhauptman wolt Paulum erhalten/ und weeret jrem radt; und hieß die da schwümmen kondtend/ sich zum ersten in das meer lassen/ und entgon an das land. Die anderen aber etlich auff den brättern/ etlich auff dem

dir alle anvertraut, die mit dir auf dem Schiff sind. 25 Darum, Männer, seid guten Mutes! Denn ich vertraue auf Gott, dass es so geschehen wird, wie mir gesagt worden ist. 26 Wir werden an irgendeiner Insel stranden müssen.

27 Als wir nun schon die vierzehnte Nacht auf dem Adriatischen Meer dahintrieben, glaubten die Matrosen mitten in der Nacht, Land zu sichten, das auf sie zukam. 28 Sie warfen das Senkblei aus und massen zwanzig Faden; und als sie ein wenig weiter gefahren waren und dann das Senkblei nochmals auswarfen, massen sie noch fünfzehn Faden. 29 Da befürchteten sie, wir könnten auf ein Riff auflaufen, warfen vom Heck aus vier Anker und sehnten den Morgen herbei. 30 Die Matrosen aber versuchten, vom Schiff zu fliehen, und liessen unter dem Vorwand, vom Bug aus Anker auszuwerfen, das Beiboot ins Wasser hinunter. 31 Paulus aber sagte zum Hauptmann und zu den Soldaten: Wenn die nicht auf dem Schiff bleiben, könnt ihr nicht gerettet werden. 32 Da kappten die Soldaten die Taue des Bootes und liessen es treiben.

33 Bis in die Morgendämmerung hinein ermunterte Paulus alle, wieder Nahrung zu sich zu nehmen, und sagte: Heute ist schon der vierzehnte Tag, dass ihr ohne Essen ausharrt und nichts zu euch nehmt. 34 Darum rate ich euch, etwas zu essen, denn das kommt eurer Rettung zugute. Keinem von euch nämlich wird auch nur ein Haar auf seinem Kopf verloren gehen. 35 Nachdem er dies gesagt und Brot genommen hatte, dankte er Gott vor aller Augen, brach es und begann zu essen. 36 Da fassten alle neuen Mut und nahmen ebenfalls Speise zu sich. 37 Wir waren insgesamt zweihundertsechsundsiebzig Leute auf dem Schiff. 38 Nachdem sie sich satt gegessen hatten, machten sie das Schiff leichter, indem sie das Getreide ins Meer warfen.

39 Als es Tag wurde, konnten sie nicht erkennen, was für ein Land da vor ihnen lag. Sie entdeckten aber eine Bucht mit einem flachen Strand; da beschlossen sie, das Schiff nach Möglichkeit dort auflaufen zu lassen. 40 Sie machten die Anker los und liessen sie im Meer zurück; zugleich lösten sie die Haltetaue der Steuerruder, setzten das Vordersegel und hielten mit dem Wind im Rücken auf den Strand zu. 41 Sie gerieten aber auf eine Sandbank und liessen das Schiff auflaufen; der Bug bohrte sich in den Grund und sass fest, das Heck

das vom schiff was. Und also geschach/ das alle seelen erhalten zuo land kamend.

Das xxviij. Capitel.
Von dem zeychen das Paulus thuot in der Jnsulen Melite. Publius der vogt empfacht sy früntlich/ dem machet Paulus seinen vatter gesund. Und so er gen Rom kumpt/ prediget er den Juden Christum.

Und do wir entrunnend/ erfuorend wir daß die Jnsul Melite hieß. Die leüt aber erzeygtend uns nit kleine freündschafft: dann sy zündetend ein fheür an/ und namend uns alle auf umb deß rägens der über unns kommen was/ und umb der kelte willen. Do aber Paulus ein hauffen ryß zuosamen rasplet/ und legts in fheür/ kam ein naater von der hitz/ und fuor Paulo an sein hand. Do aber die leüt sahent das thier an seiner hand hangen/ sprachend sy under einander: Diser mensch muoß ein mörder sein/ welchen die rach nit läben laßt/ ob er gleich dem meer entgangen ist. Er aber schlencketer das thier ins fheür/ und jm widerfuor nichts übels. Sy aber wartetend wenn er geschwällen wurde/ oder todt niderfiele. Do sy aber lang wartetend/ und sahend das jm nüts arges widerfuor/ verwandtend sy sich/ und sprachend: Er wäre ein Gott.

An den selben örtern aber hatt der oberst in der Jnsulen/ mit nammen Publios/ etliche güeter und glend/ der nam uns auf/ und beherberget uns drey tag freündtlich. Es geschach aber do der vatter Publij am fieber unnd an der ruor lag/ zuo dem gieng Paulus hineyn/ und bättet/ und legt die hand auff jn/ und machet jn gsund.

Do das geschach/ kamend auch die anderen in diser Jnsulen herzuo die kranckheyten hattend/ unnd liessend sich gesund machen. Und sy thettend uns grosse eer an. Und do wir außzugennd/ luodend sy auff was unns not was.

aber drohte unter der Gewalt der Wellen zu bersten. 42 Da beschlossen die Soldaten, die Gefangenen zu töten, damit keiner schwimmend entkommen könne. 43 Der Hauptmann jedoch wollte Paulus retten und hinderte sie an ihrem Vorhaben. Er befahl, dass zuerst diejenigen, die schwimmen konnten, ins Wasser springen und versuchen sollten, das Land zu erreichen; 44 die Übrigen sollten nachkommen, teils auf Planken, teils auf irgendwelchen Schiffstrümmern. Und so geschah es, dass alle an Land kamen und gerettet wurden.

|2: 19,29; 20,4 |9: Lev 16,29–31 |21: 27,9–10 |22: 27,41–44 |23: 9,10! |24: 9,15; 23,11 |26: 28,1 |33: 27,21 |41: 2Kor 11,25

27,13: Andere Übersetzungsmöglichkeit: «…, glaubten sie schon, ihr Vorhaben sei geglückt, lichteten …»

27,27: Zum Adriatischen Meer zählte man in der Antike auch das Meer zwischen Kreta und Sizilien.

Aufenthalt auf Malta

28 1 Nach unserer Rettung erfuhren wir, dass die Insel Malta hiess. 2 Die Einheimischen waren uns gegenüber von aussergewöhnlicher Freundlichkeit; sie machten Feuer und nahmen uns bei sich auf, denn es begann zu regnen und wurde kalt. 3 Als Paulus ein Bündel Reisig, das er gesammelt hatte, auf das Feuer legte, fuhr infolge der Hitze eine Natter heraus und biss sich an seiner Hand fest. 4 Als die Einheimischen das Tier an seiner Hand hängen sahen, sagten sie zueinander: Dieser Mensch ist gewiss ein Mörder; dem Meer ist er entronnen, aber dennoch lässt ihn die Göttin der Gerechtigkeit nicht leben. 5 Er aber schüttelte das Tier ab, warf es ins Feuer, und es geschah ihm nichts. 6 Sie erwarteten, dass er nun Schwellungen bekommen oder plötzlich tot umfallen werde. Doch nachdem sie längere Zeit gewartet hatten, ohne etwas Ungewöhnliches an ihm wahrzunehmen, änderten sie ihre Meinung und sagten, er sei ein Gott.»

7 In der Umgebung jenes Ortes lagen Landgüter, die dem vornehmsten Bürger der Insel namens Publius gehörten. Der nahm uns auf und erwies uns drei Tage lang seine Gastfreundschaft. 8 Es traf sich aber, dass der Vater des Publius mit Fieber und Durchfall darniederlag. Da ging Paulus zu ihm hinein und betete, legte ihm die Hände auf und machte ihn gesund. 9 Daraufhin kamen auch die übrigen Kranken der Insel herbei und liessen sich heilen. 10 Auf vielerlei Weise bezeugten sie

Nach dreyen monaten aber schiffetennd wir auß in einem schiff von Alexandria/ welches in der Jnsulen gewinntert hat/ und hatt ein paner der Zwyling. Und do wir gen Syracusa kamend/ blibend wir drey tag da. Und do wir umbschiffetend/ kamend wir gen Region: und nach einem tag/ do der Sudwind sich erhuob/ kamend wir deß anderen tags gen Puteolon/ da fundend wir brüeder/ und wurdend von jnen gebätten das wir siben tag da blibend/ und also kamend wir gen Rom. Und von dannen do die brüeder von uns hortend/ giengend sy auß uns engegen biß gen Appifor unnd Tretabern. Do die Paulus sach/ dancket er Gott/ und gewan ein zuoversicht. Do wir aber gen Rom kamend/ überantwortet der underhauptman die gefangnen dem obersten hauptman. Aber Paulo ward erlaubt für sich selber zebleyben mit einem kriegsknecht/ der seinen hüetet.

Es geschach aber nach dryen tagen/ das Paulus zuosamen beruofft die fürnemsten der Juden. Do die selben zuosamen kamend/ sprach er zuo jnen: Jr menner lieben brüeder/ ich hab nüts gethon wider unser volck/ noch wider vätterliche sitten/ unnd bin doch gebunden/ auß Jerusalem übergeben in der Römer hend/ welche/ do sy mich verhört hattend/ woltend sy mich ledig lassen/ dieweyl kein ursach des tods an mir was. Do aber die Juden darwider redtend/ ward ich genötiget mich uff den Keyser zeberüeffen: nit als hette ich mein volck etwas zuo verklagen. Umb der ursach willen hab ich euch zuo mir berüefft/ euch zesehen und anzesprechen. Dann umb der hoffnung willen Jsraels/ bin ich mit diser ketten umbgeben. Sy aber sprachend zuo jm: Wir habend weder gschrifft empfangen vonn Judea deinethalben noch kein bruoder ist kommen der vonn dir etwas arges verkündet oder gesagt habe. Doch dunckt es uns der red wärdt/ das wir von dir hörind was du darvon haltest: dann von diser secten ist uns kund/ dz jro wirt an allen enden widersprochen. Und do sy jm einen tag bestimptend/ kamend vil zuo jm in die herberg/ welchen er außlegt/ und bezeügt das reych Gottes/ und überredt sy von Jesu auß dem gsatz

uns ihre Ehrerbietung, und bei unserer Abfahrt gab man uns mit, was wir nötig hatten.

|6: Lk 10,19! · 14,11 |8–9: Lk 4,38–40 |8: 6,6!

Von Malta nach Rom
11 Drei Monate später stachen wir mit einem Schiff, das auf der Insel überwintert hatte, in See; es war aus Alexandria und trug als Galionsfigur die Dioskuren. 12 Wir liefen in Syrakus ein und blieben dort drei Tage. 13 Dann lichteten wir die Anker und gelangten nach Rhegium. Tags darauf setzte Südwind ein, und so erreichten wir in zwei Tagen Puteoli. 14 Hier trafen wir Brüder und Schwestern, die uns baten, sieben Tage bei ihnen zu bleiben. Und so kamen wir schliesslich nach Rom.
15 Die Brüder und Schwestern, die gehört hatten, was uns zugestossen war, reisten uns von dort bis Forum Appii und Tres-Tabernae entgegen. Als Paulus sie sah, dankte er Gott und fasste Mut. 16 Nach unserer Ankunft in Rom bekam Paulus die Erlaubnis, für sich allein zu wohnen, zusammen mit dem Soldaten, der ihn bewachte.

Das Wirken des Paulus in Rom
17 Es geschah aber nach drei Tagen, dass er die Vorsteher der jüdischen Gemeinde zu sich rufen liess; als sie bei ihm versammelt waren, sprach er zu ihnen: Brüder! Obwohl ich nichts getan habe, was sich gegen unser Volk oder die Sitten unserer Väter richtet, bin ich von Jerusalem als Gefangener den Römern ausgeliefert worden. 18 Diese haben mich verhört und wollten mich freilassen, da nichts an mir zu finden war, was den Tod verdient. 19 Da aber die Juden Einspruch erhoben, war ich gezwungen, an den Kaiser zu appellieren – doch nicht in der Absicht, mein Volk in irgendeiner Weise zu verklagen. 20 Aus diesem Grund habe ich darum gebeten, euch sehen und sprechen zu dürfen; denn um der Hoffnung Israels willen trage ich diese Fesseln. 21 Da sagten sie zu ihm: Weder haben wir Briefe über dich aus Judäa erhalten noch ist einer von den Brüdern gekommen und hat uns Nachteiliges von dir berichtet oder schlecht über dich gesprochen. 22 Wir würden aber gerne von dir hören, wie du denkst; von dieser Sekte ist uns nämlich bekannt, dass sie überall auf Widerspruch stösst.
23 Nachdem sie mit ihm einen Tag vereinbart hatten, kamen sie in noch grösserer Zahl zu ihm in seine Unterkunft. Er legte ihnen alles dar,

Mosi/ und auß den Propheten/ von früe morgen an biß an den abend. Und etlich fielend dem zuo das er sagt/ etlich aber glaubtends nit.

Do sy aber under einanderen nit einhällig warend/ giengend sy hinweg. Als Paulus ein wort redt/ das wol der heylig geyst gesagt hat/ durch den propheten Esaiam zuo unseren vätteren/ unnd gesprochen: Gang hin zuo disem volck/ unnd sprich: Mit den oren werdend jrs hören/ und nit verston: und mit den augen werdend jrs sehen/ und nit erkennen. Dann das hertz dises volcks ist verstocket/ und sy hörend schwarlich mit jren oren: und jre augen habend sy zuogethon/ auff dz sy nit der mal eins sehind mit jren augen/ und hörind mit jren oren/ unnd verstendig werdind in jrem hertzen/ und sich bekeerind/ das ich sy gesund machte. So sey es euch kund gethon/ das den Heyden gesandt ist dz heyl Gottes/ und sy werdends hören. Unnd do es die Juden hortend dz er sölichs redt/ giengend sy hin/ und hattend ein grosse frag under jnen selbs. Paulus aber bleyb zwey Jar in seinem eygnen geding/und nam auf alle die zuo jm eynkamend/ prediget das reych Gottes/ unnd leeret von dem Herren Jesu mitt aller freyheit unverbotten.

indem er Zeugnis gab vom Reich Gottes und sie, ausgehend vom Gesetz des Mose und von den Propheten, von Jesus zu überzeugen suchte, vom frühen Morgen bis zum Abend. 24 Einige liessen sich überzeugen von dem, was er sagte, andere aber schenkten ihm keinen Glauben. 25 Ohne sich einig geworden zu sein, brachen sie auf, nachdem Paulus noch dies eine Wort gesagt hatte: Wie zutreffend ist doch, was der heilige Geist durch den Propheten Jesaja zu euren Vätern gesprochen hat, 26 als er sagte:
Geh zu diesem Volk und sprich:
 Hörend werdet ihr hören und nicht
 verstehen, sehend werdet ihr sehen und nicht
 erkennen.
27 Denn verfettet ist das Herz dieses Volkes;
 mit den Ohren hören sie schwer,
 und ihre Augen halten sie geschlossen, damit
 sie mit den Augen nicht sehen
 und mit den Ohren nicht hören und mit
 dem Herzen nicht verstehen
 und nicht umkehren und nicht wollen, dass ich
 sie heile.
28 So sei euch denn kundgetan:
Das Rettende, das von Gott kommt,
ist zu den andern Völkern gesandt
worden, und die werden hören.
30 Er blieb zwei Jahre lang in seiner eigenen Wohnung und empfing alle, die zu ihm kamen, 31 verkündigte das Reich Gottes und lehrte über Jesus Christus, den Herrn, in aller Offenheit und ungehindert.

|17: 25,8 |18: 26,32 |19: 25,11 |20: 23,6; 24,15; 26,6–8 |22: 24,5.14 · Lk 2,34 |23: 19,8! · 26,22–23! |26–27: Jes 6,9–10; Lk 8,10 |31: 19,8!

28,28: Andere Übersetzungsmöglichkeit: «…; von dieser Partei ist uns nämlich bekannt, …» Einige Handschriften fügen am Versende ein: «29 Und als er dies gesagt hatte, gingen die Juden fort und stritten noch lange miteinander.»

Die Epistel S. Pauli zuo den Römern.

Das erst Capitel.

Jn disem ersten Capitel zeygt Paulus den Römern an was grosser liebe er zuo jnen hab/ deßhalb er begäre jnen das Evangelium zuo verkünden/ das jm Christus befolhen hat zuo predigen den Heyden/ zeygt damit an was das Evangelium sey/ was nutz es bringe. Jm end straafft er etlich die den fleyschlichen begirden anhangend.

Paulus ein knecht Jesu Christi/ berüeffet zum Apostel/ außgesündert zuo predigen das Euangelion Gottes (welches er vorhin verheyssen hat durch seine propheten in der heiligen geschrifft) von seinem sun/ der jm geboren ist von dem somen Davids nach dem fleysch/ und krefftigklich erweyset ein sun Gottes nach dem geyst der da heyliget/ sit der zeyt er auferstanden ist von den todten/ namlich Jesus Christus unnser Herr/ durch welchen wir habend empfangen gnad und Apostel ampt under allen Heiden/ die gehorsame deß glaubens aufzerichten under seinem nammen/ welcher jr zum teyl auch sind/ die da berüefft sind von Jesu Christo.

Allen die da zuo Rom sind/ den liebstenn Gottes/ und berüefften heyligen. Gnad sey mit euch und frid von Gott unserem vatter/ und dem Herren Jesu Christo.

Von ersten danckenn ich meinem Gott durch Jesum Christum euwer aller halben/ das man von euwerem glauben in aller welt sagt. Dann Gott ist mein zeüg/ welchem ich dienen in meinem geyst am Evangelio von seinem sun/ das ich on unnderlaß euwer gedencken/ und alle zeyt in meinem gebätt ernstlich bitt/ ob ich etwan der tagnen eins einen glücklichen wäg haben möchte/ durch Gottes willen zuo euch zekommen. Dann mich verlangt euch zesehen/ auff das ich euch mitteile etwas geystlicher gaaben euch zestercken/ dz ist/ dz ich mit euch getröstet wurd/ durch euweren und meinen glauben/ den wir under einanderen habend.

Jch wil aber euch nit verhalten lieben brüeder/ das ich mir offt hab fürgesetzt zuo üch

Der Brief an die Römer

Anschrift

1 1 Paulus, Knecht des Christus Jesus, berufen zum Apostel, ausersehen, das Evangelium Gottes zu verkündigen, 2 das er durch seine Propheten in heiligen Schriften schon seit langem verheissen hat – 3 das Evangelium von seinem Sohn, der nach dem Fleisch aus dem Samen Davids stammt, 4 nach dem Geist der Heiligkeit aber eingesetzt ist als Sohn Gottes in Macht, seit der Auferstehung von den Toten: das Evangelium von Jesus Christus, unserem Herrn, 5 durch den wir Gnade und Apostelamt empfangen haben, Glaubensgehorsam zu erwirken und seinen Namen zu verbreiten unter allen Völkern, 6 zu denen auch ihr als in Jesus Christus Berufene gehört –, 7 an alle in Rom, die von Gott geliebt und zu Heiligen berufen sind: Gnade sei mit euch und Friede von Gott, unserem Vater, und dem Herrn Jesus Christus.

|1: Phil 1,1 · 1Kor 1,1; Gal 1,1 · Gal 1,15 |2: 16,26
|3: Joh 7,42! |4: Phil 3,10 · 1Kor 15,13! |5: Gal 2,7–9 · 16,26
|7: 1Kor 1,3; 2Kor 1,2; Gal 1,3; Phil 1,2; Phlm 3

1,4: Andere Übersetzungsmöglichkeit: «... eingesetzt ist in Macht, durch die Auferstehung von ...»

Die Sehnsucht des Apostels

8 Als Erstes danke ich meinem Gott durch Jesus Christus für euch alle; von eurem Glauben nämlich wird in der ganzen Welt gesprochen. 9 Denn Gott, dem ich mit allem, was in mir ist, diene durch die Verkündigung des Evangeliums von seinem Sohn, er ist mein Zeuge, dass ich unablässig an euch denke 10 und im Gebet immer wieder darum bitte, dass es mir endlich einmal durch Gottes Willen vergönnt sei, zu euch zu kommen. 11 Denn ich sehne mich danach, euch zu sehen, um euch teilhaben zu lassen an dieser und jener geistlichen Gabe zu eurer Stärkung, 12 und das heisst: um in eurer Mitte gemeinsam mit euch ermutigt zu werden durch unseren gemeinsamen Glauben, den euren wie den meinen.

zekommen (bin aber verhinderet bißhär) dz ich
etwas guots schaffte ouch under euch/ gleich wie
unnder anderen Heyden. Jch bin ein schuldner
beder der Kriechen und der unkriechen/
beide der weysen und der unweysen. Darumb
so vil an mir ist/ bin ich geneygt auch euch
zuo Rom das Euangelion zepredigen.

13 Ihr sollt aber auch wissen, liebe Brüder
und Schwestern, dass ich mir schon oft
vorgenommen habe, zu euch zu kommen,
bis heute aber daran gehindert wurde, auch
bei euch, wie bei allen anderen Völkern, ein
wenig Frucht zu ernten. 14 Griechen und
Nichtgriechen, Gebildeten und Ungebildeten
weiss ich mich verpflichtet. 15 So ist bei mir
der klare Wille vorhanden, auch euch in
Rom das Evangelium zu verkündigen.

|8: 1Kor 1,4! |13: 15,22! |14: 1Kor 1,26–28

1,14: Andere Übersetzungsmöglichkeit: «…
Nichtgriechen, Weisen und Toren weiss ich …»

Das Evangelium als Kraft Gottes

Dann ich beschämen mich deß Euangelions von
Christo nit/ dann es ist ein krafft Gottes/ die da
sälig machet alle die daran glaubend/ die Juden
fürnemlich und auch die Kriechen/ sitmals
darinnen geoffenbart wirt die gerechtigkeit die
vor Gott gilt/ welche kumpt auß vertruwen
in die trüw. Wie dann geschriben stadt: Der
gerecht wirt läben auß seinem glauben.

16 Denn ich schäme mich des Evangeliums
nicht; eine Kraft Gottes ist es zur Rettung für
jeden, der glaubt, für die Juden zuerst und
auch für die Griechen. 17 Gottes Gerechtigkeit
nämlich wird in ihm offenbart, aus Glauben
zu Glauben, wie geschrieben steht: *Der
aus Glauben Gerechte aber wird leben.*

|16: Lk 9,26! · 1Kor 1,18 · 10,9 |17: 3,21–26; 10,3;
2Kor 5,21; Phil 3,9 · Hab 2,4; Gal 3,11

1,17: Andere Übersetzungsmöglichkeit: «…: *Der
Gerechte aber wird aus Glauben leben.*»

Die Unentschuldbarkeit aller Menschen

Dann Gottes zorn von himmel wirt geoffenbaret
über alles gottloß wäsen und unrecht der
menschen/ die die warheyt Gottes auf haltend
im unrechten/ darumb daß dz jhenig/ so
kundtlich ist an Gott/ geoffenbaret bey jnen
ist. Dann Gott hat es jnen geoffenbaret/
damit dz Gottes unsichtbars wäsen/ das
ist/ sein ewige krafft unnd Gottheyt werde
ersehenn/ so man deß war nimpt bey den
wercken von der schöpffung der welt an/
also/ das sy kein entschuldigung habend/
dieweyl sy erkantend das ein Gott ist/ und
habent jn nit gepreyset als einen Gott/ noch
jm gedancket/ sunder sind in jrem dichten
unnütz worden/ und jr unverstendigs hertz ist
verfinsteret. Do sy sich weyß hieltend/ sind sy
zuo narren worden: und habend verwandlet
die herligkeyt deß unzergengklichen Gottes
durch ein gleychnuß eines erdichten bilds/ nit
allein deß zergengklichen menschens/ sunder
auch der vögeln/ und der vierfüessigen und
der kriechenden thieren. Darumb hat sy auch
Gott dahin ggeben in jrer hertzen lust/ in
unreynigkeit/ zeschänden jre eygnen leyb durch
sich selb/ die Gottes warheyt habend verwandlet

18 Denn es offenbart sich Gottes Zorn
vom Himmel her über alle Gottlosigkeit und
Ungerechtigkeit der Menschen, die die Wahrheit
unterdrücken durch Ungerechtigkeit. 19 Sie
hätten ja vor Augen, was von Gott erkannt
werden kann; Gott selbst hat es ihnen vor Augen
geführt. 20 Denn was von ihm unsichtbar
ist, seine unvergängliche Kraft und Gottheit,
wird seit der Erschaffung der Welt mit der
Vernunft an seinen Werken wahrgenommen;
es bleibt ihnen also keine Entschuldigung.
21 Denn obwohl sie Gott erkannten, haben sie
ihm nicht die Ehre gegeben, die Gott gebührt,
noch ihm Dank gesagt, sondern sie verfielen
mit ihren Gedanken dem Nichtigen, und
ihr unverständiges Herz verfinsterte sich.
22 Sie behaupteten, weise zu sein, und
wurden zu Toren, 23 und sie tauschten die
Herrlichkeit des unvergänglichen Gottes
gegen das Abbild eines vergänglichen
Menschen, gegen das Abbild von Vögeln,
Vierfüsslern und Kriechtieren. 24 Darum
hat Gott sie im Begehren ihres Herzens
der Unreinheit preisgegeben, und so
entehren sie selbst ihre Leiber.

in die lugen: und habend geeret und gedienet der geschöpfft mer dann dem schöpffer/ der da ist gebenedyet in ewigkeit/ Amen. Darumb hat sy Gott auch dahin gegeben in schantliche lüst. Dann jre weyber habend verwandlet den natürlichen brauch in den unnatürlichen: desselbigen gleichen auch/ die mann habend verlassen den natürlichen brauch deß weybs/ und sind aneinanderen erhitziget in jren gelüsten/ und habend mann mit mann schand gewürckt/ und den lon jres yrrthumbs (wie es dann sein solt) durch sich selbs empfangen. Und gleych wie sy nit habent geachtet/ das sy Gottes/ ein wüssen trüegind/ also hat sy Gott auch dahin gegeben in verkerten sinn/ zethuon das ungeschickt ist/ voll alles unrechten/ huorey/ arges/ geyts/ boßheyt/ voll hasses/ mords/ haders/ lists/ gifftig/ und böser sitten/ orenblaser/ verlümbder/ Gottes feynd/ fräler/ hochmüetig/ hoffertig/ stoltz/ fynantzer/ den Eltern ungehorsam/ unverstendig/ trüwloß/ unfreüntlich/ widerspennig/ unbarmhertzig/ die/ wiewol sy Gottes gerechtigkeyt wüssend (namlich das die so sölichs thuond/ deß todts widrig sind) thuond sy es nit allein/ sunder habennd auch lust an denen die es thuond.

Das ij. Capitel.
Er strafft die Juden/ zeygt an/ das sy der schuld und sünd halb den Heyden gleych/ und etlicher maß böser sind.

Darumb O mensch/ magst dich nit entschuldigen/ wär du bist der du richtest: dann worinn du ein anderen richtest/ verdammest du dich selbs/ sitmals du eben das selb thuost dz du richtest. Dann wir wüssend dz Gottes urteyl ist nach der warheyt über die so sölichs thuond. Denckest du aber O mensch/ der du richtest die so sölichs thuond/ unnd thuost auch das selbig/ das du dem urteyl Gottes entrünnen werdest? oder verachtestu die reychtumb seiner güetigkeyt/ gedult unnd langmüetigkeyt? Weyst du nit das dich Gottes güete zur buoß leytet?
Du aber nach deinem verstockten unnd unbuoßfertigem hertzen/ samlest dir selbs einen schatz deß zorns/ auff den tag deß zorns und der offenbarung deß gerechten gericht Gottes/ welcher geben wirt einem yetlichen nach seinen wercken: namlich/ preyß und eer/ unnd das unzergengklich wäsen/ denen die mit gedult in guoten wercken trachtend nach dem ewigen läben: denen aber/ die da zengkisch/

25 Sie tauschten die Wahrheit Gottes gegen die Lüge und huldigten und dienten dem Geschöpf statt dem Schöpfer – gepriesen sei er in Ewigkeit, Amen. 26 Deshalb hat Gott sie unwürdigen Leidenschaften preisgegeben. Denn ihre Frauen vertauschten den natürlichen Umgang mit dem widernatürlichen. 27 Ebenso gaben die Männer den natürlichen Umgang mit der Frau auf und entflammten im Verlangen nacheinander; Männer mit Männern bringen Schande über sich und empfangen am eigenen Leib den Lohn für ihre Verirrung.
28 Und da es ihnen nichts bedeutete, Gott erkannt zu haben, hat Gott sie der Haltlosigkeit preisgegeben, und so tun sie, was sich nicht gebührt. 29 Sie strotzen vor Unrecht, Schlechtigkeit, Habsucht, Bosheit, sie sind voller Neid, Mord, Zank, Arglist, Verschlagenheit; Ohrenbläser sind sie, 30 Verleumder, Gotthasser, Frevler, Angeber, Prahler, erfinderisch im Bösen, ungehorsam den Eltern, 31 gedankenlos, haltlos, lieblos, ohne Erbarmen.
32 Sie kennen zwar die Rechtsordnung Gottes, die sagt, dass, wer es so treibt, den Tod verdient; und doch tun sie es nicht nur, nein, sie beklatschen auch noch, die es so treiben.

|21: 2Kön 17,15; Jer 2,5 |22: 1Kor 1,20 |23: Ps 106,20 · Dtn 4,15–18 |24: 6,19

Das Ende aller Entschuldigungen
2 1 Darum gibt es keine Entschuldigung für dich, Mensch, wer immer du bist, der du urteilst. Worin du über einen andern urteilst, darin verurteilst du dich selbst; denn du, der du urteilst, tust ja dasselbe.
2 Wir wissen aber, dass Gottes Urteil diejenigen, die solches tun, zu Recht trifft.
3 Du aber, Mensch, der du über die richtest, die solches tun, und doch dasselbe tust, rechnest du damit, dass du dem Gericht Gottes entrinnen wirst? 4 Oder verkennst du den Reichtum seiner Güte, Langmut und Geduld? Weisst du nicht, dass Gottes Güte dich zur Umkehr leitet? 5 Mit deinem Starrsinn und deinem unbussfertigen Herzen häufst du dir Zorn auf für den Tag des Zorns, an dem sich Gottes gerechtes Gericht offenbaren wird. 6 *Er wird einem jeden vergelten nach seinen Taten:* 7 ewiges Leben geben denen, die im geduldigen Tun guter Werke Herrlichkeit, Ehre und Unvergänglichkeit suchen, 8 Zorn und Grimm aber denen, die nur auf den

und nit gehorsam sind der warheyt/ gehorsam aber dem unrechten/ ist künfftig ungnad und zorn/ trüebsal und angst über alle seelen der menschen die da böses thuond: fürnämlich den Juden und auch den Kriechen. Preyß aber und eer/ und frid allen denen die da guots thuond/ fürnemlich den Juden und auch den Kriechen.

Dann es ist kein ansehen der person vor Gott.

Welche on gsatz gesündet habent/ die werdent auch on gsatz verloren werden: und welche am gsatz gesündet habend/ die werdend durchs gsatz verurteylt werden. Sitmals vor Gott nit/ die das gsatz hörend/ gerecht sind: sunder die das gsatz thuond/ werdend rechtfertig sein. Dann so die Heyden/ die das gsatz nit habend/ und doch von natur thuond deß gsatzes innhalt/ die selben/ dieweyl sy das gsatz nit habent/ sind sy jnen selbs ein gsatz/ in dem so sy beweysend/ deß gsatzes werck sey beschriben in jrem hertzen. Sitmals jr gwüssen sy bezeügt/ darzuo auch die gedancken die sich under einander verklagend oder entschuldigend auff den tag da Gott das verborgen der menschen durch Jesum Christ richten wirt/ nach lut und innhalt meines Euangelions.

Sich aber zuo/ du heissest ein Jud/ und verlassest dich auffs gsatz/ unnd berüemest dich Gottes/ und weyst seinen willen: und dieweil du auß dem gsatz underricht bist/ merckest du/ und lobst das besser und nützer/ und vermissest dich zesein ein füerer der blinden/ ein liecht deren die in der finsternuß sind: ein züchtiger der torechtigen/ ein leerer der einfaltigen: hast die form der erkantnuß und der warheyt auß dem gsatz: Der du lerest die anderen/ und lerest dich selber nit. Du predigest man sölle nit stälen/ und du stilst. Du sprichst man sölle nit Eebrechen/ und du brichst die Ee. Dir grüwelt ab den götzen/ und roubest Gott was sein ist. Du berüemst dich deß gesatztes/ und schendest Gott durch übertrettung deß gsatzes. Dann euwerthalben wirt Gottes namm verlesteret under den Heyden. Als geschriben stadt: Die beschneydung ist wol nütz wenn du das gsatz haltest/ haltest du aber dz gsatz nit/ so ist dein beschneydung schon ein vorhaut worden.

eigenen Vorteil bedacht sind und nicht auf die Wahrheit hören, sondern dem Unrecht folgen. 9 Bedrängnis und Not über das Leben eines jeden Menschen, der das Böse tut, des Juden zuerst und auch des Griechen! 10 Herrlichkeit aber und Ehre und Frieden einem jeden, der das Gute tut, dem Juden zuerst und auch dem Griechen. 11 Denn bei Gott ist kein Ansehen der Person.

|5: Zef 1,14–15 |6: Spr 24,12; Ps 62,13; Mt 16,27 |11: Gal 2,6

2,4: Andere Übersetzungsmöglichkeit: «Oder verachtest du den Reichtum …»

Kein Vorrang der Juden

12 Alle, die ohne Kenntnis des Gesetzes gesündigt haben, werden auch ohne Gesetz zugrunde gehen, und alle, die in Kenntnis des Gesetzes gesündigt haben, werden durch das Gesetz gerichtet werden. 13 Denn nicht die, die das Gesetz hören, sind bei Gott gerecht, sondern diejenigen, die tun, was das Gesetz sagt, werden gerecht gesprochen werden. 14 Wenn nämlich die Heiden, die das Gesetz nicht haben, von Natur aus tun, was das Gesetz gebietet, dann sind sie – obwohl sie das Gesetz nicht haben – sich selbst das Gesetz. 15 Sie zeigen damit, dass ihnen das Gesetz mit allem, was es will und wirkt, ins Herz geschrieben ist; ihr Gewissen legt davon Zeugnis ab, und ihre Gedanken verklagen oder verteidigen sich gegenseitig – 16 offenbar wird dies an dem Tag, da Gott richtet über das, was im Menschen verborgen ist, nach meinem Evangelium durch Christus Jesus.

17 Wenn du dich aber einen Juden nennst und dich auf das Gesetz stützt und deinen Ruhm auf Gott gründest, 18 wenn du seinen Willen kennst und, da du gesetzeskundig bist, beurteilen kannst, worauf es ankommt, 19 wenn du dir also zutraust, ein Führer der Blinden zu sein, ein Licht für die in der Finsternis, 20 ein Erzieher der Unwissenden, ein Lehrer der Unmündigen, der im Gesetz die Verkörperung der Erkenntnis und Wahrheit hat – 21 du also belehrst den anderen und dich selbst belehrst du nicht? Du verkündest, man dürfe nicht stehlen, und stiehlst? 22 Du sagst, man dürfe die Ehe nicht brechen, und brichst sie? Du verabscheust die fremden Götter und begehst Tempelraub? 23 Du rühmst dich des Gesetzes und raubst Gott die Ehre durch die Übertretung des Gesetzes! 24 Denn, wie

So nun die vorhaut die gerechtmachung deß
gsatztes recht halt/ meinstu nit das sein vorhut
werde für ein beschneydung gerechnet werden?
Und wirt also das von natur ein vorhaut ist/
und das gsatz vollendet/ dich richten/ der du
under dem buochstaben und beschneydung
das gsatz übertrittest. Dann das ist nit ein Jud
der außwendig ein Jud ist. Auch ist das nit
ein beschneydung die außwendig im fleisch
geschicht: Sunder das ist ein Jud/ der innwendig
verborgen ist. Unnd die beschneydung deß
hertzens/ ist ein beschneydung die im geist
und nit im buochstaben geschicht: welches lob
ist nit auß den menschen/ sunder uß Gott.

Das iij. Capitel.

Zeygt an worinn die Juden besser sygind dann die
Heyden/ und das die Juden und Heyden underworffen
sind den sünden/ allein auß gnaden Gottes fromm.

Was habend denn nun die Juden vorteils?
oder was nützet die beschneydung? zwar vast
vil. Zum ersten/ Jnen ist vertrüwt was Gott
geredt hat. Das aber etlich nit glaubend an
dz selbig/ was ligt daran? solt jrer unglaub
Gottes warhaffte zuosagung krafftloß machen?
das sey verr. Es bleibe vil wäger also/ das
Gott sey warhafftig/ und alle menschen
lugenhafftig. Wie geschriben stadt: Auff das
du rechtfertig syest in deinen worten/ und
überwindest wenn du gerichtet wurdest.

Jsts aber also/ das unser ungerechtikeyt
Gottes gerechtigkeyt preyset/ was wöllend wir
sagen? Jst dann Gott auch ungerecht/ das er
darüber zürnet? (Jch red also uff menschen
weyß) das sey verr. Wie könde denn Gott die
welt richten? Dann so die warheyt Gottes
durch meine lugen herlicher wirt zuo seinem
preyß/ warumb solt ich dann noch als ein
sünder gerichtet werden? und nit vil mer also
thuon (wie wir gelesteret werdend/ und wie
etlich sprechend/ dz wir sagind) Lassent uns
übel thuon/ auff das guots darauß komme/
welcher verdamnuß ist gantz recht.

geschriben steht: *Der Name Gottes wird um
euretwillen in Verruf gebracht unter den Völkern.*

25 Die Beschneidung nützt dir nämlich
nur dann, wenn du das Gesetz befolgst;
übertrittst du aber das Gesetz, so ist aus deiner
Beschneidung Unbeschnittensein geworden.
26 Wenn nun ein Unbeschnittener sich an die
Forderungen des Gesetzes hält, wird ihm sein
Unbeschnittensein dann nicht als Beschneidung
angerechnet? 27 So wird, wer von Natur aus
unbeschnitten ist, das Gesetz aber erfüllt,
richten über dich, der du trotz Buchstabe und
Beschneidung ein Übertreter des Gesetzes bist.
28 Denn nicht der ist ein Jude, der es nach
aussen hin ist, und nicht das ist Beschneidung,
was äusserlich am Fleisch geschieht, 29 nein,
ein Jude ist, wer es im Verborgenen ist, und
die Beschneidung ist eine Beschneidung
des Herzens, nach dem Geist, nicht nach
dem Buchstaben; eines solchen Lob kommt
nicht von Menschen, sondern von Gott.

|15: Jer 31,33; Jes 51,7 |16: 1Kor 4,5 · 16,25 |19: Mt 15,14
|24: Jes 52,5 |29: Dtn 30,6; Phil 3,3

2,14: Andere Übersetzungsmöglichkeit: «… Heiden,
die kein Gesetz haben, …, dann sind sie – obwohl sie kein
Gesetz haben – sich selbst …»

Die Treue Gottes

3 1 Was haben nun die Juden den anderen
voraus? Was nützt ihnen die Beschneidung?
2 Viel, in jeder Hinsicht! Allem voran:
Ihnen wurden die Worte Gottes anvertraut.
3 Denn was macht es schon aus: Wenn einige
untreu geworden sind, wird ihre Untreue
etwa die Treue Gottes aufheben? 4 Gewiss
nicht! Es soll sich vielmehr herausstellen,
dass Gott wahrhaftig ist, jeder Mensch
aber ein Lügner, wie geschriben steht:

*damit du dich als gerecht erweist in deinen
Worten
und Recht behältst, wenn man mit dir
rechtet.*

5 Wenn aber unsere Ungerechtigkeit Gottes
Gerechtigkeit an den Tag bringt, was heisst
das dann? Ist Gott, der seinen Zorn über
uns kommen lässt, etwa ungerecht? So reden
Menschen. 6 Gewiss nicht! Denn wie könnte
Gott dann die Welt richten? 7 Wenn aber
Gottes Wahrhaftigkeit durch meine Lüge sich
in ihrer ganzen Fülle gezeigt hat zu seiner Ehre,
was werde ich dann noch als Sünder gerichtet?
8 Ist es etwa so, wie einige in verleumderischer
Weise von uns behaupten, dass wir nämlich

Was sagend wir dann nun? habend wir ein
vorteyl? gar keinen/ dann wir habend da oben
urkund geben/ das beide Juden und Kriechen
alle under der sünd sind. Wie dann geschriben
stadt: Es ist keiner frumm/ auch nit einer.
Es ist keiner der verstendig sey/ da ist nit der
nach Gott frage. Sy sind alle abgewichen/ und
allesamen untüchtig worden. Da ist nit der
guots thüege/ auch nitt einer. Jr schlund ist
ein offen grab/ mit jren zungen handlend sy
truglich. Natern gifft ist under jren läffzen:
jr mund ist voll fluochens und bitterkeit. Jre
füess sind schnäll bluot zuo vergiessen. Jn jren
wägen ist zerstörung und zerbrechung: und
den wäg deß fridens wüssend sy nit. Es ist kein
forcht Gottes vor jren augen. Wir wüssennd
aber das/ was das gsatz sagt/ das sagt es denen
die under dem gsatz sind. Auff das aller mund
verstopffet werde/ und alle welt sey Gott
schuldig/ darumb das kein fleisch durch deß
gsatzes werck vor jm rechtfertig sein mag. Dann
durch das gsatz kumpt nun erkantnuß der sünd.

sagen: Lasst uns doch das Böse tun, damit
das Gute komme? Wer das behauptet, dem
wird zu Recht das Urteil gesprochen.

|4: Ps 116,11 · Ps 51,6 |5: Gal 3,15

Die Schuld aller Menschen
9 Was gilt nun? Haben wir einen Vorteil?
Nein, nicht unbedingt. Vorher haben wir ja die
Anklage erhoben, dass alle, Juden wie Griechen,
unter der Sünde sind, 10 wie geschrieben steht:
Da ist kein Gerechter, auch nicht einer,
11 *da ist keiner, der Verstand hätte,*
da ist keiner, der Gott suchte.
12 *Alle sind sie vom Weg abgekommen, allesamt*
taugen sie nichts;
da ist keiner, der sich in Güte übte,
keiner, auch nicht einer.
13 *Ein offenes Grab ist ihr Schlund,*
mit ihrer Zunge verbreiten sie Lug und
Trug,
Natterngift bergen ihre Lippen.
14 *Ihr Mund ist voller Fluch und Bitterkeit,*
15 *rasch sind ihre Füsse bereit, Blut zu*
vergiessen,
16 *Verwüstung und Elend säumen ihre*
Wege,
17 *und den Weg des Friedens kennen sie nicht.*
18 *Gottesfurcht gilt nichts in ihren Augen.*
19 Wir wissen aber: Was das Gesetz sagt,
das sagt es denen, die mit dem Gesetz leben,
damit jeder Mund gestopft werde und alle
Welt schuldig sei vor Gott. 20 Denn es gilt
ja: Durch das Tun dessen, was im Gesetz
geschrieben steht, wird kein Mensch vor
ihm gerecht werden; denn durch das Gesetz
kommt es bloss zur Erkenntnis der Sünde.

|10: Koh 7,20 |11–12: Ps 14,2–3 |13: Ps 5,10 · Ps 140,4
|14: Ps 10,7 |15: Jes 59,7; Spr 1,16 |17: Jes 59,8 |18: Ps 36,2
|20: Gal 2,16!

3,9: Andere Übersetzungsmöglichkeit: «... Nein, ganz
und gar nicht. ...»
3,20: Andere Übersetzungsmöglichkeit: «... kommt es
zur Erfahrung der Sünde.»

Die Gerechtigkeit Gottes

Nun aber ist on zuothuon deß gsatzes
die gerechtigkeit die vor Gott gilt/
geoffenbaret/ bezeügt durch das gsatz und
die Propheten. Jch sag aber von söhlicher
gerechtigkeyt vor Gott/ die da kumpt
durch den glauben in Jesum Christum/
zuo allen/ und auff alle die da glaubend.

21 Jetzt aber ist unabhängig vom Gesetz
die Gerechtigkeit Gottes erschienen – bezeugt
durch das Gesetz und die Propheten –, 22 die
Gerechtigkeit Gottes, die durch den Glauben
an Jesus Christus für alle da ist, die glauben.
Denn da ist kein Unterschied: 23 Alle haben ja
gesündigt und die Herrlichkeit Gottes verspielt.
24 Gerecht gemacht werden sie ohne Verdienst

Dann es ist hie kein underscheyd/ sy sind alle sünder/ und manglend deß preyses den Gott an jnen habend solt: und werdend on verdienst fromm gemacht auß seiner gnad/ durch die erlösung so durch Christum gschehen ist: welchen Gott hat fürgestellt zuo einem gnadenstuol durch den glauben inn seinem bluot/ damit er die gerechtigkeit/ die vor jm gilt/ beweyse/ inn dem/ das er vergibt die sünd/ die die vorhin sind geschehen under Göttlicher gedult/ die er truog: das er zuo disen zeyten beweysete die gerechtigkeit die vor jm gilt/ uff das er allein gerecht sey/ unnd fromm mache den/ der da ist deß glaubens in Jesum.

Wo ist dann nun dein ruom? er ist außgeschlossen. Durch welches gsatz? durch der wercken gsatz? nit also/ sunder durch deß glaubens gsatz. So haltennd wir nun das der mensch fromm gemacht werde on zuothuon der wercken deß gsatztes/ allein durch den glauben. Oder ist Gott allein der Juden Gott? Jst er nit auch der Heyden Gott? Ja frylich auch der Heyden Gott/ sitmals er ist ein Gott der da fromm machet die beschneydung auß dem glauben/ unnd die vorhaut durch den glauben. Wie? hebend wir dann das gsatz auf durch den glauben? Das sey verr vonn uns/ sunder wir richtend das gsatz auf.

Das iiij. Capitel.
Der heylig Paulus zeygt durch Abraham an/ das der glaub und nit das gsatz sälig mache.

Was sagend wir dann von unserem vatter Abraham das er gefunden habe nach dem fleysch? Das sagend wir: Jst Abraham durch die wercke fromm gemacht/ so hat er wol rhuom/ aber nit bey Gott. Was sagt aber die geschrifft? Abraham hat Gott glaubt/ und das ist jm zur gerechtigkeyt gerechnet. Dem aber/ der mit wercken umbgadt/ wirdt nit der lon auß gnad zuogerechnet/ sunder auß schuld: dem aber/ der nit mit wercken umbgadt/ glaubt aber in den der die gottlosen fromm machet/ dem wirt sein glaub gerechnet zur gerechtigkeyt. Nach welcher weiß auch David sagt/ das die säligkeyt sey allein deß menschen/ welchem Gott zuorechnet die gerechtikeyt on zuothuon der wercken/ da er spricht: Sälig sind die/ welchen jre ungerechtikeit vergeben sind/ und welchen jre sünd bedeckt sind. Sälig ist der mann/ welchem Got kein sünd zuorechnet. Nun

aus seiner Gnade durch die Erlösung, die in Christus Jesus ist. 25 Ihn hat Gott dazu bestellt, Sühne zu schaffen – die durch den Glauben wirksam wird – durch die Hingabe seines Lebens. Darin erweist er seine Gerechtigkeit, dass er auf diese Weise die früheren Verfehlungen vergibt, 26 die Gott ertragen hat in seiner Langmut, ja, er zeigt seine Gerechtigkeit jetzt, in dieser Zeit: Er ist gerecht und macht gerecht den, der aus dem Glauben an Jesus lebt.

|21: 1,17! |22: 10,12 |23: 5,12 |24: 5,1

Der Glaube an den einen Gott
27 Wo bleibt da noch das Rühmen? Es ist ausgeschlossen. Durch was für ein Prinzip? Das der Leistung? Nein, durch das Prinzip des Glaubens! 28 Denn wir halten fest: Gerecht wird ein Mensch durch den Glauben, unabhängig von den Taten, die das Gesetz fordert. 29 Ist denn Gott nur der Gott der Juden? Nicht auch der Heiden? Doch, auch der Heiden! 30 Ist es doch der eine Gott, der die Beschnittenen aus Glauben und die Unbeschnittenen durch den Glauben gerecht macht. 31 Heben wir also das Gesetz durch den Glauben auf? Gewiss nicht! Im Gegenteil: Wir richten das Gesetz auf.

|27: 1Kor 1,29.31; 3,21 |28: Gal 2,16!

3,31: Andere Übersetzungsmöglichkeiten: «…: Wir bringen das Gesetz zur Geltung.» oder: «…: Wir geben dem Gesetz die rechte Stellung.»

Der Glaube Abrahams
4 1 Was sollen wir nun von Abraham sagen, was hat er erlangt, unser leiblicher Stammvater? 2 Da Abraham nämlich aufgrund seiner Taten für gerecht befunden wurde, hat er Grund, sich zu rühmen – aber nicht vor Gott. 3 Denn was sagt die Schrift: *Abraham glaubte Gott, und das wurde ihm als Gerechtigkeit angerechnet.* 4 Wer eine Leistung erbringt, dem wird der Lohn nicht aus Gnade ausbezahlt, sondern weil er ihm zusteht. 5 Wer jedoch keine Leistung vorzuweisen hat, aber an den glaubt, der den Gottlosen gerecht macht, dem wird sein Glaube als Gerechtigkeit angerechnet. 6 So preist auch David den Menschen selig, dem Gott Gerechtigkeit zugesteht, ohne auf seine Taten zu sehen:

7 Selig, deren Missetaten vergeben und deren Sünden zugedeckt wurden.

dise säligkeyt/ gadt sy über die beschneidung oder über die vorhaut? Wir müessend ye sagen/ das Abraham sey sein glaub zur gerechtigkeit gerechnet. Wie ist er jm dann zuogerechnet? Jn der bschneydung oder in der vorhut? On zweyfel nit in der bschneidung/ sunder in der vorhaut. Das zeychen aber der beschneydung empfieng er zum sigel der gerechtigkeit deß glaubens/ welchen er noch in der vorhut hat: auff das er wurde ein vatter aller die da glaubend in der vorhaut/ das den selben sölichs auch gerechnet wurde zur gerechtikeit: und wurde auch ein vatter der beschneydung/ nit allein deren die vonn der beschneydung sind/ sunder auch deren die ynhär wandlend in den fuoßstapffen deß glaubens/ welcher da was in der vorhut unsers vatters Abrahams.

Dann die verheyssung/ das er der welt ein erb sein solt/ ist nit geschehen Abraham oder seinem somen durchs gsatz/ sunder durch die gerechtigkeyt deß glaubens. Dann wo die vom gsatz erbnn sind/ so ist der glaub auß/ und hört die verheyssung auf/ sitmals das gsatz nun zorn anricht. Dann wo das gsatz nit ist/ da ist auch kein überträttung. Derhalben ist die verheissung geschehen durch den glauben: auff das es gienge nach der gnad/ damit die verheyssung vest bestüende allem somen: nit dem allein der vom gsatz ist/ sonder auch dem der deß glaubens Abrahams ist/ welcher ist unser aller vatter. Wie geschriben stadt: Jch hab dich gsetzt zum vatter viler Heyden vor Gott/ dem du glaubt hast: der da läbendig machet die todten/ und rüefft dem das nit ist/ das es sey.

Und er hat glaubt auff hoffnung da nüts zehoffen was/ auf das er wurde ein vatter viler Heyden. Wie dann zuo jm gesagt ist: Also sol dein som sin. Und er ward nit schwach im glauben/ nam auch nit war seines eygnen leibs/ welcher schon gestorben was/ diewyl er vast hundert järig was/ auch nitt deß gestorbenen leybs der Sara. Dann er zweyflet nit an der verheyssung Gottes durch unglauben/ sunder ward starck im glauben/ und gab Gott den preyß: und wußt auffs aller gewüssest/ das was Gott verheißt/ das mag er auch thuon. Darumb ists jm auch zur frommkeyt gerechnet. Das ist aber nit geschriben allein umb seinentwillen/ daß jm zuogerechnet ist/ sunder auch umb unsertwillen: welchen es sol gerechnet werden/ so wir glaubend in den der unsern Herren Jesum Christum auferweckt hat vonn den todten/

8 *Selig der Mann, dessen Sünde der Herr nicht anrechnet.*
9 Gilt diese Seligpreisung nur den Beschnittenen oder auch den Unbeschnittenen? Wir sagten ja: Abraham wurde der Glaube als Gerechtigkeit angerechnet. 10 Unter welchen Umständen wurde er ihm denn angerechnet? Als er beschnitten war oder als er noch unbeschnitten war? Nicht als er beschnitten war, sondern als er noch unbeschnitten war! 11 Das Zeichen der Beschneidung empfing er als Siegel der Gerechtigkeit, die aus Glauben kommt, aus der Zeit der Unbeschnittenheit. So ist er der Vater aller Glaubenden, die unbeschnitten sind – auch ihnen sollte die Gerechtigkeit zugestanden werden –, 12 und zugleich der Vater der Beschnittenen, die nicht nur beschnitten sind, sondern auch der Spur des Glaubens folgen, den unser Vater Abraham hatte, als er noch unbeschnitten war.

13 Denn nicht durch das Gesetz wurde die Verheissung, Erbe der Welt zu sein, Abraham und seinen Nachkommen gegeben, sondern durch die Gerechtigkeit, die aus dem Glauben kommt. 14 Wenn nämlich die, die aus dem Gesetz leben, Erben sind, dann ist der Glaube überflüssig, und die Verheissung gilt nicht mehr. 15 Denn das Gesetz schafft Zorn; wo aber kein Gesetz ist, da ist auch keine Übertretung. 16 Darum heisst es: aus Glauben, damit auch gilt: aus Gnade. So hat die Verheissung für jeden Nachkommen Bestand, nicht allein für die aus dem Gesetz, sondern erst recht für die aus dem Glauben Abrahams. Er ist unser aller Vater, 17 wie geschrieben steht: *Zum Vater vieler Völker habe ich dich gemacht* – im Angesicht des Gottes, an den er glaubte, des Gottes, der die Toten lebendig macht und was nicht ist, ins Dasein ruft.

18 Wider alle Hoffnung hat er auf Hoffnung hin geglaubt, und so wurde er zum Vater vieler Völker, wie es heisst: *So zahlreich werden deine Nachkommen sein.* 19 Und ohne im Glauben schwach zu werden, nahm er seine schon erstorbene Manneskraft wahr – etwa hundert Jahre war er alt – und den erstorbenen Mutterschoss Saras. 20 An der Verheissung Gottes liess er sich durch Unglauben nicht irremachen, sondern er wurde stark im Glauben, gab Gott die Ehre 21 und hatte die feste Gewissheit: Er vermag, was er verheissen hat, auch zu tun. 22 Eben darum wurde es ihm als Gerechtigkeit angerechnet.

welcher ist umb unser sünd willen dahin ggeben/ und umb unser gerechtikeyt willen auferweckt.

Das v. Capitel.
Paulus zeygt an die krafft deß glaubens/ der hoffnung und der liebe/ und wie der tod geregiert hab von Adam biß uff Christum/ durch den wir allein verzyhung der sünd und frommkeyt erlangt habend.

So wir dann sind fromm und gerecht worden durch den glauben so habennd wir frid mitt Gott durch unsern Herren Jesum Christum/ durch welchenn wir auch einen zuogang habennd im glauben zuo diser gnad/ darinnen wir stond: und rüemend uns der hoffnung der künfftigen herlikeyten die Gott geben sol. Nit allein aber das/ sunder wir rüemend uns auch der trüebsalen/ diewyl wir wüssent dz trüebsal gedult bringt: die gedult aber bringt erfarung/ die erfarung aber bringt hoffnung: die hoffnung aber laßt uns nit zuo schanden werden. Das alles darumb/ das die liebe Gottes ist außgossen in unsere hertzen durch den heiligen geyst/ welcher uns geben ist. Dann auch Christus/ do wir noch schwach warend nach der zeyt/ ist für unns gottlosen gestorben. Nun stirbt kum iemants umb deß gerechten willen: umb eines frommen willen dörffte villicht yemants sterben. Darumb preyßt Gott seine liebe gegen uns/ dz Christus für uns gestorben ist/ do wir noch sünder warend: so werdend wir ye vil mer durch jn behalten werden vor dem zorn/ nach dem wir durch sein bluot fromm unnd gerecht gemachet sind. Dann so wir Got versüenet sind durch den tod seines suns/ do wir noch feynd warend: vil mer werdend wir sälig werden durch sein läben/ so wir nun versüenet sind. Nit allein aber das/ sunder wir rüemend uns auch Gottes durch unsern Herren Jesum Christ/ durch welchen wir nun die versüenung empfangen habend.

23 Doch nicht allein um seinetwillen heisst es in der Schrift: *Es wurde ihm angerechnet,* 24 sondern auch um unsertwillen, denen es angerechnet werden soll, uns, die wir an den glauben, der Jesus, unseren Herrn, von den Toten auferweckt hat. 25 Wegen unserer Verfehlungen wurde er dahingegeben und um unseres Freispruchs willen wurde er auferweckt.

|3: Gen 15,6; Gal 3,6; Jak 2,23 |7: Ps 32,1–2 |9: 4,3! |13: Gen 22,17 |15: 5,13; 7,8–13; Gal 3,19 |17: Gen 17,5 · 2Kor 1,9 |18: Gen 15,5 |19: Gen 17,17 |22: 4,3 |23: 1Kor 9,10 |24: 8,11; 10,9; 1Petr 1,21

Versöhnung mit Gott

5 1 Sind wir nun aus Glauben gerecht gesprochen, so haben wir Frieden mit Gott durch unseren Herrn Jesus Christus. 2 Durch ihn haben wir im Glauben auch Zutritt erhalten zu der Gnade, in der wir jetzt stehen, und seinetwegen rühmen wir uns der Hoffnung auf die Herrlichkeit Gottes. 3 Aber nicht nur dies: Wir sind auch stolz auf jegliche Bedrängnis, da wir wissen: Bedrängnis schafft Ausdauer, 4 Ausdauer aber Bewährung, Bewährung aber Hoffnung. 5 Die Hoffnung aber stellt uns nicht bloss, ist doch die Liebe Gottes ausgegossen in unsere Herzen durch den heiligen Geist, der uns gegeben wurde.

6 Denn Christus ist, als wir noch schwach waren, für die damals noch Gottlosen gestorben. 7 Nicht einmal für einen Gerechten will einer sterben – für eine gute Sache allenfalls mag einer sogar sein Leben aufs Spiel setzen –, 8 Gott jedoch zeigt seine Liebe zu uns gerade dadurch, dass Christus für uns gestorben ist, als wir noch Sünder waren.

9 Nun, da wir gerecht gemacht sind durch sein Blut, werden wir durch ihn erst recht bewahrt werden vor dem Zorn. 10 Denn wenn wir, als wir noch Feinde waren, mit Gott versöhnt wurden durch den Tod seines Sohnes, dann werden wir jetzt, da wir mit ihm versöhnt sind, erst recht gerettet werden durch seine Lebensmacht. 11 Aber nicht nur dies: Wir sind sogar stolz auf Gott durch unsern Herrn Jesus Christus, durch den wir jetzt die Versöhnung empfangen haben.

|1: 3,21–28; Gal 2,16 |2: Eph 2,18; 3,12 · Kol 1,27 |3: 2Kor 4,17 |5: 1Joh 3,24 |8: 1Thess 5,10 |9: 1Kor 11,25 · 1,18; 1Thess 1,10! |10: 8,7 · 2Kor 5,18–19 |11: Phil 3,3; Gal 6,14; 1Kor 1,31!

5,1: Andere Textüberlieferung: «…, so wollen wir Frieden halten mit Gott …»

5,7: Andere Übersetzungsmöglichkeit: «... – für den Guten allenfalls mag einer ...»

Derhalben wie durch einen menschen die sünd ist kommen in die welt/ und der tod durch die sünd: also auch ist der tod über alle menschen durchgangen/ dieweil sy alle gesündet hattend. Dann die sünd was in der welt biß auff dz gsatz: aber wo kein gsatz ist/ da acht man der sünd nit. Ja der tod hat gherschet von Adam an biß uff Mosen/ ouch über die nit gesündet hattend mit glycher übertrettung wie Adam/ welcher ist ein bild deß zuokünfftig was.

Aber mit der gaab ist es nitt wie mit der sünd/ dann so an eines sünd vil gestorben sind/ so ist vil mer Gottes gnad und gaab vilen reychlich widerfaren/ durch die gnad die einem menschen Jesu Christo widerfaren ist.

Und nit ist die gaab allein über ein sünd/ wie durch deß einigen sünders einige sünd alles verderben. Dann das urteyl ist kommen auß einer sünd zur verdamnuß: die gaab aber auß vilen sünden zur rechtfertigung. Dann so umb deß eynigen sünd willen der tod gherschet hat durch den einen/ vil mer werdend die/ so da empfangen habend die völle der gnad und der gaaben zur gerechtigkeit/ herschen im läben durch einen Jesum Christum. Wie nun durch eines sünd die verdamnuß über alle menschen kommen ist/ also ist auch durch eines rechtfertigkeyt die rechtfertigung deß läbens über alle menschen kommen. Dann gleich wie durch eines menschen ungehorsame vil sünder worden sind/ also auch durch eynes gehorsame werdend vil gerechter.

Das gsatzt aber ist nebend eynkommen/ auff das die sünd überhand näme. Wo aber die sünd überhand genommen hat/ da hatt auch die gnad noch mer überhand genommen: auff das/ gleich wie die sünd gherschet hat zuo dem tod/ also auch hersche die gnad durch die gerechtigkeyt zum ewigen läbenn durch Jesum Christum.

Adam und Christus

12 Darum: Wie durch *einen* Menschen die Sünde in die Welt kam und durch die Sünde der Tod, und so der Tod zu allen Menschen gelangte, weil alle sündigten ...

13 Es gab nämlich, schon bevor das Gesetz kam, Sünde auf der Welt; Sünde wird aber nicht registriert, wo kein Gesetz ist. 14 Dennoch herrschte der Tod von Adam bis Mose auch über die, die nicht durch Übertreten eines Gebots gesündigt hatten wie Adam, der ein Gegenbild dessen ist, der kommen sollte.

15 Anders aber als mit dem Fall verhält es sich mit dem, was die Gnade wirkt: Sind nämlich durch des Einen Fall die Vielen dem Tod anheimgefallen, dann ist die Gnade Gottes, nämlich die in der Gnade des einen Menschen Jesus Christus beschlossene Gabe, erst recht den Vielen im Überfluss zuteil geworden. 16 Und anders als die Sünde des Einen wirkt die Gabe: Das Gericht führt von dem Fall des Einen zur Verurteilung, das Geschenk der Gnade jedoch von dem Fall vieler zum Freispruch. 17 Denn wenn durch den Fall des Einen der Tod zur Herrschaft gelangte durch diesen Einen, dann werden jene, die die Gnade und die Gabe der Gerechtigkeit in überfliessender Fülle empfangen, erst recht zur Herrschaft gelangen im Leben durch den Einen, Jesus Christus.

18 Also: Wie es durch den Fall des Einen für alle Menschen zur Verurteilung kam, so kommt es durch die Erfüllung der Rechtsordnung des Einen für alle Menschen zum Freispruch, der ins Leben führt. 19 Denn wie durch den Ungehorsam des einen Menschen die Vielen zu Sündern gemacht wurden, so werden durch den Gehorsam des Einen die Vielen zu Gerechten gemacht werden.

20 Das Gesetz aber ist hinzugekommen, damit der Fall noch grösser werde; wo aber die Sünde grösser wurde, da strömte die Gnade umso reichlicher. 21 So sollte, wie die Sünde durch den Tod herrschte, die Gnade durch die Gerechtigkeit herrschen, die ins ewige Leben führt, durch Jesus Christus, unseren Herrn.

|12: Gen 3,1–19 · 6,23 · 3,23 |13: 4,15! |14: 1Kor 15,21–22 |18: 1Kor 15,21–22 |21: 6,23

5,12: Der Satz V.12 bricht unvollendet ab (keine Korrespondenz zum ‹wie›). Paulus führt den Vergleich

Das vj. Capitel.

Er zeygt an/ das wir fürhin nit mer in sünden läben söllend von denen wir ein mal durch Christum erlößt sind/ und von dem Tauff was der bedeüte: was ungleychen dienst und belonung sey der frommkeyt und der sünd.

Was wöllend wir hie zuo sagen? söllend wir dann in der sünd beharren/ auff das die gnad überhand nemme? das sey verr von uns. Wie soltend wir in sünden wöllen läben/ deren wir abgestorben sind? Wüssend jr nitt/ das alle die wir in Jesum Christum taufft sind/ die sind in seinen tod getaufft? So sind wir ye mit jm begraben durch den tauff in den tod/ auff das/ gleych wie Christus ist auferwecket von den todten durch die herligkeit deß vatters/ also wir auch in einem neüwen läben wandlen söllend. So wir aber sind mit jm gepflantzet worden zuo gleychem tod/ so werdend wir auch der auferstentnuß gleich sein. Dieweyl wir wüssend das unser alter mensch mit jm gecreütziget ist/ auff das da feyre der sündtlich leyb/ das wir fürhin nitt mer der sünd dienind. Dann wär gestorben ist/ der ist fromm gemacht von der sünd.

Sind wir aber mit Christo gestorben/ so glaubend wir/ das wir auch mit jm läbenn werdend/ unnd wüssend das Christus/ der von den todten erweckt ist/ hinfür nit stirbt/ der tod wirt hinfür über jn nit herschen. Dann das er gestorben ist/ das ist er der sünd gstorben ein mal: dz er aber läbt/ dz läbt er Gott. Also auch jr/ haltend euch darfür/ das jr der sünd gestorben sygind/ und Gott läbind durch Jesum Christum unsern Herren.

So lassend nun die sünd nit herrschen in euwerm sterblichen leyb/ gehorsame zeleysten seinen lüsten. Auch begebend nit euwere glider der sünd zuo waaffen der ungerechtigkeit/ sunder begebend euch selbs Gott/ als die da auß den todten läbendig sind/ unnd euwere glider Gott zuo waaffen der gerechtigkeyt. Dann die sünd wirt nit herschen können über euch/ sitmals jr nit sind under dem gsatz/ sunder under der gnad.

erst nach zwei präzisierenden Erläuterungen (V.13–14 und V.15–17) in V.18–19 durch.

Freiheit von der Macht der Sünde

6 1 Was folgt nun daraus? Etwa: Lasst uns der Sünde treu bleiben, damit die Gnade umso grösser werde? 2 Gewiss nicht! Wir, die wir für die Sünde tot sind, wie sollten wir noch in ihr leben können?

3 Wisst ihr denn nicht, dass wir, die wir auf Christus Jesus getauft wurden, auf seinen Tod getauft worden sind? 4 Wir wurden also mit ihm begraben durch die Taufe auf den Tod, damit, wie Christus durch die Herrlichkeit des Vaters von den Toten auferweckt worden ist, auch wir in der Wirklichkeit eines neuen Lebens unseren Weg gehen. 5 Wenn wir nämlich mit dem Abbild seines Todes aufs Engste verbunden sind, dann werden wir es gewiss auch mit dem seiner Auferstehung sein. 6 Das gilt es zu erkennen: Unser alter Mensch wurde mit ihm gekreuzigt, damit der von der Sünde beherrschte Leib vernichtet werde und wir nicht mehr Sklaven der Sünde seien. 7 Denn wer gestorben ist, ist von allen Ansprüchen der Sünde befreit.

8 Sind wir aber mit Christus gestorben, so glauben wir fest, dass wir mit ihm auch leben werden. 9 Denn wir wissen, dass Christus, einmal von den Toten auferweckt, nicht mehr stirbt; der Tod hat keine Macht mehr über ihn. 10 Sofern er starb, starb er der Sünde ein für alle Mal; sofern er aber lebt, lebt er für Gott. 11 Das gilt auch für euch: Betrachtet euch als solche, die für die Sünde tot, für Gott aber lebendig sind, in Christus Jesus.

|1: 3,5–8 |3: Gal 3,27; Mk 10,38 |4: Kol 2,12 |5: Phil 3,10 |6: Gal 2,19 |10: Gal 2,19

6,6: Andere Übersetzungsmöglichkeit: «Wir wissen: …»

Der neue Dienst

12 Lasst also die Sünde nicht herrschen in eurem sterblichen Leib, sonst werdet ihr seinem Begehren gehorchen. 13 Stellt auch nicht eure Glieder der Sünde zur Verfügung als Waffen der Ungerechtigkeit, sondern stellt euch vielmehr Gott zur Verfügung als solche, die unter den Toten waren und nun lebendig sind: Stellt eure Glieder Gott zur Verfügung als Waffen der Gerechtigkeit! 14 Die Sünde wird keine Macht über euch haben, denn ihr steht nicht unter dem Gesetz, sondern unter der Gnade.

Wie dann? söllend wir sünden/ dieweyl wir
nit under dem gsatz/ sunder under der gnad
sind? das sey verr von uns. Wüssend jr nit
welchem jr euch begebend zuo knechten in
gehorsame/ das jr deß knecht sind dem jr
ghorsam sind/ es sey der sünd zum tod/ oder der
gehorsame zur gerechtigkeit? Gott sey aber
gedancket/ das jr knecht der sünden gwesen
sind/ ab er nun ghorsam worden von hertzen
dem fürbild der leer/ welchem jr ergeben sind.
Dann nun so jr frey worden sind von der sünd/
sind jr knecht worden der gerechtigkeit.

Jch wil menschlich darvon reden/ umb der
schwachheyt willen euwers fleysches. Gleich wie
jr euwere glider ergeben habend zuo dienst der
unreynigkeit und boßheyt/ von einer boßheit
zuo der andren: Also ergebend auch nun euwere
glider zuo dienst der gerechtigkeyt/ das sy heilig
werdind. Dann do jr der sünd knecht warend/
do warend jr ledig von der gerechtigkeit: was
hattend jr aber zuo der zeyt für einen nutz der
dingen jr euch yetz beschämend? Dann das end
sölicher dingen ist der tod. Nun aber so jr von
sünden frey sind worden/ und Gott dienend/
habend jr euwere frucht/ das jr heilig werdend:
das end aber ist das ewig läben. Dann der tod
ist der sünden lon/ aber die gaab Gottes ist das
ewig läben in Christo Jesu unserm Herren.

Das vij. Capitel.
   Zeygt an/ das Christus das alt gsatz hingenommen/
und uns darvon gelediget und frey gemacht hab. Auch
sagt er was da sey das fleysch und ausserer mensch/ das
nennet er das gsatz der glideren.

Wüssend jr nit liebe brüeder (dann ich
red mit denen die dz gsatz wüssent) daß das
gsatz herschet über den menschen so lang er
läbt? dann ein wyb dz under dem mann ist/
dieweyl der mann läbt/ ist sy verbunden an
das gsatz: wenn aber der mann stirbt/ so ist
sy ledig vom gsatz das den mann betrifft. Wo
sy nun bey einem anderen mann ist/ dieweyl
der mann läbt/ wirdt sy ein eebrecherin
geheyssen. So aber der mann stirbt/ ist sy
frey vom gsatz/ das sy nit ein eebrecherin
ist wo sy bey einem anderen mann ist.

Also auch jr meine brüeder/ sind getödt
dem gsatz durch den leyb Christi/ das jr bey

15 Was heisst das nun? Sollen wir sündigen,
weil wir nicht unter dem Gesetz stehen, sondern
unter der Gnade? Gewiss nicht! 16 Wisst ihr
nicht: Wem ihr euch als Sklaven zur Verfügung
stellt und zum Gehorsam verpflichtet, dessen
Sklaven seid ihr und dem gehorcht ihr, entweder
der Sünde, die zum Tod führt, oder dem
Gehorsam, der zur Gerechtigkeit führt. 17 Dank
aber sei Gott! Ihr wart Sklaven der Sünde, seid
aber von ganzem Herzen gehorsam geworden
der Gestalt der Lehre, der ihr übergeben
wurdet; 18 befreit von der Sünde, seid ihr in
den Dienst der Gerechtigkeit gestellt worden.
19 Ich rede, wie Menschen reden, mit Rücksicht
auf euer schwaches Fleisch: Wie ihr nämlich
eure Glieder in den Dienst der Unreinheit und
der Missachtung des Gesetzes, die zu weiterer
Missachtung des Gesetzes führt, gestellt habt,
so stellt jetzt eure Glieder in den Dienst
der Gerechtigkeit, die zur Heiligung führt.
20 Denn als ihr Sklaven der Sünde wart, da
hattet ihr mit der Gerechtigkeit nichts zu tun.

21 Nun, was habt ihr damals geerntet?
Dinge, derer ihr euch jetzt schämt! Denn sie
führten zum Tod. 22 Jetzt aber, befreit von
der Sünde und in den Dienst Gottes gestellt,
habt ihr die Frucht, die Heiligung schafft,
und als Ziel ewiges Leben. 23 Denn der Sünde
Sold ist Tod, die Gabe Gottes aber ist ewiges
Leben in Christus Jesus, unserm Herrn.

|13: 12,1 · 13,12 |14: Gal 5,18 |23: 5,12.21

6,17–18: Andere Übersetzungsmöglichkeit: «17
Dank aber sei Gott! Ihr wart Sklaven der Sünde, von
ganzem Herzen gehorsam der Gestalt der Lehre, der ihr
ausgeliefert wurdet; 18 jetzt aber, befreit von der Sünde,
seid ihr in den Dienst der Gerechtigkeit getreten.»
6,20: Andere Übersetzungsmöglichkeit: «…, da hattet
ihr Aussicht auf Gerechtigkeit.»

Das Ende der Herrschaft des Gesetzes

7 1 Wisst ihr denn nicht, liebe Brüder und
Schwestern – ich spreche doch zu solchen,
die das Gesetz kennen –, dass das Gesetz nur
Macht hat über den Menschen, solange er lebt?

2 Die verheiratete Frau nämlich ist durch das
Gesetz an ihren Mann gebunden, solange er lebt.
Stirbt aber der Mann, ist sie befreit vom Gesetz,
das sie an den Mann bindet. 3 Also gilt: Solange
der Mann lebt, macht sie sich zur Ehebrecherin,
wenn sie die Frau eines anderen Mannes wird.
Stirbt aber der Mann, so ist sie frei vom Gesetz
und gilt darum nicht als Ehebrecherin, wenn
sie die Frau eines anderen Mannes wird.

einem anderen sygind/ namlich bey dem/ der von den todten auferweckt ist/ uff das wir Gott frucht bringind. Dann do wir im fleysch warend/ do warent die sündtlichen lüst (welche durchs gsatz sich erhebend) gewaltig in unseren glideren dem tod frucht zebringen. Nun aber sind wir vom gsatz ledig/ und jm abgestorben/ das uns gefangen hielt/ also/ das wir dienen söllennd im neüwen wäsen des geysts/ und nit im alten wäsen des buochstabens.

Was wöllend wir dann nun sagen? Jst das gsatz sünd? das sey verr. Aber die sünd erkannt ich nit/ dann allein durch das gesatz. Dann ich wußt nichts von dem lust/ wo das gsatz nit hette gesagt/ Laß dich nit gelusten. Do nam aber die sünd ein ursach am gebott/ und bewegt in mir allerley lüst. Dann on das gsatz was die sünd tod. Jch aber läbt etwan on gesatz/ do aber das gebott kam/ ward die sünd wider läbendig. Jch aber starb/ und es befand sich dz das gebott mir zum tod dienet/ das mir doch zum läben gegeben was. Dann die sünd nam ein ursach am gebott/ und betrog mich/ und todt mich durch das selb gebott. Das gsatz ist ye heylig/ unnd das gebott heylig/ recht und guot. Jst dann das da guot ist/ mir ein tod worden? das sey verr. Aber die sünd/ auff das sy erschyne wie sy sünd ist/ hatt sy mir durch das guot den tod gewürckt/ auff das die sünd wurde überauß sündig durch das gebott.

Dann wir wüssend dz das gsatz geistlich ist/ ich bin aber fleischlich/ under die sünd verkaufft/ dann ich weiß nit was ich thuon. Dann ich

4 So steht es auch mit euch, meine Brüder und Schwestern: Auch ihr seid für das Gesetz zu Tode gekommen durch den Leib des Christus, und so gehört ihr jetzt einem andern, dem, der von den Toten auferweckt worden ist, damit wir Frucht bringen für Gott. 5 Denn als wir noch im Banne des Fleisches lebten, wirkten in unseren Gliedern die durch das Gesetz geweckten Leidenschaften, die zu nichts als Sünde führen, und brachten Frucht für den Tod. 6 Jetzt aber sind wir dem gestorben, worin wir niedergehalten wurden, und frei geworden vom Gesetz; so tun wir nun unseren Dienst in der neuen Wirklichkeit des Geistes, nicht in der alten des Buchstabens.

|2: 1Kor 7,39 |6: 2Kor 3,6

7,5: Andere Übersetzungsmöglichkeit: «…, und wir brachten …»

Sünde und Gesetz

7 Was folgt nun daraus? Dass das Gesetz Sünde sei? Gewiss nicht! Sondern: Ohne das Gesetz hätte ich die Sünde nicht kennen gelernt. Denn ich wüsste nichts vom Begehren, wenn das Gesetz nicht sagte: *Du sollst nicht begehren.*

8 Die Sünde aber nutzte die Gelegenheit, die das Gebot ihr gab, und weckte in mir jegliches Begehren; ohne das Gesetz nämlich ist die Sünde tot. 9 Einst lebte ich, und es gab kein Gesetz; als aber das Gebot kam, erwachte die Sünde zum Leben, 10 ich aber starb und musste erfahren: Das Gebot, das doch zum Leben da war, eben das führte zum Tod. 11 Denn die Sünde nutzte die Gelegenheit, die das Gebot ihr gab, und täuschte mich und tötete mich durch das Gebot. 12 So gilt: Das Gesetz ist heilig, und das Gebot ist heilig, gerecht und gut.

13 Also hat das Gute mir den Tod gebracht? Gewiss nicht! Vielmehr bringt mir die Sünde, damit sie als Sünde in Erscheinung trete, durch das Gute den Tod. So sollte die Sünde über alle Massen sündig werden durch das Gebot.

|7: Ex 20,17; Dtn 5,21 |8–13: 4,15! |10: Lev 18,5

7,8: Andere Übersetzungsmöglichkeit (vgl. V.11): «Die Sünde aber nutzte die Gelegenheit und weckte durch das Gebot in mir jegliches Begehren; …»
7,11: Andere Übersetzungsmöglichkeit (vgl. V.8): «… die Gelegenheit, täuschte mich durch das Gebot und …»

Die Zerrissenheit des alten Ich

14 Wir wissen ja, dass das Gesetz zum Geist gehört; ich dagegen bin vom Fleisch bestimmt – und verkauft unter die Sünde.

thuon nit das ich wil/ sonder das ich hassz das thuon ich. So ich aber das thuon das ich nit wil/ so bewilligen ich/ daß das gsatz guot sey. So thuon nun ich das selb nit/ sonder die sünd die in mir wonet: dann ich weiß das in mir (das ist/ in meinem fleysch) nichts guots wonet. Wöllen hab ich wol/ aber vollbringen das guot/ find ich nit. Dann das guot das ich wil/ thuon ich nit/ sonder das böß das ich nit wil/ das thuon ich. So ich aber thuon das ich nit wil/ so thuon ich das selb nit/ sonder die sünd die in mir wonet.

So find ich nun durch das gsatz/ so ich wil das guot thuon/ das mir das böß anhanget. Dann ich hab lust an Gottes gsatz/ nach dem innwendigen menschen: ich sich aber ein ander gesatz in meinen glideren/ das da widerstreytet dem gsatz in meinem gmüet/ und mich gefangen nimpt in der sünd gsatz/ welches ist in minen glidern. Jch ellender mensch/ wär wirdt mich erlösen von dem leyb dises todts? Jch dancken Gott durch Jesum Christum unsern Herren. So dienen ich nun mit dem gmüet dem gsatz Gottes/ aber mit dem fleysch dem gsatz der sünd.

Das viij. Capitel.
Hie zeygt Paulus an das wir durch Christum von dem fleyschlichen gesatz erlößt/ fürhin dem geystlichen läben söllend/ dann sölichs allein gibt läben und säligkeyt/ sagt auch wie der geist Gottes in unsere hertzen geben/ uns zuo kindern Gottes und miterben Christi mach. Jm end zeigt er an die überschwencklich liebe Gottes zuo uns/ von deren uns niemants scheyden mag.

So ist nun nichts verdamlichs an denen die in Christo Jesu sind/ die nit nach dem fleysch wandlennd/ sonder nach dem geyst. Dann das gsatz des geists (der da läbendig machet in Christo Jesu) hatt mich frey gemachet von dem gesatz der sünd und des todts. Dann das dem gsatz unmüglich was (derhalben es durch das fleisch schwach was) das thett Gott/ und sandt seinen sun in der gstalt des sündlichen fleischs/ und verdampt die sünd im fleisch durch sünd/ uff das die gerechtigkeit/ vom gsatz erfordert/ in uns erfüllet wurde/ die wir nun nit nach dem fleisch wandlnd/ sonder nach dem geist.

Dann die da fleischlich sind/ die sind fleischlich gesinnet: die aber geystlich sind/ die sind geystlich gesinnet. Aber fleyschlich gesinnet

15 Was ich bewirke, begreife ich nicht; denn nicht, was ich will, treibe ich voran, sondern was ich hasse, das tue ich. 16 Wenn ich aber gerade das tue, was ich nicht will, gestehe ich dem Gesetz zu, dass es Recht hat.

17 Dann aber bin nicht mehr ich es, der handelt, sondern die Sünde, die in mir wohnt. 18 Denn ich weiss: In mir, das heisst in meinem Fleisch, wohnt nichts Gutes. Denn das Wollen liegt in meiner Hand, das Vollbringen des Rechten und Guten aber nicht. 19 Denn nicht das Gute, das ich will, tue ich, sondern das Böse, das ich nicht will, das treibe ich voran. 20 Wenn ich aber gerade das tue, was ich selbst nicht will, dann bin nicht mehr ich es, der handelt, sondern die Sünde, die in mir wohnt.

21 Ich entdecke also folgende Gesetzmässigkeit: Dass mir, der ich das Gute tun will, das Böse nahelegt. 22 In meinem Innern freue ich mich am Gesetz Gottes, 23 in meinen Gliedern aber nehme ich ein anderes Gesetz wahr, das Krieg führt gegen das Gesetz meiner Vernunft und mich gefangen nimmt durch das Gesetz der Sünde, das in meinen Gliedern ist.

24 Ich elender Mensch! Wer wird mich erretten aus diesem Todesleib? 25 Dank sei Gott durch Jesus Christus, unseren Herrn! Also gilt: Mit der Vernunft diene ich dem Gesetz Gottes, mit dem Fleisch aber dem Gesetz der Sünde.

|23: Gal 5,17 · 8,2

7,25: Der ursprüngliche Text hört wahrscheinlich mit «… durch Christus, unseren Herrn!» auf. «Also gilt … der Sünde.» ist aufgrund sprachlicher und inhaltlicher Merkmale als spätere Ergänzung nicht paulinischer Herkunft zu betrachten.

Leben im Geist

8 1 Es gibt jetzt also keine Verurteilung für die, die in Christus Jesus sind.
2 Denn das Gesetz des Geistes, der in Christus Jesus Leben spendet, hat dich befreit vom Gesetz der Sünde und des Todes. 3 Denn was dem Gesetz nicht möglich war, was es mit Hilfe des Fleisches nicht schaffte, das ist Wirklichkeit geworden: Gott hat seinen Sohn in Gestalt des von der Sünde beherrschten Fleisches gesandt, als Sühnopfer, und verurteilte damit die Sünde im Fleisch. 4 So sollte der Rechtsanspruch des Gesetzes erfüllt werden unter uns, die wir unseren Weg nicht nach dem Fleisch gehen, sondern nach dem Geist.

5 Die nämlich auf das Fleisch ausgerichtet sind, sinnen den Dingen des Fleisches nach,

sein/ ist der tod: und geystlich gesinnet sein/ ist läben unnd frid. Dann fleischlich gesinnet sein/ ist ein feyndschafft wider Gott/ sittmals es dem gsatz Gottes nit underthon ist/ dann es vermags auch nit. Die aber fleyschlich sind/ mögend Gott nit gefallen. Jr aber sind nit fleyschlich/ sonder geystlich/ so anders Gottes geist in euch wonet. Wär aber Christus geist nit hat/ der ist nit sein: so aber Christus in euch ist/ so ist der leyb zwar tod umb der sünd willen. Der geist aber ist das läben umb der gerechtigkeit willen. So nun der geist deß/ der Jesum von todten auferweckt hatt/ in euch wonet/ so wirdt auch der selb/ der Christum von todten auferweckt hatt/ euwere sterbliche leyb läbendig machen/ umb deß willen/ dz sein geyst in euch wonet.

So sind wir nun lieben brüeder/ schuldner/ nit dem fleysch/ das wir nach dem fleysch läbind: dann wo jr nach dem fleysch läbend/ so werdend jr sterben müessen: wo jr aber durch den geyst des leybs werck tödend/ so werdend jr läben. Dann die der geyst Gottes treybt/ die sind Gottes kinder: dann jr habend nit einen knechtlichen geyst empfangen/ das jr euch abermals förchten müessind/ sonder jr habend einen kindtlichen geyst empfangen/ durch welchen wir schreyend: Abba/ lieber vatter. Der selbig geyst versicheret unseren geyst/ deß/ das wir Gottes kinder sind. Sind wir dann kinder/ so sind wir auch erben/ namlich Gottes erben/ und miterben Christi/ so wir anders mitleyden/ auff das wir auch mit zur herrligkeyt erhaben werdind.

Dann ich halts darfür/ das diser zeyt leyden/ der herrligkeyt nit wärdt sey/ die an uns sol geoffenbaret werden. Dann das entlich harren der creatur wartet uff die offenbarung der kinderen Gottes/ sittmals die creatur underworffen ist der eytelkeyt on jren willen/ sonder umb des willen der sy underworffen

die aber auf den Geist ausgerichtet sind, den Dingen des Geistes. 6 Das Sinnen des Fleisches ist Tod, das Sinnen des Geistes aber ist Leben und Frieden; 7 ja, das Sinnen und Trachten des Fleisches ist Feindschaft gegen Gott, denn es unterzieht sich dem Gesetz Gottes nicht, ja, es vermag es nicht. 8 Die aber vom Fleisch bestimmt sind, können Gott nicht gefallen.

9 Ihr aber lasst euch nicht vom Fleisch bestimmen, sondern vom Geist, wenn wirklich der Geist Gottes in euch wohnt. Wer aber den Geist Christi nicht hat, der gehört nicht zu ihm. 10 Wenn aber Christus in euch ist, dann ist der Leib zwar tot um der Sünde willen, der Geist aber ist Leben um der Gerechtigkeit willen.

11 Wenn aber der Geist dessen in euch wohnt, der Jesus von den Toten auferweckt hat, dann wird er, der Christus von den Toten auferweckt hat, auch euren sterblichen Leib lebendig machen durch seinen Geist, der in euch wohnt.

|1: 31–39 |3: Gal 4,4 · Phil 2,6–8 |4: Gal 5,16.18 |7: 5,10 |9: 1Kor 3,16 |10: 2Kor 13,5 |11: 4,24; 6,14!; 1Kor 15,45

Leben in der Kindschaft

12 Wir sind also, liebe Brüder und Schwestern, nicht dem Fleisch verpflichtet und müssen nicht nach dem Fleisch leben. 13 Wenn ihr nämlich nach dem Fleisch lebt, müsst ihr sterben; wenn ihr aber durch den Geist tötet, was der Leib aus sich heraus tut, werdet ihr leben. 14 Denn die vom Geist Gottes getrieben werden, das sind Söhne und Töchter Gottes. 15 Ihr habt doch nicht einen Geist der Knechtschaft empfangen, um wiederum in Furcht zu leben; nein, ihr habt einen Geist der Kindschaft empfangen, in dem wir rufen: Abba, Vater! 16 Eben dieser Geist bezeugt unserem Geist, dass wir Kinder Gottes sind. 17 Sind wir aber Kinder, dann sind wir auch Erben: Erben Gottes, Miterben Christi, sofern wir mit ihm leiden, um so auch mit ihm verherrlicht zu werden.

|14–15: Gal 5,18 · Gal 4,6 |17: Gal 4,7

Das Seufzen der Schöpfung

18 Ich bin nämlich überzeugt, dass die Leiden der gegenwärtigen Zeit nichts bedeuten im Vergleich zur Herrlichkeit, die an uns offenbar werden soll.

19 Denn in sehnsüchtigem Verlangen wartet die Schöpfung auf das Offenbarwerden der Söhne und Töchter Gottes. 20 Wurde die

hatt auff hoffnung. Dann auch die creatur frey werden wirdt vonn dem dienst des zergengklichen wäsens/ zuo der herrlichen freyheyt der kindern Gottes. Dann wir wüssend das alle creatur begird hat/ unnd sich mit sampt uns ängstet biß uff die selbig zeit.

Nit allein aber sy/ sonder auch wir selbs/ die wir habend des geysts erstling/ erseüfftzend auch by uns selbs nach der kindtschafft/ unnd wartend auff unsers leybs erlösung. Dann wir sind wol sälig worden/ doch in der hoffnung: die hoffnung aber die man sicht/ ist nit hoffnung: dann wie kan man das hoffen das man sicht? So wir aber das hoffend das wir nit sehend/ so wartennd wir seinen durch gedult.

Desselben gleychen auch der geyst/ hilfft auch unserer schwachheyt: dann wir wüssend nit was wir bätten söllend wie es sich gebürt/ sonder der geyst vertritt unns selbs mächtigklich mit unußsprechenlichen seüfftzen. Der aber die hertzen forschet/ der weyßt was des geysts muot sey: dann er vertritt die heyligen nach dem das Gott gefalt. Wir wüssend aber das denen die Gott liebend/ alle ding zum besten dienend/ die nach dem fürsatz berüefft sind. Dann welche er vorhin fürsehen hatt/ die hatt er auch verordnet/ dz sy gleychförmig sein söllind dem äbenbild seynes suns/ auff das der selbig der erstgeboren sey under vilen brüederen. Welche er aber fürordnet hatt/ die hatt er auch berüefft: welche er aber berüefft hatt/ die hat er auch fromm gemachet: Welche er aber hatt fromm gemachet/ die hat er auch herrlich gemacht.

Was wöllennd wir nun hiezuo sagen? Jst Gott für uns/ wär mag wider uns sein? Welcher auch seynes eygnen suns nit hatt geschonet/ sonder hatt jn für uns alle dahin gegeben: wie sol er uns mit jm nit alles schencken? Wär wil die außerwelten Gottes beschuldigen? Gott ist hie der da fromm macht. Wär wil verdammen? Christus ist hie der gestorben ist:

Schöpfung doch der Nichtigkeit unterworfen, nicht weil sie es wollte, sondern weil er, der sie unterworfen hat, es wollte – nicht ohne die Hoffnung aber, 21 dass auch die Schöpfung von der Knechtschaft der Vergänglichkeit befreit werde zur herrlichen Freiheit der Kinder Gottes. 22 Denn wir wissen, dass die ganze Schöpfung seufzt und in Wehen liegt, bis zum heutigen Tag.

23 Doch nicht nur dies; nein, auch wir selbst, die wir den Geist als Erstlingsgabe empfangen haben, auch wir seufzen miteinander und warten auf unsere Anerkennung als Söhne und Töchter, auf die Erlösung unseres Leibes. 24 Im Zeichen der Hoffnung wurden wir gerettet. Eine Hoffnung aber, die man sieht, ist keine Hoffnung. Wer hofft schon auf das, was er sieht? 25 Hoffen wir aber auf das, was wir nicht sehen, dann harren wir aus in Geduld.

26 In gleicher Weise aber nimmt sich der Geist unserer Schwachheit an; denn wir wissen nicht, was wir eigentlich beten sollen; der Geist selber jedoch tritt für uns ein mit wortlosen Seufzern. 27 Er aber, der die Herzen erforscht, er weiss, was das Sinnen des Geistes ist, weil er dem Willen Gottes gemäss für die Heiligen eintritt.

28 Wir wissen aber, dass denen, die Gott lieben, alles zum Guten dient, ihnen, die nach seiner freien Entscheidung berufen sind. 29 Die er aber zuvor erwählt hat, die hat er auch im Voraus dazu bestimmt, nach dem Bild seines Sohnes gestaltet zu werden, damit dieser der Erstgeborene sei unter vielen Brüdern. 30 Die er im Voraus bestimmt hat, die hat er auch berufen. Und die er berufen hat, die hat er auch gerecht gesprochen. Die er aber gerecht gesprochen hat, denen hat er auch die Herrlichkeit verliehen.

|22: 2Kor 5,2.4 |24: Hebr 11,1 |27: Ps 139,1 |28: 1Kor 2,9 |29: Phil 3,21! · 1Kor 15,49! · Gen 1,27 |30: 1Kor 6,11

8,20: Andere Übersetzungsmöglichkeit: «…, nicht aus freien Stücken, sondern um dessentwillen, der sie unterworfen hat – nicht ohne …»

Die Liebe Gottes

31 Was wollen wir dem noch hinzufügen? Wenn Gott für uns ist, wer kann wider uns sein? 32 Er, der seinen eigenen Sohn nicht verschont, sondern für uns alle dahingegeben hat, wie sollte er uns mit ihm nicht alles schenken? 33 Wer will gegen die Erwählten Gottes Anklage erheben? Gott ist es, der Recht spricht. 34 Wer will da verurteilen? Christus Jesus ist es, der gestorben,

ja vil mer der auch auferweckt ist/ der auch ist zur rechten Gottes/ und vertritt uns.

Wär wil unns scheyden von der liebe Gottes? Trüebsal? oder angst? oder verfolgung? oder hunger? oder blösse? oder gefärligkeyt? oder schwärdt? Wie geschriben stadt: Umb deynet willen werdend wir getödet den gantzen tag/ wir sind gerechnet für schlachtschaaff. Aber in dem allen überwindend wir weyt/ umb des willen der uns geliebet hatt. Dann ich bin gewüß das weder tod noch läben/ noch engel/ noch fürstenthuomb/ noch gewalt/ noch gegenwürtigs/ noch zuokünfftigs/ noch hochs/ noch tieffs/ noch kein andere creatur uns scheyden möge von der liebe Gottes/ die in Christo Jesu ist unserem Herren.

Das ix. Capitel.
Paulus klagt sich auß mitleyden der verstopfften hartbänigkeyt der Juden/ die Christum nit habend wöllen annemmen/ und wie die Heyden an jr statt erwelt sind worden.

Jch sag die warheyt in Christo/ und lüg nit/ des mir zeügnuß gibt meyn gwüssen in dem heyligen geyst/ das ich grosse traurigkeyt unnd schmertzen on underlaß in meinem hertzenn hab. Jch hab gewünscht verbannet zesein von Christo für mine brüeder/ die mein gefreündten sind nach dem fleisch/ die da sind von Jsrael/ welcher ist die kindschafft/ und die herrligkeyt/ und die Testament/ und das gsatz/ unnd der gottsdienst/ und die verheyssung: welcher auch sind die vätter/ auß welchen Christus här kumpt nach dem fleysch/ der da ist Gott über alles/ gebenedeyet in ewigkeyt/ Amen.

Aber nit sag ich sölichs das Gottes wort darumb auß sey: dann es sind nit alle Jsraeliter die von Jsrael sind: auch nit alle die Abrahams somen sind/ sind darumb auch kinder/ sonder in Jsaac sol dir der som genennet sein/ das ist/ Nit sind das Gottes kinder/ die nach dem fleisch kinder sind/ sonder die kinder der verheyssung werdend für somen gerechnet. Dann dises ist ein wort der verheyssung/ da er spricht: umb dise zeyt wil ich kommen/ und Sara sol einen sun haben.

Nit allein aber ists mit dem also/ sonder auch da Rebecca von einem schwanger was/ namlich vonn Jsaac unserem vatter/ ee die kinder geboren

ja mehr noch, der auferweckt worden ist; er sitzt zur Rechten Gottes, er tritt für uns ein. 35 Wer will uns scheiden von der Liebe Christi? Bedrängnis, Not oder Verfolgung? Hunger oder Blösse? Gefahr oder Schwert? 36 Wie geschrieben steht:
Um deinetwillen sind wir dem Tod ausgesetzt den ganzen Tag,
zu den Schafen gerechnet, die man zur Schlachtbank führt.
37 Doch in all dem feiern wir den Sieg dank dem, der uns seine Liebe erwiesen hat. 38 Denn ich bin mir gewiss: Weder Tod noch Leben, weder Engel noch Mächte, weder Gegenwärtiges noch Zukünftiges noch Gewalten, 39 weder Hohes noch Tiefes noch irgendein anderes Geschöpf vermag uns zu scheiden von der Liebe Gottes, die in Christus Jesus ist, unserem Herrn.

|32: Gen 22,16 |34: Ps 110,1 · Röm 8,27; Hebr 7,25 |36: Ps 44,23 |38: 1Kor 3,22

Der Schmerz des Paulus

9 1 Ich sage in Christus die Wahrheit, ich lüge nicht, mein Gewissen bezeugt es mir im heiligen Geist: 2 Voll Trauer bin ich, unablässiger Schmerz macht mir das Herz schwer. 3 Ja, ich wünschte, selber verflucht und von Christus getrennt zu sein, anstelle meiner Brüder, die zum gleichen Volk gehören, 4 die Israeliten sind, die das Recht der Kindschaft und die Herrlichkeit und die Bundesschlüsse und die Gabe des Gesetzes und die Gottesdienstordnung und die Verheissungen haben, 5 die die Väter haben und aus deren Mitte seiner irdischen Herkunft nach der Christus stammt; Gott, der über allem waltet, er sei gepriesen in Ewigkeit, Amen!

|1: 2,15 |3: 1Kor 16,22! |4: Hos 11,1; Ex 4,22

Der Blick auf Isaak und Jakob

6 Es ist aber nicht so, dass das Wort Gottes hinfällig geworden wäre! Denn nicht alle, die aus Israel stammen, sind auch Israel. 7 Bloss weil sie Nachkommen Abrahams sind, sind sie noch längst nicht alle seine Kinder, sondern:
In Isaak werden sie deine Nachkommen genannt werden. 8 Das bedeutet: Nicht die leiblichen Kinder sind Gottes Kinder, sondern die Kinder der Verheissung werden als Nachkommen anerkannt. 9 Denn das Wort *Zur besagten Zeit werde ich kommen, und Sara wird einen Sohn haben* ist ein Wort der Verheissung.

warend/ unnd weder guots noch böses gethon hattend/ uff das der fürsatz Gottes bestüende nach der waal/ nit auß verdienst der wercken/ sonder auß gnad deß berüeffers/ ward zuo jr gesagt also: Der grösser sol dienstbar werden dem kleinern. Wie dann geschriben stadt: Jaacob hab ich geliebet/ aber Esau hab ich gehasset.

Was wöllend wir dann hie sagen? Jst dann Gott ungrecht? das sey verr. Dann er sprich zuo Mosen: Welchem ich gnädig bin dem bin ich gnädig/ und welches ich mich erbarmen/ des erbarm ich mich. So ligt es nun nit an yemants wöllen oder lauffen/ sonder an Gottes erbarmen. Dann die gschrifft sagt zuo Pharao: Eben darumb hab ich dich erweckt/ dz ich an dir mein macht erzeige/ auff das mein namm verkündiget werde in allen landen. So erbarmet er sich nun welches er wil/ und verstockt welchen er wil.

So sagst du dann zuo mir: Was schuldiget er dann uns? Wär mag seinem willen widerston? Ja lieber mensch/ wär bist du dann dz du mit Gott zancken wilt? Spricht auch ein werck zuo seinem meyster/ Warumb machest du mich also? Hat nit ein Hafner macht auß einem leymklotzen zemachen ein geschirr zuo den eeren/ und das ander zuo der uneer? Derhalben do Gott wolt zorn erzeygen/ unnd kund thuon sein vermögen/ hat er mit grosser gedult herfür gebracht die gschirr des zorns/ die da zuogericht sind zur verdamnuß/ auff das er kund machte die reychtumb siner herrligkeit/ über die gschirr der barmhertzigkeit/ die er bereytet hat zur herrligkeyt/ welche er berüefft hat (namlich uns) nit allein auß den Juden sonder auch auß den Heyden. Wie er dann auch durch Oseam spricht: Jch wil das min volck heissen/ das nit mein volck ist: und mein liebste/ die nit die liebste ist. Und sol geschehen an dem ort/ da zuo jnen gesagt ward: Jr sind nit mein volck/ söllend sy genennet werden kinder des läbendigen Gottes. Esaias aber schreyet über Jsrael: Wenn die zal der kinderen Jsraels wurde sein wie das sand am meer/ so wirt doch nun das überig sälig werden. Dann da

10 Aber nicht nur hier war es so, sondern auch bei Rebekka, die nur von einem Mann, unserem Vater Isaak, Kinder empfing. 11 Die waren nämlich noch nicht geboren und hatten noch nichts Gutes oder Böses getan, da wurde ihr – damit gültig bliebe, was Gott in freier Wahl, 12 nicht aufgrund ihrer Taten, sondern aufgrund der Berufung bestimmt hatte – gesagt: *Der Ältere wird dem Jüngeren dienen,* 13 wie geschrieben steht: *Jakob habe ich geliebt, Esau aber gehasst.*

|7: Gen 21,12 |8: Gal 4,23 |9: Gen 18,10.14 |12: Gen 25,23 |13: Mal 1,2–3

Das erwählende Handeln Gottes

14 Was folgt nun daraus? Geht es bei Gott etwa ungerecht zu? Gewiss nicht! 15 Denn zu Mose sagt er: *Ich werde Erbarmen zeigen, wem ich Erbarmen zeigen will, und Mitleid haben, mit wem ich Mitleid haben will.* 16 Es liegt also nicht an jemandes Wollen oder Mühen, sondern an Gott, der sein Erbarmen zeigt. 17 Denn die Schrift lässt Gott zum Pharao sagen: *Eben dazu habe ich dich auftreten lassen, dass ich an dir meine Macht zeige und mein Name verkündigt werde in der ganzen Welt.* 18 Also zeigt er sein Erbarmen, wem er will, und verhärtet, wen er will.

19 Du wirst mir nun sagen: Was beschwert er sich dann noch? Wer kann sich denn seinem Ratschluss widersetzen? 20 O Mensch, wer bist du eigentlich, dass du mit Gott zu rechten wagst? *Wird etwa das Werk zum Meister sagen: Warum hast du mich so gemacht?* 21 Hat denn der Töpfer nicht Macht über den Ton? Kann er nicht aus dem selben Stoff das eine Gefäss zu einem Gefäss der Ehre, das andere aber zu einem Gefäss der Schande machen?

22 Wie aber, wenn Gott seinen Zorn zeigen und seine Macht kundtun wollte und deshalb die Gefässe des Zorns, die zum Verderben bereitgestellt sind, mit viel Geduld ertragen hätte, 23 um den Reichtum seiner Herrlichkeit sichtbar zu machen an den Gefässen seines Erbarmens, die er zuvor für die Herrlichkeit bestimmt hat, …

24 Die er nun berufen hat – und das sind wir –, die stammen nicht nur aus den Juden, sondern auch aus den Völkern, 25 wie er auch bei Hosea sagt: *Die nicht mein Volk sind, werde ich mein Volk nennen, und die Ungeliebte meine Geliebte.*

ist das wort/ das da vollendet und abkürtzt in der gerechtigkeit: dann ein verkürtzt wort wirt Gott machen uff erden. Und wie Esaias darvor sagt: Wenn uns nit der Herr Sabbaoth hette lassen somen überbleyben/ so wärend wir wie Sodoma worden/ und gleych wie Gomorra.

Was wöllend wir nun hie sagen? Das wöllend wir sagen: Die Heyden/ die nit habend nach der gerechtigkeyt gefochten/ habend die gerechtigkeyt erlangt. Jch sag aber von der gerechtigkeyt/ die auß dem glauben kumpt. Jsrael aber hatt dem gsatz der gerechtigkeyt nachgevolget/ und ist nit zuo dem gesatz der gerechtigkeyt yhenen fürkommen. Warumb das? darumb das sy nit auß dem glauben/ sonder als auß dem verdienst der wercken suochtend. Dann sy habend gestossen an den steyn des anlauffens. Wie geschriben stadt: Sihe da/ ich leg in Zion einen steyn des anlauffens/ und ein velß der ergernuß/ und wär jm vertrauwet/ der sol nit zeschanden werden.

Das x. Capitel.

Hie beklagt sich Paulus der Juden unglauben/ und zeygt an zweyerley frommkeyt/ eine so auß wercken des gsatzes/ die ander so auß dem glauben in Christum entspringt. Und das allein der glaub warlich fromm und sälig macht.

Lieben brüeder/ meynes hertzenn wunsch ist/ und bitt auch ernstlich Gott für Jsrael/ dz sy sälig werdind. Dann ich gib jnen deß zeügnuß/ das sy eyferend umb Gott/ aber mit unverstand. Dann sy erkennend die gerechtigkeit nit die vor

26 Und es wird geschehen an dem Ort, wo ihnen gesagt wurde: Ihr seid nicht mein Volk, dort werden sie Söhne des lebendigen Gottes genannt werden.
27 Jesaja aber verkündet laut über Israel: Ist auch die Zahl der Söhne Israels wie der Sand am Meer – der Rest wird gerettet werden.
28 Denn der Herr wird Abrechnung halten auf Erden, abschliessend und endgültig.
29 Und wie Jesaja vorausgesagt hat: Wenn nicht der Herr Zebaoth uns Nachkommenschaft gelassen hätte, – wie Sodom wären wir geworden, und Gomorra wären wir gleichgemacht.

|15: Ex 33,19 |17: Ex 9,16 |18: Ex 4,21 |20: Jes 29,16 |21: Jer 18,6 |25: Hos 2,25 |26: Hos 2,1 |27–28: Hos 2,1; Jes 10,22 · Jes 28,22 |29: Jes 1,9

9,23: Der Satz bricht hier unvollständig ab (vgl. 5,12); Paulus setzt in V.24 neu ein.
9,28: Andere Übersetzungsmöglichkeit: Denn der Herr wird sein Wort durchsetzen auf Erden, abschliessend und endgültig.

Die Suche nach Gerechtigkeit

30 Was folgt nun daraus? Die Völker, die der Gerechtigkeit nicht nachgejagt sind, sie haben Gerechtigkeit erlangt – eine Gerechtigkeit, die aus dem Glauben kommt. 31 Israel aber, das dem Gesetz nachjagte, das Gerechtigkeit verheisst, hat das Gesetz nicht erreicht. 32 Weshalb? Weil es nicht aus Glauben geschah, sondern im Vertrauen auf das eigene Tun. Sie stiessen sich am ‹Stein des Anstosses›, 33 wie geschrieben steht: Siehe, ich setze in Zion einen Stein des Anstosses und einen Felsen des Ärgernisses; wer auf ihn vertraut, wird nicht blossgestellt werden.

|32: Jes 8,14 |33: Jes 28,16; Mt 21,42 · 10,11

Die nahe Gerechtigkeit

10 1 Liebe Brüder und Schwestern, der Wunsch meines Herzens und mein Flehen zu Gott haben nur das eine Ziel: ihre Rettung. 2 Denn ihnen stelle ich das Zeugnis aus: Sie haben wohl Eifer für Gott – doch

Gott gilt/ und trachtend jr eigne gerechtigkeit aufzerichten: und sind also der gerechtigkeyt/ die vor Gott gilt/ nit underthon. Dann Christus ist des gesatzes end/ zur frommkeyt einem yetlichen der da glaubt. Moses schreybt wol von der gerechtigkeit die auß dem gsatz kumpt/ das welcher mensch die thüeye/ der werde darinnen läben. Aber die gerechtigkeit auß dem glauben spricht also: Sprich nit in deinem hertzen: Wär wil hinauf steygen gen himmel? (das ist nichts anders dann Christum herab holen) Oder wär wil hinab steygen in die tieffe? (das ist nichts anders/ dann Christum von den todten holen.) Aber wz sagt die gschrifft? Das wort ist dir naach/ namlich in dinem mund und in deinem hertzen. Diß ist das wort vom glauben/ das wir predigend. Dann so du mit deinem mund bekennst Jesum/ das er der Herr sey/ unnd glaubst in deinem hertzen/ das jn Gott vonn den todten auferweckt hatt/ so wirst du sälig. Dann so man vonn hertzen glaubt/ so wirt man fromm: und so man mit dem mund bekennt/ so wirt man sälig. Dann die gschrifft spricht: Wär jm vertrauwt/ wirt nit zeschanden werden. Es ist hie kein underscheyd/ weder des Juden noch des Heiden. Dann es ist ein einiger Herr jr aller/ reych über alle die jnn anrüeffend. Dann wär den nammen des Herren wirdt anrüeffen/ sol sälig werden.

Wie söllend sy aber anrüeffen/ in den sy nit vertrauwend noch glaubend? Wie söllend sy aber glauben/ von dem sy nichts gehört habend? Wie söllend sy aber hören on prediger. Wie söllend sy aber predigen/ wo sy nit gesendt werdend? Wie dann geschriben stadt: Wie lieblich sind die füeß deren die den frid verkündend/ die guote bottschafft verkündend. Aber sy sind nit all dem Evangelio gehorsam. Dann Esaias spricht: Herr/ wär hatt glaubt unserem predigen? So kumpt der glaub auß der predig/ das predigen aber durch das wort Gottes. Jch sag aber/ habend sy es nit gehört? Zwar es ist ye in alle land außgangen jrer schall/ und in alle welt jre wort. Jch sag aber/ hatts Jsrael nit

ohne rechte Erkenntnis. 3 Denn indem sie die Gerechtigkeit Gottes verkannten und die eigene aufzurichten suchten, haben sie sich nicht unter die Gerechtigkeit Gottes gestellt. 4 Ziel und Ende des Gesetzes nämlich ist Christus, zur Gerechtigkeit für jeden, der glaubt.

5 Mose schreibt von der Gerechtigkeit, die aus dem Gesetz kommt: *Der Mensch, der tut, was darin geschrieben steht, wird dadurch leben.* 6 Die Gerechtigkeit aber, die aus dem Glauben kommt, spricht so: *Sag nicht in deinem Herzen: Wer wird in den Himmel hinaufsteigen?* – nämlich um Christus herabzuholen. 7 Oder: *Wer wird in die Unterwelt hinabsteigen?* – nämlich um Christus von den Toten heraufzuholen. 8 Sondern was sagt sie? *Nahe ist dir das Wort, in deinem Mund und in deinem Herzen,* nämlich das Wort des Glaubens, das wir verkündigen. 9 Denn wenn du mit deinem Mund bekennst, dass Jesus der Herr ist, und in deinem Herzen glaubst, dass Gott ihn von den Toten auferweckt hat, wirst du gerettet werden. 10 Mit dem Herzen nämlich glaubt man, auf Gerechtigkeit hin; mit dem Mund bekennt man, auf Rettung hin. 11 Denn die Schrift sagt: Keiner, *der auf ihn vertraut, wird blossgestellt werden.* 12 Es ist ja kein Unterschied zwischen Juden und Griechen, denn sie haben alle ein und denselben Herrn, der alle reich macht, die ihn anrufen. 13 Denn: *Jeder, der den Namen des Herrn anruft, wird gerettet werden.*

|3–4: 1,17! · 3,21–22 |5: Lev 18,5; Gal 3,12 |6–8: Dtn 30,12–14 |11: 9,33 · Jes 28,16 |12: Gal 3,28; 1Kor 12,13 |13: Joel 3,5; 1Kor 1,2

10,5: Andere Textüberlieferung: «..., sie tut, wird durch sie leben.»

Der Weg des Glaubens
14 Doch wie sollen sie den anrufen, an den sie nicht glauben? Wie sollen an den glauben, von dem sie nichts gehört haben? Wie sollen sie hören, wenn niemand da ist, der verkündigt? 15 Und wie soll man verkündigen, wenn man nicht gesandt wurde? Denn es steht geschrieben: *Wie sind doch willkommen die Füsse der Boten, die Gutes verkünden!* 16 Doch nicht alle haben auf das Evangelium gehört. Jesaja sagt: *Herr, wer hat unserer Verkündigung geglaubt?* 17 Also kommt der Glaube aus der Verkündigung, die Verkündigung aber geschieht durch das Wort von Christus.

18 Aber, so frage ich: Haben sie etwa nichts zu hören bekommen? Im Gegenteil:

erkennt? Auffs erst spricht Moses: Jch wil euch reytzen zuo eyfer durch ein volck das nit mein volck ist/ unnd durch ein verstendig volck wil ich euch erzürnen. Esaias aber nach jm gethar also sprechen: Jch bin erfunden von denen die mich nit gesuocht habend/ und bin erschinen denen die nit nach mir gefraget habend. Zuo Jsrael aber spricht er: Den gantzen tag hab ich meine hend außgestreckt zuo dem volck/ das jm nichts sagen laßt/ und widerspricht mir.

Das xj. Capitel.

Hie zeygt Paulus an/ das nit alle Juden verworffen sind von Gott/ warnet die Heyden die berüefft sind/ dz sy sich des nit überhebind/ die Juden nit verachtind/ dann heymlich unnd unergründtlich sygind die urteyl Gottes.

So sag ich nun/ hatt dann Gott sein volck von jm gestossen? das sey verr/ dann ich bin auch ein Jsraeliter/ von dem somen Abrahams/ auß dem gschlächt Ben-Jamin. Gott hatt sein volck nit von jm gestossen/ welches er vorhin fürsehen hatt. Oder wüssend jr nit wz die gschrifft sagt von Elia/ wie er tritt für Gott wider Jsrael/ und spricht: Herr/ sy habend deine propheten getödt/ und habend deine altär außgraben/ und ich bin allein überliben/ unnd sy stellend mir nach meinem läben. Aber was sagt jm die göttlich antwort? Jch hab mir lassen überbleyben sibentausent mann/ die nit habend jre knüw gebogen vor des Baals bildtnuß. Also ists auch mit disen überblibnen nach der waal der gnaden/ yetz zuo diser zeit ergangen. Jsts aber auß gnaden geschehen/ so ist es nit auß verdienst der wercken/ sunst wurde gnad nit gnad sein. Jsts aber auß verdienst/ so ist die gnad nichts/ sunst wäre verdienst nit verdienst.

Wie dann nun? das Jsrael gesuocht hatt/ das hatt es nit erlanget/ die waal aber hats erlanget. Die anderen sind verstocket/ wie geschriben stadt: Gott hatt jnen ggeben einen stächlinen geist/ augen dz sy nit sähind/ und oren dz sy nit hörind biß auff den heüttigen tag. Und David spricht: Laß jren tisch werden zuo einem strick/ und zuo einer widergeltung und zur ergernuß. Verblend jre augen/ das sy nit sähind/ und büg jren rugken alle zeyt.

In die ganze Welt hinaus erging ihr Ruf,
und an die Enden der Erde drangen ihre Worte.

19 Aber, so frage ich: Hat Israel etwa nicht verstanden? Schon Mose sagt:
Ich werde euch eifersüchtig machen auf ein Volk, das kein Volk ist,
auf ein unverständiges Volk werde ich euch zornig machen.

20 Und Jesaja hat die Kühnheit zu sagen:
Ich wurde gefunden bei denen, die nicht nach mir suchten,
ich habe mich gezeigt denen, die nicht nach mir fragten.

21 Zu Israel aber sagt er:
Den ganzen Tag habe ich meine Hände ausgestreckt
nach einem Volk, das ungehorsam und voller Widerspruch ist.

|15: Jes 52,7 |16: Jes 53,1 |18: Ps 19,5 |19: Dtn 32,21 · 11,11.14 |20: Jes 65,1 |21: Jes 65,2

Der Rest aus Israel

11 1 Ich frage also: Hat Gott sein Volk etwa verstossen? Nein, gewiss nicht! Auch ich bin ja ein Israelit, ein Nachkomme Abrahams, aus dem Stamm Benjamin. 2 *Gott hat sein Volk, das er zuvor erwählt hat, nicht verstossen.* Wisst ihr denn nicht, was die Schrift im Abschnitt über Elija sagt, da jener sich bei Gott über Israel beklagt: 3 Herr, *deine Propheten haben sie getötet, deine Altäre haben sie niedergerissen, ich allein bin übrig geblieben, und jetzt trachten sie mir nach dem Leben?* 4 Was hält ihm da die göttliche Weisung entgegen? *Ich habe mir bewahrt siebentausend Mann, die ihre Knie nicht gebeugt haben vor dem Schandmal des Baal.* 5 So ist auch in der heutigen Zeit ein Rest geblieben, der erwählt ist durch Gnade. 6 Wenn aber durch Gnade, dann nicht mehr aufgrund eigenen Tuns, da die Gnade sonst nicht mehr Gnade wäre.

7 Was heisst das nun? Israel hat, was es suchte, nicht erlangt. Die Schar der Auserwählten zwar hat es erlangt, die Übrigen dagegen wurden verstockt, 8 wie geschrieben steht:
Gott hat ihnen einen Geist der Betäubung gegeben,
Augen, dass sie nicht sehen, Ohren, dass sie nicht hören,
bis auf den heutigen Tag.

9 Und David sagt:

Ihr Tisch soll ihnen zur Falle werden und zum Fangnetz,
zum Anstoss und zur Vergeltung.
10 *Ihre Augen sollen finster werden, dass sie nicht sehen,*
und ihren Rücken mache krumm, für immer!

|1: 2Kor 11,22 · Phil 3,5 |2: Ps 94,14 |3: 1Kön 19,10.14 |4: 1Kön 19,18 |6: 3,20; Gal 2,16 |8: Jes 29,10 · Dtn 29,3 |9–10: Ps 69,23–24

So sag ich nun/ habend sy darumb angelouffen das sy zerfallen söltind? Das sey verr/ sunder auß jrem fal ist den Heiden das heyl widerfaren/ auff das sy an den selben sich eyferen söltend. Dann so jrer fal der welt reychtumb ist/ und jrer abnemmen ist der Heyden reychthumb/ wie vil mer wäre es also/ wenn jrer völle da wäre? Mit euch Heyden red ich: dann dieweyl ich der Heiden Apostel bin/ wil ich min ampt preysen/ ob ich möchte die mein fleisch sind/ zuo eyferen reytzen/ und jrer etlich sälig machen. Dann so jrer verlust der welt versüenung wäre/ wz wäre das anders/ dann als wenn man das läben von den todten härnäme? Jst der anfang heylig/ so ist auch der gantz teyg heylig: und so die wurtzel heylig ist/ so sind auch die zweyg heylig.

Der Völkerapostel und Israel

11 Ich frage nun: Sind sie etwa gestrauchelt, damit sie zu Boden fallen? Im Gegenteil: Durch ihren Fehltritt kommt das Heil zu den Völkern – das sollte sie eifersüchtig machen. 12 Wenn aber schon ihr Fehltritt die Welt und ihr Versagen die Völker reich gemacht hat, welchen Reichtum wird dann erst ihre Vollendung bringen! 13 Euch aber, den Völkern, sage ich: Sofern ich nun ein Apostel für die Völker bin, preise ich meinen Dienst 14 in der Hoffnung, meine Volksgenossen eifersüchtig zu machen und einige von ihnen zu retten. 15 Denn wenn schon ihr Verlust zur Versöhnung der Welt führt, was wird erst ihre Wiederannahme bringen, wenn nicht Leben aus den Toten? 16 Ist aber die Erstlingsgabe vom Teig heilig, dann ist es auch der ganze Teig. Und ist die Wurzel heilig, dann sind es auch die Zweige.

|11: 10,19! |13: 1,5 |14: 10,19! · 1Kor 9,22 |16: Num 15,17–21

Die Völker und Israel

Ob aber nun etlich von den zwygen zerbrochen sind/ unnd du/ do du ein wilder ölbaum warest/ bist under sy eyngezwyget/ und teilhafftig worden der wurtzel und des saffts des ölbaum/ so berüem dich nit wider die zweyg: berüemst du dich aber wider sy/ so tregst du ye die wurtzel nit/ sonder die wurtzel tregt dich. So sprichst du: Die zwyg sind zerbrochen/ das ich hineyn gezwyget wurde. Jst wol geredt/ sy sind zerbrochen umb jrs unglaubens willen/ du bestaast aber durch den glauben. Biß nit stoltz/ sonder förcht dich. Dann hatt Gott den natürlichen zwygen nit verschonet/ das er villeicht deynen auch nit verschone. Darumb beschouw die güete und den ernst Gottes: den ernst an denen/ die gefallen sind: die güete aber an dir/ so verr du an der güete bleybst/ sunst wurdest du auch abgehauwen werden: unnd yhene/

17 Wenn nun einige von den Zweigen herausgebrochen wurden und du als Trieb vom wilden Ölbaum dort eingepfropft wurdest und Anteil bekommen hast an der fettspendenden Wurzel des Ölbaums, 18 dann erhebe dich nicht über die anderen Zweige. Wenn du dich aber über sie erheben willst: Nicht du trägst die Wurzel, sondern die Wurzel trägt dich! 19 Du wirst vielleicht sagen: Es wurden doch Zweige herausgebrochen, damit ich eingepfropft würde. 20 Gut! Des Unglaubens wegen wurden sie herausgebrochen, du aber stehst aufgrund des Glaubens. Bilde dir nichts darauf ein, sondern fürchte dich! 21 Hat Gott die ursprünglichen Zweige nicht verschont, wird er gewiss auch dich nicht verschonen! 22 Bedenke doch die Güte und die Strenge Gottes: Gegenüber denen, die gefallen sind, die Strenge, dir gegenüber aber die Güte Gottes – sofern du der Güte treu bleibst,

so sy nit bleybend in dem unglauben/ wider eyngepflantzet werdend. Dann Gott mag sy wol widerumb eynpflantzen. Dann so du auß dem natürlichen wilden ölbaum bist außgehauwen/ und wider die natur in den guoten ölbaum gepflantzet/ wie vil mer werdend die natürlichen yngepflantzet in jren eignen ölbaum?

Jch wil euch nit verhalten/ lieben brüeder/ dise geheimnuß (uff das jr nit bey euch selbs kluog sygind) das die blindheit eins teils Jsrael widerfaren ist/ so lang biß die völle der Heyden eyngegangen ist/ und also das gantz Jsrael sälig werde. Wie geschriben stadt: Es wirt kommen auß Zion der da erlöse/ und abwende das ungöttlich wäsen von Jaacob. Und dises ist mein Testament zuo jnen: wenn ich jre sünd wird hinweg nemmen. Nach dem Euangelion zwar halt ich sy für feynd umb euwert willen/ aber nach der waal hab ich sy lieb umb der vättern willen.

Gottes gaaben und berüeffung mögend jn nit gerüwen. Dann gleycherweyß wie auch jr ein zeyt lang nit habend glaubt in Gott/ nun aber barmhertzigkeit überkommen habend durch jren unglauben: Also auch yhene habennd yetz nit wöllen glauben in die barmhertzigkeit die euch widerfaren ist/ uff das sy auch barmhertzigkeyt überkommind. Dann Gott hatt alles beschlossen under den unglauben/ auff das er sich aller erbarme.

O wie ein tieffe der reychtumb/ beyde der weyßheit unnd der erkanntnuß Gottes/ wie gar unbegrifflich sind seine gericht/ und unerforschlich seine wäg? Dann wär hatt deß Herren meinung erkennt? Oder wär ist seyn radtgeber gewesen? Oder wär hatt jm etwas vorhin gegeben/ das jm werde wider vergolten? Dann von jm/ und durch jn/ und zuo jm sind alle ding. Jm sey preyß in ewigkeyt/ Amen.

sonst wirst auch du abgehauen werden. 23 Jene aber werden, wenn sie nicht im Unglauben verharren, wieder eingepfropft werden. Gott hat ja die Macht, sie wieder einzupfropfen. 24 Denn wenn du aus dem wilden Ölbaum, dem du von Natur aus zugehörst, herausgeschnitten und gegen die Natur dem edlen Ölbaum eingepfropft wurdest, dann werden diese ursprünglichen Zweige dem eigenen Ölbaum erst recht wieder eingepfropft werden.

|21: Joh 15,2.4

11,24: Andere Übersetzungsmöglichkeit: «Denn wenn du aus dem von Natur aus wilden Ölbaum herausgeschnitten …»

Die Rettung Israels

25 Liebe Brüder und Schwestern, ich will euch dieses Geheimnis nicht vorenthalten, damit ihr nicht auf eigene Einsicht baut: Verstocktheit hat sich auf einen Teil Israels gelegt – bis dass sich die Völker in voller Zahl eingefunden haben. 26 Und auf diese Weise wird ganz Israel gerettet werden, wie geschrieben steht:

Kommen wird aus Zion der Retter,
abwenden wird er von Jakob alle
Gottlosigkeit.
27 Und dies wird der Bund sein, den ich mit ihnen schliesse,
wenn ich ihre Sünden hinweggenommen habe.

28 Im Sinne des Evangeliums sind sie Feinde, um euretwillen, im Sinne der Erwählung aber Geliebte, um der Väter willen. 29 Denn unwiderrufbar sind die Gaben Gottes und die Berufung. 30 Wie ihr nämlich Gott einst ungehorsam wart, jetzt aber durch ihren Ungehorsam Barmherzigkeit erlangt habt, 31 so sind sie jetzt ungehorsam geworden durch die Barmherzigkeit, die euch widerfuhr – damit auch sie jetzt Barmherzigkeit finden. 32 Denn Gott hat alle in den Ungehorsam eingeschlossen, um allen seine Barmherzigkeit zu erweisen.

33 O Tiefe des Reichtums,
    der Weisheit und der Erkenntnis Gottes!
Wie unergründlich sind seine
    Entscheidungen
        und unerforschlich seine Wege!
34 Denn *wer hat den Sinn des Herrn erkannt,*
    oder wer ist sein Ratgeber gewesen?
35 *Wer hat ihm etwas geliehen,*
    und es müsste ihm von Gott zurückgegeben
        werden?

Das xij. Capitel.

Biß här auff dises capitel hatt der heylig Apostel geleert das fundament legen unsers heyls und säligkeyt/ das ist den glauben/ der uns allein mit Gott vereiniget/ sünd verzycht/ und den wäg zum läben auffschlüßt. Jn disem capitel unnd den nachgenden leert er uns wie wir sölichen glauben üeben söllend in ausserlichen wercken/ und besonder in disem capitel underweyßt er uns wie wir uns mit Gott halten söllend/ in rechter eer und dienstbarkeyt gegen dem nächsten/ in waarer liebe und frid: und sölichs erklärt er durch ein schöne glychnuß deß leybs und der glidern.

Jch ermanen euch/ lieben brüeder/ durch die barmhertzigkeit Gottes/ dz jr euwere leyb gäbind zuo einem opfer/ das da läbendig/ heilig/ unnd Gott wolgefällig ist/ welches ist euwer vernünfftiger gottes dienst. Und stellend euch nit gleych diser welt/ sonder lassend euch verendern durch vernüwerung euwers sinns/ auff das jr bewären mögind/ welches da sey der will Gottes/ was guot/ gefellig/ und vollkommen sey.

Dann ich sag durch die gnad die mir gegeben ist/ yederman under euch/ das keiner sich vermässen sölle/ mer zewüssen dann man wüssen sol/ sonder ein yetlicher wüsse zuo maß und rechtem wüssen/ nach dem Gott außgeteylt hatt die maß des glaubens.

Dann gleycherweyß wie wir in einem leyb vil glider habend/ aber alle glider nit einerley gschäfft und würckung habend: Also sind wir vil ein leyb in Christo/ aber under einander ist einer des anderen glid/ unnd habend mancherley gaaben nach der gnad die uns geben ist. Es sey die gaab der prophecy nach gleychmässe des glaubens/ oder dem selben gleychförmig. Hat yemants ein ampt/ so warte er des ampts. Leert yemants/ so warte er der leer. Ermanet yemants/ so warte er des ermanens. Gibt yemants/ so gebe er einfaltiglich. Regiert yemants/ so sey er sorgfeltig. Thuot yemants barmhertzigkeyt/ so thüeye ers mit lust unnd frölich.

Die liebe sey ungefärbt unnd ungefelscht. Hassend das böß. Hangend an dem guoten. Sind mit brüederlicher liebe gegen einandern fründtlich. Einer komme dem andern mit eer erbietung vor. Sind nit trääg in euwerem fürnemmen. Sind brünstig im geist. Schickend

36 Denn aus ihm und durch ihn und auf ihn hin ist alles.

Ihm sei Ehre in Ewigkeit, Amen.

|25: 12,16 · Mk 3,5 · 11,12 |26–27: Jes 59,20–21 · Jes 27,9 |30: 2,8 · 10,21 |32: Gal 3,22 |33: 1Kor 1,21 |34: Jes 40,13; 1Kor 2,16 |36: 1Kor 8,6 · 16,27!

Vernünftiger Gottesdienst

12 1 Ich bitte euch nun, liebe Brüder und Schwestern, bei der Barmherzigkeit Gottes: Bringt euren Leib dar als lebendiges, heiliges, Gott wohlgefälliges Opfer – dies sei euer vernünftiger Gottesdienst! 2 Fügt euch nicht ins Schema dieser Welt, sondern verwandelt euch durch die Erneuerung eures Sinnes, dass ihr zu prüfen vermögt, was der Wille Gottes ist: das Gute und Wohlgefällige und Vollkommene.

|1: 2Kor 1,3 · 6,13.19

Ein Leib – viele Glieder

3 Denn ich sage einem jeden unter euch kraft der mir verliehenen Gnade: Sinnt nicht über das hinaus, was zu sinnen nottut! Seid vielmehr auf Besonnenheit bedacht, jeder, wie Gott ihm das Mass des Glaubens zugeteilt hat.

4 Denn wie wir an *einem* Leib viele Glieder haben, die Glieder aber nicht alle dieselbe Aufgabe erfüllen, 5 so sind wir, die vielen, in Christus *ein* Leib, im Verhältnis zueinander aber Glieder. 6 Wir haben verschiedene Gaben entsprechend der Gnade, die uns gegeben wurde: sei es die Gabe, prophetisch zu reden in Ausrichtung auf den Glauben, 7 sei es die Gabe zu dienen, wo es um Dienst geht, zu lehren, wo es um Lehre geht, 8 Trost zu spenden, wo es um Trost geht. Wer andern etwas gibt, tue es ohne Hintergedanken; wer eine Leitungsaufgabe versieht, tue es mit Hingabe; wer Barmherzigkeit übt, tue es heiter und fröhlich.

|3: 15,15! |4–5: 1Kor 12,12!–27 |6–7: 1Kor 12,4!–11; 1Petr 4,10 |8: 2Kor 9,7

Die Wirkungen der Liebe

9 Die Liebe sei ohne Heuchelei! Das Böse wollen wir verabscheuen, dem Guten hangen wir an. 10 In geschwisterlicher Liebe sind wir einander zugetan, in gegenseitiger Achtung kommen wir einander zuvor. 11 In der Hingabe zögern wir nicht, im Geist brennen wir,

üch in die zeyt. Sind frölich in hoffnung/ gedultig in trüebsälen. Haltend an am gebätt. Nemmend euch der heiligen notturfft an. Sträbend darnach das jr gern herbergind. Benedeyend/ unnd vermaledeyend nit. Fröuwend euch mit den frölichen/ und weynend mit den weynenden. Habend einerley muots und sinnes under einandern. Haltend nit hochmüetigklich etwas von üch selber. Sind nit hochtragend/ sonder lassend euch nider. Haltend euch selbs nit für kluog. Vergeltend niemants böses mit bösem. Fleyssend euch der erberkeyt gegen yederman. Jsts müglich/ so vil an euch ist/ so habend mit allen menschen frid.

Rächend euch selber nit/ meyne liebsten/ sonder gebend statt dem zorn. Dann es stadt geschriben: Die raach ist mein/ ich wils vergelten/ spricht der Herr. So nun deinen feynd hungeret/ so speyß jn: dürstet jn/ so trenck jn. Wenn du das thuost/ so wirst du fheürige kolen auff sein haupt samlen. Laß dich nit das böß überwinden/ sonder überwind das böß mit guotem.

Das xiij. Capitel.

Jn disem capitel underweyßt Paulus wie man sich gegen den oberkeyten und fürgesetzten halten sol/ in gehorsamy und eer erbietung. Auch wie alle gsatz und gebott allein in der liebe erfüllt werdend.

Jederman sey underthon der oberkeyt unnd gwalt: dann es kein gewalt ist dann von Gott. Der gewalt aber der allenthalben ist/ ist vonn Gott verordnet/ also/ das wär sich wider den gwalt setzt/ der widersträbt Gottes ordnung. Die aber widersträbend/ werdend über sich ein urteil empfahen. Dann die gwaltigen sind nit in denen die guots thuond/ sonder den bösen zefürchten. Wilt du dich aber nit förchten vor dem gwalt/ so thuo guots/ so wirst du lob von dem selbigen haben: dann er ist ein diener Gottes dir zuo guotem. Thuost du aber böses/ so förcht dir: dann der gwaltig tregt das schwärdt nit vergäblich. Dann er ist Gottes diener/ ein rächer zur straff über den der böses thuot. So sind nun auß not underthon/ nit allein umb der straaff willen/ sonder auch umb des gwüssens willen. Deßhalben müessend jr

dem Herrn dienen wir. 12 In der Hoffnung freuen wir uns, in der Bedrängnis üben wir Geduld, am Gebet halten wir fest. 13 Um die Nöte der Heiligen kümmern wir uns, von der Gastfreundschaft lassen wir nicht ab.

14 Segnet, die euch verfolgen, segnet sie und verflucht sie nicht! 15 Freuen wollen wir uns mit den Fröhlichen und weinen mit den Weinenden. 16 Seid allen gegenüber gleich gesinnt; richtet euren Sinn nicht auf Hohes, seid vielmehr den Geringen zugetan. Haltet euch nicht selbst für klug!

17 Vergeltet niemandem Böses mit Bösem, seid allen Menschen gegenüber auf Gutes bedacht! 18 Wenn möglich, soweit es in eurer Macht steht: Haltet Frieden mit allen Menschen! 19 Übt nicht selber Rache, meine Geliebten, sondern gebt dem Zorn Gottes Raum! Denn es steht geschrieben: *Mein ist die Rache, ich werde Vergeltung üben,* spricht der Herr. 20 Vielmehr: *Wenn dein Feind Hunger hat, gib ihm zu essen; wenn er Durst hat, gib ihm zu trinken. Denn wenn du dies tust, wirst du feurige Kohlen auf sein Haupt sammeln.* 21 Lass dich vom Bösen nicht besiegen, sondern besiege das Böse durch das Gute.

|9: 1Kor 13,4–6 |10: 1Thess 4,9! |12: Kol 4,2 |13: Phil 4,14 · Hebr 13,2 |14: Lk 6,28 |16: 15,5 · 11,25; Spr 3,7 |17: 1Thess 5,15; 1Petr 3,9 · 2Kor 8,21 |19: Dtn 32,35 |20: Spr 25,21

12,16: Andere Übersetzungsmöglichkeit: «… dem Geringen zugetan. …»

Das Verhalten dem Staat gegenüber

13 1 Jedermann ordne sich den staatlichen Behörden unter, die Macht über ihn haben. Denn es gibt keine staatliche Behörde, die nicht von Gott gegeben wäre; die jetzt bestehen, sind von Gott eingesetzt. 2 Also gilt: Wer sich gegen die Autorität des Staates auflehnt, der widersetzt sich der Anordnung Gottes; die sich aber widersetzen, werden ihr Urteil empfangen. 3 Denn nicht die gute Tat muss die Machthaber fürchten, sondern die böse. Willst du die Autorität des Staates nicht fürchten müssen? Dann tue das Gute, und du wirst bei ihr Anerkennung finden! 4 Denn Gottes Dienerin ist sie, zu deinem Besten. Tust du jedoch das Böse, dann fürchte dich! Denn nicht umsonst trägt sie das Schwert; im Dienst Gottes steht sie, beauftragt, den zu bestrafen, der das Böse tut. 5 Darum ist es notwendig, sich unterzuordnen, nicht bloss im Blick auf

auch steür geben. Dann sy sind Gottes diener/
die sölichen schutz söllend handhaben.

So gebend nun yederman was jr schuldig
sind/ die steür/ dem die steür gebürt: den
zoll/ dem der zoll gebürt: die forcht/ dem die
forcht gebürt: die eer/ dem die eer gebürt.

Sind niemants nichts schuldig/ dann dz jr
einandern liebind. Dann wär den andern liebet/
der hat das gsatz erfüllt/ ja eben das gsatz: Du
solt nit eebrechen. Du solt nit töden. Du solt
nit stälen. Du solt nit falsche zeügnuß geben.
Du solt nit begären. Unnd so ein anders gebott
mer ist/ das wirt in disem verfasset/ namlich.
Du solt lieben deinen nächsten als dich selbs.
Die liebe thuot dem nächsten nichts böses.
So ist nun die liebe des gsatzes erfüllung.

Und in sonderheit so wir sölichs wüssend/
namlich die zeyt/ das die stund da ist aufzeston
vom schlaaff. Dann unser heyl yetz näher
ist/ dann do wirs glaubtend. Die nacht ist
vergangen/ der tag aber ist härzuo kommen.
So lassend uns nun ablegen die werck der
finsternuß/ und anlegen die waffen des liechts.
Lassend uns erberlich wandlen als im tag/ nit
in frässen und sauffen/ nit in kammern und
geilheit/ nit in hader und eyfer/ sonder legend
an den Herren Jesum Christ/ und thuond nit
nach deß fleysch klugheit seinen lust zebüessen.

Das xiiij. Capitel.
Jn anfang des glaubens/ zuo den zeyten Pauli
kommend etlich von Juden/ von Heyden zuo Christenem
glauben/ die Juden woltend vermeinen es wär ein
underscheyd der speiß/ der tagen/ und der gleychen/ als
sy es dann in dem gsatz Mosi gebotten hattend/ auff dem
lagend sy hert/ das man es also halten solt/ und assend
die speyß/ und dise nit. Die Heyden aber meintend alle
speyß gleych sein: die da meintend es wär ein underscheyd
inn speyß/ die nennet Paulus unvollkommen/ dann sy nit
standhafftig warend: die alle ding gleych achtetend/ die
nennet er vollkommen. Leert und underwyßt sy beyd wie
sy sich gegen einander in sölichen dingen halten söllend/
das keiner den anderen verachten/ keiner den anderen in
sölichem urteylen sol/ keiner jm selbs allein läben/ sonder
in freüntlicher lieby ye einer dem anderen behillfflichen

eine Bestrafung, sondern auch mit Rücksicht
auf euer Gewissen; 6 deshalb zahlt ihr ja
auch Steuern. Beamte Gottes sind es ja, die
dazu bestellt sind, ihren Dienst zu verrichten.
7 Gebt allen, was ihr ihnen schuldig seid:
Steuern, wem ihr Steuern schuldet, Zoll, wem
ihr Zoll schuldet, Respekt, wem ihr Respekt
schuldet, Ehre, wem ihr Ehre schuldet.

|1–7: 1Petr 2,13–17 |1: Tit 3,1 |7: Lk 20,22–25

Die Erfüllung des Gesetzes
8 Bleibt niemandem etwas schuldig, ausser
dass ihr einander liebt. Denn wer den andern
liebt, hat das Gesetz erfüllt. 9 Das Gebot
nämlich: *Du sollst nicht ehebrechen, du sollst
nicht töten, du sollst nicht stehlen, du sollst nicht
begehren,* und was es sonst noch an Geboten
gibt, wird in dem einen Wort zusammengefasst:
Du sollst deinen Nächsten lieben wie dich selbst.
10 Die Liebe fügt dem Nächsten nichts Böses
zu. Des Gesetzes Erfüllung also ist die Liebe.

|8–10: Mk 12,28–31! |8: Gal 5,14 |9: Ex 20,13–17;
Dtn 5,17–21 · Lev 19,18 |10: 1Kor 13,4

Das Ende der Nacht
11 Und dies tut im Wissen, dass die Stunde
geschlagen hat: Es ist Zeit, aus dem Schlaf
aufzuwachen. Denn jetzt ist unsere Rettung
näher als zu der Zeit, da wir zum Glauben
kamen. 12 Die Nacht ist vorgerückt, bald
wird es Tag. Lasst uns also ablegen die Werke
der Finsternis und anziehen die Waffen des
Lichts! 13 Wir wollen unser Leben führen,
wie es sich für den Tag geziemt, nicht mit
Ess- und Trinkgelagen, nicht mit Orgien und
Ausschweifungen, nicht mit Streit und Hader.
14 Zieht vielmehr den Herrn Jesus Christus
an und tut nicht, was dem Fleisch genehm ist,
damit ihr nicht seinem Begehren verfallt.

|12: 6,13 |13: 1Thess 4,12 |14: Gal 3,27

sein. Dieweyl yetz zuo diser zeyt/ under den Christen
söliche aberglauben (als am feyrtag oder ander tag kein
fleisch essen/ auff dem oder disen tagen fasten/ und der
gleychen) mer sind dann vor zeyten bey den Juden/ ist
diß capitel wol zemercken/ und mit grossem fleyß zuo
läsen/ damit die frommen Christen wüssind wie sy sich
in sölichen dingen der menschlichen satzungen halten
söllind: dann etlich haltend so vil auff söliche ding/ das sy
meinend es stand alle frommkeyt darinn/ und verachtend
all ander die sölichs nit thuond/ die anderen sind vil zuo
fräfel in sölichen dingen zuo überträtten/ schonend nit
der der unvollkommnen/ bey denen sy wonend/ hie leert
er ein mittlen wäg träffen.

Den schwachen im glaubenn nemmend uf/
und verwirrend die gwüssen nit. Einer glaubt er
möge allerley essen/ welcher aber schwach ist der
isset kraut/ Welcher isset/ der verachte den nit
der nit isset: und welcher nit isset/ der richte den
nit der da isset: dann Gott hatt jn ufgenommen.
Wär bist du/ das du einen frömbden knecht
richtest? Er stadt oder fallt seinem Herren/ er
mag aber wol aufgericht werden/ dann Gott
kan jnn wol aufrichten. Einer halt einen tag für
den andern/ der ander aber halt alle tag glych.
Ein yetlicher sey seines sinns. Welcher auff die
tag halt/ der thuots dem Herren: und welcher
nichts darauf halt/ der thuots auch dem Herren.
Welcher isset/ der isset dem Herren/ dann er
dancket Gott: welcher nit isset/ der isset dem
Herren nit/ und dancket Gott. Dann unser
keiner läbt jm selber/ und keiner stirbt jm selber.
Läbend wir/ so läbend wir dem Herren: sterbend
wir/ so sterbend wir dem Herren. Darumb wir
läbind oder sterbind/ so sind wir deß Herren.
Dann darzuo ist Christus auch gestorben und
auferstanden/ und wider läbendig worden/
das er über die todten und läbendigen Herr
sey. Du aber was richtest du deinen bruoder?
Oder du anderer/ was verachtest du deinen
bruoder? Wir werdend alle vor dem richtstuol
Christi dargestellet werden. Dann es stadt
geschriben: So war als ich läb/ spricht der Herr/
mir söllend alle knüw gebogen werden/ und
alle zungen söllend Gott erkennen. So wirt nun
ein yetlicher für sich selbs Gott rechenschafft
geben. Darumb lassend unns nit mer einer den
andern richten. Sonder richtend vil mer das/
das niemants seinem bruoder einen anstoß
oder ergernuß darstelle. Jch weiß und bins
gwüß in dem Herren Jesu/ das nichts gmein
ist an jm selbs/ on der es rechnet für gmeyn/
dem selben ists gmeyn. So aber dein bruoder
über deyn speyß betrüebt wirdt/ so wandlest
du schon nit nach der liebe. Lieber verderb
den nit mit diner spyß/ umb welches willen

Starke und Schwache in der Gemeinde

14 1 Den im Glauben Schwachen nehmt
an und lasst es nicht zum Streit über
verschiedene Auffassungen kommen!
2 Der eine glaubt, alles essen zu dürfen, der
Schwache aber isst nur Pflanzliches. 3 Wer isst,
soll den nicht verachten, der nicht isst; wer aber
nicht isst, soll den nicht richten, der isst; denn
Gott hat ihn angenommen. 4 Wer bist du, dass
du eines andern Diener richtest? Seinem eigenen
Herrn steht oder fällt er. Er wird aber stehen,
denn der Herr vermag, ihm Stand zu geben.
5 Der eine macht einen Unterschied zwischen
den Tagen, für den andern sind alle Tage
gleich. Jeder aber bleibe seiner Überzeugung
treu. 6 Wer einen bestimmten Tag beachtet,
der tut es vor dem Herrn. Und wer isst, der
isst vor dem Herrn, denn er dankt Gott dabei.
Und wer nicht isst, der tut auch das vor dem
Herrn und dankt Gott ebenfalls. 7 Keiner
von uns lebt für sich selbst, und keiner stirbt
für sich selbst. 8 Leben wir, so leben wir
dem Herrn, sterben wir, so sterben wir dem
Herrn. Ob wir nun leben oder sterben, wir
gehören dem Herrn. 9 Denn dazu ist Christus
gestorben und wieder lebendig geworden:
dass er Herr sei über Tote und Lebende.
10 Du aber, was richtest du deinen Bruder?
Und du, was verachtest du deinen Bruder?
Wir werden alle vor den Richterstuhl Gottes
treten müssen. 11 Denn es steht geschrieben:
So wahr ich lebe, spricht der Herr, mir wird
sich beugen jedes Knie,
und jede Zunge wird sich zu Gott bekennen.
12 Es wird also jeder von uns für sich selbst
Rechenschaft ablegen müssen vor Gott.
13 Wir wollen einander also nicht mehr
richten! Achtet vielmehr darauf, dem Bruder
keinen Anstoss zu geben und ihn nicht
zu verführen. 14 Ich weiss und bin mir
im Herrn Jesus gewiss, dass nichts an sich
unrein ist, sondern nur für den, der es für
unrein hält; für den ist es unrein. 15 Wenn

Christus gestorben ist. Darumb schaffend das unser schatz nit verlesteret werde. Dann das reych Gottes ist nit essen und trincken/ sonder frommkeit/ unnd frid/ unnd fröud in dem heyligen geist. Wär darinnen Christo dienet/ der ist Gott gefellig/ und den menschen bewärt.

Darumb lassend uns nach denen dingen sträben die zuo friden dienend/ und die zur besserung dienend/ einer gegen dem andern. Lieber verstör nit umb der speyß willen Gottes werck. Es ist zwar alles reyn/ aber es ist nit guot dem/ der es isset mit einem anstoß seines gewüssens. Es ist vil besser du essest keyn fleysch/ und trinckest keinen weyn/ oder keinerley daran sich dein bruoder stosset/ oder ergeret/ oder schwach wirt. Hast du den glauben? so hab jn bey dir selbs vor Gott. Sälig ist der jm selbs keyn gewüssen machet/ in dem das er annimpt: wär aber darüber wancket so ers essen wurde/ der ist verdampt: dann er issets nit auß glauben. Was aber nit auß glauben gadt/ das ist sünd.

Das xv. Capitel.

Jn disem capitel vermanet Paulus die/ die in geystlichem verstand vollkommen/ und im glauben steyff sind/ das sy mit senfftmüetigkeyt/ die unvollkommen schwachglöubigen underweysind/ damit sy auch zuo vollkommenheyt kommind. Befilcht jnen abermals/ das sy einmüetig/ und in brüederlicher liebe verknüpfft sygind. Entschuldiget sich das er biß här nit zuo jnen sey kommen.

Wir aber/ die wir starck sind/ söllend tragen der schwachen gebrästen/ und nit ein gefallen an uns selber haben. Es stelle sich aber ein yetlicher under uns also/ das er seinem nächsten gefalle zum guoten/ zur besserung. Dann auch Christus nit an jm selber gefallen hatt/ sonder wie geschriben stadt: Die schmaach deren die dich schmähend/ sind über mich gefallen. Was aber uns vorgeschriben ist/ das ist uns zur leer geschriben/ auff das wir durch gedult und trost der gschrifft hoffnung habind. Gott aber der gedult unnd deß trosts/ gäbe euch/ das jr einerley gesinnet sygind under einander nach Jesu Christ/ auff das jr einmüetigklich mit einem mund preysind Gott den vatter unsers Herren Jesu Christi. Darumb nemmend euch under einander auf/ gleych wie euch Christus

dein Bruder nämlich wegen einer Speise in Bedrängnis kommt, handelst du nicht mehr, wie es der Liebe entspricht. Führe ihn mit deinem Essen nicht ins Verderben, auch für ihn ist Christus gestorben! 16 Was für euch gut ist, soll nicht schlechtgemacht werden. 17 Denn das Reich Gottes ist nicht Essen und Trinken, sondern Gerechtigkeit, Frieden und Freude im heiligen Geist. 18 Wer darin Christus dient, findet Wohlgefallen bei Gott und Anerkennung bei den Menschen.

19 Wir wollen uns also einsetzen für das, was dem Frieden und der gegenseitigen Erbauung dient! 20 Richte doch nicht wegen einer Speise das Werk Gottes zugrunde! Alles ist zwar rein, schädlich aber ist es, wenn ein Mensch durch sein Essen etwas gegen sein Gewissen tut. 21 Es ist gut, kein Fleisch zu essen und keinen Wein zu trinken noch irgendetwas zu tun, woran dein Bruder Anstoss nimmt. 22 Behalte den Glauben, den du für dich selbst hast, vor Gott. Selig, wer bei dem, was er zu prüfen hat, nicht mit sich ins Gericht gehen muss! 23 Wer aber Bedenken hat, wenn er etwas isst, der hat sich selber verurteilt, weil es nicht aus der Überzeugung des Glaubens geschieht. Alles, was nicht aus Glauben geschieht, ist Sünde.

|1–4: 1Kor 8,7–13 |1: 15,1 · 15,7 |2: 1Kor 10,25–28 |3: 14,10 |4: 1Kor 10,12! |7: 2Kor 5,15 |8: 1Thess 5,10 |10: 2Kor 5,10 |11: Jes 45,23; Phil 2,10–11 |13: 1Kor 8,9.13; 10,32 |14–15: 1Kor 10,25–33 |15: 1Kor 8,1.11–13 |19: 15,2; 14,19 |20: 14,23; 14,12!.26; 1Thess 5,11 |20–21: 1Kor 8,13

14,20: Andere Übersetzungsmöglichkeit: «… durch sein Essen Anstoss erregt.»

Was in der Gemeinde zählt

15 1 Wir, die Starken, sind verpflichtet, die Schwächen der Schwachen zu tragen und nicht uns selbst zu Gefallen zu leben. 2 Jeder von uns lebe dem Nächsten zu Gefallen, ihm zum Wohl, um ihn aufzubauen. 3 Christus hat ja auch nicht sich selbst zu Gefallen gelebt, sondern, wie geschrieben steht: *Die Schmähungen derer, die dich schmähten, haben mich getroffen.* 4 Ja, alles, was zuvor geschrieben wurde, ist uns zur Belehrung geschrieben, damit wir mit Beharrlichkeit und mit dem Trost der Schriften an der Hoffnung festhalten. 5 Der Gott der Geduld und des Trostes lasse euch untereinander eines Sinnes sein, nach dem Vorbild des Christus Jesus, 6 damit ihr den Gott und Vater unseres Herrn Jesus Christus einmütig und einstimmig lobt.

Die Epistel S.Pauli zuo den Römern.

hat aufgenommen zuo Gottes preyß. Jch sag aber/ das Jesus Christus sey ein diener gewesen der beschneydung umb der warheyt willen Gottes/ zebefestigen die verheyssung Gottes den vättern geschehen. Das die Heyden aber Gott preysend umb der barmhertzigkeyt willen/ wie geschriben stadt: Darumb wil ich dich loben under den Heyden/ und deinem nammen singen. Unnd abermals spricht er: Fröuwend euch jr Heiden mit seinem volck. Unnd abermals: Lobend Gott alle Heyden/ unnd erhöhend jn alle völcker. Und abermals spricht Esaias: Es wirt sein die wurtzel Jesse/ und der auferston wirdt/ zeherrschen über die Heyden/ auff den werdend die Heyden hoffen. Gott aber der hoffnung/ erfülle üch mit aller fröud und frid im glauben/ auf das jr überflüssig sygind in der hoffnung durch krafft des heyligen geysts.

Jch weiß aber vast wol von euch/ lieben brüeder/ das jr selber voll güetigkeyt sind/ erfüllt mit aller erkanntnuß/ das jr euch under einanderen können ermanen. Jch hab aber euch ein wenig käcker geschriben/ lieben brüeder/ euch zuo erinneren umb der gnad willen die mir gegeben ist von Gott/ das ich sölle sein ein diener Christi/ under den Heiden zuo offnen das Euangelion Gottes/ auff das die Heyden ein opffer werdind Gott angenäm/ geheyliget durch den heyligen geyst. Darumb kan ich mich rüemen durch Jesum Christum/ dz ich mit göttlichen sachen umbgon. Dann ich dörfft nit reden etwas/ wo das selb Christus nit würckte durch mich/ die Heiden gehorsam zemachen durch wort unnd werck/ durch krafft der zeychen unnd wunder/ und durch krafft des geysts Gottes/ also/ das ich von Jerusalem an/ und umbhär biß gen Jlliricon/ das Euangelion Christi erfüllt habe. Also eergeytig aber bin ich

7 Darum nehmt einander an, wie auch Christus euch angenommen hat, zur Ehre Gottes. 8 Ich sage nämlich: Um der Wahrhaftigkeit Gottes willen ist Christus zum Diener der Beschnittenen geworden, um die Verheissungen, die an die Väter ergangen sind, zu bekräftigen. 9 Die Heiden aber sollen um der Barmherzigkeit willen Gott preisen, wie geschrieben steht:
Darum werde ich dich bekennen unter den Heiden
und deinem Namen lobsingen.
10 Und an anderer Stelle heisst es:
Freut euch, ihr Völker, zusammen mit seinem Volk.
11 Und an anderer Stelle:
Preiset, all ihr Völker, den Herrn,
loben sollen ihn all seine Völker.
12 Jesaja wiederum sagt:
Ausschlagen wird die Wurzel Isais,
und hervortreten wird, der sich erhebt, um
über die Völker zu herrschen;
auf ihn werden die Völker hoffen.
13 Der Gott der Hoffnung aber erfülle euch mit aller Freude und allem Frieden im Glauben, den er euch schenkt, und ihr werdet im Überfluss teilhaben an der Hoffnung durch die Kraft des heiligen Geistes.

|1: 14,1 |2: 1Kor 10,24 · 14,19! |3: Ps 69,10 |4: 1Kor 9,10! |5: 2Kor 1,3 · 12,16; Phil 4,2! |7: 14,1 |9: Ps 18,50 |10: Dtn 32,43 |11: Ps 117,1 |12: Jes 11,10

Reisepläne

14 Meine lieben Brüder und Schwestern! Im Blick auf euch bin ich persönlich der festen Überzeugung, dass auch ihr von guter Gesinnung durchdrungen seid, von aller Erkenntnis erfüllt und fähig, einander auch zurechtzuweisen. 15 Ich habe euch zum Teil recht kühn geschrieben, doch wollte ich euch nur an Bekanntes erinnern. Ich tue dies aufgrund der Gnade, die mir von Gott zuteil wurde, 16 der Gnade nämlich, ein Kultdiener zu sein des Christus Jesus für die Völker und als solcher das Evangelium Gottes als heilige Handlung zu vollziehen; so soll die Darbringung der Völker, geheiligt durch den heiligen Geist, Gottes Wohlgefallen finden. 17 Darauf bin ich stolz in Christus Jesus – wenn es um das geht, was vor Gott gilt. 18 Denn ich würde es nicht wagen, von Dingen zu reden, die Christus nicht durch mich gewirkt hat, um die Völker zum Gehorsam zu bringen, durch Wort und

gewesen das Euangelion zepredigen/ nit wo Christus namm bekannt was/ auff das ich nit auff einem frömbden grund bauwete/ sonder wie geschriben stadt: Welchen nit ist von jm verkündiget/ die söllends sehen: und welche nit gehört habend/ söllends verston. Das ist auch die sach/ darumb ich vil mals verhinderet bin zuo euch zekommen. Nun aber so ich nit mer platz hab in disen lenderen/ hab aber ein verlangen zuo euch zekommen von vil jaren här. Wenn ich reysen wird in Hispanien/ wil ich zuo euch kommen: dann ich hoff das ich dardurch reysen/ und euch sehen werde/ unnd von euch dörthin geleytet werden möge: doch also/ dz ich vorhin mich ein wenig mit euch ergetze.

Nun aber far ich hin gen Jerusalem/ meinen dienst darzestellen den heyligen. Dann die von Macedonia unnd Achaia habend willigklich ein gmeyne steür zuobereytet den armen heiligen zuo Jerusalem. Sy habends willigklich gethon/ und sind auch jre schuldner. Dann so die Heyden sind jrer geistlichen güeter teylhafftig worden/ ists billich das sy jnen auch in fleyschlichen güeteren dienst beweysind. Wenn ich nun sölichs außgericht/ unnd jnen dise frucht versiglet hab/ wil ich durch euch gen Hispanien ziehen. Jch weyß aber wenn ich kumm/ das ich mit voller benedeyung des Evangelij Christi kommen wird. Jch ermanen euch aber lieben brüeder/ durch unseren Herren Jesum Christ/ unnd durch die liebe des geysts/ das jr mir helffind kempffen mit bätten für mich zuo Gott/ auff das ich errettet werde vonn den unglöubigen in Judea/ und das mein dienst/ den ich gen Jerusalem thuon/ angnäm werde den heiligen/ uff das ich mit fröuden zuo euch komme durch den willen Gottes/ und mich mit euch erkicke. Der Gott aber des fridens sey mit euch allen/ Amen.

Tat, 19 durch die Macht von Zeichen und Wundern, in der Kraft des Geistes. So habe ich denn das Evangelium Christi verkündigt von Jerusalem und seiner Umgebung aus bis nach Illyrien 20 und dabei stets alles darangesetzt, das Evangelium nur dort zu verkündigen, wo Christus noch nicht bekannt war. Ich will ja nicht auf eines andern Fundament bauen, 21 sondern wie geschrieben steht:

Die keine Kunde von ihm hatten, die werden sehen,
und die nichts gehört haben, werden verstehen.

22 Das ist es, was mich immer wieder daran gehindert hat, zu euch zu kommen. 23 Jetzt aber ist mein Platz nicht mehr hier in diesem Gebiet, auch sehne ich mich seit Jahren danach, zu euch zu kommen, 24 wenn ich einmal nach Spanien reise. Ich hoffe nämlich, euch auf der Durchreise zu sehen und von euch für die Weiterreise ausgerüstet zu werden, nachdem ich eure Gegenwart eine Weile genossen habe.

25 Jetzt aber breche ich nach Jerusalem auf, um den Heiligen einen Dienst zu erweisen. 26 Makedonien und die Achaia haben nämlich beschlossen, eine Kollekte für die Armen unter den Heiligen in Jerusalem zu erheben. 27 So haben sie es beschlossen, sie stehen ja in ihrer Schuld. Denn wenn die Völker Anteil bekommen haben an ihren geistlichen Gaben, dann sind sie es ihnen auch schuldig, ihnen einmal mit materiellen Gaben einen Dienst zu erweisen. 28 Wenn ich dies zu Ende gebracht und ihnen den Betrag versiegelt übergeben habe, will ich bei euch vorbeikommen und dann nach Spanien weiterreisen. 29 Und ich weiss: Wenn ich zu euch komme, werde ich mit der Fülle des Segens Christi kommen.

30 Ich bitte euch aber, liebe Brüder und Schwestern, bei unserem Herrn Jesus Christus und bei der Liebe des Geistes: Steht mir bei in meinem Kampf, wenn ihr für mich zu Gott betet, 31 dass ich bewahrt werde vor den Ungehorsamen in Judäa und mein Dienst, den ich an Jerusalem tue, den Heiligen willkommen sei. 32 Dann mag ich, so Gott will, voll Freude zu euch kommen und bei euch eine Zeit lang Ruhe finden. 33 Der Gott des Friedens sei mit euch allen, Amen.

|15: 12,3; 1Kor 3,10; Gal 2,9 |16: 1,1; 1Thess 2,2 |17: 1Kor 15,31 |19: 2Kor 12,12; 1Thess 1,5 |20: 1Kor 3,10 |21: Jes 52,15 |22: 1,13 |26: 2Kor 8,1–4 |33: 16,20; 1Kor 14,33; 2Kor 13,11; Phil 4,9; 1Thess 5,23; Hebr 13,20

15,16: Andere Übersetzungsmöglichkeit: «damit ich Kultdiener sei des Christus Jesus für die Völker ... Handlung vollziehe; ...»
15,19: Andere Textüberlieferung: «..., in der Kraft des Geistes Gottes. ...» oder «... in der Kraft des heiligen Geistes. ...»
15,28: Andere Übersetzungsmöglichkeit: «... und ihnen diesen Ertrag bescheinigt habe, ...»

Das xvj. Capitel.

Jn disem capitel grüeßt er und befilcht jnen etliche personen und fromme menschen/ die jm in verkündung Evangelischer leer behilfflich sind gewesen/ ermanet sy das sy jnen sölichs mit guotthät widergeltind.

Jch befilch euch unsere schwester Phebe/ welche ist am dienst der gemeynd zuo Kenchrea/ dz jr sy aufnemmind in dem Herren/ wie es sich zimpt den heyligen/ und thüegind jr beystand in allem geschäfft darinn sy euwer bedarff. Dann sy hatt auch vilen beystand gethon/ auch mir selbs.

Empfehlung der Phöbe

16 ¹ Ich empfehle euch unsere Schwester Phöbe, die Diakonin der Gemeinde von Kenchreä. ² Nehmt sie auf im Herrn, wie es sich für die Heiligen geziemt, und steht ihr bei, wo immer sie eure Hilfe braucht. Denn sie hat sich ihrerseits für viele eingesetzt, auch für mich persönlich.

|1: Apg 18,18

Grüsse

Grüessend die Priscan und den Aquilan meine gehilffen in Christo Jesu/ welche habend für mein läben jre häls dargeben. Welchen nit allein ich dancken/ sunder alle gmeinden under den Heyden. Auch grüessend die gmeynd in jrem hauß. Grüessend Epeneton meinen liebsten/ welcher ist der erstling under denen von Achaia in Christo. Grüessent Mariam/ welche hat vil gearbeytet an euch. Grüessend den Andronicon und den Junian meine gefreündten/ und meine mitgefangnen/ welche sind berüempt Apostel/ und vor mir gewesen in Christo. Grüessend Amplian meinen lieben in dem Herren. Grüessend Urban unseren gehilffen in Christo/ und Stachin meinen lieben. Grüessend Apellen den bewärten in Christo. Grüessend die da sind vonn Aristobulos gesind. Grüessend Herodionen meinen gefreündten. Grüessend die da sind von Narcissus gsind in dem Herren. Grüessend die Triphena und die Tryphosa/ welche gearbeytet habend in dem Herren. Grüessend die Persida mein geliebte/ welche hatt vil gearbeytet inn dem Herren. Grüessend Ruffum den außerwelten inn dem Herren: und sein und mein muoter. Grüessend Asyncriton/ Phlegeton/ Herman/ Patroban/ Mercurium/ und die brüeder bey jnen. Grüessend Philologon und Julian/ Nereon und sein schwester/ und Olympan/ und alle heyligen bey jnen. Grüessend euch under einander mit dem heyligen kuss. Es grüessennd euch die gmeynden Christi.

³ Grüsst Priska und Aquila, meine Mitarbeiter in Christus Jesus, ⁴ die, um mir das Leben zu retten, ihren Kopf hingehalten haben; nicht nur ich bin ihnen dankbar, sondern auch alle Gemeinden unter den Völkern. ⁵ Mein Gruss gilt auch der Gemeinde, die sich in ihrem Haus trifft.

Grüsst meinen lieben Epainetos; er ist der Erste aus der Asia, der sich für Christus gewinnen liess. ⁶ Grüsst Maria, die viel für euch getan hat. ⁷ Grüsst Andronikus und Junia, meine Landsleute, die meine Gefangenschaft geteilt haben. Sie sind angesehen unter den Aposteln und haben schon vor mir zu Christus gehört. ⁸ Grüsst meinen im Herrn geliebten Ampliatos. ⁹ Grüsst Urbanus, unseren Mitarbeiter in Christus, und meinen lieben Stachys. ¹⁰ Grüsst Apelles, der sich bewährt hat in Christus. Grüsst die aus dem Haus des Aristobulos. ¹¹ Grüsst Herodion, meinen Landsmann. Grüsst die aus dem Haus des Narzissus, die zum Herrn gehören. ¹² Grüsst Tryphaina und Tryphosa, die sich für den Herrn einsetzen. Grüsst die liebe Persis; sie hat viel geleistet für den Herrn. ¹³ Grüsst Rufus, der sich im Dienst für den Herrn ausgezeichnet hat, und seine Mutter, die auch mir eine Mutter geworden ist. ¹⁴ Grüsst Asynkritos, Phlegon, Hermes, Patrobas, Hermas und die Brüder, die bei ihnen sind. ¹⁵ Grüsst Philologus und Julia, Nereus und seine Schwester, Olympas und alle Heiligen bei ihnen.

¹⁶ Grüsst einander mit dem heiligen Kuss. Es grüssen euch alle Gemeinden Christi.

|3: 1Kor 16,19; Apg 18,2! |16: 1Kor 16,20; 2Kor 13,12; 1Thess 5,26; 1Petr 5,14

16,7: In der Forschung besteht weitgehend Konsens darüber, dass die Akkusativform ‹Iounian› vom weiblichen Namen Iounia/Junia (und nicht von der Kurzform des männlichen Namens Junianus) abzuleiten ist.

Warnung und Segenswunsch

Jch ermanen aber euch lieben brüeder/ dz jr aufsehind auff die da zerrüttung und ergernuß anrichtend nebend der leer die jr gelernet habend/ und weychend von den selben. Dann sölliche dienend nit dem Herren Jesu Christo/ sunder jrem bauch: und durch süeßkosen und schmeychelwort verfüerend sy die unschuldigen hertzen. Dann euwere gehorsame ist under yedermann außkommen/ derhalben fröuw ich mich über euch. Jch wil aber das jr weyß sygind auffs guot/ und einfaltig auffs böß. Aber der Gott des fridens wirt zerträtten den tüfel under euwere füeß in kurtzem. Die gnad unsers Herren Jesu Christi sey mit euch.

17 Ich ermahne euch aber, liebe Brüder und Schwestern: Habt ein Auge auf die, welche Anlass zu Spaltung und Ärgernis geben; sie widersprechen der Lehre, die ihr gelernt habt. Geht ihnen aus dem Weg! 18 Solche Leute dienen nicht Christus, unserem Herrn, sondern ihrem eigenen Bauch; mit wohlklingenden und schönen Worten täuschen sie die Herzen der Arglosen. 19 Doch euer Gehorsam ist bei allen bekannt geworden; an euch habe ich nun meine Freude. Ich möchte, dass ihr weise seid, dem Guten zugetan und dem Bösen feind. 20 Der Gott des Friedens aber wird den Satan in Kürze unter euren Füssen zermalmen.

Die Gnade unseres Herrn Jesus sei mit euch!

|17: Gal 5,20 · 6,17 |20: 15,33 · 1Thess 5,28

Grüsse der Mitarbeiter

Es grüessend euch Thimotheus mein gehilff/ und Lucius/ und Jason/ und Sosipater meine gefreündten. Jch Tertius grüeß euch/ der ich disen brieff geschriben hab in dem Herren. Es grüessend euch Caios mein unnd der gantzen gmeynd Wyrt. Es grüessend euch Erastus der statt Renntmeister/ und Quartus der bruoder. Die gnad unsers Herren Jesu Christi sey mit üch allen.

21 Es grüssen euch Timotheus, mein Mitarbeiter, und Lukios, Jason und Sosipatros, meine Landsleute. 22 Ich, Tertius, der ich diesen Brief geschrieben habe, grüsse euch im Herrn. 23 Es grüsst euch Gaius, der mich und die ganze Gemeinde beherbergt. Es grüssen euch Erastus, der städtische Verwaltungsbeamte, und unser Bruder Quartus.

|21: Apg 16,1!–3

16,23: «der städtische Verwaltungsbeamte»: Der griechische Begriff ‹oikonomos› bezeichnet hier einen hohen Beamten der Stadt, möglicherweise gar den höchsten Beamten der Finanzverwaltung.

16,23: Verschiedene Handschriften fügen hier ein: «24 Die Gnade unseres Herrn Jesus Christus sei mit euch allen, Amen.»

Lobpreis

Dem aber/ der euch stercken kan/ laut meines Euangelions und predigens von Jesu Christo/ welches ist geprediget auff die art der entdeckung der geheimnuß/ welche von aller welt zeyten här verschwigen gewesen ist: nun aber geoffenbaret/ euch kund gemachet durch der Propheten geschrifft/ auß befelch deß ewigen Gottes/ die gehorsame deß glaubens aufzerichten/ under allen Heyden: dem

25 Ehre aber sei ihm, der euch zu stärken vermag im Sinne meines Evangeliums und der Botschaft von Jesus Christus. So entspricht es der Offenbarung des Geheimnisses, das seit ewigen Zeiten von Schweigen umhüllt war, 26 jetzt aber ans Licht gebracht und durch prophetische Schriften auf Geheiss des ewigen Gottes allen Völkern bekannt gemacht wurde, um Glaubensgehorsam zu schaffen.

Die Epistel S.Pauli zuo den Römern.

selbigenn Gott/ der allein weyß ist/ sey preiß durch Jesum Christ in ewikeit/ Amen.

Zuo den Römern gesendt von Corintho/ durch Pheben/ die am dienst was der gemeynd zuo Kenchrea.

27 Ihm, dem allein weisen Gott, sei durch Jesus Christus die Ehre in Ewigkeit, Amen.

|25: 2,16 |26: 1,2; 3,21 · 1,5 |27: 11,36; Gal 1,5; Phil 4,20; 1Tim 1,17; 2Tim 4,18; Hebr 13,21

16,25: Die Schlussdoxologie (Lobpreis) V.25–27 ist uneinheitlich überliefert: Während gewichtige Handschriften sie hier überliefern, führen einige sie nach 14,23, eine nach 15,33, wieder andere doppelt und einige überhaupt nicht an.

Die erst Epistel S. Pauls zuo den Corinthern

Das erst Capitel.

Jn disem Capitel lobt Paulus die Corinthier/ und straafft sy damit deß zwytrachts halb so er hort under jnen sein/ das sich etlich rottetend/ und yetlicher sich dem nach nennen/ yetlicher dem anhangen wolt der jn getaufft hatt/ darauß er dann besser geachtet sein wolt/ mit verachtung eines andren/ leeret auch/ das Gott hasset alle weyßheit der welt/ unnd das kein weyßheit ist/ dann in dem verworffnen creütz Christi.

Paulus berüeffet zuo einem Apostel Jesu Christi durch den willen Gottes/ und bruoder Sosthenes der gmeynd Gottes zuo Corinthen/ den geheiligeten in Christo Jesu/ den berüefften heyligen mit allen denen die da anrüeffend den nammen unsers Herren Jesu Christi/ an allen jren und unseren örteren. Gnad sey mit euch und frid von Gott unserem vatter/ und dem Herren Jesu Christo.

Jch danck meinem Gott alle zeyt euwerthalb für die gnad die euch geben ist in Christo Jesu/ das jr sind durch jn in allen stucken reych gemacht/ in allerley wort/ und in allerley erkantnuß (wie dann die predig von Christo in euch krefftig wordnen ist) also/ das jr keinen mangel habend an yenen einen gaab/ und wartend nun auff die offenbarung unsers Herren Jesu Christi/ welcher auch wirt euch befestigen biß ans end/ das jr unsträfflich sygind auff den tag unsers Herren Jesu Christi. Dann Gott ist in seiner zuosagung warhafft (durch welchen jr berüefft sind zur gemeinschafft seines suns Jesu Christi unseres Herren.

Jch ermanen euch aber lieben brüeder/ durch den nammen unsers Herren Jesu Christi/ das jr allsamen einerley gesinnet sygind/ und lassend nit zwytracht under euch sein/ sunder das

Der Erste Brief an die Korinther

Anschrift

1 1 Paulus, der durch den Willen Gottes zum Apostel Christi Jesu berufen wurde, und Sosthenes, unser Bruder, 2 an die Gemeinde Gottes in Korinth, an die in Christus Jesus Geheiligten, an die zu Heiligen Berufenen – samt allen, die den Namen unseres Herrn Jesus Christus anrufen an jeglichem Ort, dort wie hier: 3 Gnade sei mit euch und Friede von Gott, unserem Vater, und dem Herrn Jesus Christus.

|1: Gal 1,1; Röm 1,1; 2Kor 1,1 |2: 2Kor 1,1 · 6,11 · Röm 10,12–13 |3: Röm 1,7!

Danksagung

4 Ich danke euretwegen meinem Gott allezeit für die Gnade Gottes, die euch in Christus Jesus gegeben worden ist. 5 In ihm seid ihr reich geworden an allem: reich an Wort und Erkenntnis aller Art. 6 Denn das Zeugnis von Christus ist bei euch so fest verankert, 7 dass es euch an keiner Gabe mangelt, solange ihr auf die Offenbarung unseres Herrn Jesus Christus wartet. 8 Er wird euch auch Festigkeit geben bis zum Ende, und kein Tadel wird euch treffen am Tage unseres Herrn Jesus Christus. 9 Treu ist Gott, durch den ihr berufen wurdet in die Gemeinschaft mit seinem Sohn Jesus Christus, unserem Herrn.

|4: Phlm 4; Phil 1,3–4; Röm 1,8 · Röm 12,6 |5: 2Kor 8,9; 9,11 |7: Phil 3,20 |8: 2Kor 1,21 · 2Kor 1,14; 1Thess 5,2! |9: 10,13! · 10,16

1,5: Der griechische Begriff ‹logos› hat im Ersten Brief an die Korinther einen weiten Bedeutungsumfang: Wort, verkündigtes Wort/Verkündigung, vernünftiges Wort, Rede, Redekunst.

Die Grundlosigkeit der Streitigkeiten

10 Ich bitte euch aber, liebe Brüder und Schwestern, beim Namen unseres Herrn Jesus Christus: Sprecht alle mit einer Stimme und lasst keine Spaltungen unter euch zu, seid vielmehr

jr sygind volkommen in einem sinn/ und in
einerley meinung. Dann mir ist fürkommen
durch etlich auß Chloes gsind von euch/ dz
zanck under euch sey. Jch sag aber darvon/ das
unnder euch einer spricht: Jch bin Paulisch.
Der ander/ Jch bin Apollisch: der dritt/ Jch
bin Cephisch: der vierdt/ Jch bin Christisch.
Wie? ist dann Christus in stucke teylt? Jst dann
Paulus für euch gecreütziget? oder sind jr in
Paulus nammen getauft? Jch dancken Gott
das ich nieman under euch getaufft hab/ dann
nun Crispon und Gaion: das nit yeman sagen
möge/ ich hette in meinem nammen getaufft.
Jch hab aber auch getaufft deß Stephana
haußgsind. Darnach weyß ich nit/ ob ich etlich
ander getaufft habe. Dann Christus hat mich
nit gesandt zetauffen/ sunder das Euangelion
zepredigen: nit mit weyßheit in worten/ auff
dz nit aufgehaben werde das crütz Christi.

Dann das wort vom crütz ist ein torheyt denen
die verloren werdend: uns aber die wir sälig
werdend/ ists ein krafft Gottes. Dann es ist
geschriben: Jch wil umbbringen die weyßheit
der weysen/ und den verstand der verstendigen
wil ich verwerffen. Wo sind die weysen? wo
sind die gschrifftgleerten? wo sind die disputierer
diser welt? Hat nit Gott die weißheit diser
welt zur torheit gemachet? Dann dieweyl die
welt durch jre weißheit Gott in siner weißheit
nit erkant/ gefiel es Gott wol durch torechte
predig sälig zemachen die daran glaubtend/
sitmals die Juden zeichen forderend/ und die
Kriechen nach weyßheit fragend. Wir aber
predigend den gecreützigten Christum: den
Juden ein ergernuß/ und den Kriechen ein
torheyt. Denen aber die berüefft sind/ beide
Juden und Kriechen/ predigend wir Christum
ein Göttliche krafft und Göttliche weyßheit.
Dann die göttlich torheyt ist weyser dann die
menschen sind/ und die göttlich schwachheit
ist stercker dann die menschen sind.

miteinander verbunden in derselben Gesinnung
und Meinung! 11 Es wurde mir nämlich über
euch, meine Brüder und Schwestern, von den
Leuten der Chloe berichtet, dass es Streitigkeiten
unter euch gibt. 12 Damit meine ich, dass jeder
von euch Partei ergreift: Ich gehöre zu Paulus –
ich zu Apollos – ich zu Kefas – ich zu Christus.
13 Ist der Christus zerteilt? Wurde etwa
Paulus für euch gekreuzigt? Wurdet ihr auf den
Namen des Paulus getauft? 14 Ich danke Gott
dafür, dass ich niemanden von euch getauft habe
ausser Krispus und Gaius – 15 so kann niemand
sagen, ihr wärt auf meinen Namen getauft
worden. 16 Das Haus des Stephanas habe ich
zwar auch noch getauft, im Übrigen aber wüsste
ich nicht, dass ich noch jemanden getauft hätte.
17 Denn Christus hat mich nicht
gesandt zu taufen, sondern das Evangelium
zu verkündigen – nicht mit beredter
Weisheit, damit das Kreuz Christi
nicht seines Sinnes entleert werde.

|10: 11,18 |11: 3,3 |12: 3,4–6.22; 4,6; 16,12; Apg 18,24;
19,1 · 3,23; 9,5; 15,5; Gal 2,9! |16: 16,15.17 |17: Gal 1,15–16 ·
2,1!

1,1: Andere Übersetzungsmöglichkeit: «..., seid
vielmehr ganz eines Sinnes und einer Meinung!»

Das Wort vom Kreuz
18 Denn das Wort vom Kreuz ist Torheit
für die, die verloren gehen, für die aber,
die gerettet werden, für uns, ist es Gottes
Kraft. 19 Es steht nämlich geschrieben:
*Zunichte machen werde ich die Weisheit der
Weisen,*
   *und den Verstand der Verständigen werde
   ich verwerfen.*
20 Wo bleibt da ein Weiser? Wo ein
Schriftgelehrter? Wo ein Wortführer dieser
Weltzeit? Hat Gott nicht die Weisheit der
Welt zur Torheit gemacht? 21 Denn da die
Welt, umgeben von Gottes Weisheit, auf dem
Weg der Weisheit Gott nicht erkannte, gefiel
es Gott, durch die Torheit der Verkündigung
jene zu retten, die glauben. 22 Während die
Juden Zeichen fordern und die Griechen
Weisheit suchen, 23 verkündigen wir
Christus den Gekreuzigten – für die Juden
ein Ärgernis, für die Heiden eine Torheit,
24 für die aber, die berufen sind, Juden wie
Griechen, Christus als Gottes Kraft und Gottes
Weisheit. 25 Denn das Törichte Gottes ist
weiser als die Menschen, und das Schwache
Gottes ist stärker als die Menschen.

|18: Röm 1,16 |19: Jes 29,14 |20: 3,19 |21: Röm 11,33
|22: Mk 8,11 |23: 2,2 · Gal 5,11

1,21: Andere Übersetzungsmöglichkeit: «Denn da die Welt an der Weisheit Gottes Gott auf dem Weg der Weisheit nicht erkannte, …»

1,22–23: Andere Übersetzungsmöglichkeit: «22 die Juden Zeichen fordern und die Griechen Weisheit suchen, 23 verkündigen wir dagegen Christus …»

Die Gestalt der Gemeinde

26 Schaut doch auf eure Berufung, liebe Brüder und Schwestern: Da sind in den Augen der Welt nicht viele Weise, nicht viele Mächtige, nicht viele Vornehme. 27 Im Gegenteil: Das Törichte dieser Welt hat Gott erwählt, um die Weisen zu beschämen, und das Schwache dieser Welt hat Gott erwählt, um das Starke zu beschämen, 28 und das Geringe dieser Welt und das Verachtete hat Gott erwählt, das, was nichts gilt, um zunichte zu machen, was etwas gilt, 29 damit kein Mensch sich rühme vor Gott. 30 Er hat es aber gefügt, dass ihr in Christus Jesus seid, der unsere Weisheit wurde, dank Gott, unsere Gerechtigkeit und Heiligung und Erlösung. 31 So soll gelten, wie geschrieben steht: *Wer sich rühmt, der rühme sich des Herrn.*

|29: Röm 3,27! |31: Jer 9,23; 2Kor 10,17; Röm 5,11

Sehend an lieben brüeder/ euwere berüeffung. Nit vil weisen nach dem fleysch/ nit vil gwaltigen/ nitt vil edlen sind berüefft: sunder was torecht ist vor der welt das hat Gott erwelt/ auff das er die weisen zeschanden machte. Und was schwach ist vor der welt/ das hat Gott erwelt/ auff das er/ was starck ist/ zeschanden machte. Und das unedel vor der welt/ und das verachtet/ hat Gott erwelt/ und das da nit ist/ das er alles das da etwas ist/ hinrichtete/ auff das sich vor jm kein fleysch rüemen möchte. Auß dem selben aber sind jr in Christo Jesu/ welcher uns gemacht ist von Gott zur weyßheit und zur gerechtikeyt/ und zur heylgung und erlösung/ auff das/ wie geschribenn stadt: Wär sich berüeme/ der berüeme sich deß Herren.

Das ij. Capitel.

Paulus zeygt an/ wie er sy nit mit kostlichenn geblüempten worten/ sunder mit dem einfaltigen wort Gottes bekeert hab. Was krafft sölich wort hab/ wäm es ggeben werde/ in welichen der heylig geyst gern wone. Unnd ist diß capitel wol zemercken allen denen die ander leüt zuo Christo ziehen wöllend/ besunder den predigern/ das sy nitt in jren kluogen und weltweysen worten/ sunder in dem einfaltigen wort deß creützes Christi leeren.

Und ich/ lieben brüeder/ do ich zuo euch kam/ kam ich nit mit hohen wortenn/ oder hocher weyßheit euch zuo verkünden die predig von Christo. Dann ich gab mich nüts auß under euch das ich etwas wüßte/ dann allein Jesum Christum den gecreützigten. Und ich was bey euch mit schwachheyt und mit forcht/ und mit grossem zitteren: und mein wort und mein predig was nit in hüpschen worten menschlicher weyßheit/ sunder in beweysung deß geists und der krafft: uff dz euwer glaub bestande/ nit auff menschen weyßheit/ sunder in der krafft Gottes.

Das Auftreten des Paulus

2 1 Liebe Brüder und Schwestern, auch ich bin, als ich zu euch kam, nicht mit grossartigen Worten und abgründiger Weisheit dahergekommen, euch das Geheimnis Gottes zu verkündigen. 2 Denn ich hatte beschlossen, bei euch nichts anderes zu wissen ausser das eine: Jesus Christus, und zwar den Gekreuzigten.

3 Auch kam ich in Schwachheit und mit Furcht und Zittern zu euch, 4 und meine Rede und meine Verkündigung baute nicht auf kluge Überredungskunst, sondern auf den Erweis des Geistes und der Kraft, 5 damit euer Glaube nicht in der Weisheit der Menschen, sondern in der Kraft Gottes gründe.

|1: 2,13; 1,7 · 4,1 |2: 1,23 |3–4: 2Kor 10,10; 11,6.30; Gal 4,13 · 4,20; 1Thess 1,5 |5: 1,18!

Darvon aber wir redend/ das ist ein weyßheit die den volkommen dienet/ und nitt ein weyßheit diser welt/ auch nit der oberstenn diser welt/ welche zuo letst aufhören müessend: sunder wir redend von der göttlichen weyßheit/ die im geheimnuß ist und verborgen ligt: welche Gott fürordnet hat vor der welt här zuo unnserer herligkeyt/ welche keiner vonn den obersten diser welt erkennt hat. Dann wo sy die erkennt hettind/ hettend sy den Herren der herligkeit nit gecrützgiet: sunder wie geschriben stadt/ Das kein aug gesehen hat/ und kein or gehört hat/ und in keines menschen hertzen gestigen ist/ das Gott bereyt hat denen die jnn liebend.

Uns aber hats Gott geoffenbaret durch seinen geyst. Dann der geyst weyßt und erkent alle ding/ auch die tieffe der Gottheyt. Dann welcher mensch weyßt was im menschen ist/ dann der geyst deß menschen der in jm ist? also auch nieman weißt was in Gott ist/ dann der geyst Gottes. Wir aber habend nit empfangen den geyst diser welt/ sunder den geist auß Gott/ das wir wüssen könnend was uns von Gott geben ist: welches wir auch redend/ nit mit kluogen worten menschlicher weyßheit/ sunder mit kluogen worten deß heiligen geysts/ und richtend geystlich sachenn geistlich. Der natürlich mensch aber vernimpt nichts vom geyst Gottes. Es ist jm torheit/ und mags nit erkennen: dann es muoß geistlicher weyß gerichtet sein. Der geistlich aber richtet alles/ und er wirt von nieman gerichtet. Dann wär hat deß Herren sinn erkennt? oder wär wil jn underweysen? Wir aber habend Christus sinn.

Das iij. Capitel.

Paulus strafft die Corintier deß zwytrachts halb/ so under jenen was/ dz einer sich Pauli/ der ander eines andren nennet/ und das sy die eer so Christo zuogehört/ den menschen zuolegtend. Sagt von dem kostlichen fundament Christo/ unnd was man darauff bauwen sol/ Wie wir sind ein tempel Gottes. Und beschlüßt damit das alle weyßheit der welt ein narreheyt ist vor Gott.

2,1: Andere Textüberlieferung: «…, euch das Zeugnis Gottes zu verkündigen.»

2,4: Andere Textüberlieferung: «… setzte nicht auf überredende Worte der Weisheit, …»

Die Verkündigung der Weisheit Gottes

6 Von Weisheit aber reden wir im Kreis der Vollkommenen – jedoch nicht von der Weisheit dieser Weltzeit noch der Herrscher dieser Weltzeit, die zunichte werden. 7 Wir reden vielmehr von der Weisheit Gottes, der verborgenen, so wie man von einem Geheimnis redet; diese hat Gott vor aller Zeit zu unserer Verherrlichung bestimmt. 8 Sie hat keiner der Herrscher dieser Weltzeit je erkannt, denn hätten sie sie erkannt, hätten sie den Herrn der Herrlichkeit nicht gekreuzigt. 9 Vielmehr verkündigen wir, wie geschrieben steht,

was kein Auge gesehen und kein Ohr gehört hat
und was in keines Menschen Herz
aufgestiegen ist,
was Gott denen bereitet hat, die ihn lieben.

10 Uns aber hat es Gott offenbart durch den Geist; der Geist nämlich ergründet alles, auch die Tiefen Gottes. 11 Denn wer unter den Menschen kennt das Wesen des Menschen, wenn nicht der Geist des Menschen, der in ihm ist? So hat auch das Wesen Gottes niemand erkannt ausser der Geist Gottes. 12 Wir aber haben nicht den Geist der Welt empfangen, sondern den Geist, der von Gott kommt, damit wir verstehen, was uns von Gott geschenkt worden ist.

13 Und davon reden wir, nicht mit Worten, wie menschliche Weisheit sie lehrt, sondern mit Worten, wie der Geist sie lehrt, indem wir für Geistliches geistliche Bilder brauchen. 14 Der natürliche Mensch aber erfasst nicht, was aus dem Geist Gottes kommt, denn für ihn ist es Torheit; und er kann es nicht erkennen, weil es nur geistlich zu beurteilen ist. 15 Wer aber aus dem Geist lebt, beurteilt alles, er selbst aber wird von niemandem beurteilt. 16 Denn *wer hätte die Gedanken des Herrn erkannt, dass er ihn unterwiese?* Wir aber haben die Gedanken Christi.

|6: 3,18–19 · 15,24 |8: 1,21 |9: Jes 64,3 · Röm 8,28
|14: 1,18 |16: Jes 40,13; Röm 11,34

2,13: Andere Übersetzungsmöglichkeit: «…, indem wir denen aus dem Geist die Dinge des Geistes deuten.»

Die Unmündigkeit der Gemeinde

3 1 Doch ich, liebe Brüder und Schwestern, konnte nicht zu euch sprechen wie zu

Und ich lieben brüeder/ mocht nit mit euch reden als mit geystlichen/ sunder als mit fleischlichen/ wie jungen kinderen in Christo. Milch hab ich euch zetrincken ggeben/ und nit speyß/ dann jr mochtends noch nit: auch mögennd jrs noch yetz nit/ dieweyl jr noch fleyschlich sind. Dann sittmals eyfer/ zanck/ und zwytracht under euch sind/ sind jr dann nit fleyschlich/ und wandlend nach menschlicher weyß? Dann so einer sagt: Jch bin Paulisch: der ander aber/ ich bin Apollisch/ sind jr dann nit fleyschlich?

Wär ist nun Paulus? Wär ist Apollo? Diener sind sy durch welche jr sind glöubig worden/ und das selb wie der Herr einem yetlichen ggeben hat. Jch hab pflantzet/ Apollo hat begossen/ aber Gott hat das wachsen unnd zuonemmen ggeben. So ist nun weder der da pflantzet/ noch der da begeüßt/ etwas/ sunder Gott der das wachsen und zuonemmen gibt. Der aber pflantzet/ unnd der da begeüßt/ ist einer wie der ander: ein yetlicher aber wirt seinen lon empfahen nach seiner arbeyt. Dann wir sind Gottes gehilffen/ jr sind Gottes ackerwerck/ und Gottes gebüw. Jch von Gottes gnaden/ die mir ggeben ist/ hab den grund gelegt als ein weyser buwmeyster: ein andrer aber bauwet darauf. Ein yetlicher aber sehe zuo wie er darauff buwe. Einen andren grund mag zwar niemants legnn aussert dem der gelegt ist/ welcher ist Jesus Christus. So aber yemant auff disen grund buwet/ gold/ silber/ edel gsteyn/ holtz/ höuw/ stupfflen/ so wirt eines yetlichen werck geoffenbaret werden/ dann der tag deß Herren wirdts klaar machen/ welcher wirt mit fhür eroffnet werden/ unnd welcherley eines yetlichen werck sey/ wirt das fheür bewären. Wirt yemants werck bleyben/ das er darauf gebuwen hat/ so wirt er den lon empfahen: wirt aber yemants werck verbrünnen/ so wirt er schaden leyden: er selbs aber wirt behalten/ doch durch das fheür. Wüssent jr nit das jr Gottes tempel sind/ unnd das der geyst Gottes in euch wonet? So yemants den Tempel Gottes schendet/ den wirt Gott schenden. Dann der Tempel Gottes ist heylig/ welcher jr sind.

Menschen, die aus dem Geist leben, sondern musste zu euch sprechen wie zu solchen, die auf das Irdische beschränkt sind, mit in Christus noch unmündigen Kindern. 2 Milch gab ich euch zu trinken, nicht feste Speise; denn die konntet ihr noch nicht vertragen. Ja, ihr könnt es noch immer nicht, 3 denn ihr lebt noch aus dem Irdischen. Sofern nämlich Eifersucht und Streit unter euch herrschen, lebt ihr da nicht aus dem Irdischen, und geht es da unter euch nicht sehr menschlich zu? 4 Denn wenn einer sagt: Ich gehöre zu Paulus, und ein anderer: Ich zu Apollos, seid ihr da nicht wie jedermann?

|1: 13,11 |3: 1,11 |4: 1,12!

Die Apostel als Diener des Herrn

5 Was ist denn Apollos? Und was ist Paulus? Diener sind sie, durch die ihr zum Glauben gekommen seid, ein jeder, wie es der Herr ihm gab: 6 Ich habe gepflanzt, Apollos hat bewässert, Gott aber liess es wachsen. 7 Darum zählt weder der, der pflanzt, noch der, der bewässert, sondern Gott, der wachsen lässt. 8 Ob einer pflanzt oder ob er bewässert, gilt gleich viel; jeder wird seinen Lohn erhalten entsprechend der Arbeit, die er geleistet hat. 9 Denn wir sind Gottes Mitarbeiter; Gottes Ackerfeld und Gottes Bau seid ihr.

10 Gemäss der Gnade Gottes, die mir gegeben wurde, habe ich als kundiger Baumeister das Fundament gelegt, ein anderer baut darauf weiter. Jeder aber sehe zu, wie er darauf weiterbaut. 11 Denn ein anderes Fundament kann niemand legen als das, welches gelegt ist: Jesus Christus. 12 Ob nun einer mit Gold, Silber, Edelsteinen, Holz, Heu oder Stroh auf dem Fundament weiterbaut – 13 eines jeden Werk wird offenbar werden, denn der Tag des Gerichts wird es ans Licht bringen, weil er sich im Feuer offenbart: Wie eines jeden Werk beschaffen ist, das Feuer wird es prüfen. 14 Hat das Werk, das einer aufgebaut hat, Bestand, so wird er Lohn empfangen. 15 Verbrennt sein Werk, so wird er Schaden erleiden – er selbst aber wird gerettet werden, freilich wie durch Feuer hindurch.

16 Wisst ihr nicht, dass ihr Gottes Tempel seid und dass Gottes Geist in euch wohnt? 17 Wer den Tempel Gottes zerstört, den wird Gott zerstören; denn der Tempel Gottes ist heilig – und das seid ihr.

Niemants betriege sich selbs. Welcher sich under euch dunckt weyß sein/ der werde ein narr inn diser welt/ auff das er weyß möge werden. Dann diser welt weyßheyt/ ist ein torheyt bey Gott. Dann es ist geschribenn: Die weysen ergreyfft er in jren dücken. Und abermals: Der Herr weißt der weysen gedancken/ das sy eytel sind. Darumb rhüeme sich niemants eines menschen. Dann es ist alles euwer/ es sey Paulus oder Apollo/ es sey Cephas oder die welt/ es sey das läben oder der tod/ es sey das gegenwürtig oder dz zuokünfftig/ so ist es alles euwer/ Jr aber sind Christi/ Christus aber ist Gottes.

Das iiij. Capitel.

Paulus zeygt gar schön an/ das die für wäser der Christen kilchen nit herren/ sunder diener sind/ sy sygind hoch oder nider/ und wie sy jr ampt unnd befelch mit trüwen söllind verwalten/ nit jnen zuo ruom/ eer/ oder nutz/ sunder Christo. Leert damit/ das wir nit fräfel urteylen söllind/ dann Gott gehört das allein zuo. Strafft aber die Corinther/ das sy sich rottend/ und die darmit/ die anfenger sölichs sind.

Darfür halte uns nun iederman/ namlich/ für Christus diener/ und haußhalter über Gottes geheimnuß. Nun suocht man nit mer an den haußhalteren/ dann das sy trüw erfunden werdind. Mir aber ists ein kleine sach/ das ich von euch gerichtet werde/ oder von einem menschlichen tag/ dann ich richten mich selbs nit. Jch weiß nüts auff mich selber/ ich bin aber dardurch nit gerechtfertiget. Der aber mich richtenn wirt/ ist der Herr. Darumb richtennd nüts vor der zeyt/ biß das der Herr kommen wirt/ welcher auch ans liecht bringen wirt was in der finsternuß verborgen ist/ unnd die radtschleg der hertzen offenbaren/ und denn wirt einem yetlichen von Gott lob widerfaren.

|6: 1,12! |9: 2Kor 1,24 · 14,12! |10: 1,4 · Röm 15,15! · Röm 15,20 |11: Eph 2,20! |13–15: 4,5 · Mal 3,19.2–3 |16: 6,19; 2Kor 6,16 · Röm 8,9 |17: Eph 2,21

3,13: Andere Übersetzungsmöglichkeit: «… wird es ans Licht bringen. Weil er sich im Feuer offenbart, wird auch eines jeden Werk, wie beschaffen es sei, das Feuer prüfen.»

Die Freiheit der Gemeinde

18 Niemand betrüge sich selbst! Meint einer unter euch, weise zu sein in dieser Weltzeit, so werde er töricht, um weise zu werden. 19 Denn die Weisheit dieser Welt ist Torheit vor Gott. Es steht nämlich geschrieben: *Er ist es, der die Weisen fängt in ihrer Verschlagenheit.* 20 Und wiederum: *Der Herr kennt die Gedanken* der Weisen, *und er weiss, dass sie nichtig sind.* 21 Darum gründe niemand seinen Ruhm auf Menschen!
Denn alles ist euer,
22 sei es Paulus, Apollos oder Kefas,
sei es Welt, Leben oder Tod,
sei es Gegenwärtiges oder Zukünftiges:
Alles ist euer,
23 ihr aber gehört Christus,
Christus aber Gott.

|18: 1,20–25; Spr 3,7 |19: Hiob 5,12–13 |20: Ps 94,11 |21: Röm 3,27! |22: 1,12! · Röm 8,38 |23: Gal 3,29

Der Apostel vor seinem Herrn

4 1 So soll man uns als Diener des Christus und als Verwalter der Geheimnisse Gottes betrachten. 2 Nun verlangt man ja von einem Verwalter nichts weiter, als dass er für treu befunden werde. 3 Mir ist es aber völlig gleichgültig, ob ich von euch oder von einem menschlichen Gericht beurteilt werde; ich beurteile mich ja auch nicht, 4 denn ich bin mir keiner Schuld bewusst. Doch dadurch bin ich noch nicht gerecht gesprochen; der aber über mich urteilt, ist der Herr. 5 Darum urteilt nicht vor der Zeit, nicht bevor der Herr kommt! Er wird auch, was im Dunkeln verborgen ist, ans Licht bringen und wird Sinnen und Trachten der Herzen offenbar machen. Und dann wird einem jeden sein Lob zuteil werden von Gott.

|1: 2,1 |5: Mt 7,1!; Röm 2,16 · 3,13

4,3: Andere Übersetzungsmöglichkeit: «Mir aber geht es überhaupt nicht darum, von euch … beurteilt zu werden; …»

Sölichs aber lieben brüeder/ hab ich auff mich und Apollo bedeütet/ umb euwert willen/ auff das jr an unns erlernind/ das niemants höcher von jm selbs halte/ dann yetz geschriben ist/ auff das sich nitt einer wider den andren umb yemants willen aufblase. Dann wär hat dich fürgezogen? Was hast du aber/ das du nit empfangen habest? So du es aber empfangen hast/ was rüemest du dich dann/ als obs du nit empfangen hettist? Jr sind schon satt worden/ jr sind schon reich worden/ jr herschend on unns/ unnd wölte Gott jr herschetind/ auff das auch wir mitt euch herschen möchtind. Mich dunckt aber Gott habe unns Apostel für die geringsten dar ggeben/ als die dem tod zuogeeygnet sygind. Dann wir sind ein schauwspil worden der welt/ und den Englen/ und den menschen. Wir sind narren umb Christus willen/ jr aber sind kluog inn Christo: Wir schwach/ jr aber starck: Jr herrlich/ wir aber verachtet. Biß auff dise stund sind wir hungerig und durstig/ und nacket/ und werdend an dköpff geschlagen/ und habend kein gewüß ort da wir wonind/ und arbeytend und würckend mit unseren eygnen henden. Man schilt uns/ so benedyend wir: man vervolget unns/ so duldend wirs: man lesteret uns/ so bittend wir ernstlich: wir sind als ein außkereten der welt/ und yedermans schabab worden.

Nit schreyb ich sölichs das ich mich euwer beschäme/ sunder ich verman euch als meine lieben kinder. Dann ob jr gleych zähen tausend zuchtmeyster hettind in Christo/ so habend jr doch nit vil vätter. Dann ich hab euch geboren in Christo Jesu durch das Euangelion. Darumb erman ich euch/ sind mine nachfolger. Auß der selben ursach hab ich zuo euch gesendt Timotheom/ welcher ist mein lieber sun/ und getrüwer in dem Herren/ das er euch erinnere meiner wägen die da gond in Christo/ gleych wie ich an allen enden/ in allen gmeynden leeren. Es blasend sich etlich auf als wurde ich nit zuo euch kommen. Jch wil aber kommen gar kurtzlich zuo euch (so der Herr wil) und erlernen/ nitt die wort der aufgeblaaßnen/

Im Schatten des Kreuzes

6 Was ich aber dargestellt habe, liebe Brüder und Schwestern, hat sich auf mich und Apollos bezogen – um euretwillen. An uns sollt ihr lernen: Nicht über das hinaus, was geschriben steht, damit keiner sich wichtig mache, indem er für den einen und gegen den andern Partei ergreift. 7 Denn wer gibt dir einen Vorzug? Was aber hast du, das du nicht empfangen hättest? Wenn du es aber empfangen hast, was rühmst du dich, als hättest du es nicht empfangen? 8 Ihr seid schon satt geworden, ihr seid schon reich geworden, ohne uns habt ihr die Herrschaft angetreten! Ja, hättet ihr sie doch angetreten, damit auch wir herrschen könnten mit euch!

9 Ich meine nämlich: Gott hat uns Apostel als die Letzten hingestellt, wie zum Tod Verurteilte; zu einem Schauspiel sind wir geworden für die Welt, für Engel und Menschen. 10 Wir sind töricht um Christi willen, ihr dagegen seid klug in Christus; wir sind schwach, ihr seid stark; ihr seid angesehen, wir sind verachtet. 11 Bis zur Stunde hungern und dürsten wir, sind wir nackt und werden geschlagen, sind wir ohne feste Bleibe 12 und mühen wir uns ab mit unserer Hände Arbeit. Werden wir geschmäht, segnen wir; werden wir verfolgt, ertragen wir's; 13 werden wir verleumdet, reden wir freundlich. Zum Abschaum der Welt sind wir geworden, zum Unrat für alle, bis auf den heutigen Tag.

|10: 3,18 |11–13: 2Kor 4,7–10; 6,4–10; 11,23–27
|12: 1Thess 2,9

Aufruf zur Vernunft

14 Nicht um euch zu beschämen, schreibe ich dies, sondern um euch als meine geliebten Kinder zur Vernunft zu bringen. 15 Denn sollet ihr auch tausend Erzieher haben in Christus, so habt ihr doch nicht viele Väter; denn in Christus Jesus habe *ich* euch gezeugt durch das Evangelium.

16 Ich bitte euch nun: Folgt meinem Beispiel! 17 Darum habe ich euch Timotheus geschickt, mein geliebtes und treues Kind im Herrn; er wird euch erinnern an meine Wege, die ich in Christus Jesus gehe, daran, wie ich überall in jeder Gemeinde lehre.

18 Einige aber haben sich aufgespielt, als käme ich gar nicht zu euch. 19 Ich werde aber zu euch kommen, in Kürze, wenn der Herr es will, und in Erfahrung bringen, nicht was die Aufgeblasenen daherreden, sondern

sunder die krafft. Dann das reych Gottes stadt nit in worten/ sunder in der krafft. Was wöllend jr? Sol ich mit der ruoten zuo euch kommen/ oder mit liebe und sennfftmüetigen geyst?

Das v. Capitel.
Paulus strafft sy der farlässigkeit das sy den offnen sünder nit strafftend/ schreybt jnen wie sy jn halten söllind/ und was die ursach sölcher sünd sey.

Es gadt ein gemein gschrey/ das huorey under euch sey/ und ein söliche huorey/ da auch die Heyden nit von zesagen wüssend/ das einer seins vatters weyb habe. Und jr sind aufgeblasen/ und habend nit vil mer leyd getragen/ auff das/ der das werck gethon hat/ von euch gethon wurde. Jch zwar als der mit dem leyb nit da bin/ doch mit dem geist gegenwürtig/ hab schon als gegenwürtig beschlossen/ das der/ der sölichs also gethon hatt/ in dem nammen unsers Herren Jesu Christi/ in euwerer versamlung mit meinem geyst/ und mit der krafft unsers Herren Jesu Christi/ übergeben werde dem teüfel/ zum verderbenn deß fleysches/ auff das der geyst sälig werde am tag deß Herren Jesu.

Euwer ruom ist nit feyn. Wüssend jr nitt das ein wenig sauerteygs den gantzenn teyg verseürt? Darumb fägennd den alten saurteyg auß/ auff dz jr ein neüwer teyg sygind/ gleych wie jr ungeseürt sind. Dann wir habend auch ein Osterlamb/ das ist Christus/ für uns getödt. Darumb lassend uns Osteren haben/ nit im alten saurteyg/ auch nit im saurteyg der boßheyt und der list/ sunder in dem süessen teyg der lauterkeyt und der warheyt. Jch hab euch geschriben in dem brieff/ das jr nichts söllind zeschaffenn haben mitt den huoreren/ das meyn ich gar nit vonn den huoreren diser welt/ oder von den geytigen/ oder von den röüberen/ oder von denen die die bilder eerend/ jr müeßtind anders uß der welt gon. Yetz aber hab ich euch geschriben jr söllind nichts mit jnen zuo schaffen haben. Namlich/ so yemants ist der sich einen bruoder nennen laßt/ unnd ein huorer ist/ oder ein geytiger/ oder ein eerer der bildern/ oder ein schälter/ oder ein sauffer/ oder ein röüber/ mit dem selben söllend jr nun nit essen. Dann was gond mich die daussen an/ das ich sy solt richten? Richtend jr nit die/ die da innen sind? Gott aber wirdt die daussen sind/ richtenn. Thuond von euch hinauß wär da böß ist.

was sie zu tun vermögen. 20 Denn das Reich Gottes erweist sich nicht im Daherreden, sondern im tatkräftigen Tun. 21 Was wollt ihr? Soll ich mit dem Stock zu euch kommen oder in Liebe und im Geist der Sanftmut?

|14: Gal 4,19; 1Thess 2,11 |15: Gal 3,24–25; Phlm 10 |16: 11,1! |17: Phil 2,19–20; Apg 18,5! · 7,17; 14,33 |19: 16,5–7 |21: Gal 6,1

Eine empörende Ehe

5 1 Überhaupt: Von Unzucht hört man bei euch, und zwar von solcher Unzucht, wie sie nicht einmal bei den Heiden vorkommt: dass nämlich einer sich die Frau seines Vaters nimmt. 2 Und da habt ihr euch noch wichtig gemacht, statt zu trauern? Hättet ihr das getan, so wäre jener aus eurer Mitte verstossen worden, der diese Tat begangen hat! 3 Ich freilich – körperlich zwar abwesend, im Geist aber anwesend – habe über den, der diese Tat verübt hat, bereits das Urteil gefällt, als wäre ich anwesend: 4 Im Namen unseres Herrn Jesus: Ihr sollt euch versammeln, vereint mit meinem Geist und der Kraft unseres Herrn Jesus, 5 und dann sollt ihr diesen Menschen dem Satan überlassen, zum Verderben des Fleisches, damit der Geist gerettet werde am Tage des Herrn.

6 Nicht gut ist, worauf ihr stolz seid. Wisst ihr nicht, dass ein wenig Sauerteig den ganzen Teig durchsäuert? 7 Schafft den alten Sauerteig weg, damit ihr ein neuer Teig seid; ihr seid doch Ungesäuerte! Denn als unser Passalamm ist Christus geopfert worden. 8 Deshalb wollen wir nicht mit altem Sauerteig feiern, auch nicht mit dem Sauerteig der Schlechtigkeit und der Bosheit, sondern mit den ungesäuerten Broten der Lauterkeit und der Wahrheit.

9 Ich habe euch in meinem Brief geschrieben, dass ihr keinen Umgang mit Unzüchtigen haben sollt; 10 gemeint waren nicht sämtliche Unzüchtige dieser Welt oder alle, die Besitz raffen, andere berauben oder die nichtigen Götter verehren – da müsstet ihr ja aus der Welt auswandern –, 11 vielmehr habe ich euch geschrieben: Ihr sollt keinen Umgang haben mit jemandem, der sich Bruder nennt und dabei Unzucht treibt oder Besitz rafft, die nichtigen Götter verehrt, andere beschimpft, trinkt oder andere beraubt; mit einem solchen sollt ihr auch keine Tischgemeinschaft haben. 12 Denn was habe ich die draussen zu richten? Richtet nicht auch

Das vj. Capitel.

Jn disem capitel straafft sy Paulus/ das sy umb geltschuld einander für gericht zogen/ und vor den Heydnischen richteren zuo gericht giengend/ schiltet damit jm ennd das laster der unlauterkeyt.

Wie darff yemant under euch so er einen handel hat/ mitt einem anderen sich richten lassenn vor den unrechten/ und nit vor den heyligen? Wüssend jr nit das die heyligen die welt richten werdend? So dann nun die welt sol von euch gerichtet werdenn/ sind jr dann nit guot gnuog geringere sachen zerichten? Wüssend jr nit das wir über die Engel richtenn werdend? wie vil mer über die zeitliche narung? Wenn jr nun gerichts hendel habend vonn der narung/ so nemmend die verachtesten inn der gmeynd/ die selben setzend zuo richteren. Euch zur schand sag ich das. Ist so gar kein weyser under euch? oder doch nit einer/ der da könde richten zwüschen bruoder und bruoder? sunder ein bruoder mit dem andren laßt sich richten/ darzuo vor den unglöubigenn.

Es ist schon ein mangel under euch/ das jr mit einander rechtend. Warumb lassend jr nit vil lieber euch unrecht thuon? warumb lassend jr nit vil lieber euch schedigen und verforteylen? sunder jr thuond unrecht und verforteylennd/ unnd sölichs an den brüederen. Wüssend jr nit das die ungerechten werdend das reych Gottes nit ererben. Lassend euch nit verfüeren. Weder die huorer/ noch die eerer der bilder/ noch die Eebrecher/ noch die weichling/ noch die knabenschender/ noch die dieb noch die geytigen/ noch die trunckenen/ noch die schälter/ noch die röuber werdennd das reych Gottes ererben. Und sölich sind euwer etlich gwesen/ aber jr sind abgewäschen. Jr sind geheyliget/ jr sind fromm gemacht durch den nammen des Herren Jesu/ und durch den geyst unsers Gottes.

ihr die drinnen? 13 Die draussen aber wird Gott richten. *Schafft den Bösen fort aus eurer Mitte!*

|1: 11,18 · Lev 18,8 |2: 5,13 |5: 1,8! |6: Gal 5,9!
|7: Ex 12,15.19 · Ex 12,21 |9: 7,1 |11: 6,9–10 |13: Dtn 17,7!

5,9: Paulus bezieht sich hier auf einen früheren Brief an die korinthische Gemeinde, der nicht erhalten ist.

Rechtsstreitigkeiten in der Gemeinde

6 1 Da wagt es doch einer von euch, der mit einem anderen einen Rechtsstreit hat, sein Recht vor den Ungerechten zu suchen statt vor den Heiligen? 2 Wisst ihr nicht, dass die Heiligen die Welt richten werden? Und wenn sogar die Welt durch euch gerichtet wird, wie solltet ihr da nicht zuständig sein für die geringfügigen Fälle? 3 Wisst ihr nicht, dass wir über Engel richten werden, und darum erst recht über Alltägliches? 4 Wenn ihr nun alltägliche Streitfälle habt, setzt ihr da ausgerechnet diejenigen als Richter ein, die in der Gemeinde nichts gelten? 5 Zu eurer Beschämung sage ich dies. Gibt es denn keinen Verständigen unter euch, der zwischen Bruder und Bruder Recht sprechen könnte? 6 Aber nein, da zieht ein Bruder den andern vor Gericht – und das vor Ungläubigen?

7 Es ist an sich schon ein schweres Versagen, dass ihr Prozesse miteinander führt. Weshalb lasst ihr euch nicht lieber Unrecht zufügen? Weshalb lasst ihr euch nicht lieber übervorteilen? 8 Stattdessen tut ihr Unrecht und übervorteilt andere – und das unter Brüdern!

9 Wisst ihr denn nicht, dass Ungerechte das Reich Gottes nicht erben werden? Täuscht euch nicht! Wer Unzucht treibt, die nichtigen Götter verehrt, die Ehe bricht, sich gehen lässt, mit Männern schläft, 10 stiehlt, rafft, auch wer trinkt, andere beschimpft oder beraubt, wird das Reich Gottes nicht erben. 11 Und das taten manche von euch. Dies alles aber ist von euch abgewaschen, ihr seid geheiligt worden, ihr seid gerecht gemacht worden durch den Namen des Herrn Jesus Christus und durch den Geist unseres Gottes.

|1: 1,2; 14,33; 16,1.15 |2: Dan 7,9–10.22 |3: 2Petr 2,4 |9–10: Gal 5,19–21! |9: 15,50 |11: 1,2 · Gal 2,16

6,1: Der Begriff ‹die Ungerechten› bezeichnet die Nichtchristen in einem beschreibenden Sinn: Sie sind diejenigen, die Gottes Gerechtigkeit (noch) nicht kennen gelernt haben.

Jch hab alles macht/ es nützet aber nit alles. Jch hab alles macht/ aber ich wil under keines gewalt sein. Die speiß dem bauch/ und der bauch der speyß: Aber Gott wirt disen und yhenen hinrichten. Der leyb aber ist nit der huorey/ sunder deß Herren/ und der Herr dem leyb. Gott aber hat den Herren aufferweckt/ und wirt uns auch auferwecken durch sein krafft. Wüssend jr nitt das euwere leyb sind Christi glider? Solt ich nun die glider Christi nemmen/ und huorenglider darauß machen? das sey verr von mir. Oder wüssend jr nit/ das wär an der huoren hanget/ der ist ein leyb. Dann sy werdend (spricht er) sein zwey in einem fleysch. Wär aber dem Herren anhanget/ der ist ein geyst.

Fliehennd die huorey. Alle sünd die der mensch thuot/ sind aussert seinem leyb. Wär aber huoret/ der sündet an seinem eygnen leib. Oder wüssend jr nit das euwer leib ein tempel deß heyligen geysts ist: welchen jr habent von Gott/ und sind nit euwer selbs? Dann jr sind theür erkaufft. Darumb so preysend Gott in euwerem leyb und in euwerem geyst/ die da Gottes sind.

Das vij. Capitel.

Dieweyl der heylig Paulus das laster der unkünscheyt so hefftig gescholten hat/ damit sy nit meyntind die Eeliche werck sünd sein/ antwortet er jnen in disem Capitel auff etliche fragen die sy zuo jm gethen hattend/ namlich von dem Eelichen/ junckfröuwlichen und witwen staat.

Von dem jr aber mir geschribenn habennd/ antworten ich: Es ist dem menschen komlich dz er kein weyb berüere: Aber umb der huorey willen habe ein yetlicher sein eygen weyb/ und ein yetliche habe jren eygnen mann. Der mann leyste dem weyb pflichtige guotwilligkeit/ desselben gleichen dz weyb dem mann. Das weyb ist jres leybs nit mächtig/ sunder der mann: desselben gleychen der mann ist seines leybs nit mächtig/ sonder dz weyb. Weychend oder trättend einander nit ab/ es sey dann auß beyder bewilligung ein zeytlang/ das jr euch zum fasten und bätten weyl nemmind/ und wider zuosamen kommind/ auff dz euch der Satanas nit versuoche umb euwerer unmaaß willen. Sölichs sag ich euch aber auß gunst/ und nit

Freiheit und Sexualität

12 Alles ist mir erlaubt, aber nicht alles ist zuträglich. Alles ist mir erlaubt, aber nichts soll Macht haben über mich. 13 Die Speisen sind für den Bauch da, und der Bauch für die Speisen; Gott wird beides zugrunde gehen lassen. Der Leib aber ist nicht für die Unzucht da, sondern für den Herrn, und der Herr für den Leib. 14 Gott hat den Herrn auferweckt, und er wird auch uns auferwecken durch seine Kraft. 15 Wisst ihr nicht, dass eure Leiber Glieder des Christus sind? Soll ich nun die Glieder des Christus nehmen und sie zu Gliedern einer Dirne machen? Gewiss nicht! 16 Oder wisst ihr nicht, dass wer der Dirne anhängt, ein Leib ist mit ihr? Denn, so heisst es, *die zwei werden ein Fleisch sein.* 17 Wer aber dem Herrn anhängt, ist ein Geist mit ihm.

18 Meidet den Weg zur Dirne! Jeder Fehler, den ein Mensch begeht, betrifft nicht seinen Leib. Wer aber zur Dirne geht, vergeht sich am eigenen Leib. 19 Oder wisst ihr nicht, dass euer Leib ein Tempel des heiligen Geistes ist, der in euch wirkt und den ihr von Gott habt, und dass ihr nicht euch selbst gehört? 20 Ihr seid teuer erkauft. Verherrlicht also Gott mit eurem Leib!

|12: 10,23 |14: 15,15.20!; Gal 1,1; 2Kor 4,14; Röm 8,11 |15: 1Kor 12,12!.27 |16: Gen 2,24; Mk 10,8; Mt 19,5 |19: 3,16! · 1Thess 4,8 |20: 7,23 · Gal 4,5! · Phil 1,20

Ehe und Ehelosigkeit

7 1 Nun zu der Ansicht, die ihr in eurem Brief vertretet, dass es für einen Mann gut sei, keine Frau zu berühren:

2 Wegen der Versuchungen zur Unzucht soll jeder Mann seine Frau und jede Frau ihren Mann haben. 3 Der Frau gegenüber erfülle der Mann seine Pflicht, ebenso die Frau dem Mann gegenüber. 4 Die Frau verfügt nicht über ihren Körper, sondern der Mann; ebenso verfügt auch der Mann nicht über seinen Körper, sondern die Frau. 5 Entzieht euch einander nicht, es sei denn in gegenseitigem Einverständnis für eine bestimmte Zeit, um euch dem Gebet zu widmen; dann sollt ihr wieder zusammenkommen, damit der Satan euch nicht versuche, weil ihr dem Begehren nicht widerstehen könnt.

auß gebott. Jch wölt aber lieber/ alle menschen wärind wie ich bin. Aber ein yetlicher hat sin eigne gaab von Gott: einer sunst der ander so.

Jch sag zwar den witlingen und witwen/ Es ist jnen komlich das sy auch bleybind wie ich bin. So sy aber sich nit enthaltend/ so söllend sy zuo der Ee greyffen. Dann es ist wäger zuo der Ee greyffen/ dann eynbrünstig sin.

Den Eelichen aber gebüt/ nit ich/ sunder der Herr/ daß das weyb sich nit scheydenn lasse von dem mann: so sy sich aber scheyden laßt/ das sy on Ee bleibe/ oder sich mit dem mann versüene: unnd das der mann das weyb nit von jm lasse.

Den anderen aber sag ich/ nit der Herr: So ein bruoder hat ein unglöubig weyb/ und die selbig laßt es jr gefallen by jm zewonen/ der scheyde sich nit von jr. Und so ein weib hat einen unglöubigen mann/ und er laßt es jm gefallen bey jr zewonen/ die scheyde sich nit von jm. Dann der unglöubig mann ist geheyliget durchs weyb/ und das unglöubig weyb ist geheyliget durch den mann: sunst wärind euwere kinder unreyn: nun aber sind sy heilig. So aber der unglöubig sich scheydet/ so laß sich jn scheyden. Es ist der bruoder oder die schwester nit gefangen in sölichenn fälen/ im frid aber hat unns Gott berüefft. Was weystu aber du weib/ ob du den mann sälig werdest machen? Oder du mann/ was weystu ob du das weyb werdest sälig machen?

6 Was ich hier sage, ist aber ein Zugeständnis, kein Befehl. 7 Ich wünschte freilich, alle Menschen wären wie ich. Doch hat jeder von Gott seine besondere Gabe, der eine so, der andere anders.

|1: 7,25; 8,1; 12,1; 16,1 · 7,26 |2: 6,13 |6: 2Kor 8,8 |7: 1Kor 12,4!

7,1: Andere Übersetzungsmöglichkeit: «Nun zu dem, was ihr geschrieben habt: Es ist gut für den Mann, keine Frau zu berühren.»

7,7: Die knappe Formulierung des ersten Satzes lässt unterschiedliche Ergänzungen zu: unverheiratet wie ich, unabhängig wie ich, in ihrem Willen frei wie ich.

Viele Lebenslagen – eine Ausrichtung
8 Ich sage aber den Unverheirateten und den Witwen: Es ist gut für sie, wenn sie so bleiben wie ich. 9 Wenn sie aber nicht enthaltsam leben können, sollen sie heiraten. Denn es ist besser zu heiraten, als vom Begehren verzehrt zu werden.

10 Den Verheirateten aber gebiete ich – nicht ich, sondern der Herr: Eine Frau soll sich von ihrem Mann nicht scheiden lassen, 11 hat sie sich aber scheiden lassen, soll sie unverheiratet bleiben oder sich wieder versöhnen mit ihrem Mann, und ein Mann soll seine Frau nicht entlassen.

12 Den Übrigen aber sage ich, nicht der Herr: Wenn ein Bruder eine ungläubige Frau hat und diese einverstanden ist, mit ihm zusammenzuleben, so soll er sie nicht entlassen. 13 Und wenn eine Frau einen ungläubigen Mann hat und dieser einverstanden ist, mit ihr zusammenzuleben, so soll sie den Mann nicht entlassen. 14 Denn der ungläubige Mann ist durch die Frau geheiligt, und die ungläubige Frau ist durch den Bruder geheiligt. Sonst wären ja eure Kinder unrein, jetzt aber gilt: Sie sind heilig. 15 Wenn aber der ungläubige Ehepartner die Scheidung will, so soll er sich scheiden lassen. In solchen Fällen ist der Bruder oder die Schwester nicht gebunden wie ein Sklave. In Frieden zu leben, hat Gott euch berufen. 16 Denn was weisst du, Frau, ob du den Mann nicht doch retten wirst? Oder was weisst du, Mann, ob du die Frau nicht doch retten wirst?

|8: 7,40 · 1Tim 5,14 |10: 7,25; 9,14; 14,37 · Mk 10,11–12 |12: 7,10!

7,16: Andere Übersetzungsmöglichkeit: «Denn was weisst du, Frau, ob du den Mann retten wirst? Oder was weisst du, Mann, ob du die Frau retten wirst?»

Doch wie einem Gott hat außgeteilt/ und ein yetlicher wie jnn Gott berüefft hatt/ also wandle er: und also verordnen ichs in allen gmeynden.

Jst yemants beschnitten berüefft/ der beziehe kein vorhaut. Jst yemants berüefft inn der vorhaut/ der lasse sich nitt beschneyden. Die bschneydung ist nüts/ und die vorhaut ist nüts/ sunder die erfüllung der gebotten gottes. Ein yetlicher bleybe in der berüeffung darinnen er berüefft ist. Bistu ein knecht berüefft/ sorg dich nit: doch magst du frey werden/ so brauch deß vil lieber. Dann wär ein knecht berüefft ist in dem Herren/ der ist ein freyer deß Herren. Desselben gleichen/ wär ein fryer berüefft ist/ der ist ein knecht Christi. Jr sind teür erkaufft/ werdend nitt der menschen knecht. Ein yetlicher/ lieben brüeder/ worinnen er berüefft ist/ darinnen bleybe er bey Gott.

Bewährung am Ort der Berufung

17 Im Übrigen gilt: Ein jeder führe sein Leben so, wie es der Herr ihm zugeteilt, wie Gott ihn berufen hat. So ordne ich es in allen Gemeinden an.

18 Ist einer als Beschnittener berufen worden, mache er seine Beschneidung nicht rückgängig; ist einer als Unbeschnittener berufen worden, lasse er sich nicht beschneiden. 19 Beschnittensein gilt nichts, und Unbeschnittensein gilt nichts; allein die Beachtung der Gebote Gottes gilt. 20 Jeder aber bleibe an seinem Ort, an den er berufen worden ist.

21 Bist du als Sklave berufen worden, soll es dich nicht kümmern; kannst du aber frei werden, so nutze die Gelegenheit dazu erst recht. 22 Denn wer im Herrn als Sklave berufen wurde, ist ein Freigelassener des Herrn; ebenso ist, wer im Stande der Freiheit berufen wurde, ein Sklave Christi. 23 Ihr seid teuer erkauft; werdet nicht Sklaven von Menschen! 24 Jeder aber, liebe Brüder und Schwestern, bleibe am Ort seiner Berufung bei Gott.

|17: 4,17! |18: Gal 5,2 |19: Gal 5,6; 6,15 |22: Phlm 16 |23: 6,20

7,21: Andere Übersetzungsmöglichkeit: «…; auch wenn du freikommen kannst, lebe lieber in deinem Stand weiter.»

Leben in einer vergehenden Welt

25 Was aber die unverheirateten jungen Frauen betrifft, so habe ich keine Weisung des Herrn. Ich tue aber meine Meinung kund als einer, der Vertrauen verdient, weil ihm vom Herrn Barmherzigkeit widerfahren ist. 26 Ich meine nun, dass dies angesichts der gegenwärtigen Not gut ist: Für einen Menschen ist es gut, so zu bleiben, wie er ist. 27 Bist du an eine Frau gebunden, suche keine Trennung; bist du getrennt von deiner Frau, suche keine andere Frau! 28 Wenn du aber doch heiratest, sündigst du nicht, und wenn die unverheiratete junge Frau heiratet, sündigt sie nicht. Die es aber tun, werden Bedrängnis erfahren am eigenen Leib; das möchte ich euch ersparen.

29 Dies aber sage ich, liebe Brüder und Schwestern: Die Zeit drängt. Darum sollen künftig auch die, die eine Frau haben, sie haben, als hätten sie sie nicht, 30 die weinen, sollen weinen, als weinten sie nicht, die sich freuen, sollen sich freuen, als freuten sie sich nicht, die etwas kaufen, sollen kaufen, als

Von den junckfrauwen aber hab ich kein gebot deß Herren/ ich sag aber mein guotduncken/ als ich barmhertzigkeyt erlanget hab vom Herren trüw zesein. So mein ich nun sölichs sey komlich umb der gegenwürtigen not willen: dann es ist dem menschen komlich also zesein. Bist du an ein weyb gebunden/ so suoch nit ledig zewerden. Bist du aber ledig vom weib/ so suoch kein weyb. So du aber zur Ee greyffest/ hast du nit gesündet. Und so ein junckfrow zur Ee greifft/ hat sy nit gesündet. Doch so werdend söliche/ trüebsal im fleysch haben. Jch verschonete aber euwer gern. Das sag ich aber lieben brüeder/ die zeyt ist kurtz. Weyter ist das die meinung/ die da weyber habend/ das sy sygind als hettind sy keine: und die da weynend/ als weynetind sy nit: und die sich fröüwend/ als fröüwetind sy sich nit: unnd die da kauffend/ als behieltind sy es nit: und die dise welt brauchend/ als brauchtind sy sy nit. Dann das wäsen diser welt zergadt. Jch wil aber dz jr on sörg sygind. Wär on Ee ist/ der sorgt was den herren angehört/ wie er dem Herren gefalle. Wär aber in die Ee sich verpflicht/ der sorgt was die welt angehört/ wie er dem weyb gefalle/ und ist zerteylt. Ein weib und ein junckfrow die on Ee ist/ die sorgt was den herren angehört/ dz sy heilig sey/ beide am leyb und auch am geist. Die aber zur Ee greift die sorgt wz die welt angehört/ wie sy dem mann gfalle. Sölichs aber sag ich üch zuo guotem/ nit dz ich üch ein strick an den halß werffe/ sunder das es euch wol anstadt/ das jr dem Herren steyff und unabgezogen anhangind. So aber sich yemants laßt duncken/ es stande jm übel an mit seiner junckfrauwen/ so sy über die zeyt gangen ist/ und muoß also geschehen/ so thüege er was er wil/ er sündet nit/ laß sy zur Ee greyffen. Wär aber in seinem hertzen vest fürsetzt/ und ist nit benötigt/ sunder hat macht seines willens/ und beschleüßt sölichs in seinem hertzen sein junckfrau zuo behalten/ der thuot wol. Entlich/ welcher Eelich wirt/ der thuot wol: welcher aber nit Eelich wirt/ der thuot wägers. Ein weyb ist gebunden an dz gsatz/ so lang jr mann läbt: so aber jr mann entschlaafft/ ist sy frey sich zuo vermächlen welchem sy wil/ allein das es geschäch inn dem Herren. Baß ist jr aber/ wo sy also bleybt nach meiner meinung. Jch mein aber ich habe auch den geyst Gottes.

Das viij. Capitel.

Paulus straafft etlich die jr volkommenheyt unnd weyßheit mißbrauchtend/ ander lüten zuo ergernuß. Und ist diß capitel wol zuo mercken allen Christen/ das sy wüssind wie sy sich gegen den volkommnen schwachgläubigen halten söllind.

Von dem götzenopffer aber wüssend wir all was wir wüssen söllend/ aber das wüssen blaßt auf/ und die liebe besseret und erbauwet. So aber sich yemants laßt duncken er wüsse etwas/

behielten sie es nicht, 31 und die sich die Dinge dieser Welt zunutze machen, sollen sie sich zunutze machen, als nutzten sie sie nicht. Denn die Gestalt dieser Welt vergeht.

32 Ich möchte aber, dass ihr ohne Sorge seid. Der Unverheiratete kümmert sich um die Dinge des Herrn, er sorgt sich, wie er dem Herrn gefalle. 33 Der Verheiratete aber kümmert sich um die Dinge der Welt, er sorgt sich, wie er seiner Frau gefalle, 34 und so ist er gespalten. Und die unverheiratete Frau, ob alt oder jung, kümmert sich um die Dinge des Herrn, um heilig zu sein an Körper und Geist. Die verheiratete Frau aber kümmert sich um die Dinge der Welt, sie sorgt sich, wie sie ihrem Mann gefalle. 35 Das sage ich aber zu eurem Besten, nicht um euch eine Schlinge überzuwerfen, sondern damit ihr in Anstand und Würde lebt und euch an den Herrn haltet, ohne euch ablenken zu lassen.

36 Wenn aber einer meint, sich seiner Verlobten gegenüber ungehörig zu verhalten, wenn sie schon in der Zeit der Reife ist und geschehen soll, was geschehen muss, dann soll er es tun; er sündigt nicht, sie sollen heiraten. 37 Wer aber in seinem Herzen gefestigt ist und sich nicht in einer Zwangslage befindet, sondern Gewalt hat über seinen Willen und in seinem Herzen zum Entschluss gekommen ist, seine Verlobte so zu bewahren, wie sie ist, der handelt gut. 38 So gilt: Wer seine Verlobte heiratet, handelt gut, und wer sie nicht heiratet, handelt besser.

39 Eine Frau ist gebunden, solange ihr Mann lebt; ist ihr Mann aber entschlafen, so ist sie frei, sich zu verheiraten, mit wem sie will – nur soll es im Herrn geschehen. 40 Seliger aber ist sie, wenn sie unverheiratet bleibt, jedenfalls nach meiner Meinung. Ich glaube aber, dass auch ich den Geist Gottes habe.

|25: 7,1! · 7,10! · 7,40; 2Kor 8,10 |26: 7,1 |32: Mt 6,25–33 |36: 13,5 |39: Röm 7,2 |40: 7,8 · 7,25; 2Kor 8,10

7,26: Andere Übersetzungsmöglichkeit: «…: Für einen Menschen ist es gut, unverheiratet zu bleiben.»

7,36: Andere Übersetzungsmöglichkeit: «…, wenn er von Verlangen erfüllt ist und geschehen muss, was er begehrt, …»

Erkenntnis und Liebe

8 1 Nun zur Frage des Opferfleisches: Wir wissen ja, dass wir alle Erkenntnis besitzen. Die Erkenntnis bläht auf, die Liebe aber baut auf. 2 Wer meint, etwas erkannt zu haben, hat

der weißt noch nit wie man wüssen sol. So aber yeman Gott liebet/ der selb ist von jm erkant.

So wüssend wir nun von diser speiß deß götzen opffers/ das ein götz nichts in der welt sey: und das kein anderer Gott sey/ dann der eynig. Unnd wiewol es sind/ die götter genennet werdennd/ es sey im himmel oder auff erden (sitmals es vil götter unnd vil herren sind) so habend wir doch nun einen Gott/ den vatter/ von welchem alle ding sind/ und wir in jm: und einen Herren Jesum Christ/ durch welchen alle dinge sind/ und wir durch jn.

Es hat aber nit yederman das wüssen/ dann etlich machend jnen noch ein gewüssen ab den götzen/ und essends für götzenopfer: damit wirt jr gewüssen/ dieweil es so schwach ist/ befleckt. Aber die speyß fürderet uns vor Gott nit. Essend wir/ so werdend wir darumb nit besser sein: Essend wir nit/ so werdend wir darumb nit minder sein. Sehend aber zuo das dise euwere freyheit/ nit geradte zuo einem anstoß der schwachenn. Dann so dich (der du die erkantnuß hast) yemants sähe zetisch sitzen im götzen hauß/ wirt nit sein gewüssen/ dieweyl es schwach ist/ verursacht das götzenopffer zuo essen? Und wirt also ab deiner erkantnuß der schwach bruoder umbkommen/ umb welches willen Christus gestorben ist. Wenn jr aber also sündend an den brüederen/ und schlahend jre schwachen gewüßne/ so sündend jr in Christum. Darumb/ so die speyß meinen bruoder ergert und verletzte/ wölte ich nit fleisch essen ewiklich/ auff das ich meinen bruoder nit ergerte und verböserte.

Das ix. Capitel.

Paulus zeygt an das jm gleich wol zimme zethuon wie anderen Apostlen: aber das jm zymme/ lasse er umb jrs nutzes willen underwägen/ vermanet sy ernstlich zuo lauffen in dem angefangnen lauff.

Bin ich nitt ein Apostel? Bin ich nit frey? hab ich nit unsern Herren Jesum Christum gesechenn? Sind nit jr mein werck inn dem Herren? Bin ich anderen nitt ein Apostel/ so bin ich doch euwer Apostel: dann das sigel meines Apostel ampts sind jr in dem Herren. Wenn

noch nicht erkannt, was Erkenntnis heisst. 3 Wer aber Gott liebt, der ist von ihm erkannt worden.

4 Nun zur Frage, ob man Opferfleisch essen darf: Wir wissen ja, dass es in der Welt keine fremden Götter gibt und dass kein anderer Gott ist ausser dem einen. 5 Auch wenn da vieles ist, was Gott genannt wird, sei es im Himmel, sei es auf der Erde, – es gibt ja viele Götter und viele Herren –,

6 so gibt es für uns doch nur *einen* Gott, den Vater,
von dem her alles ist und wir auf ihn hin,
und *einen* Herrn, Jesus Christus,
durch den alles ist und wir durch ihn.

|1: 7,1! · 13,2.4 · 10,23 |3: 13,12 |4: 10,19.25; Apg 15,29 |6: Dtn 6,4; Eph 4,6 · Röm 11,36

Freiheit und Gebundenheit des Gewissens

7 Doch nicht in allen ist die Erkenntnis; einige sind bis jetzt noch so an ihre Götter gewöhnt, dass sie jenes Fleisch als Opferfleisch essen, und ihr Gewissen wird, weil es schwach ist, befleckt. 8 Speisen haben nichts damit zu tun, wie wir vor Gott dastehen; essen wir sie nicht, geht uns nichts ab, essen wir sie, gewinnen wir nichts.

9 Gebt aber acht, dass diese eure Freiheit den Schwachen nicht zum Anstoss werde! 10 Denn wenn einer dich mit deiner Erkenntnis in einem der vielen Tempel zu Tische liegen sieht, wird dann nicht sein Gewissen, wenn er schwach ist, ermuntert, vom Opferfleisch zu essen? 11 Ja, der Schwache wird durch deine Erkenntnis zugrunde gerichtet, der Bruder, um dessentwillen Christus gestorben ist. 12 Wenn ihr so an euren Brüdern schuldig werdet und ihr Gewissen, das doch schwach ist, belastet, macht ihr euch an Christus schuldig. 13 Darum werde ich, wenn eine Speise meinen Bruder zu Fall bringt, in alle Ewigkeit kein Fleisch essen, um meinen Bruder nicht zu Fall zu bringen.

|7–13: 8,4! · Röm 14,1–4 |9: Röm 14,13.20–21 |10: 8,4! |11: Röm 11,15 |13: Röm 14,13.20–21

Das Recht des Apostels

9 1 Bin ich nicht frei? Bin ich nicht ein Apostel? Habe ich nicht Jesus, unseren Herrn, gesehen? Seid nicht ihr mein Werk im Herrn? 2 Wenn ich für andere kein Apostel bin, so bin ich es doch immerhin für euch. Denn ihr seid das Siegel meines

man mich fraget/ so antworten ich also: Habend wir nit macht zuo essen und zetrincken? habend wir nit auch macht ein schwester zum weyb mit umbher zefüeren/ wie die anderen Apostel/ und die brüeder deß Herren/ und Cephas? Oder habend allein ich und Barnabas nitt macht das zethuon? Welcher reyset auff seinen eygnen sold? welcher pflantzet ein weynberg/ und isset nit von seiner frucht? Oder welcher weidet ein härd/ und isset nit von der milch der härden?

Red ich aber sölichs auff menschen weiß? sagt nit sölichs das gsatz auch? Dann im gesatzt Mosi stadt geschribenn: Du solt dem ochsen nit das maul verkörben der da dröschet. Sorget Gott für die ochsen? oder sagt ers nit aller dingen umb unsertwillen? Dann es ist ye umb unsertwillen geschriben. Dann der da pfluoget/ sol auff hoffnung pfluogenn: und der da dröschet/ sol auff hoffnung dröschenn/ das er yhener hoffnung teylhafftig werde. So wir euch das geystlich habend gesäyet/ ists ein groß ding/ ob wir euwere fleyschliche ärndend? So aber andere dise macht an euch teylhafftig sind/ warumb nit vil mer wir?

Aber wir habend sölicher macht nitt gebraucht/ sunder wir vertragend allerley/ uff das wir nit dem Evangelio von Christo ein hindernuß machind. Wüssend jr nit das die da arbeytend im tempel/ die neerend sich deß tempels: und die deß altars pflägend/ geniessend deß altars? Also hat der Herr befolhen/ das die/ so das Euangelion verkündend/ söllind auch vom Evangelio sich erneeren.

Apostelamtes im Herrn. 3 Dies sage ich zu meiner Verteidigung gegenüber denen, die über mich zu Gericht sitzen.

4 Haben wir etwa nicht das Recht, zu essen und zu trinken? 5 Haben wir etwa nicht das Recht, eine Schwester als Ehefrau bei uns zu haben, wie die übrigen Apostel und die Brüder des Herrn und Kefas? 6 Oder ist nur mir und Barnabas das Recht, nicht zu arbeiten, verwehrt?

7 Wer leistet schon Kriegsdienst und bezahlt den eigenen Sold? Wer pflanzt einen Weinberg und geniesst nicht seine Früchte, oder wer weidet eine Herde und nährt sich nicht von der Milch der Herde? 8 Rede ich etwa nach Menschenart, oder sagt dies nicht auch das Gesetz? 9 Im Gesetz des Mose nämlich steht geschrieben: *Du sollst dem Ochsen, der drischt, das Maul nicht zubinden!* Geht es Gott etwa um die Ochsen? 10 Oder spricht er nicht allenthalben um unsertwillen? Ja, um unsertwillen wurde geschrieben: *Auf Hoffnung hin soll pflügen, wer pflügt, und wer drischt, tue es in der Hoffnung, teilzuhaben am Ertrag.*

11 Wenn wir für euch das Geistliche gesät haben, ist es dann zu viel verlangt, wenn wir dafür von euch das Irdische ernten wollen? 12 Wenn andere dieses Recht bei euch haben, wieso dann wir nicht erst recht? Dennoch haben wir von diesem Recht keinen Gebrauch gemacht, sondern nehmen alles auf uns, um dem Evangelium von Christus ja keinen Stein in den Weg zu legen. 13 Wisst ihr nicht, dass die, die am Heiligtum Dienst tun, vom Heiligtum leben, und dass die, die am Altar beschäftigt sind, mit dem Altar die Gaben teilen? 14 So hat es auch der Herr angeordnet: Wer das Evangelium verkündigt, soll vom Evangelium leben.

|4: Lk 10,7 |5: 1,12! |6: Gal 2,9 |7: Dtn 20,6 |9: Dtn 25,4; 1Tim 5,18 |10: 10,11; Röm 4,23–24; 15,4 |12: 2Kor 11,7.9; 12,13 · 13,7 |13: Dtn 18,1–3 |14: 7,10! · Lk 10,7!

9,13: Andere Textüberlieferung: «…, vom Heiligen essen, …»

Der Rechtsverzicht des Apostels

15 Ich aber habe nichts von alledem in Anspruch genommen. Das schreibe ich nicht in der Erwartung, dass man es von jetzt an so mit mir halte. Denn lieber wollte ich sterben als … meinen Ruhm wird mir niemand zunichte machen! 16 Denn wenn ich das Evangelium verkündigte, habe ich ja davon noch keinen Ruhm; ein Zwang liegt nämlich

Jch aber hab deren keins gebraucht.

Jch schreyb auch nit darumb darvon/ dz mit mir also sölle gehalten werden: Dann es wäre mir lieber ich sturbe/ dann das mir yemant meinen ruom sölte zuo nüte machen. Das ich aber das Euangelion predigen/ darff ich mich nit rüemen/ dann ich muoß es thuon. Und wee mir wenn ich das Euangelion nit predigete. Thuon ichs gern/ so wirdt mir gelonet: thuon ichs aber ungern/ so ist mir das ampt doch befolhen. Warumb wirt mir dann nun gelonet? namlich darumb/ das ich predigen dz Euangelion/ und thuon das selb frey umb sust/ auff dz ich mich nit meiner freyheit mißbrauche im predig ampt.

Dann wiewol ich frey bin von yederman/ hab ich doch mich selbs yederman zum knecht gemacht/ auff das ich jr vil gewunne. Den Juden bin ich worden als ein Jud/ auff das ich die Juden gewunne. Denen die under dem gsatz sind/ bin ich worden als ob ich under dem gsatz sey: auff das ich die da under dem gsatz sind/ gewunne. Denen die on gsatz sind/ bin ich als on gesatz worden (so ich doch nit on Gottes gsatz bin/ sunder bin in dem gsatz Christi) auff dz ich die on gsatz sind gewunne. Den schwachen bin ich worden als ein schwacher/ auff das ich die schwachen gewunne. Jch bin yederman allerley worden/ auff das ich allerding doch etlich sälig mache. Sölichs aber thuon ich umb deß Euangelions willen/ auff das ich seiner gmeinsame teylhafftig werde.

Wüssend jr nit das die/ so zuo dem zil lauffend/ die lauffend zwar all/ aber einer erlangt das kleynot? So lauffend nun all/ dz jrs ergreiffind. Ein yetlicher aber der da kempffet/ enthaltet sich alles dings: und die selben allein darumb/ daß sy ein zergengkliche kron empfahind/ wir aber ein unzergengkliche. Jch lauff aber also/ nit als auffs ungewüß: ich fichten also/ nit als der in den lufft schlecht/ sunder ich zämm meinen leyb/ und bring jnn in ein dienstbarkeyt/ das ich nit/ so ich den andren predige/ verwerfflich werde.

Das x. Capitel.

Er volfüert das so er in den vorigen capitlen gemäldet hat/ namlich von dem fleysch das den bilden geopfferet ist/ vermanet sy damit ernstlich zuo einem frommen eelichen läben.

Jch wil euch aber lieben brüeder nit verhalten/ das unnsere vätter all under der

auf mir. Weh mir, wenn ich das Evangelium nicht verkündige! 17 Wenn ich dies freiwillig täte, stände mir Lohn zu; wenn ich es aber unfreiwillig tue, dann bin ich mit einem Verwalteramt betraut. 18 Was ist nun mein Lohn? Dass ich das Evangelium verkündige und es unentgeltlich anbiete und so mein im Evangelium begründetes Recht nicht ausschöpfe.

|15: 9,12 |17: 4,1–2 |18: 2Kor 11,7 · 9,12

Frei gegenüber allen – frei für alle

19 Denn weil ich frei bin gegenüber allen, habe ich mich zum Sklaven aller gemacht, um möglichst viele zu gewinnen. 20 Den Juden bin ich ein Jude geworden, um Juden zu gewinnen, denen unter dem Gesetz einer unter dem Gesetz – obwohl ich selbst nicht unter dem Gesetz bin –, um die unter dem Gesetz zu gewinnen. 21 Denen ohne Gesetz aber bin ich geworden wie einer ohne Gesetz – obwohl ich vor Gott nicht ohne Gesetz bin, vielmehr Christus für mich massgebend ist –, um die ohne Gesetz zu gewinnen. 22 Den Schwachen bin ich ein Schwacher geworden, um die Schwachen zu gewinnen; allen bin ich alles geworden, um in jedem Fall einige zu retten. 23 Alles aber tue ich um des Evangeliums willen, um Anteil zu bekommen an ihm.

|20: Gal 5,18! |21: Gal 6,2 |22: 8,9 · Röm 11,14

9,21: Andere Übersetzungsmöglichkeit: «…, vielmehr vor Christus mitten im Gesetz bin –, um …»

Der Kampf des Apostels mit sich selbst

24 Ihr wisst doch: Die Läufer im Stadion, sie laufen zwar alle, den Siegespreis aber erhält nur einer. Lauft so, dass ihr den Sieg davontragt! 25 Wettkämpfer aber verzichten auf alles, jene, um einen vergänglichen Kranz zu erlangen, wir dagegen einen unvergänglichen. 26 Ich laufe also, aber nicht wie einer, der ziellos läuft, ich boxe, aber nicht wie einer, der ins Leere schlägt; 27 vielmehr traktiere ich meinen Körper und mache ihn mir gefügig, denn ich will nicht einer werden, der anderen predigt, sich selber aber nicht bewährt.

|24: Phil 3,14

Das Beispiel der Väter

10 1 Ihr sollt aber wissen, liebe Brüder und Schwestern, dass unsere Väter alle

wolcken gwesen sind/ und sind alle durchs Meer gangen/ und sind alle under Mosen getaufft mit der wolcken/ und mit dem meer/ und habend alle einerley geistliche speyß geessen/ und habend alle einerley geistlich tranck getruncken: sy trunckend aber von dem geistlichen Felsen/ der hernach kam/ welcher felß was Christus. Aber an vilen hatt Gott kein wolgefallen/ dann sy sind nider geschlagen in der wüeste. Dz ist aber unser fürbild worden/ das wir uns nit gelusten lassind deß bösen/ gleich wie jhene lust hattend. Auch nit eerer der bilderen werdind/ gleych wie jhener etlich wurdend. Als geschriben stadt: Das volck satzt sich nider zuo essen und zetrincken/ und stuondend auf zespilen. Auch nit lassent uns huory treiben/ wie etlich under jhenen getriben habent/ und auff einen tag drey und zwentzig tausend vielend. Lassend uns auch Christum nit versuochen/ wie etlich von jhenen jn versuochtend/ und aber von den schlangen umbbracht wurdend. Murrend auch nit/ gleych wie jhener etlich murretend/ und umbgebracht wurdend durch den verderber. Sölichs alles widerfuor jhenen zum fürbild. Sy sind aber geschriben zuo unserer vermanung/ auff welche das end der welt kommen ist/ also/ das wär sich laßt duncken er stande/ mag wol zuosehen das er nit falle. Es ist euch noch keine/ dann menschliche versuochung begegnet. Gott aber ist warhafftig/ der laßt euch nit versuocht werden über euwer vermögenn/ sunder machet nebend der versuochung ein außkommen/ auff das jrs ertragenn mögind.

Darumb meine liebsten/ fliehennd vonn dem götzendienst. Als mit den kluogen red ich/ richtend jr was ich sag. Der Kelch der dancksagung/ mit welchem wir danck sagend/ ist der nit die gemeinsame des bluots Christi? Das brot das wir brechend/ ist das nit die gmeinsame des leybs Christi? Dann wir die vile/ sind ein brot unnd ein leyb/ dieweyl wir alle eines brots teilhafftig sind. Sehend an

unter der Wolke waren, alle durch das Meer hindurchzogen 2 und alle in der Wolke und im Meer auf Mose getauft wurden. 3 Alle assen dieselbe geistliche Speise, 4 und alle tranken denselben geistlichen Trank; denn sie tranken aus einem geistlichen Felsen, der mit ihnen zog; der Fels aber war Christus. 5 Doch an den meisten von ihnen hatte Gott kein Wohlgefallen: Sie wurden in der Wüste niedergestreckt.

6 So sind sie für uns ein Mahnmal geworden, dass wir nicht das Böse begehren, wie jene es begehrt haben. 7 Werdet nicht zu Dienern der nichtigen Götter wie einige von ihnen, von denen es heisst: *Das Volk liess sich nieder zum Essen und Trinken, und sie erhoben sich zum Tanz.* 8 Lasst uns nicht Abgötterei treiben, wie manche von ihnen Abgötterei getrieben haben und dann umgekommen sind, dreiundzwanzigtausend an einem Tag. 9 Lasst uns Christus nicht versuchen, wie einige von ihnen es getan haben und dann von den Schlangen getötet wurden. 10 Und murrt nicht, wie einige von ihnen gemurrt haben und dann durch den Verderber umgebracht wurden.

11 Solches ist jenen auf beispielhafte Weise widerfahren; aufgeschrieben wurde es, um uns den Sinn zurechtzurücken, uns, auf die das Ende der Zeiten gekommen ist. 12 Darum: Wer zu stehen meint, sehe zu, dass er nicht falle! 13 Noch ist keine Versuchung über euch gekommen, die nicht menschlich wäre. Gott aber ist treu: Er wird nicht zulassen, dass ihr über eure Kräfte versucht werdet, sondern mit der Versuchung auch den Ausweg schaffen, dass ihr die Kraft habt, sie zu bestehen.

|1: Ex 13,21; 14,22 |3: Ex 16,4.35 |4: Ex 17,6
|5: Num 14,13–16.28–30 |6: Ex 32,6 |8: Num 25,1–3.9
|9: Dtn 6,16; Mt 4,7 · Num 21,5–9 |10: Num 14,2.36–37
|11: 9,10! |13: 1,9; 2Kor 1,18

10,2: Andere Textüberlieferung: «und alle sich in der Wolke und im Meer auf Mose taufen liessen.»

10,9: Andere Textüberlieferung: «Lasst uns den Herrn nicht versuchen, …»

Die Ausrichtung auf das Abendmahl

14 Darum, meine Geliebten, flieht die Verehrung der nichtigen Götter! 15 Ich rede doch zu Verständigen. Beurteilt selber, was ich sage! 16 Der Kelch des Segens, über den wir den Lobpreis sprechen, ist er nicht Teilhabe am Blut Christi? Das Brot, das wir brechen, ist es nicht Teilhabe am Leib Christi? 17 Weil es *ein* Brot ist, sind wir, die vielen, *ein* Leib. Denn wir alle haben teil an dem einen Brot.

den Jsrael nach dem fleisch/ welche die opffer essend/ sind die nit in der gmeynsame des altars? Was sol ich dann yetz sagen? Sol ich sagen das der götz etwas sey? oder daß das götzenopffer etwas sey? Nein. Sonder das sag ich/ das die Heiden/ was sy opfferend/ das opfferend sy den teüflen/ und nit Gott. Nun wil ich nit das jr in der teüflen gmeinsame sein söllind. Jr mögend nit zuogleych trincken deß Herren kelch unnd der teüflen kelch. Jr mögend nit zuogleych teylhafftig sein des Herren tisch und der teüflen tisch. oder wöllend wir den Herren tratzen? Sind wir stercker dann er?

Jch hab zwar alles macht/ aber es ist nit alles nutzlich. Jch hab alles macht/ aber es besseret nit alles. Niemants suoche seinen eignen nutz/ sonder den nutz des andern.

Alles was feyl ist uff dem fleischmarckt/ das essend/ unnd fragend nichts/ auff das jr der gwüssen verschonind. Dann die erden ist deß Herren/ und was darinnen ist. So aber yemants von den unglöubigen euch ladet/ und jr wöllend gon/ so essend alles was euch fürgetragen wirt/ und fragend nichts/ auff das jr der gwüssen verschonind. Wo aber yemants wurde euch sagen: Dises ist götzenopffer/ so essends nit/ umb des willen der es anzücht/ uff das jr der gwüssen verschonind. Die erd ist des Herren/ und was darinnen ist. Jch sag aber vom gwüssen/ nit deiner/ sonder des andern. Dann warumb solt ich min freyheyt lassen urteilen von eines andern gwüssen? Dann so ichs mit dancksagung nüssen/ was solt ich dann verlesteret werden umb des willen darfür ich danck sagen?

Jr essind nun oder trinckind/ oder was jr thuond/ so thuond es alles zuo Gottes preyß. Sind unanstössig den Heyden und den Juden/ unnd der gmeynd Gottes/ gleych wie auch ich yederman in allerley mich gefellig machen/ und nit suochen was mir/ sonder was vilen fürderlich und nutzlich ist/ auff das sy sälig werdind. Sind meyne nachvolger/ gleych wie ich Christi.

18 Schaut auf das irdische Israel: Haben die, welche von den Opfergaben essen, nicht teil am Altar? 19 Was will ich damit sagen? Dass das Opferfleisch etwas sei oder dass die fremden Götter etwas seien? 20 Nein, sondern dass, was sie opfern, den Dämonen geopfert wird und nicht Gott. Ich will aber nicht, dass ihr Gemeinschaft mit den Dämonen habt! 21 Ihr könnt nicht den Kelch des Herrn trinken und den Kelch der Dämonen; ihr könnt nicht teilhaben am Tisch des Herrn und am Tisch der Dämonen. 22 Oder wollen wir den Herrn herausfordern? Sind wir etwa stärker als er?

|16: 11,23–25; Lk 22,19–20 |17: 1Kor 12,12! |18: 9,13! |19: 8,4! |20: Dtn 32,17

10,17: Andere Übersetzungsmöglichkeit: «Ein Brot ist es, ein Leib also sind wir, die vielen; denn wir alle haben …»

Das Gewissen des anderen

23 Alles ist erlaubt, aber nicht alles ist zuträglich. Alles ist erlaubt, aber nicht alles baut auf. 24 Niemand suche das Seine, sondern jeder das des anderen! 25 Alles, was auf dem Markt verkauft wird, könnt ihr essen, ohne euch ein Gewissen zu machen. 26 Denn *des Herrn ist die Erde und alles, was sie erfüllt*. 27 Wenn ein Ungläubiger euch einlädt und ihr hingehen wollt, so esst alles, was man euch vorsetzt, ohne euch ein Gewissen zu machen. 28 Falls aber jemand zu euch sagt: Das ist Opferfleisch!, so esst nicht davon aus Rücksicht auf den, der darauf aufmerksam gemacht hat, und aus Rücksicht auf das Gewissen – 29 das Gewissen des andern meine ich aber, nicht das eigene. Denn weshalb sollte meine Freiheit von einem fremden Gewissen beurteilt werden? 30 Wenn ich in Dankbarkeit am Mahl teilnehme, warum sollte da als Gotteslästerung gelten, wofür ich Dank sage?

31 Ob ihr nun esst oder trinkt oder sonst etwas tut: Tut alles zur Ehre Gottes! 32 Gebt niemandem Anstoss, weder Juden noch Griechen noch der Gemeinde Gottes, 33 wie auch ich in allen Dingen allen zu Gefallen bin und dabei nicht meinen Vorteil, sondern den Vorteil möglichst vieler suche, um sie zu retten.

Das xj. Capitel.

Hie straafft Paulus die Corinther deß mißbrauchs halb so sy hattend in dem hochwirdigen Sacrament des leybs unnd bluots Christi/ underweyßt sy in disen nach der ersten aufsatzung Christi Jesu unsers Herren.

Jch lob euch/ lieben brüeder/ das jr an mich gedenckennd in allen stucken/ und haltend die satzungen/ gleych wie ich euch angegeben hab. Jch laß euch aber wüssen/ dz Christus eines yetlichen manns haupt ist. Des weybs haupt aber ist der mann: Christus haupt aber ist Gott. Ein yetlicher mann der da bättet oder prophetet/ und hat etwas uff dem haupt/ der schendet sein haupt. Ein weyb aber das da bättet oder prophetet mit unbedecktem haupt/ die schendet jr haupt. Dann es ist eben so vil/ als wäre sy beschoren. Dieweyl sy sich nit bedeckt/ so schneyde man jren auch das haar ab. Nun aber so es übel stadt/ das ein weyb abgeschnitten haar habe oder beschoren sey/ so lasse sy das haupt bedeckt. Der mann aber sol das haupt nit bedecken/ sittmal er ein bild und herrligkeyt Gottes ist: das weyb aber ist ein eer des manns. Dann der mann ist nit von dem weyb/ sonder das weyb ist von dem mann. Und der mann ist nit geschaffen umb deß weybs willen/ sonder das weyb umb des manns willen. Darumb sol das weyb ein macht uff dem haupt haben/ umb der englen willen. Doch ist weder der mann on das weyb/ noch das weyb on den mann in dem Herren. Dann als das weyb von dem mann/ also kumpt auch der mann durchs weyb/ aber alles von Gott.

Urteylend bey euch selbs ob es wol stande/ das ein weyb unbedeckt vor Gott bätte? Oder leert euch nit auch die natur/ das einem mann ein uneer ist so er langs haar zücht/ und dem weyb ein eer/ so sy lang haar zücht? Das haar ist jr zur decke gegeben. Jst aber yemants under euch der lust zezancken hat/ der wüsse das wir sölliche weyß nit habend/ die gmeynden Gottes auch nit.

11

1 Folgt meinem Beispiel, wie auch ich dem Beispiel Christi folge!

|23: 6,12 · 8,1; Röm 14,19! |24: 13,5; Phil 2,4; Röm 15,2 |25–28: Röm 14,2–3.22 |26: Ps 24,1! |32: 8,9; Röm 14,13 |33: 9,20–22 |1: 4,16; Phil 3,17; 1Thess 1,6

Die Haartracht der Frau im Gottesdienst

2 Ich lobe euch dafür, dass ihr in allem an mich denkt und festhaltet an den Überlieferungen, wie ich sie euch weitergegeben habe.

3 Ich will aber, dass ihr wisst: Das Haupt eines jeden Mannes ist Christus, das Haupt der Frau aber ist der Mann, das Haupt Christi aber ist Gott. 4 Jeder Mann, der betet oder prophetisch redet und das Haar lang trägt, bringt Schande über sein Haupt. 5 Jede Frau aber, die betet oder prophetisch redet und ihr Haar nicht aufgesteckt hat, bringt Schande über ihr Haupt. Denn so unterscheidet sie sich in nichts von der Kahlgeschorenen. 6 Wenn eine Frau nämlich ihr Haar nicht aufsteckt, dann kann sie es ja gleich abschneiden lassen! Wenn es aber für eine Frau eine Schande ist, sich das Haar abschneiden oder sich kahl scheren zu lassen, dann soll sie es aufstecken.

7 Der Mann soll sich das Haar nicht kunstvoll zurechtmachen, da er Abbild und Abglanz Gottes ist; die Frau aber ist Abglanz des Mannes. 8 Denn der Mann stammt nicht von der Frau, sondern die Frau vom Mann. 9 Der Mann wurde ja auch nicht um der Frau willen geschaffen, sondern die Frau um des Mannes willen. 10 Darum, wegen der Engel, soll die Frau Macht über ihr Haupt haben. 11 Doch im Herrn ist weder die Frau etwas ohne den Mann noch ist der Mann etwas ohne die Frau. 12 Denn wie die Frau vom Mann stammt, so ist der Mann durch die Frau; alles aber kommt von Gott.

13 Urteilt selber: Gehört es sich für eine Frau, mit gelöstem Haar zu Gott zu beten? 14 Lehrt euch nicht die Natur selbst, dass es für den Mann eine Schande, 15 für die Frau aber eine Zierde ist, langes Haar zu haben? Denn ihr ist das Haar als Hülle gegeben.

16 Wenn aber jemand meint, darüber streiten zu müssen: Eine solche Sitte haben wir nicht, und auch die Gemeinden Gottes nicht.

|3: Eph 4,15 · Gen 3,16 |4: 14,1! |7: Gen 1,27! |8: Gen 2,23 |9: Gen 2,18 |12: 11,8!

11,4: «und das Haar lang trägt»: Der griechische Text formuliert ganz knapp: «(etwas) vom Haupt herab hat».

Die Übersetzung richtet sich nach dem aus V.14–15 zu erschliessenden Sachverhalt.

11,5: «ihr Haar nicht aufgesteckt hat»: Der griechische Ausdruck ‹mit unverhülltem Haupt› bezieht sich vermutlich weder auf ein Kopftuch noch auf einen Schleier, sondern auf die Art und Weise der Haartracht: Die Frauen sollen nicht mit gelöstem Haar am Gottesdienst teilnehmen (wie das in verschiedenen ekstatischen Kulten der Fall war).

Auff das ich aber min gebott thüeye/ so lob ich nit/ das jr nit in besserer weyß/ sonder auff die ergesten weyß zuosamen kommend. Zum ersten/ wenn jr zuosamen kommend in der gemeind/ hör ich/ es sygind zwyträcht under üch/ und zum teil glaub ichs. Dann es müessend zertrennungen under euch sein/ auff das die so bewärt sind/ offenbar under euch werdind. Wenn jr nun zuosamen kommend mit einander/ so halt man da nit des Herrenn Abentmal/ dann ein yetlicher nimpt vorhin sein eigen Abentmal under dem essen. Und einer ist hungerig/ der ander ist truncken. Habend jr aber nit heüser da jr essen und trincken mögind/ oder verachtend jr die gmeynd Gottes/ unnd bringend zeschanden die da nichts habend? Was sol ich euch sagen? Sol ich euch loben? Hierinnen lob ich euch nit. Jch habs von dem Herren empfangen/ das ich euch angegeben hab. Dann der Herr Jesus in der nacht do er verradten ward/ nam er das brot/ und dancket/ und brachs/ unnd sprach: Nemmend/ essend/ das ist mein leyb der für euch gebrochen wirt/ sölichs thuond zuo meyner gedächtnuß. Desselben gleychen auch den kelch nach dem Abentmal/ unnd sprach: Das tranck das neüw Testament ist in meinem bluot/ sölichs thuond so offt jr trinckend/ zuo meiner gedächtnuß. Dann so offt jr von disem brot essend/ und von disem tranck trinckend/ söllend jr des Herren tod verkünden/ biß das er kumpt.

Welcher nun unwirdig von disem brot isset/ oder von disem tranck des Herren trinckt/ der ist schuldig an dem leyb unnd bluot des Herren. Der mensch aber ersuoche und erinnere sich selber/ unnd also esse er von disem brot/ und trincke von disem tranck. Dann welcher unwirdig isset/ und trinckt/ der isset und trinckt jm selber das gericht/ in dem/ das er nit underscheydet den leyb des Herren. Darumb sind auch so vil krancker und ungesunder under euch/ und ein guot teil schlaaffend. Dann so wir uns selber richtetind/ so wurdend wir nit

Die Feier des Abendmahls

17 Wenn ich das Folgende anordne, so kann ich euch nicht loben, weil ihr nicht zur Förderung des Guten, sondern des Schlechten zusammenkommt. 18 Vor allem nämlich höre ich, es gebe, wenn ihr als Gemeinde zusammenkommt, Spaltungen unter euch, und zum Teil glaube ich das auch. 19 Es muss ja auch Parteiungen geben unter euch, damit die Tüchtigen unter euch erkennbar werden. 20 So aber, wie ihr nun zusammenkommt, ist das Essen gar kein Mahl des Herrn. 21 Denn jeder nimmt beim Essen sein eigenes Mahl vorweg, und der eine hungert, der andere ist schon betrunken. 22 Habt ihr denn keine Häuser, in denen ihr essen und trinken könnt? Oder missachtet ihr die Gemeinde Gottes und wollt die beschämen, die nichts haben? Was soll ich euch sagen? Soll ich euch loben? In diesem Fall kann ich euch nicht loben.

23 Ich habe nämlich vom Herrn empfangen, was ich auch an euch weitergegeben habe: Der Herr, Jesus, nahm in der Nacht, da er ausgeliefert wurde, Brot, 24 dankte, brach es und sprach: Dies ist mein Leib für euch. Das tut zu meinem Gedächtnis. 25 Ebenso nahm er nach dem Essen den Kelch und sprach: Dieser Kelch ist der neue Bund in meinem Blut. Das tut, sooft ihr daraus trinkt, zu meinem Gedächtnis. 26 Denn sooft ihr dieses Brot esst und den Kelch trinkt, verkündigt ihr den Tod des Herrn, bis dass er kommt.

27 Darum: Wer auf unwürdige Weise das Brot isst oder den Kelch des Herrn trinkt, macht sich schuldig am Leib und am Blut des Herrn. 28 Es prüfe sich jeder, und dann soll er vom Brot essen und aus dem Kelch trinken. 29 Wer nämlich isst und trinkt, ohne zu wissen, was der Leib bedeutet, der isst und trinkt sich zum Gericht. 30 Darum gibt es bei euch viele Kranke und Gebrechliche, darum auch sind einige schon entschlafen. 31 Gingen wir mit uns selbst ins Gericht, so kämen wir nicht ins Gericht. 32 Werden wir

gerichtet. Wenn wir aber gerichtet werdend/ so werdend wir von dem Herren gestraafft/ auff das wir nit mit der welt verdampt werdind. Darumb mein lieben brüeder wenn jr zuosamen kommend zuo essen/ so warte einer des anderen. Hungeret aber yemants/ der esse daheimen/ uff das jr nit zum gericht zuosamen kommind. Das ander wil ich ordnen wenn ich kumm.

Das xij. Capitel.
Paulus zeygt an die underscheyd der gnaden und gaaben Gott des heyligen geysts/ die er menngerley gstalt außteylet in die glider des geystlichen leybs Christi/ füert da eyn gar ein schöne gleychnuß eines menschlichen leybs und seyner glidern.

Von den geystlichen gaaben aber wil ich euch/ lieben brüeder/ nichts verhalten. Jr wüssennd das jr Heyden sind gewesen/ und hingegangen zuo den stummenden götzenn/ wie jr geüert wurdend. Darumb thuon ich euch kund/ das niemants Jesum für einen verwürfflich achtet/ der durch den geyst Gottes redt. Und niemants mag Jesum einen Herren nennen/ dann durch den heyligen geyst.

Es sind mancherley gaaben/ aber es ist ein geyst: unnd es sind mancherley ämpter/ aber es ist ein Herr: und es sind mancherley arten der innerlichen würckungen/ aber es ist ein Gott der da würcket alle ding in allen. Dann in einem yetlichen erzeigend sich die gaaben des geysts zum gemeynen nutz. Einem wirdt gegeben durch den geyst zereden von der weyßheyt: dem anderen wirt gegeben zereden vonn der erkanntnuß nach dem selben geyst. Eynem anderen der glaub in dem selbigen geyst: einem anderen die gaab gesund zemachen in dem selbigen geyst: einem anderen wunderzeychen zethuon/ einem anderen prophecey/ einem anderen geyst zeunderscheyden/ einem andern mancherley zungen/ einem anderen zungen außzelegen. Diß aber alles würckt der selbig einig geyst/ und teylt einem yetlichen seines zuo/ nach dem er wil.

aber vom Herrn gerichtet, so werden wir zurechtgebracht, damit wir nicht zusammen mit der Welt verurteilt werden. 33 Darum, meine Brüder und Schwestern, wenn ihr zum Essen zusammenkommt, wartet aufeinander! 34 Wer Hunger hat, soll zu Hause essen, damit ihr nicht zum Gericht zusammenkommt. Das Weitere aber werde ich regeln, sobald ich komme.

|18: 5,1 · 1,10–11 |23–25: Lk 22,19–20 |23: 15,3; Gal 1,12 |25: Jer 31,31 · Ex 24,8 |27: 10,16 |32: Spr 3,1 |34: 4,19!

Der Geist Gottes als Kriterium

12 1 Nun zur Frage der Geistesgaben: Darüber will ich euch nicht im Unklaren lassen, liebe Brüder und Schwestern. 2 Ihr wisst ja, dass es euch, als ihr noch Heiden wart, mit unwiderstehlicher Gewalt zu den stummen Göttern zog. 3 Darum tue ich euch kund: Keiner, der im Geist Gottes spricht, sagt: Verflucht sei Jesus!, und keiner vermag zu sagen: Herr ist Jesus!, es sei denn im heiligen Geist.

|1: 7,1 · 14,1

Viele Gaben – ein Geist

4 Die uns zugeteilten Gaben sind verschieden, der Geist jedoch ist derselbe. 5 Die Dienste sind verschieden, der Herr aber ist derselbe. 6 Das Wirken der Kräfte ist verschieden, Gott jedoch ist derselbe, der alles in allen wirkt. 7 Jedem wird die Offenbarung des Geistes so zuteil, dass es allen zugute kommt.

8 Dem einen nämlich wird durch den Geist die Weisheitsrede gegeben, dem anderen aber die Erkenntnisrede gemäss demselben Geist; 9 einem wird in demselben Geist Glaube gegeben, einem anderen in dem einen Geist die Gabe der Heilung, 10 einem anderen das Wirken von Wunderkräften, wieder einem anderen prophetische Rede und noch einem anderen die Unterscheidung der Geister; dem einen werden verschiedene Arten der Zungenrede gegeben, einem anderen aber die Übersetzung der Zungenrede. 11 Dies alles aber wirkt ein und derselbe Geist, der jedem auf besondere Weise zuteilt, wie er es will.

|4: 1,7; Röm 12,6 |5–6: 8,6 |7: 14,26 |9: 12,28.30 |10: 12,28; 14,2!

Dann gleych wie ein leyb ist/ unnd hat doch vil glider/ alle glider aber eines leybs/ wiewol jr vil sind/ sind sy doch ein lyb: also auch Christus. Dann wir sind in einem geyst alle zuo einem leyb getoufft/ wir sygind Juden oder Kriechen/ knecht oder frey/ und sind all mit einem geyst getrenckt. Dann auch der leyb ist nit ein glid/ sonder vil. So aber der fuoß spräche: Jch bin kein hand/ darumb bin ich nit ein glid des leybs/ solt er umb des willen nit ein glid des leybs sein? Und so das or spräche: Jch bin nit das aug/ darumb bin ich nit ein glid des leybs: solt es umb des willen nit ein glid des lybs sein? Wenn der gantz leyb das aug wäre/ wo blibe das gehör? So er gantz das gehör wäre/ wo blibe der gschmack? Nun aber hatt Gott die glid gesetzt/ ein yetlichs sunderlich am leyb/ wie er gwölt hatt. So aber alle glider ein glid wärend/ wo blibe der leyb? Nun aber sind der glideren vil/ aber der leyb ist einer. Es kan das aug nit sagen zuo der hand/ ich darff deinen nit: oder widerumb das haupt zuo den füessen/ ich darff euwer nit: sonder vil mer die glider des leybs/ die uns dunckend die schwechesten sein/ sind die nötigesten: und die uns dunckend die uneerlichesten zesein/ den selben legend wir am meesten eer an: unnd die uns übel anstond/ die ziert man am meesten. Dann die unns wol anstond/ die bedörffend nit. Aber Gott hatt den leyb also vermischet/ und dem dürfftigen glid am meesten eer gegeben/ auff das nit ein zwytracht im leyb sey/ söllend die glider für einandern gleych sorgen. Unnd so ein glid leydet/ so leydend alle glider mit: und so ein glid wirt herrlich gehalten/ so fröuwend sich alle glider mit. Jr sind aber der leyb Christi/ unnd glider/ ein yetlicher des anderen. Und Gott hatt gesetzt in der gmeynd auffs erst die Apostel/ auffs ander die propheten/ auffs dritt die leerer/ darnach die wunderthäter/ darnach die gaaben gsund zemachen/ helffer/ regierer/ mancherley zungen. Sind sy all Apostel? sind sy all propheten? sind sy all leerer? sind sy all wunderthäter? habennd sy all gaaben gsund zemachen? redend sy all mit zungen? könnend sy all außlegen? Eyferend aber nach den besten gaaben/ und ich zeigen euch noch einen höheren wäg.

Viele Glieder – ein Leib

12 Denn wie der Leib *einer* ist und doch viele Glieder hat, alle Glieder des Leibes aber, obwohl es viele sind, *einen* Leib bilden, so auch Christus. 13 Denn durch *einen* Geist wurden wir ja alle in *einen* Leib hineingetauft, ob Juden oder Griechen, ob Sklaven oder Freie; und alle wurden wir getränkt mit *einem* Geist.

14 Und der Leib besteht ja nicht aus *einem* Glied, sondern aus vielen. 15 Wenn der Fuss sagt: Weil ich nicht Hand bin, gehöre ich nicht zum Leib, gehört er nicht dennoch zum Leib? 16 Und wenn das Ohr sagt: Weil ich nicht Auge bin, gehöre ich nicht zum Leib, gehört es nicht dennoch zum Leib? 17 Ist der ganze Leib Auge, wo bleibt das Gehör? Ist er aber ganz Gehör, wo bleibt dann der Geruchssinn? 18 Nun aber hat Gott alle Glieder an ihre Stelle gesetzt, ein jedes von ihnen an die Stelle des Leibes, an der er es haben wollte.

19 Wäre aber alles *ein* Glied, wo bliebe der Leib? 20 Nun aber gibt es viele Glieder, aber nur *einen* Leib. 21 Das Auge kann nicht zur Hand sagen: Ich brauche dich nicht, auch nicht der Kopf zu den Füssen: Ich brauche euch nicht. 22 Vielmehr sind eben jene Glieder des Leibes, die als besonders schwach gelten, umso wichtiger, 23 und eben jenen, die wir für weniger ehrenwert halten, erweisen wir besondere Ehrerbietung; so geniesst das Unansehnliche an uns grosses Ansehen, 24 das Ansehnliche an uns aber hat das nicht nötig. Gott jedoch hat unseren Leib so zusammengefügt, dass er dem, was benachteiligt ist, besondere Ehre zukommen liess, 25 damit es im Leib nicht zu einem Zwiespalt komme, sondern die Glieder in gleicher Weise füreinander besorgt seien. 26 Leidet nun ein Glied, so leiden alle Glieder mit, und wird ein Glied gewürdigt, so freuen sich alle Glieder mit.

27 Ihr seid der Leib des Christus, als einzelne aber Glieder. 28 Und als solche hat euch Gott in der Gemeinde zum einen als Apostel eingesetzt, zum andern als Propheten, zum dritten als Lehrer. Dann kommen die Wunderkräfte, die Heilungsgaben, die Hilfeleistungen, die Leitungsaufgaben, verschiedene Arten von Zungenrede. 29 Sind etwa alle Apostel? Sind etwa alle Propheten? Sind etwa alle Lehrer? Haben etwa alle Wunderkräfte? 30 Haben etwa alle die Gabe zu heilen? Reden etwa alle in Zungen? Können etwa alle übersetzen?

Das xiij. Capitel.

Jn disem capitel erzelt Paulus die hohe überträffligkeyt und nutz der liebe die alle gaaben übertrifft.

Wenn ich mit menschen und mit englen zungen redte/ unnd hette die liebe nit/ so wäre ich ein dönend ärtz/ oder ein klingende schäll. Und wenn ich weyssagen köndte/ und wüßte alle geheymnuß und alle erkanntnuß/ und hette allen glauben/ also/ das ich berg versatzte/ unnd hette der liebe nit/ so wäre ich nichts. Unnd wenn ich all mein haab den armen gebe/ und liesse meinen leyb brennen/ und hette die liebe nit/ so wäre es nichts nütz.

Die liebe ist duldmüetig unnd freüntlich/ die liebe eyferet nit mit verbunst/ die liebe ist nit widerbäfftzend noch müelich/ sy bläyet sich nit/ ist nit unzüchtig noch schamper/ stellt sich nit ungeschickt/ suocht jren nutz nit/ ist nit bitter noch gächzornig/ sy mißt nichts zuo argem/ fröuwet sich nit des unbills/ sonder sy fröuwet sich der warheyt: sy vertregt alles/ sy vertrauwt alles/ sy hoffet alles/ sy duldet alles. Die liebe fälet nimmer mer/ es sey dann das die weyssagung aufhören werde/ und die zungen aufhören werdind/ und die erkanntnuß aufhören werde.

Dann unser wüssen ist stuckwerck/ unnd unser weyssagen ist stuckwerck. Wenn aber kommen wirt das vollkommen/ so wirt das stuckwerck aufhören. Do ich ein kind was/ do redt ich wie ein kind/ und richtet wie kind/ und hatt kindisch anschleg. Do ich aber ein mann ward/ thett ich ab was kindisch was. Wir sehend yetz durch einen spiegel in einem duncklen wort/ denn aber von angesicht zuo angesicht. Jetz erkennen ichs stucksweyß: denn aber wird ichs erkennen/ gleych wie ich erkennet bin. Nun aber bleybt glaub/ hoffnung/ liebe/ dise drey: aber die liebe ist die grössest under jnen.

31 Ihr eifert nach den grösseren Gaben? Dann will ich euch einen Weg zeigen, der weit besser ist.

|12: 12,27; 6,15; 10,17; Röm 12,4–5 |13: Gal 3,28!
|27: Röm 12,5 |28: Eph 4,11–12 |31: 14,12

Der Weg der Liebe

13 1 Wenn ich mit Menschen- und mit Engelszungen rede, aber keine Liebe habe, so bin ich ein tönendes Erz, eine lärmende Zimbel. 2 Und wenn ich die Gabe prophetischer Rede habe und alle Geheimnisse kenne und alle Erkenntnis besitze und wenn ich allen Glauben habe, Berge zu versetzen, aber keine Liebe habe, so bin ich nichts. 3 Und wenn ich all meine Habe verschenke und meinen Leib dahingebe, dass ich verbrannt werde, aber keine Liebe habe, so nützt es mir nichts.

4 Die Liebe hat den langen Atem, gütig ist die Liebe, sie eifert nicht.
Die Liebe prahlt nicht,
sie bläht sich nicht auf,
5 sie ist nicht taktlos,
sie sucht nicht das ihre,
sie lässt sich nicht zum Zorn reizen,
sie rechnet das Böse nicht an,
6 sie freut sich nicht über das Unrecht, sie freut sich mit an der Wahrheit.
7 Sie trägt alles,
sie glaubt alles,
sie hofft alles,
sie erduldet alles.
8 Die Liebe kommt niemals zu Fall:
Prophetische Gaben – sie werden zunichte werden; Zungenreden – sie werden aufhören; Erkenntnis – sie wird zunichte werden. 9 Denn Stückwerk ist unser Erkennen und Stückwerk unser prophetisches Reden. 10 Wenn aber das Vollkommene kommt, dann wird zunichte werden, was Stückwerk ist. 11 Als ich ein Kind war, redete ich wie ein Kind, dachte wie ein Kind, überlegte wie ein Kind. Als ich aber erwachsen war, hatte ich das Wesen des Kindes abgelegt. 12 Denn jetzt sehen wir alles in einem Spiegel, in rätselhafter Gestalt, dann aber von Angesicht zu Angesicht. Jetzt ist mein Erkennen Stückwerk, dann aber werde ich ganz erkennen, wie ich auch ganz erkannt worden bin.

13 Nun aber bleiben Glaube, Hoffnung, Liebe, diese drei. Die grösste unter ihnen aber ist die Liebe.

|1: 14,2 |4: 8,1 |5: 10,24! |7: 9,12 |8: 12,10 · 14,2!–22.39 · 12,8 |11: 3,1 |12: Dtn 34,10 · 8,3 |13: 1Thess 1,3; Kol 1,4–5

13,3: Andere Textüberlieferung: «… und meinen Leib dahingebe, um mich zu rühmen, …»
13,7: Andere Übersetzungsmöglichkeiten: «Sie erträgt alles, …» oder: «Sie deckt alles, …»

Zungenrede und prophetisches Reden

14 1 Bleibt auf dem Weg der Liebe! Strebt nach den Geistesgaben, vor allem aber danach, prophetisch zu reden. 2 Wer in Zungen redet, spricht nicht zu Menschen, sondern zu Gott. Denn niemand versteht ihn: Er redet im Geist von Geheimnissen. 3 Wer dagegen prophetisch redet, spricht zu Menschen: Er erbaut, ermutigt, tröstet. 4 Wer in Zungen redet, baut sich selbst auf; wer aber prophetisch redet, baut die Gemeinde auf. 5 Ich möchte, dass ihr alle in Zungen redet, vor allem aber möchte ich, dass ihr prophetisch redet. Wer prophetisch redet, ist grösser, als wer in Zungen redet, es sei denn, er übersetze es, damit der Gemeinde Erbauung zuteil werde.

6 Komme ich jetzt zu euch, liebe Brüder und Schwestern, und rede in Zungen, was nützt es euch, wenn ich nicht mit einer Offenbarung, einer Erkenntnis, einer Prophetie oder einer Lehre komme und zu euch rede? 7 Wenn die leblosen Instrumente, Flöte oder Leier, zwar Töne von sich geben, Töne aber, die sich nicht unterscheiden lassen, wie soll dann erkannt werden, was auf der Flöte oder auf der Leier gespielt wird? 8 Und wenn die Posaune ein undeutliches Signal gibt, wer wird sich dann zum Kampf bereitmachen? 9 So ist es auch mit euch: Wenn ihr mit eurer Zunge kein deutliches Wort hervorbringt, wie soll man da verstehen, wovon die Rede ist? Ihr werdet in den Wind reden. 10 Es gibt wer weiss wie viele Arten von Sprachen in der Welt, nichts ist ohne Sprache. 11 Wenn ich aber die Bedeutung eines Lautes nicht erkenne, werde ich für den, der spricht, ein Fremder sein, und der, der spricht, ein Fremder für mich. 12 So auch ihr: Wenn ihr schon um die Geistkräfte wetteifert, dann trachtet nach dem, was der Erbauung der Gemeinde dient, damit ihr alles im Überfluss habt.

13 Darum bete, wer in Zungen redet, dass er es auch übersetzen kann. 14 Denn wenn ich in Zungen bete, so betet zwar mein Geist,

---

Das xiiij. Capitel.
Paulus zeigt an wie hoch die gaab der prophecy/ die gaab der spraachen überträffe/ und wie man die beyd gaaben brauchen sol.

Sträbend nach der liebe. Eyferend nach den geystlichen gaaben/ am meesten aber/ dz jr propheten mögind. Dann der mit zungen redt/ der redt nit den menschen/ sonder Gott: dann jm hört niemants zuo. Wär aber prophetet/ der redt den menschen zur besserung/ und zuo ermanung/ und zur tröstung. Wär mit zungen redt/ der besseret sich selbs: wär aber prophetet/ der besseret die gemeynd. Jch wolt das jr all mit zungen redtind/ aber vil mer das jr prophetetind. Dann der da prophetet ist grösser dann der/ der mit zungen redt: es sye dann/ das er auch außlege/ das die gemeynd darvon gebesseret werde. Nun aber lieben brüeder/ wenn ich zuo euch käme/ unnd redte mit zungen/ was wäre ich euch nütz? So ich nit mit üch redte/ eintweders durch offenbarung/ oder durch erkanntnuß/ oder durch prophecey/ oder durch leer.

Dergleychen ist es auch in denen dingen/ die da lautend/ und doch nit läbend/ es sey ein pfeyff oder ein harpff/ wenn sy nit underscheydlichen ton von jnen gebend/ wie mag man wüssen was gepfiffen oder geharpffet ist? Unnd so die pusaunen ein undeütlichen ton gibt/ wär wil sich zum streyt rüsten? Also auch jr/ wenn jr mit zungen redend/ so jr nit gebend ein dütliche red/ wie mag man wüssen was geredt ist? dann jr werdennd in den wind reden. Also mancherley art der stimmen ist in der welt/ und der selbigen ist keine undeütlich. So ich nun nit weyß der stimmen deütung/ so wird ich unverstendtlich sein dem der da redt: und der da redt/ wirdt mir unverstendtlich/ unerkannt und frömbd sein. Also auch jr/ sittmals jr eyferend nach den geystlichen gaaben/ trachtend darnach dz jr zuo vollem gnuog habind zur besserung der gemeynd. Darumb welcher mit zungen redt/ der bitte auch das er es könne außlegen. So ich aber mit zungen bätten/ so bättet meyn athem und blaast/ aber mein innerlicher verstand empfacht keyn frucht. Wie sols aber denn sein? namlich also: Jch wil bätten mit dem athem/ unnd wil auch bätten mit dem verstand: ich wil singen mit dem athem/ und wil auch singen mit dem verstand. Wenn du aber Gott lobst mit dem athem/ wie sol der so an statt des leyen stadt Amen sagen auff deine dancksagung? sittmals er nit weyßt wz du sagst. Du sagst wol feyn danck/ aber der ander wirdt nit davon gebesseret. Jch danck meinem Gott/ dz ich mit mer zungen red dann jr. Aber ich wil in der gmeind lieber fünff wort reden durch meinen sinn/ auff das ich auch andere underweyse/ dann sunst zehen tausent wort mit den zungen. Lieben brüeder werdend nit kinder an der verstentnuß/ sonder an der boßheyt sind kinder: an der verstentnuß aber sind vollkommen. Jn dem gesatz stadt geschriben: Jch wil mit andern zungen/ und mit andern läfftzen reden zuo disem volck/ unnd sy werdend mich auch also nit hören/ spricht der Herr. Darumb so sind die zungen zum zeichen/ nit den glöubigen/ sonder den unglöubigen. Die prophecey aber nit den unglöubigen/ sonder den glöubigen. Wenn nun die gantz gmeynd zuosamen käme an ein ort/ unnd redtind all mit zungen: es kämind aber hineyn leyen und unglöubig/ wurdend sy nit sagen/ jr wärind unsinnig? So sy aber alle prophetetind/ und käme denn ein unglöubiger oder Ley hineyn/ der wurde von den selben allen gestraafft/ und von allen gerichtet/ und wurde sein sünd herfür gezogen: unnd also wurde das verborgen seynes hertzens offenbar: und er wurde also fallen auff sein angesicht/ Gott anbätten/ und bekennen das Gott warhafftig in euch sye.

mein Verstand aber bleibt ohne Frucht. 15 Was folgt daraus? Ich will im Geist beten, ich will aber auch mit dem Verstand beten; ich will im Geist lobsingen, ich will aber auch mit dem Verstand lobsingen. 16 Denn wenn du den Lobpreis sprichst im Geist, wie soll dann, wer als Fremder dazustösst, auf dein Dankgebet hin das Amen sprechen? Er versteht ja nicht, was du sagst. 17 Du magst zwar ein schönes Dankgebet sprechen, doch der andere wird nicht aufgebaut. 18 Ich danke Gott, dass ich mehr als ihr alle in Zungen rede; 19 aber in der Gemeinde will ich, um auch andere zu unterweisen, lieber fünf Worte mit meinem Verstand sagen als tausend Worte in Zungen.

20 Liebe Brüder und Schwestern, seid nicht Kinder, wo es um Einsicht geht. Seid unbedarft, wo es um Bosheit geht, in der Einsicht aber seid vollkommen! 21 Im Gesetz steht geschrieben: *Durch Leute fremder Zunge und mit den Lippen Fremder will ich zu diesem Volk reden, aber auch so werden sie nicht auf mich hören, spricht der Herr.*

22 Das Zungenreden ist also nicht ein Zeichen für die Glaubenden, sondern für die Ungläubigen, die Prophetie dagegen ist nicht ein Zeichen für die Ungläubigen, sondern für die Glaubenden. 23 Wenn nun die ganze Gemeinde zusammenkommt und alle in Zungen reden, es kommen aber Aussenstehende oder Ungläubige herein, werden sie dann nicht sagen: Ihr seid von Sinnen? 24 Wenn aber alle prophetisch reden und es kommt ein Ungläubiger oder Aussenstehender herein, dann wird er von allen ins Verhör genommen, von allen geprüft; 25 das Verborgene seines Herzens wird offenbar, und so fällt er auf sein Angesicht, wird zu Gott beten und bekennen: *In der Tat, Gott ist in eurer Mitte.*

|1: 12,1 · 14,39 |2: 14,39.26; 12,10.28.30; 13,1.8 |4: 12! |6: 4,19 · 14,2! |12: 14,1–5.26; Röm 14,19!; 2Kor 12,19; 13,10 |13: 14,2! |21: Jes 28,11–12 |25: Jes 45,14

14,7: Andere Übersetzungsmöglichkeit: «Wie die leblosen Instrumente, sei es Flöte oder Leier: Wenn sie zwar Töne von sich geben, …»

Der Gottesdienst der Gemeinde

26 Was heisst das nun, liebe Brüder und Schwestern? Wenn ihr zusammenkommt, hat jeder einen Psalm, eine Lehre, eine Offenbarung, eine Zungenrede, eine Auslegung. Alles geschehe zur Erbauung! 27 In Zungen reden sollen jeweils höchstens zwei oder drei, und zwar der Reihe nach. Und einer soll übersetzen. 28 Wenn aber

Wie ist jm dann nun/ lieben brüeder? wenn jr zuosamen kommend/ so hat ein yetlicher einen Psalmen/ er hat ein leer/ er hat ein zungen/ er hat ein offenbarung/ er hat ein außlegung. Lassend es alles geschehen zur besserung. So yemants mit zungen redt/ das thüeye er selbander/ oder auffs meest selb dritt/ und einer umb den andern/ und einer lege es auß. Jst er aber nit ein außleger/ so schweyge er under der gmeynd/ rede aber jm selber und Gott. Die propheten aber lassend reden selbander oder selbdritt/ und die anderen lassend richten. So aber ein offenbarung geschicht einem andern/ der da sitzt/ so schweyge der erst. Jr mögend wol all propheten einer nach dem anderen/ auff das sy all lernind/ und alle ermant und getröst werdind. Und die geyst der propheten sind den propheten underthon. Dann Gott ist nit ein Gott des zwytrachts/ sonder des fridens/ wie in allen gmeynden der heiligen. Euwere weyber lassend schweygen under der gemeynd/ dann es sol jnen nit zuogelassen werden das sy redind/ sonder underthon sein/ wie auch das gesatz sagt. Wöllend sy aber etwz lernen/ so lassend sy daheymen jre menner fragen. Es stadt den weyberen übel an under der gemeynd zereden. Oder ist das wort Gottes von euch außkommen? oder ists allein zuo euch kommen? So sich yemants laßt duncken/ er sey ein prophet/ oder geystlich/ der erkenne was ich euch schreybe: dann es sind des Herren gebott. Jst aber yemants unwüssend/ der sey unwüssend. Darumb lieben brüeder/ eyferend das jr prophetind/ und weerend nit mit zungen zereden. Lassend alles eerberlich und ordenlich zuogon.

Das xv. Capitel.

Jn disem capitel zeygt jnen der heylig Paulus an das da sey ein auferstentnuß der leyben/ in welchem sy dann ein zweyfel hattend.

Jch thuon euch aber kund lieben brüeder/ das Euangelion das ich euch verkündet hab/ welches jr auch angenommen habennd/ in welchem jr auch stond/ durch welches jr auch sälig werdennd/ welcher gstalt ichs euch verkündt hab/ so jrs behalten habend: es wäre dann das jr umb sunst glaubt hettend. Dann ich hab euch zum ersten angeben/ welches ich auch empfangen hab/ das Christus gestorben sey für unser sünd nach der gschrifft/ und das er begraben sey/ unnd das er auferstanden sey am dritten tag nach der gschrifft/ und das er

niemand da ist, der übersetzen kann, sollen sie in der Gemeindeversammlung schweigen und nur für sich und für Gott reden. 29 Von den Propheten aber mögen zwei oder drei reden, die anderen sollen es prüfen. 30 Wenn aber ein anderer, der dasitzt, eine Offenbarung empfängt, soll der Erste schweigen. 31 Ihr könnt doch alle, einer nach dem andern, prophetisch reden, damit alle etwas lernen und alle Zuspruch erfahren. 32 Der Geist der Propheten unterstellt sich den Propheten, 33 denn Gott ist nicht ein Gott der Unordnung, sondern des Friedens.

Wie in allen Gemeinden der Heiligen gilt: 34 In den Gemeindeversammlungen sollen die Frauen schweigen. Denn es ist ihnen nicht erlaubt zu reden, sie sollen sich vielmehr unterordnen, wie auch das Gesetz es sagt. 35 Wenn sie aber etwas lernen wollen, sollen sie zu Hause ihre Männer fragen. Denn für eine Frau ist es eine Schande, in der Gemeindeversammlung zu reden. 36 Ist das Wort Gottes denn von euch ausgegangen, ist es denn zu euch allein gekommen?

37 Wer meint, ein Prophet oder ein Geistbegabter zu sein, der erkenne, dass es des Herrn Gebot ist, was ich euch schreibe. 38 Wer nicht erkennt, wird nicht erkannt. 39 Darum, meine Brüder und Schwestern: Um prophetisches Reden sollt ihr wetteifern, das Reden in Zungen aber behindert nicht! 40 Alles aber geschehe würdig und geordnet.

|26: 11,18 · 12,7–10 · 14,2! · 14,12! |29: 12,28 |33: Röm 15,33! · 4,17! |34–35: 1Tim 2,11–12 |34: Gen 3,16 |37: 7,10! |39: 14,1 · 14,2!

14,28: Andere Übersetzungsmöglichkeit: «Wenn sie aber nicht übersetzen können, ...»
14,33: Der ursprüngliche Text bricht wahrscheinlich nach V.33 ab; V.34–35 sind aufgrund sprachlicher und inhaltlicher Merkmale als spätere Ergänzung nicht paulinischer Herkunft zu betrachten.

Das grundlegende Bekenntnis

15 1 Ich tue euch, liebe Brüder und Schwestern, das Evangelium kund, das ich euch verkündigt habe, das ihr auch angenommen habt, in dem ihr auch fest steht, 2 durch das ihr auch gerettet werdet, wenn ihr es genau so festhaltet, wie ich es euch verkündigt habe – wenn nicht, wärt ihr umsonst zum Glauben gekommen.

3 Denn ich habe euch vor allen Dingen weitergegeben, was auch ich empfangen habe:
   dass Christus gestorben ist für unsere Sünden gemäss den Schriften,

gesehen worden ist von Cephas/ darnach von den zwölffen: darnach ist er gesehen worden von mer dann fünff hundert brüeder auff ein mal/ deren noch vil läbennd/ etlich aber sind entschlaaffen. Darnach ist er gesehen worden von Jacobo/ darnach von allen Apostlen. Am letsten nach allen/ ist er auch von mir/ als der unzeytigen geburt gesehen worden. Dann ich bin der aller minst under den Apostlen/ als der ich nit wärt bin das ich ein Apostel heisse/ darumb das ich die gmeind Gottes vervolget hab. Aber von Gottes gnaden bin ich der ich bin. Und sein gnad an mir ist nit vergäblich gewesen/ sonder ich hab vil mer gearbeytet dann sy all: nit aber ich/ sonder Gottes gnad die bey mir ist. Es sey nun ich oder yhene/ also habend wir geprediget/ und also habend jr glaubt.

So aber Christus prediget wirt/ das er sey von den todten auferstanden/ wie sagend dann etlich under euch/ die auferstentnuß der todten sey nichts? Jst aber die auferstentnuß der todten nichts/ so ist auch Christus nit auferstanden. Jst aber Christus nit auferstanden/ so ist unser predig vergäblich/ so ist auch euwer glaub vergäblich: wir werdend auch erfunden falsche zeügen Gottes/ das wir zeüget habend wider Gott/ er habe Christum auferweckt/ den er nit auferweckt hatt/ sitmals die todten nit uferstond. Dann so die todten nit uferstond/ so ist auch Christus nit uferstanden. Jst Christus aber nit uferstanden/ so ist euwer glaub vergäblich/ und jr sind noch in euweren sünden: so sind auch die so in Christo entschlaaffen sind/ verloren. So nun wir allein in disem läben auff Christum hoffend/ so sind wir die ellendesten under allen menschen.

4 dass er begraben wurde,
dass er am dritten Tage auferweckt worden ist gemäss den Schriften
5 und dass er Kefas erschien und dann den Zwölfen.

6 Danach erschien er mehr als fünfhundert Brüdern auf einmal, von denen die meisten noch leben, einige aber entschlafen sind. 7 Danach erschien er dem Jakobus, dann allen Aposteln. 8 Zuallerletzt aber ist er auch mir erschienen, mir, der Missgeburt.

9 Ich bin nämlich der geringste unter den Aposteln, der es nicht wert ist, Apostel genannt zu werden, weil ich die Gemeinde Gottes verfolgt habe. 10 Durch Gottes Gnade aber bin ich, was ich bin. Und seine Gnade an mir ist nicht ohne Wirkung geblieben; nein, mehr als sie alle habe ich gearbeitet, doch nicht ich, sondern die Gnade Gottes, die mit mir ist.

11 Ob nun ich oder jene: So verkündigen wir, und so seid ihr zum Glauben gekommen.

|1: Gal 1,11 |3: 11,23 |4: 15,14.17 |5: Lk 24,34.36 |7: Gal 1,19! |8: Gal 1,13–24; Apg 9,3–5 |9: Gal 1,13! |10: Gal 1,15

15,2: Andere Übersetzungsmöglichkeit: «… gerettet werdet – wie ich es euch verkündet habe: wenn ihr es festhaltet, es sei denn, ihr wärt umsonst …»

Die Bestreitung der Auferstehung

12 Wenn aber verkündigt wird, dass Christus von den Toten auferweckt worden ist, wie können dann einige unter euch sagen, es gebe keine Auferstehung der Toten?

13 Wenn es keine Auferstehung der Toten gibt, dann ist auch Christus nicht auferweckt worden. 14 Ist aber Christus nicht auferweckt worden, so ist unsere Verkündigung leer, leer auch euer Glaube. 15 Wir stehen dann auch als falsche Zeugen Gottes da, weil wir gegen Gott ausgesagt haben, er habe Christus auferweckt, den er gar nicht auferweckt hat, wenn doch Tote nicht auferweckt werden.

16 Wenn Tote nämlich nicht auferweckt werden, dann ist auch Christus nicht auferweckt worden. 17 Ist aber Christus nicht auferweckt worden, dann ist euer Glaube nichtig, dann seid ihr noch in euren Sünden, 18 also sind auch die in Christus Entschlafenen verloren. 19 Wenn wir allein für dieses Leben unsere Hoffnung

auf Christus gesetzt haben, dann sind wir
erbärmlicher dran als alle anderen Menschen.

|12: 15,20 |13: 15,21.42; Röm 1,4; Mt 22,31–32;
Apg 17,32! |14: 15,4 |15: 6,14! |17: 15,4 |18: 1Thess 4,14–15

15,12: Die (christlichen) Gegenspieler des Paulus
in Korinth dürften eine Position vertreten haben, die
derjenigen nahesteht, die in 2Tim 2,18 zitiert wird: «die
Auferstehung sei schon geschehen», nämlich die geistliche
Auferstehung des wahren Selbst.

Christus, der Erstling der Auferstandenen

Nun aber ist Christus auferstanden von den todten/ und erstling worden under denen die da entschlaaffen sind. Sittmals durch einen menschen der tod/ und durch einen menschen die auferstentnuß der todten kumpt. Dann gleych wie sy in Adam alle sterbend/ also werdennd sy in Christo alle läbendig gemachet werden/ ein yetlicher aber in seiner ordnung. Der erstling Christus/ darnach die Christum anhörend/ welche sein werdennd zur zeyt siner zuokunfft. Darnach das end/ wenn er das reych Gott und dem vatter überantworten wirt/ wenn er aufheben wirt alle herrschafften/ und alle oberkeit/ und gwalt. Er muoß aber herrschen biß das er alle seine feynd under seine füeß legt.

Der letst feynd der aufgehaben wirt/ ist der tod/ dann er hatt jm alles under seine füeß gethon. So er aber sagt/ dz es jm alles underthon sey/ ist es offenbar den ußzenemmen/ der jm alles underthon gemachet hatt. Wenn aber alles jm underthon sein wirt/ denn so wirdt auch der sun selbs jm underthon/ der jm alles underthon hatt/ auff das Gott sey alles in allen.

20 Nun aber ist Christus von den Toten auferweckt worden, als Erstling derer, die entschlafen sind. 21 Da nämlich durch *einen* Menschen der Tod kam, kommt auch durch *einen* Menschen die Auferstehung der Toten. 22 Denn wie in Adam alle sterben, so werden in Christus auch alle zum Leben erweckt werden. 23 Jeder aber an dem ihm gebührenden Platz: als Erstling Christus, dann die, die zu Christus gehören, wenn er kommt. 24 Dann ist das Ende da, wenn er das Reich Gott, dem Vater, übergibt, wenn er alle Herrschaft, alle Gewalt und Macht zunichte gemacht hat. 25 Denn er soll herrschen, bis Gott ihm alle *Feinde unter die Füsse gelegt hat.* 26 Als letzter Feind wird der Tod vernichtet. 27 Denn *alles hat er ihm unterworfen, unter die Füsse gelegt.* Wenn es aber heisst: Alles ist ihm unterworfen, so ist klar: mit Ausnahme dessen, der ihm alles unterworfen hat. 28 Wenn ihm dann alles unterworfen ist, wird auch er, der Sohn, sich dem unterwerfen, der ihm alles unterworfen hat, damit Gott alles in allem sei.

|20: 15,4 · 1Thess 4,13! |21: Gen 3,17–19 · 15,45;
Röm 5,12–14.18 · 15,13! |22: 15,45 |23: 1Thess 4,15–16
|24: Mk 1,15 · Eph 1,21! |25: Ps 110,1; Mt 22,44 |26: Jes 25,8
|27: Ps 8,7; Eph 1,22; Hebr 2,8 |28: Eph 1,22–23

Im Vorschein der Auferstehung

Was machend sunst/ die sich umb der todten willen tauffen lassend/ so doch aller ding die todten nit auferstond? was lassennd sy sich umb jrentwillen tauffen? Und was stond wir alle stund in der gefar? By unserm ruom den ich hab in Christo Jesu unserem Herren/ stirb ich alle tag. Hab ich menschlicher weyß zuo Epheso mit den wilden thieren gefochten/ was hilfft es mich so die todten nit auferstond? Lassend unns essen unnd trincken/ dann morn werdend wir sterben. Lassend euch nit verfüeren. Böse geschwätz verderbend guote sitten. Wachend recht auf/ und sündend nit: dann etlich wüssend nichts von Gott. Das sag ich euch zur scham.

29 Wenn es nicht so wäre, was würden dann die bewirken, die sich stellvertretend für Tote taufen lassen? Wenn Tote ja doch nicht auferweckt werden, was lassen sie sich dann für sie taufen? 30 Und wir, warum begeben wir uns stündlich in Gefahr? 31 Tag für Tag sterbe ich, so wahr ihr, liebe Brüder und Schwestern, in Christus Jesus, unserem Herrn, mein Ruhm seid! 32 Wenn ich bloss als sterblicher Mensch in Ephesus mit wilden Tieren gekämpft hätte, was hätte ich davon? Wenn Tote nicht auferweckt werden, dann *lasst uns essen und trinken, denn morgen sind wir tot.* 33 Täuscht euch nicht: Schlechter Umgang verdirbt gute Sitten.

Möchte aber yemants sagen: Wie werdend die todten auferston? und mit welcherley leyb werdend sy kommen? Du narr/ das du säyest wirt nit läbendig gemachet/ es sterbe dann. Und welches säyest du? nit den lyb säyest du/ der werden sol/ sonder ein bloß korn/ namlich weytzen/ oder deren eins von den andern. Gott aber gibt mit jm einen leyb wie er wil/ und einem yetlichen von dem somen sinen eygnen leyb.

Nit ist alles fleysch einerley fleisch/ sonder ein ander fleisch ist der menschen/ ein anders des vichs/ ein anders der fischen/ ein anders der vöglen. Unnd es sind himmelische cörpel/ und yrdische cörpel: aber ein andere herrligkeyt habend die himmelischen/ und ein andere die yrdischen. Ein andere klarheyt hat die Sonn/ ein andere klarheyt hat der Mon/ und ein andere klarheyt habend die sternen: dann ein stern übertrifft den andern nach der klarheit: also auch die auferstentnuß der todten. Es wirdt gesäyet verwäsenlich/ unnd wirt auferston unverwäsenlich. Es wirt gesäyet in der uneer/ und wirt auferston in der herrligkeit. Es wirt gesäyet in der schwachheit/ und wirt auferston in der krafft. Es wirdt gesäyet ein natürlicher leyb/ unnd wirt auferston ein geystlicher leyb.

Hat man ein natürlichen leyb/ so hat man auch ein geystlichen leyb. Also ists auch geschriben: Der erst mensch Adam ist gemacht ins natürlich läben/ und der letst Adam ins geistlich läben. Aber der geistlich leyb ist nit der erst/ sonder der natürlich/ darnach der geistlich. Der erst mensch ist von erden und yrdisch: der ander mensch ist vom himmel/ und himmelisch. Welcherley der yrdisch ist/ sölicherley sind auch die yrdischen: und welcherley der himmelisch ist/ sölicherley sind auch die himmelischen. Und wie wir getragen habend das bild des yrdischen/ also werdend wir auch tragen das bild des himmelischen.

Darvon sag ich aber/ lieben brüeder/ das fleisch und bluot nit mögend das reych Gottes ererben: auch wirdt das verwäßlich nit erben das unverwäßlich. Sihe/ ich sag euch ein

34 Werdet doch nüchtern, wie es sich gebührt, und sündigt nicht! Denn manche verkennen Gott; euch zur Beschämung sage ich dies.

|31: Röm 15,17 |32: Jes 22,13

Die Auferweckung des Leibes

35 Aber – so wird einer fragen: Wie werden denn die Toten auferweckt? In was für einem Leib werden sie kommen? 36 Du Tor! Was du säst, wird nicht zum Leben erweckt, wenn es nicht stirbt. 37 Und was säst du? Nicht den zukünftigen Leib säst du, sondern ein nacktes Korn, ein Weizenkorn etwa oder ein anderes Korn. 38 Gott aber gibt ihm einen Leib, wie er es gewollt hat, jedem Samen seinen besonderen Leib.

39 Nicht alles Fleisch ist dasselbe Fleisch; anders ist das Fleisch der Menschen als das des Viehs, anders das Fleisch der Vögel als das der Fische. 40 Es gibt himmlische Körper, und es gibt irdische Körper. Doch anders ist der Glanz der himmlischen als der der irdischen. 41 Anders ist der Glanz der Sonne als der Glanz des Mondes, und wieder anders der Glanz der Sterne; denn ein Himmelskörper unterscheidet sich vom anderen durch seinen Glanz. 42 So verhält es sich auch mit der Auferstehung der Toten: Gesät wird in Vergänglichkeit, auferweckt wird in Unvergänglichkeit. 43 Gesät wird in Niedrigkeit, auferweckt wird in Herrlichkeit. Gesät wird in Schwachheit, auferweckt wird in Kraft. 44 Gesät wird ein natürlicher Leib, auferweckt wird ein geistlicher Leib.

Wenn es einen natürlichen Leib gibt, dann gibt es auch einen geistlichen. 45 So steht es geschrieben: *Der erste Mensch, Adam, wurde ein lebendiges Wesen,* der letzte Adam wurde Leben spendender Geist. 46 Doch das Geistliche ist nicht zuerst da, sondern das Natürliche, dann erst das Geistliche. 47 Der erste Mensch ist aus Erde, ein irdischer, der zweite Mensch ist vom Himmel. 48 Wie der Irdische, so sind auch die Irdischen, und wie der Himmlische, so sind auch die Himmlischen. 49 Und wie wir das Bild des Irdischen getragen haben, so werden wir auch das Bild des Himmlischen tragen.

|36–38: Joh 12,24 |38: Gen 1,11–12 |42: 15,13! |45: Gen 2,7 |49: Gen 5,3 · 2Kor 3,18; Röm 8,29

Verwandlung und Vollendung

50 Das sage ich, liebe Brüder und Schwestern: Fleisch und Blut können das Reich Gottes nicht erben, noch erbt das Vergängliche die Unvergänglichkeit. 51 Siehe, ich sage

geheimnuß: Wir werdend nit alle entschlaaffen/ wir werdend aber alle verwandlet werden/ und das schnäll/ unnd in einem augenblick/ zur zeyt der letsten pusaunen. Dann es wirt die pusaunen schallen/ unnd die todten werdend aufferston unverwäsenlich/ unnd wir werdend verwandlet werden. Dann dises verwäsenlich muoß anlegen das unverwäsenlich/ unnd das sterblich muoß anlegen die unsterbligkeit. Wenn aber dises verwäsenlich wirdt anlegen das unverwäsenlich/ und diß sterblich wirt anlegen die unsterbligkeyt/ dann wirt erfüllet werden das wort das geschriben ist: Der tod ist verschlunden in dem sig. Tod/ wo ist dein stachel? Hell/ wo ist dein sig? Aber der stachel des todts ist die sünd: die krafft aber der sünd ist das gsatz. Gott aber sey danck/ der uns den sig gegeben hatt durch unseren Herren Jesum Christum. Darumb/ meine lieben brüeder/ sind vest/ unbeweglich/ und reych in dem werck des Herren ymmerdar/ dieweyl jr wüssend das euwer arbeyt ist nit vergäblich in dem Herren.

Das xvj. Capitel.

Jn disem capitel ermanet sy Paulus zuo freüntlicher mitteylung den armen Christen die zuo Jerusalem wonetend. Beschlüßt dise Epistel mit grüessung der lieben freünden.

Von der steür aber die den heyligen geschicht/ wie ich den gemeynden in Galatia bevolhen hab/ also thuond auch jr. Auff der Sabbathen einen lege bey jm selbs ein yetlicher under euch/ und samle was jm wol zethuon ist/ auff das nit/ wenn ich komme/ denn allererst steür zesamlen sey. Wenn ich aber dar kommen bin/ welche jr durch brieff darfür ansehend/ die wil ich senden/ das sy hin bringind euwere wolthat gen Jerusalem. So es aber wärdt ist das ich auch hin reyse/ söllend sy mit mir reysen.

Jch wil aber zuo euch kommen wenn ich durch Macedoniam zeüch: dann durch Macedoniam wird ich wandlen. By euch aber wird ich villeicht bleyben/ oder auch winteren/ auff das jr mich geleytind wo ich hin reysen.

Jch wil euch yetz nit sehen in der überfart/ dann ich hoff ich wölle etliche zeyt bey euch bleyben/ so es der Herr zuolaßt. Jch wird

euch ein Geheimnis: Nicht alle werden wir entschlafen, alle aber werden wir verwandelt werden, 52 im Nu, in einem Augenblick, beim Ton der letzten Posaune; denn die Posaune wird ertönen, und die Toten werden auferweckt werden, unverweslich, und wir werden verwandelt werden. 53 Denn was jetzt vergänglich ist, muss mit Unvergänglichkeit bekleidet werden, und was jetzt sterblich ist, muss mit Unsterblichkeit bekleidet werden. 54 Wenn aber mit Unvergänglichkeit bekleidet wird, was jetzt vergänglich ist, und mit Unsterblichkeit, was jetzt sterblich ist, dann wird geschehen, was geschrieben steht:

Verschlungen ist der Tod in den Sieg.
55 *Tod, wo ist dein Sieg?*
Tod, wo ist dein Stachel?

56 Der Stachel des Todes ist die Sünde, die Kraft der Sünde ist das Gesetz. 57 Gott aber sei Dank, der uns den Sieg gibt durch unseren Herrn Jesus Christus!

58 Darum, meine geliebten Brüder und Schwestern, seid standhaft, lasst euch nicht erschüttern, tut jederzeit das Werk des Herrn in reichem Masse! Ihr wisst ja: Im Herrn ist eure Arbeit nicht umsonst.

|50: 6,9 |51–52: 1Thess 4,15–17 |54: Jes 25,8
|55: Hos 13,14 |58: 16,10

Die Sammlung für die Gemeinde in Jerusalem

16 1 Was aber die Sammlung für die Heiligen betrifft, so haltet es ebenso, wie ich es für die Gemeinden in Galatien angeordnet habe: 2 An jedem ersten Tag der Woche lege ein jeder von euch zur Seite, was er erübrigen kann, damit nicht erst dann, wenn ich komme, gesammelt werden muss. 3 Nach meiner Ankunft werde ich die Leute, die ihr für geeignet haltet, mit Briefen nach Jerusalem schicken, eure Spende zu überbringen. 4 Wenn es aber angebracht erscheint, dass auch ich hingehe, können sie mit mir reisen.

|1: 7,1! · Gal 1,2 |2: Mk 16,2; Apg 20,7

Reisepläne

5 Ich werde zu euch kommen, auf dem Weg über Makedonien. In Makedonien nämlich bin ich nur auf Durchreise, 6 bei euch aber werde ich, wenn es sich gibt, länger bleiben oder gar den Winter verbringen. Dann mögt ihr mich für die Weiterreise ausrüsten, wohin ich auch gehe. 7 Ich möchte euch jetzt nämlich nicht nur im Vorbeigehen sehen, ich hoffe ja,

aber zuo Epheso bleyben biß auff Pfingsten.
Dann mir ist ein grosse unnd krefftige thür
aufgethon/ und sind vil widerwertiger da. So
Timotheus kumpt/ so sehend zuo das er on
forcht bey euch sey/ dann er treybt auch das
werck des Herren wie ich. So verachte jn nun
niemants/ geleytend jn aber im frid das er zuo
mir komme/ dann ich wart seinen mit den
brüederen. Von Apollo aber wüssennd das
ich jnn vast vil ermanet hab/ das er zuo euch
käme mit den brüederen. Unnd es was aller
ding sein will nit/ das er yetz käme: er wirt
aber kommen wenn es jm gelegen sein wirdt.

Wachend/ stond im glauben/ farend mannlich/
und sterckend euch: all euwer ding lassend
gon in der liebe. Jch ermanen euch aber/
lieben brüeder/ jr kennend das hauß Stephane/
das sy sind die erstling in Achaia/ und das sy
sich selbs verordnet habend zum dienst den
heyligen/ auff das auch jr sölichen underthon
sygind/ und allen die mitwürckend und
arbeytend. Jch freüwen mich über die zuokunfft
Stephana unnd Fortunati/ unnd Achaici.
Dann das mir an euch manglet/ habend sy
erfüllt: sy habennd erquickt meinen unnd
euweren geyst. Erkennend die söliche sind.

Es grüessend euch die gmeinden in Asaia.
Es grüessend euch vast in dem Herren Aquila
unnd Priscilla/ sampt den gemeynden in jrem
hauß. Es grüessend euch alle brüeder. Grüessend
euch under einandern mit dem heiligen kuß.
Der gruoß mit meiner hand Pauli. So yemants
den Herren Jesum Christum nit lieb hat/ der
ist Anathema Maharam Matha. Die gnad des
Herren Jesu Christi sey mit euch. Mein liebe
sey mit euch allen in Christo Jesu/ Amen.

wenn der Herr es zulässt, einige Zeit bei euch
zu verbringen. 8 Bis Pfingsten aber werde ich
in Ephesus bleiben. 9 Denn eine Tür hat sich
mir aufgetan, gross und verheissungsvoll –
und viele Widersacher sind da.

10 Wenn aber Timotheus kommt, seht zu,
dass er sich vor euch nicht fürchten muss; denn
er wirkt wie ich am Werk des Herrn. 11 Niemand
soll ihn also gering schätzen! Lasst ihn in
Frieden ziehen, damit er wieder zu mir kommt.
Ich erwarte ihn nämlich mit den Brüdern.

12 Was aber Apollos, unseren Bruder, betrifft,
so habe ich ihn immer wieder gebeten, mit
den Brüdern zu euch zu kommen; es sollte
aber nicht sein, dass er jetzt kommt. Er wird
aber kommen, sobald sich Gelegenheit bietet.

|5: 4,19 · Apg 19,21; 2Kor 1,16 |8: Apg 19,1 |10: 4,17 ·
15,58 |12: 1,12!

16,12: Andere Übersetzungsmöglichkeit: «…; es war
aber nicht sein Wille, jetzt zu kommen. Er …»

Bitten

13 Seid wachsam, steht fest im
Glauben, seid tapfer und stark! 14 Alles,
was ihr tut, geschehe in Liebe.

15 Ich bitte euch aber, liebe Brüder und
Schwestern: Ihr kennt das Haus des Stephanas, es
ist die Erstlingsfrucht der Achaia; sie haben sich
für den Dienst an den Heiligen zur Verfügung
gestellt. 16 Ordnet auch ihr euch solchen unter,
jedem, der mitarbeitet und sich abmüht.

17 Ich freue mich über die Ankunft des
Stephanas, des Fortunatus und des Achaikus;
sie haben reichlich aufgewogen, was ihr mich
vermissen liesset. 18 Denn sie haben meinen und
euren Geist beruhigt. Solche sollt ihr anerkennen!

|13: Phil 4,1; Gal 5,1; 1Thess 3,8 · Ps 31,25 |15: 1,16
|17: 16,15!

Briefschluss

19 Es grüssen euch die Gemeinden in der
Asia. Es grüssen euch im Herrn ganz besonders
Aquila und Priska und ihre Hausgemeinde.
20 Es grüssen euch alle Brüder und Schwestern.
Grüsst einander mit dem heiligen Kuss!

21 Diesen Gruss schreibe ich, Paulus,
euch mit eigener Hand. 22 Wer den Herrn
nicht liebt, sei verflucht. Maranata! 23 Die
Gnade des Herrn Jesus sei mit euch! 24 Meine
Liebe ist bei euch allen, in Christus Jesus.

|19: Apg 18,2! |20: Röm 16,16! |21: Gal 6,11;
Phlm 19; 2Thess 3,17; Kol 4,18 |22: Gal 1,8–9; Röm 9,3
|23: 1Thess 5,28

Die erst Epistel zuo den Corintheren gesandt auß Asia durch Stephanen und Fortunaten/ und Achaicon/ und Timotheon.

16,22: Der aus dem Aramäischen übernommene Gebetsruf ‹Maranata› bedeutet «Der Herr kommt.» oder «Komm, o Herr».

Die ander Epistel S. Pauls zuo den Corinthern

Der Zweite Brief an die Korinther

Das erst Capitel.
Jn disem capitel entschuldiget er sich das er nit zuo jnen (als er verheyssen hatt) kommen sey.

Paulus ein Apostel Jesu Christi/ durch den willen Gottes/ und bruoder Timotheus. Der gemeynd zuo Corinthen mit allen heyligen im gantzen Achaia. Gnad sey mit euch/ unnd frid von Gott unserem vatter/ und unserem Herren Jesu Christo.

Gebenedeyet sey Gott der vatter unsers Herrenn Jesu Christi/ der vatter der barmhertzigkeyt/ unnd Gott alles trosts/ der uns tröstet in allem unserem trüebsal/ das wir trösten mögind die da sind in allerley trüebsal mit dem trost/ damit wir getröstet werdend von Gott. Dann wie des leydens Christi vil über uns kumpt/ also auch kumpt vil trosts über uns durch Christum.
Wir habind aber trüebsal oder trost/ so geschichts euch zuo guotem. Ists trüebsal/ so geschichts euch zuo trost unnd heyl (welches heyl krefftig ist/ so jr leydend dermassen wie wir leydend.) Jsts trost/ so geschichts euch zuo trost und heil. Derhalben stadt unser hoffnung vest für euch/ dieweyl wir wüssend dz wie jr des leydens teilhafftig sind/ also werdend jr auch des trosts teylhafftig sein.
Dann wir wöllend euch nit verhalten/ lieben brüeder/ unsern trüebsal/ der uns in Asia widerfaren ist/ do wir über die maß beschwärt warend/ und über macht/ also/ das wir uns des läbens verwägen hattend/ und beschlossen hattend wir müeßtind sterben. Das geschach aber darumb/ das wir unser vertrauwen nit auff uns selbs stalltind/ sunder auff Gott/ der die todten auferweckt/ welcher uns von sölichem tod erlößt hatt/ und noch täglich erlößt: unnd hoffend er werde uns auch hinfür erlösen/ durch hilff euwer fürbitt für uns/ uff das über uns für die gaab die uns gegeben ist durch vil personen/ vil dancks geschehe.

Anschrift

1 1 Paulus, Apostel des Christus Jesus durch den Willen Gottes, und Timotheus, unser Bruder, an die Gemeinde Gottes in Korinth und an alle Heiligen in der ganzen Achaia: 2 Gnade sei mit euch und Friede von Gott, unserem Vater, und dem Herrn Jesus Christus.

|1: 1Kor 1,1; Kol 1,1 · Apg 16,1! · 11,10 |2: Röm 1,7!

Der Gott des Erbarmens und des Trostes

3 Gepriesen sei der Gott und Vater unseres Herrn Jesus Christus, der Vater des Erbarmens und der Gott allen Trostes. 4 Er tröstet uns in all unserer Bedrängnis, so dass auch wir andere in all ihrer Bedrängnis zu trösten vermögen mit dem Trost, mit dem wir selbst von Gott getröstet werden. 5 Denn wie wir überschüttet werden mit dem Leiden Christi, so werden wir durch Christus auch überschüttet mit Trost. 6 Werden wir aber bedrängt, so geschieht es zu *eurem* Trost und *eurer* Rettung; werden wir getröstet, so geschieht auch das zu *eurem* Trost, der wirksam wird, wenn ihr geduldig dieselben Leiden ertragt, die auch wir ertragen. 7 Und unsere Hoffnung für euch ist unerschütterlich, weil wir wissen, dass ihr in gleicher Weise wie an den Leiden so auch am Trost teilhabt.
8 Wir wollen euch nämlich, liebe Brüder und Schwestern, nicht in Unkenntnis lassen über die Bedrängnis, die in der Asia über uns gekommen ist: So schwer und unsere Kräfte weit übersteigend ist die Last, die uns auferlegt wurde, dass wir sogar am Leben verzweifelten. 9 Ja, was uns betrifft, so hatten wir das Todesurteil schon in den Händen; denn nicht auf uns selbst sollten wir vertrauen, sondern auf den Gott, der die Toten auferweckt. 10 Aus solch grosser Todesnot hat er uns errettet und wird er uns erretten; auf ihn haben wir unsere Hoffnung gesetzt, er wird uns auch in Zukunft retten. 11 Und auch ihr helft uns mit eurer Fürbitte; so wird aus vieler Mund und auf vielerlei Weise Dank gesagt für die Gnade, die uns zuteil wurde.

|3: Eph 1,3 · Röm 12,1 · Röm 15,5 |4: 2,7 · 4,8! |6: 6,4 |8: 4,8; 6,4! |9: 1Kor 15,20 |11: Phil 1,19

1,11: Andere Übersetzungsmöglichkeit: «…; so wird für die uns geschenkte Gnade von vielen Menschen und auf vielerlei Weise gedankt, uns zum Wohl.»

Dann unser ruom ist die zeügnuß unserer gewüssen/ das wir in einfaltigkeyt und göttlicher lauterkeit/ nit in fleischlicher weyßheit/ sunder in der gnad Gottes gewandlet habend in der welt/ allermeest aber bey euch. Dann wir schreybend euch nüts anders/ dann das jr läsend und vorhin wüssend. Jch hoff aber jr werdind unns auch biß ans end also erfinden/ gleych wie jr uns zum teyl erfunden habend. Dann wir sind euwer ruom gleych wie auch jr unser ruom sind auff des Herren tag. Und uff sölichs vertrauwen gedacht ich eins mals zuo euch zekommen/ uff das ich üch abermals ein wolthat erzeygte/ und durch euch gen Macedoniam reysete/ und widerumb von Macedonia zuo euch käme/ unnd von euch geleytet wurde in Judeam. Hab ich aber einer leychtfertigkeit gebrucht do ich sölichs gedacht? oder sind meine anschleg fleyschlich? Nit also/ sonder bey mir ist ja ja/ und nein ist nein. Aber O ein warhaffter Gott/ dz unser wort an euch nit ja und nein gewesen ist. Dann der sun Gottes Jesus Christus/ der under euch durch uns gepredigt ist/ durch mich/ und Silvanon/ und Timotheon/ der was nit ja und nein/ sunder es was ja in jm. Dann alle Gottes verheyssungen die sind ja in jm/ und sind Amen in jm/ Gott zum preyß durch uns. Gott ists aber/ der uns befestiget mit euch/ und uns gesalbet/ unnd versiglet/ und in unsere hertzen das pfand des geysts gegeben hat.

Die Lauterkeit des Apostels

12 Denn darauf sind wir stolz, und das bezeugt auch unser Gewissen: In Einfalt und Lauterkeit vor Gott, nicht in der Weisheit, die auf das Fleisch hört, sondern in der Gnade Gottes haben wir vor aller Welt unser Leben geführt, ganz besonders bei euch. 13 Denn wir schreiben euch nichts anderes, als was ihr hier lest und auch versteht – ich hoffe jedenfalls, dass ihr es vollkommen verstehen werdet, 14 so wie ihr es ja teilweise schon verstanden habt: dass wir nämlich euer Stolz sind, gleich wie auch ihr unser Stolz seid am Tage unseres Herrn Jesus.

15 In dieser Zuversicht wollte ich zunächst zu euch kommen, damit ihr die Gnade ein zweites Mal empfangen könntet. 16 Von euch aus wollte ich weiter nach Makedonien reisen und von Makedonien dann wieder zu euch zurückkehren, um mich von euch für die Reise nach Judäa ausrüsten zu lassen. 17 War nun dieses Vorhaben etwa leichtsinnig? Oder plane ich, wie Menschen eben planen, so dass mein Ja zugleich auch ein Nein sein kann?

18 Bei der Treue Gottes, unser Wort an euch ist nicht Ja und Nein zugleich! 19 Der Sohn Gottes, Jesus Christus, der durch uns bei euch verkündigt worden ist – durch mich und Silvanus und Timotheus –, war nicht Ja *und* Nein, sondern in ihm ist das Ja Wirklichkeit geworden. 20 Denn was immer Gott verheissen hat – in ihm ist das Ja und so auch durch ihn das Amen, damit Gott verherrlicht werde durch uns. 21 Der Gott aber, der uns und euch Festigkeit gibt auf Christus hin und uns gesalbt hat, 22 er ist es auch, der uns sein Siegel aufgedrückt und uns den Geist als ersten Anteil in unsere Herzen gegeben hat.

|12: 1Kor 2,1–5 |14: 1Kor 1,8! |15: 1,23; 13,1! |16: 1Kor 16,5–6 |18: 1Kor 10,13!; Dtn 7,9 |19: 1Thess 1,1; Apg 16,1 |21: 1Kor 1,8 |22: Eph 1,13 · 5,5; Eph 1,14

1,20: Andere Textüberlieferung: «Denn zu allen Verheissungen Gottes ist in ihm das Ja und durch ihn das Amen, …»

1,21: Andere Übersetzungsmöglichkeit: «…, der uns und euch in Christus festigt und uns gesalbt hat,»

Das ij. Capitel.

Jn disem capitel vollfüert er/ das er angefangen hatt sich zuo entschuldigen das er nit kommen sey/ versüent jnen den sünder wider der im bann was.

Jch rüeff aber Gott an zum zeügen auff mein seel/ das ich euwer geschonet/ nit wider gen Corinthen kommen bin. Nit das wir herren sygind über euwern glauben/ sunder wir sind gehilffen euwerer fröud/ dann jr stond steyff im glauben.

Jch beschloß aber sölichs bey mir selbs/ das ich nit abermals in traurigkeyt zuo euch käme. Dann so ich euch traurig machte/ wär ist der mich frölich machte/ dann der/ der von mir betrüebt wirt? Und das selbig hab ich euch geschriben/ das ich nit/ wenn ich käme/ ein traurigkeyt über die anderen hette/ über welche ich mich sölte fröuwen: sittmals ich mich desse vertrüwen/ das mein fröud euwer aller sye. Dann ich schreyb euch in grosser trüebsal und angst des hertzens mit vilen trähen: nit das jr söltind betrüebt werden/ sunder das jr die liebe erkanntind/ welche ich sunderlich zuo euch hab.

So aber yemants ein betrüebtnuß angerichtet hatt/ der hatt nit mich betrüebt/ dann nun ein wenig/ auff das ich nit euch alle beschwäre. Es ist gnuog das der selb von der gmeind also gestrafft ist/ das jr nun fürhin jm dester mer vergäbind und tröstind/ auff das er nit inn zuo vil grösser traurigkeyt versenckt werde. Darumb ermanen ich euch/ dz jr die liebe an jm den fürgang haben lassind. Dann darumb hab ich euch auch geschriben/ das ich erkannte/ ob jr bewärt sygind gehorsam zesein in allen stucken. Welchem aber jr etwas vergebend/ dem vergib ich auch. Dann auch ich/ so ich etwas vergib yemants/ das vergib ich umb euwert willen an Christus statt/ uff das wir nit überforteylet werdind von dem teüfel. Dann uns ist nit unwüssend was er im sinn hat.

Do ich aber gen Troada kam/ zepredigen das Euangelion Christi/ unnd mir ein thür aufgethon was in dem Herren/ hatt ich kein ruow in meinem geyst/ dz ich Titon den bruoder nit fand/ sonder ich machet mein abscheyd/ und fuor auß gen Macedonia.

Begründung des Verzichts auf einen Besuch

23 Ich rufe aber Gott zum Zeugen an, bei meinem Leben: Nur um euch zu schonen, bin ich nicht mehr nach Korinth gekommen. 24 Es ist ja nicht so, dass wir Herr sein wollen über euren Glauben, nein, Mitarbeiter an eurer Freude sind wir; im Glauben steht ihr ja fest. 2 1 Ich hatte also beschlossen, nicht nochmals in Betrübnis zu euch zu kommen. 2 Denn wenn ich euch betrübe, wer soll mich dann froh machen, wenn nicht der, der durch mich betrübt wird? 3 Und eben dies schreibe ich euch, um bei meiner Ankunft nicht von denen betrübt zu werden, die mir doch Freude bereiten sollten; denn ich bin, wenn ich an euch alle denke, voller Zuversicht, dass meine Freude euer aller Freude ist. 4 Aus grosser Bedrängnis und mit angstvollem Herzen schreibe ich euch, unter vielen Tränen, nicht um euch zu betrüben, sondern um euch die Liebe erkennen zu lassen, mit der ich euch über alles liebe.

|23: 1,15; 13,1!–2 |24: 1Kor 3,9 |3: 2,9 |4: 7,8–9

2,4: Andere Übersetzungsmöglichkeit: «… habe ich euch geschrieben, …»

Zeit zum Verzeihen

5 Wenn mich aber jemand gekränkt hat, dann hat er nicht mich gekränkt, sondern in gewisser Weise – ich will nicht übertreiben – euch alle. 6 Für den Betreffenden genügt die Strafe, die ihm von der Mehrheit auferlegt worden ist; 7 jetzt geht es also viel eher darum, zu verzeihen und zu trösten, damit er nicht in allzu grosse Trauer versinkt. 8 Deshalb bitte ich euch: Lasst ihm gegenüber die Liebe walten! 9 Darum schreibe ich euch ja, um zu erfahren, wie ihr euch bewährt, ob ihr in allem gehorsam seid. 10 Wem ihr aber verzeiht, dem verzeihe auch ich. Denn was ich verziehen habe – falls ich etwas zu verzeihen hatte –, das habe ich um euretwillen verziehen im Angesicht Christi, 11 damit wir nicht vom Satan überlistet werden; seine Absichten kennen wir ja nur zu gut.

|5: 7,12 |9: 3 |11: 11,14

Von Troas nach Makedonien

12 Als ich nach Troas kam, um das Evangelium von Christus zu verkündigen, stand mir zwar eine Tür offen im Herrn, 13 mein Geist aber fand keine Ruhe, weil ich meinen Bruder

Aber Gott sey gedancket/ der uns alle zeyt das
väld behalten hilfft in Christo/ und offenbaret
den geschmack seiner erkanntnuß durch uns
an allen orten. Dann wir sind Gott ein guoter
geruch Christi/ under denen die sälig werdend/
und under denen die verloren werdend. Disen
ein geruch des todts zum tod: yhenen aber
ein geruch des läbens zum läben. Und wär ist
geschickt und komlich darzuo? Dann wir sind
nit wie etlicher vil (die das wort Gottes umb
jres gwüns willen vermischend/ vermengend/
felschend/ und als vil als kauffmanschatz mit
treybend) sonder als auß lauterkeyt/ und als
auß Gott/ vor Gott redend wir in Christo.

Titus nicht antraf; so verabschiedete ich mich
von ihnen und zog weiter nach Makedonien.

|13: 7,5 · 7,6; Gal 2,1.3

Die Befähigung zum apostolischen Dienst

14 Dank sei Gott, der uns allezeit im
Triumphzug Christi mitführt und durch uns
den Duft seiner Erkenntnis überall verbreitet.
15 Denn Christi Wohlgeruch sind wir für
Gott unter denen, die gerettet werden, wie
auch unter denen, die verloren gehen: 16 den
einen ein Geruch, der vom Tod kommt und
zum Tod führt, den anderen ein Geruch, der
vom Leben kommt und zum Leben führt.
Und wer ist dazu fähig? 17 Wir jedenfalls
sind nicht wie die vielen, die das Wort Gottes
zu Markte tragen; lauter und klar, aus Gott
und vor Gott, reden wir – in Christus.

Das iij. Capitel.
Hierinn zeigt Paulus an seinen fleyß und ernst in
verkündung des Evangelij/ mit einem bescheydnen ruom
sein selbs.

Hebend wir dann abermals an/ uns selbs
zepreysen? oder bedörffend wir wie etlich/
der lobbrieffen an euch/ oder lobbrieff von
euch? Jr sind unsere brieff in unsere hertzen
geschriben/ der erkennt unnd gelässen wirt von
allen menschen: die jr offenbar worden sind/ dz
jr ein brieff Christi sind durch unseren dienst
zuobereyt/ unnd nit mit dinnten geschriben/
sonder mit dem geyst deß läbendigen Gottes:
nit in steynine taflen/ sonder inn fleyschine
taflen des hertzens. Ein sölich vertrauwen
aber habend wir durch Christum zuo Gott/
nit das wir geschickt oder gnuogsam sygind
von uns selber etwas zedencken/ als von uns
selber/ sonder alle unsere geschickligkeyt
unnd gnuogsame ist auß Gott/ welcher auch
uns gschickt und touglich gemachet hatt
diener zesein des neüwen Testaments/ nit des
buochstabens/ sonder des geysts. Dann der
buochstab tödet/ aber der geist machet läbendig.

3 1 Fangen wir nun schon wieder an, uns
selbst zu empfehlen? Oder brauchen wir
etwa – wie gewisse Leute – Empfehlungsbriefe
an euch oder von euch? 2 Unser Brief seid *ihr*,
geschrieben in unsere Herzen, verständlich und
lesbar für alle Menschen. 3 Ihr seid erkennbar als
ein Brief Christi, von uns verfasst, geschrieben
nicht mit Tinte, sondern mit dem Geist des
lebendigen Gottes, nicht auf Tafeln aus Stein,
sondern auf andere Tafeln: in Herzen aus Fleisch.
4 Solches Vertrauen haben wir durch Christus
zu Gott: 5 Nicht dass wir von uns aus fähig
wären, etwas gleichsam aus uns selbst heraus
zu ersinnen, nein, unsere Befähigung kommt
von Gott. 6 Er hat uns befähigt, Diener des
neuen Bundes zu sein, nicht des Buchstabens
sondern des Geistes. Denn der Buchstabe
tötet, der Geist aber macht lebendig.

|15: 1Kor 1,18 |17: 12,19 |1: 5,12 |3: Ex 31,18 · Spr 7,3
|6: 1Kor 11,25 · Röm 7,6

2,14: Andere Übersetzungsmöglichkeit: «…, der uns in
Christus allezeit siegen lässt …»
3,2: Andere Textüberlieferung: «… in eure Herzen, …»
3,3: Andere Übersetzungsmöglichkeit: «… als ein Brief
Christi, entstanden durch unseren Dienst, …»

So aber das ampt/ das durch den buochstaben tödet/ und in die steyn ist gebildet/ klarheit hat/ also/ das die kinder Jsraels nit mochtend ansehen das angesicht Mosi/ umb der klarheyt willen seines angesichts/ die doch aufhört/ wie sölte nit vil mer das ampt/ dz den geist gibt/ klarheit haben? Dann so der dienst/ der die verdamnuß prediget/ klarheit hat/ vil mer ist der dienst/ der die gerechtikeit prediget/ überauß in der klarheit. Dann auch jhenes teyl das verklärt was/ ist nichts verklärt gegen diser übermässigen klarheit. Dann so das klarheit hat/ das da aufhört/ vil mer wirt das klarheit haben das da bleibt.

Diewyl wir nun söliche hoffnung habend/ so brauchend wir grösserer freydikeit/ und thuond nit wie Moses/ der ein decke für sein angesicht hanckt/ daß die kinder Jsrael nit aufsehen mochtend auff das end deß/ dz da aufhört. Aber jre sinn sind verstockt. Dann biß auff den hüttigen tag bleibt die selbig decke unaufgedeckt ob dem alten Testament/ wenn sy es läsend/ welche in Christo aufhörend. Aber biß auff den hüttigen tag/ wenn Moses geläsen wirt/ ist die decke für jre hertzen gehenckt: wenn sy sich aber bekeerend zuo dem Herren/ so wirdt die decke abgethon. Dann der Herr ist der geyst: wo aber der geyst deß Herren ist/ da ist freyheit. Nun aber spieglet sich in uns allen deß Herren klarheit von aufgedecktem angesicht/ und wir werdend verklärt in das selbig bild/ von einer klarheyt zuo der andren/ als von dem Herren/ der da ist der geyst.

Das iiij. Capitel.

Paulus zeygt aber an den ernst und fleyß den er habe gehept in verkündung Evangelischer leer/ die er lauter und rein/ nit auß gwün oder ruom/ sunder allein Christo zuo eeren allenthalb/ auch mit grosser gfarlikeyt seins läbens geprediget hab.

Darumb/ diewyl wir ein sölichs ampt habend/ nach dem uns barmhertzigkeyt widerfaren ist/ so fallend wir nit ab/ und werdend nit unärtig/ oder ungeschlacht/ sunder weisend von uns innerliche schand/ unnd wandlend nitt in list oder schalckheyt/ felschend auch nit Gottes wort/ sunder offenbarend die warheyt/ und beweysend uns wol gegen aller menschen gwüssen vor Gott.

Alter Bund und neuer Bund

7 Wenn nun schon der Dienst am Tod mit seinen in Stein gemeisselten Buchstaben einen solchen Glanz ausstrahlte, dass die Israeliten Mose nicht ins Antlitz zu sehen vermochten, weil auf seinem Gesicht ein Glanz lag, der doch vergänglich war, 8 wie sollte da der Dienst am Geist nicht erst recht seinen Glanz haben? 9 Denn wenn schon der Dienst, der zur Verurteilung führt, seinen Glanz hat, dann strahlt der Dienst, der zur Gerechtigkeit führt, erst recht vor Herrlichkeit. 10 Eigentlich ist ja das, was dort als Herrlichkeit erschien, verglichen mit der alles übertreffenden Herrlichkeit noch gar keine Herrlichkeit. 11 Doch wenn schon, was vergeht, durch Herrlichkeit ausgezeichnet ist, dann erscheint, was bleibt, erst recht in Herrlichkeit.

12 Von solcher Hoffnung erfüllt, treten wir mit grossem Freimut auf, 13 nicht wie Mose, der sein Angesicht mit einer Decke verhüllen musste, damit die Israeliten nicht das Ende dessen sähen, was vergeht. 14 Aber auch ihr Sinn wurde verdunkelt. Denn bis zum heutigen Tag liegt dieselbe Decke auf dem alten Bund, wenn daraus vorgelesen wird, und sie wird nicht weggenommen, weil sie nur in Christus beseitigt wird. 15 Ja, bis heute liegt eine Decke auf ihrem Herzen, sooft aus Mose vorgelesen wird. 16 *Sobald sie sich aber dem Herrn zuwenden, wird die Decke hinweggenommen.* 17 Der Herr aber, das ist der Geist; und wo der Geist des Herrn ist, da ist Freiheit. 18 Wir alle aber schauen mit aufgedecktem Antlitz die Herrlichkeit des Herrn wie in einem Spiegel und werden so verwandelt in die Gestalt, die er schon hat, von Herrlichkeit zu Herrlichkeit, wie der Herr des Geistes es wirkt.

|7: Ex 34,30 |9: Gal 3,10 |13: Ex 34,29–35 |16: Ex 34,34 |18: Phil 3,21

4,6: Andere Übersetzungsmöglichkeit: «…, weil jener (nämlich: der Bund) in Christus nichtig ist.»

Das Aufleuchten der Wahrheit

4 1 Eben darum, weil wir diesen Dienst aufgrund seiner Barmherzigkeit haben, verzagen wir nicht, 2 sondern wir haben uns losgesagt von allem, was den Tag scheut und Schande bringt. Wir sind nicht hinterhältig, noch verfälschen wir das Wort Gottes, sondern, indem wir die Wahrheit offenbar machen, empfehlen wir uns einem jeden menschlichen Gewissen vor Gott.

Jst nun unser Euangelion verdeckt/ so ists in denen die verloren werdend/ verdeckt: under welchen der Gott diser welt verblendet hat der unglöubigen sinn/ das jnen nitt scheyne die erleüchtung deß Euangelions von der klarheit Christi/ welcher ist die bildtnuß Gottes. Dann wir predigend nit uns selber/ sunder Jesum Christ/ das der sey der Herr/ wir aber euwere knecht umb Jesu willen. Dann Gott/ der da heißt das liecht auß der finsternus herfür leüchten/ der hat einen hällen scheyn in unsere hertz gebenn/ das durch uns entstüende die erleüchtung von der erkantnuß der klarheyt Gottes/ in dem angesicht Jesu Christi.

Wir habend aber sölichen schatz in yrdischen geschirren/ auff dz die krafft/ so obligt/ sey Gottes/ und nit von uns. Wir werdend getrengt/ aber nit eng. Wir leydend arbeyt/ not und armuot/ aber wir verzagend nit. Wir leydend verfolgung/ aber wir werdend nit verlassen. Wir werdend undertruckt/ aber wir kommend nit umb. Und tragend herumb alle zeyt das sterben deß Herren Jesu an unserem leib/ auff das auch das läben deß Herren Jesu an unserm leib offenbar werde.

Dann wir/ die wir läbend/ werdend ymmerdar in den tod ggeben umb Jesus willen/ uff das auch das läben Jesu offenbar werde an unserm sterblichen fleisch. Darumb so ist nun der tod mächtig in unns/ aber das läben in euch. Dieweyl wir aber den selbigen geyst deß glaubens habend (nach dem geschriben stadt: Jch hab glaubt/ darumb hab ich geredt) so habend wir auch glaubt/ darumb so redend wir auch/ und wüssend dz der/ so den Herren Jesum hat auferweckt/ uns auch auferwecken wirt durch Jesum/ und wirt uns darstellen sampt euch. Dann es ist mir alles umb euch zethuon/ auff dz die überschwenckliche gnaad durch viler dancksagung Gott reychlich preyse.

Darumb werdend wir nitt müed noch noch lassz/ sunder ob schon unser ausserlicher mensch

3 Sollte unser Evangelium aber dennoch verhüllt sein, so ist es doch nur verhüllt für die, die verloren gehen. 4 Ihnen, die nicht glauben, hat der Gott dieser Weltzeit die Gedanken verfinstert, dass sie das Licht nicht sehen, das aufleuchtet durch die Verkündigung des Evangeliums von der Herrlichkeit Christi, der Gottes Ebenbild ist. 5 Denn nicht uns selbst verkündigen wir, sondern Jesus Christus als den Herrn, uns selbst aber als eure Knechte, um Jesu willen. 6 Denn der Gott, der gesagt hat: Aus der Finsternis soll Licht aufstrahlen, er ist es, der es hat aufstrahlen lassen in unseren Herzen, so dass die Erkenntnis aufleuchtet, die Erkenntnis der Herrlichkeit Gottes auf dem Angesicht Jesu Christi.

|3: 1Kor 1,18 |6: Gen 1,3

4,6: Andere Übersetzungsmöglichkeit: «…, der aufgestrahlt ist in unseren Herzen, …»

In irdenen Gefässen

7 Wir haben diesen Schatz aber in irdenen Gefässen, damit die Überfülle der Kraft Gott gehört und nicht von uns stammt. 8 In allem sind wir bedrängt, aber nicht in die Enge getrieben, ratlos, aber nicht verzweifelt, 9 verfolgt, aber nicht verlassen, zu Boden geworfen, aber nicht am Boden zerstört. 10 Allezeit tragen wir das Sterben Jesu an unserem Leib, damit auch das Leben Jesu an unserem Leib offenbar werde. 11 Denn immerfort werden wir, die wir doch leben, um Jesu willen in den Tod gegeben, damit auch das Leben Jesu an unserem sterblichen Fleisch offenbar werde. 12 So wirkt an uns der Tod, an euch aber das Leben.

13 Wir haben aber denselben Geist des Glaubens, von dem geschrieben steht: *Ich glaube, darum rede ich.* So glauben auch wir, und darum reden wir. 14 Denn wir wissen, dass er, der Jesus, den Herrn, auferweckt hat, mit Jesus auch uns auferwecken und mit euch vor sich hinstellen wird. 15 Denn alles geschieht um euretwillen, damit die Gnade sich mehre durch die wachsende Zahl der Glaubenden und so der Dank reichlich ströme zur Verherrlichung Gottes.

|7–10: 1Kor 4,11–13! |8: 1,4.8 |10: Phil 3,10 |13: Ps 116,10 |14: 1Kor 6,14

Die Gegenwart im Licht der Zukunft

16 Darum verzagen wir nicht: Wenn auch unser äusserer Mensch verbraucht wird, so

verwäset/ so wirdt doch der innerlich von tag zuo tag erneüwert. Dann unser trüebsal/ die zeytlich und leycht ist/ schaffet ein ewige/ und über alle maß schwäre und träffeliche herligkeit/ uns/ die da nit aufsehend uff dz sichtbar/ sunder auff das unsichtbar. Dann was sichtbar ist/ das ist zeytlich: was aber unsichtbar ist/ das ist ewig.

Das v. Capitel.
Jn disem cap. sagt er von der belonung die auß dem leyden entspringt/ und das alle ding in der hoffnung gelitten söllend werden.

Wir wüssend aber/ so unser yrdisch hauß diser hüttenn zerbrochen wirt/ das wir einen buw habend von Gott erbauwet/ ein hauß nit mit henden gemacht/ sunder das ewig ist im himmel. Und über den selben sähnend und seüfftzend wir auch/ nach unserer behausung die vom himmel: und verlangend/ das wir damit überkleidet werdind/ so doch/ wo wir bekleydet/ nit bloß erfunde werdend. Dann dieweil wir in diser hütten sind/ verlanget uns/ und sind beschwärdt/ sitmals wir woltend lieber nit entkleydet/ sunder überkleydet werden/ auff dz das sterblich wurde verschlunden von dem läben. Der uns aber zuo dem selbigen bereytet/ das ist Gott/ der uns dz pfand/ den geist geben hat. Wir sind aber guots muots allzeit/ und wüssend/ das/ dieweyl wir hie wonent in dem leyb/ so wandlend wir im abwäsen von dem Herren: dann wir wandlend im glauben/ unnd sehend jn nit. Wir sind aber guots muots/ und habend vil mer lust aussert dem leyb zewandlen/ und daheim zesein bey dem Herren. Darumb fleyssend wir uns auch/ wir sygind daheim/ oder wandlind/ das wir jm wolgefallind. Dann wir müessend alle offenbar werden vor dem richterstuol Christi/ uff dz ein yetlicher empfahe an seinem leyb/ nach dem er gehanndlet hat/ es sey guot oder böß.

wird doch unser innerer Mensch Tag für Tag erneuert. 17 Denn die Last unserer jetzigen Bedrängnis wiegt leicht und bringt uns eine weit über jedes Mass hinausgehende, unendliche Fülle an Herrlichkeit, 18 wenn wir nicht auf das Sichtbare schauen, sondern auf das Unsichtbare. Denn das Sichtbare gehört dem Augenblick, das Unsichtbare aber ist ewig.

5 1 Denn wir wissen: Wenn unser irdisches Haus, das Zelt, abgebrochen wird, dann haben wir eine Wohnstatt von Gott, ein nicht von Menschenhand gemachtes, unvergängliches Haus im Himmel. 2 Und darum seufzen wir ja auch, weil wir uns danach sehnen, mit unserer himmlischen Behausung bekleidet zu werden, 3 so wahr wir nicht nackt dastehen werden, auch wenn wir unser jetziges Kleid ablegen. 4 Denn solange wir noch im Zelt sind, seufzen wir wie unter einer schweren Last, weil wir nicht entkleidet, sondern bekleidet werden möchten, damit das Sterbliche vom Leben verschlungen werde. 5 Der Gott aber, der uns eben dazu bereit gemacht hat, er hat uns auch als ersten Anteil den Geist gegeben.

6 So sind wir allezeit guten Mutes, auch wenn wir wissen, dass wir, solange wir im Leib zu Hause sind, fern vom Herrn, in der Fremde leben – 7 im Glauben gehen wir unseren Weg, nicht im Schauen –; 8 wir sind aber guten Mutes und wünschen noch viel mehr, unseren Leib zu verlassen und beim Herrn zu Hause zu sein. 9 Darum setzen wir auch alles daran, ob zu Hause oder in der Fremde, so zu leben, dass er Wohlgefallen an uns hat. 10 Denn wir alle müssen vor dem Richterstuhl Christi erscheinen, damit ein jeder empfange, was seinen Taten entspricht, die er zu Lebzeiten getan hat, seien sie gut oder böse.

|16–17: 6,4! |2: Röm 8,22–23 |4: 5,2! |5: 1,22! |8: Phil 1,23 |10: Röm 14,10

5,2: Die Komplexität des griechischen Ausdrucks lässt sich im Deutschen kaum wiedergeben: ‹be- und überkleidet› zu werden.

5,3: Andere Textüberlieferung: «..., auch wenn wir neu bekleidet werden.»

5,4: Siehe die Anm. zu V.2.

Dieweyl wir dann wüssend/ das der Herr zeförchten ist/ farend wir schon mit den leüten/ aber Gott sind wir offenbar: ich hoff aber/ das wir auch in euwerer gewüssen offenbar sygind. Wir lobend uns aber nit abermals/ sunder gebend euch ein ursach zerüemen von uns/ auff das jr habind zerüemen wider die/ so sich nach dem ansehen rüemend und nit nach dem hertzen. Dann thuond wir zuo vil/ so tuond wir es Gott: brauchend wir dann rechte maß/ so thuond wir es umb euwertwillen. Dann die liebe Christi dringt unns also/ sitmals wir achtend das/ so einer für alle gestorben ist/ so sind sy alle gestorben. Und er ist darumb für alle gestorben/ auff das die/ so da läbend/ nit jnen selbs läbind/ sunder dem/ der für sy gestorben und auferstanden ist.

Darumb von nun an kennend wir niemant nach dem fleysch: unnd ob wir auch Christum kennt habend nach dem fleisch/ so kennend wir jn doch ietz nit mer. Darumb/ ist etwo ein neüwe creatur in Christo/ so ist das alt vergangen: sihe/ es ist alles neüw worden. Aber das alles von Gott/ der uns mit jm selbs versüent hat durch Jesum Christ: und uns ggeben das ampt/ das die versüenung prediget. Dann Gott was in Christo/ und versüenet die welt mit jm selber/ und rechnet jnen jre sünd nit zuo/ und hat under uns aufgericht das wort von der versüenung. So sind wir nun botten/ und brauchend uns sölicher bottschafft an Christus statt/ als vermanete Gott durch uns. So bittend wir nun an Christus statt/ lassennd euch versüenen mit Gott: dann er hat den/ der von keiner sünd weißt/ für uns zur sünd gemachet/ auff das wir wurdind in jm die gerechtigkeit die vor Gott gilt.

Das vj. Capitel.

Paulus vermanet sy/ das sy empfangne gnad mit danckbarkeyt und frommkeit deß läbens behaltind/ zeygt jnen aber an wie mannlich und mit grossem fleyß er das Euangelion prediget habe. Jm end vermanet er sy/ das sy sich hüetind vor gemeinsame der Heyden.

Die neue Ausrichtung des Lebens

11 Im Bewusstsein, dass wir den Herrn zu fürchten haben, suchen wir Menschen zu überzeugen. Vor Gott aber liegt unser Wesen offen zutage – und ich hoffe, dass es auch vor eurem Gewissen offen zutage liegt. 12 Wir wollen uns selbst nicht noch einmal bei euch empfehlen, wir geben euch vielmehr Anlass, stolz zu sein auf uns, damit ihr denen etwas entgegenhalten könnt, die stolz sind auf das, was ins Auge fällt, nicht aber auf das, was im Herzen ist. 13 Waren wir nämlich in Ekstase, so war's für Gott; sind wir bei Sinnen, so ist's für euch. 14 Denn die Liebe Christi umgibt uns, und wir sind zu dem Urteil gelangt: Wenn einer für alle gestorben ist, dann sind alle gestorben. 15 Und für alle ist er gestorben, damit die Lebenden nicht mehr sich selbst leben, sondern dem, der für sie gestorben und auferweckt worden ist.

|12: 3,1; 10,12.18 · 1Sam 16,7 |15: Röm 14,7

5,14: Andere Übersetzungsmöglichkeit: «Denn die Liebe Christi treibt uns voran, …»

Anbruch der neuen Schöpfung

16 Darum kennen *wir* von jetzt an niemanden mehr nach dem Fleisch; auch Christus – sollten wir ihn auf diese Weise gekannt haben – kennen wir jetzt nicht mehr so. 17 Wenn also jemand in Christus ist, dann ist das neue Schöpfung; das Alte ist vergangen, siehe, Neues ist geworden. 18 Alles aber kommt von Gott, der uns durch Christus mit sich versöhnt und uns den Dienst der Versöhnung aufgetragen hat. 19 Denn ich bin gewiss: Gott war in Christus und versöhnte die Welt mit sich, indem er den Menschen ihre Verfehlungen nicht anrechnete und unter uns das Wort von der Versöhnung aufgerichtet hat.

20 So treten wir nun als Gesandte Christi auf, denn durch uns lässt Gott seine Einladung ergehen. Wir bitten an Christi Statt: Lasst euch versöhnen mit Gott! 21 Den, der von keiner Sünde wusste, hat er für uns zur Sünde gemacht, damit wir in ihm zur Gerechtigkeit Gottes würden.

Wir ermanend aber euch als mithelffer/ das jr nit vergeblich die gnad Gottes empfahind. Dann er spricht: Jch hab dich in der angenämen zeyt erhört/ und hab dir am tag des heyls geholffen. Sehend/ yetz ist die angenäm zeyt/ yetz ist der tag deß heyls/ lassend unns aber niemant yenen ein ergernuß geben/ auff das unser ampt nitt verlesteret werde/ sunder in allen dingen lassend unns beweysen als die diener Gottes.

Mit grosser gedult/ mit trüebsal/ mitt nöten/ mit ängsten/ mit schlegenn/ mit gefencknußen/ mit aufruoren/ mit arbeyt/ mit wachen/ mit fasten/ mit lauterkeit/ mit erkantnuß/ mit duldmuot/ mit freüntlikeyt/ mit dem heyligen geyst/ mit ungefärbter liebe/ mitt dem wort der warheyt/ mitt der krafft Gottes/ durch waaffen der gerechtigkeyt zur rechten unnd zur lincken/ durch preyß und schmach/ durch bösen lümbden unnd guoten lümbden/ als die verfüerer/ unnd doch warhafftig: als die unbekanten/ und doch bekant: als die sterbenden/ und sihe/ wir läbend als die gestrafften/ und doch nit ertödet: als die traurigen/ aber alle zeyt frölich: als die armen/ aber die doch vil reych machend: als die nüts habend/ unnd doch alles innhabend.

O jr Corinther/ unser mund hat sich ufgethon zuo euch/ unnser hertz hat sich außgespreytet. Unserthalben dörffend jr euch nitt ängsten: das jr euch aber ängstigennd/ das thuond jr auß hertzlicher meinung. Jch red mit euch als mit kindern die gleichen lon mit uns habend. Darumb breytend jr euch auch auss.

Ziehent nit am frömbden joch mit den unglöubigen. Dann was hat die frommkeyt gemeinsame mit der unfrommkeit? was hat dz liecht für gemeinschafft mitt der finsternuß? wie stimpt Christus mit Belial? oder was für ein teyl hat der glaub mitt dem unglouben? was hat der tempel Gottes für ein gleiche mit den götzen? Jr aber sind der tempel deß läbendigen Gottes/ wie dann Gott spricht: Jch wil in jnen wonen/ und in jnen wandlen/ und wil jrer Gott sein/ unnd sy söllend mein volck sein. Darumb gond auß mitten von jnen/ und absünderend

6
1 Als Mitarbeiter aber ermahnen wir euch auch: Empfangt die Gnade Gottes nicht vergeblich! 2 Denn es heisst:
Zu willkommener Zeit habe ich dich erhört, und am Tage der Rettung habe ich dir geholfen.
Jetzt ist sie da, die ersehnte Zeit, jetzt ist er da, der Tag der Rettung.
|17: Gal 6,15 |18–19: Röm 5,10 |21: Röm 1,17!
|2: Jes 49,8

Die Kraft Gottes
3 Mit nichts wollen wir Anstoss erregen, damit der Dienst nicht in Verruf komme; 4 vielmehr stellen wir uns ganz und gar als Gottes Diener zur Verfügung: mit grosser Ausdauer, in Bedrängnis, in Not und in Ängsten; 5 unter Schlägen, im Gefängnis, in unruhigen Zeiten, in Mühsal, in durchwachten Nächten und beim Fasten; 6 in Reinheit, in Erkenntnis, in Geduld, in Güte, im heiligen Geist, in ungeheuchelter Liebe, 7 im Wort der Wahrheit und in der Kraft Gottes; mit den Waffen der Gerechtigkeit in der Rechten und in der Linken, 8 ob wir anerkannt oder abgelehnt, verleumdet oder gelobt werden! Wie Verführer sind wir, und doch wahrhaftig, 9 wie Unbekannte, und doch wohlbekannt, wie Sterbende, und seht: wir leben, wie Gezüchtigte, und doch nicht dem Tod geweiht, 10 wie Trauernde, doch stets voller Freude, wie Bettler, die dennoch viele reich machen, wie Besitzlose, die alles besitzen.

|4–10: 1,6; 1Kor 4,10–13 |4: 1,4.8; 4,17; 7,4; 5,12!

Die Bitte um Vertrauen
11 Unser Mund hat sich aufgetan vor euch, ihr Leute aus Korinth, unser Herz ist weit geworden. 12 In die Enge getrieben werdet ihr nicht bei uns, in die Enge getrieben werdet ihr in eurem Inneren. 13 Gebt uns, was wir euch geben – wie zu Kindern rede ich –: Macht auch ihr eure Herzen weit!

14 Lasst euch nicht mit Ungläubigen zusammen unter ein fremdes Joch spannen! Denn was verbindet die Gerechtigkeit mit der Missachtung des Gesetzes, was hat das Licht mit der Finsternis zu tun? 15 Wie könnte Christus im Einklang sein mit Beliar, was hat der Gläubige mit dem Ungläubigen zu schaffen? 16 Wie verträgt sich der Tempel Gottes mit den nichtigen Göttern? Denn wir sind der Tempel des lebendigen Gottes, wie Gott gesagt hat:
Ich werde bei ihnen wohnen und unter ihnen wandeln,

euch (spricht der Herr) und rüerend kein
unreins an/ so wil ich euch annemmen/ und
euwer vatter sein/ und jr söllend meine sün und
töchteren sein/ spricht der allmächtig Herr.

Das vij. Capitel.

Paulus vermant sy aber/ das sy sölicher verheyssung
Gottes mit Danckbarkeyt entgegen gangind/ rüempt sy/
das sy jm so gehorsam sygind/ lobt sy das sy jn so lieb
habend.

Dieweyl wir nun söliche verheissung
habend/ meine liebsten/ so lassend uns
von aller befleckung deß fleyschs und des
geists uns reynigen/ und fürfaren mit der
heyligung inn der forcht Gottes. Verstond
uns recht/ wir habend niemants leyd gethon/
wir habend nieman betrogen/ wir habend
niemant verforteylet. Nit sag ich sölichs
euch zuo verdammen/ dann ich hab da oben
vorhin gesagt dz jr in unserem hertzen sind/
mitzesterben und mitzeläben. Jch bin vast
freydig gegen euch/ ich rüemen vil von euch/ ich
bin erfüllt mit trost/ ich bin überschwencklich
in fröuden in allem unserm trüebsal.

Dann do wir in Macedoniam kamend/ hatt
unnser fleisch kein ruow/ sunder allenthalben
warend wir im trüebsal/ außwendig streyt/
innwendig forcht. Aber Gott der die geringen
tröstet/ der tröstet uns durch die zuokunfft
Titi. Nitt alleyn aber durch sein zuokunfft/
sunder auch durch den trost/ damit er getröstet
was von euch/ als er uns verkündiget euwer
verlangen/ euwer weynen/ euwer eyferen umb
mich/ also/ das ich mich noch mer fröuwet.
Dann das ich euch durch den brieff hab traurig
gemacht rüwt mich nit/ wiewol es mich schon
gerüwet hatt. So ich aber sich/ dz der brieff
villicht auch ein stund lang euch betrüebet
hat/ so fröwen ich mich/ doch nun/ nit
darvon/ das jr sind betrüebt worden/ sunder
das jr betrüebt sind worden zur rüw. Dann
jr sind göttlich betrüebt worden/ also/ das jr

*und ich werde ihr Gott sein, und sie werden
mein Volk sein.*
17 Darum: *Zieht weg aus ihrer Mitte
und sondert euch ab, spricht der Herr,*
und *habt keine Berührung mit dem Unreinen;
so werde ich euch aufnehmen,*
18 und *ich werde euch Vater sein,*
und *ihr werdet mir Söhne und Töchter
sein,*
spricht der Herr, der Herrscher über das All.

7 1 Da wir nun diese Verheissungen
haben, meine Geliebten, wollen wir uns
reinigen von jeder Befleckung des Fleisches
und des Geistes und auf unsere vollkommene
Heiligkeit hinwirken in der Furcht Gottes.
2 Gebt uns Raum in euren Herzen! Wir
haben niemandem Unrecht getan, niemanden
zugrunde gerichtet, niemanden übervorteilt.
3 Ich rede nicht, um zu verurteilen, habe ich
doch eben gesagt, dass ihr einen so festen
Platz in unserem Herzen habt, dass wir
miteinander verbunden sind, zum Sterben und
zum Leben. 4 Gross ist mein Freimut euch
gegenüber, gross ist mein Stolz auf euch; ganz
getröstet bin ich und voll überschäumender
Freude in all unserer Bedrängnis.

|16: 1Kor 3,16! · Lev 26,11–12; Ez 37,27 |17: Jes 52,11 ·
Ez 20,41 |18: 2Sam 7,14 |3: 3,2; 6,11 |4: 6,4!

6,14: Der Abschnitt 6,14–7,1 ist ein Textstück, das
mit grosser Wahrscheinlichkeit nicht von Paulus verfasst,
sondern erst später in die Briefsammlung des Zweiten
Briefs an die Korinther eingefügt worden ist.

Die Versöhnung mit der Gemeinde

5 Denn auch als wir nach Makedonien
kamen, fand unser ängstliches Herz keine Ruhe,
nur Bedrängnis von allen Seiten: von aussen
Kämpfe, von innen Ängste. 6 Doch der die
Geringen tröstet, Gott, er hat uns durch die
Ankunft des Titus getröstet, 7 und nicht nur
durch seine Ankunft, sondern auch durch den
Trost, den er bei euch erfahren hat, denn er hat
uns von eurer Sehnsucht nach mir berichtet,
von eurem schmerzlichen Verlangen und eurem
Eifer, und das hat mich erst recht gefreut.

8 Indes, auch wenn ich euch mit meinem
Brief betrübt habe, bedaure ich es nicht.
Auch wenn ich es bedauert habe – ich sehe
ja, dass jener Brief euch betrübt hat, und sei
es nur für eine kurze Zeit –, 9 so freue ich
mich doch jetzt, nicht weil ihr betrübt wurdet,
sondern weil die Betrübnis euch zur Umkehr

von uns keinen schaden yenen eynnemmind. Dann die göttlich traurigkeit würckt zur säligkeit ein reüw die niemant gereüwt: die traurigkeyt aber der welt/ würckt den tod. Sihe/ das jr göttlich sind betrüebt worden/ was grossen fleyß und ernst hat es in euch gewürckt/ darzuo verantwortung/ unwillen/ forcht/ verlangen/ eyfer/ raach. Jr habend euch bewisen in allen stucken/ das jr reyn sind an der thaat. Darumb ob ich euch geschriben hab/ so ists doch nit geschehen umb deß willen der beleydiget hat/ auch nit umb des willen der beleidiget ist/ sunder umb deß willen/ das euwer fleyß und ernst (den jr von unsertwägen vor Gott habend) offenbar werde bey Gott.

Deßhalben sind wir getröstet worden/ das jr getröstet sind: überschwencklicher aber habend wir uns noch mer gefröwet über die fröud Titi. Dann sein geyst ist erkickt an euch allen. Dann was ich vor jm von euch gerüempt hab/ bin ich nit zeschanden worden/ sunder gleych wie es alles waar ist dz ich zuo euch geredt hab/ also ist auch unser ruom vor Tito waar worden. Und er ist überauß hertzlich wol an euch/ wenn er gedenckt an euwer aller gehorsame/ wie jr jnn mit forcht unnd zittern habend aufgenomen. Jch fröuwen mich/ das ich under euch in allen stucken gethar küen sein.

Das viij. Capitel.

Er ermanet sy/ das sy als die Macedonier etwas von jrem guot zuosamen legind den armen zuo Jerusalem zuo einem behilff und aufenthalt

Jch thuon euch kund/ lieben brüeder/ die gnad Gottes/ die inn den gemeynden zuo Macedonian ggeben ist. Dann jr fröud was da am überschwencklichsten/ do sy durch vil trüebsal bewärdt wurdend/ unnd jr armuot obs wol tieff ist/ hat es sich doch überschwenckt als ein reychthumb in aller einfaltigkeit. Dann nach allem vermögen (dz zeüg ich) und übervermögen warend sy selbs willig/ und battend uns ernstlich mit vil ermanens/ das wir aufnämind die wolthat und gemeinschafft der handreychung/ die da geschicht den heiligen/ und nit wie wir hofftend/ sunder ergabennd sich selbs zum ersten dem Herren/ und darnach uns durch den willen Gottes/ das wir muoßtend Titon ermanen/ auff das er wie er vorhin hatt angefangen/ also auch under euch söliche wolthaat außrichtete. Aber gleych wie jr in allen stuckenn reych sind/ im glauben und im wort/

geführt hat. Denn es war Gottes Wille, dass ihr betrübt wurdet, und so seid ihr durch uns zu keinerlei Schaden gekommen. 10 Denn die Betrübnis, die nach dem Willen Gottes ist, bewirkt eine Umkehr zum Heil, die niemand bereut. Die Betrübnis der Welt aber führt zum Tod. 11 Denn seht, ihr seid nach dem Willen Gottes betrübt worden: Wie viel Einsatz hat dies doch bei euch ausgelöst, ja Bereitschaft zur Entschuldigung, Entrüstung, Gottesfurcht, Sehnsucht, Eifer, Willen zu gerechter Bestrafung. In allem habt ihr euch in der Sache als schuldlos erwiesen. 12 Wenn ich euch also geschrieben habe, so nicht um dessentwillen, der Unrecht getan, noch um dessentwillen, der Unrecht erlitten hat, sondern damit euer Einsatz für uns bei euch vor Gottes Angesicht zutage trete. 13 Darum sind wir getröstet.

Mehr aber noch als über den erfahrenen Trost haben wir uns über die Freude des Titus gefreut, dass sein Geist erquickt wurde von euch allen. 14 Denn dass ich euch vor ihm gerühmt habe, hat mir keine Schande gebracht, im Gegenteil: Wie wir euch in allem die Wahrheit gesagt haben, so hat sich auch unser Stolz auf euch vor Titus als berechtigt erwiesen. 15 Seine Zuneigung gilt euch umso mehr, als er sich an euer aller Gehorsam erinnert, wie ihr ihn mit Furcht und Zittern aufgenommen habt. 16 Ich freue mich, dass ich mich in allem auf euch verlassen kann.

|5: 4,8 |6: 2,13! |8: 2,2–4 |12: 7,8! |13: 2,13! |15: Phil 2,12

Die Beteiligung an der Kollekte

8 1 Wir berichten euch aber, liebe Brüder und Schwestern, von der Gnade Gottes, die den Gemeinden in Makedonien zuteil geworden ist: 2 In mancherlei Bedrängnis haben sie sich bewährt, und so ist ihre überschwängliche Freude und ihre tiefe Armut übergeströmt in den Reichtum ihrer selbstlosen Gabe. 3 Denn sie haben – das bezeuge ich – nach Kräften, ja weit über ihre Kräfte hinaus gespendet, nachdem sie von sich aus 4 um diese Gunst gebeten, ja sich geradezu zur Beteiligung am Dienst für die Heiligen gedrängt hatten. 5 Und nicht nur gespendet haben sie, wie wir es erhofft hatten, nein, sie haben sich selbst gegeben, zuerst dem Herrn und dann uns, durch den Willen Gottes. 6 Darum haben wir Titus gebeten, dieses Werk der Gnade, so wie er es einst begonnen hatte, nun auch bei euch zu Ende zu führen.

und in der erkantnuß/ und in allerley fleyß/
und in euwerer liebe zuo unns/ also schaffend
das jr auch in diser wolthat reych sygind. Nit
sag ich/ das ich etwas gebiete/ sunder dieweyl
ander so fleyssig sind/ versuoch ich auch euwer
liebe/ ob sy rechter art sey. Dann jr wüssent die
gnad unsers Herren Jesu Christi/ das/ ob er wol
reych ist/ ward er doch arm umb euwertwillen/
auff das jr durch sein armuot reych wurdind.

Und mein wolmeinen hierinnen gib ich/
dann sölichs ist euch nutzlich/ die jr angefangen
habend vor dem jar här/ nitt allein das tuon/
sunder auch das wöllen. Nun aber volbringend
auch das thuon/ auff dz/ gleich wie da ist ein
geneygt gemüet zewöllenn/ also sey auch da
ein geneygt gmüet zethuon von dem dz jr
habend. Dann so der geneigt muot da ist/
so ist einer angenäm nach dem er hat: nit
nach dem er nit hat. Nitt geschicht das der
meynung/ das die anderen ruow habind/ und
jr trüebsal/ sunder das es gleich sey. So diene
euwer überfluß jrem mangel dise teüre zeyt/
auff das auch jrer überschwannck hernach diene
euwerem mangel/ unnd geschehe das gleich ist.
Wie geschriben stadt: Der vil samlet/ hat nit
überfluß: und der wenig samlet/ hat nit minder.

7 Ihr seid doch über die Massen reich in
jeder Beziehung: reich an Glauben, Begabung
zur Rede, Erkenntnis, an jeglichem Bemühen
und an der Liebe, die wir in euch gewirkt
haben. So beteiligt euch doch auch an diesem
Werk der Gnade in reichem Mass! 8 Ich sage
das nicht als Befehl, sondern um durch die
Spendefreudigkeit anderer die Echtheit auch
eurer Liebe zu prüfen. 9 Ihr kennt ja die Gnade
unseres Herrn Jesus Christus: Um euretwillen
ist er, obwohl er reich war, arm geworden,
damit ihr durch seine Armut reich werdet.

10 Ich sage in dieser Sache bloss meine
Meinung; denn es ist nützlich für euch, die
ihr im letzten Jahr nicht nur mit dem Tun,
sondern auch mit dem Wollen begonnen habt.
11 Jetzt aber vollendet auch das Tun, damit zur
Bereitschaft des Wollens auch das Vollbringen
komme – entsprechend eurem Vermögen.
12 Denn wenn der gute Wille da ist, ist er
willkommen entsprechend dem, was jemand
hat, nicht entsprechend dem, was jemand nicht
hat. 13 Es geht mir ja nicht darum, anderen
Erleichterung zu verschaffen, euch aber in
Bedrängnis zu stürzen, sondern alles soll auf
Gleichheit beruhen. 14 Im jetzigen Zeitpunkt
möge euer Überfluss ihren Mangel aufwiegen,
damit auch ihr Überfluss euren Mangel aufwiege,
so dass es zu einem Ausgleich kommt, 15 wie
geschrieben steht: *Wer viel besass, hatte nicht
mehr, und wer wenig besass, hatte nicht weniger.*

|1–4: Röm 15,26 |2: 9,11–13 |4: 9,1.12–13 |6: 8,16–17;
2,13! |8: 1Kor 7,6 |9: 1Kor 1,5 |10: 1Kor 7,25.40 |15: Ex 16,18

8,1: Andere Übersetzungsmöglichkeit: «…, vom
Werk der Gnade Gottes, das in den Gemeinden von
Makedonien zustande gekommen ist:»

Die Durchführung der Kollekte

16 Dank sei Gott, der dem Titus ebensolchen
Eifer für euch ins Herz gelegt hat, 17 dass er
unserer Bitte nachgekommen ist und sich
sogar, eifrig wie er ist, von sich aus auf den
Weg zu euch gemacht hat. 18 Zusammen mit
ihm haben wir auch den Bruder geschickt,
dessen Verdienste um das Evangelium in
allen Gemeinden gelobt werden; 19 und nicht
nur das: Er ist von den Gemeinden auch zu
unserem Reisegefährten und Überbringer
dieser Liebesgabe gewählt worden, die von
uns gegeben wird zur Ehre des Herrn und zur
Stärkung unserer eigenen Zuversicht. 20 Wir
geben aber acht, dass uns kein Vorwurf trifft
angesichts des grossen Betrags, der von uns

Gott sey aber gedanckt/ der sölichen fleyß
an euch geben hat in das hertz Titi. Dann er
nam zwar die ermanung an/ aber dieweyl er so
vast fleissig was/ ist er von jm selber zuo euch
gewandlet.

Wir habend aber einen bruoder mit jm
gesendt/ der das lob hat im Evangelio durch
alle gmeynden. Nit allein aber das/ sunder er ist
auch verordnet von den gmeynden zuo unserm
geferten/ in der gnad die under euch gepredigt
wirt zum preyß des Herren/ und euwer geneygt
gmüet zereytzen/ und verhüeten das/ dz uns
nit yemants diser völle halben verlestere/ die
durch unser ampt außgerichtet wirt/ und sehen

darauff das es redlich zuogang/ nit allein vor dem Herren/ sunder auch vor den menschen.

Auch habend wir mit jnen gesendt unseren bruoder/ den wir offt gspürt habend inn vil stuckenn/ das er fleyssig sey/ nun aber vil fleyssiger. Und das habend wir gethon in grosser zuoversicht zuo euch/ es sey Titus halben (welcher mein gesell unnd gehilff under euch ist) oder unserer brüedern halb (welche Apostel sind der gmeynden/ unnd ein preyß Christi) Erzeigend nun die beweysung eüwerer liebe/ und unsers ruoms von euch an disen/ auch offentlich vor den gmeynden.

Das ix. Capitel.
Jn disem capitel volfüert er das er im vorigen angefangen hat von samlung deß gelts/ zuo aufenthalt der armen Christen zuo Jerusalem.

Aber von der handreychung an die heyligen/ ist mir nit not üch zeschreyben: dann ich weiß euwer geneygt gemüet/ darvon ich euch rüemen bey denen von Macedonia/ und sag: Achaia ist vor dem jar gerüstet gwesen. Und euwer fleiß hat vil gereytzt. Wir habend aber die brüeder darumb gesandt/ das unser ruom von euch nitt zuo nüte wurde in disen sachen/ auff das jr bereytet sygind/ gleich wie wir von euch gesagt habend/ auff das nitt/ so die von Macedonia mit mir kämind/ und euch unbereit fundind/ wir zeschanden wurdind (wil nit sagen jr) an sölicher vermässenheyt des ruoms.

Jch hab es aber für nötig angesehen/ die brüeder zuo ermanen/ das sy vorhin zuo euch zugind/ zuo fertigen dise vorhinverheißne wolthat oder gaab/ das sy bereyt sey/ also/ das es sey ein guote gaab/ unnd nit ein geyt.

Jch mein aber das/ wär da kündigklich säyet/ der wirdt auch kündigklich ernden: und wär da säyet inn reychlicher überflüssiger gaab/ der wird auch ernden in überflüssiger gaab/ ein yetlicher nach dem er in seinem hertzen vorhin erwellt hat/ nit auß traurigkeyt oder auß not. Dann einen frölichen gäber hat Gott lieb.

Gott aber mag machen dz allerley gnad in euch überflüssig sey/ das jr in allen dingen allerley gnuog vor euch habind/ und reych sygind in allerley guoten wercken. Wie geschriben stadt: Er hat außgeströwet und ggeben den armen/ sein gerechtigkeit bleibt in

verwaltet wird. 21 Wir sind darauf bedacht, dass alles seine Richtigkeit hat, nicht nur vor dem Herrn, sondern auch vor den Menschen. 22 Wir haben aber mit den beiden noch einen weiteren Bruder geschickt, dessen Eifer wir schon oft und in vielen Belangen erprobt haben und der sich jetzt noch eifriger zeigt, da er grosses Vertrauen zu euch hat.

23 Ob es sich nun um Titus handle, meinen Gefährten und Mitarbeiter bei euch, oder um unsere Brüder, die als Abgesandte der Gemeinden Spiegel des Glanzes Christi sind: 24 Erweist ihnen eure Liebe vor den Augen der Gemeinden und beweist damit, dass unser Stolz auf euch berechtigt ist!

|16–17: 8,6; 2,13! |18: 8,22; 12,18 |21: Röm 12,17 |22: 8,18! |23: 2,13!

Erinnerung an das Versprechen der Gemeinde
9 1 Was die Hilfe für die Heiligen betrifft – euch darüber zu schreiben, erübrigt sich eigentlich. 2 Denn ich kenne euren guten Willen, den ich vor den Makedoniern auch rühme: Die Achaia ist seit letztem Jahr gerüstet. Und euer Eifer hat die meisten angespornt. 3 Ich habe aber die Brüder geschickt, damit unser Stolz auf euch in dieser Sache nicht zunichte werde, damit ihr, wie gesagt, gerüstet seid. 4 Es soll nicht geschehen, dass wir – oder soll ich sagen: ihr – in solcher Zuversicht beschämt dastehen, wenn die Makedonier mit mir kommen und euch unvorbereitet finden. 5 Ich hielt es deshalb für angebracht, die Brüder zu bitten, mir vorauszureisen und die von euch versprochene Gabe im Voraus bereitzustellen, damit sie bereitliege als eine Gabe des Segens und nicht des Krämergeistes.

|1: 9,12–13; 8,4

Empfangen und Geben
6 Dies aber bedenkt: Wer spärlich sät, wird auch spärlich ernten, und wer im Zeichen des Segens sät, wird auch im Zeichen des Segens ernten. 7 Jeder aber gebe, wie er es sich im Herzen vorgenommen hat, ohne Bedauern und ohne Zwang; denn *einen fröhlichen Geber* hat *Gott* lieb. 8 Gott aber lässt euch all seine Gnade reichlich zukommen, damit ihr allezeit mit allem reich versorgt seid und darüber hinaus noch Mittel habt zu jedem guten Werk, 9 wie geschrieben steht:
Er hat ausgestreut und hat den Armen gegeben, seine Gerechtigkeit bleibt in Ewigkeit.

ewigkeit. Der aber somen mitteylet dem säyer/ der wirt auch das brot mitteylen zur speyß/ und wirt meren euweren somen/ unnd wachsen lassen das gewächß euwerer gerechtigkeyt/

auff das jr reich sygind in allen dingen zuo aller einfaltigkeyt/ welche würckt durch unns dancksagung Gottes.

Dann die handreychung diser steür erfüllet nit allein den mangel der heiligen/ sunder ist auch überschwencklich darinn/ das vil Gott danckend durch disen bewärten dienst/ und preysend Gott über euwere underthenige bekantnuß deß Euangelions Christi/ und über euwere einfaltige gemeinschafft mit jnen/ und mit allen/ unnd in jrem gebätt für euch/ welche verlangt nach euch umb der überschwencklichenn gnad Gottes willen in euch. Gott aber sey danck für sein unaußsprechliche gaab.

Das x. Capitel.
Hierinn trifft Paulus die valschen Apostlen/ die jn als ein schlächten und verworffnen verachtetend/ errettet damit sein ampt und oberkeyt.

Jch aber Paulus ermanenn euch durch die sennftmüetikeit und früntlikeit Christi/ der ich gegenwürtig under euch gering bin/ in abwäsenn aber bin ich küen gegen euch. Jch bitt aber das mir nit not sey durch das vertruwen (durch welches ich küen geschetzet wird) küen zesein über etlich/ die uns schetzend als wandletind wir nach dem fleysch: dann ob wir wol im fleysch wandlend/ so streytend wir doch nit nach menschlicher weyß. Dann die waaffen unserer ritterschafft sind nit fleyschlich/ sunder mächtig vor Gott/ zuo verstören die befestungen/ damit wir verstörind die anschleg/ unnd alle höhe die sich erhept wider die erkantnuß Gottes: und nemmend gefangen alle vernunfft under die gehorsame Christi/ unnd sind bereyt zerächen alle ungehorsame/ wenn euwer gehorsame erfüllt ist.

Richtend jr nach dem ansehen?
Verlaßt sich yemants darauff dz er Christi sey/ der dencke sölichs auch widerumb bey jm/

10 Der aber *dem Säenden Samen* gibt *und Brot zur Speise,* der wird auch euch das Saatgut geben in reichem Masse und die Frucht eurer Gerechtigkeit wachsen lassen.

|7: Dtn 15,10 |9: Ps 112,9 |10: Jes 55,10

Der Sinn der Kollekte
11 In allem seid ihr reich, und in allem zeigt sich ganz selbstverständlich eure Güte, die bewirkt, dass, durch unsere Vermittlung, Gott gedankt wird. 12 Denn die Ausübung dieses Dienstes gleicht nicht nur den Mangel der Heiligen aus, sie bewirkt auch, dass Gott über die Massen gedankt wird. 13 Weil ihr euch in diesem Dienst bewährt, preisen sie Gott für den Gehorsam, mit dem ihr euch zum Evangelium von Christus bekennt, und für die Selbstlosigkeit, mit der ihr an ihnen und an allen Anteil nehmt. 14 In ihrem Gebet für euch bezeugen sie ihre Sehnsucht nach euch angesichts der überfliessenden Gnade, die Gott euch zukommen liess. 15 Dank sei Gott für seine unbeschreiblich grosse Gabe.

|11: 1Kor 1,5 · 8,2

Eine Kampfansage
10 1 Ich selbst aber, Paulus, ermahne euch bei der Sanftmut und Freundlichkeit Christi, ich, der ich, wenn ich vor euch stehe, demütig bin, wenn ich aber weg bin, euch die Stirn biete, 2 und ich bitte euch: Zwingt mich nicht, wenn ich da bin, so entschieden aufzutreten, wie ich gegen einige Leute vorzugehen gedenke, die meinen, wir führten unser Leben nach dem Fleisch. 3 Wir führen zwar unser Leben *im* Fleisch, unseren Kampf aber führen wir nicht *nach* dem Fleisch. 4 Denn die Waffen, die wir auf unserem Feldzug mitführen, sind nicht irdisch, sondern dienen Gott dazu, Bollwerke niederzureissen. Ja, grossartige Gedankengebäude reissen wir nieder, 5 alles Hochragende, das sich erhebt wider die Erkenntnis Gottes, und alles Denken führen wir dem Gehorsam Christi zu. 6 Wir sind bereit, jeden Ungehorsam zu bestrafen, wenn bloss euer Gehorsam vollkommen wird.

|1: 10,10 |2: Röm 8,4

Umstrittene Vollmacht
7 Schaut auf das, was vor Augen liegt! Wenn jemand die Gewissheit hat, Christus anzugehören, dann möge er doch zugleich

dz gleich wie er Christi ist/ also sind wir auch Christi. Und so ich auch etwas weyters mich ruomte von dem gwalt/ den uns der Herr gegeben hat zebesserenn/ und nit zuo verderben/ wölte ich nit zuo schanden werdenn. Das sag ich/ das jr euch duncken lassend/ als hette ich euch wöllen erschrecken mit brieffen. Dann die brieff (sprechend sy) sind schwär unnd starck/ aber die gegenwürtigkeyt deß leybs ist schwach/ unnd die red verachtlich. Wär ein sölcher ist/ der dencke das/ wie wir mit worten sind in den brieffen im abwäsen/ also sind wir auch mit der that gegenwürtig.

Dann wir dörffend nit uns selbs anmassen und richten/ nach etlichen die sich selbs lobennd: aber dieweyl sy sich nach jnen selbs mässend/ und sich nach jnen selbs richtend/ verstond sy nichts.

Wir aber rüemend unns nit über das zil/ sunder nun nach dem zil der regel/ damit uns Gott abgemässen hat das zil zuo erlangenn/ auch biß an euch. Dann wir farennd nit zeweyt/ als hettind wir nit gelanget an euch. Dann wir sind ye auch biß an euch kommen mit dem Evangelio Christi/ unnd rüemend uns nit übers zil in frömbder arbeyt: und habend hoffnung: wenn nun euwer glaub in euch gewachßt/ das wir unserer regel nach/ wöllend weyter kommen/ und das Euangelion auch predigen denen/ die jhensit euch wonend/ unnd unns nit rüemen in dem das mit frömbder regel bereytet ist.

Das xj. Capitel.

Hierinn facht Paulus an sich loben (doch bittet er erlaubnuß) damit er sein wirde und gwalt wider die falschen Aposteln beschirme.

Wer sich aber rüemet/ der rüeme sich deß Herren: Dann der ist nit bewärt der sich selbs lobt/ sunder den der Herr lobt.

bedenken, dass, wie er, so auch wir Christus angehören. 8 Ja, auch wenn ich mich darüber hinaus noch der Vollmacht rühmen wollte, die uns der Herr gegeben hat – die Vollmacht, euch aufzurichten, nicht euch zu zerstören –, so würde ich mich gleichwohl nicht schämen müssen. 9 Ich möchte ja nicht den Anschein erwecken, als wollte ich euch mit meinen Briefen einschüchtern. 10 Gewiss – seine Briefe, heisst es, sind gewichtig und voller Kraft, sein persönliches Auftreten aber ist schwach, und seine Rede taugt nichts. 11 Wer das sagt, soll bedenken: Was wir durch das geschriebene Wort vermögen, wenn wir fern sind, das vermögen wir durch die Tat, wenn wir da sind.

|8: 11,16.18.30! · 13,10; 12,19! |10: 10,1 · 1Kor 2,3! · 11,6 |11: 12,20; 13,2.10

10,7: Andere Übersetzungsmöglichkeit: «Ihr seht auf das, was vor Augen liegt? ...»

Das Mass des Rühmens

12 Wir nehmen uns allerdings nicht heraus, uns zu denen zu zählen oder uns mit denen zu vergleichen, die sich selbst anpreisen; nein, wir messen uns nur mit uns und vergleichen uns nur mit uns selbst. 13 Wir werden uns nicht masslos rühmen, sondern nach dem Mass des Wirkungsfeldes, das Gott uns als Mass zugewiesen hat: dass wir nämlich bis zu euch gelangt sind. 14 Wir überschätzen uns nicht – das täten wir, wenn wir nicht bis zu euch gelangt wären; wir sind aber auch bis zu euch vorgedrungen, mit dem Evangelium von Christus. 15 Nicht masslos rühmen wir uns, nicht für die Arbeit anderer; wir haben aber die Hoffnung, wenn euer Glaube wächst, bei euch dereinst im Rahmen unseres Wirkungsfeldes über die Massen dafür gepriesen zu werden, 16 dass wir das Evangelium an noch ferneren Orten verkündigt haben, nicht uns zu rühmen, es im Wirkungsfeld anderer an schon bestellten Orten verkündigt zu haben. 17 *Wer sich rühmt, der rühme sich des Herrn.* 18 Nicht wer sich selbst empfiehlt, gilt als bewährt, sondern wen der Herr empfiehlt.

|12: 5,12! |13: 10,8! |15: 10,13! |17: 1Kor 1,31!; Jer 9,23 |18: 5,12!

10,12–13: Andere Textüberlieferung: «..., die sich selbst anpreisen. Sie sind jedoch ganz unverständig, da sie sich nur mit sich selbst messen und mit sich selbst vergleichen. 13 Wir aber werden ...»

10,13: Andere Übersetzungsmöglichkeit: «…, sondern nach dem Mass des Massstabs, den Gott uns als Mass zugewiesen hat: …»
10,15: Andere Übersetzungsmöglichkeit: «…, bei euch dereinst nach unserem Massstab …»
10,16: Andere Übersetzungsmöglichkeit: «…, es nach einem fremden Massstab an schon …»

Wölte gott jr hieltind mir ein wenig torheyt zuo guotem: doch jr haltent mirs zuo guotem. Dann ich eyfer über euch mit göttlichem eyfer. Dann ich hab euch vermächlet einen mann/ das ich ein reyne junckfrouw Christo zuobrächte. Jch förcht aber/ das vileicht/ wie die schlang Eva verfuort mit jrem geschwinden list/ euwere sinn auch also verruckt werdind von der einfaltigkeit in Christo. Dann so der/ der zuo euch kumpt/ ein anderen Jesum predigte/ den wir nit gepredigt habend/ oder jr ein anderen geyst empfiengind/ den jr nit empfangen habend/ oder ein ander Euangelion/ das jr nit angenommen habend/ so duldetend jr sy billich. Dann ich achten ich sey nit minder dann die hohen Apostel sind. Und ob ich schon schlächt bin mit reden/ so bin ich doch nit schlächt in der erkantnuß. Doch ich bin by euch allenthalb wol bekant. Oder hab ich gesündet das ich mich erniederet hab/ auff das jr erhöcht wurdind? Dann ich hab euch das Euangelion umb sunst verkündt/ und hab andere gmeynden beraubt/ und sold von jnen genommen/ das ich euch predigete. Und do ich bey euch was gegenwürtig/ und mangel hatt/ was ich niemants beschwärlich: dann meinen mangel erstattend die brüeder die von Macedonia kamend. Und hab mich in allen stucken euch unbeschwärlich gehalten/ und wil auch noch mich also behalten. So gwüss die warheyt Christi inn mir ist/ so sol mir diser ruom in den ländern Achaia nit undernommen werden. Warumb das? das ich euch nit sölte lieb haben? Gott weyßt es. Was ich aber thuon und thuon wil/ das thuon ich darumb/ das ich die ursach abhauwe denen/ die ursach suochend das sy rüemen möchtind sy sygind wie wir. Dann sölich falsche Apostel/ und betrugliche arbeyter verstellend sich zuo Christus Apostlen: und das ist auch kein wunder. Dann er selbs der teüfel/ verstellet sich zum Engel des liechts. Darumb ists nit ein grosses/ ob sich auch seine diener verstellend zuo predigen von der gerechtigkeit: welcher end sein wirt nach jren wercken.

Einstimmung auf die Narrenrede

11 1 Würdet ihr doch ein wenig Unverstand an mir ertragen! Aber das tut ihr ja. 2 Mit göttlichem Eifer werbe ich um euch. Denn mit einem einzigen Mann habe ich euch verlobt, um euch ihm, dem Christus, als reine Jungfrau zuzuführen. 3 Ich fürchte aber, eure Gedanken könnten abgelenkt werden von der ungeteilten Hinwendung zu Christus, so wie es der Schlange gelang, Eva mit ihrer List zu betrügen. 4 Denn wenn einer daherkommt und euch einen anderen Jesus verkündigt, als wir verkündigt haben, oder wenn ihr einen anderen Geist empfangt, als ihr empfangen habt, oder ein anderes Evangelium, als ihr angenommen habt, so nehmt ihr das ohne weiteres hin!

5 Ich meine doch, dass ich den ‹Überaposteln› in nichts nachstehe. 6 Bin ich auch in der Redekunst ein Laie, so doch nicht in der Erkenntnis; wir haben sie ja euch gegenüber allenthalben aufscheinen lassen.

7 Oder habe ich einen Fehler gemacht, als ich mich erniedrigte, damit ihr erhöht würdet, indem ich euch das Evangelium Gottes verkündigte, ohne Entgelt zu fordern? 8 Andere Gemeinden habe ich geplündert; Geld habe ich von ihnen genommen, um euch dienen zu können. 9 Doch bei euch bin ich, auch wenn ich Mangel litt, niemandem zur Last gefallen. Für das, was ich zu wenig hatte, sind die Brüder, die von Makedonien kamen, aufgekommen; euch keinerlei Umstände zu machen, daran lag mir, und daran wird mir auch weiterhin liegen. 10 Bei der Wahrheit Christi, die in mir ist: Die Ausbreitung dieses Ruhmes wird in den Gebieten der Achaia niemand verhindern können. 11 Warum verhalte ich mich so? Etwa weil ich euch *nicht* liebe? Gott weiss es.

12 Was ich tue, das werde ich auch künftig tun, um denen keinen Anlass zur Kritik zu geben, die einen Anlass suchen. Worauf sie stolz sind, das soll sich bei ihnen finden lassen, so wie bei uns. 13 Denn Leute dieses Schlages sind falsche Apostel, hinterhältige Gesellen, die sich als Apostel Christi tarnen. 14 Doch das ist kein Wunder, tarnt sich ja der Satan

selbst als Engel des Lichts. 15 Es ist also nichts Besonderes, wenn auch seine Diener sich tarnen, als wären sie Diener der Gerechtigkeit; ihr Ende wird ihren Taten entsprechen.

|1: 11,17.21; 11.16! |3: Gen 3,13 |4: Gal 1,6–9 |5: 12,11 |6: 10,10; 1Kor 2,1–4 |7: 1Kor 9,12.18 · 1Thess 2,2! |9: 12,13; 1Kor 9,12–15 |13: 11,5!; Gal 2,4; Mt 7,15! |15: Röm 2,6!

11,3: Andere Textüberlieferung: «... von der ungeteilten Hinwendung zu Christus und der Heiligkeit in ihm, so wie ...»

11,11: Andere Übersetzungsmöglichkeit: «Weshalb habe ich solche Rücksicht auf euch genommen? ...»

Das Eigenlob des Apostels

Jch sag abermals/ das nit yemants wäne ich sey torechtig: wo aber nit/ so nemmend mich an als einen torechtigen/ das ich auch mich ein wenig rüeme. Wz ich yetz red/ das red ich nit dem Herren nach/ sunder als in der torheit/ dieweyl wir in das rüemen kommen sind: sitmals vil sich rüemend nach dem fleisch/ wil ich mich auch rüemen. Dann jr duldend gern die narren/ dieweil jr kluog und weiß sind. Dann jr leidend so euch yeman zuo knechten macht/ so euch yemants schindet/ so euch yemants nimpt/ so sich yemants über euch erhept/ so euch yemants inn das angesicht schlecht. Das sag ich nach der uneer/ als wärind wir schwach worden. Worinn nun yemants küen ist (ich red in torheyt) darinn bin ich auch küen. Sy sind Ebreer/ ich auch. Sy sind Jsraeliter/ ich auch. Sy sind Abrahams somen/ ich auch. Sy sind diener Christi/ ich auch. Jch red torlich/ ich bin wol mer in arbeyten überflüssiger/ in schlegen überschwencklicher/ in gefencknussen vil mer/ im sterben offter. Von den Juden hab ich fünff mal empfangen viertzig streych/ minder einen. Jch bin drey mal mit ruoten geschwungen/ ein mal gesteyniget/ drey mal schiffbruch erlitten: tag unnd nacht bin ich gewesen in der tieffe deß Meers/ ich hab offt gewandelt/ ich bin in gefarligkeyt gwäsen zewasser/ under den mördern/ under den Juden/ under den Heyden/ in stetten/ in der wüeste/ auff dem meer/ und under den falschen brüederen/ in müey und arbeyt/ in wachen/ in hunger und durst/ in vil fasten/ in frost unnd blösse. On was deß außwendigen ist/ namlich mein täglich anhalten: mein sorg für alle gmeynden. Wär ist schwach/ unnd ich wird nit schwach? wär wirt geergeret/ und ich brünnen nit? So ich mich ye rhüemenn muoß/ wil ich mich meiner schwacheyt rüemen. Gott und der vatter unsers Herren Jesu Christi/

16 Ich sage es noch einmal: Niemand soll mich für einen Narren halten! Wenn aber doch, dann nehmt mich an wie einen Narren, damit auch ich mich ein wenig rühmen kann. 17 Was ich jetzt sage, das sage ich nicht im Sinne des Herrn, sondern in der Rolle des Narren rede ich, bei diesem Unterfangen, da es ums Rühmen geht. 18 Weil so viele sich im Sinne der Welt rühmen, werde auch ich mich rühmen. 19 Ihr lasst euch ja die Narren gern gefallen, ihr klugen Leute. 20 Ihr nehmt es hin, wenn jemand euch knechtet, euch auffrisst, euch ausnützt, sich über euch erhebt, euch ins Gesicht schlägt. 21 Ja, zu meiner Schande sei's gesagt: Dazu waren wir zu schwach.

Worauf sich einer beruft – ich rede als Narr –, darauf kann auch ich mich berufen. 22 Hebräer sind sie? Ich auch. Israeliten sind sie? Ich auch. Nachkommen Abrahams sind sie? Ich auch. 23 Diener Christi sind sie? Bar jeglicher Vernunft sage ich: Ich bin's weit mehr! Mehr Mühsal, mehr Gefangenschaft, unzählige Schläge, oft in Todesgefahr! 24 Von den Juden erhielt ich fünfmal die ‹Vierzig-weniger-einen›. 25 Dreimal bekam ich die Prügelstrafe, einmal wurde ich gesteinigt, dreimal erlitt ich Schiffbruch, einen Tag und eine Nacht trieb ich auf offener See. 26 Oft war ich auf Reisen, oft war ich Gefahren ausgesetzt durch Flüsse, durch Wegelagerer, durch Volksgenossen und Fremde; in der Stadt, in der Einöde, auf dem Meer, durch falsche Brüder. 27 Es gab Mühsal und Plage, ich ertrug viele durchwachte Nächte, Hunger und Durst, häufiges Fasten, Kälte und Blösse.

28 Und abgesehen davon: der tägliche Andrang zu mir, die Sorge um alle Gemeinden. 29 Wer ist schwach, und ich bin es nicht auch? Wer kommt zu Fall, und ich bin nicht in heller Aufregung?

welcher ist der gebenedyet in ewigkeit/ weißt das
ich nit lüg. Zuo Damasco der landpflåger deß
Künigs Areta/ verwaret die statt der Damascer/
und wolt mich fahen: und ich ward in einem
korb zum fenster auß durch die maur nider
gelassen/ und entran auß seinen henden.

30 Wenn schon gerühmt werden muss,
dann werde ich mich all dessen rühmen, was
aus meiner Schwachheit kommt. 31 Gott, der
Vater des Herrn Jesus, er weiss – gelobt sei er in
Ewigkeit –, dass ich nicht lüge. 32 In Damaskus
liess der Statthalter des Königs Aretas die
Stadt der Damaskener bewachen, um meiner
habhaft zu werden; 33 doch ich wurde durch
ein Fenster in einem Korb über die Mauer
hinabgelassen und entkam so seinen Händen.

|16: 11,19; 12,11.6; 11,1! · 11,30! |18: Gal 6,13 · Phil 3,4
|19: 11,16! |21: 10,10!; 11,1! |22: Phil 3,5 · Röm 11,1
|23–27: 1Kor 4,11–13! |23: 6,4 · 11,1! · 11,5! |24: Dtn 25,3
|25: Apg 16,22 · Apg 14,19 |30: 11,16.18; 12,5–6.9
|32–33: Apg 9,23–25

11,17: Andere Übersetzungsmöglichkeit: «... rede ich –
das Rühmen soll jetzt verwirklicht werden!»

11,24: Der Ausdruck ‹Vierzig-weniger-einen›
bezeichnet die im synagogalen Recht vorgesehene
Geisselung mit 39 Schlägen.

Das xij. Capitel.

Paulus zeygt an die verzuckung in dritten himel/ da er
gesehen hat das nit zimmlich ist zereden.

Es ist mir zwar das rüemen kein nütz/
doch wil ich kommen uff die gesichten und
offenbarung deß herren. Jch kenn einen
menschen vor vierzähen jaren/ ist er in dem leib
so weiß ichs nit: oder ist er aussert dem leib/
so weyß ichs auch nit/ Gott weyßt es/ der selb
ward entzuckt biß in den dritten himel: und
ich kenn den selben menschen/ ob er in dem
leib oder aussert dem leib sey/ weiß ich nit/
Gott weißt es. Er ward entzuckt in dz Paradys/
und hort unaußsprechenliche wort/ welche
kein mensch sagen mag. Davon wil ich mich
rüemen/ von mir selbs aber wil ich mich nüts
rüemen/ dann meiner schwacheit. Und so ich
mich rüemen wölte/ thäte ich nit torlich: dann
ich wölt die warheit sagen. Jch enthalt mich aber
deß umb euwertwillen/ auff das nit yeman mich
höher achtete/ dann er an mir sicht oder von
mir hört. Und uff das ich mich nitt überhüebe
der hohen offenbarung/ ist meinem fleisch
ein manung ggeben/ des Satans bott/ der mir
kopffstreich gäbe das ich mich nit überhüebe:
darfür ich drey mal den Herren gebätten hab/
das er von mir wiche/ und er hat zuo mir gesagt:
Laß dich benüegen an meiner gnad. Dann
mein krafft wirt durch schwachheyt stercker.
Darumb wil ich mich am aller liebsten rüemen
mein schwacheit/ auff dz die krafft Christi
in mir wone. Darumb dunck ich mich guot
in schwacheiten/ in schmachen/ in nöten/ in
verfolgungen/ in engsten umb Christus willen:
dann wenn ich schwach bin/ so bin ich starck.

Himmelsreisen und unsagbare Worte

12 1 Rühmen muss sein! Es nützt
zwar nichts – trotzdem will ich auf
Erscheinungen und Offenbarungen des
Herrn zu sprechen kommen. 2 Ich weiss von
einem Menschen in Christus, der wurde vor
vierzehn Jahren – ob im Leib, weiss ich nicht,
ob ausserhalb des Leibes, weiss ich nicht, Gott
weiss es – bis in den dritten Himmel entrückt.
3 Und ich weiss von diesem Menschen, dass
er – ob im Leib oder ausserhalb des Leibes,
weiss ich nicht, Gott weiss es – 4 ins Paradies
entrückt wurde und unsagbare Worte hörte, die
kein Mensch aussprechen darf. 5 Für den will
ich mich rühmen; was mich selbst betrifft, will
ich mich nur meiner Schwachheit rühmen.

6 Wollte ich *mich* rühmen, würde ich damit
nicht zum Narren, denn ich würde die Wahrheit
sagen. Ich verzichte aber darauf, damit niemand
mir mehr zuschreibt, als was er an mir sieht
und hört – 7 die Offenbarungen mögen noch
so überwältigend sein. Darum wurde mir,
damit ich mich nicht überhebe, ein Stachel
ins Fleisch gegeben, ein Satansengel, der mich
schlagen soll, damit ich mich nicht überhebe.
8 Seinetwegen habe ich den Herrn dreimal
gebeten, er möge von mir ablassen. 9 Und er hat
mir gesagt: Du hast genug an meiner Gnade,
denn die Kraft findet ihre Vollendung am Ort
der Schwachheit. So rühme ich mich lieber
meiner Schwachheit, damit die Kraft Christi bei
mir Wohnung nehme. 10 Darum freue ich mich
über alle Schwachheit, über Misshandlung, Not,

Verfolgung und Bedrängnis, um Christi willen.
Denn wenn ich schwach bin, dann bin ich stark.

|1: 10,17!; 11,30! |4: Gen 2,8–15; 3,23–24; Ez 28,13;
Lk 23,43 |5: 12,9; 11,30! |6: 11,16!.30! |7: Gal 6,17; 4,14–15
|9: 1Kor 2,3–4!.5! · 12,5! · 1Kor 2,3 · 1Kor 1,24–25 |10: 11,23–
27; 4,7–10; 6,4–10; 1Kor 4,11–13

Die Zeichen des Apostels

Jch bin ein narr worden mit dem rüemen:
darzuo habend jr mich gezwungen. Dann ich
solt von euch gelobt werden/ sitmals ich nüts
minder bin dann die hohen Apostels sind.
Wiewol ich nüts bin/ so sind doch eins Apostels
zeichen under euch geschehen mit aller gedult/
mit zeichen/ und mit wunder/ und mit thaten.
Welches ist/ darinn jr geringer sygind dann
die andren gmeynden? on das ich selbs euch
nit hab beschwärt. Vergebend mir die sünd.
Sihe/ ich bin bereit zum dritten mal zuo euch
zekommen/ und wil euch nit beschwären. Dann
ich suoch nit dz euwer/ sunder euch. Dann es
söllend nit die kinder den eltern schätz samlen/
sunder die eltern den kindern. Jch aber wil vast
gern darlegen/ und dargelegt werden für euwere
seelen: wiewol ich euch überauß lieben/ und
doch wenig geliebt wird. Aber laß also sein das
ich euch nit beschwärdt habe/ sunder dieweyl
ich ein betrieger was/ hab ich euch mit hinderlist
gefangen. Hab ich aber auch yemants verforteilt/
durch deren etlich die ich zuo euch gesendt hab?
Jch hab Titon ermanet/ und mit jm gesendt
einen bruoder/ hatt euch auch Titus verforteylt?
habend wir nit in einem geist gewandlet? sind
wir nit in einerley fuoßstapffen ggangen?

11 Jetzt bin ich ein Narr geworden, ihr
habt mich dazu gezwungen. Ich müsste
eigentlich von *euch* empfohlen werden. In
nichts nämlich stand ich den ‹Überaposteln›
nach, auch wenn ich nichts bin. 12 Was
einen Apostel ausmacht, ist bei euch zur
Wirkung gekommen, in aller Geduld, durch
Zeichen und Wunder und machtvolle Taten.
13 Was ist es denn, worin ihr gegenüber den
anderen Gemeinden zu kurz gekommen
wärt, ausser dass ich selbst euch nicht zur Last
gefallen bin? Verzeiht mir dieses Unrecht!
14 Seht, ein drittes Mal bin ich jetzt bereit,
zu euch zu kommen, und ich werde euch nicht
zur Last fallen. Denn ich suche nicht eure
Habe, sondern euch selbst. Nicht die Kinder
sind verpflichtet, für ihre Eltern etwas zur Seite
zu legen, sondern umgekehrt die Eltern für
die Kinder. 15 Ich aber werde gerne für euch
ein Opfer bringen, ja mich selbst für euch
aufopfern. Wenn ich euch doch über alles liebe,
soll ich deswegen weniger Liebe empfangen?
16 Sei's drum, ich habe euch das Leben
nicht schwer gemacht. Vielmehr habe
ich, durchtrieben wie ich bin, euch mit
List gefangen. 17 Habe ich euch etwa
übervorteilt durch einen von denen, die
ich zu euch gesandt habe? 18 Ich habe Titus
zugeredet und den Bruder mit ihm gesandt;
hat euch Titus etwa übervorteilt? Haben
wir nicht im selben Geist unser Leben
geführt? Nicht in denselben Fussstapfen?

|11: 11,16! · 5,12! · 11,5.23 |12: Röm 15,19 · 1Kor 12,10
|13: 11,7–9! |14: 13,1–2; 1Kor 16,5 · Phil 4,17 |18: 7,2; 2,13! ·
8,18!

Die anstehende Bewährung der Gemeinde

Lassend jr üch abermals duncken wir
verantwortind uns? Wir redend in Christo
vor Gott. Aber das alles geschicht/ meine
liebsten/ euch zur besserung. Dann ich förcht
wenn ich komme/ das ich euch nit finde wie
ich wil/ und jr mich auch nit findind wie jr
wöllend: das nitt hader/ eyfer/ zorn/ zanck/
nachreden/ orenblasen/ aufblasen/ aufruor da

19 Schon lange meint ihr wohl, dass wir
uns euch gegenüber verteidigen wollen. Doch
wir stehen vor Gott und reden in Christus –
dies alles aber, meine Geliebten, dient eurer
Erbauung. 20 Ich fürchte nämlich, dass ich
bei meinem Kommen euch nicht so vorfinde,
wie ich es möchte, und ihr mich so vorfindet,
wie ihr es nicht möchtet. Ich fürchte, Streit,

sygind/ dz ich nit abermal komme/ und mich
Gott demüetige bey euch/ und müesse leyd
tragen über vil die vorhin gesündet/ und nit
buoß gethon habend für die unreynigkeit und
huorey/ und geylheit/ die sy gehandlet habend.

Das xiij. Capitel.
Paulus verheyßt jnen/ zuo jnen zekommen/ vermanet sy damit das sy sich dermassen rüstind/ dz er sy rein und fromm finde.

Jch kumm nun zum dritten mal zuo euch.
Jn zweyer oder dreyer zeügen mund bestond
allerley sachen. Jch habs euch vorhin gesagt/
und sags euch vorhin als gegwürtig zum
andren mal/ und schreibs nun in abwäsen
denen die vorhin gesündet habennd/ und den
andren allen. Wenn ich abermals kumm/ wil
ich nit schonen/ sitmals jr suochend das jr
ein mal gwar werdind deß der in mir redet/
Christus/ welcher ist unnder euch nit schwach/
sunder ist mächtig under euch. Und ob er wol
gecreütziget ist in der schwacheit/ so läbt er
doch in der krafft Gottes. Unnd ob wir auch
schwach sind in jm/ so läbennd wir doch
mit jm in der krafft Gottes under euch.

Versuochend euch selbs ob jr im glauben
sygind/ erkunnend euch selbs. Oder erkennend
jr euch selbs nit/ das Jesus Christus in euch
ist? Es sey dann das jr verworffen sygind. Jch
hoff aber jr erkennind das wir nit verworffenn
sygind. Jch wünsch aber vor Gott/ das jr
nüts übels thüegind: nit auff dz wir bewärdt
erscheynind/ sunder auff dz jr das guot
thüegind/ und wir wie die verworffnen sygind.
Dann wir mögend nichts wider die warheyt/
sunder für die waarheyt. Wir fröuwend uns
aber wenn wir schwach sind/ unnd jr mächtig
sind: unnd das selb wünschend wir auch/
namlich euwere volkummenheit. Deßhalb ich
auch sölichs schreib auff das ich nit/ wenn ich
gegenwürtig bin/ scherpffe brauchenn müesse/
nach der macht/ welche mir der Herr zuo
besseren/ und nitt zuo verderben ggeben hat.

Eifersucht, Zorn, Selbstsucht, Verleumdung,
üble Nachrede, Hochmut und Aufruhr bei euch
anzutreffen. 21 Ich möchte aber nicht, dass mein
Gott mich, wenn ich wieder komme, vor euch
demütigt und dass ich viele betrauern muss,
die sich versündigt und die Sittenlosigkeit,
die Unzucht und das ausschweifende Leben,
das sie führten, nicht bereut haben.

13 1 Das ist jetzt das dritte Mal, dass ich zu
euch komme. *Mit der Aussage von zwei
oder drei Zeugen steht oder fällt jede Sache.* 2 Ich
habe es schon angekündigt, als ich das zweite
Mal bei euch war, und sage es nochmals im
Voraus jetzt, da ich noch nicht bei euch bin, all
denen, die zuvor gesündigt haben, und allen
andern auch: Wenn ich noch einmal komme,
werde ich euch nicht schonen. 3 Ihr verlangt ja
einen Beweis dafür, dass Christus in mir spricht,
der sich euch gegenüber nicht als schwach
erweist, sondern stark ist unter euch. 4 Denn
gekreuzigt wurde er in Schwachheit, aber er lebt
aus der Kraft Gottes. Ja, auch wir sind schwach
in ihm, aber wir werden leben zusammen mit
ihm aus der Kraft Gottes, die für euch da ist.

5 Macht an euch selbst die Probe, ob ihr
im Glauben seid, prüft euch selbst! Erkennt
ihr nicht an euch selbst, dass Jesus Christus in
euch ist? Wenn es nicht so ist, taugt ihr nichts.
6 Hoffentlich aber erkennt ihr, dass *wir* nicht
zu denen gehören, die nichts taugen. 7 Wir
beten aber zu Gott, dass ihr nichts Böses tut,
nicht damit *wir* als bewährt dastehen, sondern
damit *ihr* das Gute tut, wir dagegen wie solche
sind, die nichts taugen. 8 Denn nicht gegen
die Wahrheit, nur für die Wahrheit vermögen
wir etwas zu tun. 9 So freuen wir uns, wenn
wir schwach sind, ihr aber stark seid. Und
dafür beten wir, dass ihr vollkommen werdet.
10 Darum schreibe ich dies alles aus der Ferne,
um nicht, wenn ich wieder bei euch bin,
mit Strenge vorgehen zu müssen kraft der
Vollmacht, die mir der Herr zur Erbauung
und nicht zur Zerstörung gegeben hat.

|19: 2,17 · 10,8; 13,10; 1Kor 14,12! |20: 1Kor 1,11 |21: 13,2
|1: 12,14; 1,15.23 · Dtn 19,15 |2: 12,21 |4: 4,10; 1Kor 1,18
|5: Gal 6,4 · Röm 8,10! |10: 2,3 · 10,8; 12,19

13,3: Andere Übersetzungsmöglichkeit: «... stark ist
in euch.»

Zuo letst liebenn brüeder/ fröuwend euch/ sind volkommen/ tröstend euch/ habent einerley muot und sinn/ sind fridsam/ so wirt Gott der liebe und deß frids mit euch sein. Grüessend euch undereinander mitt dem heyligen kuss. Es grüessend euch alle heyligen. Die gnad unsers Herren Jesu Christi/ und die liebe Gottes/ und die gemeinschafft deß heyligen geysts sey mit euch allen/ Amen.

Die ander zuo den Corinthern.
Gesandt von Philippen inn Macedonian/ durch Titon und Lucam.

Grüsse und Segenswunsch

11 Im Übrigen, liebe Brüder und Schwestern, freut euch, lasst euch zurechtbringen, lasst euch zureden, seid eines Sinnes, haltet Frieden – und der Gott der Liebe und des Friedens wird mit euch sein. 12 Grüsst einander mit dem heiligen Kuss. Es grüssen euch alle Heiligen.

13 Die Gnade des Herrn Jesus Christus und die Liebe Gottes und die Gemeinschaft des heiligen Geistes sei mit euch allen.

|11: Phil 3,1 · Röm 15,5! · 1Thess 5,13 · Phil 4,9; Röm 15,33 |12: 1Kor 16,20; Röm 16,16! |13: 1Kor 16,23 · Phil 2,1

Die Epistel Sant Pauls zuo den Galatern

Das erst Capitel.
Paulus straafft sy das sy von der Evangelischen leer wider abgefallen warend/ die sy von jm empfangen hattend/ zeiget damit an sein bekerung/ und das sein Euangelion gerecht sey/ dann er es von Christo selbs empfangen hab.

Paulus ein Apostel nitt von menschen/ noch durch einen menschenn/ sunder durch Jesum Christum und Gott dem vatter der jn auferweckt hat von den todten/ und alle brüeder die bey mir sind.
Den gmeynden in Galatia.
Gnad sey mit euch/ unnd frid von Gott dem vatter/ und unserm Herren Jesu Christo/ der sich für unser sünd geben hat/ das er uns errettete von diser gegenwürtigen argen welt/ nach dem willen Gottes unsers vatters/ welchem sey preyß vonn ewigkeyt zuo ewigkeyt/ Amen.

Mich wunderet das jr euch so bald abwenden lassend/ vonn dem der euch berüefft hat durch die gnaad Christi/ auff ein ander Euangelion/ so doch kein anders ist. One das etlich sind die euch verwirrend/ unnd wöllend das Euangelion Christi verkeren. Aber so auch wir/ oder ein Engel von himmel euch wurde predigen anders/ dann das wir euch geprediget habend/ das sey verflüechet. Wie wir yetz gesagt habend/ so sagent wir auch abermals: So yemants euch predigete anders dann das jr empfangenn habend/ das sey verflüecht.

Predigen ich dann yetz die menschen oder Gott? oder gedenck ich den menschen gefellig zesein? Wenn ich den menschen noch gefellig wäre/ so wäre ich Christi knecht nit.
Jch thuon euch aber kund/ lieben brüeder/ daß das Euangelion das von mir gepredigt ist/ nit menschlich ist. Dann ich habs nit von einem menschen empfangen noch gelernet/ sunder

Der Brief an die Galater

Anschrift
1 1 Paulus, Apostel nicht im Auftrag von Menschen noch durch Vermittlung eines Menschen, sondern durch Jesus Christus und Gott, den Vater, der ihn von den Toten auferweckt hat, 2 und alle Brüder und Schwestern, die bei mir sind, an die Gemeinden in Galatien: 3 Gnade sei mit euch und Friede von Gott, unserem Vater, und dem Herrn Jesus Christus, 4 der sich hingegeben hat um unserer Sünden willen, um uns herauszureissen aus der gegenwärtigen bösen Weltzeit nach dem Willen Gottes, unseres Vaters. 5 Ihm sei Ehre in alle Ewigkeit. Amen.

|1: 1Kor 1,1; Röm 1,1 · 1,11–12 |2: 1Kor 16,1 |3: Röm 1,7! |5: Röm 16,27!

Kein anderes Evangelium
6 Ich wundere mich, dass ihr so rasch dem abspenstig werdet, der euch in der Gnade Christi berufen hat, und euch einem anderen Evangelium zuwendet, 7 das es gar nicht gibt. Was es hingegen gibt, sind einige, die euch verwirren und die das Evangelium Christi verdrehen wollen. 8 Jedoch, selbst wenn wir oder ein Engel vom Himmel euch etwas als Evangelium verkündigten, das dem widerspricht, was wir euch als Evangelium verkündigt haben: Verflucht sei er! 9 Wie wir schon früher gesagt haben, so sage ich jetzt aufs Neue: Wer euch etwas als Evangelium verkündigt, das dem, was ihr empfangen habt, widerspricht, sei verflucht!

|6: 5,8 · 2Kor 11,4 |8: 1Kor 16,22

Der Ursprung des Evangeliums
10 Will ich jetzt die Zustimmung von Menschen oder die Zustimmung Gottes gewinnen? Suche ich den Beifall von Menschen? Wenn ich jetzt noch den Beifall von Menschen fände, dann wäre ich kein Diener Christi. 11 Ich will euch nämlich, liebe Brüder und Schwestern, kundtun, dass das Evangelium, das von mir

durch die offenbarung Jesu Christi. Dann jr habend ye wol gehört meinen wandel vor zeyten im Judenthuomb/ wie ich über die maaß die gemeynd Gottes verfolget/ und sy verstöret: und nam zuo jm Judenthuomb über vil meines gleychen under meiner nation/ unnd eyferet mer dann all andere umb der vättern gsatz.

Do es aber Gott wol gefiel/ der mich von meiner muoter leyb hat außgesünderet/ unnd berüefft durch sein gnad/ das er seinen sun offenbarete in mir/ das ich jnn durchs Euangelion verkünden sölte under den Heyden. Vonn stundan fuor ich zuo/ unnd erspraachet mich nit darüber mit fleysch und bluot/ kam auch nit gen Jerusalem zuo denen die vor mir Apostel warend: sunder zoch hin in Arabiam/ und kam widerumb gen Damascon. Darnach über drey jar kam ich gen Jerusalem zeschauwen Petrum/ und bleyb fünffzähen tag bey jm. Der anderen Apostlen aber sach ich keinen dann Jacoben deß Herren bruoder.

Was ich euch aber schreyb/ Gott weyßt es/ ich leüg nit. Darnach kam ich in die lender Syrie und Cilicie: ich was aber unbekannt nach dem angesicht/ den Christenlichen gmeynden in Judea. Sy hattend aber allein gehört/ das: Der unns vor zeyten verfolget/ der prediget yetz den glaubenn/ welchen er vor zeyten zerstöret/ unnd preyßtend Gott in mir.

Das ij. Capitel.
Jn disem Capitel bewärt Paulus mit hefftigen anzeygungen/ daß das gsatz und beschneydung zuo säligkeit nit not sey.

Darnach über vierzehen jar zoch ich abermals hinauff gen Jerusalem mit Barnaban/ und nam Titon auch mit mir. Jch zoch aber hinauff auß einer offenbarung/ und erspraachet mich mit jnen von dem Euangelion/ das ich predigen under den Heyden: besonder aber mit denen die das ansähen hattend/ auff das ich nit vergäblich lüffe/ oder gelauffen wäre. Aber es ward auch Titus nit gezwungen sich zebeschneyden/ der

verkündigt wurde, sich nicht den Menschen anpasst. 12 Denn ich habe es ja auch nicht von einem Menschen empfangen, noch bin ich darin unterwiesen worden; ich habe es vielmehr durch eine Offenbarung Jesu Christi empfangen.

13 Ihr habt ja gehört, wie ich einst als Jude gelebt habe: Unerbittlich verfolgte ich die Gemeinde Gottes und suchte sie zu vernichten. 14 Und in meiner Treue zum Judentum war ich vielen Altersgenossen in meinem Volk weit voraus, habe ich mich doch mit ganz besonderem Eifer für die Überlieferungen meiner Väter eingesetzt.

15 Als es aber Gott, der mich vom Mutterleib an ausgesondert und durch seine Gnade berufen hatte, gefiel, 16 mir seinen Sohn zu offenbaren, dass ich ihn unter den Völkern verkündige, da beriet ich mich nicht mit Fleisch und Blut; 17 auch ging ich nicht nach Jerusalem hinauf zu denen, die schon vor mir Apostel geworden waren, sondern begab mich in die Arabia und kehrte dann nach Damaskus zurück.

18 Dann erst, drei Jahre später, ging ich nach Jerusalem hinauf, um Kefas kennen zu lernen, und blieb fünfzehn Tage bei ihm; 19 einen andern aber aus dem Kreis der Apostel habe ich nicht gesehen ausser Jakobus, den Bruder des Herrn. 20 Was ich euch hier schreibe – Gott weiss, dass ich nicht lüge!

21 Danach ging ich in die Gebiete von Syrien und Kilikien. 22 Ich war aber den christlichen Gemeinden in Judäa persönlich nicht bekannt. 23 Sie hatten nur gehört: Der uns einst verfolgte, verkündigt jetzt den Glauben, den er einst ausrotten wollte. 24 Und sie priesen Gott um meinetwillen.

|10: 1Thess 2,4 |11: 1Kor 15,1 · 1,1; 1Thess 2,13 |12: 1Kor 11,23 · 1,16 |13–24: Apg 9,1–30 |13: 1,23; 1Kor 15,9; Phil 3,6; Apg 8,3! |14: Apg 22,3 |15: Röm 1,1 |17–18: Apg 9,26–27 · 2,9! |19: Gal 2,9.12

1,11: Andere Übersetzungsmöglichkeit: «..., sich nicht am Menschen misst.»
1,14: Andere Übersetzungsmöglichkeit: «Und in meiner Lebensweise als Jude ...»

Die grundlegende Vereinbarung in Jerusalem

2 1 Dann, nach Ablauf von vierzehn Jahren, zog ich erneut nach Jerusalem hinauf, zusammen mit Barnabas, und nahm auch Titus mit. 2 Ich zog aber hinauf aufgrund einer Offenbarung; und ich legte ihnen das Evangelium vor, das ich unter den Völkern verkündige, den Angesehenen in gesonderter Unterredung; ich wollte

mit mir was/ ob er wol ein Kriech was. Und das umb etlicher näbend eyngefüerter falscher brüedern willen/ die näbend eynkommen warend/ zeverkundtschafften unser freyheit/ die wir habend in Christo Jesu/ das sy unns gefangen nämind: welchen wir auch dozemal nit wichend underthon zesein/ uff das die warheit des Euangelions bey euch bestüende. Von denen aber die das ansähen hattend/ welcherley sy etwan gewesen sind/ da ligt mir nichts an. Dann Gott achtet das ansähen der menschen nit. Mich aber habend die/ so das ansehen hattend/ nichts anders geleert/ sonder widerum/ do sy sahend das mir vertrauwet was das Euangelion an die vorhaut/ glych wie Petro das Euangelion an die beschneydung (Dann der mit Petro krefftig ist gewesen zum Apostelampt under die beschneydung/ der ist mit mir auch krefftig gewesen under die Heyden) erkanntend sy die gnad die mir gegeben was. Jacobus und Cephas/ unnd Joannes/ die für seülen angesehen warend/ gabend mir und Barnaba die hand/ und vereinbaretend sich mit uns/ das wir under die Heiden/ sy aber under die beschneydung predigetind: allein das wir der armen gedächtind/ welches ich auch fleyssig bin gewesen zethuon.

sicher sein, dass ich nicht ins Leere laufe oder gelaufen bin. 3 Doch nicht einmal Titus, mein Begleiter, der Grieche ist, wurde gezwungen, sich beschneiden zu lassen.

4 Was aber die falschen Brüder und Schwestern, die Eindringlinge, betrifft, die sich eingeschlichen hatten, um unsere Freiheit, die wir in Christus Jesus haben, auszukundschaften und uns so zu Knechten zu machen – 5 ihnen haben wir uns auch nicht einen Augenblick lang gefügt noch unterworfen, damit die Wahrheit des Evangeliums für euch erhalten bleibe.

6 Von Seiten der Angesehenen aber, von denen, die etwas zu sein scheinen – was sie einst waren, spielt für mich keine Rolle, bei Gott gibt es kein Ansehen der Person … Mir jedenfalls haben die Angesehenen nichts auferlegt, 7 im Gegenteil: Als sie sahen, dass mir das Evangelium für die Unbeschnittenen anvertraut ist so wie dem Petrus dasjenige für die Beschnittenen – 8 der nämlich, der an Petrus gewirkt hat, um ihn zum Apostel der Beschnittenen zu machen, hat auch an mir gewirkt, um mich zu den Heiden zu senden –, 9 und als sie die Gnade erkannten, die mir geschenkt war, da gaben Jakobus und Kefas und Johannes, die Angesehenen, die als ‹Säulen› gelten, mir und Barnabas die rechte Hand zum Zeichen ihres Einverständnisses: Wir sollten zu den Heiden, sie aber zu den Beschnittenen gehen. 10 Einzig an die Armen sollten wir denken; eben das zu tun, habe ich mich auch eifrig bemüht.

|1–10: Apg 15,1–33 |1–2: Apg 15,1–2 · Phil 2,16 |4: 5,1.13 |5: 2,14 |6: Dtn 10,17; Röm 2,11! |7: 1,15–16 |9: Röm 15,15! · 1,19! · 1,18; 2,11.14; 1Kor 1,12!; Joh 1,42 |10: Apg 11,29!

Do aber Petrus gen Antiochian kam/ widerstuond ich jm under augen: dann es was klag über jn kommen. Dann vorhin ee etliche von Jacobo kamend/ aß er mit den Heyden. Do sy aber kamennd/ entzoch er sich/ unnd sünderet sich/ darumb das er die von der beschneydung forcht. Und söliche gleyßnerey tribend mit jm die anderen Juden allsamen/ also/ das auch Barnabas verfüert ward durch jr gleyßnen. Aber do ich sach dz sy nit richtig wandletend nach der warheit des Evangelij/ sprach ich zuo Petro offenlich: So du/ der du ein Jud bist/ Heydnisch läbst/ und nit Jüdisch/ warumb zwingst du die Heyden Jüdisch zeläben? Wiewol wir von natur Juden/ unnd nit sünder auß den Heyden sind: doch diewyl

Der Zusammenstoss in Antiochia

11 Als Kefas aber nach Antiochia kam, trat ich ihm persönlich entgegen, weil er sich selber ins Unrecht versetzt hatte. 12 Bevor nämlich einige Anhänger des Jakobus eintrafen, pflegte er zusammen mit den Heiden zu essen. Als jene aber eingetroffen waren, zog er sich zurück und sonderte sich ab – aus Furcht vor den Beschnittenen. 13 An dieser Heuchelei beteiligten sich auch die anderen Juden, so dass selbst Barnabas sich von ihrer Heuchelei mitreissen liess. 14 Jedoch – als ich sah, dass sie nicht den auf die Wahrheit des Evangeliums ausgerichteten Weg gingen, sagte ich zu Kefas vor allen Anwesenden:

wir wüssend das der mensch durch die werck
des gsatzes nit fromm wirt/ sonder durch den
glauben in Jesum Christum/ so habend wir auch
in Jesum Christum glaubt/ auff das wir fromm
gemachet wurdind/ durch den glauben in Jesum
Christum/ und nit durch die werck des gsatzes.

Darumb wirdt durch die werck des gsatzes
keyn fleysch fromm gemachet. Söltend wir
aber/ die da suochend durch Christum fromm
zewerden/ auch noch selbs sünder erfunden
werden/ so wär Christus ein diener der sünden.
Das sey aber verr. Wenn ich aber das so ich
zerbrochen hab/ widerumb bauw/ so mach ich
mich selbs zuo einem überträtter. Jch bin aber
durchs gsatz dem gsatz gestorben/ uff das ich
Gott läbe. Jch bin mit Christo gecreützigit/
ich läben aber: doch yetz nit ich/ sonder
Christus läbt in mir. Dann was ich läb im
fleisch/ das läb ich in dem glauben des suns
Gottes/ der mich geliebet hatt/ und sich für
mich dar gegeben. Jch verwirff nit die gnad
Gottes. Dann so durch das gsatz gerechtigkeit
kumpt/ so ist Christus vergäblich gestorben.

Das iij. Capitel.

Jn disem capitel schilt er sy jrer leychtfertigkeyt/
zeigt an die unvollkommenheyt des gsatz Mosi/ und das es
doch nit umb sunst geben sey.

Jr unverstendigen Galater/ wär hatt euch
verzauberet/ das jr der waarheyt nit glaubennd?
denen Christus Jesus für die augen zeiget
ist/ das er under euch gecreützigt sey. Das
wil ich alleyn vonn euch lernen. Habend jr
den geyst empfangen durch die werck des
gesatzes? oder durch die predig vom glauben?
sind jr so unverstendig? im geyst habennd jr
angefangen/ wöllend jrs dann nun im fleysch
vollenden? habend jr dann so vil umb sunst
erlitten? ists anders umb sunst. Der euch nun
den geyst gibt/ und thuot söliche thatten
under euch/ thuot ers durch die werck des
gsatzes? oder durch die predig des glaubens?

Wenn du, der du ein Jude bist, wie die
Heiden und nicht wie ein Jude lebst, wie kannst
du dann die Heiden zwingen, wie die Juden zu
leben? 15 Wir sind von Geburt Juden und nicht
sündige Heiden. 16 Weil wir aber wissen, dass
ein Mensch nicht dadurch gerecht wird, dass er
tut, was im Gesetz geschrieben steht, sondern
durch den Glauben an Jesus Christus, sind auch
wir zum Glauben an Christus Jesus gekommen,
damit wir aus dem Glauben an Christus gerecht
würden und nicht dadurch, dass wir tun, was
im Gesetz geschrieben steht; denn durch das
Tun dessen, was im Gesetz geschrieben steht,
wird kein Mensch gerecht werden. 17 Wenn wir
jedoch im Bestreben, durch Christus gerecht
zu werden, nun selbst als Sünder dastehen, ist
dann Christus ein Diener der Sünde? Gewiss
nicht! 18 Schuldig mache ich mich dann,
wenn ich wieder aufrichte, was ich abgerissen
habe. 19 Denn dadurch, dass ich den Weg des
Gesetzes zu Ende gegangen bin, bin ich für das
Gesetz tot. So kann ich fortan für Gott leben.
Ich bin mitgekreuzigt mit Christus: 20 Nicht
mehr ich lebe, sondern Christus lebt in mir;
sofern ich jetzt noch im Fleisch lebe, lebe ich im
Glauben an den Sohn Gottes, der mich geliebt
und sich für mich hingegeben hat. 21 Ich will
die Gnade Gottes nicht ausser Kraft setzen.
Denn wenn die Gerechtigkeit durch das Gesetz
kommt, dann ist Christus umsonst gestorben.

|11: 2,9! · Apg 11,26 |12: 1,19! |13: 2,1! |14: 2,5 · 2,9!
|16: Röm 3,28 · 3,8.24; Röm 5,1 · Röm 3,20 |19: Röm 6,6–
10 |20: Röm 14,8

Der Empfang des Geistes

3 1 Ihr unverständigen Leute von Galatien,
wer hat euch behext? Ist euch Jesus
Christus nicht vor Augen gestellt worden als
Gekreuzigter? 2 Nur dies eine möchte ich von
euch wissen: Habt ihr den Geist empfangen,
weil ihr tut, was im Gesetz geschrieben steht,
oder aus dem Glauben, der hört? 3 Seid ihr
so unverständig, dass ihr, was ihr im Geist
begonnen habt, nun im Fleisch vollenden
wollt? 4 So vieles solltet ihr vergebens erfahren
haben? Wenn es überhaupt vergebens gewesen
ist! 5 Der euch nun den Geist gibt und
Wundertaten unter euch wirkt – geschieht
dies, weil ihr tut, was im Gesetz geschrieben
steht, oder aus dem Glauben, der hört?

|1: 1Kor 1,23; 2,2 |2: 2,16!

Gleych wie Abraham hatt Gott glaubt/ und es ist jm gerechnet zur gerechtigkeyt/ so erkennend jr nun das die da sind vom glauben/ sind Abrahams kinder. Die gschrifft aber hatts vorhin versähen/ das Gott die Heyden durch den glauben fromm machet. Darumb verkündt sy dem Abrahe ein frölice bottschafft/ und sagt: Jn dinem somen söllend alle Heiden gebenedeyet werden. Also werdend nun/ die da sind vom glauben/ gebenedeyet mit dem glöubigen Abraham. Dann alle die auß des gesatzes wercken sind/ die sind under der vermaledeyung. Dann es stadt geschriben: Vermaledeyet sey yederman/ der nit bleybt in allen dem das geschriben ist in disem buoch des gesatzes/ das ers thüeye. Dieweyl dann durchs gsatz niemants fromm gemachet wirt vor Gott/ so ist offenbar das der gerecht läben wirdt durch den glauben. Das gsatz aber ist nit glaub/ sonder der mensch der es thuot wirt dardurch läben. Christus aber hat uns erlößt von der maledeyung des gesatzes/ do er ward ein vermaledeyung für uns. (Dann es stadt geschriben: Vermaledeyet ist yederman der am holtz hanget) uff das die benedeyung Abrahe under die Heyden käme in Christo Jesu/ und wir also den verheyßnen geyst empfiengind durch den glauben.

Lieben brüeder/ ich wil nach menschlicher weyß reden. Verachtet man doch eines menschen testament nit (wenn es bestätiget ist) und man thuot auch nichts darzuo. Nun sind ye die verheissungen Abrahe und seinem somen zuogesagt. Er spricht nit/ Jn den somen/ als in vilen/ sonder als in einem. Und in deinem somen/ welcher ist Christus. Jch sag aber darvon/ das Testament/ das von Gott bevestiget ist auff Christum/ nit aufgehaben wirt dz die verheissung sölte aufhören durchs gsatz/ welches gegeben ist über vierhundert unnd dreyssig jar härnach. Dann so das erb durch das gesatz erworben wurde/ so wurde es nit durch verheyssung gegeben. Gott aber hatts Abraham durch verheyssung frey geschenckt.

3,4: Andere Übersetzungsmöglichkeit: «… erlitten haben? …»
3,4: Andere Übersetzungsmöglichkeit: «… Wenn es doch bloss vergebens gewesen wäre!»

Der Segen Abrahams für die Völker

6 So war es doch mit Abraham: *Er glaubte Gott, und das wurde ihm als Gerechtigkeit angerechnet.* 7 Erkennt also: Die aus Glauben leben, das sind die Söhne und Töchter Abrahams. 8 Da nun die Schrift voraussah, dass Gott die Völker aus Glauben gerecht machen würde, hat sie dem Abraham das Evangelium im Voraus verkündigt: *In dir werden alle Völker gesegnet werden.* 9 Also werden die aus dem Glauben Lebenden gesegnet, zusammen mit dem glaubenden Abraham.

10 Denn alle, die aus dem Tun dessen leben, was im Gesetz geschrieben steht, stehen unter dem Fluch. Denn es steht geschrieben: *Verflucht ist jeder, der nicht bleibt bei allem, wovon im Buch des Gesetzes geschrieben steht, dass es zu tun sei.* 11 Dass aber durch das Gesetz bei Gott niemand gerecht wird, ist offensichtlich, denn: *Der Gerechte wird aus Glauben leben.* 12 Das Gesetz aber, das bedeutet nicht ‹aus Glauben›, sondern: *Wer dies alles tut, wird dadurch leben.* 13 Christus hat uns freigekauft vom Fluch des Gesetzes, indem er für uns zum Fluch geworden ist – es steht nämlich geschrieben: *Verflucht ist jeder, der am Holz hängt.* 14 So sollte der Segen Abrahams durch Christus Jesus zu den Völkern kommen, und so sollten wir durch den Glauben die Verheissung des Geistes empfangen.

|6: Gen 15,6; Röm 4,3 |8: Gen 12,3; 18,18; Apg 3,25 |10: Dtn 27,26 |11: Hab 2,4; Röm 1,17 |12: Lev 18,5; Röm 10,5 |13: 4,5! · Dtn 21,23

Die Verheissung an Abraham und das Gesetz

15 Liebe Brüder und Schwestern, ich will euch ein Beispiel aus dem menschlichen Leben geben: Ein rechtskräftig gewordenes Testament, wenn es sich auch nur um das eines Menschen handelt, setzt niemand ausser Kraft oder versieht es mit einem Zusatz. 16 Abraham nun und seinem Nachkommen wurden die Verheissungen zugesprochen. Es heisst nicht: und seinen Nachkommen, als handle es sich um viele, nein, es geht um einen einzigen: *und deinem Nachkommen* – das ist Christus. 17 Damit meine ich: Ein Testament, das von Gott bereits für gültig erklärt worden ist, kann vom Gesetz, das vierhundertdreissig Jahre später entstand, nicht für ungültig erklärt werden, so dass die

Was sol dann das gsatz? Es ist hinzuo gethon/ das des überträttens mer wurde/ biß der som käme/ der verheyssen ist/ und ist übergeben von den englen durch die hand des mittlers. Ein mittler aber ist nit eines einigen mittler: Gott aber ist einig. Wie? ist dann das gsatz wider die verheissungen Gottes? Das sey verr. Wenn aber ein gesatz gegeben wäre das da möchte läbendig machen/ so käme die gerechtigkeyt warhafftig von dem gesatz. Aber die gschrifft hatt alles beschlossen under die sünd/ auff das die verheissung käme durch den glauben in Jesum Christum/ gegeben denen die da glaubend.

Ee aber der glaub kam/ wurdennd wir under dem gesatz verwaret unnd verschlossen auff den glauben/ der da sollt geoffenbaret werden. Also ist das gesatz unser zuchtmeyster gewesen auff Christum/ das wir durch den glauben fromm gemachet wurdind. Nun aber so der glaub kommen ist/ sind wir nit mer under dem zuchtmeister. Dann jr sind alle Gottes kinder durch den glauben in Christo Jesu. Dann wie vil euwer getaufft sind/ die habend Christum angezogen. Hie ist kein Jud noch Kriech: hie ist keyn knecht noch freyer: hie ist kein mann noch weyb/ dann jr sind alle/ einer/ in Christo. Sind jr aber Christi/ so sind jr ye Abrahams somen/ und nach der verheissung erben.

Verheissung aufgehoben wäre. 18 Denn hinge das Erbe am Gesetz, so hinge es nicht mehr an der Verheissung. Dem Abraham aber hat sich Gott durch die Verheissung als gnädig erwiesen.

19 Was ist nun mit dem Gesetz? Der Übertretungen wegen wurde es hinzugefügt, bis der Nachkomme käme, dem die Verheissung gilt; angeordnet wurde es mit Hilfe von Engeln, gelegt in die Hand eines Vermittlers. 20 Ein Vermittler vertritt nicht einen Einzigen; Gott aber ist ein Einziger. 21 Steht nun das Gesetz den Verheissungen Gottes entgegen? Gewiss nicht! Denn wäre ein Gesetz gegeben, das Leben schaffen könnte, dann käme in der Tat die Gerechtigkeit aus dem Gesetz. 22 Die Schrift jedoch hat alles unter die Sünde zusammengeschlossen, damit die Verheissung aufgrund des Glaubens an Jesus Christus den Glaubenden zuteil werde.

|15: Röm 3,5! |16: 3,8! · Gen 17,1–11; 22,18 |17: Ex 12,40 |19: Röm 4,15! |22: Röm 11,32

Die Unterscheidung der Zeiten

23 Bevor aber der Glaube kam, wurden wir alle gemeinsam im Gefängnis des Gesetzes in Gewahrsam gehalten – auf den Glauben hin, der sich in der Zukunft offenbaren sollte. 24 So ist das Gesetz zu unserem Aufpasser geworden, bis hin zu Christus, damit wir aus Glauben gerecht würden. 25 Da nun der Glaube gekommen ist, sind wir keinem Aufpasser mehr unterstellt. 26 Denn ihr seid alle Söhne und Töchter Gottes durch den Glauben in Christus Jesus. 27 Ihr alle nämlich, die ihr auf Christus getauft wurdet, habt Christus angezogen. 28 Da ist weder Jude noch Grieche, da ist weder Sklave noch Freier, da ist nicht Mann und Frau. Denn ihr seid alle eins in Christus Jesus. 29 Wenn ihr aber Christus gehört, dann seid ihr Nachkommen Abrahams und gemäss der Verheissung seine Erben.

|23: 4,4–5.21; 5,18 |24: 1Kor 4,15 · 4,2 · 2,16! |26: 4,5 |27: Röm 6,3 |28: Röm 10,12; 1Kor 12,13 |29: 3,16 · 4,7!

3,23: Andere Übersetzungsmöglichkeit: «... gehalten, bis dass der künftige Glaube sich offenbaren würde.»
3,24: «Aufpasser»: Der griechische Ausdruck ‹paidagogos› bedeutet nicht dasselbe wie das entsprechende deutsche Fremdwort Pädagoge, sondern bezeichnet diejenige Person (meist einen Sklaven), die die grösseren Kinder zum Unterricht begleitet und den kleinen Kindern den Elementarunterricht (Lesen und Schreiben) erteilt.

Das iiij. Capitel.

Hierinn zeygt Paulus an/ daß das gsatz durch Christum hingenommen sey/ straafft damit jr undanckbarkeyt.

Jch sag aber/ so lang der erb ein kind ist/ so ist under jm unnd einem knecht kein underscheyd/ ob er wol ein herr ist aller güeter: sonder er ist under den fürmünderen unnd pflägeren biß auff die bestimpte zeyt vom vatter. Also auch wir/ do wir kinder warend/ warennd wir gefangen under den ausserlichen satzungen. Do aber die zeyt erfüllt ward/ sandt Gott seinen sun/ der da geboren ist von einem weyb/ unnd under das gesatz gethon/ auff das er die/ so under dem gsatz warend/ erlößte/ dz wir die kindschafft empfiengind. Das jr aber kinder syend/ hatt Gott gesandt den geist seines suns in euwre hertzen/ der schreyet: Abba/ vatter. Also ist nun hie kein knecht mer/ sunder ein kind da. Jst er aber ein kind/ so ist er auch ein erben Gottes durch Christum.

Aber zuo der zeyt/ do jr Gott nit erkanntend/ dienetend jr denen die von natur nit Gott sind. Nun aber so jr Gott erkennt habend/ ja vil mer von Gott erkennt sind/ wie wendend jr euch dann umb/ wider zuo den schwachen unnd dürfftigen satzungen/ welchen jr von neüwem an dienen wöllend? Jr haltend tag und monaten/ und fäst/ und jarzeyt/ ich förcht euwer/ dz ich nit villeicht umb sunst habe an euch gearbeytet.

Sind doch wie ich/ dann ich bin wie jr/ lieben brüeder/ das bitt ich euch. Jr habennd mir keyn leyd gethon. Dann jr wüssend das ich euch in schwachheit nach dem fleisch das Euangelion geprediget hab zum ersten mal/ unnd meine anfechtungen/ die ich leyd nach dem fleisch/ habend jr nit verachtet noch verschmächet/ sonder als einen engel Gottes namend jr mich auff/ ja als Jesum Christum. wie warend jr dozemal so sälig? Jch bin euwer zeüg/ das wenn es müglich gewesen wäre/ jr hettend euwere augen außgerissen/ und

Söhne und Töchter der Freiheit

4 1 Ich sage aber: Solange der Erbe unmündig ist, unterscheidet er sich in nichts von einem Sklaven, obwohl er Herr ist über alles, 2 im Gegenteil, er steht unter der Aufsicht von Vormündern und Verwaltern bis zum Zeitpunkt, den der Vater festgesetzt hat. 3 So war es auch mit uns, als wir noch unmündig waren: Unter die Elementarmächte der Welt waren wir versklavt. 4 Als sich aber die Zeit erfüllt hatte, sandte Gott seinen Sohn, zur Welt gebracht von einer Frau und dem Gesetz unterstellt, 5 um die unter dem Gesetz freizukaufen, damit wir als Söhne und Töchter angenommen würden. 6 Weil ihr aber Söhne und Töchter seid, hat Gott den Geist seines Sohnes in unsere Herzen gesandt, den Geist, der da ruft: Abba, Vater! 7 So bist du nun nicht mehr Sklave, sondern Sohn; bist du aber Sohn, dann auch Erbe – durch Gott.

|3: 4,9! |5: 3,13; 1Kor 6,20; 7,23 · 3,26 |6: Röm 8,15 |7: 3,29; Röm 8,16–17

Der unglaubliche Rückfall

8 Damals jedoch, als ihr Gott nicht kanntet, habt ihr den Göttern gedient, die ihrem Wesen nach gar keine Götter sind; 9 jetzt aber, da ihr Gott kennt, vielmehr von Gott erkannt worden seid, wie könnt ihr euch da wiederum den schwachen und armseligen Elementarmächten zuwenden, um ihnen von neuem als Sklaven zu dienen? 10 An Tage, Monate, Festzeiten und Jahre haltet ihr euch! 11 Ich fürchte, meine Mühe um euch war umsonst.

|8: 1Thess 4,5 |9: 4,3; Kol 2,20!

Die Ratlosigkeit des Paulus

12 Werdet wie ich, liebe Brüder und Schwestern, ich bitte euch darum, denn auch ich war ja wie ihr. Ihr habt mir nichts zuleide getan: 13 Ihr wisst, dass ich euch wegen einer Krankheit, die mich niederwarf, zum ersten Mal das Evangelium verkündigt habe. 14 Trotz der Versuchung, die meine Erscheinung für euch darstellte, habt ihr mich nicht verachtet und nicht verabscheut, sondern aufgenommen wie einen Engel Gottes, wie Christus Jesus. 15 Der Grund, euch selig zu preisen, wo ist er nun geblieben? Ich kann euch nämlich bezeugen: Ihr hättet euch, wenn möglich,

mir geben. Bin ich dann also euwer feynd worden/ das ich euch die warheit fürhalt?

Sy eyferend umb euch aber nit recht. Dann sy wöllend euch abfellig machen/ das jr umb sy söltind eyferen. Eyferen ist guot/ wenns yemerdar geschicht umb das guot/ unnd nit allein wenn ich gegenwirtig bey euch bin.

Meine lieben kinder/ welche ich abermals mit ängsten gebir/ biß das Christus in euch gestaltet werde. Jch wölt aber das ich yetz bey euch wäre/ unnd meyn stimm wandlen köndte/ dann ich bin yrr an euch.

Sagend mir/ die jr under dem gsatz sein wöllend/ habennd jr das gsatz nit gehört? Dann es stadt geschriben/ das Abraham hett zwen sün/ einen von der dienstmagdt/ den anderen von der eelichen. Aber der von der dienstmagdt was/ ist nach dem fleisch geboren: der aber von der Eefrauwen/ ist durch die verheyssung geboren. Die wort bedeütend etwas: dann dise weyber sind die zwey Testament. Ein von dem berg Syna/ das zur knechtschafft gebirt/ welches ist die Agar. Dann Agar ist in Arabia der berg Syna/ und langet biß gen Jerusalem/ das zuo diser zeyt ist/ und mit sinen kindern dienet. Aber das Jerusalem/ das da oben ist/ das ist die Eeliche/ die ist unser aller muoter. Dann es stadt geschriben: Biß frölich/ die du nit gebirst/ und brich herfür die du nit schwanger bist. Dann die einsamme hat vil mer kinder/ dann die den mann hat. Wir aber/ lieben brüeder/ sind Jsaacs nach der verheissung/ kinder.

Aber gleych wie zuo der zeyt/ der nach dem fleisch geboren was/ vervolgt den/ der nach dem geyst geboren was/ also gadt es yetz auch. Aber was spricht die gschrifft? Stoß die dienstmagdt hinauß mit jrem sun: dann der dienstmagdt sun sol nit erben mit dem sun der Eelichen. So sind wir nun lieben brüeder/ nit der dienstmagdt kinder/ sonder der Eelichen die frey ist.

die Augen ausgerissen und sie mir gegeben! 16 Also, was ist jetzt: Bin ich euer Feind geworden, weil ich euch die Wahrheit sage? 17 Es ist nicht gut, wie sie um euch werben; sie wollen euch doch nur ausschliessen, damit ihr dann um sie werbt! 18 Es ist aber gut, wenn ihr im Guten umworben werdet – und zwar jederzeit, nicht nur, wenn ich bei euch bin.

19 Meine Kinder, um die ich immer wieder die Schmerzen einer Geburt erleide, bis Christus in euch Gestalt gewinnt: 20 Ich wollte, ich könnte jetzt bei euch sein und in einem andern Ton zu euch reden; denn, was euch betrifft, bin ich ratlos.

|19: 1Kor 4,14!

4,12: Andere Übersetzungsmöglichkeit: «... auch ich wurde ja wie ihr. ...»
4,20: Andere Übersetzungsmöglichkeit: «... sein, um den richtigen Ton zu finden; ...»

Die beiden Bundesschlüsse

21 Sagt mir doch, ihr, die ihr euch dem Gesetz unterstellen wollt: Habt ihr das Gesetz nicht vernommen? 22 Es steht doch geschrieben, dass Abraham zwei Söhne hatte, einen von der Magd und einen von der Freien. 23 Der von der Magd aber ist auf natürliche Weise gezeugt worden, der von der Freien aber kraft der Verheissung. 24 Dies verweist auf etwas anderes: Die beiden Frauen bedeuten zwei Bundesschlüsse, die eine den vom Berg Sinai, der Nachkommen für die Sklaverei hervorbringt – das ist Hagar. 25 Der Name Hagar bezeichnet nämlich den Berg Sinai in der Arabia. Er entspricht dem gegenwärtigen Jerusalem, der Stadt nämlich, die mit ihren Kindern in der Sklaverei lebt. 26 Das himmlische Jerusalem aber, das ist die Freie, und sie ist unsere Mutter. 27 Denn es steht geschrieben:

Freue dich, du Unfruchtbare, die du nicht gebierst,
　brich in Jubel aus, jauchze, die du keine Geburtswehen kennst!
Denn viele Kinder wird die Vereinsamte haben,
　mehr als die, die einen Mann hat.

28 Ihr aber, liebe Brüder und Schwestern, ihr seid gleich wie Isaak Kinder der Verheissung. 29 Doch wie damals der nach dem Fleisch Gezeugte den nach dem Geist Gezeugten verfolgte, so ist es auch jetzt. 30 Aber was sagt die Schrift? *Verstosse die Magd und ihren Sohn! Denn der Sohn der Magd soll nicht gleiches Recht*

Das v. Capitel.

Jn disem capitel vermanet sy Paulus abermals abzeston von haltung des alten gesatzes unnd der beschneydung/ sagt auch von dem kampff des geysts und deß fleyschs / unnd von jren früchten.

So bestond nun in der freyheyt damit unns Christus befreyet hatt/ unnd lassend euch nit widerumb in das knechtisch joch verknüpffen. Sehend/ ich Paulus sag euch/ wo jr euch beschnyden lassend/ so ist üch Christus kein nütz. Jch zeüg abermals einem yetlichen der sich beschnyden laßt/ das er nach des gantzen gsatzes schuldig ist: jr sind ab von Christo/ wenn jr durch gsatz fromm werden wöllend/ unnd habennd der gnad gefält. Wir aber wartend im geist der hoffnung/ das wir durch den glauben fromm sygind. Dann in Christo Jesu gilt weder beschneydung noch vorhaut etwas/ sonder der glaub so durch die liebe thätig ist. Jr lüffend feyn/ wär hat euch ufgehalten der warheyt nit zeglauben? Söliche überredung ist nit von dem der euch berüefft hat. Ein wenig saurteyg/ verseürt den gantzen teyg.

Jch versich mich zuo euch in dem Herren/ jr werdind nüts anders gesinnet sein. Wär euch aber yrr macht/ der wirt sein urteil tragen/ er sey wär er wölle. Jr aber lieben brüeder/ so ich die beschneydung noch predigen/ warumb leyd ich dann vervolgung? so hette die ergernuß des creützes aufgehört. Wölte Gott das sy auch zerschnitten wurdind/ die euch verstörend.

Jr aber/ lieben brüedern/ sind zur freyheyt berüefft/ allein sehend zuo das jr die freyheit nit lassind dem fleysch ein ursach werden/ sonder durch die liebe diene einer dem anderen. Dann alle gsatz werdennd in einem wort erfüllt/ in dem: Hab deinen nächsten lieb als dich selbs. So jr euch aber under einander

auf das Erbe haben wie der Sohn der Freien. 31 Darum, liebe Brüder und Schwestern, sind wir nicht Kinder einer Magd, sondern Kinder der Freien.

|21: 3,23! |22: Gen 16,15; 22,2–12 |23: Röm 9,7–9; Gen 18,10.14 |27: Jes 54,1 |30: Gen 21,10

Die Befreiung in Christus

5 1 Zur Freiheit hat uns Christus befreit! Steht also fest und lasst euch nicht wieder in das Joch der Knechtschaft einspannen. 2 Seht, ich, Paulus, sage euch: Wenn ihr euch beschneiden lasst, wird Christus euch nichts nützen. 3 Ich bezeuge nochmals jedem Menschen, der sich beschneiden lässt, dass er verpflichtet ist, alles, was das Gesetz verlangt, zu tun. 4 Ihr, die ihr im Gesetz Gerechtigkeit finden wollt, habt euch von Christus losgesagt, aus der Gnade seid ihr herausgefallen! 5 Denn im Geist und aus Glauben warten wir auf die Erfüllung unserer Hoffnung: die Gerechtigkeit. 6 In Christus Jesus gilt ja weder Beschnittensein noch Unbeschnittensein, sondern allein der Glaube, der sich durch die Liebe als wirksam erweist.

7 Ihr seid doch gut gelaufen! Wer hat euch bloss daran gehindert, euch weiterhin von der Wahrheit bestimmen zu lassen? 8 Es ist nicht die Überredungskunst dessen, der euch beruft. 9 Schon ein wenig Sauerteig durchsäuert den ganzen Teig. 10 Ich habe im Herrn Vertrauen in euch, dass ihr nichts anderes im Sinn habt. Der euch aber durcheinander bringt, wird sein Urteil zu tragen haben, wer er auch sei. 11 Ich aber, liebe Brüder und Schwestern, falls ich weiterhin die Beschneidung verkündigen sollte, was werde ich dann noch verfolgt? Dann wäre ja das Ärgernis des Kreuzes beseitigt! 12 Sollen sie sich doch gleich kastrieren lassen, die euch aufhetzen!

|1: 5,13; 2,4 · 1Kor 16,13! |6: 6,15; 1Kor 7,19 |8: 1,6 |9: 1Kor 5,6; Mk 8,14!; Mt 13,33; Lk 13,21 |11: 1Kor 1,23 |12: Dtn 23,2

5,8: Andere Übersetzungsmöglichkeit: «Eure Überzeugung stammt nicht von dem, …»

Die Erfüllung des Gesetzes

13 Denn zur Freiheit seid ihr berufen worden, liebe Brüder und Schwestern. Auf eins jedoch gebt acht: dass die Freiheit nicht zu einem Vorwand für die Selbstsucht werde, sondern dient einander in der Liebe! 14 Denn das ganze Gesetz hat seine Erfüllung in dem einen Wort gefunden: *Liebe deinen Nächsten wie dich selbst!* 15 Wenn ihr einander aber

beyssend und frässend/ so sehend zuo das
jr nit under einander verzeert werdind.

Jch sag aber darvon/ wandlend im geist/ so
werdend jr die lüst des fleyschs nit vollbringen.
Dann das fleisch gelustet wider den geist/
und den geist gelustet wider das fleisch. Die
selbigen sind wider einander/ das jr nit thuond
wz jr wöllend. Farend aber im geist/ so sind
jr nit under dem gesatz. Offenbar sind aber
die werck des fleischs/ als da sind/ Eebruch/
huorey/ unreynigkeit/ geylheit/ eer der bilderen/
zauberey/ feyndschafft/ hader/ eyfer/ zorn/
zanck/ zwytracht/ secten/ hassz/ mord/ sauffen/
frässen/ und der gleychen/ von welchen ich
euch hab vorhin gesagt/ unnd sag noch vorhin/
das die sölichs thuond/ werdend das reych
Gottes nit erben. Die frucht aber des geysts/
ist liebe/ fröud/ frid/ duldmuot/ früntlikgeit/
güetigkeit/ gloub und trüw/ sennftmuot/
gwalt sein selbs/ wider söliche ist das gsatz nit/
welche aber Christi sind/ die habend jr fleisch
gecreütziget/ sampt den lüsten und begyrden.

Das vj. Capitel.
Paulus vermanet sy zuo brüederlicher liebe und trüw/
unnd das einer mit dem anderen ein mitleyden habe.
Jm end empfilcht er jnen wider das sich hüetind vor der
beschneydung.

So wir im geyst läbend/ so lassend uns auch
im geist eynhär trätten: lassend uns nit eyteler
eer begyrig sein/ uns under einandern/ zuo
entrüsten und zehassen. Lieben brüeder/ so ein
mensch etwan von einem fal übereylt wurde/ so
underweysend jn mit sennftmüetigem geist/ jr
die da geistlich sind. Und sich auff dich selbs/
dz du nit auch versuocht werdest. Einer trage
des anderen last/ so werdend jr das gsatz Christi
erfüllen. So aber sich yemants laßt duncken/
er sey etwas/ so er doch nichts ist/ der betrügt
sein gemüet. Ein yetlicher aber nemme war seyn
selbs werck/ und als denn wirt er an jm selber
ruom haben und nit an einem anderen. Dann
ein yetlicher wirt seinen last tragen. Der aber
underricht wirt mit dem wort/ der mitteyle
allerley guots/ dem/ der jnn underrichtet.

beissen und fressen wollt, dann seht zu, dass
ihr euch nicht gegenseitig verschlingt!

|13: 5,1 |14: Lev 19,18; Röm 13,8–10

Die Frucht des Geistes
16 Ich sage aber: Führt euer Leben im
Geist, und ihr werdet dem Begehren des
Fleisches nicht nachgeben! 17 Denn das
Begehren des Fleisches richtet sich gegen den
Geist, das Begehren des Geistes aber gegen
das Fleisch. Die beiden liegen ja miteinander
im Streit, so dass ihr nicht tut, was ihr tun
wollt. 18 Wenn ihr euch aber vom Geist leiten
lasst, untersteht ihr nicht dem Gesetz.
19 Es ist ja offensichtlich, was die Werke
des Fleisches sind: Unzucht, Unreinheit,
Ausschweifung, 20 Götzendienst, Zauberei,
Feindschaft, Streit, Eifersucht, Zorn,
Eigennutz, Zwietracht, Parteiung, 21 Missgunst,
Trunkenheit, Übermut und dergleichen
mehr – ich sage es euch voraus, wie ich es
schon einmal gesagt habe: Die solches tun,
werden das Reich Gottes nicht erben.
22 Die Frucht des Geistes aber ist
Liebe, Freude, Frieden, Geduld, Güte,
Rechtschaffenheit, Treue, 23 Sanftmut,
Selbstbeherrschung. Gegen all dies kann kein
Gesetz etwas haben. 24 Die aber zu Christus
Jesus gehören, haben das Fleisch samt seinen
Leidenschaften und Begierden gekreuzigt.

|16: 5,25; Röm 8,4 · Eph 2,3; 1Petr 2,11; 2Petr 2,18;
1Joh 2,16 |17: Röm 7,23 |18: 5,16!; Röm 8,14 · 3,23!;
Röm 6,14 |21: 1Kor 6,9–10; Eph 5,5

Leben im Geist
25 Wenn wir im Geist leben, wollen wir
uns auch am Geist ausrichten. 26 Lasst uns
nicht eitlem Ruhm nachjagen, einander
nicht reizen, einander nicht beneiden!
6 1 Liebe Brüder und Schwestern: Auch
wenn jemand bei einem Fehltritt ertappt
wird, so sollt ihr, die ihr vom Geist bestimmt
seid, den Betreffenden im Geist der Sanftmut
zurechtbringen – doch gib acht, dass nicht
auch du in Versuchung gerätst! 2 Tragt einer
des andern Last, so werdet ihr das Gesetz
Christi erfüllen. 3 Denn wer meint, etwas zu
sein, obwohl er nichts ist, der betrügt sich.
4 Jeder aber prüfe sein eigenes Werk! Dann
wird er nur im Blick auf sich selbst Grund
haben, sich zu rühmen – und nicht im Blick
auf den anderen, 5 denn jeder wird seine
eigene Bürde zu tragen haben. 6 Wer aber

Jrrend nit/ Gott laßt sich nit fatzen. Dann was der mensch säyet/ das wirt er ernden. Wär uff das fleisch säyet/ der wirt von dem fleisch das verderben ernden. Wär aber auff den geist säyet/ der wirt von dem geist das ewig läben ernden. Lassend uns aber guots thuon on verdruß: dann zuo seiner zeit werdend wir auch ernden on aufhören. Als wir dann nun zeyt habend/ so lassend uns guots thuon an yederman/ allermeest aber an des glaubens genossen.

Sehend mit wie vilen worten hab ich euch geschriben mit eigner hand. Alle die da wöllend wolgefallen im fleisch/ die zwingend euch zuo beschneyden/ allein das sy nit mit dem creütz Christi vervolget werdind. Dann auch sy selbs/ die sich beschneyden lassend/ haltend das gsatz nit/ sonder sy wöllend das jr euch beschneyden lassind/ auff das sy sich von euwerem fleysch rüemen mögind. Es sye aber verr von mir das ich mich rüeme/ dann nun in dem creütz unsers Herren Jesu Christi/ durch welches mir die welt gecreütziget ist/ und ich der welt. Dann in Christo Jesu gilt weder beschneydung noch vorhaut etwas/ sonder ein neüwe creatur. Und wie vil nach diser regel eynhär gond/ über die sey frid und barmhertzigkeyt/ und über den Jsrael Gottes. Hinfür mache mir niemants weyter müey/ dann ich trag die maalzeychen des Herren Jesu an meinem leyb. Die gnad unsers Herrn Jesu Christi sey mit euwerem geist/ lieben brüeder/ Amen.

Zuo den Galatern gesandt von Rom.

im Wort unterrichtet wird, lasse den, der ihn unterrichtet, an allen Gütern teilhaben.

|25: 5,16! |1: 2Kor 13,11 · 1Kor 4,21 |4: 2Kor 13,5

Säen und Ernten

7 Täuscht euch nicht: Gott lässt sich nicht verhöhnen! Denn was ein Mensch sät, das wird er auch ernten. 8 Wer auf sein Fleisch sät, wird vom Fleisch Verderben ernten, wer aber auf den Geist sät, wird vom Geist ewiges Leben ernten. 9 Im Tun des Guten wollen wir nicht müde werden, denn zu gegebener Zeit werden wir ernten, wenn wir nicht ermatten. 10 Darum lasst uns, solange wir noch Gelegenheit haben, allen Menschen Gutes tun, am meisten aber denen, die mit uns im Glauben verbunden sind.

|7: Hiob 4,8; Spr 22,8 |9: 2Thess 3,13

Briefschluss

11 Seht, mit welch grossen Buchstaben ich euch schreibe, mit eigener Hand! 12 Alle, die vor der Welt eine gute Figur machen wollen, nötigen euch zur Beschneidung – einzig um wegen des Kreuzes Christi keine Verfolgungen erleiden zu müssen. 13 Denn selbst die, die sich beschneiden lassen, halten sich nicht an das Gesetz, wollen aber, dass ihr euch beschneiden lasst, um den Ruhm einzuheimsen, den euer Leben im Fleisch einbringt. 14 Mir aber soll es nicht einfallen, auf irgendetwas anderes stolz zu sein als auf das Kreuz unseres Herrn Jesus Christus, durch das mir die Welt gekreuzigt ist und ich der Welt. 15 Denn weder Beschnittensein bedeutet etwas noch Unbeschnittensein – hier ist vielmehr neue Schöpfung. 16 Allen, die sich nach diesem Massstab richten werden: Friede über sie und Barmherzigkeit, auch über das Israel Gottes!

17 In Zukunft soll mir niemand Schwierigkeiten bereiten! Denn ich trage die Malzeichen Jesu an meinem Leib.

18 Die Gnade unseres Herrn Jesus Christus sei mit eurem Geist, liebe Brüder und Schwestern. Amen.

|11: 1Kor 16,21! |13: 2Kor 11,18! |14: 1Kor 1,31!; Phil 3,3 |15: 5,6; 1Kor 7,19 · 2Kor 5,17 |16: Ps 125,5! |18: Phil 4,23; Phlm 25

Die Epistel Sant Pauls zuo den Ephesern.

Das erst Capitel.

Jn disem capitel offnet Paulus die ewige fürordnung und erwellung Gottes/ so Gott angeschlagen hatt in ewigem radtschlag alle menschen sälig zemachen durch Christum Jesum seinen sun/ und was nutz uns darauß entsprungen sey/ vermanet sy in sölicher berüeffung zuo verharren.

Paulus ein Apostel Jesu Christi durch den willenn Gottes. Den heyligen zuo Epheso/ das ist den glöubigen in Christo Jesu.

Gnad sey mit euch/ und frid von Gott unserem vatter/ und dem Herren Jesu Christo.

Gebenedeyet sey Gott und der vatter unsers Herren Jesu Christi/ der unns gebenedeyet hatt mit allerley geystlicher benedeyung in den himmelischen durch Christum/ wie er uns dann erwellet hatt durch den selben/ ee der welt grund gelegt was/ das wir söltend sein/ heilig und unsträfflich vor jm in der liebe/ und hatt uns verordnet das er uns zuo kinderen annemmen wölte durch Jesum Christ/ nach dem wolgefallen seines willens zuo lob der herrligkeit seiner gnad/ durch welche er uns hatt angenäm gemachet in dem geliebten/ in welchem wir habend die erlösung durch sein bluot/ namlich die vergebung der sünden/ nach der reychtumb seiner gnad/ welche er überschütt hatt uff uns/ durch alle weyßheit und vernunfft/ und hatt uns wüssen lassen die geheymnuß seines willens nach seinem wolgefallen/ welches er in jm selbs fürgenommen hatt/ biß die zeyt verloffen wäre/ und erfüllt wurde/ das alle ding zuosamen verfasset wurdend durch Christum/ beyde/ das im himmel und auch auff erden ist/ durch den selben Christum/ durch welchen wir auch zum erbteyl kommen sind/ die wir vorhin verordnet sind nach dem fürsatz des der alle ding würckt/ nach dem radt seines willens/ auff das wir syend zuo lob siner heiligkeit/ die wir vorhin uff Christum hoffend. Des sind auch jr/ do jr

Der Brief an die Epheser

Anschrift

1 1 Paulus, Apostel Christi Jesu durch den Willen Gottes, an die Heiligen in Ephesus, die an Christus Jesus glauben: 2 Gnade sei mit euch und Friede von Gott, unserem Vater, und dem Herrn Jesus Christus.

|1–2: Kol 1,1–2 |1: 2Kor 1,1 |2: 6,23; Röm 1,7!

1,1: Ein wichtiger Teil der Handschriften lässt erkennen, dass im ursprünglichen Brief wahrscheinlich keine Adressatengemeinde genannt war und es sich beim sogenannten Brief an die Epheser um ein Rundschreiben an die kleinasiatischen Gemeinden handelt.

Lobpreis

3 Gepriesen sei Gott, der Vater unseres Herrn Jesus Christus, der uns in den Himmeln gesegnet hat mit allem geistlichen Segen durch Christus. 4 Denn durch ihn hat er uns erwählt vor Grundlegung der Welt, dass wir heilig und makellos seien vor ihm, in Liebe. 5 Er hat uns schon seit langem dazu bestimmt, seine Söhne und Töchter zu werden durch Jesus Christus, nach seinem gnädigen Willen, 6 zum Lobpreis seiner herrlichen Gnade, mit der er uns beschenkt hat in seinem geliebten Sohn.

7 In ihm haben wir die Erlösung durch sein Blut, die Vergebung der Verfehlungen. So reich ist seine Gnade, 8 mit der er uns überschüttet hat: Alle Weisheit und alle Einsicht liess er uns zuteil werden, 9 indem er uns das Geheimnis seines Willens kundgetan hat, das darin besteht, in ihm sein Wohlgefallen für alle sichtbar zu machen. 10 So wollte er die Fülle der Zeiten herbeiführen und in Christus alles zusammenfassen – alles im Himmel und alles auf Erden – in ihm.

11 In ihm sind wir auch sein Eigentum geworden, schon seit langem dazu bestimmt nach dem Vorsatz dessen, der alles ins Werk setzt nach der Festlegung seines Willens: 12 Dem Lob seiner Herrlichkeit sollten

gehört habend das wort der warheit/ namlich
das Euangelion euwerer säligkeyt/ an welches
do jr auch glaubt habennd/ sind jr versiglet
worden mit dem geist der verheissung/ das ist
mit dem heiligen geist/ welcher ist das pfand
unsers erbs zuo unserer erlösung/ die wir sein
eigenthuomb sind zuo lob seiner herrligkeit.

Darumb auch ich/ nach dem ich gehört hab von
dem glauben bey euch in den Herren Jesum/
und von euwerer liebe zuo allen heiligen/ hör ich
nit auf zedancken für euch/ und gedenck euwer
in meinem gebätt/ das der Gott unsers Herren
Jesu Christi/ der vatter der herrligkeyt euch gebe
den geyst der weyßheit und der offenbarung/
zuo seiner selbs erkanntnuß/ und erleüchte die
augen euwerer verstentnuß/ das jr erkennen
mögind welches da sey die hoffnung euwers
beruoffs/ und wie groß sey die reychtum
des herrlichen erbs an seinen heyligen/ unnd
welches da sey die überschwenckliche grösse
seiner würckung/ seiner mächtigen stercke/
welche er gewürckt hatt in Christo/ do er jn
von den todten auferweckt hatt/ und gesetzt
zuo seiner rechten in den himmelischen/
über alle fürstenthuomb/ gewalt/ macht/
herrschafft/ und alles was genennet mag werden/
nit allein in diser welt/ sonder auch in der
zuokünfftigen. Und hatt alle ding under seine
füeß underworffen/ und hatt jn gesetzt über
alle ding ein haupt seiner kilchen/ das ist seiner
gmeynd und versamlung/ die da ist sein leyb
und sein völle/ der/ der alles in allen erfüllt.

Das ij. Capitel.
Paulus zeigt jnen an wär sy vor der bekeerung sygind
gewesen/ und wär sy durch Jesum Christum worden
sygind.

Und auch euch/ do jr tod warend durch
geprästen unnd sünd/ in welchen jr vor zeyten
gewandlet habend/ nach dem lauff diser welt/
und nach dem fürsten der oberkeyt/ der in dem
lufft regiert/ namlich nach dem geist/ der da
sein werck hat in den kindern des unglaubens/

wir dienen, die wir schon lange unsere
Hoffnung auf Christus gesetzt haben.

13 In ihm seid auch ihr, die ihr das Wort
der Wahrheit, das Evangelium eurer Rettung,
vernommen habt, in ihm seid ihr als Glaubende
auch versiegelt worden durch den Geist der
Verheissung, den heiligen Geist. 14 Er ist ein
erster Anteil unseres Erbes, er wirkt auf unsere
Erlösung hin zum Lob seiner Herrlichkeit.

|3: 2Kor 1,3; 1Petr 1,3 · 2,6! |4: 5,27; Kol 1,22 |5: 1,11;
Röm 8,29–30 · Röm 8,15.23; Gal 4,5 |7: Röm 3,24–25;
Kol 1,14 · 2,7 |9: 6,19! |10: Gal 4,4 · Kol 1,16.18.20 |11: 1,5!
|13: Kol 1,5! · 4,30; 2Kor 1,22 |14: 2Kor 1,22! · 4,30

Danksagung und Fürbitte

15 Also: Da auch ich von eurem Glauben
im Herrn Jesus und von eurer Liebe zu allen
Heiligen gehört habe, 16 höre ich nicht auf, für
euch zu danken, wenn ich in meinen Gebeten
an euch denke: 17 Der Gott unseres Herrn
Jesus Christus, der Vater der Herrlichkeit,
gebe euch den Geist der Weisheit und der
Offenbarung, damit ihr ihn erkennt. 18 Er
erleuchte die Augen eures Herzens, damit
ihr wisst, zu welcher Hoffnung ihr durch ihn
berufen seid, welch reiches und herrliches
Erbe er für die Heiligen bereithält 19 und wie
überwältigend gross die Kraft ist, die sich als
Wirkung seiner Macht und Stärke an uns, den
Glaubenden, zeigt. 20 Diese Kraft hat er an
Christus wirken lassen, als er ihn von den Toten
auferweckte und in den Himmeln zu seiner
Rechten setzte: 21 hoch über jedes Regiment,
jede Macht, Gewalt und Herrschaft und über
jeden Namen, der nicht allein in dieser, sondern
auch in der kommenden Weltzeit genannt
wird. 22 Und *alles hat er ihm unter die Füsse
gelegt,* und ihn hat er als alles überragendes
Haupt der Kirche gegeben; 23 sie ist sein Leib,
die Fülle dessen, der alles in allem erfüllt.

|15–17: Kol 1,9 |15: Kol 1,4! |16: Phlm 4; Kol 1,3
|18: Kol 1,5! · 3,16! · Kol 1,12 |19: 6,10 |20: Kol 2,12! ·
Kol 3,1! · 2,6! |21: 3,10; 6,12 · 1Kor 15,24; Phil 2,9;
Kol 2,10.15; 1Petr 3,22 |22: Ps 8,7; 1Kor 15,27–28 · 4,15; 5,23;
Kol 1,18! |23: 1Kor 12,27! · 3,19; 4,13; Kol 1,19!

Altes und neues Leben

2 1 Auch ihr wart tot durch eure Verfehlungen
und Sünden, 2 in denen ihr einst gelebt
habt, wie es eben dieser Weltzeit entspricht,
wie es dem Fürsten der Lüfte, des Geistes,
der jetzt noch wirksam ist in den Söhnen und
Töchtern des Ungehorsams, entspricht – 3 unter

under welchen wir auch alle vor zeyten unseren wandel gehept habend mit lüsten unsers fleischs/ und thetend den willen des fleischs und der vernunfft/ und warend auch kinder des zorns von natur/ gleych wie die anderen.

Aber Gott/ der da reych ist von barmhertzigkeit durch sein grosse liebe/ damit er uns geliebet hatt do wir tod warend in den sünden/ hatt er uns mit Christo läbendig gemachet (Dann auß gnad sind jr sälig worden) und hatt uns mit jm auferweckt/ und mit jm gesetzt in das himmelisch wäsen durch Jesum Christ/ auff das er erzeygte in den zuokünfftigen zeyten/ die überschwencklich reychtumb siner gnad/ mit siner freüntligkeit über uns durch Jesum Christ. Dann auß gnad sind jr sälig worden durch den glauben/ unnd das selb nit auß euch. Es ist Gottes gaab/ nit uß den wercken/ auff das sich nit yemants rüeme. Dann jr sind sein werck/ geschaffen durch Jesum Christum zuo guoten wercken/ zuo welchen Gott uns vorhin bereyt hatt/ das wir darinnen wandlen söllend.

Darumb gedenckend daran/ das jr/ die jr gewesen sind vor zeyten Heyden nach dem fleysch und die vorhaut genennet wurdend von denen/ die genennet sind beschneydung nach dem fleisch/ die mit der hand geschicht/ das jr zuo der selben zeyt warend on Christo/ darumb jr frömbd gehalten warend von der burgerschafft Jsraels/ unnd warend gest in den testamenten der verheissungen/ dähär jr kein hoffnung hattend/ und warend on Gott in der welt. Nun aber jr/ die jr in Christo sind/ und vor zeyten verr gewesen/ sind nun nach worden durch das bluot Christi.

Dann er ist unser frid/ der auß beyden hat eins gemachet/ unnd die mittel wand des zauns auflösende/ die feyndschafft in seinem fleisch/ so er aufgehept hatt das gsatz sampt den erkanntnussen/ auff das er auß zweyen einen neüwen menschen schaffete/ in jm frid zemachen/ und das er beyde versüenete mit Gott in einem leyb durch das creütz/ und hatt

Der Brief an die Epheser

diesen haben auch wir alle einst dahingelebt in den Begierden unseres Fleisches, indem wir taten, was das Fleisch wollte und wonach der Sinn uns stand, und waren unserem Wesen nach Kinder des Zorns wie die anderen auch … 4 Gott aber, der reich ist an Erbarmen, hat uns in seiner grossen Liebe, die er uns entgegenbrachte, 5 mit Christus zusammen lebendig gemacht, obwohl wir tot waren in unseren Verfehlungen – durch Gnade seid ihr gerettet –, 6 und hat uns mit ihm zusammen auferweckt und uns einen Platz in den Himmeln gegeben, in Christus Jesus. 7 So wollte er in den kommenden Zeiten den überwältigenden Reichtum seiner Gnade zeigen durch die Güte, die er uns erweist in Christus Jesus.

8 Denn durch die Gnade seid ihr gerettet aufgrund des Glaubens, und zwar nicht aus euch selbst, nein, Gottes Gabe ist es: 9 nicht durch eigenes Tun, damit niemand sich rühmen kann. 10 Denn sein Gebilde sind wir, geschaffen in Christus Jesus zu einem Leben voller guter Taten, die Gott schon bereitgestellt hat.

|1: Kol 2,13 |2: Kol 3,7 · 5,6; 1Petr 1,14 |3: 4,17–19; Tit 3,3 · Gal 5,16! |4: Tit 3,4–5 |5: Kol 2,13 · 2,8 |6: Kol 2,12 · 1,3; 1,20; 3,10; 6,12 |7: 1,7 |8: Röm 3,24 |9: Röm 3,27!; Gal 3,16 |10: 2Kor 5,17 · Kol 1,10

2,1–7: Diese Verse bestehen im griechischen Text aus einem einzigen Satzgefüge, das am Ende von V.3 zunächst abbricht und erst mit V.4 zu einem durchgehenden Satz ansetzt.

Die Einheit der Kirche

11 Darum: Denkt daran, dass ihr einst als ‹Heiden im Fleisch› galtet, ‹Unbeschnittene› genannt wurdet von den sogenannt Beschnittenen, deren Beschneidung am Fleisch mit Händen gemacht wird, 12 dass ihr damals fern von Christus wart, ausgeschlossen vom Bürgerrecht Israels und Fremdlinge, nicht einbezogen in die Bundesschlüsse der Verheissung, ohne Hoffnung und ohne Gott in der Welt. 13 Jetzt aber, in Christus Jesus, seid ihr, die ihr einst weit weg wart, ganz nahe durch das Blut Christi.

14 Denn er ist unser Friede, er hat aus den beiden eins gemacht und die Wand der Feindschaft, die uns trennte, niedergerissen durch sein Leben und Sterben. 15 Das Gesetz mit seinen Geboten und Bestimmungen hat er aufgehoben, um die beiden in seiner Person zu einem einzigen, neuen Menschen zu erschaffen, Frieden zu stiften 16 und die beiden durch das Kreuz in einem Leib mit Gott

die feyndschafft tödt durch sich selbs/ und ist kommen/ hatt verkündt im Evangelio den friden/ euch/ die jr verr warend/ und denen die nach warend. Dann durch jn habend wir den zuogang alle beyde in einem geyst zum vatter.

So sind jr nun nit mer gest und frömbdling/ sonder mitburger der heyligen und haußgenossen Gottes/ erbauwet auff den grund der Apostlen unnd der propheten/ da Jesus Christus der ecksteyn ist/ auff welchen/ welcherley bauw in einanderen geüegt wirt/ der wachßt zuo einem heyligen tempel in dem Herren: auff welchen auch jr miterbauwet werdend zuo einer wonung Gottes im geyst.

Das iij. Capitel.

Paulus erzelt die ursach warumb er gefangen sey/ namlich umb des willen/ das er den Heyden auß Gottes befelch söliche säligkeyt verkünde/ bittet sy das sy umb seiner gefencknuß willen nit betrüebt werdind/ bittet auch Gott für sy das sy in Christo verharrind.

Deßhalben ich Paulus der gefangner umb Jesus Christus willen für euch Heyden/ nach dem jr gehört habend von dem ampt der gnad die mir gegeben ist an euch: dann mir ist kund worden dise geheimnuß durch offenbarung/ wie ich daoben geschriben hab auff das kürtzest: daran jr/ so jr es läsend/ mercken mögend meynen verstand in der geheymnuß Christi/ welche ist nit kund gethon in den vorigen zeiten den menschen kinderen: als es nun offenbar ist seinen heyligen Apostlen und propheten durch den geyst/ das die Heyden syend miterben/ und mitleybig/ und mitgenossen seiner verheyssung in Christo durch das Euangelion: des ich ein diener worden bin nach der gaab auß der gnad Gottes/ die mir gegeben ist nach der würckung seiner krafft.

Mit dem aller geringsten under allen heiligen/ ist gegeben dise gnad under den Heyden zeverkünden die unaußforschlichen rychthumben Christi/ unnd zuo erleüchten yederman/ welche da sey die gmeinschafft der geheymnuß/ die vor der welt här verborgen gewesen ist in Gott/ der alle ding geschaffen hatt durch Jesum Christ/ uff das yetz kund wurde den fürstenthuomen unnd oberkeyten in dem himmel/ an der gemeynd die manigfältige weyßheyt/ die Gott gibt nach dem fürsatz von der welt här/ welche er bewisen hatt in Christo Jesu unserm Herren/ durch welchen wir habend

zu versöhnen; zerstört hat er die Feindschaft durch seine eigene Person. 17 Und er kam und verkündigte Frieden euch, den Fernen – und Frieden den Nahen. 18 Denn durch ihn haben wir beide in einem Geist Zugang zum Vater.

19 Ihr seid also nicht mehr Fremde ohne Bürgerrecht, ihr seid vielmehr Mitbürger der Heiligen und Hausgenossen Gottes, 20 aufgebaut auf dem Fundament der Apostel und Propheten – der Schlussstein ist Christus Jesus selbst. 21 Durch ihn wird der ganze Bau zusammengehalten und wächst zu einem heiligen Tempel im Herrn, 22 durch ihn werdet auch ihr mit eingebaut in die Wohnung Gottes im Geist.

|12: Kol 1,21 |13–16: Kol 1,20 |15: Kol 2,14 · 4,24 |16: Kol 1,20–22! |17–18: Röm 5,1–2 |17: Jes 52,7 · Jes 57,19 |18: 3,12 |19: 3,6 |20: Röm 3,9–11; Kol 2,7 · 4,11! · Jes 28,16; Röm 9,33; 1Petr 2,6 |21: 1Kor 3,16–17 |22: 4,12; 1Petr 2,5

2,21: Andere Übersetzungsmöglichkeit: «Durch ihn wird jeder Bau zusammengehalten …»

Der Auftrag des Paulus

3 1 Darum bitte ich, Paulus, der Gefangene Christi Jesu um euretwillen, die ihr aus den Heiden stammt, … 2 ihr habt ja gehört, worin die Gnade Gottes besteht, die mir für euch gegeben wurde: 3 Aufgrund einer Offenbarung wurde mir das Geheimnis kundgetan, wie ich es vorher kurz dargestellt habe. 4 Wenn ihr es lest, dann könnt ihr erkennen, dass ich mit dem Geheimnis Christi vertraut bin. 5 In früheren Generationen wurde es den Söhnen und Töchtern der Menschen nicht so kundgetan, wie es jetzt seinen heiligen Aposteln und Propheten durch den Geist offenbart worden ist: 6 Die Heiden sind Miterben, eingefügt in denselben Leib, Teilhaber an der Verheissung in Christus Jesus durch das Evangelium, 7 dessen Diener ich geworden bin durch das Geschenk der Gnade Gottes, die mir gegeben wurde durch das Wirken seiner Kraft.

8 Mir, dem allerletzten unter allen Heiligen, wurde die Gnade verliehen, den Völkern den unergründlichen Reichtum Christi zu verkündigen 9 und allen die Augen zu öffnen, dass sie erkennen, worin das Geheimnis besteht, das seit ewigen Zeiten bei Gott, der alles geschaffen hat, verborgen war. 10 So soll jetzt den Mächten und Gewalten in den Himmeln am Beispiel der Kirche die vielgestaltige Weisheit Gottes kundgetan werden – 11 wie es dem Zeitenplan entspricht, den er in Christus

freyheyt unnd zuogang in der zuoversicht durch den glauben in jnn. Darumb bitt ich das jr nit lassz werdind umb meiner trüebsälen willen/ die ich für euch leyden/ welche sind euch ein preyß.

Deßhalben büg ich meyne knüw gegen dem vatter unsers Herren Jesu Christi/ der der recht vatter ist/ über alles was vatter heißt in himmel und erden/ das er euch gebe nach der reychthumb seiner herrligkeyt/ mit krafft starck zewerden durch seinen geist an dem innwendigen menschen/ und Christum wonen durch den glauben in euwern hertzen/ und durch die liebe eyngewurtzlet/ und gegründt werden/ uff das jr vermögind begreyffen mit allen heiligen/ welches da sey die breite/ und die lenge/ und die tieffe/ und die höhe: auch erkennen die liebe Christi/ die doch alle erkanntnuß übertrifft/ auff das jr erfüllt werdind mit allerley Gottes völle. Dem aber/ der da mag auß überfluß thuon über alles das wir bittend/ oder verstond nach der krafft die da würcket in uns/ dem sey preyß in der gmeind/ die in Christo Jesu ist/ zuo aller zeyt von ewigkeit zuo ewigkeit/ Amen.

Das iiij. Capitel.
Paulus vermanet sy zuo sennftmüetigkeyt/ liebe/ einmüetigkeyt/ und friden/ dz sy die gaaben so Gott in mancherley weyß außteylt einander gemein machind/ biß das sy erwachsind zuo vollkommenheit/ das sy fürhin nit mer dienind den begyrden des fleyschs/ sonder hinlegind den alten menschen/ und in neüwe des läbens wandlind.

So ermanen nun euch ich Paulus gefangen in dem Herrenn/ dz jr wandlind/ wie es sich gebürt euwerer berüeffung/ darinn jr berüefft sind mit aller demuot und sennftmuot/ mit

Jesus, unserem Herrn, festgelegt hat. 12 In ihm haben wir Freiheit und Zugang zu Gott, im Vertrauen auf ihn, durch den Glauben an ihn. 13 Darum bitte ich euch: Lasst euch nicht entmutigen durch die Leiden, die ich um euretwillen erdulde – darin bestehe euer Ruhm!

|1: Phlm 1! |2: Gal 1,15–16 |3–5: 6,19!; Kol 1,26–27! |3: Gal 1,12 |5: 4,11! |6: 2,19 |7: Kol 1,25 · Kol 1,29 |8: 1Kor 15,9–10 |9: 6,19!; Kol 1,26–27! |10: 1,21! · 2,6! |12: 2,18; Röm 5,2

3,1: Der Satz, der im griechischen Text nicht einmal ein Verb enthält, bricht am Ende des Verses ab und wird erst in V.13 resp. V.16–17 aufgenommen und vollendet. In der vorliegenden Übersetzung ist sinngemäss bereits in V.1 das Verb ‹bitten› eingefügt.
3,10: Andere Übersetzungsmöglichkeit: «… in den Himmeln durch die Kirche die vielgestaltige Weisheit Gottes …»
3,12: Andere Übersetzungsmöglichkeit: «…, im Vertrauen auf ihn, das wir seiner Treue verdanken.»

Fürbitte und Lobpreis
14 Darum beuge ich meine Knie vor dem Vater, 15 von dem jedes Geschlecht im Himmel und auf Erden seinen Namen empfängt, 16 und bitte ihn, euch nach dem Reichtum seiner Herrlichkeit durch seinen Geist zum Aufbau des inneren Menschen so mit Kraft zu stärken, 17 dass Christus durch den Glauben in euren Herzen Wohnung nimmt und ihr in der Liebe tief verwurzelt und fest gegründet seid. 18 So werdet ihr befähigt, mit allen Heiligen zusammen die Breite und Länge und Höhe und Tiefe zu ermessen 19 und die Liebe Christi zu erkennen, die alle Erkenntnis übersteigt, und so werdet ihr immer mehr erfüllt werden von der ganzen Fülle Gottes.

20 Ihm aber, der weit mehr zu tun vermag, als was wir erbitten oder ersinnen, weit über alles hinaus, wie es die Kraft erlaubt, die in uns wirkt, 21 ihm sei die Ehre in der Kirche und in Christus Jesus durch alle Generationen dieser Weltzeit hindurch bis in alle Ewigkeit, Amen.

|16: 1,18; Kol 1,27! · 2Kor 4,16 |17: 1Kor 3,9; Kol 2,7; 1,23 |19: 1,23! |20: Kol 1,29 |21: Röm 16,27!

Die Einheit in der Kirche
4 1 Als Gefangener im Herrn bitte ich euch nun: Führt euer Leben, wie es der Berufung, die an euch ergangen ist, angemessen ist, 2 in aller Demut und Sanftmut und in Geduld.

duldmuot/ und vertragen einer dem anderen
in der liebe/ und sind fleyssig zehalten die
einigkeyt im geist durch das band des fridens.
Ein leyb und ein geist/ wie jr auch berüefft
sind auff einerley hoffnung euwers beruoffs.
Ein Herr/ ein glaub/ ein touff/ ein Gott
und vatter unser aller/ der da ist über uns
all/ unnd durch uns all/ und in uns allen.

 Einem yetlichen aber under uns/ ist gegeben
die gnad nach der maß der gaab Christi.
Darumb spricht er: Er ist aufgefaren in die höhe/
unnd hatt gefangen gefüert die gefencknuß/
und hatt den menschen gaaben gegeben. Das
er aber aufgefaren ist/ was ists? dann das er zum
ersten ist hinunder gefaren in die understen
örter der erden. Der hinunder gefaren ist/ das ist
der selbig der aufgefaren ist über alle himmel/
auff das er alles erfüllete. Und er hat etlich zuo
Apostel gesetzt/ etlich aber zuo propheten/
etlich zuo Evangelisten/ etlich zuo hirten und
leereren/ damit die heiligen all zuosamen gefüegt
wurdind/ durch gemeynen dienst zebesseren den
leyb Christi biß das wir alle einer dem andern
die hand reychind/ zuo einerley glaubens und
erkanntnuß deß suns Gottes/ ein vollkommner
mann werdend/ der da sey in der maß des
vollkommnen alters Christi/ auff das wir nit mer
kinder sygind/ unnd uns nit hin unnd här wäyen
lassind von allerley wind der leeren/ durch
schalckheyt der menschen und betriegerey/
darmit sy unns erschleychind zuo verfüeren.

 Lassend uns aber rechtgeschaffen sein in der
liebe/ unnd wachsen in allen stucken an dem
der das haupt ist/ Christus/ auß welchen der
gantz leyb zuosamen gefüegt/ und ein glid am
anderen hanget durch alle gleych/ dardurch
eins dem anderen handreichung thuot nach
der innerlichen würckung des geysts/ die er
nach der maß in einem yetlichen glid würckt:
unnd machet das der leyb wachset zuo seinen
selbs besserung/ unnd das alles in der liebe.

Ertragt einander in Liebe, 3 bemüht euch, die
Einheit des Geistes zu wahren durch das Band
des Friedens! 4 *Ein* Leib und *ein* Geist ist es
doch, weil ihr ja auch berufen wurdet zu *einer*
Hoffnung, der Hoffnung, die ihr eurer Berufung
verdankt:

 5 *Ein* Herr, *ein* Glaube, *eine* Taufe,
 6 *ein* Gott und Vater aller,
  der da ist über allen und durch alle und in
  allen.

7 Jedem Einzelnen von uns aber ist die Gnade
gegeben nach dem Mass, mit dem Christus
zu geben pflegt. 8 Deshalb heisst es:
In die Höhe hinaufgestiegen ist er, und
Gefangene hat er in die Gefangenschaft geführt,
Geschenke hat er gegeben den Menschen.

9 *Er ist hinaufgestiegen* – was bedeutet das
anderes, als dass er auch hinabgestiegen
ist in die Niederungen der Erde? 10 Der
aber hinabgestiegen ist, ist auch der, der
hinaufgestiegen ist, hoch über alle Himmel,
um alles zur Vollendung zu bringen.

11 Und er selbst hat die einen als Apostel
eingesetzt, die anderen als Propheten, andere
als Verkündiger des Evangeliums und wieder
andere als Hirten und Lehrer, 12 um die
Heiligen auszurüsten für die Ausübung ihres
Dienstes. So wird der Leib Christi aufgebaut,
13 bis wir alle zur Einheit des Glaubens und der
Erkenntnis des Sohnes Gottes gelangen und
zum vollkommenen Menschen heranwachsen
und die volle Reife in der Fülle Christi erlangen.
14 Denn wir sollen nicht mehr unmündige
Kinder sein, von den Wellen bedrängt
und von jedem Wind einer Lehrmeinung
umhergetrieben, dem Würfelspiel der Menschen
ausgeliefert, von ihrem Ränkespiel auf den
trügerischen Weg des Irrtums geführt, 15 nein,
wir wollen aufrichtig sein in der Liebe und
in allen Stücken hinanwachsen zu ihm, der
das Haupt ist, Christus. 16 Von ihm aus wird
der ganze Leib zusammengefügt und gehalten
durch jedes Band, das ihn stützt mit der
Kraft, die jedem einzelnen Teil zugemessen
ist. So wird der Leib in seinem Wachstum
gefördert, damit er aufgebaut werde in Liebe.

|1: 3,1 · Kol 1,10! |2: Kol 3,12–14 |3: Kol 3,14–15
|4: 1Kor 12,13; Röm 12,5; Kol 3,15 · 1,18 |5–6: 1Kor 8,6!
|7: 1Kor 12,11; Röm 12,3 |8: Ps 68,19 |9: Joh 3,13
|10: Phil 2,6–11 |11: 2,20; 3,5 · 1Kor 12,28 |12: 2,21–22
|13: 1,23! |15–16: Kol 2,19 |15: 1,22!

4,14: Andere Übersetzungsmöglichkeit: «…, von
ihrem Ränkespiel verführt, andere zu verführen,»

So sag ich nun/ unnd zeüg in dem Herrenn/ das
jr nit mer wandlind wie die anderen Heyden
wandlend in der eytelkeyt jrs verstands/ die
verfinsteret sind in jrer vernunfft/ und sind
entfrömbdet von dem läben das auß Gott ist/
durch die unwüssenheyt so in jnen ist/ durch die
blindheyt jres hertzens/ die/ sittmals sy verruocht
sind/ habend sy sich selbs ergeben der geylheyt/
zuo vollbringen alle unreynigkeyt mit aller
begyrd. Jr habend Christum nit also gelernet/
dann jr habend jn ghört/ unnd sind in jm
geleert/ wie in Jesu Christo ein rechtgeschaffen
wäsen ist/ hinzelegen nach dem vorigen
wandel den alten menschen/ der durch lust des
jrrthumbs zerstört wirt/ erneüweret zewerden in
dem geyst euwers gmüets/ und anzelegen den
neüwen menschen/ der nach Gott geschaffen ist/
in rechtgeschaffner gerechtigkeit und heyligkeyt.

Alter und neuer Mensch

17 Dies nun sage ich und bezeuge es vor
dem Herrn: Führt euer Leben nicht mehr wie
die Heiden, die in Torheit und Unverstand
leben. 18 Verfinstert ist ihr Sinn, abgeschnitten
haben sie sich vom Leben, das Gott gibt, denn
Unwissenheit beherrscht sie, und verstockt
ist ihr Herz. 19 Abgestumpft sind sie und
einem ausschweifenden Leben hingegeben;
alles tun sie, was sie unrein macht, und
können davon nicht genug bekommen.
20 Ihr aber habt Christus nicht auf diese
Weise kennen gelernt; 21 ihr habt doch von ihm
gehört und seid in ihm so unterrichtet worden,
wie es der Wahrheit in Jesus entspricht: 22 Dass
ihr ablegen sollt, was euer früheres Leben
geprägt hat, den alten Menschen, der zugrunde
geht wie die trügerischen Begierden! 23 Lasst
einen neuen Geist euer Denken bestimmen,
24 und zieht an den neuen Menschen, der
nach dem Willen Gottes geschaffen ist: in
Gerechtigkeit und wahrer Heiligkeit.

|17: 2,1–3 |18: Röm 1,21 · 1Petr 1,14 |19: Röm 1,24
|22: Kol 3,9! |24: 2,15; Kol 3,10!

4,24: Andere Übersetzungsmöglichkeit: «… den neuen
Menschen, der nach dem Bild Gottes geschaffen ist: …»

Das Leben der Getauften

25 Darum: *Legt ab die Lüge! Jeder von
euch sage, wenn er mit seinem Nächsten spricht,
die Wahrheit,* denn wir sind ja untereinander
Glieder. 26 *Wenn ihr zürnt, versündigt euch nicht!
Die Sonne gehe nicht unter über eurem Zorn,*
27 und dem Teufel gebt keinen Raum! 28 Wer
stiehlt, stehle nicht mehr, sondern arbeite und
tue etwas Rechtes mit seinen Händen, damit
er etwas hat, das er dem Notleidenden geben
kann. 29 Kein hässliches Wort komme über
eure Lippen, sondern wenn ein Wort, dann ein
gutes, das der Erbauung dient, wo es nottut,
und denen, die es hören, Freude bereitet.
30 Betrübt nicht den heiligen Geist Gottes,
mit dem ihr versiegelt worden seid auf den Tag
der Erlösung hin! 31 Alle Bitterkeit und Wut,
Zorn, Geschrei und Lästerrede sei verbannt
aus eurer Mitte, samt allem, was böse ist!
32 Seid gütig zueinander, seid barmherzig
und vergebt einander, wie auch Gott
euch in Christus vergeben hat.

Darumb legend hin die lugen/ unnd
redend die warheyt ein yetlicher mit seinem
nächsten/ sittmals wir under einanderen glider
sind. Zürnend und sündend nit. Lassend
die Sonn nit nidergon über euweren zorn:
gebend auch nit statt dem lesterer. Wär
betrogen unnd übernossen hatt/ der betriege
und übernüsse nit mer/ sonder er arbeyte
und schaffe mit den henden etwas redlichs/
auff das er habe zegeben dem dürfftigen.
Lassend kein faul geschwätz auß euwerem
mund gon/ sonder was nutzlich zur besserung
ist/ da es not thuot/ das es holdsälig sey
zehören. Unnd betrüebend nit den heyligen
geyst Gottes/ damit jr versiglet sind in dem
tag der erlösung. Alle bitterkeit und grimme/
und zorn/ und geschrey/ und lesterung sey verr
von euch mit aller boßheyt. Sind aber under
einanderen freüntlich/ auß hertzen barmhertzig/
und vergebe einer dem andern/ gleych wie
Gott euch vergeben hatt in Christo.

Die Epistel Sant Pauls zuo den Ephesern.

Das v. Capitel.

Jn disem capitel wie in dem vorigen vermanet er sy zuo tugenden und frommkeyt des läbens/ zücht sy ab von geyt/ von unküschheyt/ von trunckenheyt/ vermanet sy das sy behuotsam und weyß sygind wider die falschen leerer/ in sunderheyt leert er die mann wie sy söllend halten jre weyber.

So sind nun Gottes nachvolger als die lieben kinder/ und wandlend in der liebe: glych wie Christus uns hatt geliebet/ und sich selbs dargegeben für uns zuo einem opffer unnd gaab/ Gott zuo einem süessen geruch. Huorey aber unnd alle unreynigkeyt/ oder geyt lassend nit von euch gesagt werden/ wie den heyligen zuostadt: auch schampare wort unnd narrentäding/ zevil leychtfertiger schimpff/ und was sich nit zur sach reymet: sonder vil mer sol euwere red freüntlich und gnadreych sein. Dann das söllend jr wüssen/ das kein huorer/ oder unreyner/ oder geytiger (welcher ist ein götzendiener) erb hat in dem reych Christi und Gottes. Lassend euch niemants verfüeren mit unnützen worten: dann umb der selben willen kumpt der zorn Gottes über die kinder des unglaubens. Darumb sind nit jren mitgnossen. Dann jr warennd vor zeyten finsternuß/ nun aber sind jr ein liecht in dem Herren. Wandlend wie die kinder des liechts. Die frucht deß geysts ist allerley güetigkeyt/ und gerechtigkeyt/ und warheyt: und erlernend was da sey wolgefellig vor Gott/ und habend nit gmeynschafft mit den unfruchtbaren wercken der finsternuß/ straffend sy aber vil mer. Dann was heymlich von jnen geschicht/ das ist auch schantlich zesagen. Alles aber was vom liecht gestraafft wirdt/ das wirt offenbar: alles aber wz offenbar wirt/ das ist liecht. Darumb spricht er: Wach auf/ der du schlaaffst/ und stand auf von den todten/ so wirt dich Christus erlüchten.

So sehend nun zuo wie jr fürsichtigklich wandlind/ nit als die unweysen/ sonder als die weysen: entschüttend euch/ und faarend der zeyt/ dann es ist böse zeyt. Darumb werdend nit unverstendig/ sonder verstendig/ was da sey des Herren will: unnd sauffend euch nit voll weyns/ darauß ein unordenlich wäsen volget/ sonder werdennd voll geysts/ und redend under einandern von Psalmen/ und lobgsangen/ unnd geystlichen liederen: singend und psallierend dem Herren in euweren hertzen/ unnd sagend danck alle zeyt vor yederman Gott dem vatter/ in dem nammen unsers Herren Jesu Christi/

5 1 Folgt nun dem Beispiel Gottes als geliebte Kinder, 2 und führt euer Leben in der Liebe, wie auch Christus uns geliebt und sich für uns hingegeben hat als Gabe und Opfer für Gott, als ein lieblicher Wohlgeruch.

3 Unzucht aber und jede Art von Unreinheit oder Habgier soll bei euch nicht einmal erwähnt werden – so schickt es sich für die Heiligen –, 4 auch nichts Schändliches, kein törichtes Geschwätz und keine Possenreisserei, was sich alles nicht ziemt, hingegen und vor allem: Danksagung. 5 Denn dies sollt ihr erkennen und wissen: Keiner, der Unzucht treibt oder sich verunreinigt oder der Habsucht erliegt – das hiesse ja, ein Götzendiener sein –, hat Anteil am Erbe im Reich Christi und Gottes.

6 Niemand betrüge euch mit leeren Worten! Denn eben das ist es, was den Zorn Gottes über die Söhne und Töchter des Ungehorsams kommen lässt. 7 Habt also nichts zu schaffen mit ihnen! 8 Denn einst wart ihr Finsternis, jetzt aber seid ihr Licht im Herrn. Lebt als Kinder des Lichts 9 – das Licht bringt nichts als Güte, Gerechtigkeit und Wahrheit hervor –, 10 indem ihr prüft, was dem Herrn gefällt, 11 und beteiligt euch nicht an den fruchtlosen Werken der Finsternis, sondern deckt sie auf! 12 Denn was durch sie im Verborgenen geschieht, auch nur auszusprechen, ist schon eine Schande; 13 alles aber, was aufgedeckt wird, wird vom Licht durchleuchtet, 14 ja, alles, was durchleuchtet wird, ist Licht. Darum heisst es:

Wach auf, der du schläfst,
und steh auf von den Toten,
so wird Christus dein Licht sein.

15 Achtet nun sorgfältig darauf, wie ihr euer Leben führt: nicht als Toren, sondern als Weise! 16 Kauft die Zeit aus, denn die Tage sind böse. 17 Seid also nicht unverständig, sondern begreift, was der Wille des Herrn ist. 18 Und berauscht euch nicht mit Wein – das bringt nur Unheil –, sondern lasst euch erfüllen vom Geist: 19 Lasst in eurer Mitte Psalmen ertönen, Hymnen und geistliche Lieder, singt und musiziert dem Herrn aus vollem Herzen, 20 und

und sind einander underthon in der forcht Gottes.

Die weyber sygind underthon jren mannen als dem Herren. Dann der mann ist des weybs haupt/ glych wie auch Christus das haupt ist der gmeynd/ und er ist seines leybs heyland. Aber wie nun die gmeynd ist Christo underthon/ also auch die weyber jren mannen in allen dingen. Jr mann liebend euwere weyber/ gleych wie Christus geliebet hatt die gmeynd/ unnd hatt sich selbs für sy geben/ auff das er sy heyligete: unnd hatt sy gereyniget durch das wasserbad im wort/ auff das er jm darstellete ein herrliche gemeind/ die nit habe ein flecken oder runtzel/ oder des etwas/ sonder das sy sey heylig und unsträfflich. Also söllend auch die menner jre weyber lieben als jr eigne leyb. Wär sein weyb liebet/ der liebet sich selbs. Dann niemants hatt ye seyn eygen fleysch gehasset/ sonder er neeret es/ und aufenthalts/ gleych wie auch der Herr die gmeynd. Dann wir sind glider seines leybs von seinem fleysch/ und von seinen gebeynen. Umb des willen wirt ein mensch verlassen vatter und muoter/ und seinem weyb anhangen/ und werdend zwey ein fleisch sein: die geheimnuß ist groß. Jch sag aber von Christo und der gmeind. Doch auch jr/ ein yetlicher habe lieb seyn eigen weyb als sich selbs. Das weyb aber förchte den mann.

Das vj. Capitel.
Paulus underweyßt wie sich die ständ gegen einandern halten söllend/ als kinder gegen den elteren/ knecht gegen den herren/ etc. Vermanet sy auch zuo dem geistlichen streyt/ leert was das sey die geweer und waffen der Christen.

Jr kinder sind gehorsam euweren elteren in dem Herren/ dann das ist billich. Eer dein vatter unnd deyn muoter (Das ist das erst gebott/ das ein verheyssung hat) auff das es dir wol gange/ und lang läbest auff erden. Und jr vätter/ reytzend euwere kinder

dankt unserem Gott und Vater allezeit für alle Dinge im Namen unseres Herrn Jesus Christus.

|25: Kol 3,9 · Sach 8,16 · Röm 12,5 |26: Ps 4,5 · Dtn 24,15 |27: 6,11–13! |28: 1Thess 4,11 |29: Kol 4,6 |30: 1,13!–14 |31: Kol 3,8 |32: Kol 3,13 |1: 1Kor 11,1 |2: 5,25; Gal 2,20 · Ex 29,18 |3: Kol 3,5 |5: 1Kor 5,10–11; Kol 3,5 · Gal 5,21! |6: Kol 2,8 · Kol 3,6 · 2,2 |8: 1Thess 5,5 |10: Röm 12,2 |15–16: Kol 4,5 |17: Röm 12,2 |18: Spr 23,31 |19–20: Kol 3,16–17

Frauen und Männer

21 Wir wollen uns einander unterordnen, in der Ehrfurcht vor Christus:
22 Ihr Frauen, ordnet euch euren Männern unter wie unserem Herrn, 23 denn der Mann ist das Haupt der Frau, wie auch Christus das Haupt der Kirche ist, er, der Retter des Leibes. 24 Also: Wie die Kirche sich Christus unterordnet, so sollen sich die Frauen in allem den Männern unterordnen.
25 Ihr Männer, liebt eure Frauen, wie auch Christus die Kirche geliebt und sich für sie hingegeben hat, 26 um sie zu heiligen und rein zu machen durch das Bad im Wasser, durch das Wort. 27 So wollte er selbst die Kirche vor sich hinstellen: würdig, ohne Flecken und Falten oder dergleichen, denn heilig und makellos sollte sie sein. 28 So sollen auch die Männer ihre Frauen lieben wie den eigenen Leib. Wer seine Frau liebt, liebt sich selbst. 29 Denn noch nie hat jemand sein eigenes Fleisch gehasst, nein, jeder nährt und pflegt es, wie auch Christus die Kirche, 30 weil wir Glieder seines Leibes sind. 31 *Darum wird ein Mann Vater und Mutter verlassen und seiner Frau anhangen, und die zwei werden ein Fleisch sein.* 32 Dies ist ein grosses Geheimnis; ich spreche jetzt von Christus und der Kirche. 33 Doch das gilt auch für jeden Einzelnen von euch: Er liebe seine Frau so wie sich selbst, die Frau aber respektiere den Mann.

|22: Kol 3,18! |23: 1Kor 11,3 · 1,22! |24: Kol 3,18! |25: Kol 3,19 · 5,2! |26: Tit 3,5 |27: 1,4! |28: Kol 3,19 |30: Röm 12,5! |31: Gen 2,24 |32: 6,19! · Kol 2,2 |33: Kol 3,19

Kinder und Eltern

6 1 Ihr Kinder, gehorcht euren Eltern im Herrn; denn das ist recht und gut. 2 *Ehre deinen Vater und deine Mutter* – dies ist das erste Gebot, das eine Verheissung enthält –, 3 *damit es dir gut gehe und du lange lebest auf Erden.*

nit zuo zorn/ sonder ziehend sy auf in der zucht unnd vermanung an den Herren.

Jr knecht sind gehorsam euweren leyblichen herren/ mit forcht und mit zittern in einvaltigkeyt euwers hertzens/ als Christo/ nit mit dienst allein vor augen als den menschen zuogefallen/ sonder als die knecht Christi/ das jr sölichen willen Gottes thüegind von hertzen mit guotwilligkeyt. Lassend euch duncken das jr dem Herren dienend/ und nit den menschen: und wüssend/ was ein yetlicher für guots thuon wirt/ das wirt er empfahen von dem Herren/ er sey knecht oder freyer. Unnd jr herren thuond auch das selb gegen jnen/ und underlassend das tröuwen/ und wüssend dz auch euwer Herr im himmel ist/ unnd ist vor Gott kein ansehen der person.

Zuo letst meine brüeder/ bekrefftigend euch in dem Herren/ und in der macht seiner stercke: ziehend an den harnesch Gottes/ das jr beston mögind gegen dem listigenn anlauff deß teüfels. Dann wir habend nit zekempfen mit fleysch und bluot/ sunder mit fürsten und gwaltigen/ mit der welt regenten/ der finsternuß in diser welt/ mit den geystenn der boßheit under dem himmel. Umb deß willen so ergreyffend den harnesch Gottes/ auff das jr mögind widerston an dem bösen tag/ und in allen dingen gerüstet sein.

So stond nun/ umbgürtet euwere lenden mit dem gurt der warheyt/ und angelegt mit dem krebs der gerechtigkeyt/ und geschüecht an euweren füessen mit rüstung des Euangelions von dem frid: in allen dingen aber ergreyffend den schilt deß glaubens/ mit welchem jr mögend außlöschenn alle fheürige pfeyl deß böß wichts/ und den hälm deß heils nemmend an euch/ und das schwärdt deß geistes/ welches ist das wort Gottes/ und bättend stäts in allem anligen mit bitten und begären im geyst: und wachend darzuo mit allem anhalten und begären/ für alle heyligen und für mich. Auff das mir ggeben werde dz wort/ mit fryem aufthuon meins munds/ das ich möge kund machen die geheymnuß des

4 Und ihr Väter, reizt eure Kinder nicht zum Zorn, sondern lasst sie aufwachsen in der Erziehung und Zurechtweisung des Herrn.

|1: Kol 3,20 |2–3: Ex 20,12; Dtn 5,16 |4: Kol 3,21

Sklaven und Herren
5 Ihr Sklaven, gehorcht euren irdischen Herren mit Furcht und Zittern, mit ungeteiltem Herzen, als gehorchtet ihr Christus! 6 Dient ihnen nicht aus Liebedienerei, als wolltet ihr Menschen gefallen, sondern als Sklaven Christi, die den Willen Gottes von Herzen tun. 7 Seid ihnen wohlgesinnt und dient ihnen, als dientet ihr dem Herrn und nicht einem Menschen. 8 Ihr wisst, dass jeder, der etwas Gutes tut, es vom Herrn zurückbekommen wird, sei er nun Sklave oder Freier.

9 Und ihr Herren, verhaltet euch euren Sklaven gegenüber ebenso: Lasst das Drohen, denn ihr wisst, dass euer und ihr Herr im Himmel ist und dass es bei ihm kein Ansehen der Person gibt.

|5: Kol 3,22; Tit 2,9–10; 1Petr 2,18 |6: Kol 3,22
|7: Kol 3,23 |8: Kol 3,24 |9: Kol 4,1 · Kol 3,25!

Die Waffenrüstung Gottes
10 Und schliesslich: Werdet stark im Herrn und in der Kraft, die von seiner Stärke ausgeht! 11 Zieht die Waffenrüstung Gottes an, damit ihr dem Teufel und seinen Machenschaften entgegentreten könnt! 12 Denn wir kämpfen nicht gegen Fleisch und Blut, sondern gegen die Mächte, die Gewalten, die Fürsten dieser Finsternis, gegen die Geister des Bösen in den Himmeln. 13 Greift darum zur Waffenrüstung Gottes, damit ihr widerstehen könnt am bösen Tag und, nachdem ihr alles zu Ende gebracht habt, bestehen bleibt. 14 Seid also standhaft: Gürtet eure Hüften mit Wahrheit, zieht an den Panzer der Gerechtigkeit, 15 tragt an euren Füssen als Schuhwerk die Bereitschaft für das Evangelium des Friedens 16 und, was auch kommen mag, ergreift den Schild des Glaubens, mit dem ihr alle brennenden Pfeile des Bösen abwehren könnt. 17 Empfangt den Helm des Heils und das Schwert des Geistes, der Gottes Wort ist.

18 Von Gebet und Fürbitte lasst nicht ab: Betet allezeit im Geist und dazu seid wach! Seid beharrlich in der Fürbitte für alle Heiligen, 19 auch für mich, dass mir, wenn ich den Mund auftue, das rechte Wort gegeben werde, um in aller Freiheit das Geheimnis des Evangeliums

Euangelions/ über welche ich die bottschafft
füer in der ketten/ auff das ich darinn freydig
handlen möge/ und reden wie es sich gebürt.

kundzutun. 20 Ihm diene ich als Gesandter
in Fesseln, damit ich in ihm den Mut und die
Freiheit gewinne, das Wort zu verkündigen –
wie es meinem Auftrag entspricht.

|10: 1,19 |11–13: 4,27; 1Petr 5,8–9; Jak 4,7 |11: Röm 13,12;
2Kor 10,4 |12: 1,21! · 2,6! |14: Lk 12,35! · Jes 11,5 · Jes 59,17;
1Thess 5,8 |15: Jes 52,7 |17: Jes 59,17; 1Thess 5,8 · Hebr 4,12
|18–20: Kol 4,2–4 |19: 1,9; 3,3–4.9; 5,32; Kol 4,3

Auff dz aber jr auch wüssind wie es umb
mich stadt/ unnd was ich schaffe/ wirt euch
alles kund thuon Tychicos/ mein lieber bruoder/
und getrüwer diener in dem Herren/ welchen
ich gesendt hab zuo euch umb desselben
willen/ das jr erfüerind wie es umb mich
stande/ und das er euwere hertzen tröste.
Frid sey den brüederen und die liebe
mitt glauben/ von Gott dem vatter und dem
Herren Jesu Christo. Gnad sey mit allen
die da lieb habend unseren Herren Jesum
Christum steyff und unverrucklich/ Amen.

Briefschluss

21 Damit aber auch ihr wisst, wie es mir
geht und was ich tue, wird Tychikus, mein
geliebter Bruder und treuer Diener im Herrn,
euch alles berichten. 22 Ihn schicke ich eben
darum zu euch, damit ihr erfahrt, wie es
um uns steht, und er eure Herzen tröste.
23 Frieden wünsche ich den Brüdern und
Schwestern, Liebe und Glauben von Gott,
dem Vater, und dem Herrn Jesus Christus.
24 Die Gnade sei mit allen, die unseren Herrn
Jesus Christus lieben – sie wird nie vergehen.

|21: Kol 4,7! |22: Kol 4,8 |23: 1,2! · 1,15; 3,17

Geschriben von Rom zuo den
Ephesern durch Tychicon.

Die Epistel Sant Pauls zuon Philippern.

Das erst Capitel.

Paulus mäldet sein gefencknuß zuo Rom erlitten/ sagt wie etlich sygind die das Euangelion jm zuo ungunst predigind/ deß er doch Gott dancket/ bereyt sey er zum tod und zum läben/ ermanet sy auch in allem leyden gedultig zuo sein.

Paulus und Timotheus/ knecht Jesu Christi. Allen heiligen in Christo Jesu zuo Philippen/ sampt den Bischoffen und dieneren.

Gnad sey mit üch und frid von Gott unserem vatter und dem Herren Jesu Christo.

Jch danck meinem Gott/ so offt ich euwer gedenck (welches ich all zeyt thuon in allem meinem gebätt für euch alle/ unnd thuon das gebätt mit fröuden) über euwere gmeinschaft am Evangelio vom erstnn tag an biß här/ und bin desselben in guoter zuoversicht/ das/ der in euch angefangen hat das guott werck/ der wirts auch volfüerenn/ biß an den tag Jesu Christi: wie es dann mir billich ist/ das ich dermassen von euch allen halte: darumb das ich euch alle in meinem hertzenn hab/ als die mit mir teylhafftig sind der gnad in meinen banden/ verantwortung und befestigung des Euangelions. Dann Gott ist mein zeüg/ wie mich nach euch allen verlanget von hertzengrund in Jesu Christo/ und umb das selbig bitt ich/ das euwere liebe ye mer unnd mer reych werde in allerley erkantnuß/ und in allerley erfarung das jr erfaren mögend was das best sey/ auff das jr sygind lauter und unanstössig auff den tag Christi: erfüllt mitt früchten der gerechtigkeit/ die da kommend durch Jesum Christum zum preyß und lob Gottes.

Jch laß euch aber wüssen lieben brüeder/ das wie es umb mich stadt/ das ist nun mer zur fürderung deß Evangelij geradten. Also/ das meine bannd außgerüefft worden sind in dem

Der Brief an die Philipper

Anschrift

1 1 Paulus und Timotheus, Knechte Christi Jesu, an alle Heiligen in Christus Jesus, die in Philippi sind, und an ihre Bischöfe und Diakone: 2 Gnade sei mit euch und Friede von Gott, unserem Vater, und dem Herrn Jesus Christus.

|1: 2,19; Apg 16,1! · Phlm 1; 1Thess 1,1 · Röm 1,1 · 1Kor 1,2 |2: Röm 1,7!

Dank und Fürbitte

3 Ich danke meinem Gott, sooft ich an euch denke, 4 wenn immer ich für euch alle bitte und voll Freude für euch eintrete im Gebet: 5 Ich danke dafür, dass ihr am Evangelium teilhabt, vom ersten Tag an bis heute, 6 und ich bin dessen gewiss, dass er, der das gute Werk in euch angefangen hat, es bis zum Tag Christi Jesu auch vollendet haben wird.

7 Es ist auch nichts als recht, dass ich so von euch allen denke. Denn ihr wohnt in meinem Herzen, und an der Gnade, die ich im Gefängnis und vor Gericht bei der Verteidigung und Bekräftigung des Evangeliums erfahren habe, habt ihr alle teil. 8 Gott ist mein Zeuge: Ich sehne mich nach euch allen, so wie auch Christus Jesus herzlich nach euch verlangt. 9 Und ich bete dafür, dass eure Liebe reicher und reicher werde an Erkenntnis und zu umfassender Einsicht gelangt, 10 und dass ihr so zu prüfen vermögt, worauf es ankommt; dann werdet ihr rein sein und ohne Tadel am Tag Christi, 11 erfüllt von der Frucht der Gerechtigkeit, die Jesus Christus wirkt, zur Ehre und zum Lob Gottes.

|4: 1Kor 1,4! · 1,18! |6: 1,10; 2,16; 1Kor 1,8 |7: 1,12–13.17; Phlm 13! · 1,16 · 4,14 |10: 1,6!

Die Lage des Paulus

12 Ihr sollt aber wissen, liebe Brüder und Schwestern, dass alles, was mir widerfahren ist, nur der Förderung des Evangeliums dient. 13 So hat sich im ganzen Prätorium und weit

gantzen richthauß/ und bey yederman: und
vil brüeder auß meinen banden zuovorsicht an
den Herren gewunnen/ dester küener worden
sind dz wort zereden on schühen. Etlich zwar
predigend Christum auch umb hassz und
zancks willen/ etlich aber uß guoter meinung.
Yhene verkündend Christum auß zanck und
nit lauter/ dann sy meynend sy wöllind ein
trüebsal zuofüegen meinen banden. Dise
aber auß liebe/ dann sy wüssend dz ich zur
verantwortung deß Euangelions hie lig. Was
ist jm aber denn? das nun Christus verkünt
werde allerley weyß/ es gscheche rechter weyß
oder zuofallens/ so fröuwen ich mich doch
darinn/ unnd wil mich auch fröuwen. Dann
ich weiß das mir das selb gelingt zur säligkeit
durch euwer gebätt/ und durch handreychung
deß geysts Jesu Christi (wie ich entlich warten
und hoff) das ich in keinerley stuck zeschanden
werde/ sunder das mit aller freydikeit) gleich
wie sunst alle zeyt/ also auch yetz Christus
groß gemachet werde an meinem leyb: es sey
durch läbenn oder durch tod. Dann Christus
ist mein läben/ und sterben mein gwün. Sitmals
aber im fleisch läben mir fruchtbar ist zuo den
wercken/ ist mir nit kund welches ich erwellen
sölle: dann ich wird mitt zweyerley getrungen.
Jch hab lust abzescheyden und bey Christo
zesein (welches auch vil besser wäre) aber es ist
nötiger im fleysch zebleyben umb euwertwillen.
Und in guoter zuoversicht weiß ich/ dz ich
bleyben unnd bey euch allen sein werde/ zur
fürderung und zur fröud deß glaubens/ auff
dz euwer ruom reych werde in Christo Jesu an
mir/ durch mein zuokunnft wider zuo euch.

Fleyssend euch allein also zewandlen/ dz dem
Evangelio Christi gemäß sey/ auff das so ich
kumm und sich euch/ oder hör von üch in
meinem abwäsen/ das jr gleych wol standind

darüber hinaus die Kunde verbreitet, dass ich
um Christi willen in Fesseln liege, 14 und die
Mehrzahl der Brüder und Schwestern ist durch
meine Gefangenschaft in ihrem Vertrauen
zum Herrn gestärkt worden und wagt nun
immer entschiedener, das Wort ohne Furcht
weiterzusagen. 15 Zwar verkündigen einige
Christus bloss aus Neid und Streitlust, andere
dagegen aus voller Überzeugung. 16 Die einen
tun es aus Liebe, weil sie wissen, dass es meine
Bestimmung ist, das Evangelium zu verteidigen,
17 die andern aber verkündigen Christus zum
eigenen Vorteil, in unlauterer Gesinnung, in
der Meinung, sie könnten mich, der ich in
Fesseln liege, dadurch in Bedrängnis bringen.
18 Doch was soll's! Es geht doch einzig
darum, dass so oder so, aus echten oder
unechten Motiven, Christus verkündigt wird,
und darüber freue ich mich. Und ich werde
mich auch in Zukunft freuen, 19 denn ich
weiss: Dies alles wird zu meiner Rettung
führen, da ihr für mich bittet und der Geist
Jesu Christi mir beisteht. 20 Ich warte
sehnsüchtig auf das, was kommen wird, und
bin guter Hoffnung, dass ich in keiner Hinsicht
blossgestellt werde, dass vielmehr Christus in
aller Freiheit, wie bisher so auch jetzt, durch
meinen Leib verherrlicht wird, sei es durch
mein Weiterleben, sei es durch meinen Tod.
21 Denn für mich gilt: Leben heisst Christus,
und Sterben ist für mich Gewinn. 22 Wenn ich
aber am Leben bleiben sollte, dann bedeutet
das, dass meine Arbeit Frucht bringen wird,
und so weiss ich denn nicht, was ich wählen
soll. 23 Nach zwei Seiten werde ich gezogen:
Eigentlich hätte ich Lust, aufzubrechen und bei
Christus zu sein; das wäre ja auch weit besser.
24 Am Leben zu bleiben, ist aber nötiger – um
euretwillen. 25 Ich vertraue darauf und weiss,
dass ich weiterleben und euch allen erhalten
bleiben werde, euch zur Förderung und zur
Freude im Glauben. 26 So wird euer Ruhm,
den ihr in Christus Jesus habt, durch mich noch
grösser werden, wenn ich wieder bei euch bin.

|13: 1,7! |16: 1,7 |17: 1,7! |18: 1,4; 2,2.17; 3,1!; 4,1
|19: 2Kor 1,11 |20: 1Kor 6,20 |23: 2Kor 5,8; 1Thess 4,17;
Lk 23,43 |25: 3,1!

Gemeinsamer Kampf für das Evangelium
27 Eins ist wichtig: Ihr sollt als Bürger
eurer Stadt leben, wie es dem Evangelium von
Christus entspricht, damit ich, ob ich nun
komme und euch sehe oder ob ich wegbleibe,

Die Epistel Sant Pauls zuon Philippern.

in einem geyst und einer seel/ und mit uns kempffind von dem glauben deß Evangelij/ und in keinen wäg euch erschrecken lassind von den widersächern/ welches ist ein anzeygung jnen der verdamnuß/ euch aber der säligkeit/ und das selb von Gott. Dann euch ists geben zethuon/ das jr nit allein in Christum glaubind/ sunder auch umb jn leydind: und habend den selben kampff/ welchen jr gesehen habend an mir/ und nun hörend von mir.

Das ij. Capitel.
Paulus vermanet sy zuo einträchtigkeyt unnd brüederlicher liebe/ daß sy sich hüetind vor zanck und hochmuot/ stelt jnen für Christum zuo einem exempel.

Jst nun under euch yenen ein ermanung in Christo/ ist yenen ein trost der liebe/ ist yenen ein gmeinschafft deß geystes/ ist yenen ein hertzliche liebe und barmhertzigkeit/ so erfüllend mein fröud/ das jr eins muots und sinns sygind: gleiche liebe habind: thuond nüts durch zanck oder eytele eer/ sunder durch die demuot: achte ye einer den andern höher dann sich selber: und ein yetlicher sehe nit auff seinen nutz/ sunder auff den nutz eines anderen.

Ein yetlicher sey gesinnet wie Jhesus Christus auch was: welcher/ ob er wol inn Göttlicher gstalt was/ hat er es nit ein roub geachtet/ Gott gleich zesein/ sunder hat sich selbs geüsseret/ unnd die gstalt eines knechts angenommen: ist worden gleich wie ein anderer mensch/ und an gebärden als ein mensch erfunden: hat sich selbs erniederet/ und ist gehorsam worden biß zum tod/ ja zum tod am creütz. Darumb hat jn auch Gott erhöcht/ und hat jm einen nammen geben/ der über alle nammen ist/ das in dem nammen Jesu sich biegen söllend alle kneüw/ die im himmel und auff erden/ und under der erden sind: unnd alle zungen bekennen söllend/ das Jesus Christus der Herr sey zum preiß Gottes deß vatters.

von euch erfahre, dass ihr in *einem* Geist gefestigt seid und *eines* Sinnes den Kampf für den Glauben an das Evangelium fortführt. 28 Lasst euch in keiner Weise von euren Widersachern einschüchtern; das wird für sie ein Hinweis auf ihren Untergang und eure Rettung sein – und zwar von Gott her! 29 Ihr habt die Gnade empfangen, euch für Christus einzusetzen: nicht nur an ihn zu glauben, sondern auch für ihn zu leiden, 30 indem ihr denselben Kampf führt, den ihr an mir gesehen habt und von dem ihr jetzt hört.

Seid eines Sinnes

2 1 Wenn es denn in Christus Ermahnung gibt, Zuspruch der Liebe, Gemeinschaft mit dem Geist, Zuwendung und Erbarmen, 2 dann macht meine Freude dadurch vollkommen, dass ihr eines Sinnes seid, einander verbunden in ein und derselben Liebe, einmütig und auf das eine bedacht! 3 Tut nichts zum eigenen Vorteil, kümmert euch nicht um die Meinung der Leute. Haltet vielmehr in Demut einander in Ehren; einer achte den andern höher als sich selbst! 4 Habt nicht das eigene Wohl im Auge, sondern jeder das des andern.

|2: 1,18! · 4,2! |4: 1Kor 10,24; 13,5

2,4: Andere Textüberlieferung: «Habt nicht nur das eigene Wohl im Auge, sondern jeder auch das des andern.»

Niedrigkeit und Erhöhung Christi

5 Seid so gesinnt, wie es eurem
Stand in Christus Jesus entspricht:
6 Er, der doch von göttlichem Wesen war,
hielt nicht wie an einer Beute daran fest,
   Gott gleich zu sein,
7 sondern gab es preis
   und nahm auf sich das Dasein eines
   Sklaven,
wurde den Menschen ähnlich,
   in seiner Erscheinung wie ein Mensch.
8 Er erniedrigte sich
und wurde gehorsam bis zum Tod,
   bis zum Tod am Kreuz.
9 Deshalb hat Gott ihn auch über alles erhöht
und ihm den Namen verliehen,
   der über allen Namen ist,
10 damit im Namen Jesu
sich beuge jedes Knie,

all derer, die im Himmel und auf Erden
und unter der Erde sind,
11 und jede Zunge bekenne,
dass Jesus Christus der Herr ist,
zur Ehre Gottes, des Vaters.

|6–11: Kol 1,15–20 |6–8: Röm 8,3 |10–11: Jes 45,23; Röm 14,11

Lichter der Welt

Also meine liebsten/ wie jr all zeyt sind gehorsam gewäsen/ nit allein in meiner gegenwürtigkeit/ sunder auch nun vil mer in meinem abwäsen: volstreckend euwere säligkeyt mit forcht und zitteren. Dann Gott ists der in euch würckt/ beide das wöllen unnd das thuon: darumb das er ein wolgefallen an euch hat. Thuond alle ding on murmlen und on zanck/ auff dz jr von niemants beklagt werdind: das jr sygind redlich/ lauter/ und ungefelscht als die kinder Gottes/ unsträfflich mitten under dem ungeschlachten und verkerten gschlächt/ under welchem jr scheynen söllend als ein liecht in der welt/ damit das jr haltind an dem wort deß läbenns/ mir zuo einem ruom an dem tag Christi/ als der ich nitt vergäblich gelauffen noch vergäblich gearbeytet hab. Und ob ich geopfferet wird auff das opffer und Gottes dienst euwers glaubens/ so fröuw ich mich/ und fröuwen mich mit euch allen: desselben fröuwend euch auch jr/ und fröuwend euch mit mir.

12 Darum, meine Geliebten – ihr wart ja schon immer gehorsam, nicht nur, als ich bei euch war, sondern jetzt erst recht, da ich nicht bei euch bin –: Wirkt nun weiterhin mit Furcht und Zittern auf eure eigene Rettung hin! 13 Denn Gott ist es, der in euch das Wollen und das Vollbringen bewirkt, zu seinem eigenen Wohlgefallen. 14 Tut alles ohne Murren und Bedenken, 15 damit ihr untadelig und rein seid, Kinder Gottes ohne Makel, mitten unter einem verkehrten und verdrehten Geschlecht, unter dem ihr leuchtet als Lichter in der Welt. 16 Denn ihr haltet am Wort des Lebens fest – mir zum Ruhm am Tag Christi, weil ich dann nicht umsonst gelaufen bin und nicht umsonst gearbeitet habe. 17 Sollte ich aber mein Leben hingeben müssen beim Opferdienst für euren Glauben, so freue ich mich, und ich freue mich mit euch allen. 18 Ebenso sollt auch ihr euch freuen: Freut euch mit mir!

|12: 2Kor 7,15 |15: Dan 12,3 |16: Gal 2,2 |17: 1,18! |18: 3,1!

2,13: Andere Übersetzungsmöglichkeit: «..., aus seinem eigenen Entschluss heraus.»

Zukunftspläne und Empfehlungen

Jch hoff aber in dem Herren Jesu/ das ich Timotheon bald werde zuo euch senden/ das ich auch guots muots sey/ wenn ich erfar wie es umb euch stadt. Dann ich hab keinen der so gar meines sinns sey/ der so vonn art für euch sorget. Dann sy suochend all das jr/ nit das Jesu Christi ist. Jr aber wüssennd das er bewärdt ist. Dann wie ein kind dem vatter/ hat er mit mir gedienet im Evangelio: den selben/ hoff ich/ wird er senden von stundan/ wenn ich erfaren hab wie meine sachen standind. Jch vertrüw aber in dem Herren/ das auch ich selbs schier kommen werde.

Jch habs aber für nötig angesehen/ den bruoder Epaphroditon zuo euch zesenden/ der mein gehilff und mitstreyter/ unnd euwer Apostel/ und meiner notturfft diener ist. Sitmals er nach euch allen verlangen hat/ und was hoch bekümmert/ darumb dz jr

19 Ich hoffe aber im Herrn Jesus, Timotheus bald zu euch schicken zu können, damit auch ich neuen Mut schöpfe, wenn ich erfahre, wie es euch geht. 20 Ich habe sonst keinen Gleichgesinnten, der sich so ernsthaft um eure Angelegenheiten kümmern würde. 21 Alle andern sind ja nur mit ihren eigenen Dingen beschäftigt, nicht mit der Sache Jesu Christi. 22 Er aber hat sich bewährt, das wisst ihr: Wie ein Kind dem Vater, so hat er mit mir zusammen dem Evangelium gedient. 23 Ihn also hoffe ich zu schicken, sobald ich klarer sehe, wie es um meine Sache steht. 24 Ich habe aber die Zuversicht im Herrn, dass auch ich bald kommen werde.

25 Ich hielt es aber für notwendig, Epaphroditus, meinen Bruder, Mitarbeiter und Mitkämpfer, zu euch zu schicken – er ist euer Abgesandter und mein Helfer in der Not.

gehört hattend das er was kranck gewäsen. Unnd er was zwar todkranck/ aber Gott hat sich über jn erbarmet: nit allein aber über jn/ sunder auch über mich/ auff das ich nit ein traurigkeit über die andren hette.

Jch hab jn aber dester eylender gesendt/ auff das jr jn sähind und wider frölich wurdind/ und ich auch der traurigkeit weniger hete. So nemmend jn nun auf in dem Herren mit allen fröuden/ und haltend söliche/ die jm gleych sind/ in eeren und grossem wärd. Dann umb deß wercks Christi willen ist er dem tod nachkommen/ das er sein läben verschetzt hat/ auff dz er euwern mangel an meinem dienst erfüllete.

Das iij. Capitel.

Paulus vermanet sy/ das sy sich hüetind vor vor den valschnen Lereren/ die nennet er hund und feynd Christi/ und wie sy nit frommkeit auß dem gsatz/ sunder auß dem glauben söllend verhoffen.

Hinfür/ lieben brüeder/ fröuwend euch in dem Herren/ das ich euch ymmer einerley schreyb/ verdrüßt mich nit/ und machet euch dester gewüsser.

Sehend auff die hund/ sehend auff die bösen arbeyter/ sehend auff die zerschneydung: dann wir sind die bschneidung/ die wir Gott dienend im geist/ unnd rüemend uns von Christo Jesu/ und vertröstend uns nit deß fleischs: wiewol ich auch hab das ich mich deß fleischs vertrösten möchte. So ein anderer sich duncken laßt er habe das er sich deß fleischs vertröste/ ich vil mer/ der ich am achten tag beschnitten bin: eyner auß dem volck Jsrael/ deß geschlächts Ben-Jamin/ ein Ebreer auß den Ebreern/ unnd nach dem gsatz ein Phariseer: nach dem eyferen ein verfolger der gmeynd/ nach der gerechtigkeyt im gsatz gewäsen unsträfflich.

Aber was mir gewün was/ das hab ich umb Christus willen für schaden geachtet. Dann ich acht es sey alles schaden umb deß überschwancks willen der erkantnuß Jesu Christi meines Herren/ umb welches willen ich alles hab für schaden gerechnet/ und acht es für dräck und kadt/ auff das ich Christum gewünne/ und erfunden werde in jm/ unnd nit habe die gerechtigkeit die auß dem gsatz/ sunder die durch den glauben Christi kumpt:

26 Denn er sehnte sich nach euch allen und war beunruhigt, weil euch zu Ohren gekommen war, er sei krank geworden. 27 Und er war krank, todkrank. Aber Gott hatte Erbarmen mit ihm, nicht nur mit ihm, sondern auch mit mir; ich sollte nicht Kummer über Kummer haben. 28 Umso mehr habe ich mich nun beeilt, ihn zu schicken, damit ihr euch, wenn ihr ihn seht, wieder freuen könnt, und auch ich einen Kummer weniger habe. 29 Nehmt ihn also auf im Herrn voll Freude, und haltet Leute wie ihn in Ehren. 30 Denn um des Werkes Christi willen hat er sich in Todesgefahr begeben, indem er sein Leben aufs Spiel setzte, um zu ergänzen, was an eurer Unterstützung für mich noch fehlte.

|19: 1Kor 4,17; Apg 16,1! |22: 1Kor 4,17 |25: 4,18 |28: 3,1! |29: 1,25

Freut euch im Herrn

3 1 Zum Schluss, meine Brüder und Schwestern: Freut euch im Herrn! Euch stets dasselbe zu schreiben, zögere ich nicht, euch aber gebe es Sicherheit.

|1: 1,25; 2,18; 4,4; 1,18!; 2Kor 13,11; 1Thess 5,16

Der Tausch des Apostels

2 Hütet euch vor den Hunden, hütet euch vor den schlechten Erntearbeitern, hütet euch vor den Verschnittenen! 3 Denn die Beschnittenen, das sind wir, die wir im Geist Gottes dienen und unseren Stolz auf Christus Jesus gründen und unser Vertrauen nicht auf das Fleisch setzen – 4 dabei hätte ich Grund, auch auf das Fleisch zu vertrauen. Wenn irgendein anderer sich berechtigt fühlen könnte, auf das Fleisch zu vertrauen, dann ich erst recht: 5 Ich wurde am achten Tag beschnitten, bin ein Angehöriger des Volkes Israel, aus dem Stamm Benjamin, ein Hebräer von Hebräern – was das Gesetz angeht: ein Pharisäer, 6 was den Eifer angeht: ein Verfolger der Gemeinde, was die Gerechtigkeit angeht, die im Gesetz gilt: einer ohne Fehl und Tadel. 7 Aber alles, was mir Gewinn war, habe ich dann um Christi willen als Verlust betrachtet. 8 Ja, in der Tat, ich halte das alles für wertlos im Vergleich mit der überragenden Erkenntnis Christi Jesu, meines Herrn, um dessentwillen mir alles wertlos wurde, und ich betrachte es als Dreck, wenn

namlich die gerechtigkeit die von Gott kumpt im glauben/ zuo erkennen jn und die krafft seiner auferstentnuß/ und die gmeinschafft seines leydens/ dz ich seinem tod gleychförmig werde/ ob ich ouch der auferstentnuß vonn den todten begegnen möchte.

Nit das ichs schon empfangen habe/ oder schon volkommen sey/ ich jag jm aber nach/ ob ich auch das selb ergreyffen möchte/ darinnen ich ergriffen bin vonn Christo Jesu. Meine brüeder/ ich schetz mich selbs noch nit dz ichs ergriffen habe. Eins aber sag ich/ ich vergiss was dahinden ist/ und streck mich zuo dem das da vornen ist/ und jag nach dem fürgestreckten zil/ nach dem kleinot/ welches fürhalt die berüeffung Gottes von oben här in Christo Jesu. Wievil nun unser volkommen sind/ die lassend uns also gesinnet sein: und söllend jr etwas weyters gesinnet sein/ das lassend euch Gott offenbaren. Doch so wir dahin kommen sind/ so lassent uns eynhär trätten nach einer regel/ und gleych gesinnet sein.

Volgend mir nach/ lieben brüeder/ und sehend auff die/ die also wandlend wie jr uns habend zum vorbild. Dann vil wandlend/ vonn welchen ich euch offt gesagt hab/ nun aber sag ich auch mit weynen/ die feynd deß crützes Christi (welcher end ist die verdamnuß) und denen der bauch ein Gott ist/ und jr eer wirt zuo schanden/ deren die auff yrdisch gesinnet sind. Unnser burgerschafft aber ist im himmel/ von dannen wir auch wartend deß heylands Jesu Christi deß Herren/ welcher wirdt verklären den leyb unser kleinheyt/ das er gleychförmig werde dem leyb seiner

ich nur Christus gewinne 9 und in ihm meine Heimat finde. Ich habe nicht meine eigene Gerechtigkeit, die aus dem Gesetz kommt, sondern jene Gerechtigkeit durch den Glauben an Christus, die aus Gott kommt aufgrund des Glaubens. 10 Ihn will ich kennen und die Kraft seiner Auferstehung und die Teilhabe an seinen Leiden, wenn ich gleichgestaltet werde seinem Tod, 11 in der Hoffnung, zur Auferstehung von den Toten zu gelangen.

|3: Röm 2,28–29! · Röm 5,11; Gal 6,14; 1Kor 1,31!
|4: 2Kor 11,18 |5: Röm 11,1 |6: Gal 1,13! |9: Röm 1,17!
|10: Röm 1,4 · 2Kor 4,10; Röm 6,5

Unterwegs, nicht am Ziel

12 Nicht dass ich es schon erlangt hätte oder schon vollkommen wäre! Ich jage ihm aber nach, und vielleicht ergreife ich es, da auch ich von Christus Jesus ergriffen worden bin. 13 Liebe Brüder und Schwestern, ich bilde mir nicht ein, dass ich selbst es ergriffen hätte, eins aber tue ich: Was zurückliegt, vergesse ich und strecke mich aus nach dem, was vor mir liegt. 14 Ich richte meinen Lauf auf das Ziel aus, um den Siegespreis zu erringen, der unserer himmlischen Berufung durch Gott in Christus Jesus verheissen ist. 15 Wir alle, die wir nun vollkommen sein möchten, sollen dies bedenken! Falls ihr anderer Ansicht seid, so wird euch Gott auch darüber Klarheit verschaffen. 16 Doch: Was wir erreicht haben, an dem wollen wir uns auch ausrichten!

|14: 1Kor 9,24

3,12: Andere Übersetzungsmöglichkeit: «... es schon empfangen hätte ...»
3,15: Andere Übersetzungsmöglichkeit: «..., die wir nun vollkommen sind, ...»

Ausrichtung und Abgrenzung

17 Folgt meinem Beispiel, liebe Brüder und Schwestern, und richtet euren Blick auf die, welche ihr Leben auf diese Weise führen; ihr habt ja uns als Vorbild. 18 Denn es leben viele unter uns – ich habe schon oft von ihnen gesprochen und tue es jetzt wieder unter Tränen –, die Feinde des Kreuzes Christi sind. 19 Ihr Ende ist das Verderben, ihr Gott ist der Bauch, und ihr Ruhm besteht in ihrer Schande – sie alle sind auf das Irdische bedacht. 20 Denn *unsere* Heimat ist im Himmel; von dort erwarten wir auch als Retter den Herrn Jesus Christus, 21 der unseren armseligen Leib verwandeln wird in die Gestalt seines

klarheyt/ nach der würckung/ mit deren er mag auch alle ding jm underthon machen.

Das iiij. Capitel.

Er grüeßt etlich/ vermanet sy aber zuo frommkeyt deß läbens/ sagt jnen danck das sy jm in gefencknuß handreych unnd hilff gethon habend.

Also meine lieben und gewünschte brüeder/ mein fröud und mein kron/ bestond also in dem Herren.

Die Euodian ermanen ich/ unnd die Synthichen ermanen ich/ das sy eines sinns sygind. Ja ich bitten auch dich mein eygentlicher und Eelicher gemahel/ nimm sy zuo dir/ die mit mir gekämpfft habend in dem Evangelio/ mit Clemens und den andren meinen gehilffen: welcher nammen sind inn dem buoch deß läbenns.

Fröuwend euch in dem Herren allweg. Und abermals sag ich/ fröuwennd euch/ euwere früntlikeyt lassend kund sein allen menschen/ der Herr ist naach/ sorgend nichts/ sunder in allen dingen lassennd euwere bitt im gebätt unnd ernstlichem bitten/ mitt dancksagung kund werden vor Gott. Und der frid Gottes/ welcher überschwäbt allen verstand/ beware euwere hertzen und sinn in Christo Jesu.

Weyter lieben brüeder/ was warhafftig ist/ was redlich/ was recht/ was lauter und reyn/ was lieblich/ was wol lautet/ ist etwo ein tugend/ ist etwo ein lob/ dem denckend nach: welches jr auch gelernet und empfangen/ und gehört/ und gesehen habend an mir/ das tuond/ so wirt der Herr deß fridens mitt euch sein.

Jch bin aber träffenlich erfröuwt in dem Herren/ das jr der mal eins wider ergruonet sind/ von mir zehalten wie jr vorhin von mir gehalten habend: dann jr warend überylt. Nit sag ich das deß mangels halben/ dann ich hab gelernet/ under welchen ich bin mich benüegen zelassen. Ich weiß nider zesein/ und weiß auch

herrlichen Leibes aufgrund der Macht, mit der er sich auch das All zu unterwerfen vermag.

4 1 Darum, meine geliebten und schmerzlich vermissten Brüder und Schwestern, die ihr meine Freude und mein Siegeskranz seid: Steht fest im Herrn, meine Geliebten!

|17: 1Kor 1,11! · 1Thess 1,7 |19: Röm 16,18 |20: 1Kor 1,7 |21: 1Kor 15,35–44 · Röm 8,29; 2Kor 3,18 |1: 1,18!; 1Thess 2,19 · 1Kor 16,13!

Persönliche Bitten

2 Euodia ermahne ich, und Syntyche ermahne ich: Seid eines Sinnes im Herrn! 3 Ja, ich bitte auch dich, mein treuer Gefährte: Nimm dich ihrer an! Sie haben mit mir gekämpft für das Evangelium, gemeinsam mit Klemens und meinen andern Mitarbeitern, deren Namen im Buch des Lebens stehen.

|2: 2,2; 2Kor 13,11; Röm 15,5! |3: Ps 69,29; Offb 20,15

Wünsche für die Gemeinde

4 Freut euch im Herrn allezeit! Nochmals will ich es sagen: Freut euch! 5 Lasst alle Menschen eure Freundlichkeit spüren. Der Herr ist nahe. 6 Sorgt euch um nichts, sondern lasst in allen Lagen eure Bitten durch Gebet und Fürbitte mit Danksagung vor Gott laut werden. 7 Und der Friede Gottes, der alles Verstehen übersteigt, wird eure Herzen und eure Gedanken bewahren in Christus Jesus.

8 Zum Schluss, liebe Brüder und Schwestern: Was wahr ist, was achtenswert, was gerecht, was lauter, was wohlgefällig, was angesehen, wenn immer etwas taugt und Lob verdient, das bedenkt! 9 Was ihr bei mir gelernt und empfangen, gehört und gesehen habt, das tut! Und der Gott des Friedens wird mit euch sein.

|4: 3,1! |5: Lk 12,22–23 |9: Röm 15,33!

Dank für empfangene Hilfe

10 Ich habe mich im Herrn sehr gefreut, dass ihr eure Fürsorge für mich endlich wieder entfalten konntet; ihr habt ja stets daran gedacht, hattet aber keine Gelegenheit dazu. 11 Ich sage das nicht, weil mir etwas fehlt; ich habe nämlich gelernt, in allen Lagen unabhängig zu sein. 12 Ich kann bescheiden

hoch här zefaren. Jch bin allenthalben und in allen dingen geschickt/ beyde satt zesein und hungeren/ übrig zehaben und mangel zeleyden. Jch vermag alles durch den/ der mich mächtig machet/ Christus. Doch jr habennd wolthon das jr euch meines trüebsals angenommen habend.

Jr aber von Philippen wüssennd/ das von anfang deß Euangelions/ do ich außzoch von Macedonia/ kein gmeynd mit mir geteylt hat nach der rechnung deß eynnemmens und außgebens/ dann jr allein. Dann gen Tessalonich sandtend jr zuo meiner notturfft ein mal/ unnd darnach aber ein mal. Nit das ich die schencke suoche/ sunder suoche die frucht/ das sy überflüssig sey in euwerer rechnung.

Dann ich hab alles/ und hab überflüssig: ich bin erfüllt do ich empfieng durch Epaphroditon/ das von euch kam ein rouch der süessigkeyt/ ein opffer Gott angenäm und gefellig. Mein Gott aber erfülle alle euwere notturfft nach seiner reychtumb in der klarheyt in Christo Jesu.

Dem Gott aber und unserm vatter sey preyß von ewigkeyt zuo ewigkeyt/ Amen.

Grüessend alle heyligen in Christo Jesu. Es grüessend euch die brüder die bey mir sind. Es grüessennd euch alle heyligen/ sunderlich aber die von deß Keysals hauß. Die gnad unsers Herren Jesu Christi sey mit euch allen/ Amen.

Geschriben von Rom
durch Epaphroditon.

leben, ich kann aber auch im Überfluss leben; in alles und jedes bin ich eingeweiht: satt zu werden und Hunger zu leiden, Überfluss zu haben und Mangel zu leiden. 13 Alles vermag ich durch den, der mir die Kraft dazu gibt.

14 Doch ihr habt gut daran getan, meine Not zu teilen. 15 Ihr in Philippi wisst ja selbst, dass am Beginn der Ausbreitung des Evangeliums, als ich von Makedonien aufbrach, keine Gemeinde mit mir Gemeinschaft hatte im Geben und Nehmen ausser euch, 16 ja, dass ihr mich auch in Thessalonich das eine oder andere Mal unterstützt habt. 17 Nicht dass ich auf eure Gabe aus wäre, nein, ich suche den Ertrag, der *euren* Gewinn mehrt. 18 Ich habe alles erhalten und habe nun mehr als genug. Ich bin mit allem versorgt, da ich von Epaphroditus eure Gabe erhalten habe, einen lieblichen Duft, ein willkommenes, Gott wohlgefälliges Opfer. 19 Mein Gott aber wird all euren Mangel beheben nach seinem Reichtum, durch die Herrlichkeit in Christus Jesus. 20 Gott aber, unserem Vater, sei Ehre in alle Ewigkeit, Amen.

|10: 1,18! |14: 1,7; Röm 12,13 |17: 2Kor 12,14 |18: 2,25 |20: Röm 16,27!

Briefschluss

21 Grüsst alle Heiligen in Christus Jesus. Es grüssen euch die Brüder und Schwestern, die bei mir sind. 22 Es grüssen euch alle Heiligen, insbesondere die aus dem kaiserlichen Haus.

23 Die Gnade des Herrn Jesus Christus sei mit eurem Geist.

|22: 1,13 |23: Gal 6,18!

Die Epistel Sant Pauls zuon Colossern.

Das erst Capitel.

Paulus sagt Gott danck von wegen jres glaubens/ liebe und hoffnung/ bittet Gott das sy darinn zuonemmind/ sagt wie wir ein reych sygind Gottes erobret durch Christum/ der da ist ein haupt der Christlichen Kilchen.

Paulus ein Apostel Jesu Christi durch den willen Gottes/ unnd bruoder Timotheos.
Den heiligen zuo Colossen und den glöubigen brüederen in Christo.
Gnad sey mit üch/ und frid von Gott unserem vatter und dem Herren Jesu Christo.

Wir danckend Gott und dem vatter unsers Herren Jesu Christi/ und bättend alle zeyt für euch/ nach dem wir gehört habend von euwerm glauben in Christum Jesum/ und von euwerer liebe zuo allen heiligen/ umb der hoffnung willen die euch behalten ist im himmel: von welcher jr gehört habend/ durch das wort der waarheit im Evangelio/ das zuo euch kommen ist/ wie auch in alle welt: und ist fruchtbar/ wie auch in euch/ von dem tag an do jr gehört und erkennt habend die gnad Gottes in der warheit. Wie jr dann gelernet habend von Epaphra unserm lieben mitdiener/ welcher ist ein getrüwer diener Christi für euch: der uns auch eröffnet hatt euwere liebe im geyst.

Deßhalb auch wir/ von dem tag an do wirs gehört habend/ hörend wir nit auf für euch zebätten/ und bitten dz jr erfüllt werdind mit erkantnuß seines willens in allerley geistlicher weyßheit und verstand/ das jr wandlind wirdigklich dem Herren zuo allem gefallen/ und fruchtbar sygind in allem guoten werck/ und wachsind in der erkantnuß Gottes/ unnd gesterckt werdind mit aller krafft nach der macht seiner herligkeit/ in aller gedult und duldmuot mit fröuden/

Der Brief an die Kolosser

Anschrift

1 ¹ Paulus, Apostel Christi Jesu durch den Willen Gottes, und Timotheus, unser Bruder, 2 an die Heiligen in Kolossä, die treuen Brüder und Schwestern in Christus: Gnade sei mit euch und Friede von Gott, unserem Vater.

|1–2: Eph 1,1–2 |1: 2Kor 1,1 · Apg 16,1! |2: Röm 1,7!

Dank

3 Wir danken Gott, dem Vater unseres Herrn Jesus Christus, jedes Mal, wenn wir für euch beten. 4 Wir haben nämlich von eurem Glauben in Christus Jesus gehört und von der Liebe, die ihr allen Heiligen gegenüber hegt, 5 um der Hoffnung willen, die im Himmel für euch bereitliegt. Von ihr habt ihr bereits gehört durch das Wort der Wahrheit, das Evangelium, 6 das zu euch gekommen ist. Wie in der ganzen Welt, so bringt es auch bei euch Frucht und breitet sich aus, seit dem Tag, an dem ihr von der Gnade Gottes gehört und sie in Wahrheit erkannt habt. 7 So habt ihr es von Epaphras gelernt, unserem lieben Mitknecht, der ein treuer Diener Christi ist – für euch. 8 Er ist es auch, der uns berichtet hat von eurer Liebe, die im Geist wirksam ist.

|3: 1Thess 1,2; Eph 1,16! |4–5: 1Kor 13,13! |4: Phlm 5; Eph 1,15 |5: 2Kor 5,1; Eph 1,18; 1Petr 1,4 · 2Kor 6,7; Eph 1,13 |7: 4,12!

1,7: Andere Textüberlieferung: «… ein treuer Diener Christi an unserer Stelle ist.»

Fürbitte

9 Darum lassen auch wir seit dem Tag, an dem wir davon gehört haben, nicht ab, für euch zu beten und darum zu bitten, dass ihr erfüllt werdet von der Erkenntnis seines Willens in aller Weisheit und geistgewirkten Einsicht. 10 Denn ihr sollt ein Leben führen, das des Herrn würdig ist und in allen Dingen sein Wohlgefallen findet: Ihr sollt Frucht bringen in jedem guten Werk und wachsen in der Erkenntnis Gottes, 11 versehen mit aller Kraft und getragen von der Macht seiner

unnd dancksagind dem vatter der unns
geschickt gmacht hat/ zuo dem erbteyl der
heiligen im liecht. Welcher uns errettet hat
von der oberkeyt der finsternuß/ und hat uns
gezogen in das reych seines geliebten suns/ in
welchem wir habend die erlösung durch sin
bluot/ namlich die vergebung der sünd/ welcher
ist ein äbenbild deß unsichtbaren Gottes/ der
erstgeborner aller creaturen. Dann durch jn
ist alles geschaffen das in himmel und auff
erden ist/ das sichtbar und das unsichtbar:
es sygind die thronen/ oder herschafften/
oder fürstenthuomben/ oder oberkeiten: es
ist alles durch jn und in jm geschaffen: und
er ist vor allen und bestadt alles in jm.

Und er ist das haupt deß leibs/ namlich
der gmeynd/ welcher ist der anfang und der
erstgeboren von den todten/ auff dz er in allen
dingen den fürgang habe. Dann es ist das
wolgefallen deß vatters gwäsen/ das in jm alle
völle wonen sölte/ und alles durch jn versüenet
werde zuo jm selbs/ es sey auff erden oder im
himmel/ damit das er frid machete durch das
bluot an seinem creütz/ durch sich selbs.

Und euch/ die jr vor zeyten entfrömbdet
und feynd warend/ do jr nach dem angeben
euwers verstands und fleyschlicher gedancken/
nach aller boßheyt trachtetend/ hat er
dennocht versüent mit dem leyb seines fleischs
durch den tod/ auff das er euch darstalte
heilig und unsträfflich/ und unbehaglich vor
jm selbs/ so jr anders bleibennd im glauben
gegründet und vest/ unnd euch nit bewegen
lassend vonn der hoffnung deß Evangelij/
welches jr gehört habend: welches geprediget
ist under aller creatur die under dem himmel
ist/ deß ich Paulus diener worden bin.

Nun fröw ich mich in meinem leyden/ die
ich leyd von euwertwägen/ und ersetz das
noch überbliben ist den trüebsalen Christi/

Herrlichkeit – so werdet ihr in allen Dingen
zu Standhaftigkeit und Geduld finden.

|9: Eph 1,15–17 |10: 1Thess 2,12; Eph 4,1 · Eph 2,10

Das Geheimnis Gottes

Voll Freude 12 sagt Dank dem Vater, der euch
fähig gemacht hat, Anteil zu haben am Los der
Heiligen, die im Licht sind. 13 Er hat uns der
Macht der Finsternis entrissen und uns versetzt
ins Reich seines geliebten Sohnes, 14 in dem wir
die Erlösung haben, die Vergebung der Sünden.
15 Er ist das Ebenbild des unsichtbaren
Gottes,
der Erstgeborene vor aller Schöpfung.
16 Denn in ihm wurde alles geschaffen
im Himmel und auf Erden,
das Sichtbare und das Unsichtbare,
ob Throne oder Herrschaften,
ob Mächte oder Gewalten;
alles ist durch ihn und auf ihn hin geschaffen.
17 Und er ist vor allem,
und alles hat in ihm seinen Bestand.
18 Er ist das Haupt des Leibes, der Kirche.
Er ist der Ursprung, der Erstgeborene aus
den Toten, damit er in allem der Erste sei.
19 Denn es gefiel Gott, seine ganze Fülle in ihm
wohnen zu lassen 20 und durch ihn das All zu
versöhnen auf ihn hin, indem er Frieden schuf
durch ihn, durch das Blut seines Kreuzes, für
alle Wesen, ob auf Erden oder im Himmel.
21 Auch euch, die ihr einst Fremde wart
und Feinde, deren Sinn auf böse Taten aus war,
22 euch hat er jetzt mit sich versöhnt in seinem
sterblichen Leib durch seinen Tod, um euch
heilig, makellos und unbescholten vor sich
hinzustellen – 23 wenn ihr nur dem Glauben treu
bleibt, festen Grund habt, standhaft bleibt und
euch nicht abbringen lasst von der Hoffnung des
Evangeliums, das ihr gehört habt. Überall auf der
Welt, so weit der Himmel reicht, ist es verkündigt
worden, und ich, Paulus, bin sein Diener.

|12: Eph 1,18 |13–14: Apg 26,18 |14: Eph 1,7!
|15: 2Kor 4,4; Hebr 1,3 |16: Joh 1,3!; Hebr 1,2 · 2,10.15
|18: 2,10.19; Eph 1,22! · 1Kor 15,20; Offb 1,5; Apg 26,23
|19: 2,9; Eph 1,23!; Joh 1,16 |20–22: Röm 5,9–11;
2Kor 5,18–19 |20: Eph 2,13–16 |21: Eph 2,12 |22: Eph 1,4!
|23: Eph 3,17! · 1,25!

1,15: Andere Übersetzungsmöglichkeit: «…, der
Erstgeborene der ganzen Schöpfung.»

Der Horizont des Evangeliums

24 Jetzt freue ich mich, wenn ich für
euch leiden muss, denn damit bringe ich
stellvertretend an meinem Fleisch zur

an meinem leyb/ für seynen leyb/ der da
ist die gemeynd/ welcher gmeynd ich ein
diener worden bin/ nach dem predigampt
das mir geben ist under euch/ mit der völle
außzepredigen das wort Gottes: namlich die
geheimnuß die verborgen gewesen ist von
der welt här/ und von den zeyten här: nun
aber geoffenbaret ist seinen heiligen/ denen
Gott gewölt hat kund thuon/ wie groß unnd
herlich sey die reychthuomb diser geheymnuß
under den Heyden/ welches ist Christus inn
euch/ der da ist die hoffnung der herrligkeyt/
den wir verkündend: unnd ermanend alle
menschen/ unnd lerennd alle menschen mit
aller weyßheit/ auff dz wir darstellind einen
yetlichen menschen gantz und trüw in Christo
Jesu/ daran ich arbeyten: und ring nach der
würckung deß der in mir würckt mit krafft.

Das ij. Capitel.

Paulus mäldet die grosse sorgfältigkeyt die er für alle
Christene versamlungen habe/ vermanet sy steyff zuo
bleiben und zuo verharren in Christo/ in dem alle schätz
der weyßheit verborgen sind/ warnet sy vor den valschen
leeren und weltlichen weyßheit die uns abfürend von
Christenlicher freyheit in ein Jüdische dienstbarkeyt.

Ich laß euch aber wüssenn wie ein grossen
kampff ich habe umb euch/ und umb die
zuo Laodicea/ und alle die mein person im
fleisch nit gesehen habend/ auff das jre hertzen
ermanet wurdind/ die zuosamen gefasset
sind in der liebe/ zuo aller reychthuomb deß
völligen verstands/ der da ist in der erkantnuß
der geheimnuß Gottes deß vatters unnd
Christi/ in welchem ligend verborgen alle
schätz der weyßheit und der erkantnuß.
Jch sag aber darvon/ das euch niemant
betriege mit kluogen wolberedtenn worten.
Dann ob ich wol nach dem fleisch nit da bin/
so bin ich aber im geyst bey euch: fröuwen
mich/ und sich euwere ordnung/ und die
steyffe euwers glaubens in Christum.

Wie wir nun angenommen habend den Herren
Jesum Christum/ also wandlend in jm/ uns
sind gewurtzlet und erbauwen in jm/ und sind
vest im glauben/ wie jr geleert sind: und sind
in dem selben überflüssig mit dancksagung.
Sehennd zuo das euch nitt widerfare ein
röuber durch die philosophy/ und eytele
unnütze verfüerung nach der menschen

Vollendung, was der Bedrängnis Christi
noch fehlt – seinem Leib zugute: der Kirche.
25 Ihr Diener bin ich geworden aufgrund
des Verwalteramtes, das Gott mir übergeben
hat, um an euch das Wort Gottes zu erfüllen,
26 das Geheimnis, das seit Urzeiten und
Menschengedenken verborgen war – jetzt
aber ist es seinen Heiligen offenbart worden,
27 denen Gott kundtun wollte, wie reich
unter den Völkern die Herrlichkeit dieses
Geheimnisses ist: Christus in euch, die
Hoffnung auf die Herrlichkeit. 28 Ihn
verkündigen wir, indem wir jeden Menschen
auf den rechten Weg weisen und jeden
unterrichten in aller Weisheit, um jeden
Menschen als in Christus vollkommen
hinzustellen. 29 Dafür setze ich mich ein
und dafür kämpfe ich, nach Massgabe seiner
Kraft, die in mir wirkt mit grosser Macht.

|25: 1,23; 1Kor 3,5 · Eph 3,7.2 |26–27: 4,3! · Röm 16,25–
26; 1Kor 2,7.10; Eph 3,3–5.9 |27: Röm 9,23; Eph 3,16! ·
Röm 5,2 |28: 3,16 |29: Eph 3,7.20

Der Einsatz des Apostels

2 1 Ich will nämlich, dass ihr wisst, welch
schweren Kampf ich führen muss für euch
und die in Laodizea und alle, die mich nicht
mit eigenen Augen gesehen haben, 2 damit ihre
Herzen getröstet seien und in Liebe verbunden
und es in allem zu umfassender Einsicht
komme, zur Erkenntnis des Geheimnisses
Gottes: Christus, 3 in dem alle Schätze der
Weisheit und Erkenntnis verborgen sind.
4 Das sage ich, damit euch niemand mit
klugen Worten zu täuschen vermag. 5 Denn
auch wenn ich persönlich nicht da bin, so
bin ich doch im Geist bei euch, und ich sehe
mit Freude euer geordnetes Leben und die
Festigkeit eures Glaubens an Christus.

|1: 4,13.16 |2: 4,3! |5: 1Kor 5,3

Die Auseinandersetzung mit den Gegnern

6 Wie ihr nun Christus Jesus, den Herrn,
angenommen habt, so lebt nun auch in ihm:
7 verwurzelt in ihm und aufgebaut auf diesem
Fundament, gefestigt im Glauben, so wie ihr
unterrichtet worden seid, und voller Dankbarkeit.
8 Gebt acht, dass es niemandem gelingt, euch
einzufangen durch Philosophie, durch leeren
Betrug, der sich auf menschliche Überlieferung

satzungen/ und nach der welt satzungen/
unnd nit nach Christum. Dann in jm wonet
die gantz völle der Gottheyt leyblich/ und
jr sind deß selbigen voll: der ist das haupt
aller fürstenthuomb und oberkeyt/ in
welchem jr auch beschnitten sind/ mit der
bschneydung on hend/ durch ablegung deß
sündtlichenn leybs deß fleyschs; namlich
mit der bschneydung Christi/ in dem das jr
mit jm begraben sind durch den Tauff/ inn
welchem jr auch sind auferstanden durch
den glauben den Gott würcket/ welcher
jnn aufferweckt hat vonn den todten.

Und hat euch auch mit jm läbendig
gemachet/ do jr tod warend in den sünden/
und in der vorhaut euwers fleyschs/
und hat uns geschenckt alle sünd/ unnd
außgetilcket die handgschrifft mit sampt
den erkantnussen/ welche uns entgegen
was/ und hats hingenommen/ und an das
creütz geheftet. Unnd hat außgezogen die
fürstenthuomb und die gewaltigen/ und sy
offenlich unverholen zum beyspil gesetzt/ und
ein heerprangen auß jnen gemacht in jm selbs.

Deßhalb sol euch nieman urteylen in
speyß oder tranck/ oder über einsteyls tagen:
namlich den feyrtagen/ oder Nüwmonaten/
oder Sabbaten/ welches ist der schatt von
dem das zuokünftig was: aber dz wäsenlich
selbs ist Christi. Lassend euch niemants das
zil verrucken/ der nach eygner wal ynher gadt
in demuot unnd geystlicheit der Englen/ deß
er nye keins gesehen hat/ und ist eytel unnd
aufgeblasen in seinem fleischlichen sinn/
und halt sich nit an dem haupt/ uß welchem
der gantz leyb durch gleych und fuogen
handreychung empfahet/ unnd aneinender sich
enthalt/ und also wachßt zur grösse die Got gibt.

So jr nun mit Christo den weltlichen
satzungen abgestorben sind/ warumb lassend
jr euch dann mit sölichen satzungen fahen
und binden/ als läbtind jr der welt nach? Als
so sy sagend: Berüer diß nit/ versuoch das
nit/ greyff das nit an. Dise ding alle dienend
den menschen zuo schaden/ deß mißbrauchs
halb: welcher mißbrauch allein auß geboten
und leeren der menschen entspringt/ und
habend söliche ding wol ein gstalt unnd scheyn
der weyßheit (und dz auß eygner erwelter
geistlicheit und demuot) darumb das sy deß
leybs nit schonend: sind aber nichts zuo
achten/ so man ansicht deß leybs ersettigung.

beruft, auf die kosmischen Elemente und nicht
auf Christus. 9 Denn in ihm wohnt die ganze
Fülle der Gottheit leibhaftig, 10 und in ihm,
der das Haupt aller Macht und Gewalt ist,
habt ihr teil an dieser Fülle. 11 In ihm habt ihr
auch eine Beschneidung empfangen, die nicht
durch Menschenhand vollzogen wird, sondern
durch das Ablegen des vergänglichen Leibes:
die Beschneidung, die in Christus geschieht.
12 Mit ihm seid ihr begraben worden in der
Taufe, und mit ihm seid ihr auch mitauferweckt
worden durch den Glauben an die Kraft Gottes,
der ihn von den Toten auferweckt hat. 13 Euch,
die ihr tot wart in euren Verfehlungen, im
unbeschnittenen Zustand eures Fleisches, euch
hat er zusammen mit ihm lebendig gemacht,
indem er uns alle Verfehlungen vergeben
hat. 14 Zerrissen hat er den Schuldschein,
der aufgrund der Vereinbarungen gegen uns
sprach und uns belastete. Er hat ihn aus dem
Weg geräumt, indem er ihn ans Kreuz heftete.
15 Die Mächte und Gewalten hat er ihrer Macht
entkleidet und sie öffentlich zur Schau gestellt,
ja im Triumphzug hat er sie mit sich geführt.

16 Darum soll niemand über euch zu
Gericht sitzen in Sachen Speise und Trank, Fest,
Neumond oder Sabbat; 17 das alles ist ja nur
ein Schatten des Künftigen, das Wirkliche ist
Christus. 18 Niemand soll euch den Siegespreis
aberkennen, keiner, der sich gefällt in Demut
und Engelverehrung und dem, was er als
Eingeweihter geschaut hat. Ohne Grund bläht er
sich auf in seinem auf das Irdische beschränkten
Sinn 19 und hält sich nicht an das Haupt,
von dem aus der ganze Leib, durch Sehnen
und Bänder gestützt und zusammengehalten,
in göttlichem Wachstum wächst.

20 Wenn ihr mit Christus gestorben und
von den kosmischen Elementen befreit seid, was
lasst ihr euch dann Bedingungen auferlegen,
als lebtet ihr noch in der Welt? 21 ‹Das darfst
du nicht anfassen, das nicht kosten, das nicht
zu dir nehmen!› – 22 lauter Dinge, die doch
dazu da sind, gebraucht und aufgebraucht zu
werden. So lauten Gebote und Lehren, die von
Menschen stammen. 23 Das sieht alles nach
Weisheit aus und kommt fromm und demütig
daher, um ja nicht den Leib zu schonen; sie
wollen ihm nicht die Ehre erweisen und nicht
der Befriedigung des Fleisches dienen.

|7: Eph 3,17! · Eph 2,20 |8: Eph 5,6 · 2,20; Gal 4,3
|9: 1,19! |10: 1,18! · 1,16!; Eph 1,21! |11: Röm 2,29 |12: 3,3.1;
Röm 6,4; Eph 2,5–6 · Eph 1,20 |13: Eph 2,1.5 |14: Eph 2,15

Das iij. Capitel.

Paulus vermanet sy warzenemmen der geystlichen aufferstentnuß/ und das sy jr läben fürhin zieren söllind mit tugenden. Jm end gibt er underweysung den ständen.

Sind jr nun mit Christo aufferstanden/ so suochend was da oben ist/ da Christus ist/ sitzende zuo der grechten hand Gottes: sind deß gesinnet was da oben ist/ nit deß das auff erden ist. Dann jr sind gestorben/ und euwer läben ist verborgen mit Christo in Gott. Wenn aber Christus euwer läben sich offenbaren wirt/ denn werdend jr auch offenbar werden mit jm in der herlikeyt.

So tödend nun euwere glider die auff erden sind/ huorey/ unreynigkeit/ angefochtne oder onmacht/ böse begird/ und den geyt (der da ist ein eer und dienst der götzen) umb welcher willen kumpt der zorn Gottes über die kinder deß unglaubens: in welchen auch jr vor zeyten gewandlet habend/ do jr darinnen läbtend.

Nun aber legend alles von euch/ den zorn/ unwirse/ oder grollen/ schalckheit/ schmachred/ schampere wort auß euwerm mund: liegend nit under einander: ziehend den alten menschen mit seinen wercken auß/ und legend den neüwen an/ der da erneüweret wirt zuo der erkantnuß Gottes nach der bildnuß deß der jn gschaffen hat/ da nit ist Kriech/ Jud/ beschneydung/ vorhaut/ unkriech/ Scyta/ knecht/ freyer/ sunder alles/ und in allen Christus.

So legend nun an/ als die außerwelten Gottes heiligen/ unnd geliebten/ hertzliches erbarmen/ freüntlikeyt/ demuot/ sanfftmuot/ duldmuot/ und habe einer von dem anderen verguot/ und vergebe ye einer dem andren/ so yemants ein klag hat wider den anderen. Gleich wie Christus euch vergeben hat/ also

|15: 1,16!; Eph 1,21! |16: Röm 14,2–3.17 |17: Hebr 10,1
|19: 1,18!; Eph 4,15–16 |20: 2,8; Gal 4,9 |21–22: 1Tim 4,3

2,17: Andere Übersetzungsmöglichkeit: «… des Künftigen, der Leib aber ist der Leib des Christus.»

2,23: Andere Übersetzungsmöglichkeit: «…, um ja nicht den Leib zu schonen; es ist aber gar nichts wert, es dient nur der Befriedigung des Fleisches.»

Die Ausrichtung des neuen Lebens

3 1 Seid ihr nun mit Christus auferweckt worden, so sucht nach dem, was oben ist, dort, wo Christus ist, zur Rechten Gottes sitzend. 2 Trachtet nach dem, was oben ist, nicht nach dem, was auf Erden ist. 3 Denn ihr seid gestorben, und euer Leben ist mit Christus verborgen in Gott. 4 Wenn Christus, euer Leben, offenbar wird, dann werdet auch ihr mit ihm offenbar werden in Herrlichkeit.

|1: 2,12 · Ps 110,1!; Röm 8,34; Eph 1,20; 1Petr 3,22
|3: Röm 6,3–11

Alter und neuer Mensch

5 So tötet nun, was in euren Gliedern irdisch ist: Unzucht, Unreinheit, Leidenschaft, böse Begierde und die Habgier – sie ist Götzendienst! 6 Um solcher Dinge willen kommt der Zorn Gottes. 7 So habt auch ihr einst euer Leben geführt, als ihr euch noch davon bestimmen liesset.

8 Jetzt aber legt auch ihr dies alles ab: Zorn, Wut, Bosheit, Lästerrede und üble Nachrede, die aus eurem Mund kommt! 9 Macht einander nichts vor! Ihr habt doch den alten Menschen mit all seinem Tun abgelegt 10 und den neuen Menschen angezogen, der zur Erkenntnis erneuert wird nach dem Bild seines Schöpfers. 11 Da ist nun nicht Grieche und Jude, nicht Beschneidung und Unbeschnittensein, nicht Barbar, Skythe, Sklave, Freier, sondern Christus ist alles und in allen.

|5: Eph 5,3.5 |6: Eph 5,6 |7: Eph 2,2 |8: Eph 4,31
|9: Eph 4,25 · Röm 6,6; Eph 4,22 |10: Röm 13,14!;
Eph 4,24 · Gen 1,27 |11: Röm 10,12!

3,6: Andere Textüberlieferung: «… kommt der Zorn Gottes auf die Söhne und Töchter des Ungehorsams.»

Leben als Gemeinde

12 So bekleidet euch nun als von Gott auserwählte Heilige und Geliebte mit innigem Erbarmen, Güte, Demut, Sanftmut und Geduld! 13 Ertragt euch gegenseitig und vergebt einander, wenn einer dem andern etwas vorzuwerfen hat. Wie der Herr euch vergeben hat, so sollt auch ihr vergeben! 14 Über all dem

auch jr. Uber das alles aber legend an die liebe/ die da ist das band der volkommenheit. Und der frid Gottes behalte den sig in euwerem hertzenn/ zuo welchem jr auch berüefft sind in einem leib/ und sind danckbar.

Lassend das wort Gottes in euch wonen reychlich in aller weyßheit: leerend und ermanend euch selbs mit gsangen und lobgesangen/ und geystlichen liederen in der gnad/ und singend dem Herren in euwerm hertzen. Und alles was jr thuond mit worten oder mit wercken/ das thuond alles in dem nammen des Herren Jesu/ und danckend Gott dem vatter durch jn.

Jr weyber sind underthon euwern menneren/ wie es sich gebürt in dem Herren. Jr männer liebend euwere weyber/ und sind nit bitter gegen jnen. Jr kinder sind gehorsam den Eltern in allen dingen/ dann das ist dem Herren gefellig. Jr vätter zanckend nit mit euwern kindern/ auff das sy nitt kleinmüetig werdind. Jr knecht sind gehorsam in allen dingen euwern leyblichen herren/ nit mit augen dienen/ als den menschen zuo gefallen/ sunder mit einfaltigkeyt deß hertzens/ und mitt Gottes forcht. Alles was jr tuond/ das tuond von hertzen als dem Herren und nit den menschen. Und wüssend das jr von dem Herren empfahen werdend die vergeltung deß erbs. Dann jr dienend dem Herren Christo. Wär aber unrecht thuot/ der wirt empfahen was er unrecht gethon hat/ und gilt kein ansehen der person. Jr herren/ was recht und gleich ist/ das beweysend den knechten/ unnd wüssend das jr auch einen Herren habennd im himmel.

Das iiij. Capitel.
Diß Capitel ist voll guoter heylsamer underweysungen/ im end grüeßt er etliche guote freünd.

Haltend an in dem gebätt/ und wachend in dem selbigen mit dancksagung/ und bättend mit einander auch für uns/ auff das Gott uns die thür des worts aufthüege zuo reden die geheimnuß Christi (darumb ich auch gebunden bin/ auff das ich das selb offenbare) wie ich sol reden. Wandlend in der weyßheit gegen denen die daussen sind/ entschüttend euch/

aber vergesst die Liebe nicht: Darin besteht das Band der Vollkommenheit. 15 Und der Friede Christi regiere in euren Herzen; zum Frieden seid ihr berufen als Glieder des einen Leibes. Und dafür sollt ihr dankbar sein.

16 Das Wort Christi wohne mit seinem ganzen Reichtum unter euch: Lehrt und ermahnt einander in aller Weisheit, singt Gott, von der Gnade erfüllt, in euren Herzen Psalmen, Hymnen und geistliche Lieder! 17 Und alles, was ihr tut, mit Worten oder Taten, das tut im Namen des Herrn Jesus – und dankt dabei Gott, dem Vater, durch ihn.

|12–15: Eph 4,2–4 |13: Eph 4,32 |15: Phil 4,7 · 1Kor 12,12! |16: 1,28 · Eph 5,19 |17: Eph 5,20

Ehe, Familie, Arbeitswelt

18 Ihr Frauen, ordnet euch euren Männern unter, wie es sich im Herrn geziemt! 19 Ihr Männer, liebt eure Frauen und lasst eure Bitterkeit nicht an ihnen aus! 20 Ihr Kinder, gehorcht euren Eltern in allen Dingen, denn das findet Gefallen beim Herrn. 21 Ihr Väter, reizt eure Kinder nicht, damit sie den Mut nicht verlieren. 22 Ihr Sklaven, gehorcht euren irdischen Herren in allen Dingen, nicht aus Liebedienerei, als wolltet ihr Menschen gefallen, sondern mit lauterem Herzen; denn ihr fürchtet den Herrn. 23 Was ihr auch tut, tut es mit Leib und Seele, so als wäre es für den Herrn und nicht für Menschen, 24 im Wissen, dass ihr dafür vom Herrn das Erbe empfangen werdet. Dient Christus, dem Herrn! 25 Wer Unrecht tut, wird bekommen, was er an Unrecht getan hat, ohne Ansehen der Person. 4 1 Ihr Herren, gewährt euren Sklaven, was recht und billig ist. Denn ihr wisst: Auch ihr habt einen Herrn im Himmel.

|18: Eph 5,22.24; 1Petr 3,1 |19: Eph 5,25.28.33 |20: Eph 6,1 |21: Eph 6,4 |22: Eph 6,5–6; 1Petr 2,18 |23: Eph 6,7 |24: Eph 6,8 |25: Röm 2,11!; Eph 6,9 |1: Eph 6,9

Ruf zur Fürbitte

2 Haltet fest am Gebet, wachen Sinnes und voller Dankbarkeit! 3 Betet zugleich auch für uns, dass Gott uns eine Tür für sein Wort öffne und wir das Geheimnis Christi verkündigen können, um dessentwillen ich in Fesseln liege, 4 damit ich es offenbar machen und davon reden kann, wie es meine Aufgabe ist. 5 Denen draussen begegnet mit Weisheit, kauft die Zeit

und faarend der zeyt. Euwer red sey allzeyt in freündtlikeyt mit saltz gemischet/ das jr wüssind wie jr einem yetlichen antworten söllind.

Wie es umb mich stadt/ wirt euch kund thuon Tychicos der lieb bruoder/ und getrüwer diener unnd mitknecht in dem Herren/ welchen ich hab zuo euch gesendt umb das selbig/ das ich erfare wie es sich mit euch halte/ und das er ermane euwere hertze mit Onesimo dem getrüwen und lieben bruoder/ welcher ist von den euwern/ alles wie es hie zuogadt/ werdend sy euch kund thuon. Es grüessend euch Aristarchus mein mittgefangner/ und Marcus der näff Barnabe/ von welchem jr habend gebott empfangenn/ so er zuo euch kumpt/ nemmend jn auff. Und Jesus/ der da heißt Just/ die uß der beschneydung sind. Dise sind allein meine gehilffenn am reych Gottes/ die mir ein trost worden sind.

Es grüesset euch Epaphras/ der von den euwern ist/ ein knecht Christi/ unnd allzeyt ringet für euch im gebätt/ auff das jr bestandind volkommen/ und erfüllt mit allem willen Gottes. Jch gib jm zeügnunß/ er hat einen grossen eyfer umb euch und umb die zuo Laodicea/ und zuo Hierapoli. Es grüesset euch Lucas der artzet/ der geliebt/ und Demas. Grüessend die brüeder zuo Laodicea/ und den Nymphen/ und die gmeynd in seinem hauß. Und wenn die Epistel bey euch gelässen ist/ so schaffent das sy auch in der gemeynd zuo Laodicea gelässen werde/ und dz jr die von Laodicea sy auch läsind. Und sagend dem Archippo: Sich auff das ampt das du empfangen hast in dem Herren/ das du das selb außrichtest. Mein gruoß mitt meiner Paulus hand. Gedenckend meiner banden. Die gnad sey mit euch/ Amen.

Geschriben vonn Rom durch
Tychicon unnd Onesimon.

aus! 6 Eure Rede soll stets Anklang finden und doch voller Würze sein; ihr sollt imstande sein, jedermann Red und Antwort zu stehen.

|2–4: Eph 6,18–20 |2: Röm 12,12 |3: 1,26–27; 2,2 |5: Eph 5,15–16 |6: Eph 4,29

Nachrichten und Grüsse

7 Über meine Lage wird euch Tychikus, mein lieber Bruder, treuer Diener und Mitknecht im Herrn, ausführlich berichten. 8 Dazu habe ich ihn ja zu euch geschickt, dass ihr erfahrt, wie es um uns steht, und er eure Herzen tröste. 9 In seiner Begleitung ist Onesimus, der treue und liebe Bruder, der ja euer Landsmann ist. Sie werden euch berichten, wie es hier steht. 10 Es grüssen euch Aristarchus, mein Mitgefangener, und Markus, der Neffe des Barnabas – was ihn betrifft, habt ihr ja bereits Anweisungen erhalten; wenn er zu euch kommt, nehmt ihn auf! –, 11 und Jesus mit dem Beinamen Justus. Sie gehören zu den Beschnittenen und sind unter ihnen die einzigen, die am Reich Gottes mitarbeiten. Mir sind sie ein Trost geworden. 12 Es grüsst euch Epaphras, euer Landsmann, ein Diener Christi Jesu, der allezeit in seinen Gebeten für euch kämpft, dass ihr als Vollkommene dasteht, erfüllt von allem, was Gottes Wille ist. 13 Ich kann es bezeugen, dass er mit grossem Einsatz für euch und für die in Laodizea und in Hierapolis kämpft. 14 Es grüssen euch Lukas, der geschätzte Arzt, und Demas. 15 Grüsst die Brüder und Schwestern in Laodizea, auch Nymphe und die ganze Gemeinde in ihrem Haus. 16 Wenn dieser Brief bei euch vorgelesen worden ist, sorgt dafür, dass er auch in der Gemeinde der Laodizeer vorgelesen wird und dass ihr euerseits den Brief aus Laodizea zu lesen bekommt. 17 Und dem Archippus richtet aus: Achte darauf, den Auftrag, den du im Herrn empfangen hast, zu erfüllen.

18 Diesen Gruss habe ich, Paulus, eigenhändig geschrieben. Denkt an meine Fesseln! Die Gnade sei mit euch.

|7: Eph 6,21; 2Tim 4,12; Tit 3,12 |8: Eph 6,22 |9: Phlm 10–18 |10: Phlm 24; 2Tim 4,11 |12: 1,7; Phlm 23 |13: 2,1 |14: Phlm 24; 2Tim 4,10–11 |17: Phlm 2 |18: 1Kor 16,21! · Phil 1,7! · 1Tim 6,21; 2Tim 4,22

4,12: Andere Übersetzungsmöglichkeit: «… als Vollkommene dasteht, in völliger Gewissheit dessen, was der Wille Gottes ist.»

Die erst Epistel S. Pauls zuo den Thessalonichern.

Das erst Capitel.

Jn disem Capitel sagt Paulus Gott lob von jrentwegen/ das sy so standhafft sind im glauben und guoten wercken.

Paulus und Silvanus/ und Timotheus. Der gmeynden zuo Tessalonich/ in Got dem vatter und dem Herren Jesu Christo. Gnad sey mit üch/ und frid von Gott unserem vatter und dem Herren Jesu Christo.

Wir danckend Gott alle zeyt für euch all/ und gedenckend euwer in unserm gäbätt on unnderlaß/ so wir eyngedenck sind euwers wercks im glauben/ und euwerer arbeyt in der liebe/ und euwerer gedult in der hoffnung: welche ist unnser Herr Jesus Christus vor Gott unserm vatter. Dann lieben brüeder/ von Gott geliebet/ wir wüssend wie jr außerwelt sind/ das unnser Euangelion ist bey euch gewesen/ nit allein im wort/ sunder beide in der krafft und im heyligen geyst/ und in grosser völle/ wie jr wüssend/ welcherley wir gewesen sind under euch umb euwertwillen. Und jr sind unsere nachvolger worden/ und deß Herren: und habend das wort auf genommen under vil trüebsalen mit fröuden im heyligen geyst/ also/ das jr worden sind ein vorbild allen glöubigen in Macedonia und Achaia. Dann von euch ist außerschollen das wort deß Herren/ nit allein in Macedonia und Achaia/ sunder in allen orten ist auch euwer glaub in Gott außgebrochen/ also/ das nit not ist das ich darvon rede. Dann sy selbs verkündend von euch/ was für einen eyngang wir zuo euch gehept habind/ und wie jr bekert sygind zuo Gott von den götzen/ zedienen dem läbendigen und waaren Gott/ und zewarten seines suns von himmel/ welchen er auferweckt hat von den todten/ Jesum/ der uns erlößt hat von dem zuokünfftigen zorn.

Der Erste Brief an die Thessalonicher

Anschrift

1 1 Paulus und Silvanus und Timotheus an die Gemeinde in Thessalonich, die in Gott, dem Vater, und im Herrn, Jesus Christus, lebt: Gnade sei mit euch und Friede.

|1: Phil 1,1; Phlm 1 · Röm 1,7!

Dankbares Gedenken

2 Wir danken Gott allezeit für euch alle, wenn wir in Gedanken bei euch sind in unseren Gebeten. Unablässig 3 denken wir vor Gott, unserem Vater, an euch: an euer Werk im Glauben, eure Arbeit in der Liebe, eure Geduld in der Hoffnung auf unseren Herrn Jesus Christus. 4 Wir wissen, von Gott geliebte Brüder und Schwestern, um eure Erwählung; 5 denn unsere Verkündigung des Evangeliums bei euch geschah nicht allein im Wort, sondern auch in der Kraft, im heiligen Geist und mit grosser Wirkung; ihr wisst ja, wie wir bei euch aufgetreten sind zu eurem Besten.

6 Ihr seid unserem Beispiel gefolgt und dem des Herrn, da ihr in grosser Bedrängnis das Wort angenommen habt mit einer Freude, die aus dem heiligen Geist kommt. 7 So seid ihr in Makedonien und in der Achaia ein Vorbild für alle Glaubenden geworden. 8 Von euch ausgehend hat das Wort des Herrn Widerhall gefunden, nicht nur in Makedonien und in der Achaia, sondern überall hat sich die Kunde von eurem Glauben an Gott verbreitet – wir brauchen gar nicht mehr davon zu reden. 9 Überall nämlich wird berichtet, was für eine Aufnahme wir bei euch gefunden haben und wie ihr euch, von den nichtigen Göttern weg, Gott zugewandt habt, um dem lebendigen und wahren Gott zu dienen 10 und um zu warten auf seinen Sohn aus dem Himmel, den er von den Toten auferweckt hat, Jesus, der uns rettet vor dem kommenden Zorn.

|2: 1Kor 1,4 · 5,17 |3: 5,8; 1Kor 13,13! |5: 1Kor 2,4 · Röm 15,19 |6: 1Kor 11,1! |7: Phil 3,17! |10: Röm 10,9 · Röm 5,9

Das ij. Capitel.

Paulus mäldet und ermanet sy wie er so steyff/ so einfaltigklich unnd warlich das Euangelion bey jenen geprediget habe in grosser armuot/ also/ das er sich mit seiner handarbeyt generet hab/ entschuldiget sich warumb er nit zuo jnen kommen sey.

Dann auch jr wüssend lieben brüeder/ von unserm eyngang zuo euch/ das er nit eytel und unnütz gewäsen/ sunder als wir vorhin gelitten hattend/ und geschmächt gewesen warend zuo Philippen/ (wie jr wüssend) warend wir dennocht freydig euch zesagenn das Euangelion Gottes mit grossem kempffen. Dann unser trost ist nit gewesen auß yrrthumb/ nit auß unreynigkeit noch auß list oder betrug/ sunder wie wir von Gott bewärt sind/ das uns das Euangelion vertrwut ist zepredigen/ also redend wir/ nit als wöltind wir den menschen gefallen/ sunder Gott/ der unsere hertzen erkennt. Dann wir nye mitt schmeychelworten sind umbgangen (wie jr wüssend) noch nach unserem nutz gestelt/ Gott ist deß zeüg/ habent auch nitt preyß gesuocht vonn leüten/ weder von euch noch von anderen/ so wir wol hettind mögen hoch wöllen gehalten sein/ als Christi Apostel/ sunder wir sind freüntlich gewesen mitten unnder euch/ gleych wie ein Amm jrer kinder pfligt/ also habend wir hertzlich und angstlich begird an euch gehept/ geneygt euch mitzeteylen/ nit allein das Euangelion Gottes/ sunder auch unnser läbenn/ darumb das wir euch habend lieb gewunnen.

Jr sind wol eyngedenck liebenn brüeder/ unserer arbeyt und unserer müey. Dann tag unnd nacht arbeytend wir/ das wir niemant under euch beschwärlich wärind/ und predigetend unnder euch das Euangelion Gottes. Gott ist der zeüg/ und jr/ wie heylig und gerecht/ unnd untrefflich wir bey euch (die jr glöubig warend) gewesen sind/ wie jr dann wüssend/ das wir/ wie ein vatter seine kinder/ euch ermanet und getröstet/ und bezeügt habend/ das jr wandlen söllind wirdigklich vor Gott/ der euch berüefft hatt zuo seinem reych und zuo seiner herrlikeyt.

1,2–3: Andere Übersetzungsmöglichkeit: «für euch alle, da wir in Gedanken unablässig bei euch sind in unseren Gebeten. 3 Wir denken …»
1,5: Andere Übersetzungsmöglichkeit: «…, im heiligen Geist und mit grosser Gewissheit; ihr …»

Erinnerung an den Anfang

2 1 Ihr wisst es ja selbst, liebe Brüder und Schwestern, dass es nicht umsonst war, dass wir zu euch gekommen sind. 2 Im Gegenteil: Nachdem wir in Philippi viel gelitten haben und misshandelt wurden, wie ihr wisst, haben wir in unserem Gott die Freiheit wieder erlangt, euch das Evangelium Gottes zu verkündigen unter mancherlei Kämpfen. 3 Denn unser Zuspruch beruht nicht auf Täuschung, Unlauterkeit oder Arglist, 4 sondern Gott hat uns für tauglich erachtet, mit dem Evangelium betraut zu werden, und darum reden wir: nicht um Menschen zu gefallen, sondern um Gott zu gefallen, der unsere Herzen prüft.

5 Denn wir sind damals bei euch, wie ihr wisst, weder mit Schmeichelreden aufgetreten noch mit heimlicher Habgier – Gott ist mein Zeuge! –, 6 noch haben wir Ehre und Anerkennung von Menschen gesucht, sei es von euch oder von anderen, 7 obwohl wir uns als Apostel Christi auf unser Ansehen hätten berufen können, im Gegenteil: Wir konnten unter euch sein wie arglose Kinder. Und wie eine Amme ihre Kinder hegt, 8 so sehnen wir uns nach euch, und wir möchten euch teilhaben lassen, nicht nur am Evangelium Gottes, sondern auch an unserem eigenen Leben; denn ihr seid uns lieb geworden. 9 Ihr erinnert euch doch, liebe Brüder und Schwestern, an unsere Mühe und Arbeit; Tag und Nacht haben wir gearbeitet, um niemandem von euch zur Last zu fallen; so haben wir euch das Evangelium Gottes verkündigt.

10 Ihr seid Zeugen, und auch Gott ist Zeuge, dass wir zu euch, den Glaubenden, lauter, gerecht und untadelig waren. 11 Ihr wisst doch, dass wir jedem Einzelnen von euch, wie ein Vater seinen Kindern, 12 zureden, Mut machen und ans Herz legen, sein Leben zu führen, wie es würdig ist vor Gott, der euch zu seiner Herrschaft und Herrlichkeit ruft.

|2: Apg 16,20–24; 17,1–5 · 2,8.9; 2Kor 11,7; Röm 15,16!; Mk 1,14; 1Petr 4,17 |4: Gal 1,10 · Jer 11,20 |7: 1Kor 9,1–5 |8: 2,2! |9: 1Kor 4,12 · 2,2! |11–12: 1Kor 4,14 |12: 5,24

2,7: Andere Textüberlieferung: «…, im Gegenteil: Wir sind vielmehr euch zugewandt in eurer Mitte gewesen. …»

Darumb auch wir on underlaß Gott danckend/ das jr/ do jr empfiengend von uns dz wort Göttlicher predig/ namend jr es auf/ nit als menschen wort/ sunder (wie es dann waarhafftig ist) als Gottes wort/ welcher auch krefftigklich würckt in euch/ die jr glaubend. Dann jr sind nachvolger worden/ lieben brüeder/ der gemeynden Gottes in Judea in Christo Jesu/ das jr eben das selbig erlitten habend von euweren bluotsfreünden/ das yhene von den Juden erlitten habend/ welche/ wie sy den Herren Jesum getödt habend/ und seine propheten/ also habends uns auch vervolget/ und gefallend Gott nit/ und sind allen menschen wider: Die weerend uns zesagen den Heyden das sy sälig werdind/ auff das sy jre sünd erfüllind in alle wäg. Dann der zorn ist schon endtlich über sy kommen.

Wir aber/ lieben brüeder/ nach dem wir euwer ein weyl beraubet gewesen sind nach dem angesicht/ nit nach dem hertzen/ habend wir dester mer geeylet euwer angesicht zesehen mit grossem verlangen. Darumb habend wir wöllen zuo euch kommen besonder (ich Paulus) zwey mal/ und Satanas hatt uns verhinderet. Dann wär ist unser hoffnung/ oder fröud/ oder kron des ruoms? Sind nit auch jrs/ von dem Herren Jesu Christo zuo seiner zuokunfft? Jr sind ja unser preyß unnd fröud.

Das iij. Capitel.
Jn disem capitel zeygt Paulus an was grosser fröud er empfangen hab so er von Timotheo bericht sey jrs glaubens und liebe.

Darumb habend wirs nit weyter mögen erzügen/ unnd hat uns guot gedunckt/ das wir zuo Athen alleyn gelassenn wurdind/ und habend Timotheon gesandt unseren bruoder und diener Gottes/ und unseren gehilffen im Evangelio Christi/ euch zestercken und zuo ermanen unsers glaubens halb/ das nit yemants wancken wurde in disen trüebsälen: dann jr wüssend dz wir darzuo verordnet und gesetzt sind. Unnd do wir bey euch warennd/ sagtend wirs euch vorhin/ wir wurdind trüebsal haben müessen/ wie dann auch geschehen ist/ unnd jr es wüssend. Darumb ichs auch nit lenger hab mögen erzügen/ und hab außgesendt das

Annahme des Evangeliums in Bedrängnis

13 Deshalb danken auch wir Gott unablässig dafür, dass ihr das von uns verkündigte und von euch empfangene Wort Gottes nicht als Menschenwort aufgenommen habt, sondern als das, was es in Wahrheit ist: Gottes Wort, das in euch, den Glaubenden, wirksam ist. 14 Denn ihr, liebe Brüder und Schwestern, seid dem Beispiel der Gemeinden Gottes gefolgt – der christlichen Gemeinden in Judäa –, da ihr von euren Mitbürgern dasselbe erlitten habt wie sie von den Juden. 15 Diese haben den Herrn Jesus getötet und die Propheten, sie haben uns verfolgt, sie missfallen Gott und sind allen Menschen feind, 16 weil sie uns daran hindern, den Völkern das Wort zu verkündigen, das ihnen Rettung brächte; so machen sie unentwegt das Mass ihrer Sünden voll. Aber schon ist der Zorn über sie gekommen in seinem vollen Ausmass.

|13: 1,2!; Gal 1,11 |14: Apg 17,5–9 |16: 1,10

Sehnsucht des Paulus nach seiner Gemeinde

17 Wir aber, liebe Brüder und Schwestern, sind wie verwaist, da wir für eine kurze Zeit von euch getrennt sind – äusserlich nur, nicht aber im Herzen. Umso mehr haben wir uns voller Sehnsucht bemüht, euch von Angesicht zu sehen. 18 Denn wir wollten zu euch kommen, ich, Paulus, mehr als einmal, doch der Satan hat es verhindert. 19 Denn wer ist unsere Hoffnung, unsere Freude, unser Ruhmeskranz vor unserem Herrn Jesus, wenn er kommen wird? Nicht etwa auch ihr? 20 Ja, ihr seid unser Glanz und unsere Freude.

|19: Phil 4,1 · 3,13; 4,15; 5,23!; 2 Thess 2,1!

Gute Nachrichten aus Thessonich

3 1 Da wir es nicht länger aushielten, beschlossen wir, allein in Athen zurückzubleiben, 2 und sandten Timotheus zu euch, unseren Bruder und Mitarbeiter Gottes am Evangelium von Christus. Er sollte euch stärken und zum Glauben ermutigen, 3 damit niemand in dieser Zeit der Bedrängnis ins Wanken komme; denn ihr wisst selbst, dass uns dies alles auferlegt ist. 4 Als wir bei euch waren, haben wir euch ja vorausgesagt, dass wir in mancherlei Bedrängnis geraten würden; so ist es denn auch gekommen, und ihr wisst es. 5 Darum habe ich, da ich es nicht länger aushielt, zu euch gesandt, um zu erfahren, wie

ich erfüere euweren glauben/ auff das nit euch
villeicht versuocht hette der versuocher/ und
unser arbeyt vergäblich wurde. Nun aber so
Timotheus zuo uns von euch kommen ist/
unnd uns verkündt hatt euwern glauben und
liebe/ und das jr unser gedenckend alle zeyt
zum besten/ und habend verlangen nach uns
zesehen/ wie dann auch uns nach euch: do sind
wir/ lieben brüeder/ getröstet worden an euch in
allem unseren trüebsal unnd not durch euweren
glauben. Dann yetz sind wir läbendig/ dieweyl
jr stond in dem Herren. Dann was für einen
danck mögend wir Gott vergelten umb euch
für alle dise fröud/ die wir habend von euch
vor unserem Gott? Wir bittend tag und nacht
dz wir sehen mögind euwere angesicht/ und
erfüllen/ wo euch etwas manglete an euwerem
glauben. Er aber Gott unser vatter/ unnd unser
Herr Jesus Christus schicke unseren wäg zuo
euch. Euch aber vermeere der Herr/ und lasse
die liebe völlig werden gegen einander/ unnd
gegen yederman (wie dann auch wir gegen
euch sind) das euwere hertzen gesterckt unnd
unsträfflich sygind in der herrligkeit vor Gott
unserem vatter/ und auff die zuokunfft unsers
Herren Jesu Christi/ sampt allen seinen heyligen.

Das iiij. Capitel.
Paulus vermanet sy das sy in der leer so sy von jm
empfangen habend verharrind/ vermanet sy zuo tugenden
unnd zuo liebe/ strafft die müessiggenger/ sagt auch von
der auferstentnuß der leyben.

Weyter/ lieben brüeder/ bittend wir euch
und ermanend in dem Herren Jesu/ nach dem
jr von uns empfangen habennd wie jr söllend
wandlen unnd Gott gefallen/ das jr ymmer
völliger werdind. Dann jr wüssend welche gebott
wir euch geben habend durch den Herrenn
Jesum. Dann das ist der will Gottes/ euwer
heyligung/ dz jr euch enthaltind vor huorey/
das ein yetlicher wüsse seyn faß zebehalten in
heyligung/ unnd eer/ nit in fleischlichem lust/
wie die Heyden die von Gott nichts wüssend.
Unnd das niemants übergange/ noch verforteyle
seinen bruoder im handel. Dann der Herr ist
der rächer über das alles/ wie wir euch vorhin
gesagt unnd bezeügt habend. Dann Gott hat
uns nit berüefft zur unreynigkeyt/ sonder
zur heyligung. Wär nun aber verachtet/ der
verachtet nit einen menschen/ sonder Gott/
der seinen heiligen geyst geben hat in uns.

es um euren Glauben steht, ob der Versucher
euch nicht etwa in Versuchung geführt habe
und unsere Arbeit umsonst gewesen sei.

6 Doch eben ist Timotheus zu uns
zurückgekehrt und hat uns gute Botschaft
gebracht von eurem Glauben und eurer Liebe,
dass ihr uns allezeit in guter Erinnerung habt
und euch danach sehnt, uns zu sehen, so wie
auch wir uns nach euch sehnen. 7 Darum
sind wir getröstet worden, liebe Brüder und
Schwestern, dank euch, in all unserer Not
und Bedrängnis durch euren Glauben: 8 Jetzt
können wir wieder leben, wenn ihr fest
gegründet seid im Herrn. 9 Ja, wie können wir
Gott euretwegen Dank sagen für all die Freude,
die wir durch euch erfahren vor unserem Gott?
10 Tag und Nacht bitten wir inständig darum,
euch von Angesicht zu sehen und ergänzen
zu können, was eurem Glauben noch fehlt.

11 Er selbst aber, unser Gott und Vater, und
Jesus, unser Herr, möge unsere Schritte zu euch
lenken. 12 Euch aber lasse der Herr wachsen
und reicher werden in der Liebe zueinander und
zu allen Menschen, wie auch wir sie zu euch
haben. 13 So werden eure Herzen gestärkt, dass
euch kein Tadel trifft und ihr heilig seid vor
Gott, unserem Vater, bei der Ankunft unseres
Herrn Jesus mit all seinen Heiligen, Amen.

|1–2: Apg 17,14–15 · Apg 16,1! |6: Apg 18,5 · 1,3
|8: 1Kor 16,13! |12: Phil 1,9 |13: Jak 5,8 · 2,19!

Leben im Glauben

4 1 Im Übrigen, liebe Brüder und Schwestern,
bitten und ermuntern wir euch im Herrn
Jesus, dass ihr so, wie ihr von uns unterwiesen
worden seid, euer Leben zu führen und Gott
zu gefallen – das tut ihr ja auch –, dass ihr
auf diesem Weg immer noch weiter geht.
2 Ihr wisst ja, welche Weisungen wir euch im
Auftrag des Herrn Jesus gegeben haben.

3 Das nämlich ist der Wille Gottes, eure
Heiligung: dass ihr euch fernhaltet von der
Unzucht, 4 dass jeder von euch in Heiligung
und Würde mit seinem Gefäss, dem Leib,
umzugehen wisse 5 – nicht in begehrlicher
Leidenschaft wie die Heiden, die Gott nicht
kennen – 6 und dass keiner sich hinwegsetze
über seinen Bruder und ihn bei Geschäften
übervorteile; denn über dies alles hat der Herr
seine Strafe verhängt, wie wir euch schon früher
gesagt und bezeugt haben. 7 Denn Gott hat
uns nicht zur Unlauterkeit berufen, sondern

Von der brüederlichen liebe aber was uns nit not zeschreyben/ dann jr sind selbs von Gott geleert euch under einanderen zelieben: und das thuond jr auch an allen brüedern/ die in gantzen Macedonia sind. Wir ermanend euch aber/ lieben brüeder/ dz jr noch völliger werdind/ unnd ringend darnach das jr still sygind/ und das euwer schaffind/ und arbeytind mit den henden/ wie wir euch befolhen habend/ auff das jr erberlich wandlind gegen denen die daussen sind/ und das jr nichts manglind.

Wir wöllennd euch aber/ lieben brüeder/ nichts verhalten von denen die da schlaaffend/ auff das jr nit traurig sygind/ wie die anderen die kein hoffnung habend. Dann so wir glaubend das Jesus gestorben und auferstanden ist/ so wirt Gott auch/ die da entschlaaffen sind durch Jesum/ mit jm füeren. Dann das sagend wir üch als ein wort des Herren/ das wir/ die wir läbend unnd überbleybend in der zuokunnft des Herrenn/ werdend denen nit fürkommen die da schlaaffend. Dann er selbs der Herr/ wirt mit einem väldgschrey/ und stimm des Ertzengels/ und mit der pusaunen Gottes häräb kommen vom himmel/ unnd die todten in Christo werdend auferston zum ersten/ darnach wir/ die wir läbend und überbleybend/ werdend mit einanderen mit den selbigen hingezuckt werden in den wolcken/ dem Herren engegen in den lufft/ und werdend also bey dem Herren sein all zeyt. So tröstend euch nun mit disen worten under einanderen.

zu einem Leben in Heiligung. 8 Darum: Wer solches missachtet, der missachtet nicht einen Menschen, sondern Gott, der doch seinen heiligen Geist in euch hineinlegt.

9 Über die Liebe unter Brüdern und Schwestern aber brauche ich euch nicht zu schreiben, seid ihr doch selbst von Gott gelehrt, einander zu lieben. 10 Und ihr tut es ja auch allen gegenüber, die zur Gemeinde gehören, in ganz Makedonien. Wir reden euch aber zu, liebe Brüder und Schwestern, darin noch verschwenderischer zu werden 11 und euer ganzes Streben darauf auszurichten, in Ruhe und Frieden zu leben, das Eure zu tun und mit den eigenen Händen zu arbeiten, wie wir es euch geboten haben. 12 Ihr sollt euch vorbildlich verhalten gegenüber denen, die nicht zur Gemeinde gehören, und auf niemanden angewiesen sein.

|1: 2,13 |3: 5,23 |5: Gal 4,8 |8: Ez 36,27; 37,14 · 1Kor 6,19 |9: Röm 12,10; Hebr 13,1 |10: 1,7 |12: Röm 13,13

4,4: Der griechische Text lässt offen, wofür der Ausdruck ‹das Gefäss› steht; er lautet: «mit seinem Gefäss umzugehen wisse».

Die Toten in Christus

13 Wir wollen euch, liebe Brüder und Schwestern, nicht im Ungewissen lassen über das Schicksal der Verstorbenen; ihr sollt nicht betrübt sein wie die anderen, die keine Hoffnung haben.

14 Wenn wir nämlich glauben, dass Jesus gestorben und auferstanden ist, so wird Gott auch die Verstorbenen durch Jesus mit ihm zusammen heraufführen. 15 Denn dies sagen wir euch aufgrund eines Wortes des Herrn: Wir, die wir leben, die wir bis zum Kommen des Herrn am Leben bleiben, werden den Verstorbenen nichts vorausshaben. 16 Denn der Herr selbst wird beim Erschallen des Befehlswortes, bei der Stimme des Erzengels und der Posaune Gottes vom Himmel herabsteigen. Und die, die in Christus gestorben sind, werden zuerst auferstehen, 17 danach werden wir, die wir noch am Leben sind, mit ihnen zusammen hinweggerissen und auf Wolken emporgetragen werden in die Höhe, zur Begegnung mit dem Herrn. Und so werden wir allezeit beim Herrn sein.

18 So tröstet also einander mit diesen Worten.

|13: 1Kor 15,20 |14: 5,10 |15–17: 1Kor 15,51–52 |15: 2,19!; 1Kor 15,23 |16: Mt 24,30!-31 · 1Kor 1,24–25 |17: Phil 1,23!

Die erst Epistel S. Pauls zuo den Thessalonichern.

Das v. Capitel.

Diß capitel sagt von dem letsten tag und zuokunfft des Herren/ mit etlichen underweysungen die zuo tugenden und frommkeyt dienend/ vermanet sy besunder guots zethuon/ und eer denen die das Evangelium predigend.

Von der zeyt aber und stündly/ lieben brüeder/ ist nit not zeschreyben. Dann jr selbs wüssend gewüß/ das der tag des Herrenn wirdt kommen wie ein dieb in der nacht. Dann wenn sy werdend sagen: Es ist frid/ es hat kein gefärligkeyt/ so wirdt sy das verderben schnäll überfallen/ gleych wie der schmärtz des schwangeren weybs/ und werdend nit entfliehen. Jr aber/ lieben brüeder/ sind nit in der finsternuß/ dz euch der tag wie ein dieb ergreyffe. Jr sind allsamen kinder des liechts/ unnd kinder deß tags. Wir sind nit der nacht/ noch der finsternuß.

So lassennd uns nun nit schlaaffen wie die anderen/ sonder lassend uns wachen und nüechter sein. Dann die da schlaaffend/ die schlaaffend nachts: und die da truncken sind/ die sind nachts truncken. Wir aber/ die wir des tags sind/ söllend nüechter sin/ angethon mit dem krebs des glaubens unnd der liebe/ unnd mit dem hälm der hoffnung auff die säligkeit. Dann Gott hat uns nit gesetzt zum zorn/ sonder die säligkeit zuo erwärben durch unseren Herren Jesum Christ/ der für uns gestorben ist/ auff das/ wir wachind oder schlaaffind/ mit einander mit jm läben söllend. Darumb ermanend euch under einander/ unnd bauwe einer den anderen/ wie jr dann thuond.

Wir bittend aber euch/ lieben brüeder/ dz jr erkennind die an euch arbeytend/ und euch fürstond in dem Herren: unnd vermanend euch/ das jr sy haltind dester mer in der liebe umb jres wercks willen/ unnd sind fridsam mit jnen. Wir ermanend aber euch/ lieben brüeder/ vermanend die ungezognen/ tröstend die kleinmüetigen/ duldend die schwachen/ sind duldmüetig gegen jederman/ sehend zuo das niemants böß mi bösem yemants vergelte/ sonder alle zeyt jagend dem guoten nach under einander/ und gegen yederman.

Leben im Vorschein der Zukunft

5 1 Über Zeiten und Fristen aber, liebe Brüder und Schwestern, braucht euch niemand zu belehren. 2 Ihr wisst ja selber genau, dass der Tag des Herrn kommt wie ein Dieb in der Nacht. 3 Wenn die Leute sagen: Friede und Sicherheit, dann wird das Verderben so plötzlich über sie kommen wie die Wehen über die Schwangere, und es wird kein Entrinnen geben.

4 Ihr aber, liebe Brüder und Schwestern, lebt nicht in der Finsternis, so dass euch der Tag überraschen könnte wie ein Dieb. 5 Ihr seid ja alle ‹Söhne und Töchter des Lichts› und ‹Söhne und Töchter des Tages›; wir gehören nicht der Nacht noch der Finsternis. 6 Lasst uns also nicht schlafen wie die anderen, sondern wach und nüchtern sein! 7 Wer schläft, schläft des Nachts, und wer sich betrinkt, ist des Nachts betrunken, 8 wir aber, die wir dem Tag gehören, wollen nüchtern sein, angetan mit dem Panzer des Glaubens und der Liebe und mit dem Helm der Hoffnung auf Rettung. 9 Denn Gott hat uns nicht dazu bestimmt, dass wir dem Zorn verfallen, sondern dass wir die Rettung erlangen durch unseren Herrn Jesus Christus, 10 der für uns gestorben ist, damit wir alle miteinander, ob wir nun wachen oder schlafen, zusammen mit ihm leben werden.

11 Deshalb: Redet einander zu und richtet euch gegenseitig auf, wie ihr es ja tut.

|1: Mk 13,32 |2: 1Kor 1,8!; Mt 24,42–43; 2Petr 3,10! |8: Eph 6,14–17 · 1,3! |9: 1,10! |10: 4,14; Röm 14,8 · 4,17 |11: 4,18

5,9: Andere Übersetzungsmöglichkeit: «..., sondern dass wir das Heil bewahren ...»

Das Zusammenleben in der Gemeinde

12 Wir bitten euch aber, liebe Brüder und Schwestern, diejenigen zu achten, die sich besonders einsetzen unter euch, die sich im Herrn um euer Wohl kümmern und die euch zurechtweisen. 13 Schätzt sie um dieses Tuns willen über alles in Liebe! Und: Haltet Frieden untereinander.

14 Wir reden euch aber zu, liebe Brüder und Schwestern: Weist die zurecht, die sich an keine Ordnung halten, ermutigt die Verzagten, steht den Schwachen bei, habt Geduld mit allen! 15 Seht zu, dass keiner dem andern Böses

Sind alle zeyt frölich/ bättend on underlaß/ sind danckbar allenthalben: dann das ist der will Gottes in Christo Jesu an euch. Den geyst löschend nit auß. Die prophecey verachtend nit. Erfarend aber alles/ und das guot behaltend. Mydend allen bösen schyn. Er aber der Gott des fridens heylige euch durch und durch: und euwer gantzer geyst/ unnd seel/ und leyb müesse behalten werden unsträfflich/ uff die zuokunfft unsers Herren Jesu Christi. Warhafftig ist er der euch berüefft hatt/ welcher wirts auch thuon.

16 Freut euch allezeit,
17 betet ohne Unterlass,
18 in allem sagt Dank; das ist der Wille Gottes, in Christus Jesus, für euch.
19 Den Geist bringt nicht zum Erlöschen!
20 Prophetische Rede verachtet nicht!
21 Prüft aber alles, das Gute behaltet!
22 Meidet das Böse in jeder Gestalt!
23 Er aber, der Gott des Friedens, heilige euch durch und durch; Geist, Seele und Leib mögen euch unversehrt und untadelig erhalten bleiben bis zur Ankunft unseres Herrn Jesus Christus.
24 Treu ist, der euch ruft: Er wird es auch tun.

|13: 2Kor 13,11 |15: Röm 12,17! |16: Phil 3,1 |17: 1,2 |20: Röm 12,6 |23: Röm 15,33! · 4,3 · 2,19! |24: 2,12

5,12: Andere Textüberlieferung: «... Und: Haltet Frieden mit ihnen.»

Briefschluss

Lieben brüeder bättend für uns. Grüessend alle brüeder mit dem heyligen kuß. Jch beschweer euch bey dem Herren/ das jr die Epistel läsen lassind alle heylige brüeder. Die gnad unsers Herrenn Jesu Christi sey mit euch/ Amen.

Zuo den Thessalonichern die erst/ geschriben von Athen.

25 Liebe Brüder und Schwestern, betet auch für uns. 26 Grüsst alle in der Gemeinde mit dem heiligen Kuss.
27 Ich beschwöre euch beim Herrn, diesen Brief allen in der Gemeinde vorzulesen.
28 Die Gnade unseres Herrn Jesus Christus sei mit euch.

|26: Röm 16,16! |28: 1Kor 16,23; Röm 16,20; 2Thess 3,18

Der Erste Brief an die Thessalonicher

Die ander Epistel S. Pauls zuo den Thessalonichern.

Das erst Capitel.

Jn disem capitel sagt Paulus Gott danck von jrem glauben und liebe in dem sy verharretend/ bittet das sölichs in jnen vollkommen werd.

Paulus und Silvanus/ und Timotheus. Der gmeind von Thessalonich in Gott unserem vatter/ und dem Herren Jesu Christo.

Gnad sey mit euch/ unnd frid von Gott unserem vatter/ und unserem Herren Jesu Christo.

Wir söllend Gott dancken alle zeyt umb euch/ lieben brüeder/ wie es billich ist. Dann euwer glaub wachßt vast/ und die liebe eins yetlichen under euch gegen dem andern nimpt zuo/ also/ das wir uns euwer rüemend under den gemeynden Gottes/ vonn euwerer gedult unnd glauben in allen euweren vervolgungen und trüebsalen die jr duldend/ zuo einer gewüssen bewärnuß des gerechten gericht Gottes/ auff das jr wirdig werdind zum reych Gottes/ umb welches jr auch leydend. Dann es recht ist bey Gott/ zuo vergelten trüebsal denen die euch trüebsal anlegend: üch aber die jr trüebsal leydend/ ruow mit unns/ wenn nun der Herr Jesus offenbar werden wirt vom himmel sampt den englen seyner krafft/ und mit flammendem fheür raach geben über die so Gott nit erkennend/ unnd über die so nit gehorsam sind dem Evangelio unsers Herren Jesu Christi/ welche werdend peyn leyden/ das ewig verderben von dem angesicht des Herren/ und von der herrligkeit seiner stercke/ wenn er kommen wirt sich zuo verklären in seinen heiligen/ und wundersam werden auff den tag in allen glöubigen/ so glauben gegeben ist unserer zeügnuß an euch. Und darzuo bättend wir auch alle zeyt für euch/ das unser Gott euch wirdig mache deß beruoffs/ und erfülle allen guoten willen der güete/ und das werck des glaubens in der krafft/ auff das an euch gepreyßt werde der namm unsers Herren Jesu Christi/ und jr durch jn nach der gnad unsers Gottes/ und des Herren Jesu Christi.

Der Zweite Brief an die Thessalonicher

Anschrift

1 1 Paulus und Silvanus und Timotheus an die Gemeinde in Thessalonich, die in Gott, unserem Vater, und im Herrn Jesus Christus lebt: 2 Gnade sei mit euch und Friede von Gott, unserem Vater, und dem Herrn Jesus Christus.

|1–2: 1Thess 1,1 |2: Röm 1,7

Dank und Fürbitte für die Gemeinde

3 Wir sind es Gott schuldig, ihm allezeit für euch, liebe Brüder und Schwestern, zu danken, wie es sich geziemt, denn euer Glaube gedeiht und die Liebe zueinander wächst bei einem jeden von euch. 4 Darum sind wir stolz auf euch und rühmen in den Gemeinden Gottes eure Standhaftigkeit und eure Treue in aller Verfolgung und Bedrängnis, die ihr ertragt.

5 Ein Hinweis auf das gerechte Gericht Gottes ist dies alles, ein Zeichen, dass ihr für würdig erachtet werdet des Reiches Gottes, für das ihr auch leidet, 6 wenn es denn bei Gott als gerecht gilt, mit Drangsal zu vergelten denen, die euch bedrängen, 7 und Erleichterung zu verschaffen euch, den Bedrängten, und auch uns. Geschehen wird es, wenn Jesus, der Herr, vom Himmel her erscheint mit den Engeln seiner Macht, 8 in loderndem Feuer. Dann wird er Vergeltung üben an denen, die Gott nicht kennen und die dem Evangelium Jesu, unseres Herrn, nicht gehorchen. 9 Ewiges Verderben wird die Strafe sein, die sie treffen wird vom Angesicht des Herrn und von der Herrlichkeit seiner Macht, 10 wenn er kommt an jenem Tag, um verherrlicht zu werden inmitten seiner Heiligen und gefeiert zu werden von allen, die zum Glauben gekommen sind; denn bei euch hat unser Zeugnis Glauben gefunden.

11 Darum beten wir auch allezeit für euch, dass unser Gott euch der Berufung für würdig erachte und jeden Entschluss zum Guten und das Werk des Glaubens machtvoll vollende. 12 So soll der Name unseres Herrn Jesus verherrlicht werden unter euch und ihr

Das ij. Capitel.

Paulus warnet sy das sy nit söllind glauben denen die da sprechend/ der tag des Herren sye yetz hie/ söllend standhafft bleyben in dem das er sy geleert hatt.

Jch bitt euch aber lieben brüeder/ bey der zuokunfft unsers Herrenn Jesu Christi/ und by unserer versamlung an jn/ dz jr euch nit bald lassind bewegen vonn euwerem sinn/ noch erschreckind/ weder durch geyst noch durch red/ noch durch brieff/ als von uns gesandt/ dz der tag Christi vorhanden sey. Lassend euch niemants verfüeren in keinerley weyß. Dann er kumpt nit/ es sey dann das vorhin der abfal komme/ und offenbaret werde der mensch der sünden/ unnd das kind der verderbung/ der da ist ein widerwertiger/ unnd sich überhept über alles das Gott genennet oder geeret wirt/ also/ das er sich setzt in den tempel Gottes als ein Gott/ und gibt sich auß er sey Gott.

Gedenckend jr nit daran/ das ich euch sölichs sagt do ich noch bey euch was? Unnd was es yetz verhinderet/ wüssend jr/ namlich dz er geoffenbaret werde zuo seiner zeyt. Dann es regt sich schon bereyt die geheymnuß der boßheyt/ allein halte ein yeder steyff an/ biß er hingenommen werde. Denn wirt der boßhafftig geoffenbaret werden/ welchen der Herr wirt erwürgen mit dem athem sines munds/ unnd wirt außmachen durch die erscheynung seyner zuokunfft den/ des zuokunfft geschicht nach der würckung des teüfels mit allerley lugenhafftigen krefften/ und zeichen/ und wundern/ und mit allerley verfüernussen zuo ungerechtigkeit under denen die verloren werdend: darfür das sy die liebe der warheyt nit habend aufgenommen/ das sy sälig wurdind. Darumb wirt jnen Gott senden krefftige yrrthumb/ das sy glaubend der lugen/ uff das gerichtet werdind alle die der warheyt nit glaubt habend/ sonder lust gehept habend an der ungerechtigkeit.

Wir aber söllend Gott dancken alle zeyt umb euch/ geliebte brüeder von dem Herren/ dz euch Gott erwellet hatt von anfang zur säligkeit in der heyligung des geysts/ unnd im glauben der waarheyt/ dareyn er euch berüefft hatt durch unser Euangelion/ zum eygenthuomb der herrligkeyt unsers Herren Jesu Christi.

in ihm, wie es der Gnade unseres Gottes und unseres Herrn Jesus Christus entspricht.

|3: 2,13; 1Thess 1,2! · 1Thess 1,3; 3,12 |4: 1Thess 2,19 · 1Thess 2,14 · 1Thess 3,3.7 |5: 1Thess 2,12! |6: 1,4! |7: 1Kor 1,7; 1Thess 3,13 |8: 1Kor 3,13 · Jes 66,15 · 1Thess 4,5 · Röm 10,16 |10: 1,7! |11: 1Thess 1,2 · 1Thess 1,3

Der Tag des Herrn

2 1 Was nun aber die Wiederkunft unseres Herrn Jesus Christus betrifft und unsere Zusammenführung mit ihm, so bitten wir euch, liebe Brüder und Schwestern: 2 Lasst euch nicht so schnell um den Verstand bringen und in Schrecken versetzen, wenn in einer Prophezeiung, einer Rede oder einem Brief – und wäre er auch von uns – angeblich gesagt wird, der Tag des Herrn sei schon da.

3 Niemand soll euch täuschen, auf keinerlei Weise! Denn zuerst muss der Widerruf kommen und der Feind des Gesetzes offenbar werden, der Sohn des Verderbens, 4 der Widersacher, der sich über alles erhebt, was Gott oder heilig genannt wird, und sich in den Tempel Gottes setzt und sich gebärdet, als wäre er Gott.

5 Erinnert ihr euch nicht, dass ich euch dies sagte, als ich noch bei euch war? 6 Jetzt wisst ihr auch, was ihn noch aufhält, so dass er erst zu der für ihn bestimmten Zeit offenbar wird. 7 Zwar ist das Geheimnis der Gesetzesfeindschaft schon am Werk; doch noch gibt es den, der es aufhält, bis er dann beseitigt wird. 8 Dann wird der Gesetzesfeind offen hervortreten, aber der Herr wird ihn durch den Hauch seines Mundes töten und durch die Erscheinung seiner Wiederkunft zunichte machen. 9 Jener aber, dessen Kommen das Werk des Satans ist, wird mit aller Macht auftreten, mit trügerischen Zeichen und Wundern, 10 und mit grosser List all jene zur Ungerechtigkeit verführen, die verloren gehen, weil sie die Liebe zur Wahrheit nicht in sich aufgenommen haben und sich nicht retten liessen. 11 Deshalb schickt ihnen Gott eine Kraft, die in die Irre führt, dass sie der Lüge glauben. 12 So sollen alle gerichtet werden, die der Wahrheit nicht geglaubt, sondern am Unrecht Gefallen gefunden haben.

13 Wir aber sind es Gott schuldig, ihm allezeit zu danken für euch, liebe Brüder und Schwestern, die ihr vom Herrn geliebt seid; denn euch hat Gott von Anfang an erwählt zur Rettung, die durch die Heiligung im Geist und durch den Glauben an die Wahrheit geschieht. 14 Dazu hat er euch auch berufen durch

So stond nun lieben brüeder/ und handhabend das so ich euch angeben hab/ und jr gelernet habend/ es sey durch unser wort oder Epistel. Er aber unser Herr Jesus Christus/ unnd Gott der vatter der uns hatt geliebet/ und geben einen ewigen trost/ und ein guote hoffnung durch gnad/ der ermane euwere hertzen/ und stercke euch in allerley guoten worten und wercken.

Das iij. Capitel.

Paulus bittet sy das sy für jn auch bittind/ damit das Evangelium ein fürgang habe/ und das sy die so unordenlich läbind/ mydind und straaffind.

Weyter/ lieben brüeder/ bättend für uns dz das wort des Herren ein fürgang habe/ und geeret werde/ wie bey euch/ und das wir erlößt werdind von den unartigen und argen menschen. Dann der glaub ist nit yedermans: aber der Herr ist warhafft unnd trüw/ der wirt euch stercken und bewaren vor dem argen. Wir vertrauwend aber uff euch in dem Herren/ das jr thüegind und thuon werdind wz wir euch befelhend. Der Herr aber richte euwere hertzen zuo der liebe Gottes/ unnd zuo der gedult Christi.

Wir empfelhend euch aber lieben brüeder/ in den nammen unsers Herren Jesu Christi/ das jr euch entziehind von einem yetlichen bruoder/ der da unordenlich wandlet/ und nit nach der angebung die er von uns empfangen hatt. Dann jr wüssend wie jr uns söllend nachvolgen: dann wir sind nit unordenlich under euch gewesen/ habennd auch nit umb

unser Evangelium: Ihr sollt die Herrlichkeit unseres Herrn Jesus Christus erlangen.

|1–12: 1Thess 4,13–17; 5,1–10 |1: 1,8; 1Thess 2,19!; Jak 5,7 · 1,10 |2: 2,15; 3,17 · 1Thess 5,2 |3: 1Tim 4,1; 2Tim 3,1–5 |4: 2,8; Dan 8,10–11 |5: 2,15 |8: Jes 11,4 · 1Thess 2,19! |13: 1,3!; 1Thess 2,13 · 1Thess 4,7 |14: 1Thess 5,9

2,2: Andere Übersetzungsmöglichkeit: «… – und sei er auch von uns – …»
2,8: Andere Textüberlieferung: «… offen hervortreten, aber Jesus, der Herr, wird ihn …»
2,13: Andere Textüberlieferung: «…; denn euch hat Gott als Erstling erwählt …»

Ermahnung und Anrufung des Herrn

15 Liebe Brüder und Schwestern, seid standhaft und haltet fest an den Überlieferungen, in denen ihr von uns unterwiesen worden seid, sei es mündlich oder schriftlich. 16 Er aber, unser Herr, Jesus Christus, und Gott, unser Vater, der uns liebt und uns durch seine Gnade ewigen Trost und gute Hoffnung gibt, 17 ermutige eure Herzen und stärke euch zu jedem guten Werk und Wort.

|15: 1Kor 16,13 · 2,2.5 |16: 1Thess 3,11 · 1Thess 3,2.13

Bitte um Bewahrung

3 1 Im Übrigen, liebe Brüder und Schwestern, betet für uns, dass das Wort des Herrn seinen Lauf nehme und überall in Ehren gehalten werde, wie auch bei euch, 2 und dass wir gerettet werden aus der Hand der verkehrten und bösen Menschen; denn der Glaube ist nicht jedermanns Sache.

3 Treu aber ist der Herr, der euch stärken und vor dem Bösen bewahren wird. 4 Im Herrn haben wir Vertrauen in euch, dass ihr, was wir anordnen, auch tut und tun werdet. 5 Der Herr aber richte eure Herzen aus auf die Liebe Gottes und die Geduld Christi.

|1: 1Thess 5,25 |2: 1Thess 5,24 |4: 1Thess 4,2 |5: 1Thess 3,11; 2Kor 13,13

Die sich an keine Ordnung halten

6 Wir fordern euch aber auf, liebe Brüder und Schwestern, im Namen unseres Herrn Jesus Christus, zu meiden alle in der Gemeinde, die ohne Ordnung leben und sich nicht an die Überlieferung halten, die sie von uns empfangen haben.

7 Ihr wisst ja selber, wie man unserem Beispiel folgen soll: Wir haben bei euch

sunst das brot genommen von yemants/ sonder mit arbeyt und müey tag und nacht habend wir gewerckt/ dz wir niemants under euch beschwärlich wärend. Nit darumb das wir des nit macht habind/ sonder das wir uns selbs euch zum vorbild gäbend uns nachzevolgen. Und do wir bey euch warennd/ ermanetend wir euch sölichs/ das so yemants nit wölte arbeyten/ der sölte auch nit essen. Dann wir hörend dz etlich under euch wandlend unordenlich/ und arbeytend nichts/ sonder arbeytend zevil fürwitz. Sölichen aber empfelhend wir/ und ermanend sy durch unseren Herren Jesum Christum/ das sy mit stillem wäsen arbeytind/ unnd jr eigen brot essind.

Jr aber/ lieben brüeder/ werdend nit verdrossen wolzethuon. So aber yemants nit gehorsam ist unserem wort/ den zeygend an durch einen brieff/ und habend nichts mit jm zeschaffen/ uff das er schamrot werde. Doch haltend jn nit als einen feynd/ sonder ermanend jn als einen bruoder.

Er aber der Herr des fridens gebe euch frid allenthalben/ unnd auff allerley weyß. Der Herr sey mit euch allen.

Der gruoß mit meiner hand Pauli: Das ist das zeychen in allen brieffen/ also schreyb ich. Die gnad unsers Herren Jesu Christi sey mit euch allen/ Amen.

Geschriben von Athen.

nicht so gelebt, als gäbe es keine Ordnung, 8 noch haben wir ohne Entgelt jemandes Brot gegessen; nein, wir haben dafür gearbeitet und uns geplagt, Tag und Nacht, um niemandem von euch zur Last zu fallen. 9 Nicht dass wir kein Recht dazu hätten, nein, wir wollen uns selbst hinstellen als ein Vorbild für euch, das ihr nachahmen sollt. 10 Wir haben ja auch, als wir bei euch waren, euch dies geboten: Wer nicht arbeiten will, soll auch nicht essen.

11 Wir hören nämlich von einigen unter euch, dass sie ohne Ordnung leben; sie arbeiten nicht, sondern treiben unnütze Dinge. 12 Solchen Leuten gebieten wir, wir ermahnen sie im Herrn Jesus Christus: Geht in Ruhe eurer Arbeit nach und esst euer eigenes Brot!

|6: 1Thess 4,1 · 1Thess 5,14 · 2,15 |7: 1Thess 1,6 · 1Thess 5,14 |8: 1Thess 2,9! |9: 1Kor 9,4.14 · 1Thess 1,6.7 |10: 1Thess 3,4 · 2,15 |11: 3,6; 1Thess 5,14

3,7: Andere Übersetzungsmöglichkeit: «... nicht so gelebt, als wollten wir uns vor der Arbeit drücken, ...»

Die Zurechtweisung des Bruders

13 Ihr aber, liebe Brüder und Schwestern, werdet nicht müde, Gutes zu tun! 14 Wenn aber einer dem nicht nachkommt, was in diesem Brief steht, so merkt ihn euch und meidet den Umgang mit ihm, damit er beschämt werde. 15 Aber haltet ihn nicht für einen Feind, sondern weist ihn als euren Bruder zurecht. 16 Er aber, der Herr des Friedens, gebe euch den Frieden allezeit und auf alle Weise. Der Herr sei mit euch allen.

|13: Gal 6,9 |14: 1Kor 5,9 |15: 1Thess 5,12.14; Röm 15,14 |16: Röm 15,33!

Briefschluss

17 Dies ist mein, des Paulus, eigenhändig geschriebener Gruss, das Zeichen in jedem Brief: So schreibe ich. 18 Die Gnade unseres Herrn Jesus Christus sei mit euch allen.

|17: 1Kor 16,21 |18: 1Thess 5,28!

Die erst Epistel S. Pauls an Timotheon.

Der Erste Brief an Timotheus

Das erst Capitel.

Paulus ermanet Timotheum dz er fleyssig sein ampt verwalte/ mäldet auch wie er sein befelch von keinem menschen sonder von Gott empfangen hab: warnet jn vor den leereren die das alt gsatz mit dem Evangelio vermischend/ und worzuo das alt gsatz nütz sey.

Paulus ein Apostel Jesu Christi/ nach dem befelch Gottes unsers heylands/ und des Herren Jesu Christi/ der unser hoffnung ist.

Timotheo minem eigenlichen sun durch den glauben. Gnad/ barmhertzigkeit/ und frid von Gott unserem vatter/ und unserm Herren Jesu Christo.

Anschrift

1 ¹ Paulus, Apostel Christi Jesu im Auftrag Gottes, unseres Retters, und Christi Jesu, der unsere Hoffnung ist, ² an Timotheus, sein rechtmässiges Kind im Glauben: Gnade, Barmherzigkeit und Frieden von Gott, dem Vater, und von Christus Jesus, unserem Herrn.

|1–2: 2Tim 1,1–2 |1: 2,3! |2: 1,18!; 1Kor 4,17! · Tit 1,4 · 2Joh 3

Erneuerung des Auftrags an Timotheus

Wie ich dich ermanet hab/ dz du zuo Epheso bleybest/ do ich in Macedonian zoch/ und gebietest etlichen/ das sy nichts anders leretind/ auch nit acht hettend auff die fablen/ und deren gschlächtregister/ die kein end habend/ und bringend fragen auf/ mer dann besserung in Gott am glauben. Dann die hauptsumm des gebotts ist liebe von reynem hertzen/ und guotem gewüssen/ unnd von ungefärbtem glauben. Sölichs habend etlich gefält/ unnd habend sich gekeert zuo unnützem geschwätz/ wöllend der gschrifft meyster sein/ und verstond nit was sy sagend/ oder was sy setzend.

Wir wüssend aber daß das gsatz guot ist/ so es yemants recht braucht/ unnd weiß sölichs das dem gerechten kein gsatz gegeben ist/ sonder den ungerechten unnd ungehorsamen/ den gottlosen und sünderen/ den unheyligen und unreynen/ den vattermörderen und muotermörderen/ den todschlegeren/ den huoreren/ den knabenschenderen/ den menschendieben/ den lugneren/ den meineydigen/ und so etwas anders der heilsamen leer wider ist/ nach dem Evangelio der herrligkeit des säligen Gottes/ welches mir vertrauwt ist.

³ Wie damals bei meiner Abreise nach Makedonien, als ich dich bat, in Ephesus zu bleiben, um gewissen Leuten zu verbieten, andere Lehren zu verbreiten ⁴ und sich mit Mythen und endlosen Geschlechterreihen zu befassen, die nur zu Streitereien führen und zur Haushaltung Gottes, die im Glauben wirksam wird, nichts beitragen, so gilt auch jetzt: ⁵ Das Ziel aller Weisung ist die Liebe, die aus reinem Herzen und gutem Gewissen und ungeheucheltem Glauben kommt. ⁶ Davon sind einige abgewichen und leerem Geschwätz verfallen; ⁷ sie wollen Lehrer des Gesetzes sein und haben doch keine Ahnung, wovon sie reden und worüber sie so selbstgewiss urteilen.

⁸ Wir wissen aber: Das Gesetz ist gut, wenn man es in seinem Sinn anwendet, ⁹ das heisst, wenn man sich bewusst ist, dass das Gesetz nicht den Gerechten betrifft, sondern diejenigen, die das Gesetz noch nicht haben und sich nicht unterordnen: Gottlose und Sünder, Frevler und Ruchlose, Vater- und Muttermörder, Totschläger, ¹⁰ solche, die sich der Unzucht hingeben, die mit Männern schlafen, die Menschen rauben und verkaufen, die lügen und Meineide schwören und tun, was da sonst noch der gesunden Lehre entgegensteht, ¹¹ wie sie dem Evangelium von der Herrlichkeit des seligen Gottes entspricht, mit dem ich betraut worden bin.

|3–7: 4,1–3.7; 6,3–5.20 |3: Apg 20,1 |4: 4,7! · 6,4;
2Tim 2,14.23; Tit 3,9 |5: Röm 13,10 · 1,19 |6: 6,20–21
|8: Röm 7,12 |10: 6,3; Tit 2,1! |11: 2Kor 4,3–4 · 6,15 ·
1Thess 2,4; Tit 1,3

1,9: Andere Übersetzungsmöglichkeit: «..., sondern diejenigen, die gegen das Gesetz verstossen und sich ...»

Die Beauftragung des Paulus

Und ich dancken dem/ der mich bekrefftiget hatt in Christo Jesu unserem Herren/ das er mich für trüw geachtet hatt/ und gesetzt in das ampt/ der ich vorhin was ein lesterer/ und ein vervolger/ und ein schmäher: aber mir ist barmhertzigkeit widerfaren/ dann ich habs unwüssend gethon im unglauben. Es ist aber dester reycher gewesen die gnad unsers Herren Jesu Christi durch den glauben/ und die liebe in Christo Jesu. Dann das ist ye gwüßlich waar/ und ein thür werdes wort/ dz Christus Jesus kommen ist in die welt/ die sünder sälig zemachen/ under welchen ich der fürnemst bin. Aber darumb ist mir barmhertzigkeit widerfaren/ auff das an mir fürnemmlich Jesus Christus erzeygte alle duldmüetigkeit zum exempel denen die in jn glauben söltind zum ewigen läben. Aber Gott dem Künig der ewigkeyt/ dem unzergengklichen unnd unsichtbaren/ unnd allein weysen/ sey eer unnd preyß von ewigkeyt zuo ewigkeit/ Amen.

12 Ich danke dem, der mich ermächtigt hat, Christus Jesus, unserem Herrn, dafür, dass er mir sein Vertrauen geschenkt und mich in seinen Dienst gestellt hat, 13 mich, der ich zuvor ein Gotteslästerer war und andere verfolgte und misshandelte. Doch ich habe Erbarmen gefunden, weil mir, da ich noch im Unglauben war, nicht bewusst war, was ich tat. 14 Überreich aber zeigte sich die Gnade unseres Herrn und mit ihr Glaube und Liebe in Christus Jesus. 15 Zuverlässig ist das Wort und würdig, vorbehaltlos angenommen zu werden: Christus Jesus ist in die Welt gekommen, um Sünder zu retten – unter ihnen bin ich der erste. 16 Doch eben darum habe ich Erbarmen gefunden: An mir als Erstem sollte Christus Jesus die ganze Fülle seiner Geduld zeigen, beispielhaft für alle, die künftig an ihn glauben und so ewiges Leben finden. 17 Ehre und Herrlichkeit sei dem König der Ewigkeit, dem unvergänglichen, unsichtbaren und einzigen Gott, in alle Ewigkeit, Amen.

|13: Gal 1,13! |14: Kol 1,4!; 2Tim 1,13 |15: 4,9! · 1Kor 15,9;
Eph 3,8 |17: 6,15–16 · Röm 1,23 · Röm 1,20; Kol 1,15 ·
Röm 16,27; Jud 25

Die Verpflichtung des Timotheus

Diß gebott befilch ich dir/ mein sun Timothee/ nach den vorigen prophecyen über dich/ das du in den selben dich üebist ein guote ritterschafft durch den glauben/ und guot gewüssen/ welche etlich von jnen gestossen/ und am glauben schiffbruch erlitten habend/ under welchen ist Hymeneos und Alexander/ welche ich hab dem teüfel gegeben/ das sy züchtiget werdind nit mer zelesteren.

18 Diese Weisung lege ich in deine Hände, Timotheus, mein Kind, im Blick auf die prophetischen Worte, die früher an dich ergangen sind, damit du mit ihrer Hilfe den guten Kampf führst! 19 Behalte den Glauben und das gute Gewissen. Einige haben es über Bord geworfen und im Glauben Schiffbruch erlitten. 20 Zu ihnen gehören Hymenäus und Alexander, die ich dem Satan übergeben habe, dass sie in Zucht genommen werden und Gott nicht mehr lästern.

|18: 1,2!; 6,20; Apg 16,1! |19: 1,5–6; 3,9 |20: 2Tim 2,17–
18 · 2Tim 4,14 · 1Kor 5,5

Das ij. Capitel.

Paulus leert jn bitten für die weltlichen oberkeyten/ unnd wie sy denen söllend gehorsam sein. Underweyßt die mann und weyber wie sy in der gemeinen versamlung söllend bitten.

So ermanen ich nun/ das man vor allen dingen zum ersten thüeye bätt/ ernstliche gebätt/ fürbitt/ und dancksagung für alle menschen/ für

Das Gebet für alle Menschen

2 1 Insbesondere bitte ich euch nun, vor Gott einzutreten für alle Menschen in Bitte, Gebet, Fürbitte und Danksagung,

die künig/ und für alle oberkeyt/ auff das wir ein rüewig und stills läbenn füeren mögind in aller gottsäligkeyt und redligkeyt. Dann sölichs ist guot/ darzuo auch angenäm vor Gott unserem heyland/ der da begärt/ das alle menschen genäsind/ sälig werdind/ und zur erkanntnuß der warheit kommind: dann es ist ein einiger Gott und ein einiger mittler zwüschend Gott und den menschenn/ namlich der mensch Jesus Christus/ der sich selbs gegeben hatt für yederman zuo erlösung/ das söliches zuo seyner zeyt geprediget wurde. Darzuo ich gesetzt bin ein prediger und Apostel (Jch sag die warheyt in Christo/ unnd lüg nit) ein leerer der Heyden im glauben und in der warheyt.

So wil ich nun das die mann bättind an allen orten/ und aufhebind heylige hend on zorn unnd widerwillen. Desselben gleychen die weyber/ das sy in zierlichem kleyd mit scham und zucht sich zierind und bekleidind/ nit mit zöpffen/ oder gold/ oder pärlin/ oder köstlichem gwand/ sonder das wol anstadt den weyberen/ die da gottsäligkeyt beweysend durch guote werck. Ein weyb lerne in der stille mit aller underthenigkeit. Einem weyb aber gestatten ich nit das sy leere/ auch nit/ das sy des manns herr sey/ sonder still sye. Dann Adam ist am ersten gemachet/ darnach Heva: und Adam ward nit verfüert/ das weyb aber ward verfüert/ und hatt die überträttung eyngefüert. Sy wirt aber sälig werden durch kinder gebären/ so sy bleybt im glauben und in der liebe/ und in der heyligung mit der zucht.

Das iij. Capitel.

Jn disem capitel schreybt Paulus Timotheo ein muster/ und ein bildner für/ wie ein pfarrer gesittet sol sein/ sein frauw/ und sein gsind.

Das ist ungezwyflet unnd gewüßlich waar/ so einer eines Bischoffs und pfarrers ampt bgärt/ der bgärt ein guot werck. Es sol aber ein Bischoff unsträfflich sein/ ein mann eines

2 für die Könige und alle Amtsträger, damit wir ein ruhiges und gelassenes Leben führen können, fromm und von allen geachtet. 3 Das ist schön und gefällt Gott, unserem Retter, 4 der will, dass alle Menschen gerettet werden und zur Erkenntnis der Wahrheit kommen.
5 *Einer* nämlich ist Gott,
einer auch ist Mittler zwischen Gott und Menschen,
der Mensch Christus Jesus,
6 der sich selbst gegeben hat als Lösegeld für alle –
das Zeugnis zur rechten Zeit.
7 Dafür bin ich eingesetzt worden als Herold und Apostel – ich sage die Wahrheit und lüge nicht –, als Lehrer der Völker, im Glauben und in der Wahrheit.

|2: 4,8! |3: 1,1; 4,10; Tit 1,3! |4: 4,10; Tit 2,11 · 2Tim 2,25; 3,7; Tit 1,1 |5: 1Kor 8,6! · Hebr 8,6 |6: Gal 1,4; Tit 2,14 · Mk 10,45! · 6,15; Tit 1,3 |7: 2Tim 1,11

Männer und Frauen im Gottesdienst
8 Mein Wille ist nun, dass die Männer überall beim Gebet ihre Hände in Reinheit erheben, frei von Zorn und feindseligen Gedanken. 9 Ebenso will ich, dass die Frauen sich in Würde schmücken, mit Anstand und Besonnenheit, nicht mit kunstvoll geflochtenen Haaren oder Gold oder Perlen oder teuren Gewändern, 10 sondern, wie es sich schickt für Frauen, die Gottesfurcht geloben, mit guten Werken. 11 Die Frau soll durch stilles Zuhören lernen, in aller Unterordnung. 12 Zu lehren gestatte ich einer Frau nicht, ebenso wenig über einen Mann zu bestimmen. Sie soll sich still verhalten. 13 Denn Adam wurde zuerst geschaffen, danach erst Eva. 14 Und nicht Adam hat sich verführen lassen, sondern die Frau liess sich verführen und wurde so zur Übertreterin. 15 Sie wird aber dadurch gerettet werden, dass sie Kinder zur Welt bringt – wenn sie mit Besonnenheit im Glauben, in der Liebe und in der Heiligung bleibt.

|9: 1Petr 3,3–5 |10: 5,10 |11–12: 1Kor 14,34–35 |12: Gen 3,16 |13: Gen 1,27; 2,7.22 |14: Gen 3,6.13 · 2Kor 11,3 |15: Gen 3,16

2,9: Andere Übersetzungsmöglichkeit: «..., dass die Frauen sich mit ehrbarer Kleidung schmücken, ...»

Bischöfe und Diakone
3 1 Zuverlässig ist das Wort: Wenn einer das Bischofsamt anstrebt, dann begehrt er eine schöne Aufgabe. 2 Ein Bischof muss ohne Tadel sein: der Mann einer einzigen Frau,

weybs/ nüechter/ eins rechten gmüets/ geziert mit guoten sitten/ gastfrey/ der da leeren unnd underweysen könne/ nit weynig/ nit bissig/ nit schantlichs gwüns begirig/ sonder freüntlich/ nit häderig/ nit geytig/ der seinem eignen hauß wol fürstande/ der da gehorsamme kinder habe mit aller zucht/ unnd eersamkeyt. (So aber yemants seinem eignen hauß nit weißt fürzeston/ wie wirt er die gemeynd Gottes versorgen?) nit ein neüwling/ auff das er sich nit auf blase/ unnd dem lesterer ins urteyl falle. Er muoß aber auch ein guote zeügnuß haben von denen die daussen sind/ auff das er nit falle dem lesterer in die schmaach und strick. Desselben gleychen die diener söllennd sein redlich/ aufrecht/ und dapffer/ nit zweyzüngig/ nit wynsüchtig/ nit schantlichs gwüns begirig/ die die geheimnuß des glaubens habend in reynem gewüssen/ unnd die selbigen lasse man vorhin versuochen/ darnach lasse man sy dienen/ wenn sy unsträfflich sind.

Desselben gleychen die weyber söllennd sein züchtig unnd dapffer/ nit lesterig/ nüechter/ trüw in allen dingen. Die diener lasse ein yetlicher sein eines weybs mann/ die jren kinderen wol fürstandind/ unnd jren eignen heüseren. Welche aber wol dienend/ die erwärbend jnen selbs ein guote stafflen/ unnd ein grosse freydigkeyt im glauben in Christo Jesu.

nüchtern, besonnen, massvoll, gastfreundlich, ein begabter Lehrer, 3 weder trunksüchtig noch gewalttätig, sondern unparteiisch, nicht streitsüchtig, nicht geldgierig, 4 einer, der seinem eigenen Haus gut vorzustehen weiss und seine Kinder zu Gehorsam und Ehrfurcht erzieht – 5 denn wenn einer seinem eigenen Haus nicht vorzustehen weiss, wie kann er dann für die Gemeinde Gottes sorgen? 6 Zudem soll er nicht einer sein, der gerade erst zum Glauben gekommen ist, damit er nicht hochmütig wird und dem Gericht des Teufels verfällt. 7 Er muss aber auch bei denen, die draussen sind, einen guten Ruf haben, damit er nicht ins Gerede kommt und dem Teufel in die Falle geht.

8 Ebenso sollen die Diakone geachtete Leute sein, nicht doppelzüngig, nicht dem Wein ergeben, nicht auf Gewinn bedacht. 9 Sie sollen das Geheimnis des Glaubens mit reinem Gewissen bewahren. 10 Auch sie soll man zuerst prüfen; erst wenn sie sich als untadelig erwiesen haben, sollen sie ihr Amt antreten. 11 Ebenso sollen die Frauen geachtet sein, nicht verleumderisch, nüchtern, treu in allen Dingen. 12 Diakone sollen nur eine Frau haben und ihren Kindern und dem eigenen Hausstand gut vorstehen. 13 Denn die, welche ihr Diakonenamt gut ausüben, erwerben sich hohes Ansehen und haben grossen Freimut im Glauben an Christus Jesus.

|1: 4,9! |2–7: Phil 1,1 · Tit 1,6–9; 2Tim 2,24–26 |8: Phil 1,1 |9: 3,16; Kol 1,26–27! · 1,19 |13: 2Kor 3,12

Das Geheimnis Gottes

14 Dies schreibe ich dir in der Hoffnung, bald zu dir zu kommen. 15 Falls sich mein Kommen verzögert, sollst du wissen, wie man sich zu verhalten hat im Hause Gottes; es ist ja die Gemeinde des lebendigen Gottes, Pfeiler und Fundament der Wahrheit. 16 Und anerkanntermassen gross ist das Geheimnis der Frömmigkeit:
    er, der offenbart wurde im Fleisch,
    gerecht gesprochen im Geist,
    geschaut von den Engeln,
    verkündigt unter den Völkern,
    im Glauben erkannt in aller Welt,
    aufgenommen in Herrlichkeit.

|16: 3,9! · 4,8! · Röm 1,3–4

Das Auftreten von Irrlehrern

4 1 Der Geist aber sagt ausdrücklich: In den letzten Tagen werden manche vom

Sölichs schreyb ich dir/ und hoff auffs beldest zuo dir zekommen. So ich aber verzüch/ das du wüssest wie du söllest wandlen in dem hauß Gottes/ welches ist die gmeind des läbendigen Gottes/ ein saul und pfymment der warheyt. Und on widerred groß ist die gottsälig geheymnuß/ welche da ist geoffenbaret im fleysch/ fromm gemachet im geyst/ erschinen den englen/ gepredget den Heyden/ geglaubt von der welt/ aufgenommen in die herrligkeyt.

Das iiij. Capitel.

Paulus weyssagt wie in den letsten zeyten auferston werdind falsche leerer die menschen satzungen für die leer Christi werdind fürgeben: vermanet hie das er ernsthafft sey in läsung der heyligen gschrifft.

Der geist aber sagt offenlich dz in den letsten zeyten werdind etlich von dem glauben abträten/ und anhangen den jrrigen geisten/ und leren der teüflen/ durch die so in gleyßnerey lugenreder sind/ und brandmal in jren gewüßnen habend/ und verbietend eelich zewerden/ und zemyden die speyß die Gott geschaffen hatt/ zenemmen mit dancksagung den glöubigen/ und denen die die warheyt erkennt habend. Dann alle creatur Gottes ist guot/ und nichts verwerfflich das mit dancksagungen empfangen wirdt/ dann es wirt geheiliget durch das wort Gottes und das gebätt.

Wenn du den brüederen sölichs fürhaltest/ so wirst du ein guoter diener Jesu Christi sein/ auferzogen in den worten des glaubens unnd der guoten leer/ deren du bißhär nachkommen bist. Der ungeystlichen aber/ und der altvetlischen fablen entschlach dich/ sonder vil mer üeb dich selbs in der gottsäligkeit. Dann die leypliche üebung ist wenig nütz/ aber die gottsäligkeit ist zuo allen dingen nütz/ als die die verheissungen hat dises und des zuokünfftigen läbens. Das ist ye gwüßlich war/ und ein thür werdes wort. Dann dahin arbeytend wir auch/ unnd werdend geschmächt/ das wir auff den läbendigen Gott gehoffet habend/ welcher ist der heyland aller menschen/ sonderlich aber der glöubigen. Sölichs erman und leer.

Niemants verachte dein jugend/ sonder biß du ein vorbild den glöubigen im wort/ im wandel/ in der liebe/ im geyst/ im glauben/ in lauterkeyt.
Halt an mit läsen/ mit ermanen/ mit leeren/ biß ich kumm. Biß nit hinlässig in der gaab/ die dir gegeben ist durch die prophecey/ mit auflegung der henden der Eltesten. Sölliches wart/ damit gang umb/ auff das dein zuonemmen offenbar sey vor yederman. Hab acht auff dich selbs/ unnd auff die leer/ beharr in disen stucken. Dann

Glauben abfallen und sich an Irrgeister und an die Lehren von Dämonen halten, 2 an die Lehren von Leuten, die sich verstellen und die Wahrheit verdrehen, die ein Brandmal im eigenen Gewissen tragen. 3 Die werden das Heiraten untersagen, und die werden abraten von bestimmten Speisen, die Gott doch für die Glaubenden, die die Wahrheit erkannt haben, geschaffen hat, damit sie sie mit Danksagung geniessen. 4 Denn alles, was Gott geschaffen hat, ist gut, und nichts ist verwerflich, wenn es mit Danksagung empfangen wird. 5 Ja, es ist geheiligt durch Gottes Wort und durch Gebet.

|1–3: 1,3–7! |1: 2Thess 2,3! |3: 1Kor 7,28 · Kol 2,21–22 |4: Gen 1,31; Apg 10,9–15 · Röm 14,6

4,1: Andere Übersetzungsmöglichkeit: «… ausdrücklich: In späteren Zeiten werden manche …»

Der Nutzen der Frömmigkeit
6 Wenn du dies den Brüdern und Schwestern darlegst, wirst du ein rechter Diener Christi Jesu sein, genährt von den Worten des Glaubens und der guten Lehre, der du gefolgt bist. 7 Die unsäglichen Altweibergeschichten aber weise zurück! Übe dich dagegen in der Frömmigkeit. 8 Denn die körperliche Ertüchtigung ist für weniges gut, die Frömmigkeit hingegen ist für alles gut: Sie trägt die Verheissung des Lebens in sich, des jetzigen und des künftigen. 9 Zuverlässig ist das Wort und würdig, vorbehaltlos angenommen zu werden: 10 Weil wir unsere Hoffnung auf den lebendigen Gott gesetzt haben, darum arbeiten wir so hart und kämpfen wir, denn er ist der Retter aller Menschen, ganz besonders derer, die glauben. 11 Dies sollst du anordnen und lehren.

|6: 2Tim 3,10 |7: 1,4; 2Tim 4,4; Tit 1,14 · 4,8! |8: 2,2; 3,16; 4,7–8; 6,3.5–6.11 · 2Tim 1,1 |9: 1,15; 3,1; 2Tim 2,11; Tit 3,8 |10: 2,3! · 2,4!

Anweisungen an Timotheus
12 Niemand soll dich deiner Jugend wegen gering schätzen. Nein, sei vielmehr ein Vorbild für die Gläubigen in Wort und Lebensführung, in der Liebe, im Glauben und in der Lauterkeit! 13 Kümmere du dich um die Lesung, die Ermahnung und die Unterweisung, bis ich komme. 14 Vernachlässige nicht die dir eigene Gabe, die dir verliehen worden ist durch prophetischen Zuspruch und unter Handauflegung des Ältestenrates. 15 Das lass deine Sorge sein, das sei dein Anliegen; so werden deine Fortschritte für

wo du sölichs thuost/ wirst du dich selbs behalten/ und auch die dich hörend.

Das v. Capitel.
Jn disem capitel leert Paulus Timotheum wie er sich gegen yederman halten sol in straaff/ und sonderlich wie er mit den witwen handlen sol.

Den eltesten schilt nit/ sonder erman jnn als einen vatter/ die jungen als die brüeder/ die alten wyber als die müetern/ die jungen als die schwöstern mit aller künschheyt.

Biß behilfflich denen die da rechte witwen sind. So aber ein witwen kinder oder kindskinder hat/ söliche söllend von ersten jr haußgsind zuo warer Gottes huld underweysen und gleychs vergelten den voreltern: dann das ist wol thon unnd angenäm vor Gott. Welche aber ein rechte witwen ist/ die niemants zuo versorgen hat/ und einsam ist/ die hat jr hoffnung uff Gott gestellt/ und bleybt im gebätt und ernstlichem bitt tag und nacht. Welche aber in wollüsten läbt/ die ist läbendig tod. Sölichs gebüt/ uff das sy unsträfflich sygind. So aber yemants die sinen/ sonderlich seine haußgnossen nit versorget/ der hat den glauben verlöugnet/ und ist erger dann ein ungloubiger.

Laß kein witwen erwellt werden under sechtzig jaren/ und die da gewesen sey eines manns weyb/ unnd die ein zeügnuß habe der guoten wercken/ so sy die kinder wol aufgezogen hatt/ so sy gastfrey gewesen ist/ so sy der heyligen füess gewäschen hatt/ so sy den trüebsäligen handreichung gethon hatt/ so sy allen guoten wercken nachkommen ist. Der jungen witwen aber entschlach dich: dann wenn sy geyl worden sind wider Christum/ so wöllend sy zur Ee greyffen: und habend jr urteyl/ das sy den ersten glauben gebrochen habend: darnäbend sind sy faul/ und lernend umblauffen durch die heüser. Nit allein aber sind sy faul/ sonder auch schwätzig und fürwitzig/ und redend das nit sein sol. So wil ich das die jungen witwen Eemannen nemmind/ kinder tragind/ haußhaltind/ dem widersächer kein ursach gebind zuo schälten. Dann es sind schon etlich die sich abgewendt habend dem Satan nach. So aber ein glöubiger ein glöubige

alle sichtbar werden. 16 Gib acht auf dich und auf die Lehre, bleib bei alledem! Denn wenn du dies tust, wirst du sowohl dich retten als auch die, die auf dich hören.

5 1 Einen älteren Mann sollst du nicht anfahren, sondern ihn ermahnen wie einen Vater, jüngeren Männern aber begegne wie Brüdern, 2 älteren Frauen wie Müttern, jüngeren wie Schwestern, in aller Lauterkeit.

|12: 1Kor 16,10–11; Tit 2,15 · Tit 2,7 |14: 5,22; 2Tim 1,6; Apg 6,6!

Der Stand der Witwen
3 Unterstütze die Witwen, die alleinstehend sind. 4 Wenn eine Witwe aber Kinder oder Enkel hat, sollen diese zuerst lernen, für das eigene Haus gewissenhaft zu sorgen und der älteren Generation Empfangenes zu vergelten. So nämlich gefällt es Gott. 5 Die Witwe aber, die ganz allein dasteht und niemanden mehr hat, die hat ihre ganze Hoffnung auf Gott gesetzt und verharrt Tag und Nacht in Fürbitte und Gebet. 6 Die aber, die es sich gut gehen lässt, ist lebendig tot. 7 Das schärfe ihnen ein, damit sie unbescholten seien. 8 Wer aber nicht für die Seinen, ja nicht einmal für die eigenen Hausgenossen zu sorgen weiss, der hat den Glauben verleugnet und ist schlimmer als ein Ungläubiger.

9 Das Witwenamt sollst du nur einer Frau übertragen, die über sechzig Jahre alt ist, nur mit einem Mann verheiratet war 10 und sich durch gute Werke ausgezeichnet hat, sei es, dass sie Kinder aufgezogen, die Gastfreundschaft gepflegt, den Heiligen die Füsse gewaschen und sich um die Bedrängten gekümmert hat oder ganz allgemein guten Werken nachgegangen ist. 11 Jüngere Witwen aber weise ab! Wenn nämlich ihre Sinneslust sie Christus abspenstig macht, wollen sie heiraten 12 und ziehen sich so das Urteil zu, die erste Treue gebrochen zu haben. 13 Zugleich gewöhnen sie sich daran, müssig von Haus zu Haus zu ziehen – und nicht nur müssig sind sie, nein, auch geschwätzig und vorlaut und reden lauter unnützes Zeug.

14 Darum will ich, dass die jüngeren heiraten, Kinder gebären, ihren Haushalt führen und dem Widersacher keinen Anlass zu übler Nachrede geben. 15 Denn schon

witwen hat/ der versorge die selben/ unnd lasse die gemeynd nit beschwärt werden/ auff das die/ so rechte witwen sind/ mögind gnuog haben.

Die eltesten/ die wol fürstond/ die sind zwyfacher eeren oder lons wärt/ sonderlich die da arbeytend im wort unnd in der leer. Dann es spricht die gschrifft: Du solt nit dem ochsen das maul verkörben der da dröschet. Und: Ein arbeyter ist seines lons wärt. Wider einen eltesten nimm kein klag auf aussert zweyen oder dreyen zeügen. Die da sündend die straaff vor allen/ auff das auch die anderen forcht habind.

Jch bezeüg vor Gott unnd dem Herren Jesu Christo/ und den außerwelten englen/ das du söliches haltest on fräfel unnd gäch urteyl/ unnd nichts thüeyest auß gunst. Die hend leg niemants bald uf. Mach dich auch nit teylhafftig frömbder sünden. Halt dich selber lauter/ unbefleckt. Trinck fürhin nit mer wasser/ sonder brauch des weyns ein wenig umb deines magens willen/ und das du offt kranck bist. Etlicher menschen sünd sind vorhin offenbar/ und gond vorhin zum gericht: etlicher aber volgend hinnach. Desselben gleychen auch die guoten werck sind vorhin offenbar: unnd die sich anders habend/ mögend sich nit verbergen.

Das vj. Capitel.

Jn disem capitel setzt Paulus underweysungen etlichen ständen/ auch sagt er Timotheo wie er sich gegen den ruhen mit leer halten sol.

Die knecht so under dem joch sind/ die söllend jre herren aller eeren wärt halten/ auff das nit der namm Gottes unnd die leer verlesteret werde. Welche aber glöubig herren habend/ die söllend sy nit verachten/ dieweyl sy brüeder sind/ sonder sygind vil

manche haben sich abgewandt und folgen nun dem Satan. 16 Wenn eine gläubige Frau Witwen in ihrer Familie hat, dann soll sie sich um sie kümmern; die Gemeinde soll nicht belastet werden, damit sie sich um die alleinstehenden Witwen kümmern kann.

|5: Lk 2,37 |10: 2,10 · Lk 7,44; Joh 13,14–15 |14: 1Kor 7,8–9.39–40

5,3: Der griechische Text ist äusserst knapp formuliert: «Unterstütze die Witwen, die wirklich Witwen sind.» Die Übersetzung richtet sich, wie in V.16, nach dem aus dem gesamten Abschnitt zu erschliessenden Sachverhalt.

Anweisungen für die Ältesten

17 Die Ältesten, die ihr Amt gut versehen, seien doppelter Anerkennung wert, besonders die, die in Verkündigung und Lehre ihr Bestes geben. 18 Denn die Schrift sagt: *Dem Ochsen, der da drischt, sollst du das Maul nicht zubinden*, und: *Der Arbeiter ist seines Lohnes wert*. 19 Nimm keine Klage gegen einen Ältesten entgegen, es sei denn, sie stütze sich *auf zwei oder drei Zeugen*. 20 Hat aber einer einen Fehler gemacht, dann weise ihn vor allen zurecht, damit auch die anderen sich fürchten.

21 Ich beschwöre dich bei Gott und Christus Jesus und den auserwählten Engeln: Halte dich an all das, ohne Vorurteil und ohne jemanden zu begünstigen. 22 Leg niemandem vorschnell die Hände auf! Lass dich nicht in anderer Leute Verfehlungen hineinziehen; achte darauf, lauter zu bleiben.

23 Trink nicht mehr bloss Wasser, sondern nimm ein wenig Wein zu dir wegen des Magens und wegen deiner häufigen Krankheiten.

24 Die Verfehlungen mancher Menschen sind ganz offenkundig; sie gehen ihnen voraus ins Gericht, anderen aber folgen sie auch nach. 25 So sind auch die guten Werke offenkundig, und auch die, mit denen es sich anders verhält, können nicht verborgen bleiben.

|18: Dtn 25,4; 1Kor 9,9 · Lk 10,7 |19: Dtn 19,15; 2Kor 13,1; Mt 18,16 |21: 6,13; 2Tim 4,1 |22: 4,14!

5,17: Andere Übersetzungsmöglichkeit: «…, seien doppelter Entlöhnung wert, …»

Anweisungen für die Sklaven

6 1 Wer immer als Sklave unter einem Joch ist, soll dem eigenen Herrn die Ehre geben, die ihm gebührt, damit der Name Gottes und die Lehre nicht gelästert werden. 2 Die aber gläubige Herren haben, sollen es ihnen gegenüber nicht an Respekt fehlen lassen, weil sie Brüder sind,

mer dienstbar/ dieweyl sy glöubig/ und geliebt/ und der wolthat teylhafftig sind.
Sölichs leer und erman.

So yemants anders leert/ unnd nit zuofalt den heylsammen worten unsers Herren Jesu Christi/ und der leer von der gottsäligkeyt/ der ist aufgeblaasen/ und weißt nichts/ sonder särbet inn fragen und zanck der worten: uß welchen entspringt hassz/ hader/ lesterung/ böser argwon/ schuolzenck/ sölicher menschen die zerstörte sinn habend/ und der warheyt beraubt sind/ die da meynend waare Gottes eer unnd Gottes huld sey ein alefantz/ ein gewärb/ unnd genieß. Thuo dich von sölichem. Es ist aber ein grosser genieß wär gottsälig ist/ unnd laßt sich benüegen. Dann wir habend nichts in die welt gebracht/ darumb offenbar ist/ wir werdind auch nichts hinauß bringen. Wenn wir aber narung unnd decke habend/ so lassend uns benüegen. Dann die da reych werdenn wöllennd/ die fallend in versuochung unnd strick/ und vil torechtige und schädliche lüst/ welche versenckend die menschen ins verderben und verdamnuß. Dann geyt ist ein wurtzel alles übels/ welcher hat etliche gelustet/ und sind vom glauben yrr gangen/ und habend sich selbs eyngefüert in vil schmertzen.

Aber du mensch Gottes/ flüch sölichs/ jag aber nach der gerechtigkeyt/ der trüw/ der liebe/ der gedult/ der senfftmuot: kempff einen guoten kampff des glaubens/ ergreyff das ewig läben/ darzuo du auch berüefft bist und bekennt hast ein guote bekantnuß vor vil zeügen. Jch gebüt dir vor Gott/ der alle ding läbendig machet/ unnd vor Christo Jesu/ der under Pontio Pilato bezeüget hatt ein guote bekantnuß/ das du haltest das gebott/ on maasen/ unsträfflich/ biß auff die erscheynung unsers Herren Jesu Christi/ welche er wirdt zeygen zuo seyner

sondern ihnen umso williger dienen, weil sie Gläubige und Geliebte sind, die es sich zur Aufgabe gemacht haben, Gutes zu tun.
Dies sollst du lehren und ihnen ans Herz legen!

|1: Tit 2,9–10 |2: Phlm 16

Warnung vor den Irrlehrern
3 Wer aber andere Lehren verbreitet und sich nicht an die gesunden Worte unseres Herrn Jesus Christus hält und an die Lehre, die der Frömmigkeit entspricht, 4 ist ein Narr. Nichts hat er verstanden, sondern krank ist er vor lauter Streitereien und Wortgefechten, bei denen nichts anderes herauskommt als Neid, Streit, Lästerungen, üble Verdächtigungen 5 – ein fortwährendes Gezänk verwirrter Menschen, die sich um die Wahrheit gebracht haben, weil sie meinen, die Frömmigkeit sei ein einträgliches Geschäft.
6 Es ist ja in der Tat die Frömmigkeit eine Quelle grossen Reichtums – wenn sie mit Genügsamkeit verbunden ist.
7 Denn nichts haben wir in die Welt mitgebracht,
so können wir auch nichts aus ihr mitnehmen.
8 Haben wir aber Nahrung und Kleidung, so soll uns das genügen.
9 Die aber reich werden wollen, geraten in Versuchung und in die Schlingen vieler törichter und schädlicher Begierden, die die Menschen ins Verderben und in den Untergang stürzen. 10 Denn die Wurzel aller Übel ist die Liebe zum Geld; von ihr getrieben, sind schon manche vom Glauben abgekommen und haben sich selbst viel Leid zugefügt.

|3–5: 1,3–7! |3: 1,10; 2Tim 1,13 · 4,8! |4: 1,4! |5: 4,8! · Tit 1,11 |6: 4,8! |7: Ps 49,18 |8: Hebr 13,5

Jagen nach der Frömmigkeit
11 Du aber, Mann Gottes, fliehe davor! Jage der Gerechtigkeit nach, der Frömmigkeit, dem Glauben,
der Liebe, der Geduld, der Sanftmut.
12 Kämpfe den guten Kampf des Glaubens! Ergreife das ewige Leben, zu dem du berufen bist,
der du dich zum guten Bekenntnis bekannt hast
vor vielen Zeugen.
13 Ich fordere dich auf, im Angesicht Gottes, der alles lebendig macht, und

Die erst Epistel S. Pauls an Timotheon. 486

zeyt/ der sälig und allein gwaltiger/ der Künig aller künigen/ und Herr aller herren/ der allein hat unsterbligkeyt/ der da wonet in einem liecht/ da niemants zuo kommen mag: welchen kein mensch gesehen hatt/ noch sehen mag. Dem sye eer und ewigs reych/ Amen.

Christi Jesu, der das gute Bekenntnis abgelegt hat vor Pontius Pilatus: 14 Bewahre das Gebot unbefleckt und untadelig, bis unser Herr Jesus Christus erscheint, 15 zur rechten Zeit, da ihn erscheinen lässt

    der selige und alleinige Herrscher,
    der König der Könige
    und Herr der Herren,
    16 der allein Unsterblichkeit hat,
    der im unzugänglichen Licht wohnt,
    den kein Mensch je gesehen hat noch zu sehen vermag.
    Ihm sei Ehre und ewige Macht, Amen.

|11: 2Tim 2,22 · 4,8! |12: 2Tim 4,7 |13: 5,21! · Mk 15,1–5 |14: 2Thess 2,8; 2Tim 4,1.8; Tit 2,13 |15: 2,6! · 1,11 · Offb 17,14! |16: Ps 104,2 · Ex 33,20

Mahnung an die Reichen

Die reychen diser welt leer das sy nit nach hohem ding trachtind/ auch nit hoffind uff die ungewüssen reychtumb/ sonder auff den läbendigen Gott/ der unns dar gibt reychlich allerley zeniessen/ dz sy guottäter syend/ reych werdind in guoten wercken/ gern gäbind/ gemeynsam sygind/ jnen selbs schätz samlind zuo einem guoten grund uffs zuokünfftig/ das sy ergreyffind das ewig läben.

17 Den Reichen in der gegenwärtigen Welt aber gebiete, nicht überheblich zu sein und ihre Hoffnung nicht auf den flüchtigen Reichtum zu setzen, sondern auf Gott, der uns alles in reichem Masse zukommen und es uns geniessen lässt. 18 Sie sollen Gutes tun, reich werden an guten Werken, freigebig sein und ihren Sinn auf das Gemeinwohl richten. 19 So verschaffen sie sich eine gute Grundlage für die Zukunft, die dazu dient, das wahre Leben zu gewinnen.

|17: Ps 62,11! |18–19: Mt 6,19–20; Lk 16,9

Briefschluss

    O Timothee/ bewar wol das dir vertrauwet/
    und hinder dich gelegt ist/ und myd die
    un-geystlichen vergäblichen wort/ und das
    ge-zenck der falschberüempten erkanntnuß/
    welche etlich habend fürgeben/
    und habend des glaubens
    gefält. Die gnad
    sey mit dir/
    Amen.

20 Lieber Timotheus, bewahre, was dir anvertraut ist, und wende dich ab vom heillosen und leeren Gerede, von den Behauptungen der sogenannten Erkenntnis, 21 zu der sich manche bekennen; in Fragen des Glaubens sind sie vom rechten Weg abgekommen.

    Die Gnade sei mit euch.

|20: 1,18! · 2Tim 1,14 · 1,6; 2Tim 2,16 |21: 1,6; 2Tim 2,18 · Kol 4,18!

    Geschriben von Laodicea/ die da ist ein hauptstatt des lands Phrygia Pacatiana.

Die ander Epistel S. Pauls an Timotheon.

Das erst Capitel.

Jn disem capitel ermanet Paulus Timotheum zuo gedult und standfestigkeyt in leyden unnd durchächtung/ auch in der leer so er von jm empfangen hatt.

Paulus ein Apostel Jesu Christi/ durch den willenn Gottes/ zepredigen die verheissung des läbens inn Christo Jesu.

Meinem lieben sun Timotheo.

Gnad/ barmhertzigkeyt/ unnd frid von Gott dem vatter und unserem Herren Jesu Christo.

Jch dancken Gott/ dem ich dienen von meinen voreltern här in reynem gewüssen/ das ich on underlaß deinen gedencken in meinem gebätt/ tag und nacht/ unnd verlanget mich dich zesehen (wenn ich dencken an deine trähen) auff das ich mit fröuden erfüllt werde/ und erinneren mich des ungefärbten glaubens in dir/ welcher vorhin gewonet hatt in deiner Großmuoter Loide/ und in deiner muoter Eunike: bin aber gwüß das auch in dir.

Umb welcher sach willen ich dich erinneren/ das du erweckist die gaab Gottes/ die in dir ist durch die auflegung miner henden. Dann Gott hatt uns nit gegeben den geyst der forcht/ sonder der krafft unnd der liebe/ und deß rechten verstands.

Darumb so schäm dich nit der zeügnuß unsers Herren/ noch meiner/ der ich sein gebundner bin/ sonder leyd dich mit dem Euangelion wie ich nach der krafft Gottes/ der uns hatt sälig gemachet/ und berüefft mit einem heyligen ruoff: nit nach unsern wercken/ sonder nach seinem fürsatz und gnad die uns gegeben ist in Christo Jesu vor der zeyt der welt/ yetz aber geoffenbaret durch die erscheynung unsers heylands Jesu Christi/ der dem tod hatt die macht genommen/ und das läben/ unnd ein unzergengklich wäsen ans liecht bracht durch das Euangelion. Zuo welchem ich gesetzt bin ein prediger/ und Apostel und leerer der Heiden/ umb welcher sach willen ich söliches

Der Zweite Brief an Timotheus

Anschrift

1 1 Paulus, Apostel Christi Jesu durch den Willen Gottes gemäss der Verheissung des Lebens, das in Christus Jesus gegeben ist, 2 an Timotheus, sein geliebtes Kind: Gnade, Barmherzigkeit und Frieden von Gott, dem Vater, und Christus Jesus, unserem Herrn.

|1–2: 1Tim 1,1–2! |1: 2Kor 1,1; Kol 1,1; Eph 1,1 · 1Tim 4,8 |2: 1Kor 4,17! · 2Joh 3

Danksagung

3 Ich danke Gott, dem ich wie schon meine Vorfahren mit reinem Gewissen diene, wie ich auch in meinen Gebeten unablässig an dich denke, Tag und Nacht. 4 Und ich sehne mich danach – in Gedanken an deine Tränen –, dich zu sehen, damit ich mit Freude erfüllt werde 5 – in Gedanken an deinen Glauben, der frei ist von aller Heuchelei. Dieser Glaube war schon in deiner Grossmutter Lois und in deiner Mutter Eunike lebendig, und ich bin überzeugt, dass er es auch in dir ist.

|3: Apg 23,1 |4: 4,9.21 |5: Apg 16,1

Mut zum Bekenntnis

6 Aus diesem Grund rufe ich dir ins Gedächtnis: Lass das Feuer der Gabe Gottes, die durch die Auflegung meiner Hände doch in dir ist, wieder brennen. 7 Denn Gott hat uns nicht einen Geist der Verzagtheit gegeben, sondern den Geist der Kraft und der Liebe und der Besonnenheit. 8 Schäme dich nicht, Zeugnis abzulegen für unseren Herrn, auch nicht dafür, dass ich für ihn im Gefängnis bin, sondern ertrage für das Evangelium Mühsal und Plage in der Kraft Gottes,

   9 der uns errettet
      und uns berufen hat mit heiligem Ruf,
   nicht aufgrund unseres Tuns,
      sondern aufgrund seiner freien
        Entscheidung und seiner Gnade,
   die uns in Christus Jesus zugedacht wurde,
      vor aller Zeit,
   10 jetzt aber sichtbar geworden ist

leyde/ aber ich wird nitt schamrot. Dann ich weyß welchem ich vertrüwt hab/ und er mag mir mein vertruwts bewaren biß an yhenen tag.

Halt dich nach dem vorbild der heylsamen worten/ die du von mir gehört hast vom glauben und von der liebe in Christo Jesu. Disen hoch und überträffenlichen vertruwten befelch/ bewar durch den heyligen geist/ der in uns wonet.

Das weystu/ das sich von mir gewendt habend alle die in Asia sind/ under welchen ist Phigelus und Hermogenes. Der Herr gebe barmhertzigkeyt dem hauß Onesiphori/ dann er hat mich offt erquickt/ und hat sich meiner ketten nit geschempt/ sunder do er gen Rom kam/ suocht er mich auffs fleyssigest/ und fand mich. Der Herr gebe jm das er finde barmhertzigkeit bey dem Herren an yhenem tag. Unnd wie vil er mir zuo Epheso gedienet hat/ weystu am besten.

Das ij. Capitel.

Jn disem Capitel/ wie in dem vorigen/ ermanet Paulus Thimotheum das er standhafftig sey im leyden/ das er ritterlich streyte/ das er bleibe verharren in der gsunden leer unsers Herren Jesu Christi.

So sterck du dich nun mein sun durch die gnad in Christo Jesu/ und was du von mir gehört hast durch vil zeügen/ dz befilch trüwen menschen/ die da geschickt sind auch andere zuo leeren. Leyd dich als ein guoter streyter Jesu Christi. Niemant streytet/ und flicht sich in der narung geschäfft/ auff das er gefalle dem/ der jn zum streyter aufgenommen hat. Und so yemants auch kempffet/ wirt er doch nit gekrönet/ er kämpffe dann redlich. Es sol aber der ackerman der den acker bauwet/ der früchten am ersten

im Erscheinen unseres Retters, Christus Jesus:

Er hat den Tod besiegt

und hat aufleuchten lassen Leben und Unsterblichkeit, durch das Evangelium, 11 das als Apostel und Lehrer zu verkünden ich beauftragt worden bin. 12 Das ist auch der Grund, warum mir dies alles widerfährt. Aber ich schäme mich nicht, denn ich weiss, auf wen ich mein Vertrauen gesetzt habe, und bin gewiss, dass er die Macht hat, das mir anvertraute Gut zu bewahren auf jenen Tag hin. 13 Nimm dir die gesunden Worte, die du von mir gehört hast, zum Vorbild im Glauben und in der Liebe, die in Christus Jesus sind. 14 Bewahre das kostbare, dir anvertraute Gut in der Kraft des heiligen Geistes, der in uns wohnt.

|6: 1Tim 4,14! |7: Röm 8,15 |8: 2,3! |9: Tit 3,5; Eph 2,8–9 · Tit 1,2 |10: Röm 16,26 · Tit 2,11! · Tit 2,13! |11: 1Tim 2,7 |13: 1Tim 6,3 · 2,2 · 1Tim 1,14! |14: 3,14; 1Tim 6,20 · Röm 8,11

Abfall und Bewährung in Kleinasien

15 Du weisst ja, dass sich in der Asia alle von mir abgewandt haben; zu ihnen gehören Phygelos und Hermogenes. 16 Der Herr erweise dem Haus des Onesiphoros seine Barmherzigkeit, denn er hat mich oft erquickt und sich meiner Fesseln nicht geschämt. 17 Im Gegenteil, als er nach Rom kam, hat er mich sogleich gesucht und auch gefunden. 18 Der Herr möge ihn Barmherzigkeit finden lassen vor dem Herrn an jenem Tag. Was er aber in Ephesus für andere getan hat, weisst du selbst am besten.

|15: 4,16 |16: 4,19 |18: 4,8

In der Nachfolge Christi

2 1 Du nun, mein Kind, werde stark in der Gnade, die in Christus Jesus ist! 2 Was du vor vielen Zeugen von mir gehört hast, das vertraue zuverlässigen Menschen an, die dann fähig sein werden, wieder andere zu lehren. 3 Nimm auch du Mühsal und Plage auf dich wie ein guter Soldat Christi Jesu! 4 Keiner, der in den Krieg zieht, hält sich mit Alltagsgeschäften auf; denn er will den zufrieden stellen, der ihn angeworben hat. 5 Auch gewinnt keiner, der an einem Wettkampf teilnimmt, einen Kranz, wenn er nicht nach den Regeln

geniessen. Merck wz ich sag/ der Herr aber wirt dir verstand in allen dingen geben.

Halt in gedächtnuß Jesum Christum der auferstanden ist vonn den todten/ auß dem somen Davids/ nach meinem Evangelio/ in welchem ich mich leyd biß an die band/ als ein übelthäter: Aber Gottes wort ist nit gebunden. Darumb duld ich es alles umb der außerwelten willen/ auff das auch sy die säligkeyt erlangind in Christo Jesu mit ewiger herligkeyt.

Das ist ye gewüßlich waar/ sind wir mitgestorben so werdennd wir mitläben: duldend wir/ so werdend wir mitherschen: verlöugnend wir/ so wirt yhener uns auch verlöugnen: glaubend wir nit/ so bleibt er trüw und warhafft/ er mag sich selbs nit verlöugnen.

Sölichs erinnere sy/ und bezeüg vor dem Herren/ das sy nit umb wort zanckind/ welches nichts nütz ist dann abzewenden die da zuohörend.

Fleiß dich Gott zuo erzeigen einen bewärten arbeyter/ der sich nit dörffe schämen: der da recht schneyde das wort der waarheyt. Deß ungeystlichen eytelen gschwätz entschlahe dich/ dann es fürderet vil an dem ungöttlichen wäsen: und jr wort das frisset umb sich wie der krebs/ under welchem ist Hymeneos und Philetus/ welche der warheyt gefält habend/ und sagend die auferstentnuß sey schon geschehen/ und habend etlicher glauben verkeert. Aber der vest grund Gottes bestadt/ und hat disen sigel: Der Herr kennt die seynen/ und es weiche ab von ungerechtigkeyt/ wär den nammen Christi anrüefft. Jn einem grossen hauß aber sind nit allein guldine und silberine geschirr/ sunder auch hölzine und yrdine: unnd etliche zuo eeren/ etliche aber zuo uneeren. So nun yemants sich reyniget von sölichen leüten/ der wirt ein

kämpft. 6 Der Bauer, der sich abmüht, soll auch als Erster von den Früchten kosten.
7 Bedenke, was ich sage! Der Herr wird dir in allen Dingen die rechte Einsicht geben.
8 Halte dir stets Jesus Christus vor Augen, der, aus der Nachkommenschaft Davids stammend, auferweckt worden ist von den Toten – das ist das Evangelium, das ich verkündige 9 und für das ich all die Mühsal und Plage auf mich nehme, sogar Gefangenschaft, als wäre ich ein Verbrecher! Aber das Wort Gottes lässt sich nicht gefangen nehmen.
10 Darum ertrage ich alles um der Auserwählten willen, damit auch sie Anteil bekommen am Heil in Christus Jesus und an der ewigen Herrlichkeit. 11 Zuverlässig ist das Wort:
Sind wir mitgestorben, so werden wir auch mitleben.
12 Halten wir stand, so werden wir auch mitherrschen.
Verleugnen wir ihn, so wird auch er uns verleugnen.
13 Werden wir untreu, so bleibt er doch treu, denn er kann sich selbst nicht verleugnen.

|1: 1,2 |2: 1,13 |3–5: 4,7–8 |3: 1,8; 2,9; 4,5 |5: 1Kor 9,25 |8: Röm 1,3–4 |9: 2,3! · Phil 1,7! |10: 1Petr 5,10 |11: 1Tim 4,9! · Röm 6,8 |12: Mk 13,13 · Mt 10,33! |13: Röm 3,3

2,2: Andere Übersetzungsmöglichkeit: «Was du durch vieler Zeugen Mund von mir gehört hast, …»

Wortgefechte und Irrlehren

14 Dies rufe allen in Erinnerung und beschwöre sie vor Gott: Streitet nicht um Worte! Denn das ist zwecklos und führt, die es hören, nur ins Verderben. 15 Setze alles daran, vor Gott dazustehen als einer, der sich bewährt hat, als ein Arbeiter, der sich nicht zu schämen braucht, sondern das Wort der Wahrheit unbeirrt ausrichtet. 16 Dem gemeinen, leeren Geschwätz aber geh aus dem Weg! Denn damit werden sie weiter Fortschritte machen in der Gottlosigkeit, 17 und ihre Lehre wird sich ausbreiten wie ein Krebsgeschwür. Zu ihnen gehören Hymenäus und Philetus, 18 die von der Wahrheit abgewichen sind, da sie sagen, die Auferstehung sei schon geschehen; so zerstören sie bei manchen den Glauben.
19 Doch das Fundament Gottes wankt nicht, und es trägt das Siegel mit der Aufschrift: *Der Herr kennt die Seinen*, und: *Unrecht meide jeder, der den Namen des Herrn ausspricht.* 20 In einem grossen Haus aber gibt es nicht nur Gefässe aus

geheyligets geschirr sein zuo den eeren/ dem haußherren brüchlich/ und zuo allem guoten werck bereytet. Flüch die glüst der jugend/ jag aber nach der gerechtigkeyt/ der trüw/ der liebe/ dem frid/ mit allen die den Herren anrüeffend vonn reinem hertzen. Der torechtigen fraagen aber und die nichts leerend/ entschlach dich: dann du weyst dz sy nun zanck gebärend. Ein knecht aber deß Herren sol nit zänckisch sein/ sunder vätterlich gegen yederman/ leerhafftig/ der die bösenn dulden mag/ der mitt sannftmuot straaffe die widerspennigen/ ob jnen Gott etwan buoß gäbe die waarheyt zuo erkennen/ und widerzekeren von deß teüfels strick/ die von jm gefangen sind nach seinem willen.

Das iij. Capitel.

Paulus weyssagt die künfftig zeyt/ und entwirfft gar künstlich die menschen die durch jr läben und leer die Evangelische warheyt understond underzetrucken/ und trifft dises Capitel allermeist an die pfaffen und münch.

Das solt du aber wüssen/ dz zuo den letsten tagen werdend grüliche zeit vorhanden sein. Dann es werdend menschen sein/ die von jnen selbs haltend/ geytig/ stoltz/ hoffertig/ lesterer/ den Eltern ungehorsam/ undanckbar/ ungeistlich/ unfreüntlich/ widerspennig/ schender/ unküntsch/ die kein liebe zum guoten habend/ wild/ verräter/ fräler/ aufgeblaasen/ die mer liebennd den wollust dann Gott/ die da habend die gebärd und scheyn eines gottsäligen wandels/ aber seiner krafft verlöugnend sy: und von sölichen wende dich. Auß den selben sind die die heüser durchlauffend/ und füerend die weiblin gefangen/ die mit sünden beladenn sind: und farend mitt mancherley lüsten/ lernend ymmerdar/ und mögend nimmer zur erkantnuß der warheyt kommen.

Gleycherweyß aber/ wie Jannes unnd Jambres Mosi widerstuondend/ also widerstond auch dise der warheyt/ es sind menschen von zerstörten sinnen/ ungeschickt zum glauben/ aber sy werdens nit außfüeren. Dann jr torheit wirt geoffenbaret werden yederman/ gleych wie auch yhener was.

Gold und Silber, sondern auch solche aus Holz und Ton, und die einen sind für Würdiges, die anderen für Unwürdiges bestimmt. 21 Wenn sich nun einer von all dem reinhält, wird er ein Gefäss sein, das für Würdiges bestimmt ist, geheiligt und brauchbar für seinen Besitzer, bereitgestellt für jedes gute Werk.

22 Die Leidenschaften der Jugend aber fliehe! Jage vielmehr der Gerechtigkeit, dem Glauben, der Liebe und dem Frieden nach, gemeinsam mit allen, die den Herrn aus reinem Herzen anrufen. 23 Die törichten und kindischen Auseinandersetzungen aber verbitte dir, du weisst ja, dass sie nur zu Streit führen. 24 Ein Knecht des Herrn aber soll sich nicht streiten, sondern zu allen freundlich sein, ein geschickter Lehrer, der das Böse erträgt 25 und in Sanftmut zurechtweist, die sich widersetzen. So führt Gott sie vielleicht noch zur Umkehr, dass sie zur Erkenntnis der Wahrheit kommen 26 und, nüchtern geworden, sich aus der Schlinge befreien, mit der der Teufel sie eingefangen hat, damit sie ihm zu Willen seien.

|14: 1Tim 1,4! |15: Kol 1,5! |16: 1Tim 6,20! |17: 1Tim 1,20 |19: 1Kor 3,11 · Num 16,5 · Jes 26,13 |21: 3,17 |22: 1Tim 6,11 · Hebr 12,14! |23: 1Tim 1,4! |24–26: 1Tim 3,2–7 |25: 1Tim 2,4!

Das Auftreten der Irrlehrer

3 1 Dies aber sollst du wissen: In den letzten Tagen werden schwere Zeiten anbrechen. 2 Denn die Menschen werden selbstsüchtig, geldgierig und hochmütig sein, sich wichtig machen, Lästerreden führen, den Eltern den Gehorsam verweigern, sie werden undankbar, gottlos, 3 herzlos und unversöhnlich sein, verleumderisch, masslos, roh und dem Guten feind; 4 sie werden einander verraten, leichtfertig sein, voller Dünkel und suchen, was ihnen Lust verschafft, nicht, was Gott gefällt; 5 ihr Auftreten scheint zwar fromm, doch die Kraft der Religion haben sie verleugnet. Von solchen Leuten wende dich ab!

6 Zu ihnen nämlich gehören jene, die sich in die Häuser einschleichen und auf junge Frauen aus sind, auf Frauen, die sich mit Verfehlungen überhäuft haben und von allerlei Begierden getrieben werden, 7 die zwar ständig lernen und die doch nie zur Erkenntnis der Wahrheit gelangen können. 8 Wie sich Jannes und Jambres dem Mose widersetzt haben, so widersetzen sich auch diese Leute der Wahrheit; es sind Menschen, deren Sinn verdorben ist und

die sich im Glauben nicht bewährt haben. 9 Sie werden aber damit nicht weit kommen, denn ihr Unverstand wird für alle sichtbar werden, so wie es auch damals bei jenen der Fall war.

|1: 4,3; 1Tim 4,1! |7: 1Tim 2,4! |8: Ex 7,11.22; 8,3 |9: Ex 7,12; 8,14

3,2: Andere Übersetzungsmöglichkeit: «..., den Eltern ungehorsam sein, keine Gnade kennen, ruchlos sein,»
3,5: Andere Übersetzungsmöglichkeit: «sie werden festhalten an gewissen Formen der Religion, deren Kraft aber haben sie verleugnet. ...»

Der leidende Apostel als Vorbild

Du aber hast erfolget mein leer/ mein weyß/ mein fürsatz/ mein trüw/ mein duldmuot/ mein liebe/ mein gedult/ mein verfolgung/ mein leyden/ welcherley mir geschehen sind zuo Antiochian/ zuo Jconion/ zuo Lystran/ welche verfolgung ich da erleyd/ und auß allen hat mich der Herr erlößt. Und alle die gottsälig läben wöllend in Christo Jesu/ müessent verfolgung leyden. Die bösen menschen aber und verfüerische/ farend für zuo dem ergesten: verfüerend/ und lassend sich verfüeren.

10 Du aber bist mir gefolgt in Lehre und Lebensführung, in allem Streben, im Glauben, in der Geduld, in der Liebe und in der Standhaftigkeit, 11 in Verfolgung und Leiden, wie sie mir in Antiochien, Ikonium und Lystra widerfahren sind. Was für Verfolgungen habe ich nicht erlitten – und aus allen hat mich der Herr errettet! 12 Es ist wahr: Alle, die in Christus Jesus ein frommes Leben führen wollen, werden Verfolgungen erleiden, 13 böse Menschen aber und Scharlatane werden Fortschritte machen – zum Schlechteren hin; sie verführen und werden verführt.

|10: 1Tim 4,6 |11: Apg 13,14.50 · 14,1.5 · 14,6.19 · 4,18 |12: Apg 14,22

3,10: Andere Übersetzungsmöglichkeit: «Du aber bist mir gefolgt in Lehre und Unterricht, in ...»

Die Orientierung an der Schrift

Du aber bleib in dem dz du gelernet und erfaren hast/ sitmals du weyst von wäm du gelernet hast. Unnd dieweyl du von kindheyt auf heylige gschrifft weist/ mag dich die selb weiß machen zur säligkeit durch den glauben in Christo Jesu. Dann alle gschrifft von Gott eyngegeben/ ist nütz zur leer/ zur straaff/ zur besserung/ zur züchtigung in der gerechtigkeyt/ das ein mensch Gottes sey on prästen/ zuo allem guoten werck gschickt.

14 Du aber bleibe bei dem, was du gelernt und voller Vertrauen angenommen hast. Du weisst ja, von wem du es gelernt hast 15 und dass du von frühester Jugend an die heiligen Schriften kennst, die dir Einsicht zu geben vermögen in das, was dir Heil verschafft, durch den Glauben an Christus Jesus. 16 Jede von Gott eingegebene Schrift ist auch nützlich zur Belehrung, zur Zurechtweisung, zur Besserung und zur Erziehung in der Gerechtigkeit. 17 So wird der Mensch Gottes vollkommen sein, befähigt zu jedem guten Werk.

|14: 1,13–14 |17: 2,21

Das iiij. Capitel.

Er vermanet abermals Timotheum das er inn rechter leer verharre: dann es werdind kummen valsche leerer wider die er sich setzen sol/ mäldet auch seinen tod naach sein/ heyßt Timotheum zuo jm kummen.

So bezeüg ich nun vor Gott und dem Herren Jesu Christo/ der da zuokünfftig ist zerichten die läbendigen und die todten in seiner erscheynung/ und in seinem reych. Predig das

Das Testament des Apostels

4 1 Ich beschwöre dich vor Gott und vor Christus Jesus, der kommen wird, Lebende und Tote zu richten, bei seinem Erscheinen und seiner Herrschaft: 2 Verkündige das Wort, tritt

wort/ halt an senfft und rauch/ straaff/ beschilt/ erman/ tröst mit aller duldmuot und leer. Dann es wirt ein zeit sein/ da sy die heylsamen leer nit werdend dulden/ sunder nach jren eygnen lüsten werdennd sy jnen selbs leerer aufladen/ die jnen die oren juckind: und werdend die oren von der warheit wenden/ unnd sich zuo den fablen keren. Du aber biß wacker allenthalben/ leid dich/ thuo das werck eines Evangelischen Predigers/ richt dein ampt redlich auß.

Dann ich wird schon geopffert/ und die zeyt meiner auflösung ist vorhanden. Jch hab einen guoten kampff gekempffet/ ich hab den lauff volendet/ ich hab glauben gehalten. Hinfür ist mir behalten die kron der gerechtigkeyt/ welche mir geben wirt der Herr an yhenem tag/ der gerecht richter: nitt mir aber allein/ sunder auch allen die sein erscheynung lieb habend.

Fleyß dich das du bald zuo mir kommest.

Dann Demas hat mich verlassen/ und dise welt lieb gewunnen/ und ist gen Tessalonich gezogen/ Crescens in Galatian/ Titus gen Dalmacien/ Lucas ist alleyn mitt mir: Marcum nimm zuo dir/ und bring jn mit dir: dann er ist mir nutzlich zum dienst. Tychicon hab ich gen Epheson gesandt. Den mantel den ich zuo Troade ließ bey Carpo/ bring mit dir wenn du kumpst/ unnd die büecher/ sunderlich aber das pergament. Alexander der Kupfferschmid hat mir vil böses bewisen/ der Herr bezal jnn nach seinen wercken/ vor welchem hüet dich auch. Dann er hat unseren worten seer widerstand gethon.

Jn meiner ersten verantwortung stuond niemant bey mir/ sunder sy verliessend mich all. Es sey jnen nitt zuogerechnet. Der Herr aber stuond mir bey/ unnd sercket mich/ auff dz durch mich die predig dester weyter außkäme/ und alle Heyden höretind. Unnd ich bin erlößt von deß löwens rachen. Der Herr aber wirdt mich erlösen von allem bösenn werck/ und sälig machen zuo seinem himmelischen reych. Welchem seye preyß von ewigkeyt zuo ewigkeit/ Amen.

dafür ein, zur Zeit oder Unzeit, widerlege, tadle, bitte, in aller Geduld, wo die Lehre es gebietet! 3 Denn es wird die Zeit kommen, da sie die gesunde Lehre nicht mehr ertragen, sondern nach eigenem Gutdünken und Verlangen von einem Lehrer zum andern laufen werden, um sich die Ohren kitzeln zu lassen. 4 Der Wahrheit werden sie ihr Ohr nicht mehr leihen und sich den Mythen zuwenden. 5 Du aber, bleibe nüchtern in allem, nimm Mühsal und Plage auf dich, mach dich an dein Werk als Verkündiger des Evangeliums, erfülle deinen Auftrag!

6 Ich nämlich werde bereits geopfert, und die Zeit meines Abschieds steht bevor. 7 Den guten Kampf habe ich gekämpft, den Lauf vollendet, den Glauben bewahrt. 8 Jetzt endlich winkt mir der Kranz der Gerechtigkeit, den mir der Herr, der gerechte Richter, an jenem Tag geben wird – und nicht nur mir, sondern allen, die sein Erscheinen lieb gewonnen haben.

|1: 1Tim 5,21! · Röm 14,9–10; 1Petr 4,5; Apg 10,42 · 1Tim 6,14! |3: 3,1 · Tit 2,1! |4: 1Tim 4,7! |5: 2,3! |6: Phil 2,17 |7–8: 2,3–5; 1Kor 9,24–27 |7: 1Tim 6,12 · Apg 20,24 |8: 1Petr 5,4! · 1,18 · 1Tim 6,14!

Persönliche Mitteilungen

9 Beeile dich, bald zu mir zu kommen! 10 Demas hat mich nämlich im Stich gelassen, er hat die jetzige Welt lieb gewonnen und ist nach Thessalonich gegangen, Cresces nach Galatien, Titus nach Dalmatien. 11 Einzig Lukas ist noch bei mir. Nimm Markus und bring ihn mit, denn ich kann ihn gut gebrauchen für meinen Auftrag. 12 Tychikus aber habe ich nach Ephesus geschickt. 13 Den Mantel, den ich in Troas bei Karpos liegen liess, bring mir mit, wenn du kommst, ebenso die Schriftrollen, vor allem die Pergamente. 14 Alexander, der Schmied, hat mir viel Böses angetan; der Herr wird ihm vergelten nach seinen Taten. 15 Hüte auch du dich vor ihm, denn er hat sich unseren Worten aufs Heftigste widersetzt.

16 Bei meiner ersten Verteidigung vor Gericht stand mir niemand zur Seite, sie haben mich alle im Stich gelassen. Möge es ihnen nicht angerechnet werden! 17 Der Herr aber ist mir beigestanden und hat mich gestärkt, damit die Verkündigung der Botschaft durch mich vollendet werde und alle Völker sie hören: Ich bin errettet worden aus dem Rachen des Löwen. 18 Bewahren wird mich der Herr vor jedem bösen Anschlag,

und retten wird er mich in sein himmlisches
Reich. Ihm sei Ehre in alle Ewigkeit, Amen!

|9: 4,21 |10: Kol 4,14! · Tit 1,4! |11: Kol 4,14! · Kol 4,10!
|12: Kol 4,7! |14: 1Tim 1,20 · Röm 2,6; Ps 62,13! |16: 1,15
|17: Ps 22,22 |18: 3,11 · Gal 1,5

Briefschluss

Grüeß Priscan und Aquilan/ unnd das hauß Onesiphori. Erastus bleyb zuo Corinthen/ Trophimon aber ließ ich zuo Mileto kranck. Thuo fleyß das du vor dem winter kommest. Es grüessend dich Eubulos/ und Pudens/ und Linus und Claudia/ und alle brüeder. Der Herr Jesus Christus sey mit deinem geist. Die gnad sey mit euch/ Amen.

19 Grüsse Priska und Aquila und das Haus des Onesiphoros. 20 Erastus blieb in Korinth, Trophimus habe ich krank in Milet zurückgelassen. 21 Beeil dich und komm noch vor Wintereinbruch! Es grüssen dich Eubulos, Pudes, Linos, Claudia und alle Brüder und Schwestern.

22 Der Herr sei mit deinem Geist. Die Gnade sei mit euch.

|19: Röm 16,3! · 1,16–18 |21: 4,9 |22: Gal 6,18! · Kol 4,18!

Die Epistel Sant Pauls an Titon.

Das erst Capitel.
Paulus vermanet Titum/ das in Creta verordne priester in yetlicher statt/ schreybt jm für ein muster eines Pfarrers/ manet jnn das er straaffe die/ die wider das Evangelium predigend.

Paulus eyn diener gottes/ aber ein Apostel Jesu Christi/ zepredigen den glauben den außerwelten Gottes/ und die erkanntnuß der waarheyt/ welche zur Gotsäligkeit füeret auff hoffnung deß ewigen läbens: welches verheyssen hat der unlugenhafftig Gott/ vor den zeiten der welt: hat aber geoffenbaret zuo siner zeit sein wort durch die predig die mir vertruwt ist/ nach dem befelch Gottes unsers heylands.
Tito meinem eygentlichen sun nach dem gemeinen glauben.
Gnad/ barmhertzigkeyt/ frid von Gott dem vatter/ und dem Herren Jesu Christo unserem heyland.

Deßhalben ließ ich dich in Creta/ das du die ding so noch manglend/ aufrichtest/ die stett allenthalben mitt den Eltesten zuo besetzen/ wie ich dann dir verordnet hab. Wo einer ist unsträfflich/ ein mann eines weybs/ der glöubige kinder habe/ die in frässerey/ in trunckenheyt/ in unzucht/ unmaß/ verruochte/ und ungehorsame nit verlümbdet sind. Dann ein pfarrer und bischoff sol unsträfflich sein/ als ein haußhalter und schaffner gottes: nit eygensinnig/ und jm selbs gefallende/ nit zornmüetig/ nit weynig/ nitt bissig/ schlegig oder lesterig/ nit schantlichs gewüns begirig: sunder gastfrey und herbergklich/ ein liebhaber guoter dingen/ und guoter mann/ recht gemüetet/ oder recht verstendig/ gerecht/ heylig und fromm/ sein selbs gewaltig oder gemäß/ widerhebig/ unnd zäch zuo leeren die leer deß glaubens: das er nit allein mächtig sey zuo ermanen und zetrösten mit gesunder leer/ sunder auch zewiderfächten die widerreder/ und jren valsch an tag zebringen und zestraaffen.

Dann es sind vil ungehorsamer und unnütz schwätzer und gemüet verfüerer/ unnd allermeist

Der Brief an Titus

Anschrift

1 1 Paulus, Knecht Gottes und Apostel Jesu Christi in Übereinstimmung mit dem Glauben der von Gott Erwählten und der Erkenntnis der Wahrheit, die der Frömmigkeit entspricht, 2 in der Hoffnung auf ewiges Leben, das Gott, auf den Verlass ist, vor ewigen Zeiten verheissen hat – 3 jetzt aber hat er zur rechten Zeit sein Wort offenbart in der Verkündigung, mit der ich auf Gottes, unseres Retters Geheiss betraut worden bin –, 4 an Titus, sein rechtmässiges Kind im gemeinsamen Glauben: Gnade und Frieden von Gott, dem Vater, und Christus Jesus, unserem Retter.

|1: Röm 1,1 · 1Tim 2,4! |2: 3,7 · 2Tim 1,9 |3: 1Tim 2,6! · 2,10; 3,4; 1Tim 2,3! · 1Tim 1,11 |4: Gal 2,1.3; 2Kor 8,23 · 1Tim 1,2 · Röm 1,7! · 2,13!

Die Einsetzung von Bischöfen

5 Dazu habe ich dich auf Kreta zurückgelassen: dass du alles, was noch zu tun ist, zu einem guten Ende bringst und dass du Älteste einsetzt in den Städten, wie ich es dir aufgetragen habe – 6 ein solcher soll unbescholten sein, nur einmal heiraten und gläubige Kinder haben, denen man nicht vorwerfen kann, ein liederliches Leben zu führen und sich nicht unterordnen zu wollen. 7 Denn ein Bischof muss unbescholten sein, wie ein Haushalter Gottes: nicht selbstherrlich, nicht jähzornig, nicht dem Wein ergeben, nicht gewalttätig, keiner, der schändlichem Gewinn nachjagt. 8 Er soll vielmehr gastfreundlich sein, allem Guten zugetan, besonnen, gerecht, fromm, sich selbst beherrschen können. 9 Er muss am Wort festhalten, das zuverlässig ist und der Lehre entspricht, damit er imstande ist, sowohl durch gesunde Unterweisung zu ermahnen als auch die Widerspruchsgeister zu überführen.

|6–9: 1Tim 3,2–7! |6: 1,10 |7: 1,11 |9: 2,1 · 1,13

1,6: Andere Übersetzungsmöglichkeit: «… und rechtschaffene Kinder haben, …»

Widerlegung der Irrlehrer

10 Es gibt nämlich viele, die sich nicht unterordnen wollen, unnützes Zeug reden und

die/ die auß der beschneydung sind/ denen man das maul verstopffen muoß/ die da gantze gsind und gschlächt verkeerend/ und lerend das nichts nützet/ umb deß schantlichen gwüns willen. Es hat einer auß jnen gesagt/ jrer eygen prophet: Die Kreter sind allweg lugner gwesen/ böse vich und füll büch. Dise zeügnus ist waar. Umb deß willen straaff sy scharpff/ auff dz sy gsund sygind im glauben/ und nit achtind auff die Jüdischen fablen von menschen gebotten/ welche die warheyt abwendend. Den reinen ists alles rein: den unreynen aber und unglöubigen ist nüts reyn/ sunder unreyn ist beide jr gmüet und gewüssen. Sy sagend sy erkennind Gott/ aber mit den wercken verlöugnend sy es/ sitmals sy sind/ an welchen Gott ein greüwel hat/ unglöubig/ ungehorsam/ und unredlich/ und sind zuo allem guoten werck untauglich.

Das ij. Capitel.
Paulus vermanet Titum/ wie er sol yetlichem staat fürschreyben ein Regel zuo läben.

Du aber red was der gsunden leer wol anstadt. Den alten/ das sy wacker und nüechter sygind/ aufrecht und dapffer/ eines rechten und verstendigen gemüets/ gesund im glauben/ in der liebe/ in gedult. Den alten weybern desselben gleichen/ das sy ein kleydung und wandel habind/ als sich frommen und heiligen weyberen gezimme/ das sy nit lesterin und schmächerin sygind/ nit weynig/ das sy guotes leerind/ das sy die jungen weyber witzigind/ und sy lerind jre menner unnd kinder lieb haben/ das sy vernünfftig und witzig sygind/ reyn und lauter/ haußlich/ und deß hauß wol wartind/ güetig/ jren eygnen mannen gehorsam/ auff dz das wort Gottes nit geschmächt und verlestert werde. Deßgleichen verman auch die jungen menner/ das sy vernünfftig unnd witzig sygind. Aber vor allen dingen stell du dich selbs jnen für/ zuo einem vorbild guoter wercken/ und halt dich in der leer steyff und aufrecht. Biß züchtig und dapffer: dein leer sey gsund und unbehäglich/ daß der widerstreyter schamrot werde/ und nichts habe das er böses von euch sage. Den knechten/ das sy jren herren underthenig sygind/ in allen dingen gefellig/ nit widerbällind/ nit entragind/ sunder alle guote trüw erzeygind/ auff dz sy die leer Gottes unsers heylands

die Leute betören; das tun besonders jene, die zu den Beschnittenen gehören. 11 Das Maul sollte man ihnen stopfen, denn sie bringen ganze Familien durcheinander mit ihren ungehörigen Lehren, die sie um des schnöden Gewinnes willen verbreiten. 12 Einer aus ihrem eigenen Kreis hat geradezu prophetisch gesagt:
Kreter sind stets Lügner, wilde Tiere und faule Bäuche.
13 Dieses Zeugnis ist wahr. Eben deshalb sollst du sie auf der Stelle widerlegen, damit sie im Glauben gesunden 14 und sich nicht mehr kümmern um jüdische Mythen und Vorschriften von Leuten, die sich von der Wahrheit abwenden! 15 Den Reinen ist alles rein. Den Befleckten und Ungläubigen ist nichts rein; im Gegenteil, ihr Verstand wie auch ihr Gewissen sind befleckt. 16 Sie geben vor, Gott zu kennen, durch ihre Taten aber verleugnen sie ihn; ein Greuel sind solche Leute, ungehorsam und zu keinem guten Werk zu gebrauchen.

|10: 1,6 |11: 1,7; 1Tim 6,5 |13: 1,9 |14: 1Tim 4,7!
|15: Röm 14,14.20; Mk 7,15

Leben als Gemeinde Christi

2 1 Du aber rede, wie es der gesunden Lehre angemessen ist:
2 Ältere Männer sollen nüchtern sein, sich würdig benehmen, besonnen sein und gesund im Glauben, in der Liebe und in der Geduld.
3 Ebenso auch ältere Frauen: Sie sollen sich auszeichnen durch ein Leben in Heiligkeit, niemanden verleumden und nicht dem Wein verfallen, sondern als gute Lehrmeisterinnen 4 die jungen Frauen dazu anhalten, ihre Männer und ihre Kinder zu lieben, 5 besonnen, fromm, haushälterisch, tüchtig zu sein und sich ihren Männern unterzuordnen, damit das Wort Gottes nicht in Verruf kommt.
6 Die jüngeren Männer ermahne gleichfalls, besonnen zu sein 7 in allen Dingen. Sei du selbst ihnen ein Vorbild im Tun des Guten und, was die Lehre betrifft, ein Beispiel deines unbestechlichen Urteils, von allen geachtet 8 und untadelig in der Verkündigung des gesunden Wortes, so dass dein Gegenspieler beschämt wird und nichts Schlechtes mehr über uns zu sagen weiss.
9 Sklaven sollen ihren Herren in allem untertan sein, sie sollen ihnen in allem gefällig sein, nicht widersprechen 10 und nichts unterschlagen, sondern sich in allem treu bewähren, damit sie

zierind in allen stucken. Dann es ist erschinen
die heylsam gnad Gottes allen menschen/ und
underweyßt unns/ das wir söllind verlaugnen
das ungöttlich wäsen/ und die weltlichen lüst/
und züchtig/ gerecht und gottsälig läbind in
diser welt/ und warten auff die säligen hoffnung
und erscheynung der herligkeyt deß grossen
Gottes unnd unsers heylands Jesu Christi/
der sich selbs für uns geben hat/ auff das er
uns erlößte von aller ungerechtigkeyt/ und
reynigete jm selbs ein volck zum eigenthumb/
dz da eyferig wäre zuo guoten wercken.
Sölichs red und erman/ und straaff mit aller
macht. Laß dich niemants verachten.

Das iij. Capitel.
Er leeret Titum das er das volck ermane zuo
gehorsame den Obren und amptleüten/ und das er sich
hüete vor den unnützen torechten fraagen.

Erinnere sy/ das sy den fürgesetzten und
dem gewalt underthon sygind/ der Oberkeyt
gehorsam sygind/ zuo allem guoten werck
bereyt sygind/ niemants lesterind/ nit haderind/
früntlich sygind/ alle sennftmüetigkeit
beweisind gegen allen menschen. Dann wir
warend auch vor zeyten unweyß/ ungehorsam/
yrrig/ dienende den lüsten und mancherley
wollüsten/ und wandletend in boßheyt und
neyd/ warend verhaßt/ und hassetend einander.

Do aber erscheyn die freüntlichkeyt/ und
leütsäligkeyt Gottes unsers heylannds/ nit
umb der wercken willen der gerechtigkeyt/
die wir gethon hattend/ sunder nach seiner
barmhertzigkeyt machet er uns sälig durch das
bad der widergeburt/ und erneüwerung deß
heyligen geysts/ welchen er außgossenn hat über
uns reychlich/ durch Jesum Christum unsern
heylannd/ auff das wir durch desselben gnad
fromm gemacht/ erben sygind deß ewigen läbens
nach der hoffnung/ das ist ye gewüsslich waar.

für die Lehre Gottes, unseres Retters,
in allen Dingen eine Zierde sind.
11 Denn erschienen ist die Gnade Gottes,
allen Menschen zum Heil. 12 Sie erzieht uns
dazu, der Gottlosigkeit und den Begierden der
Welt abzuschwören und besonnen, gerecht und
fromm zu leben in dieser Weltzeit. 13 Wir warten
aber auf das, was unsere wunderbare Hoffnung
ist: auf das Erscheinen der Herrlichkeit des
grossen Gottes und unseres Retters Jesus
Christus, 14 der sich selbst für uns hingegeben
hat, um uns zu erlösen von aller Ungerechtigkeit
und sich als sein Eigentum ein reines Volk zu
erschaffen, das nach guten Werken strebt.

15 So sollst du reden und ermahnen
und zurechtweisen, mit allem Nachdruck;
niemand soll dich gering achten.

|1: 1,9; 1Tim 1,10; 2Tim 4,3 |3: 1Tim 3,11 |5: Kol 3,18!
|7: 1Tim 4,12 |9: Eph 6,5! |10: 1Tim 6,1 · 1,3! |11: 3,4;
2Tim 1,10 · 1Tim 2,4! |13: 1Tim 6,14! · Röm 5,2 · 1,4;
3,6; 2Tim 1,10; Phil 3,20 |14: 1Tim 2,6! · Ex 19,5 · 3,8.14
|15: 1Tim 4,12

2,10: Andere Übersetzungsmöglichkeit: «und sich
nicht von ihnen abwenden, sondern ...»

Die Einstellung zur Welt

3 1 Erinnere sie daran, sich den Machthabern
und Autoritäten unterzuordnen, ihnen zu
gehorchen und zu jedem guten Werk bereit
zu sein, 2 niemanden schlechtzumachen,
keinen Streit zu suchen, freundlich zu sein
und allen Menschen gegenüber Milde walten
zu lassen. 3 Denn auch wir waren einst
unverständig, ungehorsam, ohne Ziel und Halt,
Begierden und allerlei Gelüsten ausgeliefert;
wir lebten in Bosheit und Missgunst,
waren verhasst und hassten einander.

4 Als aber die Güte und
Menschenfreundlichkeit
  Gottes, unseres Retters, erschien,
5 nicht aufgrund von gerechten Taten,
  die wir getan hätten,
sondern weil er Erbarmen hatte mit uns,
  da rettete er uns durch das Bad der
  Wiedergeburt
und durch die Erneuerung im heiligen Geist,
  6 den er in reichem Masse über uns
  ausgegossen hat,
durch Jesus Christus, unseren Retter,
  7 damit wir, durch seine Gnade gerecht
  gemacht,
das ewige Leben erben, auf das wir unsere
  Hoffnung gesetzt haben.

|1: Röm 13,1; 1Petr 2,13 |3: Eph 2,3 |4: 1,3! · 2,11
|5: 2Tim 1,9! · Eph 5,26 · Joh 3,5 |6: Joel 3,1; Apg 2,15–18 ·
2,13! |7: Röm 3,24 · Röm 8,17! · 1,2

Umgang mit Irrlehren

Sölichs wil ich dz du steyff sagest/ auff dz die so in Gott glöubig sind worden/ sich fleyssind in guoten wercken fürträffenlich zesein. Sölichs ist guot und nütz den menschen. Der torechtigen fraagen aber/ der gschlächt register/ deß zancks und streyts über dem gsatz entschlahe dich/ dann sy sind unnütz und eytel. Einen abtrünnigen menschen und rotter meyde/ wenn er ein mal und abermals vermanet ist: und wüsse/ das ein sölicher verkeert ist/ unnd sündet als der sich selbs verurteylet hat.

8 Zuverlässig ist das Wort. Und ich möchte, dass du in diesen Dingen gefestigt bist, damit die, welche auf Gott vertrauen, darauf bedacht sind, sich mit guten Taten hervorzutun. Das ist gut und nützlich für die Menschen. 9 Törichten Auseinandersetzungen, Fragen zu Geschlechtsregistern, Zänkereien und Streitigkeiten um die Gesetzesauslegung geh aus dem Weg! Denn nutzlos sind sie und sinnlos. 10 Einen Menschen, der abweichende Auffassungen vertritt, sollst du ein erstes und ein zweites Mal zurechtweisen, dann aber schick ihn weg! 11 Du weisst ja, dass ein solcher verdreht ist und in der Sünde bleibt; er hat sich selbst das Urteil gesprochen.

|8: 1Tim 4,9! · 2,14! |9: 1Tim 1,4!

Persönliche Anweisungen

Wenn ich zuo dir sendenn wird Arteman/ oder Tychicon/ so kumm eylends zuo mir gen Nicopolin/ dann daselbst hab ich beschlossen das winterläger zehaben. Zenam den gschrifftglerten und Apollon send mit fleyß vorhär/ auff das jnen nichts gebräste. Laß aber auch die unseren lernen in guoten wercken fürträffenlich sein/ wo es die notturfft forderet/ auff das sy nit unfruchtbar sygind.

12 Wenn ich aber den Artemas oder den Tychikus zu dir geschickt habe, dann beeile dich, zu mir nach Nikopolis zu kommen; denn ich habe beschlossen, den Winter dort zu verbringen. 13 Zenas, den Gesetzeslehrer, und Apollos aber rüste mit allem, was dir zur Verfügung steht, für die Weiterreise aus; es soll ihnen an nichts fehlen. 14 Aber auch die Unsrigen sollen lernen, sich mit guten Taten hervorzutun, wo immer es nötig ist, damit sie nicht ohne Frucht bleiben.

|12: Kol 4,7! |14: 2,14!

Briefschluss

Es grüessennd dich alle die mit mir sind. Grüeß alle die uns liebend im glauben. Die gnad sey mit euch allen.

Geschriben auß Nicopoli
in Macedonia.

15 Es grüssen dich alle, die bei mir sind. Grüsse die, welche mit uns durch den Glauben innig verbunden sind. Die Gnade sei mit euch allen.

|15: Hebr 13,25

Die Epistel Sant Pauls an Philemon.

Paulus der gebunden Jesu Christi/ unnd Timotheus der bruoder/ Philemoni dem lieben/ und unsern gehilffen/ und Apphian der lieben/ und Archippo unserem streytgenossen/ und der gmeynd in seinem hauß.

Gnad sey mit üch/ und frid von Gott unserem vatter und dem Herren Jesu Christo.

Jch danck meinem Gott/ unnd gedenck deinen alle zeyt in meinem gebätt/ nach dem ich hör von der liebe und dem glauben/ welche du hast gegen dem Herren Jesu Christo/ und allen heiligen/ dz unser gemeiner glaub in dir thätig werde/ durch erkanntnuß alles deß guotenn das in euch ist in Christo Jesu. Jch hab aber ein grosse fröud und trost in deiner liebe. Dann die heyligen sind hertzlich erquickt durch dich lieber bruoder.

Darumb/ wiewol ich hab in Christo ein grosse küenheit dir zuo gebieten was dir gebürt/ aber umb der liebe willen bitten ich dich vil wäger/ der ich ein sölicher bin/ namlich ein alter Paulus/ nun aber auch ein gebundner Jesu Christi. So bitt ich dich umb meines suns willen Onesimon/ den ich geboren hab in meinen banden/ welcher vor zeiten dir unnütz/ nun aber dir und mir wol nütz ist/ den hab ich wider gesandt. Du aber nimm jn (dz ist mein hertz) auf. Dann ich wolt jn bey mir behalten/ das er an deiner statt dienete in den banden deß Evangelij/ aber on deinen willen wolt ich es nit thuon/ auff das dein guotes nit wäre genötiget/ sunder selbs willig.

Vileicht aber ist er darumb ein zeyt lang entwichen/ das du jnn ewig wider nemmest/ nun nit mer als ein knecht/ sunder mer dann ein knecht/ einen lieben bruoder/ sunderlich mir/ wie vil mer aber dir/ beide nach dem fleysch und nach dem Herren. So du nun mich haltest für deinen genossenn/ so nimm jnn auf als mich selbs. So er aber dir etwas

Der Brief an Philemon

Anschrift

1 Paulus, Gefangener Christi Jesu, und Timotheus, unser Bruder, an den geliebten Philemon, unseren Mitarbeiter, 2 die Schwester Apphia, unseren Mitstreiter Archippus und die Gemeinde in deinem Haus: 3 Gnade sei mit euch und Friede von Gott, unserem Vater, und dem Herrn Jesus Christus.

|1: 9.10.13! · Phil 1,1; 1Thess 1,1 · Apg 16,1! |3: Röm 1,7

Danksagung

4 Ich danke meinem Gott jedes Mal, wenn ich im Gebet an dich denke, 5 denn ich höre von deiner Liebe und deinem Glauben, die du dem Herrn Jesus und allen Heiligen entgegenbringst. 6 Der Sinn für die Gemeinschaft, den dein Glaube stiftet, werde wirksam in der Erkenntnis alles Guten, das in uns ist, ausgerichtet auf Christus. 7 Denn viel Freude habe ich empfangen und Ermutigung dank deiner Liebe: Die Herzen der Heiligen wurden durch dich, lieber Bruder, erquickt.

|4: 1Kor 1,4 · 1Thess 1,2 |5: Kol 1,4 |7: 20

Die Fürsprache für Onesimus

8 Darum: Obwohl ich in Christus dazu berechtigt wäre, dir zu befehlen, was zu tun ist, 9 will ich dich doch um der Liebe willen bitten als der, der ich bin: Paulus, der Gesandte und nun auch der Gefangene Christi Jesu.

10 Ich bitte dich für mein Kind, das ich in der Gefangenschaft gezeugt habe, für Onesimus, 11 der dir einst keinen Nutzen brachte, jetzt aber, sowohl dir als auch mir, von grossem Nutzen ist. 12 Ich schicke ihn dir zurück und damit mein eigenes Herz. 13 Gerne hätte ich ihn bei mir behalten, damit er mir an deiner Stelle diene, solange ich um des Evangeliums willen in Fesseln liege; 14 ohne dein Einverständnis wollte ich aber nichts unternehmen, damit das Gute, das du tust, nicht aus Zwang geschehe, sondern freiwillig.

15 Vielleicht ist er ja dazu für kurze Zeit von dir getrennt gewesen, dass du ihn für alle Zeit zurückerhältst, 16 nicht mehr als Sklaven, sondern als etwas, das mehr ist als ein Sklave, als geliebten Bruder. Das ist er jedenfalls für mich, und wie viel mehr erst für dich, sowohl

schadens gethon hat/ oder schuldig ist/ dz
rechne mir zuo. Jch Paulus habs geschriben mit
meiner hand/ ich wils bezalen/ ich gschweyg
das du dich selbs mir schuldig bist. Ja lieber
bruoder/ laß das ich mich an dir ergetze in dem
Herren/ erquick mein hertz in dem Herren.

Jch hab auß zuoversicht deiner gehorsame
geschriben/ dann ich weyß das du gernn
thuon wirst das ich sag. Darnebend bereyte
mir die herberg/ dann ich hoff das ich durch
euwer gebätt euch geschenckt werde.
  Es grüesset dich Epaphras mein
mitgefangner in Christo Jesu/ Marcus/
Aristarchus/ Demas/ Lucas meine gehilffen.
  Die gnad unsers Herren Jesu Christi
sey mit euwerem geyst/ Amen.

vor der Welt als auch vor dem Herrn. 17 Wenn
du mich für deinen Gefährten hältst, so nimm
ihn auf, wie du mich aufnehmen würdest.
18 Wenn er dir Schaden zugefügt hat oder dir
etwas schuldig ist, so stelle es mir in Rechnung!
19 Ich, Paulus, schreibe dies mit meiner eigenen
Hand: Ich werde dafür aufkommen – und
lasse unerwähnt, dass du mir eigentlich dich
selbst schuldest. 20 Ja, mein Bruder, ich
möchte mich über dich freuen im Herrn. Lass
mein Herz Erquickung finden in Christus.

|9: 1 |10: 1Kor 4,14–15! · 13! |13: 1!; Phil 1,7! |14: 2Kor 9,7
|16: 1Kor 7,22 |19: 1Kor 16,21! |20: 7

Briefschluss
  21 Im Vertrauen auf deinen Gehorsam
schreibe ich dir, denn ich weiss, dass du
mehr tun wirst, als ich verlange. 22 Zugleich
aber bereite mir eine Unterkunft; ich
hoffe nämlich, dank eurer Fürbitte
euch wieder geschenkt zu werden.
  23 Es grüsst dich Epaphras, mein
Mitgefangener in Christus Jesus; 24 es
grüssen dich Markus, Aristarchus, Demas
und Lukas, meine Mitarbeiter.
  25 Die Gnade des Herrn Jesus
Christus sei mit eurem Geist.

|25: Gal 6,18!

Die erst Epistel Sant Peters.

Der Erste Brief des Petrus

Das erst Capitel.

Jn disem Capitel schreybt der heylig Petrus den Juden/ so allenthalb zerströwt/ hin und här wonetend under den Heyden/ zeygt jenen an die widergeburt durch den tauff und säligkeyt die jnen nit auß haltung deß gsatzes/ sunder vonn Gott durch Jesum Christum und den Evangelischen glauben verlihen ist/ Vermanet sy zuo gedultigem leyden aller widerwertigkeit und kestigung/ und das alles in hoffnung ewiger belonung die denen allen ggeben wirt die Christo hie mitleydend. Vermanet sy auch zuo frommkeyt und reynigkeyt deß läbens/ damit sy Christo jrem haupt gleychförmig unnd gemäß sygind.

Petrus ein Apostel Jesu Christi/ den erwelten frömbdlingen hin und her in Ponto/ Galatia/ Capadocia/ Asia/ und Bithynia/ nach der fürsehung Gottes deß vatters/ in der heyligung deß geysts/ zur gehorsame und zur besprengung deß bluots Jesu Christi.
Gnad und frid mere sich bey euch.

Anschrift

1 1 Petrus, Apostel Jesu Christi, an die Auserwählten, die als Fremdlinge in der Diaspora leben, in Pontus, Galatien, Kappadokien, in der Provinz Asia und in Bithynien 2 – nach der Vorsehung Gottes, des Vaters, in der Heiligung durch den Geist, die zum Gehorsam und zur Besprengung mit dem Blut Jesu Christi führt: Gnade sei mit euch und Friede in Fülle.

|1–2: 2Petr 1,1–2 |1: 2,11 |2: 2Thess 2,13 · 1,22! · 1,19; Hebr 12,24 · 2Petr 2,2!

Dank für die Hoffnung

3 Gepriesen sei der Gott und Vater unseres Herrn Jesus Christus, der uns in seiner grossen Barmherzigkeit neu geboren hat, so dass wir nun durch die Auferstehung Jesu Christi von den Toten eine lebendige Hoffnung 4 und Aussicht auf ein unzerstörbares, unbeflecktes und unverderbliches Erbe haben, das im Himmel aufbewahrt ist für euch. 5 Auf dieses Heil hin, das bereitliegt, um am Ende der Zeit offenbart zu werden, bewahrt euch Gottes Kraft durch den Glauben. 6 Darüber jubelt, auch wenn ihr jetzt noch kurze Zeit – wenn es denn sein muss – von mancherlei Prüfung heimgesucht werdet. 7 So soll die Echtheit eures Glaubens, die wertvoller ist als Gold, das vergänglich ist, obwohl es im Feuer geprüft wurde, zutage treten und Lob, Preis und Ehre euch zukommen, wenn Jesus Christus sich offenbart. 8 Ihn liebt ihr, obwohl ihr ihn nicht gesehen habt. An ihn glaubt ihr, obwohl ihr ihn auch jetzt noch nicht seht, und jubelt in unaussprechlicher und ungetrübter Freude. 9 So erreicht ihr das Ziel eures Glaubens: das Heil eurer Seele.

Gebenedyet sey Gott und der vatter unsers Herren Jesu Christi/ der uns nach seiner grossenn barmhertzigkeyt hat wider geboren/ zuo einer läbendigen hoffnung/ durch die auferstentnuß Jesu Christi von den todten/ auff ein unzergengklich und unbefleckt erb/ welches nimmer mer wälck wirt/ sunder behalten ist im himmel auff euch/ die jr durch die krafft Gottes im glauben bewart werdend zur säligkeyt/ welche bereyt ist das sy aufgedeckt werde zuo der letsten zeyt/ in welcher jr euch fröuwen werdend/ die jr yetz ein kleine zeyt (wo es sein sol) traurig sind inn mancherley bewärnussen. Auff das die bewärung an euwerem glauben werde erfundenn/ vil kostlicher dann das zergengklich gold/ das durchs fheür bewärdt wirdt zuo lob/ preyß/ und eer/ wenn nun geoffenbaret wirt Jesus Christus/ welchen jr nit gesehen unnd doch lieb habennd/ in welchen jr auch glaubend/ unnd doch nit sehend. Umb deß glaubens willen aber/ werdend jr euch fröuwen mit unaußsprechenlicher und herlicher fröud: unnd das end euwers glaubens darvon bringenn/ namlich der seelen säligkeyt.

|3: Eph 1,3! · 1,23! · 3,21; 1Kor 15,13! |4: Kol 1,5 |6: 4,12–13; Jak 1,2 · 5,10 |7: Jak 1,3 · 1,13! |8: Joh 20,29 |9: Jak 1,21

Nach welcher säligkeyt habend gesuocht
und gefragt die Propheten/ die von der
zuokünfftigen gnad auff euch geweyssagt
habennd: und habend gefraget/ auff welche
und welcherley zeyt deütet der geyst Christi
der inn jnen was/ und vorhin bezeügt hat die
leyden die in Christo sind/ und die herrlikeyt
darnach/ welchen es geoffenbaret ist. Dann sy
habends nit jnen selbs/ sunder unns dargethon/
welches euch nun verkündet ist durch die so
euch das Euangelion verkündt habent durch
den heyligen geist vom himmel gesandt/
welches auch die Engel gelustet zeschauwen.

Darumb so begürtend die lenden euwers
gemüets/ sind wacker und nüechter/ unnd
setzend euwere hoffnung gantz und gar auff
die gnad die euch angebotten wirdt/ durch
die offenbarung Jesu Christi/ als kinder der
gehorsame/ auff dz jr euch nit aber begebind
den vorigen lüsten und anfechtungen/
in denen jr gwesen sind/ do jr Christum
noch nit erkennt habennd: sunder gleych
als der/ der euch berüefft hat/ geheiliget
ist/ also sind auch jr heilig in allen euwerm
wandel/ nach dem es geschriben stadt: Jr
söllennd heylig sein/ dann ich bin heylig.
Unnd sitmals jr den zum vatter anrüeffend/
der on ansehen der person richtet/ nach eines
yetlichen werck/ so füerend euwern wandel/
die zeyt euwerer bilgerfart/ mitt forcht:
und wüssend das jr nit mit zergengklichem
silber oder gold erlößt sind vonn euwerem
eytelen wandel der vätterlichen satzungen/
sunder mit dem teüren bluot Christi/ als eins
unschuldigen und unbefleckten lambs: der
zwar vorhin fürsehen ist vor der welt anfang/
aber geoffenbaret zuo den letsten zeyten umb
euwertwillen/ die jr durch jnn glaubend in Gott/
der jnn aufferweckt hat vonn den todten/ und
jm die herlikeyt ggeben/ uff das jr glaubtind
und hoffnung zuo Gott haben möchtind.

Die Einzigartigkeit des Heils

10 Nach diesem Heil haben die Propheten,
die von der Gnade, die euch zuteil werden
sollte, kündeten, gesucht und geforscht. 11 Sie
forschten nach der Zeit – dem Zeitpunkt und
den Umständen –, auf die der Geist Christi, der
in ihnen wirksam war, hindeute, wenn er im
Voraus Zeugnis ablegte von den Leiden Christi
und den darauf folgenden Offenbarungen der
Herrlichkeit. 12 Es wurde ihnen aber offenbart,
dass sie nicht sich, sondern euch dienten mit der
Botschaft, die euch jetzt verkündigt wurde von
denen, die euch das Evangelium gebracht haben
durch den heiligen Geist, der vom Himmel
herabgesandt wurde. Darauf wenigstens einen
Blick zu werfen, sehnen sich selbst die Engel.

|11: Lk 24,26–27 · 4,13; 5,1

Leben in der Heiligung

13 Darum umgürtet die Hüften eurer
Vernunft, seid nüchtern und hofft ganz und
gar auf die Gnade, die auf euch zukommt bei
der Offenbarung Jesu Christi! 14 Als Kinder des
Gehorsams lasst euch nicht von den Begierden
leiten, die euch früher, als ihr noch unwissend
wart, beherrscht haben, 15 sondern entsprecht dem
Heiligen, der euch berufen hat, und werdet selbst
Heilige in eurem ganzen Lebenswandel; 16 denn
es steht geschrieben: *Ihr sollt heilig sein, denn ich
bin heilig.* 17 Und wenn ihr den als Vater anruft,
der ohne Ansehen der Person einen jeden richtet
aufgrund seines Tuns, dann führt, solange ihr in
der Fremde weilt, ein Leben in Gottesfurcht.

18 Ihr wisst doch, dass ihr nicht mit
Vergänglichem, mit Gold oder Silber,
freigekauft wurdet
aus einem Leben ohne Inhalt, wie es euch
von den Vätern vorgelebt wurde,
19 sondern mit dem teuren Blut eines
makellosen, unbefleckten Lammes, mit dem
Blut Christi.
20 Ausersehen dazu war er vor Grundlegung
der Welt,
erschienen aber ist er am Ende der Zeiten,
um euretwillen, 21 die ihr durch ihn an Gott
glaubt,
der ihn von den Toten auferweckt und ihm
die Herrlichkeit verliehen hat.
So können sich euer Glaube und eure
Hoffnung auf Gott richten.

|13: Lk 12,35! · 5,8! · 1,7; 4,13 |14: 1,22! · Eph 2,2–3 ·
Eph 4,18.22 |16: Lev 11,44–45; 19,2 |17: Röm 2,11; Jak 2,1 ·

Ja jr die euwere seelen gereyniget habend durch die gehorsame der warheyt/ im geyst zuo ungefärbter brüederlicher liebe/ unnd habend einandren brünstig lieb auß reinem hertzen/ als die da wider geboren sind/ nitt auß zergengklichem/ sunder auß unzergengklichem somen/ namlich auß dem lebendigenn wort Gottes/ dz da ewigklich bleibt/ Nach dem alles fleysch ist wie ein graß/ unnd alle herrlikeyt deß menschen wie ein bluom des grases. Das graß ist verdorret/ und die bluom abgefallen. Aber deß Herren wort bleybt in ewigkeit.

Das ij. Capitel.

Petrus vermanet sy als die neüwgebornen zuo neüwe und reynigkeit deß läbens/ bittet sy/ daß sy sich hüetind vor fleyschlichen begirden/ dann sy bilgerin hie sygind/ deren gedancken und läben himmelisch sol sein. Jm end vermanet er sy zuo gehorsame und underthenigkeyt die sy schuldig sygind den fürwäseren und amptlüten/ auch in sonders die eygen leüt und knecht das sy gehorsam sygind jren herren.

So legend nun hin von euch alle boßheyt/ unnd allen list/ unnd gleichßnerey/ und hassz/ und alles nachreden/ und sind begirig nach der vernünfftigen unverfelschten milch/ als die yetzgebornen kindlin/ auff dz jr durch die selbig erwachsind/ so jr anders habend gschmeckt dz der Herr früntlich ist. Zuo welchem jr kommen sind/ als zuo dem läbendigen steyn/ der von den menschen verworffen/ aber von Gott erwelt und kostlich ist. Und auch jr/ als die läbendigen stein/ bauwend euch zum geystlichen hauß/ und zum heyligen priesterthuomb zuo opferen geystliche opfer/ die Gott angenäm sind durch Jesum Christum. Darumb ist in der gschrifft verfasset: Sich da/ ich leg einen außerwelten kostlichen Eckstein in Sion/ unnd wär in jnn glaubt/ der sol nit zeschanden werden. Euch nun/ die jr glaubend/ ist er kostlich: den unglöubigen aber ist er der steyn/ den die buwleüt verworffen habend/ zum eckstein worden/ und zum steyn des anstossens/ und zum felß der ergernuß/ die sich stossend an dem wort/ und glaubend nit daran darauff sy gesetzt sind. Jr aber sind das außerwelt gschlächt/ dz künigklich priesterthuomb/ dz heylig volck/ das volck deß eygenthuombs/ das jr verkünden söllend die tugend deß der euch berüefft hat

Röm 2,6! · 2,11! |19: Hebr 9,12.14; Offb 5,9 |20: 2Tim 1,9–10 |21: Röm 4,24

Die Wirkung des Wortes

22 Im Gehorsam gegenüber der Wahrheit habt ihr eure Seelen rein gemacht, frei für die Liebe unter Brüdern und Schwestern, die keine Verstellung kennt; so liebt denn einander aus reinem Herzen, ohne nachzulassen! 23 Denn ihr seid neu geboren, nicht aus vergänglichem, sondern aus unvergänglichem Samen, durch das Wort des lebendigen, ewigen Gottes. 24 Denn
alles Fleisch ist wie das Gras,
und all seine Pracht wie die Blume des Feldes.
Das Gras verdorrt und die Blüte fällt ab,
25 *das Wort des Herrn aber bleibt in Ewigkeit.*
Das ist das Wort, das euch als Evangelium verkündigt worden ist.

|22: 1,2.14 · 4,8; 2Petr 1,7; 1Thess 4,9| |23: 1,3 · Jak 1,18.21 |24–25: Jes 40,6–8; Jak 1,10–11

1,23: Andere Übersetzungsmöglichkeit: «…, durch das lebendige, bleibende Wort Gottes.»

Wahre Priesterschaft

2 1 Abgelegt habt ihr nun alle Bosheit, alle Arglist, Heuchelei und Missgunst und alle üble Nachrede. 2 Verlangt jetzt wie neugeborene Kinder nach der vernünftigen, unverfälschten Milch, damit ihr durch sie heranwachst zum Heil, 3 falls *ihr* je *geschmeckt habt, wie gütig der Herr ist.*

4 Wenn ihr zu ihm hintretet, zum lebendigen Stein, der von den Menschen zwar verworfen wurde, bei Gott aber auserwählt und kostbar ist, 5 dann lasst euch selbst aufbauen als lebendige Steine zu einem geistlichen Haus, zu einer heiligen Priesterschaft, um geistliche Opfer darzubringen, die Gott *angenehm sind* durch Jesus Christus. 6 Denn in der Schrift wird festgehalten:
Siehe, ich setze auf Zion einen auserwählten,
einen kostbaren Eckstein;
wer auf ihn vertraut, wird nicht blossgestellt werden.
7 Für euch nun, die ihr glaubt, ist er kostbar; für jene aber, die nicht glauben, gilt: *Der Stein, den die Bauleute verworfen haben, der ist ein Eckstein geworden,* 8 *ein Stein des Anstosses und ein Fels des Ärgernisses.* Sie nehmen Anstoss, weil sie nicht auf das Wort hören – doch eben das ist es, wozu sie bestimmt sind.

von der finsternuß zuo seinem wunderbaren liecht. Die jr vor zeyten nit ein volck warend/ nun aber Gottes volck sind: und deren sich Gott nitt erbarmet/ nun aber erbarmet hat.

9 Ihr aber seid ein auserwähltes Geschlecht, eine königliche Priesterschaft, ein heiliges Volk, das Volk, *das er sich zu eigen machte*, damit ihr verkündet *die Wohltaten* dessen, der euch aus der Finsternis in sein wunderbares Licht gerufen hat. 10 Ihr seid die, die einst *kein Volk* waren, jetzt aber das Volk Gottes sind, die einst *keine Barmherzigkeit erlangten*, jetzt aber Barmherzigkeit erlangt haben.

|1: Jak 1,21 |3: Ps 34,9 |4: 2,6–7 |5: Eph 2,20–22 · Röm 12,1; Phil 4,18; Hebr 13,15–16 |6: Jes 28,16; Röm 9,33 |7: Ps 118,22; Mk 12,10 |8: Jes 8,14; Röm 9,33 |9: Ex 19,5–6; Offb 1,6 · Jes 43,20–21 |10: Hos 2,25; Röm 9,25

2,1: Andere Übersetzungsmöglichkeit: «Legt also ab alle …»

2,6: Andere Übersetzungsmöglichkeit: «…; wer an ihn glaubt, …»

2,9: Andere Übersetzungsmöglichkeit: «… Geschlecht, ein Königshaus, eine Priesterschaft, ein …»

Im Angesicht der Völker

Lieben brüeder/ ich ermanen euch als die frömbdling und bilgeren/ enthaltend euch von den fleyschlichen lüsten/ welche wider die seel streytend: und füerend einen guoten wandel under den Heyden/ auff das die/ so euch hinderrend als übelthäter/ euwere guoten werck sehind/ unnd Gott preysind/ wenns nun an den tag kommen wirt.

11 Meine Geliebten, ich ermahne euch als Fremdlinge in fremdem Land: Haltet euch fern von den sinnlichen Begierden, die gegen die Seele zum Kampf rüsten! 12 Führt ein wohlgefälliges Leben unter den Völkern, damit sie, während sie euch als Übeltäter schmähen, durch eure guten Taten zur Erkenntnis kommen und Gott preisen *am Tag der Heimsuchung*.

|11: 1,1; Gen 23,4 · Gal 5,16! Jak 4,1 |12: 2,15! · Jes 10,3

Leben als Bürger des Staates

Sind underthon aller menschlicher ordnung umb deß Herren willen: es sey dem künig/ als dem obersten: oder den pflägeren/ als den gesandten von jm/ zur raach der übelthäteren/ unnd zuo lob der wolthäteren. Dann das ist der will Gottes/ dz jr mit wolthuon verstopffind die unwüssenheyt der torechtigen menschen/ als die freyen: und nit als hettind jr die freyheit zum deckel der boßheyt/ sunder als die knecht Gottes. Sind eerbietig gegen yederman. Habennd lieb die bruoderschafft. Förchtennd Gott. Eerend den Künig.

13 Unterzieht euch um des Herrn willen jeder menschlichen Ordnung, sei es dem Kaiser als der obersten Autorität, 14 sei es den Statthaltern als den Autoritäten, die von ihm ermächtigt sind, die Übeltäter zu bestrafen, die Wohltäter aber zu belohnen. 15 Denn so ist es der Wille Gottes, dass ihr durch eure guten Taten die unverständigen Menschen in ihrer Unwissenheit zum Schweigen bringt, 16 als Freie – aber nicht als solche, die ihre Freiheit als Deckmantel für die Bosheit benutzen, sondern als Knechte Gottes. 17 Behandelt alle Menschen mit Respekt, liebt die Brüder und Schwestern, fürchtet Gott und ehrt den Kaiser!

|13–17: Röm 13,1–7 |13: Röm 13,1; Tit 3,1 |14: Röm 13,3–4 |15: 2,12; 3,16; Mt 5,16 |17: Röm 13,7; Mk 12,17

Anweisungen für die Sklaven

Jr haußknecht sind underthon mit aller forcht den herren: nit allein den güetigen und freündtlichen/ sunder auch den ungeschlachten. Dann das ist ein danck/ so yemant umb deß

18 Die Sklaven sollen sich voll Ehrfurcht ihren Herren unterordnen, nicht nur den gütigen und freundlichen, sondern auch den unberechenbaren. 19 Denn das ist Gnade:

gewüssens willen zuo Gott traurigkeyt vertregt und leydet mit unrecht. Dann was ist das für ein preyß/ so jr umb missethat willen streych leydend? Aber wenn jr umb wolthat willen leydend und erduldend/ das ist gnad bey Gott. Dann darzuo sind jr berüefft/ sitmals auch Christus gelitten hat für uns/ und uns ein vorbild gelassen/ das jr söllind nachfolgen seinen fuoßstapffen: welcher kein sünd gethon hat/ ist auch kein betrug in seinem mund erfunden: welcher nit widerschalt da er gescholtenn ward: nit tröuwet/ do er leyd: er stellts aber heim/ dem/ der da recht richtet/ welcher unser sünd selbs getragen hat an seinem leyb auff dem holtz/ auff das wir der sünden on wurdind/ und der gerechtigkeit läbtind: durch welches schnatten jr sind gsund worden. Dann jr warend wie die yrrenden schaaff/ aber jr sind nun bekert zuo dem hirten und Bischoff euwerer seelen.

Das iij. Capitel.
Petrus underweyßt die weyber/ wie sy gehorsam söllind sein jren mannen/ sich nit mit gold/ silber/ edelgsteyn oder seiden zieren/ sunder guoter eerlicher sitten sein/ damit vermanet er die mann/ wie sy sich in vernunfft und bescheydenheyt gegen jren weybern halten söllind. Vermanet darnach alle menschen zuo liebe und eintrechtigkeyt/ unnd zuo gedultigem leyden aller kestigung und durächtung.

Desselben gleichen die weyber/ sygind underthon jren menneren/ auff das/ das auch die so nitt glaubend an das wort/ durch der weyber wandel on wort gewunnen werdind/ wenn sy ansehend euwern künschen und lauteren wandel in der forcht. Welcher frauwen gezierd sein sol/ nit außwendig im haar flächten/ und umbhangs deß golds/ oder anlegung der kleydern/ sunder der verborgen mensch deß hertzen/ in der unverrucklicheyt eines sennften unnd stillen geysts/ welcher vor Gott herrlich und hoch geachtet ist. Dann also habend sich auch vor zeyten die heilige weiber gezieret/ die jr hoffnung auff Gott satztend/ und jren mennern underthon warend. Wie die Sara Abraham gehorsam was/ und hieß jnn herr/ deren töchter jr worden sind/ so jr wol thuond/ unnd euch nit förchtend vor eynigem schräcken.

Desselben gleichen jr menner/ wonend bey jnen mit vernunfft/ und gebend dem weybischen/ als dem schwechsten geschirr/ sein

wenn einer, weil er sich in seinem Gewissen Gott verpflichtet weiss, Kränkungen erträgt und zu Unrecht leidet. 20 Was ist das denn für ein Ruhm, wenn ihr ausharrt und dabei für Verfehlungen Züchtigungen hinnehmen müsst? Wenn ihr aber ausharrt und für gute Taten Leiden hinnehmt, so ist das Gnade bei Gott.

21 Denn dazu seid ihr berufen worden, weil auch Christus gelitten hat für euch und euch ein Vermächtnis hinterlassen hat, damit ihr seinen Spuren folgt.
22 *Er tat nichts, was Sünde wäre, und in seinem Munde fand sich kein Falsch.*
23 Er schmähte nicht, wenn er geschmäht wurde,
er drohte nicht, wenn er leiden musste, sondern stellte es dem anheim, der gerecht richtet.
24 Er *selbst hat unsere Sünden getragen* am eigenen Leib ans Holz hinauf, damit wir den Sünden absterben und der Gerechtigkeit leben;
durch seine *Striemen wurdet ihr geheilt.*
25 Denn *ihr irrtet umher wie Schafe,* doch jetzt seid ihr zurückgekehrt zum Hirten,
zum Beschützer eurer Seelen.

|18: Eph 6,5! |19: 3,14; 4,14 |20: 4,15–16 · 3,17! |21: 3,18 |22: Jes 53,9 · 2Kor 5,21; Hebr 4,15; 1Joh 3,5 |24: Jes 53,4.11–12 · Röm 6,11.18 · Jes 53,5 |25: Jes 53,6 · 5,4; Joh 10,11!

Anweisungen für Ehepartner

3 1 Ebenso sollen sich die Frauen ihren Männern unterordnen! So können einige unter ihnen, die nicht auf das Wort hören, durch den Lebenswandel ihrer Frauen, auch ohne Wort, gewonnen werden, 2 wenn sie euren reinen, von Ehrfurcht geprägten Lebenswandel wahrnehmen. 3 Euer Schmuck bestehe nicht in Äusserlichkeiten, nicht darin, dass ihr euch die Haare kunstvoll flechtet, Goldschmuck tragt und prächtige Kleider anzieht; 4 euer Schmuck sei vielmehr der verborgene Mensch des Herzens, der sich im unvergänglichen Wirken des sanftmütigen und stillen Geistes zeigt. Das ist kostbar vor Gott. 5 Denn so haben sich einst auch die heiligen Frauen geschmückt, die auf Gott hofften: Sie ordneten sich ihren Männern unter, 6 wie Sara Abraham gehorchte und ihn ‹Herr› nannte. Ihre Kinder seid ihr geworden – tut also Gutes und lasst euch durch nichts und niemanden einschüchtern!

eer: als auch miterben der gnad deß läbens/
auff das euwer gebätt nit verhindert werde.

7 Ebenso sollen die Männer verständnisvoll sein im Umgang mit dem schwächeren Geschlecht, dem weiblichen, und die Frauen ehren, denn auch sie haben Anteil an der lebenspendenden Gnade; so wird eurem Gebet nichts im Weg stehen!

|1: Kol 3,18! |3–5: 1Tim 2,9–10 |6: Gen 18,12

3,1: Andere Übersetzungsmöglichkeit: «…, auch ohne das Wort, …»
3,4: Andere Übersetzungsmöglichkeit: «… sei vielmehr das im Herzen verborgene Selbst, das …»

Abwendung vom Bösen

Entlich aber/ sind allsamen gleich gesinnet/ mitleydig/ brüederlich/ hertzlich/ freüntlich: Vergeltennd nit böses mit bösem/ nitt schältwort mit schältwort: sunder dargegen benedyend/ unnd wüssend das jr darzuo berüefft sind/ das jr die benedeyung ererbind. Dann wär da wil das läben lieb haben und guote tag sehen/ der geschweyge sein zung/ dz sy nichts böses rede: und seine läfftzen/ das sy nitt betriegind. Er wende sich vom bösen/ und thüege guotes. Er suoche frid und jage jm nach. Dann die augen deß Herren sehend auff die gerechten/ und seine oren auff jr gebätt: das antlit aber deß Herren sicht auff die da böses thuond.

8 Schliesslich: Seid alle eines Sinnes, voller Mitgefühl, liebt einander, übt Barmherzigkeit, seid demütig! 9 Vergeltet nicht Böses mit Bösem, nicht üble Nachrede mit übler Nachrede. Im Gegenteil: Segnet, denn ihr seid dazu berufen, Segen zu erben.

10 Denn *wer das Leben lieben will*
und gute Tage sehen möchte,
der halte seine Zunge im Zaum, fern vom Bösen,
und seine Lippen, dass sie nichts Heimtückisches sagen.
11 *Er gehe aber dem Bösen aus dem Weg und tue Gutes,*
er suche Frieden und jage ihm nach.
12 *Denn die Augen des Herrn sind gerichtet auf die Gerechten*
und seine Ohren ihrer Bitte zugewandt;
das Antlitz des Herrn aber steht gegen die, die Böses tun.

|9: Röm 12,17! · Lk 6,28! |10–12: Ps 34,13–17 |11: Hebr 12,14!

Leiden und Hoffnung

Unnd wär ist der euch schaden könde/ so jr dem guoten fleyssig nachkommend? Sälig sind jr/ so jr auch leidend umb der gerechtigkeyt willen. Förchtend euch aber vor jrem tratzen nit/ noch erschräckennd nit: heyligend aber Gott den Herren in euweren hertzen. Sind aber alle zeyt vrbüttig zur verantwortung yederman/ dem der grund forderet der hoffnung die in euch ist/ und das mit sennfftmüetigkeyt unnd forcht. Und habend ein guot gewüssen/ auff das die/ so euch hinderredend als übelthäter/ zeschanden werdind/ das sy gelestert und geschmäht habend euwern guoten wandel in Christo.

Dann es ist besser/ so es der Gottes will ist/ das jr von wolthat wegen leydind/ dann von übelthat wägen.

13 Und wer wird euch etwas antun, wenn sich euer Eifer auf das Gute richtet? 14 Doch auch wenn ihr um der Gerechtigkeit willen leiden müsst – selig seid ihr. *Den Schrecken, den sie verbreiten, fürchtet nicht, und lasst euch nicht irremachen!* 15 *Den Herrn* aber, Christus, *haltet heilig* in euren Herzen. Seid stets bereit, Rede und Antwort zu stehen, wenn jemand von euch Rechenschaft fordert über die Hoffnung, die in euch ist. 16 Tut es jedoch mit Sanftmut und Ehrfurcht, mit einem guten Gewissen, damit die, die euren guten Lebenswandel in Christus schlechtmachen, beschämt werden, wenn sie euch in Verruf bringen. 17 Denn es ist besser, Gutes zu tun

Sitmals auch Christus ein mal für unser sünd gelitten hat/ der gerecht für die ungerechten/ auff das er uns Gott zuofuorte/ und ist getödt nach dem fleisch/ aber läbendig gemachet nach dem geist.

Jn dem selbigen ist er auch hingegangen und hat geprediget den geysten in der gefencknuß/ die vor zeyten unglöubig warend/ do man ein mal gewartet der göttlichen duldmuot zuo den zeyten Noe/ do man die Arch zuorüstet/ in welcher wenig/ das ist/ acht seelen behalten wurdennd durchs wasser/ deß gegenbild auch euch behaltet/ namlich der tauff: nit das abthuon deß unflats am fleysch/ sunder die gewüsse kundtschafft einer guoten gewüssenn mit Gott/ durch die auferstentnuß Jesu Christi/ welcher ist zur rechten Gottes in den himmel gefaren/ und sind jm underthon die Engel/ und die gewaltigen/ und die krefftigen.

Das iiij. Capitel.

Jn disem capitel ermanet sy Petrus/ das sy sich hüetind vor den lasteren/ von denen sy Christus entlediget hatt/ und fürnemlich vermanet er sy zuo brüederlicher liebe und einträchtigkeit/ auch zuo gedultigem leyden aller kestigung und schaden/ so jnen von den unglöubigen begegnet.

Dieweyl nun Christus im fleysche gelitten hat für unns/ so wapnend euch auch mit dem selben gedanck. Dann wär am fleysch leydet/ der hört auf von sündren/ das er hinfür (was noch überiger zeyt ist im fleysch) nit der menschen lüsten/ sunder dem willen Gottes läbe. Dann es ist gnuog das wir die vergangnen zeyt deß läbens volbracht habend nach Heydnischem willen/ do wir wandletend inn geylheit/ lüsten/ trunckenheyt/ frässerey/ saufferey/ und greüwlichen götzendiensten. Unnd es befrömbded sy/ das jr nit mit jnen lauffend inn den selbigen übergüssen deß unordenlichen wäsens/ und lesterend euch/ welche werdend rechnung geben dem/ der bereyt ist zerichten die läbendigen und die todten. Dann darzuo ist auch den todten das Euangelion verkündet/

und – wenn es der Wille Gottes ist – zu leiden, als Schlechtes zu tun und zu leiden.

|14: 4,14; Mt 5,10 · Jes 8,12 |15: Jes 8,13 · 1,3 |16: 2,15! |17: 2,20; 4,19

Christus der Grund der Hoffnung

18 Denn auch Christus hat gelitten, ein für alle Mal um der Sünden willen,
   der Gerechte für die Ungerechten,
   damit er euch zu Gott führe;
   er wurde zwar getötet im Fleisch,
   lebendig gemacht aber im Geist.
19 So ist er auch zu den Geistern im Gefängnis hinabgefahren und hat ihnen die Botschaft verkündigt,
20 ihnen, die einst nicht hören wollten, als Gott in seiner Geduld zuwartete in den Tagen, da Noah die Arche baute; in ihr wurden ein paar wenige, nämlich acht Seelen, gerettet durch das Wasser hindurch. 21 Dieses rettet jetzt auch euch, im entsprechenden Bild der Taufe; sie dient nicht der Reinigung des Körpers von Schmutz, sondern ist die Zusage fester Bindung an Gott – dank der Auferstehung Jesu Christi, 22 der in den Himmel aufgefahren ist und jetzt zur Rechten Gottes sitzt, nachdem ihm die Engel, die Mächte und die Gewalten unterworfen worden sind.

|18: 2,21–25; 4,1 · Röm 6,10; Hebr 7,27! |19: 4,6 |20: Gen 7,13.17.23; 2Petr 2,5 |21: 1,3 |22: Eph 1,20–22! · Ps 110,1; Kol 3,1!

3,21: Andere Übersetzungsmöglichkeit: «…, sondern ist eine an Gott gerichtete Bitte um ein gutes Gewissen – …»

Christi Leiden und unser Leiden

4 1 Wenn also Christus im Fleisch gelitten hat, dann sollt auch ihr euch mit der gleichen Gesinnung wappnen; denn wer im Fleisch gelitten hat, der hat mit der Sünde abgeschlossen 2 und richtet sich in der ihm noch bleibenden Zeit seines irdischen Lebens nicht mehr nach den Begierden der Menschen, sondern nach dem Willen Gottes. 3 Denn lange genug habt ihr getan, wonach den Heiden der Sinn steht, als ihr ein ausschweifendes, gieriges Leben mit Trinkgelagen, Fressereien, Zechereien und frevelhaftem götzendienerischem Treiben führtet. 4 Das befremdet sie ja, dass ihr euch nicht mittreiben lasst im selben Strom eines zügellosen Lebens, und eben darum verwünschen sie euch. 5 Sie werden aber Rechenschaft ablegen müssen vor dem,

auff dz sy gerichtet werdind als andere menschen deß fleischs halb/ aber im geist Gott läbind.

der sich bereithält, die Lebenden und die Toten zu richten. 6 Denn dazu ist auch den Toten das Evangelium verkündigt worden, dass sie nach der Weise der Menschen gerichtet werden im Fleisch, nach der Weise Gottes aber das Leben haben im Geist.

|1: 3,18! |2: 1,14; 2,11 |5: 2Tim 4,1! |6: 3,19

Die Zeit ist nahe

7 Das Ende aller Dinge ist nahe. Seid besonnen und nüchtern, widmet euch dem Gebet! 8 Haltet vor allem an der Liebe zueinander fest, ohne nachzulassen! Denn *die Liebe deckt die Fülle der Sünden zu.* 9 Seid gastfreundlich, ohne zu murren. 10 Dient einander – ein jeder mit der Gabe, die er empfangen hat – als gute Haushalter der vielfältigen Gnade Gottes. 11 Wenn einer spricht, dann Worte Gottes; wenn einer dient, dann aus der Kraft, die Gott ihm schenkt, damit in allen Dingen Gott verherrlicht werde durch Jesus Christus; ihm sei die Herrlichkeit und die Herrschaft in alle Ewigkeit, Amen.

Es ist aber naach kommen das end aller dingen.
 So sind nun züchtig unnd nüechter zum gebätt: vor allen dingen aber habend undereinandern ein eynbrünstige liebe. Dann die liebe deckt auch der sünden vile. Sind gastfrey under einander on murmlen/ und dienend einanderen/ ein yetlicher mit der gaab die er empfangen hat/ als die guotenn haußhalter der mancherley gnaden Gottes. So yemants redt/ so rede ers als Gottes wort. So yemants ein ampt hat/ so thüege ers als auß krafft die Gott darreicht/ auff das jr in allen dingenn Gott preysind durch Jesum Christum/ welchem sey preyß unnd gewalt von ewigkeyt zuo ewigkeyt/ Amen.

|7: 5,8! |8: 1,22 · Spr 10,12; Jak 5,20 |10–11: Röm 12,6–8; 1Kor 12,4–11 |11: 5,11; Offb 1,6

In der Nachfolge Christi

12 Meine Geliebten, wundert euch nicht über das Feuer, das bei euch ausgebrochen ist, um euch auf die Probe zu stellen, als widerfahre euch dadurch etwas Fremdes. 13 Im Gegenteil, freut euch, dass ihr damit an den Leiden Christi teilhabt; so werdet ihr auch bei der Offenbarung seiner Herrlichkeit euch freuen und jubeln können. 14 Selig seid ihr, wenn sie euch um des Namens Christi willen beschimpfen, denn der Geist der Herrlichkeit, *der Geist Gottes ruht auf euch.* 15 Niemand von euch soll als Mörder, als Dieb oder als Bösewicht leiden müssen oder weil er ein Auge hat auf das, was dem Nächsten gehört. 16 Wenn er aber als Christ leiden muss, dann schäme er sich dessen nicht, sondern preise Gott mit diesem Namen. 17 Denn die Zeit ist gekommen, da das Gericht beginnt, und zwar beim Haus Gottes; wenn aber zuerst bei uns, wie wird dann das Ende derer sein, die nicht auf das Evangelium Gottes hören? 18 Und *wenn der Gerechte kaum gerettet wird, wo wird sich dann der Gottlose und Sünder wiederfinden?* 19 So sollen auch die, welche nach dem Willen Gottes zu leiden haben, ihr Leben dem getreuen Schöpfer anvertrauen, indem sie Gutes tun.

Jr lieben/ lassent euch die hitz under euch nit befrömbden (die euch widerfart das jr versuocht werdind) als widerfüere euch etwas seltzams/ sunder sind teylhafftig deß leydens Christi.
 Sind frölich/ auff das jr auch zur zeyt der offenbarung seiner herrlikeit/ fröud und wonne haben mögind. Sälig sind jr wenn jr geschmächt werdennd umb deß nammens Christi willen: dann der geyst/ der ein geyst der herrlikeyt unnd Gottes ist/ ruowet auff euch. Bey jnen ist er verlestert/ aber bey euch ist er gepreyßt.
 Niemants aber under euch leyde als ein mörder/ oder dieb/ oder übelthäter/ oder frömbdes guottes begirig. Leydet er aber als ein Christ/ so schäme er sich nitt/ Er preyse aber Gott in der sach. Dann es ist zeyt das da anfahe das gericht an dem hauß Gottes. So es aber zum ersten an uns anfacht/ was wil es dann für ein end werden mitt denen die dem Evangelio Gottes nit glaubend? Und so der gerecht kum erhalten wirdt/ wo wil der gottloß und der sünder erscheynen? darumb welche da leydend nach Gottes willen/ die befelhend zuo behalten jre seelen/ als dem trüwen schöpffer/ mit guoten wercken.

Die erst Epistel Sant Peters.

Das v. Capitel.

Petrus vermanet in sunderheyt die hirten der Christenen schäfflin/ daß sy acht und sorg über jre härd habind. Die jungen das sy gehorsam sygind den alten/ und in gemeyn sy all/ das sy gegen einandern freündtlich sygind/ auch das sy wacker und nüechter sygind zuo widerston dem feynd.

Die Eltesten die under euch sind/ ermanen ich ein mitalter/ und ein zeüg der leyden die in Christo sind/ unnd mitgenoß der herrlickeit die geoffenbaret werden sol/ weydend die härd Christi die under euch ist/ und versehend sy/ nit genötiget/ sonder selbs willig: nit auß schantliches gwüns gesüech/ sonder auß geneigtem gmüet: nit als die da herrschend über das erb/ sonder werdend ein vorbild der härd/ so werdend jr (wenn erscheynen wirdt der Ertzhirt) die kron empfahen die niemer mer wälck wirt.

Desselben gleychen die jüngeren sygind underthon den eltesten. Allesamen sind einandern underthon/ und beweysend darinn die demuot. Dann Gott widerstadt den hoffertigen/ aber den nidrigen gibt er gnad. So nidrigend euch nun under die gwaltige hand Gottes/ das er euch erhöhe zuo seiner zeyt. Alle euwere sorg werffend auff jnn/ dann er sorget für euch.

Sind nüechter und wacker/ dann euwer widersächer oder gegenkempffer der teüfel/ gadt umbhär wie ein brüelender löuw/ und suocht welchen er verschlünde/ dem widerstond vest im glauben/ und wüssend das jr vollfüerend das selb leyden/ welches auch euwere bruoderschafft in der welt vollfüert.

Der Gott aber aller gnaden/ der euch berüefft hatt zuo siner ewigen herrligkeit in Christo Jesu/ der selbig wirt euch/ die jr ein kleine zeyt leydend/ vollbereyten/ stercken/ krefftigen/ gründen. Dem selbigen sey preyß unnd macht vonn ewigkeyt zuo ewigkeyt/ Amen.

Durch eüweren trüwen bruoder Silvanon (als ich acht) hab ich euch ein wenig geschriben

|12: 1,6!–7 |13: 1,6; Mt 5,12 · 1,11; Röm 8,17–18 · 1,13!
|14: 3,14; Mt 5,11 · Jes 11,2 |15: 2,19–20 |17: 2,5 · 1Thess 2,2!
|18: Spr 11,31 |19: 3,17!

4,14: Andere Übersetzungsmöglichkeit: «..., *der Geist Gottes lässt sich dann auf euch nieder*.»

Die Ordnung der Gemeinde

5 1 Die Ältesten unter euch ermahne ich, euer Mitältester und Zeuge der Leiden Christi, der ebenfalls teilhat an der Herrlichkeit, die sich künftig offenbaren wird: 2 Weidet die Herde Gottes, die euch anvertraut ist, und sorgt für sie, nicht unter Zwang, sondern aus freien Stücken, so wie es Gott gefällt! Seid nicht auf schnöden Gewinn aus, sondern tut es von Herzen, 3 seid nicht Herren über eure Schützlinge, sondern ein Vorbild für eure Herde! 4 Dann werdet ihr, wenn der Hirt der Hirten erscheint, den unverwelklichen Kranz der Herrlichkeit davontragen.

5 Ebenso ihr Jüngeren: Ordnet euch den Ältesten unter! Macht euch im Umgang miteinander die Demut zu eigen, denn Gott *widersteht den Hochmütigen, den Demütigen aber schenkt er seine Gnade.*

6 Beugt euch also demütig unter die starke Hand Gottes, damit er euch zu seiner Zeit erhöhe. 7 All eure Sorge werft auf ihn, denn er kümmert sich um euch.

|1: 1,11!; Röm 8,18 |2: Apg 20,28 |4: 2,25 · 1Kor 9,25; 2Tim 4,8!; Jak 1,12; Offb 2,10! |5: Spr 3,34; Jak 4,6 |6: Lk 14,11! |7: Ps 55,23

Gefährdung und Zuversicht

8 Seid nüchtern, seid wachsam! Euer Widersacher, der Teufel, geht um *wie ein brüllender Löwe* und sucht, wen er verschlinge. 9 Widersteht ihm, die ihr fest seid im Glauben und wisst, dass eure Brüder und Schwestern überall auf der Welt dieselben Leiden ertragen müssen. 10 Der Gott aller Gnade aber, der euch berufen hat zu seiner ewigen Herrlichkeit in Christus Jesus, er wird euch nach einer kurzen Zeit des Leidens zurechtbringen, stärken, kräftigen und auf festen Grund stellen. 11 Ihm sei die Herrschaft in alle Ewigkeit, Amen.

|8: 1,13; 4,7 · Ps 22,14 |9: Eph 6,11–13; Jak 4,7
|10: 2Tim 2,10 · 1Thess 2,12 · 1,6 |11: 4,11!

Zweck des Schreibens und Grüsse

12 Durch die Übermittlung des Silvanus, des treuen Bruders, wie ich meine, habe ich euch einige Zeilen zukommen lassen, um

zuo ermanen und zebezeügen/ daß das die
rechte gnad Gottes ist darinnen jr stond.
Es grüesset euch die kilch die zuo Babylo-
nia versamlet ist/ ein mitgenoß euwerer erwellung/ und mein sun Marcus. Grüessend euch under einandern mit dem kuß die liebe. Der frid sey mit allen
die in Christo Jesu
sind/ Amen.

euch zu ermahnen und zu bezeugen, dass das,
was ich geschrieben habe, in Wahrheit die
Gnade Gottes ist, in der ihr stehen sollt.
13 Es grüssen euch die Gemeinde in
Babylon, die an der Erwählung teilhat, und
mein Sohn Markus. 14 Grüsst einander
mit dem Kuss der Liebe! Friede sei mit
euch allen, die ihr in Christus seid.

|14: Röm 16,16!

Die ander Epistel Sant Peters.

Das erst Capitel.

Jn disem capitel ermanet sy Petrus das sy durch Christum erlößt von der gefencknuß der sünden/ und in die zal der kindern Gottes angenommen/ fürhin söliche berüeffung zieren mit guoten wercken und früchten die dem glauben gemäß sygind/ nit wider in die vorigen laster fallen/ darzuo werd jnen Christus helffen/ dem sy on zweyfel vertrauwen söllend: dann er sey der sun Gottes/ deß maiestet er auff dem berg Tabor gesehen hab/ und deß zeügnuß geben mög.

Simeon Petrus ein diener und Apostel Jesu Christi. Denen die mit unns gleychen glaubenn überkommen habend in der gerechtigkeit die unser Gott gibt/ und der heyland Jesus Christus. Gnad und frid mere sich bey euch durch die erkanntnuß Gottes und Jesu Christi unsers Herren.

Nach dem allerley siner göttlichen krafft (was zum läben unnd göttlichem wandel dienet) uns gegeben ist durch die erkanntnuß deß/ der uns berüefft hatt durch sein herrligkeyt und krafft/ durch welches uns die teüre und aller grössesten verheissungen gegeben sind/ namlich/ das jr durch das selb mitgenossen werdennd der göttlichen natur/ so jr fliehend die zergengklichen lüst der welt.

So wendennd allen euweren fleyß daran/ und erzeigend in euwerm glauben Christenliche tugend: in sölicher tugend aber wüssenheyt: in dem wüssen/ bescheydenheit und maß: in bescheydenheyt/ gedult: in gedult/ Gottes huld: in Gottes huld/ brüederliche liebe: in brüederlicher liebe/ gemeyne liebe. Dann wo söliches reychlich bey euch ist/ wirdt es euch nit faul noch unfruchtbar sein lassen/ in der erkanntnuß unsers Herren Jesu Christi. Welchem aber söliches nit in bereytschafft ist/ der ist blind/ und tapet mit der hand/ unnd vergißt der reynigung seiner vorigen sünd.

Darumb lieben brüeder/ thuond dester mer fleyß euweren beruoff unnd erwellung vest zemachen/ dann wo jr sölichs thuond werdend jr nit fallen. Und also wirt euch rychlich dargereicht werden der eyngang zuo dem ewigen reych unsers Herren unnd heylands Jesu Christi.

Darumb wil ich nit farlässig sein/ euch allzeyt sölichs zuo erinneren: wiewol jrs wüssend und

Der Zweite Brief des Petrus

Anschrift

1 1 Simon Petrus, Knecht und Apostel Jesu Christi, an die, die einen Glauben, der dem unsrigen gleichwertig ist, erlangt haben durch die Gerechtigkeit unseres Gottes und Retters Jesus Christus: 2 Gnade sei mit euch und Friede in Fülle durch die Erkenntnis Gottes und Jesu, unseres Herrn.

|1–2: 1Petr 1,1–2 |1: Röm 1,17! · 1,11! |2: 1Petr 1,2; Jud 2 · 1,3!

Dank und Ermutigung

3 Alles, was für das Leben und die Frömmigkeit nötig ist, hat uns seine göttliche Kraft geschenkt durch die Erkenntnis dessen, der uns in seiner Herrlichkeit und Güte berufen hat. 4 Dadurch hat er uns auch die kostbaren und überaus grossen Verheissungen geschenkt, durch die ihr Anteil an der göttlichen Natur bekommen sollt, wenn ihr dem Verderben, das durch die Begierde in der Welt wirksam ist, entflohen seid.

5 Und eben darum sollt ihr euch eifrig bemühen, in eurem Glauben Tugend zu zeigen, in der Tugend Einsicht, 6 in der Einsicht Selbstbeherrschung, in der Selbstbeherrschung Beharrlichkeit, in der Beharrlichkeit Frömmigkeit, 7 in der Frömmigkeit Menschenfreundlichkeit, in der Menschenfreundlichkeit Liebe. 8 Denn das alles, was bei euch wirksam ist und sich mehrt, lässt euch weder untätig noch erfolglos sein, wenn es um die Erkenntnis unseres Herrn Jesus Christus geht. 9 Wem dies nicht gegeben ist, der ist blind, kurzsichtig, der hat vergessen, dass er gereinigt worden ist von den einst begangenen Sünden. 10 Darum, meine lieben Brüder und Schwestern, bemüht euch umso mehr, eure Berufung und Erwählung zu festigen; wenn ihr dies tut, werdet ihr niemals zu Fall kommen. 11 Denn so wird euch auf vielerlei Weise grossmütig Zugang gewährt werden zur ewigen

gesterckt sind in der gegenwirtigen warheyt. Dann ich achts billich sein/ so lang ich in diser hütten bin/ euch zuo erwecken und zuo erinneren. Dann ich weiß das ich meyn hütten bald ablegen muoß/ wie mir dann auch der Herr Jesus Christus eroffnet hatt. Jch wil aber mein fleyß thuon/ dz jr allwegen habind nach meinem außgang/ sölichs in der gedächtnuß zehalten.

Dann wir sind nit den kluogen fablen angehanget/ do wir euch kund gethon habend die krafft und zuokunfft unsers Herren Jesu Christi/ sonder wir sind anschouwer gewesen seiner maiestet/ do er empfieng von Gott dem vatter eer und preyß durch ein stimm/ die zuo jm geschach von der großmächtigen herrligkeyt/ dermassen. Diß ist mein lieber sun/ in dem ich ein wolgefallen hab. Unnd dise stimm habend wir gehört von himmel herab erschallen/ do wir mit jm warend auff dem heyligen berg.

Wir habennd dein vest prophetisch wort/ und jr thuond wol das jr darauf achtend als auff ein liecht/ das da scheynet in einen tuncklen ort biß der tag anbräche/ und der morgenstern aufgange in euweren hertzen. Und das söllend jr für das erst wüssen/ das kein prophecey in der gschrifft geschicht auß eigner außlegung. Dann es ist noch nie kein prophecey auß menschlichem willen härfür bracht: sonder die heyligen menschen Gottes habends geredt/ getriben von dem heyligen geyst.

Das ij. Capitel.

Hierinn warnet sy der heylig Apostel vor den falschen propheten/ die jren jrrsal/ falsch/ und art anzeygend/ die von der Evangelischen warheyt weychend/ und lerend das nit zuo der eer Christi/ sonder zuo jrem nutz unnd ruom dienet: beschreybt damit was straaff jnen von Gott bereyt sind.

Es warend aber auch falsch propheten under dem volck/ wie auch under euch sein werdend falsche leerer/ die näbend eynfüeren werdend

---

Herrschaft unseres Herrn und Retters Jesus Christus.

12 Darum will ich euch dies stets von neuem in Erinnerung rufen, auch wenn ihr es schon wisst und in der Wahrheit, die nun gegenwärtig ist, gefestigt seid. 13 Ich halte es für recht und billig, euer Gedächtnis wachzurütteln, solange ich noch in diesem Zelt wohne. 14 Denn ich weiss, dass die Zeit nicht mehr fern ist, da ich mein Zelt abbrechen muss – so hat es mir unser Herr Jesus Christus kundgetan. 15 Ich will aber all meine Kraft dafür einsetzen, dass ihr auch nach meinem Tod jederzeit in der Lage seid, euch daran zu erinnern.

|3: 1,6–7; 3,18; 1Tim 4,8! · 1,2.8; 2,20; 3,18 |4: 3,13 · 2,18.20 |6: 1,3! |7: 1Petr 1,22! |8: 1,3! |9: Hebr 1,3! |11: 1,1; 2,20; 3,2.18; Tit 2,13! |13: 3,1 |14: 2Kor 5,1

Der Grund des apostolischen Dienstes

16 Denn nicht weil wir klug ausgedachten Mythen gefolgt sind, haben wir euch die Macht und das Kommen unseres Herrn Jesus Christus kundgetan, sondern weil wir Augenzeugen seines majestätischen Wesens geworden sind. 17 Denn empfangen hat er von Gott, dem Vater, Ehre und Anerkennung, als eine Stimme von der erhabenen Herrlichkeit her erklang, die zu ihm sprach: Das ist mein Sohn, mein geliebter Sohn, an ihm habe ich Wohlgefallen. 18 Und diese Stimme, die vom Himmel kam, haben wir gehört, als wir mit ihm zusammen auf dem heiligen Berg waren.

19 Eine umso festere Grundlage haben wir darum im prophetischen Wort, und ihr tut gut daran, darauf zu achten, wie auf ein Licht, das an einem dunklen Ort scheint, bis der Tag anbricht und der Morgenstern aufgeht in euren Herzen. 20 Denn – das sollt ihr vor allem andern wissen – keine Weissagung der Schrift verdankt sich menschlicher Anschauung. 21 Denn was an Weissagung einst ergangen ist, geht nicht auf den Willen eines Menschen zurück, vielmehr haben, getrieben vom heiligen Geist, Menschen im Auftrag Gottes gesprochen.

|16: 1Tim 4,7! · 3,4.12; 1Thess 2,19! |17–18: Mk 9,2–9; Mt 17,1–9; Lk 9,28–37 |17: Mt 17,5; 3,17!

Der Untergang der falschen Lehrer

2 1 Es sind allerdings auch falsche Propheten aufgetreten im Volk, wie auch bei euch falsche Lehrer auftreten werden, die heimlich

verderblich secten/ und verlöugnen den Herren/
der sy erkaufft hat: und werdennd über sich
selbs füeren ein schnälle verdamnuß: und vil
werdend nachvolgen jrem verbannen/ durch
welche wirt der wäg der warheyt verlesteret
werden: und durch geyt mit erdichten worten
werdennd sy an euch handtieren unnd wärben/
über welche das urteyl von langem här nit
sümig ist/ und jr verdamnuß schlaafft nit.

Dann so Gott der englen/ die gesündet
habend/ nit verschonet hatt/ sonder hatt sy
mit ketten der finsternuß zur hell verstossen/
und übergeben das sy zum gericht behaltend
werdind: unnd hatt nit verschonet der vorigen
welt/ sonder bewaret Noe den prediger
der gerechtigkeit selbacht/ und fuort den
sündflussz über die welt der gottlosen. Unnd
hat die stett Sodoma und Gomorra zuo äschen
gemachet/ umbkeert und verdampt: damit
ein exempel gesetzt denen die zuokünfftig
gottloß sein wurdend: und hatt erlößt den
frommen Lot/ der übergwaltiget ward von
dem unzüchtigen wandel der grülichen. Dann
dieweyl er frommklich under jnen wonet/
das er sehen und hören muoßt jre laster und
boßheit/ ward sein fromm gemüet täglich
mit leyd bekümmeret. Der Herr weißt die
gottsäligen und frommen auß der versuochung
zuo erlösen: die ungerechten aber zuo
behalten zum tag deß gerichts zepeynigen.

Allermeest aber die/ so da wandlend nach
dem fleysch in dem lust der unsauberkeit/
und die herrschafft Gottes verachtend/
fräfel/ eigensinnig: entsitzend sich nit die
eer und maiestet Gottes zelesteren/ so doch
die engel die nach der stercke unnd krafft
grösser sind/ nit ertragend das lesterlich
gericht wider sich vom Herren. Aber sy sind
wie die unvernünfftigen thier/ die natürlich
zefahen unnd zuo erwürgen geboren sind:
verlesterend das sy nit erkennend/ und in jrem
würgen werdend sy erwürgt werden/ unnd
den lon der ungerechtigkeit darvon bringen.

Sy achtends für wollust das zeytlich wolläben/
sy sind fläcken und unflät/ so sy wuolend unnd
muotwillend in jrem betrug: zeerend wol von
dem euweren/ habend augen voll Eebruchs/
jrer sünd ist nit zuo weeren/ lockend an sich
die lychtfertigen seelen: habend ein hertz
durchtriben mit geyt/ kinder der maledeyung:
welche habend verlassen den richtigen wäg/ und
sind yrrs gangen/ unnd habend nachgevolget
dem wäg Balaams/ des suns Bosors/ welcher

gefährliche Lehren einführen – ja, sie verleugnen
sogar den Herrn, der sie freigekauft hat.
Damit bereiten sie sich selber ein jähes Ende.
2 Und doch werden viele ihren masslosen
Ausschweifungen folgen und dadurch
den Weg der Wahrheit in Verruf bringen
3 und in ihrer Habgier euch mit schlauen
Worten übervorteilen. Das längst über sie
gesprochene Urteil vollzieht sich schon, und
ihr Untergang lässt nicht auf sich warten.

4 Denn wenn Gott die Engel, die sich
versündigten, nicht verschont, sondern den
Höhlen der Finsternis im Tartarus übergeben
hat, um sie auf das Gericht hin in Gewahrsam
zu halten, 5 und wenn er die alte Welt nicht
verschont, sondern mit Noah, dem Künder
der Gerechtigkeit, nur acht Menschen bewahrt
hat, als er die grosse Flut über die Welt der
Gottlosen kommen liess, 6 und wenn er Sodom
und Gomorra eingeäschert und zum Untergang
verurteilt hat, um den Gottlosen eine Ahnung
zu geben von dem, was kommen wird, 7 und
nur den gerechten Lot, der unter dem zügellosen
Treiben der Frevler zu leiden hatte, errettet hat –
8 denn sehen und hören musste der Gerechte,
der unter ihnen wohnte, Tag für Tag all das
gesetzeswidrige Treiben und seine gerechte Seele
dieser Peinigung aussetzen –, 9 dann weiss der
Herr, wie er die Frommen aus der Prüfung
retten, die Ungerechten aber auf den Tag des
Gerichts hin in Gewahrsam halten wird, um
sie dann zu züchtigen. 10 Am härtesten wird
es jene treffen, die aus purer Lust, sich zu
beflecken, dem Fleisch hinterherlaufen und die
Macht des Herrn verachten. Vermessene Kerle
sind sie, die nicht davor zurückschrecken, die
Mächte im Himmel zu lästern, 11 während die
Engel, die ihnen an Kraft und Stärke doch weit
überlegen sind, diesen kein verwünschendes
Urteil vom Herrn überbringen wollen.

12 Sie, die ich meine, sind wie vernunftlose
Tiere, die von Natur aus dazu da sind, gefangen
und vernichtet zu werden; sie lästern über
Dinge, von denen sie nichts verstehen, und
wie jene werden auch sie zugrunde gehen.
13 Sie schaden sich selbst mit dem Lohn für ihr
ungerechtes Tun. Sie halten die Schwelgerei, die
sie auch am heiterhellen Tag pflegen, für eine
Wonne; Schmutzfinken und Schandflecken
sind sie, schwelgen in ihren Betrügereien
und schlagen sich gemeinsam mit euch den
Bauch voll. 14 Sie haben nur Augen für die
Ehebrecherin und schielen rastlos nach der

geliebet hat den lon der ungerechtigkeit/ hat aber ein straaff seyner überträttung. Das stumm underjöchig thier redt mit menschen stimm/ und weeret des propheten torheit. Das sind brunnen on wasser/ und wolcken von windwirbel umbgetriben: welchen behalten ist ein tunckle finsternuß in ewigkeyt. Dann sy tönend hochprächtige und eytele wort/ da nüts hinder ist: und reytzend durch geylheit zum lust des fleyschs die yhenigen die recht entrunnen warend/ und nun im jrrthumb wandlend: und verheissend jnen freyheit/ so sy selbs knecht des verderbens sind. Dann von welchem yemants überwunden ist/ des knecht ist er worden. Dann so sy entflohen sind der unsauberkeit der welt/ durch die erkanntnuß deß Herren und heylands Jesu Christi/ werdend aber widerumb in die selbigen geflochten und überwunden/ ist jnen das letst ergerer worden dann das erst. Dann es wäre jnen besser das sy den wäg der gerechtigkeyt nit erkennt hettend/ dann das sy jn erkennend/ unnd sich keerend von dem heyligen gebott das jnen gegeben ist. Es ist jnen widerfaren das waar sprüchwort: Der hund frisset wider das er gespüwet hat: unnd die Suw waltzet sich nach der schwämme wider im kaat.

Das iij. Capitel.

Jn disem capitel ermanet er sy aber sich zuo hüeten vor der falschen unnd betrüglich leer deren die den Herren sagend nit künfftig sein/ unnd wie söliche zuokunfft werde sein/ unnd wie man sich darzuo bereyten sol.

Diß ist die ander Epistel die ich euch schreyb/ jr lieben/ in welchen ich erweck und erinneren euwern lauteren sinn/ das jr gedenckind an die wort die euch vorhin gesagt sind von den heyligen propheten: und an unser gebott/ die wir sind Apostel des Herren und heylands.

Und wüssend das auffs erst/ das in den letsten tagen kommen werdend verspotter/

Sünde; ungefestigte Seelen ködern sie, ihr Herz ist geübt in der Habgier – Kinder des Fluchs sind sie. 15 Den geraden Weg haben sie verlassen, in die Irre sind sie gegangen, da sie dem Weg Bileams, des Sohnes des Bosor, folgten, der auf ungerechten Gewinn aus war, 16 doch zurechtgewiesen wurde wegen seiner Freveltat. Ein stummes Zugtier sprach ihn mit menschlicher Stimme an und gebot dem Wahnsinn des Propheten Einhalt.

17 Sie, die ich meine, sind Quellen ohne Wasser, Nebelschwaden, die vom Sturmwind getrieben werden; die Schwärze der Finsternis wartet auf sie. 18 Grosse Töne geben sie von sich, lauter Torheit, mit den Verlockungen des Fleisches ködern sie hemmungslos, die eben erst den im Irrtum Befangenen entronnen sind, 19 und verheissen ihnen Freiheit, wo sie doch selbst Sklaven des Verderbens sind. Denn wem man erlegen ist, dem hat man zu dienen. 20 Wenn sie nämlich dem Schmutz der Welt durch die Erkenntnis unseres Herrn und Retters Jesus Christus entkommen sind, sich aber wiederum verstricken lassen und ihrer Lust am Schmutz erliegen, dann ist es mit ihnen am Ende schlimmer als am Anfang. 21 Für sie wäre es besser, den Weg der Gerechtigkeit gar nie erkannt, als ihn erkannt und sich dann wieder abgewandt zu haben von dem heiligen Gebot, das ihnen überliefert worden ist. 22 Auf sie trifft zu, was das Sprichwort zu Recht sagt: Ein Hund kehrt zu seinem Auswurf zurück, und: Ein Schwein badet, um sich wieder im Dreck zu wälzen.

|1: Mt 7,15! · Jud 4 |2: 2,21 |3: 2,14–15 |4: Gen 6,1–2; Jud 6 |5: 3,6; Gen 7,13.17; 1Petr 3,20; Hebr 11,7; Lk 17,27 · Gen 6,5–8 |6: Gen 19,24–25; Jud 7 |7: Gen 19,16–17.29; Lk 17,29–30 |9: 3,7; Jud 6 |10: Jud 7–8 |11: Jud 9 |12: Jud 10 |13: Jud 12 |14: 2,3 |15: Num 22,5–7; Jud 11 |16: Num 22,28 |17: Jud 12–13 |18: Jud 16 · Gal 5,16! · 1,4! |20: 1,4! · 1,11! |21: 2,2 · 3,2 |22: Spr 26,11

2,4: Andere Textüberlieferung: «…, sondern mit Stricken der Finsternis in den Tartarus befördert hat, …»

Die Spötter am Ende der Tage

3 1 Meine Geliebten, dies ist nun schon der zweite Brief, den ich euch schreibe, in dem ich euer Gedächtnis und damit eure lautere Gesinnung wach halten möchte. 2 Ihr sollt euch erinnern an die Worte, die die heiligen Propheten vor langer Zeit gesprochen haben, und an das von euren Aposteln überlieferte Gebot des Herrn und Retters. 3 Dies vor allem sollt ihr erkennen: Am Ende der Tage

die nach jren eignen lüsten wandlend/ unnd sagend: Wo ist die verheissung seiner zuokunfft? Dann nach dem die vätter entschlaffen sind/ bleybt es alles wie es von anfang der creaturen gewesen ist. Aber muotwillig wöllend sy nit wüssen/ das der himmel vor zeyten auch was/ darzuo die erd auß wasser/ und im wasser bestanden durch Gottes wort/ dennocht ward zuo der zeyt die welt durch das selbig mit dem sündfluß verderbt/ der himmel aber der noch ist/ und die erd/ sind durch sein wort verhalten/ das sy auffs fheür behalten werdind/ am tag des gerichts und verdamnuß der gottlosen menschen. Eins aber sey euch unverhalten/ jr lieben/ das ein tag vor dem Herren ist wie tausent jar: unnd tausent jar wie ein tag. Der Herr verzücht nit die verheissung/ als etlich den verzug achtend/ sonder er ist duldmüetig auff euch/ und wil nit das yemants verloren werde/ sonder das sich yederman bessere. Es wirt aber des Herren tag kommen als ein dieb in der nacht/ in welchem die himmel zergon werdend mit grossem krachen: die element aber werdend von hitz zerschmeltzen: und die erd/ und die werck die darinnen sind/ werdend verbrennt.

So nun das alles sol zergon/ wie jr dann söllend geschickt sein mit heyligem wandel und gottsäligem wäsen/ das jr wartind und eylind zuo der zuokunfft des tags des Herren: in welchem die himmel von fheür zergon/ und die element von hitz zerschmeltzen werdend. Neüwe himmel aber/ und ein neüwe erden nach seiner verheyssung wartend wir/ in welchen gerechtigkeit wonet.

werden Spötter kommen, die ganz ihren eigenen Begierden leben und höhnisch 4 sagen werden: Was ist nun mit der Verheissung seines Kommens? Seit die Väter entschlafen sind, bleibt ja alles, wie es ist, von Anbeginn der Schöpfung. 5 Denen, die solches behaupten, ist nämlich verborgen, dass es schon längst einen Himmel gab und eine Erde, die aus Wasser und durch Wasser bestand aufgrund des göttlichen Wortes, 6 und dass durch diese beiden die damalige Welt in den Wasserfluten untergegangen ist. 7 Der jetzige Himmel aber und die jetzige Erde sind durch dasselbe Wort bewahrt worden; für das Feuer werden sie aufbewahrt auf den Tag des Gerichts und des Verderbens, das die gottlosen Menschen treffen wird.

8 Dies eine aber soll euch nicht verborgen bleiben, meine Geliebten: Ein Tag ist beim Herrn wie tausend Jahre, und tausend Jahre sind wie ein Tag. 9 Der Herr zögert nicht, die Verheissung zu erfüllen, wie einige meinen, sondern ist geduldig mit euch; er will nicht, dass einige zugrunde gehen, sondern vielmehr, dass alle den Weg der Umkehr einschlagen. 10 Der Tag des Herrn aber wird kommen wie ein Dieb; dann wird der Himmel verschwinden mit grossem Getöse, die Elemente des Alls werden sich in der Hitze auflösen, und die Erde, die Werke, die auf ihr vollbracht wurden, werden zutage kommen.

11 Wenn sich nun dies alles derart auflöst, wie entschlossen müsst ihr dann euer Leben führen, heilig und fromm! 12 Wartet auf den Tag Gottes und beschleunigt seine Ankunft – seinetwegen wird der Himmel sich auflösen im Feuer, und die Elemente des Alls schmelzen in der Hitze. 13 Wir warten aber aufgrund seiner Verheissung auf *einen neuen Himmel und eine neue Erde,* in denen Gerechtigkeit wohnt.

|1: 1,13 |2: Jud 17 · 2,21 · 1,11! |3: Jud 18 |4: 1,16! |5: Gen 1,1–2.6–7.9 |6: 2,5; Gen 7,4.17–21 |7: 2,9 |8: Ps 90,4 |9: 3,15 · 1Tim 2,4! |10: 1Thess 5,2; Mt 24,43! · Offb 20,11!; Ps 102,27 |12: 1,16! · Offb 20,11! |13: 1,4 · Jes 65,17; 66,22; Offb 21,1!

3,4: Andere Übersetzungsmöglichkeit: «… Seit sie ergangen ist, sind die Väter ja entschlafen; alles bleibt, wie …»
3,6: Gemeint ist: durch das Wasser und das Wort.

Im Angesicht des Tages des Herrn

14 Darum, meine Geliebten, setzt in solcher Erwartung alles daran, ohne Fehl und Makel vor ihm zu erscheinen, so dass ihr nichts befürchten müsst! 15 Und seid euch

Darumb meyne lieben/ dieweyl jr darauf wartend/ so thuond fleyß das jr erfunden werdind vor jm/ unbefleckt und unsträflich im friden: unnd die duldmüetigkeyt unsers Herren

Jesu Christi achtend für euwere säligkeit. Als auch unser lieber bruoder Paulus/ nach der weyßheit die jm gegeben ist/ geschriben hatt. Wie er auch in allen brieffen darvon redt/ in welchen sind etliche ding schwär zuo verston/ welche von den ungelerten unnd leychtferigen gefelchet werdend/ wie auch die anderen gschrifften/ zuo jrer eignen verdamnuß. Jr aber meine lieben/ dieweyl jr das vorhin wüssend/ so verwarend euch/ das jr nit durch jrrthumb der grülichen sampt jnen verfüert werdind/ und entfallind uß üwerer eignen vestung. Wachsend aber in der gnad und erkanntnuß unsers Herren und heylands Jesu Christi. Dem selbigen sey preyß nun und zuo ewigen zeyten/ Amen.

bewusst, dass die Langmut unseres Herrn eure Rettung bedeutet; so hat es euch ja auch unser geliebter Bruder Paulus in der ihm geschenkten Weisheit geschrieben. 16 In all seinen Briefen spricht er ja davon, auch wenn manches darin schwer zu verstehen ist. Die Unwissenden und Ungefestigten verdrehen es, wie sie es mit allen andern Schriften auch machen – zu ihrem eigenen Verderben!

17 Ihr, meine Geliebten, wisst dies alles nun im Voraus; gebt also acht, dass ihr vom Irrtum der Frevler nicht mitgerissen werdet und euren sicheren Halt verliert! 18 Wachst vielmehr in der Gnade und Erkenntnis unseres Herrn und Retters Jesus Christus. Ihm sei Ehre, jetzt und bis zum jüngsten Tag. Amen.

|14: Jud 24 |15: 3,9; 1Petr 3,20 · Röm 2,4 |18: 1,3! · 1,11! · Jud 25

Die erst Epistel Sant Johans

Das erst Capitel.

Jn disem capitel gibt Joannes waarhaffte zeügnuß von dem ewigen wort/ zeigt an wie es fleysch ist worden/ und das der glaub in dises wort den menschen reyn und sälig mache. Vermanet sy auch zuo reynigkeyt des läbens/ und sagt das niemants on sünd sey/ dann allein durch ein demüetige verjähung seiner sünden.

Das da von anfang was/ das wir gehört habend/ das wir gesehen habend mit unseren augen/ das wir beschouwt habend/ und unsere hend berüert habend/ von dem wort des läbens: und das läben ist erschinen/ und wir habends gesehen/ und zeügend unnd verkündend euch das läben das ewig ist/ welches was bey dem vatter/ und ist uns erschinen. Was wir gesehen und gehört habend/ das verkündend wir euch/ uff das auch jr mit uns gemeynschafft habind/ und unsere gmeinschafft sey mit dem vatter und mit seinem sun Jesu Christo. Unnd sölichs schreybend wir euch/ auff das jr euch fröuwind/ und euwer fröud völlig sey.

Und das ist die verkündung die wir von jm gehört habend/ und euch verkündend/ dz Gott ein liecht ist/ unnd in jm ist kein finsternuß. So wir sagend/ das wir gmeinschafft mit jm habind/ und wandlend in der finsternuß/ so liegend wir/ und thuond nit die warheit. So wir aber im liecht wandlend/ wie er im liecht ist/ so habennd wir gmeinschafft under einandern/ und das bluot Jesu Christi machet uns reyn von aller sünd. So wir sagend wir habind kein sünd/ so verfüerend wir uns selbs/ und die warheit ist nit in uns. So wir aber unsere sünd bekennend/ so ist er trüw und gerecht/ das er uns die sünd verzyhet/ und reiniget uns von aller ungerechtigkeit. So wir sagend wir habind nit gesündiget/ so machend wir jn zum lugner/ und sein wort ist nit in uns.

Das ij. Capitel.

Joannes vermanet zuo warem vertrauwen rechter liebe/ und wie söliche liebe bewärt und gespürt werde..

Mine kindlin/ sölichs schreyb ich euch/ auff das jr nit sündind: und ob yemants sündet/

Der Erste Brief des Johannes

Das Wort des Lebens

1 1 Was von Anfang an war, was wir gehört haben, was wir mit unseren Augen gesehen haben, was wir geschaut und was unsere Hände berührt haben, das Wort des Lebens – 2 das Leben ist erschienen, und wir haben gesehen und bezeugen und verkündigen euch das ewige Leben, das beim Vater war und uns erschienen ist –, 3 was wir nun gesehen und gehört haben, das verkündigen wir euch, damit auch ihr Gemeinschaft habt mit uns. Die Gemeinschaft mit uns aber ist Gemeinschaft mit dem Vater und mit seinem Sohn Jesus Christus. 4 Und dies schreiben wir, damit unsere Freude vollkommen sei.

|1: Joh 1,1 · Joh 1,14; 20,27 · Joh 1,1.4 |2: 5,11!; Joh 6,40 |3: 1,6–7 |4: 5,13 · Joh 15,11; 2Joh 12

Das Leben im Licht

5 Das ist die Botschaft, die wir von ihm gehört haben und euch verkündigen: Gott ist Licht, und Finsternis ist keine in ihm. 6 Wenn wir sagen: Wir haben Gemeinschaft mit ihm, und gehen unseren Weg in der Finsternis, dann lügen wir und tun nicht, was der Wahrheit entspricht. 7 Wenn wir aber unseren Weg im Licht gehen, wie er selbst im Licht ist, dann haben wir Gemeinschaft untereinander, und das Blut seines Sohnes Jesus reinigt uns von aller Sünde.

8 Wenn wir sagen: Wir haben keine Sünde, führen wir uns selbst in die Irre, und die Wahrheit ist nicht in uns. 9 Wenn wir aber unsere Sünden bekennen, ist er so treu und gerecht, dass er uns die Sünden vergibt und uns reinigt von aller Ungerechtigkeit. 10 Wenn wir sagen: Wir haben nicht gesündigt, machen wir ihn zum Lügner, und sein Wort ist nicht in uns.

|5: 2,8; Joh 8,12! |6: 4,20! · 2,11! |7: 1,3 · Hebr 1,3! |8: 4,20! |9: Ps 32,5 · 2,12 · 5,17 |10: 4,20!

Christus, unser Fürsprecher

2 1 Meine Kinder, das schreibe ich euch, damit ihr nicht sündigt. Und wenn einer

so habend wir einen fürsprechen bey Gott/ Jesum Christ/ der gerecht ist: und der selb ist die versüenung für unser sünd: nit allein aber für die unseren/ sonder auch für der gantzen welt. Und an dem erkennend wir das wir jn erkennt habend/ so wir seyne gebott haltend. Wär da sagt ich hab jn erkennt/ und haltet seine gebott nit/ der ist ein lugner/ und in sölichem ist kein warheit. Wär aber seine wort haltet/ in sölichem ist warlich die liebe Gottes vollkommen. Daran erkennend wir das wir in jm sind. Wär da sagt dz er in jm bleybe/ der sol auch wandlen gleych wie er gewandlet hatt.

Brüeder ich schreyb euch nit ein neüw gebott/ sonder das alt gebott/ das jr habennd von anfang gehept. Das alt gebott ist das wort das jr gehört habend. Widerumb ein neüw gebott schreyb ich euch/ das da waarhafftig ist bey jm und bey euch: dann die finsternuß ist vergangen/ und das waar liecht schynet yetz. Wär da sagt er sey im liecht/ und hasset seinen bruoder/ der ist noch in der finsternuß. Wär seinen bruoder liebet/ der bleybt im liecht/ und ist kein ergernuß bey jm. Wär aber sinen bruoder hasset/ der ist in der finsternuß/ und wandlet in der finsternuß/ und weyßt nit wo er hin gadt: dann die finsternuß habend seine augen verblendet.

Jr kindlin/ ich schreyb euch/ das euch die sünd verzigen und abgelassen werdind durch sinen nammen. Jch schreyb euch vättern/ dann jr habend erkennt den der von anfang ist. Jch schryb euch jünglingen/ dann jr habend den böß wicht überwunden. Jch schryb euch kindern/ dann jr habend den vatter erkennt. Jch hab üch vättern geschriben/ dz jr den erkennt habend der von anfang ist. Jch hab euch jünglingen geschriben/ das jr starck sind/ und das wort Gottes bey euch bleybt/ unnd den böß wicht überwunden habend. Habend nit lieb die welt/ noch das inn der welt ist. So yemants die welt lieb hat/ in dem ist nit die liebe des vatters: dann alles was in der welt ist (namlich die lüst des fleischs/ und lust der augen/ und hochpracht des läbens)

doch sündigt, haben wir einen Fürsprecher beim Vater, Jesus Christus, den Gerechten. 2 Er ist die Sühne für unsere Sünden, aber nicht nur für unsere, sondern auch für die der ganzen Welt.

3 Dass wir ihn erkannt haben, erkennen wir daran, dass wir seine Gebote halten. 4 Wer sagt: Ich habe ihn erkannt, und hält seine Gebote nicht, ist ein Lügner – in dem ist die Wahrheit nicht. 5 Wer aber sein Wort bewahrt, in dem ist die Liebe Gottes wirklich zur Vollendung gekommen. Daran erkennen wir, dass wir in ihm sind. 6 Wer sagt, er bleibe in ihm, ist verpflichtet, seinen Weg so zu gehen, wie auch er seinen Weg gegangen ist.

|1: Joh 14,16 |2: 4,10 · Joh 1,29 |3: 3,23 |4: 4,20! |5: 4,12.17–18 |6: 4,20! · 3,16; Joh 13,14–15

Das Gebot der Liebe

7 Ihr Lieben, nicht ein neues Gebot lege ich euch vor, sondern das alte Gebot, das ihr von Anfang an hattet. Das alte Gebot ist das Wort, das ihr gehört habt. 8 Und doch lege ich euch ein neues Gebot vor, etwas, das in ihm und unter euch gültig ist, denn die Finsternis weicht und das wahre Licht scheint schon. 9 Wer sagt, er sei im Licht, und hasst seinen Bruder, ist noch immer in der Finsternis. 10 Wer seinen Bruder liebt, bleibt im Licht, und in ihm ist nichts, was anstössig wäre. 11 Wer aber seinen Bruder hasst, ist in der Finsternis und geht seinen Weg in der Finsternis, und er weiss nicht, wohin er geht, denn die Finsternis hat seine Augen blind gemacht.

|7: Joh 13,34 · 3,11! |8: 1,5! |9: 4,20! |11: 1,6; Joh 12,35

Absage an die Welt

12 Ich schreibe euch, den Kindern: Euch sind die Sünden vergeben, um seines Namens willen.

13 Ich schreibe euch, den Vätern: Ihr habt den erkannt, der von Anfang an war.

Ich schreibe euch, den jungen Männern: Ihr habt den Bösen besiegt.

14 Ich habe euch geschrieben, den Kindern: Ihr habt den Vater erkannt.

Ich habe euch geschrieben, den Vätern: Ihr habt den erkannt, der von Anfang an ist.

Ich habe euch geschrieben, den jungen Männern: Ihr seid stark, und das Wort Gottes bleibt in euch, und ihr habt den Bösen besiegt.

15 Liebt nicht die Welt noch was in der Welt ist. Wenn einer die Welt liebt, ist die Liebe zum Vater nicht in ihm. 16 Denn alles, was in der Welt ist – das Begehren des

ist nit vom vatter/ sonder von der welt. Und die welt vergadt mit jrem lust. Wär aber den willen Gottes thuot/ der bleybt in ewigkeyt.

Kinder/ es ist die letste stund/ und wie jr gehört habend das der widerchrist komme/ unnd vil widerchristen worden sygind/ dahär erkennend wir das es die letste stund ist. Sy sind von uns außgangen/ aber sy warend nit von uns: dann wo sy von uns gewesen wärend/ so wärend sy zwar bey uns bliben. Aber auff das sy offenbar wurdind dz sy nit all von uns syend.

Und jr habend die salbung von dem der da heylig ist/ und wüssend alle ding. Jch hab euch nit geschriben als wüßtind jr die warheyt nit/ sonder jr wüssend sy/ und wüssend das kein lug auß der warheyt kumpt. Wär ist ein lugner/ dann der da lögnet dz Jesus der Christus sey? Das ist der widerchrist/ der den vatter unnd den sun lögnet. Wär den sun lögnet/ der hat auch den vatter nit. Was jr nun gehört habend von anfang/ das bleybe bey euch. So bey euch bleybt was jr von anfang gehört habend/ so werdennd jr auch bey dem sun und vatter bleyben. Und das ist die verheissung die er uns verheissen hatt/ das ewig läben.

Sölichs hab ich euch geschriben von denen die euch verfüerend. Und die salbung/ die jr von jm empfangen habennd/ bleybt bey euch/ und dörffend nit das euch yemants leere/ sonder wie euch die salbung allerley leert/ also ist es war/ und ist kein lug. Und wie sy euch geleert hatt/ also bleybend bey dem selben. Und nun kindlin/ bleybend bey jm/ uff das wenn er offenbar wirt/ das wir ein unerschrockne freyheit habind/ und nit zeschanden werdind vor jm in siner zuokunfft. So jr wüssend dz er gerecht ist/ so erkennend auch das/ wär recht thuot/ der ist von jm geboren.

Fleisches und das Begehren der Augen und das Prahlen mit dem Besitz –, ist nicht vom Vater, sondern von der Welt. 17 Und die Welt vergeht, mit ihrem Begehren; wer aber den Willen Gottes tut, der bleibt in Ewigkeit.

|12: 1,9 |13: 1,1; Joh 1,1 |14: Joh 14,7 · 1,1; Joh 1,1 · Joh 8,31 |16: Gal 5,16!

2,15: Andere Übersetzungsmöglichkeit: «…, ist die Liebe des Vaters …»

Das Auftreten von Antichristen

18 Kinder, die letzte Stunde ist da. Ihr habt ja gehört, dass ein Antichrist kommt. Jetzt aber sind viele Antichristen aufgetreten; daran erkennen wir, dass die letzte Stunde da ist. 19 Aus unserer Mitte sind sie hervorgegangen, aber sie gehörten nicht zu uns. Denn hätten sie zu uns gehört, so wären sie bei uns geblieben. Es sollte aber an ihnen offenbar werden, dass nicht alle zu uns gehören. 20 Ihr aber habt ein Salböl von dem, der heilig ist, und so seid ihr alle Wissende. 21 Ich habe euch nicht geschrieben, weil ihr die Wahrheit nicht kennt, sondern weil ihr sie kennt und wisst, dass keine Lüge aus der Wahrheit stammt. 22 Wer ist ein Lügner, wenn nicht der, der leugnet, dass Jesus der Christus ist? Das ist der Antichrist: wer den Vater und den Sohn verleugnet. 23 Jeder, der den Sohn verleugnet, hat auch den Vater nicht. Wer sich zum Sohn bekennt, hat auch den Vater. 24 Für euch gilt: Was ihr von Anfang an gehört habt, soll in euch bleiben. Wenn in euch bleibt, was ihr von Anfang an gehört habt, werdet auch ihr im Sohn und im Vater bleiben. 25 Und das ist die Verheissung, die er selbst uns gegeben hat: das ewige Leben.

26 Das habe ich euch geschrieben im Blick auf die, die euch in die Irre führen wollen. 27 Für euch aber gilt: Das Salböl, das ihr von ihm empfangen habt, bleibt in euch, und ihr braucht euch von niemandem belehren zu lassen, vielmehr belehrt euch sein Salböl über alles; so ist es wahr und keine Lüge. Und wie ihr dadurch belehrt worden seid, so bleibt in ihm.

28 Und jetzt, Kinder, bleibt in ihm. So werden wir seinem Erscheinen mit Zuversicht entgegensehen und nicht beschämt werden, wenn er kommt. 29 Wenn ihr wisst, dass er gerecht ist, erkennt ihr auch, dass jeder, der tut, was der Gerechtigkeit entspricht, aus ihm gezeugt ist.

Das iij. Capitel.

Joannes zeygt an was da sey die liebe Gottes gegen uns/ was krafft sy habe/ wie wir uns vor sünden hüeten söllend/ wie wir Gott und den menschen lieb söllend haben.

Sehend/ was grosser liebe hatt uns der vatter geben/ das wir Gottes kinder söllend heyssen. Darumb kennt unns die welt nit/ dann sy kennt jn nit. Meyne lieben/ wir sind yetz Gottes kinder/ unnd ist noch nit erschinen/ das wir sein werdind. Wir wüssend aber/ wenn er erscheynen wirt/ das wir jm gleych sein werdend. Dann wir werdend jn sehen wie er ist: und ein yetlicher der söliche hoffnung hat/ der reyniget sich/ gleych wie auch er reyn ist. Wär sünd thuot/ der thuot auch unrecht/ unnd die sünd ist unrecht. Unnd jr wüssend das er ist erschinen/ auff das er unser sünd hinnäme. Unnd die sünd ist nit vonn jm. Wär in jm bleybt/ der sündet nit: wär da sündet/ der hat jn nit gesehen noch erkennt.

Kinder/ lassend euch niemants verfüeren. Wär recht thuot/ der ist gerecht/ gleych wie er gerecht ist. Wär sünd thuot/ der ist von dem teüfel: dann der teüfel sündet von anfang. Darzuo ist erschinen der sun Gottes/ dz er die werck des teüfels auflöse. Wär auß Gott geboren ist/ der thuot nit sünd/ dann seyn som bleybt bey jm/ unnd mag nit sünden/ dann er ist von Gott geboren. Daran erkennt man welche die kinder Gottes und die kinder des teüfels sind. Wär nit recht thuot/ der ist nit von Gott/ und wär nit lieb hat sinen bruoder.

Dann das ist die bottschafft die jr gehört habend von anfang/ das jr euch under einander lieben söllen/ nit wie Cain/ der von dem bösen was/ und erwurgt seinen bruoder. Und warumb erwurgt er jn? das sine werck böß warend/ und sines bruoders gerecht. Verwunderend euch nit/ meine brüeder/ ob euch die welt hasset. Wir wüssend das wir von dem tod hindurch kommen sind in das läben/ dann wir liebend die brüeder. Wär den bruoder nit liebet/ der bleybt im tod. Wär sinen bruoder hasset/ der ist ein todschleger. Und jr wüssend das ein todschleger hat nit das ewig läben bey jm bleybende.

Daran habend wir erkennt die liebe/ das er sein läben für uns gelassen hatt/ und wir söllend auch das läben für die brüeder lassen. Wenn aber jemants diser welt güeter und haab hat/ und sicht seinen bruoder mangel haben/ und schlüßt sein hertz vor jm zuo/ wie bleybt die liebe Gottes bey jm?

|18: 4,3! |20: 2,27 |22: 4,3! |23: 4,15; 2Joh 9 |24: 1,1; 2,7; 3,11 |25: 5,11! |27: 2,20 · Joh 14,26 |28: 4,17 |29: 3,7.10 · 4,7!

Geschenk und Bewährung der Kindschaft Gottes

3 1 Seht, welche Liebe uns der Vater gegeben hat, dass wir Kinder Gottes heissen, und wir sind es. Darum erkennt die Welt uns nicht, weil sie ihn nicht erkannt hat. 2 Ihr Lieben, jetzt sind wir Kinder Gottes, und es ist noch nicht zutage getreten, was wir sein werden. Wir wissen aber, dass wir, wenn es zutage tritt, ihm gleich sein werden, denn wir werden ihn sehen, wie er ist. 3 Und jeder, der solche Hoffnung auf ihn setzt, heiligt sich selbst, so wie jener heilig ist.

4 Jeder, der tut, was der Sünde entspricht, tut nicht, was dem Gesetz entspricht, und Sünde ist das, was dem Gesetz nicht entspricht. 5 Ihr wisst: Er ist erschienen, damit er die Sünden hinwegnehme; und Sünde ist nicht in ihm. 6 Jeder, der in ihm bleibt, sündigt nicht; jeder, der sündigt, hat ihn nicht gesehen und nicht erkannt.

7 Kinder, niemand soll euch in die Irre führen! Wer tut, was der Gerechtigkeit entspricht, ist gerecht, wie jener gerecht ist. 8 Wer tut, was Sünde ist, ist aus dem Teufel, denn der Teufel sündigt von Anfang an. Dazu ist der Sohn Gottes erschienen, dass er die Werke des Teufels zerstöre. 9 Jeder, der aus Gott gezeugt ist, tut nicht, was Sünde ist, denn sein Same bleibt in ihm; und er kann nicht sündigen, weil er aus Gott gezeugt ist. 10 Daran sind die Kinder Gottes und die Kinder des Teufels zu erkennen: Jeder, der nicht tut, was der Gerechtigkeit entspricht, ist nicht aus Gott, und ebenso wer seinen Bruder nicht liebt.

11 Denn das ist die Botschaft, die ihr von Anfang an gehört habt: dass wir einander lieben 12 und nicht sein sollen wie Kain, der aus dem Bösen war und seinen Bruder erschlug. Und weshalb erschlug er ihn? Weil seine Werke böse waren, die seines Bruders aber gerecht.

13 Wundert euch nicht, liebe Brüder und Schwestern, wenn die Welt euch hasst. 14 Wir wissen, dass wir aus dem Tod ins Leben hinübergeschritten sind, denn wir lieben einander. Wer nicht liebt, bleibt im Tod. 15 Jeder, der seinen Bruder hasst, ist ein Mörder; und ihr wisst, dass in einem Mörder das ewige Leben nicht bleibt. 16 Daran haben wir die Liebe erkannt, dass er sein Leben für uns eingesetzt hat. Auch wir sind verpflichtet, das Leben einzusetzen

für die Brüder. 17 Wer immer in der Welt sein Auskommen hat und seinen Bruder Not leiden sieht und sein Herz vor ihm verschliesst: Wie bleibt da die Liebe Gottes in ihm?

|1: Joh 1,12; Röm 8,16 |5: Joh 1,29 · 1Petr 2,22! |6: 5,18 · 3Joh 11 |7: 2,29! |9: 4,7! · 5,18 |10: 3,1! · 2,29! |11: 2,7–11; 3,23; Joh 13,34; 2Joh 5 |12: Gen 4,8 |13: Joh 15,18–19 |14: Joh 5,24 |16: Joh 15,13 · 2,6!

Meine kinder lassend uns nit lieben mit worten/ noch mit der zungen/ sonder mit der thaat unnd mit der warheit. Daran erkennend wir/ dz wir auß der warheyt sind/ und unser hertz ist rüewig vor jm/ das/ so unns unser hertz verdampt/ das Gott grösser ist dann unser hertz/ unnd erkennt alle ding. Jr lieben/ so uns unser hertz nit verdampt/ so habend wir ein freye sicherheit zuo Gott. Und so wir bittend/ werdend wir von jm nemmen/ dann wir haltend seine gebott/ und thuond was vor jm gefellig ist.

Und das ist sein gebott/ das wir glaubind in den nammen seines suns Jesu Christi/ unnd einandern lieb habind/ wie er uns ein gebott geben hatt. Unnd wär seyne gebott halt/ der bleybt in jm/ unnd er in jm. Unnd daran erkennend wir/ das er in uns bleybt/ an dem geyst den er uns geben hat.

Das iiij. Capitel.

Jn disem capitel schreybt er von underscheyd der geysten/ unnd wie man den geyst Gottes von dem falschen sol erkennen/ auch wider von der liebe Gottes und des nächsten.

Jr lieben/ glaubend nit einem yetlichen geyst/ sonder bewärend die geyst/ ob sy von Gott syend. Dann es sind vil falscher propheten außgangen in die welt/ daran erkennend den geyst Gottes. Ein yetlicher geyst der da bekennt/ das Jesus Christus ist kommen in das fleysch/ der ist von Gott. Unnd ein yetlicher geyst/ der da nit bekennt das Jesus Christus ist kommen in das fleysch/ der ist nit von Gott. Und das ist der geyst des widerchrists/ von welchem jr habend gehört das er kumpt/ und ist yetz schon in der welt. Kindlin/ jr sind von Gott/ und habend yhene überwunden. Dann der in uns ist/ ist grösser dann der/ der in der welt ist. Sy sind von der welt/ darumb redend sy von der welt/ unnd die welt hört jnen zuo. Wir sind von Gott/ und wär Gott erkennt/ der hört uns zuo: welcher nit von Gott ist/ der hört

Die Zuversicht der Kinder Gottes

18 Kinder, lasst uns nicht mit Wort und Zunge lieben, sondern in Tat und Wahrheit! 19 Daran werden wir erkennen, dass wir aus der Wahrheit sind, und vor ihm werden wir unser Herz beruhigen. 20 Denn auch wenn das Herz uns verurteilt: Gott ist grösser als unser Herz und erkennt alles. 21 Ihr Lieben, wenn das Herz uns nicht verurteilt, sehen wir Gott mit Zuversicht entgegen, 22 und was immer wir erbitten, empfangen wir von ihm, denn wir halten seine Gebote und tun, was vor ihm Gefallen findet.

23 Und das ist sein Gebot: Dass wir dem Namen seines Sohnes Jesus Christus vertrauen und einander lieben, wie es im Gebot heisst, das er uns gegeben hat. 24 Wer seine Gebote hält, bleibt in ihm und er in ihm; und daran erkennen wir, dass er in uns bleibt aus dem Geist, den er uns gegeben hat.

|22: Joh 15,7; Mt 7,8! |23: 5,13 · 3,11! |24: 4,13 · Joh 15,10.4 · Röm 5,5

Der Geist der Wahrheit und der Geist des Irrtums

4 1 Ihr Lieben, schenkt nicht jedem Geist Glauben, sondern prüft die Geister, ob sie aus Gott sind. Denn viele falsche Propheten sind hinausgegangen in die Welt. 2 Daran erkennt ihr den Geist Gottes: Jeder Geist, der sich zu Jesus Christus bekennt, der im Fleisch gekommen ist, ist aus Gott; 3 und jeder Geist, der sich nicht zu Jesus bekennt, ist nicht aus Gott. Und das ist der Geist des Antichrists, von dem ihr gehört habt, dass er kommt. Der ist jetzt schon in der Welt.

4 Ihr seid aus Gott, Kinder, und ihr habt die Geister besiegt, denn der in euch ist grösser als der in der Welt. 5 Sie gehören zur Welt; deshalb reden sie, wie die Welt redet, und die Welt hört auf sie. 6 Wir sind aus Gott. Wer Gott erkennt, hört auf uns; wer nicht aus Gott ist, hört nicht auf uns. Daran erkennen wir den Geist der Wahrheit und den Geist des Irrtums.

uns nit zuo. Daran erkennend wir den geyst der warheyt/ und den geyst der jrrthumb.

Jr lieben/ lassend unns einander lieb haben/ dann die liebe ist von Gott: unnd wär lieb hat/ der ist von Gott geboren/ und kennt Gott: wär nit lieb hat/ der kennt Gott nit: dann Gott ist die liebe. Daran ist erschinen die liebe Gottes/ das Gott seinen eingebornen sun gesendt hat in dise welt/ das wir durch jn läben söllend. Darinn stadt die liebe/ nit das wir Gott geliebet habind/ sonder das er uns geliebet hatt/ und gesendt seinen sun zur versüenung für unsere sünd.

Jr lieben/ hatt uns Gott also geliebet/ so söllend wir uns auch einander lieben. Niemants hatt Gott ye gesehen. So wir uns under einandern liebend/ so bleybt Gott in uns/ und sein liebe ist völlig in uns. Daran erkennend wir das wir in jm bleybend/ und er in uns/ das er uns von seinem geyst geben hat. Und wir habend gesehen/ und zeügend das der vatter den sun gesendt hat zum heiland diser welt. Welcher nun bekennt/ das Jesus Gottes sun ist/ in dem bleybt Gott/ und er in Gott: unnd wir habend erkennt unnd glaubt die liebe die Gott zuo uns hat.

Gott ist die liebe/ und wär in der liebe bleybt/ der bleybt in gott/ unnd gott in jm. Daran ist die liebe völlig bey uns/ auff das wir ein freye sicherheyt habind am tag des gerichts: dann glych wie er ist/ also sind auch wir in der welt. Forcht ist nit in der liebe/ sonder die völlige liebe treybt die forcht auß: dann die forcht hat pyn. Wär sich aber förchtet/ der ist nit völlig in der liebe.

Lassend uns jn lieben/ dann er hatt uns von ersten geliebet. So yemants spricht: Jch lieben Gott/ unnd hasset seinen bruoder/ der ist ein lugner. Dann wär seinen bruoder nit liebet den er sicht/ wie mag er Gott lieben den er nit sicht? Und das gebot habend wir vonn jm/ das wär gott liebet/ das der auch seinen bruoder liebe.

|1: Mt 7,15! |2: Joh 1,14; 2Joh 7 |3: 2,18.22; 2Joh 7 |4: 5,4! |6: Joh 8,47 · Joh 14,17!

Die Vollendung des Glaubens in der Liebe

7 Ihr Lieben, lasst uns einander lieben!
Denn die Liebe ist aus Gott;
und jeder, der liebt, ist aus Gott gezeugt,
und er erkennt Gott.
8 Wer nicht liebt, hat Gott nicht erkannt,
denn Gott ist Liebe.
9 Darin ist die Liebe Gottes unter uns
erschienen,
dass Gott seinen einzigen Sohn in die
Welt gesandt hat, damit wir durch ihn
leben.
10 Darin besteht die Liebe:
Nicht dass *wir* Gott geliebt hätten,
sondern dass *er* uns geliebt
und seinen Sohn gesandt hat
als Sühne für unsere Sünden.
11 Ihr Lieben, wenn Gott uns so geliebt hat, sind auch wir verpflichtet, einander zu lieben. 12 Niemand hat Gott je geschaut. Wenn wir aber einander lieben, bleibt Gott in uns, und seine Liebe ist unter uns zur Vollendung gekommen. 13 Daran erkennen wir, dass wir in ihm bleiben und er in uns: Dass er uns von seinem Geist gegeben hat. 14 Und wir haben geschaut und bezeugen, dass der Vater den Sohn gesandt hat als Retter der Welt. 15 Wer bekennt, dass Jesus der Sohn Gottes ist, in dem bleibt Gott und er bleibt in Gott. 16 Und wir haben die Liebe, die Gott zu uns hat, erkannt und ihr geglaubt.

Gott ist Liebe, und wer in der Liebe bleibt, bleibt in Gott und Gott bleibt in ihm. 17 Darin ist die Liebe unter uns zur Vollendung gekommen: Dass wir dem Tag des Gerichts mit Zuversicht entgegensehen sollen, denn wie er, so sind auch wir in dieser Welt. Furcht ist nicht in der Liebe, 18 nein, die vollkommene Liebe treibt die Furcht aus, denn die Furcht rechnet mit Strafe; wer sich also fürchtet, ist in der Liebe nicht zur Vollendung gekommen. 19 Wir aber lieben, weil er uns zuerst geliebt hat. 20 Wenn jemand sagt: Ich liebe Gott, und er hasst seinen Bruder, ist er ein Lügner. Denn wer seinen Bruder, den er vor Augen hat, nicht liebt, kann nicht Gott lieben, den er nicht vor Augen hat. 21 Und dieses Gebot haben wir von ihm: dass, wer Gott liebt, auch seinen Bruder liebe.

|7: 3,11.23 · 2,29; 3,9; 5,1.4.18; Joh 1,12–13 |9: Joh 3,16–17 |10: 2,2 |11: 3,11.23 |12: Joh 1,18 · 2,5! |13: 3,24 |14: Joh 3,17;

Das v. Capitel.

Jn disem capitel vollfüert Joannes von der liebe gegen dem nächsten/ unnd von dem ewigen wort/ wie es außfliesse auß Gott/ und wie wir ein vertrawen in Gott söllend habend.

Wer da glaubt dz Jesus sey Christus/ der ist von Gott geboren. Und wär da liebet den der geboren hat/ der liebet auch den der von jm geboren ist. Daran erkennend wir dz wir gottes kinder liebend/ wenn wir gott liebend/ und seine gebott haltend. Dann das ist die liebe gottes/ das wir seine gebot haltind/ und sine gebott sind nit schwär. Dann alles was von Gott geborenn ist/ überwindt die welt: und unser glaub ist der sig der die welt überwunden hatt.

Wär ist aber der die welt überwindt/ dann der da glaubt das Jesus Gottes sun ist? Diser ist/ der da kumpt mit wasser unnd bluot Jesus Christus/ nit mit wasser allein/ sonder mit wasser und bluot. Und der geyst ists der da zeüget: dann der geyst ist die warheyt. Dann drey sind die zeügnuß gebend im himmel: Der vatter/ das wort/ unnd der heylig geyst/ und die drey dienend in eins. Unnd drey sind die da zeügend auff erden/ der geyst/ das wasser/ und das bluot: und die drey dienend in eins. So wir der menschen zeügnuß annemmend/ die zeügnuß Gottes ist grösser: dann das ist die zeügnuß Gottes/ das er zeüget hatt von seinem sun. Wär da glaubt in den sun Gottes/ der hat Gottes zeügnuß bey jm: Wär Gott nit glaubt/ der hat jn zum lugner gemachet: dann er hat nit glaubt inn die zeügnuß/ die Gott zeüget hat von seinem sun. Und das ist die zeügnuß/ das uns Gott das ewig läbenn hat geben. Und sölichs läben ist in seinem sun. Wär den sun Gottes hat der hat das läben: Wär den sun Gottes nit hat der hat das läben nit.

Sölichs hab ich euch geschriben/ die jr glaubend in den nammen des suns Gottes/ auff das jr wüssind das jr das ewig läbenn habind/ und das jr glaubind in den nammen des suns Gottes. Und das ist die frey sicherheyt die wir habennd zuo jm/ das so wir etwas bittend nach

4,42 |15: 5,1! · 2,23 |17: 2,5! · 2,28 |20: 1,6.8.10; 2,4.6.9 |21: Mt 22,37–39 · 5,2

4,7: Andere Übersetzungsmöglichkeit: «Ihr Lieben, wir lieben einander ja! …»

Der Glaube als Sieg über die Welt

5 1 Jeder, der glaubt, dass Jesus der Christus ist, ist aus Gott gezeugt, und wer den liebt, der ihn gezeugt hat, liebt auch den, der aus ihm gezeugt ist. 2 Daran erkennen wir, dass wir die Kinder Gottes lieben: wenn wir Gott lieben und tun, was er gebietet. 3 Denn darin besteht die Liebe zu Gott: dass wir seine Gebote halten; und seine Gebote sind nicht schwer. 4 Denn alles, was aus Gott gezeugt ist, besiegt die Welt. Und das ist es, was uns die Welt besiegen lässt: unser Glaube.

|1: 4,15; 5,5; Joh 20,31 · 4,7! |2: 4,21 |3: Joh 14,15 · 3,23 |4: 4,7! · 4,4; 5,5; Joh 16,33

Gottes Zeugnis über seinen Sohn

5 Wer aber ist es, der die Welt besiegt, wenn nicht der, der glaubt, dass Jesus der Sohn Gottes ist? 6 Er ist es, der durch Wasser und Blut gekommen ist, Jesus Christus; nicht im Wasser allein, sondern im Wasser und im Blut. Und der Geist ist es, der es bezeugt, denn der Geist ist die Wahrheit. 7 Drei sind es nämlich, die Zeugnis ablegen: 8 der Geist und das Wasser und das Blut, und diese drei sind auf das Gleiche ausgerichtet. 9 Wenn wir schon das Zeugnis von Menschen annehmen – das Zeugnis Gottes gilt doch mehr. Denn darin besteht das Zeugnis Gottes, dass er Zeugnis abgelegt hat für seinen Sohn. 10 Wer an den Sohn Gottes glaubt, hat das Zeugnis in sich. Wer Gott nicht glaubt, hat ihn zum Lügner gemacht, weil er nicht an das Zeugnis geglaubt hat, das Gott abgelegt hat für seinen Sohn. 11 Und darin besteht das Zeugnis, dass Gott uns ewiges Leben gegeben hat, und dieses Leben ist in seinem Sohn. 12 Wer den Sohn hat, hat das Leben; wer den Sohn Gottes nicht hat, hat das Leben nicht.

|5: 5,4! · 5,1! |6: Joh 1,31–33 · Joh 19,34–35 · Joh 15,26! |9: Joh 5,32! |11: 1,2; 2,25; 5,13.20; Joh 17,3 |12: Joh 3,36

Bitte und Fürbitte

13 Das habe ich euch geschrieben, damit ihr wisst, dass ihr, die ihr an den Namen des Sohnes Gottes glaubt, ewiges Leben habt. 14 Und darauf gründet unsere Zuversicht: dass er uns erhört, wenn wir etwas erbitten nach seinem Willen.

seinem willenn/ so hört er uns. Und so wir wüssend das er uns hört was wir bittend/ so wüssend wir dz wir die bitt habend/ die wir von jm gebätten habend. So yemants sicht seinen bruoder sünden ein sünd nit zum tod/ der wirt bitten/ und jm geben das läben/ denen die da nit zum tod sündend. Es ist ein sünd zum tod/ darfür sag ich nit dz yemants bitte: aller unbill ist sünd. Und es ist etliche sünd nit zum tod.

Wir wüssend/ das wär von Gott geboren ist/ sündet nit/ sonder die geburt von Gott behaltet jn/ und der böß wicht wirt jn nit angreyffen. Wir wüssend das wir von Gott sind/ unnd die gantz welt ligt im übel. Wir wüssend aber das der sun Gottes kommen ist/ und hat uns einen sinn geben/ das wir
erkennind den warhafftigen: und wir sind in dem warhafftigen in seinem sun Jesu Christo. Diser ist der warhafftig Gott/ unnd das ewig läben.
Kinder hüetend euch vor
eer der bilderen/
Amen.

15 Und wenn wir wissen, dass er uns erhört, in allem, was wir erbitten, dann wissen wir auch, dass wir erhalten, worum wir ihn gebeten haben. 16 Wenn jemand sieht, dass sein Bruder eine Sünde begeht, die nicht zum Tod führt, soll er bitten, und er wird ihm dadurch zum Leben verhelfen – aber nur denen, deren Sünde nicht zum Tod führt. Es gibt Sünde zum Tod; von der rede ich nicht, wenn ich sage, er solle bitten. 17 Jede Ungerechtigkeit ist Sünde; doch gibt es auch Sünde, die nicht zum Tod führt.

|13: 1,4 · Joh 20,31 · 3,23 · 5,11! |14–15: 3,21–22! |17: 1,9

Bewahrung in Christus
18 Wir wissen, dass jeder, der aus Gott gezeugt ist, nicht sündigt. Vielmehr gilt: Wer aus Gott gezeugt ist, wird bewahrt, und der Böse tastet ihn nicht an. 19 Wir wissen, dass wir aus Gott gezeugt sind und dass die Welt als ganze im Argen liegt. 20 Wir wissen aber: Der Sohn Gottes ist gekommen, und er hat uns Einsicht gegeben, damit wir den Wahrhaftigen erkennen; und in ihm, dem Wahrhaftigen, sind wir, in seinem Sohn Jesus Christus.
Er ist der wahrhaftige Gott,
ewiges Leben ist er.
21 Kinder, hütet euch vor den Götzen.

|18: 3,6.9 · 4,7! · Joh 17,15 |20: 5,11!

5,18: Andere Übersetzungsmöglichkeit: «…: Wer aus Gott gezeugt wurde, bewahrt sich, …»

Die ander Epistel Sant Johans

Die Epistel ist nit von Joanne dem Evangelisten unnd Apostel/ sonder von einem anderen Joanne einem alten priester geschriben/ zuo einer eelichen Christenlichen frauwen und jren sünen/ denen schreybt diser Joannes/ sy vermanende/ dz sy sich von der leer/ die sy von jm empfangen hattend/ durch die falschen leerer nit lassind abtreyben und verfüeren/ sonder in der Evangelischen warheyt und in brüederlicher liebe bleybind und verharrind.

Der elteren/ der auszerwelten frauwen/ und jren kinderen/ die ich lieb hab in der waarheyt: und nit allein ich/ sonder auch alle die die warheyt erkennt habend umb der warheyt willen/ die in uns bleybt/ und bey uns sein wirt in ewigkeyt.

Gnad/ barmhertzigkeyt/ frid von Gott dem vatter/ und von dem Herren Jesu Christo/ dem sun des vatters in der warheit und in der liebe.

Jch bin seer erfröuwet/ dz ich funden hab under deinen kinderen die in der warheyt wandlend/ wie dann wir ein gebott vom vatter empfangen habend. Und nun bitt ich dich/ frauw/ nit als ein neüw gebott schreyben ich dir/ sonder das wir gehept habennd von anfang/ das wir uns under einandern liebind: und das ist die liebe/ das wir wandlind nach seinem gebott.

Das ist das gebott/ wie jr gehört habend von anfang/ auff das wir darinnen wandlind.

Dann vil verfüerer sind in die welt kommen/ die nit bekennend Jesum Christ/ dz er in das fleisch kommen ist: diser ist der verfüerer/ und der widerchrist. Sehend euch für/ das jr nit verlierind was jr gewürckt habennd/ sonder vollen lon empfahind. Wär übertritt/ und blybt nit in der leer Christi/ der hat keinen Gott: wär in der leer Christi ist/ der hat beyde den vatter und den sun.

So yemants zuo euch kumpt/ und bringt dise leer nit/ den nemmend nit zuo huß/ und grüessend jn auch nit: dann wär jn grüesset/ der hat gemeynschafft mit seinen bösen werckenn.

Der Zweite Brief des Johannes

Anschrift

1 Der Älteste an die auserwählte Herrin und ihre Kinder, die ich in Wahrheit liebe – und nicht ich allein, sondern auch alle, die die Wahrheit erkannt haben – 2 um der Wahrheit willen, die in uns bleibt; und sie wird mit uns sein in Ewigkeit. 3 Es wird mit uns sein Gnade, Barmherzigkeit und Friede von Gott, dem Vater, und von Jesus Christus, dem Sohn des Vaters, in Wahrheit und Liebe.

|1: 3Joh 1 · 13 |3: 1Tim 1,2; 2Tim 1,2 · 4–6

Leben nach dem Gebot des Vaters

4 Ich habe mich sehr gefreut, unter deinen Kindern solche gefunden zu haben, die ihren Weg in der Wahrheit gehen, wie es im Gebot heisst, das wir vom Vater empfangen haben. 5 Und nun bitte ich dich, Herrin – nicht, als wollte ich dir ein neues Gebot vorlegen, sondern das, das wir von Anfang an hatten: dass wir einander lieben sollen. 6 Und das ist die Liebe, dass wir unser Leben führen nach seinen Geboten. Und das ist das Gebot, wie ihr es von Anfang an gehört habt: dass ihr euren Weg in der Liebe gehen sollt.

|4: 3Joh 3–4 |5: 1Joh 3,11!

Warnung vor Irrlehrern

7 Denn viele Verführer sind hinausgegangen in die Welt, die sich nicht zu dem im Fleisch kommenden Jesus Christus bekennen ; das ist der Verführer und der Antichrist. 8 Gebt acht auf euch, dass ihr nicht verliert, was wir erarbeitet haben, sondern den vollen Lohn erhaltet.

9 Jeder, der darüber hinausgeht und nicht in der Lehre Christi bleibt, hat Gott nicht; wer in der Lehre bleibt, der hat sowohl den Vater als auch den Sohn. 10 Wer zu euch kommt und nicht diese Lehre bringt, den nehmt nicht ins Haus auf und den Gruss entbietet ihm

Jch hette euch vil zeschreyben/ aber ich wolt nit durch zädel und dinnten/ sonder ich hoff zuo euch zekommen/ und mundtlich mit euch zereden/ auff das euwere fröud vollkommen sey. Es grüessend dich die kinder diner schwester der außerwelten/ Amen.

nicht. 11 Denn wer ihm den Gruss entbietet, hat schon teil an seinen bösen Werken.

|7: 1Joh 4,1–3! |9: 1Joh 2,23–24

1,7: Dieser Aussage liegt entweder die Idee eines ewig gegenwärtigen fleischgewordenen Christus oder die Vorstellung einer Wiederkunft Christi im Fleisch zugrunde.

Ankündigung des Besuchs. Grüsse

12 Vieles hätte ich euch noch zu sagen, doch ich wollte es nicht mit Papier und Tinte tun; vielmehr hoffe ich, zu euch zu kommen und von Angesicht zu Angesicht mit euch zu reden, damit unsere Freude vollkommen sei.

13 Es grüssen dich die Kinder deiner auserwählten Schwester.

|12: 3Joh 13–14 · 1Joh 1,4! |13: 1

Die dritt Epistel Joannis.

Dise Epistel wie auch die vorigen/ ist von disem yetz genanten Joanne Theologo geschriben zuo einem eerlichen mann genannt Gaius/ den er vermanet zuo freüntligkeyt gegen den armen und durächteten Christen/ zeigt damit an das Diotrephes den Bilgeren kein freüntschafft beweyß/ sonder die durächtet die jnen sölichs beweysend.

Der elter. Gaio dem lieben/ den ich lieb hab in der waarheyt. Mein lieber/ ich wünsch in allen stucken/ das es dir wol gange/ und gsund syest wie es dann deiner seel wol gadt. Jch bin aber seer erfröuwt/ do die brüeder kamend/ und zeügetend von deiner warheyt/ wie dann du wandlest in der warheyt. Jch hab keyn grössere fröud dann die/ das ich hör mine kinder in der warheyt wandlen.

Mein lieber/ du thuost trüwlich was du thuost an den brüedern und gesten/ die von deiner warheyt zeüget habend vor der gmeind: und du hast wol gethon/ das du sy gefertiget hast wirdigklich vor Gott. Dann umb seines nammens willen sind sy außgezogen/ und habend von den Heiden nichts genommen. So söllend wir nun söliche aufnemmen/ auff das wir der warheyt beholffen werdind.

Jch hab der gemeynd geschriben/ aber Diotrephes/ der under jnen wil den fürgang haben/ nimpt uns nit an. Darumb/ wenn ich kumm wil ich jn erinneren seiner wercken die er thuot/ das er mit bösen worten über unns pladeret/ und laßt sich an dem nit benüegen/ nimpt nit nun die brüeder nit an/ sonder weerets auch denen die es thuon wöllend/ unnd stosset sy auß der gmeynd.

Mein lieber/ nit volg nach dem bösen/ sonder dem guoten. Wär wol thuot/ der ist von Gott: wär übel thuot/ der sicht Gott nit. Demetrius hatt zeügnuß von yederman/ und

Der Dritte Brief des Johannes

Anschrift und Gruss

1 Der Älteste an den geliebten Gaius, den ich in Wahrheit liebe.

2 Geliebter Freund, ich wünsche dir, dass es dir in jeder Hinsicht so gut gehen möge, wie es deiner Seele geht. 3 Ich habe mich nämlich sehr gefreut, als Brüder kamen und dir das Zeugnis ausstellten, dass du in der Wahrheit bist und deinen Weg in der Wahrheit gehst. 4 Grössere Freude darüber habe ich nicht als die, zu hören, dass meine Kinder ihren Weg in der Wahrheit gehen.

|1: 2Joh 1 |3–4: 2Joh 4

Unterstützung von Missionaren

5 Geliebter Freund, du handelst treu in dem, was du an den Brüdern tust, und noch dazu an fremden. 6 Sie haben für deine Liebe Zeugnis abgelegt vor versammelter Gemeinde; du wirst recht tun, wenn du sie für ihren Weg ausrüstest, wie es vor Gott würdig ist. 7 Denn für seinen Namen sind sie ausgezogen, ohne etwas von den Heiden anzunehmen. 8 Wir sind daher verpflichtet, solche Leute zu unterstützen und so zu Mitarbeitern an der Wahrheit zu werden.

|5: 10

Zurechtweisung des Diotrephes

9 Ich habe kurz an die Gemeinde geschrieben; aber Diotrephes, der unter ihnen gerne der Erste ist, erkennt uns nicht an. 10 Deshalb werde ich, wenn ich komme, seine Werke in Erinnerung rufen, die er tut. Mit bösen Worten verleumdet er uns und, damit nicht genug: Er nimmt auch die Brüder nicht auf und hindert auch die, die es tun möchten, und stösst sie aus der Gemeinde aus.

|10: 5

Empfehlung des Demetrius

11 Geliebter Freund, ahme nicht das Böse nach, sondern das Gute! Wer Gutes tut, ist aus Gott; wer Böses tut, hat Gott nicht gesehen. 12 Für Demetrius ist Zeugnis abgelegt

von der warheyt/ unnd wir zeügend auch/ und jr wüssend das unser zeügnuß war ist.

Jch hatt vil zeschreyben/ aber ich wolt nit mit dinnten und fädern zuo dir schreyben. Jch hoff aber dich bald zesehen/ so wöllend wir mundtlich mit einander reden. Frid sey mit dir. Es grüessend dich die freünd. Grüeß die freünd mit nammen.

worden von allen und von der Wahrheit selbst; aber auch wir legen Zeugnis ab, und du weisst, dass unser Zeugnis wahr ist.

|11: 1Joh 3,6

Schlussgrüsse

13 Vieles hätte ich dir noch zu sagen; aber ich will es nicht mit Tinte und Feder tun. 14 Ich hoffe aber, dich bald zu sehen, dann werden wir von Angesicht zu Angesicht reden. 15 Friede sei mit dir! Es grüssen dich die Freunde. Lass auch du die Freunde grüssen, jeden mit Namen!

|13–14: 2Joh 12

Deß heyligen Apostels Pauli Epistel an die Ebreer.

Der Brief an die Hebräer

Das erst Capitel.

Jn disem capitel mäldet Paulus wie Gott so gnädigklich mit den alten gehandlet habe/ doch vil gnädigklicher unnd freüntlicher mit uns denen er seinen eingebornen sun gesandt habe. Zeygt damit an auß klaren bewärnussen der gschrifft die überträffligkeyt und eer Jesu Christi/ deß suns Gottes der in allen dingen gleych sey dem vatter/ und wie das neüw Testament das alt überträffe.

Nach dem vor zyten gott manig mal und mancherley wyß gredt hatt zuo den vätterenn durch die propheten/ hat er am letsten in disen tagen zuo uns gredt durch den sun/ welchen er gesetzt hat zum erben aller ding/ durch welchen er auch dise welt gemachet hatt. Welcher sittmals er der glantz ist seiner herrligkeyt/ unnd das ebenbild seines wäsens/ unnd alle ding erhalt mit dem wort seiner krafft/ und gemachet hat die reynigung unserer sünden durch sich selbs/ hat er sich gesetzt zuo der rechten der maiestet in den höhinen: so vil besserer worden dann die engel/ als vil er einen höheren nammen vor jnen ererbt hatt.

Eröffnung: Gottes endgültige Rede durch den Sohn

1 1 Nachdem Gott vor Zeiten vielfach und auf vielerlei Weise zu den Vätern geredet hatte durch die Propheten, 2 hat er am Ende dieser Tage zu uns geredet durch den Sohn,
den er eingesetzt hat zum Erben aller Dinge
und durch den er die Welten geschaffen hat.
3 Er, der Abglanz seiner Herrlichkeit und Abbild seines Wesens ist,
der das All trägt mit dem Wort seiner Macht,
der Reinigung von den Sünden geschaffen hat,
er hat sich zur Rechten der Majestät in den Höhen gesetzt,
4 weit erhabener geworden als die Engel,
wie er auch einen Namen geerbt hat, der den ihrigen weit überragt.

|2: Kol 1,16–17 |3: Kol 1,15! · 2,8.10 · 2Petr 1,9; 1Joh 1,7 · 1,13! |4: 3,3 · Eph 1,20–21; Phil 2,9

Der Sohn und die Engel

Dann zuo welchem engel hatt er ye gesagt: Du bist mein sun/ heütt hab ich dich geboren? Und abermals: Jch wird jm ein vatter sein/ und er wirt mir ein sun sein? Da er abermals eynfüert den erstgebornen in die welt/ spricht er: Und es söllend jn alle engel Gottes anbätten. Von den englen spricht er zwar: Er machet seine engel geyster/ und seine diener fheürflammen. Aber von dem sun: Gott/ dein stuol wäret in ewigkeit zuo ewigkeyt: der scepter deines reychs ist ein richtiger scepter. Du hast geliebet die gerechtigkeyt/ und gehasset die ungerechtigkeyt: darumb hat dich Gott dein Gott gesalbet mit dem öl der fröuden über deine genossen. Und du Herr hast von anfang die erden gegründet/ unnd die himmel sind deiner henden werck/ die selbenn werdend vergon/ du aber wirst ston bleiben. Und sy werdend alle veralten wie ein kleid/ und wie ein gwand wirst du sy

5 Zu welchem Engel hat er denn je gesagt:
Mein Sohn bist du,
heute habe ich dich gezeugt,
und an anderer Stelle:
Ich werde ihm Vater sein,
und er wird mir Sohn sein?
6 Und für die Zeit, da er den Erstgeborenen wieder in die Welt hineinführt, sagt er:
Und beugen sollen ihre Knie vor ihm alle Engel Gottes.
7 Von den Engeln heisst es:
Der seine Engel zu Winden macht
und seine Diener zu feuriger Flamme,
8 zum Sohn aber sagt er:
Dein Thron, o Gott, steht von Ewigkeit zu Ewigkeit,
und das Zepter des Rechts ist Zepter deines Reichs.

verwandlen/ und sy werdend sich verwandlen.
Du aber bist der selbig/ und deine jar werdend
nit abnemmen. Zuo welchem Engel aber
hat er yemals gesagt: Setz dich zuo meiner
rechten biß ich lege deine feynd zum schämel
deiner füessen? Sind sy nit allsamen dienstbare
geister/ außgesendt zum dienst umb deren
willen/ die ererben söllend die säligkeyt?

Das ij. Capitel.

In disem Capitel zeygt Paulus an/ das wir dem
neüwen Testament und leer Christi söllind gehörig sein/
welches das alt weyt übertreffe/ daran sol uns nit hindern
die verworffenheyt und nichtigkeyt Christi/ die er umb
unsert willen angenommen hat.

Darumb söllend wir dester mer warnemmen/
deß/ das wir hörend/ das wir nitt etwan
verfliessind. Dann so das wort vest worden
ist/ das durch die Engel geredt ist: und ein
yetliche überträttung und ungehorsame
hat empfangen sein gerechte belonung/
wie wöllend wir entfliehen/ so wir ein
söliche säligkeyt verachtend? welche/ nach
dem sy angefangen hat/ geredt werdend
durch den Herren/ ist sy auff uns befestiget
durch die so es gehöret habennd/ durch das
mitzeügen Gottes/ mit zeychen/ wunder/ und
mancherley krefften/ und mit außteylung
deß heiligen geysts nach seinem willen.

Dann er hat nit den Englen underthon
die zuokünfftigen welt/ darvon wir redend.
Es bezeüget aber einer an eynem ort/ unnd
spricht: Was ist der mensch das du seinen

9 *Geliebt hast du Gerechtigkeit, und die*
   Missachtung des Gesetzes hast du gehasst;
   darum, o Gott, hat dich dein Gott gesalbt
   mit dem Öl der Freude wie keinen deiner
   Gefährten.
10 Und:
   Du, Herr, hast im Anfang die Erde gegründet,
   und die Himmel sind das Werk deiner Hände.
11 *Sie werden alle vergehen, du aber bleibst,*
   veralten werden sie wie ein Kleid,
12 *und wie einen Mantel wirst du sie*
   zusammenrollen,
   wie ein Kleid werden sie gewechselt werden,
   du aber bleibst derselbe, und deine Jahre
   nehmen kein Ende.
13 Zu welchem Engel hat er je gesagt:
   Setz dich zu meiner Rechten,
   bis ich hingelegt habe deine Feinde als Schemel
   für deine Füsse?
14 Sind sie nicht alle *dienende* Geister,
   ausgesandt zum Dienst um derer
   willen, die das Heil erben werden?

|5: 5,5; Ps 2,7! · 2Sam 7,14 |6: Ps 97,7 |7: Ps 104,4
|8–9: Ps 45,7–8 |10–12: Ps 102,26–28

|13: Ps 110,1! · 1,3; 8,1; 10,12; 12,2; Kol 3,1!; Mk 16,19 ·
10,13

1,12: Andere Übersetzungsmöglichkeit:
«zusammenrollen wie ein Kleid, und sie werden
verwandelt werden, du aber ...»

Ausrichtung auf das Gehörte

2 1 Darum sollen wir erst recht auf das
Gehörte achten, damit wir nicht am Ziel
vorbeitreiben. 2 Hat sich nun das durch Engel
gesprochene Wort als gültig erwiesen und
hat jede Übertretung und jeder Ungehorsam
gerechten Lohn empfangen, 3 wie werden
dann wir entrinnen, wenn wir so grosses
Heil missachten? Dieses nahm seinen Anfang
mit der Verkündigung durch den Herrn
und wurde uns von denen, die sie hörten,
verlässlich weitergegeben 4 und zugleich von
Gott bestätigt durch Zeichen und Wunder und
vielerlei machtvolle Taten und Gaben, die der
heilige Geist nach seinem Willen austeilt.

|1: 12,1–2 |2–3: 10,28–29; 12,25 |2: Apg 7,53
|4: 2Kor 12,12

Gottes Sohn und Gottes Söhne und Töchter

5 Denn nicht Engeln hat er die künftige
Welt, von der wir reden, unterworfen,
6 vielmehr ist an einer Stelle bezeugt:
Was ist der Mensch, dass du seiner gedenkst,

gedenckst: und deß menschen sun/ das du jnn heymsuochst? Du hast jnn ein kleine zeyt der Englen manglen lassen: mit preyß unnd eer hast du jnn gekrönet/ und hast jn gesetzt über die werck deiner henden. Alles hast du underthon seinen füessen. Dann in dem das er im alles hat underthon/ hat er nichts gelassen dz jm nit underthon sey. Yetz aber sehend wir noch nit das jm alles underthon ist. Den aber/ der ein kleine zeit der Englen gemanglet hat/ sehend wir das es Jesus ist/ durch dz leyden und den tod gekrönt mit preyß und eer/ auff das er von Gottes gnaden für alle den tod schmackte. Dann es zimpt dem/ umb des willen alle ding sind/ und durch den alle ding sind/ der da vil kinder hat zur heyligkeyt geführt/ das er den Hertzogen jrer säligkeyt durch leyden volkommen machte/ sitmals sy alle von einem kommend/ beide/ der da heyliget/ und die da geheyliget werdend. Umb der sach willen schämpt er sich auch nit sy brüeder zeheissen/ und spricht: Jch wil verkünden deinen nammen meinen brüederen/ und mitten in der gmeynd dir lob singen. Und abermals: Jch wil mein vertrüwen auff jn setzen. Und abermals: Sihe da/ ich und meine kinder/ welche mir Gott geben hat. Nach dem nun die kinder fleysch und bluot habend/ ist ers auch gleychermaß teylhafftig worden/ auff das er durch den tod die macht näme/ dem/ der deß tods gewalt hat/ das ist/ dem teüfel: und erlöste die/ so durch forcht deß tods in gantzem läben pflichtig warend der knechtschafft. Dann er nimpt nienen die Engel an sich/ sunder den somen Abrahe nimpt er an sich. Dahär muoßt er aller dingen sinen brüedern gleich werden/ auff das er barmhertzig wurde und ein trüwer hoher priester vor Gott/ zuo versüenen die sünd deß volcks. Dann darinnen er gelitten hat und versuocht ist/ mag er helffen denen die versuocht werdend.

oder des Menschen Sohn, dass du seiner dich annimmst?
7 Du hast ihn für kurze Zeit niedriger gestellt als die Engel,
mit Herrlichkeit und Ehre hast du ihn gekrönt,
8 alles hast du ihm unter die Füsse gelegt.

Denn als er ihm das All unterwarf, hat er ihm alles ohne Ausnahme unterworfen. Zwar sehen wir jetzt noch nicht, dass ihm das All unterworfen ist, 9 wohl aber sehen wir den, der für kurze Zeit unter die Engel erniedrigt war, Jesus, der, weil er den Tod erlitten hat, mit Herrlichkeit und Ehre gekrönt wurde, damit er durch Gottes Gnade für jeden den Tod geschmeckt habe.

10 Denn ihm, um dessentwillen das All ist und durch den das All besteht, entsprach es – wenn er viele Söhne und Töchter in die Herrlichkeit führen wollte –, den, der ihnen zum Heil vorangehen sollte, durch Leiden zur Vollendung zu bringen. 11 Denn er, der heiligt, und sie, die geheiligt werden, stammen alle von Einem ab. Aus diesem Grund scheut er sich nicht, sie Brüder und Schwestern zu nennen 12 und zu sagen:

Ich werde deinen Namen meinen Brüdern verkünden,
inmitten der Gemeinde werde ich dich loben,
13 und an anderer Stelle:
Ich will mein Vertrauen auf ihn setzen,
und an wieder anderer Stelle:
Siehe, ich und die Kinder, die Gott mir gegeben hat.

14 Da nun die Kinder allesamt Anteil haben an Fleisch und Blut, hat auch er in gleicher Weise daran teilgehabt, um so durch den Tod den zu entmachten, der die Macht hat über den Tod, nämlich den Teufel, 15 und alle zu befreien, die durch die Furcht vor dem Tod ein Leben lang in Knechtschaft gehalten waren. 16 Denn er nimmt sich doch nicht der Engel an, nein: der Nachkommen Abrahams nimmt er sich an. 17 Daher musste er in allem den Brüdern und Schwestern gleich werden, um ein barmherziger und treuer Hoher Priester vor Gott zu werden und so die Sünden des Volkes zu sühnen. 18 Denn dadurch, dass er gelitten hat und selber versucht worden ist, vermag er denen, die versucht werden, zu helfen.

|5: 1,6 · 13,14! |6–8: Ps 8,5–7 |8: 1Kor 15,27! · 1,3!
|9: Phil 2,6–11 |10: 1,3!; Röm 11,36 · 5,9; 7,28; 12,2 |11: 10,10!

Das iij. Capitel.

Paulus vermanet sy/ daß sy Christo und seinem wort gehorsam sygind/ der Mosen weit übertreffe/ zeygt damit an straff deren so jm nit gehörig sygind.

Dahär/ jr heyligen brüeder/ die jr teylhafftig sind deß himmelischen beruoffs/ nemmend war deß Apostels und hohen priesters unserer erkantnuß/ Christum Jesum/ der da trüw ist dem/ der jnn gemacht hat (wie auch Moses) in seinem gantzen hauß. Diser aber ist grössers preyß wärt dann Moses/ nach dem/ der ein grössere eer am hauß hat/ der es bereyt/ dann das hauß. Dann ein yetlich hauß wirt von yemant bereytet: der aber alles bereytet/ das ist Gott. Und Moses zwar/ was trüw in seinem gantzen hauß als ein knecht/ zur zeügnuß deß das gesagt solt werden: Christus aber als ein sun in seinem hauß/ welches hauß sind wir/ so wir anders die zuoversicht und den ruom der hoffnung biß ans end vest behaltend.

Darumb wie der heylig geyst spricht: Heütt so jr hören werdend sein stimm/ so verstockend euwere hertzen nit: als da geschach in der bitterung am tag der versuochung in der wüeste/ so mich euwere vätter versuochtend: sy befundend und sahend meine werck viertzig jar lanng. Darumb ich entrüstet ward über diß geschlächt/ unnd sprach: Ymmerdar yrrend sy mit dem hertzen/ aber sy wußtend meine wäg nit/ das ich auch schwuor in meinem zorn/ sy söltind zuo meiner ruow nit kommen. Sehend zuo lieben brüeder/ dz nit etwo in yemants under euch sey ein arges hertz deß unglaubens/ das da abträtte von dem läbendigen Gott: sunder ermanend euch selbs alle tag/ so lang es heüt heysset/ dz nit yemants under euch verstockt werde durch betrug der sünd. Dann wir sind Christus teylhafftig worden/ so wir anders den anfang seines wäsens biß an das end vest behaltend/ so lang gesagt wirt: Heüt/ so jr sein stimm hören werdend/ so verstockend euwere hertzen nit/ wie in der verbitterung geschach. Dann etlich do sy es hortend/ verbitterend: aber nit alle die von Egypten außgiengend durch Mosen. Uber

|12: Ps 22,23 |13: Jes 8,17.18 |17: 3,1; 4,14–15; 5,5–10!; 8,1–6; 9,11–28; 13,11–12 · 5,1 |18: 4,15

2,8: Andere Übersetzungsmöglichkeit: «... Denn wenn es heisst: Alles hat er ihm unterworfen, so ist gemeint: Er hat ihm alles ohne Ausnahme unterworfen. ...»

Mose und Jesus

3 1 Darum, heilige Brüder und Schwestern, die ihr teilhabt an der himmlischen Berufung, schaut auf den Gesandten und Hohen Priester, von dem unser Bekenntnis spricht, Jesus, 2 der treu war dem, der ihn erschaffen hat, wie auch Mose treu war in Gottes Haus. 3 Denn er ist grösserer Herrlichkeit gewürdigt worden als Mose, wie denn auch dem Erbauer eines Hauses grössere Ehre zukommt als dem Haus. 4 Jedes Haus wird ja von jemandem erbaut; der aber alles erbaut hat, ist Gott. 5 *Mose war treu im ganzen Haus Gottes als Diener*, um zu bezeugen, was dereinst gesprochen werden sollte, 6 Christus dagegen war treu über das Haus Gottes als Sohn; sein Haus aber sind wir, wenn wir festhalten am Freimut und am Stolz, den die Hoffnung uns gewährt.

|1: 9,15 · 2,17! · 4,14! |3: 1,4 |5: Num 12,7 |6: 10,21; 1Tim 3,15 · 10,23! · 4,16!

Altes Heute – neues Heute

7 Darum gilt, was der heilige Geist spricht:
Heute, da ihr seine Stimme hört,
8 *verhärtet euer Herz nicht wie beim grossen Aufbegehren*
 am Tag der Versuchung in der Wüste,
9 *wo eure Väter mich versuchten, mich auf die Probe stellen wollten –*
 und sahen doch meine Werke 10 *vierzig Jahre lang!*
Darum zürnte ich diesem Geschlecht,
 und ich sprach: Immer wieder irren sie in ihrem Herzen,
 meine Wege haben sie nicht erkannt.
11 *So habe ich geschworen in meinem Zorn: Sie werden nicht eingehen in meine Ruhe.*
12 Gebt acht, liebe Brüder und Schwestern, dass in keinem von euch ein böses, ungläubiges Herz sei und niemand abfalle vom lebendigen Gott, 13 sondern redet einander zu Tag für Tag, solange dieses ‹Heute› gilt, damit sich niemand von euch, von der Sünde betrogen, verhärtet – 14 haben wir doch Anteil an Christus bekommen, sofern wir den Anfang der Grundlegung bis ans Ende fest bewahren –, 15 wenn es heisst:

welche aber ward er entrüstet viertzig jar lang? ists nit also/ dz über die/ so da sündigetend/ deren leyb in der wüeste verfielend? Welchen schwuor er aber/ das sy nit zuo seiner ruow kommen söltind/ dann den unglöubigen? Und wir sehend das sy nitt habend mögen hineyn kommen umb deß unglaubens willen.

Das iiij. Capitel.

Jn disem capitel verharret Paulus in fürgenommner warnung/ unnd zeygt an was da sey der ewig Sabbat deß Christenen volcks/ unnd wie wir zuo säliger ruow eylen söllind/ und was straaff nachfolge den unglöubigen.

So lassend uns nun förchten das wir die verheyssung (eynzekommen zuo seiner ruow) nit verlassind/ und auß uns nit etwar erfunden werde das er dahinden bleybe: dann es ist uns auch verkündet gleich wie jhenen. Aber das wort der predig halff yhenen nichts/ do der glaub nit darzuo gethon ward von denen die es hortend. Dann wir die da geglaubt habend/ gond eyn zuo seiner ruow/ wie er gesprochen hat: Als ich schwuor in meinem zorn/ Sy söllend zuo meiner ruow nit kommen: unnd das zwar do die werck von anfang der welt warennd gemachet: dann er sprach an einem ort vonn dem sibenden tag also: Und Gott hat geruowet am sibenden tag von allen seinen wercken. Und hie an disem ort abermals: Sy söllend nit zuo meiner ruow kommen.

Nach dem nun es noch vorhannden ist/ das etlich söllend zuo der selbigen kommen: und die/ denen es zum ersten verkündet ist/ nit darzuo kommen sind umb deß unglaubens willen/ bestimpt er abermals einen tag nach sölicher langen zeyt/ und sagt: Heütt/ durch David/ wie gesagt ist/ heüt/ so jr sein stimm hören werdend/ so verstockend euwere hertzen nit. Dann so Josue sy hette zuo ruow gebracht/ wurde er nit hernach von einem andren tag gsagt haben. Darumb ist noch ein ruow vorhanden dem volck Gottes. Dann wär zuo seiner ruow kommen ist/ der ruowet auch vonn seinen wercken/ gleich wie Gott von seinen.

So lassend unns nun eylen eynzekommen zuo diser ruow/ auff das nit yemants falle in das selbig exempel deß unglaubens. Dann das wort Gottes ist läbendig/ und thätig/ unnd scherpffer dann kein zweyschneydig schwärdt: unnd durchdringet/ biß das da scheydet seel und geyst/ auch gleych und marg: und ein richter der gedancken und sinnen deß hertzens:

Heute, da ihr seine Stimme hört,
verhärtet euer Herz nicht wie beim grossen
Aufbegehren.

16 Wer waren denn die, die hörten und doch aufbegehrten? Waren es nicht alle, die unter Mose aus Ägypten ausgezogen waren? 17 Und wem zürnte er denn vierzig Jahre lang? Etwa nicht denen, welche sündigten und deren Leiber in der Wüste zerfielen? 18 Und wem schwor er, dass sie nicht eingehen würden in seine Ruhe, wenn nicht denen, die ungehorsam waren? 19 Und so sehen wir, dass sie nicht in sie eingehen konnten wegen ihres Unglaubens.

4 1 Hüten wir uns also davor, solange die Verheissung, in seine Ruhe einzugehen, noch nicht erfüllt ist, zu meinen, jemand sei zu spät gekommen. 2 Denn wie jenen ist das Evangelium auch uns verkündigt. Doch jenen nützte das Wort, das sie zu hören bekamen, nichts, weil sie sich nicht im Glauben verbanden mit denen, die es hörten. 3 Denn als Glaubende gehen wir in die Ruhe ein. Er hat ja gesagt:

So habe ich in meinem Zorn geschworen:
Nicht eingehen werden sie in meine Ruhe –

obwohl *die Werke* seit der Grundlegung der Welt abgeschlossen sind. 4 Denn an einer anderen Stelle heisst es vom siebten Tag: *Und Gott ruhte am siebten Tag von all seinen Werken,* 5 an der erwähnten Stelle hingegen: *Nicht eingehen werden sie in meine Ruhe.* 6 Weil es also dabei bleibt, dass einige in sie eingehen werden, und weil die, denen das Evangelium zuerst verkündigt wurde, wegen ihres Ungehorsams nicht in sie eingegangen sind, 7 bestimmt er nun wiederum einen Tag, ein Heute, und spricht durch David – nach so langer Zeit –, wie oben gesagt ist:

Heute, da ihr seine Stimme hört,
verhärtet euer Herz nicht.

8 Hätte nämlich Josua sie in die Ruhe geführt, so spräche Gott nicht von einem anderen, späteren Tag. 9 Also steht dem Volk Gottes eine Sabbatruhe noch aus. 10 Denn wer in seine Ruhe eingegangen ist, hat auch selbst Ruhe von seinen Werken gefunden, wie Gott von den seinen. 11 Bemühen wir uns also, in jene Ruhe einzugehen, damit keiner zu Fall komme nach demselben Muster des Ungehorsams.

12 Denn lebendig ist das Wort Gottes, wirksam und schärfer als jedes zweischneidige Schwert; es dringt hindurch bis zur Scheidung von Seele und Geist, von Mark und Bein

und ist kein creatur vor jm unsichtbar. Es ist aber alles bloß/ und vor seinen augen dargeneygt/ von dem habend wir zereden.

Das v. Capitel.
Paulus zeygt an eygenschafft eines priesters/ und wie Christus der obrest priester söliche eygenschafft volkommenlich an jm habe gehept/ und den obersten priester im alten testament weyt übertroffen habe.

Dieweyl wir dann einen grossen hohen priester habend/ Jesum Christum den sun Gottes/ der in den himmel gefaren ist/ so lassend unns halten die verjähung. Dann wir habend nit einen hohen priester/ der nit möge mitleyden haben mit unserer schwacheyt/ sunder der versuocht ist allenthalben/ nach der gleychnuß on sünd. Darumb lassend uns hinzuo gon mit vertrüwen zuo dem gnadenstuol/ auff das wir barmhertzigkeyt empfahind/ und gnad findind auff die zeyt/ wenn uns hilff not sein wirt.

Dann ein yetlicher hoher priester/ der auß den menschen genommen wirt/ der wirt gesetzt für die menschen gegen Gott/ auff das er opffere gaaben und opffer für die sünd/ welcher da mögen mitleyden haben über die da unwüssend sind unnd yrrend/ nach dem er auch selbs umbgeben ist mit schwacheyt. Darumb er auch sol/ gleich wie für das volck/ also auch für sich selbs opfferenn für die sünd. Und niemants nimpt jm selbs die eer/ sunder der auch berüefft ist von Gott/ gleych wie der Aaron.

Also auch Christus hat sich nit selbs herrlich gemachet das er hoher priester wurde/ sunder der zuo jm gesagt hatt: Du bist mein sun/ heüt hab ich dich geboren. Wie er auch am andren ort spricht: Du bist ein priester in ewigkeyt nach der ordnung Melchizedeck. Unnd er hat am tag seines fleyschs/ gebätt und ernstliche bitt mit starckem geschrey und trähen geopfferet/ zuo dem der jnn von dem tod mocht ledig machen: und ist auch erhöret/ darumb das er Gott in eeren hatt. Und wiewol er ein sun Gottes was/ hat er doch/ auß denen dingen die er erlitten hat/ gehorsame gelernet. Und do er ist volendet/ ist er worden allen

und urteilt über Regungen und Gedanken des Herzens. 13 Und kein Geschöpf ist verborgen vor ihm, sondern alles ist nackt und bloss vor den Augen dessen, dem wir Red und Antwort zu stehen haben.

|7–11: Ps 95,7–11 |7–8: 3,15; 4,7 |11: 4,3.5 |12: Jer 16,12 |13: 10,25 |14: 10,23! · 6,11 |15: 3,7–8!; Ps 95,7–8 |17–19: Num 14,22–23.28–32 |1: 3,17–19 |3: 3,11!; Ps 95,11 |4: Gen 2,2 |5: 3,11!; Ps 95,11 |6: 3,18–19 |7: 3,7–8!; Ps 95,7–8 |11: 3,18–19 |12: Eph 6,17

4,10: Andere Übersetzungsmöglichkeit: «..., noch nicht erfüllt ist, den Anschein zu erwecken, jemand sei zurückgeblieben.»
4,2: Andere Textüberlieferung: «..., weil es sich nicht durch den Glauben verband mit denen, ...»

Jesus, der grosse Hohe Priester
14 Da wir nun einen grossen Hohen Priester haben, der die Himmel durchschritten hat, Jesus, den Sohn Gottes, so lasst uns am Bekenntnis festhalten. 15 Denn wir haben nicht einen Hohen Priester, der nicht mit uns zu leiden vermöchte in unserer Schwachheit, sondern einen, der in allem auf gleiche Weise versucht worden ist, aber ohne Sünde. 16 Lasst uns also freimütig hintreten zum Thron der Gnade, damit wir Barmherzigkeit erlangen und Gnade finden und uns so geholfen werde zur rechten Zeit.

5 1 Jeder Hohe Priester, der aus dem Kreis der Menschen genommen ist, wird ja für die Menschen eingesetzt zum Dienst vor Gott, damit er Gaben und Opfer darbringe für die Sünden 2 als einer, der mitzufühlen vermag mit denen, die unwissend sind und in die Irre gehen, weil auch er mit Schwachheit behaftet ist. 3 Dieser Schwachheit wegen muss er – wie für das Volk, so auch für sich selbst – Sühnopfer darbringen. 4 Und niemand verschafft sich diese Würde selber, sondern er wird von Gott berufen, wie auch Aaron.

5 Ebenso hat auch Christus sich die Würde, Hoher Priester zu werden, nicht selber verliehen, verliehen hat sie ihm der, der zu ihm gesagt hat:
Mein Sohn bist du, heute habe ich dich gezeugt,
6 wie er auch an anderer Stelle sagt:
Du bist Priester in Ewigkeit nach der Weise Melchisedeks.
7 Er hat in den Tagen seines irdischen Lebens sein Bitten und Flehen mit lautem Schreien und unter Tränen vor den gebracht, der ihn vom Tod erretten konnte, und er ist erhört worden, weil er es aus Ehrfurcht vor Gott tat. 8 Obwohl er Sohn war, lernte er an dem, was er litt, den

die jm gehorsam sind/ ein ursach der ewigen säligkeit/ genennet von Gott ein hocher priester nach der ordnung Melchizedeck.

Gehorsam. 9 Dadurch wurde er zur Vollendung gebracht und ist zum Urheber ewigen Heils geworden für alle, die ihm gehorsam sind. 10 Und er wurde von Gott angesprochen als Hoher Priester nach der Weise Melchisedeks.

|14–15: 2,17! |14: 9,24! · 3,1; 10,23! |15: 5,1–3 · 2,18 · 1Petr 2,22! |16: 10,22 · 3,6; 10,19.35 |1–3: 7,27! |3: 7,27! |5: 2,17! 1,5; Ps 2,7 |6: 7,17; Ps 110,4 |7: Mk 14,35 |8: Phil 2,8 |9: 2,10! · 9,12 |10: 2,17!; 6,20; 7,1–28

5,10: Andere Übersetzungsmöglichkeit: «Und er wurde von Gott ausgerufen zum Hohen Priester …»

Herausforderung zur Mündigkeit

Von welchem wir ein grosse und schwäre red zesagen hettind/ sitmals jr faul worden sind zehören. Unnd zwar/ dieweyl jr soltend lerer sein der zeyt halbenn/ bedörffend jr widerumb das man euch dz erst schuolrecht der göttlichen worten leere: sind worden die der milch bedörffend/ und nit der starcken speyß. Dann ein yetlicher der noch milch niesset/ der ist unerfaren in dem wort der gerechtigkeyt/ dann er ist ein jungs kind. Den volkommnen aber gehört starcke speyß/ namlich denen/ die durch gewonheit geüebte sinn habend zum underscheyd deß guoten unnd deß bösen.

11 Dazu haben wir manches – allerdings schwer zu vermittelnde – Wort zu sagen, denn ihr seid schwerhörig geworden. 12 Obwohl ihr längst Lehrer sein müsstet, habt ihr wieder jemanden nötig, der euch die Anfangsgründe der Worte Gottes buchstabieren lehrt, und ihr seid wieder solche geworden, die Milch brauchen statt feste Nahrung. 13 Denn jeder, der noch mit Milch ernährt wird, ist unerfahren in der Lehre von der Gerechtigkeit, weil er unmündig ist. 14 Die feste Nahrung kommt Erwachsenen zu, denen also, die durch Übung ihre Sinne geschärft haben zur Unterscheidung von Gut und Böse.

Das vj. Capitel.

Paulus volfüert das/ so yetz im end deß fünfften Capitels gemäldet ist/ vermanet sy zuo dem vertrüwen unnd hoffnung an Christum.

Darumb lassend uns die leer vom anfang Christenlichs läbens underwägen lan/ und lassend uns zur volkommenheit faren/ und nit abermals grund legen der buoß von den todten wercken unnd deß glaubens inn Gott/ deß Taufss/ der leer der hend auflegung/ der todten auferstentnuß/ und deß ewigen urteyls. Und das wöllent wir thuon/ so es anders Gott zuolaßt. Dann es ist unmüglich das die/ so ein mal erleüchtet sind/ und geschmeckt habend die himmelischen gaaben/ unnd teylhafftig worden sind deß heyligen geysts/ und geschmeckt habend dz güetig wort Gottes/ unnd die krefft der zuokünfftigen welt/ wo sy entfallend/ das sy söltind widerumb erneüwert werden zur buoß/ die da widerumb jnen selbs den sun Gottes creützigend/ und ein spott habend.

Dann die erd/ die den rägen trinckt/ der offt über sy kumpt/ und bequäm kraut tregt denen die sy bauwend/ empfacht benedyung von Gott: Welche aber dörn unnd distlen tregt/ die ist

6 1 Nun, den Anfang der Christuslehre wollen wir übergehen und auf die Vollkommenheit eingehen, ohne noch einmal den Grund zu legen mit der Umkehr von den toten Werken und mit dem Glauben an Gott, 2 mit der Lehre vom Taufen und mit dem Auflegen der Hände, mit der Auferstehung der Toten und dem ewigen Gericht. 3 Ja, das wollen wir tun, sofern Gott es zulässt.

4 Denn unmöglich ist es, zur Umkehr zu bringen, die einmal erleuchtet worden sind, himmlische Gabe geschmeckt und Anteil bekommen haben am heiligen Geist, 5 die das gute Wort Gottes und die Kräfte der kommenden Welt geschmeckt haben 6 und dann abgefallen sind – unmöglich ist es, diese zu einer erneuten Umkehr zu bewegen: Sie kreuzigen sich den Sohn Gottes noch einmal und stellen ihn an den Pranger. 7 Denn die Erde, die den Regen trinkt, der immer wieder auf sie niederfällt, und nützliches Gewächs hervorbringt für die,

untüchtig/ und der maledyung naach: welcher end dienet zur verbrennung. Wir versehend uns aber/ jr liebsten/ bessers zuo euch/ und das die säligkeyt näher sey/ ob wir wol also redend. Dann Gott ist nit ungerecht/ das er vergesse euwers wercks und arbeyt der liebe/ die jr beweyßt habennd an seinem nammen/ do jr den heyligen dienetend/ und noch dienend. Wir begärend aber das euwer yetlicher den selbigen fleyß beweyse/ auff das die hoffnung völlig werde biß an das end/ dz jr nit lassz werdind/ sunder nachvolgind denen die durch den glauben unnd duldmuot ererbend die verheyssungen.

um derentwillen sie bestellt wird, sie empfängt Segen von Gott. 8 Bringt sie aber Dornen und Disteln hervor, so taugt sie nichts; sie ist dem Fluch nahe und wird am Ende verbrannt.

9 Im Blick auf euch, meine Geliebten, sind wir, auch wenn wir so reden, vom Besseren überzeugt, von dem, was Rettung bringt. 10 Denn Gott ist nicht ungerecht: Er vergisst eure Taten nicht und nicht die Liebe, die ihr seinem Namen erwiesen habt, indem ihr die Heiligen unterstützt habt und immer noch unterstützt. 11 Wir wünschen aber sehnlichst, dass jeder von euch den gleichen Eifer für die Erfüllung der Hoffnung zeige, bis ans Ende, 12 und dass ihr nicht träge werdet, sondern es denen gleichtut, die durch Glauben und Geduld die Verheissungen erben.

|11: 6,12; 12,3.12 |12: 1Kor 3,1–3 |1: 9,14 · 1Kor 3,10 |2: Apg 6,6! |4–6: 10,26–27 |4: 10,32 |5: 13,14! |6: 10,29 |8: Gen 3,17–18 |11: 3,14 |12: 5,11! · 13,7; 1Kor 11,1 · 12,1! · 9,15; 10,36

6,2: Andere Übersetzungsmöglichkeiten: «mit der Lehre von den Taufpraktiken …» oder «mit der Lehre von den Waschungen …»
6,11: Andere Übersetzungsmöglichkeit: «… Eifer für die volle Gewissheit der Hoffnung zeige, …»

Die Unumstösslichkeit der Verheissung

13 Denn als Gott dem Abraham die Verheissung gab, schwor er – da er ja bei keinem Höheren schwören konnte – bei sich selbst:
14 *Ja, gewiss, segnend werde ich dich segnen und mehrend dich mehren.*
15 Und so erlangte Abraham, indem er geduldig ausharrte, die Verheissung. 16 Menschen schwören ja beim Höheren, und zur Bekräftigung dient ihnen der Eid, der jedem Einwand ein Ende setzt. 17 Darum hat Gott sich mit einem Eid verbürgt, um so den Erben der Verheissung noch deutlicher zu zeigen, dass sein Wille unabänderlich ist. 18 So haben wir durch zwei unumstössliche Tatsachen, mit denen Gott uns unmöglich belogen haben kann, einen kraftvollen Zuspruch, wir, die wir unsere Zuflucht darin gesucht haben, festzuhalten an der Hoffnung, die vor uns liegt. 19 Diese haben wir als einen sicheren und festen Anker der Seele, der hineinreicht ins Innerste, bis hinter den Vorhang, 20 dorthin, wo Jesus hineingegangen ist uns zugute als der, der uns vorausgeht, der Hoher Priester geworden ist nach der Weise Melchisedeks in Ewigkeit.

Dann als Gott Abrahamen verhieß/ do er bey keinem grösseren zeschweren hatt/ schwuor er by jm selbs/ und sprach: Warlich dich wil benedyen und meren. Und also bleib er duldmüetig/ unnd hat die verheyssung erlanget. Die menschen aber schweerend bey eynem grösseren dann sy sind: und der Eyd ist das end alles haders zur bevestung under jnen. Aber Gott do er wolt den erben der verheissung überschwencklich beweisen/ das er sein radt nit wancktte/ hat einen Eyd darzwüschend gelegt/ auff das wir durch zwey unverwandelbare ding (dardurch es unmüglich ist dz Gott liege) einen starcken trost hetting (die wir dahin geflohen sind) zehalten an der fürgesetzten hoffnung/ welche wir habend als einen sichern und vesten ancker unserer seelen/ der auch hineyn gadt in das innwendig deß fürhangs/ dahin der vorlöuffer vor uns ist eyngangen/ Jesus/ ein hoher priester worden in ewigkeyt nach der ordnung Melchizedeck.

|13–17: 7,6; 11,9 |13: Gen 22,16 |14: Gen 22,17 |18: Dtn 19,15 · 10,23! |19–20: 10,20 |20: 5,10!

Das vij. Capitel.

Paulus sagt von dem priesterthuomb Christi/ vergleycht jn gegen Melchizedeck/ und bewärt da wie weit Christus Melchizedeck übertreffe.

Diser Melchizedeck aber was ein künig zuo Salem/ ein priester Gottes deß allerhöchsten der Abraham engegen gieng do er von der künigen schlacht wider kam/ und benedeyt jn/ welchem ouch Abraham gab den Zähenden aller güeter. Auffs erst wirt er verdolmetschet ein künig der gerechtigkeyt: darnach aber ist er auch ein künig Salem/ das ist ein künig des fridens/ on vatter/ on muoter/ on gschlächt/ und hat weder anfang der tagen/ noch end des läbens: er ist aber vergleycht dem sun Gottes/ und bleybt priester in ewigkeit. Schauwend aber/ wie groß ist der/ dem auch Abraham der Patriarch den Zähenden gibt von der eroberten peüt? Zwar die kinder Levi/ do sy das priesterthuomb empfangen/ habend sy ein gebott den Zähenden vom volck zenemmen nach dem gsatz/ das ist von jren brüederen: wiewol auch sy auß den lendinen Abrahe kommen sind. Aber der des gschlächts nit genennet wirt unnder jnen/ der nam den Zähenden von Abraham/ unnd benedeyet den/ der die verheyssung hat. Nun ist es on alles widersprechen also/ daß das geringer von dem besseren gebenedyet wirt. Und hie nemmend den Zähenden die sterbenden menschen/ aber dört bezeüget er das er läbe: und das ich also sag/ es ist auch Levi der den Zähenden nimpt/ verzähendet durch Abraham: dann er was ye noch in den lendinen seines vatters/ do jm Melchizedeck engegen gieng. Jst nun die volkommenheyt durch das Levitisch priesterthuomb geschehen (dann under dem selbigen hat das volck dz gsatz empfangen) was ist dann not dz ein anderer priester auf käme nach der ordnung Melchizedeck/ und nit nach der ordnung Aarons? Dann wo das priesterthuomb verendert wirt/ ist not dz auch das gsatz verendert werde. Dann von dem sölichs gesagt ist/ der ist auch von einem andren gschlächt/ uß welchem nie keiner deß altars gepflägt hat. Dann es ist vorhin offenbar/ dz von Juda aufgangen ist unser Herr/ zuo welchem gschlächt Moses nichts geredt hat vom priesterthuomb. Und es ist noch klärlicher/ so nach der ordnung Melchizedeck ein anderer priester auf kumpt/ welcher nit nach dem gsatz deß fleyschlichen gebotts gemachet ist/ sunder nach der krafft deß unentlichen läbens. Dann er bezeügt: Du bist ein priester ewigklich

Der Priester nach der Weise Melchisedeks

7 1 Dieser *Melchisedek* nun, *König von Salem, Priester des höchsten Gottes, ging Abraham entgegen, als dieser von seinem Sieg über die Könige zurückkehrte, und segnete ihn,* 2 *und Abraham gab* ihm *den Zehnten von allem* als Anteil. Dieser heisst zum einen – denn so ist sein Name zu übersetzen – ‹König der Gerechtigkeit›, zum andern aber auch *König von Salem,* das bedeutet ‹König des Friedens›. 3 Er hat keinen Vater, keine Mutter, keinen Stammbaum, weder Lebensanfang noch Lebensende und ist dem Sohn Gottes gleichgestaltet; er bleibt Priester für immer.
 4 Seht doch, welche Bedeutung ihm zukommt: *Ihm gab Abraham,* der Stammvater, *den Zehnten* der Beute. 5 Zwar hatten auch die Söhne Levis, welche das Priesteramt empfangen haben, die Weisung, gemäss dem Gesetz den Zehnten zu nehmen vom Volk, das heisst von ihren Brüdern, obwohl auch diese aus der Lende Abrahams hervorgegangen sind. 6 Er aber, der nicht von ihnen abstammt, nahm den Zehnten von Abraham und segnete ihn, der im Besitz der Verheissungen war. 7 Es ist unbestritten, dass stets das Niedrigere vom Höheren gesegnet wird. 8 Und dort empfangen Menschen, die doch sterben, den Zehnten, hier aber einer, von dem bezeugt wird, dass er lebt. 9 Und mit Abraham wurde sozusagen auch von Levi, der sonst die Zehnten empfängt, der Zehnte eingefordert – 10 denn er war noch in der Lende des Vaters, als Melchisedek diesem entgegenging.
 11 Wäre es nun durch das levitische Priestertum zur Vollendung gekommen – im Blick darauf hat das Volk ja das Gesetz erhalten –, wozu müsste dann noch ein anderer Priester, einer nach der Weise Melchisedeks, auftreten, der nicht als Priester nach der Weise Aarons bezeichnet wird? 12 Wenn nun aber ein anderes Priestertum gilt, dann gilt notwendigerweise auch ein anderes Gesetz. 13 Der nämlich, auf den hin das gesagt ist, gehörte einem anderen Stamm an, aus dem keiner je am Altar gedient hat. 14 Es ist ja bekannt, dass unser Herr aus Juda hervorgegangen ist, und von Priestern aus diesem Stamm hat Mose nichts gesagt. 15 Und noch viel offenkundiger ist das, wenn ein anderer Priester in gleicher Art wie Melchisedek auftritt, 16 einer, der nicht aufgrund der Bestimmung

nach der ordnung Melchizedeck. Dann es geschicht damit ein aufhebung deß vorigen gsatzes umb seiner schwacheyt/ und unnütze willen. Dann das gsatz hat nichts volendet/ sunder was ein eynfüerung einer besseren hoffnung (durch welche wir zuo Got nahend) und so vil besser/ das es nit on eyd geschehen ist. Dann yhene sind on eyd priester worden/ dise aber mit dem eyd/ durch den/ der zuo jm spricht: Der Herr hat geschworn/ und wirt jn nit gerüwen/ du bist ein priester in ewigkeit nach der ordnung Melchizedeck. Also vil eines besseren Testaments bürg ist Jesus worden. Und yhener sind vil die priester wurdend/ darumb sy deß todts halb nitt allweg mochtend bleiben. Diser aber/ darumb das er bleybt ewigklich/ hat er ein unzergengklich priesterthuomb/ dahär er auch sälig machenn mag ewigklich die durch jnn zuo Gott kommend: und läbt ymmerdar uns zuo verträtten. Dann ein sölichen hohen priester zimpt sich unns zehaben/ der da wäre heylig/ unschuldig/ unbefleckt/ von den sünderen abgesündert/ und höcher worden dann der himmel ist: dem nit täglich not wäre/ wie jhenen hochen priesteren/ zuo erst für seine eygnen sünd opfer zethuon/ darnach für deß volcks sünd. Dann das hat er gethon/ do er ein mal sich selbs opfferet. Dann das gsatz setzt menschen zuo hohen priesteren/ die da schwacheyt habend: das wort aber deß Eyds/ das nach dem gsatz gesagt ist/ setzt den sun ewigklich. volkommen.

Das viij. Capitel.

Hierinn zeygt Paulus an und bewärt das die opffer Christi und deß neüwen Testaments/ vil volkommner sygind dann deß alten/ auch von unvolkommenheyt deß alten gsatzes/ unnd volkomme deß neüwen.

Dise summ aber deß dz gsagt ist/ ist die: Wir habend einen sölichen hohen priester/

eines vergänglichen Gebots, sondern aufgrund der Kraft unzerstörbaren Lebens Priester geworden ist. 17 Denn es wird bezeugt:

Du bist Priester in Ewigkeit nach der Weise Melchisedeks.

18 Das früher ergangene Gebot wird nämlich aufgehoben, weil es schwach und nutzlos war – 19 das Gesetz hat ja nichts zur Vollendung gebracht –, und eine bessere Hoffnung wird eingeführt, durch die wir Gott nahe kommen. 20 Und das ist nicht ohne Eid geschehen – die Leviten nämlich sind ohne Eid Priester geworden, 21 er aber mit einem Eid dessen, der zu ihm spricht:

Der Herr hat geschworen, und es wird ihn nicht gereuen:
Du bist Priester in Ewigkeit.

22 So ist Jesus Bürge eines besseren Bundes geworden. 23 Die Leviten sind in grosser Zahl Priester geworden, weil der Tod sie daran hinderte zu bleiben, 24 er aber hat, weil er in Ewigkeit bleibt, ein unvergängliches Priesteramt inne. 25 Darum kann er auch für immer retten, die durch ihn zu Gott kommen, weil er ja allezeit lebt, um für sie einzutreten.

26 Ein solcher Hoher Priester war uns nämlich auch angemessen: Einer, der heilig ist, unschuldig und unbefleckt, geschieden von den Sündern und höher als die Himmel, 27 einer, der nicht wie die Hohen Priester Tag für Tag zuerst für die eigenen Sünden, dann für die des Volkes Opfer darbringen muss, denn das hat er ein für alle Mal getan, als er sich selbst darbrachte. 28 Das Gesetz nämlich setzt Menschen, die durch Schwachheit gezeichnet sind, zu Hohen Priestern ein, das Wort des Eides aber, das nach dem Gesetz gekommen ist, den in Ewigkeit vollendeten Sohn.

|1: Gen 14,17–19 |2: Gen 14,20 · Gen 14,18 |3: 7,16.24–25 · 10,12.14 |5: Num 18,21 |6: 6,13–17 |11: 7,18–19! · 8,6 |14: Mi 5,1 |16: 7,3! |17: 5,6; Ps 110,4 |18–19: 7,11; 9,9; 10,1 |18: 10,9 |21: Ps 110,4 |22: 8,6! |24–25: 7,3! |25: 9,24; Röm 8,34 |27: 10,11; Ex 29,38 · 5,3; 9,7; 10,10; Lev 9,7; 16,6 · 9,12.26–28; 1Petr 3,18 |28: 5,1–3 · 7,18–19 · 7,20–21 · 2,10!

7,12: Andere Übersetzungsmöglichkeit: «…, dann findet notwendigerweise auch eine Veränderung des Gesetzes statt.»

7,24: Andere Übersetzungsmöglichkeit: «…, ein unüberbietbares Priesteramt inne.»

Der alte und der neue Bund

8 1 Die Hauptsache bei dem Gesagten aber ist: Wir haben einen Hohen Priester, der

der gesässen ist zuo der gerechten deß stuols der maiestet im himmel: und ein pfläger der heyligen güeter/ und der warhafftigen hütten/ welche Gott aufgerichtet hat/ und nit ein mensch. Dann ein yetlicher hoher priester wirt eyngesetzet zuo opfferen gaaben/ und opffer. Dahär ist not/ das auch diser habe etwas das er opffere. Wenn er nun aber auff erden wäre/ so wäre er nit priester/ dieweyl da sind die nach dem gsatz die gaaben opfferend/ welche dienend dem bild und dem schatten der himmelischen güetern. Wie die Göttlich antwort zuo Mosi sagt/ do er solt die hütten vollenden: Schauw aber zuo/ sprach er/ das du machest alles das nach dem bild das dir auff dem berg zeygt ist.

Nun aber hat er vil ein ander ampt erlanget/ so vil er eins besseren Testaments mittler ist/ welches auch auff bessere verheyssungen gesetzt ist. Dann so yhenes/ das erst unbehaglich gewesen wäre/ wurde nit statt zuo einem andren gesuocht: dann er verweyßt jnen etwas mangels/ und sagt: Sehend/ es kommend die tag (spricht der Herr) das ich über das hauß Jsraels/ und über das hauß Juda ein neüw Testament volenden wil: nit nach dem testament dz ich gemachet hab mit jren vätteren/ an dem tag do ich jre hand ergreiff/ sy außzefüeren auß dem land Egypten: dann sy sind nit bliben in meinem Testament/ und ich hab jren auch nüts mer geachtet/ spricht der Herr.

Dann das ist das Testament das ich machen wil dem hauß Jsraels nach disen tagen/ spricht der Herr. Jch wil geben meine gsatz in jren sinn/ und in jre hertzen wil ich sy schreiben. Und wil jnen ein Gott sein/ und sy söllend mir ein volck sein: und sol nit leren yemants seinen nächsten/ und yemants seinen bruoder/ und sagen: Erkenn den Herren/ dann sy söllend mich all kennen/ von dem kleinsten an biß zuo dem grösten: dann ich wil gnädig sein jrer ungerechtigkeit und jrer sünden: und jrer ungerechtigkeyten wil ich nit mer gedencken. Jn dem er sagt: Ein neüwes/ veraltet er das erst: was aber veraltet und überjaret ist/ das ist nach bey seinem end.

sich zur Rechten des Thrones der Majestät in den Himmeln gesetzt hat 2 als ein Diener am Heiligtum und am wahren Zelt, das der Herr aufgeschlagen hat und nicht ein Mensch. 3 Jeder Hohe Priester wird ja dazu bestellt, Gaben und Opfer darzubringen; darum muss auch dieser Hohe Priester etwas haben, was er darbringen kann. 4 Wäre er nun auf Erden, so wäre er nicht einmal Priester, weil hier ja Priester vorhanden sind, die Gaben darbringen, wie das Gesetz es verlangt. 5 Sie dienen einem Abbild und Schatten der himmlischen Dinge. Als Mose sich daran machte, das Zelt herzustellen, erhielt er nämlich die Weisung: *Sieh zu*, heisst es da, *dass du alles nach dem Vorbild machst, das dir auf dem Berg gezeigt worden ist*. 6 Er dagegen wurde zu einem weit höheren Dienst bestellt, denn er ist der Mittler eines besseren Bundes, der auf bessere Verheissungen gegründet ist.

7 Wäre jener erste Bund ohne Fehl gewesen, hätte man keinen Ort für einen zweiten gesucht. 8 Denn er tadelt sie, wenn er sagt:
Siehe, es kommen Tage, spricht der Herr,
   da werde ich für das Haus Israel
   und für das Haus Juda einen neuen Bund stiften,
9 *nicht einen Bund, wie ich ihn für ihre Väter machte*
   am Tage, da ich sie bei der Hand nahm,
   sie aus dem Lande Ägypten herauszuführen;
denn sie sind nicht in meinem Bund geblieben,
und so habe auch ich nicht mehr auf sie geachtet, spricht der Herr.
10 *Dies ist der Bund, spricht der Herr, den ich mit dem Haus Israel schliessen werde*
   nach jenen Tagen:
Ich werde meine Gesetze in ihren Sinn legen
   und sie ihnen ins Herz schreiben,
und ich werde ihr Gott sein,
   und sie werden mein Volk sein.
11 *Und es wird keiner mehr seinen Mitbürger und keiner seinen Bruder belehren mit den Worten: Erkenne den Herrn!*
Denn alle werden mich kennen,
   vom Kleinsten bis zum Grössten.
12 *Denn ich will gnädig verfahren mit ihren ungerechten Taten*
   und nicht mehr gedenken ihrer Sünden.
13 Indem er von einem neuen Bund spricht, hat er den ersten für veraltet erklärt. Was aber veraltet und überlebt ist, das ist dem Verschwinden nahe.

Das ix. Capitel.
Paulus zeigt an den nutz und wirde deß alten Testaments/ und zeygt damit wie vil das neüw testament dz alt übertreffe.

Es hat zwaar auch das erst sein rechtfertigung/ deß Gotts diensts und ausserlicher heyligkeit. Dann es was da bereytet ein hütten/ und die erst was die/ darinnen der lüchter was/ und der tisch/ und die schaubrot: und dise heyßt die Heylige. Hinder dem anderen fürhanng aber was die hütten die da heißt die Allerheyligest/ die da hat das guldin rouchfaß/ und die lad deß Testaments allenthalben mit gold überdeckt/ in welcher was der guldin eymer/ der das himmelbrot hatt/ und die ruot Aarons/ die gegruonet hat/ und die taflen deß Testaments: oben darüber aber warend die Cherubin der herrlikeyt/ die überschattetend den Gnadenstuol/ von welchem ietz nit zesagen ist nach einander.

Do nun sölichs bereytet was/ giengend die priester all zeyt in die ersten hütten/ und vollendetend den Gottes dienst. Jn die ander aber gieng nun ein mal im jar allein der hoch priester (nit on bluot) das er opfferte für sein selbs unnd deß volcks unwüssenheyt. Damit der heylig geyst deütet/ das noch nit offennbar wäre der wäg der heyligkeit: so noch die erst hütten jren bestand hette. Welches ist die gleychnuß auff dise gegenwürtige zeyt/ in welcher gaaben und opffer geopferet werdend/ und mögend nit volkommen machen nach dem gewüssen/ den/ der da Gottes dienst thuot allein mit speyß und tranck/ und mancherley tauffen/ und fleyschlicher rechtfertigung/ die biß auff die zeyt der besserung sind aufgelegt.

Christus aber ist darkommen/ ein hocher priester der zuokünfftigen güeter/ durch ein grössere und volkommnere hütten/ die nit mit der hand gemachet ist/ das ist/ die nitt dises

|1–2: 9,24! |1: 2,17! · 1,13! |3: 5,1! |5: 9,23; 10,1; Kol 2,16–17 · Ex 25,40 |6: 7,11 · 7,22; 9,15; 12,24 · 1Tim 2,5 |8–12: Jer 31,31–34 |10: 10,16 |12: 10,17 |13: 7,18

8,7: Andere Übersetzungsmöglichkeit: «Wäre jenes erste Zelt … für ein zweites …»

Das erste und das zweite Zelt

9 1 Nun hatte ja auch der erste Bund seine Satzungen für den Gottesdienst und sein irdisches Heiligtum. 2 Es wurde nämlich ein erstes Zelt eingerichtet, in dem sich der Leuchter und der Tisch mit den Schaubroten befanden; es wird das ‹Heilige› genannt. 3 Hinter dem zweiten Vorhang aber war das Zelt, welches das ‹Allerheiligste› genannt wird. 4 Es enthielt den goldenen Räucheraltar und die Bundeslade, die ganz mit Gold überzogen war. In ihr waren der goldene Krug, der das Manna enthielt, der Stab Aarons, der wieder ausgeschlagen hatte, und die Tafeln des Bundes, 5 und über ihr die Kerubim der Herrlichkeit, welche die Sühneplatte über der Bundeslade überschatteten. Doch davon soll jetzt nicht im Einzelnen die Rede sein.

6 Seit dies so eingerichtet ist, betreten die Priester immer wieder das erste Zelt, um Gottesdienst zu feiern. 7 Das zweite Zelt jedoch betritt allein der Hohe Priester, einmal im Jahr, nicht ohne das Blut, das er für sich selbst und für die aus Unkenntnis begangenen Sünden des Volkes darbringt. 8 Damit macht der heilige Geist deutlich, dass der Weg ins Heiligtum nicht offen steht, solange das erste Zelt noch Bestand hat. 9 Es ist ein Gleichnis für die gegenwärtige Zeit, das bedeutet: Es werden Gaben und Opfer dargebracht, welche den, der am Gottesdienst teilnimmt, in seinem Gewissen nicht vollkommen machen können. 10 Es geht dabei nur um Speisen, Getränke und verschiedene Waschungen; vorläufige Satzungen sind es, die gelten bis zur Zeit, da alles in Ordnung kommt.

|2: Ex 25,23–27.30–31; 2Chr 13,11 |3: Ex 26,31.33 |4–5: Ex 25,10–22 |4: Num 17,6–10 · Dtn 9,9 |7: Ex 30,10 · 7,27! |9: 7,18–19 |10: 13,9! · Lev 11,1–47; 15,1–11; Num 19,1–22 · 7,18–19

9,5: Andere Übersetzungsmöglichkeit: «…, welche den Sühneort überschatteten. …»

Der Hohe Priester der wirklichen Güter und Mittler eines neuen Bundes

11 Christus aber, der als Hoher Priester der wirklichen Güter gekommen ist, ist durch das grössere und vollkommenere Zelt gegangen, das nicht von Menschenhand gemacht ist und

gebüws ist/ auch nit durch der böcken oder kelber bluot: dann er ist durch sein eygen bluot ein mal in das Heylig eyngangen/ und hat ein ewig erlösung erfunden. Dann so das bluot der ochsen unnd der böcken/ unnd auch die äschen von der kuo gesprengt/ heiliget die unreinen zuo der leyplichenn reynigkeit/ wie vil mer das bluot Christi/ der sich selbs unbehaglich durch den ewigen geyst Gott geopffert hat/ wirt unser gewüssen reynigen von den todten wercken/ zuo dienen dem läbendigen Gott? Unnd darumb ist er auch ein mittler deß neüwen Testaments/ auff das nach geschächnem tod zuo erlösung von den überträttungen (die under dem ersten Testament warend) die verheyssungen empfahend/ die da berüefft sind zum ewigen erb. Dann wo ein Testament ist/ da muoß der tod geschechenn deß der das testament machet.

Dann ein Testament wirt vest durch die todten: anders hat es noch nit krafft/ wenn der noch läbt der es gemachet hat. Dahär auch das erst nitt on bluot aufgericht ward. Dann als Moses außgeredt/ und alle gebott nach dem gsatz erzellt hatt/ nam er das bluot der kelberen/ und der böcken/ mit wasser und purpurwollen/ und ysopen/ und besprengt das buoch unnd alles volck/ und sprach: Das ist das bluot des Testaments/ das Gott euch gebotten hat. Und die hütten unnd alle geschirr deß Gottes diensts/ besprengt er desselben gleychen mit bluot. Und wirt vast alles mit bluot gereyniget nach dem gsatz: und on bluotvergiessen geschicht kein vergebung. So ist zwar not/ das der himmlischen dingen bilder mit sölichem gereyniget werdend. Aber sy selbs die hymmlischen/ werdennd mitt besserem opffer dann die sind/ gereyniget.

Dann Christus ist nit eyngangen in das Heylig/ mit hennden gemachet (welches ist ein gegenbild der warhafftigen) sunder in den himmel selbs/ nun zuo erscheynen vor dem angesicht Gottes. Auch nit das er sich offtmals opfferte/ gleych wie der hoch priester gadt alle jar inn das Heylig mit frömbdem bluot/ sunst hette er offt müessen leyden von anfang der welt här. Nun aber am ennd der welt ist er ein mal erschinen durch sein eygen opffer die sünd aufzeheben. Unnd wie den menschen ist gesetzt ein mal zesterbenn/ darnach aber das gericht: also ist Christus ein mal geopfferet/ hinweg zenemmen viler sünd. Zum andren mal aber wirdt er on sünd erscheynen/ denen die auff jnn wartend zur säligkeyt.

also nicht zu dieser Schöpfung gehört. 12 Auch nicht mit dem Blut von Böcken und Kälbern, sondern mit seinem eigenen Blut ist er ein für alle Mal in das Heiligtum hineingegangen und hat ewige Erlösung erlangt. 13 Wenn nun schon das Blut von Böcken und Stieren und die Asche einer Kuh Verunreinigte, die damit besprengt werden, heiligt – zur Reinigung des Fleisches –, 14 um wie viel mehr wird dann das Blut Christi, der durch ewigen Geist sich selbst als makelloses Opfer Gott dargebracht hat, unser Gewissen von toten Werken reinigen und uns zum Dienst am lebendigen Gott bereitmachen!

15 Darum ist er Mittler eines neuen Bundes: Sein Tod sollte geschehen zur Befreiung von den Übertretungen aus der Zeit des ersten Bundes, damit die Berufenen die Verheissung des ewigen Erbes empfangen. 16 Wo es nämlich um ein Testament geht, muss der Tod dessen nachgewiesen werden, der es aufgesetzt hat. 17 Ein Testament wird erst im Todesfall wirksam; es tritt niemals in Kraft, solange der Verfasser noch lebt. 18 Darum ist auch der erste Bund nicht ohne Blut besiegelt worden. 19 Denn nachdem Mose jedes Gebot, wie es das Gesetz verlangt, dem ganzen Volk vorgelesen hatte, nahm er das Blut der Kälber und der Böcke, dazu Wasser, Purpurwolle und Ysop, besprengte damit das Buch, danach das ganze Volk 20 und sprach:

Dies ist das Blut des Bundes, den zu halten euch Gott aufgetragen hat.

21 Auch das Zelt und alle Geräte für den Gottesdienst besprengte er auf gleiche Weise mit dem Blut. 22 Durch Blut wird nach dem Gesetz beinahe alles gereinigt; und ohne Blutvergiessen gibt es keine Vergebung.

23 Die Abbilder dessen, was im Himmel ist, müssen darum auf die beschriebene Weise gereinigt werden, das Himmlische selbst jedoch verlangt nach besseren Opfern als diesen. 24 Denn Christus ist nicht in ein von Menschenhand errichtetes Heiligtum hineingegangen, in ein Abbild des echten, sondern in den Himmel selbst, um jetzt vor Gottes Angesicht für uns einzutreten. 25 Er ist auch nicht hineingegangen, um sich immer wieder darzubringen, so wie der Hohe Priester Jahr für Jahr mit fremdem Blut ins Heiligtum hineingeht; 26 sonst hätte er nämlich immer wieder leiden müssen seit Grundlegung der Welt. Jetzt aber ist er am Ende der Zeiten ein einziges Mal erschienen, um durch sein Opfer

Das x. Capitel.

Paulus zeygt an daß das alt Testament nitt krafft gehept hat abzetilcken die sünd/ wie Christus das volkommenlich geleystet hab/ und wie wir das mit danckbarkeyt annemmen söllend: vermanet sy zuo gedult und zuo rechtem vertrüwen.

Dann das gsatz/ das den schatten hat der zuokünfftigen güeteren/ nit das wäsen der güetern selbs/ da alle jar einerley opffer sind/ die sy ymmer und ymmer opfferend/ mag nit/ die so hinzuo gond/ volkommen machen/ sunst hettind sy ufghört geopfferet werdenn/ wo die/ so am Gottes dienst sind/ kein gwüssen mer hettind vonn den sünden/ wenn sy ein mal gereyniget wärind: sunder es geschicht nun ein gedächtnuß der sünd alle jar. Dann es ist unmüglich durch ochsen unnd bocks bluot sünd ablegen. Darumb so er in die welt kumpt/ spricht er: Opfer und gaaben hast du nitt gwölt/ einen leyb aber hast du mir zuobereytet: der brandopferen und sündopfferen hat dich nitt gelustet. Do sprach ich: Sihe/ ich kumm/ in dem anfang deß buochs ist vonn mir geschriben das ich tuon sölle/ Gott/ deinen willen. Da oben als er gesagt hat/ Opfer und gaaben/ brandopffer und sündopffer hast du nit gwölt: es hat dich jr auch nit gelustet/ welche nach dem gsatz geopfferet werdend. Do sprach er: Sihe/ ich kumm zethuon Gott deinen willen. Da hept er das erst auf/ das er das ander eynsetze: in welchem willen wir sind geheyliget auff ein mal durch das opffer deß leybs Jesu Christi.

Unnd ein yetlicher priester ist eyngesetzt das er alle tag Gottes dienst pfläge/ und offt mals einerley opffer thüege: welche nitt mögend die sünd abnemmen. Diser aber/ do er hatt ein opffer für die sünd geopfferet/ das ewigklich gilt/ ist er gesässen zur rechten Gottes/ unnd wartet hinfür biß das seine feynd zum schämel seiner füessenn gelegt werdenn. Dann mit einem opffer hat er inn ewigkeyt vollendet die geheyligeten. Es bezeügt uns aber deß auch der heylig geyst. Dann nach dem er vorhin die Sünde aufzuheben. 27 Und wie es den Menschen bestimmt ist, ein einziges Mal zu sterben, und dann kommt das Gericht, 28 so ist auch Christus ein einziges Mal geopfert worden, um die Sünden vieler auf sich zu nehmen. Ein zweites Mal erscheint er nicht der Sünde wegen, sondern zur Rettung derer, die ihn erwarten.

|11–12: 9,24! |11: 2,17! |12: 7,27! · 5,9 |13–14: 10,10! |13: Num 19,2–9 |14: 1Petr 1,18–19 · 10.2.22 · 6,1 |15: 8,6!; Gal 3,19 · 3,1 · 6,12! |18: 9,7 |19: Ex 24,3–8 · Lev 14,4–5; Num 19,6 |20: Ex 24,8 · 10,29; 13,20 |21: Lev 8,15.19 |22: 1,3 · Lev 17,11 |23: 8,5! |24: 4,14; 8,1–2; 9,11–12 · 7,25 |26: 7,27! · 1Joh 3,5 · 10,12 |28: 7,27!; 10,14; Röm 6,10 · Jes 53,12

Das einmalige Opfer und die endgültige Vollendung

10 1 Weil das Gesetz nämlich nur einen Schatten der künftigen Güter enthält, nicht die eigentliche Gestalt der Dinge, kann es durch die Jahr für Jahr gleichen Opfer, die man endlos darbringt, diejenigen, die damit vor Gott treten, niemals vollkommen machen. 2 Denn hätte man sonst nicht aufgehört, sie darzubringen? Die am Gottesdienst teilnehmen, hätten ja kein von Sünden belastetes Gewissen mehr, wenn sie ein für alle Mal gereinigt worden wären. 3 Es ist aber nicht so, sondern Jahr für Jahr wird mit Opfern an die Sünden erinnert. 4 Denn es ist unmöglich, dass das Blut von Stieren und Böcken Sünden hinwegnimmt. 5 Darum sagt er bei seinem Kommen in die Welt:

Opfer und Gabe wolltest du nicht,
einen Leib aber hast du mir bereitet.
6 An Brandopfern und Sühnopfern hattest du kein Gefallen.
7 Da sprach ich: Siehe, ich komme –
in der Schriftrolle steht geschrieben, was für mich gilt –,
um deinen Willen, o Gott, zu tun.

8 Zuerst also hat er gesagt:

Opfer und Gaben und Brandopfer und Sühnopfer
wolltest du nicht und hattest kein Gefallen an ihnen,

und doch werden sie nach dem Gesetz dargebracht. 9 Und dann hat er gesagt: *Siehe, ich komme, um deinen Willen zu tun.* Das Erste hebt er auf, um das Zweite in Kraft zu setzen. 10 In diesem Willen sind wir ein für alle Mal geheiligt durch die Darbringung des Leibes Jesu Christi.

11 Jeder Priester steht Tag für Tag da, versieht seinen Dienst und bringt immer dieselben

gesagt hat: Das ist das Testament das ich jnen machen wil nach denen tagen/ spricht der Herr. Jch wil meine gsatz in jre hertzen geben/ unnd in jre sinn wil ich sy schreyben/ und jrer sünden und ungerechtikeyten wil ich nit mer gedencken. Wo aber söliche vergebung ist/ da ist nit mer opffer für die sünd.

So wir dann nun habend/ lieben brüeder/ ein fryen sichern zuogang in das Heylig/ durch das bluot Jesu/ welchen er uns zuobereytet hat zum neüwen unnd läbendigen wäg/ durch den fürhang/ das ist/ durch sein fleysch: und auch einen hohen priester über das hauß Gottes habend/ so lassend unns hinzuo gon mit warhafftigem hertzen/ in völligem glauben/ besprengt in unsern hertzen von den bösen gewüssen/ und gewäschen am leib mit reinem wasser: und lassend uns halten an der erkantnuß der hoffnung on wanckenn. Dann der ist warhafft der sy verheissen hat. Und lassend uns under einander unser selbs warnemmen/ zur reytzung der liebe und guoter wercken/ und nit verlassen unsere versamlung/ wie etlich ein weyß habent/ sunder ermanend einanderen: und das so vil mer/ so vil jr sehend das sich der tag naachet.

Dann so wir muotwilligklich sündennd/ nach dem wir die erkantnuß der waarheyt empfangen habend/ ist uns kein opffer mer vorhanden/ sunder ein erschrecklich warten deß gerichts/ unnd deß fheüreyfers/ der die widerwärtigen verzerren wirt. Wenn yeman das gesatz Mosi bricht/ der stirbt on erbarmung durch zwen oder drey züügen. Wie vil meinend

Opfer dar, die doch niemals Sünden beseitigen können. 12 Er aber hat ein einziges Opfer für die Sünden dargebracht und sich für immer zur Rechten Gottes gesetzt; 13 fortan wartet er, bis seine Feinde hingelegt werden als Schemel für seine Füsse. 14 Denn durch eine einzige Darbringung hat er diejenigen, die geheiligt werden, für immer zur Vollendung geführt. 15 Das bezeugt uns auch der heilige Geist, denn nachdem er gesagt hat:

16 *Dies ist der Bund, den ich* mit ihnen
schliessen werde
nach jenen Tagen, spricht der Herr:
Ich werde meine Gesetze in ihr Herz legen
und sie in ihren Sinn schreiben,
17 *und ihrer Sünden* und ihrer Missetaten
werde ich nicht mehr gedenken.
18 Wo aber diese vergeben sind, muss nichts mehr für die Sünde dargebracht werden.

|1: 8,5! · 7,18–19! |2: 9,14! · 7,27! |3: Lev 16,34 |5–7: Ps 40,7–9 |5: 10,37 |8: Ps 40,7 |9: Ps 40,8–9 · 7,18 |10: 7,27! · 2,11; 9,13–14; 10,14.29; 12,10.14; 13,12 |12: 9,26 · 7,3! · 1,13! |13: 1,13! |14: 9,28 · 10,10! · 7,3! |16: 8,10; Jer 31,33 |17: 8,12; Jer 31,34

Ermahnung, am unverrückbaren Bekenntnis festzuhalten

19 So haben wir nun, liebe Brüder und Schwestern, durch das Blut Jesu die Freiheit, ins Heiligtum einzutreten. 20 Diesen Zutritt hat er uns verschafft als neuen und lebendigen Weg durch den Vorhang hindurch, das heisst durch sein Fleisch. 21 Auch haben wir nun einen grossen Priester über das Haus Gottes. 22 Lasst uns also hinzutreten mit aufrichtigem Herzen in der Fülle des Glaubens, das Herz gereinigt vom bösen Gewissen und den Leib gewaschen mit reinem Wasser. 23 Lasst uns festhalten am unverrückbaren Bekenntnis der Hoffnung, denn treu ist, der die Verheissung gab. 24 Und lasst uns darauf bedacht sein, dass wir einander anspornen zur Liebe und zu guten Taten: 25 Wir wollen die Versammlung der Gemeinde nicht verlassen, wie es bei einigen üblich geworden ist, sondern einander mit Zuspruch beistehen, und dies umso mehr, als ihr den Tag nahen seht.

26 Denn wenn wir vorsätzlich sündigen, nachdem wir bereits die Erkenntnis der Wahrheit empfangen haben, gibt es kein Sühnopfer mehr, 27 sondern nur noch ein furchtbares Warten auf das Gericht, das als gieriges Feuer die Widersacher verzehren wird. 28 Wer das Gesetz des Mose missachtet, muss

jr/ ergerer straaff und peyn wirdt der wärdt
sein/ der den sun Gottes mit füessen tritt:
und das bluot deß testaments/ in welchem er
geheyliget ist/ unreyn achtet: unnd den geyst
der gnaden schendet? Dann wir wüssend
den/ der da sagt: Die raach ist mein/ ich wils
vergelten/ spricht der Herr. Unnd abermals:
Der Herr wirt sein volck richten. Erschrocklich
ists in die hend deß läbendigen Gottes fallen.

Gedenckend aber an die vorigen tag/ in
welchen jr erleüchtet/ erduldet habennd ein
grossen kampff deß leydens: zuo eim teil/ durch
schmaach und trüebsal ein schauwspil worden:
zum andren teyl/ gemeinschafft gehept mit
denen/ die sölichen wandel fuortend. Dann
jr habend mitt meinen banden mitgelitten/
und den raub euwerer güeter mit fröuden
aufgenommen: als die jr wüssent in euch selbs dz
jr ein bessere/ und bleybende/ unerschrockne/
gewüsse hab im himmel habend. Darumb
werffend nit von euch euwere freyheit/ die
ein grosse belonung hat. Gedult aber ist
euch not/ auff das/ nach dem jr den willen
Gottes volbracht habend/ jr die verheyssung
empfahind. Dann noch über ein kleyne
zeyt/ so wirt kommen der da kommen sol/
und nit verziehen. Der gerecht aber wirt deß
glaubens läben: unnd so er weychen wirt/ so
wirt mein seel kein gefallen an jm haben. Wir
aber sind nit deß weychens zur verdamnuß/
sunder deß glaubens die seel zuo erretten.

Das xj. Capitel.

Paulus hept jnen für den starcken glauben und groß
vertrüwen deren im alten Testament/ durch welichen
glauben sy all Gott wol gefallen habend: vermanet sy in
sölichem glauben auch zuo verharren.

Es ist aber der glaub ein gewüsse zuoversicht
deß das zehoffenn ist: ein klaare offenbarung/
ja ein gewüsse ergreyffung deren dingen die
man nit sicht. Durch sölichen glauben habend
die alten/ so vor uns sind gewesen/ zügnuß
überkommen. Durch den glauben merckend
wir und spürend/ dz die welt und alles das in
jr sichtbar ist/ uß nüts durch das wort Gottes
geschaffen ist. Durch den glauben hat Abel Gott

ohne Erbarmen *sterben auf die Aussage von zwei
oder drei Zeugen hin.* 29 Wie viel härter, meint
ihr, wird die Strafe sein für einen, der den
Sohn Gottes mit Füssen getreten, das Blut des
Bundes, durch das er geheiligt wurde, für unrein
gehalten und den Geist der Gnade verachtet
hat? 30 Denn wir kennen den, der gesagt hat:

Mein ist die Rache, ich werde Vergeltung üben,
und an anderer Stelle:
Der Herr wird sein Volk richten.
31 Furchtbar ist es, in die Hände des
lebendigen Gottes zu fallen.

32 Erinnert euch doch an die früheren
Tage, da ihr nach eurer Erleuchtung einen
harten Leidenskampf durchzustehen hattet:
33 Sei es, dass ihr beleidigt und bedrängt und
damit öffentlich zur Schau gestellt wurdet, sei
es, dass ihr Gefährten derer wurdet, denen es
so erging. 34 Denn ihr habt mitgelitten mit
den Gefangenen und den Raub von Hab und
Gut mit Freuden hingenommen im Wissen,
dass ihr selbst ein besseres und bleibendes Gut
habt. 35 Werft also euren Freimut nicht weg;
er wird reich belohnt werden. 36 Ausdauer
braucht ihr nämlich, um den Willen Gottes
zu tun und so die Verheissung zu erlangen.

37 Denn *eine kleine Weile noch,
und der, der kommen soll, wird kommen
und nicht ausbleiben:*
38 *Mein Gerechter aber wird aus Glauben
leben,*
und *wenn er zurückweicht, hat meine Seele
kein Wohlgefallen an ihm.*
39 Wir aber gehören nicht zu denen,
die zurückweichen und zugrunde
gehen, sondern zu denen, die glauben
und sich das Leben bewahren.

|19: 4,16! |20: 6,19–20 |21: 3,6! |22–24: 1Kor 13,13!
|22: 4,16 · 9,14! · Ex 29,4 |23: 3,6.14; 4,14!; 6,18 |25: 3,13
|26–27: 6,4–6 |27: 10,31; 12,29 |28–29: 2,2–3! |28: Dtn 17,6
|29: 6,6 · 9,20! · 10,10! |30: Dtn 32,35; Röm 12,19 ·
Dtn 32,36; Ps 135,14 |31: 10,27 |32: 6,4 |35: 4,16! · 11,6!
|36: 12,1! · 10,7; 13,21 · 6,12! |37: Hab 2,3 |38: Hab 2,4

Der Glaube der Alten

11 1 Der Glaube aber ist die Grundlegung
dessen, was man erhofft, der Beweis
für Dinge, die man nicht sieht. 2 In diesem
Glauben ist den Alten ihr Zeugnis ausgestellt
worden. 3 Durch Glauben erkennen wir,
dass die Welt erschaffen ist durch Gottes
Wort; so ist das Sichtbare nicht aus dem
geworden, was in Erscheinung tritt.

ein grösser opffer gethon dann Cain: durch welcher er zeügnuß überkommen hat das er gerecht sey/ als Gott von seinen gaaben zeügnuß gab: und durch den selben redt er noch/ wiewol er gestorben ist. Durch den glauben ward Enoch hinweg genommen/ das er den tod nit sähe: und ward nit erfunden/ darumb das jn Gott hinweg nam. Dann vor seinem hinweg nemmen hat er zeügnuß gehept/ das er Gott gefallen habe. Dann on glauben ists unmüglich das einer Gott gefalle. Welcher nun zuo Gott kommen wil/ der muoß glauben daß der Gott sey/ und denen die jn suochennd/ ein vergelter sein werde. Als Noe durch den Götlichen bericht/ von denen dingen die er noch nit sach/ gewarnet ward/ ist er durch den glauben und steyffs vertrüwen auff das wort Gottes/ gewitziget und vermanet/ hat die Arch/ zuo enthalten sein haußgesind/ bereytet: durch welche Arch er die welt verdampt hat/ unnd ist der frommkeyt (die auß dem glauben kumpt) erb worden. Abraham/ do er von Gott berüefft ward/ was er durch sölichen glauben und gewüsse zuoversicht gehorsam dem/ der jnn beruofft/ und gieng auß an das ort/ das er zum erb empfahen solt/ unwüssende wo er hin kommen wurde.

Durch den glauben ist er ein frömbdling gwäsen in dem verheyßnen land als in einer frömbde/ unnd wonet inn hütten mit Jsaac und Jaacob den miterben der selbigen verheissung: dann er wartet auff ein statt die einen grund hatt/ deren buwmeyster und schöpffer Gott ist.

Durch den glauben empfieng auch Sara krafft das sy schwanger ward/ und gebar über die zeyt jrs alters. Dann sy achtet den warhafftig sein/ der es verheissen hatt. Darumb sind auch von einem (wiewol erstorbens leybs) so vil geborn wie die sternen am himmel/ nach der vile/ und wie das sand am gstad deß Meers/ das unzalbar ist.

Dise alle sind gestorben nach dem glauben/ und habend die verheyssung nit empfangen/ sunder sy von verrnuß gesehen/ und sich darauff vertröstet/ und daran gehanget: und habend bekennt das sy gest und frömbdling auff erden sind. Dann die sölichs sagennd/ die zeygend damit an das sy ein vatterland suochend. Und zwar wo sy an die gedaacht hettind/ von welcher sy warend außgangen/ hattend sy ye zeyt und gelägenheyt widerumb zuo keren. Nun aber begärtend sy einer besseren/ darumb schämet sich Gott nitt zeheissen jr Gott/ dann er hatt jnen ein statt zuobereytet.

4 Durch Glauben brachte Abel Gott ein besseres Opfer dar als Kain; durch Glauben wurde ihm das Zeugnis ausgestellt, gerecht zu sein, weil Gott über seinen Gaben Zeugnis ablegte, und durch Glauben redet er noch immer, obwohl er gestorben ist. 5 Durch Glauben wurde Henoch entrückt, so dass er den Tod nicht sah; und er wurde nicht mehr gefunden, da Gott ihn entrückt hatte. Vor der Entrückung wurde ihm das Zeugnis ausgestellt, Gefallen gefunden zu haben bei Gott. 6 Ohne Glauben aber ist es unmöglich, ihm zu gefallen. Denn wer vor Gott treten will, muss glauben, dass er ist und dass er die belohnt, die ihn suchen. 7 Durch Glauben baute Noah, als er einen Hinweis bekam auf das, was noch nicht sichtbar war, voller Ehrfurcht vor Gott eine Arche zur Rettung seines Hauses. Durch Glauben verurteilte er die Welt und wurde ein Erbe der Gerechtigkeit, die dem Glauben entspricht.

8 Durch Glauben gehorchte Abraham, als er berufen wurde, und brach auf an einen Ort, den er als Erbe empfangen sollte; er brach auf, ohne zu wissen, wohin er kommen würde. 9 Durch Glauben wanderte er aus ins Land der Verheissung, ein Land, das ihm fremd war, und wohnte in Zelten mit Isaak und Jakob, den Miterben derselben Verheissung. 10 Denn er wartete auf die Stadt mit den festen Fundamenten, deren Planer und Erbauer Gott ist. 11 Durch Glauben empfing auch Sara als Unfruchtbare die Kraft, Nachkommenschaft zu begründen trotz ihrem hohen Alter, weil sie den für treu erachtete, der die Verheissung gegeben hatte. 12 Darum sind auch aus einem Einzigen und gar von einem, der nicht mehr zeugungsfähig war, Nachkommen hervorgegangen, so zahlreich wie die Sterne am Himmel und wie der Sand am Ufer des Meeres, den niemand zählen kann.

13 Im Glauben sind diese alle gestorben, ohne die Verheissungen erlangt zu haben. Nur von ferne haben sie sie gesehen, sie gegrüsst und bekannt, Gäste und Fremdlinge auf Erden zu sein. 14 Die nämlich solches sagen, geben zu erkennen, dass sie eine Heimat suchen. 15 Und wenn sie dabei an jene Heimat dächten, aus der sie aufgebrochen sind, hätten sie ja Gelegenheit zurückzukehren. 16 Nun aber strecken sie sich aus nach einer besseren Heimat, nämlich nach der himmlischen. Darum schämt sich Gott ihrer nicht und lässt sich ihr Gott nennen; er hat ihnen ja eine Stadt bereitet.

Durch den glauben opfferet Abraham den Jsaac/ do er versuocht ward/ unnd gab dahin den eingebornen/ darinn er die verheissung hatt eyngenommen/ von welchem gsagt was: Jn Jsaac wirt dir dein som geheissen werden: und gedacht/ Gott mag auch wol von den todten erwecken. Dannen har hat er jm den sun zuo einem vorbild der auferstentnuß wider ggeben.

Durch den glauben benedyet Jsaac von den zuokünfftigen dingen den Jacob und Esau.

Durch den glauben benedyet Jacob/ do er starb/ beyd sün Josephs/ und neygt sich zuo seines scepters spitz. Durch den glauben thett Joseph die erinnerung von dem außgang der kinder Jsraels/ do er starb/ und gebot von seinen beynen.

Durch den glauben ward Moses drey monat verborgen von seinen vättern/ do er geboren was/ darumb das sy sahend wie er ein schön kind was/ unnd forchtend sich nit vor deß künigs gebott. Durch den glauben verlöugnet Moses/ do er groß ward/ ein sun zeheyssen der tochter Pharaons: und erwellet vil lieber mit dem volck Gottes übels zeleyden/ dann die zeitliche ergetzung der sünden zehaben/ und achtet die schmaach Christi für grösser reychthumb dann die schätz Egypti: dann er sach auff die belonung.

Durch den glauben verließ er Egypten/ und forcht nit den grimm des Künigs: dann er hielt auff den unsichtbaren/ als sähe er jn/ und was steyff. Durch den glauben hielt er die Ostern/ und das bluotgiessen/ auff dz/ der die ersten geburten würget/ sy nit träffe.

Durch den glauben giengend sy durchs Rotmeer als durchs trocken land: unnd do es die Egypter auch versuochtend/ ertrunckend sy.

Durch den glauben fielennd die mauren Jericho/ do sy sibenn tag umblägeret wurdend.

Durch den glauben verdarb nitt die huor Rahab sampt den unglöubigenn/ do sy die verkundtschaffter mit friden aufnam.

Und was sol ich mer sagen? die zeyt wirt mir zekurtz/ wenn ich sölte erzellen von Gedeon/ und Barac/ und Samson/ und Jephthahe/ und David/ und Samuel/ und den propheten/ welche habend die künigreych eroberet/ gerechtigkeyt gewürckt/ die verheyssung erlanget/ der löwen rachen verstopffet/ deß feürs krafft außgelöschet/ deß schwärdts mund entrunnen/ sind krefftig worden auss der kranckheyt/ sind starck worden im streit/ habend verjagt die heerläger der frömbden/ die weyber habend die jren von

17 Durch Glauben hat Abraham den Isaak dargebracht, als er in Versuchung geführt wurde; den einzigen Sohn wollte er darbringen, er, der doch die Verheissungen empfangen hatte 18 und zu dem doch gesagt worden war: *Nach Isaak soll deine Nachkommenschaft genannt werden.* 19 Er rechnete damit, dass Gott auch die Macht habe, von den Toten zu erwecken. Darum hat er ihn – als ein Gleichnis – auch zurückerhalten. 20 Durch Glauben segnete Isaak den Jakob und den Esau sogar im Blick auf Künftiges. 21 Durch Glauben segnete Jakob vor seinem Tod jeden der Söhne Josefs und *beugte sich betend über die Spitze seines Stabes.* 22 Durch Glauben dachte Josef, als er im Sterben lag, an den Auszug der Israeliten und ordnete an, was mit seinen Gebeinen zu geschehen habe.

23 Durch Glauben wurde Mose nach der Geburt drei Monate lang von seinen Eltern versteckt gehalten; denn sie sahen, dass das Kind schön war, und fürchteten sich nicht vor dem Befehl des Königs. 24 Durch Glauben weigerte sich Mose, als er herangewachsen war, als Sohn einer Tochter des Pharao zu gelten. 25 Lieber wollte er zusammen mit dem Volk Gottes misshandelt werden als einen flüchtigen Genuss der Sünde haben. 26 Für einen grösseren Reichtum als die Schätze Ägyptens hielt er die Schmach Christi, denn er richtete seinen Blick auf die Belohnung. 27 Durch Glauben verliess er Ägypten, ohne den Zorn des Königs zu fürchten, denn er hielt sich an den Unsichtbaren, als sähe er ihn. 28 Durch Glauben hat er das Passa und die Besprengung mit Blut angeordnet, damit der Würgeengel ihre Erstgeburt nicht anrühre. 29 Durch Glauben zogen sie durch das Rote Meer wie über trockenes Land; die Ägypter dagegen ertranken, als sie es versuchten.

30 Durch Glauben fielen die Mauern von Jericho, nachdem sie sieben Tage lang umkreist worden waren. 31 Durch Glauben ist die Dirne Rachab nicht mit den Ungehorsamen zusammen umgekommen, denn sie hatte die Kundschafter in Frieden bei sich aufgenommen.

32 Und was soll ich noch sagen? Mir fehlt die Zeit, auch noch von Gideon, Barak, Samson, Jephta, David und Samuel und von den Propheten zu erzählen. 33 Aufgrund des Glaubens haben sie Königreiche bezwungen, Gerechtigkeit geübt, Verheissungen erlangt, Löwen den Rachen gestopft 34 und gewaltiges Feuer gelöscht. Zweischneidigem Schwert sind

der todten auferstentnuß wider genommen. Die anderen aber sind außgespannen/ unnd habend kein erlösung angenommen/ auff das sy die aufferstentnuß/ die besser ist erlangetind.

Die anderen aber habend spott und geyslen erfaren/ darzuo bannd unnd gefencknuß. Sy sind versteiniget/ zerhauwen/ versuocht/ durch schlacht deß schwärts gestorben. Sy sind umbher gegangen in beltzen und geyßfällen/ mit mangel/ mit trüebsal/ mit üblen/ deren die welt nit wärdt was: und sind irrgegangen in den wüestenen/ auff den bergen/ in den klufften und löcheren der erden. Dise alle habend durch den glauben zeügnuß überkommen/ und nit eyngenommen die verheissung/ darumb/ das Gott etwas bessers für uns fürsehen hat/ das sy nit on uns gevollkomnet wurdind.

Das vij. Capitel.
Diß capitel ist ein gantze vermanung zuo gedult und standhaffte inn leyden und allen üblen/ das wir allweg steyff unnd stät bleybind in aller widerwertigkeyt auß hoffnung ewiger belonung/ unnd auß sölichen vorbilden gesterckt. Preyßt im end das neüw Testament über das alt.

Darumb auch wir/ dieweyl wir ein söliche wolcken der zeügen umb uns habend/ lassend uns ablegen alles was uns truckt/ und die anklebische sünd/ und lassennd unns lauffen durch die gedult den kampff der uns fürgelegt ist/ und ufsehen uff den Hertzogen des glaubens/ und den vollender Jesum: welcher do jm fürgelegt was die fröud/ erduldet er das creütz mit verachtung der schand/ und hat sich gesetzt zur gerechten des stuols Gottes. Bedenckend den der ein söliches widersprechen von den sünderen wider sich erduldet hat/ das jr nit ablassind in euwerem muot/ und matt werdind: dann jr habend noch nit biß uff das bluot widerstanden/ mit gegen kempffen wider die sünd/ unnd

sie entronnen, und wo sie schwach waren, haben sie Kraft empfangen. Stark sind sie geworden im Krieg, haben Heere feindlicher Völker in die Flucht geschlagen. 35 Frauen haben ihre Toten wiederbekommen durch Auferstehung; andere aber haben sich foltern lassen und ihre Freilassung nicht angenommen, um eine bessere Auferstehung zu erlangen. 36 Wieder andere mussten Spott und Geisselung hinnehmen, auch Fesseln und Gefängnis. 37 Sie sind gesteinigt, zersägt, mit dem Schwert erschlagen worden; sie sind in Fellen von Schafen und Ziegen umhergegangen, haben Mangel, Not und Qual erfahren, 38 sie, derer die Welt nicht würdig war, sind umhergeirrt in Wüsten und Gebirgen, in Höhlen und Klüften. 39 Und sie alle haben, auch wenn sie aufgrund des Glaubens Zeugen geworden sind, die Verheissung nicht erlangt. 40 Denn Gott hat für uns etwas Besseres vorgesehen: Sie sollten nicht ohne uns ans Ziel gebracht werden.

|1: Röm 8,24 |2: 11,39 |3: Ps 33,6 |4: Gen 4,3–5 |5: Gen 5,24 |6: 10,35; 11,26 |7: Gen 6,8–9; 6,13–7,1; 2Petr 2,5 |8: Gen 12,1–4 |9: 6,13–17; Röm 4,13 |10: 10,13,14! |11–12: Gen 17,17.19; 21,2 · Röm 4,19–20 |11: 10,23 |12: Gen 32,12 |13–16: 13,14! |13: 11,39 · Gen 23,4 |17: Gen 22,1–19; Jak 2,21 |18: Gen 21,12 |19: Röm 4,17 |21: Gen 48,8–16 |22: Gen 50,24–25 |23: Ex 2,2 · Ex 1,15–16 |24: Ex 2,11 |26: 13,13 · 11,6! |27: Ex 2,15 |28: Ex 12,21–23 |29: Ex 14,21–30 |30: Jos 6,1–16.20 |31: Jos 2,1–21; 6,17.22–25; Jak 2,25 |32: Ri 6,1–8,35 · Ri 4,1–16 · Ri 13,1–16,31 · Ri 10,6 – 12,7 · 1Sam 7,15 |35: 1Kön 17,17–24; 2Kön 4,18–37 |36: Jer 20,1–3; 37,1–38,13 |37: 2Chr 24,20–21 |38: 1Kön 18,4 |39: 11,2 · 11,13 |40: 10,14

11,1: Der griechische Begriff ‹hypostasis› wird hier mit ‹Grundlegung› übersetzt, d.h. entsprechend der Tendenz seiner Bedeutung (Grundlage, Basis, Grundlegung) objektiv und nicht subjektiv (Festhalten, Vertrauen).

Die Ermahnung, nicht müde zu werden

12 1 Darum wollen denn auch wir, die wir von einer solchen Wolke von Zeugen umgeben sind, alle Last ablegen und die Sünde, die uns so leicht umgarnt. Wir wollen mit Ausdauer laufen in dem Wettlauf, der noch vor uns liegt, 2 und hinschauen auf den, der unserem Glauben vorangeht und ihn vollendet, auf Jesus, der im Blick auf die vor ihm liegende Freude das Kreuz erduldet, die Schande gering geachtet und sich zur Rechten des Thrones Gottes gesetzt hat. 3 Denkt doch an den, der von Seiten der Sünder solchen Widerspruch erduldet hat, damit ihr nicht müde und mutlos werdet.

4 Noch habt ihr nicht bis aufs Blut widerstanden im Kampf gegen die

Der Brief an die Hebräer

habend vergessen deß trosts der zuo euch redt als zuo den kinderen: Mein sun acht nit gering die züchtigung des Herren/ unnd laß nit ab wenn du von jm gestraafft wirst: dann welchen der Herr lieb hat/ den straafft er. Er geyßlet aber einen yetlichen sun den er aufnimpt. So jr die züchtigung erduldend/ so erbüt sich euch Gott als den kinderen. Wo ist aber ein sun/ den der vatter nit züchtiget? Sind jr aber on züchtigung/ deren sy all sind teylhafftig worden/ so sind jr Bastart/ unnd nit Eekinder. Auch so wir habend die vätter unsers fleyschs zuo züchtigeren gehebt/ söltend wir dann nit vil mer underthon werden dem vatter der geysten/ und läben? Unnd yhene zwar habend uns züchtigt wenig tag nach jrem duncken: diser aber zuo nutz/ auff das wir die heyligung ergriffind. Alle züchtigung aber wenn sy da ist/ wirt nit angesehen für ein frölich/ sonder für ein traurig ding. Aber hernach wirdt sy geben ein fridsame frucht der gerechtigkeyt/ denen die dardurch geüebt sind. Darumb richtend wider auf die hinlessigen hend/ und die lassen müeden knüw/ und thuond richtig löuff mit eueweren füessen/ das nit das lam außgestossen werde/ sonder vil mer gsund werde. Jagend nach dem friden gegen yederman/ und der heyligung/ on welche wirt niemants den Herren sehen: und besehend das nit yemants Gottes gnad versume/ dz nit etwan ein bitter wurtzel aufwachse/ unruow unnd verwirrung mache/ und vil durch die selbig verunreynet werdind: das nit yemants sey ein huorer/ oder ein befleckter wie Esau/ der umb einer speyß willen sein erst geburt verkaufft. Wüssend aber das er hernach/ do er die benedeyung erben wolt/ verworffen ist: dann er fand kein statt der buoß/ wiewol er sy mit trähen ersuocht.

Sünde. 5 Und ihr habt den Zuspruch vergessen, der euch als Söhne anredet:

Mein Sohn, achte nicht gering die Erziehung des Herrn,
und verliere den Mut nicht, wenn du von ihm gestraft wirst.
6 Denn wen der Herr liebt, den züchtigt er,
und er schlägt jeden Sohn, den er annimmt.

7 Was ihr erduldet, dient eurer Erziehung; wie mit Söhnen geht Gott mit euch um. Denn wo ist ein Sohn, den sein Vater nicht züchtigt? 8 Wenn ihr aber ohne Erziehung seid – sie ist doch allen zuteil geworden –, dann seid ihr uneheliche, nicht legitime Söhne und Töchter.

9 Ferner: Wir hatten unsere leiblichen Väter als Erzieher und brachten ihnen Respekt entgegen; werden wir uns da nicht erst recht dem ‹Vater der Geister› unterordnen und so das Leben haben? 10 Denn jene haben uns eine kurze Zeit nach ihrem Gutdünken gezüchtigt, er aber tut es zu unserem Besten, damit wir Anteil bekommen an seiner Heiligkeit. 11 Für den Augenblick zwar erscheint uns jede Züchtigung nicht als Freude, sondern als Schmerz, später aber bringt sie denen, die an ihr gewachsen sind, die Frucht des Friedens und der Gerechtigkeit.

12 Darum strafft die erschlafften Hände und die erlahmten Knie 13 und zieht eine gerade Spur mit euren Füssen, damit was lahm ist, sich nicht auch noch verrenkt, sondern vielmehr geheilt wird. 14 Dem Frieden jagt nach mit allen und der Heiligung, ohne die niemand den Herrn schauen wird. 15 Gebt acht, dass niemand hinter der Gnade Gottes zurückbleibt, *dass nicht ein bitterer Schössling aufschiesst und eine Plage wird* und viele durch ihn angesteckt werden 16 und dass kein Unzüchtiger oder Gottloser unter euch sei, einer wie Esau, der für ein einziges Essen sein Erstgeburtsrecht hergab. 17 Ihr wisst ja, dass er verworfen wurde, als er hinterher den Segen erben wollte, denn er fand keine Gelegenheit mehr zur Umkehr, obwohl er sie unter Tränen suchte.

|1: 6,12; 10,36 · 1Kor 9,24–27 |2: 2,10! · 1,13! · Phil 2,8–9 |3: 5,11! |4: 10,32–36 |5–6: Spr 3,11–12 |10: 10,10! |11: Phil 1,11; Jak 3,18 |12: 5,11! · Jes 35,3 |13: Spr 4,26 |14: Ps 34,15; Röm 14,19; 2Tim 2,22; 1Petr 3,11 · 10,10! |15: Dtn 29,17 |16: Gen 25,29–34 |17: Gen 27,30–40

12,9: Der ganz ungewöhnliche Ausdruck ‹Vater der Geister› verweist auf die Zugehörigkeit Gottes zur Sphäre des Geistes, zu der dienende Geister (1,14) und die Geister der vollendeten Gerechten (12,23) gehören.

Dann jr sind nit kommen zuo einem berg den man greyffen mag/ unnd mit fheür brennt/ und zuo dem dunckel/ und finsternuß/ und ungewitter und zuo dem schall der pusaunen/ und zur stimm der worten: welches sich widertend die es hortend/ das jnen das wort nit gesagt wurde/ dann sy mochtends nit erleyden was da gesagt ward. Und wenn ein thier den berg anrüeret/ solt es versteyniget/ oder mit einem geschoß erschossen werden: und also erschrocklich was das gepreng/ das Moses sprach: Jch bin forchtsam unnd zitteren. Sonder jr sind kommen zuo dem berg Syon/ und zuo der statt deß läbendigen Gottes/ zuo dem himmelischen Jerusalem/ und zuo der menge viler tausent englen/ und zuo der gmeind der erstgebornen/ die im himmel angeschriben sind/ und zuo Gott dem richter über alle/ und zuo den geisten der vollkomnen gerechten/ und zuo dem mittler des neüwen Testaments Jesu/ und zuo dem bluot der besprengung/ das da besser redt dann des Abels. Sehend zuo das jr den nit verachtind/ der mit euch redt: dann so yhene nit entflohen sind/ die den verachtetend der auff erden redt/ vil weniger wir so wir verachtend den/ der von himmel redt: welches stimm zuo der zeyt die erden bewegt. Nun aber verheyßt er/ unnd spricht: Noch ein mal wil ich bewegen/ nit allein die erden/ sonder auch den himmel. Aber söliches/ noch ein mal/ deütet die verenderung der beweglichen/ als deren die gemachet sind/ uff das da bleybind die unbeweglichen. Darumb/ dieweyl wir empfahend das unbeweglich reych/ habend wir gnad/ durch welche wir Gottes dienst thuond Gott wolgefellig/ mit zucht und forcht. Dann unser Gott ist ein verzeerend fheür.

Das xiij. Capitel.

Paulus vermanet sy zuo den wercken der liebe gegen dem nächsten zuo beweysen mit vil anderer heilsamer und nützlicher underweysung und leer.

Brüederliche liebe lassend bleyben. Gastfrey zesein vergessend nit: dann durch das selbig habend etlich on jr wüssen engel beherberget. Gedenckend der gebundnen/ als die mitgebunden: und deren die übels leydend/ als die jr auch selbs im leyb sind. Die Ee ist eelich bey allen/ und das bett der Eeleüten

Ermahnung, auf den zu hören, der sich vom Himmel her kundtut

18 Denn ihr seid nicht zu etwas hingetreten, was mit den Sinnen erfahrbar ist, nicht zu brennendem Feuer, zu Rauch und Finsternis und Sturm, 19 nicht zu Schall von Posaunen und Dröhnen von Worten – die es hörten, baten, es möge kein Wort mehr hinzugefügt werden, 20 denn sie ertrugen nicht, was da befohlen wurde: Selbst wenn ein Tier den Berg berührt, soll es gesteinigt werden. 21 Ja, so furchtbar war die Erscheinung, dass Mose sagte: *Ich bin voll Furcht* und ich zittere. 22 Vielmehr seid ihr hingetreten zum Berg Zion und zur Stadt des lebendigen Gottes, dem himmlischen Jerusalem, zu Tausenden von Engeln, zum Fest 23 und zur Gemeinde der Erstgeborenen, deren Namen aufgeschrieben sind im Himmel, zu Gott, dem Richter aller, zu den Geistern der vollendeten Gerechten, 24 zu Jesus, dem Mittler des neuen Bundes, und zum Blut der Besprengung, das machtvoller redet als das Blut Abels. 25 Gebt acht, dass ihr den nicht abweist, der so redet! Wenn nämlich schon jene nicht entronnen sind, die den abwiesen, der auf Erden den Willen Gottes kundtat, wie viel weniger dann wir, wenn wir uns abwenden von dem, der vom Himmel her spricht. 26 Einst hat seine Stimme die Erde erschüttert, jetzt aber hat er verheissen: *Noch einmal werde ich erbeben lassen* nicht allein *die Erde*, sondern *auch den Himmel*. 27 Dieses *Noch einmal* zeigt: Was erschüttert wird, weil es zum Geschaffenen gehört, wird verändert, damit bleibe, was nicht erschüttert werden kann. 28 Darum wollen wir, die wir ein unerschütterliches Reich empfangen, dankbar sein und Gott dienen, wie es ihm gefällt, mit Scheu und Ehrfurcht. 29 Denn unser *Gott ist ein verzehrendes Feuer.*

|18: Dtn 4,11; 5,22 |19: Ex 19,16.19; 20,18; Dtn 4,12 |20: Ex 19,12–13 |21: Dtn 9,19 |22: 11,10; Offb 21,10! · Offb 5,11! |23: Lk 10,20 |24: 8,6! · 9,13–14 · Gen 4,10 |25: 2,2–3! |26: Hag 2,6 |28: Dan 7,18 · 13,21 |29: Dtn 4,24; 9,3 · 10,27

Ermahnungen für den Alltag

13 1 Die Liebe zu denen, die euch vertraut sind, bleibe! 2 Die Liebe zu denen, die euch fremd sind, aber vergesst nicht – so haben manche, ohne es zu wissen, Engel beherbergt. 3 Denkt an die Gefangenen, weil auch ihr Gefangene seid; denkt an die Misshandelten, weil auch ihr Verletzliche seid.

unbefleckt. Die huorer aber/ unnd die Eebrecher wirt Gott richten. Der wandel sey on geyt/ und lassend euch benüegen an dem das da ist/ dann er hat gesagt: Jch wil dich nit verlassen noch versumen/ also/ das wir gedörend sagen: Der Herr ist mein helffer/ und wil mir nit förchten was mir ein mensch thuon wirt. Gedenckend an euwere vorgenger/ die euch das wort Gottes gesagt habend. Der selbigen außgang schouwend an/ und volgend jrem glauben.

Jesus Christus gester und heütt/ und er auch in ewigkeit. Lassend euch nit mit mancherley/ und frömbden leeren umbfüeren: dann es ist guot durch gnad das hertz befestigen/ nit mit speyß durch welche kein nutz habend empfangen die darinnen gewandelt habend. Wir habend einen altar/ davon nit macht habend zeessen die der hütten pflägend. Dann welcher thierer bluot getragen wirt/ durch den hohenn priester in das heylig für die sünd/ der selben leyb werdend verbrennt aussert dem heerläger. Darumb Jesus auch/ auff das er heyligete das volck durch seyn eygen bluot/ hatt er gelitten aussen vor dem thor. So lassend unns nun zuo jm hinauß gon aussert dem läger/ und sein schmaach tragen: dann wir habend hie kein bleybende statt/ sonder ein zuokünfftige suochend wir.

So lassend uns nun Gott alle zeyt opfferen durch jn das opffer des lobs/ das ist die frucht der läfftzen/ die seinen nammen bekennend. Der wolthat aber und des mitteilens vergessend nit/ dann mit sölichen opfferen versüenet man Gott. Sind gehorsam euweren vorgengeren/ und thuond euch under sy: dann sy wachend über euwere seelen als die da rechenschafft da für geben söllend/ auff das sy das mit fröuden thüegind/ und nit mit süfftzen: dann das ist euch nit nutzlich.

Bittend für uns. Wir verlassend uns aber darauff/ dz wir ein guot gewüssen habend in allen dingen/ und wöllend guoten wandel füeren. Jch ermanen euch aber zum überfluß

4 Die Ehe werde bei allen in Ehren gehalten, und das Ehebett bleibe unbefleckt. Denn Unzüchtige und Ehebrecher wird Gott richten. 5 Führt ein Leben frei von Geldgier, begnügt euch mit dem, was da ist. Denn Gott selbst hat gesagt: *Ich werde dich niemals preisgeben und dich niemals verlassen.* 6 So können wir getrost sagen:
Der Herr ist mein Helfer, ich werde mich nicht fürchten;
was kann ein Mensch mir antun?

7 Behaltet diejenigen, die die Gemeinde geleitet und euch das Wort Gottes weitergesagt haben, im Gedächtnis; achtet darauf, wie ihr Leben geendet hat, und ahmt ihren Glauben nach. 8 Jesus Christus ist derselbe gestern, heute und in Ewigkeit. 9 Lasst euch nicht durch schillernde und fremdartige Lehren verführen. Denn es ist gut, dass das Herz gefestigt wird durch Gnade, nicht durch Speisegebote; die sie befolgten, hatten keinen Nutzen davon. 10 Wir haben einen Altar, von dem zu essen keine Vollmacht hat, wer dem Zelt dient. 11 Denn die Leiber der Tiere, deren Blut der Hohe Priester als Sühnopfer ins Heiligtum hineinbringt, werden ausserhalb des Lagers verbrannt. 12 Darum hat auch Jesus, um durch sein eigenes Blut das Volk zu heiligen, ausserhalb des Tors gelitten. 13 Lasst uns also vor das Lager hinausziehen zu ihm und seine Schmach tragen, 14 denn wir haben hier keine bleibende Stadt, sondern die zukünftige suchen wir. 15 Durch ihn wollen wir Gott allezeit als Opfer ein Lob darbringen, das heisst die Frucht der Lippen, die seinen Namen bekennen. 16 Vergesst nicht, einander Gutes zu tun und an der Gemeinschaft festzuhalten, denn an solchen Opfern findet Gott Gefallen. 17 Gehorcht denen, die die Gemeinde leiten, denn sie wachen über eure Seelen und müssen Rechenschaft ablegen, und fügt euch ihnen, damit sie es mit Freuden tun und nicht mit Seufzen; das wäre für euch ja kein Gewinn.

|1: 1Thess 4,9! |2: Röm 12,13 · Gen 18,1–16; 19,1–29 |3: 10,34 |5: 1Tim 6,8–9 · Dtn 31,6; Jos 1,5; 1Chr 28,20; Gen 28,15 |6: Ps 118,6 |7: 13,17.24 · 6,12! |8: 1,12 |9: 9,10! |11–12: 2,17! |11: Lev 16,27 |12: 10,10! · Mk 15,20b–27 |13: 11,26 |14: 11,10.13–16 · 2,5; 6,5 |17: 13,7!

Bitten, Grüsse, Segenswunsch

18 Betet für uns! Denn wir sind überzeugt, ein gutes Gewissen zu haben, da wir uns bemühen, in jeder Hinsicht ein gutes Leben zu führen. 19 Und ich ermahne euch besonders

söliches zethuon/ auff das ich euch auffs
sicherest herwider gebracht werde.

Gott aber des fridens/ der von den todten
außgefüert hatt/ den grossen hirten der
schaaffen durch das bluot des ewigen Testaments
unsers Herren Jesu Christi/ der mache euch
geschickt in allem guoten werck/ zethuon
seinen willen/ und thüeye euch was gefellig ist
vor jm durch Jesum Christum/ welchem sey
preyß von ewigkeyt zuo ewigkeyt/ Amen. Jch
ermanen euch aber lieben brüeder/ haltend
das wort der ermanung zuo guotem/ dann
ich hab euch auffs kürtzest zuogeschriben.
Erkennend den bruoder Timotheon/ den wir
von uns gelassen habend/ mit welchem/ so er
bald kumpt/ wil ich euch sehen. Grüessend
alle euwere vorgenger/ unnd alle heyligen.
Es grüessend euch die brüeder im Wälschen
land. Die gnad sey mit euch allen/ Amen,

    Geschriben auß Wälsch land
    durch Timotheon.

eindringlich, dies zu tun, damit ich euch
umso schneller wiedergegeben werde.

20 Der Gott des Friedens aber, der den
grossen Hirten der Schafe, Jesus, unseren
Herrn, durch das Blut des ewigen Bundes
heraufgeführt hat von den Toten, 21 er rüste
euch aus mit allem Guten, dass ihr seinen
Willen tut. Er wirke in uns, was vor ihm
wohlgefällig ist, durch Jesus Christus, dem die
Ehre gebührt von Ewigkeit zu Ewigkeit. Amen.

22 Ich rede euch aber zu, liebe Brüder und
Schwestern, nehmt das Wort der Ermutigung
an. Ich habe euch ja nur kurz geschrieben.
23 Ihr wisst, dass unser Bruder Timotheus
abgereist ist; wenn er demnächst kommt,
werde ich euch mit ihm zusammen besuchen.

24 Grüsst alle, die die Gemeinde leiten,
und alle Heiligen. Es grüssen euch die Brüder
und Schwestern, die in Italien sind.

25 Die Gnade sei mit euch allen.

|18: 1Thess 5,25 |20: Röm 15,33! · Joh 10,11! · 9,20! ·
Jes 55,3; 61,8; Jer 32,40; 50,5; Ez 37,26 |21: 10,36! · 12,28 ·
Röm 16,27! |24: 13,7! |25: Tit 3,15

Die Epistel deß heyligen Apostels Jacobs.

Das erst Capitel.

Jacobus dieweyl er ein Bischoff was zuo Jerusalem/ schreybt er auch den andern Juden die hin und här under den Heyden zerströwt wonetend/ mit mancherley schöner underweysungen und leeren jr läben anzerichten.

Jacobus ein knecht gottes und des Herren Jesu Christi/ Den zwölff geschlächten/ die da sind hin und här/ fröud zuovor.

Meine lieben brüeder achtend es eytel fröud wenn jr in mancherley versuochungen fallend/ unnd wüssend das/ das euwer bewärter glaub gedult würckt/ die gedult aber hat ein vollkommen werck/ auff das jr sygind vollkommen/ und gantz kein mangel habind. So aber yemants under euch mangel hat an weyßheit/ der bitte von Gott/ der da gibt einfaltigklich/ unnd verweyßts niemants/ so wirt sy jm gegeben werden. Er bitte aber im glauben/ und zweyfle nit. Dann wär da zweyflet/ der ist glych wie ein waag des meers/ der vom wind getriben und bewegt wirt. Sölicher mensch gedencke nun nit das er etwas von dem Herren empfahen werde. Ein wanckelmüetiger mann ist unstät in allen seinen wägen.

Ein bruoder aber/ der nidrig ist/ rüeme sich seiner höhe: unnd der da reych ist/ rüeme sich siner nidrigkeit. Dann wie ein bluom des grasses wirt er vergon. Die Sonn gadt auf mit der hitz/ und das graß verwälcket/ und die bluom falt ab/ und sein hüpsche gstalt verdirbt: also wirt der rych in seiner haab verschweynen. Sälig ist der mann/ der die versuochung erduldet. Dann nach dem er bewärt ist/ wirt er die kron des läbens empfahen/ welche Gott verheissen hat denen die jn lieb habend. Niemants sage/ wenn er versuocht wirdt/ das er von Gott versuocht werde: dann Gott ist nit ein versuocher zum bösen. Er versuocht niemants/ sonder ein yetlicher wirdt versuocht/ wenn er von seinem eignen lust abgezogen und verleckeret wirt. Darnach wenn der lust empfangen hat/ gebirt er die sünd: Die sünd aber/ wenn sy vollendet ist/ gebirt sy den tod.

Der Brief des Jakobus

Anschrift

1 Jakobus, Knecht Gottes und des Herrn Jesus Christus, an die zwölf Stämme in der Diaspora: Seid gegrüsst!

Die rechte Einstellung

2 Nehmt es für lauter Freude, meine lieben Brüder und Schwestern, wenn ihr mancherlei Prüfungen zu bestehen habt, 3 denn ihr wisst, dass die Erprobung eures Glaubens Ausdauer bewirkt. 4 Die Ausdauer aber werde begleitet von einem vollkommenen Werk; so werdet ihr vollkommen und ganz, und es wird euch nichts fehlen.

5 Wem es unter euch aber an Weisheit fehlt, der erbitte sie von Gott, der allen vorbehaltlos gibt und niemandem etwas zum Vorwurf macht: Sie wird ihm zuteil werden. 6 Er bitte aber im Glauben, ohne zu zweifeln, denn wer zweifelt, gleicht den Wogen des Meeres, die vom Wind gepeitscht und dahin und dorthin geschlagen werden. 7 Ein solcher Mensch bilde sich ja nicht ein, er werde vom Herrn etwas empfangen! 8 Er ist ein Mann mit gespaltener Seele, unstet und haltlos auf all seinen Wegen.

9 Der Bruder, der niedrigen Standes ist, rühme sich seiner Erhöhung, 10 der Reiche aber rühme sich seiner Erniedrigung, denn er wird vergehen wie die Blume des Feldes: 11 Es kommt die Sonne und mit ihr die Hitze und lässt das Gras verdorren; die Blüte fällt ab und ihre Pracht ist dahin. So wird auch der Reiche dahinschwinden samt allem, was er unternommen hat.

12 Selig der Mann, der die Prüfung besteht, denn wenn er sich bewährt, wird er die Krone des Lebens empfangen, die Gott denen verheissen hat, die ihn lieben. 13 Niemand, der in Versuchung gerät, sage: Von Gott werde ich in Versuchung geführt! Gott nämlich lässt sich vom Bösen nicht versuchen, und er führt niemanden in Versuchung. 14 Ein jeder wird von seiner eigenen Begierde in Versuchung geführt, wenn er sich von ihr locken und ködern lässt. 15 Wenn dann die Begierde schwanger geworden

Jrrend nit lieben brüeder. Alle guote gaab/ und alle vollkommne gaab kumpt von oben herab von dem vatter der liechtern/ bey welchem ist kein verenderung noch wächsel der finsternuß. Er hatt uns nach seinem willen durch das wort der warheyt geboren/ auff das wir wärind erstling seiner creaturen. Darumb lieben brüeder/ ein yetlicher mensch sey schnäll zehören/ langsam aber zereden/ und langsam zum zorn. Dann des menschen zorn thuot nichts was vor Gott recht ist.

Darumb so legend ab alle unsauberkeit/ und alle boßheyt/ und nemmend das wort auf/ und lassend es mit sennftmüetigkeit eyngepflantzet sein/ das euwere seelen mag sälig machen. Sind aber thäter des worts/ unnd nit hörer allein/ damit jr euch selbs nit betriegind. Dann so yemants ist ein hörer des worts/ und nit ein thäter/ der ist gleych einem mann/ der seyn leyplich angesicht im spiegel beschouwet: dann nach dem er sich beschouwet hat/ gadt er hin darvon/ und vergisset wie er gestaltet wz. Wär aber durchschouwet inn das vollkommen gsatz der freyheyt/ und darinnen beharret/ und ist nit ein vergäßlicher hörer/ sonder ein thäter/ der selb wirt sälig sein in seiner thaat.

So aber yemants sich laßt duncken er diene Gott under euch/ und haltet sein zung nit im zaum/ sonder verfüert sein hertz/ deß Gottes dienst ist kein nütz. Ein reyner und unbefleckter Gottes dienst vor Gott dem vatter/ ist der/ Die weysen unnd witwen in jrem trüebsal besuochen/ und sich von der welt unbefleckt behalten.

Das ij. Capitel.

Jn disem capitel verbüt jnen Jacobus das sy nit ein underscheyd machind in personen/ als dann pflägend

ist, bringt sie die Sünde zur Welt. Die Sünde aber, wenn sie ausgereift ist, gebiert den Tod.

|2: 1Petr 1,6; Mt 5,11–12 · 1,12 |3: 1Petr 1,7 Röm 5,3 |4: 3,2; Mt 5,48 |5: 3,13–17 · Mt 7,7 |9: 2,5 |10–11: Jes 40,6–8; 1Petr 1,24 |12: 1,25; 5,11 · 1,2 · Offb 2,10; 1Petr 5,4! · 2,5 |14–15: Röm 7,8.10 |15: Röm 6,23

1,2: Das griechische Wort ‹peirasmos›, das hier mit ‹Prüfung› übersetzt ist, umfasst im Brief des Jakobus (1,2; 1,12) sowohl den Aspekt der Prüfung als auch der Versuchung und der Anfechtung (vgl. das entsprechende Verb in 1,13).

1,13: Andere Übersetzungsmöglichkeit: «… Gott hat nämlich mit dem Bösen nichts zu tun, und …»

Umgang mit dem Wort

16 Lasst euch nicht täuschen, meine geliebten Brüder und Schwestern! 17 Jede gute Gabe und jedes vollkommene Geschenk kommt von oben, vom Vater der Himmelslichter, bei dem es keine Veränderung und nicht die Spur eines Wandels gibt. 18 Aus freiem Willen hat er uns geboren durch das Wort der Wahrheit, damit wir gleichsam die Erstlinge seiner Geschöpfe seien.

19 Ihr wisst es doch, meine geliebten Brüder und Schwestern: Jeder Mensch soll schnell sein im Hinhören, langsam aber im Reden und erst recht langsam, wenn er zornig ist. 20 Denn der Zorn eines Mannes schafft die Gerechtigkeit nicht, die vor Gott gilt. 21 Lasst uns daher alles ablegen, was uns schmutzig macht, was strotzt vor Bosheit, und in Sanftmut das Wort annehmen, das in euch eingepflanzt ist – es vermag eure Seelen zu retten.

22 Seid aber Täter des Wortes, nicht bloss Hörer, die sich selbst betrügen. 23 Denn wer das Wort bloss hört, nicht aber danach handelt, gleicht einem Mann, der sein Gesicht, das er von Geburt hat, im Spiegel betrachtet: 24 Er betrachtet sich selbst, geht weg und vergisst sogleich, wie er aussieht. 25 Wer sich aber in das vollkommene Gesetz vertieft, das Gesetz der Freiheit, und dabei bleibt, wer also nicht ein Hörer ist, der alles wieder vergisst, sondern ein Täter, der sein Werk tut, der wird selig sein bei dem, was er tut!

26 Wer meint, fromm zu sein, seine Zunge aber nicht im Zaum hält, sondern sein Herz betrügt, dessen Frömmigkeit ist leerer Wahn. 27 Reine und unbefleckte Frömmigkeit vor Gott, unserem Vater, ist dies: sich kümmern um Witwen und Waisen in ihrer Not und sich vor der Beschmutzung durch die Welt bewahren.

die weltlichen zethuon/ die mer auff die reychen und gewaltigen haltend dann auff die schlächten und armen/ sy zuo liebe und wercken der barmhertzigkeyt vermanende: dann der glaub sey on die werck unkrefftig und tod.

Lieben brüeder/ haltends nit darfür das der glaub in Jesum Christum unseren Herren der herrligkeyt/ ansehung der person leyde: dann so in euwerer versamlung käme ein mann mit einem guldinen fingerring/ unnd mit einem herrlichen kleyd: Es käme aber auch ein armer in einem unsauberen kleyd/ unnd jr sehend auff den der das herrlich kleyd tregt/ unnd sprächend zuo jm: Setz du dich här auffs best/ und sprächend zuo dem armen: Stand du dört/ oder setz dich här under den fuoßbanck meiner füessen. Jsts recht dz jr sölich underscheyd bey euch selbs machen/ und nach argen gedancken richtend?

Hörend zuo meine lieben brüeder/ hat nit Gott erwellet die armen auff diser welt/ die am glauben reych sind/ und erbend des reychs/ welches er verheissen hatt denen die jn lieb habend? Jr aber habend dem armen uneer gethon. Sind nit die reychen die/ die euch überwindend/ und ziehend euch für gericht? Verlesterend nit sy den guoten nammen/ darvon jr genennet sind?

So jr das künigklich gesatz vollendend nach der gschrifft/ Hab deinen nächsten lieb als dich selbs/ so thuond jr wol: so jr aber die person ansehend/ thuond jr sünd/ unnd werdend gestraafft vom gsatz als die überträter. Dann so yemants das gantz gsatz haltet/ und sündet an einem/ der ist gantz schuldig. Dann der da gesagt hatt: Du solt nit eebrechen/ der hatt auch gesagt: Du solt nit töden. So du nun nit eebrichst/ tödest aber/ so bist du ein überträter deß gsatzes. Also redend/ unnd also thuond/ als die da söllend durchs gsatz der freyheyt gerichtet werden. Es wirdt aber ein unbarmhertzig gericht über den gon/ der nit barmhertzigkeyt gethon hat. Unnd die barmhertzigkeyt rüemet sich wider das gericht.

|17: Mt 7,11 · 3,17 |18: 1Petr 1,23 · Kol 1,5! · Lev 23,10; Offb 14,4 |21: 1Petr 2,1! · 1Petr 1,9 |22: Röm 2,13 · 2,14 |23: Mt 7,26 |25: 2,12 · 1,12 |26: 3,2; 1Petr 3,10 |27: Jes 1,17; 1Tim 5,3–16

Glaube und Liebe

2 1 Meine lieben Brüder und Schwestern: Euer Glaube an unseren Herrn Jesus Christus, den Verherrlichten, gehe nicht einher mit einem Verhalten, das die Person ansieht. 2 Wenn nämlich in eure Versammlung ein Mann kommt mit goldenen Fingerringen und in einem prächtigen Gewand, es kommt aber auch ein Armer in einem schmutzigen Kleid 3 und ihr schaut auf den, der das prächtige Gewand trägt, und sagt zu ihm: Setz dich hierher auf den guten Platz!, und zu dem Armen: Stell dich dorthin oder setz dich da unten hin neben meinen Schemel!, 4 messt ihr dann nicht mit zwei verschiedenen Massstäben? Seid ihr dann nicht zu Richtern geworden, die sich von bösen Gedanken leiten lassen?

5 Hört, meine geliebten Brüder und Schwestern: Hat Gott nicht die erwählt, die in den Augen der Welt arm sind, und sie zu Reichen im Glauben und zu Erben des Reiches gemacht, das er denen verheissen hat, die ihn lieben? 6 Ihr aber habt den Armen verachtet. Setzen nicht die Reichen ihre Macht gegen euch ein, und schleppen nicht sie euch vor die Gerichte? 7 Sind nicht sie es, die den guten Namen, der über euch ausgerufen ist, lästern?

8 Wenn ihr nun das Gesetz vollständig erfüllt, das königliche, wie es in der Schrift steht: *Liebe deinen Nächsten wie dich selbst,* dann tut ihr recht. 9 Wenn ihr aber nach dem Ansehen der Person urteilt, dann begeht ihr eine Sünde und werdet überführt vom Gesetz als seine Übertreter. 10 Denn wer das ganze Gesetz hält, in einem einzigen Punkt aber versagt, der hat sich in allen Punkten schuldig gemacht. 11 Der nämlich gesagt hat: *Du sollst nicht ehebrechen,* hat auch gesagt: *Du sollst nicht töten.* Wenn du die Ehe nicht brichst, aber tötest – auch dann bist du ein Übertreter des Gesetzes.

12 So sollt ihr reden und handeln, die ihr durch das Gesetz der Freiheit gerichtet werden wollt. 13 Denn das Gericht kennt kein Erbarmen mit dem, der nicht Barmherzigkeit übt. Barmherzigkeit aber triumphiert über das Gericht.

|1: 1Kor 2,8 · 1Petr 1,17! |5: Lk 6,20; 1Kor 1,26–28 · 1,12 |6: 5,1–6 |8: Lev 19,18; Mt 22,36–40 |9: Lev 19,15 |11: Ex 20,13–14; Dtn 5,17–18 |12: 1,25 |13: Mt 5,7; 18,23–35

Was hilffts/ lieben brüeder/ so yemants sagt/ er habe den glauben/ und hat doch die werck nit? Mag auch der glaub jn sälig machen? So aber ein bruoder oder schwester bloß wäre/ und mangel hettend der täglichen narung/ und yemants under euch spräche zuo jnen: Gott beradte euch/ wärmend euch/ unnd settigend euch/ unnd gäbind jnen aber nit was des leybs notturfft ist/ was hulffe es sy? Also auch der glaub/ wenn er nit werck hat/ ist er tod an jm selber. Aber es möcht yemants sagen: Du hast den glauben/ unnd ich hab die werck. Zeig mir deinen glauben mit deinen wercken/ so wil ich auch meynen glauben dir zeygen mit meinen wercken. Du glaubst dz ein Gott ist? Du thuost wol daran. Die teüfel glaubends auch/ und zitterend.

Wilt du aber wüssen du unnützer mensch/ das der glaub on werck tod sey? Jst nit Abraham unser vatter durch die werck rechtfertigt worden/ do er seinen sun Jsaac auff den altar opffert? Da sichst du dz der glaub mitgewürckt hatt an seinen wercken/ unnd durch die werck ist der glaub vollfüert/ und ist die gschrifft erfüllt/ die da spricht: Abraham hatt Gott glaubt/ und ist jm zur gerechtigkeyt gerechnet/ und ist ein freünd Gottes geheyssen. So sehend jr nun/ das der mensch durch die werck rechtfertig wirt/ und nit durch den glauben allein. Desselben gleychen die huor Rahab/ ist sy nit durch die werck fromm gemachet/ do sy die botten aufnam/ und ließ sy einen anderen wäg hinauß? Dann gleych wie der lyb on den geist tod ist/ also ist auch der glaub on werck tod.

Das iij. Capitel.

Jn disem capitel erzelt Jacobus nutz und schaden der zungen/ warnet damit die/ die ander leüt leeren wöllend wie groß jr gefärligkeyt sey/ und wie sy gsittet söllend sein/ zeygt damit an ein underscheyd der Evangelischen weltlichen weyßheyt.

Lieben brüeder/ underwinde sich nit yederman leerer zesein/ und wüssend dz wir dester mer urteyl empfahen werdend: dann wir

2,1: Andere Übersetzungsmöglichkeit: «…: Euer Glaube an die Herrlichkeit unseres Herrn Jesus Christus gehe …»

Der tätige Glaube

14 Was nützt es, meine Brüder und Schwestern, wenn einer sagt, er habe Glauben, aber keine Werke vorzuweisen hat? Vermag der Glaube ihn etwa zu retten? 15 Wenn ein Bruder oder eine Schwester keine Kleider hat und der täglichen Nahrung entbehrt 16 und jemand von euch sagt zu ihnen: Geht hin in Frieden, wärmt und sättigt euch!, ohne ihnen das Lebensnotwendige zu geben, was nützt das? 17 So ist es auch mit dem Glauben: Für sich allein, wenn er keine Werke vorzuweisen hat, ist er tot.

18 Sagt nun einer: Du hast Glauben, ich aber kann Werke vorweisen. – Zeige mir deinen Glauben ohne die Werke, und ich werde dir an meinen Werken den Glauben zeigen! 19 Du glaubst, dass es einen einzigen Gott gibt? Da tust du recht – auch die Dämonen glauben das und schaudern!

20 Bist du nun willens, du törichter Mensch, einzusehen, dass der Glaube ohne die Werke wirkungslos ist? 21 Wurde Abraham, unser Vater, nicht aus Werken gerecht, da er seinen Sohn Isaak auf den Altar legte? 22 Du siehst: Der Glaube wirkte mit seinen Werken zusammen, und aus den Werken wurde der Glaube vollkommen. 23 So hat die Schrift sich erfüllt, die sagt: *Abraham glaubte Gott, und das wurde ihm als Gerechtigkeit angerechnet,* und er wurde ‹Freund Gottes› genannt. 24 Ihr seht also, dass der Mensch aus Werken gerecht wird, nicht aus Glauben allein. 25 Wurde nicht ebenso auch die Dirne Rachab aus Werken gerecht, weil sie die Boten aufnahm und auf einem anderen Weg weiterschickte? 26 Denn wie der Leib ohne Geist tot ist, so ist auch der Glaube ohne Werke tot.

|14: 1,22 · Gal 2,16!; Eph 2,8–9 |15: Lk 3,11; Mt 25,35–36 |17: 2,26 |18: Gal 5,6 |19: Dtn 6,4 |21: Gen 22,9–12; Hebr 11,17 |23: Gen 15,6; Röm 4,3 · 2Chr 20,7; Jes 41,8 |25: Jos 2,1.15; Hebr 11,31 |26: 2,17

2,18: V.18 ist insgesamt äusserst schwierig zu übersetzen und zu verstehen. Eine Möglichkeit der Auflösung ist die in der Übersetzung gewählte: Der Einspruch des im V.18a eingeführten Gesprächspartners endet mit V.18b; in V.18c spricht wieder der Briefschreiber.

Die gefährliche Zunge

3 1 Es sollen nicht viele von euch Lehrer werden, meine Brüder und Schwestern! Denn ihr wisst, dass wir als solche ein noch

sündend allsamen vil. Welcher aber auch in keinem wort sündet/ der ist ein vollkommner mann/ unnd mag auch den gantzen leyb im zoum halten. Sihe/ die pfärd halten wir in zöumen/ das sy unns gehorsam sind/ und weysend den gantzen leyb. Sihe/ die schifff/ ob sy wol so groß sind/ unnd von starcken winden getriben werdend/ werdend sy doch gerichtet mit einem kleinen ruoder/ wo der hin wil der es regiert. Also ist auch die zung ein klein glid/ unnd richtet grosse ding an. Sihe/ ein klein fheür/ wie es ein wald anzündt. Unnd die zung ist auch ein fheür/ ein welt voll ungerechtigkeyt: also ist die zung under unseren gliderin/ unnd befleckt den gantzen leyb/ und zündt an allen unsern wandel/ wenn sy von der hell entzündet ist. Dann alle natur der thieren/ und der vöglen/ und der schlangen/ und der meerthieren werdend gezämet/ unnd sind gezämet/ von der menschlichen natur: aber die zung mag kein mensch zämen/ das unrüewig übel/ voll tödtliches gifft. Durch sy benedeyend wir Gott den vatter: und durch sy maledeyend wir die menschen nach der gleychnuß Gottes gemachet. Auß einem mund gadt benedeyung und maledeyung. Es sol nit/ lieben brüeder also sein. Quillet auch ein brunn auß einem loch süesses und bitters? mag auch/ lieben brüeder/ ein feygenbaum öl/ oder ein weynstock feygen tragen? Also mag auch ein brunn nit saltzigs unnd süesses wasser geben.

strengeres Urteil empfangen werden. 2 Wir alle versagen nämlich in mancher Hinsicht. Wer im Umgang mit dem Wort nicht versagt, der ist ein vollkommer Mann, fähig, auch den ganzen Körper im Zaum zu halten. 3 Wenn wir den Pferden den Zaum anlegen, um sie uns gefügig zu machen, dann können wir ihren ganzen Körper lenken. 4 So auch die Schiffe: Wie gross sie auch sein mögen und wie heftig die Winde, die sie treiben – vom kleinsten Steuerruder werden sie gelenkt, wohin immer der Steuermann sie führen will! 5 So ist auch die Zunge ein kleines Glied und brüstet sich doch mit grossen Dingen. Seht, wie klein ist das Feuer und wie gross der Wald, den es anzuzünden vermag! 6 Auch die Zunge ist ein Feuer – als die Welt des Unrechts erweist sich die Zunge unter unseren Gliedern: Sie macht den ganzen Leib schmutzig, sie steckt das Rad des Lebens in Brand und wird ihrerseits von der Hölle in Brand gesteckt. 7 Denn wilde Tiere und Vögel aller Art, Kriechtiere und Meerestiere aller Art werden vom Menschen gebändigt, ja sind von ihm gezähmt worden. 8 Die Zunge aber vermag kein Mensch zu zähmen, sie ist ein unberechenbares Übel, voll von tödlichem Gift. 9 Mit ihr preisen wir den Herrn, unseren Vater, und mit ihr verfluchen wir die Menschen, die in Gottähnlichkeit erschaffen sind. 10 Aus ein und demselben Mund geht hervor Lobpreis und Fluch. Meine Brüder und Schwestern: Das darf nicht sein! 11 Lässt denn die Quelle aus derselben Öffnung süsses und bitteres Wasser hervorsprudeln? 12 Kann denn, meine Brüder und Schwestern, ein Feigenbaum Oliven tragen oder ein Weinstock Feigen? So kann das Salzwasser auch kein Süsswasser hervorbringen.

|2: 1,26 |6: Mt 15,11.18–19 |9: Gen 1,26–27 |12: Mt 7,16–17

3,6: Andere Übersetzungsmöglichkeit: «..., sie steckt den Kreislauf des Werdens in Brand und ...»

Die Ursache allen Streits

13 Wer ist weise und verständig unter euch? Er zeige durch seinen guten Lebenswandel seine Werke, in weiser Bescheidenheit. 14 Wenn aber heftige Eifersucht und Rechthaberei eure Herzen beherrschen, dann lasst das Prahlen und verleumdet dadurch nicht die Wahrheit! 15 Das ist nicht die Weisheit, die von oben kommt, sondern eine irdische, menschliche, dämonische. 16 Denn wo Eifersucht und Rechthaberei herrschen, da ist nichts als Unordnung und

Wär ist weyß und wolkönnend under euch? der erzeige mit seinem guoten wandel seine werck in der sennftmüetigkeyt der weyßheyt. Habend jr aber bitteren eyfer unnd zanck in euwerem hertzen/ so berüemend euch nit/ unnd liegend nit wider die warheit. Dann das ist nit die weyßheyt/ die von oben härab kumpt/ sonder jrrdisch/ menschlich/ unnd teüfelisch: dann wo eyfer und zanck ist/ da ist unstätigkeyt unnd aller böser handel. Die weyßheit aber von oben här ist auffs erst lauter/ darnach fridsam/ freüntlich/ zeügsam/ laßt sich wol bereden/ voll barmhertzigkeyt/ und guoter früchten/ zablet nit in zweyfel/ ist on gleyßnerey. Die frucht aber der gerechtigkeit wirt gesäyet im friden/ denen die den friden haltend.

Das iiij. Capitel.

Jn disem capitel vermanet sy Jacobus gar trüwlich sich zuo hüeten vor allen lastern und freüntschafft der welt und jres fürsten/ in sonders von zweytracht/ eer abschneydung und fräfelem urteyl/ zeücht sy von der liebe der zergengklichen dingen zuo fleyß und liebe Gottes unnd der yemer wärenden güeteren.

Wo här ist streyt und krieg under euch? Jsts nit dahär/ auß euweren wollüsten/ die da strytend in euweren glideren? Jr sind begirig/ unnd habend nichts. Jr eyferend/ und hassend/ und mögends nit erlangen. Jr streytend und kriegend/ und habend nichts: darumb das jr nit bittend. Jr bittend/ und nemmend nichts/ darumb das jr übel bittend/ namlich dahin das jrs mit euweren wollüsten verzerend. Jr Eebrecher unnd Eebrecherin/ wüssend jr nit das der welt freündschafft/ Gottes feyndschafft ist? Wär der welt freünd sein wil/ der wirt Gottes feynd sein. Oder lassend jr euch duncken die gschrifft sage umb sunst? Der geist der in euch wonet/ hat ein verlangen/ unnd begird für euch mit ernst zebitten/ und das biß zuo verdruß: er gibt aber dester mer gnad. So sind nun Gott underthenig. Widerstond dem teüfel/ so flücht er von euch. Nahend euch zuo Gott/ so nahet er sich zuo euch. Reynigend die hend/ jr sünder: unnd machend die hertzen lauter jr wanckelmüetigen. Sind ellend und tragend leyd/ und weynend. Euwer lachen verkeere sich ins weynen/ unnd euwer fröud in traurigkeyt. Nidrigend euch vor Gott/ so wirdt er euch erhöhen. Hinderredend nit einander/ lieben brüeder. Wär seinem bruoder übelredt/ und urteylet seinen bruoder/ der redt übel dem gsatz/ unnd urteylet das gsatz. Urteylest du aber das gsatz/ so bist du nit ein thäter deß gsatzes/ sonder ein richter. Es ist ein gsatzgeber/ der mag sälig machen und verdammen. Wär bist du/ der du ein anderen urteylest?

fauler Zauber. 17 Die Weisheit aber, die von oben kommt, ist zuerst einmal lauter, dann aber auch friedfertig, freundlich, wohlwollend, voller Barmherzigkeit und voll guter Früchte, unparteiisch, fern jeder Verstellung. 18 Die Frucht der Gerechtigkeit aber wird in Frieden gesät – für alle, die Frieden stiften.

|15: 1,5.17 |17: 1,5.17 |18: Hebr 12,11|

Hinwendung zu Gott

4 1 Woher kommen denn die heftigen Auseinandersetzungen unter euch, woher die Machtkämpfe? Doch von den Begierden, die in euren Gliedern zum Krieg rüsten! 2 Ihr begehrt und habt doch nicht, ihr geht über Leichen und giert und könnt doch nicht erlangen, ihr kämpft und führt heftige Auseinandersetzungen. Ihr habt nichts, weil ihr nicht bittet. 3 Bittet ihr aber, so empfangt ihr nichts, weil ihr verkehrt bittet: Ihr bittet, um euren Begierden Befriedigung zu verschaffen.

4 Ihr Treulosen, wisst ihr nicht, dass Freundschaft mit der Welt Feindschaft gegen Gott ist? Wer der Welt Freund sein will, macht sich zum Feind Gottes. 5 Oder meint ihr, die Schrift mache leere Worte, wenn sie sagt: Beneidet werden will der Geist, den er in uns angesiedelt hat? 6 Doch in reichlicherem Mass teilt er seine Gnade aus. Deshalb heisst es:

Gott widersetzt sich den Hochmütigen,
den Demütigen aber schenkt er seine Gnade.

7 Ordnet euch also Gott unter und widersteht dem Teufel, so wird er vor euch fliehen! 8 Naht euch Gott, und er wird sich euch nahen! Reinigt eure Hände, ihr Sünder, und läutert eure Herzen, ihr Zweifler!

9 Wehklagt nur und trauert und weint! Euer Lachen verwandle sich in Klage und eure Freude in Kummer! 10 Erniedrigt euch vor dem Herrn, und er wird euch erhöhen.

11 Macht einander nicht schlecht, liebe Brüder und Schwestern! Wer seinen Bruder schlechtmacht oder über seinen Bruder urteilt, der macht das Gesetz schlecht und urteilt über das Gesetz. Wenn du aber über das Gesetz urteilst, dann bist du nicht Täter, sondern Richter des Gesetzes. 12 Einer nur ist Gesetzgeber und Richter, der kann

Wolan/ die jr nun sagend: Heütt oder morn wöllend wir gon in die oder die statt/ und wöllend ein jar da ligen/ und handtieren oder gewünnen/ die jr nit wüssend was morn sein wirt. Dann was ist euwer läben? Ein Dampff ists/ der ein kleine zeyt wäret/ darnach aber verschwindt er. Darfür jr sagen söllend: Läbend wir/ und wils Gott/ so wöllend wir diß oder das thuon. Nun aber rüemend jr euch in euwerem hochmuot: aber sölicher ruom ist böß. Dann der da weißt guots zethuon und thuot es nit/ dem ists sünd.

Das v. Capitel.

Jn disem capitel erschreckt er die unfrommen und reychen mit der forcht des strengen gerichts/ vermanet die frommen zuo besserung/ und das sy nit schweerind/ underweyßt sy das sy standhafft sygind im gebätt.

Wolan nun jr reychen/ weynend und heülend über euwer ellennd das über euch kommen wirt. Euwer reychthumb ist verfaulet/ euwere kleyder sind würmstig worden. Euwer gold unnd silber ist verrostet/ unnd jrer rost wirt euch zur zeügnuß sein/ und wirt euwer fleysch frässen wie ein fheür: jr habend euch schätz gesamlet in den letsten tagen. Sihe/ der lon euwer arbeyteren/ die euwer lannd eyngeerndet habend/ und von euch verkürtzt ist/ der schreyet: und das rüeffen der ernderen ist kommen für die oren des Herren Sabbaoth. Jr habend wol geläbt auff erden/ und euwere wollüst gehept/ und euwere hertzen geweydet als auff einem schlacht tag: jr habend verurteylet den gerechten/ und getödt/ und er hat euch nit widerstanden.

So sind nun duldmüetig/ lieben brüeder/ biß auff die zuokunfft des Herren. Sihe/ ein ackermann wartet auff die köstlichen frucht

retten und vernichten. Du aber, wer bist du, dass du über deinen Nächsten urteilst?

|1: 1Petr 2,11 |3: 1,5; Mt 7,8! |4: Röm 8,7 |6: Spr 3,34; 1Petr 5,5 |7: 1Petr 5,8–9 |9: 5,1; Lk 6,25 |10: 1Petr 5,6; Lk 14,11! |11–12: 5,9; Röm 14,10

4,5: Andere Übersetzungsmöglichkeit: «…: Den Geist, …, zieht es zum Neid?»

Verlockungen der Welt

13 Wohlan, die ihr sagt: Heute oder morgen werden wir in die und die Stadt aufbrechen, ein Jahr dort verbringen, gute Geschäfte machen und Gewinne erzielen! 14 Ihr wisst ja nicht, was morgen sein wird, wie es dann um euer Leben steht. Denn ein Rauch seid ihr, der eine Weile zu sehen ist und dann verschwindet. 15 Ihr solltet sagen: Wenn der Herr es will, werden wir leben und dies oder jenes tun. 16 Stattdessen seid ihr noch stolz auf eure Prahlerei. Solcher Stolz ist aber stets von Übel. 17 Zu wissen nun, was es Gutes zu tun gäbe, und es doch nicht zu tun – das ist Sünde.

5 1 Wohlan, ihr Reichen, weint nur und jammert über das Elend, das über euch kommen wird! 2 Euer Reichtum ist verfault, und eure Gewänder sind von den Motten zerfressen. 3 Euer Gold und euer Silber ist verrostet, und ihr Rost wird ein Zeugnis sein gegen euch und euer Fleisch fressen wie Feuer. Schätze habt ihr gesammelt – noch am Ende der Tage! 4 Seht, der Lohn der Arbeiter, die eure Felder gemäht haben, der Lohn, den ihr ihnen vorenthalten habt, er schreit zum Himmel, und die Hilferufe der Erntearbeiter sind *dem Herrn Zebaoth zu Ohren* gekommen! 5 Gut habt ihr es euch gehen lassen auf Erden, und ein üppiges Leben habt ihr geführt, euer Herz habt ihr verwöhnt *am Schlachttag*. 6 Den Unschuldigen habt ihr verurteilt und getötet, und niemand gebietet euch Einhalt.

|14: Ps 39,12! |17: Lk 12,47 · Röm 14,23 |1: 4,9; Lk 6,24 |2: Lk 12,33 |4: Dtn 24,14–15 · Jes 5,9 |5: Jer 12,3

Sich Üben in Geduld

7 Übt euch also in Geduld, liebe Brüder und Schwestern, bis zum Kommen des Herrn! So wie der Bauer: Er wartet auf die kostbare

der erden/ und ist duldmüetig darüber/ biß er empfacht den morgenrägen und abenträgen. Sind jr auch duldmüetig/ und sterckend euwere hertzen/ dann die zuokunfft deß Herren ist naach kommen. Seüfftzend nit wider einander lieben brüeder/ uff das jr nit verdampt werdind. Sihe/ der richter ist vor der tür. Nemmend/ meine lieben brüeder/ zum exempel übels zeleyden die propheten der duldmüetigkeyt/ die zuo euch geredt habend in dem nammen des Herren. Sihe/ wir preysend sälig die erduldet habend. Die gedult Jobs habend jr gehört/ und das end des Herren habend jr gesehen. Dann der Herr ist barmhertzig unnd ein erbarmer.

Vor allen dingen aber/ meyne brüeder/ schweerend nit/ weder bey dem himmel/ noch bey der erdenn/ noch bey keynem anderen schwuor. Es sey aber euwer wort ja/ das ja ist: unnd nein/ das nein ist/ auff das jr nit in gleyßnerey fallind. Hat yemants übels under euch/ der bätte: ist yemants guots muots/ der singe psalmen. Jst yemants kranck/ der berüeffe zuo jm die eltesten von der gemeynd/ und lasse sy über jn bätten/ unnd salben mit öl in dem nammen des Herren: unnd das gebätt des glaubens wirt dem krancken helffen/ und der Herr wirt jn aufrichten: und so er hat sünd gethon/ werdennd sy jm vergeben sein.

Bekenne einer dem anderen seinen fal/ und bättend für einander/ dz jr gesund werdind. Des gerechten gebätt vermag vil/ wenn es krefftig ist. Elias was ein mensch glych wie wir/ und er bättet ein gebätt/ dz es nit rägnen sölt/ unnd rägnet nit auff erden drey jar und sechs monat: und bättet abermals/ und der himmel gab den rägen/ und die erd bracht jr frucht.

Frucht der Erde und harrt geduldig auf sie, bis er sie empfängt als Frühernte und als Späternte. 8 So auch ihr: Übt euch in Geduld, stärkt eure Herzen, denn das Kommen des Herrn steht bevor. 9 Beklagt euch nicht übereinander, liebe Brüder und Schwestern, damit ihr nicht ins Gericht kommt! Seht, der Richter steht vor der Tür! 10 Liebe Brüder und Schwestern, nehmt euch ein Beispiel am Leiden und an der Geduld der Propheten, die im Namen des Herrn gesprochen haben. 11 Seht, wir preisen selig, die standhaft geblieben sind. Von der Standhaftigkeit Hiobs habt ihr gehört, und das gute Ende, das ihm der Herr geschenkt hat, konntet ihr sehen: Voll Mitleid und Erbarmen ist der Herr.

|7: 1Thess 3,13 · Hos 6,3 |8: 1Thess 3,13 |9: 4,11–12 · Mk 13,29 |11: 1,12 · Hiob 42,10–17 · Ps 86,15!

5,11: Andere Übersetzungsmöglichkeit: «… gehört, und das Ende des Herrn habt ihr selbst gesehen: …»

Grundsätzliche Handlungsanweisungen

12 Vor allem aber, meine lieben Brüder und Schwestern, schwört nicht, weder beim Himmel noch bei der Erde, schwört überhaupt keinen Eid! Euer Ja sei ein Ja und euer Nein ein Nein, damit ihr nicht unter das Gericht fallt!

13 Geht es jemandem unter euch schlecht, so bete er; hat jemand Grund zur Freude, so singe er Gott ein Loblied! 14 Ist jemand unter euch krank, so rufe er die Ältesten der Gemeinde zu sich. Die sollen ihn im Namen des Herrn mit Öl salben und über ihm beten. 15 Und das Gebet des Glaubens wird den Ermatteten retten, und der Herr wird ihn aufrichten. Und wenn er Sünden begangen hat: Es wird ihm vergeben werden. 16 Bekennt einander also die Sünden und betet füreinander, damit ihr geheilt werdet!

Viel vermag die Fürbitte eines Gerechten, wenn sie inständig vorgebracht wird. 17 Elija war ein Mensch mit gleichen Empfindungen wie wir; in seinem Gebet bat er, es möge nicht mehr regnen. Und es regnete nicht auf der Erde drei Jahre und sechs Monate lang. 18 Und wiederum betete er, und der Himmel gab Regen, und die Erde liess ihre Frucht hervorspriessen.

|12: Mt 5,34–37 |14: Mk 6,13 |15: Mk 16,18 |17: 1Kön 17,1; 18,1; Lk 4,25 |18: 1Kön 18,42–45

5,16: Andere Übersetzungsmöglichkeit: «…, wenn sie unermüdlich vorgebracht wird.»

Lieben brüeder/ so yemants under euch
jrren wurde von der warheit/ und yemants
bekeeret jn/ der sol wüssen das/ wär den
sünder bekeeret hat von dem jrrthumb
seynes wägs/ der hat einer seel
von dem tod geholffen/
und wirt bedecken
die vile der
sünden.

Rettung vom Tod

19 Meine lieben Brüder und Schwestern:
Wer einen unter euch, der von der Wahrheit
abgeirrt ist, zur Umkehr bewegt, 20 darf
wissen: Wer einen Sünder auf seinem Irrweg
zur Umkehr bewegt, wird dessen Seele vom
Tod erretten und *eine Menge Sünden zudecken.*

|20: Spr 10,12; 1Petr 4,8

Die Epistel deß heygen Apostels Jude.

Mit vil worten schiltet er die/ die durch jr anfechtungen unnd begird geblendt/ dem Evangelio widerfechtend. Sagt aber das diß nieman neüw beduncken sol/ dann sy yetz vor langest darzuo verordnet/ unnd sölichs von den Apostlen vor gesagt ist/ das sölich menschen eynschleychen werdind in die schar der Christen: wider dise waapnet er sy/ das sy die eintweders mit straaffen hinder sich treybind/ oder aber mit vermanung behaltind: ob sy aber das nit möchtend/ so söllend sy doch sich selber zuo der zuokunfft Christi bereyten.

Judas ein knecht Jesu Christi/ aber ein bruoder Jacobi. Den berüefften/ die da geheiliget sind in Gott dem vatter/ und behalten in Jesu Christo. Euch sey vil barmhertzigkeit und frid/ und liebe.

Jr lieben/ do ich allen fleyß thet euch zeschreyben vonn dem gemeynen heyl/ bin ich genötiget euch zeschreyben/ unnd ermanen/ dz jr in dem glauben hindurch kempffind/ der ein mal den heiligen fürgeben ist: dann es sind etlich menschen näbend eynkommen/ von denen vor zeyten geschriben ist/ zuo sölichem urteyl/ die sind gottloß/ unnd ziehend die gnad Gottes auff die geylheyt/ und verlöugnend Gott/ das er allein der Herr sey/ und den Herren Jesum Christum.

Jch wil euch aber erinneren/ das jr wüssind auff ein mal diß/ das der Herr/ do er dem volck auß Egypten halff/ zum andern mal bracht er umb die da nit glaubtend. Auch die engel/ die jr fürstenthuomb nit behieltend/ sonder verliessend jre behausung/ hat er behalten zum gericht des grossen tags/ mit ewigen banden under der dunckelheit. Wie auch Sodoma unnd Gomorra/ und umbligende stett/ die glycherweyß wie dise/ außgehuoret habend/ und nach einem andern fleisch gangen sind/

Der Brief des Judas

Anschrift

1 Judas, Knecht Jesu Christi und Bruder des Jakobus, an die Berufenen, die in Gott, dem Vater, geliebt und für Jesus Christus bewahrt sind: 2 Barmherzigkeit sei mit euch und Friede und Liebe in Fülle.

|1: Jak 1,1 · Mk 6,3 |2: 2Petr 1,2!

Der Zweck des Schreibens

3 Meine Geliebten! Es ist das Ziel all meiner Bemühungen, euch von dem Heil zu schreiben, das unser aller Heil ist; darum halte ich es für notwendig, euch mit diesem Brief zu ermahnen, für den Glauben zu kämpfen, der den Heiligen ein für alle Mal anvertraut worden ist. 4 Es haben sich nämlich gewisse Leute bei euch eingeschlichen, über die das Urteil in der Schrift schon lange voraus gefällt wurde: Gottlose sind sie, die die Gnade unseres Gottes ins Gegenteil verkehren, in bare Zügellosigkeit, und die den einzig wahren Herrscher, unseren Herrn Jesus Christus, verleugnen.

|4: 2Petr 2,1–3

3: Andere Übersetzungsmöglichkeit: «…; gleichwohl halte ich es …»

Das Gericht über die Irrlehrer

5 Ich will euch – obwohl ihr dies alles schon wisst – daran erinnern, dass der Herr das Volk zwar ein für alle Mal aus dem Land Ägypten gerettet, die aber, die ihm ein zweites Mal keinen Glauben schenkten, der Vernichtung preisgegeben hat. 6 Auch die Engel, die die Grenzen ihres Herrschaftsbereichs nicht eingehalten hatten, sondern ihre Wohnstätte verliessen, hält er mit ehernen Fesseln in der Unterwelt fest für den grossen Tag des Gerichts. 7 Ja, Sodom und Gomorra und die

zum exempel gesetzt sind/ unnd tragend des
ewigen fheürs pyn. Desselben glychen auch
dise tröumer/ die das fleysch befleckend: die
herrschafftenn aber verachtend/ unnd die
maiesteten verlesterend. Michael aber der
Ertzengel/ do er mit dem teüfel zancket/ und
sich beredt über dem lychnam Mosis dorfft
er das urteyl der verlesterung nit fellenn/
sonder sprach: Der Herr straaffe dich. Dise
aber/ was sy nit wüssend/ verlesterend sy:
was sy aber natürlich erkennend/ wie die
unvernünfftigen thier/ darinnen verderbend
sy sich. Wee jnen/ dann sy sind den wäg
Cain gangen/ und sind verschüttet durch
den lon in jrrthumb des Balaams/ und sind
umbkommen in dem aufruor Core.

Dise läbend in euwerer liebe/ und sind der
unflat/ und zeerend wol on sorg/ weydend
sich selbs: wolcken on wasser/ von dem wind
umbgetriben: kale unfruchtbare böum/ zwey
mal erstorben/ und außgewurtzlet wilde wällen
des meers/ die jr eigen schand außschaumend:
jrrige sternen/ welchen behalten ist das dunckel
der finsternuß in ewigkeyt. Es hat aber auch
zuo sölchen prophecyet Enoch der sibend
von Adam/ und gesprochen: Sihe/ der Herr
ist kommen mit vil tausent heiligen/ gericht
zehalten wider yederman/ unnd zestraaffen
alle gottlosen umb alle jre werck jrs gottlosen
wandels/ damit sy gottlosig gewesen sind/ und
umb alle die herte/ das die gottlosen sünder
wider jnn geredt habend. Dise sind murmler/
klegling/ die nach jren lüsten wandlend: und
jr mund redt gschwulstige wort/ und haltend
sich nach dem ansehen umb nutzes willen.

umliegenden Städte, die auf ähnliche Weise
Unzucht getrieben haben und andersartigem
Fleisch hinterhergelaufen sind, stehen als
abschreckendes Beispiel vor aller Augen:
Sie erleiden die Strafe ewigen Feuers.

8 Auf ähnliche Weise freilich beschmutzen
auch diese Träumer das Fleisch, sie missachten
die Autorität des Herrn und lästern die
himmlischen Majestäten. 9 Als der Erzengel
Michael mit dem Teufel rang und sich mit ihm
um den Leichnam des Mose stritt, wagte er es
nicht, ein ihn verwünschendes Urteil gegen ihn
vorzubringen, sondern sagte: *Der Herr möge
dich strafen.* 10 Diese dagegen verwünschen
alles, was sie nicht kennen; das aber, worauf
sie sich verstehen von Natur aus wie die
vernunftlosen Tiere, wird sie zugrunde richten.

11 Wehe ihnen! Den Weg Kains sind
sie gegangen, dem Wahn Bileams sind
sie verfallen, nur um Gewinn zu erzielen,
und an der Widerborstigkeit Koras sind
sie zugrunde gegangen. 12 Das sind die
Leute, die als gefährliche Klippen bei eurem
Liebesmahl ungehemmt mitschmausen,
Leute, deren Fürsorge nur ihnen selbst gilt;
Wolken sind sie, die keinen Regen spenden
und von den Winden weggeblasen werden,
Bäume im Spätherbst ohne Früchte, zwiefach
abgestorben und entwurzelt, 13 stürmische
Meereswogen, die ihre Schandtaten wie Gischt
emporschiessen lassen, verirrte Sterne, auf die
für immer die dunkelste Finsternis wartet.

14 Auch für sie gilt, was Henoch, der Siebte
in der Reihe nach Adam, geweissagt hat, als
er sagte: Siehe, der Herr ist gekommen mit
seinen heiligen Heerscharen, 15 Gericht zu
halten über alle Menschen und jede Seele zu
überführen all der gottlosen Taten, die sie in
ihrer Gottlosigkeit begangen hat, und all der
trotzigen Worte, die gottlose Sünder gegen
ihn gesprochen haben. 16 Das sind ewig
Unzufriedene, die mit ihrem Schicksal hadern
und sich dabei von ihren Begierden leiten lassen;
ihr Mund spricht hochtrabende Worte, und sie
schmeicheln anderen um eines Vorteils willen.

|5: Num 14,35; Hebr 3,16–19 |6: Gen 6,1–2; 2Petr 2,4 ·
2Petr 2,9! |7: Gen 19,4–25; 2Petr 2,6–8 · 2Petr 2,10
|8: 2Petr 2,10 |9: 2Petr 2,11 · Sach 3,2 |10: 2Petr 2,12
|11: Gen 4,8 · Num 22,5–7; 2Petr 2,15 · Num 16,1–35
|12: 2Petr 2,13 · 2Petr 2,17 |13: 2Petr 2,17 |14: Gen 5,21–24
|16: 18 · 2Petr 2,18

12: Andere Übersetzungsmöglichkeit: «..., die als
Schmutzfinken bei eurem Liebesmahl ...»

Jr aber/ mine lieben/ erinnerend euch der worten die vorhin gesagt sind/ von den Apostlen unsers Herren Jesu Christi/ do sy euch sagtend/ das zuo der letsten zeyt werdend verspotter sein/ die nach jren eygnen lüsten des gottlosenn wäsens wandlend/ dise sind/ die da secten machend/ sinnliche/ die keinen geyst habend.

Jr aber/ meyne lieben/ erbauwend euch selbs auff unseren aller heyligesten glauben/ durch den heyligen geyst/ und bättend/ und behaltend euch in der liebe Gottes/ und wartend auff die barmhertzigkeit unsers Herren Jesu Christi zum ewigen läben. Und diser erbarmend euch/ unnd underscheydend sy: yhene aber machend sälig mit forcht/ unnd ruckend sy auß dem fheür. Und hassend den befleckten rock des fleyschs.

Dem aber/ der euch mag behüeten on anstoß/ und stellen für das angesicht siner herrligkeit/ unsträfflich mit fröuden/ dem Gott der allein weyß ist/ unserem heyland/ sey preyß und maiestet und reych/ und krafft nun und zuo aller ewigkeit/ Amen.

Die Stärkung der Glaubenden

17 Ihr aber, Geliebte, denkt an die Worte, die die Apostel unseres Herrn Jesus Christus einst gesprochen haben. 18 Sie haben euch ja gesagt, dass am Ende der Zeit Spötter auftreten werden, die sich von ihren eigenen, gottlosen Begierden leiten lassen. 19 Das sind die, die eine Trennung herbeiführen: Sie sind von sich selbst eingenommen und haben den Geist nicht.

20 Ihr aber, Geliebte, stützt euch auf euren allerheiligsten Glauben, betet im heiligen Geist 21 und bewahrt euch so in der Liebe Gottes, in Erwartung des Erbarmens unseres Herrn Jesus Christus, das uns ins ewige Leben führt.

22 Erbarmt euch derer, die zweifeln! 23 Andere rettet, indem ihr sie aus dem Feuer reisst, wieder anderer erbarmt euch, doch seid dabei auf der Hut – selbst ihr vom Fleisch beschmutztes Untergewand soll euch noch widerwärtig sein!

|17: 2Petr 3,2 |18: 16 · 2Petr 3,3 |20: Eph 6,18

Abschliessender Hymnus

24 Ihm aber, der euch zu bewahren vermag, dass ihr nicht zu Fall kommt, der euch hinzustellen vermag vor seine Herrlichkeit als Makellose, vor Freude Jubelnde, 25 ihm, dem alleinigen Gott, der durch Jesus Christus, unseren Herrn, unser Retter ist, ihm sei Ehre, Hoheit, Gewalt und Macht vor aller Zeit, jetzt und in alle Ewigkeit. Amen.

|24: Kol 1,22!; 2Petr 3,14 |25: 2Petr 3,18

Die offenbarung S. Johans des Theologi.

Das erst Capitel.

Disz ist die offenbarung Jesu Christi/ die jm Gott geben hatt/ seynen knechten anzezeygen was in der kürtze geschehen sol/ und hatt sy bedeütet und gesendt durch seinen engel zuo seinem knecht Joannes/ der bezeüget hat das wort Gottes/ unnd des zeügnuß von Jesu Christo was er gesehen hat. Sälig ist der da lißt/ und die da hörend die wort der prophecey/ und behaltend was darinnen geschriben ist/ dann die zeyt ist naach.

Joannes den siben gmeynden in Asia. Gnad sey mit euch/ unnd frid von dem der da ist/ und der da was/ und der da kumpt/ unnd von den siben geysten die da sind vor seinem stuol/ und von Jesu Christo: welcher ist der trüw zeüg/ und erstgeborner von den todten/ unnd ein fürst aller künigen auff erden: der uns geliebet hat/ unnd gewäschen/ von den sünden mit seinem bluot/ und hat uns zuo künigen und priestern gemachet vor Gott und seinem vatter. Dem selben sey preyß und reych von ewigkeit zuo ewigkeit/ Amen. Sihe/ er kumpt mit den wolcken/ unnd es werdend jn sehen alle augen/ und die in jn gestochen habend: und es werdend sich beweynen alle gschlächt der erden/ ja Amen. Jch bin das A und das O/ der anfang und das end/ spricht der Herr/ der da ist/ und der da was/ und der da kumpt/ der allmächtig.

Jch Joannes euwer bruoder/ und mitgnoß an trüebsal und am reych/ unnd an der gedult Jesu Christi/ was in der Jnsulen Pathmos umb des wort Gottes willen/ unnd der zeügnuß Jesu

Die Offenbarung des Johannes

Offenbarung und Zeugnis

1 1 Dies ist die Offenbarung Jesu Christi, die Gott ihm gegeben hat, zu zeigen seinen Knechten, was in Kürze geschehen muss, und die er durch seinen Engel kundtun liess seinem Knecht Johannes, 2 der das Wort Gottes bezeugt hat und das Zeugnis Jesu Christi, alles, was er geschaut hat. 3 Selig, wer die Worte der Weissagung vorliest, und selig, die sie hören und die bewahren, was darin geschrieben steht. Denn die Zeit ist nahe.

|1: 22,6; Dan 2,28–29 · 22,8! |2: 1,9 |3: 14,13; 16,15; 19,9; 20,6; 22,7.14 · Lk 11,28 · 22,18–19 · 22,10

Gruss an die sieben Gemeinden

4 Johannes an die sieben Gemeinden in der Asia: Gnade sei mit euch und Friede von dem, der ist und der war und der kommt, von den sieben Geistwesen, die vor seinem Thron sind, 5 und von Jesus Christus, dem treuen Zeugen, dem Erstgeborenen aus den Toten, dem Herrscher über die Könige der Erde.

Ihm, der uns liebt und uns durch sein Blut von unseren Sünden erlöst hat, 6 der aus uns ein Königreich gemacht hat, eine Priesterschaft für Gott, seinen Vater, ihm sei die Herrlichkeit und die Herrschaft in alle Ewigkeit, Amen.

7 Siehe, er kommt mit den Wolken,
und sehen wird ihn jedes Auge,
auch die, welche ihn durchbohrt haben,
und wehklagen über ihn werden alle
Stämme der Erde.
Ja, so sei es, Amen!
8 Ich bin das A und das O, spricht Gott, der Herr, der ist und der war und der kommt, der Herrscher über das All.

|4: 22,8! · 1,11 · 1,8! · 4,5! |5: Ps 89,38.28 · Kol 1,18 · 5,9; 7,14; Eph 1,7 |6: 5,10; 20,6; 1Petr 2,9; Ex 19,6 · 1Petr 4,11 |7: Dan 7,13; Mt 24,30! · Sach 12,10; Joh 19,37 · Gen 12,3; 28,14 |8: 22,13! · 1,4; 4,8; 11,17; 16,5; Ex 3,14

1,6: Andere Übersetzungsmöglichkeit: «... für seinen Gott und Vater, ihm sei ...»

Die Beauftragung des Zeugen

9 Ich, Johannes, euer Bruder und Gefährte in der Bedrängnis, der mit euch teilhat an der Herrschaft und mit euch in Jesus ausharrt, ich bin auf die Insel Patmos gekommen – um

Christi. Jch wz im geist am Sontag und hort hinder mir ein grosse stimm als einer pusaunen/ die sprach: Jch bin das A und das O/ der erst und der letst: und was du sichst/ das schreyb in ein buoch/ unnd send es zuo den gmeynden in Asia/ gen Epheson/ unnd gen Smyrnen/ und gen Pergamon/ unnd gen Thyatiras/ und gen Sardis/ und gen Philadelphian/ und gen Laodicean.

Und ich wandt mich umb zesehen nach der stimm die mit mir redt. Und als ich mich wandt/ sach ich siben guldine leüchter/ und mitten under den guldinen leüchtern einen/ der was eines menschen sun glych/ der was angethon mit einem leyninen kittel/ und begürtet umb die brust mit einem guldinen gürtel: sein haupt aber und sein haar was weyß wie ein weysse woll/ und als der schnee: und seine augen wie ein fheürflamm/ und seine füeß gleych wie ein glüeyend ertz/ unnd sein stimm wie ein groß wasser rauschen: und hatt siben sternen in seiner hand: und auß sinem mund gieng ein scharpff zweyschneydig schwärt/ unnd sein angesicht leüchtet wie die hälle Sonn.

Und als ich jn sach/ fiel ich zuo seinen füessen als ein todter/ und er legt sein rechte hand auff mich/ und sprach zuo mir: Förcht dir nit/ ich bin der erst und der letst/ und läbendig/ und was tod/ und sihe/ ich bin läbendig von ewigkeyt zuo ewigkeyt/ und hab die schlüssel der hell und des todts. Schreyb was du gesehen hast/ und was da ist/ unnd was geschehen sol: darnach die geheimnuß der siben sternen/ die du gesehen hast in meyner hand/ und die siben guldine leüchter. Die siben sternen sind engel der siben gmeynden/ unnd die siben leüchter die du gesehen hast/ sind siben gmeynden.

des Wortes Gottes und des Zeugnisses Jesu willen. 10 Am Tag des Herrn wurde ich vom Geist ergriffen und hörte in meinem Rücken eine mächtige Stimme wie von einer Posaune, 11 die sprach: Was du zu sehen bekommst, das schreibe in ein Buch und schicke es den sieben Gemeinden: nach Ephesus, nach Smyrna, nach Pergamon, nach Thyatira, nach Sardes, nach Philadelphia und nach Laodizea.

12 Und ich wandte mich um, die Stimme zu sehen, die zu mir sprach. Und als ich mich umwandte, sah ich sieben goldene Leuchter, 13 und inmitten der Leuchter eine Gestalt, einem Menschensohn gleich, gekleidet in ein Gewand, das bis zu den Füssen reichte, und um die Brust gegürtet mit einem goldenen Gürtel. 14 Sein Haupt aber und sein Haar waren weiss wie weisse Wolle, wie Schnee, und seine Augen wie Feuerflammen, 15 seine Füsse gleich Golderz, wie im Ofen geglüht, und seine Stimme wie das Rauschen vieler Wasser. 16 Und in seiner Rechten hielt er sieben Sterne, und aus seinem Mund kam ein scharfes, zweischneidiges Schwert, und sein Antlitz leuchtete, wie die Sonne strahlt in ihrer Kraft.

17 Und als ich ihn sah, fiel ich wie tot zu seinen Füssen, und er legte seine Rechte auf mich und sprach: Fürchte dich nicht! Ich bin der Erste und der Letzte 18 und der Lebendige; ich war tot und siehe, ich lebe in alle Ewigkeit, und ich habe die Schlüssel zum Tod und zur Unterwelt. 19 Schreibe auf, was du gesehen hast, was ist und was dann geschehen wird. 20 Mit dem Geheimnis der sieben Sterne, die du in meiner Rechten gesehen hast, und mit den sieben goldenen Leuchtern ist es so: Die sieben Sterne sind die Engel der sieben Gemeinden, und die sieben Leuchter sind die sieben Gemeinden.

|9: 22,8! · 5,10 · 1,2 |10: 4,1–2 |11: 2,1.8.12.18; 3,1.7.14 |12: Ex 25,31–40; Sach 4,2 · 1,20 |13: 14,14; Dan 7,13 · Dan 10,5 |14: Dan 7,9 · 19,12; Dan 10,6 |15: Dan 10,6 · 14,2; 19,6; Ez 1,24 |16: 1,20 · 19,15! · Dan 10,6; Mt 17,2 |17: Dan 10,9–10.12 · 22,13! |20: 1,11

1,9: Andere Übersetzungsmöglichkeit: «…, ich war auf der Insel Patmos – …»

Das ij. Capitel.

Und dem engel der gmeinden zuo Epheson schreyb: Das sagt der da hat die siben sternen in seiner rechten/ der da wandlet mitten under den guldinen leüchtern/ Jch weiß deine werck und dein arbeyt/ und dein gedult/ und das du die

Der Brief an die Gemeinde in Ephesus

2 1 Dem Engel der Gemeinde in Ephesus schreibe: So spricht, der die sieben Sterne in seiner Rechten hält, der einhergeht inmitten der sieben goldenen Leuchter:

bösen nit leyden magst: und hast versuocht die/ so da sagend/ sy syend Apostel und sinds nit: und hast sy lugner erfunden/ und hast tauffet. Und hast gedult/ und umb meines nammens willen hast du gearbeytet/ unnd bist nit müed worden. Aber ich hab wider dich/ dz du die erste liebe verlassen hast. Gedenck wo von du gefallen bist/ und besser dich/ und thuo die ersten werck: wo aber nit/ so wird ich dir kommen bald/ und deinen leüchter bewegen von siner statt/ wo du dich nit besserest. Aber das hast du/ dz du die werck der Nicolaiten hassest/ welches ich auch hassen. Wär oren hat der höre was der geist den gmeinden sagt. Wär überwindt/ dem wil ich zuo essen geben von dem holtz des läbens/ das da ist mitten im Paradyß Gottes.

2 Ich kenne deine Werke und deinen Einsatz und deine Beharrlichkeit, und ich weiss, dass du die Bösen nicht ertragen kannst, dass du geprüft hast, die da sagen, sie seien Apostel, und es nicht sind, und dass du sie als Lügner entlarvt hast. 3 Ausgeharrt hast du, und um meines Namens willen erträgst du dies alles und bist nicht müde geworden. 4 Ich habe dir aber vorzuwerfen, dass du deine erste Liebe verlassen hast. 5 Bedenke, aus welcher Höhe du gefallen bist, kehr um zu den Werken des Anfangs; wenn nicht, werde ich zu dir kommen und deinen Leuchter von seinem Platz stossen, wenn du nicht umkehrst. 6 Aber dies halte ich dir zugute: Du hasst die Werke der Nikolaiten, die auch ich hasse.

7 Wer Ohren hat, der höre, was der Geist den Gemeinden sagt. Wer den Sieg erringt, dem werde ich zu essen geben vom Baum des Lebens, der im Paradies Gottes steht.

|1: 1,11 · 1,16 · 1,13 |2: 1Thess 1,3 · 2Kor 11,13–15 |6: 2,15 |7: 2,11.17.29; 3,6.13.22; 13,9; Mt 13,9! · 21,7! · 22,2.14.19; Gen 2,9

Der Brief an die Gemeinde in Smyrna

Und dem Engel der gmeinden zuo Smyrnen schreyb: Das sagt der erst unnd der letst/ der tod was/ unnd läbendig worden ist. Jch weiß deine werck/ und dein trüebsal/ und dein armuot (du bist aber reych) unnd die verlesterung von denen die da sagend sy syend Juden/ und sinds nit/ sonder sind des teüfels schuol: förcht dir nit vor deren keinem das du lyden wirst/ sihe/ der teüfel wirdt etlich von euch in die gefencknuß werffen/ auff das jr versuocht werdind/ und werdend trüebsal haben zehen tag. Biß trüw biß in den tod/ wo wil ich dir die kron des läbens geben. Wär oren hat der höre was der geyst den gmeynden sagt: Wär überwindt/ dem sol kein leyd geschehen von dem anderen tod.

8 Und dem Engel der Gemeinde in Smyrna schreibe: So spricht er, der Erste und der Letzte, der tot war und wieder lebendig wurde:

9 Ich kenne deine Not und deine Armut – und doch bist du reich –, und ich weiss, wie du verwünscht wirst von Seiten derer, die sagen, sie seien Juden, und es nicht sind, sondern eine Synagoge des Satans! 10 Fürchte dich nicht vor dem, was dir an Leiden noch bevorsteht. Siehe, der Teufel wird einige von euch ins Gefängnis werfen, um euch zu versuchen, und ihr werdet Not leiden, zehn Tage lang. Sei treu bis in den Tod, und ich werde dir die Krone des Lebens geben.

11 Wer Ohren hat, der höre, was der Geist den Gemeinden sagt: Wer den Sieg erringt, dem wird der zweite Tod nichts anhaben können.

|8: 1,11 · 22,13! · 1,18 |9: 2Kor 6,10 · 3,9 |10: 3,11; Jak 1,12; 1Petr 5,4! |11: 2,7! · 21,7! · 20,6!

Der Brief an die Gemeinde in Pergamon

Und dem Engel der gmeynden zuo Pergamon schreyb: Das sagt/ der da hat das scharpff zweyschneidig schwärdt/ Jch weyß deine werck/ und wo du wonest. Das da des teüfels stuol ist/ unnd haltest meynen nammen/ unnd hast meynen glauben nit verlöugnet. Unnd in meinen tagen Antippas mein getrüwer zeüg/ der bey euch getödt ist/ da der tüfel wonet.

12 Und dem Engel der Gemeinde in Pergamon schreibe: So spricht, der das zweischneidige Schwert führt, das scharfe:

13 Ich weiss, wo du wohnst: da, wo der Thron des Satans steht. Du hältst an meinem Namen fest und hast den Glauben an mich nicht verleugnet, auch nicht in den Tagen des Antipas, meines treuen Zeugen, der bei euch getötet

Aber ich hab ein kleines wider dich/ das du daselbst hast die an der leer Balaams haltennd/ welcher leret durch den Balaac ein ergernuß aufrichten vor den kinderen Jsraels/ ze essen der götzen opffer/ und huorey treiben. Also hast du auch die an der leer der Nicolaiten haltend/ das hassz ich. Bekeere dich: wo aber nitt/ so wird ich dir bald kommen/ und kriegen mit jnen durch das schwärt meines munds. Wär oren hat/ der höre was der geist den gmeynden sagt: Wär überwindet/ dem wil ich zuo essen geben von dem verborgnen himmelbrot/ und wil jm geben einen weyssen steyn/ und auff dem steyn einen nüwen nammen geschriben/ welchen niemant kennet/ dann der jn empfacht.

worden ist, da, wo der Satan wohnt. 14 Weniges nur habe ich dir vorzuwerfen: Du duldest Leute bei dir, die sich an die Lehre des Bileam halten; der lehrte den Balak, den Israeliten einen Stolperstein in den Weg zu legen: Fleisch sollten sie essen, das den Göttern geweiht war, und sich der Unzucht hingeben. 15 Ebenso duldest auch du Leute bei dir, die an der Lehre der Nikolaiten festhalten. 16 Kehre um! Sonst komme ich bald zu dir, und ich werde Krieg führen gegen sie mit dem Schwert meines Mundes.

17 Wer Ohren hat, der höre, was der Geist den Gemeinden sagt: Wer den Sieg erringt, dem werde ich von dem verborgenen Manna geben, und einen weissen Stein werde ich ihm geben, und auf dem Stein ist ein neuer Name geschrieben, den niemand kennt ausser dem, der ihn empfängt.

|12: 1,11 · 19,15! |14: Num 31,16; 25,1–2 · 2,20 |15: 2,6 |16: 19,15 |17: 2,7! · 21,7! · Ex 16,31 · Jes 65,15

2,13: «des Antipas, meines treuen Zeugen»: Die besten griechischen Handschriften enthalten einen Text, der grammatikalisch nicht korrekt ist. Die Übersetzung folgt dem Sinn, den der Kontext nahelegt.

Der Brief an die Gemeinde in Thyatira

18 Und dem Engel der Gemeinde in Thyatira schreibe: So spricht der Sohn Gottes, der Augen hat wie Feuerflammen und dessen Füsse dem Golderz gleichen:

Und dem engel der gmeind zuo Thyatira schreib: Das sagt der sun Gottes/ der augen hat wie die fheürflammen/ und seine füeß gleich wie eertz. Jch weiß deine werck/ und dein liebe/ unnd deinen dienst/ und dein glauben/ und dein gedult/ und deine letsten werck mer dann der ersten. Aber ich hab ein kleins wider dich/ dz du lassest das weyb Jesabel (die da spricht/ sy sey ein prophetin) leeren/ und verfüeren meine knecht/ huoren und götzen opffer essen. Und ich hab jro zeyt ggeben/ das sy sölte jr huorey büessen/ und hat nit gebüeßt. Sihe/ ich wirff sy in ein bett/ und die mit jr die Ee gebrochen habend/ in grosse trüebsal/ wo sy nit büessend jre werck. Und jre kinder wil ich deß todts töden. Und alle gmeynden söllend erkennen das ichs bin der die nyeren unnd hertzen erforschet/ und wird geben einem yetlichen under euch nach euweren wercken. Euch aber sag ich und den andren/ die zuo Thyatira sind die nit habend söliche leer/ und die nit erkent habend die tieffe deß teüfels (als sy sagend) jch wil nit auff euch werffenn einen anderen last: doch was jr habend/ das haltend/ biß dz ich kumm. Und wär da überwindt/ und halt mine werck biß ans end/ dem wil ich macht geben über die Heyden/ unnd er sol sy weyden mit eysinen ruoten/ und

19 Ich kenne deine Werke – die Liebe, den Glauben, die Hilfsbereitschaft – und deine Beharrlichkeit, und ich weiss, dass deine letzten Werke zahlreicher sind als die ersten. 20 Aber ich habe dir vorzuwerfen, dass du die Isebel gewähren liessest, die sich Prophetin nennt und die als Lehrerin auftritt und meine Knechte dazu verführt, sich der Unzucht hinzugeben und Fleisch zu essen, das den Göttern geweiht ist. 21 Ich habe ihr Zeit gegeben umzukehren, doch sie will nicht umkehren und von ihrer Unzucht nicht lassen. 22 Siehe, ich werfe sie nieder auf ihr Bett und lasse eine grosse Not kommen über die, die mit ihr Ehebruch begehen, wenn sie nicht umkehren und von ihren Werken nicht lassen, 23 und ihre Kinder werde ich in den Tod schicken. Alle Gemeinden werden dann erkennen, dass ich es bin, der Herz und Nieren erforscht; und ich werde euch vergelten, einem jeden nach seinen Taten. 24 Euch aber, die ihr in Thyatira übrig geblieben seid, die ihr diese Lehre nicht übernommen und die ‹Tiefen des Satans›, wie

wie eines hafners geschirr sol er sy zerknütschen/ wie ich vonn meinem vatter empfangen hab/ und wil jm geben den morgenstern. Wär orenn hat der höre was der geyst den gmeynden sagt.

sie es nennen, nicht erkannt habt, euch sage ich: Ich lege euch keine weitere Last auf. 25 Doch was ihr habt, das haltet fest, bis ich komme! 26 Wer den Sieg erringt und meine Werke bis ans Ende bewahrt, dem werde ich Macht geben über die Völker 27 – *er wird sie weiden mit eisernem Stab, wie Tongefässe werden sie zerschlagen –*, 28 wie ich sie von meinem Vater empfangen habe, und ich werde ihm den Morgenstern geben. 29 Wer Ohren hat, der höre, was der Geist den Gemeinden sagt.

|18: 1,11 · 1,14–15 |20: 1Kön 16,31 · 2Kön 9,22 · 2,14 |23: Jer 17,10 · 20,13! |26: 21,7! |27: Ps 2,9! |28: 22,16 |29: 2,7!

Das iij. Capitel.
Und dem Engel der gmeynden zuo Sardis schreyb: das sagt der die siben geyst Gottes hat/ und die sternen: Jch weiß dine werck/ dann du hast den nammen das da läbest/ und bist tod. Biß wacker/ und sterck das ander das sterben wil. Dann ich hab dine werck nit völlig erfunden vor Gott. So gedenck nun/ wie du empfangen und gehört hast/ und halts/ und bekeer dich. So du nit wirst wachen/ wird ich über dich kommen wie ein dieb/ und weyst nit welche stund ich über dich kommen wird. Du hast wenig nammen auch in Sardis/ die nit jre kleyder besudlet habind/ und sy werdend mit mir wandlen in weysser waat/ dann sy sind sein wärdt. Wär überwindet/ der sol mit weyssen kleyderen angelegt werden. Und ich wird jren nammen nit außtilcken auß dem buoch deß läbens/ und ich wil jren nammen bekennen vor meinem vatter/ und vor seinen Englen. Wär oren hat der höre was der geyst den gmeynden sagt.

Der Brief an die Gemeinde in Sardes
3 1 Und dem Engel der Gemeinde in Sardes schreibe: So spricht, der die sieben Geistwesen Gottes und die sieben Sterne hat:
Ich kenne deine Werke und weiss, dass es von dir heisst, du lebst, und bist doch tot. 2 Sei wachen Sinnes, und stärke den Rest, der schon im Sterben lag; denn deine Werke, die ich vorfand, waren nicht vollkommen vor meinem Gott. 3 Denk daran, wie du die Botschaft empfangen und gehört hast, bewahre sie und kehre um! Wenn du nicht wachsam bist, werde ich kommen wie ein Dieb, und du wirst nicht wissen, zu welcher Stunde ich über dich komme. 4 Du hast aber einige wenige in Sardes, die ihre Kleider nicht befleckt haben; sie werden mit mir einhergehen in weissen Gewändern, denn sie sind es wert.
5 So wird, wer den Sieg erringt, in weisse Gewänder gehüllt, und nie werde ich seinen Namen tilgen aus dem Buch des Lebens; ich werde mich zu seinem Namen bekennen vor meinem Vater und vor seinen Engeln. 6 Wer Ohren hat, der höre, was der Geist den Gemeinden sagt.

|1: 1,11 · 4,5! · 1,16 |3: 16,15; Mt 24,43! |4–5: 3,18 |5: 21,7! · 21,27!; Ps 69,29 · Mt 10,32 |6: 2,7!

Der Brief an die Gemeinde in Philadelphia
7 Und dem Engel der Gemeinde in Philadelphia schreibe: So spricht der Heilige, der Wahrhaftige, den Schlüssel Davids hat; der öffnet, und niemand wird schliessen; der schliesst, und niemand öffnet:
8 Ich kenne deine Werke. Siehe, ich habe vor dir eine Tür aufgetan, die keiner wieder schliessen kann. Du hast zwar nur wenig Kraft, aber du hast mein Wort bewahrt und

Und dem Engel der gmeynden zuo Philadelphia schreyb: Das sagt der heylig/ der waarhafftig/ der da hat den schlüssel Davids/ der aufthuot und niemants zuoschleüßt: der zuoschleüßt/ und niemants aufthuot. Jch weyß deine werck. Sihe/ ich hab dir fürgegeben ein offne thür/ und niemants mag sy zuoschliessenn: dann du hast ein kleine krafft/ und hast mein wort behalten/ und hast meinen nammen nit verlöugnet. Sihe/ ich wird geben auß der schuol die da sagend/ sy sygind Juden/ und sinds nit/ sunder liegend. Sihe/ ich wil sy machen das sy kommen söllend und anbätten zuo deinen füessen/ und erkennen das ich dich geliebet hab.

Dieweyl du hast behalten das wort meiner gedult/ wil ich auch dich halten vor der stund der versuochung/ die kommen wirt über der gantzen welt kreyß/ zuo versuochen die da wonennd auff erden. Sihe/ ich kumm bald/ halt was du hast/ dz nieman dein kron nemme. Wär überwindet/ den wil ich machenn zum pfeyler in dem tempel meines Gottes/ und sol nit mer hinauß gon/ und wil auff jn schreyben den nammen meines Gottes/ unnd den nammen deß neüwen Jerusalems/ der statt meines Gottes/ die von himmel herab kumpt von Gott/ und meinen nammen den nüwen. Wär oren hat zehören der höre was der geist den gmeynden sagt.

Und dem Engel der gmeynden zuo Laodicea schreyb: Das sagt/ Amen/ der trüw und warhafftig zeüg/ der anfang der creatur Gottes/ Jch weyß deine werck/ das du weder kalt noch warm bist. Ach dz du kalt oder warm wärist. Dieweyl du aber laaw bist/ und weder kalt noch warm/ hab ich einen unwillen ab dir/ und wird dich außspüwen auß meinem mund. Du sprichst: Jch bin reych und reych worden/ und darff nüts: und weyst nit das du bist ellend und jämerlich/ arm/ blind und bloß. Jch radt dir das du gold vonn mir kauffest/ das mitt fheür durchfüret ist/ das du reych werdest: und weysse kleyder/ das du dich anthüegest/ und nit offenbart werde die schand diner blösse: und salb deine augen mit augen salb/ das du sehen mögest. Welche ich lieb hab/ die straaffen und züchtigen ich. So biß nun eyferig/ und thuo buoß. Sihe/ ich bin für die tür geträtten/ und klopffen an. So yeman mein stimm hören wirt/ unnd die thür aufthuon/ zuo dem wird ich eyngon/ und das abentmal mit jm essen/ und er mit mir. Wär überwindt/ dem wil ich geben mit mir auff meinem stuol zesitzen: wie ich überwunden hab/ und bin gesässenn mit

meinen Namen nicht verleugnet. 9 Siehe, ich will dir einige aus der Synagoge des Satans geben, einige von denen, die sagen, sie seien Juden, und es nicht sind, sondern nur lügen. Siehe, ich werde sie dazu bringen, dass sie kommen und zu deinen Füssen beten, und sie sollen erkennen, dass ich dich geliebt habe. 10 Weil du mein Wort bewahrt hast, das dir die Kraft gibt, auszuharren, werde auch ich dich bewahren in der Stunde der Versuchung, die über den ganzen Erdkreis kommen wird, die Erdenbewohner zu versuchen. 11 Ich komme bald. Halte fest, was du hast, damit niemand dir die Krone wegnimmt.

12 Wer den Sieg erringt, den werde ich zu einer Säule im Tempel meines Gottes machen, und er wird nie mehr hinausgehen müssen. Auf ihn werde ich schreiben den Namen meines Gottes und den Namen der Stadt meines Gottes, des neuen Jerusalem, das vom Himmel von meinem Gott herabkommen wird, und meinen Namen, den neuen. 13 Wer Ohren hat, der höre, was der Geist den Gemeinden sagt.

|7: 1,11 · 6,10 · Jes 22,22 |9: 2,9 |11: 22,7.12.20 · 2,10! |12: 21,7! · 14,1! · 21,10! |13: 2,7!

Der Brief an die Gemeinde in Laodizea

14 Und dem Engel der Gemeinde in Laodizea schreibe: So spricht, der das Amen ist, der treue und warhaftige Zeuge, der Anfang der Schöpfung Gottes:

15 Ich kenne deine Werke und weiss, dass du weder kalt noch warm bist. Wärst du doch kalt oder warm! 16 Nun aber, da du lau bist, weder warm noch kalt, will ich dich ausspeien aus meinem Munde. 17 Du sagst: Ich bin reich, ich bin wohlhabend und habe nichts nötig, und merkst nicht, dass gerade du elend bist, erbärmlich, arm, blind und nackt. 18 Darum rate ich dir: Kauf Gold von mir, das im Feuer geläutert ist, dass du reich wirst, und weisse Gewänder, dass du sie anziehst und die Schande deiner Blösse nicht zum Vorschein kommt, und Salbe, dass du sie auf deine Augen streichst und wieder sehen kannst. 19 Die ich liebe, weise ich zurecht und erziehe sie. Empöre dich, kehre um! 20 Siehe, ich stehe vor der Tür und klopfe an. Wer immer auf meine Stimme hört und die Tür öffnet, bei dem werde ich einkehren und das Mahl halten, ich mit ihm und er mit mir.

21 Wer den Sieg erringt, soll mit mir auf meinem Thron sitzen, so wie ich, nachdem ich den Sieg errungen habe, mit meinem Vater

meinem vatter auff seinem stuol. Wär oren hat der höre was der geist den gemeynden sagt.

Das iiij. Capitel.

Darnach sach ich/ und sihe/ ein thür ward aufgethon im himel/ unnd die erst stimm die ich gehört hatt mit mir reden als ein pusaunen/ die sprach: Kumm här ich wil dir zeygenn was nach disem geschehen sol. Und von stundan was ich im geyst/ und sihe/ ein stuol ward gesetzt im himel/ und auff dem stuol saß einer: und der da saß/ was gleich anzesehen wie der steyn Jaspis und Sardis/ und ein Rägenbogen wz umb den stuol/ gleych anzesehen wie ein Smaragd: und umb den stuol warend vier unnd zwentzig stüel/ und auff den stüelen sassen vier und zwentzig Eltesten mit weyssen kleyderen angethon/ und auff jren höupteren warend guldine kronen. Und von dem stuol giengend auß blitz/ donner/ und stimmen/ unnd siben facklen mit fheür/ die brunnend vor dem stuol. Welches sind die siben geist Gottes. Und vor dem stuol was ein glesin meer/ gleich dem Cristall: und mitten im stuol/ und umb den stuol vier thier voll augen vornen und hinden: und dz erst was gleich einem Löwen/ unnd das ander thier gleich einem kalb/ und das dritt thier hat ein antlit wie ein mensch/ und das vierdt thier gleich einem fliegenden Adler. Und der vier thieren hatt ein yetlichs sechs flügel/ und aussen und innwendig voll augen. Und hattend kein ruow tag und nacht/ und sprachent: Heilig/ heylig/ heylig ist Gott der Herr/ der Allmächtig/ der da was/ und der da ist/ und der da kumpt.

Und do die thier gabend preyß und eer/ und danck/ dem/ der da auff dem stuol saß/ der da läbt von ewigkeyt zuo ewigkeyt/ vielend die vier und zwentzig Eltesten für den/ der auff dem stuol saß/ und bättetend den an/ der da läbt/ von ewigkeyt zuo ewigkeyt/ und wurffend jre kronen für den stuol/ und sprachend: Herr/ du bist wirdig zenemmen preyß/ und eer/ und krafft/ dann du hast alle ding geschaffen: unnd umb deinetwillen habend sy das wäsen/ und sind geschaffen.

auf seinem Thron sitze. 22 Wer Ohren hat, der höre, was der Geist den Gemeinden sagt.

|14: 1,11 · 1,5; 19,11 |18: 3,4–5 · 16,15 |19: Spr 3,12 |21: 21,7! · Mt 19,28! |22: 2,7!

Der Thron im Himmel

4 1 Danach schaute ich: Und siehe, eine Tür im Himmel stand offen, und die Stimme, die ich am Anfang gehört hatte – eine Stimme wie von einer Posaune, die mit mir sprach –, sie sagte: Komm hier herauf, und ich werde dir zeigen, was dann geschehen soll.

2 Sogleich wurde ich vom Geist ergriffen, und siehe, ein Thron stand im Himmel, und auf dem Thron sass einer, 3 und der da sass, hatte ein Gesicht, das war wie Jaspis und Karneol, und den Thron umgab ein Regenbogen, der sah aus wie ein Smaragd. 4 Und rings um den Thron sah ich vierundzwanzig andere Throne, und auf den Thronen sassen vierundzwanzig Älteste, in weisse Gewänder gehüllt und mit goldenen Kronen auf dem Haupt. 5 Von dem Thron aber gehen Blitze aus, Stimmen und Donner, und sieben Fackeln brennen vor dem Thron, das sind die sieben Geistwesen Gottes. 6 Und vor dem Thron ist etwas wie ein gläsernes Meer, gleich einem Kristall.

Und mitten auf dem Thron und rings um den Thron herum sind vier Wesen, die mit Augen übersät sind, vorne und hinten. 7 Das erste Wesen gleicht einem Löwen, das zweite gleicht einem Stier, das dritte hat das Gesicht eines Menschen, das vierte gleicht einem Adler im Flug. 8 Und die vier Wesen haben, jedes einzelne, sechs Flügel, und aussen herum und innen sind sie mit Augen übersät, und sie rufen ohne Unterlass Tag und Nacht:

Heilig, heilig, heilig ist der Herr, Gott, der Herrscher über das All,

der war und der ist und der kommt.

9 Und wenn die Wesen Lobpreis, Ehre und Danksagung darbringen dem, der auf dem Thron sitzt und in alle Ewigkeit lebt, 10 werden die vierundzwanzig Ältesten niederfallen vor ihm, der auf dem Thron sitzt, und sie werden zu ihm beten, zu ihm, der in alle Ewigkeit lebt, und ihre Kronen werden sie niederlegen vor dem Thron und sagen:

11 Würdig bist du, Herr, unser Gott,
zu empfangen den Lobpreis, die Ehre und die Macht,

denn du hast alles erschaffen,

durch deinen Willen war es und ist es
erschaffen worden.

|1: 1,10 · 11,12 |2: 20,11; Ez 1,26; Jes 6,1 |3: Ez 1,27–28
|4: Jes 24,23 |5: Ez 1,13; Ex 19,16 · 1,4; 3,1; 5,6; Jes 11,2
|6: Ez 1,22 · Ez 1,5 · Ez 1,18 |7: Ez 1,10 |8: Jes 6,2–3 ·
Am 3,13 · 1,8!

4,6: Andere Übersetzungsmöglichkeit: «… ist es wie
ein gläsernes Meer, …»

Das v. Capitel.

Und ich sach in der rechten hand deß der auff dem stuol sass/ ein buoch geschriben innwendig und außwendig versiglet mit siben siglen. Und ich sach einen starcken Engel predigen mit häller stimm: Wär ist widrig das buoch aufzethuon/ und seine sigel zerbrechen? Und niemant im himmel noch auff erden/ noch under der erden kondt das buoch auffthuon noch ansehen. Und ich weynete seer/ dz niemants wirdig erfunden was das buoch aufzethuon/ und zeläsen/ noch anzesehen. Und einer von den Eltesten spricht zuo mir: Weyn nit. Sihe es hat überwunden der Löuw/ der da ist vom gschlächt Juda/ die wurtzel Davids/ auffzethuon das buoch/ und zerbrechen seine siben sigel. Und ich sach/ und sihe/ mitten imm stuol/ und der vier thieren: unnd mitten under den Eltesten stuond ein lamb wie es erwürgt wäre/ unnd hatt siben hörner/ unnd siben augen/ welches sind die geyst Gottes gesendet in alle land/ unnd es kam unnd nam das buoch auß der gerechten hand deß/ der auff dem stuol saß. Und do es das buoch nam/ do fielend die vier thier/ und die vier und zwentzig Eltesten für das lamb/ und hattend ein yetlicher harpffen/ und guldin schalen voll geruchs: welches sind die gebätt der heyligen/ und sungend ein nüw lied/ und sprachen: Du bist wirdig zenemmen dz buoch und aufzethuon seine sigel: dann du bist erwürgt/ und hast uns erkaufft mit deinem bluot auß allerley geschlächt/ und zungen/ und volck/ und nation: und hast uns Gott gemachet zuo künigen und priesteren/ und wir werden regnieren auff erden. Und ich sach und hort ein stimm viler Englen umb den stuol und umb die thier/ und umb die Eltesten: und jr zal was vil tausent mal tausent/ und sprachend mit grosser stimm: Das lamb das erwürgt ist/ ist wirdig zenemmen krafft/ unnd reychthumb/ und weyßheyt/ und stercke/ und eer/ und preyß/ und benedyung: und alle creatur die im himmel ist/ und auff erden/ und under der erden/ und im meer/ die da sind/ und alles was darinnen

Das Lamm Gottes

5 1 Und ich sah in der Rechten dessen, der auf dem Thron sass, eine Buchrolle, inwendig und auf der Rückseite beschrieben, versiegelt mit sieben Siegeln. 2 Und ich sah einen starken Engel, der mit lauter Stimme rief: Wer ist würdig, das Buch zu öffnen und seine Siegel zu lösen? 3 Und niemand im Himmel oder auf der Erde oder unter der Erde vermochte das Buch zu öffnen und hineinzuschauen. 4 Und ich weinte sehr, weil niemand zu finden war, der würdig gewesen wäre, das Buch zu öffnen und hineinzuschauen. 5 Und einer von den Ältesten sagt zu mir: Weine nicht! Siehe, den Sieg errungen hat der Löwe aus dem Stamm Juda, der Spross Davids; er kann das Buch und seine sieben Siegel öffnen.

6 Und ich sah zwischen dem Thron und den vier Wesen, in der Mitte der Ältesten, ein Lamm stehen, das geschlachtet zu sein schien; es hatte sieben Hörner und sieben Augen – das sind die sieben Geistwesen Gottes, die in die ganze Welt hinausgesandt sind. 7 Und es kam und empfing das Buch aus der Rechten dessen, der auf dem Thron sass.

8 Und als es das Buch empfangen hatte, fielen die vier Wesen und die vierundzwanzig Ältesten vor dem Lamm nieder. Und jeder von ihnen hatte eine Harfe und goldene Schalen, voll Räucherwerk – das sind die Gebete der Heiligen. 9 Und sie singen ein neues Lied:
Würdig bist du, das Buch zu empfangen und
  seine Siegel zu öffnen,
denn du bist geschlachtet worden und hast
  erkauft mit deinem Blut für Gott
  Menschen aus jedem Stamm und jeder
    Sprache, aus jedem Volk und jeder
    Nation.

10 Und du hast sie für unseren Gott zu einem Königreich und zu einer Priesterschaft gemacht,
und sie werden herrschen auf Erden.

11 Und ich schaute und vernahm die Stimme vieler Engel rings um den Thron, die Wesen und

ist/ hort ich sy sagen zuo dem der auff dem stuol saß/ und zuo dem lamb: Benedyung und eer/ und preyß/ und reych von ewigkeyt zuo ewigkeit. Und die vier thier sprachend: Amen. Und die vier und zwentzig Eltesten fielend nider auff jre angesicht/ und bättetend den an/ der da läbt von ewigkeyt zuo ewigkeyt.

Das vj. Capitel.

Und ich sach/ do das lamb der siglen eins aufthett. Unnd ich hort der vier thieren eins sagen/ als mit einer donder stimm: Kumm und sich zuo: Und ich sach. Und sihe/ ein weyß pfärd/ unnd der darauff sass hatt einen bogen: und jm ward ggeben ein kron/ und er gieng auß zuo überwinden. Und do es das ander sigel aufthett/ hort ich das ander thier sagen: Kumm und sich zuo. Und es gieng auß ein ander pfärd/ das was rot: und dem der darauff saß/ ward ggeben den friden zenemmen von der erden/ und das sy sich under einandern erwürgtind/ und jm ward ein groß schwärdt ggeben. Und do es das dritt sigel auf thett/ hort ich das dritt thier sagen: Kumm und sich zuo. Und ich sach/ und sihe/ ein schwartz pfärd: und der darauff saß/ hatt ein waag in seiner hand. Unnd ich hort ein stimm mitten under den vier thieren sagen: Ein maaß weytzenn umb ein pfennig/ und drey maaß gärsten umb ein pfennig/ und dem öl und weyn thuo kein leyd.

Unnd do es das vierdt sigel aufthett/ hort ich die stimm deß vierdten thiers sagen: Kumm und sich zuo. Und sihe/ ein falw pfärd/ und der darauff saß/ des namm hieß der Tod: und die Hell volget jm nach. Und jm ward macht ggeben zetöden auff den vier orten

die Ältesten, und ihre Zahl war Myriaden über Myriaden und tausend und abertausend, 12 und sie verkündeten mit lauter Stimme:
> Würdig ist das Lamm, das geschlachtet ist, zu empfangen
> Macht und Reichtum und Weisheit
> und Kraft und Ehre und Preis und Lob.

13 Und jedes Geschöpf im Himmel und auf der Erde und unter der Erde und auf dem Meer, und alles, was darin ist, hörte ich rufen:
> Ihm, der auf dem Thron sitzt, und dem Lamm
> seien Lob, Ehre und Preis und die Herrschaft,
> von Ewigkeit zu Ewigkeit.

14 Und die vier Wesen sprachen: Amen. Und die Ältesten fielen nieder und beteten.

|1: Ez 2,9–10 |5: Gen 49,9 · 22,16! · 6,1.3.5.7.9.12; 8,1 |6: Jes 53,7; Joh 1,29.36 · Sach 4,10 · 4,5! |8: 8,3–4; Ps 141,2 |9: Ps 33,3! · 1,5!; 1Petr 1,18–19 · 7,9 |10: 1,6! · 22,5! |11: Dan 7,10; Hebr 12,22 |12: 5,12! |14: 19,4

5,6: Die schwebende Ausdrucksweise «das geschlachtet zu sein schien» verweist auf die subjektive Seite der Wahrnehmung, nicht etwa auf eine Täuschung (vgl. V.9 und V.12).

Die ersten sechs Siegel

6 1 Und ich schaute: Als das Lamm das erste der sieben Siegel öffnete, da hörte ich das erste der vier Wesen wie eine Donnerstimme sagen: Komm! 2 Und ich schaute: Und siehe, ein weisses Pferd, und der auf ihm sass, hielt einen Bogen, und es wurde ihm eine Krone gegeben, und er zog als Sieger aus, um zu siegen.

3 Und als es das zweite Siegel öffnete, hörte ich das zweite Wesen sagen: Komm! 4 Und ein anderes Pferd kam hervor, ein feuerrotes; und dem, der auf ihm sass, wurde die Macht verliehen, den Frieden von der Erde zu nehmen, dass sie einander niedermetzelten. Und ein grosses Schwert wurde ihm gegeben.

5 Und als es das dritte Siegel öffnete, hörte ich das dritte Wesen sagen: Komm! Und ich schaute: Und siehe, ein schwarzes Pferd, und der auf ihm sass, hielt eine Waage in seiner Hand. 6 Und ich hörte eine Stimme inmitten der vier Wesen sagen: Ein Mass Weizen für einen Denar! Und drei Mass Gerste für einen Denar! Doch dem Öl und dem Wein füge keinen Schaden zu!

7 Und als es das vierte Siegel öffnete, hörte ich die Stimme des vierten Wesens, das sprach: Komm! 8 Und ich schaute: Und siehe, ein fahles Pferd, und der Name dessen, der auf ihm sass, war ‹Tod›, und die Unterwelt

Die offenbarung S. Johans des Theologi.

der erden/ mit dem schwärdt/ und hunger/ und dem tod von den thieren auff erden.

Und do es das fünfft sigel aufthett/ sach ich under dem Altar die seelen deren/ die erwürgt warend umb deß wort Gottes willen/ und umb der zeügnuß willen die sy hattend. Und sy schrüwend mit lauter stimm/ und sprachend: Herr/ du heyliger und warhafftiger/ wie lang richtestu/ und richest nit unser bluot an denen die auff der erden wonend? Und jnen wurdend ggeben/ einer yetlichen ein weysse waat/ und ward zuo jnen gesagt/ das sy ruowetind noch ein kleine zeyt/ biß das erfüllet wurdind jre mitknecht und brüeder/ die auch söllend noch ertödt werden gleych wie sy.

Und ich sach das es das sechßt sigel aufthett/ unnd sihe/ do ward ein grosser erdbidem/ und die Sonn ward schwartz wie ein häriner sack/ und der Mon ward wie bluot/ unnd die sternen deß himmels fielend auff die erden/ gleich wie ein fygenbaum seine fygen abwirfft/ wenn er von grossem wind bewegt wirt: und der himmel entweych wie ein eyngewicklet buoch/ und alle berg und Jnsulen wurdend bewegt auß jren orten: und die künig auff erden/ unnd die obersten/ unnd die reychen/ und die hauptleüt/ und die gwaltigen/ und alle knecht/ und alle fryen/ verburgend sich in den klufften und velsen in den bergen. Und sprachend zuo den bergen und felsen: Fallend auff uns/ und verbergend uns vor dem angesicht deß der auff dem stuol sitzt/ und vor dem zorn deß lambs: dann es ist kommen der groß tag seines zornns/ unnd wär mag beston?

Das vij. Capitel

Und darnach sach ich vier Engel ston auff den vier ecken der erden/ die hieltend die vier wind der erden/ auff das kein wind über die erden bliesse/ noch über dz meer/ noch über ein eynigen baum. Und sach einen andren

572

zog mit ihm einher, und es wurde ihnen die Macht gegeben über den vierten Teil der Erde, zu töten mit Schwert, Hunger und Pest und durch die wilden Tiere der Erde.

9 Und als es das fünfte Siegel öffnete, sah ich am Fuss des Altars die Seelen derer, die hingeschlachtet worden waren um des Wortes Gottes und um des Zeugnisses willen, das sie abgelegt hatten. 10 Und sie schrien mit lauter Stimme: Wie lange noch, Herrscher, Heiliger und Wahrhaftiger, zögerst du, zu richten und unser Blut zu rächen an denen, die auf der Erde wohnen? 11 Und einem jeden von ihnen wurde ein weisses Gewand gegeben, und es wurde ihnen geboten, sich noch eine kurze Zeit zu gedulden, bis auch ihre Mitknechte und ihre Brüder, die wie sie getötet werden sollten, in die Vollendung aufgenommen würden.

12 Und ich schaute: Als es das sechste Siegel öffnete, da gab es ein starkes Erdbeben, und die Sonne wurde schwarz wie ein Trauergewand, und der ganze Mond wurde wie Blut, 13 und die Sterne des Himmels fielen auf die Erde wie die Winterfrüchte vom Feigenbaum, wenn er vom Sturmwind geschüttelt wird. 14 Und der Himmel verschwand wie eine Buchrolle, die man zusammenrollt, und jeder Berg und jede Insel wurde von ihrem Platz gerückt. 15 Und die Könige der Erde, ihre Grossen und ihre Befehlshaber, die Reichen und die Mächtigen und jeder, Sklave wie Freier, verbargen sich in den Höhlen und in den Felsen der Berge, 16 *und sie sagen zu den Bergen und zu den Felsen: Fallt auf uns* und *deckt uns zu* vor dem Angesicht dessen, der auf dem Thron sitzt, und vor dem Zorn des Lammes! 17 Denn gekommen ist der grosse Tag ihres Zorns. Wer kann da bestehen?

|1: 5,1–5 · 4,6–7 |2: Sach 1,8; 6,1–8 |3: 4,6–7 |4: Sach 1,8; 6,1–8 |5: 4,6–7 · Sach 1,8; 6,1–8 |7: 4,6–7 |8: Sach 1,8; 6,1–8 · Ez 14,21 |9: 12,11; 20,4 |10: 3,7 · 19,2 |11: 7,9| |12: Mk 13,24! · Joel 3,4 |13: Mk 13,25 · Jes 34,4 |14: 20,11!; Jes 34,4 |15: Jes 2,10.19.21 |16: Hos 10,8; Lk 23,30 |17: Zef 1,14–15; Röm 2,5

6,6: Die angegebenen Preise entsprechen etwa einer zehn- bis zwölffachen Verteuerung.
6,9: Andere Übersetzungsmöglichkeit: «…, sah ich unter dem Altar die Seelen derer, …»

Die Erwählten aus Israel

7 1 Danach sah ich vier Engel an den vier Ecken der Erde stehen, die hielten die vier Winde der Erde fest, damit kein Sturm über das Land hinwegfege noch über das Meer noch über irgendeinen Baum. 2 Und

Engel auffsteygen von der Sonnen aufgang/
der hatt das wortzeychen deß läbendigen
Gottes/ und schrey mit grosser stimm zuo
den vier Englen/ welchen ggeben ist zuo
beschedigen die erden/ und das meer/ unnd er
sprach: Beschedigend die erden nit/ noch dz
meer/ noch die böum/ biß das wir versiglend
die knecht unsers Gottes an jren stirnen.

Unnd ich hort die zal deren die versiglet
wurdend/ hundert und vier und viertzig tausent/
die versiglet warend von allen gschlächten
der kinderen Jsraels. Von dem gschlächt Juda
zwölff tausent versiglet. Von dem geschlächt
Rubenn/ zwölff tausent versiglet. Vonn dem
geschlächt Gad/ zwölff tausent versiglet.
Von dem geschlächt Aser/ zwölff tausent
versiglet. Von dem geschlächt Naphthali/
zwölff tausent versiglet. Von dem geschlächt
Manasse/ zwölff tausent versiglet. Von dem
geschlächt Simeon/ zwölff tausent versiglet.
Vonn dem geschlächt Levi/ zwölff tausent
versiglet. Von dem geschlächt Jsaschar/ zwölff
tausent versiglet. Von dem geschlächt Zabulon/
zwölff tausent versiglet. Von dem gschlächt
Joseph/ zwölff tausent versiglet. Von dem
geschlächt Ben Jamin/ zwölff tausent versiglet.

Darnach sach ich/ unnd sihe/ ein grosse
schar/ welche niemants zellen mocht/ auß allen
Heyden und völckern/ und zungen ston vor dem
stuol und vor dem lamb/ angethon mit weysser
waat unnd palmen in jren henden/ schrüwend
mit lauter stimm und sprachend: Heyl sey dem
der auff dem stuol sitzt/ unserm Gott und dem
lamb. Und alle Engel stuondend umb den stuol/
und umb die Eltesten/ und umb die vier thier/
und fielend für den stuol auff jr angesicht/
und bättetend Gott an/ und sprachend/ Amen.
Benedyung/ und preyß/ und weyßheit/ und
danck/ unnd eer/ und krafft/ und stercke/ sey
unserm Gott von ewigkeit zuo ewigkeyt/ Amen.
Unnd es antwortet der Eltesten einer/ und
sprach zuo mir: Wär sind dise mit der weyssen
waat angethon? Und wo här sind sy kommen?
Und ich sprach zuo jm: Herr/ du weysts. Unnd
er sprach zuo mir: Dise sinds die kommen sind
uß grossem trüebsal/ unnd habend jre waat
gewäschen/ und habend jre waat durchweysset
im bluot deß lambs: darumb sind sy vor dem
stuol Gottes/ und dienend jm tag unnd nacht
in seinem tempel: unnd der auff dem stuol sitzt
wirt ob jnen wonen. Sy wirt nitt mer hungeren

ich sah einen andern Engel vom Aufgang der
Sonne her emporsteigen, der hatte das Siegel
des lebendigen Gottes. Und er rief mit lauter
Stimme den vier Engeln zu, denen aufgetragen
war, Land und Meer zu zerstören, 3 und sprach:
Fügt Land und Meer und Bäumen keinen
Schaden zu, bis wir die Knechte unseres Gottes
mit einem Siegel auf der Stirn bezeichnet haben.

4 Und ich vernahm die Zahl derer,
die ein Siegel empfangen hatten,
hundertvierundvierzigtausend waren es,
die ein Siegel empfangen hatten, aus jedem
Stamm der Söhne Israels: 5 aus dem Stamm
Juda zwölftausend, die ein Siegel empfangen
hatten, aus dem Stamm Ruben zwölftausend,
aus dem Stamm Gad zwölftausend, 6 aus
dem Stamm Asser zwölftausend, aus dem
Stamm Naftali zwölftausend, aus dem
Stamm Manasse zwölftausend, 7 aus dem
Stamm Simeon zwölftausend, aus dem Stamm
Levi zwölftausend, aus dem Stamm
Issaschar zwölftausend, 8 aus dem Stamm
Sebulon zwölftausend, aus dem Stamm Josef
zwölftausend, aus dem Stamm Benjamin
zwölftausend, die ein Siegel empfangen hatten.

|1: Dan 7,2 |3: 9,4; Ez 9,4 |4: 14,1 |5–8: Gen 35,22–26

Die Vollendeten vor dem Thron Gottes

9 Danach schaute ich: Und siehe, eine
grosse Schar, die niemand zählen konnte, aus
jedem Volk, aus allen Stämmen, allen Nationen
und Sprachen. Die standen vor dem Thron
und vor dem Lamm, bekleidet mit weissen
Gewändern und mit Palmzweigen in den
Händen. 10 Und sie rufen mit lauter Stimme:
Die Rettung steht bei unserem Gott, der auf
dem Thron sitzt, und bei dem Lamm!
11 Und alle Engel standen im Kreis um
den Thron und um die Ältesten und die vier
Wesen, und sie fielen vor dem Thron auf ihr
Angesicht, beteten zu Gott 12 und sprachen:
Amen: Lob, Preis und Weisheit, Dank und
Ehre, Macht und Kraft unserem Gott in
Ewigkeit, Amen.
13 Und einer der Ältesten ergriff das
Wort und sagte zu mir: Die mit den weissen
Gewändern da, wer sind sie, und woher sind
sie gekommen? 14 Und ich habe zu ihm gesagt:
Mein Herr, *du* weisst es. Und er sagte zu mir:
Das sind die, die aus der grossen Bedrängnis
kommen;
sie haben ihre Gewänder gewaschen

noch dürsten. Es wirt auch nit auff sy fallenn die Sonn oder yenen ein hitz/ dann das lamb mitten im stuol wirdt sy regnieren/ und leyten zuo den läbendigen wasserbrunnen: und Gott wirt abwäschen alle trähern von jren augen.

und sie weiss gemacht im Blut des Lammes.
15 Darum sind sie vor dem Thron Gottes und dienen ihm Tag und Nacht in seinem Tempel,
und der auf dem Thron sitzt, wird über ihnen ein Zelt aufschlagen.
16 *Sie werden nicht mehr* hungern und nicht mehr *dürsten,*
und weder die Sonne noch irgendeine *Hitze wird auf ihnen lasten.*
17 Denn das Lamm in der Mitte des Thrones wird sie weiden
und wird sie führen zu Quellen lebendigen Wassers,
und Gott wird abwischen jede Träne von ihren *Augen.*

|9: 5,9 · 6,11; 7,13–14 |10: 12,10; 19,1 |13–14: 7,9! |13: 4,4 |14: Dan 12,1; Mt 24,21 · 22,14 · 1,5! |15: 21,3 |16–17: Jes 49,10 |17: 5,6 · 22,17! · 21,4; Jes 25,8

Das viij. Capitel.
Unnd do er das dritt sigel auffthett/ ward ein stille in dem himmel bey einer halben stund/

Die Öffnung des siebten Siegels

8 1 Und als es das siebte Siegel öffnete, trat im Himmel eine grosse Stille ein, etwa eine halbe Stunde lang.

|1: 5,5

Die Ausrüstung der sieben Engel

und ich sach siben Engel/ die trattend für Gott/ und jnen wurdend siben pusaunen ggeben. Und ein anderer Engel kam/ und gieng zuo dem altar/ und hatt ein guldin rauchfaß: und jm ward vil röuchwercks geben/ das er gäbe von den gebätten aller heiligen auff den altar vor dem stuol. Und der rouch des röuchwercks von den gebätten der heiligen/ gieng auff von der hand des Engels vor Gott. Unnd der Engel nam das rouchfaß/ und füllet es mit fheür vom altar/ und warffs auff die erden. Und do geschahend stimmen/ und donner/ und blitzgen/ und erdbidem.Und die siben Engel mit den siben pusaunen hattend sich bereytet zuo pusaunen.

2 Und ich sah die sieben Engel, die vor Gott standen, und es wurden ihnen sieben Posaunen gegeben. 3 Und ein anderer Engel kam und trat an den Altar. Der hatte eine goldene Räucherpfanne, und es wurde ihm viel Räucherwerk gegeben, dass er es mit den Gebeten aller Heiligen hinlege auf den goldenen Altar, der vor dem Thron stand. 4 Und der Rauch des Räucherwerks stieg mit den Gebeten der Heiligen aus der Hand des Engels empor vor Gottes Angesicht. 5 Und der Engel nahm die Räucherpfanne und füllte sie mit dem Feuer vom Altar und warf es auf die Erde. Da erhob sich ein Getöse, Blitz und Donner, und die Erde bebte. 6 Und die sieben Engel, die mit den sieben Posaunen, schickten sich an zu blasen.

|3–4: 5,8! · Ex 30,1.3 |5: 4,5!; 11,19; 16,18 |6: 8,7.8.10.12; 9,1.13; 11,15

Das Ertönen der ersten vier Posaunen

Und der erst Engel pusaunet/ und es ward ein hagel und fheür mit bluot gemischet/ unnd viel auff die erden/ unnd das dritt teyl der böumen verbran/ und alles grüen graß verbran. Und

7 Und der Erste blies die Posaune: Da gab es Hagel und Feuer, mit Blut vermischt, und es fiel auf die Erde nieder. Und der dritte Teil der

der ander Engel pusaunet/ und es fuor wie ein
grosser berg mit fheür brünnende/ ins meer/
und das dritt teil deß meers ward bluot: und das
dritt teyl der läbendigen creaturen sturbend: und
das dritt teyl der schiffen wurdend verderbt.

Und der dritt Engel pusaunet/ unnd es fiel
ein grosser stern von himmel/ der bran wie
ein fackel/ unnd viel auff das dritt teyl der
wasserstromen über die wasserbrunnen/ und
der namm des sternen heyßt Wermuot/ und der
dritt teil der wasseren ist worden Wermuot/ und
vil menschen sturbend von den wasseren/ daß
sy warend bitter worden. Und der vierdt Engel
pusaunet/ und es ward geschlagenn der dritt
teyl der Sonnen/ unnd das dritt teyl deß Mons/
und das dritt teyl der sternen/ das jr dritt teyl
verfinsteret ward/ unnd der tag das dritt teyl
nit scheyn/ und die nacht desselben gleychen.
Unnd ich sach und hort ein Engel fliegen mitten
durch den himmel/ und sagen mit lauter stimm:
Wee/ wee/ wee denen die auff erden wonend/
vor den andren stimmen der pusaunen der
dryer Englen die noch pusaunen söllend.

Das ix. Capitel.

Und der fünfft engel pusaunet/ und ich sach
einen sternen/ gefallen vom hymmel auff die
erden/ und jm ward der schlüssel zum brunnen
deß abgrunds gegeben: und er thet den brunnen
deß abgrunds auf. Und es gieng auf ein rouch
eines brunnens/ gleich als ein rouch eines
grossen ofens. Und es ward verfinstert die Sonn/
unnd der lufft von dem rouch deß brunnens:
und auß dem rouch kamend höwschrecken auff
die erden/ und jnen ward macht ggeben wie die
scorpionen auff erden macht habend/ und es
ward zuo jnen gesagt/ das sy nit beleydigetind
das graß auff erden/ noch kein grüens/ noch
keinen baum: sunder die menschen/ die nit
habend das sigel Gottes an jren stirnen. Und
es ward jnen ggeben/ das sy sy nit tödetind/
sunder peyngetind fünff Monat. Unnd jr peyn
was wie ein peyn deß Scorpions/ wenn er einen
menschen hauwet. Und zuo den selben tagen
werdend die menschen den tod suochen/
und nit finden: werdend begären zesterben/

Erde verbrannte, und ein Drittel der Bäume
verbrannte, und alles grüne Gras verbrannte.

8 Und der zweite Engel blies die Posaune:
Da stürzte etwas wie ein grosser, feuriger
Berg ins Meer, und der dritte Teil des Meeres
wurde zu Blut. 9 Und es starb ein Drittel
der Geschöpfe, die im Meer lebten, und
ein Drittel der Schiffe wurde zerstört.

10 Und der dritte Engel blies die Posaune:
Da fiel ein grosser Stern vom Himmel,
brennend wie eine Fackel, und er fiel auf ein
Drittel der Flüsse und auf die Wasserquellen.
11 Und der Name des Sterns lautet ‹Wermut›,
und der dritte Teil des Wassers wurde zu
Wermut. Und viele Menschen starben,
weil das Wasser bitter geworden war.

12 Und der vierte Engel blies die Posaune: Da
wurde der dritte Teil der Sonne weggeschlagen,
und der dritte Teil des Mondes und ein Drittel
der Sterne, so dass ein Drittel von ihnen
finster wurde und der Tag zu einem Drittel
sein Licht verlor, und so auch die Nacht.

13 Und ich schaute: Und ich hörte
einen Adler, der hoch oben am Himmel
flog, mit lauter Stimme rufen: Wehe,
wehe, wehe denen, die die Erde bewohnen,
wenn dann die Posaunen der drei Engel
ertönen, die noch blasen werden!

|7: 8,2–6! · 16,2 · Ex 9,23–25 |8–9: 16,3 |8: Ex 7,20
|10–11: 16,4 |12: 16,8–9 · 6,12–13 |13: 9,12; 11,14; 12,12

Das Ertönen der fünften Posaune

9 1 Und der fünfte Engel blies die Posaune:
Und ich sah einen Stern, der vom
Himmel auf die Erde gefallen war, und ihm
wurde der Schlüssel zur Pforte des Abgrunds
gegeben. 2 Und er öffnete die Pforte des
Abgrunds; da stieg Rauch empor aus dem
Schacht, Rauch wie aus einem grossen Ofen,
und finster wurde die Sonne vom Rauch aus
dem Schacht, und schwarz wurde die Luft.

3 Und aus dem Rauch kamen Heuschrecken
herab auf die Erde; und es wurde ihnen Macht
gegeben, eine Macht, wie sie die Skorpione
der Erde haben. 4 Und es wurde ihnen gesagt,
sie sollten dem Gras der Erde keinen Schaden
zufügen, keinem Grün und keinem Baum,
sondern nur den Menschen, die das Siegel
Gottes nicht auf der Stirn tragen. 5 Es wurde
ihnen befohlen, sie nicht zu töten, sondern sie
zu peinigen, fünf Monate lang; und ihre Pein
sollte sein wie die Pein eines Menschen, wenn
ein Skorpion ihn sticht. 6 Und in jenen Tagen

Die offenbarung S. Johans des Theologi.   576

und der tod wirt von jnen fliehen. Und die höwschrecken sind gleych den rossen die zum krieg bereyt sind/ und auff jrem haupt wie kronen dem gold gleych/ und jr angesicht gleych der menschen angesicht/ und hattend haar wie weyber haar/ und jre zän warend wie der Löwen/ unnd hattend pantzer wie eysine pantzer/ und das rauschen jrer flüglen wie das rauschenn an den wägnen der rossen/ die inn krieg lauffend/ unnd hattend schwäntz gleich dem scorpion. Und es warend stachel an jren schwäntzen/ und jr macht was zuo beleydigen die menschen fünff Monat/ und hattend über sich einen künig/ einen Engel auß dem abgrund/ deß namm heyßt auff Hebreisch Abaddon/ unnd auff Kriechisch hatt er den nammen Apollion/ das ist/ verderber. Ein wee ist dahin/ sihe/ es kommend noch zwey wee nach dem.

werden die Menschen den Tod suchen, doch sie werden ihn nicht finden; sie werden den Tod herbeisehnen, doch der Tod wird sie fliehen.

7 Und die heuschreckenartigen Wesen sahen aus wie Pferde, die zum Kampf gerüstet sind, und was sie auf dem Kopf trugen, sah aus wie eine golden schimmernde Krone, und ihre Gesichter waren wie Menschengesichter, 8 und Haare hatten sie wie Frauenhaar, und ihre Zähne waren wie die von Löwen; 9 und einen Brustkorb hatten sie wie mit Eisen gepanzert, und das Schlagen ihrer Flügel war wie das Dröhnen von Streitwagen mit vielen Pferden, die sich in die Schlacht stürzen. 10 Und sie haben Schwänze gleich denen von Skorpionen und Stacheln; und in ihren Schwänzen liegt ihre Macht, den Menschen Schaden zuzufügen, fünf Monate lang. 11 Sie haben über sich einen König, Engel des Abgrunds; sein Name lautet auf Hebräisch Abaddon, und im Griechischen hat er den Namen Apollyon.

12 Das erste Wehe ist vorüber; siehe, danach kommen noch zwei Wehe.

|1–11: 16,10–11 |1: 8,2–6! · 8,10; Jes 14,12–15 |2: 20,1–3! |3: Ex 10,12 |4: 7,3 |7: Joel 2,4–5 |8: Joel 1,6 |9: Joel 2,5 |10: 9,19 |12: 8,13!

9,10: Andere Übersetzungsmöglichkeit: «Und sie haben Schwänze, die Skorpionen gleichen, und Stacheln; …»

Das Ertönen der sechsten Posaune

Und der sechßt Engel pusaunet/ und ich hort ein stimm auß den vier ecken deß guldinen altars vor Gott/ die sprach zuo dem sechßten Engel/ der die pusaunen hatt: Löß auf die vier Engel gebunden an dem grossen wasserstrom Euphrates. Und es wurdend die vier Engel ledig/ die bereyt warend auff ein stund/ und auff ein tag/ und auff ein monat/ und auff ein jar/ das sy todtind das dritt teil der menschen. Und die zal der reüterischen krieger/ was vil tausent mal tausent/ unnd ich hort jr zal/ und also sach ich die rossz im gesicht und die darauff sassend/ das sy hattend feürige/ und gälwe/ und schwäbelische pantzer/ und die häupter der rossen wie die häupter der Löwen/ unnd auß jrem mund gieng fheür/ und rouch/ und schwäbel. Von disen dreyen ward ertödt/ das dritt teyl der menschen/ von dem fheür und rouch unnd schwäbel der auß jrem mund gieng/ dann jr krafft was in jrem mund: und jre schwäntz warend

13 Und der sechste Engel blies die Posaune: Da hörte ich eine Stimme von den vier Hörnern des goldenen Altars, der vor Gott steht, 14 die sagte zum sechsten Engel, der die Posaune hatte: Binde los die vier Engel, die am grossen Fluss Eufrat gefesselt sind. 15 Und die vier Engel, die auf Stunde und Tag, auf Monat und Jahr bereitstehen, wurden losgebunden, ein Drittel der Menschen zu töten. 16 Und die Zahl der Reiterheere betrug zwanzigtausend mal zehntausend; dies war die Zahl, die ich hörte.

17 Und so sah ich in dieser Erscheinung die Pferde und die darauf sassen: Sie trugen Panzer, feuerrot und dunkelblau und schwefelgelb, und die Köpfe der Pferde waren wie Löwenköpfe, und aus ihren Mäulern tritt Feuer, Rauch und Schwefel. 18 Durch diese drei Plagen wurde ein Drittel der Menschen getötet, durch das Feuer, den Rauch und den Schwefel, der aus ihren Mäulern trat. 19 Denn die Macht der Pferde liegt in ihrem Maul und in ihren Schwänzen;

den schlangen gleych/ und hattend höupter/ unnd mit den selbigen thettend sy schaden.

Und die anderen menschen/ die nit getödet wurdend vonn disen plaagen/ noch sich bekertend von den wercken jrer henden/ das sy nit anbättetind die teüfel/ unnd guldine/ silbere/ eerhine/ steynine/ und hölltzine götzen: welche weder sehennd noch hörennd/ noch wandlen können. Die auch sich nit gebesseret habend von jrer mörderey/ zauberey/ huorey/ und dieberey.

ihre Schwänze sind Schlangen gleich und haben Köpfe, und mit denen stiften sie Unheil.
20 Und die andern Menschen, die bei diesen Plagen nicht ums Leben gekommen waren, auch sie kehrten nicht um und liessen nicht ab vom Werk ihrer Hände; sie hörten nicht auf, die Dämonen anzubeten und die Götterbilder aus Gold, Silber, Bronze, Stein und Holz, die ja weder sehen noch hören noch gehen können. 21 Und sie wandten sich nicht ab von ihrem Morden und ihrer Zauberei, von ihrer Unzucht und ihrer Dieberei.

|13–21: 16,12–16 |13: 8,2–6| · Ex 30,1–3 |19: 9,10 |20: Ps 115,4–7!; Dan 5,23

9,16: Andere Textüberlieferung: «… betrug zehntausend mal zehntausend; …»

Das x. Capitel.
Und ich sach einen anderen starcken Engel von himmel herab kommen/ der was mit einer wolcken bekleydet/ und ein rägenbogen auff seinem haupt/ und sein angesicht wie die Sonn/ unnd seine füess wie fheürpfeyler/ unnd er hatt in seiner hannd ein büechle aufgethon/ und er setzt seinen rechten fuoß auff das meer/ und den linggen auff die erden/ und er schrey mit lauter stimm/ wie ein Löw brüelet. Und do er schrey/ redtend siben donner jre stimm/ und ich wolt sy schreyben/ do hort ich ein stimm vom himmel sagen zuo mir: Versigle was die siben donner geredt habend/ und die selben schreyb nit. Und der Engel den ich sach ston auff dem meer und auff erden/ huob seine hend auf gen himmel/ und schwuor bey dem läbendigen von ewigkeyt zuo ewigkeyt/ der den himmel geschaffen hatt/ und was darinnen ist: und das meer/ unnd was darinnen ist/ das hinfür kein zeyt mer seyn sölle: sunder in den tagen der stymm deß sibenden Engels wenn es pusaunen wirdt/ so sol volendet werden die geheymnuß Gottes/ wie er hatt verkündet durch seine knecht und propheten. Und ich hort ein stimm von himmel abermal mit mir reden/ unnd sagen: Gang hin/ nimm das offen büechlin von der hand deß Engels/ der auff dem meer und auff der erden stadt. Und ich gieng hin zuo dem Engel/ und sprach: Gib mir das büechlin. Und er sprach zuo mir: Nimm hin/ und verschlucks/ und es wirt deinen bauch verbittern: aber in deinem mund wirdts süeß sein wie honig.

Und ich nam das büechlin von der hand deß Engels/ und verschluckts: und es was meinem mund wie süeß honig. Und do ichs

Erneute Beauftragung des Johannes
10 1 Und ich sah einen anderen starken Engel vom Himmel herabsteigen, bekleidet mit einer Wolke. Über seinem Haupt stand der Regenbogen, und sein Angesicht war wie die Sonne, und seine Füsse waren wie Feuersäulen. 2 In seiner Hand hielt er ein kleines Buch, das geöffnet war. Und er setzte den rechten Fuss auf das Meer, den linken aber auf das Land. 3 Und er rief mit lauter Stimme, so wie ein Löwe brüllt. Und als er rief, erhoben die sieben Donner ihre Stimme. 4 Als die sieben Donner gesprochen hatten, wollte ich es aufschreiben. Doch ich hörte eine Stimme aus dem Himmel sagen: Versiegle, was die sieben Donner gesagt haben, und schreib es nicht auf!

5 Und der Engel, den ich auf dem Meer und auf dem Land stehen sah, hob seine rechte Hand zum Himmel empor 6 und schwor bei dem, der in alle Ewigkeit lebt, der den Himmel geschaffen hat und was unter ihm ist und die Erde und was auf ihr ist und das Meer und was in ihm ist: Es wird keine Zeit mehr geben, 7 vielmehr wird in den Tagen, da die Stimme des siebten Engels erklingt, wenn er die Posaune bläst, auch das Geheimnis Gottes vollendet sein, wie er es seine Knechte, die Propheten, hat verkündigen lassen.

8 Und die Stimme, die ich aus dem Himmel vernommen hatte, redete wiederum mit mir, und sie sprach: Geh, nimm das Buch, das geöffnet in der Hand des Engels liegt, der auf dem Meer und auf dem Land steht. 9 Und ich ging hin zu dem Engel und bat ihn, mir das Büchlein zu geben. Und er sagt zu mir: Nimm und iss es! Es wird deinen Magen bitter machen, aber in deinem Mund wird es süss

geessen hatt/ ward mein bauch verbitteret. Unnd er sprach zuo mir: Du muost abermals prophecyen den völckeren unnd Heyden/ unnd zungen/ unnd vil künigen.

Das xj. Capitel.
Und es ward mir ein ror ggeben einem stäcken gleich/ und sprach: Stand auf/ und miss den tempel Gottes/ und den altar/ und die darinnen anbättend. Unnd den inneren Chor deß tempels wirff hinauß und miß jn nit/ dann er ist den Heyden ggeben: und die heyligen statt werdend sy verträtten zween und viertzig monat/ und ich wil meine zween zeügen geben/ und sy söllent propheten tausent zweyhundert und sechtzig tag/ angethon mit seckenn. Dise sind zween olböum/ unnd zwo fackeln/ stond vor dem Gott der erden. Und so yemants sy wil beleydigen/ so gadt das fheür auß jrem mund und verzert jre feynd: und so yemants sy wil beleydigen/ der muoß also getödt werden. Dise habend macht den himmel zuo verschliessen/ das es nit rägne in den tagen jrer prophecyung: und habend macht über die wasser sy zuo verwandlen in bluot: unnd zeschlahen die erd mit allerley plaagen/ so offt sy wöllend. Und wenn sy jr zeügnuß geendet habend/ so wirdt das thier das auß dem abgrund aufsteygt/ mit jnen einen streyt haltenn/ unnd wirt sy überwinden/ unnd wirdt sy töden/ unnd jre leychnam werdennd ligen auff der gassen der grossen statt/ die da heißt geistlich/ die Sodoma und Egypten/ da unser Herr gecreützigt ist. Unnd es werdend jre leychnam etlich vor den völckeren unnd geschlächten und zungen drey tag unnd einen halben sehen/ und werdend jre leychnam nit lassen in greber legen: und die auff erden wonend/ werdend sich fröwen über jnn/ unnd wolläben/ unnd gaaben einandern senden: dann dise zween propheten peynigetend die die auff erden wonetend.Und nach dreyen tagen und ein halben/ fuor in sy der geyst deß läbens von Gott/ und sy trattend auff jre füeß/ und ein grosse forcht fiel über die/ die sy sahend. Und sy hortend ein laute stimm vom himmel zuo jnen sagen: Steygend herauf. Und sy stigend hinauff in den himmel in einer wolcken/ unnd es sahend sy jre feynd. Unnd zuo der selben stund ward ein

sein wie Honig. 10 Und ich nahm das Büchlein aus der Hand des Engels und ass es. Und in meinem Mund war es wie süsser Honig; doch als ich es gegessen hatte, wurde es mir bitter im Magen. 11 Und mir wurde gesagt: Noch einmal sollst du weissagen über Völker und Nationen, über Sprachen und viele Könige.

|3: Am 1,2; 3,8 |4: 22,10; Dan 12,4.9 |5–6: Dan 12,7 |6: 14,7; Ex 20,11; Ps 146,6 |7: 11,15 |9–10: Ez 3,1–3

Die zwei Zeugen
11 1 Und es wurde mir ein Messrohr gegeben, einem Stab gleich, und jemand sagte zu mir: Steh auf und miss den Tempel Gottes und den Altar und die dort anbeten. 2 Den Vorhof des Tempels aber lass aus, miss ihn nicht! Denn er ist den Völkern übergeben, und sie werden die heilige Stadt mit Füssen treten, zweiundvierzig Monate lang.

3 Und ich werde meine zwei Zeugen beauftragen, und sie werden weissagen, in härene Kleider gehüllt, zwölfhundertsechzig Tage lang. 4 Dies sind die beiden Ölbäume und die beiden Leuchter, die vor dem Herrn der Erde stehen. 5 Wenn ihnen jemand Schaden zufügen will, fährt Feuer aus ihrem Mund und verzehrt ihre Feinde. Wer immer ihnen Schaden zufügen will, wird auf diese Weise umkommen! 6 Sie sind es, die die Macht haben, den Himmel zu verschliessen, dass kein Regen fällt in den Tagen, da sie weissagen, und sie haben Macht über die Wasser, sie in Blut zu verwandeln, und sie können die Erde schlagen mit jeglicher Plage, so oft sie wollen.

7 Und wenn sie ihren Auftrag als Zeugen erfüllt haben, wird das Tier, das aus dem Abgrund heraufsteigt, mit ihnen Krieg führen und sie besiegen und töten. 8 Und ihre Leichen werden liegen bleiben auf der Strasse der grossen Stadt, die geistlich verstanden ‹Sodom und Ägypten› heisst, da, wo auch ihr Herr gekreuzigt worden ist. 9 Und es sehen die Menschen aus den Völkern und Stämmen, aus den Sprachen und Nationen die Leichen dreieinhalb Tage lang; und sie lassen es nicht zu, dass die Leichen bestattet werden. 10 Und die auf der Erde wohnen, freuen sich darüber und feiern ein Fest, und sie werden einander Geschenke schicken, denn die beiden Propheten sind den Bewohnern der Erde zur Plage geworden.

11 Nach den dreieinhalb Tagen *kam von Gott her der Lebensgeist in sie, und sie stellten sich auf ihre Füsse,* und grosse Furcht kam über die, die es

grosser erdbidem/ und das zähent teyl der statt fiel/ unnd wurdend getödt inn dem erdbidem/ siben tausent nammen der menschen/ und die andren wurdend forchtsam/ unnd gabend preyß dem Gott deß himmels. Das ander wee ist dahin/ sihe/ dz dritt wee kumpt schnäll.

sahen. 12 Und sie hörten vom Himmel her eine laute Stimme zu ihnen sagen: Kommt herauf! Da fuhren sie in der Wolke in den Himmel empor, und ihre Feinde sahen es. 13 Und in jener Stunde gab es ein starkes Erdbeben; ein Zehntel der Stadt stürzte ein, und siebentausend Menschen kamen um bei dem Erdbeben. Und die Überlebenden wurden von Furcht ergriffen und gaben dem Gott des Himmels die Ehre.

14 Das zweite Wehe ist vorüber.
Siehe, das dritte Wehe kommt bald.

|1: 21,15! |2: 13,5; 12,14!; Dan 8,10.13 |3: 12,6; 12,14! |4: Sach 4,3.11–14 |5: 2Kön 1,10 |6: 1Kön 17,1 · Ex 7,17.19–20 |7: 9,1–2 · 13,7; Dan 7,21 |8: Gen 18,20 |11: Ez 37,5.10 |12: 4,1 |13: 16,18–19 |14: 8,13!

Das xij. Capitel.
Und der sibend Engel pusaunet/ und es wurdend groß stymmen im himmel/ die sprachend: Es sind die reychen der welt unsers Herren unnd seines Christus worden. Und er wirt regieren vonn ewigkeit zuo ewigkeit. Und die vier und zwentzig Eltesten/ die vor Gott auff jren stüelen sassent/ fielend auff jr angesicht/ und bättetend Gott an/ und sprachend: Wir dankend dir Herr Allmächtiger Gott/ der du bist und warest/ und künfftig bist/ das du hast angenommen dein grosse krafft/ und hast geregiert/ unnd die Heyden sind zornig worden/ unnd es ist kommen dein zorn und die zeyt der todten/ zerichten und zegeben den lon deinen knechten den propheten/ und den heyligen/ und denen die deinen nammen förchtend/ den kleinen und den grossen/ und zuo verderben/ die die erden verderbt habend. Und der tempel Gottes was aufgethon im himmel/ und die Archa seines Testaments ward in sinem tempel gesehen/ und es geschahend blitzgen und stimmen/ und donner/ und erdbidem/ unnd ein grosser hagel.

Das Ertönen der siebten Posaune
15 Und der siebte Engel blies die Posaune: Da ertönten im Himmel laute Stimmen, die riefen:
Nun gehört die Herrschaft über die Welt
unserem Herrn
und seinem Gesalbten,
und er wird herrschen von Ewigkeit zu Ewigkeit.
16 Und die vierundzwanzig Ältesten, die vor Gott auf ihren Thronen sitzen, fielen nieder auf ihr Angesicht und beteten zu Gott:
17 Wir danken dir, Herr, Gott, Herrscher über das All,
der da ist und der da war,
dass du deine grosse Macht ergriffen
und die Herrschaft angetreten hast.
18 Die Völker sind zornig geworden,
doch da ist dein Zorn gekommen
und die Zeit, die Toten zu richten
und den Lohn zu geben deinen Knechten,
den Propheten und Prophetinnen,
und den Heiligen und denen, die deinen Namen fürchten,
ob klein oder gross,
und zu vernichten, die die Erde zerstören.
19 Und es tat sich auf der Tempel Gottes, der im Himmel steht, und die Lade seines Bundes wurde sichtbar in seinem Tempel. Und es entstand ein Getöse, Blitz und Donner, Erdbeben und heftiger Hagel.

|15–19: 16,17–21 |15: 8,2–6! · 11,17; 12,10; 19,6; Dan 2,44 · Ps 2,2 |16: 4,4 |17: 1,8! · 11,15! |18: 20,12 |19: 15,5 · 8,5!

Die Frau und der Drache

Und es erscheyn ein groß zeychen im himel. Ein weyb mit der Sonnen bekleydet/ und

12 1 Und es erschien ein gewaltiges Zeichen am Himmel: eine Frau, bekleidet mit der

der Mon under jren füessen/ unnd auff jrem haupt ein kron von zwölff sternen/ und sy was schwanger/ und schrey/ und was in kinds nöten/ und gepeyniget das sy gebäre. Und es erscheyn ein ander zeychen im himmel. Unnd sihe/ ein grosser roter Track/ der hatt siben höupter und zähen hörner/ und auff seinen höupteren siben kronen/ und sein schwanntz zoch den dritten teyl der sternen/ und warff sy auff die erden.

Und der Track tratt für das weyb/ die gebärenn solt/ auff das er/ wenn sy geboren hette/ jr kind frässe. Und sy gebar einen sun ein männlin/ der alle Heyden solt regierenn mit der eysinen ruoten. Und jr kind ward entzuckt zuo Gott und zuo seinem stuol. Und das weyb entfloch inn die wüeste/ da sy hatt ein ort bereyt von Gott/ das sy daselbst erneert wurde tausent zweyhundert und sechtzig tag.

Und es erhuob sich ein krieg im himmel. Michael und seine Engel strittend mit dem Tracken/ und der Track streyt und sine Engel und vermochtend nichts/ es ward auch jrer statt nit mer funden im himmel. Und der groß Track/ die alt schlang/ die da heißt der Teüfel/ und Satanas ward außgeworffen/ der die gantz welt verfüert/ und ward geworffen auff die erden/ unnd seine Engel wurdend auch mit jm geworffen.

Unnd ich hort ein grosse stimm/ die sprach im himmel: Nun ist das heyl/ und die krafft/ und das reych unsers Gottes worden/ und die macht seines Christi/ dieweyl der verworffen ist/ der sy verklagt tag und nacht vor Gott. Und sy habend jnn überwunden durch deß lambs bluot/ und durch das wort jrer zeügnuß: und habend jr läben nit geliebet biß in den tod. Darumb fröuwend euch jr himmel/ unnd die darinnen wonend. Wee denen die auff erden wonend/ und auff dem meer/ dann der teüfel kumpt zuo euch hinab/ unnd hat einen grossen zornn/ dann er weyßt das er eine kleine zeyt hat. Und der Track sach/ das er verworffen was auff die erden/ verfolget er das weyb die das mennlin geboren hatt. Und es wurdend dem weyb zween flügel ggeben von einem grossen Adler/ das sy in die wüeste fluge an jr ort/ da sy erneeret wirt ein zeyt und zwo zeyt/ und ein halbe zeyt/ vor dem angesicht der schlangen: unnd die schlanng schoß nach dem weyb auß jrem mund wie wasser/ einen strom/ das er sy ertranckte: und die erd halff dem weyb/ und thett jren mund auf/ und verschlang den strom/ den der track auß seinem mund schoß.

Sonne, und der Mond unter ihren Füssen, und auf ihrem Haupt ein Kranz von zwölf Sternen. 2 Sie ist schwanger, und sie schreit in den Wehen und Schmerzen der Geburt. 3 Und ein anderes Zeichen erschien am Himmel: Siehe, ein Drache, gross und feuerrot, mit sieben Köpfen und zehn Hörnern, und auf seinen Köpfen sieben Diademe. 4 Und sein Schwanz fegte ein Drittel der Sterne des Himmels hinweg, und er schleuderte sie auf die Erde. Und der Drache steht vor der Frau, die gebären soll, um ihr Kind zu verschlingen, sobald sie es geboren hätte. 5 Da gebar sie einen Sohn, einen Knaben, der alle Völker weiden wird mit eisernem Stab; und ihr Kind wurde zu Gott entrückt, zu seinem Thron. 6 Und die Frau floh in die Wüste, wo sie einen Ort hat, der ihr auf Gottes Geheiss bereitet worden ist; dort soll sie mit Nahrung versorgt werden, zwölfhundertsechzig Tage lang.

7 Und es brach ein Krieg aus im Himmel: Michael und seine Engel kämpften mit dem Drachen. Und der Drache und seine Engel nahmen den Kampf auf, 8 doch er vermochte sich nicht zu behaupten, und es gab für sie keinen Platz mehr im Himmel. 9 Und hinabgeworfen wurde der grosse Drache, die alte Schlange, die auch Teufel oder Satan heisst und den ganzen Erdkreis verführt. Und er wurde auf die Erde geworfen, und seine Engel wurden mit ihm hinabgeworfen. 10 Und ich hörte im Himmel eine mächtige Stimme rufen:

> Jetzt ist erschienen das Heil und die Kraft
>   und die Königsherrschaft unseres Gottes
>   und die Vollmacht seines Gesalbten.
> Denn hinabgeworfen ist der Ankläger unserer Brüder und Schwestern,
>   der sie Tag und Nacht verklagt hat vor unserem Gott.
> 11 Sie selbst haben ihn besiegt dank dem Blut des Lammes
>   und dank dem Wort ihres Zeugnisses;
>   und sie haben ihr Leben gering geschätzt bis hin zum Tod.
> 12 Darum freut euch, ihr Himmel,
>   und ihr, die ihr darin wohnt!
> Wehe aber der Erde und dem Meer,
>   denn der Teufel ist zu euch herabgekommen;
> er ist voller Zorn,
>   weil er weiss, dass ihm wenig Zeit bleibt.

13 Als der Drache sah, dass er auf die Erde hinabgeworfen war, verfolgte er die Frau, die den Knaben geboren hatte. 14 Da wurden

Unnd der Track ward zornig über das weyb/ und gieng hin zestreyten mit den andren von jrem somen/ die da Gottes gebott haltend/ und die zeügnuß Jesu Christi habend.

der Frau die beiden Flügel des grossen Adlers gegeben, dass sie in die Wüste fliege, an den Ort, wo sie mit Nahrung versorgt werden sollte, dreieinhalb Zeiten lang, geschützt vor dem Anblick der Schlange. 15 Und die Schlange spie aus ihrem Rachen Wasser wie einen Strom hinter der Frau her, dass sie von den Fluten mitgerissen werde. 16 Doch die Erde kam der Frau zu Hilfe; und die Erde öffnete ihren Schlund und verschlang den Wasserstrom, den der Drache aus seinem Rachen spie. 17 Da wurde der Drache zornig über die Frau und ging fort, Krieg zu führen mit dem Rest ihrer Nachkommenschaft, mit denen, die die Gebote Gottes beachten und am Zeugnis Jesu festhalten.

|1–2: Jes 7,14 |1: 12,3; 15,1 · Gen 37,9 |3: 12,1! · 20,2! · 13,1; Dan 7,7.24 |4: Dan 8,10 |5: 19,15; Ps 2,9! |6: 11,3; 12,14! |7: Dan 10,13; 12,1 |9: 20,2! |10: 7,10! · 11,15! · Sach 3,1; Hiob 1,6–11; 2,1–5 |11: 1,5! · 6,9! |12: 18,20 · 8,13! |14: 8,13 · 11,2.3; 12,6; 13,5; Dan 7,25; 12,7 |17: Gen 3,15 · 14,12

Das Tier aus dem Meer

Und ich stuond in dem sand deß meers.

18 Und er trat an das Ufer des Meeres.

Das xiij. Capitel.

Und ich sach ein thier auß dem meer steygenn/ das hatt siben höupter/ unnd zähen hörner/ und auff seinen hörneren siben kronen/ und auff seinen höupteren nammen der lesterung. Und das thier das ich sach/ was gleich einem Pardel/ und seine füeß als Bären füeß/ und sein mund eines Löwen mund. Und der Track gab jm sein kraft/ und seinen stuol/ und ein grosse macht. Und ich sach seiner höupter eins/ als wäre es tödtlich wund/ und sein tödtliche wund was geheylet. Und der gantz erdboden verwunderet sich deß thiers/ und bättetend den Tracken an/ der dem thier die macht gab/ und bättetend das thier an/ und sprachend: Wär ist dem thier gleich/ und wär mag mit jm kriegen?

Und es ward jm ggeben ein mund zereden grosse ding und lesterung/ und ward jm ggeben das es mit jm wäret zween und viertzig monat lang. Und es thett seinen mund auf zur lesterung gegen Gott/ zelesteren seinen nammen/ und sein hütten/ und die im himmel wonend: und jm ward ggeben zestreyten mit den heyligen/ und sy zuo überwinden: und jm ward ggeben macht über alle gschlächt und zungen/ und Heyden: und alle die auff erden wonend/ bättetend es an/ deren nammen nit

13 1 Und ich sah ein Tier aus dem Meer aufsteigen, das hatte zehn Hörner und sieben Köpfe. Auf seinen Hörnern trug es zehn Diademe und auf seinen Köpfen standen Lästernamen. 2 Und das Tier, das ich sah, glich einem Panther, und seine Füsse waren wie die eines Bären, und sein Maul war wie das Maul eines Löwen. Und der Drache übergab ihm seine Gewalt und seinen Thron und grosse Vollmacht. 3 Und einer seiner Köpfe sah aus wie hingeschlachtet zum Tode, doch seine Todeswunde wurde geheilt.

Da geriet alle Welt in Staunen und lief dem Tier hinterher. 4 Und sie beugten ihre Knie vor dem Drachen, weil er dem Tier die Vollmacht gegeben hatte; und sie beugten ihre Knie vor dem Tier und sagten: Wer ist dem Tier gewachsen, und wer kann den Kampf mit ihm aufnehmen?

5 Und es wurde ihm ein Maul gegeben, das machte grosse Worte und hielt Lästerreden; und es wurde ihm Macht gegeben, dies zweiundvierzig Monate lang zu tun. 6 Und es tat sein Maul auf zu Lästerreden gegen Gott, zu lästern seinen Namen und seine Wohnung und alle, die im Himmel wohnen. 7 Und es wurde ihm gegeben, Krieg zu führen gegen

geschriben sind in dem läbendigen buoch deß
lambs/ das erwürgt ist von anfang der welt.
Hat yemants oren der höre. So yemants in die
gefencknuß füert/ der wirt in die gefencknuß
gon: so yemant mit dem schwärt tödt/ der
muoß mitt dem schwärdt getödet werden. Hie
ist die gedult unnd der glaub der heyligen.

Unnd ich sach ein ander thier aufsteygen von
der erden/ unnd hatt zwey hörner gleych wie das
lamb/ unnd redt wie der Track. Unnd es thuot
alle macht des ersten thiers vor jm: unnd es
machet das die erd/ unnd die darauff wonend/
anbättend das erst thier/ welches tödtliche
wunden heil worden was. Und thuot grosse
zeychen/ das auch machet fheür vom himmel
fallen vor den menschen/ unnd verfüert die
auff erden wonend/ umb der zeychen willen
die jm gegeben sind zethuon vor dem thier:
unnd sagt denen die auff erden wonend/ das
sy dem thier ein bild machen söllend/ welches
die wund des schwärts hatt/ und läbendig
worden was. Und es ward jm gegeben das es
dem bild des thiers den geyst gab/ das des
thiers bild redte/ unnd das es machte/ das/
welche nit des thiers bild anbättetind/ ertödt
wurdind. Und machet allesamen/ die kleinen
und grossen/ die rychen und armen/ die freyen
und knecht/ das es jnen ein maalzeichen gab in
jr rechte hand/ oder an jr stirnen/ das niemants
kauffen oder verkauffen mag/ er habe dann das
maalzeichen oder den nammen des thiers/ oder
die zal seines nammens. Hie ist weyßheit/ wär
verstand hat/ der überlege die zal deß thiers:
dann es ist eines menschen zal/ und sein zal
ist sechs hundert und sechs und sechtzig.

die Heiligen und sie zu besiegen; und es
wurde ihm Macht gegeben über jeden Stamm
und jedes Volk, über jede Sprache und jede
Nation. 8 Und anbeten werden es alle, die die
Erde bewohnen, jeder, dessen Name nicht
seit Anbeginn der Welt aufgeschrieben ist im
Lebensbuch des Lammes, das geschlachtet ist.

9 Wer Ohren hat, merke auf:
10 Wer in Gefangenschaft gerät, zieht fort
    in die Gefangenschaft.
   Wer durch das Schwert fallen muss, wird
    durch das Schwert fallen.
Hier ist von den Heiligen Standhaftigkeit
und Glaube gefordert!

|1: 16,13; 19,20; Dan 7,3 · 12,3; 17,7.9.12; Dan 7,7.24
|2: Dan 7,4–6 |3: 13,14 |5: Dan 7,8.20.25 · 11,2; 12,14!
|7: 11,7! |8: 21,27! · 5,6! |9: 2,7! |10: Jer 15,2; 43,11 · 14,12;
Lk 21,19

13,1: Andere Textüberlieferung: «... stand ein
Lästername.»

Das Tier vom Land
11 Und ich sah ein anderes Tier vom Land
aufsteigen; das hatte zwei Hörner gleich einem
Lamm, und es redete wie ein Drache. 12 Und
die ganze Macht des ersten Tieres übt es aus vor
dessen Augen. Und es bewirkt, dass die Erde
und die sie bewohnen das erste Tier anbeten –
das Tier, dessen Todeswunde geheilt worden
ist. 13 Und es tut grosse Zeichen, sogar Feuer
lässt es vor den Augen der Menschen vom
Himmel auf die Erde fallen; 14 und es verführt
die Bewohner der Erde kraft der Zeichen, die
es auf Geheiss des Tieres vor dessen Augen tat.
Und es befiehlt den Bewohnern der Erde, ein
Bild zu machen für das Tier, das die Wunde des
Schwertes hat und wieder lebendig geworden ist.

15 Und es wurde ihm Macht gegeben, dem
Bild des Tieres Leben einzuhauchen, ja das
Bild des Tieres begann sogar zu sprechen und
bewirkte, dass alle getötet wurden, die ihre Knie
nicht beugten vor dem Bild des Tieres. 16 Und
es bringt alle, die Kleinen und die Grossen,
die Reichen und die Armen, die Freien und
die Sklaven, dazu, sich auf die rechte Hand
oder auf die Stirn ein Zeichen machen zu
lassen, 17 so dass niemand mehr etwas kaufen
oder verkaufen kann, es sei denn, er habe das
Zeichen: den Namen des Tieres oder die Zahl
seines Namens. 18 Hier ist Weisheit gefordert!
Wer Verstand hat, berechne die Zahl des Tieres,

denn es ist die Zahl eines Menschen, und
seine Zahl ist sechshundertsechsundsechzig.

|11: 13,1! · Dan 8,3 · 16,13; 19,20; Mt 7,15! |12: 13,4.8 ·
13,3 |18: 17,9

Das xiiij. Capitel.
    Und ich sach da ein lamb ston auff dem
berg Zion/ und mit jm hundert und vier und
viertzig tausent/ die hattend den nammen
seines vatters geschriben an jren stirnen. Unnd
hort ein stimm von himmel/ als eines grossen
wassers/ und wie ein stimm eines grossen
donners. Unnd die stimm die ich hort/ was als
die harpffenspiler die auff jren harpffen spilend.
Und singend wie ein neüw lied vor dem stuol
und vor den vier thieren/ unnd den Eltesten:
unnd niemants mocht das lied lernen on die
vierhundert/ und vier unnd vierzig tausent/
die erkaufft sind von der erden. Dise sinds/
die mit weyben nit besudlet sind: dann sy
sind jungkfrauwen/ unnd volgend dem lamb
nach wo es hin gadt. Dise sind erkaufft uß den
menschen zuo erstlingen Gott und dem lamb/
unnd in jrem mund ist kein falsches funden:
dann sy sind unsträfflich vor dem stuol Gottes.

Unnd ich sach einen engel fliegen mitten durch
den himmel/ der hatt ein ewig Evangelium
zeverkünden denen die uff erden sitzend/ und
wonend/ unnd allen Heyden/ und geschlächten
und zungen/ und völckeren/ und sprach mit
lauter stimm: Förchtend Gott/ und gebend
jm den preyß: dann seines gerichts stund ist
kommen/ und bättend an/ den der gemachet
hatt himmel und erden/ und meer/ und die
wasserbrunnen. Und ein anderer engel volget
nach/ der sprach: Sy ist gefallen/ sy ist gefallen
Babylon die grosse statt: dann sy hatt mit dem
weyn jrer huorey getrenckt alle Heyden.
    Unnd der dritt engel volget disen nach/
und sprach mit lauter stimm: So yemants das
thier anbättet/ und sein bild/ und nimpt das
maalzeychen an seyn stirnen/ oder an seyn hand/
der wirdt vonn dem weyn des zorns Gottes
trincken/ der eyngeschenckt und lauter ist in
seines zorns kelch/ und wirt gepeyniget werden
mit fheür und schwäbel vor dem heiligen engel/

Das Lamm auf dem Zion

14 1 Und ich schaute: Und siehe, das Lamm
stand auf dem Berg Zion und mit ihm
hundertvierundvierzigtausend, die seinen
Namen und den Namen seines Vaters auf ihrer
Stirn geschrieben hatten. 2 Und ich hörte eine
Stimme vom Himmel wie das Rauschen vieler
Wasser und wie gewaltiges Donnergrollen, und
die Stimme, die ich hörte, klang wie Musik
von Harfenspielern, die ihre Harfen schlagen.
3 Und sie singen etwas, ein neues Lied vor
dem Thron und vor den vier Wesen und den
Ältesten. Und niemand konnte das Lied lernen,
allein die hundertvierundvierzigtausend,
die von der Erde losgekauft sind.

    4 Es sind die, die sich nicht mit Frauen
befleckt haben; jungfräulich sind sie
geblieben. Es sind die, die dem Lamm
folgen, wohin es auch geht. Sie wurden
losgekauft aus der Zahl der Menschen, als
Erstlingsgabe für Gott und das Lamm.
    5 *In ihrem Mund fand sich kein Falsch*, sie
sind ohne Makel.

|1: 7,3–4 · 3,12; 22,4 |2: 1,15! |3: Ps 33,3! · 4,2–8 |4: 5,9 ·
Lev 23,10; Jak 1,18 |5: Zef 3,13; Jes 53,9

Ausblick auf das Gericht

    6 Und ich sah einen anderen Engel hoch
oben am Himmel fliegen, der hatte die ewige
Heilsbotschaft bekommen, um sie auszurufen
über die, die auf der Erde sitzen, über jedes
Volk und jeden Stamm, jede Sprache und jede
Nation. 7 Und er rief mit lauter Stimme:
    Fürchtet Gott und gebt ihm die Ehre,
denn gekommen ist die Stunde, da er
Gericht hält! Und beugt eure Knie vor
dem, der den Himmel gemacht hat und
die Erde und das Meer und die
Wasserquellen!
    8 Und ein anderer Engel, ein
zweiter, folgte und rief:
    Gefallen, gefallen ist Babylon die Grosse,
die vom Wein des Zornes über ihre
Unzucht alle Völker hat trinken lassen!
    9 Und ein anderer Engel, ein dritter,
folgte ihnen und rief mit lauter Stimme:
    Wer das Tier und sein Bild anbetet und
sich ein Zeichen machen lässt auf die

und vor dem lamb. Und der rouch jrer peyn wirt auffsteygen von ewigkeit zuo ewigkeit/ und sy habend kein ruow/ tag und nacht/ die das thier habend angebättan/ und sein bild: und so yemants hat sein maalzychen angenommen. Hie ist gedult der heyligen/ hie sind die da haltend die gebott Gottes und den glauben in Jesum.

Und ich hort ein stimm von himmel zuo mir sagen: Schreyb/ Sälig sind die todten/ die in dem Herren sterbend von yetz an. Ja der geyst spricht/ dz sy ruowind von jrer arbeyt/ dann jre werck volgind jnen nach. Und ich sach/ und sihe/ ein weysse wolcken/ und auff der wolcken sitzt einer der gleych was eines menschen sun/ der hatt ein guldine kron auff seinem haupt/ und in seiner hand ein scharpffe sichel. Und ein anderer engel gieng auß dem tempel/ der schrey mit lauter stimm zuo dem der auff dem wolcken saß: Schlach an mit deiner sichlen/ und ernde/ dann die stund zuo ernden ist kommen: dann die ernd der erden ist dürr worden. Und der auff dem wolcken saß/ schluog an mit seiner sichlen an die ernd/ und die ernd ward geerndet.

Unnd ein anderer engel gieng auß dem tempel inn himmel/ der hatt auch ein scharpffe sichel. Und ein anderer engel gieng auß dem altar/ der hatt macht über das fheür/ unnd ruofft mit grossem geschrey zuo dem der die scharpffe sichel hatt/ und sprach: Schlach an mit deiner scharpffen sichlen/ und schneyd die räben auff erden/ dann jre trauben sind ryff. Und der engel schluog an mit siner sichlen an die ernden/ unnd schneyd den weynberg der erden/ unnd warff sy in die grossen trotten des zorns Gottes/ unnd die trotten ward aussert der statt getrottet. Unnd das bluot gieng von der trotten biß an die zöum der pfärden/ durch tausent/ sechs hundert väld wägs.

Stirn oder auf die Hand, 10 wird selbst auch trinken müssen vom Zorneswein Gottes, der unverdünnt gemischt ist im Becher seines Zornes, und wird gepeinigt werden in Feuer und Schwefel, im Angesicht der heiligen Engel und des Lammes. 11 Und der Rauch ihrer Pein steigt empor in alle Ewigkeit, und keine Ruhe haben sie, weder bei Tag noch bei Nacht, die das Tier und sein Bild anbeten – und wer sich das Zeichen seines Namens machen lässt. 12 Hier ist von den Heiligen Standhaftigkeit gefordert, hier sind gefordert, die festhalten an den Geboten Gottes und am Glauben an Jesus!

13 Und ich hörte eine Stimme vom Himmel rufen: Schreib:

Selig die Toten, die im Herrn sterben von jetzt an! Ja, spricht der Geist, sie sollen ausruhen von ihren Mühen, denn ihre Werke begleiten sie.

14 Und ich schaute: Und siehe, eine weisse Wolke, und auf der Wolke sass einer, der sah aus wie ein Menschensohn, mit einer goldenen Krone auf dem Haupt und einer scharfen Sichel in der Hand. 15 Und ein anderer Engel trat aus dem Tempel und rief mit lauter Stimme dem auf der Wolke Sitzenden zu:

Schick deine Sichel und lass die Ernte einbringen, denn gekommen ist die Zeit der Ernte, da dürr zu werden droht, was auf Erden zu ernten ist.

16 Da legte, der auf der Wolke sass, seine Sichel an die Erde, und abgeerntet wurde die Erde.

17 Und ein anderer Engel kam aus dem Tempel im Himmel, und auch der hatte eine scharfe Sichel. 18 Und wieder ein anderer Engel kam vom Altar her, der hatte Macht über das Feuer. Und er rief dem mit der scharfen Sichel mit lauter Stimme zu: Schick deine scharfe Sichel und schneide die Trauben vom Weinstock der Erde, denn seine Beeren sind reif geworden. 19 Da liess der Engel seine Sichel über die Erde sausen; und er erntete vom Weinstock der Erde und warf es in die Kelter des Zornes Gottes, des grossen Zornes Gottes. 20 Und getreten wurde die Kelter vor den Toren der Stadt, und Blut spritzte aus der Kelter bis hinauf an die Zügel der Pferde, tausendsechshundert Stadien weit.

|7: 10,6! |8: 18,2; Jes 21,9; Jer 51,8 · 17,2; 18,3; Jer 51,7 |9: 13,15–16 |10: 16,19; Jer 25,15; Ps 75,9 · 21,8! |11: 19,3;

Jes 34,10 |12: 13,10! · 12,17 |13: 1,3! |14: 1,13; Dan 7,13 |15: Joel 4,13; Mk 4,29 |18: Joel 4,13 |19–20: 19,15 |20: 19,13!

14,8: Der komplexe Ausdruck «vom Wein des Zornes über ihre Unzucht» spielt auf die Vorstellung an, dass Gott Babylon einen Becher reicht, der mit saurem Wein gefüllt ist, und bringt dadurch Gottes Zorn über die Unzucht Babylons zum Ausdruck.

Das xv. Capitel.
Und ich sach ein ander zeychen im himmel/ das was groß/ unnd wundersam/ siben engel/ die hattend die letsten siben plagen: dann mit den selbigen ist vollendet der zorn Gottes. Unnd sach als ein glesin meer mit fheür gemischet/ und die den sig behalten hattend an dem thier/ unnd seinem bild/ unnd seynem maalzeychen/ unnd seines namens zal/ das sy stuondend an dem glesinen meer/ unnd hattend Gottes harpffen/ unnd sungend das lied Mosi des knechts Gottes/ und das lied des lambs/ und sprachend: Groß und wundersam sind deine werck/ Herr allmächtiger Gott/ gerecht und warhafftig sind deine wäg/ du Künig der heyligen: wär sölte dich nit förchten/ Herr/ und deinen nammen preysen? dann du bist alleyn heilig. Dann alle Heyden werdend kommen/ und anbätten vor dir: dann deine rechtfertigung sind offenbar worden. Darnach sach ich/ unnd sihe/ do ward aufgethon der tempel der hütten der zeügnuß/ und giengend auß dem tempel die siben engel/ die die plagen hattend/ angethon mit reyner hällen leynwat/ unnd umbgürtet jre brüst mit guldinen gürtlen. Unnd eins der vier thieren gab den siben englen siben guldine schalen voll zorns Gottes/ der da läbt von ewigkeyt zuo ewigkeyt. Und der tempel ward voll rouchs vor der herrligkeyt Gottes/ unnd vor seyner krafft: unnd niemants mocht in den tempel gon/ biß das die siben plagen der siben englen vollendet wurdend.

Vorbereitung im Himmel

15 1 Und ich sah ein anderes Zeichen am Himmel, gross und wunderbar: Sieben Engel mit sieben Plagen, den letzten; denn mit ihnen kommt der Zorn Gottes an sein Ende. 2 Und ich sah etwas wie ein gläsernes Meer, mit Feuer vermischt; und auf dem gläsernen Meer standen, die gesiegt hatten über das Tier und sein Bild und die Zahl seines Namens, mit den Harfen Gottes in der Hand. 3 Und sie singen das Lied des Mose, des Knechtes Gottes, und das Lied des Lammes:
Gross und *wunderbar sind deine Werke,*
Herr, Gott, Herrscher über das All.
Gerecht und voller Wahrheit sind deine Wege
o König der Völker.
4 *Wer wird nicht fürchten, Herr,*
nicht preisen deinen Namen?
Denn du allein bist heilig,
ja, *alle Völker werden kommen*
und beugen ihre Knie vor dir,
denn offenbar geworden ist deine Rechtsordnung.
5 Und danach schaute ich: Und der Tempel, das Zelt des Zeugnisses im Himmel, öffnete sich. 6 Und aus dem Tempel traten die sieben Engel mit den sieben Plagen, gekleidet in reines, leuchtendes Leinen und gegürtet mit goldenen Gürteln um die Brust. 7 Und eines der vier Wesen gab den sieben Engeln sieben goldene Schalen, gefüllt mit dem Zorn des Gottes, der in alle Ewigkeit lebt. 8 Und der Tempel füllte sich mit dem Rauch von Gottes Herrlichkeit und Macht, und niemand konnte in den Tempel hineingehen, bis die sieben Plagen der sieben Engel zu Ende waren.

|1: 12,1! · Dtn 28,59 |2: 4,6 · 13,14–18 |3: Ps 111,2; 139,14 · Am 3,13 · 16,7; 19,2; Dtn 32,4; Ps 145,17 · Jer 10,7 |4: Jer 10,7 · Ps 86,9 |5: 11,19 |7: 4,6–7 |8: Jes 6,4 · Ex 40,34–35; 1Kön 8,10–11; 2Chr 5,14; 7,2

15,4: Andere Übersetzungsmöglichkeit: «..., denn ergangen sind deine gerechten Urteilssprüche.»

Das xvj. Capitel.
Und ich hort ein grosse stimm uß dem tempel/ die sprach zuo den siben englen: Gond

Die sieben Schalen

16 1 Und ich hörte eine laute Stimme aus dem Tempel den sieben Engeln

hin/ vnnd giessend auß die schalen des zorns auff die erden. Und der erst gieng hin/ und goß sein schalen auß auff die erden/ und es ward ein böß und arg geschwär an denen menschen die das maalzeichen des thiers hattend/ und die sein bild anbättetend. Und der ander engel goß auß sein schal ins meer/ und es ward bluot als eines todten: und alle läbendigen seelen sturbend in dem meer. Und der dritt engel goß auß sein schalen in die wasserstromen/ vnnd in die wasserbrunnen/ vnnd es ward bluot. Und ich hort den engel sagen: Herr/ du bist gerecht/ der da ist/ und der da was/ und heilig das du söliches geurteylet hast: dann sy habend das bluot der heyligen und der propheten vergossen: vnnd bluot hast du jnen zetrincken geben/ dann sy sinds wärdt. Und ich hort ein anderen engel auß dem altar sagen: Ja/ Herr allmächtiger Gott/ deine gericht sind warhafftig und gerecht. Und der vierdt engel goß auß sein schalen inn die Sonn/ und ward jm geben den menschen heyß zemachen mit fheür: und den menschen ward heyß vor grosser hitz/ vnnd lesterend den nammen gottes/ der macht hatt über dise plagen/ vnnd thettend nit buoß jm den preyß zegeben. Und der fünfft engel goß auß sein schalen auff den stuol deß thiers/ vnnd seyn reych ward verfinsteret: vnnd sy assend jre zungen von schmertzen/ und lesterend Gott im himmel vor jren schmertzen/ und von jren geschwären/ und thettend nit buoß für jre werck.

Unnd der sechßt engel goß auß sein schalen auff den grossen wasserstromen Euphrates/ vnnd das wasser vertrocknet/ auff das bereytet wurde der wäg den künigen von aufgang der Sonnen. Vnnd ich sach auß dem mund des Trackens/ vnnd auß dem mund des thiers/ vnnd auß dem mund deß falschen propheten/ drey unreyn geist/ glych den fröschen: dann es sind geyst der teüflen/ die machend zeychen/ dz sy außgond zuo den künigen auff erden/ vnnd auff dem gantzen kreyß der welt/ sy zuo versamlen in den streyt yhenes grossen tags Gottes des allmächtigen. Sihe/ ich kumm als ein dieb: Sälig ist der da wachet/ vnnd halt seyne kleyder das er nit bloß wandle/ und man nit sein schand sehe. Und er hat sy versamlet an einem ort/ das da heyßt auff Hebreisch Armagedon.

Und der sibend engel goß auß sein schalen in den lufft/ vnnd es gieng auß ein grosse stimm von dem himmel uß dem stuol/ die sprach: Es ist geschehen. Vnnd es wurdend stimmen

zurufen: Geht hin und giesst aus die sieben Schalen des Zornes Gottes über die Erde!

2 Und der erste ging und goss seine Schale aus über die Erde, und ein bösartiges und schmerzhaftes Geschwür befiel die Menschen, die das Zeichen des Tieres trugen und ihre Knie beugten vor seinem Bild.

3 Und der zweite goss seine Schale aus über das Meer, und es wurde zu Blut, wie das eines Toten, und alles, was im Meer lebte, starb, jedes lebendige Wesen.

4 Und der dritte goss seine Schale aus über die Flüsse und die Wasserquellen, und alles wurde zu Blut. 5 Und ich hörte den Engel, der über die Wasser gebietet, rufen:

> Gerecht bist du, der da ist und der da war, du Heiliger,
> denn so hast du das Urteil gesprochen:
> 6 Das Blut von Heiligen und von Propheten haben sie vergossen,
> und Blut hast du ihnen zu trinken gegeben;
> sie haben es verdient.

7 Und ich hörte den Altar sprechen:

> Ja, Herr, Gott, Herrscher über das All,
> voller Wahrheit und
> Gerechtigkeit ist dein Urteil.

8 Und der vierte goss seine Schale aus über die Sonne, und es wurde ihr Macht gegeben, die Menschen zu peinigen mit ihrer Glut. 9 Und die Menschen wurden mit grosser Hitze geschlagen, und sie verfluchten den Namen des Gottes, der Macht über diese Plagen hat; doch sie kehrten nicht um, ihm die Ehre zu geben.

10 Und der fünfte goss seine Schale aus über den Thron des Tieres, und Finsternis legte sich auf sein Reich. Und sie bissen sich vor Schmerz auf die Zunge. 11 Und sie lästerten den Gott des Himmels wegen ihrer Schmerzen und wegen ihrer Geschwüre. Doch sie liessen nicht ab von ihrem Tun.

12 Und der sechste goss seine Schale aus über den grossen Fluss Eufrat, und sein Wasser versiegte, so dass der Weg bereitet war für die Könige vom Aufgang der Sonne. 13 Und ich sah aus dem Schlund des Drachen und aus dem Maul des Tieres und aus dem Mund des falschen Propheten drei unreine Geister fahren – wie Frösche. 14 Geister von Dämonen sind es, und sie tun Zeichen und Wunder. Sie gehen aus zu den Königen des ganzen Erdkreises, um sie zu sammeln zum Kampf am grossen Tag Gottes, des Herrschers über das All. 15 Siehe,

und donner/ und blitzgen/ unnd ward ein
grosser erdbidem/ das sölicher nit gewesen ist
sitt der zeyt die menschen auff erden gewesen
sind/ sölicher erdbidem also groß: und auß
der grossen statt wurdend drey teyl/ und die
stett der Heyden fielend: unnd Babylon der
grossen ward gedacht vor Gott/ jr zegeben den
kelch des weyns von seynem grimmen zorn/
und alle Jnsulen entfluhend/ unnd keine berg
wurdend funden: unnd ein grosser hagel als ein
Centner fiel vom himmel auff die menschen:
und die menschen lesterend Gott über die
plag des hagels: dann sein plag ist vast groß.

ich komme wie ein Dieb. Selig, wer wach ist
und acht gibt auf seine Kleider, dass er nicht
nackt daherkommen muss und man seine Blösse
sieht. 16 Und der Engel versammelte sie an dem
Ort, der auf Hebräisch Harmagedon heisst.

17 Und der siebte goss seine Schale aus
über die Luft, und es ertönte aus dem Tempel
vom Thron her eine laute Stimme, die rief:
Es ist geschehen! 18 Und es erhob sich ein
Getöse, Blitz und Donner, und die Erde bebte
so stark, wie sie noch nie gebebt hatte, seit
es Menschen gibt auf Erden, so gewaltig war
dieses Beben. 19 Und die grosse Stadt zerbarst
in drei Teile, und die Städte der Völker fielen
in sich zusammen. Und Babylons der Grossen
gedachte man vor Gott, ihr den Becher
mit dem Wein seines grimmigen Zornes zu
geben. 20 Und alle Inseln verschwanden,
und die Berge waren nicht mehr zu finden.
21 Und gewaltiger Hagel, zentnerschwer,
fiel vom Himmel auf die Menschen nieder.
Und die Menschen lästerten Gott wegen der
Hagelplage, denn die Plage war schrecklich.

|1: 15,1.7 |2: 8,7 · Ex 9,9–10 · 13,15–16 |3: 8,8–9 ·
Ex 7,17–21 |4: 8,10–11 · Ex 7,17–21 |5: 1,8! |6: 17,6; 18,24;
19,2 |7: 15,3! |8–9: 8,12 |10–11: 9,1–11 |10: 13,2 · Ex 10,21–22
|12–16: 9,13–21 |13: 20,2! · 13,1! · 13,11! · Ex 7,27; 8,3
|14: 13,13 · 19,19 |15: 3,3; 2Petr 3,10! · 1,3! · 3,18 |17–21: 11,15–
19 |18–19: 11,13 |18: 8,5! |19: 17,1.5 · 14,10! |20: 20,11!
|21: Ex 9,18

16,7: Andere Übersetzungsmöglichkeit: «… ist dein
Richten.» Im griechischen Text wurde ein Wort benutzt,
das das richterliche Handeln Gottes zum Ausdruck bringt;
dieses wurde aber in den Plural (deine Gerichte) gesetzt.

16,16: Der Name Harmagedon bedeutet ‹Berg von
Megiddo› oder ‹Stadt Megiddo› und spielt auf wichtige
Schlachten aus der Früh- und Königszeit Israels an (Ri
5,19; 2Kön 23,29–30).

Das xvij. Capitel.
Und es kam einer vonn den siben englen/
die die siben schalen hattend/ redt mit mir/
unnd sprach zuo mir: Kumm/ ich wil dir
zeygen das urteil der grossen huoren/ die da
auff vil wassern sitzt/ mit welcher gehuoret
habend die künig auff erden/ unnd truncken
worden sind vonn dem weyn jrer huorey/ die
da wonend auff erden. Und er bracht mich
im geyst in die wüeste: Und ich sach das weyb
sitzen auff einem rosenfarben thier/ das was voll
nammen der lesterung/ und hatt zehen hörner/
unnd das weyb was bekleydet mit scharlachen
und rosenfarb/ unnd übergült mit gold und
edlen steynen/ und pärlin/ unnd hatt ein
guldinen kelch in der hand/ voll grüwels und

Die Hure Babylon und das Tier
17 1 Und es kam einer von den sieben
Engeln mit den sieben Schalen, und
er redete mit mir und sprach: Komm, ich will
dir das Gericht über die grosse Hure zeigen,
die an vielen Wassern sitzt. 2 Mit ihr haben
die Könige der Erde Unzucht getrieben,
und die Bewohner der Erde sind trunken
geworden vom Wein ihrer Unzucht. 3 Und er
führte mich durch den Geist in die Wüste.
Und ich sah eine Frau auf einem
scharlachroten Tier sitzen, das war rundum
bedeckt mit Lästernamen und hatte sieben
Köpfe und zehn Hörner. 4 Und die Frau
war gekleidet in Purpur und Scharlach und
geschmückt mit Gold, Edelsteinen und Perlen,

unsauberkeyt jrer huorey/ und an jrer stirnen geschriben den nammen der geheymnuß die grosse Babylon/ die muoter der huorey/ unnd aller grüwlen auff erden. Unnd ich sach das weyb truncken von dem bluot der heyligen/ und von dem bluot der zeügen Jesu/ unnd ich verwunderet mich vast do ich sy sach. Unnd der engel sprach zuo mir: Warumb verwunderest dich? Jch wil dir sagen die geheymnuß von dem weyb/ unnd von dem thier das sy tregt/ unnd hat siben höupter/ unnd zehen hörner. Das thier das du gesehen hast/ ist gewesen/ und ist nüts/ und wirt aufsteygen vom abgrund/ und wirt gon in verdamnuß/ und werdend sich verwunderen die auff erden wonend: deren nammen nit geschriben stond in dem buoch des läbens von anfang der welt/ wenn sy sehend das thier/ das es gewesen ist/ unnd nit ist. Unnd hie ist der sinn der die weyßheyt hat.

Die siben höupter/ sind siben berg/ auff welchen das weyb sitzt/ unnd sind siben künig/ fünff sind gefallen/ unnd einer ist/ unnd der ander ist noch nit kommen: unnd wenn er kumpt/ muoß er ein kleyne zeyt bleyben. Und das thier/ das gewesen ist/ unnd nit ist/ das ist der achtest/ unnd ist von den siben/ unnd gadt in die verdamnuß. Und die zehen hörner/ die du gesehen hast/ das sind die zehen künig/ die das reych noch nit empfangen habend: aber wie die künig werdend sie ein stund macht empfahen nach dem thier. Dise habend ein meynung/ unnd werdend jre krafft und macht geben dem thier: dise werdend streyten mit dem lamb/ und das lamb wirt sy überwinden: dann es ist ein Herr aller herren/ und ein künig aller künigen/ und mit jm die berüefften/ und außerwelten/ und glöubigen. Und er sprach zuo mir: Die wasser/ die du gesehen hast/ da die huor sitzt/ sind völcker unnd scharen/ unnd Heyden/ unnd zungen. Unnd die zehen hörner die du gesehen hast uff dem thier/ die werdend die huor hassen/ und werdend sy wüest machen unnd bloß/ und werdend jr fleysch essen/ und werdend sy mit fheür verbrennen: dann Gott hatts jnen geben in jr hertz zethuon sein meynung/ und zethuon einerley meynung/ unnd zegeben das rych dem thier/ biß das vollendet werdend die wort Gottes. Unnd das wyb das du gesehen hast/ ist die grosse statt/ die das reych hat über die künig auff erden.

und in der Hand hielt sie einen goldenen Becher – der war voll von Abscheulichkeiten und dem Unrat ihrer Unzucht. 5 Und auf ihre Stirn war ein Name geschrieben, ein Geheimnis: Babylon die Grosse, Mutter der Huren und Greuel der Erde. 6 Und ich sah diese Frau, trunken vom Blut der Heiligen und vom Blut der Zeugen Jesu. Und bei ihrem Anblick geriet ich in grosses Staunen.

7 Und der Engel sagte zu mir: Warum staunst du? Ich will dir sagen, was das Geheimnis dieser Frau ist und des Tieres, das sie trägt, das mit den sieben Köpfen und den zehn Hörnern:

8 Das Tier, das du gesehen hast, es war und es ist nicht und es wird aufsteigen aus dem Abgrund und ins Verderben gehen, und staunen werden die Erdenbewohner, deren Namen im Buch des Lebens nicht aufgeschrieben sind vom Anbeginn der Welt, wenn sie das Tier erblicken; denn es war und es ist nicht und es wird da sein. 9 Hier ist Verstand gefordert, der Weisheit hat! Die sieben Köpfe, das sind die sieben Hügel, auf denen die Frau sitzt. Und es sind sieben Könige: 10 Fünf sind schon gefallen, einer ist da, ein weiterer ist noch nicht gekommen, und wenn er dann kommt, darf er nur kurze Zeit bleiben. 11 Und das Tier, das war und nicht ist, ist selbst der achte; er kommt aus den sieben, und er geht ins Verderben.

12 Und die zehn Hörner, die du gesehen hast, das sind die zehn Könige, die die Herrschaft noch nicht übernommen haben; doch sie werden als Könige die Macht ergreifen für eine einzige Stunde, zusammen mit dem Tier. 13 Diese sind eines Sinnes, und ihre Macht und Gewalt übergeben sie dem Tier. 14 Sie werden Krieg führen gegen das Lamm, doch das Lamm wird sie besiegen, denn es ist der Herr der Herren und der König der Könige, und die mit ihm sind, sind Berufene und Auserwählte und Getreue.

15 Und er sagt zu mir: Die Wasser, die du gesehen hast, dort wo die Hure sitzt, das sind Völker und Scharen, Nationen und Sprachen. 16 Und die zehn Hörner, die du gesehen hast, und das Tier, sie werden die Hure hassen und sie einsam machen und nackt; sie werden ihr Fleisch fressen und sie im Feuer verbrennen. 17 Denn Gott hat ihnen ins Herz gegeben, eines Sinnes seinen Willen zu tun und ihre Herrschaft dem Tier zu übergeben, bis die Worte Gottes erfüllt sind. 18 Und die Frau,

die du gesehen hast, das ist die grosse Stadt,
die über die Könige der Erde regiert.

|1: 15,1 · Jer 51,13 |2: 14,8! |3: 13,1! |4: 18,16 · Jer 51,7
|6: 16,6! |8: 17,3 · 1,8 · 9,1–2; 19,20 · 21,27! |9: 13,18 |11: 1,8 ·
19,20 |12: 17,3; Dan 7,24 |14: 19,19–21 · 19,16; 1Tim 6,15;
Dtn 10,17; Dan 2,47 |16: 18,8

17,3: Die Wendung «rundum bedeckt mit
Lästernamen» bezieht sich nach einigen Handschriften auf
das Tier, nach anderen auf die Frau.

Das xviij. Capitel.

Und darnach sach ich einen anderen Engel härab steygen von himmel/ der hatt ein grosse macht/ und die erd ward erleüchtet von seyner klarheyt/ und schrey auß macht mit lauter stimm/ unnd sprach: Sy ist gefallen/ sy ist gefallen/ Babylon die grosse/ unnd ein behausung der teüflen worden/ unnd ein behaltnuß aller unreynen geysten/ und behaltnuß aller unreyner feyndsäliger vöglen. Dann von dem weyn des zorns jrer huorey/ habend alle Heyden truncken/ unnd die künig auff erden habend mit jr huorey triben/ und jre kauflëut sind reych worden von der krafft jrer geylheyt. Und ich hort ein andere stimm vom himmel/ die sprach: Gond auß von mir jr meyn volck/ dz jr nit teylhafftig werdind jrer sünden/ auff das jr nit empfahind etwas vonn jrer plagen: dann jre sünd habend gevolget biß in den himmel/ und der Herr hat an jren fräfel gedacht/ bezal sy/ wie sy euch bezalt hatt/ und machts jr zwyfaltig nach jren wercken: und mit welchem kelch sy euch eingeschenckt hatt/ schenckend jr zwyfaltig eyn: wie vil sy sich herrlich gemachet unnd geyl gewesen ist/ so vil schenckend jr peyn unnd leyd eyn. Dann sy spricht in jrem hertzen: Jch sitz ein künigin/ und wird kein witwen sein/ und leyd wird ich nit sehen. Darumb werdend jr plagen auff einen tag kommen/ der tod/ leyd/ und hunger/ unnd mit fheür wirt sy verbrennt werden: dann starck ist Gott der Herr der sy richten wirt.

Und es werdend sy beweynen/ und sich über sy beklagen die Künig auff erden/ die mit jr gehuoret und lust getriben habend/ wenn sy sehen werdend den rouch jres brands/ von verrnuß stonde umb der forcht willen jrer peyn/ und sprechen: Wee wee/ die grosse statt Babylon/ die starcke statt/ auff ein stund ist dein gericht kommen. Und die kaufleüt auff erden werdend weynen und leid tragen bey jnen selbs/ das jr whar niemants mer kauffen wirt/ die whar des golds/ unnd silbers/ und edelen

Der Fall Babylons

18 1 Danach sah ich einen anderen Engel vom Himmel herabsteigen, der hatte grosse Macht, und die Erde wurde erleuchtet von seinem Glanz. 2 Und er schrie mit gewaltiger Stimme:

Gefallen, gefallen ist Babylon die Grosse!
Zur Behausung von Dämonen ist sie geworden und zu einem Schlupfwinkel für jeden unreinen Geist, zu einem Schlupfwinkel für jeden unreinen Vogel, ja zu einem Schlupfwinkel für jedes unreine und verhasste Tier. 3 Denn vom Wein des Zornes über ihre Unzucht haben alle Völker getrunken. Die Könige der Erde haben Unzucht getrieben mit ihr, und die Kaufleute der Erde sind reich geworden durch ihren überbordenden Luxus.

4 Und ich hörte eine andere Stimme vom Himmel her sprechen:

Geht fort aus ihr, mein Volk, damit ihr nicht teilhabt an ihren Sünden und nicht getroffen werdet von den Plagen, die über sie kommen! 5 Denn ihre Sünden haben sich aufgetürmt bis zum Himmel, und Gott hat ihrer Schandtaten gedacht. 6 Gebt ihr zurück, wie sie euch gegeben hat; zahlt ihr das Doppelte heim von dem, was sie getan hat! Schenkt ihr in den Becher, den sie euch gemischt hat, das Doppelte ein! 7 Was sie an Pracht und Luxus genossen hat, das gebt ihr nun an Qual und Trauer! Denn in ihrem Herzen sagt sie: Als Königin sitze ich auf dem Thron, und Witwe bin ich nicht, und Trauer werde ich nie sehen. 8 Darum werden die Plagen über sie kommen an einem einzigen Tag: Tod und Trauer und Hunger, und im Feuer wird man sie verbrennen, denn mächtig ist Gott, der Herr, der sie richtet.

gsteins/ und die pärlin/ und syden/ und purpur/ und scharlachen/ unnd allerley Thynen holtz/ unnd allerley geschirr vonn Helffenbeyn/ und allerley geschirr von dem kostlichen holtz/ und von ertz/ und von eysen/ und Cymamet/ und Thimian/ und salben/ und wyhrouch/ und weyn/ und öl/ und simmlen/ und weytzen/ und vych/ und schaaff/ und pfärt/ und wagen/ und leychnam/ und seelen der menschen.

Und das obs der lust deiner seel/ ist von dir gewichen/ und alles was völlig und klar was/ ist von dir gewichen/ und du wirst söliches nit mer finden. Die kauflcüt sölicher whar/ die von jr sind reych wordenn/ werdend von verrnuß ston/ umb der forcht willen jrer peyn/ weynen und leyd tragen/ und sagen. Wee wee/ die grosse statt die bekleidet was mit seyden und purpur unnd scharlachen/ und vergüldet was mit gold und edel gestein und pärlin: dann in jrer stund ist verwüestet söliche reychtumb.

Und alle schiffherren/ unnd alle die auff den schiffen handtierend/ und schiffleüt die im meer arbeytetend/ stuondend von verrnuß/ und schrüwend do sy jres brands rouch sahend/ unnd sprachend: Wär ist gleych der grossen statt? Und sy wurffend stoub auff jre höupter/ und schrüwend/ weynetend und truogend leyd/ unnd sprachend: Wee wee die grossen statt/ in welcher reych worden sind alle die da schiff im meer hattend vonn jrer whar: dann in einer stund ist sy verwüestet. Fröuw dich über sy himmel unnd jr heyligen Apostel und propheten/ dann Gott hatt euwer urteyl an jr gerichtet. Und ein starcker Engel huob einen grossen steyn auf als ein mülysteyn/ warff jn ins meer/ unnd sprach: Also wirdt mit einem sturm verworffen die grosse Babylon/ und nit mer erfunden werden. Und die stimm der harpffenspileren und seytenspileren/ pfeyffern und pusaunern sol nit mer in dir gehört werden/ und kein handtwercks mann einiges handtwercks sol mer in dir erfunden werden/ unnd die stimm der müly sol nit mer in dir gehört werden: und die stimm des breütgams und der braut sol nit mer in dir gehört werden: dann deine kauffleüt warend fürsten auff erden: dann durch dein zouberey sind verjrret worden alle Heyden und das bluot der propheten und der heyligen ist in jr erfunden worden/ und aller deren die auff erden erwürgt sind.

9 Und die Könige der Erde, die mit ihr Unzucht getrieben haben und an ihrem Luxus teilhatten, werden weinen und wehklagen über sie, wenn sie den Rauch von ihrer Brandstätte aufsteigen sehen. 10 In der Ferne werden sie stehen bleiben aus Furcht vor ihrer Qual und sprechen:

Wehe, wehe der Stadt, der grossen,
Babylon, der mächtigen Stadt:
In einer einzigen Stunde ist das Gericht über dich gekommen.

11 Und die Kaufleute der Erde weinen und trauern um sie, weil niemand mehr ihre Ware kauft: 12 Gold, Silber, Edelsteine, Perlen, feines Leinen, Purpur, Seide und Scharlach und all das Thujaholz und all das Gerät aus Elfenbein und all das Gerät aus teuerstem Holz und Erz, aus Eisen und Marmor, 13 auch Zimt und Amomum, Räucherwerk und Salböl und Weihrauch, Wein und Olivenöl, Weissmehl und Weizen, Rinder und Schafe, die Fracht von Pferden und Wagen und Sklaven, und Menschenleben.

14 Und das Obst, an dem deine Seele sich ergötzte, ist dahin,
und alles, was dein Leben angenehm und prächtig gemacht hat, ist dir verloren gegangen,
und nie mehr wird es sich finden.

15 Die Kaufleute, die mit all dem Handel trieben und sich an ihr bereichert haben, werden in der Ferne stehen bleiben aus Furcht vor ihrer Qual; sie werden weinen und klagen 16 und sagen:

Wehe, wehe der Stadt, der grossen,
die gekleidet war in feines Leinen, in Purpur und Scharlach, die geschmückt war mit Gold, Edelsteinen und Perlen:

17 In einer einzigen Stunde ist dieser grosse Reichtum vernichtet worden!

Und jeder Kapitän und jeder Küstenschiffer, die Seeleute und alle, die zur See fahren, blieben in der Ferne stehen, 18 sahen den Rauch der Feuersbrunst und schrien laut: Wer ist jetzt mit der grossen Stadt noch zu vergleichen? 19 Und sie streuten Staub auf ihr Haupt, schrien, weinten und klagten und sagten:

Wehe, wehe der Stadt, der grossen,
in der reich geworden sind durch ihren Wohlstand alle, die Schiffe auf dem Meer haben:
In einer einzigen Stunde ist sie verwüstet worden!

20 Freue dich, Himmel, über sie,
freut euch, ihr Heiligen, Apostel und
Propheten!
Denn vollstreckt hat Gott das Urteil, an ihr
für euch.
21 Und ein starker Engel hob einen
Stein, gross wie ein Mühlstein, in die Höhe
und warf ihn ins Meer und sprach:
So, mit solcher Wucht, wird Babylon, die
grosse Stadt, weggeschleudert werden,
und sie wird nicht mehr zu finden sein.
22 Und keinen Klang von Harfenspielern,
von Sängern, von Flöten- und
Posaunenbläsern
wird man in deinen Mauern mehr hören,
und keinen Meister, der sich auf irgendeine
Kunst versteht,
wird man mehr antreffen,
und kein Geräusch eines Mühlsteins
wird man mehr hören.
23 Und kein Licht einer Lampe
wird mehr scheinen,
und kein Lied von Bräutigam und Braut
wird man mehr hören.
Denn deine Kaufleute waren die Grossen der
Erde;
durch deine Zauberkünste liessen sich
verführen alle Völker.
24 Und in ihren Mauern fand man das Blut
der Propheten und Heiligen
und aller, die hingeschlachtet wurden auf
Erden.

|2: 14,8! · Jes 13,21; 34,11–15 |3: 14,8! |4: Jer 51,45.6; Jes 48,20 |5: Jer 51,9 |6: Jer 50,15.29 |7: Jes 47,8 |8: Jes 47,9 · 17,16 |9| Ez 26,16–17 |11: Ez 27,27–36 |12–13: Ez 27,12–24 |16: 17,4 |19: Ez 27,30–34 |20: 12,12 · Jer 51,48 |21: Jer 51,63–64 |22: Ez 26,13; Jes 24,8 |23: Jer 25,10 |24: 16,6!

18,2: Andere Textüberlieferung: «… für jeden unreinen Geist, zu einem Schlupfwinkel für jeden unreinen und verhassten Vogel.»
18,3: Siehe die Anm. zu 14,8.

Das xix. Capitel.
Darnach hort ich ein stimm grosser scharen im himmel/ die sprachend: Halleluia/ heyl unnd preyß/ und eer unnd krafft sey Gott unserem Herren: dann warhafftig unnd gerecht sind seine gericht/ das er die grosse huor verurteylet hat/ welche die erden mit jrer huorey verderbt hatt/ und hatt das bluot seiner knechten von jrer hand gerochen. Unnd sy sprachend zum anderen mal: Halleluia. Und der rouch gadt auf von ewigkeyt zuo ewigkeyt. Unnd die vier unnd zwentzig eltesten/ unnd die vier thier fielend nider und

Der himmlische Jubel
19 1 Danach hörte ich etwas, das klang wie ein vielstimmiger Chor im Himmel: Halleluja!
Das Heil und die Herrlichkeit und die Macht sind in der Hand unseres Gottes.
2 Denn voller Wahrheit und Gerechtigkeit
ist sein Urteil:
Er hat gerichtet die grosse Hure,
die die Erde verdarb mit ihrer Unzucht,
und gerächt an ihr das Blut seiner Knechte.
3 Und ein zweites Mal riefen sie:

bättetend Gott an/ der auff dem stuol saß/ unnd sprachend: Amen/ Halleluia. Und ein stimm gieng von dem stuol/ lobt unseren Gott/ alle seine knecht/ und die jn förchtend/ beyde klein und groß.Und ich hort ein stimm einer grossen schar/ und als ein stimm grosser wassern/ und als ein stimm starcker donner/ die sprachend: Halleluia. Dann der allmächtig Gott hat das reych eingenommen/ lassend uns fröuwen unnd frölich sein/ unnd jm den preyß geben: dann die hochzeyt des lambs ist kommen/ unnd sein weyb hat sich bereytet. Unnd es ward jr gegeben sich anzethuon mit reyner unnd häller seyden. Die seyden aber ist die rechtfertigung der heyligen. Und er spricht zuo mir: Sälig sind die zum abentmal deß lambs berüefft sind. Unnd er spricht zuo mir: Dise warhafftige wort sind Gottes. Unnd ich fiel für jn zuo seinen füessen jn anzebätten. Und er spricht zuo mir: Sich zuo/ thuo das nit/ ich bin dein mitknecht unnd deiner brüeder/ unnd deren die die zeügnuß Jesu habend. Bätt Gott an. Die zeügnuß aber Jesu ist der geyst der weyssagung.

Halleluja!
Und ihr Rauch steigt auf in alle Ewigkeit.
4 Und die vierundzwanzig Ältesten und die vier Wesen fielen nieder und beugten ihre Knie vor Gott, der auf dem Thron sitzt, und sprachen:
Amen. Halleluja!
5 Und eine Stimme kam vom Thron her und sprach:
Lobsingt unserem Gott,
ihr alle, die ihr seine Knechte seid,
und die ihn fürchten,
die Kleinen und die Grossen!
6 Da hörte ich etwas, das klang wie ein vielstimmiger Chor und wie das Rauschen vieler Wasser und wie das Dröhnen eines gewaltigen Donnerschlags:
Halleluja!
König geworden ist der Herr, unser Gott, der Herrscher über das All.
7 Lasst uns fröhlich sein und frohlocken und ihm die Ehre geben!
Denn gekommen ist die Hochzeit des Lammes, und seine Braut hat sich schön gemacht.
8 Und sie durfte sich kleiden in leuchtend weisses, reines Leinen –
das Leinen, das sind die gerechten Taten der Heiligen.
9 Und er sagt zu mir: Schreib! Selig, die zum Hochzeitsmahl des Lammes geladen sind! Und er sagt zu mir: Diese Worte sind die wahrhaftigen Worte Gottes. 10 Und ich warf mich zu seinen Füssen, ihn anzubeten. Er aber sagt zu mir: Nicht doch! Dein Mitknecht bin ich und der deiner Brüder, die Zeugnis ablegen für Jesus. Vor Gott beuge deine Knie! Denn im Zeugnis für Jesus äussert sich der Geist der Prophetie.

|1: 7,10! |2: 15,3! · 6,10 · 14,8 · 16,6!; Dtn 32,43 |3: 14,11! |4: 4,2–8; 5,14 |5: Ps 134,1 · Ps 115,13 |6: 1,15! · 11,15! |7: Ps 118,24 · 21,2.9 |9: 1,3! · Mt 22,2 |10: 22,8–9

19,2: «sein Urteil»: Siehe die Anm. zu 16,7.
19,2: «gerächt an ihr»: Der griechische Text hat die komplexere Wendung ‹gerächt an ihrer Hand›. Der Begriff der Hand steht dabei für die Person, insofern sie handelt. Möglicherweise ist auch ein Einfluss gegeben durch die Wendung ‹gerettet aus ihrer Hand›.
19,10: Der Schlusssatz von V.10 ist im Griechischen sehr offen und vieldeutig formuliert: «Das Zeugnis nämlich für Jesus ist der Geist der Prophetie.» Die im Text gewählte Übersetzung stützt sich auf die gottesdienstlichen Anklänge und Bezüge der Offenbarung, wie sie im Buchschluss 22,6–21 sichtbar werden (zum Geist siehe insbesondere 22,17).

Und ich sach den himmel aufgethon/ und
sich da ein weyß pfärd/ und der darauff saß
hieß Trüw und warhafftig/ und richtet und
streytet mit gerechtigkeyt: aber seine augen
sind wie ein fheürflamm/ und auff seinem
haupt vil kronen/ und hatt einen nammen
geschriben den niemants wußt dann er selbs.
Und was angethon mit einem kleyd das mit
bluot besprengt was: unnd sein namm heyßt
Gottes wort. Und jm volget nach das heer im
himmel uff weyssen pfärden/ angethon mit
wysser unnd reyner seyden. Unnd auß seinem
mund gieng ein scharpff schwärdt/ das er damit
die Heyden schlüeg/ und er wirt sy regieren mit
der eysinen ruoten. Und er tritt die trotten des
weyns des grimmigen zorns des allmächtigen
Gottes: und hatt einen nammen geschriben auff
seinem kleyd und auff seiner hufften/ also: Ein
künig aller künigen/ unnd ein herr aller herren.

Und ich sach einen engel in der Sonnen ston/
und er schrey mit grosser stimm/ und sprach
zuo allen vöglen die mitten under dem himmel
fliegend: Kommend und versamlend euch zuo
dem grossen abentmal Gottes/ das jr essind das
fleisch der künigen/ und der hauptlüten/ und
das fleisch der starcken/ und der pfärden/ und
deren die darauff sitzend/ und das fleysch aller
freyen und knechten/ beyde der kleinen und der
grossen. Und ich sach das thier und die künig
auff erden/ unnd jr heer versamlet ein streyt
zehalten mit dem der auff dem pfärd saß unnd
mit seinem heer. Unnd das thier ward begriffen/
unnd mit jm der falsch prophet/ der die zeychen
thet vor jm durch welche er verfüert/ die das
maalzeichen des thiers namend/ unnd die das
bild des thiers anbättetend/ läbendig wurdend
dise beyde in den fheürigen teych geworffen/
der mit schwäbel bran/ und die anderen sind
erwürgt mit dem schwärdt des der auff dem
pfärd saß das auß seinem mund gieng/ und
alle vögel wurdend satt von jrem fleysch.

Der Sieg Christi

11 Und ich sah den Himmel offen stehen,
und siehe: Ein weisses Pferd, und der auf
ihm sitzt, heisst ‹Treu› und ‹Wahrhaftig›,
und er richtet und kämpft in Gerechtigkeit.
12 Seine Augen sind wie Feuerflammen, und
auf seinem Haupt trägt er viele Diademe; auf
ihm steht ein Name geschrieben, den niemand
kennt als er allein. 13 Und bekleidet ist er mit
einem Mantel, der in Blut getaucht ist, und
sein Name lautet ‹Wort Gottes›. 14 Und die
himmlischen Heere folgten ihm auf weissen
Pferden, in weisses, reines Leinen gehüllt.
15 Und aus seinem Mund kommt ein scharfes
Schwert hervor, mit dem er die Völker schlagen
soll; und er *wird sie weiden mit eisernem
Stab*. Er selbst tritt die Kelter des Weines des
grimmigen Zornes Gottes, des Herrschers
über das All, 16 und auf seinem Mantel und
seiner Hüfte steht der Name geschrieben:
König der Könige und Herr der Herren.

17 Und ich sah einen Engel in der Sonne
stehen, und der rief mit lauter Stimme allen
Vögeln, die hoch oben am Himmel flogen,
zu: Kommt, versammelt euch zum grossen
Gastmahl Gottes! 18 Fresst das Fleisch von
Königen, das Fleisch von Feldherren, das Fleisch
von Starken und das Fleisch von Pferden und
ihren Reitern, fresst das Fleisch von allen, von
Freien und Sklaven, von Kleinen und Grossen!

19 Und ich sah das Tier und die Könige
der Erde und ihre Heere versammelt, Krieg
zu führen gegen den, der auf dem Pferd sitzt,
und gegen sein Heer. 20 Und das Tier wurde
überwältigt und mit ihm der falsche Prophet,
der die Zeichen vor ihm getan und durch
sie alle in die Irre geführt hatte, die das Mal
des Tieres empfangen und ihre Knie gebeugt
hatten vor seinem Bild. Bei lebendigem Leib
wurden die beiden in den Feuersee geworfen,
der im Schwefel brennt. 21 Die anderen
wurden getötet durch das Schwert dessen,
der auf dem Pferd sitzt, durch das Schwert,
das aus seinem Mund hervorkommt; und alle
Vögel frassen sich satt an ihrem Fleisch.

|11: 3,14 |12: 1,14! |13: 14,20; Jes 63,1–3 · Joh 1,1
|15: 1,16; 2,12; Jes 11,4 · 12,5; Ps 2,9! · 14,19–20 |16: 17,14!
|17–18: Ez 39,17–20 |19: 16,14; 17,12–14 |20: 13,1! · 13,11!–17 ·
21,8!

19,11: Andere Textüberlieferung: «…, und der auf ihm
sitzt, ist treu und wahrhaftig, …»

Das xx. Capitel.

Und ich sach einen engel vom himmel stygen/ der hatt den schlüssel zum abgrund/ und ein grosse ketten in seyner hand/ unnd ergreyff den Trackenn die alt schlang/ welche ist der teüfel/ unnd der Satanas/ und band jn tausent jar/ und warff jn in den abgrund/ und band jn/ unnd versiglet oben darauf/ das er nit mer verfüeren solt die Heyden/ biß dz vollendet wurdend tausent jar/ und darnach muoß er ledig werden ein kleine zeyt. Unnd ich sach stüel/ unnd sy satztend sich darauf/ und jnen ward gegeben das urteil/ und die seelen der enthoupteten umb der zeügnuß Jesu/ und umb das wort Gottes willen/ und die nit angebättet hattend das thier/ noch sein bild/ und nit genommen hattend sein maalzeychen an jre stirnen/ und auff jre hand. Dise läbtend unnd regniertend mit Christo tausent jar. Die andern todten aber wurdend nit wider läbendig/ biß das tausent jar vollendet wurdend. Diß ist die erst auferstentnuß. Sälig ist der/ und heilig/ der teyl hat an der ersten auferstentnuß: über söliche hat der ander tod kein macht/ sond sy werdend priester Gottes unnd Christi sein/ und mit jm regieren tausent jar.

Und wenn tausent jar vollendet sind/ wirt der Satanas ledig werden auß seyner gefencknuß/ und wirt außgon zuo verfüeren die Heyden in den vier orten der erden/ den Gog und Magog sy zuo versamlen in einen streyt/ welcher zal ist wie das sand an dem meer. Und sy trattend auff die breyte der erden/ und umbläegertend das heerläger der heyligen/ und die geliebte statt. Und es fiel das fheür von Gott auß dem himmel/ und verzeeret sy. Unnd der teüfel der sy verfuort/ ward geworffen in den fheürigen teych und schwäbel/ da das thier und der falsch prophet was/ unnd wurdend gepeyniget tag unnd nacht von ewigkeyt zuo ewigkeyt.

Das tausendjährige Reich

20 1 Und ich sah einen Engel aus dem Himmel herabsteigen, der hatte den Schlüssel zum Abgrund und eine grosse Kette in der Hand. 2 Und er packte den Drachen, die alte Schlange – das ist der Teufel oder der Satan –, und legte ihn in Fesseln für tausend Jahre. 3 Und er warf ihn in den Abgrund, den er verschloss und versiegelte, damit er die Völker nicht mehr verführe, bis die tausend Jahre vollendet sind. Danach muss er für kurze Zeit wieder freigelassen werden.

4 Und ich sah Throne, und sie setzten sich darauf, und sie wurden beauftragt, Gericht zu halten. Und ich sah die Seelen derer, die enthauptet worden waren, weil sie am Zeugnis für Jesus und am Wort Gottes festgehalten hatten, und jener, die sich geweigert hatten, das Tier und sein Bild anzubeten und sich das Zeichen auf Stirn und Hand machen zu lassen. Sie wurden lebendig und herrschten mit Christus, tausend Jahre lang. 5 Die anderen Toten wurden nicht lebendig, bis die tausend Jahre vollendet waren. Dies ist die erste Auferstehung. 6 Selig und heilig, wer teilhat an der ersten Auferstehung! Über sie hat der zweite Tod keine Macht, sondern sie werden Priester und Priesterinnen Gottes und Christi sein und mit ihm herrschen, tausend Jahre lang.

7 Doch wenn die tausend Jahre vorüber sind, wird der Satan freigelassen werden aus seinem Gefängnis, 8 und er wird ausziehen, die Völker zu verführen, die an den vier Enden der Erde wohnen – den Gog und den Magog –, um sie zu sammeln zum Krieg, eine Schar, so zahlreich wie der Sand am Meer. 9 Und sie kamen heraufgezogen auf die Ebene der Erde und umstellten das Lager der Heiligen und die geliebte Stadt. *Da fiel Feuer vom Himmel und verzehrte sie.* 10 Und der Teufel, der sie verführte, wurde in den Feuer- und Schwefelsee geworfen, wo auch das Tier und der falsche Prophet sind. Und sie werden gepeinigt werden Tag und Nacht, in alle Ewigkeit.

|2: 12,3.9; 13,2; 16,13; Gen 3,1 |3: 9,2 |4: Dan 7,9.22.27 · 6,9! · 13,15–16 · 22,5! |5: 20,12–13 |6: 1,3! · 2,11; 20,14; 21,8, 1,6!; 22,5! Jes 61,6 |8: Ez 38,2.9.15 |9: 2Kön 1,10.12; Ez 38,22; 39,6 |10: Mt 25,41 · 21,8! · 19,20

20,4: Die Bezeichnung ‹Christus› hat in der Offenbarung ausserhalb des Gebrauchs in der Zusammensetzung ‹Jesus Christus› zumeist ihren titularen Charakter bewahrt (vgl. 11,15; 12,10: sein Gesalbter). Hier und in 20,6 liegt aber absoluter Gebrauch im Sinne eines Eigennamens (Christus) vor.

Und ich sach einen grossen weyssen stuol/ und den der daruff saß/ vor welches angesicht floch die erden und der himmel/ unnd jnen ward kein statt erfunden/ unnd ich sach die todten/ beyde groß und klein ston vor Gott. Unnd die buecher wurdend aufgethon/ und ein ander buoch ward aufgethon/ welches ist des läbens/ und die todten wurdend gericht nach der gschrifft in den buecheren nach jren wercken/ unnd das meer gab die todten/ die darinnen warend/ und der tod/ und die hell gabend die todten die darinnen warend. Und sy wurdend gericht/ ein yetlicher nach seinen wercken/ und der tod/ und die hell wurdend geworffen in den fheürigen teych. Diß ist der ander tod. Unnd so yemants nit ward erfunden geschriben in dem buoch des läbens/ der ward geworffen in den fheürigen teych.

Das xxj. Capitel.

Und ich sach einen neüwen himmel/ und ein neüwe erden: dann der erst himmel/ unnd die erst erd vergieng/ unnd das meer ist nit mer. Und ich Joannes sach die heyligen statt/ das neüw Jerusalem vonn Gott auß dem himmel steygen/ zuobereytet/ als ein braut jrem mann/ und hort ein grosse stimm von dem stuol/ die sprach: Sihe da/ ein hütten Gottes bey den menschen/ und er wirt bey jnen wonen/ unnd sy werdend sein volck sein/ und er selbs Gott mit jnen/ wirt jr Gott sein. Und Gott wirt abwüschen alle trähen von jren augen/ und der tod wirt nimmer mer sein/ noch leyd/ noch geschrey/ noch schmertz wirt mer sein: dann das erst ist vergangen. Und der auff dem stuol saß/ sprach: Sihe/ ich machs alles neüw. Und spricht zuo mir: Schreyb/ dann dise wort sind warhafftig und gewüß. Unnd er sprach zuo mir: Es ist geschehen/ ich bin das A unnd O/ der anfang unnd das end. Jch wil den dürstigen geben von dem brunnen des läbendigen wassers umb sunst. Wär überwindt/ der wirdt alles ererben/ unnd ich wird sein Gott sein/ und er wirt mein sun sein. Den forchtsamen aber/ und unglöubigen/ und grülichen/ und todtschlegeren/ und huoreren/ und zouberen/ und götzen dieneren/ und allen lugneren/ deren teyl wirt sein in dem teych/ der mit fheür und schwäbel brünnt/ welcher ist der ander tod.

Das Weltgericht

11 Und ich sah einen grossen, weissen Thron und den, der darauf sass; vor dessen Angesicht flohen Erde und Himmel, und es fand sich kein Ort für sie. 12 Und ich sah die Toten, die Grossen und die Kleinen, vor dem Thron stehen. Da wurden Bücher aufgeschlagen, und noch ein Buch wurde aufgetan: das Buch des Lebens. Und die Toten wurden gerichtet aufgrund dessen, was in den Büchern geschrieben stand, nach ihren Taten. 13 Und das Meer gab seine Toten her, und der Tod und die Unterwelt gaben ihre Toten her, und sie wurden gerichtet, jeder nach seinen Taten. 14 Und der Tod und die Unterwelt wurden in den Feuersee geworfen. Das ist der zweite Tod: der Feuersee. 15 Und wer sich nicht aufgeschrieben fand im Buch des Lebens, der wurde in den Feuersee geworfen.

|11: 4,2; Dan 7,9 · 6,14; 16,20; 2Petr 3,10.12 |12: Dan 7,10 · 21,27! |13: Joh 5,28–29 · 2,23; 22,12; Röm 2,6! |14: 1Kor 15,26 · 21,8! · 20,6! |15: 21,27!; Dan 12,1–2

Die neue Schöpfung

21 1 Und ich sah einen neuen Himmel und eine neue Erde. Denn der erste Himmel und die erste Erde sind vergangen, und das Meer ist nicht mehr. 2 Und die heilige Stadt, ein neues Jerusalem, sah ich vom Himmel herabkommen von Gott her, bereit wie eine Braut, die sich für ihren Mann geschmückt hat. 3 Und ich hörte eine laute Stimme vom Thron her rufen:

Siehe, die Wohnung Gottes bei den Menschen! Er wird bei ihnen wohnen, und sie werden seine Völker sein, und Gott selbst wird mit ihnen sein, ihr Gott.

4 Und abwischen wird er jede Träne von ihren Augen, und der Tod wird nicht mehr sein, und kein Leid, kein Geschrei und keine Mühsal wird mehr sein; denn was zuerst war, ist vergangen.

5 Und der auf dem Thron sass, sprach: Siehe, ich mache alles neu! Und er sagt: Schreib, denn diese Worte sind zuverlässig und wahr. 6 Und er sagte zu mir: Es ist geschehen. Ich bin das A und das O, der Anfang und das Ende. Ich werde dem Dürstenden von der Quelle des Lebenswassers zu trinken geben, umsonst. 7 Wer den Sieg erringt, wird dies alles erben, und *ich werde ihm Gott sein, und er wird mir Sohn sein*. 8 Den Feigen und Ungläubigen, den mit Greueltaten Befleckten und Mördern, den Unzüchtigen, Zauberern und Götzendienern

und allen, die der Lüge dienen, wird ihr
Teil beschieden sein im brennenden Feuer-
und Schwefelsee; das ist der zweite Tod.

|1: Ps 102,27! · 20,11 |2: 21,10! |3: Lev 26,11–12; Ez 37,27
|4: 7,17; Jes 25,8 · Jes 65,19 |5: Jes 43,19 · 22,6 |6: 22,13! ·
22,17! |7: 2,7.11.17.26; 3,5.12.21 · 2Sam 7,14; Ez 11,20
|8: 14,10; 19,20; 20,10.14–15 · 20,6!

Das neue Jerusalem

9 Und es kam einer von den sieben Engeln,
die die sieben Schalen mit den sieben letzten
Plagen hatten, und er redete mit mir und sprach:
Komm, ich werde dir die Braut zeigen, die Frau
des Lammes! 10 Und er führte mich durch den
Geist auf einen grossen, hohen Berg und zeigte
mir die heilige Stadt Jerusalem, wie sie vom
Himmel herabkam, von Gott her, 11 angetan mit
der Herrlichkeit Gottes. Ihr Lichtglanz war wie
kostbarster Edelstein, wie kristallklarer Jaspis.

12 Sie hat eine grosse, hohe Mauer mit
zwölf Toren, und auf den Toren zwölf Engel;
darauf sind Namen geschrieben, die Namen
der zwölf Stämme der Söhne Israels: 13 drei
Tore nach Osten, drei Tore nach Norden,
drei Tore nach Süden, drei Tore nach Westen.
14 Und die Mauer der Stadt hat zwölf
Grundsteine, und darauf stehen die zwölf
Namen der zwölf Apostel des Lammes.

15 Und der mit mir redete, hatte als Messstab
ein goldenes Rohr, um die Stadt und ihre
Tore und ihre Mauer zu vermessen. 16 Die
Stadt ist angelegt als Viereck von gleicher
Länge und Breite. Und er vermass die Stadt
mit dem Rohr und kam auf zwölftausend
Stadien; ihre Länge und Breite und Höhe
sind gleich. 17 Und er mass ihre Mauer:
Hundertvierundvierzig Ellen waren es nach
Menschenmass, das auch das Engelsmass ist.

18 Und ihr Mauerwerk war aus Jaspis, und
die Stadt war aus reinem Gold, das war wie
reines Glas. 19 Die Grundsteine der Stadtmauer
waren aus je einem Edelstein kunstvoll gefertigt:
Der erste Grundstein war ein Jaspis, der zweite
ein Saphir, der dritte ein Chalzedon, der vierte
ein Smaragd, 20 der fünfte ein Sardonyx, der
sechste ein Karneol, der siebte ein Chrysolith,
der achte ein Beryll, der neunte ein Topas, der
zehnte ein Chrysopras, der elfte ein Hyazinth,
der zwölfte ein Amethyst. 21 Und die zwölf Tore
waren zwölf Perlen; jedes der Tore bestand aus
einer einzigen Perle. Und die Strasse der Stadt
war reines Gold, wie durchsichtiges Glas.

Und es kam zuo mir einer von den siben englen/
welcher die siben schalen voll hatt der letsten
siben plagen/ unnd redt mit mir/ und sprach:
Komm/ ich wil dir das weyb zeigen/ die braut
des lambs/ und fuort mich hin im geyst auff
einen grossen und hohen berg/ unnd zeygt mir
die grossen statt/ das heylig Jerusalem/ härab
steygen auß dem himmel von Gott/ und hatt
die herrligkeit Gottes/ unnd jr liecht was gleych
dem aller edlesten gsteyn/ dem Cristallinen
Jaspis/ unnd hatt grosse und hohe mauren/
unnd hatt zwölff thor/ und auff den thoren
zwölff engel/ und nammen geschriben/ welche
sind die zwölff geschlächt der kindern Jsraels.
Von Morgen drey thor/ von Mitternacht drey
thor/ von Mittag drey thor/ vonn Abent drey
thor/ unnd die maur der statt hatt zwölff gründ/
unnd in dem selbigen die nammen der zwölff
Apostlen des lambs. Unnd der mit mir redt/ hatt
ein guldin rhor/ das er die statt mässen solt/ und
jre thor und mauren/ und die statt ligt vierecket.
Und jr lenge ist so groß als die breyte: und er
maß die statt mit dem rhor auff zwölff tausend
mannslöuff/ die lenge und breyte/ und die höhe
der statt sind gleych/ und er massz jre mauren
hundert und vier und vierzig ellen/ nach der
maß eines menschen die der engel hatt. Unnd
der bauw jrer mauren was von Jaspis/ unnd
die statt von lauter gold/ gleych dem reynen
glaß: und die gründ der mauren unnd der statt
warend geziert mit allerley edelgsteyn. Der erst
grund was ein Jaspis/ der ander ein Saphyr/ der
dritt ein Calcedonier/ der vierdt ein Smaragd/
der fünfft ein Sardonich/ der sechßt ein Sardis/
der sibend ein Chrysolyt/ der acht ein Berill/ der
nündt ein Topasier/ der zehend ein Chrysopras/
der eylfft ein Hyacinth/ der zwölfft ein Amatist.
Und die zwölff thor warend zwölff pärlin/
und ein yetlich thor was von einem pärlin/
unnd die gassen der statt warend lauter gold/ als
ein durchscheynend glaß. Und ich sach keinen
tempel darinnen/ dann der Herr der allmächtig
Gott ist jr tempel/ und das lamb/ unnd die
statt darff keiner Sonnen noch des Mons/

das sy jr scheyne: dann die herrligkeyt Gottes erleüchtet sy/ und jr liecht ist das lamb. Und die Heyden/ die da sälig werdend/ wandlend in dem selben liecht/ und die künig auff erden werdend jr herrligkeyt in die selbigen bringen. Unnd jre thor werdend nit verschlossen des tags/ dann da wirt kein nacht sein/ und wirt nit hineyn gon yenen ein gemeyns/ unnd das da thuot grüwel und lügen/ sonder die geschriben sind in dem läbendigen buoch des lambs.

Das xxij. Capitel.

Und er zeyget mir einen lauteren wasserstromen klar wie Cristall/ der gieng von dem stuol Gottes und des lambs/ mitten auff jrer gassen: unnd auff beyden seyten des stroms stuond holtz des läbens/ das truog zwölfferley frücht/ unnd gab sein frucht alle monat: und die bletter des holtzes dienetend zuo der gsundheyt der Heyden/ und wirt kein verbannets mer sein. Unnd der stuol Gottes und des lambs wirt darinnen sein/ und seine knecht werdend jm dienen/ und sehen sein angesicht: und sein namm wirt an jren stirnen sein/ und wirt kein nacht da sein/ und nit bedörffen einer leüchten/ oder des liechts der Sonnen: dann Gott der Herr wirdt sy erleüchten/ und sy werdend regieren von ewigkeyt zuo ewigkeyt.

Und er sprach zuo mir: Dise wort sind gewüß und warhafftig/ unnd Gott der Herr der heyligen propheten hat seinen engel gesandt zuo zeigen sinen knechten was bald geschehen muoß. Sihe/ ich kumm bald. Sälig ist der da halt die wort der weyssagung in disem buoch. Und ich bin Joannes der sölliches gesehen und gehört hatt: unnd do ichs gehort und gesach/ fiel ich nider anzebätten zuo den

22 Einen Tempel aber sah ich dort nicht, denn Gott, der Herr, der Herrscher über das All, ist ihr Tempel, er und das Lamm. 23 Und die Stadt bedarf nicht der Sonne noch des Mondes, dass sie ihr scheinen, denn die Herrlichkeit Gottes erleuchtete sie, und ihre Leuchte ist das Lamm. 24 Und die Völker werden ihren Weg gehen in ihrem Licht, und die Könige der Erde tragen ihre Pracht zu ihr hin. 25 Und ihre Tore werden niemals geschlossen, nicht bei Tag und – Nacht wird es dort keine mehr geben. 26 Und sie werden in sie hineintragen die Pracht und die Schätze der Völker. 27 Und nichts Gemeines wird in sie hineinkommen, keiner, der tut, was abscheulich ist, oder der Lüge dient, allein die eingetragen sind im Buch des Lebens, dem Buch des Lammes.

22 1 Und er zeigte mir den Fluss mit dem Lebenswasser, der klar ist wie Kristall, und er entspringt dem Thron Gottes und des Lammes. 2 In der Mitte zwischen der Strasse und dem Fluss, nach beiden Seiten hin, sind Bäume des Lebens, die zwölfmal Frucht tragen. Jeden Monat spenden sie ihre Früchte, und die Blätter der Bäume dienen zur Heilung der Völker. 3 Und nichts Verfluchtes wird mehr sein. Und der Thron Gottes und des Lammes wird dort sein, und seine Knechte werden ihm dienen. 4 Sie werden sein Angesicht schauen, und auf ihrer Stirn wird sein Name stehen. 5 Keine Nacht wird mehr sein, und sie brauchen weder das Licht einer Lampe noch das Licht der Sonne. Denn Gott, der Herr, wird über ihnen leuchten, und sie werden herrschen, von Ewigkeit zu Ewigkeit.

|9: 15,1 |10: Ez 40,1–2 · 21,2; Hebr 12,22 |12–13: Ez 48,30–35 |12: Ex 28,21 |14: Eph 2,20 |15: 11,1; Ez 40,3; Sach 2,1–2 |16: Ez 48,16 |19–20: Jes 54,11–12 · Ex 28,17–20 |23: 22,5; Jes 60,19–20 |24: Jes 60,3 |25: Jes 60,11 |26: Jes 60,5 |27: Jes 52,1 · 3,5; 13,8; 17,8; 20,12.15; Ps 69,29! |1: 22,17!; Ez 47,1; Sach 14,8 |2: 2,7!; Ez 47,7.12 |3: Sach 14,11 |4: Ps 11,7 · 14,1! |5: 21,23! · 5,10; 20,4.6; Dan 7,18.27

Buchschluss

6 Und er sagte zu mir: Diese Worte sind zuverlässig und wahr. Und der Herr, der Gott über den Geist der Propheten, hat seinen Engel gesandt, um seinen Knechten zu zeigen, was in Kürze geschehen muss. 7 Und siehe, ich komme bald. Selig, wer an den Worten der Weissagung festhält, die in diesem Buch aufgeschrieben sind!

8 Und ich, Johannes, ich habe dies gehört und geschaut. Und als ich es gehört und

füessen des engels/ der mir sölichs zeiget. Unnd er spricht zuo mir: Sich zuo/ thuo es nit/ dann ich bin dein mitknecht/ unnd deiner brüedern der propheten/ und deren die da haltend die wort dises buochs. Bätt Gott an.

Unnd er spricht zuo mir: Versigel nit die wort der weyssagung in disem buoch/ dann die zeyt ist naach. Wär beleydiget/ der beleydige weyter: und wär besudlet ist/ der besudle sich weyter: unnd wär rechtfertig ist/ der rechtfertige sich weyter: und wär heylig ist/ der heylige sich weyter. Und sihe/ ich kumm bald/ und mein lon mit mir/ zegeben einem yetlichen wie seine werck sein werdend. Jch bin das A und O/ der anfang und das end/ der erst und der letst. Sälig sind die da thuond seine gebott/ auff das jr macht sey an dem holtz des läbens/ und zuo den thoren eyngangind in die statt. Dann daussen sind die hund und die zouberer/ und die huorer/ und die todschleger/ und die götzen eerer/ unnd alle die lieb habend/ unnd thuond die lugen. Jch Jesus hab gesendt meinen engel/ sölichs euch zuo zeügen an die gmeinden/ ich bin die wurtzel und die art Davids/ ein klarer morgenstern. Und der geist/ und die braut sprechend: Kumm. Und wär es hört/ der spreche: Kumm. Und wän dürstet/ der komme: und wär da wil/ der nemme das wasser des läbens umb sunst.

Jch bezeügen aber alle die da hörend die wort der weyssagung in disem buoch. So yemants darzuo setzt/ so wirt Gott zuosetzen auff jn die plagen die in disem buoch geschriben stond. Unnd so yemants darvon thuot/ von den worten des buochs diser prophecey/ so wirt Gott abthuon sein teil von dem buoch deß läbens/ und von der heyligen statt und von dem das in disem buoch geschriben stadt. Es spricht der sölichs zeüget: Ja ich kumm bald/ Amen/ ja/ Kumm Herr Jesu. Die gnad unsers Herren Jesu Christi sey mit euch allen. Amen.

geschaut hatte, fiel ich nieder, um zu Füssen des Engels, der mir dies gezeigt hatte, zu beten. 9 Da sagt er zu mir: Nicht doch! Dein Mitknecht bin ich und der deiner Brüder, der Propheten, und derer, die an den Worten dieses Buches festhalten. Vor Gott sollst du deine Knie beugen!

10 Und er sagt zu mir: Die Worte der Weissagung, die in diesem Buch stehen, sollst du nicht versiegeln! Denn die Zeit ist nahe. 11 Wer Unrecht tut, tue weiter Unrecht, wer unrein ist, mache sich weiter unrein, wer gerecht ist, tue weiter, was recht ist, wer heilig ist, suche weiter nach Heiligung.

12 Siehe, ich komme bald, und den Lohn bringe ich mit, um einem jeden zu geben, wie es seinem Werk entspricht. 13 Ich bin das A und das O, der Erste und der Letzte, der Anfang und das Ende.

14 Selig, die ihre Gewänder waschen; sie sollen ein Anrecht haben auf den Baum des Lebens und durch die Tore einziehen in die Stadt. 15 Draussen bleiben die Hunde, die Zauberer, die Unzüchtigen, die Mörder, die Götzendiener und jeder, der die Lüge liebt und lügt.

16 Ich, Jesus, habe meinen Engel gesandt, um euch dies über die Gemeinden zu bezeugen. Ich bin die Wurzel und der Spross Davids, der helle Morgenstern.

17 Und der Geist und die Braut sprechen: Komm! Und wer es hört, sage: Komm! Und wer dürstet, der komme, und wer will, der nehme vom Wasser des Lebens, umsonst.

18 Ich bezeuge es jedem, der die Worte der Weissagung, die in diesem Buch aufgeschrieben sind, hört: Wer ihnen etwas hinzufügt, dem wird Gott die Plagen zufügen, die in diesem Buch aufgeschrieben sind. 19 Und wer etwas wegnimmt von den Worten dieses Buches der Weissagung, dessen Anteil wird Gott wegnehmen vom Baum des Lebens und von der heiligen Stadt, von denen in diesem Buch geschrieben ist.

20 Es spricht, der dies bezeugt: Ja, ich komme bald. – Amen, komm, Herr Jesus!

21 Die Gnade des Herrn Jesus sei mit allen.

|6: 21,5 · 1,1! |7: 3,11! · 1,3! |8–9: 19,10 |8: 1,1.4.9 |10: 10,4 · 1,3 |11: Dan 12,10 |12: 3,11! · 20,13! |13: 1,8; 21,6 · 1,17; 2,8; Jes 44,6; 48,12 |14: 1,3! · 7,13–14 · 2,7! · 21,12–14 |15: 21,27 |16: 1,1 · 5,5; Jes 11,1 |17: 7,17; 21,6; 22,1; Joh 7,37; Jes 55,1 |18–19: Dtn 4,2 · 1,3 |19: 2,7! · 21,10! |20: 3,11! |21: 2Thess 3,18

22,6: Der griechische Text benutzt hier eine im Deutschen nicht nachahmbare Formulierung, die die individuelle Zusprechung des Geistes stärker ausdrückt: ‹der Gott der Geister der Propheten›.

22,16: Andere Übersetzungsmöglichkeit: «... Ich bin die Wurzel und das Geschlecht Davids, der ...»

Das Buch der Psalmen.

Der erst Psalm.
Ist ein lob vnd preyß der fromkeyt vnd vnschuld.

Das Buoch der Psalmen

Die Psalmen

ERSTES BUCH (PS 1–41)

Der erst Psalm.
Jst ein lob und preyß der frommkeyt und unschuld.

O wie sälig ist der mensch/ der in den radt der gottlosen nyrgend gadt/ der sich in dem wäg der sünderen nyrgend sumpt/ unnd mit den verkerten gar kein gmeinsame hat.
Sunder sein lust und fröud ist im gesatz des HERREN/ und in seinem gesatz üebet er sich tag und nacht.
Der ist gleych wie ein baum der an den wasserflüssen gepflantzet/ sein frucht zuo seyner zeyt bringt.
Seyne bletter fallend nit ab/ unnd alle frücht die er bringt/ wachsend reychlich und sind guot.
Die gottlosen aber sind nit also/ sunder gleych dem staub der vom wind zerwäyet wirt.
Dannen här kumpt es/ das die gottlosen und schälck in der versamlung unnd geselschafft der frommen nit läbend.
Dann wie der wäg der frommen Gott gefelt/ also wirt auch der wäg der gottlosen verderbt.

Die beiden Wege

1 ¹ Wohl dem,
der nicht dem Rat der Frevler folgt
und nicht auf den Weg der Sünder tritt,
noch sitzt im Kreis der Spötter,
² sondern seine Lust hat an der Weisung des HERRN
und sinnt über seiner Weisung Tag und Nacht.
³ Der ist wie ein Baum,
an Wasserbächen gepflanzt:
Er bringt seine Frucht zu seiner Zeit,
und seine Blätter welken nicht.
Alles, was er tut, gerät ihm wohl.
⁴ Nicht so die Frevler;
sie sind wie Spreu,
die der Wind verweht.
⁵ Darum werden die Frevler nicht bestehen im Gericht,
noch die Sünder in der Gemeinde der Gerechten.
⁶ Denn der HERR kennt den Weg der Gerechten,
der Weg der Frevler aber vergeht.

|1: 17,5; 26,4–5; 40,5; 119,1.101; Spr 1,10.15; 4,14–15.27 |2: 37,31; 40,9; 94,12; 112,1; 119,1; Jos 1,8 |3 52,10; 92,13–15; Jer 17,7–8 |4: 35,5; 83,14; Hiob 21,18 |6: 2,12; 112,10; Spr 4,18–19

Der ander Psalm.
¶ Jnnhalt oder zwäck.
Ein klare unnd helle vorsagung vonn dem Reych Christi/ welches Gott/ wider die radtschleg der gwaltigen und hohen diser welt/ aufrichten werde/ Deßhalb er sy warnet dz sy sich wider Gott mit fräfel nit vertieffind.

Wie aufruorend die völcker? wie nemmend jnen die leüt so eytele ding für?
Wie lauffend die künig der welt zesamen und rottend sich? unnd die fürsten habend jre gerün mit einandern/ wider den HERRN und seinen gesalbeten.
Jre band (sprechend sy) lassend uns zerreyssen/ und jre strick ab uns werffen.
Aber der HERR der im himmel wonet/ der wirt sy verlachen und verspotten.

Der HERR und sein Gesalbter

2 ¹ Warum sind die Nationen in Aufruhr
und sinnen die Völker Nichtiges?
² Die Könige der Erde erheben sich,
und es verschwören sich die Fürsten
gegen den HERRN und seinen Gesalbten:
³ Lasst uns zerreissen ihre Stricke
und von uns werfen ihre Fesseln!
⁴ Der im Himmel thront, lacht,
der Herr spottet ihrer.
⁵ Da fährt er sie an in seinem Zorn,
und in seinem Grimm erschreckt er sie:
⁶ Ich selbst habe meinen König eingesetzt
auf Zion, meinem heiligen Berg.
⁷ Kundtun will ich den Beschluss des HERRN:
Er sprach zu mir: Mein Sohn bist du,
ich habe dich heute gezeugt.

Er wirt sy in seinem zorn scheüch machen und
verwirren/ und in seinem grimmen also zuo
jnen reden:
Dennocht wil ich meinen künig über meinen
heiligen berg Zion eynsetzen.
Mit dem gsatz des HERRN wil ich jn berichten/
dann ich gedenck also bey mir selbs/ Du bist
mein sun/ ich hab dich heütt geboren.
Begär von mir/ so wil ich dir die Heyden zum
erb geben/ und die ende der welt söllend dein
eigen sein.
Die wirst du mit einem eysinen stab regieren/
und sy wie einen hafen zerschlahen.
Und darumb werdend weyß O jr künig/ und jr
richter der erden werdend züchtig.
Dienend dem HERRN mit forchten/ und
frolockend jm mit zitteren.
Nemmend an und umbfahend den Sun/ das er
nit erzürnt werde/ und jr umb eüwere böse
anschleg verderbt werdind.
Dann sein zorn wirt bald enbrünnen/ wol allen
denen die in jn vertrauwend.

8 Bitte mich, so gebe ich dir die Nationen zum
Erbe
und die Enden der Erde zum Eigentum.
9 Du kannst sie zerschlagen mit eisernem Stab,
wie Töpfergeschirr sie zerschmeissen.
10 Darum, ihr Könige, kommt zur Einsicht,
lasst euch warnen, ihr Herrscher der Erde!
11 Dient dem HERRN mit Furcht,
und mit Zittern küsst seine Füsse,
12 damit er nicht zürnt und ihr nicht umkommt
auf eurem Weg,
denn leicht entbrennt sein Zorn.
Wohl allen, die Zuflucht suchen bei ihm.

|1–2: Apg 4,25–26 |3: 149,8 |4: 11,4! · 37,13; 59,9
|7: 89,27–28; 2Sam 7,14; Mt 3,17; Lk 3,22; Apg 13,33;
Hebr 1,5; 5,5 |8: 72,8–11 |9: Offb 2,27; 12,5; 19,15 |Jer 18,6
|10–11: 72,11 |12: 1,6! · 34,9

2,11–12: Der Massoretische Texts wurde korrigiert;
er lautet übersetzt: «Dient dem HERRN mit Furcht, und
jauchzt mit Zittern. 12 Küsst den Sohn, damit er nicht ...»

Der dritt Psalm.
¶ Titel.
Ein lobgesang Davids als er seinen sun Absalom fliehen
muoßt.
¶ Jnnhalt.
Anfechtung unnd widerwertigkeyt schreckt unnd bewegt
zum ersten zuo ungedult/ aber der glaub stillet alle ding.

Ach HERr wie vil sind doch deren die mich
beleidigen? wie sind doch deren die wider
mich aufwütschend so vil?
Ach wie vil sind die zuo mir sagend/ Gott wirt
jm nit helfffen? Säla.
So doch du O HERR mein schirmer bist/ mein
eer/ und der mich wider aufrichtest.
So offt ich mit meiner stimm zum HERREN
rüefff/ so erhört er mich von seinem heyligen
berg. Säla.
Jch lig unnd schlaaff/ aber so mich der HERR
erweckt stand ich wider auf.
Jch erschrick nit ab der vile der völckern die sich
umb mich legend.
Dann du O HERR mein Gott wirst herfür
trätten mir zehelffen/ alle meine feynd wirst
du an backen schlahen/ unnd die zän der
gottlosen zermürsen.
Das heyl O HERR ist bey dir/ darumb beweyß
dein gnad und güete deinem volck.

Wie zahlreich sind meine Feinde

3 1 Ein Psalm Davids, als er vor seinem
Sohn Absalom floh.
2 HERR, wie zahlreich sind meine Feinde,
viele sind es, die gegen mich aufstehen,
3 viele, die von mir sagen:
Er hat keine Hilfe bei Gott. *Sela*
4 Du aber, HERR, bist mir Schild,
bist meine Ehre und erhebst mein Haupt.
5 Laut rufe ich zum HERRN,
und er antwortet mir von seinem heiligen
Berg. *Sela*
6 Ich lag und schlief,
nun bin ich erwacht, denn der HERR hält
mich.
7 Ich fürchte mich nicht vor vielen tausend
Kriegern,
die ringsum mich belagern.
8 Steh auf, HERR,
hilf mir, mein Gott.
Allen meinen Feinden hast du das Kinn
zerschmettert,
die Zähne der Frevler hast du zerschlagen.
9 Beim HERRN ist die Hilfe,
dein Segen über deinem Volk. *Sela*

|1: 2Sam 15,13–14 |2: 25,19 |4: 7,11; 18,3 · 62,8 · 27,6;
110,7 |6: 4,9! |7: 27,3 |8: 58,7

Der iiij. Psalm.
¶ Titel.
Jst ein ermanlich gsang Davids zum musickspill gemacht.
¶ Jnnhalt.
Jst ein ermanung zum glauben und unschuld mit bescheltung der gottlosen. Zeigt auch an was glücksäligkeyt die frommen habind.

O Gott du mein frommkeit/ der du mich/ so ich zuo dir rüeff/ erhörst/ unnd mir/ so ich in trang bin/ weyt machest/ biß mir gnädig/ und erhör mein gebätt.
O jr arbeytsäligen menschen wie lang wöllend jr mein maiestet schmähen/ und das eytel lieben? wie lang wöllend jr doch dem betruglichen nachhengen? Säla.
Wenn wöllend jr erkennen das der HERr den/ den er lieb hat/ errettet? Der HERR so ich zuo jm schrey erhört er mich.
Erschräckend und sündend nit/ trachtend in euweren betten mit stillschweygen.
Opfferend opffer der unschuld/ und vertrauwend auff den HERREN.
Das volck pfligt zesagen/ wär wil uns guots thuon? so doch du O HERR das liecht deines angesichts über uns hast lassen scheynen.
Jn welchem du meynem hertzen ein grössere fröud eyngegossen hast/ dann sy habind wenn jnen vil korns und mosts wachßt.
Darumb wil ich mich sicher unnd in friden niderlegen unnd schlaaffen. Dann du HERR allein schaffst dz ich sicher wonen.

Der v. Psalm.
¶ Titel.
Ein ermanlich gsang Davids von erbteylen.
¶ Jnnhalt.
Er beschreybt zwo arden der menschen/ nennets zwey erbteyl/ zeigt yetwäders erbs end an.

Hör O HERR meine wort: verstand mein trachten. Merck die stimm meines geschreys

3,1: Die Psalmenüberschriften sind spätere Zusätze. Sie enthalten Hinweise für die musikalische Aufführung, Angaben über Verfasser, Zweck und Entstehungshintergrund eines Psalms.
3,3: «Sela» ist ein den Psalmen nachträglich hinzugefügter Fachausdruck für die Rezitation oder die musikalische Begleitung; er wird meist als Wiederholungszeichen (da capo) oder als Pausenzeichen für ein musikalisches Zwischenspiel verstanden.

Du lässt mich sicher wohnen
4 1 Für den Chormeister. Mit Saitenspiel. Ein Psalm Davids.
2 Erhöre mich, wenn ich rufe,
  Gott meiner Gerechtigkeit.
  In der Bedrängnis hast du mir Raum geschaffen.
  Sei mir gnädig und höre mein Gebet.
3 Ihr Mächtigen, wie lange noch bleibt meine Ehre geschändet,
  wollt ihr Nichtiges lieben, auf Lügen sinnen? *Sela*
4 Erkennt, dass der HERR seinen Getreuen erwählt hat.
  Der HERR hört, wenn ich zu ihm rufe.
5 Ereifert euch, doch sündigt nicht,
  bedenkt es auf eurem Lager und werdet still. *Sela*
6 Bringt wahre Opfer dar
  und vertraut auf den HERRN.
7 Viele sagen: Wer lässt uns Gutes schauen?
  Entschwunden ist über uns das Licht deines Angesichts, HERR.
8 Du hast mir Freude ins Herz gegeben,
  mehr als in der Zeit, da es Korn und Wein gibt in Fülle.
9 In Frieden will ich mich niederlegen und schlafen,
  denn du allein, HERR, lässt mich sicher wohnen.

|2: 118,5 |5: Eph 4,26 |6: 51,21 |7: 31,17; 44,4; 67,2; 80,4; 119,135; Num 6,25.26 |9: 3,6; Lev 26,6; Spr 3,24

4,7: Möglich ist auch die Übersetzung: «... Erhebe über uns das Licht deines Angesichts, HERR.»

Du segnest den Gerechten
5 1 Für den Chormeister. Zum Flötenspiel. Ein Psalm Davids.
2 Höre meine Worte, HERR,
  vernimm mein Seufzen.
3 Achte auf mein lautes Schreien,
  mein König und mein Gott,
  denn ich will zu dir beten.

O mein Künig unnd mein Gott/ dann zuo
dir wil ich ein bitt tuon.
Erhör bey zeyten mein stimm O HERR/ dann
früe wird ich mich zuo dir füegen/ und
beschauwen.
Dann du bist ein Gott dem gottlose nit gfalt:
bey dir mag auch kein schalck wonen.
Die fräfler mögend vor dir nitt beston: du
hassest alle die schalckheyt treybend.
Du bringst umb die lugner: du hast ein
scheühen O HERR ab den bluotdurstigen
und falschen.
Aber ich kumm in dein hauß auff die vile deiner
gnad vertröstet: und betten an in deinem
heiligen tempel/ dann ich dich vor augen
hab.
HERR leyte mich in deiner gerechtigkeit umb
meiner widersächern willenn: bereyt deinen
wäg vor mir.
Dann in jrem mund ist nichts vests: innwendig
sind sy ful: jr käl ist ein offens grab: mit jrer
zungen aber schmeychlend sy.
Straaff sy O Gott/ das sy in jren eygnen
raatschlegen umbkummind: verderb sy nach
der vile jrer schalckheyt/ dann sy sind untrüw
an dir.
Dargegen verleych dz sich alle die fröwind die
auff dich vertrauwt sind: das sy eewig
frolockind so du ob jnen haltest.
Das sich alle die in dir fröwind die deinen
nammen lieb habend.
Dann du O HERR thuost dem frommen guots/
und schirmpst jn mit deiner gnad als mit
einem schilt.

Der vj. Psalm.
Titel. Ein ermanlich gsang Davids/ auff die seytenspil
durch die octaven zesingen.
¶ Jnnhalt.
Duldmuot bittet hie/ und erzellt (gar bey mit verweyssen)
jr lang engstlich wärben. Zuo letst aber frolocket sy das sy
erhört/ und jre feynd geschendt werdend.

Ach HERR nit straaff mich in deinem zorn:
unnd züchtig mich nitt in deinem grimm.

4 HERR, am Morgen hörst du meine Stimme,
am Morgen richte ich dir Opfer zu und
warte.
5 Denn du bist nicht ein Gott, dem Frevel
gefällt,
nicht darf der Böse bei dir weilen.
6 Prahler dürfen nicht
vor deine Augen treten.
Du hasst alle Übeltäter,
7 vernichtest die Lügner.
Den Mörder und Betrüger
verabscheut der HERR.
8 Ich aber darf durch deine grosse Güte
eintreten in dein Haus.
Zu deinem heiligen Tempel hin will ich mich
niederwerfen
in Ehrfurcht vor dir.
9 HERR, leite mich in deiner Gerechtigkeit
um meiner Feinde willen,
ebne vor mir deinen Weg.
10 Denn in ihrem Mund ist nichts Wahres,
ihr Inneres ist Verderben,
ein offenes Grab ist ihre Kehle,
aalglatt ist ihre Zunge.
11 Lass sie büssen, Gott,
sie sollen fallen durch ihre eigenen Ränke.
Ihrer vielen Verbrechen wegen verstosse sie,
denn sie lehnen sich auf gegen dich.
12 Doch freuen sollen sich alle, die bei dir
Zuflucht suchen,
immerfort sollen sie jubeln.
Beschütze sie, dass über dich frohlocken,
die deinen Namen lieben.
13 Denn du, HERR, segnest den Gerechten,
wie mit einem Schild deckst du ihn mit
Wohlgefallen.

|2–3: 86,6; 130,1–2 |3: 44,5; 84,4; 145,1 |4: 46,6; 88,14
|5: 15,1; 101,7 |7: 55,24 |8: 138,2 |9: 25,4!–5; 27,11; 143,10;
Jes 26,7 |10: 12,3!; 55,22; Röm 3,13 |12 40,17; 64,11 · 69,37!

5,1: Möglicherweise ist statt «Zum Flötenspiel.» zu
übersetzen: «Gegen Krankheit.»

Strafe mich nicht in deinem Zorn
6 1 Für den Chormeister. Mit Saitenspiel
auf der Achten. Ein Psalm Davids.
2 HERR, strafe mich nicht in deinem Zorn
und züchtige mich nicht in deinem
Grimm.
3 Sei mir gnädig, HERR, denn ich verschmachte,
heile mich, HERR, denn meine Gebeine
sind erschrocken.
4 Tief erschrocken ist meine Seele.
Du aber, HERR, wie lange?

HERR biß mir gnädig/ dann ich bin schwach: mach mich gsund O HERr dann ich bin gantz erschrocken.

Dann mein seel ist vast bekümmeret: du aber O HERR/ wie lang verzüchst du?

Keer wider O HERR und erlöß mein seel/ und hilff mir umb deiner güete willen.

Dann bey den todten gedenckt man deyn nit: wär lobt dich aber in der gruoben?

Jch bin müed worden mit seüfftzen/ ich schwämm mein bett alle nacht/ und mach mein läger mit trähen weich.

Von trauren bin ich umbs gsicht kommen/ ich verschweynen under so vil meiner feynden.

Aber nun werdend jr von mir weychen jr übelthäter alle/ dann der HERR hat die klag meines weynens erhört.

Der HERR hat meyn flehen erhört/ mein bitt hat er angenomen.

Es werdend sich vast schämen unnd erschräcken alle meine feynd: sy werdend sich wenden und schnäll geschendt werden.

Der vij. Psalm.
¶Titel.
Die unwürse Davids die er gesungen hatt von der thaat Chusi des suns Jemini.
¶Jnnhalt.
Er verzeügt sein unschuld/ empfilcht die raach dem gerechten richter/ und zeigt an wie der nit schlaaffe.

O HERR meyn Gott auff dich vertrauw ich/ frist mich vor allen denen die mich durächtend/ und erlöß mich.

Das sy mich nit zuckind und zerreyssind wie ein löw/ dann ich hab nieman der mich errette.

O HERR mein Gott hab ich das thon/ wirt die schuld an mir funden.

Hab ich args widergolten dem der mir guots gethon hatt/ hab ich meinen feynd muotwillig außgezogen.

So durächt mich der feynd/ fach mich/ unnd trätt mich zeboden/ mein eer trucke er inn kaat. Säla.

Stand auff HERR und far mit deinem zorn und unwürse wider meine feynd/ und rüst auf die raach für mich die du verheissen hast.

Das dich die gmeynd der völckern umbgeben/ umb deren willen kumm wider embor.

O HERR du richter der völckern/ rett mich nach meiner unschuld und redliche.

Schaff das die schalckheit der gottlosen auf höre/ den frommen aber richt auf/ O du gerechter

5 Kehre wieder, HERR, errette mein Leben,
  hilf mir um deiner Gnade willen.
6 Denn im Tod gedenkt man deiner nicht,
  wer wird im Totenreich dich preisen?
7 Ich bin erschöpft von meinem Seufzen,
  ich tränke jede Nacht mein Bett,
  mit meinen Tränen überschwemme ich
  mein Lager.
8 Schwach geworden ist mein Auge vor Gram,
  matt geworden von allen, die mich
  bedrängen.
9 Weicht von mir, ihr Übeltäter alle,
  denn der HERR hat mein lautes Weinen
  gehört.
10 Der HERR hat mein Flehen gehört,
   der HERR nimmt mein Gebet an.
11 Es werden zuschanden, es erschrecken alle
   meine Feinde,
   sie werden zurückweichen, werden
   zuschanden im Nu.

|2: 38,2; Jer 10,24 |3: 41,5; Jer 17,14 |4: 13,2.3 |6 30,10; 88,11–13; 115,17; Jes 38,18 |8: 31,10; Hiob 17,7 |9: 119,115! |11: 35,4!

Gott ist ein gerechter Richter

7 1 Ein Klagelied Davids, das er dem HERRN sang wegen des Benjaminiten Kusch.

2 HERR, mein Gott, bei dir suche ich Zuflucht,
  hilf mir vor allen meinen Verfolgern und
  rette mich,
3 damit mich nicht einer wie ein Löwe
  zerreisst,
    mich zerfleischt, und keiner ist da, der
    rettet.
4 HERR, mein Gott, wenn ich dies getan habe:
    Wenn Unrecht an meinen Händen klebt,
5 wenn ich dem, der gut zu mir war, Böses tat
    und den beraubte, der mich ohne Grund
    bedrängt,
6 so verfolge mich der Feind und hole mich ein,
    trete zu Boden mein Leben
    und lege in den Staub meine Ehre. *Sela*
7 Steh auf, HERR, in deinem Zorn,
    erhebe dich gegen den Grimm meiner
    Feinde
  und mache dich auf, mir zu helfen im
  Gericht, das du bestellt hast.
8 Lass die Schar der Völker um dich stehen,
  und throne über ihr in der Höhe.
9 Der HERR richtet die Völker.
  Schaffe mir Recht, HERR, nach meiner
  Gerechtigkeit,

Gott dem die hertzen unnd nieren bekannt
sind.
Mein trost stadt uff Gott/ der denen hilfft die
eines rechten hertzens sind.
Gott ist ein grechter richter: Gott tröwt für und
für.
Keert man nit wider/ so wirt er sin schwärt
wetzen: sein bogen spannen unnd zuorüsten.
Er rüstet jm gweere zuo zetöden: er rüstet seine
pfeyl das sy brennend.
Sihe/ der hat ein wunder geborn: dann er hat
jamer empfangen und lugenen geborn.
Er hat ein gruoben ggraben/ er aber wirt in die
gruoben fallen die er gemacht hat.
Dann das jamer wirdt über seinen kopff gon/
und der fräfel auff sein scheytel fallen.
Jch wil dem HERREN dancken umb sein
gerechtigkeit/ und den nammen deß
allerhöchsten wil ich preysen.

und nach meiner Unschuld geschehe mir.
10 Zu Ende gehe die Bosheit der Frevler,
doch dem Gerechten gib Bestand,
du, der du die Herzen und Nieren prüfst,
gerechter Gott.
11 Mein Schild ist Gott,
der denen hilft, die aufrichtigen Herzens
sind.
12 Gott ist ein gerechter Richter
und ein Gott, der täglich zürnt.
13 Fürwahr, schon wieder schärft einer sein
Schwert,
hat seinen Bogen gespannt, bereit zum
Schuss,
14 Todeswaffen hält er sich bereit,
seine Pfeile macht er zu Brandgeschossen.
15 Sieh, er empfängt Frevel, geht schwanger mit
Unheil
und gebärt Lug und Trug.
16 Er grub eine Grube und hob sie aus,
doch er stürzte in das Grab, das er
machte.
17 Sein Frevel kommt zurück auf sein Haupt,
auf seinen Scheitel fährt seine Untat
herab.
18 Ich will den HERRN preisen für seine
Gerechtigkeit,
will singen dem Namen des HERRN, des
Höchsten.

|3: 10,9; 17,12; 22,14 |6: 44,26; 143,3 |7: 10,12! |9 9,5
|10: 26,2!; Jer 11,20; 17,10 |11: 3,4! |12: 9,5 |15 Hiob 15,35;
Jes 59,4 |16: 9,16; 35,7–8; 57,7; 141,10; Spr 26,27
|17: 1Kön 8,32 |18: 18,50!

7,8: Der Massoretische Text wurde korrigiert; er lautet
übersetzt: «…, und über ihr kehre zurück in die Höhe.»

Der viij. Psalm.
¶ Titel.
Ein ermanlich gsang Davids/ das zuo dancksagung/ für
den Herpst.
¶ Jnnhalt.
Ein verwunderung Gottes an dem menschen/ und
dancksagung.

O Gott unser HERR/ wie hoch und träffenlich
ist dein mayestet in aller welt/ die din lob biß
in himmel erhept.
Welliches lob du in den mund der unredenden
und saugenden kindern gelegt hast: auch
stercke/ deßhalb das du deine feynd und
widersächer gefangen füerst/ unnd dich an
jnen rächist.

Was ist der Mensch
8 1 Für den Chormeister. Nach dem
Kelterlied. Ein Psalm Davids.
2 HERR, unser Herr,
wie herrlich ist dein Name in allen
Landen,
der du deine Hoheit über den Himmel
gebreitet hast.
3 Aus dem Mund der Kinder und Säuglinge
hast du ein Bollwerk errichtet
deiner Widersacher wegen,
um ein Ende zu bereiten dem Feind und
dem Rachgierigen.
4 Wenn ich deinen Himmel sehe, das Werk
deiner Finger,
den Mond und die Sterne, die du
hingesetzt hast:

So ich die himmel die du mit deinen fingeren
gemacht hast/ betrachtend: den Mon und
sternen die du geschaffen hast.
So denck ich/ wie groß unnd wärd ist doch der
mensch das du sein gedaacht hast? das du
sein rechnung hast?
Du hast jnn ein wenig minder gemacht dann
Gott: mit eer und zierd hast du jn bekrönt.
Du hast jnn ein fürwäser gemachet aller wercken
die du mit deinen henden gemacht hast: du
hasts alles under seine füeß gelegt.
Alle schaaff unnd rinder: alle thier deß välds.
Die vögel im lufft/ die fisch im wasser/ und was
im Meer sein wäsen hat.
O Gott unser HERR/ wie hoch unnd träffenlich
ist dein maiestet in aller welt.

5 Was ist der Mensch, dass du seiner gedenkst,
und des Menschen Kind, dass du dich
seiner annimmst?
6 Du hast ihn wenig geringer gemacht als Gott,
mit Ehre und Hoheit hast du ihn gekrönt.
7 Du hast ihn zum Herrscher gesetzt über die
Werke deiner Hände,
alles hast du ihm unter die Füsse gelegt:
8 Schafe und Rinder, sie alle,
dazu auch die Tiere des Feldes,
9 die Vögel des Himmels und die Fische im
Meer,
was da die Pfade der Meere durchzieht.
10 HERR, unser Herr,
wie herrlich ist dein Name in allen
Landen.

|3: Mt 21,16 |4: 19,2; 102,26 |5–7: Hebr 2,6–8 |5 144,3;
Hiob 7,17 |6: Gen 1,26–28 |7: 1Kor 15,27; Eph 1,22

8,1: Möglicherweise ist statt «Nach dem Kelterlied.» zu
übersetzen: «Nach der gittischen Weise.»
8,2: Der Massoretische Text wurde korrigiert; er lautet
übersetzt: «…, der du, breite deine Hoheit über den
Himmel.»

Der ix. Psalm.
¶ Titel.
Ein ermanlich gsang Davids/ heyßt das zuonemmen deß
suns.
¶ Jnnhalt.
Es ist ein dancksagung Davids (der sich selbs hie eynen
sun nempt) von wägen seiner erhöhung.

HERR ich wil dich bsingen auß gantzem
hertzen: unnd deine wunderthaten hoch
preysen.
Jch wil fröud haben unnd frolocken in dir/ so
ich deinen nammen loben O du
Allerhöchster.
So mein feynd hindersich gewichen/ gefallen/
und durch dein krafft umbbracht ist.
Dann du hast mich errettet/ unnd mein sach
außgfüert: du bist zegricht gesässen du
gerechter richter.
Du tempst die Heyden/ und bringst die
Gottlosen umb: jren nammen dilckest du ab
ymmer und ewigklich.
Die kriegsweer nimpst du gar hin: du brichst jre
stett/ das sy unnd jr gedächtnuß vergond.
Der HERR aber herrschet ewigklich/ der seinen
stuol mit billigkeit befestnet hat.
Der regieret die welt mit gerechtigkeyt: unnd
spricht den völckeren recht mit billigkeyt.
Der HERR ist ein schirm dem armen: und ein
zuoflucht in der not.

Vergiss nicht die Gebeugten (Ps 9 und 10)
9 1 Für den Chormeister. Nach der Weise
«Stirb für den Sohn». Ein Psalm Davids.
2 Ich will dich preisen, HERR, von ganzem
Herzen, *(Alef)*
will verkünden alle deine Wunder.
3 Ich will mich freuen und frohlocken über
dich,
will deinem Namen singen, du Höchster,
4 dass meine Feinde zurückweichen, *(Bet)*
dass sie straucheln und umkommen vor
dir.
5 Denn du hast mein Recht und meine Sache
geführt,
dich auf den Thron gesetzt als ein
gerechter Richter.
6 Du hast die Nationen gescholten, den Frevler
vernichtet, *(Gimel)*
ihren Namen getilgt für immer und ewig.
7 Der Feind ist zunichte, für immer in
Trümmern,
Städte hast du entvölkert, dahin ist ihr
Ruhm.
8 Der HERR aber thront ewig,
zum Gericht hat er seinen Thron
aufgestellt.
9 Er richtet den Erdkreis in Gerechtigkeit,
spricht gerechtes Urteil den Völkern.

Darumb hoffend auff dich alle die denen dein
namm bekant ist/ dann du O HERR
verlassest die nit die dich suochend.
Lobennd den HERREN der in Zion wonet:
kündend under den völckeren auß seine
radtschleg.
Dann er ist eyngedenck des bluots der
undergetruckten/ und forschet jm nach: er
vergißt auch jres gschreys nit.
HERR biß mir gnädig: sich auff die müey die
mir von meinen feynden zuogefüegt wirt:
und erredt mich vor den porten deß tods.
Das ich dein lob in Zion außkünde/ und
deinem heyl frolocke.
So dargegen die Heyden in den schaden fallend
den sy zuobereytet habend: und jr fuoß
werde in dem netz gefangen das sy gespannen
habend.
Der HERR machet sein gericht offenbar/ so der
sünder mitten in seinem werck ergriffen wirt.
Higaion. Säla.
Zur hellen farend die gottlosen: und alle Heyden
die Gottes vergessend.
Deß armen aber wirt niemarmer vergessen/
unnd das verlangen der verkümmerten wirt
nit umb sunst sein.
HERR stand auff das der mensch nitt oblige: die
Heyden werdind vor dir geurteylet.
Stoß jnen ein schräcken eyn/ das sy erkennind
das sy menschen sygind. Säla.

Hie fahend die Hebreer den
x. Psalmen an.

Wie staast du dann so weyt hindan O HERR?
warumb verbirgst du dich in der not?
Der schlächt und arm gadt durch den
hochprachtischen muotwill der gottlosen ze
grund: ach das sy jnn jrer verräterey die sy
fürnemmen/ gfangen wurdend.

10 So wird der HERR eine Burg für den
Bedrückten, *(Waw)*
eine Burg in der Zeit der Not.
11 Darum vertrauen auf dich, die deinen
Namen kennen,
denn du verlässt nicht, die dich suchen,
HERR.
12 Singt dem HERRN, der auf Zion thront,
(Sajin)
verkündet unter den Völkern seine Taten.
13 Denn er, der Blutschuld rächt, hat ihrer
gedacht,
hat nicht vergessen den Notschrei der
Gebeugten.
14 Sei mir gnädig, HERR, sieh, wie elend ich bin,
weil sie mich hassen, *(Chet)*
du hebst mich empor aus den Toren des
Todes,
15 damit ich all deinen Ruhm verkünde,
in den Toren der Tochter Zion über deine
Hilfe jauchze.
16 Nationen sind versunken in der Grube, die
sie selbst gegraben haben, *(Tet)*
im Netz, das sie heimlich legten, hat ihr
Fuss sich verfangen.
17 Kundgetan hat sich der HERR, Gericht hat er
gehalten,
im Werk seiner Hände hat sich der Frevler
verstrickt. *Zwischenspiel. Sela*
18 Zurückkehren ins Totenreich müssen die
Frevler, *(Jod)*
alle Nationen, die Gott vergessen.
19 Doch der Arme bleibt nicht für immer
vergessen, *(Kaf)*
die Hoffnung der Elenden nicht auf ewig
verloren.
20 Steh auf, HERR, damit nicht der Mensch
triumphiert,
damit die Nationen gerichtet werden vor
dir.
21 Lege, HERR, Schrecken auf sie,
erkennen sollen die Nationen, dass sie
Menschen sind. *Sela*

10

1 Warum, HERR, bist du fern, *(Lamed)*
verbirgst dich in der Zeit der Not?
2 In seinem Hochmut verfolgt der Frevler den
Elenden.
Sie sollen sich fangen in den Ränken, die
sie ersonnen haben.
3 Es rühmt der Frevler seine freche Gier,
und der Habsüchtige lästert, verachtet
den HERRN.
4 Hochmütig wähnt der Frevler:

Der gottloß so er seines hertzens begird erfüllt/ so rüempt er sich: der röuber und der Gottslesterer werdend gelopt.

Der gottloß aber von wägen seins hoch muots/ hat deß kein acht: dann in allen seinen schalckhafften radtschlegen/ fraget er Gott nit raats.

Alle seine wäg sind vermaßget und das zuo aller zeyt: deine gerichte hat er weyt von jm verschupfft: alle seine feynd verachtet er.

Dann er hat jm in seinem hertzen also fürgenommen/ Jch wil kein zeyt lassenn hingon/ in deren ich nit etwas schalckheyt treybe.

Sein mund ist voller lesterens/ betrug/ und list: under seiner zungen ist müey unnd leyd.

Er lauffet umb die meygerhöf das er den unschuldigen heimlich umbbringe: seine augen sind auff die fürgeenden gerichtet.

Er lauffet in der hüly wie ein Löw auff seinem läger: er lauffet das er den verkümmerten beraube/ ja das er jnn raube so er jnn in seinem netz gefangen hat.

Er wirfft nider/ fellt/ unnd truckt under mit seinem gewalt alle die da fürgond.

Dann er trachtet also bey jm selbs/ Gott weyßt nichts darumb: er hat sein angesicht abgewendt das ers gar nit sicht.

Stannd auff HERR Gott zuck dein hand/ und vergiß nit der verkümmerten.

Warumb sölte der gottloß Gott verachten/ unnd in seinem hertzen sagen/ du hettist sein kein acht?

Und darumb luog/ dann du bist der/ der müey unnd des leyds warnimpst/ das sy dir in dhend werdind/ der arm unnd weyßloß ist an dich gelassen: du bist der dem weyßlin hilff beweysest.

Zerbrich die stercke des Gottlosen unnd deß schalcks/ das sy mit sampt jrer schalckkeyt umbkummind.

Der HERR regiert ewigklich: alle völcker aber werdend von der erden außgereütet.

HERR erhör das anligen der verkümmerten: dein or mercke wie es umb jr hertz stande.

Rett das weyßlin und den verkümmerten/ dz der arbeitsälig mensch fürhin nit mer sölichen fräfel brauche.

Er greift nicht ein, es ist kein Gott.
Das ist all sein Denken.
5 Seine Wege haben jederzeit Bestand.
Fern von ihm, hoch droben sind deine Gerichte,
alle seine Gegner fährt er an.
6 Er spricht in seinem Herzen: Ich werde nicht wanken,
von Generation zu Generation bin ich vom Unglück verschont.
7 Voll Fluch ist sein Mund, voll Trug und Gewalttat, *(Pe)*
unter seiner Zunge ist Verderben und Unheil.
8 In Verstecken liegt er auf der Lauer,
im Verborgenen bringt er den Unschuldigen um.
Seine Augen spähen nach dem Wehrlosen, *(Ajin)*
9 er lauert im Versteck wie ein Löwe im Dickicht.
Er lauert darauf, den Elenden zu fangen,
er fängt den Elenden, schleppt ihn fort in seinem Netz.
10 Zerschmettert sinken die Wehrlosen nieder
und fallen durch seine Gewalt.
11 Er spricht in seinem Herzen: Gott hat es vergessen,
er hat sein Angesicht verborgen, er sieht es nimmermehr.
12 Steh auf, HERR! Gott, erhebe deine Hand, *(Qof)*
vergiss nicht die Gebeugten.
13 Warum darf der Frevler Gott verachten,
in seinem Herzen sprechen: Du greifst nicht ein.
14 Doch du siehst Unheil und Kummer, *(Resch)*
blickst hin, nimmst es in deine Hand.
Dir überlässt es der Wehrlose,
dem Verwaisten bist du Helfer.
15 Zerbrich den Arm des Frevlers und des Bösen, *(Schin)*
ahnde seinen Frevel, dass man nichts mehr findet von ihm.
16 Der HERR ist König für immer und ewig,
verschwunden sind die Nationen aus seinem Land.
17 Das Verlangen der Gebeugten hast du vernommen, HERR, *(Taw)*
fest machst du ihr Herz, du neigst dein Ohr,
18 um Recht zu schaffen dem Verwaisten und Bedrückten.

Keiner wird mehr gewalttätig sein auf
Erden.

|2: 138,1 |5: 7,9.12 |6: 34,17! |8: 10,16!; 45,7; 93,2; 102,13;
Klgl 5,19 |9: 67,5; 96,13; 98,9; Apg 17,31 |10 18,3!; 37,39;
46,2.8.12 |11: 91,14 |13: Hiob 34,28 |16 7,16! |18: 50,22
|20: 10,12! |3–4: 10,13 |4: 14,1 |7 Röm 3,14 |8: 37,32
|9: 7,3! |11: 64,6; 94,7; Jes 29,15; Ez 8,12; 9,9 |12: 7,7; 9,20
|13: 10,3–4 |14: 31,8 · 146,8.9! |15: 37,17 |16: 9,8!; 93,1!–2;
146,10; Ex 15,18; Jer 10,10 |18: Dtn 10,18

Ps 9 und 10: Die beiden Psalmen bilden eine Einheit.
Es handelt sich um ein sogenanntes alphabetisches Lied,
dessen Strophen in der Regel mit dem jeweils nächsten
Buchstaben des hebräischen Alphabets einsetzen.

9,1: Möglicherweise ist statt «Stirb für den Sohn»
zu übersetzen: «Nach Mädchenweise» oder: «Nach der
elamitischen Weise».

10,10: Möglich ist auch die Übersetzung: «Er duckt
sich, kauert sich nieder, und durch seine Übermacht fallen
die Wehrlosen.»

Der x. Psalm
Hebr. XI. Psalm.
¶ Titel.
Ein ermanung Davids.
¶ Jnnhalt.
Vester glaub bleybt nimmer unangefochten: wirt aber nimmer gar überwunden.

Ich vertrüw auff den HERREN. Wie wellend jr
dann zuo meiner seel sagen/ heb dich bald
vonn hinnen/ mach dich inn deine berg
schnäller dann ein vogel?
Dann sihe/ die Gottlosen spannend jren bogen:
sy legend den pfeyl auff die sennen/ das sy
heimlich die schiessind die fromms hertzens
sind.
Das sys gar vom grund außreütind: wo sol sich
doch der fromm hin wenden?
Der HERR der in seinem heiligen tempel ist.
Der HERR deß stuol im himmel ist/ der
luogt auff mitt seinen augenn: mit seinen
auglideren sicht er auff der menschen kind.
Der HERR sicht auff den frommen: den
Gottlosen aber und übelthäter hasset er seer
übel.
Er rägnet strick über die übelthäter. Fheür/
schwäbel/ wätterstoß/ unnd ungewitter sind
das tranck/ damit er sy trenckt.
Dann der gerecht HERR hat gerechtigkeit lieb:
und sein angsicht luogt fleyssig auff das
billich.

Beim HERRN bin ich geborgen

11 1 Für den Chormeister. Von David.
Beim HERRN bin ich geborgen. Wie
könnt ihr zu mir sagen:
Flieh in die Berge wie ein Vogel.
2 Denn sieh, die Frevler spannen den Bogen,
schon haben sie ihren Pfeil auf die Sehne
gelegt,
um im Dunkel zu schiessen auf die,
die aufrichtigen Herzens sind.
3 Wenn die Grundfesten stürzen,
was vermag der Gerechte?
4 Der HERR ist in seinem heiligen Palast,
der HERR hat im Himmel seinen Thron.
Seine Augen schauen herab,
seine Blicke prüfen die Menschen.
5 Der HERR prüft den Gerechten und den
Frevler,
und seine Seele hasst den, der Gewalt
liebt.
6 Feurige Kohlen und Schwefel lasse er auf die
Frevler regnen,
und Glutwind sei das Los ihres Bechers.
7 Denn der HERR ist gerecht, er liebt gerechte
Taten;
die Aufrichtigen werden sein Angesicht
schauen.

|2: 37,14; 57,5; 64,4 |4: Hab 2,20 · 2,4; Jes 66,1;
Mt 5,34 · 14,2; 102,20 |6: 140,11; Gen 19,24 |7: 45,8 · 140,14

11,1: Der Massoretische Text wurde korrigiert; er lautet
übersetzt: «…: Flieht zu eurem Berg, ihr Vögel.»

11,6: Der Massoretische Text wurde korrigiert; er lautet
übersetzt: «Fallen, Feuer und Schwefel lasse er …»

Der xj. Psalm.
Hebre. XII. Psalm.
¶ Titel.
Ein ermanlich gsang Davids durch die octaven zesingen.
¶Jnnhalt.
Er klagt den gemeinen falsch/ bittet das er vor der untrüwen rott verhüetet werde: dann wo die eytelen und lugner erhöcht werdend/ da sey es alles voller gottlose.

HERR kumm zehilff/ dann alle frommkeit ist hin: es ist weder glaub noch trüw under den menschen.
　Ein yetlicher redet lugen mitt seynem nächsten: alle hertzen trachtend nur auff senffte schmeychel reden.
　Der HERR reüte auß alle münd die schmeychelred brauchend: und die zung die stoltzes redt.
Die da sprechend/ wir wellend mit unseren zungen starck fürfaren: wir vertröstend uns unserer läfftzen/ wär wolt unns dann meisteren?
　Darumb wirt der HERR sprechen/ ich wil auff sein umb deß jamers willen der undergetruckten/ und von wägen der klag der verkümmerten/ wil jnen helffen/ und sy wider zuo ruowen setzen.
Die reden des HERREN sind lautere reden/ wie das silber im tygel vonn der erden geleüteret/ unnd siben mal geschmeltzet wirt.
　Darumb verhüet sy O HERR/ und behüet uns vor sölichen menschen ewigklich.
Dann so eytelkeit unnd uppigkeit under den menschen erhöcht wirt/ so wirt es alles voller gottlosen.

Der xij. Psalm.
Hebre. XIII Psalm.
¶ Titel.
Ein ermanlich gsang Davids.
Jnnhalt.
Duldmuot bittet in langer wider wertigkeit/ mag von Gott nit abgefüert werden.

Ach HERR wie lang wilt du mein vergessen? ewigklich? wie lanng wilt du dein angesicht vor mir verbergen?
Ach wie lang muoß ich in mir selbs radtschlagen? wie lang wirt die arbeit mein hertz üeben? wie lang wirt sich der feynd erhöhen über mich?
HERR Gott sichs und hilff: erleücht meine augen das ich im tod nitt entschlaffe.

Die Worte des HERRN sind lauter

12 1 Für den Chormeister. Auf der Achten. Ein Psalm Davids.

2 Hilf, HERR, denn dahin ist der Getreue,
　　verschwunden sind die Getreuen unter den Menschen.
3 Nichtiges reden sie untereinander,
　　mit glatter Zunge, mit zwiespältigem Herzen reden sie.
4 Der HERR vertilge alle falschen Lippen,
　　die Zunge, die vermessen redet,
5 die da sagen: Mit unserer Zunge sind wir mächtig,
　　unser Mund spricht für uns, wer kann Herr sein über uns.
6 Die Elenden werden unterdrückt, die Armen seufzen,
　　darum stehe ich auf, spricht der HERR,
　　und bringe Rettung dem, den man hart bedrängt.
7 Die Worte des HERRN sind lautere Worte,
　　Silber, im Schmelztiegel geläutert,
　　von Erde gereinigt siebenfach.
8 Du, HERR, wirst sie halten,
　　wirst ihn für immer bewahren vor dieser Generation,
9 auch wenn ringsum Frevler sind
　　und Niedertracht sich erhebt unter den Menschen.

|2: 14,1–3; Jer 9,1; Mi 7,2 |3: 5,10; 28,3; 52,4–6; 55,22; 62,5; 120,2; Spr 26,24–25; Jes 59,3.4; Jer 9,7 |6 Jes 33,10 |7: 18,31!

Willst du mich ganz vergessen?

13 1 Für den Chormeister. Ein Psalm Davids.

2 Wie lange, HERR! Willst du mich ganz vergessen?
　　Wie lange verbirgst du dein Angesicht vor mir?
3 Wie lange soll ich Sorgen tragen in meiner Seele,
　　Kummer in meinem Herzen, Tag für Tag?
　　Wie lange noch soll mein Feind sich über mich erheben?
4 Sieh mich an, erhöre mich, HERR, mein Gott.
　　Mache meine Augen hell, damit ich nicht zum Tod entschlafe,
5 damit mein Feind nicht sage: Ich habe ihn überwältigt,

Das mein feynd nit spreche/ jch bin jmm
obgelägen: Laß mich nit entwegt werden/ das
die nit frolockind die mir feynd sind.

Dann ich tröst mich deiner güete: mein hertz
springt in fröuden auf ab der zuokunfft
deiner hilff/ das ich dir lobsinge O HERR so
du mir sy beweysen wirst.

meine Gegner nicht jauchzen, dass ich
wanke.
6 Ich aber vertraue auf deine Güte,
über deine Hilfe jauchze mein Herz.
Singen will ich dem HERRN,
denn er hat mir Gutes getan.

|2–3: 6,4 |2: 42,10; 44,25 |5: 25,2; 30,2; 35,19.24; 38,17
|6: 116,7

Der xiij. Psalm.
Hebr. XIIII. Psalm.
¶ Titel.
Ein ermanlich gsang Davids.
¶ Jnnhalt.
Er durchgründt/ und findt das alle menschen sünder sind/
sagt auch was forcht die Gottlosen werdind haben/ und
wie das heyl von Zion allen glöubigen kommen werde.

Die toren sprechend in jren hertzen/ es ist kein
Gott: zerstörte und grausame ding nemmend
sy für: es thuot keiner nichts guots.

Der HERR luogt auff ein zeyt vom himel herab
auff die menschen/ ob doch yeman weyß und
Gottsförchtig wäre.

Da warend sy alle mit einander abgefallen: alle
mit einander zerbrochen: keiner thett guots/
ja nit einer.

Dann wie möchtennd die weyß sein die den
lastren gar ergeben sind? die mein volck
gleych wie das brot fressend? und die Gott
nit anrüeffend?

Darumb werdend sy denn übel erschräcken/ so
Gott auff der frommen seyten ston wirt/ und
zuo jnen sprechen.

Jr habend den radt des armen verspottet: aber
Gott ist sein hoffnung.

Wär wirt von Zion dem Jsrael heyl geben? so der
HERr seins volcks gfencknuß widerbringen
wirt: Jacob wirt frolocken/ und Jsrael wirt
sich fröwen.

Die Torheit der Gottlosen

14 1 Für den Chormeister. Von David.
Der Tor spricht in seinem Herzen:
Es ist kein Gott.
Verderbt, abscheulich handeln sie,
keiner ist, der Gutes tut.
2 Der HERR schaut herab vom Himmel
auf die Menschen,
zu sehen, ob da ein Einsichtiger sei,
einer, der nach Gott fragt.
3 Alle sind sie abtrünnig,
alle verdorben,
keiner ist, der Gutes tut,
auch nicht einer.
4 Haben denn keine Einsicht all die Übeltäter,
die mein Volk verzehren, wie man Brot
isst,
die den HERRN nicht anrufen?
5 Da trifft sie gewaltiger Schrecken,
denn Gott ist beim Geschlecht der
Gerechten.
6 An eurem Plan gegen den Elenden werdet ihr
zuschanden,
denn der HERR ist seine Zuflucht.
7 Möge von Zion Israels Hilfe kommen.
Wenn der HERR das Geschick seines Volkes
wendet,
jauchze Jakob, freue sich Israel!

|1–7: 53,1–7 |1–3: Röm 3,10–12 |1: 10,4 |2: 11,4! |3: 12,2!
|7: 20,3; 121,1–2 · 85,2; 126,1

Der xiiij. Psalm.
Hebre. XV. Psalm.
¶ Tit. Ein gsang Davids.
¶ Jnnhalt.
Der glöubigen und Gottsförchtigen erb/ und läben in
disem zeyt/ wirt beschriben.

HERR wär wirt in deiner hütten wonen? oder
wär mag wonung haben auff deinem heiligen
berg?

Wer darf weilen in deinem Zelt?

15 1 Ein Psalm Davids.
HERR, wer darf weilen in deinem Zelt,
wer darf wohnen auf deinem heiligen
Berg?
2 Der in Vollkommenheit seinen Weg geht
und Gerechtigkeit übt,
der von Herzen die Wahrheit sagt,
3 nicht verleumdet mit seiner Zunge,
der nicht Böses tut seinem Nächsten

Der der unschuldig und frommklich läbt/ der
recht thuot/ der warheit und trüw in seinem
hertzen üebt.
Der mit seiner zungen nit betreügt: seinem
nächsten nichts böses thuot/ seinen
nachpauren nit schmächt.
Vor dem der gottloß schalck nichts gilltet/ vor
dem die Gottsförchtigen theür und wärd
sind: Der das nitt enderet das er seinem
nächsten gschworn hat.
Der mit seinem gelt nit wuocheret/ weder myet
noch gaaben nimpt über den unschuldigen.
Der dise ding thuot/ der wirt in ewigkeit nyemer
mer entwegt.

Der xv. Psalm.
Hebre. XVI. Psalm.
¶ Titel.
Davids Michtham/ das ist/ ein kleynot.
¶ Jnnhalt.
Nach dem er alle ding diser welt eygentlich durchsähen
hatt/ bekennt er/ das nichts stät und steyff sey. Nichts sey
aber steiffers und gwüssers/ dann mit allem vertrüwen
dem HERREN anhangen.

Behüet mich O Gott/ dann ich vertrüw auff
dich. Jch vergychs dem HERREN/ du bist
min HERR/ mein guots ist nichts zuo dir.
Jch hatt mich vor zeyten gantz und gar gelegt
auff die heyligen unnd fürnemmen die auff
erden sind.
Do aber jrs schadenns unnd unfals vil ward/
fielend sy schnäll hindersich.
Jch wil jre tranck die von bluot sind/ nitt
trincken: unnd wil jre nammen nit in meinen
mund nemmen.
Der HERR aber ist mein erbteyl unnd mein
bächer: du auffenthaltest meinen teyl.
Mein loß ist mir an ein schön ort gfallen/ mein
erbteyl ist schön und hüpsch.
Jch danck dem HERRN das er mich warnet:
dann auch ze nacht straaffet mich mein
gwüssen.
Jch hab den HERREN allwäg vor augen/ dann
er staat mir zur gerechten/ das ich nimmer
mer entwegt wird.
Dannen har fröwt sich mein hertz/ mein
herrliche frolocket/ und mein fleisch wirt
sicher ruowen.
Dann du wirst mein seel nit verlassen zuo der
hellen: du wirst auch nit gestattenn das dein
heyliger unnd geliebter das verderben sähe.
Du wirst mir den pfad des läbens kund thuon:
mit deinem angesicht wirstu mich erfröwen.

und nicht Schmach lädt auf seinen
Nachbarn,
4 der den Verworfenen verachtet
und ehrt, die den HERRN fürchten,
der Wort hält,
auch wenn er zum eigenen Schaden
geschworen hat,
5 der sein Geld nicht um Zins gibt
und nicht Bestechung annimmt gegen
den Unschuldigen.
Wer das tut,
wird niemals wanken.

|1: 24,3 · 5,5! |2: 26,1.11; 84,12; 101,2.6; 119,1; Spr 20,7
|5: Ex 22,24; Spr 17,23; Ez 22,12

Gott vor Augen

16 1 Ein Lied Davids.
Behüte mich, Gott, denn bei dir
suche ich Zuflucht.
2 Ich spreche zum HERRN: Du bist Herr,
mein Glück ist nur bei dir.
3 An den Heiligen, die im Lande sind,
an den Herrlichen habe ich grosses
Gefallen.
4 Zahlreich sind die Schmerzen derer,
die einen anderen umwerben.
Opfer von Blut will ich ihnen nicht bringen
und ihren Namen nicht auf meine Lippen
nehmen.
5 HERR, du mein Besitz und Becher,
du hältst mein Los in Händen.
6 Auf schönes Land fiel mir die Messschnur,
mein Erbe gefällt mir wohl.
7 Ich preise den HERRN, der mich beraten hat,
auch des Nachts mahnt mich mein
Inneres.
8 Allezeit habe ich den HERRN vor Augen,
steht er mir zur Rechten, wanke ich nicht.
9 Darum freut sich mein Herz und jauchzt
meine Seele,
auch mein Leib wird sicher wohnen.
10 Denn du gibst mein Leben nicht dem
Totenreich preis,
du lässt deinen Getreuen das Grab nicht
schauen.
11 Du zeigst mir den Weg des Lebens,
Freude in Fülle ist vor dir,
Wonne in deiner Rechten auf ewig.

|1: 25,20; 86,2 |5: 73,26; 142,6; Klgl 3,24 |8–11 Apg 2,25–28 |10: Apg 13,35

Lust unnd wunn ist bey deiner gerechten ewigklich.

16,7: Wörtlich: «…, auch des Nachts mahnen mich meine Nieren.»

Das xvj. Psalm.
Hebre. XVII. Psalm.
¶ Titel.
Ein gebätt Davids:
¶ Jnnhalt.
Jm gebätt streytet er mit Gott/ das er jnn mit so vil widerwertigkeyt laßt angefochtenn werden/ so doch er sich der frommkeit und unschuld fleysse: unnd begärt das jnn der Herr von seinen widersächeren errette und schirme.

HERr erhör min unschuld/ hab acht auff mein klag: hör mein gebätt dz nit auß falschen läfftzen kumpt.
Mein urteyl gange vonn dir auß: deine augen sähind auff das billich.
Bewär mein hertz/ ersuoch mich nachts/ schmeltz mich/ so wirstu nichts finden: dann ich mir fürgenomen hab nit mit einem wörtlin ze überträtten.
Umb der worten willen deiner läfftzenn hüet ich mich vor den thaaten der menschen/ und dem wäg des fräflers.
Behalt meinen gang in deinem wäg/ dz meine tritt nit außschweyffind.
Dann zuo dir rüeff ich/ hilff O Gott: beüt mir dein or/ und hör meine wort.
Beweiß mir dein güete/ du der mit deiner gerechten schirmst und rettest die in dich vertruwend vor denen die über sy auffwutschtend.
Behüet mich wie den augapffel: verbirg mich under den schirm deiner flüglen.
Vor den Gottlosen die mich beleidigend: vor meinen feynden die mein seel umbschantzend.
Die mit jren reychtagen überfallend/ und mit jrem mund stoltze täding treybend.
Sy verlegend unsere straaffen/ und wendend jre augen zur erden.
Wie ein Löw der auff ein raub wartet: und wie ein junger löwenwelff der heymlich lauffet.
Stand auf HERR/ kumm jm vor/ wirff jn nider/ und löß min seel mit deinem schwärt vom gottlosen.
Von den arbeytsäligen leüten O HERr mit deiner hand: von den arbeytsäligen leüten diser erden/ die jr erbteil in disem zeyt habend.

Im Schatten deiner Flügel

17 1 Ein Gebet Davids.
Höre, HERR, im Namen der Gerechtigkeit, nimm wahr mein Flehen,
  vernimm mein Gebet
  von Lippen ohne Falsch.
2 Von dir geht aus mein Recht,
  deine Augen sehen Gerechtigkeit.
3 Du prüfst mein Herz, siehst nach bei Nacht,
  du erprobst mich und findest nichts Böses an mir,
  mein Mund vergeht sich nicht.
4 Bei den Taten der Menschen
  achte ich auf das Wort deiner Lippen.
5 Von den Wegen des Gewalttätigen bleiben meine Schritte fern,
  auf deinen Pfaden wanken meine Tritte nicht.
6 Ich rufe zu dir, denn du erhörst mich, Gott;
  neige zu mir dein Ohr, höre meine Rede.
7 Erweise deine wunderbare Güte, du Retter aller, die Zuflucht suchen
  vor denen, die sich auflehnen gegen deine Rechte.
8 Behüte mich wie den Augapfel, den Stern des Auges,
  birg mich im Schatten deiner Flügel
9 vor den Frevlern, die mir Gewalt antun,
  vor meinen Feinden, die gierig mich umringen.
10 Ihr Herz haben sie verschlossen,
  anmassend reden sie mit ihrem Mund.
11 Sie sind mir auf den Fersen, schon haben sie mich umstellt,
  sie trachten danach, mich zu Boden zu strecken,
12 wie ein Löwe, der begierig ist zu reissen,
  wie ein Löwe, der im Hinterhalt liegt.
13 Steh auf, HERR, tritt ihm entgegen, zwing ihn in die Knie,
  rette mein Leben vor dem Frevler mit deinem Schwert.
14 Von solchen Menschen, HERR,
  von solchen Menschen sei fern deine Hand,
  ihr Anteil am Leben sei gering.
  Was du gegen sie bereithältst, damit stopfe ihren Bauch,
  dass noch die Kinder satt werden

Dann du füllst jnen jren bauch auß deinem behalter/ das sy mit jren kinderen satt werdind/ unnd das sy auch das überig jren jungen bhaltind.

Jch aber wil in meiner unschuld vor dir erscheynen/ und wil denn gesettiget werden so dein herligkeit erscheynen wirt.

und auch deren Kinder einen Rest bekommen.
15 Ich aber will in Gerechtigkeit dein Angesicht schauen,
will mich sättigen, wenn ich erwache, an deinem Bilde.

|3: 26,2! |4: Hiob 23,12 |5: 1,1!; Hiob 23,11 |8 36,8; 57,2; 61,5; 63,8; 91,4; Dtn 32,10.11 |12: 7,3!

17,3–5: In der Einteilung des Massoretischen Texts lauten die Verse: «3 …, du erprobst mich und findest nichts, Böses kommt nicht über meinen Mund. 4 Bei den Taten der Menschen hüte ich mich nach dem Wort deiner Lippen vor den Wegen des Gewalttätigen. 5 Meine Schritte bleiben auf deinen Pfaden, meine Tritte wanken nicht.»

17,10: Wörtlich: «Ihr Fett haben sie verschlossen, …»

17,11: Der Massoretische Text wurde korrigiert; er lautet übersetzt: «Unsere Schritte – nun haben sie mich (nach anderer Tradition: uns) umstellt, …»

Der xvij. Psalm.
Hebr. XVIII. Psalm.
¶ Titel.
Ein ermanlich gsang Davids deß diener Gottes/ der den handel dises Psalmens dem HERREN gsungen hat/ als er jn von der hand Sauls/ auch aller andrer feynden erlößt hat.
¶ Jnnhalt.
Er sagt lob und danck dem HERREN. Erzellt in was grosser gfaar er kummen sey/ beschreybt gar artlich und kunstlich die Allmächtigkeit Gottes/ und bsingt seine guotthaten.

Dich wird ich liebhabenn O Gott mein stercke.
O HERR du bist mein Fluo/ mein veste burg/ unnd mein sicherheyt: Du bist mein Gott/ mein felß auff den ich mich verlaß: Mein schilt/ und horn meines heils: mein auffenthalt.
So ich dem HERREN lobsing/ so wird ich von meinen feynden erlößt.
Die strick des todts hattend mich umbgeben: die bäch der untrüw hattend sich gegen mir erhept. Die strick der hellen hattend mich umbfangen: die band des tods warend warend mir fürgelegt.
Do ich also in nötenn was/ ruofft ich den HERREN an/ unnd schrey zuo meinem Gott.
Do erhört er mein stimm von seinem heyligen tempel.
So bald mein gschrey für sine oren kam fieng die erden an zuo bidmen und zuo zitteren: die grundveste der bergen sind erschüttet und entwegt/ dann er was erzürnt.

Grosse Hilfe schenkt er seinem König

18 1 Für den Chormeister. Von David, dem Diener des HERRN, der dem HERRN die Worte dieses Liedes sang an dem Tag, als der HERR ihn aus der Hand aller seiner Feinde und aus der Hand Sauls errettet hatte. 2 Er sprach: Ich liebe dich, HERR, meine Stärke.
3 Der HERR ist mein Fels, meine Festung und mein Retter,
mein Gott, mein Hort, bei dem ich Zuflucht suche,
mein Schild und das Horn meiner Hilfe, meine Burg.
4 Ich rufe zum HERRN, gepriesen sei er,
und vor meinen Feinden werde ich errettet.
5 Stricke des Todes schnürten mich ein,
und Ströme des Verderbens erschreckten mich.
6 Stricke des Totenreichs umfingen mich,
über mich fielen Schlingen des Todes.
7 In meiner Not rufe ich zum HERRN,
zu meinem Gott schreie ich.
Von seinem Tempel aus hört er meine Stimme,
und mein Schreien dringt an sein Ohr.
8 Da wankte und schwankte die Erde,
und die Grundfesten der Berge erbebten,
sie wankten, denn er war zornentbrannt.
9 Rauch stieg auf aus seiner Nase,
Feuer frass aus seinem Mund,
Kohlen brannten aus ihm heraus.
10 Er neigte den Himmel und fuhr herab,

Ein rouch gieng auß seinen naßlöchern: und
auß seinem mund ein verzerends fhür das
die kolen darvon angezündt wurdend.
Er bog die himmel und fuor herab: under seinen
füessen was ein dünckle.
Er fuor auff den Cherubim und flog/ er flog auff
den flüglen des winds.
Er hatt zring umb sich finsternuß/ wie ein zält in
denen er bedeckt ward/ auch finstere wasser
und rägenwolcken.
Von dem glantz seins angesichts giengend
wolcken: hagel/ und feürine straamen.
Do donderet der HERR daoben: und der hoch
ließ sein stimm hören/ da was hagel und
feürstramen.
Do schoß er seine pfeyl und zerströwet sy: vil
plitzgen macht er und zewarff sy.
Es thettend sich auf die brunnen quellen: es
wurdend die pfimmend des erdbodens
entdeckt vonn deiner beschältung O HERR/
von dem blaasen und aathem deines zorns.
Do strackt er sein hand auß der höhe/ und
erwutscht mich/ und zoch mich auß den
starcken wasseren.
Er erlößt mich vonn dem gwalt meiner feynden/
unnd von meinen hasseren die mir zestarck
warend.
Die mich in der not überylt hattend: der HERR
aber halff mir.
Und fuort mich herauß auff die weyte: er erlößt
mich/ dann er hatt ein willen zuo mir.
Der HERr widergalt mir nach meiner unschuld:
unnd nach der reynigkeit meiner henden
widergalt er mir.
Dann ich hatt auff die wäg des HERREN acht
gehept/ unnd was an meynem Gott nirgent
untrüwlich unnd falsch gefaren.
Dann alle seine gsatzte hab ich vor meinen
augen/ und seine breüch laß ich nitt von mir.
Dannenhar ich auch steyff und fromm an jm
bin/ und hüet mich vor aller schalckheyt.
Die sich steyff haltend/ gegen denen bist auch
du steyff: und gegen dem der frommklich
und getrüwlich handlet/ bist auch du fromm
und getrüw.
Gegen dem reynen bist du reyn: und gegen dem
verkeerten verkeerst du dich.
Dann du hilffst dem verkümmerten volck: und
den stoltz der hochprachtigen schlechst du
nider.
Du zündest mein kertzen an: O HERR mein
Gott du erleüchtest mein finsternuß.

      Wolkendunkel unter seinen Füssen.
11 Er ritt auf dem Kerub und flog daher
      und schwebte auf den Flügeln des
      Windes.
12 Er machte Finsternis zu seiner Hülle um sich
     her,
      Wasserdunkel, dichte Wolken zu seinem
      Zelt.
13 Aus dem Glanz vor ihm brachen seine
     Wolken hervor,
      Hagel und feurige Kohlen.
14 Es liess der HERR im Himmel den Donner
     erdröhnen
      und der Höchste seine Stimme erschallen,
      mit Hagel und feurigen Kohlen.
15 Er schoss seine Pfeile und zerstreute die
     Feinde,
      er schleuderte Blitze und setzte sie in
      Schrecken.
16 Da wurden sichtbar die Tiefen des Wassers,
      und aufgedeckt wurden die Grundfesten
      der Erde
     vor deinem Schelten, HERR,
     vor dem Schnauben deines zornigen
     Atems.
17 Er griff herab aus der Höhe, fasste mich,
     zog mich heraus aus gewaltigen Wassern.
18 Er entriss mich meinem starken Feind,
     meinen Hassern, die mir zu mächtig
     waren.
19 Sie überfielen mich am Tag meines Unglücks,
     doch der HERR wurde mir zur Stütze.
20 Er führte mich hinaus ins Weite,
     er befreite mich, denn er hat Gefallen an
     mir.
21 Der HERR handelt an mir nach meiner
     Gerechtigkeit,
     nach der Reinheit meiner Hände vergilt er
     mir.
22 Denn ich hielt mich an die Wege des HERRN
     und frevelte nicht gegen meinen Gott.
23 Ja, alle seine Gesetze hatte ich vor Augen,
     und seine Satzungen wies ich nicht von
     mir.
24 Ich war vollkommen vor ihm
     und hütete mich vor Sünde.
25 So vergalt mir der HERR nach meiner
     Gerechtigkeit,
     nach der Reinheit meiner Hände vor
     seinen Augen.
26 Dem Treuen zeigst du dich treu,
     dem Untadeligen ohne Tadel.
27 Dem Reinen zeigst du dich rein,

So du mein hauptman bist kenn ich die
ordnungen: in dir meinem Gott spring ich
über ein.
Der wäg Gottes ist unbeflecket: des HERREN
wort ist geleütert. Er ist ein schilt aller deren
die in jn vertrauwend.
Dann wär ist ein Gott weder der HERr? wär ist
ein velß dann unser Gott?
Gott ist der mich mit stercke umbgürtet/ und
meinen wäg sauber behaltet.
Der meine füeß machet wie der Hyrtzen: und
mich in dhöhe stellt.
Der meine hend leert kriegen/ und meine arm
macht das ich eerhine bogen zerbrich.
Du wirffst mir für deinen heylsammen schilt: du
auffenthaltest mich mit deiner gerechten
hand/ unnd mit deiner freündtliche machest
du mich groß.
Du machest meinen wäg weyt unnder mir/ das
meine knoden nit schwenckind.
Jch jag meinen feynden nach und ereyl sy/ unnd
keer nit wider biß sy gar außgemachet sind.
Jch zerhauw sy das sy nimmer mer auffston
mögend: sy fallend under meine füeß.
Du umbgürtest mich mit stercke zum streit/ du
schlechst nider under mich alle die wider
mich aufwütschend.
Du schaffest das mir meine feynd den rucken
keerend/ unnd zerströuwest meine
widersächer.
Sy rüeffend an/ aber niemant erhört sy/ ja auch
zum HERREN/ er kumpt jnen aber nit ze
hilff.
Jch zerknütsch sy wie staub den der wind
zerwirfft/ unnd mach sy verachtet wie das
kaat auff der gassen.
Du erlösest mich vonn den zencken deß volck/
du machest mich zum haupt der völckeren:
die völcker die ich nit kenn/ dienend mir.
So bald sy mich hörend sind sy mir gehorsam:
die bekannten aber fallennd vonn
mir ab.
Die bekanndten sind maßleydig worden/ und
sind von dem gewonten pfad abgeträtten.
Der HERR läbe/ hochgelopt sey mein felß/
hoch sey Gott der mein heyl ist.
Gott der schaffet das ich gerochen wird/ unnd
der mir die völcker underthenig machet.
Der mich vom feynd erlößt/ unnd mich sigenn
machet über die die wider mich
auffwütschend/ unnd mich vonn allem übel
erlößt.

doch dem Falschen voller Ränke.
28 Ja, du hilfst dem elenden Volk,
doch hochmütige Augen erniedrigst du.
29 Du lässt meine Leuchte strahlen, HERR,
mein Gott erhellt meine Finsternis.
30 Mit dir erstürme ich Wälle,
mit meinem Gott überspringe ich
Mauern.
31 Gottes Weg ist vollkommen,
das Wort des HERRN ist im Feuer
geläutert.
Ein Schild ist er allen, die bei ihm Zuflucht
suchen.
32 Denn wer ist Gott als allein der HERR
und wer ein Fels ausser unserem Gott?
33 Gott ist es, der mich mit Kraft umgürtet
und meinen Weg vollkommen macht,
34 der meine Füsse schnell wie die Hindinnen
macht
und mich auf Höhen stellt,
35 der meine Hände den Kampf lehrt,
dass meine Arme den ehernen Bogen
spannen.
36 Du gabst mir den Schild deiner Hilfe,
deine Rechte stützt mich, und dein
Zuspruch macht mich stark.
37 Weiten Raum schaffst du meinem Schritt,
und meine Knöchel wanken nicht.
38 Ich verfolge meine Feinde und hole sie ein,
kehre nicht um, bis ich sie vernichtet
habe.
39 Ich schlage sie nieder, und sie können sich
nicht mehr erheben,
sie fallen unter meine Füsse.
40 Du hast mich zum Kampf mit Kraft gegürtet,
du zwingst unter mich in die Knie, die
sich gegen mich erheben.
41 Den Nacken meiner Feinde gibst du mir
preis,
und die mich hassen, vernichte ich.
42 Sie schreien, doch da ist kein Retter,
zum HERRN, doch er erhört sie nicht.
43 Ich zerreibe sie wie Staub vor dem Wind,
wie Unrat schütte ich sie auf die Gassen.
44 Du rettest mich aus Völkerfehden,
setzt mich zum Haupt von Nationen.
Völker, die ich nicht kannte, werden mir
untertan.
45 Auf blosses Hören hin gehorchen sie mir,
Fremde schmeicheln mir.
46 Fremde sinken kraftlos hin,
kommen zitternd aus ihren Burgen
hervor.

Darumb wil ich dich besingen under den
Heyden O HERR/ unnd deinem nammen
lobsingen.
Der du deinem Künig vil glück unnd heil gibst/
deinem gesalbeten David vil guotthat
beweysest/ und seinem somen in ewigkeyt.

47 Der HERR lebt. Gepriesen ist mein Fels,
erhaben der Gott meiner Rettung,
48 der Gott, der mir Rache gewährt
und mir Völker unterwirft,
49 der mich vor meinen Feinden rettet,
der du mich erhöhst über meine Gegner,
mich befreist von Gewalttätigen.
50 Darum will ich dich preisen unter den
Nationen, HERR,
und deinem Namen singen,
51 der seinem König grosse Hilfe schenkt
und seinem Gesalbten Treue erweist,
David und seinen Nachkommen ewiglich.

|1–51: 2Sam 22 |3: 3,4!; 9,10!; 31,3–4; 71,3; 94,22;
144,2 |5–7: 116,3–4 |8: 68,9 |9: 50,3; 97,3 |10: 144,5
|11: 68,5.34; 104,3; Dtn 33,26 |14: 77,18–19 |15: 144,6
|17–18: 144,7 |20: 31,9 |26–27: 125,4 |28: Hiob 22,29;
1Petr 5,5 |29: Hiob 29,3 |31: 12,7; Spr 30,5 |32 1Sam 2,2;
Jes 44,8 |35: 144,1 |45: 66,3 |46: Mi 7,17 |47: 144,1 |48: 144,2
|50: 7,18; 30,5; 57,10; 105,1; 108,4; Röm 15,9 |51: 89,29!–30;
144,10

18,12: Wörtlich: «…, dichte Wolken zu seiner Hütte.»

Der xviij. Psalm.
Hebre. XIX. Psalm.
¶ Titel.
Ein vermanlich gsang Davids.
Jnnhalt.
Er vergleycht die erleüchtung deß Göttlichen worts/
der Sonnen scheyn: und eröffnet die heylsame krafft des
Gottsworts.

Die Allmächtigkeyt Gottes erzellend und
kündend auß die himmel/ und das
underschlacht seiner henden werck.
Alle tag kündend das auß/ alle nächt sagend das.
Es ist kein red/ kein spraach/ da man die
stimm deren allen nit höre.
Jr red gadt in alle land/ und jre wort biß zuo end
der welt.
Der Sonnen hat er in jnen ein hütten gemacht/
uß deren sy herfür gadt wie ein brütgam auß
seinem bett/ und laufft frölich wie ein held
sein straaß.
Gadt an einem ort deß himels auß/ und eylt zuo
dem anderen ort/ und ist nieman der sich vor
jrer hitz möge verbergen.
Gleych also ist das gsatzt des HERREN steyff
und volkommen/ widerbringt das gmüet.
Die zeügnuß des HERRN ist warhafft: leert
die kinder weyßheit.
Die straaffen des HERREN sind billich/
erfröwend das hertz. Das gsatzt deß
HERREN ist reyn und lauter/ und erleüchtet
die augen.

Der Himmel erzählt die Herrlichkeit Gottes

19 1 Für den Chormeister. Ein Psalm Davids.
2 Der Himmel erzählt die Herrlichkeit Gottes,
und das Firmament verkündet das Werk
seiner Hände.
3 Ein Tag sagt es dem andern,
und eine Nacht tut es der anderen kund,
4 ohne Sprache, ohne Worte,
mit unhörbarer Stimme.
5 In alle Länder hinaus geht ihr Schall,
bis zum Ende der Welt ihr Reden.
Der Sonne hat er am Himmel ein Zelt
errichtet:
6 Wie ein Bräutigam kommt sie hervor aus
ihrer Kammer,
läuft freudig wie ein Held die Bahn.
7 An einem Ende des Himmels geht sie auf
und läuft bis zum anderen Ende,
und nichts bleibt ihrer Glut verborgen.
8 Die Weisung des HERRN ist vollkommen,
sie gibt neues Leben.
Das Zeugnis des HERRN ist verlässlich,
es macht den Einfältigen weise.
9 Die Befehle des HERRN sind gerecht,
sie erfreuen das Herz.
Das Gebot des HERRN ist lauter,
es erleuchtet die Augen.
10 Die Furcht des HERRN ist rein,

Die forcht des HERREN ist rein und steyff in ewigkeit: die urteil deß HERRN sind billich und recht.
Lustbarlicher dann die menge deß fynesten golds/ und süesser dann honig oder honigwaben.
Die haltet dein diener/ dann wär sy haltet dem wirt ein grosse widergeltung.
Wär merckt die jrrungen? darumb mach mich ledig von dem das mir verborgen ist.
Auch verzeych mir deinem diener das ich fräfenlich begangen hab/ das mich die selben sünd nit beherschind: denn so wird ich gereyniget unnd gelediget von grosser missethat.
O HERR mein felß und erlöser/ laß dir die wort meines munds/ und die trachtung meines hertzens/ gsellig sein.

sie hat für immer Bestand.
Die Gesetze des HERRN sind Wahrheit,
  allesamt sind sie gerecht.
11 Kostbarer sind sie als Gold,
  als viel feines Gold,
  und süsser als Honig,
  als Wabenseim.
12 Auch dein Diener lässt sich warnen durch sie,
  wer sie hält, hat reichen Lohn.
13 Aber wer kennt alle Verfehlungen?
  Sprich mich frei von denen, die mir verborgen sind.
14 Auch vor vermessenen Menschen bewahre deinen Diener,
  dass sie nicht über mich herrschen.
  Dann bin ich schuldlos
  und frei von jedem Vergehen.
15 Lass dir die Worte meines Mundes gefallen,
  und das Sinnen meines Herzens gelange zu dir,
  HERR, mein Fels und mein Erlöser.

|2: 8,4!; 50,6!; Röm 1,20 |5: Röm 10,18 |8: 119,130 |9: 119,140 |11: 119,72! |15: 104,34

19,5: Wörtlich: «… hat er an ihm ein Zelt errichtet:»

Der xix. Psalm.
Hebr. XX. Psalm.
¶ Titel.
Ein ermanlich gsang Davids.
¶ Jnnhalt.
Er verheyßt/ gleich als ein leermeister/ den glöubigen/ wie sy einen gnädigen Gott in allem anligen werdind haben.

In der zeyt des trüebsals wirt dich der HERR erhören: Die maiestat deß Gotts Jacobs wirt dich beschirmen.
Er wirt dir hilff schicken von dem heyligthuomb: und von Zion wirt er dich bschirmen.
Er wirt alles deines opffers eyngedenck sein/ und dein brandopffer wirt er fertig machen brünnen. Säla.
Er wirt dir geben nach deinem hertzen/ und alle deine anschleg erfüllen.
Wir werdend uns deines heils fröwen/ unnd werdend der maiestet unsers Gottes größlich frolocken.
Dann der HERR wirt alle deine bitten gewären.
So weyß ich das der HERR seinem gsalbeten helffen wirt: ja helffen wirt er jm von seinem heiligen himmel/ mit der krafft seiner heylsamen gerechten.

Der HERR hilft seinem Gesalbten

20 1 Für den Chormeister. Ein Psalm Davids.
2 Der HERR erhöre dich am Tag der Not,
  der Name des Gottes Jakobs beschütze dich.
3 Er sende dir Hilfe vom Heiligtum,
  und vom Zion her stütze er dich.
4 Er gedenke all deiner Opfer,
  und dein Brandopfer nehme er an. *Sela*
5 Er gebe dir, was dein Herz begehrt,
  und lasse all deine Pläne gelingen.
6 Wir wollen jubeln über deinen Sieg,
  im Namen unseres Gottes das Banner erheben.
  Der HERR erfülle alle deine Bitten.
7 Nun weiss ich:
  Der HERR hilft seinem Gesalbten,
  er erhört ihn von seinem heiligen Himmel her
  mit der rettenden Macht seiner Rechten.
8 Diese setzen auf Wagen und jene auf Rosse,
  wir aber rufen an den Namen des HERRN, unseres Gottes.
9 Sie sinken und fallen,
  wir aber stehen und bleiben.
10 HERR, hilf dem König

Die vertrüwennd auff wägen/ dise auff pfärd: wir aber wöllend des nammens unsers HERREN Gotts eyngedenck sein.
Sy werdent hindersich gefelt: wir aber werdend aufrecht bleiben und aufrecht ston.
HERR mach uns heyl: hilff uns o Künig so wir dich anrüeffen werdend.

Der xx. Psalm.
Hebre. XXI. Psalm.
¶ Titel.
Ein ermanlich gsang Davids.
¶ Jnnhalt.
Er sagt Gott danck umb sein unzalbarliche guotthat: und erzellt die selben in der gmeynd.

O HERR wie fröwt sich der künig so treffenlich in deiner stercke? wie frolocket er so fast in deinem heyl?
Du hast jm die begird seines hertzens geben: unnd das er mit seinen läfftzen begärt/ hast du jm nit abgeschlagen. Säla.
Dann die auch jn mit guotthaten fürkommen hast: unnd auff sein haupt ein guldine kron gesetzt.
Das läben hat er von dir begärt/ und du hast jm langs läben geben ymmer und ewigklich.
Sein eer ist groß/ aber durch dein hilff/ eer und zierd hastu an jnn gelegt.
Du wirst jnn auch mit ewiger säligkeyt begaaben: wirst jnn erfröwen mit der fröud deines angesichts.
Dann der Künig hoffet auff den HERREN/ und auff die güete und gnad des aller höchsten/ deßhalb mag er nirgend schlipffen.
Dein hannd rüere seine feynd/ das deine widersächer deiner gerechten hannd innen werdind.
Zünd sy an wie ein ofen zuo der zeyt deiner ungnad/ O HERR das feür verzeere und frässe sy in deinem zorn.
Verderb jr gewächß von der erden/ und jren somen das er nit mer under den menschen sey.
Dann sy erwägend sich böses wider dich: sy nemmend schalckeit für die sy nit vermögend.
Du wirst aber sy in dflucht schlahen/ und wirst jnen deinen bogen in jr angsicht heben.
Erheb dich O HERR mit diner krafft/ das wir dein macht besingind und hoch preisind.

und erhöre uns an dem Tag, da wir rufen.

|2: Spr 18,10 |3: 14,7! |5: 21,3; 37,4 |8: 33,16–17; 44,7!–8; 147,10; 1Sam 17,47; Jes 31,1; Hos 1,7

20,10: Der Massoretische Text wurde korrigiert; er lautet übersetzt: «HERR, hilf! Der König, er wird uns antworten an dem Tag, da wir rufen.»

König aus Gottes Gnade
21 1 Für den Chormeister. Ein Psalm Davids.
2 HERR, über deine Macht freut sich der König, und wie jauchzt er laut über deine Hilfe!
3 Den Wunsch seines Herzens hast du ihm gewährt,
das Begehren seiner Lippen ihm nicht verweigert. *Sela*
4 Du kamst ihm entgegen mit Segen und Glück,
setztest auf sein Haupt eine goldene Krone.
5 Leben erbat er von dir, du gabst es ihm,
langes Leben für immer und ewig.
6 Gross ist sein Ruhm durch deine Hilfe,
du verleihst ihm Hoheit und Pracht.
7 Du machst ihn zum Segen für immer,
beglückst ihn mit Freude vor deinem Angesicht.
8 Denn der König vertraut auf den HERRN,
und in der Gnade des Höchsten wird er nicht wanken.
9 Deine Hand wird alle deine Feinde treffen,
deine Rechte wird treffen, die dich hassen.
10 Wie einen Ofen lässt du sie glühen,
wenn dein Angesicht, HERR, erscheint.
In seinem Zorn wird er sie verschlingen,
und das Feuer wird sie verzehren.
11 Ihr Geschlecht wirst du von der Erde vertilgen
und ihre Nachkommen aus der Gemeinschaft der Menschen.
12 Haben sie auch Böses gegen dich vor,
Ränke ersonnen, sie richten nichts aus.
13 Denn du schlägst sie in die Flucht,
mit deinem Bogen zielst du auf ihr Gesicht.
14 Erhebe dich, HERR, in deiner Macht.
Deiner Stärke wollen wir singen und spielen.

|2: 63,12 |3: 20,5! |4: 132,18 |5: 1Kön 3,14; 2Kön 20,1–7 |6: 45,4 |7: 72,17! |11: 109,13!

Der xxj. Psalm.
Hebre. XXII. Psalm.
¶ Titel.
Ein ermanlich gsang Davids vonn der außgespäheten Hind/ oder von der Hind der morgenröte.
¶ Jnnhalt.
Er schryet nach Gottes hilff in der aller letsten oder grösten not/ die er in vil wäg auch mit vil gleychnussen außtruckt. Er wirt der hilff gewärt: sagt Gott danck/ mit wölichem allem er die figur oder bedeütung auff Christum hüpsch auffthuot/ und weyssagt von berüeffung der Heyden.

O Mein Gott mein Gott wie hast du mich verlassen? die wort meiner klag sind verr von meinem heyl.

Jch rüeff dich an den gantzen tag O mein Gott/ du erhörest mich aber nitt/ jaa auch nachts schweyg ich nit.

Nun bist du der du im Heyligthuomb wonest O du eer Jsraels/ ein hoffnung gwesen unserer vätteren: sy hofftend auff dich und du halffest jnen.

Sy ruofftend zuo dir und wurdend errettet/ auff dich vertruwtend sy unnd kamend nit zeschanden.

Aber ich bin ein wurm worden und kein mensch mer: ein gspött der menschen/ unnd der leüten verachtung.

Alle die mich sehend die verachtend mich/ krümmends maul/ unnd mupffennd mit dem haupt/ sprechende.

Er hat vil auff dem HERRN gehept/ der helffe jm: hat er jnn lieb so rette er jn.

Du bist aber der/ der mich als ich auß muoter leib gangen bin/ empfangen hast: und auff dich hab ich vertrüwt do ich meiner muoter an brüsten hieng.

Von meiner geburt an bin ich auff dich gelassen gwesen: von muoter leyb an bist du mein Gott.

Darumb so weych nit von mir so die not eynfalt: dann ich hab nieman der mir helffe.

Vil stier habend mich umbgeben: feyßte stier umbstond mich.

Sy sperrends maul über mich auff wie ein brüelender und reyssender löw.

Jch aber bin außgschüttet wie wasser: mein gebein das lummet/ mein hertz ist mitten in meinem leib wie weych wachs.

Mein krafft ist eyndorret wie ein schärb: mein zung kläbt an meinem rachen/ und hast mich in der todten staubt bracht.

Mein Gott, mein Gott, warum hast du mich verlassen?

22 1 Für den Chormeister. Nach der Weise «Hindin der Morgenröte». Ein Psalm Davids.

2 Mein Gott, mein Gott, warum hast du mich verlassen,
   bist fern meiner Rettung, den Worten meiner Klage?

3 Mein Gott, ich rufe bei Tag, doch du antwortest nicht,
   bei Nacht, doch ich finde keine Ruhe.

4 Du aber, Heiliger,
   thronst auf den Lobgesängen Israels.

5 Auf dich vertrauten unsere Vorfahren,
   sie vertrauten, und du hast sie befreit.

6 Zu dir schrien sie, und sie wurden gerettet,
   auf dich vertrauten sie, und sie wurden nicht zuschanden.

7 Ich aber bin ein Wurm und kein Mensch,
   der Leute Spott und verachtet vom Volk.

8 Alle, die mich sehen, verspotten mich,
   verziehen den Mund und schütteln den Kopf:

9 Wälze es auf den HERRN. Der rette ihn,
   er befreie ihn, er hat ja Gefallen an ihm.

10 Du bist es, der mich aus dem Mutterschoss zog,
    der mich sicher barg an der Brust meiner Mutter.

11 Auf dich bin ich geworfen vom Mutterleib an,
    von meiner Mutter Schoss an bist du mein Gott.

12 Sei nicht fern von mir,
    denn die Not ist nahe;
    keiner ist da, der hilft.

13 Zahlreiche Stiere sind um mich,
    Baschanbüffel umringen mich.

14 Sie sperren ihr Maul auf gegen mich,
    ein reissender, brüllender Löwe.

15 Wie Wasser bin ich hingeschüttet,
    und es fallen auseinander meine Gebeine.
    Wie Wachs ist mein Herz,
    zerflossen in meiner Brust.

16 Trocken wie eine Scherbe ist meine Kehle,
    und meine Zunge klebt mir am Gaumen,
    in den Staub des Todes legst du mich.

17 Um mich sind Hunde,
    eine Rotte von Übeltätern umzingelt mich,
    sie binden mir Hände und Füsse.

18 Zählen kann ich alle meine Knochen.

Auch habend mich hünd umbgeben: die rott der
boßhafften zerreyßt mein hend und füeß wie
ein löw.
Jch mag all mein gebeyn zellen/ und sy
schauwend und sehend zuo.
Sy teilend meine kleyder under sich/ und umb
mein gwand fellend sys loß.
Darumb verzeüch du nit O HERR/ du mein
stercke eyl mir zehelffen.
Erlöß mein seel vom schwärdt: und von den
hunden mein eynige.
Frist mich vor dem schlund des Löwens/ und
erhör mich der auß den hornen der
Einhornen schreyen.
So wil ich dein macht außkünden meinen
brüederen: in der gmeynd wil ich dich loben.
Jr die den HERREN vor augen habend lobend
jnn: aller somen Jacobs preysend jn: aller
somen Jsraels fürchtend jnn.
Dann das jamer deß armen und verkümmerten
verschmächt er nitt: er verbirgt sein angsicht
nit vor jm/ sunder so er zuo jm rüefft/ erhört
er jn.
Dein lob wil ich außkünden vor der gantzen
gmeynd/ und meine gelübde wil ich bezalen
vor allen die dich vor augen habend.
Die schlächten werdend essen und ersettiget:
den HERREN werdend sy lobenn und
suochen/ jr seel wirt ewigklich läben.
Alle ennd der welt werdennd sich zum
HERREN bekeeren und jn loben: und vor
jm werdennd anbätten alle geschlächte der
Heyden.
Dan der Heyden reych wirt deß HERREN/ und
er wirt sy beherschen.
Es werdend auch alle reychen der erden essen/
und werdend anbätten/ auff die knüw vor jm
fallen/ sich biß auff die erd niderlassen/ oder
aber jr seel wirt nit läben.
Der somen wirdt jm dienen/ unnd dem
HERREN lobsingen in ewigkeit.
Sy werdend kummen und sein gerechtigkeit
außkünden: dem volck das erst geboren sol
werdenn das der HERR schaffenn wirdt.

Sie aber schauen zu, weiden sich an mir.
19 Sie teilen meine Kleider unter sich
und werfen das Los um mein Gewand.
20 Du aber, HERR, sei nicht fern,
meine Stärke, eile mir zu Hilfe.
21 Errette vor dem Schwert mein Leben,
aus der Gewalt der Hunde meine
verlassene Seele.
22 Hilf mir vor dem Rachen des Löwen,
vor den Hörnern der Wildstiere.
Du hast mich erhört.
23 Ich will deinen Namen meinen Brüdern
verkünden,
in der Versammlung will ich dich loben.
24 Die ihr den HERRN fürchtet, lobt ihn,
alle Nachkommen Jakobs, ehret ihn,
erschauert vor ihm, alle Nachkommen
Israels.
25 Denn er hat nicht verachtet
noch verabscheut
des Elenden Elend,
hat sein Angesicht nicht vor ihm verborgen,
und da er schrie, erhörte er ihn.
26 Von dir geht aus mein Lobgesang in grosser
Versammlung,
meine Gelübde erfülle ich vor denen, die
ihn fürchten.
27 Die Elenden essen und werden satt,
es loben den HERRN, die ihn suchen.
Aufleben soll euer Herz für immer.
28 Alle Enden der Erde
werden dessen gedenken und umkehren
zum HERRN,
und vor ihm werden sich niederwerfen
alle Sippen der Nationen.
29 Denn des HERRN ist das Reich,
und er herrscht über die Nationen.
30 Vor ihm werfen sich nieder alle Mächtigen
der Erde,
vor ihm beugen sich alle, die in den Staub
sinken.
31 Erzählen wird man vom Herrn der
Generation,
32 die noch kommt,
und verkünden seine Gerechtigkeit dem
Volk,
das noch geboren wird.
Er hat es vollbracht.

|2: Mt 27,46; Mk 15,34 |6: 25,2! |8: 35,16; 44,15;
109,25; Mt 27,39 |9: Mt 27,43 |10: Jes 44,2.24; 46,3
|11: 71,6 |12: 22,20; 35,22; 38,22; 71,12 |14: 7,3! |16 Joh 19,28
|19: Mt 27,35; Joh 19,23–24 |20: 22,12! · 38,22–23; 40,14;
71,12 |21: 35,17 |22: 2Tim 4,17 |23 35,18; 40,10; 109,30;

Hebr 2,12 |26: 50,14; 61,9; 66,13; 116,14.18 |27: 69,33 |28: 86,9; Jes 45,22; 52,10 |29 145,13! |31–32: 71,18; 78,6; 102,19

22,16: Der Massoretische Text wurde korrigiert; er lautet übersetzt: «Trocken wie eine Scherbe ist meine Kraft, …»
22,17: Der Massoretische Text wurde korrigiert; er lautet übersetzt: «… umzingelt mich, wie ein Löwe meine Hände und Füsse.»
22,28: Der Massoretische Text wurde korrigiert; er lautet übersetzt: «…, und vor dir werden sich niederwerfen …»
22,30–31: Der Massoretische Text wurde korrigiert; er lautet übersetzt: «30 Es assen und warfen sich nieder alle Mächtigen (wörtlich: Fetten) der Erde, vor ihm beugen sich alle, die in den Staub sinken. Seine Seele aber erhielt er nicht am Leben; 31 Nachkommen werden ihm dienen. Erzählen wird man …»

Der xxij. Psalm.
Hebr. XXIII. Psalm.
¶ Titel.
Ein gsang Davids.
¶ Jnnhalt.
Er lobt die grossen guotthaten Gottes/ under der gleychnuß eines hirten der seine schaaff trüwlich weydet.

Der HERR hirtet mich/ darumb manglet mir nichts.
Er macht mich in schöner weyd lüeyen/ und füert mich zuo stillen wassern.
Mit denen erfristet er mein seel/ treybt mich auff den pfad der gerechtigkeyt umb seynes nammens willen.
Und ob ich mich schon vergienge in das göw des tödtlichen schattens/ so wurde ich doch nichts übels förchten dann du bist bey mir/ zuo dem tröstend mich deyn stäcken und stab.
Du richtest mir ein tisch zuo vor meynen feynden/ du begeüssest meyn haupt mit gesälb/ und füllest mir meinen bächer.
So wölle deyn güete unnd gnad ob mir halten meyn läben lang/ das ich in deynem hauß wonen möge ewigklich.

Der xxiij. Psalm.
Hebre. XXIIII. Psalm.
¶ Titel.
Ein gesang Davids.
¶ Jnnhalt.
Er besingt das Gott ein HERR aller dingen ist/ nieman aber möge bey jm wonen er sey dann unschuldig und fromm/ und das der künig der eeren zuo uns künfftig ist.

Der HERR ist mein Hirt
23 1 Ein Psalm Davids.
Der HERR ist mein Hirt, mir mangelt nichts,
2 er weidet mich auf grünen Auen.
Zur Ruhe am Wasser führt er mich,
3 neues Leben gibt er mir.
Er leitet mich auf Pfaden der Gerechtigkeit
um seines Namens willen.
4 Wandere ich auch im finstern Tal,
fürchte ich kein Unheil,
denn du bist bei mir,
dein Stecken und dein Stab,
sie trösten mich.
5 Du deckst mir den Tisch
im Angesicht meiner Feinde.
Du salbst mein Haupt mit Öl,
übervoll ist mein Becher.
6 Güte und Gnade werden mir folgen
alle meine Tage,
und ich werde zurückkehren ins Haus des HERRN
mein Leben lang.

|1: 34,11; Joh 10,11 |2–3: 31,4 |2: Ez 34,14–15; Offb 7,17 |3: 25,4!–5 |5: 92,11 |6: 27,4!

Er ist der König der Herrlichkeit
24 1 Ein Psalm Davids.
Dem HERRN gehört die Erde und was sie erfüllt, der Erdkreis und die ihn bewohnen.
2 Denn er ist es, der sie auf Meeren gegründet,
über Strömen fest errichtet hat.
3 Wer darf hinaufziehen zum Berg des HERRN,
wer an seine heilige Stätte treten?

Die erd ist des HERREN unnd was darauff/ der
umbkreiß der welt und die darinnen
wonend.
Dann er hat sy auff das meer grundvestet/ und
über die wasserflüssz gebauwen.
Wär wil dann auff den berg des HERREN
steygen? oder wär wil bleyben an seynem
heyligen ort.
Der unschädliche hend hat und ein reynes hertz:
der seyn gemüet nit in eytelen dingen erhebt/
und der nit falsch schweert.
Der wirt von dem HERREN wolberaaten/ und
gerechtigkeyt von Gott seynem heyl hin
tragen.
Das ist das geschlächt das jm nachfraget/ Jaacob
sind die die deyn angesicht findend.
Thuond auf O jr Fürsten euwere porten/ die
ewigen thor gangind auf/ das der eeren künig
hineyn gange.
Wär ist der groß künig? Der starck und gewaltig
HERR/ der HERR der starck kriegsmann.
Thuond auf O jr Fürsten euwere thor/ die
ewigen thor gangind auf/ das der groß künig
hineyn gange.
Wär ist der groß künig? Der HERr der
heerscharen ist der groß künig. Säla.

4 Wer reine Hände hat und ein lauteres Herz,
wer nicht auf Nichtiges seinen Sinn
richtet
und nicht falsch schwört.
5 Der wird Segen empfangen vom HERRN
und Gerechtigkeit vom Gott seiner Hilfe.
6 Das ist das Geschlecht derer, die nach ihm
fragen,
die dein Angesicht suchen, Jakob. *Sela*
7 Erhebt, ihr Tore, eure Häupter,
erhebt euch, ihr uralten Pforten,
dass einziehe der König der Herrlichkeit.
8 Wer ist der König der Herrlichkeit?
Der HERR, der Starke und Held,
der HERR, der Held im Kampf.
9 Erhebt, ihr Tore, eure Häupter,
erhebt euch, ihr uralten Pforten,
dass einziehe der König der Herrlichkeit.
10 Wer ist der König der Herrlichkeit?
Der HERR der Heerscharen,
er ist der König der Herrlichkeit. *Sela*

|1: 50,12; 89,12; 1Kor 10,26 |2: 89,12! |3: 15,1 |6 27,8;
105,4 |7: 118,19.20 |8: Ex 15,3

Der xxiiij. Psalm.
Hebr. XXV. Psalm.
§ Titel. Jst Davids.
§ Jnnhalt.
Ein gemein gebätt und bekanntnuß.

O HERR meyn gemüet erheb ich zuo dir.
Jn dich vertrauw ich O meyn Gott/ laß mich nit
geschendt werden/ noch das meine feynd
meinen spottind.
Dann alle die in dich vertrauwend werdend nit
geschendt/ aber die eytelen unnd
leichtverigen verachter werdend geschendt.
Zeig mir deine wäg O HERR/ und bericht mich
deiner fuoßpfäden.
Füer mich in dein warheyt/ unnd bericht mich
deren/ dann du bist mein Gott und mein
heyl/ in dich hoff ich alle zeyt.
Biß eyngedenck deiner erbermbd und güete/ die
du von ewigkeyt här gebraucht hast.
Aber der mißthaten und sünden meyner jugend
gedenck nit/ sunder biß mein eyngedenck
nach deiner güete und deiner gnad O
HERR.
Der HERR ist güetig und gerecht/ darumb füert
er die sünder wider an die rechte straaß.

Leite mich in deiner Wahrheit

25 1 Von David.
Zu dir, HERR, erhebe ich meine Seele,
mein Gott.
2 Auf dich vertraue ich, ich will nicht
zuschanden werden,
lass meine Feinde nicht über mich
frohlocken.
3 Denn die auf dich hoffen, werden nicht
zuschanden,
zuschanden werden, die ohne Treue sind.
4 Zeige mir, HERR, deine Wege,
lehre mich deine Pfade.
5 Leite mich in deiner Wahrheit und lehre
mich,
denn du bist der Gott meiner Hilfe,
und auf dich hoffe ich den ganzen Tag.
6 Denke, HERR, an deine Barmherzigkeit
und deine Gnaden, die seit Ewigkeit sind.
7 Denke nicht an die Sünden meiner Jugend
noch an meine Verfehlungen,
nach deiner Gnade denke an mich
um deiner Güte willen, HERR.
8 Gut und gerecht ist der HERR,
darum weist er den Sündern den Weg.

Er füert die schlächten recht/ und die
    verkümmerten leert er seinen wäg.
Alle wäg deß HERREN sind gnad und trüw/
    denen die seyn testament unnd pundt
    haltend.
HERR biß gnädig meyner sünd umb deynes
    nammens willen/ dann sy ist groß.
Alle die den HERREN vor augen habend/ die
    wirdt er in dem wäg füeren der jm gefalt.
Er wirt in guoten ruowen sein/ und seyne
    nachkommen werdends land besitzen.
Der HERR leert unnd berichtet die seines
    testaments unnd pundts die jnn förchtend.
Meyne augen sähend stäts auff den HERREN/
    dann er füert meyne füeß auß dem netz.
Wendt dich zuo mir O HERR und biß mir
    gnädig/ dann ich bin weyßloß und
    verkümmeret.
Die angst meines hertzens nimpt zuo/ darumb
    füer mich auß meinen nöten.
Sihe an mein kummer und jamer/ und nimm
    hin all mein sünd.
Hab acht auff meine feynd/ dann jren sind vil/
    unnd hassend mich mit träffenlichem hassz.
Behüet mein seel und erlöß mich: laß mich nit
    geschendt werden/ dann ich vertrauw auff
    dich.
Redliche und billigkeyt behaltind mich/ dann
    ich hoff in dich.
O Gott erlöß Jsrael auß allen seynen trüebsalen
    und nöten.

9 Er lässt die Demütigen gehen im Recht,
    er lehrt die Demütigen seinen Weg.
10 Alle Pfade des HERRN sind Gnade und Treue
    denen, die seinen Bund und seine Gesetze
    halten.
11 Um deines Namens willen, HERR,
    vergib mir meine Schuld, denn sie ist
    gross.
12 Wer ist es, der den HERRN fürchtet?
    Ihm weist er den Weg, den er wählen soll.
13 Der wird im Glück wohnen,
    und seine Nachkommen werden das Land
    besitzen.
14 Am Rat des HERRN haben teil, die ihn
    fürchten,
    und er offenbart ihnen seinen Bund.
15 Stets blicken meine Augen auf den HERRN,
    denn er allein kann meine Füsse aus dem
    Netz befreien.
16 Wende dich zu mir und sei mir gnädig,
    denn ich bin einsam und elend.
17 Ängste bestürmen mein Herz,
    führe mich hinaus aus meiner Bedrängnis.
18 Sieh an mein Elend und meine Mühsal,
    und vergib mir alle meine Sünden.
19 Sieh, wie zahlreich meine Feinde sind,
    wie sie mich hassen mit tödlichem Hass.
20 Bewahre mein Leben und rette mich,
    ich will nicht zuschanden werden, denn
    bei dir suche ich Zuflucht.
21 Unschuld und Redlichkeit mögen mich
    behüten,
    denn ich hoffe auf dich.
22 Gott, erlöse Israel
    aus allen seinen Nöten.

|1: 86,4; 143,8 |2: 22,6; 25,20 · 13,5! |3: Jes 49,23
|4–5: 5,9!; 23,3; 86,11; 139,24; 143,8 |7: Hiob 13,26 |10
103,17–18 |11–12: 130,4! |12: 32,8 |13: 37,9! |15: 121,1; 123,1–2;
141,8 · 31,5! |16: 86,16; 119,132 |17: 143,11! |19 3,2 |20: 25,2! ·
16,1! |22: 130,8

25,17: Der Massoretische Text wurde korrigiert; er
lautet übersetzt: «Ängste haben mein Herz weit gemacht,
…»

Der xxv. Psalm.
Hebr. XXVI. Psalm.
¶ Titel. Jst Davids.
¶ Jnnhalt.
Er erzelt sein unschuld die auß dem glauben ist/ lobt
damit Gott/ und begärt das er die nit verliere.

HERR schirm mich/ dann ich wandel mit
    trüwen: in dich O HERr vertrauw ich und
    schwancken nit.

Ich aber wandle in Vollkommenheit
26 1 Von David.
Schaffe mir Recht, HERR, denn in
Vollkommenheit bin ich meinen Weg
gegangen,
    und auf den HERRN habe ich vertraut,
    ohne zu wanken.
2 Prüfe mich, HERR, und erprobe mich,
    erforsche mir Nieren und Herz.

Bewär mich HERR und versuoch mich: leüter
meyne nyeren und mein hertz.
Dann ich hab dein güete vor meinen augen/ und
wandel in deiner warheyt.
Jch wonen nit bey liederlichen leüten/ und gon
nit mit den tüßleren.
Die rott der schelcken hassz ich/ und gsell mich
nit zuo den gottlosen.
Jch wäsch meyn hend mit unschuld/ unnd denn
so gon ich zuo deynem altar O HERR.
Das ich mit meyner stimm deyn lob außkünde/
und alle deyne wunder erzelle.
HERR ich hab lieb die wonung deynes hauses/
und das ort da deyn eer ruowet.
Laß mein seel nyrgend gesellet werden zuo den
sünderen/ noch mein läben zuo den
bluotdürstigen.
Jn deren hend schalckheyt sind/ unnd jr
gerechte hand ist voll schencke.
Jch aber wandel steyff und unschuldig/ rett mich
und biß mir gnädig.
Mein fuoß stadt steyff und aufrecht/ dich wil ich
loben in der gemeynd.

3 Denn deine Güte stand mir vor Augen,
   und in deiner Wahrheit bin ich meinen
   Weg gegangen.
4 Ich sass nicht bei falschen Menschen,
   und bei Heuchlern trat ich nicht ein.
5 Ich hasste die Rotte der Übeltäter,
   und bei den Frevlern sass ich nicht.
6 Ich wasche meine Hände in Unschuld
   und umschreite, HERR, deinen Altar,
7 um laut das Loblied anzustimmen
   und alle deine Wunder zu verkünden.
8 HERR, ich liebe die Stätte deines Hauses,
   den Ort, da deine Herrlichkeit wohnt.
9 Raffe meine Seele nicht hin mit den Sündern,
   nicht mein Leben mit den Mördern.
10 Schandtat klebt an ihren Händen,
   voller Bestechung ist ihre Rechte.
11 Ich aber gehe meinen Weg in
   Vollkommenheit,
   erlöse mich und sei mir gnädig.
12 Mein Fuss steht auf rechtem Grund,
   in Versammlungen will ich preisen den
   HERRN.

|1: 43,1 · 15,2! |2: 7,10!; 17,3; 139,23 |4–5: 1,1 |6 73,13;
Mt 27,24! |8: 27,4! |9: 28,3 |11: 15,2!

Der xxvj. Psalm.
Hebr. XXVII. Psalm.
¶ Titel. Jst Davids.
¶ Jnnhalt.
Es ist ein erfarnuß unnd ergründen des glaubens/ der sich
in zuokunfft der gfaar mit Gottes beystand tröstet.

Der HERR ist meyn liecht unnd meyn heyl: vor
  wäm solt ich mir förchten? Der HERR ist die
  krafft meynes läbens/ ab wäm solt ich
  erschräcken?
So die boßhafften/ meyne feynd unnd
  widersächer/ wider mich trättend/ als
  woltends mich gar frässen/ so schlipffend sy
  und fallend.
Ob sy gleych ein heer wider mich legen/ wurde/
  sich meyn hertz nit förchten/ unnd ob schon
  ein schlacht wider mich entstuond/ so bin
  ich doch darinn unverzagt.
Dann eins begär ich an den HERREN/ eins
  fordern ich/ das ich ewigklich wone in dem
  hauß deß HERREN/ das ich sähe die schöne
  zierd des HERREN/ unnd seynen tempel
  mit verwundernuß beschouwe.
Dann inn der gefaarlichen zeyt hatt er mich
  verborgen in seyn hütten: in das inner seiner

**Der HERR ist mein Licht und
meine Rettung**

27 1 Von David.
   Der HERR ist mein Licht und meine
   Rettung, vor wem sollte ich mich fürchten?
   Der HERR ist meines Lebens Zuflucht,
   vor wem sollte ich erschrecken?
2 Dringen Übeltäter auf mich ein,
   mich zu zerfleischen,
   meine Gegner und meine Feinde,
   sie müssen straucheln und fallen.
3 Mag ein Heer mich belagern,
   mein Herz fürchtet sich nicht;
   mag Krieg sich gegen mich erheben,
   bleibe ich doch voll Zuversicht.
4 Eines nur habe ich vom HERRN erbeten,
   dies eine begehre ich:
   zu wohnen im Hause des HERRN
   alle meine Tage,
   zu schauen die Freundlichkeit des HERRN
   und nachzusinnen in seinem Tempel.
5 Denn er birgt mich in seiner Hütte
   am Tage des Unheils,
   er beschirmt mich im Schutz seines Zeltes,
   hebt mich empor auf einen Felsen.
6 Nun kann mein Haupt sich erheben

hütten hatt er mich versteckt/ und hatt mich
auff ein velsen hinauf gestelt.
Zeletst hatt er mein haupt erhöcht über meyne
feynd/ die mich umbgeben hattend.
Darumb opffer ich ein opffer der dancksagung
in seiner hütten: ich singen und lobsingen
dem HERREN.
HERR erhör meyn stimm mit deren ich zuo dir
rüeff/ biß mir gnädig/ unnd hilff mir.
Dich bekennt mein hertz/ dich suocht mein
angesicht: O HERR ich hab ein begyrd nach
deynem angesicht.
Verbirg deyn angesicht nit vor mir/ nit schupff
inn zorn deinen diener.
Du bist mein hilff/ verschupff mich nit/ verlaß
mich nit O mein Gott und heiland.
Dann mein vatter und meyn muoter habend
mich verlassen/ der HERR aber wirt mich
aufnemmen.
HERR leer mich deynen wäg/ und füer mich
auff der rechten ban/ umb deren willen die
mir heymlich aufsetzig sind.
Gib mich nit in den muotwillen meyner
feynden/ dann falsche zeügen sind wider
mich auferstanden/ unnd schalckheit nimpt
man für.
Doch tröst mich das/ das ich gewüßlich
vertrauwen/ ich werde die güeter des
HERREN sähen in dem land der läbenden.
Und darumb hoff auff den HERREN wär du
noch syest/ der wirdt deyn hertz stercken
unnd vestnen/ vertrauw du nun auff den
HERREN.

über meine Feinde rings um mich her.
Ich will Opfer darbringen in seinem Zelt,
Opfer des Jubels,
will singen und spielen dem HERRN.
7 Höre, HERR, mein lautes Rufen,
sei mir gnädig und erhöre mich.
8 An dein Wort denkt mein Herz:
Sucht mein Angesicht.
Dein Angesicht, HERR, will ich suchen.
9 Verbirg dein Angesicht nicht vor mir.
Weise deinen Diener nicht ab im Zorn.
Du bist meine Hilfe.
Verstosse mich nicht und verlass mich nicht,
du Gott meiner Rettung.
10 Wenn auch Vater und Mutter mich verlassen,
nimmt der HERR mich auf.
11 Weise mir, HERR, deinen Weg,
und leite mich auf ebener Bahn
um meiner Feinde willen.
12 Gib mich nicht preis
der Gier meiner Gegner,
denn falsche Zeugen stehen auf gegen mich
und ruchlose Ankläger.
13 Hätte ich doch die Gewissheit,
die Güte des HERRN zu schauen
im Land der Lebenden.
14 Hoffe auf den HERRN.
Sei stark, dein Herz sei unverzagt.
Hoffe auf den HERRN.

|1: 36,10 · 118,6! |3: 3,7 |4: 23,6; 26,8; 63,3; 65,5! |5: 31,21 |6: 3,4 |8: 24,6! |11: 5,9! |12: Mt 26,59 |13 52,7; 116,9; 142,6; Jes 38,11 |14: 31,25

27,4: Möglich sind auch die Übersetzungen: «... und zu betrachten seinen Tempel» und: «... und auszuspähen in seinem Tempel.»
27,8: Wörtlich: «Von dir sagt mein Herz: ...»

Der xxvij. Psalm.
Hebr. XXVIII. Psalm.
¶ Titel. Jst Davids.
¶ Jnnhalt.
Er ruofft Gott gäch und ängstlich an/ das er jn vor den betrognen falschen erlöse. Er wirt erhöret/ und sagt Gott danck darumb.

O HERr mein velß ich schrey zuo dir/ veracht
mich nit/ thuo nit als hortest du mich nit/
das ich nit gleych werde denen die in
dgruoben hinab fallend.
Erhör die stimm/ meyn deß flehenden der zuo
dir schrey/ der meine hend auf heb zuo
deinem heyligthuomb.
Zeüch mich nit zuo den gottlosen oder under
die schälck/ die mit jren nächsten freüntlich

Höre den Ruf meines Flehens
28 1 Von David.
Zu dir, HERR, rufe ich, mein Fels,
verschliesse dich mir nicht.
Denn wenn du schweigst, werde ich denen
gleich,
die hinabfahren zur Grube.
2 Höre den Ruf meines Flehens,
wenn ich zu dir schreie,
wenn ich meine Hände erhebe
zum Allerheiligsten.
3 Raffe mich nicht hin mit den Frevlern
und mit den Übeltätern,
die freundlich reden mit ihrem Nächsten,
aber Böses hegen in ihren Herzen.
4 Gib ihnen nach ihrem Tun,

redend/ böses aber trachtend sy in jren
hertzen.
Gib jnen nach jrer mißthat und schalckheit jrer
anschlegen/ gib jnen nach dem werck jrer
henden/ widergilt jnen das sy verdienet
habend.
Wie sy nit merckend auff die werck des
HERRN/ auch nit auff das gemächt seiner
henden/ also zerstöre er sy das sy niemar mer
auf kommind.
Jch danck dem HERREN/ das er die stimm des
flehenden erhört hat.
Der HERR ist mein stercke unnd mein schilt/
auff jnn vertrauwet meyn hertz: von jm hab
ich hilff empfunden/ deß springt mein hertz
in fröuden auf: mit meinem gsang wil ich jn
loben.
Der HERR ist unser stercke/ unnd ein heylsame
stercke seines gesalbeten.
Darumb hilff deynem volck/ unnd gib glück
und heyl deinem erbteil: weyd sy und enthalt
sy ewigklich.

nach der Bosheit ihrer Taten,
nach dem Werk ihrer Hände gib ihnen,
vergilt ihnen ihre Untat.
5 Denn auf die Taten des HERRN achten sie
nicht,
noch auf das Werk seiner Hände.
So wird er sie niederreissen
und nicht wieder aufbauen.
6 Gepriesen sei der HERR,
denn er hat den Ruf meines Flehens
gehört.
7 Der HERR ist mein Schutz und mein Schild,
auf ihn vertraute mein Herz;
mir wurde geholfen, und mein Herz
frohlockte,
mit meinem Lied will ich ihn preisen.
8 Der HERR ist Schutz seinem Volk,
rettende Burg seinem Gesalbten.
9 Hilf deinem Volk
und segne dein Erbe,
weide und trage sie in Ewigkeit.

|1: 143,7 |2: 134,2! |3: 26,9 · 12,3! |4: 62,13! |5 Jes 5,12
|9: 78,71; Dtn 9,29

28,8: Der Massoretische Text wurde korrigiert; er
lautet übersetzt: «Der Herr ist ihnen Schutz, …»

Der xxviij. Psalm.
Hebr. XXIX. Psalm.
¶ Titel.
Ein gsang Davids.
¶ Jnnhalt.
Er berüefft die gwaltigen zuo der eer des einigen
allmächtigen Gottes/ deß krafft unnd macht besingt er
gar herrlich.

Gebend dem HERREN O jr Fürsten/ gebend
dem HERREN eer und krafft.
Gebend dem nammen des HERRN die
allmächtigkeyt: bättend an die heylige
maiestet des HERREN.
Dann der HERR gebeütet den wasseren mit
seynem geheyß allein. Der allmächtig Gott
machet donneren. Der HERR beherrschet
das meer.
Das geheyß deß HERREN ist krefftig/ Das
geheyß des HERREN ist zierlich.
Der HERR bricht mit seynem geheyß die Ceder
böum/ ja der HERR zerbricht die
Cederböum Libani.
Wie ein junger stier zerstritt er den Libanum/
und Saron wie ein Einhorn.
Das geheyß deß HERREN zerteylt die
fheürflammen/ machet die wüeste Kades
erbidmen.

Die Stimme des HERRN
29
1 Ein Psalm Davids.
Gebt dem HERRN, ihr Götter, gebt
dem HERRN Ehre und Macht.
2 Gebt dem HERRN die Ehre seines Namens,
werft euch nieder vor dem HERRN in
heiliger Pracht.
3 Die Stimme des HERRN über den Wassern,
der Gott der Herrlichkeit donnert,
der HERR über gewaltigen Wassern.
4 Die Stimme des HERRN mit Macht,
die Stimme des HERRN mit Majestät.
5 Die Stimme des HERRN zerbricht Zedern,
der HERR zerschmettert die Zedern des
Libanon.
6 Wie ein Kalb lässt er hüpfen den Libanon,
den Sirjon wie einen jungen Stier.
7 Die Stimme des HERRN sprüht
Feuerflammen.
8 Die Stimme des HERRN lässt die Wüste
beben,
beben lässt der HERR die Wüste von
Kadesch.
9 Die Stimme des HERRN bringt die Hirschkuh
zum Kreissen,
macht Wälder kahl.

Das geheyß des HERREN machet die Hinden
schwach/ unnd reütet auß die weld: in
seynem tempel wirdt ein yeder eer sagen.
Der HERR stillet die wassergüsse/ der HERR
regiert ewigklich.
Der HERR gibt seynem volck krafft/ der HERR
bescheert seinem volck mit glück/ heyl und
friden.

Der xxix. Psalm.
Hebr. XXX. Psalm.
¶ Titel. Jst Davids.
Jst ein lobgesang oder dancksagung für den bauw des tempels.
¶ Jnnhalt.
Jst ein dancksagung in deren man lernet/ das den glöubigen bey Gott alle ding sicher und wolbewart sygind. Hat ein ansähen als wäre diser Psalm nach einer krancheit gemacht.

HERR ich wil dich hoch loben und preysen/
dann du hast mich aufgerichtet/ und hast
meine feynd nit erfröuwet ob mir.
O HERR meyn Gott zuo dir hab ich
geschreüwen/ und du hast mich gesund
gemachet.
HERR du hast mein läben vor dem tod errettet:
du hast mich gefristet vor denen die in die
gruoben hinab farend.
Lobsingend dem HERREN O jr seine
frommen/ und dancksagend in seiner
heiligen gedächtnuß.
Dann ob er gleich einen augenblick zornig ist/
so erhaltet er doch durch sein gnad im läben:
und ob er schon das weynen am abent
eynkarte/ wurde doch am morgen die fröud
widerkommen.
Jch hab etwo in meinem glück gedacht/ Jch wird
niemar mer entwegt.
(Dann du O HERR hattest auß deiner güete
meinen berg starck und steyff gemachet) aber
so bald du dein angesicht vor mir verbargest/
erschrack ich.
Denn schrey ich O HERR zuo dir/ und dich
meinen HERREN batt ich.
Was nutzes ist in meinem bluot/ sprach ich/
wenn ich zuo nichte wird? wirt dich auch das
kaat loben? wirdt es auch dein treüw
außkünden?
Darumb er hör mich O HERR/ und biß mir
gnädig/ HERR hilff mir.
Do hast du meyn leyd in fröud verkeert/ den
sack hast du mir außgezogen/ und mich mit
fröud umbgeben.

Und in seinem Palast ruft alles: Ehre.
10 Der HERR thront über der Flut,
der HERR thront als König in Ewigkeit.
11 Der HERR gebe Macht seinem Volk,
der HERR segne sein Volk mit Frieden.

|1: 96,7 |2: 96,8–9 |3: 77,19; 104,7; Hiob 37,4.5
|6: 114,4.6 |11: 68,36

Du hast mich aus der Tiefe gezogen
30 1 Ein Psalm. Ein Lied zur
Tempelweihe. Von David.
2 Ich will dich erheben, HERR, denn du hast
mich aus der Tiefe gezogen
und meine Feinde nicht über mich
triumphieren lassen.
3 HERR, mein Gott, ich schrie zu dir,
und du hast mich geheilt.
4 HERR, du hast mich heraufgeholt aus dem
Totenreich,
zum Leben mich zurückgerufen von
denen, die hinab zur Grube fuhren.
5 Singt dem HERRN, ihr seine Getreuen,
und preist seinen heiligen Namen.
6 Denn sein Zorn währt einen Augenblick, ein
Leben lang seine Gnade;
am Abend ist Weinen, doch mit dem
Morgen kommt Jubel.
7 Ich aber sprach in meiner Sorglosigkeit:
Nie werde ich wanken.
8 HERR, in deiner Gnade stelltest du mich auf
mächtige Berge,
doch als du dein Angesicht verbargst, traf
mich der Schrecken.
9 Zu dir, HERR, rief ich,
ich flehte zu meinem Gott.
10 Was nützt dir mein Blut, wenn ich ins Grab
hinabfahre?
Kann denn Staub dich preisen, deine
Treue verkünden?
11 Höre, HERR, und sei mir gnädig.
HERR, sei du mein Helfer.
12 Du hast mir meine Klage in Reigen
verwandelt,
mein Trauergewand gelöst und mich mit
Freude umgürtet,
13 damit mein Herz dir singe und nicht
verstumme.

Darumb sol dein eer besungen und nit verschwigen werden. Dir O HERr mein Gott wil ich ewigklich lob und danck sagen.

HERR, mein Gott, in Ewigkeit will ich dich preisen.

|2: 13,5! |4: 1Sam 2,6 |5: 18,50!; 97,12 |6 Jes 54,7.8 · 126,5!–6 |8: 104,29 |10: 6,6! |12: Jer 31,13

Der xxx. Psalm.
Hebr. XXXI. Psalm.
¶ Titel.
Jst ein ermanlich gsang Davids.
¶ Jnnhalt.
Jst ein ernstlich gebätt in einer grossen anfechtung/ unnd nach dem Gott erhört/ ein dancksagung.

HERR ich trauw in dich/ laß mich niemar mer zeschanden werden/ sunder erlöß mich in deiner gerechtigkeit.

Neyg dein or zuo mir/ eyl mich ze erlösen: biß mir ein starcker velß/ ein wolbewart schloß in dem ich errettet werde.

Dann du bist mein velß und mein schloß/ so wöllest auch mich umb deynes nammens willen füeren und erhalten.

Du wöllest mich auß dem netz füeren das sy mir heymlich gelegt habend/ dann du bist mein stercke.

Jch befilch meynen geyst in deyn hand/ erlöß mich O HERr du warhaffter Gott.

Jch hassz die auff eytelkeyt unnd wane ding haltend/ auff dich aber O HERR vertrauw ich.

Schaff das ich mich fröuwe und frolocke in deyner güete/ so du meinen kummer ansähen unnd erkennen wirst in was ängsten unnd nöten mein seel ist.

So du mich dem feynd nit in seinen gewalt geben/ sunder meyne füeß auff die weyte stellen wirst.

HERR biß mir gnädig/ dann ich bin in ängsten/ meine augen verschweynend mir vor unmuot/ darzuo mein leyb und seel.

Meyn läben schweynet mir vor schmertzen/ unnd meine jar in seüfftzen: meyn stercke und krafft schwachet in meinem kummer/ und mein gebeyn das dorret.

Jch bin ein schmaach worden allen meinen feynden/ meinen nachpauren und freünden ein grosser schräck: die mich sähend die fliehend von mir hinauß.

Man hat mich auß dem hertzen gelassen und vergessen als man pfligt denen die tod sind: ich bin gleych wie ein zerbrochen geschirr.

Dann ich hab die schmaach der menge die umb mich ist selbs gehört: sy rottend sich zesamen

In deiner Hand steht mein Geschick

31 1 Für den Chormeister. Ein Psalm Davids.

2 Bei dir, HERR, suche ich Zuflucht,
   ich will nicht zuschanden werden auf ewig,
   in deiner Gerechtigkeit rette mich.

3 Neige zu mir dein Ohr,
   eile, mich zu befreien,
   sei mir ein Fels der Zuflucht,
   eine feste Burg, mich zu retten.

4 Denn mein Fels und meine Burg bist du,
   um deines Namens willen
   leite und führe mich.

5 Zieh mich aus dem Netz, das sie mir heimlich legten,
   denn du bist meine Zuflucht.

6 In deine Hand befehle ich meinen Geist,
   du hast mich erlöst, HERR, du treuer Gott.

7 Ich hasse, die sich an nichtige Götzen halten,
   ich aber vertraue auf den HERRN.

8 Ich will frohlocken und mich freuen an deiner Gnade,
   dass du mein Elend gesehen,
   auf die Nöte meiner Seele geachtet hast.

9 Du hast mich nicht der Hand des Feindes ausgeliefert,
   hast meine Füsse auf weiten Raum gestellt.

10 Sei mir gnädig, HERR, denn mir ist bange,
    schwach geworden vor Gram ist mein Auge, meine Kehle, mein Leib.

11 Im Kummer schwindet dahin mein Leben,
    meine Jahre vergehen mit Seufzen.
    Meine Kraft ist zerfallen durch meine Schuld,
    und schwach geworden sind meine Gebeine.

12 Allen meinen Feinden bin ich zum Spott geworden
    und mehr noch meinen Nachbarn,
    ein Schrecken denen, die mir vertraut sind;
    die mich auf der Strasse sehen, fliehen vor mir.

13 Vergessen bin ich, wie ein Toter aus dem Sinn,
    bin geworden wie ein zerbrochenes Gefäss.

wider mich: sy radtschlahend wie sy mir das läben nemind.

Jch aber trüw auff dich O HERr/ und sag das du mein Gott bist.

Mein stündly stadt in deiner hand/ erlöß mich von dem gwalt meiner feynden unnd durächtern.

Erleücht dein angesicht über deinen diener: mach mich heyl durch dein gnad.

HERR laß mich nit zeschanden werden/ dann dich rüeff ich an: die gottlosen werdind zeschanden und in die hell vertüscht.

Die verlognen läfftzen werdind geschweigt/ die fälschlich/ stoltz/ und verachtlich wider den frommen redend.

O wie vil und grosses guot hast du behalten denen die dich förchtend: O was guots thuost du denen die in dich hoffend vor den menschen.

Du verbirgst sy vor den stoltzen menschen in die heimligkeit deines angsichts/ vor dem zanck unnd klaffen der zungen verbirgst du sy in dein hütten.

Gott sey lob der mir wunder grosse guotthat bewisen hatt auß der wolbewarten statt.

Dann do mich der gäch schräck überfiel/ gedacht ich/ ich wäre schon vor deinen augen verworffen/ du aber hast mein klägliche bitt erhört do ich zuo dir schrey.

Darumb habend den HERRN lieb O jr alle seine heyligen: dann die getreüwen schirmet Er/ und widergiltet reychlich dem der hochmuot treybt.

Sind mannlich und standhafft/ und vestnend euwere hertzen/ jr alle die dem HERREN vertrauwend.

14 Ich höre das Zischeln der Menge,
   Grauen ringsum,
   wenn sie gegen mich sich verschwören,
   darauf sinnen, mir das Leben zu nehmen.
15 Ich aber vertraue auf dich, HERR,
   ich spreche: Du bist mein Gott.
16 In deiner Hand steht mein Geschick,
   rette mich aus der Hand meiner Feinde
   und vor meinen Verfolgern.
17 Lass leuchten dein Angesicht über deinem Diener,
   hilf mir in deiner Gnade.
18 HERR, ich will nicht zuschanden werden,
   denn ich rufe zu dir.
   Zuschanden werden sollen die Frevler,
   heulend ins Totenreich fahren.
19 Verstummen sollen die Lügenlippen,
   die frech reden gegen den Gerechten, mit Hochmut und Spott.
20 Wie gross ist deine Güte,
   die du denen bereithältst, die dich fürchten,
   die du vor den Menschen denen erweist,
   die Zuflucht suchen bei dir.
21 Du beschirmst sie im Schutz deines Angesichts
   vor dem Toben der Menschen,
   du birgst sie in einer Hütte
   vor dem Gezänk der Zungen.
22 Gepriesen sei der HERR,
   denn wunderbar hat er mir seine Gnade erwiesen
   in einer festen Stadt.
23 Ich aber sprach, da ich weglief vor Angst:
   Ich bin verstossen aus deinen Augen.
   Doch du hast mein lautes Flehen gehört,
   als ich zu dir schrie.
24 Liebt den HERRN, all seine Getreuen.
   Die Getreuen behütet der HERR,
   doch über die Massen vergilt er dem,
   der Hochmut übt.
25 Seid stark, euer Herz sei unverzagt,
   ihr alle, die ihr harrt auf den HERRN.

|2–3: 71,1–3 |3–4: 18,3! |4: 23,2–3 |5: 25,15; 140,6! |6: Lk 23,46; Apg 7,59 |8: 10,14 |9: 18,20 |10: 6,8! |11 32,3 |14: Jer 20,10 |15: 140,7 |17: 4,7!; 119,135 |21 27,5 |24: 62,13! |25: 27,14

Der xxxj. Psalm.
Hebr. XXXII. Psalm.
¶ Titel.
Jst ein vermanung und leer Davids.
¶ Jnnhalt.

Wohl dem, dessen Missetat vergeben ist
32 1 Von David. Ein Weisheitslied.
Wohl dem, dessen Missetat vergeben, dessen Sünde getilgt ist.
2 Wohl dem Menschen, dem der HERR

Diser Psalm leert wie ein trostlich ding es sey/ von sünden entschüttet sein: und herwiderumb wie arbeytsälig es sey ein verwerrte gewüßne haben. Zeygt darbey an welchen wäg die sünd verzigen werdind.

Wol dem/ dem das überträtten abgenommen/
  dem die sünd übersehen sind.
Wol dem menschen dem der HERr die mißthat
  nit rechnet/ der in seinem gmüet mit listen
  nichts verhälet.
Dann do ichs understuond zeverschweygen/
  schwachetend alle meine beyn in meynem
  täglichen prüelen.
Deßhalb das deyn hand tag und nacht schwär
  ob mir lag: meyn füechte ward wie ein
  summerdürre. Säla.
Nach dem ich aber dir mein sünd offnet/ und
  mein mißthat verbarg.
So bald ich (mich selbs anklagende) sprach/ Jch
  wil mein überträttung dem HERREN
  verjähen/ vonn stundan hast du die
  schalckheit meiner sünd verzigen. Säla.
Darumb sol ein yeder frommer/ so bald jnn
  söliche angst betrittet/ zuo dir schreyen/ so
  wirdt jn die güse der grossen wassern nit
  berüeren.
Du bist mein schirm vor dem trüebsal der mich
  umbgeben hat/ und umbgibst mich mit
  fröud der erlösung. Säla.
Jch wil dich berichten/ sprichst du/ unnd dir
  den wäg zeygen den du wandlen solt/ meine
  augen wil ich auff dich stellen.
Doch das jr nit den rossen und maulthieren
  gleich sygind/ die kein verstand habend.
Wo du jnen nit ein zaum unnd pissz ins maul
  legst unnd zöumpst/ sind sy dir nit gewertig.
Vil unglücks unnd übels wirt über die gottlosen
  gon/ wär aber auff den HERREN vertrauwet
  den wirdt er mit gnad umbgeben.
Fröuwend euch im HERREN unnd frolockend
  jr frommen: sind frölich jr alle die ein
  rechtgeschaffen hertz habend.

Der xxxij. Psalm.
Hebre. XXXIII. Psalm.
¶ Jnnhalt.
Jst ein lobgesang in dem die allmächtigkeit Gottes herfür bracht und gelobt wirt.

Frolockend im HERREN jr frommen/ dann
  loben stadt wol an den aufrechten.
Darumb lobend den HERREN/ lobsingend jm
  mit harpffen/ lauten/ unnd psalter der zähen
  seyten.

    die Schuld nicht anrechnet
  und in dessen Sinn nichts Falsches ist.
3 Ich verstummte, es zerfielen meine Gebeine,
  da ich den ganzen Tag schrie.
4 Denn schwer lag deine Hand auf mir
  Tag und Nacht,
  verdorrt war meine Lebenskraft
  in der Sommerglut. *Sela*
5 Meine Sünde habe ich dir gestanden
  und meine Schuld nicht verborgen.
  Ich sprach: Bekennen will ich
  dem HERRN meine Missetaten.
  Und du vergabst mir
  die Schuld meiner Sünde. *Sela*
6 Darum bete jeder Getreue zu dir
  in der Zeit der Not;
  wenn gewaltige Wasser strömen,
  ihn werden sie nicht erreichen.
7 Du bist mir Schutz, vor Not bewahrst du
  mich,
  mit Jubelgesängen der Rettung umgibst
  du mich. *Sela*
8 Ich will dich lehren und dir den Weg weisen,
  den du gehen sollst,
  ich will dir raten, mein Auge wacht über
  dir.
9 Seid nicht wie ein Ross, wie ein Maultier,
  ohne Verstand,
  nur mit Zaum und Zügel ist sein
  Ungestüm zu bändigen,
  sonst kommt es nicht zu dir.
10 Zahlreich sind die Schmerzen des Frevlers,
  wer aber auf den HERRN vertraut, den
  umgibt er mit Gnade.
11 Freut euch des HERRN und frohlockt, ihr
  Gerechten,
  und jubelt alle, die ihr aufrichtigen
  Herzens seid.

|1: 85,3 |3: 31,11 |4: 38,3 |5: 38,19; Spr 28,13 |8 25,12 · 33,18; 34,16 |11: 33,1; 58,11; 64,11; 68,4; 97,12

32,6: Der Massoretische Text wurde korrigiert.

Er sprach, und es geschah
33 1 Jubelt, ihr Gerechten, dem HERRN,
  den Aufrichtigen ist der Lobgesang
  Freude.
2 Preist den HERRN mit der Leier,
  spielt ihm auf zehnsaitiger Harfe.
3 Singt ihm ein neues Lied,
  schlagt die Saite mit Jubelklang.
4 Denn das Wort des HERRN ist gerecht
  und all sein Tun verlässlich.

Singend jm ein neüwes lied/ machend die
  seytenspil laut erschallen.
Dann des HERREN wort ist richtig/ und alle
  seine werck sind steyff.
Das recht und billich hat er lieb/ die erd ist
  seiner gnaden voll.
Durch das wort des HERREN sind die himmel
  gemachet/ und mit dem geyst seynes munds
  all jr heer.
Der die meerwasser zemen bringt wie ein maur/
  unnd verbirgt sy denn wider in die tieffinen.
Alle welt förchte den HERREN/ vor augen
  söllend jn haben alle die auff dem erdboden
  wonend.
Dann so er heißt so geschichts/ und das er
  gebeütet das bestadt.
Der HERr zerwirfft den radt der Heyden/ und
  wendet die anschleg der völckern.
Seyn radt aber bestadt ewigklich/ die anschleg
  seines hertzens wärend vonn welt zuo welt.
Wol dem volck des HERR Gott ist/ und das er
  jm zum erbteyl außerwelt.
Der HERR sicht vom himmel herab/ dz er
  besähe aller menschen kinder/ von seinem
  steyffen sitz hat er acht auff alle die auff erden
  wonend.
Dann er allein hatt jre hertzen gestaltet/ Er allein
  erkennt alle jre werck.
Den künig hilfft nit die grosse macht/ der held
  wirt nit errettet in der vile seiner krafft.
Des reüters hilff ist fäl/ dann in der vile des
  reysigen zeügs wirt man nit errettet.
Sihe aber/ die augen des HERREN sind ob
  denen die jn förchtend/ und auff sein güete
  vertrauwend.
Das er jr läben vor dem tod friste/ unnd sy in
  der theüre neere und aufenthalte.
So sol nun unser seel auff den HERREN
  vertröstet sein/ dann Er ist unser hilff und
  unser schilt.
Dann auch unser hertz sich in jm erfröuwet/ so
  wir in seinen heyligen nammen hoffen
  werdend.
O HERR dein gnad halte ob uns/ wie wir dir
  vertrauwend.

5 Er liebt Gerechtigkeit und Recht,
    von der Gnade des HERRN ist die Erde
    voll.
6 Durch das Wort des HERRN sind die Himmel
    gemacht
    und durch den Hauch seines Mundes ihr
    ganzes Heer.
7 Er fasst das Wasser des Meeres wie mit einem
    Damm,
    in Kammern legt er die Fluten.
8 Alle Welt fürchte den HERRN,
    zittern sollen vor ihm alle, die den
    Erdkreis bewohnen.
9 Denn er ist es, der sprach, und es geschah,
    der gebot, und es stand da.
10 Der HERR vereitelt den Ratschluss der
    Nationen,
    macht zunichte die Pläne der Völker.
11 Der Ratschluss des HERRN bleibt ewig
    bestehen,
    die Pläne seines Herzens von Generation
    zu Generation.
12 Wohl der Nation, deren Gott der HERR ist,
    dem Volk, das er sich zum Erbteil erwählt
    hat.
13 Vom Himmel herab blickt der HERR,
    sieht alle Menschen.
14 Von der Stätte, da er thront, schaut er
    auf alle, die die Erde bewohnen,
15 er, der ihnen allen das Herz gebildet,
    der achthat auf alle ihre Werke.
16 Keine Hilfe ist dem König das grösste Heer,
    der Held wird nicht gerettet durch grösste
    Kraft.
17 Trügerische Hilfe ist das Ross,
    und mit all seiner Stärke rettet es nicht.
18 Seht, das Auge des HERRN ruht auf denen,
    die ihn fürchten,
    die auf seine Gnade harren,
19 dass er vom Tod ihr Leben errette
    und sie am Leben erhalte, wenn sie
    Hunger leiden.
20 Unsere Seele wartet auf den HERRN,
    er ist unsere Hilfe und unser Schild.
21 Über ihn freut sich unser Herz,
    auf seinen heiligen Namen vertrauen wir.
22 Deine Gnade, HERR, sei über uns,
    denn wir harren auf dich.

|1: 32,11! · 147,1 |2: 92,4; 144,9 |3: 96,1; 98,1; 144,9; 149,1
|4: 51,6 |5: 119,64 |6: Gen 1,6–8.14–18 |9: 148,5 |12: 144,15
|16–17: 20,8! |18: 32,8! · 130,7; 147,11 |20: 115,9–11

Der xxxiij. Psalm.
Hebr. XXXIIII. Psalm.
¶ Titel.
Jst Davids von der verenderung des angesichts vor dem Abimelech/ von dem er hinauß getriben ward und entfloch.
¶ Jnnhalt.
Er sagt Gott danck/ und kündet auß wie der HERR die seinen niemarmer verlasse.

Ich wil den HERREN loben/ sein lob sol allweg in meinem mund sein.
Meyn seel belustiget sich in dem lob des HERREN/ das söllend die verkümmerten hören und sich fröuwen.
Preysend den HERREN mit mir/ und lassend unns mit einanderen seynen nammen hoch loben.
Jch bin angstlich zum HERREN geloffen/ und er hatt mich erhört/ und auß allem schräcken mich erlößt.
Die auff jnn sehend werdend erleüchtet/ und jre angesicht werdend nit schamrot.
Ein yeder der bekümmeret ist/ unnd den HERRN anrüefft den erhört er/ unnd lößt jn auß allen seinen ängsten und nöten.
Der engel des HERREN umblägeret die die den HERREN förchtend/ und erlößt sy.
Erfarend und sähend wie freüntlich der HERR sey/ wol einem yeden der auff jnn vertrauwet.
Habend den HERREN vor augen O jr seine heiligen/ dann denen manglet nichts die jn vor augen habend.
Die grausamen fräler werdend mangel und hunger leiden/ die aber den HERRN vor augen habend denen wirt nichts manglen.
Kommend herzuo O jr kinder und losend mir/ ich wil euch die forcht deß HERRN leeren.
Welcher ein lust hat zeläben/ unnd gern guote tag wil haben.
Der verhüete sein zungen vor dem bösen/ und seine läfftzen das sy nichts betruglichs redind.
Er weyche von dem argen unnd thüeye guots/ fleysse sich des fridens/ hange dem selben an.
Dann die augen des HERREN merckend auff die frommen/ und seine oren auff jr geschrey.
Wider die übelthäther aber wendet der HERR sein angesicht/ dz er jr gedächtnuß von der erden außreüte.
Die frommen aber so die schreyend/ erhört sy der HERR/ unnd erlößt sy auß allen jrem trüebsal.
Der HERR ist nach bey denen die zerknists hertzens sind/ und hilfft denen die eines demüetigen geists sind.

Die Augen des HERRN sind bei den Gerechten

34 1 Von David, als er sich vor Abimelech wahnsinnig stellte und dieser ihn fortjagte und er wegging.

2 Ich will den HERRN preisen allezeit,
   immer soll sein Lob in meinem Munde sein.
3 Meine Seele rühme sich des HERRN,
   die Gebeugten sollen es hören und sich freuen.
4 Erhebt den HERRN mit mir,
   und lasst uns alle seinen Namen ehren.
5 Ich suchte den HERRN, und er hat mich erhört,
   von allen meinen Ängsten hat er mich befreit.
6 Die auf ihn blicken, werden strahlen,
   ihr Angesicht soll nicht zuschanden werden.
7 Da ist ein Elender, der rief, und der HERR hat es gehört,
   aus allen seinen Nöten hat er ihm geholfen.
8 Der Bote des HERRN lagert sich
   um die, die ihn fürchten, und er rettet sie.
9 Spürt und seht, wie gütig der HERR ist.
   Wohl dem, der bei ihm Zuflucht sucht.
10 Fürchtet den HERRN, ihr seine Heiligen,
    denn die ihn fürchten, leiden keinen Mangel.
11 Löwen mögen darben und hungern,
    denen aber, die den HERRN suchen, fehlt nichts Gutes.
12 Kommt, ihr Söhne, hört mir zu,
    Furcht des HERRN will ich euch lehren.
13 Wer begehrt das Leben,
    wer will glückliche Tage sehen?
14 Hüte deine Zunge vor Bösem
    und deine Lippen vor trügerischer Rede.
15 Meide das Böse und tue das Gute,
    suche Frieden und jage ihm nach.
16 Die Augen des HERRN sind bei den Gerechten
    und seine Ohren bei ihrem Schreien.
17 Das Angesicht des HERRN steht gegen die, die Böses tun,
    um ihr Andenken zu tilgen von der Erde.
18 Schreien die Gerechten, hört es der HERR,
    und er befreit sie aus all ihrer Not.
19 Der HERR ist nahe denen, die zerbrochenen Herzens,

Die frommen müessend vil jamers und übels
leyden/ aber der HERr erlößt sy auß allem.
Er verhüetet all jr gebeyn/ das nit eins auß jnen
zerbricht.
Der gottlosen tod aber ist ein böser tod/ dann
die den frommen hassend/ werdend
außgereütet.
Der HERR erlößt die seel seiner dieneren/ und
alle die auff jn vertrauwend/ werdend niemar
mer außgereütet.

hilft denen, die zerschlagenen Geistes
sind.
20 Zahlreich sind die Leiden des Gerechten,
doch aus allem befreit ihn der HERR.
21 Er behütet alle seine Gebeine,
nicht eines von ihnen wird zerbrochen.
22 Den Frevler wird das Unheil töten,
und die den Gerechten hassen, werden es
büssen.
23 Der HERR erlöst das Leben seiner Diener,
und keiner wird es bereuen, der Zuflucht
sucht bei ihm.

|1: 1Sam 21,11–16 |8: 91,11 |9: 1Petr 2,3 · 2,12 |11: 23,1
|12: Spr 4,1 |13–17: 1Petr 3,10–12 |15: 37,27 · Mt 5,9 |16: 32,8!
|17: 9,6; 109,15 |19: 51,19; Jes 57,15; 66,2 |21: Joh 19,36

34,18: «die Gerechten» wurde auf der Grundlage der
antiken Übersetzungen ergänzt.

Der xxxiiij. Psalm.
Hebr. XXXV. Psalm.
¶ Titel. Jst Davids.
¶ Jnnhalt.
Es ist ein anrüeffen in einem grossen trang der feynden/
die uns/ wiewol wir guots umb sy verdienet hattend/
durächtend.

Kempff HERR mit meinen widersächern/
bekrieg die wider mich kriegend.
Ergreyff schilt und spär/ unnd biß auf/ mir
zehelffen.
Zuck das schwärt und tring wider meine
vervolger: sprich zuo meiner seel/ Hie bin ich
deyn Heyl.
Geschendt werdind unnd schamrot die meinem
läben nachstellend/ flüchtig werdind sy mit
schanden/ die böses über mich anschlahend.
Sy werdind wie der staub vor dem wind/ so sy
der engel des HERREN zerwirfft.
Jr wäg sey finster unnd schlipfferig/ der engel
aber des HERRN der tringe auff sy.
Dann sy habend mir unschuldigen jr schädlich
netz heymlich fürgespannen/ meiner
unschuldigen seel habend sy ein gruoben
gemachet.
Schaff das ein unfürsähen unglück über sy
komme/ das sy in jrem garn/ das sy mir
heymlich gelegt habend/ gefangen werdind/
und sy jm selben unglück fallind.
Aber meyn seel frolocke in dem HERREN/ und
erfröuwe sich in seinem heyl.
Alle meyne gebeyn werdend sprechen: HERR
wär ist dir gleych? der du erlösest den
verkümmerten von dem der jm zestarck ist/

Erwache für mein Recht
35 1 Von David.
Streite, HERR, wider die, die gegen
mich streiten, kämpfe gegen die, die mich
bekämpfen.
2 Ergreife Schild und Panzer
und steh auf, mir zu Hilfe.
3 Richte Speer und Lanze
gegen meine Verfolger.
Sprich zu mir:
Ich bin deine Hilfe.
4 In Schmach und Schande sollen geraten,
die mir nach dem Leben trachten,
zurückweichen und beschämt werden,
die auf mein Unglück sinnen.
5 Wie Spreu sollen sie werden vor dem Wind,
wenn der Bote des HERRN sie vertreibt.
6 Finster und schlüpfrig sei ihr Weg,
wenn der Bote des HERRN sie verfolgt.
7 Denn hinterhältig haben sie mir ihr Netz
gelegt,
grundlos mir eine Grube gegraben.
8 Nicht gekanntes Verderben komme über ihn,
und das Netz, das er legte, fange ihn
selbst,
ins eigene Verderben stürze er hinein.
9 Meine Seele aber wird über den HERRN
frohlocken,
wird sich freuen über seine Hilfe.
10 Alle meine Gebeine werden sagen:
HERR, wer ist wie du,
der den Elenden rettet vor dem, der stärker
ist als er,
den Elenden und Armen vor dem, der ihn
ausraubt?

ja den verkümmerten und armen von dem
der jn beraubet.
Es sind falsche zeügen aufgestanden/ die mir
zuolegend von dem ich nichts weiß.
Böses widergeltend sy mir umb guots/ mein seel
zeverweysen und trostloß zemachen.
Und legt aber ich ein traurkleyd an wenn sy
kranck warend/ demüetiget mich mit fasten/
und mein gbätt was emsig.
Jch truog mich als einer der seinen gesellen und
bruoder klagt: ich buckt mich traurig als so
einem sein muoter stirbt.
So es aber mir übel gadt/ so habend sy fröud/
lauffend zemen/ ja auch die lammen lauffend
zemen wider mich auch mir unwüssenden/
zerreyssend die kleider/ hörend nit auf
klagen.
Ja sy gleychßnend als ässend sy äschenbrot/
darzwüschend aber kirschend sy jre zän über
mich.
Ach HERR wenn wilt du luogen? bring wider
unnd rett mein seel von jrem bochen/ und
von den wüetrichen mein einsame.
Das ich dir lob und danck sage vor der grossen
gemeynd/ unnd dich rüeme vor dem grossen
volck.
Das sich meyne lugenhafften feynd nit über
mich fröuwind/ unnd vergebens mit den
augen zwinggind die mich hassend.
Dann sy trachtend nichts fridlichs/ unnd so
schon das gantz land rüewig ist/ erdenckend
sy betrogne radtschleg.
Sy habend jr maul weyt aufgesperrt über mich/
unnd sprechend: Hä hä/ wir habends mit
unsern augen gesehen.
HERR du hasts auch gesehen/ darumb saum
dich nit/ HERR biß nit verr von mir.
Erwach HERR und stand auf/ füer mein sach
auß O HERR mein Gott.
Rett mich O HERR meyn Gott nach deiner
gerechtigkeyt/ dz sy sich nit über mich
fröuwind.
Das sy nit in jrem hertzen sagind/ Hä hä/ wir
habend unseren muot erküelet: das sy nit
sagind/ wir habend jn undertruckt.
Sy werdind geschendt und mit einandern
schamrot/ die sich meynes unglücks
fröuwend/ sy werdind mit schmaach und
schand bekleidet die so hoch von mir
bochend.
Denen aber min unschuld gfalt/ die fröuwind
sich unnd frolockind/ doch das sy allweg
sprechind: Hoch gelobt sey der HERr der ein

11 Ruchlose Zeugen stehen auf,
    was ich nicht weiss, das fragen sie mich.
12 Sie vergelten mir Gutes mit Bösem,
    machen mich einsam.
13 Ich aber habe mich in Trauer gehüllt, als sie
    krank waren,
    kasteite mich mit Fasten.
    Ich betete mit gesenktem Haupt,
14 als wären sie mir Freund und Bruder.
    Ich ging wie im Leid um die Mutter,
    in Trauer tief gebeugt.
15 Doch da ich stürzte, freuten sie sich und
    taten sich zusammen,
    taten sich zusammen gegen mich.
    Fremde, die ich nicht kenne,
    lästerten ohne Unterlass.
16 Ruchlos ist ihr Gespött,
    sie knirschen mit den Zähnen gegen
    mich.
17 Herr, wie lange willst du zusehen?
    Rette mein Leben vor ihrem Wüten,
    vor den Löwen meine Seele.
18 Ich will dich preisen in grosser Versammlung,
    vor vielem Volk will ich dich loben.
19 Über mich sollen sich nicht freuen, die mich
    grundlos anfeinden,
    die ohne Grund mich hassen, die mit den
    Augen zwinkern.
20 Denn feindlich reden sie,
    und gegen die Stillen im Land
    ersinnen sie arglistige Reden.
21 Weit reissen sie ihr Maul auf gegen mich,
    sie sagen: Ha, mit eigenen Augen haben
    wir es gesehen.
22 Du hast es gesehen, HERR, schweige nicht.
    Herr, bleibe nicht fern von mir.
23 Wache auf, erwache für mein Recht,
    mein Gott und mein Herr, für meinen
    Streit.
24 Schaffe mir Recht nach deiner Gerechtigkeit,
    HERR, mein Gott,
    dass sie sich nicht über mich freuen.
25 Sie sollen nicht sprechen in ihrem Herzen:
    Ha, das ist's, was wir begehrten.
    Sie sollen nicht sagen: Wir haben ihn
    verschlungen.
26 Zuschanden und beschämt werden sollen
    alle,
    die sich über mein Unglück freuen,
    Schmach und Schande sollen bedecken,
    die gegen mich grosstun.
27 Es sollen jubeln und sich freuen,

gefallen hat an dem wolstand seines dieners.
So sol auch meyn zung deyn gerechtigkeyt
und lob alle zeyt trachten.

die Gefallen haben an meiner
Gerechtigkeit,
immerdar sollen sie sprechen:
Gross erweist sich der HERR, der Gefallen hat
am Wohlergehen seines Dieners.
28 Meine Zunge aber wird deine Gerechtigkeit
verkünden,
den ganzen Tag dein Lob.

|4: 6,11; 35,26; 40,15; 71,13.24 |5: 1,4! |6: 73,18 |7–8: 7,16!
|12: 38,21; 109,5; Jer 18,20 |16: 22,8! |17 22,21 |18: 22,23!
|19: 13,5! · 69,5! |21: 40,16 |22: 50,3; 83,2; 109,1 · 22,12!
|23: 44,24 |24: 13,5! |25: 40,16 |26 35,4! |27: 40,17

35,15: Der Massoretische Text wurde korrigiert; er
lautet übersetzt: «… Geschlagene (oder: Gelähmte), die
ich nicht kenne, …»

Der xxxv. Psalm.
Hebr. XXXVI. Psalm.
¶ Titel.
Jst Davids des dieners des HERREN ein vermanlich gsang.
¶ Jnnhalt.
Jn disem Psalmen wirt die art und der fräfel der gottlosen beschriben/ und wirdt darbey gebätten das die gottsförchtigen der güete Gottes teylhafft werdind.

Meyn hertz sagt mir von der schalckheyt des
gottlosen/ das er Gott nit vor augen habe.
Ob er jm schon vor augen schmeychlet unnd
liebkoset/ so hüetet er sich doch nit vor der
schalckheyt die Er hasset.
Die wort seines munds sind nichts dann
schalckheyt und falsch/ er laßt sich nit leeren
das er recht thüeye.
Jn seinem bett trachtet er schalckheyt/ er stelt
sich auff keynen guoten wäg/ das böß meydet
er nit.
So deyn güete O HERR biß an die himmel
langet/ und deyn warheyt biß an die
wolcken.
Deyn gerechtigkeyt ist wie ein starcker berg/
deyn billigkeit wie ein tieffer gump.
Ja leüt und vych erhaltest du O HERr.
O Gott wie kostbar ist dein güete/ deren sich die
menschen kinder haltend/ so sy under dem
schatten deiner flüglen schirm suochend.
Sy werdend gesettiget mit dem überfluß deines
hauses/ und mit dem bach deiner wollüsten
trenckst du sy.
Dann bey dir ist der läbendig und yemerwärend
brunn/ und in deinem liecht sähend wir das
liecht.
Spann für dein güete denen die dich kennend/
unnd dein gerechtigkeyt denen die ein
aufrecht hertz habend.

Bei dir ist die Quelle des Lebens
36 1 Für den Chormeister. Vom Diener
des HERRN, von David.
2 Die Sünde raunt dem Frevler zu
im Innern seines Herzens:
Es gibt kein Erschrecken vor Gott.
So steht es ihm vor Augen.
3 Er gefällt sich darin,
schuldig zu werden, zu hassen.
4 Die Worte seines Mundes sind Lug und
Trug,
er will keine Einsicht, will nicht mehr
Gutes tun.
5 Unheil sinnt er auf seinem Lager,
er tritt auf unguten Weg,
das Böse verwirft er nicht.
6 HERR, bis in den Himmel reicht deine Güte,
bis zu den Wolken deine Treue.
7 Deine Gerechtigkeit ist wie die Gottesberge,
deine Gerichte sind wie die grosse Flut.
Menschen und Tieren hilfst du, HERR.
8 Wie kostbar ist deine Güte.
Götter und Menschen
suchen Zuflucht im Schatten deiner
Flügel.
9 Sie laben sich am Überfluss deines Hauses,
und am Strom deiner Wonnen tränkst du
sie.
10 Denn bei dir ist die Quelle des Lebens,
in deinem Licht schauen wir das Licht.
11 Erhalte deine Güte denen, die dich kennen,
und deine Gerechtigkeit denen, die
aufrichtigen Herzens sind.
12 Hochmut trete nicht ein bei mir,
und die Macht der Frevler vertreibe mich
nicht.
13 Da fallen die Übeltäter,

Der fuoß der hochfart erlauffe mich nit/ unnd
die hand der gottlosen wende mich nit ab.
Die übelthäter aber fallind/ unnd werdind
nidergeworffen das sy niemar mer
aufkommind.

sie werden niedergeworfen und stehen
nicht wieder auf.

|2: Röm 3,18 |5: Mi 2,1 |6: 57,11; 108,5 |8: 17,8! |9: 65,5!
|10: Jer 2,13 · 27,1

36,2: Der Massoretische Text wurde korrigiert; er
lautet übersetzt: «… im Innern meines Herzens: …»

Der xxxvj. Psalm.
Hebr. XXXVII. Psalm.
¶ Titel. Jst Davids.
¶ Jnnhalt.
Jst ein ermanug unnd warnung das die gottsförchtigen
und frommen der gottlosen laster nit nachvolgind umb
jres glücks willen. Es wirt auch mit dem der frommen
unnd gottlosen art und end beschriben.

Volg nit nach den bösen/ und thuo nit wie die
übelthäter.
Dann schnäll werdend sy abgehauwen wie das
graß/ unnd wie das grüen kraut werdend sy
wälck.
Hoff aber du auff den HERRN/ und thuo recht/
so wirst du im land wonen/ unnd es wirt
dich warlich neeren.
Und wirst belustigung finden im HERREN/ der
wirdt dir geben was deyn hertz begärt.
Leg dem HERREN für deinen wäg/ vertrauw
jm/ so wirdt er schaffen das deyn
gerechtigkeyt herfür gon wirt wie der glast
der morgenröte/ und deyn billigkeit wie die
mittägige klarheyt.
Sihe fleyssig auff den HERREN und hab jn vor
augen/ nit eyfer dem nach dem es in allen
seinen fürnämen glücklich gadt/ dem
menschen der schantlich läbt.
Stand ab vom zorn/ laß ab von der unwürse/ laß
dich den eyfer nit bewegen das du unrecht
thüeyest.
Dann die übelthäter werdend außgereütet/ die
aber auff den HERREN harrend werdend
das land besitzen.
Es ist noch umb ein kleins zethuon/ so wirt der
gottloß nyrgend mer sein/ und so du war wilt
nemmen wo seyn ort sey/ wirt er nit
vorhanden sein.
Die verkümmerten aber werdend das land
besitzen/ und lust haben in grosser ruow und
friden.
Der gottloß ist dem frommen aufsetzig/ unnd
kirschet mit den zänen über jnn. Der HERR
aber verlachet jnn/ dann er weyßt wenn sein
stündlin kumpt.
Die gottlosen zuckend das schwärt/ und
spannend jren bogen das sy den ellenden und

Befiehl dem HERRN deinen Weg
37 1 Von David.
Erhitze dich nicht über die Übeltäter,
ereifere dich nicht über die, die Unrecht
tun.
2 Denn schnell wie das Gras verwelken sie,
und wie grünes Kraut verdorren sie.
3 Vertraue dem HERRN und tue das Gute,
bleibe im Land und bewahre die Treue.
4 Freue dich des HERRN,
und er wird dir geben, was dein Herz
begehrt.
5 Befiehl dem HERRN deinen Weg
und vertraue auf ihn, er wird es
vollbringen.
6 Er wird deine Gerechtigkeit aufgehen lassen
wie das Licht
und dein Recht wie den Mittag.
7 Sei still vor dem HERRN
und harre auf ihn.
Erhitze dich nicht über den, dessen Weg
gelingt,
und nicht über den, der Ränke schmiedet.
8 Lass ab vom Zorn, gib auf den Grimm,
erhitze dich nicht, es bringt nur Böses.
9 Denn die Übeltäter werden ausgerottet,
die aber auf den HERRN hoffen, sie werden
das Land besitzen.
10 Nur eine Weile noch, und der Frevler ist
nicht mehr,
und suchst du seine Stätte, so ist sie
dahin.
11 Die Gebeugten aber werden das Land
besitzen
und sich freuen an der Fülle des Friedens.
12 Arges sinnt der Frevler gegen den Gerechten,
und er knirscht mit den Zähnen gegen
ihn.
13 Der Herr aber lacht über ihn,
denn er sieht, dass sein Tag kommt.
14 Die Frevler zücken das Schwert
und spannen ihren Bogen,
um den Elenden und Armen zu fällen,
um hinzuschlachten, die auf geradem
Wege sind.

armen fellind/ und die umbbringind die den rechten wäg gond.
Aber jr schwärt wirt jnen in jr eigen hertz gon/ und jre bogen werdend zerbrechen.
Das wenig des frommen/ ist über alle reychtag und hab der gottlosen.
Dann die arm der gottlosen werdend brechen/ die frommen aber vestnet Gott.
Auch weyßt der HERR das zeyt der frommen/ dann jr erb wirt ewig sein.
Jn der gefaarlichen zeyt werdend sy nit zeschanden/ unnd so hunger ist werdend sy gespeyßt.
Die gottlosen aber werdend umbkommen/ unnd die feynd des HERREN werdend umbkommen wie die feyßtenn wyder: wie der rouch werdend sy verschwinden.
Auff wuocher leicht der Gottloß/ nit umb sunst: der fromm aber gibt auß freymilte.
Denen söliche freymilte gfalt/ werdend dz land bsitzen/ und die sölichs schältend werdend außgereüet. Eines sölchen frommen manns gäng werdend von Gott geleytet/ unnd an seinen wägen hat er ein gfallen.
Falt er schon/ so zerfalt er doch nit: dann der HERR hebt und understützt jn mit seiner hand.
Jch bin jung gewesen und yetz alt worden/ und hab doch nie gesehen das der fromm verlassen sey/ oder seinen somen nach brot gon.
Wiewol er allweg barmhertzig ist und frymilt zeleyhen/ so werdend doch seine nachkommen wol beraaten. Er fleücht dz böß/ und thuot das guot/ deßhalb er ewigklich ynwonet. Dann der HERR hat erberkeit lieb/ und verlaßt seine frommen nit/ sy werdend ewigklich verhüetet: der Gottlosen som aber wirt außgereüet.
Die frommen aber werdend das land besitzen/ und ewigklich darinnen wonen.
Der mund deß frommen fleyßt sich der weyßheit/ und sein zung redt das billich.
Dann das gsatzt seines Gottes ist in seinem hertzen/ darumb mögend seine tritt nit fälen.
Der gottloß spähet auff den frommen/ understadt jn zetöden. Aber der HERR laßt jnn jm nit in die hend: auch verdampt er jnn nit so er jnn schon urteylet.
Hoff auff den HERRN/ und hab seiner wägen acht/ so wirt er dich erhöhen das du das land besitzest/ und das außreüten der Gottlosen sähist.

15 Ihr Schwert dringt ihnen ins eigene Herz, und ihre Bogen werden zerbrochen.
16 Besser das wenige, das der eine Gerechte hat, als der Überfluss der vielen Frevler.
17 Denn die Arme der Frevler werden zerbrochen, die Gerechten aber stützt der HERR.
18 Der HERR kennt die Tage der Getreuen, und ihr Erbe wird ewig bestehen.
19 Sie werden nicht zuschanden in böser Zeit, in den Tagen des Hungers werden sie satt.
20 Doch die Frevler kommen um, die Feinde des HERRN; wie die Pracht der Auen schwinden sie dahin, im Rauch schwinden sie dahin.
21 Der Frevler borgt und zahlt nicht zurück, der Gerechte aber ist freigebig und schenkt.
22 Die von ihm gesegnet sind, werden das Land besitzen, die aber von ihm geschmäht sind, werden ausgerottet.
23 Der HERR festigt dem die Schritte, dessen Weg ihm gefällt.
24 Kommt er zu Fall, so stürzt er doch nicht, denn der HERR stützt seine Hand.
25 Ich bin jung gewesen und bin alt geworden, und nie sah ich den Gerechten verlassen, nie seine Nachkommen betteln um Brot.
26 Allezeit ist er freigebig und zu leihen bereit, und seine Nachkommen werden zum Segen.
27 Meide das Böse und tue das Gute, und du wirst auf ewig bleiben.
28 Denn der HERR liebt das Recht, und er verlässt seine Getreuen nicht; auf ewig sind sie behütet, das Geschlecht der Frevler aber wird ausgerottet.
29 Die Gerechten werden das Land besitzen und für immer darin wohnen.
30 Der Mund des Gerechten spricht Weisheit, und seine Zunge lehrt das Recht.
31 Die Weisung seines Gottes trägt er im Herzen, und seine Schritte wanken nicht.
32 Der Frevler lauert dem Gerechten auf und sucht ihn zu töten.
33 Der HERR aber überlässt ihn nicht seiner Hand und spricht ihn nicht schuldig vor Gericht.

Jch hab wol etwo gsehen das der gottloß
eyngewurtzet und starck aufgewachsen was
wie ein gruonender lorberbaum/ aber sich
gleych schnäll was er nienen mer: und do ich
jnn suocht/ ward er nirgend funden.

Biß auffrecht und redlich/ und sich auff das
recht/ das bringt dem menschen ze letst
friden. So die überträter mit einander
verderpt werdend/ dann das end der
Gottlosen ist verderptnuß und umbkommen.
Das heyl aber der frommen ist vom
HERREN: der ist jr stercke in der zeyt der
not.

Der HERR kumpt jnen zehilff/ und errettet sy/
Er errettet sy und schirmpt sy vor den
Gottlosen: dann sy trüwend auff jnn.

34 Hoffe auf den HERRN
und halte dich an seinen Weg,
so wird er dich erhöhen, das Land in Besitz
zu nehmen;
du wirst sehen, wie die Frevler ausgerottet
werden.
35 Ich sah den Frevler, bereit zur Gewalt,
er spreizte sich wie eine üppige Zeder.
36 Doch als ich wieder vorüberging, sieh, da war
er nicht mehr,
ich suchte ihn, und er war nicht zu
finden.
37 Halte dich an den Getreuen, und sieh auf
den Aufrichtigen,
denn der Friedfertige hat Zukunft.
38 Die Abtrünnigen aber werden allesamt
vertilgt,
die Zukunft der Frevler wird zunichte
gemacht.
39 Die Rettung der Gerechten kommt vom
HERRN,
er ist ihre Zuflucht in der Zeit der Not.
40 Der HERR steht ihnen bei und rettet sie,
vor den Frevlern rettet er sie und hilft
ihnen,
denn sie suchen Zuflucht bei ihm.

|1: 73,3; Spr 24,19 |2: 90,5!–6 |4: 20,5! |5 Spr 3,5–6
|6: 112,3–4; Hiob 11,17; Jes 58,8.10 |7: 62,2! |9: 25,13;
37,11.22.29!.34; 69,36–37; Spr 2,21–22; Mt 25,34.41
|11: Mt 5,5 |13: 2,4! |14: 11,2! |16 Spr 15,16; 16,8 |17: 10,15
|20: 68,3 |22: 37,9! |23 Spr 20,24 |24: 145,14 |25: 109,10
|27: 34,15 |29 37,9!; Jes 60,21 |31: 40,9!; Dtn 6,6; Jer 31,33
|32: 10,8 |34: 37,9! |37: Spr 23,18; 24,14 |39: 9,10!

37,35: Der Massoretische Text wurde korrigiert; er
lautet übersetzt: «… wie ein üppiger Einheimischer.»
37,36: Der Massoretische Text wurde korrigiert; er
lautet übersetzt: «Doch als er wieder vorüberging, …»

Der xxxvij. Psalm.
Hebre. XXXVIII(I). Psalm.
¶ Titel.
Jst ein gsang Davids in dem er sein jamer und kummer
erzelt.
¶ Jnnhalt.
Ein fleyssige und lautere erinnerung sein selbs/ und
bekennen der mißthat. Die freünd weychend unnd
verlassend/ die feynd stellend sich wider uns/ und findend
nyrgend heyl dann in dem eynigen Gott.

Ach HERR nit straaff mich in deinem zorn/ nit
züchtig mich in dinem grimm. Dann deine
pfeyl stäckend in mir/ unnd dein hand tringt
hart auff mich.

Es ist nichts gantzes an meinem fleysch deiner
ungnad halb: nichts gantzes in meinem
gebeyn meiner sünd halb.

HERR, strafe mich nicht in deinem Zorn

38 1 Ein Psalm Davids. Zur
Verkündigung.
2 HERR, strafe mich nicht in deinem Zorn,
und züchtige mich nicht in deinem
Grimm.
3 Denn deine Pfeile haben mich getroffen,
und deine Hand ist auf mich
herabgefahren.
4 Nichts Heiles ist an meinem Fleisch wegen
deines Grolls,
nichts Unversehrtes ist an meinen
Gebeinen wegen meiner Sünde.
5 Denn meine Vergehen kommen über mein
Haupt,
sie erdrücken mich wie eine schwere Last.

Dann meine boßheyten gond über mein haupt auß: sind wie ein schwärer last/ zeschwär sind sy mir zetragen.
Meine gschwär stinckend unnd faulend vor meiner torheit.
Verkümmert bin ich und so gar verjamert/ das ich alle zeyt in leyd und trauren vertreib.
Dann meine lenden sind voll jamers/ ja an meinem gantzen leyb ist nichts gsunds.
Jch bin so treffenlich zerrüttlet und zerstossen/ das ich auß brummen meines hertzens anfach brüelen.
HERR/ dir sind alle meine begird bekant/ und mein seüfftzen ist dir nit verborgen.
Min hertz klopfet mir/ min krafft ist hin: ich bin umb gsicht und augen kummen.
Meine freünd und gsellen stuondend vorüber als ich gschlagen ward: meine verwanten von verrnuß.
Die mir aber nach meinem läben staltend und mir unglück zuorustend/ die überfielend mich: trachtetend schalckheit und dichtetend trug alle zeyt.
Aber ich hörs nit/ gleich sam als wär ich ghörloß/ unnd bin wie ein stumm der seinen mund nit aufthuot.
Und bin wie ein mensch der nichts hört/ und der mit seinem mund nit widersprechen kan.
Dann auff dich O HERR bin ich vertrüwt: du wirst mich meiner hoffnung gewären o HERR mein Gott. Dann das begär ich/ dz sy nit ob mir erfröwt werdind noch ab dem schlipffen meiner füessen ein frolocken empfahind. Jch hab mich zuo den streychen gerüstet/ und der streich maasen vergiss ich nimmer. Dann ich mein boßheit bekenn und vergich: und mein sünd bekümmert mich.
Meinen feynden aber gadt es wol: und die mich fälschlich hassent die werdend mächtig und nemmend zuo.
Und die die böses umb guots widergeltend verargend mir das ich dem guoten nachjag.
Darumb verlaß mich nit O HERR min Gott: biß nit verr von mir.
Eyl mir zehelffen o HERR mein heyl.

6 Meine Wunden stinken und eitern
    wegen meiner Torheit.
7 Ich bin verstört, tief gebeugt,
    in Trauer verbringe ich den ganzen Tag.
8 Denn meine Lenden sind voller Brand,
    und nichts Heiles ist an meinem Fleisch.
9 Kraftlos bin ich und zerschlagen,
    in der Qual meines Herzens schreie ich auf.
10 Herr, vor dir liegt all mein Sehnen,
    und mein Seufzen ist dir nicht verborgen.
11 Heftig pocht mein Herz, meine Kraft hat mich verlassen,
    und das Licht meiner Augen ist mir erloschen.
12 Meine Freunde und Gefährten wenden sich ab von meiner Plage,
    und meine Nächsten halten sich fern.
13 Die mir nach dem Leben trachten, legen Schlingen,
    und die mein Unheil suchen, drohen mit Verderben
    und sinnen Arges den ganzen Tag.
14 Ich aber bin wie ein Tauber, ich höre nicht,
    wie ein Stummer, der seinen Mund nicht auftut.
15 Ich wurde wie einer, der nicht hört
    und keine Widerrede hat in seinem Mund.
16 Doch auf dich, HERR, harre ich,
    du wirst antworten, Herr, mein Gott.
17 Denn ich spreche: Sie sollen sich nicht freuen über mich,
    nicht grosstun gegen mich, wenn mein Fuss wankt.
18 Dem Sturz bin ich nahe,
    und stets gegenwärtig ist mir mein Schmerz.
19 Ich bekenne meine Schuld,
    bekümmert bin ich meiner Sünde wegen.
20 Meine Feinde aber leben und sind stark,
    zahlreich sind, die mich grundlos hassen.
21 Die Gutes mit Bösem vergelten,
    klagen mich an, weil ich nach dem Guten jage.
22 Verlass mich nicht, HERR,
    mein Gott, sei nicht fern von mir.
23 Eile zu meiner Hilfe,
    Herr, meine Rettung.

|2: 6,2! |3: Hiob 6,4 · 32,4 |12: 88,9.19; Hiob 19,13–19 |17: 13,5! |19: 32,5! |21: 35,12! |22–23 22,20! |22: 22,12!

Der xxxviij. Psalm.
Hebr. XXXIX. Psalm.
¶ Titel.
Ein ermanlich gsang Davids für die ordnung Jditum.
Jnnhalt.
Es ist ein gemein gebätt/ in dem er vergicht und bekent/ dz alle menschen umb der täglichen sünd und boßheit willen/ billich gstrafft werdend: und wirbt umb gnad.

Ich hatt mir fürgenommen ich wölte meine wäg verhüeten dz ich mit meiner zungen nienen sündete: ich verhuot meinen mund mit einem zoum/ dieweyl der Gottloß auff mich spähet.
Jch truckt mich/ ich was still/ und schweig guoter meinung/ aber mein schmertz der üblet sich.
Mein hertz ward heiß in mir: ye mer ich trachtet ye mer dz feür angieng/ do fieng ich an mit meiner zungen reden.
HERr thuo mir kund mein end/ und was doch das zil meiner tagen sey/ das ich doch wüsse wenn es umb mich auß sey.
Sihe/ du hast meine tag spannen lang gemacht/ und mein gantz läben ist wie nichts vor dir: ja der ganntz menschlich stannd ist nichts dann ein eytelkeit. Säla.
Dann des menschen läben ist nun ein biltnuß/ eytel und unrüewig: er samlet reychtagen und weißt nit wemm er sy zesamen legt.
Und nun HERR weß wart ich? mein hoffnung stadt in dich. So erlöß mich von aller meiner überträttung: mach mich nit zur schmaach der toren. Wo du dz thuost wil ich schweygen und meinen mund nit auftuon.
Nimm von mir deine streich: dann dz tringen deiner hand macht mich auß. So du den menschen mit beschältung umb die sünd straffest/ so wirt er zenichte wie die milwen/ wie schön und lieplich er ioch sey/ also ein unstät und schwach ding ist es umb einn menschen. Säla.
HERr erhör mein gebätt/ vernimm mein gschrey: thuo nit als sähestu meine trähen nit/ ob ich schon ein frömbdling und bilgerin bey dir bin wie all meine fordern.
Laß ab vonn mir/ es ist gnuog/ ee ich hingange und nit mer sey.

Lass mich erkennen, HERR, mein Ende

39 1 Für den Chormeister. Von Jedutun. Ein Psalm Davids.
2 Ich dachte: Ich will achthaben auf meine Wege,
   dass ich nicht sündige mit meiner Zunge.
Ich will meinen Mund im Zaum halten,
   solange der Frevler vor mir steht.
3 Und ich blieb stumm und schwieg,
   blieb still, fern vom Glück.
Doch Schmerz erfasste mich,
4   mein Herz glühte in meiner Brust,
   bei meinem Seufzen entbrannte ein Feuer.
Da sprach ich mit eigener Zunge:
5 Lass mich erkennen, HERR, mein Ende
   und was das Mass meiner Tage ist.
Ich will erkennen, wie vergänglich ich bin.
6 Sieh, nur handbreit hast du meine Tage gemacht,
   wie nichts ist meine Lebenszeit vor dir.
   Nur ein Hauch ist der Mensch. *Sela*
7 Nur als Schatten geht er einher,
   um ein Nichts macht er Lärm, häuft zusammen
   und weiss nicht, wer es einbringen wird.
8 Und nun, was habe ich zu hoffen, Herr?
   Meine Hoffnung ist allein bei dir.
9 Errette mich von allen meinen Sünden
   und mache mich nicht zum Spott des Toren.
10 Ich bin verstummt, will meinen Mund nicht auftun,
   denn du hast es getan.
11 Nimm deine Plage weg von mir,
   unter der Wucht deiner Hand vergehe ich.
12 Mit Strafen züchtigst du jeden für seine Schuld
   und zerstörst wie die Motte, was ihm kostbar ist.
   Nur ein Hauch ist der Mensch. *Sela*
13 Höre mein Gebet, HERR,
   und vernimm mein Schreien,
   schweige nicht zu meinen Tränen.
Denn ein Fremder bin ich bei dir,
   ein Beisasse, wie alle meine Vorfahren.
14 Blicke weg von mir, damit ich heiter werde,
   bevor ich dahingehe und nicht mehr bin.

|5: 90,12 |6: 39,12! |7: 102,12! |12: 39,6; 62,10; 144,4; Hiob 7,7; Jak 4,14 |13: 119,19; Lev 25,23; 1Chr 29,15; Hebr 11,13 |14: Hiob 7,19; 14,6

Der xxxix. Psalm.
Hebre. XL. Psalm.
¶ Titel. Ein vermanlich gsang Davids.
¶ Es ist ein verjähen und außkünden darinn Gott gelopt wirt/ mit underricht wo nit doch Gott recht vereert werde. Jtem wie man Gott im trüebsal/ mit ungezweyfleter hoffnung auff jnn/ umb hilff anrüeffen sölle.

Als ich lang auff den HERRN geharret/ hatt er mir zuo letst gelost/ und mein schreyen erhört. Hat mich auß der tieffen gruoben zogen/ auß dem muor und kaat: hat mein füeß auff einen felsen gestelt/ und leytet meinen gang. Mit dem hat er mir ein nüw gsang in meinen mund geben/ namlich/ dancksagung unserm Gott: dz es yederman warnemme/ den HERRN förchte und uff jn hoffe. O wie sälig ist der mensch der sein vertrüwen und hoffnung auff den HERREN gesetzt hat: der nitt auff hochpracht sicht/ sunder er kert sich von der eytelkeit.
Dann du o mein Gott thuost unzalbarlich vil deiner wunderwercken/ und in dinen radtschlegen gegen uns ist die nieman gleich.
So ich die understand zepreisen und außzekünden/ sind jr so vil das ich der zal nit weiß.
Am schlachtopfer und speißopfer hastu kein gfallen: das or aber pfetzestu mir/ dz brandopfer und opffer für die versüenung der sünd forderstu nit/ do hab ich gsprochen/ sich ich kumm.
Am ersten blatt des buochs ist von mir geschriben/ dz ich thüye dz dir gfellig sey O mein Gott/ deß hab ich auch ein lust/ und ist din gesatzt mitten in meinen jnneren glideren geschriben.
Frommkeit künd ich auß vor der gantzen gemeind: HERR meine läfftzen hörend nitt auff/ du weysts.
Dein gerechtigkeit verhalt ich nit in meinem hertzen: dein trüw und hilff sag ich/ ich verschweyg dein güete und trüw nit vor der gantzen gmeynd.
So wellist auch du O HERR nit aufhören dich meinen erbarmen: dein güete und trüw wölle mich allweg beschirmen.
Dann unzalbarlich vil übels hat mich umbgeben: meine mißthaten habend mich gfangen das ichs nit ermässen kan: dann jr sind mer dann haar auff meinem haupt/ und mein hertz ist mir empfallen.
Eyl HERR mich ze erretten/ O HERr kumm mir schnäll zehilff.

Deine Weisung trage ich im Herzen

40 1 Für den Chormeister. Von David. Ein Psalm.
2 Sehnlichst hoffte ich auf den HERRN,
 da neigte er sich zu mir und hörte mein Schreien.
3 Er zog mich herauf aus der Grube des Grauens,
 aus Morast und Schlamm,
 und stellte meine Füsse auf Felsgrund,
 machte meine Schritte fest.
4 Er legte mir in den Mund ein neues Lied,
 einen Lobgesang auf unseren Gott.
 Viele werden es sehen und sich fürchten
 und auf den HERRN vertrauen.
5 Wohl dem, der auf den HERRN
 sein Vertrauen setzt,
 sich nicht zu den Trotzigen wendet
 noch zu denen, die sich in Lügen verstricken.
6 Zahlreich sind deine Wunder und Pläne,
 die du, HERR, mein Gott, für uns vollbracht hast,
 nichts ist dir zu vergleichen.
 Wollte ich davon künden und reden,
 zu viele sind es, sie zu zählen.
7 An Schlachtopfern und Speiseopfern hast du kein Gefallen,
 aber Ohren hast du mir aufgetan,
 Brandopfer und Sündopfer hast du nicht verlangt.
8 Da sprach ich: Sieh, ich bin gekommen,
 in der Schriftrolle steht geschrieben, was für mich gilt.
9 Deinen Willen zu tun, mein Gott, ist mir eine Lust,
 und deine Weisung trage ich im Herzen.
10 Froh künde ich Gerechtigkeit
 in grosser Versammlung,
 sieh, meine Lippen verschliesse ich nicht.
 HERR, du weisst es:
11 Deine Gerechtigkeit habe ich nicht verborgen
 in meinem Herzen,
 von deiner Treue und Hilfe habe ich geredet,
 deine Güte und Treue habe ich nicht verschwiegen
 vor grosser Versammlung.
12 Du, HERR, wirst mir dein Erbarmen nicht verschliessen,
 deine Güte und Treue
 werden mich immer behüten.
13 Denn Leiden umfangen mich

Das sich schämind und zeschanden kummind eins mals/ die meinem läben nachstellend das sys umbbringind.

Sy fallind zuo ruck und werdind gschmächet die sich meines unglücks fröwend.

Uber jr schand werdind sy auch verwüestet/ die über mich schryend/ Hä hä.

Es fröwind sich aber und frolockind in dir alle die dir nachfragend/ und die dein heil lieb habennd die sagind one underlaß/ Der HERR sey hochgelopt.

Jch aber bin ellend und arm/ HERR beradt dich mir zehelfffen: dann du bist mein erlöser/ O meyn Gott saum dich nit.

ohne Zahl,
 meine Sünden haben mich eingeholt,
 ich kann nicht mehr aufsehen,
zahlreicher sind sie als die Haare meines Hauptes,
 und verlassen hat mich mein Mut.
14 Möge es dir gefallen, HERR, mich zu retten,
 HERR, eile mir zu Hilfe.
15 In Schmach und Schande sollen geraten alle,
 die mir nach dem Leben trachten,
 es sollen zurückweichen und sich schämen,
 die mein Unglück wollen.
16 Erstarren sollen in ihrer Schande,
 die mich verlachen.
17 Frohlocken sollen und deiner sich freuen
 alle, die dich suchen.
Die sich nach deiner Hilfe sehnen,
 sollen allezeit sagen: Gross ist der HERR!
18 Ich aber bin elend und arm,
 der Herr rechne es mir an.
Meine Hilfe und mein Retter bist du,
 mein Gott, säume nicht.

|3: 69,3! |4: 52,8; 64,10 |5: 1,1–2; Jer 17,7 |6: 92,6; 139,17–18 |7: 50,8–9.13; 51,18; 69,32; Jes 1,11; Jer 6,20; 7,22; Hos 6,6; Am 5,21–22; Mi 6,6–7 |9: 1,2!; 37,31! |10: 22,23! |13: 69,5 |14–18: 70,2–6 |14: 22,20! |15 35,4! |16: 35,21.25 |17: 5,12!; 35,27

Der xl. Psalm.
Hebr. XLI. Psalm.
¶ Titel.
Ein ermanlich gsang Davids.
¶ Jnnhalt.
Er vermanet Gott in einer kranckheit des leibs oder der seelen/ das er sich seinen erbarme: Dann er habe sich auch über die armen erbarmet.

Wol dem der den armen bedenckt/ dann in der zeyt der not wirt jn Gott erretten.

Der HERR wirt jn behüeten/ heyl und glück wirt er jm auff erden geben/ und jn seinen feynden nit in dhend kummen lassen.

So er zbett ligt wirt jn der HERr aufrichten: ja du O HERR wendest jm all sein läger und kranckheyt.

Darumb rüeff auch ich O HERr erbarm dich mein: mach mein seel gsund/ dann ich hab wider dich gsündet.

Meine feynd redend mir übel/ wenn wirt er sterben sprechend sy? das sein namm vergang.

Er gange hineyn/ zebesehen/ oder herauß/ trachtet sein hertz sölichs/ und fasset jm schalckheit für.

Wohl dem, der sich des Schwachen annimmt

41 1 Für den Chormeister. Ein Psalm Davids.
2 Wohl dem, der sich des Schwachen annimmt.
 Am Tag des Unheils wird der HERR ihn retten.
3 Der HERR wird ihn behüten und am Leben erhalten,
 und glücklich wird er gepriesen im Land.
 Gib ihn nicht preis der Gier seiner Feinde.
4 Der HERR wird ihn stützen auf dem Krankenbett,
 auf seinem Lager hebst du seine Krankheit auf.
5 Ich sprach: HERR, sei mir gnädig,
 heile mich, denn ich habe gegen dich gesündigt.
6 Meine Feinde reden Böses über mich:
 Wann wird er sterben, wann wird sein Name vergehen?
7 Und kommt einer zu Besuch, so redet falsch sein Herz,

Alle meine feynd habend gerüne miteinander wider mich: böses radtschlagend sy über mich. Sy stossend feyntliche reden auß/ Der ligt/ sprechend sy/ der stande nimmer mer wider auff. Ja auch mein gsell dem ich sunderlich vertruwt/ der mein speyß aß/ der ist mir träffenlich auff setzig gwesen.

Darumb biß mir gnädig O HERR/ und richt mich wider auff/ das ich jnen widergelte.

Daran wird ich erkennen dz du mich lieb hast/ so min feind nit über mich juchzen wirt.

Mich aber enthalt umb meiner unschuld willen/ und stell mich vor dir ewigklich.

Hochgelopt sey der HERR Gott Jsraels ymmer und ewigklich Amen/ Amen.

er sammelt sich Bosheit, geht hinaus und trägt es weiter.
8 Einmütig zischeln sie gegen mich, alle, die mich hassen,
Böses führen sie gegen mich im Schilde:
9 Verderben ist über ihn ausgegossen,
und wer einmal liegt, steht nicht wieder auf.
10 Selbst mein Freund, dem ich vertraute,
der mein Brot ass, tritt mich mit Füssen.
11 Du aber, HERR, sei mir gnädig und richte mich auf,
ich will es ihnen vergelten.
12 Daran erkenne ich, dass du Gefallen an mir hast,
dass mein Feind nicht über mich frohlocken darf.
13 Mich aber hältst du fest um meiner Unschuld willen
und lässt mich für immer vor deinem Angesicht stehen.
14 Gepriesen sei der HERR, der Gott Israels,
von Ewigkeit zu Ewigkeit.
Amen, Amen.

|2: Spr 14,21 |5: 6,3! |10: 55,13!–14; Joh 13,18 |14: 72,18–19; 89,53; 106,48

ZWEITES BUCH (PS 42–72)

Der xli. Psalm.
Hebre. LXII. [XLII.] Psalm.
Tit. Jst ein vermanlich vorgsang und leer der sünen Chore.
¶ Jnnhalt.
Es ist ein vorgsang der sünen Chore/ welichem das volck nach gedacht/ klagende vor Gott die schmaach der feynden/ und so auß dem selben das gmüet betrüebt und bekümmeret wirt/ tröstet sy die steyffe und ungezweyflete hoffnung.

Wie der Hyrtz schryet nach den wasserbächen/ also schreygt mein seel zuo dir o Gott. Mein seel dürstet nach Gott der der läbendig Gott ist: Ach wenn wird ich doch kummen/ und vor Gottes angsicht erscheynen? Meine trähen die ich tag und nacht vergeüß sind mein speyß/ so man täglich zuo mir spricht/ wo ist dein Gott?

Dises trachten ich/ und stossen also bey mir selbs meines gemüets kummer und unruow auß/ Ach wenn wird ich mit fröuden

Meine Seele dürstet nach Gott (Ps 42 und 43)

42 1 Für den Chormeister. Ein Weisheitslied der Korachiter.
2 Wie die Hindin lechzt
an versiegten Bächen,
so lechzt meine Seele,
Gott, nach dir.
3 Meine Seele dürstet nach Gott,
dem lebendigen Gott.
Wann darf ich kommen
und Gottes Angesicht schauen?
4 Meine Tränen sind mein Brot
bei Tag und bei Nacht,
denn allezeit sagen sie zu mir:
Wo ist dein Gott?
5 Daran will ich denken
und mich in meiner Seele erinnern,
dass ich einherging in dichtem Gedränge,
mit ihnen ging

übergossen hinziehen/ dz ich mitt den gsellen in dz hauß des HERRN gange mit frolockender stimm und dancksagung/ mit dem hauffen der das hochfäst feyret?

Wie bistu so gar erschlagen mein seel/ und gstattest mir unruow? hoff in Gott/ dann ich wird jm noch für das bewisen heil dancksagen vor seinem angsicht. Mein seel ist erschlagen in mir O Gott/ so ich dein offt gedenck/ von dem land des Jordans/ und dem kleinen berg Hermonim.

Ein tieffe hat der andren zuogschrüwen/ mit der stimm deiner käneln/ alle deine wasserbrüch und wällen sind über mich gangen.

Der HERr beweyßt sein gnad täglich/ darumb wird ich alle nacht das gsang des läbenden Gottes singen. Und wird zuo Gott meinem felsen sagen/ warumb hastu mein vergässen? warumb gon ich so traurig heryn so mich meine feynd beleydigend? so sy meine gebeyn zermürsend.

So mir meine feynd schmächlich zuoredend/ täglich sprechende/ wo ist dein Gott?

Wie bistu aber so gar erschlagen O mein seel/ und machst mich kümmerhafft? Hoff jn Gott/ dann ich noch minem Gott für dz heil/ mir bewisen/ dancksagen wird.

Der xlij. Psalm.
Hebre. XLIII. Psalm.
Deß innhalt ist wie des vorigen.

Rett mich O Gott/ und schirm mein sach vor dem unheyligen volck: entschütt mich von den falschen und bösen menschen.

Dann du O Gott bist meine stercke/ warumb schupfestu mich? warumb gon ich so trurig hereyn/ so mich meine feynd beleidigend?

Send deiner hilffe schyn und dein trüw/ die füerind und bringind mich auff deinen heyligen berg und in dein wonung.

Das ich komme zuo dem Altar Gottes/ zuo Gott der mein fröud und frolocken ist/ und dich auff der harpffen lobe O Gott mein Gott.

Warumb bist aber du mein seel so erschlagen? und warumb bekümmerestu mich? hoff in Gott: dann es wirt noch darzuo kommen/ das ich meinem Gott für das heil/ mir bewisen/ lob und danck sagen wird.

zum Haus Gottes
mit lautem Jubel und Dank
in feiernder Menge.
6 Was bist du so gebeugt, meine Seele,
und so unruhig in mir?
Harre auf Gott, denn ich werde ihn wieder preisen,
ihn, meine Hilfe und meinen Gott.
7 Meine Seele ist gebeugt in mir,
darum gedenke ich deiner
vom Land des Jordan und vom Hermon her,
vom Berg Mizar.
8 Flut ruft zur Flut
beim Tosen deiner Wasserfälle,
alle deine Brandungen und Wogen
gehen über mich hin.
9 Am Tag erweist
der HERR seine Gnade,
und des Nachts ist sein Lied bei mir,
ein Gebet zum Gott meines Lebens.
10 Ich spreche zu Gott, meinem Fels:
Warum hast du mich vergessen?
Warum muss ich trauernd umhergehen,
bedrängt vom Feind?
11 Wie Mord ist es in meinen Gebeinen,
wenn meine Gegner mich verhöhnen,
da sie allezeit zu mir sagen:
Wo ist dein Gott?
12 Was bist du so gebeugt, meine Seele,
und so unruhig in mir?
Harre auf Gott, denn ich werde ihn wieder preisen,
ihn, meine Hilfe und meinen Gott.

43 1 Schaffe mir Recht, Gott,
und führe meine Sache
gegen treuloses Volk,
errette mich vor falschen
und bösen Menschen.
2 Du bist der Gott meiner Zuflucht.
Warum hast du mich verstossen?
Warum muss ich trauernd umhergehen,
bedrängt vom Feind?
3 Sende dein Licht und deine Wahrheit,
sie sollen mich leiten,
mich bringen zu deinem heiligen Berg
und zu deinen Wohnungen.
4 So will ich hineingehen zum Altar Gottes,
zum Gott meiner Freude.
Jauchzend will ich dich mit der Leier preisen,
Gott, mein Gott.
5 Was bist du so gebeugt, meine Seele,
und so unruhig in mir?

Harre auf Gott, denn ich werde ihn wieder preisen,
: ihn, meine Hilfe und meinen Gott.

|1: Num 26,11 |2–3: 63,2; 143,6 |4: 80,6; 102,10 · 42,11; 79,10; 115,2; Joel 2,17; Mi 7,10; Mal 2,17 |6 Mt 26,38 |8: 69,2–3; 88,8; 124,4–5; Jona 2,6 |10: 13,2! |11: 42,4! |1: 26,1

Ps 42 und 43: Die beiden Psalmen bilden, wie der Kehrvers 42,6.12 und 43,5 zeigt, ein zusammenhängendes Lied.
42,3: Der Massoretische Text wurde korrigiert; er lautet übersetzt: «… kommen und erscheinen vor Gott?»
43,4: Der Massoretische Text wurde korrigiert; er lautet übersetzt: «…, zum Gott der Freude meines Jubels und dich … preisen, …»

Der xliij. Psalm.
Hebre. XLIIII. Psalm.
¶ Tit. Jst ein vermanlich vorgsang und bericht der sünen Core.
¶ Jnnhalt.
Es ist ein Gottsförchtig früntlich auf heben/ darinn begärt wirt/ das Gott nach inhalt deß pundts mit den vätteren gemacht/ jnen zehilff kumme/ dann sy lang gnuog verkümmert sygind.

O Gott wir habends mit unsern oren gehört/ unsere vätter habends uns erzelt/ dz so du jnen vor alten zeiten/ do sy geläbt habend/ gethon hast.
Wie du mit deiner hand die Heyden außgereütet/ sy yngepflantzet hast: die Heyden verderbt und hingetriben. Dann sy habend das land nit mit jrem schwärt überkommen/ und jr arm hat jnen nit geholffen/ sunder dein rechte hand/ dein arm/ und dz liecht deines angsichts: dann du wasest jnen günstig.
Dann du bist der künig und unser Gott/ der Jacob hilff tuost. Do du unser hauptman wasest/ do habend wir unsere feynd gleych als mit den hornen ballet: in diner krafft habend wir zertretten alle die sich wider uns empörtend. Dann wir verliessend uns nit auff unsere bögen: und unsere schwärter hulffend uns nit.
Sunder du hast uns vor unsern feynden errettet/ und hast zeschanden braacht die uns hassent. Darumb söllend wir dich unsern Gott/ alle zeyt loben: und deiner maiestet ewigen danck sagen. Säla.
Yetz aber verlassestu uns/ und machst uns zeschanden/ und zeüchst nit auß mit unserm zeüg zereysen. Du machst uns flüchtig vor unsern feynden/ und die uns hassend die truckent uns under. Du machest uns gleich

Warum schläfst du, HERR?

44 1 Für den Chormeister. Von den Korachitern. Ein Weisheitslied.
2 Gott, mit eigenen Ohren haben wir es gehört,
: unsere Vorfahren haben es uns erzählt:
Eine Tat hast du getan in ihren Tagen,
: in den Tagen der Vorzeit,
3 : du mit deiner Hand.
Nationen hast du vertrieben, sie aber eingepflanzt,
: Völker hast du zerschlagen, sie aber ausgebreitet.
4 Denn nicht mit ihrem Schwert gewannen sie das Land,
: und nicht ihr Arm schaffte ihnen den Sieg,
sondern deine Rechte und dein Arm
: und das Licht deines Angesichts,
: denn du hattest Gefallen an ihnen.
5 Du allein bist mein König, Gott,
: sende deine Hilfe für Jakob.
6 Mit dir stossen wir unsere Feinde nieder,
: in deinem Namen zertreten wir, die sich gegen uns erheben.
7 Denn nicht auf meinen Bogen vertraue ich,
: und mein Schwert hilft mir nicht,
8 sondern du hast uns geholfen vor unseren Feinden,
: und die uns hassen, hast du zuschanden gemacht.
9 Wir rühmen uns Gottes den ganzen Tag,
: und deinen Namen preisen wir immerdar.
Sela
10 Und doch hast du uns verstossen und mit Schmach bedeckt,
: du ziehst nicht aus mit unseren Heeren.
11 Du lässt uns zurückweichen vor dem Feind,

wie ein härd schaffen die man zmetzgen
füert: und zerströwst uns under die Heyden.
Du verkauffest dein volck wolfeyl/ und hebst nit
zäh hinder sich dz es dest mer gelte.
Du lassest uns gschmächt werden von unsern
nachpauren/ verspottet unnd verlachet
werden von allen denen die umb uns sind.
Du machest uns zur spottred under den
Heyden/ und zum vermupffen den völckern.
Unser schmaach stadt unns alle zeyt vor augen/
und unser angsicht wirt schamrot.
So der lesterer und schmäher über uns schreygt/
und der feynd uns beleydiget.
Das alles kumpt über uns/ noch vergessend wir
dein nit/ und brechent deinen pundt nitt.
Unser hertz weycht nit hindersich/ aber du
hast unsere gäng ab deinem pfad abgewendt.
Du hast uns zermürset als ein tracken
wonung/ und bedeckst uns mit dem schatten
des todts.
Hettind wir deß nammens unsers Gottes
vergessen/ und unsere hend zuo einem
frömbden Gott außgestreckt.
Wäre billich das Gott söliches an uns ersuocht:
dann er kent die heimligkeit des hertzens.
Wir werdend aber alle zeyt umb deinent willen
erwürgt/ und geachtet wie ein härd schaaffen
die man ze metzgen hat gschrämpt.
Darumb mach dich auf/ warumb schlaffestu O
HERR? wach auff/ und laß nit gar getöd
werden. Warumb verbirgst du dein angsicht?
warumb vergissestu unser verkümmernuß
und unsers trangs?
Dann unser seel ist in das kaat getruckt: unser
leyb kläbt am erdboden.
Darumb stand auff und hilff uns/ und erlöß uns
durch dein güete.

und die uns hassen, haben sich Beute
genommen.
12 Du gibst uns hin wie Schlachtvieh,
unter die Nationen hast du uns zerstreut.
13 Du verkaufst dein Volk um ein Spottgeld
und hast keinen Gewinn aus seinem
Erlös.
14 Du machst uns zum Gespött bei unseren
Nachbarn,
zu Spott und Hohn bei allen ringsum.
15 Du machst uns zum Sprichwort unter den
Nationen,
die Völker schütteln den Kopf über uns.
16 Den ganzen Tag steht meine Schande mir vor
Augen,
und Scham bedeckt mein Angesicht
17 vom Lärm der Lästerer und Spötter,
vom Blick des rachgierigen Feindes.
18 All dies ist über uns gekommen, doch wir
haben dich nicht vergessen
und deinen Bund nicht verraten.
19 Unser Herz ist nicht abtrünnig geworden,
auch sind unsere Schritte nicht
abgewichen von deinem Pfad.
20 Du aber hast uns zermalmt am Ort der
Schakale
und mit Finsternis uns bedeckt.
21 Hätten wir den Namen unseres Gottes
vergessen
und zu einem fremden Gott unsere
Hände ausgestreckt,
22 würde Gott es nicht ergründen?
Denn er kennt die Geheimnisse des
Herzens.
23 Um deinetwillen werden wir getötet Tag für
Tag,
sind wir geachtet wie Schafe, zum
Schlachten bestimmt.
24 Wach auf! Warum schläfst du, Herr?
Erwache! Verstosse nicht auf ewig!
25 Warum verbirgst du dein Angesicht,
vergisst unsere Not und Bedrängnis?
26 Denn unsere Seele ist in den Staub gebeugt,
unser Leib klebt an der Erde.
27 Steh auf, uns zur Hilfe,
und erlöse uns um deiner Gnade willen.

|2: 78,3 |3: 78,55; 80,9; 105,44 |4: 4,7! |5: 5,3! |6: 60,14
|7: 20,8!; Jos 24,12 |10: 60,12 |12: Lev 26,33; Dtn 28,64
|13: Jes 52,3 |14: 79,4; 80,7; 89,42 |15: 22,8! |16: 69,8
|23: Röm 8,36 |24: 35,23 · 74,1; 77,8 |25: 13,2! |26: 7,6;
119,25

Der xliiij. Psalm.
Hebre. XLV. Psalm.
¶ Titel.
Jst ein vermanung der sünen Core ein buol liedly vonn den gylgen/ das so es vorgesungen wirt/ andere leert und bericht.
¶ Jnnhalt.
Es ist ein lob (under dem lob eines Künigs und küniginen) des waaren und ewigen Künigs Christi/ und der Kilchen seines gmahels.

Mein hertz giesse auß ein schöne red/ dz ich dem künig erzele was ich gemacht habe/ biß du mein zung ein fäder eines fertigen schreybers.

Du bist der schönest über alle menschen: gnadreyche liebliche ist in deine lefftzen gegossen: darzuo hatt dich Gott glücksälig gemachet in ewigkeyt. Gürt dein schwärt an dein seyten du mächtiger Held/ dein eer/ herrligkeit/ und großmächtigkeit wölle wol glücken und fürbrechen. Steyg auff und far also auff der warheit und trüw: auff der sennfftmüetigkeit und gerechtigkeit: dich leyte dein wunderbare hand.

Deine scharpffenn pfeyl durchschiessind die hertzen der feynden des künigs: die völcker werdind von dir nidergeschlagen.

Dein thron O Gott wäret jmmer und ewigklich: der stab deines reychs ist ein stab der billigkeit.

Du hast lieb gerechtigkeit/ und hassest unbill/ darumb hat dich Gott dein Gott gesalbet mit dem öl der fröuden ob allen deinenn gsellen. Deine kleider sind wolriechend vonn Myrrhen/ Aloe/ und Cassien/ von den Helffenbeynen palästen in denen du fröud hast/ gaast du herauß: ja auch der Künigen töchteren wonend in deinen kostlichen sälen.

Zuo deiner gerechten stadt die künigin in dem geschmuck des aller kostlichsten golds.

Zuo deren red ich also: Loß O tochter/ sich auff/ und beüt dar deine oren: vergiß deines volckes und des hauses deines vatters.

Dann der künig hatt ein begird nach deiner schöne: dann er ist dein HERr/ darumb solt du jm eer beweysen.

Die töchtern aber Tyri/ und die reychen völcker/ werdend mit gaaben und schenckinen kummen/ und vor dinem angsicht bitten.

Alle zierd der künigen ist biß auff das inner/ all jre kleydung von gewürcktem gold und gesticketer arbeit. Sy wirt dem künig zuogefüert/ unnd jren nach die töchtern jre gespilen/ werdend zuo dir bracht O Künig.

Ein Gedicht zur Ehre des Königs

45 1 Für den Chormeister. Nach der Weise «Lilien». Von den Korachitern. Ein Weisheitslied. Ein Liebeslied.

2 Mein Herz ist bewegt von schöner Rede,
    vortragen will ich mein Gedicht zur Ehre des Königs.
Meine Zunge ist der Griffel
    eines gewandten Schreibers.

3 Du bist der Schönste unter den Menschen,
    Anmut ist ausgegossen über deine Lippen;
darum hat Gott dich
    für immer gesegnet.

4 Gürte dein Schwert um die Hüfte, du Held,
    deine Hoheit und deine Pracht.

5 In deiner Pracht triumphiere,
    besteige den Wagen zum Kampf für Wahrheit, Demut und Recht.
Und furchterregende Taten lehre dich
    deine Rechte.

6 Geschärft sind deine Pfeile, dass Völker dir unterliegen,
    sie dringen in das Herz der Feinde des Königs.

7 Dein Thron, Gott, steht immer und ewig,
    das Zepter des Rechts ist das Zepter deines Reichs.

8 Du liebst Gerechtigkeit
    und hasst den Frevel;
darum hat dich Gott, dein Gott, gesalbt
    mit Freudenöl wie keinen deiner Gefährten.

9 Von Myrrhe und Aloe,
    von Kassia duften alle deine Gewänder,
aus Elfenbeinpalästen erfreut dich das Saitenspiel.

10 Königstöchter stehen da in deinen Kleinodien,
    an deine Rechte tritt die Gemahlin in Ofirgold.

11 Höre, Tochter, sieh und neige dein Ohr:
    Vergiss dein Volk und das Haus deines Vaters.

12 Und begehrt der König deine Schönheit,
    er, dein Herr,
so verneige dich vor ihm.

13 Auch die Tochter Tyros kommt mit Gaben,
    deine Gunst suchen die Reichsten im Volk.

14 Lauter Pracht ist die Königstochter in den Gemächern,
    goldgewirkt ist ihr Gewand.

Mit fröud und frolocken werdend sy zuogefüert/
an den künigklichen hof werdend sy bracht.
An statt deiner eltern die du verlassest/
werdend dir sün/ die du zuo fürsten machen
wirst der gantzen welt.
Deinen nammen wil ich kund thuon allenn
nachkomen/ das dich die völcker ymmer
und ewig lobind.

Der xlv. Psalm.
Hebr. XLVI. Psalm.
Ein ermanlich gsang der sünen Core zum Almoth
zesingen.
¶ Jnnhalt.
Es ist ein leer/ das die vestglöubigen (gleich als ein
unüberwindtliche wolbewarte statt) nit geschediget
mögend werden: dann Gott ist mit jnen.

Im trüebsal und in nöten habend wir befunden/
das Gott unser zuoflucht ist/ unser stercke
und treffenliche hilff.
Darumb söllend wir uns nit förchten/ ob gleich
das erdtrich erbidmet/ und die berg in die
tieffe des meers versunckind. Ob gleich die
merwasser ungestüem sind und ufwallend/
und die berg in jrer höhe erbidmend. Säla.
Dann es ist ein fluss der mit seinen bächen die
statt Gottes erfröwt/ die heilige wonung deß
allerhöchsten.
Gott ist in mitten in jr/ jro mag nüts böses
widerfaren: dann Gott wirt jr zeytlich gnuog
helffen. Ob gleich die völcker aufwütschend/
die künigreich ufrüerische embörung
anrichtend/ und die erd in jrem krachen
erbidmet.
So ist doch der HERR der heerscharen mit uns/
und der Gott Jacobs unser schirmer. Säla.
Wolhär bsehend die werck des HERREN/ was
zerstörungen und schleytzungen er auff erden
gethon habe.
Er hat ruow geschaffet von kriegen an allen
enden der welt: er hat den bogen zerbrochen/
den spieß zerhauwen/ und die wägen mit
feür verbrennt.

15 In bunt gestickten Kleidern wird sie zum
König geleitet,
Jungfrauen in ihrem Gefolge, ihre
Gespielinnen werden dir gebracht.
16 Mit Freudenrufen und Jubel geleitet,
ziehen sie ein in den Palast des Königs.
17 An deiner Vorfahren Statt werden deine
Söhne treten,
zu Fürsten wirst du sie machen im ganzen
Land.
18 Ich will deinen Namen verkünden von
Generation zu Generation,
darum werden die Völker dich preisen
immer und ewig.

|4: 21,6 |7: 9,8! |8: 11,7 |13: 72,10!

45,14: «in den Gemächern» ist wörtlich «drinnen».

Eine Burg ist uns der Gott Jakobs
46 1 Für den Chormeister. Von den
Korachitern. Nach Mädchenweise.
Ein Lied.
2 Gott ist uns Zuflucht und Schutz,
eine Hilfe in Nöten, wohl bewährt.
3 Darum fürchten wir uns nicht, wenn die
Erde schwankt
und die Berge wanken in der Tiefe des
Meeres.
4 Toben mag, schäumen mag sein Wasser,
Berge mögen erzittern, wenn es sich
bäumt. *Sela*
5 Eines Stromes Arme erfreuen die Gottesstadt,
die heiligste der Wohnungen des
Höchsten.
6 Gott ist in ihrer Mitte, sie wird nicht
wanken,
Gott hilft ihr, wenn der Morgen anbricht.
7 Nationen toben, Königreiche wanken,
er lässt seine Stimme erschallen, und die
Erde erbebt.
8 Der HERR der Heerscharen ist mit uns,
eine Burg ist uns der Gott Jakobs. *Sela*
9 Kommt und schaut die Taten des HERRN,
der Entsetzen verbreitet auf Erden.
10 Der den Kriegen Einhalt gebietet
bis ans Ende der Erde,
der Bogen zerbricht, Speere zerschlägt
und Wagen im Feuer verbrennt.
11 Lasst ab und erkennt, dass ich Gott bin,
erhaben unter den Nationen, erhaben auf
Erden.
12 Der HERR der Heerscharen ist mit uns,

Darumb sind rüewig und erkennend das ich
  Gott bin: hoch under den Heyden/ und hoch
  in aller welt.
Der HERR der heerzeügen ist mit uns: und der
  Gott Jacob ist unser schirm. Säla.

Der xlvj. Psalm.
Hebre. XLVII. Psalm.
❡ Titel. Ein ermanlich lobgsang der sünen Core.
❡ Jnnhalt.
Es ist ein frolockung von eins sygs wegen/ der ein
vorbedeütnuß der handlung Christi gwesen ist.

Handklopffent alle völcker: jauchtzent dem
  HERRN mit frolockender stimm.
Dann der HERR ist hoch und wunderbarlich:
  ein grosser künig über alles erdtrich. Er hat
  uns die völcker underworffen/ und die
  Heyden under unsere füeß.
Er hat unser erb ußerwelt: die zierd Jacob die er
  lieb hat. Säla.
Gott ist obgelägenn mitt schalle: Der HERR mit
  dem schall des horns.
Lobsingend Gott lobsingend: Lobsingend
  lobsingend unserem Künig.
Dann Gott ist ein künig der gantzen welt:
  lobsingend mit grossem fleyß.
Gott herrschet über die Heyden/ Gott sitzet auff
  seinem heiligen stuol.
Die fürsten der völckern sind versamlet zuo dem
  Gott Abrahams: Dann er ist über die gött die
  schirmer der welt sind/ weyt weyt erhöcht.

Der xlvij. Psalm.
Hebre. XLVIII. Psalm.
❡ Tit. Ein lobgesang der sünen Core.
❡ Jnnhalt.
Es ist ein lob und preyß der statt Jerusalem: durch die
man die Kilch und ein yede glöubige seel verston mag.

Hochgelopt sey der HERR/ unnd werde hoch
  gepriesen von wägen der statt unsers Gottes/
  und von wägen seines heyligen bergs.
Der berg Zion/ an dem gegen Mitnacht zuo/ die
  statt des grossenn Künigs ligt/ ist ein schöner
  pflantz: und ein fröudenzierd des gantzen
  lands. Gott ist in jr wol bekannt so er jre
  thürn beschirmpt.
Dann so die Künig sich da versamlend oder
  fürziehend/ ja so sys nun bschauwend.
Erklupffend sy/ werdend scheüch/ unnd
  erschräckend. Zittern stoßt sy da an/ und
  wee wie ein kindende frow.

eine Burg ist uns der Gott Jakobs. *Sela*

|2: 9,10! |3: Jes 54,10 |6: 125,1! · 5,4! |8: Jes 7,14; 8,10 ·
9,10! |9: 66,5 |10: 76,4; Sach 9,10 |11: 59,14; 83,19 |12: 9,10!

Der HERR, der König der ganzen Erde
47 1 Für den Chormeister. Von den
  Korachitern. Ein Psalm.
2 Ihr Völker alle, klatscht in die Hände,
  jauchzet Gott mit Jubelschall.
3 Denn der HERR, der Höchste, ist
  furchterregend,
  ein grosser König über die ganze Erde.
4 Er zwingt Völker unter uns
  und Nationen unter unsere Füsse.
5 Er erwählt uns unseren Erbbesitz,
  den Stolz Jakobs, den er liebt. *Sela*
6 Gott stieg empor unter Jubelklang,
  der HERR beim Hörnerschall.
7 Singt Gott, singt!
  Singt unserem König, singt!
8 Denn König der ganzen Erde ist Gott.
  Singt ein festliches Lied!
9 Gott ist König über die Nationen,
  Gott sitzt auf seinem heiligen Thron.
10 Die Fürsten der Völker sind versammelt
  als Volk des Gottes Abrahams.
  Denn Gott gehören die Schilde der Erde,
  hoch ist er erhaben.

|3: 95,3! | 6: 68,19 · 98,6 |8: 93,1!; Jer 10,7 |10 89,19

Die Stadt unseres Gottes
48 1 Ein Lied. Ein Psalm der Korachiter.
  2 Gross ist der HERR und hoch zu
preisen
  in der Stadt unseres Gottes.
  Sein heiliger Berg,
3   schönster Gipfel,
  der ganzen Welt Wonne,
  der Berg Zion, äusserster Norden,
  ist die Stadt eines grossen Königs.
4 Gott ist in ihren Palästen,
  als Schutzburg hat er sich kundgetan.
5 Denn sieh, Könige taten sich zusammen,
  zogen gemeinsam heran.
6 Sie sahen es und erstarrten,
  flohen entsetzt davon.
7 Zittern ergriff sie dort,
  Wehen wie eine Gebärende.
8 Mit dem Oststurm zerschmetterst du

Ja ein sölicher schräck/ als so ein Ostwind die meerschiff zerbricht.

Dises habend wir gehört und gesehen in der statt des HERREN der heerscharen: in der statt unsers Gottes: Gott der bewar sy in ewigkeit. Säla. Dein gnad o Gott/ bringend wir herfür in mitten dinem tempel.

Wie dein mayestet/ also kumme auch dein lob biß an die ende der welt: dann dein grechte ist voller gerechtigkeit. Es fröwe sich der berg Zion: es frolockind die töchtern Juda umb deiner gerichten willen.

Umbgebend Zion und umbgond sy: und zellend jre thürn.

Bhaltend jre mauren in üwern hertzen/ richtennd auff jre festinen/ das mans auch den nachkommen kund thüege. Dann der Gott ist unser Gott ymmer und ewigklich: er wirt unser hauptman sein für und für.

die Schiffe von Tarschisch.
9 Wie wir es gehört, so haben wir es gesehen
 in der Stadt des HERRN der Heerscharen,
 in der Stadt unseres Gottes:
 Auf ewig lässt Gott sie bestehen. *Sela*
10 Wir bedenken, Gott, deine Güte,
 mitten in deinem Tempel.
11 Wie dein Name, Gott, so reicht dein Ruhm
 bis an die Enden der Erde,
 voller Gerechtigkeit ist deine Rechte.
12 Es freue sich der Berg Zion,
 die Töchter Judas sollen frohlocken
 über deine Gerichte.
13 Umkreist den Zion, umschreitet ihn,
 zählt seine Türme.
14 Bewundert sein Bollwerk,
 erkundet seine Paläste,
 damit ihr erzählen könnt
 einer künftigen Generation:
15 Dies ist Gott,
 unser Gott immer und ewig,
 er wird uns leiten.

|2: 96,4; 99,2; 145,3; 147,5 |3: Klgl 2,15 · 78,68! · Mt 5,35 |7: Jes 13,8 |9: 87,5 |12: 97,8 |13–14: 122,5; 147,13; Jes 26,1

48,15: Am Versende folgt im Massoretischen Text eine Formulierung, die entweder als musikalische Anweisung («Nach der Weise Stirb») zu verstehen ist oder «bis an den Tod» bedeutet.

Der xlviij. Psalm.
Hebr. XLIX. Psalm.
¶ Tit. Ein vermanlich gsang der sünen Core.
¶ Jnhalt.
Es ist ein grosse verachtung der yrdischen dingen.

Hörend das alle völcker: Merkennd auff/ alle die auff erden wonend.

Hoch und nider/ reych und arm mit einander.

Mein mund wirt weyßheit reden: und mein hertz verstendtnuß trachten.

Jch wil mich wenden zuo gleichnuß reden: und wil meine rätersche in einem gsang fürlegen.

Wie das ich die gfarliche zeyt entsitz? dz mich die mißthat meiner fersenen umbstadt?

Das deren/ die sich auff jr macht verlassend/ und der vile jrer reychtagen übernemment/ keiner seinen brüeder erlösen/ noch Gott versüenung für jn thuon mag.

Noch das aller kostlichest/ namlich/ sein läben erretten das er allweg läbe und nit sterbe: dann sölichs ist jm gantz und gar abgeschlagen. Dann man sicht das die weysen gleich als wol sterbend und umbkummend

Was ist der Mensch in seiner Pracht?
49 1 Für den Chormeister. Von den Korachitern. Ein Psalm.
2 Hört dies, ihr Völker alle,
 merkt auf, alle Bewohner der Welt,
3 ihr Geringen wie auch ihr Vornehmen,
 allesamt, Reiche und Arme.
4 Mein Mund spricht Weisheit,
 und das Sinnen meines Herzens ist Einsicht.
5 Dem Weisheitsspruch neige ich mein Ohr,
 zur Leier löse ich mein Rätsel.
6 Was soll ich mich fürchten in bösen Tagen,
 wenn der Frevel meiner tückischen Feinde mich umgibt,
7 die auf ihren Besitz vertrauen
 und sich ihres grossen Reichtums rühmen?
8 Niemals kann einer den anderen loskaufen,
 keiner sich freikaufen bei Gott,
9 zu hoch ist der Preis für ihr Leben,
 für immer muss er es lassen.
10 Sonst lebte er weiter auf ewig
 und schaute die Grube nicht.

als die toren und narren/ und jr guot ander leüten verlassend.

Ob sy gleych vermeynend/ sy wöllind jre gmach heüser und wonungen ewigklich bsitzen/ und jren nammen so hoch auff erden machen das er auch bey den nachkommnen bekant sey.

So ja der mensch in seinen reychtagen nit ruow findet/ sunder dem vych an dem ort gleich wirt.

Also stadts umb den wäg der toren/ und jre nachkummen wandlend auch also. Säla.

Sy farend in die gruoben: der tod frißt und bringt sy under wie ein härd schaaffen.

Die frommen aber werdend im liecht sein: jhener hort aber wirt veralten/ und die hell wirt jr wonung sein.

Mein seel aber wirdt Gott gott vor der hell erretten: und mich trösten. Säla.

Erschrick nit wenn der mensch reich wirt: und so die herrlikeit seines hauses zuonimpt.

Dann so er stirbt/ wirdt er der dingen gar nichts mit jm nemmen: es wirdt jm auch sein herrlikeit nit nachfaren.

Dieweyl er läbt/ wirdt er sälig geachtet: und so es jm wol gadt/ so lobt man jn.

Wenn er aber zuo seinen vättern fart/ sicht er ewigklich nimmer mer das liecht.

So der mensch wärd ist/ so achtet ers nit: sunder wirt dem vych vergleichet.

11 Denn jeder kann es sehen: Es sterben die Weisen,
Tor und Narr, allesamt kommen sie um,
und anderen lassen sie ihren Besitz.
12 Gräber sind ihre Behausung auf ewig,
ihre Wohnstatt von Generation zu Generation,
wenn sie auch Länder
nach ihren Namen benannten.
13 Der Mensch in seiner Pracht ist ohne Bestand,
er gleicht dem Vieh, das verstummt.
14 Das ist der Weg derer, die sich selbst vertrauen,
und die Zukunft derer, denen das eigene Reden gefällt. *Sela*
15 Wie Schafe ziehen sie ins Totenreich,
der Tod weidet sie,
und die Aufrichtigen herrschen über sie am Morgen.
Ihre Gestalt zerfällt,
das Totenreich ist ihre Bleibe.
16 Gott aber wird mein Leben loskaufen,
aus der Gewalt des Totenreichs nimmt er mich auf. *Sela*
17 Fürchte dich nicht, wenn einer reich wird,
wenn die Pracht seines Hauses sich mehrt.
18 Denn nichts nimmt er mit, wenn er stirbt,
seine Herrlichkeit folgt ihm nicht hinab.
19 Mag er sich selbst glücklich preisen in seinem Leben,
mögen sie dich loben, dass du dir Gutes schaffst,
20 dennoch kommt er zum Geschlecht seiner Vorfahren,
die das Licht nie mehr sehen.
21 Der Mensch in Pracht, doch ohne Verstand,
er gleicht dem Vieh, das verstummt.

|7: 52,9; Spr 10,15 |8–9: Mt 16,26 |11: Koh 2,16 |13: 49,21; Koh 3,19 |16: 73,24! |18: Lk 12,20; 1Tim 6,7 |21: 49,13!

49,6: Der Massoretische Text wurde korrigiert; er lautet übersetzt: «... der Frevel meiner Fersen mich umgibt,»
49,12: Der Massoretische Text wurde korrigiert; er lautet übersetzt: «Ihr Inneres ist ihre Behausung ...»

Der xlix. Psalm.
Hebre. L. Psalm.
¶ Titel. Jst ein gsang Asaph.
¶ Jnnhalt.
Es ist ein tröwen das Gott kummen werde und unsere boßheit straaffen/ das wir jnn vereerend mit denen dingen

Wer Dank opfert, ehrt mich
50 1 Ein Psalm Asafs.
Der Gott der Götter, der HERR,
spricht und ruft die Erde
vom Aufgang der Sonne bis zu ihrem Niedergang.

denen er nit nachfragt: und mit denen er ge eeret wil sein/ eerend wir jnn nit.

Der HERR der mächtig Gott wirt die welt von aufgang der sonnen biß zuo jrem nidergang zesamen berüeffen: mit herlicher maiestet wirt er kummen/ und von dem schönen Zion reden.

Dann unser Gott wirt kummen und nit außbleiben: ein verzeerends fheür gadt vor jm har: umb jn ein groß wätter.

Dem himmel wirt er oben har rüeffen: der erden unden auf/ dz er mit seinem volck zgricht stande. Samlend euch zuo mir O jr meine heiligen/ die mein pundt der opfern halb haltend.

Da werdend die himmel sein gerechtigkeit außkünden/ dann Gott selber wirdt richter sein. Säla. Hör mein volck dann ich wil reden: O Jsrael dann ich wil mich auff dich zeügen/ Jch Gott dein Gott.

Hab ich dich ye der opfern halb gestrafft? oder hab ich ich dir angemuotet das du für unnd für brandopffer vor mir aufopfferist?

Hab ich neyswo eynen stier auß deinem hauß gfordert/ oder böck auß deinen ställen?

Nun sind doch alle thier im wald mein/ und die tausend hauptfych in den bergen.

Alles gfügel der bergen kenn ich: das gfügel des fälds ist mir bekannt.

Wo mich hungerete/ wurde ich dirs nit sagen: dann der gantz erdboden ist mein und was darauff ist.

Meynst du das ich ochsen fleisch esse/ oder Bocks bluot trincke?

Opffer Gott lob und danck/ und bezal dem höchsten deine glübde.

Und rüeff mich an in der zeyt der angst/ so wil ich dich entschütten/ das du eer von mir sagst. Zum gottlosen aber spricht Gott/ warumb kündest du meine gsatze auß? und nimpst meinen pundt in deinen mund?

So du doch zücht hassest: unnd meine wort zeruck würfst?

Findst du einen dieb so lauff du mit jmm: und hast mit den Eebrechern gemeyn.

Deinen mund lassest du mit bösem an: und dein zung rüstet trügerey zuo.

Du sitzest und redst wider deinen bruoder: und den sun deiner muoter verlümbdest du.

Das tuost du so ich schweyg/ ja du schetzest mich als wär ich dir gleich: aber ich wil dich straffen und under augen staan.

2 Vom Zion her, der Krone der Schönheit, erstrahlt Gott.

3 Unser Gott kommt und schweigt nicht. Feuer frisst vor ihm her, und rings um ihn stürmt es mit Gewalt.

4 Dem Himmel oben ruft er zu und der Erde, zu richten sein Volk:

5 Versammelt mir meine Getreuen, die beim Opfer den Bund mit mir schlossen.

6 Die Himmel sollen seine Gerechtigkeit verkünden, Gott selbst ist Richter. *Sela*

7 Höre, mein Volk, ich will reden, Israel, ich will dich ermahnen. Ich bin Gott, dein Gott.

8 Nicht deiner Schlachtopfer wegen klage ich dich an, und deine Brandopfer sind immer mir vor Augen.

9 Ich will keinen Stier aus deinem Haus noch Böcke aus deinen Hürden.

10 Denn alles Wild des Waldes ist mein eigen, die Tiere auf den Bergen zu Tausenden.

11 Alle Vögel der Berge kenne ich, und was sich auf dem Felde regt, ist mein eigen.

12 Hätte ich Hunger, ich brauchte es dir nicht zu sagen, denn mir gehört der Erdkreis und was ihn erfüllt.

13 Sollte ich das Fleisch von Stieren essen und das Blut von Böcken trinken?

14 Bringe Gott Dank als Opfer dar und erfülle dem Höchsten deine Gelübde.

15 Und rufe zu mir am Tag der Not, ich will dich erretten, und du wirst mich ehren.

16 Zum Frevler aber spricht Gott: Was zählst du meine Satzungen her, was redest du von meinem Bund,

17 da du doch Zucht hasst und meine Worte hinter dich wirfst?

18 Siehst du einen Dieb, so hast du Gefallen an ihm, und mit Ehebrechern hältst du Gemeinschaft.

19 Dein Maul lässt du Böses reden, und deine Zunge brauchst du zum Betrug.

20 Du setzt dich hin, redest gegen deinen Bruder,

Das trachtend jr die Gottes vergessend/ das es
  eüch nit darzuo kumme das ich eüch
  hinreysse und eüch nieman erredte.
Der mir lob und danck opfferet: der eeret mich:
  unnd das ist der wäg durch den ich jmm das
  heyl Gottes zeygen würd.

Der l. Psalm.
Hebr. LI. Psalm.
¶ Tittel.
Ein ermanlich gsang Davids/ von dem das Hatan der
Prophet zuo jm kommen was/ so er mit Bathsaba
zeschaffen gehebt hatt.
¶ Jnnhalt.
Er bettet angstlich (dann er sich selbs im Eebruch unnd
todtschlag schuldig weyßt) das jm Gott verzyhe/ unnd
den vordrigen trost und ruow des gemüets widergebe.

Gott biß mir gnädig nach diner güete/ nach der
  vile deiner erbärmbden tilgg ab mein
  überträtten.
Wäsch mich für und für von meiner mißthat/
  und reynig mich von meiner sünd.
Dann ich erkenn mein überträttung/ und vergiß
  meiner sünd nimmer.
Das ich wider dich gsündet/ und böß vor dir
  gethon hab/ dz ist allein dz mich bekümmert.
  Darumb mach mich fromm nach deinem
  wort/ und reinig mich nach deiner billigkeyt.
Sihe/ mit schmertzen bin ich geborn/ und in
  sünden hat mich mein muoter empfangen.
Sich aber/ du hast ein sölichen lust an eim
  steyffenn vertrauwen/ das du mich mit der
  heimlikeyt der weyßheit berichtet hast.
Entsünd mich mit Jsopen/ so wird ich reyn:
  wäsch mich/ so wird ich weysser dann der
  schnee.
Verkünd mir fröud und wunne/ das die gebeyn/
  die du zerschlagen hast/ frolockind.
Wend ab dein angsicht von meiner sünd: und
  tilck ab alle meine mißthaten.
O Gott schöpff mir ein rein hertz/ und erneüwer
  in mir einen aufrichtigen geist.
Verwirff mich nit von deinem angsicht: und
  deinen heyligen geist nimm nit von mir.
Bring mir wider die fröud deines heils:
  understütz mich mit dem frywilligen geist.

auf den Sohn deiner Mutter häufst du
  Verleumdung.
21 Das hast du getan, und ich sollte schweigen?
  Denkst du, ich sei wie du?
  Nun klage ich dich an
  und halte es dir vor Augen.
22 Merket doch dies, die ihr Gott vergesst,
  damit ich nicht zerreisse, und keiner ist
  da, der rettet.
23 Wer Dank opfert, ehrt mich
  und wählt den Weg, auf dem ich ihn
  Gottes Hilfe schauen lasse.

|3: 35,22! · 18,9! |6: 19,2; 97,6 |8–9: 40,7! |12 24,1!
|13: 40,7! |14: 22,26! |15: 86,7; 91,15 |22: 9,18 |23: 91,16

Schaffe mir, Gott, ein reines Herz

51 1 Für den Chormeister. Ein Psalm
Davids, 2 als der Prophet Natan zu
ihm kam, nachdem er zu Batseba gegangen
war.
3 Sei mir gnädig, Gott, nach deiner Güte,
  nach dem Mass deines Erbarmens tilge
  meine Freveltaten.
4 Wasche mich rein von meiner Schuld,
  und reinige mich von meiner Sünde.
5 Denn meine Freveltaten kenne ich wohl,
  und immer steht meine Sünde mir vor
  Augen.
6 An dir allein habe ich gesündigt,
  und ich habe getan, was dir missfällt;
  so bist du gerecht in deinem Spruch,
  rein stehst du da, wenn du richtest.
7 Sieh, in Schuld bin ich geboren,
  und in Sünde hat mich meine Mutter
  empfangen.
8 Sieh, an Wahrheit hast du Gefallen, tief im
  Verborgenen,
  und im Geheimen tust du mir Weisheit
  kund.
9 Entsündige mich mit Ysop, und ich werde
  rein,
  wasche mich, und ich werde weisser als
  Schnee.
10 Lass mich Freude und Wonne hören,
  frohlocken werden die Gebeine, die du
  zerschlagen hast.
11 Verbirg dein Angesicht vor meinen Sünden,
  und tilge alle meine Vergehen.
12 Schaffe mir, Gott, ein reines Herz,
  und gib mir einen neuen, beständigen
  Geist.
13 Verstosse mich nicht von deinem Angesicht,

So wil ich die überträtter deines wägs berichten:
und die sünder werdend wider zuo dir
keeren.
Erlöß mich vonn dem bluotigen handel O Gott
du Gott mein heyl/ das mein zung dein
gerechtigkeit preyse.
HERR thuo mir auff meine läfftzen/ das mein
mund dein lob außkünde.
Dann hettest du lust am opffer/ so brächt ich
dirs: aber die brandopfer gfallend dir nit.
Die opffer die Gott gfallend/ sind ein zerknister
geist: ein zerbrochen und zerknist hertz/ die
wirst o Gott nit verachten.
Darumb beweiß dein gnad und güete Zion das
die mauren Jerusalem erhalten werdind.
Dann also wirt man dir ein gfallen thuon mit
den schlachtopfferen der gerechtigkeyt/ mit
den opfferen unnd brandopfferen: also wirt
man stier auff deinen altar legen.

und deinen heiligen Geist nimm nicht
von mir.
14 Bringe mir wieder die Freude deiner Hilfe,
und stärke mich mit einem willigen Geist.
15 Die Abtrünnigen will ich deine Wege lehren,
und die Sünder kehren um zu dir.
16 Rette mich vor Blutschuld, Gott, du Gott
meiner Rettung,
so wird meine Zunge jubeln über deine
Gerechtigkeit.
17 Herr, tue meine Lippen auf,
und mein Mund wird deinen Ruhm
verkünden.
18 Denn an Schlachtopfern hast du kein
Gefallen,
und wollte ich Brandopfer bringen, so
willst du sie nicht.
19 Das Opfer, das Gott gefällt, ist ein
zerbrochener Geist,
ein zerbrochenes und zerschlagenes Herz
wirst du, Gott, nicht verachten.
20 Tue Zion Gutes nach deinem Wohlgefallen,
baue die Mauern Jerusalems.
21 Dann wirst du Gefallen haben an rechten
Opfern,
an Brandopfern und Ganzopfern,
dann wird man Stiere darbringen auf
deinem Altar.

|2: 2Sam 11,1–12,25 |3: Lk 18,13 |5: Jes 59,12 |6 33,4 ·
Röm 3,4 |9: Num 19,18 · Jes 1,18 |12: Ez 11,19; 36,26; Mt 5,8
|18: 40,7! |19: 34,19! |20: 69,36; 102,17; 126,1; 147,2 |21: 4,6

Der li. Psalm.
Hebre. LII. Psalm.
¶ Titel.
Ein ermanlich gsang Davids/ Das wol berichtet und leeret:
ist gemachet auff das do Doeg der Jdumiter Daviden
beym Saul verradten hatt/ das er ins Abimelech hauß
kummen was.
¶ Jnhalt
Er Beschiltet den fräfel der zungen: und zeigt an was raach
über sy gon werde.

Was bochest du (ach güetiger Gott) alle zeyt du
schantlicher held.
Wie das dein zung nichts dann verderbtnuß
trachtet? und trugerey treybt wie ein scharpff
schärmesser.
Wie das du dich der schalckheit mer fleissest
dann der erberkeit? mer dich fleissest lugenen
ze reden dann warheit? Säla.
Dann du fleissest dich nichts dann schädlichs
zereden O du valsche zung.
Darumb wirt dich auch Gott von grund
außreüten/ zerstören/ und auß deiner

Was rühmst du dich der Bosheit?
52 1 Für den Chormeister. Ein
Weisheitslied, 2 als der Edomiter
Doeg kam und Saul meldete und zu ihm
sprach: «David ist in Achimelechs Haus
gekommen.»
3 Was rühmst du dich der Bosheit, du Held?
Gottes Güte währt allezeit.
4 Verderben planst du,
deine Zunge ist wie ein scharfes Messer,
du Ränkeschmied.
5 Du liebst das Böse mehr als das Gute,
die Lüge mehr als wahrhaftige Rede. *Sela*
6 Du liebst jedes Wort, das Verwirrung stiftet,
du falsche Zunge.
7 Doch Gott wird dich zerstören für alle Zeit,
dich packen und herausreissen aus dem
Zelt
und dich entwurzeln aus dem Land der
Lebenden. *Sela*

wonung außtreiben/ und dein wurtzel auß
dem land der läbendigen. Säla.
So das die frommen sehen/ werdend sy
erschräcken/ und jr gspött mit jm treyben.
Sihe/ das ist der Held der Gott nitt für sein
stercke hielt/ sunder verließ auff die vile
seiner reychtagen/ vertrost sich seiner
schalckheit. Jch aber bin auß dem
haußgesind Gottes/ gruonen wie ein ölbaum/
unnd verhoff uff die gnad gottes jmmer und
ewigklich.
Ewig danck wil ich dir sagenn für alles dz du
thon hast/ und auff deinen nammen
vertrüwen: dann er ist angenäm deinen
heyligen.

8 Und die Gerechten werden es sehen und sich
fürchten,
über ihn aber werden sie lachen:
9 Seht, das ist der Mann, der nicht Gott
zu seiner Zuflucht macht.
Auf seinen grossen Reichtum vertraute er,
suchte Zuflucht bei seinem Verderben.
10 Ich aber bin wie ein üppiger Ölbaum
im Hause Gottes,
ich vertraue auf Gottes Güte
immer und ewig.
11 Ewig will ich dich preisen,
denn du hast es getan,
ich hoffe auf deinen Namen mit deinen
Getreuen,
denn er ist gut.

|2: 1Sam 21,8; 22,9–19 |4–6: 12,3! |7: 27,13! |8: 40,4!
|9: 49,7! |10: 1,3!; 92,14 |11: 54,8

Der lij. Psalm.
Hebre. LIII. Psalm.
¶ Tit. Ein vermanlich gsang Davids von dem erbteyl.
¶ Jnnhalt.
Er zeygt das alle menschen sünder und Gottloß sygind.
Die Gottlosen die gleichßnend als hettend sy die forcht
Gottes/ das aber nit ist. Aber der glöubigen hilff ist von
Gott.

Die leychtferigen toren sprechennd in jren
hertzen/ Es ist kein Gott: Dann sy sind in
boßheit alle zerbrochen und grüwlich
worden/ es ist keiner der guotes thüeye.
Gott schowt vonn himmel herab auff der
menschen kinder/ das er sehe ob doch jeman
verstendig wäre und Gott nachfragte.
Da warend sy alle abgefallen: sy warend alle
miteinander faul: keiner thet etwas guots/ ja
nit einer.
Jsts nit offenbar dz sy boßheit treybend? das sy
mein volck wie ein speyß fressennd? Gott nit
anrüeffend?
Das sy förchtend das nit zeförchten ist? Aber
Gott wirdt das gebein deren die dich
umblägerend/ zermürsen: Du wirst sy
schenden/ dann Gott verachtet sy.
Wär wirt Jsraelen vom Zion heyl geben? das
Jacob frolocke/ und Jsrael fröud habe/ so
Gott die gfencknuß seines volcks
widerbringt.

Die Torheit der Gottlosen
53 1 Für den Chormeister. Nach der
Weise «machalat». Ein Weisheitslied
Davids.
2 Der Tor spricht in seinem Herzen:
Es gibt keinen Gott!
Verderbt, abscheulich handeln sie,
keiner ist, der Gutes tut.
3 Gott schaut herab vom Himmel
auf die Menschen,
zu sehen, ob da ein Verständiger sei,
einer, der nach Gott fragt.
4 Alle sind sie abtrünnig,
alle verdorben,
keiner ist, der Gutes tut,
auch nicht einer.
5 Haben denn keine Einsicht die Übeltäter,
die mein Volk verzehren, wie man Brot
isst,
die Gott nicht anrufen?
6 Da trifft sie gewaltiger Schrecken,
wie es noch nie einen Schrecken gab,
denn Gott zerstreut die Gebeine dessen,
der dich bedrängt.
Du machst sie zuschanden,
denn Gott hat sie verworfen.
7 Möge von Zion Israels Hilfe kommen.
Wenn Gott das Geschick seines Volkes
wendet,
jauchze Jakob, freue sich Israel.

|1–7: Ps 14,1–7

Der liij. Psalm.
Hebr. LIIII. Psalm.
¶ Titel.
Jst ein ermanlich gsang Davids auff seytenspil gemacht/ von dem das die Zipheer hingiengend unnd Saul sagtend das David bey jnen heimlich verborgen lege.
¶ Jnnhalt.
Es ist ein anrüeffen in grosser not/ und erkantnuß der guotthaten Gottes.

Hilff mir o Gott umb dines nammens willen/
 und rett mich mit diner stercke.
O Gott erhör mein gebätt/ vernimm die red meines munds.
Dann die feynd wütschend wider mich auf/
 unnd die fräler die Gott nit vor augen habend/ stellend nach meinem läben. Säla.
Aber sihe Gott hatt mir geholffen/ der HERR erhaltet mein seel.
Er wirt meinen feynden böses widergelten: in seiner trüw wirt er sy umbbringen.
Ein freywillig opffer wil ich dir thuon/ und deinen nammen preysen O HERR/ dann er ist guot.
Dann er rettet mich auß aller not/ das mein aug meine feynd verachtet.

53,1: Die Bedeutung des hebräischen Begriffs «machalat» ist ungeklärt.

Gott, hilf mir durch deinen Namen

54

1 Für den Chormeister. Mit Saitenspiel. Ein Weisheitslied Davids,
2 als die Sifiter kamen und zu Saul sagten: «David hält sich bei uns verborgen.»
3 Gott, hilf mir durch deinen Namen,
 und schaffe mir Recht durch deine Macht.
4 Gott, höre mein Gebet,
 vernimm die Worte meines Mundes.
5 Denn Fremde sind gegen mich aufgestanden,
 und Gewalttätige trachten mir nach dem Leben,
 sie haben Gott nicht vor Augen. *Sela*
6 Sieh, Gott ist mein Helfer,
 der Herr ist es, der mein Leben erhält.
7 Das Unheil falle zurück auf meine Feinde,
 in deiner Treue vernichte sie.
8 Freudig will ich dir Opfer bringen,
 will deinen Namen preisen, HERR, denn er ist gut.
9 Aus aller Not hat er mich errettet,
 und an meinen Feinden weidet sich mein Auge.

|2: 1Sam 23,19; 26,1 |5: 86,14 |6: 118,7 |8: 52,11 |9: 59,11; 91,8; 92,12; 118,7

54,7: In einer anderen hebräischen Tradition lautet der Text: «Er lasse das Unheil zurückfallen auf meine Feinde, …»

Der liiij. Psalm.
Hebr. LV. Psalm.
¶ Titel.
Jst ein ermanlich gesang Davids auff die seytenspil/ zuo bericht.
¶ Jnnhalt.
Es ist ein ängstig gebätt/ so unsere freünd von unns abgewendt/ würscher über unns wüetend dann die feynd. Mag in einem außzug und höhern verstand Christo zuogehören.

Erhör O Gott meyn gebätt/ verschupff nit mein flehen.
Loß mir unnd erhör mich so ich hefftig klag und unrüewig bin.
Ab dem schreyen der feynden/ ab dem trang der gottlosen die laster auff mich trächend/ und zornwüetig über mich sind.
Mein hertz klopfft mir/ die schräcken des tods habend mich überfallen.

Gewalttat und Hader in der Stadt

55

1 Für den Chormeister. Mit Saitenspiel. Ein Weisheitslied Davids.
2 Vernimm, Gott, mein Gebet,
 und verbirg dich nicht vor meinem Flehen.
3 Höre auf mich und antworte mir.
 Ich irre umher in meiner Klage.
4 Ich bin verstört vom Lärmen des Feindes,
 vom Geschrei des Frevlers.
 Denn Unheil wälzen sie auf mich,
 und sie befehden mich voller Grimm.
5 Mein Herz bebt in meiner Brust,
 und Todesschrecken haben mich befallen.
6 Furcht und Zittern kommt über mich,
 und Grauen bedeckt mich.
7 Da sprach ich: Hätte ich doch Flügel wie die Taube,
 ich wollte fliegen und mir eine Bleibe suchen.

Es ist mich ein schräcken und zittern
ankommen/ und ein grausen hat mich
umbgeben.
Das ich in mir selbs gedenck/ O hette ich flügel
wie die tauben/ das ich hinfluge und ruow
funde.
Sihe ich wölte verr hinweg fliegen und mich in
der wüeste niderlassen. Säla.
Jch wolt eylen das ich entrunne/ schnäller dann
ein windsbraut.
Zerströuw O HERR jre zungen unnd zerteyl sy:
dann ich hab gesehen das die statt voller
unbills und schmaachred ist.
Die gond tag und nacht auff jren mauren umb/
mitten in jren aber müey und leyd.
Mitten in jren ist schalckheit/ wuocher und trug
kumpt niemar ab jrer gassen.
Wenn mich meyn feynd schmächte/ so möcht
ichs leyden: wenn meine hasser über mich
aufwutschtend/ so möcht ich mich vor jnen
hüeten.
Aber du meyn gsell/ mein mitgnoß/ und mein
bekannter? mit dem ich süesse unnd
heimliche gespräch gehebt hab? mit dem ich
frolokende in das hauß Gottes gangen bin?
Uberfall sy o tod/ läbendig farind sy in die
gruoben: dann schalckheyt herrschet in jren
heüsern und gmachen.
Jch aber hab zuo Gott gerüefft unnd der HERR
hat mir gehollfen.
Zuo abent/ zuo morgen/ und zuo mittag hab ich
gebätten und jm hefftig angelägen/ und er
hat mein stimm erhört.
Er hat mein seel gentzlich erlößt von denen die
mir aufsetzig warend: dann mit hauffen
stuondend sy wider mich.
Ja der Gott der yemar und ewig herrschet/ hatt
mich erhört/ unnd sy genideret: dann es was
nit zeverhoffen das sy sich enderetind/ dann
sy förchtend Gott nit.
Darumb hat er seyn hand gezuckt über seyn
sundertraut/ unnd hatt seynen pundt
krafftloß gemachet.
Jr mund ist sennfter dann ancken/ also
gleychßnet auch jr hertz: jre wort sind gletter
dann öl/ so sy doch nichts sind dann
schwärdter.
Darumb laß den HERREN sorg für dich tragen/
der wirt dich erneeren/ und den frommen
niemar mer lassen entwegt werden.
Du aber o Gott wirst die bluotdurstigen in die
gruoben der verderbtnuß hinab stossen: Die

8 Sieh, weit weg wollte ich flüchten,
    in der Wüste bleiben über Nacht. *Sela*
9 An einen sicheren Ort möchte ich eilen
    vor dem tobenden Wind, vor dem Sturm.
10 Verwirre, Herr,
    entzweie ihre Sprache.
    Denn ich sehe Gewalttat
    und Hader in der Stadt.
11 Tag und Nacht umkreisen sie die Stadt
    auf ihren Mauern,
    Frevel und Unheil sind in ihrer Mitte,
12   Verderben ist in ihrer Mitte,
    und von ihrem Markt weichen nicht
    Unterdrückung und Betrug.
13 Denn nicht der Feind ist es, der mich
schmäht,
    das würde ich ertragen.
    Nicht einer, der mich hasst, hat grossgetan
gegen mich,
    vor ihm könnte ich mich verbergen.
14 Nein, du bist es, ein Mensch meinesgleichen,
    mein Freund und mein Vertrauter,
15 die wir enge Gemeinschaft hatten
    im Hause Gottes,
    zusammen gingen bei festlichem Treiben.
16 Verwüstung über sie!
    Bei lebendigem Leib sollen sie
    hinabfahren ins Totenreich,
    denn Bosheit ist in ihrem Herzen, in ihrer
Brust.
17 Ich aber rufe zu Gott,
    und der HERR wird mir helfen.
18 Abends und morgens und mittags
    will ich klagen und seufzen,
    und er wird meine Stimme hören.
19 Er befreit mich,
    birgt mich in Sicherheit,
    dass sie mir nicht nahen können,
    denn viele sind gegen mich.
20 Gott wird erhören und sie demütigen,
    er, der da thront von Urzeit her. *Sela*
    Denn sie ändern sich nicht
    und fürchten Gott nicht.
21 Er legt Hand an seine Freunde,
    entweiht seinen Bund.
22 Glatt wie Butter ist seine Rede,
    doch Krieg ist sein Sinnen,
    seine Worte sind milder als Öl
    und sind doch gezückte Schwerter.
23 Wirf deine Last auf den HERRN,
    er wird dich versorgen,
    den Gerechten lässt er
    niemals wanken.

falschen betrieger werdend jre tag nit halber
außläben. Jch aber wird auff dich vertrauwen.

Der lv. Psalm.
Hebr. LVI. Psalm.
¶ Titel.
Ein ermanlich gsang Davids von der stummen und
weyßlosen tauben. Ein kleynot. Als jnn die Philistiner in
Geth fiengend.
¶ Jnhalt.
Es ist ein klag das man jnn unschuldigen durächte/ unnd
bittet Gott umb hilff.

O Gott erbarm dich mein/ dann man zertrittet/
bestreytet/ und beleydiget mich on underlaß.
Meyne feynd zerträttend mich alle zeyt/ dann vil
streytend wider mich übermüetigklich.
So offt mich ein forcht unnd schräcken bestadt/
hoff ich auff dich O HERR.
Jch tröst mich Gottes worts/ auff Gott vertrauw
ich/ unnd achten nit was mir das fleysch
thüeye.
Sy gstattend mir unruow in allen meinen
sachen: alle radtschleg geschehend mir
zenachteyl.
Sy eüsserend unnd verbergend sich: sy spähend
auff meyne tritt/ wie sy mein seel fahind.
Aber es ist vergebens/ dann sy wirt jnen
entrünnen/ dann du O Gott wirst die völcker
in unwürse hinunder stossen.
Du zellest meine fluchten/ meyne trähen fassest
du in deine lägelin: stond sy nit alle in
deinem register?
So offt ich dich anrüeff/ von stundan fliehend
alle meine feynd/ darinn ich dann gwüßlich
spür das du mein Gott bist.
Des wort Gottes rüem ich mich/ des wort
Gottes tröst ich mich.
Jch vertrauw auff Gott/ und sorgen nit was mir
der mensch thüeye.
Dir wil ich O Gott meine gelübde bringen/ dir
wil ich lob und danck sagen.
Dann du hast mein seel vom tod errettet/ und
meine füeß vom fal/ das ich vor Gott wandle
in dem liecht der läbendigen.

24 Du aber, Gott, wirst sie hinabstürzen
tief in die Grube;
Mörder und Betrüger,
sie werden nicht die Hälfte ihrer Tage
erreichen.
Ich aber vertraue auf dich.

|8: Jer 9,1 |13–14: 41,10!; Jer 9,3.7 |18: Dan 6,10 |22: 5,10;
12,3!; 57,5! |23: 1Petr 5,7 |24: 5,7

55,4: Möglich ist auch die Übersetzung: «… des
Feindes, von der Bedrängung durch den Frevler. …»
55,21: Mit ‹er› ist der Feind gemeint.

Steht nicht alles in deinem Buch?

56 1 Für den Chormeister. Nach der
Weise «Taube der fernen
Terebinthen». Von David, ein Lied, als die
Philister ihn in Gat ergriffen.
2 Sei mir gnädig, Gott, denn Menschen stellen
mir nach,
Krieger bedrängen mich jeden Tag,
3 täglich stellen mir meine Feinde nach;
viele sind es, die mich voller Hochmut
bekämpfen.
4 Wenn ich mich fürchte,
vertraue ich auf dich.
5 Auf Gott, ich preise sein Wort,
auf Gott vertraue ich, und ich fürchte
mich nicht.
Was kann ein Sterblicher mir tun?
6 Jeden Tag fechten sie meine Worte an,
auf mein Verderben geht ihr ganzes
Sinnen.
7 Sie greifen an, sie lauern,
sie beobachten meine Spuren,
denn sie trachten mir nach dem Leben.
8 Sollen sie trotz des Frevels entkommen?
Im Zorn, Gott, stürze die Völker hinab.
9 Mein Elend hast du aufgezeichnet,
meine Tränen sind verwahrt bei dir.
Steht nicht alles in deinem Buch?
10 Es weichen meine Feinde zurück,
wenn ich rufe,
denn ich weiss,
dass Gott für mich ist.
11 Auf Gott – ich preise sein Wort –,
auf den HERRN – ich preise sein Wort –,
12 auf Gott vertraue ich, und ich fürchte mich
nicht.
Was kann ein Mensch mir tun?
13 Was ich dir gelobt habe, Gott, liegt auf mir,
Dankopfer will ich dir darbringen.
14 Denn du hast mein Leben vom Tod errettet
und meine Füsse vor dem Sturz,

damit ich wandle vor Gott
im Licht des Lebens.

|1: 1Sam 21,11–16 |5: 56,11 · 118,6! |10: 118,6.7 |11: 56,5 |12: 118,6! |14: 116,8–9

56,1: Der Massoretische Text wurde korrigiert; er lautet übersetzt: «Nach der Weise Stumme Taube unter den Fernen».
56,9: Wörtlich: «…, meine Tränen sind verwahrt in deinem Schlauch. …»

Der lvj. Psalm.
Hebr. LVII. Psalm.
¶ Titel.
Jst ein ermanlich gesang Davids/ heyßt/ Verderb nit. Jst ein kleinot/ sagt vonn dem wie er vor Saul in die hüly floch.
¶ Jnnhalt.
Es ist ein dancksagung das jnn Gott auß grosser gefaar erlößt und entschüttet hatt.

Erbarm dich mein o Gott/ erbarm dich mein/
    dann mein seel vertrauwt auff dich/ unnd
    under dem schatten diner flüglen suoch ich
    schirm/ biß die schalckheit überhin komme.
Jch rüeff zuo Gott dem allerhöchsten/ zuo Gott
    der mich allenthalben vollkomnet.
Der wirt vom himmel senden/ unnd mich von
    der schmaach/ des der mich one underlaß
    undertruckt/ erlösen/ unnd das wirdt er
    thuon auß seiner güete und trüw.
Mein seel wirt er erlösen die in mitten under
    den grausamen Löuwen ligt/ das ist/ under
    den menschen deren zän spieß und pfeyl
    sind/ und jre zung ein scharpff schwärdt.
Erhöch o Gott/ über die himmel und über alles
    erdtrich/ dein eer und herrligkeit.
Sy habend meinen füessen ein netz zuogerüstet
    mein seel zefahen: sy habend vor mir ein
    gruoben gegraben/ inn die sy fallen werdend.
    Säla.
Mein hertz ist bereytet o Gott mein hertz ist
    bereytet/ das ich singe und lobe.
Wach auf alles das ich vermag/ wach auf lauten
    und harpffen/ unnd ich selbs wil früe
    aufwachen.
Das ich dich O HERr vor den völckern preyse/
    und under den Heiden dir lobsinge.
Dann die grösse deiner gnad reicht biß ann
    himmel/ und dein treüw biß an die wolcken.
Erhöch o Gott dein eer und herrligkeit über die
    himmel und alles erdtrich.

Gross bis zum Himmel ist deine Güte

57 1 Für den Chormeister. Nach der Weise «Zerstöre nicht». Von David. Ein Lied, als er vor Saul in die Höhle floh.
2 Sei mir gnädig, Gott, sei mir gnädig,
    denn bei dir suche ich Zuflucht.
  Im Schatten deiner Flügel suche ich
    Zuflucht,
    bis das Verderben vorüber ist.
3 Ich rufe zu Gott, dem Höchsten,
    zu Gott, der für mich eintritt.
4 Er wird vom Himmel senden und mir helfen
    vor der Schmähung dessen, der mir
    nachstellt. *Sela*
  Seine Güte und Treue
    wird Gott senden.
5 Mitten unter Löwen muss ich liegen,
    die Menschen verschlingen,
  ihre Zähne sind Spiesse und Pfeile,
    und ihre Zunge ist ein scharfes Schwert.
6 Erhebe dich über den Himmel, Gott,
    und über die ganze Erde in deiner
    Herrlichkeit.
7 Ein Netz haben sie meinen Schritten gelegt,
    niedergebeugt meine Seele.
  Sie haben mir eine Grube gegraben
    und fielen selbst hinein. *Sela*
8 Mein Herz ist bereit, Gott,
    mein Herz ist bereit,
    ich will singen und spielen.
9 Wache auf, meine Seele.
    Wacht auf, Harfe und Leier,
    ich will das Morgenrot wecken.
10 Ich will dich preisen unter den Völkern,
    Herr,
    will dir singen unter den Nationen.
11 Denn gross bis zum Himmel ist deine Güte,
    und bis an die Wolken reicht deine Treue.
12 Erhebe dich über den Himmel, Gott,

und über die ganze Erde in deiner
Herrlichkeit.

|1: 142,1; 1Sam 22,1 |2: 17,8! |5: 11,2!; 55,22; 59,8; 64,4
|6: 57,12; 113,4! |7: 7,16! |8–12: 108,2–6 |10 18,50! |11: 36,6!

57.4: Möglich ist auch die Übersetzung: «… mir helfen, indem er den verwirrt, der mir nachstellt. …»

Der lvij. Psalm.
Hebre. LVIII. Psalm.
¶ Titel.
Jst ein ermanlich gsang Davids/ heißt/ Verderb nit/ ist ein sunder kleinot.
¶ Jnnhalt.
Es wirt der gottlosen fräfel den sy vonn jugend auf treybend/ beschriben/ und was jr end sey.

Trachtend jr ye warlich der gerechtigkeit nach/ so urteylend das billich ist o jr menschen kinder.

Aber jr nemmend in euwern hertzen schalckheit für: euwre hend erwägend sich im land des raubens.

Von muoter leyb an entfrömbdend sich die gottlosen/ so bald sy geboren werdend gond sy jrr/ und redend lugenen.

Sy wüetend wie die Schlangen/ wie die ghörloß naterschlang verstopffend sy jre oren.

Die des bschweeres stimm nit erhört/ wiewol er ioch des bschweerens berichtet ist.

O Gott zerschlach jnen jre zän in jrem maul: zerbrich o HERR die stockzän der jungen löwenwelffen.

Das sy weich werdind und zerfliessind wie das wasser/ und jre pfeyl so sy es schiessend zerbrechind.

Das sy zerschmeltzind wie ein schnäck/ unnd wie ein unzeytige frucht des weybs ee sy ans liecht kumpt.

Schaff/ das/ ee jr törn stechen könnend/ sy also läbendig mit dem ungestüemen windsbraut hingezuckt werdind.

Da wirdt sich der gerecht fröuwen/ so er die raach sähen/ und seine füeß in des gottlosen bluot wäschen wirt.

Denn wirt man sprechen/ Freylich dem frommen wirt seyn lon/ freylich ist ein Gott der die erden straafft.

Sprecht ihr wirklich Recht?

58 1 Für den Chormeister. Nach der Weise «Zerstöre nicht». Von David. Ein Lied.

2 Sprecht ihr wirklich Recht, ihr Mächtigen,
richtet ihr die Menschen gerecht?

3 Mit Absicht übt ihr Frevel im Land,
der Gewalttat eurer Hände lasst ihr freien Lauf.

4 Abtrünnig sind die Frevler vom Mutterschoss an,
vom Mutterleib an gehen in die Irre die Lügner.

5 Gift haben sie gleich dem Gift der Schlange,
wie eine taube Viper, die ihr Ohr verschliesst,

6 die nicht hört die Stimme der Beschwörer,
den Bann des Zauberers.

7 Gott, zerbrich ihnen die Zähne im Mund,
zerschlage, HERR, das Löwengebiss.

8 Wie Wasser, das verrinnt, sollen sie zergehen,
verdorren wie Gras auf dem Weg,

9 wie eine Schnecke, die in Schleim zerfliesst,
wie eine Fehlgeburt, die nie die Sonne schaut.

10 Ehe eure Töpfe warm sind,
fegt der Sturm den Dornstrauch, frisch oder brennend, hinweg.

11 Der Gerechte wird sich freuen, wenn er Rache schaut,
seine Füsse wird er baden im Blut des Frevlers.

12 Und die Menschen werden sagen: Lohn wird dem Gerechten zuteil,
es gibt einen Gott, der auf Erden richtet.

|5: 140,4 |7: Dtn 32,33 |7: 3,8 |9: Hiob 3,16; Koh 6,3–4 |11: 32,11! · 68,24

58,2: Der Massoretische Text wurde korrigiert; er lautet übersetzt: «Es ist wahr, stumm ist die Gerechtigkeit, wenn ihr redet, richtet ihr …»

58,8: Der Massoretische Text wurde korrigiert; er lautet übersetzt in etwa: «… zergehen, er (Gott) spanne seine Pfeile, da verdorren sie wie …»

58,10: Wörtlich: «Ehe eure Töpfe den Dornstrauch bemerken, fegt der Sturm ihn … hinweg.»

Der lviij. Psalm.
Hebr. LIX. Psalm.
¶ Titel.
Ein ermanlich gsang Davids/ genant/ Verderb mich nit. Ein kleynot/ sagt von dem/ do Saul Davids hauß umblegen ließ/ und jn empfolhen hatt zetöden.
¶ Jnnhalt.
Es ist ein dancksagung unnd gebätt/ das die so unverschampt sündend und aufsetzig sind/ außgereütet werdind.

Erlöß mich O Gott vonn meynen feynden/ unnd schirm mich vor denen die über mich aufwütschend.
Erlöß mich von den schälcken und übelthätern/ errett mich vor den bluotdürstigen.
Dann sihe sy sind meyner seel aufsetzig/ sy überfallend mich grausamlich on meyn mißthat und schuld O HERR.
Sy lauffend on meyn schuld und rüstend sich/ stand auf unnd luog das du mir zehilff kommist.
Ja du O HERR Gott der heerzeügen/ du Gott Jsraels/ stand auf zuo straaffen alle völcker/ beweiß kein gnad denen die auß fräler gottlose überträttend. Säla.
Sy gangind hin und wider und lauffind in der statt umb biß an abent/ sy rauffind wie die hund.
Nimm war sy überfallend mich mit jrem mund/ schwärdter sind in jren läfftzen: dann wär strafft sy?
Dann allein du O HERR verlachest sy/ und verspottest alle völcker.
Meyn stercke gib ich dir zuo: dann du O Gott bist mein beschirmer.
Gott fürkumpt mich mit seyner gnad/ Gott leert mich mit meinen feinden handlen.
Nit töd sy sprich er/ das mein volck nit liederlich werde. Darumb zerströuw sy in deiner krafft/ und stoß sy hinab O HERr unser schilt.
Umb der sünd willen jres munds/ umb der red willen jrer läfftzen/ unnd vonn jrer hochfart wägen werdind sy gefangen/ von der meynéyden unnd lugenen wägen werdind sy abgethon.
Mach sy auß im grimmen zorn/ mach sy auß/ das sy nit mer sygind/ das man biß zuon enden der welt sähe unnd jnnen werde das Gott der sey der inn Jaacob regiere.
Schaff das sy hin und wider gangind und in der statt umblauffind biß an abent/ unnd rauffind wie die hund.

Rette mich vor meinen Feinden

59

1 Für den Chormeister. Nach der Weise «Zerstöre nicht». Von David. Ein Lied, als Saul hinsandte und man das Haus bewachte, um ihn zu töten.
2 Rette mich vor meinen Feinden, mein Gott,
    vor meinen Widersachern beschütze mich.
3 Rette mich vor den Übeltätern,
    und hilf mir vor den Mördern.
4 Denn sieh, sie trachten mir nach dem Leben,
    Mächtige greifen mich an.
An mir ist kein Frevel und keine Sünde,
HERR.
5   Schuldlos bin ich, doch sie stürmen heran
    und stellen sich auf.
Wache auf, komm und sieh.
6 Du bist der HERR, der Gott der Heerscharen,
    der Gott Israels.
Wache auf, alle Völker heimzusuchen.
    Sei keinem gnädig, der treulos frevelt. *Sela*
7 Am Abend kommen sie wieder,
    und kläffend wie die Hunde
    durchstreifen sie die Stadt.
8 Sieh, ihr Mund geifert,
    Schwerter sind ihre Lippen:
    Wer wird es schon hören?
9 Du aber, HERR, lachst über sie,
    du spottest aller Nationen.
10 Meine Stärke, an dich will ich mich halten,
    denn Gott ist meine Burg.
11 Der Gott meiner Gnade kommt mir entgegen,
    Gott gönnt mir den Anblick meiner Feinde.
12 Töte sie nicht, damit mein Volk es nicht vergisst,
    zerstreue sie mit deinem Heer und stürze sie nieder,
    Herr, unser Schild.
13 Ihr Mund versündigt sich mit jedem Wort,
    das über ihre Lippen kommt,
    sie sollen sich verfangen in ihrem Hochmut.
Des Fluches wegen und der Lüge, die sie reden,
14   vertilge sie im Zorn, vertilge sie, dass sie nicht mehr sind.
Sie sollen erkennen, dass Gott Herrscher ist in Jakob
    bis an die Enden der Erde. *Sela*
15 Am Abend kommen sie wieder,
    und kläffend wie die Hunde

Das sy sich der speyß halb teylind/ aber ungesettiget schlaffen gangind.

Das aber ich dein stercke preyse/ und dein gnad mit frolocken schnäll außkünde: dann du bist mein beschirmer unnd mein zuoflucht gewesen in der zeyt meiner not.

Das ich dir o mein stercke lobsinge: dann du O Gott meyn beschirmer bist O Gott mein schatz.

16 Sie streunen umher nach Frass
und knurren, wenn sie nicht satt werden.
17 Ich aber will deine Macht besingen
und jubeln am Morgen über deine Gnade,
denn du bist meine Burg
und eine Zuflucht am Tag meiner Not.
18 Meine Stärke, dir will ich singen,
denn Gott ist meine Burg,
der Gott meiner Gnade.

|1: 1Sam 19,11 |8: 57,5! |9: 2,4! |11: 54,9! |14 46,11!; Ez 5,13

59,10: Der Massoretische Text wurde korrigiert; er lautet übersetzt: «Seine Stärke, …»

Der ljx. Psalmen.
Hebr. LX. Psalm.
¶ Titel.
Jst ein ermanlich gsang Davids von der bluomen der zeügnuß: Ein kleinot/ meldet wie Joab/ als er wider die Syrer Mesopotamie/ unnd wider die Syrer Zoba außzogen was/ widerkeert/ unnd der Jdumeern über die zwölfftausent erschluog im Saltztal.
¶ Jnnhalt.
Nach langem trang/ so jm vonn den Philisteren beschach/ bittet er Gott auß krafft des Testaments/ das er das reych wider bringe/ und wider aufrichte.

O Gott du hast unns verstossen unnd gebrochen: du bist erzürnt über uns/ und verschupffst uns.

Du hast unser land bewegt und zerrissen: vermach wider seine lucken und brüch/ dann es ist zerrüttet.

Du hast deynem volck hertes gezeyget/ du hast unns mit dem weyn des schräckens getrenckt.

Ach gib denen die dich förchtend ein zeychen/ das sy sich ab der zuokunfft des rechten und billichen aufrichtind. Säla.

Das wir deyne geliepten erlößt werdind: erhör uns/ unnd hilff uns mit deiner gerechten.

Gott hatt in seinem heyligthuomb gredt/ deß ich mich fröuw. Jch wil Sichem teilen/ und das tal Suchoth außmässen.

Meyn ist Galaad/ meyn ist Manasse/ Ephraim ist die macht meines haupts/ Juda ist mein hauptmann.

Moab ist mein grosser kessel/ über Edom wil ich meynen schuoch strecken/ Palestina wirt mit schall zuo mir kommen.

Wär hatt mich in die veste statt beleytet? wär hatt mich gen Edom geführt.

Hast nit du es gethon O Gott der unns verlassen hattest? und du Gott der mit unserem zeüg nit außzochest zereysen?

Gott, du hast uns verstossen

60 1 Für den Chormeister. Nach der Weise «Lilie des Zeugnisses». Ein Lied. Von David. Zum Lehren, 2 als er gegen Aram-Naharajim und gegen Aram-Zoba stritt und als Joab umkehrte und Edom im Salztal schlug, zwölftausend Mann.

3 Gott, du hast uns verstossen, unsere Reihen durchbrochen,
du hast gezürnt, stelle uns wieder her.
4 Du hast die Erde erschüttert, hast sie gespalten.
Heile ihre Risse, denn sie wankt.
5 Hartes hast du dein Volk erfahren lassen,
du hast uns getränkt mit Taumelwein.
6 Denen aber, die dich fürchten, hast du ein Zeichen aufgestellt,
damit sie fliehen können vor dem Bogen.
Sela
7 Damit gerettet werden, die dir lieb sind,
hilf mit deiner Rechten und erhöre uns.
8 Gott hat gesprochen in seinem Heiligtum:
Ich will frohlocken, ich will Schechem verteilen
und ausmessen das Tal von Sukkot.
9 Mein ist Gilead, mein ist Manasse,
Efraim ist der Schutz meines Hauptes,
Juda mein Herrscherstab.
10 Moab ist mein Waschbecken,
auf Edom werfe ich meinen Schuh,
Philistäa, jauchze mir zu.
11 Wer führt mich hin zu der befestigten Stadt,
wer geleitet mich nach Edom?
12 Bist nicht du es, Gott, der uns verstossen hat?
Du, Gott, ziehst nicht aus mit unseren Heeren.
13 Schaffe uns Hilfe vor dem Feind,
denn Menschenhilfe ist nichtig.

Du der uns in der not hilffst: dann menschliche
hilff ist eytel.
Mit Gottes krafft werdend wir mannlich
handlen/ dann der zertrittet unsere feynd.

Der lx. Psalm.
Hebr. LXI. Psalm.
¶ Titel.
Jst ein ermanlich gsang Davids auff die seyten spil.
¶ Jnnhalt.
Es ist ein gebätt auß grund des glaubens/ und ein
dancksagung für den verheyßnen heyland.

Erhör O Gott mein geschrey/ merck auf meiner
bitt.
Von welchen enden der welt ich zuo dir schrey
in der angst meynes hertzens/ stelst du mich
auff ein höheren velsen dann ich ersteygen
möchte.
Dann du bist mein hoffnung/ unnd mein
starcker turn vor dem feynd.
Verleych das ich in deiner hütten yemer und
ewig wone/ das ich sicher sey under dem
schirm deiner flüglen. Säla.
Dann du O Gott erhörst meine begirden/ du
gibst das erb denen die deynen nammen
förchtend.
Du wirst dem künig sein läben strecken/ dz
seine jar durch alle gschlächt hin wärind.
Das er ewigklich vor Gott bleybe/ güete und
trüw jn verhüetind.
Also wil ich deinem nammen für unnd für lob
singen/ das ich dir meine gelübde täglich
bezale.

Der lxj. Psalm.
Hebr. LXII. Psalm.
¶ Titel.
Ein ermanlich gsang Davids für die ordnung Jdithum.
¶ Jnnhalt.
Es ist ein geystlicher trutz der auß tieffem unnd
grundtlichem glauben kumpt.

Noch wirdt mein seel allein Gottes acht haben/
dann mein hilff hanget allein an jm.
Noch ist er allein mein velß unnd heyl/ Er
understützt mich das ich nit gar schwancken
wird.
Wie lang sind jr alle einem yeden aufsetzig? und
schlahend jn nider gleych als ein wand die
sich zum fal geneygt hat/ und ein zerrißner
zaun?

14 Mit Gott werden wir Machttaten
vollbringen,
er ist es, der unsere Feinde zertritt.

|2: 2Sam 8,3–14; 10,6–19 |5: 75,9; Jes 51,17.21–22;
Jer 25,15–26 |7–14: 108,7–14 |9: Gen 49,10 · Jes 11,13
|10: Jes 11,14; Obd 19–20 |12: 44,10 |14: 44,6

Führe mich hinauf auf den Felsen
61 1 Für den Chormeister. Zum
Saitenspiel. Von David.
2 Höre, Gott, mein Flehen,
achte auf mein Gebet.
3 Vom Ende der Erde
rufe ich zu dir,
da mein Herz verzagt.
Führe mich hinauf auf den Felsen,
der mir zu hoch ist.
4 Denn du bist meine Zuflucht,
ein starker Turm vor dem Feind.
5 Lass mich Gast sein in deinem Zelt auf ewig,
Zuflucht suchen im Schutz deiner Flügel.
Sela
6 Denn du, Gott, hast auf meine Gelübde
gehört,
hast denen das Erbe gegeben, die deinen
Namen fürchten.
7 Füge den Tagen des Königs Tage hinzu,
seine Jahre mögen dauern wie Generation
um Generation.
8 Ewig throne er vor Gottes Angesicht,
lass Gnade und Treue ihn behüten.
9 So will ich deinem Namen singen allezeit,
um meine Gelübde zu erfüllen Tag für
Tag.

|5: 17,8! |7–8: 72,15 |9: 22,26!

Meine Seele ist still zu Gott
62 1 Für den Chormeister. Nach
Jedutun. Ein Psalm Davids.
2 Zu Gott allein ist meine Seele still,
von ihm kommt meine Hilfe.
3 Er allein ist mein Fels und meine Hilfe,
meine Burg, nie werde ich wanken.
4 Ihr alle, wie lange wollt ihr morden,
anstürmen gegen einen Mann
wie gegen eine eingestossene Wand,
eine umgestürzte Mauer?
5 Sie planen, ihn von seiner Höhe zu
vertreiben,
sie lieben den Trug.
Sie segnen mit ihrem Mund,
aber in ihrem Herzen fluchen sie. *Sela*

Jr radtschlagend allein wie jr jn von seinem
    stand herab werffind: jr habend einen lust an
    der luge/ mit dem mund lobend jr/ und mit
    dem hertzen verflüechend jr. Säla.
Yedoch wirt sich mein seel allein Gottes halten/
    dann mein hoffnung hanget allein an jm.
Yedoch ist er allein mein velß und mein heyl/ Er
    understützt mich das ich nit schwancken.
Mein heil und all mein wäsen stadt auff Gott/
    auff Gott stadt mein pfymmend/ mein
    stercke/ und mein hoffnung.
O jr völcker hoffend alle zeyt auff jnn/ schüttend
    euwere hertzen vor jm auß/ dann Gott ist
    unser hoffnung ewigklich.
Die menschen aber sind leychtferig und eytel/
    und also lugenhafft/ das/ so du sy auff die
    waag gegen der leychtferigkeit legst/ sy alle
    miteinandern weyt leychter sind.
Nit hoffend auff fräfel unnd raub/ ergebend
    euch nit gar der leychtferigkeyt und eytelkeit/
    fliessend euch schon reychtagen zuo/ so
    kleybend doch das hertz nit daran.
Einest hatt Gott geredt/ das ich zuo öfftern mal
    gehört hab/ das die macht Gottes ist.
Unnd das du O HERR gnädig bist/ und einem
    yetlichen widergiltest nach seinen wercken.

6 Zu Gott allein sei still, meine Seele,
    denn von ihm kommt meine Hoffnung.
7 Er allein ist mein Fels und meine Hilfe,
    meine Burg, ich werde nicht wanken.
8 Meine Rettung ist bei Gott und meine Ehre,
    mein schützender Fels, meine Zuflucht ist
    in Gott.
9 Vertraue auf ihn, Volk, zu jeder Zeit.
    Schüttet euer Herz vor ihm aus.
    Gott ist unsere Zuflucht. *Sela*
10 Nur Hauch sind die Menschen,
    Trug die Sterblichen.
    Auf der Waage schnellen sie empor,
    allesamt leichter als Hauch.
11 Vertraut nicht auf erpresstes Gut
    und setzt nicht eitle Hoffnung auf Raub.
    Wenn der Reichtum wächst,
    hängt euer Herz nicht daran.
12 Eines hat Gott geredet,
    zwei Dinge sind es, die ich hörte:
    Bei Gott ist die Macht
13 und bei dir, Herr, die Güte,
    denn du vergiltst
    einem jeden nach seinem Tun.

|2: 37,7; 62,6 |5: 12,3! |6: 62,2! |8: 3,4 |10: 39,12!
|11: Hiob 31,24–25.28; Koh 5,9–10; Mt 6,19–21; 1Tim 6,17
|13: 28,4; 31,24; Jer 17,10; Mt 16,27; Röm 2,6; 2Tim 4,14

Der lxij. Psalm.
Hebr. LXIII. Psalm.
¶ Titel.
Jst ein gsang Davids/ als er in der wüeste Juda was.
¶ Jnnhalt.
Er sagt Gott danck das er jn niemar verlaßt.

O Gott/ du bist mein Gott/ früe mach ich mich
    zuo dir/ ein sölichen durst und verlangen hat
    mein leyb unnd seel nach dir.
Jn dem einöden und dürren land da kein wasser
    ist/ erscheyn ich vor dir als in dem
    heiligthuomb/ zebeschouwen dein stercke
    und herrligkeit.
Dann deyn gnad und güete ist vil höher unnd
    besser dann dises läben: meine läfftzen
    preysend dich.
Darumb preyß ich dich mein läben lang/ und in
    deinem nammen heb ich meine hend auf.
Mein seel wirdt ersettiget gleich als mit marg
    und feyßte/ so mein mund mit frolockenden
    läfftzen lobet.
Jn meynem bett gedenck ich deyn/ so ich
    wachen trachten ich dir nach.

An dir hängt meine Seele
63
1 Ein Psalm Davids, als er in der
    Wüste Juda war.
2 Gott, du bist mein Gott, den ich suche,
    meine Seele dürstet nach dir.
    Mein Leib schmachtet nach dir
    im dürren, lechzenden Land ohne Wasser.
3 So schaue ich dich im Heiligtum
    und sehe deine Macht und Herrlichkeit.
4 Denn deine Gnade ist besser als das Leben,
    meine Lippen sollen dich rühmen.
5 So will ich dich preisen mein Leben lang,
    in deinem Namen meine Hände erheben.
6 Wie an Mark und Fett wird meine Seele satt,
    und mit jubelnden Lippen singt mein
    Mund,
7 wenn ich deiner gedenke auf meinem Lager,
    nächtelang über dich sinne.
8 Denn du bist mir Hilfe geworden,
    und im Schatten deiner Flügel will ich
    jubeln.
9 An dir hängt meine Seele,
    deine Rechte hält mich fest.

Dann du hilffst mir/ und under dem schatten
deiner flüglen frolocken ich.
Meyn seel hanget dir an/ deyn gerechte hand
understützt mich.
Sy stellend meiner seel nach/ aber vergebens/
dann sy werdend under die erden faren.
Sy werdend gestossen an das ort da das schwärdt
schleytzt/ sy werdend den füchsen zuo teyl.
Der künig aber wirdt sich in Gott fröuwen/ alle
die bey jm schweerend werdend frolocken/
aber der mund der lugneren wirt verstopffet.

10 Sie aber trachten zum eigenen Verderben mir
nach dem Leben
und fahren hinab in die Tiefen der Erde.
11 Der Gewalt des Schwertes werden sie
preisgegeben,
Beute der Schakale werden sie sein.
12 Der König aber wird sich freuen über Gott,
rühmen wird sich jeder, der bei ihm
schwört,
denn den Lügnern wird der Mund
gestopft.

|1: 1Sam 23,14; 24,2 |2: 42,2!–3 |3: 27,4 |5: 134,2!
|7: 119,148! |8: 17,8! |12: 21,2

Der lxiij. Psalm.
Hebr. LXIIII. Psalm.
¶ Titel.
Ein ermanlich gsang Davids.
¶ Jnnhalt.
Er bittet das jnn Gott von dem aufsatz unnd fräfel seiner
feynden erlöse/ unnd tröuwet jnen damit was straaff über
sy gon werde.

Erhör O Gott mein stimm so ich yetzund bitt/
frist meyn läben vor der forcht des feynds.
Beschirm mich vor den heymlichen anschlegen
der schalckhafften/ unnd vor dem wüeten der
übeltätern.
Die jre zungen schlyffend wie ein schwärt/ und
mit jren pfeylen auff schaden faarend.
Das sy in gheym den frommen schiessind/ und
träffind: dann sy habend kein Gottes forcht.
Sy habend ein schalckheit angeschlagen/ unnd
mit einandern beredt wie sy strick legind/
sprechende: Wär wil sy sähen?
Sy erdichtend schalckheyten/ in sölicher
trachtung verbrauchend sy allen fleyß/ ein
yeder innwendig in der tieffe seynes hertzens.
Aber Gott wirdt unfürsähenlich mit einem pfeyl
schiessen der sy verwunden wirt.
Denn werdend sy jre eigne zungen machen
fallen/ das ein yeder der sy sicht/ erzitteren
wirt.
Denn werdend alle menschen das werck Gottes
sähen und außkünden/ unnd erkennen das es
weyßlich gehandlet ist.
Darbey wirt sich der gerecht im HERREN
fröuwen unnd auff jn vertrauwen/ unnd alle
die eins aufrechten hertzens sind/ die
werdend frolocken.

Bewahre mein Leben
64 1 Für den Chormeister. Ein Psalm
Davids.
2 Höre, Gott, meine Stimme, wenn ich klage,
bewahre mein Leben vor dem Schrecken
des Feindes.
3 Verbirg mich vor dem Anschlag der Bösen,
vor dem Aufruhr der Übeltäter.
4 Sie haben ihre Zunge geschärft wie ein
Schwert,
ihren Pfeil angelegt zu bitterer Rede,
5 um aus dem Versteck auf den Schuldlosen zu
schiessen,
unvermutet schiessen sie auf ihn und
fürchten sich nicht.
6 Sie sind fest entschlossen zu böser Tat,
sie sinnen darauf, Fallen zu stellen,
und sagen: Wer wird sie sehen?
7 Freveltaten hecken sie aus:
Wir haben einen tückischen Plan gefasst.
Unergründlich sind
Herz und Sinn.
8 Gott aber traf sie mit Pfeilen,
unvermutet kam ihre Verwundung.
9 Die eigene Zunge brachte sie zu Fall,
es höhnen alle, die sie sehen.
10 Da fürchten sich alle Menschen
und verkünden Gottes Tun
und verstehen sein Werk.
11 Der Gerechte freut sich über den HERRN und
sucht Zuflucht bei ihm,
und alle, die aufrichtigen Herzens sind,
werden sich rühmen.

|4: 11,2!; 57,5! |6: 10,11! |10: 40,4! |11: 5,12!; 32,11!

Der lxiiij. Psalm.
Hebr. LXV. Psalm.
¶ Titel.
Ein ermanlich gsang Davids. Jst ein dancksagung.
¶ Jnnhalt.
Er ermanet die barmhertzigkeyt Gottes das die uns unser sünd verzyhe/ durch sein allmächtigkeyt unnd fürsichtigkeyt mit deren er alle ding vermag und ordnet/ besingt unnd lobt damit seine wunderwerck.

Dich lobt man O Gott in Zion/ dir thuot man gelübde zuo Jerusalem.
Du erhörst das gebätt/ darumb kumpt alles fleysch zuo dir.
Die summ unserer mißthaten wäre unns vil ze groß/ wo du o HERR unsere überträttungen nit gnädigklich verzigest.
O wie sälig ist der/ den du erwellest und annimpst das er wone in deinen höfen/ das er gesettiget werde mit den güeteren deynes hauses/ deines heyligen tempels.
Durch deyn wunderbare gerechtigkeyt erhör uns o Gott unser heyl: du hoffnung aller enden der weyten welt unnd grossen meers.
Der mit stercke umbgürtet/ die berg in seiner krafft ebnet.
Der das ungestüem getöß der wasseren stilt/ das rauschen jrer wällen/ und das toben der völckern.
Die zhinderest in der welt wonend/ die erschräckend ab deynem zeychen/ was am abend oder am morgen herfür gadt das machest du frölich loben.
Du heymsuochst die erden/ du wässerest sy/ und machest sy träffenlich gnüechtig.
Deyne känel o Gott sind voll wassers/ mit denen bereytest du den menschen korn: dann also wirt die erd getünget.
Du wässerest jre furben/ jre herten schollen zerschlechst du/ mit rägentröpflinen weickest du sy/ und vilest jr gwächs.
Du zierst das jar mit deynen güetern/ und deyne wagenleyß trieffend feyßte.
Die schönen owen trieffend feyßte/ und die bühel werdend mit frolocken umbgürtet.
Die pferrich der schaaffen die bekleydet/ und die täler die mit weytzen überdeckt sind/ die jauchtzend und singend.

Du hast das Jahr mit deiner Güte gekrönt

65 1 Für den Chormeister. Ein Psalm Davids. Ein Lied.
2 Lobpreis gebührt dir,
    du Gott auf dem Zion,
  und dir erfülle man Gelübde,
3   der du das Gebet erhörst.
  Zu dir kommt alles Fleisch
4   um der Sünden willen.
  Zu schwer lasten unsere Vergehen auf uns,
    du allein kannst sie vergeben.
5 Wohl dem, den du erwählst und nahen lässt,
    der in deinen Vorhöfen wohnen darf.
  Sättigen wollen wir uns an den guten Gaben deines Hauses,
    an der Heiligkeit deines Tempels.
6 Mit furchterregenden Taten antwortest du uns in Gerechtigkeit,
    Gott unserer Hilfe,
  du Zuversicht aller Enden der Erde
    und des fernsten Meeres,
7   der die Berge gründet in seiner Kraft,
    sich mit Macht umgürtet,
8   der das Brausen der Meere stillt,
    das Brausen ihrer Wellen und das Tosen der Völker.
9 Darum fürchten sich die Bewohner der Enden der Erde
    vor deinen Zeichen,
  die Pforten des Morgens und Abends lässt du jubeln.
10 Du hast dich des Landes angenommen und ihm Überfluss geschenkt,
    du machtest es überreich.
  Voll Wasser ist der Bach Gottes;
    du bereitest ihnen ihr Getreide, so richtest du es her.
11 Du wässerst seine Furchen, ebnest seine Schollen,
    mit Regenschauern weichst du es auf und segnest sein Gewächs.
12 Du hast das Jahr mit deiner Güte gekrönt,
    und deine Spuren triefen von Fett.
13 Es triefen die Auen der Steppe,
    und mit Jubel gürten sich die Hügel.
14 Die Weiden kleiden sich mit Herden,
    und die Täler hüllen sich in Korn,
  sie jauchzen sich zu, und sie singen.

|3: Jes 66,23 |5: 27,4!; 36,9; 84,3.5 |6: Jes 66,19 |8: 89,10; 107,29!; Jes 17,12 |10–14: 144,13–14 |13 96,12!

65,4: Der Massoretische Text wurde korrigiert; er lautet übersetzt: «… lasten unsere Vergehen auf mir, …»

Der lxv. Psalm.
Hebr. LXVI. Psalm.
¶ Titel.
Ein ermanlich gsang und dancksagung.
¶ Jnnhalt.
Es ist ein gemeyne frolockung des volcks Jsraels/ die sy gebraucht habend zuo hochzeytlichen fästen/ do noch leypliche opffer und glübde aufgeopfert wurdend.

Frolockend Gott alle die im lannd wonend: lobsingend der herrligkeit seines nammens/ vereerend unnd lobend jn.
Sprechend zuo Gott/ O wie erschrockenlich sind deyne werck/ an der grösse deyner krafft werdend deine feynd geschendt.
Alles erdrich sol dich vereeren und dir lobsingen/ deinen nammen sol es preysen. Säla.
Kommend här und beschauwend die werck Gottes/ und seine wunderbaren radtschleg über die menschen.
Er verkart das meer in ein trocken land/ sy giengend zefuoß durch den flussz/ do fröuwetend wir uns in jm.
Der mit seiner krafft ewigklich herrschet/ seine augen sehend auff die völcker: die von jm abtrünnig werden mögend sich selbs nit erhöhen. Säla.
Jr völcker lobend unsern Gott/ lassend die stimm seines lobs erschallen.
Der uns das läben gibt/ und laßt unsere füeß nit schlipffen.
Ob du uns schon bewärst O Gott und wie das silber leüterest.
Du bringst uns in gefencknuß/ und legst uns ein kettinen umb unsere lenden.
Du lassest die menschen auff unsere höupter sitzen als woltend sy unns reyten: wir gond durch wasser und fheür/ aber du füerst uns auß/ und erlabest uns.
Darumb kumm ich in dein hauß mit brandopfferen/ das ich dir meine gelübde bezale/ die meine läfftzen dir bescheiden habend/ und die mein mund (do ich in nöten wz) benamset hatt.
Jch opffer dir feyßte brandopffer/ unnd angezündte opffer von wyderen/ rinderen/ und böcken. Säla.
Kommend här und losend jr alle die Gott vor augen habend/ das ich euch erzelle was er doch meiner seel gethon habe.
Jch pflig zuo jm zeschreyen mit meynem mund/ und in dem erhöcht in mein zung.
Bin ich mir selbs der untrüw mitwüssend/ so erhört mich der HERR nit.

Kommt und seht die Taten Gottes

66 1 Für den Chormeister. Ein Lied. Ein Psalm.
Jauchzet Gott, alle Länder.
2 Singt zur Ehre seines Namens,
macht herrlich sein Lob.
3 Sprecht zu Gott: Wie furchterregend sind deine Werke.
Deiner gewaltigen Macht schmeicheln deine Feinde.
4 Alle Länder werfen sich nieder vor dir
und singen dir, singen deinem Namen.
Sela
5 Kommt und seht die Taten Gottes,
er waltet furchterregend über die Menschen.
6 Das Meer wandelte er in trockenes Land,
zu Fuss schritten sie durch den Strom;
wir wollen uns seiner freuen.
7 Ewig herrscht er in seiner Macht,
seine Augen prüfen die Nationen;
die Empörer können sich nicht erheben.
Sela
8 Preist, ihr Völker, unseren Gott,
lasst laut sein Lob erschallen,
9 der uns das Leben gab
und unseren Fuss nicht wanken liess.
10 Denn du hast uns geprüft, Gott,
hast uns geläutert, wie man Silber läutert.
11 Du hast uns ins Netz geraten lassen,
hast drückende Last auf unsere Hüften gelegt.
12 Du hast Menschen über unser Haupt dahinfahren lassen,
durch Feuer und Wasser sind wir gegangen,
aber du hast uns herausgeführt zu reichem Überfluss.
13 Ich komme in dein Haus mit Brandopfern,
ich erfülle dir meine Gelübde,
14 zu denen sich meine Lippen geöffnet haben,
die mein Mund gesprochen hat in meiner Not.
15 Brandopfer von fetten Schafen bringe ich dir dar
mit Opferrauch von Widdern,
Rinder und Böcke will ich zubereiten. *Sela*
16 Kommt, hört, ihr, die ihr Gott fürchtet, alle,
ich will erzählen,
was er an mir getan hat.
17 Zu ihm rief ich mit meinem Mund,
und Lobgesang war auf meiner Zunge.
18 Hätte ich Frevel geplant in meinem Herzen,

Nun hat mich Gott erhört/ unnd aufgemerckt
auff die stimm meines gebätts.
Gott sey lob und danck der mein gebätt nit
verschupfft/ und sein erbermbd von mir nit
abwendet.

so würde der Herr nicht hören.
19 Aber Gott hat gehört,
   er hat geachtet auf mein Gebet.
20 Gepriesen sei Gott,
   der mein Gebet nicht abgewiesen
   und seine Gnade mir nicht entzogen hat.

|1: 98,4! |3: 18,45 |5: 46,9 |6: 114,3!; Ex 14,21–22;
Jos 3,16–17; Jes 44,27; 50,2 |9: 121,3 |10: Spr 17,3; Jes 48,10
|12: Jes 43,2 |13: 22,26! |18: Joh 9,31

Der lxvj. Psalm.
Hebr. LXVII. Psalm.
¶ Titel.
Ein ermanlich gsang und dancksagung auff die seytenspil
gemachet.
¶ Jnnhalt.
Er bittet Gott das er sich allen völckern offne und zuo
erkennen gebe/ dann also werde yederman thuon das Gott
gefellig sey.

Gott sey uns gnädig/ und thüeye uns guots/ Er
lasse unns sein angesicht leüchten. Säla.
Das dein wäg durch die welt hin erkannt werde/
und dein heyl bey allen völckern.
Das dich die völcker O Gott lobind/ ja das alle
völcker dich preysind.
Das sich die völcker fröuwind und frolockind/
das du sy mit billigkeit regierst/ und alle
völcker durch die welt hin stillest.
Das dich die völcker lobind O Gott/ ja das dich
alle völcker preysind.
Gott unser Gott der wölle unns beraaten/ das
die erd jr frucht bringe.
Gott der sey uns gnädig das jn alle end der welt
förchtind unnd vor augen habind.

Gott sei uns gnädig und segne uns
67 1 Für den Chormeister. Mit
   Saitenspiel. Ein Psalm. Ein Lied.
2 Gott sei uns gnädig und segne uns,
   er lasse sein Angesicht leuchten bei uns,
   Sela
3 dass man auf Erden deinen Weg erkenne,
   unter allen Nationen deine Hilfe.
4 Preisen sollen dich die Völker, Gott,
   preisen sollen dich die Völker alle.
5 Freuen sollen sich die Nationen und jubeln,
   denn du richtest die Völker gerecht
   und leitest die Nationen auf Erden. *Sela*
6 Preisen sollen dich die Völker, Gott,
   preisen sollen dich die Völker alle.
7 Das Land hat seinen Ertrag gegeben,
   es segne uns Gott, unser Gott.
8 Es segne uns Gott,
   und es sollen ihn fürchten
   alle Enden der Erde.

|2: 4,7!; Num 6,24–25 |5: 9,9! |7: 85,13; Lev 26,4

Der lxvij. Psalm.
Hebr. LXVIII. Psalm.
¶ Titel. Ein ermanlich gsang und frolockung Davids.
¶ Jnnhalt.
Es ist ein trostlich rüemen auß grund des glaubens/ der
sich seines Gottes rüemt/ seine thaaten preyßt/ unnd
tröuwet den Heyden es werde darzuo kommen das sy sich
auch an den Gott ergäben werdind. Welches geschehen/
do Christus durch die welt hin geprediget und außkündt
worden ist.

So Gott auferston wirdt/ werdend seine feynd
zerströwet/ und die jn hassend/ werdend sein
angsicht fliehen.
Sy werdend zerworffen wie der rauch/ und wie
das wachs ab dem fheür zerschmiltzet/ also
werdend die gottlosen ab dem angesicht
Gottes zenichte.
Die frommen aber werdend sich ab der
zuokunfft Gottes fröuwen und frolocken/
und vor fröuden aufspringen.

Der Gott vom Sinai in seinem Heiligtum
68 1 Für den Chormeister. Von David.
   Ein Psalm. Ein Lied.
2 Gott steht auf, und seine Feinde zerstieben,
   und die ihn hassen, fliehen sein Angesicht.
3 Du verwehst sie wie Rauch;
   wie Wachs vor dem Feuer schmilzt,
   so vergehen die Frevler vor Gottes
   Angesicht.
4 Die Gerechten aber freuen sich, frohlocken
   vor Gott
   und jauchzen voll Freude.
5 Singt Gott, spielt seinem Namen,
   baut eine Strasse dem, der auf den
   Wolken dahinfährt,
   Jah ist sein Name, frohlockt vor ihm.
6 Ein Vater der Waisen und ein Anwalt der
   Witwen
   ist Gott in seiner heiligen Wohnung.

Sy werdend Gott singen/ seinem nammen
lobsingen. Sy werdend ban machen dem/ der
zuo uns herab fart gleych als die Sonnen
gegem abend/ deß namm HERR ist/ und
werdend vor jm frolocken.

Dann er wirt sein ein vatter der weißlinen/ ein
schirmer der witwen/ Gott der in seinem
heyligthuomb wonet.

Gott der die einmüetigen zehauß setzt/ und so
sy gefangen sind geschicklich außfüert/ so die
schälck darnebend aller dingen mangel
habend.

O Gott do du vor dinem volck här zochest/ do
du in der wüeste eynher tratest. Säla.

Do erbidmet die erden/ die himmel
zerschmultzend vor deinem angesicht o Gott/
der du in Sinai erschinen bist/ vor dir o Gott
der du Jsraels Gott bist.

O Gott der du auß deyner freymilte deinem
erbteyl den rägen schickst/ unnd so es
verdirbt bringst du es wider.

Darinn dein vych gadt/ das du o Gott auß
deiner güete dem armen zuobereytest.

HERR du gibst empfelch denen die auß dem
grossen zeüg verkündend.

Das die künig mit jrem heerzeüg fliehind/ und
daß das haußgsind die beüt teylind.

Denn werdend jr ligen gleych als ein wasserflussz
zwüschend zweyen gstaden/ zwüschend den
flüglen der tauben die weisser ist dann das
silber/ auff dem rucken gälber dann das gold.

Dann der vollmächtig (der die künig
beherrschet) hatt das land also außgeteylt
und geordnet/ das Zalmon von milch gleych
als von schnee weyß sol sein.

Bassan aber sol der berg Gottes sein/ Bassan sol
der berg sein der von käsen gälw sey.

Warumb sind jr berg verbönstig und aufsetzig
dem berg der so käßreych ist? so doch Got
ein lust hat auff dem berg zewonen? ja Gott
wirt ewigklich darauff wonen.

Deyner wägnen o Gott sind tausend mal
tausent/ auff denen du o HERR auff Sinai
unnd wider in deyn heyligthuomb farst.

Du farst in die höhe/ und füerst gefangen die
gefangnen: du empfachst gaaben under den
menschen/ ja auch die feynd das sy wonind
bey Gott dem HERREN.

Gelobt sey der HERr/ der Gott der uns mit hilff
und guotthat überschüttet. Säla.

Der Gott der unser heyland ist/ Gott der HERr
durch den wir dem tod entrünnend.

7 Den Einsamen gibt Gott ein Zuhause,
  die Gefangenen führt er heraus ins Glück,
  die Empörer aber bleiben in der Öde.
8 Gott, als du auszogst vor deinem Volk,
  als du einherschrittest durch die Wüste,
  Sela
9 da bebte die Erde,
  die Himmel troffen
    vor Gott, dem vom Sinai,
    vor Gott, dem Gott Israels.
10 Reichen Regen spendest du, Gott,
   dein erschöpftes Erbland hast du gefestigt.
11 Deine Wohnstatt, darin sie sich niederliessen,
   richtest du für die Elenden her,
   Gott, in deiner Güte.
12 Ein Wort ging aus vom Herrn,
   Freudenbotinnen in grosser Schar.
13 Die Könige der Heere fliehen, sie fliehen,
   und auf der Tempelflur verteilt man
   Beute.
14 Wollt ihr bei den Hürden bleiben?
   Die Flügel der Taube sind mit Silber
   überzogen
   und ihre Schwingen mit gelbem Gold.
15 Als der Allmächtige
     dort Könige zerstreute,
   fiel Schnee auf dem Zalmon.
16 Berg Gottes, Baschansberg,
   Berg vieler Gipfel, Baschansberg:
17 Warum blickt ihr scheel,
   Berge vieler Gipfel,
   auf den Berg, den Gott zum Thronsitz
   begehrt hat?
     Dort wird der HERR ewig wohnen.
18 Die Wagen Gottes, vielmal tausend und
   abertausend,
     der Herr ist unter ihnen, der vom Sinai ist
     im Heiligtum.
19 Du bist emporgestiegen zur Höhe, hast
   Gefangene weggeführt,
     du hast Gaben empfangen unter den
     Menschen;
   auch Empörer
     sollen wohnen beim HERRN, Gott.
20 Gepriesen sei der Herr Tag für Tag,
   der uns trägt, der Gott, der unsere Hilfe
   ist. *Sela*
21 Gott ist uns ein Gott der Rettung,
   Gott der HERR kann herausführen aus
   dem Tod.
22 Gott wird zerschmettern das Haupt seiner
   Feinde,
     den Schädel dessen, der in Schuld ist.

Der Gott der den kopff seiner feynden
zerschlecht/ unnd den haarigen schopff des/
der in seiner schalckheyt wandlet.
Dann der HERR hatt gesprochen/ ich wils
wider bringen vonn Bassan/ ich wils wider
bringen vom tieffen meer.
Also das dein fuoß/ unnd die zung deiner
hunden/ in dem bluot deyner feynden nassz
werdind.
Sy werdend alle den prachtlichen eynzug deines
sygs sehen o Gott/ den eynzug meines Gottes
unnd meines künigs der du im heyligthuomb
bist.
Es werdend vor här ziehen die senger/ nachhin
die seytenspiler/ in mitz die töchtern mit den
trummen.
Ja in der gantzen gemeynd wirdt man Gott
loben/ und bey den brunnen den HERREN
Jsraels.
Da wirt der klein BenJamin die fürsten Juda/
Zebulon und Naphtali beherrschen und
richten.
Also hats angeschlagen dein Gott/ dein stercke:
o Gott bevest das du uns gethon/ hast/ deines
tempels halb und Jerusalem: schaff das dir die
künig schenckinen zuobringind.
Treyb das vych mit dem rhor/ die herd ochsen
mit den jungen rindern/ das ist/ die
widerspennigen Heyden die sich den
reychtagen ergeben habend: zerströw die
völcker denen krieg gefallend.
Schaff dz die botten auß Egypten kommind/ ein
grosser hauffen auß Moren land zuo Gott
lauffe.
Das künigreych der welt Gott lobind/ dem
HERREN lobsingind. Säla.
Der von ewigkeit här auff den himmlen sitzt/
und sein stimm außlaßt/ ein gwaltige stimm.
Gebend dem Gott Jsraels die macht: sein
herrligkeit und krafft gadt biß an die
wolcken.
Erschrockenlich ist Gott von seinem
heyligthuomb der Gott Jsraels/ der da krafft
und stercke gibt dem volck/ gelobt sey Gott.

23 Der Herr hat gesprochen: Aus dem Baschan
bringe ich sie zurück,
ich bringe sie zurück aus den Tiefen des
Meeres,
24 damit dein Fuss im Blute bade,
die Zungen deiner Hunde an den Feinden
ihren Teil haben.
25 Man schaute deine Festzüge, Gott,
die Festzüge meines Gottes, meines
Königs, im Heiligtum:
26 Voran die Sänger, dann die Saitenspieler,
inmitten von Mädchen, die die Trommel
schlagen.
27 Preist Gott in den Versammlungen,
den HERRN, die ihr vom Quell Israels seid.
28 Da schreitet voran Benjamin, der Jüngste,
die Fürsten Judas mit ihrer lärmenden
Schar,
die Fürsten von Sebulon, die Fürsten von
Naftali.
29 Biete auf, Gott, deine Macht,
erweise dich mächtig, Gott, der du für
uns gewaltet hast,
30 von deinem Tempel aus hoch über Jerusalem.
Könige sollen dir Gaben bringen.
31 Bedrohe das Tier im Schilf,
die Horde der Stiere unter den Kälbern,
den Völkern;
tritt denen entgegen, die nach Silber rennen,
zerstreue die Völker, die ihre Lust an
Kriegen haben.
32 Aus Ägypten kommen bronzene Geräte,
Kusch bringt Gaben eilends zu Gott.
33 Ihr Königreiche der Erde,
singt Gott,
spielt dem Herrn, *Sela*
34 ihm, der dahinfährt am höchsten, am ewigen
Himmel.
Sieh, er lässt seine Stimme erschallen, die
mächtige Stimme.
35 Gebt Gott Macht,
dessen Hoheit über Israel und dessen
Macht in den Wolken ist.
36 Furchterregend bist du, Gott, von deinem
Heiligtum aus.
Israels Gott, Kraft und Stärke gibt er dem
Volk.
Gepriesen sei Gott.

|2: Num 10,35; Jes 33,3 |3: 37,20 · 97,5! |4: 32,11! |5: 18,11!
|6: 146,9! |7: 107,14! |8–9: Dtn 33,2; Ri 5,4–5; Hab 3,3
|9: Ex 19,16.18 · 68,18 |13: Ri 5,19 |14: Ri 5,16 |18: 2Kön 2,11;
6,17 · 68,9 |19: 47,6; Eph 4,8–10 |20: Dtn 32,11

|21: Jes 43,3–4 |24: 58,11 |28: Jes 8,23b |30: 72,10! |32: 72,10!; Jes 18,7; 45,14; Zef 3,10 |34: 18,11! |36: 29,11

68,5: ‹Jah› ist eine Kurzform für Jahwe, den Eigennamen des Gottes Israels; vgl. auch Gen 4,26.
68,24: Der Massoretische Text wurde korrigiert; er lautet übersetzt: «damit dein Fuss sie im Blut zerschmettere, …»
28,29: Der Massoretische Text wurde korrigiert; er lautet übersetzt: «Aufgeboten hat dein Gott, …»
38,31: Der Massoretische Text wurde korrigiert.

Der lxviij. Psalm.
Hebr. LXIX. Psalm.
¶ Titel.
Ein ermanlich gesang Davids/ das da heißt von den Gilgen/ Rosen oder Fyönlin.
¶ Jnnhalt.
Es ist ein gebätt in grosser und langwiriger not/ darinn ein hälle figur deß leydens Christi unnd seiner glideren außtruckt wirt.

Hilff mir O Gott/ dann die wasser gond mir biß an die seel.
Jch stäck in tieffem muor/ da ist keyn boden: ich bin in ein tieffen wyrbbel kommen/ und das gwild ertrenckt mich.
Jch bin müed worden mit schreyen/ mein käl ist heyser/ meine augen nemmend ab/ so ich fleyssig sich auff meinen Gott.
Deren die mich hassend sind mer dann der haaren meines haupts.
Meyne feynd sind mir zestarck/ one ursach/ ja fälschlich truckend sy mich under/ und muoß bezalen das ich nit genommen hab.
O Gott du kennst mein eynfalt/ und meine mißthaten sind dir unverborgen.
Laß nit schamrot an mir werden die in dich trauwend O HERR Gott der heerscharen.
Laß nit an mir zeschanden werden/ die dich suochend O Gott Jsraels.
Dann umb deinet willen trag ich schmaach/ scham überdeckt mein angesicht.
Jch bin meynen brüederen frömbd worden/ und als ein außlendiger meyner muoter kinden.
Dann der eyfer deines hauses trang mich/ und die schmachen deren die dich schmächtend/ fielend auff mich.
Jch weynet/ und kestiget mich mit fasten/ und das alles geryet mir zur schmaach.
Jch legt ein härin kleid an/ aber ich ward jnen zur spottred.
Die am thor sassend satztend mich/ und die weynsauffer machtend liedly von mir.
Do fieng ich an dich zuo bitten (es sey ein guote stund) O HERR Gott/ hilff mir mit deiner gewüssen hilff in deiner grossen güete.

Schmach und Schande bedecken mein Angesicht

69 1 Für den Chormeister. Nach der Weise «Lilien». Von David.
2 Hilf mir, Gott, das Wasser
    steht mir bis zum Hals.
3 Ich bin versunken in tiefem Schlamm,
    wo kein Grund ist.
  In Wassertiefen bin ich geraten,
    und die Flut reisst mich fort.
4 Ich bin erschöpft von meinem Rufen,
    meine Kehle brennt,
  meine Augen ermatten,
    da ich harre auf meinen Gott.
5 Zahlreicher als die Haare auf meinem Haupt
    sind, die mich grundlos hassen,
  mächtig sind, die mich verderben wollen,
    die mich ohne Ursache anfeinden;
  was ich nicht geraubt habe,
    soll ich erstatten.
6 Gott, du allein weisst um meine Torheit,
    und meine Schuld ist vor dir nicht verborgen.
7 Mögen durch mich nicht zuschanden werden, die auf dich hoffen,
    Herr, du HERR der Heerscharen.
  Mögen durch mich nicht in Schande geraten,
    die dich suchen,
    Gott Israels.
8 Denn um deinetwillen trage ich Schmach,
    bedeckt Schande mein Angesicht.
9 Entfremdet bin ich meinen Brüdern,
    ein Fremder den Söhnen meiner Mutter.
10 Denn der Eifer für dein Haus hat mich verzehrt,
    und die Schmähungen derer, die dich schmähen, sind auf mich gefallen.
11 Ich weinte und fastete,
    und es brachte mir Schmach.
12 Ich nahm als Kleid den Sack
    und wurde ihnen zum Gespött.
13 Es reden über mich, die im Tor sitzen,
    und mit Liedern die Zecher beim Wein.

Zeüch mich auß dem muor/ das ich nit
versincke/ das ich erlößt werde vonn denen
die mich hassend/ und von den tieffen
wassergumpen.
Das mich das gwild nit ertrencke/ die
wasserwyrbbel nit verschluckind/ unnd der
waag nit seyn maul ob mir zemen ziehe.
Erhör mich O HERr nach deiner gnad und
güete/ nach deiner grossen erbermbd wöllest
mich ansähen.
Wend dein angsicht nit von deinem diener/
dann ich bin in ängsten unnd nöten/ eyl mir
zehelffen.
Nahe dich zuo meiner seel unnd erlöß sy/ erlöß
mich von meiner feynden wägen.
Du weyst mein schmaach/ mein scham und
schand/ vor dir sind alle meine feynd.
Mein hertz bricht mir vor schmaach und ist gar
bekümmert: ich wart ob yeman mitleyden
mit mir haben wölle/ aber da ist nieman: ich
wart auff tröster/ finds aber nit.
Sy habend mir gallen in mein speyß gethon: so
mich dürstet/ trenckend sy mich mit essich.
So werde auch jr tisch vor jnen in einen strick
verkeert/ in ein widergeltung und fal.
Jre augen werdind finster das sy nit sähind/ und
jre lenden mach allweg lummen.
Geüß deyn ungnad auff sy/ und der grimm
deines zorns ergreyffe sy.
Jr wonung werde eynöd/ unnd sey nieman der
in jren hütten wone.
Dann den du geschlagen hast durächtend sy/
unnd über die wunden die du jm geben hast
thuond sy jm mer hinzuo.
Hauff jnen jr boßheyt/ das sy deyner
gerechtigkeyt nit geniessind.
Sy werdind außgetilcket auß dem buoch der
läbendigen/ unnd werdind in die zal der
frommen nit geschriben.
Mich armen und krancken aber beschirme deyn
heyl O Gott.
Das ich den nammen Gottes mit eynem gsang
lobe/ und grossen danck und lob sage.
Daran der HERR mer lusts hat/ dann an den
gehürneten und klaweten ochsen und stieren.
Darauff luogend jr verkümmerten unnd
fröuwend euch: suochend Gott so wirt euwer
seel läben.
Dann der HERR erhört die armen/ und seyne
gefangnen verachtet er nit.
Es lobind jn himmel und erden/ meer und alles
das sich darinnen regt.

14 Ich aber komme mit meinem Gebet zu dir,
HERR, zur Zeit deines Wohlgefallens;
Gott, in deiner grossen Güte erhöre mich
mit deiner treuen Hilfe.
15 Rette mich aus dem Schlamm, dass ich nicht
versinke,
dass ich gerettet werde vor denen, die
mich hassen, und aus den Wassertiefen,
16 dass die Wasserflut mich nicht fortreisse
und die Tiefe mich nicht verschlinge,
noch der Brunnen seinen Mund über mir
schliesse.
17 Erhöre mich, HERR, denn deine Güte ist
köstlich,
in deinem grossen Erbarmen wende dich
mir zu.
18 Verbirg dein Angesicht nicht vor deinem
Diener,
denn mir ist bange, erhöre mich bald.
19 Sei mir nah, erlöse mich,
um meiner Feinde willen befreie mich.
20 Du kennst meine Schmach und meine
Schande,
vor Augen sind dir alle meine
Widersacher.
21 Die Schmach hat mir das Herz gebrochen,
ich sieche dahin.
Ich hoffte auf Mitleid, doch da war keines,
auf Tröster, doch ich fand sie nicht.
22 Gift gaben sie mir zur Speise
und Essig zu trinken für meinen Durst.
23 Es werde ihr Tisch vor ihnen zur Falle
und ihren Freunden zum Fallstrick.
24 Ihre Augen sollen dunkel werden, dass sie
nicht sehen,
und ihre Hüften lass immerfort wanken.
25 Giess aus über sie deinen Grimm,
und die Glut deines Zornes erfasse sie.
26 Veröden möge ihr Lagerplatz,
und niemand wohne in ihren Zelten.
27 Denn sie haben verfolgt, den du selbst
geschlagen hast,
und vom Schmerz derer, die du trafst,
erzählen sie mit Lust.
28 Häufe ihnen Schuld auf Schuld,
dass sie nicht eingehen in deine
Gerechtigkeit.
29 Sie sollen getilgt werden aus dem Buch des
Lebens,
sie sollen nicht aufgeschrieben werden bei
den Gerechten.
30 Ich aber bin elend und voller Schmerzen,
deine Hilfe, Gott, beschütze mich.

Dann Gott wirt Zion helfen/ unnd die stett
Juda werdend aufrecht bleyben/ werdend
eyngewonet und besässen.

Dann der somen seyner dieneren wirt sy
besitzen/ und die seynen nammen lieb
habend/ werdend in jren bleyben.

31 Ich will den Namen Gottes preisen im Lied,
will ihn rühmen mit Lobgesang.
32 Das gefällt dem HERRN besser als ein
Opferstier,
als ein Rind mit Hörnern und Klauen.
33 Die Gebeugten haben es gesehen und freuen
sich;
ihr, die ihr Gott sucht, euer Herz lebe auf.
34 Denn der HERR erhört die Armen,
und seine Gefangenen verachtet er nicht.
35 Himmel und Erde sollen ihn preisen,
die Meere und alles, was sich in ihnen regt.
36 Denn Gott wird Zion helfen
und die Städte Judas aufbauen,
und dort werden sie sich niederlassen und
es in Besitz nehmen;
37 und die Nachkommen seiner Diener werden
es erben,
und die seinen Namen lieben, werden
darin wohnen.

|2–3: 42,8!; Jona 2,6 |3: 40,3; 69,15 |5: 40,13 · 35,19;
Joh 15,25 |8: Jer 15,15 · 44,16 |9: Hiob 19,13–14 |10: 119,139;
Joh 2,17 · Röm 15,3 |14: Jes 49,8 |15: 69,3! |18: 102,3;
143,7 |21: Klgl 1,2.9 |22: Mt 27,34.48; Joh 19,28–29
|23–24: Röm 11,9–10 |26: Apg 1,20 |29: Ex 32,32.33;
Jes 4,3; Dan 12,1; Offb 3,5 |32: 40,7! |33: 22,27 |36: 51,20!;
Jes 44,26 · 37,9! |37: 102,29; Jes 57,13; 65,9 · 5,12; 119,132

69,29: Möglich ist auch die Übersetzung: «… aus dem
Buch der Lebenden, …»

Der lxix. Psalm.
Hebre. LXX. Psalm.
¶ Titel.
Ein vermanung und warnung Davids.
¶ Jnnhalt.dises Psalmens ist gleych mit den vorigen.

Eyl O Gott mich ze erlösen: und mir zehelffen
O HERR.

Das schamrot und geschendt werdind/ die
meinem läben nachstellend: das sy hindersich
keert unnd geschmächt werdind die mir
böses gönnend.

Hindersich werdind sy gekeert auff das sy
schamrot werdind/ die zuo mir sprechennd/
Hä hä.

Es fröwind sich aber und frolockind in dir alle
die dich suochend: und die so das heil/ das
du beweysest/ lieb habend/ one underlaß
sagind: Hochgelopt sey Gott.

Jch bin ja ellend und arm O Gott: aber du O
HERR eyl mir zehelffen unnd mich ze
erlösen/ und verzeüchs nit.

Eile, Gott, mich zu retten

70 1 Für den Chormeister. Von David.
Zur Verkündigung.
2 Eile, Gott, mich zu retten,
HERR, eile mir zu Hilfe.
3 In Schmach und Schande sollen geraten,
die mir nach dem Leben trachten,
es sollen zurückweichen und sich schämen,
die mein Unglück wollen.
4 Weichen sollen in ihrer Schande,
die mich verlachen.
5 Frohlocken sollen und deiner sich freuen
alle, die dich suchen;
und die sich nach deiner Hilfe sehnen,
sollen allezeit sagen: Gross ist Gott!
6 Ich aber bin elend und arm,
eile, Gott, zu mir.
Meine Hilfe und mein Retter bist du,
HERR, säume nicht.

|2–6: 40,14–18

Der lxx. Psalm.
Hebr. LXXI. Psalm.
¶ Jnnhalt.
Es ist ein gebätt und dancksagung/ das unns Gott durch alles läben hin auch im alter nit verlasse: dann es sey kein alter frey von trüebsal und widerwertigkeit.

HERR ich trüw auff dich/ deßhalb ich nimmermer zeschanden wird: dann du erlösest und errettest mich durch dein gerechtikeit: Du erhörst mich und hilffst mir.
Du bist mein starcker felß auff den ich alle zeyt fleüch. Du hast angeschlagen mir zehelffen: dann du bist mein felß und mein veste burg.
Entschütt mich O mein Gott auß der hand des gottlosen: auß der hand des ungerechten und frälers.
Dann du O HERR Gott bist mein verlangen und hoffnung von jugend auff.
Auff dich hab ich mich vonn der geburt har verlassen: von meiner muoter leyb an hast du mich abgesünderet/ darumb ist mein lob alle zeyt von dir.
Jch bin der gmeynd gleich als ein wunder/ du aber bist mein steyffer trost.
Darumb ist mein mund deines lobs und eeren voll alle zeyt.
Nit verwirff mich in meinem alter/ nitt verlaß mich so mein krafft abnimpt.
Dann meine feynd trachtent wider mich: unnd die meinem läbenn auff setzig sind die radtschlagend mit einander/ sprechende.
Gott hat jnn verlassen/ eylend jm nach/ und fahend jnn/ dann da ist nieman der jnn rette.
O Gott nit gang verr von mir/ min Gott eyl mir zehelffen.
Das schamrot werdind und außgemachet alle die/ die meiner seel widerwertig sind: das sy mit schand und schmaach überdeckt werdind die mir übels gönnend.
Das aber ich für und für steiff bleibe/ und all dein lob mere.
Das mein mund dein gerechtigkeyt und dein hilff (deren zal ich nitt weyß) alle zeyt preyse.
Das ich o HERr Gott yngange allein dein macht und gerechtigkeit zuo erzellen.
Dann du o Gott leerst mich von jugend auff biß yetzund/ außkünden deine wunderwerck.
Darumb verlaß mich auch nit o Gott so ich yetz alt und grow bin/ damit ich deinen arm verkünden möge den nachkummenden: und dein macht allen denen die nachher geborn werdend.

Verwirf mich nicht in der Zeit des Alters

71 1 Bei dir, HERR, suche ich Zuflucht,
ich will nicht zuschanden werden auf ewig.
2 In deiner Gerechtigkeit rette und befreie mich,
neige zu mir dein Ohr und hilf mir.
3 Sei mir ein Fels, eine Wohnung,
zu der ich immer kommen kann.
Du hast zugesagt, mir zu helfen,
denn du bist mein Fels und meine Burg.
4 Mein Gott, befreie mich aus der Hand des Frevlers,
aus der Faust des Gewalttäters und Unterdrückers.
5 Denn du bist meine Hoffnung, Herr, HERR, mein Gott,
meine Zuversicht von Jugend an.
6 Auf dich habe ich mich verlassen vom Mutterleib an,
vom Schoss meiner Mutter hast du mich getrennt,
dir gilt mein Lobpreis allezeit.
7 Ein Zeichen bin ich für viele,
du bist meine starke Zuflucht.
8 Mein Mund sei voll deines Lobes,
deines Ruhms den ganzen Tag.
9 Verwirf mich nicht in der Zeit des Alters,
wenn meine Kraft schwindet, verlass mich nicht.
10 Denn meine Feinde reden über mich,
und die meinem Leben auflauern,
ratschlagen miteinander.
11 Sie sagen: Gott hat ihn verlassen,
verfolgt und greift ihn, denn da ist keiner, der rettet.
12 Gott, sei nicht fern von mir,
eile, mein Gott, mir zu Hilfe.
13 In Schmach sollen enden,
die mein Leben anfeinden,
in Schimpf und Schande sich hüllen,
die mein Unglück suchen.
14 Ich aber will allezeit harren
und mehren all deinen Ruhm.
15 Mein Mund tue deine Gerechtigkeit kund,
deine Hilfe den ganzen Tag,
ich kann sie nicht ermessen.
16 Dank der Grosstaten Gottes des HERRN gehe ich hin,
deine Gerechtigkeit allein will ich rühmen.
17 Gott, du hast mich gelehrt von Jugend an,
bis heute verkünde ich deine Wunder.

Das ich auch darbey dein gerechtigkeyt (mit
derenn du grosse ding volfüert hast) O gott/
hoch preyse: o Gott wär ist dir gleich?
Der du mir vil angst unnd not gezeygt/ unnd
mich aber wider erkickt/ und von der tieffe
der erden wider aufgerichtet hast.
Du hast mich zuo hohen eeren bracht/ und hast
mich auch allenthalben getröstet.
Darumb auch ich dich o Gott und dein trüw
auff dem seytenspil loben wil: dir wil ich
lobsingen auff der harpffen o du heyliger
Jsraels.
Meine lässtzen frolockend dir zesingen/
deßgleychenn auch mein seel die du erlöset
hast.
Mein zungen dichtet auch alle zeyt dein
gerechtigkeyt/ dann geschenndt unnd
geschmächt sind die/ die mein unglück
begärt habend.

18 Auch bis ins hohe Alter,
 Gott, verlass mich nicht,
 damit ich der Nachwelt deine Taten verkünde,
 allen, die noch kommen werden, deine
 Macht.
19 Denn hoch reicht, Gott, deine Gerechtigkeit,
 der du Grosses getan hast.
 Gott, wer ist dir gleich?
20 Der du uns viel Angst und Not hast erfahren
 lassen,
 du wirst uns wieder beleben,
 und aus den Fluten der Unterwelt
 wirst du mich wieder heraufführen.
21 Bring mich zu Ehren,
 und tröstend wende dich mir zu.
22 Auch ich will dich preisen mit Harfenspiel,
 deine Treue, mein Gott;
 ich will dir spielen auf der Leier,
 Heiliger Israels.
23 Jubeln sollen meine Lippen, wenn ich dir
 spiele,
 und meine Seele, die du erlöst hast.
24 Auch meine Zunge soll reden von deiner
 Gerechtigkeit
 den ganzen Tag,
 denn in Schmach und Schande sind,
 die mein Unglück suchen.

|1–3: 31,2–4 |3: 18,3! |6: 22,11 |9: Jes 46,4 |12 22,20! ·
22,12! |13: 35,4!; 71,24 |18: 22,31!–32 |19 86,8; Jer 10,6
|20: 85,7; 1Sam 2,6 |24: 35,4!; 71,13

Der lxxj. Psalm.
Hebre. LXXII. Psalm.
¶ Jst Salomons.
¶ Jnnhalt.
Es ist ein gebätt Salomons für sich und das volck/ durch
die Christus und die Kilch bedeütet wirt.

O Gott begaab den Künig mit billigkeit/ unnd
den sun des Künigs mit deinem rechten.
Das er dein volck beherrsche mit dem rechten:
unnd deine verkümmerten mitt billigkeit.
Das die berg dem volck friden bringind: und die
bühel gerechtigkeit.
Das er den schlächten im volck recht spreche/
die sün der armen beschirme/ die fräflen aber
temme.
Damit sy dich dester mer vor augen habind
durch alle gschlächt hin/ dieweyl sonn und
Mon scheynend.
Das billich unnd recht komme herab auff erden
wie der rägen auff ein gemäyte wisenn/ und
wie die kleynen rägen tröpflin.

Gott, gib dein Recht dem König
72 1 Von Salomo.
 Gott, gib dein Recht dem König und
 deine Gerechtigkeit dem Königssohn,
2 dass er dein Volk richte in Gerechtigkeit
 und deine Elenden nach dem Recht.
3 Die Berge mögen Frieden tragen für das Volk
 und die Hügel Gerechtigkeit.
4 Er schaffe Recht den Elenden des Volkes,
 helfe den Armen
 und zermalme die Unterdrücker.
5 Er möge leben, solange die Sonne scheint
 und der Mond, Generation um
 Generation.
6 Er komme herab wie Regen auf die gemähte
 Flur,
 wie Regengüsse, die die Erde tränken.
7 Es sprosse in seinen Tagen der Gerechte
 und Frieden in Fülle, bis der Mond nicht
 mehr ist.
8 Er herrsche von Meer zu Meer

Gerechtigkeyt plüeye zuo seinen zeyten und vil friden die wärind biß kein Mon mer ist.

Das er regiere von einem meer zum anderen: und von dem flussz an biß zuo den enden der welt.

Schaff dz die Moren vor jm niderfallind und sich buckind/ unnd das seine feynd die erden läckind.

Das die Künig des meers und der Jnsulen schenckinen/ und die künig Arabie und der Sabeern gaaben zuobringind.

Das jnn alle Künig vereerind/ unnd jm alle Heyden dienind.

Das er den klagbaren armen erlöse/ und den verkümmerten dem niemant hillfft.

Das er sich über die schlächten unnd armen erbarme/ unnd den seelen der ellendenn hillff thüege.

Das er jre seelen von dem wuocher unnd unbillichen trang ledige/ unnd jr bluot theür und hoch achte.

Er läbe/ und werde jm ggeben von dem Arabischen gold: Angebättet werde er one end/ und alle zeyt hochgepriesen.

Es wuchse ze obrest auff den bergen ein sölicher hauffen korns/ das es erklinge wie der wald Libanus: dz sy in der statt wachsind wie das graß der erden.

Sein nammen wäre ewigklich: sein namm jünge sich wie die Sonnen/ in jm werdind glückhafft/ und jnn werdend loben alle völcker.

Hochgelopt sey der HERR Gott der Gott Jsraels/ der allein wunderthaten thuot.

Und hochgelopt sey der namm seiner herligkeit ewigklich/ unnd alles erdtrich werde seiner herrligkeyt voll/ Amen Amen.

Hie endend sich die gebätt Davids
des suns Jesse.

und vom Strom bis an die Enden der Erde.

9 Vor ihm müssen sich beugen die Bewohner der Wüste,
und seine Feinde sollen den Staub lecken.

10 Die Könige von Tarschisch und den Inseln müssen Geschenke bringen,
die Könige von Saba und Seba Tribut entrichten.

11 Vor ihm sollen sich niederwerfen alle Könige, alle Nationen sollen ihm dienen.

12 Denn er rettet den Armen, der um Hilfe schreit,
den Elenden, dem keiner hilft.

13 Er erbarmt sich des Schwachen und Armen, das Leben der Armen rettet er.

14 Aus Bedrückung und Gewalttat erlöst er ihr Leben,
und kostbar ist ihr Blut in seinen Augen.

15 So möge er leben, und man gebe ihm Gold aus Saba,
allezeit bete man für ihn
und wünsche ihm Segen den ganzen Tag.

16 Korn in Fülle möge es geben im Land,
auf dem Gipfel der Berge rausche es,
wie der Libanon sei seine Frucht,
und seine Halme mögen blühen wie das Kraut der Erde.

17 Ewig soll sein Name bestehen,
solange die Sonne scheint, sprosse sein Name.
Und in ihm sollen sich Segen wünschen,
ihn sollen glücklich preisen alle Nationen.

18 Gepriesen sei der HERR, Gott, der Gott Israels,
der allein Wunder tut.

19 Und gepriesen sei sein herrlicher Name in Ewigkeit,
und die ganze Erde werde voll seiner Herrlichkeit.
Amen, Amen.

20 Zu Ende sind die Gebete Davids, des Sohnes Isais.

|5: 89,37–38 |6: Hos 6,3 |8–11: 2,8 |8: Sach 9,10 |9: Mi 7,17 |10: 45,13; 68,30.32!; 1Kön 10,1–13; Jes 49,23; 60,5–6 |11: 2,10–11 |12: Hiob 29,12 |14 116,15! |15: 61,7–8 |17: 21,7; Gen 12,2 |18–19: 41,14!; 136,3–4 |19: Jes 6,3

72,5: Der Massoretische Text wurde korrigiert; er lautet übersetzt: «Man möge dich fürchten, solange ...»

72,16: Der Massoretische Text wurde korrigiert; er lautet übersetzt: «..., und sie sollen hervorblühen aus der Stadt wie das Kraut ...»

DRITTES BUCH (PS 73–89)

Der lxxij. Psalm.
Hebr. LXXIII. Psalm.
¶ Titel. Ein gsang Asaphs.
¶ Jnnhalt.
Es ist ein üebung des glaubens/ der etwas verletzt wirt/ so er sicht/ das es den Gottlosen one unnderlaß wol gadt. Aber nach dem er sich widerumb erinneret/ und des Gottlosen und glöubigen end ermißt/ tröstet er sich selbs wider.

O Wie süeß unnd freündtlich ist der Gott Jsraels
   denen die eins reynen hertzens sind.
Und wärend aber meine füeß schier abgeträtten/
   meine geng wärind schier abschweiff worden.
Dann mich hat ein torechter eyfer bstanden/ do
   ich sach das es den gotlosen in allen dingen
   glücklich und wol gadt.
Sy habend kein beschwärd under denen sy
   niderligind unnd umbkommind/ sunder
   völle und gnüege.
Jn der menschen kummer und müey sind sy nit/
   und werdend mit den menschen nitt
   geschlagen.
Darumb erböumend sy sich in hochfart: fräfels
   gwalts und unbills sind sy voll.
Das sy in überfluß muotwillend/ und den
   begirden des hertzens nachhengend.
Sy sind faul und redend schalckheit und fräffel/
   stoltz und hochprachtig redend sy.
Sy streckend jren mund biß inn hymmel/ und jr
   zungen schweyfft affter der welt hin.
Darumb wonet auch da das gsind das jnen
   anhangt/ dann darauß saugt es nit wenig
   nutzes.
Ja sy gethörend reden/ wie wolts Gott wüssen?
   solt auch wüssen bym höchsten sein?
Deßhalb gedacht ich bey mir selbs/ sihe/ die
   Gottlosen und die reychen habend allwäg
   glück und heyl.
Wo für ists dann das ich mein hertz reynige?
   oder das ich meine hend in unschuld
   wäschen?
Wo für ists das ich den gantzen tag geschlagen/
   unnd die ganntz nacht gekestiget wird?
Ja do ich also bey mir selbs gedacht/ hatt ich
   gar nach die gsellschafft deiner kinderen
   verachtet.
Jch nam mir für zewüssen/ dz mich gar ein
   grosse müey und arbeyt beduocht.
Biß das ich in die hohen heimlikeit Gottes
   hineyn kam/ und anfieng jrem außgang und
   end nachtrachten.

Nun aber bleibe ich stets bei dir

73 1 Ein Psalm Asafs.
   Lauter Güte ist Gott gegen Israel,
   gegen die, die reinen Herzens sind.
2 Ich aber wäre beinahe ausgeglitten mit
   meinen Füssen,
   um ein Haar wären meine Schritte ins
   Wanken geraten.
3 Denn ich ereiferte mich über die Prahler,
   als ich sah, dass es den Frevlern gut geht.
4 Sie leiden keine Qualen bis zu ihrem Tod,
   und fett ist ihr Leib.
5 Von der Mühsal der Sterblichen sind sie frei,
   sie werden nicht geplagt wie andere
   Menschen.
6 Darum ist Hochmut ihr Halsgeschmeide,
   Gewalttat das Gewand, das sie umhüllt.
7 Sie sehen kaum aus den Augen vor Fett,
   ihr Herz quillt über von bösen Plänen.
8 Bösartig höhnen und reden sie,
   gewalttätig reden sie von oben herab.
9 Sie reissen ihr Maul auf bis an den Himmel,
   und ihre Zunge hat auf Erden freien Lauf.
10 Darum wendet sich sein Volk ihnen zu,
   in vollen Zügen schlürfen sie Wasser.
11 Sie sagen: Wie sollte Gott es wissen,
   gibt es ein Wissen beim Höchsten?
12 Sieh, das sind die Frevler,
   immer im Glück häufen sie Reichtum.
13 Ganz umsonst hielt ich mein Herz rein,
   wusch ich meine Hände in Unschuld.
14 Ich war geplagt jeden Tag,
   Morgen für Morgen traf mich Züchtigung.
15 Hätte ich gesagt: So will auch ich reden,
   dann hätte ich die Generation deiner
   Söhne verraten.
16 Da sann ich nach, es zu verstehen,
   Qual war es in meinen Augen,
17 bis ich zum Heiligtum Gottes kam
   und achthatte auf ihr Ende.
18 Du stellst sie auf schlüpfrigen Boden,
   du lässt sie ins Leere fallen.
19 Wie werden sie zum Entsetzen im Nu!
   Sie verschwinden, nehmen ein Ende mit
   Schrecken.
20 Wie einen Traum nach dem Erwachen, Herr,
   so verachtest du, wenn du aufwachst, ihr
   Bild.
21 Als mein Herz verbittert war

Namlich das du sy häl und schlipfferig gestelt hast/ dannen du sy herab stürtzest und verderbst.

O wie schnäll werdend sy außgereütet/ verderbt/ und mit jamer außgemacht.

Gleych als ein traum nach dem einer erwachet/ also wirstu O HERR jr bildtnuß auß der statt außreüten.

Also ward mein hertz erbitteret/ und meine nyeren entsetzt.

Also was ich unverstendig unrüewig/ und gleich als ein unvernünfftig thier vor dir.

So doch du mich nimmer verlassest/ und mich bey der hand fassest.

Mich mit deinem radtschlag füerest und leytest/ und mich denn eerlich empfachst.

O wie grosse ding sind mir in himmlen bereytet? für dich gfalt mir nichts auff erden?

Mein fleisch unnd mein hertz ist nichts: dann Gott ist meins hertzen stercke/ und mein teyl ewigklich.

Dann sieh/ die veer vonn dir abtrettend die kummend umb: du verderbst alle die/ die Eebrüchig an dir werdend.

Darumb sol mir das das allerhöchst und best sein/ Gott anhangenn/ auff den HERREN Gott vertrauwenn/ unnd alle seine werck außkünden.

und ich stechenden Schmerz in den Nieren spürte,

22 da war ich ein Narr und hatte keine Einsicht, dumm wie ein Vieh war ich vor dir.

23 Nun aber bleibe ich stets bei dir, du hältst mich an meiner rechten Hand.

24 Nach deinem Ratschluss leitest du mich, und hernach nimmst du mich auf in Herrlichkeit.

25 Wen hätte ich im Himmel! Bin ich bei dir, so begehre ich nichts auf Erden.

26 Mögen mein Leib und mein Herz verschmachten, der Fels meines Herzens und mein Teil ist Gott auf ewig.

27 Denn sieh, die dir fern sind, kommen um, du vernichtest jeden, der treulos dich verlässt.

28 Mein Glück aber ist es, Gott nahe zu sein; bei Gott dem HERRN habe ich meine Zuflucht.

Alle deine Werke will ich verkünden.

|1: Mt 5,8 |3: 37,1; Hiob 21,7; Jer 12,1 |13: 26,6! |18: 35,6 |19: 104,35 |24: 49,16; Gen 5,24; 2Kön 2,3.5.11 |26: 16,5!

Der lxxiij. Psalm.
Hebr. LXXIIII. Psalm.
¶ Titel. Ein bericht Asaphs.
¶ Jnnhalt.
Es ist ein gebätt auß der Babylonischen gfencknuß zuo Gott/ das er die seinen nit also ewigklich lasse verkümmeret werden.

Gott warumb verschupffest du uns so gar? warumb wüetet dein zorn wider die schaaff deiner weyd?

Biß eyngedenck deiner gmeynd die du vor langest überkommen hast: deß stabs deines erbteyls dz du eroberet hast/ dises bergs Zion auff dem du wonest.

Heb schnäll auff deine füeß wider die verderbung: dann der feynd hat im heyligthuomb alle ding verderbt.

Deine feynd brüelennd auff deinen hochzeytlichen fästen/ unnd sterckend jre zeychen auff die zynnen.

Man wänt man höre die axen vonn einem hohen wald herab erschallen.

Warum, Gott, hast du uns für immer verstossen?

74 1 Ein Weisheitslied Asafs.
Warum, Gott, hast du uns für immer verstossen, warum raucht dein Zorn gegen die Schafe deiner Weide?

2 Denke an deine Gemeinde, die du vor alters erworben,
die du erlöst hast zum Stamm deines Erbteils,
des Bergs Zion,
auf dem du Wohnung genommen hast.

3 Richte deine Schritte zu den ewigen Trümmern,
alles im Heiligtum hat der Feind verheert.

4 Deine Widersacher brüllten inmitten deiner heiligen Stätte,
stellten ihre Feldzeichen auf als Zeichen des Sieges.

5 Es war, wie wenn einer im dichten Gehölz die Axt schwingt,

6 so zerschlugen sie das ganze Schnitzwerk mit Hacke und Beil.

Also zerschlahend sy alles geschnitzt und
    außgestochen werck des Heyligthuoms mit
    zweraxten und mit grossen barten.
Dein heyligthuom wirdt mitt fheür verbrennt:
    die wonung deines nammens wirdt zeboden
    gworffen und und entweyhet.
Sy sprechend in jren hertzen/ wir wöllends
    einsmals zerstören/ das alle hochzeitlichen
    fäst Gottes auß dem land abgethon werdind.
Die zeychen die du unseren vätteren vor zeyten
    bewisen/ die sehend wir nit mer: Es ist kein
    Prophet mer/ es ist nieman under uns der
    ützid sehe oder verstande.
Ach wie lanng wirt doch der feynd sein
    schmaach treyben O Gott? wiltu den feynd
    allweg deinen nammen schelcken lassen?
Warumb hast du dein hand und gerechte so gar
    abgezogen/ unnd inn buosen gestossen?
Ach mein Gott und mein Künig vonn anfang
    har/ du der alles heyl und hilff (das in der
    gantzen welt gschicht) allein thuost.
Du zerteylest mit deiner krafft das meer: du
    zerschlechst die köpff der meerthieren die inn
    wasseren wonend.
Du zermürsest den schädel Leviathan/ und gibst
    jnn zur speyß den Moren.
Du grabst die brunnen auff/ und die
    wasserflüssz: du tröchnest auß die grossen
    wasser.
Dein ist der tag/ und dein ist die nacht: du hast
    das liecht und die Sonnen zuogerüstet.
Du hast alle marchenn der welt gesetzt: summer
    und winnter hast du gemacht.
Darumb gedenck o HERR der schmach des
    feynds/ und des torechten volcks/ das deinen
    nammen lesteret.
Nit gib dem thier dein turtelteüblin: vergiß
    deiner verkümmerten nit gar.
Sich an den pundt/ dann die finstren wonungen
    der erden sind voller schalckheit.
Nit wöllest verschupffenn die undergetruckten
    und geschmächten: die verkümmerten und
    armen die deinen nammen lobend.
Stand auff o Gott/ rette dein sach: gedenck an
    die schmaach mit deren dich die toren alle
    zeyt schmähend.
Vergiß nit der stimm deiner feynden: dann der
    stoltz hochpracht deren die wider dich
    aufwütschend/ nimpt für und für zuo.

7 An dein Heiligtum legten sie Feuer,
    bis auf den Grund entweihten sie die
    Wohnstatt deines Namens.
8 Sie sprachen in ihrem Herzen: Wir zwingen
    sie nieder allesamt;
    und sie verbrannten alle Gottesstätten im
    Land.
9 Unsere Zeichen sehen wir nicht, kein
    Prophet ist mehr da,
    und niemand ist bei uns, der wüsste, wie
    lange.
10 Wie lange, Gott, soll der Gegner schmähen,
    soll der Feind deinen Namen ewig lästern?
11 Warum ziehst du deine Hand zurück
    und hältst deine Rechte im Busen
    verborgen?
12 Aber Gott ist mein König von alters her,
    der Heilstaten vollbringt auf Erden.
13 Du hast in deiner Kraft das Meer aufgestört,
    die Häupter der Ungeheuer über dem
    Wasser zerschmettert.
14 Du hast die Köpfe des Leviatan zerschlagen,
    ihn den Seeleuten zur Speise gegeben.
15 Du hast Quelle und Bach aufgebrochen,
    nie versiegende Ströme ausgetrocknet.
16 Dein ist der Tag, dein auch die Nacht,
    du hast Leuchte und Sonne hingestellt.
17 Du bist es, der alle Grenzen der Erde
    festgesetzt hat,
    Sommer und Winter, du hast sie
    geschaffen.
18 Denke daran: Der Feind schmäht den
    HERRN,
    und ein törichtes Volk lästert deinen
    Namen.
19 Gib nicht dem Raubtier preis das Leben
    deiner Taube,
    das Leben deiner Elenden vergiss nicht für
    immer.
20 Blick auf den Bund, denn die Schlupfwinkel
    des Landes
    sind Stätten voll von Gewalt.
21 Der Unterdrückte soll nicht wieder beschämt
    werden,
    Elende und Arme sollen deinen Namen
    loben.
22 Steh auf, Gott, führe deinen Streit,
    gedenke der Schmach, die der Tor dir
    bereitet jeden Tag.
23 Vergiss nicht das Geschrei deiner
    Widersacher,
    das Toben deiner Gegner, das ständig
    emporsteigt.

|1: 44,24! · 79,13; 80,2; 95,7; 100,3 |2: Jes 63,17; Jer 10,16; 51,19 · Ex 15,17 |7: Jes 64,10 |9: Klgl 2,9; Ez 7,26 |13: 89,10–11; Ex 14,21; Jes 51,9–10 |14: 104,26 |15: 104,10; Ex 17,6; Jos 3,15–16 |16: 104,19!

71,14: Möglicherweise ist statt «den Seeleuten» mit «dem Volk der Wüstenbewohner» zu übersetzen.

Der lxxiiij. Psalm.
Hebre. LXXV. Psalm.
¶ Titel.
Jst ein ermanlich gsang Asaph/ Althascheth/ das ist/ Verderb nit/ genennt. Jst ein lob und dancksagung.
¶ Jnnhalt.
Es bittet der/ der farlässig unnd sümig gwesen ist/ das er wider inn sein ampt gesetzt werde: verheyßt damit/ er wölle die sach verwalten wie sich gebüre: Dann es sey vorhandenn das Gott die welt werde straaffen.

Dich wöllend wir loben O Gott/ deinen
   nammen der zuo gegen ist/ wellend wir
   loben/ und deine herrlichen thaten
   außkünden.
Wo ich bestimpte und gelägne zeyt
   überkommen/ wil ich billich und recht
   richten.
Und ob dann gleych die erden und alle die
   drauff wonend/ schwach wärind/ wil ich jre
   seülen understützen und erhalten. Säla.
Zuon narren wil ich sagen/ Handlend nit
   närrisch: unnd zuo den Gottlosen/ erhöhend
   das ghürn nit.
Nit empörend euwer hornn/ nit nemmend euch
   hartbennig schalckheyt für.
Dann weder von aufgang noch von nidergang:
   weder von der wüeste noch vom gebirg wirt
   euch schirm kommen.
Sunder Gott ist der richter/ den wirfft er herab/
   disen richtet er auff.
Dann ein bächer voll starcks weyns ist
   zuobereytet in der hannd des HERREN/ auß
   dem wirt man eynschencken/ unnd alle
   Gottlosen der erden werdend seine heffen
   außtrincken und außsaugen.
Jch aber wil ewigklich verkünden unnd loben
   den Gott Jacobs.
Und wil alle hörner der Gottlosen zerbrechen:
   die hörner aber des gerechten werdend
   erhöcht.

Wenn die Zeit gekommen ist

75 1 Für den Chormeister. Nach der Weise «Zerstöre nicht». Ein Psalm Asafs. Ein Lied.
2 Wir preisen dich, Gott, wir preisen dich,
   nahe ist dein Name denen, die deine
   Wunder verkünden.
3 Wenn die Zeit gekommen ist,
   halte ich gerechtes Gericht.
4 Mag die Erde wanken mit all ihren
   Bewohnern,
   ich selbst habe ihre Säulen fest gesetzt.
   Sela
5 Ich spreche zu den Prahlern: Lasst euer
   Prahlen,
   und zu den Frevlern: Erhebt nicht das
   Horn.
6 Erhebt nicht zur Höhe euer Horn,
   redet nicht aus frechem Hals.
7 Denn nicht vom Aufgang und nicht vom
   Niedergang
   und nicht von Wüste und Berg kommt es,
8 sondern Gott ist Richter.
   Er erniedrigt den einen, den andern
   erhöht er.
9 Ein Kelch ist in der Hand des HERRN
   mit schäumendem Wein voller Würze,
   und er schenkt davon ein;
   auch seine Hefe müssen schlürfen,
   müssen trinken alle Frevler der Erde.
10 Ich aber will es immerdar verkünden,
   will singen dem Gott Jakobs.
11 Und alle Hörner der Frevler schlage ich ab,
   aber hoch erhoben werden die Hörner des
   Gerechten.

|5–6: 89,18! |6: 94,4 |8: 1Sam 2,7 |9: 60,5! |11: 89,18!

Der lxxv. Psalm.
Hebre. LXXVI. Psalm.
¶ Titel.
Ein ermanlich lobgsang Asaphs/ und ein frolockung auff seyten spil.
¶ Jnnhalt.
Es ist ein frolockung eines grossen sygs.

Gott ist in Juda bekant/ sein namm ist groß in Jsrael.
Dann sein hütten ist in Salem/ und sein wonung in Zion.
Da hat er zerbrochen die schnällen pfeil/ die bogen/ die schilt/ die schwärt/ unnd den gantzen krieg. Säla.
Du bist klüeger unnd herrlicher dann die berg der röuberen.
Dann die muotwilligen fräfler werdend zum raub/ sy schlaaffend jren schlaaff/ und alle gwaltigen werdennd mit jrer macht zuo nichte. So du sy beschiltest O Gott Jacobs/ werdent entschläfft wägen und reüter.
Du bist erschrockenlich/ dann wär mag vor dir beston so du zornig bist?
So du dein urteyl vom hymmel herab sprichst/ so erschrickt die erden und schweigt.
Ja so du O Gott aufstaast zerichten/ und alle verkümmerten auff erden ze retten. Säla.
Umb sölicher raach willen danckend dir die menschen/ das du dich rüstest mer zestraffen.
Globend gaaben unnd bringends dem HERREN üwerm Gott/ jr alle die hie zuo gegen sind/ bringend dem erschrockenlichen schenckinen.
Der den fürsten den muot nimpt/ der den künigen der erden erschrockenlich ist.

Wer kann vor dir bestehen?

76 1 Für den Chormeister. Mit Saitenspiel. Ein Psalm Asafs. Ein Lied.
2 Bekannt ist Gott in Juda,
gross sein Name in Israel.
3 In Salem war seine Hütte
und seine Wohnstatt auf dem Zion.
4 Dort zerbrach er die Blitze des Bogens,
Schild und Schwert und Krieg. *Sela*
5 Von Glanz bist du umgeben,
gewaltiger als die ewigen Berge.
6 Zur Beute wurden die beherzten Streiter,
sanken hin in Schlaf,
und allen Helden
versagten die Hände.
7 Von deinem Schelten, Gott Jakobs,
wurden Wagen und Ross betäubt.
8 Furchterregend bist du,
wer kann vor dir bestehen,
wenn dein Zorn losbricht?
9 Vom Himmel her hast du das Urteil verkündet;
die Erde geriet in Furcht und verstummte,
10 da Gott aufstand zum Gericht,
um allen Gebeugten der Erde zu helfen.
Sela
11 Selbst der Grimm des Menschen muss dich preisen,
die dem grimmigen Wüten entkommen,
gürtest du dir um.
12 Tut Gelübde und erfüllt sie dem HERRN, eurem Gott,
alle rings um ihn sollen Gaben bringen
dem Furchterregenden.
13 Er demütigt Fürstensinn,
Furchterregend begegnet er den Königen der Erde.

|3: 132,13! |4: 46,10!

76,5: Der Massoretische Text wurde korrigiert; er lautet übersetzt: «..., gewaltiger als die Beuteberge.»

Der lxxvj. Psalm.
Hebre. LXXVII. Psalm.
¶ Tittel.
Ein ermanlich lobgsang Asaph für die ordnung Jdithum:
¶ Jnnhalt.
So der glaub angefochten wirt/ understadt er sich mit geschächnen thaaten Gottes zeschirmen/ noch dennoch wirt er angefochten. Aber zuo letst überwindet der glaub so er sich inn betrachtung der allmächtigkeit unnd fürsichtigkeyt Gottes laßt.

Durch das Meer ging dein Weg

77 1 Für den Chormeister. Nach Jedutun. Von Asaf. Ein Psalm.
2 Laut will ich schreien zu Gott,
laut zu Gott, dass er auf mich höre.
3 Am Tag meiner Not suche ich den Herrn,
meine Hand ist ausgestreckt des Nachts
und ermattet nicht,
meine Seele will sich nicht trösten lassen.
4 Ich denke an Gott und seufze,

Do ich mit miner stimm zuo got schrey/ ja do ich zuo Gott mitt meiner stymm schrey/ do erhort er mich.

Do ich in nöten was/ suocht ich den HERREN: mein krafft zitteret die gantze nacht unnd hatt kein ruow: mein seel wolt sich nitt lassen trösten.

Gedacht ich an Gott/ so brüelet ich: wolt ich anfahen reden/ so ward mir onmächtig. Säla.

Du verhuobest mir meine auglider/ ich wz erklupfft das ich nit reden kond.

Denn gedacht ich an die vorigen zeyten/ an die langvergangnen jar.

Jch gedacht an meine gsang und lieder/ ich erspraachet mich mitt meinem hertzenn: und ergrüblet meinen geist.

Wirt der HERR ewigklich verschupffen? wil er sich nit mer begüetigen lassen?

Wil er sein güete und gnad gar auß lassen sein? wil er mit den nachkommenden aufhören reden?

Hat dann Gott seiner erbärmbd vergessen? wil er dann sein gnad mit zorn gar eynschliessen? Säla.

Zuo letst kam ich dahin das ich gedaacht/ Ee wie bistu so torecht? die gerechte hannd Gottes wächßlet sich ab.

Jch wil an die werck des HERREN gedencken (dann ich erzellen gern deine alten wunderthaten.)

Unnd alle deine werck wil ich außkünden/ und mich in deinen anschlegen erspraachen.

O Gott dein wäg ist in dem heyligthuom/ wär ist ein sölicher grosser gott als Gott.

Du bist der Gott der wunderliche ding thuost/ du machest dein macht under den völckeren kund.

Du hast mitt deinem arm dein volck erlößt/ die sün Jacobs und Josephs. Säla.

Die wasser kennend dich O Gott/ die wasser kennend und förchtend dich/ die tieffen gumppen erbidmend.

Die nebel giessend wasser auß/ wolcken erschallend/ unnd denn schiessend deine pfeyl.

Der klapff deines tonders ertönet im wirbel: die blixg erleüchtennd den erdboden/ es erzitteret und erbidmet die erden.

Dein wäg ist im meer/ und dein pfad also in der tieffe/ das man doch deine fuoßtritt nienen spüren mag.

Du hast din volck beleytet wie ein härd schaaffen/ under dem gebiet Mosis und Ahrons.

ich sinne nach, und mein Geist will verzagen. *Sela*

5 Du hältst meine Augen wach,
   ich bin voller Unruhe und kann nicht reden.

6 Ich denke nach über die Tage von einst,
   die längst vergangenen Jahre.

7 Ich denke an mein Saitenspiel des Nachts,
   in meinem Herzen sinne ich nach,
   und es forscht mein Geist.

8 Wird der Herr auf ewig verstossen
   und nie mehr gnädig sein?

9 Hat seine Güte für immer ein Ende,
   ist sein Wort verstummt für alle Zeit?

10 Hat Gott seine Gnade vergessen,
   hat er im Zorn sein Erbarmen verschlossen? *Sela*

11 Und ich sprach: Das ist mein Schmerz,
   dass so anders geworden ist das Handeln des Höchsten.

12 Ich will gedenken der Werke des HERRN,
   will gedenken deiner früheren Wunder.

13 Ich will bedenken all dein Tun,
   und über deine Taten will ich nachsinnen.

14 Gott, dein Weg ist heilig.
   Wer ist ein Gott, so gross wie unser Gott?

15 Du allein bist der Gott, der Wunder tut,
   du hast deine Macht unter den Völkern kundgetan.

16 Mit deinem Arm hast du dein Volk erlöst,
   die Söhne Jakobs und Josefs. *Sela*

17 Die Wasser sahen dich, Gott,
   die Wasser sahen dich und erbebten,
   die Urfluten erzitterten.

18 Die Wolken gossen Wasser,
   es donnerte das Gewölk,
   und deine Pfeile blitzten hin und her.

19 Rollend erdröhnte dein Donner,
   Blitze erhellten den Erdkreis,
   es erzitterte und bebte die Erde.

20 Durch das Meer ging dein Weg
   und dein Pfad durch gewaltige Wasser,
   doch deine Spuren waren nicht zu erkennen.

21 Wie Schafe führtest du dein Volk
   durch Moses und Aarons Hand.

|4: 119,148! |6: 143,5; Dtn 32,7 |8: 44,24! |17 114,3!
|18–19: 18,14 |19: 29,3! · 97,4! |20: Ex 14–15 |21: 78,52!

77,12: Nach einer anderen hebräischen Tradition lautet der Text: «Ich will verkünden die Werke …»

Der lxxvij. Psalm.
Hebr. LXXVIII. Psalm.
¶ Ein bericht Asaph.
¶ Jnhalt.
Es ist ein red an das volck Jsraels/ darinn sy gemant werdend/ das sy/ angesehen das läben und straff jrer vättern/ wider anfahind recht vor Gott wandlen.

Hör o mein volck mein gsatzt: neygend euwere oren zuo der red meines munds.
Jch wil meinen mund zuo sprüchen auffthuon: räterschen vonn alten dingen wil ich herfür bringen.
Die wir gehört habend/ unnd deren wir auß der sag unser vättern/ wol bericht sind.
Das wirs jren kinden der nachkommenden welt nitt verhaltind/ sunder die eer deß HERRN außkündind/ seinen gwalt/ und seine wunderbaren werck die er gethon hat.
Dann er hat mit Jacob einen pundt aufgerichtet/ unnd dem Jsrael ein gsatz geben/ das er unsern vättern gebotten hatt jre kinder ze leeren.
Das es die nachkommenden/ die kinder die für und für geborn werdend/ wüßtind/ und es jren kindern erzeltind.
Damit sy jr hoffnung und vertrauwen in Gott satztind/ seiner thaten nit vergessind/ und seine gebott hieltind.
Unnd nit wärind wie jre vätter/ ein abtrünnigs und widerspänigs volck/ ein volck das sein hertz nit bewaret/ unnd deß gemüet gegen Gott nit getrüw was.
Wie die kinder Ephraim/ die gewaffnet und mit dem bogen schiessende/ zur zeyt deß angriffs/ in dflucht geschlagen wurdend.
Dann sy hieltend den pundt Gottes nitt/ und woltend in seinem gsatz nit wandlen.
Sy vergassend seiner thaten/ und seiner wunderbaren wercken die er jnen bewisenn hat.
Vor jren vätteren thett er wunder in Egypten/ in dem väld Zoan.
Er teylt das meer und fuort sy hindurch/ und stalt die wasser wie ein hauffen.
Tags leytet er sy mit der wolcken/ und die gantz nacht mit dem scheyn des feürs.
Er spielt die felsen in der wüeste/ und tranckt sy als in einer grosse tieffe.
Er fuort bäch auß dem felsen/ das die wasser herauß fielend wie die wasserflüß.
Und über das sündetend sy wider jnn/ und erzurntend den hohen in der wüeste.

Was unsere Vorfahren uns erzählten

78 1 Ein Weisheitslied Asafs.
Höre, mein Volk, meine Weisung,
 neigt euer Ohr den Worten meines Mundes.
2 Ich will meinen Mund auftun zu einem Spruch,
 will Rätsel kundtun aus der Vorzeit.
3 Was wir gehört und erfahren haben,
 was unsere Vorfahren uns erzählten,
4 wollen wir ihren Söhnen nicht verschweigen,
 sondern erzählen der künftigen Generation
 die Ruhmestaten des HERRN und seine Stärke
 und seine Wunder, die er getan hat.
5 Er stellte ein Zeugnis auf in Jakob,
 und Weisung gab er in Israel,
 als er unseren Vorfahren gebot,
 sie ihren Söhnen kundzutun,
6 damit eine künftige Generation sie erfahre,
 die Nachkommen, die geboren würden,
 dass sie aufstünden und es ihren Nachkommen erzählten
7 und auf Gott ihr Vertrauen setzten,
 die Taten Gottes nicht vergässen
 und seine Gebote hielten,
8 und nicht wie ihre Vorfahren würden,
 eine störrische und trotzige Generation,
 eine Generation, die nicht festen Sinnes war
 und deren Geist nicht treu zu Gott hielt.
9 Die Söhne Efraims, wohl gerüstete Bogenschützen,
 wandten sich ab am Tag der Schlacht.
10 Sie hielten den Bund Gottes nicht
 und weigerten sich, nach seiner Weisung zu wandeln.
11 Sie vergassen seine Taten
 und seine Wunder, die er sie hatte schauen lassen.
12 Vor ihren Vorfahren hatte er Wunder getan
 im Land Ägypten, im Gefilde Zoan.
13 Er spaltete das Meer und führte sie hindurch,
 liess die Wasser stehen wie einen Damm.
14 Er leitete sie mit der Wolke bei Tag
 und die ganze Nacht mit Feuerschein.
15 Er spaltete Felsen in der Wüste
 und tränkte sie reichlich wie mit Urfluten.
16 Bäche liess er hervorbrechen aus dem Stein
 und Wasser herabfliessen wie Ströme.
17 Sie aber fuhren fort zu sündigen gegen ihn,
 zu trotzen dem Höchsten im dürren Land.
18 Sie versuchten Gott in ihrem Herzen,
 forderten Speise in ihrer Gier.

Versuochtent Gott in jren hertzen/ das sy speyß
fordertend nach jrem lust.
Dann sy redtend wider Gott und sprachend/
Vermag Gott nit speyß zuozerüstenn in der
wüeste?
Sihe/ er hat den felsen geschlagen/ unnd sind die
wasser herauß geflossenn das groß bäch
darauß sind worden/ sölte er dann nit auch
speyß mögen geben/ und seinem volck
fleysch zuorüsten?
Do der HERR diß hort/ ward er zornig und
erbran gegen Jacob wie ein fheür/ und gieng
die ungnad an gegen Jsrael.
Das sy an Gott nit getrüw warend/ und in sein
heylsame hilff nit hofftend.
Er hatt den wolcken da oben gebotten/ und die
thüren des himmels aufgethon.
Das er auff sy liesse rägnen das Man/ das sy zuo
essen hettind/ und das er jnen himmel
weytzen gebe.
Da aß yederman Herrenspeyß: dann er sandt
jnen speyß nach der gnüege.
Er thet den morgenwind am himmel dennen/
unnd bracht mit seiner krafft den Mittägigen.
Er ließ fleysch auff sy rägnen als vil als deß
staubs der erden/ und vögel als vil als des
sands am meer.
Und fellet sy mitten in jre läger/ und zerings
umb jre hütten.
Da assend sy unnd wurdend träffenlich satt:
dann er gab jnen nach jrem lust.
Ja an jrem lust gebrast jnen nichts. Aber do sy
die speyß noch in jrem mund hattend.
Do gieng der zorn Gottes über sy an/ und
erwurgt die feyßtesten unnd wollüstler under
jnen/ und schluog darnider die außerwelten
Jsraels.
Jn dem allem sündetend sy weyter wider jnn/
unnd glaubtend nit an so vil seine
wunderwerck.
Darumb machet er jre tag gar liederlich/ und jre
jar gar schnäll auß.
Wenn er sy tödet/ so suochtend sy jnn/ und
machtend sich eylends wider zuo Gott.
Und gedachtend das Gott jr velß wäre: und der
hohe Gott jr schirmer unnd erretter.
Wiewol sy mit jrem mund jm liebkosetend/ so
lugend sy jm doch mit jrer zungen.
Dann jr hertz was nit steyff und redlich gegen
jm: und hieltend auch seinen pundt nitt
getrüwlich.
Und was aber er gnädig jr mißthat jnen ze
verzyhen und sy nit verderben/ und wandt

19 Sie redeten gegen Gott
    und sprachen: Kann Gott
    einen Tisch in der Wüste decken?
20 Sieh, er hat einen Felsen geschlagen,
    und Wasser flossen
    und Bäche strömten,
  aber wird er auch Brot geben können
    oder Fleisch verschaffen seinem Volk?
21 Darum, als der HERR das hörte, wurde er
    zornig,
  Feuer entzündete sich gegen Jakob,
    und Zorn stieg auf gegen Israel,
22 weil sie Gott nicht glaubten
    und nicht auf seine Hilfe vertrauten.
23 Er gebot den Wolken droben,
    und die Türen des Himmels öffnete er.
24 Er liess Manna auf sie regnen, dass sie zu
    essen hatten,
    gab ihnen Himmelskorn.
25 Menschen assen Engelsbrot,
    Nahrung sandte er ihnen, dass sie satt
    wurden.
26 Er liess den Ostwind losbrechen am Himmel
    und trieb in seiner Kraft den Südwind
    heran,
27 liess Fleisch auf sie regnen wie Staub
    und Vögel wie Sand am Meer,
28 mitten in sein Lager liess er sie fallen,
    rings um seine Wohnungen.
29 Da assen sie und wurden mehr als satt,
    und was sie begehrten, brachte er ihnen.
30 Noch hatten sie von ihrer Gier nicht gelassen,
    noch war die Speise in ihrem Mund,
31 da stieg der Zorn Gottes auf gegen sie
    und tötete die Stattlichsten unter ihnen,
    und die Besten Israels streckte er nieder.
32 Trotz allem aber sündigten sie weiter
    und glaubten nicht an seine Wunder.
33 Da liess er ihre Tage in Nichtigkeit vergehen
    und ihre Jahre in jähem Schrecken.
34 Tötete er sie, so fragten sie nach ihm,
    kehrten um und suchten Gott.
35 Sie erinnerten sich, dass Gott ihr Fels,
    Gott, der Höchste, ihr Erlöser ist.
36 Doch sie betrogen ihn mit ihrem Mund,
    und mit ihrer Zunge belogen sie ihn.
37 Ihr Herz hielt nicht fest an ihm,
    und seinem Bund blieben sie nicht treu.
38 Er aber, voll Erbarmen,
    vergibt die Schuld
    und vertilgt nicht;
  immer wieder hält er seinen Zorn zurück
    und erweckt nicht all seinen Grimm.

seinen zorn offt ab/ das er sinen grimm nit
gar ließ angon.
Sunder er gedaacht das sy fleysch warend/ ein
wind der hinfart unnd nit widerkumpt.
Wie offt habend sy jm widerbäfftzet in der
wüeste? wie dick habend sy jnn erzürnet in
der einöde?
Das sy sich abwurffend und Gott versuochtend/
und den heiligen Jsraels umbtriebend?
Daß sy seiner macht vergassennd/ unnd der zeyt
do er sy von dem der sy trangt/ erlößt hatt?
Ja das sy nit daran gedachtend wie er seine
zeichen in Egypten land/ und seine wunder
in den välderen Zoan gethon hat.
Wie er jre wasserflüß unnd bäch in bluot verkart
das sy nit trincken kondtend.
Wie er hundsmuggen under sy schicket die sy
frassend/ und fröschen die sy verderbtind.
Wie er jre frücht den rupen/ und jr arbeyt
den höwstoflen gab.
Wie er jre weyngarten mit dem hagel erschluog/
und jre maulbeerböum mit dem reyffen.
Wie er jr vych mitt dem hagel/ unnd jre härden
mit den brennenden pfeylen erschoß.
Dann als er in ungnad erzürnt unnd ergrimpt
ward/ sandt er über sy angst unnd not: vil
schaden unnd übels ließ er über sy gon.
Er bereitet ein straaß seinem zorn/ das er jro gar
nichts verschonet: sunder sy unnd jre vych
bracht er mit der pestilentz umb.
Und schluog zetod alle erstgeborne in Egypten
land/ die fürnemmesten und sterckesten in
den hütten Ham.
Sein volck aber fuort er auß als ein chütt
schaaffen/ unnd wie ein härd vych treyb er sy
in die wüeste.
Sicher fuort er sy das sy jnen nichts förchten
dorfftend: jre feynd aber bedackt er mit dem
meer.
Unnd bracht sy in die gegne seines
heyligthuoms/ an disen berg den er mit
seiner gerechten hand überkommen hat.
Er vertreyb vor jnen har die Heyden: mit der
schnuor teylt er jnen das erbteyl/ und satzt
die stemmen Jsraels eyn/ in die hütten jrer
feynden.
Noch versuochtend sy und erzurntend den
hohen Gott/ unnd hieltennd seinen pundt
nit.
Sy wandtend sich umb/ und fielend ab gleych
wie jre vätter: sy widerschnelltend wie ein
böser bogen.

39 Er dachte daran, dass sie Fleisch sind,
 ein Hauch, der vergeht und nicht
 wiederkehrt.
40 Wie oft trotzten sie ihm in der Wüste,
 kränkten ihn in der Einöde.
41 Immer wieder versuchten sie Gott
 und betrübten den Heiligen Israels.
42 Sie gedachten nicht seiner Hand,
 des Tages, da er sie vom Feind erlöste,
43 als er in Ägypten seine Zeichen tat
 und seine Wunder im Gefilde Zoan.
44 Er verwandelte in Blut ihre Flüsse
 und ihre Bäche, dass sie nicht trinken
 konnten.
45 Er liess Stechfliegen auf sie los, die sie frassen,
 und Frösche, die ihnen Verderben
 brachten.
46 Ihren Ertrag gab er der Grille
 und die Frucht ihrer Arbeit der
 Heuschrecke.
47 Er zerschlug mit Hagel ihren Weinstock
 und ihre Maulbeerbäume mit Gewitter.
48 Er gab ihr Vieh dem Hagel preis
 und ihre Herden den Blitzen.
49 Er liess die Glut seines Zorns gegen sie los,
 Grimm und Wut und Bedrängnis,
 eine Schar Unheil bringender Boten.
50 Er liess seinem Zorn freien Lauf,
 ersparte ihnen nicht den Tod,
 und der Pest gab er ihr Leben preis.
51 Er schlug alle Erstgeburt in Ägypten,
 die Erstlinge der Manneskraft in den
 Zelten Hams.
52 Er liess sein Volk aufbrechen wie Schafe
 und leitete sie wie eine Herde durch die
 Wüste.
53 Er führte sie sicher, sie fürchteten sich nicht,
 ihre Feinde aber bedeckte das Meer.
54 Er brachte sie in seinen heiligen Bezirk,
 zu dem Berg, den seine Rechte erworben
 hat.
55 Er vertrieb vor ihnen die Nationen,
 verteilte sie mit der Messschnur als Erbe,
 und in ihren Zelten liess er die Stämme
 Israels wohnen.
56 Doch sie versuchten Gott, den Höchsten,
 und trotzten ihm,
 und seine Gesetze hielten sie nicht.
57 Sie wurden abtrünnig und waren treulos wie
 ihre Vorfahren,
 versagten wie ein schlaffer Bogen.
58 Sie erzürnten ihn mit ihren Kulthöhen,

Sy reytztend jnn zuo zorn mit jren höhinen/ und
erzürntend jnn mit jren götzen bilderen.
Do Gott das hort/ ward er zornig/ und gwan
einen grossen unwillen ab Jsrael.
Und verließ die hütten die in Silo was/ die
hütten in deren er uunder den menschen
wonet.
Er gab jr macht in gfencknuß/ und all jr
herrligkeit ins feynds hand.
Er ließ sein volck mit dem schwärdt umb
kommen/ dann er was über sein erbvolck
erzürnt.
Jre jüngling fraß das fheür/ niemants was der
umb jre töchtern leyd trüege.
Jre pfaffen wurdend mit dem schwärdt
erschlagen/ jre witwen wurdend nit
beweynet.
Der HERR ist erwacht wie ein schlaaffender/
und wie ein kriegsheld vom weyn/ frölich
worden.
Und schluog hinden in seine feynd/ unnd
schmächt sy mit ewiger schand.
Die hütten Josephs verschupfft er: und die
stammen Ephraim verwarff er.
Das gschlächt Juda aber hatt er außerwelt/ und
den berg Zion den er lieb hatt.
Da selbst hatt er/ so kostlich er ymmer mocht/
sein heiligthuom gebuwen: er grundvestnet
es wie den erdboden dz es ewigklich wäret.
Er erwelt David seinen diener/ und nam jnn von
den schaaff verrichen.
Als er den tragenden nachlieff/ reycht er jnn/ das
er sein volck Jacob weydete/ unnd Jsrael sein
erbvolck.
Also weydet er sy mitt getrüwem unnd
redlichem hertzen/ und nach geschicklichkeit
seins vermögens fuort er sy.

und mit ihren Götzen reizten sie ihn zur
Eifersucht.
59 Gott hörte es und wurde zornig,
und er verwarf Israel ganz und gar.
60 Er verliess die Wohnung von Schilo,
das Zelt, das er unter den Menschen
aufgeschlagen hatte.
61 Er gab seine Kraft in Gefangenschaft
und seine Zier in die Hand des Feindes.
62 Er überlieferte sein Volk dem Schwert,
und über sein Erbe zürnte er.
63 Seine jungen Männer frass das Feuer,
und seine jungen Frauen wurden nicht
besungen.
64 Seine Priester fielen durch das Schwert,
und seine Witwen konnten nicht weinen.
65 Da erwachte wie ein Schlafender der Herr,
wie ein Held, der betäubt war vom Wein.
66 Er schlug seine Feinde zurück,
ewige Schmach verhängte er über sie.
67 Er verwarf das Zelt Josefs,
den Stamm Efraim erwählte er nicht.
68 Er erwählte den Stamm Juda,
den Berg Zion, den er liebt.
69 Er baute den Höhen gleich sein Heiligtum,
fest wie die Erde, die er auf ewig
gegründet hat.
70 Er erwählte David, seinen Diener,
und nahm ihn weg von den Hürden der
Schafe.
71 Von den Muttertieren holte er ihn fort,
zu weiden Jakob, sein Volk,
und Israel, sein Erbe.
72 Und er weidete sie mit reinem Herzen,
und er führte sie mit kluger Hand.

|2: Mt 13,35 |3–4: 145,4 |3: 44,2 |5–6: Dtn 4,9;
6,6–7 |5: 147,19; Dtn 33,4 |6: 22,31!–32 |8: Dtn 32,5.20
|9: Hos 7,16 |11: 106,7 |13: Ex 14,21–22; 15,8 |14: 105,39;
Ex 13,21 |15–16: 105,41; 114,8; Ex 17,1–7; Num 20,2–13;
Jes 48,21 |18: 106,14; Ex 16; Num 11 |20: 78,15!.16 ·
Ex 16,3.8; Num 11,4–6.13 |21–22: Num 11,1.10 |23–
24: Ex 16,4.13–15.31; Num 11,9 |24: 105,40; Neh 9,15;
Joh 6,31 |26–28: Ex 16,13; Num 11,31–32 |30–31: Num 11,33–
34 |32: Num 14,11 |33: Num 14,22–23 |34: Jes 26,16;
Hos 5,15 |38: 85,4 |42: 106,21 |43–52: 105,27–37 |43: 135,9
|44: Ex 7,14–25 |45: Ex 7,26–8,11.16–28 |46: Ex 10,1–20
|47: Ex 9,13–35 |50: Ex 9,1–7 |51: 135,8!; Ex 11,4–8; 12,29
|52: 77,21; Ex 12,37; 13,21 |53: Ex 14–15 |54 114,1!–2 |55: 44,3!
|57: Hos 7,16 |58: Dtn 32,16.21 |60: 1Sam 1,3; Jer 7,12.14
|68: 48,3; 87,2; 132,13! |70 89,21; 1Sam 16,11–13; 2Sam 7,8
|71: 28,9

78,25: «Engelsbrot» ist wörtlich «Brot der Starken».

Der lxxviij. Psalm.
Hebre. LXXIX. Psalm.
¶ Titel. Ein gsang Asaphs.
¶ Jnnhalt.
Es ist ein klag über die zerstörung Jerusalem/ und das jamer der Babylonischen gfencknuß.

O Gott die Heyden sind in dein erb gfallen: deinen heyligen tempel habend sy vermaßget/ und auß Jerusalem steynhauffen gemacht.

Sy habend die todten leychnam deiner dieneren/ den vöglen des luffts zur speyß gemacht/ das fleysch deiner heyligen zur speyß den thieren des välds.

Jr bluot habend sy allenthalb ze Jerusalem wie wasser vergossen/ und was niemant der sy vergrüebe.

Wir sind ein schmaach worden unseren nachpauren/ ein gespött und gelächter denen die umb uns har wonend.

Wie lanng wilt du zürnen O HERR? wilt du deinen eyfer wie ein fheür gar anzünden?

Schütt deinen grymmen zorn auff die Heyden die dich nit kennend/ unnd auff die künigreich die deinen nammen nit anrüeffend.

Die Jacob fressen/ und sein hütten verwüestet habend.

Nit gedenck uns an die alten mißthaten: sunder eyl/ und fürkomm unns mit deiner erbärmbd/ dann wir sind träffennlich ellend worden.

Hilff uns O Gott unser heyland umb der eer willen deines nammens: erlöß unns/ und vergib uns unser sünd umb deines namens willen.

Warumb soltend die Heyden sagen/ wo ist jr Gott? mach under den Heyden kund vor unsern augen die raach des bluots deiner dieneren das vergossen ist.

Laß für dich kommen das seüfftzen der gefangnen/ nach der macht deines arms laß überbleyben die zum tod geschrämt sind.

Die schmach aber mit deren dich die (under denen wir wonend) geschmächt habend O HERR/ die widergilt jnen sibenfaltig in jr schoß.

So wöllend wir dein volck/ und schaaff deiner weyd ewigen danck sagen: unnd dein lob für und für außkünden.

Völker sind in dein Erbe eingedrungen

79 1 Ein Psalm Asafs.
Gott, Nationen sind in dein Erbe eingedrungen,
haben deinen heiligen Tempel entweiht,
Jerusalem zum Trümmerhaufen gemacht.

2 Sie haben die Leichen deiner Diener
den Vögeln des Himmels zum Frass gegeben,
das Fleisch deiner Getreuen den Tieren des Feldes.

3 Sie haben ihr Blut vergossen wie Wasser
rings um Jerusalem, und niemand hat sie begraben.

4 Wir sind zur Schande geworden vor unseren Nachbarn,
zu Spott und Hohn bei denen, die rings um uns wohnen.

5 Wie lange, HERR – willst du immerfort zürnen?
Soll wie Feuer dein Eifer brennen?

6 Giess aus deinen Grimm über die Nationen,
die dich nicht kennen,
und über die Königreiche,
die deinen Namen nicht anrufen.

7 Denn sie haben Jakob aufgezehrt
und seine Wohnstatt verwüstet.

8 Rechne uns nicht an die Schuld der Vorfahren,
schnell komme dein Erbarmen uns entgegen,
denn wir sind sehr schwach geworden.

9 Hilf uns, Gott unserer Hilfe,
um der Ehre deines Namens willen,
rette uns und vergib unsere Sünden
um deines Namens willen.

10 Warum sollen die Nationen sagen:
Wo ist ihr Gott?
Vor unseren Augen möge kundwerden an den Nationen
die Rache für das vergossene Blut deiner Diener.

11 Es dringe zu dir das Stöhnen des Gefangenen,
durch die Macht deines Armes verschone die dem Tod Geweihten.

12 Und auf unsere Nachbarn lass siebenfach zurückfallen
die Schmach, mit der sie dich schmähten, Herr.

13 Wir aber, dein Volk und die Schafe deiner Weide,
wir wollen dich ewig preisen,

von Generation zu Generation deinen
Ruhm verkünden.

|1: Jer 9,10; Klgl 1,10 |2: Jer 7,33 |3: Zef 1,17 · Jer 14,16
|4: 44,14! |5: 85,6; 89,47 |6: Jer 10,25 |8 142,7 |10: 42,4!
|11: 102,21 |13: 74,1!

79,7: Der Massoretische Text wurde korrigiert; er
lautet übersetzt: «Denn er hat Jakob aufgezehrt …»

Der lxxjx. Psalm.
Hebr. LXXX. Psalm.
¶ Tittel.
Ein ermanung auff dem rosen ton/ die gemeynd Asaph
ein gsang.
¶ Jnnhalt.
Es ist ein gebätt auß der Babylonischen gefencknuß zuo
Gott geschehen: begärende erlößt zewerden wie vormals
auß Egypten.

Merck auff O du Hirt Jsraels/ du der Joseph
füerst wie ein chütt schaaffen: du der auff
den Cherubim sitzest/ thuo dich auff.
Vor Ephraim/ Beniamin und Manasse/ Erweck
dein macht und kumm uns zehilff.
Keer wider zuo uns o Gott der heerscharen: zeig
dein angesicht/ so werdend wir heil.
O HERR Gott der heerzeügen/ wie lang wiltu
das gebätt deines volcks auß unwirse
verschupffen? Du hast sy mit trähen gleich
wie mit brot gespeyßt: ja mit trähen hast du
sy überflüssig getrenckt.
Du gibst uns in den hader unserer nachpauren/
das uns unsere feynd vermupffend.
Keer wider zuo uns O Gott der heerzeügen/ zeig
uns dein angsicht/ so werdend wir heyl.
Du hast ein weinräben auß Egypten gebracht/
die Heyden hast du vertriben und sy
eyngepflantzet.
Du hast sy ggruobet und dir bereytet/ du hast sy
machen wurtzlen das sy das ganntz land
gefüllt hatt.
Jr schatt hat die berg überdeckt: dann jre gerten
warend wie der starcken Cederböum.
Jre schossz hatt sy biß ans meer außgestreckt/
und jre schlüecht biß ans wasser.
Warumb hast du dann jren zaun zerbrochen/ dz
sy alle die da fürgond/ abwümmend?
Das wild schweyn auß dem wald durchwüelt sy/
und die thier des välds etzend sy ab.
O Gott der heerscharen/ lieber keer wider: sich
vom himmel herab/ beschauw unnd besich
dise weynräben.
Und den pflantz den dein gerechte hand
gepflantzet hatt/ das ist/ den sun den du dir
herrlich gemacht hast.

Gott, nimm dich deines Weinstocks an

80 1 Für den Chormeister. Nach der
Weise «Lilien». Ein Zeugnis. Von
Asaf. Ein Psalm.
2 Hirt Israels, höre,
der du Josef leitest wie Schafe.
Der du auf den Kerubim thronst, erstrahle
3 vor Efraim, Benjamin und Manasse.
Erwecke deine Macht
und komm uns zu Hilfe.
4 Gott, lass uns zurückkehren,
und lass dein Angesicht leuchten, so ist
uns geholfen.
5 HERR, Gott der Heerscharen,
wie lange noch zürnst du beim Gebet
deines Volks?
6 Du hast sie mit Tränenbrot gespeist
und sie mit Tränen getränkt über die
Massen.
7 Du setzt uns dem Streit unserer Nachbarn
aus,
und unsere Feinde treiben ihren Spott.
8 Gott der Heerscharen, lass uns zurückkehren,
und lass dein Angesicht leuchten, so ist
uns geholfen.
9 Einen Weinstock hast du in Ägypten
ausgehoben,
hast Nationen vertrieben und ihn
eingepflanzt.
10 Raum hast du ihm geschaffen,
und er schlug Wurzeln
und füllte das Land.
11 Berge wurden bedeckt von seinem Schatten,
von seinen Ranken die Zedern Gottes.
12 Seine Triebe hat er ausgestreckt bis ans Meer
und bis zum Strom seine Schosse.
13 Warum hast du seine Mauern eingerissen,
so dass alle, die des Weges kommen, von
ihm pflücken?
14 Das Wildschwein aus dem Wald frisst ihn
kahl,
und was sich auf dem Feld regt, weidet
ihn ab.
15 Gott der Heerscharen, wende dich um,
blicke vom Himmel herab und sieh,

Dann sy ist mitt fheür verbrennt/ unnd ligt wüest: schaff das die/ die sölichs gethon habend/ von dem beschelcken deiner krafft umbkommind.

Halt dein hand über den mann deiner gerechten hand/ über den menschen sun den du dir herrlich gemacht hast.

So wellend wir nit von dir weychen: richt uns wider auf das wir deinen nammen anrüeffind.

Keer wider zuo uns O HERr Gott der heerscharen/ zeyg uns dein angesicht so werdend wir heyl.

Der lxxx. Psalm.
Hebr. LXXXI. Psalm.
¶ Titel.
Ein ermanung Asaph für die trotten.
¶ Jnnhalt.
Es ist ein dancksagung der früchten/ die da leert das Gott alle ding werde überflüssigklich zuodienen/ so wir nach seinem willen läben werdind.

Frolockend Gott der unser stercke ist: schallend frölich dem Gott Jacobs.

Hebend an singen/ bringend trummen/ die lieplichen Lauten und harpffen.

Blaasend an die pusaunen des Neüwmons auff unsern herrlichen und hochzeytlichen tag.

Dann das ist der brauch Jsraels/ unnd das recht das vom Gott Jacobs kumpt.

Die zeügnuß die er hatt wöllen machen/ als er wider die Egyptier außzoch/ do wir ein spraach hortennd die wir nitt verstuondend.

Do ich euch die schwär burde ab euwern achßlen nam/ do jr euwere hend von den häfen thettend.

Do du mich in der not anruofftest/ und ich dich erlößt: mit dir under dem tonder verborgen redt/ unnd dich bey den wassern des zancks bewärt. Säla.

O mein volck hör/ dann ich dich hoch ermanen O Jsrael.

nimm dich dieses Weinstocks an
16 und des Stamms, den deine Rechte gepflanzt hat,
des Sprosses, den du dir gezogen hast.
17 Er ist abgeschnitten und im Feuer verbrannt,
vor dem Drohen deines Angesichts kommen sie um.
18 Deine Hand sei über dem Menschen zu deiner Rechten,
über dem, den du dir grossgezogen hast.
19 Von dir werden wir nicht weichen,
erhalte uns am Leben, so wollen wir deinen Namen anrufen.
20 HERR, Gott der Heerscharen, lass uns zurückkehren,
lass dein Angesicht leuchten, so ist uns geholfen.

|2: 74,1! · 99,1 |4: 4,7! |6: 42,4! |7: 44,14! |9: Jes 5,1–2; Jer 2,21; Hos 10,1 · 44,3! |12: Dtn 11,24 |13: 89,41–42

80,6: «über die Massen» ist wörtlich: «mit dem Drittelmass».
80,17: Möglich ist auch die Übersetzung: «Er ist wie Kehrricht im Feuer verbrannt, …»

Höre, mein Volk, ich will dich ermahnen

81 1 Für den Chormeister. Ein Kelterlied. Von Asaf.
2 Jubelt Gott zu, unserer Stärke,
jauchzt dem Gott Jakobs zu.
3 Stimmt an den Gesang und schlagt die Trommel,
die liebliche Leier samt der Harfe.
4 Stosst ins Horn am Neumond,
am Vollmond, zum Tag unseres Fests.
5 Denn das ist Satzung für Israel,
Ordnung des Gottes Jakobs.
6 Als Gesetz hat er es in Josef erlassen,
als er auszog gegen das Land Ägypten.
Eine Sprache, die ich nicht kenne, vernehme ich:
7 Ich habe die Last von seiner Schulter genommen,
seine Hände sind vom Tragkorb befreit.
8 In der Not hast du gerufen, und ich habe dich gerettet,
ich antwortete dir aus dem Donnergewölk,
prüfte dich an den Wassern von Meriba.
Sela
9 Höre, mein Volk, ich will dich ermahnen,
Israel, wolltest du doch auf mich hören.
10 Kein anderer Gott soll bei dir sein,
nicht sollst du dich niederwerfen vor einem fremden Gott.

Wirst du mir losen/ so wirt kein frömbder Gott
bey dir sein: du wirst auch keinen frömbden
Gott eeren.
Jch bin der HERR dein Gott der dich auß
Egypten herauf gefüert hab/ thuo deinen
mund weyt auf so wil ich jn füllen.
Aber meyn volck ist meyner stimm nit gehorsam
gewesen/ unnd Jsrael wil meynen nichts.
Also hab ich sy der boßheyt jres hertzens
gelassen/ das sy jren radtschlegen nach
gangen sind.
O horte mich meyn volck/ o das Jsrael in
meinen wägen wandlete.
Wie bald wolt ich jre feynd underbringen/ unnd
meyn hand wider jre beleydiger wenden.
Die hasser des HERREN müeßtind an Jsrael
fälen/ jr zeit aber wurde ewig wären.
Er wurde sy mit dem symmel weytzen speysen/
unnd auß dem velsen sy mit honig settigen.

11 Ich bin der HERR, dein Gott,
  der dich heraufgeführt hat aus dem Land
  Ägypten.
    Öffne weit deinen Mund, und ich will ihn
    füllen.
12 Aber mein Volk hörte nicht auf meine
  Stimme,
    Israel gehorchte mir nicht.
13 Da überliess ich sie der Verstocktheit ihres
  Herzens,
    sie folgten ihren eigenen Plänen.
14 Wenn doch mein Volk auf mich hörte,
    Israel auf meinen Wegen ginge.
15 Wie bald wollte ich ihre Feinde bezwingen
    und meine Hand wenden gegen ihre
    Bedränger.
16 Die den HERRN hassen, müssten ihm zu
  Füssen kriechen,
    das wäre ihr Los auf ewig.
17 Ich aber würde es speisen mit bestem Weizen
    und aus dem Felsen dich mit Honig
    sättigen.

|4: Num 10,10 |7: Ex 1,14; 6,6 |8: Ex 19,19 · 95,8!–9;
106,32; Ex 17,1–7; Num 20,2–13 |9: 95,7 |10 Dtn 32,12 ·
Ex 20,3.4–5; 23,24; Dtn 5,7.8–9 |11 Ex 20,2; Dtn 5,6
|14: Jes 48,18 |17: 147,14; Dtn 32,13

81,17: Der Massoretische Text wurde korrigiert; er
lautet übersetzt: «Er aber würde es speisen …»

Der lxxxj. Psalm.
Hebre. LXXXII. Psalm.
¶ Titel. En gsang Asaph.
¶ Jnnhalt.
Es ist ein beschältung der Fürsten unnd Richtern/ und ein
tröuwung der göttlichen raach.

Gott hat sich in die gmeynd der gewaltigen
gestelt/ und mitz under die Richter/ das er
rechte.
Wie lang spricht er wöllend jr unrecht richten/
und das ansehen der gottlosen bey euch
gelten lassen? Säla.
Sprechend dem armen und dem weyßlin recht:
dem verkümmerten unnd armen lassend
recht gon.
Rettend den armen und ellenden/ erlösend jn
von dem gwalt der gottlosen.
Aber sy merckend und verstond nichts/ sonder
sy wandlend in der finsternuß: darumb
müessend alle grundvestenen der erd bewegt
werden.
Jch hatt wol geredt/ jr sind Götter/ und sün des
höchsten all miteinandern.

Inmitten der Götter hält er Gericht

82

1 Ein Psalm Asafs.
  Gott steht in der Gottesversammlung,
    inmitten der Götter hält er Gericht:
2 Wie lange wollt ihr ungerecht richten
    und die Frevler begünstigen? Sela
3 Schafft Recht dem Geringen und der Waise,
    dem Elenden und Bedürftigen verhelft
    zum Recht.
4 Rettet den Geringen und den Armen,
    befreit ihn aus der Hand der Frevler.
5 Sie wissen nichts und verstehen nichts,
    im Finstern tappen sie umher,
    es wanken alle Grundfesten der Erde.
6 Ich habe gesprochen: Götter seid ihr
    und Söhne des Höchsten allesamt.
7 Doch fürwahr, wie Menschen sollt ihr
  sterben
    und wie einer der Fürsten fallen.
8 Steh auf, Gott, richte die Erde,
    denn dein Eigentum sind die Nationen
    alle.

|1: Jes 3,13 |3: Jes 1,17 |6: Joh 10,34

Aber jr müessend sterben wie die menschen/
und wie einer auß den tyrannen fallen.
O Gott stand auf unnd schirm die welt/ dann
dir von erbrechts wägen alle völcker
zuogehörend.

Der lxxxij. Psalm.
Hebr. LXXXIII. Psalm.
¶ Titel. Ein lobgsang Asaph.
¶ Jnnhalt.
Es ist ein anrüeffen göttlicher hilff so sich die feynd zemen
rottend und zuo krieg rüstend.

O Gott nit schweyg du/ verzeüch nit/ und saum
dich nit O Gott.
Dann sich deine feynd tobend/ und die dich
hassend richtend den kopff auf.
Heimliche list unnd aufsetz trachtend sy wider
dein volck: sy rottend sich wider deine
heymligkeyten.
Sy sprechend: Wolhär wir wöllends außreüten
das sy kein volck mer sygind/ dz man des
nammens Jsraels niemar mer gedencke.
Dann sy rottend sich zesamen von hertzen/ und
habend wider dich einen pundt zemen
geschworen.
Die hütten der Edomitern und die Jsmaeliten:
die Moabiter und Hagarener.
Gebal/ Amon/ und Amelek/ die Palestiner mit
den eynwonern Tyri.
Denen hangend an die Assyrier die sind ein arm
den sünen Lot.
Thuo jnen wie den Madianitern und dem Sisare/
und wie dem Jabin an dem wasser Chison.
Die in Endor nidergelegt/ unnd zuo mist der
erden worden sind.
Mach jre fürsten dem Oreb gleych/ dem Zeb/
Zebee und Zalmana all jre fürsten.
Die geredt habend/ wir wöllend die schönen
wonung Gottes eynnemmen.
O mein Gott mach sy wie ein wyrbbel/ und wie
ein stupfflen vor dem wind.
Wie das fheür einen wald verbrennt/ und wie
der flamm die berg anzündt.
Also wöllest du sy mit deynem wätterstoß
durächten/ und mit deinem windsbraut
überfallen.
Mach jre angsicht schamrot/ das sy deinem
nammen nachfragind O HERR.
Geschendt werdind sy unnd scheüch gemachet
yemer und ewigklich: geschendt werdind sy
und kommind umb.

Schrecke die Völker mit deinem Sturm

83 1 Ein Lied. Ein Psalm Asafs.
2 Gott, sei nicht stumm,
schweige nicht und ruhe nicht, Gott.
3 Denn sieh, deine Feinde toben,
und die dich hassen, haben das Haupt
erhoben.
4 Gegen dein Volk planen sie Anschläge,
und sie beraten sich gegen die, die unter
deinem Schutz sind.
5 Sie sagen: Kommt, wir tilgen sie aus, dass sie
kein Volk mehr sind,
des Namens Israel werde nicht mehr
gedacht.
6 Einmütig haben sie sich beraten,
einen Bund gegen dich zu schliessen:
7 die Zelte Edoms und die Ismaeliter,
Moab und die Hagriter,
8 Gebal und Ammon und Amalek,
Philistäa samt den Bewohnern von Tyros.
9 Auch Assur hat sich mit ihnen verbündet,
leiht seinen Arm den Söhnen Lots. *Sela*
10 Tu ihnen wie Midian, wie Sisera,
wie Jabin am Bach Kischon:
11 Sie wurden vernichtet bei En-Dor,
wurden zu Dünger für den Acker.
12 Verfahre mit ihren Edlen wie mit Oreb und
Seeb,
wie mit Sebach und Zalmunna, mit allen
ihren Fürsten,
13 die sprachen: Wir wollen
die Wohnstätten Gottes erobern.
14 Mein Gott, mache sie der Distel gleich,
wie Spreu vor dem Wind.
15 Wie Feuer, das den Wald verbrennt,
wie die Flamme, die Berge versengt,
16 so verfolge sie mit deinem Wetter
und schrecke sie mit deinem Sturm.
17 Erfülle ihr Angesicht mit Schmach,
dass sie deinen Namen suchen, HERR.
18 Für immer sollen sie zuschanden werden und
erschrecken,
sie sollen beschämt zugrunde gehen.
19 Und sie werden erkennen:
HERR ist dein Name,

Damit sy innen werdind das du allein der HERR bist/ das deyn namm allein ist/ und allein du der höchst syest über alle erden.

du allein bist der Höchste über die ganze Erde.

|2: 35,22! |10: Ri 4,1–24; 7,15.23; Jes 9,3; 10,26 |12 Ri 7,25; 8,21 |14: 1,4! |19: 46,11! · 97,9

Der lxxxiij. Psalm.
Hebr. LXXXIIII. Psalm.
¶ Titel.
Ein ermanung unnd lobgesang der sünen Kore für die trotten.
¶ Jnnhalt.
Es wirt under der gleychnuß der fröud die die habend die auff die hochzeytlichen fäst zesamen kommend/ die fröud und ruow deren die in Gott vertrauwend zeverston geben und angebildet.

Wie lieblich sind deine wonungen O HERR der heerzeügen.
Mein seel hat ein begird und verlangen in die höf deß HERRN: mein hertz und mein fleisch ein fröudreychen lust zuo dem läbendigen Gott.
Da jm die Spar ein behausung findt/ und das Turteltöublin ein näst seynen jungen/ namlich/ deinen altar O HERR der heerzeügen du mein künig und mein Gott.
O wie sälig sind die/ die in deinem hauß wonend/ und dich lobend. Säla.
Wol denen deren stercke du bist/ in deren hertz deyn lob ist.
Dann so sy in dem tal der trähen wandlend/ so brauchend sy es für ein brunnen/ und der füerer wirt mit frolocken geziert.
Sy gond vonn radt zuo radt/ denn erscheynt jnen der Gott in Zion.
O HERR Gott der heerzeügen erhör unser gebätt/ vernimms O Gott Jaacobs. Säla.
Besich unns O Gott unser schilt/ unnd schouw in das angsicht deines gesalbeten.
Dann ein tag in deinen höfen ist lieblicher dann sunst tausent: ich wil lieber ein thürhüeter sein in dem hauß meines Gottes/ dann in den hütten der gottlosen wonen.
Dann der HERR Gott ist ein liecht und schirm/ gnad und macht gibt der HERR/ kein guots wirdt er denen entziehen die fromklich läbend.
Wol denen o HERR Gott der heerscharen/ die in dich vertrauwend.

Wie lieblich sind deine Wohnungen
84 1 Für den Chormeister. Nach dem Kelterlied. Von den Korachitern. Ein Psalm.
2 Wie lieblich sind deine Wohnungen, HERR der Heerscharen.
3 Meine Seele sehnt sich, sie schmachtet nach den Vorhöfen des HERRN,
mein Herz und mein Leib, sie rufen zum lebendigen Gott.
4 Auch der Sperling hat ein Haus gefunden und die Schwalbe ein Nest,
wohin sie ihre Jungen gelegt hat –
deine Altäre, HERR der Heerscharen, mein König und mein Gott.
5 Wohl denen, die in deinem Hause wohnen, sie werden dich immerdar loben. *Sela*
6 Wohl dem Menschen, dessen Zuflucht bei dir ist,
denen, die sich zur Wallfahrt rüsten.
7 Ziehen sie durch das Bachatal,
machen sie es zum Quellgrund,
und in Segen hüllt es der Frühregen.
8 Sie schreiten dahin mit wachsender Kraft, bis sie vor Gott erscheinen auf Zion.
9 HERR, Gott der Heerscharen, höre mein Gebet,
vernimm es, Gott Jakobs. *Sela*
10 Schau, Gott, auf unseren Schild,
und blicke auf das Angesicht deines Gesalbten.
11 Denn besser ist ein Tag in deinen Vorhöfen als tausend nach meinem Gefallen,
lieber an der Schwelle zum Haus meines Gottes stehen
als in den Zelten des Frevels wohnen.
12 Denn Sonne und Schild ist Gott der HERR,
Gnade und Ehre gibt der HERR;
kein Glück versagt er denen,
die in Vollkommenheit einhergehen.
13 HERR der Heerscharen,
wohl dem Menschen,
der auf dich vertraut.

|3: 65,5! |4: 5,3! |5: 65,5! |12: 15,2!

84,6: Möglich ist auch die Übersetzung: «Wohl dem Menschen, dessen Kraft in dir gründet, …»

Der lxxxiiij. Psalm.
Hebr. LXXXV. Psalm.
¶ Titel.
Ein ermanung und lobgesang der sünen Kore.
¶ Jnnhalt.
Es ist ein ängstig gebätt umb erlösung auß der Babylonischen gefencknuß/ und auß der gfencknuß der sünd die durch Christum abgetilcket sind.

Biß gnädig o HERr deinem land/ bring wider
  die gfencknuß Jaacobs.
Nimm hin die mißthat deines volckes/ und
  bedeck all jr sünd. Säla.
Heb auf all dein ungnad/ wendt dich von
  deinem grimmen zorn.
Keer wider zuo unns o Gott unser heyland/
  unnd thuo ab deyn ungnad die du gegen uns
  hast.
Wilt du ewigklich über uns zürnen? wilt du
  deinen zorn strecken über alle nachkommen?
Wilt du dann nit widerkeeren und uns
  erquicken/ dz sich deyn volck in dir fröuwe?
Ach HERR zeyg uns deyn güete/ unnd begaab
  uns mit deinem heyl.
Jch wil losen was der HERR Gott enbieten
  wölle/ dann er wirt seynem volck und seynen
  heyligen friden enbieten/ das sy sich nit zuo
  torheyt keerind.
Dann sein heyl ist nach denen die jn förchtend/
  unnd sein eer das sy wone in unserem land.
Güete und trüw werdend einandern begegnen:
  gerechtigkeyt unnd frid werdend einandern
  küssen.
Warheyt wirdt auß der erden wachsen/ und
  gerechtigkeit vom himmel herfür schiessen.
Der HERR wirdt guotes geben/ unnd wirt unser
  land seyn gewächs bringen.
Gerechtigkeyt wirt vor jm här gon/ und seynem
  eynzug den wäg zuorüsten.

Der lxxxv. Psalm.
Hebre. LXXXVI. Psalm.
¶ Titel. Ein gebätt Davids.
¶ Jnnhalt.
Es ist ein gemeyn gebätt/ das begärt von aufsatz der feynden und widerwertigkeit erlößt werden.

HERR beüt mir deyn or/ unnd antwurt mir/
  dann ich bin ellend unnd arm.
Behüet mein seel dann ich bin unschuldig: hilff
  deinem knecht/ du mein Gott/ der sich auff
  dich verlaßt.
Biß mir gnädig o HERR/ dann ich one underlaß
  zuo dir rüeff.

Du hast dein Land begnadigt

85 1 Für den Chormeister. Von den Korachitern. Ein Psalm.
2 Du hast dein Land begnadigt, HERR,
  hast Jakobs Geschick gewendet.
3 Du hast die Schuld deines Volkes vergeben,
  getilgt all ihre Sünde. *Sela*
4 Du hast zurückgezogen all deinen Grimm,
  abgewendet die Glut deines Zorns.
5 Wende dich zurück zu uns, Gott unseres Heils,
  und lass ab von deinem Unmut gegen uns.
6 Willst du uns ewig zürnen,
  deinen Zorn hinziehen von Generation zu Generation?
7 Bist du nicht der, der uns das Leben wiedergeben kann,
  dass dein Volk sich deiner freut?
8 Lass uns, HERR, deine Güte schauen,
  und schenke uns deine Hilfe.
9 Ich will hören, was Gott spricht;
  der HERR, er verkündet Frieden
  seinem Volk und seinen Getreuen,
  damit sie nicht wieder der Torheit verfallen.
10 Nahe ist denen seine Hilfe, die ihn fürchten,
  dass Herrlichkeit wohne in unserem Land.
11 Gnade und Treue finden zusammen,
  es küssen sich Gerechtigkeit und Friede.
12 Treue sprosst aus der Erde,
  und Gerechtigkeit schaut vom Himmel hernieder.
13 Der HERR gibt das Gute
  und unser Land seinen Ertrag.
14 Gerechtigkeit geht vor ihm her
  und bestimmt den Weg seiner Schritte.

|2: 14,7! |3: 32,1 |4: 78,38 |6: 79,5! |7: 71,20! |11: 89,15 |12: Jes 45,8 |13: 67,7! |14: Jes 58,8

Reich an Güte und Treue

86 1 Ein Gebet Davids.
Neige, HERR, dein Ohr, erhöre mich,
  denn ich bin elend und arm.
2 Bewahre mein Leben, denn ich bin getreu,
  hilf du, mein Gott, deinem Diener, der auf dich vertraut.
3 Sei mir gnädig, Herr,
  denn zu dir rufe ich allezeit.
4 Erfreue das Herz deines Dieners,
  denn zu dir, Herr, erhebe ich meine Seele.
5 Denn du, Herr, bist gut und bereit zu vergeben,

Erfröuw die seel deines knechts: dann zuo dir o
HERR erheb ich mein gemüet.
Dann du o HERR bist freüntlich unnd gnädig/
vast güetig allen denen die dich anrüeffend.
Faß mein gebätt zuo oren O HERR/ und
vernimm die stimm meiner klag.
So offt ich in nöten bin so rüeff ich dich an/
dann du erhörst mich.
Under allen Götten ist keiner dir gleych O
HERR/ und thuot keiner thaten wie du.
Deßhalb söllend alle völcker die du gemachet
hast kommen unnd vor dir anbätten O
HERR/ und söllend deynen nammen hoch
preysen.
Dann du bist groß und thuost grosse ding/ du
bist allein Gott.
Füer mich O HERR deynen wäg das ich in
deiner warheit wandle: heb mir mein hertz
zesamen das es deynem nammen allein
förchte.
Jch sag dir lob unnd danck O HERR mein Gott
auß gantzen meinem hertzen/ und dinen
nammen wil ich ewigklich preysen.
Dann du hast deyn güete größlich an mir
bewisen: du hast meyn seel von der gruoben
die under mir was erlößt.
O Gott die muotwilligen fräfler wütschend
wider mich auf/ und die rott der wüeterichen
stellend nach meinem läben/ und habend
dich nit vor augen.
Darumb O HERR mein Gott der du gnädig bist
unnd barmhertzig/ langsam zuo zürnen/ aber
geneygt und schnäll zuo güete und trüw.
Keer dich zuo mir unnd biß mir gnädig/ gib
deynem knecht krafft/ und heyl dem sun
deiner dienerin.
Thuo mit mir ein zeychen zuo guotem/ das
meine feynd (so sy es sähend) zeschanden
werdind/ das du HERR mir geholffen unnd
mich getröstet hast.

reich an Gnade gegen alle, die dich
anrufen.
6 Höre, HERR, mein Gebet
und achte auf den Ruf meines Flehens.
7 Am Tag der Not rufe ich zu dir,
denn du erhörst mich.
8 Keiner ist dir gleich unter den Göttern, Herr,
und nichts gleicht deinen Werken.
9 Alle Völker, die du geschaffen hast,
werden kommen und vor dir sich
niederwerfen, Herr,
und deinen Namen ehren.
10 Denn du bist gross und tust Wunder,
du allein bist Gott.
11 Weise mir, HERR, deinen Weg, dass ich in
deiner Wahrheit gehe,
richte mein Herz darauf, deinen Namen
zu fürchten.
12 Ich will dich preisen, Herr, mein Gott, von
ganzem Herzen
und ewig deinen Namen ehren.
13 Denn gross ist über mir deine Gnade,
und aus tiefem Totenreich hast du mich
errettet.
14 Gott, vermessene Menschen haben sich
gegen mich erhoben,
und eine Rotte von Gewalttätigen trachtet
mir nach dem Leben,
dich haben sie nicht vor Augen.
15 Du aber, Herr, bist ein barmherziger und
gnädiger Gott,
langmütig und reich an Güte und Treue.
16 Wende dich zu mir und sei mir gnädig,
gib deinem Diener deine Kraft,
und hilf dem Sohn deiner Magd.
17 Tu an mir ein Zeichen zum Guten,
und die mich hassen, sollen es sehen und
zuschanden werden,
denn du, HERR, hast mir geholfen und
mich getröstet.

|2: 16,1! |4: 25,1! |5: 130,4! |6: 5,2!–3 |7: 50,15! |8: 71,19!
|9: 22,28! |11: 25,4!–5 · 26,3 |14: 54,5 |15: 103,8; 111,4;
112,4; 116,5; 145,8; Ex 34,6; Neh 9,17; Joel 2,13; Jona 4,2
|16: 25,16! · 116,16

Der lxxxvj. Psalm.
Hebr. LXXXVII. Psalm.
¶ Titel.
Ein lobgesang und danckſagung der sünen Kore.
¶ Jnnhalt.
Es ist ein träffenlich und preyß der statt Jerusalem/ die ein
figur der Christenlichen kilchen ist.

In Zion geboren

87 1 Von den Korachitern. Ein Psalm.
Ein Lied.
Seine Gründung
liegt auf heiligen Bergen,
2 der HERR liebt die Tore Zions
mehr als alle Wohnungen Jakobs.
3 Herrliches redet man von dir,

Der HERR hat die thor Zion (deren grundveste
auff dem heiligen berg ist) lieber dann alle
wonungen Jaacobs.
Grosse und herrliche ding werdend von dir
gesagt o du statt Gottes. Säla.
Jch wils Rahab sagen unnd Babylon denen
stetten die mir bekannt sind: Auch den
Palestineren/ den Tyriern unnd Moren/
Nemmend war der ist da geboren.
Und Zion zuo eeren wirt man allenthalb sagen/
der hoch der sy gebauwen hatt/ der ist in jren
geboren.
Ja der HERR wirts auch bey allen völckern
aufzeychnen unnd in gschrifft verfassen das
der in jren geboren ist. Säla.
Dannen här aller sengeren unnd dentzeren
wonung in dir ist.

Der lxxxvij. Psalm.
Hebr. LXXXVIII. Psalm.
¶ Titel.
Ein ermanlich lobgesang und dancksagung der sünen
Kore/ gemacht das man eins umbs ander auff dem
Zincken blaase. Es berichtet auch wol/ ist Hemans des
Efraiten.
¶ Jnnhalt.
Es ist ein jämerliche klag eines der über die maß
verkümmeret ist.

O HERR Gott meyn heyland/ laß mein gebätt
(der tag unnd nacht zuo dir rüeff) für dich
kommen/ neig dein or zuo meinen seüfftzen.
Dann mein seel ist voller kummers/ unnd mein
läben dem tod nach.
Ja ich wird gezelt under die die in die gruoben
hinab farend/ und wird geachtet als der der
kein krafft hat.
Under den todten wird ich funden als under den
erschlagnen/ under denen die im grab ligend/
deren man nichts mer gedenckt/ die durch
dein krafft abgeschnitten sind.
Du hast mich in die tieffen gruoben gestossen/
in die aller tieffesten finsternuß.
Du truckst mich mit deinem grimm/ unnd mit
allen deinen wasserbrüchen schlechst du
mich nider. Säla.
Meine erkannten hast du verr vonn mir
getriben: Du hast mich jnen zum greüwel
gemachet/ und ich bin der maß gefangen das
ich nit außkommen mag.
Mein gesicht nimpt vonn kummer ab/ HERR
ich rüeff dich täglich an/ und streck meine
hend zuo dir.

du Stadt Gottes. *Sela*
4 Ich rechne Rahab und Babel zu denen, die
mich kennen,
Philistäa und Tyros samt Kusch,
diese sind dort geboren.
5 Vom Zion aber wird man sagen:
Ein jeder ist da geboren,
und er selbst, der Höchste, gibt ihm
Bestand.
6 Der HERR schreibt auf, wenn er die Völker
verzeichnet:
Diese sind dort geboren. *Sela*
7 Und man singt beim Reigentanz:
Alle meine Quellen sind in dir.

|2: 78,68! |5: 48,9

Elend bin ich und dem Tode nahe
88 1 Ein Lied. Ein Psalm der Korachiter.
Für den Chormeister. Nach der Weise
«machalat» zu singen. Ein Weisheitslied
Hemans, des Esrachiters.
2 HERR, Gott meiner Rettung,
bei Tage schreie ich,
des Nachts stehe ich vor dir.
3 Mein Gebet gelange zu dir,
neige dein Ohr meinem Flehn.
4 Denn ich bin mit Leiden gesättigt,
und mein Leben ist dem Totenreich nahe.
5 Ich zähle zu denen, die zur Grube
hinabsteigen,
bin wie ein kraftloser Mann,
6 ausgestossen unter die Toten,
Erschlagenen gleich,
die im Grabe liegen,
deren du nicht mehr gedenkst;
von deiner Hand sind sie getrennt.
7 Du hast mich hinunter in die Grube
gebracht,
in Finsternis und Tiefe.
8 Dein Grimm lastet auf mir,
und mit allen deinen Brandungen hast du
mich niedergeworfen. *Sela*
9 Meine Vertrauten hast du mir entfremdet,
hast mich ihnen zum Abscheu gemacht.
Eingeschlossen bin ich, komme nicht hinaus,
10 mein Auge vergeht vor Elend.
Ich rufe zu dir, HERR, allezeit,
strecke meine Hände aus nach dir.
11 Tust du an den Toten Wunder,
stehen Schatten auf, dich zu preisen? *Sela*

Erzeygst du deyne wunderthaten auch den
  todten? mögend auch die artzet sy
  widerbringen das sy dich lobind?
Wirt dein freüntliche unnd güete auch im grab
  außkündt? oder dein trüw in der
  verderbtnuß?
Werdend deyne herrlichen und grossen
  wunderthaten auch in der finsternuß
  erkannt? oder dein gerechtigkeyt an dem ort
  da man aller dingen vergißt?
Zuo dir schrey ich O HERR/ und mein gebätt
  eylet dir zebegegnen.
O HERR warumb verschupffst du mein seel?
  warumb verbirgst du deyn angesicht vor mir?
So doch mir vor kummer und jamer onmächtig
  ist/ und ich deine burdinen mit zittern trag.
Dein grimmer zorn gadt über mich/ deyn
  ungnad ertruckt mich.
Sy umblauffend mich one underlaß wie die
  wasser: sy überfallend mich einsmals.
Du hast mir meine freünd und verwandten vast
  verr gemachet/ meine bekannten sind mir
  unbekannt worden.

Der lxxxviij. Psalm.
Hebre. LXXXIX. Psalm.
¶ Titel.
Ein bericht und ermanung Ethan des Esraiters.
¶ Jnnhalt.
Es ist ein lob der großmächtigkeyt und der eeren Gottes/
und ein erfordern seiner barmhertzigkeyt in krafft des
pundts den er mit David gemachet hatt.

Die erbermbd des HERRN wil ich ewigklich
  singen/ und mit meynem mund allen
  nachkommen sein warheit und trüw kundt
  thuon.
Dann ich weiß das dein erbermbd ewigklich
  wären wirt: dein warheit und trüw ist
  gewesen do die himmel geschaffen wurdend/
  mit deren du also geredt hast:
Jch hab einen pundt gemachet mit meinem
  außerwelten/ David meinem diener hab ich
  geschworen.
Jch wil deinen somen ewigklich erhalten/ unnd
  deynen stuol bey allen nachkommen vestnen.
  Säla.
Darumb preysend die himmel O HERR deine
  herrlichen wunderthaten/ und die gemeynd
  der heiligen dein warheit und trüw.
Dann wär ist auch in den wolken der dem
  HERREN gleych möge gezelt werden? ja wär
  ist under den götten dem HERREN gleych?

12 Wird deine Güte im Grab verkündet,
     deine Treue im Abgrund?
13 Werden deine Wunder in der Finsternis kund
     und deine Gerechtigkeit im Land des
     Vergessens?
14 Ich aber schreie zu dir, HERR,
     mein Gebet kommt vor dich am Morgen.
15 Warum, HERR, verstösst du mich,
     verbirgst dein Angesicht vor mir?
16 Elend bin ich und krank zum Tode von
     Jugend auf,
     schutzlos deinem Schrecken ausgesetzt.
17 Deine Zornesgluten sind über mich
     gekommen,
     deine Schrecknisse haben mich vernichtet.
18 Sie umgeben mich wie Wasser den ganzen
     Tag,
     umfluten mich ganz und gar.
19 Entfremdet hast du mir Freund und
     Gefährten,
     mein Vertrauter ist die Finsternis.

|8: 42,8! |9: 38,12! |11–13: 6,6! |14: 5,4! |19: 38,12!

88,1: Siehe die Anm. zu Ps 53,1.

Wo sind deine Gnadentaten?
89 1 Ein Weisheitslied Etans, des
     Esrachiters.
2 Die Gnadentaten des HERRN will ich ewig
     besingen,
     von Generation zu Generation deine
     Treue kundtun mit meinem Mund.
3 Ich bekenne: Auf ewig ist Gnade erbaut,
     im Himmel gründest du fest deine Treue.
4 Ich habe einen Bund geschlossen mit
     meinem Erwählten,
     habe David, meinem Diener, geschworen:
5 Für ewig gründe ich deine
     Nachkommenschaft,
     und für alle Generationen erbaue ich
     deinen Thron. *Sela*
6 Die Himmel sollen preisen deine Wunder,
     HERR,
     und deine Treue in der Versammlung der
     Heiligen.
7 Denn wer in den Wolken kann sich messen
     mit dem HERRN,
     wer unter den Gottessöhnen gleicht dem
     HERRN?
8 Ein Gott, gefürchtet im Kreis der Heiligen,
     gross und furchterregend über allen rings
     um ihn her.
9 HERR, Gott der Heerscharen, wer ist wie du?

Gott ist erschrocklich in der grossen gemeynd der heiligen/ und eerlich über alle die umb jn sind.

O HERR Gott der heerscharen wär ist dir gleich/ in macht und herrliche/ in warheit und trüw die dich allenthalb umbstond/

Du meisterest das wüetend meer/ so sich seyne wällen erhebend so stillest du sy.

Du zertrittest den hochmüetigen wie ein erschlagnen/ mit deynem starcken arm zerströwest du deyne feynd.

Dein ist der himmel/ dein ist die erd/ ja der gantz erdboden und was darauff ist/ dann du hasts alles gegrundvestet.

Mitnacht unnd mittag hast du geschaffen: Thabor und Hermon frolockend in deinem nammen.

Deyn arm ist überauß gewaltig/ deyn hand vast starck/ deyn gerechte hand ist die allerhöchste.

Deyn stuol ist bereytet mit gerechtigkeyt und billigkeyt/ gnad unnd trüw gond vor dir här.

Wol dem volck das dir frolocken kan O HERr/ das in dem liecht deines angsichts wandlet.

Die in deinem nammen alle zeyt frolockend/ und sich zuo deiner gerechtigkeit mit fröuden aufrichtend.

Dann du bist die herrliche zierd jrer stercke/ unnd unser horn richt sich durch deyn gnad auf.

O HERR du bist unser schilt/ unnd du O Heiliger Jsraels unser Künig.

Du hast vor zeyten/ do du deinen heiligen dich aufthätest/ geredt und gesprochen: Jch wil dem helden hilff thuon/ ich wil den außerwelten über mein volck erhöhen.

Jch wil mir den David zum diener bestellen/ mit meynem heyligen öl wil ich jn salben.

Mein hand wirt jn understützen/ unnd mein arm wirt jn sterken.

Der feynd wirt jn nit mögen überwinden/ unnd der schalck wirdt jn nit undertrucken.

Jch wil seine feynd vor jm zermürsen/ und die jn hassend wil ich schlahen.

Jnn aber wirdt meyn trüw unnd gnad erhalten/ und in meiner krafft wirt sein horn erhöcht.

Sein macht wil ich biß ans meer strecken/ und sein gebiet biß an das wasser Euphrat.

Er wirdt mir rüeffen O meyn vatter/ o mein Gott/ und du velß meines heyls.

Jch aber wil jnn fürnäm machen/ unnd hoch über alle Künig der erden setzen.

Stark bist du, HERR, und deine Treue ist rings um dich her.

10 Du bist es, der über das Ungestüm des Meeres herrscht,
wenn seine Wellen sich erheben, du besänftigst sie.

11 Du hast Rahab zermalmt wie einen Erschlagenen,
mit deinem starken Arm deine Feinde zerstreut.

12 Dein ist der Himmel, dein auch die Erde,
der Erdkreis und was ihn erfüllt, du hast sie gegründet.

13 Du hast Nord und Süd erschaffen,
Tabor und Hermon jubeln über deinen Namen.

14 Du hast einen Arm voller Kraft,
stark ist deine Hand, hoch erhoben deine Rechte.

15 Gerechtigkeit und Recht sind die Stütze deines Throns,
Gnade und Treue stehen vor deinem Angesicht.

16 Wohl dem Volk, das zu jubeln weiss,
HERR, sie gehen im Licht deines Angesichts.

17 Über deinen Namen jauchzen sie allezeit,
und in deiner Gerechtigkeit richten sie sich auf.

18 Denn du bist ihnen Stolz und Kraft,
und in deinem Wohlgefallen erhebst du unser Horn.

19 Dem HERRN gehört unser Schild,
dem Heiligen Israels unser König.

20 Einst hast du geredet in einer Schauung,
zu deinen Getreuen gesprochen:
Einem Helden habe ich Hilfe gewährt,
einen jungen Mann aus dem Volk erhöht.

21 Ich habe David, meinen Diener, gefunden,
mit meinem heiligen Öl ihn gesalbt,

22 an dem meine Hand festhalten wird,
mein Arm wird ihn stärken.

23 Kein Feind soll je ihn überlisten,
kein Ruchloser ihn bezwingen.

24 Vor ihm zerschmettere ich seine Gegner,
und die ihn hassen, schlage ich nieder.

25 Meine Treue und meine Gnade werden mit ihm sein,
und in meinem Namen ist sein Horn erhoben.

26 Ich lasse ihn die Hand auf das Meer legen
und auf die Ströme seine Rechte.

27 Er wird mich anrufen: Mein Vater bist du,

Meyn güete wil ich ewig an jm halten/ und
   meyn pundt sol mit jm steyff beston.
Jch wil seynen somen für und für setzen und
   pflantzen/ unnd seinen stuol wie die tag die
   am himmel aufgond.
Ob aber seyne kinder mein gesatz verlassen/ und
   in meinen rechten nit wandlen.
Wo sy meine breüch und ordnungen
   entheyligen/ und meine gebott nit halten
   wurdind.
So wil ich jre überträttungen mit der ruoten
   straffen/ und jre mißthaten mit streichen.
Doch wil ich mein erbermbd und gnad nit gar
   von jm nemmen: ich wil jm auch ann
   meyner trüw nit fälen.
Meinen pundt wird ich nit krafftloß machen/
   unnd das nit endern das auß meynem mund
   außgangen ist.
Jch hab ye gentzlich bey meyner heyligkeyt
   geschworen/ das ich David nit fälen wölle.
Das sein somen ewigklich wären sol/ und sein
   stuol wie die Sonnen vor mir.
Steyff sol er sein in ewigkeyt wie der Mon/ unnd
   wie der gewüß zeüg inn den wolcken.
Nun aber verachtest du und verschupffest
   deynen gesalbeten/ und tregst blaast gegen
   jm.
Zertrenst den pundt deynes dieners/ und wirffst
   sein kron zeboden.
Du hast alle seyne zeün zerbrochen/ alle seine
   vestinen hast du zerschlagen.
Alle die da fürgond die zerträttend jn: er ist
   seinen nachpauren ein schmaach.
Die gerechte hand seyner feynden richtest du
   auf/ unnd erfröuwest alle die jn beleydigend.
Die schneyden seynes schwärts machest du sich
   widerlegen/ und machest jn im krieg nit
   sighafft.
Du zierst jn nit mer/ und hast seinen stuol
   zeboden geworffen.
Die tag seiner jugend hast du abgeschnitren/
   unnd hast jn mit schand überdecket. Säla.
Wie lanng wilt du dich verbergen O HERR?
   wilt du es ewigklich treyben? wie lang wilt du
   doch deinen zorn wie ein fheür anzünden?
Bedenck doch wie lang mein läben sey/ hastu
   dann alle menschen vergeben geschaffen?
Jst dann yeman der läbe unnd nit sterben werde?
   oder mag yeman sein läben vor der gruoben
   erretten? Säla.
HERR wo ist deyn alte gnad und güete/ die du
   David bey deyner trüw geschworen hast?

   mein Gott und der Fels meiner Rettung.
28 Ich aber will ihn zum Erstgeborenen machen,
   zum Höchsten unter den Königen der
   Erde.
29 Ewig bewahre ich ihm meine Gnade,
   und mein Bund hat für ihn Bestand.
30 Für immer setze ich seine Nachkommen ein
   und seinen Thron, solange der Himmel
   steht.
31 Wenn seine Söhne meine Weisung verlassen
   und ihren Weg nicht nach meinen
   Vorschriften gehen,
32 wenn sie meine Satzungen entweihen
   und meine Gebote nicht halten,
33 werde ich ihr Vergehen ahnden mit dem
   Stock
   und mit Schlägen ihre Schuld.
34 Doch meine Gnade will ich ihm nicht
   entziehen,
   und meine Treue will ich nicht brechen.
35 Ich will meinen Bund nicht entweihen
   und den Spruch meiner Lippen nicht
   ändern.
36 Ein für alle Mal habe ich bei meiner
   Heiligkeit geschworen,
   und wie sollte ich David belügen:
37 Ewig soll seine Nachkommenschaft bestehen
   und sein Thron wie die Sonne vor mir,
38 wie der Mond, der ewig fest steht,
   ein treuer Zeuge in den Wolken. *Sela*
39 Aber du hast verstossen, verworfen,
   zürnst gegen deinen Gesalbten.
40 Widerrufen hast du den Bund mit deinem
   Diener,
   zu Boden geworfen, entweiht sein
   Diadem.
41 Du hast alle seine Mauern eingerissen,
   seine Festungen in Trümmer gelegt.
42 Alle, die des Weges kommen, haben ihn
   geplündert,
   seinen Nachbarn ist er zum Spott
   geworden.
43 Die Rechte seiner Gegner hast du erhoben,
   hast alle seine Feinde erfreut.
44 Stumpf gemacht hast du sein scharfes
   Schwert
   und hast ihn nicht bestehen lassen im
   Kampf.
45 Du hast seinem Glanz ein Ende gemacht
   und seinen Thron zu Boden gestürzt.
46 Du hast die Tage seiner Jugend verkürzt,
   hast ihn mit Schande umhüllt. *Sela*

Gedenck O HERr an die schmaach die alle
  völcker deinen dienern beweysend/ das ich
  alles under mein hertz trucken.
Damit deine feind schmähend O HERr/ damit
  sy auch die fuoßtritt deines gesalbeten
  schmähend und schendend.
Der HERR sey gelobt in ewigkeyt.
Amen Amen.

47 Wie lange, HERR! Willst du dich immerzu
     verbergen?
   Soll dein Grimm wie Feuer brennen?
48 Bedenke, Herr, was ist das Leben,
   wie nichtig hast du alle Menschen
     erschaffen.
49 Wo ist einer, der lebt und den Tod nicht
     schaut,
   der sein Leben rettet vor der Macht des
     Totenreichs? *Sela*
50 Wo sind deine früheren Gnadentaten, Herr,
   die du David in deiner Treue geschworen
     hast?
51 Bedenke, Herr, die Schmach deiner Diener,
   dass ich in meiner Brust trage den Hohn
     der Völker,
52 mit dem deine Feinde schmähen, HERR,
   mit dem sie schmähen die Spuren deines
     Gesalbten.
53 Gepriesen sei der HERR in Ewigkeit.
   Amen, Amen.

|4–5: 132,11; 2Sam 7,12–13; Jes 55,3 |10: 65,8! |11: Jes 51,9
|12: 24,1! · 24,2; 102,26 |15: 97,2 · 85,11 |18: 75,5–6.11; 89,25;
92,11; 112,9; 132,17; 148,14; 1Sam 2,1.10 |19: 47,10 |21–
22: Jes 42,1 |21: 78,70!; 1Sam 16,13 |25: 89,18! |27–28: 2,7;
2Sam 7,14 |28 Offb 1,5 |29–30: 18,51; Jes 55,3; Jer 33,20–21
|30: 2Sam 7,12–13 |31–34: 1Chr 28,7 |32–34: 2Sam 7,14–15
|36: 110,4 |37–38: 72,5.7.17 |41–42: 80,13 |42: 44,14!
|46: 102,24–25 |47: 79,5! |48: 90,3! |53: 41,14!

89,18: In einer anderen hebräischen Tradition lautet
der Text: «… erhebt sich unser Horn.»

89,48: Der Massoretische Text wurde in Angleichung
an den Versanfang von: Ps 89,51 korrigiert.

89,51: Der Massoretische Text wurde korrigiert; er
lautet übersetzt: «…, dass ich in meiner Brust all die
vielen Völker trage,»

VIERTES BUCH (PS 90–106)

Der lxxxix. Psalm.
Hebr. XC. Psalm.
¶ Titel.
Jst ein gebätt Mosis des manns Gottes.
¶ Jnnhalt.
Es ist ein lob und hochpreysung Gottes/ ein verwerffen und
niderschlahen des menschen/ und ein zuolauff zuo Gott.

O HERR du bist unser zuoflucht von ye welten
  här.
Ee die berg unnd die erd gemachet/ ee der
  umbkreiß des erdbodens geschaffen ward/
  bist du von ewigkeyt in ewigkeyt Gott.

**All unsere Tage gehen dahin unter
deinem Zorn**

90 1 Ein Gebet des Mose, des
       Gottesmanns.
Herr, ein Hort
   warst du uns
   von Generation zu Generation.
2 Noch ehe Berge geboren wurden
   und Erde und Erdkreis in Wehen lagen,
   bist du, Gott, von Ewigkeit zu Ewigkeit.
3 Du lässt den Menschen zum Staub
   zurückkehren

Du machest den menschen zekaat/ unnd
dargegen sprichst du/ Richtend euch wider
auf jr menschen kinder.

Dann tausent jar sind vor dir wie der gesterig tag
und nacht die vergangen sind.

So du sy zerströuwest werdend sy wie ein
schlaaff/ und behend verenderend sy sich wie
das graß.

Am morgen ists grüen und gadt auf/ am abent
so bald es gemäyet ist wirts dürr.

Gleych also werdend auch wir (so du erzürnt
bist) außgemachet/ unnd mit deynem
grimmen nidergeschlagen.

Du behaltest unsere mißthaten vor dir/ unsere
heymligkeyten sind in dem liecht deines
angesichts offenbar.

So dein zorn angadt so fallend alle unsere tag hin/
unsere jar endend wir ee man musch spricht.

Die tag unsers alters/ so wir läbend/ sind vast
sibentzig jar/ und die zum krefftigesten sind/
die kommend auff achtzig: sölich jr
hochkommen aber ist nichts dann müey und
arbeyt/ so schnäll werdend wir abgemäyet
fliegend hin.

Wär kan deinen gwaltigen zorn ermässen/
deinen erschrocknlichen und grimmen zorn?

Leer uns das wir unsere tag zellind/ und
weyßlich zehertzen fassind.

Ach HERR keer doch nach langem wider/ und
biß gnädig deinen dieneren.

Laß uns schnäll mit deiner güete gesettiget
werden/ das wir frolockind/ unnd uns
fröuwind unser läben lang.

Das wir nach der zeyt die du uns gekestiget hast/
unnd für die jar in denen wir vil jamers
erlitten habend auch wider erfröuwt werdind.

Beweyß deynen dieneren deyne herrlichen
thaten/ und dein großmächtigkeyt jren
kinden.

Die schöne zierd unsers HERRN Gottes sey mit
uns/ der wölle das werck unserer henden
anrüsten/ der wölle das werck unserer henden
vollenden.

und sprichst: Kehrt zurück, ihr Menschen.

4 Denn in deinen Augen sind tausend Jahre
wie der gestrige Tag, wenn er vorüber ist,
und wie eine Wache in der Nacht.

5 Du raffst sie dahin,
ein Schlaf am Morgen sind sie
und wie das Gras, das vergeht.

6 Am Morgen blüht es, doch es vergeht,
am Abend welkt es und verdorrt.

7 Denn wir schwinden dahin durch deinen
Zorn,
und durch deinen Grimm werden wir
hinweggeschreckt.

8 Du hast unsere Sünden vor dich gestellt,
unsere verborgene Schuld ins Licht deines
Angesichts.

9 All unsere Tage gehen dahin unter deinem
Zorn,
unsere Jahre beenden wir wie einen
Seufzer.

10 Unser Leben währt siebzig Jahre,
und wenn es hoch kommt, achtzig Jahre.
Und was an ihnen war, ist Mühsal und Trug.
Denn schnell ist es vorüber, im Flug sind
wir dahin.

11 Wer erkennt die Gewalt deines Zorns
und deinen Grimm, wie es die Furcht vor
dir verlangt?

12 Unsere Tage zu zählen, lehre uns,
damit wir ein weises Herz gewinnen.

13 Kehre zurück, HERR! Wie lange noch?
Habe Mitleid mit deinen Dienern.

14 Sättige uns am Morgen mit deiner Gnade,
so werden wir jubeln und uns freuen alle
unsere Tage.

15 Erfreue uns so viele Tage, wie du uns
beugtest,
so viele Jahre, wie wir Unglück schauten.

16 Lass deine Diener dein Walten schauen
und ihre Kinder deine Herrlichkeit.

17 Und die Freundlichkeit des Herrn, unseres
Gottes, sei über uns,
gib dem Werk unserer Hände Bestand,
ja, gib dem Werk unserer Hände Bestand.

|3: 89,48; 103,14; 104,29; Gen 3,19; Koh 12,7 |4
2Petr 3,8 |5–6: 37,2; 102,12; 103,15–16; Jes 40,6–8 |12 39,5
|14: 143,8

Der xc. Psalm.
Hebr. XCI. Psalm.
¶ Jnnhalt.
Diser Psalm leert das die glöubigen von aller forcht und
gfaar frey sygind.

Wer im Schutz des Höchsten wohnt

91 1 Wer im Schutz des Höchsten
wohnt,
der ruht im Schatten des Allmächtigen.

2 Ich spreche zum HERRN:

Welcher in den heymlichen gmachen des aller höchsten wonet/ und under dem schatten des allmächtigen seyn wonung hat.
Der wirt zuo dem HERREN sprechen: Meyn Gott ist mein hoffnung unnd meyn sicherheyt/ auff jn wil ich vertrauwen.
Dann er wirt dich von des jegers strick/ und von dem allerbösten tod erlösen.
Mit seinen flüglen wirt er dich bedecken/ das du under seinen fätichen sicher sein wirst/ sein warheyt und trüw wirt dein schilt und buckeler sein.
Das du weder nachts das ungeheür/ noch tags die schnällen pfeyl förchten darffst.
Nit darffst du förchten das ding das in der finsternuß gadt/ auch nit den schaden der bey hellem tag verderbt.
Tausent werdend an deiner lincken fallen/ und zehen tausent an deiner rechten/ damit man zuo dir nit nahe.
Aber die straaff der gottlosen wirst du sähen/ und mit deinen augen beschauwen.
Dann du O HERR bist mein sicherheit/ dein wonung hast du in die höhe gesetzt.
Ubels mag nit zuo dir kommen/ es mag auch kein plag zuo deiner hütten nahen.
Dann er wirt seinen englen deinenthalben empfelhen/ das sy dich in allen deinen wägen behüetind.
Das sy dich in jren henden tragind/ damit du deinen fuoß nit an einen steyn stossest.
Auff Parden und Natern wirst du gon/ du wirst die Löwen und Tracken trätten.
Dann mich hat er hertzlich lieb spricht der HERR/ Darumb wil auch ich jnn erretten unnd beschirmen/ dann er erkennt meynen nammen.
So er mich anrüeffen wirdt wil ich jn erhören/ in der angst unnd not wil ich bey jm sein/ wil jnn darauß nemmen unnd eerlich machen.
Jch wil jn mit langem läben settigen und jm zeletst mein heyl zeygen.

Der xcj. Psalm.
Hebr. XCII. Psalm.
¶ Titel.
Ein dancksagung und lobgesang für den Sabbath.
¶ Jnnhalt.
Es ist ein gemeyn lob des gantzen volcks/ unnd ein verjähen des glaubens.

Ein schön ding ists den HERRN preysen/ und deinem nammen lobsingen O aller höchster.

Meine Zuflucht und meine Burg,
mein Gott, auf den ich vertraue.
3 Er rettet dich
aus der Schlinge des Jägers,
vor Pest und Verderben.
4 Mit seinen Schwingen bedeckt er dich,
und unter seinen Flügeln findest du Zuflucht,
Schild und Mauer ist seine Treue.
5 Du musst dich nicht fürchten vor dem Schrecken der Nacht,
vor dem schwirrenden Pfeil am Tag,
6 nicht vor der Pest, die umgeht im Finstern,
vor der Seuche, die wütet am Mittag.
7 Mögen tausend fallen an deiner Seite,
zehntausend zu deiner Rechten,
dich trifft es nicht.
8 Mit eigenen Augen wirst du es schauen
und sehen, dass den Frevlern vergolten wird.
9 Du, HERR, bist meine Zuflucht.
Den Höchsten hast du zu deinem Hort gemacht,
10 dir wird kein Unheil begegnen,
und keine Plage naht sich deinem Zelt.
11 Denn er wird seinen Boten gebieten,
dich zu behüten auf allen deinen Wegen.
12 Auf den Händen werden sie dich tragen,
damit dein Fuss nicht an einen Stein stosse.
13 Über Löwen und Vipern wirst du schreiten,
wirst zertreten Löwen und Drachen.
14 Weil er zu mir hält, will ich ihn retten,
ich will ihn schützen, denn er kennt meinen Namen.
15 Ruft er zu mir, erhöre ich ihn,
ich bin bei ihm in der Not,
ich befreie ihn und bringe ihn zu Ehren.
16 Ich sättige ihn mit langem Leben
und lasse ihn meine Rettung sehen.

|3: 124,7! |4: 17,8! |5: Spr 3,25 |8: 54,9! |10 Hiob 5,19.24 |11–12: Mt 4,6 |11: 34,8 |12: Spr 3,23 |13 Lk 10,19 |14: 9,11 |15: 50,15! |16: 50,23

Gepflanzt im Haus des HERRN
92 1 Ein Psalm. Ein Lied für den Sabbattag.
2 Gut ist es, den HERRN zu preisen
und deinem Namen, Höchster, zu singen,
3 am Morgen deine Güte zu verkünden
und deine Treue in den Nächten,
4 zur zehnsaitigen Laute und zur Harfe,
zum Klang der Leier.

Das man früe vor tag dein güete außkünde/ und zuo nacht dein trüw.

Auff dem seytenspil der zehen seyten/ und auff der lauten/ mit gsang und harpffen.

Dann du O HERR erfröuwest mich mit deynen wercken/ ich frolocken umb der thaten willen deiner henden.

O wie schön unnd herrlich sind deyne werck O HERR? deyne radtschleg sind über die massen tieff.

Der torecht mensch merckts nit/ und der narr verstadt das nit.

Das die schälck unnd alle übelthäter allein darumb gruonend unnd blüeyend das sy ewigklich außgereütet werdind.

Du aber der höchst O HERR bleybst in ewigkeyt.

Nimm war O HERr deine feynd/ ja deine feynd kommend umb/ und alle übelthäter werdend zerströwt.

Mein horn aber wirt sich wider aufrichten wie eins Einhorns/ und mein alter wirt vor feüchte gruonen.

Das mein aug sähen wirt/ und mein or hören den schaden der meinen feynden und den schälcken die wider mich aufwütschen/ begegnen wirt.

Die frommen aber werdend gruonen wie ein palmen baum/ und wachsen wie die Cedern in dem Lybano.

Die gepflanzet sind in dem hauß deß HERREN/ werdend in den höfen unsers Gottes blüeyen.

Ja im alter werdend sy wachsen/ so sy wider safftig werdend und gruonend.

Das man jnnen werde wie gerecht der HERr sey der meyn velß ist/ und das keyn unrechts in jm ist.

5 Denn du hast mich erfreut, HERR, durch dein Walten,
  über die Werke deiner Hände juble ich.
6 Wie gross sind deine Werke, HERR,
  wie tief deine Gedanken!
7 Ein Narr, der es nicht erkennt,
  ein Tor, der es nicht begreift.
8 Auch wenn die Frevler wie Unkraut wuchern
  und alle Übeltäter blühen,
  sie werden vernichtet für immer.
9 Du aber, HERR, bist in der Höhe auf ewig.
10 Denn sieh, deine Feinde, HERR,
  sieh, deine Feinde müssen vergehen,
  und alle Übeltäter werden zerstreut.
11 Doch du hast mein Horn erhoben wie das eines Wildstiers,
  du hast mich mit frischem Öl übergossen.
12 Mit Lust blickt mein Auge auf die, die mich belauern,
  hören meine Ohren vom Geschick der Übeltäter,
  die gegen mich aufstehen.
13 Der Gerechte sprosst wie die Palme,
  er wächst wie die Zeder auf dem Libanon.
14 Gepflanzt im Haus des HERRN,
  blühen sie auf in den Vorhöfen unseres Gottes.
15 Noch im Alter tragen sie Frucht,
  bleiben saftig und frisch,
16 um kundzutun: Gerecht ist der HERR,
  mein Fels, und an ihm ist kein Unrecht.

|2: 147,1 |4: 33,2! |6: 40,6! |11: 89,18! · 23,5 |12 54,9! |13–15: 1,3! |14: 52,10 |16: Dtn 32,4

92,11: Der Massoretische Text wurde korrigiert; er lautet übersetzt: «…, ich habe mich mit frischem Öl übergossen.»

Der xcij. Psalm.
Hebr. XCIII. Psalm.
¶ Jnnhalt.
Er leert das der glaub unnd das vertrauwen auff Gott niemar mer fält/ ob schon grosse gfaarden eynfallend.

O HERR du Künig der du herrlich bekleydet bist/ HERR der du bekleydet bist und umbgeben mit stercke: die welt hast du also gevestnet das sy nit mag bewegt werden.

Dein stuol ist von anfang här zuogerüstet/ du bist von ewigkeit här.

Der HERR ist König

93 1 Der HERR ist König. Mit Hoheit ist bekleidet,
  ist bekleidet der HERR, er hat sich gegürtet mit Macht.
  Fest steht der Erdkreis, er wankt nicht.
2 Fest steht dein Thron von Anbeginn,
  von Ewigkeit her bist du.
3 Ströme erhoben, HERR,
  Ströme erhoben ihre Stimme,
  Ströme erheben ihr Tosen.

Sihe HERR die wasserflüssz erhebend sich/ die
wasserflüssz tosend/ die wasserflüssz erhebend
jre wällen.
Aber der HERR der in der höhe wonet ist
mächtiger dann das tosen der grossen
wasseren unnd wunderstarcken
wasserbrüchen.
Dann das du bezeüget hast von deinem
hüpschen unnd heyligen hauß/ das bleybt
war und steyff O HERR in ewigkeyt.

Der xciij. Psalm.
Hebre. XCIIII. Psalm.
¶ Jnnhalt.
Auß grossem vertrauwen berüefft er die göttliche raach so
er gar undergetruckt wirt: dann er habe allweg geholffen.

O HERR Gott des die raach ist/ O Gott dem
die raach zuostat/ thuo dich auf und wird
herrlich.
Erheb dich O du Richter der welt/ und widergilt
den hochfertigen nach jrem verdienst.
HERR wie lang werdend die gottlosen/ wie lang
werdend doch die gottlosen muotwillen?
Wie lang werdend doch alle übelthäter eytele
und verkeerte ding reden/ klapperen und
schwätzen?
Wie lang werdend sy doch deyn volck zermalen/
unnd dein erbvolck verkümmeren?
Witwen und frömbdling töden/ und die weyßlin
erwürgen?
Unnd darbey sprechen/ Der HERR weißt nichts
darumb/ und der Gott Jaacobs merckt dise
ding nit.
Darumb merckend jr torechten im volck/ und jr
narren werdend doch witzig.
Wirt der der die oren angesetzt hatt nichts
hören? und der das aug gestaltet hatt nichts
hören?
Der die völcker züchtiget/ und den menschen
des wüssens berichtet/ wirdt der nit straaffen?
So sind nun alle menschliche radtschleg dem
HERREN wolbekannt/ das sy eytel sind.
Wol dem den du leerst O HERR/ und den du in
deinem gsatz berichtest.
Das er zuor gfaarlichen zeyt sicher sey/ so man
darzwüschend dem gottlosen ein gruoben
machet.
Dann der HERR verschupfft sein volck nit/ und
sein erbguot verlaßt er nit.
Sunder wirt das gericht wider nach der schnuor
der gerechtigkeit richten/ und jm werdend

4 Mächtiger als das Donnern gewaltiger
Wasser,
   mächtiger als die Brandungen des Meeres
ist mächtig der HERR in der Höhe.
5 Wahrhaft verlässlich sind deine Zeugnisse,
   Heiligkeit gebührt deinem Haus,
HERR, für alle Zeit.

|1: 10,16!; 47,8; 96,10; 97,1; 99,1; Jes 52,7 · 104,1 |2 9,8!

Erhebe dich, Richter der Erde

94 1 Gott der Rache, HERR, Gott der
Rache, erscheine.
2 Erhebe dich, Richter der Erde,
   vergilt den Stolzen ihr Tun.
3 Wie lange sollen die Frevler, HERR,
   wie lange sollen die Frevler frohlocken?
4 Sie geifern, reden frech daher,
   es brüsten sich alle Übeltäter.
5 Dein Volk, HERR, zermalmen sie,
   und dein Erbe bedrücken sie.
6 Witwe und Fremdling töten sie,
   und sie ermorden die Waisen,
7 und sie sagen: Der HERR sieht es nicht,
   der Gott Jakobs merkt es nicht.
8 Merkt es, ihr Narren im Volk,
   ihr Toren, wann werdet ihr klug?
9 Der das Ohr einpflanzt, sollte der nicht
hören?
   Der das Auge bildet, sollte der nicht
sehen?
10 Der die Völker unterweist, sollte der nicht
zurechtweisen,
   er, der die Menschen Erkenntnis lehrt?
11 Der HERR kennt die Gedanken der
Menschen,
   denn sie sind Hauch.
12 Wohl dem,
   den du, HERR, erziehst,
   den du aus deiner Weisung belehrst,
13 um ihm Ruhe zu schaffen vor bösen Tagen,
   bis dem Frevler die Grube gegraben ist.
14 Denn der HERR wird sein Volk nicht
verstossen
   und sein Erbe nicht verlassen.
15 Zur Gerechtigkeit wird zurückkehren das
Recht,
   und alle werden ihm folgen, die
aufrichtigen Herzens sind.
16 Wer steht auf für mich gegen die Bösen,
   wer tritt ein für mich gegen die Übeltäter?

nach volgen alle die eins redlichen hertzens sind.
Wär machet sich auf mit mir wider die schälck? wär stelt sich zuo mir wider die übelthäter?
Wo mir der HERR nit hulffe/ so wär mein seel langest in die gruoben hinab gefaren.
Dann so ich etwo meint mein fuoß wäre geschlipfft/ HERR so understutzt mich dein güete.
Jn der vile meiner innerlichen sorgen und ängsten/ habend deine tröst mein seel ergetzet.
Hast du auch neyßwas gemeynsame und gsellschafft mit dem stuol des boßhafften/ der müey unnd kummer dichtet mit verantwurtung des gsatzes?
Sy rottend sich wider das läben des gerechten/ unnd verurteylend das unschuldig bluot.
Aber der HERR wirdt mein zuoflucht sein/ unnd mein Gott der velß meiner hoffnung.
Der wirdt jr schalckheyt auff sy richten/ unnd wirt sy von jrer boßheyt wägen verderben/ ja verderben wirdt sy der HERR unser Gott.

Der xciiij. Psalm.
Hebr. XCV. Psalm.
¶ Jnnhalt.
Es ist ein erweckung des glöubigen volcks/ Gott den HERREN recht und warlich zeloben.

Wolhär lassend uns dem HERRN frolocken/ unnd dem velsen unsers heyls mit schall jauchtzen.
Lassend uns mit dancksagung für jn kommen/ mit lobgesangen jm frölich schallen.
Dann der HERR ist der aller gröst Gott und künig über alle Gött.
Alle winckel der erden/ und aller bergen stercke ist in seinem gwalt.
Sein ist das meer/ dann er hatts gemachet/ das trocken erdtrich/ dann sein hand hatts gestaltet.
Wolhär lassend unns anbätten/ niderknüwen unnd dancksagen vor dem HERREN unserem schöpffer.
Dann er ist unser Gott/ wir aber sind das volck seiner wdyd [weyd]/ unnd die schaaff seyner hand/ so wir alle zeyt seyner stimm gehorsam sind.

17 Wäre der HERR nicht meine Hilfe,
    wohnte ich schon im Lande des Schweigens.
18 Wenn ich auch denke: Jetzt wankt mein Fuss,
    stützt mich doch, HERR, deine Gnade.
19 Wenn dunkle Gedanken in meinem Herzen mächtig werden,
    erheitert dein Trost meine Seele.
20 Kann mit dir der Thron des Verderbens verschworen sein,
    der Unheil schafft gegen das Gesetz?
21 Sie rotten sich zusammen gegen das Leben des Gerechten
    und verurteilen unschuldiges Blut.
22 Doch der HERR ist mir zur Burg geworden
    und mein Gott zum Fels meiner Zuflucht.
23 Er vergilt ihnen ihren Frevel,
    und er vernichtet sie durch ihre eigene Bosheit,
    es vernichtet sie der HERR, unser Gott.

|1: Nah 1,2 |2: Gen 18,25 |4: 75,6 |6: Ex 22,21; Dtn 5,17; Ez 22,7 · 146,9! |7: 10,11 |9: Ex 4,11; Spr 20,12 |11: 1Kor 3,20 |12: 1,1–2; Hiob 5,17 |14 1Sam 12,22 |17: 115,17 |19: 2Kor 1,4 |22: 18,3!

94,17: Wörtlich: «…, wohnte ich schon im Schweigen.»

Verhärtet nicht euer Herz
95 1 Kommt, lasst uns dem HERRN jubeln
    und jauchzen dem Fels unserer Hilfe.
2 Lasst uns mit Lobpreis vor sein Angesicht treten,
    mit Gesängen ihm jauchzen.
3 Denn ein grosser Gott ist der HERR
    und ein grosser König über alle Götter.
4 In seiner Hand sind die Tiefen der Erde,
    und ihm gehören die Gipfel der Berge.
5 Sein ist das Meer, er hat es gemacht,
    sein auch das Land, das seine Hände gebildet haben.
6 Kommt, wir werfen uns nieder und wollen uns beugen,
    niederknien vor dem HERRN, unserem Schöpfer.
7 Denn er ist unser Gott,
    und wir sind das Volk seiner Weide,
    die Schafe seiner Hand.
    Wenn ihr doch heute
    auf seine Stimme hörtet.
8 Verhärtet nicht euer Herz wie in Meriba,
    wie am Tag von Massa in der Wüste,
9 als eure Vorfahren mich versuchten,

Verhertend euwere hertzen nit als im hader/ als do sy jnn mit murren in der wüeste versuochtend.
Do mich euwere vätter ersuochtend/ do sy mich bewärtend und mein werck sahend.
Viertzig jar hab ich ein verdruß an dem geschlächt gehebt/ also/ das ich sprach: Das volck jrret von gantzem hertzen: dann sy kantend meine wäg nit.
Darumb schwuor ich in meinem zorn/ das sy in meyn ruow niemar mer kommen söltind.

Der xcv. Psalm.
Hebr. XCVI. Psalm.
¶ Jnnhalt.
Es ist ein lobgesang das alle ding zum lob Gottes vermanet/ welcher Gott künfftig sey zuo richten.

Singend dem HERRN ein neüw gesang/ singend dem HERREN alle land.
Singend dem HERREN und lobend seinen nammen/ kündend alle zeyt auß seyn heyl.
Erzellend under den Heyden sein herrligkeit/ bey allen völckern seine wunderwerck.
Dann der HERR ist groß/ weyt über alles lob/ erschrockenlich über alle Gött.
Dann alle Gött der Heyden sind götzen/ der HERR aber hatt die himmel gemachet.
Lob und herrliche zierd sind bey jm/ krafft und macht in seinem heyligthuomb.
Gebend dem HERRN O jr gschlächt der Heiden/ gebend dem HERRN macht und stercke.
Gebend allmächtigkeit dem nammen des HERRN/ nemmend gaaben unnd kommend in seine höf.
Vereerend den HERREN mit heyliger zierd/ die gantze welt erschräcke ab jm.
Kündends auß under den Heyden/ Der HERR sey künig/ der HERr der den erdboden grundvestnet hatt das er nit bewegt wirdt/ Der HERR der mit billigkeyt alle völcker richtet.
Es fröuwind sich die himmel/ das erdrich frolocke/ das meer töse und was darinnen ist.
Das väld sey muotig unnd was darauff ist/ alles holtz im wald springe inn fröuden auf.
Vor dem HERREN so er kommen wirt: dann er wirt kommen die erden zuo richten/ ja die erden zuo richten mit gerechtigkeyt/ und die völcker mit seiner warheyt.

mich prüfen wollten, obgleich sie mein Tun sahen.
10 Vierzig Jahre ekelte mir vor dieser Generation,
und ich sprach: Sie sind ein Volk verwirrten Sinnes,
meine Wege haben sie nicht erkannt.
11 So habe ich geschworen in meinem Zorn:
Sie sollen nicht eingehen in meine Ruhe.

|1: Dtn 32,15 |2: 100,2 |3: 47,3; 96,4–5; 97,9; 135,5!; Dan 2,47 |7–11: Hebr 3,7–11 |7: 100,3 · 74,1! · 81,9 |8: 81,8!; Dtn 6,16; 33,8 |10: Num 14,34 |11 132,8.14; Num 14,23.30; Dtn 12,9

Tut kund seine Herrlichkeit unter den Völkern

96 1 Singt dem HERRN ein neues Lied,
singt dem HERRN, alle Länder.
2 Singt dem HERRN, preist seinen Namen,
verkündet seine Hilfe von Tag zu Tag.
3 Tut kund seine Herrlichkeit unter den Nationen,
unter allen Völkern seine Wunder.
4 Denn gross ist der HERR und hoch zu loben,
Furchterregend ist er über allen Göttern.
5 Denn alle Götter der Völker sind Nichtse,
der HERR aber hat den Himmel gemacht.
6 Hoheit und Pracht sind vor ihm,
Macht und Glanz in seinem Heiligtum.
7 Gebt dem HERRN, ihr Sippen der Völker,
gebt dem HERRN Ehre und Macht.
8 Gebt dem HERRN die Ehre seines Namens,
bringt Gaben und kommt in seine Vorhöfe.
9 Werft euch nieder vor dem HERRN in heiliger Pracht,
zittert vor ihm, alle Länder.
10 Sprecht unter den Nationen: Der HERR ist König.
Fest steht der Erdkreis, er wankt nicht.
Gerechtes Urteil spricht er den Völkern.
11 Der Himmel freue sich, und es jauchze die Erde,
es brause das Meer und was es erfüllt.
12 Es frohlocke das Feld und alles, was es trägt;
jubeln sollen alle Bäume des Waldes
13 vor dem HERRN, denn er kommt,
denn er kommt, die Erde zu richten;
er richtet den Erdkreis in Gerechtigkeit
und die Völker in seiner Treue.

|1–13: 1Chr 16,23–33 |1: 33,3!; 98,1 |2: 98,2 |3 105,1–2 |4–5: 95,3! |4: 48,2! |5: 97,7 |7: 29,1 |8–9 29,2 |9: 97,4!

|10: 93,1! |11: 98,7; Jes 44,23; 49,13 |12 65,13; 98,8; Jes 55,12 |13: 9,9!; 98,9

96,4: Möglich ist auch die Übersetzung: «… zu loben, mehr zu fürchten als alle Götter.»

Der xcvj. Psalm.
Hebr. XCVII. Psalm.
¶ Jnnhalt.
Das der Gott den Jsrael eere/ der ware unnd allmächtig Gott sey/ die anderen aber sygind nit Gött: unnd welche den Gott eerind die fleyssend sich der frommkeyt.

Der HERr ist künig/ deß fröwe sich die erd/ deß fröwe sich die menge der Jnsulen.
Umb jnn sind wolcken und dunckle/ das recht unnd das billich sind stützenn seines stuols.
Vor jm har gadt ein feür/ das es allenthalben seine feynd anzünde.
Seine blixgen erleüchtennd den erdboden: das erdtrich erschricket und erbidmet.
Die berg schmeltzend wie das wachs ab der zuokunfft des HERRN/ ab dem HERREN der gantzen welt.
Die himmel kündend auß sein gerechtigkeit/ und sein großmächtigkeit werdend alle völcker sehen.
Geschendt aber werdind alle die den bilden dienend/ und die sich jrer götten rüemend: jnn söllend alle Gött anbätten.
So Zion das wirdt hören/ wirt sy sich fröwen: unnd die töchtern Juda werdend frolocken O HERR umb deiner gerichten willen.
Dann du O HERR bist der allerhöchst über alle erden: du bist träffennlich erhöcht über alle Gött.
Jr die den HERRN lieb habend/ hassend die schalckheyt: dann er behüetet die seelen seiner dieneren/ unnd erlößt sy von dem gwalt der Gottlosen.
Durch jnn wirt dem gerechten das liecht gegeben/ und fröud denen die eins aufrechten hertzens sind.
Fröwend euch im HERREN jr frommen/ und lobsingend in der gedächtnuß seiner heyligkeit.

Der xcvij. Psalm.
Hebr. XCVIII. Psalm.
¶ Titel. Jst ein lobgsang.
¶ Jnnhalt.
Es werdend alle ding vermanet unnd erweckt Gott zeloben/ dann er sey ein HERR und richter der gantzen welt: gehört Christo zuo/ wie auch 95. Psalm.

Hoch erhaben über alle Götter

97 1 Der HERR ist König. Es jauchze die Erde,
freuen sollen sich die vielen Inseln.
2 Gewölk und Wolkendunkel ist rings um ihn her,
Gerechtigkeit und Recht sind die Stütze seines Throns.
3 Feuer geht vor ihm her
und versengt seine Feinde ringsum.
4 Seine Blitze erhellen den Erdkreis,
die Erde sieht es und bebt.
5 Berge schmelzen wie Wachs vor dem HERRN,
vor dem Herrn der ganzen Erde.
6 Die Himmel verkünden seine Gerechtigkeit,
und alle Völker schauen seine Herrlichkeit.
7 Zuschanden werden alle Götzendiener,
die sich der Nichtse rühmen,
alle Götter werfen sich nieder vor ihm.
8 Zion hört es und freut sich,
und es jauchzen die Töchter Judas,
weil du, HERR, gerecht regierst.
9 Denn du, HERR, bist der Höchste über der ganzen Erde,
hoch erhaben über alle Götter.
10 Die ihr den HERRN liebt, hasset das Böse.
Der das Leben seiner Getreuen behütet,
wird sie retten aus der Hand der Frevler.
11 Licht breitet sich aus über dem Gerechten
und Freude über denen, die aufrichtigen Herzens sind.
12 Freut euch des HERRN, ihr Gerechten,
und preist seinen heiligen Namen.

|1: 93,1! |2: 89,15 |3: 18,9! |4: 77,19; 96,9; 114,7 |5: 68,3; Mi 1,4 |6: 50,6! |7: 96,5 |8: 48,12 |9: 83,19 · 95,3! |10: 121,7–8 |11: 112,4! |12: 30,5; 32,11!

97,7: Möglich ist auch die Übersetzung: «…, werft euch vor ihm nieder, all ihr Götter.»

Er kommt, um die Erde zu richten

98 1 Ein Psalm.
Singt dem HERRN ein neues Lied,
denn er hat Wunder getan.
Geholfen hat ihm seine Rechte
und sein heiliger Arm.
2 Der HERR hat seine Hilfe kundgetan,

Singend dem HERREN ein nüw gsang/ dann Er wunderbare ding gethon/ mit seiner heylsamen gerechten hand/ unnd mit seinem heyligen arm.
Der HERR hat sein heyl kundt gmachet/ unnd sein gerechtigkeyt hatt er vor den augen der Heyden geoffenbaret.
Er ist eyngedenck gwesen seiner güete und trüw gegen dem hauß Jsraels: das alle end der welt das heyl unsers Gotts sähind.
Schall dem HERREN alles erdrich: handklopff/ frolock und lobsing.
Lobend den HERREN auff der harpffen/ und zuo der harpffen singend jm lobgsang.
Lobsingend jm mitt trummeeten und zincken: jauchtzent vor dem HERREN dem künig.
Das meer töse unnd was darinnen ist: der gantz erdboden mit allen denen die darauff wonend.
Die wasserflüssz handklopffind: damit frolockind auch die berg.
Vor dem HERREN so er kumpt die erd zerichten: dann er wirt die welt richten in gerechtigkeyt/ unnd die völker mitt billigkeyt.

Der xcviij. Psalm.
Hebre. XCIX. Psalm.
¶ Jnnhalt.
Es ist ein lob der güete Gottes/ der die seinen allweg erhört.

Der HERR ist Künig/ der die völker unrüewig machet: auff den Cherubim sitzt/ und die erd bewegt.
Der HERR der in Zion geeret wirdt/ der ist groß und hoch über alle völker.
Man lobe dinen nammen/ der groß/ forchtsam/ und heylig ist.
Die Küngkliche macht hat billigkeyt lieb/ Du handhabest das recht/ Du thuost dz billich und recht in Jacob.
Erhöhend den HERRN unsern Gott/ und fallend für den schämel seiner füessen/ dann Er ist heylig.
Moses und Aaron sind in der ordnung seiner priesteren: und Samuel in der zal deren die seinen nammen anrüeffend: sy ruoftend zum HERREN/ der gab jnen antwurt.
Auß der wolckensaul redt er mit jnen/ dann sy hieltend sein bezeügnuß und gsatz das er jnen geben hatt.

vor den Augen der Völker seine Gerechtigkeit offenbart.
3 Er gedachte seiner Gnade und seiner Treue zum Haus Israel.
  Alle Enden der Erde
    haben die Hilfe unseres Gottes gesehen.
4 Jauchzt dem HERRN, alle Länder,
    seid fröhlich, jubelt und spielt.
5 Spielt dem HERRN auf der Leier,
    auf der Leier mit frohem Gesang.
6 Mit Trompeten und Hörnerschall
    jauchzt vor dem König, dem HERRN.
7 Es brause das Meer und was es erfüllt,
    der Erdkreis und die darauf wohnen.
8 Die Ströme sollen in die Hände klatschen,
    die Berge jubeln im Chor
9 vor dem HERRN, denn er kommt,
    um die Erde zu richten;
  er richtet den Erdkreis in Gerechtigkeit
    und die Völker nach dem Recht.

|1: 96,1! · Jes 52,10 |2: 96,2 |4: 66,1; 100,1; Jes 52,9 |6: 47,6 |7: 96,11 |8: 96,12! |9: 9,9!; 96,13

Heilig ist der HERR

99 1 Der HERR ist König, es erzittern die Völker,
    er thront auf Kerubim, es wankt die Erde.
2 Gross ist der HERR in Zion
    und erhaben über alle Völker.
3 Deinen Namen sollen sie preisen,
    den grossen und furchterregenden,
    heilig ist er.
4 Es ist die Stärke des Königs, dass er das Recht liebt.
    Du bist es, der das Recht gegründet hat,
  Recht und Gerechtigkeit in Jakob
    hast du allein geschaffen.
5 Erhebt den HERRN, unseren Gott,
    und werft euch nieder vor dem Schemel seiner Füsse,
    heilig ist er.
6 Mose und Aaron von seinen Priestern,
    und von denen, die seinen Namen anrufen, Samuel,
  sie riefen zum HERRN,
    und er erhörte sie.
7 Aus der Wolkensäule redete er zu ihnen,
    sie bewahrten seine Gesetze und die Satzung, die er ihnen gab.

O HERR unser Gott/ du erhortest sy: du warest jr gnädiger Gott/ und strafftest auch jre böse fürnemmen.
Erhebend den HERRN unsern Gott/ unnd bättend an auff seinem heiligen berg/ Dann heylig ist der HERR unser Gott.

8 HERR, unser Gott, du hast sie erhört,
 du warst ihnen ein vergebender Gott,
 aber ein Rächer ihrer Vergehen.
9 Erhebt den HERRN, unseren Gott,
 und werft euch nieder vor seinem heiligen Berg,
 denn heilig ist der HERR, unser Gott.

|1: 93,1! · 80,2 |2: 48,2! |3: 111,9 |5: 132,7; Ez 43,7 |7: Ex 33,9

Der xcix. Psalm.
Hebr. c. Psalm.
¶ Titel.
Ein lobgsang und dancksagung.
¶ Jnnhalt.
Es ist ein lobgsang das man on zweyfel auff die hochzeitlichen fäst gwon ist gwesen zesingen.

Schallend dem HERRN im gantzen land.
Eerend den HERRN mit fröuden/ kummend für jnn mit frolocken.
Erkennend das der HERR Gott ist/ Er hat uns gemacht/ und nit wir uns selbs/ das wir sein volck sygind/ und die schäfflin seiner weyd.
Gond zuo seinen thoren eyn/ mit dancksagung/ und in seine höf mit lob: Lobend und preysend seinen nammen.
Dann der HERR ist güetig/ sein barmhertzikeit ist ewig/ und sein trüw wäret durch alle gschlächte hin.

Kommt zu seinen Toren mit Dank

100 1 Ein Psalm zum Lobopfer.
 Jauchzt dem HERRN, alle Länder.
2 Dient dem HERRN mit Freuden,
 kommt vor sein Angesicht mit Jubel.
3 Erkennt, dass der HERR allein Gott ist.
 Er hat uns gemacht, und nicht wir selbst,
 sein Volk sind wir und die Schafe seiner Weide.
4 Kommt zu seinen Toren mit Dank,
 in seine Vorhöfe mit Lobgesang,
 dankt ihm, preist seinen Namen.
5 Denn der HERR ist gut, ewig währt seine Gnade
 und seine Treue von Generation zu Generation.

|1: 98,4! |2: 95,2 |3: 95,7 · 74,1! |4–5: 135,1–3 |5 106,1!; 117,2; 119,90; Dtn 7,9

100,3: In einer anderen hebräischen Tradition lautet der Text: «… Er hat uns gemacht, und sein sind wir, …»

Der c. Psalm.
Hebre. CI. Psalm.
¶ Titel. Ein lobgsang Davids.
¶ Jnnhalt.
Es ist ein kurtze form und muster/ wie ein fürst unnd yetlicher oberer bey jm selbs unnd gegen den seinen gesinnet sölle sein.

Deiner gnad unnd billigkeyt wil ich lobsingen O HERR.
Jch wil mich des wägs der unschuld unnd frommkeit fleyssen biß du zuo mir kumpst: ich wil mit uffrechtem hertzen wandlen in meinem hauß.
Jch wil kein falschen tuck für mich nemmen. Die missethat der verräterey und untrüw hassz ich der maaß/ das sy an mir nitt leychtlich hangen wirt.
Ein schalckhafft gmüet sey weyt von mir: keins bösen wil ich mich annemmen.

Wer auf dem Weg der Vollkommenheit geht

101 1 Von David. Ein Psalm.
 Gnade und Recht will ich besingen,
 dir, HERR, will ich spielen.
2 Ich will mich halten an den Weg der Vollkommenheit,
 wann kommst du zu mir?
 Ich lebe mit reinem Herzen
 in meinem Haus.
3 Nichts Unwürdiges
 will ich vor meine Augen lassen,
 Böses tun ist mir widerwärtig,
 nichts davon soll an mir haften.
4 Falschheit des Herzens bleibt mir fern,
 Böses kenne ich nicht.
5 Wer seinen Nächsten heimlich verleumdet,
 den bringe ich zum Schweigen;

Der seinen nächstenn heimlich vertregt/ den wil
ich umbbringen/ deß hochfertigen und
stoltzen vermag ich mich nichts.
Mein aug sol in diser welt auff die aufsehen
sein die sich der warheit fleyssend dz die bey
mir wonind/ der inn dem wäg der
frommkeyt unnd unschuld wanndlet/ der sol
mein diener sein.
Jn meinem hauß sol keiner wonenn der mit
betrug und listen umbgadt: kein lugenhaffter
sol vor mir nit bleyben.
Zeytlich wil ich alle gotlosen schelck auß dem
lannd treybenn/ das auß der statt deß
HERREN alle übelthäter außgereütet
werdind.

wer hochmütige Augen hat und ein
anmassendes Herz,
den kann ich nicht ertragen.
6 Meine Augen ruhen auf den Treuen im Land,
sie sollen bei mir wohnen;
wer auf dem Weg der Vollkommenheit geht,
der dient mir.
7 In meinem Haus soll keiner wohnen,
der Ränke schmiedet;
wer Lügen redet, besteht nicht
vor meinen Augen.
8 Morgen für Morgen bringe ich zum
Schweigen
alle Frevler im Lande,
rotte ich aus alle Übeltäter
aus der Stadt des HERRN.

|2: 15,2! |4: Spr 11,20; 17,20 |5: Spr 21,4 |6: 15,2! |7: 5,5!

Der cj. Psalm.
Hebre. CII. Psalm.
¶ Jnnhalt.
Es ist ein gebätt eins verkümmerten/ so er in engsten ist/
und sein gebätt und klag vor dem HERREN außgeüßt.

O HERr erhör mein gebätt/ und mein klag
kumme für dich.
Verbirg dein angesicht nitt vor mir so ich in
ängstenn bin/ sunder neyg dein or zuo mir so
ich dich anrüeff: kumm mir bald zehilff.
Dann meine tag farennd dahin wie ein rauch/
und mein gebeyn werdend verzerrt wie der
brand vom fheür.
Mein hertz ist abgeschnitten und welck worden
wie das graß: ja ich hab vergessen mein speyß
ze essen.
Vor gschrey meines seüfftzens mag mein gebeyn
kum an meinem fleysch hangen.
Jch bin wie ein Pellican in der wüeste/ ich bin
wie ein Uwel inn den zerbrochnen mauren.
Jch wachen/ und bin gleich wie ein Spar/ der
allein auff dem tach sitzt.
Meine feynd schmähend mich one underlaß:
und die mich verspottend/ die schweerend
wider mich zesamen.
Jch issen äschen mit der speyß: und misch mein
tranck mit weynen.
Unnd das von wägen deiner ungnad und deines
zorns: dann du hast mich auffgehept und
hingeworffen.
Meine tag sind wie ein abentschatten/ ich aber
bin erdorret wie das höw.
Du aber o HERR bleybst ewigklich/ und dein
gedächtnuß durch alle gschlächte hin.

Aufgeschrieben für eine künftige Generation

102 1 Gebet eines Elenden, wenn er
verzagt und vor dem HERRN seine
Sorge ausschüttet.
2 HERR, höre mein Gebet,
mein Schreien dringe zu dir.
3 Verbirg dein Angesicht nicht vor mir
am Tag meiner Not.
Neige dein Ohr zu mir;
wenn ich rufe, erhöre mich bald.
4 Denn im Rauch sind meine Tage
entschwunden,
wie im Feuer glühen meine Gebeine.
5 Versengt wie Kraut und verdorrt ist mein
Herz,
ich vergesse gar, mein Brot zu essen.
6 Vor lauter Seufzen
bin ich nur Haut und Knochen.
7 Ich gleiche der Eule in der Wüste,
bin wie das Käuzchen in den Ruinen.
8 Ich liege wach und bin
wie ein Vogel, einsam auf dem Dach.
9 Den ganzen Tag schmähen mich meine
Feinde,
die mich zum Gespött machen, fluchen
mit meinem Namen.
10 Staub muss ich essen wie Brot,
und mit Tränen mische ich meinen Trank
11 unter deinem Zorn und deinem Grimm,
denn du hast mich aufgehoben und mich
hingeworfen.
12 Meine Tage sind wie lange Schatten,
und wie Kraut muss ich verdorren.

Und darumb stand auff/ unnd erbarm dich
Zion/ dann es ist zeyt das du dich jren
erbarmest/ die zeyt ist hie.

Dann deine diener habent ein liebe zuo jren
steynen/ und an jrem grund habend sy ein
erbärmbd.

Das die Heyden deinen nammen förchtind O
HERR/ und alle Künig der welt dein grosse
macht.

So du O HERR Zion erhaltest/ so du mit deiner
macht erscheynest.

So du dich zuo dem gebätt deß verlaßnen keerst/
und sein gebätt nit verschmaachst.

Das wirt man in gschrifft verzeychnen/ das es die
nachkummenden läsind/ das die künftigen
völcker den HERREN lobind.

Das Er von seinem hohen heyligthuom herab
gesehen/ und von dem himmel auff die erden
herab geschouwet hat.

Zuo hören das seüfftzenn des gefangnen/ und
ledig zelassen die/ die dem tod zuo
verurteylet warend.

Auff das jnn Zion der namm des HERREN/
und in Jerusalem sein lob unnd eer außkündt
werde.

Jn der gantzen gemeynd des volcks/ so die
künigreych zesamen kummend den
HERREN zuo eeren.

Wiewol er auff dem wäg mein krafft müed
gemacht/ und meine tag abgeschnitten hatt.

Do ich schon batt/ O mein Gott/ nit nimm
mich mitten in meinem läben/ dann deine
jar sind ewig.

Du hast von anfang die erd gegründet/ und die
himmel sind ein werck deiner henden.

Sy werdend vergon/ aber du wirst beston: alle
ding werdend alten wie ein gwand: du wirst
sy wenden wie ein kleyd/ unnd sy werdend
verwandlet.

Du aber wirst eben der bleyben/ und deine jar
werdend kein end haben.

Die kinder deiner dieneren und jre nachkomen
werdend stät wonen unnd beston mit dir.

13 Du aber, HERR, thronst ewig,
   und dein Name bleibt von Generation zu
   Generation.
14 Du wirst aufstehen, dich Zions erbarmen.
   Die Zeit ist da, ihm gnädig zu sein, die
   Stunde ist gekommen.
15 Denn deine Diener lieben seine Steine,
   und um seinen Schutt tragen sie Leid.
16 Dann werden die Völker den Namen des
   HERRN fürchten
   und alle Könige der Erde deine
   Herrlichkeit,
17 wenn der HERR Zion wieder gebaut hat
   und erschienen ist in seiner Herrlichkeit,
18 wenn er sich zuwendet dem Gebet der
   Entblössten
   und ihr Gebet nicht verachtet.
19 Das sei aufgeschrieben für eine künftige
   Generation,
   und ein neu geschaffenes Volk wird den
   HERRN preisen,
20 wenn der HERR von seiner heiligen Höhe
   herabschaut,
   vom Himmel auf die Erde blickt,
21 das Stöhnen der Gefangenen zu hören,
   die dem Tod Geweihten zu befreien.
22 Dann wird man in Zion den Namen des
   HERRN verkünden
   und sein Lob in Jerusalem,
23 wenn sich die Völker alle versammeln
   und die Königreiche, um dem HERRN zu
   dienen.
24 Auf meinem Weg hat er mir die Kraft
   gebrochen,
   meine Tage verkürzt.
25 Ich spreche: Mein Gott,
   nimm mich nicht hinweg in der Hälfte
   meiner Tage,
   du, dessen Jahre Generation um
   Generation überdauern.
26 Vor Zeiten hast du die Erde gegründet,
   und der Himmel ist das Werk deiner
   Hände.
27 Sie werden vergehen, du aber bleibst,
   sie alle zerfallen wie ein Gewand.
   Wie ein Kleid wechselst du sie,
   und sie gehen dahin.
28 Du aber bleibst derselbe,
   und deine Jahre nehmen kein Ende.
29 Die Söhne deiner Diener werden wohnen
   bleiben,
   und ihre Nachkommen werden Bestand
   haben vor dir.

|3: 69,18! |6: Hiob 19,20 |10: 42,4! |12: 39,7; 109,23; 144,4; Hiob 14,2 · 90,5!–6 |13: 9,8! · 135,13 |15 Jes 52,2 |16: Jes 59,19 |17: 51,20! · Jes 60,1 |19 22,31!–32 |20: 11,4! |21: 79,11 |24–25: 89,46 |26–28 Hebr 1,10–12 |26: 89,12! · 8,4! |27: Jes 51,6; 65,17; 66,22; Lk 21,33; 2Petr 3,10; Offb 21,1 |29: 69,37!

Der cij. Psalm.
Hebr. CIII. Psalm.
¶ Titel. Jst Davids.
¶ Jnnhalt.
Es ist ein lobgsanng in dem die guotthäten Gottes/ die er den menschen beweyßt/ gedancket wirt.

O mein seel lob den HERREN/ und alles das in mir ist/ lobe seinen heyligen nammen.
Lob den HERRN o mein seel: vergiss nit aller seiner guotthaten.
Der alle deine mißthat gnädigklich verzeicht/ und alle deine schwachheiten widerbringt.
Der dein läben vor dem tod erredtet/ und dich früntlich und güetigklich zierdt.
Der mit guotem deine begirdenn settiget/ und dein jugend blüeygend behaltet wie des Adlers.
Der HERR spricht recht/ und schirmpt alle die begwaltiget unnd geunbillet werdend.
Mosi hatt er seinen wäg gezeygt/ unnd den kinderen Jsrael sein fürnemmen.
Freüntlich und gnädig ist der HERR/ langsam wirt er zornig/ und verzeycht vast gern.
Er haderet nit allweg/ zürnt auch nit ewigklich.
Er thuot uns nit nach unsern sünden/ und widergiltet unns nit nach unseren mißthaten.
Dann als hoch der himmel ist gegen der erden/ also groß ist auch sein gnad gegen denen die jnn vor augen habend.
Als weyt als der auffgang der Sonnen ist/ vom nidergang/ also weyt thuot er unsere übertrettungen von uns.
Als güetig und freüntlich ein vatter ist gegen seinen kinden/ also güetig und freüntlich ist der HERR gegen denen die jnn vor augen habend.
Dann er weyßt was wir für ein gmächt sind: Er gedenckt das wir kaat sind.
Das der menschen läben ist wie ein höw: und wie ein väldbluom plüeyget.
So bald ein rauher wind übergadt/ so ist er nichts mer/ und wirt an seinem ort nit mer funden.
Die gnad Gottes aber die haltet ewigklich ob denen die jnn vor augen habent/ und sein gerechtigkeyt ob jren kindskinden.

Lobe den HERRN, meine Seele

103 ¹ Von David. Lobe den HERRN, meine Seele,
und alles, was in mir ist, seinen heiligen Namen.
2 Lobe den HERRN, meine Seele,
und vergiss nicht, was er dir Gutes getan hat.
3 Der all deine Schuld vergibt
und alle deine Krankheiten heilt,
4 der dein Leben aus der Grube erlöst,
der dich krönt mit Gnade und Erbarmen,
5 der dich mit Gutem sättigt dein Leben lang.
Dem Adler gleich erneuert sich deine Jugend.
6 Taten der Gerechtigkeit vollbringt der HERR
und Recht für alle Unterdrückten.
7 Seine Wege hat er Mose kundgetan,
den Israeliten seine Taten.
8 Barmherzig und gnädig ist der HERR,
langmütig und reich an Güte.
9 Nicht für immer klagt er an,
und nicht ewig verharrt er im Zorn.
10 Nicht nach unseren Sünden handelt er an uns,
und er vergilt uns nicht nach unserer Schuld.
11 So hoch der Himmel über der Erde,
so mächtig ist seine Gnade über denen, die ihn fürchten.
12 So fern der Aufgang ist vom Untergang,
so fern lässt er unsere Verfehlungen von uns sein.
13 Wie ein Vater sich der Kinder erbarmt,
so erbarmt der HERR sich derer, die ihn fürchten.
14 Denn er weiss, welch ein Gebilde wir sind,
bedenkt, dass wir Staub sind.
15 Des Menschen Tage sind wie Gras,
er blüht wie eine Blume des Feldes:
16 Wenn der Wind darüber fährt, ist er dahin,
und seine Stätte weiss nicht mehr von ihm.
17 Aber die Gnade des HERRN währt von Ewigkeit zu Ewigkeit
über denen, die ihn fürchten,
und seine Gerechtigkeit über Kindeskindern,

So verr sy seinen pundt haltend/ unnd seiner gebotten eyngedennck sind das sy es thüegind.

Der HERR hat seinen stuol im himmel gefestnet/ unnd mit seinem gwalt regiert er alle ding.

Lobend den HERREN jr seine engel/ die krefftig sind seine geheyß unnd gebiet zuo volstrecken/ jr die der stimm seines worts gehorsam sind.

Lobend den HERREN alle seine heerzeüg: jr seine diener die sein wolgfallen tuond.

Lobennd den HERREN alle seine werck/ an allen ortenn seiner herrschafft. O mein seel lob den HERREN.

18 über denen, die seinen Bund halten
und seiner Gebote gedenken in der Tat.
19 Der HERR hat im Himmel seinen Thron errichtet,
und sein Königtum herrscht über das All.
20 Lobt den HERRN, ihr seine Boten,
ihr starken Helden, die ihr sein Wort vollbringt,
gehorsam seinem gebietenden Wort.
21 Lobt den HERRN, all seine Heerscharen,
ihr seine Diener, die ihr seinen Willen tut.
22 Lobt den HERRN, all seine Werke,
an allen Orten seiner Herrschaft.
Lobe den HERRN, meine Seele.

|3: 130,4! |5: Jes 40,31 |6: 146,7–8 |8: 86,15! |9 Jes 57,16; Jer 3,12 |13: Lk 1,50 |14: 90,3! |15–16 90,5!–6 |17–18: 25,10; Ex 20,6; Lk 1,50 |19: 145,13! |20–22: Ps 148 |22: 104,1!; 145,10

103,5: Der Massoretische Text wurde korrigiert; er lautet übersetzt: «der mit Gutem sättigt deinen Schmuck. …»

Der ciij. Psalm.
Hebre. CIIII. Psalm.
¶ Jnnhalt.
Es ist ein lob Gottes/ darinn er gelobt und gebrisen wirdt seiner weyßheit und fürsichtigkeit/ seiner güete und macht halb: darzuo werdend mangerley schöner byspilen angezogen.

Lob den HERREN O mein seel. O HERr mein Gott/ unaußsprechlich ist dein grösse/ dein lob und zierd/ mit denen du bekleydet bist.

Du bist mit liecht gleych als mitt eynem kleyd geziert: du spannst den himmel auß wie ein plachen.

Du täflest deine gwelb in den wasseren: die wolckenn machest du dir zuo einem wagen/ unnd farst auff den flüglenn der winden.

Du machest die wind zuo deinen botten/ und die feürflammen zuo deinen dieneren.

Du hast die erdenn auff jren bodenn gegründet/ das sy ewigklich nimmarmer verruckt wirt.

Die tieffe bedeckt dich wie ein kleyd: so sich die wasser über die berg erhebennd/ fliehend sy von deinem bescheltten: ab deinem tonderklapff fallend sy schnell ab.

Denn richtend sich die berg auff/ die täler lassend sich herab an das ort das du jnen gegründet hast.

Du hast den wasseren ein march gesetzt die sy nit übergond/ das sy nit widerkommind/ und das erdtrich bedeckind.

Wie zahlreich sind deine Werke

104 1 Lobe den HERRN, meine Seele.
HERR, mein Gott, du bist so gross.
In Hoheit und Pracht bist du gekleidet,
2 der du dich hüllst in Licht wie in einen Mantel,
der den Himmel ausspannt wie ein Zelt,
3 der im Wasser seine Gemächer baut,
der Wolken zu seinem Wagen macht,
auf Flügeln des Sturms dahinfährt,
4 der Winde zu seinen Boten bestellt,
zu seinen Dienern lohendes Feuer.
5 Der die Erde auf ihre Pfeiler gegründet hat,
dass sie niemals mehr wankt.
6 Mit der Urflut bedecktest du sie wie mit einem Kleid,
hoch über den Bergen standen die Wasser.
7 Vor deinem Schelten flohen sie,
vor deiner Donnerstimme wichen sie zurück.
8 Sie stiegen an Bergen hinan und sanken in Täler hinab,
an den Ort, den du ihnen bestimmt hast.
9 Du hast eine Grenze gesetzt, die sie nicht überschreiten;
nie dürfen sie wieder die Erde bedecken.
10 Quellen schickt er in die Täler,
zwischen den Bergen fliessen sie dahin.
11 Sie tränken alle Tiere des Feldes,
Wildesel stillen ihren Durst.

Du machest die brunnen fliessen inn den täleren/ zwüschend den bergen gond sy har. Das alle tier im fäld getrenckt werdind/ das die waldesel jren turst löschind. Auff den bergen aber die vögel des luffts jre wonung habind/ und in mitten der esten singind. Du feüchtest das gebirg von deinen höhinen herab: die erd wirt voll von frucht die du machest. Du machest das höw wachsenn für das vich/ unnd die grüenen kreüter zuo dienst dem menschen. Du bringst das brot auß der erdenn mit dem deß menschen krafft gesterckt/ den wein mit dem/ das menschlich hertz frölich gemachet wirt: darzuo auch das öl/ daß das angesicht frölich machet. Von dir o HERR werdend die böum gemastet/ und die Cederen Libani die du gepflantzet hast/ dz die vögel daselbst nistind/ das der Storch auff den Tannen sein herberg habe. Das die hohen berg den Gämpsen/ und die felsen den Künigklin ein sichere freyheit sygind. Dem Mon hast du sein zeit bestimpt/ die Sonn weyßt jren nidergang. Auch hast du die finsternuß gemachet durch die es nacht wirdt/ in deren alle thier deß walds herfür kriechend. Auch die jungen löwenwelffen die nach dem raub brüelend/ das sy die speyß die jnen von Gott geschrämt ist/ suochind. So aber die Sonn aufgadt/ machend sy sich wider hin/ und legend sich in jre hülen. Denn gadt der mensch herfür an sin werck/ und an sein arbeyt biß an abent. O HERR wie sind deiner werkenn so vil/ die du alle weyßlich gemachet hast: die erd ist deiner hab und reychtag voll. Auch das groß unnd allenthalben weyt meer/ in dem unzalbarlich vil ist das sich reget: auch kleine und grosse thier. Da auch die schiff farend/ und der Leviathan den du gemachet hast/ das er darinnen schimpffe. Die alle habennd ein aufsehen auff dich/ das du jnen speyß gäbest zuo seiner zeyt. So du es jnen gibst/ so nemmend sys: so du dein hand aufthuost/ werdend sy mit guotem gesettiget.

12 An ihren Ufern wohnen die Vögel des Himmels,
   aus dem Gezweig erschallt ihre Stimme.
13 Von seinen Gemächern aus tränkt er die Berge,
   von der Frucht deiner Werke wird die Erde satt.
14 Gras lässt er sprossen für das Vieh
   und Kraut dem Menschen zunutze,
   damit er Brot hervorbringe aus der Erde
15 und Wein, der des Menschen Herz erfreut,
   damit er das Angesicht erglänzen lasse von Öl
   und Brot das Herz des Menschen stärke.
16 Die Bäume des HERRN trinken sich satt,
   die Zedern des Libanon, die er gepflanzt hat;
17 dort nisten die Vögel,
   der Storch hat in den Zypressen sein Haus.
18 Die Gebirge gehören den Steinböcken,
   die Felsen bieten den Klippschliefern Zuflucht.
19 Er hat den Mond gemacht zur Bestimmung der Zeiten,
   die Sonne, die ihren Untergang weiss.
20 Du bringst Finsternis, und es wird Nacht,
   in ihr regen sich alle Tiere des Waldes.
21 Die Löwen brüllen nach Beute
   und fordern von Gott ihren Frass.
22 Strahlt die Sonne auf, ziehen sie sich zurück
   und lagern in ihren Verstecken.
23 Der Mensch geht hinaus an sein Werk,
   an seine Arbeit bis zum Abend.
24 Wie zahlreich sind deine Werke, HERR.
   Du hast sie alle in Weisheit gemacht,
   die Erde ist voll von deinen Geschöpfen.
25 Da ist das Meer, so gross und so weit,
   darin ein Gewimmel ohne Zahl,
   Tiere gross und klein.
26 Schiffe ziehen dahin,
   der Leviatan, den du gebildet hast,
   um mit ihm zu spielen.
27 Sie alle warten auf dich,
   dass du ihnen Speise gibst zur rechten Zeit.
28 Gibst du ihnen, so sammeln sie ein,
   tust du deine Hand auf, so werden sie satt von Gutem.
29 Verbirgst du dein Angesicht, erschrecken sie,
   nimmst du ihren Atem weg, kommen sie um
   und werden wieder zu Staub.
30 Sendest du deinen Atem aus, werden sie erschaffen,
   und du erneuerst das Angesicht der Erde.

So aber du dein angesicht verbirgst/ so
    verzagend sy: so du jnen jren geyst nimpst/ so
    sterbennd sy unnd werdennd wider zekaat.
Dargegen so du deinen geyst sendest/ werdend
    sy wider erkickt/ und erneüwerest das
    angesicht der erden.
Die herrliche macht Gottes bleybe inn ewigkeit/
    und fröwe sich der HERR in seinen wercken.
Ab dem der erdboden erbidmet/ so er die berg
    nun anrüert so reüchend sy.
Jch wil dem HERREN singen mein läben lang:
    und meinem Gott lobsingen so lang ich bin.
Mein red sey im angenäm/ dann ich fröwe mich
    in dem HERREN.
Die sünder werdind von der erden außgereütet/
    und die Gottlosen sygind nit mer.
Du aber O mein seel lob den HERRN lobend
    den HERREN.

Der ciiij. Psalm.
Hebre. CV. Psalm.
¶ Jnnhalt.
Es ist ein dancksagung oder frolockung vonn wägen deß
pundts den Gott mit Abrahamen getroffen hat: darinn
die erstlichen anfeng jrer vätteren erzelt werdend.

Danckend dem HERREN/ rüeffent auß seinen
    nammen: machend kundt unnder den
    völckeren seine fürnemmen.
Singend jm/ lobsingend jm/ redend von seinen
    herrlichen thaaten.
Lobend seinen heiligen nammen: das hertz
    deren die den HERREN suochend/ das
    fröwe sich.
Suochend den HERREN und haltend redlich
    an: suochend sein angesicht one underlaß.
Gedenckend an seine grosse wunderthaten/ an
    die wunder die er gethon hatt: unnd an die
    urteyl die er mit seinem mund gesprochen
    hatt.
O du som Abraham seines dieners/ o jr kinder
    Jacob seines außerwelten.
Der ist unser HERR Gott/ desse straaffen/ in
    allen landen bekant sind.
Er ist in ewigkeyt eyngedennck seines pundts
    und seiner verheyssung die er gethon hatt
    auff tausent geschlächte.
Ja deß pundts den Er mit Abrahamen hat
    getroffen: unnd deß Eyds den Er dem Jsaac
    geschworn hat.

31 Ewig währe die Herrlichkeit des HERRN,
    der HERR freue sich seiner Werke.
32 Er blickt die Erde an, und sie erbebt,
    er rührt die Berge an, und sie rauchen.
33 Ich will dem HERRN singen mein Leben lang,
    will meinem Gott spielen, solange ich bin.
34 Möge mein Dichten ihm gefallen,
    ich freue mich des HERRN.
35 Mögen die Sünder verschwinden von der
    Erde
    und die Frevler nicht mehr sein.
    Lobe den HERRN, meine Seele.
    Hallelujah.

P: Gen 1; Spr 8,22–31 |1: 103,22; 104,35 · 93,1
|2: Gen 1,6–8; Jes 44,24 |3: 18,11! |4: Hebr 1,7 |6 Gen 1,9–10
|7: 29,3! |9: Hiob 26,10; 38,10–11; Spr 8,29; Jer 5,22
|10: 74,15 |13–14: 147,8–9 |14 Gen 1,11–12.29–30; 3,17–19
|15: Gen 9,20 |19: 74,16; Gen 1,14–19 |21: Hiob 38,39
|22: Hiob 37,8; 38,40 |26: 107,23 · 74,14 |27–28: 145,15!–16
|29: 30,8 · 146,4; Hiob 34,14–15 · 90,3! |30: Gen 2,7;
Hiob 33,4 |32: 144,5 |33: 146,2 |34: 19,15 |35: 73,19 · 104,1!

104,8: Möglich ist auch die Übersetzung: «Berge
stiegen empor, es senkten sich Täler, …»

Ewig gedenkt er seines Bundes mit Abraham

105 1 Preist den HERRN, ruft seinen
    Namen an,
    tut kund seine Taten unter den Völkern.
2 Singt ihm, spielt ihm,
    redet von all seinen Wundern.
3 Rühmt euch seines heiligen Namens;
    das Herz derer, die den HERRN suchen,
    freue sich.
4 Fragt nach dem HERRN und seiner Macht,
    sucht sein Angesicht allezeit.
5 Gedenkt seiner Wunder, die er getan hat,
    seiner Zeichen und der Sprüche seines
    Mundes,
6 ihr Nachkommen Abrahams, seines Dieners,
    ihr Söhne Jakobs, seines Erwählten.
7 Der HERR ist unser Gott,
    über die ganze Erde hin gilt sein Urteil.
8 Ewig gedenkt er seines Bundes,
    auf tausend Generationen des Wortes, das
    er geboten hat,
9 des Bundes, den er mit Abraham geschlossen
    hat,
    und seines Schwurs für Isaak.
10 Er setzte ihn fest für Jakob als Recht,
    für Israel als ewigen Bund.
11 Er sprach: Dir gebe ich das Land Kanaan,
    euer zugemessenes Erbe.
12 Da sie noch wenige waren,

Den Er mit Jacob mit dem gsatz bestätiget hatt/
unnd mitt Jsrael zum ewigenn pundt.
Also sprechende/ Dir wil ich gebenn das land
Chanaan das es euwer erbteyl sey.
Do jren noch wenig was/ und sy frömbdling
darinnen warend.
Do sy von einem volck zum andren zugend/
vonn einem Künigreych in das ander.
Er ließ keinen menschen sy beleydigenn/ sunder
künig bschalckt er umb jret willen.
Nit rüerend meine gesalbeten an sprach Er/ und
füegend meinen Propheten nichts leyds zuo.
Demnach als er einen hunger über die welt
berüefft/ und alle speyß geschweyneret hatt.
Sandt er einen vor jnen/ namlich Joseph/ der
zuo einem knecht verkaufft ward.
Sy müeygtend jm seine füeß inn banden: eysen
durchgieng sein seel.
Auß dem radtschlag und ordnung Gottes ward
er bewärt/ biß die zeyt kam die Er verordnet
hatt.
Do sandt der Künig und ließ jnn ledig machen:
der herr deß volcks hieß jnn außlassen.
Er satzt jnn zum herren über sein hauß: zuo
einem verwalter aller seiner hab.
Das er seine Fürsten nach seinem willen
underwise: unnd seine Rädt mit weyßheit
berichtete.
Demnach kam auch Jsrael inn Egypten/ unnd
ward Jacob ein frömbdling im land Ham.
Do machet Gott sein volck so fast wachsen/ das
sy mächtiger wurdennd dann jre feynd.
Darnach ward der Egyptier hertz venderet das
sy anfiengend sein volck zehassen/ und seinen
dieneren auffsetzig zesein und sy übel
zehalten.
Do sandt er seinen diener Mosen/ unnd Aaron
seinen außerwelten.
Denen gab er macht das sy seine zeychen und
wunder thätind im land Ham.
Er ließ finsternuß kommen das es alles finster
unnd dunckel was: dann sy warend seinem
geheyß nit gehorsam.
Jre wasser verkart er in bluot: und tödet jre fisch.
Jr land bracht läbendige Fröschen: das sy auch in
den Küniglichen gmachen wimßletend.
Er gebot/ unnd es kamend allerley fleügen unnd
hundsmuggen in allen enden jres lands.
Er gab jnen hagel für rägen/ unnd feürflammen
in jr land.
Mit dem schluog er jre weynräben unnd
feygböum/ und zerschluog die böum in allen
jrem land.

erst kurz im Lande und Fremdlinge dort,
13 da sie umherzogen von Volk zu Volk,
von einem Königreich zum anderen,
14 erlaubte er niemandem, sie zu bedrücken,
und um ihretwillen wies er Könige
zurecht:
15 Meine Gesalbten tastet nicht an,
und meinen Propheten tut kein Leid.
16 Doch dann rief er Hunger ins Land
und nahm allen Vorrat an Brot.
17 Er sandte einen vor ihnen her,
als Sklave wurde Josef verkauft.
18 Sie zwangen seine Füsse in Fesseln,
in Eisen wurde sein Hals gelegt
19 bis zu der Zeit, da sein Wort sich erfüllte,
der Spruch des HERRN ihn läuterte.
20 Er sandte einen König, ihn loszubinden,
einen Herrscher der Völker, ihn
freizulassen.
21 Der setzte ihn zum Herrn über sein Haus
und zum Herrscher über all seinen Besitz,
22 damit er seine Fürsten unterweise nach
seinem Sinn
und seine Ältesten Weisheit lehre.
23 Und Israel kam nach Ägypten,
Jakob weilte als Fremdling im Lande
Hams.
24 Er aber machte sein Volk sehr fruchtbar,
machte es stärker als seine Feinde;
25 deren Herz verdrehte er, damit sie sein Volk
hassten,
mit Arglist handelten an seinen Dienern.
26 Er sandte Mose, seinen Diener,
und Aaron, den er erwählt hatte.
27 Die taten seine Zeichen unter ihnen
und Wunder im Lande Hams.
28 Er sandte Finsternis, und es wurde finster,
doch sie trotzten seinem Wort.
29 Er verwandelte ihre Gewässer in Blut,
und ihre Fische liess er sterben.
30 Ihr Land wimmelte von Fröschen
bis in die Gemächer ihrer Könige.
31 Er sprach, und es kamen Stechfliegen,
Mücken über ihr ganzes Gebiet.
32 Hagel gab er ihnen statt Regen,
flammendes Feuer über ihr Land.
33 Und er schlug ihren Weinstock und ihren
Feigenbaum
und zerbrach die Bäume ihres Gebiets.
34 Er sprach, und es kamen Heuschrecken
und Grillen ohne Zahl,
35 die frassen alles Kraut in ihrem Land
und frassen die Frucht ihres Ackers.

Er gebot/ da kamend Höwstoffel unnd Käfer one zal.
Die frassent auß alles das gruonet in jrem lannd/ unnd etzend ab alle frucht jres erdtrichs.
Er schluog auch alles erstgeborn inn jrem land/ das best in all jrer hab.
Demnach fuort er sy auß mit silber unnd gold/ in allen jren stemmen was kein schwacher.
Die Egyptier fröwtend sich jres außziehens/ dann jr forcht was auff sy gefallen.
Do spannt der HERR einen wolckenn auß der sy bedackt/ und ein feür das nachts leüchtete.
Do sy es begärtend/ do fielend wachtlen herab/ und setttiget sy mit brot das vom himel herab fiel.
Er thett den felsen auff/ und wasser lieffend herauß: das wasserflüss inn der dürre harlieffend.
Unnd das alles thet er jnen darumb/ das er seiner heyligen verheyssung/ die er Abrahamen seinem diener gethon hat/ eyngedenck was.
Also fuort er sein volck auß mitt fröuden/ und seine außerwelten mit frolockung.
Unnd gab jnen eyn die lender der Heyden/ und das die völcker mit arbeyt gebauwen hattend/ das bsassend sy.
Das sy seine breüch und rechte/ auch sein gesatzt halten söltind.
Lobend den HERREN.

36 Und er schlug alle Erstgeburt in ihrem Land,
die Erstlinge all ihrer Manneskraft.
37 Dann führte er sie hinaus mit Silber und Gold,
und es war keiner, der strauchelte, in ihren Stämmen.
38 Ägypten freute sich, als sie auszogen,
denn Schrecken vor ihnen hatte sie befallen.
39 Er breitete eine Wolke aus als Decke
und Feuer als Licht in der Nacht.
40 Sie baten, und er brachte Wachteln,
und mit Himmelsbrot sättigte er sie.
41 Er öffnete einen Felsen, und Wasser floss heraus
und ergoss sich als ein Strom ins dürre Land.
42 Denn er gedachte seines heiligen Wortes
zu Abraham, seinem Diener.
43 So führte er sein Volk in Freude heraus,
mit Jubel seine Erwählten.
44 Und er gab ihnen die Länder der Völker,
und sie nahmen in Besitz, was sich Nationen erworben,
45 damit sie seine Satzungen hielten
und seine Weisungen bewahrten.
Hallelujah.

|1–15: 1Chr 16,8–22 |1–2: 96,3 |1: 18,50!; Jes 12,4–5 |2: 145,5 |4: 24,6! |6: Jes 41,8; 51,2 |9: Gen 15; 17; 26,3 |11: Gen 15,18 |12–13: Gen 12,1; 13,1 |14: Gen 12,10–20; 20; 26,1–11 |16: Gen 41,54 |17: Gen 37,28; 45,4–5 |18: Gen 39,20 |19: Gen 40–41 |20: Gen 41,14 |21: Gen 41,40–41 |23: Gen 46,1–47,12 |24: Gen 47,27; Ex 1,7 |25: Ex 1,8–10 |26: Ex 3,1–10; 4,14–16.27 |27–37: 78,43–52 |28: Ex 10,21–29 |29: Ex 7,14–25 |30: Ex 7,26–8,11 |31: Ex 8,12–15.16–28 |32: Ex 9,13–35 |34: Ex 10,1–20 |36: 78,51!; Ex 11,4–8; 12,29 |37: Ex 12,35–36 |38: Ex 12,33 |39: 78,14! |40: 78,24!.27; Ex 16,4.13–15.31 |41: 78,15!–16; Ex 17,1–7 |44–45: Dtn 4,37–40; 11,24 |44: 44,3!

105,20: Möglich ist auch die Übersetzung: «Es sandte der König, …, der Herrscher der Völker, …»

105,40:Der Massoretische Text wurde korrigiert; er lautet übersetzt: «Er bat, …»

Der cv. Psalm.
Hebre. CVI. Psalm.
¶ Jnnhalt.
Es ist ein dancksagung in deren alte geschichte außkündt werdend/ unnd die gnad Gottes die die vätter nye verlassen hatt/ angerüefft wirt.

Loben den HERREN.
Dancksagend dem HERREN/ dann er ist in ewigkeyt güetig und gnädig.

Wir haben gesündigt wie unsere Vorfahren

106

1 Hallelujah.
Preist den HERRN, denn er ist gut,
ewig währt seine Gnade.
2 Wer kann die machtvollen Taten des HERRN erzählen,
all seinen Ruhm verkünden?
3 Wohl denen, die das Recht beachten,
dem, der Gerechtigkeit übt allezeit.

Wär wölte gnuogsam von seinen mächtigen
thaaten reden/ oder alles sein lob außkünden?
Wol denen die alle zeyt das billich und das recht
thuond und handhabend.
Ach HERR gedenck unser vonn des gunsts
wegen den du zuo deinem volck hast: und
heimsuoch uns mit deinem heyl.
Das deine außerwelten deine güete sähind: das
sich dein volck träffenliche fröwe/ und dein
erbvolck lobsinge.
Wir habend gesündet mit unseren vätteren/
unrecht habend wir gethon/ unnd sind
gottloß gewesen.
Unsere vätter habend gleych in Egypten deine
wunderthaten nit erwägen/ hand die grösse
deiner gnad nit bedaacht/ sunder gleich am
Rormeer sind sy abtrünnig worden.
Noch halff jnen der HERR umb seines
nammens willenn/ das er sein macht offnete.
Dann so bald er das Rormeer beschallt/ ward es
trocken/ unnd fuort Er sy durch die tieffe als
wärs ein trocken land.
Unnd erlößt sy von der hand deren die sy
haßtend/ und von des feynds gwalt entschutt
Er sy.
Die wasser aber vielend über jre feynd/ das nit
einer auß jnen darvon kam.
Do glaubtend sy an seine wort/ und sungend
sein eerlich lob.
Aber bald vergassend sy seiner wercken/ unnd
wartetennd seynes raadtschlags nitt auß.
Ein schnöder glust kam sy an in der wüeste/ und
reytztend Gott in der eynöde.
Er aber gab jnen nach jren begirden/ und nam
jnen ab den mangel ab dem sy einen sölichen
unwillen hattend.
Do neydetend sy den Mosen im läger/ unnd
Aharon den heyligenn deß HERREN.
Also thet sich die erd auff und verschluckt
Dathan/ und verdackt die rott Abiram.
Aber vor gieng das feür an/ in jrer rott/ dz der
gottlosen ein guot teyl vom flammen
verbrennt wurdend.
Sy machtend auch ein kalb inn Horeb/ und
vereertend das gegossen bild.
Und verwächßletent also jr eer mit dem bild
eines Kalbes das höw ißt.
Vergassend Gott jres erlösers/ der herrliche unnd
grosse ding in Egypten gethon hat.
Wunderthaten im land Ham/ erschrockenliche
ding im Roten meer.
Also nam jm der HERR für/ er wölte sy gar
außreüten/ wo nitt Moses sein außerwellter/

4 Gedenke meiner, HERR, in der Liebe zu
    deinem Volk,
    wende dich mir zu mit deiner Hilfe,
5 damit ich das Glück deiner Erwählten
    schaue,
    an der Freude deines Volks mich freue,
    gemeinsam mit deinem Erbe mich rühme.
6 Wir haben gesündigt wie unsere Vorfahren,
    wir haben Unrecht getan und gefrevelt.
7 Unsere Vorfahren in Ägypten
    achteten nicht auf deine Wunder,
    sie gedachten nicht deiner vielen
    Gnadentaten,
    und schon am Meer, am Schilfmeer
    trotzten sie dir.
8 Er aber rettete sie um seines Namens willen,
    um kundzutun seine Macht.
9 Er schalt das Schilfmeer, da wurde es trocken,
    und er führte sie durch die Fluten wie
    durch eine Wüste.
10 Er rettete sie aus der Hand des Hassers
    und erlöste sie aus der Hand des Feindes.
11 Wasser bedeckte ihre Gegner,
    nicht einer von ihnen blieb übrig.
12 Da glaubten sie seinen Worten
    und sangen seinen Lobpreis.
13 Doch schnell vergassen sie seine Taten
    und warteten nicht auf seinen Rat.
14 Voller Gier waren sie in der Wüste,
    und sie versuchten Gott in der Einöde.
15 Er gab ihnen, was sie begehrten,
    und sandte die Schwindsucht gegen sie.
16 Sie eiferten gegen Mose im Lager,
    gegen Aaron, den Heiligen des HERRN.
17 Die Erde tat sich auf und verschlang Datan
    und bedeckte die Rotte Abirams.
18 Ein Feuer entbrannte gegen ihre Rotte,
    eine Flamme verzehrte die Frevler.
19 Am Choreb machten sie ein Kalb
    und warfen sich nieder vor einem Bild;
20 sie tauschten ihre Herrlichkeit
    gegen das Bild eines Stiers, der Gras frisst.
21 Sie vergassen Gott, ihren Retter,
    der Grosses getan hatte in Ägypten,
22 Wunder im Lande Hams,
    furchterregende Taten am Schilfmeer.
23 Da gedachte er, sie zu verderben,
    wäre nicht Mose, sein Erwählter,
    vor ihm in die Bresche getreten,
    um seinen Grimm von der Vernichtung
    abzuhalten.
24 Und sie verschmähten das köstliche Land,
    und seinem Wort glaubten sie nicht.

wie er yetz gleych außbrechenn wolt/ vor jm darzwüschen getretten wäre/ unnd seinen grimmen zorn abgewendt hette/ das er sy nit gar verderbte.

Ja sy habend auch das lustig land verachtet/ das sy seinen worten keinen glauben gabend.

Sunder murmletend in jren hütten/ und warend dem gheyß des HERREN nit gehorsam.

Darumb zuckt er sein hand über sy/ das er sy niderschlüege in der wüeste.

Das er jren somen unnder die Heyden zerwurffe/ und sy hin und wider in die lender zerströwte.

Sy hattennd sich auch dem Baal Peor angewätten/ unnd assennd die todten opffer.

Also habend sy jnn erzürnt mit dem das sy anfiengent/ darumb dann ein grosse plaag in sy viel.

Aber schnell stuond Pinhas dar/ und straffets/ do hort die plaag auff.

Unnd das ist jm zuo einer gerechtigkeyt gerechnet wordenn bey allen nachkommen ewigklich.

*Sy erzurntend jnn auch bey dem haderbrunnen/ dz es auch dem Mosi übel gieng umb jretwillen.

¶ Etlich läsend hie also.
*Sy erzurtend jnn au ch bey dem haderbrunnen/ das es auch Mosen an sy verdroß/ Dann sy hattend den geyst Gottes dermaaß gereytzt das er mit seinem mund redt. Das sy die Heyden nit außtreyben wurdend die jnen aber der HERR verheyssen hatt. Also wurdennd sy unnder die Heyden gemischt.

Dann sy hattend jnn dermaaß gereytzt/ das er mit seinen lefftzen schnallt.

Sy habend auch die Heyden nit außgereütet/ die sy aber der HERR hatt gheissen außreüten.

Sunder habend sich under die Heyden gemischt/ und habend jre werck gelernet.

Habend jre götzen vereeret/ das sy zuo fall gebracht hatt.

Das sy jre sün unnd töchtern den teüflen opffertend.

Das sy das unschuldig bluot jrer sünenn unnd töchteren vergussennd/ die sy den götzen Chanaan opffertend/ und also jr land mit bluot vermaßget ward.

Ja das auch sy mit jren wercken vermaßget wurdend/ unnd mit jren anschlegen huoretend.

Deßhalb der HERR über sein volck grimm erzürnt ward/ unnd verschupfft sein erbvolck.

25 Sie murrten in ihren Zelten
und hörten nicht auf die Stimme des HERRN.

26 Da erhob er seine Hand gegen sie,
um sie niederzustrecken in der Wüste,

27 ihre Nachkommen unter die Völker zu werfen
und sie in die Länder zu zerstreuen.

28 Sie unterwarfen sich dem Joch des Baal-Peor
und assen Totenopfer.

29 Sie reizten ihn mit ihren Taten.
Da brach eine Plage über sie herein.

30 Doch Pinechas trat auf und hielt Gericht,
und der Plage wurde Einhalt geboten.

31 Das wurde ihm als Gerechtigkeit angerechnet,
von Generation zu Generation auf ewig.

32 Dann erzürnten sie ihn an den Wassern von Meriba,
und Mose erging es übel um ihretwillen.

33 Denn sie trotzten seinem Geist,
er aber redete unbedacht mit seinen Lippen.

34 Sie vertilgten die Völker nicht,
wie der HERR ihnen gesagt hatte,

35 sondern vermischten sich mit den Nationen
und lernten ihre Werke.

36 Sie dienten ihren Götzen,
und die wurden ihnen zum Fallstrick.

37 Sie opferten ihre Söhne
und ihre Töchter den Dämonen

38 und vergossen unschuldiges Blut,
das Blut ihrer Söhne und Töchter,
die sie den Götzen Kanaans opferten.
So wurde durch Blutschuld das Land entweiht.

39 Durch ihre Werke wurden sie unrein,
und in ihren Taten trieben sie Hurerei.

40 Da entbrannte der Zorn des HERRN gegen sein Volk,
und er verabscheute sein Erbe.

41 Er gab sie in die Hand der Völker,
und die sie hassten, herrschten über sie.

42 Ihre Feinde bedrängten sie,
und sie mussten sich beugen unter ihre Hand.

43 Viele Male befreite er sie,
sie aber blieben widerspenstig bei ihrem Plan
und versanken in ihrer Schuld.

44 Er aber sah ihre Not,
sooft er ihr Flehen hörte.

45 Ihnen zuliebe erinnerte er sich seines Bundes,

Unnd gab sy in den gwalt der Heyden/ unnd die
   sy hasszetend wurdennd jre herren.
Jre feynd trucktend sy under/ und wurdend jren
   feynden underthon.
Offt hatt er sy erlößt/ aber sy fielend mit jren
   fürnemmen offt wider ab/ deßhalb sy dann
   umb jrer mißthat willen undergetruckt
   wurdend.
Wenn er dann jr angst sach/ und jr klag hort.
So was er seines pundts eyngedenck/ unnd
   erbarmet sich jren nach seiner grossen gnad.
Schuoff auch das die/ die sy gefangenn hattend/
   jnen freündtlich unnd gnädig warend.
Erlöß uns O Gott unser HERR/ und samle uns
   wider auß den Heyden/ das wir deinen
   heyligen nammen lobind/ und dein eer
   außkündind.
Gelopt sey der HERR Gott Jsraels vonn ewig
   zuo ewig: unnd alles volck spreche Amen.
Lobend den HERREN.

und in seiner grossen Gnade erfasste ihn
   Reue.
46 Er liess sie Erbarmen finden
   bei allen, die sie gefangen hielten.
47 Rette uns, HERR, unser Gott,
   und sammle uns aus den Völkern,
   damit wir deinen heiligen Namen preisen
   und uns rühmen, dass wir dich loben
   dürfen.
48 Gepriesen sei der HERR, der Gott Israels,
   von Ewigkeit zu Ewigkeit.
   Und alles Volk spreche: Amen.
   Hallelujah.

|1: 100,5!; 107,1; 118,1-4.29; 135,3; 136,1-3; 138,8
|2: Joh 21,25 |3: Jes 56,1-2 |6: 1Kön 8,47; Dan 9,5 |7
78,11; Ex 14,11-12; Ez 20,8-9.13-14 |9: Ex 14,21-22; 15,8
|10-11: Ex 14-15 |11: Ex 14,28 |12: Ex 14,31; 15,1-21 |14: 78,18;
Num 11,4-6.18-20 |15: Num 11,33 |16 Num 16 |17: Dtn 11,6
|19: Ex 32; Dtn 9,7-21 |20 Jer 2,11 |21: 78,42 |23: Ex 32,9-
14; Dtn 9,24-29 |26-27: Ez 20,23 |26: Num 14,26-38
|28-29: Num 25 |30: Num 25,6-11 |31: Num 25,12-13 ·
Gen 15,6 |32 81,8! |34: Dtn 20,16-18; Ri 1 |35: Lev 18,3;
Ri 2,1-5 |36: Ex 23,33; Ri 2,11-14 |37-38: Lev 18,21;
Dtn 32,17; 2Kön 17,17 |38: Num 35,33 |39-45: Ri 2,13-22
|46 1Kön 8,50; Esra 9,9 |47-48: 1Chr 16,35-36 |47 Dtn 30,3
|48: 41,14!

FÜNFTES BUCH (PS 107–150)

Der cvj. Psalm.
Hebr. CVII. Psalm.
¶ Jnnhalt.
Es ist ein lobgsang darinn geoffnet wirdt/ das Gott den
seinen dermaaß hilfft/ das er ee alle ding verendere ee er
die seinen verlasse/ so verr sy jn anrüeffend/ und sich der
unschuld fleyssend.

Sagend dem HERRN danck/ dann er ist güetig
   und fründtlich in ewigkeyt.
Dancksagind die/ die vom HERRN erlößt sind/
   die er von des feynds gwalt erlößt hat.
Und auß den landen wider zuosamen gesamlet
   hatt/ von auffgang und nidergang: von
   Mittnacht und Mittag.
Als sy in der wüeste hin und har zugend/ keinen
   gebanneten wäg/ und noch in keiner statt jr
   wonung hattend.
Hungerig und durstig/ das sy schier gestorben
   wärind.
Dann sy hattend als sy in nöten warend/ zum
   HERREN geschrüwen/ und er hatt jnen auß
   jrer not geholffen.

So sollen sprechen die Erlösten des HERRN

107 ¹ Preist den HERRN, denn er ist gut,
   ewig währt seine Gnade.
2 So sollen sprechen die Erlösten des HERRN,
   die er erlöst hat aus der Hand des Feindes
3 und die er aus den Ländern gesammelt hat,
   vom Aufgang und vom Niedergang,
   vom Norden und vom Meer.
4 Sie irrten umher in der Wüste, auf verödetem
   Weg,
   fanden keine Stadt, in der sie wohnen
   konnten,
5 waren hungrig und durstig,
   und ihre Seele verzagte in ihnen.
6 Da schrien sie zum HERRN in ihrer Not,
   und er befreite sie aus ihrer Bedrängnis
7 und führte sie auf dem richtigen Weg,
   dass sie zu einer Stadt gelangten, in der sie
   wohnen konnten.
8 Preisen sollen sie den HERRN für seine Gnade
   und für seine Wunder an den Menschen.
9 Denn er hat die lechzende Seele gesättigt

Und fuort sy wider auff die rechte straß/ das sy in die statt kämind darinn sy wonetind.

Man singe die gnad des HERREN/ unnd seine herrlichen thaten den menschenkindern.

Dann er settiget die mangelhaffte seel/ unnd die hungerige seel füllt er mit guotem.

Dann do sy in der finsternuß des tödtlichen schattens warend gefangen/ unnd mit eysen bemüeyt.

Deßhalb das sy die gebott Gottes verschupfft/ und den radt des allerhöchsten verachtet hattend.

Do jr hertz mit arbeyt bemüeyt was: do sy lagend unnd jnen nieman halff.

Do schreüwend sy zuo dem HERREN in jren nöten/ und er halff jnen auß jren nöten.

Er fuort sy auß der finsternuß des tödtlichen schattens/ und zerreyß jre band.

Man singe die gnad und güete des HERREN/ und seine herrlichen thaaten den menschen kinden.

Dann er hatt die eerinen porten zerbrochen/ und die eysenen rigel zermürset.

Dann do sy auß torheyt überträtten hattend/ und umb jr mißthat willen verkümmeret wurdend.

Do jr glust ab aller speyß ein unwillenn hatt/ unnd sy yetz zuo den portenn des todts nahetend.

Schrüwend sy zuo dem HERREN inn nötenn: unnd er erlößt sy auß jren nöten.

Er sendet seyn geheyß/ unnd machet sy gesund: unnd errettet sy vonn jrer verderbnuß.

Man singe die gnad des HERREN: unnd seine herrlichen thaten den menschenkinden.

man opffere jmm opffer der danncksagung: man künde auß seine werck mitt frolocken.

Die sich in den schiffen auffs Meer lassend/ und jren gwärb in der tieffe des meers treybind.

Die erkennend die werck deß HERRN: unnd seine wunderthaaten die er in der tieffe thuot.

Dann so ers heyßt/ so stadt ein ungestüemer wind auff/ unnd erhept das gwild deß Meers.

Yetz farends übersich gen himmel: bald fallends herab in die tieffe/ in sölichen üblen wirdt jr gmüet voll schräckens.

Sy trümlend und schwanckent wie ein truncker/ denn ist all jr weißheit auß.

Wenn sy aber in sölichen nötenn zuo dem HERREN schryend/ so erlößt er sy auß jren nöten.

und die hungrige Seele mit Gutem gelabt.

10 Die in Dunkel und Finsternis sassen,
gefangen in Elend und Eisen,
11 weil sie den Worten Gottes getrotzt
und verachtet hatten den Ratschluss des Höchsten.
12 Ihr Herz beugte er durch Mühsal,
sie strauchelten, und keiner war da, der half.
13 Da schrien sie zum HERRN in ihrer Not,
und er rettete sie aus ihrer Bedrängnis.
14 Er führte sie heraus aus Dunkel und Finsternis
und zerriss ihre Fesseln.
15 Preisen sollen sie den HERRN für seine Gnade
und für seine Wunder an den Menschen.
16 Denn eherne Türen hat er zerbrochen
und eiserne Riegel zerschlagen.
17 Die Toren wurden geplagt um ihres sündigen Wegs
und ihrer Vergehen willen.
18 Jede Speise wurde ihnen zum Abscheu,
und sie gerieten an die Pforten des Todes.
19 Da schrien sie zum HERRN in ihrer Not,
und er rettete sie aus ihrer Bedrängnis.
20 Er sandte sein Wort und heilte sie
und bewahrte sie vor ihren Gräbern.
21 Preisen sollen sie den HERRN für seine Gnade
und für seine Wunder an den Menschen.
22 Opfer des Dankes sollen sie darbringen
und jubelnd seine Werke verkünden.
23 Die auf Schiffen das Meer befuhren,
Handel trieben auf mächtigen Wassern,
24 sie sahen die Werke des HERRN
und seine Wunder in der Tiefe.
25 Er sprach und liess einen Sturmwind entstehen,
der hoch seine Wellen türmte.
26 Zum Himmel stiegen sie empor, sanken hinab in die Fluten,
und ihre Seele verging vor Qual.
27 Sie tanzten und schwankten einem Trunkenen gleich,
und alle ihre Weisheit wurde zunichte.
28 Da schrien sie zum HERRN in ihrer Not,
und er führte sie heraus aus ihrer Bedrängnis.
29 Er machte den Sturm zur Stille,
und es schwiegen die Wellen.
30 Da freuten sie sich, dass es still geworden war,
und er führte sie zum ersehnten Hafen.
31 Preisen sollen sie den HERRN für seine Gnade

Das ungewytter stillet er/ unnd machet ein stille:
und legt nider das gwild deß Meers.
Denn fröwend sy sich das es wider still ist
worden/ unnd denn füert er sy ans lannd das
sy begärend.
Man singe die gnad und güete Gottes: und seine
herrlichen thaaten den menschenkinden.
Man breyse jnn in der gemeynd des volcks:
unnd in den Rädtenn lobe man jnn.
Der die wasserflüssz zuo einer wüeste machet/
unnd die wasserquellenn zuo einer dürre.
Ein fruchtbar erdtrich zuo einer ägerden/ umb
der boßheit willen deren die darinnen
wondend.
Dargegen machet er die wüeste zuo einem see/
und ein dürr erdtrich zuo wasserquellen.
Dahin setzt er die hungerigen/ das sy die stett
zur wonung bauwind.
Das sy die äcker säygind/ und weynräben
pflantzind/ die jnen jr järliche frucht gäbind.
Er beraatet sy und bescheert jnen träffenlich vil/
Er laßt auch jr vych nit geschweyneret
werden.
So er sy aber minderet/ und mit gwalt/ trang/
und arbeyt laßt verkümmeret werden.
So er sy laßt durch die Tyrannen beraubet unnd
geschediget werden: so er sy durch die öden
ort/ da kein wäg ist/ herumb füert.
So hilfft er zeletst dem armen auß seyner
armuot/ unnd machet jn zum haußgsind wie
ein chüt schaaffen.
Darauff söllend die frommen sähen unnd sich
fröuwen: und alle schalckheyt beschliesse jren
mund.
Welcher witzig sey der nemme diser dingen war/
auff das die göttlichen guotthaten verstanden
werdind.

und für seine Wunder an den Menschen.
32 Sie sollen ihn erheben in der Versammlung
des Volkes
und ihn loben im Kreis der Alten.
33 Er machte Ströme zur Wüste
und Wasserquellen zu dürstendem
Ödland,
34 fruchtbares Land zur salzigen Steppe
wegen der Bosheit derer, die darin
wohnten.
35 Er machte die Wüste zum Wasserteich
und dürres Land zu Wasserquellen.
36 Dort siedelte er Hungernde an,
und sie gründeten eine Stadt, in der sie
wohnen konnten.
37 Sie besäten Felder und pflanzten Weinberge
und erzielten reichen Ertrag.
38 Und er segnete sie, und sie mehrten sich sehr,
auch an Vieh liess er es nicht fehlen.
39 Ihre Zahl aber nahm ab, und sie mussten sich
beugen
unter der Last von Unglück und Gram.
40 Der Verachtung ausgiesst über Edle,
liess sie umherirren in wegloser Öde.
41 Den Armen aber schützte er vor dem Elend,
und seine Sippen machte er einer Herde
gleich.
42 Die Aufrichtigen sehen es und freuen sich,
alle Bosheit aber muss ihren Mund
schliessen.
43 Wer ist weise? Der merke sich dies
und achte auf die Gnadentaten des
HERRN.

|1: 106,1! |2: Jes 62,12 |3: 106,47; Jes 43,5–6; 49,12;
Sach 8,7–8 |4: 107,7.36 |5: Jes 49,10 |6: 107,13.19.28
|7: 107,4! · Jes 35,8; 40,3; 43,19 |8: 107,15.21.31 |9: Jes 49,10;
55,1; Lk 1,53 |10–11: 106,42–43; Hiob 36,8–9; Jes 42,7.22
|13: 107,6! |14: Jes 68,7; 146,7–8; Jes 42,7.16; 49,9; 51,14; 52,2;
61,1 |15: 107,8! |16: Jes 45,2 |18: Hiob 6,6–7 |19: 107,6!
|20: 147,15.18; Jes 55,11 |21: 107,8! |23: 104,26 |25: Jona 1,4
|28: 107,6! · Jona 1,14–15 |29: 65,8!; Mt 8,26–27
|31: 107,8! |33: Jes 42,15 |34: Gen 13,10; 19 |35: 114,8;
Jes 41,18 |36: 107,4! |37–38: Dtn 7,13–14 |40–41: 113,7–8
|40: Hiob 12,21.24 |42: Hiob 22,19 · Hiob 5,16
|43: Hos 14,10

Der cvij. Psalm.
Hebre. CVIII. Psalm.
¶ Titel.
Ein frolockung und dancksagung Davids.
¶ Jnnhalt.
Es ist ein gebätt das Gott von denen völckern wölle
entschütten die in jren landmarchen wonetend/ unnd ist
diser psalm gleych wie der LIX.

Ich will dich preisen unter den Völkern
108 1 Ein Lied. Ein Psalm Davids.
2 Mein Herz ist bereit, Gott,
ich will singen und spielen.
Auf, meine Seele!
3 Wacht auf, Harfe und Leier,
ich will das Morgenrot wecken.

Meyn hertz ist bereyt O Gott zesingen und
zeloben was ich yemer vermag.
Wolauf du mein lauten unnd harpffen/ das ich
bald anhebe.
Das ich dir dancke under den völckern O
HERR/ unnd dir lobsinge under den
Heyden.
Das deyn gnad und güete höher ist dann die
himmel: deyn warheyt und trüw höher dann
die wolcken.
Erheb dich O Gott mit deyner macht über die
himmel und alles erdtrich.
Das deine geliebten erlößt werdind/ erlöß mit
deiner gerechten und hilff uns.
Gott hatt in seinem heiligthuomb geredt (des
ich mich fröuwen) Jch wil Sichem teylen/
und das Tal Suchot außmässen.
Gilead ist meyn/ meyn ist Manasse/ Ephraim ist
das fürnäm meiner sercke/ Juda mein
oberster.
Moab ist mein grosser kessel/ biß in Jdumeam
wil ich mein schuoch strecken/ über die
Philistiner wil ich mit der trummeten
schallen.
Wär wil mich in die vesten stett beleyten? wär
wil mich gen Edom weysen?
Wilt nit du es thuon O Gott? der du uns
verschupfft hast/ das du mit unserem zeüg nit
hast wellen reysen.
Du der uns in der not hilffst/ dann menschen
hilff ist eytel.
Jn Gottes krafft werdend wir sigen: dann der
zertritt alle unsere feynd.

4 Ich will dich preisen unter den Völkern,
HERR,
will dir singen unter den Nationen.
5 Denn gross, über den Himmel hinaus, ist
deine Güte,
und bis an die Wolken reicht deine Treue.
6 Erhebe dich über den Himmel, Gott,
und über die ganze Erde mit deiner
Herrlichkeit.
7 Damit gerettet werden, die dir lieb sind,
hilf mit deiner Rechten und erhöre uns.
8 Gott hat gesprochen in seinem Heiligtum:
Ich will frohlocken, ich will Schechem
verteilen
und ausmessen das Tal von Sukkot.
9 Mein ist Gilead, mein auch Manasse,
Efraim ist der Schutz meines Hauptes,
Juda mein Herrscherstab.
10 Moab ist mein Waschbecken,
auf Edom werfe ich meinen Schuh,
über Philistäa will ich jauchzen.
11 Wer führt mich hin zu der befestigten Stadt,
wer geleitet mich nach Edom?
12 Bist nicht du es, Gott, der uns verstossen hat?
Du, Gott, ziehst nicht aus mit unseren
Heeren.
13 Schaffe uns Hilfe vor dem Feind,
denn Menschenhilfe ist nichtig.
14 Mit Gott werden wir Machttaten
vollbringen,
er ist es, der unsere Feinde zertritt.

|2–6: 57,8–12 |4: 18,50! |5: 36,6! |6: 113,4 |7–15 60,7–14

Der cviij. Psalm.
Hebr. CIX. Psalm.
¶ Titel.
Ein ermanlich gsang Davids.
¶ Jnnhalt.
Er berüefft die göttliche raach über die/ die jre guotthäter
mit gwalt undertruckend/ und dancket Gott der die
seinen von dem fräflen gwalt erlößt: mag in einem
höheren verstand Christo komlich zuogelegt werden.

O Gott du mein eer verzeüch nit.
Dann der mund des gottlosen und des triegers
ist wider mich aufgethon/ unnd redend wider
mich mit falscher zungen.
Sy umbgebend mich mit reden die sy auß hassz
erdenckend/ und bestreytend mich one
ursach.
Für das/ das ich lieb hab gehebt/ sind sy wider
mich/ so ich mich doch des billichen und
rechten fleyß.

Handle an mir um deines Namens willen

109 1 Für den Chormeister. Ein Psalm
Davids. Gott, du mein Lobpreis,
schweige nicht.
2 Denn Frevelmund und Lügenmaul haben sie
gegen mich aufgetan,
und mit falscher Zunge haben sie zu mir
geredet.
3 Mit Worten voll Hass umringen sie mich,
und ohne Grund bekämpfen sie mich.
4 Meiner Liebe wegen klagen sie mich an,
während ich im Gebet verharre.
5 Gutes vergalten sie mir mit Bösem
und meine Liebe mit Hass:
6 Man bestelle gegen ihn einen Frevler,
und ein Ankläger trete zu seiner Rechten.
7 Aus dem Gericht gehe er als Schuldiger
hervor,

Darumb widergeltend sy mir schaden für guotthat/ und hassz für mein liebe.

Setz den gottlosen über jnn zum vogt/ und stell den feynd an sein rechte seyten.

So er für gericht gestellt/ werde er verurteilet/ sein entschuldigung sey ein beschwärung seiner schuld.

Seiner tagen werdind wenig/ ein anderer nemme sein ampt eyn.

Seine kinder werdind weyßlin/ und seyn weyb ein witwen.

Seyne kinder gangind im ellend umb/ und so sy ins ellend gestossen werdend/ höuschind sy und bättlind.

Der wuocherer schlahe hand über alles das er hat/ das er erarbeytet hatt das raubind jm die feynd.

Nieman sey der erbermbd mit jm habe/ oder der ein mitleyden habe mit seinen weyßlinen.

Sein end sey verderbnuß/ und sein namm werde im nächsten glid vertilcket.

Die mißthat aber seynes vatters bleybe vor dem HERREN unvergessen/ unnd die sünd seiner muoter werde niemar mer abgetilcket.

Sunder sygind allweg in frischer gedächtnuß vor dem HERRN: jr gedächtnuß aber werde von der erden außgereütet.

Unnd das darumb das er freüntschafft zebeweysen vergessen hatt/ sunder hatt den ellenden und armen/ auch den der von hertzen traurig gewesen ist/ biß in tod durächtet.

Jm ist wol gewesen mit dem fluoch/ der gang jm auch zehanden/ guots wünschen hatt jm nie gefallen/ so sey es auch von jm.

Er hatt den fluoch angelegt wie ein kleid/ so gange er auch in jn wie wasser/ unnd wie das öl in sein gebeyn.

Er hange jm an wie ein mantel den er umb sich schlecht/ unnd wie ein gürtel mit dem er allweg gürtet ist.

Das widerfare meinen feynden von dem HERREN/ und denen die schaden trachtend meinem läben.

Mit mir aber O HERR Gott handel nach deynem nammen/ und erlöß mich/ dann deyn gnad und güete ist geneygt.

Dann ich bin ellend und arm/ und ist mein hertz in mir verwundt.

Jch gon dahin wie ein abentschatten/ und far dahin wie die höwstoffel.

    selbst sein Gebet werde zur Sünde.
8 Seine Tage sollen wenige werden,
    ein anderer nehme sein Amt ein.
9 Seine Kinder sollen Waisen werden
    und seine Frau eine Witwe.
10 Heimatlos sollen seine Kinder umherziehn und nichts mehr besitzen,
    betteln von ihren Trümmerstätten aus.
11 Der Gläubiger bemächtige sich all seiner Habe,
    und Fremde sollen den Ertrag seiner Arbeit rauben.
12 Keiner sei da, der ihm Gnadenfrist gibt,
    und keiner, der sich seiner Waisen erbarmt.
13 Seine Nachkommenschaft sei zur Vernichtung bestimmt,
    in der nächsten Generation schon erlösche ihr Name.
14 Die Schuld seiner Väter bleibe erinnert beim HERRN,
    und die Sünde seiner Mutter werde nicht gelöscht.
15 Stets seien sie dem HERRN gegenwärtig,
    und er tilge ihr Andenken von der Erde,
16 weil er nicht daran dachte, Gutes zu tun,
    sondern den Elenden und Armen verfolgte
    und zu töten trachtete den, der verzagten Herzens war.
17 Er liebte den Fluch, und er kam über ihn,
    er verschmähte den Segen, und er wich von ihm.
18 Den Fluch zog er an wie sein Gewand,
    und er drang ein in sein Inneres wie Wasser
    und wie Öl in seine Gebeine.
19 So werde er ihm wie das Kleid, in das er sich hüllt,
    und zum Gürtel, mit dem er stets sich gürtet.
20 Dies sei der Lohn des HERRN für meine Ankläger,
    für die, die Böses gegen mich reden.
21 Du aber, Gott, mein HERR,
    handle an mir um deines Namens willen,
    denn gut ist deine Gnade, errette mich.
22 Denn ich bin elend und arm,
    und mein Herz ist durchbohrt in meiner Brust.
23 Wie ein Schatten, der sich neigt, schwinde ich dahin,

Meyne knüw schwachend vonn fasten/ unnd
meyn fleysch ist verdorret/ das keyn süchte
mer da ist.

Deß wird ich vonn jnen geschmächt/ so sy mich
sähend/ mupffend sy mit jrem haupt.

Hilff mir O HERR mein Gott/ erlöß mich umb
deiner güete willen.

Das sy erkennind das diß dein hand sey/ und
das du es gethon habist.

Fluochind ioch sy/ allein sprich du freüntlich
zuo: so sy aufwütschend werdind sy
geschendt/ dein diener aber fröuwe sich.

Meine widersächer werdind mit schmach
bekleydet/ unnd mit jrer schand gleych als
mit einem mantel bedeckt.

Jch wil mit meynem mund dem HERREN
grossen danck sagen/ und wil jn mitten in
der gemeynd loben.

Dann er stadt dem armen an der rechten seyten/
das er seyn seel vor denen die jn verurteylend
entledige.

wie eine Heuschrecke bin ich
abgeschüttelt.
24 Meine Knie wanken vom Fasten,
und mein Fleisch nimmt ab und zerfällt.
25 Ich bin ihnen zum Gespött geworden,
sehen sie mich, so schütteln sie ihr Haupt.
26 Hilf mir, HERR, mein Gott,
rette mich nach deiner Gnade.
27 Erkennen sollen sie, dass deine Hand es war,
dass du es, HERR, getan hast.
28 Sie mögen fluchen, du aber wirst segnen,
erheben sie sich, werden sie zuschanden,
dein Diener aber darf sich freuen.
29 Meine Ankläger müssen sich kleiden in
Schmach,
in ihre Schande sich hüllen wie in einen
Mantel.
30 Ich will den HERRN laut preisen mit meinem
Mund
und inmitten vieler ihn loben.
31 Denn er tritt zur Rechten des Armen,
um ihn zu retten vor denen, die ihn
verdammen.

|1: 35,22! |5: 35,12! |8: Apg 1,20 |9–10: Jer 18,21
|10: 37,25; Hiob 24,12 |13: 21,11; Hiob 18,17; Spr 10,7
|14: Ex 20,5; Jer 18,23 |15: 34,17! |23: 102,12! |25: 22,8!
|28: Num 22–24 |30: 22,23!

Der cix. Psalm.
Hebr. CX. Psalm.
¶ Titel/. Ein gsang Davids.
¶ Jnnhalt.
Es ist ein vorsag von dem Heyland der geboren sölte
werden und von seynem reych in der kilchen und im
himmel.

Der HERR hatt zuo meinem HERREN geredt/
Sitz zuo meyner gerechten/ biß ich deine
feynd zuo einem schämel deiner füessen
mach.

Der HERR wirt den stab deiner macht auß
Zion senden/ das du mitten under deinen
feynden herrschest.

Deyn volck aber wirdt dir auff den tag so du
sigest/ freywillige gaaben bringen mit
heyligem pracht/ dann der tow deyner geburt
ist auß dem leyb der morgenröte.

Der HERR hatt geschworen/ Es wirt jn auch nit
gerüwen: Du bist priester ewigklich nach der
ordnung Melchizedek.

Der HERR stadt dir an der rechten seyten/
wenn der erzürnt wirdt so zerschlecht er die
Künig.

Du bist Priester in Ewigkeit
110 1 Von David. Ein Psalm.
Spruch des HERRN an meinen
Herrn:
Setze dich zu meiner Rechten,
bis ich hinlege deine Feinde
als Schemel deiner Füsse.
2 Das Zepter deiner Macht
wird der HERR ausstrecken vom Zion;
herrsche inmitten deiner Feinde.
3 Dein Volk ist bereit
am Tag, da deine Macht erscheint;
in heiliger Pracht, aus dem Schoss der
Morgenröte,
kommt dir der Tau deiner Jugend zu.
4 Der HERR hat geschworen,
und es wird ihn nicht reuen:
Du bist Priester in Ewigkeit
nach der Weise Melchisedeks.
5 Der Herr ist zu deiner Rechten,
er zerschmettert Könige am Tag seines
Zorns.
6 Er hält Gericht unter den Völkern, es häufen
sich die Leichen,

Der wirt sich an den Heyden rächen/ er wirdts
todter leychnamen füllen/ der die höupter
der gantzen welt zerschlecht.
Er wirt vom bach im wäg trincken/ darnach
seyn haupt wider aufrichten.

er zerschmettert Häupter weithin auf
Erden.
7 Auf dem Weg trinkt er vom Bach,
darum erhebt er das Haupt.

|1: Mt 22,44; Apg 2,33.34–35; Hebr 1,13 |4 89,36 ·
Hebr 5,6; 7,17 · Gen 14,18 |5: 2 |7: 3,4

Der cx. Psalm.
Hebr. CXI. Psalm.
¶ Titel.
Heyßt Halleluia/ lobend den HERREN.
¶ Jnnhalt.
Es ist ein lob und dancksagung Gottes.

Ich wil dem HERRN auß gantzem hertzen lob
unnd danck sagen/ es sey heymlich und
besunders bey den frommen/ oder vor der
gantzen gmeynd.
Die werck des HERREN sind groß/ unnd
außerläsen allen denen die ein wolgefallen
daran habend.
Seyn werck ist lob und eeren wärt/ und sein
gerechtigkeyt wärt ewigklich.
Seyne herrlichen thaten hatt er der maß gethon
das man jren billich gedenckt/ der
barmhertzig und gnädig Gott.
Denen die jn vor augen habend gibt er speyß:
seynes pundts ist er allweg eyngedenck.
Die krafft seyner wercken zeyget er seynem volck
so er jnen der Heyden land eyngibt
zebesitzen.
Die werck seyner henden sind steyff und
aufrecht/ vest und war sind alle seine gebott.
Steyff bestond sy in ewigkeyt/ dann sy gond auß
dem waren und rechten.
Er hatt seynem volck erlösung gesendt/ seynen
pundt hatt er ewig gebotten/ sein namm ist
heylig und hoch.
Forcht des HERREN ist ein anfang der
weyßheyt/ ein guoten verstand unnd bericht
gibts allen denen die jre werck darnach
richtend/ jr lob bestadt ewigklich.

Der cxj. Psalm.
Hebr. CXII. Psalm.
¶ Titel.
Jst ein Halleluia/ das ist ein lob Gott.
¶ Jnnhalt.
Das den frommen und gottsförchtigen weder an leyb
noch an seel nichts prästen werde.

Wol dem der Gott vor augen/ und an seinen
gebotten grossen lust hat.

**Der Anfang der Weisheit ist die Furcht
des HERRN**

111 1 Hallelujah. Ich will den HERRN
preisen von ganzem Herzen,
im Kreis der Aufrichtigen und der
Gemeinde.
2 Gross sind die Werke des HERRN,
allen erkennbar, die an ihnen Gefallen
haben.
3 Hoheit und Pracht ist sein Tun,
und seine Gerechtigkeit bleibt für immer
bestehen.
4 Ein Gedächtnis hat er seinen Wundern
gestiftet,
gnädig und barmherzig ist der HERR.
5 Speise gibt er denen, die ihn fürchten,
er gedenkt seines Bundes auf ewig.
6 Die Macht seiner Werke hat er seinem Volk
kundgetan,
da er ihnen das Erbe der Völker gab.
7 Die Werke seiner Hände sind Treue und
Recht,
verlässlich sind alle seine Gebote,
8 gültig auf immer und ewig,
in Treue geschaffen und gerecht.
9 Er hat seinem Volk Erlösung gesandt,
seinen Bund auf ewig bestimmt,
heilig und furchterregend ist sein Name.
10 Der Anfang der Weisheit ist die Furcht des
HERRN,
heilsame Einsicht für alle, die so handeln,
sein Ruhm bleibt für immer bestehen.

|3: 112,3 |4: 86,15!; 112,4 |9: 99,3 |10: Hiob 28,28;
Spr 1,7; 9,10

Wohl dem, der den HERRN fürchtet

112 1 Hallelujah.
Wohl dem, der den HERRN
fürchtet,
an seinen Geboten grosses Gefallen hat.
2 Mächtig werden seine Nachkommen sein im
Land,
das Geschlecht der Aufrichtigen wird
gesegnet.

Seyn geschlächt wirt gewaltig sein auff erden/
das gsind der aufrechten ist glückhafft.

Jn eines sölichen manns hauß ist eer und guot:
seyn gerechtigkeyt bestadt ewigklich.

Er ist den frommen/ wie ein Sonn und der tag
der in der finsternuß aufgadt/ barmhertzig/
gnädig/ und gerecht.

Der ist ein frommer mann der mitleyden hat
und leycht/ und der seine wort mit rechtem
urteyl ermißt und erwigt.

Dann in ewigkeit bleibt er unbewegt: des
frommen gedächtnuß wärt ewigklich.

Ab einem bösen geschrey erschrickt er nit/ dann
sein hertz ist steyff vertrauwt auff den
HERREN.

Sein hertz ist steyff/ er entsitzt jm nit/ biß das er
das umbkommen seyner feynden sicht.

Er teylt auß unnd gibt den armen/ seyn
fromkeyt bestadt ewigklich/ sein horn wirdt
mit eeren erhöcht.

So der gottloß das sicht bekümmeret jnn der
neyd/ byßt die zän auff einandern/ schwynt/
und was die gottlosen begärend da wirt
nichts auß.

3 Wohlstand und Reichtum sind in seinem
Haus,
und seine Gerechtigkeit bleibt für immer
bestehen.

4 In der Finsternis erstrahlt den Aufrichtigen
ein Licht,
gnädig, barmherzig und gerecht.

5 Gut ist, wer freigebig und zu leihen bereit ist
und seine Geschäfte gerecht besorgt.

6 Denn niemals wird er wanken,
ewig wird der Gerechte im Gedächtnis
sein.

7 Vor bösem Gerücht fürchtet er sich nicht,
fest ist sein Herz, voll Vertrauen auf den
HERRN.

8 Getrost ist sein Herz, er fürchtet sich nicht,
bis sein Blick sich weidet an seinen
Feinden.

9 Er verteilt und gibt den Armen,
seine Gerechtigkeit bleibt für immer
bestehen,
hoch in Ehren ragt sein Horn.

10 Der Frevler sieht es voller Wut,
er knirscht mit den Zähnen und vergeht,
zunichte wird das Verlangen der Frevler.

|1: 1,1–2!; 128,1 |2: 115,13–15; 128,3–4 |3: 111,3 |4: 37,6!;
97,11 · 86,15!; 111,4 |9: 89,18! |10: 1,6!

Der cxij. Psalm.
Hebr. CXIII. Psalm.
¶ Titel.
Jst deren die Halleluia heissend/ das ist/ lobend Gott.
¶ Jnnhalt.
Es ist ein lob der allmächtigkeyt Gottes.

Lobend den HERREN O jr diener/ lobend den
nammen des HERRN.

Der namm des HERRN sey gelobt von yetz an
biß in ewigkeyt.

Von aufgang der Sonnen biß zuo jrem nidergang
lobe man den nammen des HERREN.

Der HERR ist hoch über alle Heyden/ und sein
eer über alle himmel.

Wär ist wie unser HERR Gott der sein wonung
so hoch setzt/ unnd sich denn herab laßt
zesähen das in himmel unnd erden ist.

Der den schlächten aufrichtet auß dem staub/
und erhept den armen auß dem kaat.

Das er jn setze under die fürsten/ under die
fürsten seines volcks.

Der die unfruchtbare haußmuoter mit kinden in
fröuden hauß macht halten.

Der auf Himmel und Erde schaut

113
1 Hallelujah.
Lobt, ihr Diener des HERRN,
lobt den Namen des HERRN.

2 Der Name des HERRN sei gepriesen
von nun an bis in Ewigkeit.

3 Vom Aufgang der Sonne bis zu ihrem
Niedergang
sei gelobt der Name des HERRN.

4 Der HERR ist erhaben über alle Nationen
und seine Herrlichkeit über die Himmel.

5 Wer ist dem HERRN gleich, unserem Gott,
der hoch droben thront,

6 der tief hinunterschaut
auf Himmel und Erde!

7 Der aus dem Staub den Geringen aufrichtet,
aus dem Kot den Armen erhebt,

8 um ihn neben Edle zu setzen,
neben die Edlen seines Volkes.

9 Der der Unfruchtbaren Hausrecht gibt
als fröhliche Mutter von Kindern.
Hallelujah.

|1: 134,1! |4: 57,6.12; 108,6 |7–8: 107,40–41; 1Sam 2,8
|9: 1Sam 2,5

Der cxiij. Psalm.
Hebr. CXIIII. Psalm.
¶ Jnnhalt.
Es ist ein dancksagung unnd lob Gottes in dem die Hoffnung der glöubigen gesterckt wirt.

Do Jsrael auß Egypten zoch/ unnd das hauß Jaacob von dem frömbden volck.
Do warest du O Gott dem Juda heylig/ und Jsraels hauptmann.
Do das das meer sach do floch es/ unnd lieff der Jordan hindersich.
Die berg springend wie die wyder/ und die bühel wie die lemmer in der herd.
Was ist dir O meer das du geflohen? unnd dir O Jordan das du hindersich gewichen bist?
Wie das jr berg also aufgesprungen sind wie die wyder? unnd jr bühel wie die lemmer under der herd?
Du erbidmest O erd ab dem angesicht des HERRN/ ab dem angesicht des Gottes Jaacob.
Der den velsen zum wasser see machet/ und den schrofen zuo wasserquellen.

¶ Hie fahend die Hebreer den CXV. Psalmen an.

Nit unns O HERR/ nit uns/ sunder deinem nammen gib die eer/ deiner gnaden unnd trüw die du uns erzeygt hast.
Und darumb laß es nit darzuo kommen das die Heiden sprechind/ Wo ist doch jr Gott?
So doch der unser Gott ist der in himmlen wonet/ und alle ding nach seinem willen und wolgefallen ordnet.
Und aber jre götzen nichts sind dann silber und gold/ und ein werck von menschen henden gemachet.
Sy habend ein mund unnd redend nit/ augen und sähend nichts.
Oren habend sy unnd hörend nichts: ein nasen und riechen nit.
Sy habend hend und könnend nit greyffen: füeß habend sy und könnend nit gon: kein stimm könnend sy in jrem hals zewägen bringen.
Die sy machend/ und die auff sy vertrauwend/ sind jnen grad gleich.
Aber du O Jsrael hoff in den HERRN/ dann der ist deyn helffer und deyn schilt.
O jr von dem gsind Aharon hoffend auff den HERREN dann der ist euwer helffer und beschirmer.

Als Israel auszog aus Ägypten

114 1 Als Israel auszog aus Ägypten,
das Haus Jakob aus barbarischem Volk,
2 da wurde Juda sein Heiligtum,
Israel sein Reich.
3 Das Meer sah es und floh,
der Jordan wich zurück.
4 Die Berge hüpften wie Widder,
die Hügel wie Lämmer.
5 Was hast du, Meer, dass du fliehst,
du, Jordan, dass du zurückweichst?
6 Ihr Berge, was hüpft ihr wie Widder,
ihr Hügel wie Lämmer?
7 Vor dem Herrn erbebe, Erde,
vor dem Gott Jakobs,
8 der den Felsen verwandelt in einen Wasserteich,
den Kiesel in einen Wasserquell.

|1–2: 78,54; Ex 15,17–18; 19,6 |3: 66,6!; 77,17; Ex 14,21; Jos 3,16–17 |4: 29,6 |6: 29,6 |7: 97,4! |8 78,15!–16; 107,35

Gesegnet seid ihr vom HERRN

115 1 Nicht uns, HERR, nicht uns,
sondern deinem Namen gib Ehre,
um deiner Gnade, um deiner Treue willen.
2 Warum sollen die Völker sagen:
Wo ist denn ihr Gott?
3 Unser Gott ist im Himmel,
er vollbringt, was ihm gefällt.
4 Ihre Götzen sind Silber und Gold,
Machwerk von Menschenhand.
5 Sie haben einen Mund und sprechen nicht,
haben Augen und sehen nicht.
6 Sie haben Ohren und hören nicht,
haben eine Nase und riechen nicht.
7 Mit ihren Händen fühlen sie nicht,
mit ihren Füssen gehen sie nicht,
mit ihrer Kehle geben sie keinen Laut.
8 Ihnen werden gleich sein, die sie machen,
jeder, der ihnen vertraut.
9 Israel, vertraue auf den HERRN.
Er ist ihre Hilfe und ihr Schild.
10 Haus Aaron, vertraut auf den HERRN.
Er ist ihre Hilfe und ihr Schild.
11 Die ihr den HERRN fürchtet, vertraut auf den HERRN.
Er ist ihre Hilfe und ihr Schild.
12 Der HERR hat unser gedacht, er segnet.
Er segnet das Haus Israel,

Jr alle die den HERREN vor augen habend
vertrauwend auff den HERRN/ dann er ist
helffer und beschirmer.
Der HERR sey unser eyngedenck und thüeye
unns guots: dem hauß Jsrael thüeye er guots/
und dem hauß Aharon.
Er thüeye guots allen denen die den HERREN
vor augen habend/ sy sygind jung oder alt.
Der HERR meere euwer zal/ unnd die zal
euwerer kindern.
Dann jr sind die heyligen des HERRN der
himmel und erden geschaffen hatt.
Alle himmel sind des HERREN/ die erd aber
hatt er den menschen geben.
Die todten lobend dich nit O HERR/ auch alle
die nit die in das schweygen hinab farend.
Wir aber werdend den HERREN loben von yetz
biß in ewigkeyt.
Lobend den HERREN.

Der cxiiij. Psalm.
Hebr. CXVI. Psalm.
¶ Jnnhalt.
Es ist ein dancksagung umb ein erlösung auß trüebsal.

Ich bin wol zefriden: dann der HERr hatt die
stimm meiner kleglichen bitt erhört.
Jn meyner not als ich schrey hatt er mir sein or
geneigt.
Die band des tods hattend mich umbgeben/
unnd die angst der hellen hattend mich
ergriffen: ich was in jamer und leid kommen.
So bald ich aber den nammen des HERREN
anruofft/ unnd sprach: Ach HERR errett
mein seel.
(Dann der HERR ist gnädig unnd gerecht/ und
unser Gott ist barmhertzig.
Der HERR behüetet die schlächten) dann ich
bin gantz ellend/ do halff er mir.
Und darumb O mein seel keer wider in dein
ruow/ dann der HERR hatt dir nach deiner
begyrd geben.
Dann du hast mein läben vom tod errettet/
meine augen von den trähen erlößt/ und
meine füeß vor dem fal enthalten.
Das ich recht wandle vor dem HERREN under
denen die da lobend.

Der cxv. Psalm.
Disen Psalmen knüpffend die Hebreer an den vorigen/
und ist der CXVI. Psalm.
¶ Jnnhalt.

er segnet das Haus Aaron.
13 Er segnet, die den HERRN fürchten,
die Kleinen und die Grossen.
14 Der HERR mehre euch,
euch und eure Kinder.
15 Gesegnet seid ihr vom HERRN,
der Himmel und Erde gemacht hat.
16 Der Himmel ist der Himmel des HERRN,
die Erde aber hat er den Menschen
gegeben.
17 Nicht die Toten loben den HERRN,
keiner von allen, die hinabfuhren ins
Schweigen.
18 Wir aber, wir preisen den HERRN
von nun an bis in Ewigkeit.
Hallelujah.

|2: 42,4! |3: 135,6 |4–7: 135,15–17 · Dtn 4,28; Jes 44,9–
20; Jer 10,1–16 |8: 135,18 |9–11: 118,2–4; 135,19–20 · 33,20
|13–15: 112,2! |15: 134,3 |17: 6,6! · 94,17

Ich liebe den HERRN

116 1 Ich liebe den HERRN, denn er
hört
meine Stimme, mein Flehen.
2 Er hat sein Ohr zu mir geneigt,
ich will ihn anrufen mein Leben lang.
3 Stricke des Todes hatten mich umfangen,
Ängste des Totenreichs mich befallen,
ich geriet in Not und Kummer.
4 Da rief ich den Namen des HERRN an:
Ach, HERR, rette mein Leben.
5 Gnädig ist der HERR und gerecht,
und unser Gott ist barmherzig.
6 Der HERR behütet die Einfältigen;
bin ich schwach, so hilft er mir.
7 Finde wieder Ruhe, meine Seele,
denn der HERR hat dir Gutes getan.
8 Du hast mein Leben vom Tod errettet,
mein Auge vor Tränen bewahrt, meinen
Fuss vor dem Sturz.
9 Ich darf einhergehen vor dem HERRN
im Land der Lebenden.

10 Ich habe den Glauben bewahrt, auch wenn
ich sprach:
Ich bin tief gebeugt.
11 Ich sprach in meiner Bestürzung:

Es ist ein dancksagung die dem HERREN Christo gar fuoglich zuogehört.

Ich hab waar gesagt do ich geredt hab/ als ich träffenlich verkümmeret was/ unnd in der gähe sprach/ Alle menschen sind lugenhafft.
Was sol ich aber dem HERREN für alle guotthat/ mir bewisen/ widergelten?
Dann ich hab den bächer der hilff empfangen/ do ich den nammen des HERRN angerüefft hab.
Darumb wil ich meine gelübde dem HERREN bringen vor allem seynem volck: theür ist in den augen des HERREN der tod seyner heyligen.
HERR ich sag dir danck das du mein deynes dieners/ mein deynes dieners unnd des suns deyner dienerin band zerbrochen hast.
Darumb wil ich dir schlachten das opffer der dancksagung/ unnd wil deynen nammen preysen O HERR.
Jch wil dem HERREN vor allem seinem volck meine belübde bezalen/ in den höfen des HERREN hauß mitten in Jerusalem.
Lobend den HERREN.

Der cxvj. Psalm.
Hebr. CXVII. Psalm.
¶ Jnnhalt.
Es ist ein lobgesang/ in dem die vorsagungen vonn der berüeffung der Heyden zuo der kilchen Gottes besungen wirdt.

Lobend den HERRN alle Heyden: lobend jn alle völcker.
Dann sein gnad und güete öuget sich ye mer unnd mer gegen uns/ unnd sein trüw wäret ewigklich.
Lobend den HERREN.

Der cxvij. Psalm.
Hebr. CXVIII. Psalm.
¶ Jnnhalt.
Es ist ein offne gemeyne dancksagung vonn wägen einer grossen erlösung/ in welcher unser dancksagung die wir für den tod und erlösung Christi begond/ bedeütet wirt.

Danckend dem HERREN dann seyn gnad und erbermbd sind ewig. Jsrael künde auß sein yemerwärende güete.
Auch künde sein yemerwärende güete auß das hauß Aharon.
Ja alle die Gott vor augen habend die kündind auß sein ewige güete.

Alle Menschen sind Lügner.
12 Wie kann ich wiedergeben dem HERRN,
    was er mir Gutes getan hat?
13 Den Kelch der Rettung will ich erheben
    und den Namen des HERRN anrufen.
14 Meine Gelübde will ich dem HERRN erfüllen
    vor seinem ganzen Volk.
15 Teuer ist in den Augen des HERRN
    der Tod seiner Getreuen.
16 Ach, HERR, ich bin dein Diener,
    ich bin dein Diener, der Sohn deiner Magd,
    du hast meine Fesseln gelöst.
17 Ich will dir ein Opfer des Dankes darbringen
    und anrufen den Namen des HERRN.
18 Meine Gelübde will ich dem HERRN erfüllen
    vor seinem ganzen Volk,
19 in den Vorhöfen am Haus des HERRN,
    in deiner Mitte, Jerusalem.
    Hallelujah.

|3–4: 18,5–7 |5: 86,15! |7: 13,6 |8–9: 56,14 |8 Jes 25,8; Offb 21,4 |9: 27,13! |14: 22,26! |15: 72,14; Jes 43,4 |16: 86,16; 143,12 |18: 22,26!

Lobt den HERRN, alle Völker

117 1 Lobt den HERRN, alle Völker!
    Rühmt ihn, ihr Nationen alle!
2 Denn mächtig waltet über uns seine Güte,
    und die Treue des HERRN währt in Ewigkeit.
    Hallelujah.

|1: Röm 15,11 |2: 100,5!

Tut mir auf die Tore der Gerechtigkeit

118 1 Preist den HERRN, denn er ist gut,
    ewig währt seine Gnade.
2 Es spreche Israel:
    Ewig währt seine Gnade.
3 Es spreche das Haus Aaron:
    Ewig währt seine Gnade.
4 Sprechen sollen, die den HERRN fürchten:
    Ewig währt seine Gnade.
5 Aus der Bedrängnis rief ich zum HERRN,
    der Herr erhörte mich und schuf mir weiten Raum.

Jch ruofft den HERRN an in der angst/ und der
HERR macht mir weyt.
Der HERR ist mit mir/ ich förcht nit was mir
der mensch thuon wirt.
Der HERR ist mein helffer/ darumb sähe ich
meine feynd nit an.
Es ist besser auff den HERREN vertrauwen
dann auff den menschen.
Es ist besser auff den HERREN hoffen dann
auff die fürsten.
Wenn schon alle völcker mich umbstüendind/
so wolt ich sy doch in dem nammen des
HERREN umbbringen.
Ja wenn sy mich schon zringweyß umbgäbind
und umblegtind/ noch wolt ich sy in dem
nammen des HERREN umbbringen.
Und ob sy mich gleych umbfielind wie ein
ymmenschwarm/ und mich understüendind
ze verzeeren wie ein fheür die dörn/ noch
wolt ich sy in dem nammen des HERREN
umbbringen.
Wenn sy mich schon stossen unnd fellen
woltend/ so wurde mir doch der HERR
helffen.
Der HERR ist mein stercke/ Er ist der des lob
ich sing/ ja Er ist mein heyl.
Die stimm des frolockens unnd deß heyls ist in
den hütten der gerechten: dann die gerechte
hand des HERREN hatt den sig geben.
Die gerechte hand des HERREN ist die höchst:
die gerechte hand deß HERREN macht
sigen.
O das ich nit sturbe sunder läben möchte/ das
ich die werck des HERRN preysete.
Er straaffe mich/ Er züchtige mich/ allein Er
lasse mich nit sterben.
Thuond mir auf das thor der gerechtigkeit das
ich dardurch hineyn gange/ und den
HERREN lobe.
Dann das ist das thor des HERREN/ die
frommen werdend dardurch hineyn gon.
Jch sag dir danck das du mich erhört hast/ und
mir geholffen hast.
Der stein den die bauwleüt verachtet habend/
der ist zuo einem hauptstein der zinnen
worden.
Das ist aber vom HEREN geschähen/ und ist
ein wunder vor unsern augen.
Diß ist der tag den der HERr gemachet hatt/
lassend uns frolocken und frölich daran sein.
Hilff uns O HERR: mach uns wol gelingen
lieber HERR.

6 Der HERR ist für mich, ich fürchte mich
nicht,
was können Menschen mir antun?
7 Der HERR ist für mich, ist mir Helfer,
weiden wird sich mein Blick an denen, die
mich hassen.
8 Besser ist es, beim HERRN Zuflucht zu suchen,
als Menschen zu vertrauen.
9 Besser ist es, beim HERRN Zuflucht zu suchen,
als Fürsten zu vertrauen.
10 Alle Nationen umringen mich,
im Namen des HERRN aber wehre ich sie
ab.
11 Sie umkreisen, sie umringen mich,
im Namen des HERRN aber wehre ich sie
ab.
12 Wie Bienen umkreisen sie mich;
wie ein Dornenfeuer verlöschen sie,
im Namen des HERRN wehre ich sie ab.
13 Man hat mich gestossen, damit ich falle,
der HERR aber hat mir geholfen.
14 Meine Kraft und meine Stärke ist der HERR,
und er wurde mir zur Rettung.
15 Jubel und Siegesruf erschallen
in den Zelten der Gerechten.
Machttaten vollbringt die Rechte des HERRN.
16 Die Rechte des HERRN erhöht,
Machttaten vollbringt die Rechte des
HERRN.
17 Ich werde nicht sterben, sondern leben
und die Taten des HERRN verkünden.
18 Der HERR hat mich hart gezüchtigt,
dem Tod aber nicht preisgegeben.
19 Tut mir auf die Tore der Gerechtigkeit.
Ich will durch sie einziehen, um den HERR
zu preisen.
20 Dies ist das Tor zum HERRN,
die Gerechten ziehen hier ein.
21 Ich will dich preisen, denn du hast mich
erhört
und bist mir zur Rettung geworden.
22 Der Stein, den die Bauleute verworfen haben,
ist zum Eckstein geworden.
23 Durch den HERRN ist es geschehen,
wunderbar ist es in unseren Augen.
24 Dies ist der Tag, den der HERR gemacht hat,
wir wollen jauchzen und uns an ihm
freuen.
25 Ach, HERR, hilf!
Ach, HERR, lass gelingen!
26 Gesegnet sei, wer kommt, im Namen des
HERRN.
Wir segnen euch vom Haus des HERRN.

Hochgelobt ist der da kumpt in dem namen des
  HERRN: wir wünschend glück euch die da
  sind in dem huß des HERRN.
Der HERR Gott erscheyne unns: zierend das
  fäst mit meyen biß an die horn des altars.
Du bist mein Gott/ unnd ich danck dir: mein
  Gott bist du/ unnd ich wil dich hoch
  preysen.
Sagend dem HERRN danck für sein ewige gnad
  und erbermbd.

27 Der HERR ist Gott, er gab uns Licht.
  Schmückt das Fest mit Zweigen
  bis zu den Hörnern des Altars.
28 Du bist mein Gott, ich will dich preisen,
  mein Gott, ich will dich erheben.
29 Preist den HERRN, denn er ist gut,
  ewig währt seine Gnade.

|1: 106,1!; 118,29 |2–4: 115,9!–11 |2: 124,1! |5: 4,2 |6: 27,1;
56,5.10.12; Röm 8,31; Hebr 13,6 |7: 54,6 · 54,9! |9: 146,3
|12: Dtn 1,44 |14: Ex 15,2; Jes 12,2 |19 24,7.9; Jes 26,2
|22–23: Mt 21,42 |Jes 28,16 |22 Apg 4,11 |25–26: Mt 21,9
|25: Neh 1,11 |26: Mt 23,39 · 129,8 |27: Lev 23,40; Neh 8,15
|29: 118,1!

Der cxviij. Psalm.
Hebr. CXIX. Psalm.
¶ Jnnhalt.
Es ist ein ängstlich bekennen wie so gar nichts alles
menschlich sye one Gottes wort und leer: und wie die
glöubig seel so eynbrünstig darnach sey.

[alef]
Wie sälig sind die frommen die im wäg unnd
  gesatz des HERREN wandlend.
Wie sälig sind die die seyne zeügnussen haltend/
  und jn auß gantzem hertzen suochend.
Die keine laster begond/ sunder wandlend in
  seinen wägen.
Dann du gebeütest nichts so steyff als haltung
  deiner gebotten.
O das meine gäng dahin gerichtet wurdind das
  sy deine rechte hieltind.
So wurd ich niemar mer geschendt: ja wenn ich
  ein fleyssig aufsähen hab auff alle deine
  gebott.
Auß rechtem hertzen wird ich dich loben/ wenn
  du mich die rechte deiner gerechtigkeit
  underweysest.
Deine rechte wil ich halten/ verlaß mich niemar
  mer.

[bet]
Wo mit mag doch ein jung mann seinen wäg
  baß vergoumen und seübren/ dann mit
  steyffer haltung deiner red?
Und darumb wil ich dich auß gantzem hertzen
  suochen: fier aber du mich nyrgend ab von
  deinen gebotten.
Deine wort wil ich in meyn hertz behalten/
  damit ich nyrgend wider dich sünde.
Ach du hochgelobter HERR leer mich deine
  satzungen.
Das ich auch mit meinen läfftzen alle deine
  geheyß deines munds erzellen möge.

Ewig gilt die Weisung deiner Gerechtigkeit

119 1 Wohl denen, deren Weg
  vollkommen ist, *(Alef)*
  die leben in der Weisung des HERRN.
2 Wohl denen, die seine Vorschriften befolgen,
  die ihn von ganzem Herzen suchen,
3 die auch kein Unrecht tun,
  auf seinen Wegen gehen.
4 Du selbst hast deine Befehle erlassen,
  dass man sie genau beachte.
5 Wären doch meine Wege darauf gerichtet,
  deine Satzungen zu halten!
6 Dann werde ich nicht zuschanden,
  wenn ich auf alle deine Gebote schaue.
7 Ich will dich mit aufrichtigem Herzen
  preisen,
  wenn ich die Gesetze deiner Gerechtigkeit
  lerne.
8 Deine Satzungen will ich halten,
  verlass mich nie.
9 Wie kann einer seinen Pfad unsträflich
  gehen? *(Bet)*
  Indem er sich an dein Wort hält.
10 Von ganzem Herzen suche ich dich,
  lass mich nicht abirren von deinen
  Geboten.
11 In meinem Herzen berge ich dein Wort,
  damit ich nicht gegen dich sündige.
12 Gepriesen seist du, HERR,
  lehre mich deine Satzungen.
13 Mit meinen Lippen zähle ich auf
  alle Gesetze deines Mundes.
14 Ich freue mich, meinen Weg nach deinen
  Vorschriften zu gehen,
  wie über allen Reichtum.
15 Über deine Befehle will ich sinnen
  und auf deine Pfade will ich schauen.
16 An deinen Satzungen erfreue ich mich,
  dein Wort will ich nicht vergessen.

Das ich in dem wäg deiner verzeügnussen mer
fröud habe/ dann in allen reichtagen.
Das ich mich in deinen gebotten ertrachte und
üebe/ unnd deines fuoßpfads war nemme.
Das ich in deinen gebotten mich erlustige/ und
deiner worten niemar mer vergesse.

[gimel]
Verleych mir deinem diener das ich läbe/ und
deine reden halte.
Thuo mir auf meine augen/ das ich eigentlich
möge sähen die wunderbaren hohen ding die
in deinem gsatz sind.
Jch bin ein frömbdling auff erden/ doch verbirg
du deine gebott nit vor mir.
Dann mein seel bricht auß one underlaß/ auß
eynbrünstiger begyrd die sy hat zuo deinen
gebotten.
Dann du beschiltest und straaffst die verflüechten
stoltzen die von deinen gebotten abträttend.
Rett mich vor schmaach und schand/ dz ich
deine zeügnussen halten möge.
Dann die fürsten radtschlagend so sy bey
einandern sitzend wider mich: deyn diener
aber ertrachtet sich in deinen brüchen.
Deine zeügnussen sind mein lust/ und meine
radtsleüt.

[dalet]
Mein seel stäckt im kaat/ du aber wöllest sy
widerbringen nach deinem wort.
Jch wil dir meine wäg erzellen/ und darumb gib
mir antwurt und leer mich deine satzungen.
Zeig mir den wäg deiner gebotten/ so wil ich
mich in deinen wunderthaten ertrachten.
Mein seel zerflüßt vor verdruß/ sterck mich mit
deinem wort.
Thuo den wäg der lugenen vonn mir/ und biß
mir gnädig mit deinem gsatz.
Dann ich hab den wäg der warheyt außerwelt/
und deyne rechte laß ich mir gefallen.
Jch wil an deinen zeügnussen hangen O HERR/
das du mich nit zeschanden lassest kommen.
Den wäg deiner gebotten wil ich lauffen/ in
denen du mein hertz erfröuwest.

[he]
Weyß mich O HERR den wäg deiner gebotten/
das ich jn allwäg behalte.
Bericht mich das ich dein gsatz behalte/ ja das
ichs von gantzem hertzen halte.
Füer mich auff dem pfad deiner gebotten/ dann
er gefalt mir.

17 Tue Gutes deinem Diener, dass ich am Leben
bleibe, *(Gimel)*
  so will ich dein Wort halten.
18 Öffne meine Augen, und ich will schauen
  die Wunder aus deiner Weisung.
19 Ein Fremder bin ich auf Erden,
  verbirg deine Gebote nicht vor mir.
20 Meine Seele verzehrt sich in Sehnsucht
  nach deinen Gesetzen allezeit.
21 Du hast gescholten die Verfluchten,
  die von deinen Geboten abirren.
22 Nimm weg von mir Schmach und Verachtung,
  denn deine Vorschriften habe ich befolgt.
23 Sitzen auch Fürsten und beraten sich gegen
mich,
  dein Diener sinnt über deine Satzungen.
24 Deine Vorschriften sind meine Wonne,
  sind meine Berater.
25 Meine Seele klebt am Staub, *(Dalet)*
  schenke mir Leben nach deinem Wort.
26 Ich erzählte von meinen Wegen, und du
erhörtest mich,
  lehre mich deine Satzungen.
27 Lass mich den Weg deiner Befehle verstehen,
  und ich will über deine Wunder sinnen.
28 Meine Seele zerfliesst vor Kummer,
  richte mich auf nach deinem Wort.
29 Halte fern von mir den Weg der Lüge,
  und begnade mich nach deiner Weisung.
30 Den Weg der Wahrheit habe ich erwählt,
  deine Gesetze stehen mir vor Augen.
31 Ich hange an deinen Vorschriften,
  HERR, lass mich nicht zuschanden werden.
32 Ich laufe den Weg deiner Gebote,
  denn du machst mein Herz weit.
33 Weise mir, HERR, den Weg deiner Satzungen,
(He)
  und ich will ihn beachten bis ans Ende.
34 Gib mir Einsicht, und ich will deine Weisung
befolgen
  und sie halten von ganzem Herzen.
35 Leite mich auf dem Pfad deiner Gebote,
  denn daran habe ich Gefallen.
36 Neige mein Herz deinen Vorschriften zu
  und nicht dem Gewinn.
37 Halte meine Augen davon ab, nach
Nichtigem zu schauen,
  schenke mir Leben auf deinen Wegen.
38 Erfülle an deinem Diener dein Wort,
  dass man dich fürchte.
39 Wende ab meine Schmach, vor der mir graut,
  denn deine Gesetze sind gut.
40 Sieh, ich sehne mich nach deinen Befehlen,

Neyg meyn hertz zuo deynen zeügnussen/ und
nit auff geyt.
Wend meine augen ab/ das sy das eytel und
uppig nit sähind/ unnd mach mich läbendig
auff deinem wäg.
Stell mir deinem diener wort fur/ das sy mich
deiner forcht erinnerind.
Nimm hin die schmaach die ich förcht/ dann
deine gerichte sind lieblich.
Nimm war deine gebott hab ich lieb/ enthalt
mich in deiner gerechtigkeyt.

[vav]
Laß mir begegnen dein gnad O HERr/ darzuo
auch dein heyl nach deinem wort.
Das ich antwurt gebe dem lesterer/ ich der
deinem wort glauben gib.
Laß das wort der warheyt niemar mer auß
meynem mund kommen: dann ich hoff auff
deine gerichte.
Dein gsatz wil ich für und für steyff halten/ ja
yemer und ewigklich.
Und wil in sicherheyt wandlen/ dann ich suoch
deine gebott.
Von deynen zeügnussen wil ich vor den künigen
reden/ und nit zeschanden kommen.
Lust wil ich haben in denen gebotten die ich lieb
hab.
Unnd wil meyne hend aufheben zuo den
gebotten die ich lieb hab/ unnd wil mich in
deinen rechten ertrachten.

[zain]
Erzell mir deinem diener dein wort/ das du mein
hoffnung steyff machist.
Dann es tröstet mich in meinem kummer/ und
dein red machet mich läbendig.
Die hochfertigen verachtend mich hefftig/
verleych aber das ich nyrgend von deinem
gsatz weyche.
Jch gedenck o HERR an deine ewigen gerichte
und finden trost.
Mich gadt ein grausen an/ ab denen schälcken
die dein gsatz verlassend.
Deyne rechte sind meyn lobgesang/ dieweyl ich
hie ein bilgery bin.
Jch gedenck nachts an deinen nammen O
HERR/ das ich deyn gsatz halte.
Das verleych mir das ich deyne gebott halte.

[xet]
HERR du bist meyn teyl/ ich hab mir
fürgenommen deine wort zehalten.

schenke mir Leben durch deine
Gerechtigkeit.
41 Auf mich möge kommen die Fülle deiner
Gnade, HERR, *(Waw)*
deine Hilfe nach deinem Wort.
42 So kann ich Antwort geben dem, der mich
schmäht,
denn ich vertraue auf dein Wort.
43 Nimm nicht meinem Mund das Wort der
Wahrheit,
denn ich hoffe auf deine Gesetze.
44 Und stets will ich deine Weisung halten,
immer und ewig.
45 In weitem Raum will ich gehen,
denn deine Befehle suche ich.
46 Von deinen Vorschriften will ich vor Königen
reden
und mich nicht scheuen.
47 Ich will mich ergötzen an deinen Geboten,
die ich liebe.
48 Ich will meine Hände erheben zu deinen
Geboten, die ich liebe,
und über deine Satzungen sinnen.
49 Gedenke des Wortes an deinen Diener,
(Sajin)
wie du mich hast hoffen lassen.
50 Das ist mein Trost in meinem Elend,
dass dein Wort mich am Leben erhält.
51 Vermessene Menschen haben mich frech
verhöhnt,
doch von deiner Weisung bin ich nicht
abgewichen.
52 Ich gedenke deiner ewigen Gesetze,
HERR, und ich finde Trost.
53 Wut hat mich gepackt wegen der Frevler,
die deine Weisung verlassen.
54 Lieder sind mir deine Satzungen geworden
im Haus meiner Fremdlingschaft.
55 Des Nachts gedenke ich deines Namens,
HERR,
und ich halte deine Weisung.
56 Das ist mir zuteil geworden,
dass ich deine Befehle befolge.
57 Mein Teil, HERR, sprach ich, ist es, *(Chet)*
deine Worte zu halten.
58 Ich habe mich um deine Gunst bemüht von
ganzem Herzen,
sei mir gnädig nach deinem Wort.
59 Ich habe meine Wege überdacht
und meine Schritte zu deinen Vorschriften
zurückgelenkt.
60 Ich eile und säume nicht,
deine Gebote zu halten.

Jch fleh vor dir auß gantzem hertzen/ das du dich meiner erbarmist nach deinem verheyssen.
Das ich meiner wägen war nemme/ unnd meine füeß nach deinen zeügnussen richte.
Das ich schnäll und one hindersich zaufen/ eyle deine gebott zehalten.
Unnd ob mich die band der gottlosen fiengind/ das ich doch deynes gesatzes nit vergesse.
Zuo mitternacht stand ich auf dich zeloben umb deiner rechten gerichten willen.
Jch bin ein gesell aller deren die dich vor augen habend/ und deine gebott haltend.
O HERR/ des gnad unnd güete alles erdtrich voll ist/ leer mich deine gebott.

[tet]
Thuo guots O HERR deynem diener nach deinem wort.
Leer mich das guot/ zucht/ und kunst/ dann ich vertrüw auff deine gebott.
Ee und ich verkümmeret ward/ fälet ich/ yetz aber wird ich dein red halten.
Du bist wäsenlich guot/ auß sölicher güete leer mich deine gebott.
Die stoltzen understond mir lugenen zuozeschyeben/ ich aber wil deyne geheyß vonn gantzem hertzen halten.
Jr hertz ist feyßt wie ein unschlyt/ ich aber ertracht mich in deinem gesatz.
Wol mir das ich verkümmeret bin gewesen/ damit ich deine rechte lernete.
Das gsatz deynes munds ist mir angenämer unnd lieblicher/ dann unzalbar gold und silber.

[jod/jud]
Deine hend habend mich gemachet und zuogerüstet/ gib mir verstand das ich deyne gebott lerne.
Auff das/ wenn mich die sähend die dich vor augen habend/ sich fröuwind/ das ich auff dein wort vertrauwt bin.
Jch weyß HERR das deine gericht gerecht sind/ und das du mich auß trüwen hast lassen verkümmeret werden.
So tröst mich auch mit deiner güete/ nach deiner verheissung die du deinem diener gethon hast.
Laß mir dein gnad beggegnen das ich läbe/ dann deyn gsatz ist meyn fröud und lust.

61 Stricke von Frevlern umfangen mich,
deine Weisung aber habe ich nicht vergessen.
62 Mitten in der Nacht stehe ich auf, dich zu preisen
für die Gesetze deiner Gerechtigkeit.
63 Ich bin ein Freund aller, die dich fürchten,
und derer, die deine Befehle halten.
64 Von deiner Gnade, HERR, ist die Erde voll,
lehre mich deine Satzungen.
65 Gutes hast du deinem Diener getan, *(Tet)*
HERR, nach deinem Wort.
66 Lehre mich rechtes Urteil und Erkenntnis,
denn ich vertraue deinen Geboten.
67 Ehe ich mich beugte, ging ich in die Irre,
nun aber halte ich dein Wort.
68 Du bist gut und tust Gutes,
lehre mich deine Satzungen.
69 Vermessene haben mich mit Lügen besudelt,
ich aber befolge deine Befehle von ganzem Herzen.
70 Fühllos wie Fett ist ihr Herz,
ich aber ergötze mich an deiner Weisung.
71 Es war gut für mich, dass ich gebeugt wurde,
damit ich deine Satzungen lerne.
72 Die Weisung deines Mundes ist mir lieber
als Tausende von Gold- und Silberstücken.
73 Deine Hände haben mich gemacht und bereitet, *(Jod)*
gib mir Einsicht, ich will deine Gebote lernen.
74 Die dich fürchten, werden mich sehen und sich freuen,
denn auf dein Wort hoffe ich.
75 Ich habe erkannt, HERR, dass deine Gesetze gerecht sind
und du mich aus Treue gebeugt hast.
76 Deine Gnade werde mir zum Trost,
getreu deinem Wort an deinen Diener.
77 Dein Erbarmen komme über mich, so werde ich leben,
denn deine Weisung ist meine Wonne.
78 Es sollen zuschanden werden die Vermessenen,
die mich mit Lügen bedrücken,
ich aber will über deine Befehle sinnen.
79 Mir mögen sich zuwenden, die dich fürchten
und die deine Vorschriften kennen.
80 Mein Herz richte sich ganz nach deinen Satzungen,
damit ich nicht zuschanden werde.
81 Meine Seele schmachtet nach deiner Hilfe, *(Kaf)*

Geschendt werdind die stoltzen die fälschlich
mit mir handlend/ damit ich mich in deynen
gebotten ertrachte.
Mit mir aber sygind eins alle die dich vor augen
habend/ und die deine zeügnussen kennend.
Es sey mein hertz gantz und steyff in deinen
gebotten/ das ich niemar zeschanden werd.

[kaf]
Meyn seel hat ein groß verlangen nach deynem
heyl/ dann ich vertrauw auff deyn wort.
Meine augen verlanget nach deiner red/ das ich
offt sprich/ Wenn tröstest du mich?
Dann ich bin wie ein schlauch im fheür/ doch
vergiß ich deiner rechten nit.
Wie vil sind der tagen deynes dieners? wenn wilt
du dich rächen an meynen durächtern?
Dann die hochfertigen die die nit nach deinem
gesatz wandlend/ habend mir ein gruoben
gegraben.
Alle deyne gebott sind war/ steyff/ unnd getrüw:
die lugner durächtend mich/ hilff mir.
Sy habend mich auff erden gar nach
außgemachet/ doch verlaß ich deine gebott
nit.
Mach mich läbendig durch deyn güete/ das ich
die zeügnuß deynes munds halte.

[lamed]
HERR dein wort bestadt mit den himmlen
ewigklich.
Auch wirdt dein warheyt und trüw bey allen
nachkommen wären und beston/ gleych wie
die erd die von dir geschaffen ist.
Nach deiner ordnung werdend sy ewig beston/
dann alle ding dienend dir.
Wenn mich dein gsatz nit tröstete/ so käme ich
umb in meinem kummer.
Darumb wil ich deiner gebotten ewigklich
niemar mer vergessen/ dann mit denen
erkickst du mich.
Deyn bin ich/ kumm mir zehilff/ dann ich fleyß
mich deiner geheyssen.
Die gottlosen schälck spähend auff mich wie sy
mich umbbringind: aber ich ertrachten mich
in deinen zeügnussen.
Jch sich das alle ding die da geschaffen sind ein
end habend/ aber deyn gebott ist ewig.

[mem]
O wie lieb hab ich dein gesatz? es ist alle zeyt
mein trachtung und üebung.

auf dein Wort hoffe ich.
82 Meine Augen schmachten nach deinem Wort,
sie fragen: Wann wirst du mich trösten?
83 Fürwahr, ich bin wie ein Weinschlauch im
Rauch,
deine Satzungen aber habe ich nicht
vergessen.
84 Wie viele Tage noch bleiben deinem Diener?
Wann wirst du Gericht halten über meine
Verfolger?
85 Vermessene haben mir Gruben gegraben,
sie, die nicht nach deiner Weisung leben.
86 Alle deine Gebote sind Wahrheit;
sie aber verfolgen mich mit Lügen. Hilf
mir!
87 Fast hätten sie mich vernichtet im Land,
ich aber habe nicht abgelassen von deinen
Befehlen.
88 Schenke mir Leben nach deiner Gnade,
und ich will halten, was dein Mund mir
gebietet.
89 Auf ewig, HERR, *(Lamed)*
steht dein Wort im Himmel.
90 Von Generation zu Generation währt deine
Treue,
du hast die Erde gegründet, und sie stand.
91 Nach deinen Gesetzen bestehen sie bis heute,
denn das All ist dir dienstbar.
92 Wäre deine Weisung nicht meine Wonne,
ich wäre umgekommen in meinem Elend.
93 Nie will ich deine Befehle vergessen,
denn durch sie hast du mir Leben
geschenkt.
94 Dein bin ich, rette mich,
denn deine Befehle suche ich.
95 Frevler lauern mir auf, mich zu verderben,
ich aber achte auf deine Vorschriften.
96 Ich sah, dass alles Vollkommene eine Grenze
hat,
aber grenzenlos weit reicht dein Gebot.
97 Wie liebe ich deine Weisung! *(Mem)*
Allezeit bestimmt sie mein Sinnen.
98 Dein Gebot macht mich weiser, als meine
Feinde sind,
denn ewig ist es mein.
99 Ich bin klüger geworden als alle meine Lehrer,
denn deine Vorschriften bestimmen mein
Sinnen.
100 Ich bin einsichtiger als die Alten,
denn ich befolge deine Befehle.
101 Von jedem bösen Pfad hielt ich meine
Schritte zurück,
um dein Wort zu halten.

Dein gebott hatt mich weyser gemachet dann meine feynd sygind/ dann es ist allweg bey mir.

Jch bin verstendiger worden dann alle meine leermeister/ dann deine zeügnussen sind meine trachtungen.

Jch bin weyser dann die radtsherren/ dann ich halt deine gebott.

Jch verhüet meyne füeß vor allen bösen wägen/ das ich deine wort halten möge.

Vonn deynen gerichten tritt ich nit ab/ dann du bist mein wägweyser.

O wie süeß sind deine wort meiner kälen? sy sind süesser dann honig meinem mund.

Jch hab verstand deiner geheyssen/ darumb hassz ich allen wäg der lugenen.

[nun]

Dein wort ist ein kertz meinen füeessen/ und ein liecht meinen fuoßwägen.

Jch hab geschworen und steyff für mich genomen deine rechten gericht zehalten.

Jch bin über die maß verkümmeret gewesen/ du aber O HERR richt mich auf nach deinem wort.

Die freywillige meines munds gefalle dir O HERr/ das du mich deine gericht leerest.

Mein seel die manet mich one underlaß/ das ich deines gsatzes nirgend vergesse.

Die Gottlosen legend mir strick/ ich aber wird von deinen gebotten nit abtrünnig.

Deine zeügnussen sind mein erbteil ewigklich/ und meines hertzen wunn.

Mein hertz ist geneigt deine gebott zehalten ewigklich/ und das nit one ursach.

[samex/samech]

Die boßhafften schälck hassz ich: dein gesatz aber hab ich lieb.

Biß mein schirm und schilt O HERR/ dann ich halt mich deines worts.

Weichend von mir jr übelthäter/ das ich die gsatz meines Gottes halte.

Understütz mich mitt deiner red das ich läbe: das mir mein hoffnung nit fäle.

Underleyn mich so wirt mir geholffen/ das ich deine gebott one underlaß trachte.

Tritt under alle die von deinen gheissen abtrettend/ dann jr betrug ist falsch.

Du zuckst hin alle gottlosen der erd wie güsel/ darumb hab ich deine zeügnussen lieb.

Mein fleysch grauset ab deiner forcht/ und ab deinen gerichten erschrick ich

102 Von deinen Gesetzen bin ich nicht abgewichen,
    denn du hast mich unterwiesen.
103 Wie süss sind deine Worte meinem Gaumen,
    süsser als Honig meinem Mund.
104 Aus deinen Befehlen schöpfe ich Einsicht,
    darum hasse ich jeden Pfad der Lüge.
105 Dein Wort ist eine Leuchte meinem Fuss *(Nun)*
    und ein Licht auf meinem Pfad.
106 Ich habe geschworen und bekräftigt,
    zu halten die Gesetze deiner Gerechtigkeit.
107 Ich bin tief gebeugt,
    HERR, schenke mir Leben nach deinem Wort.
108 Nimm, HERR, die Opfer meines Mundes gnädig an,
    und lehre mich deine Gesetze.
109 Ständig ist mein Leben in Gefahr,
    aber deine Weisung vergesse ich nicht.
110 Frevler haben mir eine Falle gestellt,
    ich aber bin nicht abgeirrt von deinen Befehlen.
111 Deine Vorschriften habe ich auf ewig zum Erbe erhalten,
    sie sind meines Herzens Freude.
112 Ich neige mein Herz, deine Satzungen zu befolgen,
    auf ewig, bis ans Ende.
113 Wankelmütige hasse ich, *(Samech)*
    deine Weisung aber habe ich lieb.
114 Mein Schutz und mein Schild bist du,
    auf dein Wort hoffe ich.
115 Weicht von mir, ihr Übeltäter,
    ich will die Gebote meines Gottes befolgen.
116 Stütze mich nach deinem Wort, so werde ich leben,
    und lass mich nicht zuschanden werden
    in meiner Hoffnung.
117 Halte mich, damit ich gerettet werde,
    und stets will ich auf deine Satzungen schauen.
118 Du verwirfst alle, die von deinen Satzungen abirren,
    denn Lüge sind ihre Machenschaften.
119 Wie Schlacken wirfst du alle Frevler der Erde weg,
    darum liebe ich deine Vorschriften.
120 Mein Leib erschauert aus Angst vor dir,
    und vor deinen Gesetzen fürchte ich mich.
121 Recht und Gerechtigkeit habe ich geübt, *(Ajin)*

[ain]
Das billich unnd recht wil ich thuon/ gib mich nit meinen schmäheren.
Wird bürg zuo guottem für deinen diener/ das die hochfertigen nit gwalt mit mir treybind.
Meine augen schweynend nach deinem heyl/ und nach deiner gerechten red.
Hanndel mit deinem diener nach deiner güete/ unnd bericht mich deiner bezeügnussen.
Es ist zeit das du es thüegest o HERR/ dann sy habend dein gsatzt zuo nichte gemachet.
Dann ich hab deine gebott lieb über gold und edel gsteyn.
Darumb wil ich allen deinen gebotten schlächts nachgon/ und von allen falschen wägen ein scheühen haben.

[pe]
Theür unnd hoch sind deine zeügnussen/ darumb hat mein seel fleyssig acht darauff.
Deine wort sind offennbar/ sy erleüchtend/ und machend verstendig die schlächten.
Ein sölliche begird hab ich nach deinen geheyssen/ als so ich den mund auffthuon und den aathem holen.
Sich mich an biß mir gnädig/ als du pfligst zethuon denen die deinenn nammen lieb habend.
Richt meine gäng nach deinem wort/ dz kein gottlose in mir yenen regiere.
Löß mich vonn dem fräflen gewalt der menschen/ das ich deine gsatzte halte.
Zeyg deinem diener dein angsicht/ unnd leer mich deine gebott.
Es rünnend wasserbäch auß meinen augen/ das man dein gsatzt nit halten wil.

[tsade]
Gerecht bist du O HERR/ und billich sind deine gerichte.
Deine zeügnussen die du unns gebotten hast/ die sind vast gerecht und waar.
Mein eyfer der frißt mich/ das meine fygend deiner worten vergessen habend.
Dein red zündet hefftig an/ darumb hatt auch dein diener ein liebe darzuo.
Wiewol ich klein füeg und verachtet bin/ so vergiss ich doch deiner gheyssen nit.
Dein gerechtigkeit ist ein ewige gerechtigkeyt/ unnd dein gesatzt ist waar unnd steyff.
So mich angst und trüebsal überfalt/ so tröstend mich deine verheyssungen.

gib mich nicht meinen Unterdrückern preis.
122 Tritt ein für das Wohl deines Dieners,
  Vermessene sollen mich nicht unterdrücken.
123 Meine Augen sehnen sich nach deiner Hilfe
  und nach deinem Wort der Gerechtigkeit.
124 Handle an deinem Diener nach deiner Gnade,
  und lehre mich deine Satzungen.
125 Ich bin dein Diener, gib mir Einsicht,
  damit ich deine Vorschriften verstehe.
126 Es ist Zeit zu handeln, HERR,
  sie haben deine Weisung gebrochen.
127 Darum liebe ich deine Gebote
  mehr als Gold und Feingold.
128 Darum folge ich allen deinen Befehlen,
  jeden Pfad der Lüge aber hasse ich.
129 Wunder sind deine Vorschriften, *(Pe)*
  darum befolgt sie meine Seele.
130 Die Kundgabe deiner Worte erleuchtet,
  Einfältige macht sie verständig.
131 Ich habe meinen Mund geöffnet und lechze,
  mich verlangt nach deinen Geboten.
132 Wende dich zu mir und sei mir gnädig,
  wie es denen gebührt, die deinen Namen lieben.
133 Festige meine Schritte durch dein Wort,
  und lass kein Unrecht über mich herrschen.
134 Erlöse mich von Unterdrückung durch Menschen,
  und ich will deine Befehle halten.
135 Lass dein Angesicht leuchten über deinem Diener,
  und lehre mich deine Satzungen.
136 Wasserbäche strömen aus meinen Augen,
  weil man deine Weisung nicht hält.
137 Du, HERR, bist gerecht, *(Zade)*
  und recht sind deine Gesetze.
138 Du hast in Gerechtigkeit deine Vorschriften erlassen
  und in grosser Treue.
139 Mein Eifer verzehrt mich,
  denn meine Feinde haben deine Worte vergessen.
140 Dein Wort ist rein und lauter,
  und dein Diener hat es lieb.
141 Ich bin gering und verachtet,
  doch deine Befehle habe ich nicht vergessen.
142 Deine Gerechtigkeit bleibt ewig Gerechtigkeit,

Gib mir deine ewigen zeügnussen zuo verston/
das ich läbe.

[kof]
Jch rüeff dich an auß gantzem hertzen/ erhör
mich O HERR/ das ich deine gebott halte.
Jch rüeff dich an das du mir helffest/ und das ich
deine hohen und theüren ermanungen halten
möge.
Eylends unnd zeytlich rüeff ich dich an/ dann
ich tröst mich deines worts.
Meine augen kummend zuo früeyer wacht/ in
deinen worten zetrachten.
O HERR erhör mein stimm nach deiner güete/
mach mich läbendig wie dein gewonheyt ist.
Dann es nahend sich zuo mir die verr von
deinem gsatzt sind/ unnd durächtend mich
mit unbill.
So naahe auch du O HERR/ dann deine
verheyssungen stond steyff.
Von anfang weiß ich das/ das du deine
zeügnussen grundvestnet hast/ das sy ewig
sygind.

[res]
Sich an mein ellend und kummer/ und erlöß
mich/ dann ich vergiss deines gesatzes nit.
Rett mein sach unnd schirm mich/ unnd mach
mich läbendig nach deinem wort.
Das heyl ist weyt vonn den Gottlosen/ dann sy
fragend deinem gsatz nichts nach.
Deiner erbärmbd ist vil O HERR/ mache mich
läbendig wie du gewon bist.
Wie vil meiner feynden unnd durächten sind/
weych ich doch nit ab vonn deinen
zeügnussen.
So ich die überträtter sich die deine geheyß nit
haltend/ so wird ich gantz bekümmeret.
Du sichst o HERR/ dz ich deine gebott
träffenlich lieb hab/ darumb mach mich
läbendig nach deiner gnad.
Dein wort ist von ewigkeyt waar/ und alle deine
gerichte ewigklich gerecht.

[sin]
Die wüeterich durächtend mich unschuldigen/
aber mein hertz erschrickt ab deinenn
worten.
Jch hab ab deinen wortenn ein söliche fröud/ als
da einer ein guote peüt überkumpt.
Lugenen hassz ich/ und bin jr feynd/ dein gsatz
aber hab ich lieb.

und deine Weisung ist Wahrheit.
143 Not und Drangsal haben mich getroffen,
doch deine Gebote sind meine Wonne.
144 Deine Vorschriften sind auf ewig gerecht,
gib mir Einsicht, so werde ich leben.
145 Ich rufe von ganzem Herzen, erhöre mich,
HERR, *(Qof)*
ich will deine Satzungen befolgen.
146 Ich rufe zu dir, hilf mir,
so will ich deine Vorschriften einhalten.
147 Schon in der Dämmerung stehe ich auf und
schreie,
auf dein Wort hoffe ich.
148 Meine Augen eilen den Nachtwachen voraus,
um über dein Wort zu sinnen.
149 Höre meine Stimme in deiner Gnade,
schenke mir Leben, HERR, nach deinen
Gesetzen.
150 Niederträchtige Verfolger nahen,
sie haben sich entfernt von deiner
Weisung.
151 Du bist nahe, HERR,
und alle deine Gebote sind Wahrheit.
152 Schon immer weiss ich von deinen
Vorschriften,
dass du sie für ewig gegründet hast.
153 Sieh mein Elend an und rette mich, *(Resch)*
denn ich habe deine Weisung nicht
vergessen.
154 Führe meine Sache und erlöse mich,
schenke mir Leben nach deinem Wort.
155 Fern von den Frevlern ist die Hilfe,
denn sie fragen nicht nach deinen
Satzungen.
156 Reich ist dein Erbarmen, HERR,
schenke mir Leben nach deinen Gesetzen.
157 Zahlreich sind meine Verfolger und Feinde,
doch von deinen Vorschriften bin ich
nicht abgewichen.
158 Ich habe Abtrünnige gesehen, und mich
widerte an,
dass sie dein Wort nicht halten.
159 Sieh, wie ich deine Befehle liebe,
HERR, schenke mir Leben nach deiner
Gnade.
160 Die Summe deines Wortes ist Wahrheit,
und ewig gilt das ganze Gesetz deiner
Gerechtigkeit.
161 Fürsten verfolgen mich ohne Grund, *(Schin)*
doch nur vor deinen Worten bebt mein
Herz.
162 Ich freue mich über dein Wort
wie einer, der reiche Beute findet.

Zuo siben maalen lob ich dich tags/ umb deiner
   rechten gerichten willen.
Vil frids habend die/ die dein gsatzt liebend/
   unnd werdent sich nymmarmer stossen.
Jch hab ein auffsehen auff dein heyl/ und thuon
   deine geheyß.
Mein seel hatt ein träffenlich auffsehenn auff
   deine zeügnussen/ und hatt sy vast lieb.
Deine gsatzte unnd zeügnussen wird ich halten/
   dann alle meine wäg sind vor dir.

[tav]
Mein gebätt komme für dich O HERR/ das du
   mir nach deiner verheissung verstand gebest.
Laß mein flehen für dich kommen/ das du mich
   nach deiner verheyssung erlösest.
Schaff das meine läfftzen von deiner eer redind/
   so du mich deine gebott lerest.
Das mein zung eins umbs ander deine reden
   singe/ dann alle deine geheyß sind gerecht.
Dein hand komme mir zuo hilff/ dann ich hab
   deine satzungen außerwelt.
Jch hab ein lust O HERR an deinem heyl/ und
   dein gsatz ist mein höchster hort.
Verleych das mein seel läbe und dich lobe/ so du
   mir hilffst nach deiner gewonheit.
Jch gon yrr wie ein verloren schäfflin/ suoch
   deinen diener/ dann deiner gebotten vergiß
   ich nit.

163 Lüge hasse und verabscheue ich,
   deine Weisung habe ich lieb.
164 Siebenmal des Tages lobe ich dich
   um der Gesetze deiner Gerechtigkeit
   willen.
165 Die deine Weisung lieben, haben
   Wohlergehen in Fülle,
   und nichts lässt sie straucheln.
166 Ich warte auf deine Hilfe, HERR,
   und deine Gebote erfülle ich.
167 Meine Seele hält deine Vorschriften,
   und ich liebe sie innig.
168 Ich halte deine Befehle und Vorschriften,
   denn alle meine Wege liegen offen vor dir.
169 Meine Klage dringe zu dir, HERR, *(Taw)*
   gib mir Einsicht, getreu deinem Wort.
170 Mein Flehen gelange vor dich,
   rette mich nach deinem Wort.
171 Meine Lippen sollen sprudeln von Lob,
   denn du lehrst mich deine Satzungen.
172 Meine Zunge soll dein Wort besingen,
   denn alle deine Gebote sind gerecht.
173 Deine Hand sei da, mir zu helfen,
   denn deine Befehle habe ich erwählt.
174 Ich sehne mich nach deiner Hilfe, HERR,
   und deine Weisung ist meine Lust.
175 Meine Seele möge leben und dich loben,
   und deine Gesetze mögen mir helfen.
176 Ich irre umher wie ein verlorenes Schaf;
   suche deinen Diener!
   Deine Gebote habe ich nicht vergessen.

|1: 1,1!–2! · 15,2! |2: Dtn 4,29; 2Chr 31,21; Jer 29,13–14
|19: 39,13! |25: 44,26 |64: 33,5 |72: 19,11; 119,103.127
|73: 139,14; Hiob 10,8 |74: 130,5 |85: 7,16! |90–91: 148,5–6
|90: 100,5! |101: 1,1!–2 |103: 119,72! |105: Spr 6,23; Joh 8,12
|110: 140,6 |115: 6,9; Mt 7,23 |127: 119,72! |130: 19,8
|132: 25,16! · 69,37! |135: 4,7!; 31,17 |139: 69,10 |140: 19,9
|148: 63,7; 77,4 |166 Gen 49,18

119: Der Psalm gehört zu den sogenannten
alphabetischen Liedern (siehe die Anm. zu Ps 9–10). Der
Reihenfolge des hebräischen Alphabets folgend, haben in
diesem Fall je acht Verse den gleichen Anfangsbuchstaben.
119,9 Wörtlich: «Wie kann ein junger Mann seinen
Pfad …»
119,128 Der Massoretische Text wurde korrigiert.

Der cxix. Psalm.
Hebr. CXX. Psalm.
¶ Titel. Die gsang der stafflen.
¶ Jnnhalt.
Es ist ein anrüeffenn der Göttlichen hilff wider die feynd
und widersächer.

So ich in ängsten unnd nöten bin/ so rüeff ich
   zum HERREN/ unnd er kumpt mir zehilff.

Rette mein Leben vor falscher Zunge

120
1 Ein Wallfahrtslied.
Zum HERRN rief ich in meiner
Not,
   und er erhörte mich.
2 HERR, rette mein Leben vor lügnerischer
   Lippe,
   vor falscher Zunge.

O HERr erlöß mein seel von den lugenhafften läfftzen/ und von der falschen zungen.
Was sol man dir zelon geben oder thuon du falsche zung?
Starcke und scharpffe pfeyl/ und glüeyende kolen.
Ach das mein ellend so lang wäret/ ich wonen in den hütten der traurigen.
Das mein seel lang wonen muoß under denen die den friden hassend.
Dann so ich nach friden tracht/ rüstend sy einen krieg an.

Der cxx. Psalm.
Hebre. CXXI. Psalm.
¶ Titel. Gsang der stafflen.
¶ Jnnhalt.
Ein bericht wo har dem menschen hilff komme.

Ich heb meine augen auf inn himmel/ dannen mir hilff kumpt.
Mein hilff kumpt von dem HERREN der himmel und erden gemachet hatt.
Der laßt deinen fuoß nienen schlipffen/ und der dein hüetet der schlaafft nit.
Er entnuckt nit/ er schlaafft nit/ der Jsrael behüetet.
Dann dein behüeter ist der HERR/ dein schatten und der dich bey der hand füert.
Das dich weder tags die Sonn brenne/ noch nachts der Mon.
Der HERr behüetet dich vor allem übel/ er behüetet dein seel.
Der HERR behüetet deinen außgang und eyngang/ von yetz biß in ewigkeit.

Der cxxj. Psalm.
Hebre. CXXII. Psalm.
¶ Titel. Gsang der stafflen Davids.
¶ Jnnhalt.
Es ist ein lob der statt Jerusalem/ das ist/ der Christenlichen Kilchen/ ja einer yetlichen glöubigen statt.

Ich fröw mich deren die zuo mir sprechend/ wir wöllend ins HERRN hauß gon.
Unser fueß söllend ston under deinen thoren Jerusalem.
Jerusalem du die ein herrliche statt gebauwen bist/ deren burger eins sind.

3 Was soll er dir geben und was dir dazutun,
  du falsche Zunge?
4 Scharfe Pfeile eines Kriegers
  mit glühenden Kohlen vom Ginsterstrauch.
5 Weh mir, dass ich als Fremdling in Meschech weilen,
  dass ich bei den Zelten von Kedar wohnen muss.
6 Zu lange schon habe ich gewohnt
  bei dem, der den Frieden hasst.
7 Ich will Frieden, und so rede ich,
  sie aber sind für den Krieg.

|2: 12,3! |7: 140,3

Ich hebe meine Augen auf zu den Bergen
121 1 Ein Wallfahrtslied.
  Ich hebe meine Augen auf zu den Bergen:
    Woher wird mir Hilfe kommen?
2 Meine Hilfe kommt vom HERRN,
  der Himmel und Erde gemacht hat.
3 Er lässt deinen Fuss nicht wanken;
  der dich behütet, schlummert nicht.
4 Sieh, nicht schlummert noch schläft
  der Hüter Israels.
5 Der HERR ist dein Hüter,
  der HERR ist dein Schatten zu deiner Rechten.
6 Bei Tage wird dich die Sonne nicht stechen
  noch der Mond des Nachts.
7 Der HERR behütet dich vor allem Bösen,
  er behütet dein Leben.
8 Der HERR behütet deinen Ausgang und Eingang
  von nun an bis in Ewigkeit.

|1: 25,15!; 123,1–2 · 125,2 · 14,7! |2: 124,8; 146,5–6 |3: 66,9 |5: 127,1 |7–8: 97,10 |8: Dtn 28,6

Wünscht Jerusalem Frieden
122 1 Ein Wallfahrtslied. Von David.
  Ich war voller Freude, als sie zu mir sprachen:
    Wir gehen zum Haus des HERRN.
2 Nun stehen unsere Füsse
  in deinen Toren, Jerusalem.
3 Jerusalem, gebaut
  als fest gefügte Stadt,
4 wohin die Stämme hinaufziehen,
  die Stämme des HERRN,
    getreu dem Gesetz für Israel,

Jn wöliche die stemmen hinauff kummend/ die stemmen des HERREN/ die gemeynden Jsraels/ dem nammen des HERREN lob zuo verjähen.

Dann da ist der richtstuol/ der stuol des hauses Davids.

Wünschend Jerusalem glück und heyl: wol allen denen die sy lieb habend.

Glückhafft sey alles das du hast: es stande wol in deinem hauß.

Umb meiner brüedern und verwandten willen wil ich dir gern glück und heyl wünschen.

Von wägen des hauses unsers HERREN Gotts/ wil ich dir das guot suochen.

Der cxxij. Psalm.
Hebre. CXXIII. Psalm.
¶ Titel. Die gsang der stafflen.
¶ Jnnhalt.
Es ist ein verlangen nach Göttlicher hilff.

Ich heb meine augen auf zuo dir/ der du im himmel wonest.

Dann wie die augen der knechten auff die hend jrer herren: und wie die augen der mägten auff die hend jrer frauwen/ also sehend unsere augen fleyssig auff den HERREN/ biß das er sich unser erbarmet.

Erbarm dich unser O HERR/ erbarm dich unser/ dann wir sind gantz voll verachtung.

Unser seel ist nun gar voll gspötts der hochfertigen/ und verachtung der stoltzen.

Der cxxiij. Psalm.
Hebr. CXXIIII. Psalm.
¶ Titel. Ein gsang der stafflen Davids.
¶ Jnnhalt.
Es ist ein dancksagung umb erlösung auß gfaar.

Were uns der HERR nit beygstanden/ lieber sag an Jsrael.

Wäre der HERR nit bey unns gsin/ do die menschen über uns aufwutschtend.

Sy hettind unns läbendig verschluckt/ do jr zorn angieng wider uns.

Sy hettind uns wie die wasser ertrenckt/ ja wie ein waldwasser hettind sy uns hingefüert.

Die tieffen gumpen der stoltzen wärind uns biß in die seel hineyn gangen.

Gott sey lob/ der uns nit zuo einem fanng geben hat jren zänen.

den Namen des HERRN zu preisen.

5 Denn dort stehen Throne für das Gericht,
   Throne für das Haus David.
6 Wünscht Jerusalem Frieden!
   Sicher mögen leben, die dich lieben.
7 Friede wohne in deinen Mauern,
   Sicherheit in deinen Palästen.
8 Um meiner Brüder und Freunde willen
   will ich dir Frieden wünschen.
9 Um des Hauses des HERRN, unseres Gottes, willen
   suche ich dein Bestes.

|1: Jes 2,3 |3: 48,13!–14

Unsere Augen blicken auf den HERRN

123 1 Ein Wallfahrtslied.
Zu dir erhebe ich meine Augen,
   der du im Himmel thronst.
2 Sieh, wie die Augen der Diener
   auf die Hand ihres Herrn,
   wie die Augen der Magd
   auf die Hand ihrer Herrin,
   so blicken unsere Augen auf den HERRN,
   unseren Gott,
   bis er uns gnädig ist.
3 Sei uns gnädig, HERR, sei uns gnädig,
   denn übersatt sind wir der Verachtung.
4 Übersatt ist unsere Seele
   vom Spott der Selbstsicheren,
   von der Verachtung der Hochmütigen.

|1–2: 25,15!; 121,1

Unsere Hilfe steht im Namen des HERRN

124 1 Ein Wallfahrtslied. Von David.
Wäre es nicht der HERR gewesen,
der für uns war,
   so spreche Israel,
2 wäre es nicht der HERR gewesen, der für uns war,
   als Menschen gegen uns aufstanden,
3 so hätten sie uns bei lebendigem Leib verschlungen,
   als ihr Zorn gegen uns entbrannte.
4 Dann hätte das Wasser uns fortgerissen,
   ein Wildbach hätte sich ergossen über uns,
5 über uns hätten sich ergossen
   die tobenden Wasser.
6 Gepriesen sei der HERR,
   der uns nicht ihren Zähnen zur Beute gab.
7 Unser Leben ist wie ein Vogel

Unser läben ist entrunnen wie ein vogel auß des
  voglers härren/ die härren sind zerbrochen
  und sind wir entrunnen.
Unser hilff stadt in dem nammen des
  HERREN/ der himmel und erden gemacht
  hatt.

dem Netz der Vogelsteller entkommen,
  das Netz ist zerrissen,
  und wir sind entkommen.
8 Unsere Hilfe steht im Namen des HERRN,
  der Himmel und Erde gemacht hat.

|1: 118,2; 129,1 |3: Spr 1,12 |4–5: 42,8! |7: 91,3 · Spr 6,5
|8: 121,2!

Der cxxiiij. Psalm.
Hebr. CXXV. Psalm.
¶ Titel. Gsang der stafflen.
¶ Jnnhalt.
Gott widergiltet den standthafften glöubigen guotes: den
Gottlosen aber böses.

Die auff den HERRN vertrüwend/ die sind wie
  der berg Zion/ der nit entwegt mag werden/
  sunder stadt steiff in ewigkeit. Wie zerings
  umb Jerusalem berg sind/ also ist der HERR
  umb sin volck herumb yetz und ewigklich.
Das der stab der gottlosen über das teil der
  frommen nit komme/ damit die frommen
  nitt jre hend an die schalckheyt legind.
Biß güetig HERR gegen den guoten/ und denen
  die eins auffrechten hertzens sins.
Die sich aber zuo jrer schalckheyt wendent/ die
  wirt der HERR mit den schelcken außfüeren.
Aber frid und heyl sey über Jsrael.

Von Bergen rings umgeben
125 1 Ein Wallfahrtslied.
  Die auf den HERRN vertrauen, sind
  wie der Berg Zion,
  der nicht wankt, der ewig bleibt.
2 Von Bergen rings umgeben ist Jerusalem;
  so umgibt der HERR sein Volk,
  von nun an bis in Ewigkeit.
3 Denn das Zepter des Frevels wird nicht lasten
  auf dem Erbteil der Gerechten,
  damit die Gerechten ihre Hände
  nicht nach dem Unrecht ausstrecken.
4 Tue Gutes, HERR, den Guten
  und denen, die aufrichtig sind in ihrem
  Herzen.
5 Die aber ihre krummen Wege gehen,
  die lasse der HERR dahinfahren samt den
  Übeltätern.
  Friede über Israel!

|1: 46,6; Spr 10,30 |2: 121,1 |4: 18,26–27 |5: 128,6;
Gal 6,16

Der cxxv. Psalm.
Hebr. CXXVI. Psalm.
¶ Titel. Gsang der stafflen.
¶ Jnnhalt.
Es ist ein dancksagung für ein erlösung/ auß einer trüebsal
oder gfencknuß.

Do der HERR die gfencknuß Zion widerbracht/
  do wurdend wir wider zuo ruowen gesetzt.
Do ward unser mund lachens voll/ und unser
  zung frolockens.
Do sprach man auch under den Heyden/ Der
  HERR hat grosse ding an jnen gethon.
Unnd zwar hat der HERR grosses an uns
  gethon/ das auch uns fröwet.
Du hast o HERR unsere gfencknus gewendt/
  gleych als so der Sudwind wäygt und die
  bäch außtröchnet.
Die mit trähen säyend/ die habend mit
  fröuden geschnitten.
Der eylends hingieng und mit weynen den
  somen nam unnd außwarff/ der kumpt yetz

Als der HERR Zions Geschick wandte
126 1 Ein Wallfahrtslied.
  Als der HERR wandte Zions
  Geschick,
  waren wir wie Träumende.
2 Da war unser Mund voll Lachen
  und unsere Zunge voll Jubel.
  Da sprach man unter den Nationen:
  Der HERR hat Grosses an ihnen getan.
3 Grosses hat der HERR an uns getan,
  wir waren voll Freude.
4 Wende, HERR, unser Geschick,
  versiegten Bächen im Südland gleich.
5 Die mit Tränen säen,
  werden mit Jubel ernten.
6 Weinend geht hin,
  der den Saatbeutel trägt,
  doch mit Jubel kommt heim,
  der seine Garben trägt.

eylend wider/ unnd bringt mit fröuden seine garben.

|1: 14,7!; 51,20! |2: Hiob 8,21 |3: Lk 1,49 |4 Dtn 30,3 |5: 30,6; Jes 65,18.19; Lk 6,21; Joh 16,20

Der cxxvj. Psalm.
Hebr. CXXVII. Psalm.
¶ Titel. Gsang der stafflen Salomons.
¶ Jnnhalt.
Das alle hilff und schirm von Gott sygind.

Wenn der HERR das hauß nitt erhaltet/ so ist die arbeyt deren die es bauwend/ vergäben: und wenn der HERR die statt nit behüetet/ so wachet der wächter umb sunst.
Es ist vergäbens wenn jr schon vast früey auffstond nach dem jr gschlaffen hand/ und das brot deß leyds essend/ es sey dann dz Er seinen geliepten den schlaaff gönne.
Sihe/ die sind das erb/ die kinder/ der sundertrut/ und sün des HERREN.
Wie die pfeyl in der hand des helden/ also sind die jungen sün.
Wol dem der mit denen seinen kocher gefüllt hat/ sy werdend nit zeschanden wenn sy mit jren feynden under dem thor handlend.

Dem Seinen gibt er es im Schlaf

127 1 Ein Wallfahrtslied. Von Salomo. Wenn nicht der HERR das Haus baut,
mühen sich umsonst, die daran bauen;
wenn nicht der HERR die Stadt behütet,
wacht der Hüter umsonst.
2 Umsonst ist es, dass ihr früh aufsteht
und spät euch niedersetzt,
dass ihr Brot der Mühsal esst.
Dem Seinen gibt er es im Schlaf.
3 Sieh, das Erbteil des HERRN sind Söhne,
ein Lohn ist die Frucht des Leibes.
4 Wie Pfeile in der Hand des Helden,
so sind die Söhne der Jugendzeit.
5 Wohl dem,
der seinen Köcher mit ihnen gefüllt hat.
Sie werden nicht zuschanden,
wenn sie mit Feinden rechten im Tor.

|1: 121,5.7.8 · Spr 10,22 |3: 115,14; 128,3–4; Gen 33,5; Dtn 28,11

Der xxix. [cxxvij] Psalm.
Hebre. CXXVIII. Psalm.
¶ Jnnhalt.
Was guots denen begegne die Gottsförchtig sind.

Wol allen denen die den HERRN vor augen habend/ und in seinen wägen wandlend.
Denn wirstu das niessen das du mit deiner hand arbeyt überkummen hast/ O wie sälig und glückhafft bist du.
Dein Eewyb ist wie ein fruchtbare weinreb/ die nebent an deinem hauß stadt. Deine kinder aber wie die gepflantzten ölböum umb deinen tisch herumb.
Sihe/ also wirdt beraaten ein yetlicher der den HERREN vor augen hat.
Also wirt dich der HERR von Zion beraaten das du Jerusalem glücksälig sehenn wirst all dein leben lang.
Und dz du auch damit sähist deine kinds kinder/ und den wolstand Jsraels.

Wohl dir, du hast es gut

128 1 Ein Wallfahrtslied. Wohl jedem, der den HERRN fürchtet,
der auf seinen Wegen geht.
2 Was deine Hände erarbeitet haben, darfst du geniessen,
wohl dir, du hast es gut.
3 Wie ein fruchtbarer Weinstock ist deine Frau im Innern deines Hauses,
wie Triebe des Ölbaums sind deine Söhne rings um deinen Tisch.
4 Sieh, so wird gesegnet,
wer den HERRN fürchtet.
5 Es segne dich der HERR vom Zion her.
Schaue das Glück Jerusalems
alle deine Tage,
6 und sieh die Söhne deiner Söhne.
Friede über Israel!

|1: 112,1! |3–4: 112,2!; 127,3 |3: 144,12; Hiob 29,5 |5: 134,3 |6: 125,5!

Der cxxviij. Psalm.
Hebre. CXXIX. Psalm.
¶ Titel. Gsang der stafflen.
¶ Jnnhalt.
Jsrael sey offt verkümmeret/ allweg aber erlößt worden.

Sy habend mich offt (sol Jsrael sprechen)
 bestritten vonn meiner jugend an.
Offt ja habend sy mich von meiner jugend auff
 bestritten/ aber nie überwunden.
Sy habennd auff meinem rugken nach jrem
 muotwill ge eeret/ und furhen gemacht.
Aber der gerecht HERR hatt die strick der
 Gottlosen zerhauwen.
Das geschendt worden/ und hindersich
 gewichen sind alle die/ die Zion hassend.
Sy sind worden wie das graß auff dem tach/ das
 ee man die sichlen zuckt/ erdorret ist.
Von dem weder der schnitter sein hand füllet/
 noch sein schoos der die garben auffbindet.
Da auch die fürgeenden nit glücks wünschend/
 das sy sprächind/ Der HERR beraate euch/
 wir wünschend euch glück im namen deß
 HERREN.

Der cxxix. Psalm.
Hebre. CXXX. Psalm.
¶ Titel. Gsang der stafflen.
¶ Jnnhalt.
Ein emsig anrüeffen umb nachlassung der sünd.

Us der tieffe rüeff ich dich an o HERr/ HERR
 erhör mein stimm.
Deine orenn merckind auff mein klägliche
 stimm.
HERR wilt du die sünd gnow rechnen/ wär mag
 dann beston O HERR.
Aber bey dir findet man gnad/ deßhalb wir dich
 billich vor augen habend.
Der ist mein hoffnung/ auff den mein seel
 vertrüwt: und auff sein wort harr ich.
Mein seel harret auff den HERREN von einer
 morgenwacht zur andren.
Jsrael hoffe auff den HERREN/ dann bey jm ist
 vil gnad und erlösung.
Dann Er erlößt Jsrael von allen seinen sünden.

Oft haben sie mich bedrängt
129 1 Ein Wallfahrtslied.
 Oft haben sie mich bedrängt, von Jugend an,
  so spreche Israel,
2 oft haben sie mich bedrängt, von Jugend an,
  doch sie haben mich nicht bezwungen.
3 Auf meinem Rücken haben Pflüger gepflügt,
  ihre Furchen lang gezogen.
4 Der HERR aber ist gerecht, den Strick der Frevler
  hat er zerhauen.
5 Es sollen zuschanden werden und zurückweichen
  alle, die Zion hassen.
6 Sie sollen sein wie das Gras auf den Dächern,
  das verdorrt, noch ehe man es ausreisst.
7 Ein Schnitter füllt nicht seine Hand damit,
  noch ein Ährensammler den Bausch seines Kleids.
8 Und die vorübergehen, sprechen nicht:
  Der Segen des HERRN über euch.
 Wir segnen euch im Namen des HERRN.

|1: 124,1! |3: Jes 51,23 |6: 2Kön 19,26; Jes 37,27 |8 118,26

Aus der Tiefe rufe ich, HERR, zu dir
130 1 Ein Wallfahrtslied.
 Aus der Tiefe rufe ich, HERR, zu dir,
2 Herr, höre meine Stimme,
 lass deine Ohren vernehmen
  den Ruf meines Flehens.
3 Wenn du Sünden anrechnest, HERR,
  Herr, wer kann bestehen?
4 Doch bei dir ist die Vergebung,
  damit man dich fürchte.
5 Ich hoffe auf den HERRN, meine Seele hofft,
  ich harre auf sein Wort.
6 Meine Seele harrt auf den Herrn,
  mehr als die Wächter auf den Morgen,
  mehr als die Wächter auf den Morgen.
7 Harre, Israel, auf den HERRN.
  Denn beim HERRN ist die Gnade,
  und bei ihm ist Erlösung in Fülle.
8 Er wird Israel erlösen
  von allen seinen Sünden.

|1–2: 5,2!–3 |1: Klgl 3,55 |3: Nah 1,6 |4. 25,11–12; 86,5; 103,3; Neh 9,17; Dan 9,9 |5: 119,74 |6 Jes 21,11–12 |7: 33,18; 131,3 |8: 25,22 · Mt 1,21

Der cxxx. Psalm.
Hebr. CXXXI. Psalm.
¶ Titel. Gsang der stafflen Davids.
¶ Jnnhalt.
Die glöubigen legend allen fleyß an das sy sich in demüetikeyt üebind.

HERR mein hertz ist nit stoltz/ unnd meine augen nit hoch.
Jch üeb mich nit inn hohen unnd wunderbaren dingen die über mich sind.
Sunder ich stillen und gschweygen mein seel wie ein kind das entwännt ist bey seiner muoter: mein seel ist wie ein entwänt kind.
Dann Jsrael hoffet in den HERREN von yetzan biß in ewigkeyt.

Der cxxxj. Psalm.
Hebr. CXXXII. Psalm.
¶ Titel. Gsang der stafflen.
¶ Jnnhalt.
Es ist ein erwägen den tempel zebauwen/ mit offnung der verheyssung deß säligen somens und seines reychs/ des bildner der alt Tempel gwesen ist.

Biß eyngedenck O HERR des Davids und aller seiner müey.
Wie er dem HERRN und dem helden Jacobs gschworen und gelobt hat.
Jch wil in die hütten meines hauß nit gon/ sprach er/ noch auff das läger meines betts steygen. Jch wil meine augen nit schlaffen/ noch meine auglider entnucken lassen.
Biß das ich ein ort zuobereytet dem HERREN/ und ein hütten dem helden Jacobs.
Sihe/ das selb habend wir in Ephrata gehört/ und im wald funden.
Und darumb lassent uns in seine hütten gon/ und vor dem schämel seiner füessen niderfallen. Stand auff HERR in dein wonung/ du und die Lad deiner stercke.
Deine priester legind gerechtigkeit an/ und deine heyligen frolockind.
Umb David deines dieners willen verzeüch nit die zuokunfft deines Christi.
Dann der HERR hatt dem David ein steiffen Eyd gethon/ den er nit endren wirt/ Vonn dem somen deines leybs wil ich auff deinen stuol setzen.
Werdend deine kind meinen pundt halten/ unnd meine zeügnussen die ich sy leeren wird/ so werdend auch jre kinder für unnd für ewigklich auff deinem stuol sitzen.

Meine Seele ist ruhig in mir

131 1 Ein Wallfahrtslied. Von David.
HERR, mein Herz will nicht hoch hinaus,
und meine Augen blicken nicht hochmütig,
ich gehe nicht mit grossen Dingen um,
mit Dingen, die mir zu wunderbar sind.
2 Fürwahr, ich habe meine Seele besänftigt und beruhigt;
wie ein entwöhntes Kind bei seiner Mutter,
wie das entwöhnte Kind ist meine Seele ruhig in mir.
3 Harre, Israel, auf den HERRN
von nun an bis in Ewigkeit.

|1: 139,6 |3: 130,7

Um Davids willen

132 1 Ein Wallfahrtslied.
Rechne, HERR, dem David alle seine Entbehrungen an,
2 da er dem HERRN schwor,
dem Starken Jakobs gelobte:
3 Ich will das Zelt meines Hauses nicht betreten,
will mich nicht zur Ruhe legen,
4 ich will meinen Augen keinen Schlaf gönnen,
meinen Wimpern keinen Schlummer,
5 bis ich eine Stätte finde für den HERRN,
eine Wohnung für den Starken Jakobs.
6 Seht, wir hörten von ihr in Efrata,
fanden sie in den Gefilden von Jaar.
7 Lasst uns einziehen in seine Wohnung,
uns niederwerfen vor dem Schemel seiner Füsse.
8 Steh auf, HERR, von deiner Ruhestatt,
du und deine machtvolle Lade.
9 Deine Priester sollen sich in Gerechtigkeit kleiden,
jubeln sollen deine Getreuen.
10 Um Davids, deines Dieners, willen
weise deinen Gesalbten nicht ab.
11 Der HERR hat David geschworen,
gewiss rückt er davon nicht ab:
Einen Spross aus deinem Geschlecht
will ich auf deinen Thron setzen.
12 Wenn deine Söhne meinen Bund halten
und mein Gesetz, das ich sie lehre,
sollen auch ihre Söhne für immer
auf deinem Thron sitzen.
13 Denn der HERR hat den Zion erwählt,
ihn zu seinem Wohnsitz erkoren:

Dann der HERR hat Zion erwelt/ jm zuo einer
wonung hat ers erwelt.
Das sol (sprach er) mein ruow sein ewigklich/ hie
wil ich wonen/ dann ich hab ein lust daran.
Jch wil sy mit narung wol beraaten/ und jre
armen mit speyß settigen.
Jre priester wil ich mit heyl bekleydenn/ und jre
heyligen werdend one underlaß fro locken.
Da selbst wil ich das hornn David harfür
wachsen machen/ und ein kertzen meinem
Christo zuorüsten.
Seine feynd wil ich mit schanden bekleyden: auff
jm aber wirt sein kron plüeyen.

14 Dies ist meine Ruhestatt für immer,
hier will ich wohnen, denn ich habe sie
erkoren.
15 Mit Nahrung will ich sie reichlich segnen,
ihre Armen sättigen mit Brot.
16 Ihre Priester will ich mit Heil bekleiden,
und laut sollen ihre Getreuen jubeln.
17 Dort will ich David ein Horn sprossen lassen,
für meinen Gesalbten halte ich eine
Leuchte bereit.
18 Seine Feinde will ich in Schande kleiden,
doch ihm soll auf dem Haupt sein
Diadem erglänzen.

|2: Gen 49,24 |3–5: 2Sam 7,1–2; 1Chr 28,2 |4 Spr 6,4
|6: 1Sam 7,1–2 |7: 99,5! |8–11: 2Chr 6,41–42 |8: Num 10,35–
36 |11: 89,4!–5.36–37; 110,4 |12 89,30–34 |13: 76,3; 78,68!
|16: 2Chr 6,41; Jes 61,10 |17: 89,18!; Lk 1,69 · 1Kön 11,36
|18: 21,4

132,11: Wörtlich: «… Einen von der Frucht deines
Leibes …»

Der cxxxij. Psalm.
Hebr. CXXXIII. Psalm.
Titel. Gsang der stafflen David.
¶ Jnnhalt.
Das nichts kostlicher sey dann die liebe.

Sich wie ein herrlich unnd lieplich ding ist/ so
brüeder einmüetig beyeinander wonend.
Es ist gleych als wenn man ein kostlich
wolriechennd gesälb auff das haupt unnd den
bart Aharons schüttet/ das es jm herab biß
auff das hauptloch des kleyds rünnt.
Und wie das thow Hermon das herab falt auff
die berg Zion.
Dann da hatt der HERR allen radt verheyssen/
und das läben in ewigkeyt.

Der HERR gewährt Segen
133 1 Ein Wallfahrtslied. Von David.
Sieh, wie gut und schön ist es,
wenn Brüder beieinander wohnen.
2 Wie das köstliche Öl auf dem Haupt,
das herabrinnt in den Bart,
in den Bart Aarons,
der herabwallt auf den Saum seiner
Gewänder.
3 Wie der Tau des Hermon, der herabfällt
auf die Berge Zions.
Denn dort gewährt der HERR den Segen,
Leben bis in Ewigkeit.

|2: Ex 29,7; 30,30

Der cxxxiij. Psalm.
Hebr. CXXXIIII. Psalm.
¶ Titel.
Gsang der stafflen.
¶ Jnnhalt.
Es ist ein ermanung der nachtwächteren zuo Gottes lob.

Sihe/ loben den HERREN alle diener des
HERREN/ die nachts an der wacht stond im
hauß deß HERREN
Hebend üwere hend auf im heyligthuom und
lobend den HERREN.
So wirdt euch der HERR von Zion beraaten/
der himmel unnd erden gemachet hatt.

Preist den HERRN in den Nächten
134 1 Ein Wallfahrtslied.
Wohlan, preist den HERRN,
all ihr Diener des HERRN,
die ihr steht im Haus des HERRN
in den Nächten.
2 Erhebt eure Hände zum Heiligtum
und preist den HERRN.
3 Es segne dich vom Zion her der HERR,
der Himmel und Erde gemacht hat.

|1: 113,1; 135,1–2 |2: 28,2; 63,5; 141,2 |3: 128,5; 115,15

Der cxxxiiij. Psalm.
Hebr. CXXXV. Psalm.
¶ Titel. Lobend den HERREN.
¶ Jnnhalt.
Es ist ein gemein lob des eynigen und waren Gotts

Ir diener des HERREN lobennd den nammen des HERREN.

Jr die in dem hauß des HERREN dienend/ in den höfenn des tempels unsers Gotts.

Lobennd den HERREN/ dann der HERR ist guot: lobsingend seinem nammen/ dann er ist lieplich.

Dann der HERR hat jm Jacob erwelt/ und Jsraelen zuo seinem sundertraut und eigenthuom.

Dann ich weyß das der HERR groß/ und das unser HERR über alle götter ist.

Alles das der HERR wil das thuot er in himmel unnd auff erd/ im meer unnd allen tieffenen.

Er füert die wolcken har von den enden der welt: er machet die plitzgen zuo rägen/ er füert die wind harfür auß jrem ghalter.

Der alle erstgebornen in Egypten erschlagen hat an leüt und vych.

Er hat zeychen und wunder in dich geschickt O Egypten land/ über den Pharaon und alle sein knecht.

Er hat grosse völcker geschlagen/ unnd mächtige Künig.

Sihon den Amorrheischen künig unnd Og den künig zuo Basan/ und alle Künigreych Chanaan.

Und gab jr land zuo einem erb eyn/ Jsrael seinem volck.

HERR din namm ist ewig: HERR din gedächtnuß wäret vonn einem gschlächt in das ander.

Dann der HERR rtetet sein volck/ und ist gnädig seinen dieneren.

Der Heyden götzen sind silber und gold/ werck der menschen henden.

Sy habend einen mund/ redend aber nit: augen habend sy und sehend nichts.

Oren habend sy und ghörend nichts: naßlöcher habend sy/ aber kein athem ist in jrem mund. Wie sy sind/ also sind auch alle die sy machend: unnd alle die die in sy vertrüwend

Du aber O hauß Jsrael lob den HERREN: du hauß Aharons lob den HERREN.

Du hauß Levi lob den HERREN: jr alle die den HERRN vor augen habend/ lobend den HERREN.

Gepriesen sei der HERR vom Zion her

135 1 Hallelujah.
Lobt den Namen des HERRN,
lobt ihn, ihr Diener des HERRN,
2 die ihr steht im Haus des HERRN,
in den Vorhöfen des Hauses unseres Gottes.
3 Lobt den HERRN, denn der HERR ist gut,
singt seinem Namen, denn er ist lieblich.
4 Denn der HERR hat sich Jakob erwählt,
Israel zu seinem Eigentum.
5 Ich weiss: Gross ist der HERR,
unser Herr ist grösser als alle Götter.
6 Alles, was dem HERRN gefällt,
vollbringt er im Himmel und auf Erden,
in den Meeren und in allen Tiefen.
7 Der Wolken herauftührt vom Ende der Erde,
Blitze zu Regen macht,
der den Wind hervorholt aus seinen Kammern.
8 Der die Erstgeborenen Ägyptens schlug,
vom Menschen bis zum Vieh,
9 der Zeichen und Wunder sandte
in deine Mitte, Ägypten,
gegen den Pharao und alle seine Diener.
10 Der viele Nationen schlug
und mächtige Könige tötete:
11 Sichon, den König der Amoriter,
und Og, den König des Baschan,
und alle Königreiche Kanaans.
12 Und er gab ihr Land zum Erbe,
zum Erbe Israel, seinem Volk.
13 HERR, dein Name währt ewig,
dein Ruhm, HERR, von Generation zu Generation.
14 Denn der HERR schafft Recht seinem Volk
und erbarmt sich seiner Diener.
15 Die Götzen der Nationen sind Silber und Gold,
Machwerk von Menschenhand.
16 Sie haben einen Mund und sprechen nicht,
haben Augen und sehen nicht.
17 Sie haben Ohren und hören nicht,
auch ist kein Atem in ihrem Mund.
18 Ihnen werden gleich sein, die sie machen,
jeder, der ihnen vertraut.
19 Haus Israel, preist den HERRN!
Haus Aaron, preist den HERRN!
20 Haus Levi, preist den HERRN!
Die ihr den Herrn fürchtet, preist den HERRN!
21 Gepriesen sei vom Zion her der HERR,
der in Jerusalem wohnt.

Gelopt sey der HERR von Zion der zuo
Jerusalem wonet.
Lobend den HERREN.

Hallelujah.

|1–3: 100,4–5 |1–2: 134,1! |3: 106,1! |4: Dtn 7,6 |5: 95,3!;
Ex 18,11 |6: 115,3; Mt 6,10 |7: Jer 10,13; 51,16 |8: 78,51;
105,36; 136,10; Ex 11,4–8; 12,29 |9: 78,43 |10–12: 136,17–22;
Jos 12 |11: Num 21,21–24.33–35 |12 Jos 11,23 |13: 102,13
|14: Dtn 32,36 |15–18: 115,4-6.8 |19–20: 115,9!–11

Der cxxxv. Psalm.
Hebr. CXXXVI. Psalm.
¶ Jnnhalt.
Jst ein gemeyne dancksagung.

Danckend dem HERREN dann er ist güetig:
dann sein güete wäret ewigklich.
Danckend dem Gott aller götten/ dann sein
güete ist ewig.
Danckend dem HERREN aller herren/ dann
sein güete ist ewig.
Der allein grosse wunder thuot/ dann sein güete
ist ewig.
Der die himmel mit vernunfft gemachet hat/
dann sein güete ist ewig.
Der die erd übers wasser außtennt/ dann sein
güete ist ewig.
Der die grossen liechter gemachet hatt/ dann
sein güete ist ewig.
Die Sonnen das sy dem tag vorstande/ dann sein
güete ist ewig.
Den Mon aber unnd die sternen das sy der
nacht vorstandind/ dann sein güete ist ewig.
Der Egypten land mit jren erstgebornen
erschluog/ dann sein güete ist ewig.
Und Jsrael von jnen außfuort/ dann sein güete
ist ewig.
Mit starcker hand/ unnd außgerecktem arm/
dann sein güete ist ewig.
Der das Rormeer zerteylt hatt/ dann sein güete
ist ewig.
Und Jsrael mitten dardurch gfüert hat/ dann
sein güete ist ewig.
Pharaonem aber und sein zeüg bedackt er im
Rormeer/ dann sein güete ist ewig.
Der sein volck in der wüeste fuort/ dann sein
güete ist ewig.
Der grosse Künig schluog/ dann sein güete ist
ewig.
Und mächtige künig todt/ dann sein güete ist
ewig.
Und gab jr land zum erb eyn/ dann sein güete
ist ewig.
Zum erb seinem knecht Jsrael/ dann sein güete
ist ewig.
Der unser eyngedenck ist so wir verkümmeret
und genideret sind/ dann sein güete ist ewig.

Ewig währt seine Gnade

136 1 Preist den HERRN, denn er ist
gut,
ewig währt seine Gnade.
2 Preist den Gott der Götter,
ewig währt seine Gnade.
3 Preist den Herrn der Herren,
ewig währt seine Gnade.
4 Der alleine grosse Wunder tut,
ewig währt seine Gnade.
5 Der den Himmel in Weisheit gemacht hat,
ewig währt seine Gnade.
6 Der die Erde über den Wassern gefestigt hat,
ewig währt seine Gnade.
7 Der grosse Lichter gemacht hat,
ewig währt seine Gnade,
8 die Sonne zur Herrschaft über den Tag,
ewig währt seine Gnade,
9 den Mond und die Sterne zur Herrschaft
über die Nacht,
ewig währt seine Gnade.
10 Der die Erstgeborenen schlug in Ägypten,
ewig währt seine Gnade,
11 und Israel herausführte aus ihrer Mitte,
ewig währt seine Gnade,
12 mit starker Hand und ausgestrecktem Arm,
ewig währt seine Gnade.
13 Der das Schilfmeer in Stücke zerteilte,
ewig währt seine Gnade,
14 und Israel mitten hindurchziehen liess,
ewig währt seine Gnade,
15 und den Pharao und sein Heer ins Schilfmeer
trieb,
ewig währt seine Gnade.
16 Der sein Volk durch die Wüste führte,
ewig währt seine Gnade.
17 Der grosse Könige schlug,
ewig währt seine Gnade,
18 und mächtige Könige tötete,
ewig währt seine Gnade,
19 Sichon, den König der Amoriter,
ewig währt seine Gnade,
20 und Og, den König des Baschan,
ewig währt seine Gnade,
21 und ihr Land zum Erbe gab,
ewig währt seine Gnade,

Der allem fleysch speyß gibt/ dann sein güete
wäret ewigklich.
Danckend dem Gott der himmlen/ dann sein
güete wäret ewigklich.

22 zum Erbe Israel, seinem Diener,
    ewig währt seine Gnade.
23 Der unser gedachte in unserer Erniedrigung,
    ewig währt seine Gnade,
24 und uns unseren Feinden entriss,
    ewig währt seine Gnade.
25 Der Speise gibt allem Fleisch,
    ewig währt seine Gnade.
26 Preist den Gott des Himmels,
    ewig währt seine Gnade.

|1: 106,1! |2: Dtn 10,17 |3–4: 72,18–19 |5 Spr 3,19; 8,27;
Jer 10,12; 51,15 |7: Gen 1,16 |10: 135,8! |11–12: Dtn 4,34
|13–15: Ex 14,15–31 |16: Dtn 8,2.15 |17–22: 135,10–12
|25: 145,15!–16

Der cxxxvj. Psalm.
Hebre. CXXXVII. Psalm.
¶ Jnnhalt.
Es ist ein klag der gefangnen zuo Babel/ mitt tröwung der
raach Gottes.

An den wassern Babels sassend wir und
    weynetend/ do wir an Zion gedachtend.
Da hattend wir unsere harpffen an die wydböum
    gehenckt.
Und do die/ deren gfangen wir warend/ lieder
    und unsere lobgesang vonn uns hieschend/
    sprechende/ Singend uns der liederen Zion.
Gabend wir jnen ze antwurt: Wie möchtend wir
    das gsang des HERREN singen in einem
    frömbden land?
Wiewol ich ee meiner gerechten hannd vergässe/
    dann das ich Jerusalem vergessen wölte.
Es kläbe mein zung an meinem rachen/ wo ich
    dein nit eyngedenck bin/ wenn ich nit
    Jerusalem fürnämlich hab in meiner fröud.
Gedenck aber O HERR der Edomitern/ wie sy
    sich gehalten habend im jamer Jerusalem/
    wie sy sprachend/ Machends auß/ keerends
    umb von grund auff.
Und du Babel wirst auch ellend werden/ wol
    dem der dir widergelten wirt nach dem du an
    uns beschuldt hast.
Wol dem der deine kinder nemmen/ unnd am
    felsen zerschlahen wirt.

An den Strömen Babels

137 1 An den Strömen Babels,
        da sassen wir und weinten,
    als wir an Zion dachten.
2 Unsere Leiern hängten wir
    an die Weiden im Land.
3 Denn dort verlangten,
    die uns gefangen hielten, Lieder von uns,
    und die uns quälten, Freudengesänge:
Singt uns
    Zionslieder.
4 Wie könnten wir Lieder des HERRN singen
    auf fremdem Boden.
5 Wenn ich dich vergesse, Jerusalem,
    soll meine Rechte verdorren.
6 Meine Zunge soll an meinem Gaumen
    kleben,
    wenn ich deiner nicht mehr gedenke,
    wenn ich Jerusalem nicht erhebe
    über die höchste meiner Freuden.
7 Den Tag Jerusalems, HERR,
    rechne den Edomitern an,
    die sprachen: Nieder, nieder mit ihr
    bis auf den Grund.
8 Tochter Babel, der Vernichtung geweiht,
    wohl dem, der dir die Untat heimzahlt,
    die du an uns getan hast.
9 Wohl dem, der deine Kinder packt
    und am Felsen zerschmettert.

|1: Ez 1,1; 3,15 |5: Jer 51,50 |7: Klgl 4,21–22; Ez 25,12–14;
35; Obd 8–15 |8–9: Jes 14,22; 47; Jer 50–51; 50,29

Der cxxxvij. Psalm.
Hebr. CXXXVIII. Psalm.
¶ Titel. Davids.
¶ Jnnhalt.
Es ist ein dancksagung umb tägliche guotthat.

Du gabst meiner Seele Kraft

138 1 Von David.
        Ich will dich preisen von ganzem
    Herzen,
    vor Göttern will ich dir singen.

Ich sag dir danck auß gantzem hertzen/ und
under den fürnämsten wil ich dir singen.
Jch wil anbätten in deinem heyligen tempel/
unnd wil deinen nammen preysen/ darzuo
dein güete und trüw/ dann du hast dein wort
nach deinem nammen groß gemacht.
Wenn ich dich anrüeff so erhörstu mich/ und
begaabest mein seel mit vil stercke.
Alle künig der erden werdend dich breysen O
HERr/ so sy die wort deines munds hören
werden.
Und werdend singen nach dem brauch deß
HERREN: dann groß ist die herrlikeyt des
HERREN.
Dann wiewol der hoch ist/ so sicht er doch die
nideren/ unnd die hohenn sicht er vonn
verrnuß.
So ich gleych inn mitten des trüebsals wandlen/
fristest du mich/ unnd wider das wüeten
meiner feynden zuckst du dein hand/ unnd
hilffst mir mit deiner gerechten.
Der HERR machet mich allenthalben fertig.
HERR dein güete wäret ewigklich: darumb
wellest die werck deiner henden nit verlassen.

2 Zu deinem heiligen Tempel hin will ich mich
niederwerfen
und deinen Namen preisen um deiner
Gnade und Treue willen,
denn du hast dein Wort gross gemacht um
deines Namens willen.
3 Am Tag, da ich rief, erhörtest du mich,
du gabst meiner Seele Kraft.
4 Preisen sollen dich, HERR, alle Könige der
Erde,
denn sie haben die Worte deines Mundes
gehört.
5 Sie sollen singen von den Wegen des HERRN,
denn gross ist die Herrlichkeit des HERRN.
6 Erhaben ist der HERR, doch den Niedrigen
sieht er,
und den Hochmütigen erkennt er von
fern.
7 Gehe ich auch mitten durch Bedrängnis,
du erhältst mich am Leben, dem Zorn
meiner Feinde zum Trotz,
du streckst deine Hand aus,
und deine Rechte rettet mich.
8 Der HERR wird es vollenden für mich.
HERR, deine Gnade währt ewig,
lass nicht fahren die Werke deiner Hände.

|1: 9,2 |2: 5,8 |8: 106,1!

138,2: Möglich ist auch die Übersetzung: «…, denn du hast gross gemacht dein Wort über deinen ganzen Ruhm hinaus.»

Der cxxxviij. Psalm.
Hebr. CXXXIX. Psalm.
¶ Titel.
Ein ermanlich gsang Davids.
¶ Jnnhalt.
Er beschreybt die Göttlichen weyßheit/ daß die alle ding durchsicht/ und sein güete/ mit einer bitt wider den gottlosen.
HERR du erfüntelest mich/ und kenst mich.
Du weyst mein sitzen und mein aufston: du
fürsichst mir narung von verrnuß.
Meinen gang und mein niderlaag ordnest du/
und sichst alle meine wäg.
Ja kein wörtlin ist in meiner zungen das du
HERR nit alles wüssest.
Hinden und fornen hast du mich gestaltet/ so
du dein hand an mich gelegt hast.
Und das mit so wunderbarer hoher kunst/ das
ichs keins wägs verston mag.
Wo hin möcht ich gon von deinem geist? oder
wo hin möcht ich vonn deinem angesicht
entdrünnen?

Erforsche mich, Gott

139 1 Für den Chormeister. Von
David. Ein Psalm.
HERR, du hast mich erforscht, und du kennst
mich.
2 Ob ich sitze oder stehe, du weisst es,
du verstehst meine Gedanken von fern.
3 Ob ich gehe oder liege, du hast es bemessen,
und mit allen meinen Wegen bist du
vertraut.
4 Kein Wort ist auf meiner Zunge,
das du, HERR, nicht ganz und gar kennst.
5 Hinten und vorne hältst du mich
umschlossen,
und deine Hand hast du auf mich gelegt.
6 Zu wunderbar ist es für mich, dies zu
erkennen,
zu hoch, ich kann es nicht fassen.
7 Wohin soll ich gehen vor deinem Geist
und wohin fliehen vor deinem Angesicht?
8 Stiege ich hinauf zum Himmel, du bist dort,

Füer ich zhimmel so wärest du da: lieff ich zur hellen/ sihe/ so wärest du zuo gegen.
Näm ich mir dann flügel der morgenröte/ und wonete ze ausserist an den meerstramen.
So wurd mich auch daselbst dein hand leyten/ und dein gerechte hand halten.
Näme ich mir dann für/ die finsternuß wirt mich villicht decken/ so wirt mein nacht zum tag.
Sich/ so sind die finsternuß nit so finster das du nit dardurch sehist: ja auch die nacht leüchtet wie der tag: finsternuß unnd liecht sind gleych.
Dann meine nieren sind dein eygenn: du hast mich in muoterleyb eyngewicklet.
Danck sag ich dir/ dann ich bin wunderbarlich gemachet: wunderbar sind deyne werck/ und das erkennt mein seel vast wol.
Mein gebeyn ist dir unverborgenn/ wie wol ich verborgenlich gstaltet/ und hieniden auff erden gemodlet bin.
Deine augen sehend meine yrrsalen und fäler: die stond alle in deinem buoch geschriben: meine tag sind gestaltet gwesen/ do jro noch keiner was.
Wie sind aber mir deine raadtschleg so kostlich o Got? wie ist doch jr summ so groß?
Wil ich sy zellen so ist jr mer dann des sands: so ich erwachen/ bin ich noch bey dir.
Wilt du HERR nit die lasterhafften töden/ das die schälck von mir weychind?
Die dir fräfenlich widerbäfftzend? deine feynd die sich fräfenlich embörend?
Hab ich nit die gehaßt O HERR die dich hassend? wird ich nit entrichtet wider deine feynd?
Jch hassz sy seer übel/ darumb sy dann auch meine feynd worden sind.
Erfüntel mich O Gott/ und durchgründ mein hertz: ersuoch mich und kenn meine gedancken.
Unnd sich ob ich auff einem müeylichen wäg sey: so füer mich auff den ewigen wäg.

und schlüge ich mein Lager auf im Totenreich, sieh, du bist da.
9 Nähme ich die Flügel der Morgenröte
und liesse mich nieder am äussersten Ende des Meeres,
10 auch dort würde deine Hand mich leiten
und deine Rechte mich fassen.
11 Und spräche ich: Finsternis breche über mich herein,
und Nacht sei das Licht um mich her,
12 so wäre auch die Finsternis nicht finster für dich,
und die Nacht wäre licht wie der Tag, Finsternis wie das Licht.
13 Denn du bist es, der meine Nieren geschaffen,
der mich im Leib meiner Mutter gewoben hat.
14 Ich preise dich, dass ich so herrlich, so wunderbar geschaffen bin;
wunderbar sind deine Werke, meine Seele weiss dies wohl.
15 Mein Gebein war dir nicht verborgen,
als ich im Dunkeln gemacht wurde, kunstvoll gewirkt in den Tiefen der Erde.
16 Noch bevor ich geboren war, sahen mich deine Augen,
in deinem Buch war alles verzeichnet, die Tage waren schon geformt,
als noch keiner von ihnen da war.
17 Mir aber, wie schwer sind mir deine Gedanken, Gott,
wie gewaltig ist ihre Zahl.
18 Wollte ich sie zählen, es wären mehr als der Sand,
wache ich auf, ist mein Sinn noch bei dir.
19 Wolltest du, Gott, doch den Frevler töten!
Ihr Mörder, weicht von mir.
20 Sie sprechen von dir voller Tücke,
es erheben sich deine Feinde im Wahn.
21 Sollte ich nicht hassen, HERR, die dich hassen,
sollten mich nicht ekeln, die sich gegen dich auflehnen?
22 Ich hasse sie mit glühendem Hass,
auch mir sind sie zu Feinden geworden.
23 Erforsche mich, Gott, und erkenne mein Herz,
prüfe mich und erkenne meine Gedanken.
24 Sieh, ob ein gottloser Weg mich verführt,
und leite mich auf ewigem Weg.

|1: Jer 12,3 |2: 2Kön 19,27; Jes 37,27–28 |3: Hiob 31,4 |6: 131,1 |8: Spr 15,11; Am 9,2 |11–12: Hiob 34,22 |14: 119,73! |17–18: 40,6! |23: 26,2! |24: 25,4!–5

Der cxxxix. Psalm.
Hebre. CXL. Psalm.
¶ Titel.
Ein ermanlich lobgsang Davids.
¶ Jnnhalt.
Er bittet Gott das er jnn von den falschklafferen und auffsetzigen erlöse: zeygt den bösen ein schwärs/ den frommen ein guots end an.

Erlöß mich HERR von den schalckhafften
  menschen/ und von den fräflen menneren
  behüet mich.
Die böse anschleg habend in jren hertzen/ sy
  rüstend ymmerdar krieg an.
Jre zungen scherpffent sy wie ein schlang:
  naateren gifft ist under jren läfftzen. Säla.
Behüet mich HERR vor der hand deß
  gottlosenn: verhüet mich vor den fräfleren/
  die mir meinen gang understond zuo
  verkeeren.
Dann die stoltzen habend mir strick gelegt/ das
  garn habent sy mir mit seylen aufgspannt/
  und da ich gon sol habend sy mir Fallen
  zuogerüstet. Säla.
Darumb sprich ich zum HERREN/ Du bist
  mein Gott/ erhör die stymm meiner bitt o
  HERR.
Biß O HERR mein heylsame stercke/ bedeck
  mein haupt so man gweere über mich zuckt.
Nit verheng O HERR dem gottlosen sein
  muotwill: sein schalckheit laß nit fürgon
  damit er sich nit erhebe. Säla.
Das haupt deren die mich umbgebend/ überfalle
  die müey jrer läfftzen.
Es fallind glüeyende kolen auff sy: ins fheür
  und gruoben werffe man sy/ das sy
  nimmarmer wider auf kummind.
Kein schwätzer bstande auff erden: der fräler
  und schalck werde gejagt und umbbracht.
Dann ich weyß ye das der HERR den
  verkümmerten zuo recht helffen/ und die
  armen schirmen wirt.
Aber die frommen werdend deinen nammen
  breysen: und die aufrechten werdend vor
  deinem angsicht wandlen.

Der cxl. Psalm.
Hebr. CXLI. Psalm.
¶ Titel. Ein gsang Davids.
¶ Jnnhalt.
Er bittet das sein mund behüetet werde/ das er in die gselschafft der Gottlosen nit komme noch in jren gwalt.

HERR ich rüeff dich an: eyl mir zuo/ vernymm
  mein stymm so ich zuo dir schry.

Rette mich, HERR, vor bösen Menschen
140 1 Ein Psalm Davids.
2 Rette mich, HERR, vor bösen
  Menschen,
  bewahre mich vor Gewalttätigen,
3 die Böses im Herzen ersinnen,
  die allezeit Krieg anzetteln.
4 Sie schärfen ihre Zungen wie eine Schlange,
  Viperngift ist auf ihren Lippen. *Sela*
5 Behüte mich, HERR, vor den Händen des
  Frevlers,
  bewahre mich vor Gewalttätigen,
  die darauf sinnen, mich zu Fall zu bringen.
6 Hochmütige haben mir heimlich Schlingen
  gelegt
  und Stricke zu einem Netz gespannt,
  den Weg entlang mir Fallen gestellt. *Sela*
7 Ich spreche zum HERRN: Du bist mein Gott,
  vernimm, HERR, den Ruf meines Flehens.
8 HERR, mein Herr, du Hort meiner Hilfe,
  du beschirmst mein Haupt am Tag der
  Waffen.
9 HERR, gib dem Drängen der Frevler nicht
  nach,
  lass ihren Plan nicht gelingen,
  wenn sie sich überheben. *Sela*
10 Das Unheil ihrer Lippen bedecke
  das Haupt derer, die mich umringen.
11 Feurige Kohlen sollen auf sie fallen,
  in Gruben stürze er sie, nie wieder sollen
  sie sich erheben.
12 Der Verleumder wird nicht bestehen im Land,
  den Gewalttätigen wird Unglück jagen,
  Schlag auf Schlag.
13 Ich weiss, der HERR vertritt
  die Sache der Elenden, das Recht der
  Armen.
14 Die Gerechten werden deinen Namen
  preisen,
  die Aufrichtigen werden vor deinem
  Angesicht wohnen.

|3: 120,7 |4: 58,5; Röm 3,13 |6: 31,5!; 141,9; 142,4 |7: 31,15 |11: 11,6! |14: 11,7

Vor dir stehe mein Gebet
141 1 Ein Psalm Davids.
  HERR, zu dir rufe ich, eile zu mir,
  vernimm meine Stimme, wenn ich zu dir
  rufe.
2 Als Rauchopfer stehe mein Gebet vor dir,
  als Abendopfer das Erheben meiner
  Hände.

Mein gebätt sey vor dir bereytet wie dz geröuch/
  das aufheben meiner hendenn sey ein
  abentopffer.
Setz HERR meinem mund ein huot/ ein wacht
  an die thür meiner läfftzen.
Laß meyn hertz nit zuo bösen dingen geneygt
  werden/ das es anschleg thüeye mit den
  gottlosen unnd schälcken/ oder das ich jrs
  muotwils pfläge.
Schlahe mich der gerecht/ so wil ichs für ein
  früntschafft haben: Er beschälte mich/ so wil
  ich mir lassen sein als hette er öl auff mein
  haupt gossen: es wirt auch mein haupt nit
  betrüeben/ ja ich wil auch noch für jr
  boßheyt bitten.
Jre obren fältend auch beym velsen/ noch
  loßtend sy meynen worten/ dann sy hattend
  ein fröud daran.
Unser gebeyn ligt zerströuwet vor der gruoben/
  gleych als so einer die erd zerhouwt und
  durchgrabt.
Zuo dir aber O HERR mein Gott sind meine
  augen gerichtet: ich vertrauw auff dich/ bring
  mein seel nit zeschanden.
Behüet mich vor dem strick den sy mir
  gespannen/ und vor den fallen die mir die
  übelthäter zuogerüstet habend.
Schaff dz die gottlosen in jre eigne garn fallind/
  das ich darzwüschend fürkomme.

Der cxlj. Psalm.
Hebre. CXLII. Psalm.
¶ Titel.
Ein ermanlich gebätt Davids als er in der hülj was.
¶ Jnnhalt.
Es ist ein gebätt eines der in ängsten ist.

Ich schrey mit meyner stimm zum HERRN/
  mit meiner stimm fleeh ich dem HERREN.
Mein klag schütt ich vor jm auß/ und leg jm
  mein not für.
So mein gemüet mit kummer überfallen ist/
  Dann dir ist mein wäg wol bekannt: an den
  fuoßpfad/ den ich wandlen/ habend sy mir
  strick gelegt.
Besich meyn gerechte unnd beschouws/ so wirst
  du meiner bekannten keinen finden. Alle
  außflucht ist mir entweert/ Niemants tregt
  sorg für mein läben.
Darumb schrey ich zuo dir O HERR/ unnd
  sprich/ Du bist mein hoffnung unnd mein
  erbteyl in dem land der läbendigen.

3 Setze, HERR, meinem Mund eine Wache,
    hüte die Tür meiner Lippen.
4 Lass mein Herz sich nicht neigen zu böser
    Rede
    und zu frevelndem Tun
    mit den Übeltätern;
    von ihren Leckerbissen will ich nicht
    kosten.
5 Schlägt mich der Gerechte aus Güte und
    züchtigt er mich,
    so ist es Öl für das Haupt, mein Haupt
    soll sich nicht sträuben.
    Gegen ihre Bosheit steht mein Gebet.
6 Fallen sie in die steinharte Hand ihrer Richter,
    werden sie hören, wie freundlich meine
    Worte sind.
7 Wie beim Pflügen und Aufreissen der Erde
    liegen unsere Gebeine zerstreut im
    Rachen des Totenreichs.
8 Doch auf dich, Gott, mein HERR, sind meine
    Augen gerichtet,
    bei dir suche ich Zuflucht,
    schütte mein Leben nicht weg.
9 Behüte mich vor der Schlinge, die sie mir
    legten,
    und vor den Fallen der Übeltäter.
10 Die Frevler sollen in ihre eigenen Netze
    fallen,
    ich aber gehe sicher daran vorbei.

|2: 134,2! |5: Spr 27,6.9 |8: 25,15! |9: 140,6! |10 7,16!

Wenn mein Geist in mir verzagt

142 1 Ein Weisheitslied Davids, als er
      in der Höhle war. Ein Gebet.
2 Laut schreie ich zum HERRN,
    laut flehe ich zum HERRN.
3 Meine Sorge schütte ich vor ihm aus,
    tue kund vor ihm meine Not.
4 Wenn mein Geist in mir verzagt,
    kennst doch du meinen Pfad;
    auf dem Weg, den ich gehe,
    haben sie mir Schlingen gelegt.
5 Blicke zur Rechten und sieh,
    niemand will mich kennen,
    verloren ist mir die Zuflucht,
    niemand fragt nach mir.
6 HERR, ich schreie zu dir,
    ich spreche: Du bist meine Zuflucht,
    mein Teil im Land der Lebenden.
7 Vernimm mein Flehen,
    denn ich bin sehr schwach.
    Rette mich vor meinen Verfolgern,

Vernimm meyn klag/ dann ich bin träffenlich
blöd: erlöß mich vonn meynen vervolgeren/
dann sy sind mir zestarck.

Füer mein seel auß der gefencknuß/ das ich
dinen nammen preyse: wo du mir söliche
guotthat beweysest/ werdend sich die
frommen zuo mir gsellen.

Der cxlij. Psalm.
Hebre. CXLIII. Psalm.
¶ Titel. Ein gsang Davids.
¶ Jnnhalt.
Es ist ein gebätt eines der in nöten und ängsten ist.

Hör mein gebätt O HERR/ vernimm mein
fleehen/ antwurt mir umb deiner warheit
und gerechtigkeit willen.

Doch gang nit zuo gericht mit deinem knecht/
dann vor deinem gericht ist nieman gerecht
der da läbt.

Dann der feynd tringt auff mein läben/ das er
mein seel zuo boden trätte/ unnd mich
bringe in die finsternuß deren die ewig tod
sind.

Darumb ist mein gemüet in mir mit schräcken
überfallen/ und mein hertz gantz verjameret.

Doch gedenck ich die vorigen zeyt: ich trachten
alle deine thaten/ unnd üeb mich in den
wercken deiner henden.

Jch streck meine hend zuo dir: meyn seel schreyet
zuo dir auß dem dürren erdtrich. Säla.

Eyl HERR/ kumm mir zuo hilff/ dann mein
gmüet schwachet: verbirg mein angesicht nit
vor mir/ das ich nit denen gleych werde die
in die gruoben farend.

Thuo mir bald dein güete kund/ dann ich
vertrauw auff dich: zeyg mir an den wäg den
ich gon sol: dann zuo dir richt ich meyn
gemüet.

HERR erlöß mich von meinen feynden/ dann
ich flüch zuo dir.

Leer mich thuon das dir gefalle: dann du bist
mein Gott/ dein guoter geyst füere mich in
das land der unschuld.

HERR erfrist mich umb deines nammens
willen/ und umb deiner gerechtigkeit willen
füer mein seel auß not.

Und zerströuw meine feynd umb deiner güete
willen/ und bring umb alle die mein seel
beleydigend/ dann ich bin dein diener.

denn sie sind mir zu mächtig.
8 Führe mich hinaus aus dem Kerker,
damit ich deinen Namen preise.
Die Gerechten werden sich um mich scharen,
weil du mir Gutes tust.

|1: 57,1; 1Sam 22,1 |4: 143,4 · 140,6! |6: 16,5! · 27,13!
|7: 79,8 |8: 143,11!

Dein guter Geist leite mich

143 1 Ein Psalm Davids.
HERR, höre mein Gebet,
vernimm mein Flehen,
in deiner Treue erhöre mich, in deiner
Gerechtigkeit.
2 Geh nicht ins Gericht mit deinem Diener,
denn kein Lebender ist gerecht vor dir.
3 Denn der Feind verfolgt mich,
er tritt mein Leben zu Boden,
in Finsternis lässt er mich wohnen, ewig
Verstorbenen gleich.
4 Mein Geist verzagt in mir,
das Herz erstarrt in meiner Brust.
5 Ich gedenke vergangener Tage,
ich sinne über all dein Tun,
erwäge das Werk deiner Hände.
6 Ich breite meine Hände aus zu dir,
meine Seele dürstet nach dir wie
lechzendes Land. *Sela*
7 HERR, erhöre mich bald,
es verschmachtet mein Geist,
verbirg dein Angesicht nicht vor mir,
damit ich denen nicht gleich werde, die
hinabfahren zur Grube.
8 Lass mich am Morgen deine Gnade hören,
denn auf dich vertraue ich.
Tue mir kund den Weg, den ich gehen soll,
denn zu dir erhebe ich meine Seele.
9 Rette mich vor meinen Feinden, HERR,
zu dir hin fliehe ich.
10 Lehre mich, deinen Willen zu tun,
denn du bist mein Gott,
dein guter Geist leite mich
auf ebenem Grund.
11 Um deines Namens willen, HERR, erhalte
mich am Leben,
in deiner Gerechtigkeit führe meine Seele
aus der Not.
12 In deiner Güte vertilge meine Feinde,
und lass umkommen alle, die mich
bedrängen,
denn ich bin dein Diener.

|2: Hiob 4,17; 9,2; Koh 7,21; Röm 3,19–20 |3: 7,6 ·
Klgl 3,6 |4: 142,4 |5: 77,6! |6: 42,2!–3 |7: 69,18! · 28,1
|8: 90,14 · 25,4!–5 · 25,1! |10: 5,9! |11: 25,17; 142,8 |12 116,16

Der cxliij. Psalm.
Hebr. CXLIIII. Psalm.
¶ Titel. Jst Davids.
¶ Jnnhalt.
Es ist ein dancksagung unnd ein bitt/ das Gott vonn den feynden behüeten und leybs narung geben wölle.

Ich danck dem HERREN meynem velsen/ der meine hend leert kriegen/ und meine finger streyten.
Der ist mein hoffnung/ mein weere/ mein schlossz/ mein erretter/ mein schilt auff den ich vertrauw/ der das volck/ das under mir ist/ regiert.
HERR was ist doch der mensch das du dich seyn annimpst/ oder das menschen kind das du seyn achtest?
Der mensch ist grad wie nichts: seine tag sind wie ein schatt der dahin gadt.
HERR so du die himmel neygest unnd herab kumpst: so du die berg rüerst das sy riechend.
So du blitzgest/ so zerströuwest du sy: du schüssest deine pfeyl unnd bringst sy umb.
So send nun deyn hand von der höhe/ errett und erlöß mich von den grossen wassern/ von dem gwalt der frömbden.
Deren mund unnützes und eytels redt: jr gerechte hand aber ist falsch und lugenhafft.
Das ich dir Gott ein neüw gesang singen möge/ das ich dir lobsinge auff der lauten der zähen seyten.
Der den künigen heil gibst/ der deinen diener David von der gfaar des schwärts erlößt hast.
Errett und erlöß mich von dem gewalt der frömbden/ deren mund eytels redt/ und deren gerechte hand falsch und lugenhafft ist.
Das unsere sün vonn jugend auf wachsind wie die jungen zwyg: unsere töchteren sygind wie die außgehouwnen eck im tempel. Unsere gmach sygind voll/ unnd lauffind vonn allerley gnüege über: unserer schaaffen werdind unzalbarlich vil in unseren meyerhöfen.
Das unsere ochsen starck sygind zur arbeyt: keyn unfal noch präst/ auch kein klag in unseren gassen sey.
Wol dem volck umb das es also stadt: Wol aber dem volck das Gott für eynen HERREN hat.

Wohl dem Volk, dessen Gott der HERR ist

144 1 Von David.
Gepriesen sei der HERR, mein Fels,
  der meine Hände den Kampf lehrt,
  meine Finger den Krieg.
2 Meine Gnade und meine Festung,
  meine Burg und mein Retter,
  mein Schild, bei dem ich Zuflucht suche,
  der mein Volk unter mich zwingt.
3 HERR, was ist der Mensch, dass du ihn kennst,
  des Menschen Kind, dass du es beachtest?
4 Der Mensch gleicht einem Hauch,
  seine Tage sind wie ein flüchtiger Schatten.
5 HERR, neige deinen Himmel und fahre herab,
  rühre die Berge an, dass sie rauchen.
6 Lass Blitze zucken und zerstreue sie,
  schiesse deine Pfeile und schrecke sie.
7 Strecke deine Hand herab aus der Höhe,
  rette mich und reisse mich heraus
  aus gewaltigen Wassern,
  aus der Hand der Fremden,
8 deren Mund Falsches redet
  und deren Rechte sich zum Meineid erhebt.
9 Gott, ein neues Lied will ich dir singen,
  auf zehnsaitiger Harfe will ich dir spielen,
10 dir, der den Königen Hilfe schenkt,
  der David, seinen Diener, vor bösem Schwert errettet.
11 Rette mich und reisse mich heraus
  aus der Hand der Fremden,
  deren Mund Falsches redet
  und deren Rechte sich zum Meineid erhebt.
12 Unsere Söhne sind wie Pflanzen,
  grossgezogen in ihrer Jugend,
  unsere Töchter sind wie Säulen, fein geschnitzt,
  ein Abbild des Palasts.
13 Unsere Speicher sind gefüllt,
  spenden Vorrat jeglicher Art.
  Unsere Schafe mehren sich tausendfach,
  vieltausendmal auf unseren Fluren.
14 Unsere Rinder sind trächtig,
  ohne Schaden und ohne Fehlgeburt,
  kein Wehgeschrei ist auf unseren Gassen.
15 Wohl dem Volk, dem es so ergeht,

wohl dem Volk, dessen Gott der HERR ist.

|1: 18,47 · 18,35 |2: 18,3! · 18,48 |3: 8,5! |4 39,12! · 102,12!
|5: 18,10 · 104,32 |6: 18,15 |7: 18,17–18 |9: 33,3! · 33,2!
|10: 18,51 |12: 128,3 13–14: 65,10–14 |15: 33,12

Der cxliiij. Psalm.
Hebr. CXLV. Psalm.
¶ Titel. Ein lob Davids.
¶ Jnnhalt.
Es ist ein lob Gottes von wägen seyner allmächtigkeyt/ güete/ fürsichtigkeyt/ und gerechtigkeyt.

Ich wil dich hoch preysen O meyn Gott unnd mein künig: ich wil deinen nammen loben yemar und ewigklich. Der HERR ist groß und übertrifft alles lob: sein grösse mag nieman ergründen.

Es wirt ein gschlächt dem andren deine werck preysen/ und dein macht erzellen.

Deyn eer/ macht/ unnd lob/ auch deyne wunderthaten wil ich außkünden.

Die vile deiner wunderwercken wil ich außkünden/ und dein großmächtigkeit erzellen.

Die gedächtnuß deiner grossen güete wirt man preysen/ und dein gerechtigkeit singen.

Gnädig und barmhertzig ist der HERR/ langsam zuo zorn/ unnd vast geneigt zuo verzeyhen.

Güetig ist der HERr gegen allen: er braucht seyn gnad gegen allen seinen wercken.

Darumb dich O HERR alle deine werck prysend/ und dine heiligen sagend dir danck.

Sy künden auß die eer deines reychs/ und lobend dein macht.

Das sy den menschen deyn macht erzellind/ die herrligkeit unnd großmächtigkeyt deynes reychs.

Dein reych ist ein ewig reych/ und deyn herrschafft von einem gschlächt zum andern.

Der HERR understützt alle die fallend/ und richtet alle die auf die gefallen sind.

Aller augen sähend auff dich/ unnd du gibst jnen jr speyß zuo jrer zeyt.

Du thuost dein hand auf/ und ersettigest reychlich alles das da läbt.

Der HERr ist gerecht in allen seinen wägen/ und in allen seinen wercken steyff.

Der HERR hilfft allen denen die jn anrüeffend/ ja allen denen die jnn mit rechtem vertrauwen anrüeffend.

Was die begärend die jn vor augen habend das thuot er: er erhört jr geschrey/ unnd hilfft jnen.

Dein ist das Reich

145 1 Ein Loblied Davids.
Ich will dich erheben, mein Gott und König,
und deinen Namen preisen immer und ewig.

2 Allezeit will ich dich preisen
und deinen Namen loben immer und ewig.

3 Gross ist der HERR und hoch zu loben,
unerforschlich ist seine Grösse.

4 Eine Generation rühmt der andern deine Werke,
und deine mächtigen Taten verkünden sie.

5 Pracht und Glanz deiner Hoheit
und die Kunde deiner Wunder will ich bedenken.

6 Von der Macht deiner furchterregenden Taten sollen sie sprechen,
deine Grosstaten will ich erzählen.

7 Den Ruhm deiner grossen Güte sollen sie ausbreiten
und deine Gerechtigkeit bejubeln.

8 Gnädig und barmherzig ist der HERR,
langmütig und reich an Gnade.

9 Der HERR ist gut gegen alle,
und sein Erbarmen waltet über allen seinen Werken.

10 Es preisen dich, HERR, alle deine Werke,
und deine Getreuen loben dich.

11 Sie sprechen von der Herrlichkeit deines Reichs
und reden von deiner Macht,

12 um den Menschen kundzutun deine mächtigen Taten,
Glanz und Pracht deines Reichs.

13 Dein Reich ist ein Reich für alle Zeiten,
und deine Herrschaft währt von Generation zu Generation.

14 Der HERR stützt alle, die fallen,
und richtet alle Gebeugten auf.

15 Aller Augen warten auf dich,
und du gibst ihnen Speise zur rechten Zeit.

16 Du tust deine Hand auf
und sättigst alles, was lebt, mit Wohlgefallen.

17 Der HERR ist gerecht auf allen seinen Wegen
und getreu in allen seinen Werken.

Der HERR beschirmt alle die jnn lieb habend/
alle gottlosen aber zerströuwet er.
Meyn mund sol des HERREN lob außkünden/
und alles das das läben hat sol seynen
heyligen nammen preysen yemar und
ewigklich.

18 Der HERR ist nahe allen, die ihn anrufen,
allen, die ihn wahrhaft anrufen.
19 Er erfüllt das Verlangen derer, die ihn
fürchten,
er hört ihr Schreien und rettet sie.
20 Der HERR behütet alle, die ihn lieben,
alle Frevler aber wird er vertilgen.
21 Mein Mund verkünde das Lob des HERRN,
und alles Fleisch preise seinen heiligen
Namen,
immer und ewig.

|1: 5,3! |3: 48,2!; 147,5 |4: 78,3–4 |5: 105,2 |8: 86,15!
|10: 103,22 |13: 22,29; 103,19; 1Chr 29,11–12; Dan 3,33;
Mt 6,10 |14: 37,24; 146,8; 147,6 |15–16: 104,27–28; 136,25;
146,7; 147,9!; Mt 6,11.25–26 |17: Dtn 32,4 |18: Dtn 4,7

Der cxlv. Psalm.
Hebr. CXLVI. Psalm.
¶ Titel. Lobend den HERREN.
¶ Jnnhalt.
Das Gott allein der sey an den man sich lassen sölle.

Lob den HERREN mein seel.
Jch wil den HERREN loben dieweyl ich läb/
dieweyl ich bin wil ich meinem Gott
lobsingen.
Vertrauwend nit auff die fürsten/ ja auff keinen
menschen/ dann bey jnen ist kein heyl.
Dann so der geyst vom menschen gadt/ so wirt
er wider zuo erd auß deren er ist/ denn so
vergond alle seine gedancken.
Wol dem der den Gott Jaacobs für sein stercke/
unnd sein hoffnung zuo Gott seinem
HERREN hat.
Der himmel/ erd unnd meer geschaffen hatt/
unnd was darinnen ist/ der ewigklich trüw
haltet.
Der zuo recht hillfft denen die gewalt leydend:
der die hungerigen speyset/ ja der auff den
HERREN vertrauwet/ der die gefangnen
außlaßt.
Auff den HERREN der die blinden erleüchtet/
auff den HERREN der die nidergetruckten
aufrichtet: den HERREN der die gerechten
lieb hat.
Der der frömbdlingen acht hat/ weyßlin und
witwen beschirmet/ und den wäg der
gottlosen verwirfft.
Dein HERR Gott O Zion herrschet in ewigkeit
und durch alle gschlächt hin.
Lobend den HERREN.

Wohl dem, dessen Hilfe der Gott Jakobs ist

146

1 Hallelujah.
Lobe den HERRN, meine Seele.
2 Ich will den HERRN loben mein Leben lang,
will meinem Gott singen, solange ich bin.
3 Vertraut nicht auf Fürsten,
nicht auf den Menschen, bei dem keine
Hilfe ist.
4 Schwindet sein Atem, wird er wieder zur
Erde,
gleichentags sind seine Pläne zunichte.
5 Wohl dem, dessen Hilfe der Gott Jakobs ist,
der seine Hoffnung auf den HERRN setzt,
seinen Gott,
6 der Himmel und Erde gemacht hat
und das Meer und alles, was in ihnen ist,
der Treue bewahrt auf ewig,
7 der Recht schafft den Unterdrückten,
der den Hungrigen Brot gibt.
Der HERR befreit die Gefangenen.
8 Der HERR macht Blinde sehend,
der HERR richtet die Gebeugten auf,
der HERR liebt die Gerechten.
9 Der HERR behütet die Fremdlinge,
Waisen und Witwen hilft er auf,
doch in die Irre führt er den Weg der
Frevler.
10 Der HERR ist König in Ewigkeit,
dein Gott, Zion, von Generation zu
Generation.
Hallelujah.

|2: 104,33 |3: 118,9; Jes 2,22 |4: 104,29! |5–6 121,2!
|7–8: 68,7; 103,6; 107,14! |7: 145,15!–16 |8 145,14! |9: 10,14;
68,6; 94,6! |10: 10,16!; 145,13

Der cxlvj. Psalm.
Hebr. CXLVII. Psalm.
¶ Jnnhalt.
Es ist ein lob Gottes von seiner allmächtigkeit/ güetigkeyt/ und fürsichtigkeyt.

Lobend den HERREN/ dann es stadt wol das wir lobsingind unserm Gott: loben ist ein lieblich und hüpsch ding.
Dann der HERR auffnet Jerusalem/ und samlet zesamen die zerströwten des volcks Jsraels.
Er heylet die die eins zerbrochnen hertzens sind/ und verbindet jre wunden.
Er zelt die vile der sternen/ unnd gibt einem yetlichen seinen nammen.
Groß ist unser HERR/ und groß ist sein krafft/ seiner verstentnuß ist kein zal.
Der HERR richtet auff die verkümmerten/ und wirfft die gottlosen zeboden.
Singend dem HERREN lob eins umbs ander: lobsingend unserem Gott zur harpffen.
Der den himmel mit wolcken deckt das er der erden rägen zuorüste: der auff den bergen macht höw wachsen.
Der dem vych seyn fuoter gibt: auch den rappen die zuo jm schryend.
Er hat nit lust an der stercke des reüters/ kein gfallen an dem bein harnischt des kriegsmanns.
Sunder hat fröud an denen die jn vor augen habend/ unnd auff seyn gnad vertrauwt sind.

Der cxlvij. Psalm.
Hebr. CXLVII. Psalm.
Haltet inn gleych als der vorig.

O Jerusalem lob den HERREN: lob O Zion deinen Gott.
Der die rigel deiner thoren sterckt/ und deine burger macht er glücksälig.
Er machet friden in deynen landmarchen/ und ersettiget dich mit dem aller besten symmel.
Wenn er seyn geheyß auff erden sendt/ so laufft sein red schnäll.
Er gibt schnee wie wollen/ und ströuwt den reyffen wie äschen.
Er wirfft sein eyß wie ein breyt väld/ wär mag vor seinem frost beston?
Wenn er denn sein geheyß sendt so schmeltzt ers: er bringt seinen wind wider/ schnäll lauffend die bäch an.
Er erzelt und thuot kundt sein wort Jaacob/ seine brüch und recht Jsraelen.

Jerusalem, rühme den HERRN

147 1 Hallelujah.
Gut ist es, unserem Gott zu singen,
schön ist es, ein Loblied anzustimmen.
2 Der HERR baut Jerusalem auf,
er sammelt die Versprengten Israels.
3 Er heilt, die gebrochenen Herzens sind,
und verbindet ihre Wunden.
4 Er bestimmt den Sternen die Zahl,
ruft sie alle mit Namen.
5 Gross ist unser Herr und reich an Kraft,
unermesslich ist seine Weisheit.
6 Der HERR hilft den Gebeugten auf,
erniedrigt die Frevler in den Staub.
7 Antwortet dem HERRN mit Dank,
spielt unserem Gott auf der Leier.
8 Der den Himmel mit Wolken bedeckt,
der Erde den Regen schafft,
der auf Bergen Gras spriessen lässt,
9 der dem Vieh Nahrung gibt,
den Raben, wonach sie krächzen.
10 An der Kraft des Rosses hat er keine Freude,
kein Gefallen an den Schenkeln des Mannes.
11 Gefallen hat der HERR an denen, die ihn fürchten,
an denen, die auf seine Gnade harren.

12 Jerusalem, rühme den HERRN,
lobe, Zion, deinen Gott.
13 Denn die Riegel deiner Tore hat er festgemacht,
deine Söhne in deiner Mitte gesegnet.
14 Deinen Grenzen schafft er Frieden,
mit dem besten Weizen sättigt er dich.
15 Er sendet sein Wort zur Erde,
schnell eilt sein Wort.
16 Er spendet Schnee wie Wolle,
streut aus den Reif wie Asche.
17 Wie Brocken wirft er das Eis,
wer könnte bestehen vor seinem Frost?
18 Er sendet sein Wort und bringt alles zum Schmelzen,
er lässt den Wind wehen, und es rinnt das Wasser.
19 Er verkündet Jakob sein Wort,
Israel seine Satzungen und Gesetze.
20 An keinem Volk hat er gleich gehandelt,
und seine Gesetze kennen sie nicht.

Der gleychen thuot er keinen Heyden/ die von seinen rechten nichts wüssend.
Lobend den HERREN.

Der clxviij. [cxlviij] Psalm.
Hebre. CXLVIII. Psalm.
¶ Titel. Lobend den HERREN.
¶ Jnnhalt.
Es ist ein ermanung aller geschöpfften zum lob Gottes.

Lobend den HERREN von himlen: lobend jn in der höhe.
Lobend jn alle seine engel: lobe jn all seyn heer.
Lobend jn Sonn und Mon: lobend jn alle sternen und liecht.
Lobend jn alle himmel/ unnd die wasser die under den himmlen sind.
Lobend den nammen des HERREN/ dann durch seyn geheyß sind alle ding geschaffen.
Die hatt er gevestnet das sy allweg wären söllend: Er hatt ein ordnung gesetzt die nit übergangen wirt.
Lobend auch vonn der erd den HERREN/ jr Wallfisch und alle tieffenen.
Fheür und hagel/ schnee und hitz/ wind unnd ungewitter/ werck die von jm gemachet sind.
Berg und alle bühel/ fruchtbare böum/ und alle Cederböum.
Thier unnd alles vych/ alle kriechenden/ und gflüglet gfügel.
Die künig der erden/ unnd alle völcker/ fürsten und alle richter der erden.
Knaben und töchtern/ die alten mit den jungen.
Lobind den nammen des HERREN/ des namm allein hoch ist/ des lob über himmel und erden ist.
Der das horn seines volcks aufrichtet/ ein eer aller seyner heyligen/ der kindern Jsraels des volcks das jn eeret.
Lobend den HERREN.

Hallelujah.

|1: 33,1 |2: 51,20! · Jes 11,12; 56,8; Jer 31,10 |3 Hiob 5,18; Jes 61,1; Jer 33,6; Hos 6,1 |4: Jes 40,26 |5 145,3! |6: 145,14!; 1Sam 2,7.8 |8–9: 104,13–14 |9 145,15!–16; Hiob 38,41; Lk 12,24 |10: 20,8! |11: 33,18; 149,4 |13: 48,13!–14 · 107,16 · Jes 54,13 |14: 81,17 |15–18: 148,8! |15: 107,20! |16: Hiob 38,22 |17 Hiob 37,10 |18: 107,20! |19: 78,5! |20: Dtn 4,7–8

Nach einer anderen hebräischen Tradition lautet der Text: «… seine Worte, …» Der Massoretische Text wurde korrigiert; er lautet übersetzt: «…, und die Gesetze kennen sie nicht. …»

Sein Name allein ist erhaben

148

1 Hallelujah.
Lobt den HERRN vom Himmel her,
 lobt ihn in den Höhen.
2 Lobt ihn, alle seine Boten,
 lobt ihn, alle seine Heerscharen.
3 Lobt ihn, Sonne und Mond,
 lobt ihn, all ihr leuchtenden Sterne.
4 Lobt ihn, ihr Himmel der Himmel
 und ihr Wasser über dem Himmel.
5 Sie sollen loben den Namen des HERRN,
 denn er gebot, und sie wurden geschaffen.
6 Er setzte sie für immer und ewig,
 er gab eine Ordnung, und niemand darf sie verletzen.
7 Lobt den HERRN von der Erde her,
 ihr Ungeheuer und alle Fluten.
8 Feuer und Hagel, Schnee und Nebel,
 du Sturmwind, der sein Wort vollzieht,
9 ihr Berge und all ihr Hügel,
 ihr Fruchtbäume und alle Zedern,
10 ihr wilden Tiere und alles Vieh,
 Kriechtiere und gefiederte Vögel.
11 Ihr Könige der Erde und all ihr Nationen,
 ihr Fürsten und alle Richter der Erde,
12 ihr jungen Männer und auch ihr jungen Frauen,
 ihr Alten und Jungen.
13 Sie sollen loben den Namen des HERRN,
 denn sein Name allein ist erhaben,
 seine Hoheit über Erde und Himmel.
14 Er hat seinem Volk das Horn erhoben,
 zum Ruhm für alle seine Getreuen,
 für die Israeliten, das Volk, das ihm nahe ist.
Hallelujah.

|1–14: Ps 103,20–22 |5–6: 119,90–91 |5: 33,9 |6 Jer 31,35–36 |8: 147,15–18; Jes 55,10–11 |9: Jes 44,23 |10: Jes 43,20 |14: 89,18!

Der clxix. [cxlix] Psalm.
Hebr. CLXIX. [CXLIX] Psalm.
☙ Titel. Lobend den HERREN.
☙ Jnnhalt.
Jst ein vermanung der kilchen zuo Gottes lob/ und ein gebätt/ das er seyn volck wölle sighafft machen.

Singend dem HERRN ein neüw gesang: sein lob
    erschalle in der gemeynd der heyligen.
Jsrael fröuwe sich in dem der jnn gemachet hatt/
    und die kinder Zion frolockind in jrem
    künig.
Sy lobind seinen nammen am reyen/ mit
    trummen und harpffen lobsingind sy jm.
Dann der HERR hat ein wolgefallen an seynem
    volck: die verkümmerten machet er heyl.
Die heyligen frolockind mit herrliche/
    jauchtzind in jren betten.
Sy lobind Got in jren kälen/ in jren henden aber
    sygind schneydende schwärdt.
Das sy sich an den Heyden rächind/ und die
    völcker straaffind.
Das sy jre Künig mit kettinen bindind/ und jre
    fürsten mit eysenen fuoßbanden.
Das an jnen die raach geschähe als geschriben
    stadt: Dise eer sey allen heiligen des
    HERREN.
Lobend den HERREN.

Der cl. Psalm.
Hebr. CL. Psalm.
☙ Lobend den HERREN.
☙ Jnnhalt.
Es ist ein ermanung zum lob Gottes.

Lobend den HERRN in seynem heyligthuomb:
    lobend jn in der underschlacht seiner stercke.
Lobend jn in seinen redlichen thaten: lobend jn
    nach seiner träffenlichen grösse.
Lobend jn mit dem schall des Zinckens: lobend
    jn auff der lauten und harpffen.
Lobend jn mit trummen unnd reyen: lobend jn
    mit seytenspil und pfeyffen.
Lobend jn mit den wolthönenden Zimblen:
    lobend jn mit den klingenden Zimblen.
Alles das da läbt/ das lobe den HERREN.
Lobend den HERREN.

End der Psalmen.

Lobpreisungen Gottes

149 1 Hallelujah.
Singt dem HERRN ein neues Lied,
    sein Lob in der Versammlung der
    Getreuen.
2 Es freue Israel sich seines Schöpfers,
    die Söhne Zions sollen jauchzen über
    ihren König.
3 Seinen Namen sollen sie loben beim
    Reigentanz,
    mit Trommel und Leier ihm spielen.
4 Denn der HERR hat Gefallen an seinem Volk,
    die Gebeugten schmückt er mit Heil.
5 Frohlocken sollen die Getreuen in
    Herrlichkeit,
    jubeln auf ihren Lagern,
6 Lobpreisungen Gottes im Munde
    und ein zweischneidiges Schwert in der
    Hand,
7 Rache zu vollziehen an den Völkern,
    Strafgerichte an den Nationen,
8 ihre Könige mit Ketten zu binden
    und ihre Edlen mit eisernen Fesseln,
9 an ihnen zu vollstrecken das geschriebene
    Urteil.
    Ehre ist dies allen seinen Getreuen.
    Hallelujah.

|1: 33,3! |3: 87,7; 150,3–4 |4: 147,11! |8 2,3

Hallelujah

150 1 Hallelujah.
Lobt Gott in seinem Heiligtum,
    lobt ihn in seiner starken Feste.
2 Lobt ihn um seiner machtvollen Taten
    willen,
    lobt ihn in seiner gewaltigen Grösse.
3 Lobt ihn mit Hörnerschall,
    lobt ihn mit Harfe und Leier.
4 Lobt ihn mit Trommel und Reigentanz,
    lobt ihn mit Saiten und Flöte.
5 Lobt ihn mit klingenden Zimbeln,
    lobt ihn mit schallenden Zimbeln.
6 Alles, was Atem hat, lobe den HERRN.
Hallelujah.

|3–4: 149,3!